Arena der Leidenschaften

ARENA DER LEIDENSCHAFTEN

DER BERLINER SPORTPALAST UND SEINE VERANSTALTUNGEN 1910–1973

Herausgegeben von Alfons Arenhövel

VERLAG WILLMUTH ARENHÖVEL

ISBN 3-922912-13-3

Redaktion:
Alfons Arenhövel
Hannah Arenhövel
Maria Berger
Carola Jüllig
Jutta Schiek
Jörg Schröder

Graphik-Design:
Wieland Schütz

Herstellung:
Reiter-Druck

Satz:
Mega-Satz-Service

Buchbinderische Verarbeitung:
Bruno Helm

alle Berlin

Die Autoren danken für Hilfe und Beratung:
Sigrid Achenbach; AMK Berlin; Archiv für Kunst und Geschichte, Berlin; Gerd Bauer; Christa Baumgart; Klaus-Dieter Bayer; Berliner Box-Verband e. V.; Berlinische Galerie; Berlin Museum; Bildarchiv Preußischer Kulturbesitz; Günter Binkel; Werner Bock; Jan-Peter Böning; Doris Brodersen; Bundesarchiv, Koblenz; Karl Busse; Klaus Dettmer; Deutsches Historisches Museum, Berlin; Deutsches Tanzarchiv, Köln; Frank Dingel; Maria Dunkel; Michael Engel; Dagmar Fieting; Thomas Friedrich; Galerie Gärtner, Berlin; Hans Gräfer; Jürgen Grote; Konrad Jule Hammer; Theodor Hennig; Heinz Henschel; Klaus Hesse; Olaf Holy; Heidrun Klein; Ullrich Krukowski; Kunstbibliothek Berlin, SMPK; Kupferstichkabinett Berlin, SMPK; Jutta Lahmann; Landesarchiv Berlin; Landesbildstelle Berlin; Peter Lemburg; Thomas Liepelt; Michael Longino; Lutz Malke; Gerhard Mesli; Bernd Meyer; Ralf Michlenz; Andreas Nachama; Werner Neymanns; Annegret Oesterlein; Knud Peter Petersen; Klaus-Dieter Pett; Sabine Preuß; Ursula Prinz; Irving Pudwell; Hans J. Reichhardt; RIAS; Vera Rietz; Bernd Rohrbeck; Jürgen Schomaker; Christiane Schuchard; Bernd Schulz; Helga Schulz; Michael Schulz; Karl-Robert Schütze; Ullstein-Bilderdienst; Dieter Vorsteher; Jürgen Wetzel.

1 Sportpalast, Ansicht von Südosten, 1973.

Einführung

Alfons Arenhövel

»Sportpalast« – ein Name, ein Begriff, fast ein Mythos, der vielschichtige Erinnerungen weckt an ein Haus, das lange schon aus dem Stadtbild Berlins verschwunden ist. »Sportpalast« – ein Name, für einen Nichtberliner meistens nur der Ort, wo am 18. Februar 1943 der »Totale Krieg« durch Joseph Goebbels ausgerufen wurde, für einen Berliner sehr viel mehr, der Ort großer sportlicher Ereignisse – Sechstagerennen, Boxen, Eishockey, Eiskunstlauf oder Handball – und Bockbierfeste sowie Konzerte von Klassik über Jazz bis Rock und Pop, um nur einiges aus dem großen Spektrum der Veranstaltungen über die Jahrzehnte hinweg zu nennen. Über 62 Jahre begleitete der Sportpalast die Geschichte Berlins mit allen Höhen und Tiefen.

Am 17. November 1910 wurde der Berliner Sportpalast mit der Feerie »Am Nordpol« feierlich als »größter Eispalast der Welt« eröffnet. Damit begann die wechselvolle und facetten- aber auch pleitenreiche Geschichte einer der ersten Großveranstaltungshallen Deutschlands. Sie endete am 30./31. März 1973 mit der Abriß-Party.

Der von dem Architekten Hermann Dernburg und dem Zivil-Ingenieur Johannes Biesold geschickt in der Lücke eines Wohngebiets an der Potsdamer Straße errichtete Bau sollte sich als idealer Ort nicht nur für Sportveranstaltungen wie Eiskunstlauf, Eishockey, Hallensportfeste, Sechstagerennen, Reit- und Fahrturniere oder Boxen, sondern für Massenveranstaltungen jeglicher Art erweisen. Eine der wichtigen Voraussetzungen war die verkehrsgünstige Lage. Der Bahnhof Bülowstraße der »Hoch- und Untergrundbahn« lag in der Nähe und durch die Potsdamer Straße führten Omnibus- und Straßenbahnlinien (2, 23/24, 59, 62, 74).

Doch zunächst war dem Unternehmen kein großer Erfolg beschieden. Die Erwartungen von Jacques Rostin, dem Bauherrn des »Hohenzollern-Sport-Palastes«, wie sich der Sportpalast anfangs – aber wohl nie offiziell – nannte, sollten sich nicht erfüllen. Rostin war vorher an der Errichtung des 1908 eröffneten Eispalastes an der Luther-Straße (später »Scala«) beteiligt gewesen und hatte diesen zuletzt geleitet – ein zunächst gut florierendes Unternehmen. Die Vorstellung, man könne die Rendite durch ein neues, viel größeres Haus enorm steigern, erwies sich schon bald als falsch.

Auf der Rückseite einer zweifach gefalzten Postkarte (Abb. 4) wird ein relativ aufwendiges Nutzungsprogramm vorgestellt:

»Die Arena ist so eingerichtet, dass sie gegebenfalls in ein riesiges Wasserbassin umgewandelt werden kann, um auf demselben grosse Wasser-Sportfeste zu arrangieren.
Alle Gebiete des Sports werden im neuen Sport-Palast gepflegt. Zwei Monate im Winter und ein Monat im Sommer sind dem Eissport gewidmet und werden sowohl hierin, als auch auf dem Gebiete der nachstehenden Sportzweige, internationale Weltmeisterschaftskämpfe ausgefochten: Athletik, Lawn-Tennis, Fussballspiel, Winterradrennen, olympische Spiele, Schwimm-, Turn- und Pferdesport (Concours Hippique, Polosport zu Pferde).
Musikalische Massenaufführungen, Sängerfeste, Gesangsoratorien;
Nationale und internationale Ausstellung für Automobilismus, Luftschiffahrt, Schiffbau und Wassersport;
Patriotische und militärische Schauspiele sowie Schützenfeste ergänzen das glänzende Programm.«

Jedoch der Schwerpunkt der Überlegungen lag anscheinend auf der Rentabilität der Kunsteisbahn, wie der Name »Eispalast« bei der Eröffnung schon andeutet. Die in den ersten Monaten durchgeführten »Feerien« auf dem Eise, eine Art von Eisrevuen, mit gelegentlich eingestreuten Wettbewerben des noch jungen Eissports, verloren zusehends an Zugkraft. Dazu kam die Konkurrenz der anderen Häuser. 1911 hatte wenige Monate nach dem Sportpalast der Admiralspalast in der Friedrichstraße eröffnet, ebenfalls mit einer Eisbahn großen Umfangs. Zusammen mit dem Eispalast hatte Berlin jetzt drei »Paläste« mit etwa gleichen Programmen. Zwar wurde bald der Sportpalast für Radrennen erschlossen – als erstes fand hier das »3. Berliner Sechstagerennen« im März 1911[1] statt –, doch konnte das die sich anbahnenden finanziellen Schwierigkeiten nur verschleiern. Mitte des Jahres war es soweit, der Sportpalast stand zum ersten Mal vor dem Ruin. Zur Sanierung gründete daraufhin eine Anzahl Großgläubiger die »Sport-Palast-Actien-Gesellschaft«, die den Sportpalast von der »Internationalen Sportpalast & Wintervelodrom G.m.b.H« pachtete und in eigener Regie weiterführte. Doch auch diese Gesellschaft war nicht vom Glück verfolgt. Im August 1912 wurde der Sportpalast zum ersten Mal zwangsversteigert. In der Zwischenzeit hatte man Reit- und Fahrturniere und Volksfeste wie »Oberbayern« ins Programm genommen, doch verbesserte das die finanzielle Lage nicht entscheidend. Bis Mitte der dreißiger Jahre war der Pleitegeier ein ständiger Begleiter des Sportpalastes. In fast regelmäßigen Abständen wechselten die Betreibergesellschaften, mitunter auch die Eigentümer. Im Oktober 1934 erwarb die »Eidgenössische Versicherungs AG« in Zürich den Sportpalast auf einer Zwangsversteigerung und war bis 1961 Eigentümerin, auch zu der Zeit, als das »Reichspropaganda-Amt Berlin, Dienststelle Berliner Sportpalast« die Regie ab 1942 übernommen hatte.[2]

Erst unter dem Direktor Georg Kraeft erlebte das Haus an der Potsdamer Straße über 20 Jahre lang (seit 1951) eine wirtschaftlich konsolidierte Phase.

Trotz aller wirtschaftlichen Schwierigkeiten entwickelte sich der Sportpalast zu einem Zentrum des Hallensports, des »Vergnügens« und der politischen Veranstaltungen und wurde weit über die Grenzen Berlins hinaus bekannt. Seine größte Zeit lag zwischen dem Ende des Ersten Weltkriegs und der Machtübergabe an die Nationalsozialisten 1933.

Nachdem der Sportpalast Anfang 1919 wieder zur Verfügung stand, wurde er zunächst vor allem für politische Versammlungen genutzt. Bald kamen sportliche Veranstaltungen hinzu (Radrennen, Boxen, Ringen). Hier fanden die ersten öffentlichen Boxkämpfe in Berlin statt. Richard Naujoks, »König Richard«, der deutsche Leichtgewichtsmeister, war ein Mann der ersten Stunde, des ersten Kampfes. Vermutlich wurde in dieser Zeit oben an der Vorderfront die Inschrift »DEM DEUTSCHEN SPORT« angebracht. Doch nicht lange sollten die sportlichen Aktivitäten dauern. Im Herbst des Jahres wurde der Sportpalast in die »Sport-Palast-Lichtspiele«, in das »größte Kino der Welt« umgebaut, in dem bis zum Herbst 1921 Stummfilme gezeigt wurden. Danach begann eine Phase vielfältiger Veranstaltungen. Sportliche Ereignisse wie Boxkämpfe, Radrennen (inklusive Sechstagerennen), Hallenfeste der Turner und Sportler, Reit- und Fahrturniere, Eishockey oder Eiskunstlauf (ab 1925) wechselten mit Musikveranstaltungen und einer Vielzahl politischer Kundgebungen. Fast jeder deutsche Politiker von Rang hat in den zwanziger Jahren am Rednerpult des Sportpalastes gestanden. Hier traten Ernst »Teddy« Thälmann, Clara Zetkin, Wilhelm Pieck oder Walter Ulbricht vor die Öffentlichkeit, hier sprachen u. a. Heinrich Brüning, Hindenburg, Philipp Scheidemann, Otto

2 Sportpalast, Ansicht von der Potsdamer Straße, 1911 (nach: ZBv 1911, S. 213).

3 Sportpalast, Große Halle, Blick nach Westen, 1911 (Klappkarte des »Hohenzollern-Sport-Palastes« mit Text über die Erbauung und das beabsichtigte Veranstaltungsprogramm auf der Rückseite).

4 Situationsplan, 1930.

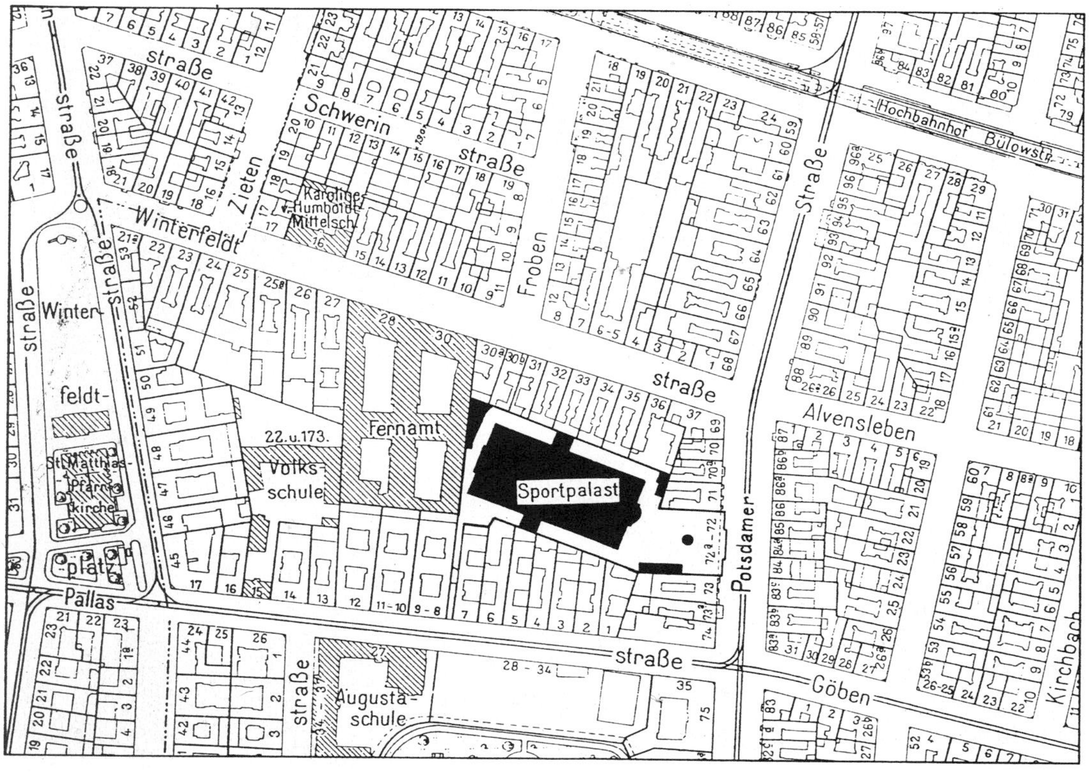

Braun, Rudolf Breitscheid, Franz Künstler, Alfred Hugenberg und schließlich – ab 1928 – die Spitzen der NSDAP zu den Berlinern.

1925 erfolgte ein bedeutender Umbau durch den Architekten Oskar Kaufmann, der sich vor allem auf das Innere der großen Halle bezog. Durch Einbau von vier wendelartigen Treppen zum ersten Rang, durch die Gliederung der Rückwände und durch eine neue Farbgebung erhielt die Halle ein elegantes Aussehen, das die Zeitgenossen begeisterte. Nicht durch einfache Rundbögen – wie es die erhaltenen Zeichnungen zeigen – gliederte Kaufmann Rückwände und Logenbauten hinter den Treppen, sondern durch hyperbelartige Öffnungen, die sich außerdem nach oben leicht vorwölbten. In feinsinniger Weise hatte der Architekt einen festlichen Raum geschaffen, der sehr intim wirkte trotz der großen Ausmaße. Bei dieser Gelegenheit wurde auch eine neue Eisanlage installiert (die erste war seit der Vorkriegszeit außer Betrieb), die es ermöglichte, daß Berlin zu einem Zentrum des internationalen Eissports werden und der Berliner Schlittschuh-Club zur internationalen Spitze vorstoßen konnte.

Über diesen Umbau schrieb das Berliner Tageblatt am 25.11.1925:

»Berlin hat eine neue Sehenswürdigkeit: die Eisarena des Sportpalastes [...] zeigt sich in einem Gewande, das nicht nur neu ist, sondern auch künstlerisch und reizvoll in höchstem Grade. Oskar Kaufmann war hier der Meister. Und die

5 Sportpalast, Große Halle, Blick nach Westen, nach 1925.

6 Sportpalast, Eisarena, 1973.

Aufgabe, die er sich gestellt hat, scheint uns so gelungen, daß wir uns mit ihrer Lösung näher beschäftigen möchten. Wir kennen die Theater, die er schuf, schätzen ihre Eigenart und glauben, daß sie kaum ein anderer ›besserer‹ gemacht hätte. Selbst dem alten verstaubten Kroll-Kasten gab er, indem er ihn innerlich in Holz kleidete, eine Intimität von besonderer Wärme. Und nun macht er sich an die Eisarena des Sportpalastes heran, an ein Bauproblem, das schon technisch schwer durchzuführen ist: der Raum ist nämlich 84 Meter lang, hat eine ziemliche Höhe und hat zwei Riesenränge. Und um solchen Raum zu bewältigen, hat man schon seine Mühe. Aber Kaufmann legt sich förmlich in die Arbeit hinein. Er bringt sich in Schwung, er bringt den Raum in Schwung, er liebäugelt mit dem Barock, er läßt die Barocklinie im Sinne des Bauzweckes dahingleiten, er nimmt den Rängen die Starrheit, indem er sie durch vier geschwungene Treppen unterbricht, die je fünf Logen in ihren Umkreis ziehen. Die Lösung sieht einfach aus, ist aber sicher sehr schwer gewesen.
Während sich aber der Künstler-Architekt auf die geschwungene Linie festlegte, mußte er daran denken – so fühlen wir es eben – diesen Raum von 84 Metern und trotz dem Eise warm zu gestalten. Und da kam ihm, dessen Mitarbeiter stets der ausgezeichnete Eugen Stolzer ist, die Idee, die Intimität durch die Farbe zu erreichen. Das Gelb des Gesamtraumes, ein Gelb, das zwischen dem Ocker und dem sogenannten Maria-Theresien-Gelb schwankt, erhält sozusagen seine Wärme durch das abgestufte Rot der

Decke, und dieses Rot mit seinen tieferen und blasseren Nuancen geht wunderbar in das Gelb des Gesamttons über. Um aber dem Gelb die Monotonie zu nehmen, läßt Oskar Kaufmann den Maler Oehme an den Rängen, und zwar in Abständen, die durch Eisläuferfiguren des Bildhauers Henning gewissermaßen abgegrenzt werden, spiralenförmige Ornamente in Orange, Grau und Rot hinmalen. Flaggen der Eisarena, Symbole der Eisläuferbewegung. So kommt auch farbig und plastisch Schwung in den Raum. Eine ernste Künstlerlaune hat hier künstlerisch Apartes vollbracht, das gleichzeitig amüsant ist, ohne spielerisch zu sein […].«

In diesem Zustand blieb der Sportpalast bis zur Zerstörung 1943/44. Dadurch, daß jetzt auch der zweite Rang benutzt werden konnte, und durch neue Bestuhlungen ließ sich ein Fassungsvermögen von annähernd 10 000 Personen erreichen – bei Versammlungen oder Boxveranstaltungen, bei anderen Veranstaltungen wie Eissport oder Radrennen der verkleinerten Fläche des Innenraums entsprechend weniger.

In dieser Zeit machte sich die Konkurrenz neuer Hallen zunehmend bemerkbar, regional die beiden Autohallen am Kaiserdamm (Urzelle des heutigen Messegeländes, die Halle II wurde 1925 fertiggestellt) und die Deutschlandhalle (ab 1935), überregional unter anderem die Westfalenhalle in Dortmund (ab 1925), in die jetzt – auch aus steuerlichen Gründen – viele große Boxkämpfe abwanderten. Was nicht verwundert, wurde doch die Westfalenhalle von drei ehemaligen Direktoren des Sportpalastes geleitet, von Ferry Ohrtmann, dem späteren Initiator und Leiter der Deutschlandhalle, von Paul Schwarz, zuständig für Radrennen, und André Picard, dem bedeutenden Boxpromoter, der auch die »Sportschule Sportpalast« iniziiert hatte. Bei der Deutschlandhalle wird die Konkurrenz besonders deutlich. Ab 1935 gab es keine Radrennen mehr im Sportpalast bis zum Kriegsende, sie wanderten ab zur staatlich gestützten Deutschlandhalle, ebenso wie viele andere Veranstaltungen; nur zum Eissport gab es keine ernsthafte Konkurrenz. Das wiederholte sich 1957, als die Deutschlandhalle wiederhergerichtet war. Bis zum Schluß hören wir Klagen des letzten Direktors, Georg Kraeft, über den »ungleichen Wettbewerb« in Bezug auf die Deutschlandhalle.[3]

Die Eleganz der neugestalteten Halle führte dazu, daß nun auch verstärkt große Feste im Sportpalast durchgeführt wurden. So fand hier alljährlich von 1926 bis 1929 der »Hofball bei Zille« unter persönlicher Anwesenheit Heinrich Zilles statt, so feierte die Internationale Artisten-Loge ihren »Ball der 1000 Tausendkünstler«, die Genossenschaft Deutscher Bühnenangehörigen den »Original Kinderbahll der Bösen Buben«, das Kabarett der Komiker »Die Nacht des Lachens«, der Universum-Verlag (Münzenberg-Konzern) »Das Fest der 20 000« oder die Reimann-Schule »Das Gauklerfest der Schule-Reimann«, da gab es das »Goldrausch-Fest«, einen »Ball der Mode«, einen »Autoball« oder einen »Funkball«. Auch die Volksbühne Berlin veranstaltete zeitweise ihren jährlichen Ball im Sportpalast.[4] Es ist die Zeit der rauschenden Ballfeste in Berlin. Die Zeitungen veröffentlichen lange Listen. So finden sich im Berliner Lokalanzeiger vom 1. 2. 1928 unter der Überschrift *»Die Ball-Hochflut im Februar«* zum 4. Februar der Eintrag: *»Deutscher Kolonialverein, Künstlerhaus, Bellevuestraße. Verein der Österreicher, Zoo. Motorjachtclub von Deutschland, Esplanade. Ball der Juryfreien, Philharmonie. Hofball bei Zille, Sportpalast. Reimannball, Kroll. Riesengebirgs-Verein, Brüderverein, Kurfürstenstraße. Theater-Gesellschaft ›Thalia‹, Ressource. Alter Boston-Club, Zoo.«* Mit dem Jahr 1932 hat das abrupt ein Ende.

In dieser Zeit, nach dem Umbau durch Oskar Kaufmann, entstand das besondere Fluidum des Sportpalastes, das offenbar in anderen Häusern dieser Art nicht möglich war und die Zeitgenossen als einzigartig beschrieben haben – sicherlich auch bedingt durch die Architektur, die mächtige alles überwölbende Decke und die trotz der großen Abmessungen human wirkenden Proportionen der einzelnen architektonischen Glieder.

Das Publikum des Sportpalastes setzte sich aus allen Gesellschaftsschichten zusammen. Auch bei sportlichen Veranstaltungen – war es doch zu dieser Zeit Mode, sich mit Sport zu beschäftigen und zum Boxen zu gehen, wenn die Heroen sich blutige Ringschlachten lieferten (am beliebtesten waren Kämpfe im Schwergewicht), oder zum Sechstagerennen mit seiner Mischung aus Sport und »Vergnügen«. Es war die Zeit, wo sich auch Künstler und Literaten mit dem Thema Sport beschäftigten, wo selbst Frauen

7 Postkarte, um 1930.

9 »André Picard, der boxsportliche Leiter bzw. Manager des Berliner Sportpalast-Ringes und der Sportschule im Sportpalast« (nach: BS 102, 2. 11. 1922, S. 13).

10 »Der neue Herr im Berliner Sportpalast, Richard Mueck« (nach: BS 462, 5. 8. 1929, S. 1).

Boxunterricht nahmen wie Marlene Dietrich oder Carola Neher. Die eigentlichen Sachverständigen saßen jedoch auf den billigsten Plätzen, auf dem obersten Rang, dem »Heuboden«, oberhalb der Musikkurve. Von hier aus kommentierten sie witzig-schnodderig, gelegentlich auch boshaft, das Geschehen unten in der Halle. Anführer des Heubodens war der bis heute unvergessene »Krücke« (Reinhold Franz Habisch). Mitunter versuchten andere Hallen die Sportpalast-Stimmung zu importieren, indem sie »Krücke« als Stimmungskanone einluden, wie die Jahrhunderthalle in Breslau (heute Wrocław) zum Sechstagerennen, was jedoch nicht den erwünschten Erfolg brachte.

8 »Direktor Königsberger beginnt sein 6-Tage-(Umher)-Rennen« (nach: Vw 10. 8. 1928).

Ob bei sportlichen Ereignissen oder bei politischen Kundgebungen, Musike mußte sein. Wurde es bei einem Sechstagerennen etwas eintönig und die Kapelle pausierte gerade, kamen unweigerlich die Rufe »Sike, Siike!«. Zahlreiche Kapellen und Orchester haben im Lauf der Jahre das Publikum im Sportpalast unterhalten. Die Kapelle der ersten Stunde war der Kosleck'sche Bläserbund (nach Julius Kosleck), der bei der Eröffnung 1910 dabei war, 1930 sein 40jähriges Jubiläum feiern konnte, für den Sportpalast aber sonst ohne Bedeutung war.[5] In den zwanziger Jahren spielte die Kapelle Gustav Gottschalk – er stets in rotem Frack – unter anderem zu Sechstagerennen auf. 1923 soll Gottschalk zusammen mit »Krücke«, der die Pfiffe einbrachte, die »Nationalhymne« des Hauses an der Potsdamer Straße aus der Taufe gehoben haben, den »Sportpalastwalzer«, wie wir ihn heute noch kennen. Dieser als »Wiener Praterleben« veröffentlichte Walzer (Abb. 12) wurde von dem jungen Siegfried Translateur komponiert, der ihn später an Paul Lincke verkaufte. Translateur (Carlsruhe [Oberschlesien] 1875–1944 Theresienstadt) lebte seit 1900/1901 in Berlin (Abb. 11).[6] Da er Jude war, wurde der Sportpalastwalzer während der NS-Zeit verboten, sehr zum Mißfallen des Berliner Publikums.

Fast alle Kundgebungen der NSDAP im Sportpalast begleitete die Kapelle des Johannes Fuhsel (geboren 1880), der seit 1927 bei der Partei und 1935 als Standartenführer Musikinspizient bei der obersten SA-Führung war.[7]

Die Nachkriegszeit wurde zunächst von »Otto, Otto« beherrscht, Otto Kermbach und seiner Kapelle, die bereits in den zwanziger Jahren zu den beliebtesten Kapellen zählte. Ihm zu Ehren gab es nach seinem Tod 1960 die »Otto-Kermbach-Stube« im Sportpalast (vgl. Chr 1960 Nov 17; Abb. 54). In der Folgezeit brachten die Kapellen Wilfried Krüger und Heinz Buschhagen das Publikum in Stimmung. Der Andrang zu bestimmten Veranstaltungen in den zwanziger Jahren führte dazu, daß wilde Billethändler zu stark überhöhten Preisen Karten vor dem Sportpalast mit Erfolg verkauften. Gelegentlich kam es sogar zu Fälschungen von Eintrittskarten. So berichtet das »8-Uhr-Abendblatt« am 12. Juni 1924: *»Die Anziehungskraft der Boxkampfabende und der Sechstagerennen im Sportpalast hatten unternehmungslustige Leute veranlaßt, einen schwunghaften Handel mit gefälschten Eintrittskarten zu betreiben. Von der Baupolizei war verfügt worden, daß der erste Rang im Sportpalast nur mit 450 Personen besetzt werden dürfte. Ueberraschenderweise stellte dann aber die Direktion an einem sogenannten Großkampftage fest, daß der erste Rang brechend voll und anscheinend von 2000 Personen besetzt war, obwohl nur 400 Eintrittskarten ausgegeben worden waren. Am nächsten Boxkampftage war der Vorverkauf nun an der Kasse sehr schlecht. Dafür wurde aber festgestellt, daß sich auf der Straße eine große Menge von Billethändlern aufhielt, die sogar bis zur Bülowstraße auf dem Trottoir standen und Eintrittskarten zu Kassenpreis, also scheinbar ohne Verdienst, abgaben. Da der Sportpalast nie zu ermäßigten Preisen Karten an Vereine oder dergleichen abgibt, mußte ohne Zweifel etwas nicht in Ordnung sein. Die benachrichtigte Kriminalpolizei nahm infolgedessen eine Razzia vor und sistierte vier Billethändler, in deren Taschen eine größere Anzahl gefälschter Eintrittskarten vorgefunden wurden. Die Fälschungen waren so geschickt, daß sie auf den ersten Blick nicht zu erkennen waren und erst durch den Drucker der richtigen Karten an einem falschen Buchstaben als Falsifikate festgestellt werden konnten. Später tauchten noch einmal gelegentlich des Sechs-Tage-Rennens plumpere Fälschungen auf. Die Händler gaben nun an, daß sie die Karten zum halben Kassenpreis und darüber von dem im Sportpalast als Kontrolleur tätigen Fritz Dammenhayn erworben hatten. Dieser räumte den Verkauf auch ein und behauptete nun, daß er seinerseits die Karten von einem Angestellten des Sportpalastes gekauft hätte, den er bisher leider nicht wieder habe entdecken können. Die ganze Gesellschaft stand jetzt wegen Urkundenfälschung vor dem Schöffengericht Berlin-Mitte. Die Gefährlichkeit derartiger Vorkommnisse beleuchtete hier die Aussage des Direktors Picard vom Sportpalast, der abgesehen von dem großen Schaden darauf hinwies, daß solche Fälschungen insofern sehr gefährlich seien, als dadurch eine unzulässige Ueberfüllung und damit eine Einsturzgefahr das Publikum bedrohe. Die Händler ihrerseits behaupteten, im guten Glauben gehandelt zu haben und wurden auch freigesprochen. Dammenhayn,*

11 Drei Komponisten beim Skat; von links: Hugo Hirsch, Paul Lincke und Siegfried Translateur, dessen Walzer »Wiener Praterleben« als »Sportpalast-Walzer« bekannt wurde; 1928.

der sich nicht herbei ließ, die Quelle der Fälschungen anzugeben, erhielt acht Monate Gefängnis.« Ähnliches sollte im Laufe der Zeit immer wieder vorkommen.
Obwohl das Haus an der Potsdamer Straße für Ausstellungen und Messen nicht sehr geeignet war, beherbergte es doch eine Reihe kleinerer Veranstaltungen dieser Art in seinen Mauern, von wenigen Ausnahmen abgesehen ausschließlich in den Jahren von 1922 bis 1933. Da gab es eine »Schuhmesse«, die »3. Musikfachausstellung«, eine Ausstellung »Sparsame Hauswirtschaft«, eine »Allgemeine Büro-Ausstellung 1923«, eine »Mittelstandsausstellung« und eine »Allgemeine deutsche Hygieneausstellung« sowie – etwas eigenwillig kombiniert – die »Erste Deutsche Allgemeine Sport- und Radioausstellung« 1924. In der Nachkriegszeit fand nur eine Ausstellung statt: »Sex 2000« im Jahr 1971.[8]

Konnte man sich ursprünglich in dem großen Saal nur durch Schallkabinen (vgl. Abb. 185) oder überdimensionierte »Flüstertüten« (Megaphone) verständlich machen – der »Heuboden« benutzte oft für seine Zurufe trichterförmig gerollte Zeitungen –, so wurde 1926 eine elektrische Lautsprecheranlage eingebaut. Zum Radrennen am 24. Oktober 1926 wird berichtet: *»Als Neueinrichtung der Bahn verdient ein Lautsprecher Erwähnung, der sich ausgezeichnet bewährte; die durch ihn übermittelten Ankündigungen waren im ganzen Hause verständlich«* (vgl. Chr).
Die neue Technik ermöglichte es, daß Reden aus dem Sportpalast auch in Parallelkundgebungen gehört werden konnten, beispielsweise in den Tennishallen oder den Autohallen am Kaiserdamm. Vor allem die Nationalsozialisten wußten das zu nutzen. Am 27. Februar 1932 wurde die Rede Hitlers in die Tennishallen übertragen. Und am 2. März 1933 konnten die *»deutschen Volksgenossen«* die Rede ihres Führers selbst auf öffentlichen Plätzen vernehmen, wo *»gewaltige Lautsprecher«* aufgestellt waren (vgl. Chr).

Bald gab es auch Life-Übertragungen durch den noch jungen Rundfunk. Vom 19. Berliner Sechstagerennen wurde über die letzte Stunde direkt aus dem Sportpalast berichtet (vgl. Chr 1927 Nov 3–9). Reportagen über Boxkämpfe folgten. Auf dem Festabend der »2. Weltkraftkonferenz« am 18. Juni 1930 wurde vom Sportpalast aus eine *»funktelephonische Unterhaltung zwischen Berlin, San Francisco und London«* inszeniert, an der Mister Sloan, Dr. Koettgen, der Earl of Derby, Dr. von Miller, Senator Marconi, Owen Young und Thomas A. Edison teilnahmen (vgl. Chr).
Mit den steigenden Zahlen der Rundfunkteilnehmer – 3509509 am 1. 1. 1931 – entdeckten auch die Politiker die Wirksamkeit dieses Mediums. Aus dem Sportpalast wurde am 11. März 1932 die Rede des Kanzlers Heinrich Brüning durch *»alle deutschen Sender«* übertragen.
Während des »Dritten Reiches« gab es dann eine Flut von politischen Sendungen aus dem Sportpalast. Goebbels wußte geschickt den Rundfunk in den Dienst seiner NS-Propaganda zu stellen. Einen gewissen Höhepunkt stellt die Übertragung der Führerrede aus dem Haus an der Potsdamer Straße am 30. Januar 1940 dar: über 667 deutsche und internationale Sender und in 26 Sprachen (vgl. Chr).

Nach der Machtübergabe an die Nationalsozialisten wurde in den ersten beiden Jahren eine große Zahl von »Indoktrinations-Kundgebungen« und Schulungsabenden der verschiedenen Gliederungen und Organisationen der Partei und der großen Firmen wie Siemens, AEG oder Henschel in der »Heimstätte der Bewegung«, wie der Sportpalast von den Nationalsozialisten auch genannt wurde, durchgeführt.[9] Insgesamt wurde das Veranstaltungsprogramm jedoch immer dürftiger. Ab 1935 gab es im Sportpalast keine Radrennen mehr (Sechstagerennen waren schon ab 1934 verboten), sie fanden von nun an in der gerade eröffneten Deutschlandhalle statt, in der nun auch viele Boxkämpfe gezeigt wurden, für die man vorher den Sportpalast genutzt hätte. Das einzige, was jetzt im Haus an der Potsdamer Straße immer häufiger zu sehen war, waren Abende mit Eiskunstlauf und Eishockey, oft von der NS-Gesellschaft »Kraft durch Freude« veranstaltet. Zuletzt hatte das Reichspropaganda-Amt Berlin (Dienststelle Berliner Sportpalast) die Leitung des Sportpalastes übernommen. Am 22. November 1943 erlitt er erste Schäden durch Fliegerbomben. Von da an konnte er für Veranstaltungen nicht mehr benutzt werden. Bei Kriegsende war er vollständig ausgebrannt.

Der alte, unzerstörte Sportpalast diente auch als Kulisse für einige Spielfilme: »Die Siebente Nacht, Ein Film um das 6-Tage-Rennen im Berliner Sportpalast« (1922), »Um eine Nasenlänge« (1931), »Punks kommt aus Amerika« (1935), »Die letzte Runde« (1940) und »Großstadtmelodie« (1943).[10]

Nach dem Krieg wurde zunächst der Kopfbau wieder hergerichtet und im ersten Obergeschoß ein kleines Kino eingebaut (1948), das bis 1963 bestand. Die Ruine der alten Halle, in der bereits 1946 wieder Eisveranstaltungen stattgefunden hatten, mußte abgerissen werden. Aufgrund einer Initiative des Eishockeyspielers und Bankiers Heinz Henschel entstand 1951 über dem alten Grundriß eine Freiluftarena mit zum Teil überdachten Tribünen. Der Sportpalast hatte einen neuen Berufsstand: Deckenverleiher (vgl. Chr 1952 Nov). Schließlich erfolgte 1953 eine Überdachung des Ganzen, mit einer Stahlkonstruktion in Gitterbauweise, bei der die Tribünendächer erhalten blieben. Man kann hier kaum von einem Wiederaufbau der großen Halle sprechen. Es war eher ein reduzierter Neubau über dem alten Grundriß, in gewisser Weise ein Provisorium, das allerdings rund 20 Jahre bis zum endgültigen Abriß 1973 bestand.
Der Charme der alten Halle mit den zwei Galerien, den vier geschwungenen Treppen und der gewölbten Decke war schon lange dahin, doch das Publikum empfand immer noch das »besondere Fluidum« des Sportpalastes – Magie des Ortes, sentimentale Erinnerung?
Nach Fertigstellung der Überdachung wurde im wesentlichen das alte Sportprogramm wieder aufgenommen: Boxen, Radrennen (einschließlich Sechstagerennen), Eishockey und Eiskunstlauf. Außerdem trat jetzt Handball verstärkt in Erscheinung. Beliebt waren in dieser Zeit bunte Veranstaltungen (vor allem in den fünfziger Jahren), Eisrevuen und ähnliches. Politische Kundgebungen kamen relativ selten vor. Es begann sich ein System alljährlich wiederkehrender Veranstaltungen zu entwickeln. So wurden zum Beispiel bald die Neujahrsturniere der Handballer berühmt. Zum Ablauf des Jahres gehörten Bockbierfeste, Karnevalsveranstaltungen, Konzerte der Don Kosaken, die Harlem Globetrotters, die Wiener Eisrevue, Oster- und Weihnachts-Star-Paraden bis hin zur letzten Runde, der Silvesterfeier im Sportpalast. Zunehmend fanden große Jazz-Konzerte statt, von Louis Armstrong über Lionel Hampton, Mahalia Jackson, Ella Fitzgerald bis zu Duke Ellington und Chris Barber, später dann Rock-Konzerte – man denke nur an die Randale bei dem Bill-Haley-Konzert am 26. Oktober 1958 – und Pop-Konzerte. Hier traten Ray

Charles, Frank Zappa und Jimi Hendrix auf, Pink Floyd, Fleetwood Mac, The Dubliners oder Deep Purple.
Einige Jahre hindurch wurden in den Sommermonaten Filme nach dem Cinerama/Cinemiracle-Verfahren auf der großen gebogenen Leinwand gezeigt (1959–64).

Anfang November 1972 starb Georg Kraeft, der 22 Jahre lang die Geschicke des Hauses geleitet hatte (vgl. S. 104), an den Folgen eines Autounfalls. Fünf Monate später gab es das »Aus« für den Sportpalast. Mit einer großen Abrißparty am 31. März 1973 schloß das Haus an der Potsdamer Straße endgültig seine Pforten. Wenig später wurde es abgerissen. Die Klingbeil-Gruppe erbaute an seiner Stelle den heute so berüchtigten »Sozial-Palast«.
Der Sportpalast war während seiner ganzen Geschichte kein wirtschaftlicher Erfolg. Durchblättert man die detaillierte, mit vielen Abbildungen und zeitgenössischen Texten angereicherte Chronik der Veranstaltungen von 1910 bis 1973, so wird jedoch deutlich, welch große Bedeutung er für die politische, sportliche und kulturelle Geschichte Berlins im 20. Jahrhundert hatte, mehr als jede andere Mehrzweckhalle.

Nachdem uns die Idee gekommen war, ein Buch über den Berliner Sportpalast zu schreiben, ging es an die Ausführung. Die erwies sich als langwieriger und schwieriger, aber auch spannender, als es sich die Autoren vorgestellt hatten. Zumal von Anfang an die Absicht bestand, eine nahezu lückenlose Chronik der Veranstaltungen zu erarbeiten. Zunächst fanden sich zahlreiche Hinweise auf Veranstaltungen in den Bauakten des Landesarchivs. Doch betraf das nur einen kleinen Teil von Veranstaltungen. Eine gewisse Lückenlosigkeit konnte nur erreicht werden, indem entsprechende Zeitungen durchgesehen wurden. Dabei stellte sich heraus, daß in den zwanziger Jahren für die politischen Veranstaltungen eine Zeitung nicht ausreichte. Im allgemeinen berichtete nur die der jeweiligen Partei zugehörige beziehungsweise assoziierte Zeitung über Aktivitäten der eigenen Partei im Sportpalast. So mußte für die SPD der »Vorwärts« durchgesehen werden, für die KPD die »Rote Fahne«, für die Deutschnationale Volkspartei (DNVP) der »Berliner Lokalanzeiger«, für die Deutschen Demokraten (DDP) das »Berliner Tageblatt«, für das Zentrum und die Katholische Kirche die »Germania« und für die NSDAP »Der Angriff«, gelegentlich auch der »Völkische Beobachter«. Eine weitere Schwierigkeit war, daß die meisten Zeitungen selbst auf Mikrofilm nicht vollständig erhalten sind, sodaß mitunter auf andere Zeitungen wie die »Vossische Zeitung« oder die »Deutsche Allgemeine Zeitung« ausgewichen werden mußte. Dazu kam, daß gegen Ende der Weimarer Republik Zeitungen wie die »Rote Fahne« oder »Der Angriff« oft Tage oder Wochen wegen eines behördlichen Verbotes nicht erscheinen konnten.
Im Bereich des Sports setzte eine ausführlichere Berichterstattung erst nach dem Ersten Weltkrieg ein. Hierfür war die »B.Z. am Mittag« von besonderer Bedeutung, soweit sie eingesehen werden konnte. Eine andere Schwierigkeit, die uns mitunter vor fast unlösbare Probleme stellte, war die Entzifferung von Namen, da die Schriften jener Zeit oft annähernd identische Buchstaben haben wie V und B oder N und R. Das betrifft vor allem unbekannte und ausgefallene Namen, vor allem aus dem Bereich des Sports. Hinzukommt, daß üblicherweise Sportler nur mit Nachnamen genannt werden, oft in vielerlei Schreibvarianten. Im wesentlichen hat sich das bis heute erhalten. Selbst in gedruckten Programmen der Vereine finden sich oft unterschiedliche Schreibweisen für ein und denselben Namen.
Für die Zeit nach dem Zweiten Weltkrieg wurden vor allem »Der Tagesspiegel«, der »Telegraf«, »Der Kurier«, »Der Abend«, »die nacht-depesche«, das »Spandauer Volksblatt«, die »Berliner Morgenpost« und das »Berlin Programm« ausgewertet.
Für die Jahre von etwa 1967 bis 1973 war das »Rest«-Archiv des Sportpalastes bei der AMK Berlin von großer Bedeutung.
Doch trotz aller Bemühungen um Vollständigkeit hätten wir die Ausführlichkeit der Chronik nicht erreicht, wenn wir nicht von vielen Kollegen und aus der Berliner Bevölkerung Hinweise auf Veranstaltungen erhalten hätten. Wir bedanken uns bei allen recht herzlich.

12 Noten des Walzers »Wiener Praterleben« von Siegfried Tanslateur, der als »Sportpalast-Walzer« bekannt wurde.

13 Otto Kermbach (»Otto, Otto«) dirigiert sein Orchester beim 31. Berliner Sechstagerennen in der »Sporthalle am Funkturm«, 1949.

Ein besonderer Dank gilt: dem Landesarchiv Berlin und seinen Mitarbeitern, ohne deren Unterstützung und Geduld das Projekt kaum zu bewältigen gewesen wäre; der AMK Berlin; Doris Brodersen, Klaus Dettmer, Konrad Jule Hammer, Lutz Malke, Manuel Longino und Hans J. Reichhardt. Zum Schluß ein herzliches Dankeschön dem Verlag, der die Arbeit über so viele Jahre hinweg geduldig unterstützte, auch wenn der Umgang mit dem Verleger nicht immer einfach war.

Anmerkungen

1 Vgl. Chr 1911 Mär 24–30.

2 Eigentümer und Pächter des Sportpalastes im Überblick:

»Internationale Sportpalast & Wintervelodrom G.m.b.H.« (Eigentümer: 1910 bis 23. 8. 1912; Direktor Jacques Rostin).
»Sportpalast-Betriebs-Actien-Gesellschaft« (Pächter: August (?) 1911 bis 1912; Direktoren: Carl Henning, Gustav Ramlau, Richard Mews; Mitarbeiter: Schomburg).
»Hippodrom Palast G.m.b.H.« (Unterpächter: Februar-April 1912; Direktor Emil Vogts).

»Theater- und Konzerthaus Aktiengesellschaft« (Eigentümer [Zuschlag bei Zwangsversteigerung am 23. 8.]: 1912 bis 1922; Aufsichtsrat: Kluge, Bankier Efrem, Bankdirektor Schulzenberg).
»Sportpalast-Betriebsgesellschaft« (Pächter 1913; Efrem, Gustav Korytowski, Robert Pietschmann, W. Scherbeck, W. Dubslaff, Georg Mauck; Mitarbeiter: Münch, Priebe, Schmidt, Swoboda, Liebrecht).
»ODEON-Vergnügungs-Palast« (Pächter: September/Oktober 1913 bis 22.2.1914; Direktor Emanuel Tansinger).
Hölscher/Wreczinski (Pächter: Februar-April 1919).
»Sport-Palast-Lichtspiele« (Pächter: Herbst 1919 bis Herbst 1921; Direktoren: Eduard Fischer, Max Kanarienvogel, Moritz Ehrlich).

»Berliner Sport-Palast Aktiengesellschaft« (Eigentümer: 1921/22 bis 1929; Direktoren: Jürgens, Fritz Königsberger, Paul Schwarz, André Picard, Ferry Ohrtmann [die letzten drei bis 1925], William Hudes, genannt Karfiol; am 14. 10. 26 neuer Aufsichtsrat: Bankier Friedrich Haberling, Zürich, Direktor Wurmser, Zürich, Architekt Gusto von Tobel, Zürich, Direktor Paul G. Hoffmann [BSchC]; Karpowitz aus dem Vorstand ausgeschieden, dafür Direktor Rudolf Haßberger, Zürich; 1927 Direktor Klugmann [Aktienmajorität], Arthur Günsburg; 1928 ausgeschieden aus dem Vorstand: William Karfiol; seit 6. 9. 1928 unter Zwangsverwaltung von Wilhelm Zorn).
Konsortium (Pächter: November bis Dezember 1928; Direktor Fritz Königsberger).
»Sport-Forum A.-G.« (Eigentümer? Versteigerung am 19. 2. 1929 [?])
»Berliner Sport-Palast, Richard Mueck« (Pächter: ab 15. 8. 1929 bis ?).
»Sport-Palast A.-G.« (Eigentümer? November 1929).
»Berliner Sportpalast G.m.b.H.« (Pächter: 28. 7. 1930 bis 21./22. 9. 1934; Direktoren: Jacob Schapiro, Hoppe, Fritz Königsberger; Mitarbeiter: Dr. M. G. Michler, Fritz Jacobsohn; seit Juli [?] 1934 unter Zwangsverwaltung von Oskar Pohland; 21.–22. 9. 1934 Zwangsräumung aufgrund einer Exmissionsklage gegen die Berliner Sportpalast G.m.b.H.).

»Eidgenössische Versicherungs A.-G.« in Zürich, Zweigniederlassung Berlin (Eigentümer [Zuschlag bei Zwangsversteigerung am 16. 10. 1934]: 16. 10. 1934 bis 1961).
»Neue Sportpalast-Verwaltungs G.m.b.H.« (Betreiber: 11. 11. 1934 bis Herbst 1940 [?]; Geschäftsführer: Oskar Pohland, Hans Klitz, Friedrich Stahel; Mitarbeiter: Maria Kästner, Rudolf Heinze, Walter Gedamke, Arthur Vieregg).
»Reichspropaganda-Amt Berlin, Dienststelle Berliner Sportpalast« (Betreiber: ab Herbst [?] 1940.
»Sportpalast G.m.b.H.« (Pächter: 1951 bis 1961).

»Sportpalast G.m.b.H.« (Eigentümer: seit 1961).

3 Vgl. BZ 23. 9. 1970.

4 Ballfestlichkeiten des Sportpalastes (mit Angabe der Seitenzahl): Alpenball 233; Autoball 301; Ball der Charakterköpfe 139; Ball der graphischen Hilfsarbeiter 283; Ball der 1000 Tausendkünstler 244, 257; Bühnen-Presse-Fest 117; Das Fest der 20 000 (Universum Fest) 312; Die Nacht der 1000 Wunder, Tobis Sterne im Sportpalast 400; Die Nacht des Lachens 256; Der Ball der Mode 227; Deutsche Heimat in Volkstracht und Tanz 338; Eine Nacht in Wien, Faschings-Dienstags-Redoute 229; Eine Neujahrsnacht im Spreewald 255; Eine Neujahrsnacht in St. Moritz 241; 1. Großer Alpenkostümball 139; Erster Sport-Marken-Ball 132; Funkball 298; 312; Gildehof-Ball 314; Goldrausch-Fest 241, 255; Hofball bei Zille 232, 242, 257, 268; Kaschemmenball 280, 314; Kostümfest auf dem Eise 298; Kostümball Saure Wochen – frohe Feste 317; Krönungsfest der Sommerkönigin 247; Original Böser Buben-Ball 229; Original Gesindeball 258; Original Kinderbahll der Bösen Buben 244; Roter Presseball 320; Rund um den Bülowplatz 299; Strandfest an der Ostsee 235; Tonfilm-Ball 314; Weißer Rössl-Ball 300; Winterfest des DRV 252.

5 Vgl. BLA 26. 4. 1931, 15. 3. 1940.

6 Zu Siegfried Translateur (eigentlich Salo T.) vgl. Riemann Musik Lexikon, 12. Aufl., Ergänzungsbd. Personenteil L–Z, hg. von Carl Dahlhaus, Mainz 1975.

7 Vgl. Agr 16. 12. 1933, 31. 7. 1935.

8 Ausstellungen und Messen im Sportpalast (mit Angabe der Seitenzahl): Allgemeine Büro-Ausstellung 1923 199; Allgemeine deutsche Hygienemeßausstellung 201; 3. Musik-Fachausstellung 190f.; Erste Berliner Herbst-Messe Mode und Heim 210; Erste Deutsche Allgemeine Sport- und Radio-Ausstellung 208; Erste Groß-Berliner Gesundheits-, Sport- u. Hygiene-Ausstellung 1933 339; 15. Allgemeine deutsche Gastwirtsmesse 236; Genossenschaftsschau des deutschen Bäckerhandwerks 210; Große Berliner Wassersport- und Wochenend-Ausstellung 325; Große Brauerei-Fach-Ausstellung 149; Industrie-Ausstellung für Baufach, Wohnungswesen und verwandte Gewerbe 224; Mittelstandsausstellung 200; Mode und Heim 213; Neueste deutsche Geschichte in Dioramen 362; Reichshotelmesse 236; Saar-Ausstellung 357; Schuhmesse 190; Sex 2000 558; Sparsame Hauswirtschaft 191.

9 Nach Zentner/Bedürftig (S. 43) hat 1937 im Sportpalast ein Attentatsversuch auf Hitler stattgefunden, durch »Josef Thomas in Berlin, unbekannter SS-Mann«.

10 »Die Siebente Nacht, Ein Film um das 6-Tage-Rennen im Berliner Sportpalast«; R: Arthur Teuber; Bu: Paul Günther; Da: Margit Barnay, Evi Eva, Ilka Grüning, Carl Günther, Adele Sandrock und Sechstagefahrer (u.a. Karl Saldow und Franz Krupkat); für diesen Film wurden Aufnahmen während des 9. Berliner Sechstagerennens (17.–23. 2. 1922) gemacht (vgl. S. 188).
Zu den übrigen Filmen vgl. Alfred Bauer, Deutscher Spielfilm Almanach 1929–1950, Berlin 1950, S. 109, 296, 499, 599.

14 Kurd Albrecht, Eindrücke von einem Sechstagerennen im Sportpalast, um 1930; Kreide/Papier, 40,9 x 26,2 cm, signiert unten rechts; VWA.

15 Oktober 1909.

16 November 1909.

17 Dezember 1909.

18 Dezember 1909.

15–18 Erbauung des Sportpalastes; aus einer Serie von 10 (?) Postkarten zur Entstehung des Sportpalastes; auf den Rückseiten: »Hohenzollern-Sport-Palast / Berlin W., Potsdamer-Strasse 72« und zum Teil eingedruckte Daten (vgl. auch Abb. 19, 22–23, 25); Berlin, Galerie Gärtner.

Der Sportpalast in seiner baulichen Entwicklung

Christa Schreiber

Bauherr des Sportpalastes war Jacques Rostin, der zu diesem Zweck die »Internationale Sportpalast- und Wintervelodrom-Gesellschaft m.b.H.« gründete, deren Direktor er wurde. Am 26. Juni 1909 erwarb diese Gesellschaft laut Auflassung für 2,5 Millionen Mark von Hermann Gumpel, vermutlich einem Immobilienspekulanten, die Grundstücke Potsdamer Straße 72 und 72a, die zu dieser Zeit bereits unbebaut waren.[1] Die Grundstücke grenzten in einer Breite von 45 Metern an die Potsdamer Straße und erstreckten sich westlich knapp 200 Meter in die Tiefe. Sie waren ursprünglich mit kleinen Villen bebaut gewesen, zu denen Remisen, Stallungen und Gärten gehörten, und lagen unweit des alten Botanischen Gartens zwischen den Parallelstraßen Pallasstraße und Winterfeldtstraße, einer bereits für damalige Zeit sehr verkehrsgünstigen Gegend.[2]
Jacques Rostin, der schon an der Errichtung des Eispalastes in der Luther-Straße beteiligt gewesen war, beauftragte mit der Erbauung des Sportpalastes den Architekten Hermann Dernburg, der bereits in Moabit in anderem Auftrag ein »Stadion« geplant hatte.[3] Im »Internationalen Sportpalast- und Wintervelodrom« sollten *»sportliche Vorführungen jeder Art, Concerte, Sänger- und Turnerwettstreite«* und selbst *»circentrische [...] Aufführungen«* stattfinden.[4]
Die Vielfalt der beabsichtigten Nutzungsmöglichkeiten sollte hohe Einnahmen garantieren, hatte jedoch einen wesentlichen Nachteil zur Folge: Die Eigentümer hatten eine Vielzahl von polizeilichen Auflagen zu erfüllen, was bereits die Erbauung behinderte. Besonders verzögernd wirkten sich die während der Kaufverhandlungen herausgegebenen verschärften *»Bestimmungen über öffentliche Versammlungsräume in der Polizeiverordnung über die bauliche Anlage, die innere Einrichtung und den Betrieb von Theatern, öffentlichen Versammlungsräumen und Zirkusanlagen vom 2. 5. 1909«*[5] aus, die dem Architekten wie auch einigen Beamten noch nicht so geläufig waren, daß eine reibungslose Handhabung gegeben war. So reichte Dernburg zwischen Mai und September 1909 allein vier verschiedene Projekte mit Zeichnungen ein, bis schließlich das fünfte vom 9. September 1909 genehmigt wurde.[6] Und auch dieser Plan erfuhr noch einige Änderungen. Die Hauptgründe für diese Planänderungen waren die polizeilichen Sicherheitsbestimmungen, wie ausreichend viele und breite Treppen und Ausgänge für die Besucher sowie Feuerwehrzufahrten und -umfahrten, schließlich eine Reduzierung der Publikumsplätze überhaupt. Um für eine ausreichende »Entleerung« der Halle sorgen zu können, mußten sogar noch zwei Grundstücke mit Häusern in der Winterfeldtstraße 30b und 31 zur zusätzlichen Passage gekauft werden.[7] Einwendungen wurden auch von Nachbarn gemacht, die ihr *»Luft- und Fensterrecht [...] verletzt«* sahen und Rauch- und Geräuschbelästigungen durch das zum Sportpalast gehörende Kesselhaus befürchteten.[8]

Das Gebäude, das eine Frontbreite von gut 58 Metern und eine Seitenlänge von knapp 131 Metern hatte, wurde auf dem hinteren Teil des 12.636 Quadratmeter großen, unregelmäßigen Grundstücks errichtet. Die neun Meter breite Umfahrt war eine der wichtigen baupolizeilichen Bedingungen.[9] Das Gebäude bestand aus einem wenig tiefen Kopfbau mit Fassade zur Potsdamer Straße und einem anschließenden langen Hallenbau. Der Kopfbau umfaßte 3 1/2 Geschosse. Das Erdgeschoß war aufgeteilt in eine dreiachsige, querrechteckige Vorhalle und seitlich anschließende Garderobenräume, von denen je eine einarmige Treppe in weitere Garderobenräume im Zwischengeschoß führte und von da aus weiter in das 1. Obergeschoß. Im 1. Obergeschoß des Kopfbaues war über dem Vestibül in gleicher Ausdehnung ein Erfrischungsraum angelegt, später auch »Blauer Saal« oder »Casino« genannt, an den sich auf beiden Seiten kleinere Vorsäle anschlossen, die allerdings nicht durch Wände, sondern wohl nur durch breite Türen gegen den Hauptsaal abgeschlossen werden konnten; diese waren schon im Dezember 1911 nicht mehr vorhanden.[10] Im 2. Obergeschoß befanden sich verschiedene Büroräume und im Dachgeschoß die Hauptküche mit den zugehörigen Räumen, wie Kühlraum, Konditorei, Abwaschraum etc.

Die große Halle schloß mit ihrer Schmalseite an den Kopfbau an und war 54 Meter breit und zwischen 110,76 Meter und 113,96 Meter lang und an ihrem höchsten Punkt 19,70 Meter hoch.[11] Sie enthielt eine Arena von 78 Metern Länge und 32 Metern Breite, die aus einem langgestreckten Rechteck mit zwei die Schmalseiten abschließenden Halbkreisen bestand, eine Grundrißform, die sowohl für Radrennbahnen angezeigt war wie auch für »Rollschlittschuhbahnen« benutzt wurde.[12] Um die Arena zogen sich im Erdgeschoß amphitheatralisch drei Stufenreihen mit Sitzplätzen hin, hinter denen an den beiden Langseiten eine Anzahl von Türen unmittelbar ins Freie führte. Im 1. Obrgeschoß wurde die Arena von einer Galerie mit ebenfalls drei Stufenreihen für Sitzplätze umzogen. Die Sitzplätze waren ursprünglich jeweils zu fünft um einem Tisch angeordnet. In der Mitte der östlichen Schmalseite befand sich im 1. Obergeschoß die »Kaiserloge« unter einem hohen Baldachin. Über vier zweiläufige Treppen in den Ecken der Halle und zwei Treppen in den Anbauten in der Mitte der Langseiten konnte die 1. Galerie direkt vom Hof aus betreten und verlassen werden. Im 2. Obergeschoß war die Arena ebenfalls von einer Galerie umgeben, die allerdings nur Dekorationszwecken diente und einer Musikkapelle Platz bot.[13] Die Halle wurde von einer Decke überwölbt, deren Tragkonstruktion in Form eines Zweigelenkrahmens ganz nach außen verlegt war, um nicht durch den Einbau starker Stützen die Sicht zu behindern. Sechzehn eiserne Portalstützen mit 2,50 Meter breiten Öffnungen trugen, auf Walzenlagern stehend, die acht eisernen Fachwerk-Binder und die beiden ebenfalls in Eisen konstruierten Galerien. Die sich über der 2. Galerie flach vorwölbende Rabitzdecke verkleidete die Eisenkonstruktion und endete in einem planen Spiegel über der Arena. Die eiserne Hallenkonstruktion hatte eine Spannweite von 53 Metern und eine Länge von 99 Metern. Das über den Bindern gewölbte Dach bestand im unteren Teil aus Schiefer, im zweiten Teil aus Pappe auf Holzschalung, im obersten Teil über zweimal 10,20 Meter Breite als Oberlicht aus Drahtglas.[14] Die Halle wurde durch *»84 in die Hallendecke einmontierte Flammbogenlampen«* und zahlreiche andere Beleuchtungskörper mit einer Gesamtlichtstärke von 500.000 Normalkerzen erhellt.[15] Sie war in starken Farben in *»pompejanischer Manier«* dekorativ ausgemalt, wobei die konstruktiven Teile betont wurden. Einen besonderen Effekt bildeten die bunten Lampen, welche auf den Tischen auf den Stufenreihen rings um die Arena aufgestellt waren. In den Farben Rot, Gelb und Grün umgaben sie in konzentrischen Ringen leuchtend das Oval und verstärkten die architektonische Gestalt.[16]

Während die Rückseite und weite Teile der Seitenfronten des Sportpalastes nur in einfacher Form gegliedert waren, was auf Grund ihres Einbaues zwischen die Nachbarhäuser naheliegend war, hatte Dernburg dem Kopfbau zur Potsdamer Straße hin eine monumentale Fassade in barock-klassizistischen Formen vorgeblendet. Die elfachsige Fassade war im Erdgeschoß und im Zwischengeschoß durch horizontale Nutung als Sockel gestaltet und mit einem Abschlußgesims gegen die beiden Obergeschosse abgegrenzt. Das 1. Obergeschoß war durch seine großen rundbogigen Fenster bzw. Fenstertüren im Risalitbereich besonders ausgezeichnet, während das 2. Obergeschoß bedeutend kleinere rechteckige Fenster aufwies. Die Wände in den Obergeschossen waren glatt verputzt. Den Abschluß der Fassade bildete ein Kranzgesims. Das Hauptgliederungselement der Fassade bestand in einem kräftig vorspringenden dreiachsigen Mittelrisalit, der das Vestibül des Erdgeschosses und den Erfrischungsraum des 1. Obergeschosses nach außen spiegelte. Über dem genuteten Sockel war er in den Obergeschossen durch eine ionische Halbsäulenkolossalordnung geschmückt, wobei die Risalitecken durch gekuppelte Halbsäulen hervorgehoben wurden. Das Kranzgesims verkröpfte sich über dem Risalit. Auf ihm standen über den Halbsäulen große, mit Girlanden behängte Vasen. Ein von breiten

19 Erbauung des Sportpalastes, »Der erste Bogen, errichtet im März 1910«, Postkarte (vgl. Abb. 15–18).

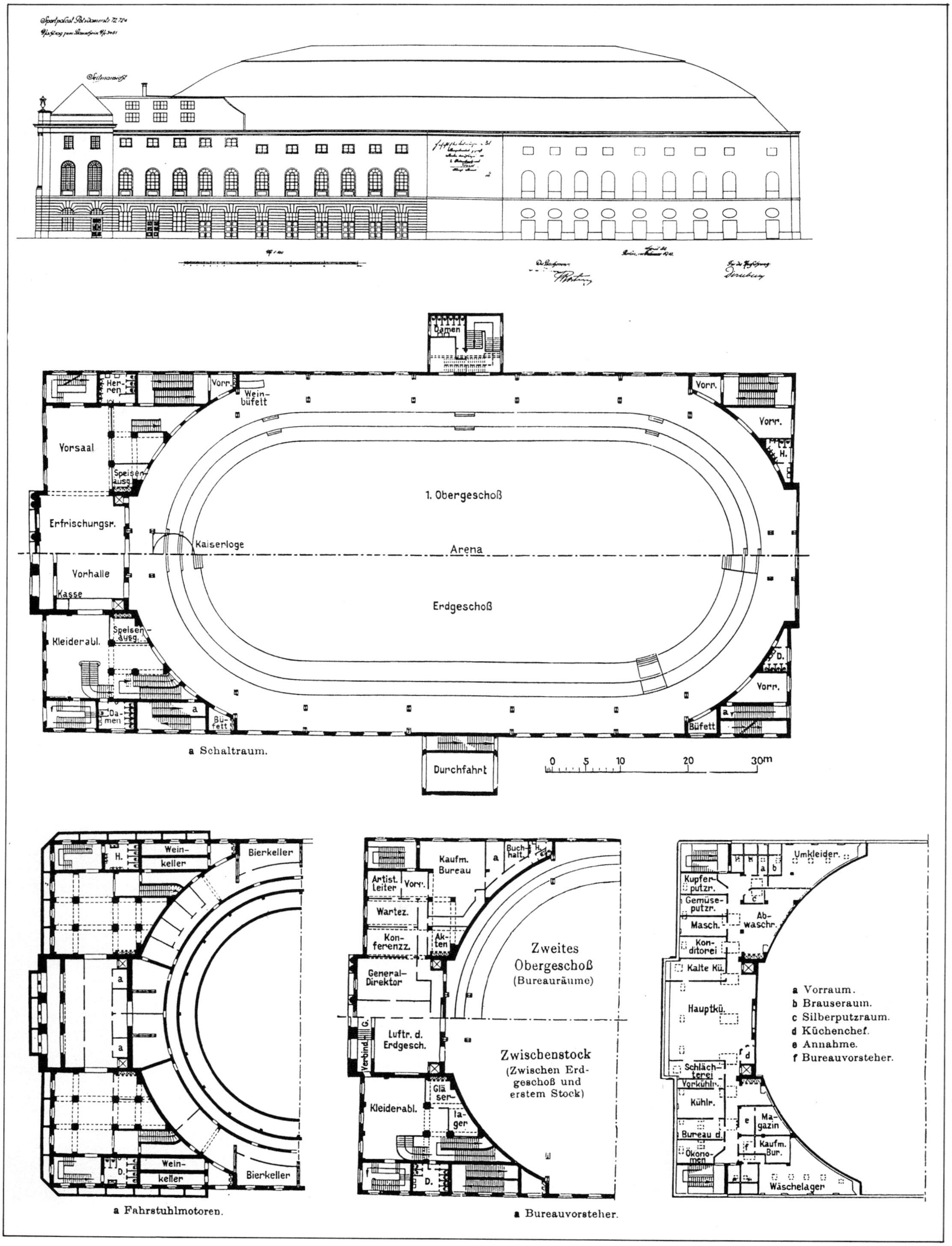

◁ 20 Sportpalast, Aufriß und Grundrisse, 1910; oben: Ansicht von Norden (nach: LA SP 3995/23f. [Lichtpause/Papier, ca 47 x 126 cm]); Mitte: Erdgeschoß und erstes Obergeschoß; unten von links: Kellergeschoß, Zwischenstock und zweites Obergeschoß, Dachgeschoß (Grundrisse nach: ZBv 1911, S. 214).

21 Sportpalast, Aufriß des Kopfbaus mit Schnitt, Querschnitt durch die große Halle (nach ZBv 1911, S. 214f.), Schnitt durch den Kopfbau, 25. 5. 1910 (nach LA SP 3994/39f. [Lichtpause/Papier/Leinen, 40 x 66 cm]). ▷

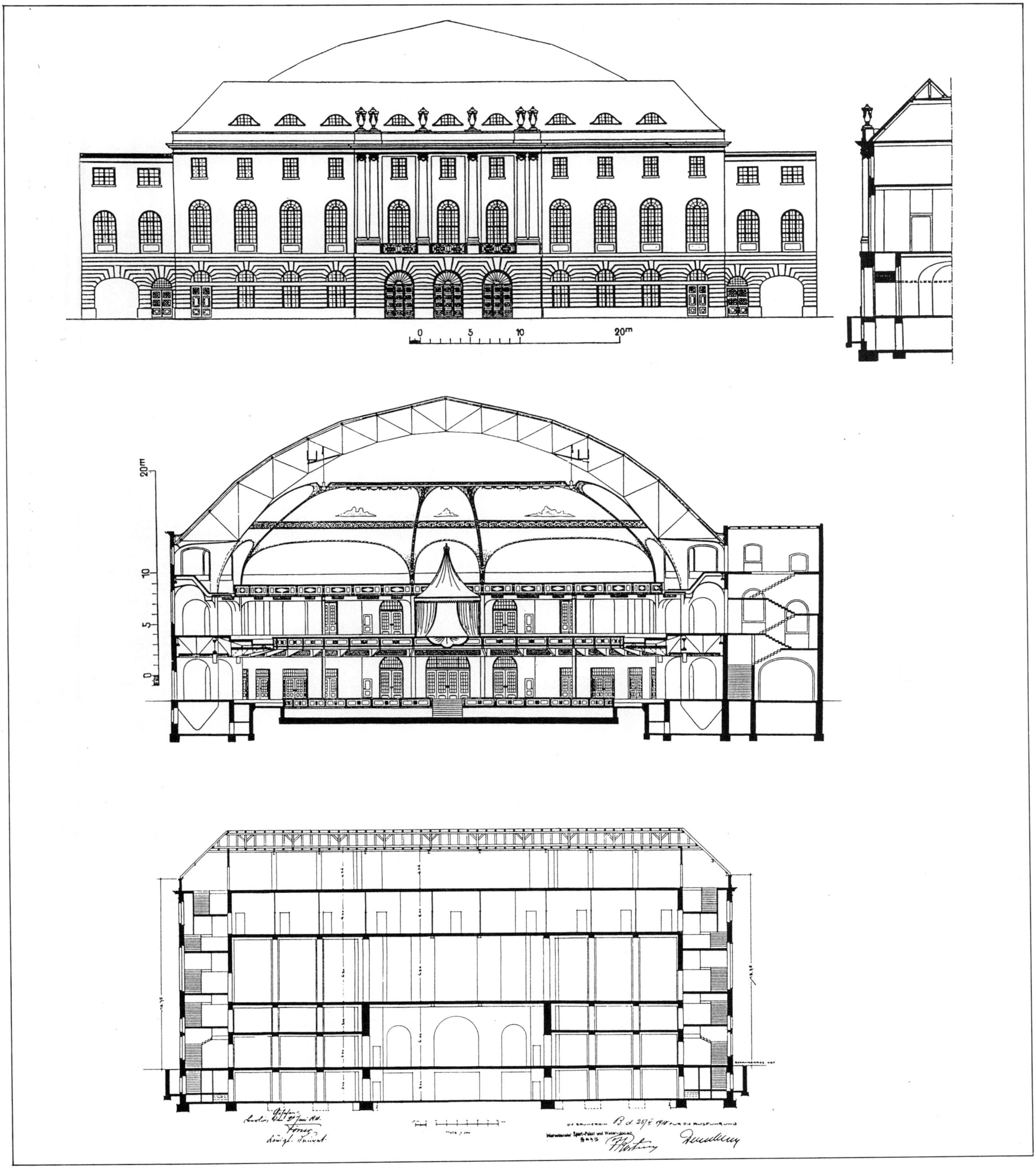
0
5
10
20m

Schleppgaupen besetztes Walmdach bekrönte den Kopfbau.

In rund einem Jahr wurde das Gebäude errichtet:[17]

1909 Sep 11 – Provisorische Bauerlaubnis zur Herstellung der Fundamente.
1909 Okt 7 – Vorläufige Erlaubnis zur Ausführung des Kellermauerwerks.
1909 Okt 12 – Grundsteinlegung.
1909 Nov 23 – Erteilung des Hauptbauscheins (Nr. 3451) von der Baupolizei, Abt. III.
1909 Dez 6 – Die Fundamente sind zur baulichen Abnahme bereit.
1910 Mär 4 – Der vordere Kopfbau ist bis auf das Dach fertiggestellt.
1910 Mär 11 – Mai 26 – Aufstellung der eisernen Binder.
1910 Mai 12 – Rohbauabnahme des vorderen Kopfbaues.
1910 Mai 26 – Das Dach ist gerichtet, und auch das Dach der Halle geschalt.
1910 Jun 22 – Die Außenputzarbeiten sind im Gange.
1910 Jun 29 – Beginn der Ausschachtungsarbeiten des rechten Treppenhauses.
1910 Jul 7 – Beginn der Ausschachtungsarbeiten des linken Treppenhauses.
1910 Aug – Räume im Kopfbau werden bereits für Bürozwecke genutzt. Arbeiten an der Innenausstattung der Halle.
1910 Okt 24 – Gebrauchsabnahme des Gebäudes. Noch nicht ausgeführt waren die Durchgänge zur Winterfeldtstraße, der Innenausbau des linken Treppenhausanbaus und die Vorgartenanlage mit der Einfriedung an der Potsdamer Straße.
1910 Nov 17 – Feierliche Einweihung.

Die einzelnen Bauphasen wurden durch vom »Hohenzollern Sport-Palast« herausgegebene Postkarten dokumentiert.[18]

Beteiligt waren:[19]
Hermann Dernburg, Regierungsbaumeister a. D., Berlin, Lützowufer 14 (ausführender Architekt).
Johannes Biesold, Zivil-Ingenieur, Berlin W 62, Kleiststraße 36 (Konstrukteur der eisernen Hallenkonstruktion).
E. Bremer und H. Lehmann, Berlin (örtliche Bauleitung, nacheinander).
M. Czarnikow & Co., Berlin W 56, Werderscher Markt 10 (Eisenbetonarbeiten: die tragenden Teile, Fundamente und Kellerdecken im Kopfbau sowie die Binder-Fundamente der Halle).[20]
Eckert & Danneberg, Baugeschäft, Schöneberg, Am Tempelhofer Weg (Maurerarbeiten).
Hermann Raebel GmbH,Tempelhof, Teilestraße (Massivdecken im Erdgeschoß).
Breest & Co., Bauanstalt für Eisen- und Wellblech-Constructionen, Berlin N 20, Wollankstraße 54–56 (die schmiedeeisernen Träger, Blechträger, Dachkonstruktionen und Treppen).
Gebr. Friesecke, Kunststeinwerke, Berlin S, Plan-Ufer 94 (die vier Kunststeintreppen im Kopfbau).
Georg Mauck, Ratszimmermeister, Schöneberg, Hauptstraße 121 (Zimmerarbeiten).
Quiri & Co., Schiltigheim im Elsaß (Eisanlage).

Die Baukosten betrugen rund 3 Millionen Mark.[21]

22 »Die Hälfte der Eisenkonstruktion im April 1910«.

23 »Besichtigung d. Eisenkonstruktion durch die Technische Hochschule i. April 1910«.

22–23 Erbauung des Sportpalastes, Postkarten (vgl. Abb. 15–18).

In einem früheren Entwurf, wahrscheinlich vom 30. 6. 1909, schien der Kopfbau gar nicht als solcher gekennzeichnet, sondern alle Fronten der Halle waren ähnlich durch genuteten Sockel, hohes 1. Obergeschoß als Piano nobile und mezzaninartiges 2. Obergeschoß gegliedert. Die vier Ecken des Gebäudes wurden durch an den Schmalseiten einachsige, an den Langseiten zweiachsige turmartige Eckrisalite betont. Die Treppenhaus-Anbauten der Langseiten waren ebenfalls risalitartig gestaltet und über der Attika mit Vasen geschmückt. Die Hauptfassade wurde durch einen fünfachsigen Mittelrisalit[22] mit ionischer Halbsäulenkolossalordnung über dem Sockel und nicht identifizierbaren allegorischen Figuren auf der Attika über jeder Halbsäule ausgezeichnet. So entstand der Eindruck eines Barockschlosses und war wohl auch beabsichtigt. Nur das sich über der Attika hochwölbende große Dach zeigte den anderen Zweck an. Der Vorderbau sollte auf einem Sockel stehen, der durch eine Balustrade gegen einen parkartigen Garten mit der Statue des Augustus von Primaporta – ein Hinweis auf den gehobenen Anspruch des Hauses – abgeschlossen war, und Freitreppen sollten zunächst zu der Estrade, dann zu den fünf Haupteingängen führen. Jedoch erschien der Polizei, Abteilung I (Theater), diese Anlage als sehr hinderlich für das schnelle Verlassen des Hauses bei Gefahr, und sie forderte eine Tieferlegung des Gebäudes und den Wegfall der Freitreppen.[23] Auch die turmartigen

Eckrisalite, in denen sich Treppenhäuser befanden, fielen vermutlich baupolizeilichen Sicherheitsbestimmungen zum Opfer, da sie auf dem in Wirklichkeit engen, bis zum Äußersten ausgenutzten, Grundstück die nötige Feuerwehrumfahrt sehr verschmälert hätten. Zudem wäre durch sie die durchaus nicht breite Fassade in ihrer Gestaltung recht unruhig geworden. Solche ästhetischen Gesichtspunkte waren wohl auch der Grund für die Veränderung des Mittelrisalits, worüber in den Bauakten nichts gesagt wird.
In einigen weiteren Gegebenheiten verstieß der Bau auch gegen die Baupolizeiordnung vom 15.8. 1897, und es mußte um Dispens nachgesucht werden, so wegen der unzulässigen Tiefe des Gebäudes und wegen der Höhenüberschreitung der Attika an der Front zur Potsdamer Straße.[24]

Sogar die Errichtung eines Vorgartengitters erwies sich als problematisch. Nachdem die städtische Polizeiverwaltung, Bau- und Theaterabteilung, der Errichtung des Straßenabschlußgitters unter Einhaltung einiger Bedingungen am 8.9. 1910 zugestimmt hatte, versagte dagegen die Tiefbaudeputation der Stadtgemeinde am 15. 10. 1910 ihre Genehmigung. Der Grund waren große *»Kandelaber«*, die *»als Bauten im Sinne des Fluchtliniengesetzes«* galten und vor der Baufluchtlinie errichtet worden waren. Sie mußten auf diesen Einspruch hin wieder ausgegraben und zurückgesetzt werden, was noch in Nachtarbeit kurz vor Eröffnung des Sportpalastes am 17. 11. 1910 geschah. Das Gitter bestand aus 14 gemauerten, in rhythmischen Abständen aufgestellten Pfeilern mit Deckplatten und eisernen Zwischengittern mit Rankenabschluß; die Gitter waren an den Seiten, im Anschluß an die Häuser Potsdamer Straße 71 und 73, und in der Mitte als Tore gestaltet. Die acht 12 Meter hohen *»Kandelaber«* bestanden aus Eisenbeton und trugen Bogenlampen in Form von Hängelaternen; zwischen die jeweils zwei Außenmasten sollten Reklameschilder aus Leinwand aufgehängt werden.[25] Die Lichtmasten waren teils mit den Pfeilern verbunden, teils standen sie frei. Zu den baupolizeilichen Bedingungen gehörte, daß die Fahrwege zu den Toren eine Breite von 4 Metern haben mußten und daß der circa 65 Meter tiefe Vorgarten nicht bebaut und nicht *»im Falle einer Panik hinderlich«* bepflanzt werden durfte.

Zur Anlage des Sportpalastes gehörte auch ein Maschinen- und Kesselhaus auf dem Hinterland des Grundstücks. Nachdem die Städtische Polizeiverwaltung, Abt. I (Straßenbau) am 22. 4. 1910 die Genehmigung zu seiner Errichtung erteilt hatte, reichte Dernburg die Entwürfe ein, welche jedoch von der Polizei-Bau-Abteilung nicht anerkannt wurden, da der geforderte Sicherheitsabstand von 9 Metern um das Hauptgebäude nicht eingehalten worden war. Darauf reichte Dernburg am 18. 5. 1910 neue Entwürfe ein, die am 20. 5. 1910 genehmigt wurden; der Bauschein (Nr. 1006) wurde am 28. 5. 1910 erteilt. Allerdings mußte der Entwurf noch einmal revidiert werden. Die Rohbauabnahmeverhandlung war am 10. 9. 1910, die Gebrauchsabnahmeverhandlung am 11. 11. 1910.
Das zweigeschossige Maschinenhaus hatte, weil es in die spitzwinkelige Nordwestecke des nicht rechteckigen Grundstücks hinter dem Hauptgebäude eingefügt werden sollte, und infolge des geforderten Abstandes von 9 Metern zu diesem einen unregelmäßigen Grundriß, bei einer Länge von gut 33 Metern eine abnehmende Breite von 14,50, 8,60, 4,20 bis zu 2,40 Metern.[26]
Das Kesselhaus nahm vor allem die für die Eiserzeugung notwendigen Maschinen auf. Als fester Bestandteil gehörte nämlich zur Halle des Sportpalastes die Anlage einer

24 »Sport-Palast: einer der elektrisch angetriebenen Exhaustoren zur Belüftung der Arena« (nach: Mitteilungen der Berliner Electricitäts-Werke 7, 1911, Nr. 1, S. 6).

Eisbahn von knapp 2.300 Quadratmetern, die als die größte Hallenbahn Europas galt; sie wurde mit Ammoniakkältemaschinen betrieben. Eine Dampfmaschine diente zum Antrieb der Eismaschinen. Den Abdampf verbrauchte man im Winter zur Heizung, im Sommer wurde *»auf Auspuff gearbeitet«*. Kühlwasser sollte nicht abgeführt werden.[27]

Gerade diese Eisbahn machte den Sportpalast für die zeitgenössische Architekturbetrachtung zu einer *»spezifisch großstädtischen Bauaufgabe«*, mit der *»großen Massen [...] ein Gehäus und zugleich ein Rahmen geschaffen werden«*[28] sollte. Dernburg hat mit seiner leicht und frei gewölbten großen Halle jedoch nicht nur den Eisläufern einen beschwingenden Rahmen gegeben[29], sondern auch den übrigen Funktionen des Gebäudes eine praktisch wirksame, verständliche und dabei ästhetisch befriedigende Form. Allerdings fand der Bau in der zeitgenössischen Architekturkritik gegenüber anderen gleichzeitigen Hallenneubauten nur ein geringes Echo. Ein Grund hierfür mag die ungünstig eingezwängte Lage des Sportpalastes zwischen den Hinterhöfen der Nachbarhäuser gewesen sein, die keinen Überblick über den Bau erlaubte und eine repräsentative Außengestaltung, gleich welcher Art, sogar völlig überflüssig erscheinen ließ. Der andere Grund lag vermutlich in der Gesamtkonzeption, die nichts spektakulär Neues bot, wie zum Beispiel Thierschs 6.000 Quadratmeter große Frankfurter Ausstellungs- und Festhalle von 1909 mit ihrer freiliegenden Eisenkonstruktion oder Max Bergs noch größerer (13.300 Quadratmeter) Eisenbetonbau der Breslauer Jahrhunderthalle von 1913. Dernburg folgte in der Gesamtanlage einer Halle mit längsovaler Arena und umlaufenden Galerien sowie angegliederten Restaurationsräumen traditionellen Formen, wie sie für derartige »Mehrzweckhallen« vorgegeben waren.[30] Hierzu gehört auch die Verhüllung der Eisenkonstruktion durch die übliche angehängte Rabitzdecke, an der es nur zaghafte Hinweise auf die dahinter liegende Konstruktion durch die dekorative Malerei gab,[31] und ihre maskierende Verkleidung mit verputzten Ziegelfronten nach außen. Die Hauptfassade schließlich war, indem sie sich am Klassizismus des späten 18. Jahrhunderts orientierte – hiermit durchaus einer zeitgenössischen Architektur-Richtung folgend, welche vom wilhelminischen Pomp zu klaren, einfacheren Formen strebte[32] –, noch ganz einer historisierenden Gestaltungsweise verhaftet.
Als letzte Baumaßnahme wurde im Januar 1911 auf der Nordostecke des Grundstücks im Vorgartenbereich eine Garage für das Auto des Direktors Rostin errichtet mit der Auflage, daß *»während der Benutzung der Sporthalle gleichwie zu welchen Spielen, Festlichkeiten oder zum Eislauf etc. die Aufstellung oder Benutzung des Automobils auf dem Hof unterbleibt«*.[33]

Für die verschiedenen Zweckbestimmungen des Sportpalastes war auch eine Anzahl von unterschiedlichen Einbauten nötig. An bevorzugter Stelle stand neben der Nutzung für den Eislauf, wie aus dem Namen der Halle »Wintervelodrom« schon hervorgeht, die für den Radrennsport, wobei das aus den USA eingeführte Sechstagerennen eine besondere Berühmtheit erlangte. Hierzu mußte jeweils eine hölzerne Radrennbahn eingebaut werden. Die erste Bahn wurde im März 1911 von Zimmermeister Georg Mauck gebaut und aufgestellt mit Tribünen an der Ost-Kurve und einer Treppe mit Brücke über die Bahn zum Innenraum. Die Bahnbreite betrug 4,90 Meter, und die Bahn hatte einen Neigungswinkel von circa 12° in den Geraden und 32° in den Kurven. Im November 1911 und in den folgenden Jahren bis 1915 und wieder ab 1919 wurde anscheinend immer dieselbe Bahn von Georg Mauck, der sich jeweils im Genehmigungsgesuch an die Baupolizei auf seine alten Zeichnungen berief, *»in denselben Abmessungen«* errichtet.[34] Eine Ausnahme gab es im März 1912, als wiederum für ein Sechstagerennen eine Rennbahn aus Frankfurt am Main, welche von dem Ingenieur Edmund Hellner, Dresden, *»Spezialist für Projektierung und Bau von Radrennbahnen«* konstruiert worden war, aufgebaut wurde. Die Fußgängerbrücke und die beiden Tribünen lieferte dagegen auch diesmal Georg Mauck.[35] 1923 war die Ausführung von der Firma Hagendorf & Hass übernommen worden.[36] Erst 1925 wurde von dem Architekten Georg Bremer eine neue Bahn entworfen, welche in den folgenden Jahren bis zum Frühjahr 1931 benutzt wurde.[37] Zu diesem Zeitpunkt beauftragte die Sportpalast AG den Architekten und *»Sachverständigen für Stadionanlagen und Radrennbahnen«* Clemens Schürmann aus Münster in Westfalen, eine neue Radrennbahn einzubauen. Die neue Bahn *»stellte eine verbesserte Konstruktion der [...] bestehenden Anlage dar«*; sie war 5,50 Meter breit und 166,67 Meter lang (0,45 Meter von der Innenkante gemessen), und der Neigungswinkel betrug zwischen 12° und 48°; in-

25 Sportpalast, nicht ausgeführtes Projekt, 1910; Postkarte (vgl. Abb. 15–18).

26 Sportpalast, Blick durch die große Halle auf die Kaiserloge, um 1911; Postkarte.

folge ihrer Zerlegbarkeit konnte sie schnell auf- und abgebaut werden. Sie war für Flieger- und Mannschaftsrennen gedacht und gestattete eine Geschwindigkeit bis zu 70 Kilometern in der Stunde.[38] Nach Einbau der Radrennbahn erhielt Clemens Schürmann den weiteren Auftrag zur Konstruktion eines Kurventribünen-Neubaus in der Art, daß die beiden Geraden und Teile der Kurven als »Praktikabeln« schnell ausgebaut werden konnten, während man die Steilkurven bei Boxkämpfen und Versammlungen stehen lassen konnte.[39]

Anfang des Jahres 1933 wurde diese Radrennbahn zu »Steherrennen« umgerüstet, wiederum von Clemens Schürmann.[40] Diese Bahn wurde bis 1935 benutzt. Nach dem Krieg entstand im Spätsommer und Herbst 1953 eine neue Radrennbahn mit erhöhten Tribünen. Die Bahn aus transportablen Fahrbahnplatten auf Vollwandbindern hatte eine Fahrbahnbreite von fünf Metern und Neigungswinkel von 17,5° in den Geraden und 48° in den Kurven; sie war von dem Architekten Georg Bremer konstruiert worden. Der Initiator für die ab Oktober 1953 wieder regelmäßig im Sportpalast stattfindenden Radrennen und Sechstagerennen war Max Knaak.[41]

Weiterhin gab es verschiedenste kleinere Einbauten und Umgestaltungen des Inneren wie die Aufstellung von Podien, Rutschbahnen oder phantasievollen Aufbauten für Bälle, Bockbierfeste oder ähnliche Veranstaltungen, meist einseitige Festaufbauten bzw. Auftrittsdekorationen für bunte Veranstaltungen oder Eisrevuen.

Entsprechend den verschiedenen Veranstaltungen, die im Sportpalast stattfanden, veränderte sich auch die Bestuhlung in ihrer Art und Ausdehnung. Die Polizei hatte für die Besucherzahl gewisse Höchstgrenzen festgesetzt, die abhängig waren von den vorhandenen Gang- und Treppenbreiten sowie Ausgängen. Diese Höchstplatzzahlen für die einzelnen Veranstaltungen waren in den Bestuhlungsplänen festgehalten. Das eigentliche Fassungsvermögen des Sportpalastes sollte anfangs circa 10.000 Personen betragen, in einem späteren Projekt waren über 7.000 Personen angegeben. Nachdem die Baupolizei die zweite Galerie nicht für Besucher freigegeben hatte, blieben nur knapp 6.000 Plätze übrig. Diese Platzzahl wurde noch einmal um 1.000 Plätze dadurch verringert – da *»für die Rentabilität des Unternehmens der Restaurationsbetrieb ein so maßgebendes Moment«* war –, daß die Sitze nicht in festen Reihen, sondern um Tische um die Arena angeordnet wurden.[42]

Kurze Zeit nach Abschluß der Neubauarbeiten am Sportpalast 1911 begannen schon die Umbauten. Zu den ersten gehörte ein kleinerer, der Umbau der Kaiserloge, welcher der hohe Baldachin abgenommen wurde.[43]

Als nächstes wollte E. Vogts von der »Hippodrom Palast G.m.b.H.«, die den Sportpalast gepachtet hatte, ebenfalls im Februar 1912 das Gebäude zu Zirkuszwecken einrichten, was jedoch aus baupolizeilichen Gründen untersagt wurde. Das führte vermutlich zum Ende dieser Gesellschaft. Bereits Anfang Mai 1912 war die »Hippodrom Palast G.m.b.H.« laut Zwangsvollstreckungsbericht aufgelöst.[44] Drei Monate später wurde der Sportpalast zwangsversteigert und ging mit Zuschlag vom 23.8. 1912 in das Eigentum der »Theater- und Konzerthaus-Aktiengesellschaft«, Berlin W 8, Taubenstraße 22, über, womit der Sport, gleich welcher Art, schon rein äußerlich nicht mehr an erster Stelle stand.[45] Das bestätigte sich alsbald in dem nächsten großen Umbauprojekt.

Nach einer persönlichen Unterredung Hermann Dernburgs mit dem Polizeipräsidenten von Jagow am 1.10. 1912 reichte jener noch am selben Tag dem Polizeipräsidium, Abt. III, einen Antrag zur Prüfung des Umbaues des Sportpalastes *»für Zwecke des Herrn Professor Max Reinhardt«* mit acht Zeichnungen und einer Entleerungsberechnung ein,[46] also ein Vorprojekt für ein Theater. Es sollte jedoch kein Theater im bisher üblichen Sinne geschaffen werden, sondern – wie Dernburg schrieb – *»ein völlig neuer Typ von Schauhaus«*, wobei der *»Schwerpunkt der Vorstellungen in den Mittelraum des Hauses«* gelegt werden sollte,

27 Sportpalast, Kasino im ersten Obergeschoß, 1911 (nach: Mitteilungen der Berliner Electricitäts-Werke 7, 1911, Nr. 1, S. 4).

28 Sportpalast, Vorhalle, 1911 (nach: ZBv 1911, S. 216, Abb. 11).

während der *»Bühne«* (im Westteil des Gebäudes) nur *»eine untergeordnete Bedeutung«* zukommen sollte, da Max Reinhardt es für seine Inszenierungen anstrebte, *»dass sich Darsteller und Publikum möglichst im gleichen Raume«* befänden. Bis zu tausend Darsteller sollten auftreten, die Dekorationen aber, wie schon bei den Reinhardtschen Aufführungen der vorangegangenen Jahre im Berliner Zirkus Schumann und in anderen in- und ausländischen Zirkusunternehmungen *»auf ein Minimum beschränkt«* werden, was einen Schnürboden überflüssig machte. Der Sinn dieses Vorprojekts und der langen Ausführungen Dernburgs hierzu war, für den Sportpalast, der nach der *»Polizeiverordnung über die baulichen Anlagen, die inneren Einrichtungen und den Betrieb von Theatern, öffentlichen Versammlungsräumen und Zirkusanlagen von 1909«* nur als Versammlungsraum zugelassen war, die Zulassung als Theater oder *»Zirkus mit Bühne«* zu erhalten, denn *»der Darstellungsraum«* wäre in feuerpolizeilicher Hinsicht *»ganz anderen Voraussetzungen unterworfen [...] als Bühne und Zirkus im bisherigen Sinne«*. Allerdings mußte Dernburg außerdem in drei Punkten Dispens von der Theaterverordnung beantragen, von § 21 Ziffer 1 e, was die vorgeschriebene Bühnenhöhe betraf, von § 21 Ziffer 1 a hinsichtlich der zu großen Abmessungen des Podiums und von § 27 Ziffer 1 wegen der anderen Konstruktion des eisernen Vorhangs. Das neue Theater sollte im Parkett (= Ring 1–4) 2.490 und im 1. Rang (= Rang 5 und 6) 1.837 Personen aufnehmen können.[47] Für Max Reinhardt, der seine Massenszenen schwer in einem Theater herkömmlicher Art gestalten konnte, war der Sportpalast mit seiner Arena inmitten der Zuschauer, in der – wie vorgesehen – Hunderte von Darstellern auf einmal auftreten und das Publikum in ihren Bann ziehen konnten, ein idealer Schauplatz. Außer zu Reinhardtschen Theateraufführungen sollte das Haus auch *»für Konzerte großen Stils«* verwendet werden.

Die Umbaupläne sahen im westlichen Drittel der Halle die knapp 38 Meter tiefe Bühne vor, die sich mit einer Breite von circa 25 Metern zum Zuschauerraum öffnete. Von der Bühne führten Stufen auf ein fünfzehn Meter breites Podium hinab, das den Mittelteil der ehemaligen Arena ausfüllte und so das zweite Drittel der Halle. Das Podium war an drei Seiten amphitheatralisch von fünfzehn Sitzreihen umgeben, an die sich im östlichen Teil der Halle noch ein weiteres Halbrund von siebzehn Sitzreihen anschloß. Der 1. Rang, die ehemalige 1. Galerie, trug sieben Sitzreihen. Das Haus Winterfeldtstraße 33 sollte als Garderobenhaus für 800 Personen eingerichtet werden.[48] Dieser Entwurf entsprach in seinem Grundriß hinsichtlich der Verteilung von Bühne und Zuschauerraum schon dem späteren Großen Schauspielhaus von 1919/20.

Während die Bauabteilung (Abt. III, Graßmann) auf Entscheidung des Polizeipräsidenten den Entwurf den Zirkusanlagen zurechnete, bezeichnete die Abteilung für Feuerwehr ihn als *»Arenatheater«*.[49] Dementsprechend war dann noch eine Reihe von Auflagen zu erfüllen; eine der wichtigsten und teuersten war die geforderte Freilegung der gesamten Hauptfront des Sportpalastes und der damit verbundene Erwerb des Grundstücks Potsdamer Str. 71, um der Bestimmung § 96 d der Theater-Verordnung vom 2. 5. 1909 Genüge zu tun, nach der die Gebäudehauptfront eines Theaters an einer öffentlichen Straße liegen mußte. Weitere Bedingungen waren die Feuerfestigkeit der Bühne und des Rundhorizonts gemäß § 2 D.lit.a der obigen Verordnung und die Forderung, daß nur *»unverbrennliche Dekorationen in mäßigem Umfang«* verwendet werden durften. Andere Auflagen betrafen die Ein- und Ausgänge, die Trennwand zwischen Bühne und Zuschauerraum, den

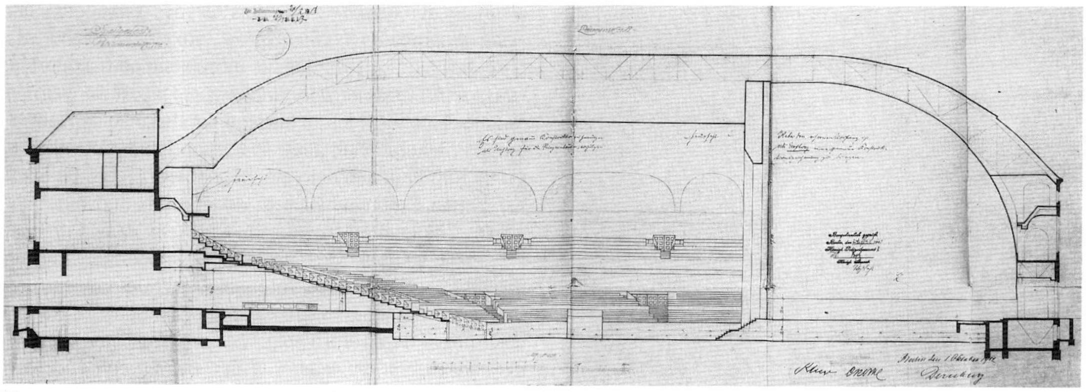

29

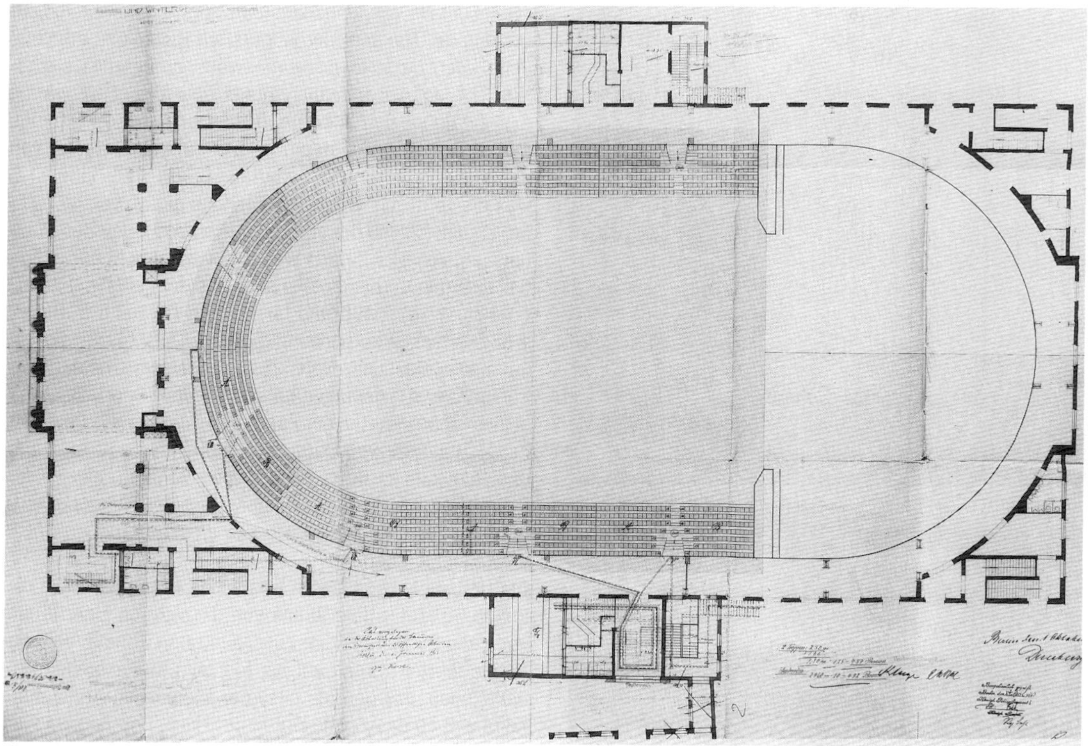

30

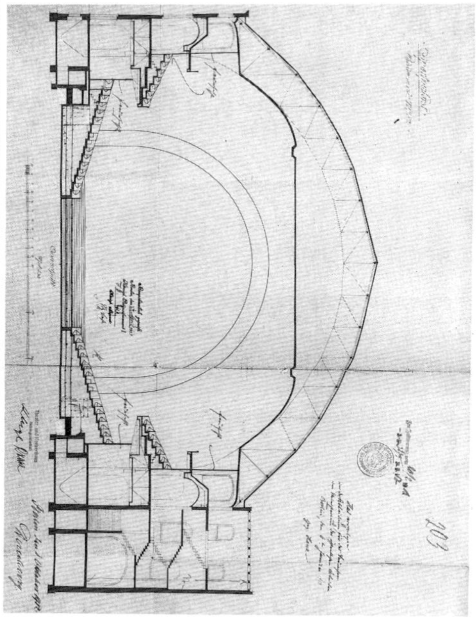

32

31

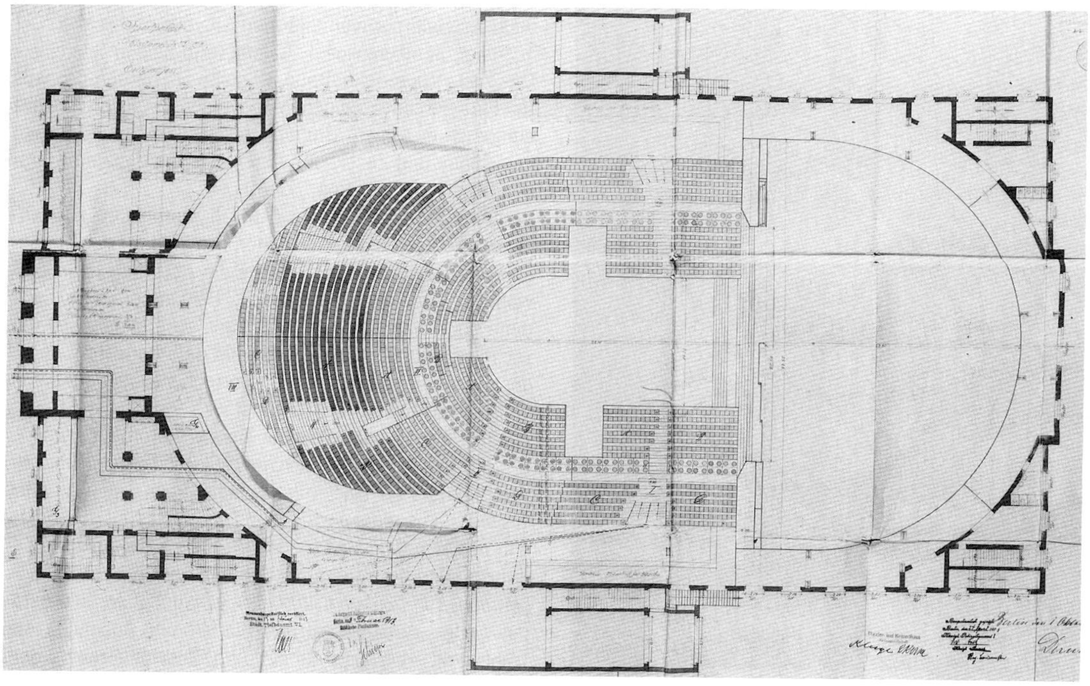

29 Hermann Dernburg, Entwurf zu einem Umbau des Sportpalastes in ein Theater für Max Reinhardt, Längsschnitt, 1. 10. 1912 (nach: LA SP 3998/200f. [Lichtpause/Papier/Leinen, rote Tusche, 44 x 123 cm]).

30 Hermann Dernburg, Entwurf zu einem Umbau des Sportpalastes in ein Theater für Max Reinhardt, Grundriß des ersten Ranges, 1. 10 1912 (nach LA SP 3998/206–09 [Lichtpause/Papier/Leinen, z. T. koloriert, 87,5 x 132 cm]).

31 Hermann Dernburg, Entwurf zu einem Umbau des Sportpalastes in ein Theater für Max Reinhardt, Grundriß des Erdgeschosses, 1. 10. 1912 (nach: LA SP 3998/197 [Lichtpause/Papier/Leinen, z. T. koloriert, 79,5 x 131 cm]).

32 Hermann Dernburg, Entwurf zu einem Umbau des Sportpalastes in ein Theater für Max Reinhardt, Querschnitt, 1. 10. 1912 (nach: LA SP 3998/202f. [Lichtpause/Papier/Leinen, rote Tusche, 49 x 70 cm]).

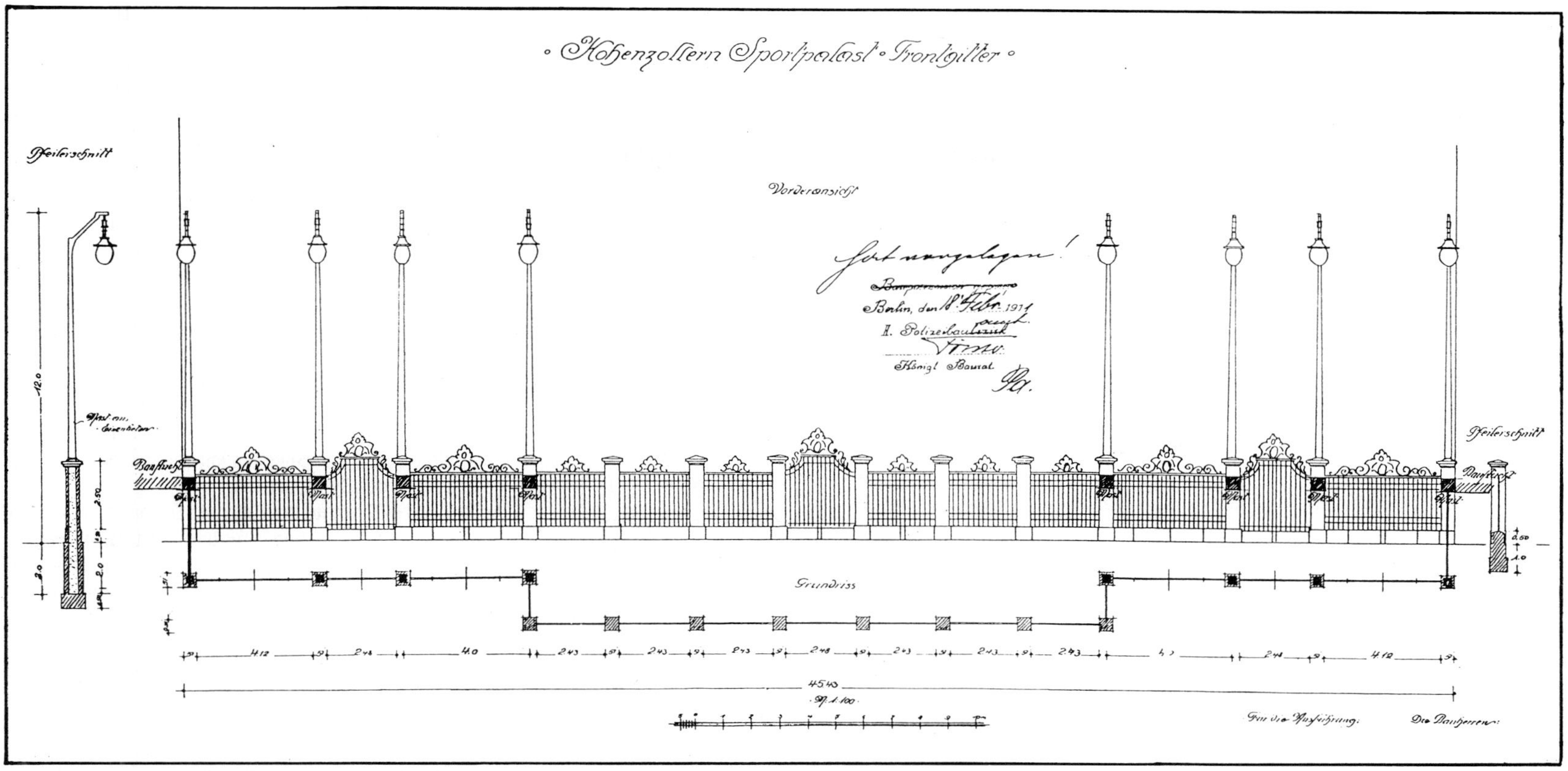

33 Sportpalast, Frontgitter, 18. 2. 1911 (nach: LA SP 3997/16f. [Lichtpause/Papier, 34,5 x 58 cm]).

Schutzvorhang (eisernen Vorhang), Rauchklappen, allgemeine elektrische Beleuchtung, Notbeleuchtung und Feuerlöscheinrichtungen.[50]
Für die damit verbundene *»ganz unverhältnismäßige Steigerung der Umbaukosten«* wie auch für den Erwerb des Grundstücks Potsdamer Str. 71 reichten, wie die Theater- und Konzerthaus AG am 15.11. 1912 der Theater-Abteilung schrieb, ihre *»bereiten Mittel«* nicht aus, und es galt, das Projekt vor seiner Ausführung noch zu finanzieren. Man dachte dafür entweder an einen mehrjährigen Vertrag mit Max Reinhardt *»über die alleinige Benutzung und Verwertung der ganzen Anlage«* oder an eine zeitweise Vermietung an Max Reinhardt und *»andere Unternehmer zur Veranstaltung von Theater- und Konzertaufführungen sowie von sonstigen Schaustellungen«*. Nachdem so *»die Rentabiliät des Unternehmens [...] sichergestellt«* wäre, hoffte die Theater- und Konzerthaus AG, die *»erforderlichen Kapitalien durch Beteiligung Dritter«* zu beschaffen.[51] Diese Finanzierung glückte offenbar nicht, denn obwohl am 18.11. 1913 der Bauschein für den Umbau des Sportpalastes *»für Zirkuszwecke mit Bühne«* erteilt wurde, gab es zur gleichen Zeit schon Pläne, das Schumann'sche Zirkusgebäude, das von Friedrich Hitzig in der ersten Berliner Markthalle eingerichtet worden war, nach Ideen Albert Schumanns und Plänen Hermann Dernburgs zum »Theater der Fünftausend« für Max Reinhardt herzurichten.[52] 1919 baute schließlich Hans Poelzig das Gebäude in das Große Schauspielhaus für Max Reinhardt um. Noch im Februar 1914 hoffte Dernburg allerdings auf eine Realisierung seiner Sportpalast-Pläne.[53]

In den nun folgenden vier Kriegsjahren fanden keine Bauarbeiten statt, aber kurz nach Beendigung des Ersten Weltkriegs beabsichtigte die Theater- und Konzerthaus AG überraschenderweise, den Sportpalast in ein Bürohaus umzubauen. Sie reichte am 9. und 23. 12. 1918 der städtischen Baupolizei Zeichnungen für diesen Bau als Vorprojekt ein. Die Büroräume sollten sich über die Obergeschosse des Kopfbaues und über die gesamte Halle verteilen. Den schlechten Belichtungsmöglichkeiten im Hallenbau versuchte man durch zwei große Innenhöfe – der östliche 24 x 37 Meter groß, der westliche 24 x knapp 25 Meter groß – und sechs kleine Lichthöfe, die vom 1. bis zum 4. Obergeschoß reichten, abzuhelfen. Im Erdgeschoß plante man unter den großen Innenhof-Gevierten ebenfalls Büros mit Oberlicht.
Lange Korridore sollten die Räume miteinander verbinden. Das 1. Obergeschoß lag im Bereich des 1. Ranges, das 2. Obergeschoß im Bereich des 2. Ranges, das 3. Obergeschoß darüber und das 4. Obergeschoß im Dach, weshalb es Dachschrägen in den Räumen aufwies und mit Dachflächenfenstern ausgestattet werden sollte. Die Hauptfassade zur Potsdamer Straße wurde in ihrer Gestalt weitgehend beibehalten. Veränderungen dachte man stilgerecht auszuführen, so z.B. an den rechteckigen, bandartig zusammengefaßten Fenstern des 1. und 2. Obergeschosses, welche aus den großen rundbogigen Fenstern des Hauptgeschosses entstehen sollten; sie trugen in ihren geraden Verdachungen zopfige Gehänge, die der Gestaltung der Kapitelle der kolossalen ionischen Halbsäulen und der Attika-Vasen angepaßt waren. Die Ausführung sollte die »Kurt Berndt Bauges. m.b.H.« übernehmen. Die Baupolizei stellte jedoch bei ihrer Prüfung zur Genehmigung Bedingungen, welche das Projekt anscheinend unrentabel machten, so, daß die Räume mit Dachflächenfenstern im 4. Obergeschoß nicht zum *»dauernden Aufenthalt von Menschen«* (also als Büros) benutzt werden und daß die großen Innenhöfe nur zur Hälfte mit Glas überdeckt werden dürften.[54] So wurde dieser Umbau aufgegeben. An seiner Stelle plante man aber bereits im Mai 1919 einen anderen Umbau, den zu einem Kino.

Am 12. 5. 1919 reichte Eduard Fischer, als Mieter des Sportpalastes der Abteilung III fünf Zeichnungen, eine Entleerungsberechnung und einen statischen Bericht *»zur Einrichtung eines Kinotheaters im Sportpalast«* zur Genehmigung ein; er hatte zwei Teilhaber, Moritz Ehrlich in Köln am Rhein und Max Kanarienvogel. Die nachgesuchte Baugenehmigung (Nr. 310) wurde am 10. 6. 1919 erteilt. Die baulichen Veränderungen bezogen sich nur auf die Anlage eines Vorführraumes mit feuerfesten Wänden, Lichtschacht und Sicherheitsschleuse ungefähr in Höhe des 2. Ranges im Osten der Halle und die Aufstellung einer »Abschlußwand«; sie waren dem Maurermeister Reinhold Clauß übertragen. Die Abschlußwand wurde im westlichen Teil der Arena quer aufgestellt und teilte ungefähr ein Viertel der Gesamthalle ab. Sie war 21,5 Meter hoch und 44 Meter breit, während die reine Projektionsfläche die Abmesssungen 7,70 x 10 Meter hatte. Die Leinwand wurde von je zwei Säulen gerahmt und von einem Gebälk bekrönt, ähnlich einer Bühnenöffnung; diese 8,70 Meter hohe und 16 Meter breite Achitektur wurde auch als Bühne bezeichnet und war für die Musik vorgesehen. Die Abschlußwand sollte laut Bedingung der Bauabteilung feuersicher sein, wegen der damals *»schwierige[n] Beschaffung von Baumaterialien«* wurde jedoch ausnahmsweise gestattet, sie *»aus Sperrholz mit Leiterversteifung«* auszuführen.[55]
Der Raum hinter der Projektionswand war noch so groß, daß ihn der Sportclub »Heros 1903« für Ringen, Gewichtheben und Boxen für seinen Sportbetrieb nutzen wollte; der Antrag vom 12. 7. 1919 wurde am 7. 8. 1919 auch genehmigt, war aber mit so aufwendigen Auflagen verbun-

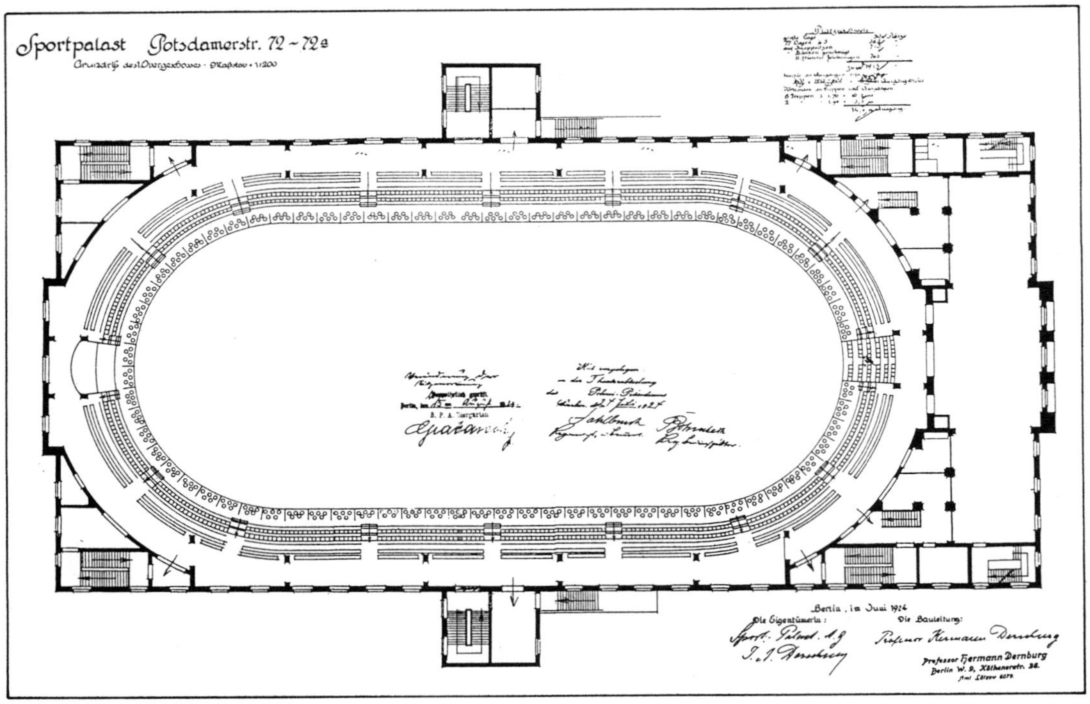

34 Bestuhlungsplan des 1. Ranges, Juni 1924 (nach LA SP 4002/210 [Lichtpause/Papier, 41 x 63 cm]).

den, daß der Sportverein wieder davon Abstand nahm.[56]
Das Kino hatte 2.636 Plätze im Erdgeschoß, die sich auf Klappsitze im Parkett und auf zwei stufenförmig angelegten *»Estraden«* in den Geraden der Halle sowie auf Logenplätze an Tischen auf zwei Stufen im östlichen Halbrund der Halle verteilten. Im Obergeschoß kamen, ebenso auf *»Estraden«* angeordnet, noch 377 Plätze hinzu. Im wesentlichen blieb der alte Eindruck der Halle erhalten. Der Kinosaal war im Erdgeschoß von einem 5,52 Meter breiten als *»Promenade«* bezeichneten Korridor umgeben, an den im Osten das Vestibül mit den Garderoben anschloß, m Norden und Süden führten diverse Ausgänge direkt ins Freie. Am 9. 8. 1919 bat Clauß um die bauamtliche Besichtigung. Das Kino wurde am 5. 9. 1919 unter dem Namen »Sport-Palast-Lichtspiele« eröffnet[57] und bestand zwei Jahre.
Ein Antrag der Architekten Heinrich Jacobi & Co. vom 14. 4. 1920, auf dem Vordergrundstück zur Potsdamer Straße sechs Läden mit Büros und kleinen Wohnungen unter Verwendung der *»an der Straßenfront vorhandenen starken Mauerpfeiler«* offenbar des Zaunes zu errichten, wurde auf Grund des Baufluchtgesetzes am 1. 7. 1920 von der städtischen Straßenbaupolizei abgelehnt.[58]

Ein größeres Bauprojekt bahnte sich im Spätsommer 1921 an, als die Theater- und Konzerthaus AG den Architekten und königlichen Baurat Franz Jaffé damit betraute, den 2. Rang auszubauen und die dafür laut Abs. 2 des §54 der Bau-Polizei-Verordnung vom Jahre 1909 notwendigen gesonderten, unmittelbar ins Freie führenden Treppen zu errichten. Die Eisenkonstruktion für diese sogenannte 2. Galerie war seinerzeit bei Erbauung des Sportpalastes schon hergestellt, nur die Benutzung der Galerie für Besucher von der Baupolizei untersagt worden, da ein Versammlungsraum, als welcher der Sportpalast immer galt, nach der obengenannten Polizeiverordnung höchstens eine Galerie aufweisen durfte. Die damaligen Beamten der Baupolizei wollten keine Ausnahmegenehmigung erteilen, weil die Anlage der hierfür notwendigen gesonderten Treppen bei dem eng zwischen Nachbarhäuser eingebauten Sportpalast nicht möglich erschien.[59]
Jaffé reichte am 5. 10. 1921 den Antrag auf Baugenehmigung für sechs Treppen mit einem Erläuterungsbericht bei der Abt. III (Baupolizei) ein. Er wollte die bisher für beide Ränge vorgesehenen Treppen im nördlichen und südlichen Anbau allein zum Aufgang zum 2. Rang bestimmen, indem der Zugang zum 1. Rang durch eine feuerfeste Mauer geschlossen werden sollte. Zum 1. Rang sollten jetzt, an die beiden Anbauten anschließend, zwei gerade zweiläufige Freitreppen aus Klinkersteinen führen. In den vier Zwickelräumen am Hallenrund sollten zusätzlich vier Gefahrentreppen, als Schachteltreppen mit voneinander isolierten Läufen zum 1. und 2. Rang führend, angelegt werden. Der 2. Rang sollte circa 800 Personen Platz bieten, und zwar Sitzplätze auf zwei Bankreihen und dahinter Stehplätze auf einem sogenannten Podium. Der Bauschein (Nr. 2403) mit der Genehmigung zur Anlage von *»5 massiven Treppen [...], zwei seitlichen Tribünen und einer Tribüne im 2. Rang«* wurde wegen fehlender Unterlagen erst am 4. 3. 1922 erteilt und enthielt außerdem die Genehmigung für eine Radrennbahn im Erdgeschoß. Am 1. 10. 1923 waren die Treppen endlich fertig und baupolizeilich geprüft. Allerdings mußten die beiden neuangelegten Freitreppen laut baupolizeilicher Auflage noch überdacht werden, wozu die Baugenehmigung (Nr. 775) am 13. 6. 1923 erteilt wurde. Gleichzeitig wurde die schon von Jaffé geplante, noch fehlende Nottreppe in der nordwestlichen Ecke der Halle, ebenfalls als Schachteltreppe, von Fritz Königsberger erbaut. Am 17. 1. 1924 war alles fertig und ohne Mängel.[60]
Damit war der Sportpalast schließlich so geworden, wie es sein Erbauer gewünscht hatte, eine von zwei von Zuschauern benutzbaren Galerien umgebene Halle.
Bereits im Herbst 1922 war im 2. Obergeschoß des Kopfbaus eine Sportschule eingerichtet worden. Die Arbeiten leitete der Architekt Fritz Königsberger. Dazu waren *»fast alle in der zweiten Etage«* gelegenen *»Räumlichkeiten freigemacht«* worden, um *»den großzügigen Plan zur Durchführung zu bringen, der nicht weniger als sechs bzw. sieben einzelne Räume«* umfaßte. Neben einem großen Trainingssaal mit zwei Boxringen gab es einen *»Baderaum mit Douchen«*, ein *»Klubheim«*, einen *»Restaurationsbetrieb«*, einen *»Ruhesalon«*, einen Friseur, eine Garderobe und eine Bibliothek. Leiter der Schule war André Picard, der Manager des Sportpalastes. Die Eröffnung fand am 25. 10. 1922 statt.[61]
Am 7. 7. 1924 reichte die »Berliner Sport-Palast AG« der Baupolizei Pläne *»zur Anlage zweier Tunnel in der Arena«* ein, die am 27. 1. 1925 laut Gebrauchsabnahme fertiggestellt waren; die Anlage von Tunneln zum Mittelraum war schon 1914 bei Radrennen als notwendig erachtet worden.[62] Bisher hatte man sich mit provisorischen Holzbrükken über die Bahn beholfen, welche die Sicht behinderten und jedesmal einem aufwendigen Genehmigungsverfahren der Baupolizei unterworfen waren. Noch in demselben Jahr folgte eine der wichtigsten inneren und äußeren Umgestaltungen des Sportpalastes.
Am 26. 5. 1925 reichte der Architekt Oskar Kaufmann der Baupolizei fünf Zeichnungen *»für bauliche Veränderung im Sportpalast«* zur Genehmigung ein; die Bauausführung übernahm die Baufirma Adolf Sommerfeld; weitere Mitarbeiter Kaufmanns waren Eugen Stolzer, der Maler Oehme und der Bildhauer Henning; am 21. 11. 1925 waren die Umbauarbeiten beendet, am 25. 11. fand die feierliche Eröffnung statt.[63] Die Umbauarbeiten standen in Verbindung mit der Anlage einer neuen Eisarena im Sportpalast, nachdem die alte Eisbahn bereits zwei Jahre nach ihrer Einrichtung nicht mehr benutzt worden war. Die Anlagen für die neue Eisfläche wurden von der Maschinenfabrik August Borsig GmbH. in Tegel hergestellt, und zwar nach dem gleichen Prinzip wie die erste Eisbahn. An der Einrichtung der neuen Eisarena war der Berliner Schlittschuh-Club mit seinem Vorsitzenden Paul Hoffmann maßgebend finanziell beteiligt.[64]
Kaufmanns Umbauten betrafen vor allem die große Halle und die Fassade. An der Fassade gestaltete er im Bereich des rustizierten Sockels die Öffnungen neu; die unteren vergrößerte er sämtlich zu Türen, trennte aber die ehemaligen wie Oberlichter wirkenden kleinen Fenster des Zwischengeschosses durch Verschiebung nach oben von ihnen, so daß das Zwischengeschoß jetzt auch an der Fassade deutlich als solches erkennbar wurde. Dem dreiachsigen Mittelrisalit legte er im Sockelbereich einen halbovalen Windfang vor, der sich entsprechend den alten Haupteingängen in drei großen rundbogigen Portalen öffnete. Die ursprünglich geplanten vier gekuppelten Pilaster seitlich der Portale ließ Kaufmann bei der Ausführung weg.[65] Im Windfang legte Kaufmann am Übergang zur Rückwand, der ehemaligen Frontseite, rechts und links zwei kleine Kassenräume in der Grundrißform von sphärischen Dreiecken an, wodurch der ganze Innenraum des Vorbaues oval wirkte. Die Raumaufteilung in den Sockelgeschossen des Kopfbaues des Sportpalastes wurde ebenfalls verändert. In den nördlichen und südlichen Seitenräumen des Vestibüls waren jetzt Kleiderablagen untergebracht, wie auch im Kellergeschoß, wo außerdem eine Kantine entstand, letztere übrigens im Gegensatz zu früheren baupolizeilichen Vorschriften.[66]
Im Zwischengeschoß befand sich ein Wandelraum, Toiletten und Räume für Polizei, Feuerwehr, einen Friseur und ein Pressezimmer. Die wesentlichste Veränderung im Sportpalast erreichte Kaufmann jedoch durch die Neugestaltung der großen Halle. Bestimmend für den Gesamteindruck wurden vier konvex vortretende Raumkompartimente an den Übergängen von den Geraden zum westlichen und östlichen Halbrund mit vorgelegten Treppen vom

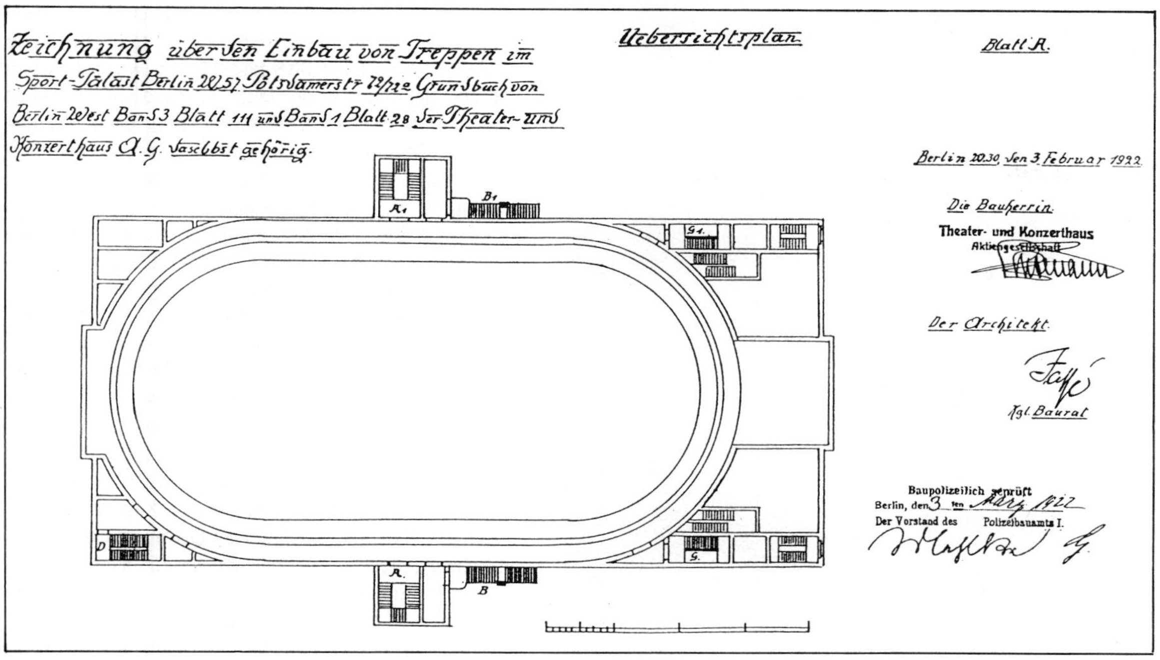

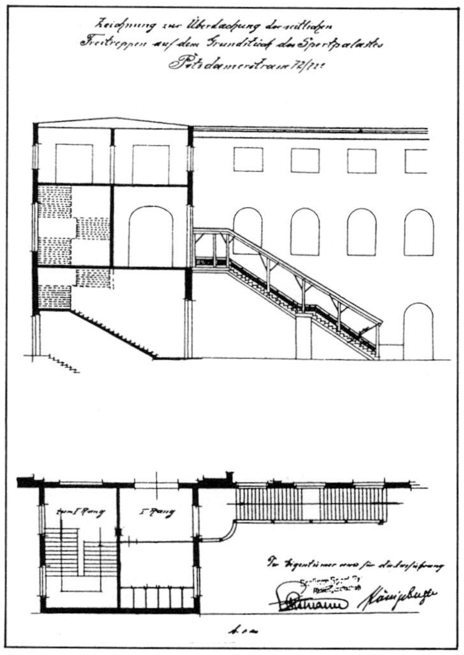

35 Franz Jaffé, Übersichtsplan für den Einbau von Treppen im Sportpalast, 3. 2. 1922 (nach: LA SP 4002/125 [Lichtpause/Papier, 26,5 x 43 cm]).

36 Sportpalast, die seitlichen Freitreppen, 19. 9. 1923 (nach: LA SP 4002/176 [Tusche/Transparentpapier, 51 x 36 cm]).

37 Sportpalast, Einbau zweier Tunnel, 6. 7. 1924 (nach: LA SP 4002/215 f. [Lichtpause/Papier, 39x 66 cm]).

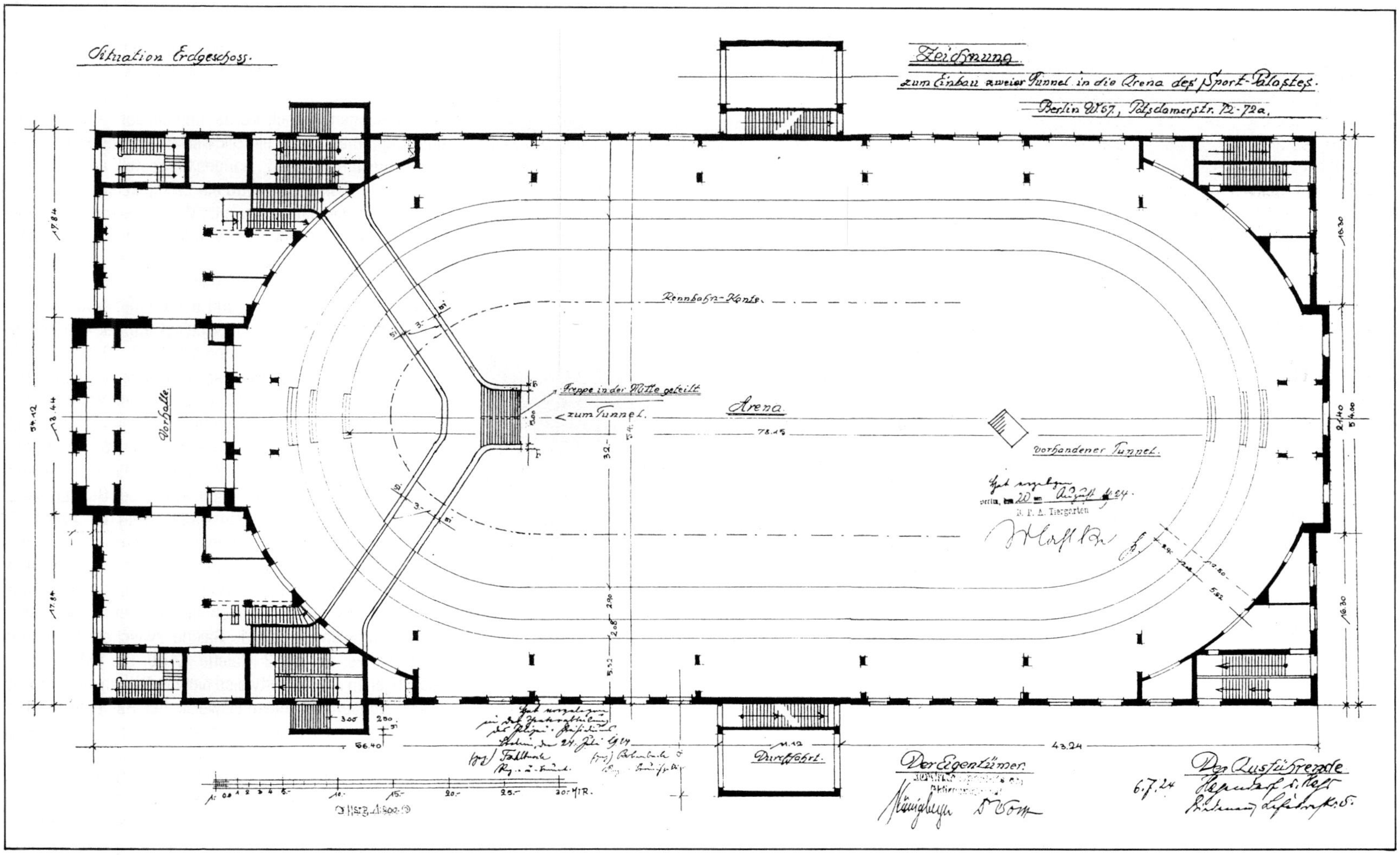

38 Sportpalast, Blick auf Logen während eines Sechstagerennens, 1930.

Erdgeschoß zum Obergeschoß. Die gegenläufige Bewegung setzte einen auffälligen Akzent. Ursprünglich hatte der Architekt auch im Obergeschoß des westlichen und östlichen Halbrunds in der Mitte halbrund vorspringende Logenbauten vorgesehen, sie aber im Zuge einer allgemeinen Vereinfachung gegenüber dem ursprünglichen Entwurf vom Mai 1925 wegfallen lassen wie auch die stärkere Schwingung in den Logenwänden, den Gegensatz von konvexen und konkaven Krümmungen in den Balustraden und den Wechsel in den Treppenläufen.[67] So wurde der barockisierende Eindruck, den auch andere gleichzeitige Bauten Kaufmanns aufwiesen, gemildert.[68] Hinter den sogenannten Terrassen mit Tischen und Stühlen, zwei Reihen im Erdgeschoß und drei im Obergeschoß, waren an den Seiten zur Arena in Pfeilern geöffnete Wandelgänge mit Ausgängen ins Freie angelegt. In den halbovalen Eckräumen hinter den Treppen befanden sich im Erdgeschoß eine Bar und Verkaufsräume, zum Beispiel ein Schlittschuh-Verleih, im Obergeschoß je vier Logen. Kaufmanns neue Halle war trotz der vorspringenden Eckräume und der vielen Schwingungen gegenüber der ursprünglichen Gestaltung Dernburgs von viel einheitlicherer Wirkung, was auf die stärkere Betonung der Horizontalen durch die Dekoration der Balustraden mit geschwungenen Bändern in Orange, Grau und Rot, die lambrequinartigen Vorhänge zwischen den Stützen der 2. Galerie und vor allem durch die Deckengestaltung als eine einzige gleichmäßig gefelderte Mulde zurückzuführen war. Die Farben, welche von einem nuancenreichen Rot an der Decke in ein Gelb des Gesamtraumes übergingen, unterstrichen diese Wirkung noch.

In den folgenden Jahren bis zum Ende des Zweiten Weltkrieges entstanden im Sportpalast nur wenige, kleinere Bauten. Ein Antrag auf bauliche Veränderungen im Sommer 1928, um im Sportpalast *»ein Varieté mit eingeschalteten Lichtspielvorführungen«* einzurichten, wurde wieder zurückgezogen. Jedoch wurde rund ein Jahr später im August/September 1929 ein Bildwerferraum in der Mitte der Ost-Kurve in Höhe des 2. Ranges hergestellt und vom September 1929 bis März 1930 ein zweigeschossiges, zehneckiges Kassenhäuschen mit Warmwasserheizungsanlage auf dem Gelände des Vorplatzes errichtet.[69] Diese Bauten zusammen mit einer allgemeinen Renovierung wurden von Richard Mueck, dem Vorsitzenden der Trabrenngesellschaft Ruhleben und der Boxbehörde Deutschlands, veranlaßt, der den Sportpalast am 10. 4. 1929 als Pächter übernommen hatte und am 23. 8. 1929 neu eröffnete *»als Boxarena, Ballsaal, Eisarena, Radrennbahn, Theatersaal, Hippodrom und Versammlungslokal«*.[70] Aus dieser Zeit stammen die frühesten Bestuhlungspläne, welche Auskunft über das Fassungsvermögen des Sportpalastes nach Einrichtung der 2. Galerie für die Besucher geben. Die höchste Zuschauerzahl wurde bei Boxveranstaltungen, bei denen auch ein großer Teil der Arena für Sitzplätze genutzt werden konnte, erreicht, nämlich circa 9.200, während die geringste Besucherzahl bei Radrennen, zwischen 4.900 und 5.100, und bei Eissportveranstaltungen, 5.200 bis 5.300 Personen, verzeichnet ist. Bei diesen Zahlen entfielen auf die 1. Galerie zwischen 1.300 und 1.900 Plätze, auf die 2. Galerie 1.100. Die Plätze waren auch in jenen Jahren zeitweise nicht in Reihen, sondern um Tische angeordnet, beispielsweise bei Ballfestlichkeiten, wodurch sich die Gesamtplatzzahl auf circa 6.500 reduzierte.[71] In den folgenden Jahren gab es nur verhältnismäßig geringfügige Abweichungen in den Platzzahlen.

Im Herbst 1934 war eine Reparatur der Decke über der Arena notwendig, welcher wieder eine allgemeine Renovierung folgte, die von der »Neuen Sportpalast Verwaltungs

39 Sportpalast, die große Halle nach dem Umbau durch Oskar Kaufmann 1925 als Eisbahn, November 1925.

G.m.b.H.« als Vertreterin der neuen Besitzerin, der Eidgenössischen Versicherungs AG, Zürich, schon im Hinblick auf die Konkurrenz durch die im Bau befindliche Deutschlandhalle 1935 vorgenommen wurde; hierbei erhielt die Halle mit Ausnahme der Arenadecke eine hellere Tönung. In Zusammenhang damit stand vermutlich auch die Erhöhung der Platzzahlen des 2. Ranges, für den ein neuer Bestuhlungsplan vom Juli 1937 1.106 Sitzplätze und 534 Stehplätze festsetzte.[72]
Die letzten Bauarbeiten vor der Kriegszerstörung des Sportpalastes betrafen die Errichtung einer Tribüne und einer Bühne mit vier Treppen, welche vom »Reichspropagandaamt Berlin, Dienststelle Berliner Sportpalast«, im Herbst 1942 beabsichtigt waren, da große Versammlungen mit 15.000 bis 16.000 Teilnehmern im Sportpalast veranstaltet werden sollten, an denen auch die Geheime Staatspolizei und die Wehrmacht beteiligt waren.[73] Es ist nicht mehr nachweisbar, ob diese Bauten noch ausgeführt wurden.

Bereits am 22. November 1943 erlitt das Gebäude erste Schäden durch Fliegerbomben, die eine weitere Benutzung vorerst unmöglich machten. Obwohl Arbeiten zur Beseitigung der Schäden unmittelbar eingeleitet wurden, kam es nicht zu einer Wiederherstellung, da weitere – größere – Beschädigungen im Laufe der Zeit erfolgten, vor allem am 30. 1. 1944 und Ende November/Anfang Dezember 1944. Bei Kriegsende waren die Halle und der Kopfbau vollständig ausgebrannt.[74]

Nach ersten Aufräumungsarbeiten wurde die Ruine der großen Halle schon ab Januar 1946 wieder für Eissportveranstaltungen genutzt. Am 25. 4. 1947 untersagte der Magistrat der Stadt Berlin, Amt für Bauordnungswesen, Abteilung Baupolizei, die weitere Benutzung der Halle wegen mangelnder Standsicherheit einzelner Teile für jegliche Veranstaltungen.[75]
Kurz danach begannen die Wiederaufbauarbeiten, allerdings zunächst nur in bescheidenem Umfang. So reichte die Architektengruppe Franz H. Sobotka, Hermann Fehling, Gustav Müller am 11. 5. 1947 dem Amt für Aufbaudurchführung im Bezirksamt Schöneberg im Auftrag des Bauherrn Carl Heger den Antrag zum Ausbau eines Lichtspieltheaters ein. Das Kino wurde im 1. Obergeschoß des Kopfbaues, also in den Räumen des ehemaligen Kasinos, eingebaut. Es war auf Grund der vorgegebenen Räume lang und schmal und besaß 618 Sitzplätze, verteilt auf 35 Reihen, die auf einer niedrigen, schrägen Holztribüne aufgestellt waren. Die Fenster der Vorderfront und Öffnungen zur Arena hin wurden zugemauert und im rückwärtigen Teil des Kinos ein Bildwerferraum eingebaut. Die Wände des Kinos waren im unteren Teil rot, die flache Decke türkisfarben. Die Treppe vom Vestibül im Erdgeschoß zum Zwischengeschoß wurde verbreitert und zwischen diesem und dem 1. Obergeschoß mit Hilfe eines Deckendurchbruchs eine neue Treppe geschaffen. Aus dem alten Sportpalast-Vorraum erstellte man zwei getrennte Vestibüle, welche 1954 noch feuerbeständige Trennwände zwischen Kino und Sportpalast erhielten. Das »Filmtheater im Sportpalast« wurde am 2. 1. 1948 mit dem amerikanischen Film »Der große Bluff« eröffnet. Es bestand bis 1963.[76]

Noch im Oktober 1947 bemühte sich Fritz Gretzschel, der Veranstalter des »Boxring Leipzig« und der Waldbühne Berlin, *»im Einvernehmen mit dem Grundstückseigentümer«* beim Amt für Aufbaudurchführung im Bezirksamt Schöneberg um eine Bewilligung der Instandsetzung des Sportpalastes, des *»weit über Deutschlands Grenzen bekannten Gebäudes«*. Als erster Bauabschnitt sollte das Hallendach wiederhergestellt werden, um das Gebäude vor weiterem Verfall zu bewahren und die Kunsteisanlage zu schützen. Das Dach sollte in der alten Form mit Hilfe eines fahrbaren Holzgerüstes auf Feldbahngleisen hergerichtet werden.[77] Die Berechnungen und Prüfungen zogen sich bis zum Februar 1948 hin. Danach scheint das Vorhaben von Gretzschel aufgegeben worden zu sein, denn Mitte März

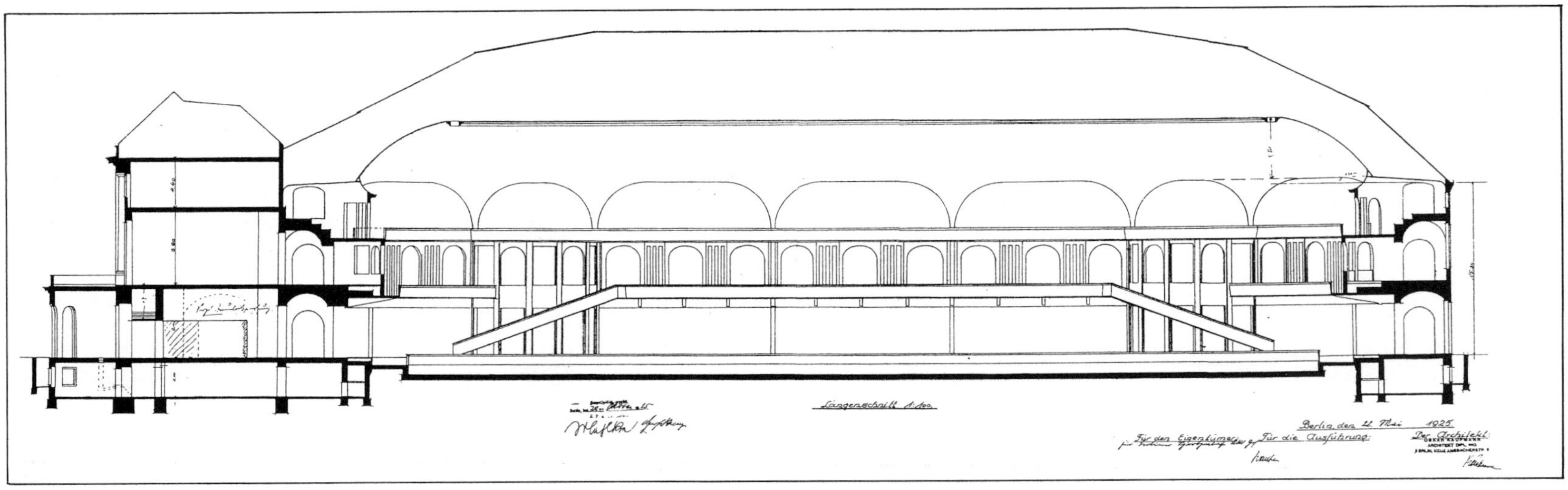

40

41

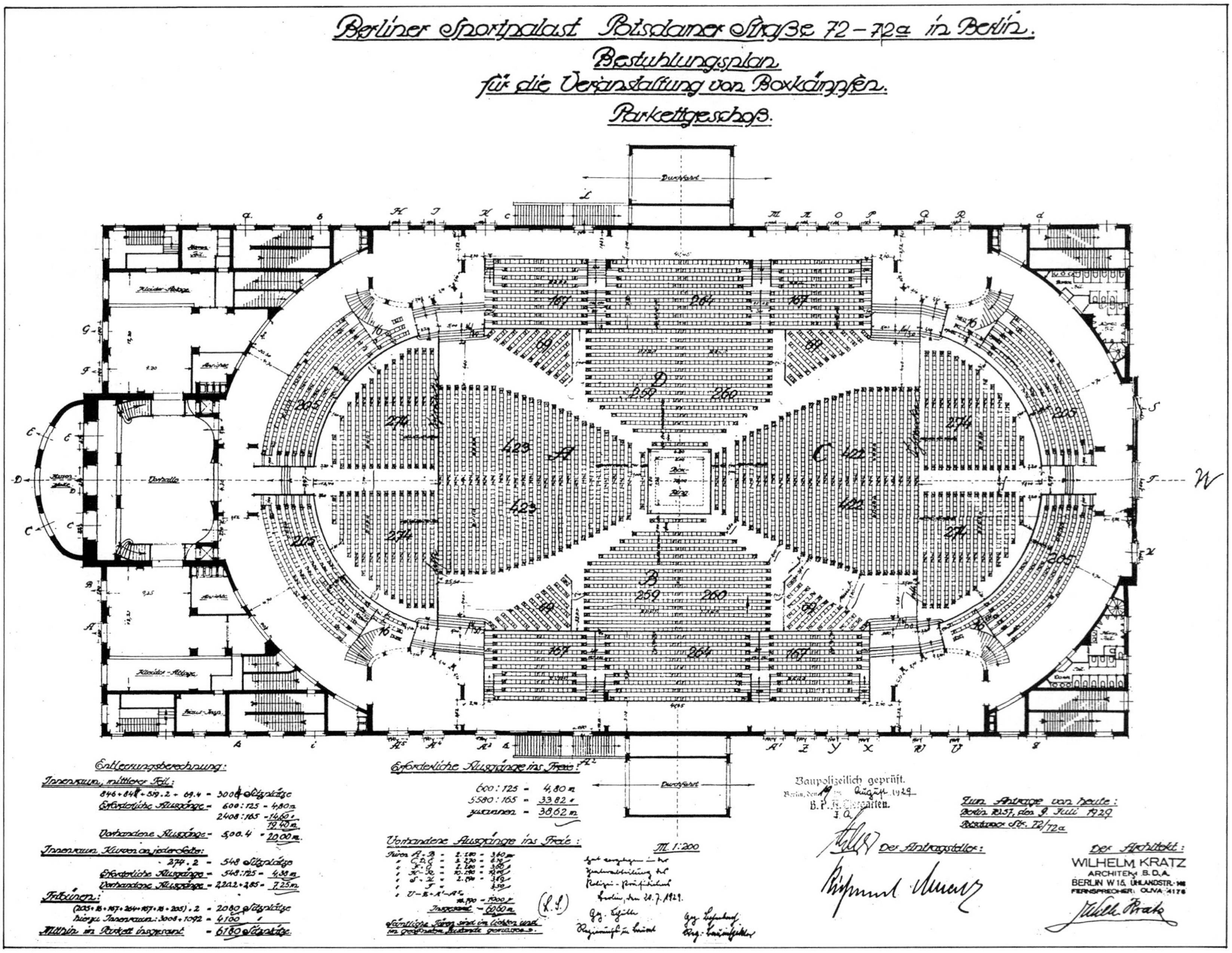
Berliner Sportpalast Potsdamer Straße 72–72a in Berlin.
Bestuhlungsplan
für die Veranstaltung von Boxkämpfen.
Parkettgeschoß.
Baupolizeilich geprüft.
Der Antragsteller:
Der Architekt:
WILHELM KRATZ
ARCHITEKT B.D.A.
M. 1:200

◁ 40 Oskar Kaufmann, Entwurf zu einem Umbau des Sportpalastes, Längsschnitt, 22. 5. 1925 (nach: LA SP 4003/119–21 [Lichtpause/Papier/Leinen, farbige Kreide, 48 x 132 cm]). In der Ausführung wurden jedoch die schlichten Bögen in leicht hyperbelartige, sehr elegant wirkende Bögen verändert, die auch anstelle der rechteckigen Öffnungen über und hinter den Wendeltreppen Verwendung fanden.

◁ 41 Bestuhlungsplan für die Veranstaltung von Boxkämpfen, 9. 7. 1929 (nach: LA SP 4009/4 [Lichtpause/Papier/Leinen, 53 x 68 cm]).

1948 bat die Neue Sportpalast Verwaltungs GmbH das Amt für Bauordnungswesen im Bezirk Schöneberg um die Ausstellung eines Gefahrenscheins *»für das Abschweißen der schwer beschädigten Teile der eisernen Dachkonstruktion«*; sie hingen zum Teil lose in der Luft und drohten herunterzustürzen und bei einem Sturm sogar Pfeiler mit abzubrechen.[78]

Die eigentliche Demontage der Eisenkonstruktion des Hallendaches und der beiden Ränge aber begann erst Ende des Jahres 1950 im Auftrag der Neuen Sportpalast Verwaltungs GmbH. Hierdurch lösten sich die Arena-Außenwände vom Kopfbau und neigten sich etwas nach innen, weshalb auch sie bis zu den Fensterbrüstungen oberhalb des 1. Ranges abgetragen werden mußten. Die Mauern des Kopfbaues, die ebenfalls zum Teil beschädigt waren, wurden bis zu den Fensterbrüstungen des obersten Geschosses abgetragen, wobei durch unsachgemäßen Abbruch auch Teile der Kellerdecke beschädigt wurden.[79]

Mitte des Jahres 1951 begann dann der Wiederaufbau. Als Bauherr fungierte eine neu gegründete »Sportpalast GmbH« als Pächter, deren Hauptgesellschafter der Berliner Bankier Heinz Henschel war, der das Bauvorhaben privat finanzierte.[80] In seinem Auftrage reichte der Architekt Herbert Richter am 9. 7. 1951 beim Baupolizeiamt Schöneberg einen Antrag *»für die Errichtung einer Sportarena in den Gebäudeteilen des ehemaligen Sportpalastes«* ein. Als Baukosten wurden circa 350.000,– DM veranschlagt.

Die Teilwiederherstellung sah eine Sport-Arena *»für Eislauf, Radrennen und andere Sportvorführungen«* vor, jedoch zunächst noch ohne Dach; nur die Tribünen an den Längsseiten sollten *»ausgekragte flache Überdachungen«* als Witterungsschutz erhalten. Die Tribünen, für insgesamt 7.000 Personen, umgaben amphitheatralisch die langgestreckte Arena innerhalb des alten Grundmauerzuges, reichten aber nur vom Erdgeschoß-Niveau bis zur Höhe des Zwischengeschossen des Kopfbaues. Tribünenstufen,

42 Bestuhlungsplan für die Veranstaltung von Boxkämpfen, 1. Rang, 9. 7. 1929 (nach LA SP 4009/11–13 [Lichtpause/Papier/Leinen, 52 x 67 cm]).

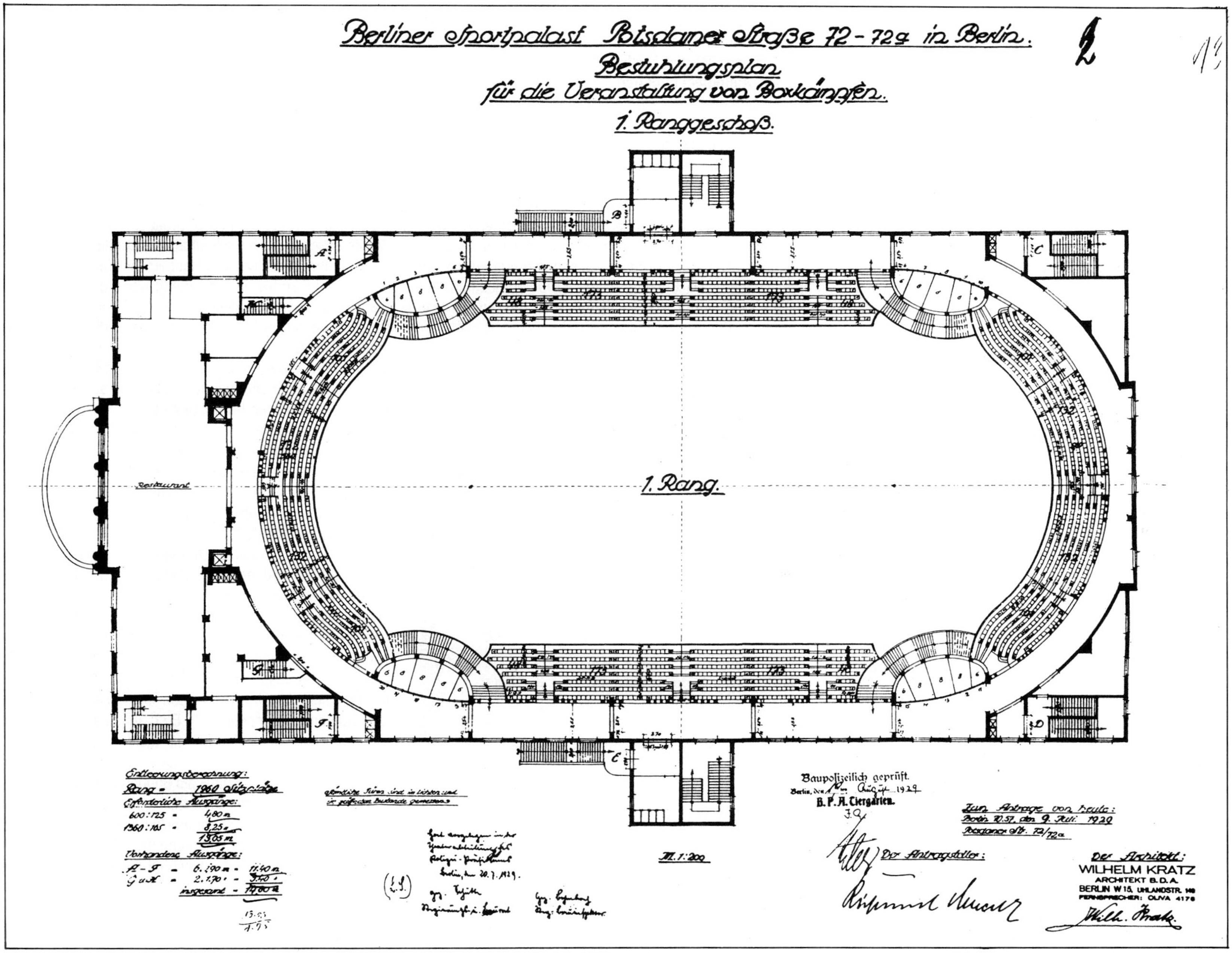

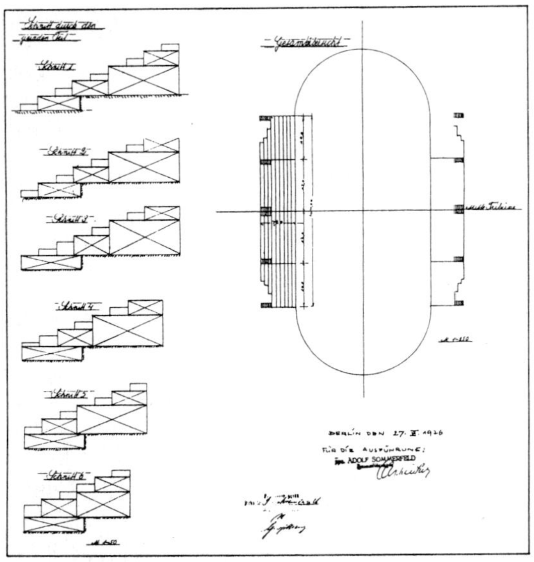

43 Sportpalast, Einbau der seitlichen Tribünen, 27. 9. 1927 (nach: LA SP 3969/104 [Lichtpause/Papier, 69 x 63,5 cm]).

-unterzüge und die Stützen der Kragdächer wurden aus Stahlbeton hergestellt. Der neue Bau stützte sich auf die vorhandenen alten Grundmauern und Fundamente, die jedoch, um die Standsicherheit auf Dauer zu gewährleisten, noch ausgebessert und überhaupt generalüberholt werden mußten. Die Ein- und Ausgänge sollten noch nicht durch Türen verschlossen sein.

Am 6. 10. 1951 fand das Richtfest statt, am 26. 10. die feierliche Einweihung.[81]

Gleichzeitig mit den Bauarbeiten an der Halle wurde die vorhandene Kältemaschinenanlage einschließlich des Soleleitungsnetzes für die Sportpalast-Eisbahn von der Borsig AG, der ursprünglichen Herstellerfirma, instandgesetzt und *»in Betrieb genommen«*. Als letzter Akt dieses ersten Bauabschnitts der Wiederherstellung wurde an der Attika der Fassade der aus 1,20 Meter hohen Buchstaben bestehende Name *»Sportpalast«* in blauer Neon-Lichtschrift angebracht.[82]

Der zweite Bauabschnitt des Wiederaufbaues, nämlich die Überdachung der ganzen Halle, sollte vermutlich schon bald im Anschluß an das Ende des ersten Bauabschnitts erfolgen, allein die finanziellen Schwierigkeiten, in welche das Unternehmen gekommen war, verzögerten dies. Das führte wiederum zu weiteren Finanznöten der Sportpalast GmbH, da der Besuch der Veranstaltungen in starkem Maße von Wind und Wetter abhängig war. So wurde es eine Existenzfrage für die Sportpalast GmbH, so schnell wie möglich eine Überdachung zur Schließung der Halle herzustellen. Mitte Februar 1953 suchte der Architekt Wolfgang G. Hummel im Auftrag der Sportpalast GmbH bei der Baupolizei im Bezirksamt Schöneberg um eine vorläufige Baugenehmigung nach, der eigentliche Bauantrag wurde am 3. 3. 1953 gestellt, der Baufreigabeschein *»für die Überdachung des Sportpalastes und Einsetzen der Türen zur Herrichtung eines allseitig geschlossenen Raumes«* am 13. 3. 1953 erteilt. Als Baukosten waren hierfür DM 220.000,– veranschlagt.[84] Die Mittel waren der Sportpalast GmbH erst nach schwierigen finanziellen Verhandlungen bereitgestellt und in ihrer Höhe von den Kreditgebern, unter denen sich die Stadt Berlin befand, sehr begrenzt worden. Außerdem forderten die Geldgeber einen sehr kurzen Fertigstellungstermin, um die Gewähr zu haben, daß schon mit den Erträgen aus großen Frühjahrsveranstaltungen die Kredite teilweise zurückgezahlt werden könnten.[85]

Am 25. 3. 1953 wurde das Richtfest gefeiert, am 4. 4. die Wiedereröffnung, ohne daß das Dach vollständig fertiggestellt war.[86] Wegen der knappen Finanzierung konnte der zweite Bauabschnitt nicht so großzügig durchgeführt werden, wie 1951 einmal beabsichtigt. Die seitlichen Stahlbetonstützen sollten ursprünglich neben den Bindern für ein freigespanntes Dach einen *»Beton-Rang«* aufnehmen. Auf diesen Rang wurde jetzt verzichtet, statt dessen nur eine gewichtsmäßig knapp bemessene Stahlkonstruktion gewählt, da der stark gestiegene Stahlpreis eine kräftigere Herstellung nicht erlaubte. Der Stahlbau der Halle wurde so gelegt, *»daß er mit keinem Teil in die bisherige Anlage«* hineinreichte. *»Er überspannt[e] die Halle oberhalb der vorhandenen Tribünen-Seitendächer«* mit acht etwa 53 Meter langen Bindern, und zwar aus statischen Gründen in *»sehr hohe[r] Gitterbauweise, die brückenartig frei in der Luft«* stand. Ein hölzerner Dachstuhl, dessen Binder von der Stahlkonstruktion getragen wurden und der oben durch eine Press-Rohr-Platte mit Bitumen eingedeckt war, deckte den Arena-Teil. Die gesamte Unterseite der Dachkonstruktion sollte zum Feuerschutz mit relativ leichten Tonalit-Platten verkleidet werden, um die sonst notwendige feuerfeste Ummantelung der einzelnen Teile zu vermeiden, die mit ihrem Gewicht eine schwerere Stahlkonstruktion erfordert hätte. Schließlich wurde noch der alte Filmvorführraum wieder hergerichtet, allerdings nicht wie ehedem im Ostteil, sondern im Südwestteil der Halle.[87]

Der Sportpalast galt jetzt nach seiner allseitigen Schließung wieder als öffentlicher Versammlungsraum, für den vermehrt baupolizeilich vorgeschriebene Sicherheitsmaßnahmen baulicher und betrieblicher Art erfüllt werden mußten. Alle Veranstaltungen, die über rein sportliche hinausgingen, bedurften besonderer baupolizeilicher Genehmigungen; Theateraufführungen waren wie ehedem verboten.[88]

Mit dem Hallenbau war ein reiner Zweckbau entstanden, der ästhetische Ansprüche im Gegensatz zum früheren Bau völlig außer acht ließ. Das betraf sowohl den Innenraum als auch die Außenfronten, weshalb auch Punkt 6 des Bauscheins ausdrücklich eine *»einwandfreie«* Gestaltung des neuen Baukörpers forderte *»in der Weise, daß er die Einheitlichkeit des Straßenbildes an der Potsdamer Straße und an der Pallasstraße nicht«* störe.[89]

Die Wiederherstellung des Kopfbaues an der Potsdamer Straße geschah dann auch annähernd zeitlich parallel zum Hallenneubau. Hier war der Bauherr die Neue Sportpalast Verwaltungs GmbH als Vertreterin der Eigentümerin, der Eidgenössischen Versicherungs AG in Zürich. Im 1. Obergeschoß befand sich bereits seit sechs Jahren das Kino, daher beschränkte sich die Wiederherstellung auf das Erdgeschoß und Zwischengeschoß im südlichen Teil, wo eine Gaststätte eingerichtet werden sollte, und auf das 2. Obergeschoß, in welchem Büroräume hergerichtet wurden (Gebrauchsabnahme am 15. 12. 1953). Den Ausbau der Gaststätte finanzierte die Berliner Kindl Brauerei. Die Bauleitung hatte der Architekt Otto Sperber (Gebrauchsabnahme am 2. 10. 1953). Vier Standlaternen grenzten schließlich einen Restaurant-Vorgarten vor der südöstlichen Front des Sportpalastes ab.[90]

Zur Beleuchtung des gesamten Vorplatzes zwischen Potsdamer Straße und der Hauptfassade des Sportpalastes wurde Ende Oktober 1953 noch eine 14 Meter hohe sogenannte Pilz-Leuchte *»in der Art wie vor dem Rathaus Schöneberg«* aufgestellt. Zu dieser Zeit bestand noch die ursprüngliche Einfriedung des Vorplatzes mit den acht Laternen an der Potsdamer Straße.[91]

In den folgenden Jahren wurden nur noch relativ kleine Bauarbeiten vorgenommen.[92] Erst ab Juni 1958 waren größere Bauten geplant, und zwar nicht nur im Rahmen einer Wiederherstellung, sondern grundsätzlich neu. Hiermit wollte die Sportpalast GmbH als Bauherr den zwei wesentlichen Forderungen der Bauscheine von 1951 und 1953 Genüge tun, nämlich eine ansprechende Fassade nach Süden zur Pallasstraße errichten und mehr Parkplätze schaffen. Damit verbunden beabsichtigte man, die Platzzahl *»um mindestens 1.000 Plätze«* zu erhöhen. Aus den Vorplanungen, welche das Architektenbüro Wolfgang G. Hummel und Karl V. Reznicek am 30. 6. 1958 dem Baupolizeiamt Schöneberg mit Lageplänen und Ansichten einreichte,

44 Sportpalast, Anbau eines Hochspannungsraumes, Juni 1926 (nach: LA SP 3969/65f. [Lichtpause/Leinen, 44 x 74 cm]).

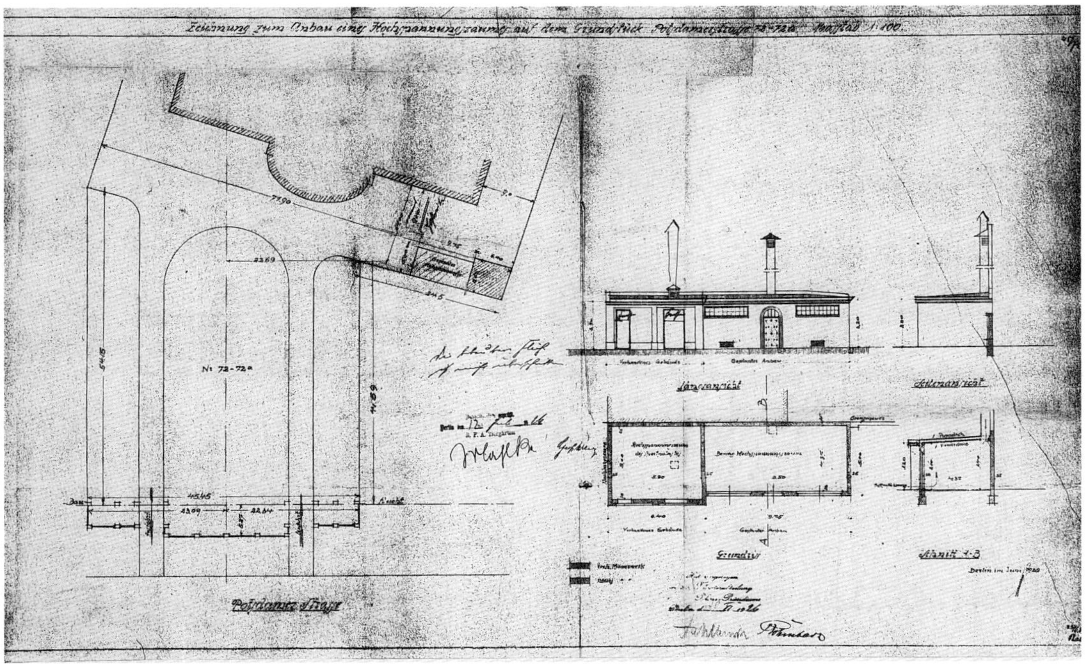

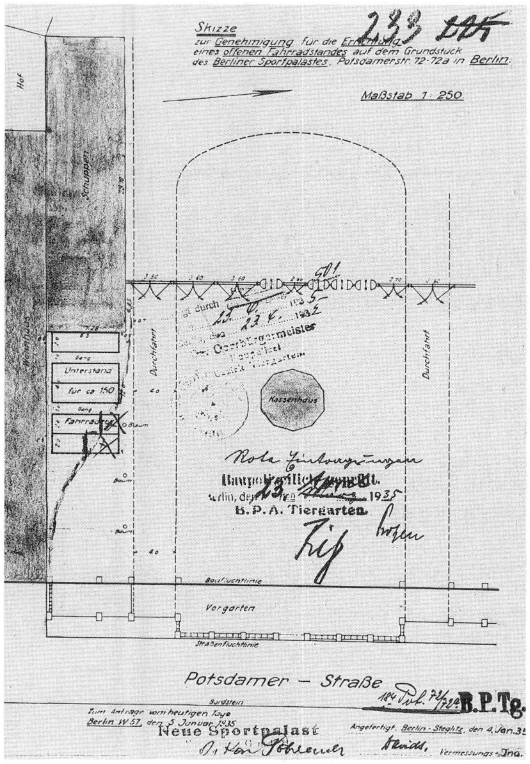

45 Sportpalast, Errichtung eines offenen Fahrradstandes, 5. 1. 1935 (nach: LA SP 4007/233 [Lichtpause/Papier, ca 29,5 x 21 cm]).

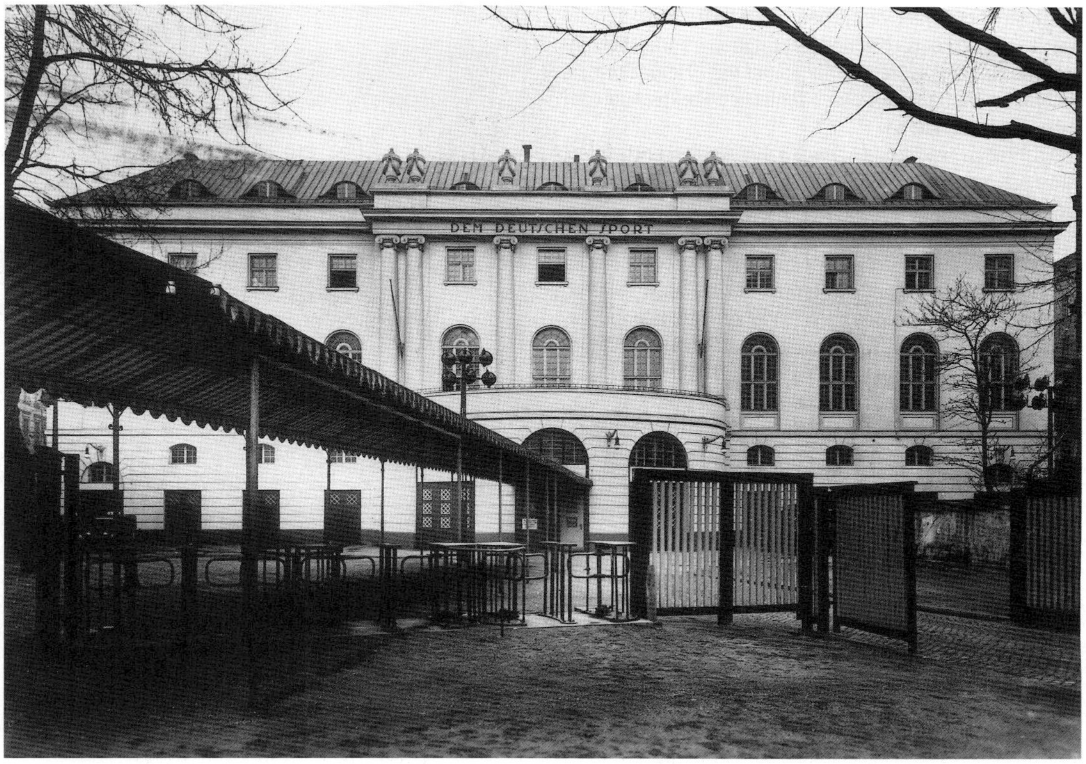

46 Sportpalast, um 1930.

schälen sich zwei Alternativen heraus. Die eine ging aus vom Erwerb von Teilen der südlich des Sportpalastes gelegenen Grundstücke an der Pallasstraße, deren Häuser im Krieg zerstört worden waren und die größtenteils von der Stadt Berlin für eine Straßenverbreiterung und einen öffentlichen Parkplatz vorgesehen waren. Ein zwei- bis dreigeschossiges Parkhaus mit Garagen sollte als Winkelbau an der Pallasstraße und an der Potsdamer Straße um den Sportpalast herumgezogen werden, im Erdgeschoß möglicherweise mit öffentlichen Parkplätzen. Dieses Gebäude hätte den alten Sportpalast völlig verdeckt und die Ansicht nach außen bestimmt. Die andere Alternative, ohne zusätzlichen Grunderwerb, bestand aus einem viergeschossigen, unregelmäßig viereckigen Parkhaus auf Stützen auf dem alten Sportpalast-Vorplatz an der Potsdamer Straße. Mit Hilfe der Stützen hätte man den *»Vorplatz für den Betrieb«* freigehalten. Das Hallengebäude sollte nach Süden durch Überbauung des Hofstreifens asymmetrisch eine Erweiterung erfahren, wodurch eine Vermehrung der Plätze um neun Reihen sowie ein großer Pausen-Aufenthaltsraum im 1. Stock erreicht worden wäre. Mit diesem Erweiterungsanbau wollte man gleichzeitig eine gute Fassade zur Pallasstraße herstellen. Im Erdgeschoß ebenfalls auf Stützen gestellt, sollte die darüber aufsteigende breite Front von einer bandartigen Horizontalgestaltung – Mauerstreifen, Fensterstreifen, »Attika«-Mauerstreifen – bestimmt werden. Dieser war die Vertikalgliederung durch die Erdgeschoß-Stützen sowie ähnliche, über ihnen angeordnete Pfeiler zwischen den Fenstern untergeordnet. Im Erdgeschoß sollten in rhythmischer Anordnung vier Paar seitliche Flügeltüren und zwei Paar höhere, gläserne mittlere Flügeltüren ins Innere führen. Durch die Mitteltüren und zwölf besondere Platten im Mauerstreifen über ihnen ergab sich eine Akzentuierung der Fassadenmitte, die allerdings nicht mit der Mittelachse der Halle übereinstimmte.[93]

Nachdem das Stadtplanungsamt bei der Abteilung Bau- und Wohnungswesen beide Projekte aus bau- und bodenrechtlichen Gründen abgelehnt hatte, reichten die Architekten am 1. 12. 1958 den Entwurf zu einem neuen Projekt ein, bei welchem nur noch ein viergeschossiges Parkhaus auf dem östlichen Vorplatz zwischen Sportpalast und Potsdamer Straße vorgesehen war. Es sollte als winkelförmiger Baukörper, ebenfalls auf Stützen, vom Südteil der Hauptfassade bis zum nördlichen Nachbargebäude an der Potsdamer Straße reichen, wodurch sich vor dem Mittelrisalit und dem nördlichen Teil der Sportpalast-Hauptfassade ein Hof ergeben hätte. Eine kreisförmige doppelte Auf- und Abfahrtsrampe im Winkel sollte die offenen Abstellgeschosse verbinden. Bei allen Projekten wäre die ehemalige Hauptfassade des Sportpalastes verdeckt (versteckt) worden. Auch dem letzten Entwurf standen Bedenken des

47 Curt Rothe, Wandmalerei im Kasino des Sportpalastes (nach: Kunst und Künstler 28, Heft 10, 1930, S. 435).

Stadtplanungsamtes entgegen und der Antragsteller wurde aufgefordert, die bodenrechtlichen Voraussetzungen und Nutzungsvereinbarungen mit dem Tiefbauamt als Unternehmensträger für den öffentlichen Parkplatz an der Pallasstraße zu klären.

Diese Fragen waren auch zwei Jahre später noch offen, und noch im Januar 1963 bestand das Parkhausprojekt fort.[94] Die Platzzahl lag nun im wiederaufgebauten Sportpalast mit seinen amphitheatralisch ansteigenden Tribünen nicht mehr ganz so hoch wie in der alten Halle mit ihren zwei Galerien. Allerdings differierte sie auch nicht so stark wie ehedem bei den verschiedenen Veranstaltungen. Die höchste Platzzahl wurde wieder bei Boxveranstaltungen erreicht mit knapp 8.100 Plätzen. Auf 1.100 Plätze mußte man verzichten, wenn die Kurven der Radrennbahn eingebaut blieben; bei vollständig eingebauter Bahn blieben sogar nur 6.500 Plätze übrig. Bei Radrennen waren zwischen 6.500 und 5.700 Plätze zugelassen, bei Eisrevuen zwischen 5.600 und 4.300 Plätze, abhängig davon, ob die Radrennbahn in Teilen eingebaut blieb. Für Eishokkey-Spiele ist eine Platzzahl von 5.800 nachgewiesen und bei Bockbierfesten schließlich 2.300 bis 2.400.[95]

Neben den genannten Veranstaltungen, die im wesentlichen mit denen der vorangegangenen Jahrzehnte gleichgeblieben waren, wurde der Sportpalast zwischen 1959 und 1963 zeitweilig auch als Breitwand-Lichtspieltheater genutzt. Hierzu verkleinerte man den Innenraum durch drei Meter hohe Hartfaserwände; die 230 Quadratmeter große Filmleinwand wurde an der Nordseite errichtet und die Bestuhlung dementsprechend parallel zur Längsrichtung der Halle aufgestellt. Die Platzzahl schwankte zwischen 2.232 im Jahre 1959 und 1.732 im Jahre 1963. Vorgeführt wurden »Cinemiracle«- oder »Cinerama«-Filme.[96]

Am 5. 11. 1964 reichte der Architekt Wolfgang Bürgel im Auftrag der Sportpalast GmbH, in deren Eigentum der Sportpalast inzwischen übergegangen war, dem Bauamt einen Antrag ein für eine Reihe innerer Umbauten sowie für eine vereinfachte Wiederherstellung der alten Hauptfassade zur Potsdamer Straße und eine Vereinheitlichung der beiden Seitenfronten nach Süden, zur Pallasstraße, und nach Norden. Damit war das Parkhausprojekt von 1958 endgültig aufgegeben. Zu den größeren Umbauten gehörte der Einbau einer Kegelbahn und nördlich anschließender Restaurationsräume im 1. Obergeschoß an der Stelle des Kino-Zuschauerraumes sowie weiterer Büroräume im südlichen Teil des Kopfbaues anstelle alter Treppenteile, weiterhin im Zwischengeschoß die Einrichtung eines *»Pausen-Buffets für die Sportpalastbesucher«* im nördlichen Teil und eines Pressezimmers für Sportjournalisten und zweier Vereinszimmer im Bereich des halbovalen Vorbaues unter der Terrasse.

Die Hauptfassade zur Potsdamer Straße erhielt annähernd das alte Aussehen wieder mit Rustizierung des aus Erdgeschoß und Zwischengeschoß bestehenden Sockels und elf großen Rundbogenfenstern im 1. Obergeschoß, von denen allerdings acht zugemauert waren und nur durch aufgesetzte Attrappen mit Sprossenteilung und Glasscheiben die ehemalige Erscheinung vortäuschten. Erdgeschoß und Zwischengeschoß, also der Sockel, wurden hellgrau gestrichen, das 1. und 2. Obergeschoß altrosa, während die Halbsäulen am Mittelrisalit weiß vor hellgrauem Hintergrund angelegt wurden. Das bisher nur mit Pappe gedeckte Satteldach erhielt eine Eterniteindeckung. Die Südseite des Kopfbaues bekam eine elfenbein- und blaufarbene Eternit-Glasal-Fassade, die Nordseite eine gestrichene Putzfassade, deren nicht erforderliche Fenster *»glatt zugemauert«* wurden. Im Hallenbereich wurden beide Fronten im Putz ausgebessert und angestrichen,

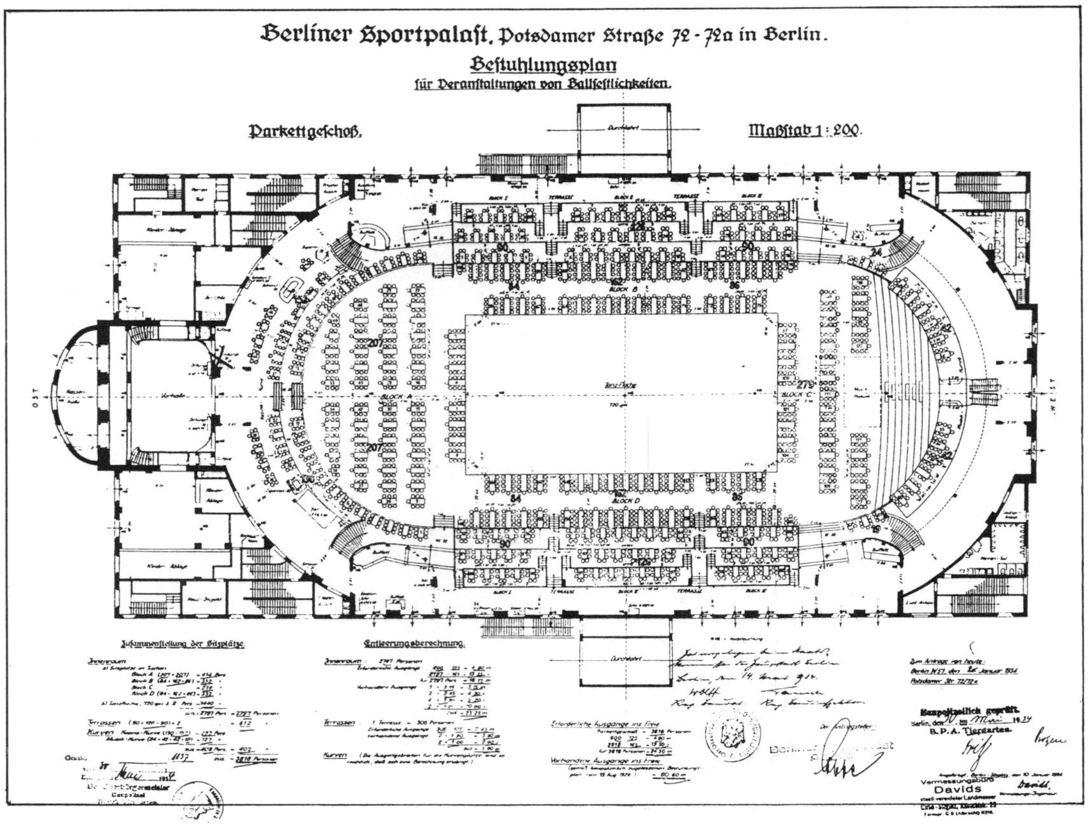

48 Bestuhlungsplan für die Veranstaltung von Ballfestlichkeiten, 20. 1. 1934 (nach: LA SP 4009/93 [Lichtpause/Papier, 57 x 68 cm]).

49 Bestuhlungsplan für Veranstaltungen mit mittlerem Podium, 20. 8. 1929 (nach: LA SP 4009/16 [Lichtpause/Papier/Leinen, 52 x 67 cm]).

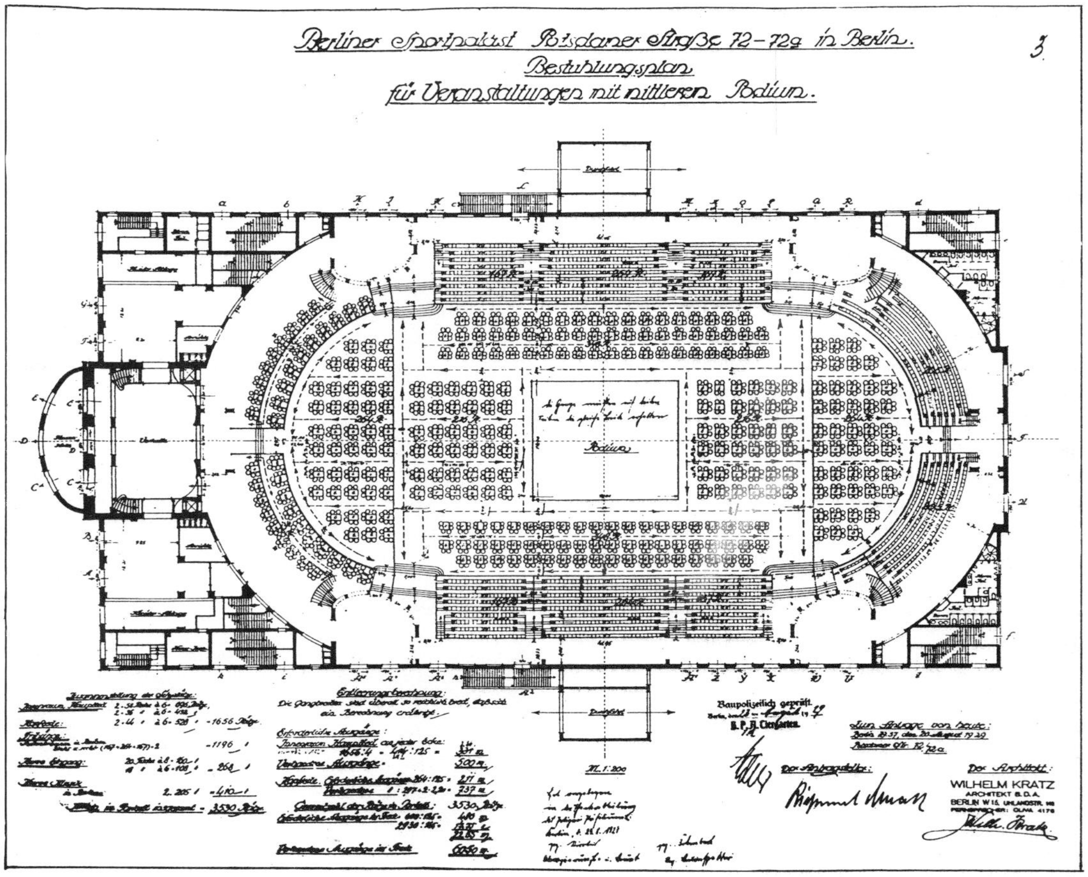

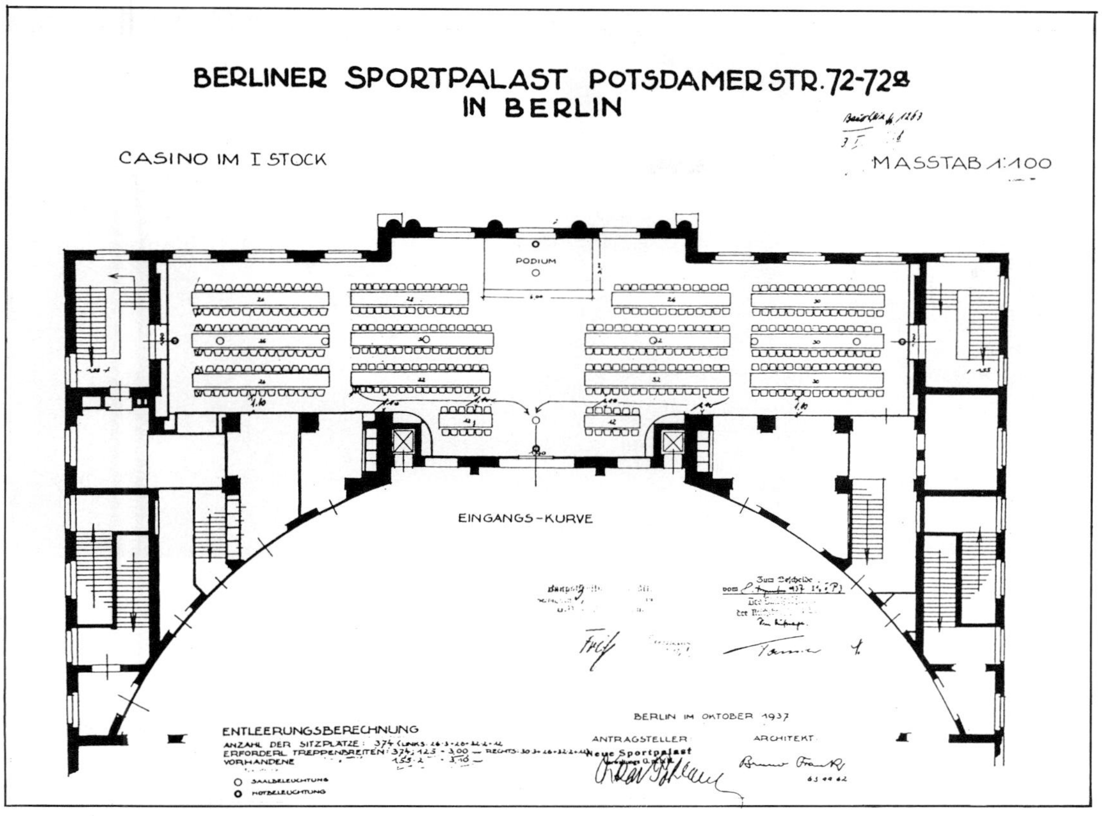

50 Bestuhlungsplan des Kasinos, Oktober 1937 (nach: LA SP 4009/134 [Lichtpause/Papier/Leinen, 47,5 x 64 cm]).

über der Traufe sollte *»die Sicht auf das Oberdach durch jalousieähnliche Eternitstreifen in Höhe von drei bis vier Metern«* verdeckt werden. Die Bauscheine (Nr. 242/65 und 321/65) wurden am 19. 2. und 24. 2. 1965 erteilt, die »Teilgebrauchsabnahme« fand am 12. 4. 1965 statt.[97] Der endgültig instandgesetzte Bau zeigte nur die allernötigsten *»Verschönerungen«* und entsprach bei weitem nicht den ästhetischen Anforderungen, welche sein ursprünglicher Erbauer Hermann Dernburg befolgt hatte. Zwar stimmte um die Mitte der sechziger Jahre eine weitgehend klassizistische Fassadengestaltung nicht mehr mit dem Zeitgeschmack überein, jedoch konnte die uneinheitliche, fast ruppige Anlage gerade der Südfront, die durch Zerstörung der ehemaligen Nordseitenhäuser der Pallasstraße voll einsehbar geworden war, nicht im entferntesten befriedigen. Dieses mangelnde ästhetische Empfinden zeigte auch die letzte Baumaßnahme am Sportpalast vor seinem Abriß (1973), nämlich die *»dunkel-nußbaum-farbene«* Holzverkleidung der Gaststättenfront im Sockelbereich der südlichen Hauptfassade, welche so gar nicht der hellgrauen Putzquaderung entsprach.[98]

So ist es nicht verwunderlich, daß dieser für verschiedenste Funktionen nach und nach zusammengeklitterte Zweckbau, der nur noch Reste von dem ursprünglichen »Sportpalast« bewahrte, trotz aller Erinnerungen, welche an ihm hingen, zugunsten anderer, zu diesem Zeitpunkt anscheinend nötigerer, Zweckbauten 1973 abgerissen wurde.

Abbildungen zur Baugeschichte

Die Abbildungen zur Baugeschichte befinden sich zum Teil bei den anderen Aufsätzen und in der Chronik.

Erbauung: 1, 3–5, 15–28, 63, 59–63 (Maschinen- und Kesselhaus); Radrennbahnen: 175f., 180, 308; Umbaupläne für Max Reinhardt: 29–32; Sport-Palast-Lichtspiele, 1919: 203f.; Treppenausbau, 1922: 34f.; Einbau der Tunnel, 1924: 37; Umbau durch Oskar Kaufmann, 1925: 38–40; Seitliche Tribünen, 1927: 43; Luftschutzkeller, 1941: 458; Zerstörung, 1944–45: 466–68, 470–74; Filmtheater im Sportpalast 1948: 476; Wiederaufbau der Arena ohne Dach, 1951: Abb. 477–79; Überdachung der Arena, 1953: 485–87; Baumaßnahmen 1965: 51–56, 58; Bestuhlungspläne: 34, 41f., 48–50, 67, 74, 79f., 85, 90f., 111, 119f., 326, 329f., 337, 369, 400, 420, 452f., 570, 590, 650.

Anmerkungen

1 Die Finanzierung erfolgte anscheinend über die Immobilien-Verkehrsbank, Berlin W, Taubenstraße 22 (LA SP 3964/57, 1r, 11, 2, 30f.). Auch der ehemalige Eigentümer hatte vorgehabt, eine *»künstliche Eisbahn mit Restaurationsbetrieb«* an dieser Stelle zu errichten, wie aus einem der städtischen Baupolizei eingereichten Vorprojekt vom 24. 12. 1906 hervorgeht (LA SP 3982/21f.).

2 ZBv 1911, S. 213. – LA SP 3978/9–10, 33–35; 3968/1, 6.

3 LA SP 3964/7r (Meldung der Berliner Allgemeinen Zeitung, 29. 6. 1909), 1, 9. – Hermann Dernburg (1868–1935) war Schüler von Carl Schäfer in Berlin und Karlsruhe. Nachdem er einige Zeit im preußischen Staatsdienst tätig gewesen war (Regierungsbaumeister), arbeitete er 1902–04 bei Alfred Messel. Danach machte er sich selbständig. Zu den von ihm errichteten Bauten gehören: zwischen 1906 und 1909 das Verwaltungsgebäude der Brauerei Patzenhofer, die Handelsstätte Spittelmarkt, die Darmstädter Bank und die Palais Frenkel und Bötzow, später (nach 1910) u. a. das Verwaltungsgebäude der Rütgerswerke, Fabrikgebäude der Sarotti AG, das Verwaltungsgebäude von Osram und nach dem Ersten Weltkrieg die Nationalbank und das Verwaltungsgebäude der Schultheiß-Brauerei in Spandau sowie in Wittenberge die Vereinigten Märkischen Tuchfabriken und in Breslau das Warenhaus Wertheim. Es waren also in der Mehrzahl große Verwaltungs- und Geschäftsgebäude. 1912 gehörte er dem von Werner Hegemann gegründeten Ausschuß »Für Groß-Berlin«, einer Vereinigung jüngerer Architekten, die den Ausbau Berlins unter modernen städtebaulichen Gesichtspunkten planen wollte, an. Wasmuths Lexikon der Baukunst, Bd. II, Berlin 1930, S. 153; P. W. in: DKD 1912, S. 77; Wolfgang Ribbe und Wolfgang Schäche (Hgg.), Baumeister, Architekten, Stadtplaner, Biographien zur baulichen Entwicklung Berlins, Berlin 1987, S. 609.

4 LA SP 3964/1, 11. Möglicherweise hatte der Begründer des Sportpalastes bei diesem »Programm« auch die in Frankreich besonders beliebten Hippodrome als Vorbild (vgl. Anm. 12).

5 LA SP 3964/74v.

6 LA SP 3964/1 (Vorprojekt vom 22. 5. 1909),9, 30f., 49f. (1. Hauptprojekt vom 30. 6. 1909), 19–22, 28f. (Erwähnung der Variante des 1. Hauptprojekts vom 13. 7. 1909), 35, 44–48 (2. Vorprojekt vom 3. 8. 1909), 62 (Projekt vom 9. 9. 1909); LA SP 3977.

7 Dies geschah unter dem Namen einer Paulinum-Aktien-Baugesellschaft, deren Vorstand ebenfalls Jacques Rostin war. Hier und für das Grundstück Pallasstraße 7 mußten die *»Nutzungsrechte an der Parzelle als Grunddienstbarkeit«* (Recht des Durchganges für Fußgänger, der Durchfahrt für Handwagen und der Feuerwehr) für den Sportpalast laut Forderung der Polizei, Abteilung III, vom 19. 10. 1909 eingetragen werden (LA SP 3964/114, 129–40).

8 LA SP 3964/58–59r, v. Die Belästigungen durch Rauch bzw. Abgase durch die Sportpalast-Eismaschine traten dann später tatsächlich auf.

9 Die 6,11 Meter breite Hofumfahrt, welche Dernburg in seinem dritten Projekt gechaffen hatte, reichte der Feuerwehr noch nicht, deren Oberbrandingenieur Reinhardt auf 9 Metern bestand (LA SP Nr. 3994/84r; 3964/21, 35, 26v, 27r, v, 87).

10 Von diesem Zeitpunkt datieren Zeichnungen des Zimmermeisters Georg Mauck für hölzerne Podien in den beiden unmittelbar verbundenen Vorsälen des Blauen Saales (LA SP 3997/159).

11 LA SP 3964/72.

12 Handbuch der Architektur, IV. Teil, 4. Halbband, 2. Heft (6. Abschnitt: J. Lieblein und H. Wagner, Baulichkeiten für den Sport; 2. Aufl.), Darmstadt 1894, S. 147, 197. – Berlin hatte bereits 1876/77 einen »Central-Skating Rink« erhalten, eine mit Kaffeehaus und Restaurant verbundene geschlossene Rollschuhbahn, erbaut von Arthur von Knobloch auf dem Gelände des »Bernburger Gartens«. Das Haus bot Platz für 300 Läufer auf der 900 Quadratmeter großen Lauffläche und für 1.200 Zuschauer. Jedoch schon 1884 wurde das Gebäude, jetzt »Philharmonie« genannt, nach Umbauten nur noch zu Konzerten, Opern, und zeitweise auch zu Festen und Ausstellungen genutzt (Arthur von Knobloch, Der Central-Skating Rink in Berlin, in: Baugewerkszeitung 1877, S. 209ff.; Deutsches Bauhandbuch, Bd. II [Baukunde des Architekten, 2. Halbband], Berlin 1884, S. 765f.). – Die Grundrißform mit ovaler Rennbahn »à l'antique« und amphitheatralisch aufsteigenden Zuschauersitzen orientierte sich an der Form sogenannter Hippodrome, die gegen 1800 in Frankreich (Paris) in Mode kamen. In ihnen fanden weniger Pferderennen als vielfältige Schaustellungen statt wie Reiterspektakel oder zirkusartige Darbietungen. Noch 1900 errichtete man das »Hippodrome de Clichy« (vgl. Christian Dupavillon, Architecture du Cirque des origines à nos jours, Paris 1982, S. 80–95).

13 Ursprünglich sollte auch die 2. Galerie vier Reihen Sitzplätze und eine Reihe Stehplätze für Besucher bieten. Jedoch war nach der neuen Polizeiverordnung § 54 Ziffer 2 vom 2. 5. 1909 *»eine zweite Galerie nur ausnahmsweise und auch nur mit gesonderten, unmittelbar ins Freie führenden Treppen«* zugelassen. Da solche Treppen bei der Beschränktheit des Grundstücks und der Mindestabmessung der Umfahrt von 9 Metern nicht gut anzulegen schienen, wurde die Errichtung einer 2. Galerie zunächst völlig abgelehnt. Als Nebeneffekt wurde dadurch auch die Platzzahl bedeutend verringert, von anfänglich 7.300 auf 5.952 (laut Entleerungsberechnung vom 15. 10. 1909), auch dies, um den baupolizeilichen Sicherheitsforderungen nach schneller Entleerung im Katastrophenfall zu entsprechen. Am 19. 2. 1910 reichte Dernburg dann jedoch drei Nachtragszeichnungen zur Anlegung der 2. Galerie mit der Begründung ein, daß sie *»vom künstlerischen Standpunkt, welcher durch die dekorative Ausstattung dieser Galerie durch Pflanzen und Spingbrunnen dem Saal erst das eigentliche Gepräge gibt«*, zu einem *»direkten Erfordernis«* würde. Außerdem würde bei Fortfall dieser Galerie die *»Versteifung der gesamten Binderkonstruktion in Frage gestellt.«* Auch Direktor Rostin schrieb in seinem Bittbrief vom 25. 2. 1910, daß *»die Ausführung der 2. Galerie [...] sowohl in künstlerischem, wie in dekorativem Sinne eine direkte Lebensfrage«* für sein Unternehmen wäre. Trotz anfänglichen Zögerns – man vermutete, daß später doch der Zutritt von Besuchern vom Unternehmer gefordert werden würde, wenn die Galerie überhaupt erst einmal vorhanden war – wurde schließlich von der Baupolizei am 25. 6. 1910 die Genehmigung zum Bau der 2. Galerie als Nachtrag zum Bauschein Nr. 3451 erteilt, nachdem allerdings auch das statische Büro am 28. 5. 1910 eine Versteifung der Binder für notwendig hielt, die am leichtesten mit den zum Teil schon vorhandenen Konsolträgern der 2. Galerie herzustellen war. Am 3. 10. 1910 beantragte Rostin schließlich noch, daß kleine Musikkapellen auf den Auslegern der 2. Galerie Platz finden dürften, was auch noch für zwei kleine Kapellen in der Mitte der Langseiten am 15. 12. 1910 gestattet wurde unter der Auflage, die massiven Treppen in den seitlichen Anbauten bis zum 2. Obergeschoß zu verlängern (LA SP 3964/21, 35, 83; 3992/36r, 20, 35r; 3994/12–13, 26–27, 29; 3996/123–26).

14 Baubeschreibung vom 8. 10. 1909 (LA SP 3964/81; ZBv 1911, S. 214f.; LA SP 3990/140 [Statik]).

15 Mitteilungen der Berliner Electricitäts-Werke, Jg. 7, Nr. 1, Berlin 1911, S. 2ff. – 1 Normalkerze heißt *»die Lichtstärke einer Paraffinkerze von 2 cm Durchmesser bei 50 mm Flammenhöhe«* (Meyers Großes Konversations-Lexikon, 6. Aufl., Bd. 15, Leipzig–Wien 1906, S. 836.

16 ZBv 1911, S. 216; Chronik, in: DBz 1910, Beilage 24, S. 93f.; [Robert] Br[euer], Kleine Kunst-Nachrichten, in: DKD 27, 1910/11, S. 410. – Eine Postkarte des »Hohenzollern-Sport-Palastes« zeigt einen Längsschnitt durch den Gesamtbau, der allerdings einem früheren – nicht ausgeführten – Entwurf entspricht. Diese Darstellung ist jedoch verwirrend, da die Halle eher rund statt oval abgebildet ist; nach ihr waren ursprünglich in den Lünetten der 2. Galerie figürliche Malereien geplant; die Kaiserloge befand sich in der Mitte der südlichen Langseite.

17 Zu Fundament und Kellermauerwerk vgl. LA SP 3964/89, 94f. – Ein *»Gesuch um provisorische Genehmigung für Ausschachtung einer Baugrube«* vom 30. 6. 1909 war am 7. 7. 1909 von der I. Bau-Inspektion abgelehnt worden (LA SP 3964/51f.). – Rostin hatte noch einmal am 1. 10. 1909 dringend um Beschleunigung des Bauscheines gebeten unter Hinweis auf die *»ganz fatalen Folgen und unermeßlichen Verlust«* durch die Verspätung (LA SP 3964/69r, 77–79). – Der Baukontrollbogen des Polizeipräsidiums, Abt. III, Baupolizei, gibt in seinen wöchentlichen Besichtigungsberichten Auskunft über den Bauverlauf (LA SP 3964/98–106). – Die Gebrauchsabnahme des Maschinenhauses, für welches ein besonderer Bauschein erteilt worden war (Nr. 1006 vom 28. 5. 1910; LA SP 3994/59f.), war am 11. 11. 1910 (LA SP 3996/61r,

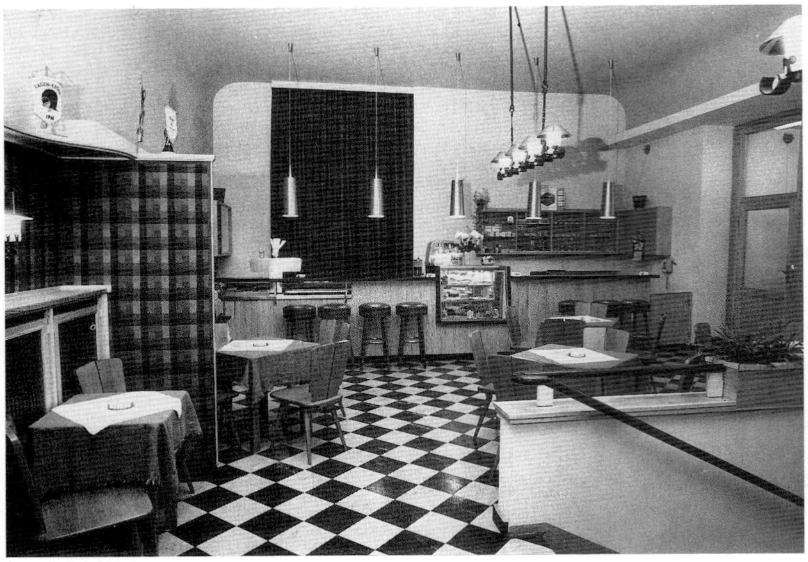

51

52

51–52 Sportpalast, Räume der 1965 eingebauten Kegelbahn im ersten Obergeschoß.

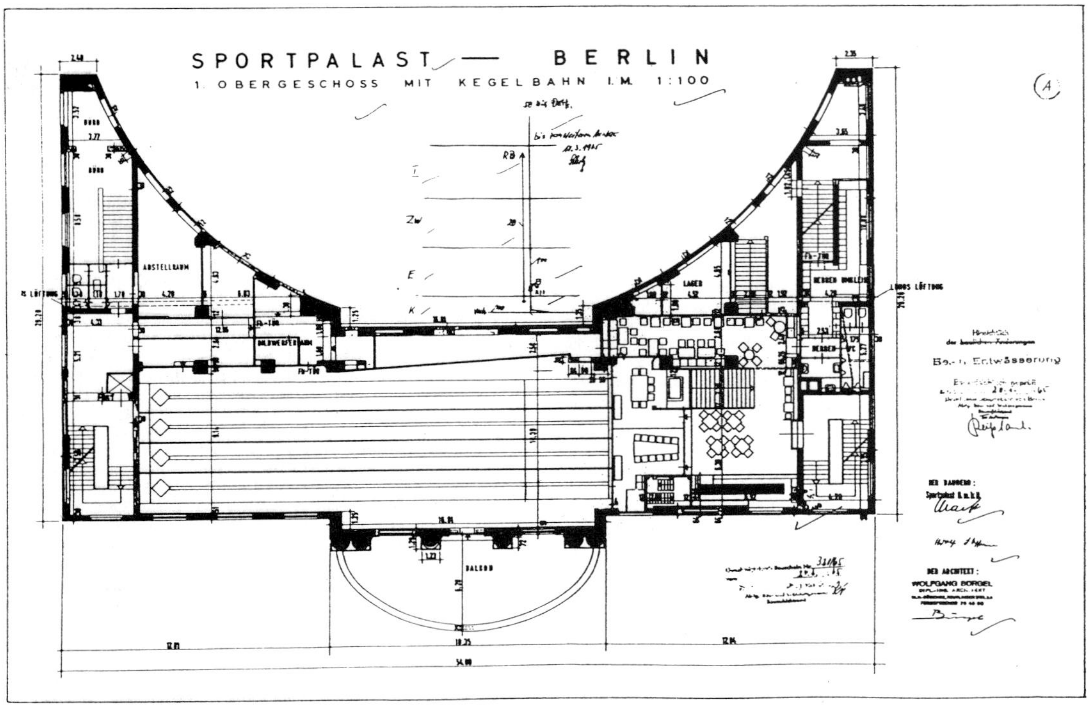

53 Grundriß des ersten Obergeschosses mit der Kegelbahn, 28. 1. 1965 (nach: LA SP 3988/42 [Lichtpause/Papier/Leinen, 45,5 x 73 cm]).

62 v). – An den Gartenanlagen, der Vorgarteneinfriedung und den Kandelabern wurde am 13. 12. 1910 noch gearbeitet (LA SP 3964/105). – Das Vorgartengitter war am 30. 12. 1910 aufgestellt (LA SP 3996/7).

18 Insgesamt kennen wir neun Postkarten des »Hohenzollern-Sport-Palast« (nach Aufdruck der Rückseite), von denen sieben eine ebenfalls eingedruckte Datierung (Monat, Jahr) auf der Rückseite enthalten. Wir danken der Galerie Gärtner, Berlin, für die Erlaubnis zur Reproduktion.

19 ZBv 1911, S. 216; DBz 1910, Beilage 24 vom 15. 6., S. 93 f.; LA SP 3990/233, 3992/1–7. – Nach der Baugewerks-Zeitung 1910, S. 547 f., war Rostin mit *»Vorschlägen und Ausführungen«* maßgeblich am Bau beteiligt.

20 LA SP 3990/1, 77, 132. Die Decken wurden zum Teil als *»einfache Eisenbetonplatten, zum Teil als Eisenbetonrippendecken«* ausgeführt.

21 LA SP 3964/110, 162; 3995/33 f.; 3994/11; ZBv 1911, S. 216.

22 Dieser war noch geplant auf dem Entwurf vom 7. 9. 1909 (LA SP 3992/10 f. [Lichtpause], 3964/12–15).

23 LA SP 3964/9.

24 LA SP 3964/72 v, 73 v, 149–52 (§ 1 Ziff. 3 und § 3 Ziff. 1 b der Baupolizeiordnung vom 15. 8.1897); 3992/8.

25 LA SP 3995/39 v–40 v; 3996/5, 112, 170 (Skizzen des Vorgartengeländes), 55 (Zeichnung); 3997/12. Das Abschlußgitter wurde hergestellt von den Betonwerken Biesenthal, Hermann Clasen & Merk. – Ein bereits am 21. 4. 1910 von Dernburg erstellter Entwurf, der eine Folge von 16 kräftigen, nur 4,40 Meter hohen, von Lampen bekrönten Pfeilern und Zwischengittern in gleichen Abständen zeigte, war aus unbekannten Gründen zurückgezogen worden (LA SP 3995/44).

26 LA SP 3995/25, 69 r, 72; 3994/59 f., 119 (die revidierten Zeichnungen vom 6. 7. 1910); 3995/73–76; 3994/111, 61 r, 62 r.

27 DBz 1910, Beilage 24 vom 15. 6., S. 93 f.; LA SP 3982/55.

28 Breuer (wie Anm. 16).

29 Breuer (wie Anm. 16) hob dies speziell hervor, ohne die sonstigen Bestimmungen der Halle zu erwähnen, und setzte sie positiv ab von dem architektonisch als *»Monstrum«* bezeichneten Eispalast.

30 Vgl. Handbuch der Architektur, IV. Teil, 4. Halbband, 1. Heft, 2. Aufl., Darmstadt 1894, S. 132 ff. (Öffentliche Vergnügungsstätten und Festhallen); 2. Heft, 2. Aufl., Darmstadt 1894, S. 147 ff. (Fahrradbahnen), 194 ff. (Eis- und Rollschlittschuhbahnen).

31 Für die Verkleidung der Eisenkonstruktion waren allerdings auch rein praktische Gründe maßgebend. Bei einer freien Eisenkonstruktion und einer Abdeckung mit Glas bot das Dach nicht mehr den für eine Eisbahn nötigen Hitzeschutz im Sommer (vgl. Handbuch der Architektur [wie Anm. 12], S. 205).

32 Vergleichen lassen sich hier gut um 1910 entstandene Bauten von Ludwig Hoffmann und späte Bauten Alfred Messels, welche sich an die kühle Spätbarockarchitektur Berlins anlehnten. Alfred Messel hatte zahlreiche Schüler, die in seinem Geiste arbeiteten; zu ihnen gehörte Hermann Dernburg. Siehe hierzu Walter Curt Behrendt, Alfred Messel, Mit einer einleitenden Betrachtung von Karl Scheffler, Berlin 1911, S. 93 f., 131 ff.; Julius Posener, Berlin auf dem Wege zu einer neuen Achitektur, Das Zeitalter Wilhelms II. (1890–1918), München 1979, S. 161.

33 LA SP 3996/92, 99–100 v, 103–04 (Baugenehmigung Nr. 3393 III 1. vom 12. 1. 1911), 105 r.

34 LA SP 3997/27–49, 114–29; 3998/4–11.

35 LA SP 3998/47–55.

36 Hagendorf & Hass, Berlin-Friedenau, Lefèvrestraße 5. LA SP 4002/172.

37 LA SP 3969/39–45.

38 LA SP 4006/101–12. Schürmann, Münster/Westf., Elsässer Str. 13, verwies in seiner Baubeschreibung auf praktische Erfahrungen aus seiner *»vieljährigen aktiven Betätigung als Radsportler«*. Gleich konstruierte Holzradrennbahnen waren von Schürmann in der Leipziger Ausstellungshalle Achilleion, in der Rheinlandhalle in Köln und in der Halle Münsterland in Münster eingerichtet worden.

39 LA SP Nr. 4006, Bl. 137. Seltsamerweise wurde die neue Rennbahn im Vw vom 9. 1. 1932 als 160 Meter lang und 6 Meter breit beschrieben und als ihr Konstrukteur *»Sportstättenarchitekt«* Georg Bremer, Berlin, genannt.

40 LA SP 4007/6–23 (Bauschein Nr. 1564 vom 1. 2. 1933).

41 Georg Bremer, Berlin-Wilmersdorf, Am Volkspark 90. LA SP 3975/1–27; 3976/17, 19 (ungezählt).

42 LA SP 3964/3–4, 83–85; 3994/83, 92; 3996/3–4. Diese Haltung bestätigte Ludwig Hilberseimer noch 1931, als er schrieb, daß *»die Rentabilität einer großen Halle [...] durch sportliche Vorführungen allein nicht erreicht«* werden könnte (Handbuch der Architektur, IV. Teil, 4. Halbband, 4. Heft, 3. Aufl., Leipzig 1931, S. 72 (S. 70–99: Hallen-Bauten).

43 Maurermeister Robert Dietrich, Charlottenburg 1, Kepler-/Ecke Brahestraße 1, führte die Arbeiten nach der Baugenehmigung Nr. 5968 vom 19. 2. bis zum 19. 4. 1912 aus (LA SP 3998/20–22 r, 23–24 [Lichtpause, vom 12. 2. 1912]).

44 LA SP 3998/32 r, 41–43 r, 60 r.

45 LA SP 3998/1. Der stellvertretende Vorsitzende des Aufsichtsrates der Theater und Konzerthaus AG war Bankdirektor Schulzenberg (LA SP 3998/106 v).

46 LA SP 3998/73–74 v, 79–80 v, 93, 95–96 r, 97 r, 197–209.

47 LA SP 3998/73–80 (Vorprojekt vom 1. 10. 1912).

48 LA SP 3998/85 r.

49 LA SP 3998/83 v, 84 r.

50 LA SP 3998/84–85, 91 v–92 r, 102.

51 LA SP 3998/106.

52 LA SP 4000/16 (Meldung Alfred Holzbocks im BLA vom 8. 11. 1913). Vorangegangen war diesen Plänen das im Dezember 1912 eröffnete »Zirkus-Theater der Fünftausend« des Direktors Stosch-Sarrasani in Dresden (vgl. Baugewerks-Zeitung 1913, S. 9 ff.).

53 Mündliche Mitteilung Dernburgs an Abteilung III in Verbindung mit einem

54 Sportpalast, Otto-Kermbach-Stube im Zwischenstock, um 1965.

55 Sportpalast, Pausen-Buffet im Zwischenstock, um 1965.

Nachtrag zur statischen Berechnung v. 14.1.1914 (LA SP 4000/54 r, 55 r, 56).

54 LA SP 4001/1 r, 2 r, 4, 9–17, 20–24.

55 LA SP 4002/1–2, 5–6, 8, 12–24, 26 r, 27 r, 43 r. – E. Fischer, Berlin SO 16, Köpenicker Straße 96/97. – M. Kanarienvogel, Berlin C, Kaiserstraße 42. – R. Clauß, Berlin NW 21, Bochumer Straße 4.

56 LA SP 4002/45–52.

57 LA SP 4002/8 v, 10 v, 11 r, 17–18, 20–21, 54, 78.

58 LA SP 4002/55–60 v. – Jacobi & Co., Berlin-Halensee, Kronprinzendamm 9.

59 Vgl. Anm. 13.

60 LA SP 4002/83–84 r, 94 v, 100, 104–05, 110–14, 117–18, 176, 178, 180, 183–84, 188, 192; 4009/3. Die endgültigen Bauunterlagen wurden jedoch erst am 3. 2. 1922 eingereicht (LA SP 4002/96–97). – Franz Jaffé, Berlin W 30, Neue Winterfeldtstraße 28, geboren 1855, der 1908 seinen Abschied aus dem Staatsdienst genommen hatte, war einige Zeit lang ehrenamtlicher Stadtrat und Dezernent für Hochbau in Schöneberg (DBz 1925, S. 580).

61 BS 102, 14. 9. 1922, S. 7; 108, 26. 10. 1922, S. 3 f. – Nach BS 108 wäre die ganze Anlage insgesamt 5.000 Quadratmeter groß gewesen; vermutlich handelt es sich bei dieser Angabe um einen Satzfehler, 500 Quadratmeter dürfte in etwa realistisch sein. Außerdem wird »eine 300 m lange, sehr gut gelüftete Laufbahn« für Leichtathleten »fast unter der Kuppel des Sportpalastes« genannt (möglicherweise war diese Bahn auf dem 2. Rang eingerichtet). Die Kosten sollen 4 Millionen Mark betragen haben. In den Bauakten fanden sich zu diesen Arbeiten keine Unterlagen. Vgl. den Beitrag über die Sportschule.

62 Bauschein Nr. 2455 vom 20. 8. 1924. LA SP 4002/211 r, 214–19, 240. – LA SP 4000/126–28, 137.

63 Bauschein Nr. 835 vom 28. 10. 1925; LA SP 4003/1, 7–8, 25; BT 25. 11. 1925. – Der aus Ungarn gebürtige Oskar Kaufmann (1873–1956), Berlin W 30, Neue Ansbacher Straße 9, ist vor allem wegen seiner eleganten Theaterbauten und -umbauten bekannt. Allein in Berlin errichtete und gestaltete er zwischen 1906 und 1927 sechs Theater (Hebbel-Theater, Volksbühne am Bülowplatz, Kroll-Oper am Königsplatz, Theater am Kurfürstendamm, Komödie und Renaissance-Theater) und ein Kino. Daneben erbaute er zahlreiche Villen im Grunewald (Oskar Bie, Der Architekt Oscar Kaufmann, Berlin 1928; Peter Güttler, Opernhäuser und Theater, in: BusB, Teil V, Bd. A, S. 78–86). – Adolf Sommerfeld, Berlin W 9, Schellingstraße 5.

64 BLA 23. 11. 1925; ZBv 1925, S. 566; DBz, Beilage Konstruktion und Bauausführung 59, 1925, S. 199. – BSchC und Sportpalast AG bildeten eine Interessengemeinschaft. Der BSchC *»gab der Sportpalast A.G. ein zu verzinsendes Darlehen in der Höhe der Kaufsumme für die erforderlichen Kühlmaschinen mit Röhrenanlage. Dieses Darlehen war an folgende Bedingungen geknüpft: Der amateursportliche Betrieb liegt ausschließlich in der Hand des Berliner Schlittschuh-Club. [. . .] Kein anderer eissporttreibender Klub hat gleichzeitig ein direktes Vertragsverhältnis mit der Berliner Sportpalast A.G. [. . .]«* (Seemann, Eishockeysport, S. 48; die weiteren Punkte sind an anderer Stelle aufgeführt). – Die Eisanlage war übrigens bald nach ihrer Eröffnung und auch immer wieder in den folgenden Jahren Grund für Beschwerden der Anwohner, die vor allem die Rauch- und Rußbelästigung sowie Abdämpfe der Kondensatorenanlage und Erschütterungen beklagten (LA SP 3969/129–40, 147, 149, 159, 180–82; 4005/5–28; 4007/37–40; 4019/8–9, 124–25). Hiergegen wurden im Laufe der Jahre verschiedene Vorkehrungen getroffen, so eine Dampfrohrerhöhung, Veränderung der Rauchverbrennungsvorrichtung, Anlage von Seitenjalousien am Rieselkühler und einer großen Dunsthaube sowie der Umbau der Auspuffleitung (LA SP 3969/177–79, 238 f.). Schließlich wurde im Herbst 1931 eine Verkleinerung der Eisfläche vorgenommen (LA SP 4006/143–46). Anläßlich der Auswechselung der verbrauchten Röhrenanlage durch die Gesellschaft für Linde's Eismaschinen Mitte der dreißiger Jahre verlängerte man allerdings die Eisfläche wieder um vier Meter, so daß sie nun eine Größe von 56 x 26 Meter hatte (Internationale Eislauf-Veranstaltungen im Berliner Sportpalast 8., 9., 15. und 16. August 1936 [LA Rep. 240, Acc. 1404, Nr. 84]).

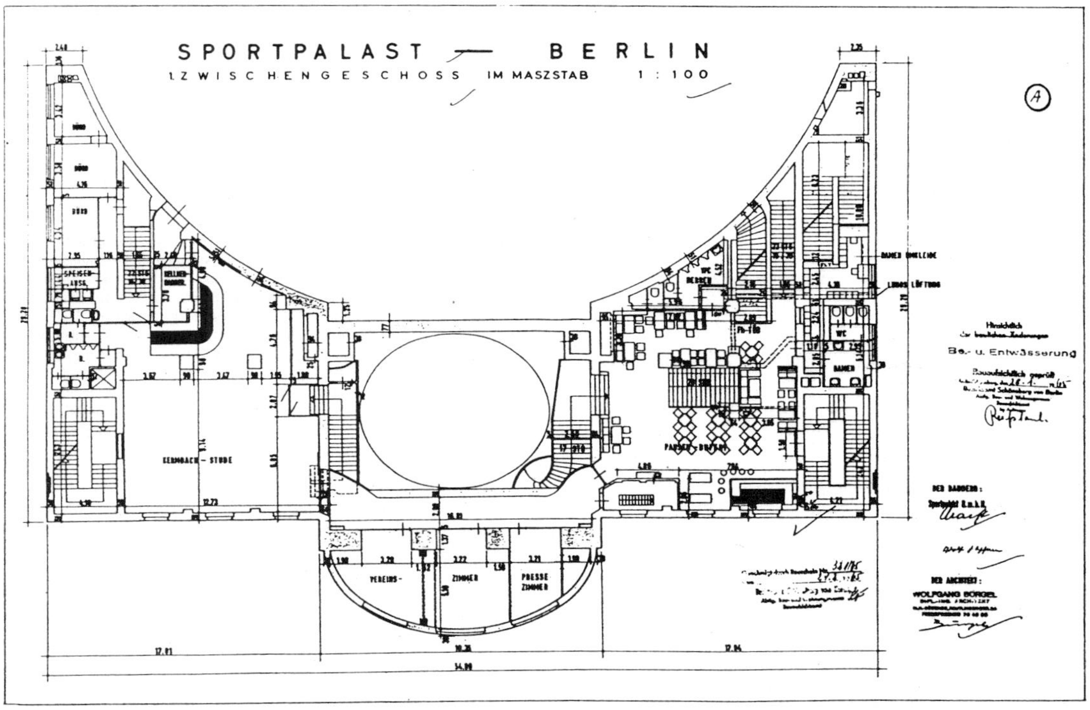

56 Grundriß des Zwischenstocks mit der Otto-Kermbach-Stube und dem Pausen-Buffet, dem Presse- und dem Vereinszimmer, 28. 1. 1965 (nach: LA SP 3988/41 [Lichtpause/Papier/Leinen, 45 x 73 cm]).

65 LA SP 4003/118 (Fassadenaufriß vom 22. 5. 1925).

66 LA SP 4003/110–11; 4000/152 v, 155 r (Brief des Kantinenpächters vom 12. 3. 1914 an die Baupolizei mit der Bitte um vorübergehende Aufenthaltsverlängerung im Kellergeschoß).

67 Vgl. die ersten Entwürfe für das Erdgeschoß und das Obergeschoß vom 8. 5. 1925 (LA SP 4003/9–14) mit den endgültigen Plänen vom November 1925 (LA SP 4003/112–17).

68 Villa Konschewsky in Berlin-Grunewald (1922–23) und die 1924 gestaltete (ehemalige) Fassade des Theaters »Komödie« am Kurfürstendamm in Berlin. Vgl. auch Bie (wie Anm. 63), S. X; Güttler (wie Anm. 63), S. 83 ff.

69 LA SP 3969/205, 213; 4005/44–52, 61–64, 69–70, 75 (Bildwerferraum), 90, 94, 96–100 (Kassenhäuschen). Die Spielrichtung des Filmvorführgerätes ging schräg nach oben in die Kuppel, wo eine große Leinwand herabgelassen werden konnte. Vgl. die Beschreibung Wolfgang G. Hummels, der im Sommer 1953 den beschädigten Filmvorführraum wiederherstellte (LA SP 3967/261 r).

70 Vw 10. 4. und 23. 8. 1929; BLA 22. 8. 1929.

71 LA SP 4009/4, 11–13, 23–24, 26–27, 35–36, 41, 44–45, 47–48, 54; 3969/241–46; 4006/53.

72 LA SP 4007/286, 301; 4010/4–6; Eislauf-Veranstaltungen (wie Anm. 64), S. 9.

73 LA SP 4024 a (statische Berechnungen der Firma Krupp-Druckenmüller, Berlin Tempelhof, für Unter- und Tragkonstruktionen vom 3., 7. und 10. 9. sowie 12. 11. 1942). – Die Baupolizei hatte diese hohen Besucherzahlen abgelehnt; die Versammlungen wurden daher als geschlossene, dienstliche Veranstaltungen deklariert (LA SP 4009/138 r; 4019/210, 221).

74 Vgl. Chr 1943 Nov 22, 1944. Zu den Wiederherstellungsarbeiten bis zum Ende des Krieges vgl. LA Rep. 84, Acc. 3641.

75 LA SP 4019/232, 252.

76 Bauschein (Nr. 1445) vom 27. 8. 1947. Carl Heger, Berlin-Wilmersdorf, Hildegardstraße 18. Die ausführende Baufirma war Kurt Geisler, Berlin-Köpenick, Wendenschloßstraße 30 e-f, *»mit Arbeitskräften aus dem russischen Sek-*

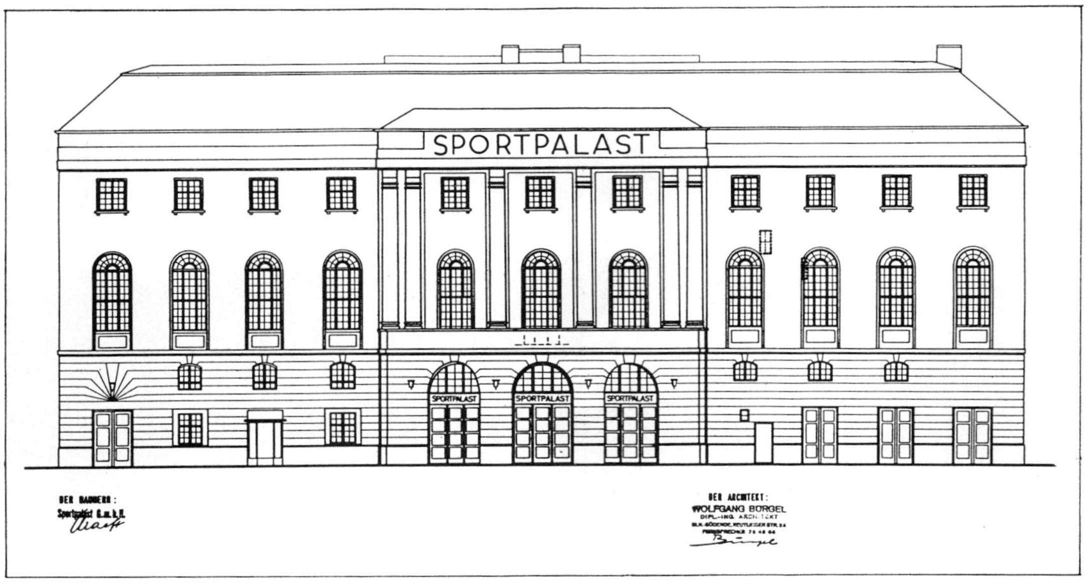

57 Sportpalast, Treppenaufgang, um 1965.

tor«. »*Die Wiederherstellung erfolgte mit vorhandenem Material*« und kostete knapp 30.000,– RM. Gebrauchsabnahme am 23.12. 1947. Später konnten laut Bauschein (Nr. 778) vom 16.12. 1948 auch Kleinkunstveranstaltungen abgehalten werden. LA SP 4011/1–80; 3972/257–63; 3974/16–17; 3973/3; BusB, Teil V, Bd. A, S. 202. Vgl. auch den Beitrag von Lothar Schirmer.

77 LA SP 4011/94–106; 3980/1–41; 3989/1–3. Hierzu fertigte das von Gretzschel beauftragte Bauingenieurbüro Paul Grafe, Leipzig C 1, Dittrichring 21, eine Reihe von Fotos des damaligen Zustandes an, die in einem Album gesammelt sind, mit einem Plan der numerierten Aufnahme-Standorte (LA SP 4024). Diese Fotos wurden inzwischen von der Landesbildstelle Berlin dankenswerterweise durchfotografiert.

78 LA SP 4017/33.

79 LA SP 4019/289, 291, 293, 294; 4017/32; 3967/112. – Im Zuge der Demontage wurden auch die zwei Eisenschornsteine des Kesselhauses am 21.6. 1951 abgebrochen.

58 Aufriß der 1964/65 umgebauten Fassade (nach: LA SP 3974/164 [Lichtpause/Papier, ca 30 x 68 cm]).

80 H. Henschel, Berlin-Steglitz, Schloßstraße 93. – H. Richter, Berlin-Schöneberg, Badensche Straße 7. – Henschel war von der Stadt Berlin ein Kredit über DM 50.000,– zugesagt worden, der dann nicht ausgezahlt wurde, was größere finanzielle Schwierigkeiten für den Sportpalast und seine Wiederherstellung zur Folge hatte (LA SP 3967/254 r; 3985/180).

81 Baufreigabeschein vom 29.8. 1951. Bauschein (Nr. 681/51) vom 23.10. 1951. Vorläufige Gebrauchsabnahme am 16.10. 1951. – Neben dem Architekten war der Dipl. Ing. Johannes Rosenthal, Berlin-Zehlendorf, Seehofstraße 53, als Verantwortlicher für die statische Berechnung der Konstruktion tätig. Ausführung durch die Firma Willi Würm, Hoch- und Tiefbau, Berlin N, Voltastraße 1. LA SP 3967/2–4, 22, 39, 52–55 (Zeichnungen), 62–64, 68, 75, 77; 3971/79, 81 (Zeichnungen). – Bereits am 13.10. war die Eisbahn für das Training der Kunstläufer und Eishockeyspieler freigegeben (vgl. Chr 1951 Okt 13, Okt 22–27). – Wesentliche Auflagen für die endgültige Gebrauchsabnahme waren die Befreiung der Keller von Schutt und Wasser und ihre Ausbesserung, was aus Gründen der Standsicherheit des Baues nötig wurde, sowie der Nachweis von 400 Kraftwageneinstellplätzen. Beide Auflagen wurden jahrelang nicht erfüllt und sollten immer wieder Anlaß für die Baupolizei liefern, den endgültigen Gebrauchsabnahmeschein zu verweigern; das führte zu ständigen Behinderungen im organisatorischen Ablauf der Veranstaltungen, z.B. durch notwendige Einholung von Sondergenehmigungen, baupolizeiliche Verfügungen, Zwangsgelder, Strafgelder etc. Die Gründe, daß die Auflagen so lange nicht erfüllt wurden, lagen in den finanziellen Schwierigkeiten des Unternehmens.

82 LA SP 3967/53, 72.

83 LA SP 3985/127; 4012/62–63.

84 LA SP 3967/170, 201, 204–06, 254. – Neben dem Architekten Wolfgang G. Hummel, Berlin-Charlottenburg, Herbartstraße 16, war der Bauingenieur Fritz Lotz, Berlin-Spandau, Neuendorfer Straße 69 (für die statische Berechnung), tätig. Bauausführung durch die Dellschau-Stahlbau, Berlin-Tempelhof, Industriestraße 32, und die Polybau GmbH, Berlin-Charlottenburg, Neue Kantstraße 15.

85 Ein wesentlicher Grund für die starke Begrenzung der Kredite war nach Aussage des Architekten, daß der Sportpalast für den Bauherrn nur ein Pachtobjekt war, das nach sieben Jahren an die Eigentümerin, die Eidgenössische Versicherungs AG, Zürich, übergehen sollte (LA SP 3967/204, 206).

86 Bauschein (Nr. 362/53) vom 6.7. 1953. Gebrauchsabnahmeverhandlung am 25.7. 1953. LA SP 3967/184–86, 197–98, 206; 4013/10 (zweite Numerierung). Wie aus einem Brief des Baupolizeiamtes Schöneberg an die Sportpalast GmbH vom 22.7. 1953 hervorgeht, hatte die Baupolizei wegen der schwierigen Lage des Unternehmens die vorgezogene Wiedereröffnung ausnahmsweise gestattet, ebenso wie sie den Bauschein erteilt hatte, ohne daß ein Gebrauchsabnahmeschein für den ersten Bauabschnitt vorlag. Das führte in der Folgezeit noch zu häufigen Mahnungen, Mißverständnissen, Androhung und Durchführung von Zwangsmaßnahmen und schließlich sogar zum gänzlichen Verbot einer Veranstaltung. Vgl. LA SP 3972/181–209. – Die Gebrauchsabnahmescheine für Bauabschnitt 1 und 2 wurden schließlich im November 1954 erteilt (LA SP 4013/38), denen dann noch ein sechs Punkte umfassender Zusatz vom 29.3. 1955 hinzugefügt wurde (LA SP 4013/53, zweite Numerierung).

87 Hummel nannte in seinem Bauantrag vom 3.3.1953, in welchem er die Dachkonstruktion auch beschrieb, eine Preisdifferenz von DM 155.000,– wodurch das gesamte Projekt »*zu Fall kommen*« würde, weshalb um Dispens für die vorgeschlagene Lösung der Überdachung gebeten wurde (LA SP 3967/202, 204–06, 261 r; 3971/186, 235 v.

88 LA SP 3967/186, 235 v.

89 Die angrenzenden Häuser der Pallasstraße waren im Krieg zerstört worden und eine neue Bebauung der Grundstücke nicht vorgesehen, so daß der Blick frei auf die uneinheitliche südliche Seitenfront des Sportpalastes fallen konnte. Das Baupolizeiamt Schöneberg hatte in einem Brief an das Baupolizei-Hauptamt vom 11.5. 1953 eine Erhöhung der Außenmauer bzw. einen kulissen- oder jalousieartigen Aufsatz vorgeschlagen (LA SP 3967/184, 255 r). – Vgl. auch die Aufrisse der Süd- und Nordfront zur Pallas- und Winterfeldtstraße von 1953 (LA SP 3971/82–83). – Zum Wiederaufbau gehörte die Wiederherstellung der alten Warmluftheizung im Oktober 1953, für die zwei Warmwasserkessel im Heizkeller in der Westkurve aufgestellt wurden, anstatt das zerstörte alte Kesselhaus wiederaufzubauen (LA SP 3965/82–91). Auch der Tunnel vom Innenraum der Arena mit zwei Ausgängen in die Ostkurve wurde von Oktober 1953 bis Mai 1954 wiederhergestellt (LA SP 3972/158–72; 4013/24, zweite Numerierung).

90 Zu den Büroräumen: Baufreigabeschein vom 7.4. 1953. Ausführung durch die Firma Ludwig Lamster, Berlin-Schöneberg, Werdauer Weg. LA SP 3967/128–29, 135–69. Die Baukosten betrugen DM 15.000,–. Hierzu gehörte auch die Herstellung der Treppen; die Treppe im nordwestlichen Teil des Kopfbaues zum ehemaligen zweiten Rang wurde instandgesetzt, die südwestliche Treppe zum zweiten Rang jedoch beseitigt, um noch Platz für Wirtschaftsräume zu schaffen. – Im Zuge der Bauarbeiten ließ der Kinopächter Karl Heger seine Kassenhalle neu gestalten (LA SP 3972/76).
Zur Gaststätte: O. Sperber, Berlin-Tempelhof, Borussiastraße 67. Gesamtkosten laut Baufreigabeschein vom 14.3. 1953 DM 70.000,–. Bauschein (Nr. 6/53) vom 31.3. 1953; die einheitliche Gestaltung der Fenster wurde besonders zur Auflage gemacht. LA SP 4017/53, 60, 67–73, 96, 106, 108 f. (Lichtpausen). Das Kindl-Restaurant entstand offenbar an der Stelle einer schon länger bestehenden Gaststätte, denn Dr. Hans Dienst sprach in seinem Prüfungsbericht zur statischen Berechnung vom 15.5. 1953 von einer »Erweiterung des Restaurants« (LA SP 3966/1–32). Möglicherweise handelte es sich um das »Kasino im Sportpalast«, für welches sein Inhaber, der Schankwirt Heinz Markworth, am 31.8. 1948 bei der Polizeiinspektion Schöneberg um die Erteilung einer Tanzerlaubnis bat (LA SP 4019/238, 240).

91 LA SP 3965/28–32; 4012/25 a (Abb.).

92 1954 ein neuer Schaltraum und feuerbeständige Trennwände zwischen den Vestibülen des Sportpalastes und des Kinos (LA SP 3974/4–10, 16–17), 1955 die Aufstellung von einer Reklamesäule und fünf Vitrinen auf dem Sportpalast-Vorplatz, infolgedessen die alte Einfriedung entfernt wurde (LA SP 4012/6–20, 66), sowie die Einrichtung von zwei Schankräumen mit Bierkeller im Erdgeschoß und Kellergeschoß an der Westfront des Sportpalastes (LA SP 3972/73), 1956 Wiederherstellug und Ausbau der nördlichen Durchfahrt und der südlichen Hofgebäude (LA SP 3974/24–28) sowie Instandsetzung des Kopfbaues mit Einrichtung neuer Büroräume für die Sportpalast GmbH und zur Vermietung (LA SP 3974/29, 93), was sich zum Teil jedoch jahrelang hinzog.

93 LA SP 4013/1, 4, 6–10 (Entwürfe), 15.

94 LA SP 4013/15–16, 18 (Entwurf), 24–32.

95 LA SP 3975/107–12; 3981/8, 46; 4018/13; 4020/3, 6–7; 4023/2.

96 LA SP 3965/112, 122; 3981/51–52; 4017/224, 226.

97 LA SP 3974/150–52, 161, 164–65, 183, 194; 3988/41–42; 4017/275 (Ansicht der Südfront). Wolfgang Bürgel, Berlin-Südende, Reutlinger Str. 2 a.

98 LA SP 4017/429–36.

Auf Sole, Eis und scharfen Kufen Von Eispalästen, vom Sportpalast

Hans-Christian Täubrich

Es häufen sich die Fälle, in denen der für Ski und Rodel so begehrte weiße Stoff namens Schnee selbst in den Bergen auf sich warten läßt oder ganz ausbleibt. Noch während man rätselt, ob das Ozonloch oder der Treibhauseffekt daran schuld ist, werden am Rande der Pisten Schneekanonen aufgefahren, um wenigstens die Durchführung der namhaften Wintersportereignisse und das Renommee der sie ausrichtenden Orte zu sichern. Aber so neu ist das Problem nicht. Unzufriedenheit der Wintersportler mit dem Klima gab es schon öfter, nur daß man sich früher in dem Zusammenhang keine Gedanken über eine mögliche globale Endzeit machte.

Eine Reihe trostlos milder Winter brachte in den neunziger Jahren des letzten Jahrhunderts die Anhänger des Eissportes in Mitteleuropa zur Verzweiflung und ließ sie auf Auswege sinnen. Da traf es sich gut, daß Wissenschaftler und Techniker in den vorangegangenen Jahrzehnten an verschiedenen Orten über die Möglichkeit künstlich erzeugbarer Kälte nachgedacht hatten. Sie war ein Postulat der Zeit, wenn auch zunächst weniger für die Freunde des Schlittschuhlaufs als für die Brauereien, Schlachthöfe und Markthallen, um eine ganzjährige Produktion und die moderne Lebensmittelversorgung der wachsenden Großstädte zu sichern. 1877 erhielt Carl von Linde das Patent auf seine Ammoniak-Kältemaschine, deren Betriebssicherheit den Durchbruch auf dem Gebiet der industriellen Fertigung brachte.

Damit konnte auch das Vergnügen auf dem Eis schon bald unters Dach gebracht und von der launischen Unbill des Klimas unabhängig gemacht werden. Bereits 1876 war nach Plänen von Professor Raoul Pictet, einem Genfer Kältespezialisten, im Londoner Vorort Chelsea die erste brauchbare Kunsteisbahn in einem geschlossenen Raum gebaut worden. 1881 entstand in Frankfurt nach dem Linde'schen System eine Hallen-Kunsteisbahn als Attraktion der Patent- und Gebrauchsmusterschutz-Ausstellung. 1892 eröffnete im Münchner Stadtteil Lehel die »Unsöldsche Eisbahn«, 1896 eine weitere »Linde«-Eisbahn in Nürnberg. War über diese beiden noch der Kasten einer eher simplen Fachwerk-Architektur gestülpt, weshalb man auch vom »Schachterl-Eis« sprach, hatte nahezu gleichzeitig in Paris mit den Eislaufhallen »Pole du Nord« (1892) und dem »Palais de Glace« (1893) sowie in London mit der »Niagara-Hall« (1895) die kurze, bis zum Beginn des Ersten Weltkrieges währende Ära der pompösen Eispaläste begonnen.

Die »Bewegung« erreichte nach der Jahrhundertwende endlich Berlin, wo in kurzen Abständen der Eispalast in der Luther-Straße (1908), der Sportpalast in der Potsdamer Straße (1910) und der Admiralspalast in der Friedrichstraße (1911) ihre Tore öffneten und sich zumindest für kurze Zeit zu neuen Zentren des »mondänen« gesellschaftlichen Lebens entwickelten. Dies war das erklärte Ziel der Betreiber, die in den hohen, üppig ausgestatteten Hallen nicht nur eine Manifestation des Eissports sahen, sondern Institute *»für gesellschaftliche Zusammenkünfte der grossen Welt, welche auch während des Tages einige Stunden anregend verplaudern, welche Körper-Kultur in ihrer höchsten Ausbildung treiben, einem verfeinerten Sport huldigen und die endlich die wissenschaftlich genehmigte Hygiene in der angenehmsten Umgebung und nach methodisch erprobten Formen betreiben will«*, wie ein Prospekt des Berliner Eispalastes aus dem Jahr 1908 verhieß.

Der Sportpalast entsprach einmal mehr dem Berliner Hang zum Superlativ. Mit der rund 2.300 Quadratmeter großen Eisfläche enthielt er die größte Halleneisbahn Europas (der Berliner Eispalast brachte es auf circa 2.000, der Admiralspalast gar nur auf circa 1.000 Quadratmeter). Die maschinelle Erstausstattung stammte von der im elsässischen Schiltigheim beheimateten Firma Quiri & Co. und bestand aus Ammoniak-Kältekompressoren Linde'scher Bauart, die von Dampfmaschinen angetrieben wurden. Das Funktionsprinzip der Kälteanlagen hat nach wie vor seine Gültigkeit. Ein Kältemittel, in diesem Fall Ammoniak, wird durch Verdichtung mit Kompressoren in einen flüssigen Zustand überführt. Anschließend leitet man es durch ein Regelventil in den Verdampfer, eine Rohrleitung, die den zu kühlenden Raum durchzieht. Seinem chemischen Verhalten entsprechend geht es nun durch Ausdehnung in Gasform über und entzieht die dazu erforderliche Wärme der Umgebung des Verdampfers, beispielsweise der Luft im Kühlschrank. Danach saugt der Kompressor das gasförmige Ammoniak zur Verdichtung an, so daß es nach Wärmeentzug wieder in flüssige Form übergeht. Schließlich folgt erneut der Verdampfer und der Prozeß beginnt von vorn.

Im Fall der Eisbahnen werden die Verdampferrohre von einer Solelösung umspült. Da Salzwasser einen tieferen Gefrierpunkt hat, kann man es noch nach einer Abkühlung auf minus zehn Grad weiterbefördern und in ein eigenes System von Röhren pumpen, die sozusagen das Skelett der Eisbahn bilden. Sogenannte Endlosrohre werden parallel im Abstand von neun bis zehn Zentimetern verlegt, bis sie die gesamte Fläche der späteren Eislaufbahn bedekken. Ihre Gesamtlänge erreichte im Falle der Sportpalast-Eisbahn rund zwanzig Kilometer. Während man die Rohre später in eine Betonschicht bettete, weil dann nur eine zwei bis drei Zentimeter hohe Wasserschicht zu gefrieren war, setzte man in der Anfangszeit die Bahnrohre im Sportpalast zehn Zentimeter unter Wasser, das durch den Kontakt mit kalten Soleleitungen gefroren wurde. Das bedeutete natürlich im Vergleich zur späteren Handhabung einen sehr viel höheren Energiebedarf. Der Betriebsaufwand stieg noch durch den Wunsch nach einem angenehmen Hallenklima, denn auf den beiden, die Eisbahn umgebenden Galerien sollte es ja nicht so kalt zugehen. Bei einer Raumtemperatur von fünfzehn bis sechzehn Grad konnte hier ein illustres Publikum dem flinken Treiben auf dem Eis zusehen. Da die Galerien sowie die angrenzenden Gasträume insgesamt zehntausend Personen aufnehmen konnten, war bei zahlreich erscheinendem Publikum mit einer beträchtlichen Hitzeentwicklung zu rechnen, zu der die vielen Lampen der aufwendigen Hallenbeleuchtung noch das ihrige beitrugen. Daraus resultierten ständige Temperaturprobleme mit der Eisbahn. Lange unterschätzt wurde die »Gefahr«, die dem komplizierten Kältehaushalt von den Eisläuferinnen drohte: *»Ein nicht zu vergessender Umstand bei der Projektierung von Kunsteisbahnen ist, daß das weibliche Geschlecht auf der Eisfläche bei weitem überwiegt. Hier liegt die Schwierigkeit. Das schöne Geschlecht erzeugt einen weit größeren Wärmebetrag, der durch die Form der üblichen weiblichen Kleidung direkt gegen die Eisoberfläche gedrückt wird; [...] sowie jedoch der weibliche Teil der Läufer sich plötzlich stark vergrößert, ist es beinah unmöglich, ein oberflächliches Schmelzen des Eises zu verhüten.«* So schrieb ganz ernsthaft die »Zeitschrift für die Eis- und Kälteindustrie« im Jahr 1916. Gegen die verschiedenen Wärmeeinwirkungen halfen nur erhöhte Leistungen der Kältemaschinen. Die damit verbundene Steigerung des Energieaufwandes verursachte so hohe Betriebskosten, daß viele der großen Eispaläste unwirtschaftlich arbeiteten und nach und nach schließen mußten.

Bald nach dem Ersten Weltkrieg gab es keine funktionierende Halleneisbahn in Berlin mehr. Der Eispalast in der Luther-Straße wurde 1919 zum Vergnügungsetablissement »Scala« umgebaut. Die Eishalle des Admiralspalastes mit ihrer bereits stark verkleinerten Spielfläche wurde 1922 aufgegeben und hier ein Varieté-Theater eingerichtet. Auch die Eisanlage des Sportpalastes war längst stillgelegt worden. Vorübergehend gab es im Winter 1923/24 – durch viele Pfeiler eingeschränkte – Eislaufmöglichkeiten in einem Berliner Kühlhaus. Doch selbst das war nur von kurzer Dauer. Der milde Winter 1924/25, der die Schlittschuhe der eislaufbegeisterten Berliner rosten ließ, förderte das Interesse, *»für Berlin wieder eine Kunsteisbahn anzulegen. Der Berliner Schlittschuhclub verwirklichte in Gemeinschaft mit der Leitung des Berliner Sportpalastes diesen Gedanken, und so entstand die jetzt fertig gewordene neue Eisbahn, für die die Maschinenfabrik A. Borsig, Tegel, die technischen Einrichtungen lieferte, die auf diesem Gebiete bereits Erfahrungen besitzt und auch früher die erste Kunsteislaufbahn Berlins im Eispalast eingerichtet hatte«* (DBz Nr. 97, 1925). Die Firma Borsig erneuerte die zwanzig Kilometer Rohrleitungen für die Eislauffläche und installierte Ammoniak-Kältemaschinen modernster Bauart, die eine Leistung von 440.000 Wärmeeinheiten zu erbringen vermochten. Das reichte aus, um rund 100.000 Kilogramm Eis stündlich zu erzeugen. Das Verfahren war das gleiche wie oben beschrieben. Den Versuch, es »jedem« Leser begreiflich zu machen, unternahm »Der Angriff« am 24.10.1937 in einem Bericht über die bevorstehende Eissportsaison: *»Das Ammoniak, das Kälte enthält, hat das Bestreben, seine Minusgrade nach außen durch die Rohre abzustoßen. Es ›sehnt sich‹ nach Erwärmung und Verflüssigung. Nun erschreckt die Sole, kühlt sich ab und läuft schnatternd vor Kälte durch unterirdische Gänge in ein zweites Rohrsystem, das in einer Betonschicht liegt. Diese Schicht ist das Parkett der Stars auf Schlittschuhen.«*

Die Wiedereröffnung des Sportpalastes hatte jedoch nicht nur Begeisterung bei den Freunden des Eissportes ausgelöst. In einer Beschwerde vom 7. April 1926 an den Berliner Polizeipräsidenten beklagten sich Nachbarn über die starke Rauchbelästigung durch den Betrieb der Dampfmaschine und über Lärm: *»Der Sportpalastschornstein verräuchert auch jetzt noch die ganze Nachbargegend und die Flugasche dringt in die Höfe, Wohnungen, Dachrinnen der Gebäude usw. [...] erst vor 8 Tagen sind verschiedene Fuhren Eierbriketts, also die minderwertigsten Feuerungsmittel, zum Heizen angefahren worden. Der Sportpalast nimmt auf die Nachbarschaft nicht die geringste Rücksicht, dies auch insbesondere nicht bei den nächtlichen Arbeiten und Umbauten nach Programmwechsel [...]«* Dabei lag in den schnellen Umbaumöglichkeiten gerade eine der Stärken des Sportpalastes. In kurzer Zeit konnte auf der Eisbahn ein fester Bodenbelag aufgebracht oder die Bahn für Radrennen eingebaut werden.

Nach Beendigung des Zweiten Weltkriegs gab es Eislauf im Sportpalast zunächst nur zeitweise und in »Naturform«, in der ausgebrannten, dachlosen Halle, wenn in frostigen Wintern die ungehindert einströmende Kälte die geflutete Bahn gefrieren ließ. Zum Beginn der Wintersportsaison 1951/52 setzte sich Anfang Oktober das riesige Schwungrad des Borsig-Doppelkompressors zum erstenmal seit langer Zeit wieder in Bewegung, um die Eisbereitung in der wiedererrichteten, aber immer noch dachlosen Arena in Gang zu setzen. Doch sein Einsatz schien bemessen.

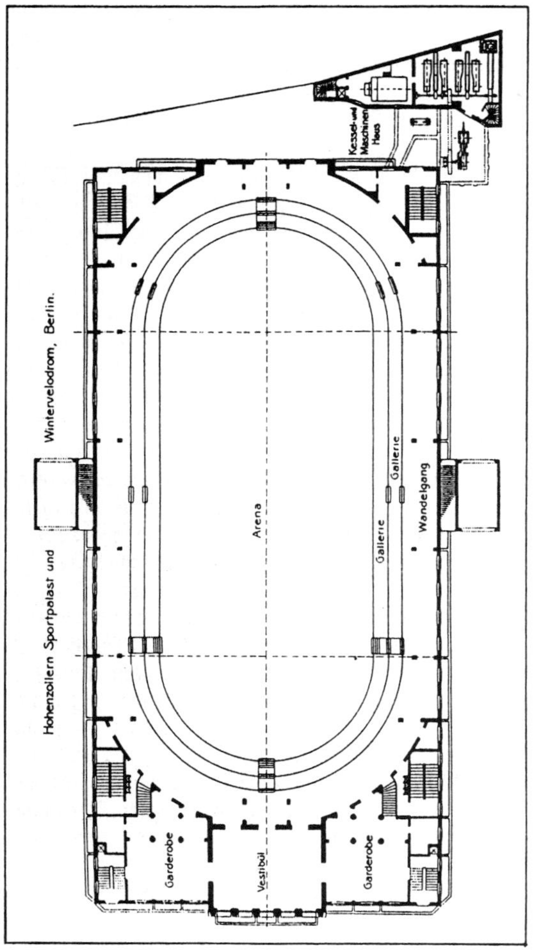

Hohenzollern Sportpalast und Winterveloodrom, Berlin.
Kessel- und Maschinen Haus
Arena
Gallerie
Gallerie
Wandelgang
Garderobe
Vestibül
Garderobe

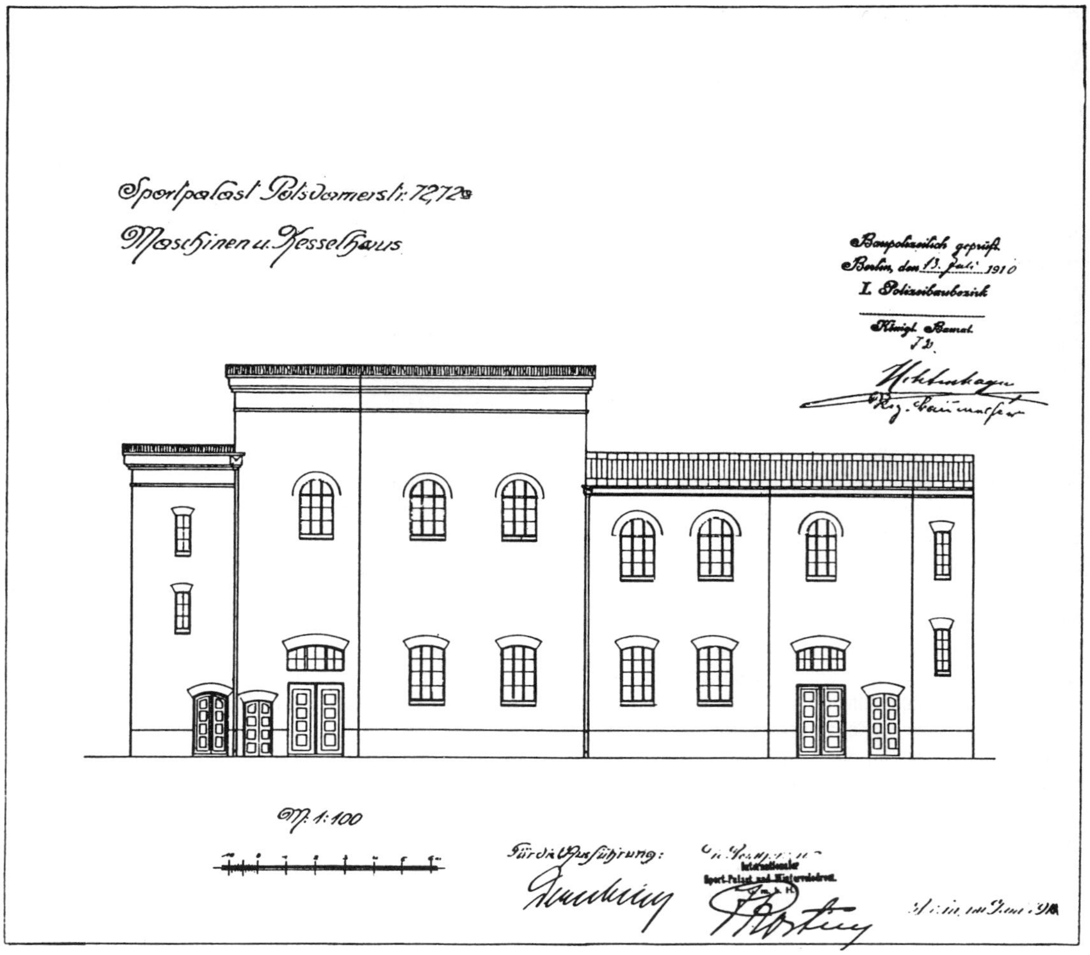

Sportpalast Potsdamerstr. 72/72a
Maschinen u. Kesselhaus
Baupolizeilich geprüft
Berlin, den 13. Juli 1910
I. Polizeibaubezirk
M. 1:100
Für die Ausführung:

59
61

60

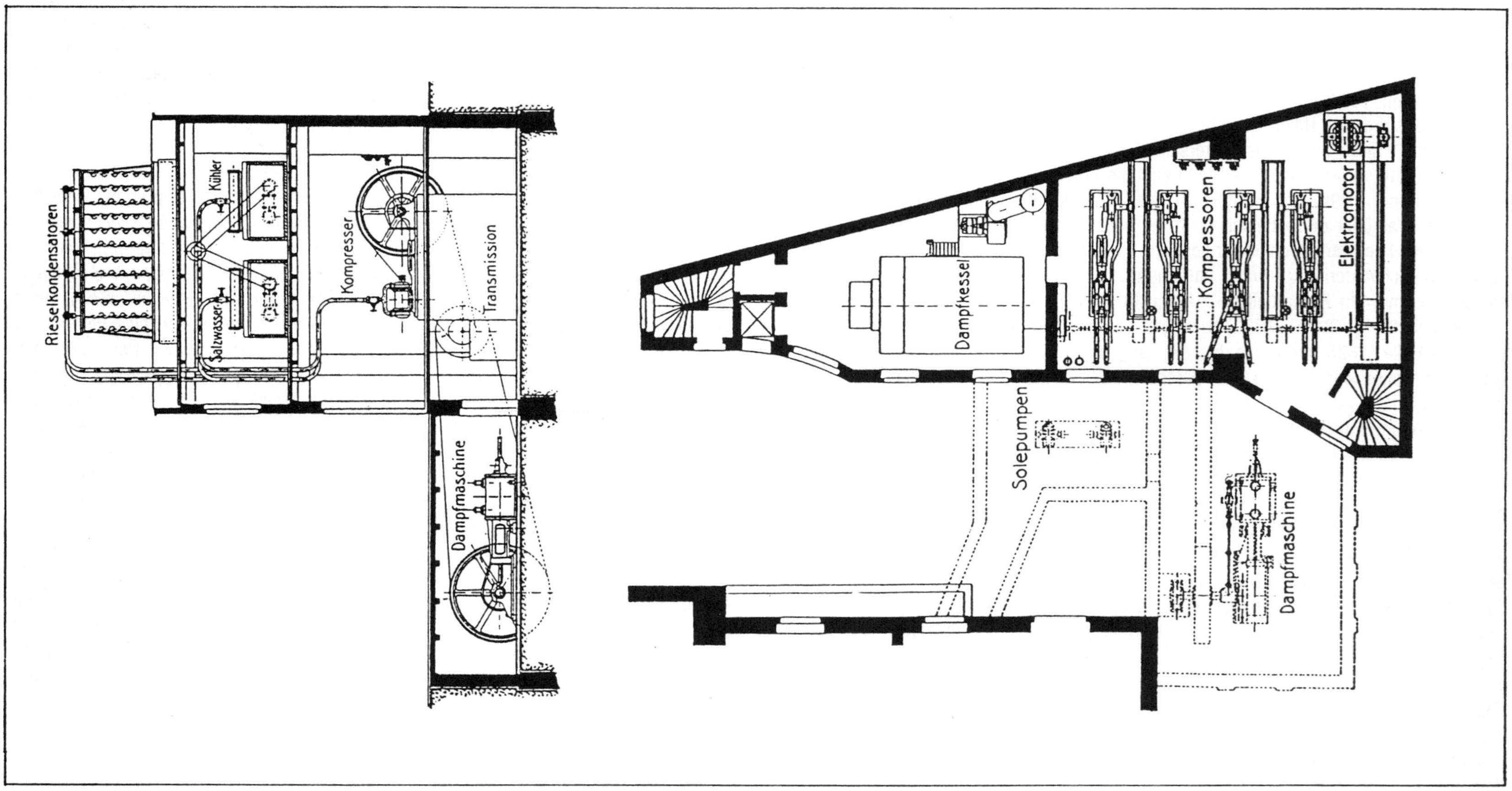

Rieselkondensatoren
Kühler
Salzwasser
Kompresser
Transmission
Dampfmaschine
Dampfkessel
Kompressoren
Elektromotor
Solepumpen
Dampfmaschine

62 Blick durch die nördliche Durchfahrt auf das Maschinen- und Kesselhaus, um 1935.

63 Die Eismaschinen im Maschinen- und Kesselhaus (nach: Mitteilungen der Berliner Electricitäts-Werke 7, 1911, S. 5).

◁ 59–61 Maschinen- und Kesselhaus des Sportpalastes, 1910; 59 Lageplan mit Hauptsoleleitungen; 60 Aufriß; 61 Grundriß und Schnitt mit den Maschinen (59 und 61 nach: Eis- und Kälte-Industrie 12, 1910, S. 222–24; 60 nach: LA SP 3994/133f. [Lichtpause/Papier, ca 31,5 x 38,5 cm]).

Selbst nach Überdachung der Arena 1953 gab es angesichts der hohen Betriebskosten finanzielle Schwierigkeiten. Düster resümierte der »Telegraf« in seiner Ausgabe vom 15.11.1953: *»Im Sportpalast ist die Maschine überholt. Sie wird nicht lange rattern, weil keiner die Kosten tragen kann, um Veranstaltungen durchzuführen. Wann endlich wird an den Bau weiterer Eissportanlagen in den Bezirken gedacht, damit Berlins Jugend Schlittschuhe nicht nur vom Hörensagen kennt?«* Der Ruf wurde erhört und mittlerweile so manche Eissportanlage gebaut. Den Sportpalast als ehemals größte Halleneisbahn Europas hingegen kennt man nur noch vom Hörensagen.

64 Das Eis wird bereitet; die rechte Seite zeigt die bereits fertige Eisbahn, 1936.

65 Die Reste des Eises werden entfernt, um 1930.

Vom Kaiserreich zum Dritten Reich Massenaufgebot zur Politik

Karlheinz Dederke

Krautjunker gegen Schlotbarone – Die erste Runde

Der Berliner Sportpalast gehört zu den Schauplätzen deutscher Geschichte. Er war kein Schlachtfeld, kein Parlament, weder Tribunal noch Richtstätte, weder Militärlager noch Paradeplatz, auch nicht Krönungsstätte oder Herrschaftszentrale. Und doch hat er sich gelegentlich der einen oder anderen dieser Stätten anverwandelt – je nach Wunsch und Willen der Versammelten.

Noch im wilhelminischen Obrigkeitsstaat begann der Sportpalast als Forum der Auseinandersetzung unterschiedlicher, ja entgegengesetzter Interessen zu funktionieren: wirtschaftlicher, sozialer und damit auch politischer Interessen. Die erste Vereinigung, die frühzeitig alle Vorteile der Sportarena für ihre Absichten erkannte, war der Bund der Landwirte. Er hatte seine jährliche Generalmitgliederversammlung im Zirkus Busch abgehalten und wechselte 1911 und 1912 zum Sportpalast über.[1] Geführt von einer Minderheit ostelbischer Großgrundbesitzer, hatte der Bund es verstanden, mit seinem Anspruch, die gesamte Vertretung des »Nährstandes« zu sein, Hunderttausende von Mitgliedern unter mittleren und kleinen Landwirten sowie Landarbeitern zu rekrutieren. Die konservativen, antidemokratischen und sozial elitären Junker, unter ihnen noch viele Adlige, hatten sich so zur Erhaltung ihrer Vorherrschaft in Staat und Gesellschaft mit scheindemokratischen Mitteln eine Massenbewegung geschaffen, deren straffe Organisation nur von der Sozialdemokratie übertroffen wurde.

Im Lager der Industriellen gründete man 1909 einen ähnlichen Verband als Gegengewicht, den Hansa-Bund. Leicht- und zunächst auch Schwerindustrielle sowie einige mittelständische Unternehmer bestritten den Vorrang der Landwirtschaft im Sozialleben und beklagten deren Bevorzugung in der Wirtschaftspolitik. Vom Bund der Landwirte hatten sie gelernt, welche überragende Rolle Massenversammlungen für die Wirkung in die Öffentlichkeit hinein haben. Sie stellten fest, wie leicht sich Ideologien und Meinungen dabei verbreiten ließen und wie sehr das Gemeinschaftsgefühl gestärkt wurde. Der Bund feierte seinen »Hansatag« deswegen 1911 ebenfalls im Sportpalast.

Auf den Versammlungen jener beiden Jahre griffen die Interessengruppen nicht nur die gegnerische wirtschaftspolitische Orientierung an – Landwirtschaft gegen Freihandel; Industrie gegen Protektionismus – sondern auch den Wert des Widersachers für die Nation. Es ging dabei hoch her, obwohl die gute Gesellschaft so ziemlich unter sich war. Emotionen wurden erregt, rissen zu lärmenden Unmutskundgebungen, aber auch zu begeistertem, dröhnendem Beifall hin. Die bevorstehende oder zurückliegende Reichstagswahl von 1912 sorgte dafür, daß sich die Gemüter arg erhitzten. Die Agrarier, fest davon überzeugt, der erste Stand in ihrem Preußen zu sein, verstanden es ausnehmend gut, die Industriellen, die Liberalen zu schmähen und zu verdächtigen. Eigentlich genügte es schon, deren Schädlichkeit für Deutschland zu erweisen, wenn man sie in die Nähe der Reichsfeinde, der Umstürzler von der Sozialdemokratie rückte: *»Die Liberalen sind zu einer Trabantentruppe der Sozialdemokratie herabgesunken [...] Und Pionier der Umsturzpartei ist der Hansa-Bund, dessen Führer zur Umgebung des Kaisers gehören«* verkündete der zweite Vorsitzende, Gustav Rösicke aus Görsdorf, unter großem Beifall. Den meisten Applaus bekam wie immer für seine derben Sprüche Elard von Oldenburg auf Januschau, als er zur allgemeinen Heiterkeit über die Liberalen sagte: *»Sie haben den sozialdemokratischen Bazillus im Leibe.«* Ganz und gar verteufelt wurde der Hansa-Bund und der unabhängige, unbotmäßige »Bauernbund« durch die Behauptung, sie seien verjudet oder judenhörig. Diederich Hahn, der Bundesdirektor, formulierte noch vorsichtig: *»Bei dem Wahlkampf hat aber die jüdische Presse und jüdisches Gold in einer Weise zu wirken gesucht, daß ich sicher voraussehe: es wird ein neuer, wenn auch idealer Antisemitismus unter Führung eines Fritsch erwachen. (Lebhafte Zustimmung).«* Als er dann meinte, die Lage sei durch zwei Pole gekennzeichnet, die Sozialdemokratie und das mobile Kapital, wurde er durch dauernde Zurufe *»Juden! Juden! Alles Juden!«* unterbrochen. Das wiederholte sich so oft, daß dies sogar dem fanatischen Antisemiten Hahn zu viel wurde: *»Als während der weiteren Ausführungen Dr. Hahns antisemitische Äußerungen laut wurden, bittet er, derartiges zu unterlassen. Man würde gegnerischerseits derartige Rufe dazu benutzen, um die imposante Versammlung als antisemitische Radauversammlung zu kennzeichnen.«* Der Kammerherr von Oldenburg hatte keine solche Bedenken und erheiterte seine Gesinnungsgenossen: *»Wer vom Juden ißt, so sagt man, stirbt daran. Aber wer vom Sozialdemokraten ißt, stirbt erst recht. [...] Die Liberalen haben von beiden gegessen.«*[2] Nach seiner Rede verließen viele Hundert den Saal; sie waren nur gekommen, sich von ihm amüsieren zu lassen. Das Kaiserhoch brachten die anderen aus; die Huldigungsadresse an Seine Majestät – den man als Landwirt unter Landwirten verstand – war schon hinausgegangen.

Der Hansa-Bund suchte nicht gleiches mit gleichem zu vergelten, aber seine Klagen und Anklagen waren deutlich und scharf. Der nationalliberale Reichstagsabgeordnete, der junge Syndikus des Bundes der Industriellen, Gustav Stresemann, beanspruchte für Industrie und Handel, für das Bürgertum allgemein, die führende Rolle bei der positiven Entwicklung der deutschen Wirtschaft. Er bedauerte, daß der politische Einfluß derjenigen Schichten, auf deren Schultern diese Entwicklung geruht habe, der Aufstieg zum Industriestaat, so gering gewesen sei und fragte: *»Klingt das nicht wie eine Ironie, daß in unserer Zeit eine Institution wie das preußische Herrenhaus noch aufrecht erhalten werden kann?«* Viel erbitterter attackierte der Präsident des Bundes, Jacob Riessner, den *»agrar-demagogischen«* Geist der Landwirte: *»Die Staats- und Kulturideale des der modernen Entwicklung wenig geneigten Junkertums können unmöglich für Preußen, geschweige denn für das Deutsche Reich auf die Dauer maßgebend sein [...] Diesem ›selbstsicheren Menschenschlag‹ kann eine entscheidende Einwirkung auf die Leitung und Verwaltung des Staates nicht mehr belassen werden. (Ern. stürm. Beifall).«* Er mußte jedoch beklagen: *»Im ganzen aber scheint bei diesem Bürgertum der Wille zur Macht, der die notwendige Voraussetzung des Sieges bildet, gar nicht oder nur in homöopathischen Dosen vorhanden zu sein. (Heiterer Beifall).«*[3]

Der Versuch, mit dem Hansa-Bund eine antifeudale Sammlungsbewegung ins Leben zu rufen, scheiterte, da die Schwerindustriellen ein Bündnis mit dem Bund der Landwirte eingingen und der Mittelstand seine eigenen Interessenvertretungen einrichtete. Die Vormacht der Junker wurde vor dem Ende des Kaiserreiches im November 1918 nicht gebrochen. Der Bund der Landwirte hielt seine 20. Generalmitgliederversammlung bereits im Jahre 1913 nicht mehr im Sportpalast ab; einen »Hansatag« gab es nicht mehr.

Weimarer Parteien im Gleichschritt

Der Sportpalast bot Mitte Januar 1919 die ersten politischen Veranstaltungen in der neuen Republik. Das war etwa zehn Wochen nach der Novemberrevolution und dem Ende des Krieges, unmittelbar nach der Niederschlagung des Aufstandes der Linksradikalen und Kommunisten, kurz vor den Wahlen zur Verfassunggebenden National- und zur Landesversammlung in Preußen. Dachschützen schossen noch immer in die Straßen, als die Deutschnationale Volkspartei zu einer »großen Versammlung des Mittelstandes und Handwerks« am 15. Januar einlud. Es war wieder die kaisertreue Rechte, die über Massenversammlungen um Zulauf warb. Wir werden darauf zurückkommen. 1920 war die Kommunistische Partei durch den Anschluß von über 300000 Mitgliedern der Unabhängigen Sozialdemokratischen Partei zur Massenpartei geworden und konnte es ab 1922 wagen, den Sportpalast öfter zu mieten. Erst 1925 bei den Wahlen des Reichspräsidenten entdeckten auch die demokratischen Parteien die Vorzüge des modernen Baus in der Potsdamer Straße gegenüber den alten Versammlungssälen und den offenen, dem Wetter ausgesetzten Plätzen, wie dem häufig gewählten Lustgarten vor dem Schloß.

Der Sportpalast als größte Halle Berlins stellte für alle politischen Richtungen eine Herausforderung, ja eine Versuchung dar: Konnte man das Haus füllen oder wenigstens gut besetzen, dann wurde der Öffentlichkeit durch den Massenzulauf bewiesen, daß eine politische Kraft vorhanden war, deren Ziele populär und attraktiv sein mußten. Die großen Parteien machten die Veranstaltungen im Sportpalast zur Prestigefrage. Sie hielten sich gegenseitig hohe und niedrige Teilnehmerzahlen vor und maßen daran Erfolg und Mißerfolg, »Aufstieg« oder »Abstieg«. Als »Gütezeichen« galt das Schild am Eingang *»Wegen Überfüllung polizeilich gesperrt«.* Dann waren nicht nur die Sitz- und Stehplätze belegt, dann teilten sich zwei Leute einen Sitz, andere hockten auf Treppenstufen, ganz Wagemutige klammerten sich an den Verstrebungen fest und hatten nur einen kleinen Halt für ihre Füße. Selbst dann gab es noch feine Unterscheidungen, je nachdem, ob die nicht mehr Eingelassenen während der Veranstaltung blieben oder fortgingen, ob »nur« der Vorplatz voll von ihnen war oder auch die Potsdamer Straße und ihre Nebenstraßen. Die Überfüllung war in den Sturmjahren der Republik 1931 bis 1933 beinahe die Regel. Vor dem Eingang und in der Potsdamer Straße drängten sich lange vor Öffnung der Tore die Tausende, allerdings häufig die jeweiligen Gegner, die Einziehende und Herausströmende mit ihren lautstarken Mißfallenskundgebungen und – wenn die Polizei nicht einschreiten konnte – mit Handgreiflichkeiten empfingen.

Wir wissen, daß damals die Parteien zueinander mit ihren Ideologien in einem Feind-Freund-Verhältnis standen, was Koalitionen erschwerte und für einige Gruppierungen unmöglich machte. Weil die politische Kultur der zwanziger Jahre an dem Fehlen eines Grundkonsensus krankte, die einen sich mit der Republik von Weimar identifizieren konnten, die anderen sie hingegen ganz und gar ablehnten, bestand besonders bei den Radikalen von rechts und links Politik darin, den Gegner zu vernichten. Am Zeremoniell ihrer Versammlungen war gleichwohl zu erkennen, daß sie eines verband: Sie waren ordentliche, soldatische, rührselige Deutsche. Für alle Kundgebungen, Demonstrationen, Appelle gab es ein Grundmuster, das nur variiert wurde:

einstimmende Musik, am liebsten Marschmusik, Einmarsch irgendwelcher Formationen mit ihren Fahnen, Begrüßungsrede, eine oder mehrere Hauptreden, Umrahmungen oder Einlagen mit Musik oder Sprechchordarbietungen, Einzelrezitationen, gemeinsames Schlußlied, Fahnenauszug. Die Nationalsozialisten waren beileibe nicht, wie meist behauptet wird, die Erfinder dieses Ablaufs. Vielmehr glichen sich darin die Parteien und Verbände in einem außerordentlich hohem Maße. Sogar kirchliche Veranstaltungen kamen ohne das bewährte Mittel der Fahnenaufmärsche nicht aus.

Alle Parteien und Verbände machten Anleihen bei den Bräuchen, die schon früher dazu gedient hatten, große Ansammlungen von Menschen auf einen Zweck auszurichten und in eine gemeinsame Bewußtseinslage zu bringen. Sie übernahmen Bestandteile militärischer Paraden und bürgerlicher Jubelfeiern. Nichts ging Republikanern und Republikfeinden über den Gleichschritt disziplinierter, schneidig marschierender Kolonnen in farbigen Monturen zu Trommelwirbel und Fanfarenstößen. *»Ein Augenblick, so schön, so erhaben, so hoffnungsvoll stimmend, daß es kaum zu beschreiben ist«*[4] schrieb ein Beobachter des Vorwärts 1925 über die einziehenden Reichsbannerleute, die Verteidiger der Demokratie. Die Republik konnte doch wohl ruhig sein; denn *»zum Kampf bereit und gerüstet«*, so als ob es sogleich ins Feld ging, traten die Elitetruppen des Reichsbanners aus Stammformationen, Schutzformationen, dem Jungbanner an: *»Hüteschwenken, Winken und minutenlanges Händeklatschen begrüßte die dann in voller Ausrüstung mit Tornister und Sturmriemen herunter einmarschierenden Formationen der Stafo-, Schufo- und Jungba-Organisationen.«*[5] Entzücken erweckte bei ihrem jeweiligen Publikum die uniformierte Gleichförmigkeit: so die *»grauen Legionen«* des Stahlhelms bei den Deutschnationalen, die Braunhemden der SA bei den Nationalsozialisten, die *»schmucken blauen Hemden«* der Roten Falken bei den Sozialdemokraten, die roten Kopftücher der Frauenabteilungen bei den Kommunisten. Übrigens schlug der kommunistische Rote Frontkämpferbund alle anderen Bünde und Verbände. Sogar das Bürgertum war beeindruckt: *»Und dann der Clou: Fahnenaufmarsch! Durch die Mitte der Arena tosende Regimentsmusik. Vorne weg ein dicker Tambourmajor, dann die Bläser, die Trommler, die Kolonne der Rot-Front und wieder Kapellen und wieder Parademarsch, am Podium vorbei und noch einmal durch die Arena, eine Viertelstunde lang, bis die Fahnen im Hintergrund der Tribünen stehen. Durchaus preußisches Exerzierreglement, noch immer Vorbild für die rote Disziplin.«*[6] Proleten vom Wedding, die Beine hochwerfend im Stechschritt zu Ehren ihrer Partei, das war deutscher Kommunismus!

Militärisch, ja militaristisch auch der Wortgebrauch aller Parteien. Begriffe aus dem Schützengraben- und Kasernenmilieu sollten Festigkeit und Entschlossenheit manifestieren. Aufmärsche und Massenaufzüge wurden mit Vorliebe Heerschauen genannt; und dabei zeichneten sich Garden aus, »alte« und »junge«. Vorhuten, Sturmtruppen waren im Gefecht. Sehr beliebt war das Wort »Front«. Weltkriegspropaganda und Weltkriegsliteratur haben dieses Wort mit einem starken Gefühlsgehalt gefüllt. Kameradschaft soll Parteifreunde und Gesinnungsgenossen verbinden. Mitglieder der paramilitärischen Verbände sowohl der Republikgegner wie der Republikschützer, Stahlhelmer wie Reichsbannerleute, redeten sich mit »Kamerad« an. Die Kommunisten übertrafen wiederum alle anderen in martialischer Ausdrucksweise. Es wimmelt in Reden, Berichten, auf Plakaten und in Zeitungen nur so von »Aufgeboten« und »Fronten«, proletarischen Fronten, Volksfronten, Wahlfronten. Immer ist man irgendwo in der Schlacht, irgendwie im Gefecht, auf dem Vormarsch, im Angriff. Die Jugend steht beim Kampf des Jugendproletariats auf einem »Frontabschnitt«; die Frauen sind »Soldatinnen der Revolution«.

Fahnen, Banner, Standarten hatte von jeher jede Partei, jeder Verein, jede Innung, jede studentische Verbindung, viele Kirchengemeinden. Bei den Massenveranstaltungen des 20. Jahrhunderts übten diese Tücher und »Feldzeichen« eine tatsächlich numinose Wirkung aus. Sie waren nicht nur Symbole für irgendwelche Überzeugungen, äußerliche Kennzeichnungen für örtliche, regionale oder funktionale Untergruppierungen von Großgruppen, sondern magische Gegenstände eines Kults, an dem alle teilnahmen und der alle verband. Einmärsche der Fahnenträger und Umzüge von Fahnenabteilungen waren Höhepunkte im Sportpalast, entweder von Jubel oder ehrfürchtiger Stille umgeben. Nie verfehlten sie ihre erregende Wirkung, nie büßte die hundertfache Wiederholung ihren Zauber ein. Für die Nationalsozialisten waren ihre Fahnen und Standarten »heilige« Zeichen, geweiht durch Berührung mit der »Blutfahne«, unter denen Märtyrer verwundet oder getötet worden waren. *»Denn die Fahne ist mehr als der Tod«* sangen die Hitler-Jungen. Schauer erfaßte die rechten konservativen Nationalisten, wenn sie die alten Armeefahnen erblickten. Aber kaum anders reagierten die Linken und die Demokraten. Selbst der altliberale Staatspräsident von Baden, Hellpach, Kandidat der Deutschen Demokratischen Partei von 1925 für das Amt des Reichspräsidenten, ein wirklich ziviler Mann, ließ sich, von Fahnenträgern umgeben, zum Rednerpult geleiten und bei seiner Rede vom Balkon auf die im Vorhof Wartenden vom Fahnentuch einrahmen. Beim Reichsbanner Schwarz-Rot-Gold weist bereits der Name auf die Bedeutung der Reichsflagge hin. Den Kundgebungen dieses überparteilichen Bundes, dem allerdings in der Mehrzahl Sozialdemokraten angehörten, gaben die reichliche Ausschmückung des Raumes mit den Reichsfarben und die betonte Verehrung der eigenen Zeichen das Gepräge: *»Um 7 Uhr bereits war das gewaltige Rund der mächtigen Halle stark besetzt, und als dann die Reichsbannertrupps mit klingendem Spiel aus allen Stadtteilen anmarschierten, gab es vor und in dem Sportpalast ein lebhaftes Drängen. Die glänzende Organisation des Reichsbanners und seine vorzügliche Disziplin bewährte sich wiederum aufs trefflichste. Der Massenandrang, der von 1/2 8 Uhr an beängstigende Formen annahm, wurde dank der guten Regie mühelos bewältigt. Neben den zahlreichen Besuchern aus dem Arbeiterstande war auch das ›bürgerliche‹ Publikum sehr stark vertreten, die Frauenwelt nahm an dem Besuch der Kundgebung einen überaus großen Anteil. Pünktlich um 8 Uhr rückten die uniformierten Trupps des Reichsbanners in den Saal, allenthalben mit jauchzenden Hochrufen begrüßt. Einige Minuten später erfolgte der Einzug der Fahnen, der von Fanfarenmusik begleitet war. Die Versammelten erhoben sich einmütig und brachten den leuchtenden Symbolen der Republik mit stürmischem Händeklatschen ihre Ovation dar.«*[7] Anhänger von SPD und KPD kamen in Hochstimmung, je mehr sich der Saal mit den roten Farben der revolutionären Arbeiterbewegung füllte. Fahnen und Transparente zusammen, so schrieb der Vorwärts, ein *»herrliches Bild, diese in das sozialistische Rot getauchte Versammlung.«*[8]

Das militärische Gepränge trat bei Gelegenheiten etwas zurück, bei denen gefeiert wurde. Es feierten die Republikaner am 11. August die Verfassung, die 1919 an diesem Tag in Kraft getreten war, es feierten die Sozialdemokraten am 9. November die Novemberrevolution von 1918, der Kyffhäuserbund ehemaliger Kriegsteilnehmer und die nationale Rechte den 18. Januar als Reichsgründungstag 1871 des Bismarckreiches. Die Kommunisten begingen festlich den Todestag Lenins 1924 und die Oktober-Revolution in Rußland 1917. Die Nationalsozialisten gedachten mit Vorliebe ihrer »toten Helden« vom Bürgerbräukellerputsch 1923. Es wurde versucht, mit Instrumental- und Vokalmusik, mit Einzelrezitationen und Sprechchören die Teilnehmer in eine gehobene Stimmung zu versetzen. Ob das gelang, wenn bei den Deutschnationalen der Luther-Choral *»Ein' feste Burg ist unser Gott«* und *»Haltet aus im Sturmgebraus«* gesungen wurde oder wenn der sozialdemokratische Arbeitersängerbund *»Empor zum Licht«* oder *»Gesang der Völker«* vortrug, wenn bei den Deutschen Demokraten aus Conrad Ferdinand Meyers *»Hutten«* oder Gerhart Hauptmanns *»Ritter, Tod und Teufel«* deklamiert wurde? Die Berichterstatter beteuern es; Beifall wurde gespendet. Alle politischen Richtungen griffen wie selbstverständlich auf das Muster der Feier zurück, wie es im bürgerlichen 19. Jahrhundert allmählich entstanden war. Ein Leitgedanke ist aber für die Auswahl und die Abfolge selten zu entdecken, so daß der Eindruck entsteht, daß man nahm, was angeboten wurde: Musikstücke, Orchester, Chöre, Gedichte. So bekommen die Feiern den Charakter des Improvisierten oder auch Beliebigen. Der Anlaß tritt zurück; er wird durch den immer gleichen Feierstil zugedeckt. Darum wird Lenin kaum anders gefeiert als Bismarck, die Verfassung ähnlich wie die Gefallenen des Weltkrieges. In dem Programm zur sozialdemokratischen Feier der Novemberrevolution für den 9. November 1931 ist der Zusammenhang der einzelnen Darbietungen mit dem konkreten historischen Ereignis nicht mehr zu finden.

Revolutions-Feier
Die Feier findet Montag, 9. November, 20 Uhr, im Sportpalast, Potsdamer Straße 72 statt mit folgendem Programm:
Die Fahnen werden hereingetragen unter den Klängen d. Liedes:
Viele sind stark! Dichtung von Grete Hartung. Musik von Kurt Manschninger. Gesungen von Chören des Arbeitersängerbundes. Das Orchester begleitet.
So pocht das Schicksal an die Pforte. Erster Satz der fünften Sinfonie von Beethoven.
Erinnerung und Mahnung. Ein Vorspruch. Dichtung von Otto Meier.
GELÖBNIS! Weckruf (Marseillaise), bearbeitet von Heinz Tiessen. Sonnenhymne, von Mussorgski, bearbeitet von A. Guttmann. Chöre.
Vorwärts zum Kampf, Rakoczy, Marsch von Berlioz.
FESTANSPRACHE. RUDOLF WISSELL.
Signale aus der sechsten Sinfonie von Tschaikowsky.
Aufmarsch. Vier Sätze aus dem Chorwerk von Heinz Tiessen für gemischte Chöre mit Orchester. — Bergleute — Schnitter — Arbeit — Vorwärts wagen!
Wie lange noch Prolet. Ein Chorwerk für Sprechchor von Bruno Schönlank.
DIE INTERNATIONALE. Gemeinsamer Gesang.

66 Anzeige (Vw 7. 11. 1931).

Bei allem Haften an alten Feiertraditionen suchten Veranstalter gleich welcher politischen Couleur auch von technischen Neuerungen Gebrauch zu machen. Unter den Novitäten waren Lichtbildserien und Filme recht beliebt. Es standen ja im Sportpalast die Vorrichtungen und Apparaturen seit der Kinoära des Saales bequem zur Verfügung. Von solchen Vorführungen vor, während oder nach den Reden versprach man sich eine vertiefende Unterstützung der Argumentation mit dem Wort. Die Bilder sollten über das Auge einen weiteren Weg zum Gemüt des Teilnehmers bahnen. Das Bemühen, etwa zu zeigen, was die Volksseele bewegen mochte, mutet mitunter recht angestrengt an. Aber vielleicht schlug beim Anblick der Pickelhaube Hindenburgs auf der Leinwand das »vaterländische Herz«

wirklich höher. Den Deutschnationalen jedenfalls schien das gewiß. Massenaufzüge auf der Leinwand wie bei der Bestattung Lenins oder dem Parteitag der NSDAP in Nürnberg könnten, wenn sich die Stimmung übertrug, wirksamer gewesen sein. So wie die bewegten und unbewegten Bilder gebraucht wurden, mußten sie aber den Verlauf der jeweiligen Veranstaltung unterbrechen, den Zusammenhalt der Masse, auf den so viel ankam, lockern statt ihn zu verfestigen, den Teilnehmer als passiven Zuschauer vereinzeln. Wirkungsvoller waren sicherlich die neuartigen Beleuchtungseffekte. Es steigerte gewiß die Aufmerksamkeit und lenkte sie in gewünschte Bahnen, wenn die Scheinwerfer wanderten, einmal eine Gruppe, einen Sprechchor, die Fahnenabteilung oder eine einzelne Fahne, einen einzelnen Sänger, Rezitator, Redner, aus dem verdunkelten Raum herausholten. Es dramatisierte etwa das Erscheinen der kommunistischen Fahnenabordnungen, wenn rotes Scheinwerferlicht sie *»überflutete«*.

Die wichtigste Neuerung war der Einbau von Mikrophonen und Lautsprechern Ende der zwanziger Jahre. Heute ist es schwer vorstellbar, daß Redner zuvor an allen Plätzen des kolossalen Raumes verstanden wurden, und doch muß es so gewesen sein, sonst wäre das Publikum längst ausgeblieben. Allerdings werden manche Redner die Hände trichterförmig vor den Mund gelegt haben, um besser verständlich zu sein. Der Anblick des Redners allein hätte nicht genügt; denn die meisten nahmen die Menschen auf der Tribüne nur als winzige sich bewegende Figuren wahr. Niemals ist in den Kommentaren die Rede davon, daß jemand nicht zu hören war. Im Gegenteil, die Klagen darüber beginnen erst nach der Installation tonverstärkender Geräte. Immer wieder heißt es, die Lautsprecher dröhnten nur, seien zu schrill, zu laut, die Pfeiftöne, das Jaulen schmerze in den Ohren. Durch die Vibration des Mikrophons seien die Reden meist unverständlich. Als die Aufnahme- und Wiedergabetechnik sich verbesserte, als die Redner sich angewöhnten, auf die Eigenheiten der Übertragung acht zu geben, begannen sich die Vorzüge der Neuerung auszuwirken. Aber dennoch blieb ein Rest Unzulänglichkeit. Ihn auszuschalten, hing von der Fähigkeit der Redner ab, sich den Besonderheiten des Mikrophons anzupassen. Manche Politiker indessen lernten es nie, den richtigen Abstand zu der Membrane zu halten.

67 Bestuhlungsplan für die Veranstaltung von Konzerten und Versammlungen, 17. 7. 1929 (nach: LA SP 4009/10 [Lichtpause/Papier/Leinen, 53 x 68]).

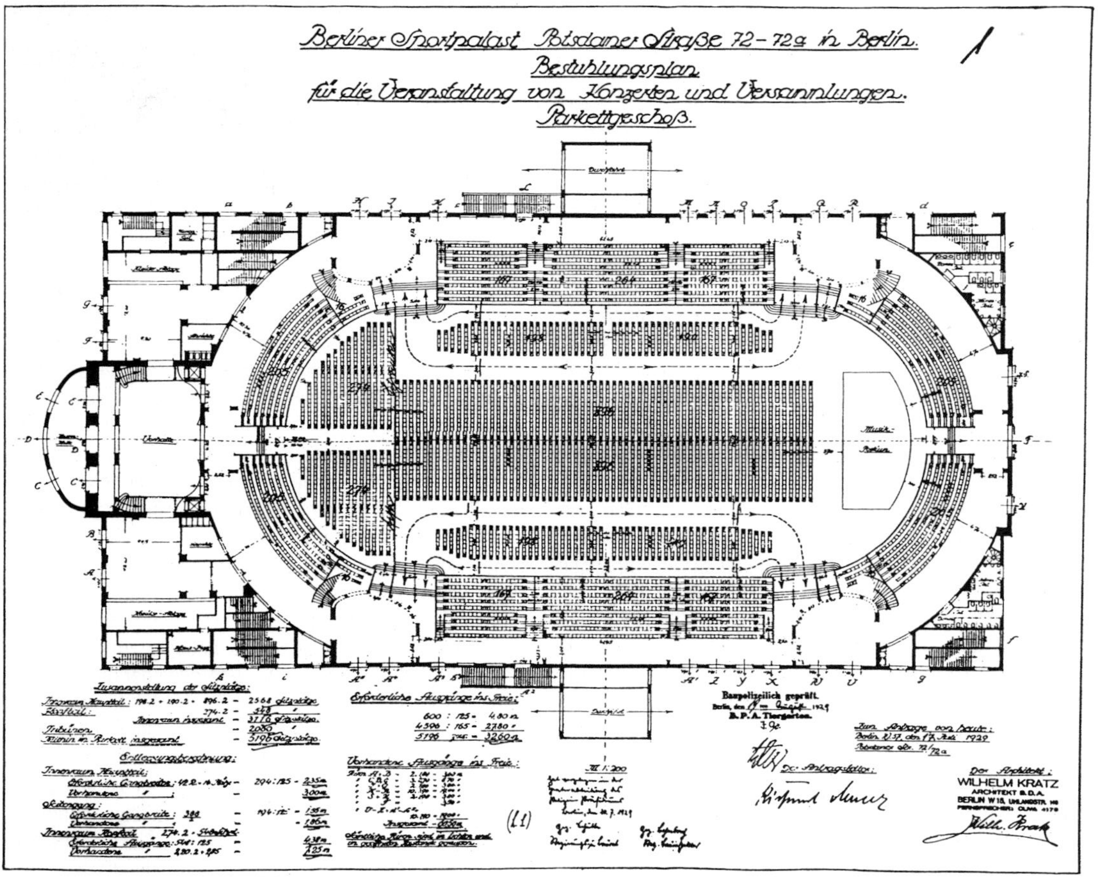

Vom »Haus der Republik« zur »Kampfstätte der Bewegung«

Was in die Mikrophone gesprochen, geschrien oder geflüstert wurde, war freilich von sehr unterschiedlichem, gegenteiligem Gehalt; und es war schließlich doch von Belang, ob rote Revolutionsfahnen, die schwarz-weiß-roten Farben des alten Reiches oder die schwarz-rot-goldenen der neuen Republik hereingetragen wurden, ob als Schmuck der Reichsadler, das Hakenkreuz oder der Sowjetstern vor den Emporen prangte. Wenn auch der Verlauf der Veranstaltungen, die Mittel zur Manipulation der Teilnehmer sich ungemein ähnelten, hatten alle großen Parteien und Richtungen und die ihnen zugehörigen Politiker doch ihre eigene Weise des Umgangs mit der Masse.

Die Masse in der Schule: Die Republikaner

Im April 1925 erklärte der »Vorwärts« den Sportpalast zum *»Haus der Republik«*.[9] Recht häufig und in großer Zahl hatten sich die Anhänger der Republik dort getroffen, als es um die Nachfolge Friedrich Eberts im Amte des Reichspräsidenten ging. Vor dem zweiten Wahlgang fand sich im »Volksblock« die Weimarer Koalition der Gründungsphase von Deutscher Demokratischer Partei, Zentrum und Sozialdemokratischer Partei wieder zusammen, die schon 1919 die Verfassung getragen hatte. Der Volksblock trat für Wilhelm Marx vom Zentrum gegen Paul von Beneckendorff und Hindenburg als Kandidaten des »Reichsblocks« aus Deutschnationaler Volkspartei, Deutscher Volkspartei, Bayerischer Volkspartei, Wirtschaftspartei, Deutsch-Hannoverscher Partei ein. Bekanntlich siegte Hindenburg. Sieben Jahre später, als eben diese Weimarer Koalition die Kandidatur Hindenburgs unterstützte und wieder in den Sportpalast einlud, war keine Rede mehr vom Haus der Republik. Der Staat von Weimar kämpfte um seine Existenz, und das Haus in der Potsdamer Straße hallte öfter wider von »Nieder«-Rufen gegen die Republik als von »Hoch«-Rufen. Reine Parteiversammlungen gab es auch, fast ausschließlich der SPD. Die DDP und das Zentrum, beide in Berlin kleine Minderheiten, hatten nur unter bestimmten günstigen Bedingungen Aussicht, die Halle zu füllen: die Deutschen Demokraten, als sie in Hellpach 1925 einen eigenen Präsidentschaftskandidaten präsentierten, und 1932 nach ihrem Zusammenschluß mit dem Jungdeutschen Orden zur Staatspartei, das Zentrum 1932 und 1933 nur mit Heinrich Brüning als amtierendem und gestürztem Reichskanzler.

Die Veranstaltungen der Republikaner heben sich von denen der Antirepublikaner durch das größere Vertrauen in die Kraft der Vernunft ab. Gewiß wird auf ihnen auch nicht mit Polemik, mit Ausfällen, Schimpfkanonaden gespart, aber im Grunde herrscht der Glaube vor, daß auch Gegner zu besserer Einsicht kommen können. Die Demokraten, die dem Volke die Fähigkeit, sich selbst zu regieren zuerkennen, mußten es auch rationaler Beweisführung für zugänglich halten. Sie behaupteten, die Deutschen seien gar nicht so unpolitisch, wie allgemein unterstellt werde. In ihnen sei nach 1918 Staatsbewußtsein erwacht. Darum dienten die Massenveranstaltungen in erster Linie der Aufklärung, und die Zeitungsreporter vermittelten den Eindruck, wie wenn jeder Teilnehmer, nun wohlunterrichtet, seinerseits sogleich daran gehen werde, anderen Mitbürgern die Wahrheit zu verkünden. Manchmal stand sogar schon vorher in den Zeitungen, welches Wissen die Anwesenden erwerben sollten, welches Pensum durchgenommen werden würde. Lohnte es sich denn überhaupt noch, sich unter die Menge zu mischen, um stundenlang Bekanntes zu hören? Hinzu kam, daß nach imposanten Fahnenaufzügen sich die Zuhörer in eine Orts- oder Kreisversammlung versetzt gefühlt haben müssen, nur mit unendlich vervielfachtem Publikum; denn den Funktionären, besonders denen der SPD, fiel nichts anderes ein, als die schon in kleinem Kreis nicht sehr kurzweilige Referatmethode solcher Parteiabende vor Zehntausenden zu wiederholen. Der »Protest gegen den Bürgerblock« etwa, also gegen die kurzlebige Koalition von Deutscher Volkspartei, Zentrum, DDP und DNVP, am 10. Februar 1927 begann mit einer Einführung Friedrich Stampfers, des Chefredakteurs des »Vorwärts«, in die Regierungskrise, woran sich Einzelberichte von Wilhelm Dittmann über die Innenpolitik des Bürgerblocks, Marie Juchacz über die Regierung der Rechten und die Frauen, des Gewerkschafters Siegfried Aufhäuser über die Regierung der Rechten und die Sozialpolitik, Rudolf Breitscheid über

68 Kundgebung des Reichsbanners Schwarz-Rot-Gold am 27. 1. 1925 (vgl. Chr), Rudolf Breitscheid spricht.

die Regierung der Rechten und die Außenpolitik und Vogel über »Bayern und Reich« anschlossen. Das Schlußwort erhielt der Parteilöwe Philipp Scheidemann, der allerdings mitteilte, er hätte lieber darauf verzichtet. Und das angesichts der Tausende, die auch in der Potsdamer Straße standen und über den Lautsprecher auf ein zündendes Wort warteten. Allerdings hätte Scheidemann auf sein Schlußwort verzichten können; denn was er sagte, war bereits Hunderte von Malen gesagt und geschrieben worden, daß nämlich die Arbeiterklasse auf demokratischer Basis zu einigen sei, daß nur auf dem Boden der Demokratie der Sozialismus kommen werde und daß darum Aufklärung nötig sei. Aber den Zuhörern, vor allem den politisch aktiven Arbeitern, war einiges an Denkarbeit zuzumuten.

Nach der Katastrophe der Wahl vom 14. September 1930, als die Nationalsozialisten im Reichstag von 12 Mandaten auf 107 und die Kommunisten von 54 auf 77 Mandate kamen, spürten die Republikaner, daß es nicht genügte, die Masse nur zu belehren. Der Appell an die Gefühle fehlte in den Reden der Politiker. Carl Severing von der SPD rief in der Reichsbannerkundgebung am 18. November 1930 aus: *»Uns gehören Vernunft und Zukunft, aber daneben müssen wir auch an das Gefühl appellieren im Bewußtsein der Wahrheit des Satzes: ›Mein Sohn bedenke, daß man begeistert sein muß, wenn man große Dinge vollbringen will!‹ Ist es nicht größtes Ziel der Begeisterung, unser Volk in die allgemeine Völkerfamilie zur Wahrung des Friedens einzureihen? Gegen den Schild der Lüge und Verleumdung die Waffe der Wahrheit und Freiheit und die Begeisterung gläubiger Herzen, um die Niederungen dieser Zeit zu durchwandern.«*[10] Severing war kein Meister darin, Volksaufklärung und Volksaufregung zu verbinden.

Aufrufe zum Schutz der Demokratie trafen durchaus auf Bereitschaft; denn der Zustrom zum Reichsbanner war nicht gering. Wie sollte diese vorhandene Energie für den Bestand der Republik nutzbar gemacht werden? Da stand man vor dem Dilemma, *»geschlossene physische Kraft«* zu demonstrieren, es jedoch zu vermeiden, Gewalt anzuwenden. Die Republikaner durften den Boden der Legalität nicht verlassen und das Gewaltmonopol des Staates antasten, sonst hätte sie wenig von den bürgerkriegsähnlichen Praktiken der extremen Republikfeinde unterschieden. Daher das in vielen Sportpalastversammlungen entschieden ausgesprochene Vertrauen in die Staatsorgane, insbesondere die preußische Schutzpolizei, die während der Weimarer Republik in der Regel einem sozialdemokratischen Innenminister unterstand. Bei einem Stahlhelm-Treffen 1927 beispielsweise seien Ruhe und Ordnung nicht gefährdet, so hieß es. Es war also am besten, *»diese Leute hübsch mit sich allein zu lassen.«* Otto Hörsing, Vorsitzender des Reichsbanners, fand lebhaften Beifall für seine Mäßigung: *»Die Mitglieder unseres Bundes, unsere Kameraden, halten sich für zu gut – es ist unser unwürdig, uns mit diesem Radaubrüdern herumzuschlagen.«*[11]

Der einfache Reichsbannermann kam unweigerlich in einen Zwiespalt. Was war denn nun seine Aufgabe? Jedesmal wenn er mit seinen Kameraden in den Sportpalast einmarschiert war, wurde er wegen seiner Disziplin und Ordnung belobigt und dafür gerühmt, daß er *»die Versammlungsfreiheit gegen das Bandenwesen rechts und links«*, gegen die *»Kulturschande des Radau-Antisemitismus«* wiederhergestellt habe. Immer wieder riefen ihm die Redner zu: *»Unsere Parole: zupacken. Unser Inhalt: republikanische Aktion!«* Was war darunter zu verstehen? Was sollten die Reichsbannerleute tun? Meist wurden die Redner nicht deutlicher, nur einmal einer, der Gewerkschafter Fritz Tarnow: *»Wenn die Nazis glauben, daß sie Mordfreiheit besitzen, dann werden sie erfahren, daß auch republikanische Fäuste zupacken können!«*[12] Minutenlanger Beifall zeigt, wie sehr Tarnow der Menge aus dem Herzen gesprochen hatte.

Die großen Kundgebungen des Reichsbanners und ab 1932 der »Eisernen Front«, einer republikanischen Gegengründung zu der »Harzburger Front« von DNVP, Stahlhelm und NSDAP, waren alle defensiv gemeint. Es sollte nicht zum Gegenangriff übergegangen werden, schon gar nicht zur Gegengewalt. Ihr Zweck lag eher darin, der Öffentlichkeit vor Augen zu führen, ein wie starkes und einiges Potential für die Erhaltung der Republik bereitstand. *»Hilfstruppen der Republik«* so werden die Versammelten angesprochen. Ihrer sollte sich die Regierung bedienen. Auf eine *»Volksbewegung des Widerstands«* gegen die Extremisten gestützt, könne der demokratische Staat sich siegreich behaupten. Je länger die politische und ökonomische Krise seit 1930 andauerte, desto zweifelhafter wurde es, ob die Reichsregierung überhaupt erfreut über dieses Angebot war, geschweige denn bereit, es anzunehmen. Das Kabinett Brüning, als sogenanntes Hindenburg-Kabinett gebildet, suchte viel lieber Unterstützung für seine nationale Politik auf der Rechten. Deswegen verbanden die Republikaner mit ihrem Anerbieten der Hilfe die Klage, daß sie von Staats wegen behandelt würden wie ihre erbitterten Gegner.

Schließlich, in der Endphase der Weimarer Republik, hatten die Massenversammlungen im Sportpalast den Zweck, den Mut der Anhänger angesichts des bedrohlichen Anwachsens von Nationalsozialismus und Kommunismus zu stärken. *»20000 Menschen, das gibt ein Gefühl von Selbstbewußtsein und Macht.«* Nach den Septemberwahlen 1930 brauchten die Republikaner ständig neue Zuversicht, daß sie nicht auf verlorenem Posten standen und auf Unterstützung Gleichgesinnter rechnen durften. Es mußte ihnen daher zu Bewußtsein gebracht werden: *»Unser ist das Recht, unser die Staatsidee, unser der Wille zur Nation.«* Der Sozialdemokrat Carl Severing, damals Reichsinnenminister, gestand nach den Septemberwahlen die Niederlage ein. Das Volk sei noch nicht reif gewesen zum Übergang vom Halbabsolutismus zur demokratischen Republik. *»Wir«*, so rief er den niedergeschlagenen Anhängern im Sportpalast zu, *«werden durch Aufklärung und Erziehung des deutschen Volkes in allen seinen Gliedern eine lebendige Demokratie erwecken«*.[13] Da war sie wieder, die einzige Waffe der Demokratie: Aufklärung, Erziehung. Bei offenkundigem Ausbruch des Massenwahns erwies sie sich als die untauglichste.

Wie nutzlos es schon Anfang der dreißiger Jahre war, den Gegner überzeugen zu wollen, zeigt eine Einladung der SPD an die KPD zu einem Streitgespräch im Jahre 1931. Zwei Redner der Parteien sollten je eine Stunde sprechen, eine Diskussion sich anschließen. Zum Abschluß waren zwei Schlußworte vorgesehen. Jedermann hatte freien Eintritt. Im »Vorwärts« und in der »Roten Fahne« standen vorher schon die Absichten der beiden Seiten: Die SPD nannte das Vorhaben Abrechnung mit den Führern der KPD und wollte den »Angeklagten« ihre »Verbrechen« vorhalten: Beteiligung am Volksentscheid für die Auflösung des Preußischen Landtags zusammen mit der reaktionären DNVP und der faschistischen NSDAP, Moskauhörigkeit, Zerschlagen der Gewerkschaften. Die kommunistischen Gäste – nun genau und besser unterrichtet – würden dann erkennen, wie sie betrogen wurden. Die KPD mobilisierte alle ihre Berliner Anhänger, um das Treffen zu einer Kundgebung der proletarischen Einheitsfront umzufunktionieren.[14]

Am 14. September, dem festgesetzten Tage, als sich abzeichnete, daß die Kommunisten den Saal nach Öffnung fast ganz mit ihren Leuten besetzen würden, ordnete die Versammlungsleitung an, daß nur einzulassen sei, wer ein SPD-Mitgliedsbuch vorwies oder in Uniform des Reichsbanners erschien.[15] Die Kontrolle am Eingang, an der sich die Polizei beteiligte, schuf einen sehr großen Menschenstau, in den die Schupos mit ihren Gummiknüppeln schließlich eine Gasse prügelten. Die auf Einlaß Wartenden, größtenteils Kommunisten, füllten die Potsdamer Straße und die Nebenstraßen, so daß der Verkehr stockte. Dem großen Polizeiaufgebot, darunter Schupos mit Karabinern und zu Pferde, gelang es, die Potsdamer Straße zu räumen. Dabei kam es zu Zusammenstößen, bei denen es viele Verletzte gab. Bei Beginn der Versammlung war der Saal nur etwa zu zwei Dritteln besetzt, weil auch SPD-Mitglieder nicht die Polizeikette passieren konnten. Einige hundert Kommunisten hatten es geschafft.

Franz Künstler, Vorsitzender des Berliner Ortsverbandes der SPD, ging in seinen Anklagen noch über die im »Vorwärts« veröffentlichten hinaus, indem er die KPD der Überfälle auf sozialdemokratische Arbeiter und auch eines Mordes beschuldigte. Mit deutlicher Spitze gegen den anwesenden Heinz Neumann, Mitglied des Zentralkomitees und Politbüros der KPD, äußerte er, daß die intellektuellen Urheber der Taten in der KPD-Zentrale säßen. Auch unterstellte er Neumann, die Arbeiter zu subversiven Aktionen gegen den Staat zu verleiten. Neumann antwortete mit Gegenvorwürfen: die SPD unterstütze den Arbeiterfeind Brüning, die KPD habe sich für den Sturz der Regierung in Preußen verwandt, da der SPD-Innenminister wohl das Verbot des Stahlhelms, nicht aber das des Roten Frontkämpferbundes aufgehoben habe. Die KPD sei gegen Gewaltanwendung, aber der SPD Polizeipräsident Zörgiebel habe am 1. Mai 1929 sieben Arbeiter in Berlin erschießen lassen. Schließlich feierte er den sozialistischen Aufbau in der Sowjet-Union. Während der Reden hatte es fortgesetzt Störungsversuche gegeben. Nach Neumanns Ausführungen schrien sich die verfeindeten Sozialisten ihr *»Rot-Front!«*, *»Heil Moskau!«* und *»Frei-Heil!«* entgegen; die Kommunisten stimmten die Internationale an, Trommler und Pfeifer der Sozialistischen Arbeiter-Jugend übertönten mit ihrem Spiel alle. Reichsbannerleute begannen, die Singenden aus dem Saal zu entfernen. Daraus entwickelten sich wüste Schlägereien. Der Versammlungsleiter brach die Veranstaltung ab, da keine Diskussion mit denen geführt werden könne, die ihr Versprechen, sich friedlich zu verhalten, gebrochen hätten.

Insgesamt hatte es 38 Verletzte, meist Kommunisten, gegeben. Beide Parteien erklärten sich als Sieger. Für die SPD hatte das Verhalten der kommunistischen Teilnehmer ihre Anklagen bestätigt. Die KPD behauptete, die Einheitsfront sei verwirklicht worden, denn sehr viele Sozialdemokraten hätten Heinz Neumann zugestimmt. Wie dem auch sei, erstaunlich bleibt die Naivität der SPD, die offenbar meinte, die kommunistischen Führer ließen es sich gefallen, in die Rolle von Angeklagten versetzt zu werden und ihr Fußvolk wäre dadurch zu gewinnen. Nein, die Roten Frontkämpfer waren der sozialdemokratischen Schule längst entwachsen und hörten nur auf die Kommandos ihrer Leitung. Nicht durchdacht waren auch die Folgen des eingeräumten freien Eintritts. Wollte man in der Mehrheit bleiben, waren Kartenverkauf und Kontingentierung an die KPD unerläßlich. Heinz Neumann hatte geschickt im Gegenangriff die Blößen der SPD-Politik vor den Arbeitern aufgedeckt. Der Abbruch der Veranstaltung mußte als Schwäche ausgelegt werden. Nachdem die Kommunisten entfernt waren, hätten wenigstens die Schlußworte gesagt werden können. SPD-Anhänger waren vor allem ärgerlich darüber, daß sie nicht in den Saal gelangen konnten und sie wie ihre Gegner von der Polizei zusammengeschlagen worden waren. Es blieb der einzige Versuch, zu einem Dialog der politischen Gegner im Sportpalast zu kommen. Die Polizei gestattete von da an gemeinschaftliche Versammlungen politischer Gegner nicht mehr.

Der Vorsitzende des Berliner Bezirksverbandes der SPD, Franz Künstler, hatte mit seinen Ausfällen gegen Kommunisten und Nationalsozialisten bei Genossen stets Applaus geerntet, aber gegenüber dem brillianten Debattenredner Heinz Neumann fiel er ab. Der achtundzwanzigjährige Günstling Stalins, mit der Bolschewisierung der KPD beschäftigt, war damals auf dem Höhepunkt seiner Karriere. Sein ungestümes Wesen riß stets die Teilnehmer an kommunistischen Sportpalastveranstaltungen bis zum Enthusiasmus hin, besonders die jungen. Es ist nicht ausgeschlossen, daß es ihm am 14. September gelungen war, auch Sozialdemokraten zu beeindrucken. Wenn nicht den sogar bei der Parteilinken populären Künstler, wen hatte dann die SPD als Volksredner anzubieten? Männer der ersten Garnitur wie Hermann Müller und Otto Wels, die Parteivorsitzenden, Adolf Grimme, Carl Severing, preußische Minister, aber auch andere prominente Politiker wie Rudolf Breitscheid, Rudolf Wissell, Wilhelm Dittmann, Philipp Scheidemann, Paul Löbe haben im Sportpalast gesprochen, aber sie vollbrachten keine rhetorischen Glanzleistungen. Zu weit hatten sich die nüchternen Argumentierer und Pragmatiker vom Pathos der frühen Sozialdemokratie entfernt.

Nur ein sozialdemokratischer Politiker wirkte auf die Masse, allerdings mehr durch seine Persönlichkeit als durch sein Wort: Otto Braun, Ministerpräsident von Preußen. Gewiß kam ihm zugute, daß er über ein Jahrzehnt erfolgreich Regierungschef des größten deutschen Landes gewesen war. Auch seine imposante Figur, seine Größe und sein markanter Schädel beeindruckten. Braun selbst bevorzugte den diskreten Umgang mit der Macht, blieb lieber im Hintergrund und scheute das Hervortreten in die Öffentlichkeit. Er war kein Redner, dennoch nahm er seine Redeverpflichtungen zu Wahlkampfzeiten gewissenhaft wahr. Jedesmal, wenn Braun im Sportpalast sprach, schlug ihm eine Welle der Sympathie entgegen, obwohl er nicht das Zeug zum Demagogen hatte. Als die Genossen im August 1931, nach dem erfolglosen Volksentscheid von DNVP, Stahlhelm, NSDAP und KPD über die vorzeitige Auflösung des preußischen Landtags, glücklich über einen Sieg der Demokratie waren, gab er sich zwar kampflustig, rief auf, zum Angriff überzugehen; gleichzeitig deutete er aber an, daß bis zur Wahl des Landtags 1932 schwere Zeiten bevorstanden: *»Es ist zweifellos, daß dieser Kampf nicht leicht sein wird, denn der kommende Winter wird einer der schwersten sein seit Bestehen der Republik.«*[16] Er sah eine schwere Belastungsprobe der demokratischen Ordnung herannahen: *»Große Ansprüche werden an die Einsicht der Wähler gestellt werden.«*[17] Als dann der Wahltermin im April 1932 heranrückte, trat er noch einmal vor die Masse im Sportpalast, die ihn mit minutenlangen Ovationen begrüßte, die er vergeblich abwehrte. Der Beifall bekräftigte die Aufforderung des Versammlungsleiters Künstler: *»Und nun, ihr Männer und Frauen von Berlin, bekennt euch zu Otto Braun, dem wahren Führer der Republik und der Arbeiterschaft! Ihm, dem Volks- und Staatsmann und dem Menschen ein dreifaches Frei Heil!«*[18] Braun prangerte den Hochmut und Größenwahn der nationalsozialistischen Prominenz an, bedauerte, daß politische Unreife weiter Volkskreise *»diese ins Pathologische gehende Bewegung der hohlen Demagogie«* so stark hatte anwachsen lassen. Die Kundgebung erreichte ihren Höhepunkt, als Braun das Verbot der SA forderte und mit nachgewiesenem Hoch- und Landesverrat begründete. Verständlich, daß diese sensationelle Enthüllung die Zuhörer in ungeheuren Aufruhr versetzte. Nun konnte man hoffen, die nationalsozialistische Gefahr ein für allemal beseitigen zu können. Die Zuhörer ahnten nicht, daß Braun sich von einem Verbot wenig versprach und nicht erwartete, die Regierung nach den Preußenwahlen weiter zu führen. Ein kranker und entmutigter Mann stand auf dem Podium, kein sieghafter Volksführer. Ein Mitarbeiter urteilte: *»Er hatte sichtbar Anlauf genommen, um eine große Rede zu halten, aber die Rede drehte sich rein um sachliche Fragen und war stockend gehalten. In dem Augenblick hatte er gar kein Charisma als Redner, und so war es sehr schwierig, die Versammlung zu einem Erfolg zu machen.«*[19] Der Wahlausgang in Preußen erlaubte das Regieren mit einer demokratischen Mehrheit nicht mehr. Am 27. April brach Braun mit einem Kreislaufkollaps zusammen. Er ging bald in Urlaub und verschwand von der politischen Bühne.

Noch ein anderer Spitzenpolitiker wurde von Republikanern dem Sportpalast-Publikum als Volksführer präsentiert: Heinrich Brüning. Als Vorsitzender der Zentrumsfraktion im Reichstag, als Reichskanzler seit 1930 hatte er sich bemüht, für Deutschland den richtigen Kurs durch die Weltwirtschaftskrise zu halten. Seine Route war gerichtet auf die drastische Senkung der Staatsausgaben und die Einstellung der Reparationszahlungen. Er führte sein Programm mit Notverordnungen durch, also auf außerparlamentarischem Wege, und näherte sich so einer autoritären Regierungspraxis. Es ist deshalb bis heute umstritten, ob er als Wahrer der Demokratie oder schon als Wegbereiter eines diktatorischen Regimes wirkte. Damals jedenfalls, erst recht nach seinem erzwungenen Rücktritt als Reichskanzler am 30. Mai 1932, sahen in ihm viele Republikaner den Mann des Schicksals, den einzigen, der in der Lage wäre, die braune Flut einzudämmen. Das Zentrum suchte deshalb den Rahmen für sein Erscheinen im Sportpalast dem anderer deutscher »Führer« anzugleichen: *»Da geht ein Raunen, eine Bewegung, ein plötzlicher stürmischer Jubel durch den Saal: Wieder rollen die Trommelwirbel eines Tambourkorps, die Flügeltüren öffnen sich, und, geleitet von jugendlichen Anhängern, erscheint Dr. Heinrich Brüning im Saal. Die Tausende erheben sich von ihren Plätzen, recken die Schwurfinger hoch und begrüßen unseren Dr. Brüning mit einem Orkan des Beifalls, bringen ihm Heil- und Hochrufe dar.«*[20]

Aber Brüning war wohl am ungeeignetsten zur Stilisierung als Massenidol. Seine Auffassung vom Führeramt ergab sich aus seinem Charakter: Ohnehin zurückhaltend, leise und wenig lebhaft, bildete er die Tugend der Bescheidenheit bis zur Selbstentäußerung aus. Von den Journalisten wird bei Reden seine betonte Würde, seine frappierende Ähnlichkeit mit dem Habitus und Predigtton eines katholischen Geistlichen, seine gewollte Schmucklosigkeit beobachtet. *»Ein Mann der beherrschten Ruhe, der Sachlichkeit, der bescheiden die Ehrungen wohl für seine Sache, aber nicht für seine Person gelten läßt.«*[21] Wie er vor den Tausenden sein Regierungsprogramm entwickelt, die Gefahr der Inflation aufzeigt, die Staatsautorität herausstreicht, vor dem Abnützen des Artikels 48 der Reichsverfassung warnt, so hielt er auch Vortrag vor dem Reichspräsidenten, vor den Kabinettsmitgliedern, so leidenschaftslos, so kühl, so gleichgültig gegenüber der Wirkung auf die Zuhörer. Ihm war es nicht darum zu tun, Sympathie bei ihnen zu erwecken, schon gar nicht Emotionen auszulösen. Nur als er 1932 vor der Reichspräsidentenwahl für Hindenburg warb, verließ ihn die Zurückhaltung. Er bezeichnete es als ein Verbrechen an der heranwachsenden Jugend, die Eignung Hindenburgs wegen seines hohen Alters (er stand immerhin im 87. Lebensjahr) anzuzweifeln. Dagegen konnte er sich nicht genugtun, den Greis mit seiner fortschreitenden Senilität wegen seiner Lebenserfahrung, seiner Fähigkeit der Beurteilung von Charakteren, seiner Gabe, die Dinge scharf und schnell zu durchschauen – sie einfach zu sehen – (*»Zeichen für die Größe eines Menschen«*) zu rühmen. Brüning arbeitete kräftig weiter am Hindenburg-Mythos: *»Ein Volk, das einen Mann zum Staatsoberhaupt hat, der in der Geschichte seine Bedeutung immer haben wird, an dessen historischer Bedeutung überhaupt gar nicht zu rütteln ist, der das Symbol deutscher Kraft und deutscher Einheit in der ganzen Welt ist, meine Damen und Herren, wenn ein Volk es überhaupt duldet, daß gegen einen Mann in dieser Form geredet wird, dann entehrt sich ein solches Volk vor der Welt und sich selbst.«* Nachdem der *»von Gott gesandte« »treue Eckhart«* Hindenburg ihn hatte treulos fallen lassen, bemühte er sich bei den Wahlkampfveranstaltungen 1932 und 1933, seine eigene Amtsführung gegen die maßlosen Angriffe der Rechten zu verteidigen. Diese Rechte umwarb er geradezu: *»Ich habe es immer als eine starke Hoffnung für die Zukunft bezeichnet, daß eines Tages neben dem Zentrum eine große konservative Partei evangelischen Bekenntnisses existieren würde, mit der wir kulturell und auch politisch Hand in Hand gehen können.«* Im übrigen trat er für eine *»gemäßigte Politik«* ein, warnte davor, diejenigen zu verletzen, die anderer Weltanschauung waren, die aber bereit seien, *»ihre Hände auch dem Staat zur Verantwortung darzubieten«*, womit er nur die Sozialdemokraten gemeint haben kann.[22] Der Nationalsozialismus war für ihn kein Thema; er sprach sich nur für den Kampf gegen die Diktatur einer einzigen Partei aus. Mit den Kommunisten sich auseinanderzusetzen, hielt er offenbar für überflüssig.

Die Kommunisten beschäftigten sich aber wohl mit ihm. Heinz Neumann rief den streitbaren Frauen auf dem 2. Reichskongreß werktätiger Frauen zu: *»Die bürgerliche Presse hetzt: die Kommunisten zerstörten die Familie; wir wollten den kleinen Handwerkern und Bauern ihr Eigentum rauben. Ich frage: Wer zerstört die Familie durch Hunger, Erwerbslosigkeit und Wohnungselend, Brüning oder wir? (Zehntausendfacher Zuruf: Brüning!). Wer raubt das Eigentum der Kleingewerbetreibenden, der werktätigen Bauern, Brüning oder wir? (Zehntausendfacher Zuruf: Brüning!). Wer zerstört die Ernährung des werktätigen Volkes, Brüning oder wir? (Zehntausendfacher Zuruf: Brüning!).«*[23]

Die Masse beim Revolutionstheater: Die Kommunisten

Die Kommunistische Partei Deutschlands, erst seit 1922 durch Vereinigung des linken Flügels der Unabhängigen Sozialdemokratischen Partei eine Massenpartei, erkannte schon früh die Bedeutung des Sportpalastes für das Gewinnen eines neuen Profils. Bis 1923 war noch nicht entschieden, ob putschistische oder legalistische Tendenzen die Oberhand gewinnen würden. Nachdem der Traum eines »Deutschen Oktobers« auch in Moskau ausgeträumt war, wurde es immer wichtiger, bei der Arbeiterschaft das Ansehen einer revolutionären, aber dennoch im Rahmen der parlamentarischen Demokratie operierenden Partei zu erlangen. Das war kein kleines Kunststück; und um es fertig zu bringen, traten die Kommunisten in den Straßen und Versammlungen so kämpferisch auf, wie es die Gesetze der Republik von Weimar nur irgend zuließen. Das bereits vermerkte militärische Schauspiel im Sportpalast war die eine Seite, das Werben um Anhang durch Aufführung von Szenarien proletarisch-revolutionärer Lebenskultur die andere.

Keine andere Partei hat die Organisation der Sportpalastveranstaltungen so generalstabsmäßig betrieben. Hin- und Abmarsch waren genau festgelegt, die Sammelplätze der einzelnen Bezirke oder Untergliederungen sowie die Abmarschzeiten und die Marschrouten akkurat bestimmt. So ließ sich leicht kontrollieren, ob die Genossen vollzählig erschienen. Was mitgebracht werden sollte, Fahnen, Transparente, Fackeln, Musikinstrumente und vieles andere mehr, schärfte die »Rote Fahne« schon tagelang vorher ein. Sie mahnte die Frauen in Fettdruck: *»Vergeßt eure roten Tücher nicht!«* Jede Kolonne hatte einen ausgeklügelten Weg durch die Straßen, so daß möglichst viele Berliner vor den disziplinierten und fanatisierten Klassenkämpfern erschauern konnten. Ein gleiches geschah nach Schluß der Versammlungen, alles war geregelt bis zum Auseinandergehen. Dem einzelnen Rotfrontkämpfer, der Jugendgenossin oder dem Jugendgenossen machte ihr Parteiblatt jedesmal klar, warum unbedingt sie dabei zu sein hätten. Sie wußten etwa, daß zu gleicher Zeit in den großen europäischen Städten sich andere Genossen zu Kundgebungen für die Dritte Kommunistische Internationale versammelten und der Sportpalast gefüllt werden mußte, *»um zu zeigen, wie stark der Heerbann der revolutionären proletarischen Kämpfer in der Hauptstadt der deutschen Republik ist und um zu zeigen, daß die Berliner Arbeiterschaft die Wichtigkeit der internationalen Aufgaben der Proletarier erkannt hat«*.

So war es auch bei den vielen anderen Terminen im Sportpalast, ob es sich um die Eröffnung des Reichskongresses der Roten Hilfe, die Jungfrontkundgebung im Rahmen des Reichstreffens des RFB, um die Clara-Zetkin-Gedächtnisveranstaltung, das zehnjährige Jubiläum der Roten Armee der Sowjet-Union, die Jugend-Internationale, den Reichskongreß werktätiger Frauen und ähnliches handelte. Gern rief die KPD-Bezirksleitung zu Protesten auf: gegen den Imperialismus in China, gegen Todesurteile, die das Reichsgericht in Leipzig gefällt hatte, gegen eine geplante Ausführungsgesetzgebung zum Artikel 48 der Reichsverfassung, gegen die Abfindung der deutschen Fürsten. Die Resolutionen waren schon vorbereitet; sie wurden am Schluß von den Tausenden einstimmig angenommen.

Das Programm, das bei diesen Gelegenheiten geboten wurde, hatte also eine festen Rahmen, war aber dabei durchaus vielgestaltig, ja abwechslungsreich. Zum Rahmen gehörte natürlich ein Einmarsch und der Kult mit den roten Fahnen. Schier unzählige Partei- und Sympathisantenorganisationen zogen ein; immer wieder tauchten neue Namen auf. Zahlreich waren auch die Abordnungen aus den Betrieben der Großindustrie, die mitmarschierten. Die meisten hatten Uniformen oder Teile davon, ganz unterschiedliche, wenigstens ein farbiges Hemd oder bei den Frauen das rote Kopftuch. Die BVGer kommen in ihrer grünen Dienstkleidung, die Sportler im Sportdreß. Manchmal gab es auch beziehungsreiche Kostümierungen, so wenn Genossen in Zuchthauskleidung an die Hingerichteten erinnerten. Nach Beginn der Veranstaltung »wählen« die Teilnehmer nach demokratischer und sozialistischer Parteitradition ein Präsidium, auch ein Ehrenpräsidium, in das dann etwa Sacco und Vanzetti, die im Staatsgefängnis von Massachusetts auf den elektrischen Stuhl warteten, Stalin, Molotow, die Krupskaja, Witwe Lenins, sämtlich wohnhaft in Moskau, hineinkamen. Der Vorsitzende des Präsidiums eröffnet die jeweilige Veranstaltung; es werden Reden gehalten, viele Reden, die manchmal nur kurze Ansprachen sind oder Grußbotschaften von Ausländern. Der Inhalt fällt demgemäß stereotyp aus. Doch das schien den Adressaten solcher formelhaften Anreden nicht zu mißfallen. Die nicht selten exotischen Erscheinungen der Sendboten aus dem Nahen und Fernen Osten, aus dem asiatischen Teil der Sowjetunion machten alles wett. Hintereinander schüttelten auf dem Podium Ausländer und Deutsche sich die Hand, umarmen sich; unentwegt werden Fahnen übergeben und ausgetauscht. Vor allem die Rote Armee, die Georgier und Komsomolzen scheinen einen beträchtlichen Vorrat dieser phantasievoll bestickten Tücher gehabt zu haben.

Ist das alles schon von hoher Theatralik, so gab es dazu immer wieder richtige politische Bühnendarstellungen. Das konnte ganz vordergründiger Ulk sein wie zur Präsidentschaftswahl von 1925, als Pappfiguren Hindenburgs, Marx' und Adolph Hoffmanns (SPD) erdachte persiflierende Reden halten, wozu die Musik drei »Erkennungsmelodien« spielte: *»Wer will unter die Soldaten«, »Jesus, meine Zuversicht«, »O, du lieber Augustin«.*[24] Anderes aber erhob den Anspruch, politisches Theater zu sein. *»Rote Flut«* hieß einmal so ein Agitpropstück, in dem tausend Menschen mitwirkten. Es handelte sich wie bei vielen Stücken dieses Genres um die Darstellung des vorausgenommenen Sieges der Weltrevolution nach langer Ausbeutung und Unterdrückung. Der Berichterstatter der »Roten Fahne« war jedoch nicht mitgerissen. Ohne Kritik, also wohl positiv, wurde ein Bewegungschor *»Totentanz der Arbeit«* aufgenommen, der den gleichen Gegenstand mit anderen Mitteln behandelte. *»Den Geist des verstärkten Kampfes gegen Kapitalismus und Imperialismus verkörperten die Darbietungen und der Bewegungschor vom Totentanz der Arbeit. – Ein Stück Geschichte des unterdrückten und um seine Befreiung kämpfenden Proletariats. In der Mitte der Kapitalismus, der die Geißel schwingt über Bergarbeiter und Maschinisten, über Soldaten und Kinder, über Frauen und Greise. Im Vordergrunde der Tod, der aus den Reihen der Versklavten sich seine Opfer holt. Bis sich die Masse erhebt und den Blutsauger erschlägt.«*[25] So etwas hat im Sportpalast keine andere Partei geboten.

9. Jahrg. / Nr. 237 / Preis für Groß-Berlin 10 Pfennig — Berlin, Sonnabend, 23. Oktober 1926

Die Rote Fahne

Zentralorgan der Kommunistischen Partei Deutschlands (Sektion der Kommunistischen Internationale)

Redaktion u. Verlag: Berlin SW48, Friedrichstr. 225 III Tel.: Hasenheide 1934–36 und 4240/41. — Juristische Sprechstunde Dienstag u. Freitag v. 7—8 Uhr nachm. — Erscheint täglich — Tel.-Adresse: Rotfahne Berlin. Bank-Konto: Darmstädter u. Nationalbank Berlin, Dep.-Kasse Belle-Alliance-Platz. Postscheck-Konto Berlin NW 27970

Begründet von Karl Liebknecht und Rosa Luxemburg

Hauptannahmestelle: Verlängerte Hedemannstraße 6.

Massenaufmarsch für die Rote Front!

Ueber 20000 im Sportpalast!

Auf den Zugangsstraßen zum Sportpalast, der gestern abend eine der größten roten Massenkundgebungen sah, marschierten seit 7 Uhr Berliner Proletarier: Erwerbslose, Arbeiter mit ihren Frauen, Rote Frontkämpfer, Rote Jungfrontler, zahlreiche Reichsbannerleute. An den dunklen Ecken lauerte Zörgiebels Schupo, an den Eingängen, im Vorgarten des Sportpalastes, die Offiziere wie aus der Modebeilage geschnitten, den Kaiser und seine Brieftasche zu schützen.

Aber ohne Lücken zog der rote Strom. Bereits 7.30 Uhr

Dann betrat Ledebour das Podium und beleuchtete den Verrat der Sozialdemokratie seit 1914 bis zu dem Hohenzollern-Vergleich im Preußischen Landtag. Entrüstet schleuderte er in die empörten Massen: Ich frage die sozialdemokratischen Arbeiter, ob sie sich das noch länger gefallen lassen wollen? Das klassenbewußte Proletariat muß mit dem kapitalistischen System endgültig Schluß machen. Es muß den

Zur dritten Wiederkehr des 23. Oktober 1923

Von Ernst Thälmann.

Drei Jahre sind vergangen, da die Hamburger Kommunisten auf die Barrikade stiegen. Jahr für Jahr geht die revolutionäre Arbeiterschaft Hamburgs zu den Gräbern der Gefallenen, um dadurch ihren unbeugsamen Willen auszudrücken, das Erbe der Hamburger Kämpfer treu zu verwalten, die Ideen, für die sie gestorben sind, zum Gemeingut der ganzen deutschen Arbeiterklasse zu machen. Und je länger die Zeit verstreicht, desto tiefer erkennen wir

70 Zur Kundgebung des Roten Frontkämpferbundes am 22. 10. 1926 (vgl. Chr).

Nimmt man die artistischen Darbietungen der Turner, die Tanzgruppen und Musikeinlagen hinzu – und die Kommunisten waren berühmt wegen ihrer vorzüglichen Kapellen – zogen die kommunistischen Schaustellungen wegen ihres hohen Unterhaltungswertes die damals noch nicht übersättigten kleinen Leute an. Damit das Ganze nicht zur Volksbelustigung ausartete, schrieben die Regisseure der Masse ihre feste Rolle vor. Die Klasse – also jeder Teilnehmer – trug im ideologischen Verständnis jede solche Versammlung: Präsidium, Redner, Chöre, Darstellerkollektive, Delegationen, alle hatte die Klasse inspiriert und beauftragt. Das Versammlungskollektiv war während der zwei oder drei Stunden im Palast nicht untätig: Seine Resolutionen verpflichteten es zu erstaunlich weitreichenden Taten, wie Munitions- und Truppentransporte nach China zu vereiteln *(»Wir werden die Niederwerfung der chinesischen Revolution verhindern«).* Das Polit-Theater begleiteten die Zuschauer mit *»witzigen Bemerkungen«,* und während das Programm lief, warben Helfer zum Beitritt in die Partei oder zu den Hilfsorganisationen sowie zum Abonnement der »Roten Fahne«. Die Ergebnisse dieser »Kampagnen« erfuhr das Publikum sogleich. Die erfolgreichsten Bezirke erhielten symbolische Belohnungen, etwa eine der beliebten Fahnen. Die weniger eifrigen wurden beschämt durch Tadel oder ironische Preise. Die angegebenen Zahlen beeindrucken, doch viele der Neugeworbenen ließen nie wieder von sich hören und bezahlten nach kurzer Zeit ihre Beiträge nicht mehr, waren wohl auch schon zwei- oder dreimal beigetreten, immer spontan. Die Fluktuation innerhalb der KPD-Mitgliederschaft war bekanntlich sehr hoch.

Es gab Mittel genug, die Masse öfter aktiv sein zu lassen. Unter anderem gehörte zum Repertoire jedes Redners das Frage- und Antwortspiel. Wenn Ernst Thälmann Antwort heischte auf die Fragen: *»Wer bewaffnete 1918 die Konterrevolution; Wer würgte die Streiks ab? Wer half den Unternehmern die Betriebe von revolutionären Arbeitern zu säubern? Wer gab den Fabrikanten die Allmacht im Betriebe? Wer baute den Parlamentarismus ab? Wer führte das System der Notverordnungen durch? Wer hilft durch alle diese Maßnahmen dem Faschismus in den Sattel? Wer hat den R.F.B. verboten und krümmt den SA.-Organisationen kein Haar?«* dann wußten Parkett, Rang und Heuboden, was jedesmal skandierend zu brüllen war: *»Die SPD! Die SPD! Die SPD!«*[26]

Die Sowjetunion war immer gegenwärtig, wenn »Heil Moskau!«-Rufe durch den Sportpalast hallten, sei es im Bilde eines überlebensgroßen Rotarmisten, sei es in den Märschen und Liedern, den Sprechchören und Theaterstücken, in allen Resolutionen, vor allem in den Reden, die das nachrevolutionäre Rußland als das wertvollste Gut der Menschheit priesen. Nicht von ungefähr stand auf den Transparenten eine der Hauptlosungen: *»Wir schützen die Sowjetunion.«*

Garant unbedingter Treue zur Sowjetunion war Ernst Thälmann, seit 1925 Vorsitzender der KPD. Der Hamburger Werftarbeiter hatte sich in der Partei stets durch Radikalismus hervorgetan. Durch alle Spaltungen und Flügelkämpfe und auch eine mißliche parteischädigende Affäre trug »Teddy« Thälmann sicher der Schutz des Generalsekretärs der KPdSU, Stalin. Der vierschrötige, stiernackige Mann mit seinen ungehobelten Manieren und seiner kumpelhaften Umgänglichkeit wurde als Bilderbuchproletarier zum unfehlbaren Führer der deutschen Arbeiterklasse gemacht. So etwas wie ein deutscher Stalin zu sein, wurde ihm angemutet, und er gefiel sich selbst darin. Die ehemaligen Freunde von der linken Fraktion, die er mit Moskaus Hilfe entmachtet hatte, sahen ihn anders: *»Held der linken Phrase, Opportunist reinsten Wassers, der an einer an Größenwahnsinn grenzenden Einbildung leidet, unter Einfluß von Alkohol nicht die geringsten Hemmungen kennt.«*[27] Bürgerliche Journalisten urteilten ähnlich abschätzig. Seine unkultivierten Umgangsformen entsetzten Leute,

69 Karikatur Ernst Thälmanns (Vw 6. 9. 1930) in Anlehnung an Bismarck-Darstellungen der Kaiserzeit.

Obenstehendes hochpatriotisches Gemälde offerieren wir als Wandschmuck den verehrlichen Krieger-Stahlhelm-Rotfrontvereinen. Darf als Haussegen in keinem nationalen kommunistischen Haushalt fehlen. Vertrieb: Münzhugenberg & Co.

für die jemand, der Staatsoberhaupt werden wollte, wissen muß, was sich gehört. Thälmanns Stimme war zu Beginn einer Rede im März 1925 nicht zu verstehen. *»Man munkelte ihm zu: ›Lauter!‹ Thälmann, der Reichspräsidentschaftskandidat, sich unterbrechend, sagte: ›Halt Schnauze, Mensch!‹«.*[28] Selbst die eigenen Genossen wußten, daß ihm jedes landläufige Redetalent abging. Seine Worte *»klingen rauh, holpern und stolpern manchmal über die schwere Hamburger Proletenzunge, aber sie machen um so mehr den Eindruck der Aufrichtigkeit und revolutionären Entschlossenheit«.*[29] In der Regel las er unbeholfen von einem Manuskript ab, aber nicht selten löste er sich davon und sprach frei. Sehr oft schrie er so laut in den Saal, daß er die Mikrophone überlastete. Was bei anderen nicht auszugleichende Nachteile eines Redners gewesen wären, trug vermutlich gerade zur Glaubwürdigkeit des Proletariers Thälmann bei. Seine Schwierigkeiten mit der Sprache waren auch die der zuhörenden Fabrikarbeiter; so ungelenk waren auch sie, wenn sie sich auszudrücken versuchten; so hart klangen auch ihre Stimmen. Was Thälmann sagte, konnten sie verstehen, waren doch seine Gedankengänge einfach, die Redewendungen vertraut, die Wörter aus dem Sprachschatz des kleinen Mannes. Vor allem blieb der rote Volkstribun in der Vorstellungswelt des Lohnabhängigen, kannte seine Gefühle und Wünsche und sprach sie aus. Er kam seinen Zuhörern nicht mit theoretischen Spitzfindigkeiten wie andere Agitatoren, sondern mit anschaulichen Formulierungen. Nicht von Produktionsverhältnissen, von Produktivkräften, von These, Antithese und Synthese war die Rede, sondern von zwei Nationen, der Nation der Hungrigen und der der Satten. *»Es wird der Tag kommen, wo die Nation der Hungrigen die Nation der Satten verschlingen wird.«*[30] Der Beifall, der aufkam, dürfte nicht kommandiert gewesen sein. Wenn er sich gegen den Vorwurf der SPD wehrte, mit Hitler und Hugenberg verbündet zu sein, erweckte er Heiterkeit: *»Als Hitler in einer großen Kundgebung in Essen sprach, zu der die Bourgeoisie in 177 Autos angefahren kam, da lud ihn der Industrielle Kirdorf am Abend nach der Versammlung zu einem Abendessen ein. Könnt ihr euch denken, daß ich heute abend nach der Versammlung von Borsig zum Abendessen eingeladen werde?«*[31] Auch das Prinzip des zu verwirklichenden Sozialismus *»Jeder nach seinen Fähigkeiten, jedem nach seiner Leistung«* hätte verzweifelte Tausende nicht so zum Jubeln bringen können wie die handfesten Versprechungen ihres Führers: *»Wenn wir Kommunisten in Deutschland zur Macht gelangen, werden wir die stillgelegten Fabriken eröffnen und aus dem heutigen Friedhof der Industrie den lebendigen Aufbau der sozialistischen Wirtschaft vollziehen [...] Wir werden die Paläste und Villen und die Kurfürstendammwohnungen an die kinderreichen Proletarierfamilien zuteilen (Stürmischer Beifall). Und die Herrschaften, die heute 20 und 30 Zimmer bewohnen, werden wir in die Obdachlosenquartiere einquartieren, wo sie hingehören! (Bravo. Erneuter Beifall.) [...] Das freie sozialistische Räte-Deutschland wird die Tributsklaverei und alle Sklavenverträge auf revolutionärem Wege annullieren und wie einen Fetzen Papier zerreißen! (Stürmischer, langanhaltender Beifall.)«*[32] Die Aussicht auf ein Ende der Reparationszahlungen aus dem Versailler Vertrag und die Verheißung des kleinen Glücks waren um so stärker, als Thälmann – wie es schien – nichts Unmögliches, keine unerreichbaren Utopien der Zukunft ausmalte, sondern stets und ständig wiederholte, daß die soziale Gerechtigkeit bereits in einem Sechstel der Erde, der Sowjetunion, regiere. Seinen Gegenspieler Hitler unterschätzte Thälmann sicherlich, wenn er ihn als Maulhelden, Feigling, der beim Marsch auf die Feldherrnhalle 1923 in München *»auf dem Bauche«* lag, abtat wenn er ihn als geistig Armen kennzeichnete. Er bekräftigte immer wieder, *»daß die Hitlerpartei in der Tat überhaupt kein Programm hat, eine sogenannte Bewegung ohne Programm ist, außer dem einen Programm, den Kapitalismus zu schützen und zu verteidigen!«* Die Masse fand diese einfache Formel *»Sehr richtig!«* In einem hat er recht behalten, daß Hitler die Sowjetunion angreifen werde. *»Herr Adolf Hitler hetzt zum Kriege gegen die Sowjetunion, im offiziellen Liederbuch der NSDAP. heißt es u. a.*
›Du kleiner Tambour, schlage ein!
Nach Rußland wollen wir marschieren.
Nach Rußland wollen wir herein.
Der Bolschewik soll unsere Kräfte spüren!‹
Genossen, wenn die ganze SA. und SS. der Nazis mit Adolf Hitler und seinem Stabschef Goering und dazu der Stahlhelm mit Herrn Duesterberg, einmal nach Rußland marschieren sollten, – wir kennen die rote Armee: 24 Stunden später könnten wir uns vielleicht Herrn Hitler in Moskau im Zoologischen Garten ansehen. (Stürmischer Beifall.)«.[33] Thälmann war volkstümlich, und er war auch beliebt, ja sogar von sozialdemokratischen Arbeitern geachtet. Auf seine Weise schlug er die Masse in Bann. Die Liebe zu ihm äußerte sich auf verschiedene Weise: Einmal, als er sich vor dem Eingang des Sportpalasts von der Polizei nicht nach Waffen untersuchen lassen wollte und deshalb verhaftet wurde, war nur ein Gedanke im Saal, ihn zu befreien. Und noch ein anderer spontaner Akt spricht für die Nähe des roten Volkstribuns zu seinen Genossen. Parteifreunde hoben ihn auf die Schultern und trugen ihn durch die Menge zum Rednerpult. Keinem anderen Parteiführer ist das geschehen; bei keinem anderen war dies überhaupt denkbar.

Die Masse in der Weihestätte: Die Deutschnationalen

Die Deutschnationalen mokierten sich natürlich über solche plebejerhaften Sitten, doch auch sie brauchten die Masse. Eigentümlicherweise waren es wieder sie, die Konservativen, die als erste nach dem Weltkrieg sich des Sportpalastes für ihre Ziele bedienten. Nur ging es nunmehr nicht mehr darum, von dem Staat, den sie trugen und der sie begünstigte, mehr Unterstützung zu erlangen, sondern diesen Staat und ihre führende Stellung in ihm wiederherzustellen. Es waren recht unterschiedliche Richtungen, die sich nach 1918 mit dem Ziel der Rückkehr zur Monarchie in der Deutschnationalen Volkspartei zusammenfanden: Deutschkonservative, Reichsparteiler, Alldeutsche, Christliche-Soziale, Völkische, auch einige Nationalliberale. Schon im Januar 1919, also noch vor Abschluß der Revolution, suchten sie durch Großveranstaltungen im Sportpalast sich eine Wähler- und Anhängerschaft in der Bevölkerung zu verschaffen. Es versteht sich, daß sie zu dieser Zeit ihre restaurativen Ziele nicht hervorkehrten, sondern an die wirtschaftlichen und sozialen Interessen appellierten. Der Mittelstand, die kleinen und mittleren Unternehmer, die Handwerker, die Beamten, die kaufmännischen Angestellten, wurden umworben. Der Zusammenbruch der alten Ordnung war von diesen Kreisen zunächst als ein verwirrender und existenzbedrohender Vorgang erlebt worden. Diese Ängste schürten die deutschnationalen Redner im Sportpalast, indem sie den Untergang des Mittelstandes durch die Sozialisierungsabsichten der Linken voraussagten und sich als Retter, weil Gegner der Sozialisierung anboten. Der ehemalige königlich preußische Handelsminister Sydow lockte brausenden Beifall hervor: *»Wir brauchen nicht die sozialistische Republik, sondern den sozialen Staat, der die wirtschaftlich Schwachen überall stützt, auch im Mittelstand, und einer möglichst großen Zahl von Menschen zur wirtschaftlichen Selbständigkeit und Unabhängigkeit verhilft.«* Viele verstörte Beamte sollten mit der Aufforderung: *»Beamte, wahret Eure Rechte!«* zum Besuch angelockt werden, potentielle protestantische Wähler durch das Eintreten von Pfarrern für die Ziele der Partei, Arbeiterinnen durch verständnisvolle Worte des Vorsitzenden des Verbandes der Heimarbeiterinnen über das schwere Los berufstätiger Hausfrauen.[34] Viele der

71 Aufmarschplan zur Kundgebung der KPD am 12. 9. 1930 (RF 12. 9. 1930; vgl. Chr).

Heute spricht unser Führer Gen. Thälmann

Aufmarschplan zur Demonstration nach dem Sportpalast
8 Uhr Parallelkundgebung Winterfeldtplatz

Wir geben nachfolgend noch einmal den Aufmarschplan bekannt. Die **Anmarschstraßen** von den Stellplätzen zum Sportpalast sind **verändert worden.** Gleichzeitig mit der Kundgebung im Sportpalast, **zu der das** rote Berlin aufmarschieren wird, findet eine Parallelkundgebung auf **dem** Winterfeldtplatz statt.

Abmarsch: 17.30 Uhr Bülowplatz. Marsch durch die Weydingerstraße, Kaiser-Wilhelm-Straße, Lustgarten, Schloßfreiheit, Schloßplatz, Breite Straße, Roßstraße, Neue Roßstraße, Dresdener Straße, Elisabethufer, Britzer Straße, Admiralstraße, Boeckhstraße, Graefestraße, Urbanstraße, Camphausenstraße, Bergmannstraße, Kreuzbergstraße, Katzbachstraße, Yorckstraße, Goebenstraße, Potsdamer Straße.

Abmarsch: 18 Uhr Am Ostbahnhof. Marsch durch Fruchtstraße, Mühlenstraße, Brommystraße, Eisenbahnstraße, Lausitzer Platz, Waldemarstraße, Manteuffelstraße, Naunynstraße, Mariannenstraße, Graefestraße und weiter wie Zug Bülowplatz.

Abmarsch: 18 Uhr Reuterplatz. Marsch durch Reuterstraße, und weiter wie Zug Bülowplatz.

Abmarsch: 18.30 Uhr Lausitzer Platz. Marsch wie Zug Am Ostbahnhof.

Abmarsch: 18 Uhr Reuterplatz. Marsch durch Reuterstraße, Lachmannstraße, Dieffenbachstraße, Graefestraße und weiter wie Zug Bülowplatz.

Abmarsch: 18.15 Uhr Kleiner Tiergarten. Marsch durch Alt Moabit, Gotzkowskybrücke, Helmholtzstraße, Dovestraße, Cauerstraße, Berliner Straße, Neue Grolmanstraße, Grolmanstraße, Goethestraße, Steinplatz, Uhlandstraße, Lietzenburger Straße, Rankestraße, Augsburger Straße, Eisenacher Straße, Courbièrestraße, Kurfürstenstraße, Frobenstraße, Winterfeldtstraße, Potsdamer Straße.

Abmarsch: 18.30 Uhr Am Lützow. Marsch durch Rosinen-, Berliner-, Neue Grolmanstraße und weiter wie Zug Kleiner Tiergarten.

Abmarsch: 18 Uhr Steglitz, Marktplatz. Marsch durch Düppelstraße, Alsenstraße, Fregestraße, Hauptstraße, Innsbrucker Platz, Ebersstraße, Herbertstraße, Kolonnenstraße, Bahnstraße, Mansteinstraße, Goebenstraße, Potsdamer Straße.

Abmarsch: 18.30 Uhr Wexstraße (Spitze Hauptstraße). Marsch durch Ebersstraße und weiter wie Zug Marktplatz, Steglitz.

Abmarsch: 19 Uhr Großgörschenstraße (Bahnhof). Marsch durch Bahnstraße und weiter wie Zug Marktplatz Steglitz.

Abmarsch: 18 Uhr Wilhelmsaue (Spitze Mehlitzstraße). Marsch durch Mehlitzstraße, Badensche Straße, Meraner Platz, Wartburgstraße, Merseburger Straße, Grunewaldstraße, Kaiser-Friedrich-Straße, Bahnstraße und weiter wie Zug Marktplatz, Steglitz.

Die Züge **Marktplatz Steglitz** und **Wilhelmsaue** müssen beide spätestens um 18.30 Uhr abmarschiert sein. Der Zug **Wexstraße** muß spätens um 19 Uhr abmarschiert sein.

Die teilweise Umstellung war dadurch notwendig, weil die Arbeitersportler der Interessengemeinschaft zur Wiederherstellung des Arbeitersports um die gleiche Zeit einen Lauf durch Berlin machen. Der UB. Ost, Treffpunkt Ostbahnhof, muß besonders auf die heutige Umstellung achten.

Herren in der Führungsgruppe gehörten zur agrarischen Junkerelite der ehemaligen Monarchie. Die kannten vom Bund der Landwirte die Kniffe, wie man sich als Minderheit einen Massenanhang verschafft.

Der Erfolg kam aber erst mit den Reichstagswahlen 1920, als nach den Enttäuschungen über die instabile Demokratie und den Friedensvertrag von Versailles das Bürgertum sich das glanzvolle und mächtige Kaiserreich zurückwünschte. Bis 1924 hielt der Trend an; die Deutschnationalen stiegen mit 20,4% der Stimmen zur zweitstärksten Partei im Reichstag auf. Seit dieser Zeit, in der sich die Republik nach den turbulenten Anfangsjahren allmählich festigte, steuerte die DNVP einen Kurs, der zwar auf die Verhältnisse im Bismarckreich gerichtet war, Mitarbeit im Parlament und den Regierungen aber nicht ganz ausschloß. Eine große Chance, dem Ziel näherzukommen, schien sich nach dem Tode des ersten Reichspräsidenten Friedrich Ebert 1925 zu bieten. Der Reichspräsident, auf sieben Jahre vom Volk gewählt, verfügte mit der Berufung und Entlassung der Reichsregierung, dem Recht, den Reichstag aufzulösen, einen Volksentscheid anzuordnen sowie das Parlament zeitweilig auszuschalten und Grundrechte außer Kraft zu setzen (Artikel 48) über weitreichende Befugnisse. Ein Konservativer in dieser Position müßte, so hoffte die DNVP, in der Lage sein, die gute alte Ordnung wiederherzustellen. Der erste Wahlgang am 29. 3. 1925, in dem die Partei Karl Jarres, den ehemaligen Oberbürgermeister von Duisburg, präsentierte, blieb ohne Entscheidung, da keiner der Bewerber die Mehrheit der abgegebenen gültigen Stimmen erhielt. Jarres hatte keine Aussicht, im zweiten Wahlgang, in dem die Mehrheit der abgegebenen gültigen Stimmen entschied, Marx, den Kandidaten von SPD, Zentrum, DDP, zu schlagen. Die Patentlösung fand sich in der Kandidatur Paul von Hindenburgs, der während des Krieges als siegreicher Heerführer im Osten und ab 1917 als Chef der Obersten Heeresleitung zur legendären Figur geworden war. Er hatte mehr Popularität als der Kaiser gewonnen und behielt sie trotz des verlorenen Krieges als Wegbereiter zu Ruhe und Ordnung in der Revolution. Der patriarchalische Ersatzkaiser, damals 78 Jahre alt, konnte natürlich nicht selbst in den Wahlkampf steigen.

Im Sportpalast schmückte stellvertretend seine Monumentalbüste zwischen zwei Lorbeerbäumen den Platz vor dem Rednerpodium, auf dem Jarres sein Bestes tat, aus dem Hindenburg-Mythos vom Vater des Vaterlandes für seine Partei Gewinn zu ziehen: *»In ihm verkörpert sich unser Programm. Er war uns, er ist uns und er bleibt uns der ideale Vertreter deutschen Wesens: im Glück und im Unglück [...] Der Name Hindenburg bürgt für klare und besonnene Politik. In den schlichten und unantastbaren Erklärungen, die der Feldmarschall am vorigen Sonntag in Hannover abgegeben hat, ist das Regierungsprogramm eines weisen Volksführers enthalten.«* Um einen solchen Führer hatten die Versammelten laut Kreuzzeitung gebetet: *»Die überfüllte Riesenhalle, Massen schichten sich in den Rängen übereinander, im Saal ein wogendes Meer und der erste Marsch klingt auf. Wie Funken schlagen die Klänge in die glühenden Herzen und als die Fahnen einmarschieren, jauchzt die Begeisterung hoch, daß sie schier die Kuppel sprengen will und hinaufdringen zu Gott, der unser Schützer sein und bleiben soll auch in Not und Knechtschaft, zu dem wir beten um einen Führer, der uns in eine andere Zukunft leitet, der aus unserem Willen, aus den Idealen, die wir in uns tragen, Geschichte formen soll, damit wir wieder deutsch werden, so deutsch, wie wir gewesen sind.«*[35]

Hindenburg wurde am 26. April 1925 mit 48,3% der Stimmen gewählt, also nicht nur von der Rechten; aber seine

72 Reichsgründungsfeier der DNVP, um 1930.

Amtsführung enttäuschte diejenigen, die auf die Umwandlung der Demokratie in eine autoritäre Herrschaft oder auf die Rückkehr der Hohenzollern mit Hindenburgs Hilfe gerechnet hatten. Auch die zeitweilige Beteiligung an Reichsregierungen des Bürgerblocks – Zentrum, DDP, DVP, DNVP – zahlte sich nicht aus. Im Gegenteil: Bei den Reichstagswahlen 1928 ging die Stimmenzahl auf 14,2% zurück. Das war das Signal für die Gegner jedes Kompromisses mit dem Staat von Weimar um Alfred Hugenberg, die Neuorientierung der Partei in die Hand zu nehmen. Hugenberg wurde Vorsitzender und sagte dem »System« den bedingungslosen Kampf an. Immer wieder – in Wort und Schrift – schleuderte er den Regierungen und Parteien sein *»Wir wollen euch nicht mehr!«* entgegen.

Hugenberg war vor dem Weltkrieg einer der Begründer des Alldeutschen Verbandes gewesen, der für den Aufstieg Deutschlands zur Weltmacht eintrat, hatte als Vorsitzender des Vorstandes der Fried. Krupp AG und als Leiter des größten deutschen Pressekonzerns die Interessen der Großindustrie, vor allem aber die Revision des Vertrages von Versailles und die Errichtung eines starken nationalistischen Staates betrieben. Die Stärke dieses kleinen unscheinbaren Mannes mit der Bürstenfrisur und dem Feldwebelschnauzbart lag in seinem Organisationstalent, seiner Beherrschung finanzieller Strategien. Als Reichstagsabgeordneter hat er von 1920 bis 1929 nicht ein einziges Mal gesprochen. Ihm galten *»Redner als gefährlichste Klasse der Menschen«.*[36] In Wahlzeiten Reden halten zu müssen, war ihm eine Zentnerlast. Dies war der Politiker, der die Nationalsozialisten bei einer Kampagne für ein Volksbegehren gegen den Young-Plan 1929 als Juniorpartner kräftig förderte und nach deren Erdrutschsieg bei den Reichstagswahlen 1930 auf eine gemeinsame Linie verpflichten wollte. Er traute sich zu, das Gewicht der DNVP in einer Beziehung freundschaftlicher Konkurrenz gegenüber dem übermäßig stark gewordenen Partner in die Waagschale zu werfen. Als Führer einer »Hugenberg-Bewegung« mußte er sich wohl oder übel der Masse, auch im Sportpalast, stellen.

Nun waren das gewiß auch andere Leute, die sich Hugenberg anhörten, als die SA-Rabauken oder Rotfront-Schlägertypen aus Berlin Ost, von denen er »Hugenzwerg« genannt wurde. Die DNVP konnte mit gesitteten, fügsamen Bürgerlichen, nicht nur dem seit 1930 von Panik erfaßten Mittelstand, sondern auch mit besonnenen Besitzenden und Gebildeten rechnen. Die deutschnationalen Berichterstatter liebten es nicht, diese rechtschaffenen Anhänger mit dem *»abscheulichen«* Begriff der Masse zu bezeichnen. Masse, *»den wortberauschten Klumpen zusammengeballter Herdenmenschen«,*[37] die überließen sie gern den Marxisten. Sie bevorzugten es, ihre Anhänger, wenn sie in der Sportarena sich zusammenfanden, als Gemeinde aufzufassen. Als einmütige *»von einem Wollen und einem Sehnen bewegte«* Gemeinde, die sich *»zum heiligen Andachtswerk vereint«.* Dem mußte das Verhalten der Teilnehmer an den *»Weihestunden«* entsprechen. Es wird ernst und feierlich genannt. Mit andachtsvollem Schweigen, ergriffen, hingerissen, hätten alle den Worten Hugenbergs gelauscht. Aber zuweilen muß es auch lärmend zugegangen sein. *»Stürmisches Mitgehen«, »Lohe der Begeisterung«* vermerken dann die Zeitungsleute.[38]

Wie hat Hugenberg, ein so unansehnlicher Mann ohne jede Rednergabe, die Aufmerksamkeit Tausender von Zuhörern auch nur für einige Zeit wachhalten können? Daß seine rhetorischen Mittel begrenzt waren, geben selbst seine Bewunderer zu. Sie stellten ihn dar als einen Politiker, dem Beredsamkeit abgehe, der auf alle rednerischen Fechterkünste, auf kleine Effekthaschereien verzichte.[39] Ihm

73 Kundgebung der DNVP, 1932.

fehlte auch die Kommandostimme, die helle Soldatenstimme, deren Klang den Deutschnationalen so wohl tat.[40] Gewiß gab er auch Parolen aus, erteilte Anweisungen, aber weniger als Befehlshaber, denn als Weiser, dem niemand an Können, Wissen und Erfahrung gleichkomme. Seine Reden bestanden zum guten Teil aus Nachweisen, daß und wie recht er immer gehabt habe.

Hugenberg durchschaut alles, kennt alle Hintergründe; alle anderen Politiker sind für ihn Ignoranten. Er betont seinen gesunden Menschenverstand. Ihm will er – anders als z. B. Brüning – in der Politik zum Siege verhelfen. Deswegen beansprucht er blindes Vertrauen, sogar bei einer so zentralen Frage wie der Gestaltung des künftigen Deutschlands unter seiner Ägide. *»Es ist Bismarcks Reich und doch ein ganz anderes Reich«* läßt er sich orakelhaft aus. Noch mehr mutet der Parteivorsitzende seinen Parteifreunden und Zuhörern zu, denen er am 13. März 1932 Theodor Duesterberg, den 2. Bundesführer des Stahlhelms, als Präsidentschaftskandidaten vorstellt. Was nach dem Siege sein wird, sagt er nicht, sondern: *»Was dann weiter geschieht, bitte ich freundlichst mir zu überlassen.«*[41]

Der »weise alte Mann« behandelte seine Anhänger wie ein Vater seine unmündigen Kinder, wie ein Vater in einer patriarchalischen Gesellschaft allerdings. Er tat das bewußt, wie seine Vergleiche von Vater und Sohn mit Führer und Volk verraten. Einmal, am 3. November 1932, vor der zweiten Reichstagswahl des Jahres, hat er sogar seine gesamte Rede wie ein Gespräch zwischen Vater und Sohn gegliedert.[42] Der Sohn, Repräsentant der rebellischen jungen Generation, die sich vom Nationalsozialismus angezogen fühlt, ist (wohl wegen Hitlers Weigerung im August 1932, in ein Kabinett Papen einzutreten) irre an den nationalsozialistischen Führern geworden, die *»mit ihrer Tat nicht zu ihrem Wort«* stünden. Er erbittet den Rat des Vaters. Hugenberg gibt diesen Rat, indem er seine Überlegenheit merken läßt. Er will dem Sohn – also den Wählern – vor Augen führen, warum es sich lohnt, bei den Deutschnationalen mitzumachen: die Berufsverbände werden im neuen Reich aus Kampforganisationen zu Organen der wirtschaftlichen Selbstverwaltung; der Kapitalismus wird zwar nicht abgeschafft, aber das *»internationale, zwischen den Staaten vagabundierende Kapital [...] muß eingefangen und unschädlich gemacht werden«.* Und als er den Sohn sagen läßt: *»Aber wir sind imstande, in wilder Revolution alles entzweizuschlagen, wenn wir nicht ehrlich und mit ganzem, sachlichem Willen in ein Drittes Reich geführt werden. Dazu gehört nicht nur Wirtschaft, sondern auch Seele«,* begnügt er sich wiederum mit Andeutungen über sein Drittes Reich: *»Wir wollen keinen Parteienstaat, sondern einen Staat einheitlich nationalen Willens [...] Wie die Einzelheiten der Konstruktion des Staates aussehen, ist eine Frage, die zeitlich etwas später kommt und hinter dem zurücksteht, was du mit Recht vom neuen Staat verlangt hast: er soll eine Verkörperung der deutschen Seele sein [...] Aber er soll seinen Bürgern die Freiheit lassen, die ein deutscher Vater den Kindern gibt, die in seinem Garten spielen.«*

Die Teilnehmer der Kundgebung waren es zufrieden, als Kinder angeredet zu werden. *»Die Tausende gehen mit dem Führer«* heißt es im Bericht des Lokal-Anzeigers. In die Vorstellung, »Vaters Stimme« zu hören und zu gehorchen, hatten sich die Deutsch-Nationalen schon längst eingelebt. Ein Massenidol konnte Hugenberg nicht sein; er versuchte, was ihm an Nimbus oder Charisma fehlte, durch die Gefühle zu ersetzen, die seine Vaterfigur erweckte.[43] Bei den November-Wahlen 1932 gewannen die Deutschnationalen 177 800 Stimmen hinzu. Jetzt erst recht trauten sie sich zu, auch die unreifen Nationalsozialisten zu bevormunden. Sieben Monate später gab es sie nicht mehr; ihr Ziehkind Hitler hatte sie zur Auflösung gebracht.

Die Masse in der Messe: Die Nationalsozialisten

Die Nationalsozialisten haben den Sportpalast niemals wie irgend ein anderes Versammlungslokal in Berlin betrachtet. Sie sahen in ihm das Sinnbild ihres Aufstiegs und der Vitalität ihrer Bewegung. Der Anfang war reichlich riskant gewesen. Die NSDAP, in Berlin vom 1. März 1927 bis zum 31. März 1928 verboten, hatte sich sonst mit ihren paar tausend Mitgliedern in der Umgebung der Stadt ein wenig Soldatenspielerei geleistet. Sie konnte erwarten, höchstens das Parkett der Halle zu füllen. Der Gauführer, Dr. Joseph Goebbels, ließ trotzdem zum »3. Märkertag« am 30. September 1928 den Sportpalast mieten, um den Sprung aus der Anonymität zu wagen. Ganz ohne Nachhilfe von SA-Mannschaften aus anderen Teilen des Reiches schaffte man es nicht. Nur so kam die Marschkolonne zustande, die sich von Teltow im Süden der Stadt auf die Potsdamer Straße zubewegte und eine große Zahl neugieriger Sonntagsspaziergänger mit hineinspülte. Die Kommunisten taten ein übriges, um dem Auftreten der Nationalsozialisten die Sensation zu verschaffen: Sie hatten beabsichtigt, den Zug zu sprengen, was ihnen von der Polizei verwehrt wurde, und gerieten erst während der Veranstaltung vor dem Eingang in Schlägereien mit den Braunhemden. Die Polizei versuchte den Bau abzuriegeln. Es fielen Schüsse. Von 22 verletzten Nationalsozialisten wurden einige in den Saal getragen, wo dies eine solche Empörung auslöste, daß eine große Anzahl mit dem Ruf *»Rache!«* hinausstürzte und sich auf ein Handgemenge mit der Polizei einließ. Goebbels wußte die Situation zu nutzen, rief: *»Blut ist der beste Kitt!«* und brachte die Versammelten sogleich zu einer Ehrung der Toten und Verwundeten der Bewegung.[44] So begann, was nach der Parteilegende der *»Kampf um den Sportpalast«* genannt wurde, so als habe die NSDAP den Bau zu erobern gehabt. Mit Kampf sind sicher die vielen Krawalle vor den Toren und in den umliegenden Straßen gemeint. Meist ist nicht festzustellen, wer begonnen hatte zu schlagen. Ganz deutlich wird bei der Vorbereitung einer Kundgebung am 20. Oktober 1929, zu der die Marschkolonne zum Sportpalast nach Durchziehen der Arbeiterviertel des Nordens gelangen sollte, daß es die Nationalsozialisten auf Provokation anlegten. Die Kommunisten

74 Bestuhlungsplan für Veranstaltungen von Versammlungen und Konzerten, 20. 1. 1934 (nach: LA SP 4009/73 [Lichtpause/Papier/Leinen, 67 x 68 cm]).

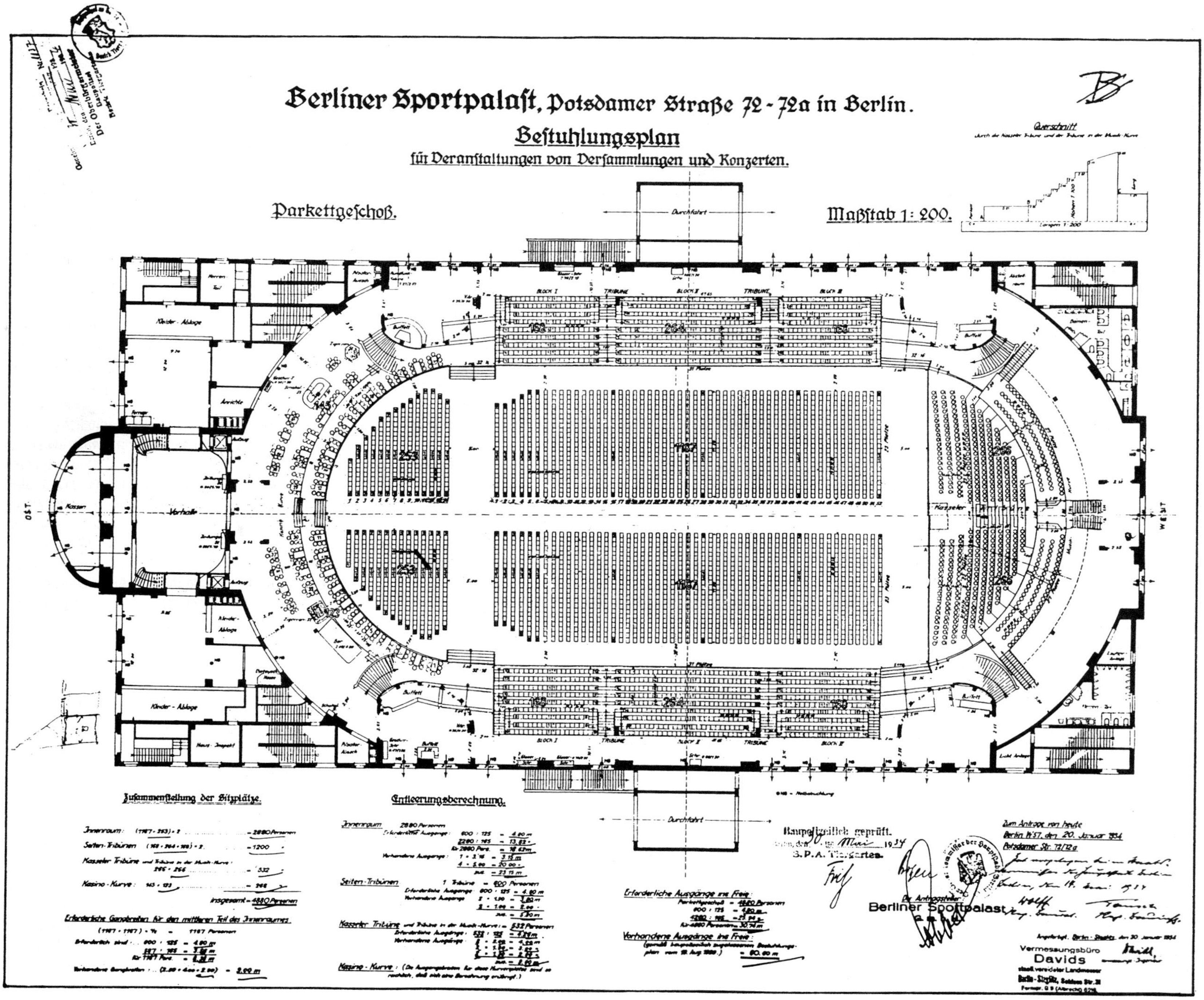

sagten damals sogar den »Roten Pressetag« ab, um ihre Anhänger auf die Straße zu bekommen. Der Polizeipräsident Karl Zörgiebel (SPD) sah sich gezwungen, *»wegen der leidenschaftlichen Art der Vorbereitung«* alle Umzüge an diesen Tage zu verbieten, da weitere blutige Zusammenstöße zu erwarten seien. *»Unter dem Schutze der Polizei Zörgiebels werden die Faschisten sich am Sonntag im Sportpalast versammeln. Die Faschisten erklären, die proletarischen Quartiere Berlins den Klauen des Marxismus entreißen zu wollen. Die Arbeiter müssen die Faschisten von den Straßen Berlins vertreiben. Schlagt die Faschisten, wo ihr sie trefft! Das ist die Losung eines jeden klassenbewußten Arbeiters.«*[45] Wer zu der genehmigten Kundgebung in der Potsdamer Straße erschien, erhielt eine *»proletarische Begrüßung«* mit Zurufen wie: *»Berlin bleibt rot! Faschisten den Tod!«* Einmal durchbrachen wütende Arbeiter die Sperrketten der Polizei und begannen eine Prügelei. Wegen dieser Erfahrungen waren ab 1930 An- und Abmärsche geschlossener Kolonnen zu Versammlungen allgemein verboten.

Zum *»Kampf um den Sportpalast«* zählten die Nationalsozialisten gewiß auch ihre Schwierigkeiten und Reibungen mit der Schutzpolizei. Im allgemeinen vermieden sie – anders als die Kommunisten – Zusammenstöße mit den »Schupos«, ertrugen aber die Durchführung mancher Maßnahmen nur widerstrebend. Verhältnismäßig ruhig wurde die Durchsuchung auf Waffen hingenommen, hingegen sehr viel weniger die zeitweiligen Uniformverbote. Die Polizei schritt nämlich auch dann ein, wenn alle weiße Hemden trugen. Hermann Göring empfahl der SA, über die weißen Hemden *»bürgerliche Bekleidungsstücke«* überzuziehen.[46] Das Tragen von Schaftstiefeln wurde ebenfalls nicht geduldet. Absurd war, daß denen, die daraufhin barfuß in den Saal gingen, nicht untersagt wurde, dort die Stiefel wieder anzuziehen. Ähnlich stand es mit den braunen Uniformhosen, für die auch Mittel und Wege des Einschmuggelns gefunden wurden.

Am meisten Verdruß bereiteten die Auflösung von laufenden Veranstaltungen oder vorherige Verbote. Verbote erließ der Polizeipräsident manchmal, wenn auch nicht allzu oft, wenn zu erwarten stand, daß es zu blutigen Auseinandersetzungen kommen würde oder wenn die Nationalsozialisten die Veranstaltungen anderer Parteien gestört hatten. Sie brachten offenkundig Nachteile für den Veranstalter. Bei den Auflösungen war das anders, die konnten unter Umständen werbewirksam sein. Drohende Auflösung brachte ein zusätzliches Element der Spannung in die Versammlungen, und erfolgte Auflösungen vermittelte das Erleben von etwas Außergewöhnlichem, Gefährlichem. Goebbels sorgte öfter für solche Zwischenfälle: Wenn von ihm, der häufig Redeverbote hatte, irgend etwas wider die Vorschrift verlesen werden sollte oder wenn er wieder einmal den Polizeivizepräsidenten, Dr. Bernhard Weiß, den er Isidor getauft hatte, aufs Korn nahm.[47] Für Goebbels war eine aufgelöste Versammlung kein Mißerfolg.

Wichtiger war, die größte Versammlungsstätte Berlins öfter als die anderen Parteien unter dem Gütesiegel »Polizeilich gesperrt« belegt zu haben. Deswegen der Anspruch: *»Der Sportpalast gehört uns. Er ist unsere Tribüne, von der aus wir zum Volk sprechen.«* Dies ist der Kern, um den sich der Mythos vom Sportpalast kristallisieren sollte, der fortwirkte bis in die letzten Jahre des Dritten Reiches: Im Riesenrund der Arena habe nicht der Zufall eine beliebige Menge Menschen zusammengebracht, sondern die wertvollsten Bestandteile der Bevölkerung, ja das Volk selbst. Die nationalsozialistischen Versammlungen sind in diesem Verständnis Volksversammlungen; und was dabei geschieht – gleich ob bei den ritualisierten Aufzügen oder Reden – ist Ausfluß des Volkswillens. Die Redner sprechen zum Volk, gleichzeitig sind sie aber die Stimme des Volkes, wenn sie das unartikulierte Geschrei in Sprache übersetzen. *»Sportpalast! Was bedeutet uns dieses Wort heute schon alles! Gipfelpunkte unerhörter Triumphe unserer herrlichen, siegumwitterten Bewegung. Stunden rasender, heiliger Leidenschaft, wie sie allein fähig ist, eine Nation aus ihrer tiefsten Not zu erretten. Stunden der Liebe und Ehrfurcht und flammender Begeisterung für unseren, unseres Volkes Führer.«* So verbreitete der »Angriff« den Mythos. *»Heilige Leidenschaft«* trifft genau den Charakter der nationalsozialistischen Massenveranstaltungen. Nicht verstanden werden soll ja der Nationalsozialismus, sondern geglaubt. Goebbels fand die richtigen Worte: *»Im Gegensatz zu allen anderen Parteien und Gruppen gibt es bei uns Millionen von Menschen, die blind und eigensinnig an ihre Sache glauben, die ihre Sache für eine politische Religion halten. Sie sagen, diese politische Religion hat unserem Leben erst wieder Inhalt gegeben.«*[48]

Für eine politische Religion sind die Tagesfragen, die Zeitprobleme untergeordnet, Verbesserungen der Lebensverhältnisse im Reich des Bösen nutzlos. Die Nationalsozialisten haben denn auch fast nie dargelegt, mit welchen Mitteln und auf welchem Wege sie gesellschaftliche Notstände bewältigen und Mängel beheben, die politische und wirtschaftliche Verfassung umgestalten würden. Als programmatisch galt schon die Erklärung des damaligen Reichsorganisationsleiters Gregor Strasser vor der Berliner Betriebszellenorganisation: *»Nationalsozialismus ist das Bekenntnis zum Mannestum, zur Volksgemeinschaft, zum Leistungsprinzip, zur Disziplin und zur Wehrhaftigkeit. Nationalsozialismus ist das Gegenteil von dem, was heute ist. (Tosender Beifall).«*[49] Was geglaubt werden sollte, brauchte nicht bewiesen zu werden, darum wirkte die Sprache nicht als Trägerin von Information, von Mitteilungen über Sachverhalte, sondern als Auslöserin von Gefühls- und Gemütsbewegungen. Sinnwidrig wäre es gewesen, bestimmte einzelne Themen zu behandeln. Statt dessen boten die Plakate an den Litfaßsäulen, die Handzettel und Zeitungsanzeigen gern nur solche allgemeinen Formulierungen wie *»Die politische Lage«* oder einstimmende Emotionsanstöße an wie *»Wo sitzen die Katastrophenpolitiker?«, »Der Kampf, der einst die Ketten bricht«, »Soll Deutschland sterben, damit die Feinde des Volkes leben?«.*

So stand es jedem Redner frei, auf seine Weise das angestrebte Ziel der nationalsozialistischen Sportpalastveranstaltungen zu erreichen: die Anwesenden in einen rauschhaften Zustand zu versetzen. Das Ritual der Fahneneinmärsche, chorischen Darbietungen, alles auch wie bei den anderen Parteien erhebend und dem Alltag entrückend, leitete ohne Bruch über in den Höhepunkt der Abende, die Reden. Selten und dann mit Bedacht setzte man das Publikum mehr als einem Redner aus. Zu den Sternstunden zelebrierte nur einer die politische Messe. Denn wie anders ist ein Vorgang zu benennen, bei dem die Erlösung, wenn nicht der Menschheit, so doch der Deutschen angekündigt und für die Teilnehmer – wenigstens für Augenblicke – vollzogen wird? Bevor es dazu kommt, erfahren die Zuhörer, in welcher Verderbnis sie sich befinden, wie die Mächte des Bösen – Bolschewismus, Pazifismus, Judentum, Demokratie, Parlamentarismus – Staat und Volk ins Unglück gestürzt haben. Alles ist verkehrt: Landesverräter, die an der Niederlage im Weltkrieg schuld sind, sperren Patrioten ein, die Verräter heimlich wie die Feme hingerichtet haben. Skrupellose Spekulanten wie Barmat und Sklarek, korrupte Politiker bereichern sich; vom einfachen, ehrlichen, anständigen Menschen werden enorme Opfer verlangt, deren Sinn er nicht versteht. Negermusik und entartete Kunst verdrängen die deutsche Kultur, Entsittlichung bedroht schon die Jugend. Die Urheber des Elends werden genannt; es sind eigentlich alle Politiker von der Linken bis zur Rechten. Für sich nehmen die Nationalsozialisten in Anspruch, außerhalb des politischen Spektrums, weder rechts noch links, zu stehen. Verhältnismäßig selten werden die Juden angegriffen. Daß sie das Erzübel sind, scheint selbstverständlich. *»Wenn ich sozialistisch denke, dann muß ich Antisemit sein, denn der Jude ist die Inkarnation des Kapitalismus.« – »Es gibt keine Verständigung zwischen Deutschen und Juden, genauso wie es keine Verständigung zwischen der Lunge und dem Tuberkelbazillus gibt.« – »Für uns ist der Antisemitismus nachgerade nicht mehr eine Sache der Belehrung, sondern der persönlichen Sauberkeit!«*[50]

Folgt man den Berichten, dann geriet die Zuhörerschaft, erkennend, in welcher verkehrten Welt sie lebte, in Zorn, Wut, Rachsucht. *»Eine Nervosität, eine Gereiztheit ist in den Tausenden wach geworden. Wie ein Raubtier auf der Lauer zum Sprunge geduckt, wartet die Masse.«*[51] Dabei entlädt sich die Aggressivität in *»wilden Zurufen«*, von denen einer der überlieferten – *»Saubande!«* – sicher harmloser als andere war, die selbst der »Angriff« sich scheut abzudrucken: *»Und das Volk spricht in rasenden Schreien, die von allen Seiten immer wieder die Andacht der Zuhörer zerreißen, ein furchtbares Urteil, das wir nicht wiedergeben können, das aber einmal vollstreckt werden wird.«*[52]

Doch niemand brauchte zu verzweifeln; das Entstehen der nationalsozialistischen Bewegung allein erweckte Hoffnungen auf Erlösung von den Übeln der *»feigen Gegenwart«*. Der Sieg des Nationalsozialismus werde das Heil bringen. In der klassenüberwindenden, brüderlichen Volksgemeinschaft ließe sich der einzelne umschmelzen zu einem neuen Menschen. Die Volksschädlinge wären auszumerzen. Die Guten – die kleinen, anständigen, einfachen Leute – könnte dann niemand mehr ducken und mißleiten. Das endlich geeinte Reich gewinne seine Stärke wieder, um die Fesseln des *»Diktats von Versailles«* zu zerbrechen und dem Volk den nötigen Lebensraum zu erkämpfen. In immer anderen Abwandlungen verhießen die Nationalsozialisten die nationale Auferstehung und ein neues Leben. Inmitten der Verderbnis hatte diese Wandlung sogar schon begonnen: *»Während das bisherige Deutschland zerfällt, erhebt sich durch uns schon das neue Reich in seinen Grundfesten.«*[53] So sah es Hitler. Welch ein erhebendes Gefühl lag in der Gewißheit, zu den Auserwählten zu gehören, die schon jetzt, im Augenblick des Taumels der Tausende am höheren Leben der Nation teilhatten! In diesen Stunden der völligen Übereinstimmung mit allen anderen, die auch das braune Hemd trugen, in denen Leiden, Sorgen, Lebensüberdruß abfielen und Begeisterung und Freude alle erfüllten, schienen sie wiedergeboren als echte Deutsche, als beste Deutsche, auferstanden aus dem Grab des Egoismus und der Zwietracht. Gleiche unter Gleichen, Gefolge eines einzigen: des Führers. Ein SA-Mann war dabei, als Hitler sprach: *»Noch einmal predigt er das Evangelium des Nationalsozialismus, rüttelt das Gewissen der deutschen Nation auf. Wie Gläubige hängen die Anwesenden mit den Augen an dem Munde des Führers.«*[54]

Jede Religion hat ihre Märtyrer, und da der Nationalsozialismus eine *»heilige Sache«* sein sollte, verlangte er für sich das Eintreten mit allen geistigen und körperlichen Kräften bis zur Hingabe des Lebens. Dazu waren erstaunlich viele Anhänger bereit; die Zahl der Toten und Versehrten beweist es. Sicher waren die Motive derjenigen, die sich auf gewaltsame Auseinandersetzungen einließen, sehr gemischter Natur und der Drang zum Freisetzen aufgestauter Aggressivität darunter vorherrschend. Auf jeden Fall gaben die Verluste an Menschen willkommene Gelegenheit zu verschiedenen Weisen, die *»Blutzeugen«* zu ehren und den Wert ihres Opfers hervorzuheben.[55]

Goebbels hatte die Meisterschaft im Ausrichten von Trauerkundgebungen und Totenfeiern. Fast in jeder Sportpalastveranstaltung waren die Opfer gegenwärtig, entweder leibhaftig – gut sichtbar plaziert mit ihren Wundverbänden in den ersten Sitzreihen, umgeben von ihren Betreuerinnen des »Frauenordens«, durch Handschlag und ehrendes Gespräch zu Beginn herausgehoben – oder als große Tote im Gedächtnis beschworen. Es kam vor, daß *»der Doktor«* sich verspätete und den Tod von Parteigenossen mitteilte. *»Erschossen – erdolcht von den roten Mordbestien! Da sind die Massen fast nicht zu halten! Der Schrei nach Rache durchzittert den Raum! Herrgott – jetzt vergelten zu können!«*[56] Das Aroma von Blut und Tod ist um jede nationalsozialistische Sportpalastkundgebung, besonders aber um jene, die eigens zur Totenehrung anberaumt wurden. Dann ist auch das Ritual auf Stille und Andacht eingestellt: *»Stumm heben sich die Arme zum Gruß, als Dr. Goebbels mit den Angehörigen unserer Berliner Gefallenen durch die Halle geht. Keiner spricht ein Wort. Atemlose Stille herrscht. Und aus dieser Stille aufklingende Musik: die Ouvertüre zu ›Egmont‹. Vor dieser Kraft, die aus dem Reichtum der Akkorde tönt, werden die Herzen still. Edelste Musik rauscht auf für edelste Tote. Große Kunst aus der Vergangenheit für die Gefallenen der Gegenwart. Die Stille hält an. Leise werden die Trommeln gerührt, als die Fahnenträger einmarschieren. Wieder heben sich die Arme und grüßen die blutroten Fahnen. Wo bleibt der Jubelsturm, der in vergangenen Tagen aufbrauste beim Einzug der Fahnen und Feldzeichen? Er ist untergegangen in diesen ernsten Stunden und namenloser Trauer und in großen Schmerz, den Worte niemals fassen konnten.«*

Das Soldatenlied *»Ich hatt' einen Kameraden«* soll auch für die beim Bürgerbräukellerputsch 1923 Erschossenen und bisher Getöteten gelten; in einem Sprechchor rufen sie *»Wir Toten, wir Toten!«; »Ases Tod«* klingt auf. *»Unnennbare Klage um Totes dringt zart aus den Tönen, Weinen und Schmerz beben in den Melodien der Trauer, steigern sich hell zur Hoffnung und klingen aus im Glauben, der tröstend über allem Schweren liegt: der Glaube an den Sinn des schweren Schicksals.«*[57] Die Reden des Führers der Berliner SA, Graf Helldorfs, und des Gauleiters Goebbels klagten nicht nur an, sollten nicht allein zu weiterem Kampf anstacheln, der dem »Heldentod« den letzten geschichtlichen Sinn geben kann, sondern fordern Todesbereitschaft: *»Der letze Tote unserer Bewegung ist noch nicht begraben. Wer wird der nächste sein?«* Die Trauerfeier, das Beisetzen der *»Blutzeugen«* behielt sich Goebbels selber vor, sonst aber zog er gern andere Redner heran, die mit ihm zusammen die politische Totenmesse zelebrierten. Manchmal mußte er freilich zuhören, dann hatte er wegen seiner vielen Verleumdungen und Verhöhnungen republikanischer Politiker Redeverbot. Alle Parteigrößen kamen zu Wort: Strasser, Göring, Frick, Streicher, Kerrl. Jeder versuchte auf seine Weise, die Tausende in die gewünschte Erregung zu versetzen. Goebbels kennt die Berliner bald so genau, daß er sich bemüht, etwas Ausgefallenes zu bieten, Abwechslung in die Veranstaltungsprogramme zu bringen. Es war schon ein kecker Einfall, ausgerechnet verurteilte Mörder wie Heines oder Schulz sich über Gerechtigkeit und Justiz verbreiten und die Republik von Weimar als Unrechtsstaat denunzieren zu lassen. Dieser Staat hatte sie immerhin, ihre nationalen Motive als höher denn die anderer Verbrecher bewertend, nach kurzer Haft wieder in Freiheit gesetzt. Ähnlich pikant waren die Auftritte des Generals a.D. Karl Litzmann, eines der bekannten Heerführer des Weltkrieges, und August Wilhelms Prinz von Preußen auf dem Podium der Sportarena. Litzmann, zweiundachtzigjährig, erfreute das Auditorium durch manche Spitzen gegen seinen ehemaligen Vorgesetzten, Generalfeldmarschall von Hindenburg, den amtierenden Reichspräsidenten. Er ließ in seine Kritik an den früheren Kameraden, die sich nicht wie er zu glühenden Nationalsozialisten gewandelt hatten, einfließen, daß Hindenburg seinen Marschallstab eigentlich ihm verdanke. Der Hohenzollernprinz eignete sich vortrefflich als Zeuge für den gleichmachenden Effekt des Braunhemds: Ein Kaisersohn unter Arbeitern und Kleinbürgern, der sich dem Gefreiten Adolf Hitler unterstellte, der seinen ehemaligen Standesgenossen den Kampf ansagte! »Auwi«, wie ihn seine Kumpane nannten, fühlte sich wohl in seiner neuen Umgebung. Auf die Rabauken der Sturmabteilungen weisend, rief er zum allgemeinen Gaudium aus: *»Wenn ihr Schweine, seid, will ich auch eins sein!«*[58]

Hinter all dem stand der Herr und Meister des nationalsozialistischen Massenspektakels auf der Bühne des Sportpalasts, Dr. Joseph Goebbels, Gauleiter von Berlin, seit 1929 Reichspropagandaleiter der Partei, damals 32 Jahre alt. – Wälzte sich ein Menschenstrom durch die Straßen in Richtung auf die Potsdamer Straße, dann sagten die Berliner: *»Sie jeh'n zu Joebbels.«* Wenn der kleine dunkelhaarige Mann durch das Spalier der Riesen von der SA hinkte, spielte das *»unbeschreibliche Goebbels-Lächeln«* um seine Lippen. Seine Reden begann er *»leise, fast zart«. »Eiskalt, leise, aber deutlich bis ins Letzte spricht Dr. Goebbels [...] Und hinter dieser Härte und Kälte spürt die Menge die ganz große zum Letzten bereite Leidenschaft eines Willens, der sich wie ein Zauber in erschreckender Unmittelbarkeit auf Tausende überträgt, sie in unentrinnbaren Bann zwingt.«*[59] Beifall begleitet fast jeden Satz, den er spricht, so daß er oft durch Handbewegungen die aufkommende Begeisterung drosseln muß. Die Blässe des schmalen Gesichts beeindruckt bis zu den Galerien. Nachdem er zwei Stunden die Menge zum Toben gebracht hat, setzt er sich ruhig an den Tisch neben dem Podium. Keine Spur von Erschöpfung ist ihm anzumerken.[60]

Die Mittel des Redners Goebbels sind bewährt: Er stellt sich auf seine Zuhörerschaft ein, er wendet beharrlich sein Erfolgsrezept an: Einfachheit und Wiederholung, er benutzt eine anschauliche, offene, aggressive, höchst gefühlsgeladene Sprache. Dazu gehört, daß er Betonung und Lautstärke wechselt, priesterhaft-ölig sein kann, dann aber auch gelegentlich brüllt, seine Zuhörer mit Witzeln unterhält, wobei er auch Kalauer und Albernheiten nicht verschmäht: *»Die Regierung, die heute an der Spitze des Staates steht, ist nicht mehr rechtmäßig, sondern recht mäßig.«* Die Modulationsfähigkeit seines angenehmen rheinisch eingefärbten Organs half ihm, die Unscheinbarkeit und das körperliche Gebrechen vergessen zu machen. Privat ein geistreicher Plauderer, verfügte er für die Masse über die vergröbernde Sprache und den vulgären Witz des Volksredners. Wenn er etwa einmal nach längerem Redeverbot sich zunächst mit den *»Lügen«* der feindlichen *»Journaille«* auseinandersetzt, um dann zu rufen: *»Jetzt müssen sie mit Bedauern in ihren Gazetten feststellen: Das Aas lebt noch!«*[61] Komisch wirkte es, als er am 15. April 1932 die Anhänger beschwor, keine Zurufe zu machen oder zu lachen, da die Gefahr bestehe, daß dann die Versammlung aufgelöst werden würde, und dann nicht selber sprach, sondern anderthalb Stunden Plattenaufnahmen einer Rede des Reichskanzlers Brüning abspielen ließ. Anschließend begann er: *»Das war der Mann, der heute auf dem Stuhle Bismarcks sitzt«*, um dann dem Text seine Antwort *»aus dem Geist des Nationalsozialismus«* zu geben, Stichelei und Rabulistik unnachahmlich mischend. Anschließend behauptete er, daß Brüning nicht mit ihm im Rundfunk oder im Sportpalast habe diskutieren wollen, weil er sich rhetorisch und sachlich unterlegen wisse. Diesem »Rededuell« war einiges vorausgegangen: Goebbels war auch bereit, in eine Brüning-Versammlung zu kommen. Er wußte nur zu genau, daß Brüning nicht darauf eingehen konnte, da derlei Arten von Veranstaltungen seit 1931 polizeilich untersagt waren.

Eines jedenfalls konnte immer erwarten, wer *»zu Joebbels«* ging: Der kleine Doktor verspritzte jedesmal eine gehörige Dosis Gift gegen die Träger des *»Systems«*. Der »Angriff« druckte die schlimmsten Beleidigungen erst gar nicht ab und erklärte, daß sonst das Blatt längere Zeit nicht erscheinen dürfe. Die Ausdrücke müssen recht stark gewesen sein, wenn etwa die *»verbrecherische Unfähigkeit«*, der er die Regierung zieh, noch hinging.[62] Mit Vorliebe und wenn es nur irgend anging, wählte der aus dem Kleinbürgertum stammende Akademiker den Spießer, den Bourgeois, den Reaktinär, den *»Asphaltliteraten«*, die *»bessere Gesellschaft«* insgesamt als Zielscheiben seiner Giftpfeile. Ihnen allen stellte er den anständigen, hochherzigen, selbstlosen, tapferen kleinen Mann gegenüber. *»Ihr seid die Nutznießer der Klassen. Ihr treibt ein parasytäres [sic!] Schmarotzerleben an der inneren Zerklüftung, und Ihr seid von der Angst besessen, daß wir diesem Parasytentum [sic!] ein Ende machen könnten.«*[63] Mit diesen Schimpftiraden ging eine beträchtliche Offenheit einher. Die kriegerischen Bestrebungen blieben nicht verborgen: *»Volk am Schwert«* sei das Ziel. Entmündigung, nicht demokratische Mitbestimmung sei des Volkes Wille: *»Das Volk will sich nicht selbst regieren. Diese Weisheit hat die Judenpresse erfunden!«* Der totalitäre Einparteienstaat war eigentlich schon am 24. Oktober 1932 ausgerufen: *»Wer nicht mit unserer Meinung übereinstimmt, der hat heute einfach nicht mehr das Recht, eine eigene Partei aufrecht zu erhalten, sondern der hat die Pflicht, sich hinten bei uns anzuschließen!«* Ebenso offenherzig sind die drohenden Voraussagen für die Zeit nach der *»nationalen Revolution«*. Die »Abrechnung« mit den Feinden, den Bösen, ist eine wichtige Vorbedingung für den Umschlag vom Verderben zum Heil. Die Masse läßt sich immer wieder gern und unter frenetischem Beifall unterstellen, Rache zu wollen. In ihrem Namen sollen die Urteile vollstreckt werden. *»Ins Zuchthaus, auf den Block mit denen, die in Zukunft diese Ehre mit Füßen treten.«*[64] Darauf ein einziger Aufschrei. Was Deutschland später erwartete, hat Goebbels nicht verschwiegen: *»Wir werden legal an die Macht kommen. Aber was wir mit der Macht anfangen, das ist unsere Sache.«*[65]

Gewiß hat der geriebene Propagandist erkannt, daß sein Führer Gaben als Redner besaß, über die er nicht verfügte. In den ersten Jahren nach 1928, als Hitlers Redeverbot in Preußen aufgehoben worden war, hat der Berliner Gauleiter den Parteichef nur viermal auf das Rednerpult in der Potsdamer Straße gebracht. Was Hitler dort bot, gehörte, folgt man den Berichterstattern und den veröffentlichten Texten, nicht zu seinen Bravourleistungen. Goebbels fand man in der Presse besser: *»Es war genau wie bei einer Theaterpremiere: der eigentliche Star versagte, aber der zweite Held hatte sich dafür in die Herzen aller Anwesenden gespielt.«*[66] Goebbels' Ansprache sei beispiellos demagogisch und darum zündend gewesen. Der *»Berliner Liebling«* spreche hart, stets auf die äußere Wirkung bedacht. Dabei hatte Adolf Hitler, der Revoluzzer von 1923, Hauptangeklagter im anschließenden Hochverratsprozeß, der ehemalige Festungshäftling und *»deutsche Mussolini«*, auch die Neugier der Berliner erweckt. Die Journalisten

fanden nach der ersten Rede am 16. November 1928 viel an ihm auszusetzen: Er verzerre und verdüstere das Bild der Gegenwart, male die Zukunft schauerlich aus, gebe nur Allgemeinheiten und dubiose Theorien von sich, ohne ein Programm für die *»Befreiung Deutschlands«* zu entwikkeln.[67] Für den »Vorwärts« hat sich allein deswegen Hitler als Politiker disqualifiziert: *»Im Saal enthüllte dieser politische Charlatan seine ganze klägliche Unwissenheit und Unbedeutendheit, als er den Versuch machte, mit bombastisch daherquasselnden Phrasen eine Art Programm zu entwickeln.«* Enttäuschend sei vor allem, daß Hitler sich wiederhole, in Gedankengängen, die aus früheren Reden längst bekannt seien, sich bewege. Immer wieder fange er beim Verbrechen der Novemberrevolution an, schildere das grenzenlose Elend des deutschen Volkes, behaupte, die Nationalsozialisten seien nicht zu besiegen, wende sich gegen den Internationalismus und so fort, beklagte sich selbst der im Ganzen wohlwollende »Lokal-Anzeiger«, das Sprachrohr der Deutschnationalen. Langweilig nennt die Vossische Zeitung die Rückblicke bis zum Dreißigjährigen Krieg, die zudem von Unrichtigkeiten strotzten. Übel vermerkt werden Hitlers Schauspielerallüren; fremdartig, rätselhaft, unstimmig kommen bürgerlichen Reportern Person und Gebaren des Parteichefs der NSDAP überhaupt vor. *»Jetzt steht Hitler oben, die Hand ausgestreckt à la Mussolini. Aber es ist nicht Mussolinis Hand. [...] Sie paßt zu dem Gesicht, in dessen Mitte immer noch der kleine Schnurrbart sitzt, der so sehr an amerikanische Filme erinnert. Ohne daß auf diesem Gesicht wie auf jenem anderen Tragik und Humor sich spiegeln. Ein sonderbarer Kontrast dieses Äußere gegen die willensstarken Worte, die dieser Mann von sich gibt.«*[68] Noch 1930, kurz vor den triumphalen Septemberwahlen, traut man ihm nicht zu, in Norddeutschland großen Anklang zu finden, eher Goebbels, der für einen Berliner gehalten wird.

Lesen wir heute die Texte der Reden, erscheinen die Urteile nur allzu berechtigt. Sie strotzen von Banalitäten, Trivialitäten, von vertrackten, scheinbar hochtheoretischen Formulierungen, die sich, hat der Leser den Sinn ergründet, oft als äußerst inhaltsarm herausstellen. Pathetische Redensartlichkeiten wie *»Einem Volk von siebzig Millionen ist nichts unmöglich, wenn es nur will«* wechseln ab mit schiefen Vergleichen, falschen Beziehungen, danebengeratenen Bildern. *»Die Demokratie hat gehandelt wie ein Narr, der um eines Schattens willen ein leuchtendes Licht auslöscht.«*[69] Alle die leeren Sprüche wurden mit langem, stürmischem Beifall bedacht. Die da applaudierten, waren eben andere Leute als die Kritiker. Es waren sicher keine Intellektuellen, keine Literaten. Es müssen die »kleinen Leute« gewesen sein, Arbeiter, Angestellte, Subalternbeamte, Kleingewerbetreibende, die in den Reden als die besten Deutschen herausgestrichen wurden. Was die Journalisten für Schwächen hielten, waren für dieses Publikum Stärken. Wer von einem demagogischen Propheten wie Hitler erwartete, daß er sich auf konkrete Einzelheiten einließ, mit den Auffassungen der Gegner auseinandersetzte, sein Programm erläuterte, hatte das neue der Bewegung nicht verstanden. Die bürgerlichen und sozialistischen Reporter begriffen nicht, daß sie den Andachten einer politischen Religion beiwohnten. Sonst hätten sie gemerkt, daß

◁ 75 Schallplatte »WAS DER S.A.-MANN SINGT [...] LIEDERPOTPOURRI GESUNGEN VOM NATIONALSOZIALISTISCHEN SCHALLPLATTEN-QUARTETT«, nach 1931; (78 Umdrehungen/Minute); »TEIL 6« (oben): Hitler vor einer Kundgebung im Sportpalast am 19. 5. 1931 (vgl. Agr 20. 5. 1931), beschriftet unten »Adolf Hitler spricht in Berlin«; »TEIL 5« (unten): Josef Goebbels vor einer Montage aus verschiedenen Kundgebungen, rechts unten aus dem Sportpalast, beschriftet unten »Massenversammlungen in allen Teilen des Reiches«; Berlin, Deutsches Historisches Museum, Inv. 1989/1396.

Aussprüche wie *»Wir sind Sozialisten, weil wir Nationalisten sind und Nationalisten, weil wir Sozialisten sind«*[70] und *»Deutsche Arbeit auf deutscher Scholle«* oder *»Wo das Ganze zu kurz kommt, da kommt auch das Einzelne zu kurz«*,[71] enthusiastisch verkündet, zur Liturgie gehörten. Auch die ständigen Wiederholungen des längst Bekannten, worüber sich die Journalisten lustig machten, wirkten auf die Versammelten nie langweilig. Im Gegenteil, sie gingen immer wieder mit, wenn der Führer erzählte, wie er, der unbekannte Soldat, mit sechs Mann begann, wie er Widerstände niederkämpfte und wie die Besten des deutschen Volkes gewonnen wurden und wie wunderbar der *»gigantische«* Erfolg sich einstellte. Das Verkünden dieser Parteilegende war das Herzstück der politischen Messe, die Hitler wie kein anderer Parteiführer abzuhalten verstand. Es durfte nicht fehlen, weil alle warteten, aus ihrer Unbedeutendheit herausgehoben zu werden. Nicht die Hohen, die Geistigen – die Niederen pries Hitler als wertvollsten Bestandteil des Volkes. *»Aber wer diese Menschen, diese kleinen, begrenzten, diese dickköpfigen, sturen und fanatischen kleinen Menschen einmal gewonnen hat, wer verstand letzten Endes sie an ihrem Gefühl, an ihrem Instinkt zu fassen, der hat dann zuverlässige Menschen, der hat dann das Gold eines Volkes geschürft, der kann sagen: Ich kann auch Stürme aushalten und überdauern, auch Schläge, die mich treffen, werfen mich nicht zu Boden!«*[72]

Die »kleinen Leute« wurden es nicht überdrüssig, vom neuen Menschen im neuen Reich zu hören; sie gerieten in einen Taumel der Freude, weil der Führer bereits die Wandlung zu diesen neuen Menschen an ihnen vollzog. Sie waren die Idealisten, die Zuverlässigen, Opferbereiten, die kleinen Menschen von starkem Herzen, die wahren Deutschen. Und weil das so war, durften sie sich auch eins fühlen mit dem Auserwählten: *»Es ist ein gleicher Pulsschlag und ein gleicher Herzschlag, der uns zusammengeführt hat.«*[73]

Verbunden mit ihrem Führer, eingebunden in die Bewegung, kann den Gläubigen nichts geschehen. Die Endzeit steht zwar bevor, der Zusammenbruch des Systems ist unabwendbar. *»Dann wird man auch verstehen, welchen Wert es besitzt, wenn diese Millionenmassen des breiten deutschen Volkstums unangegriffen für eine kommende Lösung eingesetzt werden können.«*[74] Die kommende Lösung, das ist das Dritte Reich. Der Höhepunkt jeder solchen Zeremonie war Hitlers entrückte Schau des irdischen Paradieses der Deutschen: *»Wir sind stolz darauf, eine Bewegung geschaffen zu haben, die das neue Deutschland bringt, ein Deutschland, nicht unterwürfig, sondern kraftvoll, nicht feige, sondern mutig, nicht zerrissen, sondern einig. Das heutige Volk zerfällt, aber das neue erwächst. Am Ende der Geschichte des zweiten Jahrtausends stellen wir ein Volk auf, das das dritte Jahrtausend gestaltet.«*[75]

Von Teilen einer Rede Hitlers aus dem Jahre 1933 gibt es Tonfilmaufnahmen. Der heutige Betrachter kann sich des Eindrucks nicht erwehren, daß sie die Kunstgriffe eines schlechten Komödianten enthüllen. Damals aber gehörten gerade die schnell wechselnden, extrem verformten Gesichtsausdrücke, die begleitenden, zusammenkrampfenden und lockernden, hoch- und niederwippenden Körperbewegungen, die unablässig mitredenden Hände und Arme, die unvermittelt von Flüstern zum Brüllen und Kreischen wechselnde, sich oft dabei überschlagende Stimme zur Massenwirkung dieses Mannes. Niemand beschrieb, wie solche Redeweise die Bezauberung tausender Verzückter hervorbrachte. Unzureichend bleiben auch die Versuche nationalsozialistischer Berichterstatter, den Zustand der Menge in Worte zu fassen. Da ist von großer und tiefer Verehrung die Rede, vom Gefühl der Sicherheit, von Vertrauen und Liebe, von Zuversicht und Gläubigkeit, Hoffnung und Begeisterung. Kein Zweifel, Adolf Hitler war der Messias der Masse. Sein manischer Glaube an die eigene Sendung und seine unentwegte Siegesgewißheit konnten allerdings nur in einer politischen und wirtschaftlichen Krisenzeit Millionen von einer Kollektivneurose erfaßter Deutscher in seinen Bann geraten lassen.

Vom Kraftquell der Nation zum Schauplatz des Volksentscheids

Kehraus der Volksfeinde

Das am 30. Januar 1933 gebildete Kabinett Hitler (NSDAP, DNVP, Stahlhelm) erwirkte vom Reichspräsidenten von Hindenburg die Auflösung des Reichstags zum 1. Februar und Ausschreibung von Neuwahlen. Den Nationalsozialisten standen die staatlichen Mittel insgesamt für ihre Wahlkampagne zur Verfügung; sie belegten vor allem den Rundfunk mit Beschlag; die Deutschnationalen partizipierten davon ein wenig. Im übrigen war Terror gegen Andersdenkende ein besonderes Kennzeichen dieser Wahlschlacht neuen Stils.

Noch dreimal konnten Parteien, die in Opposition zur neuen Regierung standen, Wahlkampfveranstaltungen im Sportpalast durchführen: am 23. Februar die KPD, am 27. Februar die SPD und am 3. März das Zentrum. Die Kommunisten wurden bei ihrer Vorbereitung der Wahlkundgebung stark behindert. Der Rundfunk durfte die Veranstaltung nicht ankündigen; und erst vierundzwanzig Stunden vor Beginn war es der Partei erlaubt, Plakate anzukleben. Der »Mundfunk« war jedoch intakt geblieben. *»Die Sender waren tausende rote Agitatoren, und sie brachten es fertig, daß trotz der Polizeimaßnahmen der Sportpalast am Donnerstag abend voll besetzt war. Aus allen Stadtteilen, mit dünner Kleidung, schlechtem Schuhzeug marschierten die Arbeiter durch den Schnee und Matsch stundenlang nach der Potsdamer Straße zur roten Massenkundgebung.«*[76] Thälmann war nicht anwesend. Er hielt sich verborgen, da mit seiner Verhaftung zu rechnen war. Statt seiner sprach Wilhelm Pieck, vorgestellt als greiser Mitkämpfer Karl Liebknechts und Rosa Luxemburgs. Pieck war vorsichtig, denn er hielt seine Rede unter Polizeiaufsicht. Er sagte: *»Wir können nicht mehr frei reden. Ich muß mir deshalb verkneifen, einen Vorgang zu charakterisieren, wie er es verdient, nämlich, daß heute das Karl-Liebknecht-Haus auf dem Bülowplatz polizeilich geschlossen worden ist (stürmische Pfuirufe)«.* Der Tenor seiner Rede war derselbe wie der aller kommunistischen Reden vorher über die Nationalsozialisten: Es sei kein Unterschied zwischen Weimarer Koalition und nationaler Koalition, denn beide Gruppierungen wollten den Kapitalismus vor dem Kommunismus retten. *»Herr Hitler, Führer der Nazis, hat eine antikapitalistische Agitation betrieben, solange er nicht an der Regierung war. Jetzt wenden sich die Nationalsozialisten nicht mehr gegen das kapitalistische System, sondern setzen sich zu seiner Rettung ein.«* Die Einheit aller Werktätigen, die 95% der Bevölkerung ausmachten, unter der Führung der KPD würde die Massen aus Not und Elend herausführen. Pieck ließ wissen, daß die KPD keine Illusionen bei einem für sie ungünstigen Wahlausgang hatte: *»Die faschistische Reaktion will die KPD verbieten, will jedes Versammlungs-, Organisations- und Presserecht beseitigen.«* Er sprach auch den Verdacht einer unerhörten Provokation in Gestalt eines bestellten Attentats auf Hitler aus. *»Ich sage von dieser Stelle: Wir Kommunisten sind Gegner von Attentaten und individueller Terrorakte.«* Nicht bei dieser Bemerkung, sondern als Pieck die Einführung des Religionsunterrichts an den Berufsschulen kritisierte, löste der überwachende Kriminalbeamte die Versammlung auf. *»Verächtlichmachung der Religion«* gab er als Grund an.

Vier Tage später ging es den Sozialdemokraten nicht anders. Sie hatten sich zu einer Feier anläßlich des 50. Todestages von Karl Marx zusammengefunden. Beethovens Egmont-Ouvertüre ertönt, Wladimir Kirilows hymnische Dichtung *»Karl Marx«* wird vorgetragen, Arbeitersänger intonieren *»Heiliges Feuer«*, Friedrich Engels' Grabrede wird verlesen, alle singen das Arbeiterlied *»Wir sind die Kraft«*; dann sprach Friedrich Stampfer. Er ironisierte den Versuch, für alle Schäden und alles Ungemach vom verlorenen Weltkrieg bis zur Weltwirtschaftskrise dem Marxismus die Schuld zu geben. *»Das deutsche Volk ist arm und unglücklich. Es braucht nur den Marxismus auszurotten und zu vernichten, um reich und glücklich zu sein! (Große Heiterkeit).«* Die Heiterkeit hielt an bis zu Stampfers Behauptung, *»Um ein Antimarxist zu sein – dazu braucht man gar nichts zu wissen.«*[77] Hier verfügte der Kriminalbeamte die Auflösung. Niemand wußte, wer beleidigt, wer angegriffen worden war. Unter dem rhythmischen Rufen *»Freiheit, Freiheit, Freiheit!«* leerte sich der Saal langsam. Draußen sahen die Teilnehmer der Veranstaltung, wie sich gegen die Innenstadt zu der Himmel rötete. Der Reichstag brannte.

Die letzte Veranstaltung einer Oppositionspartei gegen die Regierung der *»nationalen Erhebung«* war die des Zentrums am 3. März 1933. Am 5. März war Wahltag, und weil Brüning sprach, hatte auch das Zentrum seinen überfüllten Sportpalast bekommen. Als der asketische Melancholiker den Saal betrat, *»ging es wie ein rasender Sturm durch den Riesenraum.«* Da die übrige Opposition mundtot gemacht worden war, konzentrierten sich auf ihn große Erwartungen. *»Das war keine gemachte Stimmung. Das war ein Aufbrechen der Volksseele. Eine große Ideenassoziation, die einmal den Gleichklang politischen Wollens mit dem Führer in Deutschlands schwerster Zeit zum spontanen Ausbruch brachte.«* schrieb das Blatt des Zentrums, die »Germania«.[78] Aber Brüning, kühl und besonnen wie immer, greift die Regierung nicht direkt an, sagt sogar die vollste Unterstützung im Kampf gegen den Kommunismus zu. Doch er will den Kampf vor den Gerichten und im Geiste des Christentums ausfechten, nicht *»durch das Schwert«*. Auch er hätte die Nationalsozialisten in die Regierung einbezogen, jedoch unter verfassungsmäßigen Garantien und Bindungen. *»Die preußische Polizei hätten wir den Nationalsozialisten dabei nie ausgeliefert.«* Wie wenig dieser heimliche Monarchist vom Geist der Weimarer Demokratie durchdrungen war, verrät er, als er sich brüstet, er hätte den Parteienstaat schon viel früher und wirksamer abgeschafft als die Regierung Hitler-Hugenberg: *»Aus der autoritären Staatsführung und einer von den Parteien unabhängigen Regierung ist eine Regierung geworden, die ausschließlich von zwei Parteien und unter ihnen die beiden Parteiführer, besetzt ist. Das ist die Rückkehr zu etwas, was ich glaube, mit vieler Mühe in den Jahren 1930 bis 1932 überwunden zu haben.«* Brüning will, daß autoritär regiert werde, da unterscheidet er sich nicht von seinen Gegnern, aber er will, daß der autoritäre Staat ein Rechtsstaat bleibt. In den bedeutsamsten Passagen der Rede drückt er immer wieder seine Sorge *»um die immer weiter fortschreitende Erschütterung des Rechtsbewußtseins und die Unsicherheit staatsrechtlicher und rechtlicher Begriffe«* aus. Dennoch nennt er die Dinge nicht beim Namen, spricht nicht von den illegalen Massenverhaftungen, den Privat-Konzentrationslagern der SA, dem Terror gegen die politischen Gegner des Nationalsozialismus. Das Äußerste, was

er unternimmt, ist eine beschwörende Anrufung des Reichspräsidenten: *»Ich bin für den Herrn Reichspräsidenten in den Kampf gegangen, und ich habe ihm gedient, weil ich der Überzeugung war und bin, daß der Herr Reichspräsident es ernst nimmt, auf Grund seiner religiösen Überzeugung mit der Innehaltung der Verfassung und der Rechte, die in der Verfassung enthalten sind. Und aus diesem Grund muß ich in diesem Augenblick vor der Öffentlichkeit den Appell an ihn richten, aktiv zu sein als Hüter der Verfassung und der Rechte, als Stützer der Unterdrückten, als Vater des Vaterlandes auch für diejenigen, die ihn gewählt haben und die jetzt von seinen Gegnern bekämpft werden. (Stürmische Zustimmung)«.*
Zum Schluß ruft er seine Zuhörer zum heiligen Kampf auf, *»daß der Staat, unser Vaterland, aufgebaut sein möge in Zukunft auf Recht, Wahrheit, Gerechtigkeit und Freiheit.«* Die mit ihm diesen Kampf kämpfen, würde keine Drohung, keine Unterdrückung, kein Terror schrecken. Die Menschen im Sportpalast seien in dieser Stunde zu einer lebenden Bekennerschar geworden, schrieb die »Germania«. Die Schlagzeile hieß: *»Das Schlußwort des Führers«.* Es war Brünings Schlußwort in Deutschland. Er emigrierte 1934 in die USA. Seine Partei, das Zentrum, hatte den Kampf um das Recht nicht zu Ende geführt. Sie stimmte am 23. März 1933 für das Ermächtigungsgesetz und löste sich am 5. Juli als Partei auf. Der Weg in den Unrechtsstaat war frei.

76 Gedränge in der Potsdamer Straße bei der Vorfahrt Hitlers zu einer Kundgebung der NSDAP im Sportpalast, 1934.

Volksgemeinschaft bei weltanschaulicher Gymnastik

Der »Kampf« um den Sportpalast war mit dem Machtantritt der NSDAP entschieden. Noch bevor die Parteien sich auflösten und ein Gesetz im Juli 1933 es verbot, neue zu bilden, gab es nur Veranstaltungen der NSDAP und ihrer Gliederungen sowie den neuen Machthabern genehme Versammlungen, etwas der DNVP. Die Nationalsozialisten waren begierig, ihren Triumph wirklich auszukosten. In den Jahren 1933 und 1934 beanspruchten sie die Halle in einer dichten Kette aufeinanderfolgender Termine: für Großkundgebungen aus Anlaß von Vorgängen im ganzen Reich wie »Wahlen«, »Volksabstimmung«, Eröffnung des Winterhilfswerks, des Reichsberufswettkampfes und dergleichen aber auch für Zwecke der Berliner und märkischen Parteiorganisationen. Da versammelten sich die Amtswalter – die Funktionäre an der Basis der Partei – zu Gautagen, die Kreis- und Gauinspektionen zu Appellen, da trafen sich Ortsgruppen, wurden die zu Tausenden in die Partei Eingetretenen geschult. Die sich schnell von selbst vermehrenden NS-Betriebszellenorganisationen (NSBO) traten zunächst öfter als alle anderen NS-Organisationen in Erscheinung, aber auch die NS-Hago (Handwerks-, Handels- und Gewerbeorganisation), die NS-Frauenschaft, die Hitler-Jugend, die Studentenschaft, die SA, die NS-Volkswohlfahrt, später die Deutsche Arbeitsfront und viele NS-Gliederungen waren bestrebt, möglichst oft in der Kampfstätte der Bewegung aufzumarschieren. Die Belegschaften solcher Betriebe wie AEG oder Siemens und der städtischen BVG drängten dorthin und auch die nationalsozialistisch orientierte Glaubensbewegung Deutsche Christen, die Handelsgehilfen und Beamten, die Holzarbeiter, die Kriegsopfer und Gastwirte. Sie sollten und wollten in die Atmosphäre nationalsozialistischer Massenveranstaltungen eintauchen, vom *»Geist des Sportpalastes«* erfaßt werden. Die Kampfstätte der Bewegung war nunmehr der Kraftquell der Nation – unerschöpflich zum Einüben in den nationalen Sozialismus.
Besonderer Zuwendung waren in den ersten Jahren die »Alten Kämpfer« bedürftig. Sie brauchten öfter einmal einen Erneuerungsschluck aus dem Heilsborn. Das »Dritte Reich« hatte nur wenigen die Erfüllung ihrer Hoffnungen gebracht. Viele waren enttäuscht, daß sie nicht die Belohnungen erhielten, die sie wegen ihres Beitrages zum Sieg der Bewegung glaubten beanspruchen zu können. Sie fühlten sich beim Besetzen von Posten in Staat und Wirtschaft, bei Beförderung in der Parteiorganisation übergangen. Besondere Erbitterung löste es aus, wenn sogenannte Märzgefallene, Leute, die erst nach der Etablierung Hitlers an der Macht durch das Ermächtigungsgesetz im März 1933 sich in die Partei gedrängt hatten, den Ton angaben und womöglich gute Stellungen bekamen. Goebbels suchte die verbitterten Altparteigenossen zu beruhigen. Er gab zu, daß die vielen Neuaufgenommenen und deren *»neunmalkluge Politik«* eine Belastung darstellten und versicherte, daß, wer in der Partei noch nichts geleistet, auch nichts zu bestimmen habe. *»Selbstverständlich stehen die alten Kämpfer, die jahrelang für die Partei Gut und Leben eingesetzt haben, nach wie vor an erster Stelle in der Partei. Die alte Garde besitzt ein unabdingbares Vorrecht.«*[79] *»An erster Stelle stehen«* mit dem Bewußtsein, einer Elite anzugehören, Stützen, Träger der nationalsozialistischen Herrschaft zu sein, als die echten Nationalsozialisten Vorbilder für das Gros der Bevölkerung abzugeben, mochte entschädigen für geringfügige materielle Aufbesserung. Immer wieder wurde ihnen für ihren Idealismus, für ihre Opferbereitschaft gedankt. Sie würden fähig sein, Männer zu erziehen, die nicht im Verdienst, sondern im Dienst ihren Lebensinhalt sähen.[80] Wenn auch die persönliche und öffentliche Anerkennung des einzelnen unterbliebe, hätten sie doch dafür die Genugtuung, in der Gesamtheit als Alte Garde in die Geschichte einzugehen.[81]
Wenn die Alten Kämpfer sich in der wohlvertrauten Umgebung der Sportarena wiederfanden, verfielen sie in nostalgische Erinnerungen an die Stunden, in denen sie außer sich vor Begeisterung gewesen waren in Erwartung des kommenden Dritten Reiches. Nun bestätigten sie sich gegenseitig, daß diese Vergangenheit die schönste Zeit ihres Lebens gewesen sei, und die Veranstalter der Zusammenkünfte taten das Möglichste, um sie ihnen zu vergegenwärtigen. Die Alten Kämpfer sangen die alten Kampflieder und hörten die Märsche, schauten auf die jungen SA-Männer und ließen sich feiern. Einige von denen trugen beim Einmarsch die Uniformen des Frontbanns, Röhms Schöpfung der mittzwanziger Jahre, andere die Windjacken der ersten SA bis 1923. Männer in Sportkleidung markierten die als »Sportverein SW« getarnte SA während ihres Verbots. Auch die weißen Hemden der Verbotszeit wurden zum allgemeinen Gaudium vorgeführt, und schließlich erschienen die braunen Kolonnen der Gegenwart. Bierdunst und Tabakqualm, gepfefferte Stellen aus Goebbels-Reden taten ein übriges, um die sentimentale Verklärung vollständig zu machen.
Goebbels selbst nahm seine Alte Garde in Schutz gegen Angriffe, die ihr Unfähigkeit und Übereifer zum Vorwurf machten. Er erfreute seine Kameraden, indem er ihnen bestätigte, daß sie, die das Reich retteten, während andere Examen machten, kein Examen brauchten. Die Kritik an den NS-Funktionären, den »kleinen Hitlers«, wegen mangelnder Vorbildung, willkürlicher Verfahren, Großmannssucht riß nicht ab, so daß nach 1936 der Berliner Gauleiter ihr Herrenmenschentum rechtfertigte, da sie eben den »großen Hitler« nachzumachen versuchten *»in der Treue zum Volke, in der Disziplin und in der Pflichterfüllung«.*[82] Goebbels sagte das vor den neuzuvereidigenden Amtswaltern an Hitlers Geburtstag, der wie der 30. Januar und der Gedenktag des Münchener Bürgerbräukellerputsches, der 9. November, besondere Bedeutung im reichhaltigen NS-Feierjahr hatte. Dabei wurden die Versammelten immer aufs neue hingewiesen auf die *»Würde der alten Kampfstätte«*, auf den beinahe sakralen Charakter der Sportarena. In Ehrfurcht sprachen auch die Berichterstatter von der *»Berührung des Kampfbodens«.* In magischer Weise verwandelt, lädt dieser Kampfboden mit der rechten nationalsozialistischen Gesinnung auf oder stärkt sie.
Dieses Erlebnis gedachte die nationalsozialistische Führung jenen Volksmassen zu, die bis 1933 noch nicht oder nur obenhin von der Bewegung erfaßt worden waren. Sie suchte man in der bewährten Weise der Massenmanipulation, der beliebten Mischung von militärischem Schauspiel und Gemeinschaftsfeier, in den Zustand unkontrollierten Hochgefühls, jener dauerzelebrierten Messen, zu versetzen. Nur war jetzt die Erwartung einer Umwälzung aller Lebensverhältnisse nicht mehr zu wecken – die Umwälzung hatte ja angeblich in der nationalsozialistischen Revolution stattgefunden –, sondern die Freude an der beglückenden Gegenwart. Daher sangen alle Redner das Loblied der Re-

gierung, die ein unvorstellbares Chaos vorgefunden habe und in kurzer Zeit für Millionen Erwerbslose Arbeit beschafft, den Bolschewismus besiegt, die deutsche Ehre zurückgewonnen, die seelische Neugestaltung des Beamtenkorps bewirkt und unendlich viel mehr bis zur Einführung des 10-Pfennig-Tarifs bei der BVG erreicht habe. Niemand scheute vor Prahlereien zurück. Wilhelm Kube, Oberpräsident der Mark Brandenburg, brüstete sich und seine Kumpane mit den fünf Monaten, die das Leid von acht Jahrhunderten überwunden hätten. Natürlich übertraf darin Goebbels alle: *»2000 Jahre hatte die deutsche Nation einen Traum, den Traum nach ihrer inneren Einheit. Diesen Traum haben wir aus den Wolken heruntergeholt und ihn verwirklicht.«*[83]

Volksgemeinschaft beim Eintopfsozialismus

Und erst die Errungenschaften des nationalen Sozialismus, die schlugen alles! Für diesen deutschen, nicht internationalen Sozialismus suchte man in den Versammlungen der NSBO, der Fachgruppen, der Betriebe die Unternehmer und Manager, die Angestellten, Beamten, besonders aber die Industriearbeiter zu gewinnen. Die früheren gewerkschaftlichen und politischen Vertreter der Arbeiterinteressen wurden ihnen verächtlich gemacht. Die »Bonzen« hätten das ihnen anvertraute Vermögen, angesammelt aus den Beitragsgroschen, für sich oder für die volksfeindlichen Absichten ihrer Partei verwandt. Vom nationalsozialistischen Staat beschlagnahmt, würden diese Gelder dem Wohl der Allgemeinheit zugutekommen. Als besonders schimpflich und feige wurde die Emigration vieler sozialdemokratischer Spitzenpolitiker bezeichnet. Die desorientierten Arbeiter werden dem Gedanken nicht ganz unzugänglich geblieben sein, daß sie, aus Prag zum Widerstand aufgefordert, *»allein die Kastanien aus dem Feuer zu holen«* hatten. *»Wenn ich für eine Sache kämpfe, dann da, wo für sie gekämpft wird«*, gab Goebbels ihnen zu bedenken. War einmal die Treue zu den alten Organisationen dahin, mochten die »Arbeiter der Stirn und der Faust« dem Werben für den deutschen Sozialismus zugänglicher werden. Die Menschen seien ungleich, ihre Leistungen verschieden. *»Der Sozialismus, so wie wir ihn verstehen, macht die Menschen nicht gleich, sondern er stuft sie nach ihrem Wert und nach ihrer Leistung. Er will nicht von oben nach unten drücken, höchstens möchte er sie von unten nach oben heben. Er sagt durchaus nicht, daß alle Menschen gleich sind, sondern erkennt und anerkennt ihre wertmäßigen Unterschiede, und auf Grund der wertmäßigen Unterschiede beurteilt er ihre Leistungen. Auf Grund der Leistungen verteilt er ihre Rechte und ihre Ansprüche. Das ist gerecht und das entspricht einem modernen Empfinden. Ungerecht ist es, wenn man dem, der viel leistet, das vorenthält, worauf er Anspruch erheben kann. Dadurch bringt man in ihm allmählich das Streben nach Leistung zum Erliegen.«*[84]

Als ein Stück Sozialismus galt schon die Massenveranstaltung im Sportpalast selbst, in der die Kapitaleigner und »Werkführer« mitten unter der Belegschaft saßen, das gesamte Ritual mit Aufstehen und Grüßen der Fahnen bis zum gemeinsamen Singen mitmachten und Lob und Tadel zugeteilt bekamen. Eigentümer, Unternehmer beuteten niemand aus, wenn sie nur rechte deutsche Menschen waren. Aber »Herr im Hause« wie früher sollten sie nicht mehr sein, der Staat behielt sich die Oberaufsicht vor. Johannes Engel, Landesbetriebszellenleiter und Treuhänder der Arbeit, der stolz war, lediglich 16 Semester auf der Dorfschule absolviert zu haben, drohte: *»Du stehst im Dienste der Nation und nicht im Dienste Deines Geldbeutels, wenn Du glaubst Deine Betriebe für Dich persönlich in Anspruch nehmen zu können, wird Dir der Staat die Daumenschrauben anziehen.«*[85] Wenn er noch drastischer wurde, erntete er *»tosenden Beifall«*: *»Ihr seid nur dienstbare Geister. Wir erkennen den Arbeitgeber nicht als Arbeitgeber an, es gibt jetzt nur einen Arbeitgeber, das ist die Nation, das Volk. Ohne das Volk seid ihr ein Haufen Dreck.«* Die Arbeitgeber trachteten zu beweisen, daß sie hingegen der allgemeinen Wertschätzung würdig waren, indem sie bei Betriebsversammlungen und Betriebsfeiern im Sportpalast beteuerten, daß ihre Firmen bereits nationalsozialistisch seien. Die AEG tat sich da auf einem Treffen besonders hervor. Sie wehrte sich gegen den Vorwurf, völlig *»verjudet«* zu sein, denn unter den 14 Herren des Vorstandes befinde sich nur ein Jude. Spenden, Opfern sahen die Nationalsozialisten als Kern des deutschen Sozialismus an. Das Winterhilfswerk (WHW), 1933 eingerichtet, nannten sie Sozialismus der Tat. Alle sollten sich mit den Millionen Arbeitslosen solidarisch erklären und so viel von ihrem Einkommen hergeben, daß niemand *»zu frieren und zu hungern«* brauche. Auf den Straßen, in den Betrieben, in den Häusern wurden den Leuten Sammelbüchsen vorgehalten. Goebbels sagte bei der Eröffnungskundgebung am 22. 9. 33: *»Als wir früher eine kleine Partei waren, haben wir niemals gegrübelt, daß einer unserer Kameraden im Winter hungern mußte. Wir sind immer eingetreten und haben Opfer gebracht. Jetzt werden wir das eben von Staats wegen tun. Wir werden dabei auch eine neuartige Methode anwenden. Am ersten Sonntag in jedem Monat sollen alle in Deutschland einmal fühlen, daß sie Kinder eines Volkes sind, indem sie dasselbe essen und indem sie das, was sie dabei ersparen, für die Notleidenden im Volke hergeben.«*[86] An diesen Sonntagen aßen alle Volksgenossen Eintopf. Vor jedem Winter bis in das Kriegsjahr 1942 hinein hören wir Goebbels den Rechenschaftsbericht über das vorjährige Winterhilfswerk ablegen und Hitler meist das neue eröffnen. In der Selbstdarstellung des Regimes nimmt diese immer wiederkehrende Veranstaltung einen zentralen Platz ein, brüsteten sich doch die Führer, daß Deutschland wegen der Einrichtung des WHW überall in der Welt beneidet werde, daß andere Länder sich anstrengten, den Sozialismus der Opfertat nachzuahmen. Sie verschwiegen, daß die Gelder nur zum kleinen Teil der Volkswohlfahrt zugute kamen und daß der größte Teil für Aufrüstung und Kriegführung verwendet wurde.

Volksgemeinschaft bei der Feierarbeit

Die Winterhilfe wurde auch gefeiert. Die Festivitäten und Belustigungen rund um die Sammelkampagnen gehörten zu den für das Regime eigentümlichen öffentlichen Feiern, die sich besonders in den Jahren von 1933 bis 1935 vervielfachten. Regierung und Partei gaben das Beispiel, und alle möglichen Körperschaften, Vereinigungen, Behörden ahmten es nach. Laut Goebbels folgte der Nationalsozialismus dabei keinen spontanen Eingebungen. Alle Feste hätten einen Sinn. Wer sie kritisierte, habe kein Herz für die Freude im Volke. Gerade das hätte das Volk während der Weimarer Demokratie vermißt: *»Auch das Feiern will verstanden sein, die Republik hat es nicht verstanden. Sie hat das Volk nicht zu nehmen gewußt. [...] Wenn wir Feste feiern, dann steht die Regierung mitten unter dem Volk, dann freut sie sich mit dem Volk. Dann gibt sie dem Volk neue Kraft, so wie sie selbst das Bedürfnis hat, aus dem Volke immer wieder neue Kraft zu ziehen.«*[87] Goebbels dachte da an so hohe Staatsakte wie den Tag von Potsdam, den Tag der nationalen Arbeit am 1. Mai, den Reichsparteitag in Nürnberg, aber noch mehr wohl an die vielen anderen minderen Lustbarkeiten, wie sie so zahlreich überall im Reich und natürlich im Berliner Sportpalast, Treffpunkt mit einem Ansehen ohnegleichen, stattfanden. Aber waren das noch Anlässe minderen Ranges, wenn der Führer erschien und mit ihm die gesamte Creme der nationalsozialistischen Oberschicht? Bedeutsam war damals gewiß die stürmische »Geburtstagsfeier« des Gaues Berlin am 30. Oktober 1936, die eigentlich das zehnjährige Jubiläum ihres Gauleiters und eine einzige Huldigung des »kleinen Doktors« war. Der werde nach Hitlers Worten niemals aus der deutschen Geschichte zu lösen sein. Damit hat er recht gehabt, nicht aber mit der Überzeugung, daß zur 20. Jubelfeier – also 1946 – sein lieber Doktor auch wieder zur Stelle sein werde und *»so Gott will«* auch er selber.

Konzerte, bei denen Hitler zuhörte, hatten ohne Frage einen höheren Grad von Festlichkeit als die vielen anderen, womit SA, Polizei, Luftwaffe, Wehrbezirkskommando ihr Publikum erfreuten. Einmal wurden vor dem Führer bekannte Märsche großer Komponisten vorgetragen; der Hauptreiz bestand aber darin, daß an einem Lagerfeuer die »Schwarzen« von 1813, als Lützower Jäger verkleidete SS-Männer, sangen. Ein andermal bestand die Sensation im Zusammentreffen von Klang- und Lichteffekten. Zur friderizianischen Flöten- und Marschmusik, zu Feldchorälen, gesellte sich der Eindruck der angestrahlten Musiker und Sänger im verdunkelten Saal: *»Das einheitliche Schwarz der Uniformen wurde nur durch das silberne Glänzen der Totenköpfe und Hoheitszeichen auf den Mützen, den Rangabzeichen, der Sterne und Litzen und durch das metallische Leuchten der Trompeten und Fanfaren unterbrochen.«*[88] Der Reichsminister für Volksaufklärung und Propaganda, Goebbels, erachtete es für nötig, den Zusammenhang, in dem das Galakonzert zum Nutzen des Winterhilfswerks stehe, zu erklären. Beides gehöre zur Kultur. Die Winterhilfe nannte er eine kulturelle Großtat und eine für alle zivilisierten Staaten vorbildliche soziale Leistung.[89] Kulturell wertvoll waren nach damals gängiger Auffassung auch Trachtenfeste, Weihnachtsfeiern, bei denen christliche und nationalsozialistische Sinnbilder und Gebräuche in bunter Mischung vorkamen, Heimatfeiern der NS-Gemeinschaft »Kraft durch Freude«, von denen eine den Kampf zwischen Winter und Frühling sowie den Umbruch im politischen Zeitgeschehen zeigte. Das sollte aufeinander bezogen werden; denn der Führer des Reichsbundes für Volkstum und Heimat erklärte, daß der Nationalsozialismus zum Wiedererwachen der deutschen Volksseele geführt habe. Sprechchöre der Arbeiterschaft brachten Arbeiterdichtung zu Gehör, Trachtenvereine tanzten, Werkchöre sangen Volkslieder und nationalsozialistische Kampfweisen, Berliner SA-Männer versuchten sich in einem sogenannten germanischen Schwertertanz.[90] Typisch für das allerorts auftretende Streben nach dem rechten nationalsozialistischen Feierstil waren die Kulturgroßveranstaltungen, deren eine vom »Bund deutscher Mädel« ausgerichtet wurde. Ein Sprechchor von 500 Mädchen, zuerst in Gruppen getrennt, dann in einem »Block« vereint, sollte die Einigung Deutschlands durch die nationalsozialistische Bewegung symbolisieren. *»In den aufrüttelnden Versen kam das Wollen des BDM zum Ausdruck, den lebensstarken Frauentyp zu verkörpern, der seine Lebensgestaltung, seine Arbeit und seine Freude aus der Verwurzelung in seinem Volke schöpft.«*[91] *»Kultische Morgenfeiern«* wie diese verlockten besonders Jugendliche, die kirchlichen Gottesdienste zu versäumen. Sie stellten einen der vielfältigen Versuche dar, den Glauben an Jesus und das ewige Gottesreich durch den Glauben an den Erlöser Hitler und das tausendjährige Reich der Deutschen zu ersetzen.

Gläubige, jüngst oder halb Bekehrte, Zögernde oder noch nicht Überzeugte trafen sich zu mannigfaltigen anderen Gemeinschaftsfeiern im Sportpalast.
Außer den immer wirkungsvoll ausgestalteten Totenfeiern, bei denen an schwarzem Tuch, silbernen Emblemen, Lorbeerbäumen, Feuerkandelabern nicht mehr gespart zu werden brauchte, erhielten Fahnenweihen eine eigentümliche Wichtigkeit. Alle noch so unbekannten Einheiten und Verbände wollten sich mit solchen Zeichen ausstatten. Selbst ein Generalfeldmarschall, der Reichskriegsminister von Blomberg, war sich nicht zu schade, dies bei Zivilisten, den Arbeitern und Angestellten der Wehrmacht, zu übernehmen.[92]
Daß sich die Frauen der NS-Frauenschaft, die SA- und SS-Leute zu Kameradschaftsabenden und Gemeinschaftsfeiern zusammenfanden, war nichts Neues. Anders als früher wurde statt kleiner Lokale mit ihrer Intimität und Gemütlichkeit der Riesensaal für solche Treffen ausgesucht. Den Wert der Neuheit hatten die Werkfeiern der Großbetriebe und die Feiern der in Gaubetriebsgemeinschaften zusammengefaßten Einzelbetriebe. Sie sollten verstanden und gewürdigt werden als festliche Krönung des Alltagslebens im deutschen Sozialismus. Im feststehenden Rahmen der Aufmärsche, Gesänge und Sprechchöre lassen sich Jubilare wegen ihrer Treue zum Betrieb ehren, empfangen tüchtige jüngere Mitarbeiter Ausbildungsstipendien. All das hatte man im Kapitalismus auch getan, nur nicht in solcher Öffentlichkeit. Das *»einzigartige Gesicht der Stunde«* erhob sich nur in der Atmosphäre der traditionellen Kampfarena. Was der Reporter damit meinte, illustriert sein Erlebnis: Er hat als Flügelmann in der ersten Reihe einen kleinen alten Mann entdeckt, der ihm durch seine stille, weltabgewandte Haltung auffiel. Er hält ihn für einen verträumten Spezialfachmann. *»Plötzlich tritt ein Herr sichtlich untergeben auf ihn zu, nennt ihn ›Herr Geheimrat‹ [...] Donnerwetter, das ist ja der Betriebsführer!«* Der Träumer tritt aufs Podium, redet seine Leute mit *»Kameradinnen und Kameraden!«* an. *»Es ist die Stimme eines Führers.«* Dieser deutsche Betriebsführer züchte keine Rekordschufter, sondern wolle Männer. *»Er spricht vom Osram-Volk und verpflichtet es zum Vorbild für das deutsche Volk.«*[93] Niemand würde es wagen, den Herrn Geheimrat wie noch 1933 als Dreck zu beschimpfen. Dazu ist auch kein Grund mehr, denn die Unternehmer haben nationalsozialistische Manieren angenommen.
Auch die kleinen und mittleren Betriebe drängt es auf den heiligen Bretterboden. Es werden bei einer Feierstunde des Handwerks etwa in allen Reden die Meister herausgehoben.[94] Dabei wären die neuen Gesellen die Hauptpersonen gewesen, denn um eine Lossprechung der Lehrlinge handelt es sich. Der herkömmliche Brauch hatte in der Kampfstätte der Bewegung einen Zug vom neuen deutschen Wesen bekommen. Rings um die Galerie waren die Wappen mit den Symbolen der Handwerker angebracht, dazwischen immer einmal wieder das Zeichen der deutschen Arbeitsfront. Hinter dem Rednerpult prangte noch einmal das Rad der Arbeit, ein vom Zahnrad umkreistes Hakenkreuz, das sogar mit Hilfe des elektrischen Lichts aufstrahlen konnte. Im Mittelgang standen die Fahnen und Banner der Innungen, aus dem Publikum winkten die Besen der Schornsteinfeger und die Leitern der Fensterputzer heraus. Der Hauptamtsleiter der NS-Hago schärfte Lehrlingen und Meistern ihre Pflichten ein. Wenig pflichtgetreu, warteten einige Ältere das Ende nicht ab. Sie hatten das Pech, dem Betriebsamtsleiter der DAF, Engel, in die Arme zu laufen und vor allen anderen verspottet zu werden. Sie hätten wohl Angst gehabt, in ein Volksgedränge zu kommen. Die alten derben Zeremonien mit dem fröhlichen Umtrunk werden ihnen wie manchen anderen besser gefallen haben.
Die emsige Betriebsamkeit im Sportpalast spiegelte das Bestreben des Nationalsozialismus, den Eindruck einer unerschöpflichen Dynamik zu erwecken, den Anschein einer höheren Daseinsqualität als zu jeder vorangegangenen Zeit. Es mußte immer etwas zu feiern geben, damit das Volk in Hochstimmung und bei Laune gehalten wurde. Das Dritte Reich sollte als ein Reich der Freude, des Jubels erlebt werden, in dem der triste Alltag den Menschen nicht mehr überwältigen konnte. So wie in der Verfassungspraxis der Ausnahmezustand die Norm geworden war, so prägten Feiern und Feierlichkeit Arbeitsvollzug und Freizeitverhalten.

Volksgemeinschaft gegen Neinsager und für Jasager

Um so ernüchternder wirkte die heimliche Kritik derjenigen in der Bevölkerung, die – keine Opfer der allgemeinen Verblendung – auf den Unterschied zwischen Verheißung und ausgebliebener Erfüllung, auf den Zwangscharakter der neuen Ordnung, auf die Privilegien der neuen Führungsschicht, auf den kargen Lebenszuschnitt der Mehrheit hinter dem Feiertagsputz wiesen. Als Nörgler, Meckerer, Neinsager gescholten, müssen sie doch wohl das Ohr vieler gewonnen haben, denn über die Jahre hinweg richteten sich wesentliche Teile der Reden von Parteigrößen gegen diese »Volksschädlinge«. Allen voran rechnete Goebbels immer wieder auf seine Art mit ihnen ab. Er suchte die Masse auf seine Seite zu bringen, wenn er die Ressentiments des kleinen Mannes gegen die Intellektuellen und die »bessere Gesellschaft« weckte und sie Nichtskönner und Einfaltspinsel nannte. Einmal, am 11. Mai 1934, widmete er ihnen eine ganze Rede.[95] Nun auf einmal hieß es, daß die Nationalsozialisten niemals Wunder versprochen, daß sie vielmehr immer wieder nur Opfer und Hingabe gefordert hätten. Drohungen gegen Widerstrebende wurden ausgestoßen, Drohungen auch der Gefährdung von Leib und Leben. Vereinzelt sind darunter auch Bemerkungen, die erkennen lassen, daß offenbar nennenswerte Teile der Arbeiterschaft es nicht beim Schimpfen bewenden ließen, sondern zum Handeln übergingen. So sagte Goebbels am 12. Oktober 1934: *»Wer heimlich Widerstand leisten möchte, den werden wir schon kriegen! Gegen den Nationalsozialismus gibt es weder einen offenen noch versteckten Streik!«*[96] Der beflissene Beifall der Zuhörer drückte aus, daß niemand mit Wühlern und Saboteuren etwas zu tun haben wollte und alle das Vorgehen gegen Volksfeinde billigten. Wann immer man solche Schädlinge im Sportpalast anprangerte, verstand es sich zugleich, daß sie nur eine winzige Minderheit darstellten.
Das nationalsozialistische Regime sei eine germanische Demokratie, so hieß es, der des Westens unendlich überlegen, weil das ganze Volk hinter der Führung stehe. Als Beweis dienten die sogenannten Wahlen zum Reichstag und die Volksabstimmungen, die in den ersten fünf Jahren der nationalsozialistischen Machtausübung fünfmal stattfanden. Der Sportpalast diente bei diesen plebiszitären Selbstbestätigungen den nationalsozialistischen Machthabern als Tribüne, von der aus sie bereits vollzogene Handlungen erklärten und um Zustimmung warben. Das war beim erstenmal, als es sich um den Austritt Deutschlands am 14. Oktober 1933 aus dem Völkerbund handelte, noch ein etwas gewagtes Unterfangen, mochte doch der durchschnittliche Volksgenosse bei diesem Schritt sich an die Warnung der Linken von 1933 *»Wer Hitler wählt, wählt den Krieg«* erinnern. Hitler, Goebbels, Göring, Röhm, Himmler, Koch, Rosenberg konzentrierten ihre rhetorischen Bemühungen darauf, durch die nachdrückliche Bekundung des deutschen Friedenswillens und die Behauptung, daß Deutschland die militärische Gleichberechtigung verlange, diese Befürchtungen zu zerstreuen. Ihre Reden im Sportpalast wurden durch Lautsprecher auf die Straßen und durch alle deutschen Sender übertragen. Der massiven Beeinflussung durch eine Kette von Versammlungen und auch durch Presse, Film, Rundfunk, Umzüge, Plakatanschläge ist es anscheinend gelungen, die Bevölkerung zu gewinnen: 92% stimmten für die Einheitsliste der NSDAP zum Reichstag, als deren Spitzenkandidat zum erstenmal Hitler aufgestellt war, und 95% kreuzten das Ja an zur Frage *»Billigst Du, deutscher Mann, und Du, deutsche Frau, die Politik Deiner Reichsregierung, und bist Du bereit, sie als Ausdruck Deiner eigenen Auffassung und Deines eigenen Willens zu erklären und Dich feierlich zu ihr zu bekennen?«* Vor den späteren Gängen zur Wahlurne, als über Innen- und Außenpolitik »entschieden« werden sollte, brauchten die Anstrengungen nicht ganz so groß zu sein, es genügte oft ein Rechenschaftsbericht voller Übertreibungen.
Zwei für das Wesen der nationalsozialistischen Herrschaftsweise bezeichnende Schöpfungen, die Nürnberger Rassengesetze und der Vierjahresplan, wurden im Sportpalast populär gemacht, die Gesetze vor ihrer Verkündung am 15. September 1935, der Plan nach der Proklamation am 9. September 1936. Bei der Kundgebung des Reichsverbandes der deutschen Rundfunkteilnehmer am 19. August 1935 spielte die sogenannte Judenfrage eine Rolle, bei der rassen- und bevölkerungspolitischen Kundgebung der SA am 3. September 1935 stand sie im Mittelpunkt, wie schon das Spruchband im Raum voraussehen ließ: *»Ohne Brechung der Weltherrschaft der Juden kein Weltfrieden.«*[97] Den Höhepunkt der antisemitischen Agitation bildete aber das zweimalige Auftreten des Juden-Experten Julius Streicher am 15. August und 4. Oktober 1935, des Gauleiters von Oberfranken. Bei starkem Andrang, der nicht kommandiert war, trat der Herausgeber des Hetzblattes »Der Stürmer« zu allgemeinem Erstaunen gegen Gewaltlösungen ein, wahrscheinlich auch – im Jahre vor den Olympischen Spielen in Berlin – wegen der sonst zu erwartenden Reaktion des Auslandes. Er war sichtlich verpflichtet worden, die legale Ächtung der jüdischen Bürger anstatt spontaner Übergriffe schmackhaft zu machen. Das Endziel verhüllte er hinter mystischen Wendungen wie: *»Wer die Judenfrage kennt, der weiß, daß bei der Lösung der Rassenfrage Kräfte mitwirken, die aus der Ewigkeit kommen.«*[98] Mit Geheimnis umgab auch Hermann Göring den Zweck des Vierjahresplanes. Hitler hatte im Sommer 1936 in einer Denkschrift befohlen: *»Ich stelle damit folgende Aufgabe: 1. Die deutsche Armee muß in vier Jahren kriegsfähig sein. 2. Die deutsche Wirtschaft muß in vier Jahren kriegsfähig sein.«*[98a] Der Beauftragte für den Plan, der tief in die Wirtschaftsverfassung und die Existenz jedes einzelnen einschnitt, faßte – recht vieldeutig – dessen Sinn in einem einzigen Satz zusammen: *»Die Sicherung der deutschen Ehre und die Sicherung des deutschen Lebens.«* Später, gegen Ende des Krieges hat Göring dann das Geheimnis gelüftet und zugegeben, daß die Erfahrungen des Ersten Weltkrieges maßgebend gewesen waren für die Vorbereitung des Zweiten. Allerdings wußte 1936 schon jeder Bescheid über den Zweck des Vierjahresplanes.

Volksversammlung ermächtigt zur Kriegführung

Mit dem Jahre 1936 tritt eine deutliche Wende in der Beanspruchung des Sportpalastes durch die NSDAP ein: Die Zahl der Veranstaltungen ist drastisch gesenkt, besonders die der vielen Gemeinschaftsversammlungen, Feiern, Kameradschafts- und Schulungsabende der unteren Organisationsebene. Wir können nur vermuten, welches die Gründe waren. Einem Demagogen wie Goebbels ist zuzutrauen, daß er das Gespür hatte, die Inflation der vielen trivialen Anlässe, für die immer wieder der Genius loci der ehrwürdigen Kampfstätte beschworen wurde, müsse den Sportpalastmythos abnutzen, schließlich ihn sich verflüchtigen lassen. Zweimal hat er für einige Wochen Versammlungsruhe angeordnet, ein Indiz dafür, daß zu viel des Guten getan wurde, daß der erwünschte Schwung sich zu überschlagen drohte. Es kann aber auch sein, daß das Ziel der Vitalisierung der Nation schon annähernd erreicht war und sich durch andere Mittel, Rundfunk, Film und dergleichen einfacher und umfassender aufrechterhalten ließ. Vielleicht war ein ganz praktischer Gesichtspunkt maßgebend: Die Deutschlandhalle, die noch mehr Menschen fassen konnte, stand ab 1935 zur Verfügung und wurde von den Nationalsozialisten sogleich mit Beschlag belegt, sooft es irgend anging. Zuweilen sprachen die NS-Größen zuerst dort und danach im Sportpalast, zum Beispiel im Wahlkampf 1936.

Als aber Hitler Zustimmung für seinen auf die Entfesselung des Krieges gerichteten Kurs suchte, als er die Bereitschaft der Deutschen zur Hingabe des Lebens fordern wollte, wählte er als Tribüne wieder den Sportpalast. Im Verlauf der europäischen Krise um das Sudetenland im Sommer 1938, die von Deutschland geschürt wurde, hatte er seine aggressive Politik zuerst vor dem Reichstag und im September im Nürnberger Stadion vor den aufmarschierten Parteigenossen erläutert. Schon im April war die Vernichtung der Tschechoslowakei beschlossene Sache, und die militärischen Vorbereitungen konnten anlaufen. Zum 26. September wurde eine »Volkskundgebung« im Sportpalast anberaumt. Die tschechoslowakische Regierung hatte Deutschlands Forderung auf sofortige Besetzung des Sudetenlandes zurückgewiesen, und England und Frankreich sahen sich nicht imstande, sie dazu zu zwingen. Sie begannen ebenfalls mit den Kriegsvorbereitungen. Der britische Premierminister, Neville Chamberlain, entsandte Sir Horace Wilson, seinen engsten Berater, in die Reichskanzlei, um den Führer um Mäßigung in seiner Rede zu bitten. Hitler brauste auf, brüllte den Diplomaten an und wollte den Raum verlassen. Zurückkehrend forderte er Wilson auf, sich im Sportpalast einzufinden, um einen Begriff zu bekommen, was die Deutschen empfänden.[99] Gleich zu Anfang seiner Rede begründete Hitler, warum er den Sportpalast gewählt habe. Er stimmte wie in der Kampfzeit die Masse in die Unio Mystica von Redner und Publikum ein, erhob wie ehemals den Sportpalast zum Ort der Volksversammlung: *»Heute trete ich nun vor Sie hin und spreche zum erstenmal vor dem Volk selbst, so wie in unserer großen Kampfzeit, und Sie wissen, was das bedeutet (Stürmische Sieg-Heil-Rufe). Es darf nunmehr für die Welt kein Zweifel mehr übrigbleiben: Jetzt spricht nicht mehr ein Führer oder ein Mann, jetzt spricht das deutsche Volk (tosender Beifall der Massen).«*[100] Die Deutschen, die überall vor den Lautsprechern zuhörten, aber auch das Ausland sollten wissen, daß es jetzt ernst war. Stundenlang erging sich Hitler in maßlosen Schmähungen des Staatspräsidenten der Tschechoslowakei, Eduard Benesch, um ihm zuletzt die Entscheidung über Krieg und Frieden zuzuschieben. Nach Beobachtungen eines ausländischen Rundfunkkommentators hatte er zum Schluß völlig die Selbstbeherrschung verloren. Als Goebbels zum Ende der Kundgebung ausrief, ein 1918 werde es nicht mehr geben, sprang Hitler noch einmal auf und beschrieb mit der rechten Hand einen großen Bogen durch die Luft, ließ sie auf den Tisch fallen und schrie aus voller Kraft: *»Ja!«* Dann sei er erschöpft in seinen Stuhl zurückgesunken.[101] Wir wissen, daß es noch einmal gelang, den Frieden zu retten. Bei seiner Rede hatte Hitler den Eindruck bekommen, daß alle Deutschen genauso außer sich vor Kriegslust seien wie die tobenden Massen der Sportpalastbesucher, und noch am Morgen des nächsten Tages rief er dauernd dem abwiegelnden Sir Horace Wilson zu: *»Ich werde die Tschechei zerschmettern!«*[102] Aber am Spätnachmittag beobachtete er vom Fenster der Reichskanzlei das völlig apathische Verhalten der bedrückten Berliner, die zusahen, wie die 2. motorisierte Division durch die Straßen Berlins fuhr – anscheinend zum Angriff über die Grenze bestimmt. Das brachte den Stimmungsumschwung und ermöglichte den Erfolg der Vermittlungsbemühungen Mussolinis.

Volksversammlung huldigt dem Siegespropheten

Hitler hatte 1938 seinen Krieg nicht bekommen. Voreilig war die Erklärung am Abend jenes 26. September gewesen: *»Ich gehe meinem Volk jetzt voran als sein erster Soldat.«* Ein knappes Jahr später, am 1. September 1939, war es so weit: Vor den Abgeordneten des Reichstages rief Hitler – nun schon in Feldgrau gekleidet – wiederum aus: *»Ich will jetzt nichts anderes sein als der erste Soldat des Deutschen Reiches!«* Diesmal waren die Würfel bereits gefallen, und ab 5.45 Uhr hatte der Überfall auf Polen begonnen. Ob deswegen keine Volksversammlung in der Potsdamer Straße einberufen wurde? Ob nach den Eindrücken des vergangenen Jahres zu befürchten stand, daß die Begeisterung angesichts des Kriegsausbruchs sich in Grenzen halten würde? Oder ob schlicht der Termin zu kurzfristig angesagt wurde oder ob gar der Saal schon belegt war? Wir wissen es nicht. Auf keinen Fall bedeutete die Wahl der Kroll-Oper eine Mißachtung der »Kampfstätte der Bewegung«. Im Gegenteil, der Krieg brachte eine deutliche Erneuerung des Sportpalast-Mythos. Je länger er dauerte, desto öfter zogen die Nationalsozialisten beim Auffrischen der Siegesstimmung Parallelen zwischen den Leiden, Entbehrungen, Erfolgen der Kampfzeit und dem wechselhaften Verlauf des Krieges. Der Raum sollte an die glorreiche Zeit des Weges bis zum 30. Januar 1933 erinnern und die Erwartung des glücklichen Kriegsausgangs festigen helfen.

Die Zahl der politischen Versammlungen ging freilich sehr zurück, 1939 waren es dreizehn, 1940 nur noch acht, 1941 und 1942 je sieben, 1943 fünf. Die Gründe liegen auf der Hand: Von den Männern, die den Großteil der Besucher dargestellt hatten, waren die meisten zur Wehrmacht eingezogen, die Zivilbevölkerung war durch den Krieg sehr beansprucht; in späteren Jahren trat die Gefahr der Fliegerangriffe hinzu. Alle durchgeführten Veranstaltungen dienten in irgendeiner Weise der Kriegführung, zumeist der psychologischen Kriegführung: Die Vereidigung von Rote-Kreuz-Anwärterinnen und -Anwärtern, die Vorträge und Erlebnisberichte hochdekorierter Kriegshelden, der Großappell der Führer und Unterführer der Siemensbetriebe, die Zusammenkunft ausländischer Arbeiter, denen Robert Ley, Chef der Deutschen Arbeitsfront, versicherte, Deutschland sei der Hort des Arbeiters und der Kapitalismus gebrochen. Um die Frauen bemühte man sich jetzt mehr als in Friedenszeiten. Auf einer Kundgebung der Frauenschaft schmeichelte die Leiterin, Frau Gertrud Scholtz-Klink, ihren Zuhörerinnen zunächst mit der altbekannten Phrase von dem Gesetz der Liebe, nach dem die Frau handele. Sie wandelte es zeitgemäß ab, indem sie hinzufügte, der Führer habe gelehrt, wer Liebe vergebe, werde nicht ärmer, sondern reicher. Die Liebe zu Deutschland zeige sich nun darin, daß die Hausfrauen in die Rüstungsbetriebe oder in die Landwirtschaft gingen, die hochherzige Frau ihre Hausgehilfin an die Kameradin abgebe, die keine Hilfe bei der Betreuung der Kinder habe.[103]

Aus den vielen wechselnden Anlässen heben sich die immer wiederkehrenden heraus: die hohen Gedenktage wie der des 30. Januar, die Eröffnungen der Kriegs-Winterhilfswerke, die Erntedanktage, die Beförderung eines Offiziersanwärterjahrgangs zum Offizier. Dann traten die Größen des Dritten Reiches in Erscheinung: Hitler, Göring, Goebbels, Ley, Speer. Vor allem der Führer des Großdeutschen Reiches wählte sich den Sportpalast öfter als in den Friedensjahren als Ort für seine Reden an das Volk. In diesen Reden sagte er den unmittelbar Zuhörenden und den Millionen vor den Lautsprechern, warum und wofür der Krieg geführt werde. Er wollte mit der Sinngebung des Krieges seine Siegeszuversicht übertragen. Deutschland führe einen Verteidigungskrieg, so beteuerte Hitler. Die Alliierten und die Bolschewisten hätten auf Betreiben des Weltjudentums den Konflikt vom Zaune gebrochen, um den Wiederaufstieg des Reiches zu verhindern. Verteidigt werde auch der nationalsozialistische Sozialstaat, dessen Vorzüge den von der Plutokratie unterdrückten Völkern vorenthalten würden. Nach Beginn des Rußland-Feldzuges 1941 kam noch die Verteidigung Europas vor der Menschheitsgefahr des Bolschewismus hinzu. An der Ostfront stünden die Armeen Deutschlands und seiner Verbündeten nicht Menschen, sondern Tieren gegenüber. Mit der Behauptung, in der Abwehr eines von langer Hand vorbereiteten Angriffs zu den Waffen gegriffen zu haben, wollte das oberste Kriegsziel, die Lösung des Raumproblems, nicht recht übereinstimmen. Es sei denn, man verstand die Gegenwehr der von der deutschen Expansion bedrohten Staaten als Angriffshandlung. Darauf lief die Beweisführung Hitlers hinaus, die von der Feststellung ausging, daß die Welt unter wenige Staaten, England, Frankreich, die USA, aufgeteilt sei. Während diese Besitzenden mehr, unendlich viel mehr Raum besäßen als sie brauchten, litten die Habenichtse, darunter Deutschland, unter Raumnot. Auswanderung, Industrialisierung, Geburtenbeschränkung seien keine Lösungen des Raumproblems, Deutschland müsse sich sein Recht auf Vergrößerung, das ihm durch die Jahrhunderte verweigert worden sei, nehmen. Dies Recht sei nicht Menschensatzung, sondern das Recht des Stärkeren als Naturgesetz. Die Weltgeschichte, Hitler wiederholte es im Sportpalast abermals, bewege sich nach diesem Gesetz der Natur, nach dem im Kampf ums Dasein nur die Auslese der Besten überlebe. *»Die Erde ist wirklich nur ein Wanderpokal für die Tüchtigen, und das ist auch richtig so im Sinne einer Höherzüchtung der Wesen.«*[104] Alle Mittel, sich als Volk zu behaupten, seien erlaubt; unter ihnen sei die Gewalt das sicherste. *»Wenn die Menschen einmal im Pazifismus vergehen würden, dann würden an ihre Stelle wieder Tiere treten.«* Bei Krieg als höchstem Lebensprinzip ging es schon zu Beginn nicht etwa um Danzig. Krieg führen war überhaupt der Daseinszweck des Nationalsozialismus. Hitler bekannte, daß er entsprechend dem Programm von 1920 entschlossen gewesen sei, sofort eine große deutsche Wehrmacht zu begründen, denn der Kampf um die Vormacht mußte entschieden werden. Er bemühe sich nun, *»aus dem Deutschen Reich eine Weltmacht zu schaffen«*[105] So deutlich wurde Hitler öfter nur in seinen Ansprachen vor Offiziersanwärtern, die damals nicht veröffentlicht werden durften.

Vor den Volks- und Parteigenossen ließ er sich als Vollstrecker des Willens der Vorsehung feiern, jener Vorsehung, die den Krieg als Normalzustand der Welt eingerichtet habe. Selbst das ausgesuchte, gesinnungstreue Sportpalastpublikum dieser Jahre hätte auf Dauer den Frieden vorgezogen, wie aus einem Stimmungsbericht von 1942 hervorgeht: *»Ein Fiebern und Fragen hing in der Luft. Jeder wollte wissen, wie steht es um uns? Werden wir unser Ziel bald erreichen? Kann die Tücke des Gegners uns noch zu Fall kommen lassen, uns in einen Hinterhalt locken?«*[106] Stunden später, wenn Hitler gesprochen hatte, dann war alles gut: *»Die Menschen hatten leichte Herzen und blanke Augen.«* Immer wieder gelang es dem Fanatiker, den Glauben an seine geniale Feldherrnkunst und seine Gabe höherer Einsicht zu bestärken. Wie auch sonst hat er den Berliner Zuhörern zu verstehen gegeben, daß nur er überhaupt fähig sei, den Krieg zu führen. Er sei dem Schicksal dankbar, daß die unausbleibliche Auseinandersetzung mit England und seinen Komplizen noch von ihm selbst geführt werden könne; denn zu seinen Lebzeiten sei ihm im Lager des Gegners niemand ebenbürtig. Er habe es mit Nullen und Schafsköpfen zu tun, die er wegen ihrer Bedeutungslosigkeit nicht einmal auseinanderhalten könne. Zum allgemeinen Gaudium zitiert er etwas von Eden, fügt hinzu, daß es auch von Churchill oder vielleicht von einem anderen sein könne. Daß alle Engländer Heuchler seien, die ihre materiellen Ziele hinter der Religion verbärgen, hatte die Kriegspropaganda schon im Ersten Weltkrieg verbreitet. Nun aber, da sie so vermessen waren, sich auf einen Waffengang mit dem größten Feldherrn aller Zeiten einzulassen, können ihre Spitzenpolitiker nur wahnsinnige Narren sein. Hitler bedauert es, daß von seinen mächtigsten Gegenspielern der eine im Weißen Haus, Franklin D. Roosevelt, ein Geisteskranker, Winston S. Churchill ein Säufer sei. Wie soll er da große Strategie machen, wenn er es mit *»militärischen Kindsköpfen«* zu tun habe, bei denen man zum Beispiel nicht voraussehen könne, wo in Europa sie zur zweiten Front landen würden: *»Es kann ja auch das verrückteste Unternehmen sein.«*[107] Demgegenüber, so entzückt der Übermensch seine deutschen Perfektionisten, sei auf deutscher Seite alles bis ins Letzte vorausgeplant, nichts der Willkür überlassen, entwickele sich der Krieg so folgerichtig, wie ihn die Führung angelegt hätte. Ein Mann, dessen Behauptungen durch die Blitzkriege in Polen, Norwegen, Frankreich, die Balkanstaaten scheinbar erhärtet wurden, mußte der Garant des Sieges, mehr noch, die Verkörperung des Sieges sein.

Darum scheute er sich nicht, Voraussagen zu machen. Es wäre vermessen erschienen, an dem Eintreffen des Prophezeiten zu zweifeln, selbst wenn, wie etwa bei den feindlichen Luftangriffen, der Gegenschlag lange auf sich warten ließ. Der Führer hatte im Septemer 1940 einem jauchzenden Sportpalast versprochen: *»Wir werden ihre Städte ausradieren«,*[108] und auch nach dem Einstellen der Luftschlacht über England im Juni 1941 hielt sich die Hoffnung auf eine »Vergeltung« bis zum Schluß des Krieges. Bei derselben Gelegenheit, der Eröffnung des 2. Kriegs-Winterhilfswerks, kündigte Hitler auch die Landung in England an: *»Und wenn man in England sehr neugierig ist und fragt: ›Ja, warum kommt er denn nicht?‹ – Beruhigt euch, er kommt!«* Am 17. 9. wurde das »Unternehmen Seelöwe« auf unbestimmte Zeit verschoben. Die Deutschen kamen nicht. Statt dessen erfolgte am 22. Juni 1941 der Überfall auf die Sowjetunion, und Hitler wagte am 3. Oktober wieder eine Voraussage: Er ließ durchblicken, daß die Einnahme Moskaus unmittelbar bevorstünde. Molotow, den sowjetischen Außenminister, verhöhnte er als notorischen Lügner, der, wenn er morgen oder übermorgen Moskau verlassen habe, wahrscheinlich auch abstreiten werde, daß er nicht in Moskau sei. Verständlich, daß die Beifallsstürme kein Ende nehmen wollten. Der Jubel steigerte sich noch sogar, als Hitler sagte: *»Ich spreche das erst heute aus, weil ich es heute sagen darf, daß dieser Gegner bereits gebrochen [ist] und sich nie mehr erheben wird!«*[109] Molotow blieb in Moskau, der Gegner erhob sich am 5. Dezember 1941 zu einer Gegenoffensive. Die bei 30 bis 40 Minusgraden fechtenden deutschen Truppen hatten Mühe, die Front zu halten.

Die nächste Versammlung zur Eröffnung des Kriegswinterhilfswerks ein Jahr später hört Hitler wieder prophezeien: Schlimmeres als der Winter 1941/42 werde nicht mehr kommen. Die im Gange befindliche Sommeroffensive in Südrußland werde den Sowjets die Weizengebiete wegnehmen, die Kohle entziehen, die Ölzufuhr drosseln. Endlich stehe Deutschland genügend Raum, wertvolle Rohstoffquellen, zur Verfügung. Dieses Gebiet sei zu organisieren, das heißt zu nutzen und auszubeuten. *»Es lag uns ja nicht nur daran, soundso viele tausend Kilometer zu marschieren, sondern diesen Riesenraum der Ernährung unseres Volkes, der Sicherung unserer Rohstoffe, im weiteren Sinne der Erhaltung ganz Europas dienstbar zu machen«* Diesmal war Hitler etwas vorsichtiger und kündigte nicht an, daß die Sowjetunion ohne Weizen, Kohle, Öl und ihr Industriegebiet vernichtet sei. Immerhin wagte er zu verkünden, daß die deutschen Truppen *»Stalingrad berennen und es auch nehmen werden – worauf Sie sich verlassen können.«* Sie – das waren die Feinde; aber auch die Zuhörer glaubten, sich auf das Versprechen verlassen zu können und spendeten *»brausenden minutenlangen Beifall«.* Noch einmal kam der umjubelte Redner auf diese Stadt zurück, die er wegen ihrer strategischen Bedeutung, nicht wegen ihres Namens als wichtigstes Ziel bezeichnete. Wenn Sowjetrußland nicht mehr über die Verkehrsstränge von Dnjepr, Don und Wolga verfüge, müsse das gleiche oder Schlimmeres eintreten, wie *»wenn wir den Rhein, die Elbe, die Oder und die Donau verlören.«* Wenn Stalingrad genommen sei, könne es als Riegel verwendet werden. *»Und Sie können der Überzeugung sein, daß uns kein Mensch von dieser Stelle mehr wegbringen wird.«*[110] Natürlich gab es wieder tosenden minutenlangen Beifall; denn Stalingrad hatte inzwischen bei den Deutschen einen solchen Symbolgehalt wie im Ersten Weltkrieg Verdun bekommen.

Orkane des Beifalls und der Zustimmung begleiteten auch zwei andere Prophezeiungen Hitlers, daß in einem Weltkrieg nicht die arischen Völker ausgerottet würden, sondern das Judentum, und daß den Krieg kein bürgerlicher Staat überleben würde. Die Drohung gegen das Judentum hatte er schon am ersten Kriegstage, dem 1. September 1939, ausgestoßen. Jetzt fügte er noch hinzu, daß den Juden das Lachen über Deutschland überall vergehen werde. Die »Endlösung« war schon im Gange; seit dem Frühjahr 1942 fanden die Massenvernichtungen in Auschwitz statt. Für Hitler stand fest, daß den Deutschen nach einer Niederlage ein gleiches Schicksal drohte. Alle sollten daher als verschworene Gemeinschaft kämpfen, *»die weiß, daß wir entweder alle diesen Krieg siegreich überstehen oder gemeinsam zur Ausrottung bestimmt sind!«* Schon im Februar 1942 hatte er vor den Offiziersanwärtern auch einen unglücklichen Ausgang des Krieges als undenkbar, aber möglich hingestellt: *»Wenn mit diesen Soldaten, die so unsterbliche Heldentaten schon bisher errungen haben, der Sieg nicht erfochten werden kann, dann hat die Vorsehung entschieden, und dann könnten wir uns vor dieser Vorsehung eben beugen.«*[111] Indes wollte Hitler keinen Zweifel aufkommen lassen, daß die Götter dem helfen, der Unmögliches von ihnen verlangt, und er endete beruhigend: *»Nur das nationalsozialistische Deutschland und die mit ihm verbündeten Staaten werden als junge Nationen, als wirkliche Völker und Volksstaaten aus diesem Krieg mit einem glorreichen Sieg hervorgehen!«* Noch einmal hatte Hitler die Masse in einen Rausch hineingeredet; die Tausende sprangen auf, schrien *»Heil«*, sangen das Horst-Wessel-Lied, während ihr Führer grüßend gemessenen Schritts die Halle verließ. Am 19. November begannen die sowjetischen Armeen der Südwest- und Stalingradfront ihr Um-

77 Adolf Hitler spricht zu 9000 jungen Offiziersanwärtern, um 1942.

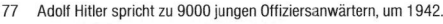

fassungsmanöver, das am 23. November mit der Einkesselung von 22 deutschen Divisionen endete. Am 31. Januar 1943 kapitulierte der Befehlshaber der 6. Armee, Generalfeldmarschall Paulus. Hitler hat nie wieder im Sportpalast zum deutschen Volk gesprochen.

Das Erklären des Zurückweichens an allen Fronten von 1943 bis 1945, das Heben der Stimmung beim Ausbleiben entscheidender Erfolge und bei den zunehmenden Leiden der Zivilbevölkerung durch Entbehrungen und Zerstörung der Städte im Luftkrieg überließ er anderen. Göring durfte eine Sonderzulage von 20 g Fleisch für die luftbedrohten Gebiete und ein ganz besonderes Weihnachtsgeschenk an Lebensmittelmarken versprechen. Kein Gelächter, sondern Beifall erntete der unförmig feiste Reichsmarschall in seiner Phantasieuniform, als er sich nicht scheute zu behaupten: *»Also, jedes Gesetz, das ich unterschreibe, gilt für mich ebenso bindend wie für jeden anderen.«* Der Oberbefehlshaber der vom Himmel verflogenen Luftwaffe bat die *»armen Menschen, die in den Nächten oft so hart bedrängt werden, [...] auszuhalten so wunderbar, wie sie das bisher getan haben. Wenn die Sowjets niedergeworfen sein werden, dann sprechen wir uns in England wieder!«*[112] Albert Speer, Reichsminister für Bewaffnung und Munition, stärkte die Hoffnung auf den Endsieg durch Rekordmeldungen über die Rüstungsproduktion des Jahres 1943 und Zufriedenheit über relative Unempfindlichkeit der deutschen Industrieanlagen gegen Fliegerangriffe.[113] Staatssekretär Backe, Leiter des Reichsernährungsministeriums, munterte die Berliner mit der Mitteilung über eine sehr gute Ernte des Jahres 1943 auf.[114]

Als das Kriegsglück sich wendete, schlug die Stunde des Reichspropagandaministers Joseph Goebbels. Die militärischen Erfolge hatten für sich gesprochen, die Niederlagen verlangten nach Umdeutung. Goebbels übernahm es, das Durchhaltevermögen der Deutschen, besonders aber der Berliner, zu erhalten und zu kräftigen, als die Lage des Reiches sich spürbar verschlechterte. Er leugnete nicht die Gefahren für Deutschland, auch nicht, daß Rückschläge auszuhalten, daß *»Rückläufigkeiten«*[115] in Kauf zu nehmen wären. Eines aber bestritt er ganz nachdrücklich: daß die Reihe der Fehlschläge nicht abreißen würde und unweigerlich die Katastrophe zur Folge haben müßte. Auf die kritische Phase werde eine günstigere, wenn nicht gar die entscheidende, siegbringende folgen. Als Beweise für seine Gewißheit führte er mit Vorliebe Beispiele aus der Geschichte an. Der damals oft bemühte Vergleich mit dem Wunder des Hauses Brandenburg, Friedrichs des Großen Rettung durch den Abfall Rußlands von der feindlichen Koalition, durfte nicht fehlen. Auch das Kriegsende 1918 diente als Warnung. Diesmal würden die Deutschen sich nicht wie damals verwirren lassen und vor dem bevorstehenden Sieg den Kampf abbrechen. Was aber lag auf dem Boden der legendären Kampfstätte näher als die Erinnerung an das Tief der Bewegung 1933 unmittelbar vor dem Regierungsantritt Hitlers? Nach den triumphalen Reichstagswahlen im Juli 1932 schien der Gewinn der Macht zum Greifen nahe, und doch erlitt die NSDAP mit dem Verlust von Millionen Stimmen vier Monate später eine solche Schlappe, daß sie als erledigt galt. So wie damals werde auch im Kriege die nationalsozialistische Haltung alle Rechnungen der Feinde zunichte machen. *»Sie gibt uns Kraft, auch die ewigen Begleiterscheinungen jedes Krieges, Rückschläge, Schicksalsfügungen, erhöhte Belastungen, schwere Opfer geduldig und mit verbissenem Stolz zu ertragen.«* Den augenblicklichen Vorteilen der Sowjets hätten die Deutschen Vorzüge entgegenzustellen, die den Ausschlag gäben: den besseren Menschen, die bessere Rasse, die bessere Weltanschauung, die bessere Führung.[116] Wem das noch nicht genügte, dem gedachte Goebbels mit dem großen Alliierten da oben zu imponieren. Nach längerer Pause vergewisserte er sich wieder gern der Hilfe des Allmächtigen. Die Ausgebombten tröstete er mit der kommenden Vergeltung, für die eine neue Waffe in Vorbereitung sei, an der deutsche Erfinder, Techniker und Flieger unablässig arbeiteten. Die sicherste Waffe aber, so wiederholte der Propagandaminister seit dem Debakel von Stalingrad, sei der totale Krieg.

Volksentscheid für den totalsten Krieg

Früher als alle anderen nationalsozialistischen Größen machte sich Goebbels die Idee zu eigen, daß der moderne Krieg die Aufbietung der gesamten Volkskraft erfordere. Bereits während des Winterkrieges in Rußland 1941, des ersten Rückschlages für die deutsche Kriegführung, hielt er die *»Konzentration der gesamten industriellen Kapazität auf echte und wirkliche Rüstungswirtschaft unter Vernachlässigung bzw. Ausschaltung aller nicht lebensnotwendigen Sparten, damit gleichzeitig Freimachen von Menschen für die Wehrmacht«*[117] für unbedingt notwendig. Er fand aber im Führerhauptquartier keinen Anklang. Als im nächsten Winter die Kriegslage sich wegen des Festlaufens der deutschen Offensive im Kaukasus und vor Stalingrad und des Rückzuges des Afrikakorps in die Umklammerung nach der Landung der Amerikaner und Engländer in Marokko und Algerien dramatisch verschlechterte, kam auch in der Bevölkerung der Gedanke auf, es den Sowjets in Rigorosität der Kriegsanstrengungen gleichzutun. Neben der Angst, als Volk vernichtet zu werden, wirkte vor allem der Unwille über die ungleichen Kriegslasten der verschiedenen Gesellschaftsschichten mit. Zu viele Volksgenossen waren wegen ihres politischen Einflusses und ihres Besitzes verschont geblieben. Je gewisser der Verlust Stalingrads wurde, desto fester erwartete man die Proklamation des totalen Krieges am 30. Januar 1943.[118] Aber zur Enttäuschung vieler ließ der Führer Goebbels einen Aufruf verlesen, in dem der *»Heldenkampf an der Wolga«* als Mahnung diente, für den Kampf das Äußerste zu tun. Der Reichspropagandaminister nutzte die Gelegenheit, seine Gedanken über die totale Mobilisierung an die Zuhörer im Sportpalast und an den Volksempfängern heranzutragen und ihr Echo aufzunehmen. Die Beschwörung des Sportpalastmythos stimmte die Versammelten ein: *»Ich stehe wiederum auf diesem Podium, auf dem Geschichte gemacht worden ist [...] Hier fand das Ringen um die Macht in der Reichshauptstadt seinen prägnantesten Ausdruck. Hier erlebten wir die hinreißenden Stunden unserer Kampfbegeisterung, aber auch einer wilden Entschlossenheit, wenn sich die Gefahren und Schwierigkeiten bergehoch vor uns auftürmten!«* Nunmehr drohte die Gefahr für das Dasein der Nation: *»Wir haben nur noch die Wahl zwischen dem Sklavendasein und dem Dasein eines freien Volkes im sozialistischen Gemeinschaftsstaat.«* Als der Redner davon spricht, daß die erhaltenen Schläge das Alarmsignal zum totalen Krieg waren, in dem die letzten Bequemlichkeiten aus dem Frieden aufzugeben seien, muß er gegen den Beifall anreden.[119]

Er hatte sich überzeugt, daß die Massen bereit waren, alle Härten auf sich zu nehmen. Nun brauchte der Vorkämpfer des totalen Krieges einflußreiche Bundesgenossen und schließlich die Einwilligung des Diktators. Er selbst glaubte mit seinem Plan den entscheidenden Beitrag zur Fortdauer der nationalsozialistischen Herrschaft zu leisten. Gleichzeitig strebte der Ehrgeizige danach, die ihm gebührende Stellung an der Spitze dieser Herrschaft zu erlangen. Wenn Hitler sich den militärischen Aufgaben widmete und ihm die Organisation der Heimat zum *»totalen Kriegseinsatz«* überließ, war er der zweite Mann im Staat. Gerade das aber, die Anhäufung einer beträchtlichen Machtfülle neben sich, hat bestimmt Hitler davon abgehalten, voll auf die Vorschläge seines unternehmungslustigen Propagandaministers einzugehen. Bedenklich schien ihm auch, durch das Aufgebot der letzten Reserven vor dem In- und Ausland ein verschleiertes Eingeständnis der Unterlegenheit abzugeben. Die auf Steigerung der eigenen Gunst und Macht bedachten anderen Paladine waren nur allzu bereit, die Ambitionen des Reichspropagandaministers und Berliner Gauleiters zu hintertreiben. Die wenigen Initiativen zur Umstellung, zur Konzentration aller Energien auf die Erfordernisse des Krieges, blieben im Gestrüpp der Bürokratie hängen.

Goebbels gab nicht auf, sondern trat im Stimmungstief nach der Kapitulation von Stalingrad und dem schnellen Vordringen der sowjetischen Truppen bis Charkow noch einmal vor die Öffentlichkeit. Er beabsichtigte mit seiner eigenen Proklamierung des totalen Krieges unter dem spektakulären Beifall einer Massenversammlung eine Bewegung in Gang zu bringen, der sich niemand, auch nicht der Führer, entziehen konnte. Er selbst würde sich damit für immer an die Spitze dieser Bewegung setzen. Als Schöpfer eines restlos auf Krieg eingestellten Deutschlands wäre sein Anteil am Endsieg enorm, ja vielleicht entscheidend. Am 14. Februar diktierte Goebbels den Text seiner Rede, arbeitete ihn mehrmals um, übte Gesten und Betonungen ein; denn er wollte ein *»Meisterstück der Redekunst«*[120] vollbringen. Er ließ das Publikum von Parteiorganisationen in Lazaretten, Partei- und Wehrmachtsdienststellen, Berufsverbänden auswählen, so daß ein gewisser Querschnitt durch das Berliner Gesellschaftsgefüge zustande kam. In der Rede sind erwähnt: Verwundete von der Ostfront, Rote-Kreuz-Schwestern, 50 Träger des Ritterkreuzes des Eisernen Kreuzes, Rüstungsarbeiterinnen und -arbeiter der Berliner Panzerwerke, Parteifunktionäre, Soldaten, Ärzte, Wissenschaftler, Künstler, Ingenieure, Architekten, Lehrer, Beamte, Angestellte, Tausende von Frauen, auch Jugendliche. Alle, auch vom verbreiteten Drang nach Steigerung der Kampfkraft weniger Erfaßte, wurden inne, was man von ihnen erwartete, wenn sie das riesige Spruchband lasen: *»Totaler Krieg – kürzester Krieg«*. Die Halle war bewußt schlicht, ja karg hergerichtet: Nur Hakenkreuzfahnen schmückten das Rednerpult.

Ohne Umschweife beginnt Goebbels mit dem Eingeständnis des unglücklichen Ausgangs der Schlacht um Stalingrad und der schlimmen Kriegslage.[121] Er macht seinen Zuhörern Angst vor dem *»Ansturm der Steppe«*, der *»Weltrevolution der Juden«*, den *»jüdischen Liquidationskommandos«* hinter den vorstürmenden Sowjetdivisionen. Nicht nur Deutschland, das Abendland sei in Gefahr. Das Entsetzen sollte sich noch steigern, wenn zu hören war, was allen drohte: Chaos, Hoffnungslosigkeit und Verzweiflung unter der bolschewistisch verschleierten kapitalistischen Tyrannei, Abschlachten der Intelligenz- und Führungsschicht, Überführen der übrigen in die Sklaverei der Zwangsarbeitsbataillone, Terror, Hunger, Elend für Millionen, vollkommene Anarchie, Untergang jahrtausendealter Kulturen.

Auf die Gründe für das Hereinbrechen des Unheils, die Verantwortung für strategische Fehlentscheidungen geht der Redner nicht ein. Später soll Rechenschaft abgelegt werden, wie alles gekommen ist. Er gesteht nur ein, daß man sich über das Kriegspotential der Sowjetunion getäuscht habe, vielmehr durch Bluff getäuscht worden sei. Nach der nationalsozialistischen Weltanschauung hätte auch bei Materialüberlegenheit eigentlich die niedere slawische

Rasse nicht die höhere germanische besiegen dürfen. Auch die Behauptung von der erfolgreichen jüdischen Führung der Sowjetunion ist für einen Nationalsozialisten ungereimt: Wäre dann nicht die deutsche Führung zweitrangig? *»Dieses terroristische Judentum hat sich in Rußland zweihundert Millionen Menschen dienstbar gemacht, dabei seine zynischen Methoden und Praktiken mit der stumpfen Zähigkeit der russischen Rasse vermählt, die deshalb eine umso größere Gefahr für die europäischen Kulturvölker darstellt.«* Aus dem Gefühl äußerster Bedrängnis reißt Goebbels seine Zuhörer zu neuer Hoffnung empor: Der Feind kann niedergerungen werden, aber nur mit gleichwertigen Methoden: *»Der totale Krieg ist also das Gebot der Stunde!«* Unter immer wieder und immer stärker aufkommendem Beifall weist nun der Propagandaminister den Weg zur Rettung. Es gelte, die Verteidigungskraft zu stärken auf Kosten eines nicht mehr zeitgemäßen Lebensstandards. Er erweckt begeisterte Zustimmung mit der Aussicht, daß durch die neue schlichte Lebensweise endlich die Gleichheit aller Volksgenossen erreicht sei, daß arm und reich und hoch und niedrig in gleicher Weise beansprucht, daß Pflichtvergessene zum Kriegsdienst gezwungen werden. *»Die Maßnahmen, die wir getroffen haben und noch treffen müssen, werden deshalb vom Geiste nationalsozialistischer Gerechtigkeit erfüllt sein.«* Die Maßnahmen, die er erwähnt und bissig glossiert, richten sich gegen Drückeberger, Faulenzer, Snobs und mondäne Herrschaften, werden also lebhaft begrüßt: Bars und Nachtlokale, Luxusrestaurants, Mode- und Frisiersalons sollen geschlossen werden. In den Ämtern wird fortan schneller und länger gearbeitet, freiwerdende Mitarbeiter sind an die Kriegswirtschaft abzugeben. Exklusive Vergnügungen der Wohlhabenden, wie der Reitsport, hören auf; Nichtstuer sollen nicht mehr die Kurorte bevölkern, arbeitslose Vergnügungsreisende Plätze in der Eisenbahn beanspruchen. Theater, Kinos, Musiksäle bleiben geöffnet, der Rundfunk erweitert sein Programm. Vor allem hat die Heimat der Front Hunderttausende von Soldaten, ganze Armeen, zur Verfügung zu stellen. Es mußte der Eindruck entstehen, daß über die bisher bestehende Meldepflicht bald durch Gesetze Männer und Frauen zur Arbeit verpflichtet werden würden. Goebbels unterstellt besonders Frauen, daß sie nur darauf warteten, in den Produktionsprozeß aufgenommen zu werden. Die deutsche Frau habe längst erkannt, daß der Krieg zum Schutze ihres *»heiligsten Gutes«*, der Kinder, geführt werde. Verständnis für einschneidende Eingriffe in das Wirtschaftsleben, etwa durch Schließen und Zusammenlegen von Betrieben, würden auch die mittleren und kleinen Unternehmer haben. Ihnen wurde versprochen: *»Nach dem Kriege wird der Mittelstand sofort wieder in größerem Umfang wirtschaftlich und sozial wiederhergestellt.«*

Und nun, nachdem die geängstigten Zuhörer mit Freude vernommen haben, daß die Regierung durch Taten die Wende herbeiführt, durch Taten mit dem Ziel der sozialen Gerechtigkeit, nun verabreicht Goebbels den Optimismus, an den alle gewöhnt waren: *»Programm des Sieges«*, *»Sicherheit des Sieges«* heißt es jetzt wieder und sogar die ersehnte Zusage kommt: *»Im übrigen aber wird der Feind uns im kommenden Sommer wieder in alter Offensivkraft kennenlernen.«* Aber der Jubel, die wiedergewonnene Siegesgewißheit darf noch nicht der Höhepunkt sein. Bevor sie in ihren Kriegsalltag entlassen werden, sollen sie noch ein Bekenntnis zur neuen Kriegführung, eine Zustimmung zu den künftigen Opfern abgeben, das sich in ihr Gedächtnis, in das Gedächtnis der Deutschen für alle Zeiten einprägt. Goebbels erklärt die entfesselte Versammlung zur Vertreterin der Nation und richtet an sie zehn Fragen, um den Feinden jede Illusion über den wahren Volkswillen zu nehmen. Von Frage zu Frage verhält sich die Masse ungestümer, ungezügelter. Alles gipfelt in einem Tumult, bei dem sich die Menschen mit ihrer Raserei anzustecken scheinen: Sie springen auf, stampfen, klatschen, schreien, reißen die Arme hoch, stoßen Rufe aus. Sprechchöre bilden sich: *»Sieg Heil!«*, *»Sieg Heil!«*, *»Wir grüßen unseren Führer!«* Goebbels fragt, ob sie an den totalen Sieg der deutschen Waffen glauben, ob sie in der Notzeit bis zu 16 Stunden arbeiten, ob sie das Letzte für den Sieg hergeben wollen. Immer wieder antwortet der Chor von tausenden Ja-Stimmen. *»Ich frage Euch,«* ruft Goebbels, *»wollt Ihr den totalen Krieg? Wollt Ihr ihn wenn nötig totaler und radikaler als Ihr ihn heute Euch überhaupt vorstellen könnt?«* Wieder dieses tausendfältige Ja und Rufe: *»Wir wollen ihn!«* Und so geht es weiter: Absoluter und uneingeschränkter Gehorsam gegenüber dem Führer, alle Kraft zur Waffenproduktion, unerschütterliche Moral, letzte Arbeitskraft zur Verfügung stellen: Ja, ja und immer wieder ja. *»Seid Ihr damit einverstanden, daß, wer sich am Krieg vergeht, den Kopf verliert?«* und als Schlußeffekt: *»Wollt Ihr, daß, wie das nationalsozialistische Parteiprogramm das vorschreibt, gerade im Kriege gleiche Rechte und gleiche Pflichten vorherrschen? (Rufe: Ja!), daß die Heimat die schwersten Belastungen des Krieges solidarisch auf ihre Schultern nimmt und daß sie für hoch und niedrig und arm und reich in gleicher Weise verteilt werden? Wollt Ihr das? (Stürmische Rufe: Ja! Stürmischer Beifall.)«* Über die letzte Phase schrieb Goebbels in sein Tagebuch: *»Ich bin, glaube ich, rednerisch sehr gut in Form und bringe die Versammlung in einen Zustand, der einer totalen geistigen Mobilmachung gleicht. Der Schluß der Versammlung geht in einem Tohuwabohu von rasender Stimmung unter. Ich glaube, der Sportpalast hat noch niemals, auch nicht in der Kampfzeit solche Szenen erlebt.«*[122] Unmittelbar nach seinem Auftritt, der sein Gewicht um einige Pfunde verringerte, soll er zu seinem Begleiter gesagt haben: *»Diese Stunde der Idiotie! Wenn ich den Leuten gesagt hätte, springt aus dem dritten Stock des Columbushauses, sie hätten es auch getan.«*[123] Öffentlich lobte er die Berliner als *»ein politisches Publikum ersten Ranges«*, unter Vertrauten sagte er unverblümt: *»Bei Licht besehen, ist es völlig gleichgültig, ob man die Diktatur oder die Demokratie für die bessere Regierungsform hält. Betrogen wird das sogenannte ›Volk‹ in beiden Fällen. Es will sogar betrogen werden.«*[124]

Die Rede wirkte auf dieses betrogene Volk entspannend, wie die geheimen Berichte des Sicherheitsdienstes (SD) meldeten. Sie half, das Stimmungstief nach der Katastrophe von Stalingrad zu überwinden. Ihre geschickte Anlage erweckte den Eindruck, Goebbels habe die Lage schwärzer gemalt, als sie sei. Trotz aller rigorosen Formulierungen hatte man bemerkt, daß nichts über bereits bekannte Maßnahmen und Gesichtspunkte hinausging.[125] Die Zweifel, ob das Programm für alle gleich durchgeführt werde, wollten nicht verstummen. Praktische Folgen hatte die Sportpalastveranstaltung nicht. Weder führte die Heimat der Front Hunderttausende von Männern zu noch gab es eine Arbeitspflicht für Frauen. Für die Steigerung der Rüstungsproduktion war es bequemer, auf das Arbeitskraftpotential der besetzten Länder zurückzugreifen, als die Unannehmlichkeiten für die deutsche Bevölkerung zu vermehren. Auch Goebbels' Ehrgeiz wurde nicht befriedigt. Hitler lobte zwar das psychologische und propagandistische Meisterstück seines Gefolgsmannes, beließ ihn aber bei seinen Aufgaben als Propagandisten.

Erst im Juli 1944 hatte Goebbels die späte Genugtuung, sich zum Reichsbevollmächtigten für den totalen Kriegseinsatz ernannt zu sehen. Bis dahin nahm der Herold des totalen Krieges jede Gelegenheit wahr, um – wider besseres Wissen – nachzuweisen, daß sein Appell zu einer unerhörten Steigerung der Kriegsanstrengungen geführt habe. Einmal, am 5. Juni 1943, nahm er sich den Minister für Bewaffnung und Munition, Albert Speer, als Kronzeugen mit in den Sportpalast. Speer konnte berichten, daß 1943 für die deutsche Wirtschaft ein Rekordjahr sei, und belegte das mit den Prozentzahlen der Steigerung bei der Waffenproduktion, so daß Goebbels behauptete, die Sportpalastbegeisterung sei in einem ungeheuren Arbeitsprozeß in praktische Kriegsleistungen umgesetzt worden. Er verschwieg, daß die rationalisierende Umorganisation der Wirtschaft, die den Rüstungsboom erst ermöglicht hatte, längst vor Goebbels' spektakulärer Rede schon unter Speers Vorgänger Todt im Winter 1941/42 eingeleitet worden war.

Das Publikum reagierte von nun an nicht mehr in so frenetischer Weise wie im Februar. Die erwartete Offensive im Osten war ausgeblieben. Viele Städte, vor allem im Westen des Reiches, waren durch die alliierten Bombenangriffe in Trümmerstätten verwandelt worden. Darum ernteten Goebbels Drohungen vom späteren deutschen *»Gegenterror«* und seine geheimnisvollen Andeutungen über eine deutsche Waffe in Vorbereitung den längsten Beifall. *»Eines Tages kommt die Stunde der Vergeltung.«* Vielleicht werden die Zuhörer trotzdem ebenso enttäuscht gewesen sein wie die vielen Mißmutigen im Lande, die solche Verheißungen als sehr vage empfanden. Gewiß waren auch einige unter ihnen, die ähnlich dachten wie die nicht unbeträchtliche Zahl von Volksgenossen, welche sich wünschte: *»Die angekündigte Vergeltung möchte ich aber noch miterleben.«* Auch fortwährendes Beschwören des Endsieges stumpfte ab. Viele Radiohörer erklärten, sie ließen sich durch Reden überhaupt nicht mehr beeindrucken, sondern nur durch sichtbare militärische Erfolge. *»Die in Berlin können noch so schön reden, wir wollen Taten sehen.«*[126]

Ein paar Monate später, Italien hatte kapituliert, die Alliierten Neapel erobert, das Donezbecken war aufgegeben, Smolensk geräumt, die Krupp-Werke in Essen zerstört, Hamburg eine Trümmerwüste, fiel es Goebbels ein, zur allgemeinen Ermunterung das Erntedankfest im Sportpalast zu feiern. Als Nothelfer hatte er sich diesmal Staatssekretär Backe, den amtierenden Reichsernährungsminister, mitgebracht. Der erfreute die Versammelten auch prompt mit seinem Bericht der Rekordernte 1943. Nun konnte der Propagandaminister witzeln vom Wunder der Vermehrung der Brotration um 400 Gramm auf 9600 Gramm. Es gebe mehr Brot als bei Kriegsbeginn. Gottes Hilfe, die Gunst der Witterung und der Fleiß des Landvolks waren für ihn im Spiel.[127] Ansonsten mußten die alten Aktivposten für die Gewißheit des Sieges – der Führer, die entschlossene Kriegsbereitschaft der Deutschen (mit Ausnahme der *»feigen Subjekte«*, denen der Kopf abgeschlagen gehörte) herhalten. Auch Mathematik und Geschichte wurden bemüht: *»Das Volk aber wird den Krieg mit fast vorauszuberechnender mathematischer Sicherheit gewinnen, das dafür die totale Volkskraft einsetzt [...]«* Und das ist natürlich das deutsche Volk. In der Vergangenheit habe immer auch der endgültige Sieger Wunden davongetragen. *»Es kommt nur darauf an, wer am Ende der militärischen Auseinandersetzung fest auf seinen Füßen steht und wer unter den Schlägen seines Gegners zusammenbricht.«* *»Übrig bleiben werden die Deutschen, denen die Phasen der Kampfzeit als Gewähr dienen für die Wendung der Geschicke.«* Aber dem listenreichen Mann war auch etwas eingefallen, das die weiten und schnellen Rückzüge im Osten zu vorüberlegten Manövern machte: *»Selbstverständlich geben wir räumliche Vorteile auf, die damit verbundenen Verluste an*

Kriegspotential werden aber aufgewogen durch die Vorteile rein strategischer Art. Im übrigen ist eine solche Kampfführung stets ein Zeichen souveräner innerer Überlegenheit, die nicht nach Prestige, sondern nur nach Zweckmäßigkeitsrücksichten operiert.« Das junge Feldherrntalent war auch optimistisch für die Zukunft, denn nirgendwo in Rußland sei die Front zerrissen worden. Die Lage habe früher viel bedrohlicher ausgesehen. Im Süden Europas stehe auch alles gut. Aus dem Marsch der Engländer und Amerikaner nach Berlin sei nichts geworden, statt dessen müßten sie sich einer wilden Verteidigung der Deutschen aussetzen. Sie hätten jetzt auf ihrer Seite den italienischen König ohne Land und einen ehrlosen Marschall. Das Entscheidendste sei, daß die Feinde bisher nur an der Peripherie kämpften. *»An den Kern unserer Verteidigungsstellungen sind sie überhaupt nicht herangekommen; da werden sie sich erst beweisen müssen.«* Noch verzeichnet die Wiedergabe der Rede zahlreichen und starken Beifall, aber die Kommentare der Rundfunkhörer über die neue Strategie sind nun etwas bedenklicher: *»Unsere Führung wird schon wissen, was sie tun muß. Aber man kann es schon mit der Angst zu tun bekommen, wenn wir weiter zurückgehen.«* Das Ausmalen der Höhen und Tiefen der Kampfzeit verfehlte nun seine Wirkung: *»Der ewige Vergleich mit den Parteiwahlen im Jahre 32 hängt mir zum Hals heraus. Einen besseren Trost weiß man offenbar nicht mehr.«* So artikuliert es Volkes Stimme. Des Meisterpropagandisten Betörung wirkt nicht lange nach: *»Goebbels hat uns ja doch wieder etwas vorgemacht wie schon so oft.« – »Goebbels will uns einschläfern.«* Manche sind schon ganz gefeit gegen seine Suada: *»Mir ist das schöne Wetter lieber als die schönste Rede von Goebbels.«*[128]

Trotzdem hat Goebbels weiter von den ehernen Herzen und vom Endsieg und vom Führer gesprochen, auch als die Feinde in den von ihm so gerühmten Kern der deutschen Verteidigungsstellung eingebrochen waren, nur nicht mehr im Sportpalast. *»Die Stunde des Erntedanks«* sollte die letzte nationalsozialistische Feier vor der am 22. November 1943 beginnenden Zerstörung des Sportpalastes gewesen sein.

Anmerkungen

1 Chr 1911 Feb 20 und 1912 Feb 19.
2 BLA 19. 2. 1912.
3 BLA 13. 6. 1911; Chr 1911 Jun 12.
4 Vw 18. 4. 1925; Chr 1925 Apr 17.
5 Vw 3. 12. 1931; Chr 1931 Dez 2.
6 Voss 14. 9. 1930; Chr 1930 Sep 12.
7 BT 19. 4. 1927; Chr 1927 Apr 11.
8 Der Abend, Spätausgabe des Vw, 8. 9. 1930; Chr 1930 Sep 7.
9 Vw 18. 4. 1925; Chr 1925 Apr 17.
10 Vw 19. 11. 1930; Chr 1930 Nov 18.
11 BT 13. 4. 1927; Chr 1927 Apr 11.
12 Vw 3. 12. 1931; Chr 1931 Dez 2.
13 Vw 19. 11. 1930; Chr 1930 Nov 18.
14 Vw 12., 13. 9. 1931, RF 13. 9.; Chr 1931 Sep 14.
15 Vw 15., 17. 9. 1931, RF 15. 9., BLA 15. 9.
16 Vw 15. 8. 1931; Chr 1931 Aug 14.
17 Zit. nach: H. Schulze, Otto Braun oder Preußens demokratische Sendung, Frankfurt am Main–Berlin–Wien 1977, S. 669.
18 Vw 12. 4. 1932; Chr 1932 Apr 11.
19 Arnold Brecht, zit. nach: Schulze (wie Anm. 17), S. 724.
20 Germ 31. 7. 1932; Chr 1932 Jul 30.
21 Germ 10. 9. 1930; Chr 1930 Sep 9.
22 Germ 31. 7. 1932; Chr 1932 Jul 29.
23 RF 23. 11. 1930; Chr 1930 Nov 22.
24 RF 25. 4. 1925; Chr 1925 Apr 24.
25 RF 6. 7. 1927; Chr 1927 Jul 5.
26 RF 11. 3. 1932; Chr 1932 Mär 10.
27 Zit. nach: H. Weber, Die Wandlung des deutschen Kommunismus, Die Stalinisierung der KPD in der Weimarer Republik, Bd. 2, Frankfurt am Main 1969, S. 319.
28 BT 31. 3. 1925; Chr 1925 Mär 27.
29 Bergische Arbeiterstimme (Solingen) 23. 3. 1925.
30 RF 13. 9. 1930; Chr 1930 Sep 12.
31 Ebenda.
32 RF 11. 3. 1932; Chr 1932 Mär 10.
33 Ebenda.
34 BLA 16.–18., 22. 1. 1919; Vw 25. 1.; Chr 1919 Jan 17, 18, 22, 25.
35 Kreuz-Zeitung 24. 4. 1925; Chr 1925 Apr 23.
36 Alfred Hugenberg, Streiflichter aus Vergangenheit und Gegenwart, 2. Aufl., Berlin 1929, S 169.
37 BLA 23. 3. 1925; Chr 1925 Mär 22.
38 BLA 22. 3. 1925, 19. 11. 1931.
39 BLA 27. 1. 1931.
40 BLA 22. 3. 1925, 27. 1. 1931, 4. 3. 1932.
41 BLA 5. 3. 1932; Chr 1932 Mär 4.
42 BLA 4. 11. 1932; Chr 1932 Nov 3.
43 Eiserne Blätter 10. 5. 1931, S. 295 (»Die Stimme eines ›verlorenen Sohnes‹, der zu ›Vater Hugenberg‹ zurückkehrt«).
44 Agr 1. 10. 1928, Germ 1. 10, BT 1. 10; Chr 1928 Sep 30.
45 RF 19. 10. 1929.
46 Agr 10. 2. 1932; Chr 1932 Feb 9.
47 Agr 8. 2. 1932; Chr 1932 Feb 7.
48 Agr 25. 10. 1932; Chr 1932 Okt 24.
49 Agr 21. 10. 1932; Chr 1932 Okt 20.
50 Goebbels, Agr. 2. 5. 1931; Chr 1931 Mai 1.
51 Agr 5. 11. 1930; Chr 1930 Nov 4.
52 Agr 31. 1. 1931; Chr 1931 Jan 30.
53 Agr 20. 5. 1931; Chr 1931 Mai 19.
54 Agr 3. 11. 1932; Chr 1932 Nov 2.
55 Hitler, Agr. 23. 1. 1933; Chr 1933 Jan 22.
56 Agr 5. 12. 1930; Chr 1930 Dez 4.
57 Agr 9. 11. 1931; Chr 1931 Nov 8. – Es handelt sich wahrscheinlich um das Orchesterstück aus Edvard Griegs Bühnenmusik zu Henrik Ibsens Versdrama »Peer Gynt«.
58 Agr 26. 10. 1932; Chr 1932 Okt 25.
59 Agr 20. 2. 1931; Chr 1931 Feb 19.
60 Agr 5. 11. 1930; Chr 1930 Nov 4.
61 Agr 2. 5. 1931; Chr 1931 Mai 1.
62 Agr 23. 10 1930; Chr 1930 Okt 21.
63 Agr 25. 10. 1932; Chr 1932 Okt 24.
64 Agr 24. 10. 1929; Chr 1929 Okt 20.
65 Agr 31. 1. 1931; Chr 1931 Jan 30.
66 Voss 12. 9. 1930; Chr 1930 Sep 10.
67 BLA 17. 11. 1928, Vw 16., 17. 11., Voss 18. 11.; Chr 1928 Nov 16.
68 Voss 18. 11. 1928.
69 Agr 19. 11. 1928; Chr 1928 Nov 16.
70 Ebenda.
71 Agr 4. 5. 1930, VB 4./5. 5.; Chr 1930 Mai 2.
72 Agr 3. 11. 1932; Chr 1932 Nov 2.
73 Agr 4. 5. 1930; Chr 1930 Mai 2.
74 Agr 4. 11. 1932; Chr 1932 Nov 2.
75 Agr 4. 5. 1930; Chr 1930 Mai 2.
76 RF 26., 27. 2. 1933; Chr 1933 Feb 23.
77 Vw 28. 2. 1933; Chr 1933 Feb 28.
78 Germ 5. 3. 1933.
79 Agr 20. 5. 1933; Chr 1933 Mai 19.
80 Agr, BLA 24. 2. 1934; Chr 1934 Feb 23.
81 BLA 18. 10. 1935; Chr 1935 Okt 17.
82 BLA 21. 4. 1936, Agr 22. 4.; Chr 1936 Apr 20.
83 Agr 14. 9. 1933; Chr 1933 Sep 13.
84 Agr 15. 12. 1933; Chr 1933 Dez 14.
85 Agr 20. 6. 1933; Chr 1933 Jun 19.
86 Agr 23. 9. 1933; Chr 1933 Sep 22.
87 Ebenda.
88 Agr 8. 12. 1933; Chr 1933 Dez 7.
89 Ebenda.
90 Agr 19. 4. 1934, BLA 20. 4.; Chr 1934 Apr 18.
91 Agr 11. 2. 1935; Chr 1935 Feb 10.
92 Agr 25./27. 2. 1937, BLA 26. 2.; Chr 1937 Feb 23–24.
93 Agr 18. 2. 1936; Chr 1936 Feb 15.
94 Agr, BLA 27. 11. 1934, Germ 28. 11.; Chr 1934 Nov 26.
95 Agr 12., 13./15. 5. 1934; Chr 1934 Mai 11.
96 Agr, BLA 13. 10. 1934, Germ 14. 10.; Chr 1934 Okt 12.
97 Agr, BLA 4. 9. 1935; Chr 1935 Sep 3.
98 Agr, BLA 16. 8. 1935; Chr 1935 Aug 15.
98a Zit. nach: Vierteljahrshefte für Zeitgeschichte, 1955, S. 204 ff.
99 Alan Bullock, Hitler, Eine Studie über Tyrannei, vollständig überarbeitete Neuausgabe, Düsseldorf 1969, S. 443; Paul Schmidt, Statist auf diplomatischer Bühne 1923–1945, Bonn 1950, S. 407 f.
100 Agr, BLA 27. 9. 1938; Chr 1938 Sep 26.
101 William Shirer, Berlin Diary, London 1941, S. 118 f.
102 Bullock (Wie Anm. 99), S. 446.
103 BLA 14. 6. 1940; Chr 1940 Jun 13.
104 M. Domarus, Hitler, Reden und Proklamationen 1932–1945, 2. Bd., Würzburg 1963, S. 1498; Chr 1940 Mai 3. – H. von Kotze und H. Krausnick (Hg.), Es spricht der Führer, 7 exemplarische Hitler-Reden, Gütersloh 1966, S. 290; Chr 1942 Feb 15.
105 Kotze und Krausnick (wie Anm. 104), S. 321.
106 Agr 2./3. 10. 1942, BLA 1. 10.; Chr 1942 Sep 30.
107 Ebenda.
108 BLA 5. 9. 1940, Agr 6. 9.; Chr 1940 Sep 4.
109 Agr 5. 10. 1941, BLA 6., 8. 10.; Chr 1941 Okt 3.
110 Agr 2./3. 10. 1942; Chr 1942 Sep 30.
111 Kotze und Krausnick (wie Anm. 104), S. 328.
112 Agr 6. 10. 1942; Chr 1942 Okt 4.
113 BLA 6. 6. 1943, Agr 8. 6.; Chr 1943 Jun 5.
114 Agr 5. 10. 1943; Chr 1943 Okt 3.
115 BLA 6. 6. 1943, Agr 8. 6.; Chr 1943 Jun 5.
116 BLA 5. 12. 1942, Agr 6. 12.; Chr 1942 Dez 4.
117 Zit. nach: G. Moltmann, Goebbels' Rede zum totalen Krieg am 18. Februar 1943, in: Vierteljahrshefte für Zeitgeschichte, 1964, S. 19.
118 Heinz Boberach, Meldungen aus dem Reich, Auswahl aus den geheimen Lageberichten des Sicherheitsdienstes der SS 1933–1944, Bd. 12, München 1984 (zuerst 1965), S. 4697, 4708, 4714.
119 BLA 31. 1. 1943, Agr 2. 2.; Chr 1943 Jan 30.
120 Moltmann (wie Anm. 117), S. 25.
121 Vollständiger Text bei: H. Heiber (Hg.), Goebbels' Reden 1932–1945, Bd. 2, Düsseldorf 1972, S. 172–208; Agr 20. 2. 1943.
122 Ebenda, S. 204.
123 Curt Riess, Joseph Goebbels, Eine Biographie, Baden-Baden 1950, S. 356.
124 B. von Borresholm, Dr. Goebbels, Nach Aufzeichnungen aus seiner Umgebung, Berlin 1949, S. 7–12.
125 Boberach (wie Anm. 118), Bd. 12, S. 4831.
126 Ebenda, Bd. 14, S. 5343.
127 Agr 5. 10. 1943; Chr 1943 Okt 3.
128 Boberach (wie Anm. 118), Bd. 14, S. 5852.

78 Fritz Heinsheimer, Eishockey, Farblithographie, 1927; Bildgröße ca 25,7 x 35,7 cm; Berlin, Kupferstichkabinett, SMPK.

Von Pucks und Punkten auf dem Eis

Wenzel Seemann

Veranstaltungen auf dem Eise stehen am Anfang und am Ende der alten Halle des Sportpalastes, am Anfang die Feerie »Am Nordpol«, Kunst- und Schnellauf, am Ende ein Eishockeyspiel »BSchC–HC Davos«, beendet wenige Stunden bevor die ersten Fliegerbomben 1943 den Sportpalast trafen. Und auch der Versuch eines Neubeginns nach dem Zweiten Weltkrieg fand auf dem Eise statt. Eis begleitete den Sportpalast in der nachfolgenden Zeit bis in den Monat seiner endgültigen Schließung 1973.

Sport spielte zunächst jedoch noch keine große Rolle. Auf die prächtige Eröffnungs-Feerie *»Am Nordpol«* folgte *»Weihnachten am Nordpol«* und *»Karneval am Nordpol«*[1], etwas später das *»Eisfest an der Newa«*[2] und schließlich als Abschluß der ersten Eis-Phase die Eisrevue *»Winzerträume«* im Oktober 1911.[3] Zwischendurch gab es an sportlichen Ereignissen einige Schnellauf-Konkurrenzen[4], einen Marathonlauf *(»42 Kilometer auf dem Eise«)*[5] und ein paar Spiele des noch jungen Eishockeysports.[6] Der mächtigen Konkurrenz des Eispalastes an der Luther-Straße und des Admiralspalastes mußte das Eis des Sportpalastes weichen.[7]

Die nächsten vierzehn Jahre waren »eislos«. Die technische Anlage verrottete. Radfahrer, TurnerInnen, LeichtathletInnen, ReiterInnen oder *»Kriegerfrauen«* bestimmten das Leben in der großen Halle, später auch Boxer und PolitikerInnen.

Erst im Herbst 1925 stand der Sportpalast wieder dem Eissport zur Verfügung, nach dem Umbau durch Oskar Kaufmann und der Installation einer neuen Kunsteisanlage. Nun begann die Karriere des Sportpalastes als ein Zentrum des nationalen, aber auch internationalen Eissports. Die Wiedereröffnung wurde am 25.11. mit einem Festabend des Berliner Schlittschuh-Clubs gefeiert. Zwar stand auch zunächst ein Eisballett *(»Die Laune der Favoritin«*[8]*)* auf dem Programm, doch fanden immer mehr eissportliche Veranstaltungen – Eishockey und Kunstlauf, zum Teil kombiniert – statt. Aufgrund einer Interessengemeinschaft, die der Schlittschuh-Club mit dem Sportpalast eingegangen war, gab es ausreichende Möglichkeiten zum Training der Spieler und Kunstläufer. Dadurch konnte Berlin zu einem Zentrum des Eissports werden. Auch international wurden die Möglichkeiten der Kunsteisbahn des Sportpalastes genutzt.

Trotz aller Schwierigkeiten durch Wechsel der Eigentümer und Pächter blieb das Kunsteis dem Hause zunächst erhalten. Ernsthafte Konkurrenzen sollten ihm – im Gegensatz zu vielen anderen Veranstaltungsbereichen – erst später erwachsen. Der Eissport im Sportpalast war normalerweise eine Domäne der bürgerlichen Vereine. Gegen Ende der Weimarer Republik veranstalteten jedoch auch Organisationen der Arbeitersportbewegung eine Reihe von »Roten Eisfesten« (1930–33).[9]

Eisrevuen oder Eisballette gehörten immer wieder zum Repertoire, zeitweise im Anschluß an eissportliche Kämpfe gezeigt. So folgten auf die *»Laune der Favoritin«* eine *»Eisrevue«* (1926/27), *»Der verzauberte Prinz«* (1926), die *»Six Parisiennes«*, *»Glitzernde Sterne«* (1927), *»Pierrots Flirt«* (1927/28), *»Carnaval«* und *»Die roten Schuhe«* (1930)[10], während der Zeit des Nationalsozialismus dann *»Fasching auf dem Eis«* (1938), *»Eiskarneval«* (1939), *»Eis-Kunterbunt«* (1940), *»Karl Schäfers Wiener Eisrevue«* (1942/43) und die »Baier-Schau« (1943) – letztere vor allem für die Betreuung der Wehrmacht.[11]

In der ausgebrannten Ruine des Sportpalastes kamen bereits 1946 ein *»Internationales Eisballett«* und *»Ein bunter Reigen schöner Bilder«* zur Aufführung – entsprechend der Zeit in sehr bescheidener Inszenierung und auf Natureis, da die Kunsteisanlage noch nicht wieder funktionstüchtig war.[12]

Mit *»Man vergnügt sich«* trat 1952 die »Wiener Eisrevue« in der wiederaufgebauten, aber noch dachlosen Arena vor das Berliner Publikum.[13] Nach Überdachung der Halle stellt sich 1953 zum ersten Mal »Holiday on Ice« vor, ein paar Monate später die »Eisrevue Sonja Henie«.[14] »Holiday on Ice« sollte dann bis 1958 jährlich ein Gastspiel geben.[15] Danach war es fast ausschließlich die »Wiener Eisrevue«, die regelmäßig im Herbst die Zuschauer begeisterte, mit *»Zauber der Liebe«* (1958), *»Land der Träume«* (1959), *»Illusionen«* (1960) oder – als letztes – mit *»Eiskarussell«* (1972).[16] 1954 stellte die Arbeitsgemeinschaft Berliner Eissportvereine unter dem Titel *»Märchenzauber«* eine eigene Eisrevue zusammen.[17] Walt Disney's Märchenschau *»Schneewittchen und die sieben Zwerge«* (Kilius/Bäumler) wurde 1968 gezeigt.[18] Mit *»Im Weißen Rößl auf Eis«* endet die Reihe der Eisrevue-Veranstaltungen des Sportpalastes im Dezember 1972.[19]

In Berlin gab es eine ganze Reihe von Vereinen, die sich dem Eissport – Kunstlauf, Schnellauf, Hockey – widmeten; oft waren es nur Abteilungen größerer Vereine, deren Hauptgebiete in anderen Sportbereichen lagen, die aufstiegen und wieder in Vergessenheit gerieten. Aber nahezu alle sind im Sportpalast mit ihren Kunst- oder Schnelläufern, mit ihren Mannschaften aufgetreten – sehr viele über einen längeren Zeitraum hinweg. Bereits 1911 begegnen im Sportpalast der »Berliner Fußball-Club Preußen« (BFC Preußen), der »Sport-Club Charlottenburg« (SCC), der »Berliner Fußball-Club Britannia« (BFC Britannia) und der »Berliner Schlittschuh-Club« (BSchC), der dann ab 1925 den Sportpalast bis zu dessen Ende begleiten sollte.

Ab 1925 bestimmen von den Berliner Vereinen fast ausschließlich der BSchC und der SCC zunächst das eissportliche Geschehen im Sportpalast, ab ungefähr 1930 auch zahlreiche andere Vereine wie der »Verein für Turnen, Spiel und Sport Brandenburg« (Brandenburg), der »Berliner Sport-Club« (BSC), der »Tegeler Eislauf-Verein« (Tegeler EV), die »Zehlendorfer Wespen«, der »Grunewald Tennis-Club« (Grunewald TC) oder der »Lawn-Tennis-Turnier-Club Rot-Weiß« (LTTC Rot-Weiß).

An Vereinen anderer deutscher Städte seien genannt SC Rießersee – der alte Rivale des BSchC –, EV Füssen, Münchener EV, Rastenburger SV oder VfB Königsberg, an ausländischen Vereinen Sparta Prag, Slavia Prag, ASC Warschau, Göta Stockholm, VK Engelmann Wien, Wiener EV, London Lions, Paris Canadians oder Budapester EV. Diese und viele andere Vereine waren in unterschiedlicher Häufigkeit im Sportpalast zu Gast, ebenso wie Mannschaften aus Kanada oder den Vereinigten Staaten.

Eishockey

Die Entwicklung wurde in Berlin in erster Linie durch den Berliner Schlittschuh-Club geprägt.[20] Bereits vor dem Ersten Weltkrieg gehörte er zu den besten Clubs Europas. Bis 1933 gewann er 15 Mal die Deutsche Eishockeymeisterschaft und stellte ab 1927 zum großen Teil die deutsche Nationalmannschaft. Vor allem durch ihn wurde Berlin ab Mitte der zwanziger Jahre zu einem Stützpunkt des Eishockeysports innerhalb Europas.

Das erste »kanadische« Eishockeyspiel – gespielt mit dem »Puck«, der kleinen Hartgummischeibe – hatte 1908 im Eispalast in der Luther-Straße stattgefunden. Bis dahin

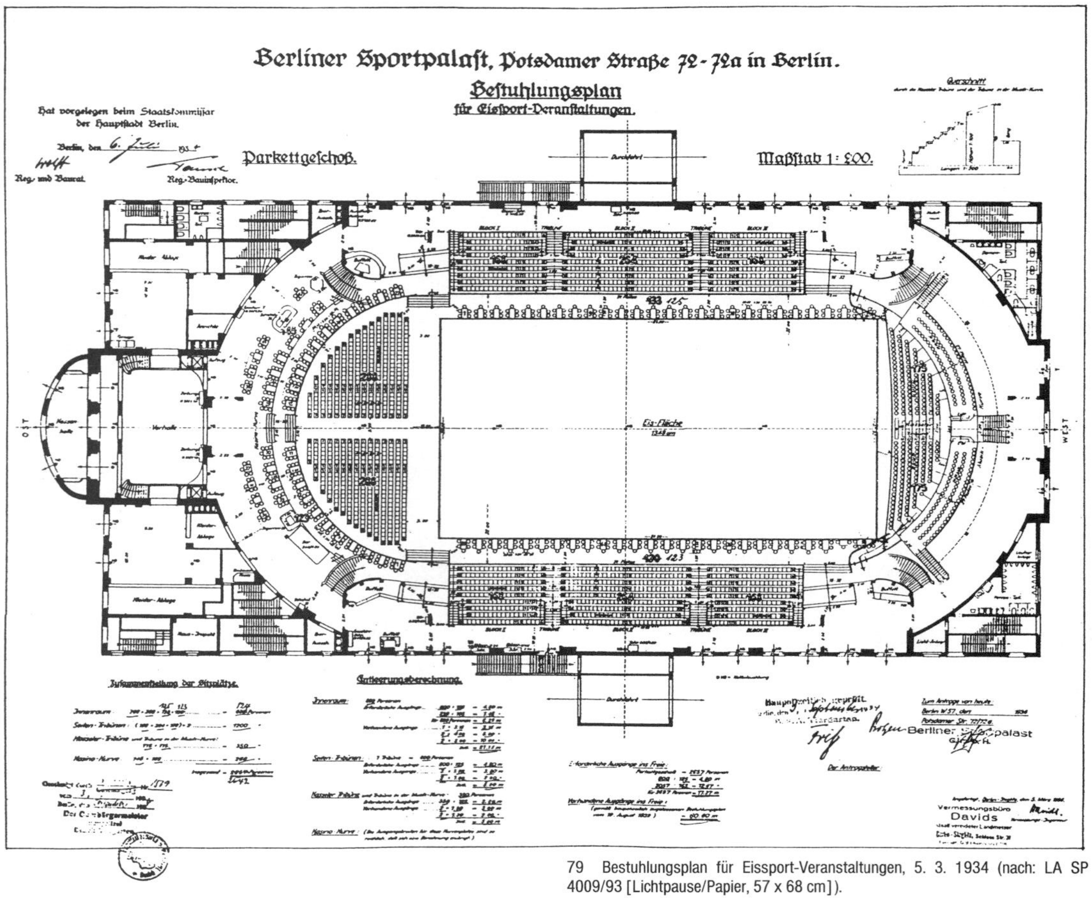

79 Bestuhlungsplan für Eissport-Veranstaltungen, 5. 3. 1934 (nach: LA SP 4009/93 [Lichtpause/Papier, 57 x 68 cm]).

80 Bestuhlungsplan für Eissport-Veranstaltungen, 12. 11. 1929 (nach: LA SP 4009/54 [Lichtpause/Papier/Leinen, 52,5 x 67 cm]).

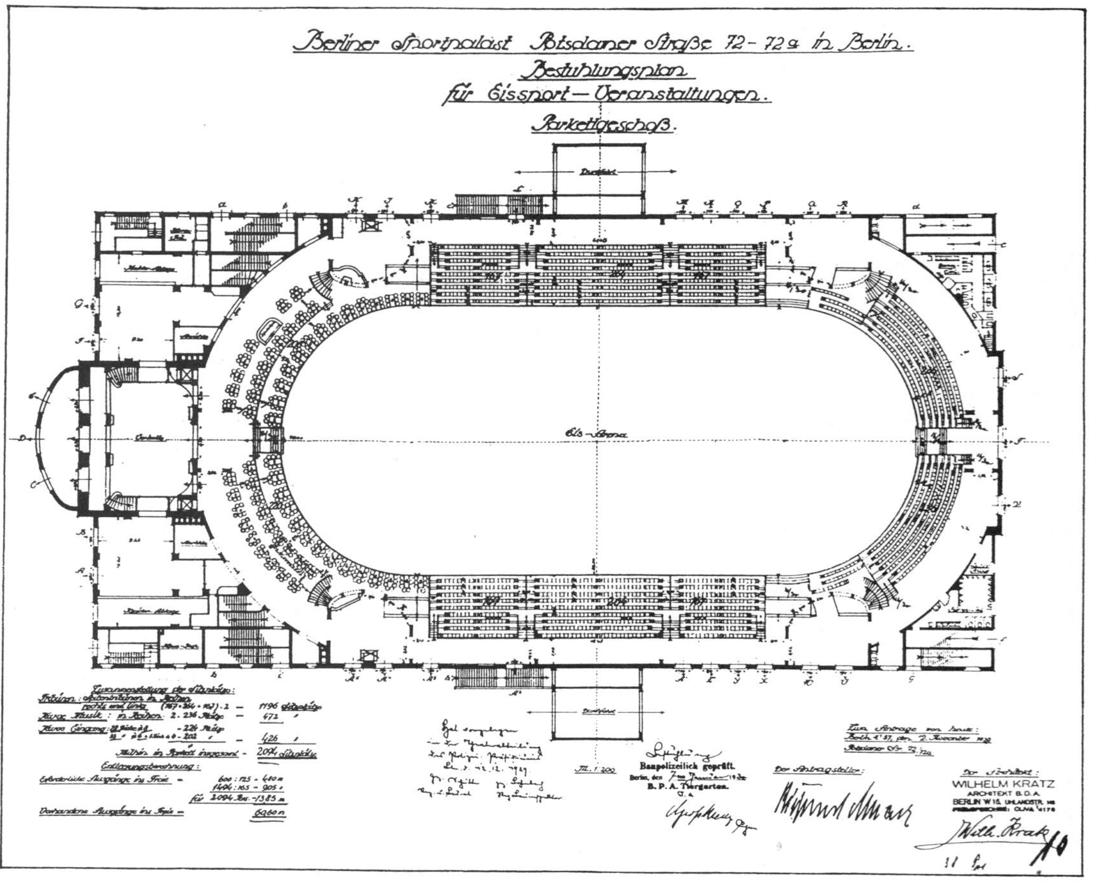

81 Mathilde Schulz, Eishockey im Sportpalast, 1927 (nach: Kat. Grosse Berliner Kunstausstellung 1927 (Veröffentlichung des Kunstarchivs Nr. 41–42, Berlin 1927, S. 91).

82 Eishockey, 1955; in der Mitte Siegfried »Sike« Zunker und Rolf Brand vom BSchC.

kannte man nur »Bandy«, das Spiel mit dem »Ball«.[21] Im selben Jahr wurde hier auch das erste Eishockeyturnier ausgetragen. Der Anstoß dazu ging vom BSchC aus. Alfred Steinke, aktiver Spieler des BSchC zwischen 1908 und 1930, schrieb darüber später: *»Daß dazu eine runde Scheibe gehört, war uns bekannt, ebenso die Größe der Tore. Von langen Eishockeystöcken hatten wir keine Ahnung, sondern wir nahmen unsere kurzen Bandystöcke und prügelten damit los. [...] Selbstverständlich verloren wir, aber wir haben uns doch gut gehalten und hatten wenigstens gesehen, was Eishockey eigentlich ist.«*[22] Damit war das kanadische Eishockey in Berlin etabliert.

Nach dem ersten Weltkrieg war die Situation für den Eissport in Berlin zunächst sehr schlecht. Zwar konnte bis 1922 die Eisbahn des Admiralspalastes genutzt werden, doch waren hier wegen der geringen Größe keine regulären Spiele möglich. Nach Schließung dieser Eisbahn gab es vorerst keine Trainingsmöglichkeit mehr – abgesehen von gelegentlichen Natureisbahnen im Winter. Vorübergehend wurde im Winter 1922/23 eine provisorische Bahn in der »Gesellschaft für Markt- und Kühlhallen am Gleisdreieck« eingerichtet. Wenn auch diese Kunsteisbahn *»mit ihren vielen Pfeilern, niedrig und ohne jedes Tageslicht keine ideale Trainingsstätte«* war, so bot sie doch immerhin *»einen Ersatz für die verschwundenen Eispaläste«.*[23]

Schließlich wurde 1925 auf Initiative des BSchC im Sportpalast wieder eine Eisbahn eingebaut. Der BSchC gewährte der »Berliner Sport-Palast A.-G.« ein Darlehen für die Kühlanlagen. Als Gegenleistung erhielt der BSchC vielfältige Vorrechte für die Nutzung der Eisbahn. *»Der BSC [BSchC] liefert durch die Firma A. Borsig (Tegel) die erforderlichen Kühlmaschinen mit Röhrenanlage und gibt damit der Berliner Sport-Palast-A.-G. ein Darlehen in Höhe der Kaufsumme. Dieses von der Berliner Sportpalast-A.-G. zu verzinsende Darlehen ist hypothekarisch auf dem Grundstück des Sportpalastes [...] sichergestellt. Die Hypothek ist den Zeichnern der Anteilscheine zur gesamten Hand verpfändet. Der BSC gibt also sein Geld nicht der Berliner Sport-Palast-A.-G. zur beliebigen Verwendung. Ein Vertreter des BSC hat eine eigene Geschäftsstelle im Berliner Sportpalast zur Vertretung und Durchführung der Interessen des BSC. Der amateursportliche Betrieb liegt ausschließlich in der Hand des BSC. Dazu gehören die Eissportwettkämpfe im Kunstlauf, Schnellauf und Eishockey. An zwei Tagen der Woche steht der Eispalast ausschließlich dem BSC zur Verfügung. Ein Teil der bei allen Veranstaltungen des BSC erzielten Bruttoeinnahmen fließen dem BSC zu.«*[24]

Damit verfügte der BSchC als einziger Berliner Verein über eine quasi eigene Kunsteisbahn. An den *»zwei Tagen der Woche«* war der BSchC *»wie Herr im eigenen Hause«.*[25] Daneben standen zusätzliche Trainingszeiten für Eishockeyspieler zur Verfügung. Für seine erste Saison hatte der BSchC ein Programm aus Kunstlaufwettbewerben und Eishockeyspielen ausgearbeitet. Die Weltmeisterschaften im Kunstlauf sollten den Saisonhöhepunkt bilden.[25] Allerdings wurden entgegen den Erwartungen die größten Erfolge durch Eishockeyveranstaltungen erzielt – obwohl der Eishockeysport zu dieser Zeit in Deutschland noch relativ unbekannt war. Der Besuch des Wiener EV mit seinem hervorragenden, kanadischen Spieler Blake Watson löste einen Eishockeyboom aus. *»So etwas haben wir in Berlin noch nicht gesehen, eine derartige Schnelligkeit, eine solche Sicherheit auf den Schlittschuhen und eine so fabelhafte Gewandheit bei der Handhabung von Stock und Scheibe.«* Bei dem darauffolgenden Spiel war der Sportpalast so voller begeisterter Zuschauer *»wie kaum bei einem Boxkampf«.*[27] Der BSchC wollte durch häufige Spiele die teure Unterhaltung der Eisbahn gewährleisten. Mangels

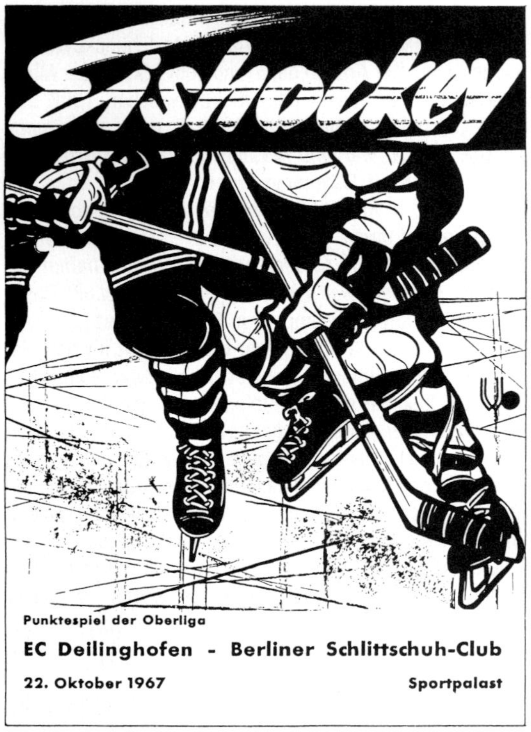

83 Programmheft zum Eishockeyspiel am 22. 10. 1967 (vgl. Chr).

ausreichend spielstarker Mannschaften in Deutschland wurden daher vorwiegend ausländische Mannschaften eingeladen. Dazu war der BSchC dank der hohen Besucherzahlen und seiner Beteiligung an den Einnahmen des Sportpalastes auch in der Lage. Genaue Zuschauerzahlen werden jedoch selten genannt. Lediglich nach Abschluß der ersten beiden Saisons wird ein Durchschnittsbesuch von *»4–6000 und noch darüber«* angegeben.[28] Das Ansteigen der Popularität spiegelt sich auch in den Pressestimmen. Zu dem ersten Spiel einer kanadischen Mannschaft im Sportpalast am 6. 2. 1927 wurde berichtet: *»Überfüllter Sportpalast, gänzlich ausverkauftes Haus, im schwarzen Handel phantastische Preise für Sitzplätze. Eishockey ist Trumph, ist heute der große Sport, und zwar aller Klassen.«*[29] Im selben Jahr schrieb der Chefredakteur von »Sport und Bild«, Kurt Doerry: *»Der Boxsport ist tot, es lebe Eishockey!«*[30]
Doch trotz dieser für den Eissport überaus positiven Entwicklung geriet der Sportpalast in immer größere finanzielle Schwierigkeiten. Ursprünglich sollte es im Sportpalast 150 Eislauftage pro Saison geben – 1925/26 und 1926/27 waren es jedoch nur etwa 110 und 1927/28 nur noch knapp 90.[31] Nach der ersten Saison wurden die zwei Clubtage in der Woche auf einen Tag gekürzt. Die Trainingszeiten der Eishockeyspieler waren von den Kürzungen nicht betroffen, offenbar deswegen, weil bereits in der ersten Saison die größten Einnahmen durch Eishockeyspiele erzielt wurden. Der BSchC konnte durch Umstrukturierung der ihm zur Verfügung stehenden Zeiten die Trainingsmöglichkeiten der Eishockeyspieler sogar noch verbessern. Er teilte die Clubabende in eine allgemeine Laufzeit – für alle Mitglieder des BSchC – und einen Programmteil, der quasi eine zusätzliche Trainingszeit darstellte. *»Die Eisarena steht bis zur Erledigung des vom Berliner Schlittschuh-Club veranstalteten Programms nur unseren aktiven Eisläufern (Kunstläufer, Schnelläufer, Eishockeyspieler) zur Verfügung.«*[32] Was den Außenstehenden verwundern mag, ist die Tatsache, daß der BSchC die bereits reduzierten Möglichkeiten seiner übrigen Mitglieder noch weiter zugunsten der aktiven Eisläufer beschränkte. Dieses verdeutlicht, wie sehr der BSchC sportliche Leistung und Erfolge in den Vordergrund stellte.
Für die »Berliner Sport-Palast A.-G.« wurde die Lage jedoch immer bedrohlicher. Im Frühjahr 1928 wurde schließlich der Sportpalast unter Zwangsverwaltung gestellt und ein Jahr später versteigert. Der BSchC erhielt sein Darlehen zurück. Damit erlosch die Interessengemeinschaft und die sich daraus ergebenden vertraglichen Vereinbarungen über die Vorrechte des BSchC bei der Nutzung des Sportpalastes.
Bei dem neuen Pächter, Richard Mueck, konnte sich der BSchC *»erfolgreich für die Wiederinbetriebnahme der Kunsteisbahn«* einsetzen. Ausschlaggebend dafür waren die *»in den letzten Jahren bewiesene sportliche und organisatorische Leistungsfähigkeit«* des BSchC sowie die *»Zusicherung intensiver Mitarbeit.«*[33] Der BSchC erhielt als Gegenleistung eine Umsatzbeteiligung und eine fünfzigprozentige Ermäßigung für seine Mitglieder auf die Eintrittspreise der Eissportveranstaltungen. Seine alleinige Entscheidungsgewalt über Eishockeyveranstaltungen sowie die anderen Vergünstigungen bei der Nutzung der Eisbahn hatte er jedoch verloren.
Bald machte sich jedoch die im Oktober 1929 einsetzende Weltwirtschaftskrise bemerkbar. Die Zahl der Betriebstage ging von Jahr zu Jahr zurück – sicherlich auch bedingt durch die große Zunahme politischer Veranstaltungen. In der Saison 1929/30 war die Eisbahn an rund 100 Tagen in Betrieb, 1930/31 an 69, 1931/32 an 28 und 1932/33 an 25 Tagen. Die Trainingsmöglichkeiten der Eishockeyspieler wurden immer dürftiger, 1930/31 *»gänzlich unzureichend«*. Der BSchC beklagte, daß der Sportpalast *»sich immer mehr zu einer Vorführungsstätte«* entwickelte.[34] Zu Beginn der Saison 1931/32 wurde die Eisbahn verkleinert; die Trainingszeiten entfielen ganz. 1932/33 wurde das Eis nur noch für sportliche Veranstaltungen bereitet.[35]
Diese negative Entwicklung war von rückläufigen Zuschauerzahlen begleitet. Ab 1930/31 gingen sie rapide zurück. Für Eishockey wollte *»nicht mehr die richtige Stimmung in Berlin aufkommen«*.[36] Einzig die Besuche der kanadischen Mannschaften und die Europameisterschaft 1932 waren große Erfolge.[37] So wurde zum Beispiel über das Spiel einer europäischen Auswahlmannschaft gegen die kanadische Manitoba-Mannschaft (15. 1. 1931) berichtet: *»Überhaupt die Zuschauer [...] Der Sportpalast hatte seinen großen Tag. Die Tribünen, die Ränge überfüllt, und hoch oben auf dem Olymp türmten sich die Massen derart, daß einem Angst um ihr Leben werden konnte. Draußen vor den Toren der Arena [...] setzten Leute [...] Karten für phantastische Schleichhandelspreise um.«*[38]
Bis 1930 hatte sich Berlin zum Zentrum des europäischen Eishockeysports entwickelt. Der Sportpalast war die *»Eisarena, deren es in Europa nur eine von diesem Format«* gab, und die *»in ihrer imponierenden Gestaltung von keinem Etablissement übertroffen«* wurde. Nirgends in Europa fanden *»so viele Wettspiele erster Mannschaften«* statt wie im Sportpalast.[39]
Doch die große Zeit des Eishockeysports im Sportpalast war nun vorüber.
Schuld daran hatten auch die ab 1930 in anderen europäischen Städten entstandenen neuen Kunsteisbahnen. 1930 eröffnete der amerikanische Sportmanager Jeff Dickson in Paris einen Eispalast, der »Palais des Sports« genannt wurde. Mit 14.000 Zuschauerplätzen war es die größte Eishalle Europas. Daneben entstanden in dieser Zeit in Kattowitz, Zürich und London weitere Kunsteisbahnen – in Berlin die erste Freiluft-Kunsteisbahn (Friedrichshain).[40]
Das Spielgeschehen erster europäischer Mannschaften verteilte sich jetzt auf mehrere Eissportstätten. 1931 wurden erstmalig die Spiele eines Turniers auf mehrere Orte verteilt, zum Beispiel die des Turniers um den »Jeff-Dickson-Pokal« auf Paris, London und Berlin.[41] Ein zweites »Drei-Städte-Turnier« veranstaltete der BSchC in diesem Jahr mit dem Wiener EV und dem LTC Prag. Die drei Vereine traten *»in Berlin, Prag und Wien jedesmal jeder gegen jeden zum Wettkampf«* an.[42]
Nach der Machtübergabe an die Nationalsozialisten nahm die Zahl der »Eistage« wieder mehr zu. Vor allem nachdem 1935 die Deutschlandhalle eingeweiht worden war und immer mehr Veranstaltungen, die früher im Sportpalast stattgefunden hatten, dort durchgeführt wurden. Die Eis-Veranstaltungen blieben dem Sportpalast jedoch erhalten – immer häufiger nun inszeniert in Zusammenarbeit mit der »NS-Gesellschaft Kraft durch Freude« (KdF), in den letzten Jahren vor Kriegsende durch das »Reichspropaganda-Amt Berlin, Dienststelle Sportpalast« (Rpropamt). In den Jahrzehnten nach dem Zweiten Weltkrieg blieben die relativ hohen Kosten für den Betrieb der Eisbahn im Sportpalast ein Problem. Im wesentlichen wurden überregionale Wettkämpfe ausgetragen. Ab 1956 gab es die offene Kunsteisbahn Neukölln, später das Eisstadion Wedding, die beide entscheidend kostengünstiger betrieben werden konnten.

Die bis 1914 international berühmt gewordene Mannschaft des BSchC bestand zum größten Teil aus Spielern, die in *»klimatisch günstigeren Ländern Schlittschuhlaufen gelernt«* hatten, *»und aufs Schlittschuhlaufen vor allem kommt es an, ob jemand als Hockeyspieler in Betracht kommt«*.[43]
Von den ausländischen Spielern blieben während des Ersten Weltkrieges lediglich der Schweizer Max Holsboer und der Schwede Nils Molander in Berlin; sie sorgten dafür, *»daß der Spielbetrieb nicht einschlief«*.[44] Ab 1923 spielten die Schweden Johannsson und Holmquist, die beide in Berlin lebten, für den BSchC. Mit Holsboer und Molander bildeten sie bis 1926 den Ausländeranteil der ersten Mannschaft; sie wurde als die *»internationale Mannschaft des Berliner Schlittschuh-Clubs«* bezeichnet (BSchC [IM]).[45] An weiteren Ausländern spielten in der Folgezeit für den BSchC: der Kanadier Dr. Roche (1926/27 und 1927/28), der französische Nationalspieler Simond (1926/27), der Wiener Herbert Brück (ab 1927/28) und Albert Hassler, *»der beste Eishockeyspieler der französischen Nationalmannschaft«* (1928/29).[46]
Inzwischen hatte sich der BSchC intensiv um die Nachwuchsförderung bemüht, eine Junioren- und eine zweite Mannschaft aufgebaut. Aus diesen wurde ab der Saison 1927/28 Gustav Jaenecke in die erste Mannschaft übernommen, der sich zum erfolgreichsten Spieler des BSchC entwickeln sollte und als »Justav« zum Berliner Publikumsliebling. Weitere Spieler folgten wie Rudi und Günther Ball, Horst Orbanowski, Frank von Korff, Rolf Reschke und Davidoff. 1932 bestand die erste Mannschaft fast ausschließlich aus ehemaligen Nachwuchsspielern.

Die meisten Eishockeyspiele im Sportpalast bis zum Ende des Zweiten Weltkrieges waren Freundschaftsspiele, sie beschränkten sich jeweils auf ein Hin- und ein Rückspiel. Eine Art von Liga gab es noch nicht. Ein- bis zweimal pro Saison wurden Turniere veranstaltet, an welchen in der Regel drei Mannschaften teilnahmen.[47] Daneben gab es hier Deutsche Meisterschaften, einmal eine Europa-Meisterschaft und ein Weltmeisterschafts-Endspiel, das kurzfristig in den Sportpalast verlegt worden war, da es im eigentlichen Austragungsort, Chamonix, aufgrund der verschlechterten Wetterverhältnisse nicht mehr durchgeführt werden konnte.[48]

Ein Eishockeyspieler war es, auf dessen Initiative 1951 die Arena des Sportpalastes wieder aufgebaut wurde: Heinz Henschel, ehemals LTTC Rot-Weiß, jetzt Mitglied des BSchC und Bankier. Als Spieler der »ersten Stunde« vertraten den BSchC neben Henschel unter anderen Rolf Brand, Rainer Kossmann, Jim Malacko, Georg Münstermann und Jack Yucytus.
1958 gelang dem BSchC zwar der Aufstieg in die Oberliga, 1966 in die Bundesliga, an seine Erfolge der Vorkriegszeit konnte er jedoch nicht wieder anknüpfen.

Eiskunstlauf

»...und Sonja tanzt!« – »Immer Jubel um Sonja.« – »Sonja, die Einzigartige« – »Königin des Eises« lauten Überschriften von Berichten über das Auftreten der norwegischen Eiskunstläuferin Sonja Henie.[49] Bereits bei ihrem ersten Erscheinen im Sportpalast am 12. Februar 1926, einem Schaulaufen zwischen Eishockeyspielen, eroberte die Dreizehnjährige die Herzen des Berliner Publikums. Und als sie am übernächsten Tag mit ihrem Landsmann Arne Lie im Wettbewerb um die Weltmeisterschaft der Paare lief, kannte die Begeisterung des Hauses keine Grenzen mehr, *»durch minutenlanges Applaudieren«* wollte man sie zu *»einer Verlängerung ihres Vortrages veranlassen«* wie das Berliner Tageblatt berichtet.[50] Sie belegte den fünften Platz. Aufgrund eines Zurufes vom Heuboden – von »Krücke« – wurde sie bald »Häseken« oder »Häsekin« genannt, hatte sie doch eine Hasenpfote als Talisman umgehängt. Mit »Krücke« war sie dann ihr Leben lang in Freundschaft verbunden. »Häseken« wurde die populärste und beliebteste Eiskunstläuferin im Sportpalast.
»Sie kam, im meergrünen Kleidchen, das frische runde Kindergesicht ein wenig gerötet in Eifer und leichter Befangenheit, in die Arena gelaufen, und freundlicher Beifall grüßte die Weltmeisterin und jüngste aller Olympioniken. Sie lachte glücklich und sie lief! Lief, glitt, sprang, drehte sich, ein kleiner Wirbelwind, und alles das war eine wundervolle Vereinigung von vollendeter, von wahrhaft weltmeisterlicher Kunst und von frischester, mädchenhaft-kindlicher Ursprünglichkeit. Was sie zeigte, ihre Mondfiguren, ihre Sprünge, ihre Pirouetten und als Krönung des Ganzen diese unerhörte Spitzenpirouette [...] alles gelang in der Vollendung, bezwang, riß zu immer erneut ausbrechenden, immer stürmischern Beifall hin« schrieb der Berliner Lokal-Anzeiger 1928.[51] Und im »Sport-Gotha« des Querschnitts von 1932 findet sich der Eintrag: *»Henie Sonja, genannt ›Häseken‹, etwas Überirdisches und ganz Charmantes, das die Arenen beider Hemisphären in Weißglut versetzt. Aus Norwegen (Oslo). Unübertreffliche Eiskünstlerin, zweifache Gewinnerin der Olympischen Spiele (1928, 1932), ungeschlagene Weltmeisterin (1927–1932). Unverständlicherweise noch unverheiratet. Regt die Sportpresse zu sprudelnden Füllfederkaskaden an. Vater: Steherweltmeister (1894).«*[52]
Nahezu alle EiskunstläuferInnen der Zeit vor dem Zweiten Weltkrieg zeigten im Sportpalast ihre Kunst. Doch niemand erreichte die Popularität von »Häseken«. Als sie jedoch versuchte, den »Sterbenden Schwan« zu kopieren, stieß das beim Berliner Publikum auf Ablehnung, sie hat ähnliches nicht wieder versucht.[53] Bis zu ihrem letzten Auftritt als Amateurin 1936 bei den Europameisterschaften zeigte sie sich oft im Sportpalast. 1936 verließ sie Europa und ging nach Amerika, um sich dem Berufssport zu widmen.

84 Das Idol der Berliner, die norwegische Eisläuferin Sonja Henie (»Häseken«) kurz vor dem Training im Sportpalast, 1928.

Im August 1953 trat sie mit ihrer Eisrevue noch einmal vor das Berliner Publikum. Sie starb 1969.
Bereits wenige Monate nach der Wiedereröffnung fanden im Februar 1926 die ersten Weltmeisterschaften im Sportpalast statt (der Herren und Paare), weitere folgten 1928, 1931 und 1938, außerdem zwei Europameisterschaften 1930 und 1936, neben zahlreichen Berliner und deutschen Meisterschaften.[54] Die großen internationalen Wettbewerbe dieser Zeit führten bald dazu, daß das Haus in der Potsdamer Straße zu einer *»nicht mehr wegzudenkenden Station in der internationalen Eislaufwelt«* wurde.[55]

So traten hier Megan Taylor und Cecilia Colledge aus England auf, die Schwedin Vivi-Anne Hulthén, die in Wien lebende Amerikanerin Hedy Stenuf, die kleine Etsuko Inada aus Japan, die Wienerinnen Hilde Holovsky und Fritzi Burger, der vielfache Olympiasieger und Weltmeister Gillis Grafström aus Schweden, Graham Sharp aus England, Elemer von Tertak aus Ungarn, Willi Böckl und Karl Schäfer aus Wien, im Paarlauf B. Rotter/L. Szollas und die Geschwister Szekrenyessy aus Ungarn, Andrée Joly/Pierre Brunet aus Frankreich sowie Herma Jarosz-Szabo/Ludwig Wrede und Lilli Gaillard-Scholz/Will Petter aus Wien.

Ganz zu schweigen von den deutschen Läuferinnen und Läufern wie Ellen Brockhöfft, Else Flebbe, Edith Michaelis, Viktoria Lindpaintner, Werner Rittberger, Paul Franke, Ernst Baier, Erich Zeller, Ilse Kishauer/E. Gaste, Hempel/Weiß, Gerda Strauch/Günter Noack oder Maxi Herber/Ernst Baier, die mit Ausnahme von Maxi Herber alle dem BSchC angehörten und – meistens mehrmals – die Deutsche Meisterschaft errungen hatten. Am erfolgreichsten war das Paar Herber/Baier mit sieben Deutschen Meisterschaften (1934–36, 38–41), fünf Europameisterschaften (1935–39), vier Weltmeisterschaften (1936–39) und einer Goldmedaille bei den Olympischen Spielen 1936. Nicht zu vergessen der »Eiskomiker« Benno Faltermeier und Lydia Veicht aus München oder Lisl Roth/Bruno Walter aus Nürnberg. Nach Amtsantritt Richard Muecks wurde 1929/30 die »Eisläufer-Vereinigung Sportpalast« (EVS) gegründet, über deren Erfolg allerdings nichts bekannt ist.[56]

Nach dem Zweiten Weltkrieg fanden außer zwei Berliner und sieben Deutschen Meisterschaften nur ein internationaler Wettbewerb im Sportpalast statt, die Europameisterschaften 1961.[57] Neben den regelmäßig wiederkehrenden Eisrevuen waren jetzt Schaulauf-Veranstaltungen beliebt wie »Internationaler Eislauf-Cocktail«, »Revue der Weltelite« oder »Gala-Revue der Eislauf-Stars«.[58] Hierbei traten auf: Erica Batchelor (GB), Ina Bauer (D), Gundi Busch (D), Sjoukje Dijkstra (NL), Regine Heitzer (A), Carol Heiss (USA), Alain Giletti (F), Alan Hayes Jenkins (USA), Manfred Schnelldorfer (D), Rita Pauka/Peter Kwiet, die Geschwister Maria und Otto Jelinek (CDN) und viele andere. Besonders erfolgreich und beliebt waren Ria Baran/Paul Falk, die bereits vor dem Krieg im Sportpalast gelaufen waren (Deutsche Meister 1947–52, Europameister 1952, Weltmeister 1951, Olympiasieger 1952) und das »Traumpaar« Marika Kilius/Hans-Jürgen Bäumler (Deutsche Meister 1958–59, 1963–64, Europameister 1959–64, Weltmeister 1963–64).

85 Bestuhlungsplan für Eiskunstlauf- und Eishockey-Veranstaltungen, um 1965 (nach: Akte SPA 4011/3,1 [Lichtpause/Papier, ca 26 x 42 cm]).

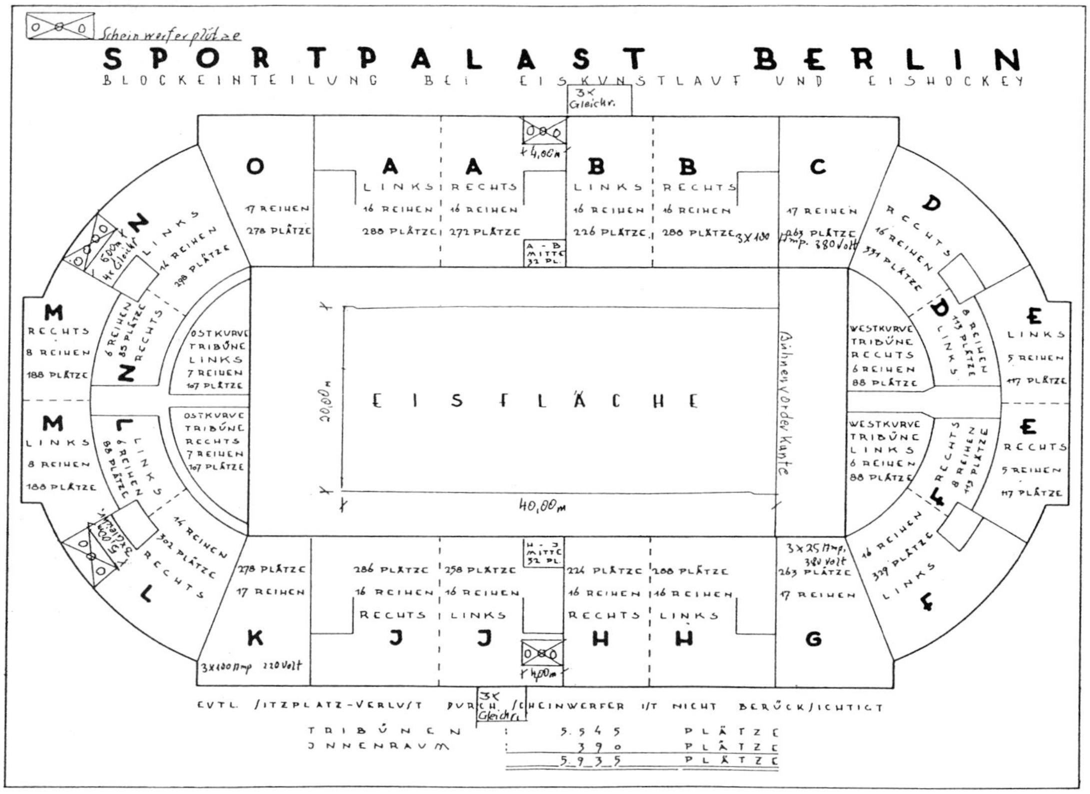

Anmerkungen

1 Vgl. Chr 1910 Nov 17, Nov 18-Dez 23; Dez 25–30; 1911 Jan 18-Feb 28; Mär 1–5.
2 Chr 1911 Mär 6–20, Apr 1–30.
3 Chr 1911 Okt 21–Nov 12.
4 Vgl. Chr 1911 Jan 23–24, Jan 27–Feb 12, Okt 4, 11.
5 Chr 1911 Feb 13.
6 Chr 1911 Jan 4, Sep 26, Okt 2, 5, 9.
7 Die letzte Eis-Veranstaltung fand am 12. 11. 1911 statt; die Eisbahn stand jedoch noch länger zur Verfügung. Vgl. Chr 1911 Nov 20–24, 27–29. Zu den Konkurrenzhäusern Eispalast und Admiralspalast vgl. den Beitrag von Michael Bollé.
8 Vgl. Chr 1925 Nov 26; das Eisballett wurde mit Unterbrechung bis 1926 (Mär 24) gezeigt.
9 Vgl. Chr 1930 Feb 11; 1931 Jan 25, Feb 18, 1932 Mär 13, 1933 Feb 14.
10 Vgl. Chr 1926 Nov 18–Dez 14; Dez 18–22; 1927 Jan 25–26; Feb 9–(?); Nov 26–Dez 30; 1928 Jan 1–5; 1930 Apr 17–30, Mai 3–15.
11 Vgl. Chr 1938 Feb 24–Mär 2; 1939 Feb 5–11; 1940 Feb 5–8; 1942 Nov 28–30, Dez 29–31, 1943 Jan 1–6; 1943 Apr 10–12, 17–18, 24–25, Mai 1–3, 8–9, 14–16, 22–24.
12 Chr 1946 Jan 19–20, 26–27.
13 Chr 1952 Feb 16–26.
14 Chr 1953 Apr 8–Mai 10; Aug 1–16.
15 Chr 1954 Apr 2–25; 1955 Apr 14–27; 1956 Apr 14–29; 1957 Mai 3–14; 1958 Apr 29–Mai 11.
16 Chr 1957 Nov 26–Dez 12; 1958 Nov 26–Dez 16; 1959 Nov 26–Dez 17; 1960 Nov 24–Dez 18; 1961 Nov 23–Dez 18; 1962 Nov 22–Dez 16; 1963 Nov 21–Dez 15; 1964 Nov 19–Dez 18; 1965 Nov 24–Dez 15; 1966 Nov 24–Dez 18; 1967 Nov 23–Dez 17; 1968 Nov 22–Dez 15; 1969 Nov 20–Dez 17; 1971 Sep 3–19; 1972 Sep 13–30.
17 Chr 1954 Dez 17–23.
18 Chr 1969 Jan 7–22, Mai 17–26.
19 Chr 1972 Dez 5–9, 11–16.
20 Dieser Abschnitt beruht auf der Staatsexamensarbeit des Verfassers: Die Entwicklung des Eishockeysports in Berlin in der Weimarer Republik, Berlin 1988 (Typoskript).
21 Ebenda, S. 11–13. Das erste Bandyspiel hatte am 4. 2. 1897 auf dem Halensee zwischen dem Akademischen Sport-Club Berlin und einer gemischten Mannschaft stattgefunden.
22 MdBSchC 14, Heft 6, 1929/30 S. 8. – Vgl. auch Entwicklung (wie Anm. 20), S. 13f.
23 MdBSchC 9, Heft 4, 1924/25, S. 7. – Vgl. auch Entwicklung (wie Anm. 20), S. 22f.
24 70 Jahre Berliner Schlittschuh-Club, Programm zu den Jubiläumsveranstaltungen des Berliner Schlittschuh-Clubs am 25. und 26. März 1963 im Berliner Sportpalast (Berlin 1963), S. 5f.
25 Wie Anm. 20, S. 23.
26 Vgl. Chr 1926 Feb 12–13.
27 MdBSchC 11, Heft 1, 1926/27, S. 9.
28 MdBSchC 12, Heft 5, 1927/28, S. 11. – Vgl. auch Entwicklung (wie Anm. 20), S. 49–52.
29 MdBSchC 12, Heft 11, 1927/28, S. 4.
30 MdBSchC 12, Heft 9, 1927/28, S. 19. – Eishockey wurde jetzt auch zum Thema für bildende Künstler wie Erich Büttner, Walter Trier (Kat. Sport 1927, S. 23 [Nr. 12, 20], 28 [Nr. 241]) oder Mathilde Schulz (Kat. Große Berliner Kunstausstellung 1927, Landesausstellungsgebäude am Lehrter Bahnhof, Berlin 1927, S. 22 [Nr. 439], 91 [Abb.]).
31 Wie Anm. 20, S. 50.
32 MdBSchC 11, Heft 9, 1926/27, S. 15.
33 MdBSchC 14, 1929/30, Heft 4, S. 4, Heft 6, S. 4.
34 MdBSchC 16, Heft 1/2, 1931/32, S. 3. – Vgl. auch Entwicklung (wie Anm. 20), S. 27.
35 MdBSchC 16, Heft 7, 1931/32, S. 11; 17, Heft 6, 1932/33, S. 3.
36 MdBSchC 17, Heft 6, 1932/33, S. 5.
37 Vgl. Chr 1931 Dez 12–13, 25–26; 1932 Mär 14–20.
38 MdBSchC 15, Heft 8, 1930/31, S. 11.
39 MdBSchC 11, Heft 8, 1926/27, S. 3; 14, Heft 4, 1929/30, S. 4; 15, Heft 9/10, 1930/31, S. 25.
40 Wie Anm. 20, S. 55f. – *»Nachdem alle technischen Einrichtungen glänzend funktionieren, wird am 1. Weihnachtsfeiertag, vormittags 9 Uhr, die neue Freiluft-Kunsteisbahn Friedrichshain ihr Pforten öffnen. Die Eintrittspreise an Sonn- und Feiertagen betragen für Erwachsene 75 Pf., für Kinder 35 Pf. An Wochentagen werden 60 Pf. bzw. 25 Pf. erhoben«* (Vw 24. 12. 1932). *»Eine [...] 40 × 60 Meter große Fläche steht bereits zur Verfügung, bei Frost die gesamte 4000-Quadratmeter-Bahn. Die feierliche Eröffnung findet allerdings erst am 8. Januar, nach Fertigstellung der Bauten und Tribünen statt«* (BT 25. 12. 1932).
41 MdBSchC 16, Heft 3/4, 1931/32, S. 37f.; vgl. Chr 1931 Okt 20–21.
42 Ebenda.
43 MdBSchC 11, Heft 8, 1926/27, S. 5.
44 MdBSchC 17, Heft 8, 1932/33, S. 15.
45 MdBSchC 12, Heft 4, 1927/28, S. 26.
46 MdBSchC 13, Heft 7, 1928/29, S. 5.
47 Wie Anm. 20, S. 60f.
48 Deutsche Meisterschaft: Chr 1926 Feb 28–Mär 1, 1930 Jan 10–13, 1931 Jan 21, 1939 Apr 7, 9–11. – Europameisterschaft: Chr 1932 Feb 9–10. – Weltmeisterschafts-Endspiel: Chr 1930 Feb 9–10.
49 Vw 10. 10. 1932; BLA 17. 3. 1932; 30. 11. 1931; 25. 12. 1931.
50 BT 15. 2. 1926.
51 BLA 27. 2. 1928.
52 Der Querschnitt XII, Heft 6, 1932, S. 429.
53 Vgl. Chr 1932 Dez 25–27. – Jaenecke, Puck, S. 138.
54 Chr 1953 Aug 1–16.
54 Weltmeisterschaften: Chr 1926 Feb 12–13 (Herren und Paare), 1928 Feb 24–27 (Herren), 1931 Feb 27–Mär 1, 1938 Feb 18–21 (Herren und Paare). – Europameisterschaften: Chr 1930 Mär 15–16 (Herren), 1936 Jan 24–27. – Deutsche Meisterschaften: Chr 1926 Mär 6–7, 1927 Jan 19, 1939 Jan 6–8 (Herren und Paare), 1941 Dez 20–21 (Herren). – Berliner Meisterschaften: Chr 1925 Dez 2–29, 1929 Mär 3, 1930 Dez 21, 1931 Feb 22–23, 1932 Mär 14–20, 1936 Feb 14–15, 1937 Apr 2–4, 1938 Dez 9–11, 1940 Feb 3–4, 1942 Feb 15, 1943 Mär 13.
55 Agr 11. 12. 1937.
56 *»Die Eisläufer-Vereinigung Sportpalast wurde unter Mitwirkung des Brandenburgischen Eissport-Verbandes gegründet. Jeder, der Interesse am Eissport hat, kann Mitglied werden. Politik und Religion sind grundsätzlich ausgeschaltet.*
Der Beitrag ist so niedrig wie möglich gehalten, um jedem zu ermöglichen, Mitglied zu werden. Neben einer Aufnahmegebühr von M 5,– stellt sich der Saison-Betrag auf M 36,– (zahlbar in zwei Raten).
Jedes Mitglied hat an allen öffentlichen Eislauftagen freien Eintritt zur Eisarena, während der Eintrittspreis sonst an Wochentagen vorm. auf M 2,– und nachm. M 1,50 festgesetzt ist. Des weiteren hat sich die Sportpalast-Direktion bereit erklärt, neben sonstigen Vergünstigungen bei allen Eishockeykämpfen 20 Prozent Ermäßigung auf die Eintrittspreise einzuräumen. Die Mitglieder der EVS genießen also enorme Vorteile, die in gar keinem Verhältnis zu dem geringen Beitrag stehen.
Neben dem Sport wird aber auch von der EVS Geselligkeit gepflegt werden: Eisfeste, Maskenbälle auf dem Eis und andere gesellschaftliche Veranstaltungen, wie Tanzvergnügen werden für die notwendige Abwechslung sorgen. Die Geschäftsstelle der EVS befindet sich im Sportpalast und ist jederzeit zu weiteren Auskünften bereit. Melden Sie jetzt schon Ihren Beitritt an!
Eisläufer-Vereinigung Sportpalast
Rittberger, Ulmer, Micheler, Mueck jr., Martin.«
(Anz., in: Eislauf Saison 1929/30, Ph).
57 Berliner Meisterschaften: Chr 1947 Jan 26, 1953 Jan 3–4. – Deutsche Meisterschaften: Chr 1954 Jan 16–18, 1955 Jan 14–17, 1957 Jan 19–21, 1959 Jan 9–11, 1963 Jan 17–20, 1967 Jan 4–8, 1971 Jan 14–17. – Europameisterschaften: Chr 1961 Jan 26–29.
58 Vgl. Chr 1955 Feb 26–27, Sep 14–16; 1956 Feb 23; 1957 Apr 7–9; 1958 Jan 18–19, Mär 5–6, Sep 12–14; 1959 Mär 24–26; 1960 Mär 29–31; 1961 Mär 28–30, Okt 13–15; 1962 Apr 3–5; 1963 Okt 22–24; 1964 Mär 24–25; 1965 Dez 30–31; 1966 Jun 23–26; 1967 Mai 31–Jun 3, 1968 Mär 14, 30–31, Nov 3–5.

He, he, he...
Zum Radsport

Dietrich Pawlowski

He, he, he! ertönte es aus Tausenden von Kehlen, wenn eine Jagd, ein Ausreißversuch beim Sechstagerennen einsetzte.

»He – he – he...«, überschrieb Walter Rütt seinen Artikel über Sechstagerennen in dem wohl hochkarätigsten Sport-Magazin der zwanziger Jahre, »Die Arena«.[1] Und überwiegend mit Sechstagerennen werden sich die folgenden Zeilen beschäftigen.

Am Anfang und am Ende der radsportlichen Geschichte des Hauses an der Potsdamer Straße stehen Sechstagerennen: das »3. Berliner Sechstagerennen« im März 1911 und das »68.« im Oktober 1972.[2]

In diesem Zeitraum von 62 Jahren fanden insgesamt 265 Veranstaltungen statt, die meisten von Professionals, nur 67 von Amateuren bestritten, verteilt auf nur 34 Jahre – 28 Jahre blieben »radlos«.[3] Gelegentlich gab es bei den Professionals auch Wettbewerbe für Amateure – und umgekehrt.

Die meisten Veranstaltungen wurden von 1919 bis 1933 durchgeführt, 171 allein in diesen 15 Jahren. Ab 1935 gab es in der alten Halle des Sportpalastes keine Radrennen mehr, die Deutschlandhalle war ihre neue Heimstatt geworden. Erst ab 1953, nach der Überdachung, fanden wieder Radsportveranstaltungen im Sportpalast statt, in den ersten Jahren auch von Amateuren. Von 1957 an – Wiedereröffnung der Deutschlandhalle – gingen die radsportlichen Aktivitäten stark zurück, sie beschränkten sich ab 1959 üblicherweise auf die Organisation von ein bis zwei Sechstagerennen im Jahr, wenn diese nicht auch in der Deutschlandhalle stattfanden, so daß es in einigen der folgenden Jahre keine Radrennen im Sportpalast gab. Den Amateuren stand das Haus nur noch 1962 für eine Reihe von Wettbewerben zur Verfügung.

Beim ersten Mal wurde die hölzerne Bahn – Breite 4,90 Meter, Kurvenhöhe 4 Meter – nur für das Sechstagerennen errichtet, auf der abgedeckten Eisfläche.[4] Zu den Arbeiten hatte das Publikum Zutritt, zu seiner Unterhaltung spielten zwei Kapellen. Da die Installation einer Radrennbahn relativ aufwendig und teuer war, ging man später dazu über, sie für eine Reihe von dicht aufeinanderfolgenden Veranstaltungen aufzubauen, was jedoch erst nach dem Ersten Weltkrieg richtig zum Tragen kam, als es regelrechte Radsport-Saisons gab; in diesem Rahmen konnten dann auch Amateure die Bahn benutzen, waren doch die entsprechenden Vereine beziehungsweise Organisationen finanziell nicht besonders gut gestellt, da die Mitglieder der Radsportvereine in der Regel aus weniger begüterten Kreisen stammten. Bereits im Herbst 1911 stand die Bahn für fünf Veranstaltungen innerhalb von 14 Tagen zur Verfügung, darunter ein *»25-Stunden-Rennen«*.[5] Auch hier hatte man die Bahn auf der abgedeckten Eisfläche errichtet. Nach der zweiten Veranstaltung wurde die Eisbahn in der Mitte des Ovals *»wieder geöffnet«*, um dem Publikum Gelegenheit zu geben, *»sowohl das Training der Rennfahrer zu beobachten [...] als auch den Eislaufsport auszuüben«*.[6]

Bis zum Beginn des Ersten Weltkrieges folgten nur noch drei Sechstagerennen und ein Abend mit verschiedenen Wettbewerben (1912 und 1914).[7] Im Jahr 1915 stand »Wohltätigkeit« auf dem Programm, an dreizehn Abenden in den Monaten Januar bis April durften dafür die Rennfahrer starten. Dann wurde der Sportpalast geschlossen und kriegsbedingter Nutzung zugeführt.

86 George Grosz, »6 Tagerennen«, 1913, Feder laviert, Blattgröße 20 x 25 cm, Bildgröße 16,3 x 20,5 cm; Privatbesitz; vermutlich während des 6. Berliner Sechstagerennens in den Ausstellungshallen am Zoo (8.–14. 3. 1913) entstanden.

Nach dem Krieg, nach der Freigabe des Hauses Anfang 1919, waren die ersten Radrennen in einer etwas ausgefallenen Veranstaltungsreihe unter dem Motto *»40 Tage Sportpalast«* zu sehen, bei der an einem Abend Radrennen mit Box- oder Ringkämpfen wechselten.[8] Der eigentliche radsportliche Aufschwung setzte jedoch erst nach Ende der Kino-Ära im Herbst 1921 ein.

Clemens Schürmann entwickelte 1925 eine Bahn – Länge 166,67 Meter, Breite 5,50 Meter –, die es erlaubte, die Geraden und Teile der Kurven schnell aus- und wieder einzubauen, während die Steilkurven stehen gelassen werden konnten, die zum Beispiel bei Boxkämpfen und Versammlungen kaum störten. Diese Bahn wurde – später leicht modifiziert – bis 1935 verwandt.[9] Ab 1953 kam eine Bahn von Georg Bremer zum Einsatz – Länge 166,66 Meter, Breite 5,90 Meter (mit neutralem Streifen).

Bei den einzelnen Veranstaltungen wurden üblicherweise drei bis fünf Wettbewerbe durchgeführt, seltener nur einer. Da gab es das Haupt-, das Ausscheidungs-, das Vorgabe- oder das Verfolgungsfahren, das Jagen nach Prämien oder Punkten über Zeit (30 oder 60 Minuten) oder Entfernung (25, 30, 50, 80 oder 300 Runden), Mannschaftsrennen – oft nach Sechstageart – von einer Stunde bis zu sechs Stunden (häufig drei Stunden) oder über 50 bis 100 Kilometer. Beliebt war besonders in den zwanziger Jahren das »Flieger-Match« mit Vor-, Zwischen- und Endläufen in zahlreichen Variationen. Gelegentlich fanden 25-Stunden-Rennen – auch unter dem Namen »Die Nacht« – nach Sechstageart statt.[10]

Darüber hinaus führten die Amateure, der Bund deutscher Radfahrer, von 1922 bis 1925 sechs Radsportfeste durch, bei denen neben Renn-, Reigen- und Kunstfahrwettbewerben auch Radballspiele gezeigt wurden.[11] Berühmt waren Willy Gutschmidt vom Kunst-RV Caputh 1907 im Einer-Kunstfahren und vor allem der Achterkunstreigen des RV Blitz-Neukölln.

Es waren jedoch die Sechstagerennen – auf gut berlinerisch »Six days« –, die das Haus an der Potsdamer Straße als Stätte der Radrennfahrer weiten Kreisen der Bevölkerung bekannt gemacht haben. Von Anfang an heftig umstritten, geliebt und verdammt, hat das Sechstagerennen die Zeiten – auch den Sportpalast – überdauert, trotz gelegentlicher Schiebungen und betrügerischer Absprachen. Das Reglement unterlag im Lauf der Zeit einer ganzen Reihe von Veränderungen, so kamen Wertungs- und Prämienspurts hinzu und aus 144 Stunden wurden 145 Stunden. Das »7.« (1914) wurde erstmalig »nach Punkten« entschieden. Diese Punktwertung wurde dann von Mac Farland für alle Sechstagerennen in den USA unter dem Namen »Berliner System« eingeführt.[12] Später kamen »Derny-Rennen« und Amateurwettbewerbe – oft als Vorrennen – dazu, ab 1964 die »Kleinen Sechstagerennen« der Amateure.[13] Von den 68 Berliner Sechstagerennen fanden 44 im Sportpalast statt, neun in der Deutschlandhalle, acht in der Sporthalle am Funkturm, vier in einer der Autohallen am Kaiserdamm und drei in den Ausstellungshallen am Zoologischen Garten.[14] In letzteren fiel am 16. März 1909 um 22.00 Uhr der Startschuß zum ersten Berliner Sechstagerennen. Es war gleichzeitig das erste dieser aus den USA übernommenen Rennen auf dem europäischen Kontinent. Von Berlin gingen die Impulse aus. Bald wurden in Städten wie Bremen, Breslau, Dresden, Hamburg, Hannover oder Kiel »Six days« organisiert, aber auch in Brüssel oder Paris.

Durch »Allerhöchste Weihe« – Besuch der Kaiserin und des Kronprinzen schon bei der Vorbereitung des »1.« –

87 »Die Post geht ab...! Stimmungsbild wie höchste Erregung beim 6=Tage=Rennen sich offenbart, wenn ein oder mehrere Fahrer einen Vorstoß unternehmen – die ›Post abgehen‹ lassen« (nach: Blätter des Sportpalastes, Wintersaison 1925/26, Drittes Heft, S. 15).

88 Hochbetrieb im Innenraum beim 17. Berliner Sechstagerennen (4.–20. 11. 1926; vgl. Chr; nach: Zeitungsausriß, 17. 11. 1926).

wurde der Besuch des Sechstagerennens »hoffähig« und damit »gesellschaftsfähig«. Das Publikum setzte sich aus allen Schichten der Bevölkerung zusammen. Dazu gehörte auch »Krücke«. 144 Stunden im Sattel – ohne Unterbrechung. Das mußte man einfach gesehen haben. Aber wie hineinkommen in die Ausstellungshallen? *»Geld [...] war so knapp, daß es bodenlos leichtsinnig gewesen wäre, es für einen solchen Zweck auszugeben«*, schrieb Krücke in seinen Erinnerungen.[15] Kurz entschlossen ließ sich der 20jährige mit einem Freßpaket lange vor Beginn in der Arena an der Hardenbergstraße einschließen und ließ sich keine Sekunde dieser sechs Tage und Nächte entgehen. Seither war er diesem Spektakel restlos verfallen. Aber nicht nur »Krücke« hatte das Sechstage-Fieber erfaßt. Selbst das vornehme Berlin W. zeigte sich.

»Die Gesellschaft, die all diesem bizarren und sehr vergnüglichen Treiben zuschaut, ist standhaft bis zum Morgengrauen. Immer noch stehen des Nachts Kopf an Kopf Tausende von Menschen auf den Galerien. Und in den Logen und im Innenraum sieht der Kenner von Berlin W. Gesichter aus jenen Kreisen, die sonst der Radrennerei nicht hold sind, die mehr den Pferderennstall und die Pferdestärken des Automobils lieben. Oder die gar nichts von Sport verstehen und nur das grelle Bild in sich aufnehmen wollen, begleitet von den Walzerklängen der nächtlichen Kapelle. Schöne Frauen im Ballkleid und Männer in schwarzem Frack und spiegelblankem Zylinder. ›Donnerwetter – tadellos!‹ rief Giampietro, als er heute lange nach Mitternacht die Arena betrat, und fester klemmte er das Monokel ins Auge, ließ das Rennfeld Revue passieren und dachte wohl an den Clou der nächsten Revue im Metropol...«, schrieb das Berliner Tageblatt am 17. 3. 1909.

Zu einer Attraktion entwickelte sich schnell die provisorische Holzbrücke, die sowohl in den Ausstellungshallen als auch im Sportpalast jedesmal errichtet werden mußte und für das Publikum den einzigen Zugang zum Innenraum der Bahn bildete – im Sportpalast bis 1924, als zwei Tunnel eingebaut wurden. Wer über diese Brücke ging, wurde gesehen. Und so erfolgten hier gegen Mitternacht, wenn die Theater und anderen Vergnügungsstätten geschlossen hatten, die großen Auftritte.

Die eigentlichen Kenner des Sechstagerennens kamen jedoch aus den Kreisen der Arbeiter und kleinen Angestellten, von denen viele Mitglieder in einem der zahlreichen Radsportvereine waren wie ARV Vorwärts, BRV Argo 1886, BRV Arminius 1894, BRC Concordia, BRC Defekt 02 oder RV Adler, um nur einige zu nennen. Mehr als in anderen Veranstaltungsarten konnte sich beim Sechstagerennen die Volksseele entfalten. *»Die Sachverständigen stehen von abends bis morgens oberhalb der Kurven und auf der Galerie dichtgedrängt wie in einer Sardinenbüchse. Sie wenden keinen Blick von dem durch den dichten Rauch kaum sichtbaren, seine ewig gleichbleibenden Kreise auf dem Holzoval ziehenden bunten Schmetterling, der sich aus den Radsportkoryphäen aller Länder zusammensetzt. Ihnen entgeht nichts. Dauernd wägen sie die Chancen der einzelnen Paare ab. Sie kennen jeden Fahrer und seine Lebensgeschichte, seine Stärken, seine Schwächen, seine Ei-*

89 »Neu=Berliner Nacht=Bummel: Die elegante Welt um 4 Uhr früh beim 6 Tage=Rennen, dessen Besuch kein Berliner Nachtbummler versäumt« (nach: Berliner Illustrirte Zeitung 1912, S. 166).

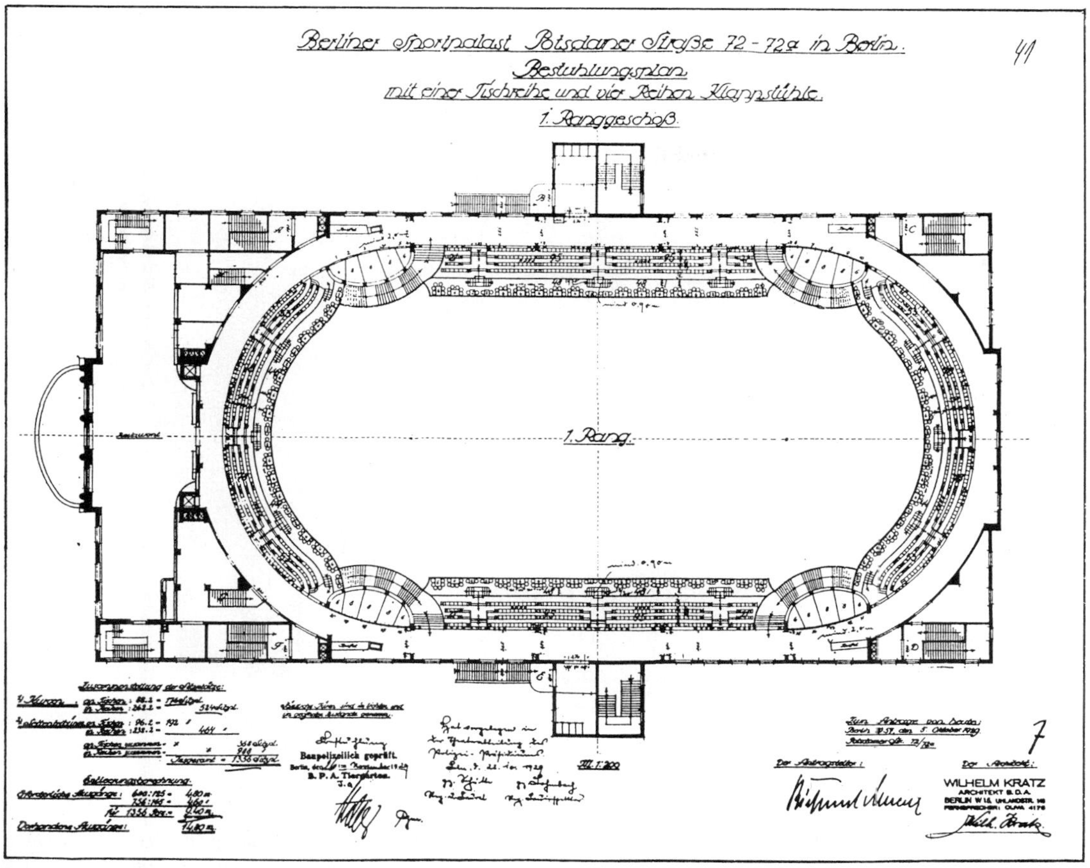

90 Bestuhlungsplan, 1. Rang, 5. 10. 1929 (nach: LA SP 4009/40f. [Lichtpause/Papier/Leinen, 53 x 68 cm]).

91 Bestuhlungsplan für die Veranstaltung von Radrennen, 4. 10. 1929 (nach: LA SP 4009/35f. [Lichtpause/Papier/Leinen, 53 x 68 cm]).

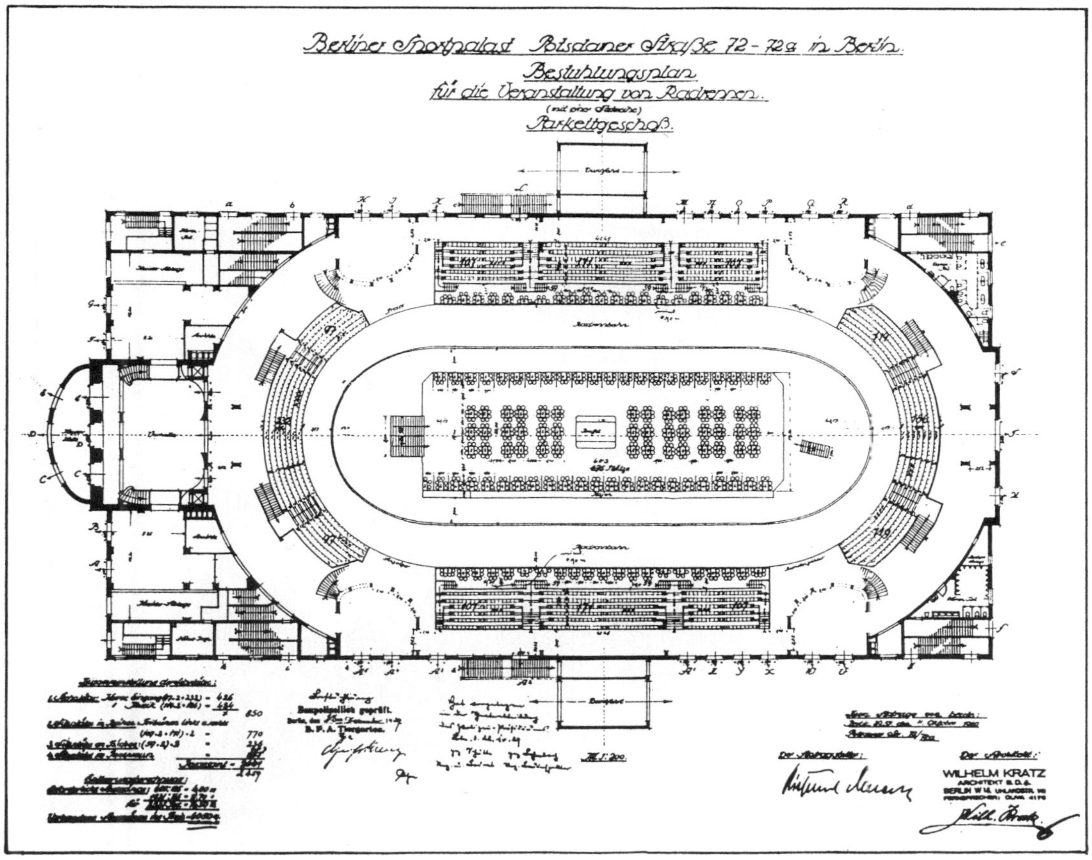

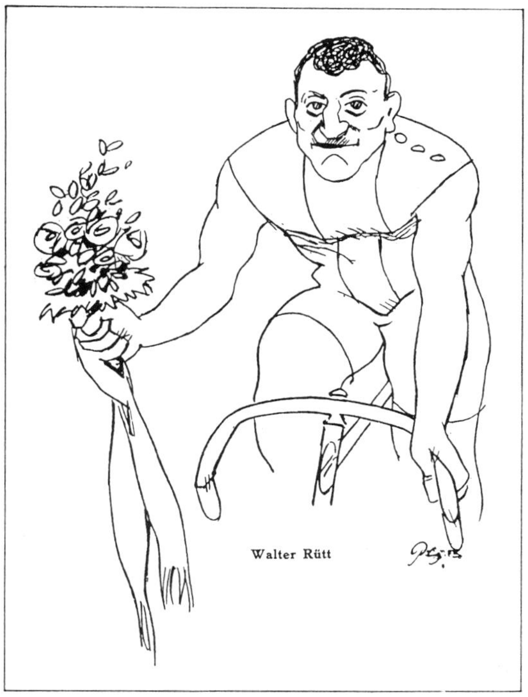

92 Walter Rütt, der »Sechs-Tage-Kaiser« (nach: Budzinski, Sechs Tage, S. 17).

genschaften. Sie rufen ihn beim Vornamen und fechten für ihren Liebling, wenn es darauf ankommt, Boxkämpfe bis zum k. o. aus. Auf der Kurve und hoch oben im Olymp herrscht stets ›dicke Luft‹, denn jeder vertritt seine Meinung laut und deutlich« (Walter Rütt 1926).[16]

Wen wundert's daß auch Gauner und Ganoven bei diesem Volksfest ihre Chance witterten? Vor allem in den zwanziger Jahren gibt es immer wieder Berichte über Festnahmen von langgesuchten Verbrechern durch Kriminalbeamte auf den Sechstagerennen.[17] Die Unruhe, die von den Ausstellungshallen während der »Six days« ausging, störte die Gemeinde der benachbarten Kaiser-Wilhelm-Gedächtnis-Kirche. Sie erhob bei den zuständigen Behörden dagegen Einspruch und hatte schließlich Erfolg. Das dritte Berliner Sechstagerennen wurde daher im Sportpalast 1911 durchgeführt.[18] Nur noch einmal, im Jahr 1913, erlebten die Ausstellungshallen ein Sechstagerennen.[19]

Held jener Zeit war der »Sechstage-Kaiser« Walter Rütt, geboren 1883 in Aachen, Fliegerweltmeister 1913, Sieger von Sechstagerennen in New York (1907, 1909, 1912), Frankfurt am Main (1911) und Berlin. Hier siegte er mit dem Australier Clark beim 2., mit dem Niederländer John Stol beim 3.–5. und mit dem Belgier Emile Aerts beim 13. Sechstagerennen. Später war er sportlicher Leiter von Sechstagerennen und Erbauer der nach ihm benannten »Rütt-Arena«, die im Juni 1926 eröffnet bereits am 3. Mai 1931 abbrannte.[20]

»Im Ausland groß geworden, gierig auf das Geld, das er dort verdienen konnte, hatte er, ein junger, flotter Mensch, auf die Pflicht gepfiffen, die damals in vielen Ländern der Welt als die höchste galt, auf die Dienstpflicht. Er hatte darauf gepfiffen und man hatte ihn geächtet. Aber in Amerika wußte man nichts von Dienstpflicht, und nicht viel von Ächtung, in Amerika gewann der junge Fahnenflüchtige seine Sechstagerennen und nun brauchte man ihn auch in Deutschland. Die Sechstagerennen waren dort ohne ihn nicht populär zu machen, man rief nach Walter Rütt. Im Jahre 1910 intervenierte der deutsche Kronprinz, für den ein Sechstagerennen ein neues, ungeahntes Erlebnis geworden, beim Kaiser, Rütt wurde begnadigt, er kam nach

93 Paul Simmel, John Stol; Sieger unter anderem beim ersten Sechstagerennen im Sportpalast, dem 3. Berliner Sechstagerennen (mit Walter Rütt; nach: Budzinski, Sechs Tage, S. 47).

Berlin. Kam, sah und siegte im 2. Berliner Sechstagerennen. [...] Er fuhr nun in der sechsten Nacht des dritten Berliner Sechstagerennens am 29. März 1911 einem neuen sicheren Siege entgegen. [...] der Kronprinz, dessen goldene Manschettenknöpfe der Deutsche gewonnen, hatte die Hofloge betreten, Rütt war in der Kurve nach oben gegangen und rief den anderen zu: ›Nun aber los, Kinder, die Leute wollen was sehen!‹ und schon stürmte er davon. Es gelang nur einem, sein Hinterrad zu halten, das war Jimmy Moran. Ein Mann, häßlich wie die Nacht. [...] An der Koje stand brennenden Auges eine Frau. Sie konnte sich nicht satt sehen an den Bewegungen des häßlichen Gnoms, der so unheimlich verwachsen schien mit dem Rade, das er vorwärtstrieb. [...] Sie stand sechs Nächte schon neben seiner Koje. Sie wußte gar nicht, warum ihr dies alles so gefiel, diese dunstige Halle, der beizende Rauch, die Schreie der Menschen, die Vorstöße der Fahrer und dazu Jimmy Moran. [...] wenn Jimmy Moran das dritte Berliner Sechstagerennen gewänne. ›Aber er kann es doch nicht gewinnen‹, sagte ihr Begleiter, der Theaterdirektor. [...] ›Aber er muß es gewinnen!‹ – ›Dann vergifte doch Rütt.‹ – ›Wie macht man das?‹ Da drängte sich der Pfleger von Jimmy Moran an die Barriere. ›Fräulein, wenn Sie es fertigbringen, daß der olle Rütt Sekt trinkt und 'ne Banane ißt, dann kann er nicht weiterfahren.‹ [...] Schon stand sie an der Koje des Walter Rütt und schon trank sie ihm zu, drückte ihm das Glas in die Hand, guckte ihm tief in die Augen und Rütt stürzte den Sekt hinunter. [...] Und Rütt trat in die Pedale, daß es nur so eine Art hatte. Wenn er an der Kojenseite vorbeifuhr, warf er der Frau immer einen langen Blick zu und die Frau blieb stehen an seiner Koje und wartete bis er abgelöst war. Rütt trat auf sie zu und sie plauderten. [...] Plötzlich nahm die Schauspielerin eine Banane in die Hand und biß an der einen Seite ab, steckte den Rest Rütt in den Mund und sagte: ›Essen Sie!‹ Und Rütt [...] aß die Banane. Er wußte nicht, warum Moran höhnisch grinste und er wußte nicht, warum die Frau plötzlich wieder an der Koje des Amerikaners stand, er wußte gar nichts mehr, außer daß er plötzlich wahnsinnige Schmerzen hatte und in die Kabine geschafft werden mußte. Oben aber gingen die Amerikaner los und Rütts Partner Stol hielt sich krampfhaft, wie ein Besessener auf dem Rade. [...] ›Magen auspumpen‹, schrie der Arzt und zwei Männer mußten den mutigen Sechstagekaiser festhalten [...] bis er endlich dalag, ohne Sekt und ohne Banane im Magen, matt und halbtot. Und der Holländer Stol, sein Freund und Partner kämpfte oben weiter. [...] Der Manager der Mannschaft stürzte in den Sanitätsraum und rief: ›Walter, Du mußt aufs Rad.‹

94 Fritz Heinsheimer, »Richard [wohl Piet] van Kempen im Sportpalast«, 1927; Farblithographie, Bildgröße ca 34 x 52 cm, Blattgröße 48 x 58 cm; Berlin, Kupferstichkabinett, SMPK.

[...] Sie ergriffen ihn und schminkten ihm die leichenblassen Backen rot, daß er aussah, blühender als beim Start, und sie schoben ihn die Treppe hinauf. [...] und er sah nach oben [...] in die Menschenmassen, die dort schrien ›Rütt, Rütt‹ und plötzlich konnte er wieder gehen und plötzlich drehte sich nichts mehr vor seinen Augen. Fest stand der Sportpalast. Noch einmal spuckte Rütt aus und ließ sich aufs Rad setzen und fuhr los, gerade in dem Moment, als Stol hundert Meter zurückgefallen war und alles aufgeben wollte, [...] da löste er den Holländer ab, der beinahe

95 Paul Paeschke, Sechstagerennen, um 1927–30; Kreide/Papier, 18 x 23,6 cm; Berlin, Berlin Museum, Inv. GHZ 76/4.

96 Unbekannter Künstler, Radrennen im Sportpalast (nach: Foto SPA).

vom Rad fiel. Und er trat in die Pedale, obwohl ihm der Magen wie von Messern zerschnitten war, trat in die Pedale und holte die hundert Meter auf und kam auf gleiche Höhe wie Jimmy Moran. Der guckte sich um, wer ihn da plötzlich eingeholt hatte und sah Walter Rütt wie ein Gespenst neben sich erscheinen. […] ›Gott verdamm mich, wo kommst Du denn her?‹ – ›Aus der Hölle‹, war die Antwort. Da hörte Jimmy Moran auf zu jagen und er stieg vom Rad […]« (Rolf Nürnberg 1932).[21]

Solche Versuche, den Gegner durch kleine Tricks auszuschalten, kamen seit den Anfängen des Sechstagerennens vor. Unter anderem war das für Carl Diem bereits 1911 ein Grund, den sportlichen Gehalt dieser Rennen anzuzweifeln.[22] Die Tricks waren vielfältiger Natur. *»Da hatte einer Reifenschaden gerade im entscheidenden Moment, da riß einem anderen der angeschnittene Pedalriemen, da prügelte ein Dritter einen Vierten und so entstand […] die eigentümliche Atmosphäre dieser Konkurrenzen, in denen neben den Schiebungen und neben dem Skandal immer wieder die große Leistung auffällt.«*

»Sie wissen beinahe instinktiv, diese Sechstagematadore, daß das Publikum sich mitunter gern betrügen läßt und sie haben im Laufe der Jahre nur das Wörtchen ›mitunter‹ vergessen. Sie trieben es etwas zu weit und es war kein Wunder, daß ihnen als Antwort von den Kurven und den Rängen herunter der Ruf ›Schieber‹ entgegenklang. Ihre Leistung aber blieb bestehen […], die Leistung vieler wilder Jagden, aber nicht selten merkte man am matten Ablauf eines Sechstagerennens ein zweites Rennen, das hinter den Kulissen um den Siegespreis vor sich ging. […] Da zahlte einmal einer, der Ehrgeiz hatte oder einmal einer, der fürs nächste Rennen engagiert werden wollte, da wurden Notizbücher aufgelegt, in denen die Abmachungen verzeichnet standen, da wurden förmliche Verträge abgeschlossen, bis Walter Rütt, der als ehemaliger Fahrer genau alle Schliche und Tricks kannte, in seiner Eigenschaft als Rennleiter dazwischenfuhr und den Managern die Verträge aus der Tasche riß […]« (Rolf Nürnberg 1932).[23]

Schließlich darf nicht vergessen werden, daß für manchen Fahrer eine Menge Geld auf dem Spiel stand. So erhielten 1911 beim ersten Sportpalast-Rennen die Sieger 5000 Mark, die Nächstplazierten 4000, 3000, 2000 und 1000 Mark, außerdem *»bekam jeder von ihnen als Tagegeld die hübsche Summe von 1200 M. Rechnet man schließlich noch die Einnahmen von den Fahrradfabriken, die mit dem Siege Reklame machen, hinzu, so brachte der Kampf einem jeden von ihnen ein ganz nettes Jahreseinkommen. […] Die Startgelder waren für die übrigen Fahrer natürlich je nach Leistungsfähigkeit und Ruf geringer«* (BLA 31. 3. 1911).[24]

Ein Notizbuch spielt auch bei dem Skandal des 20. Berliner Sechstagerennens 1928 eine Rolle, in den auch der berühmte Piet van Kempen verwickelt war, über den der »Sport-Gotha« notiert: *»van Kempen Piet, genannt ›der fliegende Holländer‹, 33 Jahre und glücklich verheiratet, europäischer Sechs-Tage-Matador, öfter gemaßregelt. In Berlin unerhört populär, macht volle Häuser. Ein mitreißendes Temperament, das in den Spurts unüberwindlich ist. Feierte mit Buschenhagen ein viel gelästertes come back«.*[25] Gehören sollte das »rote Notizbuch« van Kempen, der sorgfältig aufgeschrieben habe, was er den Kollegen zahle, wenn die ihn weiter gewinnen lassen würden. Der strahlende von der Damenwelt angehimmelte Held ein Hochstapler und Betrüger? Van Kempen bestritt alles und behauptete, ein Konkurrent habe ihm das Notizbuch als Knüppel zwischen die Speichen geschoben. Der Verdacht fiel auf den Manager eines französischen Teams. Und Paul Buschenhagen argumentierte: *»Das hatte der Piet doch gar nicht nötig.«* Wie dem auch sei, restlos geklärt wurde der Vorfall nie, auch wenn es zu mehrmonatigen Lizenzentziehungen kam.[26] Über Buschenhagen gibt auch der »Sport-Gotha« Auskunft: *»Buschenhagen, Paul, genannt ›Buschi‹, Berliner, 26 Jahre alt und Inhaber eines Bugatti-Rennwagens. Bestgehaßter Sechstagefahrer, sechsmal verlobt. Bekannter Sechstage-Verkäufer«.*[27] Buschenhagen war im Kiez am Sportpalast aufgewachsen. Er wurde ausgepfiffen und umjubelt. Niemals hatte er Schwierigkeiten, einen Vertrag zu erhalten. Das Ausland riß sich um die Primadonna mit Allüren. Gehörte auch noch Piet van Kempen zm Feld, dann *»brannte die Luft«,* herrschte knisternde Spannung. Die Rivalität der beiden Diven garantierte volle Häuser. *»Piet und ich waren so verfeindet, daß wir auf der Bahn nie ein Wort miteinander wechselten«,* erinnert sich Buschenhagen heute. Die erbitterte Sprachlosigkeit hörte erst auf, als van Kempen seinen Gegner anbot: *»In der nächsten Saison fahren wir zusammen.«* Damit war das Schicksal der Konkurrenz besiegelt. 1929/30 gewinnen die beiden, was zu gewinnen war: Sechstagerennen in Breslau, Stuttgart, Brüssel und Berlin.[28] Das war schlecht für die Mitfahrer – und fürs Geschäft. Die Veranstalter schieden die »Ehe«. *»Wir waren zu stark.«*

Kurze Zeit nach dem Verbot der Sechstagerennen durch die Nationalsozialisten 1934 stieg auch Buschenhagen aus dem Sattel. Er hatte gut verdient in diesen goldenen Radsportjahren und investierte seine Ersparnisse zunächst in der Konfektions-, später in der Spirituosenbranche. Nach dem Zweiten Weltkrieg war Buschenhagen sportlicher Leiter der ersten Sechstagerennen in der Sporthalle am Funkturm, als Sportpalast und Deutschlandhalle noch Ruinen waren.

1924 siegte beim 11. Berliner Sechstagerennen Carl Saldow mit Willy Lorenz. Es war Saldows vierter Berliner Sieg, nachdem er mit Willy Lorenz beim »7.«, mit Willy Techmer beim »8.« und mit Fritz Bauer beim »9.« den Lorbeer errungen hatte. Von 1911 bis 1924 konnte er bei 15 Sechstagerennen siebenmal den ersten Platz erkämpfen.[29]

Im selben Jahr erjagten in der Arena am Kaiserdamm beim 12. Berliner Sechstagerennen Richard Huschke und Franz Krupkat mit 4544,200 Kilometern einen Weltrekord. Krupkat, *»der ausgesprochene Publikumsliebling«,* verunglückte drei Jahre später am 1. Juni 1927 bei einem Rennen in Leipzig tödlich. *»Franz Krupkat oder auch ›lustige Franz‹, wie man ihn in Rennfahrerkreisen nannte, war*

97 Der Sechstage-Matador Adolf Huschke (»Husch, Husch«; nach: Fredy Budzinski, Das siebente Berliner Sechstage-Rennen, Nach den Berichten der »Rad-Welt« zusammengestellt und reich illustriert, Berlin o. J., S. 45).

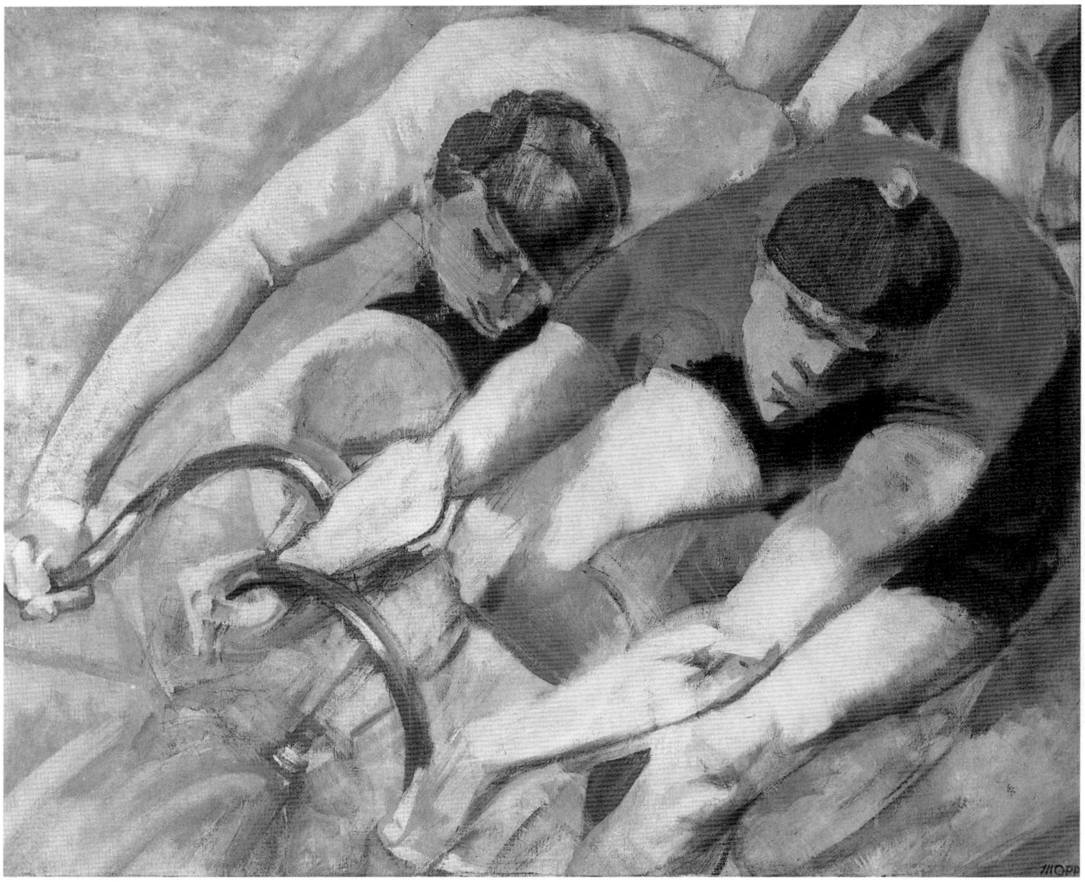

98 Max Oppenheimer, Sechstagerennen, um 1929, Öl/Lw; Berlin, Berlinische Galerie; Inv. B6-M 1278/78L.

99 Blick in eine Kurve während eines Sechstagerennens, 1930.

überall beliebt und geachtet. Er stand im 34. Lebensjahre und war ehemals Schmied, bis er 1912 zum ersten Male als Berufs-Rennfahrer startete. [...] In den letzten Jahren trat er sportlich weniger hervor, aber überall schätzte man ihn wegen seiner fairen Fahrweise.«[30] Knapp ein Jahr später wurde ihm zu Ehren das von dem Berliner Bildhauer Rudolf Marcuse entworfene und modellierte »Franz-Krupkat-Denkmal« am Eingang der Olympia-Radrennbahn in Plötzensee eingeweiht.[31]

Ab 1925 nahmen verstärkt die Koryphäen des Auslandes an den Rennen teil und errangen zahlreiche Siege. Man denke nur an Reggie Mac Namara, *»the iron man«,* aus Australien, der über 20 Sechstagerennen gewann und beim 15. Berliner Sechstagerennen 1926 mit dem Amerikaner Horan einen hervorragenden Sieg herausfuhr, über den Hannes Küpper das Gedicht *»He, He! The Iron Man!«* verfaßte, dessen erste Strophe lautet:

»Es kreist um ihn die Legende,
daß seine Beine, Arme und Hände
wären aus Schmiedeeisen gemacht
zu Sidney in einer taghellen Nacht.
He, he! the Iron Man!«[32]

Oder man denke an Alessandro Tonani aus Italien, der mit Willy Lorenz Sieger beim »18.« in der Arena am Kaiserdamm 1927 wurde. *»Wer wird den Sechstagefahrer Charles Lacquehay vergessen, der nur kurze Zeit ein Stern an der Kuppel der Sportpaläste gewesen, aber was für ein Stern! Wer wird ihn vergessen, diesen schlanken, eleganten Franzosen, der Jagden fahren konnte wie kaum ein zweiter Mensch, so sicher, so überlegen, so bezwingend, so das Publikum mitreißend, daß seine Jagden allein schon getragen wurden durch den Enthusiasmus der Zuschauer.«*[33] Oder den Franzosen Paul Broccardo, der mit seinem Landsmann Guimbretière das 28., mit Oskar Tietz das 26. und 27. Berliner Sechstagerennen gewann, mit *»Oskaa«,* dem in dieser Zeit populärsten Berliner Rennfahrer.

Belgier, Franzosen, Italiener, Niederländer und Amerikaner waren es, die in den Jahren von 1925 bis 1934, vom 13. bis zum 30. Berliner Sechstagerennen, die Mehrzahl der Sieger stellten, bis 1934, als die Nationalsozialisten ihr Verbot aussprachen. Der alte Streit um Sport, Vergnügen und Geschäft hatte neue Formen angenommen. Zwar hatte ein Teil der Presse versucht, durch entsprechende Berichte die Sechstagerennen zu retten, wie Reinhold Simon im Berliner Lokalanzeiger vom 15. 11. 1933 – *»Nun, die Lösung lautet: Sechstagerennen ist Sport und Vergnügen«* –, doch war es bereits zu spät. So schrieb am 23. 11. 1933 Herbert Obscherningkat im Angriff in einem infamen Artikel unter der Überschrift *»Was fällt, das soll man stoßen:« »Gewiß würden nicht Tausende in einer Woche in den Sportpalast strömen, wenn nicht seit Jahren für die Durchführung von Sechstagerennen die Reklametrommel gerührt worden wäre. Welche Kreise an dieser Durchführung besonders interessiert waren und zum Teil heute noch sind, ist bekannt. Wer einen Blick hinter die Kulissen werfen durfte, weiß, daß es in erster Linie Juden waren, die als Veranstalter auftraten. In der Zeit der größten jüdischen Machtausbreitung standen in Deutschland die Sechstagerennen am höchsten im Kurs. [...] Es sei hier aber auch dem Argument entgegengetreten: Die Masse will Sechstagerennen sehen! Das glauben wir. Aber die Masse wollte früher auch manches andere sehen, was sie heute in unserem Staate nicht mehr sieht. [...] Wir Nationalsozialisten haben darin niemals der Masse Rechnung getragen, wir haben auch gegen diesen Unsinn angekämpft und haben unser Ziel erreicht. Wir bieten dem Volke nicht mehr derar-*

100 Mathilde Schulz, Sechstagerennen im Sportpalast, 1930; Öl/Lw, 58 x 68 cm, signiert unten links; auf der Rückseite angeklebt Eintrittskarte zum 24. Berliner Sechstagerennen vom 7. bis 13. 11. 1930 (vgl. Abb. 348); Berlin, Berlinische Galerie, Inv. BG-M 2108/80.

tigen Blödsinn – und siehe da: Das Volk ist heute zufriedener als zuvor. [...].«

Das 30. Berliner Sechstagerennen im März 1934 war das letzte in der alten Halle des Sportpalastes. Aufgrund einer Änderung des Reglements und der Auswahl von Mannschaften *»denen jede Zugkraft«* fehlte, wurde es ein Mißerfolg.[34]

Diesem »Zirkus des Irrsinns«, dieser Mischung aus Sport, Varieté und Volksfest konnten sich auch Dichter, Schriftsteller und bildende Künstler nicht entziehen. So schrieb bereits 1912 Georg Kaiser das Drama »Von morgens bis Mitternacht«, dessen eine Szene im Sportpalast beim Sechstagerennen spielt.[35] Und in den zwanziger Jahren entstanden Gedichte von Walter Mehring (*»6 Tage Rennen«*), Erich Weinert (*»Six days«*) oder Ödön von Horváth (*»Aus einem Rennfahrerfamilienleben«*).[36] Am bekanntesten wurde der Essay von Egon Erwin Kisch *»Die elliptische Tretmühle«* von 1923.[37] Bei den bildenden Künstlern war es der junge George Grosz, der als erster der Faszination der Sechstagerennen erlag, wovon zwei Zeichnungen aus der Zeit von 1912/13 zeugen.[33] Zur selben Zeit entstand auch das »Radrennen« von Lyonel Feininger.[39] Aus den zwanziger Jahren stammt eine Reihe von Gemälden und Lithographien mit Szenen aus Sechstagerennen oder anderen Radrennen, so von Heinrich Ehmsen, Gino von Finetti, Hans Gerson, Fritz Heinsheimer, Felix Nußbaum, Max Oppenheimer, Paul Paeschke und Mathilde Schulz-Brookmann.[40]

Auch der Film wandte sich dem Thema »Radrennen« zu. 1922 wurden während des 9. Berliner Sechstagerennens Aufnahmen zu dem Stummfilm *»Die siebente Nacht«* gemacht.[41] 1931 entstand der Tonfilm *»Um eine Nasenlänge«* nach dem Buch von B. E. Lüthge in der Regie von Johannes Guter mit Siegfried Arno und Lucie Englisch in den Hauptrollen unter Mitwirkung *»bekannter Sechstagefahrer«*; mit demselben Titel wurde 1949 eine Neufassung gedreht unter der Regie von E. W. Emo mit den Schauspielern Theo Lingen, Hans Moser und Sonja Ziemann sowie *»bekannten Sechs-Tage-Rennfahrern«.*[42]

Nach dem Zweiten Weltkrieg stand zunächst nur die »Sporthalle am Funkturm« zur Verfügung. Hier wurden von 1949 bis 1953 acht Sechstagerennen durchgeführt, vom »31.« bis zum »38.« überwiegend unter der sportlichen Leitung Paul Buschenhagens. Erbauer der relativ kleinen Bahn – Länge 154 Meter – war wieder Clemens Schürmann. Das letzte dieser Rennen endete mit einem Eklat: aufgrund von Differenzen mit dem BDR mußte das Rennen nach der zweiten Nacht abgebrochen werden.

Star dieser Zeit war der Franzose Emile Carrara, für den die Fans den umgedichteten Schlager *»Das machen nur die Beine von Carrara«* anstimmten. Er siegte mit seinem Landsmann Lapébie beim 35. und 36., mit Heinz Zoll beim 37. Berliner Sechstagerennen. Durch seinen Sieg mit jenem Ausbund an Schnelligkeit hatte der drahtige Sachse Zoll keine Engagement-Sorgen mehr. Er war dann auch im Sportpalast dabei, wenn Stars oder Sternchen den Startschuß abgaben, wenn plötzlich so etwas wie die Atmosphäre der »goldenen Zwanziger« zu spüren war, wenn Otto Kermbach dirigierte, »Krücke« pfiff und Rik van Steenbergen, Klaus Bugdahl, Rudi Altig oder Otto Ziege um die Gunst des Publikums buhlten. Er war dabei, aber nicht ganz vorne, er, der einzige Berliner, der nach dem Krieg ein Rennen gewonnen hatte. Wenn es ins Finale ging, erhielt er den dezenten Hinweis, weniger hochtourig zu kurbeln. Wenn nicht, dann würde man ihn samt Partner in Grund und Boden fahren. Im Oktober 1955, beim »42.«, das Rennen war neutralisiert, das Publikum zu Hause, auch die Hälfte der Fahrer schlief selig, die anderen kreisten gelangweilt und müde um die Bahn, da faßten sich Zoll und sein Partner Günter Otte ein Herz. Nicht länger wollten sie die grauen Mäuse im Feld sein. Als fast alles döste – wie Alfred Kerr formulierte[43] – bliesen die beiden zur Jagd. Die Folgen waren verheerend: Die Meute heulte, schimpfte und tobte, aber sie konnten die Hasen nicht fangen. Und als am Nachmittag die über die Unverfrorenheit des Paares informierte Bevölkerung durch die Tore des Sportpalastes nur so strömte, lagen die Rebellen mit drei Runden in Führung. *»Todmüde, aber glücklich«,* wie sich Heinz Zoll erinnert. Durchgesessen war er auch. Dagegen half rohes Fleisch vom Feinsten: Rumpsteak. Die Müdigkeit verscheuchten Kreislaufmittel, die *»heute unter Doping fallen würden. Aber ohne die hätte ich die Strapazen nicht durchgestanden.«* Auch Paul Buschenhagen hatte ein Geheimrezept, wie er einigermaßen heil über die 145 Stunden kam: *»heißer Kaffee mit einem kräftigen Schuß Cointreau«*. Zoll/Otte ist ihr respektloser Verstoß gegen die ungeschriebenen Gesetze jedoch schlecht bekommen: Aus Furcht vor einem Streik der anderen Paare annullierte der Wettfahrausschuß ihre Rundengewinne.

101 Vorbereitungen zum Sechstagerennen, 1931.

Max Knaak war der Veranstalter von Berufsradrennen in jener Zeit, auch der Sechstagerennen, vom ersten Nachkriegs-Radrennen im Sportpalast am 10. 10. 1953 an bis zum 48. Berliner Sechstagerennen im Januar 1961. Max Knaak war ein Mann, der die Berliner anzog – mit nur geringer Anzahlung nach dem Motto: *»Die Mode kurz, die Zahlung lang«*. In großformatigen Anzeigen umwarb er die Kunden mit seinem *»kulanten Teilzahlungssystem. Auch für Rentner und Erwerbslose«*. Und er versprach *»diskrete Abwicklung«* in seinen sechs Häusern für *»Herren- und Damen-Ober- und Unterbekleidung«*. Knaak veranstaltete also auch im Oktober 1958 das 45. Berliner Sechstagerennen.[44] Es war das erste mit Otto Ziege als Sportlichem Leiter und wurde ein Rennen, das an die Blütezeit der Sechstagerennen erinnerte – ein blendender Einstand für Otto Ziege, der als Fahrer zwar nie ein »Six days« gewinnen konnte, aber dennoch Liebling der Berliner war. Wenn die *»weiße 8 auf dem schwarzen Trikot«* zum Spurt ansetzte, dann tobte die Halle: »Otto, Otto!«. *»Ja, da war Musike drin, doch die Zeiten lassen sich nicht mehr zurückholen. Die Menschen wollen heute anders unterhalten werden. Das Fernsehen hat sie anspruchsvoller gemacht. Der Fahrer als Alleinunterhalter – das genügt heute nicht mehr. Zum Amüsement gehört heute die Show. Sonst läuft da nichts mehr«,* sagt Otto Ziege, der heute noch für die sportliche Note bei den Sechstagerennen in der Deutschlandhalle und in Dortmund sorgt, als Funktionär versucht, die Berliner Amateur-Radsportler bei der Stange zu halten und mit seiner Tankstelle die Existenz absichert. Auch den Start der Tour de France im Berliner Jubliäumsjahr 1987 hat »Otto« gemanaged.

Bei jenen Rennen im Oktober 1958 konnte Ziege auch sein Geschick im Umgang mit Menschen beweisen. Bei der traditionellen Fahrerbesprechung vor dem Start fehlte der berühmte Fausto Coppi. Der Italiener hatte in letzter Minute einen Rückzieher gemacht. Ihm wäre die Bahn des Sportpalastes zu kurz. Einige der versammelten Rennfahrer waren durch diese Absage des Stars verunsichert. Ziege konnte dem jedoch überzeugend entgegenwirken mit dem Hinweis, daß *»schließlich in der Kürze die Würze liege, daß man bei einer Bahnlänge von 166,66 Metern viel schneller einen Rundengewinn erzielen«* könne. Dieses Argument bewegte offenbar Köpfe, Herzen und Beine der Athleten bis zum Finale. Es wurde ein Rennen auf Biegen und Brechen. Im Siegerkranz ging schließlich die Mannschaft mit der weißen 8 auf dem schwarzen Trikot, der Berliner Klaus Bugdahl und der Niederländer Gerrit Schulte. Es war der erste Sieg Bugdahls (geboren 1934) bei einem Berliner Sechstagerennen, bis 1970 sollten acht weitere folgen. Er wurde zum erfolgreichsten deutschen Sechstagefahrer der Nachkriegszeit. Drei seiner Berliner Siege errang er mit Sigi Renz beim »52.«, »53.« und »57.«.[45] Der Münchener Renz (geboren 1938) war ein ebenbürtiger Partner und auch sonst erfolgreich. In Berlin konnte er zwei weitere Siege verbuchen, mit Rudi Altig beim »58.« und mit Wolfgang Schulze beim »65.«.[46]

Ab 1960 machte sich auch bei den Sechstagerennen die Konkurrenz der Deutschlandhalle bemerkbar. In fast regelmäßigem Wechsel mit dem Sportpalast fanden jetzt auch dort auf der 208 Meter langen Bahn – Breite 6 Meter – »Six days« statt, als erstes das »47.« 1960. Doch in der Halle in Eichkamp wollte die vom Sportpalast gewohnte Stimmung nicht aufkommen. Das lag nicht nur daran, daß der Sportpalast-Walzer nicht gespielt wurde. Dem Haus fehlte einfach das Intime. Und so sprachen die Berliner bald vom »Oktoberfest mit Einlagen« oder bissiger *»janz*

schön, nur die Rennfahrer stören«. Der Abriß des Sportpalastes beendete die keineswegs befruchtende Rivalität.
Einiges von der Stimmung und dem besonderen Flair der Sechstagerennen im Sportpalast geben die zeitgenössischen Texte in der Chronik und im Anhang wieder. Dort sind außerdem auch die Berliner Sechstagerennen dokumentiert, die außerhalb des Hauses an der Potsdamer Straße stattfanden.
Alleinerbe der Sechstagerennen ist die Deutschlandhalle. Höhen und Tiefen kennzeichnen auch heute noch das Geschäft mit den »Six days«. Jedoch Otto Ziege ist voller Optimismus, was die Zukunft der Sechstagerennen angeht: *»Die sind trotz aller Krisen und Skandale nicht totzukriegen«.*

Anmerkungen

1 Die Arena, Das Sportmagazin, Berlin 1926, Heft 2, S. 91 f.
2 Vgl. Chr 1911 Mär 24–30, 1972 Okt 12–18.
3 Amateurveranstaltungen: 1922 (1), 1923 (4), 1925 (1), 1927 (2), 1928 (5), 1929 (3), 1930 (6), 1931 (2), 1932 (3), 1933 (4), 1935 (4); 1953 (7), 1954 (5), 1955 (6), 1956 (6), 1962 (5). – Ohne Radsport im Sportpalast die Jahre 1913, 1916–18, 1920, 1936–52, 1960, 1963, 1965, 1967, 1969, 1973.
4 Vgl. Chr 1911 Mär 21–23. – Vgl. auch den Aufsatz von Christa Schreiber.
5 Vgl. Chr 1911 Nov 18, 19, 25, 30, Dez 2–3.
6 BLA 18. 11. 1911; vgl. Chr 1911 Nov 20–24.
7 Vgl. Chr 1912 Feb 3–9, Mär 22–28, 1914 Mär 1, Mär 4–10.
8 Von 1919 Feb 16 bis Apr 5–11 allein 22 Veranstaltungen im Rahmen von »40 Tage Sportpalast«, als letztes die 8. »Six days«.
9 Ausführlicher zur Radrennbahn Christa Schreiber in ihrem Aufsatz.
10 Vgl. z. B. Chr 1911 Dez 2–3, 1922 Jan 7–8, 1928 Dez 8–9; 1933 Feb 18, 25, die beiden letzten zwar unter dem Namen »Die Nacht« aber nur mit jeweils einem Neunstunden-Mannschaftsfahren.
11 Zu den Radsportfesten des BDR vgl. Chr 1922 Jan 28, 1923 Jan 20, Nov 24, Dez 2, 1924 Feb 10, 1925 Mär 16.
12 Ph des 47. Sechstagerennens in der Deutschlandhalle 7.–13. 10. 1960, S. 66.
13 »Derny-Rennen« ab dem 48. Berliner Sechstagerennen (Chr 1961 Jan 6–12). – Seit dem ersten Sechstagerennen im Sportpalast nach dem Zweiten Weltkrieg (Chr 1953 Okt 30–Nov 5) gab es Vorrennen für Amateure, die sich ab 1964 zum »Kleinen Sechstagerennen« mauserten (vgl. Chr 1964 Jan 10–16).
14 Vgl. die Aufstellung aller Berliner Sechstagerennen im Anhang.
15 Krücke, Mein Leben für den Sport (Typoskript), 1949, S. 6. – Vgl. dazu den Abschnitt »Krücke« in: Pawlowski, Plaudereien.
16 Arena (wie Anm. 1), S. 91.
17 Vgl. z. B. Chr 1929 Jan 4–10.
18 Chr 1911 Mär 24–30.
19 Chr 1913 Jan 8–14.
20 Zur »Rütt-Arena« vgl. BLA 28. 6. 1926, BLA und Vw 4. 5. 1931.
21 Rolf Nürnberg, Radsport, in: Günter Mamlok und Sergius Sax (Hgg.), Der Sieg, Ein Buch vom Sport, München–Berlin 1932, S. 244–50.
22 Carl Diem, Ist ein Sechstagerennen Sport?, in: BLA 31. 3. 1911.
23 Wie Anm. 21, S. 238.
24 Vgl. auch BLA 15. 1. 1913.
25 Sport-Gotha, in: Der Querschnitt XII, Heft 6, 1932, S. 430.
26 Vgl. Chr 1928 Mär 9–15.
27 Wie Anm. 25, S. 428.

102 Die Radrennbahn für das 40. Berliner Sechstagerennen wird eingebaut. Direktor Georg Kraeft, der sportliche Leiter Otto Ziege und der Bahnbauer Georg Bremer besprechen den Einbauplan, 8. 1. 1968.

28 Vgl. Die 100 6-Tage-Rennen in Deutschland, in: Ph des 39. Berliner Sechstagerennens 30. 10.–5. 11. 1953, S. 36 f.
29 Vgl. Carl Saldow, Meine Sechstagerennen, in: BLA 28. 1. 1924.
30 BLA 2. 6. 1927. – Vgl. auch BLA 5. und 8. 6. 1927; Vw 8. 6. 1927.
31 BLA 7. 4. 1928; Vw 4. 4. 1928. – Vgl. auch Anm. 41.
32 Waltraud Wende-Hohenberger und Karl Riha (Hgg.), Das Radfahrbuch, Gedichte, Erzählungen, Bilder, Darmstadt-Neuwied 1985, S. 56.
33 Nürnberg (wie Anm. 21), S. 260.
34 Chr 1934 Mär 9–15.
35 Vgl. den Aufsatz von Monika Peschken-Eilsberger.
36 Wie Anm. 32, S. 43–49 (Mehring), 59 f. (Horváth). – Arena (wie Anm. 1), S. 76 (Weinert).
37 Vgl. den Aufsatz von Monika Peschken-Eilsberger.
38 G. Grosz, »Sechstagerennen«, 1913, Farbstift, 20x25,7 cm, Privatbesitz (Hans Hess, George Grosz, Dresden 1982, S. 37, Abb. 25); »6 Tagerennen«, 1912/13, Feder, laviert, 16, 2x20, 2 cm, Privatbesitz (Ausst. George Grosz, Anatomie der Metropole Berlin und New York vor und nach 1914, Hundert Zeichnungen, Nr. 62; Freundlicher Hinweis von Bernd Schulz).
39 L. Feininger, »Radrennen«, 1912, Öl/Lw, 80x100 cm, Köln, Slg. Ferdinand Möller (Kat. Lionel Feininger, 1871–1956, Gedächtnis-Ausstellung, Hamburg, Kunstverein, 1961, Nr. 3).
40 H. Ehmsen, Radrennen im Sportpalast, Öl/Lw, 24,5x32 cm, Berlin, Berlinische Galerie, Inv. 2407/81; Überrundung, 1930, Öl/Lw, 52x61 cm, Brione, Marianne Nisser (freundlicher Hinweis von Jutta Lahmann; Kat. Heinrich Ehmsen, Maler, Lebens-Werk-Protokoll, NGBK, Berlin 1986, S. 66). – G. v. Finetti, »Sechs Tagerennen«, Lithographie, 26x35 cm (Kat. Sport 1927, S. 24 [Nr. 55], 39 [Abb.]). – H. Gerson, Rennen, Öl/Lw, 18x22 cm (Kat. Sport 1927, S. 24 [Nr. 82], 44 [Abb.]). – F. Heinsheimer, *»Richard* [wohl Piet] *van Kempen im Sportpalast«,* 48x58 cm, *»Alessandro Tonani im Sportpalast«,* 48x57,6 cm, *»6-Tage-Rennen«,* 48x57,8 cm, *»6-Tage-Rennen«,* 47,5x58 cm, alle 1927, Farblithographien, Berlin, Kupferstichkabinett, SMPK (Kat. Bilder aus der großen Stadt, Eine Reportage von Groß-Berlin, Druckgraphik und Handzeichnungen, Berlin, Kupferstichkabinett, SMPK, 1977, Nr. 173–76, Abb. 71); *»Internationales Dreistundenrennen«,* Aquarell, 58x80 cm (Kat. Sport 1927, S. 25 [Nr. 108], 46 [Abb.]). – F. Nußbaum, Der Sieger vom Sechstagerennen, 1929, Öl/Lw, 124x59 cm, Osnabrück, Kulturgeschichtliches Museum (freundlicher Hinweis von Renate Grisebach). – M. Oppenheimer (MOPP), Sechstagerennen, um 1929, Ö/Lw, 73x86 cm, Berlin, Berlinische Galerie, Inv. BG-M 1278/78 L. (Kat. Aus Berlin emigriert, Werke Berliner Künstler, die nach 1933 Deutschland verlassen mußten, Berlinische Galerie 1983, Nr. 160). – P. Paeschke, Sechstagerennen im Sportpalast, nach 1925, Kreidezeichnung, 18x23,6 cm, Berlin, Berlin Museum, Inv. GHZ 76/4. – M. Schulz-Brookmann, Sechstagerennen, 1930, Öl/Lw, 50x62 cm, Berlin, Berlinische Galerie, Inv. BG-M 2109/80.
41 Vgl. Chr 1922 Feb 17–23. – Der Film *»in dem Franz Krupkat und Karl Saldow neben bekannten Filmschauspielerinnen die Hauptrollen spielen, soll zum letzten Male Sonntag, 18. März, vormittags 11 1/2 Uhr, im Rialto-Palast, Reinickendorfer Straße 14 – in der Nähe des früheren Domizils des verstorbenen Franz Krupkat – vorgeführt werden. Der gesamte Erlös dieser Veranstaltung ist für das fast fertiggestellte Franz-Krupkat-Denkmal […] bestimmt«* (Vw. 15. 3. 1928).
42 Vgl. Alfred Bauer, Deutscher Spielfilm Almanach 1929–1950, Das Standardwerk des deutschen Films herausgegeben aus Anlaß des 20jährigen deutschen Tonfilm-Jubiläums, Berlin 1950, S. 109, 744.
43 *»Hundertvierundvierzig Stunden*
machen sie egalweg Runden.
Wem zu stark die Rübe döst,
wird vom Partner abgelöst.«
(Alfred Kerr)
44 Chr 1958 Okt 3–9.
45 Das »52.« fand in der Deutschlandhalle statt (3.–9. 10. 1963); zum »53.« und »57.« vgl. Chr 1964 Jan 10–16, 1966 Jan 14–20.
46 Vgl. Chr 1970 Jan 16–22.

DIE BERLINER SECHSTAGERENNEN BIS 1972 IM ÜBERBLICK

Ausführliche Angaben finden sich zu den Sechstagerennen im Sportpalast in der Chronik, zu den Sechstagerennen, die außerhalb des Hauses an der Potsdamer Straße stattfanden, im Anschluß an diesen Überblick.

1.	Ausstellungshallen am Zoo	1909	Mär	16–22
2.	Ausstellungshallen am Zoo	1909	Dez	27–1910 Jan 2
3.	SP	1911	Mär	24–30
4.	SP	1912	Feb	3–9
5.	SP	1912	Mär	22–28
6.	Ausstellungshallen am Zoo	1913	Jan	8–14
7.	SP	1914	Mär	4–10
8.	SP	1919	Apr	5–11
9.	SP	1922	Feb	17–23
10.	SP	1923	Feb	23–Mär 1
11.	SP	1924	Jan	29–Feb 4
12.	Autohalle I am Kaiserdamm	1924	Mär	6–12
13.	Autohalle II am Kaiserdamm	1925	Jan	15–21
14.	SP	1925	Mär	5–11
15.	SP	1926	Jan	14–20
16.	Autohalle II am Kaiserdamm	1926	Apr	8–14
17.	SP	1926	Nov	4–10
18.	Autohalle II am Kaiserdamm	1927	Jan	12–18
19.	SP	1927	Nov	3–9
20.	SP	1928	Mär	9–15
21.	SP	1929	Jan	4–10
22.	SP	1929	Nov	1–7
23.	SP	1930	Feb	28–Mär 6
24.	SP	1930	Nov	7–13
25.	SP	1931	Mär	13–19
26.	SP	1931	Okt	20–Nov 5
27.	SP	1932	Feb	12–18
28.	SP	1932	Nov	9–15
29.	SP	1933	Nov	15–21
30.	SP	1934	Mär	9–15
31.	Sporthalle am Funkturm	1949	Dez	2–8
32.	Sporthalle am Funkturm	1950	Mär	3–9
33.	Sporthalle am Funkturm	1950	Dez	1–7
34.	Sporthalle am Funkturm	1951	Mär	9–15
35.	Sporthalle am Funkturm	1951	Dez	1–7
36.	Sporthalle am Funkturm	1952	Mär	14–20
37.	Sporthalle am Funkturm	1952	Nov	28–Dez 4
38.	Sporthalle am Funkturm	1953	Apr	3–[9.]
39.	SP	1953	Okt	30–Nov 5
40.	SP	1954	Mär	12–18
41.	SP	1954	Okt	15–21
42.	SP	1955	Okt	14–20
43.	SP	1956	Okt	12–18
44.	SP	1957	Okt	11–17
45.	SP	1958	Okt	3–9
46.	SP	1959	Okt	8–14
47.	Deutschlandhalle	1960	Okt	7–13
48.	SP	1961	Jan	6–12
49.	Deutschlandhalle	1961	Okt	6–12
50.	SP	1962	Jan	12–18
51.	SP	1962	Okt	5–11
52.	Deutschlandhalle	1963	Okt	3–9
53.	SP	1964	Jan	10–16
54.	SP	1964	Okt	2–8
55.	Deutschlandhalle	1965	Jan	15–21
56.	Deutschlandhalle	1965	Okt	1–7
57.	SP	1966	Jan	14–20
58.	SP	1966	Okt	7–13
59.	Deutschlandhalle	1967	Jan	13–19
60.	Deutschlandhalle	1967	Okt	6–12
61.	SP	1968	Jan	12–18
62.	SP	1968	Okt	3–9
63.	Deutschlandhalle	1969	Mär	27–Apr 2
64.	Deutschlandhalle	1969	Okt	2–8
65.	SP	1970	Jan	16–22
66.	SP	1970	Okt	8–14
67.	SP	1971	Okt	7-13
68.	SP	1972	Okt	12–18

BERLINER SECHSTAGERENNEN, DIE AUSSERHALB DES SPORTPALASTES STATTFANDEN

1. Berliner Sechstagerennen
Ausstellungshallen am Zoo, 16.–22. 3. 1909.
Beginn 16. 3., Start 22.00 Uhr, Ende 22. 3. um 22.00 Uhr.
V: Sportparksbetriebs-G.m.b.H. (Otto Buchwald/Georg Hölscher).
Teiln. (15 Paare): Mac Farland/Moran (USA), Stellbrink/Techmer (D), Tadewald/Rudel (D), Stabe/Kudela (D), Heiny/Hoffmann (D), Brocco/Passerieu (F), Ryser/Scheuermann (CH/D), Arend/Rosenlöchner (D), Contenet/de Mara (F/USA), Poulain/Georget (F), Stol/Berthet (NL/F), Hall/Peter (GB/D), Conrad/Althoff (D), Robl/Theile (D), Brüder Jacquelin (F).
Ergebnis: 1. Mac Farland/Moran, 2. Stol/Berthet (1 Rde zurück), 3. Brocco/Passerieu (*»weit«* zurück), 4. Contenet/Stabe, 5. Robl/Stellbrink, 6. Poulain/Georget, 7. Arend/Peter, 8. Rudel/Pawke, 9. Lucien Jacquelin/Heiny; die letzten vier galten jedoch als *»nicht plaziert«*, denn *»in der 139. Stunde entschlossen sich die Schiedsrichter, die weit zurückliegenden Paare aus dem Rennen zu nehmen, und um 5 1/2 Uhr gaben Robl-Stellbrink, Rudel-Pawke, Arend-Peter und Jacquelin-Heiny auf«* (Budzinsky, s. u., S. 74).
Zurückgelegte km: 3865,700.
Startschuß: *»Der Altmeister der deutschen Rennfahrer August Lehr«.*

Durch das Erscheinen der Kaiserin und des Kronprinzen in den Ausstellungshallen bereits während der Vorbereitungen und durch den öfteren Besuch des Kronprinzen während des Rennens waren die »six days« hoffähig und damit gesellschaftsfähig geworden.

»Eine seltsame Mischung von Zirkus und Radrennbahn. Das steife Gerüst der Balken, die das breite Band der Rennbahn tragen, füllt den weiten Saal aus. Wohin das Auge gestern abend blickte, sah es riesige Plakate. In gewaltigen Lettern werden die besten Radmarken und die vorzüglichsten Pneus empfohlen. Draußen vor dem Eingang drängt sich die nach Tausenden zählende Menge. Hier drinnen herrscht die Spannung und Erwartung, die sich durch ein tausendfältiges Murmeln ausdrückt. Unten in der Bahn wird noch gehämmert, gehobelt und gepinselt. Die breite Holzbahn, auf der dreißig Rennfahrer eine ganze Woche lang ihren letzten Blutstropfen um die Summe von 15.000 Mark daransetzen werden, erhält unten, wo sie den Zement berührt, einen neuen grünen Anstrich. Die Pfosten der Brücke, die von der Galerie zur Bahn hinunterführen, sind mit Stroh und Sackleinwand umwickelt, um einer etwaigen Kollision ihre Härten zu nehmen. Wie Hühnerställe oder wie kleine Jahrmarktsbuden, aus Latten und Jute zusammengeleimt, ziehen sich an der einen Längsseite des Innenraumes die kleinen Bettgestelle hin, auf denen die Rennfahrer, um keine Sekunde zu verlieren und nicht erst die Kabinen aufsuchen zu müssen, ein paar Minuten Schlaf suchen werden. [...] Die Musik schmettert einen Militärmarsch, aber niemand hört auf ihn. [...] Elastisch wird von allen dreißig Rennfahrern die Ehrenrunde zurückgelegt. Der Zeiger rückt auf 10 Uhr. Nur noch drei Minuten. Die Kämpfer sammeln sich zur Probe an der Startlinie. Ein paar Blitzlichter flammen auf. Der Probestart ist vorüber. Die eine Hälfte der Fahrer verschwindet. Dann geht es noch einmal um die Bahn. In drei Reihen hocken die Leute des bunten Trikots, auf ihre Manager gestützt, auf ihren Rädern. Ein Pistolenschuß knallt, und plötzlich, als seien sie selbst aus einer Pistole geschossen, flitzen die fünfzehn Fahrer über die Bahn...« (BT 16. 3.).

»Heute vormittag kurz nach elf Uhr erschien der Kronprinz in Begleitung des Prinzen von Thurn und Taxis und seines Adjutanten Freiherrn von Oppen im Velodrom. Er informierte sich über den Stand des Rennens, ließ sich die Praktiken bei einem Dauerrennen dieser Art auseinandersetzen und sah einige recht scharfe Vorstöße. Es waren lebhafte Runden des Kampfes, in denen die Angriffe der Franzosen durch die Aufmerksamkeit von Stol und Moran zurückgewiesen wurden. Ueber eine Stunde weilte der Kronprinz in der Fürstenloge. Er hätte, wie er meinte, gern auch von einem der deutschen Starter etwas mehr Energie gesehen, aber vergeblich suchte man Robl zu einem Vorstoß zu bewegen, Robl lehnte ihn aus taktischen Gründen ab. Der Kronprinz bekundete sein Interesse am Rennen dadurch, daß er die Veranstalter des Sechstagerennens veranlaßte, am Montag, abends 6 Uhr eine besonderes Rennen anzusetzen, zu dem er sein Erscheinen zusagte« (BT 17. 3.).

»Menschen und wieder Menschen, an achttausend, die von den Abendstunden ab sich die Hälse verrenkten und die Füße quetschten, auf das Geländer kletterten und auf die Stühle. Nur um zu schauen, wie gerade zwei Renner im Trikot immer wieder in die Pedale treten, um sich zu hetzen. In der Hofloge erschien gegen 8 Uhr der Kronprinz und zusammen mit ihm zahlreiche junge Gardeoffiziere. Die Logenreihe entlang viele Männer und Frauen von Welt. Und Topfhüte, lauter Topfhüte« (BT 22. 3.).

BT 15.–22. 3.; Budzinski, Geschichte, S. 3–5; Fredy Budzinski, Das Berliner Sechstage-Rennen, eine umfassende, reich illustrierte Schilderung dieses merkwürdigen Kampfes, Berlin o. J.

2. Berliner Sechstagerennen
Ausstellungshallen am Zoo, 27. 12. 1909–2. 1. 1910.

103 1. Berliner Sechstagerennen in den Ausstellungshallen am Zoo (16.–22. 3. 1909); die Veranstalter: Direktor Buchwald (links) und Direktor Hölscher (nach: Fredy Budzinski, Das [1.] Berliner Sechstage-Rennen, Eine umfassende, reich illustrierte Schilderung dieses merkwürdigen Kampfes, Berlin o. J., S. 79).

104 1. Berliner Sechstagerennen in den Ausstellungshallen am Zoo (16.–22. 3. 1909); die Sieger: Mac Farland/Moran (nach Budzinski [wie Abb. 103], S. 8 f.).

Beginn 27. 12. um 20.00 Uhr, Start 22.00 Uhr, Ende 2. 1. um 22.00 Uhr.
V: Ferdinand Knorr.
Teiln. (17 Paare): Root/Fogler (USA), Stol/Walthour (NL/USA), Ellegaard/Bader (DK/D), Techmer/Rudel (D), Berthet/Brocco (F), Rütt/Clark (D/AUS), Scheuermann/Wegener (D), Rettich/Schipke (D), Carapezzi/Bruni (I/?), Ryser/Rheinwald (CH), Stellbrink/Contenet (D/F), Demke/Hall (D/GB), Meyer/Bettinger (D), Tadewald/Schürmann (D), Nedela/Krupnikoff (Rußland), Conrad/Althoff (D), Stabe/Pawke (D).
Ergebnis: 1. Rütt/Clark, 2. Stol/Walthour, 3. Brocco/Berthet (1 Rde zurück), 4. Stabe/Pawke (3 Rdn zurück), 5. Root/Fogler (6 Rdn zurück), 6. Stellbrink/Contenet (12 Rdn zurück).
Zurückgelegte km: 3753.
Startschuß: *»Der Berliner Meisterfahrer Arthur Heimann«.*
BT 24. 12. 1909–3. 1. 1910; Budzinski, Geschichte, S. 7–10.

6. Berliner Sechstagerennen
Ausstellungshallen am Zoo, 8.–14. 1. 1913.
Beginn 8. 1., Start 22. 00 Uhr, Ende 14. 1. um 22.00 Uhr.
V: Otto Kleinert (Klopfsteg/Georg Hölscher).
Teiln. (14 Paare): 1. Grenda/Pye (AUS), 2. Clark/Hill (AUS/USA), 3. Saldow/Lorenz (D), 4. Stol/Miquel (NL/F), 5. Stellbrink/Rosellen (D), 6. Bader/Arend (D), 7. Vandervelde/Huybrechts (B), 8. Demke/Jahnke (D), 9. Stabe/Pawke (D), 10. Peter/Aberger (D), 11. Nettelbeck/Rudel (D), 12. K. Zander/Ehlert (D), 13. Hoffmann/Finn (D), 14. Althoff/Schrage (D).
Ergebnis: 1. Clark/Hill, 2. Stol/Miquel, 3. Saldow/Lorenz, 4. Stellbrink/Rosellen, 5. Stabe/Pawke (2 Rdn zurück), 6. Zander/Ehlert, 7. Aberger/Rudel (3 Rdn zurück).
Zurückgelegte km: 3926,250.
Startschuß: Hans Waßmann (Schauspieler vom Deutschen Theater).
»Zum 6. Berliner Sechstagerennen [...] haben auch die Prinzen Friedrich Karl und Friedrich Sigismund von Hohenzollern der Direktion ihr Erscheinen anmelden lassen. Auch die Eisenbahndirektion hat dem zu erwartenden starken Verkehr durch Einlegung von Sonderzügen Rechnung getragen. Der letzte Stadtbahnzug (Richtung Friedrichstraße) geht während der Renntage ab Bahnhof Zoo um 1 Uhr 50 Min. nachts, der erste um 4 Uhr 32 Min. früh. Vom Bahnhof Friedrichstraße nach dem Bahnhof Zoo wird der letzte Zug um 1 Uhr 29 Min. nachts, der erste bereits um 4 Uhr 52 Min. morgens abgelassen« (BLA 8. 1.).
BLA 7., 11., 21., 27., 30. 12. 1912; 1., 5.–15. 1.; Budzinski, Geschichte, S. 22–26.

12. Berliner Sechstagerennen
Autohalle I am Kaiserdamm, 6.–12. 3. 1924.
Beginn 6. 3. um 21.00 Uhr, Start 22.00 Uhr, Ende 12. 3. um 22.00 Uhr.
Wertungen: 17.00, 22.00, 2.00 Uhr; *»In jeder dieser Wertungen muß jeder Fahrer in gegenseitiger Abwechslung mit seinem Partner drei Sprints bestreiten. Es gibt also jedesmal sechs Spurts, die unmittelbar hintereinander zu fahren sind. Der Erste erhält jedesmal fünf, die folgenden drei, zwei und einen Punkt gutgeschrieben. Nur in der letzten Wertung gibt es 48, 8, 6 und 4 Punkte«* (BLA 6. 3.).
Teiln. (15 Paare): van Nek/Moeskops (NL), Oliveri/Tonani (I), Lawrence/Taylor (USA), Blekemolen/Storm (NL), Saldow/Bauer (D), Rütt/Lewanow (D), Lorenz/Techmer (D), Krupkat/Huschke (D), Rizetto/Stellbrink (I/D), Hahn/Oskar Tietz (D), Wittig/Kroll (D), Stabe/Sawall (D), Koch/Schrage (D), Rudel/Kendelbacher (D), Pawke/Passenheim (D).
Ergebnis: 1. Krupkat/Huschke 413 Pkte; 2. Oliveri/Tonani 123; 3. Rütt/Lewanow (1 Rde zurück) 470; 4. Sawall/Stabe 273; 5. Taylor/Hahn 196; 6. Wittig/Kroll 97.
Zurückgelegte km: 4544,200 (Weltrekord).
Startschuß: Paul Samson-Körner (Boxer).
Vorrennen (50-Rdn-Prämienfahren): 1. Hoffmann, 2. Krüger, 3. Packebusch.
BLA 3., 6.–13. 3.

13. Berliner Sechstagerennen
Autohalle II am Kaiserdamm, 15.–21. 1. 1925.
Beginn 15. 1. um 20.30 Uhr, Start 24.00 Uhr, Ende 22. 1. um 1.00 Uhr.
Wertungen: 17.00, 22.00, 2.00 Uhr (je 6 Spurts); *»die letzte Stunde ist eine ununterbrochene Spurtserie«* (17 Spurts).
Die Fahrer wurden diesmal nicht durch Nummern kenntlich gemacht, sondern durch »Zeichen«.
Teiln. (13 Paare): Rütt/Aerts (D/B; liegendes Kreuz), Brocco/Miquel (F; Pik-As), Grenda/Mac Beath (AUS; Karo), Egg/Krupkat (CH/D; Stern), Saldow/Lorenz (D; Querstreifen), Giorgetti/Rizetto (I; Punkt), Lewanow/Bauer (D; Kreuz-As), Huschke/Kohl (D; Herz-As), Hahn/Oskar Tietz (D; stehendes Kreuz), Stellbrink/Koch (D; Halbmond), van Kempen/Sawall (NL/D; Quadrat), Golle/Manthey (D; Längsstreifen).
Ergebnis: 1. Rütt/Aerts 385 Pkte; 2. Hahn/Tietz 308; 3. Grenda/Mac Beath 298; 4. Egg/Krupkat 277; 5. Saldow/Lorenz (1 Rde zurück) 112; 6. Brocco/Miquel 15; 7. van Kempen/Giorgetti (3 Rdn zurück) 497.
Zurückgelegte km: 4002,410.
Startschuß: Emil Jannings (Filmschauspieler).
Vorrennen:
Ausscheidungsfahren: 1. Rädlitz, 2. Linsener, 3. Naujokat, 4. Zimmermann.
5-Rdn-Vorgabefahren: 1. Schönborn (Mal), vor Ersking (10 m), Lehmann (25 m) und Linsener (15 m).
Stundenfahren (6 Wertungen): 1. Behrendt; 2. Krüger (1 Rde zurück) 12 Pkte; 3. Jenssen 11; 4. Hoffmann 9; 5. Minoretti 8; 39,280 km.
BLA 14.–22. 1.

16. Berliner Sechstagerennen
Autohalle II am Kaiserdamm, 8.–14. 4. 1926.
Beginn 12. 1., Start 22.00 Uhr, Ende 18. 1. 23.00 Uhr.
Teiln. (14 Paare): Bauer/M. Buysse (D/B), Beckman/Eaton (USA), Behrendt/Longardt (D), Benda/Linari (I), C. Debaets/Saldow (B/D), Dobe/Häusler (D), Fredericks/Lorenz (B/D), Gottfried/Junge (D), Hahn/Standaert (D/B), Hürtgen/Mühlhoff (D), Knappe/Rieger (D), Koch/Miethe (D), Louet/Sergent (F), Martin/Pohl (D).
Ergebnis: 1. Louet/Sergent 481 Pkte; 2. Beckman/Eaton (1 Rde zurück) 468; 3. Gottfried/Junge 298; 4. Frederickx/Lorenz 180; 5. Benda/Linari 180; 6. Koch/Miethe 70; 7. Hahn/Standaert (2 Rdn zurück) 141; 8. Debaets/Hürtgen 105; 9. Behrendt/Longardt (3 Rdn zurück) 131.
»Zu einem Zwischenfall, der beinahe den vorzeitigen Abbruch des Rennens zur Folge gehabt hätte, kam es gestern nachmittag. Die Fahrer hatten ihre Tagegelder nicht rechtzeitig ausgezahlt erhalten, und von den Veranstaltern ließ sich niemand sehen. Infolgedessen befand sich zeitweise kein Fahrer auf der Bahn und der Abbruch des Rennens schien unvermeidlich. Schließlich erklärte sich die Sporthallen A.=G., die gelegentliche Pächterin der Autohalle am Kaiserdamm, dazu bereit, das Rennen zu Ende zu führen. Allzuviel Kapital war dazu nicht mehr erforderlich. Den Fahrern wurden bis jetzt die Tagegelder für vier Tage ausgezahlt und die Gagen für den fünften Tag sind als Kaution beim Verband Deutscher Radrennbahnen hinterlegt. Das Rennen nimmt also seinen Fortgang« (BLA 14. 4.).
BLA 8.–15. 4.

18. Berliner Sechstagerennen
Autohalle II am Kaiserdamm, 12.–18. 1. 1927.
Beginn 12. 1., Start 22.00 Uhr, Ende 18. 1. um 23.00 Uhr.
V: ? (Walter Rütt).
Teiln. (14 Paare): Oskar Tietz/Mac Namara (D/USA), Koch/Rielens (D/B), Petri/Junge (D), Lorenz/Tonani (D/I), Wambst/Lacquehay (F), Goossens/Stockelynckx (B), van Kempen/Bauer (NL/D), Degraeve/Thollembeek (B), Marcillac/Manthey (F/D), Behrendt/Gottfried (D), Buschenhagen/Frankenstein (D), Krollmann/Skupinski (D), Rausch/Hürtgen (D), Seiferth/Mühlbach (D).

105 1. Berliner Sechstagerennen in den Ausstellungshallen am Zoo (16.–22. 3. 1909; nach: Budzinski [wie Abb. 103], S. 5).

Ergebnis: 1. Lorenz/Tonani 170 Pkte; 2. Thollembeek/Buschenhagen (2 Rdn zurück) 356; 3. Koch/Rielens 291; 4. Wambst/Laquehay 207; 5. Mac Namara/Petri (3 Rdn zurück) 454; 6. Rausch/Hürtgen (4 Rdn zurück) 91.
Startschuß: Paul Samson-Körner (Boxer).
BT 12.–19. 1.

31. Berliner Sechstagerennen
Sporthalle am Funkturm, 2.–8. 12. 1949.
Beginn 2. 12. um 19.00 Uhr, Start 21.00 Uhr, Ende 8. 12. um 22.00 Uhr.
V: Verwaltung der Sporthalle am Funkturm (»Matze« Schmidt).
Musik: Kapelle Otto Kermbach.
Bahnlänge: 153 m.
Wertungen: 14.00, 16.30, 22.00, 2.00 Uhr.
Teiln. (14 Paare): Strom/Arnold (AUS), Rigoni/Terruzzi (I), Lamboley/Sérès (F), Keller/Kamber (CH), Naeye/Wiemer (B/D), Spelte/Ehmer (B/D), Gillen/Hoffmann (L/D), Kilian/Lohmann (L/D), Brüder Hörmann (D), Mirke/Preiskeit (D), Saager/Berger (D), Schwarzer/Weimer (D), Grigat/Zawadski (D), Funda/Zoll (D); Ersatz: Weighardt (D).
Ergebnis: 1. Rigoni/Terruzzi 195 Pkte; 2. Strom/Arnold (1 Rde zurück) 309; 3. Gillen/Hörmann (2 Rdn zurück) 201; 4. Keller/Kamber (5 Rdn zurück) 318; 5. Lamboley/Sérès (6 Rdn zurück) 124; 6. Naeye/Schwarzer (9 Rdn zurück) 293; 7. Saager/Berger (10 Rdn zurück) 208; 8. Zoll/Funda 95.
Zurückgelegte km: 3351,730.
Start-»Schuß«: *»Um 9 Uhr erschienen Paul Hörbiger mit der Startflagge und Klaus-Günther Neumann mit einem grünen und einem roten Luftballon als pazifistischer Ersatz für die militaristische Startpistole. Hörbiger winkte mit der Flagge, Neumann brachte die Luftballons durch Drücken nicht zum Platzen, steckte geistesgegenwärtig eine Zigarette an die Hülle: Das Sechstagerennen begann«* (Tg 3. 12.).
Vorrennen (50-km-Mannschaftsfahren): 1. Günter Schulz/Hans Kalupa, 2. Spring/Drescher (1 Rde zurück), 3. Kaune/Singer, 4. Meyer/Graep.
»Da schlenderten sie durch den Innenraum, die alten Berliner Bekannten: Oskar Tietz, Max Hahn, Lorenz, Arend, Saldow, Bauer. Unter den Besuchern entdeckten sich gegenseitig die Berliner, die immer dabei sind, wenn ein neues Stück turbulentes Berliner Leben beginnt, wie Klaus-Günter Neumann, der Komponist und Kabarettist, Will Meisel, Bobbi Lüdke, Direktor Wiemer von den Ausstellungshallen, Präsident Gustav Ries vom Internationalen Varieté-Direktoren-Verband, Alice Hechy, der Sportjournalist Reccniszek aus München, die Trabrenn-Champions Frömming aus Berlin, Heitmann und Gerhard Krüger aus Hamburg. [...]« (Tg 3. 12.).
Kur 1.–9. 12.; Tg 30. 11.–9. 12.

106 1. Berliner Sechstagerennen in den Ausstellungshallen am Zoo (16.–22. 3. 1909); Besuch des Kronprinzen »am 17. März vormittags« (nach: Budzinski [wie Abb. 103], S. 11).

32. Berliner Sechstagerennen
Sporthalle am Funkturm, 3.–9. 3. 1950.
Beginn 3. 3. um 20.00 Uhr, Start 22.00 Uhr, Ende 9. 3. um 23.00 Uhr.
Musik: Kapelle Otto Kermbach.
Wertungen: vermutlich wie beim 31. Berliner Sechstagerennen.
Teiln. (13 Paare): Strom/Arnold (AUS), Oubron/R. le Nizerhy (F), Kamber/Keller (CH), Buysse/Adriaennssens (B), Lakeman/Bakker (NL), Mirke/Preiskeit (D), Kilian/Roth (L/CH), Naeye/Hörmann (B/D), Weimer/Ehmer (D), Hoffmann/Schwarzer (D), Saager/Schorn (D), Funda/Zoll (D), Voggenreiter/Jährling (D).
Ergebnis: 1. Strom/Arnold 219 Pkte; 2. Kilian/Roth (1 Rde zurück) 305; 3. Naeye/Hörmann (2 Rdn zurück) 358; 4. Mirke/Preiskeit (4 Rdn zurück) 309; 5. Oubron/R. le Nizerhy 150; 6. Saager/Ehmer 125; 7. Schorn/Hoffmann (5 Rdn zurück) 188; 8. Keller/Kamber (13 Rdn zurück) 193; 9. Lakeman/Bakker (15 Rdn zurück) 114.
Zurückgelegte km: 3422.
Start-»Schuß«: Hans Söhnker (Schauspieler); *»wieder wurde ein Luftballon an der Zigarette entzündet, damit es knallte«.*
Vorrennen (100-Rdn-Punktefahren der Amateure): 1. Heinz Ziege, 2. Altenburg, 3. Kutza, 4. Schliebener, 5. Gerhard Schulz.
Kur 28. 2.–10. 3.; Ts 3.–10. 3.

33. Berliner Sechstagerennen
Sporthalle am Funkturm, 1.–7. 12. 1950.
Beginn 1. 12. um 20.00 Uhr (?), Start 22.00 Uhr, Ende 7. 12. um 23.00 Uhr.
V: Kaiser (Paul Buschenhagen).
Et: 2,– bis 20,– DM (je nach Platz und Nacht); Dauerkarten 20,– bis 110,– DM.
Wertungen: 14.30, 16.30, 20.30, 22.00, 2.00, 4.00 Uhr;
am 1. 12. erste Wertung um 23.00 Uhr.
Teiln. (14 Paare): 1. Strom/Arnold (AUS), 2. Naeye/Adriaennssens (B), 3. Diggelmann/Keller (CH), 4. Surbatis/Bouvard (F), 5. Vooren/Lakeman (NL), 6. Roth/Schorn (CH/D), 7. Lapébie/Saager (F/D), 8. Giorgetti/Zoll (F/D), 9. Mirke/Preiskeit (D), 10. Ehmer/Nothdurft (D), 11. Weimer/Müller (D), 12. Ludwig Hörmann/Berger (D), 13. Funda/Otto Ziege (D), 14. Bunzel/Jährling (D).
Ergebnis: 1. Strom/Arnold 438 Pkte; 2. Surbatis/Bouvard (3 Rdn zurück) 118; 3. Mirke/Preiskeit (4 Rdn zurück) 293; 4. Ehmer/Nothdurft 230; 5. Keller/Adriaennssens (5 Rdn zurück) 283; 6. Berger/Ziege (7 Rdn zurück) 267; 7. Giorgetti/Zoll 114.
Start-»Schuß«: Susanne Eriksson (Miß Germany 1950).
Kur 29. 11.–9. 12.; Tg 30. 11.–8. 12.

34. Berliner Sechstagerennen
Sporthalle am Funkturm, 9.–15. 3. 1951.
Beginn. 9. 3. um 20.00 Uhr, Start 22.00 Uhr, Ende 15. 3. um 23.00 Uhr.
V: Kaiser (?) (Paul Buschenhagen).
Et: *»zwischen 1 und 15 DM-West, nachmittags ermäßigt, Ostwährung dreifach«.*
Musik: Kapelle Otto Kermbach.
Wertungen: 15.00, 16.30, 20.30, 22.00, 2.00, 4.00 Uhr.
Teiln. (13 Paare): Rigoni/Terruzzi (I), Lapébie/Gillen (F/L), Depauw/Thyssen (B), Kilian/Vopel (L/D), Naeye/Roth (B/CH), Vooren/van Beek (NL), Decorte/Preiskeit (B/D), Saager/Berger (D), Mirke/Ludwig Hörmann (D), Kolbeck/Intra (D), Otto Ziege/Zoll (D), Knoke/Nothdurft (D), Ehmer/Holthöfer (D).
Ergebnis: 1. Kilian/Vopel 127 Pkte; 2. Rigoni/Terruzzi (1 Rde zurück) 287; 3. Lapébie/Gillen 135; 4. Depauw/Thyssen (2 Rdn zurück) 402; 5. Decorte/Preiskeit (3 Rdn zurück) 334; 6. Kolbeck/Intra (4 Rdn zurück) 254; 7. Naeye/Ziege (5 Rdn zurück) 490; 8. Ehmer/Holthöfer 210; 9. Knoke/Nothdurft (8 Rdn zurück) 216.
Zurückgelegte km: 3378,260.
Startschuß: Max Hansen *(»Operettenstar«).*
»Der in der Sonntagnacht[...] zu Fall gekommene Holländer [Gerrit] van Beek verstarb am Schlußtage, ohne das Bewußtsein wiedererlangt zu haben« (Kur 16. 3.).
Kur 8.–16. 3.; Tg. 9.–16. 3.

35. Berliner Sechstagerennen
Sporthalle am Funkturm, 30. 11.–6. 12. 1951.
Beginn 30. 11. um 20.00 (?), Start 22.00 Uhr, Ende 6. 12. um 23.00 Uhr.
Et: *»zwischen 1 und 15 DM-West, in Ostwährung das Dreifache«.*
Musik: Kapelle Otto Kermbach.
Wertungen: wie beim 34. Berliner Sechstagerennen.
Teiln. (13 Paare): 1. Strom/Arnold (AUS), 2. Naeye/Thyssen (B), 3. Bucher/von Büren (CH), 4. Carrara/Lapébie (F), 5. Vooren/Zoll (NL/D), 6. Roth/Intra (CH/D), 7. Jacoponelli/Keller (F/CH), 8. Mirke/Preiskeit (D), 9. Kilian/Berger (L/D), 10. Knoke/Nothdurft (D), 11. Otto Ziege/Kolbeck (D), 12. Drescher/Holzhüter (D), 13. Heinz Ziege/Weinrich (D).
Ergebnis: 1. Carrara/Lapébie 437 Pkte; 2. Strom/Arnold 285; 3. Bucher/von Büren (1 Rde zurück) 254; 4. Roth/Preiskeit (2 Rdn zurück) 525; 5. Naeye/Thyssen 370; 6. Vooren/Zoll 137; 7. Otto Ziege/Kolbeck (5 Rdn zurück) 127.
Zurückgelegte km: 3227.
Startschuß: Josef Vavra *(»Catcherkönig«)*
Kur 27. 11.–7. 12.

36. Berliner Sechstagerennen
Sporthalle am Funkturm, 14.–20. 3. 1952.
Beginn 14. 3. um 20.00 Uhr (?), Start 22.00 Uhr, Ende 20. 3. um 23.00 Uhr.
Et: 1,– bis 20,– DM.
Wertungen: vermutlich wie beim 34. Berliner Sechstagerennen.
Teiln. (13 Paare): Carrara/Lapébie (F), Rigoni/Terruzzi (I), Espin/Claros (E), Lakeman/Bakker (NL), von Büren/Roth (CH), Plattner/Bucher (CH), Vooren/Otto Ziege (NL/D), Borkowski/Veltmann (D), Saager/Preiskeit (D), Intra/Berger (D), Zoll/Knoke (D), Zawadski/Heinz Ziege (D), Holthöfer/Kaune (D).
Ergebnis: 1. Carrara/Lapébie 444 Pkte; 2. von Büren/Roth (1 Rde zurück) 408; 3. Zoll/Knoke (3 Rdn zurück) 197; 4. Preiskeit/Plattner (4 Rdn zurück) 413; 5. Lakeman/Bakker 192; 6. Borkowski/Veltmann (5 Rdn zurück) 192; 7. Vooren/Otto Ziege 171; 8. Zawadski/Heinz Ziege (10 Rdn zurück) 136.
Startschuß: Ria und Paul Falk (Eiskunstläuferpaar).
Kur 13.–21. 3.

37. Berliner Sechstagerennen
Sporthalle am Funkturm, 28. 11.–4. 12. 1952.
Beginn 28. 11. um 20.00 Uhr, Start 22.00 Uhr, Ende 4. 12. um 23.00 Uhr.

107 »Die Lautsprecher im Innenraum, die den Prämiensegen ankündigen«.

108 »An der Zeittafel bei den Wertungen«.

107–108 Vom 13. Berliner Sechstagerennen in der Autohalle II am Kaiserdamm (15.–21. 1. 1925; nach: Zeitungsausriß, 18. 1. 1925).

V: Kaiser (Paul Buschenhagen).
Musik: Kapelle Otto Kermbach (?).
Wertungen: vermutlich wie beim 34. Berliner Sechstagerennen.
Teiln. (13 Paare): Koblet/von Büren (CH), Roth/Bucher (CH), Strom/Arnold (AUS), Bruneel/Decorte (B), Carrara/Zoll (F/D), Zehnder/Preiskeit (CH/D), Theissen/Berger (D), Borkowski/Walter (D), Holthöfer/Petry (D), Schürmann/Siefert (D), Lehmann/Weinrich (D), Ehmer/Kutza (D), Heinz Ziege/Günther Schulz (D).
Ergebnis: 1. Carrara/Zoll 519 Pkte; 2. Roth/Bucher (2 Rdn zurück) 507; 3. Zehnder/Preiskeit (3 Rdn zurück) 576; 4. Bruneel/Holthöfer 317; 5. Schürmann/Siefert (6 Rdn zurück) 151; 6. Borkowski/Weinrich (11 Rdn zurück) 262; 7. Ehmer/Kutza (19 Rdn zurück) 172; 8. Heinz Ziege/Günther Schulz (23 Rdn zurück) 422.
Zurückgelegte km: 3401.
Startschuß: Irina Garden und Gordon Howard (Hauptdarsteller des Films »Die Spur führt nach Berlin«).
Vorrennen von Amateuren.
Kur 27. 11.–5. 12.

38. Berliner Sechstagerennen
Sporthalle am Funkturm, 3.–(9.) 4. 1953.
Beginn 3. 4., Start mit 63 Min. Verspätung um 23.03 Uhr, nach der zweiten Nacht wurde das Rennen abgebrochen.
V: Kaiser (Paul Buschenhagen).
Musik: Kapelle Otto Kermbach.
Wertungen: 14.30, 16.30 Uhr (je 6 Spurts), 21.00, 1.00, 4.00 Uhr (je 10 Spurts).
Teiln. (13 Paare): Roth/Bucher (CH), Forlini/Giorgetti (F), Bouvard/Surbatis (F), Lakeman/Bijster (NL), Gillen/Hörmann (L/D), Preiskeit/Kilian (D), Zoll/Knoke (D), Heinz Ziege/Weimer (D), Holthöfer/Petry (D), Schumacher/Nothdurft (D), Günther Schulz/Kutza (D), Saager/Walter (D), Borkowski/Veltmann (D).
Ergebnis: – (abgebrochen).
Startschuß: Eugen Wagener (Präs. des Deutschen Sportpresse-Verbandes).
Von den gemeldeten Fahrern verzichteten – aufgrund von Schwierigkeiten des Veranstalters mit dem BDR – Gillen, Forlini, Bouvard und Lakeman/Bijster auf den Start von vornherein; *»Saager hatte wegen Krankheit abgesagt, Hörmann und Petry/Holthöfer fehlten unentschuldigt«*. Der BDR hatte das Rennen nicht genehmigt.

109 Plakat für das 6. Berliner Sechstagerennen, 1913; Berlin, Kunstbibliothek, SMPK.

»Das 38. Berliner Sechstagerennen nahm ein unrühmliches Ende. Nach der zweiten Nacht waren die Rennfahrer nur noch allein und machten kurzerhand Schluß, nachdem ihnen keine Gagen mehr gezahlt worden waren. Es ist seit Breslau das zweitemal in der Geschichte von über 100 deutschen Sechstagerennen, daß eine 145-Stunden-Fahrt vorzeitig beendet wird« (Ab. 7. 4.).
Kur 31. 3.; 2.–8. 4.; Ab 2.–7. 4.

47. Berliner Sechstagerenen
Deutschlandhalle, 7.–13. 10. 1960.
Beginn 7. 10. um 20.00 Uhr, Start 22.00 Uhr, Ende 13. 10. um 23.00 Uhr.
V: Deutschlandhalle AG (Hans Preiskeit).
Wertungen: 14.30, 16.00 Uhr (je 10 Spurts), 21.00, 22.00 Uhr (je 5 Spurts), 1.00, 3.00 Uhr (je 10 Spurts).
Teiln. (16 Paare): 1 van Looy/Post (B/NL), 2 Ogna/de Rossi (I), 3 Forlini/Murphy (F/USA), 4 Bucher/Pfenninger (CH), 5 Arnold/Patterson (AUS), 6 Jaroszewicz/Ziegler (D), 7 Nielsen/Lykke (DK), 8 Roth/Rieke (CH/D), 9 Bugdahl/Junkermann (D), 10 Altweck/Renz (D), 11 Carlson/Karlsson (S) 12 van Geneugden/Edler (B/D), 13 Gieseler/Donike (D), 14 Vopel/Franssen (D), 15 Gillen/Oldenburg (L/D), 16 Reinecke/Lewandowski (D).
Ergebnis: 1. van Looy/Post 481 Pkte; 2. Bugdahl/Junkermann 212; 3. Nielsen/Lykke (1 Rde zurück) 446; 4. Bucher/Pfenninger 408; 5. Arnold/Patterson (2 Rdn zurück) 368; 6. Altweck/Renz (3 Rdn zurück) 237; 7. Jaroszewicz/Ziegler (6 Rdn zurück) 319; 8. Gillen/Oldenburg 145; 9. Gieseler/Donike (8 Rdn zurück) 190; 10. van Geneugden/Edler (9 Rdn zurück) 178; 11. Reinecke/Lewandowski (10 Rdn zurück) 230; 12. Roth/Rieke 186; 13. Forlini/Vopel (13 Rdn zurück) 131; 14. Karlsson/de Rossi (14 Rdn zurück) 140.
Startschuß: Grete Weiser (Filmschauspielerin).
Vorrennen (Deutsche Winterbahn-Meisterschaft der Dauerfahrer): 1. Karl-Heinz Marsell, 2. Joachim Holz (860 m zurück), 3. Petry (1080 m), 4. Hardege (2035 m), 5. Materne (2330 m).
Kur 6.–14. 10; Ph (VWA).

49. Berliner Sechstagerennen
Deutschlandhalle, 6.–12. 10. 1961.
Beginn 6. 10. um 20.00 Uhr, Start 22.00 Uhr, Ende 12. 10. um 23.00 Uhr.
V: Knaak/Deutschlandhalle AG (Hans Preiskeit).
Wertungen: 14.30, 16.00, 20.30, 1.00, 3.00 Uhr (je 10 Spurts).
Mit »Derny-Rennen« in jeder Nacht.
Teiln. (14 Paare): 1 van Looy/Post (B/NL), 2. Terruzzi/de Rossi (I), 3 Rudi Altig/Junkermann (D), 4 Arnold/Puschel (AUS/D), 5 van Steenbergen/Severeyns (B), 6 Lykke/Jaroszewicz (DK/D), 7 Lewandowski/Oldenburg (D), 8 Ziegler/Renz (D), 9 Bugdahl/Pfenninger (D/CH), 10 Plattner/Rüegg (CH), 11 Fischerkeller/Roggendorf (D), 12 Gillen/Wolfgang Schulze (L/D), 13 Kilian/Gieseler (D), 14 Willi Altig/Edler (D).
Ergebnis: 1. Bugdahl/Pfenninger 460 Pkte; 2. van Looy/Post 315; 3. van Steenbergen/Severeyns 220; 4. Rudi Altig/Junkermann (1 Rde zurück) 382; 5. Jaroszewicz/Lykke (2 Rdn zurück) 287; 6. Terruzzi/de Rossi (3 Rdn zurück) 358; 7. Kilian/Gieseler (4 Rdn zurück) 244; 8. Gillen/Schulze (9 Rdn zurück) 149; 9. Willi Altig/Edler (11 Rdn zurück) 269; 10. Fischerkeller/Roggendorf (14 Rdn zurück) 228; 11. Lewandowski/Oldenburg (18 Rdn zurück) 149. Zurückgelegte km: 3068,800.
Startschuß: *»Mit einer Massenknallerei aus harmlosen Startpistolen begann gestern abend das 49. Berliner Sechstagerennen in der Deutschlandhalle. Karin Hübner, Star der Revue ›My Fair Lady‹ konnte sich vor Assistenten kaum retten, darunter auch Grete Weiser, populärer Berliner Filmstar, der besonders herzlich gefeiert wurde«* (Kur 7. 10.).
Kur 6.–14. 10.; Ph (VWA).

52. Berliner Sechstagerennen
Deutschlandhalle, 3.–9. 10. 1963.
Beginn 3. 10. um 20.00 Uhr, Start 22.00 Uhr, Ende 9. 10. um 23.00 Uhr.
V: Deutschlandhalle AG (Hans Preiskeit).
Musik: Orchester Wilfried Krüger, Tiroler Trachtenkapelle, Berliner Skiffle Gruppen.
Wertungen: 14.30, 16.00 Uhr (je 10 Spurts), 20.00, 21.00 Uhr (je 5 Spurts), 1.00, 3.00 Uhr (je 10 Spurts).
Mit »Derny-Rennen« in jeder Nacht.
Teiln. (14 Paare): 1 van Looy/Steenbergen (B), 2 de Rossi/Beghetto (I), 3 Lykke/Eugen (DK), 4 Raynal/Gaignard (F), 5 Post/Pfenninger (NL/CH), 6 Junkermann/Jaroszewicz (D), 7 Severeyns/Puschel (B/D), 8 Gillen/Rudolph (L/D), 9 Bugdahl/Renz (D), 10 Oldenburg/Schulze (D), 11 Kemper/Roggendorf (D), 12 Bölke/Großimlinghaus (D), 13 Brüder Gieseler (D), 14 Kilian/Vopel (D).
Ergebnis: 1. Bugdahl/Renz 389 Pkte; 2. van Looy/van Steenbergen 221; 3. Lykke/Eugen (1 Rde zurück) 437; 4. Post/Pfenninger 263; 5. Kemper/Roggendorf (6 Rdn zurück) 298; 6. Gillen/Rudolph (7 Rdn zurück) 236; 7. Oldenburg/Schulze (8 Rdn zurück) 345; 8. Severeyns/Puschel (10 Rdn zurück) 175; 9. Junkermann/Jaroszewicz 126; 10. Brüder Gieseler (11 Rdn zurück) 226; 11. de Rossi/Beghetto (12 Rdn zurück) 248; 12. Bölke/Großimlinghaus 228; 13. Kilian/Vopel (15 Rdn zurück) 124; 14. Raynal/de Lattre (21 Rdn zurück) 176.
Zurückgelegte km: 3043,430.
Startschuß: Kurt Neubauer (Senator für Jugend und Sport).
Vorrennen: Amateurrennen.
Kur 2.–10. 10.; Ph (VWA).

55. Berliner Sechstagerennen
Deutschlandhalle, 15.–21. 1. 1965.
Beginn 15. 1. um 19.15 Uhr, Start 22.00 Uhr, Ende 21. 1. um 23.00 Uhr.
V: Deutschlandhalle AG (Hans Preiskeit).
Musik: Orchester Wilfried Krüger.
Wertungen: wie beim 52. Berliner Sechstagerennen.
Mit »Derny-Rennen« in jeder Nacht.
Teiln. (14 Paare): 1 Post/Pfenninger (NL/CH), 2 Beghetto/Constantino (I), 3 Altig/Junkermann (D), 4 van Steenbergen/Severeyns (B), 5 Kemper/Oldenburg (D), 6 Wolfgang Schulze/Großimlinghaus (D), 7 Lykke/Eugen (DK), 8 Rudolph/Kilian (D), 9 Bugdahl/Renz (D), 10 Claesges/Streng (D), 11 May/Willy Altig (D), 12 Baensch/Verschueren (AUS/B), 13 Puschel/Roggendorf (D), 14 Gillen/Jaroszewicz (L/D).
Ergebnis: 1. Post/Pfenninger 446 Pkte; 2. Bugdahl/Renz 232; 3. Kemper/Oldenburg (1 Rde zurück) 387; 4. Rudi Altig/Junkermann 281; 5. Lykke/Eugen 181; 6. van Steenbergen/Severeyns 157; 7. Schulze/Großimlinghaus (3 Rdn zurück) 133; 8. May/Willy Altig (4 Rdn zurück) 190; 9. Rudolph/Kilian (10 Rdn zurück) 312; 10. Puschel/Verschueren (12 Rdn zurück) 212; 11. Claesges/Streng (19 Rdn zurück) 141; 12. Beghetto/Constantino (23 Rdn zurück) 158.
Startschuß: Stewart Granger (Filmschauspieler, USA) und Willi Holdorf *(»Zehnkampf-König«)*.
Vorrennen: zwei Steher-Läufe, ein 30-Min.-Einzelfahren der Amateure; erstes Rennen der dann täglich um 19.15 Uhr durchgeführten weiteren Amateur-Rennen (»Kleines Sechstagerennen«), mit einer Gesamtwertung am letzten Tag.
Kur 14–22. 1.; Ph (VWA).

56. Berliner Sechstagerennen
Deutschlandhalle, 1.–7. 10. 1965.
Beginn 1. 10., Start 22.00 Uhr, Ende 7. 10. um 23.00 Uhr.
V: Deutschlandhalle AG (Hans Preiskeit).
Mit »Derny-Rennen« in jeder Nacht.
Teiln. (14 Paare): 1 Post/Pfenninger (NL/CH), 2 Sercu/Merckx (B), 3 Rudi Altig/Kemper (D), 4 Faggin/Beghetto (I), 5 Lykke/Scholz (DK/D), 6 May/Hortelano (D/E), 7 Bölke/Großimlinghaus (D), 8 Bänsch/Severeyns (AUS/B), 9 Schulze/Renz

110 Kurd Albrecht, Sechstagerennen in der Arena (Autohalle) am Kaiserdamm, 1927 (?), Kreide/Papier, Bildgröße 52,5 x 38,5 cm, signiert unten links; VWA.

(D), 10 Junkermann/Oldenburg (D), 11 Rudolph/Roggendorf (D), 12 Kunde/Eugen (D/DK), 13 Puschel/Willy Altig (D), 14 Jaroszewicz/Glemser (D).
Ergebnis: 1. Rudi Altig/Kemper 520 Pkte; 2. Schulze/Renz 298; 3. Post/Pfenninger 167; 4. Junkermann/Oldenburg (2 Rdn zurück) 143; 5. Sercu/Merckx (4 Rdn zurück) 288; 6. Lykke/Scholz 251; 7. Bänsch/Lelangue 140; 8. Faggin/Beghetto (5 Rdn zurück) 244; 9. Puschel/Willy Altig (6 Rdn zurück) 159; 10. Bölke/Großimlinghaus 99; 11. Rudolph/Roggendorf (8 Rdn zurück) 196; 12. May/Hortelano (15 Rdn zurück) 201; 13. Kunde/Eugen (18 Rdn zurück) 186; 14. Jaroszewicz/Glemser (20 Rdn zurück) 174.
Startschuß: Johanna von Koczian (Filmschauspielerin) und Kurt Neubauer (Senator für Jugend und Sport).
Vorrennen (Stunden-Einzelfahren der Amateure), erstes Rennen der dann täglich allerdings als 45-Min.-Rennen durchgeführten weiteren Wettbewerbe (»Kleines Sechstagerennen«); mit einer Gesamtwertung am letzten Tag: 1. Girt Koel (NL) 66 Pkte; 2. Wolfgang Holz (Endspurt) 51; 3. Klaus Sternbeck (Grün-Weiß) 41,5; 4. Günter Stolp (Luisenstadt) 40.
Kur 29. 9.–8. 10.

59. Berliner Sechstagerennen
Deutschlandhalle, 13.–19. 1. 1967.
Beginn 13. 1. um 19.30 Uhr, Start 22.00 Uhr, Ende 19. 1. um 23.00 Uhr.
V: Deutschlandhalle AG (Hans Preiskeit).
Musik: Kapelle Wilfried Krüger.
Wertungen: 14.00 Uhr (10 Spurts), 16.00, 20.30, 1.00, 3.00 Uhr.
Mit »Derny-Rennen« in jeder Nacht.
Teiln. (14 Paare): 1 Post/Pfenninger (NL/CH), 2 De Loof/Seeuws (B), 3 Kemper/Oldenburg (D), 4 Faggin/Beghetto (I), 5 Eugen/Junkermann (D), 6 Schulze/Renz (D), 7 Puschel/Rohr (D), 8 Simpson/Severeyns (GB/B), 9 Bugdahl/Sercu (D/B), 10 Streng/Scholz (D), 11 Rudolph/Roggendorf (D), 12 May/Gieseler (D), 13 Bölke/Großimlinghaus (D), 14 Hortelano/Carrasco (E).
Ergebnis: 1. Kemper/Oldenburg 504 Pkte; 2. Schulze/Renz 398; 3. Bugdahl/Sercu 207; 4. Post/Simpson 198; 5. Rudolph/Roggendorf (2 Rdn zurück) 266; 6. Eugen/Junkermann (6 Rdn zurück) 161; 7. De Loof/Seeuws (9 Rdn zurück) 320; 8. Faggin/Beghetto (10 Rdn zurück) 212; 9. Streng/Scholz (15 Rdn zurück) 252; 10. van der Lans/Gieseler 219; 11. Hortelano/Carrasco 273.
Zurückgelegte km: 2741,050.
Startschuß: Raquel Welch (*»Sexbombe«*) und Kurt Neubauer (Senator für Jugend und Sport).
Vorrennen: Omnium für Amateure und 45-Min.-Mannschaftsfahren der Amateure, erstes Rennen der dann täglich um 19.00 Uhr durchgeführten weiteren 45-Min.-Fahrten der Amateure (»Kleines Sechstagerennen«); mit einer Gesamtwertung am letzten Tag: 1. Ebert (Luisenstadt) 19 Pkte; 2. Mücke (Bremen) 13; 3. Fläming (Zugvogel) 7; 4. Wiemer (Einbeck) 6; 5. Stolp (Luisenstadt) 1; 6. Becker (Zugvogel; 1 Rde zurück) 18.
Tg 12.–20. 1.; Ph (VWA).

60. Berliner Sechstagerennen
Deutschlandhalle, 6.–12. 10. 1967
Beginn 6. 10. Start 22.00 Uhr, Ende 12. 10. um 23.00 Uhr.
V: Deutschlandhalle AG
Mit »Derny-Rennen« in jeder Nacht.
Teiln. (14 Paare): 1 Rudi Altig/Renz (D), 2 Junkermann/Wolfshohl (D), 3 Oldenburg/Kemper (D), 4 Merckx/Sercu (B), 5 Severeyns/Seeuws (B), 6 De Loof/Schulze (B/D), 7 Pfenninger/Beghetto (CH/I), 8 Bölke/Großimlinghaus (D), 9 Post/Bugdahl (NL/D), 10 Puschel/Peffgen (D), 11 Rudolph/Roggendorf (D), 12 Glemser/Streng (D), 13 Lawrie/Ritter (AUS/DK), 14 Wilde/Wiedemann (D).
Ergebnis: 1. Post/Bugdahl 477 Pkte; 2. Merckx/Sercu 465; 3. Oldenburg/Kemper 422; 4. Pfenninger/Beghetto (1 Rde zurück) 290; 5. De Loof/Schulze (2 Rdn zurück) 259; 6. Junkermann/Wolfshohl (4 Rdn zurück) 166; 7. Bölke/Großimlinghaus (5 Rdn zurück) 64; 8. Puschel/Peffgen (7 Rdn zurück) 78; 9. Severeyns/Seeuws (8 Rdn zurück) 110; 10. Rudolph/Roggendorf (11 Rdn zurück) 240; 11. Lawrie/Ritter (19 Rdn zurück) 202; 12. Glemser/Streng (21 Rdn zurück) 109; 13 Wilde/Wiedemann (33 Rdn zurück) 159.
Zurückgelegte km: 2563,316.
Startschuß: *»George Nader alias Jerry Cotton mit seiner Kollegin Silvie Solar«.*
Vorrennen: 5-Rdn-Verfolgungsfahren der »Radamazonen« in zwei Läufen (1. Eike Keutsch vor Brigitte Krause, 2. Edith Lange vor Sivia Rissmann; das »Amazonenrennen« wurde dann alle Tage durchgeführt); Stunden-Mannschaftsfahren der Amateure, das dann alle Abende stattfand (»Kleines Sechstagerennen«) mit einer Gesamtwertung am letzten Tag.
Tg 15.–13. 10.

63. Berliner Sechstagerennen
Deutschlandhalle, 27. 3.–2. 4. 1969.
Beginn 27. 3. um 19.30 Uhr, Start 22.00 Uhr, Ende 2. 4. um 23.00 Uhr.
V: Deutschlandhalle (Hans Preiskeit).
Musik: Linzer Buam.
Wertungen: 14.00 (10 Spurts), 16.00, 20.40, 1.00, 3.00 Uhr.
Mit »Derny-Rennen« in jeder Nacht (0.15–0.45 Uhr).
Teiln. (13 Paare): 1 Post/Sercu (NL/B), 2 Schulze/Oldenburg (D), 3 Severeyns/Gilmore (B/AUS), 4 Beghetto/Ritter (I/DK), 5 De Loof/Verschueren (B), 6 Kemper/Daler (D/CS), 7 Bölke/Eugen (D/DK), 8 van Lancker/Mourioux (F), 9 Bugdahl/Renz (D), 10 Fritz/Bennewitz (D), 11 Steng/Rancati (D/I), 12 Glemser/Wilde (D), 13 Puschel/Gombert (D).
Ergebnis: 1. Schulze/Oldenburg 306 Pkte; 2. Post/Sercu 248; 3 Bugdahl/Renz 137; 4. Kemper/Daler (1 Rde zurück) 178; 5. De Loof/Verschueren (2 Rdn zurück) 188; 6. Beghetto/Ritter 175; 7. Bölke/Eugen (3 Rdn zurück) 119; 8. van Lancker/Mourioux (4 Rdn zurück) 278; 9. Puschel/Gombert (6 Rdn zurück) 124; 10. Streng/Rancati (10 Rdn zurück) 249; 11. Glemser/Wilde (20 Rdn zurück) 228.
Startschuß: Heinz Drache (Filmschauspieler, *»Kommissar vom Dienst«*) und Renate Breuer (*»Kanu-Silbermedaillengewinnerin von Mexiko«).*
Vorrennen (Stunden-Mannschaftsfahren der Amateure), erstes Rennen der dann täglich um 19.30 Uhr durchgeführten weiteren Stundenrennen der Amateure (»Kleines Sechstagerennen«); mit einer Gesamtwertung am letzten Tag: 1. Mükke/Vonhof 50 Pkte; 2. Podlesch/Podbielski 49; 3. Becker/Simon 44; 4. Seidel/Jaroszewicz 42; 5. Langer/Langer 38; 6. Barth/Müller 36; außerdem starteten: Henrichs/Stenzel, Ebenbeck/Buhmann, Metzemacher/Gruhn, Weichert/Bremer, Schützberg/Laufer, Holz/Lehmann, Flämig/Laufer, Fiedler/Wendt.
Am Schlußabend außerdem ein 30-Min-Punktefahren der Amateure: 1. Podlesch 7 Pkte; 2. Vonhof (1 Rde zurück) 13; 3. Podbielski 13; 4. Lehmann 10; 5. Schützberg 9; 6. Holz 7.
Tg 27. 3.–3. 4; Ph (VWA).

64. Berliner Sechstagerennen
Deutschlandhalle, 2.–8. 10. 1969.
Beginn 2. 10. um 19.30 Uhr, Start 22.00 Uhr, Ende 8. 10. um 23.00 Uhr.
V: Deutschlandhalle (Hans Preiskeit).
Musik: Orchester Heinz Buschhagen.
Wertungen: 14.00, 16.00, 20.00, 1.00, 3.00 Uhr (je 10 Spurts).
Mit Tandem-Rennen der Amateure in jeder Nacht (am 2. 10. um 23.15 Uhr, ab 3. 10. um 22.30 Uhr).
Teiln. (14 Paare): 1 Post/Duyndam (NL), 2 Schulze/Oldenburg (D), 3 Sercu/Verschueren (B), 4 Pfenninger/Pfenninger (CH), 5 Peruena/Rodriguez (E), 6 Renz/Fritz (D), 7 Porter/Gowland (GB), 8 van Lancker/Mourioux (F), 9 Bugdahl/Kemper (D), 10 Rancati/Roncaglia (I), 11 Gilmore/Lawrie (AUS), 12 Glemser/Roggendorf (D), 13 De Loof/Daler (B/CS), 14 Tschan/Bennewitz (D).
Ergebnis: 1. Bugdahl/Kemper 199 Pkte; 2. Schulze/Oldenburg (1 Rde zurück) 447; 3. Post/Duyndam 354; 4. Pfenninger/Pfenninger 271; 5. Sercu/Verschueren (2 Rdn zurück) 299; 6. Renz/Fritz 262; 7. van Lancker/Mourioux (7 Rdn zurück) 347; 8. Gilmore/Lawrie 337; 9. de Loof/Daler (9 Rdn zurück) 276; 10. Tschan/Bennewitz (12 Rdn zurück) 266; 11. Peruena/Rodgriguez 234; 12. Porter/Gowland (26 Rdn zurück) 174; 13. Rancati/Roncaglia (30 Rdn zurück) 234.
Startschuß: Willy Techmer (86 Jahre alt, Teilnehmer des 1. Berliner Sechstagerennens von 1909) und Ernst Maschke (Präs. des ADAC).
Vorrennen (Stunden-Mannschaftsfahren der Amateure), erstes Rennen der dann täglich um 17.30 durchgeführten weiteren Stundenfahrten der Amateure (»Kleines Sechstagerennen«); mit einer Gesamtwertung am letzten Tag: 1. Becker/Roßbach 2 Pkte; 2. Schwertle/Topfstädt (2 Rdn zurück) 5; 3. Flämig/Behrendt 0; 4. Schneider/Schneider (3 Rdn zurück) 26; 5. Vonhof/Haritz 15; 6. Barth/Müller 11; außerdem starteten: Seidel/Claußmeier, Rasing/Schumacher, Podbielski/Jaroscewicz, Lehmann/Röcker, Laufer/Bethke u., a.).
Tg 1.–10. 10.; Ph (VWA).

»Boxen mußt de, boxen, boxen«

Dieter Behrendt

»Mensch, was nützt dir bloß det oxen,
Boxen mußt de, boxen, boxen.
Was soll dir der janze Bücherkram,
Martert nur det Hirn infam.
Mit Jedanken kannste dir nich wehren,
Mußt den Boxhandschuh verzehren.
Weg mit allem Bücherknast,
Meld' dir an im Sportpalast.
[...]«[1]

Der erste Berliner Profi-Boxkampf fand am 18. Februar 1919 im Sportpalast statt. Es war der erste Boxkampf im Sportpalast überhaupt. Der deutsche Leichtgewichtsmeister Richard Naujoks besiegte den Weltergewichtler Gustav Völkel durch k. o. in der 7. Runde. Dieses Duell wurde im Rahmen einer Veranstaltungsreihe unter dem Motto *»40 Tage Sportpalast«* ausgetragen, bei der häufig an einem Abend zwei Sportarten gezeigt wurden, Radrennen und Boxen oder – jedoch seltener – Radrennen und Ringen. Allerdings stand der Radsport im Vordergrund. An einem dieser nachfolgenden Abende kämpften der Wiener Franz Kött und der Berliner Paul Mond, der schon vor dem Krieg auf den *»Boxing Carnivals«* zu sehen war, um die Deutsche Mittelgewichtsmeisterschaft.[2]
Nachdem der Sportpalast in ein Kino umgewandelt worden war (Eröffnung 5. 9. 1919), fanden die meisten Veranstaltungen in anderen Ringen statt.

Der bereits um die Jahrhundertwende in Berlin eingeführte Boxsport hatte während der Kaiserzeit sich nur langsam entwickeln können, oftmals stark behindert durch polizeiliche Maßnahmen. Doch jetzt, nach Ausrufung der Republik, als sich die Menschen in Deutschland von den Zwängen der Kaiserzeit zu befreien begannen, fing der Boxsport an aufzublühen. Endlich konnten – ohne Störungen durch die Polizei – die ersten öffentlichen Wettkämpfe stattfinden, die überwiegend von den *»Knockaloe-Boxern«* bestritten wurden.[3] Diese Männer kamen aus einem englischen Internierungslager nahe der Ortschaft Knockaloe auf der Isle of Man. Dort hatten sie das Boxen erlernt und perfektioniert, und *»bar aller Mittel waren sie mehr oder weniger gezwungen, sich mit den Kenntnissen, die sie im Gefangenenlager erworben hatten, ihren Unterhalt zu verdienen«*.[4] Bekannte Boxer wie Hans Breitensträter (der »blonde Hans«), Kurt Prenzel, Adolf Wiegert, Georg Miers, Willy Spörl oder Friedrich Dubois gehörten zu dieser Gruppe und trugen entscheidend dazu bei, daß sich der Profiboxsport in Deutschland schnell verbreitete.
Seine unterhaltenden Merkmale, Sensation und Spannung sowie Kampfgeist, Mut, Aggressivität und Draufgängertum der Akteure, ließen den Boxsport rasch zu einem Massenvergnügen werden.

Boxen gleicht einem Schauspiel, das mehr die Sinne als den Verstand anregt. Die kämpferischen Instinkte des Menschen werden angesprochen, der Zweikampf Mann gegen Mann setzt beim Publikum Gefühle frei, die ansonsten im Unterbewußtsein verborgen bleiben. Das heißt, der Zuschauer wird durch die Leistung der Athleten in einen Zustand leidenschaftlicher innerer Anteilnahme versetzt. Äußerliche Unruhe und Erregtheit sind Anzeichen dieser freiwerdenden Gefühle – im Extremfall darf der Zuschauer sogar seine Beherrschung verlieren. Dieses Verhalten, das ihm in seinem alltäglichen Leben untersagt bleibt, wird in der Sporthalle oder im Stadion – inoffiziell – legitimiert. Das Publikum empfindet das Geschehen als Sensation. Der Zustand der Unruhe und Erregung wird durch die dem Boxen immanente Spannung zusätzlich gesteigert: auch wenn ein Kampf aufgrund des Punkteverhältnisses schon eindeutig entschieden scheint, kann der k. o.-Schlag jederzeit die Wende bringen.[5]

Es waren vor allem die Berufsboxkämpfe, denen das Interesse galt, und hier fast ausschließlich denen der oberen Gewichtsklassen, versprachen doch sie am ehesten Blut

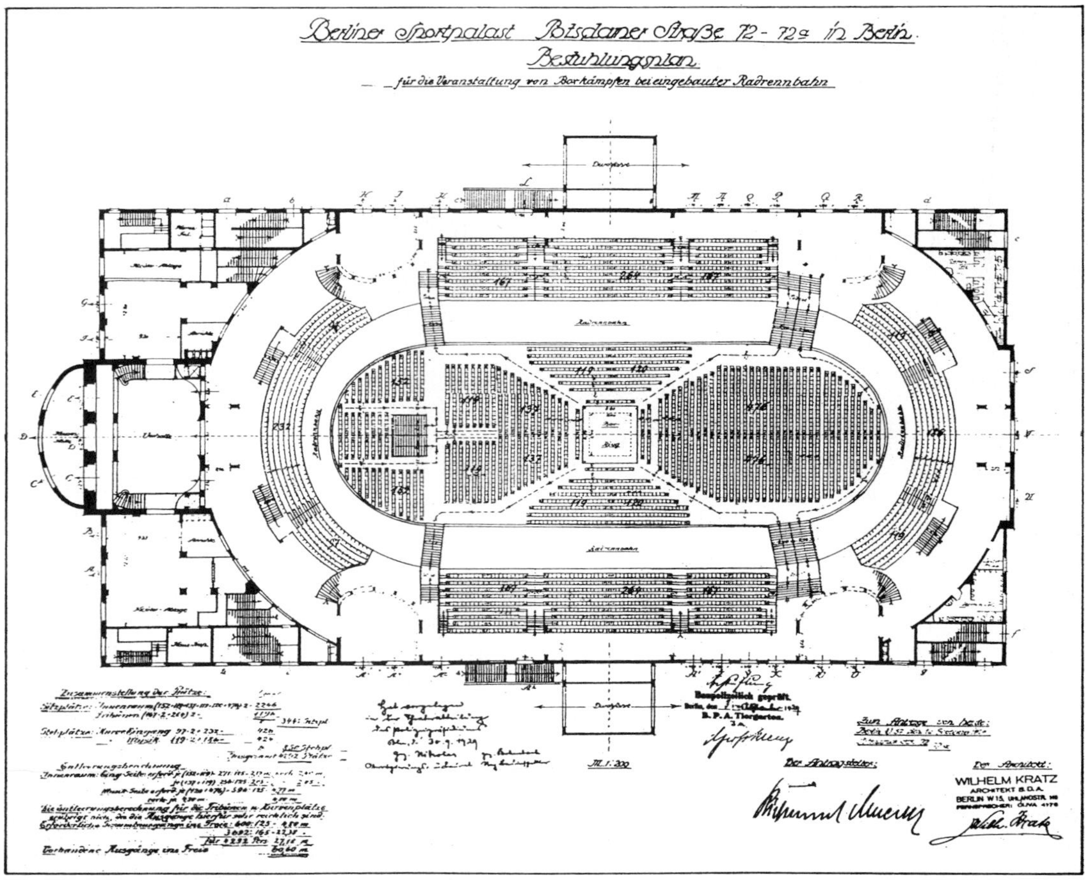

111 Bestuhlungsplan für die Veranstaltung von Boxkämpfen bei eingebauter Radrennbahn, 16. 9. 1929 (nach: LA SP 4009/31 [Lichtpause/Papier/Leinen, 53,5 x 68,5 cm]).

112 Der erste Boxring im Sportpalast, 1919 (vgl. »40 Tage Sportpalast«, Chr 1919 Feb 16ff.). »Ein Kuriosum der 9 Pfosten Ring (Sportpalast), dies war damals der erste Ring. Die Seile wurden einfach herumgelegt« (nach: BS 599, 21. 3. 1932, S. 2).

und k. o. Amateurboxkämpfe fanden dagegen weniger Zulauf. Ihre Veranstaltung im Sportpalast scheiterte oft schon aus finanziellen Gründen. Die Vereine bzw. Organisationen konnten nur in Ausnahmefällen den Sportpalast nutzen.[6]

Die (Berufs-)Boxer der zwanziger Jahre sorgten nicht nur für Spannung und Sensation, sie waren zudem prädestiniert für die Rolle des Idols und ein idealer Heldenersatz. Das Verhalten seines Idols im Ring – tapfer, nicht aufgebend, unermüdlich weiterkämpfend gegen einen überlegenen Gegner – entspricht dem Wunschverhalten des Zuschauers in dessen Alltags- und Arbeitsleben. Siegt »sein« Boxer, so wächst auch sein Selbstwertgefühl. Bei internationalen Kämpfen löst der Sieg eines Athleten nicht nur eine individuelle Selbsterhöhung aus, sondern hebt zusätzlich das Nationalgefühl.[7] Nach dem Krieg versuchte die Bevölkerung das verlorengegangene Nationalgefühl wiederzufinden. *»Man will und muß Helden haben. Die des ›blutbesudelten alten Regimes‹ hat man abgeschafft; dafür lechzt man nach dem Blute im Ring der Boxer«* schreibt 1923 Rumpelstilzchen zynisch.[8]

Die Suche nach einem Ersatz für die ehemaligen Idole durchzog die gesamte Zeit der Weimarer Republik. Sie beschäftigte auch die zeitgenössische Literatur und Presse. *»Ganz ohne ›Helden‹ können auch die Heutigen nicht leben. Da sucht man sie halt auf der Flimmerleinewand oder im Boxring.«*[9]

Max Schmeling berichtet dazu in seinen Erinnerungen: Als er im Sportpalast den Italiener Michele Bonaglia 1928 k. o. schlug, verwandelte sich das riesige Gebäude in einen *»Hexenkessel«* und die *»brodelnde, lärmende Masse«* erhob sich, um das Deutschlandlied anzustimmen. Schmeling erklärt das mit seinem Sieg über *»den von Mussolini persönlich protegierten Bonaglia«*, der in den Augen des Publikums ein *»Triumph des demokratischen Prinzips [Deutschlands] über das faschistische Italien«* gewesen sei.[10]

Seit den ersten Kämpfen im Sportpalast hatte das Interesse an Boxveranstaltungen stark zugenommen. Immer zahlreicher wurden die Veranstaltungsorte, an denen Boxabende stattfanden. Die bedeutendste Arena war der »Zirkus Busch«. Daneben wurde in der »Neuen Welt« (Hasenheide 108–114) gekämpft, im »Admiralspalast« (Friedrichstraße 101/102), in den »Prachtsälen des Ostens« (Frankfurter Allee), den »Pharus-Sälen« (Müllerstraße 142), der Bockbrauerei (Tempelhofer Berg), im »Berliner Prater« (Weißensee) oder im »Flora-Garten-Ring« in der Kantstraße (Charlottenburg), um nur die wichtigsten zu nennen. Doch alle diese Orte konnten nur relativ geringe Zuschauermengen aufnehmen. Nachdem die Kino-Ära des Sportpalastes – einzelne Boxkämpfe hatten auch in dieser Zeit stattgefunden – zu Ende gegangen war, bot sich die ab November 1921 wiederhergerichtete Halle des Sportpalastes mit einem Fassungsvermögen von rund 8–9.000 Zuschauern als ideale Arena für Box-Großveranstaltungen an.

Das Publikum setzte sich aus allen Schichten der Berliner Bevölkerung zusammen, doch dominierten Arbeiter und Angestellte. Menschen aus den verschiedenen Bereichen des öffentlichen Lebens, des Sports, der »Lebe-« und der »Halbwelt« fanden sich zu den populären Boxabenden im Sportpalast ein, ebenso wie Schauspieler, Künstler und Intellektuelle.[11]

Die Boxveranstaltungen der zwanziger Jahre avancierten rasch zu einem gesellschaftlichen Ereignis, sie waren in aller Munde. Die Boxabende, besonders die des Sportpalastes, wurden in der Presse ausführlich kommentiert. Für Schriftsteller und bildende Künstler wurde Boxen zum Thema. So wurde Max Schmeling von George Grosz gemalt, Adolf Wiegert von Charlotte Berend, Hermann Herse von Jakob Steinhardt, Helmut Hartkopp von Martel Schwichtenberg oder Paul Czirson von Erich Kleiber.[12] Selbst Boxhandschuhe dienten als Motiv für ein Stillleben.[13] Galeristen wie Alfred Flechtheim kümmerten sich intensiv um das Thema Sport, und hier wiederum besonders um die Darstellung des Boxens.[14]

113 Der Boxer Max Schmeling (Mitte), um 1930.

Erfolgreiche Boxer lud man gern zu den »Soirées« gerade auch der geistigen und künstlerischen Avantgarde ein. Boxen wurde so populär, daß selbst Frauen Boxunterricht nahmen, zum Beispiel Marlene Dietrich, Carola Neher, Elisabeth Lennartz oder Maria Bard.[15] Glaubt man so mancher überschwenglichen Darstellung aus den zwanziger Jahren, so befand sich ganz Berlin in einem regelrechten *»Boxfieber«*. In der Untergrundbahn, auf der Straße, am Arbeitsplatz, sogar in den Pausen eines Theaterabends waren die letzten Boxsportereignisse des Sportpalastes Gesprächsstoff. *»Die Leidenschaft wurde beinahe eine Volksbewegung. Die beiden größten Zeitungen Berlins, die ›BZ am Mittag‹ und die ›Morgenpost‹ veranstalteten ›Lehrgänge für Einzel- und Massenausbildung‹ im Boxen, für die Dutzende von Lehrern und Übungsleitern ausgebildet wurden.«*[16]

»Wenn dreimal so viel Autos als an gewöhnlichen Tagen über den Asphalt schnurren, wenn die Elektrischen, vor Überfüllung fast auseinanderberstend, durch die Potsdamer Straße klingeln, wenn die Fußgänger, eine endlose Masse, dem Sportpalast zueilen, wenn die Schupos brüllen, wenn Mütter weinen, wenn Kinder schreien, wenn vom Verkehrsturm bis zum Kaiser-Wilhelm-Platz die Luft von ›knock outs‹, ›side-steps‹, von ›fouls‹ und ähnlichem dampft, dann ist er da – der Großkampftag« (BLA 22. 3. 1925).

Der erste dieser »Großkampftage« hatte bereits – noch relativ bescheiden – am 18. 11. 1920 im Sportpalast zur Zeit seiner Kino-Ära stattgefunden. Im Hauptkampf des Abends standen sich mit dem Amerikaner Tom Cowler und dem Italiener Erminio Spalla zwei ausgezeichnete Schwergewichte gegenüber. Diese und drei weitere internationale Begegnungen sorgten an jenem Abend für eine gute Publikumsresonanz. Die Organisation hatte der Sportpalast dem externen Promoter Hermann Wulff übertragen, der auch die Veranstaltungen im Zirkus Busch inszenierte.[17]

Die Veranstaltungen der Berufsboxer liefen meistens nach dem selben Schema ab. Dieses sah üblicherweise vier oder fünf, mitunter sechs, ganz selten einmal sieben Kämpfe pro Abend vor. Unterteilt in Haupt- und Rahmenkämpfe, wurden letztere – mit einer geringeren Rundenzahl – durch Nachwuchsboxer oder Kämpfer, die noch nicht oder nicht mehr zur Spitzenklasse zählten, eingeleitet. Die weitere Kampfabfolge richtete sich nach dem Beliebtheitsgrad oder der Kampfstärke der Boxer.

Waren an einem Abend nur hochwertige Kämpfe oder sogar Deutsche Meisterschaften vorgesehen, so folgte der »schwerere« dem »leichteren«. Titelkämpfe wurden alle über die gleiche Rundenzahl angesetzt. Die Schwergewichtsmeisterschaft war aufgrund ihrer Zugkraft immer die Attraktion der Veranstaltung. Das Publikum wurde so allmählich »angeheizt«, bei Laune gehalten und für den Hauptkampf in Stimmung gebracht. Wichtig für den Erfolg war ein reibungsloser Programmablauf und – das hatte weitaus größere Bedeutung für den Zuschauerzuspruch – die Darbietung hochkarätiger, spannender Duelle, die magnetische Wirkung auf das Publikum ausüben sollten. Solchen spannenden Sport versprachen:

1. Deutsche Meisterschaften,
2. Begegnungen zwischen deutschen Meistern oder deutschen Spitzenathleten mit europäischen Boxern gleichen Ranges,
3. hochklassige nationale oder internationale Schwergewichtskämpfe, und
4. Kämpfe, bei denen die Idole des deutschen Boxsports beteiligt waren.

Solche Idole waren Anfang der zwanziger Jahre Hans Breitensträter, Kurt Prenzel und Paul Samson-Körner. Zu ähnlich großer Popularität gelangten Ende des Jahrzehnts nur noch Franz Diener und Max Schmeling. Bis auf Prenzel gehörten alle dieser Boxer der Schwergewichtsklasse an. Wenn zum Beispiel Breitensträter in seiner Glanzzeit gegen einen starken internationalen Gegner boxte oder seinen Meistertitel verteidigte, garantierte allein dieser Kampf ein ausverkauftes Haus.[18] Meisterschaften einer der leichteren Gewichtsklassen waren dagegen – mit wenigen Ausnahmen – nicht annähernd so beliebt. Entsprechend dieser Hierarchie wurden die Boxer auch entlohnt.

Nach der Wiederherrichtung der Sportarena im November 1921 griff die »Sportpalast AG« verstärkt ins Boxgeschehen ein und verdrängte in den folgenden Jahren die anderen Profi-Ringe fast völlig. Bereits am 2. und 16. 12. 1921 starteten die beiden ersten Kampfabende, die der sportliche Leiter des Unternehmens, Direktor Schwarz, in Verbindung mit Theo C. Buß, dem Manager Breitensträters, und André Picard, einem der erfolgreichsten Boxpromoter der zwanziger Jahre, »auf die Beine stellte«.[19]

114 Der Boxer Paolino (= Paolino Eskudum [E]; nach: BS 273, 18. 12. 25).

115 Der Boxer Franz Diener, »der Selbstbewußte« (nach: BS 331, 1. 2. 1927).

Picard wurde kurze Zeit später boxsportlicher Leiter des Sportpalastes. Er war die treibende Kraft im Berliner Berufsboxsport dieser Zeit und ein geschickter Organisator der meist erfolgreichen Großkampftage im Sportpalast. Auf seine Initiative ging auch die Einrichtung der im Herbst 1922 eröffneten Sportschule im Sportpalast zurück. 1925 wechselte er als technischer Leiter und Direktor zur gerade fertiggestellten Dortmunder Westfalenhalle.

Im Sportpalast begann jetzt für den Boxsport ein überaus erfolgreicher Zeitabschnitt – trotz der immer wiederkehrenden Probleme mit dem relativ hohen Steuersatz. Die in Sportkreisen seit Jahren bemängelte hohe Besteuerung schien die Veranstaltungsfreudigkeit des Sportpalastes nicht zu beeinträchtigen. Lediglich der für den 30. 6. 1922 vorgesehene Großkampftag wurde abgesagt, da sich die Direktion außerstande sah, das Risiko dieser Veranstaltung einzugehen.[20] Kurz zuvor hatte nämlich der Berliner Magistrat den Steuersatz auf 50 Prozent der Gesamteinnahmen angehoben. Die drohende Schließung des Sportpalastes wurde zum Anlaß genommen, den Berliner Magistrat zu einer Steuersenkung zu bewegen. Aus diesem Grunde wurde im August 1922 in den Räumlichkeiten des Sportpalastes eine Sitzung einberufen, zu der Bevollmächtigte der Amateursportverbände und des VDF, die Berliner Sportpresse sowie Vertreter des Magistrats geladen waren. Offensichtlich wurde daraufhin die Steuererhöhung rückgängig gemacht, denn am 6. 9. 1922 wurde der Boxsportbetrieb vom Sportpalast wieder aufgenommen.[21]

1922 war der Sportpalast Austragungsort von 17 Boxveranstaltungen (zwei davon bestritten Amateure), 1923 von 14 (2), 1924 von 15 (1) und 1925 von 9 (in diesem Jahr wurde der Sportpalast durch Oskar Kaufmann umgebaut). Diese Jahre waren für die Entwicklung des Berliner Berufsboxsports ausgesprochen positiv. Vielleicht kann man sie als seine erfolgreichsten überhaupt bezeichnen. Mit Sicherheit war diese Zeit für den Sportpalast in boxsportlicher Hinsicht eine Blütezeit, denn seine Veranstaltungen wurden regelmäßig von tausenden Boxanhängern besucht. War der Sportpalast am 2. 12. 1921 mit 3.000 Besuchern noch recht spärlich besetzt, so wies schon das Meisterschaftstreffen zwischen Wiegert und Prenzel am 6. 1. 1922 mit 6.000 Zuschauern eine beträchtliche Steigerung auf.[22] Die Anhängerschaft vergrößerte sich rasch. Bereits 9.000 Menschen sahen die Begegnung zwischen Breitensträter und dem englischen Exmeister Harry Reeve am 8. 3. 1922.[23] Das Interesse der Zuschauer blieb weiterhin rege. So war der Sportpalast als Breitensträter am 7. 11. 1922 gegen Samson-Körner antrat *»brechend voll«*; einen Monat später, am 7. 12. 1922 sollen sogar 10.000 begeisterte Zuschauer die Kämpfe verfolgt haben.[24] Die seit Herbst 1922 sich immer schneller entwickelnde Inflation (bis 20. 11. 1923) ließ die Anteilnahme der Zuschauer nicht geringer werden. Selbst Amateurveranstaltungen wiesen Besucherzahlen auf, wie man sie sonst nur von den Profis her gewohnt war – beispielsweise 8.000 Zuschauer bei den Berliner Polizeimeisterschaften 1923.[25] Allerdings hatte die Inflation zur Folge, daß es immer schwieriger wurde, wirklich gute ausländische Boxer zu verpflichten. Deshalb fanden in stärkerem Maße wieder rein deutsche Begegnungen statt.[26]

Während dieser Jahre näherte sich der junge deutsche Boxsport dem Niveau der europäischen Spitze an. Führend waren immer noch Nationen wie England und Frankreich, die schon vor dem Krieg erfolgreich im Boxsport tätig waren und auch schon den einen oder anderen Weltmeistertitel errungen hatten. Aber auch italienische, belgische, niederländische und skandinavische Boxer gehörten dieser Spitzenklasse an. Die Niveauangleichung hatte zur Folge, daß zunehmend deutsche Athleten auch ins Ausland verpflichtet wurden[27], umgekehrt aber auch ausländische Boxer großes Interesse zeigten, in Deutschland, insbesondere aber im Berliner Sportpalast, zu kämpfen.

So wurde mit dem englischen Meister im Schwergewicht, Frank Goddard, für den Boxabend am 4. 4. 1924 zum ersten Mal ein Athlet der englischen Spitzenklasse verpflichtet. Er trat gegen den deutschen Meister Paul Samson-Körner an. Beide Boxer boten einen erstklassigen Kampf. Durch solche hochkarätigen Boxduelle und ein nicht minder attraktives Rahmenprogramm erreichte der Sportpalast ein ebenso hohes Niveau wie andere große Boxringe Europas.[28]

Nach der Wiedereröffnung am 25. 11. 1925 konnte der Sportpalast seine Kampfabende nicht mehr ausschließlich

116 Der Polizei-Boxer »Bobby« Titmus aus London (nach: BS 635, 28. 11. 1932).

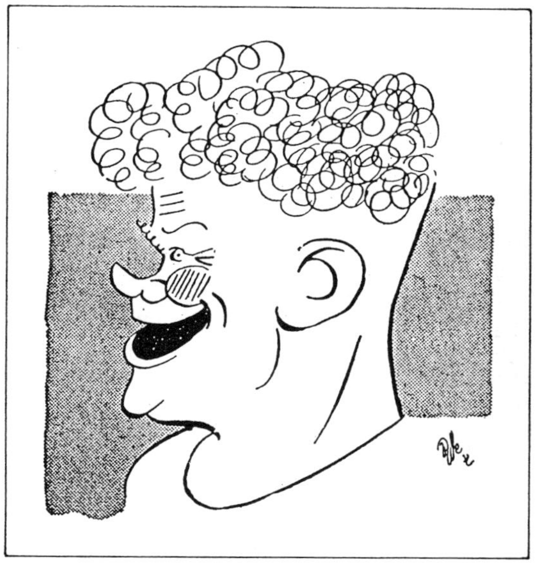

117 Willy Jaeckel, Boxkampf, Öl/Lw, 200 x 400 cm (nach: Kat. Sport 1927).

allein veranstalten, da es keinen hauseigenen »Matchmaker« mehr gab. So übernahmen häufig externe Promoters wie Theo C. Buß, Paul Schwarz und Paul Damski diese Aufgabe. Doch trotz ihrer Erfahrungen fanden in den folgenden Jahren bis 1932 weniger Veranstaltungen statt, und auch die Zuschauerzahlen ließen nach. 1926 waren es sechs Kampfabende (zwei davon mit Amateuren), 1927 neun (zwei), 1928 sechs (eine), 1929 neun (drei), 1930 sieben (zwei), 1931 fünf (zwei) und 1932 sieben (zwei).

Den Höhepunkt im Jahre 1927 bildeten die Europameisterschaften der Amateure vom 16. bis 21. 5., an denen zwölf Nationen teilnahmen und die zum ersten Mal in Deutschland ausgetragen wurden. Sie brachten dem deutschen Amateurboxsport sowohl einen grandiosen sportlichen als auch finanziellen Erfolg. Vier Meister, zwei Vizemeister, ein dritter Platz und allein 10 000 Zuschauer am Endkampftag waren eine stolze Bilanz. Daraufhin bemerkte der »Boxsport«, die Amateure hätten die Professionals »weit überflügelt«, die zu der Zeit noch keinen Europameister stellen konnten.[29]

Im selben Jahr wurde Max Schmeling als Kassenmagnet entdeckt. Sein Kampf gegen den Engländer Gipsy Daniels am 2. 12. 1927 brachte in Verbindung mit dem obligatorischen Rahmenprogramm dem Veranstalter Damski ein *»gut besuchtes Haus«*. Schmeling entwickelte sich zum Publikumsliebling; bereits mit seinem Kampf um die Europameisterschaft gegen Michele Bonaglia am 6. 1. 1928 sorgte er für eine fast ausverkaufte Halle. Als er am 4. 4. 1928 gegen Franz Diener um den deutschen Titel im Schwergewicht antrat, war der Sportpalast trotz der hohen Eintrittspreise von 5,– bis 75,– Mark restlos gefüllt. Das sensationsbedürftige Publikum hatte ein neues Idol, seine Begeisterung ließ die Berichterstatter den Sportpalast als die immer noch populärste Kampfstätte feiern. Jedoch sollte erst nach fünf Monaten wieder eine Boxveranstaltung im Sportpalast stattfinden. Schmeling hatte Deutschland verlassen und war in die Vereinigten Staaten gereist. Diener war für längere Zeit aufgrund einer Verletzung kampfunfähig. Bis zum Jahresende fanden nur noch zwei Veranstaltungen statt.[30]

Nachdem Richard Mueck im August 1929 den Sportpalast gepachtet hatte, versuchte er mit Martin Koslowski – in Boxsportkreisen kein Unbekannter – einen neuen Kurs einzuschlagen.[31] Statt der auf Sensation fixierten Boxabende, sollten künftig *»volkstümliche Kampftage«* zu populären Eintrittspreisen angeboten werden. Doch hatten sie wenig Erfolg. Durch die Weltwirtschaftskrise begann sich die soziale Lage der Bevölkerung wieder zu verschlechtern. Das wirkte sich zwangsläufig auch auf die Besucherzahlen aus. Dazu kam die Besteuerung der Berufsboxveranstaltungen mit 25 Prozent von den Gesamteinnahmen. Das ließ niedrigere Eintrittspreise nicht zu, so daß die Berufsboxveranstaltungen im Sportpalast ein teures Vergnügen, einen Luxus darstellten, den sich immer weniger Menschen leisten konnten.

Selten einmal war ein Großkampftag dieser Zeit im Sportpalast ausverkauft; meistens waren die Boxabende der Profis nur mäßig oder schlecht besucht. Einen Tiefpunkt, wie ihn der Sportpalast vorher nicht erlebt hatte, markierte die Veranstaltung am 1. 3. 1932, zu der sich nur 1.200 bis 1.400 Zuschauer einfanden. Einen Höhepunkt stellte noch einmal am 21. 10. 1932 der Abend dar, in dessen Mittelpunkt die erstklassige Schwergewichtsbegegnung des norwegischen Meisters Otto von Porath, einem erfahrenen Weltranglistenboxer, mit Hein Müller stand, dem zum ersten Mal in Berlin boxenden deutschen Meister.

Eine Schwierigkeit war es für die Veranstalter in diesen Jahren, gute Kämpfer zu engagieren. Deutsche Spitzenathleten erhielten immer häufiger Angebote aus dem Ausland. Das betraf auch die neue deutsche Spitzenklasse, die sich aus Nachwuchsboxern wie Walter Neusel, Adolf Heuser, Ernst Pistulla, Ernst Gühring oder Franz Boja zusammensetzte.

Das Berliner Profiboxgeschehen verlagerte sich in den Jahren von 1930 bis Ende 1932 wieder mehr auf die kleinen Arenen. Deren Veranstaltungen verzeichneten einerseits ab 1930 einen deutlichen Niveauanstieg, andererseits besaßen sie gegenüber dem Sportpalast einen Preisvorteil, da bei ihnen die Boxer prozentual an den Einnahmen und damit auch an dem Veranstaltungsrisiko beteiligt waren. Auf ihren Programmen standen inzwischen sogar Deutsche Meisterschaften und inoffizielle Europameisterschafts-Ausscheidungen.[32]

Auch die von dem Veranstaltertrio Damski, Koslowski und Josef Burda nach Berlin verpflichteten drei Europameisterschaftstreffen am 30. 8. 1931 fanden nicht im Sportpalast, sondern im Poststadion statt, wo 35–40.000 Menschen diesen Kämpfen beiwohnten.[33] In dieser wirtschaftlich schweren Zeit mußte man solche Veranstaltungen über geringe Preise und hohe Zuschauerzahlen finanzieren.

Die Amateur-Veranstaltungen waren dagegen jetzt so hervorragend besucht wie man es nur aus der Blütezeit des Berliner Berufsboxsports her gewohnt war. Hier wurden oftmals weitaus niveauvollere Kämpfe geboten und dieses zu einem sehr viel geringeren Eintrittspreis, da es für Amateure weder hohe Gagen noch eine Besteuerung gab. Auch international besaß der deutsche Amateurboxsport hohes Ansehen – manifestiert durch die guten Ergebnisse bei der Europameisterschaft von 1927. Als am 19. 10. 1931 erstmals ein Länderkampf zwischen den USA und Deutschland zustande kam, waren sämtliche Eintrittskarten bereits im Vorverkauf vergeben worden.[34] Ausverkaufte Häuser hatten auch die Brandenburgischen Meisterschaften und die Kämpfe der Polizeiboxer aus Berlin, Paris und London.[35]

Die seit der zweiten Hälfte der zwanziger Jahre rückläufige Entwicklung des Berufsboxsports im Sportpalast hatte vor allem zwei Ursachen: die Etablierung von immer mehr Ringen, besonders auch außerhalb Berlins, und die relativ hohen steuerlichen Abgaben in Berlin.

Bis 1925 hatte sich in Deutschland der Profiboxsport auf Berlin konzentriert. Die deutschen Champions boxten zwar auch in Provinzstädten, jedoch waren diese Kämpfe weniger bedeutungsvoll. 1925 bewarb sich erstmals Hamburg erfolgreich um die Ausrichtung eines Titeltreffens im Schwergewicht. Dieser Kampf wurde aus organisatorischen Gründen so oft verschoben, daß er dann doch wieder nach Berlin vergeben wurde – allerdings in die Autohalle am Kaiserdamm.[36]

1925 war die »Westfalenhalle« in Dortmund eingeweiht worden, geleitet von einem Trio aus dem Sportpalast: *»Generaldirektor ist Rittmeister a. D. Ohrtmann, dessen zielbewußter Führung einst der Berliner Sportpalast sein Aufblühen verdankte. Ihm zur Seite steht wieder als treuer Mitarbeiter der allen Freunden des Boxsports bekannte André Picard, während die Radrennen der bestens bewährten Obhut von Dir. Paul Schwarz=Treptow anvertraut sind. Die richtigen Männer sind also wieder wie ehemals im Sportpalast vereinigt, um der deutschen Sportbewegung neuen Ansporn zu geben.«*[37] In kurzer Zeit entwickelte sich Dortmund zum Zentrum des deutschen Boxsports.

Weitere Boxarenen setzten sich durch: die »Rheinlandhalle« in Köln, die »Festhalle« in Frankfurt am Main, der »Hamburger Punching« oder das »Achilleion« in Leipzig.

Die Veranstalter von Berufsboxkämpfen in diesen Orten hatten den Vorteil, daß sie mit einem wesentlich geringeren Steuersatz zu rechnen hatten. Sie waren daher in der Lage, höhere Gagen zu bezahlen. Das Fassungsvermögen dieser Hallen war zum Teil größer als das des Sportpalastes. So erlebten am 16. 10. 1926 in der Westfalenhalle 15.000 Zuschauer das Treffen um die Deutsche Meisterschaft im Schwergewicht.[38]

In Berlin schwankte der Steuersatz im Lauf der Jahre. Man kann aber davon ausgehen, daß er ständig – mit der genannten Ausnahme – zwischen 25 und 30 Prozent der Gesamteinnahmen lag. Die Klagen über diesen Wettbewerbsnachteil durchziehen die Fachpresse dieser Jahre.[39]

118 Wolf Röhricht, »Stilleben (Boxhandschuhe)«, Öl/Lw, 40 x 80 cm (nach: Kat. Sport 1927, S. 59).

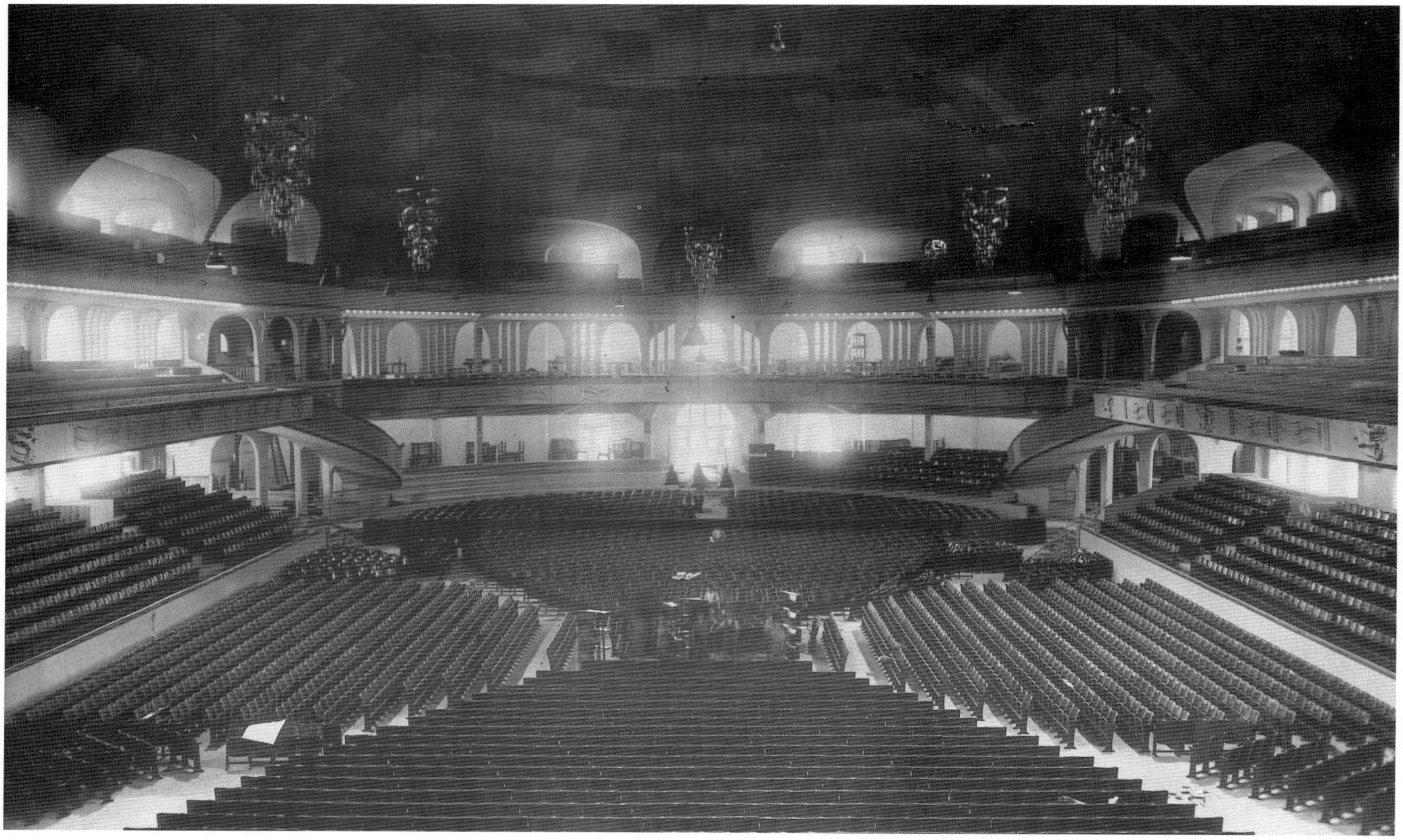

119 Aufbau der Bestuhlung für die Veranstaltung von Boxkämpfen, 1929.

In der Zeit des Nationalsozialismus bleiben die Zahlen der Boxveranstaltungen zunächst in der Größenordnung der vorhergehenden Jahre (allerdings dominieren 1933 die Amateure). Ein neuer Höhepunkt wird 1937 mit 16 Kampfabenden erreicht. Die letzten Boxkämpfe im alten Sportpalast und die einzigen des Jahres fanden am 16. 2. 1941 statt.

1933 wurden insgesamt sieben Veranstaltungen durchgeführt (davon fünf mit Amateuren), 1934 fünf (drei), 1935 acht (drei), 1936 zehn (drei), 1937 sechzehn (sechs), 1938 fünfzehn (fünf), 1939 sieben (eine), 1940 vier (eine) und 1941 eine Veranstaltung.

Die Nationalsozialisten ließen dem Boxen eine besondere Förderung zukommen: *»Erst im nat.=soz. Deutschland ist ihm als hervorragendem Kampf= und Wehrsport die ihm zukommende Stellung im Rahmen der Leibesübungen eingeräumt worden.«*[40] Hieran gemessen scheint die Zahl der Veranstaltungen im Sportpalast recht gering. Doch darf nicht übersehen werden, daß ab 1935 die Deutschlandhalle zur Verfügung stand, in der nun zahlreiche Boxabende inszeniert wurden. Adolf Heuser, Walter Neusel, Josef Besselmann und Gustav Eder heißen die Boxer, die jetzt die meisten Hauptkämpfe bestreiten. Hans Breitensträter betätigt sich vorübergehend als Veranstalter (1933–34).[41] Ansonsten werden die meisten Berufskämpfe von Rudolf Böcker, Ernst Zirzow, Walter Englert, Joachim Göttert oder Hans Schumacher organisiert, zum Teil in Coproduktion (Zirzow & Englert, Göttert und Schumacher). Die Amateure kämpften 1933 und 1935 um die Deutschen Meisterschaften, die Polizeiboxer einmal um die Europameisterschaften (23. 5. 1933). Der Polizei-Sport-Verein führte gerne *»Internationale Turniere«* durch.[42] Im übrigen waren die Veranstaltungen weitgehend von lokalem Interesse. So fanden jährlich (mit Ausnahme von 1935) im März die Brandenburgischen Meisterschaften statt (ab 1938 Gaumeisterschaften, 1940 Kriegsmeisterschaften).

Ein Blick auf die Entwicklung nach dem Ende des Zweiten Weltkriegs zeigt zunächst die – fortdauernde – Dominanz des Berufsboxsports. Bis einschließlich 1957 fanden 31 Veranstaltungen mit Professionals statt und nur 14 mit Amateuren. 1957 wurde die Deutschlandhalle wieder eingeweiht. Die Konkurrenz machte sich deutlich bemerkbar. Von den 68 Veranstaltungen in den Jahren von 1958 bis 1973 wurden nur 25 von Berufsboxern dagegen 43 von Amateuren bestritten.

Der erste Kampfabend wurde in der wiedererrichteten – noch dachlosen – Arena des Sportpalastes am 4. 7. 1952 durchgeführt. Im Hauptkampf besiegte der Franzose Stephan Olek den Hamburger Willi Hoepner. Veranstalter war wieder Joachim Göttert, der bereits seit 1937 zahlreiche Kämpfe im Sportpalast organisiert hatte; er sollte bis zum Ende des Sportpalastes der Hauptveranstalter der Berufsboxkämpfe bleiben, zum Teil in Zusammenarbeit mit Walter Englert. Vereinzelt wurden Abende von Fritz Gretzschel und Willy Knörzer durchgeführt. Erst ab 1968 tritt Willy Zeller als Veranstalter in Erscheinung.

Als Boxer, die in dieser Zeit die meisten Berufsboxkämpfe im Sportpalast bestritten, seien hier Gerhard Hecht, Willi Hoepner, Wilhelm von Homburg, Karl Mildenberger, Peter Müller, Gerhard Piaskowy, Gustav »Bubi« Scholz, Hans Stretz und Gerhard Zech genannt.

Bei den Amateuren wurden die Berliner Meisterschaften fast ausschließlich hier durchgeführt (1955, 1957–71), außerdem viermal Deutsche Meisterschaften (1954, 1961, 1966, 1969), zweimal Deutsche Polizeimeisterschaften (1957, 1965) und einmal Europameisterschaften (1955). Besonders beliebt waren Städte-Vergleichstreffen, so Berlin gegen Athen (1970), Dublin (1971), London (1952, 1954, 1956, 1957), Moskau (1967, 1969), Paris (1953), Rom (1963, 1965), Tokio (1965) oder Tunis (1971). Aber auch Ländertreffen standen auf dem Programm wie Deutschland gegen Frankreich (1971), USA (1966, 1968) oder Elfenbeinküste (1962), ebenso Turniere (1959, 1961, 1969) oder Ausscheidungskämpfe für die Olympischen Spiele (1956, 1960, 1964).

Darüber hinaus veranstalteten einige Vereine eigene Wettbewerbe: Tennis Borussia gegen Metallac Zagreb (1954), Neuköllner Sportfreunde gegen BSG Empor Nord (1953) oder Hertha BSC gegen die Türkei (1959).

Als Abschluß der boxsportlichen Aktivitäten wurde nach 55 Jahren die *»letzte Runde«* am 9. 2. 1973 – entsprechend der Entwicklung – von Amateuren eingeläutet: Berlin gegen Ankara – gleichsam als Huldigung an den neuen bedeutenden Berliner Bevölkerungsteil.

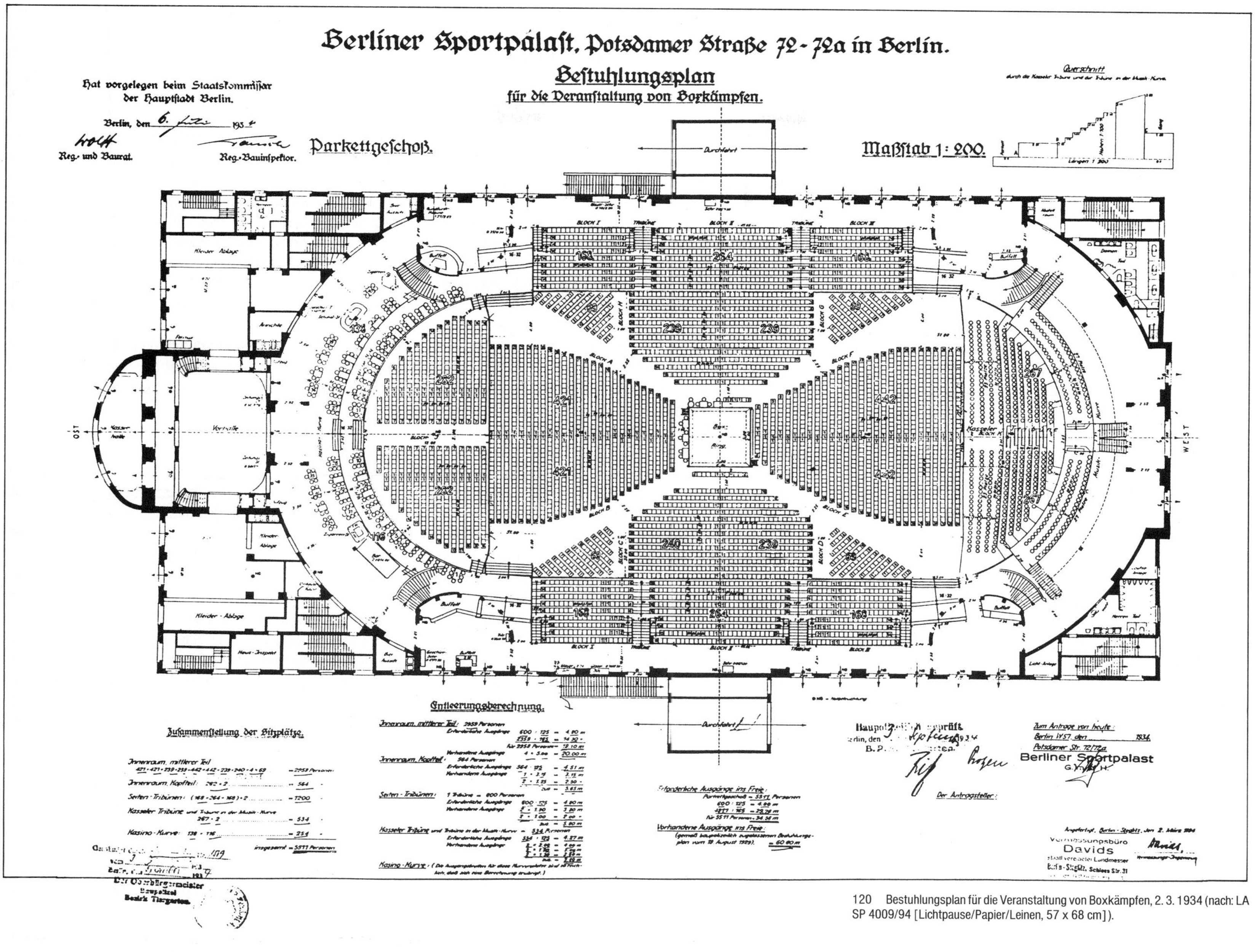

120 Bestuhlungsplan für die Veranstaltung von Boxkämpfen, 2. 3. 1934 (nach: LA SP 4009/94 [Lichtpause/Papier/Leinen, 57 x 68 cm]).

Anmerkungen

1 Kurt Jackmush, Mensch ... det Boxen!, in: Boxwoche 1, 1923. – Der Aufsatz beruht auf der Staatsexamensarbeit des Verfassers: Boxen im Sportpalast, Eine Analyse der Entwicklung der Wettkämpfe und des Zuschauerinteresses bis 1933, Berlin 1987 (Typoskript). – Bereits um die Jahrhundertwende kam in Berlin das Boxen auf. In Vereinsform wurde es zum ersten Mal in dem 1903 gegründeten Sport-Club »Heros« ausgeübt. Joe Edwards (= Paul Maschke aus Rixdorf) kam 1906 aus England nach Berlin zurück, um den Berlinern *»die edle Kunst der Selbstverteidigung«* näher zu bringen. Im Februar 1907 wurde – nach erheblichen Schwierigkeiten mit der Polizei – der erste Boxkampf im Zirkus Busch vorgeführt. Gegner von Joe Edwards war der französische Jiu-Jitsu-Kämpfer Vary; gekämpft wurde im Straßenanzug. Vgl. BS 57, 13. 10. 1921, S. 1.; BS 202, 11. 8. 1924, S. 8.

2 Vgl. Chr 1919 Mär 25. – Joe Edwards hatte den »Anglo-American-Boxing-Club« ins Leben gerufen. Mit eigens ausgebildeten Boxern hielt er seine »Boxing Carnivals« ab, die meistens von der Polizei unterbrochen wurden. Aber das war kein Hinderungsgrund, das gleiche Programm ein paar Stunden später an anderer Stelle erneut zu starten. Über 50 »Boxing Carnivals« sollen noch vor dem Ersten Weltkrieg stattgefunden haben. Vgl. BS 202, 11. 8. 1924, S. 8.

3 Vgl. BS 64, 1. 12. 1922, S. 19.

4 E. Thoma, in: Zeitschrift des Vereins für die Geschichte Berlins, 1936, S. 85.

5 Vgl. BS 268, 13. 11. 1925, S. 1; Hans Lenk, Leistungssport, Ideologie oder Mythos?, Stuttgart–Berlin–Köln–Mainz 1972, S. 156, passim.

6 Vgl. Chr 1922 Jan 18, Jan 27, 1923 Feb 6, Jun 16, 1924 Aug 30, Okt 29, 1925 Feb 3.

7 Vgl. Eugen Lemberg, Nationalismus, Bd. 1, Reinbek 1964, S. 197.

8 Rumpelstilzchen 1923, S. 15.

9 Rumpelstilzchen 1931/32, S. 58. – Vgl. auch Heinz Landmann, Heroenkult, in: Willy Meisl, Der Sport am Scheidewege, Heidelberg 1928, S. 147–56.

10 Schmeling, Erinnerungen, S. 64.

11 Vgl. BS 218, 30. 11. 1924, S. 12; BS 123, 9. 2. 1923, S. 3.

12 G. Grosz, »Porträt des Boxers Schmeling«, Öl/Lw, 110 x 80 cm (Kat. Sport 1927, S. 25 [Nr. 92], 41 [Abb.]; heute im Besitz des Axel Springer Verlages). – Ch. Berend, »Der Exmeister Adolf Wiegert«, Öl/Lw, 100 x 75 cm (Kat. Sport 1927, S. 23 [Nr. 4], 33 [Abb.]). – J. Steinhardt, »Hermann Herse und sein Trainer Frank«, Öl/Lw, 100 x 91 cm (Kat. Sport 1927, S. 27 [Nr. 224], 64 [Abb.]). – M. Schwichtenberg, »Der Boxer Hartkopp«, Öl/Lw (BS 626, 29. 9. 1932, S. 7). – E. Kleiber, »Der Boxer Paul Czirson« (BS 504, 26. 5. 1930, S. 1). – Weitere, zahlreichen Darstellungen zum Boxen in Kat. Sport 1927, u. a. Nr. 113 und 123: Wandbilder von Willy Jaeckel und Bruno Krauskopf, Öl/Lw, je 200 x 400 cm (ersteres eindeutig Szene aus dem Sportpalast).

13 Wolf Röhricht, »Stilleben (Boxhandschuhe)«, Öl/Lw, 40 x 80 cm (Kat. Sport 1927, S. 27, Nr. 197, 59 Abb.).

14 *»Flechtheim war Kunsthändler, Kunstliebhaber, Mäzen, Sammler und Spekulant [...] er war Zeitschriftenverleger (Begründer und Herausgeber des ›Querschnitts‹) und Weltreisender, Gourmet und Gourmand, Weinkenner und Förderer des neuerstandenen deutschen Boxsports, in dessen Auftrage ich damals Max Schmeling mit dem blauen Meisterschaftsgürtel malte«* (George Grosz, Ein kleines Ja und ein großes Nein, Sein Leben von ihm selbst erzählt, Hamburg 1955, S. 188).

15 Der Türke Sabri Mahir hatte in seiner *»Sportschule unter vielen bekannten und berühmten Persönlichkeiten Marlene Dietrich, Carola Neher, Elisabeth Lennartz und Maria Bard (um nur einige zu nennen) als Schülerinnen gehabt«*; er war auch als Manager und Trainer Franz Dieners bekannt geworden (BLA 20. 1. 1932). – Schmeling, Erinnerungen, S. 99.

16 Schmeling, Erinnerungen, S. 86. – Vgl. auch BS 182, 27. 3. 1924, S. 2.

17 Vgl. BS 12, 24. 11. 1920, S. 5f.; BS 7, 21. 10. 1920, S. 7.

18 Breitensträter war von 1920 bis 1924 Deutscher Meister im Schwergewicht.

19 Vgl. BS 62, 17. 11. 1921, S. 4; BS 65, 8. 12. 1921, S. 2–5; BS 66/67, 21. 12. 1921, S. 2f.

20 Vgl. BS 92, 22. 6. 1922, S. 1.

21 Vgl. BS 97, 10. 8. 1922, S. 1f.; BS 101, 8. 9. 1922, S. 2f.

22 Vgl. BS 65, 8. 12. 1921, S. 2–5; BS 69, 12. 1. 1922, S. 3.

23 Vgl. BS 78, 16. 3. 1922, S. 1–3.

24 Vgl. BS 110, 9. 11. 1922, S. 1f.; BS 115, 15. 12. 1922, S. 1.

25 Vgl. BS 123, 9. 2. 1923, S. 6.

26 Vgl. BS 126, 2. 3. 1923, S. 2–3.

27 Vgl. BS 24, 24. 2. 1922, S. 10; BS 224, 10. 1. 1925, S. 6; BS 226, 23. 1. 1924, S. 12.

28 Vgl. BS 219, 7. 12. 1924, S. 10.

29 Vgl. BS 347, 24. 5. 1927, S. 1.

30 Chr 1928 Sep 5 und Nov 23.

31 Mueck war Vorsitzender der Boxsport-Behörde Deutschlands und des Trabrenn-Vereins. Diesen Mann, der sich dem Sport verschrieben hatte, hielt man für den *»Retter aus der Not«* (BS 446, 15. 4. 1929, S. 4).

32 Vgl. BS 555, 18. 5. 1931, S. 2; BS 581, 16. 11. 1931, S. 2.

33 Vgl. BS 570, 31. 3. 1931, S. 1–4.

34 Vgl. BS 578, 26. 10. 1931, S. 2.

35 Vgl. Chr 1930 Mär 31, 1932 Jan 22.

36 Samson-Körner gegen Breitensträter, Der Kampf konnte jedoch wegen des Umbaus nicht im Sportpalast ausgetragen werden. Genannt werden 16.000 Zuschauer in der Autohalle. Vgl. BS 240, 1. 5. 1925, S. 5; BS 260, 18. 9. 1925, S. 1–5.

37 BLA 23. 11. 1925.

38 Vgl. BS 317, 20. 10. 1926, S. 2.

39 Vgl. BS 210, 5. 10. 1925, S. 8f.; BS 259, 11. 9. 1925, S. 1f.; BS 332, 8. 2. 1927, S. 1.

40 Meyers Lexikon, 8. Aufl., Bd. 2, Leipzig 1937, Sp. 57.

41 Vgl. Chr 1933 Dez 1, 1934 Jan 19 und Feb 16.

42 Vgl. Chr 1933 Nov 24, 1934 Dez 4, 1935 Nov 22, 1937 Jan 8, 1938 Jan 7 und Dez 2.

Hallenfeste der Turner und Sportler

Elke Mosberger

Wie alles anfing

Gegen Ende des 19. Jahrhunderts trat der Sport neben dem Turnen mit einer Vielfalt von Veranstaltungen an. Vorläufer von Sportveranstaltungen sind sowohl Schützen- und Turnfeste als auch traditionelle Volksfeste wie der »Stralauer Fischzug«, zu dessen Rahmenprogramm Wettkämpfe und Vorführungen verbunden mit Tanz und Spiel gehörten.[1]

In den siebziger Jahren des 19. Jahrhunderts begann sich die Sportbewegung neben der schon seit Beginn des Jahrhunderts bestehenden Turnbewegung durchzusetzen. Die verschiedenen Ziele beider Bewegungen führten immer wieder zu Auseinandersetzungen. Die Unterschiede zwischen Turnen und Sport sind Hauptursache für die getrennte Veranstaltung von Turn- und von Sportfesten.

Die Turnbewegung war von Friedrich Ludwig Jahn (1778–1852) initiiert worden mit dem Ziel, die moralischen und physischen Kräfte des Volkes zu stärken. Turnvater Jahn hatte Jugendliche für Leibesübungen zur allgemeinen Ausbildung und Wehrertüchtigung begeistert. Die traditionsbewußten Turner wandten sich gegen die *»importierten«* Leistungsprinzipien *»Schneller, Höher, Weiter«* und gegen die *»Fremdländerei«*. Das turnerische Kulturgut wurde auf den deutschen Turnfesten, die seit 1860 gezählt werden, demonstriert. Dargeboten wurden nicht nur turnerische Übungen und Vorführungen, sondern auch verschiedene Kombinationen des Laufens, Werfens und Springens. Dabei standen nicht nur die absolut meßbaren Leistungen der einzelnen im Mittelpunkt. Gruppenerfolge und -vorführungen wurden ebenfalls geschätzt. Zum Programm eines Festes gehörten sowohl humoristische Wettbewerbe wie Eier- und Löffellaufen oder Sackhüpfen als auch Siegerehrungen, Ansprachen, Gesang und Fahnenaufmärsche.[2] Im abschließenden geselligen Teil wurde zum Tanz eingeladen.

Die Ursprünge des sportlichen Wettkampfes liegen in England. In Deutschland lebende Engländer gingen auch hier ihren Freizeitgewohnheiten – Fußballspielen und nach Zeit um die Wette laufen – nach. So waren es auch Engländer, die gegen Ende des 19. Jahrhunderts erste leichtathletische Wettkämpfe im Freien in Deutschland durchführten. Im Rahmen der ersten Sportausstellung 1882 in Berlin wurden erstmals Wettbewerbe dieser Art ausgetragen und das erste »Athleticmeeting« fand 1888 auf dem Tempelhofer Feld statt. Der BFC Frankfurt, ein Berliner Fußballklub, hatte Konkurrenzen über 200 und 400 Meter sowie einen Dauerlauf auf Zeit ausgeschrieben. Zwei Jahre später organisierte der Berliner Cricket-Club ein internationales »Athleticmeet« auf dem Gelände der Berliner Spielplatz-Gesellschaft an der Motz- Ecke Luther-Straße. Die verschiedenen Wettbewerbe wie Laufen, Springen, Cricketballwurf oder Tauziehen waren in englischer Sprache ausgeschrieben und wurden von dem Lektor für Englisch an der Berliner Universität, Mr. Brashford, und englischen Mitkämpfern organisiert und bewertet. Die Siege trugen ebenfalls Engländer davon.[3]

121 Plakat für das 5. Hallensportfest des VBAV, 1912; Berlin, Kunstbibliothek, SMPK.

Der Umfang der angebotenen Wettbewerbe wurde bald durch eine Vielzahl von Laufkonkurrenzen erweitert – unter anderem über heute unübliche Strecken wie 50 Meter, 100 Yards, 300 Meter oder eine deutsche Meile. Auch Dreibeinlaufen[4], Gehen, Hoch- und Weitsprung mit und ohne Anlauf, mit und ohne Sprungbrett, Tauziehen oder Fußballweit- und -zielschuß bereicherten das Programm. Die Grenzen zwischen den anerkannten Sportarten und den humoristischen Wettbewerben, zu denen neben den bereits bei den Turnern genannten auch Huckepacktragen gehörte, waren jedoch fließend. Die Veranstaltungen fanden auf den Rasenplätzen der Fußballer, auf der Straße oder auch auf den Rennbahnen der Radfahrer – zum Beispiel in Friedenau – statt. Bei umfangreicherem Programm benutzte man meist Rasenflächen, wo die Bahnen mit Stöckchen und Bändern markiert wurden. Der Startschuß erfolgte aus einer gewöhnlichen Pistole, manchmal auch aus einem Schweineschußapparat. Gestartet wurde noch bis ins erste Jahrzehnt des 20. Jahrhunderts aus dem Hochstart. Verursachte ein Athlet einen Frühstart, mußte er beim zweiten Start ein Yard hinter der Startlinie beginnen und wurde bei Wiederholung disqualifiziert. Zum Zeitnehmen stand meistens nur eine einzige Uhr zur Verfügung. Daher konnte nur die Zeit der Sieger gemessen werden. Die zweiten und dritten Plätze wurden mit Kommentaren wie *»dicht auf«*, *»mit zwei Schritten Abstand«* oder mit Meterangaben näher erläutert.[5]

Konkurrenzen auf der Straße waren Distanz- und Fernmärsche, die um die Jahrhundertwende sehr beliebt waren. Die Teilnehmer marschierten von Berlin nach Wien (1893), von Dresden nach Berlin (1896, 1902) oder wetteiferten in Dauermärschen um den ersten Platz wie bei dem 100-Kilometer-Dauermarsch von Lübben nach Berlin (1905, 1906). Nach dem Ersten Weltkrieg wurden diese Wettbewerbe nicht mehr ausgetragen.

Noch waren die Wettkampfbedingungen nicht vereinheitlicht, die Leistungen weder lokal noch national oder international vergleichbar. Es gründeten sich um die Jahrhundertwende Vereinigungen zur Organisierung und Reglementierung des Turn- und Sportbetriebes.[6] Erst in den zwanziger Jahren gliederten sich die einzelnen Verbände nach den Prinzipien eines föderalistischen Aufbaus.

Im ersten Jahrzehnt des 20. Jahrhunderts wurden die Spielflächen und Rasenplätze in Platzanlagen umgewandelt. Firmen und Behörden begannen in den Sportstättenbau zu investieren. In Berlin entstand die erste Aschenbahn. 1913 wurde das Deutsche Stadion feierlich eingeweiht, wo 1916 die Olympischen Spiele stattfinden sollten, die dann wegen des Weltkriegs abgesagt wurden.

Die neuen, von der Öffentlichkeit abgegrenzten Veranstaltungsorte trennten erstmals Zuschauer und Athleten. Der Weg zum Zuschauersport war geebnet.

Wie alle Bewegungen war auch die des Sports auf Expansion gerichtet. Carl Diem (1882–1962), ein großer Förderer des deutschen Sports, reiste eigens nach Amerika, um sich über die Struktur des Sports zu informieren. Zu Beginn des 20. Jahrhunderts wurden dort bereits große Sportfeste – auch in der Halle – organisiert. Diem wollte mittels Sport das Kulturleben der Reichshauptstadt bereichern. In sportlichen Großveranstaltungen sah er eine Möglichkeit, sein Ziel zu erreichen. Allerdings mußten die Veranstaltungen bestimmten Erfordernissen genügen: *»Das große Publikum muß in seinem Interesse, in seiner Schaulust, in seiner Neugier gepackt werden, muß, wenn es einmal einen athletischen Wettkampf besucht, durch die geschickte Zusammenstellung, glatte Abwicklung und prompte Aufklärung über die sportlichen Ereignisse gefesselt werden. Ein athletisches Meeting muß in der Abwicklung vor sich gehen wie eine gut geleitete Zirkusvorstellung. Das Publikum darf nicht zur Besinnung kommen. Ein Kampf muß den anderen jagen. Alle Vorkämpfe werden ausgeschaltet. Während des Meetings, das 2 1/2 bis höchstens 3 Stunden dauern soll, darf nur das Beste vom Besten geboten werden.«*[7]

In Berlin sollten Sportveranstaltungen organisiert werden, bei denen die Zuschauer von der Leistung, dem Kampf oder auch von der Geschwindigkeit fasziniert sein würden.

Erste Hallenfeste

Das Jahr 1908 wurde zum Schlüsseljahr in der Entwicklung der Großveranstaltungen des Sports. Der zehnte Jahrestag der Deutschen Sportbehörde für Athletik (DSBfA) gab Anlaß für weitgreifende Veränderungen. An der Spitze löste Carl Diem den Architekten, Leichtathleten und Mitbegründer des Verbandes, Georg Demmler (1873–1931), ab. Auf der Versammlung zum Jubiläum sprachen sich die Funktionäre für sportliche Darbietungen großen Umfanges aus. Noch im selben Jahr rief Diem den großen Staffellauf »Potsdam–Berlin«[8] ins Leben und organisierte das erste Hallensportfest des Verbandes Berliner Athletikvereine (VBAV; ab 1918 Verband Brandenburgischer Athletikvereine) in den Ausstellungshallen am Zoo. Sportjournalisten berichten von 4–5.000 Zuschauern und 109 Teilnehmern. Der Erfolg war größer als der Veranstalter *»zu hoffen gewagt hatte. Der Kronprinz erschien, die Kapelle des Regiments Garde du Corps konzertierte, der preussische Kultusminister hatte einen Preis gestiftet, die Berliner Spitzenklasse war am Start, Einlagen aus anderen Sportarten ergänzten das Programm: Der Siegeszug des Hallensports in Deutschland nahm an diesem 19. Januar 1908 seinen Anfang.«*[9]

Bis zu den Kriegsjahren folgten sechs weitere Sportfeste des VBAV in den Ausstellungshallen am Zoo.[10] Der Sportpalast war vor dem Ersten Weltkrieg Veranstaltungsort für den Eis-, und Reit-, vor allem aber für den Radsport. Bis 1915 fanden hier jedoch drei Sportfeste und ein Turnfest statt. Die Berliner Turnerschaft (BT), der Dachverband Berliner Turnvereine, feierte ihr fünfzigjähriges Jubiläum mit einem Schauturnen (1913), der VBAV organisierte eine Schnellauf-Preiskonkurrenz (1911) und eine Hallenmeisterschaft (1915), und Privatpersonen führten ein *»Internationales Marathon-Derby um die Weltmeisterschaft«* (1912) durch.[11] Das Marathon-Derby war eine außergewöhnliche und im Sportpalast einmalige Veranstaltung. Die Idee stammte von Paul Nettelbeck, einem Berliner Berufsradrennfahrer und Leichtathleten, dem ersten Werbeträger des Sports. Langstreckenläufer aus aller Welt hatte man engagiert: Hans Holmer (DK), John Hayes (USA), Henri Siret (F), Dvorack (CS), Banconi (I), A. Ellio (Liberia), T.W. Clarke (GB), Jacob Kern, Hermann Müller, Paul Nettelbeck (Berlin), Erich Zernick (D) und andere. Zu gewinnen waren hohe Geldpreise und der stolze Titel. Holmer siegte vor dem Herausforderer Nettelbeck. Nettelbeck erhielt für die Teilnahme 1.000,– Mark und für den zweiten Platz 600,–

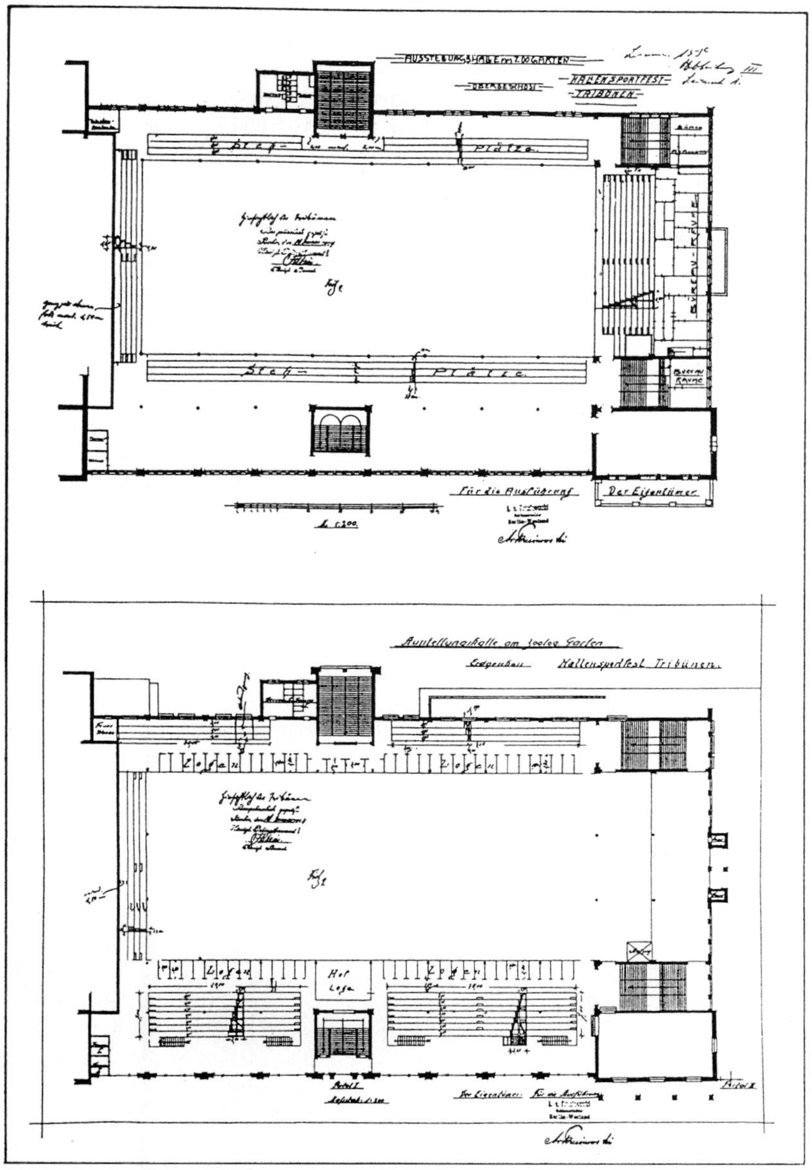

122 Plan für das 7. Hallensportfest des VBAV in der östlichen Halle der Ausstellungshallen am Zoo am 17. und 18. 1. 1914 (nach: LA, Rep. 207, Acc. 1039 [Lichtpausen, Papier, 40 x 60 cm und 44,5 x 60,5 cm]).

Hallensportfest

Menschenmassen, Bogenlampen,
Schwarz besäte Ränge, Rampen,
Marschmusik, Trompetenstöße,
Sandarena, Kampfgetöse,
Läufer, Springer, Sprinter, Segler,
Handballmänner, Autler, Kegler,
Leichtathleten, Turner, Schützen,
Boxer, Radler, Hockeyfritzen,
Roller- und Staffettenlaufen,
Ringen, Jiu-Jitsu, Raufen,
Hohe Schule, Römerrennen,
(Sieg durchs Megaphon zu nennen),
Barren, Reck und Riesenwelle,
Schläger, Leine, Korb und Bälle,
Vater, Mutter mit dem Sohne,
Jüngling, Mann, Kind und Kanone,
Welter, Mittel, Leicht und Schwer,
Diskus, Hammer, Kugel, Speer,
Sweater, Jerseys, Spikes und Mützen,
Augen, die im Raume blitzen,
Stoß und Schwinger, Grade, Haken,
Gehen, Laufen, Rennen, Jagen,
Frauen, Mädchen, Jugend, Alte,
Vor- und Rückwärts, Doppelsalte,
Stemmen, Stoßen, Drücken, Heben,
Mitte, Oben, Unten, Neben,
Presse, Filmer, Photographen,
Aufgeregte (andre schlafen),
Kellner, Ordner, Platzbediener,
Schoko-Eis und Warme Wiener,
Sekt, Wein, Bier und Limonade,
Schnitzel, Fisch, Kohl und Roulade,
Radio und Lichtreklame,
Mädel, Junge, Herr und Dame,
Jazzmusik, Trompetenstöße,
Sandarena, Kampfgetöse,
Schwarz besäte Ränge, Rampen,
Menschenmassen, Bogenlampen,
Hipp-Hurra, Knock-out und Feste,
Mittel, Gute, Besser, Beste,
Fünfzig, Hundert, Hunderttausend,
Langsam, Schneller, Schnellst und Sausend,
Durchschnitt, Leistung und Rekord—
Hallensport!

W. K.

123 »Hallensportfest« (nach: Programm zum 2. Polizei-Hallen-Sportfest 20. März 1927, S. 2).

Mark. Auf dem Gebiet des Sports war das Jahr 1908 sein erfolgreichstes, denn er gewann den Marathonlauf in Hamburg, wurde deutscher Meister über 1.500 Meter und belegte den zweiten Platz im *»Championat der Streckenläufer«* in Berlin über 25 Kilometer. Bei den Olympischen Spielen 1908 schied er jedoch im Vorlauf über 5 Meilen aus. Nach dem Krieg nahm er seine sportliche Karriere auf dem Rad wieder auf. Er siegte mit seinem Partner Emil Meinhold, einem bekannten Sechstagefahrer, auf der Berliner Olympiabahn 1919.[12]

Der Erste Weltkrieg unterbrach nicht nur die Karriere von Nettelbeck, sondern auch die Entwicklung des Sports. Die Olympischen Spiele 1916 wurden abgesagt. Der gesamte Spiel- und Wettkampfbetrieb kam fast völlig zum Erliegen. Vereinzelt wurden »Kriegsmeisterschaften« ausgetragen. Daneben fanden einige wenige Wettkämpfe unter veränderten Bedingungen statt. So der Staffellauf »Berlin–Potsdam«: Start und Ziel wurden entsprechend der reduzierten Distanz (10 statt 25 Kilometer) verlegt und die Teilnehmerzahl einer Mannschaft von 50 auf 20 verringert. 87 Prozent der Verbandsmitglieder wurden zum Heer eingezogen. Turnhallen dienten unter anderem als Lebensmittellager, der Sportpalast wurde als Schneiderei für Armeesäcke genutzt und die Spielfelder mit Kartoffeln bepflanzt.[13]

Zu den Organisationen der Turner und Sportler

Nach der Revolution von 1918 und den sich anschließenden wirtschaftlichen und politischen Schwierigkeiten bestand bei der Bevölkerung ein besonderes Bedürfnis nach Zerstreuung und Erholung, nach positiven Identifikationserlebnissen. Turnen und Sport war ein Bereich, der diese Wünsche und Vorstellungen zu befriedigen versprach, wenngleich sich eine Gewichtsverlagerung zugunsten des Sports abzeichnete. Die wachsende Hinwendung zum Sport zeigt sich auch an den steigenden Mitgliederzahlen der Vereine und in der seit Mitte der zwanziger Jahre sprunghaften Entwicklung von Vereinsgründungen. Die Organisationen auf höherer Ebene ordneten sich neu, differenziert nach Sportarten und auch nach gesellschaftlichen Gesichtspunkten (die bürgerliche Turn- und Sportbewegung einerseits und die Arbeitersportbewegung andererseits).

Noch im Kriegsjahr 1917 wurde der Deutsche Reichsausschuß für Leibesübungen (DRA) gegründet als Führungs- und Verwaltungszentrum des bürgerlichen Sports. Er entwickelte sich zu dessen oberstem Dachverband schlechthin.[14] Dem DRA waren Fachverbände der Turner, der Hochschulen, der Wander- und Jugendbewegung unter anderem angeschlossen. Er wurde 1933 aufgelöst und als Nachfolgeorganisation am 1. 1. 1936 der Deutsche Reichsbund für Leibesübungen (DRL) gegründet.
An der Spitze des DRA stand von 1919 bis 1933 Theodor Lewald (1860–1947, bis 1921 Staatssekretär im Reichsamt des Innern), ab 1924 Vertreter des Deutschen Reiches im Internationalen Olympischen Komitee, Präsident des Organisationskomitees für die XI. Olympischen Spiele 1936.
Der bürgerliche Sport wurde vertreten von der DSBfA beziehungsweise DSBfL (Deutsche Sportbehörde für Leichtathletik). Ihr war der regionale Verband VBAV angeschlossen, der für die Veranstaltungen in Groß-Berlin und Brandenburg zuständig war. Seit dem Zweiten Weltkrieg sind

dies der Deutsche beziehungsweise Berliner Leichtathletik-Verband (DLV, BLV).
Der Dachverband der bürgerlichen Turnbewegung war die Deutsche Turnerschaft (DT). Die Auseinandersetzungen zwischen Turnen und Sport mündeten 1925 in der *»reinlichen Scheidung«*, das heißt im Austritt der DT aus dem DRA. Ein Jahr später jedoch trat sie unter dem Druck der Öffentlichkeit wieder ein, weil – so Carl Diem – die angegebenen Gründe nicht stichhaltig gewesen seien.[15]

Während das Ringen zwischen Turnen und Sport in der bürgerlichen Bewegung zur – vorübergehenden – *»reinlichen Scheidung«* führte, stellte sich die Arbeitersportbewegung auf die Verbindung von Turnen und Sport ein. Ein Ausdruck dieser Integration ist die frühzeitige (1918/19) Umbenennung des »Arbeiter-Turnerbundes« in »Arbeiter-Turn- und Sport-Bund« (ATSB). Die Arbeitersportbewegung bestand in Deutschland zwischen 1893 und 1933. Ihr Ziel war es, über Fragen des Alltags aufzuklären, gesunde Klassenkämpfer heranzuziehen, gegen den Berufssport zu kämpfen und auf die antisozialen Seiten des bürgerlichen Leistungssports aufmerksam zu machen wie Gehässigkeit gegen den Sieger, einseitige Entwicklung des Ehrgeizes oder Spezialisierung.[16] Sie sah die bürgerliche Turn- und Sportbewegung als *»ein einziges Bestreben der Führer, die Massen der Mitglieder, insbesondere die 80% Proletarier, für die Interessen der herrschenden Gesellschaftsschichten gefügig zu machen und sie loszulösen von der klassenbewußten Arbeiterschaft«.*[17] Ihre Großveranstaltungen zeigten turnerische Übungen an Barren, Pferd und Reck, Freiübungen als Gruppenübungen und leichtathletische Wettbewerbe. Das Rahmenprogramm war unter anderem durch Massenübungen charakterisiert wie rhythmischer Gymnastik, Ausdrucksübungen oder Keulenschwingen; auch Massenpyramiden gehörten dazu.[18] Sie trat mit der Parole an die Öffentlichkeit *»Nieder mit dem Kampfrekord, freie Bahn dem Massensport«.*[19]

Hallenfeste im Sportpalast seit Ende des Ersten Weltkrieges

In den zwanziger Jahren gab es eine große Zahl von Veranstaltern, die Hallensportfeste organisierten. Viele bestanden oft nur kurzzeitig, lösten sich entweder auf, schlossen sich mit anderen zusammen oder spalteten sich. Zu den Beständigen gehörten VBAV, PSV, DT, BT, ATSB. Auch die Arbeitersportler waren mit verschiedensten Organisationen vertreten; während dieser Zeit waren es sieben Verbände, die Hallensportfeste veranstalteten.

Entsprechend der Entwicklung von Sport und Turnen, der Einführung neuer Sportarten wie Hallenhandball, der Werbefunktion von Sportfesten und der Tendenz zu Großveranstaltungen lassen sich fünf Gruppen herausstellen:
Hallensportfeste
1. der Sportler,
2. der Turner,
3. der Arbeitersportler,
4. als allgemeine Werbe- und Jubiläumsveranstaltungen,
5. als Veranstaltung von Sportspielen.

Von 1919 bis 1932 wurden insgesamt 54 Großveranstaltungen im Sportpalast durchgeführt. Die 22 Hallenfeste des bürgerlichen Sports, genauer gesagt der Leichtathleten, nehmen den ersten Rang ein. In dieser Zeit veranstaltete der VBAV 14 Hallenfeste. Zusätzlich feierte der Verband sein 20jähriges Bestehen im Sportpalast (1. 3. 1924). Auch der Polizei-Sportverein (PSV) führte ab 1926 seine jährlichen Hallensportfeste im Sportpalast durch (sieben bis 1932).[20] Die Dominanz der Sportler gegenüber den Turnern wurde während des Nationalsozialismus weiter ausgebaut, knapp dreiviertel der Veranstaltungen wurden von ihnen organisiert.
Die Turner starteten in der ersten Hälfte der zwanziger Jahre mit großem Elan (acht Hallenfeste); in der zweiten Hälfte des Jahrzehnts traten sie nur noch in drei von insgesamt 26 Veranstaltungen auf.[21] Nach dem Zweiten Weltkrieg nutzten sie den Sportpalast nur noch selten für ihre Feste.[22]
Die Entwicklung der Arbeitersportfeste nahm den umgekehrten Verlauf: Die Zahl der Veranstaltungen verdoppelte sich fast in der zweiten Hälfte der zwanziger Jahre. Mit 16 Hallenfesten belegen sie den zweiten Rang in der Gesamtwertung.[23]
Die Werbe- und Jubiläumsveranstaltungen dienten lediglich der Information über die Arbeit der Einrichtungen und Vereine, ohne Qualifikationswettkämpfe für Rekorde, Meisterschaften und dergleichen. Ihre Zahlen waren rückläufig: von 1919 bis 1925 gab es fünf Hallenfeste, in den sieben Jahren bis 1932 jedoch nur eine Veranstaltung dieser Art.[24]

Hallenfeste des VBAV

Der Erste Weltkrieg war gerade zu Ende als der VBAV mit seinem 8. Hallensportfest am 28. Februar 1919 die erste Leichtathletik-Saison nach dem Krieg einleitete. Dies war zugleich das erste Hallensportfest des VBAV im Sportpalast.[25] Die Presse berichtete von 12.000 Zuschauern und 1.500 Teilnehmern. Diese Zahlen – selbst wenn übertrieben – übertrafen doch bei weitem die der Vorkriegszeit. Man denke nur an die 4–5.000 Zuschauer und 109 Teilnehmer des 1. Hallensportfestes im Jahr 1908.
Vor jedem Hallensportfest wurden den Teilnehmern zwei Trainingszeiten zugestanden. Am ersten Veranstaltungstag fanden Vorläufe und Ausscheidungskämpfe statt, denn – wie Diem schon 1908 betont hatte – sollte am Tag des eigentlichen Festes nur das *»Beste vom Besten«* geboten werden. Der Tag der Endkämpfe begann mit Vorführungen und Shows turnerischer und sportlicher Bereiche außerhalb der Leichtathletik. Entsprechend wurden auch die Pausen zwischen den Wettkämpfen gefüllt. So boten beim 8. Hallensportfest 1919 auch Volkstänze, Kunstradfahren und ein Radballspiel den Zuschauern Unterhaltung. Ein Jahr später gestalteten Schauwettkämpfe der Radfahrer, der Ringer, der Hochschule für Leibesübungen am Reck, der Boxer, der Fechter und der Polizeischule im Kampfsport Jiu Jitsu die Eröffnung und die Pausen. Sehr beliebt beim Publikum war das Stil-Laufen der Jugend, eine Gruppenvorführung zur Ästhetik des Laufens, zum feierlichen Beginn des Hauptwettkampftages. Ende der zwanziger Jahre wurden auch Handballspiele ins Rahmenprogramm aufgenommen.
1930 wurden Gegenstimmen bezüglich der Umrahmung der Laufwettbewerbe laut, denn das Zugpferd beim Publikum seien die packenden Rennen der besten Läufer, und die Konkurrenzen aus anderen Sportgebieten lenkten vom

124 Start der Sprinter bei einem Hallensportfest, um 1930.

125 »Der Aufmarsch der Teilnehmer beim Hallensportfest des Kartellverbandes Berlin« (16. 12. 1928 [?]; nach: Zeitungsausriß).

eigentlichen Wettkampf ab.[26] Das Rahmenprogramm blieb trotz dieser Kritik weiterhin Bestandteil des Hallensportfestes, fand jedoch in der Tagespresse weniger Beachtung. In der Zeit des Nationalsozialismus nutzten Politiker die Eröffnungsreden gern für propagandistische Zwecke. Gauführer Fürstner vom Fachamt für Leibesübungen (FaL) eröffnete das 24. Hallensportfest 1935 mit dem Hinweis auf die Bedeutung dieses Tages, an dem die Abstimmung im Saargebiet über dessen Rückgliederung an das Deutsche Reich stattfände.[27]

Die Wettkampfergebnisse im Sportpalast sind nur bedingt mit den Ergebnissen anderer Hallen vergleichbar. Zum einen waren die Bahnen und Anlagen noch nicht standardisiert, zum anderen waren die Leistungen in einzelnen Disziplinen durch bauliche und räumliche Gegebenheiten im Sportpalast eingeschränkt. So fehlte den Sprintern der Auslauf nach den maximal 60 Metern. Zeitzeugen berichteten, daß sich bei den Kurzstrecken sämtliche Ordnungskräfte hinter dem Ziel postiert hätten, um die Athleten aufzufangen.

Mittelstreckler und Staffelläufer hatten Schwierigkeiten mit den beiden relativ engen Kurven der 160 Meter langen ovalen Bahn. Ungünstig war der Veranstaltungsort auch für die Stabhochspringer oder für die Weitspringer, denn es fehlten der Einstichkasten und die Springgrube. Doch diese Mängel sollten sich erst ab 1935, als es einen besseren Veranstaltungsort – die Deutschlandhalle – gab, negativ auf den Veranstaltungskalender des Sportpalastes auswirken.[28]

Von den Wettbewerben

Konzentrierten sich die Wettbewerbe der Turner auf Disziplinen des Turnens, die der Arbeitersportler auf solche des Turnens und Sports, so standen bei den bürgerlichen Sportlern leichtathletische Kämpfe, besonders Laufwettbewerbe und Staffeln im Mittelpunkt.

Die Kurz- und Mittelstrecken lagen zwischen 50 und 2.000 Metern. Ebenso wie auf den ersten Sportfesten im Freien waren bei den Festen in den Hallen anfangs Strecken ausgeschrieben, die heute nicht mehr üblich sind wie 50 oder 300 Meter. Üblich waren Mallaufwettbewerbe. Einige Einzelwettbewerbe wurden gern als Vorgabe-Läufe durchgeführt: um Leistungsunterschiede auszugleichen, wurde den leistungsstärkeren Athleten ein Handicap auferlegt, der Start in einem bestimmten Abstand hinter der Startlinie. Diese Art des Wettkampfes entstammt dem Pferdesport. Sie bot Läufern der niedrigeren Leistungsklassen die Möglichkeit ihre Bestzeit zu verbessern und sich für Meisterschaften zu qualifizieren.

Nach dem Ersten Weltkrieg führte man als neue »Hallen-Disziplin« den Hürdenlauf ein, im Sportpalast über Strecken von 40 und 60 Metern.

Die Staffelwettbewerbe im Sportpalast zeichnen sich durch ihre Vielfalt aus und durch die Besonderheit der Mannschaftszusammenstellung. Die Vereine waren damals in Leistungsklassen von A bis D eingeteilt und bestimmte Staffeln waren den C- und D-Vereinen vorbehalten, so die traditionelle »Schwedenstaffel« (400, 300, 200 und 100 Meter) oder die »Olympia-Staffel« (800, 400, 200 und 100 Meter). Ferner gab es Staffeln über Mitteldistanzen, zum Beispiel über 1.000 Meter beliebig, bei denen nur die Teilnehmerzahl vorgeschrieben war, so daß die Teilnehmer einer Mannschaft ihrem jeweiligen Leistungsvermögen über kürzere oder mittlere Strecken eingesetzt werden konnten. Diese Art von Staffeln sind dem berühmten und vielerorts kopierten Potsdam-Berlin-Lauf entlehnt.[29]

In der Presse wurde die 10x50-Meter- oder auch die 20x50-Meter-Staffel als »Sportpalaststaffel« bezeichnet. Sie stand in der besonderen Gunst des Publikums, da Läufer niedriger Leistungsklassen in einer Mannschaft mit oder auch gegen Spitzenathleten antreten konnten.

Neben den Staffelwettbewerben, die als besonders spannend und unterhaltsam empfunden wurden, hielten die Einzeldisziplinen mit ihren Hoch- und Höchstleistungen die Zuschauer in Atem.

In der Blütezeit der Hallenfeste im Sportpalast galt das Interesse dem 1.000-Meter-Lauf. Auf dem ersten Hallenfest des VBAV im Sportpalast 1919 gewann Erich Römer diesen Lauf in 2 Minuten 54,7 Sekunden.[30] Römer war nicht nur ein erfolgreicher Leichtathlet, sondern Ende der zwanziger Jahre ein hervorragender Eishockeyspieler und wurde mit dem Berliner Schlittschuh-Club (BSchC) zehnmal Deutscher Meister und zweimal Europameister; er war bis 1936 47mal Nationalspieler.

Der populärste Mittelstreckler der zwanziger Jahre kam aus Stettin. Dr. Otto Peltzer – genannt »Otto der Seltsame« – nahm ab 1922 an sämtlichen Hallensportfesten teil und gab seine Führung in den Mittelstrecken erst in den dreißiger Jahren ab. Seine sportliche Laufbahn schmücken 15 Deutsche Meisterschaften, die er zwischen 1922 und 1934 gewann. Er verbesserte vier Weltrekorde und elf deutsche Rekorde. Bei den Olympischen Spielen war er jedoch entweder verletzt (1928) oder nicht mehr in Hochform (1932: Neunter über 800 Meter, Vierter mit der 4x100-Meter-Staffel). Obwohl sehr berühmt war er nicht sehr beliebt. *»Der ›Doktor‹ war eigenwillig, besessen in Training und Wettkampf, Missionar und pedantischer Tüftler in der Leichtathletik zugleich – ein Kauz, der belächelt, doch auch bewundert wurde.«*[31] Seine Hallenbestzeit über 1.000 Meter von 2 Minuten 30,8 Sekunden (1928 in Nürnberg) wurde erst 1941 von Rudolf Harbig mit 2 Minuten 28,4 Sekunden unterboten.

Im Hürdenlauf hielt der Berliner Heiner Troßbach vom Berliner Sport-Club (BSC) die Spitzenposition auch im nationalen Vergleich. Er war mehrfacher Deutscher Meister über 110 und 400 Meter Hürden im Freien und stellte 1930 in Stettin einen deutschen Rekord über 110 Meter Hürden in 15,4 Sekunden auf. Den Hallenrekord über 60 Meter Hürden erzielte er 1929 in Münster in Westfalen in 8 Sekunden. Seine Zeiten im Sportpalast sind 8,5, 8,7 und 8,4 Sekunden.[32]

Sprung- und Technikdisziplinen der Leichtathletik waren aufgrund der baulichen Gegebenheiten im Sportpalast unterrepräsentiert, das Kugelstoßen jedoch problemlos durchzuführen. Der Star der Kugelstoßer Ende der zwanziger Jahre, Emil Hirschfeld (Danzig), Bronzemedaillengewinner 1928 in Amsterdam mit 15,72 Metern und Deutscher Meister mit 16,04 Metern siegte 1929 im Sportpalast mit 14,82 Metern.[33] Er wurde von seiner Führungsposition durch den Olympiasieger von 1936, Hans Woellke (PSV), einem Oberleutnant der Schutzpolizei, verdrängt. Woellke stellte 1938 auf dem Hallenfest des PSV eine neue deutsche Höchstleistung mit 16,09 Metern auf; eine Leistungssteigerung von mehr als einem Meter innerhalb von drei Jahren wird heute wohl kaum zu beobachten sein.[34]

Auf dem ersten Hallenfest des VBAV im Sportpalast 1919 nahmen auch Frauen erstmals an den Wettbewerben der Leichtathletik teil. Ausgeschrieben war eine Pendelstaffel über 10x50 Meter, bei der jeweils die Mannschaftshälften der Charlottenburger Sportlerinnen und der Berliner Turnerinnen ihre Ausgangsposition tauschten. *»Bessere Ablösung und längere Beine verhalfen den Charlottenburgerinnen zu einem sicheren Sieg über Berliner Turnerinnen.«*[35]

Der Wettbewerbskanon der Hallenleichtathletik für Frauen erweiterte sich in der Folgezeit nur gering. So wurde beim nächsten Hallenfest des VBAV das Frauenprogramm lediglich um die Einzeldisziplin 60-Meter-Mallaufen erweitert und auch 1922 auf dem 10. Hallenfest waren nur vier Wettbewerbe für Frauen ausgeschrieben: 60-Meter-Lauf, 10-Runden-Staffel, 20x2-Runden-Staffel und Kugelstoßen.[36] Gegen Ende der Weimarer Republik berichtet die Presse nur noch vom 60-Meter-Lauf der Damen.

Die Bestenliste der Hallenleichtathletik führt nur ein Ergebnis vor 1951 an. Käthe Krause (Dresdner SC) lief 1932 die 60 Meter im Sportpalast in 7,8 Sekunden; sie belegt somit den 6. Platz in der Bestenliste von 1956.[37]

Zu den ersten Leichtathletinnen, die im Sportpalast starteten, gehören »Frl.« Furchheim (Jahn Neukölln), Cläre Voß

126 Erich Römer, der Leichtathlet und Eishockeyspieler, nach 1932.

127 Dr. Otto Peltzer (»Otto der Seltsame«), Leichtathlet, erfolgreichster deutscher Mittelstreckler der zwanziger Jahre, 1926.

(BSC) und Lilli Henoch (BSC). Letztere war in den zwanziger Jahren als Sportlerin sehr erfolgreich. Lilli Henoch war siebenmal Deutsche Meisterin in den Disziplinen Weitsprung, Kugelstoßen, Diskuswurf und dreimal mit der 4x100-Meter-Staffel. Außerdem spielte sie Hockey und wurde mit der Mannschaft des BSC 1925 Pokalsiegerin. Als Trainerin für Leichtathletik und Handball hat sie sich um den Frauensport große Verdienste erworben. Sie war Jüdin, erhielt nach 1933 Startverbot und wurde 1942 nach Riga deportiert.[38]
Die Frauen-Leichtathletik in der Halle nahm erst in den fünfziger Jahren ihren eigentlichen Aufschwung.

Hallenfeste im Sportpalast nach dem Zweiten Weltkrieg

Die Leichtathleten führten nach dem Krieg nur noch zwei Hallenfeste durch, veranstaltet zusammen mit der Berliner Turnerschaft, als letztes die Jubiläumsveranstaltung zum 50jährigen Bestehen des Berliner Leichtathletik-Verbandes 1955.[39] Schon längst hatten sich die Ansprüche der Leichtathletik an ihre Veranstaltungsorte und deren Ausstattung von den im Sportpalast gegebenen Möglichkeiten entfernt. Nach ihrer Wiedererrichtung 1957 bot die Deutschlandhalle weit bessere Möglichkeiten.
Auch die Turner nutzten den Sportpalast nur noch selten, zu Städte-Wettkämpfen 1953 und 1954, zu einem Länderkampf 1960, zum Ausscheidungsturnen für die Olympischen Spiele in Melbourne 1956, zu einer Frauenturnveranstaltung 1957 und zu einem Schauturnen der japanischen Nationalmannschaft 1966.[40]

Insgesamt fanden 84 Hallenfeste im Sportpalast statt, allein 54 von ihnen während der Weimarer Republik und 19 während des Dritten Reiches.

Anmerkungen

1 Vgl. Konrad Jule Hammer, Eintritt frei – Kinder die Hälfte! Zur Geschichte der Berliner Volksfeste (Berliner Forum 8/81), Berlin 1981, passim.
2 Vgl. Hajo Bernett, Leichtathletik in historischen Bilddokumenten, München 1986, passim.
3 Vgl. Gertrud Pfister und Elke Mosberger, Sport auf dem grünen Rasen, Fußball und Leichtathletik, in: G. Pfister und Gerd Steins (Hgg.), Sport in Berlin, Vom Ritterturnier zum Stadtmarathon, Berlin 1987, S. 73. – Georg Demmler, Der Anfang der Berliner Leichtathletik, in: Heinz Cavalier (Hg.), Vor 30 Jahren, Berlin 1928, S. 5.
4 Dreibeinlauf: Paarlauf, bei dem ein Bein des einen Läufers mit einem Bein des anderen zusammengebunden ist.
5 Max Ostrop, Die Entwicklung unserer Leichtathletik-Wettbewerbe, in: Leibesübungen und körperliche Erziehung 10, 1935, S. 175.
6 Vgl. Carl Diem, Gedanken zur Sportgeschichte, Stuttgart 1965, S. 70. – Das Wirken von Carl Diem,1882–1962, Hg. vom Carl-Diem-Institut (Dokumente zum Aufbau des deutschen Sports), St. Augustin 1984, S. 47ff.
7 Athletik-Jahrbuch 1908, S. 25.
8 Staffellauf »Potsdam–Berlin«: Start hinter der Glienicker Brücke, Ziel im Tiergarten auf dem Königsplatz an der Siegessäule; die Strecke von 25 Kilometern mußte von einer 50köpfigen Mannschaft überwunden werden, wobei die Mannschaft ihr taktisches Geschick beweisen konnte durch Aufstellung und entsprechende Streckenlänge des einzelnen Läufers.
9 50 Jahre Berliner Leichtathletikverband, Berlin 1955, S. 16. – Hans Borowik, Geschichte der deutschen Leichtathletik, Berlin 1926, S. 55.
10 Vgl. Anm. 25.
11 Vgl. Chr 1913 Mai 26, 1911 Jan 23–24, 1915 Feb 14, 1912 Mai 4.
12 Vgl. Paul Nettelbeck, Ein Leben in Rekorden, Salzburg 1962, S. 40ff.; ders., Vom Marathonläufer zum Radrennfahrer, Berlin 1924, S. 14f.; zum Marathonderby vgl. Chr 1912 Mai 4.
13 Vgl. Borowik (wie Anm. 9), S. 97. – Heinz Cavalier, Ausflug in die Vergangenheit der Berliner Leichtathletik, Vortrag vom 20. 1. 1965 (Typoskript). – Carl Diem, Weltgeschichte des Sports, Bd. II, Stuttgart 1971, S. 980. – Vgl. Chr 1916–18.
14 Zu den Hauptaufgaben des DRA zählten: 1. Talentfrühentdeckung, Förderung der Jugend; – 2. Einbeziehung der Frauen in den Turn- und Sportbetrieb, besondere Förderung des Frauensports; – 3. Wissenschaftlich fundierte Sportlehrer- und Trainerausbildung; – 4. Regelung der Spielplatzfrage in Form eines Gesetzes; – 5. Förderung des internationalen Sportverkehrs; – 6. Restlose Erfassung der Massen; – 7. Öffentlichkeitsarbeit. Vgl. Das Wirken von Carl Diem (wie Anm. 6), S. 103–54. Diem, Gedanken (wie Anm. 6), S. 80f.
15 Diem (wie Anm. 6), S. 80f.
16 Bruno Lieske und P. Zobel (Hgg.), Bürgerlicher Sport und Arbeitersport, Aufgaben der Arbeitersportbewegung, Berlin 1924, S. 30f. – Auf die sich gegen Ende der Weimarer Republik immer mehr verschärfenden Gegensätze zwischen den KPD- und den SPD-orientierten Arbeitersportlern kann hier nicht eingegangen werden.
17 Ebenda, S. 4.
18 Vgl. Chr 1922 Mär 19.
19 Diethelm Blecking (Hg.), Arbeitersport in Deutschland, Köln 1983.
20 Zu den PSV-Hallenfesten vgl. Chr 1926 Mär 13, 1927 Mär 20, 1928 Mär 17, 1929 Mär 12, 1930 Apr 1, 1931 Mär 26, 1932 Mär 22.
21 Zu den Turner-Hallenfesten vgl. Chr 1922, Jan 19–21, Dez 8–9, 1923 Mär 4, Mär 13, 1924 Jan 13, Mär 16, 1925 Jan 1, Mär 5, Mai 10, 1929 Jan 13, 1930 Feb 2, 1931 Dez 6.
22 Vgl. Chr 1953 Apr 5, 1954 Jul 24, 1956 Jul 14, 1957 Jan 5, 1960 Okt 8, 1966 Sep 29.
23 Vgl. Chr 1922 Mär 19, Okt 29, Dez 3, 1923 Feb 4, 1925 Feb 1, Apr 5, 1928 Dez 16, 1929 Dez 15, 1930 Jan 19, Feb 27, Okt 30, 1931 Mär 7, Mär 22, Okt 24, 1932 Okt 22, 1933 Jan 29.
24 Ausgeklammert wurden hier die Feste der Sportpresse, die von 1922 bis 1933 jährlich im Sportpalast stattfanden, 1926 sogar zweimal.
25 Die Hallensportfeste des VBAV (vgl. Athletik-Jahrbücher 1908ff.):

1.	Ausstellungshallen am Zoo	1908 Jan 19
2.	Ausstellungshallen am Zoo	1909 Feb 7
3.	Ausstellungshallen am Zoo (?)	1910
4.	Ausstellungshallen am Zoo	1911
5.	Ausstellungshallen am Zoo	1912 Feb 4–5
6.	Ausstellungshallen am Zoo	1913 Feb 16
7.	Ausstellungshallen am Zoo	1914 Jan 17–18
8.	SP	1919 Feb 28 – Mär 1
9.	SP	1921 Dez 9–10
10.	SP	1922 Feb 12–13
11.	SP	1923 Jan 6–7
12.	SP	1923 Dez 8–9
	SP (Jubiläumsfest)	1924 Mär 1
13.	SP	1924 Nov 29–30
14.	Autohalle am Kaiserdamm	1926 Feb 6–7
15.	Autohalle II am Kaiserdamm	1926 Dez 12
16.	SP	1928 Mär 7
17.	SP	1928 Dez 1
18.	SP	1930 Jan 5
19.	SP	1931 Feb 8
20.	Autohalle I (?) am Kaiserdamm	1932 Mär 6
21.	SP	1932 Dez 4
(22.)	SP (des DLV)	1934 Jan 7
(23.)	SP (des DLV)	1934 Mär 7
24.	SP (des DLV)	1935 Jan 12–13
25.	SP (des DRL)	1936 Jan 12
26.	SP (des DRL)	1938 Feb 12–13.

26 Vgl. Chr 1930 Jan 5.
27 Chr 1935 Jan 13.
28 In der Arena der Deutschlandhalle waren auch Strecken von 70 bis 75 Meter möglich. Zur Deutschlandhalle vgl. den Beitrag von Michael Bollé.
29 Vgl. Anm. 8.
30 Vgl. Chr 1919 Feb 28 – Mär 1.
31 Leichtathletik in Deutschland, in: Sportillustrierte – ein Spiegel des Sports, Jg. 35, Nr. 17, 12. 8. 1968, S. 28.
32 Vgl. Chr 1928 Mär 7, Dez 1, 1931 Mär 26.
33 Vgl. Chr 1929 Mär 12.
34 Vgl. Chr 1938 Apr 13.
35 Chr 1919 Feb 28.
36 Vgl. Chr 1919 Feb 28 – Mär 1, 1921 Dez 9–11, 1922 Feb 12–13.
37 Vgl. Chr 1932 Dez 4; Heinz Vogel, Die deutsche Hallenbilanz, in: Leichtathletik 7, 1956.
38 Martin-Heinz Ehlert, Lilli Hennoch, Fragmente aus dem Leben einer jüdischen Sportlerin und Turnlehrerin, in: Sozial- und Zeitgeschichte des Sports, 3. Jg., Heft 2, 1989, S. 34–48.
39 Vgl. Chr 1954 Jan 10, 1955 Jan 8.
40 Vgl. Chr 1953 Apr 5, 1954 Jul 24, 1956 Jul 14, 1957 Jan 5, 1960 Okt 8, 1966 Sep 29.

Der Sportpalast als Filmtheater

Lothar Schirmer

»Eingedrückte Türen und zersplitterte Fenster« säumen den Weg derer, die *»unter lebensbedrohendem Andrang«* am Nachmittag des 5. September 1919 an der Eröffnung[1] der »Sport-Palast-Lichtspiele«, dem *»größten Kino der Welt«*, teilnehmen. Nach viermonatigen Umbauarbeiten ist das Mehrzweckgebäude in ein Riesenkino mit über 3.000 Plätzen umgewandelt.[2]

Das Premierenpublikum, das weniger durch die angekündigten Filme – zwei Uraufführungen: der Hilde-Wolter-Film *»Bergblume«* und *»Die von der Liebe leben«* mit Esther Carena in der Hauptrolle[3] – als vielmehr durch Vorberichte in der Presse neugierig gemacht, will sich vor allem davon überzeugen, wie das *»unmögliche Rätsel gelöst«* ist, *»von jedem Platz, dem dichtesten und entferntesten, einwandfreie und hervorragende Bilder«*[4] zu sehen. *»Das Vestibül und die Logen der anwesenden Hauptdarsteller waren mit den zahlreichen Blumenarrangements der Gratulanten geschmückt. Die erste Vorstellung währte volle 3 1/2 Stunden; aber der Andrang zur Abendaufführung war derartig groß, daß die Masse bereits um 7 1/2 Uhr sämtliche Gänge bis auf den letzten Platz füllte und die Kassen geschlossen werden mußten. [...] Nunmehr ist das verwunschene Schloß zu neuem Leben erweckt worden. [...] Wenn nicht alle guten Zeichen trügen, wird die jetzige Bestimmung auch die endgültige des Hauses bleiben. Trotz seiner riesigen Dimensionen – der Zuschauerraum ist 150 m lang und 60 m breit – hat es der Architekt Fischer verstanden, das Innere harmonisch und gemütlich zu gestalten und so der vielgeliebten Flimmermuse ein würdiges Heim zu bereiten. Aber es hat genug Mühe und Arbeit gekostet. Eine der Hauptaufgaben war es, die Unmenge der 300.000 Kerzen starken Beleuchtungskörper im Vorführungsraum so zu zentralisieren, daß sie sämtlich vom Operateur mit ein paar Handgriffen bedient werden können. Ein zweites Problem war die Aufstellung der Bildfläche ohne grundlegende bauliche Veränderungen. Da man mit dem Platz nicht zu sparen brauchte, entschloß man sich, das Oval der Halle zu kupieren, daß einerseits der Grundriß des Zuschauerraumes die theaterübliche U-Form erhielt und andererseits ein bis auf weiteres unausgebaut bleibender mächtiger Bühnenraum von etwa 20 m Tiefe entstand. Von besonderem Interesse für den Kinofachmann dürfte sein, daß die 9 x 12 m[5] große Projektionsleinwand [...] mit nur 25% des üblichen Stromverbrauchs [auskommt], ohne dadurch auf ein vollkommen klares, helles, einwandfreies Bild verzichten zu müssen. Auch die Heizkörper, Ventilationsanlagen, Sicherheits- und Löschvorrichtungen sind mit dem ganzen Raffinement moderner Technik eingerichtet und ausgestattet. [...] Die Direktion beabsichtigt, lediglich Uraufführungen nur erstklassiger Erzeugnisse zu bringen, deren musikalische Illustration ein über 20 Mann starkes Orchester unter der Leitung des Kapellmeisters Wallner besorgt. So dürfte nach allem, was man hört, den zahllosen Kinofreunden, gleichviel ob sie müde von der Arbeit des Tages oder gelangweilt vom Müßiggang das Auge an den wechselnden Bildern erfreuen wollen, in den ›Sportpalast-Lichtspielen‹ eine neue willkommene Stätte der Erholung geschaffen worden sein.«*[6]

So wenig sich die ausgesprochenen Hoffnungen denn auch erfüllen – nur bis zum November 1921 bleibt der Sportpalast vornehmlich Lichtspieltheater –, so wenig hat, abgesehen von der räumlichen Dimension des Filmtheaters, die Eröffnung eines Kinos im Jahre 1919 Seltenheitswert. Denn nach dem Ende des Ersten Weltkrieges erlebt der deutsche Stummfilm seine Blütezeit[7] und läßt damit gleichzeitig das Lichtspielgewerbe als einen lukrativen Wirtschaftszweig erscheinen. Die Zahl der Kinotheater in Deutschland – 1918 noch bei 2.500 – erreicht Anfang 1920 über 3.700. Gerade in Berlin, neben München frühes Zentrum des Films[8], werden immer neue Filmtheater gegründet, so daß ein ständig sich verschärfender Konkurrenzkampf entsteht.

Die »Sport-Palast-Lichtspiele«, gelegen zwischen der Stadtmitte und dem Berliner Westen mit seinen großen Uraufführungstheatern an der Tauentzienstraße und in der Zoogegend, haben nur einige Straßenzüge weiter (Potsdamer Straße 38) in dem seit 1913 bestehenden »BTL«, den »Biophon-Theater-Lichtspielen«, einen ersten Konkurrenten, der mit seinen rund 1.000 Plätzen nicht gerade zu den kleinsten Theatern zählt. In den letzten Augusttagen werden das »Theater am Moritzplatz« ebenso wie die »Neue Philharmonie« am 5. September 1919 unter neuen Leitungen wiedereröffnet; am 12. September eröffnen die »Alfa-Lichtspiele« (Hauptstraße 30/31)[9], am 16. September findet die Eröffnung der »Richard-Oswald-Lichtspiele«[10] statt. Nur drei Tage später nimmt der »Ufa-Palast am Zoo« mit dem auch im Ausland so überaus erfolgreichen Lubitsch-Film *»Madame Dubarry«* seinen Spielbetrieb auf; am 20. lädt das »Oranien-Theater«, am 26. September der Lichtspiel-Palast »Schweizer Garten« am Friedrichshain zur Eröffnungspremiere. Gleichzeitig spielt das frühere »National-Theater« wieder, nun unter dem Namen »Richard-Oswald-Lichtspiele Köpenicker Straße«, und neben den »Merkur-Lichtspielen« (Palisadenstraße, nahe Strausberger Straße), dem »Lichtspielpalast am Hackeschen Markt« eröffnet auch die »Schauburg« am Potsdamer Platz, nachdem die Eröffnungsvorstellungen mehrfach hatten verschoben werden müssen, am 12. Oktober 1919.

Von den 218 Filmtheatern, die am 1. Januar 1920 im künftigen Groß-Berliner Raum gezählt werden, sind allein 36 im vorhergehenden Jahr eröffnet worden. Die Kinos, von denen ungefähr die Hälfte über 200 bis 300 Plätze verfügen, bieten insgesamt mehr als 83.700 Zuschauern Platz.

128 Programmheft; Berlin, Stiftung Deutsche Kinemathek.

Der Reiz des Neuen läßt die Massen in die Kinos strömen, zugleich fühlen die Massen sich im Kino ›bei sich selbst zu Gast‹. Die steigende Publikumsnachfrage ist aber auch mit der allgemeinen Warenknappheit verbunden, so daß die Bevölkerung zunehmend ihre vorhandenen Geldmittel für Freizeitvergnügungen ausgibt, mit denen sie sich aus ihrem Alltag flüchtet, da das Kino das ihnen Versagte bietet; es schafft die optische Illusion von Reisen, Abenteuer, Luxus, von dem großen Leben – zumindest den Schein von alledem.

Dem Lichtspielgewerbe erwachsen bald schon Schwierigkeiten, die eine Ausweitung seiner Kapazitäten verhindern. Nach einer Verordnung der Kohlenstelle Groß-Berlins dürfen die Filmtheater zu Vorführzwecken an Wochentagen Gas und Elektrizität nicht vor 17.30 Uhr entnehmen, und der Verbrauch darf nicht 35% des Verbrauchs im 4. Quartal aus dem Jahr 1916 übersteigen. Diese Verordnung, die mehrfach – auch von der Reichskohlenkommission – bestätigt und erst im September 1921 aufgehoben wird, schränkt die Kinos so ein, daß sie weiterhin nur zwei Vorstellungen an Wochentagen anbieten können. Eine zweite Schwierigkeit ergibt sich aus der Anhebung der Lustbarkeitssteuer, die, als Teil der Vergnügungssteuer von den Kommunen erhoben und festgesetzt, sich mit Beginn des Jahres 1920 um circa das Dreifache erhöht. Die Steuer, als Karten- oder Billettsteuer erhoben, staffelt sich nach der Höhe der Eintrittspreise in festgelegten Beträgen. Folglich heben die Filmtheater ihre Preise entsprechend den erhöhten Steuersätzen an und erzielen dennoch geringere Einnahmen, da die Besucher auf die billigeren Plätze ausweichen. Der Gesamtgewinn wird also für den Kinobesitzer geringer. Zudem differieren die Steuersätze von Gemeinde zu Gemeinde. Auch dies führt im Groß-Berliner Raum zu einem verschärften Wettbewerb. Während in Schöneberg bei einem Eintrittspreis von 1,75 Mark die Steuer 0,50 Mark beträgt, muß der Kinobesitzer in Friedrichshagen nur 0,20 Mark bei gleichem Eintrittspreis an die Gemeinde abführen. Besonders gravierend sind die Differenzen an den Gemeindegrenzen, wenn die Filmtheater an einem Straßenzug nahe beieinander liegen und doch – im Fall von Schöneberg und Friedenau – unterschiedlichen Steuersätzen unterworfen sind; bei einer Eintrittskarte von 5 M beträgt die Steuer in Schöneberg 2 M, in Friedenau nur 1,25 M.[11]

Hemmend für die weitere Entwicklung des Lichtspielgewerbes erweisen sich auch die Leihmieten für Filme, die aufgrund gestiegender Herstellungskosten sich um das Dreifache im Vergleich zu 1918 erhöht haben. Da aber nicht alle Kosten in Form einer Verteuerung der Eintrittspreise auf das Publikum abgewälzt werden können, das zudem inflationsbedingt nun seltener als noch im Jahr zuvor die Kinos besucht, entsteht jene Kinokrise des Jahres 1921, in deren Folge, durch eine nochmalige, allerdings in Groß-Berlin einheitliche Erhöhung der Lustbarkeitssteuer verstärkt, ungefähr 100 Kinos allein in Berlin werden schließen müssen, unter ihnen auch die »Sport-Palast-Lichtspiele«.

Die Zahl der in Deutschland betriebenen Filmtheater geht aufgrund der skizzierten Entwicklung weiter zurück, während die Produktionsgesellschaften bei gleichzeitiger Konzentration weiter expandieren. Da trotz höherer Herstellungskosten hohe Gewinne auf dem Auslandsmarkt erzielt werden können – 60 bis 70% der Investitionskosten amortisieren sich allein im Auslandsgeschäft –, werden immer mehr Filme produziert, die der Inlandsmarkt gar nicht mehr verkraften kann. Der daraus resultierende Wettbewerb im

Produktions- und Verleihgeschäft entwickelt sich zu einem eindeutigen Verdrängungswettbewerb. Je mehr Filme ein Verleih anbietet, desto größer werden seine Möglichkeiten, die Filme in den Theatern zu terminieren. Am günstigsten erweist sich der Besitz eigener Filmbühnen. Sie sind zunächst eine feste Kapitalanlage und können den Banken als Sicherheiten angeboten werden, um Gelder für neue Produktionen zu erhalten. Zum anderen unterliegen eigene Bühnen nicht dem Wettbewerb, wenn die von derselben Gesellschaft produzierten Filme gezeigt werden; Produktion, Verleih und Vorführung haben sich in einer Hand konzentriert. Die so entstehenden Filmtheaterketten verdrängen den selbständigen Kinobesitzer oder bringen ihn in die Abhängigkeit eines Konzerns.

Besonders von dieser Entwicklung betroffen sind die großen Lichtspielhäuser. Der von Konzernen unabhängige Sportpalast muß bestrebt sein, attraktive Uraufführungsfilme zu zeigen, da er nicht anders seinen Riesenraum füllen kann. Dies wird jedoch immer schwieriger, weil der Kinobesuch bei steigender Inflation sinkt, während die Betriebskosten gleichzeitig wachsen. So orientiert sich der Tarifwochenlohn der Filmvorführer an der Größe der Lichtspielhäuser; er beträgt bei Theatern bis zu 250 Plätzen 300 Mark, bis zu 500 Plätzen 400 Mark und bei Theatern mit mehr als 500 Plätzen 450 Mark[12], für die in dieser Kategorie die Filmtheaterbesitzer am 1. September 1919 nur 200 Mark hatten zahlen müssen. Der Wochenlohn eines Platzanweisers mit Programmverkauf ist in einem Theater mit mehr als 750 Plätzen von 35 Mark im September 1919 auf 60 Mark im Februar und auf 85 Mark im Mai 1920 gestiegen; im September 1921 liegt das Lohnniveau bei 175 Mark. Auch steigt im gleichen Zeitraum der monatliche Lohn einer Kassiererin von 100 auf 300 Mark.[13] Die Eintrittskarten verteuern sich bei den billigsten Plätzen von 1,75 auf 2,50 M und bei den teuersten von 5,50 auf 8 M.

Die wirtschaftlichen Schwierigkeiten, aus denen die »Sport-Palast-Lichtspiele« nicht mehr herauskommen, lassen sich zwar im einzelnen nicht mehr konkret nachzeichnen, müssen jedoch als gegeben angenommen werden. Bereits im Oktober 1920 soll die National-Film AG, neben der Ufa, der Decla oder der Bioscop eine der großen Filmgesellschaften, Interesse an dem Kauf des Sportpalastes mit allen Einrichtungen und mit dem Grundstück angemeldet haben.[14] Offenbar sind die Kaufverhandlungen gescheitert, wie der knapp einen Monat später erscheinenden Presseinformation über eine ›Änderung‹ im Handelsregister zu entnehmen ist: Die »Sport-Palast-Lichtspiele G.m.b.H.« werden bei einem Stammkapital von 20.000 Mark von Moritz Ehrlich und nun von Richard Joseph geführt.[15] Im Juli 1921 heißt es dann, es habe Verhandlungen mit der Ufa gegeben, nach denen eine Übernahme der »Sport-Palast-Lichtspiele« durch den Konzern zu Beginn der neuen Saison vereinbart sei. Verheißungsvoll klingt es: *»Von der nächstfolgenden Saison ab werden im Sportpalast alle großen Filme der Ufa laufen.«*[16] Drei Tage später wird die Meldung dementiert: Eine Übernahme *»durch die Ufa allein [war] niemals Gegenstand der diesbezüglichen Verhandlungen und Vereinbarungen.«* Und dann folgt doch eine indirekte Bestätigung: *»Es ist jedoch richtig, daß beabsichtigt ist, die Lichtspiele im Sportpalast von der Herbst-Spielzeit ab gemeinschaftlich durch die Ufa und die bisherige Unternehmerin [...] zu betreiben und zu einem Uraufführungskino für die Ufa-Filme allergrößten Stils auszubauen.«* Und um die Ernsthaftigkeit der Absichten zu unterstreichen, schließt die kurze Notiz mit der Bemerkung: *»Die Nachricht über eine vorzeitige Schließung des Sportpalastes ist unrichtig.«*[17] Doch Folgen bleiben aus, weder künstlerische noch wirtschaftliche; auch werden Umbaumaßnahmen nicht eingeleitet. Und Ufa-Filme stehen weiterhin äußerst spärlich auf dem Programm des Sportpalastes, wenn, dann werden sie mit Wochen Verzug nachgespielt. Als der *»Mann ohne Namen«* mit seiner ersten Folge im Sportpalast läuft, ist der Film mit seinen sechs Folgen bereits in allen Berliner Ufa-Filmtheatern gezeigt und steht nur noch im »Ufa-Theater in der Hasenheide« auf dem Spielplan.

Als die Ära des Stummfilms im Sportpalast längst schon anderen Unterhaltungssparten hat weichen müssen, findet der Name »Sport-Palast-Lichtspiele G.m.b.H.« noch einmal Erwähnung: *»Die Firma ist geändert in Volksunterhaltungs-Gesellschaft mbH. Errichtung: Der An- und Verkauf sowie Betrieb von Lichtspieltheatern, Konzert- und Varieteunternehmungen. Moritz Ehrlich und Richard Joseph sind nicht mehr Geschäftsführer. Zum Geschäftsführer ist Robert Schuster in Berlin bestellt.«*[18]

Die Geschichte des größten Filmtheaters in Berlin neigt sich nach zweijährigem Bestehen ihrem Ende zu. Anfänglich hat es versucht, ein eigenes Profil zu entwickeln und seinen Besuchern attraktive Uraufführungen zu präsentieren. Doch mit der Zeit scheint die Auswahl immer schwieriger zu werden; das weit gefächerte Verleihangebot der Konzerne steht dem Sportpalast nicht zur Verfügung, große Premieren finden kaum noch statt. So bleibt, Streifen nachzuspielen, die längst in anderen Kinos gelaufen sind und dadurch, ohne den Reiz der Novität, ihre Anziehungskraft eingebüßt haben. Detektivfilmen folgen im Programm freizügige Aufklärungsfilme, Abenteurerepisoden stehen neben sozial engagierter Gesellschaftsdramatik, ausländische Produktionen unterschiedlichen Genres wechseln ab mit orientalischen Sittendramen deutscher Verleiher oder mit dokumentarischen Versuchen aus der Welt des Alltags. Mit Operettenverfilmungen beginnt auch die Musik, in die Stummfilmzeit einzudringen, unterschiedliche Techiken erprobend, bis die ersten Tonfilme, hergestellt im Tri-Ergon-Verfahren, in die Lichtspieltheater kommen, erstmals in den »Alhambra-Lichtspielen« am Kurfürstendamm am 17. September 1922. An Schauerdramen, oft unfreiwillig komisch, sowie an Lustspielfilmen, nicht selten mit ernstem Hintergrund, am süßen wie am sauren Kitsch, am Verbrechen und an der Liebe – Themen aller Kunst – findet das Publikum, das immer spärlicher in den Sportpalast geht, Gefallen.[19] Die zunächst vorteilhaft scheinende Größe des Kinosaales ändert sich unter den wirtschaftlichen Gegebenheiten mehr und mehr zum Nachteil.

Einen letzten Versuch, ihr Weiterbestehen zu ermöglichen, wagen die »Sport-Palast-Lichtspiele«, indem sie sich die Uraufführungen des 52teiligen *»Nobody«*-Films sichern. Mit einem 1921 kaum vorstellbaren Werbeaufwand wird der abenteuerliche Geschichten in Episodenform auf die Leinwand zaubernde Streifen, der ein Jahr lang, Woche für Woche, eine neue, in sich abgeschlossene Folge bietet, angekündigt: Ein Preisausschreiben offeriert den Zuschauern Geldprämien von insgesamt 760.000 Mark, wenn die im Film gestellten Rätselfragen richtig beantwortet werden; ein *»Nobody-Journal«*, das wöchentlich *»für alle Stände«*, so der Untertitel, erscheint, soll das Publikum in das Kino locken. Besonders gekennzeichnete Exemplare versprechen dem Käufer des Journals einen vom Kinobesitzer sofort auszuzahlenden Gewinn in Höhe von 50 Mark. Angesichts der durch die Inflation angespannten Lage versuchen Produzenten und Kinobesitzer mit dem Versprechen, einen Film zu zeigen, *»der dem Publikum Geld bringt«*[20], das Publikum wieder ins Kino zu holen.

Von den angekündigen 52 Folgen ist aber die 8. Folge bereits die letzte, die in den »Sport-Palast-Lichtspielen« gezeigt wird. Noch bevor diese letzte Folge am 11. November 1921 ihre Uraufführung erlebt, findet sich jedoch eine kurze Notiz in der Presse, nach der vom 17. bis 19. November im Sportpalast ein Reitturnier stattfinden wird, das, nach den Meldungen zu schließen, sportlich gut besetzt sein wird.[21] So werden frühere Meldungen bestätigt, die bereits im Oktober wissen wollten, daß der Sportpalast *»in Kürze seiner Bestimmung als Sportstätte wieder übergeben werden«* soll.[22] Damit ist die Ära des Stummfilms im Sportpalast beendet.

Erst nach mehr als 25 Jahren, am 2. Januar 1948, werden im Sportpalast wieder Spielfilme gezeigt; diesmal sind es jedoch Tonfilme, die – nicht in der großen Arena – im 1. Obergeschoß des Hauses eine neue Spielstätte finden. Das »Filmtheater im Sportpalast«, das 618 Zuschauern Platz bietet, eröffnet mit dem amerikanischen Film *»Der große Bluff«* und gehört bis 1963 zu den gehobenen Berliner Bezirkskinos, in deren Programmen, allerdings um eine Woche versetzt, regelmäßig die Filme erscheinen, die zuvor in den großen Uraufführungstheatern ihre Berliner Premiere gefeiert hatten. Nach 15jährigem Bestehen muß auch das »Filmtheater im Sportpalast« schließen, eine Folge der allgemeinen Kinokrise jener Jahre und eine Folge des Baus der Berliner Mauer, die die Ostberliner am Kinobesuch im Westteil der Stadt hindert. Am 31. März 1963 flimmert als letzter Film *»Der tanzende Gangster«* über seine Leinwand. Von 1959 bis 1964 wird – überwiegend in den Sommermonaten – die große Halle des Sportpalastes in ein Kino mit einer riesigen, gebogenen Leinwand nach dem Cinemiracle-/Cinerama-Verfahren umgewandelt, in dem dann jeweils ein Film über meist viele Wochen läuft.[23]

Anmerkungen

1 Voss 10. 9. 1919. – Gleichzeitig eröffnet als *»größtes und vornehmstes Bar- und Weinrestaurant des Westens«* das »Babijou« im Hause des Sportpalastes, das seine Gäste ab 17.00 Uhr zum Tanz-Tee und ab 20.00 täglich zum Tanz erwartet.

2 Zu den Baumaßnahmen vgl. den Beitrag von Christa Schreiber.

3 Vgl. Chr 1919 Sep 5–11.

4 *»Die Arbeiten an dem im Sportpalast [...] geplanten Riesenkino gehen nach Überwindung der denkbar größten Schwierigkeiten jetzt ihrer Vollendung entgegen. Der Garten, die Fassade des Hauses, der Innenraum – die einstige Arena – alles prangt heute in den herrlichsten Farben. Das Kino ist fast 150 Meter lang und 60 Meter breit. Eine 12 Meter breite und 9 Meter hohe Bildfläche, wie sie hier geschaffen worden ist, hätte man früher einfach nicht für möglich gehalten. Und doch bietet sich von jedem Platz [...] ein einwandfreies und hervorragendes Bild«* (DF 30. 8. 1919, S. 37).

5 In Wirklichkeit 7,7 x 10 Meter.

6 DF 7. 9. 1919, S. 34 f.

7 *»Die Filmindustrie profitierte nun von einem volkswirtschaftlichen Desaster: der galoppierenden Inflation. Immer unvorteilhaftere Valutaparitäten versperrten der Auslandskonkurrenz das deutsche Filmtheater, während umgekehrt die deutschen Hersteller und Verleiher ihre Filme zu konkurrenzlos niedrigen Preisen auf dem Weltmarkt anbieten konnten«* (Jürgen Spiker, Film und Kapital, Der Weg der deutschen Filmwirtschaft zum nationalsozialistischen Einheitskonzern, Berlin 1975, S. 34).

8 Die erste Lichtspielvorführung in einem festen Haus findet am 26. 4. 1895 in Berlin, im Hause Unter den Linden 21, statt. Vgl. Joseph Klein, Das erste Kino in Berlin, in: FK 23. 4. 1921.

9 *»Das Haus macht einen sehr gediegenen und intimen Eindruck; die Musik war ausgezeichnet, und die Wahl des Strindbergschen Dramas ›Rausch‹ zur Eröffnung erwies sich als ein glücklicher Griff«* (BLA 14. 9. 1919).

10 Früherer Name: »Prinzeß-Theater«, Kantstraße 163. Vgl. BusB, T. IV, Bd. A, S. 185; dort wird fälschlich das Jahr 1921 für die Umbenennung angegeben. Der 1919 erfolgte Umbau wird nicht erwähnt.

11 Vgl. Verwaltungsbericht der Stadt Berlin 1920–1924, Heft 2 b, Berlin 1926, S. 88 ff.

12 BLA 27. 8. 1921.

13 Am 1. 4. 1920 beträgt das Tarifgehalt eines 24 Jahre alten kaufmännischen Angestellten gestaffelt zwischen 775 und 1.050 Mark.

14 Vgl. LBB 30. 10. 1920, S. 29.

15 Vgl. LBB 27. 11. 1920, S. 45. – Ursprünglich haben Eduard Fischer, Max Kanarienvogel (beide Berlin) und Moritz Ehrlich (Köln) das Filmtheater betrieben (vgl. den Beitrag von Christa Schreiber).

16 FK 18. 7. 1921.

17 FK 21. 7. 1921.

18 AKB 10. 12. 1921, S. 1027.

19 Vgl. die in der Chronik abgedruckten zeitgenössischen Äußerungen zu den Filmen, die nicht nur die Rezeptionshaltung der Kritiker verdeutlichen sollen, sondern auch die unterschiedlichen Handlungssujets.

20 FK 23. 9. 1921.

21 Vgl. BLA 8. 11. 1921; FK 10. 11. 1921.

22 FK 15. 10. 1921.

23 Vgl. Chr 1959 Apr 3–Mai 16, 1960 Jul 15–Sep 7, 1961 Mai 5–30, 1962 Jun 7–Sep 12, 1963 Apr 10–Sep 1, 1964 Jun 24–Sep 20.

Die Sportschule Sportpalast

Alfons Arenhövel

Am 25. Oktober 1922 wurde die »Sportschule Sportpalast« im II. Obergeschoß des Kopfbaues in Betrieb genommen. Für dieses Institut – *»Deutschlands idealste Sportakademie im Sportpalast«*, wie es ein Jahr später euphorisch genannt wurde – hatte die *»Sportpalast-Direktion fast alle in der zweiten Etage [...] gelegenen Räumlichkeiten freigemacht«*, insgesamt etwa 500 bis 600 Quadratmeter.[1]
Initiator und erster Leiter war *»Herr André Picard, der bekannte Manager der Risenarena«*. Die Baumaßnahmen lagen in den Händen des *»Architekten Fritz Königsberger«*. Die Kosten betrugen rund vier Millionen Mark.
Eine *»wahrhaftige Sport-Akademie, die alles aufweist, was ein Meisterboxer zur Ausführung seines harten und schwierigen Trainings notwenig hat«*, nennt der »Boxsport« am 26. 10. 1922 in einer ausführlichen Beschreibung diese neue Schule. *»Aber nicht nur Meisterboxern oder Boxern soll diese Stätte dienen, nein, auch Anfängern und überhaupt jedem Manne mit aktiv sportlichen Wünschen oder Gefühlen, der seinem Körper und seiner Gesundheit in dieser nervenaufreibenden schweren Zeit wichtige Dienste erweisen, jedem Athleten, der im Winter oder Sommer seine Ruhepausen durch Ergänzungssport frisch und elastisch erhalten will; selbst den Leichtathleten ist eine blendende Gelegenheit zum Lauftraining geboten, denn dicht an dem Riesensaal befindet sich in der gleichen zweiten Etage eine 300 m lange, sehr gut gelüftete Laufbahn, fast unter der Kuppel des Sportpalastes, die z. B. im Anschluß an andere Sportübungen ein regelrechtes Training der Läufer ermöglicht.*
Zwei in bester Ausführung hergestellte Boxringe stehen inmitten des Trainingssaales, an dessen Seitenwänden nicht weniger als vier Punchingbälle in verschiedenster Schwere und Höhe installiert sind. Große Spiegel an den Wänden gestatten jedem Praktiker sein Schattenboxen in allen Vorzügen und Schwächen persönlich zu beobachten. Sand-, Schlag-Säcke und Birnen, Keulen in allen Größen und Gewichten, mehrere Bänke, wie man sie zum Durchtrainieren der Bauchmuskulatur benötigt, drei ausgezeichnete Zugapparate zur Stärkung der Schultermuskeln, zwei Hometrainer-Apparate allermodernster Ausführung für Rad- bzw. Rennfahrer, drei gleiche Apparate für Ruderer, die auch im Winter ihren Körper nicht mäßig ruhen lassen wollen, ganze Serien von leichtesten und schwersten Hanteln nebst Gewichten, zum Heben und Stemmen, eine Unzahl von Expandern, sowie auch Medicinbälle, mit welchen die Boxer durch Wurfübungen ihre Schulterpartien kräftigen

129 Sportschule des Sportpalastes (nach: Blätter des Sportpalastes, Wintersaison 1925/26, Drittes Heft, S. 18).

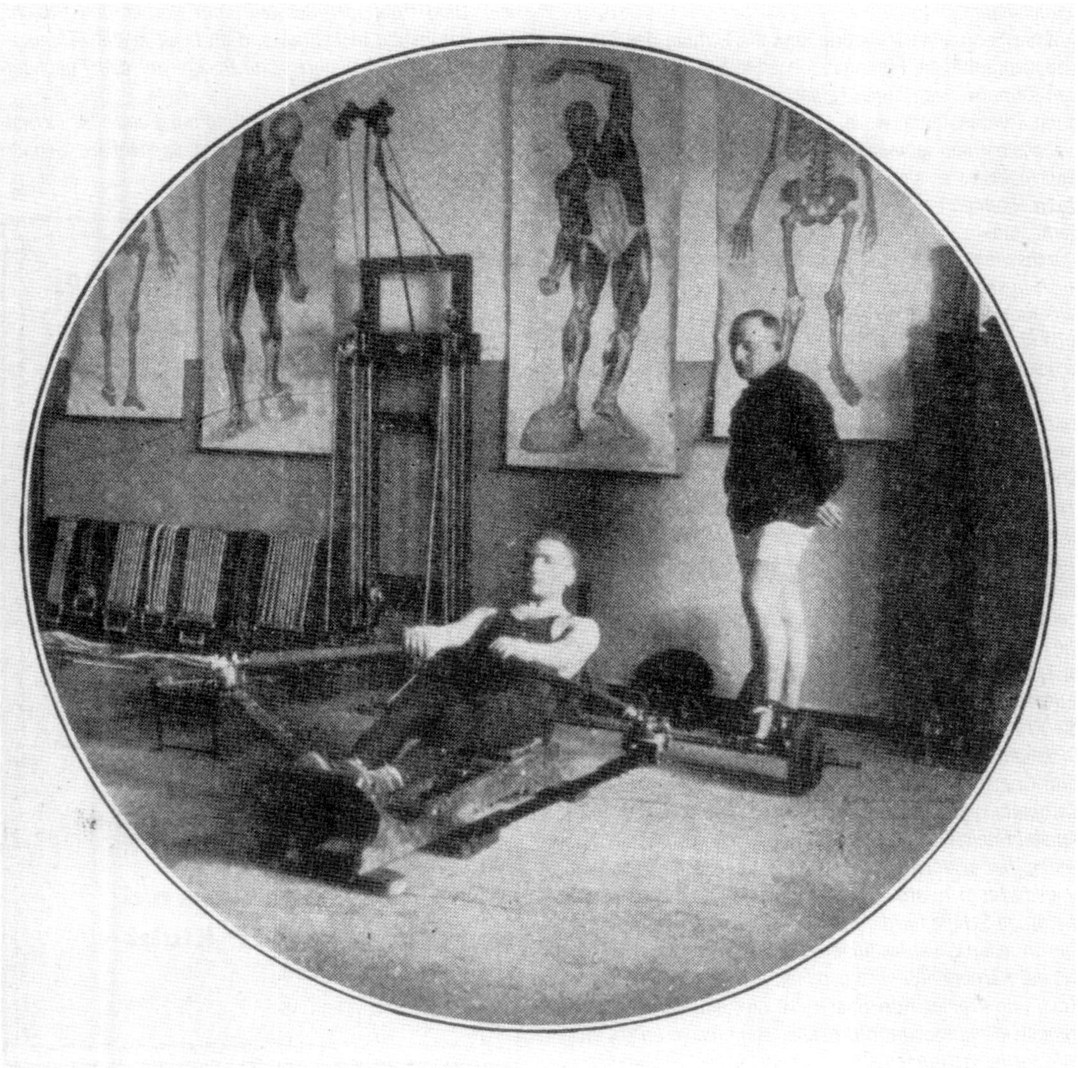

130 Anzeige (nach: BS 160, 26. 10. 1923).

und weiter restlos alle Notwendigkeiten zur Stärkung eines mehr oder weniger elastischen Körpers sind« hier vorhanden.
»Aber nicht nur eine Trainingsstätte, nein auch ein Klubheim von intimstem Charakter bietet sich hier den Sportsleuten und es ist sicher, daß es auf der ganzen Welt kein Etablissement gibt, das mit André Picard's Schöpfung einen Vergleich aushält. Ein modern ausgestatteter Baderaum, mit Douchen verschiedenster Art, Schwitzkasten und Massagebank dient ad 1 zur Erfrischung der Sportsfreunde, ein sehr gemütlich eingerichteter Bar- bzw. Restaurationsbetrieb zur Erfrischung ad 2 und endlich ein Ruhesalon mit bequemsten Liegemöglichkeiten so zur Erfrischung ad 3. Ein Friseur, eine Bibliothek, in der man interessante Lektüre und vor allen Dingen eine reichhaltige internationale Fachliteratur vorfindet, dienen zur Auffrischung des äußeren und inneren Menschen der Sportsfreunde, denen eine Garderobe auch für die Sicherheit ihrer Kleidung und Trainingsutensilien bürgt. Als Trainer für diese einzig dastehende Sportsstätte wurde Ernst Koch verpflichtet, ein sehr erfahrener Fachmann, der hier durch seine großen theoretischen und praktischen Fähigkeiten vor allen Dingen auch einer heranwachsenden Generation am Aufstieg behilflich sein kann. Als gymnastischer Lehrer wurde Herr Laeppche gewonnen, ein renommierter Pädagoge und Athlet.«[2]

Zwar wurde immer wieder auf die *»allgemeine Körperertüchtigung«* hingewiesen – *»Der geistig Arbeitende, der Student, Bankbeamte, überhaupt ein jeder, der den Tag in dumpfer Büroluft zubringt, braucht unbedingt körperliche Betätigung«* (natürlich in der Sportschule)[3] –, auch für Damen – »Damen-Körperkultur (schwed. Gymnastik) im Sportpalast 2 mal wöchentlich vormittags unter Leitung eines Lehrers«[4] –, doch stand der Boxsport (Ausbildung des Nachwuchses und Training) zweifellos stets im Vordergrund, was nicht verwundert, war doch der Gründer und erste Leiter der Schule, André Picard, ein bedeutender Förderer des Boxsports, und hatten die beiden Trainer, Ernst Koch und Kurt Sasse, bereits eine Karriere als Profi-Boxer hinter sich.
In dieser Zeit des noch jungen, jedoch rapide aufstrebenden deutschen Boxsports war die Sportschule Sportpalast auf diesem Gebiet wohl recht erfolgreich. Gern wird in Anzeigen – heute unvorstellbar – unverblümt Boxen als Mittel der Verteidigung angepriesen *»Die Zeiten sind unsicher! Drum lerne Boxen!!«* (Abb. 130).
Die Schule war außerdem eng mit dem boxsportlichen Geschehen in der großen Halle des Sportpalastes verbunden. Viele der einheimischen aber auch der auswärtigen Professionals nutzten die Möglichkeiten der Schule, um sich auf

131 »Damentraining in der Sportschule des Sportpalastes« (nach: Blätter des Sportpalastes, Wintersaison 1925/26, Erstes Heft, S. 23).

ihre Kämpfe im Sportpalast vorzubereiten. So annonciert die Schule 1923 im »Boxsport«:
»Breitensträter – Spalla trainieren für ihren Kampf am 18. September täglich in der Sportschule-Sportpalast / Schüleraufnahmen täglich«,[5] oder *»Zu den Sportpalastkämpfen am 6. November 1923 trainieren jeden Nachmittag MILENZ / LYGGET und GRIMM in der Sportschule Sportpalast / Zuschauer gestattet!«*[6]
Zwei Jahre nach Eröffnung der Schule schreibt der »Boxsport«: »Die Sportschule des Sportpalastes bildet sich zusehends zu einem Mittelpunkt unseres boxsportlichen Betriebes aus. Von allen Seiten setzt der Zustrom der Aktiven ein, niemals war der Sport so lebhaft, noch nie ist hier so intensiv gearbeitet worden wie jetzt. Das vorzügliche und reichhaltige Material und die reiche Auswahl an Partnern mögen für viele bestimmend gewesen sein, ihr ständiges Quartier an dieser Stätte aufzuschlagen, dann scheint man aber bei uns auch den Wert eines ernsten Trainings schätzen gelernt zu haben. Dieses modernstens, geradezu vorbildlich eingerichtete Institut ist über seine anfänglich lokale Bedeutung längst hinausgewachsen, es ist das Allgemeingut der jungen, boxsporttreibenden deutschen Generation und auch ihr wertvollster Besitz geworden, den sie nicht mehr verlieren darf und man kann nur mit Schaudern dran denken, daß diese mit beträchtlichen Kosten aufgebaute, von treusorgenden und erfahrenen Händen gepflegte Erziehungs- und Bildungsstätte unter Umständen auch der unersättlichen Steuergier des Berliner Magistrats zum Opfer fallen könnte.
Unser erfolgreicher Exmeister Hans Breitensträter eröffnet täglich den Reigen. Pünktlich um die Mittagsstunde ist er da, mit der Regelmäßigkeit einer Uhr wird das tägliche Pensum abgewickelt, das eine gründliche Durcharbeitung des ganzen Körpers in sich schließt und etwa eine Stunde in Anspruch nimmt. Besondere Aufmerksamkeit widmet er wie schon seit längerem, immer noch seiner Linken, im übrigen ist Hans Breitensträter Anhänger der Methode, sich durch möglichst viele Kämpfe in Form zu halten.«[7]
Auch die Amateure entdeckten bald die Vorzüge dieser Trainingsstätte: *»Der Berliner Sportclub Heros 03, der seit langen Jahren in der Lüneburger Straße, Stadtbahnbogen 393, installiert war, hat sein Trainingsquartier jetzt nach der Sportschule des Sportpalastes, [...] verlegt, die der rührige Club für drei Abende in der Woche mietete. Das Training der starken Boxabteilung geht dort Dienstags, Donnerstags und Sonnabends von 7 1/2 bis 10 Uhr abends vonstatten. Der erste Uebungsabend ging bereits am Donnerstag, den 27. 3. 1924 vor sich. Für seine Gewichtheber und Ringer hat der S. C. Heros weiterhin eine Trainingsgelegenheit in der Turnhalle Neukölln, Mahlower Str. 29–30, geschaffen.«*[8]

1925 verläßt Picard Berlin, um in Dortmund den sportlichen Bereich der Westfalenhalle zu betreuen. Als Leiter der Sportschule wird jetzt Ernst Koch genannt. Um diese Zeit muß auch Kurt Sasse als Trainer verpflichtet worden sein.
Zur Zeit des Umbaus des Sportpalastes durch Oskar Kaufmann 1925 wurde die Schule ab 1. Juli für zwei Monate geschlossen: *»Während dieser Zeit wird sie einigen Umänderungen unterzogen und weiter ausgebaut, so daß sie am 1. September wieder ihren alten guten Zweck erfüllen kann.«*[9]
Seit Anfang 1926 war der ehemalige Leichtgewichtler Gustav Runge als Friseur in der Sportschule beschäftigt. *»Runge, der dem aktiven Boxsport endgültig Abschied gesagt hat, betätigt sich jetzt fleißig in seinem alten Beruf als Friseur. Seit Wochen wirkt er in seinem ›Salon‹ im Berliner Sportpalast und hat hier ein gutes Arbeitsfeld, das ihn ganz besonders während der letzten Berliner ›six days‹ in Anspruch nahm.«*[10]
Anfang Februar 1926 verkündete die Leitung der Schule, daß sie künftig am Freitagabend jeder Woche *»vier 4-Runden-Kämpfe nach amerikanischer Art ›ohne Entscheidung‹«* veranstalten wolle. *»Es ist durchaus zu begrüßen, wenn ein Unternehmen wie die Sportschule des Berliner Sportpalastes es sich angelegen sein läßt, jeden Freitag in ihren Räumen einen Kampftag kleineren Kalibers [...] zu veranstalten. Es wird dadurch in erster Linie unserem Durchschnitt häufigere Kampfgelegenheit geboten, aber auch unsere Prominenten werden sich hoffentlich an diesen Kampfabenden betätigen, denn in der heutigen Zeit sind die sogen. Großkampftage sehr dünn gesät. Der sportliche Leiter dieser Kämpfe, Ernst Koch, hat denn auch keine Mühe gescheut, um diesen seinen Plan zur Durchführung zu bringen«.*[11] Der erste dieser Abende fand am 5. 2. statt, weitere folgten am 19. und 26. 2. sowie am 5. 3. 1926 (vgl. Chr). Dann mußte dieses Unternehmen eingestellt werden, da die Besteuerung zu hoch war.

Ihre Bedeutung als Trainingsstätte behielt die Schule zunächst noch. *»In der Berliner Sportpalast-Schule herrscht nach wie vor fleißiger Betrieb. Diese Schule ist und bleibt die Zentrale des deutschen Boxsports. Ganz besonders merkt man das vor großen Kampftagen, denn dann ist an jedem Nachmittag Hochbetrieb. Von 1 bis 4 Uhr trainieren die Professionale. Zurzeit sind es Ludwig Haymann, Max Diekmann, Ernst Grimm, Felix Friedemann, Erich Brandl, Otto Griese, Graß, Noack, Kiausch, Röhnisch usw., weiter Europameister Devos, Blacky Miller, Seaman Cox; auch Amateurmeister Ottol Nispel betätigt sich des Nachmittags fleißig, hat er doch die beste Gelegenheit, mit guten Sparringspartnern zu arbeiten. Nachmittags von 5 bis 8 Uhr ist die große Schule für die Herrensportler reserviert, die sich hier in jeder Weise betätigen. Boxen, Gymnastik und jede Art der Körperkultur wird gepflegt, unter Leitung von Ernst Koch und Trainer Kurt Sasse, die hier ein starkes Betätigungsfeld haben, um ihre reichen Kenntnisse an die Herrensportler zu bringen.«*[12]

Einen etwas launigen Bericht gab der Lokal-Anzeiger am 13. 2. 1927 unter der Überschrift *»In der Muskel-Schule / Ein Kapitel vom Training«: »[...] Mittags trainieren die Berufsboxer. Jetzt war Mittags.*
Man wird schon schlanker, wenn man nur zusieht. Der Herr Boxer von vorhin trat an, um sich mit dem kleinen Punschingball auseinanderzusetzen. Er duckte sich tief, betrachtete die stumme, todestraurige, braune Ledermelone einen Augenblick mit stierem, unversönlichem Auge. Dann ratz, ratz, piff, paff, hatte er ihr links und rechts, ehe das arme gequälte Ding an die Decke flüchten konnte, ein paar verpaßt. Weiter im Text, weiter im Training, wum, wum, peng, eine ganze Runde lang. Drei Runden lang, zehn Runden lang.
Dunnerkiel! Das ist mehr als erstaunlich, nämlich das, was sie hier unter dem harmlosen Worte Training verstehen. Im Ring sind zwei Boxer gegeneinander angetreten. Hallo, Jungs, haltet an, schlagt euch nicht tot! Jawohl, die streiten sich nicht lange, ob Antiqua als Faustschrift oder Fraktur. Die trainieren immer Fraktur. Von der allerbesten. (Nebenbei, wenn's interessiert, es sind Herse und Brandel. Später klettert noch Naujoks in den Ring, um Herse, der nicht genug kriegen kann, ein wenig zu verrammschen.) Training, heißa, da pocht das Boxerherz, das ist Training, und wir andern, wir stehen da und halten vor abgrundtiefem Erstaunen die Münder auf.
Einer steht vor dem Spiegel und bekämpft sein grimmiges Ebenbild, daß die Lappen fliegen. – Und dort – leise, leise – der Trainer gibt seinem Mann ein paar Verhaltungsmaßregeln. Dem tropft der Schweiß vom Körper und Gesicht. Aber das macht nichts, ab und an beißt er die Zähne zusammen und schmettert seine Rechte auf den Punchingball.
Charleston? Nee, Training! Im Ring tanzt einer für sich allein herum, eine Extratour, schlägt unsichtbare Gegner,

132 Anzeige (nach BS 268, 13. 11. 1925, S. 3).

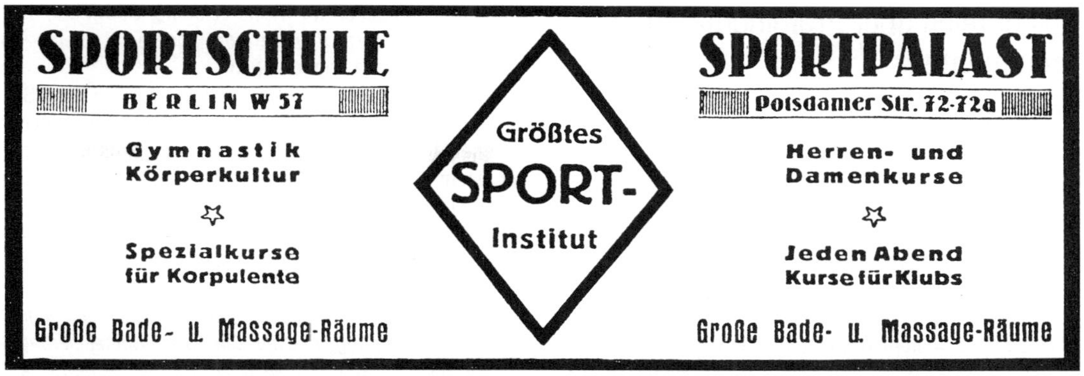

133

134

135

133 Anzeige (nach: BS 278, 22. 1. 1926, S. 4).

134 Sportschule des Sportpalastes; von rechts: »Läppche, der Gymnastiklehrer; Ernst Koch, der Trainer; in der Mitte des Ringes der Franzose Marius Marten; dann Giese vom B.S.C.« (nach: BS 110, 9. 11. 1922, S. 7).

135 »Die Anhängerschaft des Boxsports wächst von Tag zu Tag. Als die Direktion des Sportpalastes neulich ein Ausschreiben für Schwergewichtsboxer erließ, meldeten sich einige 100 Bewerber. Die Direktion bestellte jeweils 15–20 Leute, welche auf ihre Fähigkeiten gemustert und geprüft wurden« (nach: Deutscher Sport, Berlin o. J. um 1925, S. 120).

wird müde, erholt sich und setzt dem unsichtbaren Geist wieder eins auf den ›Punkt‹, das nennt man Schattenboxen. [...]
Training! Training für klein und groß, dünn und dick. Ja, dick, ja richtig, später am Tage trainieren die Amateure. Und auch die, die sich drängeln, ein paar Pfund abzunehmen.
Da sitzen sie nun, arme Galeerensklaven ihres Embonpoints, auf den Ruderbänken und zerrudern die zu viel gegessenen Koteletts. Da wälzen sie sich auf der Matte, von wegen ein paar zu viel genossener Weißwürste. Da tanzen sie Springseil, weil sie zuviel Bockbier getrunken haben. Da hauen sie den Punchingball, als wenn das arme Luderchen etwas dafür kann. Da radeln sie schweißüberströmt, um zu dem großen Rennziele einer Gewichtsabnahme zu kommen. Da boxen sie, um ihr Fett locker zu machen, um endlich – symbolisch gesprochen – ihrem Bäuchlein den entscheidenden k.o.-Haken versetzen zu können.
Training! Training! Muskeln schwellen, Püffe knallen, Räder rasseln, Schweiß tropft!
Es lebe das Training! Zehn Gramm Fett sind wieder weniger in der Welt. [...]«.

1927 wurde die Sportschule *»wohl die größte und besteingerichtete Europas«* vom Sportpalast *»für den 1. April verpachtet«. »Paul Damski hat die geschäftliche Leitung übernommen und Ernst Koch bleibt weiter als Trainer und sportlicher Leiter in der Sportpalast-Schule«.*[13] Auch Kurt Sasse blieb weiterhin Trainer. In der Folgezeit hört man jedoch wenig über die Aktivitäten der Schule. Gegen Ende des Jahres preist sie sich in Anzeigen als die *»Größte und besteingerichtete Akademie für Körperkultur und Boxen in Europa«* an, *»Besichtigung gern gestattet.*[14]
Dann verliert sich ihre Spur jedoch im Dunkeln. Vermutlich war ihr Ende gekommen, als der Sportpalast 1928 unter Zwangsverwaltung gestellt und 1929 zwangsversteigert wurde.

Anmerkungen

1 BS 102, 14. 9. 1922, S. 7. – Aufgrund wohl eines Satzfehlers wird in der Beschreibung der Schule in BS 108 (26. 10. 1922, S. 3f.) von einer Größe von 5000 Quadratmetern gesprochen, demnach hätte die Schule sich über die gesamte Fläche des Sportpalastes erstreckt. – In Berlin gab es in den zwanziger Jahren eine Reihe privater Sport- bzw. Boxschulen, z. B. »Otto Mattull« (W. 30, Gleditschstraße 49), »Sport- u. Box-Schule ›Norden‹ (N. 58, Lychener Straße 130), »Boxschule Joe Edwards« (Halensee, Humboldtstraße 1) oder »Sabri Mahir« (W. 30, Passauer Straße 3; eröffnet 4. 8. 1927).
2 BS 108, 26. 10. 1922, S. 3f. – Die *»300 m lange, sehr gut gelüftete Laufbahn, fast unter der Kuppel des Sportpalastes«* kann nur auf dem zweiten Rang der großen Halle des Sportpalastes eingerichtet gewesen sein. – In einer Beschreibung von 1924 (BS 178, 28. 2. 1924, S. 6) wird nur noch ein Boxring genannt.
3 BS 178, 28. 2. 1924, S. 6; vgl. auch BS 156, 28. 9. 1923 und BS 158, 12. 10. 1923.
4 Anz., MdBSchC 8, Heft 2, 1923/24, S. 2.
5 Anz., BS 153, 7. 9. 1923, S. 1.
6 Anz., BS 160, 26. 10. 1923, S. 1. – Auch Paolino hat sich in der Sportschule auf seinen Kampf gegen Breitensträter (20. 11. 1925) vorbereitet (BS 269, 20. 11. 1925, S. 5).
7 BS 214, 2. 11. 1924.
8 BS 183, 3. 4. 1924, S. 10.
9 BS 249, 3. 7. 1925, S. 6.
10 BS 280, 5. 2. 1926, S. 9.
11 BS 281, 12. 2. 1926, S. 4.
12 BS 286, 19. 3. 1926, S. 7.
13 BS 337, 15. 3. 1927, S. 7.
14 Anz., BS 376, 13. 12. 1927, S. 7; vgl. auch BS 345, 10. 5. 1927, S. 8.

Plaudereien über Prominente – mit Prominenten

Dietrich Pawlowski

Über »Krücke«, den Anführer des Heubodens

»Jeder anständige Mensch bekommt bei seiner Geburt einen anständigen Namen mit. Den besitze ich auch, aber die wenigsten kennen ihn. Und so soll es auch bleiben. ›Krücke‹ ruft man mich, und wenn ich dereinst für ewig schlafen gehe, so hoffe ich, wird man vielleicht gelegentlich an den ›ollen Krücke‹ eher denken als an Reinhold [Franz] Habisch.«[1] Schlafen gegangen ist »Krücke« am 7. Januar 1964 zwei Stunden vor Vollendung seines 75. Lebensjahres. Ein Glückwunsch-Telegramm von Sonja Henie (›Häseken‹) erreichte ihn nicht mehr. *»Bei der Beerdigung meines Vaters«*, erinnert sich Rita Seumer, *»spielte die Kapelle leise den Sportpalast-Walzer.«* Als diese Melodie, die »Krücke« erst populär gemacht hatte, erklang, kämpfte mancher der Trauergäste mit den Tränen.

Wer war dieser »Krücke«, dessen Name tatsächlich erstaunliche Frische behalten hat? Zweifellos war er, dessen Traum von einer Karriere als Radrennfahrer mit 16 Jahren unter einer elektrischen Straßenbahn geendet hatte, die bekannteste Figur des Berliner Sportpalastes. Und das für Jahrzehnte. Für den Schriftsteller Curt Riess war »Krücke« schlicht der Anführer des Heubodens. Dort auf der zweiten Galerie, unterm Dach, auf den billigsten Plätzen, oberhalb der steilen Westkurve, bei den schärfsten Kritikern und wildesten Fans, bei den echten Sport-Kennern, da hatte »Krücke« seinen Stammplatz. Da residierte er mit flotter Frechheit gegen jedermann. Das hörte sich dann so an: *»Borg mir mal deinen Kopp, ick will meene Schwiegamutter erschrecken«.* Oder Primo Carnera, der italienische Riese, drei Jahre nach Schmeling Box-Weltmeister aller Klassen, erhielt die Aufforderung: *»Du, gib mir mal Deinen linken Schuh, ick will mir ne Lederjacke draus machen lassen...«*[2]. Dem großen Richard Tauber galt folgender Spruch: *»Richard, sing mal nen Lied!«* Doch während die meisten Stars diesen Aufforderungen unverzüglich folgten, denn wer sich mit »Krücke« gutstellte, hatte den Heuboden auf seiner Seite, zeigte der berühmte Tenor keine Reaktion. Auch die Direktion des Sportpalastes hatte sich bei dem gefeierten Sänger bereits einen Korb geholt. *»Aber mein Vater ließ nicht locker«*, sagt Rita Seumer. Sie weiß es deshalb so genau, weil »Krücke« die Begebenheit später als *»mein unvergeßlichstes Erlebnis«* bezeichnete. Also »Krücke« drang hemdsärmelig und auf Socken zu Tauber vor. *»Er singt nicht«*, sagte Vera Schwarz, die Begleiterin Taubers zum Sechstagerennen. »Krücke« ließ sich nicht abwimmeln. *»Wer hat hier die Hosen an? [...] Du Vera? Oder Du, Richard? [...] Tu mir doch mal, Richard, einen persönlichen Gefallen und schmettere mal einen in die Gegend. Sieh mal, viele Tausende, die nie in ihrem Leben Gelegenheit haben werden, dich zu hören, würden das als ihr größtes Erlebnis mit nach Hause nehmen. Also mach schon!«* Schließlich, nach zweistündiger Bearbeitung – »machte« Richard. Er gab dem Kapellmeister Gottschalk, Vorgänger des legendären Otto Kermbach, einige Anweisungen und dann sang Richard Tauber sein berühmtes »O Mädchen, mein Mädchen« aus Franz Lehárs Operette »Friederike«. Es wurde still in der Arena, das Rennen war neutralisiert, die Fahrer fuhren lautlos um die Bahn. *»Dann, als er geendet hatte, schien der Sportpalast einzustürzen von der Gewalt des Beifalls. [...] Eintausend Mark bekam ich von der Direktion für meine Leistung, 500 Mark, 100 Mark und kleinere Beträge von anderen Leuten«*, so »Krücke« in seinen Erinnerungen.[3]

Natürlich ließ »Krücke« kein Sechstagerennen aus. Seit den ersten »six days« im Sportpalast war er dabei. Von der Galerie herab sammelte er in der Ehrenloge mit Hilfe einer an einem Bindfaden hängenden Büchse Geld für Freibier, war mehr Kommentator denn Zuschauer, ein Conférencier, der nur selten seine Klappe hielt. Das sollte ihm gelegentlich Schwierigkeiten machen. So berichtet Fredy Budzinski, Pressechef des Sportpalastes, über eine Auseinandersetzung mit »Krücke«: *»Der Beifall, den ›Krücke‹ nach jedem Pfeifkonzert empfing, machte den zum Original herangereiften jungen Mann so übermütig, daß er meine Ermahnungen zu Anstand und guter Sitte fallen ließ und eines Abends seine Zwischenrufe etwas zu berlinisch gestaltete. Als er dann am nächsten Abend wieder etwas ordinär wurde und die Prominenten von Bühne und Film zu burschikos anpflaumte, gab ich dem Oberkontrolleur den Auftrag, ›Krücke‹ nicht mehr in den Sportpalast zu lassen. Als ›Krücke‹ dann am dritten Abend erschien und nicht eingelassen wurde, war der Krach fertig. In einer Kneipe neben dem Sportpalast wurde die Kriegslage besprochen und ein Schreiben an mich verfaßt, das am nächsten Tage ein auf Antwort wartender Bote in den Sportpalast brachte. In diesem Schreiben wurde damit gedroht, daß man mich öffentlich aufhängen und den Sportpalast in Schutt und Asche legen werde, wenn ›Krücke‹ nicht wieder in den Sportpalast eingelassen werden würde. Unterzeichnet war das Dokument ›DIE APACHEN VON BERLIN‹.«*[4] Daraufhin erhielt »Krücke« seine Dauerkarte zurück. Er revanchierte sich mit einer Gala-Vorstellung: *»Als die Kapelle einen Gassenhauer spielte, dessen Refrain lautete: ›Hab'n Sie nicht, hab'n Sie nicht, hab'n Sie nicht 'ne Braut für mich?‹, ließen ›Krückes‹ Trabanten eine lebensgroße ausgestopfte Puppe an einem Seil herunter, wozu, von ›Krücke‹ pfeifend unterstützt, die Kumpels sangen: Ja, ja, ja, et is ja eene da!«.*[5]

Ganz in seinem Element war »Krücke«, wenn der Sportpalast-Walzer ertönte. Beim Sechstagerennen 1923 hatte *»der Meister der Sechstagekapelle Gustav Gottschalk – er stets in seinem roten Frack – den Walzer ›WIENER PRATERLEBEN‹ von Siegfried Translateur als ›Sportpalastwalzer‹«* kreiert.[6] »Krücke« kam eines Nachts, als das Stück wieder einmal gespielt wurde, auf den Gedanken, den Walzer etwas zu »würzen«. Gewisse Stellen begleitete er mit Händeklatschen und vor allem mit grellen Pfiffen. Das Publikum war hingerissen. Die Einlage des pfiffigen rotgesichtigen Invaliden fehlte seither bei keinem Sechstagerennen. *»1933 beim ersten Sechstagerennen nach der nationalsozialistischen Machtübernahme wurde der Walzer des Wiener Komponisten Translateur aus ›rassischen Gründen‹ verboten. Aber die Berliner riefen gleich beim Start des Rennens laut nach ihrem Sportpalastwalzer. Und als die Kapelle nicht wagte, gegen das Verbot das staatsgefährliche Opus zu spielen, da schallte auf einmal von allen Rängen des Hauses, ohne orchestrale Begleitung laut gepfiffen, die verbotene Melodie auf«*, berichtet Alfred Braun.[7]

»Krücke« erpfiff sich mit dieser Melodie auch in den Nachkriegsjahren ein hübsches Taschengeld. Selbst eine Schallplatte erschien. *»Die speisten meinen Vater mit lächerlichen 50 Mark ab«*, sagt Rita Seumer.

Hans Breitensträter war »Krückes« Trauzeuge bei seiner Hochzeit 1926. Auf dem Standesamt war er bei der Unterschrift *»so aufgeregt, [...] daß er das Tintenfaß umwarf«.*[8] Ursprünglich sollte auch Max Schmeling als Trauzeuge erscheinen, mußte jedoch wegen einer Reise absagen. Zwei Tage wurde in der Falckensteinstraße in SO gefeiert. Natürlich mit viel Prominenz, denn »Krücke« kannte jeder, und er kannte zwar nicht jeden, aber viele. Alle aber duzte er. Ob allerdings auch den Kronprinzen, ist nicht bekannt. *»Der Ex-Kronprinz war mir nie unsympathisch, nicht weil ich monarchistenfreundlich eingestellt bin, sondern weil er immer ein Herz für den Sport und die Sportsleute bewiesen hat«;* Politik – befand Krücke – gehöre nicht zum Sport. Und so ließ er sich auch nicht zur Teilnahme an einer Aktion des Heubodens überreden, in der jener auf seine Weise gegen die »Fürstenabfindung« Stellung bezog. Kaum hatte der Kronprinz in einer Loge Platz genommen, da wurde von der Galerie ein Plakat bis zur Loge heruntergelassen: *»Keinen Pfennig dem Fürsten – alles den 6-Tage-Fahrern.«*[9]

136 Schüttelfranz, ein »Habitué der Kurve« (nach: Der Querschnitt 10, 1930, nach S. 274).

Der Sportpalast war in jenen »goldenen« zwanziger Jahren ein gesellschaftliches Ereignis. Und »Krücke« spielte gekonnt auf diesem Klavier – respektlos, aber respektiert. Vor allem die SchauspielerInnen wie Hans Albers, Fritzi Massary, Max Hansen oder Lucie Englisch schätzten seinen Mutterwitz. So landete und verdiente »Krücke« beim Film und machte auch in der berühmten Scala an der Seite von Oskar Sabo und Lotte Werkmeister Figur. *»Er saß in einer Loge, pfiff, meckerte und pflaumte die Besucher wie die Schauspieler auf der Bühne an. Aber Lotte Werkmeister und Oscar Sabo standen ihm nichts nach, und so wurde der Sportpalast-Rummel auf der Bühne in der Martin-Luther-Straße ein großer Erfolg.«*[10] In zwei Filmen spielte »Krücke« mit, in »Um eine Nasenlänge« mit Siegfried Arno von 1931, in dem auch bekannte Sechstagefahrer mitwirkten[11], und in »Trenck, der Pandur« mit Hans Albers von 1940.

Mit »bekannten Künstlern«, so »Krücke«, *»passierten die seltsamsten Dinge«.* Im 12-Uhr-Blatt hatte Hans Albers eine schlechte Kritik bekommen. Beim Sechstagerennen entdeckte Albers den Autor des Verrisses, Rolf Nürnberg, und sann auf Rache. »Krücke« – angeblich ahnungslos – mimte den Lockvogel für den Schauspieler. Nürnberg – ahnungslos – folgte ihm, traf auf Albers und wurde von diesem geohrfeigt. Schlug aber nicht zurück, weder im Sportpalast, noch in seiner Zeitung.[12]

In jener Zeit fuhr »Krücke« mit seinem Motorrad Reklame für Veranstaltungen im Sportpalast und verkaufte Eintrittskarten – eine rollende Theaterkasse mit Pendelverkehr zwischen Friedrichstadt-Palast, Schlachthof und Sportpalast. Ihm gehörte auch ein Kiosk direkt vor seinem geliebten Sportpalast.

Als Max Schmeling *»vor seiner ersten Amerikareise stand, prophezeite er ihm: ›Woll'n wa wetten, Maxe? Du kommst aus Amerika als Weltmeisterschaftskandidat zurück und wirst 'ne janz jroße Kanone!‹«*[13] Schmeling zeigte sich später erkenntlich für dieses Vertrauen durch einen Scheck.

137 Reinhold Franz Habisch, genannt »Krücke«, als Solopfeifer vor dem Mikrophon im Sportpalast beim Sechstagerennen, 1931.

»Mit den Dollars richtete sich mein Vater in der Kreuzberger Kommandantenstraße, dicht bei unserer Wohnung, ein Zigarrengeschäft ein«, berichtet Rita Seumer. Ihr Vater liebte es, gelegentlich Leserbriefe an Zeitungen in Versen zu schreiben:

»Krücke« in Person.
Wir erhalten von ›Krücke‹ folgende Zuschrift:
Jetzt mach ich feierlich Protest,
Denn so kann es nicht weitergehn,
Wer mich nicht bald in Ruhe läßt,
Der wird sein blaues Wunder sehn!
Was woll'n denn bloß von mir die Leute?
Klau ich die Autos in der Nacht?
Bin schuld ich an der großen Pleite?
Hab' ich Tscherwonzen nachgemacht?
Ich kann es feierlich beteuern,
Ich lebe sittsam wie es Brauch
und stottere in punkto Steuern
Nicht mehr wie alle andern auch!
[...]
Ich laß mich im Olymp wohl nieder,
Doch niemals in der Unterwelt. –
Sie sehen ein – ich muß mich kränken,
Ich passe nicht in ihr Milljöh.
Was soll'n die kleenen Mächens denken,
Jeh morgen ich ins Atteljeh!
Da bin ich eine große Nummer,
Bin ›Ton‹-angebend – Gott sei Dank!
Ich spiel zu Schmelings größtem Kummer,
Den Gentleman vom II. Rang.«
(Vw 3. 2. 1930)

Sein Ruf als Stimmungskanone war über die Grenzen Berlins hinausgedrungen. Nicht selten engagierte man ihn in anderen Städten wie Dresden oder Breslau zu Sechstagerennen. Zu »Krückes« echten Freunden, erzählt Rita Seumer, gehörte auch der Likörfabrikant Paul Pöschke, für den »Krücke« häufig den Werbe-Pullover überstreifte: *»Ob früher oder später trinken alle Wurzelpeter«*. Als Reinhold Habisch dann den *»Effet für den richtigen Pfiff mangels fehlender Beißerchen«* nicht mehr fand, tröstete ihn der Radsport-Mäzen mit einer Wohnung samt Badewanne und Balkon.
Rund zwei Jahre nach seinem Tod veranstaltete die Kreuzberger Radfahrer-Vg. von 1889 ein »Krücke-Gedenken«-Rennen durch Kreuzberg. In dem Programm steht der Nachruf:

»Lieber Reinhold!
Nun sitzte oben bei de Englein, inmitten von Pinselheinrich, die Harfenjule, von Jonny Liesegang und Theo [= Theobald, der Journalist, der 1928 mit dem Eisernen Gustav nach Paris fuhr]. *Det muß'n prima Geflachse sein.*
Halt mir'n Platz frei, ick möchte mal wieder neben Dir sitzen. Dein alter Freund Paul Pöschke.«[14]

Über Eishockeyspieler und Eiskunstläufer

»Sportpalast und Eishockey bestimmten mein Leben«, sagt Rolf Brand heute. Er war als zwölfjähriger Steppke dabei, als der Schlittschuh-Club, sein Schlittschuh-Club, den Mannschaften aus Kanada den Nimbus der Unbesiegbarkeit nahm. Mit 3:1 zwingen im Januar 1934 »Jaenecke & Co« die Saskatoon Quakers in die Knie.[15] Für Brand und Heinz Henschel war »Justav« – Gustav Jaenecke – das große Vorbild. *»Als der mich einmal im Eifer des Gefechtes anschrie, wäre ich am liebsten im Eis versunken. Da spielte ich auch schon in der Stadtmannschaft.«* »Justav«, bei dem das Publikum den Atem anhielt, wenn er sich mit dem Puck am Schläger durch die Reihen des Gegners schlängelte, und bei dessen Toren es aus dem Häuschen geriet. Diese Tore durfte das Publikum anschließend in »Zeitlupe« genießen: *»Ein Karikaturist brachte mit schnellen Strichen die Entstehungsgeschichte des Treffers aufs Papier und warf die Zeichnung mit einem Projektor auf die große Leinwand unter dem Hallendach. Ein phantastischer Service für die Zuschauer.«*
Rolf Brand kennt den Sportpalast noch aus der Zeit, als er zwei Galerien hatte, als dort die ›feine‹ Gesellschaft verkehrte. Über die Regelmäßigkeit eines Eishockey-Trainings entschied meistens die Witterung. Geübt wurde im Freien auf Spritzeisbahnen. Erst Anfang Januar 1933 wurde am Friedrichshain die erste Berliner Freiluftkunsteisbahn eingeweiht. *»Wir liefen meilenweit, um im Sportpalast mal aufs Eis zu kommen.«* Der junge Rolf marschierte aus dem Bezirk Friedrichshain an, um mit seinen Freunden vom BSchC eine halbe Stunde vor Mitternacht auf dem *»heiligen Eis«* trainieren zu dürfen. Und so war denn nur logische Konsequenz, was der Klassenlehrer dem Schüler kurz vor dem Abitur ins Zeugnis schrieb: *»Scheint meist übermüdet und körperlich ohne Frische.«*
Brand erlebte hautnah als Henschels LTTC Rot-Weiß sich zu einem der stärksten Teams Europas mauserte und Rivale des Schlittschuh-Clubs wurde. Er sah die meisten der Länderspiele, die vor dem Krieg über die Fläche des Hauses in der Potsdamer Straße gingen. Und er war als Aktiver dabei, als bei der Wiedereröffnung am 26. Oktober 1951 der durch die Kanadier »Jim« und »Jack« verstärkte

BSchC gegen die deutsche Olympia-Auswahl mit 2:20 verlor. Als Funktionär zitterte er mit, als der BSchC 1966 in die Bundesliga aufstieg, um nach einer Saison wieder in die Zweitklassigkeit zurückgeworfen zu werden. Rolf Brand trauerte, als man den Sportpalast schleifte und freute sich, als seinem BSchC in der wenig gemütlichen Eishalle an der Jafféstraße unter Trainer Xaver Unsinn das Come back mit dem Gewinn der Meisterschaft (1977) als Krönung gelang.
Bescheidener als zuvor war die Rolle, die Eishockey nach der Wiedergeburt des Sportpalastes spielte. Die großen Erfolge hatten jetzt die Eiskunstläufer, die Professionals. Nur neun Monate nach der Überdachung der Arena im April 1953 begrüßte Direktor Kraeft den 750.000. Besucher. *»Der Sportpalast hat seinen alten Ruf im kulturellen und im sportlichen Leben zurückgewonnen«*, zog der bekannte Sportjournalist und einstige Eishockey-Crack Günther Kummetz erste Bilanz. Und weiter: *»Fast die Hälfte der Zuschauer kam zu den Eisrevuen ›Holiday on Ice‹ und ›Sonja Henie‹«.* Wen wunderts? Denn Stars der amerikanischen Schau waren Ria und Paul Falk – als Ria Baran/Paul Falk bekannt geworden – in ihrem ersten Jahr als Profis. Weltmeister waren sie. Und 1952 hatte man sie zu Olympiasiegern gekürt. Sie hatten die Goldmedaille aus Oslo mitgebracht, der Heimatstadt von »Häseken« (Sonja Henie).
»Häseken« – Spitzname aus der Zeit ihrer ersten Auftritte im Sportpalast als junges Mädchen – hatte nun eine eigene Schau, mit der sie erneut das Berliner Publikum eroberte. *»Alle 18 Vorstellungen waren ausverkauft. Und die Schwarzmarkthändler machten jute Kasse«*, notierte »Krücke«. Er, der gealterte Heuboden-›Kavalier‹ hatte es sich nicht nehmen lassen, *»die elegante Diva am Flughafen abzuholen. Mit Blumenstrauß und Hasenpfote«*, erinnert sich Tochter Rita Seumer. Mit einem schrillen Pfiff, eben jenem berühmten, machte er sie auf sich aufmerksam. Und sie, die erfolgverwöhnte Millionärin fiel ihm, dem alten Dirigenten des Heubodens, um den Hals. Glückliches Wiedersehen nach 17 Jahren: *»Weiß du noch, Krücke...?«*
Nicht sonderlich gut zu sprechen auf Sonja Henie waren 1953 einige Leute hinter den Kulissen. Sie hatten eine Nachtschicht eingelegt, damit die Bühne zur Premiere bereitstand. Sie hatten auch sonst hart geschuftet und warteten nunmehr als Beleuchter auf das von der Diva versprochene Bier. Deren Manager verkündete jedoch immer wieder: *»Jungs, es kommt gleich, kühlt nur noch«.* Nach einer Woche Durst handelten die Männer an den Scheinwerfern. Als wie gewohnt das Kommando kam *»alles Licht auf Sonja Henie«*, durchdrang eine einzige müde Funzel die Finsternis. »Häseken« saß auf ihrem Schlitten im Dunkeln. Der große Auftritt war vermasselt. *»Was klappte, war die Sache mit dem Bier. Es kam prompt«*, schmunzelt noch heute Gerhard Melerski, der Ex-Beleuchter, der 1966 als Trainer den BSchC in die gute Stube des deutschen Eishokkeys führte.
An Eisrevuen richtig satt sehen konnten sich die Berliner in diesem politisch so turbulenten Jahr 1953. Wenige Wochen vor dem Aufstand am 17. Juni gastierte »Holiday on Ice« im Sportpalast. Mit Ria und Paul Falk als Zugnummer. Sie waren einfach hinreißend. Mit ihrem »Mambo-Jambo« und der Olympia-Kür lösten sie Beifalls-Lawinen aus.
Ria und Paul waren bereits während des Krieges im Sportpalast aufgetreten. *»Ria arbeitete während des Krieges im Sekretariat des Sportpalastes. Sie, Paul, Maxi und ich trafen uns zufällig am frühen Morgen nach dem Angriff in den Trümmern der Arena«*, berichtet Ernst Baier. Die Baiers lebten damals in Berlin, er startete für den BSchC, sie erst ab 1941, vorher für den Münchener EV. Er, der Architekt, einst Meisterschüler bei Alfred Grenander (U-Bahnhof Wittenbergplatz), war beim »Bauamt Deutsche Arbeitskraft« am Kreuzberger Moritzplatz angestellt. *»Wir planten und entwarfen Fabriken für Osteuropa.«* Trotz aller Versuche ihn *»als Helden für die Front zu holen«*, blieb Ernst Baier, 1905 in Zittau geboren, UK (unabkömmlich). *»Maxis und meine Aufgabe war es, die Wehrmacht bei Laune zu halten.«* An Wochenenden und an Spätnachmittagen vor der Verdunkelung *»präsentierten wir unsere kleine Schau«.*[16]
Und als die Nachricht von der Bombardierung des Hauses in der Potsdamer Straße durchdrang, machten sich die beiden mit Überseekoffer und Leiterwagen auf den Weg, um *»zu retten, was es zu retten gab; denn schließlich lagen im Keller Kostüme und Schlittschuhe«.* Der beschwerliche Gang durch das rauchende Berlin lohnte sich für das Paar. Feuer und Löschwasser hatten die Garderobe nicht beschädigt. Und in dem Chaos fanden sie eine vom Küchenpersonal offenbar übersehene Büchse Ölsardinen. *»Diese verzehrten wir voller Genuß. Ria Baran und Paul Falk halfen uns dabei. Es war ein köstliches, unvergeßliches Frühstück.«*
Ein Jahr später durfte Ernst Baier den Teltowkanal »verteidigen«. Da half keine UK-Stellung mehr. Nach dem Zusammenbruch verließen die Baiers Berlin und gründeten 1950 die »Berliner Eisrevue«. Heute leben beide – getrennt – in Garmisch-Partenkirchen. Er spielt Golf und unterrichtet junge Eislauf-Schüler. Und beklagt die Schnellebigkeit und die Übersättigung der Leute. *»Alle Werte sind verrückt.«* Und verrückt wären auch die gewesen, die den schönen Sportpalast, diese Hochburg des Eiskunstlaufs einfach abräumten.

Gustav Eder,
der Star des morgigen Kampfabends

138 Der Boxer Gustav Eder (nach: Agr 7. 9. 1933).

Über Boxer

»König Richard« wurde er in seiner Glanzzeit genannt, der Boxer der – buchstäblich – ersten Stunde: Richard Naujoks, Deutscher Meister im Leichtgewicht 1919–27. Er besiegte am 18. Februar 1919 im ersten öffentlichen Boxkampf des Sportpalastes Gustav Völkel. Er und seine beiden Brüder Max und Fritz hatten bereits vor dem Krieg im Leichtgewicht gekämpft; Fritz war gefallen, Max trat nur gelegentlich im Sportpalast an. Richard gehört jedoch zu den Boxern, die die meisten Kämpfe im Haus an der Potsdamer Straße absolvierten. Von 1919 bis 1927 trat er 24mal in den Ring. Am 4. März 1927 gegen Fritz Ensel, an den er die Meisterschaft abgeben mußte. Das war sein letzter Kampf im Sportpalast.
1921 trat zum erstenmal Hans Breitensträter in den Sportpalast-Ring, zu einer Zeit da noch Esther Carena oder Hilde Wolter über die Leinwand des »größten Kinos der Welt« flimmerten. Der »blonde Hans«, wie er genannt wurde, hatte bereits 1920 Otto Flint die Deutsche Meisterschaft im Schwergewicht abgenommen. Er entwickelte sich zum Publikumsliebling dieser Zeit. Das Volk himmelte ihn an, diesen Draufgänger, der weder sich noch den Gegner schonte. 19 Kämpfe führte er bis 1928 allein im Sportpalast durch. Zu Breitensträters Freunden gehörten Ferdinand Sauerbruch, Ernst Lubitsch, Emil Jannings, die Herren Sachs und Opel sowie Ferry Ohrtmann. Zur engeren Umgebung des Boxers gehörte auch »Krücke«, bei dessen Hochzeit er Trauzeuge war. Breitensträter hatte einen festen Platz in der Gesellschaft der Stadt. Die Frauen umschwärmten ihn. Pola Negri, die berühmte Filmdiva, sah man häufig in Breitensträters Gesellschaft. Und auch als er seinen Meistertitel an den erfahrenen Ringfuchs Paul Samson-Körner abgeben mußte, tat das seiner Popularität keinen Abbruch. Jedenfalls ging der »blonde Hans« in Porzellan, eine Kreation der Manufaktur Rosenthal, *»weg wie warme Semmeln«.* Vor dem Café Lax[17] – dem Sportpalast direkt gegenüber – parkte häufig sein weißer Sechszylinder. Dort fachsimpelte er gern mit Kollegen wie dem jungen Max Schmeling, der damals noch von dem Erfolg träumte, den er bereits in vollen Zügen genoß – nicht ahnend, daß hier die Karriere eines der Größten begann.

»Als das nach 1945 aus den Bombentrümmern wiederaufgebaute Haus vor wenigen Jahren, [...] endgültig abgerissen wurde, empfand ich, daß mit ihm ein Abschnitt Berliner Vergangenheit, aber auch ein Stück meiner Biographie dahingegangen war«, schrieb 1977 Max Schmeling, der ehmalige Box-Weltmeister aller Klassen.[18]
Angefangen hatte es 1924. Der neunzehnjährige Halbschwergewichtler boxte zum erstenmal in Berlin, im Sportpalast, und verlor. Das sollte ihm in Berlin nur noch einmal passieren: rund 24 Jahre später bei seinem letzten Kampf im Jahre 1948. Von den dazwischen liegenden 14 Kämpfen gewann er zwölf, zwei gingen unentschieden aus. Neunmal boxte er im Sportpalast, gewann nicht nur die meisten Kämpfe, sondern auch die Gunst des Berliner Publikums. Er wurde zum bekanntesten und populärsten Boxer des Sportpalastes, zum Sportidol schlechthin. Daß *»ich zum Idol wurde, verdanke ich mehr der Zeit als mir selber. Denn die Zeit verlangte nach Helden, und sie schuf sie sich. Mein Freund Paavo Nurmi wurde wie ein Gott verehrt, der Bahre Rosemeyers folgten Zehntausende zum Waldfriedhof in Berlin-Dahlem, Gustav Jaenecke trug man auf den Schultern aus dem Berliner Sportpalast.«*[19]
Im Haus an der Potsdamer Straße kämpfte er im Halbschwergewicht gegen Hermann van t'Hof, Jack Stanley, Francis Charles, Robert Larsen, Gipsy Daniels und Michele Bonaglia, den er in einem berühmten Kampf nach 2 Minuten und 31 Sekunden durch k.o. besiegte[20], und im Schwergewicht gegen Franz Diener um die Deutsche Meisterschaft 1928. Das Programm hierzu *»vereinigte Autoren, die sonst nur in den Programm-Heften großer Bühnen zu finden waren. Leopold Jeßner, Carl Zuckmayer, Dr. Kurt Pinthus, Herbert Jhering, Egon Erwin Kisch und Leo Lania hatten Texte beigesteuert, aber auch meine Freunde und*

Bekannten Werner Krauss und Curt Bois, Friedrich Hollaender und Willi Schäffers waren mit Aufsätzen und Grußbotschaften vertreten. Selbst Berlins Vize-Polizeipräsident, der populäre Dr. Bernhard Weiß, hatte sich zu Wort gemeldet.«[21]
Schmeling wurde Sieger nach Punkten und hatte damit – nach der Deutschen und Europa-Meisterschaft im Halbschwergewicht – seinen dritten Titel errungen.[22] Es war gleichzeitig sein letzter Kampf im Sportpalast. Er blieb jedoch diesem Hause treu. Unter anderem als Ringrichter, vor allem aber als Besucher und Ehrengast zahlreicher Veranstaltungen.
Für den 1905 in Klein-Luckow (Uckermark) geborenen, in Hamburg und Köln aufgewachsenen Max Schmeling wurde Berlin zur zweiten Heimat. Hier lernte er auch die Filmschauspielerin Anny Ondra kennen, die später seine Frau wurde. *»Die Gesellschaft, in die ich hineinwuchs, hatte im Berliner Westen ihre Treffpunkte, von denen jeder eine andere Farbe, eine andere Atmosphäre besaß. Bei Viktor Schwannecke [...] verkehrten vor allem Schriftsteller, Schauspieler und Künstler.«* Rudolf Belling, George Grosz und Renée Sintenis schufen Bildnisse von ihm.[23] *»Mein eigentliches Stammquartier aber war die ›Roxy‹-Sportbar meines Freundes Heinz Ditgens. [...] Das Gästebuch [...] wirkte wie ein Katalog der kulturgeschichtlichen Prominenz der zwanziger Jahre. Da stand der Name von Fritzi Massary neben dem ihres Mannes Max Pallenberg, Erwin Piscator hatte sich neben seinem Gegner Alfred Kerr eingetragen, Oskar Homolka war auf einer Seite mit Otto Zarek vertreten und Werner Krauss neben Conrad Veidt.«*[24]
Gelegentlich mußte Schmeling auch Boxunterricht geben wie seinem Freund Fritz Kortner, dessen Motive für diesen Unterricht jedoch mehr rollenbezogen waren. Der Schauspieler, klein von Wuchs, hatte in dem Bühnenstück »Rivalen« eine Prügelei zu bestehen. Und nun wollte er, sollte sein Gegner ein »germanischer Recke« sein, den von der Regie verordneten Kampf nicht völlig unvorbereitet aufnehmen. Diese Vorsichtsmaßnahme erwies sich als richtig. Kortner hatte den richtigen Riecher gehabt, denn kein *»anderer als der Hüne Hans Albers war sein Partner in den Rivalen«* schmunzelt Max Schmeling beim Gedanken an diese aufregende Theater-Szene, die bald zum Stadtgespräch werden sollte. Denn mitunter wurde daraus mehr als Theater, so daß die BZ am Mittag einen Box-Bericht über jede Vorstellung der »Rivalen« brachte.[25]
Aufgrund einer Verletzung, die er sich beim Kampf gegen Diener zugezogen hatte, konnte er längere Zeit nicht kämpfen, auch nicht gegen seinen Herausforderer Ludwig Haymann, was die Boxsport-Behörde als *»verweigerte Titelverteidigung«* interpretierte und ihm alle Titel aberkannte.
Die nächsten Jahre bis zum Zweiten Weltkrieg kämpfte er überwiegend in den Vereinigten Staaten. In New York errang er am 12. Juni 1930 gegen Jack Sharkey die Weltmeisterschaft im Schwergewicht durch Disqualifikation – ein in der Presse heftig diskutiertes Ergebnis.
In dieser Zeit machte sich ein Umschwung in der Gunst des Publikums bemerkbar. Bei einem Trainingsboxen im Sportpalast im März als »Weltmeisterschafts-Kandidat« schlug ihm keine große Sympathie entgegen.[26] Und als er im Oktober während einer Boxveranstaltung als Weltmeister begrüßt werden sollte, *»setzte ein wildes Pfeiffkonzert ein«. »Es war das erste Mal, daß Anny Ondra mich auf eine derartige Veranstaltung begleitete. Statt der vermuteten Ovationen für ihren Freund erlebte sie dessen Demütigung.«* Schmeling führt das auf heftige Angriffe, *»vor allem aus Rolf Nürnbergs ›12-Uhr-Blatt‹ gegen den ›Tiefschlag-Weltmeister‹«* zurück.[27]
Doch änderte sich das bald wieder. Seine Popularität war auch nach dem Krieg ungebrochen, obwohl er seit 1945 nicht mehr in Berlin lebt. In seinem letzten Kampf 1948 in der Waldbühne in Berlin unterlag Schmeling dem Hamburger Richard Vogt nach Punkten und hängte danach die Handschuhe an den berühmten Nagel.

Keine acht Monate später nahm auch ein anderer bedeutender deutscher Boxer seinen Abschied: Gustav Eder, 1907 in Bielefeld geboren. Seit 1930 war er – 19 Jahre lang – in ununterbrochener Folge Deutscher Meister im Weltergewicht. Im Juni 1949 trat der »Eiserne Gustav« nach einem Unentschieden gegen Hans Schmitz ab. In 35 Kämpfen hatte er diesen Titel mit Erfolg verteidigt. Europameister im Weltergewicht war er 1934–35, Deutscher Meister im Mittelgewicht außerdem 1946. Von 1930 bis 1939 bestritt er 19 Kämpfe im Sportpalast, den ersten rund zwei Jahre nach Schmelings letztem Sportpalast-Kampf.[28]
Eder wuchs so allmählich in die von Schmeling aufgegebene Rolle des Lokalmatadors hinein. Natürlich kletterten auch andere in den Sportpalast-Ring wie Josef »Jupp« Besselmann (Deutscher und Europa-Meister im Mittelgewicht), Adolf Heuser (Deutscher und Europa-Meister im Halbschwergewicht) und Walter Neusel (Deutscher Meister im Schwergewicht), doch der leichte Gustav Eder, mit seinem provozierenden deckungslosen Stil und den blendenden Reflexen übertrifft sie alle in diesen Jahren. Sechs Tage vor Beginn des Zweiten Weltkrieges kämpfte er zum letztenmal im Ring des Sportpalastes.[29]
Eder war nach Max Schmeling der populärste deutsche Boxer. Seine Taten im Ring sind Legende. Nach dem Krieg eröffnete er ein Restaurant – wie so viele Boxer vor ihm. »Altmeister« Otto Flint hatte bereits in den zwanziger Jahren das »Linden-Buffet« (Unter den Linden 22–23) betrieben; später zapfte er bis 1964 Bier in seiner gemütlichen Kneipe am Bayerischen Platz. Franz Dieners Lokal in der Grolmannstraße war – und ist – Anziehungspunkt für Schauspieler, Politiker, Sportler und Journalisten. Ähnlich bunt war das Publikum bei Eder in der Schlüterstraße. 29 Jahre führte der Boxer das Lokal, erzählte mit Begabung Schnurren aus den alten »goldenen« Boxtagen. Erst 1968 zog er sich völlig ins Privatleben zurück.
Der Mann mit dem silberweißen Haar und den buschigen Augenbrauen ist stolz auf seine Vergangenheit. *»Das würde ich alles wieder genauso machen«.* Für die Gilde, die heute die Handschuhe überstreift, hat er allerdings nur noch wenig Interesse. *»Der Boxsport ist schon lange auf den Hund gekommen.«* Das Publikum, das heute die teuren Plätze besetze, zeige nur wenig Ähnlichkeit mit dem, was sich einst rund um den Sportpalast-Ring versammelt habe.

Einst – das gilt auch für den 17. Mai 1957, den Tag, an dem sich ein anderer Gustav mit Nachnamen Scholz erstmals wieder auf der Box-Bühne des Sportpalastes zeigte. Von 1953 bis 1955 hatte er sieben Kämpfe im Sportpalast bestritten und keinen verloren. Dann drohte – nach einer vielversprechenden Tournee durch die USA – der Karriere dieses Naturtalents aus dem Prenzlauer Berg ein schnelles »Aus«. Eine schwere Lungentuberkulose brachte »Bubi«, wie ihn seine Freunde nannten, an den Rand des K.o. *»Auch die Ärzte waren äußerst skeptisch«,* sagt Scholz. *»Wenn Sie Maurer wären, müßten Sie sich nach einem neuen Beruf umsehen...«* Nach zweijährigem Aufenthalt in einem Schwarzwald-Sanatorium kehrte Scholz wieder nach Berlin zurück. Ob das Come back gelingt? Diese bange Frage stellten sich die Zuschauer an jenem Abend im Mai. Doch der Kampf gegen Tino Albanese endete bereits in der ersten Runde siegreich für Scholz durch k. o. Bei seinem nächsten Kampf am 29. Juni ging es bereits um die Deutsche Meisterschaft im Mittelgewicht. Sein Gegner war Peter Müller. *»Stellt mir mal schon ein Bier kalt«,* ließ sich jener siegessicher vernehmen. Mehr als Müllers Sprüche interessierte das besorgte Publikum die Verfassung von »Bubi«, ihrem heimgekehrten Liebling.
Rings um das Seilgeviert glänzte und funkelte es. Der halbe Filmball, der nach dem Kampf im Schöneberger Prälaten steigen sollte, bereicherte die eindrucksvolle Kulisse des ausverkauften Hauses. Man sah Hans Albers und Henry Fonda, den Amerikaner, der an der Spree seine »Zwölf Geschworenen« vorstellte, man beklatschte Hildegard Knef, Nadja Tiller und Walter Giller ebenso wie O. E. Hasse, der in der ersten Reihe dem Berliner Box-Star die Daumen drückte. Beifall erhielten Heinz Rühmann und Helmut Zacharias und... Prominenz, Prominenz.
Der *»Teufel war los«* als sich Scholz nach sieben Minuten und 37 Sekunden reiner Kampfzeit den Meistergürtel holte. Seine Linke hatte den Kölner wie ein Blitz gefällt. Gustav Scholz konnte wieder lachen. Acht erfolgreiche Jahre lagen vor ihm. Schon ein Jahr später war er Europameister, vier Jahre danach boxte er um die Weltmeisterschaft. Der Sportpalast aber hatte Scholz verloren. Die Arena war zu klein fürs große Geld. Die Begegnung mit Peter Müller war sein letzter Kampf im Haus an der Potsdamer Straße.
Als er im Oktober 1958 vor 30000 Zuschauern im Olympiastadion den Franzosen Charles Humez zur Aufgabe zwang und Europameister wurde, ließ sich Scholz im Sportpalast beim Sechstagerennen feiern. Mit seinem Manager Fritz Gretzschel fuhr er die Ehrenrunde. Und natürlich gabs Freibier für den Heuboden, für »Krücke & Co«.
»Ich war zwar herausgewachsen aus dem Sportpalast. Aber die Stimmung war nirgendwo so wie da. Der Abriß war ein Jammer«, sagt Scholz heute. 1965 hatte er sich aus dem Box-Geschäft verabschiedet. Seine Frau Helga kümmerte sich um die Kosmetikläden. Er selbst führte eine eigene Werbeagentur und vermarktete seine Popularität als Filmschauspieler und Sänger. Die glückliche Strähne des Gustav Scholz endete im Juli 1984: Er erschoß seine Frau als Folge *»aggressiven Ausbruchs«* wie das Gericht feststellte. Nach drei Jahren im Gefängnis war der Ex-Boxer wieder ein freier Mann. Nur sehr selten zeigt er sich in der Öffentlichkeit. Boxkämpfe sehen ihn hin und wieder als Zuschauer. Faszinieren sie ihn noch immer? Gustav Eder sagt, der Boxsport liege am Boden. Gustav Scholz, der Taktiker, schweigt diplomatisch.

Über einen Bankier und einen Direktor

Zwei Männer schrieben nach dem Zweiten Weltkrieg die Geschichte des Berliner Sportpalastes: Heinz Henschel und Georg Kraeft.

Heinz Henschel

Heinz Henschel, geboren 1920 in Berlin, Chef einer Reinigungsfirma und führende Persönlichkeit des deutschen Eissports, war als Funktionär Teilnehmer an 29 Weltmeisterschaften und neun Olympischen Spielen, zuletzt 1988 in Calgary. Als aktiver Spieler bei LTTC Rot-Weiß stand er zweimal im Finale um die Deutsche Meisterschaft. 25 Jahre lang war Henschel Vorsitzender des Berliner Eissport-Verbandes. Viele Jahre gehörte er verschiedenen Gremien des Deutschen Eishockey-Bundes an. Er war Mitbegründer des Landessportbundes Berlin und Initiator des Wiederaufbaues der Arena des Sportpalastes.
Henschel war zum ersten Mal am 11. März 1933 im Sportpalast, als die Prügelszenen einer amerikanischen mit ei-

139 Heinz Henschel (links) bei der Eröffnung des Neubaus der Sportpalast-Arena am 26. 10. 1951.

ner kanadischen Eishockeymannschaft die Gemüter erhitzten.

Der Zwölfjährige fand diese Vorführung einfach *»dufte«.* Fortan ging er immer dann früh zu Bett, wenn ein Spiel auf dem Programm stand. Heimlich kletterte er aus dem Fenster, um im Sportpalast dabei zu sein. *»Schlag doch dein Bett gleich da auf«,* rieten die resignierten Eltern ihrem vom Eishockeyfieber erfaßten Filius, der später an manchen Tagen gleich dreimal selbst auf die Jagd nach dem Puck ging: morgens spielte er für die Jugend des BEV 86, nachmittags in der Reserve und abends in der ersten Mannschaft. Und bald war er in der Stadtmannschaft, seinem Vorbild, dem berühmten Gustav Jaenecke vom BSchC, ganz nahe.

Henschel nahm an den zweitägigen Jubiläumsfeierlichkeiten zum 50jährigen Bestehen des BSchC am 20.–21. November 1943 teil. Das Fest konnte nur in bescheidenem Rahmen stattfinden. Immerhin waren zwei ausländische Mannschaften erschienen. Viele Stammspieler waren an der Front, die anderen freuten sich des freundschaftlichen Zusammenseins. Doch die Zeiten waren schlecht. *»Das hinderte uns aber keineswegs daran, uns wie Bolle zu amüsieren«,* sagt Heinz Henschel. Und als zum Ausklang am 23. November – dem letzten Tag des unzerstörten Sportpalastes – der BSchC gegen den HC Davos spielte, war er auch dabei. *»Es war in diesen Tagen besonders friedlich über Berlin und die Preßburger glaubten uns kein Wort als wir von vorausgegangenen Luftangriffen berichteten.«* Sie wurden jedoch bald eines schlechteren belehrt, als einige Stunden nach Abpfiff des Spieles die ersten Bomben fielen. Der Sportpalast erhielt Treffer, der »Sachsenhof«, das Hotel, in dem die Preßburger wohnten, blieb verschont. Heinz Henschel lotste die Tschechen *»im Morgengrauen durch das rauchende Berlin. Wir liefen mit Sack und Pack, Schlägern und Eishockey-Ausrüstung zur Bahn Richtung Lichtenrade. Natürlich verkehrte kein Zug. So ging's weiter immer auf den Schienen entlang. Erst in Zossen hinter Rangsdorf endete der Marsch und begann die Rückfahrt für die Preßburger Mannschaft.«*

Auch nach dem Krieg hielt Henschels Begeisterung für den Eishockeysport an. Jetzt stürmte er für den BSchC. Inzwischen war er Inhaber einer kleinen Bank in Steglitz, in der Schloßstraße, geworden. Auf seine Initiative und sein finanzielles Risiko hin wurde die Arena – allerdings noch ohne Dach – wieder aufgebaut.

»Welche ›Wellen‹ die Wiederherstellung des Sportpalastes, die ausschließlich der Energie des ›Eishockey-Narren‹ Heinz Henschel zu danken ist, wirklich in der ganzen sportlichen Welt geschlagen hat, geht daraus hervor, daß gestern ein Telegramm von drei alten BSCern in Berlin eintraf. Darin übermitteln die bekannten Spieler Orbanowski, Korf und Kaufmann ihre Glückwünsche und schließen mit dem alten BSCer Schlachtruf ›Die Biene sticht von hinten‹.«[30]

Bei der Eröffnung am 26. Oktober 1951 wurden viele das Verdienst Heinz Henschels würdigende Worte gesagt. Doch wurde sein Einsatz schlecht honoriert. Er hatte sich finanziell übernommen, seine Bank mußte knapp vier Wochen nach Eröffnung des Sportpalastes schließen. Der *»jüngste Bankier Deutschlands«* war so gut wie pleite. Mit der Eigentümerin des Sportpalastes, der Eidgenössischen Versicherungs AG in Zürich, hatte Henschel einen günstigen Pachtvertrag über fünf Jahre abgeschlossen. Doch – wie so oft – überstiegen die Baukosten die Voranschläge fast um das Doppelte. Nahezu eine halbe Million hatte Henschel für die Baumaßnahmen locker gemacht. Er war zwar physisch am Ende, wirtschaftlich aber nicht ruiniert. Seine Bank-Konzession durfte er behalten und die Schulden verrechnete die Schweizer Versicherung mit den von Henschel vorgenommenen Investitionen. Auch seine Wechselstube durfte er weiterführen.

Aus der Sportpalast GmbH, die am 15. August gegründet und am 23. November ins Handelsregister eingetragen worden war, mußte sich Henschel zurückziehen. Die Eidgenossen aus Zürich verbündeten sich mit dem Rechtsbeistand der Sportpalast GmbH, Rechtsanwalt Ludwig, der wiederum seinen Bürovorsteher, Georg Kraeft, als Direktor einsetzte. Nach alldem verwunderts nicht, wenn Henschel behauptet: *»Man hat mich ausgebootet.«*

Georg Kraeft

Als Georg Kraeft, geboren 1912, nach Heinz Henschels tragischer Pleite den Sportpalast übernahm, ahnte wohl niemand, welche Größe in diesem kleinen Mann steckte. Er war ein Glücksfall für das Haus, ein *»Naturtalent des Managements, mit einem ausgeprägten Gespür fürs Geschäft«* wie Kritiker applaudierten. Er leitete 22 Jahre lang bis zu seinem Tod im November 1972 das Haus.

»›Eigentlich‹«, erzählte Kraeft einem Reporter 1959, *»›komme ich gar nicht aus der Veranstalterbranche, sondern war jahrzehntelang in der Praxis eines Wirtschaftsjuristen tätig. Vielleicht ist das gerade der Grund, warum es unter meiner Ära noch keine Pleite gegeben hat. Immerhin bin ich der einzige Direktor in der Geschichte des Berliner Sportpalastes, dessen Dienstzeit von keiner Pleite unterbrochen wurde. Allerdings brachte ich für die Tätigkeit hier als alter Sportler berufsverwandte Voraussetzungen mit.‹ Kraeft war Turner, Leichtathlet, Schwimmer und begeisterter Radfahrer. Heute bekleidet er auf Grund seiner reichhaltigen Berufserfahrungen, trotz der hohen beruflichen Anforderungen, mehrere repräsentative Ehrenämter. So ist er Präsident des Internationalen Varieté-, Theater- und Zirkus-Direktorenverbandes, Vizepräsident des Verbandes deutscher Sport- und Mehrzweckhallen in der Bundesrepublik, Sitz Berlin, und Präsident des ältesten deutschen Eissportklubs, des Berliner Schlittschuh-Clubs.«*[31]

»Georg Kraeft war ein Arbeitstier und ein Fuchs was das Management anging«, sagt Siegfried Zunker über seinen ehemaligen Chef, als dessen rechte Hand er ab 1964 reichhaltige Erfahrungen sammeln konnte. *»Unsere Flexibilität und Schnelligkeit sorgten dafür, daß wir gegenüber der vom Senat bezuschußten Deutschlandhalle nicht hoffnungslos ins Hintertreffen gerieten. Wir arbeiteten nur mit wenig Stammpersonal: zehn Angestellten in der Geschäftsleitung und sechs Handwerkern wie Tischler und Elektriker sowie einem Koch. Vor größeren Umbauten wie für Sechstagerennen mietete ich Leute beim ›Sklavenhändler‹. Oder aber ich heuerte die ›Mannschaft‹ im Kiez, auf der ›Potse‹, im Miljöh zwischen schweren Jungs und leichten Mädchen, direkt vor der Haustür an. Wer nüchtern aussah, konnte anfangen – für 3,50 Mark die Stunde damals. Auf diese Art und Weise machten wir immer das unmögliche möglich, verschafften uns Vorteile gegenüber der mächtigen Deutschlandhalle. Denn die machte uns, 1957 als moderne Arena wieder aufgebaut, mit ihrer modernen Technik und ihren Dumpingpreisen das Leben schwer. Unser Schuppen war doch völlig überaltert. Die Sechstagerennen sorgten vor allem für erhöhten Pulsschlag beim Personal. Diese Veranstaltungen fraßen geradezu Energie. Doch die hohen Stromkosten verursachten bei aller Sparsamkeit die geringsten Kopfschmerzen. Kummer bereiteten die betagten Leitungen, die glühenden Drähte und Sicherungen. Zur Kühlung hatten wir extra Ventilatoren aufgestellt, denn das Netz durfte einfach nicht zusammenbrechen, weil es ein Notaggregat nicht gab. 1953, beim ersten Sechstagerennen im Sportpalast nach dem Krieg, fiel ja der Strom plötzlich aus, mitten in einer Jagd lag die Arena in rabenschwarzer Finsternis. Die Fahrer purzelten übereinander und es gab zahlreiche Verletzte. Dieses Ereignis verfolgte Kraeft immer wie ein Alptraum.«*[32]

An einen Reinfall in der Frühzeit seiner Tätigkeit erinnert sich Gisela Lawczeck, die in Erlangen lebende Tochter Kraefts, die bis zum bitteren Schlußpunkt in Berlin dabei war: *»Einer unserer Agenten hatte uns eingeredet, daß eine Western-Show die Attraktion wäre. Für ›Cowboys, Stiere, Sensationen‹ ließ mein Vater Hunderte von Kubikmetern Sand und Stroh anfahren. Es wurden Gitter für den Aufzug der wilden Tiere aufgestellt. Zirkusluft im Sportpalast. Und dann tauchten eine lahme Kuh und ein alter Mann auf einem Motorrad auf. Die Presse lachte uns aus, die Vorstellungen blieben leer. Und wir hatten Mühe, Sand und Sägespäne wieder abzufahren.«*[33]

Einer, der bei dieser Abfuhr für 1,53 Mark die Stunde kräftig mit Hand anlegte, war Rolf Brand, Eishockeyspieler beim BSchC, der auf Kraefts Lohnliste stand. Beeindruckt hatte ihn schon die – alte – Architektur der Halle mit den vier Wendeltreppen. *»Im ersten Rang gings vornehm zu. Kellner im Frack bedienten die Prominenz in den Logen, schleppten auf riesigen Tabletts Bier heran. Doch der Gerstensaft war mitunter auf der Strecke schal geworden. Die Ober konnte das nicht erschüttern. Ich beobachtete, wie sie mit Strohhalmen ins Bier pusteten, kräftig Schaum erzeugten, die Logentür öffneten und das Frischbier servierten«,* erinnert er sich heute an jene Zeit vor der Zerstörung im Zweiten Weltkrieg.

Einen Horror hatte Kraeft stets vor Investitionen. Die Bestuhlung war bunt zusammengewürfelt. Sie stammte aus Konkursmassen von Kinos, denen das aufstrebende Fernsehen das Lebenslicht ausgeblasen hatte.

140 Der Radsportveranstalter Max Knaak und Direktor Georg Kraeft (rechts), um 1960.

141 Beim 50. Berliner Sechstagerennen (12.–18. 1. 1962; vgl. Chr); von links: Direktor Georg Kraeft, die Boxer Gustav (»Bubi«) Scholz und Max Schmeling sowie der Eishockeyspieler des BSchC Gustav Jaenecke (»Justav«).

Sparsam, fast geizig war er auch in anderen Dingen. Die Mannschaft des BSchC kann ein Lied davon singen. Georg Kraeft, sowohl Vereinspräsident als auch Vermieter, gab zwei Stunden vor Spielbeginn die Order: Eismaschinen ausstellen, Fenster öffnen, Heizung ausschalten. Siegfried Zunker, als »Sieke« auch Eishockeyspieler beim BSchC, gibt grinsend die Parole an die Kameraden weiter. Und die wissen genau, was nach dem Anpfiff zu tun ist: Stürmen, was das Zeug hält und den Gegner mit möglichst vielen Toren überraschen. Feuerwerk im ersten Drittel, denn danach ist »Sense«, weil Freund und Feind größte Mühe haben, sich überhaupt dem Tor zu nähern, da die »Ausschalt-Masche« jetzt ihre Wirkung zeigt, das Eis stumpf und weich wird, die Angriffe also im Wasser stecken bleiben. 1961 gelang es Kraeft, den Sportpalast den Eidgenossen in Zürich für 3 Millionen Mark abzukaufen, die Sportpalast GmbH war jetzt auch Eigentümerin von Haus und Grundstück. Die wirtschaftliche Lage wurde jedoch immer schwieriger, so daß Kraeft 1970 Verkaufsgespräche mit dem Senat begann mit dem Ziel, Deutschlandhalle und Sportpalast in gewisser Weise zu vereinen. Doch ergebnislos.

Am 7. November verunglückte Kraeft mit seinem Auto und starb zwei Tage später an den Folgen, nur knapp vier Wochen nach seinem 60. Geburtstag.

»›Berlin hat einen schmerzlichen Verlust erlitten‹, erklärte der Regierende Bürgermeister Klaus Schütz zum Tod Kraefts. ›In schwerer Zeit hat er es verstanden, den Berlinern mit dem Sportpalast einen ihrer traditionellen Treffpunkte zu erhalten. Seine Tatkraft und sein Ideenreichtum haben auch vielen Freunden und Kollegen geholfen.‹«[34]

Anmerkungen

1 Krücke, Mein Leben für den Sport (Typoskript), 1949, S. 9. Vorlage für das unter dem gleichen Titel im Info-Buchverlag erschienene Buch. Reinhold Franz Habisch (8. 1. 1889–7. 1. 1964) erhielt seinen Spitznamen »Krücke« bereits vor dem Ersten Weltkrieg, als Freunde von ihm – »Ritter von der Pedale« – seine Krücke versteckt hatten, und er in den Ruf ausbrach: *»Meine Krücke, meine Krücke, gebt mir meine Krücke«,* wie er selbst berichtet (S. 10). – Zu »Krücke« vgl. auch Erhard Ingwersen, Berliner Originale im Spiegel der Zeit, Berlin 1958, S. 64–67; Alfred Braun, Der Spreekieker, 2. Aufl., Berlin 1966, S. 263–69.
2 Krücke, Leben (wie Anm. 1), S. 32.
3 Ebenda, S. 14 f. – Vgl. Chr 1929 Nov 1–7.
4 Fredy Budzinski, Krach mit Krücke, in: Krücke-Gedenken, Amateur-Straßenrennen der Kreuzberger Radfahrer-Vg. von 1889, Ph, S. 4 f.
5 Ebenda, S. 5.
6 Ferry Ohrtmann, in: Krücke-Gedenken (wie Anm. 4), S. 6.
7 Braun (wie Anm. 1), S. 264. – Möglicherweise hat sich Braun in dem Datum geirrt, und diese Begebenheit bezieht sich auf das 30. Berliner Sechstagerennen 1934, denn nach dem BLA vom 26. 11. 1933 war der Sportpalast-Walzer 1933 noch erlaubt (vgl. Chr 1933 Nov 15–21).
8 Krücke, Leben (wie Anm. 1), S. 35.
9 Ebenda, S. 19.
10 Ingwersen (wie Anm. 1), S. 66.
11 Unter demselben Titel wurde 1949 ein Film gleichen Inhalts gedreht, mit Theo Lingen, Hans Moser, Sonja Ziemann u. a. sowie bekannten Sechstagefahrern.
12 Vgl. Krücke, Leben (wie Anm. 1), S. 15.
13 Ingwersen (wie Anm. 1), S. 65.
14 Krücke-Gedenken (wie Anm. 4), S. 7.
15 Chr 1934 Jan 20–21.
16 Vgl. Chr 1943 Apr 10–12, 17–18, 24–25, Mai 1–3, 8–9, 14–16, 22–24.
17 *»Café Lax, Tanzdiele, Potsdamer Straße 92, schräg gegenüber dem Sportpalast, Tägl. ab 5 Uhr Tanz, Treffpunkt aller Sportsleute«* (Anz., Die Arena, Das Sportmagazin, Heft 2, 1926, S. 73).
18 Schmeling, Erinnerungen, S. 110. – Vgl. auch zu Schmeling: Rolf Nürnberg, Max Schmeling, Die Geschichte einer Karriere, Berlin 1932. – Max Schmeling, ... 8–9–aus!, Meine großen Kämpfe, München 1956.
19 Schmeling, Erinnerungen, S. 25.
20 Zu Schmelings Kämpfen im Sportpalast vgl. Chr 1924 Okt 10, 1925 Apr 3, 1926 Okt 1, 1927 Jan 7, Apr 8, Sep 2, Dez 2, 1928 Jan 6 (gegen Bonaglia), Apr 4 (gegen Diener).
21 Schmeling, Erinnerungen, S. 111.
22 Vgl. Chr 1928 Apr 4. – Die Deutsche Meisterschaft im Hsg hatte er am 24. 8. 1926 gegen Max Diekmann im Lunapark in Berlin erkämpft, die Europameisterschaft im Hsg am 19. 6. 1927 in der Westfalenhalle in Dortmund.
23 Schmeling, Erinnerungen, S. 95.
24 Ebenda, S. 103–07.
25 Ebenda, S. 99.
26 Ebenda, S. 176. – Vgl. Chr 1930 Mär 21.
27 Ebenda, S. 205. – Chr 1930 Okt 31.
28 Vgl. Chr 1930 Feb 6.
29 Vgl. Chr 1939 Aug 25.
30 Tag 25. 10. 1951.
31 Montags-Echo 11. 5. 1959.
32 Vgl. Chr 1953 Okt 30–Nov 5.
33 Nicht in Chr.
34 Welt 11. 11. 1972.

Der Berliner Sportpalast in der Literatur der zwanziger Jahre

Monika Peschken-Eilsberger

Nach dem 1. Weltkrieg breitete sich, ausgehend von England und Amerika, eine neue Sportbegeisterung auch in Deutschland aus, die sogar Künstler und Geistesarbeiter in ihren Bann zog. Über sieben Millionen Menschen vereinigten sich damals im Deutschen Reichsausschuß für Leibesübungen, der großen Dachorganisation des Sports. Es gab die Deutsche Turnerschaft mit zwei Millionen Mitgliedern, die Arbeitersportvereine und den Deutschen Fußballbund mit nochmals elf Millionen Anhängern.[1]

Empfunden als Befreiung vom Zwang des »Vatermörders« und der Hofetikette, beeinflußte der Sport Kultur, Ethik und Sprache, ja selbst die Städte veränderten sich durch die Anlagen von Sportplätzen und Stadien. Auch in der Dichtung tauchten neue Themen auf: der sportliche Kampf, Turnen und Gymnastik, das Massenerlebnis der Zuschauer begannen eine Rolle zu spielen. 1920 verfaßte Joachim Ringelnatz seine *»Turngedichte«*, in denen er die Sportbegeisterung, das Deutschnationale und den neuen Frauentyp gleichzeitig auf die Schippe nahm:

»Deutsche Jungfrau, weg das Armband!
In die Hose! Aus dem Rock!
Aus dem Streckstütz in den Armstand,
Nun die Flanke. Sehr gut! Danke!
Deutsches Mädchen, Hocke, Hocke!«[2]

Als einer der ersten hat wohl der Dramatiker Georg Kaiser in seinem Stück *»Von morgens bis mitternachts«* eine ganze Szene in den Berliner Sportpalast verlegt.[3] Er schrieb das Drama 1912 in Berlin, das 1916 erstmalig veröffentlicht wurde und bis 1920 vier Auflagen erreichte. Von der Zensur in Berlin jedoch zurückgewiesen, fand die Uraufführung dann am 28.4. 1917 in den Münchner Kammerspielen statt und wurde zum Erfolg.[4] Der Inhalt ist die naturalistisch-expressionistisch geschriebene Lebensgeschichte eines Bankkassierers, der 60.000 Mark stiehlt und *»von morgens bis mitternachts«* an einem Tag mit diesem Geld alles nachholen möchte, was er bisher versäumt hat. Er hetzt von Station zu Station: Familie, Sechstagerennen, Ballsaal und Heilsarmee, aber er findet nirgends, was er sucht, denn alles bleibt hinter seinen Erwartungen zurück. Schließlich erkennt er, daß er sich einen wirklichen Lebensinhalt nicht kaufen kann, daß sein eingeschlagener Weg falsch ist, und er erschießt sich.

Die interessanteste Szene, in der der Kassierer als Bühnenfigur in rauschhaftem Erlebnis seine größte Wirkung erzielt, ist zweifellos die Nacht im brodelnden Hexenkessel des Sportpalastes. Der Kassierer setzt hohe Gewinne aus, nicht weil er an dem schnelleren Tempo der Fahrer interessiert ist, sondern weil es ihn reizt, die Menschenmassen in Ekstase zu sehen: *»Ganz oben fallen die letzten Hüllen. Fanatisiertes Geschrei. Brüllende Nacktheit. Die Galerie der Leidenschaft.«* Vor ihm erscheint die Vision eines Massen-Ungeheuers: *»[...] die Gruppe fünffach verschränkt. Fünf Köpfe auf einer Schulter. Um eine heulende Brust gespreizt fünf Armpaare.«* Eine expressionistische Wortkaskade gibt die Massenhysterie wieder: *»Heulendes Wehen vom Frühlingsorkan. Wogender Menschheitsstrom. Entkettet – frei. Vorhänge hoch – Vorhänge nieder. Menschheit. Freie Menschheit. Hoch und tief – Mensch. Keine Ränge – keine Schichten – keine Klassen. Ins Unendliche schweifende Entlassenheit aus Fron und Lohn in Leidenschaft.«*

Auch Egon Erwin Kisch, bekannt durch sein Buch *»Der rasende Reporter«*, erhielt durch den Hexenkessel des Sportpalastes den Impuls zu einer ganz neuen Art der Reportage. Man lese seine aus Anlaß des 10. Berliner Sechstagerennens 1923 verfaßte *»Elliptische Tretmühle«*.[5] Keine gewöhnliche Reportage; man erfährt zwar ein paar Rennfahrernamen, etwas über die Regeln und die Atmosphäre, nicht aber, wer gewonnen hat. Die Rennfahrer auf der Bahn gelten eher als Symbol der Sinnlosigkeit des menschlichen Lebens. Während sie in rasender Geschwindigkeit dahinsausen, bleiben sie doch alle auf dem gleichen Platz. Das hat nichts mit echtem Sport zu tun. Alles führt *»zur einträglichen Sensation und zum Rekordwahnsinn, der Championtitel und Weltruhm verschafft«*. Ein *»wahnwitziges Karussell«*, das 1914 einen historischen Weltrekord erreichte, *»worauf der Weltkrieg ausbrach«*. Ein *»todernstes, mörderisches Ringelspiel«*, worin der Mensch sich sinnlos auf seiner willkürlichen Bahn dreht um nichts während sechs Tagen und sechs Nächten. In einem anderen Bild setzt Kisch die sechs Renntage mit den sechs Schöpfungstagen in Parallele. *»Der Autor von Sonne, Erde, Mond und Mensch schaut aus seinem himmlischen Atelier herab auf das Glanzstück seines Œuvres, auf sein beabsichtigtes Selbstporträt, und stellt fest, daß der Mensch – so lange wie die Herstellung des Weltalls dauerte – einhertritt auf der eignen Spur, rechts, links, rechts, links, – Gott denkt, aber der Mensch lenkt wurmwärts, geneigt das Rückgrat und den Kopf, um so wütender angestrengt, je schwächer seine Kräfte werden und am wütendsten am Geburtstage, dem sechsten der Schöpfung, da des Amokfahrers Organismus zu Ende ist, und hipp, hipp, der Endspurt beginnt.«* Das vorher nur als Anfeuerungsruf gebrauchte *»hipp, hipp«* bekommt an dieser Stelle eine andere Bedeutung, weist auf die Hippe, den Tod hin. Ähnlich werden die Worte *»rechts, links«* benutzt, die zuerst die Monotonie des Pedaletretens, dann die Gruppierungen des Publikums in Deutschnationale und Sozialdemokraten wiedergeben, schließlich ins Komische gewendet, die sexuelle Freiheit einer Frau, deren Mann sechs Tage und Nächte im Sportpalast verbringt. Sie kann gehen, wohin sie will, rechts, links, rechts, links.

Im Vorwort seines Buches *»Der rasende Reporter«* distanzierte sich Kisch ganz bewußt von der heute erscheinenden und morgen vergessenen Zeitungsreportage. Seine neue Schreibform galt ihm als eine Kunst- und Kampfform, bei der der Reporter keine Tendenz und keinen eigenen Standpunkt zu vertreten hat. Die Unabhängigkeit von der Augenblickswirkung, der Wille zur Sachlichkeit, zur Wahrheit müsse erkennbar sein. Ihn gut kennende Kollegen bezeugen dies; eher war er ein langsamer, sehr genau und immer wieder an seinem Opus feilender Autor, der so lange umschrieb, bis er es zu der gut lesbaren, wie absichtslos wirkenden Leichtigkeit des Textes gebracht hatte.

Die gewollte Zeitlosigkeit seiner Reportage hat Kisch selbst dadurch bewiesen, daß er die *»Elliptische Tretmühle«* drei Jahre später unter dem Titel *»Zwanzigmal Sechstagerennen«* in der »Roten Fahne« wiederabdrucken ließ.[6] Dabei veränderte er allerdings ein paar zeitgebundene Details, wie die Namen der Rennfahrer, den Dollaranstieg und das anfeuernde *»hipp, hipp«* in das inzwischen aktuellere *»he, he«*. Ist auch die Reportage nach wie vor tendenzlos, so merkt man an weiteren Textveränderungen und Streichungen sehr wohl, wie der Autor, der im *»Rasenden Reporter«* mehr für ein bürgerliches Publikum schrieb, sich nun bewußt auf die Leser der »Roten Fahne« einstellte. So strich er die im Hydepark reitende Lady sowie die Sozialistin mit Marxens »Lehre vom Mehrwert« im Paletot und schob dafür den Reichsanwalt ein, der seine Rede für den Becher-Prozeß vorbereitet. An Stelle des Georg-Kaiser-Stücks verweist er jetzt auf *»Pallenbergs Schweijk auf Piscators rollendem Band.«*

Im »Querschnitt«[7], dem *»Magazin der aktuellen Ewigkeitswerte«*, einer Kunst- und Literaturzeitschrift, wurde in den zwanziger Jahren *»ein Bizeps ebenso wichtig genommen wie ein Metrum«*. Man warb geradezu für ein Allgemeininteresse am Boxsport und macht das Boxen in den Künstlerkreisen populär. Der »Querschnitt« brachte Fotos von Hans Breitensträter, auf denen man ihn zusammen mit Renée Sintenis, Gertrud Sauermann und Susi Zimmermann sieht, die ihn gerade porträtiert hatte. Man druckte die Schilderung seiner Boxerkarriere nach, die er für die acht Lithographien von Rudolf Grossmanns Boxermappe verfaßt hatte.[8] Von da ab wurde Breitensträter vom »Querschnitt« als *»unser Mitarbeiter«* zitiert.[9] Man brachte Reportagen großer internationaler Kämpfe auf englisch und französisch, und Sportschriftsteller wurden aufgefordert, speziell über das Boxen zu schreiben, um Vorurteile abzubauen. Aus der Boxzeitschrift »Der Faustkämpfer« wurde der Artikel *»Ist Boxen roh?«* übernommen, denn man war bemüht, eher das Ästhetische und Gesunde des Sports zu betonen und sah dabei die geistige Anstrengung beim Boxen, die Anspannung der Nerven als so groß an, *»daß dieselben bei Treffern das Schmerzgefühl gar nicht aufkommen lassen.«*

Polemisch reagierte Bertolt Brecht auf diese Art der bürgerlichen Vereinnahmung des Sports. Er wollte den Sport nicht aus geistigen und gesundheitlichen Gründen propagiert wissen, sondern meinte: *»Ich bin für den Sport, weil und solange er riskant (ungesund), unkultiviert (also nicht gesellschaftsfähig) und Selbstzweck ist.«*[10]

Ein Hauptgegner des Sports sei gerade *»der wissenschaftliche Fimmel«*, das Bemühen, aus dem Sport eine Art Kunst zu machen. Brecht ist für den natürlichen, naiven, volkstümlichen Boxsport, nicht für einen nach Punkten bestimmten Sieg. Je gesellschaftsfähiger und vernünftiger, desto schlechter werde der Sport. George Grosz boxe, weil es ihm Spaß mache, und er täte es auch, wenn es ihn körperlich ruinieren würde.[11] 1920 schrieb Brecht die Abhandlung *»Das Theater als sportliche Anstalt«*[12], worin er das herkömmliche Illusionstheater abschafft, denn der Zuschauer sollte im Theater genau so viel Spaß haben wie im Zirkus, wo er mitagieren und sich gut unterhalten kann. Nach persönlicher Erfahrung Brechts im Berliner Sportpalast heißt es dann sechs Jahre später: *»Unsere Hoffnung gründet sich auf das Sportpublikum.« – »In den Sportpalästen wissen die Leute, wenn sie ihre Billette einkaufen, genau, was sich begeben wird; [...] nämlich, daß trainierte Leute mit feinstem Verantwortungsgefühl, aber doch so, daß man glauben muß, sie machten es hauptsächlich zu ihrem eigenem Spaß, in der ihnen angenehmsten Weise ihre besonderen Kräfte entfalten.«*[13]

Für Brecht ist Theater ohne Kontakt mit dem Publikum ein Nonsens. Er möchte im Theater *»guten Sport«* bringen, was bedeutet, daß der Schauspieler Spaß an seiner Rolle hat, und auch der Zuschauer sich amüsiert und mitmacht. Das Publikum soll *»unparteiisch die Kampfform der Gegner beurteilen«*. Man soll sich nicht mit der Handlung oder einer Person auf der Bühne identifizieren; bekanntlich eine der Hauptmaximen der Brechtschen Theatertheorie.

Bekannt ist auch die Freundschaft und fast literarische Zusammenarbeit zwischen Brecht und dem Schwergewichtsmeister Paul Samson-Körner. Brecht ließ sich den Lebenslauf des Boxers erzählen und einem Foto nach zu urteilen, diktierte er ihm sogar in die Maschine. Aus dieser Fragment gebliebenen Biographie[14] erfährt man, wie sich Samson-Körner als Hoteldiener, blinder Passagier und Schiffsjunge durchschlägt und aus seiner späteren Boxerkarriere das Fazit zieht: *»Ein richtig guter Kämpfer ist man nur, wenn man voll innerem Zorn ist. Das Starksein allein genügt nicht, man muß auch klug sein.«*

In der 1926 geschriebenen Erzählung *»Der Kinnhaken«*[15], die nach *»einem Großkampfabend im Sportpalast«* einsetzt, geht Brecht unter anderem auch auf die psychologischen Kampfbedingungen ein. Sieg *»sei eine Folge von Sichzusammennehmen«*. Der Boxer Freddy Meinke kommt vor seinem Auftritt in die Versuchung, ein Glas Bier zu trinken. Er tut es nicht, verliert aber den anschließenden Kampf, weil er *»eine schlechte Meinung von sich bekommen hatte«*. Wie Roland Jost[16] herausgestellt hat, wird Sport hier auch unter dem Aspekt kapitalistischer Arbeitsbedingungen gesehen: Der Boxer verkauft seine Arbeitskraft. Seine Siege sind die Arbeitsleistung für den Arbeitgeber, den Veranstalter, der auch den Gegner stellt. *»In einen Meisterschaftskampf sollte einer hineingehen wie ein Verkäufer in seinen Laden. Verkauft er was, gut, verkauft er nicht, gibt es noch einen Ladenbesitzer für die schlaflosen Nächte.«*

Der Kampf zwischen zwei Menschen, wobei der Ringkampf als eine Art Urform der Auseinandersetzung gesehen wird, ist Thema des Stücks *»Im Dickicht der Städte«* (1921–24). In der kurzen Einleitung zu *»Kampf zweier Männer in der Riesenstadt Chicago«* heißt es: *»Sie betrachten den unerklärlichen Ringkampf zweier Menschen [...] Zerbrechen Sie sich nicht den Kopf über die Motive dieses Kampfes, sondern beteiligen Sie sich an den menschlichen Einsätzen, beurteilen Sie unparteiisch die Kampfform der Gegner und lenken Sie Ihr Interesse auf das Finish.«*[17]

Doch nicht nur auf Brechts Gedanken über Akteure und Publikum des Theaters hat die Sportarena gewirkt, sie wurde selbst auch öfters ins Bühnenbild aufgenommen. So steht in den Stücken Dreigroschenoper, Mahagonny, Die Hochzeit und Die Maßnahme auf der Bühne ein Podest, das mit Seilen eingefaßt ist, worauf die Schauspieler dann wie in einem Boxring agieren.

1928 veröffentlichte Willy Meisl, der Sportredakteur der Vossischen Zeitung, sein Buch *»Der Sport am Scheidewege«*[18] mit Beiträgen von Frank Thieß, Arnolt Bronnen, Bert Brecht, Heinz Landmann und Carl Diem. Den Sport sah man am Scheideweg, weil sich die Aufspaltung in amateurhaft betriebenen und professionellen Sport immer mehr verstärkte. Franz Thieß stellte den Unterschied zwischen Kultur- und Sensationssport besonders heraus. Obwohl im Gegensatz zu dem ebenfalls boxenden Dichter Hemingway selbst von schmächtiger Körpergestalt, fesselte ihn der Boxsport so sehr, daß er darin Unterricht nahm und 1926 in der Zeitschrift des Ullstein Verlages der »Uhu« mit eigenen Fotos den Artikel erscheinen ließ *»Dichter sollten boxen«*. Vierzig Jahre später gestand er allerdings, in dieser Veröffentlichung absichtlich übertrieben zu haben, *»um die Notwendigkeit eines Ausgleichs zwischen geistiger Arbeit und Körperkultur zur Diskussion zu stellen«*.[19] Zu der befürchteten Scheidung des Sports ist es bis heute nicht gekommen. Es gibt weiterhin den privat oder im Verein betriebenen Sport, *»die Leibesübung als kleine Andacht für das uns nächste Naturstück, unseren Körper«*, wie Willy Meisl es ausdrückte[20], und die großen profitgesteuerten Sportveranstaltungen, bei denen der Starkult und immer höhere Rekorde die Zuschauer reizen.

Tucholsky hat das 1922 auf seine Art schon so karikiert:

»Es dampft Berlin. Bei schönstem Sommerwetter
Ist knackend voll der ganze Sportpalast.
Das macht: Es boxt doch heute Breitensträtter!
Na Mensch, wenn du das nicht gesehen hast!

Die Frauen schaun verzückt ein Suspensorium.
Die Männer boxen nicht. So sehn sie aus – !
Ein paar acteurs. Ein Riesen-Auditorium.
Sie sehn nur zu. Tun nichts. Und gehn nach Haus.«[21]

Anmerkungen

1 Willy Meisl, Der Sport am Scheidewege, Heidelberg 1928, S. 60.
2 Joachim Ringelnatz, Das Gesamtwerk in sieben Bänden, Hg. Walter Pape, Berlin 1984, Bd. 1, S. 88.
3 Georg Kaiser, Werke, Hg. Walter Huder, Bd. 1, Stücke 1895–1917, S. 490–99 (Stück in zwei Teilen, »Sechstagerennen« als 2. Szene des 2. Teils). Eine zweite Fassung schieb Kaiser 1931. Das »Sechstagerennen« separat abgedruckt in: Hier schreibt Berlin, Eine Anthologie von heute, Hg. Herbert Günther, Berlin 1929, S. 193–211. – In einer Hörspielfassung zur Zeit der Weimarer Republik wurde die Szene »Sechstagerennen« mit dem Originalton aus dem Sportpalast unterlegt: »In Georg Kaisers ›Von Morgen bis Mitternacht‹ spielten wir das Bild ›Sechstagerennen‹ in einer Loge des Sportpalastes, während die Räder über die Bahn donnerten und das Publikum sich heiser schrie« (Alfred Braun, Achtung, Achtung, Hier ist Berlin! Aus der Geschichte des Deutschen Rundfunks in Berlin (1923–1932, Berlin 1968, S. 45).
4 Regie Otto Falckenberg, Hauptrolle Erwin Kaiser. 1920 wurde das Stück verfilmt in der Regie von Karl Heinz Martin.
5 Egon Erwin Kisch, Elliptische Tretmühle, in: Der rasende Reporter, Berlin 1925, S. 241–45. Gekürzt und leicht verändert wieder abgedruckt in: Die Arena, Das Sportmagazin, Heft 2, Berlin, November 1926, S. 82–84 (unter dem Titel »Was inzwischen passiert«).
6 RF 11.3.1928.
7 Der Querschnitt durch 1921, Hg. Graf Kielmannsegg, Marginalien der Galerie Flechtheim, Berlin 1922.
8 Ebenda, S. 136–41.
9 Ebenda, 1923, S. 91.
10 Bertolt Brecht, Gesammelte Werke in 20 Bänden (werkausgabe edition suhrkamp), Frankfurt am Main 1967, Bd. 20, S. 28 (Die Krise des Sports, 1928).
11 Ebenda, S. 29 (Die Todfeinde des Sports), S. 31 (Sport und geistiges Schaffen, Antwort auf eine Rundfrage).
12 Ebenda, Bd. 15, S. 47–49 (Das Theater als sportliche Anstalt).
13 Ebenda, S. 81 f. (Mehr guten Sport).
14 Der Lebenslauf des Boxers Paul Samson-Körner erschien zuerst in Fortsetzungen in Scherls Magazin 1926 (Januar-Februar) und dann in der Zeitschrift »Die Arena, Das Sportmagazin« vom Oktober 1926 bis Januar 1927. Brecht (wie Anm. 10), Bd. 11, S. 121–44.
15 Brecht (wie Anm. 10), Bd. 11, S. 116–20.
16 Roland Jost, Panem et circensis? Bertolt Brecht und der Sport, in: Brecht-Jahrbuch 1979, S. 46–66.
17 Brecht (wie Anm. 10), Bd. 1, S. 126.
18 Vgl. Anm. 1.
19 Frank Thieß, Freiheit bis Mitternacht, Wien–Hamburg 1965, S. 312.
20 Wie Anm. 1, S. 20.
21 Kurt Tucholsky, Gesammelte Werke, Bd. 3, 1921–1924, Reinbek 1960, S. 229.

Berliner Großveranstaltungshäuser vor dem Zweiten Weltkrieg Ein Blick auf die Konkurrenz

Michael Bollé

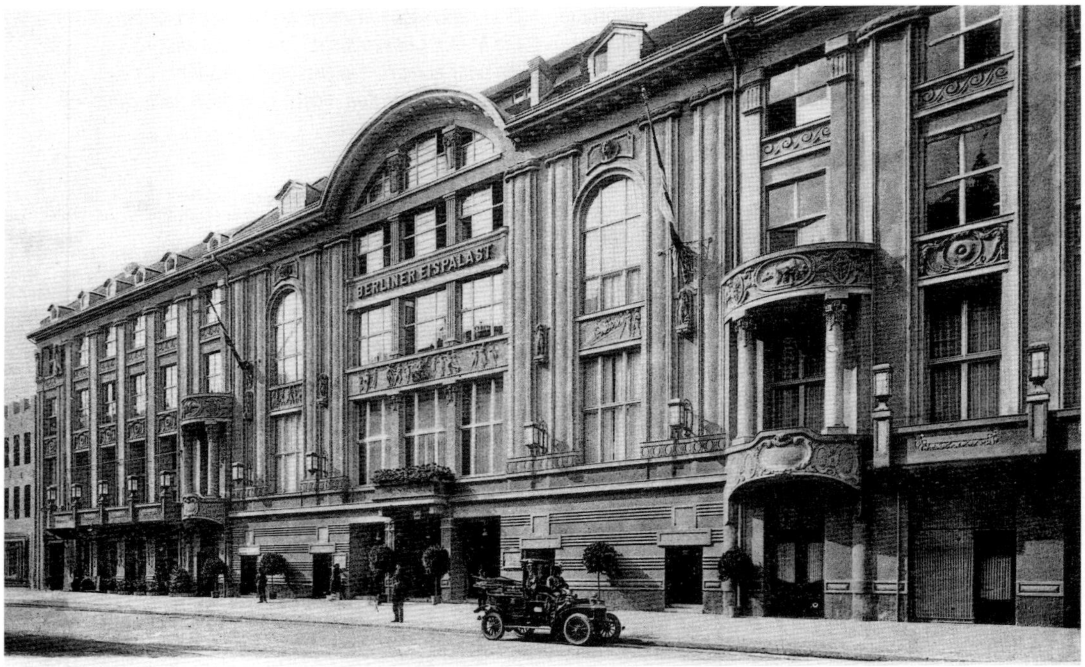

143 Eispalast in der Luther-Straße 22–24, um 1912.

Der Sportpalast war weder der einzige noch der erste Vergnügungspalast seiner Art in Berlin, wenn auch der bedeutendste. Im folgenden wird ein Überblick gegeben über diejenigen Einrichtungen, die von Funktion und Programm mit dem Sportpalast von der Größe und dem betriebenen Aufwand her zu vergleichen sind und eine ernsthafte Konkurrenz für ihn bedeuteten. Der im September 1908 eröffnete Eispalast an der Luther-Straße, der 1910 begonnene Admiralspalast an der Friedrichstraße, heute als Theater genutzt, und die 1905–06 errichteten Ausstellungshallen am Zoo verdienen hierbei besondere Beachtung. Die zwar schon kurz nach Beginn des Ersten Weltkriegs fertige, aber erst 1920 in Betrieb genommene Automobilhalle am Kaiserdamm, die 1924 hinzugefügte Halle II sowie die Nachfolgebauten auf dem »Messegelände« (Deutschlandhalle 1935) komplettieren die Reihe der vor dem Ersten Weltkrieg errichteten Großveranstaltungshäuser. Sie werden in gesonderten Kapiteln, unter sehr verschiedenen, zur Hauptsache von der Quellenlage bestimmten Aspekten vorgestellt, die zugleich einen Einblick in den kulturhistorischen Facettenreichtum dieser vernachlässigten Baugattung geben.

Von den unzähligen kleineren Veranstaltungshäusern können hier nur wenige angeführt werden: das Metropoltheater in der Behrensstraße (*»Die größte Sehenswürdigkeit Berlins«)*[1], die Neue Welt in der Hasenheide (1904)[2], das Apollo-Theater in der Friedrichstraße, 1890 nach Plänen von Gustav Ebe (1834–1916) erbaut[3], das Konzerthaus Clou (1910 von Johannes Kraaz[4]) oder die weniger bekannten Tennishallen zwischen der Brandenburgischen und der Westfälischen Straße, 1930 nach Plänen von Domany errichtet.[5]

Besonders hingewiesen sei auf die lange Geschichte der Kroll-Oper, deren Anfänge bis ins Jahr 1844 zurückreichen. Sie wurde 1988 in einer Ausstellung des Landesarchivs Berlin gründlich vorgestellt.[6] Ausgeklammert blieben ausgesprochene Stadionbauten und Freiluftsport- beziehungsweise Freizeitstätten wie der Lunapark, die das abendliche Freizeit- und Kulturvergnügen weniger betreffen.[7]

Erwähnt zu werden verdient hingegen noch jene Einrichtung, die zumindest teilweise in ihrem Programm und ihrem Zielpublikum mit dem Sportpalast konkurrierte, obwohl normalerweise mit ihr ein ganz spezifisches Massenvergnügen assoziiert wird: der Zirkus, über dessen Berliner Geschichte unlängst Hans Werner Klünner einen guten Abriß gegeben hat.[8] Einer der bekanntesten, der Zirkus Busch, bestand schon viel länger als die diversen »Paläste«, nämlich seit 1884, und residierte in Berlin seit 1892. Drei Jahre später wurde von Blumenberg & Schneider ein Kuppelbau an der Spree neben dem Schloß Monbijou (Kleine Präsidentenstr. 7) erbaut.[9] Neben einzelnen unzusammenhängenden Nummern, wie man sie vom heutigen Wanderzirkus kennt, wurden häufig thematisch orientierte *»Manegeschauspiele«* gegeben, die sich mit den Revue- und Varietéveranstaltungen der übrigen Vergnügungspaläste durchaus vergleichen lassen. Im Zirkus Busch fanden auch politische und sportliche Veranstaltungen (Boxkämpfe) statt. Unter wenig geklärten Umständen wurde der Zirkus Busch 1934 geschlossen, obwohl anscheinend Protektionen bis in die hohe Parteispitze der NSDAP vorhanden waren. Im Sommer 1937 wurde das Gebäude abgerissen und dort eine Grünanlage angelegt. Der Zirkus Busch besteht als Wanderzirkus noch heute, ohne »festen Wohnsitz« in Berlin.

142 Lageplan der Tennishalle in der Brandenburgischen Straße, um 1943.

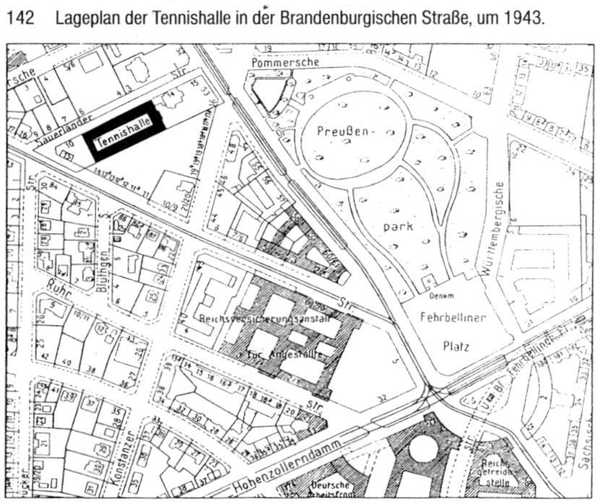

Eine besondere Geschichte, die mit dem Berliner Zirkuswesen in engem Zusammenhang steht, besitzt der Friedrichstadtpalast zwischen Karlstraße (heute Reinhardtstraße) und Schiffbauerdamm.[10] 1867 wurde im Auftrag des Unternehmers Strousberg nach Plänen von Friedrich Hitzig (1811–81) zunächst eine Markthalle als Eisen- und Glaskonstruktion errichtet.[11] Schon wenige Jahre später (1873) wurde sie zu einem Zirkus umgebaut, der zunächst den Zirkus Salamonsky, später den Zirkus Renz beherbergte, welcher 1888/89 durch den Baumeister Vogt die Arena zu einem runden Kuppelbau umgestalten ließ, der 5.600 Zuschauern Platz bot.[12] 1897 wurde der Zirkus Renz geschlossen, sicher auch eine Auswirkung der Konkurrenz durch den Zirkus Busch.

Schließlich erwarb Albert Schumann das Gebäude (1904). In der Folge kam es zu einer fruchtbaren Zusammenarbeit zwischen dem »Zirkus Schuhmann« und Max Reinhardt, bevor 1918 auf Betreiben Reinhardts die »Deutsche National-Theater AG« das Gebäude kaufte, nachdem erste Pläne mit dem Architekten Dernburg für den Umbau des Sportpalastes (1912) verworfen worden waren. Im folgenden Jahr entstand aus dem Zirkus das berühmte Große Schauspielhaus nach Plänen von Hans Poelzig (1869–1936), dessen expressionistische Innenraumgestaltung jeden Gedanken an die alte eiserne Markthalle vergessen ließ. Es sollte jedoch daran erinnert werden, daß auch das Äußere durch Poelzig verändert wurde, welches das Grundmotiv der Stalaktitenkuppel des Inneren in klassischer Strenge vorführte.[13] Nach der Emigration Reinhardts 1933 betrieben die neuen Machthaber das Unternehmen und ließen es als »Theater des Volkes« firmieren, Poelzigs Innenraum wurde durch den Arbeitsfront-Architekten Fritz Fuß – angeblich aus akustischen Gründen – stark verändert.[14] Nach dem Zweiten Weltkrieg wiederaufund umgebaut hieß der Bau nun Friedrichstadtpalast. 1980 wurde er geschlossen und fünf Jahre später abgerissen, da eine Instandsetzung wegen erheblicher Fundamentschäden nicht möglich war. Kürzlich wurde er gänzlich neu errichtet.

Das Programm dieser Massenversammlungsstätten unterschied sich nicht grundsätzlich, wenn es auch jeweils spezifische Schwerpunkte besaß. Es bestand in erster Linie aus Sport und Varieté. Die Sportveranstaltungen lassen sich unterscheiden einerseits in ausgesprochene Wettkämpfe, hauptsächlich Eissportarten (Eispalast, Sportpalast, Admiralspalast), Boxen (Sportpalast, Konzerthaus Clou, Zirkus Busch), Handball (Sportpalast), Hallensportfeste (Sportpalast, Ausstellungshallen am Zoo) und Radrennen, insbesondere Sechstagerennen (Sportpalast, Ausstellungshallen am Zoo, Automobilhallen, Deutschlandhalle) und Reitturniere (Sportpalast, Deutschlandhalle). Andererseits zeichnet sich besonders die frühe Zeit durch Sportvorführungen aus, die ausschließlich der Zuschauer wegen dargeboten wurden. Hier wären neben Eisshowlaufen solche Reitveranstaltungen zu nennen, die vor allem in der Frühzeit des Sportpalastes in erster Linie aus sogenanntem Herrenreiten bestanden.

Insbesondere die Eisrevuen (Eispalast, Sportpalast, Admiralspalast) konnten ihre Herkunft vom Varieté kaum ver-

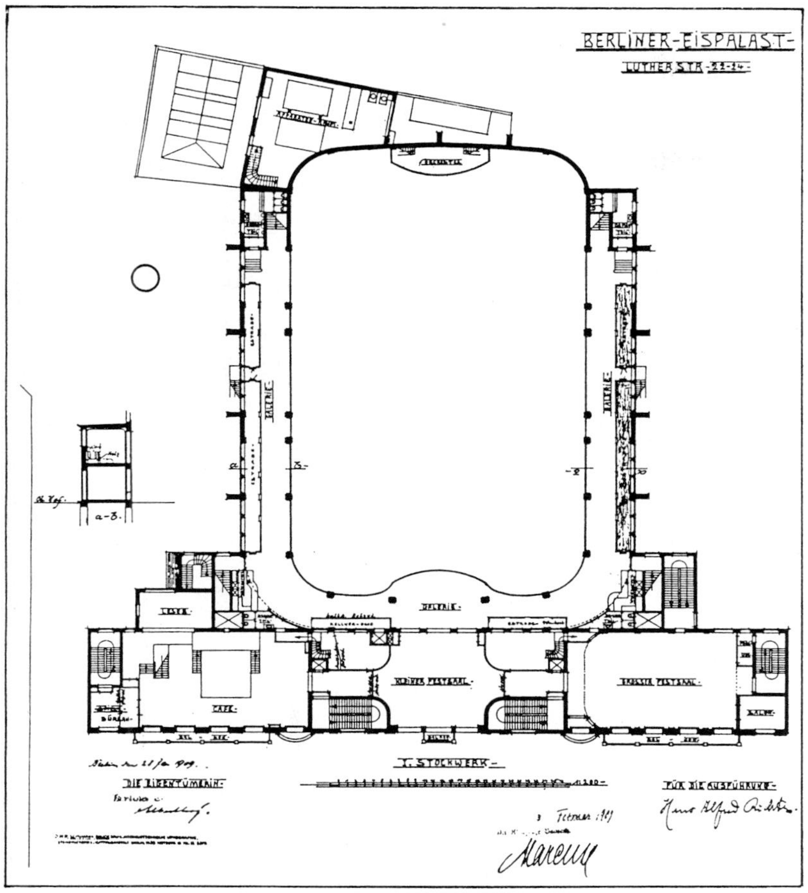

144 Eispalast, Grundriß des ersten Stockwerks, 18. 1. 1909 (nach: LA, Rep. 211, Acc. 1674, Nr. 1664, Bl. 23 [Pausleinen, ca 61 x 53 cm]).

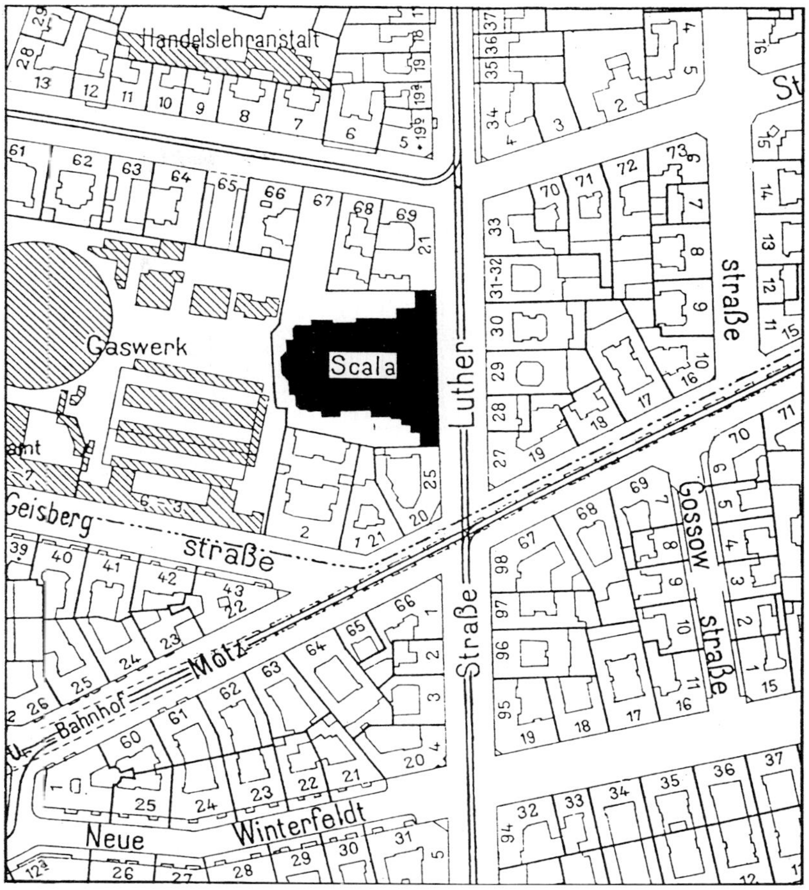

145 Eispalast, Lageplan an der Luther-Straße, 1933 (hier bereits in die »Scala« umgewandelt]).

leugnen. Im Prinzip lag der Unterschied lediglich im entsprechenden Schuhwerk. Ob als Sportfest deklariert oder nicht, ob als *»Apachentanz«*, *»Karneval am Nordpol«*, *»Tango Argentino«* oder auch nur schlicht als *»Eisballett«* oder *»Eispantomime«* tituliert, brachten sie bei oft mehr als 100 Aufführungen auf Dauer eher Monotonie als Abwechselung hervor. Im Grunde wechselten lediglich Motto und Kostüm. Diese Eisrevuen besitzen eine verblüffende Affinität zum Einerlei heutiger Fernsehshows, die sich in vergleichbarer inhaltlicher Dürre und vordergründigem Putz über den Bildschirm quälen. Das läßt sich durch die Beobachtung ergänzen, daß auch heute noch Eiskunstlaufwettbewerbe ein breitgestreuteres Publikum anzusprechen scheinen als andere Sportarten und sich mit ihren Skandälchen ganz andere Zweige des Blätterwaldes als nur die Sportpresse beschäftigen.

Die Hochblüte politischer Massenveranstaltungen in der Weimarer Republik und während des Nationalsozialismus fand ihren Niederschlag vor allem im Sportpalast und in der Deutschlandhalle, aber auch im Zirkus Busch und der Kroll-Oper, welche nach dem Reichstagsbrand 1933 bekanntlich das Parlament beherbergte. Die Deutschlandhalle kann als ausgesprochenes Prestigeprojekt der Nationalsozialisten angesehen werden, welches gezielt für Pro-

146 Eispalast, 1908 (Postkarte); LA, Acc. 2118, Nr. 244 (C 68 4442).

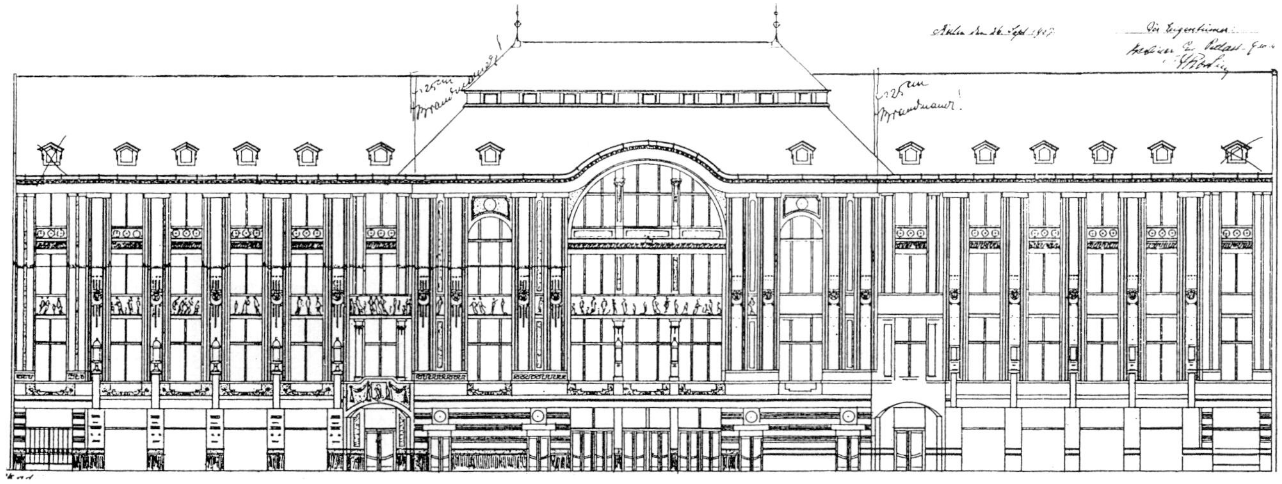

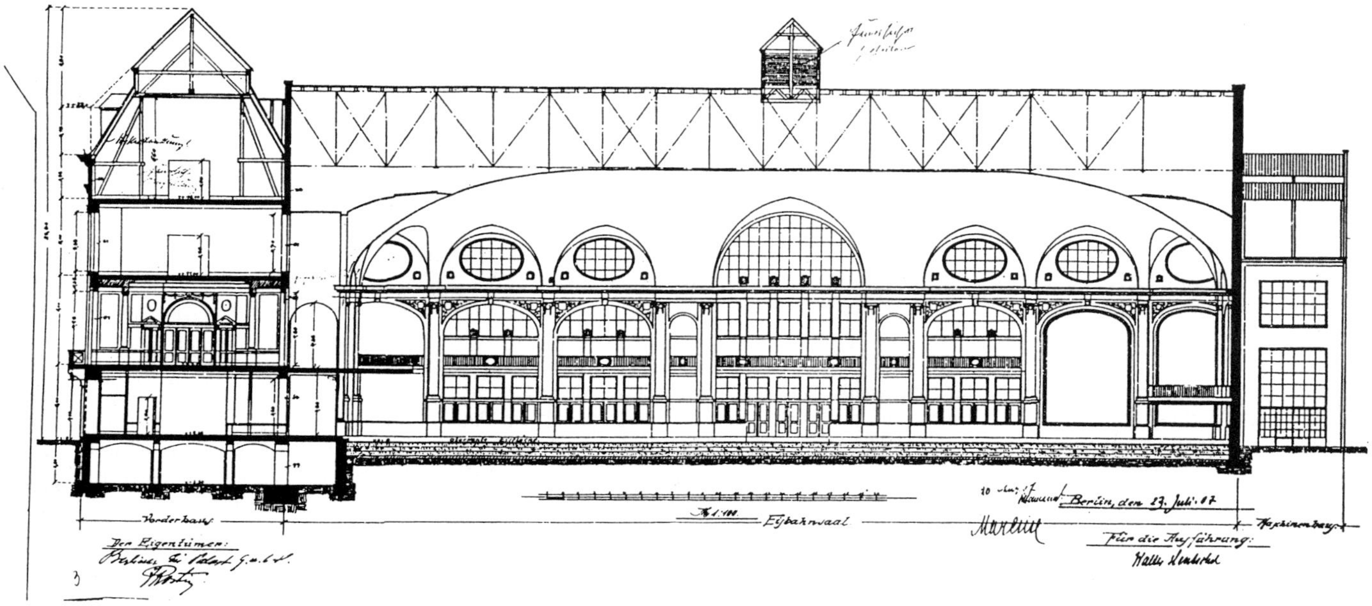
Vorderbau
Eisbahnsaal
Berlin, den 23. Juli 07
Der Eigentümer:
Für die Ausführung:

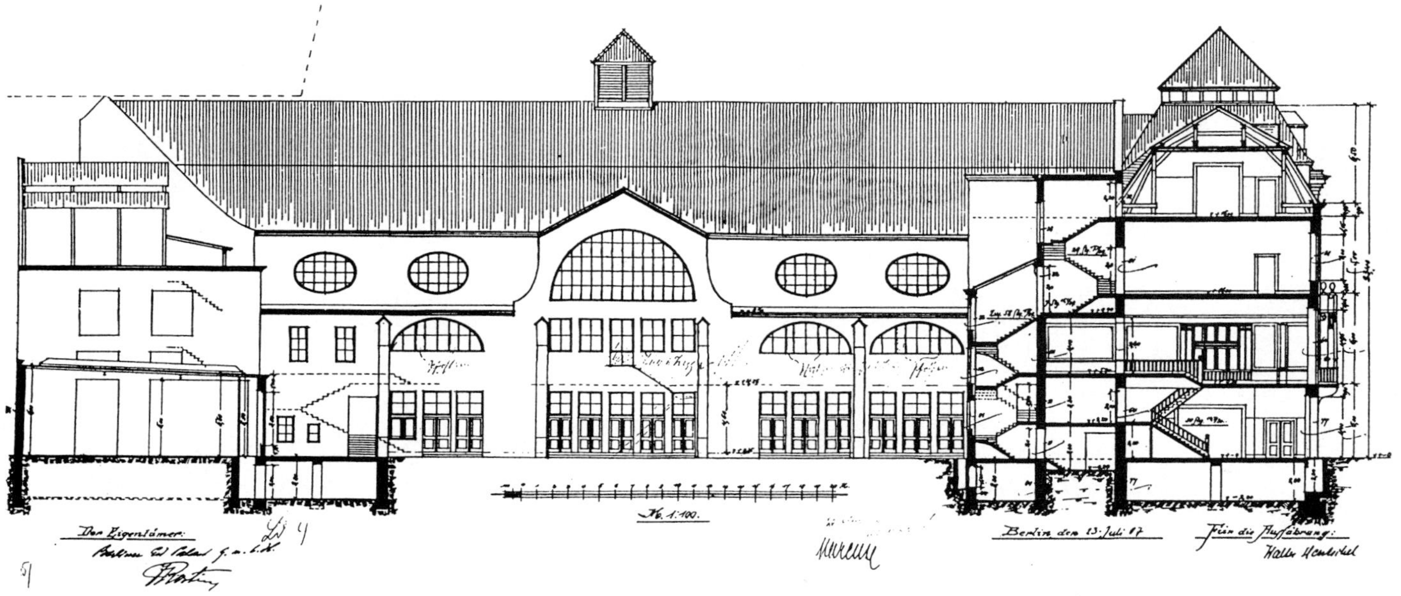
Der Eigentümer:
M. 1:100.
Berlin den 23. Juli 07
Für die Ausführung:

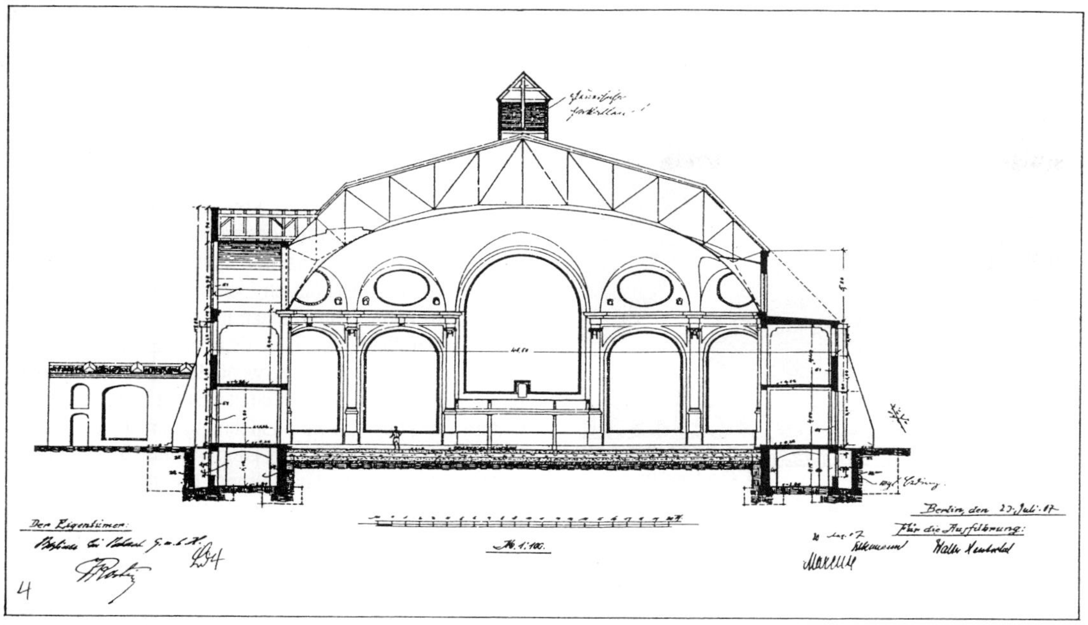

148 Eispalast, Schnitt, 20. 8. 1907 (nach: LA, Rep. 211, Acc. 1674, Nr. 1659 [Pausleinen, ca 51 x 81 cm]).

pagandazwecke errichtet und genützt wurde. Als einziges der großen Veranstaltungshäuser, die vor dem Zweiten Weltkrieg errichtet wurden, dient es heute noch seinem ursprünglichen Zweck als Massenvergnügungsstätte.

Der Eispalast

Der Eispalast lag an der Luther-Straße 22–24 (zwischen Motz- und Augsburgerstraße). Der eigentlichen Eishalle war ein dreigeteilter, 17 Achsen umfassender und etwa 80 Meter breiter Querriegel vorgelagert, der sich mit seiner unspezifischen, historistischen Architektur nicht als Stadion- oder Hallenbau zu erkennen gab. Die dreigeschossige Fassade hätte ebensogut ein Kaufhaus, eine Bank, ein Theater oder eine Behörde beherbergen können. Die Räumlichkeiten dieses Gebäudeteils umfaßten kleinere Säle, ein Café, Garderoben, Verwaltungsräume etc. Die dahinter liegende Eisbahn erstreckte sich auf etwa 36 mal 52 Meter, was eine Fläche von annähernd 2000 Quadratmetern ergab. Der nahezu rechteckige Grundriß der Halle nützte fast das gesamte zur Verfügung stehende Gelände. Ein riesiges Gewölbe überspannte den gesamten Raum. Darin eingeschnitten verschieden große Stichkappen, durch die der Großteil des Tageslichts einfiel, denn die seitlichen Fenster kamen durch die zweigeschossigen Umläufe in der Halle selbst kaum zur Wirkung. Das Maschinenhaus (von Alfred Hans Richter) im südwestlichen Teil des Grundstückes wurde erst nachträglich 1909 angebaut. Die statischen Berechnungen für Eisfläche und Galerie im Obergeschoß gingen von einer maximalen Belastung von 4.500 Personen aus, was bedeutete, daß auf der Eisfläche Platz für 1.000 bis 1.500 Menschen vorhanden war und die Restaurationsräume nebst Galerie etwa das Doppelte aufnehmen konnten.[15] Der Betrieb auf dem Eis war von 9.00 – 24.00 Uhr vorgesehen, die Eintrittspreise betrugen, sofern keine Revue oder ähnliches angesetzt war, 1 Mark, für Schlittschuhläufer 50 Pfennig (1910).

◁ 147 Eispalast, Aufriß und Schnitte, 26. 9. (oben) und 23. 7. 1907 (nach drei Lichtpausen [Pausleinen]: LA, Rep. 211, Acc. 1674, Nr. 1661 [37 x 100 cm], Nr. 1659 [ca 50 x 92 cm und ca 50 x 92 cm]). Anstelle der querovalen Fenster wurden jedoch Halbrundfenster ausgeführt.

Der aufwendigen Gestaltung der Straßenfassade, die mit ihrer Kolossalordnung, rustiziertem Untergeschoß, Figurenfries und Segmentgiebel in historistischer Manier einen Stadtpalast imitierte, entsprach dem Anspruch, mit dem der Besitzer, die »Berliner Eis-Palast G.m.b.H.«, in ihrem Baugesuch aufgetreten war. Das von dem Architekten Walter Hentschel unterzeichnete Gesuch hob hervor: *»[...] daß hier ein Etablissement entstehen soll, welches in seiner Großartigkeit nicht seines Gleichen hat. Die Fassade wird das Imposante der Anlage zum Ausdruck bringen und ein äusseres Zeichen, für die Großartigkeit der Unternehmungslust und des Sportinteresses, ein Baudenkmal für die Stadt Berlin bilden.«*[16]
Das im Frühjahr 1907 eingereichte Baugesuch mußte mehrfach erneuert werden, man hatte vor, bereits die Wintersaison 1907/08 zu nutzen. Die Verzögerung bei der Erteilung der Baugenehmigung veranlaßte die Initiatoren jedesmal auch zu einer gesteigerten Betonung der Wichtigkeit und des Allgemeininteresses des Vorhabens. Ende Juni wurde dem Polizeipräsidenten versichert, daß das Unternehmen *»nicht blos an erster Stelle ein gewinnbringendes«* sei, sondern *»gleichzeitig in hygienischer und sportlicher Beziehung einem Bedürfnisse der Residenzstädte Berlin und Charlottenburg«* entspräche, und es stünde außer Frage, daß der Betrieb *»der Gemeinnützigkeit im wesentlichen zu Gute kommen dürfte«*. Man deutete sogar an, *»dass bei der allgemein bekannten wesentlichen Ueberhäufung der Arbeitskräfte es sich vielleicht machen liesse, Hilfskräfte [...] anzustellen«*.[17]
Indes ist es zu einer Fertigstellung 1907 nicht gekommen. Möglicherweise lag in dem Verlust durch die entgangene Saison der Grund, warum ein noch aufwendigerer Fassadenentwurf, der sich neben einer reicheren Geschoßgliederung vor allem durch einen borrominesken Turmaufsatz auszeichnete, nicht zur Ausführung gelangte.[18] Der Eispalast entsprach in seiner wohlberechneten Wirkung dem Bedürfnis weiter Kreise der Bevölkerung nach einem vergnüglichen Etablissement, welches nicht zu nobel für das Alltagsvergnügen war, aber auch nicht in den Geruch einer Lasterhöhle geraten konnte. *»Die Etage eines Friedrichstraßen-Bierpalastes zum Milieu einer Eisbahn erhoben«*, so sah es ein Zeitgenosse.[19] Orientierungspunkt war das Pariser »Palais de Glace«. Um die noch zu gewinnenden Anteilnehmer für eine Aktiengesellschaft von der Rentabilität eines solchen Unternehmens zu überzeugen, hatte die Geschäftsführung in ihrem Büro den Jahresabschluß der »Palais de Glace AG« zur Begutachtung auslegen lassen, die 1905/06 einen Reingewinn von 300.000 Francs erzielt hatte.[20] Die Pariser Eisbahn war jedoch nicht einmal halb so groß. Es hat den Anschein, als ob der Berliner Eispalast sowohl von der Größe, als auch von der technischen Ausstattung her in Europa führend gewesen ist. Es ist bekannt, daß 1910 in St. Petersburg Bestrebungen existierten, eine Eisbahn nach dem Vorbild des Berliner Eispalastes zu bauen und dafür auch Berliner Firmen zu engagieren.[21] Angesichts dessen ist es verwunderlich, daß – soweit wir sehen – keine Bauzeitschrift über den Eispalastneubau berichtete, obwohl der Architekt Walter Hentschel seit dem Bau des Urania-Theaters (1896) und des Lustspielhauses in der Friedrichstraße (1904) sowie einem Entwurf für das Theater am Schiffbauerdamm kein Unbekannter mehr war.
Neben der Nutzung als öffentliche Eisbahn fanden im Eispalast auch zahlreiche Revuen statt, so auch zur Eröffnung am 1. 9. 1908, deren Programm sich von der späteren Konkurrenz nicht sonderlich unterschied.[22]
Als erstes Etablissement seiner Art besaß der Eispalast auch ein besonderes Flair, unabhängig vom jeweiligen Programm. Eine Mischung aus Glamour, Kitsch, Hektik und großstädtischer Halbwelt mußte anziehend auf alle wirken, die im Berliner Nachtleben Ausgleich oder Anregungen suchten wie der Expressionist Emil Nolde. *»Allabendlich um elf zog ich meine dunkle Hose an und den schwarzen St. Galler Frack, der nun bald historisch war. Meine Ada ebenfalls zog ihr bestes Kleid an, und wir gingen auf Maskenbälle, in die Kabaretts, in den Eispalast.«*[23] Man darf annehmen, daß einige seiner Tuschzeichnungen zum Thema »Schlittschuhläufer« im Eispalast entstanden sind.
Erst nach der Eröffnung des Sportpalastes im November 1910 und nachdem dieser zunehmend auch andere Sportarten ins Programm nahm, öffnete sich auch der Eispalast diesem Metier, blieb aber hierin gleichwohl sehr beschränkt. Im wesentlichen prägte in dieser Hinsicht die Tatsache das Programm, daß der Eispalast quasi als Vereinshalle der drei größten Berliner Eissportvereine diente, dem Berliner Schlittschuh-Club, dem Eislauf-Verein Berlin und dem Berliner Eislauf-Verein 1886. Dem Anspruch des Sportpalastes als *»Größter Eispalast der Welt«* versuchte der Eispalast als *»Elegantestes Sport-Institut Berlins«* entgegenzutreten. Es fanden aber auch hier und da Sportveranstaltungen in internationalem Rahmen statt, wie die Weltmeisterschaft im Eiskunstlauf im Februar 1911 oder im gleichen Jahr ein Eisschnellaufwettbewerb für Berufsläufer sowie internationale Eishockeyspiele. Der Eispalast darf auch das Verdienst für sich in Anspruch nehmen, das erste Frauen-Eishockeyspiel im August 1911 veranstaltet zu haben. Kurz darauf wurde hier auch das erste Eishockeyspiel nach den neuen kanadischen Regeln ausgetragen.[24]
Diese Öffnung des Eispalastes unter der Regie des neuen *»artistischen Direktors«* William Karfiol konnte jedoch nicht verhindern, daß offenbar immer mehr Zuschauer in den zwischenzeitlich errichteten, formidableren Admiralspalast oder in den mehr auf ein Massenpublikum ausgerichteten Sportpalast abwanderten. Schon im März 1911 wurden Pläne eingereicht, um den »Roten Saal« im ersten Stock in ein Theater für Einakter umzuwandeln, ein erstes Anzeichen dafür, daß die Rechnung Feierabendsport mit Bockwurst nicht so ganz aufging.[25]
Auf der Generalversammlung der Berliner Eispalast AG am 30. 3. 1912 mußte der Vorsitzende, Fedor Berg, einräu-

men, daß auch trotz der völligen Renovierung des Eispalastes im Sommer 1911, über deren Details wir nicht unterrichtet sind, *»das Geschäftsjahr 1911 dem Unternehmen nicht günstig war«*. Es wurde mit einem Verlust von fast 90.000 Mark abgeschlossen.[26] Freilich war an der Misere nicht allein die schlechte Konjunktur und die neue Konkurrenz schuld. Die der Börse nahestehende und gut informierte Wochenschrift Die Standarte weiß zu berichten, daß die Überführung der ehemaligen Eispalast GmbH in eine Aktiengesellschaft nicht unbedingt nach ökonomisch integren Gesichtspunkten erfolgte. Insbesondere kritisierte sie: *»Das erste und schlimmste Gebrechen der Gesellschaft war ihre Überkapitalisation, die dadurch zustande gekommen war, daß zunächst einmal das Grundstück, das ehemals zufälligerweise Herrn Berg gehört hatte, zu einem viel zu hohen Preis in die Gesellschaft und später in die AG eingebracht worden war.«*[27]

Berg wurde quasi als unredlicher Spekulant bezeichnet, der auch mit anderen Unternehmungen, wie dem im Sommer 1913 in Konkurs gegangenen »Boarding Palast« (Boardinghouse, Hotel Cumberland, Kurfürstendamm 193–194), wenig Erfolg hatte.[28] Jedoch blieben in den Vorkriegsjahren derartige Etablissements kaum von Finanzschwierigkeiten verschont. Einzig der Admiralspalast scheint hier eine Ausnahme zu machen.

Auf besagter Generalversammlung suchte man die Rettung vor allem in der Gründung einer Eisfabrik, für die man in Charlottenburg ein Terrain erworben hatte, nachdem ein erster Versuch im Jahr zuvor, eine solche auf dem Gelände an der Augsburgerstraße zu errichten, am Widerstand benachbarter Privatkrankenhäuser gescheitert war, die vor allem eine Beeinträchtigung durch die zu erwartende Menge Pferdemists von den zum Transport notwendigen Fuhrwerken befürchteten.[29] Die Hoffnung, durch die Eisfabrik die Verluste ausgleichen zu können, ein eigentlich naheliegender Gedanke, erfüllte sich jedoch nicht.[30]

Nachdem im Juni 1912 gar eine größere Attraktion mit einer Raubtierdressurnummer versucht worden war, die prompt Ärger mit den Behörden wegen unerlaubter Zirkusdarbietung einbrachte *(»Die Liebesnacht im Löwenkäfig – dargestellt von Mr. et Madame Marto, 8 Löwen und 4 Tigern«)*, trug man sich bereits im Juli mit dem Gedanken, den Eissport ganz aufzugeben und das Gebäude zu einem Volltheater umzubauen. Hierzu wäre aber eine neue Konzession notwendig gewesen, und die fertigen Pläne blieben zunächst in der Schublade.[31]

Im November 1912 wurde der drohende Konkurs durch eine 20%ige Aufstockung des 2 Millionen Mark betragenden Aktienkapitals abgewendet. Die Sanierung zog sich mehrere Monate hin.[32] Nachdem im Juni 1913 ein Hippodrom eingerichtet worden war, konnte unter dem neuen Direktor Ullrich – Aufsichtsratsvorsitzender war weiterhin Fedor Berg – eine Zwangsversteigerung im August im letzten Moment abgewendet werden. Das Hippodrom war noch im folgenden Jahr in Betrieb. Der Erste Weltkrieg machte dem Unternehmen jedoch ein Ende, nachdem auch ein Versuch, die niedrigen Temperaturen der Eishalle zur Lagerung von Schweinefleisch zu nutzen, fehlgeschlagen war. Am 4.10.1915 wurde der Konkurs angemeldet, einen Monat später die Konkursmasse versteigert.

149 Admiralspalast, Fassade an der Friedrichstraße (nach: ZBv 1911, S. 429).

150 Anzeige (nach: BLA 20. 4. 1911).

Damit verschwand der Eispalast für immer aus dem Kreis der Berliner Großveranstaltungshäuser. Im Krieg als Sanitätsdepot genützt, wurde 1919 durch die neue gegründete »Scala-Palast G.m.b.H.« der Bau in ein Theater verwandelt, wobei die Innenraumgestaltung aus einer Zusammenarbeit von Rudolf Belling (1886–1972) und Walter Würzbach resultierte.[33] Der Scala war ein wesentlich größerer Erfolg als ihrem Vorgänger beschieden. Sie war nicht nur ein bekannter Teil des Berliner Bühnenlebens, es fanden auch andere Arten von Veranstaltungen dort statt, etwa jüdische Gottesdienste an hohen Feiertagen sowie politische und kulturelle Veranstaltungen außerhalb des Theaterbetriebs. In dieser Form existierte die Scala, von zahlreichen Umbauten begleitet[34], bis zum Zweiten Weltkrieg, der das Gebäude bis auf wenige Rudimente zerstörte. Die übrig gebliebenen Teile der Straßenfront dienten verschiedensten Etablissements unterschiedlichster Couleur und Qualität, bis schließlich Anfang der 60er Jahre auch der letzte Rest einem neuen Berliner Straßenbild weichen mußte.

Der Admiralspalast

Auf dem Gelände des ehemaligen »Admiralsgarten-Bades«[35] wurde mit dem Admiralspalast (Baubeginn Mai 1910)[36] eine weitere Massenvergnügungsstätte errichtet, die der bereits bestehenden Konkurrenz von Eis- und Sportpalast durch gehobenen Komfort und Exklusivität zu begegnen suchte.

Das komplizierte Bauareal setzte sich aus den drei Grundstücken Friedrichstraße 101 und 102 sowie Prinz-Louis-Ferdinand-Str. 10 (heute Planckstraße) zusammen und wurde von der »Admiralspalast-Gesellschaft« für über 6 Millionen Mark erworben.[37] Zur Friedrichstraße bildet der Baukomplex ein Vorderhaus von 16 Meter Breite und 50 Meter Tiefe aus. Dieser dreigeschossige Teil enthielt unter anderem zwei Cafés, eine Bar, Speisesäle, Kegelbahnen und im zweiten Geschoß ein Lichtspieltheater. Über eine Passage gelangte man in einen Innenhof und von dort in den zweiten Gebäudeteil, in dem die Eisbahn untergebracht war. Dieser Trakt verwendete drei Geschoßhöhen für die Eishalle, darüber befanden sich die Luxusbäder. Der hintere Trakt besitzt eine Ausdehnung von circa 58 auf 45 Meter. Der gesamte Komplex ist im Äußeren noch erhalten und beherbergt heute das Metropol-Theater.

Der von Alexander Diepenbrock (technischer Teil) und Heinrich Schweitzer[38] (geboren 1871; künstlerischer Teil) entworfene Bau knüpfte bewußt mit der Verbindung von Sport, Vergnügen und Bad an antike Thermenanlagen an. Die aufwendige Hauptfassade an der Friedrichstraße bildet einen auffallenden Kontrast zum Bahnhof Friedrichstraße und zieht auch heute noch den Blick auf sich. Diese Wirkung zielte – mit Erfolg – auf das Interesse eines auch internationaleren Publikums, welches die Konkurrenten Eis- und Sportpalast nicht in diesem Maße besaßen.[39]

Fünf mächtige dorische Halbsäulen gliedern die Fassade in vier Achsen. Eine fünfte, Treppenhäuser enthaltend, tritt soweit hinter die anderen zurück, daß sie kaum als zugehörig auffällt. Die Wandflächen sind überreich mit Reliefplatten überzogen, die durch ihre regelmäßige Feldereinteilung der starken Vertikalen ein ausgleichendes Element entgegensetzen. Das oberste Geschoß ist gänzlich verkleidet, da wegen des dahinter liegenden Kinos keine Außenbelichtung erwünscht war. Eine ursprünglich vorgesehene Erhöhung um ein viertes Geschoß unterblieb.[40] Die dafür zur Verblendung vorgesehenen Säulen wurden provisorisch im Innenhof aufgestellt, wo sie heute noch stehen.

152 Admiralspalast, Grundrisse und Lageplan (nach: ZBv 1911, S. 426 f.). ▷

151 Admiralspalast, Fassade an der Prinz-Louis-Ferdinand-Straße (nach: Moderne Bauformen, Monatshefte für Architektur und Raumkunst, 11, 1912, S. 139).

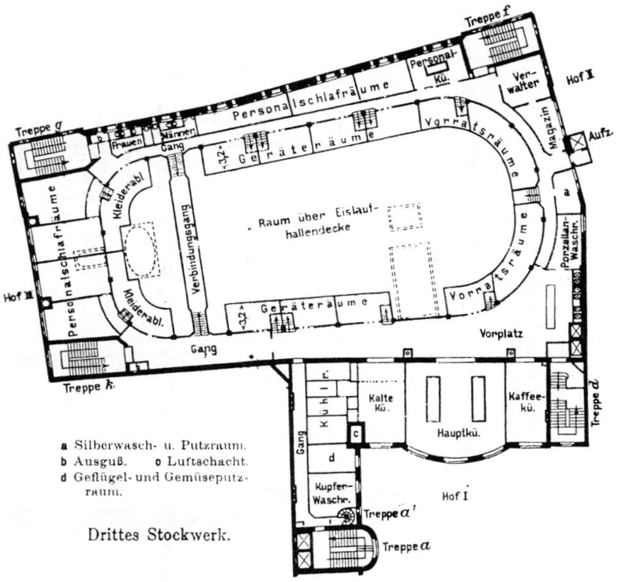

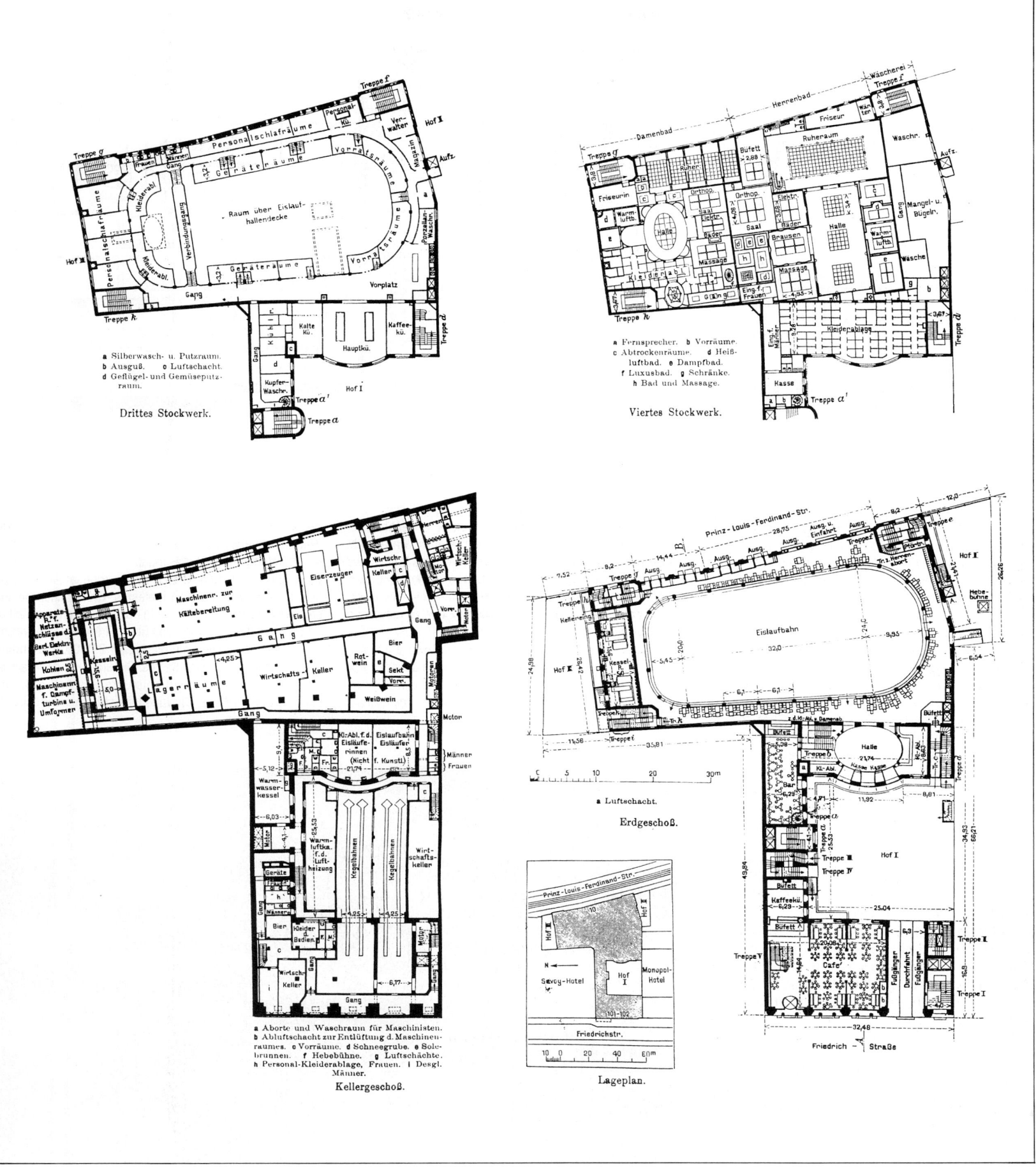

a Silberwasch- u. Putzraum. b Ausguß. c Luftschacht. d Geflügel- und Gemüseputzraum.

Drittes Stockwerk.

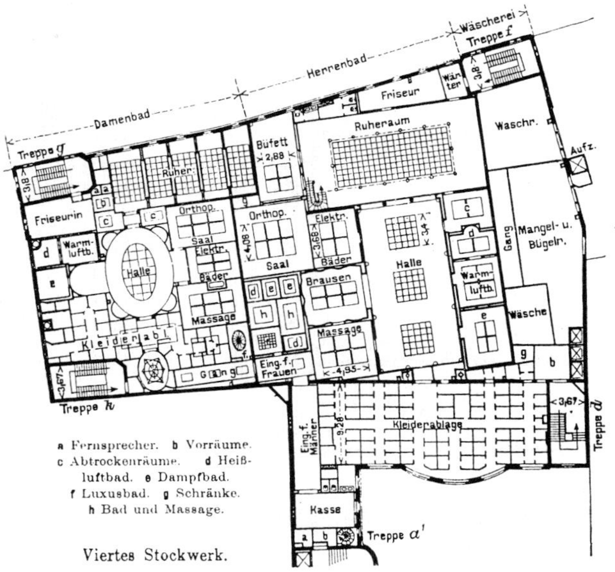

a Fernsprecher. b Vorräume. c Abtrockenräume. d Heißluftbad. e Dampfbad. f Luxusbad. g Schränke. h Bad und Massage.

Viertes Stockwerk.

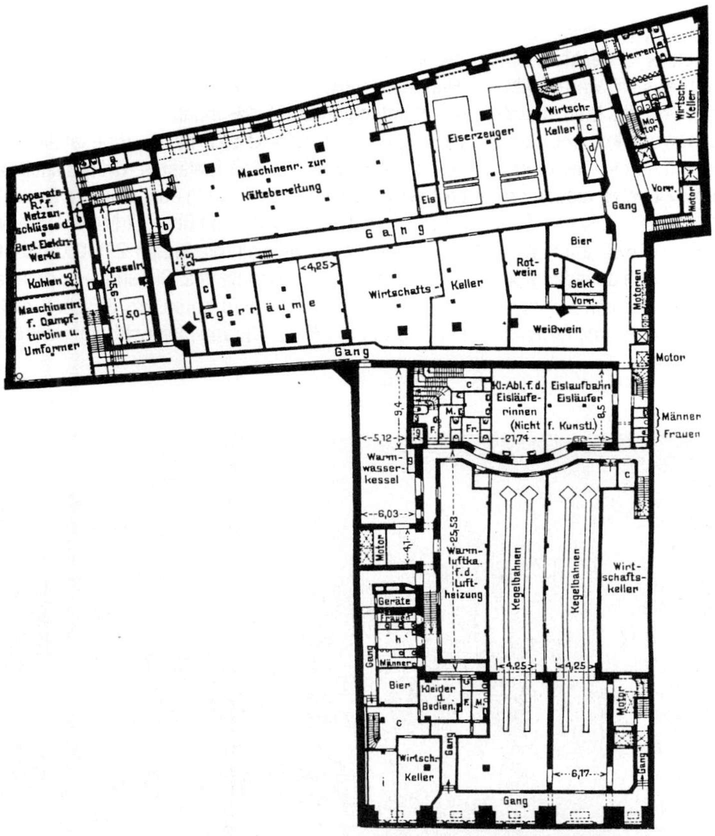

a Aborte und Waschraum für Maschinisten. b Abluftschacht zur Entlüftung d. Maschinenraumes. c Vorräume. d Schneegrube. e Solebrunnen. f Hebebühne. g Luftschächte. h Personal-Kleiderablage, Frauen. i Desgl. Männer.

Kellergeschoß.

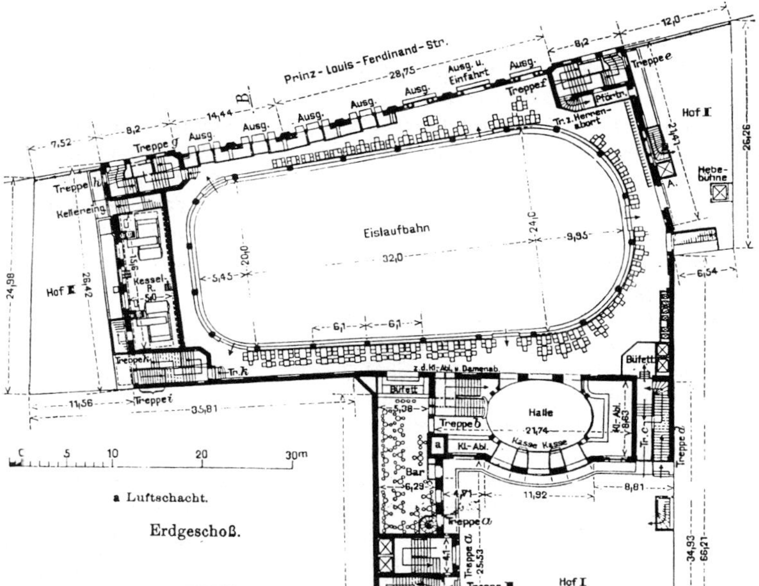

a Luftschacht.

Erdgeschoß.

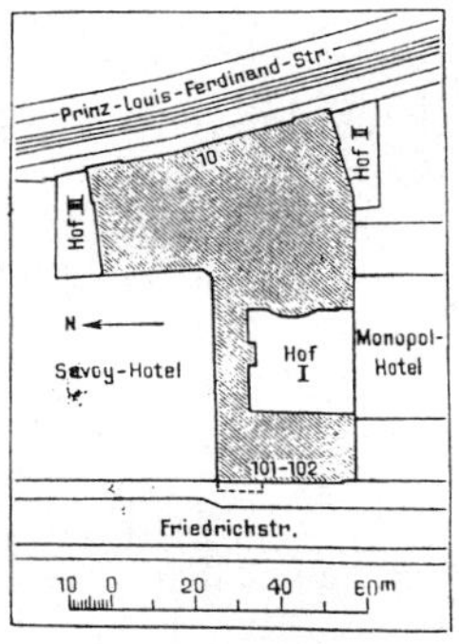

Lageplan.

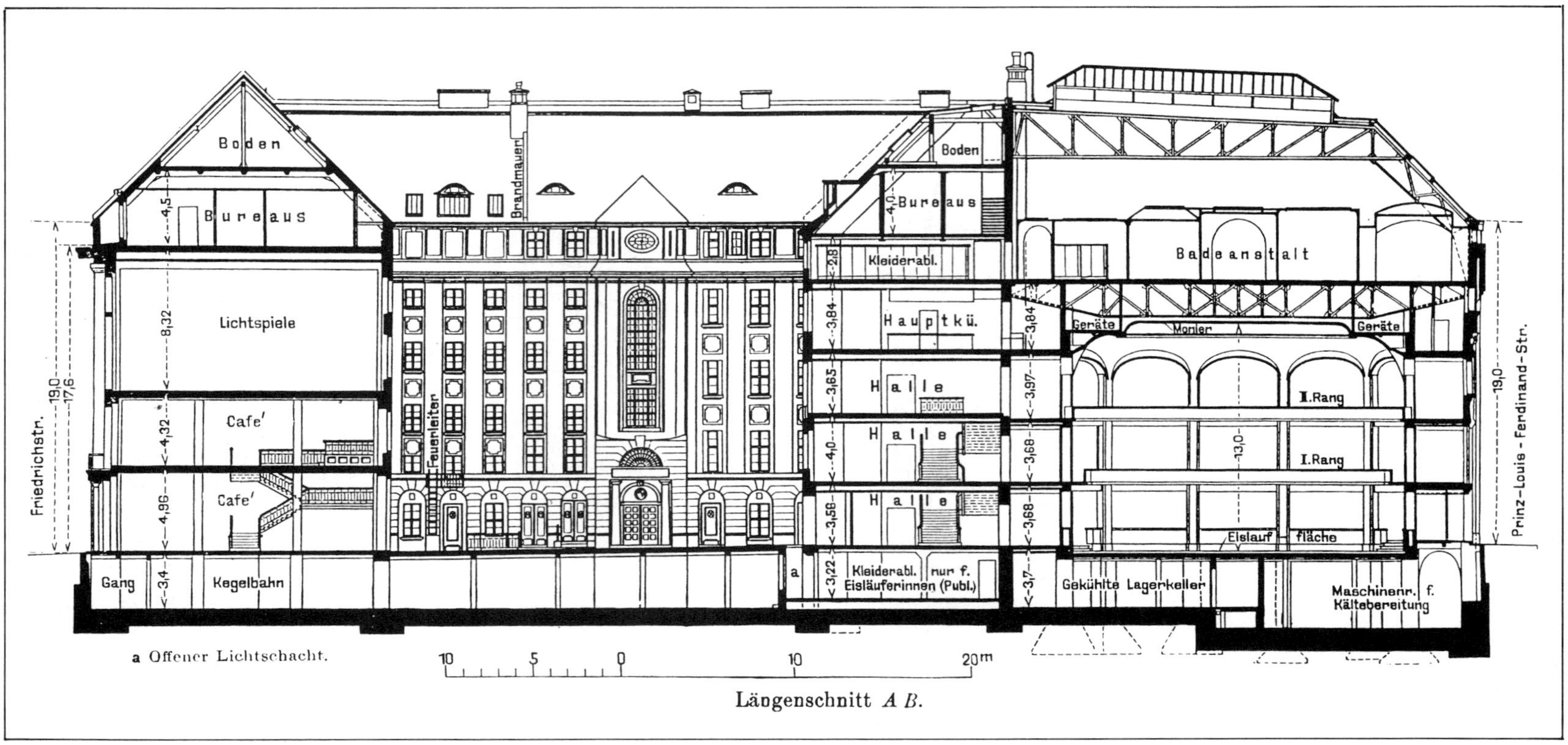

153 Admiralspalast, Schnitt (nach: ZBv 1911, S. 428).

Als Baumaterialien fanden für die Säulen schlesischer Granit und für die Reliefplatten istrischer Kalkstein Verwendung. Die bildhauerische Gestaltung der Fassade oblag Franz Naager (geboren 1870), der auch am Innenhof, in der Eishalle und bei der Caféausstattung im Erdgeschoß beteiligt war.[41]
Dem Vorwurf des allzu Plakativen wurde von Max Wagenführ entgegengehalten, das *»in der Tat die Front der Friedrichstrasse für das Etablissement Reklame machen muß«*.[42] Wobei besondere *»Stimmungswerte«* nicht von der Architektur, sondern nur von den verwendeten Dekorationsmotiven vermittelt werden könnten. Ganz im Sinne der damals verbreiteten Auffassung des Stilpluralismus, der keine spezifischen Anforderungen mehr an die verwendeten Stile stellte, formulierte Wagenführ: *»Das Motiv ist an sich bedeutungslos, es bekommt seine Funktion erst von außen [...] wenn also der Architekt im vorliegenden Fall an die alte Tradition des Admiralsbades erinnern und den neuen Inhalt der modernen Bäder vorn an der Fassade andeuten wollte, so blieb ihm, wollte er nicht allzu literarisch und weitschweifig vom Bildhauer oder Monumentalmaler erzählen lassen, nur die motivische Anknüpfung an weltbekannte klassische Vorbilder.«*[43]
Die *»weltbekannten klassischen Vorbilder«* werden indes nicht mehr benannt, da sie ja nicht Geschichte vermitteln sollten, sondern lediglich einen breiten, nicht differenzierten Fundus darstellten, aus dem man sich nach Belieben, ohne besondere Rechtfertigung, bedienen konnte.
Die kaum bekannte Fassade an der ehemaligen Prinz-Louis-Ferdinand-Straße verblüfft durch ihre Zusammenstellung. Zwischen zwei vergleichsweise modern anmutende Seitenrisalite mit wunderlichen, heute verschwundenen Turmaufsätzen spannt sich eine siebenachsige Fassade, die bis zur dritten Geschoßhöhe, also der Hallenhöhe im Innern, mit Pilastern gegliedert ist. Im zweiten und dritten Geschoß treten zwei »barocke« Erker hervor. Den sie rahmenden Pilastern sind Regenrinnen so vorgelegt, daß sie den Eindruck mittelalterlicher Dienste erwecken. Der oberste Stock, in dem die Bäder untergebracht waren, gibt sich nach außen durch ein maurisch wirkendes Giebelband im Zick-Zack-Muster mit Zahnschnitt zu erkennen. Darüber eine nüchterne Reihe Mezzaninfenster. Die glatte Wand dort wird durch unterschiedliche Ziegelvermauerung aufgelockert.
Für diesen architektonischen Dressurakt blieb auch Wagenführ nur übrig zu konstatieren, die Nebenfassade habe erlaubt *»für den baulichen Gedanken der Eisbahn mit darüberliegenden Bädern einen gesonderten eigenartigen Ausdruck zu suchen«*.[44] An dieser Fassade wurde kein Werkstein verwendet. Die skulpturalen Arbeiten lagen in den Händen von Ernst Westphal.
Die Eishalle unterschied sich nicht grundsätzlich von denen des Eis- und des Sportpalastes. Grundrißlich bedingt erstreckte sie sich trapezförmig über eine Breite von 20 bis 24 Meter, bei einer Länge von über 47 Metern. Sie war damit um einiges kleiner als die knapp 2.000 Quadratmeter große Eisfläche des Eispalastes. Die umlaufenden Galerien wurden bewirtschaftet und boten pro Geschoß etwa 400 bis 500 Gästen Platz. Die Inneneinrichtung war recht ein-

154 Admiralspalast, Eislaufhalle (nach: ZBv 1911, S. 425).

fach gehalten, die eisernen Stützen besaßen eine Kunststeinverkleidung. Den Kontrast zur luxuriösen Ausstattung der Vorräume, Treppen, Bäder, Cafés usw. hatte man bewußt gewählt.

»Ein derartig großer, lebhaft beleuchteter Raum mit der glitzernden Eisfläche und der stets in Bewegung befindlichen Besucherschar mußte sehr ruhig gehalten werden und weniger durch Einzelheiten als durch die Raumgestaltung selbst wirken.«[45]

Besondere Aufmerksamkeit erregte die Hallenkonstruktion. Die Einrichtung der Bäder über ihr erforderte besondere statische Vorkehrungen sowie eine spezielle Isolierung. Die genieteten Stützpfeiler, in einem Abstand von rund sechs Metern, sind mit Kragträgern mit je zwei Trägerlagern verbunden. Ein oberes für die Steineisendecke, die den Boden der Badeanstalt bildete, und ein unteres, an welchem die Monierdecke als oberer Hallenabschluß befestigt war. Die Kragträger leiten die Lasten auf die Stützen, so daß nur waagerechte Kräfte zwischen den Außenmauern und dem Boden der Badeanstalt wirksam wurden und somit die Hallendecke weitgehend entlastet war. Die gesamte Tragwerkskonstruktion aus Flußeisen wiegt 650 Tonnen. Die ursprünglich geplante Fertigung aus Eisenbeton wurde eines zu großen Querschnitts wegen aufgegeben.[46] Neben Schweitzer wirkte bei der übrigen Ausstattung des Admiralspalastes Fritz Adolph Becker (geboren 1873) und möglicherweise auch Bruno Paul (1874–1968) mit.[47]

Der Admiralspalast wurde am 20. April 1911 mit der Eisrevue *»Montreal«* eröffnet.[48] Die Bäder waren erst ab August 1911 zugänglich. Ihre Unterbringung im obersten Geschoß erlaubte eine vorteilhafte Beleuchtung derselben von oben. Mit ihrer luxuriösen Ausstattung, stilistisch römischen Thermen und pompejanischer Wandmalerei verpflichtet, knüpften sie an den damaligen Trend an, sich mit medizinisch-therapeutischen Einrichtungen auch außerhalb der Kurorte einem breiteren Publikum anzubieten, ohne dabei auf modernsten Komfort zu verzichten.[49] Die Inneneinrichtung der Bäder wurde von Max Schneider und Fritz Adolph Becker entworfen. Die Mosaikarbeiten im Damenbad führte Puhl & Wagner, Rixdorf, die Majoliken des Herrenbades die Großherzogliche Manufaktur in Karlsruhe aus.[50] Das Kino eröffnete am 20. Juni 1911. In ihm wurde übrigens im Dezember 1912 erstmals in Berlin Edisons *»Kinetophon«* für *»Sprechende Films«* vorgeführt.[51] Im Oktober 1912 eröffnete das Casino.[52] Damit besaß der Admiralspalast zusammen mit seinen vielseitigen gastronomischen Einrichtungen ein umfassendes Konzept, mit dem er sich in der Folgezeit gegen seine Konkurrenten zu behaupten wußte. Standen bei diesen die Darbietungen auf dem Eise beziehungsweise geeignete Sommerveranstaltungen im Vordergrund, so war der Admiralspalast nicht in gleichem Maße von solchen Einkünften allein abhängig. Seine Nachbarschaft zum Bahnhof Friedrichstraße erlaubte ihm zudem eine ganztägige Öffnung der Restaurationsbetriebe. Die Bäder waren sogar Tag und Nacht benutzbar. Die Reaktion auf das neue Etablissement war dementsprechend positiv, vor allem im Vergleich zur Konkurrenz.

»Aber ein Amüsierlokal großen Stils von höchster Eleganz für Abendstunden bis zur Nachtzeit fehlte [...] und das ist jetzt im Admiralspalast entstanden. Etwas ähnliches wie den Admiralspalast besaß Berlin ja schon seit längerer Zeit, nämlich den Eispalast in der Lutherstraße. Aber der Eispalast ist alles andere eher als amüsant; im Gegenteil lagert über dem sonst durchaus ehrbaren Etablisement eine bleiernde Langeweile. Es dient fast aussschließlich dem Sport, weniger dem Vergnügen. Vormittags laufen ein paar Kinder dort auf dem Eise herum, und abends ihre Gouvernanten; erst als das Publikum sich immer spärlicher einstellte, wurden Versuche mit Eispantomimen angestellt. Dabei stellte sich dann heraus, daß die ganze Anlage ungeeignet hierfür war. Von den meisten Plätzen aus sieht man fast nichts; von anderen gar nichts. Die Möglichkeit zum Promenieren fehlt gänzlich, da die Gänge viel zu eng sind, und da außerdem der Rang nicht um die ganze Arena herumläuft, sondern man mit einem Male vor einer Wand steht und wieder umkehren muß [...] Der Admiralspalast ist wirklich ein großes, elegantes und zweckmäßiges Vergnügungsetablissement, wie man's bisher entbehrte, und wie es der Weltstadt Berlin in den Abendstunden fehlte. Es ist in erster Linie für die Zuschauer, in zweiter Linie erst für den Sport geschaffen. Trotz der großen Dimensionen, in denen der Bau ausgeführt ist, wirkt das Ganze doch einheitlich und intim, nicht leer und kahl.«[53]

155 Ausstellungshallen am Zoo, Fassade an der Hardenbergstraße, 1907.

Nicht zuletzt durch den Admiralspalast waren also die wirtschaftlichen Schwierigkeiten von Eis- und Sportpalast bedingt. Sie erlebten beide den Ersten Weltkrieg nicht unverändert und waren die Weltkriegsjahre geschlossen oder anderweitig genutzt. Nicht so der Admiralspalast, der sich bereits 1913 rühmen konnte sogar *»Der einzige Eispalast der Welt«* zu sein. Den Krieg überstand er weitgehend unbeschadet. 1915 war die Eishalle zwar vorübergehend geschlossen worden, Bäder, Cafés und Kino aber offengeblieben. Auf einer Aktionärsversammlung erläuterte Direktor Rachwalski, daß rückständige Hypotheken und Zinsen in Höhe von 286.000 Mark sowie 75.000 Mark öffentliche Forderungen anstünden. Zur Sanierung wurden circa 800.000 Mark veranschlagt. [54] Über die Rettungsaktion sind wir im einzelnen nicht unterrichtet, spätestens im Januar 1916 war die Arena wieder in Betrieb.

Jedoch war nach dem Ersten Weltkrieg mit Eisrevuen alleine auf Dauer kein interessantes Programm zu gestalten. Der Admiralspalast sah sich jedoch nicht genötigt, wie seine beiden Konkurrenten, ein »Hippodrom« einzurichten und so zu dokumentieren, daß zwischen Eis- und Pferdesport eine strukturelle Verwandtschaft dahingehend besteht, daß beide mehr darbieten, als daß sie Wettkampf zeigen. Eine der letzten Eisrevuen, wenn nicht sogar die letzte überhaupt, war ein futuristisches Eisballett, das sich durch eine Dekoration von Rudolf Belling auszeichnete und den kulturellen Anspruch des Admiralspalastes verdeutlicht.[55]

1922 wurde die Eishalle aufgegeben und statt dessen ein Varieté-Theater eingerichtet, von dem die Eisrevue ohnehin nur ein Ableger war. Die Bühne wurde durch die Architekten Kaufmann & Wolffenstein errichtet.[56] Mit seinem Bemühen *»ein weltstädtisches Vergnügungsetablissement größten Stils«*[57] zu werden, schied damit auch der Admiralspalast aus der Reihe der Massenveranstaltungshäuser aus.

Die Ausstellungshallen am Zoo

In den Jahren 1905–06 wurden an der Hardenbergstraße (Nr. 29a-e) zwischen dem Bahnhof Zoo und dem Auguste-Viktoria-Platz (Breitscheidplatz) die Ausstellungshallen am Zoo errichtet. Mit einer gut 200 Meter langen Fassade nach Plänen von Carl Gause (Hotel Adlon am Pariser Platz, 1907, während des Baues gestorben) knüpften sie an die neoromanische Architektur der Umgebung an, deren Blickfang die 1891–95 von Franz Schwechten (1841–1924) erbaute Kaiser-Wilhelm-Gedächtnis-Kirche war.[58] Auch die übrige Platzbebauung orientierte sich an diesem Stil (Romanisches Café, Altes und Neues Romanisches Haus), was P.O. Rave dazu bewogen haben mag, auch für die Ausstellungshallen einen ursprünglichen Schwechtenentwurf anzunehmen. Dafür haben sich aber keine Anhaltspunkte ergeben.[59] Über den Bauverlauf sind wir nicht unterrichtet, eröffnet wurden die Hallen am 1.11. 1906 mit der *»VI. Internationalen Automobil-Ausstellung«*.[60]

Der Baukomplex war – auch außen sichtbar – in zwei Hallen unterteilt. Die westliche Halle (Halle I), über alle drei Geschosse reichend, öffnete sich zur Hardenbergstraße mit einem großen übergiebelten Mittelrisalit, der ein Vestibül

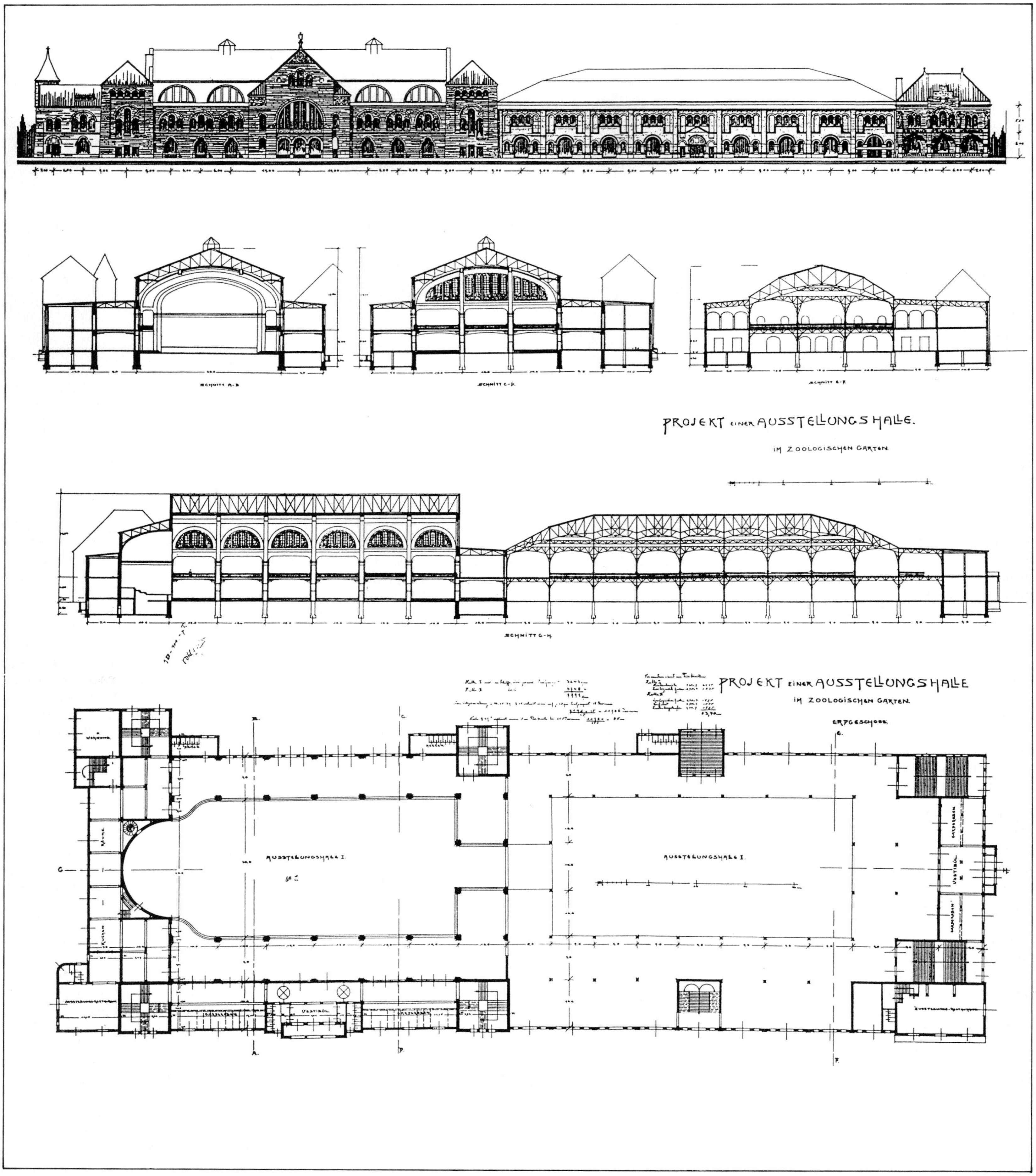
PROJEKT EINER AUSSTELLUNGSHALLE.
IM ZOOLOGISCHEN GARTEN
SCHNITT G-H
PROJEKT EINER AUSSTELLUNGSHALLE
IM ZOOLOGISCHEN GARTEN
ERDGESCHOSS
VESTIBÜL

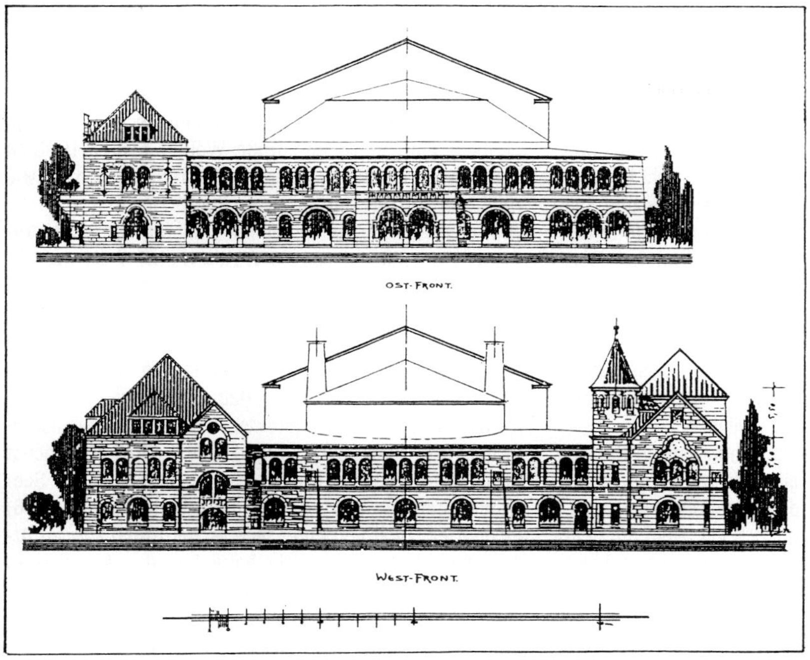

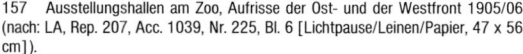

157 Ausstellungshallen am Zoo, Aufrisse der Ost- und der Westfront 1905/06 (nach: LA, Rep. 207, Acc. 1039, Nr. 225, Bl. 6 [Lichtpause/Leinen/Papier, 47 x 56 cm]).

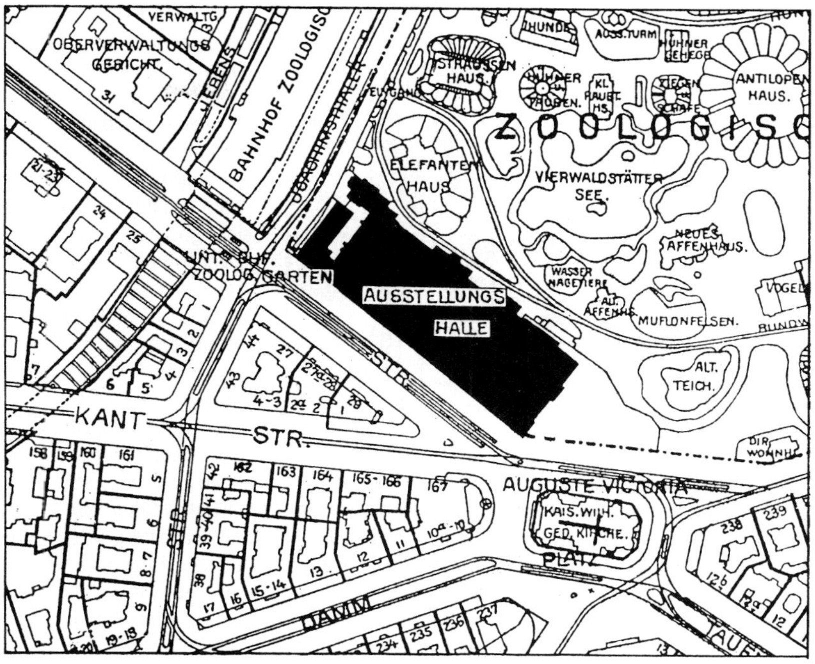

158 Lageplan der Ausstellungshallen am Zoo, 1923.

enthielt. In der westlichen Schmalseite zum Bahnhof Zoo befand sich das Ausstellungsrestaurant (seit 1916 die »Wilhelmshallen«). An allen vier Ecken der Halle I waren Treppentürme angebracht, die sich im Aufriß als Risalite hervorhoben. Der Grundriß entsprach einer Basilika mit Apsis und war durch eine Pfeilerstellung gegliedert. Die östliche Halle (Halle II), im ganzen niedriger gehalten, besaß ihren Haupteingang an der östlichen Schmalseite.

Die Innenraumgestaltung der beiden Hallen läßt sich heute nur noch rekonstruieren. Hierbei sind neben den Quer- und Längsschnitten die Aufnahmen der von Bruno Möhring (1863–1929) gestalteten Schiff-Bau-Ausstellung 1908 hilfreich.[61] Bei der Halle I handelte es sich um eine dreischiffige Anlage mit einem dreigeschossigen Mittelschiff und zweigeschossigen Seitenschiffen. Letztere waren zum Hauptschiff abgetreppt und im zweiten Geschoß als Galerie geöffnet. Über dieser eine Reihe von sechs Thermenfenstern, die mittels verzierter Stichkappen in das Korbgewölbe, mit der das Mittelschiff überspannt wurde, eingelassen waren. Die Galeriepfeiler setzten sich als Untergurtbögen fort. Die Decke selbst zeigte in der Mitte große Kassetten mit Rahmung, flankiert von zwei kleinteiligen Kassettenbändern. Die halbrunde Apsis wurde durch eine Reihe von Rundbogenfenstern in Höhe des dritten Geschosses belichtet, die einzig erkennbare Reminiszenz im Inneren an das romanische Äußere des Baus. Die Halle II scheint ganz ähnlich konstruiert gewesen zu sein wie die Halle I und war mit ihr durch ein Zwischenjoch verbunden. Sie besaß jedoch nur zwei Geschosse und eine einfache Dachkonstruktion mit sichtbaren Kragträgern.

Zunächst scheinen beide Hallen gleichzeitig verwendet worden zu sein. Weitere frühe Ausstellungen waren 1907 die *»Internationale Sport-Ausstellung«*, eine Erfindermesse und eine weitere Automobilausstellung, bei der erstmals Luxus- und Nutzfahrzeuge getrennt gezeigt wurden.[62] Es folgten u. a. die *»Grosse Internationale Gartenbau-Ausstellung«* im April 1909, eine Wohnungsausstellung 1910[63], die große Möbelmesse 1911 oder auch die *»III. Büro-Ausstellung«* im gleichen Jahr. Für Sechstagerennen wurde aber nur die Halle II verwendet. Anscheinend aber war die

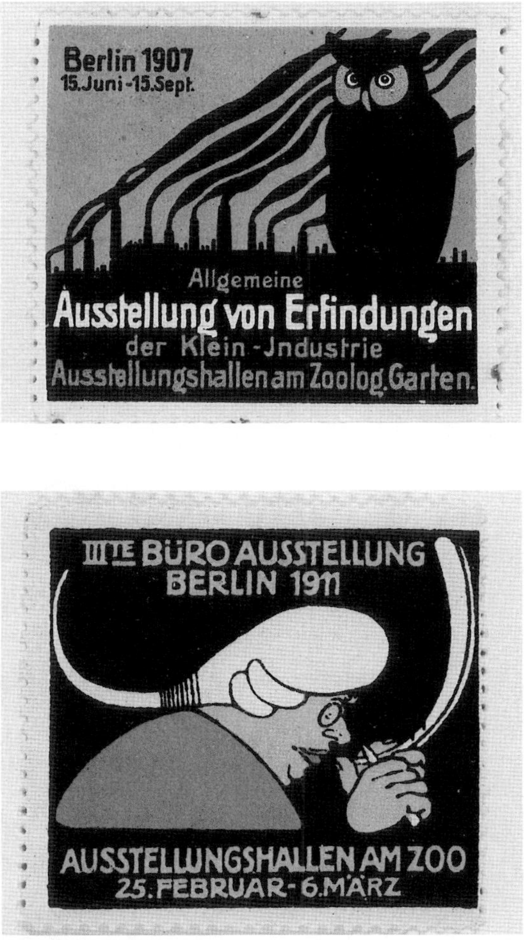

159 Werbemarken zu Ausstellungen in den Ausstellungshallen am Zoo; LA, Rep. 240, Acc. 1161.

◁156 Ausstellungshallen am Zoo, Aufriß der Fassade an der Hardenbergstraße, Schnitte und Grundriß 1905/06 (nach drei Lichtpausen/Papier/Leinen: LA, Rep. 207, Acc. 1039, Nr. 225, Bl. 5 [43 x 102 cm], Bl. [50 x 104 cm] und Bl. 2 [44 x 102 cm]).

Konzeption der Ausstellungshallen am Zoo nicht sehr glücklich. Für große Messen reichte die etwa 12.000 Quadratmeter große Ausstellungsfläche nicht aus, zumal sie auf zwei Hallen verteilt war. Bei kleineren Veranstaltungen blieb eine Halle leer, es ist zumindest kein Fall bekannt, in dem zwei verschiedene Ausstellungen, jede in einer Halle, stattgefunden hätten.

Im Jahre 1912 trennten sich die Geschicke der beiden Hallen. Die Halle I wurde an die Aktiengesellschaft »Theater-Groß-Berlin« verpachtet[64], die dort durch Arthur Biberfeld (geboren 1874; Komische Oper, 1904/05) das »Cines-Palast-Theater« einbauen ließ.[65] Die Bezeichnung »Palast-Theater am Zoo« scheint eine Namensänderung zu sein, die vermutlich im Zusammenhang mit dem Konkurs der Gesellschaft 1913 steht.[66] Zum Herbst 1919 wurde das Theater zum Kino »Ufa-Theater« umgebaut und am 19. September mit *»Madame Dubarry«* von Ernst Lubitsch, in der Hauptrolle Pola Negri, eröffnet. Interessanterweise fanden hier mit *»Die Puppe«* (Dezember 1919) und *»Anna Boleyn«* (Dezember 1920) noch weitere Lubitsch-Uraufführungen statt. Das Kino faßte 2.000 Besucher und beschäftigte ein Orchester von 50 Mann.[67] Die Eintrittspreise lagen zwischen 1,75 und 6,25 Mark. Mit dem Einbau des Theaters beziehungsweise Kinos entfiel die Halle I natürlich für Veranstaltungen wie Radrennen und Hallensportfeste. 1925 baute Carl Stahl-Urach (geboren 1879) das bereits bestehende Kino zum »Ufa Palast am Zoo« um.[68] Ein Neubauprojekt für das gesamte Gelände 1927 von Erich Mendelsohn (1887–1953) wurde nicht verwirklicht.

Nach dem Umbau firmierte die Halle II alleine als »Ausstellungshallen«. Den Nutzungsschwerpunkt bildeten weiterhin Industrieausstellungen wie die *»Haus- und Wohnbau-Ausstellung von Bedarfsartikeln«* 1912, die *»Allgemeine Bauausstellung«* 1914 oder die Ausstellung *»Kleinwohnungsbau«* 1918. Aber auch andere Veranstaltungen wie das *»Bühnen-Presse-Fest«* der Genossenschaft deutscher Bühnenangehörigen, die Varieté-Ausstellung *»Eva«* oder das *»16. Deutsche Bundeskegeln«* (alle 1914) fanden dort statt. 1914 und 1915 wurden sogar jüdische Gottesdienste abgehalten.[69] Die Zeit vor dem Ersten Weltkrieg bedeu-

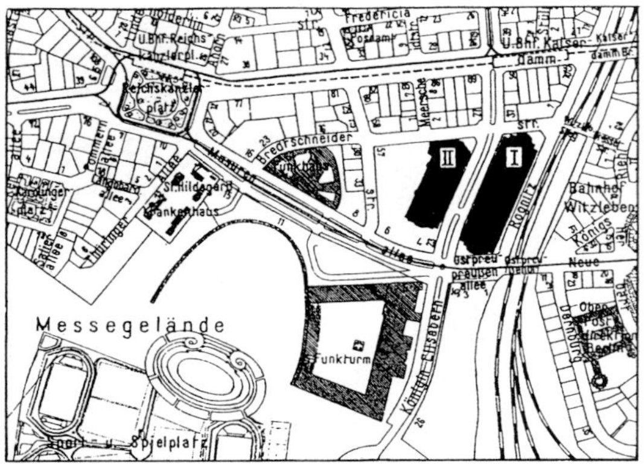

160 Lageplan der Autohallen am Kaiserdamm, 1932.

tete den Höhepunkt derartiger Veranstaltungen. Politische Versammlungen scheinen in den Ausstellungshallen am Zoo nicht stattgefunden zu haben. Programme, die auf ein Massenpublikum abzielten, hielten sich in Grenzen. Hervorzuheben sind Sportveranstaltungen wie die beiden Hallensportfeste 1912 und 1914 sowie zahlreiche Radrennen. Von den letzteren sind die Berliner Sechstagerennen Nr. 1 (1909), Nr. 2 (1909/10) und Nr. 6 (1913) in den Ausstellungshallen ausgetragen worden.[70]
Der Erste Weltkrieg spiegelte sich in entsprechenden Ausstellungsthemen: *»Was der Soldat im Felde braucht«* (1914), *»Deutschlands Werdegang und Größe, ergänzt durch Vorführung entsprechender lebender Bilder«* (1915), *»Deutsche Kriegsküche«* im selben Jahr oder *»Befestigungskunst und Festungskrieg«* (1916).[71]
Nach dem Ersten Weltkrieg ließ sich auch die Halle II nicht mehr halten. Die zentrale Lage in der Stadt war zwar dem Publikumsverkehr günstig, nicht aber der Anlieferung und Verladung großer Ausstellungsgüter. Außerdem war mit den Automobilhallen am Kaiserdamm und der dort vorgesehenen zentralen Messeplanung starke Konkurrenz erwachsen, mit der die Ausstellungshallen am Zoo schon rein flächenmäßig, man denke nur an die begrenzte Freifläche, nicht mitzuhalten vermochten. Als Neunutzung war 1918 zunächst an ein Schwimmbad gedacht worden, schließlich aber wurden sie ein Jahr später an die »Filmateliers am Zoo« (Suring & Markiewicz) vermietet. Zehn Jahre später baute Leo Nachtlicht eine Ladenzeile vor die ehemalige Halle II, die die architektonische Einheit des Baukomplexes zerstörte, der dann durch den Zweiten Weltkrieg endgültig aus dem Berliner Stadtbild verschwand. An seine Stelle trat der heute noch existierende »Zoopalast«, 1956 nach Plänen von Schwebes, Schoßberger & Fritsche erbaut.[72] Die hauptsächlich dort veranstalteten Filmfestspiele finden also auf traditionsreichem Boden statt.

Die Automobilhallen am Kaiserdamm

Weder die ausgesprochenen Sportpaläste noch die Ausstellungshallen am Zoo waren geeignet, größere und länger dauernde Industrieausstellungen aufzunehmen. Die Sportarenen waren dazu auch gar nicht gedacht, wenngleich auch dort gelegentlich derartiges zu sehen war, wie die *»Brauereifach-Ausstellung«* im Sportpalast 1914. Die Hallen am Zoo wiederum lagen ungünstig. Zwar waren sie für das Publikum leicht zu erreichen, eine Ausstellung größerer Stücke stieß jedoch auf technische Probleme. Nach dem Umbau der Halle II 1912 standen auch nur noch 6.000 Quadratmeter Ausstellungsfläche zur Verfügung. Für die neue Halle wurden hingegen mindestens 16.000 Quadratmeter gefordert, unter ausdrücklicher Berufung darauf, daß Sport- und Eispalast sowie die Ausstellungshallen am Zoo kein genügendes Raumangebot für eine *»große internationale Ausstellung auf industriellem Gebiet«* böten.[73]
So suchte man zur Präsentierung größerer Messen nach geeigneteren Möglichkeiten. Nicht zuletzt deshalb, weil die Reichshauptstadt in dieser Hinsicht bislang mit traditionellen Messestädten wie Leipzig und Frankfurt nicht konkurrieren konnte. 1913/14 existierten mehrere Pläne zum Bau einer größeren Halle, als Standorte waren Gelände in der Rubensstraße in Schöneberg, in Moabit und an der Heerstraße im Gespräch. Sie wurden jedoch aufgegeben, als bekannt wurde, daß der »Verein Deutscher Motorfahrzeuge-Industrieller« mit Unterstützung des »Kaiserlichen Automobilklubs« (KAC) ein solches Projekt am Kaiserdamm plane und sich bereit erklärt hatte, das Gebäude auch anderen Ausstellern zur Verfügung zu stellen.[74]
Daß gerade die Automobilindustrie sich in diesem Projekt engagierte, für das mehr als eine Million Mark veranschlagt worden war[75], liegt in dem Umstand begründet, daß der Export rückläufig war und sich vor allem mit dem »Pariser Autosalon« eine ernsthafte Konkurrenz etabliert hatte. So war zu befürchten, daß das Land der Autoerfinder ins Hintertreffen gelangen könnte. Insbesondere in Hinblick auf den Pariser Salon scheint es von Bedeutung gewesen zu sein, ein ständiges und erweiterungsfähiges Ausstellungsgelände zur Verfügung zu haben. Bisher hatten die Berliner Automobilmessen an den verschiedensten Orten stattgefunden. Die erste, noch als *»Motorwagenschau«* bezeichnet, fand 1898 im Landesausstellungspark am Lehrter Bahnhof statt, die erste Messe mit internationaler Beteiligung 1899 im »Exerzierhaus des II. Garderegiments zu Fuß« in der Karlstraße. Weitere folgten 1903 im Palmengarten, 1905 wieder am Lehrter Bahnhof sowie 1906 und 1907 in den Hallen am Zoo.[76]
Über das frühe Planungsstadium sind wir insofern unterrichtet, als zunächst nur ein Wettbewerb für die Ausführung eines Vorentwurfes von Alfred Hans Richter und Hans Schmuckler ausgeschrieben wurde, woran sich unter anderem die Firma Breest & Co. beteiligte, die bereits eben diesen Vorentwurf hatte anfertigen lassen. Im ersten Ergebnis deutete sich schon an, daß die Brisanz in dem Zusammenwirken von Architekten-Kunst und Ingenieurs-Technik liegen würde. Das Ergebnis war nämlich zunächst nach Auffassung des Preisgerichtes, dem Friedrich Seeßelberg (geboren 1861) und Bruno Schmitz (1858–1916) angehörten, zwar von guter technischer Grundlage, im Architektonischen jedoch nicht befriedigend.[77] Aus diesem Grunde wurde auf der schon erarbeiteten Grundlage ein neuer Wettbewerb ausgeschrieben, an dem sich unter anderem Peter Behrens, Klingenberg & Beyer, Otto Michaelson, Heinz Stoffregen, Schaudt & Vischer und auch Alfred Hans Richter (geboren 1877) beteiligten.[78] Richter, dem

161 Das Berliner Messegelände während der Deutschen Automobil-Ausstellung 1926; im Hintergrund in der Mitte die Autohalle II am Kaiserdamm, rechts die Autohalle I, rechts unten die Funk-Meßhalle (nach: Sport-Spiegel 1926, Nr. 43, 28. 10. 1926).

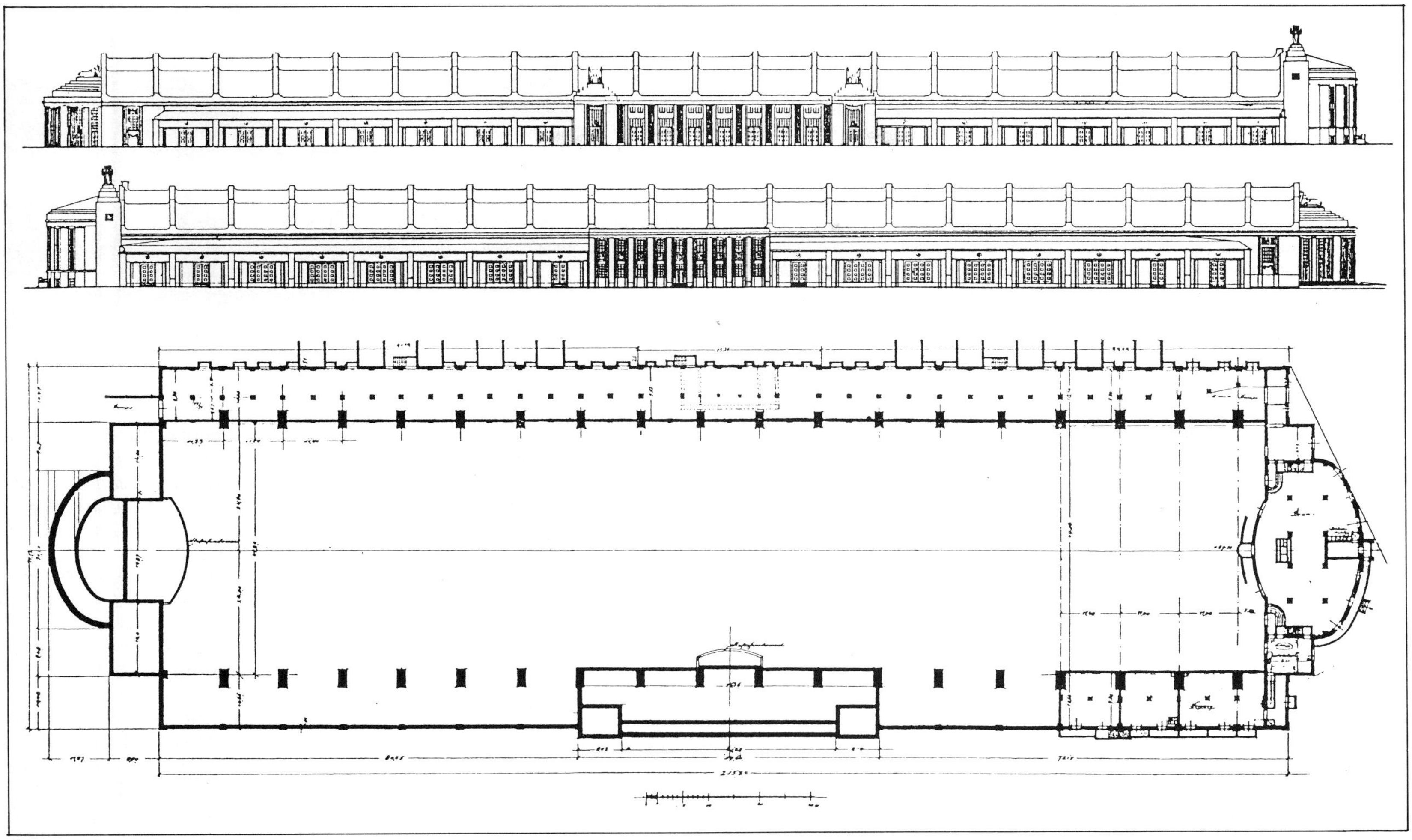

162 Autohalle I am Kaiserdamm, Aufrisse und Grundriß (nach: Der Industriebau 1915, S. 357 f.).

wir bereits 1908 beim Maschinenhaus des Eispalastes begegnet sind[79] – offenbar war er seinerzeit im Büro Walter Henschtels beschäftigt –, wurde schließlich mit dem künstlerischen Entwurf beauftragt, bei dem ihm der Architekt Rottmeyer zur Seite stand, während Hans Schmuckler für den technischen Teil verantwortlich blieb. Schmuckler hatte kurz zuvor die Maschinenhalle II auf der *»Internationalen Baufach-Ausstellung«* in Leipzig 1913 gebaut und war von daher für eine solche Aufgabe prädestiniert.[80] Die hier wie dort ausführende Berliner Firma Breest & Co., für die Schmuckler tätig war[81], hatte ihrerseits weitere Erfahrungen im Ausstellungshallenbau bei der Brüsseler Weltausstellung 1910 (Halle für Kraftmaschinen von Peter Behrens) sammeln können.[82]

Die Automobilhallen am Kaiserdamm, mit deren Bau im April 1914 begonnen werden konnte, bestanden genau genommen zunächst nur aus einer Halle, und die lag auch nicht direkt am Kaiserdamm, sondern auf dem Areal eines ehemaligen Exerzierplatzes, das von der Königin-Elisabeth-Straße (später Messedamm), der Rognitzstraße, der Neuen Kantstraße (dieser Teil später Ostpreußen- beziehungsweise Masurenallee) und der Straße 32 b (später Bredtschneiderstraße) begrenzt wurde. Die Automobilhalle galt – in üblicher Berliner Übertreibung – als die größte Ausstellungshalle der Welt.[83] Verkehrstechnisch lag sie äußerst günstig. Einerseits war sie mit der Hoch- und Untergrundbahn (U-Bahn; Kaiserdamm) und S-Bahn (der Ringbahnhof Witzleben war gerade im Bau) für das Publikum leicht zu erreichen, andererseits besaß sie direkten Anschluß an die damals noch sogenannten Automobilstraßen, die seinerzeit durchaus noch nicht gang und gäbe waren. Man konnte von den Giebelseiten aus sogar direkt in das unterkellerte Seitenschiff an der Rognitzstraße fahren.[84]

Die Halle I wurde auf abfallendem Gelände errichtet. Zwischen ihrer Südwestecke an der Königin-Elisabeth-Straße und ihrer Nordostecke an der Rognitzstraße bestand ein Gefälle von drei Metern. Sie verfügte bei einer Länge von 230 Metern und einer Breite von 72 Metern über eine bebaubare Ausstellungsfläche von ca. 14.000 Quadratmetern, die Hallenhöhe betrug 18 Meter.[85] Ein Blick auf den Grundriß zeigt eine einfache dreischiffige Anlage, deren Mittelschiff eine Spannweite von 50 Metern besaß, während die beiden Seitenschiffe nur wenig mehr als 10 Meter tief waren. Solche Spannweiten im Eisenbau waren zwar schon seit dem 19. Jahrhundert in Gebrauch, gleichwohl gab es doch wenige Hallenbauten solchen Ausmaßes, so daß die Dach- und Tragwerkskonstruktion gebührende Aufmerksamkeit verdient.

In nur einem Monat wurde ein Gerippe aus 18 Bindern für den Stahlskelettbau aufgestellt. Die Pfetten wurden jedoch nicht oben oder unten an den Bindern befestigt, sondern liefen, entgegen allem Hergebrachten, mitten durch sie hindurch. Dadurch ragten die Binder nur wenig in das Halleninnere hinein, was deswegen erwünscht war, um nicht bei Festlichkeiten die Binderkonstruktion jedesmal aufwendig drapieren zu müssen.[86] Außen trug diese Konstruktion zu einer Rhythmisierung des Daches bei und lockerte so das doch sehr langgestreckte Gebäude auf. Ein Gliederungselement, daß bei dem heute dort stehenden Internationalen Congress Centrum (ICC), mit dessen Dimensionen sich die Halle durchaus messen kann, offenbar wiederverwendet wurde. Die gesamte Konstruktion wog 15.000 Tonnen. Das Dach selbst bestand aus Bimsbeton-Kassettenplatten, die zwecks Gewichtsersparnis mit Hohlräumen versehen waren. Sie wurden fertig geliefert, an Ort und Stelle verlegt und anschließend mit Zement vergossen.

Im Inneren wurden die sichtbaren Konstruktionsteile aus Stahl mit Rabitz, einem feuerfesten Drahtputz, verkleidet. Die durch die Abwinkelungen der Binder sich ergebenden Flächen wurden dazu benützt, mittels Rahmungen verschiedene Zonen zu schaffen. Die Oberlichter besaßen eine Kassettenrahmung, in der mittleren Zone waren einfache, polygonale Blendfelder eingelassen. Der Fußboden verblieb im Naturzustand, denn einerseits war durch den Geländeabfall unter Umständen noch mit Senkungen zu rechnen, andererseits konnte so auf die jeweiligen Veranstaltungsbedürfnisse mit speziellen Abdeckungen eingegangen werden. Die Bemalung der Halle in gelben, grünen und schwarzen Tönen – für die wohl Richter zuständig war – stieß bei Schmuckler auf Widerspruch: *»Die farbige Behandlung der Halle im Inneren scheint insofern einen Fehler aufzuweisen, als die großflächige Aufteilung der Mansarden den Besucher den Maßstab für die gewaltigen*

Abmessungen der Halle völlig verlieren läßt und die Unruhe der verschieden gefärbten Abtreppungen der Binderfuß-Ummantelungen nicht geradezu vorteilhaft erscheint.«[87]

Der langgestreckte Bau war im Äußeren schwer zu gliedern. Der Haupteingang an der westlichen Längsseite zur Königin-Elisabeth-Straße wurde durch einen neunachsigen Mittelbau akzentuiert, dessen äußere Achsen als Risalite ausgebildet waren, die Treppenhäuser enthielten. Dazwischen war eine Pfeilerhalle gespannt. Über den Risaliten erhoben sich auf mehrfach gestaffelten Podesten etwas eigenwillige Automobilplastiken aus Beton des Bildhauers Hermann Feuerhahn (geboren 1873; Roch & Feuerhahn), die den Zweck der Halle auf recht vordergründige Weise versinnbildlichten. Eine weitere derartige Skulptur befand sich über dem sogenannten »Kaisereingang« an der Südseite, der nahezu als Halbrund ausgebildet war, während sein Pendant an der Nordseite ein von zwei Treppentürmen flankiertes Oval darstellte. Diese mehrstöckige Nordfront enthielt im halb versenkten unteren Geschoß ein Bierlokal, darüber eine Weinstube und die Küchenanlagen. Die zur S-Bahn zeigende Ostfront zur Rognitzstraße besaß als Entsprechung zum Haupteingang ebenfalls einen Vorbau, in welchem Sitzungs- und Büroräume untergebracht waren, von innen vorgelagert eine Musikloge.

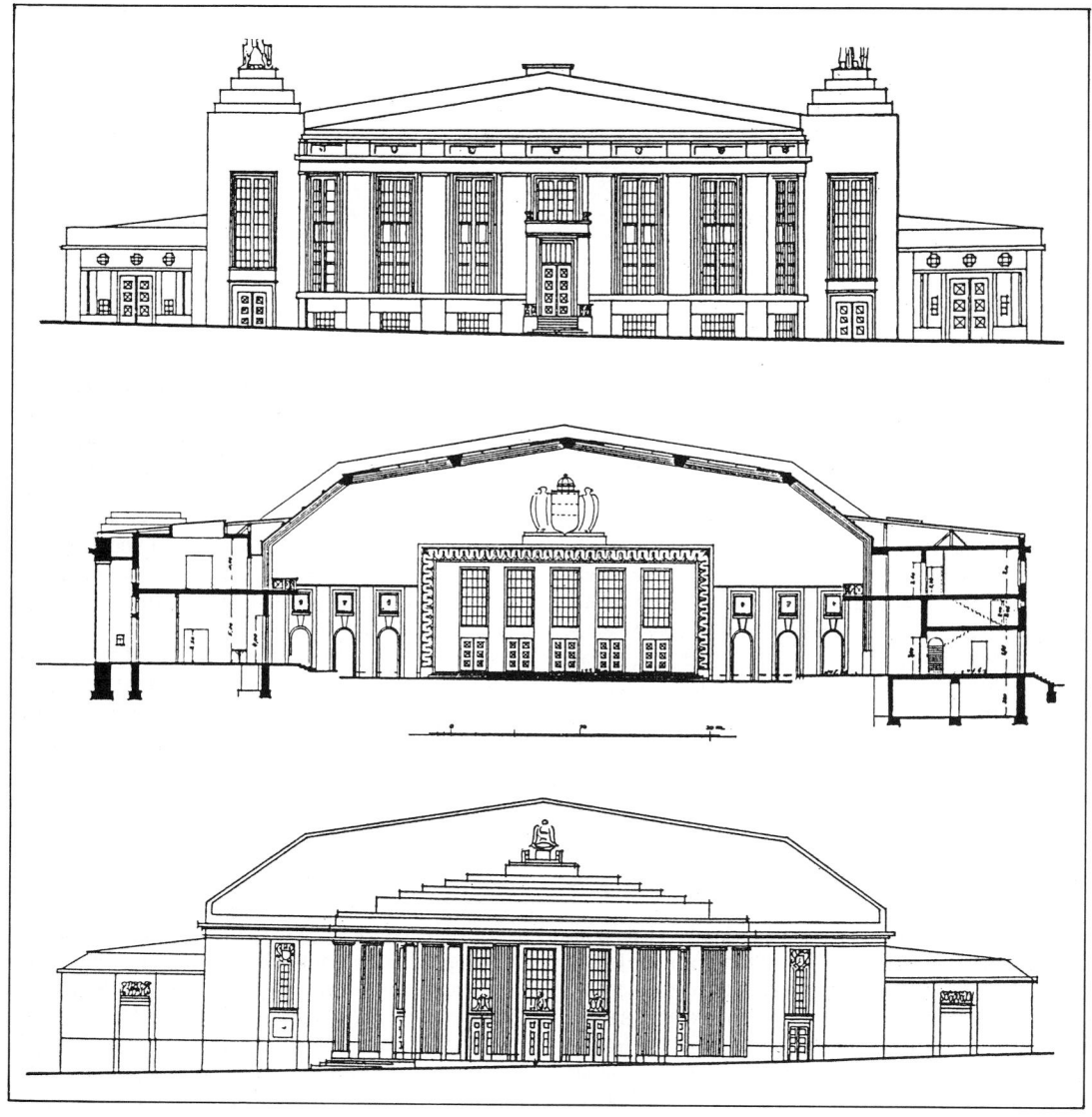

Der einfach verputzte Bau zeigte eine reduzierte Formensprache, die hauptsächlich mit Profilierungen arbeitete. Die Pfeiler und Pilaster waren kanneliert, auf Säulen wurde ganz verzichtet. Vor allem die Westseite mit dem Haupteingang besaß bis hin zum Fenster- und Türendekor ein für ihre Zeit erstaunliches neoklassizistisches Gepräge. Die Baukosten lagen einschließlich des Bauplatzes bei 1,25 Millionen Mark.[88]

Die zeitgenössische Kritik lobte den Bau: *»Die Innenarchitektur ist auf eine intime Wirkung berechnet und vermeidet den manchen anderen Ausstellungshallen anhaftenden bahnhofsartigen Charakter vollständig.«*[89]

Interessanterweise prägte besonders der Vergleich mit den Ausstellungshallen am Zoo schon im Vorfeld die Beurteilung: *»Aber wie die romanischen Kitschgebäude an der Kaiser-Wilhelm-Gedächtnis-Kirche wirkt sie [die Ausstellungshalle am Zoo] abstoßend durch ihren von oben herab befohlenen Lieblingsstil, der [...] wohl für Gotteshäuser zulässig ist, nicht aber für Cafés und Ausstellungshallen für alle Dinge vom Automobil bis zum Zündholz, oder für Privathäuser. Unsere Zeit verlangt ihren eigenen Stil und es ist als sehr erfreulich zu bezeichnen, daß die neue Ausstellungshalle, die der Verein Deutscher Motorfahrzeug-Industrieller am Kaiserdamm errichten läßt [...] in einem Stil erbaut sein wird, der in der Hauptsache nun doch einmal der angenehmste für alle monumental empfindsamen Menschen bleiben wird, der neue klassische, denn der plumpe Kolossalstil des Völkerschlachtsdenkmals in Leipzig dürfte jedenfalls nicht das letzte Wort haben. Die Ausstellungshalle wird im Stil der edelsten und einfachsten Antike erbaut werden [...]«* (Die Standarte).[90]

163 Autohalle I am Kaiserdamm, Aufrisse der Schmalfronten und Querschnitt (nach: Der Industriebau 1915, S. 356).

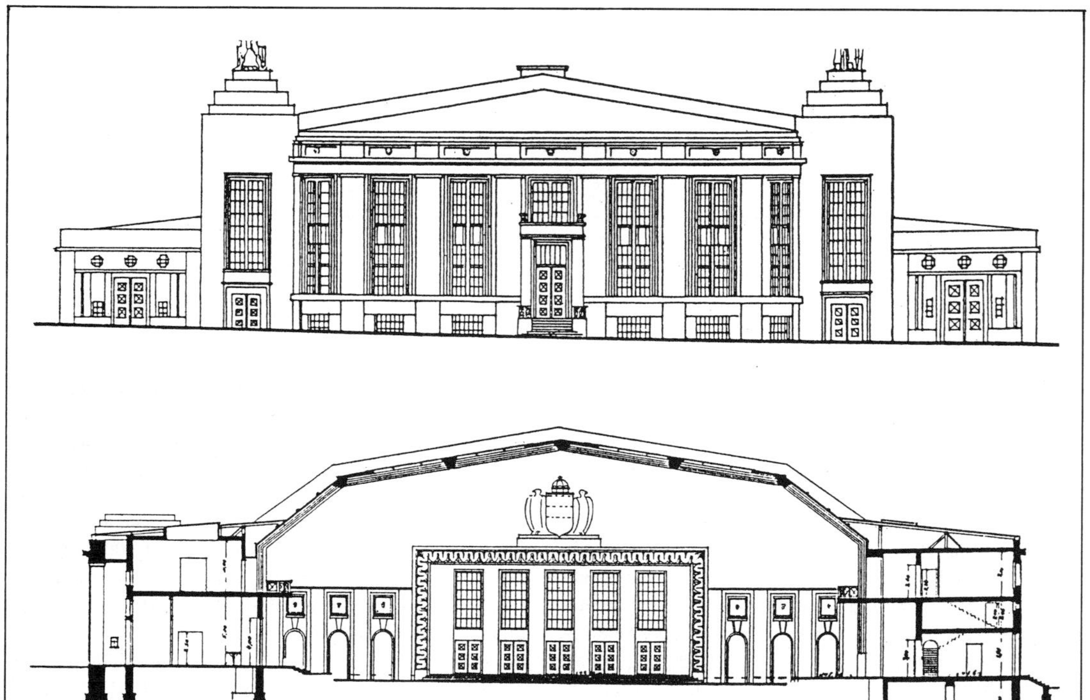

164 Autohalle I am Kaiserdamm, Haupteingang an der Westfront (nach: Berliner Architekturwelt 17, 1915, S. 395).

Die gleiche Zeitschrift vermerkt weiter positiv, daß darauf verzichtet worden sei, *»eine Nachahmung des Pariser Salons zu erzielen.«*[91] Diese doch erstaunlich progressiv erscheinende Kritik eines eher der Finanzwelt nahestehenden Blattes – wir haben auf den Zusammenhang zu Börsenkreisen bereits hingewiesen – nimmt indes die eigentliche künstlerische Auseinandersetzung zwischen Ingenieurs- und Architektenästhetik nicht auf, ob nämlich die Konstruktion eines Baues sich auch im Äußeren spiegeln soll oder nicht. Wir greifen diesen Punkt bei der Halle II nochmals auf.

Bereits im Oktober 1914 sollte die neue Halle mit einer Automobilausstellung eröffnet werden, der sich einen Monat später eine Internationale Luftfahrzeug-Schau anschließen sollte.[92] Auch zu den in Berlin geplanten Olympischen Spielen 1916 sollte die neue Halle eine Ausstellung zeigen.[93] Diese Pläne wurden jedoch durch den Beginn des Ersten Weltkrieges zunichte gemacht. In dessen letzten Jahren wurde die Halle für den Flugzeugbau genutzt, anschließend stand sie jahrelang leer. Die erste Großveranstaltung hat anscheinend erst 1920 stattgefunden.[94]

Schon deswegen bedeutete die Automobilhalle zunächst keine Konkurrenz für die Sportarenen. Erst im Dezember 1923 wurde eine Radrennbahn eingebaut, die 200 Meter lang und 6 Meter breit war, bei einem Kurvenradius von 14,5 Metern. Spezialist für Radrennbahnen war der Dresdner Ingenieur Hellner, der hier tätig wurde. In das Innere der Bahn gelangte man unterirdisch, was eine die Sicht störende Brücke wie im Sportpalast überflüssig machte. Die umgebaute Halle faßte annähernd 15.000 Besucher.[95]

Insbesondere im Bereich des Radsports war jetzt dem Velodrom im Sportpalast eine ernsthafte Konkurrenz erwachsen. Der Umbau stand sicherlich in Zusammenhang mit der Planung einer zweiten Halle, die im folgenden Jahr auch realisiert wurde. Zumindest bis zu deren Eröffnung, vermutlich am 11. 1. 1925[96], wurde die alte Halle aber auch noch für Messen genutzt, etwa die *»Deutsche Gastwirts- und Konditoren-Messe«* (April 1924).[97] Auch für Festspiele war die Halle brauchbar, wie die *»Passions-Festspiele«* Ostern 1924 verdeutlichen[98] und natürlich für ihren eigentlichen Zweck, die Automobilausstellungen (1924, 1935). Von 1924 bis 1926 wurden vier Sechstagerennen am Kaiserdamm ausgetragen, das 12. (Autohalle I), das 13., 16. und 18. (Autohalle II; die »neue Autohalle«).

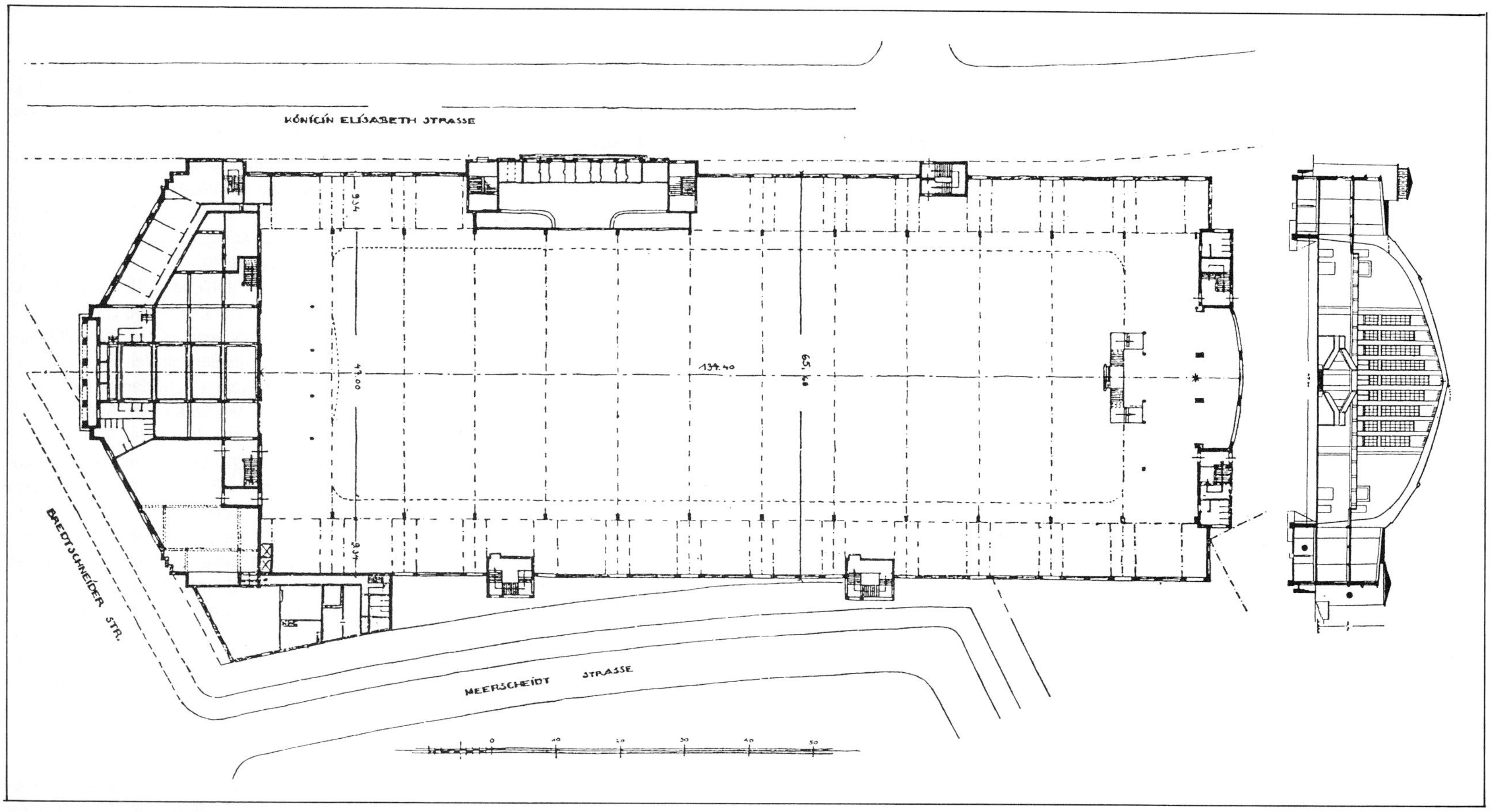

165 Autohalle II am Kaiserdamm, Grundriß und Schnitt (nach: Bauwelt 1925, Heft 17, S. 4).

166 Autohalle II am Kaiserdamm, Blick nach Süden, um 1930.

Es ist seit dem Bau einer zweiten Halle 1924 nicht immer eindeutig, in welcher der beiden Hallen die jeweilige Veranstaltung abgehalten wurde. Bei größeren Ausstellungen, wie der *»Polizeiausstellung«* 1926, wurden beide benötigt. Die Funkausstellungen hingegen scheinen zunächst nur im »Haus der Funkindustrie« (Radio-Meßhalle) stattgefunden zu haben. Ihr Entwurf (1924) stammt von Heinrich Straumer (1876–1937), wie auch der Funkturm von 1926.[99]
Die neue Halle war also Bestandteil einer Erweiterung zu einem großen Messegelände, zu welchem es seit den zwanziger Jahren bis zur Zeit nach dem Zweiten Weltkrieg immer wieder, teilweise gigantische Konzeptionen gab, von denen aber nie eine konsequent verwirklicht werden konnte.[100] Auch diesmal stand die Automobilindustrie hinter dem Projekt. Beide Hallen firmierten zunächst auch weiterhin als »Automobilhallen am Kaiserdamm«. Es war indes nicht allein die nach wie vor bestehende nationale Messestädtekonkurrenz oder die Tatsache, daß sich die LKW-Produzenten benachteiligt fühlten, weil sie in der Regel nur im Freien ausstellen konnten, dafür verantwortlich, daß das Gelände schließlich erweitert wurde.[101] In der Eröffnungsrede zu der unter dem Motto *»Deutsche, kauft deutsche Kraftfahrzeuge«* stehenden Automobilausstellung am 26. November 1925 wurden die wirtschaftspolitischen Hintergründe von dem Präsidenten des »Reichsverbandes der Automobilindustrie«, Wilhelm von Opel, deutlich formuliert, indem er auf die wiederherzustellende

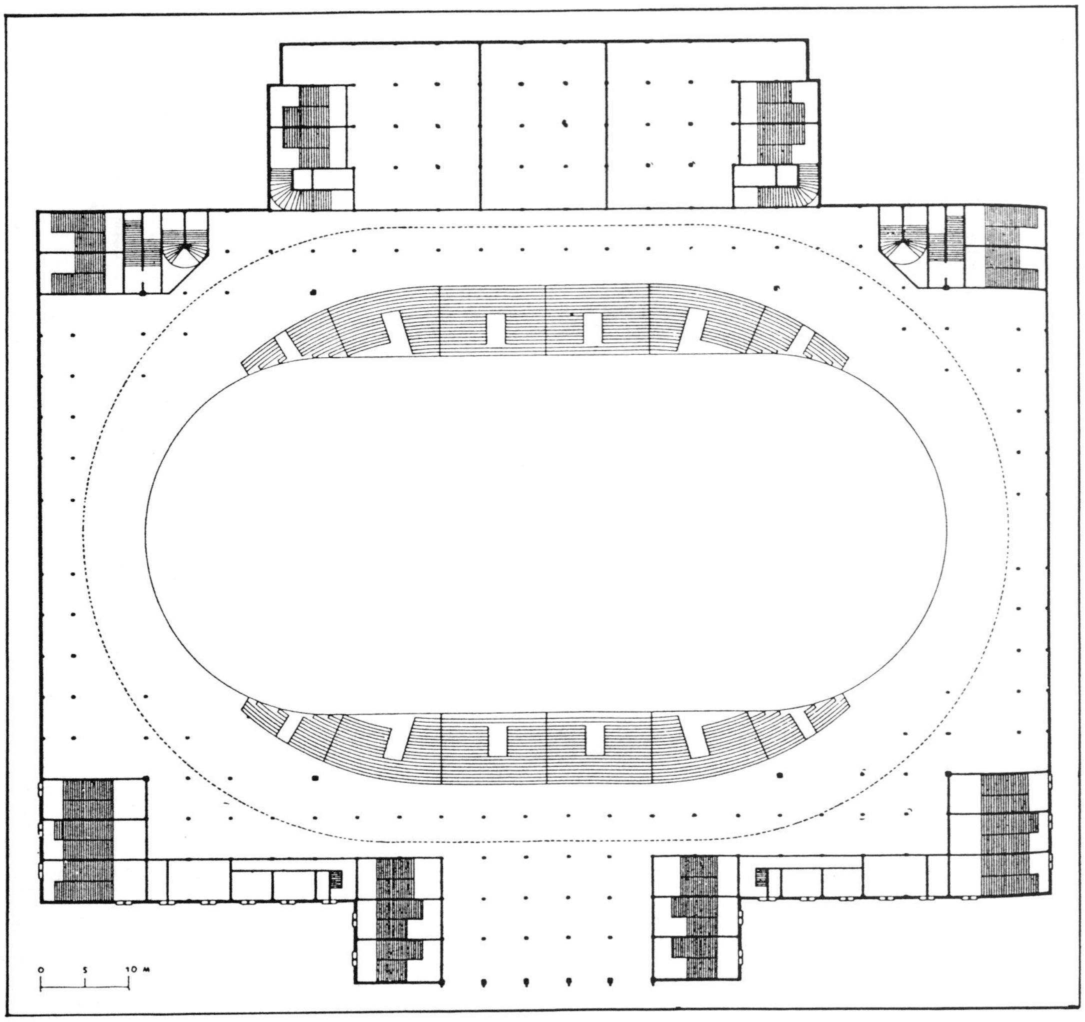

167 Deutschlandhalle, Grundriß (nach: Irmgard Wirth, Stadt und Bezirk Charlottenburg [Die Bauwerke und Kunstdenkmäler von Berlin, Charlottenburg, 2. Teil], Berlin 1961, Textbd., S. 352).

Exportfähigkeit der deutschen Automobilindustrie nachdrücklich hinwies.

Die Halle II wurde unmittelbar neben und parallel zur Halle I errichtet. Für die Ingenieursarbeiten waren wiederum Hans Schmuckler und die Firma Breest & Co. verantwortlich, der architektonische Entwurf stammte diesmal von Johann Emil Schaudt (1874–1957), bei der Durcharbeitung seines Entwurfes wurde er von Jean (Johann Joseph) Krämer (1866–1943) und Ulrich(?) Lange unterstützt.[102]

Die neue Halle war mit knapp 175 Metern Länge und 65 Metern Breite kleiner als die alte, im Konzept schloß sie sich ihrer Vorgängerin stark an. Auch hier beherrschte ein Mittelschiff (Spannweite 47 Meter) das Innere des Gebäudes, dem zwei Seitenschiffe von knapp 10 Metern Tiefe angegliedert waren. Die Firsthöhe der Halle betrug 20,45 Meter. Sie besaß zwei Eingänge, einen im nördlichen Kopfbau und einen zweiten an der östlichen Längsseite zur Königin-Elisabeth-Straße. Die Binderkonstruktion des Stahlskelettbaus war ähnlich wie in der Halle I, im Schnitt jedoch spitzbogig geformt.

Im Inneren der Halle versuchte man hingegen, die Diskrepanz zwischen Funktion und Ästhetik weiter zu mindern. Beim Wettbewerb der Halle I war seinerzeit lediglich vorgegeben, daß die im Inneren sichtbare Konstruktion eine vielseitige Verwendung nicht beeinträchtigen sollte[103], was zu der geschilderten Lösung geführt hatte, die Binder nach oben auskragen zu lassen. Dennoch waren auch in der Halle I Tendenzen erkennbar, eine konstruktionsgemäße Ästhetik zu entwickeln, wenn sie sich auch zunächst nur im Innenbereich äußerte, etwa in dem Weglassen jeglicher figürlicher Ausschmückung.

Bei der Halle II ging man darüber hinaus, indem man postulierte, *»daß eine gut durchgebildete Eisenkonstruktion der Schönheit keinesfalls Abbruch tut. Es kommt dabei lediglich darauf an, daß man die konstruktiven Forderungen mit den künstlerischen in Einklang bringt. Dazu ist es nötig, daß Architekt und Ingenieur sich einer auf den andern vollständig einstellen und die Wirtschaftlichkeit des Entwurfes mit der Forderung der Schönheit in Einklang gebracht wird«.*[104]

Dazu wurde der gesamte Entwurf vom Halleninneren aus entwickelt, wobei auf eine Verkleidung gänzlich verzichtet wurde. Zu der mehr als 10.000 Quadratmeter betragenden Nutzfläche – ohne Wirtschaftsräume gerechnet – kamen weitere 4.000 Quadratmeter der Galerie hinzu, die bei einer Tiefe von drei Metern die Mittelhalle umlief. An ihr waren bewegliche Gerüste befestigt, die während der Bauarbeiten für Schalungsarbeiten, Installationen und dergleichen verwendet wurden, nach Fertigstellung jedoch in der Halle verblieben, wo sie nützliche Dienste bei Dekorationen oder Renovierungen zu leisten vermochten.[105]

War im Inneren also der Konstruktion ein eigener ästhetischer Wert beigemessen worden, so erhob der Bau von Außen den Anspruch einer Identität von Form und Funktion nicht. Zwar war eine solche auch bei der Halle I nicht gegeben, diese hatte indessen noch ein Bemühen um eine für damalige Verhältnisse neue Formensprache erkennen lassen, während das Äußere der Halle II in dieser Hinsicht vergleichsweise belanglos war. Ein erster Entwurf zeigte noch eine wesentlich geschlossenere Form, irritierte jedoch vor allem wegen eines unpassenden, festungsartigen oktogonalen Turmes.[106]

Gerade wegen dieser uneinheitlichen Entwicklung von Außen- und Innenbau sind die Automobilhallen nicht uninteressant, weil sie verdeutlichen, daß die Problematik von Funktion und Formidentität weniger in einer fehlenden und noch zu entwickelnden architektonischen Formensprache begründet lag, sondern in der fehlenden Akzeptierung der bereits vorhandenen, wie sie von Ingenieuren schon im 19. Jahrhundert entwickelt worden war. Es sei daran erinnert, daß im Nutzbau, vor allem im Bereich des Brücken- und Bahnhofbaus, große Spannweiten gefordert waren, wenn sie auch vergleichsweise selten vorkamen. Auch die Binderkonstruktion als solche war ja keine Neuerung des 20. Jahrhunderts. In London zeigte beispielsweise »St. Pancras Station« (Barlow, 1863–68) eine der Automobilhalle II ähnliche spitzbogige Binderkonstruktion, die bis zum Boden geführt war. Ebenso das berühmte »Palais des Machines« von Ferdinand Dutert (Weltausstellung Paris, 1889), das einen Meilenstein in der Ingenieursarchitektur darstellt, ein Bau von doppelt so großen Dimensionen wie die Automobilhalle.[107]

An dem Bemühen, einen dem Eisen gerecht werdenden Stil zu entwickeln, hatte nicht zuletzt Peter Behrens (1868–1940) wesentlichen Anteil (AEG Turbinenhalle in Berlin 1912), aber nicht er allein. Fortschritte in dieser Hinsicht waren letztlich abhängig von der Mitwirkung der Ingenieure und setzte – wie Hans Schmuckler in einem späteren Aufsatz betonte – ein *»Fortschreiten der statischen Berechnungsmethoden«* voraus.[108] Die Tatsache, daß sich der Ingenieur der Automobilhalle publizistisch mit der Geschichte des Eisenbaus und seiner stilistischen Entwicklung auseinandersetzte, verdeutlicht zugleich die Emanzipationsbestrebungen der Ingenieure gegenüber den Architekten, was letztlich auch in der Unzahl der Fachzeitschriften der damaligen Zeit zum Ausdruck kommt. Hierbei ist es bemerkenswert, daß die Automobilhallen dort ein wesentlich breiteres Echo fanden, als alle anderen bisher behandelten Hallenbauten, wobei die konstruktiven Aspekte weitaus im Vordergrund standen und stets betont wurde, daß der Entwurf *»von rein konstruktiv ästhetischen Gesichtspunkten«* geleitet worden sei.[109]

Die erste Veranstaltung in der neuen Automobilhalle war – soweit wir sehen – das 13. Berliner Sechstagerennen im Januar 1925. Hierfür war eigens eine neue Rennbahn installiert worden, obwohl eine solche schon seit zwei Jahren in der alten Halle bestand. Da die Holzbahnen jedoch nicht fest installiert waren und in der Halle I nur als Winterbahn genutzt wurden, war dort möglicherweise keine mehr vorhanden oder entsprach nicht mehr dem neuesten Stand der Technik.

Die erste Ausstellung, die das gesamte Gelände, einschließlich des Hauses der Funkindustrie, nutzte, scheint die bereits erwähnte *»Polizei-Ausstellung«* 1926 gewesen zu sein. Möglicherweise wurden aber auch bereits zur ersten »Grünen Woche« (Februar 1926) beide Hallen benützt.

»Hervorzuheben ist hier ein von Polizeibeamten selbst gefertigtes Modell vom Zentrum Berlins, aus dem unter anderem die Sicherung der allen Berlinern wohlbekannten Bannmeile ersichtlich ist. Bekanntlich dürfen innerhalb dieser Bannmeile, welche im Jahre 1920 [...] geschaffen wurde, keine Ansammlungen und Demonstrationen stattfinden.«[110]

Neben den jährlichen (?) Automobilausstellungen fanden auch zunehmend Veranstaltungen statt, die sowohl im sportlichen Bereich wie bei den Radrennen und Hallensportfesten, z. B. des »Arbeiter-Turn- und Sport-Bundes« im Januar 1927[111], als auch auf dem Sektor der Massenvergnügungen für den Sportpalast eine ernstzunehmende Konkurrenz bedeutete, etwa der »Zirkus der 10.000«[112]. Auch der Nationalsozialismus nützte die Automobilhallen für seine Zwecke (*»Gebt mir vier Jahre Zeit«*, 1937), schwerpunktmäßig aber offenbar für Ausstellungen aus dem Wirtschaftsbereich (*»Reichsausstellung der Deutschen Textil- und Bekleidungswirtschaft«*, *»Internationale Milchwirtschaftliche Ausstellung«*, beide 1937).

Eine wichtige Veränderung hinsichtlich einer intensiveren Nutzung und eines zielstrebigeren Ausbaus des Geländes trat 1927 ein, als der Magistrat der Stadt Berlin beschloß, die beiden Automobilhallen vom »Reichsverband für Automobilindustrie« für fünf Millionen Reichsmark zu erwerben. Der Stadt gehörten bislang nur die Radio-Meßhalle und der Funkturm. Außerdem sollten eine Reihe weiterer Grundstücke und Gelände des Forstfiskus erworben werden, um eine großzügige Planung durchführen zu können, die unter anderem beinhaltete, einen Güterbahnhof für das Messegelände zu schaffen.[113]

Mit der bereits erwähnten Radio-Meßhalle (1924), der Ausstellungshalle von Poelzig (1929) sowie einigen heute nicht mehr vorhandenen Nebenhallen wurde der Ausbau des Messegeländes zügig vorangetrieben.[114] Die Ausstellungshallen I und II wurden im Zweiten Weltkrieg zerstört.

168 Die Deutschlandhalle auf Briefmarken des › Dritten Reiches‹; links: 1636, aus einer Serie von sechs Marken; rechts: 1939, aus einer Serie von sechs Marken.

Die Deutschlandhalle

Am 29. 11. 1935 wurde mit einer Rede Adolf Hitlers die Deutschlandhalle im Eichkamp (Königsweg, heute Messedamm 26) eröffnet. Schon dieser Umstand weist darauf hin, daß hier von Staatsseite – *»mit Genehmigung und Förderung des Führers auf Veranlassung der Partei«*[115] – ein Versammlungsbau geplant worden war, der sowohl der politischen Propaganda als auch »Brot und Spielen« dienlich war. In nur neun Monaten war die Halle aus dem Boden gestampft worden. Als einzige der großen Veranstaltungshäuser wurde sie im Dritten Reich auf einer Briefmarke verewigt, 1939 mit einer bezeichnenden Innenansicht. Anlaß des Baus waren die 1936 in Berlin stattfindenden Olympischen Sommerspiele, das Boxturnier wurde dort abgehalten. Nicht zu übersehen ist die exponierte Lage am Ende der Avus, auf welcher die »Jugend der Welt« vermutlich in Berlin einziehen würde.

Vor allem war es die Größe, mit der die neue Halle alle anderen übertreffen sollte, denn selbst der Sportpalast mit einem Fassungsvermögen von 10.000 erschien der Partei zu klein. Es ist zudem anzunehmen, daß keiner der großen Berliner Bauten in der technischen Ausstattung (vor allem für Beleuchtung und Beschallung) einen optimalen Standard erreichte. Genauer zu untersuchen bliebe auch die Rolle der »Deutschland=Halle A.=G.«, bei welcher sehr wahrscheinlich die Einflußnahme des Partei- und Staatsapparates und damit die Programmlenkung ungleich größer war als etwa beim Sportpalast (Vorsitzender des Aufsichtsrates war der Stellvertretende Gauleiter des Gaues Berlin, Staatsrat Görlitzer), über die Dumpingpreise der Deutschlandhalle hat der Sportpalast Zeit ihrer Existenz Klage geführt.

Das Gelände war der Deutschlandhalle AG von der Stadt Berlin für vierzig Jahre in Erbpacht zur Verfügung gestellt worden. Der Generaldirektor, Franz »Ferry« Ohrtmann, besaß einschlägige Erfahrungen mit Großveranstaltungshäusern. Er war Leiter der Jahrhunderthalle in Breslau und des Sportpalastes gewesen sowie an der Errichtung der Westfalenhalle in Dortmund (Moshammer & Delfs, 1925, Fassungsvermögen über 10.000) beteiligt. Vorgabe war unter anderem, daß die Ränge circa 70–80% mehr Besucher fassen sollten als die Westfalenhalle, der damals größten überdachten Halle Europas. Dieser Bau war indes eine Holzbinderkonstruktion. Orthmann skizzierte offenbar die Deutschlandhalle selbst, die Pläne wurden von dem Dortmunder Architekten Fritz Wiemer ausgearbeitet, unter Mitarbeit von Paul Tewes, Fritzsche und Friedrich (?) Löhbach.[116] Der Kostenvoranschlag belief sich auf 3,8 Millionen Mark.

Der Unterbau der Halle sowie die Ränge wurden in Eisenbeton ausgeführt, während bei der Dachkonstruktion Stahl zur Anwendung kam. Die Decke wurde bei einer lichten Höhe von 21 Metern aus akustischen Gründen waagerecht gehalten. Die gesamte Stahlkonstruktion wog fast 630 Tonnen.[117] Ihre gesamte Ausführung wurde der Krupp AG übertragen.

Mit einer geplanten Bausumme von 3,8 Millionen RM war ein Bau von circa 120 auf 160 Meter (Halle 60 x 95 Meter) errichtet worden. Mit einem umbauten Raum von 300.000 Kubikmetern gilt die Deutschlandhalle als der damals größte überdachte Hallenbau der Welt. Über eine Pfeilerhalle gelangte man in das Innere des Gebäudes. Die ovale Radrennbahn von 7 Metern Breite, 208 Metern Länge und einer Kurvenhöhe von 4,65 Metern (von Clemens Schürmann aus Münster konstruiert) konnte abgebaut werden. Sie bestimmte weitgehend den inneren Aufriß der Halle. An den Kopfseiten wurden nur wenige Sitzreihen angeordnet, an den Längsseiten, die zudem einen besseren Überblick boten, wurde ein entsprechender Ausgleich geschaffen.

Die Halle war in ihrer Inneneinrichtung so mobil konstruiert, daß sie sowohl sehr unterschiedliche Sportereignisse wie Reiten, Boxen, Leichtathletik oder Radrennen zuließ, als auch für Theaterfestspiele mit Bühne oder große Kundgebungen geeignet war. Das Fassungsvermögen variierte je nach Art der Veranstaltung zwischen 10.000 und 17.000 Plätzen, bei Aufmärschen war sogar für 20.000 Platz. Dabei störten keine Pfeiler die Sicht. Die Zugänge zu den auf vier Pendelstützen (Stützweite 58 Meter) ruhenden Tribünen erfolgte über Treppenhäuser in den Ecken des Gebäudes. Der Architekt hatte sich hierbei vom Grundrißtypus des Theaters leiten lassen und vom Inneren getrennte Umgänge angestrebt.[118] Auf der untersten Ebene befanden sich 2.100 Sitzplätze, zusätzlich waren 64 Logen sowie die »Führerloge« vorhanden. Der 1. Rang konnte 3.100, der 2. Rang über 1.000 Personen Sitzplätze bieten. In letzterem befanden sich zusätzlich etwa 1.600 Stehplätze. Im Falle von Großveranstaltungen wurde die Kampfbahn abmontiert, so daß auch der Innenraum zur Bestuhlung verwendet werden konnte.

Bemerkenswert sind die Überlegungen zum Hallenklima: *»[...] auch gewisse, bisher noch nicht genügend erforschte Ermüdungsgifte (Kenotoxine) können das Wohlbefinden und die Aufnahmefähigkeit der Zuschauer ungünstig beeinflussen. [...] in einer Halle der vorliegenden Art [...] in der sportliche Veranstaltungen sich meist über mehrere Stunden erstrecken und in der zeitweise geraucht wird, muß unter allen Umständen im Bereich der Zuschauer eine einwandfreie Reinluftzone geschaffen werden.«*[119] Da die Deutschlandhalle am Stadtrand lag, wurde indes auf eine Klimaanlage verzichtet und statt dessen eine Lösung gefunden, die einen Frischluftwechsel von 185.000 Kubikmetern pro Stunde erlaubte.

Das – heute stark veränderte – Äußere zeigte in einem sehr sachlichen und nüchternen Stil eine breite Front mit sehr hohen schmalen Fenstern. Dahinter war der eigentliche Hallenbau zu sehen. Ein siebenachsiger Mittelrisalit wurde von einem schlichten Portikus mit überlängten Pfeilern und schmalem Gebälk akzentuiert. Der Mittelbau enthielt eine 15 x 30 Meter messende Eingangshalle. Im Südwesten schloß sich eine 1.000 Quadratmeter große Reithalle an.

Neben den politischen und sportlichen Veranstaltungen sah die Deutschlandhalle im April 1937 mit *»Menschen-Tiere-Sensationen«* eine Welturaufführung, 1938 eine spektakuläre Hubschrauberfahrt mit der Fliegerin Hanna Reitsch. Sechstagerennen richtete die Deutschlandhalle seit 1960 fast regelmäßig im Wechsel mit dem Sportpalast aus, seit dessen Abbruch ausschließlich. Viele berühmte Boxkämpfe wurden hier ausgetragen, so wurde hier 1938 Adolf Heuser IBU-Weltmeister im Halbschwergewicht (gegen den Belgier Gustave Roth), und 1964 Karl Mildenberger Europameister gegen Sante Amonti (Italien) im Schwergewicht.

Die Deutschlandhalle wurde im Januar 1943 bei einem Fliegerangriff zerstört und erst 1956/57 wiederaufgebaut. Im Inneren nahezu mit dem Vorkriegsbau identisch, wurde das Äußere nach einem Entwurf von Paul Schwebes (1902– 1978) neu gestaltet, wobei die einzelnen Baublöcke erhalten blieben, die Pfeilerhalle jedoch entfiel. Die Deutschlandhalle ist die einzige der frühen großen Veranstaltungshallen, die heute noch ihrem Zweck als Massenvergnügungsstätte dient.

Anmerkungen

1 Nicht zu verwechseln mit dem Metropoltheater im ehemaligen Admiralspalast bzw. dem Metropol am Nollendorfplatz (ehemaliges Neues Schauspielhaus).
2 Das Datum bezieht sich auf die Errichtung des Saalgebäudes, das 1954 von K. F. Demmer gänzlich umgebaut wurde. Vgl. Baldur Köster, Berliner Gaststätten von der Jahrhundertwende bis zum Ersten Weltkrieg (Masch. Diss. TH Berlin), Berlin 1964, S. 45f.
3 Das Gebäude wurde 1945 zerstört. Die Angabe in BusB, T. V, Bd. A, S. 110, *»um 1910 aufgegeben«* bezieht sich wohl nur auf den reinen Theaterbetrieb, da noch während des Ersten Weltkrieges Veranstaltungen inszeniert wurden.
4 Ebenda, S. 153.
5 Vgl. BT 17. 9. 1930 und LA, Rep. 209, Acc. 2368 und 2796.
6 Hans J. Reichhardt, ... bei Kroll 1844 bis 1957 (Ausstellungskataloge des Landesarchivs Berlin 8), Berlin 1988.
7 Zu den Stadionbauten und ihrer Funktion als Massenversammlungsorte vgl. Franz-Joachim Verspohl, Stadionbauten von der Antike bis zur Gegenwart, Regie und Selbsterfahrung der Massen, Gießen 1976.
8 Hans-Werner Klünner, 165 Jahre Zirkusstadt Berlin, Eine Chronologie der Zirkusbauten an der Spree, Berlin 1986 (zum Zirkus Busch: S. 70–83).
9 Vgl. BusB 1896, Bd. 2, S. 515.
10 Vgl. Chronik bei Klünner (wie Anm. 8), S. 46–61, der ich hier weitgehend folge.
11 Vgl. BusB 1877, Bd. 2, S. 218–21.
12 Vgl. DBz 1889, S. 413.
13 Vgl. BusB, T. V, Bd. A, S. 86–91, sowie Karl Michaelis, Das Große Schauspielhaus in Berlin, in: ZBv 1919, Sp. 589–93, 601–06, 616–47. Neuerdings Karl-Heinz Hüter, Architektur in Berlin 1900–1933, Dresden 1987, S. 276–82.
14 Vgl. Biehle, Das Theater des Volkes in Berlin in seiner akustischen Wandlung, in: ZBv 1938, Sp. 1235–40.
15 Vgl. LA Rep. 211, Acc. 1674, Nr. 1656, und den *»Prospekt des Berliner Eispalast«*, in: Voss, 5. Beilage, 13. 2. 1907 (Morgenausgabe).
16 Entwurf zu einem Gebäude für die Gesellschaft Berliner Eispalast [...] GmbH, Erläuterungsbericht, 28. 3. 1907 (LA, Rep. 211, Acc. 1674, Nr. 1663).
17 Brief der »Berliner Eis-Palast G.m.b.H.«, Berlin W, Kronenstraße 8/9, an das »Königliche Polizei Präsidium, Bauabteilung, Charlottenburg« vom 29. 6. 1907, unterzeichnet von Fedor Berg (LA, Rep. 211, Acc. 1674, Nr. 1663). Geschäftsführer war zu dieser Zeit Jacques Rostin, der etwas später als »Direktor J. Rostin« des Eispalastes begegnet (gedruckter Briefkopf des Eispalastes, Brief v. 20. 12. 1907). Rostin war dann Initiator des Sportpalastes.
18 Vgl. LA Rep. 211, Acc. 1674, Nr. 1654.
19 Walter Turszinsky, Berlin drüber weg und unten durch, 2. Aufl., Berlin 1911, S. 86.
20 Voss (wie Anm. 15). – Kunsteisbahnen bis 1910 (nach Eis- und Kälte-Industrie XII, 1910, S. 221):

Ausstellung Frankfurt	533 Quadratmeter
Ausstellung München	640 Quadratmeter
Pole Nord Bruxelles	625 Quadratmeter
Palais de Glace, Paris	900 Quadratmeter
Skating Rink, Brooklyn (Amerika)	1.420 Quadratmeter
Skating Palace, Washington	2.200 Quadratmeter
Eisbahn Nürnberg	612 Quadratmeter
Palais de Glace, Lyon	1.200 Quadratmeter
Skating Palace, London	930 Quadratmeter
Palais de Glace, Nizza	800 Quadratmeter
Skating Rink, Glasgow	1.400 Quadratmeter
Eispalast, Berlin	1.900 Quadratmeter
Sportpalast, Berlin	2.500 Quadratmeter

(Ausstellung Frankfurt und Palais de Glace, Lyon, waren bereits wieder eingegangen).
21 Bauwelt, Heft 3, 1910, S. 43. Ob das Projekt auch verwirklicht wurde, ist hier nicht weiter untersucht worden.
22 Zur Eröffnung vgl. Die Standarte Nr. 45, 1908.
23 Zit. nach: Eberhard Roters, Ein Hauch von »Fin de siècle«, in: Kat. Emil Nolde in Berlin 1910/11 (Ausst. Brücke-Museum, Berlin) Berlin 1988, S. 30. Zu den Zeichnungen vgl. ebenda Kat. 13–21.
24 Diese Regeln waren zuvor auf einem in Berlin abgehaltenen Kongreß der Internationalen Eislauf-Vereinigung angenommen worden, der alle Eishockeyspiele zukünftig folgen mußten. Hauptpunkte waren der Wegfall des Schußkreises am Tor und die Regel, daß nicht nach vorne zugespielt werden durfte, eine Art Abseitsregel. Vgl. BLA 1. 9. 1911. – Zum ersten kanadischen Eishockeyspiel vgl. Seemann, Eishockeysport, S. 12ff.
25 LA, Rep. 211, Acc. 1674, Nr. 1665.
26 BLA 30. 3. 1912.
27 Die Standarte Nr. 14, 2. 1. 1912, S. 4. Die unter Pseudonymen schreibenden Autoren der Standarte, in diesem Fall »Adam Riese«, konnten nicht ermittelt werden.
28 Vgl. BLA 25. 9. 1913. Ursprünglich wollte Berg auf diesem ebenfalls ihm gehörenden Gelände eine »Große Oper« errichten, die aber keine baupolizeiliche Genehmigung erhielt. Der »Boarding Palast« ging für 6,85 Mill. Mark an die »Dresdner Hotel-AG Sendig« über.
29 Vgl. LA, Pr.Br., Rep. 31, Acc. 436, Gewerbeaufsichtsamt.
30 Vgl. BLA 23. 10. 1913.
31 Zu den Einzelheiten vgl. BLA 1., 23., 26. 11. 1912; 7. 1., 3. 2., 6., 17. 5. 1913.
32 LA, Rep. 211, Acc. 1674, Nr. 1665.
33 LA, Rep. 211, Acc. 1674, Nr. 1668. Zur Gestaltung de Scala durch Belling vgl.Winfried Nerdinger, Rudolf Belling und die Kunstströmungen in Berlin 1918–1923, Berlin 1981, S. 44f.
34 LA, Rep. 211, Acc. 1674, Nr. 1655, 1669–1683.
35 Erbaut 1873/74 von Kyllmann & Heyden. Das über einer Solquelle errichtete »Admiralsgarten-Bad« war in seiner Funktion überflüssig geworden, seit in den Berliner Mietshäusern zunehmend Bäder eingebaut wurden. Vgl. BusB 1877, Bd. 1, S. 365f.
36 Bauwelt, Heft 4, 1910, S. 24.
37 H. Becher, Konstruktion des Admiralspalastes, in: Bauwelt, Heft 18, 1911, S. 33. Gründer der Gesellschaft war u. a. der Chemiker J. Dünkelsbühler. Vgl. Baugewerks-Zeitung 1909, S. 641.
38 Bekannt u. a. durch den U-Bahnhof Podbielskiallee, 1913.
39 Vgl. BLA 27. 7. 1911. Ob die unter der Eisbahn gelegenen Kühlräume tatsächlich, wie vorgesehen, Fleischwarenhändlern zur Nutzung überlassen wurden, ist nicht bekannt. Vgl. Baugewerks-Zeitung 1909, S. 783.
40 Die Überschreitung einer Fassadenhöhe von 19 Metern hätte eine Verbreiterung der Friedrichstraße aus baupolizeilichen Gründen auf 22 Meter erfordert, zu der es aber offensichtlich nicht kam. Vgl. Ahrends, Der Admiralspalast in Berlin, in: ZBv 1911, S. 426.
41 Von Naager sind auch Arbeiten am ehemaligen Stadthaus, heute Ministerrat der DDR bekannt. Vgl. Berlin, Kunstdenkmäler und Museen (Reclams Kunstführer, Bd. VII) Stuttgart 1980, S. 59.
42 Max Wagenführ, Der Admiralspalast und seine Bäder, in: Moderne Bauformen 1912, S. 138.
43 Ebenda. Einen Hinweis auf eventuelle Vorbilder gibt Vera-Zrowein Ziroff in anderem Zusammenhang bezüglich der Deckenfassung des Damenbades, welche ein Rankenmotiv aus der Apsis von S. Clemente in Rom aufgreife. Vgl. V. Frowein-Ziroff, Die Kaiser-Wilhelm-Gedächtniskirche, Entstehung und Bedeutung (Die Bauwerke und Kunstdenkmäler von Berlin, Beiheft 9), Berlin 1982, S. 322, Anm. 319.
44 Ebenda.
45 Wie Anm. 40, S. 428.
46 Ebenda, Abb. 9.
47 Diese Angabe aus der Bauwelt, Heft 3, 1910, S. 43, konnte nicht verifiziert werden.
48 BLA 21. 4. 1911.
49 Vgl.: Bernd Nicolai, Kur- und Badearchitektur um 1900, in: Rolf Bothe (Hg.), Kurstädte in Deutschland, Berlin 1984, S. 89–120.
50 Vgl. Wagenführ (wie Anm. 42).
51 Die Standarte Nr. 13, 1913, S. 14. Zum Kino vgl. BusB, T. V, Bd. A, S. 184.
52 Vgl. Die Standarte Nr 37, 1911, und Nr. 2, 1912.
53 Die Standarte Nr. 33, 1911, S. 12. (Jenensis).
54 BLA 12. 9. 1915.
55 Vgl. Wingfried Nerdinger (wie Anm. 33) S. 188.
56 Vgl. Gustav Heun, Umbau des Admiralspalastes, in: DBz 1923, S. 245–50. – BusB, T. V, Bd. A, S. 120f. – Zu späteren Umbauten vgl. von Marées, Der Umbau des Admiralspalastes in: ZBv 1940, S. 297–304.
57 BLA 6. 5. 1922.
58 Vgl. LA, Rep. 207, Acc. 1039, Nr. 201–204, 218, 225. – Entwurf zu der großen Ausstellungshalle im zoologischen Garten zu Berlin, in: Wochenschrift des AIV zu Berlin Nr. 1, 1907, S. 211. – BusB, T. IX, S. 1.
59 Die Bauwerke und Kunstdenkmäler von Berlin, Charlottenburg, 2. Teil, Stadt und Bezirk Charlottenburg, Berlin 1961, Textbd. S. 551. Gegen eine Gesamtplanung durch Schwechten spricht, daß die Kaiser-Wilhelm-Gedächtnis-Kirche ursprünglich für den Wittenbergplatz vorgesehen war. Vgl. dazu: O. Hossfeld, Die Kaiser-Wilhelm-Gedächtnis-Kirche in Berlin-Charlottenburg, in: ZBv 1890, S. 517–19. Auch der dafür ausgeschriebene Wettbewerb enthält keine Hinweise auf eine Gesamtanlage. Vgl. [F.], Die Wettbewerbung für Entwürfe zu einer Kaiser-Wilhelm-Gedächtniskirche für Berlin-Charlottenburg, in: DBz 1890, S. 572, 606f., 631–34. Auch die neue Baumonographie zur Gedächtniskirche von Frowein-Ziroff (wie Anm. 43) nennt keine derartigen Zusammenhänge.
60 Braunbecks Sportlexikon, Automobilismus, Berlin 1910, S. 162f.
61 Vgl. H. Schliepmann, Die Deutsche Schiff-Bau-Ausstellung 1908, in: Berliner Architekturwelt 1909, S. 161–63, mit zahlreichen Abbildungen. Auf dieser Ausstellung waren u. a. Entwürfe für Kajütenräume von Bruno Paul, hergestellt von den Münchner »Vereinigten Werkstätten«, zu sehen.
62 Wie Anm. 60, S. 173.
63 Vgl. Leo Nachtlicht, Die Wohnungsausstellung am Zoo und das Handwerk, in: Berliner Architekturwelt 1910, S. 207–11, mit zahlreichen Abbildungen.
64 Aus anderem Zusammenhang geht hervor, daß das Kultusministerium Eigentümer des Grund und Bodens war, ob von Anfang an bzw. wie lange, wurde nicht weiter untersucht. Vgl. BLA 31. 1. 1914.
65 Zur Eröffnung vgl. BLA 22. 11. 1912.
66 Vgl. Die Standarte Nr. 16, 1913; Nr. 41, 1919, S. 8 sowie BusB, T. V, Bd. A, S. 117.
67 Die Standarte Nr. 50, 1919, und Nr. 52, 1919, S. 6.
68 BusB, T. V, Bd. A, S 191. – Bauwerke und Kunstdenkmäler (wie Anm. 59), S. 328f.
69 Vgl. zu allen genannten Veranstaltungen LA, Rep. 207, Acc. 1039, Nr. 203.
70 Das 7. Berliner Sechstagerennen sollte ursprünglich ebenfalls 1913 in den Ausstellungshallen stattfinden, und zwar nur wenige Wochen später. Dazu war bereits die Werbung angelaufen, vgl. LA, Rep. 240, Acc. 1161. Die scharfe Konkurrenz unter den Veranstaltern verhinderte jedoch zunächst ein Zustandekommen des Rennens. Im Januar 1914 schließlich wurde die Austragung in den Ausstellungshallen vom Eigentümer, dem Kultusministerium, mit der Begründung untersagt, der Gottesdienst in der Kaiser-Wilhelm-Gedächtnis-Kirche würde dadurch gestört (BLA 31. 1. 1914).
71 Wie Anm. 69.
72 Vgl. Bauwerke und Kunstdenkmäler (wie Anm. 59), S. 341–43.
73 Hans Schmuckler, Die Ausstellungshalle am Kaiserdamm in Berlin, in: Industriebau 1915, S. 335.
74 Hans Schmuckler, Die neue Automobil-Ausstellungshalle am Kaiserdamm in Berlin, in: DBz 1915, S. 263. – Schmuckler (wie Anm. 73), S. 336.
75 Wie Anm. 73, S. 337. Die tatsächlichen Kosten lagen bei etwa 1,7 Millionen Mark. Vgl. Emil Schaudt, Die neue Ausstellungshalle II am Kaiserdamm zu Berlin, in: Bauwelt, Heft 17, 1925, S. 6.
76 Wie Anm. 60, passim.
77 Wie Anm. 73, S. 337.
78 Der Eisenbau, Monatsschrift für Theorie und Praxis des Eisenbaus, 1914, S. 111.
79 LA, Rep. 211, Acc. 1674, Nr. 1655.
80 Vgl. Industriebau 1913, S. 248–57, 269–73.
81 Zunächst als Ober-Ingenieur, später als technischer Direktor.
82 Wie Anm. 74, S. 263. Eine Abbildung der Behrenshalle findet sich ebendort, Nr. 69, 1925, Beilage Konstruktion und Bauausführung, S. 141.
83 BLA 17. 1. 1915.
84 Wie Anm. 73, S. 343.
85 Die Zahlenangaben differieren, z. T. weil entweder – wie hier – die äußeren Maße angegeben werden oder die inneren (215 x 72 m). Die Angaben der Ausstellungsfläche schwanken zwischen 9.000 und 13.800 Quadratmetern.
86 Wie Anm. 73, S. 340.
87 Wie Anm. 74, Nr. 44, 1915, S. 265.
88 Nach Schmuckler (wie Anm. 73), S. 343. Nach Schaudt (wie Anm. 75), S. 6, beliefen sich die Gesamtkosten hingegen auf fast 1,7 Millionen Reichsmark.
89 BLA 17. 1. 1915.
90 Die Standarte Nr. 21, 1914, S. 9.
91 Ebenda, S. 11.
92 BLA 17. 1. 1915.
93 Wie Anm. 90.
94 Jean Krämer und Hans Schmuckler, Die neue Automobil-Ausstellungshalle des Reichsverbandes der Automobilindustrie, in: Zeitschrift des Verbandes Deutscher Dipl. Ing. 1924, Sp. 1298.
95 BLA 20. 12. 1923.
96 BLA 11. 1. 1925.
97 BLA 24. 4. 1924.
98 BLA 17. 4. 1924.
99 Vgl. Heinrich Straumer, Der Bau des Hauses der deutschen Funkindustrie, in: Wasmuths Monatshefte 1925, S. 103–11. Zur Einweihung des Funkturms vgl. BLA 3. 9. 1926. Ferner: Fritz Stahl [= Siegfried Lilienthal], Heinrich Straumer (Neue Werkkunst), Berlin–Leipzig–Wien 1927, Abb. S. 68–82.
100 Vgl. Klaus Konrad Weber, Messehallen und Ausstellungspavillone, in: BusB, T. IX, S. 1–25.
101 So Jean Krämer und der für die Ingenieursarbeiten zuständige Hans Schmuckler (wie Anm. 94).
102 Fr. E. [Fritz Eiselen], Die Ausstellungshalle II am Kaiserdamm zu Berlin, in: DBz, Beilage Konstruktion und Bauausführung, Nr. 69, 1925, S. 138.
103 Vgl. Schmuckler (wie Anm. 75), S. 6.
104 Ebenda.
105 Zur Konstruktion dieser Gerüste vgl. Eiselen (wie Anm. 102), Abb. 15–20.
106 Abbildung ebenda.
107 Vgl. Erich Schild, Zwischen Glaspalast und Palais des Illusions, Form und Konstruktion im 19. Jahrhundert (Ullstein Bauwelt Fundamente Bd. 20), Berlin–Frankfurt–Wien 1967, S. 111–20.
108 Hans Schmuckler, Fortschritte des Eisenbaues im 20. Jahrhundert, in: DBz, Beilage Konstruktion und Bauausführung, Nr. 55, 1927, S. 93–100 (Zitat S. 94).
109 Schmuckler (wie Anm. 75), S. 6.
110 BLA 25. 9. 1926.
111 Vgl. Vw 11. 1. 1927.
112 BLA 3. 1. 1926.
113 Vgl. BLA 11. 6. 1927.
114 Vgl. Die Bauwerke und Kunstdenkmäler von Berlin (wie Anm. 59), S. 546–50. Außer der in den Anmerkungen genannten Literatur zu den Automobilhallen vgl. Berliner Architekturwelt 1915, S. 394–97 (Abbildungen).
115 Agr. 1. 12. 1935.
116 Die Bauwerke und Kunstdenkmäler von Berlin (wie Anm. 59), S. 350f. Zur Deutschlandhalle vgl. ferner: LA, Rep 57, Akten des Stadtpräsidenten von Berlin, Nr. 937/2 und Nr. 90; Anläßlich der Umgestaltung der Deutschlandhalle, September 1973, Hg. Deutschlandhalle GmbH, Berlin o.J. (1973); Chris Sommer, 1975, 40 Jahre Deutschlandhalle, Berlin o.J. (1975); 50 Jahre Deutschlandhalle, Hg. AMK Berlin, Berlin o.J. (1985); Leonie Holz (Hg.), Messestadt Berlin, Berlin 1986.
117 Zu den technischen Einzelheiten vgl. A. Bungardt, Die Stahlkonstruktion der Deutschlandhalle in Berlin, in: Neuzeitliche Stahlhallenbauten (Sammlung von Aufsätzen aus ›Der Stahlbau‹, Beilage zu ›Die Bautechnik‹), Berlin 1938, S. 7–10.
118 Vgl. Fritz Wiemer, Die Deutschlandhalle in Berlin, in: DBz 1935, T. 2, S. 1003–11.
119 Ebenda, S. 1007.
116 Die Bauwerke und Kunstdenkmäler von Berlin (wie Anm. 59), S. 350f. Zur Deutschlandhalle vgl. ferner: LA, Rep 57, Akten des Stadtpräsidenten von Berlin, Nr. 937/2 und Nr. 90; Anläßlich der Umgestaltung der Deutschlandhalle, September 1973, Hg. Deutschlandhalle GmbH, Berlin o.J. (1973); Chris Sommer, 1975, 40 Jahre Deutschlandhalle, Berlin o.J. (1975); 50 Jahre Deutschlandhalle, Hg. AMK Berlin, Berlin o.J. (1985); Leonie Holz (Hg.), Messestadt Berlin, Berlin 1986.
117 Zu den technischen Einzelheiten vgl. A. Bungardt, Die Stahlkonstruktion der Deutschlandhalle in Berlin, in: Neuzeitliche Stahlhallenbauten (Sammlung von Aufsätzen aus ›Der Stahlbau‹, Beilage zu ›Die Bautechnik‹), Berlin 1938, S. 7–10.
118 Vgl. Fritz Wiemer, Die Deutschlandhalle in Berlin, in: DBz 1935, T. 2, S. 1003–11.
119 Ebenda, S. 1007.

Sport als Show

Gertrud Pfister

Sport ist heute selbstverständlicher Teil unseres Alltags, ganz gleich, ob wir am Feierabend joggen oder Tennis spielen, ob wir sonntags auf den Fußballplatz gehen, um unsere Mannschaft anzufeuern, ob wir die Sportberichte in der Tageszeitung lesen oder die Olympischen Spiele am Bildschirm verfolgen. Wir können uns kaum vorstellen, daß es den modernen Sport, angeblich die schönste Nebensache der Welt, nicht immer und überall gegeben hat beziehungsweise gibt.
Sport, wie wir ihn heute kennen, ist jedoch kein universelles Phänomen; die Körperkultur ist vielmehr als Teil der Alltagskultur vom jeweiligen gesellschaftlichen Umfeld abhängig – mit anderen Worten: Wie der Mensch sich bewegt, welche Botschaften er dabei aussendet, welche Vorstellungen und Ideale er von seinem Körper entwickelt, wie er körperliche Triebe und Bedürfnisse kontrolliert, ist, basierend auf anthropologischen Voraussetzungen, von sozialen Normen und Regeln abhängig, also kulturell überformt. Deshalb unterscheiden sich beispielsweise die »Leibesübungen« in vorindustriellen Kulturen grundsätzlich vom modernen Sport, der sich erst seit dem Ende des letzten Jahrhunderts in Deutschland, dem Land des Turnens, verbreitete.

Die Turnbewegung

Das Deutsche Turnen entwickelte sich zu Beginn des 19. Jahrhunderts im Zusammenhang mit dem Kampf gegen die napoleonische Besatzung und dem Streben nach nationaler Einheit. Seine Inhalte und Prinzipien orientierten sich an übergeordneten politischen, militärischen und pädagogischen Zielsetzungen. Das gilt vor allem für das Leistungsprinzip, das im Turnen qualitative und subjektive Komponenten hatte. Beim Dauerlauf kam es beispielsweise nicht auf die größtmögliche Schnelligkeit an, sondern *»es gebührt dem der Preis, der den weitesten Raum, in der kürzesten Zeit, mit der mindesten Anstrengung zurücklegt und am Ziele unerschöpft bei guten Kräften anlangt«.*[1] Diese Kriterien sind sicherlich sinnvoll, vor allem, wenn man an eine militärische Verwendung des Laufens denkt, sie lassen aber den objektiven, im Sport üblichen Leistungsvergleich nicht zu. Schon dieses Beispiel zeigt, daß sich die Einstellung der Turner zur Leistung wesentlich vom Rekordstreben der Sportler unterschied.[2]
Zudem wurde im Turnen, zumindest zur Zeit Jahns, nicht von den individuellen Voraussetzungen abstrahiert, das heißt die Leistungen im Hoch- und Weitsprung sowie im Steinstoßen wurden in Beziehung zur »Leibeslänge« gesetzt.[3] Typische Wettkämpfe der Turner, zum Beispiel auf den seit 1860 durchgeführten Deutschen Turnfesten, waren überdies Mehrkämpfe, bei denen alle Teilnehmer, die eine bestimmte Punktzahl erreicht hatten, zu Siegern erklärt wurden. Generell wurde durch die Art der Wettkämpfe und die Bewertungsmethoden Vielseitigkeit belohnt, Spezialisierung hingegen bestraft. Für die Turner war es unbegreiflich, *»daß sich jeder, der ernstlich Sportübungen treibt, möglichst auf einen kleinen Zweig wirft, um im Aufgebot aller ihm zu Gebote stehenden Mittel Besonderes darin zu leisten. [...] Wir haben hier dieselbe raffinierte Einseitigkeit des Sports, welche Rennpferde züchtet, die nur zu Rennen auf weichem Grasboden, zu nichts anderem tauglich sind, jene langen, dünnen Ruderboote baut, welche außer dem Schnellfahren keinen Zweck, dem ein Boot dient, erfüllen können«.*[4]
Eine weitere Besonderheit des Turnens ist die Betonung von Haltung und Form. *»Im Turnen wird die Leistung als Ganzes gewertet, also nicht nur nach ihrer Höhe, sondern auch nach der Art ihrer Ausführung, neben dem Was das Wie.«*[5] So war ein Hochsprung nur dann gültig, wenn die Landung im Stand erfolgte. Da es nicht auf die abstrakte, die vom Individuum und seinen Lebenszusammenhängen abgehobene Leistung ankam und Leistungen zudem nicht systematisch registriert und verglichen wurden, hielten die Turner ein gezieltes Training für unnötig, ja sie lehnten es sogar ab. Bei den Turnfesten wurden die aus der großen Zahl der »volkstümlichen« (in der Sprache des Sports: leichtathletischen) Übungen ausgewählten Disziplinen erst relativ kurz vor den Wettkämpfen bekanntgegeben, um das als unfair erachtete Trainieren zu unterbinden. Nicht Training, sondern Übung, nicht Spezialisierung, sondern allseitige Ertüchtigung, nicht Individualität, sondern Volksgemeinschaft, nicht Internationalismus, sondern Nationalismus waren die Devisen des Turnens, das sich nicht so sehr durch die Inhalte, sondern durch seine Prinzipien und Zielsetzungen vom Sport unterschied.

Die Entwicklung des modernen Sports

Mit den Prinzipien des Deutschen Turnens könnte man heute in den Sportarenen keine Siegeslorbeeren erringen. Dort gelten die Prinzipien der formalen Chancengleichheit, der Konkurrenz, der Überbietung, des Rekords. Das Überbietungsprinzip bringt es mit sich daß der einzelne und seine individuellen Voraussetzungen keine Rolle spielen, daß die Mitspieler Gegner sind, die besiegt werden müssen (Nullsummenspiel). Das Streben nach Rekorden macht es auch notwendig, die Leistungen immer genauer zu messen, die Geräte und Strecken zu normieren, die Wettkampfbedingungen zu regulieren und die Leistungen zu registrieren. Bewegungsformen, die sich wie die Gymnastik für eine quantitative Messung nicht eignen, werden durch die Einordnung in ein Punktesystem einer quantitativen Bewertung unterzogen.[6]
Der moderne Sport entwickelte sich im 18. Jahrhundert in England und stand in engem Zusammenhang mit dem Aufkommen eines rationalen Welt- und Menschenbildes, mit der Technisierung und Industrialisierung, einer neuartigen Leistungsorientierung sowie der Entstehung eines privatkapitalistischen Wirtschaftssystems.[7] Er basiert zu einem großen Teil aus alten und weit verbreiteten Bewegungsformen wie dem Laufen oder auch dem Rudern. Verändert haben sich dabei nicht die Bewegungsinhalte, sondern die Intentionen. Während Rudern die Fortbewegung auf dem Wasser ermöglichen sollte, der Zweck also nicht im Bewegungsvollzug an sich lag, hat Rudern als Sport kein außerhalb liegendes Ziel. Der Zweck liegt im Bewegungsvollzug selbst, das heißt in der größtmöglichen Steigerung der Schnelligkeit. Diese Faszination der Geschwindigkeit entsprach einem neuen Zeitempfinden in der Gesellschaft. Die Menschen begannen sich verstärkt ab dem 18. Jahrhundert aus dem natürlichen Rhythmus von Tag und Nacht zu lösen; die neue Zeit wurde homogen, linear ausgerichtet und grenzenlos; also auch einteilbar und immer von neuem überwindbar.[8]
Ein weiteres Kennzeichen des Sports ist es, daß die dort geforderten Verhaltensmuster nicht ausschließlich durch ein Ziel bestimmt werden, sondern daß sie wesentlich durch Regeln eingeschränkt sind und dadurch ritualistischen Charakter gewinnen. Nicht den Ball ins Tor zu bringen, ist konstitutiv für das Fußballspiel, sondern die Bedingung, daß das nur mit dem Fuß geschehen darf, obwohl es wesentlich funktionaler wäre, auch die Hände zu gebrauchen.[9] Was als Sport gilt und was nicht, ist durch soziale Übereinkünfte geregelt. Während manche der auch von den Turnern betriebenen Übungen wie der Stabhochsprung, der ursprünglich der Überwindung von Hindernissen diente, die Prinzipien des Sports angenommen haben, ließen sich andere Bewegungsformen nicht »versportlichen«. Dabei ist es ganz einsichtig, daß sich der Tiefsprung Rekordprinzipien entzieht. Es ist jedoch zu fragen, warum beispielsweise das Schnellhangeln oder auch der Stabweitsprung in Vergessenheit geraten sind.
Der Sport, der sich aufgrund von spezifischen Bedingungen in England entwickelt hatte, wurde ab etwa 1880 nach Deutschland importiert. Es waren meist Engländer, die zum Beispiel in Berlin auf dem Exerzierplatz »Tempelhofer Feld« Fußball spielten und bald von Berliner Jugendlichen begeistert imitiert wurden. Noch war der Sport aber Sache einiger weniger Außenseiter; er wurde von der Öffentlichkeit und den Behörden mit großer Skepsis, zum Teil auch mit Spott und Ablehnung, bedacht. *»Noch um 1900 herum wurden Mittelschüler mit Schande von der Schule gejagt, weil ein Professor sie auf einer Wiese, in mangelhafter Bekleidung, herumtollen gesehen hatte. [...] So um 1900 herum lachten die meisten Leute, wenn sie Sportler sahen. Für ernste Bürger war dieser Mummenschanz unmöglich.«*[10] Nach der Jahrhundertwende, besonders in der Weimarer Republik, erlebte der Sport einen enormen Aufschwung. Er war nun nicht mehr das belächelte Freizeitvergnügen einiger weniger Aktiver, sondern er faszinierte die Massen. Sport wurde zur *»Weltreligion des 20. Jahrhunderts«.*[11] Er entwickelte sich zu einem eigenständigen sozialen System, das sich nach eigenen Gesetzmäßigkeiten organisierte und weitgehend institutionelle Autonomie erlangte.
Das Aufkommen des Sports in Deutschland steht ebenfalls mit gesamtgesellschaftlichen Veränderungen im Zusammenhang. So setzte seit den 70er Jahren des 19. Jahrhunderts die erste Phase der Hochindustrialisierung ein, die, vor allem aufgrund der damit verbundenen Technisierung und Urbanisierung, den Lebensstil der Menschen grundlegend wandelte.[12] Neue Formen des Denkens und Arbeitens, unter anderem die Steigerung des Verwertungsprozesses, stellten die abstrakte Leistung in den Mittelpunkt. In der Weimarer Republik war es dann auch nicht mehr die Geburt, sondern nach der herrschenden Ideologie die individuelle Leistung, die die soziale Position des einzelnen bestimmen sollte. Sport kann deshalb als idealtypisches Modell der modernen Gesellschaft bezeichnet werden.[13] Bis in die Arbeitsvollzüge – Zergliederung der Arbeitsschritte, Spezialisierung usw. – lassen sich Parallelen zum Sport und zum sportlichen Training feststellen. Auch die Verbürgerlichung der Gesellschaft hat im Sport, in der Ideologie der Chancengleichheit, seine Entsprechung.
Seit der Jahrhundertwende setzte zudem eine Neubewertung des Körpers ein. Die Zwänge der Korsetts und Vatermörder wurden abgelegt, Befreiung des Körpers war die Devise. Kleiderreform, Nacktkörperkultur, Veränderungen der Mode und der Schönheitsideale sind Zeichen dieser grundsätzlichen Wandlungen der Körpereinstellungen. So wurden auch Sonnenbräune, schmale Hüften bei Frauen, insgesamt Sportlichkeit, modern. Trotz rivalisierender, zum Teil auch zivilisations- und sportkritischer Strömungen entstand in der Weimarer Republik ein Klima, in dem Körper und Bewegung einen neuen Stellenwert erhielten.
Begünstigt wurde der Aufschwung des Sports nicht zuletzt auch durch die Vorbildwirkung der USA. Sowohl was

Wirtschaftsformen als auch was die Lebensweise angeht – die USA wurden zum Leitbild und die von dort kommenden Einflüsse begierig aufgegriffen.[14] Die Turner warnten vergebens vor der »Amerikanisierung« der deutschen Leibesübungen. Sie konstruierten einen engen Zusammenhang zwischen Gesamtgesellschaft und Sport: *»Amerika ist ja das Land der Rekorde, der Höchstleistungen. Es ist das verständlich in dem Land des rastlosen Vorwärtsstrebens, des unbeschränkten kaufmännischen Wettbewerbs, der ungeheuren wirtschaftlichen Möglichkeiten – wo aller Fortschritt an Zahlen gemessen wird. Wie alles mußte der Sport hier meßbar zu Höchstleistungen emporgetrieben werden. Damit stellte sich, wie überall im amerikanischen Wirtschaftsleben die Arbeitsteilung, das Spezialistentum ein, ferner die Durchbildung der Arbeitsmethode für die einzelne Übungsart. So wurde der englische Sport zu einer Hochkultur des Rekordes entwickelt.«*[15]

Sport als Show

Die Werbung um die Gunst des Publikums

Die ersten Waldläufer oder Fußballspieler riefen bei den Spaziergängern Erstaunen, Amüsement oder sogar Verärgerung hervor. Kopfschüttelnd betrachteten sie diese neue Mode, noch unentschieden, ob sie lachen oder sich ärgern sollten über die *»Fußlümmelei«*, wie der Turnlehrer Plank das Fußballspiel bezeichnete. Er schrieb in seiner Streitschrift über das *»Stauchballspiel oder die englische Krankheit«*: *»Hätte aber vor etlichen Jahrzehnten noch ein solcher biederer Turnmeister in allem Ernst die Forderung gestellt, auch der Hundstritt müsse kunstgerecht geübt werden und der Sieger darin mit hohen Preisen ausgezeichnet werden, man hätte den Guten wohl ohne viele Umstände einfach ins Irrenhaus gesteckt. Kommt nun aber so ein Engländer daher, in dessen Gesicht jede Fiber nach ›Boxing‹ und jede Ader nach ›Kicking‹ schreit, so ist das, was eben noch närrisch schien, ›wonderful‹.«*[16] Auch die ersten Radfahrer (80er Jahre) und die ersten Leichtathleten (90er Jahre) mußten froh sein, wenn sie nicht von der Straßenjugend verlacht und von der Polizei wegen Erregung öffentlichen Ärgernisses belangt wurden. Konflikte waren auch deshalb vorprogrammiert, weil der Sport in öffentliche Räume eindrang. Diese Konflikte und das Bedürfnis nach Normierung, das das Rekordprinzip unabdingbar mit sich bringt, führten zur Abgrenzung zwischen Sportlern und Laien, zur Errichtung eigener Sportanlagen.[17]

Der Bau oder die Miete eines Sportplatzes waren mit erheblichen Kosten verbunden, die die Vereine aus eigenen Kräften meist nicht aufbringen konnten. Eine, oft die einzige Möglichkeit, die Vereinskasse zu füllen, war es, von den Zuschauern Eintrittsgeld zu verlangen. Damit war der erste Schritt zur Kommerzialisierung des Sports getan. Die Sportstätten fixierten die Grenzen zwischen Sportlern und Nichtsportlern, machten aber auch eine Grenzziehung zwischen Zuschauern und Nicht-Interessierten möglich. Die meisten Sportstätten, vor allem dann die großen Stadienbauten, waren von Anfang an auf Zuschauer hin angelegt. *»Sie zogen Zäune um ihre Spielfelder, machten Türen in diese Zäune, Kassen zu diesen Türen und setzten Türhüter in diese Kassen, zu hüten den Weg zum Platze des Sports.«*[18] Durch attraktive Veranstaltungen und Wettkämpfe – Hallensportfeste, Großstaffelläufe, Sechstagerennen – warb der Sport um die Gunst des Publikums. Während anfangs nur wenige Zuschauer, vor allem die Verwandten und Freunde der Sportler, den Weg zum Sportplatz fanden, breitete sich, besonders nach dem Ersten Weltkrieg, die Sportbegeisterung explosiv aus. Kamen beispielsweise zu einem Städtevergleichskampf im Fußballspiel vor dem Ersten Weltkrieg rund 4.000 Zuschauer, so waren es in den 20er Jahren schon über 40.000.[19]

Eine bedeutende Rolle bei der Entwicklung des Sports spielte die Presse. Sie trug wesentlich dazu bei, daß schon in den 20er Jahren bestimmte Sportarten Showcharakter annahmen. Sie ermöglichte den Massenkonsum des Sports, sie besorgte die Hintergrundinformationen, ohne die kein Fan auskommen kann, sie heizte die Emotionen auf und brachte den Sport in den Alltag von Millionen. Lange Zeit hatte die Tagespresse dem Sport kaum Aufmerksamkeit geschenkt. Erst ab etwa 1905 erschienen die ersten Sportbeilagen, und erst in den 20er Jahren hatte fast jede Tageszeitung ihren Sportteil. Als die Presse den Wert der Ware Sportinformation erkannt hatte, forcierte sie nicht nur durch ihre Berichte das Interesse der Leser, sondern sie trug durch die Veranstaltung spektakulärer Sportereignisse wie 1908 durch die erste Autowettfahrt »Rund um den Erdball« oder den 1911 veranstalteten »BZ-Preis der Lüfte« nicht nur zur Verbreitung, sondern auch zur Vermarktung des Sports bei.[20]

Die Faszination des Sports

Karl Valentin meinte zum »Fußball-Länderkampf« lakonisch: *»Enden tat das Spiel mit dem Sieg der einen Partei – die andere hatte den Sieg verloren. Es war vorauszusehen, daß es so kam.«*[21] Die skurrile Logik Karl Valentins vermag den Massenkonsum des Sports nicht zu erklären. Was macht die Faszination des Sports aus? Was treibt Hunderttausende, ja Millionen von Menschen in die Sportstadien?[22] Wodurch unterscheidet sich der Sport von den Massenvergnügungen und -festen des 19. Jahrhunderts?

Im 18. und 19. Jahrhundert dominierten zwei Formen von Festen: Zum einen waren es die Inszenierungen von feudaler Macht wie Aufmärsche, Paraden, Siegesfeste, bei denen das Volk nur als Kulisse, als »geschätzte Jubel-Staffage« fungierte. Andere Massenereignisse waren Volksfeste wie in Berlin der Stralauer Fischzug, bei dem sich das Volk bei Essen und Trinken, Spielen und Schaustellungen, amüsierte. Kennzeichen der Schaustellung im Circus oder auch im Theater sind die Vorherbestimmtheit des Ausgangs und die Passivität des Publikums. Beim Sport hingegen ist der Ausgang ungewiß; es wird durch eine ganze Reihe von organisatorischen Maßnahmen wie durch die Rundenspiele und die Gewichtseinteilung beim Boxen versucht, die Ungewißheit des Ausgangs möglichst lange zu erhalten. Dennoch enthalten Inszenierung, Struktur und Rollen im Sport Elemente des Epos und des Dramas.

Alex Natan, Meistersprinter der zwanziger Jahre aus Berlin, später Historiker und Journalist, spricht von der *»Tragödie in der Arena«*. *»Fußball bedeutet heute eine gefährliche Konkurrenz für das Theater, einfach weil dieser Sport, bei einer Maximaldauer von zwei Stunden, Konflikt, Katharsis und oft nervenaufreibende Lösungen unter Einhaltung der klassischen Einheit von Ort, Zeit und Handlung garantieren kann.«*[23] Dramatische Höhepunkte und Wendungen hält auch Meisl für das Faszinierende beim Sport. Am Boxkampf interessiert die Masse seiner Meinung nach nicht *»das Antreten zweier bis ins letzte trainierter Athleten [...], sondern auch die ständige Möglichkeit, den scheinbar schon Geschlagenen ›mit einem Schlage‹ zum Sieg emporsteigen zu sehen, es war der Wunsch dabeizusein, wie ein Heros auf den Thron erhoben oder vom Throne gestürzt wird.«*[24] Vom Bedürfnis nach Dramatik und Spannung war es nur ein kleiner Schritt zur Lust am Nervenkitzel: *»Die Menge wollte in Ekstase gesteigert werden, dazu war sie gekommen, und das konnte nur geschehen, wenn die Kolosse wankten und fielen, sich wieder erhoben und einander umstürzten, wenn die Schläge krachten und krachender erwidert wurden. Was den Boxsport bei der Masse hielt, war die Möglichkeit, die Wahrscheinlichkeit des Knock out, und ein solcher war weit höher geschätzt, als der durch vollendetste Kunst erreichte überlegene Sieg nach Punkten.«*[25]

Anders als in anderen gesellschaftlichen Bereichen sind die Regeln im Sport klar und überschaubar. Der Sport hat eine Transparenz, die in der Arbeitswelt, der Kunst oder auch der Politik nicht erreicht wird. Seine Sprache reduziert sich auf wenige Symbole, die eine fast weltweite Kommunikation ermöglichen. Nicht nur die Regeln sind, wie Hortleder meint, von jener glücklichen Klarheit, *»die sonst ein Privileg der Naiven ist und der Kinder«*,[26] sondern auch die Entscheidungen und die Belohnungen: Derjenige siegt, der die beste, an objektiven Kriterien gemessene Leistung erbringt. Der Sport signalisiert – und das macht ihn in den Augen der Zuschauer attraktiv – die Gerechtigkeit von Positionszuweisungen. Dabei gerät allerdings aus dem Blickfeld, daß die Chancengleichheit im Sport formal ist, da unterschiedliche soziale und individuelle Voraussetzungen unberücksichtigt bleiben. Hortleder weist aber auch darauf hin, daß, obwohl zum Sport Leistung, Objektivität und Disziplin gehören, dann eine besondere Dramatik erreicht wird, *»wenn diese Werte gleichzeitig ins Wanken geraten«*.[27]

Das Publikum ist in den Sportarenen in doppelter Weise aktiv: Zum einen ist es kritischer Beobachter, zum anderen aber Mitspieler. Die Möglichkeit, sich mit einem der Akteure oder gar einer ganzen Mannschaft zu identifizieren, macht viel vom Reiz des Zuschauens aus. Meisl beschreibt 1928 diese Identifikation folgendermaßen: *»Die Zuschauer ersehnen nichts mehr, als sich selbst da unten laufen, den Diskus oder Speer werfen, um den Ball kämpfen zu sehen, als selbst so stark, schön und tüchtig zu sein, wie diese Jungen und Mädchen.«*[28] Nachdem Adel und Militär ihren Vorbildcharakter verloren hatten, waren es in der Weimarer Republik die Sportidole, die die Sehnsucht der Menschen nach Heroen und Identifikationsobjekten erfüllten.

Daß sich die Bevölkerung in den 20er Jahren nicht mehr mit Circus, Jahrmarkt und Paraden zufrieden gab, hängt mit dem Wandel des öffentlichen Bewußtseins sowie mit den veränderten Lebensbedingungen der Menschen zusammen. Schon von dem zeitgenössischen Soziologen Risse, wahrscheinlich dem ersten ernst zu nehmenden Sportsoziologen, wurde ein Zusammenhang zwischen der Urbanisierung und dem Aufkommen des Sports hergestellt.[29] Die Theoretiker des Arbeitersports hielten ebenfalls die veränderten Lebensbedingungen in der Großstadt, unter anderem Anonymität, den Verlust verwandtschaftlicher Netzwerke usw. für das Interesse der Menschen am Sportkonsum für verantwortlich.[30]

Von Vertretern der Arbeitersportbewegung wurden Sportentwicklung und Sportinteresse generell auf Veränderungen der Produktions- und Arbeitsbedingungen zurückgeführt. Durch die zunehmende Arbeitsteilung, durch Akkord- und Fließbandarbeit, wurde der einzelne immer mehr zum Rädchen im Getriebe; die Arbeit trug nicht mehr ihren Sinn in sich selbst, sondern war nur noch aufgrund ihres Tauschwertes wichtig. Generell ist festzustellen, daß sich mit der sinkenden Bedeutung der Erwerbsarbeit und der Reduktion der Arbeitszeit ein Aufschwung der Freizeitkultur verband.[31] Die Suche nach einer neuen Sinngebung, aber auch nach Unterhaltung, Entspannung und Ablenkung machte die Freizeitwelt des Sports vor allem für Jugendliche attraktiv.

Leider wissen wir zu wenig über die Zusammensetzung des Sportpublikums, um die Motive der Zuschauer genauer zu analysieren. Aus zeitgenössischen Beschreibungen ist zu vermuten, daß der große Teil der »Sportfans« aus männlichen Jugendlichen bestand. Arno Arndt beschreibt die Zuschauer auf einer Berliner Radrennbahn: *»Die Stehplätzler. Lauter junges Blut. Berlin N und O* [Arbeiterbezirke]. *Das läßt kein Rennen aus. Fährt selber Rad und hat alle Rekorde im Kopf. [...] Am Arm seiner ›Kleinen‹ kommt der junge Kaufmann und der Studiosus aus den ersten Semestern, Zylinder auf dem Kopf. Daneben kleinbürgerlicher Mittelstand mit Familie. Wenn sie nicht mehr sehen können, schleppen sie Stühle und Tische vom Garten heran und stellen sich darauf. Die Völkerwanderung schwillt immer gewaltiger an. [...] Die große Welt auf dem anderen Teil der Tribüne ist bunt gemischt. In den Logen neben dem ›Verhältnis‹ in weißer Seide und der dezenteren Friedrichsstraßenkokotte das wohlgepflegte Bürgertum.«*[32] Folgt man dem Pädagogen und Geistlichen Günter Dehn, so war der Sport, beziehungsweise der Sportkonsum, für die *»proletarische Jugend«* der Großstädte die wichtigste Freizeitaktivität. *»Die Sportnachrichten in den Zeitungen werden zuallererst gelesen. Man kannte die großen Boxmeister und Rennfahrer und sonstigen Champions mit Namen und nimmt leidenschaftlichen Anteil an ihren Erfolgen und Mißerfolgen.«*[33] Aber auch junge Angestellte waren – darauf weisen die Analysen von Kracauer hin – unter den Sportzuschauern stark vertreten.[34]

In der Charakterisierung der Sportzuschauer von Arndt werden auch Frauen – allerdings nur als »Anhängsel« der männlichen »Fans« – erwähnt. Es fehlt aber nicht an Hinweisen, daß Frauen ein eigenständiges Sportinteresse, das sich freilich von dem der Männer unterschied, entwickelten.[35] Es ist anzunehmen, daß Zuschauerinnen in den zwanziger Jahren ebenso wie heute nur eine Minderheit gewesen sind. Auch als Akteure spielten Frauen in den Sportarenen – mit wenigen Ausnahmen – eine marginale Rolle: Den größten Beifall erhielten sie, wenn sie dem Publikum, wie beim Eiskunstlauf, Ästhetik und Weiblichkeit demonstrierten.

Die Einstellungen und Reaktionen des Publikums lassen sich nicht nur auf individuelle Motive der einzelnen Sportzuschauer, sondern auch auf kollektive Verhaltensmuster zurückführen. Der Zuschauer ist Teil einer Masse. Während im 19. Jahrhundert versucht wurde, öffentliche Massenveranstaltungen durch Verbote zu verhindern, entwickelten sich nach der Jahrhundertwende, vor allem in den Auseinandersetzungen um die Wahlrechtsfrage 1910, Massendemonstrationen und -veranstaltungen zu einem wichtigen Mittel der Politik. Die Massen entwickelten sich zu einer neuen Art von Öffentlichkeit, sie waren Publikum und Akteure zugleich.[36] Auch der Sport vermag Massenaktivitäten auszulösen und die Eigendynamik der Masse zu erwecken. Teil einer Masse zu sein, kann ebenfalls zur Faszination des Sportkonsums beitragen. Sportveranstaltungen erlauben es dem einzelnen, in der Masse aufzugehen, dort Aggressionen freizusetzen und insgesamt Solidarität zu erleben und das Selbstgefühl zu stärken.

Auswirkungen und Veränderungen

Seitdem der Sport massenhaft konsumiert wird, ist von starken Wechselwirkungen zwischen Zuschauern und Sport auszugehen. So sind die Sporträume auf Zuschauer ausgerichtet, und viele Zuschaueraktivitäten sind nur durch die besondere Art der Raumgestaltung möglich. Nicht die Guckkastenbühne, sondern das Stadion ermöglicht eine Integration der Zuschauer in das Sportgeschehen. Es fördert die Illusion der aktiven Beteiligung des Publikums. Die Anwesenheit von Zuschauern erzwingt die Inszenierung des Sports als Show: Einer kleinen Gruppe von Akteuren steht eine große Zahl von Besuchern gegenüber, die für die »Show« bezahlt haben und die von daher Anspruch auf Unterhaltung, Spannung, ja Sensationen anmelden. Der Sport muß sich den Erwartungen und Ansprüchen der Zuschauer, die zum Teil selbst in dieser Sportart aktiv und von daher Experten sind oder zu sein glauben, unter anderem durch Regeländerungen anpassen. Auch die Sechstagerennen, die nach Meisl zu den attraktivsten Sportereignissen zählten, entsprachen bald nicht mehr dem Geschmack des Publikums. *»Ein Riesenfeld für Sporttheater boten die sogenannten 6-Tage-Rennen, Radrennen, die sechs Tage und Nächte währten und an denen Mannschaften zu je zwei Fahrern teilnahmen. [...] Es war ein richtiges Volksvarieté, und der Thronfolger saß nur einen Rang niedriger als der Apache. Die Künstlerloge war meist überfüllt. Viel Publikum kam wegen des merkwürdigen Publikums, viele wegen der mitunter spannenden Kampfphasen, manche auch nur, weil sie mit einem gefährlichen Sturze rechneten, der nicht selten war, alle kamen sie wegen der Sensationen. [...]«*[37] Nur um den Endsieg zu fahren, erwies sich jedoch bald als uninteressant, da oft schon nach zwei Tagen die späteren Sieger feststanden. Also führte man eine Vielzahl von kleineren Wettbewerben ein, die die Spannung immer wieder anheizten.

Sowohl die Möglichkeit, Geld zu verdienen, als auch die geforderten hohen Leistungen und das damit verbundene Training führten in manchen Sportarten schon vor dem Ersten Weltkrieg zur Professionalisierung der Athleten. In den zwanziger Jahren waren Radfahren und Boxen die beliebtesten Profisportarten. Obwohl die Vertreter des »reinen Sportgedankens« den Trend zur Professionalisierung und Kommerzialisierung des Sports vehement bekämpften, ließ sich die Entwicklung zum Berufssport nicht aufhalten. Die Zuschauer mit ihrer Bereitschaft, für Sportereignisse zu bezahlen und Sportidole zu glorifizieren, trugen entscheidend dazu bei, daß sich die Unterschiede zwischen Champions und Artisten immer mehr verwischten.

Die Auswirkungen nicht nur der Professionalisierung, die inzwischen gesamtgesellschaftlich akzeptiert ist, sondern auch des wachsenden Sportkonsums sind in der Literatur umstritten. Verspohl interpretiert das Sportinteresse der Bevölkerung als Ablenkung vom Eigentlichen, vom Politischen;[38] auch andere Wissenschaftler lehnen den Sport als Volksverdummung und Opium für die Massen ab. Hortleder weist demgegenüber darauf hin, daß die Abwertung des Sports von seiten einer bildungsbürgerlichen Elite auf Vorurteilen basieren kann. *»Das Publikum ist viel intelligenter als seine Kritiker glauben. Es betrachtet die Spieler und insbesondere die Stars als Produkte der Dienstleistungsindustrie. [...] Das Auftreten des Stars dient als Lustgewinn. Man ist bereit, ihn begeistert zu feiern, wenn er gut ist, um ihn ebenso schnell zu verfluchen, wenn er versagt.«*[39]

Anmerkungen

1 Friedrich Ludwig Jahn und Ernst Eiselen, Die deutsche Turnkunst, Berlin 1816, S. 11.
2 Henning Eichberg und Wilhelm Hopf, Fußball zwischen Turnen und Sport, Nachwort zur Neuausgabe von: Karl Plank, Fußlümmelei, Münster/Westfalen 1982, S. 49–87 (zuerst erschienen 1898).
3 Jahn (wie Anm. 1), S. 27f.
4 Schmidt 1886, zit. nach Hajo Bernett (Hg.), Sport im Kreuzfeuer der Kritik, Schorndorf 1982, S. 18.
5 Barth 1917, zit. nach Bernett (wie Anm. 4), S. 30.
6 Vgl. Henning Eichberg, Leistung, Spannung, Geschwindigkeit, Stuttgart 1978; ders., Die Veränderung des Sports ist gesellschaftlich, Münster/Westfalen 1986; Allen Guttmann, Vom Ritual zum Rekord, Das Wesen des modernen Sports, Schorndorf 1979; Christian Graf von Krockow, Sport, Gesellschaft, Politik, München 1980.
7 Vgl. Wilhelm Hopf, Kritik der Sportsoziologie, Lollar 1979; Krockow (wie Anm. 6).
8 Vgl. Wolfgang Nahrstedt, Die Entstehung der Freizeit, Göttingen 1972.
9 Vgl. Helmut Digel, Sport verstehen und gestalten, Reinbek 1982.
10 Willy Meisl, Der Sport am Scheidewege, Heidelberg 1928, S. 129f.
11 Hans Seiffert, Weltreligion des 20. Jahrhunderts, in: Der Querschnitt XII, 1932, S. 385–87.
12 Vgl. Hans-Ulrich Wehler, Das Deutsche Kaiserreich, 1871–1918, 3. Aufl., Göttingen 1977.
13 Krockow (wie Anm. 6).
14 Vgl. Detlev J. K. Peukert, Die Weimarer Republik, Frankfurt am Main 1987, S. 178ff.
15 Siebert 1913/14, zit. nach Bernett (wie Anm. 4), S. 22.
16 Plank (wie Anm. 2), S. 29.
17 Vgl. Gertrud Pfister, Sportstätten und Sportvereine in Berlin an der Wende vom 19. zum 20. Jahrhundert, in: Hans-Georg John (Hg.), Vom Verein zum Verband, Die Gründerzeit des Sports in Deutschland, Clausthal-Zellerfeld 1987, S. 11–41.
18 Meisl (wie Anm. 10), S. 49.
19 Gertrud Pfister, Athletik-Meetings, Stafetten-Läufe, Memorials, Sportveranstaltungen in Berlin vor dem Ersten Weltkrieg, in: Manfred Lämmer, Roland Renson und James Riordan (Hgg.), Proceedings of the XIIth Hispa Congress, Sankt Augustin 1989, S. 159–71.
20 Annemarie Lange, Das Wilhelminische Berlin, Zwischen Jahrhundertwende und Novemberrevolution, Berlin 1967.
21 Zit. nach Manfred Blödorn, Fußballprofis, Die Helden der Nation, Hamburg 1974, S. 15.
22 Vgl. Heinz Meyer, Der Hochleistungssport – ein Phänomen des Showbusiness, in: Zeitschrift für Soziologie 2, Heft 1, 1973, S. 59–78; Allen Guttmann, Sports Spectators, New York 1986; Gerd Hortleder und Gunter Gebauer (Hgg.), Sport – Eros – Tod, Frankfurt am Main 1986.
23 Zit. nach Blödorn (wie Anm. 21), S. 19.
24 Meisl (wie Anm. 10), S. 97.
25 Ebenda, S. 98.
26 Gerd Hortleder, Die Faszination des Fußballspiels, Frankfurt am Main 1974, S. 37.
27 Ebenda, S. 140.
28 Meisl (wie Anm. 10), S. 124.
29 Vgl. Heinz Risse, Soziologie des Sports, Münster/Westfalen 1979 (zuerst erschienen 1921).
30 Vgl. Helmut Wagner, Sport und Arbeitersport, Berlin 1931.
31 Vgl. Nahrstedt (wie Anm. 8); Peukert (wie Anm. 14).
32 Arno Arndt, Berliner Sport, Berlin-Leipzig o. J., S. 69f.
33 Günther Dehn, Proletarische Jugend, Lebensgestaltung und Gedankenwelt der großstädtischen Proletarierjugend, Berlin 1929, S. 41f.
34 Siegfried Kracauer, Die Angestellten, Frankfurt am Main 1971 (zuerst erschienen 1929).
35 Vgl. Gertrud Pfister (Hg.), Frau und Sport (Die Frau in der Gesellschaft, hg. von Gisela Brinker-Gabler), Frankfurt am Main 1980.
36 Vgl. zum kollektiven Verhalten Walter R. Heinz und Peter Schöber (Hgg.), Theorien kollektiven Verhaltens, Beiträge zur Analyse sozialer Protestaktionen und Bewegungen, Darmstadt-Neuwied 1972.
37 Meisl (wie Anm. 10), S. 92.
38 Franz-Joachim Verspohl, Stadionbauten von der Antike bis zur Gegenwart, Regie und Selbsterfahrung der Massen, Gießen 1976.
39 Hortleder (wie Anm. 26), S. 68. – Zu einer eher negativen Einschätzung der Sportentwicklung kommt Bourdieu. Er befürchtet, daß die Kluft zwischen den Profis, den Virtuosen einer esoterischen Technik, und dem auf den Status eines bloßen Konsumenten reduzierten Laien sich immer mehr in das kollektive Bewußtsein einnistet. Der Laie ist dann zu einer rein imaginären Partizipation verurteilt, die weiter nichts ist als ein Scheinersatz für die Preisgabe eigener Fähigkeiten zugunsten der Experten (Pierre Bourdieu, Historische und soziale Voraussetzungen des modernen Sports, in: Hortleder/Gebauer [wie Anm. 22], S. 103). – Wesentlich positiver ist das Fazit, das Guttmann über die Sportzuschauer zieht. Ohne die negativen Aspekte des modernen Sports zu leugnen, plädiert er dafür, doch auch die Potenzen des Showsports, vor allem die Chance, ein Gefühl von Gemeinsamkeit und Zusammengehörigkeit zu erzeugen, zu nutzen (Guttmann [wie Anm. 22], S. 185).

169 Kurd Albrecht, Sechstagerennen im Sportpalast, um 1927; Kreide/Papier, Bildgröße 38 x 33 cm, signiert rechts unten; VWA.

Chronik der Veranstaltungen 1910–1973

Alfons Arenhövel

Mitarbeit:

Hannah Arenhövel
Michael Bollé
Ulrich Keppler
Jutta Schiek
Lothar Schirmer

Benutzerhinweise

Die zeitgenössischen Texte wurden in der Regel unkommentiert wiedergegeben. Ihre geistig-politische Position läßt sich den angegebenen Quellen entnehmen.
Zeitungen der Weimarer Republik:
Agr – Der Angriff (NSDAP)
BLA – Berliner Lokal-Anzeiger (DNVP [deutschnational])
BT – Berliner Tageblatt (DDP [liberal])
BZaM – B.Z. am Mittag (liberal)
DAZ – Deutsche Allgemeine Zeitung (rechtskonservativ)
Germ – Germania (Zentrum [katholisch])
BMp – Berliner Morgenpost (liberal)
RF – Die Rote Fahne (KPD)
VB – Völkischer Beobachter (NSDAP)
Vw – Vorwärts (SPD)
Voss – Vossische Zeitung (liberalkonservativ)
Bei den Zeitungen wurde nicht zwischen Morgen-, Mittags- oder Abendausgabe unterschieden, eine Jahreszahl ist nur dann angegeben, wenn die Quelle nicht aus dem entsprechenden Jahr stammt.
Da bei den Amateurboxern die Entscheidungen üblicherweise nach Punkten erfolgen, wurden nur abweichende Ausnahmen genannt (z. B. »durch ko«).

1910

Nov 17, 19.00 Uhr. Feierliche Eröffnung als »Größter Eispalast der Welt« mit der Eisrevue »Feerie ›Am Nordpol‹«
V: SP.
Mitw.: 200 Eislaufkünstler, Kosleck'scher Bläserbund, Trompeterkorps des Leib-Garde-Husaren-Regiments und der Künstlerischen Haus-Kapelle.

170 Anzeige (BLA 17. 11. 1910).

»Der neue Sportpalast [...] mit seiner in mildem Licht erstrahlenden Riesenfront war gestern am Eröffnungstage das Ziel von Tausenden« (Voss 18. 11.). *»[...] wie zu einer wirklichen großen Premiere waren die Damen in großer Gesellschaftstoilette und die Herren im Frack oder Smoking erschienen. Nach vielen Tausenden zählten die Gäste, die in Equipagen, Autos und Droschken vorgefahren waren, und in der Riesenhalle staute sich zeitweilig die Menge. Die Eisfläche war ›brechend voll‹ besetzt, und auf den Galerien saßen die Zuschauer Kopf an Kopf«* (BLA 18. 11.). *»Man kam, um zu sehen und auch um – gesehen zu werden. Bald waren die Tischreihen, deren rote, gelbe und grüne Tischlampen mit ihrem milden Schein in einem wohltuenden Gegensatz zu dem strahlenden Licht der Bogenlampen stehen, von einem eleganten Publikum besetzt. Durch die lichtdurchfluteten Räume wogte eine festlich gestimmte Menge«* (Voss 18. 11.). *»Legt man den großen Maßstab an, mit dem das neue Unternehmen als ganzes gemessen sein will, auch an die sportlichen Darbietungen des Abends an, so kann der fachmännische Beurteiler sein Lob jedoch nicht uneingeschränkt zollen. Die Geschwister Sonder zum Beispiel, ohne Zweifel hochtalentierte Paarläufer, sind ebenso zweifellos nicht das beste Paar der Welt, wie es im Programm zu lesen steht. Als solches muß man immer noch die Münchener Burger=Hübler betrachten, denen das englische Paar Mr. und Mrs. Johnson folgt. Man sollte sich hier lieber an die sportliche Wahrheit halten. Immerhin haben die Geschwister Sonder große Fortschritte gemacht und wußten auch gestern ihr Publikum zu fesseln; im Einzellauf zeigte Fräulein Sonder ein flottes Programm, das sich auf der Mitte zwischen Kunstlauf und Ballett hielt; etwas weniger wäre hier mehr gewesen. Der Norweger Drolsum erwies sich als ein Läufer, für den technische Schwierigkeiten nicht zu bestehen scheinen; leider hat er eine wenig elegante Haltung, die den Eindruck seiner Produktion erheblich herabstimmt. Seine Sprünge über vier Stühle imponierten wie immer außerordentlich. Die im Programm vorgesehene Schnellauf=Konkurrenz, für deren Abhaltung die Bahn sich trotz ihrer großen Abmessungen nur wenig eignet, da die Kurven immer noch zu klein sind, fiel aus; dafür lieferten zwei Läufer auf Rennschlittschuhen einige Runden in mäßigem Tempo. Der avisierte russische Schnelläufer Beutler (ein russischer Meisterläufer dieses Namens ist uns nicht bekannt) erschien leider nicht; auch das komische Intermezzo fand nicht statt. An dem rein sportlichen Teil des Programms wird ein geschickter Regisseur noch mancherlei zu modeln haben, ehe hier die Vollendung erreicht worden ist, die man bei einem so großzügigen Unternehmen erwartet. Die Feerie ›Am Nordpol‹ gab Gelegenheit zur Entfaltung großer Farbenpracht; Das Ganze war hauptsächlich ein Rahmen für einen flotten Paarlauf der Geschwister Sonder, die ein sehr umfangreiches Programm vorführten und auch hier starken Beifall auslösten«* (BLA 18. 11.).
BLA 18. 11.; Voss 18. 11.

Nov 18 – Dez 23, 19.00 Uhr. Eisrevue »Feerie ›Am Nordpol‹«
Am 27. 11., 4., 11. 12. auch 16.00 Uhr.
V: SP.
Et: bis 19.00 Uhr 0,75 M, nach 19.00 Uhr 1,– M, ab 27. 11. generell 1,– M; Monatskarte für Kinder, Studierende und Schüler 4,– M, für Erwachsene 8,– M, Saisonkarten 40,– M; *»Vorverkauf in den Warenhäusern von Hermann Tietz und ständig an der Kasse«.*
Forts. von Nov 17.
Mitw.: 200 Eislauf-Künstler, drei (ab 27. 11. zwei) Militär- und Zivilkapellen.

171 Anzeige (Chr Dez 31; nach: BLA 29. 12. 1910).

Gleichzeitig wurde auch Unterricht im Eislauf angeboten (*»Unterricht im Schlittschuhlaufen 2 Mark«*).
BLA 18. 11. ff.

Nov 28. »Grosses Instrumental und Vokalkonzert«
V: SP(?).
Mitw.: Berliner Sänger-Verein (Cecilia Melodia) unter Leitung des Königlichen Musikdirektors Max Eschke.
Ob die Veranstaltung am Nachmittag oder am Abend, und eventuell innerhalb der »Feerie ›Am Nordpol‹« stattfand, ist unbekannt.
BLA 27. 11.

Dez 2 – 5, außerdem im blauen Saal: »Die Polizeilich freigegebenen ›Sibiriens Gesänge‹, Gesammelt durch Wilhelm Harteveld«
V: SP.
Et: *»Erste 10 Reihen 5 M. Zweite 10 Reihen 4 M. Dritte 10 Reihen 3 M. Weitere Plätze 2 M. Plätze von 2 M. aufwärts berechtigen zum Besuch des Sport-Palastes* [der großen Halle] *am selben Abend«.*
BLA 2.–5. 12.

Dez 6 – 10, außerdem 11.00 Uhr: Vormittags-Konzert
Dez 11, außerdem 12.00 Uhr: »Wohltätigkeits-Matinee der Königlichen Kapelle [...] mit Allerhöchster Genehmigung«
V: SP(?).
Et: *»Sitzplätze zu 10, 5, 4, u. 3 M. und Stehplätze zu 2 M., auch ganze Tische zu 6, 8 u. 12 Plätzen sind von Mittwoch, dem 7. Dezember, zu haben in der Hofmusikalienhandlung von Bote & Bock, Leipziger Str. 37, in der Musikalienhandlung von Stahl, Potsdamer Str. 39, A. Wertheim, Leipziger Straße, und an der Kasse des Sportpalastes [...] bis 3 Uhr nachmittags sind alle anderen Karten des Sport-Palastes aufgehoben«.*

Mitw.: *»Dirigent: Herr General-Musikdirektor Dr. Richard Strauß. Mitwirkende: Fräulein Tilly Hill, Konzertsängerin. Fräulein Margarete Ober, Königl. Hofopernsängerin. Herr Rudolf Berger, Königl. Hofopernsänger. Herr Putnam Griswold, Königlicher Hofopernsänger. Königlicher Opernchor (Direktor Professor Rüdel)«.*
Programm: 1. Vorspiel zu »Die Meistersinger« von Richard Wagner, 2. Siegfried-Idyll von Richard Wagner, 3. IX. Sinfonie mit Soli und Chor von Ludwig van Beethoven.
BLA 8., 10. 12.

Dez 12, 21.00 Uhr. »Grosses Instrumental- und Vokal-Konzert«
V: SP.
Et: 1,–M.
Diese Veranstaltung sollte nach einer Anzeige *»Jeden Montag«* stattfinden; offenbar hatten die Mitglieder der Eisrevue an diesem Wochentag einen Ruhetag.
BLA 7., 9., 11.–12. 12.

Dez 13–18, außerdem 11.00–13.00 Uhr: Vormittags-Konzert

Dez 19, 19.00 Uhr. »Wiederholung der Eröffnungsfeier des Sport-Palastes unter Mitwirkung des Koslecksehen Bläserbundes«
Vgl. Nov 17.
V: SP.
Et: 1,50 M; *»Für diesen Abend, von 7 Uhr ab, sind alle anderen Karten des Sport-Palastes aufgehoben«.*
BLA 14., 16.–17. 12.

Dez 25–30, 19.00 Uhr. Eisrevue »Feerie ›Weihnachten am Nordpol‹«
Sonntags auch 16.00 Uhr. Außerdem 11.00–13.00 Uhr: Vormittags-Konzert.
V: SP.
Et: 1,– M.
Forts. 1911 Jan 1–3, 8–17(?).
Mitw.: 200 Eislaufkünstler, zwei Künstlerkapellen, *»Außergewöhnliche Lichteffekte«.*
Wohl eine Variante der »Feerie ›Am Nordpol‹« (vgl. Nov 17).

Außerdem im blauen Saal, 20.30 Uhr: Eröffnungsvorstellung der »Sport-Bühne« mit einem bunten Abend
V: SP(?).
Et: 1,–, 2,–, 3,–, 4,– M.
Mitw.: Curt Warnebold, Willi Tauber, Werner Goldmann, Mary Deba u. a.
Die Veranstaltung wird für *»Weihnachten u. folgende Tage«* angekündigt. *»Am ersten Weihnachtsfeiertag wird das neueste Berliner Theaterunternehmen dem Publikum unter der Bezeichnung ›Sport=Bühne‹ seine Pforten öffnen [...Es] sollen in der Form Bunter Abende Vorstellungen geboten werden, bei denen ein höheres Kunstinteresse obwaltet. Namhafte Kräfte des Theaters und des Konzertes sowie des Varietés sind bereits verpflichtet. In der Hauptsache soll das heitere Genre gepflegt werden. Der Kartenvorverkauf beginnt am Montag«.*
BLA 18., 21.–22. 12.

Dez 31, 20.00 Uhr. »Grosse Sylvester-Feier der grossen Rheinischen Karnevals-Gesellschaft. Ein Fest im Reiche des Prinzen Karneval«
V: *»Grosse Rheinische Carnevals-Gesellschaft zu Berlin, Rhein. Verein e. V.«* (?).
Et: 4,– M, reservierter Platz 6,– M.
Diese Veranstaltung wurde in einer Anzeige (BLA 30. 12.) als *»Größte Silvester-Feier der vornehmen Welt«* angekündigt, mit Ballett auf dem Eise, fünf Musikkapellen und, um 1.00 Uhr nachts, einem großen Festzug *»Huldigung des Prinzen Carneval«* mit *»8 Wagen, ca. 20 Gruppen, ca. 500 Mitwirkenden«.* In einer offensichtlich lancierten Vorausbesprechung wird sie *»das Tagesgespräch«* Groß-Berlins genannt, zu dem *»seine Tollität mit Gefolge eigens aus seiner Haupt= und Residenzstadt Köln hier eintreffen«* werde (BLA 25. 12.). *»Die Jahresschlußfeier der Großen Rheinischen Karnevals=Gesellschaft [...] wird als die prunk= und glanzvollste des Vereins in dessen Annalen verzeichnet bleiben. Der Kleine Rat mit seinen Präsidenten, den Herren Vollmer und Wadler, hat mit Herrn Direktor Rostin alle auf das ›Fest des Prinzen Karneval am Nordpol‹ gesetzten Hoffnungen erfüllt. Die beliebtesten Kunstläufer produzierten sich im karnevalistischen Kostüm. Das Monsterkonzert wurde von fünf Kapellen ausgeführt. Unter den Klängen des Altniederländischen Dankgebets ging das alte Jahr zu Ende. Dann wurde das Jahr 1911 gegrüßt. Um 1 Uhr setzte sich der Festzug des Prinzen Karneval, in welchem sich sechs Prachtwagen und 25 Gruppen aller Nationalitäten befanden, in Bewegung. Dann wurde die Arena zum Ballsaal; der Silvesterball dauert fort«* (BLA 1. 1. 1911).
BLA 21. 12. ff.

1911

Jan 1–17(?), 19.00 Uhr. Eisrevue »Feerie ›Weihnachten am Nordpol‹«
Forts. von 1910 Dez 25–30.

Jan 4, außerdem 21.30 Uhr: Eishockey-Bandyspiel
Oxford Canadians – Leipziger SC (ausgefallen; BLA 3. 1.; BZaM 3.–4. 1.).

Jan 5–6, außerdem abends: Konzert der Bonner Liedertafel
Neben der Feerie?
V: SP(?).
Et: *»Reservierte Plätze 5.– M. und M. 3.–, alle anderen M. 2,– «*; Vorverkauf bei *»Hofmusikalienhandlung Bote & Bock, Leipziger Str. 37. Musikalienhandlung Stahl, Potsdamer Str. 39. A. Wertheim. Leipziger Str. Im Bureau des Vaterländischen Frauen-Vereins, Dessauer Straße 14, und a. d. Kasse des Sport-Palastes* [...]«.
Mitw.: 230 Sänger (Musikdir. Joseph Werth).
Zum *»Besten des Vaterländischen Frauen-Vereins Berlin«.*
»Die Bonner Liedertafel setzte gestern (Freitag) abend ihren Siegeszug in Berlin fort. Sowohl die heroischen als die zarten Weisen fanden den jubelnden Beifall des im überfüllten Sportpalast versammelten Publikums, das den rheinischen Sängern große Ovationen bereitete. Ein auf Rollschuhen schwebender Genius überbrachte einen Riesenlorbeerkranz des Berliner Sängerbundes als kollegiales Angebinde« (BLA 7. 1. 11).
»Konzerte auf der Eisbahn scheinen jetzt modern zu werden. Sicherlich wirkt auch z. B. eine Bachsche Kantate viel erfreulicher, wenn der Konzertsaal rings von einer Korona Eisgirls und Weltmeister über 1000 Meter besetzt ist« (BZaM 6.1.).
BLA 21. 12. 1910; 5. 1.; BZaM 6. 1.

Jan 7, außerdem abends: »Populäres Konzert der Bonner Liedertafel«
Et: 1,– M, reserv. 2,– M.

Jan 8–17(?), außerdem 11.00 Uhr: Vormittags-Konzert
Weiterhin Unterricht im Eislauf.
BLA 7.–14. 1.

Jan 18–Feb 28, 19.00 Uhr(?). Eisrevue »Feerie ›Karneval am Nordpol‹«
Sonntags auch 16.00 Uhr, ab 4. 2. erst 16.30 Uhr.
V: SP.
Et: 1,– M.
Mitw.: 200 Eislaufkünstler, zwei Musikkapellen; *»Unerreichbare Lichteffekte [...] Prachtvolle Ausstattung.«*
Wohl Variante der ersten und zweiten »Feerie« (vgl. 1910 Nov 17 und Dez 25–30). Weiterhin Unterricht im Eislauf.
BLA 17. 1. ff.

Jan 23–24, außerdem 21.00 Uhr: »Schnellauf-Preiskonkurrenz«
V: SP/VBAV.
Für das zweitägige »Eislaufmeeting« lagen rund 50 Meldungen vor.

Jan 23 *»Die Rennen nahmen einen interessanten Verlauf und hatten folgende Resultate: 1500=Meter=Laufen mit Vorgabe: Erster Grell, Charlottenburger Sportklub, Zeit: 5 Minuten 28 2/3 Sekunden; Zweiter Leonhard, Charlottenburger Sportklub; Dritter Himpe. 3000=Meter=Laufen: Erster Leonhard, 7 Minuten 15 Sekunden; Zweiter Grell; Dritter Roegind, Charlottenburger Sport=Club«* (BLA 24. 1. 11).

Jan 24 *»Wieder zeigten die Kämpfe eine Ueberlegenheit der Läufer des Charlottenburger Sport=Clubs, denen der Sportpalast zum Schnellauf=Training zur Verfügung steht und die darum eine bessere Vorbereitung und vor allem eine genaue Kenntnis der kleinen Bahn haben. Grell und Leonhard waren unter den Teilnehmern eine Klasse für*

172 Anzeige (BLA 1. 2. 1911).

174 Anzeige (Chr Feb 18; nach: BLA 18. 2. 1911).

sich, sie zeigten einen bestechenden Stil und gewannen das Haupttrennen über 5000 Meter in guter Zeit. Ein scharfer Spurt zeigte Grell als den schnelleren. Die wertvollen Preise, die den Siegern im Anschluß an die Kämpfe in der Arena überreicht wurden, waren von der Direktion des Sportpalastes gestiftet. Nachstehend die Resultate: 1000=Meter=Laufen mit Vorgabe: Himpe (Charl. S. C.), 40 Meter Vorg., 2 Min. 01 Sek. 1. Grell (Charl. S. C.), 0 Meter Vorg. 2. Roegind (Charl. S. C.), 40 Meter Vorg.. 3. 500=Meter=Hindernislaufen: Martin (Charl. S. C.) 1. Budde (B. F. C. Preußen) 2. Rath (Berl. S. C.). 3. 5000=Meter=Hauptlaufen: Grell (Charl. S. C.), 10 Min. 51 2/3 Sek., 1. W. Leonhard (Charl. S. C.), 2 Meter zurück, 2. Roegind (Charl. S. C.), 1/2 Runde zurück, 3.« (BLA 25. 1.).

Möglicherweise fand die »Schnellauf-Preiskonkurrenz« innerhalb der vielleicht auch an diesen Tagen durchgeführten Eisrevue statt.

BLA 24.–25. 1.

Jan 27 – Feb 12, außerdem: »Eis-Schnellaufkonkurrenzen«

»Heute, am Kaisers Geburtstag: Beginn v. täglichen Eislaufrennen. 1000 M. Belohnung für denjenigen Amateur oder professionellen Eisläufer, welcher den russischen Eisläufer Michel Beutler dreimal nacheinander besiegt« (BLA 27. 1.).

Feb 13, außerdem: »Marathonlauf: 42 Kilometer auf dem Eise«

Feb 18. Erster »Sport=Masken=Ball« im Rahmen der »Feerie«

Et: 1,– M, reserviert 2,– M.

Unter *»Mitwirkung der Gesamttruppe – 2 grosse Künstlerkapellen – Tanzflächen inmitten der Eisfläche. Zahlreiche und womöglich originelle Kostümierung erbeten, sonst Ball-Toilette oder Sport-Anzug [...] Abonnements und Blockhefte behalten Gültigkeit. 6 Ehren-Preise für die originellsten Kostüme«* (BLA 18. 2.).

»Im Hohenzollern=Sport=Palast [...] veranstaltete die Direktion Jacques Rostin gestern abend den Ersten Sport=Maskenball unter Mitwirkung zahlreicher Eislaufkünstler und mehrerer Musikkapellen. Auf der märchenhaft illuminierten Eisfläche war ein riesiges Podium für die Tanzaufführungen errichtet. Als die Mitternachtsstunde nahte, bot die Riesenhalle mit ihrem bunten und originellen Maskengewühl ein Bild echt weltstädtischen Treibens. In der Feerie ›Karneval am Nordpol‹ wirkten nahezu 200 Eiskünstler mit. Für die schönsten Masken waren sechs Ehrenpreise ausgesetzt, die aber erst in früher Morgenstunde zur Verteilung gelangten« (BLA 19. 2.).

BLA 25. 1. ff.

Feb 20, außerdem 12.30 Uhr: Generalversammlung des Bundes der Landwirte.

V: Bund der Landwirte.

Rd: U. Konrad Feiherr von Wangenheim (1. Vors.), Reichsritter von Hohenblum (A), Dr. Rösicke (2. Vors., MdL), Dr. Diedrich Hahn (Bundesdir., MdR, MdL), Conradt (Bezirksschornsteinfeger, Breslau), Dr. Oertel, Elard von Oldenburg-Januschau (MdR).

»Schon früh begann sich der Sportpalast zu füllen, auf dessen Vorplatz eine von einer Lokomotive getriebene landwirtschaftliche Maschine stand, die gleichsam das Symbol bildete für die drinnen stattfindende Versammlung« (BLA 20. 2.). *»Das äußere Bild war ein wesentlich anderes, als die Generalversammlung des Bundes es bisher boten, da nicht mehr der Zirkus Busch den Rahmen für die Tagung bildete. Schon das Leben, das vor den Toren der Versammlungsstätte sonst sich entfaltete, war diesmal ein anderes. Nicht brauchten Hunderte, die vergebens Einlaß begehrten, den Eingang zu umlagern oder wieder umzukehren. Seit dem frühen Vormittag ergoß sich in die Hallen ein Menschenstrom, der immer mehr Ausdehnung gewann. Aber der gewaltige Raum vermochte sie alle aufzunehmen. Im Saale war die Eisfläche überdeckt, und auf den unendlichen Stuhlreihen saßen dicht gedrängt die Versammlungsteilnehmer, unter denen die Frauenwelt diesmal stärker als zuvor vertreten war. Die obere Galerie war unbesetzt geblieben. Es hatten diesmal mithin alle Platz gefunden, und die neue Versammlungsstätte hatte sich bewährt. Es mochten etwa 8000 Personen vereint gewesen sein«* (BLA 20. 2.). In der Rede des Dr. Hahn wurden besonders der Hansa-Bund und der Bauern-Bund angegriffen. *»Nun der Bauernbund! (Lebhafte Rufe: Pfui!) Sie kennen seine Agitation! Wer sind seine Hintermänner? Mit seinem Beitrag von 1 M. kann er seine Agitation nicht treiben, er braucht Gönner. (Rufe: Die Juden!) Es wird auch wohl mancher Jude dabei sein (Stürmische Bravos.) Ein Jude ist ja auch viel zu schlau, um direkt unter seinem Namen Beiträge in die Kasse des Bauernbundes zu leisten. (Sehr richtig!) Landwirte sind sicher nicht darunter. (Ruf: Schieber, Landwirt Becker.) Der bekannte Becker ist der Sohn des Bernstein=Becker und entstammt dem Judentum. (Hört, hört!) Es gibt ja auch Juden und Söhne von Juden, die Grundbesitz erwerben, aber darum sind sie noch lange keine Agrarier. (Bravo.) [...]«* (BLA 20. 2.).

BLA 21.–22. 2.

Feb 23. Preisänderung

»In Anbetracht des aussergewöhnlichen Interesses des Publikums, besonders der Jugend, für den sehr gesunden Sport des Schlittschuhlaufens und um breiteren Schichten der Bevölkerung eine rege Beteiligung zu ermöglichen, wird von heute ab in der Zeit von 1 bis 4 Uhr nachmittags nur 50 Pf. Eintritt erhoben. Nach 4 Uhr 1 M. Reservierte Plätze 2 M.« (BLA 23. 2.).

Mär 1–5, 19.00 Uhr. Eisrevue »Feerie ›Am Nordpol‹«

Vgl. 1910 Nov 17.

Die für den 1. angekündigte Premiere »Eisfest an der Newa« wurde um sechs Tage auf den 6. verschoben (BLA 28. 2.; 1. 3.). Daher wurde in der Zwischenzeit die »Eröffnungs-Feerie« wiederaufgeführt (BLA 1., 4. 3.).

173 Postkarte des »Sport-Palastes« (Chr Jan 27 – Feb 12).

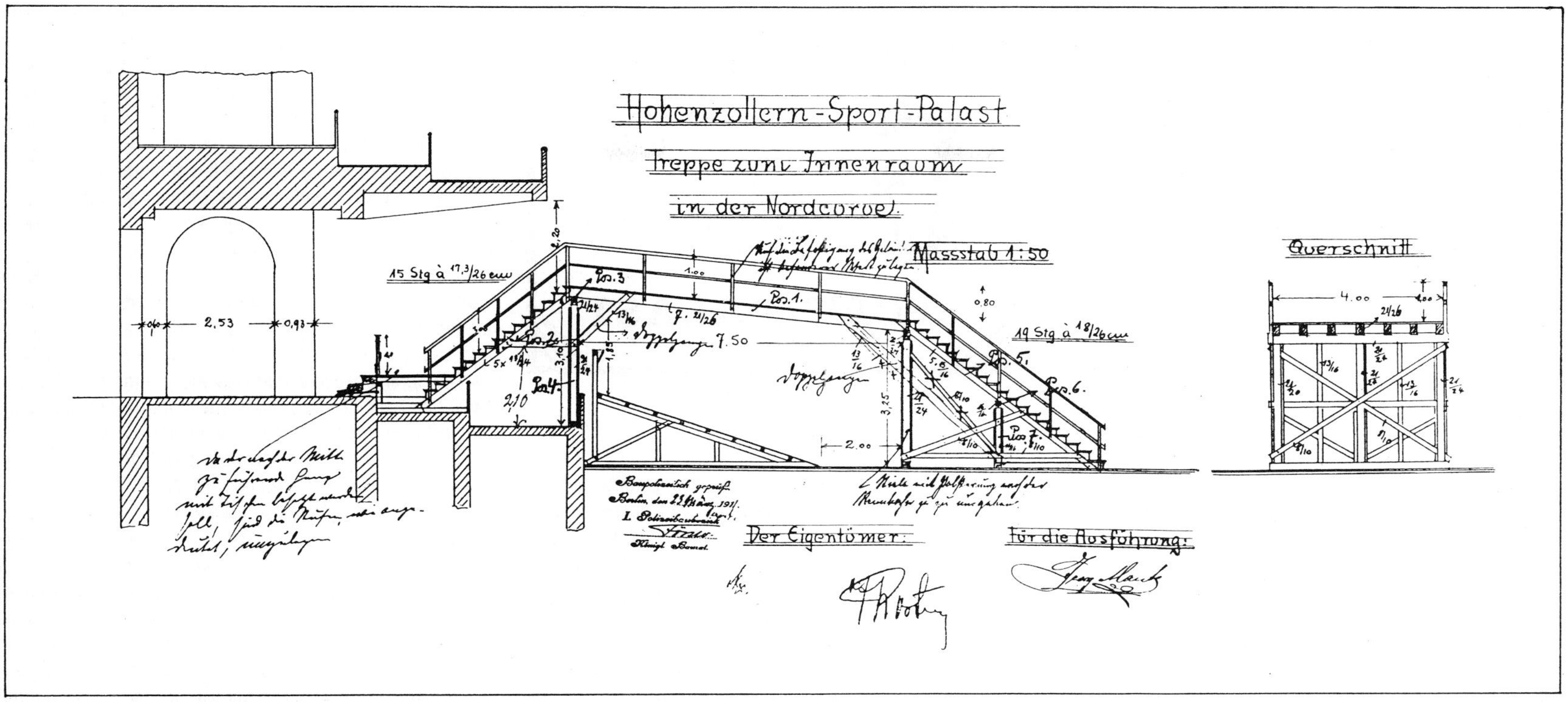

175 Entwurf für die »Treppe zum Innenraum in der Nordkurve« beim 3. Berliner Sechstagerennen (Chr Mär 23–30), 23. 3. 1911 (nach: LA SP 3997/45–47 [Lichtpause/Papier, 32,5 x 69 cm]).

Mär 6–20, 19.00 Uhr(?). Eisrevue »Feerie ›Eisfest an der Newa‹«
Sonntags auch nachmittags (vermutlich 16.30 Uhr).
V: SP.
Et: 1,–M, reserviert 2,–M; wochentags (öffentlicher Eislauf) von 13.00–16.00 Uhr 0,50 M; ab 5. 4. *»am Tage wie Abends nur 50 Pf.«*; ab 9. 4. bis 17.00 Uhr 0,50 M, danach 1,–M, reserviert 2,–M; ab 20. 4. reserviert 1,50 M.
Forts. Apr 1–30.
Mitw.: circa 200 Eislaufkünstler, zwei »Künstler=Kapellen«; *»Außergewöhnlich luxuriöse Ausstattung und unerreichbare Lichteffekte. Bengalische Beleuchtung«.*
»Ein Eisfest auf der Newa, so betitelt sich die Premiere [...], die gestern abend vor ausverkauftem Hause in Szene ging. Ein unendlich reicher russischer Fürst gibt in der Butterwoche ein glänzendes Fest auf der Newa, an dem die vornehme Gesellschaft Petersburgs teilnimmt. Und um diesen Kern der Handlung gruppiert sich eine sinnberückende Fülle prächtiger Aufzüge, wundervoller Lichteffekte und märchenhafter Tänze. Die Prachtschlitten und echten Renntiergespanne, das bunt gewürfelte Kleinvolk von Zigeunern, Bauern und den verschiedensten Stämmen Rußlands, der Hochzeitszug und das exzedente Corps de Ballett enthusiasmierten das vieltausendköpfige Publikum, das der Direktion Rostin stürmischen Beifall zollte« (BLA 7. 3.).
BLA 28. 2.; 7., 10. 3. ff.

Mär 21–23. Aufbau der Radrennbahn und Training der Fahrer
16.00–24.00 Uhr geöffnet.
Et: 0,50 M.
Mitw.: zwei *»Künstler-Kapellen«.*
»Um 12 Uhr nachts wurde heute mit dem Bau der Bahn begonnen. Heute vormittag um 9 Uhr war bereits die ganze Eisfläche eingedeckt, und es konnte an die Aufstellung der eigentlichen Rennbahn geschritten werden. Aller Voraussicht nach wird die Bahn bis heute abend fertiggestellt sein, so daß morgen mit dem Training begonnen werden kann« (BLA 21. 3.). *»Die Bahn wird sechs Meter breit, die Kurvenüberhöhung wird vier Meter betragen. Die Länge wird die der bisherigen Sechstage=Bahnen überragen, und so steht es zu hoffen, daß sehr schnelle Rennen gefahren werden können. Der Innenraum wird dem Publikum freigegeben sein [...] Eine Brücke, von der ersten Galerie ausgehend, wird den Verkehr vermitteln«* (BLA 20. 3.). *»In fast unglaublich kurzer Zeit ist [...] die Wandlung vom Tummelplatz der Eisläufer zur Radrennbahn vor sich gegangen. Am Montag abend walzten die Paare noch mit stahlbewehrtem Fuß auf spiegelglatter Fläche, und gestern nachmittag rollten die Rennräder bereits über eine moderne Radrennbahn, die förmlich hingezaubert worden war. Geradezu als schreiende Illustration der Fixigkeit, mit der die Bahn entstand, sah man gestern noch vor dem Sportpalast eine Dame, die trauernd ihre Schlittschuhe wieder nach Hause trug. ›Die hat bloß ein bißchen lang in der Garderobe gebraucht‹, meinte einer der vielen Spaßvögel, die man jetzt im Sportpalast finden kann. Beim Eintritt in die*

176 Aufbau der Radrennbahn zum 3. Berliner Sechstagerennen (Chr Mär 24–30).

riesige Halle steht man vor einem rätselhaften Holzgerüst, das einem aber sofort von einem ›Fachmann‹ als Kurve bezeichnet wird. Erst nach einer Wanderung zu dem Mittelpunkt der Längsseiten des Saales gewinnt man einen Ueberblick über die Bahn. Es ist alles da! Die Rennbahn, die Fahrer, ein Heer von Managern und Mechanikern, Damen mit Hüten in gewagten Formen, Zuschauer und Musik. Die Fachmänner und Spaßvögel hätte ich beinahe vergessen. Den Ruhm, als Erster die neue Bahn befahren zu haben, gebührt dem pedalgewaltigen Rütt. Er hatte aber nur zwei Runden Vorsprung vor seinem Kompagnon Stol, [...] Demke, Tetzlaff, von Natzmer, und viele andere polterten im Trupp durch die Kurven, denn die Querlatten federn nicht schlecht unter dem Gewicht der Fahrer und ihrer Räder. [...] Das zahlreiche Publikum nahm lebhaften Anteil [...] Im allgemeinen hat es sich gezeigt, daß die Bahn genügend schnell ist, wenn auch die Queranordnung der Bretter, die den Belag der Bahn bilden, etwas bremsend wirkt. Auf einen größeren Verbrauch an Pneumatiks werden sich die Fahrer jedenfalls gefaßt machen müssen« (BLA 23. 3.).
BLA 20.–21., 23. 3.

Mär 24–30. 3. Berliner Sechstagerennen

Beginn 24. 3. um 21.00 Uhr, Start 24.00 Uhr, Ende 30. 3. um 24.00 Uhr.
Für das Publikum von 8.00–9.00 und 17.00–18.00 Uhr geschlossen.
V: SP (Rostin/Hölscher).
Erstes Sechtagerennen im Sportpalast.
Teiln. (15 Paare): 1 Hall/Grossmann (GB/D), 2 de Mara/A. Stellbrink (USA/D), 3 Mac Farland/Moran (USA), 4 Brocco/Schilling (F/NL), 5 Rütt/Stol (D/NL), 6 Lorenz/Saldow (D), 7 Demke/Léon Georget (D/F), 8 Stabe/Pawke (D), 9 Arend/Ryser (D/CH), 10 Schallwig/Rudel (D), 11 Ganzevoort/F. Stellbrink (D), 12 Kudela/Marx (D), 13 von Natzmer/Tetzlaff (D), 14 A. Müller/Hoffmann (D),15 Tadewald/Carapezzi (D/I).
Preise der Veranstalter: 1) 5000,–M, 2) 4000,–M, 3) 3000,–M, 4) 2000,–M, 5) 1000,–M.
Ergebnis: 1. Rütt/Stol, 2. Mac Farland/Moran (3 Rdn zurück), 3. Brocco/Schilling (5 Rdn zurück), 4. de Mara/A. Stellbrink (7 Rdn zurück), 5. Schallwig/Saldow (13 Rdn zurück), 6. Grossmann/Georget (*»weit«* zurück).
Zurückgelegte km: 3406,05 (Umrundung der Bahn: 21 025 mal).
Startschuß: Hans Wassmann (Schauspieler vom Deutschen Theater).
»Statt der Ausstellungshalla am Zoologischen Garten ist diesmal der neue große Sportpalast das Heim der Radrennfahrer. Wirklich kein schlechter Tausch. Alles dimensional, die gewaltige, pfeilerlose Halle mit den Lichtergirlanden an allen Konturen und dem matten pompejanischen Rot, die hölzerne Rennbahn mit den fast bis zum ersten Rang reichenden Kurven und das Ausgedehnte des sportlichen Kampfes.
Das Sechs-Tage-Rennen hat sein Publikum und damit auch sein Recht. Schon Stunden vor dem Beginn waren gestern abend [...] alle Tische besetzt, auf den Stehplätzen standen die Zuschauer Kopf an Kopf und im Innenraum drängte sich die Menge. Ein buntes Gemisch. Ebensoviel Eleganz wie Talmi. Bekannte Gesichter aus der Gesellschaft, aus der Theater=, Sport= und Lebewelt traf man überall, bringen doch die ›Sechs=Tage‹ den selbstverständlichen Abschluß aller Bummelfahrten in dieser Zeit, und da gehört es eben zum guten Ton, auch gleich am Anfang dabei gewesen zu sein.

177 Anzeige (Chr Mär 24–30; nach: BLA 24. 3. 1911).

Die Zeit vor dem Beginn [...] brachte das hastige, nervöse Leben der letzten Vorbereitungen, wie sie zu einer solchen Konkurrenz nötig sind. Von der Holzbahn erscholl ununterbrochen ein dumpfes Rollen, die Fahrer machten die letzten Probegalopps, als ob ihnen die 144 Stunden nicht genug wären. [...] Brausende Zurufe ertönten für den sehnigen Mac Farland, Moran, den kleinen Stol, und die Begeisterung war auf ihrem Höhepunkt, als Walter Rütt einige Runden zum besten gab [...] An allen Rädern wurde geschraubt und geprobt, Pneumatiks wurden aufgepumpt, die Eßvorräte ergänzt, Apfelsinen, Selters= und Sektflaschen verstaut. Die großen Kanonen hatten einen ganzen Stab zur Stelle, denn das Rennen ist für sie nicht nur eine Sport=, sondern eine Kapitalsfrage, und dementsprechend war bei ihren Kabinen auch das Getriebe [...] auch des Publikums bemächtigte sich allmählich jene nervöse Spannung, die für das Sechs=Tage=Rennen charakteristisch ist, und dem sich auch der nicht entziehen kann, dem es nicht in den Kopf will, daß Menschen sechs Tage lang nichts anderes tun als in einer Holzschüssel zu kreisen, und daß es Leute gibt, die dabei zusehen [...]
Endlich ist die Stunde des Beginns gekommen. Die Fahrer quellen, in lange Mäntel gehüllt, aus dem schmalen Eingang, der von ihrer Kabine zur Bahn führt. Schnell abgelegt und aufgesessen. Eine Ehrenrunde noch, dann verschwindet die eine Hälfte, während die zweite sich zum Start bereit macht. Von jedem Paar muß ja einer immer auf der Bahn sein, während der andere, zur Ablösung bereit, der Ruhe pflegen kann. Herr Waßmann vom Neuen Operettentheater hat das stolze Amt des Starters. Ein kurzes Kommando [...] ein brausendes Hoch des Publikums [...] der Schuß fällt, und die wilde, sechstägige Jagd beginnt [...]« (BLA 25. 3.).
Die ersten 24 Stunden: *»Die Konkurrenz kam in der ersten Nacht nicht zur Entfaltung. Daran war die Bahn schuld, deren rauhe und splitterige Oberseite die Pneumatiks zerfetzte. Sobald das Tempo der Fahrer ein wenig schärfer wurde und die Räder mit größerem Druck durch die Kurve gingen, gab es mit rührender Regelmäßigkeit ein kurzes Zischen [...] Ein wahres Wunder, daß bei all diesen zahllosen Defekten keine ernsten Stürze vorkamen. [...] Nur Ryser zog sich eine blutende Verletzung zu und mußte, nachdem er mehrmals überrundet war, aufgeben. [...] Die an der Spitze natürlich sind noch frisch [...] Stol wie Rütt, Moran wie Mac Farland, Brocco wie Schilling scheinen in vorzüglicher Verfassung zu sein. Das Interesse findet seinen Mittelpunkt in Rütt. Der ganze Mensch mit seiner körperlichen Kraft, mit der unerhörten Ausdauer und der aufgeweckten Munterkeit imponiert und erwirbt sich Freunde [...] Mit dem Morgengrauen erst beginnt sich die Zuschauermenge, die zeitweise wohl 6000 Köpfe stark war, zu lichten. Die Fahrer aber fahren, fahren [...]«* (BLA 25. 3.). Das Rennen war weiterhin relativ eintönig. Rudel mußte *»seines mangelnden Trainings halber aufgeben«*. Sein Partner Schallwig bildete mit dem Partner des bereits ausgeschiedenen Ryser, Arend, ein neues Paar (drei Runden zurück). Um Mitternacht waren 765,126 km gefahren.
Die zweiten 24 Stunden: *»Das Rennen nahm nach [...] Mitternacht von Sonnabend auf Sonntag einen schleppenden Verlauf. Namentlich gegen die Morgenstunden verlangsamte sich das Tempo immer mehr. In der 33. Stunde wurden sogar nur neun Kilometer zurückgelegt. Das rührte allerdings in erster Linie von einer Reparatur der Kurven und von den reichen Sektspenden an die Fahrer aus den Kreisen ihrer pokulierenden Freunde«*. Tommy Hall und F. Stellbrink schieden aus. *»Die Nachmittagsstunden brachten außer harmlosen Stürzen von de Mara und Lorenz und einigen Vorstößen, die keinen Erfolg brachten, nichts, was das Publikum aufregen konnte«* (BLA 27. 3.). Um Mitternacht waren 1370,844 km zurückgelegt.
Die dritten 24 Stunden: *»Von 8 Uhr ab wurde nur ganz langsames Tempo gefahren, [...] die Fahrer benutzten [...] nicht die eigentliche Bahn, sondern fuhren unten auf dem Bretterbelag der Eisbahn, wodurch sie bei jeder Runde etwa vierzig Meter ersparten. Da sich in den Vormittagsstunden auch nur kaum zweihundert Zuschauer eingefunden hatten, und auch die Musik bis 12 Uhr blauen Montag machte, so war es gewiß nicht sehr kurzweilig. Die Fahrer vertrieben sich die Zeit mit Plaudern, Gesang und Pfeifen, sie amüsierten sich jedenfalls besser als das Publikum [...] Kurz nach 3 Uhr erscheint Polizeipräsident von Jagow und läßt sich von den Direktoren Rostin und Hölscher über den Stand und den bisherigen Verlauf des Rennens sowie über die Anlagen und Sicherheitsvorkehrungen berichten [...] Um 6 1/4 Uhr stürzte Arend durch Anfahren in der Kurve und brach das linke Schlüsselbein. Durch diesen Sturz wurde der ehemalige Weltmeister ganz außer Kampf gesetzt«* (BLA 28. 3.). Um Mitternacht waren 1921,158 km zurückgelegt.
Die vierten 24 Stunden: *»[...] gegen 1 1/2 Uhr nachts die erste wirkliche Sensation [...] Ein gewaltiger Vorstoß von Rütt=Stol [...] versetzte die Zuschauer in ungeheure Aufregung [...] Das Paar Lorenz=Saldow war auf den zweiten Platz verwiesen worden, und Mac Farland=Moran waren nunmehr zwei Runden hinter Rütt=Stol zurück [...] Der Stimmenaufruhr [...] schwoll zum Orkan an, als Rütt die Gegner überrundet hatte«* (BLA 28. 3.). Am Nachmittag stürzte Demke *»ohne ersichtlichen Grund schwer, und auf ihn fiel Marx. Demke hatte eine Rippe gebrochen und eine Schulterverletzung erlitten, während [...] Marx mühsam aus der Bahn humpeln konnte«*. Georget/Großmann und Ganzevoort/Schallwig wurden zu neuen Paaren gebildet. Um Mitternacht waren 2441,664 km zurückgelegt (BLA 29. 3.).
Die fünften 24 Stunden: *»Die Entscheidung [...] ist am heutigen Morgen in der zweiten Stunde nach Mitternacht gefallen. Das Paar Saldow=Lorenz, das sich vier Tage lang mit beispielloser Energie an Rütt=Stol angeklammert und lange Zeit vor Mac Farland=Moran geführt hatte, ist gesprengt«*. Lorenz war gestürzt und hatte Rippenquetschungen erlitten, die ihn zur Aufgabe zwangen. *»Heute morgen bot die Bahn das gewohnte Bild in den Morgenstunden [...] Einmal inszenierte man einen Massensturz, dann fuhr der dicke Otto Meyer, der bekannte Rennfahrer und Ringkämpfer, eine Exhibitions-Runde, wobei ihn Schilling im Spurt parodierte. Wenn Meyer in die Kurven kam, krachten die Bretter zu allgemeiner Heiterkeit in bedenklicher Weise. Schließlich wurde er durch einige Sechs-Tage-*

Fahrer vom Rade getrennt, mit der Begründung, daß er bei weiterem Spurten die Bahn kaputt fahren würde« (BLA 29. 3.).

Die sechsten 24 Stunden: *»Polizeipräsident von Jagow wohnte dem Endkampfe bei. Der Ausklang des Rennens war so flau wie sein ganzer Verlauf, von den wenigen Minuten des Kampfes abgesehen [...] Ein ›Rennen‹ war es wahrlich nicht. Und so matt wie der Kampf, so matt war auch die Stimmung des Publikums, das verhältnismäßig schwach erschienen war. Wirklich übervoll war nur der Innenraum mit seinen glücklichen Besitzern von Freikarten. Die Stehplätze wiesen nicht die Fülle der ersten Tage auf, und die Balkonplätze waren geradezu dünn besetzt. Die Preise der Plätze standen in ihrer eisigen Höhe in absolutem Gegensatz zu den geringen Leistungen, die geboten wurden [...] Als willkommene, wenn auch nicht sehr imponierende Unterbrechung des ewigen Einerlei wurde um 11 Uhr ein ›Rekordversuch‹ über ein Kilometer des ehemaligen Weltmeisters Jacquelin veranstaltet, der während des Rennens für einige Fahrer Managerdienste geleistet hatte. Die Sechs=Tage=Fahrer verließen ihre Bahn und hielten, an der Barriere gelehnt, während der alte Jaquelin in wildem Spurt um die Kurven flog und die 1000 Meter in 1 Min. 14,1 Sekunden bewältigte. Nach diesem kleinen Zwischenfall ging die Fahrt schnell ihrem Ende zu. Riesige Lorbeerkränze wurden herbeigeschleppt, die Photographen zückten ihre Apparate, die Rennfahrerhütten wurden entleert, und wohl keiner bedauert den Ablauf der 144. Stunde«* (BLA 31. 3.).
BLA 21. 3.–1. 4.; Fredy Budzinski, Das dritte Berliner Sechs-Tage-Rennen, 24.–30. März 1911, Eingehend dargestellt und reich illustriert, Berlin o.J. (1911; LA 3/Soz A 329); Budzinski, Geschichte, S. 12–14.

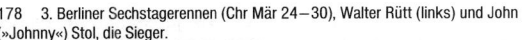

178 3. Berliner Sechstagerennen (Chr Mär 24–30), Walter Rütt (links) und John (»Johnny«) Stol, die Sieger.

Apr 1–30, 19.00 Uhr(?). Eisrevue »Feerie ›Eisfest an der Newa‹«
Forts. von Mär 6–20.

Apr 3 und 10. »Zwei Volksabende«
Unter *»Mitwirkung des Kosleck'schen Bläserbundes. Eintritt 1 Mark, reserviert 2 Mark«* (BLA 1. 4.).

Apr 29, außerdem 16.00 Uhr: »Eröffnung des Sommergartens«
»Erstklassiges Restaurant. – Künstler-Konzert. / Nächstens Beginn interessanter Vorführungen« (Anz., BLA 30. 4.).

Jun 12, 14.30 Uhr. Erster Allgemeiner Deutscher Hansatag
V: Hansa-Bund für Gewerbe, Handel und Industrie.
Rd: Prof. Dr. Jacob Riesser (Geh. Justizrat, Präs.), Jacob Kaempf (Präs. des Deutschen Handelstages, MdR), Hans Häberlein (Magistratsrat, MdL), Richard Anton Felix Marquardt (Vorstandsm. des VDH), Schmersahl, Dr. Gustav Stresemann, Dr. Louis Ravené (Geh. Kommerzienrat), Dr. Albert Eduard Toepffer (Kommerzienrat), Dr. Walther Franz Waldschmidt (Generaldir. der Ludwig Loewe & Co. AG), Ruhardt (Obermeister der Berliner Tischlerinnung, MdL) u. a.
»Der riesige Raum war, schon ehe der offizielle Beginn der Tagung herangekommen war, mit vielen Tausenden angefüllt, und unaufhörlich strömten weitere Scharen in den Saal. In diesem sind die Balkone mit Fahnen und Wimpeln in allen deutschen Farben reich geschmückt. An der dem Eingang gegenüberliegenden Seite der Ellipse ist der Vorstandstisch angebracht, der sich nach und nach mit den hervorragendsten Vertretern der Industrie, des Handels und des Gewerbes füllt. Unmittelbar davor befinden sich die Tische für die Presse [...] Der erste Rang ist dicht besetzt; die bunten Lampen, die auf seinen Tischen wie auf denen des Parterre brennen, bringen frische Farben in das Gesamtbild« (BLA 12. 6. A). *»Die Leitung des Hansa=Bundes kann mit dem Erfolg [...] sehr zufrieden sein [...] Auch der Verlauf der Tagung, die Stimmung, die sie beherrschte, wird selbst hochgespannte Erwartungen nicht enttäuscht haben. Die Begeisterung, aus der heraus vor zwei Jahren [...] der Bund gegründet wurde, ist in der Nüchternheit des Alltagslebens nicht verrauscht. [...] Daß der Hansa=Bund als Gegenpol des Bundes der Landwirte entstanden ist und nach Geltung im Volks= und Staatsleben ringt, ist gestern nicht nur darin hervorgetreten, daß er seine Heerschau an derselben Stelle abhielt, wo die Agrarier ihre letzte Generalversammlung veranstaltet hatten«* (BLA 13. 6.).
BLA 9., 11.–13. 6.

Im Mai geriet die Eigentümerin des Sportpalastes, die *»Internationale Sportpalast & Wintervelodrom G.m.b.H.«* in große finanzielle Schwierigkeiten. Zur Sanierung gründete eine Anzahl Großgläubiger daraufhin die *»Sportpalast-Betriebs-Actien-Gesellschaft«*, die den Sportpalast pachtete, renovierte und in eigener Regie weiterführte (BLA 20. 8.; LA SP 3997/93 f.).

Sep 1–Okt 20, abends. Eisrevue »Hurra! Parade! Große militärische Revue in 6 Bildern«
V: SP.
Mitw.: circa 200 Personen, zwei Musikkapellen; außerdem wurden angekündigt: *»Sport-Attraktionen 1. Ranges, Sololäufer und -läuferinnen, Schnellauf-Konkurrenzen, Hockey-Spiele usw. usw.«*
Et: Blockhefte, 30 Eintrittskarten 20,– M; Saisonkarten 40,– M; Monatskarten für Erwachsene 8,– M, für Schüler und Kinder 4,– M; ab 24. 9. sonntags (*»Volkstag«*) bis 17.00 Uhr 0,30 M, abends 0,50 M (ab 8. 10. an Volkstagen generell 0,50 M); ab 29. 9. freitags (*»Vereinstag«*) *»Halbe Preise für Mitglieder aller Vereine«*; vom 16.–20. 10. für Kinder 0,30 M (*»Kinder-Woche«*).
»Die Wiedereröffnung des Sportpalastes in der Potsdamer Straße vollzog sich am gestrigen Freitag abend unter den günstigsten Zeichen. Ein nach Tausenden zählendes Publikum hielt das weite, in hellstem Lichterglanz strahlende Haus bis auf den letzten Platz besetzt und folgte beifallsfreudig der Abwicklung des umfangreichen, buntfarbigen Programms, dessen Regisseur alle Register moderner Regiekunst spielen ließ, um die große militärische Revue ›Hurra! Parade!‹, die vorläufig ständiges Repertoirestück sein wird, zu einem Erfolge zu führen. Und wenn ein gestrenger Kritikus in diesem Durcheinander von komischen Szenen mit aktuellem Beigeschmack, in diesem Riesenaufgebot von Charakteren und Personen, die sich in buntem Flitter auf der glatten, glänzenden Eisfläche tummelten, auch den logischen Zusammenhang vermißt haben mag, die Fülle buntfarbiger Bilder hielt die Aufmerksamkeit der Zuschauer bis zum Schluß in ihrem Bann. Brausender Beifall ertönte, als Fräulein Sonder, die bekannte junge Kunstläuferin, den weiten Raum im Aeroplan durchflog, sacht herniederglitt und nun auf der kristallenen Fläche die hohe Schule des Eiskunstlaufs zur Vorführung brachte. Ein überreiches Programm, unter einem gewaltigen Aufgebot von Menschen in Szene gesetzt, wickelte sich ab, ehe der eigentliche sportliche Teil an die Reihe kam. In der Beschränkung mag auch hier der Regisseur in Zukunft seine Meisterschaft zeigen. In dem Sportpalast, der hier zu neuem Leben erstanden ist, wird der Sport der Gäste später hoffentlich mehr zur Geltung kommen, als es an diesem Eröffnungsabend der Fall war. Auf alle Fälle war es ein vol-

ler Erfolg und man darf es den Männern, die jetzt in uneigennütziger Arbeit an der Spitze dieses Unternehmens stehen, wünschen, daß ihnen der Erfolg auch weiterhin treu bleibe« (BLA 2. 9.).
BLA 20. 8. ff.

Sep 26, außerdem: Eishockey
SCC – BSchC 2:0.
»Die Mannschaft des Berliner Schlittschuh-Clubs hatte infolge ihrer besseren Stürmerreihe von Anfang an das Spiel in den Händen und bedrängte andauernd das Tor Charlottenburgs, das von der hinteren Mannschaft und dem Torwächter glänzend verteidigt wurde [...] da die Verteidigung des Berliner Schlittschuh-Clubs nur schwach war, konnte der Charlottenburger Sport-Club durch zwei glänzend ausgeführte Durchbrüche der Stürmer zwei Erfolge und damit den Sieg erringen[...]« (BLA 27. 9.).

Okt 2, außerdem 21.30 Uhr: Eishockey
SCC – BSchC (BLA 2. 10.).

Okt 4, außerdem: Eisschnellauf
»Die ersten Eisschnellaufen im Sportpalast fanden [...] unter Leitung des Charlottenburger Sport-Clubs statt, der sich auch auf eissportlichem Gebiet langsam eine erste Stellung zu erobern scheint. Das über 1500 Meter führende Laufen wurde in zwei Vorläufen und einem Endlauf erledigt. Den ersten Vorlauf gewann der Favorit Leonhard in 3:05 gegen Grund, Geßner und Warmuth, während sich Grell, der Malmann des zweiten Vorlaufes, nur knapp die Beteiligung zum Endlauf sichern konnte, da er in der letzten Runde mit seinem Schlittschuh in ein Loch geriet und zurückfiel. Sieger blieb hier Himpe gegen Roegind, O. Bonnefant und Grell. [...] Der Endlauf endete mit einer Ueberraschung, da die Malleute Grell und Leonhard ihre Vorgabe nicht ganz aufholten und als Vierter und Fünfter endeten. Himpe, der mit 50 Meter Vorgabe gestartet war, behauptete seinen Vorsprung bis ins Ziel und siegte in 3:00.6 gegen Roegind (50 Meter) und Grund (35 Meter)« (BLA 5. 10.).

Okt 5, außerdem 21.30 Uhr: Eishockey
BFC Preußen – BFC Britannia (BLA 2. 10.).

Okt 9, außerdem 21.30 Uhr: Eishockey
BSchC – BFC Preußen.

Okt 11 und 14, außerdem: »Schlittschuh-Meisterschaften der Jugend von Groß-Berlin«
Am 11. 10. um 16.00 Uhr Vor- und Ausscheidungsläufe, am 14. 10. um 17.00 Uhr Entscheidungsläufe.
Ausgetragen wurden drei Konkurrenzen: *»1. Schnellaufkonkurrenz für Knaben von 12–16 Jahren. 2. Schnelllauf-Konkurrenz für Mädchen von 12–16 Jahren. 3. Schnellauf-Konkurrenz für Kinder unter 12 Jahren. Offen für alle Schüler u. Schülerinnen von Groß-Berlin«* (BLA 11. 10.). In jeder Konkurrenz wurden *»3 Ehrenpreise im Werte von ca. 100 M. u. auf 2 Monate gült. Ehrenkart. an alle zur engeren Konkurrenz zugelass. Bewerber verteilt«* (BLA 7. 10.).

Okt 15, außerdem 9.00 – 14.00 Uhr: Versammlung des Vereins Berliner Buchdrucker und Schriftgießer
V: Verein Berliner Buchdrucker und Schriftgießer.
Für diese Veranstaltung wurde in der Nacht die Eisfläche mit Brettern bedeckt und Stühle und Tische darauf gestellt. Es wurde mit einer Teilnehmerzahl von 6000 gerechnet (LA SP 3997/106).

Okt 21 – Nov 12, 20.00 Uhr. Winzerfest mit der Eisrevue »Winzerträume«
Sonntags und am 11. 11. auch nachmittags.
V: SP.
Et: 1,– M, Sperrsitz (1. Reihe) 2,– M; *»Sämtliche Freikarten sind während des Winzerfestes aufgehoben«;* sonntags (*»Volkstag«*) 0,75 M, Kinder 0,30 M; ab 1. 11. bis 18.00 Uhr 0,50 M; ab 5. 11. bis 16.00 Uhr 0,50 M; am 11. und 12. 11. 0,50 M, Kinder 0,30 M.
Mitw.: 200 Personen, zwei Kapellen.
Angezeigt wurden außerdem *»in den feenhaft ausgeschmückten Gesamträumen«* ein *»Bunter Teil: Sport und Humor. / Im Saal der Winzer: Die lustigen Dorfmusikanten – Café – Bar. / Im ganzen Hause: Frischer Most – Stimmung – Humor – Behaglichkeit«* (BLA 19. 10.); ab 1. Nov außerdem *»Sein Liebesabenteuer, Pferderennen auf dem Eise / Meisterschaftsboxkampf«* (BLA 1. 11.)

Okt 30, außerdem: »Grosses Vokal- u. Instrumental-Konzert«
Mitw.: Deutscher Männer-Chor Berlin (BLA 22. 10.).

Nov 18, 18.00 Uhr. Radrennen
V: SP.
Teiln.: Arend, Beutler, Comès, Ehlert, Finn, Hoffmann, Kudela, A. Müller, von Natzmer, Rudel, Rütt, Schilling, Stabe, Stol, Wiley u. a.
»Eröffnungsrennen im Berliner Wintervelodrom. Dem langgehegten Wunsch vieler Berliner Radsportfreunde, ein Wintervelodrom zu besitzen, ist durch die Errichtung eines solchen im Sportpalast [...] Rechnung getragen worden [...] Im Eröffnungsverfahren über 20 Runden siegte Ehlert vor Rudel, Hoffmann und Finn. Die Goldene Armbinde, ein Verfolgungsrennen, gewann Beutler gegen A. Müller. Das Hauptfahren über zehn Runden sah Stabe siegreich vor Hoffmann und Kudela. Schilling hatte sich bereits im Vorlauf von Hoffmann schlagen lassen. Dann zeigten sich dem Publikum in einigen Runden der Amerikaner Wiley und der Franzose Comès; beide starten zum erstenmal in Berlin. Das amerikanische Mannschaftsfahren, ein Stundenrennen, in dem je zwei Fahrer als eine Mannschaft fuhren, verlief infolge fortwährender Vorstöße recht anregend. Sieger blieben Hoffmann-Rudel knapp vor Stabe-von Natzmer« (BLA 19. 11.).
BLA 17. 11. ff.

Nov 19, 18.00 Uhr. Radrennen
V: SP.
Teiln.: Arend, Beutler, Comès, Ehlert, Finn, Hoffmann, Kudela, Kjeldsen, A. Müller, von Natzmer, Rudel, Rütt, Schilling, Sonntag, Stabe, Stol, Wiley u. a.
»Das erste Rennen, ein Prämienfahren über 90 Runden, sicherte sich mit Handbreite Hoffmann vor Rudel, während Sonntag eine Länge zurück als Dritter folgte. Das Hauptinteresse konzentrierte sich auf die Matches zwischen Stol und dem Amerikaner Wiley und zwischen dem Franzosen Comès, dem Holländer Schilling und Willi Arend. Im Match Stol=Wiley gewann ersterer den ersten Lauf, ein Rennen über eine halbe Stunde mit Tandemführung, mit Handbreite. Der zweite Lauf war ein Verfolgungsrennen, in dem der Amerikaner nach 26 Runden Sieger blieb. Es war also noch ein Entscheidungslauf nötig, den Stol zu seinen Gunsten entschied. Das Dreiermatch gewann Comès, da er im ersten und letzten Lauf als Sieger einkam; im zweiten Lauf mußte er Schilling an die Spitze lassen. Arend fiel in den beiden ersten Läufen vollständig ab und sicherte sich erst im letzten Lauf einen guten zweiten Platz hinter Comès, doch mußte er im Gesamtklassement mit dem dritten Geld zufrieden sein. Die Goldene Armbinde gewann Beutler (Moskau) zum zweiten Male, diesmal gegen den Dänen Kjeldsen« (BLA 20. 11.).

179 Anzeige (Chr Dez 2–3; nach: BLA 1. 12. 1911).

Nov 20 – 24, 11.00 Uhr. »Eisbahn und Radrennbahn«
Unterricht im Schlittschuhlaufen ab 11.00 Uhr.
V: SP.
Et: 1,– M, Sperrsitz 2,– M, Logenplatz 3,– M.
»Im Berliner Sportpalast [...] wird vom Montag ab jeden Abend bei Musik das Training der Rennfahrer fortgesetzt. Außerdem wird im Innenraum die Eisbahn wieder eröffnet; hierzu haben die Abonnements und vorher gelöste Karten Gültigkeit. Hierdurch wird dem Publikum Gelegenheit gegeben, sowohl das Training der Rennfahrer zu beobachten [...] als auch den Eislaufsport auszuüben« (BLA 18. 11.).
BLA 18., 21. 11. ff.

Nov 25 – 26. »Internationale Radrennen«
Am 25. 11. um 20.30 Uhr, am 26. 11. um 19.00 Uhr.
V: SP.
Teiln.: Arend, Beutler, Ehlert, Finn, Ganzevoort, Hoffmann, Krahner, Kudela, Miquel, P. Münzner, Packebusch, Rottnick, Russow, Rütt, Schilling, Sonntag, Stabe, A. Stellbrink, Stol, Uttenthal, Wegener u. a.
»3000 M. Geldpreise«.
Neben den üblichen Prämien-, Vorgabe- und Ausscheidungsfahrten wurden vor allem ausgetragen: der *»Große Preis des Winter-Velodroms«* (Stol vor Hoffmann und Schilling), der *»Preis von Steglitz«* (Wegener von Kudela und Stellbrink) und der *»Preis von Friedenau«* (Sonntag vor Ganzevoort und Ehlert).
BLA 23., 25. 11. ff.

Nov 27 – 29. »Eisbahn und Radrennbahn«
Wie Nov 20 – 24.

Nov 30, 20.30 Uhr. »Große Internationale Radrennen«
V: SP.
Angekündigt wurden *»unter anderem: Match des 7fachen Weltmeisters Ellegard gegen Jonny Stol und Fritz Hoffmann«* (BLA 28. 11.).
Teiln.: Ellegard, Hoffmann, Peter, Schürmann, Stabe, Stol, Wegener.
Ausgetragen wurden neben einem einleitenden Prämienfahren ein Hauptfahren, ein *»Vierermatch«* und – als Hauptveranstaltung – das Match in drei Läufen über fünf, zehn und fünfzehn Runden (Hoffmann vor den punktgleichen Stol und Ellegard).
BLA 28. 11. ff.

Dez 2 – 3, 20.30 Uhr. Radrennen »25 Stunden-Rennen«
Start 23.00 Uhr.
V: SP (Rütt).

180 Entwurf für die Radrennbahn mit der Holzbrücke zum Innenraum, 15. 11. 1911 (nach: LA SP 3997/118–20 [Lichtpause/Papier, 94,5 x 64 cm]). ▷

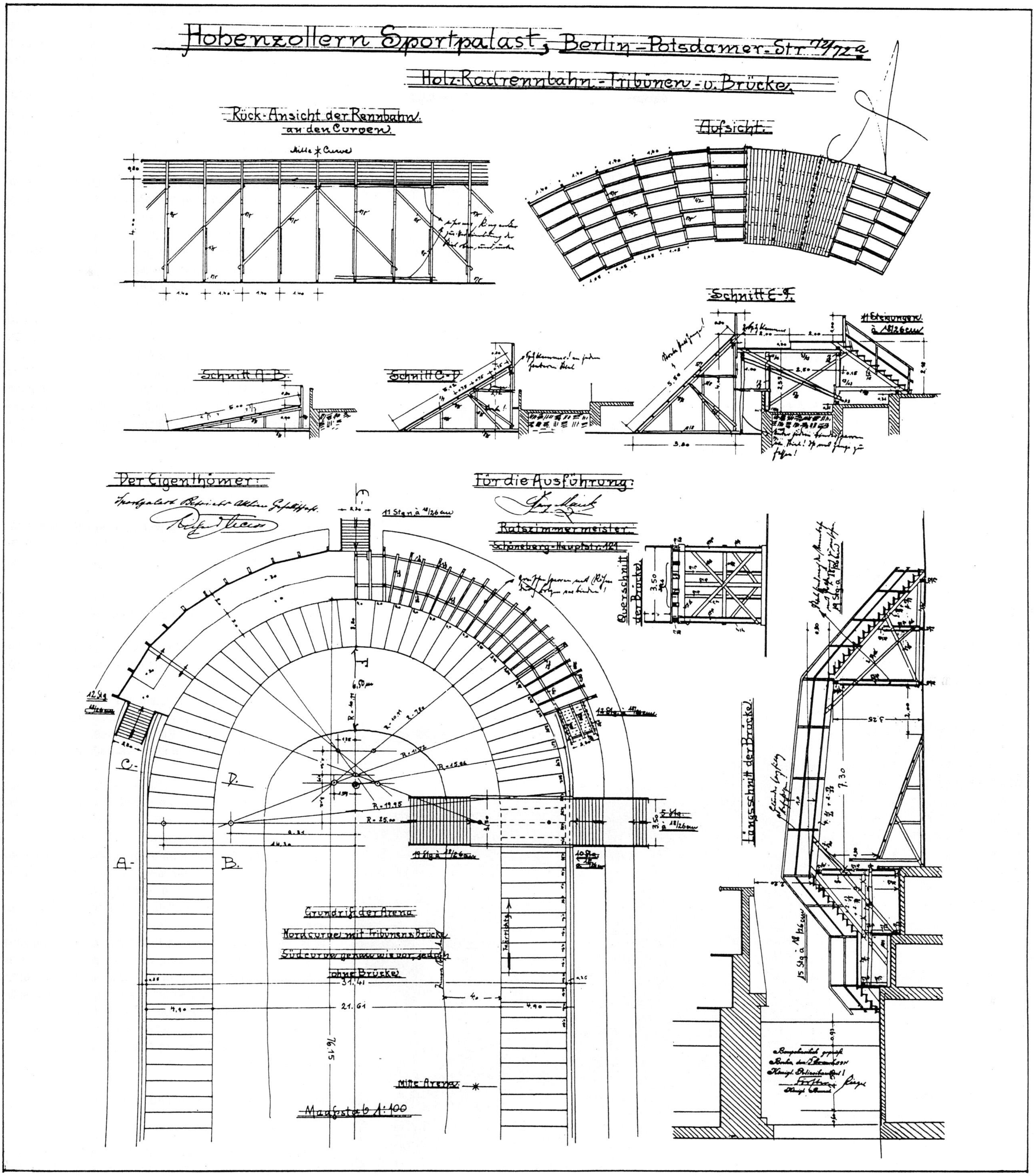
Hohenzollern Sportpalast, Berlin - Potsdamer Str. 72a
Holz-Radrennbahn - Tribünen - u. Brücke.
Rück-Ansicht der Rennbahn an den Curven.
Aufsicht.
Schnitt E-F.
Schnitt A-B.
Schnitt C-D.
Der Eigenthümer:
Für die Ausführung:
Ratszimmermeister
Schöneberg-Hauptstr. 121
Querschnitt der Brücke
Längsschnitt der Brücke
Grundriß der Arena
Nordcurve mit Tribünen u. Brücke.
Südcurve genau wie vor, jedoch ohne Brücke.
Mitte Arena
Maaßstab 1:100

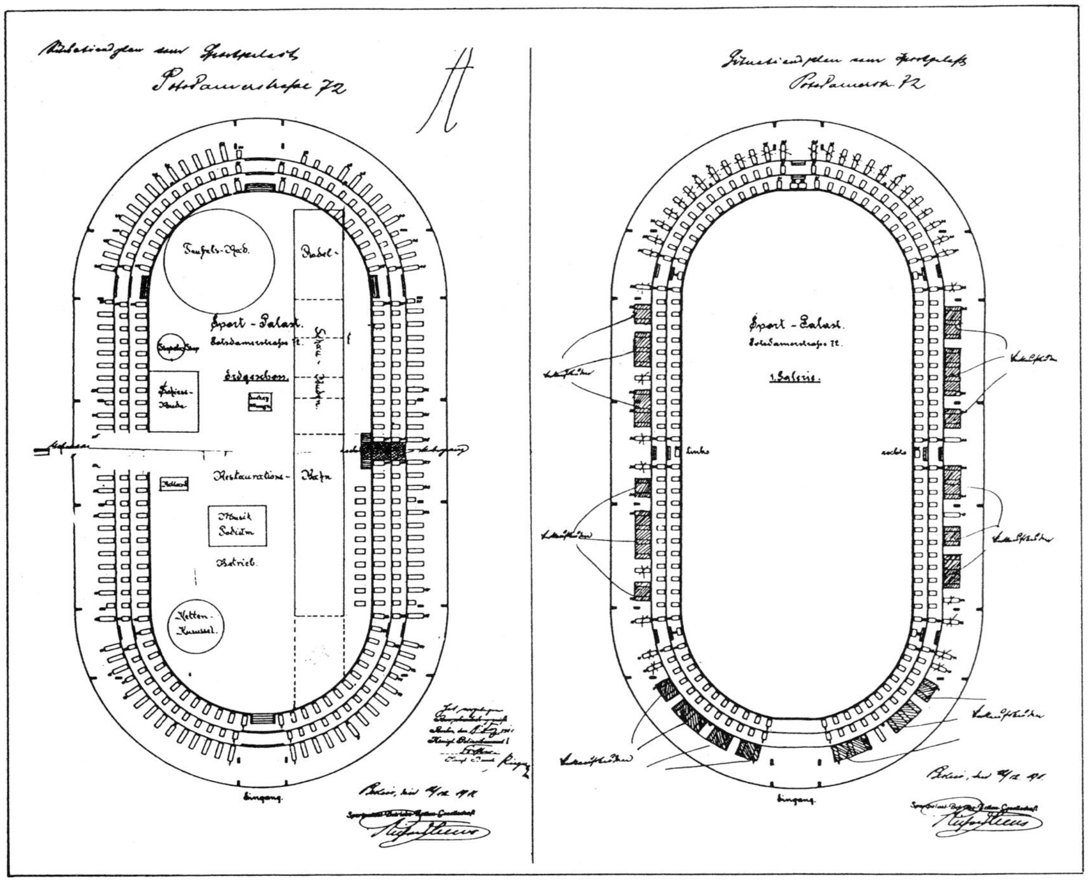

181 Aufstellungsplan für das Volksfest »Ober-Bayern« (Chr Dez 16–31; nach: LA SP 3997/146 [Lichtpause/Papier, ca 61 x 74 cm]).

182 Start zum »25 Stunden-Rennen« (Chr Dez 2–3).

Teiln. (18 Paare): Kudela/Carapezzi, Techmer/Tadewald, Grossmann/Rudel, Schallwig/von Natzmer, Packebusch/Willy Marx, Max Münzner/Paul Münzner, Rottnick/Nowack, Vierck/Schmittchen, Kjeldsen/Uttenthal, Miquel/A. Stellbrink, Stabe/Pawke, Stol/Schilling, Hoffmann/Sonntag, Charron/Rousseau, Finn/Ehlert, Demke/Wegener u. a.
Ergebnis: 1. Miquel/A. Stellbrink, 2. Stabe/Pawke, 3. Finn/Ehlert, 4. Techmer/Tadewald.
Zurückgelegte km: 708 800.
Als Vorprogramm ein Fliegerrennen.
»Der Sportpalast bot das vom Sechs-Tage-Rennen her gewohnte Bild: die weite, lichterstrahlende Halle mit dem hölzernen Innenraum. Dumpf rollten ohne Unterbrechung die Räder um die Bahn. Der Zuschauerraum war in der Sonnabend-Nacht und am Sonntag gegen Abend gut besucht, wenn auch der Andrang gegen die früheren Veranstaltungen nachgelassen hatte. Auch die elegante Welt war recht spärlich vertreten. Nur allbekannte Sportgesichter sah man auf den bevorzugten Plätzen. Allein die Stammgäste der billigeren Tribünen blieben ihren Traditionen treu und wankten und wichen nicht« (BLA 4. 12.).
Durch einen Massensturz und mehrere einzelne Stürze mußten zwei Fahrer ausscheiden, Großmann (Schlüsselbeinbruch) und Hoffmann (Einriß der rechten Schulterkapsel). Ansonsten ein mittelmäßiges Rennen, das Carl Diem bewog, zu sagen *»Gott sei Dank, wenigstens keine sechs Tage«* (BLA 4. 12.).
BLA 24., 29. 11.; 1. 12. ff.

Dez 16–31, 20.00 Uhr. Volksfest »Ober-Bayern«
Am 25.–27. bereits ab 16.00 Uhr; am 28.–29. bis 3.00 Uhr, am 30.–31. bis 5.00 Uhr.
V: SP.
Et: 0,50 M.; Vorverkauf 12.00–14.00 Uhr Tageskasse, ab 19.30 Uhr Abendkasse, und bei A. Wertheim.
Forts. 1912 Jan 1–21.
Mitw.: Karl Kambergers Original-Oberländer-Truppe, bis zu sechs weitere Kapellen; ab 10. 1. 1912 Ballettmeister Bendix und Fräulein Lorio.
Die Veranstaltung lief insgesamt bis 21. 1. 1912. Unter dem Motto *»A Mords-Gaudi«* wurden, neben täglichem Tanz, eine Rodelbahn, ein Kinderkarussel, ein Teufelsrad, eine Scherbenküche und andere Vergnügungen angeboten.
»Der Sportpalast scheint es darauf abgesehen zu haben, dem Berliner Publikum einen Beweis seiner Vielseitigkeit zu geben. Erst ›Größter Eispalast der Welt‹, dann ›Erstes Berliner Wintervelodrom‹ und jetzt in wenigen Tagen ›Oberbayern‹! Oberbayern mit dem Ausblick auf seine weiten Matten und schneebedeckte Firnen. Oberbayern mit seinen Rodelbahnen, seinen Gebirgs-Kraxeleien, seinen Schuhplattlern, seinen Jodlern und Jauchzern und dem ganzen Gaudi feucht fröhlichen Oberbayerischen Volkslebens. Wie wir hörten, wird die Riesenarena des Sportpalastes in eine weite Gebirgslandschaft verwandelt, zu deren Füßen Berlin und Oberbayern ihr Verbrüderungsfest feiern sollen. Der beliebte Kamberger spielt, singt und schuhplattelt dazu, und ein besonderer Clou wird der ›Tanz unter dem Lindenbaum‹ sein« (BLA 14. 12.).

Dez 17, außerdem 21.00–24.00 Uhr: »1. Großes Preistanzen«
BLA 17. 12.

Dez 23. »Grosse Weihnachts-Vorfeier«
BLA 23. 12.

Dez 24. Geschlossen.

Dez 27, außerdem: »2. großes Preistanzen«
»5 Ehrenpreise i. W. von M. 5,– bis M. 50,–« (BLA 24. 12.).

Dez 31. »Silvester in Oberbayern«
Et: 1,–M.
»12 Uhr Monstertusch von 6 Kapellen. / Festrede des fidelen Kamberger. / Riesengaudi. / Schneefall in der Neujahrsnacht – der Jodler auf der Alm! Der Alpensteg! / Zwei Tanzplätze, auf der Tenne und im Saal. / Rodelbahn – Teufelsrad usw. im Festschmuck« (Anz., BLA 29. 12.). Die Veranstaltung mußte ab 22.20 Uhr wegen Überfüllung geschlossen werden, wobei ein Zuschauerrekord von 8000 erreicht wurde.
BLA 24., 28.–29. 12.; 2.–3. 1. 1912.

1912

Jan 1–21, 20.00 Uhr. Volksfest »Ober-Bayern«
Am 1., 14. und 21. bereits ab 16.00 Uhr, am 6. um 21.00 Uhr.
Forts. von 1911 Dez 16–31.
Jan 1. »Grosse Neujahrsfeier«
Bis 5.00 Uhr (BLA 31. 12. 1911).
Jan 5, außerdem 21.00–24.00 Uhr: »Drittes grosses Preistanzen«
»I. Preis: Ein Brillantring im W. v. 150 M. / II. Preis: Eine goldene Uhr mit Diamanten i. W. v. 100 M. / III. Preis: Eine Kunsttasche i. W. v. 50 M. / Außerdem 17 wertvolle Trostpreise« (Anz., BLA 5. 1.).
Jan 6. »1. Grosser Alpenkostümball«
Et: Herren 2,–M, Damen 1,–M (Abendkasse); 1,– und 0,50 M (Vorverkauf).
»Im blauen Saal: Elite Tanz. Kapelle Brachfeld«. »Der Besuch ist nur im Alpenkostüm, Touristenanzug oder Gesellschaftsanzug (Abzeichen an der Kasse) gestattet [...] Das schönste Kostüm erhält einen Ehrenpreis im Werte von 100 M.« (BLA 5. 1.).
Jan 7. »Grosser Familientag«
Jan 8. »Ball der Charakterköpfe!«
»Für die hervorragendsten Herren-Charakterköpfe 3 wertvolle Ehrenpreise von 20, 30 und 50 M. / Die Damen stimmen ab!« (Anz., BLA 7. 1.).
Jan 9. »Heute Volks-Tag«
Et: 0,30 M.
»Großes Preisrodeln: Wer am häufigsten Erster wird, erhält einen wertvollen Ehrenpreis« (Anz., BLA 9. 1.).
Jan 10. »Viertes grosses Preistanzen«
»20 Ehrenpreise i. W. v. über 500 M.« (Anz., BLA 7. 1.).
Jan 11 ff. »Grosses Ballett-Divertissement unter Leitung des Ballettmeisters und Solotänzers Herrn Benedix«
Jan 12. »Grosses Preis-Schiessen mit 3 wertvollen Ehrenpreisen«
BLA 12. 1.
Jan 13–14. »Grosses Volks- und Schützenfest«
Et: bis 18.00 Uhr 0,30 M, danach 0,50 M.
»8–10 Uhr Riesen-Preisschießen / 10–12 Uhr Rodel-Meisterschaftskampf / 12–1 Uhr Preishackeln / mit prachtvollen Ehrenpreisen. / Zweimaliges Auftreten vom Ballettmeister Benedix u. Fräulein Inez Lorio in ihren hervorragenden Solo- und Paartänzen. / Kambergers Oberbayerische Nationaltänze und Spiele. / Oberbayerische Bauernpolonaise. / Im blauen Saal: Elite-Konzert. Kapelle Brachfeld« (Anz., BLA 14. 1.).
Jan 15. »Grosses Herren-Preistanzen«
BLA 14. 1.
Jan 16. »Schlußtag des grossen Preisschiessens«
»10 wertvolle Ehrenpreise«.

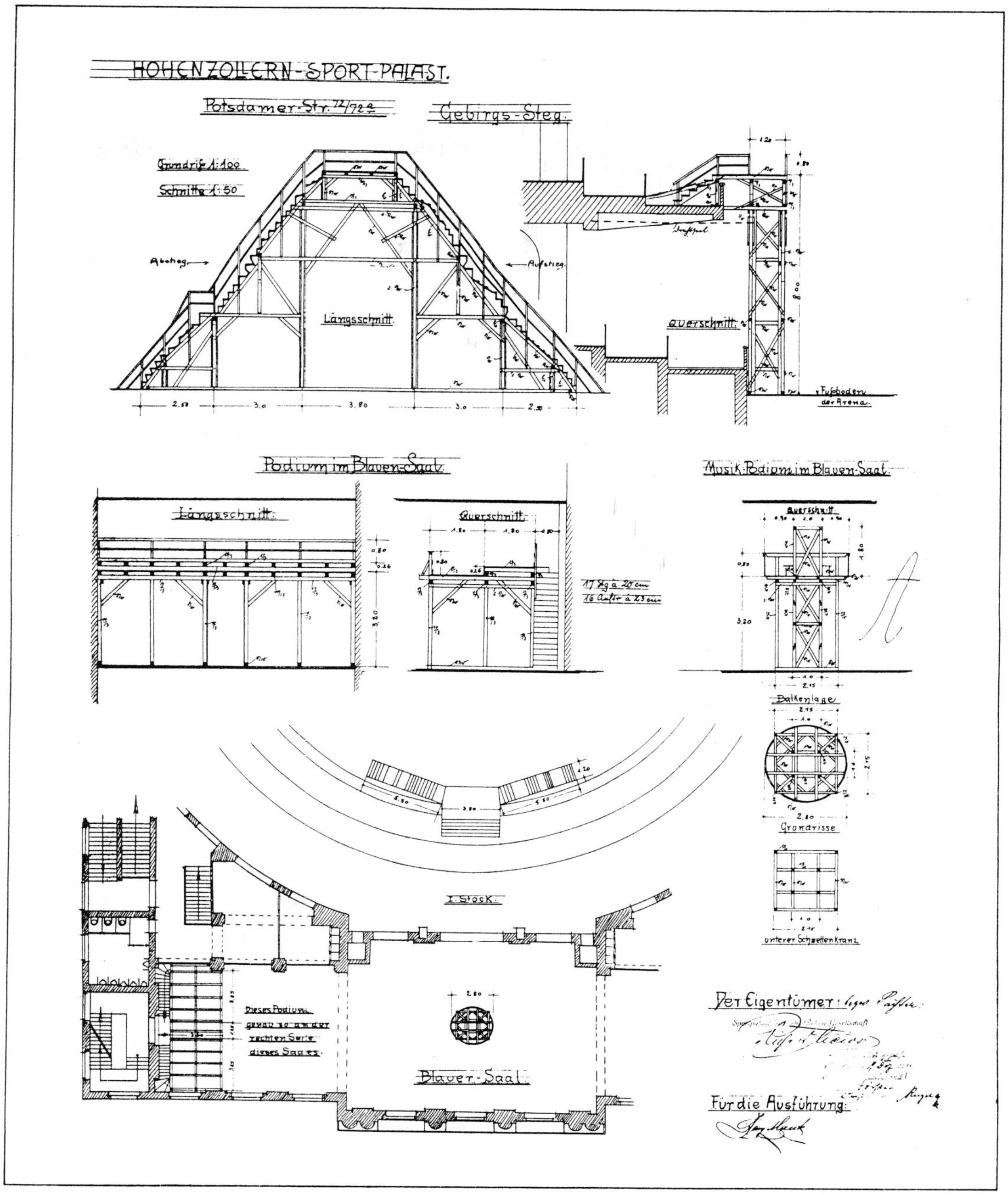

183 Konstruktion von Einbauten zum Volksfest »Ober-Bayern« (Chr Dez 16–31; nach: LA SP 3997/159 [Lichtpause/Papier, ca 83 x 61 cm]).

Jan 17. »Grosses Damen-Preistanzen«
»20 Ehrenpreise im Werte von über 300 Mark« (Anz., BLA 16. 1.).
Jan 18–21. »Grosses Serien-Preistanzen für Damen u. Herren«
»20 Ehrenpreise im Werte von 400 M.« (Anz., BLA 18. 1. f.).
Jan 21, 16.00 Uhr. »Große Abschiedsfeier für den urfidelen Karl Kamberger mit seinen Original Oberländlern, Oberbayerischen Nationaltänzen u. -spielen«
BLA 21. 1.
Eine internationale Schönheitskonkurrenz, die zunächst für den 12. 1. 1912, dann für den 17. 1. angekündigt wurde, fand nicht statt. Hierfür waren vergleichsweise hohe Eintrittspreise vorgesehen: 1,–M, reservierte Plätze 2,–M, Logenplätze 3,–M, reservierte Plätze innerhalb des *»Defilierraumes«* (inkl. Tanzkarte) 5,–M für Herren, 4,–M für Damen (BLA 3.–4., 6.–7. 1. 1912). Ob mangelnde Schönheit für den Ausfall der Veranstaltung maßgebend war, geht aus den Meldungen nicht hervor.
BLA 14. 12. 1911 ff.

Feb/Mär
Ab 1. 2. hatte die Sportpalast-Betriebs-Actien-Gesellschaft den Sportpalast an eine GmbH, die sich dann *»Hippodrom-Palast GmbH«* nannte (Geschäftsführer Emil Vogts), auf zunächst drei Monate verpachtet. Der Sportpalast wurde in *»Hippodrom-Palast«* umbenannt und sollte als solcher mit einer großen *»zirzensischen Schau«* am 21. 2. eröffnet werden. Angekündigt wurde: *»!Grösste Schau Berlins! Grösste Schau der Welt!«. »Die Eröffnung [...] findet voraussichtlich erst gegen Ende des Monats statt, da die sorgfältigen Vorbereitungen zum vollen Gelingen doch mehr Zeit erforderten, als ursprünglich angenommen wurde. Im*

184 Anzeige (Chr Feb/Mär; nach: BLA 24. 2. 1912).

Innern der weiten Halle wird fieberhaft an der Fertigstellung der Manegen gearbeitet. Das Publikum wird durch die Presse im Inseratenteile stets auf dem Laufenden gehalten werden über die Fortschritte der Zurichtung und über den genauen Eröffnungstermin, den auch die Versammlung des Bundes der Landwirte und das Reiterfest mit verzögert haben«. (BLA 22. 2.).

Als neuer Eröffnungstermin wurde der 10. 3. vorgesehen, konnte jedoch auch nicht eingehalten werden, da die Umbauten baupolizeilich nicht abgenommen wurden. *»Es wurden bedeutende Umbauten vorgenommen und erstklassige Künstlertruppen engagiert, die bereits im verflossenen Monat eintrafen und mit ihren Proben begannen. Gestern sollte die baupolizeiliche Abnahme [...] stattfinden. Die Vertreter der Baupolizei nehmen aber die Umbauten nicht ab, da sie nicht vorschriftsmäßig sind; namentlich die Garderoben werden bemängelt.«* Deren Umbau *»nimmt wenigstens 3 bis 4 Wochen Zeit in Anspruch, ob dann die Schau aber noch eröffnet wird, ist fraglich, da das Vermögen der Gesellschaft durch die für drei Monate im Voraus erlegte hohe Pachtsumme, die teueren Umbauten und die horrenden Gagen, die bereits schon seit Februar gezahlt werden mußten, aufgebraucht ist«* (BLA 9. 3.).

Diese geplante Veranstaltung fand dann auch nicht statt. Der Name *»Hippodrom-Palast«* verschwand sehr schnell wieder. Bereits bei den Anzeigen zum Sechstagerennen im März wird nur der *»Sportpalast«* genannt.

BLA 24. 2. ff, 9. 3.

Feb 3–9. 4. Berliner Sechstagerennen

Beginn 3. 2. um 22.00 Uhr, Start 24.00 Uhr, Ende 9. 2. um 24.00 Uhr.

Für das Publikum von 8.00–9.00 und 17.00–18.00 Uhr geschlossen.

V: SP.

Teiln. (15 Paare): Fogler/Moran (USA), Root/Hill (USA), Wiley/Collins (USA), Walthour/Comès (USA/F), Halstead/Drobach (USA), Rütt/Stol (D/NL), Jaquelin/Brocco (F), Léon Georget/Polledri (F), Schallwig/Sonntag (D), Esser/Zander (D), Kudela/Wegener (D), Brüder Suter (CH), Ehlert/Hoffmann (D), Nowack/Rottnick (D), Thomas/Münzner (D).

Ergebnis: 1. Rütt/Stol, 2. Fogler/Moran, 3. Root/Hill, 4. Halstead/Drobach, 5. Brüder Suter (3 Rdn zurück), 6. Schallwig/Ehlert (4 Rdn zurück), 7. Collins/Wegener (»weit« zurück), 8. Zander/Esser, 9. Nowack/Rottnick.

Zurückgelegte km: 3865,700.

Startschuß: Schwab (Berliner Bahndirektor).

Um die Ausrichtung dieses Rennens gab es längere Auseinandersetzungen, in diesem Zusammenhang auch zwei Versammlungen mit den Fahrern im Sportpalast am 25. und 30. 1. (BLA 13., 15., 23., 26.–27., 29., 31. 1.). *»Die Bahn ist genau nach den Vorschriften des B. D. R. erbaut und hat hochkantig genagelten Längslattenbelag [...]«* (BLA 3. 2.).

»Mißlich waren die zahlreichen Reifendefekte; alle Augenblicke knallte ein Pneumatik [...] Nach der ersten Stunde waren 39,200 Kilometer, nach 6 Sunden 222,240 Kilometer gefahren« (BLA 5. 2.).

»Die Zeiten, da Sechs=Tage=Rennen auf die Berliner mit der Anziehungskraft großer Sensationen wirkten, scheinen endgültig vorbei zu sein. Anders läßt sich der mäßige Besuch der großen Halle im Sportpalast nicht erklären. Der Reiz der Neuheit ist eben vorbei, und wenn in der Nacht, die dem Start folgte, das Publikum die weiten Ränge noch einigermaßen füllte, so flaute der Zuspruch schon in der zweiten Nacht bedenklich ab. Von der Stimmung, die bei den ersten Sechs=Tage=Rennen herrschte, keine Spur. Und diese Verdrossenheit des Publikums läßt auch unter den Rennfahrern keine Stimmung aufkommen. Sie fahren zwar in flottem Tempo ihre Runden, so daß das sportliche Ergebnis durchaus ernst zu nehmen ist und den Vergleich mit den Zahlen von Madison Square nicht zu scheuen braucht. Trotzdem fehlt es nicht an Pessimisten, die dem Unternehmen ein vorzeitiges Ende prophezeien« (BLA 5. 2.).

Vierte Nacht: *»Von den im Rennen Verbliebenen ist momentan Drobach die originellste Figur. Seine rechte Gesichtshälfte ist total vernäht und verklebt; über 30 Nadeln haben den Schaden des Sturzes am Nachmittag wieder repariert. Kurz vor 1 Uhr kamen Münzner und Esser zu Fall; sie rutschten in der Ostkurve ab, purzelten übereinander und kamen unter die ineinander gebasten Räder zu liegen. Von oben sah die Sache gefährlich aus; als aber Räder und Fahrer auseinandergewickelt waren, zeigte es sich, daß niemand zu Schaden gekommen war«* (BLA 7. 2.).

»Stimmungsbild: Der Abschluß eines Sechs=Tage=Rennens ist für den Sportmann wie für den Zuschauer fast immer eine Enttäuschung. Die Fahrer an der Spitze hatten es diesmal offenbar eingesehen, daß sie im Tempo einander nicht die seligmachende Runde abnehmen konnten, und so verließen sie sich auf den Endlauf. Damit fehlte aber den letzten Stunden der fesselnde Kampf, und ein Sechs=Tage=Rennen ist, solange es keinen Kampf gibt – darüber sind sich wohl selbst die Anhänger einig – ein greulicher Stumpfsinn. Nur wenn die Fahrer mir Aufbietung aller Kräfte in wahnsinniger Fahrt um die Kurve eilen, dann kann man überhaupt fesselnde Momente zugestehen, mag man sich sonst zu dem Rennen stellen, wie man will. So vergingen die letzten Stunden in bleierner Langeweile. Dabei war die Halle trotz der Carusopreise gefüllt bis auf den letzten Platz. Man sah sogar im Rang und im Innenraum gutes Publikum. Die Ehrenloge war der einzig unbesetzte Raum. Das Publikum vertrieb sich die Zeit auf seine Weise. Man ergötzte sich an Zurufen und schlechten Witzen, ja sogar die Tänze, die polizeilich im Tanzsaal verboten sind, stiegen im Innenraum zu Ehren des Sechs=Tage=Rennens. Die Fahrer zu ermuntern, war nicht nötig. Es ist geradezu verblüffend, wie gut diese trainierten Sportsleute die sechstägige Strapaze überstehen. Die Gesichter tragen den Stempel der unbeugsamen Willenskraft, von Erschöpfung keine Spur. Die Augenlider sind wohl entzündet, die Augen selbst aber blicken klar und hell, und wenn auch alle, Fahrer, Helfer und Publikum, froh sind, daß sie sechs Tage überstanden sind, die Grenze menschlicher Körperkraft ist noch nicht erreicht. Jedenfalls kann sie, wie die Sechs=Tage=Rennen beweisen, viel weiter hinausgeschoben werden, als bisher unsere Weisheit annahm. Das ist immerhin ein Ergebnis der Sechs=Tage=Rennen, das man seiner schönsten Eigenschaft angliedern kann, daß es nämlich auch einmal zu Ende geht« (BLA 10. 2.).

BLA 13., 15., 22.–23., 26., 29., 31. 1.; 1.–10. 2.; Budzinski, Geschichte, S. 12–14.

Feb 18 und 20–23. »I. Berliner Reit- u. Fahrsport-Woche«

V: Reichsverband für deutsches Halbblut.

Et: *»Billete für alle Veranstaltungen durch A. Wertheim u. den Invalidendank im Hippodrom-Palast (Sportpalast)«.*

Feb 18, 15.00 Uhr. Vierter Wettbewerb deutscher Halbblutpferde – Erster Tag

Ergebnisse: *»I. Große Materialprüfung: Leutnant d. R. von Gustedts Sportsmann 1. Fräulein v. Bernuths Karo 2. Generalmajor v. Hertzbergs Brillant 3. Oberleutnant Ranschs Castor 4. – II. Ermunterungs-Jagdspringen: Oberleutnant Dumraths Gauner 1. Freiherr v. Buddenbrocks Sieglinde 2. Regierungsassessor Burgers Panschi 3. Herrn Olsons Sascha 4. – III. Damen-Reiten: Leutnant v. Boxbergs Landstreicher (Frau v. Krieger) 1. Oberleutnant Freiherr v. d. Borchs Moltke (Frau Seiffert) 2. Leutnant v. Hobergs Panther (Fräulein v. Unger) 3. Leutnant v. Vahls Triumph (Frau Wolff) 4. – IV. Deutsche Armee-Dressur-Prüfung: 2. Garde-Ulanen-Regiments Froben (Oberleutnant v. Zobeltitz) 1. 2. Garde-Dragoner-Regiments Fama (Leutnant v. Heyden) 2. Kürassier-Regiment 6 Nelson (Oberleutnant v. Dresky) 3. Ulanen-Regiment Nr. 9 Lord (Leutnant Graf zu Rantzau) 4. – V. Gruppenspringen zu Dreien: Militär-Reit-Institut 1. 1. Garde-Dragoner-Regiment 2. Kriegsakademie 3. – VI. Zuchthengst-Material-Prüfung: Herrn Georg Stegies Bartolomäus und Herrn Adolf Hasselmanns Mars 1. Herrn Möhrings Erdmann 2. Desselben Wenzel 3.«* (BLA 19. und 20. 2.).

»Der erste Tag war ein gesellschaftliches Ereignis ersten Ranges. Schon lange vor Beginn der ersten Konkurrenz waren die unteren Logen, soweit sie nicht besonders reserviert waren, bis auf den letzten Platz besetzt. Ein Wagen- und Automobil-Verkehr herrschte vor dem Sport-Palast, wie man ihn sonst nur an den Haupttrenntagen auf unseren großen Rennbahnen kennt. Die Offizierskorps der Berliner und Potsdamer Regimenter, des Militär=Reit=Instituts in Hannover und weiterer Kavallerie=Garnisonen waren mit ihren Damen fast vollzählig erschienen. In der Fürstenloge bemerkte man auch den eifrigen Förderer des Reichsverbandes für deutsches Halbblut, Herzog Ernst Günther zu Schleswig=Holstein, mit Gemahlin« (BLA 19. 2.).

Feb 19. Generalversammlung des Bundes der Landwirte (siehe unten)

Feb 20, 15.00 Uhr. Vierter Wettbewerb deutscher Halbblutpferde – Zweiter Tag

Ergebnisse: *»I. Gestüts-Materialprüfung: Frhr. v. Buddenbrocks Sieglinde 1. Des Hannoverschen Stalles Satanella 2. Dess. Forelle 3. Bentschener Tattersalls Traulwig 4. – II. Damenspringen: Oberlt. v. Vopelius' Orgi (Frau v. Vopelius) 1. Herrn Olsons Sascha (Frau Wolff) 2. Lt. v. Bülows Motte (Frau Seiffert) 3. Dess. Leander (Frau Seiffert) 4. – III. Dressur-Prüfung: Kammerherrn v. Harolts Bencherif (Stallmeister Trapp) 1. Frau Goldschmidts Vestarius (Stallmeister Krüger) 2. Herrn Huths Armirius (Stallmeister Kreissig) 3. Herrn Reichmanns Bärin (Stallmeister Berndt) 4. – IV. Materialprüfung für Wagenpferde: a) Zweispänner: Benschener Tattersalls Tänzer und Fee (Herr v. Oppel) 1. Lt. v. Hohbergs Carmen und Carrara 2. Herrn Andreas Erna und Saba 3. b) Einspänner: Lt. v. Hohbergs Kobold 1. Lt. d. R. Schultze-Moelins Sapristi (Frau Schultze=Moelin) 2. Herrn Kurt Schneiders Weinstock (Herr Th. Brun) 3. – V. Haupt=*

Jagd=Springkonkurrenz: Lt. v. Hedemanns Carol 1. Lt. Frhr. v. Zobels Wildfang 2. Lt. v. Jagows Greif 3. Oberlt. v. Stietencrons Elfe 4. VI. Große Materialprüfung: Oberlt. v. Schlicks Orion (Rittm. v. Schlick) 1. Rittm. d. R. Andreas Kartell 2. Rittm. Frhr. v. Wachtmeisters Nordlicht 3. Rittm. Richters Jürgen 4.« (BLA 21. 2.).

»Das Interesse der Sportfreunde stand gegen den ersten Tag nicht zurück. Der Kaiser hatte seinen Flügeladjudanten Major v. Holzring-Berstett zur Berichterstattung entsandt. Prinz Joachim von Preußen war persönlich anwesend, auch der Herzog Ernst Günther zu Schleswig-Holstein und seine Gemahlin [...]«.

»Es ist erstaunlich, welchen Erfolg die Werbearbeit des Reichsverbandes gezeitigt hat, wie er die begüterten Kreise der Reichshauptstadt im Zeitalter der Luxusautomobile für das Pferd der heimischen Scholle zu interessieren verstanden hat. Auch wenn man den Heerhaufen der Agrarier unter den Zuschauern, der Zahl nach, nicht gering einschätzt, bleiben noch immer ein paar Tausend Berliner übrig, die neuerdings beim Ankauf eines Pferdes nicht mehr in wilder Anglomanie ›Engländer‹ zweifelhafter Herkunft verlangen [...] Dies erreicht zu haben ist in erster Linie das Verdienst der Vorstandsmitglieder Graf Henckel von Donnersmarck, von Zietzewitz-Weedern, Generalmajor von Longchamps-Berier und O. von Funcke« (BLA 21. 2.).

Feb 21, 14.00 Uhr. Vierter Wettbewerb deutscher Halbblutpferde – Dritter Tag

Ergebnisse: *»1. Material=Prüfung für Wagenpferde: a) Einspänner: Herrn Kurt Schneiders Weinstock 1. Leutnant v. Hohbergs Kobold 2. Rittmeister d. L. Brandts Gretchen 3. – b) Zweispänner: Kein erster Preis; Leutnant v. Hohbergs Carmen und Carrara sowie Bentschener Tattersalls Tänzer und Fee 2.*

2. Materialprüfung für Reitpferde: der Zentrale für Offizierspferde Herta 1. Herrn Loewenthals Narval 2. Desselben Elba 3. Herrn Bruches Estrelia 4.

3. Hochspringen: Freiherrn v. Buddenbrocks Sieglinde, Oberleutnant v. Mitzlaffs Mulatte und Leutnant Müselers Hubertus 1. Leutnant Graf Holcks Ney 2. Leutnant Zielkes Firn (Leutnant Scheibe) 3. Herrn Olsons Sascha 4.

4. Wagenpferd=Qualitätsprüfung: Leutnant v. Hohbergs Carmen und Carrara 1. Leutnant d. R. Schultze=Moelins Apache und Sapristi 2. Herrn Andreae=Ermswerds Erne und Saba 3.

5. Dressurprüfung: Leutnant d. R. von Gustedts Sportsdame 1. Oberleutnant F. v. Zobeltitz Columbus 2. Oberleutnant v. Dreskys Lord 3. Leutnant v. Heydens Erlkönig 4.

6. Trostspringen: Leutnant d. R. Oesterrieths Georgine 1. Leutnant Schmidts Wind 2. Freiherrn v. Buddenbrocks Graue 3. Herrn Bürgers Panschi 4. Polizeipräsident von Jagows Vorwärts 5.«

»Das [...] Hochspringen brachte nur mäßige Leistungen. Schon bei 1,50 Meter scheiterten vier von sieben Teilnehmern und bei 1,60 machten auch die drei Besten Fehler über Fehler. Schließlich wurde die allgemeine Holzerei abgebrochen [...] Die Konkurrenz zeigte, daß der deutsche Halbblüter solchen Spezialaufgaben nicht gewachsen ist. Bei seiner sonstigen Vielseitigkeit und Brauchbarkeit ist es kaum möglich, durch einseitiges Training im Hochsprung besondere Leistungen mit ihm zu erzielen« (BLA 22. 2.).

Vom Trostspringen waren die Sieger der anderen Wettbewerbe ausgeschlossen.

Feb 22, 10.00 Uhr. Vormusterung zum Preisreiten des Berlin-Potsdamer Reitervereins

Feb 23, 11.00 Uhr. Preisreiten des Berlin Potsdamer Reitervereins

Ergebnisse: *»I. Kronprinzen=Preis: Leutnant Freiherr Marschalls Lohengrin 1. Leutnant Graf von Rantzaus Nanon (Graf Holck) 2. Leutnant von Heydens Erlkönig 3. Oberleutnant von Livonius' Myrie 4. Oberleutnant von Salderns Othello 5. Leutnant von Arnims Saphir 6. – II. Kaiser=Preis: Rittmeister von Schlicks Orest 1. Prinz Eitel-Friedrichs Lord (außer Konkurrenz – Leutnant Freiherr Marschall) und Oberleutnant von Zobeltitz' Lord Forfar 2. Leutnant von Wayenhoffs Attila 3. Oberleutnant Graf Seherr=Thoß' Legény (Oberleutnant v. Bachmayr) 4. – III. Prinz=Friedrich=Leopold=Preis: Leutnant Graf Holcks Candeal 1. Leutnant von Poprells Daika 2. Leutnant Graf von Pourtalès Fafner (Oberleutnant von Livonius) 3. Rittmeister von Lattorfs Sweet-Stella (Oberleutnant von Bachmayr) 4. – IV. Jagdspring=Konkurrenz: Oberleutnant von Etzels Misa (Oberleutnant von Trotha) 1. Prinz Stolbergs Nordpol 2. Leutnant Husni Emyrs Lilly (Oberleutnant von Zobeltitz) 3. Leutnant von Hedemanns Anny 4. Leutnant Graf Holcks Gibson Boy 5.«*

Das Preisreiten nahm *»kurz nach 11 Uhr in Gegenwart des Kaisers seinen Anfang. Pünktlich um 11 Uhr fuhr der Kaiser im Automobil von Potsdam kommend, am Sportpalast vor, und begab sich, von Major von Tschirschky-Bögendorff empfangen, nach der Hofloge. Der Kaiser, der sehr wohl aussah, trug die Uniform der Leib=Garde=Husaren. In seiner Begleitung befanden sich Generaloberst v. Plessen, General von Kessel, Oberstallmeister Freiherr von Reischach, Generalmajor v. Chelius, Flügel=Adjudant Frhr. v. Holtzing-Berstett. Weiterhin fanden sich in der Hofloge ein Polizei-Präsident v. Jagow, Major v. Mutius, General v. Scholl, Vize-Oberstallmeister Freiherr v. Esebeck.«* In der Hofloge hatten sich die *»Prinzessin Friedrich Leopold mit ihrer Tochter und ihrem ältesten Sohn, dem Prinzen Sigismund,«* eingefunden, ebenso wie *»Prinz Georg von Griechenland und Prinz Eitel-Friedrich mit Gemahlin«* (BLA 23. 2.).

Feb 19, 12.30 Uhr. Generalversammlung des Bundes der Landwirte

V: Bund der Landwirte.

Rd: U. Konrad Freiherr von Wangenheim (1. Vors.), Dr. Rösicke (2. Vors.), Dr. Diedrich Hahn, Elard von Oldenburg-Januschau u. a.

»Auf dem Vorhof ist eine förmliche Ausstellung landwirtschaftlicher Maschinen eröffnet, die mit Hilfe elektrischer Kraft und einer Lokomobile im Betrieb gezeigt werden. Während in der letzten Versammlung das Präsidium auf der ersten Galerie über dem Haupteingang thronte, nimmt der Vorstand heute auf einer Tribüne Platz, die zu ebener Erde am äußersten Ende des Saales errichtet wurde. Auf

185 Entwurf für die Tribüne bei der Generalversammlung des Bundes der Landwirte (Chr Feb 19; nach: LA SP 3998/18 f. [Lichtpause/Papier, ca 40 x 51 cm]), in der Mitte die Schallkabine für den Redner.

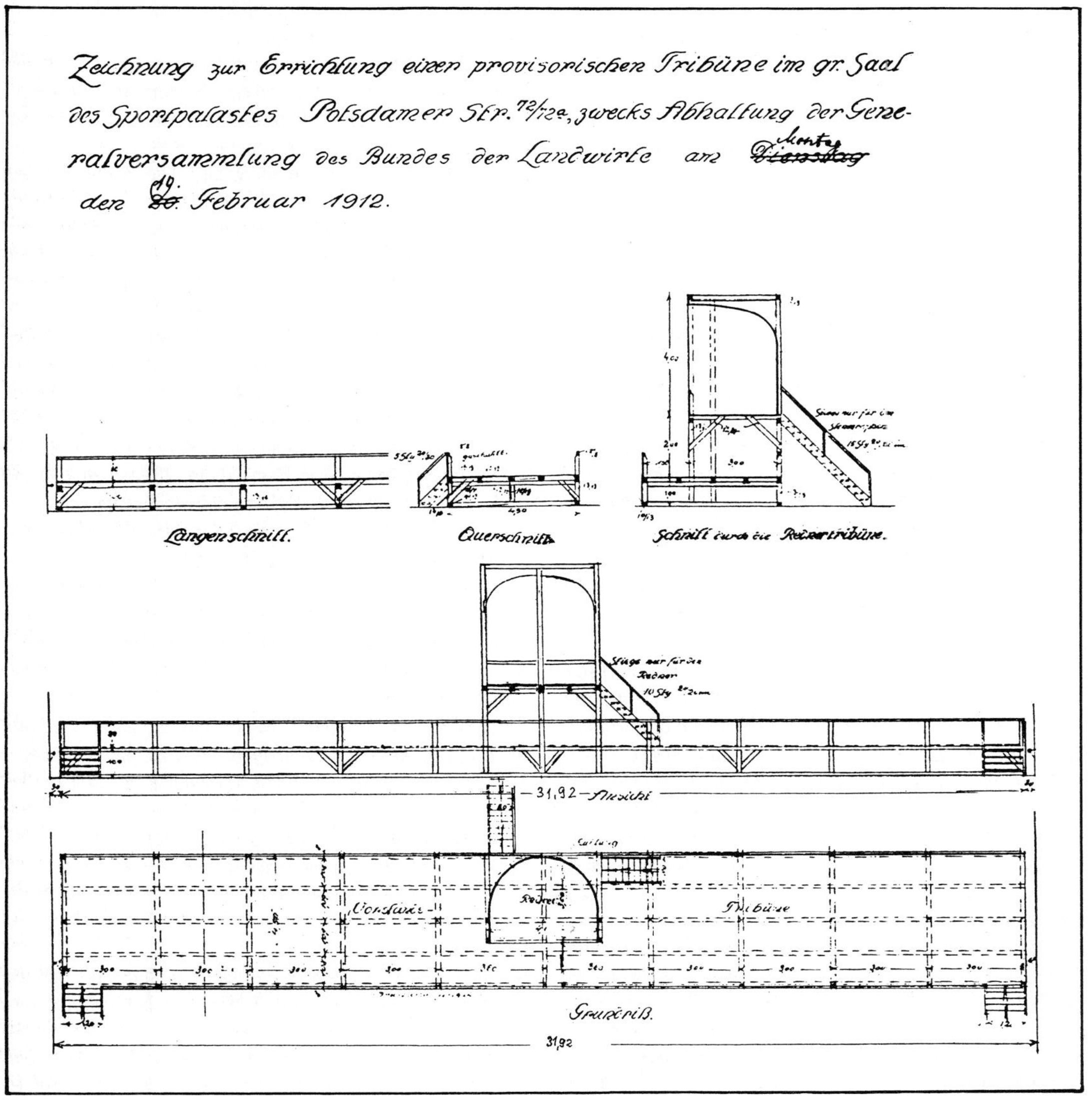

der mit den schwarz weiß roten Farben geschmückten Tribüne bemerkt man neben dem Vorsitzenden des Bundes die Reichstagsabgeordneten Graf Carmer-Gurau, Graf Carmer Zieserwietz [...]« Aus der Rede Rösickes: *»Der Bund der Landwirte zeigt sich in ungeschwächter Kraft. (Bravo.) Er macht, wenn man diese Versammlung überschaut, nicht den Eindruck, als ob er am Boden liege. (Nein, nein!) [...] Die Waffen ruh'n, des Krieges Stürme schweigen. Die Wahl ist vorüber. Aber Siegesfreude konnten nach dieser Schlacht nur die Sozialdemokraten empfinden. (Pfui!) [...] Wir feierten kürzlich die 200. Wiederkehr des Geburtstages des großen Königs. Er nannte sich selbst den Philosophen von Sanssouci. Aber er ließ alle Philosophie beiseite, sobald es zu handeln galt. Er bot uns ein Vorbild jener Pflichterfüllung, die heute schwankend geworden ist. Aber im Bunde lebt noch das alte Pflichtgefühl gegen den Kaiser und die deutschen Fürsten. Wir sagen mit Herrn von Oldenburg: Uns ist der Kaiser nicht eine Einrichtung. Uns ist er eine Person. (Stürmischer Beifall.) Wir sind der Schutz der Throne. Wir wollen es bleiben! Und in diesem Sinne rufen wir: ›Es lebe der Kaiser und alle deutschen Fürsten!‹ – Die Versammlung erhebt sich und stimmt begeistert das ›Heil dir im Siegerkranz‹ ein[...]* (BLA 19. 2.).
BLA 19., 21. 2.

187 5. Berliner Sechstagerennen (Chr Mär 22–28; nach: Budzinski [wie Abb. 186], S. 11).

Mär 22–28. 5. Berliner Sechstagerennen
Beginn 22. 3. um 22.00 Uhr, Start 24.00 Uhr, Ende 28. 3. um 24.00 Uhr.
Für das Publikum von 8.00–9.00 und 17.00–18.00 Uhr geschlossen.
V: Moritz Wall.
Teiln. (16 Paare): 1 Finn/Packebusch (D), 2 Ostermeier/Althoff (D), 3 Kjeldsen/Peter (DK/D), 4 Galvin/Grossmann (USA/D), 5 Arend/Carapezzi (D/I), 6 von Natzmer/Marx (D), 7 Rosellen/Jean Esser (D), 8 Tadewald/Techmer (D), 9 Pawke/Schilling (D/NL), 10 Demke/Scheuermann (D), 11 Miquel/Poulain (F), 12 Stabe/de Mara (D/USA), 13 Rudel/A. Stellbrink (D), 14 Moran/Root (USA), 15 Lorenz/Saldow (D), 16 Rütt/Stol (D/NL).
Ergebnis: 1. Rütt/Stol, 2. Lorenz/Saldow, 3. Root/Moran, 4. Miquel/Poulain, 5. Stabe/de Mara (4 Rdn zurück), 6. Galvin/Grossmann (6 Rdn zurück), 7. Schilling/Pawke (7 Rdn zurück), 8. Arend/Carapezzi (8 Rdn zurück).
Zurückgelegte km: 4269,666.
Startschuß: Hans Wassmann (Schauspieler vom Deutschen Theater).

186 Umschlag von: Fredy Budzinski, Das fünfte Berliner Sechstage-Rennen, Nach den Berichten der »Rad-Welt« zusammengestellt und reich illustriert, Berlin o. J.

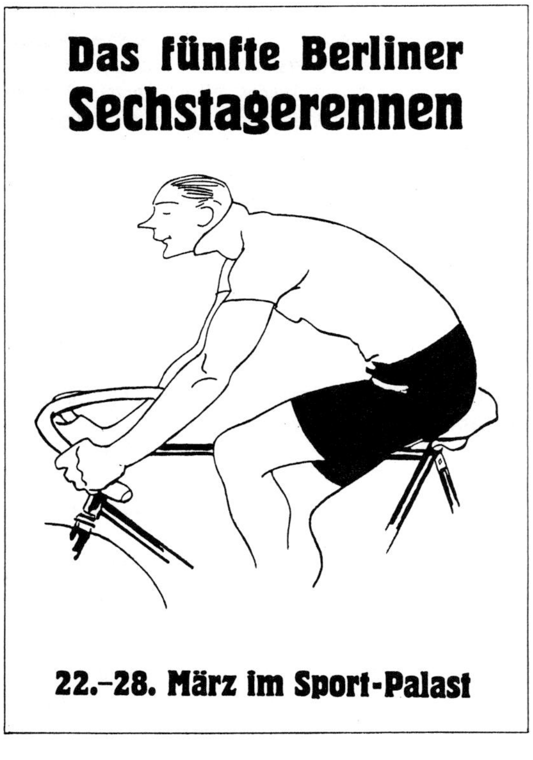

»Nichts deutet hier weiter auf das große radsportliche Ereignis hin, als das Drängen der Berliner Sportsfreunde zur Grenze unserer Nachbarstadt Schöneberg, der Residenz des ehemaligen Rennbahnkönigs von Steglitz, als die leuchtend gelben Plakate mit den schreiend roten Buchstaben, die durch eine riesige ›6‹ den hastenden Berlinern von jeder Anschlagsäule entgegenschreien, daß heute das Sechstage-Rennen im Sportpalast beginnt. Ueberall, wohin man blickt, leuchten die roten Siegelmarken, die von den Intimen der Sechstage-Renn-Gesellschaft an Pfähle, Fenster, Säulen und Wände geklebt worden sind, in den Schaufenstern der Sportgeschäfte und Restaurationen hängen die futuristisch angehauchten Plakate Asirs [...]« (Budzinski, S. 12).
Die ersten 24 Stunden: *»Das Stundenergebnis um 9 Uhr ergab 746 Kilometer. Was man bereits eine Weile vermutet hatte, wurde durch Vergleich mit den betreffenden amerikanischen Ziffern Gewißheit, der Weltrekord von Madison Square ist infolge der scharfen Jagden um die Prämien erreicht und sogar um mehr als 13 Kilometer übertroffen. Diese Tatsache allein verbürgt den vorläufigen Erfolg des Unternehmens, denn wo Weltrekorde fallen, müssen die Berliner dabeigewesen sein. [...] Um Mitternacht, nach Ablauf des ersten Tages, waren 854,833 Kilometer zurückgelegt. Der Weltrekord ist um 24 Kilometer überholt«* (BLA 24. 3.).
Die zweiten 24 Stunden: *»Der Kronprinz erschien gegen 7 3/4 Uhr abends in Begleitung seines Adjudanten Hauptmann Edler von der Planitz und des bekannten Herrenreiters Fritz von Zobeltitz in der Hofloge und wohnte dem Rennen bis nach 8 1/2 Uhr bei [...] Der Besuch des Kronprinzen, mit dem bereits die ersten beiden Sechstage-Rennen beehrt worden waren, dürfte ein Beweis dafür sein, daß der Sohn des Kaisers und mit ihm die höheren Kreise über den Radrennsport doch etwas anders denken, als die dem Radrennsport feindlich gesinnten Blätter dem Publikum glauben machen wollen«* (Budzinski, S. 24).
Die dritten 24 Stunden: *»[...]und noch nie gab es statt entscheidenden Kampfes eine solche Summe von Prämienrennen. Wenn diese auch besser sind als gar nichts, so muß es doch einmal ausgesprochen werden, daß man eigentlich gekommen ist, um ein Sechs=Tage=Wettrennen zu sehen und kein Dauerfahren mit regulierten Spurteinlagen. [...]Ein hochinteressantes Prämienrennen gab es um 4 Uhr. Ausgesetzt waren 50 Mark dem Ersten, 20 Mark dem Zweiten und – ein Kuß dem Dritten. Diesmal hielten sich die ›Kanonen‹ heran [...]«* (BLA 25. 3.).
Die vierten 24 Stunden: *»Noch halten Nachtbeleuchtung, muntere Musikweisen, anfeuernde Zufrufe, künstliche Erregungsmittel die streikenden Nerven zusammen; wenn aber erst das kalte Tagesgrauen durch die Scheiben bricht, mag es manchen Kollaps geben. [...] Kurz vor 4 Uhr gibt es wieder eine Prämie, 40 M. dem Ersten, 20 M. dem Zweiten und – damit auch der Humor zu seinem Rechte kommt – 10 Mark dem Letzten. [...] Die animierte Stimmung der Morgenstunden entfesselte nach 5 Uhr eine Schönheitskonkurrenz. Es galt festzustellen, wer unter den Rennfahrern der schönste sei. Preisrichterkollegium war das weibliche Publikum des Innenraums. Der Glückliche war Galvin. [...] Es sind von den 16 gestarteten Paaren noch 11 Mannschaften im Rennen«* (BLA 26. 3.).
Die fünften 24 Stunden: *»Nach dem Stundenschuß um Mitternacht wurde ein Zwanzig=Runden=Rennen eingelegt, für das August Lehr eine goldene Medaille gestiftet hatte«* (BLA 27. 3.). Später kam es in einer Kurve zu einem Zusammenstoß *»zwischen Moran und de Mara, zwei Todfeinden, und als beide auf der Zielseite zu Fall«* kamen, begann *»am Boden eine Boxerei zwischen den mit den Füßen an die Pedale geschnallten Amerikanern [...]«* (Budzinski, S. 66).
Die sechsten 24 Stunden: *»Plumpere Versuche die Gegner zu täuschen, wie Roots von Brüssel her berüchtigtes falsches Trikot, kennzeichneten die Zuschauer rasch als Schiebungen. Der tausendfachen Vox Populi konnte selbst der abgekochte Amerikaner nicht wiederstehen, so daß er*

schnell wieder seine schwarzgelben Querstreifen überzog« (BLA 28. 3.).

Nach dem Ende der 144. Stunde mußten die vier Paare der Spitzengruppe zu einem Entscheidungskampf antreten, einem Endlauf von zehn Runden, der von Lorenz, Poulain, Root und Rütt ausgetragen wurde.

Fredy Budzinski, Das fünfte Berliner Sechstagerennen, Nach den Berichten der »Rad-Welt« zusammengestellt und reich illustriert, Berlin o. J.; Budzinski, Geschichte, S. 18–20; BLA 11., 27. 2.; 9.–10., 13., 17., 23. 3. ff.

Apr 19–21, 19.00 Uhr. »I. Concours-hippique 1912«

V: Kartell für Reit- und Fahr-Sport.

Et: *»Arenaloge u. Fremdenloge M. 12,50 (Dauerkarte für alle 3 Tage 30,–). Numeriertes Parterre M. 7,– (Dauerkarte M. 16,–). Promenade (nicht numerierter Sitzplatz) M. 5,–. Mittelloge M. 9,– (Dauerkarte M. 23,–). Numerierter Balkon M. 8,– (Dauerkarte M. 20,–). Nicht numerierter Balkon-Sitzplatz M. 2,–«.*

Reit-, Spring- und Fahrwettbewerbe. Ehren- und Geldpreise im Werte von 20 000,– M.

Apr 19. Entscheidungen – Erster Tag

Ergebnisse: *»I. Zivil=Dressurprüfung: Herrn von Gustedts Sportsdame 1. Herrn Lintpaintners Old Beß 2. Frau M. Gugenheims Gutty 3. Frau Zanders Violet 4. 9 Teilnehmer. – II. Herrschaftliche Gespanne: a) Einspänner: Herrn Heydens Victoria 1. b) Zweispänner: Oberleutnant Dollmanns Coupé 1. Fr. Lampe-Vischers Victoria 2. 4 Teilnehmer. – III. Materialprüfung für Reitpferde: 1. Abteilung: Herrn Julius Beermanns englischer Fuchswallach 1. Herrn Loewenthals Lord 2. Desselben Zeitgeist 3. 2. Abteilung: Herrn Loewenthals Mars 1. Vollblut-Imports Drury Lane 2. Herrn Beermanns irischer dbr. Wallach 3. 12 Teilnehmer. – IV. Maiden=Jagdspringen: Oberstleutnant Graf v. d. Goltz' Clara (Oberleutnant v. Jagow) 1. Oberleutnant v. Kröchers Dohna 2. General v. Dulitz' Gay Lord (A. P. Sinnotr) 3. Oberleutnant v. Moltkes Xantippe (Oberleutnant v. Steuben) 4. Oberleutnant Freiherr v. Buddenbrocks Nannie 5. 59 Teilnehmer. – V. Armee=Dressurprüfung: Leutnant Freiherr Marschalls Lohengrin 1. Oberleutnant von Dreskys Lord IV 2. Leutnant v. Eggelings Leopold 3. Leutnant v. Studnitz' Egon 4. Leutnant Graf Klinkowstroems Regina 5. 10 Teilnehmer. – VI. Tandems: Herrn B. v. Achenbachs Fuchsgespann 1. Oberleutnant Dollmanns (Richard Wolff) 2. 3 Teilnehmer. – VII. Eignungsprüfung für Reitpferde: Herrn Kappels Saucebox (H. Kreising) 1. Dr. Fleischmanns Maid of the Mist 2. Herrn Meschedes King 3. 12 Teilnehmer. – VIII. Gehorsamsspringen: Leutnant von Longchamps Ferrari 1. Herrn Wittkops Adam 2. Leutnant Graf Einsiedels Black Jack 3. Herrn Oesterrieths Georgine (Leutnant Frhr. v. Geyr) 4.«* (BLA 20. 4.).

»Schon vor Beginn füllte eine elegante Menge die weiten Parterreräumlichkeiten. In der Arena waren rosa Hyazinthenbeete angelegt, die im Verein mit den grünen Dekorationen einzelner Logen das Bild anmutig belebten. Ganz Berlin, soweit es für den Reitsport Interesse hat, war versammelt [. . .]« (BLA 20. 4.).

Apr 20. Entscheidungen – Zweiter Tag

Ergebnisse: *»I. Maiden=Dressurprüfung: Prinz v. Schönburg=Waldenburgs The Marshall 1. Major v. Krosigks Mignon 2. Rittmeister Willmers Ingo 3. Kronprinz Wilhelms Jakobin (Oberleutnant v. Zobeltitz) 4. Oberleutnant v. Salderns Magister 5. 13 Teilnehmer. – II. Zweispännige Selbstfahrer: Herrn Kappels Hackneys 1. Kronprinz Wilhelms Juckergespann (Oberleutnant v. Zobeltitz) 2. Oberleutnant Dollmanns Hackneys (Richard Wolf) 3. Fünf Teilnehmer. – III. Verkaufs=Jagdspringen: Herrn Beermanns Schimmelstute 1. Des Offiziers=Pferde=Vereins Bessie 2. Desselben Lisa 3. 7 Teilnehmer. – IV. Damenpferd=Dressurprüfung: Hauptmann Müllers King I (Frau P. Müller) 1. Rittmeister v. Moers Newbank (Frau v. Moers) 2. Rittmeister Willmers Ingo (Frau Willmer) 3. Frau v. Gottbergs Vasall 4. 9 Teilnehmer. – V. Vierspänner: 1. Abteilung: Hrn. v. Quillfeldts Schimmelgespann (Prinz Friedrich Schönburg) 1. 2. Abteilung: Oberleutnant Dollmanns Hackneys (Richard Wolf) 1. 3 Teilnehmer. – VI. Eignungsprüfung für Reitpferde: Kammerherr v. Hardts Ben cherif (Stallmeister Trapp) 1. Frau Geigers Nobiu 2. Frau Scherings Hans 3. Hrn. Wolfs Miss Mary 4. 12 Teilnehmer. – VII. Großes Jagdspringen: Oberleutnant a. D. Roßmanns Haiderabad und desselben Cark Petrel (Leutnant Graf Holck) 1. Hrn. Otto Kochs Nevermind (Paul Heil) 2. Prinz Friedrich Karl von Preußens Gibson Boy (Leutnant v. Schleinitz) 4. Oberleutnant v. Kröchers Dohna 5. General v. Dulitz' Gay Lord (Herr Einnot) 6. Kronprinz Wilhelms Teja (Graf Holck) und Oberstleutnant Graf Goltz' Cara (Oberleutnant v. Jagow) 7. 53 Teilnehmer«* (BLA 21. 4.).

Apr 21. Entscheidungen – Dritter Tag

Ergebnisse: *»1. Remonte=Dressurprüfung: a) Kavallerie=Abteilung: 2. Garde=Dragoner=Regiments Fama 1. Leib-Garde=Husaren=Regiments Nanni 2. 2. Garde=Ulanen=Regiment Fuchsw. 3. 14 Teilnehmer. b) Artillerie=Abteilung: Feld=Artillerie=Regiments Nr. 3 Quitzow 1. 3. Feld=Artillerie=Regiments Zaritza 2. Fünf Teilnehmer.*

189 5. Berliner Sechstagerennen (Chr Mär 22–28), die elegante Welt auf der Brücke (nach: Budzinski [wie Abb. 186], S. 67).

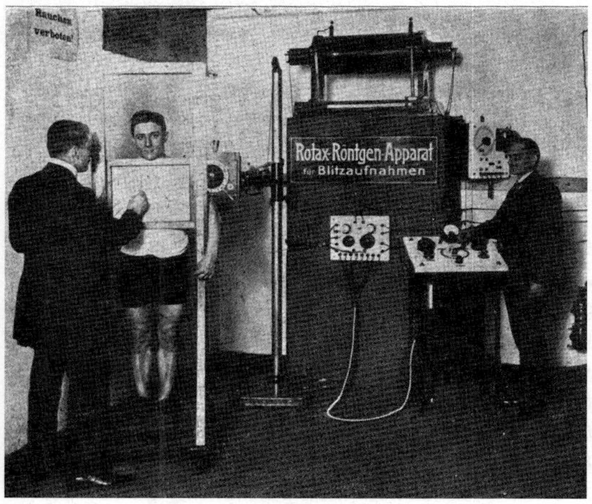

188 5. Berliner Sechstagerennen (Chr Mär 22–28), »Die ärztliche Untersuchung« (nach: Budzinksi [wie Abb. 186], S. 55).

190 5. Berliner Sechstagerennen (Chr Mär 22–28), »Caruso, ›Der Rufer im Streit‹« (nach: Budzinski [wie Abb. 186], S. 75).

2. Einspännige Selbstfahrer: Herrn Kappels Cakewalk 1. Frau Lampe=Vischers Sympathie und Herrn Lintpaintners Bibi (Frau Lintpaintner) 2. Sechs Teilnehmer.
3. Damen=Jagdspringen: Hauptmann Vollmers Even if (Frau v. Krieger) 1. Rittmeister v. Moers May Queen (Frau v. Moers) 2. Frl. v. Stamms Stella (Gräfin Einsiedel) 3. Herrn Wittkops Adam (Frau v. Dewitz) 4. Neun Teilnehmer.
4. Große Dressurprüfung: Hauptmann Müllers King I (Oberleutnant Bürkner) 1. Prinz Ulrich v. Schönburgs The Marshall 2. Rittmeister v. Oesterleys Darling 3. Herrn v. Gustedts Sportsdame 4. Rittmeister Hellwigs Peteghem 5. 19 Teilnehmer.
5. Kunstfahren: Oberstallmeister v. Stuckrats Zweispänner 1. Rittmeister a.D. Mayers Zweispänner 2. Vier Teilnehmer.
6. Inländerpreis: Kammerherr v. Hardts Ben-cherif (Oberleutnant v. Bachmayr) 1. Des Kronprinzen Damascener (Oberleutnant v. Zobeltitz) 2. Frau v. Gottbergs Vasall 3. Leutnant v. Zitzewitz Varus 4. 13 Teilnehmer.
7. Preis=Hochspringen: Herrn Wittkers Spaßvogel 1. Herrn Kochs Nevermind (Paul Heil) 2. Herrn Paul Heils Grey Lad 3. Des Kronprinzen Sumurum I (Graf Holck) 4. Leutnant Scheibes Sylvester 5. 11 Teilnehmer« (BLA 22.4.).
Die Siegeshöhe im Hochsprung betrug 1,80 m.
BLA 16.–23. 4.

Apr 28, 20.30 Uhr. »Prüfungslaufen für Marathon-Derby um die Weltmeisterschaft« am 4. Mai
V: Klegien, Parent
Et: 2,–M.
Teiln.: 29 Läufer.
»[...]Die ausländischen Matadoren [...] werden einige Schaurunden laufen« (BLA 28. 4.).
»Im Lauf des Rennens schieden 12 Teilnehmer aus, u.a. bereits in der ersten Viertelstunde Nettelbeck. Die Mehrzahl der Beteiligten war in keiner Weise für ein solches Rennen prädestiniert. Der Sieger Hermann Müller legte die 16.090 Kilometer in 50 Minuten 40 Sekunden zurück, mit 120 resp. 260 Meter Rückstand folgten Hempel und Dvorack. Da die Rundenzählung etwas durcheinander ging, kann es auch anders gewesen sein. Die nächsten Plätze besetzten Kern, Heiduck und Ruppert« (BLA 29. 4.).

Apr 29(?)–Mai 3, nachmittags. Training zum »Internationalen Marathon=Derby« am 4. Mai.
»Die verpflichteten Marathon=Matadoren sind täglich nachmittags im Sportpalast zu beobachten [...] Auch im Tiergarten und Grunewald sind einige öfters anzutreffen, meist in aller Frühe. Jonny Hayes, der amerikanische Meister, übt als spezielle Form des Trainings das Erklettern von Tannenbäumen« (BLA 1. 5.).

Mai 4, 20.30 Uhr. »Internationales Marathon=Derby um die Weltmeisterschaft«
V: Klegien/Parent.
Et: *»2,–M auf allen Plätzen«* (nach BLA 6. 5. gab es auch Plätze für 10,–, 15,– und 20,–M).
Teiln.: Hans Holmer (DK), John Hayes (USA), Henri Siret (F), Dvorack (CS), Banconi (I), A. Ellio (Liberia), T. W. Clarke (GB); Jacob Kern, Hermann Müller, Paul Nettelbeck, Erich Zernick (alle D) u.a.
Ergebnis: 1. Holmer, 2. Nettelbeck.
»Der heute stattfindende Wettkampf erhält dadurch eine besondere Bedeutung, daß in der Tat die besten professionellen Langstreckenläufer der Welt am Ablauf erscheinen werden, um nicht nur hohe Geldpreise, sondern auch um den stolzen Titel ›Weltmeister‹ zu ringen« (BLA 4. 5.).
»Die Weltmeisterschaft der Marathonläufer, die mit großem Trara in Scene gesetzt [...] wurde, hat bei weitem nicht das gehalten, was der stolze Titel verheißen hatte. [...] Boten die sportlichen Darbietungen reichliche Veranlassung zur Kritik, so trifft dies noch in größerem Maße auf das Management der Veranstalter zu. Schon, daß letztere glaubten, den ganzen Wettkampf amerikanisieren zu dürfen, ist recht verwunderlich. Berlin liegt doch nicht in den Vereinigten Staaten. Aber in dem ganzen Programm war fast kein deutsches Wort zu finden; Herrn Joe Edwards [...], den man mit der Ausübung der sportlichen Funktionen betraut hatte, hatte man eine Reihe prächtiger Titel verliehen, wie Track superintendent, Master of ceremonies, Trainings expert usw.. Den Sinn dieser Titel haben, glaube ich, nur wenige Zuschauer verstanden, aber Bahninspektor, Empfangsherr und Trainingsfachmann klingt natürlich nicht so gut. Nur eins stand im Programm in deutscher Sprache, nämlich, daß die Direktion der Veranstaltung keine Gewähr dafür übernehme, daß die genannten Läufer auch wirklich am Ablauf erschienen« (BLA 6. 5.).
BLA 4., 6. 5.; Nettelbeck, Leben, S. 39.

Jun 14–16. »II. Concours hippique 1912«
V: Kartell für Reit- und Fahr-Sport (Rittmeister der Reserve von Andrée).
Et: *»Parterre 1. Reihe (Logen) Platz 12,50M., Parterre 2. Reihe (Logen) Platz 8,–M., Parterre 3. Reihe oder Balkon, 1. Reihe (nicht numerierter Sitzplatz) 5,–M., Balkon 2. Reihe 1,–M.«*
Reit-, Spring- und Fahrwettbewerbe. Ehren- und Geldpreise im Werte von 20000,–M.
Dem Veranstalter wurden *»von Gönnern des Sports schöne Ehrenpreise zur Verfügung gestellt. Frau Gräfin von Wartensleben gab einen Ehrenpreis für das Damenspringen, der Potsdamer Schleppjagdverein für das leichte Jagdspringen, Herr Roßmann für das Große Jagdspringen, Prinz Max zu Hohenlohe für das Gehorsamsspringen, das Kriegsministerium für die Große Dressurprüfung, Graf von Alvensleben für den Kinderpreis, Fürst zu Hohenlohe-Oehringen für die Zweispänner, Herr Wolff-Steinhagen für die Einspänner, Herr Otto Koch für das Hochspringen und das Hotel Esplanade für die Eignungsprüfung für Reitpferde«* (BLA 11. 6.). Der Parforce-Jagd-Club Berlin stiftete einen Ehrenpreis für die Siegerin im Damenreiten (Konkurrenz D) (BLA 14. 6.).
Jun 14, 19.00 Uhr
Ergebnisse: *»I. Leichtes Jagdspringen. Herrn Olsons Sascha (Bes.) 1. Leutnant v. Scharfenbergs Impatience (Leutnant v. Studnitz) 2. Oberleutnant v. Oheimbs Pique Dame (Bes.) 3. Prinz Moritz zu Schaumburg=Lippe Gudrun (Freiherr v. Buddenbrock-Plaswitz) 4. 26 Teilnehmer. – II. Materialprüfung für Reitpferde. I. Abteilung: Herrn A. Kavaleks Fuchs-Wallach 1. Herrn Julius Beermanns brauner Wallach 2. Der Zentrale für Offizierspferde Pischta 3. 15 Teilnehmer. – II. Abteilung: Herrn G. Woltmanns Lord Silver 1. Desselben Lucky Jack 2. Herrn Carl Loewenthals Schah 3. 12 Teilnehmer. – III. Damenreiten. Herrn Otto Mauritz' Ilona (Frau Mauritz) 1. Rittmeister v. Gottbergs Vasall (Frau v. Gottberg) 2. Hauptmann Müllers King I (Frau Müller) 3. 12 Teilnehmer. – IV. Gehorsamsspringen. Teßmers Südstern (Bes.) 1. Desselben Lupus (Bes.) 2. Herrn Otto Naumanns Saint Hubert (Bes.) 3. Leutnant v. Scharfenbergs Impatience (Leutnant v. Studnitz) 4. 18 Teilnehmer. – V. Zweispänner (Eignungsprüfung). Graf v. Alvensleben=Neugatterslebens Rotschimmelgespann (Bes.) 1. Herrn Leo van den Borghs Hackneys 2. 4 Teilnehmer«* (BLA 15. 6.).
Jun 15, 14.00 Uhr
Ergebnisse: *»I. Kinderpreis: Bubi v. Burchardts Klecky (Bes.) 1. Graf v. Frankenbergs Red Rose (Yvonne Solmann v. Frankenberg) 2. Dr. Essers Primose (Elisabeth Esser) 3. 5 Teilnehmer. – II. Jagdpferde: Herrn G. Woltmanns irischer br. Wallach 1. Desselben irischer Schimmelwallach 2. Herrn Julius Beermanns irischer br. Wallach 3. 9 Teilnehmer. – III. Inländerpreis: Rittmeister v. Gottbergs Vasall (Frau v. Gottberg) 1. Oberleutnant Jobst Colleoni (Bes.) 2. Rittmeister v. Oesterleys Goldkäfer (Bes.) 3. 18 Teilnehmer. – IV. Großes Jagdspringen: Leutnant Graf v. Schaesbergs Krieger (Bes.) 1. Herrn Wittkops Scharrkan (Bes.) 2. Leutnant v. Scharfenbergs Impatience (Leutnant v. Studnitz) 3. Oblt. de Lima Mendes Estio (Rittmeister v. Oesterley) 4. Hauptmann Korings Gerda (Oblt. Hoffmann) 5. 34 Teilnehmer. – V. Maiden=Dressurprüfung: Major v. Heydebrecks Honved (Bes.) 1. Leutnant v. Heydens Spieler (Bes.) 2. Assessor Krauses Gualdrara (Bes.) 3. 7 Teilnehmer«* (BLA 16. 6.).
Jun 16, 19.00 Uhr
Ergebnisse: *»I. Westphalen=Memorial. Kaiserpreis: Oberleutnant Bürckner (Jäger z.F. 2) 1. Rittmeister von Oesterley (Mil. Reit=Inst.) 2. Hauptmann Woelke (1. F.-A.-B.) 3. 5 Teilnehmer. – II. Große Dressurprüfung: Hauptmann Müllers King I (Oberleutnant Bürckner) 1. Major v. Krosigks Mignon (Bes.) 2. Herrn Kirschtens Popon (Bes.) 3. Neun Teilnehmer. – III. Einspänner: Frau Th. Scheib-Bothmers Huntsmann (Bes.) 1. Hrn. Leo van den Berghs Royal Red (Frau van den Bergh) 2. Fräulein v. Boltensterns Igor (Rittmeister v.d. Mayer) 3. Sechs Teilnehmer. – IV. Eignungsprüfung für Reitpferde: Hrn. R. B. Oppenheims Silvercoin 1. Hrn. S. Wolffs Miß Mary 2. Frau A. Hirtes Niggerbob 3. Hrn. O. Heinsius Drury Lane 4. 22 Teilnehmer. – V. Damenspringen: Hauptmann Müllers Blanche (Frau Müller) 1. Hrn. Mauritz Lola (Frau Mauritz) 2. Hrn. Baers Debutante (Frau Mauritz) 3. Sechs Teilnehmerinnen. – VI. Hochspringen: Lt.Delochs Hubertus (Bes.) 1. Leutnant Graf von Schaesbergs (Drag. 26) Lilliput (Bes.) 2. Leutnant Graf von Schaesbergs (III,5) Ab and go (Bes.) 3. Sechs Teilnehmer«* (BLA 17. 6.).

Aug 23, nachmittags. Versteigerung des Sportpalastes im Amtsgericht Schöneberg
»Wie bereits angekündigt, gelangten heute vormittag die Grundstücke Potsdamer Straße 72 und 72a, die der falliten Sportpalast= und Wintervelodrom=G.m.b.H. gehörten, zur zwangsweisen Versteigerung vor dem Amtsgericht Berlin-Schöneberg. Vertreten waren, meist durch Anwälte, das große Heer der Lieferanten und Hypothekengläubiger. Zu letzteren gehören besonders die Berliner Hypothekenbank und die Immobilienverkehrsbank, die Hypotheken in Höhe von 2400000 Mark auf den beiden Grundstücken besitzen. Bei der heutigen Versteigerung wurde der neugebildeten Theater= und Konzerthaus=Aktiengesellschat der Zuschlag erteilt; sie übernimmt die Hypotheken in Höhe von 2400000 Mark und zahlt 800000 Mark in bar. Die genannte Gesellschaft, die den beiden Banken nahesteht, wird versuchen, wenn irgend möglich, den Sportpalast in seinem jetzigen Zustande zu erhalten. Es schweben bereits Verhandlungen, so u.a. mit Professor Max Reinhardt, der, wie bereits früher gemeldet, in dem großen Raum Ausstattungsstücke geben will. Jedoch ist es bisher zu einem Abschluß noch nicht gekommen« (BLA 23. 8.).

Die Ausführung dieses Projektes für Max Reinhardt scheiterte schließlich nach langer und detaillierter Planung (bis in den November 1912) offenbar an fehlendem Kapital.
BLA 23. 8., 26.–27. 10.

1913

Feb 15–19. »6. Turnier Deutscher Pferde«
V: Reichsverband für deutsches Halbblut.
»Für das 6. Turnier [...] hat das Kriegsministerium einen Ehrenpreis in Form eines silbernen Schildes gestiftet, der dem siegreichen Regiment in der deutschen Armee=Dressur=Prüfung, zu reiten auf alten Remonten, zufällt« (BLA 9. 2.).
Feb 15, 14.30 Uhr. Vorprüfungen
Feb 16, 14.00 Uhr. Entscheidungen – Erster Tag
Große Materialprüfung: Leutnant Eggeling auf einem holsteinischen Schimmel (Bes. Dr. Kunheim). Ermunterungs=Jagdspringen: Rittmeister von Oesterley, ebenfalls fehlerlos O. Caminecci und R. Boehme. Maiden-Eignungsprüfung: Frau Nikisch von Rosenegk auf Püppchen (Bes. Erich Schmidt). Hochspringen: *»totes Rennen zwischen den Leutnants Messow und von Jagow auf Sylvester und Greif«*. Dressurprüfung für Reitpferde: Frau Borchardt mit Sweet Boy. Materialprüfung für Wagenpferde: *»Gespanne des Gesandten v. Dirksen und des Herrn Karl Schwanitz«* (BLA 17. 2.).
Feb 17, 9.00 Uhr. Vorprüfungen
Feb 18
9.00 Uhr. Vorprüfungen
14.00 Uhr. Entscheidungen – Zweiter Tag
Ergebnisse: *»I. Verkaufs=Materialprüfung: (3=bis 5jährige Reitpferde.) Graf Schwerins Domina (Stallmeister Kreissing) 1. Bentschener Tattersalls Ehrenschild (Stallmeister Speer) 2. Stall Westercelles Goldkind (Stallmeister Seeler) 3. 11 Teilnehmer. – II. Damenreiten: Oberleutnant Freiherr v. d. Borchs Nicolaus (Frau Seiffert) 1. Oberleutnant Erich Schmidts Püppchen (Frau von Nikisch=Rosenegk) 2. Hauptmann Freiherr v. Stotzingers Lord (Frau v. Gottberg) 3. 7 Teilnehmer. – III. Haupt=Jagd=Springen: Leutnant Delochs Hubertus I (Bes.) 1. Leutnant Freiherr v. Zobels Ewald (Bes.) 2. Leutnant Breyers Ellen (Bes.) 4. 23 Teilnehmer. – IV. Material=Prüfung für Wagenpferde: Dr. Hübners Kurfürst und Markgraf (Stallmeister Schönstedt) 1. Leutnant v. Eberhardts Meine Kleine (Fahrmeister Krause) 2. Gesandter v. Dirksens Eritje I und Störtebecker (Fahrmeister Schatsch) 3. 7 Teilnehmer. – V. Dressurprüfung: (Für eigene sowie Chargen= und Dienstpferde.) Leutnant Eggelings Hilda (Bes.) 1. Rittmeister v. Oesterleys Pepita (Bes.) 2. Oberleutnant v. Boxbergs Condor (Bes.) 3. 10 Teilnehmer. – VI. Große Materialsprüfung: (Für Pferde schweren Schlages.) Oberleutnant Freiherr v. Maerckens Zeitgeist (Bes.) 1. Rittmeister v. Oesterleys Pepita (Bes.) 2. Herrn R. Wolffs Asra (Frau Wolff) 3. 16 Teilnehmer«* (BLA 19. 2.).
Feb 19, 14.00 Uhr. Entscheidungen – Dritter Tag
»Am heutigen dritten Tage des Turniers beginnen die Konkurrenzen [...] mti der Zivil=Dressurprüfung. Es folgen das Damenspringen, die Materialsprüfung für Reitpferde, das Gruppenspringen zu dreien und die Deutsche Armee=Dressurprüfung. In einem Trostspringen findet dann die Veranstaltunge ihren Abschluß« (BLA 19. 2.).
BLA 9., 12.–13., 15.–20. 2.

Feb 21–22. Preisreiten
V: Berlin-Potsdamer Reiter-Verein.
Et (am 22.): 2,–, 5,–, 10,– M.
Feb 21, 10.00 Uhr. Vormusterung
»Die Vormusterung [...] pflegt das Bild so zu klären, daß die Hauptkämpfe, die am Sonnabend nachmittags [...] ihren Anfang nehmen, innerhalb eines Zeitraumes von zwei Stunden abgewickelt werden können« (BLA 20. 2.).
Feb 22, 15.30 Uhr. Entscheidungen
Ergebnisse: *»I. Kronprinzenpreis: (Chargen- und Dienstpferde). Oberleutnant O. v. Zobeltitz' Fantasie (Bes.) 1. Oberleutnant Graf von Seherr-Thoß' Najade (Bes.) 2. Oberleutnant von Livonius' Myrthe (Bes.) 3. Oberleutnant Graf v. Klinckowströms Puppe (Bes.) 4. 21 Teilnehmer. – II. Kaiser=Preis: (für Pferde aller Länder). Leutnant Freiherr v. Gagerns Salongeck (Bes.) 1. Rittmeister von Lützows Lumpenfeind (Bes.) 2. Oberleutnant v. Kroechers Edgar (Bes.) 3. Oberleutnant Freiherr v. Gagerns Brunhilde (Bes.) 4. 10 Teilnehmer. – III. Prinz=Friedrich=Leopold=Preis (Vollblutpferde). Prinz Eitel Friedrichs Marabou (Leutnant Freiherr Marschall) 1. Leutnant v. Bahls Nimmersatt (Bes.) 2. Graf Solms-Baruths Slieve Miach II (Bes.) 3. Major v. Rüxlebens Erinite (Leutnant v. Heyden) 4. 16 Teilnehmer. – IV. Jagdspring=Konkurrenz: Major v. Knobelsdorffs Schelmerei (Leutnant v. Keudell) 1. Oberleutnant von Gentil de Lavalades Bergfried (Leutnant v. Malachowski) 2. Leutnant v. Langenn=Steinkellers Alraune (Oberleutnant v. Bachmayr) 3. Leutnant v. Longchamps Ferrari (Bes.) 4. 18 Teilnehmer«* (BLA 23. 2.).
»[...] ein glänzendes gesellschaftliches Bild. In dem farbenfrohen Gemälde dominierten die Uniformen der Garde=Kavallerie=Offiziere; schüchterne Ansätze zu Frühjahrstoiletten setzten dem Ganzen freundliche Lichter auf. Der Kaiser hatte leider absagen lassen, doch erschien pünktlich um 1/2 4 Uhr [...] die Kaiserin und Prinzessin Viktoria Luise. Schon vorher hatten sich Prinz und Prinzessin Eitel=Friedrich, die Prinzen Friedrich Sigismund und Friedrich Karl von Preußen sowie Herzog Ernst Günter von Schleswig=Holstein und Prinz Albert zu Schleswig=Holstein in der Hofloge eingefunden [...]« (BLA 23. 2.).
BLA 20., 22.–23. 2.

Mär 13–16. Reit- und Fahr-Turnier
V: Kartell für Reit- und Fahr-Sport.
Et: *»Parterre I (Logen) Platz 12,50 Mark, Parterre II (Logen) Platz 8 Mark, Parterre-Promenadenplatz (nicht numeriert) 5 Mark, Balkon I (Logen) Platz 6 Mark, Balkon II (nicht numeriert) Platz 1 Mark. Eintrittskarten zu Vorprüfungen 1 Mark«* (BLA 13. 3.).
Reit-, Spring- und Fahr-Preisbewerbungen. Ehren- und Geldpreise im Werte von rund 20 000,– M.
Mär 13, vormittags. Vorprüfungen
Mär 14
10.00 Uhr. Vorprüfungen
18.00 Uhr. Entscheidungen – Erster Tag
Ergebnisse: *»I. Leichtes Jagdspringen: Herrn Olsons Sascha III (Bes.) 1. Des Kronprinzen Jumping-Powder (Rittm. Walzer) 2. Leutnant v. Jagows Greif (Bes.) 3. Fähnrich Rieck=Eggeberts Hochachtung (Oberleutnant v. Livonius) 4. Des Kronprinzen Polar Star (Rittm. Walzer) 5. 47 Teilnehmer. – II. Tandems: Herrn H. L. Kappels Hackneys (Bes.) 1. Geheimrat Vorsters Hackneys (Herr v. Deichmann) 2. Desselben Hackneys (Herr Richard Wolff) 3. – Ferner Fahrerwanderpreis, Herr v. Achenbach. Fünf Teilnehmer. – III. Materialsprüfung für Reitpferde: (Bis 1,70 Meter Bandmaß) Herrn Woltmanns Topthorne (Stallmeister Schumann) 1. Herrn Beermanns irische Schimmel-Stute (Stallmeister Bremer) 2. Desselben irische Fuchsstute (Stallmeister Kreissig) 2. 9 Teilnehmer. – IV. Damenreiten: Hauptmann Müllers und Obereleutnant Bürkners King I (Frau Müller) 1. Major Willmers Ingo III (Frau Willmer) 2. Leutnant v. Moschs Beautiful Sire (Frau v. Moers) 3. Neun Teilnehmer. – V. Gehorsamsspringen: O.P. Tioccas und Oberleutnant v. Westerhagens Skipper (Oberltn. v. Westernhagen) 1. Hauptmann Müllers und Oberleutnant Bürkners Blanche (Oberltn. Bürkner) 2. Hauptmann Heberichs Adillon (Bes.) 3. Oberleutnant W. Heberichs Ilka (Bes.) 4. 28 Teilnehmer. – VI. Materialsprüfung für Reitpferde: (Ueber 1,70 Meter Bandmaß). H. Prigges Schah (Stallmeister Dinse) 1. J. Beermanns irischer Fuchswallach (Stallm. Kreissig). 2. G. Woltmanns Blessington (Stallm. Heusch) 3. 15 Teilnehmer. – VII. Zweispänner: (Eignungsprüfung) Geheimrat Vorsters Spider (Herr v. Deichmann) 1. Herrn Kappels Spider Phaeton (Bes.) 2. Geheimrat Vorsters Mail Phaeton (Herr Wolff) 3. Acht Teilnehmer«* (BLA 15. 3.).
Mär 15, 13.30 Uhr. Entscheidungen – Zweiter Tag
Vorführungen des kaiserlichen Marstalls.
Ergebnisse: *»I. Kunstfahren: a) Tandems: Herrn v. Arnim 1. 2 Teilnehmer. – b) Viererzüge: Herrn v. Arnim 1. Herr v. Achenbach 2. 4 Teilnehmer. – II. Armee=Dressurprüfung: a) Kavallerie=Abteilung: Oberleutn. v. Busses Karl (Bes.) 1. Oberlt. F. v. Zobeltitz' Columbus (Bes.) 2. Oberlt. O. v. Zobeltitz' Fantasie (Bes.) 3. Lt. v. Moschs Walküre (Bes.) 4. 16 Teilnehmer. – b) Artillerie=Abteilung: Oberlt. Brückners Amor (Bes.) 1. Des 4. Garde=Feld-Art.=Regts. Nicolaus (Hauptm. v. Zitzewitz) 2. Lt. Mathias' Ariovist (Lt. v. Voigts=Rhetz) 3. 8 Teilnehmer. – III. Inländerpreis: Dr. Kunheims Vasall II (Lt. Eggeling) 1. Lt. Frhr. v. Esebecks Eden (Bes.) 2. Oberlt. Erlenweins Gaston (Bes.) 3. 24 Teilnehmer. – IV. Großes Jagdspringen [Ehrenpreis des Kronprinzen]: Hrn. Loewensteins Tristan (Mons. Barrant) 1. Desselben Piccolo (Mons. Barrant) 2. Desselben All Fours (Mons. Barrant) 3. Rittmeister v. Günthers Harald II (Bes.) 4. Herrn Loewensteins Coraggio (Mons. Barrant) 5. Prinz Friedrich Karls Pretty Girl II (Bes.) 6. 58 Teilnehmer. – V. Ermunterungs=Dressurprüfung: Lt. v. Vahls Nimmersatt (Bes.) 1. Rittmeister v. Oesterleys Pepita (Bes.) 2. Dr. Kirschtens Hilda III (Bes.) 3. 18 Teilnehmer«* (BLA 16. 3.).
Mär 16, 14.00 Uhr. Entscheidungen – Dritter Tag
Ergebnisse: *»I. Große Dressurprüfung: Hauptmann Müllers und Oberlt. Bürckners King I (Oberlt. Bürckner) 1. Dr. Kirschtens Hilda (Bes.) 2. Major Willmers Ingo III (Bes.) 3. 9 Teilnehmer. – II. Viererzüge: (Eignungs- und Fahrerprüfung) Geheimrat Vorsters Hackneys (Herr Richard v. Deichmann) 1. Desselben Hackneys (Herr Richard Wolff) 1. Fahrerwanderpreis Herr v. Achenbach. 4 Teilnehmer. – III. Westphalen-Memorial [Ehrenpreis des Kaisers]: Oberleutnant Bürckner 1. Major Willmer 2. Oberleutnant O. v. Zobeltitz 3. 10 Teilnehmer. – IV. Damenspringen: Rittmeister v. Günthers Siegmund (Frau v. Günther) 1. Freiherr v. Vietinghoffs Cäcilie (Frl. Lieran) 2. Hauptmann Müllers und Oberlt. Bürckners Blanche (Frau Müller) 3. Oberlt. v. Elerns Halloh III (Frau Hilde Wolff) 3. 12 Teilnehmer. – V. Eignungsprüfung für Reitpferde: (bis 1,70 Meter Bandmaß) Frau Marckwalds Puppchen (Stallm. Trapp) 1. Herrn Levi-Fuldas Griseldis (Stallm. Zengler) 2. Frau Baginskys Darling (Stallm. Kreissig) 3. 19 Teilnehmer. – VI. Ein- und Zweispänner: a) Zweispänner: Geheimrat Vorsters Viktoria (Kutscher Nelke) 1. Desselben Coupé (Kutscher Welsch) 1. Herrn v. Achenbachs Viktoria (Kutscher Hessel) 3. 7 Teilnehmer. – b) Einspänner: Dr. Fleisch-*

191 Plakat (Chr Mai 25); Berlin, Kunstbibliothek, SMPK.

192 Plakat (Chr Okt 24); Berlin, Kunstbibliothek, SMPK.

manns Coupé (Kutscher Dismor) 1. Herrn Heinsius Tonneau (Kutscher Bastian) 2. Herrn Helffts Coupé (Kutscher Ruckstadt) 3. 5 Teilnehmer. – VII. Eignungsprüfung für Reitpferde (über 1,70 Meter Bandmaß): Herrn Oppenheims Silvercoin (Stallm. Trapp) 1. Hauptm. Hildebrands Zaunkönig (Stallm. Kreissig) 2. Herrn Huths Floßhilde (Stallm. Krüger) 3. 20 Teilnehmer. – VIII. Hochspringen [Ehrenpreis des Prinzen Albert von Anhalt]: Des Kronprinzen Nancy (Oberlt. F. v. Zobeltitz) 1. Herrn Heils Grey Lad (Bes.) 2. Leutnant Delochs Hubertus (Bes.) 3. 10 Teilnehmer« (BLA 17. 3.).
BLA 3., 24. 2.; 2., 10., 13.–17. 3.

Mai 25, 16.00 Uhr. Schauturnen
V: Berliner Turnerschaft Korporation.
Im Rahmen der 50-Jahrfeier der Berliner Turnerschaft vom 24. bis 26. 5.
»Der Nachmittag brachte im Sportpalast [...] das Schauturnen, dem im Auftrage des Kaisers Prinz Friedrich Karl von Preußen, ein Sohn des Prinzen Leopold, beiwohnte« (BLA 26. 5.).
BLA 26.5.; Heinicke, S. 20; Pl(KB, SMPK).

Okt 24, 20.00 Uhr. Eröffnung des »ODEON Vergnügungs=Palast der 10.000«
V: Tansinger.
Et: 0,30 M.
»Der Schicksalsreiche Sportpalast in der Potsdamer Straße hat sich jetzt in den Volkspalast Odeon verwandelt, der gestern abend seine Premiere hatte. Der weite Raum, dessen Hintergrund das Panorama des Gebirgsdorfes Zillerthal bildete, war dicht gefüllt von einer schaulustigen Menge, die sich am Rodeln im Grünen, dem fliegenden Kabarett, einer Vereinsreitbahn, der Schornsteinfegerkapelle und anderen harmlosen Volksbelustigungen ergötzte« (BLA 15. 10.).
Ende September oder Anfang Oktober vermietete die Eigentümerin des Sportpalastes, die *»Theater- und Konzerthaus Aktiengesellschaft«*, den Sportpalast an die neugegründete Firma *»ODEON Vergnügungs-Palast«* (Inhaber Konzertagent Emanuel Tansinger, Schwäbische Straße 5). Für mehrere Monate erhielt der Sportpalast die neue Bezeichnung *»ODEON Vergnügungs-Palast«* oder einfach *»ODEON-Palast«*. Das Innere wurde für *»rummelartige Veranstaltungen«* eingerichtet, mit Rodelbahn, Hippodrom, Karusell etc., die dann – teilweise mit Gastspielen von Artisten – unter verschiedenen Themen bis zum 22. 2. 1914 stattfanden.
BLA 21. 10. ff.

Okt 25 – Nov 23, 19.00 Uhr. »ODEON Vergnügungs=Palast der 10.000«
Gelegentlich 19.30 Uhr; sonntags auch 15.00 Uhr, ab 29. 10. um 16.00 Uhr.
V: Tansinger.
Et: 0,30 M.
Angekündigt wurden bis vier Kapellen, Cabaret und *»Bier Cabaret!«* (was immer das gewesen sein mag).
Nov 3. »Erste populäre Schönheits-Konkurrenz«
»I. Preis: Eine eleg. Toilette II. Preis: Ein schicker Hut und weitere 8 Preise« (BLA 3. 11.).
Nov 5. »I. Konkurrenz für elegantes Treppensteigen«
Preisverteilung 0.30 Uhr (BLA 4. 11.).
Nov 7. »Preisreiten«
BLA 6. 11. f.
Nov 8. »Reitbahn. Liliputanertruppe«
BLA 8. 11. f.

Nov 9. Liliputanertruppe«
»Kinder in Begleitung Erwachsener frei« (BLA 9. 11.).
Nov 11. »I. Konkurrenz für Biertrinken«
»Je 3 Preise für helles und echtes Bier« (BLA 11. 11.).
Nov 13. »Gastdirigieren für Amateure (Damen und Herren)«
BLA 13. 11.
Nov 14. »Humoristischer Abend: ›Nummern suchen‹«
BLA 14. 11.
Nov 15–17. »Auftreten der Gebr. Niagara«
Die *»einzigen Seilläufer außer Blondin, welche die Niagarafälle überschritten haben«* (21.30 und 22.45 Uhr; BLA 14. 11.)
Nov 18, 19.30 Uhr. »Seilläufer Gebr. Niagara. Zum 1. Male: Orig. Japanische Ringkämpfe«
BLA 18. 11.
Nov 19. Geschlossen
Nov 20–23, 19.30 Uhr. »Seilläufer Gebr. Niagara. Orig. Japanische Ringkämpfe«
Am 21. Nov außerdem *»Preisdirigieren für Amateure«* (BLA 21. 11. ff.).
BLA 21. 10. ff.; Pl (KB, SMPK).

Nov 24–Dez 7, 19.30 Uhr. »Die Hölle im Odeon«
Sonntags auch 16.00 Uhr.
V: Tansinger.
Et: 0,30 M.
»Feenhafte Beleuchtung d. Riesenraumes. Mephisto masqué. – Gr. Korso d. Teufel und Hexen-Höllen-Caberett. / Einzug in die Hölle / Prämiierung d. schönst. Teufelin! Gebr. Niagara zu Pferde auf dem Drahtseil« (Anz., BLA 25. 11.), ab 1. 12. außerdem *»Preisgekrönte Tangotänzer«* (22.00 Uhr) und *»Brüder Niagara Turmseilläufer«* (22.45 Uhr).
BLA 23., 25. 11. ff.

Dez 9–14, 19.30 Uhr. »Ein Fest im Zillerthal«
V: Tansinger.
Et: 0,30 M.
Mitw.: *»Tangotänzer, Ilse Bois und Erwin Roy«* (22.00 Uhr) und (wohl auch täglich) *»Gebr. Niagara, Turmseilläufer«*.
BLA 9., 12. 12. ff.

Dez 15–19. Geschlossen
BLA 13. 12.

Dez 20–30, 19.30 Uhr. »In Eis und Schnee«
Sonntags auch 16.00 Uhr.
V: Tansinger.
Et: 0,30 M.; 26.–29. 12. 0,49 M (inklusive Programm, jeder Erwachsene ein Kind frei).
Forts. 1914 Jan 1–9.
»Feenhafte Ausstattung und Beleuchtung des Riesenraumes. Weihnachtsstimmung! Volksbelustigungen! Tangotänzer! 1. Konzert der berühmten ital. Bersaglieri-Kapelle« (Anz., BLA 20. 12.). Am 2. und 3. Feiertag *»Tanz in der Arena. 3 Kapellen«*.
BLA 20.–21., 25., 28., 30. 12.

Dez 31, 19.30 Uhr. »Berlins grösste Silvesterfeier mit Tanz in der Arena«
V: Tansinger.
Et: 1,10 M; 2,20 M (1. Reihe).
»Kehraus 1913. 3 Kapellen. Jubelnder Empfang des Neuen Jahres [...] Attraktionen. Schneegestöber. Im Gemütlichen: Die Hölle. Die ganze Nacht geöffnet [...] Ab 2 Uhr morgens: Frühkonzert Eintritt inkl. Progr. 49 Pf.« (Anz., BLA 30. 12.).

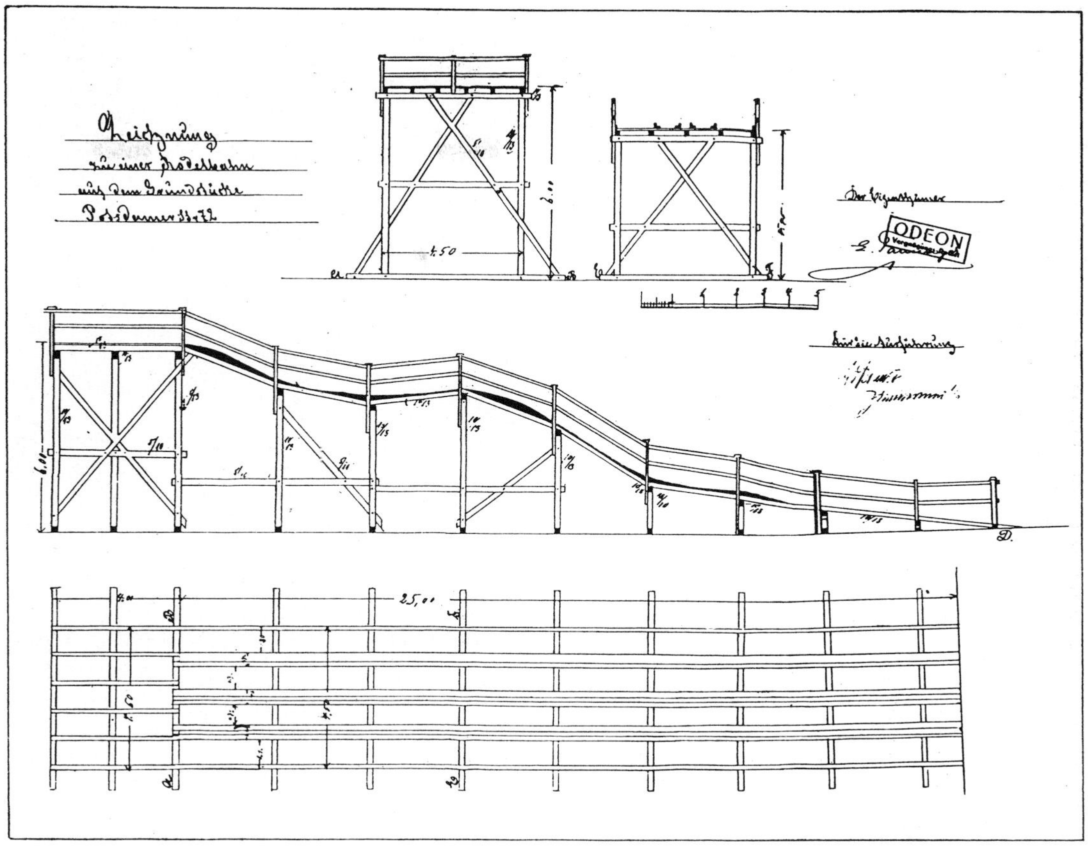

193 Entwurf für eine Rodelbahn zum »ODEON Vergnügungs=Palast der 10.000« (Chr Okt 24; nach: LA SP 4000/67 f. [Lichtpause/Papier, ca 50 x 60 cm]).

1914

Jan 1–9. »In Eis und Schnee«
Forts. von 1913 Dez 20–30.
Außerdem *»Neu! / In der Arena / Neu! / Singspielhalle / Eintritt frei. / 2 Orchester. / Reitbahn, Teufelsrad, Rodelbahn, Kornwalzen u. a. Attraktionen«* (Anz., BLA 1. 1.).
BLA 1. 1. ff.

Jan 10–16, 19.30 Uhr. »Großes Bockbier-Fest«
Sonntags auch 16.00 Uhr.
V: Tansinger.
Et: 0,30 M.
Forts. Jan 18–20 (?).
»Original Bayerische Oberländer Kapelle / 2 Orchester / Schuhplattler / Attraktionen« (Anz., BLA 13. 1.), am 10. 1. auch »Italien. Bersaglieri-Orchester«.
BLA 10. 1. ff.

Jan 17, 19.30 Uhr. »Großes Wohltätigkeitsfest zugunsten der durch die Sturmflut an der Ostsee Geschädigten«
V: Tansinger.
Et: 0,30 M.
BLA 17. 1.

Jan 18–20. »Großes Bockbier-Fest«
Forts. von Jan 10–16.
Am 18. 1. um 17.00 Uhr.
BLA 17. 1. ff.

Jan 21–23. Geschlossen
BLA 21. 1.

Jan 24–Feb 22, 19.30 Uhr. »Im Hafen von New York«
Sonntags auch 17.00 Uhr.
V: Tansinger.
Et: 0,30 M.
»Große künstlerische Neu-Ausstattung des Riesenraumes. / Das Leben und Treiben in Amerika. / 5 Kapellen. / Das Ammendorf. / Negerkneipen. / Auf Guny-Island« (Anz., BLA 21. 1.), *»Amerikanisches Tingel-Tangel«* (BLA 21. 1.), ab 28. 1. nur drei oder zwei Kapellen, ab 7. 2. *»Bauernschänke«*. Innerhalb dieses Festes wurden im Laufe der Zeit verschiedene Sonderveranstaltungen durchgeführt.
Jan 27. »Geburtstagsfeier Sr. M. Kaiser Wilhelm II.«
Feb 5. »Humoristische Konkurrenz für Damen! Elegantes Besteigen einer beweglichen Treppe«
»I. Preis M. 20. II. Preis M. 10.«
Feb 10. »Preis-Dirigieren für Amateure«
Feb 11. »Preis-Reiten für Damen«
Feb 12. »Humoristische Preis-Konkurrenz für die 3 dümmsten Kerls von Berlin«
Feb 14. »Heute große Preiskonkurrenz für die schönsten Blondinen«
Feb 15. 16.00–18.00 Uhr. »Prämiierung der 3 schönsten Kinder (7–10 Jahre)«
Feb 22. 16.00 Uhr. »Heute: Kehraus im Odeon. Schluß der Saison«
BLA 21., 24.–25., 27. 1. ff; 8., 10.–15., 17., 19., 21.–22. 2.

Ab (1.?) März führte der Sportpalast wieder seine alte Bezeichnung, der Name *»Odeon-Palast«* wurde nur noch gelegentlich verwendet (vgl. 1914 Apr 17–26). Offensichtlich war der Vertrag mit E. Tansinger abgelaufen. Bereits am 11. 2. hatte die *»Theater- und Konzerthaus A.G.«* (Taubenstraße 22, II), die Eigentümerin des Sportpalastes, in einer großen Anzeige im BLA bekanntgegeben, für welche Veranstaltungen der *»Sportpalast«* in nächster Zeit vermietet worden sei.

Mär 1, abends. Radrennen
V: Velodrom-Gesellschaft Berlin.
Teiln.: Amort, van Bever, Finn, O. Freiwald, Friol, Häusler, Hiepel, Hoffmann, W. Kops, E. Krahner, Kudela, Linsener, Nehra, Packebusch, Rütt, Schrage, Schwab, Süßmilch, Wegener, B. Weise, Wiepel, u. a.
»Eröffnungsrennen, 1600 Meter. 4 Preise: 200, 75, 50, 20 M. 6 Vorläufe über 800 Meter. O. Freiwald, Kudela; Süßmilch, E. Krahner; Finn, Hoffmann; Packebusch, Häusler; Schwab, W. Kops; Wegener, Schrage. – 4 Zwischenläufe über 800 Meter: Kops, Krahner (Wegener und Süßmilch gestürzt), Schrage, Finn. – Endlauf: 1. Schrage; 2. Packebusch; 3. Finn; 4. Krahner.
Prämienfahren, 7500 Meter. 4 Preise: 50, 30, 20, 10 M. Dem ersten jeder zweiten Runde je 5 M. – 1. Finn; 2. Schwab; 3. Hoffmann; 4. Kudela. – Prämien erhielten: Hiepel, Linsener, Süßmilch, Amort, Schwab.
Großer Winter=Preis. Match in 3 Läufen über 800 und 1 Lauf über 1600 Meter. Gesamtpreise: 1000 M. 1. Lauf: 1. Rütt; 2. van Bever; 3. Friol. – 2. Lauf: 1. Rütt; 2. van Bever; 3. Friol. – 3. Lauf: 1. Rütt; 2. Friol; 3. van Bever. – 4. Lauf: 1. Rütt; 2. van Bever; 3. Friol. Gesamtergebnis: 1. Rütt (15 Punkte); 2. van Bever (9 Punkte); 3. Friol (6 Punkte).
Vorgabefahren, 800 Meter. Vier Preise: 100, 40, 20, 10 M. 1. Nehra; 2. B. Weise; 3. Linsener; 4. Hoffmann (Malmann). Ausscheidungsfahren. 1. Süßmilch; 2. Schwab; 3. Finn; 4. Wiepel« (BLA 2. 3.).
Dickentmann führte das von ihm konstruierte Karosserierad, den *»Fisch«* oder das *»Torpedo=Fahrrad«* vor. Er erzielte *»eine sehr gute Geschwindigkeit; im Verfolgungsmatch gegen Pawke=Packebusch hatte er seine Gegner nach 18 Runden mühelos eingeholt«* (BLA 2. 3.).

Mär 4–10. 7. Berliner Sechstagerennen
Start 4. 3. um 24.00 Uhr, Ende 10. 3. um 24.00 Uhr.
V: Velodrom-Gesellschaft Berlin.
Teiln. (16 Paare): Rütt/Stellbrink (D), Fogler/Mac Namara (USA/AUS), Moran/Root (USA), Packebusch/Stabe (D), Saldow/Lorenz (D), Jacquelin/Carapezzi (F/I), Brocco/Poulain (F), Debaets/Buysse (B), Stol/Miquel (NL/F), Tadewald/Ehlert (D), Pawke/Rudel (D), Techmer/Aberger (D), Huschke/Weise (D), Arend/Hoffmann (D), Bauer/Nettelbeck (D), Großmann/Marx (D).
Ergebnis: 1. Lorenz/Saldow 11 Pkte; 2. Stol/Miquel 22; 3. Rütt/Stellbrink 27; 4. Moran/Root 30; 5. Fogler/Mac Namara (1 Rde zurück); 6. Packebusch/Stabe (*»1/4 Länge«*); 7. Techmer/Aberger (im Endlauf nicht gestartet); 8. Tadewald/Ehlert (4 Rdn zurück).
Zurückgelegte km: 4260,960.
Startschuß: *»Altmeister August Lehr, einst ein Held in vielen Schlachten«*.
Das 7. Berliner Sechstagerennen, das auch eine an Schwierigkeiten reiche Vorgeschichte hat, und ursprünglich für das Jahr 1913 vorgesehen war, sollte schließlich vom 19.–25. Feb 1914 in den Ausstellungshallen am Zoo stattfinden (Werbemarken haben sich erhalten). Das scheiterte jedoch am Einspruch des Kultusministeriums. *»Das Kultusministerium ist Eigentümer des Grund und Bodens der Ausstellungshallen und begründet seinen Einspruch nach wie vor hauptsächlich damit, daß durch die Veranstaltung des Rennens der Gottesdienst in der benachbarten Kaiser-Wilhelm-Gedächtniskirche eine Störung erleiden würde«* (Berliner Börsen Courier, 31. 1.; vgl. auch BLA 9. 9., 9. 12. 1913; 31. 1. 1914).

194 Plakat (Chr Mär 22–25); Berlin, Kunstbibliothek, SMPK.

»Die Bahn im Sportpalast, deren genaue Länge 161,40 Meter beträgt, wird von allen Fahrern als die beste und schnellste bezeichnet, die sie je gesehen haben [...]« (BLA 4. 3.). *»Die schmetternden Weisen einer Militärkapelle durchklingen den gewaltigen Raum, dem das pompejanische Rot der Wände einen so frischen Ton gibt«* (BLA 5. 3.). *»Das äußere Bild der Veranstaltung ließ auch gestern abend nichts zu wünschen übrig. Die weite Halle, auf deren Parterre und erstem Rang sich Kopf an Kopf reiht – an 6000 Zuschauer mögen zugegen sein – ist von flutendem Leben erfüllt. Man überschüttet die Fahrer mit launigem Spott und ruft ihnen dabei manch derbes Berliner Scherzwort zu, wenn sie bummeln, und Jubel und Beifall steigern sich ins Maßlose, wenn ein Verwegener einmal den Versuch macht, auszureißen, und nun eine minutenlange wilde Jagd anhebt«* (BLA 7. 3.).
BLA 25. 2.; 2.–12. 3.; LA SP 4000/3, 116, 126, 130; Fredy Budzinski, Das siebente Berliner Sechstage-Rennen, Nach den Berichten der »Rad-Welt« zusammengestellt und reich illustriert, Berlin o. J. (1914; Senatsbibl.); Budzinski, Geschichte, S. 26–28.

Mär 21–25. Reit- und Fahr-Turnier
V: Kartell für Reit- und Fahr-Sport.
Et: 1,– bis 10,– M.
Reit-, Spring- und Fahrprüfungen. *»Preise ca. 20 000 M.«*
Mär 21, 18.00 Uhr. Entscheidungen – Erster Tag
Ergebnisse: *»I. Inländerpreis: Leutnant Freiherr v. Bonnets Barbo (Bes.) 1. Hauptmann Kuhlwein v. Rathenows Fridolin I (Major Beck) 2. Rittm. Freiherr v. Kirchbachs Lord Nelson (Bes.) 2. Dr. Kunheims Vasall II (Oblt. v. Zobeltitz) 4. 26 Teilnehmer. – II. Zweispänner: Herrn Kappels Hackneys (Bes.) 1. Geheimrat Vorsters Hackneys (Alfred Vorster) 2. Herrn v. Achenbachs Hackneys (Bes.) 3. Geheimrat Vorsters Hackneys (Herr Wolff) 4. 12 Teilnehmer. – III. Ermunterungsdressurprüfung: Oblt. v. Wagenhoffs Erika (Bes.) 1. Prinz Eitel=Friedrichs Marabou (Rittm. v. Bachmayr) 2. Rittm. v. Radowitz' Bedyaros (Lt. Heldbeck) 3. 19 Teilnehmer. – IV. Leichtes Jagdspringen: Oberstlt. Freiherr v. Holzings Fanal (Graf Einsiedel) 1. Oblt. Graf Horns Poker (Bes.) 2. Herrn Wolffs Versuch (Bes.) 2. Leutn. v. Borns Erich (Bes.) 4. Oberstlt. v. Dommes' Lita (Rittmeister v. Bachmayr) 4. Oblt. Sierras Rato (Bes.) 4. 69 Teilnehmer«* (BLA 23. 3.).
Mär 22, 14.30 Uhr. Entscheidungen – Zweiter Tag
Ergebnisse: *»V. Große Dressurprüfung: Oblt. Bürckners Romeo II (Bes.) 1. Prinz W. zu Schaumburg=Lippes Nicolaus II (Rittmeister v. Zobeltitz) 2. Herrn Mauritz u. Herrn A. v. Gustedts Vicky II (Herr v. Gustedt) 3. Major Willmers Betyar (Bes.) 4. 10 Teilnehmer. – VI. Senioren=Jagdspringen: Oblt. Freiherr Geyer v. Schweppenburys Georgine (Oberstlt. z. D. Kimmerle) 1. Rittm. Andreaes Tipperary II (Bes.) 1. Oberst Greßmanns Hubertus (Bes.) 3. Rittm. a. D. v. Lückens Bessie (Bes.) 3. 13 Teilnehmer. – VII. Tandems: Frau Schmitz' Hackneys (Bes.) 1. Geheimrat Vorsters Hackneys (Herr Wolff) 2. Herrn Kappels Hackneys (Bes.) 3. Prinz Eitel=Friedrichs Latti Pitti (Prinz Thurn und Taxis) 4. – Fahrerpreis Herr v. Achenbach. 8 Teilnehmer. – VIII. Damenreiten: Oberlt. A. d'Hengelieres Chackwing (Frau d'Hengeliere) 1. Leutn. Lauffers und Frau Mauritz' Prunk (Frau Mauritz) 2. Oberlt. Burckners Romeo II (Frau P. Müller) 3. 22 Teilnehmer. – IX. Inländer-Jagdspringen: Leut. Freiherr v. Bonnets Barbo (Bes.) 1. Leutn. Brems Mandoline (Bes.) 2. Herrn Olsons Panschi (Bes.) 3. Leutn. Hengens Gudrun (Bes.) 4. 41 Teilnehmer«* (BLA 23. 3.).
Mär 23, vormittags. Vorprüfungen
Mär 24, 18.30 Uhr. Entscheidungen – Dritter Tag
Ergebnisse: Großes Jagdspringen: 1. Rittmeister v. Oesterley auf Pepita; 2. Rittmeister a. D. von Lückens auf Bessie; 3. Olson auf Black and White; 4. Rittmeister v. Bachmayr

auf National (Besitzer: Prinz Eitel-Friedrich) und Rittmeister a. D. von Bardelebens Victoria I (Leutn. A. v. Schmidt). Oesterley und von Lückens blieben beide fehlerfrei. Der Sieg wurde dem Reglement entsprechend dem deutschen Pferd zugesprochen (BLA 25. 3.).

Mär 25, 18.00 Uhr. Entscheidungen – Vierter Tag

Ergebnisse: *»I. Materialsprüfung für Reitpferde. (Von Angestellten zu reiten.) a) (unter 1,70 Meter Bandmaß). Herrn George Woltmanns Island Lady 1. Herzog Ernst Günther zu Schleswig=Holsteins Qui-vive 2. Herrn George Woltmanns Marion 3. 7 Teilnehmer. b) (über 1,70 Meter Bandmaß) Herrn George Woltmanns Rigo 1. Desselben Champion 2. Herrn Julius Beermanns irischer Fuchs 2. 7 Teilnehmer. – II. Trost=Jagdspringen. Des Kronprinzen Kangaroo (Graf Holck) 1. Rittm. v. Günthers Gaucher (Bes.) 1. Lt. v. Schartenbergs Lump I (Bes.)3. Herrn Olsons Heiderabad (Bes.) 3. Herrn Olsons Astrid (Bes.) 3. Herrn Cammenicis Gibson Boy I (Bes.) 3. Oblt. d'Hengelieres Wexford II (Bes.) 3. Leutn. Dresels Mascotte III (Bes.) 3. Leutn. Spaeters Ducheß Bessie (Bes.) 3. Leutn. v. Wuthenaus Firn (Bes.) 3. Herrn Mauritz' Lola (Oblt. Giulini) 3. Leutn. Delochs Seppi (Bes.) 3. Oblt. Sierras Rekrut (Lt. v. Etzel) 3. Herrn Pulvermanns Tristan III 3. Herrn Mauritz' Kilkenny (Oblt. Giulini) 3. Oblt. Bassermanns Pierrot (Bes.) 3. 49 Teilnehmer. – III. Westfalen-Memorial. Kaiserpreis. Oberlt. F. v. Zobeltitz 1. Major Willmer 2. Rittm. O. v. Zobeltitz 3. 7 Teilnehmer«* (BLA 26. 3.).

»Die Schlußkonkurrenzen [...] brachten [...] noch weitere interessante Darbietungen. Im Kampf der Wagen wurde Herrn Kappels Hackney von Herrn van den Berghs Einspänner geschlagen; Oblt. F. v. Zobeltitz holte sich mit Glimmer, der ihm bereits den Kaiserpreis im Westphalen=Memorial gewonnen hatte, auch noch die Kavallerie=Reitprüfung. Das Hochspringen wurde von acht Pferden bestritten und brachte Herrn Olson mit Panschi, der 1,90 Meter übersprang, einen glänzenden Sieg. Bis 1,70 Meter waren dem Wallach noch Bravo, Bessie, Clonmore und National gefolgt. Bei 1,80 Meter fielen die beiden letzten ab, und bei 1,85 Meter stand dem Sieger nur noch Bessie zur Seite« (BLA 26. 3.).

»Ein besonders wertvoller Kaiserpreis ist dem Kartell [...] gestiftet worden. Der kostbare Goldpokal mit Henkeln und Deckel zeigt an der Stirnseite ein erhabenes W mit der Krone darüber. [...] Fürst Pleß hat für den Sieger im Senioren=Jagdspringen die Bronzegruppe eines Jagdreiters mit Hunden gestiftet, der Kronprinz sein Bild in Silberrahmen, Fürst von Thurn und Taxis eine große durchbrochene silberne Schale.[...] der kostbare Wanderpreis des Geheimrats Jul. Vorster für den besten Fahrer eines Viererzugs, ein schwerer silberner Humpen mit mattierten Henckeln, ist ein besonderes Prunkstück. Die reichhaltige Sammlung, die im Schaufenster eines Warenhauses am Dönhoffplatz ausgestellt ist, enthält des weiteren in geschmackvollem Arrangement eine Menge von Schüsseln, Kannen, Pokalen, Schalen und Bechern und macht einen außerordentlich gediegenen Eindruck« (BLA 19. 3.).

BLA 23., 26. 2.; 19.–20., 22.–26. 3.; PI(KB, SMPK).

Mär 27–29, 17.00 Uhr. »3 populäre Monstre-Konzerte«

V: Internationales Tonkünstler-Orchester (?).

Et: 0,50 bis 5,–M.

»Orchester: Das auf 150 Mann verstärkte Internationale Tonkünstler-Orchester mit dem gesamten Fanfaren-Bläserkorps. Dirigent: Carl Zimmer. Solisten: Ilse Malena (Gesang), Knud Daalgard (Violine), Karl Friedrich (Cornet)« (BLA 26. 3.).

195 Werbemarke (Chr Apr 17–26); LA, Rep. 240, Acc. 1161.

Für das Konzert wurde von dem *»Hof-Zimmermeister«* A. von Prusinowski, der sein Büro in den Ausstellungshallen am Zoo hatte, ein Holzpodium errichtet.

BLA 26. 3.; LA SP 4000/156, 199.

Apr 17–26, 10.00–20.00 Uhr. »Große Brauerei-Fach-Ausstellung«

V: Bund der mittleren und kleinen Brauereien der norddeutschen Brausteuergemeinschaft e. V.

Et: 1,–M; ab 22. 4. 0,50 M; *»Für Korporationen ermässigte Billette«.*

Außerdem 20.00–24.00 Uhr: Konzert im *»Blauen Saal«* mit *»Bierkabarett«.*

»Sondergruppen für alkoholfreie Getränke und das gesamte Schankgewerbe«. Gruppe Gastwirtsgewerbe: *»Täglich grosses Schaubraten ganzer Tiere, sichtbar hinter Glas im Bratapparat ›Lucullus‹. Ausschnitt in Riesenportionen von 12–8 Uhr«* (BLA 18. 4.). Ab 22. 4. von 16.00–20.00 Uhr *»Großes Promenaden-Konzert«.* Am 26. 4., 17.00 Uhr: Prämiierung.

»Unter den Schauobjekten befinden sich neben den verschiedenartigen Maschinen und Apparaten, die mit dem Brauereibetriebe in Zusammenhang stehen, auch die zur Herstellung notwendigen Erzeugnisse, als Malz und Hopfen, und alle übrigen Bedarfsartikel. Man sieht Ventilatoren, Flaschen-Verschlüsse, kolossale Fässer, Mineralwasser=Apparate, Registrier=Kassen, Auto=Karosserien. Interessant ist ein großer Fleischröst=, Brat= und Back=Apparat auf dem vor den Augen des Publikums ein ganzes Schwein oder ein Ochse geröstet wird« (BLA 17. 4.). In Anzeigen und Werbemarken wird noch der Name *»Odeon-Palast«* für den Sportpalast verwandt (vgl. 1913 Okt 24 ff.).

BLA 5., 8., 12., 15.–26. 4.

Mai 9–11. Reit- und Fahr-Turnier »Maiturnier«

V: Kartell für Reit- und Fahr-Sport.

Reit-, Spring- und Fahrprüfungen.

Mai 9, 15.00 Uhr. Entscheidungen – Erster Tag

Ergebnisse: *»I. Leichtes Jagdspringen. Herrn Richard Wolffs Septima (Bes.) 1. Herrn Benies Panny (Bes.) 1. Leutn. Frhr. v. Eller=Ebersteins Iskanda (Lt. v. Longchamps) 3. Fräulein Hardys Killy (Herr Hardy) 4. Rittm. von Lückens Mary I (Herr Olson) 4. Herrn Richard Wolffs Versuch (Bes.) 4. 35 Teilnehmer. – II. Materialprüfung für Reitpferde. Hauptm. Seidels Nordlicht (Bes.) 1. Frau Haniels Gravelotte (Bes.) 2. Rittm. Hevelkes Otter (Bes.) 3. 6 Teilnehmer. – III. Einspänner. Herrn Kappels Elleron Chief (Bes.) 1. Herrn van den Berghs Challenger (Bes.) 2. Herrn Beits Naughty Boy (Frau Beit) 3. 7 Teilnehmer. – IV. Eignungsprüfung für Reitpferde. Herrn Reichmanns Tango (Stallm. Berndt) 1. Frau Valentins Conteß Fifi (Stallm. Trapp) 2. Fräulein Hardys Killy (Stallm. Kerpen) 2. Frau Krauses Girly (Stallm. Krüger) 4. 14 Teilnehmer. – V. Ermunterungs=Dressur=Prüfung. Leutn. Luckenbachs Kurvenal (Bes.) 1. Oberlt. Benders Heinerle (Bes.) 2. Rittm. Taettners Goldmint (Bes.) 3. 7 Teilnehmer. – VI. Damenspringen. Erbgraf Fuggers Gay Lord (Frau v. Krieger) 1. Herrn Voßwinckels Lilo (Frau Voßwinckel) 2. Leutn. Frhr. v. Eller=Ebersteins Iskanda (Frau von Funcke) 3. Oberstlt. Pertinès Bizcacha Argentino (Frl. v. Gamp) 3. 10 Teilnehmer«* (BLA 10. 5.).

Mai 10, 18.00 Uhr. Entscheidungen – Zweiter Tag

Ergebnisse: *»I. Eignungsprüfung für Reitpferde: Herrn Hirtes Ard Patrick (Stallm. Kreißig) 1. Baron de Savornins Greyhound (Stallm. Staeck) 2. Oberlt. v. Wedels Biyo [Vino?] (Stallm. Behling) 3. 12 Teilnehmer. – II. Materialsprüfung: für Reitpferde: Frau Wolffs Damaszener (Bes.) 1. Oberlt. Bürkners und Hauptm. Müllers Erbprinz (Oblt. Bürkner) 2. Leutn. v. Studnitz' Gral (Bes.) 3. Oberlt. v. Bismarcks Wildfang (Bes.) 4. 12 Teilnehmer. – III. Zweispänner: Herrn Beits Naughty Boy und Myland (Kutscher Bradburry) 1. Herrn v. Achenbachs Master und Bajazzo (Kutscher Hesse) 2. 4 Teilnehmer. – IV. Schleifenraub: Herrn Haspergs Jamique (Bes.) 1. Herrn S. M. Baers Don Miguel (Bes.) 2. Dr. Frhr. von Hintzes Nurelia (Bes.) 3. 6 Teilnehmer. – V. Schweres Jagdspringen: Leutn. Graf Grotes Toni (Bes.) 1. Leutn. Brems Black Cherry (Bes.) 1. Herrn Olsons Panschi (Bes.) 1. Freiherr v. Buddenbrocks Montjoie III (Bes.) 1. Herrn Caminneccis Gibson Boy I (Bes.) 1. Prinz Friedrich Karls Pretty Girl II (Bes.) 6. Graf Grotes Polyphem (Bes.) 6. Herrn Olsons Black and White (Bes.) 6. 32 Teilnehmer«* (BLA 11. 5.).

Beim schweren Jagdspringen einigten sich die fünf Sieger auf Teilung der Geldpreise. Der Ehrenpreis des Prinzen Friedrich Karl fiel durch Los an Gibson Boy.

Der Schleifenraub war *»so recht eine Konkurrenz nach dem Herzen des Publikums. Die sechs Herren auf den flinken Poloponies zeigten in der Verteidigung und im Raub der Schleife außerordentliche reiterliche Gewandtheit. Held des Abends war Herr H. Hasperg, der den meisten seiner Gegner die Achselzier entriß, die seinige aber siegreich behauptete. Er kam mit Herrn S. M. Baer ins Stechen; während er aber diesem die Schleife in den ersten Sprüngen raubte, bewahrte er seine eigene bis wenige Stunden vor Ablauf der zweiten Zeit. Das Kartell dürfte den Schleifenraub angesichts des ganzen Zuschauererfolges zu einer ständigen Attraktion seiner Programme machen«* (BLA 11. 5.).

Mai 11, 18.00 Uhr. Entscheidungen – Dritter Tag

Ergebnisse: *»I. Trost=Jagdspringen. Leutn. v. Scharfenbergs Lump I (Bes.) 1. Des Kronprinzen Kangaroo (Herr Olsen) 1. Herrn Baers Bravo (Oberlt. von Chappuis) 1. Frhr. v. Buddenbrocks Sieryj (Bes.) 4. Oberlt. v. Wedels Royal Salute (Bes.) 5. Herrn Mauritz' Lola I (Oberlt. Giulini) 5. 22 Teilnehmer. – II. Tandems, Eignungs- und Fahrerprüfung. Herrn Kappels Elleron Chief und Walkower (Bes.) 1. – Fahrerpreis: Herrn v. Arnim. 2 Teilnehmer. – III. Damenreiten. Oberlt. Bürckners Romeo II (Frau Müller) 1. Herrn Mauritz' und Herrn v. Gustedts Vicky II (Frau Mauritz) 2. Herrn Huths Murat II (Frau Hilde Wolff) 3. Frau Hilde Wolffs Damaszener (Bes.) 4. 17 Teilnehmerinnen. – IV. Viererzüge, Eignungsprüfung. Herrn Kappels Elleron Chief, Virginia Ivy, Walkower und Cakewalk 1. Zwei Teilnehmer. – V. Große Dressurprüfung. Oberlt. Bürckners Romeo II (Bes.) 1. Oberlt. v. Chappuis' Liebling IV (Bes.) 2. Herrn Mauritz' und Herrn* *v. Gustedts Vicky II (Herr v. Gustedt) 3. 9 Teilnehmer. – VI. Hochspringen. Herrn Olsons Panschi (Bes.) 1. Frhrn. v. Buddenbrocks Montjoie III (Bes.) 1. Herrn Baers Bravo (Bes.) 3. 8 Teilnehmer«* (BLA 12. 5.).

»Im Damenreiten war Frau P. Müller auf Deutschlands erfolgreichstem Turnierpferd, Oblt. Bürckners Romeo II im Sattel, und war damit in dieser Eignungsprüfung nicht zu schlagen. Die energische Amazone hatte tags zuvor bei einem Turnier in Augsburg einen Doppelerfolg errungen, war die Nacht durch nach Berlin gereist, kam hier zum Turnier, wurde gesehen und siegte nach Gefallen« (BLA 12. 5.).

Wie üblich bei dieser Art von Veranstaltungen waren Angehörige des Kaiserhauses (Kronprinz u..a.) und zahlreiche Mitglieder des hohen und niederen Adels anwesend.

BLA 15. 4.; 1., 8., 10.–12. 5.

1915

Jan 24, 18.00 Uhr. Radrennen »1. Wohltätigkeitsrennen«

Start 19.00 Uhr

V: DRV.

Et: 0,80 M., Kurvenplatz 1,25 M., Sattelplatz 1,50 M., Innenraum und Loge 3,– M. (Soldaten halbe Preise).

»Den Verwundeten mehrerer Berliner Lazarette sind seitens der Veranstalter eine größere Anzahl Freikarten zugestellt wirden« (BLA 22. 1.).

Teiln.: Bauer, Behrendt, Dickentmann, Finn, Häusler, Fritz Hoffmann, Krahner, Lorenz, Pawke, Saldow, Schipke, Schmittchen, Schrage, Senneke, Stabe, A. Stellbrink, Techmer, Wegener, Wehlitz, Weise, Wittig u. a. (*»von den Soldaten unter den Fahnen hatten Lorenz, Schrage, Senneke, Stabe, Wegener und andere Urlaub erhalten«*; BLA 25. 1.).

Musik: Kapelle der Gardes du Corps.

Ergebnisse:

10-Rdn-Eröffnungsfahren: Finn vor Häusler und Senneke.

6-Rdn-Hauptfahren *»Preis von Soissons«*: Hoffmann vor Finn und Schrage.

Vorgabefahren *»Preis von Lodz«* (1650 m): Wehlitz (40 m) gegen Behrend (55 m).

Stunden-Mannschaftsfahren *»Preis von Antwerpen«* (12 Paare): 1. Lorenz/Stabe, 2. Saldow/Pawke, 3. Techmer/Stellbrink; 39,600 km.

»Der seit Monaten aufgespeicherte Sporthunger, die kleinen Eintrittspreise, die Erinnerung an die Taten der Sechstagefahrer hatten dem Sportpalast einen Massenbesuch zugeführt, auf den auch die kühnsten Optimisten unter den Veranstaltern nicht gefaßt waren. Das Gefühl einer sozialen Tat, durch Förderung des wohltätigen Zwecke und der Unterstützung der augenblicklich wahrlich nicht auf Rosen gebetteten Rennfahrer, mag viele Freunde des Radsports zum Besuch mit veranlaßt haben. Die Stimmung der vieltausendköpfigen Versammlung war durchaus würdig und dem Ernst der Zeit angemessen« (BLA 25. 1.).

Am 4. 1. 1915 erhielt der Deutsche Rennfahrer-Verband (DRV; Generalsekretär Dr. jur. Weitz) die Genehmigung vom 15. 1. bis 15. 4. an Sonntagen von 16.00 bis 22.00 Uhr Fliegerrennen im Sportpalast durchzuführen. *»Mit Rücksichte auf unliebsame Vorkommnisse bei früheren ähnlichen Veranstaltungen und die gegenwärtige Kriegslage werden die Polizeibeamten angewiesen werden, Ausschreitungen und Unfug sowie ruhestörenden Lärm nicht zu dulden. Nötigenfalls müsste die Räumung des Sportpalastes und die Verhinderung der Weiterführung der Rennen erfolgen«* (Brief des Polizei-Präsidenten vom 4. 1.; LA SP 4000).

Am 12. 1. wurde mit dem Einbau der Bahn unter der Leitung des Baumeisters Georg Mauck jr. begonnen. Am 23. 1. konnten die Fahrer das Training auf der 165 Meter langen Bahn aufnehmen.

Die Radrennen dienten wohltätigen Zwecken. Das Protektorat hatte der *»General der Kavallerie Exzellenz von Pfuel«* übernommen. Die Überschüsse wurden dem Roten Kreuz und dem Stiftungsfond der Hauptgruppe Berlin der Deutschen Mutterschaftsversicherung für Ehefrauen (Vorsitzender Generalleutnant von Pirscher) überwiesen, bereits Ende Januar 480 M. und 240 M.

BLA 16., 22., 25., 30. 1.; LA SP 4000.

Jan 31, 19.30 Uhr, Radrennen »2. Wohltätigkeitsrennen«

Vgl. Jan 24.

Teiln.: Arend, Bauer, Finn, Häusler, Hoffmann, Krahner, Krupkat, Kuschkow, Lorenz, Nettelbeck, Pawke, Peter, Rädlitz, Rudel, Saldow, Schipke, Schrage, Stabe, Stellbrink, Techmer, Wehlitz, Wittig u. a.

6-Rdn-Eröffnungsfahren: 1. Hoffmann, 2. Timm, 3. Techmer.

Verfolgungsfahren: Arend/Schipke (3 Min. 57 Sek.) gegen Nettelbeck/Peter.

Ausscheidungsfahren (20 Teiln.): 1. Wehlitz, 2. Häusler, 3. Kuschkow, 4. Rädlitz.

50-km-Mannschaftsfahren (14 Paare): 1. Saldow/Pawke, 2. Hoffmann/Krupkat, 3. Bauer/Wittig, 4. Rudel/Schrage; 1:12:42 Stunden.

»Das Tempo war dermaßen stark, daß in einer Stunde 42,900 Kilometer gefahren, womit ein neuer Weltrekord erreicht wurde. Leider ereignete sich in der 8. Runde vor Schluß ein Massensturz, wodurch nur noch vier Paare im Rennen blieben [...] Von den durch Sturz in der Entscheidung ausgeschiedenen Paaren fuhren Krahner, Stellbrink und Häußler den 5., 6. und 7. Preis aus und gingen in dieser Reihenfolge über das Band. Lorenz-Stabe durften sich nicht placieren, weil ersterer seinen Partner zu spät abgelöst hatte, was der Vorschrift zuwider war« (BLA 2. 2.).

BLA 30. 1.; 2. 2.

Feb 7, 19.00 Uhr. Radrennen »3. Wohltätigkeitsrennen«

Vgl. Jan 24.

Teiln.: Arend, Bauer, Finn, Grüneberg, Hoffmann, Krahner, Lorenz, C. Müller, Pawke, Peter, Rabe, Saldow, Schrage, Siegmund, Stabe, Stellbrink, Techmer, Wittig u. a.

10-Rdn-Ermunterungsfahren: Grüneberg vor C. Müller und Rabe.

»Großes Flieger-Rennen«: 1. Stabe 4 Pkte; 2. Hoffmann 6; 3. Arend 9; 4. Peter 11.

Schnelligkeitsprüfung (1 Rde): Krahner, Finn (je 10,4 Sek); Siegmund, C. Müller, Schrage (je 11,1 Sek).

Großes Stunden-Mannschaftsfahren: 1. Lorenz/Stabe, 2. Saldow/Pawke, 3. Stellbrink/Hoffmann, 4. Wittig/Bauer; 41,045 km.

BLA 5., 9. 2.

Feb 14

16.00 Uhr. Hallensportmeisterschaften des VBAV

V: VBAV.

Innerhalb des Wintersportfestes des VBAV.

Aus den Wettbewerben: *»2000=Meter=Vorgabelaufen: Herzog (Stettiner S.C.) 5. Min. 58 Sek. 1. Strathmann (Teutonia) 2. Wanke 3. – 50=Meter=Laufen (Meisterschaft): Ziepel (Teutonia) 6,2 Sek. 1. Jürgensen (B. A. K.) 2. Hannes (Lübeckscher T.V.) 3. – Stabhochsprung: Schickram (T. i. B.) 3,20 Meter. Lehninger (T. i. B.) 3,20 Meter. – 1500=Meter=Hallenmeisterschaft: Zimmer (Berl. Sport-Verg.) 4 Min. 26 Sek. 1. Geldmeyer (T. i. B.) 2. Osadnick (S.C. Mars) 3. – 400=Meter=Laufen: Klahn (Komet), 59 Sek. 1. Epstude (A. S. C.) 2. Glaser (Lübeckscher T. V.) 3. – 3mal=200=Meter=Eilbotenlauf: Turngem. in Berlin 1 Min. 21 Sek. 1. Lübeckscher T. V. 2. – 2000=Meter=Staffetten=Laufen: Berliner Sport=Club 5 Min. 10 Sek. 1. Turngemeinde i. B. 2. – Kugelstoßen: Willführ (Berl. S.C.) 10,93 Meter. Wolf (T. i. B.) 10,50 Meter. – Hochsprung: Schorn (Teutonia) 1,70 Meter. Groß (Charl. S.C.) 1,65 Meter«* (BLA 15. 2.; vgl. auch Clubnachrichten des B. S. C., 5. Jg, Nr. 22, Berlin 1915, S. 153 f.).

Die Vorkämpfe am Sonntag zuvor in der Alexander-Kaserne hatten gezeigt, daß der vorhandene Raum für Teilnehmer und Zuschauer dort nicht genügte.

19.00 Uhr. Radrennen »4. Wohltätigkeitsrennen«

Vgl. Jan 24.

Teiln.: Arend, Bauer, Behrendt, Finn, Grünberg, Hoffmann, Lorenz, Pawke, Peter, Rädlitz, Saldow, Stabe, Stellbrink, Wehlitz, Weise, Wittig u. a. (*»Von den Teilnehmern der Winter-Meisterschaft war der Holländer Schilling wegen Grenzschwierigkeiten nicht erschienen«*).

Ergebnisse:

3000-m-Prämienfahren: 1. Finn, 2. Hoffmann, 3. Wehlitz, 4. Rädlitz (*»Bauer holte sich vier, Wehlitz und Behrendt je zwei und Grünberg eine Prämie«*).

Winter-Meisterschaften (drei Läufe mit Punktwertung über 6 Rdn). Erster Lauf: 1. Stabe, 2. Lorenz, 3. Hoffmann, 4. Arend, 5. Peter. Zweiter Lauf: 1. Lorenz, 2. Peter, 3. Stabe, 4. Hoffmann, 5. Arend. Dritter Lauf: 1. Arend, 2. Stabe, 3. Lorenz, 4. Hoffmann, 5. Peter. Gesamtergebnis: Lorenz und Stabe je 6 Pkte, Arend 10, Hoffmann 11 und Peter 12 (Fortsetzung der Meisterschaft an den folgenden Sonntagen).

15-km-Fahren: 1. Stellbrink, 2. Saldow; 20:9 Min.

Verfolgungsfahren: Bauer/Wittig (5:38 Min) gegen Wehlitz/Weise.

25-km-Fahren: 1. Pawke, 2. Stellbrink, 3. Saldow; 35:7 Min.

BLA 14.–15. 2.

Feb 20, 18.00–20.00 Uhr. Öffentliches Training zum Radrennen am 21. 2.

BLA 20. 2.

Feb 21, 19.00 Uhr. Radrennen »5. Wohltätigkeitsrennen«

Vgl. Jan 24.

Teiln.: Arend, Arnold, Bauer, Behrendt, Finn, Grünberg, Hänsel, Häusler, Hoffmann, Jackisch, Krahner, Krenkel, Krupkat, Kuschkow, Lewanow, Lorenz, Müller, Pawke, Rabe, Rädlitz, Rütt, Saldow, Schilling, Siegmund, Stabe, Stellbrink, Suter, Wehlitz, Weise, Wittig, Zander u. a.

Ergebnisse:

30-Rdn-Prämienfahren: 1. Wehlitz, 2. Hoffmann, 3. Finn, 4. Bauer (*»Wehlitz holte sich außerdem noch vier Prämien«*).

Ausscheidungsfahren: Rabe vor Lewanow, Siegmund und Hänsel.

Zweistunden-Mannschaftsfahren. Teiln. (13 Paare): Rütt/Stellbrink, Lorenz/Saldow, Stabe/Pawke, Hoffmann/Häusler, Finn/Krahner, Bauer/Wittig, Arend/Suter, Wehlitz/Weise, Müller/Krupkat, Grünberg/Zander, Behrend/Kuschkow, Rädlitz/Arnold, Krenkel/Jackisch. Sieger: Behrendt/Krupkat.

»In den letzten Minuten lagen Wehlitz, Bauer, Lorenz, Rütt an der Spitze, als Behrendt plötzlich vorbeispurtete und sich eine Runde Vorsprung errang, da die anderen nicht nachsetzten. Erst beim Glockenzeichen trat Rütt an. Natürlich vermochte er Behrendt nicht mehr zu holen, doch behauptete er den zweiten Platz vor Bauer, Lorenz und Wehlitz. Der Rundenzähler hatte sich aber geirrt, und ein neuer Endkampf, begleitet von lebhaftem Protest des Publikums, setzte ein; hier plazierte sich Lorenz als Erster. Behrendt-Krupkat wurde aber der Sieg zugesprochen. Zweite blieben Rütt-Stellbrink; Dritte Bauer-Wittig, Vierte Lorenz-Saldow und Fünfte wurden Wehlitz-Weise. Die Strecke wurde nicht bekannt gegeben« (BLA 22. 2.).
BLA 20., 22. 2.

Feb 28, 19.30 Uhr. Radrennen »6. Wohltätigkeitsrennen«
Vgl. Jan 24.
»Das übrige Programm ist diesmal etwas reichhaltiger, da das Polizei-Präsidium die Erlaubnis erteilt hat, bis um 11 Uhr die Rennen auszufahren« (BLA 28. 2.).
Teiln.: Arend, Bauer, Behrendt, Ehlert, Finn, Häusler, Hoffmann, Karras, Krupkat, Kuschkow, Lorenz, K. Müller, Pawke, Peter, Rütt, Saldow, Schipke, Stabe, Stellbrink, Suter, Techmer, Tetzlaff, Wehlitz, Weise, Wittig, Zander u.a.
Ergebnisse:
Hauptfahren: 1. Hoffmann, 2. Behrendt.
Verfolgungsfahren: 1. Wittig/Bauer/Zander (letzterer mußte vorzeitig aufgeben).
Prämienfahren: 1. Techmer (*»Pawke, Wehlitz, Karras je drei Prämien«*).
Ausscheidungsfahren: 1. Karras.
Zweistunden-Mannschaftsfahren (Start 21.00 Uhr). Teiln. (12 Paare): Lorenz/Saldow, Stabe/Pawke, Bauer/Wittig, Suter/Finn, Behrendt/Kuschkow, Wehlitz/Weise, Hoffmann/Häusler, Krupkat/Peter, Techmer/Schipke, Arend/Ehlert, K. Müller/Tetzlaff u.a. Ergebnis: 1. Rütt/Stellbrink, 2. Lorenz/Saldow, 3. Hoffmann/Häusler, 4. Bauer/Wittig, 5. Techmer/Schipke, 6. Stabe/Pawke; 79,840 km.
BLA 28. 2.; 1. 3.

Mär 7, 19.30 Uhr. Radrennen »7. Wohltätigkeitsrennen«
Vgl. Jan 24.
Dreistunden-Mannschaftsfahren. Teiln. (14 Paare): Lorenz/Saldow, Rütt/Stellbrink, Suter/Finn, Krahner/Krupkat, Wehlitz/Weise, Stabe/Pawke, Rädlitz/Arnold, Zander/Grünberg, Schipke/Techmer, Behrendt/Kuschkow, Wittig/Bauer, Hoffmann/Häusler, Peter/Ehlert, Müller/Lewanow. Ergebnis: 1. Rütt/Stellbrink 4 Pkte.; 2. Lorenz/Saldow 6; 3. Techmer/Schipke 12; 4. Wehlitz/Weise 15; 127,380 km (neuer Weltrekord).
BLA 7.–8. 3.

Mär 14, 19.30 Uhr. Radrennen »8. Wohltätigkeitsrennen«
Vgl. Jan 24.
Teiln.: Arend, Hoffmann, Krupkat, Lorenz, Pawke, Rudel, Rütt, Saldow, Stellbrink, Techmer, Wehlitz, Weise u.a.
Ergebnisse:
Halbestunde-Prämienfahren: 1. Techmer, 2. Hoffmann, 3. Wehlitz, 4. Krupkat, 5. Pawke.
Winter-Meisterschaften. Erster Lauf: Lorenz vor Hoffmann und Techmer. Zweiter Lauf: Rütt. Dritter Lauf: Rütt. Vierter Lauf: Arend. Fünfter Lauf: Lorenz. Gesamtergebnis: 1. Lorenz, 2. Rütt, 3. Arend.
25-km-Fahren hinter Tandemführung: 1. Rudel, 2. Weise, 3. Saldow.
25-km-Fahren: 1. Stellbrink.
BLA 16. 3.

Mär 21, 19.30 Uhr. Radrennen »9. Wohltätigkeitsrennen«
Vgl. Jan 24.
Teiln.: Arnold, Bauer, Behrendt, Götz, Grünberg, Häusler, Hoffmann, Keitel, Krupkat, Kuschkow, Lewanow, Lorenz, Müller, Nettelbeck, Nowack, Pawke, Rädlitz, Rudel, Rütt, Saldow, Schipke, Schwab, Stabe, Stellbrink, Tetzlaff, Wehlitz, Weise u.a.
Ergebnisse:
50-Rdn-Prämienfahren: Götz vor Keitel und Grünberg.
Winter-Meisterschaften. Erster Lauf: Rütt. Zweiter Lauf: Rütt.
100-km-Mannschaftsfahren (Wertung nach je 10 km). Teiln. (12 Paare): Rütt/Weise, Stellbrink/Wehlitz, Lorenz/Bauer, Saldow/Pawke, Rudel/Schipke, Tetzlaff/Nowak, Schwab/Kuschkow, Arnold/Lewanow, Müller/Rädlitz, Häusler/Nettelbeck, Hoffmann/Krupkat, Stabe/Behrendt. Ergebnis: 1. Rütt/Weise 26 Pkte; 2. Stabe/Behrendt 39; 3. Lorenz/Bauer 40; 4. Stellbrink/Wehlitz 41.
BLA 21.–22. 3.

Mär 28, 19.30 Uhr. Radrennen »10. Wohltätigkeitsrennen«
Vgl. Jan 24.
Dreistunden-Mannschaftsfahren (Wertung nach jeder halben Stunde). Teiln. (13 Paare): Hoffmann/Häusler, Nettelbeck/Behrendt, Rütt/Pawke, Lorenz/Weise, Stellbrink/Bauer, Stabe/Krupkat, Arnold/Rädlitz, Grünberg/Lewanow, Krenkel/Jackisch, Müller/Götz, Krahner/Kuschkow, Fangeron/Lüdemann, Hildebrandt/Salugga. Ergebnis: 1. Rütt/Pawke 7 Pkte.; 2. Lorenz/Weise 16; 3. Stellbrink/Bauer 17; 4. Hoffmann/Häusler 20 5. Nettelbeck/Behrendt 53; 6. Krahner/Kuschkow 57; 7. Grünberg/Lewanow 60; 8. Arnold/Rädlitz 62.
BLA 29. 3.

Apr 4–5. Osterradrennen »11.–12. Wohltätigkeitsrennen«
Vgl. Jan 24.
Ergebnisse: *»Prämienfahren: Lewanow 1. Jakisch 2. Krenkel 3. Mit Vorsprung gewonnen. – Vorgabefahren. 1. Lauf: Hoffmann 1. Weise 2. Krahner 3. Kampf Vorderradlänge. 2. Lauf: Bauer 1. Wehlitz 2. Krupkat 3. Drei Längen. Entscheidung: Lewanow 1. Bauer 2. Krupkat 3. – 50=km=Rennen. Einzelfahren: Rütt 1. Lorenz 2. Techmer 3. Saldow 4. Bauer 5. Pawke 6. Leicht gewonnen. – Großer Osterpreis: 1. Lauf: Arend 1. Peter 2. Henri Mayer 3. Nach schärstem Kampf mit Reifenstärke gewonnen. 2. Lauf: Lorenz 1. Hoffmann 2. Techmer 3. Leicht 1 1/2 L. 3. Lauf: Rütt 1. Saldow 2. Stabe 3. Sehr sicher 1/2 L. 4. Lauf: Hoffmann 1. Peter 2. Stabe 3. Knapp gewonnen. 5. Lauf: Saldow 1. Techmer 2. Peter 3. 1 L. 6. Lauf: Rütt 1. Hoffmann 2. Mayer 3. Leicht 1 1/2 L. 7. Lauf: Arend 1. Saldow 2. Techmer 3. Scharfer Kampf Reifenstärke. 8. Lauf: Lorenz 1. Stabe 2. Mayer 3. Ueberlegen 3 L. 9. Lauf: Rütt 1. Lorenz 2. Arend 3. Nach Gegenwehr mit 1/2 L. gewonnen. Gesamtklassement: Rütt 3 Punkte, Lorenz 4, Arend, Hoffmann, Saldow 5, Peter 7, Stabe, Techmer 8, Mayer 9 Punkte. – Ausscheidungsfahren: Pawke 1. Häusler 2. Weise 3. – 100=km=Mannschaftsrennen: Lorenz-Pawke 6 Punkte 1. Hoffmann-Häusler 17 Punkte 2. Weise-Stellbrink 19 Punkte 3.«* (BLA 6. 4.).

Apr 10–11, 20 Uhr. Radrennen »13. Wohltätigkeitsrennen«
Vgl. Jan 24.
An beiden Tagen je ein Dreistunden-Mannschaftsfahren mit einer Punktewertung nach jeder halben Stunde und einer Gesamtwertung am zweiten Tag.
Teiln.: Rütt/Bauer, Lorenz/Pawke, Hoffmann/Schipke, Häusler/Weise u.a. Ergebnis: 1. Rütt/Bauer, 2. Lorenz/Pawke.
BLA 11.–12. 4.

Apr 14. Beginn des Abbruchs der Bahn

1916–18

Von ungefähr April 1916 bis nach Juni 1917 diente der Sportpalast als *»Wohlfahrtsarbeitsstelle für österreichisch-ungarische Kriegerfrauen«*. Die *»Deutsche Papiersack Industrie G.m.b.H.«* (Berlin, SW. 19, Jerusalemer Straße 65/66) ließ hier von rund 1000 Frauen Papiersäcke für das Heer anfertigen. Die Knappheit an Säcken war so groß, daß eine *»Reichs-Sackstelle«* eingerichtet wurde (s.u.).

»Eine rührig geschäftige Tätigkeit erfüllt seit einigen Monaten täglich die Räume des Sportpalastes [...] und ein fröhliches Gewimmel den Garten vor der Tür. Drinnen wirken 1000 Frauen bundesbrüderlicher Krieger aus den verschiedensten Ständen leichte Arbeit, vorläufig fertigen sie für das deutsche Heer Säcke an aus gutem, wetterfestem und solidem – Papier, mehrere Tagesschichten einander abwechslend, und erhalten für wenige Stunden Arbeit einen reichlichen Lohn, daß sie vor aller Not geschützt sind, während draußen ihre Kinder unter liebevoller Behütung sich tummeln. Es ist ein wahrer Friedenshafen inmitten der Kriegsnot, den hier der Generaldirektor Hartmann, in hochherziger Opferfreudigkeit seinen Landsleuten geschaffen hat und unterhält.
Gestern fand die Eröffnungsfeier der großzügigen Stiftung statt in Gegenwart des öst.=ung. Botschafterpaares, des Prinzen und der Prinzessin Hohenlohe, von Graf und Gräfin Larisch, des österreichisch=ungarischen Generalkonsuls und anderer Gäste aus der österreichisch=ungarischen Kolonie in Berlin inmitten von Palmengrün und unter den Fahnen der verbündeten Monarchie [...] der Schöpfer der Stiftung [...] versicherte den anwesenden Kriegerfrauen, daß er in gleicher Weise die ganze Kriegszeit hindurch für sie sorgen werde« (BLA 23. 7. 1916).
»Eine Reichs=Sackstelle wird durch Verordnung des Bundesrats zur einheitlichen und planmäßigen Bewirtschaftung der gesamten Bestände an Säcken geschaffen. Sie besteht aus einer Verwaltungs= und einer Geschäftsabteilung, ihr Vorsitzender ist der Eisenbahndirektionspräsident a.D. Pedell, ihr Sitz ist Berlin W35, Steglitzer Str. 77–78. Alle Säcke mit mehr als 3800 Quadratzentimeter Sackflächeninhalt unterliegen der Anzeigepflicht. Der Reichs=Sackstelle ist monatlich der Bestand und Bedarf an Säcken anzuzeigen. Leere Säcke dürfen außer an die Heeres= und Marineverwaltung nur an die Reichs=Sackstelle abgesetzt werden, die dafür einen Uebernahmepreis zahlt. Falls die Uebertragung nicht freiwillig erfolgt, ist die Enteignung vorgesehen. Der Verkehr mit gefüllten Säcken bleibt unbe-

196 Anzeige (Chr Jan 18; nach: BLA 16. 1. 1919).

197 Anzeige (Chr Jan 24; nach: Vw 24. 1. 1919).

hindert. Die neue Verordnung tritt am 1. August in Kraft. Vordrucke für die Anmeldungen usw. sind durch die Handelskammer zu beziehen« (BLA 29. 7. 1916).
Während der Kriegszeit soll der Sportpalast auch durch das Rote Kreuz belegt worden sein. Zuletzt hatte ihn die Militärverwaltung genutzt und Anfang 1919 geräumt.
BZaM 8., 12., 15. 2. 1919.

1919

Jan 17, 19.30 Uhr. »Große Versammlung des Mittelstandes und Handwerks«
V: DNVP.
Zur Wahl der verfassunggebenden Nationalversammlung am 19. 1.
Rd: Reinhold Sydow (Staatsmin.).

198 Flugblatt (Chr Jan 25); LA, o. Nr.

»Zu einer Massenkundgebung [...] gestaltete sich eine [...] Versammlung [...], zu der sich mehrere Tausend Personen eingefunden hatten. Nach dem von einem Orchester vorgetragenen Liede ›Ein feste Burg ist unser Gott‹ [...] bestieg [...] von Sydow das in schwarzweißroten Farben drapierte Podium. Er umgrenzte den [...] Mittelstand als zwischen dem Großunternehmertum und dem Proletariat eingekapselte Schicht des Volkes, deren Forderungen dahin gehe, weder von ersteren aufgesogen zu werden, noch in letzterem zu verschwinden [...] Die Revolution mit der beabsichtigten Sozialisierung bedeute den Untergang des Mittelstandes [...] ›Deshalb müsse sich der Mittelstand solcher Parteien anschließen, die gegen die Sozialisierung sei, und das seien nur die drei bürgerlichen Parteien, nicht aber die Sozialdemokratie und ebensowenig die demokratische Partei, sie diene dem Sozialismus als Flankendeckung‹« (BLA 18. 1.).
BLA 15.–18. 1.

Jan 18, 20.00 Uhr. »Allgemeine Beamtenversammlung«
V: DNVP.
Zur Wahl der verfassunggebenden Nationalversammlung am 19. 1.
Rd: Prof. Dr. Hoetzsch, Dr. Krohne (Geh. Obermedizinalrat), Dr. Schmidt (Staatsmin.).
Th: *»Beamte, wahrt Eure Rechte!«*
BLA 16.–18. 1.; Voss 16. 1.

Jan 22, 20.00 Uhr. »Oeffentliche Versammlung«
Im *»Kleinen Saal«*.
V: DNVP.
Zur Wahl der »Preußischen Nationalversammlung« am 26. 1.
Rd: Dr. Otto Dibelius (Pfarrer), Stern, Graf Trampe.
Mit *»Kleiner Saal«* ist wohl der *»Blaue Saal«* des Sportpalastes gemeint.
BLA 22. 1.; Voss 22. 1.

Jan 23, 19.30 Uhr. »Allgemeine Versammlung«
V: DNVP.
Zur Wahl der »Preußischen Nationalversammlung« am 26. 1.
»Soldaten und Matrosen, Unteroffiziere, Offiziere und Militärbeamte nebst Euren Angehörigen! kommt zur nationalen Kundgebung für den Grenzschutz der preußischen Ostprovinzen [...] Großes Konzert des Internationalen Tonkünstler-Orchesters / Dirigent: Robert Pretz« (Anz., BLA 23. 1.).

Jan 24, 20.00 Uhr. »Große Massenkundgebung der gesamten Beamtenschaft für die Sozialdemokratie gegen die Lügen der Gegner«
V: SPD.
Zur Wahl der »Preußischen Nationalversammlung« am 26. 1.
Rd: Konrad Haenisch, Heinrich Schulz (»Ansprachen der Vertreter der verschiedenen Beamtenkategorien«).
»Beamte! höhere, mittlere, untere! Erscheint in Massen! Es geht um Eure, um Eurer Kinder Zukunft! Der Propagandaausschuß« (Anz., Vw 24. 1.).
Der Hauptredner, Schulz, sprach gegen die Behauptungen der Gegner, die SPD wolle in Zukunft die große Zahl der *»unteren und mittleren Beamten«* (Bahn, Post, Polizei, Schule etc.) schlechter stellen. *»[...] und jetzt wagen es die als Deutschnationale Volkspartei verkleideten Konservativen, den Beamten vorzulügen, in der sozialdemokratischen Republik dürften die Beamten keine eigene Meinung haben, sie sollten vom Volk gewählt werden und würden also ihre Ansprüche auf Gehaltssteigerung und Pension verlieren. – Kein Wort davon ist wahr. Gewählt werden im sozialdemokratischen Staat nur die leitenden politischen Beamten, aber nicht das große Heer der technischen, beruflichen Beamten [...] Natürlich denkt die Sozialdemokratie gar nicht daran, die materielle Lage der Beamten irgendwie ungünstiger zu gestalten«* (Vw 25. 1.).
Vw 24.–25. 1.

Jan 25, 19.30 Uhr. »Mittelstands=Kundgebung«
V: DNVP.
Zur Wahl der »Preußischen Nationalversammlung« am 26. 1.
Rd: Margarete Behm (Vors. des Verbandes der Heimarbeiterinnen), Dr. Kaufmann (*»1. Kandidat auf der Berliner Liste zur Preußischen Nationalversammlung«*), Wilhelm Laverrenz (Reg.- und Baurat).
BLA 24. 1.

Feb 16, 19.00 Uhr. Radrennen
V: Hölscher/Wreczinski.
Et: 3,– bis 15,– M.
Eröffnung von *»40 Tage Sportpalast«*.
Teiln.: Bethke, Duschinski, Hiepel, Hoffmann, Krahner, Krupkat, Linsener, Lewanow, Lorenz, Münzner, Pawke, Petri, Rabe, Rädlitz, Sawall, Schulz u. a.
Ergebnisse:
»Malfahren für Klasse 3, 6 Runden. 1. Petri, 2. Linsener, 1 1/2 L., 3. Schulz, 4. Hiepel. –
Eröffnungsfahren, offen für Kl. 1 und 2, 10 Runden. 1. Lorenz, 2. Hoffmann, 1/2 L., 3. Rabe, 4. Lewanow, unpl. Pawke, Münzner Radschaden. –
Ausscheidungsfahren. 1. Pawke, 2. Hoffmann, 1 L., 3. Rädlitz, 4. Krahner. 12 Starter. –
Prämienfahren für Klasse 3, 30 Runden. 1. Schulz, 2. Petri, 3. Bethke. –
300-Runden-Prämienfahren (48 km). 1. Lewanow 1:26:17,2, 2. Krupkat, 2 L., 3. Duschinski, 4. Sawall. 16 Starter« (BZaM 17. 2.).
»Die 40 Tage im Sportpalast, die den sport- und vergnügungssüchtigen Berlinern als besondere Attraktion die ›sechs Nächte‹ bringen werden, haben gestern mit ein paar Radrennen ihren Anfang genommen. Es war kein lärmender Auftakt mit vollem Orchester, sondern nach der langen winterbahnlosen Zeit mehr ein schüchterner Tastversuch. Das anspruchslose Programm, das – abgesehen von dem noch wenig trainierten Lorenz – nur von der zweiten Garnitur unserer Rennfahrermannschaft bestritten wurde, hatte aber dennoch mehrere tausend Besucher nach der [...] Sporthalle geführt [...] Die Stimmung der Zuschauer war recht angeregt, manchmal, wenn von der Höhe der Kurve herab die bekannten ›Schieber-‹ und ›Musike-‹ Rufe erschallten, schwebte so etwas wie der Geist der ›sechs Tage‹ über dem Raum« (BZaM 17. 2.).
»Die sonst während der langen Winterzeit feiernden Sportarten können schon jetzt, lange vor Beginn der Saison unter freiem Himmel, ihre Auferstehung feiern: ihnen ist im Sportpalast [...] eine Stätte bereitet worden. Die Riesenhalle, die in den letzten Jahren sich in den Kriegsdienst stellen mußte und ihren eigentlichen Zwecken entzogen war, ist [...] von den Herren Hölscher und Wreczinski gepachtet und in überraschender Schnelligkeit wieder zu einer Stätte des Sports umgewandelt worden. In kaum acht Tagen ist es ihnen gelungen, die vielfachen Schäden auszubessern, die Zuschauerplätze herzurichten, für gute Heizung und Beleuchtung zu sorgen und endlich die bekannte Holzrennbahn mit ihren beiden Brücken aufzustellen, [...] Im ganzen wird die Sportpalast-Saison 40 Tage zählen. Sie wird mancherlei Sports bringen: Radfahren, Boxen, Leichtund Schwerathletik und außerdem sind Tanz- und Gesangsaufführungen geplant [...]« (BZaM 15. 2.).
BLA 16.–17. 2.; BZaM 15., 17. 2.

Feb 18, 18.30 Uhr. Radrennen und Boxen
Im Rahmen von *»40 Tage Sportpalast«* (vgl. Feb 16).
Radrennen:
Teiln.: Behrendt, Dahnke, Duschinski, Hahn, Krahner, Krupkat, Lewanow, Lorenz, Müller, Naujokat, Pawke, Petri, Rabe, Sawall, Schulz u. a.
Ergebnisse:
30-Rdn-Prämienfahren (für Klasse 3): 1. Schulz, 2. Naujokat, 3. Petri, 4. Dahnke; 7:12:2 Min.
Stunden-Mannschaftsfahren (Preise von 3000,– M): 1. Lewanow/Hahn, 2. Krupkat/Schulz, 3. Lorenz/Dahnke, 4. Behrendt/Müller (1 Rd. zurück), 5. Sawall/Krahner; 39,720 km.
Großer Preis des Sportpalastes (Verfolgungsfahren für Dreier-Mannschaften; Gesamtpreis 20 000,– M: Krahner/Behrendt/Pawke holen Rabe/Petri/Duschinski in 11 Rdn nach 2:11 Min. *»Die drei Sieger erhalten je eine tägliche Rente, die beim ersten Kampf je 10 M. beträgt, sich aber mit dem Fortgang des Bewerbes steigert. Im Ganzen sind für dieses Rennen 20 000 M. ausgeworfen [...] Die Sieger haben sich dann beim nächsten Abend einer herausfordernden neuen Mannschaft zu stellen«* (BZaM 18. 2.). Die Austragung des Preises erstreckte sich über die ganze Saison.
Boxen:
Richard Naujoks (deutscher Lg-Meister) – Gustav Völkel (Wg), Sieg Naujoks' durch ko (7. Rde).
»Die letzten Fahrer vom Stundenrennen hatten die Bahn noch nicht verlassen, als sich die Zuschauer interessiert den Vorgängen im Ring (der heute abend hoffentlich einwandfrei hergerichtet ist!) zuwandten, in dem die beiden Kämpfer ihre Ecken bereits eingenommen hatten [...] Beide tragen Handbandagen, ihre Pfleger geben ihnen mit kundigen Händen die letzten Massagestriche. In der Mitte des Ringes, auf einem Handtuch ausgebreitet, liegen die Kampfhandschuhe. Bei der Auslosung erhält Völkel das Recht der Wahl. Schnell sind die Gegner kampfbereit, auf das Kommando ›Ring frei‹ flitzen die Helfer aus dem Ring; auf ›Zeit‹ nimmt der Kampf seinen Anfang. Die erste Runde, vorsichtig begonnen, war Naujoks. Er ist entschieden der bessere Boxer, während Völkel der härtere Schläger ist, auch scheint diesem der Nahkampf mehr zu liegen. Die zweite Runde brachte Völkel auf sein Konto die dritte und vierte fielen wieder an Naujoks, der den Gegner vorübergehend zu Boden brachte. Dann kam Völkel etwas auf, landete ein paar mal gut in der 5. und ebenso in der 6. Runde, in der er Naujoks mit einem Magenhieb niederschlug, von dem sich dieser erst bei 8 erheben konnte. Naujoks erholte sich aber in der Pause gut, denn schon in der nächsten (7.) Runde traf er den Gegner hart am Kinn, so daß er niederfiel und ausgezählt wurde« (BZaM 19. 2.).
Dies war der erste Boxkampf im Sportpalast und vermutlich der erste öffentliche Boxkampf in Berlin, der von Berufsboxern ausgetragen wurde.
BZaM 17.–19. 2.

Feb 19, 18.30 Uhr (?). Boxen und Radrennen
Im Rahmen von *»40 Tage Sportpalast«* (vgl. Feb 16).
Boxen:
Max Naujoks (Lg; Berlin) – Richard Naujoks (Lg; Berlin), Sieg Richard Naujoks' (8. Rde).
Franz Kött (Wien) – Willy Beiswanger (Marine-Lg-Meister), unentschieden (10 Rdn).
Hugo Beiswanger (Mg) – Heinrich Schlüter (Sg; Hamburg), Sieg Schlüters durch Aufgabe (2. Rde).
Otto Flint (Sg; Hamburg) – Paul Kuschinski (Westpreußen), Sieg Flints durch ko (3. Rde).
Radrennen (zwischen den Boxkämpfen):
10-Rdn-Hauptfahren (für Klasse 3): 1. Petri, 2. Schulz, 3. Meyer; 2:18:1 Min.
25-Rdn-Prämienfahren: 1. Schulz, 2. Petri, 3. Dahnke, 4. Stolz; 3:16:6 Min.
BZaM 20. 2.

Feb 20 – 21. Keine Veranstaltungen
BZaM 20. 2.

Feb 22, 19.00 Uhr. Boxen und Radrennen
Im Rahmen von *»40 Tage Sportpalast«* (vgl. Feb 16).
Boxen:
Max Naujoks (62 kg; Berlin) – Willy Beiswanger (62,5 kg), Abbruch nach der 6. Rde *»wegen Eintritt der Polizeistunde«*.
Gustav Völkel (67,5 kg) – Bernhard Werner (70 kg), Sieg Völkels nach Pktn (10 Rdn).
Tom Barry (77,5 kg) – Heinrich Schlüter (75 kg; Hamburg), Sieg Schlüters durch ko (5. Rde).
Otto Flint (80 kg; Hamburg) – Tommy Hall (Sg; Berlin), Sieg Flints durch ko (2. Rde).
Radrennen (vermutlich zwischen den Boxkämpfen):
25-Rdn-Prämienfahren: 1. Naujokat, 2. K. Müller, 3. Rädlitz; 5:45:1 Min.
Ausscheidungsfahren: 1. Rädlitz, 2. Münzner, 3. Rabe.
Trostfahren: 1. Linsener, 2. Hiepel.
BZaM 22.–24. 2.

Feb 23, 18.30 Uhr. Radrennen
Im Rahmen von *»40 Tage Sportpalast«* (vgl. Feb 16).
Teiln.: Abraham, Bauer, Behrendt, Dahnke, Duschinski, Hahn, Häusler, Hiepel, Hoffmann, Krahner, Krupkat, Lewanow, Linsener, Lorenz, K. Müller, Münzner, Naujokat, Pawke, Petri, Rabe, Rädlitz, Radomski, Sawall, Schlottke, Schrage, Schulz, Stellbrink, Tadewald u. a.
»Großer Preis des Sportpalastes« (vgl. Feb 16): *»Die Verteidiger Behrendt-Krahner-Pawke holen die Herausforderer Münzner-Sawall-Krupkat nach 26 Runden in 5:52,2 ein«*.
1600-m-Hauptfahren (4 Vorläufe): 1. Naujokat, 2. Hiepel, 3. Linsener, 4. Radomski, 5. Schlottke; 2:30,1 Min.
Zweistunden-Mannschaftsfahren: 1. Schrage/Duschinski, 2. Krupkat/Schulz, 3. Lorenz/Sawall, 4. Bauer/Krahner, 5. Behrendt/K. Müller; 75,680 km; außerdem starteten: Pawke/Rädlitz, Stellbrink/Tadewald, Hoffmann/Häusler, Abraham/Petri, Rabe/Münzner, Lewanow/Hahn.
BLA 23.–24. 2.; BZaM 24. 2.

Feb 24, 19.00 Uhr. Boxen und Radrennen
Im Rahmen von *»40 Tage Sportpalast«* (vgl. Feb 16).
Boxen:
Paul Mond (Wg; Berlin) – Mengeler, Sieg Monds durch ko (3. Rde).
Jim Daly (USA) – Max Klette, Sieg Dalys durch Disqualifikation (3. Rde).
Franz Kött (70 kg; Wien) – Mongoli (65 kg; Lagos), Sieg Kötts durch ko (5. Rde).
Tom Barry (80 kg) – Hans Reuter (70 kg), Sieg Barrys (2. Rde).
Otto Flint (80 kg; Hamburg) – Heinrich Schlüter (80 kg; Hamburg), Sieg Flints durch ko (2. Rde).
Radrennen (zwischen den Boxkämpfen): Ein Vorgabe- und ein 40-Rdn-Prämienfahren.
BZaM 25. 2.

Feb 25, 19.00 Uhr. Boxen und Radrennen
Im Rahmen von *»40 Tage Sportpalast«* (vgl. Feb 16).
Boxen:
Max Naujoks (Lg; Berlin) – Gustav Völkel (Lg), Sieg Naujoks' durch ko (2. Rde).
Richard Naujoks (Lg; Berlin) – Viereck (Mg; Berlin), unentschieden (10 Rdn).
Olschewski (Kiel) – Wegener (Charlottenburg), Sieg Olschewskis (3. Rde).
Otto Flint (80 kg; Hamburg) – Hitzmann (85 kg; Westfalen), Sieg Flints durch ko (3. Rde).
Radrennen (zwischen den Boxkämpfen):
10-Rdn-Vorgabefahren: 1. Stolz, vor Linsener, Franke, Meyer.
40-Rdn-Prämienfahren: 1. Naujokat, vor Schulz, Dahnke, Bethke.

»Match Petri=Sawall« (drei Läufe): 1. Sawall.
BZaM 25.–26. 2.

Feb 26, 19.00 Uhr. Radrennen
Im Rahmen von *»40 Tage Sportpalast«* (vgl. Feb 16).
Großer Preis des Sportpalastes (Verfolgungsfahren für Dreier-Mannschaften): Pawke/Behrendt/Krahner (Vert.) holen Lewanow/Abraham/Häusler in 9:42 nach 48 Rdn.
1600-m-Vorgabefahren: 1. Linsener (20) 2:14,1; 2. Naujokat (10); 3. Dahnke (40); 4. Neinas (80).
50-Rdn-Prämienfahren: 1. Rädlitz 12:17,1; 2. Münzner; 3. Schulz; 4. Naujokat.
6-Rdn-Trostfahren: 1. Rabe, 2. Stolz, 3. Tetzlaff.
Stunden-Prämienfahren (Wertung alle 10 Min.): 1. Krupkat 11 Pkte; 2. Lorenz 17; 3. Wittig 30; 4. Hoffmann 36; 5. Pawke 37; 6. Techmer 46; 38,400 km; außerdem starteten: Abraham, Bauer, Duschinski, Häusler, Krahner, Kuschkow, Lewanow, K. Müller, Saldow, Stellbrink.
BZaM 26.–27. 2.

Feb 27
18.00 Uhr Vorkämpfe zum Hallensportfest vom 28. 2. bis 1. 3.
19.00 Uhr. Boxen und Radrennen u.a.
Im Rahmen von *»40 Tage Sportpalast«* (vgl. Feb 16).
Boxen:
Richard Naujoks (Lg; Berlin) – »Paprika Ragtime« (59 kg), Sieg Naujoks (3. Rde).
Henry Vahlendieck (Wg; Hamburg) – J. Trittermann (Wg), Sieg Vahlendiecks (1. Rde).
Mengeler (66,5 kg) – Kramp (75 kg; Hamburg), Sieg Kramps durch ko (7. Rde).
Heinrich Schlüter (80 kg; Hamburg) – Stromski (80 kg), Sieg Schlüters durch ko (5. Rde).
Radrennen:
Angekündigt war ein *»Match Lewanow-Schrage«* in drei Läufen.
BZaM 27.–28. 2.

Feb 28 – Mär 1, 18.45 Uhr. 8. Hallensportfest des VBAV
18.00 Uhr Vorkämpfe.
V: VBAV.
Et: *»Loge 10,– und 7,–M, Stehplatz 4,–, 3,– u. 2,–M Vorverkauf billiger«.*
Teiln.: rund 1500.
Feb 28
Aus den Wettbewerben: *»800=m=Vorgabelaufen: 1. Simon (B.S.V. 92), 40 m Vorgabe, 2 Min. 8,6 Sekunden. 2. Erbing (B.S.C.) 40 m Vorg., 3. Feurheim(?) (V.f.R) 30 Vorg. – Hochsprung: 1. Fritzmann (T.i.B.) 1,70 Meter, 2. Schelenz (BTV 50) 1,65 Meter frei, 3. Enterico (V.f.B. Teutonia) 1,65 Meter berührt. – 1000=Meter=Laufen: 1. Römer 2 Min. 54,7 Sek., 2. Zerrak(?) (Sammelstelle Potsdam), 3. Sitzwang (M.W.-Erf. Markendorf). – 5x100=Meter=Staffellauf für jüngere Verbandsvereine: 1. Neuköllner S.C. 1 Min. 8,7 Sek., 2. Turnerschaft Schöneberg 8 Meter zurück, 3. Ob.-Realschule Spandau. – 50=m=Hürdenlaufen. 1. Olly Röhr (S.C.C.) 7,7 Sek., 2. Eicke (Charl. Tgm.) 2 Meter zurück, 3. Bonnemann (Neuk. S.C.) dichtauf. – 3x1000=Meter=Staffellauf. 1. Charl. Tgm. 8 Min. 34,7 Sek., 2. B.S.C. 40 Meter zurück, 3. Berl. Sport=Vereinigung weitere 60 Meter. – 50=Meter=Militär=Laufen. 1. Kammer (BEZ.=Komm. I) 6,8 Sek., 2. Wolff. – 4x400=Meter=Staffellauf. 1. V.f.B. Teutonia 3 Min. 54,3 Sek., 2. Charl. Tgm. 3 Meter zurück, 3. S.C.C. weit zurück. – 800=Meter=Hindernislaufen. 1. Schmidt (V.f.B. Teutonia) 2 Min. 32,8 Sek., 2. Jenkel (Tschft. Schöneberg) 20 Meter zurück. – 1000=Meter=Jugendstaffellauf*

Deutsche Männer und Frauen
protestiert
gegen den Raub
des Saargebietes
durch Frankreich
am Dienstag, den 4. März, abends 7 Uhr im
Sport-Palast, Potsdamer Straße 72.
Erscheint in Massen!
Es sprechen Redner aller Parteien.
Ausschuß Saargebietsschutz
J. A.: Rupp.
Der Saal ist geheizt. Lichtbilder.

199 Flugblatt (Chr Mär 4); LA, Rep. 240, Acc. 2381, Nr. 322.

(10 Mann beliebig). 1. Charl. Turngemeinde 2 Min. 21,2 Sek., 2. SC Charlottenburg 6 m zurück, 3. V.f.B. Teutonia Brustweite« (BZaM 1. 3.).
»Nachdem Berlin in den Kriegsjahren mit Ersatzveranstaltungen für das vor dem Kriege sehr volkstümlich gewordene Fest vorlieb hatte nehmen müssen, dürfte die erste Friedensheerschau des Verbandes Berliner Athletik-Vereine dessen Freunde und Anhänger vollzählig versammeln« (BLA 26. 2.).
»Die Freunde des Hallensportfestes sind ihrer alten Liebe treu geblieben. Sie füllten in dichten Scharen Parterre und Rang, beifallsfreudig, sachverständig. In dieser schweren Zeit ist es erquickend, die deutsche Jugend ihren Idealen nachstreben zu sehen, in straffer Unterordnung, unter Einsetzung der letzten Kräfte Höchstleistungen zu erzielen. Ideale, die das deutsche Heer unüberwindlich gemacht haben [...] Das erste Wort hatten die Richter vom blitzenden Stahlrade mit einem schmucken Achter=Farben=Reigen des Radfahrer=Club Gloria=Charlottenburg. Große Aufregung herrschte unter den Läufern. So manche Kriegsgröße sah ihren Ruhm schwinden vor der Klasse der aus dem Felde Heimgekehrten [...] Das gewohnte reizende Bild gewährten die von C. Diem geleiteten Jugendvorführungen. Die Freude am Stil=Hindernis= und Schnellaufen leuchtete aus ein paar hundert Augen, und je jünger die Teilnehmer, um so eifriger waren sie bei der Sache. Zum ersten Male sah man einen Damen=Staffellauf über zehnmal 50 Meter. Bessere Ablösung und längere Beine verhalfen den Charlottenburgerinnen zu einem sicheren Siege über Berliner Turnerinnen. Das Hauptverfahren über 10 Runden holte sich Schrefeld nach Gefallen« (BLA 1. 3.).
Mär 1
Hauptereignisse: 50-m-Lauf, 10x50-m-Pendelstaffel (Wanderpreis des Kultusministeriums), 1000-m-Lauf (Hanns-Braun-Erinnerungspreis), 20-Rdn-Verfolgungsstaffette.
Außerdem einleitende Vorführungen: Volkstänze, Kunstradfahren, Radballspiel.
BLA 8., 25.–26. 2.; 1. 3.; BZaM 25., 27.–30. 2.; 11., 21.–22. 2.; 1. 3.; Vw 28. 2.;

Mär 2. Radrennen
Im Rahmen von *»40 Tage Sportpalast«* (vgl. Feb 16). Vermutlich ausgefallen, da Generalstreik.
BZaM 28. 2.

Mär 4, 19.00 Uhr. »Protestkundgebung« gegen den »Raub des Saargebiets durch Frankreich«
V: Der Ausschuß für Saargebietsschutz.
Vermutlich ausgefallen (da Generalstreik) und auf den 17. 3. verlegt.
Vw 2.–4. 3.

Mär 8, 19.00 Uhr. Radrennen
Im Rahmen von *»40 Tage Sportpalast«* (vgl. Feb 16).
100-Rdn-Fahren: 1. Krupkat, 2. Lewanow.
Hauptfahren: 1. Lewanow.
Der Sportpalast war wegen des anhaltenden Streiks der Verkehrsbetriebe und des Ausnahmezustands nur mäßig besucht. Vermutlich deswegen wurde das angekündigte 300-Rdn-Fahren auf 100-Rdn verkürzt. Bereits vorher hatte der Sportpalast unter dem am 3. März ausgerufenen Generalstreik zu leiden, er hatte *»die ganze Woche feiern müssen«*; es war die erste Veranstaltung seit Beginn des Streiks.
BLA 10. 3.; BZaM 8. 3.

Mär 9, 17.00 Uhr. Radrennen
Im Rahmen von *»40 Tage Sportpalast«* (vgl. Feb 16).
Vierstunden-Mannschaftsfahren (11 Paare): 1. Lewanow/Abraham 35 Pkte; 2. Lorenz/Tadewald 32; 3. Krupkat/Hoffmann 28; 4. Schrage/Müller 17; 5. Pawke/Sawall 16; 160,160 km; außerdem starteten: Bauer/Wittig, Behrendt/Krahner, Saldow/Techmer, Wiewerall/Przyrembel, Rave/Münzner, Häusler/Packebusch.
»Trotz des noch immer anhaltenden Verkehrsstreiks wiesen die gestrigen Sportpalastrennen ganz guten Besuch auf«. Das angekündigte Sechsstundenrennen wurde jedoch auf vier Stunden herabgesetzt. *»Einen Zwischenfall gab es nach der ersten Stunde durch Verlöschen der Lichter in der Halle. Da die Fahrer wegen des zuerst erfolgenden Ausgehens der Bogenlampen das Tempo verlangsamt hatten, gab es glücklicherweise beim Eintritt der völligen Dunkelheit keine Stürze, und auch das Publikum bewahrte seine Ruhe«* (BZaM 10. 3.).
BLA 9., 10. 3.; BZaM 10. 3.

Mär 10. Boxen
Im Rahmen von *»40 Tage Sportpalast«* (vgl. Feb 16).
Vermutlich nicht stattgefunden.
BLA 9.–10. 3.

Mär 12, 18.30 Uhr. Radrennen
Im Rahmen von *»40 Tage Sportpalast«* (vgl. Feb 16).
Teiln.: Abraham, Behrendt, Hiepel, Hildebrandt, Hoffmann, Krupkat, Kuschkow, Linsener, Meyer, Müller, Rädlitz, Saldow, Sawall, Schrage, Wehlitz u.a.
Fliegerrennen. Erster Lauf: 1. Krupkat. Zweiter Lauf: 1. Abraham. Dritter Lauf: 1. Hoffmann. Erster Hoffnungslauf: 1. Schrage. Zweiter Hoffnungslauf: 1. Saldow. Endlauf: 1. Hoffmann, 2. Krupkat, 3. Abraham, 4. Saldow, 5. Schrage.
300-Rdn-Mannschaftsfahren: 1. Müller/Hiepel 22 Pkte; 2. Sawall/Wehlitz 21; 3. Linsener/Behrendt 13; 4. Rädlitz/Meyer 13; 5. Kuschkow/Hildebrandt 10.
»Mit der Wiederaufnahme des Straßenbahnverkehrs [nach dem Streik] werden sich heute auch die Pforten des Sportpalastes [...] wieder auftun« (BZaM 12. 3.).
BLA 10. 3.; BZaM 12.–13. 3.

200 Anzeige (Chr Mär 23; nach: Vw 23. 3. 1919).

Mär 14, 19.00 Uhr. Ringen und Radrennen
Im Rahmen von *»40 Tage Sportpalast«* (vgl. Feb 16).
»Der heutige Abend [...] wird um 7 Uhr mit Konzert und einem Radrennen eingeleitet. Um 8 Uhr beginnt der Kampf Schwarz=Strenge, dem, falls er in kürzerer Zeit beendet werden sollte, noch ein weiteres Radrennen folgt« (BZaM 14. 3.).
Ringen: Hans Schwarz (München) besiegt Georg Strenge (Berlin) nach *»Verlauf von fast genau einer Stunde«* (Deutsche Meisterschaft).
BLA 10., 21. 3.; BZaM 14. 3.

Mär 15, 19.30 Uhr. Boxen »Franz Kött – Paul Mond« u. a.
Im Rahmen von *»40 Tage Sportpalast«* (vgl. Feb 16).
Franz Kött (70 kg; Wien) – Paul Mond (67,5 kg; Berlin), unentschieden (10 Rdn; Deutsche Mg-Meisterschaft).
Außerdem waren noch drei weitere Kämpfe angekündigt.
BZaM 13., 16. 3.

Mär 16, 15.30 Uhr. Radrennen
Im Rahmen von *»40 Tage Sportpalast«* (vgl. Feb 16).
Sechsstunden-Mannschaftsfahren (11 Paare); 1. Lewanow/Abraham 48 Pkte.; 2. Rütt/Saldow 41; 3. Lorenz/Pawke 38; 4. Schrage/Techmer 31; 5. Krupkat/Wittig 15; 208,160 km; außerdem starteten: Kudela/Müller, Bauer/Behrendt, Wieweral/Naujokat, Packebusch/Tadewald, Hoffmann/Häusler, Kuschkow/Krahner.
BLA 17. 3.; BZaM 15.–16. 3.

Mär 17, 19.00 Uhr. »Protest-Kundgebung« gegen den »Raub des Saargebietes durch Frankreich«
V: Der Ausschuß für Saargebietsschutz.
Vgl. Mär 4.
»Deutsche Männer und Frauen! / Protestiert gegen den Raub des Saargebiets durch Frankreich / Erscheint in Massen [...] / Es werden sprechen: / Staatsminister a. D. Dr. Sydow die Begrüßungsrede. / Universitätsprofessor Geh. Regierungsrat Dr. Penck über die geographische und historische Bedeutung des Saargebiets. / Gewerkschaftsvorsitzender Legien, M. d. N., über die wirtschaftlichen Fragen und über die Annexionspläne vom Standpunkte der Arbeiter. / Präsident Dr. Baumgarten über den kulturellen und künstlerischen Charakter des Saargebiets als deutsches Land. / Oberbürgermeister Dominicus über den deutschen Gesamtcharakter des Saargebiets. / Außerdem kommen noch zu Wort als berufene Vertreter der Bevölkerung die Abgeordneten des Saargebiets in der deutschen Nationalversammlung« (Anz., Vw 16. 3.).

Mär 18, 19.00 Uhr. Boxen u. a.
Im Rahmen von *»40 Tage Sportpalast«* (vgl. Feb 16).
Richard Naujoks (62 kg; Berlin) – Bernhard Werner (70 kg), Sieg Naujoks (5. Rde).
Gustav Völkel (67,5 kg) – Mengeler (66,5 kg), Sieg Völkels durch Aufgabe (6. Rde).
Stromski (75 kg) – Trittermann (67 kg); *»Der Schlußkampf des Abends, eine systemlose Holzerei zwischen Stromski und Trittermann, wurde wegen Eintritts der Polizeistunde nach 4 Runden abgebrochen«* (BZaM 19. 3.).
Franz Kött (70 kg; Wien) – Hugo Beiswanger (71 kg), Sieg Kötts durch ko (8. Rde; Deutsche Mg-Meisterschaft, Hf Beiswanger).
Zwischen den Boxkämpfen kleine Radrennen.
BZaM 17.–18. 3.

Mär 19, 19.00 Uhr. Radrennen und Ringen
Im Rahmen von *»40 Tage Sportpalast«* (vgl. Feb 16).
Radrennen:
Teiln.: Abraham, Behrendt, Hiepel, Hoffmann, Krahner, Lewanow, Müller, Münzner, Pawke, Rädlitz, Rütt, Sawall, Schulz u. a.
30-Min.-Prämienfahren: 1. Sawall 24 Pkte; 2. Abraham 22; 3. Hoffmann 21; 4. Müller 13; 5. Pawke 8.
2-Rdn-Rekordfahren: 1. Münzner 0:24; 2. Rädlitz 0:24,1; 3. Hiepel 0:24,4.
10-Rdn-Hauptfahren: 1. Krahner, 2. Hoffmann, 3. Schulz, 4. Sawall.
Verfolgungsfahren: Sawall/Abraham holen Behrendt/Müller nach 38 Rdn in 10:03,1 Min.
Match Rütt – Lewanow (drei Läufe): Rütt gewann zwei Läufe überlegen (der dritte entfiel damit).
Ringen:
Stalling (Bremen) besiegt Collow (Frankfurt) in 23 Min.
BZaM 19.–20. 3.

Mär 20, 19.00 Uhr. Boxen
Im Rahmen von *»40 Tage Sportpalast«* (vgl. Feb 16).
Richard Naujoks (62,5 kg; Berlin) – Dolly Barry (62,5 kg), Sieg Naujoks durch Abbruch (nach der 3. Rde).
Max Naujoks (62 kg; Berlin) – J. Trittermann (67 kg), Sieg Naujoks durch Aufgabe (4. Rde).
Gustav Völkel (67,5 kg) – Bernhard Werner (67,5 kg), Sieg Völkels durch ko (7. Rde).
Paul Kluschinski (Sg; Westpreußen) – Heinrich Schlüter (Sg; Hamburg), Sieg Schlüters durch Abbruch (3. Rde).
BZaM 20.–21. 3.

Mär 21, 19.00 Uhr. Ringen und Radrennen
Im Rahmen von *»40 Tage Sportpalast«* (vgl. Feb 16).
Radrennen:
30-Min-Prämienfahren (Wertung alle 5 Min.): 1. Pawke 26 Pkte; 2. Sawall 21; 3. Abraham 15; 4. Hoffmann 12; 5. Müller 11.
Ringen:
Georg Strenge (Berlin) besiegt Hans Schwarz (München) nach 76 Min. durch Schulterwurf (Revanche, vgl. Mär 14).
BZaM 18., 21.–22. 3.

Mär 22, 19.00 Uhr. Boxen
Im Rahmen von *»40 Tage Sportpalast«* (vgl. Feb 16).
Max Naujoks (62,5 kg; Berlin) – Robert Röhl (62,5 kg; »vom englischen Internierungslager Knockaloe«), Sieg Röhls durch ko (2. Rde).
Georg Miers (70 kg; Knockaloe) – Hugo Beiswanger, Sieg von Miers durch ko (4. Rde).
Alfred Lutze (75 kg; Berlin) – Tom Barry (74 kg), Sieg Lutzes durch ko (2. Rde).
Otto Flint (Sg; Hamburg) – »Don Charles«, Sieg Flints durch ko (1. Rde).
BZaM 22.–23. 3.

Mär 23
11.00 Uhr. »Protest-Versammlung gegen den Landraub und die Gewalttätigkeiten der Polen sowie ihre maßlosen Ansprüche, die soeben zum Abbruch der Verhandlungen mit ihnen geführt haben«
V: Reichsverband Ostschutz (Bund aller Vereine zugunsten der Ostprovinzen).
Rd: Matthias Erzberger (Reichsmin.), Hermann (Posen; Akademieprof., MdN), Prof. Dr. Hoetzsch (M. der Preußischen Landesversammlung), »Ansiedler Reinicke« (MdN), Prof. Dr. Gustav Roethe (Geh. Regierungsrat).
Erzbergers relativ sachliche Rede erregte *»heftigen Widerspruch auf mehreren Seiten«* (wohl der Deutschnationalen; BLA 24. 3.). Er führte u. a. aus: *»Wilson verlangt für Polen: Die Zusammenfassung aller unbestritten polnischen Bevölkerungen – einen freien Zugang zum Meer – wirtschaftliche und politische Unabhängigkeit sowie territoriale Unverletzlichkeit. Wenn wir uns diese drei Punkte ansehen, so müßte es nicht schwer sein, bei allseitigem guten Willen eine befriedigende Lösung zu finden. Aber die Polen wollen diese Lösung gar nicht, sondern ziehen den Weg der brutalen Gewalt vor. Alle gemischtsprachigen Gebiete und auch rein deutsche Gebiete in den östlichen Provinzen des Deutschen Reiches sind den Polen von vornherein das, was Wilson ›unbestritten‹ polnische Gebiete nennt. Sie haben sich in Posen der Regierung bemächtigt, den öffentlichen Einrichtungen und des staatlichen Eigentums [...] Die deutsche Bevölkerung in Posen wird in der unerhörtesten Weise terrorisiert [...] Wir haben für den Schutz der Minderheiten die nötigen Garantien schaffen wollen. Die Alliierten haben diese Garantien abgelehnt und sich damit für die Unterdrückung der Minoritäten erklärt. Das ist keine gerechte und offene Politik [...] Eine neue Zeit soll anbrechen nach der schweren Leidensschule, durch die alle Völker gegangen sind. Der Tempel des Völkerbundes wartet der durch so viel Leid geläuterten Völker, neue politische Methoden sollen das Zusammenleben der Völker regeln, das Recht soll herrschen, die Gewalt soll abgetan sein [...]«* (Vw 24. 3.).

Entsprechende *»Protest-Kundgebungen«* fanden gleichzeitig auch im Zirkus Busch und im Blüthnersaal (Lützowstraße) statt. Im Anschluß bewegten sich von den drei Orten Demonstrationszüge zur Wilhelmstraße vor das Reichskanzlerpalais, von dem aus Reichsfinanzminister Eugen Schiffer eine abschließende Ansprache hielt.
BLA 22.–24. 3; Vw 21., 23.–24. 3.

17.30 Uhr. »Elite=Tag / Rad=Rennen / Box=Kämpfe / Ring=Kampf«
Im Rahmen von *»40 Tage Sportpalast«* (vgl. Feb 16).
Radrennen:
Großer Fliegerpreis: 1. Lorenz, 2. Rütt, 3. Krupkat, 4. Hoffmann.
Stundenfahren: 1. Bauer 42 Pkte; 2. Sawall 36; 3. Pawke 33; 4. Packebusch 20; 5. Techmer 18.
Ringen: *(»Preis der Kommenden«)*:
Georg Strenge (Berlin) besiegt Stalling in 32 Min.
Boxen:
Max Naujoks (Lg; Berlin) – Bernhard Werner, Sieg Naujoks' durch ko (5. Rde).
Richard Naujoks (Berlin) – Kramp (Hamburg), Sieg Naujoks' durch ko (6. Rde).
Kurt Prenzel (aus Knockaloe) – Henry Vahlendieck (Hamburg), Sieg Prenzels durch ko (6. Rde).
»Radrennen, Ringen und Boxen wurde gestern in einem gemischten Propagandaprogramm zahlreichen Zuschauern vorgeführt [...] Der Große Flieger=Preis war nicht frei von Zwischenfällen. So kam im ersten Vorlauf Rütt zu Fall, was Hoffmann zu einem Ueberraschungserfolg verhalf. Den zweiten Vorlauf gewann Lewanow; der junge Matador mußte aber disqualifiziert werden, da er, innen vorgehend, Krupkat behindert hatte. Diesem wurde der Sieg zugesprochen [...] Im Stundenrennen, in dem 38,760 Kilometer gefahren wurden, erzielte Bauer mit 42 Punkten einen überlegenen Sieg vor Sawall und Pawke. – Im Ringkampf hatte Strenge in Stalling keinen ebenbürtigen Gegner, der aber immerhin 32 Minuten standhielt, bis es Strenge gelang, ihn durch Hüftschwung mit Kopfzug auf beide Schultern zu legen. – Von den Boxkämpfen interessierte die Begegnung von Kurt Prenzel mit Vahlendieck am meisten, wobei der letztere in der dritten Runde durch einen schweren Puffer zu Boden kam und sich auszählen ließ« (BLA 24. 3.).
BZaM 22., 24. 3.; BLA 23., 24. 3.

Mär 25, 19.30 Uhr Boxen
Im Rahmen von *»40 Tage Sportpalast«* (vgl. Feb 16).
Richard Naujoks (Lg; Berlin) – Mengeler, Sieg Naujoks' nach Pktn (10 Rdn).

201 Anzeige (Chr Mär 23; nach: BLA 23. 3. 1919).

Gustav Völkel – Stromski, Sieg Stromskis (6. Rde).
Alfred Lutze (Berlin) – Herz (Frankfurt), Sieg Lutzes durch ko.
Franz Kött (70 kg; Wien) – Paul Mond (67,5 kg; Berlin), Sieg Kötts durch Aufgabe (4. Rde; Deutsche Mg-Meisterschaft); *»[...] der erste öffentliche Meisterschafts-Boxkampf, der Kampf, der unsere Ringgeschichte einleiten sollte [...]«* (BZaM 26. 3.).
BZaM 25.–26. 3.

Mär 26, 19.00 Uhr. Radrennen
Im Rahmen von *»40 Tage Sportpalast«* (vgl. Feb 16).
Dreistunden-Mannschaftsfahren (11 Paare): 1. Krupkat/Behrendt 32 Pkte; 2. Hoffmann/Häusler 31; 3. Lorenz/Saldow 30; 4. Rütt/Sawall 19; 5. Schrage/Techmer 11; außerdem starteten: Schulz/Rädlitz, Tadewald/Kudela, Kuschkow/Pawke, Bauer/Krahner, Packebusch/Wittig, Abraham/Müller.
BZaM 26.–27. 3.

Mär 27, abends. Boxen
Im Rahmen von *»40 Tage Sportpalast«* (vgl. Feb 16).
Bernhard Werner – Robert Röhl (62,5 kg; Knockaloe), Sieg Werners durch Aufgabe (nach der 5. Rde).
Richard Naujoks (Lg; Berlin) – Herz (Frankfurt), Sieg Naujoks (5. Rde).
Georg Miers (75 kg; Knockaloe) – Walter Buckszun (75 kg; Berlin), Sieg Miers durch ko (2. Rde).
Alfred Lutze (75 kg; Berlin) – Heinrich Schlüter (80 kg; Hamburg), Sieg Schlüters durch ko (6. Rde).
Kleine Radrennen zwischen den Kämpfen.
BZaM 27.–28. 3.

Mär 28. Geschlossen
BZaM 28. 3.

Mär 29, 19.30 Uhr Boxen u. a.
Im Rahmen von *»40 Tage Sportpalast«* (vgl. Feb 16).
Max Naujoks (Lg; Berlin) – J. Trittermann (Wg), Sieg Naujoks' (2. Rde).
Mengeler – Stromski (77,5 kg), Sieg Mengelers (5. Rde).
Kurt Prenzel (Mg; Knockaloe) – Gustav Völkel (Wg), Sieg Prenzels durch ko (3. Rde).
Alfred Lutze (75 kg; Berlin) – Otto Flint (80 kg; Hamburg), Sieg Flints durch ko (2. Rde).
Kleine Radrennen zwischen den Kämpfen.
BZaM 28.–29., 31. 3.

Mär 30, 18.30 Uhr. Radrennen
Im Rahmen von *»40 Tage Sportpalast«* (vgl. Feb. 16).
»Zuerst wurde ein Stunden=Mannschaftsfahren zum Austrag gebracht, das Abraham=Kops mit 26 Punkten vor Behrendt=Naujokat gewannen. Sehr spannend gestaltete sich infolge zahlreicher Prämien das 100=Kilometer=Rennen. Hier lag nach der Hälfte Rütt weit an der Spitze, der nach 50 Kilometer 21 Punkte erzielt hatte, vor Lorenz 15 [...]« (BLA 31. 3.).

Mär 31, 19.30 (?) Uhr. Boxen
Im Rahmen von *»40 Tage Sportpalast«* (vgl. Feb 16).
Richard Naujoks (Lg; Berlin) – Mengeler (Mg), Sieg Naujoks' (5. Rde).
Georg Miers (Mg; Knockaloe) – Otto Rossek, Sieg Miers' durch ko (1. Rde).
Bernhard Werner (Mg) – Stromski (Sg), Sieg Stromskis durch ko (2. Rde).
Heinrich Schlüter (Sg; Hamburg) – Adolf Wiegert (Mg; Knockaloe), Sieg Schlüters durch ko (2. Rde).
BZaM 31. 3.

202 Programmheft (Chr Apr 5–11); LA, Rep. 240, Acc. 1067, Nr. 1).

Apr 1, 19.30 (?) Uhr. Boxen u. a.
Im Rahmen von *»40 Tage Sportpalast«* (vgl. Feb 16).
Gustav Völkel (Wg) – Walter Buckszun (Hsg; Berlin), Sieg Buckszuns durch ko (1. Rde).
Mengeler (Mg) – Viereck (Mg; Berlin), Sieg Vierecks durch ko (6. Rde).
Kurt Prenzel (Mg; Knockaloe) – Heinrich Schlüter (Sg; Hamburg), Sieg Prenzels nach Pktn (10 Rdn).
Kleine Radrennen zwischen den Kämpfen.
BZaM 1.–2. 4.

Apr 2. Geschlossen
BZaM 2. 4.

Apr 3, 19.30 Uhr. Radrennen
Im Rahmen von *»40 Tage Sportpalast«* (vgl. Feb 16).
15-Meilen-Prämienfahren (112,5 km; Wertung alle 10 Min.): 1. Lorenz 43 Pkte; 2. Häusler 25; 3. Pawke 24; 4. Kops 8; 5. Behrendt 5; 3:7:15,4 Stunden; außerdem starteten: Abraham, Bauer, Hoffmann, Krahner, Kudela, Kuschkow, Müller, Naujokat, Saldow, Schrage, Tadewald, Techmer, Tetzlaff, Wehlitz, Wiewerall.
BZaM 2.–4. 4.

Apr 5–11. 8. Berliner Sechstagerennen
Beginn 5.4. um 21.00 Uhr, Start 22.30 Uhr, Ende 11. 4. um 22.30 Uhr.
Im Rahmen von *»40 Tage Sportpalast«* (vgl. Feb 16).
Teiln. (14 Paare): Rütt/Wittig, Lorenz/Packebusch, Saldow/Techmer, Lewanow/Pawke, Krupkat/Stellbrink, Bauer/Hoffmann, Nettelbeck/Sawall, Abraham/Behrendt, Schrage/Tadewald, Krahner/Rädlitz, Bader/Schwab, Kudela/Müller, Münzner/Stolz, Hiepel/Wiewerall; Ersatz: Häusler.

Preise der Veranstalter: 5000, 4000, 3000, 2000, 1000 M. Ergebnis: 1. Saldow/Techmer, 2. Lorenz/Sawall (1 Rde zurück), 3. Lewanow/Pawke, 4. Krupkat/Stellbrink, 5. Schrage/Tadewald (2 Rdn zurück), 6. Bauer/Hoffmann, 7. Rütt/Kudela (3 Rdn zurück), 8. Krahner/Rädlitz (5 Rdn zurück). Zurückgelegte km: 3476,600.
Außerdem ein Vorrennen für nicht am Sechstagerennen beteiligte Fahrer.
»Seit vier Wochen haben wir Radrennen im Sportpalast, die wir auf dem Rade sehen, sind fast immer dieselben, und die Größen des Auslandes, die dem Sechstage-Rennen früher Reiz und Farbe verliehen, fehlen ihm diesmal ganz, [...] man ist also ganz unter sich«. Trotzdem wurde innerhalb der ersten vierzig Stunden ein recht flottes Tempo gefahren. In dieser Zeit fielen bereits Schwab, Wieweral/Hiepel, Nettelbeck und Abraham aus. In der *»zweiten Nacht gab es reihenweise Prämien, die das Feld dauernd in Atem hielten. Ein Traberbesitzer, dem der Nachmittag in Mariendorf ersichtlich gut bekommen war, stiftete 500 M., um die Lorenz und Rütt wie zwei Löwen stritten. Das Schiedsgericht sah Lorenz als Sieger im Gegensatz zu vielen ›Stimmen aus dem Publikum‹, die sich lärmend für ihren Liebling Rütt einsetzten. Dieser hielt sich dafür bald schadlos, indem er eine 1000-M-Prämie mühelos schluckte. Einen Posten Hühnereier holte sich Schrage, für den Sieg schon durch sein dottergelbes Trikot qualifiziert [...] Dann setzte der übliche Nachtulk ein; einen Sondererfolg errang Münzner, der bei einer Prämie die Stiftung von 300 M. für den Letzten errang [...]«* (BLA 7. 4.). *»Die Berliner Sechs=Tage=Rennen wurden gestern abend ohne besonderes Interesse zu Ende gefahren. Die üblen Machinationen einzelner Fahrer hatten dem Ergebnis jeden sportlichen Wert genommen. Immerhin behielt das Publikum so viel Haltung, daß es die Fahrer nicht mit leeren Bierseideln bewarf, doch konnten Saldow-Techmer ihre ›Siegesrunde‹ nur unter Johlen und Pfeifen absolvieren«* (BLA 12. 4.).
BLA 5.–12. 4.; Ph (LA, Rep. 240, Acc. 1067, Nr. 1); Budzinsky, Geschichte, S. 28 f.

Apr 27, 10.00 Uhr. »Große Eisenbahner-Kundgebung«
V: Deutscher Eisenbahner-Verband, Bezirk Berlin.
Rd: Theodor Kotzur (MdR).
»Tagesordnung: Der Stand unserer Lohnbewegung [...] Kollegen! erscheint in Massen und gestaltet diese Kundgebung zu einem mächtigen Willensausdruck der Groß-Berliner Eisenbahner« (Vw 26. 4.).
Den 8000 versammelten Eisenbahnern wurde durch Kotzur vom Eisenbahner-Verband der Stand der Verhandlungen mit dem Eisenbahnministerium erläutert, betreffend Lohnerhöhung und eine neue Urlaubsregelung. Als *»Ausgleich für die erhöhten Preise«* wären die Eisenbahner genötigt, *»sofort eine allgemeine Erhöhung der Stundenlöhne um 1 M. zu verlangen [...] Es müsse auch im ersten Dienstjahre ein Recht auf Urlaub gewährt und den Kriegsteilnehmern die Kriegsjahre angerechnet werden«* (Vw 28. 4.).

Apr 29, 19.30 Uhr. »Große Versammlung aller in den Waren- und Kaufhäusern sowie im Einzelhandel beschäftigten«
V: Zentralverband der Handlungsgehilfen, Ortsgruppe Groß-Berlin.
»Tagesordnung: Beschlußfassung üb. d. Annahme d. Tarifvertrages. Da der in dieser Versammlung zu fassende Beschluß von größter Wichtigkeit ist, ist es Pflicht aller Kollegen und Kolleginnen zu erscheinen« (Vw 29. 4.).

Ab Juni Umbau des Sportpalastes in ein Kino mit 4000 Sitzplätzen.

Sep 8. Vermietung der *»in der 3. Etage... befindlich[n] Büroetage«* für den Mietsvertrag von 24 000 M. jährlich an den *»Reichswirtschaftsverband deutscher derzeitiger und ehemaliger Berufssoldaten (R. d. B.)«*, Einzug am 1. 10.
LA SP 4002/65.

1919 Sep 5 – 1921 Nov 14 [?]

Die »Sport-Palast-Lichtspiele«

Lothar Schirmer

Am 5. September 1919 eröffnen die »Sport-Palast-Lichtspiele«, *»das größte Kino der Welt«*, wie die selbstbewußte Werbung verkündet. Nach viermonatigen Umbauarbeiten präsentiert sich das Mehrzweckgebäude nun als ein Riesenkino mit über 3000 Plätzen, das Uraufführungen erstklassiger Produktionen zu zeigen verspricht, die von einem 20-Personen-Orchester musikalisch illustriert werden. Mitte November 1921 schließt das Kino, nach zwei Jahren weicht der Filmpalast wieder dem Sportpalast.
Dem Vorhaben, auch für diesen Zeitraum eine Chronik aller gespielten Filme zu erarbeiten, standen zunächst erhebliche Schwierigkeiten entgegen. Wenig hilfreich für die Spurensicherung dieses kulturellen Unternehmens im Berlin der frühen 20er Jahre erwies sich die zeitgenössische Tagespresse, die dem Film anders als dem Theater sehr zurückhaltend begegnete. Der Film mußte sich, obwohl die deutsche Filmindustrie nach dem 1. Weltkrieg einen erstaunlichen Aufschwung erlebte, seinen Platz in den Feuilletons der Zeitungen erst erspielen; auch begann eine Film-Fachpresse im engeren Sinne sich erst zu entwickeln. Die Tageszeitungen gaben zwar die Kinoprogramme bekannt, nannten aber meist nur die Titel der Filme; Darsteller oder Regisseure wurden kaum erwähnt, waren auch oft gar nicht bekannt, da der Vorspann des Films die Namen oft verschwieg.
Ausgewertet wurden neben Berliner Tageszeitungen und neben Filmzeitschriften auch eine Reihe von Materialienbänden über die Stummfilmära, deren Autoren oder Herausgeber, um Vollständigkeit bemüht, mit den gleichen Schwierigkeiten zu kämpfen hatten, da viele der damaligen Filme verschollen oder beschädigt oder nur in unspielbarer Form erhalten sind.
Der jeweilige Beginn der Kinoveranstaltung konnte nur in Einzelfällen ermittelt werden. Die Anzeigen nennen nur gelegentlich die Vorführzeiten, jedoch fast immer die Zeiten des Vorverkaufs: 10.00 bis 15.00 Uhr. In der Chronik werden deshalb keine Anfangszeiten angegeben. Es ist davon auszugehen, daß an Werktagen zwei, an Sonn- und Feiertagen drei, manchmal auch vier Vorstellungen stattgefunden haben, von denen die erste frühestens um 15.00 Uhr, die letzte spätestens um 20.30 Uhr begonnen hat. Manche Programme sind an Werktagen auch nur einmal – mit Beginn um 19.00 Uhr – gezeigt worden. In den letzten Wochen des Filmpalastes fanden die Vorstellungen um 19.00 und um 21.00 Uhr statt. Die in diesen Jahren üblichen Presse- und Interessentenvorführungen, von den Filmproduzenten veranstaltet, um Verleiher für ihre Produkte zu gewinnen, sind nur dann in der Chronik enthalten, wenn die Vorführungen als gesichert gelten können. Diese Veranstaltungen fanden vor geladenem Publikum statt. Die Zahl derartiger Vorführungen dürfte aber wegen der Größe der »Sport-Palast-Lichtspiele« und der damit verbundenen Kosten nur gering gewesen sein, zumal repräsentativere Spielstätten einen geeigneteren Rahmen dafür boten. Auch wird das Rahmenprogram nicht spezifiziert aufgeführt: die »Sport-Palast-Lichtspiele« zeigten die jeweils aktuelle Wochenschau, die »Messter-Woche«, und gelegentlich traten Bühnen- und Varietékünstler auf.
Trotz vereinzelter, nicht zu schließender Lücken – nur für wenige Filme haben sich keine Einzelheiten ermitteln lassen – gibt die nachstehende Chronik nicht nur einen Einblick in die Programmgestaltung eines Filmtheaters in den Jahren zwischen 1919 und 1921; es entsteht vor allem ein buntes Bild des Berliner frühen Kinolebens, so wie es sich alltäglich abspielte.
Lit.: AKB. – Fern Andra, Der Weg, der ins Glashaus führte, Roman eines Frauenlebens, Berlin 1919. – Herbert Birett, Stummfilm-Musik, Materialsammlung, hg. von der Deutschen Kinemathek, Berlin 1970. – Birett, Verzeichnis. – Helga Belach, Henny Porten, Der erste deutsche Filmstar, 1890–1960, Berlin 1986. – Ilona Brennicke und Joe Hembus, Klassiker des deutschen Stummfilms, 1910–1930, München 1983. – Das wandernde Bild, Der Filmpionier Guido Seeber, hg. von der Stiftung Deutsche Kinemathek, Berlin 1979. – DdF. – DF. – Der Kinematograph. – Helmut H. Diederichs, Der Student von Prag, Einführung und Protokoll (Focus Film Text 2), Stuttgart 1985. – FK. – Walter Fritz, Die österreichischen Spielfilme der Stummfilmzeit (1907–1930), Wien 1967. – Hätte ich das Kino! Der Schriftsteller und der Stummfilm, Katalog der Ausstellung des Deutschen Literaturarchivs Marbach, München 1976. – Gerhard Lamprecht, Deutsche Stummfilme, 9 Bände und Registerband (1 Heft: Korrekturen), hg. von der Deutschen Kinemathek, Berlin 1967–1970. – LBB. – Asta Nielsen, Die schweigende Muse, Lebenserinnerungen, München 1979. – Hans Helmut Prinzler und Enno Patalas (Hgg.), Lubitsch, München–Luzern 1984. – Curt Riess, Das gab's nur einmal, Die große Zeit des deutschen Films, Band 1, Wien–München 1977. – Renate Seydel und Allan Hagedorff (Hgg.), Asta Nielsen, Ihr Leben in Fotodokumenten, Selbstzeugnissen und zeitgenössischen Betrachtungen, München 1981. – Auch theaterwissenschaftliche Standardwerke konnten in so manchem Fall entscheidende Hinweise liefern, insbesondere Heinrich Huesmann, Welttheater Reinhardt, Bauten, Spielstätten, Inszenierungen, München 1983.

Sep 5–11
»Die von der Liebe leben« – R: Eugen Illés; Bu: Alfred Mayer-Eckhardt; K: Eugen Illés: Au: Artur Günther; Da: Esther Carena, Anna von Palen, Arthur Bergen; Uraufführung.
»Bergblume« – R: Paul von Woringen; Da: Hilde Wolter, Friedrich Fehér, Carl Beckersachs; Uraufführung.
Zur Eröffnung präsentierte die Direktion den geladenen Gästen, unter denen sich auch Esther Carena und Hilde Wolter befanden, als Hauptfilm das sechsaktige Filmdrama *»Die von der Liebe leben«. »Obgleich es nicht in die Kategorie der sogenannten Aufklärungsfilme gehören soll, läßt es doch an kräftigster Pikanterie nichts fehlen. Die anständige Frau eines Versicherungsangestellten kommt durch eine Freundin auf die schiefe Bahn, geht von einer Hand in die andere und endet schließlich als Straßendirne. Spieltisch, Diebstahl, Erpressung, überhaupt das ganze kriminelle Moment tritt grell hervor. Die Bilder, die überlebensgroß auf der Leinwand sich zeigten, ließen photographisch zu wünschen übrig. Esther Carena, die Trägerin der Hauptrolle, leistete Ausgezeichnetes, und das Publikum, welches*

das zum Kino umgewandelte Riesenetablissement bis zum letzten Platz füllte, folgte mit Spannung und Beifall« (BLA 7. 9.).
An anderer Stelle wird der Film, der den Untertitel *»Aus den Akten der Prostituierten Erna B.«* trug, als *»einfach Hintertreppe«* eingestuft, *»verschärft durch das darstellerische Unvermögen Esther Carenas, der jedes seelische Ausdrucksmittel ermangelt«* (Voss 10. 9.).

Sep 12–18
»Gebannt und erlöst« – R: Georg Bluen; Bu: Fern Andra; Da: Fern Andra, Ernst Hoffmann, Oskar Marion, Adele Sandrock, Victor Senger, Rudolf Hilberg; Uraufführung.
»Gleiches Blut« – *›Liebesdrama in 4 Akten‹.*
»Gebannt und erlöst«: »Ein junges, reiches Mädchen wird von einem Hochstapler verführt. Sie beichtet ihrer Mutter und diese bringt sie in ein weltabgeschiedenes Bauernhaus, wo die kleine Fern zur Welt kommt. Das Haus gehört der alten, armen Margarete, ihre Tochter Maria und ihr Enkel Ernst leben bei ihr. Ihr Schwiegersohn, Toni, ist auf die Wanderschaft gegangen, um anderen Ortes so viel zu verdienen, daß er für sich und seine Frau einen Bauernhof kaufen kann. Als er zurückkommt und die kleine Fern in der Wiege sieht, glaubt er, Maria habe ihn betrogen, und er verläßt sie. Jahre sind vergangen. Ernst ist in einem Kloster zum Maler ausgebildet worden und findet nun auf seinen Streifzügen mit Palette und Pinsel Fern im Walde. Er ist von ihr entzückt, malt sie verschiedentlich, verliebt sich in sie. Der alte Toni, bei dem er lebt, bringt ihm bei, sie sei seine Schwester. Er trennt sich von ihr; halb vor Sinnen irrt er durch den Wald. Der Toni, nichts Gutes ahnend, geht ihm nach und findet ihn gerade in dem Augenblick, als vor ihren Augen Fern sich in dem Gießbach ertränken will. Sie springen herzu, bringen sie nach Hause und jetzt erklärt die alte Margarete die Situation. Nun können die beiden sich heiraten. – Fern Andra gibt die Rolle der Fern mit großem Charme. Ein Malerauge konnte wirklich ernsthaft an ihr hängen bleiben. Namentlich in der Szene, als sie auf dem Baume Modell sitzt, ist sie von sprühendem Temperament und Sonnigkeit« (DF 27. 9., S. 43).

Sep 19–25
»Malaria. Liebe bis über den Tod hinaus« (auch: **»Malaria. Urlaub vom Tode«**) – R: Rochus Gliese; Bu: Hans Brennert, Friedel Köhne; K: Friedrich Weinmann; Au: Rochus Gliese; Da: Lyda Salmonova, Ewald Bach, Martin Lübbert, Raoul Lange, Adele Sandrock, Ernst Waldow, Friedrich Kühne, Eddie Seefeld, das Ballett Charell; Uraufführung.
»Melodie des Herzens« – R: Ludwig Czerny; Bu: Ludwig Czerny, Willy Achsel; Mu: Otto Tilmar Springefeld; Da: Ada Svedin; Uraufführung.
»Malaria«: »Zwei junge Ärzte [...] stellen Versuche an, um [...] ein Gegengift gegen die heimtückische Tropenkrankheit, die Malaria, zu finden. Als die Versuche weit genug gediehen sind, soll einer der beiden als Versuchsobjekt dienen. Das Los entscheidet. Der Auserwählte beschließt, die kurze Frist, die er bestimmt noch leben darf – denn noch weiß man ja nicht, ob das Mittel wirklich Rettung bringt – vergnügt und unbekümmert zu leben, die Herrlichkeiten der Welt zu genießen. Er verliebt sich [...] in die Solotänzerin eines großen Balletts, die von einem Fürsten protegiert wird. Die Liebe führt zur Heirat und beide leben in unendlichem Glück. Da nähert sich das Jahr dem Ende – der Versuch mit dem Gegengift soll gemacht werden. Todesgedanken beschleichen den Mann – jetzt, da er die Liebe des Weibes kennen gelernt hat, will er nicht sterben – ihn reut sein Vorhaben. Sein Weib will ihn retten, der Freund das

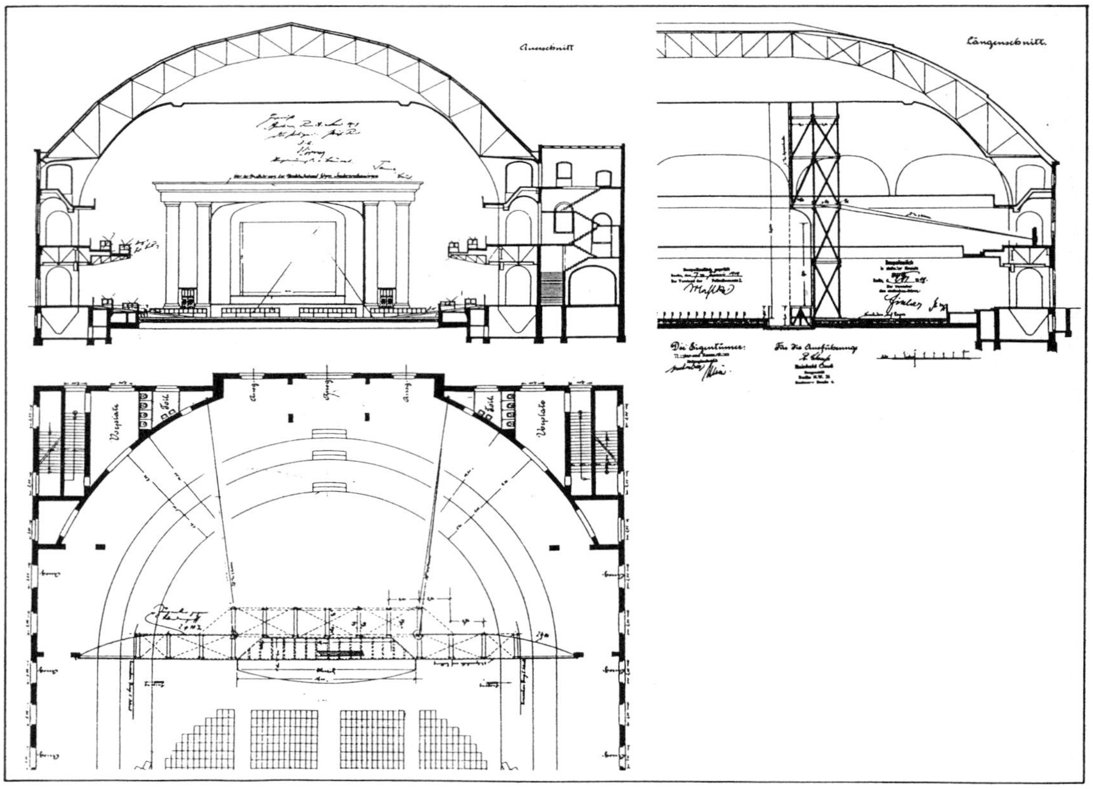

203 Entwürfe für den Umbau der großen Halle in die »Sport-Palast-Lichtspiele«, 1919 (nach: LA SP 3002/15f. [Lichtpause/Papier, 50 x 68 cm], 4002/23f. [Lichtpause/Papier, 45 x 44 cm], 4002/22 [Lichtpause/Papier, 45 x 78 cm]).

Mittel erproben, damit das junge Eheglück ungetrübt bleibe. Eine merkwürdige Situation, in der er Freund und Weib trifft, läßt ihn eifersüchtig werden. Aber sein Weib, selbst in selbstloser Aufopferung, zerstreut alle Bedenken: in einem unbewachten Augenblick hat es das Gegengift genommen – der über alles geliebte Mann soll auf jeden Fall leben bleiben. Es übersteht die Krise, die Liebe ist gerettet, die Freundschaft wieder gefunden und der Menschheit ist ein unschätzbarer Dienst geleistet worden« (DF 27. 9., S. 45).
»Um Ada Svedin russisch, japanisch, spanisch, Menuett und Ragtime tanzen zu lassen (sogar persönlich zeigt sie in jeder Vorstellung ihren Tanz ›Frühlingserwachen‹ nach der Musik von Mendelssohn-Bartholdy) hat Ludwig Czerny einen in seiner Idee recht originellen, inhaltlich nicht allzu handlungsreichen Dreiakter ›Melodie des Herzens‹ verfaßt, in dem sich natürlich die musikfreudigen Hauptpersonen, ein armer Musiker und Komponist und eine gefeierte Künstlerin, einander ›kriegen‹« (DF 27. 9., S. 45).
Sep 21, außerdem: »Mit 300 PS-Vollgas« – R: Valy Arnheim; Bu: Paul Rosenhayn, Valy Arnheim; Da: Max Lohmann, Valy Arnheim, Paul Schäfer, Kurt Czerny, Marga Lindt, Walter Wolffgram, Franz von Horn, Gottfried Bötticher; Pressevorführung.
Der neueste Detektivfilm *»Mit 300 PS-Vollgas«* unterscheidet sich inhaltlich wenig von seinen Vorgängern: *»Juwelen-Diebstahl, der Meisterdetektiv (diesmal modern im Flugzeug), Verfolgung einer falschen Fährte, turnerische Freiübungen von Detektiv und Dieb auf fahrenden Eisenbahnzügen, rasende Flucht auf Auto, Verfolgung durch Flugzeug, meisterhafter (echter) Sprung vom Zug [...] ins Wasser und Verhaftung des verkleideten, wirklichen Diebes«* (DF 27. 9., S. 45 f.).

Sep 26–Okt 2
»Nach dem Gesetz« – R: Willy Grunwald; Bu: Anton Strandberg; K: Max Lutze; Au: Siegfried Wroblewsky; Da: Asta Nielsen, Georgine Sobjeska, Otz Tollen, Fritz Hartwig, Theodor Loos, Willi Kaiser-Heyl, Henry Peters-Arnolds, Guido Herzfeld, Bernhard Goetzke; Uraufführung.
»Schwarze Diamanten« – Sozialer Monumentalfilm in 7 Akten nach dem gleichnamigen Roman von Maurus Jókai; Uraufführung.
»Nach dem Gesetz«: »Eine Journalistin hat einen Freund, der eine die Qualen der kranken Menschheit mildernde Erfindung gemacht hat. Niemand gibt ihm jedoch das zur Nutzanwendung notwendige Kapital. Mit Hohn und Spott wird er wie das Weib, das ihm auf jede Weise helfen will, abgewiesen. Um der entsetzlich leidenden Menschheit helfen zu können, tötet die Journalistin einen ekelhaften Wucherer, legt das erbeutete Geld in eine Schublade der gerade zufällig verstorbenen Tante, erbt es nun und stellt es dem Mediziner zur Nutzbarmachung seiner Erfindung zur Verfügung. Schließlich wird die Tat des Weibes aber doch entdeckt. – Das Gewissen hat ihm keine Ruhe gelassen, es hat sich nach alter Mördersitte am Tatort selbst verraten. – Es erfolgt die Verurteilung. Stolz wie eine Märtyrerin nimmt sie Kenntnis davon, daß man sie ›schuldig‹ befunden habe. Dem Gesetz ist genüge getan – aber der Menschheit, das weiß sie, hat sie einen unvergänglichen Dienst erwiesen. – Die Szenen, in denen entstellte Kranke im Wartezimmer der Klinik und auf dem Seziertisch gezeigt werden, sind gräßlich, sind eine Geschmacksverirrung. Überhaupt das ganze Stück streift oftmals ganz bedenklich die Grenze zum Kitschigen, zum Kintoppmäßigen. Asta Nielsen, die hervorragende Künstlerin, die wie keine andere Seelenregungen mimisch darzustellen weiß, holt aus der ihr zuge-

wiesenen Hauptrolle viel, sehr viel heraus und rettet dadurch das Ganze. Otz Tollen als Arzt und Fritz Hartwig als Journalist bemühen sich vergeblich, Eindruck zu schinden. Sie stehen der Materie völlig fern und hätten sich vor den Aufnahmen studienhalber einmal die Betriebe, in denen sie darstellerisch tätig sein sollten, genau angucken sollen. Guido Herzfeld als Wucherer war in den wenigen Szenen in seinem Element. Die Photographien sind einwandfrei.

Sehr schöne Bilder von Schärfe und Klarheit wies der gleichzeitig gezeigte Wiener Film ›Schwarze Diamanten‹ [...] auf. Übliches, der Gegenwart angepaßtes Machwerk. Der alte Bergwerksbesitzer soll durch einen Konkurrenten, dem jedes Mittel zur Erreichung seiner Zwecke heilig ist, verdrängt werden, hat auch anfangs Verluste. Dann die üblichen Fabrikroman-Sensationen: Aufruhr, schlagende Wetter. Schließlich Pleite des Gemeinen, Sieg – finanzieller und moralischer – des Guten, Sozialgesinnten. Die Darstellung (ungenannt!) hält sich auf anständigem Durchschnitt, die Regie schuf manche ganz nette Szene, ohne sich besonders anzustrengen« (DF 5. 10., S. 45 f.).

Renate Seydel und Allan Hagedorff (Hg.), Asta Nielsen, Ihr Leben in Fotodokumenten, Selbstzeugnissen und zeitgenössischen Betrachtungen, München 1981; Asta Nielsen, Die schweigende Muse, Lebenserinnerungen, München 1979.

Okt 3–9

»Die Folgen einer unglücklichen Ehe. Geflüster des Teufels« – R: Eugen Illés; Bu: Edmund Edel; Au: Artur Günther; Da: Esther Carena, Grit Hegesa, Ferndinand von Alten, Hr. Berger, Ernst Rückert; Uraufführung.

»Dem Glück entgegen« – R und Bu: Paul von Woringen; Da: Hilde Wotler, Carl Beckersachs, Bruno Eichgrün; Uraufführung.

Der in Petersburg und in Paris spielende Film *»Die Folgen einer unglücklichen Ehe«*, *»ein Roman von Haß und Liebe«, [...] weist bis auf den etwas gar zu rührseligen Schluß nette, oft packende Szenen auf. [...] Ein junger Graf ist verlobt, unterhält jedoch heimliche Beziehungen zu der nicht glücklich verheirateten Frau seines schärfsten, politischen Gegners. Als dieser hinter die Treulosigkeit seiner Gattin kommt und die beiden in zärtlichstem Zusammensein überrascht, erschießt er den Gegner und flieht nach Paris. Man deutet die Angelegenheit als einen politischen Mord, läßt den Mörder, dem die Braut des Ermordeten Rache schwört, durch die gewandtesten Kriminalisten verfolgen. Schließlich hat die Braut seine Spur gefunden, trifft den Mörder in einem eleganten Pariser Salon, versteht ihn an sich zu fesseln und lädt ihn zu sich ein, um ihn der Polizei übergeben zu können. In den Besucher verliebt sie sich jedoch wahrhaft. Als sie die Beweggründe zu dem Mord erfährt, tut ihr ihre Denunziation leid – den erschienenen Polizeibeamten gegenüber verbirgt sie den Mann, mit dem sie eine heiße, selige Liebesnacht verlebt. Beide fliehen, genießen Stunden tiefsten Glückes. Da naht das Verhängnis: ein Freund ihres Geliebten erscheint, bringt die Nachricht, daß durch den Sturz der Regierung der ›politische Mörder‹ begnadigt sei, daß aber auf Grund einer schriftlichen Anzeige Bruder und Mutter von der alten Regierung erschossen worden seien. Als das Weib hört, was sein leichtfertiger Brief angerichtet hat, als es den Jammer des Geliebten sieht, da überkommt es der Ekel vor sich selbst. Alles ist aus, der Glückstraum zu Ende. Es stürzt ins Nebenzimmer und nimmt sofort tödlich wirkendes Gift«* (DF 12. 10., S. 39).

Okt 5, außerdem: »Kaiser Wilhelms Glück und Ende« – R: Willy Achsel; Bu: Ferdinand Bonn, A. von Funcke; Da: Ferdinand Bonn, Eugen Burg, Victor Janson, Paul Conradi, Richard Georg, Ernst Pittschau, Peter Breuer, Edgar Sandrock, Martin Wolff, Walter Strom, Erich Stollhoff, Georg Steinhäuser, Lotte Schorling; Sondervorführung vor geladenem Publikum.

»Dieser Film, der nach dem Worte seiner Macher eine vorurteilslose, wahrhaftige Schilderung der Persönlichkeit Wilhelms II. bringen soll, ist weiter nichts als eine tendenziöse Zusammenstellung aller Handlungen und Aussprüche des Kaisers, die ihm zum Schaden gereicht haben. Das Ganze ist verbrämt mit widerlichster Liebäugelei zum ›getretenen Volke‹ hinüber. Nirgends ist auch nur eine Spur zu finden vom Wollen und Können eines künstlerisch empfindenden Arrangeurs. [...] Man sitzt bewegt und schaut sich die Augen aus. Dies kann nicht sein! Soweit kann ein Volk auch durch größten Blutverlust und durch jämmerlichste Selbstentmannung nicht herabgebracht werden. Das kann zum mindesten nicht deutsch sein« (Tägliche Rundschau, 7. 10.).

»Tendenz des Films ist, zu zeigen, daß das Deutschland Bismarcks und Hindenburgs vom einstweilen letzten Hohenzollern zugrunde gerichtet wurde. Einstweilen? Herr Bonn vermag nicht, ein Liebäugeln mit einem eventuellen Nachfolger zu unterdrücken, Vater und Sohn in Gegensätzen darzustellen. Der Geschmacklosigkeit, Wilhelm II. unter den Händen seines Hoffriseurs vorzuführen, entsprechen die endlosen Filmbänder mit historischen Aussprüchen. Uralte Aufnahmen von Paraden, Schützengraben- und U-Boots-Bildern sind eingeschaltet. Energisch muß aber protestiert werden, daß wichtige politische Gedankengänge durch ›dichterische‹ Unrichtigkeiten ›popularisiert‹ werden sollen« (Voss 6. 10.).

Okt 10–16

»Ich lasse Dich nicht« – R: Erich Eriksen; Bu: Joseph Richards nach Motiven des gleichnamigen Romans von Hedwig Courths-Mahler; K: Franz Stein; Au: Artur Günther; Da: Edith Meller, Fred Immler, Max Laurence, Hella Tornegg, Peggi Longard, Max Schiefer, Ilse Wilke, Hans Ferdinand.

»Die um's Leben spielen« – R: Robert Leffler; Bu: Hans Gaus; K: Hermann Schadock; Da: Hermann Vallentin, Trude Hoffmann.

DF 19. 10., S. 44, 46.

»Kaiser Wilhelms Glück und Ende« – Vgl. Okt 5.

Noch einen Tag vor der geplanten Premiere wurde der *»Kaiser-Film«* unter dem Motte *»Keinem zu Liebe. Keinem zu Leide«* in den Zeitungen angezeigt, dann aber kurzfristig verboten (BLA 9. 10.). Das Verbot erfolgte auf Grund des Gesetzes über den Belagerungszustand.

Okt 17–23

»Die Augen im Walde« – R: Johannes Guter; Bu: nach dem Roman *»Dornröschen«* von Adolf Paul; K: Hans Bloch; Au: Robert Neppach; Da: Marija Leiko, Etta Alassi, Bruno Eichgrün, Hans Lindegg, Hermine Strassmann-Witt, Auguste Prasch-Grevenberg; Uraufführung.

»Verbrechen und Liebe« – R: Alwin Neuß; Bu: Hermann Laurence; K: Georg Hermann Schubert; Da: Alwin Neuß.

Der Film *»Die Augen im Walde«* ist eine *»mit mancherlei Unwahrscheinlichkeiten durchtränkte Liebestragödie einer jungen Fürstin, die, von den adelsstolzen Eltern verstoßen, vom Gatten betrogen, nach vollständigem seelischen Zusammenbruch, an den Rand des Wahnsinns getrieben, zur Bettlerin wird (nachdem im 2. Akt der Fürst ihr ausreichende Zuwendungen zugesichert hatte) und schließlich im Tode Erlösung findet. Die oft etwas verworrenen Szenen, die Wirklichkeit und Traum nicht deutlich genug zu trennen wissen, geben Marija Leiko reichlich Gelegenheit, ihr großes darstellerisches Können, ihre beredte Mimik, ihre Kunst, seelische Regungen auszudrücken, ins rechte Licht setzen zu können. [...] Außerdem weist das Programm einen tragisch angehauchten Film ›Verbrechen und Liebe‹ [...] auf. In ihm erzählt ein Mörder, der kurz vor seiner Hinrichtung ausgebrochen und in ein Karnevalsfest geraten ist, einer schönen Frau, wie er aus Liebe zu einem schlech-*

204 »Sport-Palast-Lichtspiele«, 1919.

ten Weibe – um dessen Ruf zu retten – meineidig und zum Mörder wurde. Als die Polizei ihm auf der Spur ist, nimmt er sich das Leben. [...] Die Darstellung, die sich, durch das Sujet bedingt, nicht richtig entfalten kann, hält sich auf anständiger Höhe. Eigentlich ist es nur eine Soloszene für Alwin Neuß mit mancherlei Beiwerk« (DF 26. 10., S. 39).

Die Aufführung des für diesen Zeitraums ursprünglich angekündigten Films *»Lotte Hagedorn»* mußte aus nicht bekannten Gründen verschoben werden; vgl. 1920 Feb 20–26.

Okt 24–30

»Der Tod von Phaleria« – R: Franz Osten; Bu: Alfred Schirokauer; Au: Ludwig von Wich; Da: Erich Kaiser-Titz, Else Bodenheim, Hilde Wall, Dominik Löscher, Camillo Triembacher, Friedrich von Falkenhausen, Toni Wittels, Karl Sick; Uraufführung.

»Die Frau mit den zwei Seelen« – R und Bu: Ladislaus Vajda nach dem gleichnamigen Roman von Alexander Brody; Da: Elga Beck, René S. Sello, Josef Kürthy, Adalbert Ihasz, Josef Hajdu, Fecko Szeczi.

»Der Tod von Phaleria«: »Auf Charons Nachen landet der Tod auf der Insel Phaleria. Unerbittlich reitet er alles ihm Entgegenkommende nieder. Seiner innerliche Stimmung jedoch ist eine ganz andere: das blühende, junge Leben zu töten, widerstrebt ihm, sein Wesen ekelt ihn an. Er bittet mit Erfolg den Geist der Zeit, ihn einmal für drei Tage seines Amtes zu entbinden. Mit Reichtum, Ehrgeiz und Liebesgefühlen ausgestattet, zieht er als junger, schöner Mann hoch zu Roß in der Hauptstadt ein. Er lebt und fühlt als Mensch. Während er ritterlich die aufdringliche Liebe der Ministergattin abweist, zieht es ihn zu einem armen, schönen Mädchen. Er wird, des Mordes an einer hochgestellten Persönlichkeit bezichtigt, kurz nach seiner Hochzeit verhaftet. Am Richtplatz nimmt er – angeekelt von dem Wesen der Menschen – seine todbringende Tätigkeit wieder auf. Alles weicht vor ihm entsetzt zurück: seine Sense mäht alles Lebendige nieder, sein junges Weib wirft sich ihm liebend in die Arme, sinkt tot nieder; durch menschenleere Straßen, durch verödete Paläste reitet der furchtbare Geist hinaus in die Welt, seine grausige, lebensvernichtende Arbeit zu verrichten« (DF 2. 11., S. 42).

»Das Publikum, das den Riesenraum der Sportpalast-Lichtspiele bis auf den letzten Platz füllte, quittierte die Darbietung, der zur wohltuenden Abwechslung ein ganz außerhalb der neuzeitlichen Verfilmungs-Gebiete liegenden Sujets glücklich und in vollendeter Wiedergabe behandelt, mit stärkstem Beifall, ein Zeichen, daß Werke dieser Art, die dem eigentlichen Wesen des Films sehr nahe kommen, von nachhaltigstem Eindruck sind« (Der Kinematograph, 29.10).

»Die Frau mit den zwei Seelen«: »Wie die meisten ungarischen Filme weist er gute Photographien, verständige Regie und Geschmack für nette Szenen auf – aber inhaltlich übertreibt er gar oft und streift hart die Grenzen des Zehnpfennigromanbibliothekstiles« (DF 2. 11., S. 42).

Okt 31–Nov 6

»Der Skandal im Viktoria-Club« – R: Erich Eriksen; Bu: nach dem gleichnamigen Roman von Edmund Edel; K: Franz Stein; Au: Artur Günther; Da: Edith Meller, Werner Funck, Fred Immler, Ludwig Colani, Max Lehmann, Mia Greder, Else Roscher, Hans Lanser-Ludolf.

»Tropengift« – R: Waldemar Hecker; Künstlerische Leitung: Hans Schomburgk; K: George Greenbaum; Da: Meg Gehrts, Leonhard Haskel, Harry Sußmann, Marianne Mallowan, Else Roscher; Uraufführung.

Obwohl die Kritik den Film *»Der Skandal im Viktoria-Club«* als ein gekonntes Beispiel für die Verfilmung einer literarischen Vorlage einstuft – *»hier aber ist diese Aufgabe glänzend gelöst worden. Der ungenannte Dramaturg, dem augenscheinlich neben einer vortrefflichen Darstellung der meiste Dank gebührt, hat es vorzüglich verstanden, aus diesem Alltagsmilieu eine ununterbrochene Folge von Bildern mit steigernder Spannung zu schaffen«* –, protestiert der Autor Edmund Edel gegen diese Verfilmung seines Romans (DF 12. 10., S. 46).

In *»Tropengift«* werden unter Verwendung von Originalaufnahmen aus dem Jahr 1914 die Erlebnisse einer weißen Frau in Zentralafrika geschildert. *»Spannende, allerdings etwas naive Handlung und wissenschaftlich Interessantes über die Sitten und Gebräuche der Neger wechseln in gelungenster Weise einander ab. Um ihrer sich kurz vorm Tode nach dem verschollenen Sohne bangenden Mutter den letzten Wunsch zu erfüllen, reist ein junges Mädchen nach Afrika, findet nach vielen Irrfahrten den Bruder, welcher vollständig verwildert und nervenkrank ist. In einem Wutanfall schlägt dieser einen Eingeborenen zum Krüppel. Dessen Volksgenossen empören sich gegen die weißen Eindringlinge, töten ihn und verschleppen das Mädchen, das als Sklavin von Hand zu Hand verschachert wird und die furchtbarsten Erlebnisse hat. Nur die Wollust eines Häuptlings hat sie vom Opfertode gerettet, sein Wille macht sie zur Sklavin eines Buschnegers. Tausendmal war sie daran, sich zu töten, tausendmal gibt sie den Gedanken auf; sie muß ja der Mutter über den Tod des Bruders berichten. Inzwischen ist ihre Mutter verstorben, ihr Verlobter ist ihr nach Afrika gefolgt. Nach endlosem Suchen findet er sie. Sie aber will mit der ihr aufgezwungenen Schande an seiner Seite nicht leben. Bruder und Mutter sind tot – sie folgt ihnen. Das Gift eines Fetischmannes tötet schnell und sicher. Die Darsteller sind – ob schwarz, ob weiß, ob echt oder gefärbt – gut auf ihren Posten; ein paar Neger zeigen sich sogar recht vorteilhaft in Soloszenen«* (DF 9. 11., S. 32 f.).

Nov 7–13

»Frauen, die nicht heiraten sollen« – R: Eugen Illés; Bu: Edmund Edel, Eugen Illés; K: Eugen Illés; Au: Artur Günther; Da: Esther Carena, Martha Rhema, Blandine Ebinger; Uraufführung.

»Eine tolle Nacht« – Da: Hilde Wolter, Carl Beckersachs; Uraufführung.

Im Mittelpunkt des neuen Carena-Films *»Frauen, die nicht heiraten sollen« »steht eine umworbene junge Ärztin, die nur unter der Bedingung einem ihrer Verehrer die Hand reicht, daß ihr auch als Frau die Ausübung des ärztlichen Berufes gestattet sei. Wie die ehelichen Beziehungen des Paares schließlich durch die beruflichen Anforderungen der Frau Doktor in die Brüche gehen, wie der Mann an ein Bar-Mädchen gerät usw., ist in sehr wirkungsvollen Szenen dargestellt. Auch der versöhnende Ausgang der etwas heiklen Handlung berührt angenehm. Esther Carena in der Hauptrolle bietet wiederum Hervorragendes«* (BLA 9. 11.).
DF 16. 11., S. 38.

Nach der Entscheidung der Berliner Film-Prüfungsstelle muß der Film um 387 m gekürzt werden: *»Szene nach Titel 12 im Zimmer der Emmi spielend. Der Ehemann Freddi reibt sich die Hände, öffnet die Arme und küßt Emmi, sie nach rückwärts biegend. Titel 14 und 15 nebst Szene. Freddi ohne Rock sitzt mit Emmi, deren Schulter entblöst ist, auf dem Bett. Er küßt sie, das Bild blendet ab.«* Auch nach der Kürzung bleibt der Film für Kinder verboten.
Birett, Verzeichnis S. 297.

»Eine tolle Nacht«: »Eine lustige Liebesgeschichte in 5 Akten, verheißt das Programm. Nun ja, wenn es lustig ist, naive, altbewährte Szenen immer und immer wieder vorbeiflimmern zu sehen, dann hat es recht. Das Publikum lacht und lächelt. [...] Das Stück spielt in den Bergen. Ein recht harmloser Jüngling merkt nicht, daß der ihn auf seinen Partien begleitende Bauernbursche, der auch des Nachts mit ihm ein Zimmer teilt, in Wirklichkeit ein reizendes Mädel ist, das er gern ehelichen wollte. Als ihm endlich der Seifensieder aufgeht, kehrt er mit ihm heim und wird von den glücklichen Eltern und Schwiegereltern herzlichst bewillkommnet. Daß dergleichen Unschicklichkeiten in adligen Familien kaum vorkommen würden, daß ein wirklich wohlerzogenes Mädel in Wirklichkeit sich wohl niemals so weit vergessen würde – nun, das stört den Autor und auch das Publikum – nicht« (DF 16. 11., S. 38 f.).

Nov 14–20

»Der ersten Liebe goldene Zeit« – R: Paul Torro; Da: Ila Loth, Therese Kürthy, Laszlo Békeffy, Gal Gyula.

»Am Kreuzweg der Leidenschaften« – Au: Artur Günther; Da: Leontine Kühnberg.

In den zum Teil umfangreichen Kritiken der beiden aufgeführten Filme wird erstmals eine *»schlechte Projektion«* des Sportpalastes erwähnt. Durch die große Entfernung des Projektionsapparates von der Leinwand leide die Bildwirkung. Da die Lichtquelle nicht ausreiche, erschienen alle Bilder gewissermaßen im Dämmerlicht. Auch wirke die geflickte Projektionswand störend.
DF 23. 11., S. 36.

Nov 21–27

»Sinnesrausch. Du sollst nicht töten« – R und Bu: Siegfried Philippi; K: Heinrich Gärtner; Da: Lissy Lind, Wilhelm Diegelmann, Max Laurence, Richard Kirsch, Grete Felsing; Uraufführung.

»Vom Schicksal erdrosselt« – R: Carl Neißer; Bu: Fred W. Katsch; K: Bruno Czabanski; Au: Paul Lachnauer; Da: Ernst Deutsch, Margarete Kupfer, Marga Ruth, Georg Langer-Marbe, Maria Stork, Karl Muth, Minna Lindener, Hr. Herold, Marianne Jügel, Hans Julius Knispel, Hans Wallner, Paul Westermeier; Uraufführung.

In *»Sinnesrausch«* wird *»der in der Großstadt versumpfte Gutsbesitzer v. Gloonen von seinem Inspektor Allsen aufs Land zurückgebeten. Angekommen, betört und verführt der Gutsherr Allsens Tochter Dina und entzieht sich seiner Pflicht als Ehrenmann. Allsen stirbt am Herzschlag. Nach Jahren erleben wir den völligen Zusammenbruch Gloonens. Sein Gut kommt unter den Hammer, und schmutzige Geschäfte verlangen sofortige Herbeischaffung einer großen Geldsumme zur Deckung. Durch Zufall sieht er die voll erblühte Dina wieder, die vom Grafen Westrup adoptiert worden ist. Er macht ihr einen Heiratsantrag, doch Dina stößt ihn zurück; da droht er mit Preisgabe des Geheimnisses. Dina beichtet ihrem Adoptivvater, während Gloonen, der alles verloren sieht, Selbstmord verübt«* (DF 30. 11., S. 36).

Das Familiendrama *»Vom Schicksal erdrosselt«* ist ein *»Rührstück [...], das stark an die Nerven der Zuschauer geht. Leider wird diesmal die Tugend nicht belohnt, sondern geht zugrunde, ein Schicksal, das freilich auch dem Laster bereitet wird. Als Opfer der Intrigen einer Erbschleicherin bot Ernst Deutsch vom Deutschen Theater als verlorener Sohn eine bedeutende Leistung. Eine würdige Partnerin hatte er in Margarete Kupfer, die das Bild einer verbrecherischen Frau mit erschreckender Schärfe zeichnete. Die Regie täte gut daran, einige allzu drastische Szenen bei Überfällen durch Verbrecher zu mildern«* (BLA 23.11.).
DF 30. 11., S. 36.

205 Programmheft (Chr Dez 12–18); Berlin, Stiftung Deutsche Kinemathek.

Nov 28–Dez 4

»Die nicht sterben dürfen« – R: Franz Osten; Bu: Alfred Schirokauer; Da: Erich Kaiser-Titz, Thea Steinbrecher, Max Gillmann, Hans Heinz Hartl, Rudolf Hoch, Erika von Andretz; Uraufführung.

»Entfesselte Leidenschaften« – R: Ludwig Stein; Bu: Leo Kofler; Da: Maria Widal, Victor Senger, Ferdinand Robert, Hans Adalbert Schlettow, Bertha Monnard, Leo Kofler; Uraufführung.

DF 7. 12., S. 50; DF 23. 11., S. 38 f.

Dez 5–11

»Dem Teufel verschrieben« – R: Ernst Mölter; Bu: Toni Dathe; K und Au: Georg Victor Mendel; Da: Aud Egede Nissen, Ernst Behmer, Kurt Keller-Nebri, Eva Maria Hartmann, Friedrich Ernst, Ferdinand von Alten, Jennie Schulze, Toni Dathe, Adolf Petzold; Uraufführung.

»Der Liebe Leid und Sieg« – Da: Grete Weixler, Carl Bekkersachs.

»[...] ein vieraktiges Drama ›Dem Teufel verschrieben‹, das in seiner Verquickung von erotischen und religiösen Motiven nicht jedem Geschmack sehr zusagen dürfte, aber, von einer guten Künstlerschar gespielt, doch stets auf das Publikum wirkt. [...] Ein anderes Drama ›Der Liebe Leid und Sieg‹ ist bösartiger Kitsch« (BLA 7. 12.).

Aus der Entscheidung der Berliner Prüfungsstelle: *»Akt IV nach Titel 4: Hilde kniet vor Manuele (im Hotel), steht dann auf, er umarmt sie, sie streicht sich dann über die Stirn. Darauf hebt Manuele Hilde hoch und trägt sie fort. Diese letzte Szene, das Hochheben und Forttragen, ist entfernt. Desgleichen die sofort darauffolgende Szene, in der er sie auf das Ruhebett legt und sich daneben setzt«* (Birett, Verzeichnis, S. 292).

DF 21. 12., S. 39.

Dez 12–18

»Eine Motte flog zum Licht« – R und Bu: Fern Andra; K: Anton Mülleneisen; Da: Fern Andra.

»Die geheimnisvolle Kugel« Phantastische Erzählung von den Kanarischen Inseln in 1 Vorspiel und 4 Akten – R: Waldemar Hecker, Hans Schomburgk; Da: Meg Gehrts, Kurt Katsch, Otto Sauter-Sarto, Helmut Schmitz, Egon Soehnlein, Robert Pla; Uraufführung.

Der im September 1915 gedrehte Zirkusfilm *»Eine Motte flog zum Licht«* wird angezeigt als *»Fern Andra's größter Film in neuer Copie. Fern Andra persönlich anwesend«* (BLA 12. 12.).

Wer ist Fern Andra? *»Sie ist die prominenteste Filmschauspielerin der Zeit, neben der Porten natürlich. Eines Tages ist sie da, allerdings nicht als Fern Andra, sondern als Fern Andrée. Auch dies ist zweifellos nicht ihr richtiger Name. Sie ist klein, schmal, braunhaarig, sie hat wunderschöne Augen, sie ist überhaupt wunderschön. Sie hat den anderen Filmstars voraus, daß sie großartige Kleider hat und sie zu tragen versteht, sie ist vermutlich die erste elegante Frau des deutschen Films. Die erste Diva! Dabei trägt sie meist gar keine Kleider und hat so wenig wie möglich an. Die wenigen Kleidungsstücke, die sie trägt, dienen eigentlich nur dazu, zu zeigen, wie sie aussieht, wenn sie nichts trägt. Sie ist der erste Vamp des deutschen Films. In ihren Filmen geht es immerfort um Liebe – um sehr leidenschaftliche Liebe, und sie ist niemals das schüchterne junge Mädchen, das erobert wird – wie etwa Henny Porten –, sie ist die überlegene Frau, die den Mann erobert«* (Curt Riess, Das gab's nur einmal, Die große Zeit des deutschen Films, Band 1, Wien-München 1977, S. 67).

Fern Andra, Der Weg, der ins Glashaus führte, Roman eines Frauenlebens, Berlin 1919.

Dez 19–23 und 25

»Haß, Liebe, Geld« – R: Erich Eriksen; Bu: Joseph Richards nach dem Roman »Im Schillingshof« von Eugenie Marlitt; K: Franz Stein; Au: Artur Günther; Da: Edith Meller, Victor Colani, Fred Immler, Else Roscher, Max Adalbert, Karl Friedrich Behn, Vilma von Mayburg, Gustav Jahrbeck, Carmen Torre; Uraufführung.

»Die Not. Kinder der Straße«.

DF 4. 1. 1920, S. 32.

206 Programmheft (Chr Dez 26 – Jan 1); Berlin, Stiftung Deutsche Kinemathek.

1919/20

Dez 26–Jan 1

»Die Siegerin« – R: Paul von Woringen; Bu: nach einem Roman von Hans Schulze; Da: Hilde Wolter, Arnold Czempin, Else Roscher, Charles Willy Kayser, Karl Falkenberg, Ilse Wilke; Uraufführung.

»Irenes Fehltritt« – R: Fritz Bernhardt; Bu: Isa Harding; Da: Maria Widal, Max Wogritsch, Sybill Morell, Hermine Strassmann-Witt, Martin Lübbert, Bertha Monnard.

»Irenes Fehltritt«: »Freifrau v. Waldenborn gibt zum Geburtstag ihrer Tochter Irene ein Fest, bei welchem sich Irene in Dieter v. Roßberg, einen jungen Lebemann, leidenschaftlich verliebt. Irene kann dem heißen Werben Dieters nicht widerstehen. Seine Liebe aber erkaltet allmählich, er zieht sich mehr und mehr von ihr zurück, um sich schließlich mit der millionenreichen Erbin Ronny zu verloben. Irene entdeckt eines Tages zu ihrem größten Entsetzen, daß sie sich Mutter fühlt. Damit nicht genug, fällt ihr die Zeitung mit der Verlobungsanzeige Dieters in die Hand. Als das Kind zur Welt kommt, bringt Irene es zunächst in ein Fürsorgeheim und dann zu einer armen Witwe, namens Wendtlandt. Nach einigen Jahren lernt sie Graf Roland Sörenkamp kennen, der um ihre Hand bittet. Irene verschweigt ihm nach langem inneren Kampfe die Existenz ihres Kindes und willigt in die Heirat ein. Bald darauf taucht Dieter wieder auf und verübt verschiedene Erpressungen bei Irene, die aber endlich von ihm wieder befreit wird, da er sich nach seiner Entlarvung als Falschspieler erschießt. Bei einer Spazierfahrt Rolands mit dem Kinde, das die beiden ins Haus genommen haben, da ihre Ehe kinderlos blieb (ohne daß Irene aber eingestand, daß das Kind ihr eigenes sei), begegnen die beiden Frau Wendtlandt. Das Kind erkennt jubelnd seine Pflegemutter, die nun von Roland ausgefragt und schließlich Irene gegenübergestellt wird. Roland glaubt, nicht weiter mit Irene leben zu können, doch als das Kind in Lebensgefahr kommt, erkennt er seine tiefe Liebe, die ihn dem Kinde – und mehr noch der Mutter des Kindes – verbindet, und so legt er das gerettete Kind mit den Worten in den Schoß Irenes: Hier hast Du Dein – unser Kind wieder!« (DF 23. 11., S. 38)

DF 4. 1., S. 31.

1920

Jan 2–8

»Judith von Bethulien« – R: David Wark Griffith; Bu: Frank Woods; Da: Henry B. Walthall, Blanche Sweet, Lillian Gish, Mae Marsh, Robert Harron, Dorothy Gish, Lionel Barrymore.

»Der Sekretär der Königin« – R und Bu: Robert Wiene; Da: Ressel Orla, Käthe Dorsch, Heinrich Schroth, Margarete Kupfer, Guido Herzfeld.

»Dieses, in der Ankündigung als ›größter amerikanischer Ausstattungsfilm‹ bezeichnete Stück [bereits 1913 als erster amerikanischer Vierakter gedreht] *hat dem Publikum nicht sonderlich imponiert. Die aus der Bibel bekannte Handlung von der verführerisch schönen Judith und dem grausamen Holofernes ist zu dünn, um für einen kilometerlangen Film auszureichen. Deshalb werden Kampf- und Verzweiflungsszenen in großer Menge eingelegt, die an sich höchst naiv und kitschig gestellt, durch öftere Wiederholung weder an Glaubwürdigkeit noch an Interesse gewinnen. Glaubt der ungenannte Regisseur wirklich, daß die Belagerer einer Stadt unmittelbar vor der Stadt umherwim-*

meln und die Belagerten auf der Mauer stehend mit ihren Schwertern in der Luft herumfuchteln? Gewiß kann man das langsame Heranarbeiten eines Heeres an eine belagerte Stadt nicht wahrheitsgetreu im Film darstellen, aber mit so kindlichen Soldatenspielereien darf man einem erwachsenen Publikum denn doch nicht kommen. Sind dergestalt die Massenszenen reichlich mißglückt, wenn auch auf landschaftlich prachtvollem Terrain und unter Aufbietung einer gewaltigen Komparserie gestellt, so vermögen auch die Einzeldarsteller mit ihren viel zu grotesken Bewegungen und ihrem ganz äußerlichen Spiel, dem jedes innere Miterleben und jede Seele fehlt, an unsere deutsche Filmkunst nicht heranzureichen« (FK 4. 1.).

Jan 9–15

»Der Schrei des Gewissens« R und K: Eugen Illés; Bu: Eugen Illés, Alfred Mayer-Eckhardt; Au: Artur Günther; Da: Esther Carena, Charles Willy Kaiser, Anna von Palen, Hansi Dege, Jaro Fürth; Uraufführung.

»Die Waldspinne« – R und Bu: Hans Rhoden; Da: Hermann Benke, Thea Rosenquist, Egon Boecher, Hans Rhoden; Uraufführung.

In *»Der Schrei des Gewissens«*, einem *»Gesellschaftsroman aus dem politischen Leben«*, spielt Esther Carena *»die meineidige Frau eines Ministers«. »Ihr Gatte ist der Wohltäter eines früheren Schmiedes. Und mit diesem Mann, den der Minister zum Maler ausbilden läßt, beträgt [sie] ihn. Um die Ehre der Frau zu schonen, läßt sich der Liebhaber als Räuber im Hause des Ministers festnehmen, und [sie] schwört vor Gericht, sie sei von ihm überfallen worden. So wandert der Mann ins Zuchthaus«* (BLA 11. 1.).

»Die dankbare Handlung bewegt sich in hochdramatisch aufsteigender Linie. Esther Carena spielt vorzüglich und weiß besonders in den psychologischen Momenten sehr stark zu wirken. Ihre im Programmzettel ungenannten Partner zeichnen sich ebenfalls durch gutes Spiel aus. Regie und Photographie sind sehr gut« (DF 18. 1., S. 47).

»Die Waldspinne«, ein *»Drama aus dem amerikanischen Volksleben«*, schildert eine *»südamerikanische Farmergeschichte, die des aktuellen Beigeschmacks nicht entbehrt, denn ein deutscher Auswanderer [...] wird von einem dortigen Farmer nach allen Regeln der Kunst ausgebeutet. Die Gemeinheit des Großfarmers an der Waldspinne, wie der Einwanderer genannt wird, scheitert schließlich daran, daß seine Tochter sich in den Fremdling verliebt. Beide fliehen und finden durch Absturz im Gebirge einen gemeinsamen Tod«* (DF 18. 1., S. 47).

Jan 16–22

»Die Schreckensnacht im Irrenhaus Ivoy« – R und Bu: Arzen von Cserépy, Otz Tollen; K: Hermann Schadock; Au: Siegfried Wroblewsky; Da: Carmen Maráh, Rudolf Klein-Rogge, Friedrich Kühne, Georg Franken, Maria Merlott, Hellmuth Krauss, Theodor Rittersberg, Hans Henryk, Fred Selva-Goebel; Uraufführung.

»Der Frauenspekulant« – Da: Lucy Wett.

»Die Sportpalast-Lichtspiele meinen es mit ihrem Publikum zu gut. Zwei vieraktige Dramen, die Meßterwoche und Musikstücke im Rahmen eines Programms, das ist selbst für den passionierten Kinofreund etwas reichlich. [...] Die beiden Regisseure haben [mit der ›Schreckensnacht im Irrenhaus Ivoy‹] *ein unbedingt starkes Sujet geschaffen, aber im Eifer über das Ziel hinausgeschossen. Darum wirkt vieles als kalte Kinomache und das Dramatische geht fast eindruckslos vorüber. Schade! Anzuerkennen ist der Versuch, den Personen scharfe Charakteristik zu geben, aber auch hier kommt es über gute Ansätze nicht hinaus. Es ereignet sich viel, zu viel in dieser Schreckensnacht, das stört die Konzentration. [...] Dazu kommt, daß die Hauptdarstellerin, Carmen Maráh, gewisse Übertreibungen des Minenspiels liebt. [...] Aber wo sie in Schlichtheit spielt, war sie von eindrucksvoller Wirkung. [...] ›Der Frauenspekulant‹ ist ein Filmdrama alten Stils, mit aller Rührseligkeit, äußerlicher Effekthascherei und süßlicher Naturstimmungsmalerei, die in den Anfangsjahren der deutschen Kinokunst auf ein naives Publikum Eindruck machten. Die Hauptfigur [...] ist ein Mädchenjäger, Intrigant und Spekulant nach schönster Kolportageroman-Manier. Nachdem er, um sich aus seinem finanziellen Niederbruch zu retten, seine Frau vergeblich zu verkuppeln versucht hat, greift er natürlich zum Revolver, Seine Frau sucht natürlich – nach echter rechter Fern-Andra-Gewohnheit – Trost in einem Kloster. Kurzum, Kitsch übler Art!«* (FK 18. 1.).

Jan 23–29

»Aus Liebe gesündigt« – R: Franz Osten; Bu: Alfred Schirokauer; Da: Erich Kaiser-Titz, Mela Schwarz, Sonja Orma, Rudolf Hoch.

»Großstadtgift« – R: Luise Kolm, Jakob Fleck; Bu: Fritz Löhner-Beda; Da: Dora Kaiser, Trude Wessely, Wilhelm Klitsch, Karl Ehmann, Hans Rhoden.

»Aus Liebe gesündigt«: »Ich hätte diesen Film so gerne gelobt, er ist unterhaltsam und, was heute besonders wertvoll ist, er ist durchaus anständig. [...] Leider aber wird die gerade Linie der Handlung gegen Schluß des Werkes derartig gewaltsam umgebogen, daß aus dem Stück beinahe eine Farce wird. Anfänglich glaubt man, [...] der Verfasser wolle zeigen, wie verderblich ein starrer Gesetzesparagraph werden kann, wenn, wie im vorliegenden Falle, ein berühmter Arzt einem unheilbaren Patienten Gift reicht, und er dann verurteilt werden muß, obgleich seine Freisprechung vielleicht das Leben von tausend anderen bedeutet hätte. So durchgeführt, also mit der Verurteilung [...] schließend, hätte ich mir den Film denken können. Statt dessen läßt der Verfasser plötzlich als deus ex machina eine heimliche Liebhaberin des Verurteilten dazwischentreten, die die Schuld der Vergiftung auf sich nimmt. Ich kann mir gar nicht denken, daß dem Verfasser [...] die Kraft dazu gefehlt haben sollte, die einmal gewählte Linie im Film beizubehalten. Hier scheint mir eine höhere Gewalt im Spiele zu sein, vielleicht das Machtwort des Regisseurs oder aber der dringende Wunsch des Fabrikanten, der für sein Publikum unbedingt einen versöhnlichen Schluß retten wollte« (FK 25. 1.).

In *»Großstadtgift«*, einem Drama in vier Akten, in dem Land- und Großstadtleben in Person einer durch die *»Großstadtluft«* verdorbenen Dirne und einem *»reinen Kinde«* vom Lande gegenübergestellt sind, wird *»die etwas unwahrscheinliche Handlung durch die schönen Landschaftsszenen und das gute Spiel gehoben. Vorzüglich sind die Bilder mit den Volkstänzen, doch wirken sie, da sie viel zu langsam aufgenommen wurden, ermüdend«* (DF 1.2., S. 38).

Jan 30–Feb 5

»Die Liebe der Sklavin« – R und K: Eugen Illés; Da: Esther Carena.

»Das Raritätenkabinett« – R: Max Mack; Bu: Robert Heymann; Da: Rose Veldtkirch, Johannes Müller, Curt Ehrle, Camillo Sacchetto.

FK 1. 2.

Feb 6–12

»Das Lied der Tränen« – Bu: Georg Kaiser, Paul Roderich Lehnhard; Au: Gontularski; Da: Maria Widal, Max Wogritsch, Hermine Strassmann-Witt.

»Die Else vom Erlenhof« – R: Fritz Kortner; Bu: nach dem gleichnamigen Volksschauspiel von Siegfried Conrad Staack; Au: Ida Jenbach; Da: Poldi Müller, Fritz Kortner, Josef Danegger; Uraufführung.

»Das Lied der Tränen«: »Von Georg Kaisers Bühnenelementen verspürt man nicht viel, doch ist ein hübscher Spielfilm entstanden, spannend in der Handlung, ein wenig Nachtlokal, ein wenig Sentimentalität, ein wenig Tränen in hübschen Augen, ein wenig Sommerlandschaft – und natürlich Liebe, die sich nach langer Prüfung im Schlußbild zu innigem Kusse findet; das sind die Elemente, die die Autoren gemischt haben, um für Maria Widal ein erfolgreiches Werk zu sichern. [...] Sie besitzt nicht die Rassigkeit einer Negri, Nielsen, Morena. [...] Sie ist keine Frau der großen Geste, keine Trägödin von unbezwinglichem Zauber. [...] Schlicht und einfach ist der wesentliche Eindruck ihrer Kunst, und dann wirken ihre Figuren, wenn sie unkompliziert sind, echt und glaubhaft« (DF 21. 12. 1919, S. 40).

»Die Else vom Erlenhof«: »Der Lebensweg einer Frau aus dem Volke wird hier in kräftigen Farben gezeichnet. Autor und Regisseur haben überall mit fester Hand zugepackt, alles wirkt plastisch und lebenswahr. Die einzelnen Figuren sind lebendig und mit vertiefter Charakteristik dargestellt. Wie die einzelnen Charaktere aufeinanderprallen, wie Liebe und Haß die Menschen packt, dies alles schildert dieses Drama mit bestem Gelingen und wirklicher Lebenswahrheit« (DF 21. 2., S. 62).

»Das ganze Stück wirkt wie eine Illustration zu einem Roman. Es sind lediglich lose aneinandergereihte Bilder, die durch viel zu zahlreiche und viel zu lange Titel künstlich miteinander verbunden erscheinen. Die Grundidee ist spannend und ein geschickter Filmautor hätte sicher wesentlich mehr herausgeholt« (FK 8. 2.).

Feb 13–19

»Wie das Schicksal spielt« – Bu: Jan Gramatzki; Da: Hilde Wolter, Curt Lukas, Friedrich Fehér, Theodor Burgarth.

»Der Leiermann« – R: Luise Kolm, Jakob Fleck; Bu: Fritz Löhner-Beda; Da: Liane Haid, Josef Bergauer, Max Neufeld, Karl Ehmann.

»Wie das Schicksal spielt«, die Tragödie einer Ehe in 5 Akten: *»Was sich der Autor mit der Abfassung dieses Manuskriptes gedacht hat, weiß ich nicht zu sagen. Recht hübsche Szenen wechseln mit Bildern widerwärtiger Art. Den halben Film hindurch ist ein Arzt notwendig. Man bekommt eine Bluttransfusion im Operationssaal vorgesetzt, irgend jemand ist dauernd krank, und außer dem Hausarzt wird immer noch ein Spezialarzt zugezogen. Die Leiden eines gelähmten Kindes werden auch eindringlich dargestellt. Was mich anbetrifft, so schien mir dieser Film stellenweise wenig erfreulich. Das Elend der heutigen Zeit ist groß genug, die Mehrzahl des Publikums sucht Erholung und Zerstreuung im Kino, nicht aber Elend in kondensierter Form!«* (DF 21. 2., S. 60).

»Da wir hinsichtlich der Qualität der Spielfilme nicht eben verwöhnt sind, darf [›Wie das Schicksal spielt‹] *sogar als einer der besten und stärksten Spielfilme der letzten Zeit angesprochen werden. [...] Mag sein, daß es kein Stoff für die große Menge der Kinobesucher ist, interessant ist die Frage der Blutsgemeinschaft auf jeden Fall. Besonders gedankt sei dem Verfasser, daß er dem Geschmack der breiten Massen keine Konzessionen machte und auf den berühmten versöhnlichen Schluß verzichtete«* (FK 15. 2.).

Feb 20–26

»Die Stimme des Gewissens« – R: Luise Kolm, Jakob Fleck; Bu: Raoul Roland Benda; Da: Liane Haid, Max Neufeld, Wilhelm Klitsch, Karl Ehmann, Cornelius Kirschner.

»Lotte Hagedorn« – Bu: Nach dem gleichnamigen Roman von Felix Philippi; Da: Marija Leiko.
Der fünfaktige Film *»Die Stimme des Gewissens«* ist die *»Geschichte eines Verkommenen, der u. a. aus Geldgier seine Geliebte erschlägt und seinen Jugendfreund der Tat verdächtigt. Dieser, der Bruder eines Geistlichen, wird zum Tode verurteilt. Der wirklich Schuldige beichtet dem Geistlichen die Tat, zwingt ihn aber zur Wahrung des Beichtgeheimnisses. Am Tage der Hinrichtung schlägt endlich dem Schuldigen das Gewissen. Er gesteht seine Schuld und der Unschuldige kehrt in die Arme seiner Frau zurück«* (BLA 22. 2.).
»Lotte Hagedorn«: »Die beiden Kaufleute Schlegel und Danieli haben zusammen eine Firma. Schlegel hat eine Tochter, Lotte, Danieli einen Sohn, Anselm. Die beiden lieben sich. Als sich die Väter verkrachen, muß Lotte den reichen Bankier Hagedorn heiraten. Unglückliche Ehe. Nach dem Selbstmord Hagedorns wird Lotte frei und heiratet den Jugendgeliebten [...] Die Filmbearbeitung machte denjenigen, die den Roman kennen, wenig Freude. Für diejenigen, die ihn nicht kennen, hätte der Film auch anders heißen können. Der Film ist nicht einmal eine Reklame für das Buch. Der einzige Lichtblick dieses durchaus mittelmäßigen Werkes ist die glänzende Darstellungskunst Marija Leikos« (DF 26. 2., S. 46).

Feb 27–Mär 4
»Tot oder scheintot?« – R: William Karfiol; Bu: Alfred Mayer-Eckhardt nach einer Idee von E. Fischer; K: Franz Stein; Au: Artur Günther; Da: Erich Kaiser-Titz, Martha Licho-Angerstein, Wilhelm Diegelmann, Hans Adalbert Schlettow, Leopold von Ledebur, Edith Méller, Ilona Deghardt, Paul Biensfeld, Ernst Ludwig, Walter Falk, Carl Zickner; Uraufführung.
»Die ihr Glück verkennen« – R und K: Eugen Illés; Bu: Bertha Neumann-Asch; Da: Esther Carena, Frl. von Montagh, Hans Adalbert Schlettow, Arthur Bergen, Henry Peters-Arnolds, Loni Nost.
DF 6. 3., S. 49f.; FK 29. 2.

Mär 5–11
»Am Weibe zerschellt« – R: Franz Osten; Bu: Alfred Schirokauer; Au: Ludwig von Wich; Da: Erich Kaiser-Titz, Ewis Borkmann, Else Bodenheim, Mela Schwarz, Hilde Wall, John Walter Lantzsch, Dorian René, Karl Sick.
»Wenn Herzen in Liebe erglühen« – Nach der Operette *»Herbstmanöver«* von Emmerich Kálmán; Da: Kamilla Hollay, Emmy Koranyi, Halkai Lajos.
Das Filmdrama *»Am Weibe zerschellt«* schildert *»in einem tragischen Spiel die Gewalt des Dämon Weib über den Mann der Pflicht. Ein Bankprokurist heiratet die Tochter eines berühmten Volksvertreters, verläßt sie aber aus Pflichtgefühl, als er erfährt, daß dessen erworbener Reichtum aus Bestechungsgeldern zusammengetragen wurde. Sogar der tragische Tod seiner von ihm sehr geliebten Schwester wird dem Mann der Pflicht zum Trost, da sie dadurch aus den Armen eines reichen Wüstlings gerissen wurde. Und dennoch erliegt dieser ausgeprägte Charaktermensch schließlich den Liebeskünsten einer Messaline«* (DF 25. 9., S. 44).
»Prächtig ist [...] die Staffage: das Bergwerk, die schlagenden Wetter, die aufgeregten Massenszenen. Wer nicht tiefer in die Sache hineingeht, wird sich leicht über die Schwächen des Stücks, wo der Ehebruch eine fortgesetzte einheitliche Handlung darstellt, hinwegtäuschen. Eine ernsthafte Prüfung auf seine Wahrscheinlichkeit hält jedoch dieses Filmdrama, wie so viele andere, nicht aus« (BLA 7. 3.).
DF 13. 3., S. 40; FK 7. 3.

»Wenn Herzen in Liebe erglühen«: »Die Idee, eine Operette zu verfilmen, ist schon an sich nicht glücklich. Das zeigt sich auch in diesem Fall sehr deutlich. Der erste Akt ist ohne Handlung (wörtlich zu nehmen). Andauernd sieht man nur die Hauptdarsteller, die wechselseitig miteinander sprechen. Was sie sagen, ist der einzige Inhalt des Aktes und wird nur durch die Titel gezeigt, die jedes Geschehen ersetzen. Weitere Akte: Bilder aus der Operette selbst, die so stark nachempfunden ist, daß sogar Worte, die zu sprechen wären, ganz offensichtlich gesungen zu werden scheinen. Es fehlt nur das Grammophon und der Operettenersatz ist fertig. Anerkennenswert waren die Manöverbilder, die etwas Leben in die Sache brachten, ganz unmöglich dagegen die Titel« (FK 7. 3.).

Mär 12–18
»Rausch der Sinne« – Da: Maria Widal, Ludwig Trautmann.
»Sein Drama« – R: Ludwig Trautmann; Da: Ludwig Trautmann.
»Sein Verderben« – Da: Halma Ostoja.

(Kapp-Putsch)

Mär 26–Apr 1
»Das Haus an der Grenze« – R: Ludwig Trautmann; Da: Ludwig Trautmann, Silvia Niedt, Wally Kern, Alfons Bamberger, Erich Hyrth.
»Mamselle Nitouche« – Nach der gleichnamigen Operette von Hervé (= Florimond Ronger); Da: Ila Loth.
»Der Kampf zwischen Schmuggler und Grenzwächter bleibt noch immer eines der dankbarsten Stoffgebiete für Filmautoren. ›Das Haus an der Grenze‹ [...] vereinigt in sechs Akten wieder alle Episoden, die seit dem romantischen Carmenabenteuer Merimées bis zu den modernen Tricks des Gentlemanverbrechers Rick Carterscher Prägung ausgedacht wurden. Damit soll aber der Vorwurf mangelnder Originalität gegen den Autor nicht erhoben werden. [...] Das Stück ist gut zusammengestellt, stellenweise packend, es enthält eine Reihe von interessanten Landschaftsbildern und einige dankbare Rollen« (FK 28. 3.).

Apr 3–8
»Er selbst – sein Gott!« – R: Eduard Rothauser; Bu: Carl Angeli; K: Willy Schwaebl; Au: Jacques Rotmil; Da: Arnold Czempin, Hermann Vallentin, Leo Conrad, Ida Liebisch, Johanna Zimmermann, Fredi Lindner, Hans Felix, Eduard Rothauser, Maria Leppang.
»Vom Altar in den Tod«.
»Er selbst – sein Gott!« »schildert das Schicksal eines Pfarramtskandidaten, der, an seiner Religion irre geworden, sich erst so spät aus den Fesseln der für ihn Lüge bedeutenden Heilswahrheiten befreit, daß er dadurch Weib, Kind, Eltern und sich selbst unglücklich macht« (DF 6. 3., S. 50).

Apr 9–15
»Dämon der Welt« I. Teil: »Das Schicksal des Edgar Morton« – R: Rudolf del Zopp; Bu: William Kahn, Rudolf del Zopp; K: Otto Jäger; Au: August Rinaldi; Da: Charles Willy Kayser, Dora Schlüter, Marga Köhler, Fritz Feld, Max Hochstetter, Heinrich Peer, Preben Rist, Gustav Adolf Henckels, Toni Ebärg, Ernst Rennspieß.
DF 19. 9. 1919, S. 54.
»O! du Quetschfalte meines Herzens«.

Apr 16–22
»Der Narrentanz der Liebe« – R: Arthur Wellin; Bu: Paul Rosenhayn nach dem Roman »Mie« von Robert Heymann; Au: Ernst Stern; Da: Fritzi Massary, Ernst Stahl-Nachbaur, Ferdinand von Alten, Reinhold Pasch, Rosa Valetti.
»Verklebte Liebe«.
»Der Narrentanz der Liebe«: »Alfred Freese, ein junger Student, nimmt eine arme Blumenverkäuferin aus Mitleid bei sich auf und hängt sein Herz an sie. Sie aber schenkt sich einem reichen Kavalier und macht Karriere. Vom Zirkus zum Kabarett, vom bürgerlichen Lebemann zum Fürsten von Salerne. – Alfred, der Träumer, heißt jetzt Jean Thibaut und hat sich als Harlekindarsteller einen Ruf gemacht. Eine Pantomime, die er selbst geschrieben, gibt ihm Mie Marion zur Partnerin: Beide spielen ihr eigenes Schicksal. Alfred sieht, daß sie nur durch Gold und Steine zu erlangen ist; seine Leidenschaft durchbricht alle Schranken; als Dieb und Falschspieler besitzt er sie endlich, die ihm im tiefsten Inneren längst gehörte. Gericht, Gefängnis kommen dazwischen, Befreiung, äußerstes Elend und schließlich ein Mord, der beider Glück für immer zerstört. Mithin: Das Sujet, das Fritzi Massary zu ihrem zweiten Film gewählt, ist nicht vornehm literarisch, dafür um so mehr kinogemäß. Starke Leidenschaft, Wechsel zwischen Glück und Unglück, Höhen und Tiefen. Das Novum: Die Massary als Tragödin. Man brauchte kein Prophet zu sein, um an ein Gelingen zu glauben; dennoch überrascht sie da, wo sie Bühnenroutine, Intelligenz und künstlerische Gestaltungskraft vereinen kann; filmtechnisch hat sie sich bereits vortrefflich eingelebt; immerhin wird sie in dieser Hinsicht voraussichtlich noch gewinnen. Jedenfalls hat sie schon jetzt das in jeder Sekunde seelisch Belebte, mimisch Ausdrucksvolle, ist niemals tot oder einförmig« (DF 7. 12. 1919, S. 51).
FR 20. 4.

Apr 23–29
»Die Nacht der Entscheidung« – R: Franz Osten; Bu: Alfred Schirokauer; Au: Karl Machus; Da: Erich Kaiser-Titz, Emil Mamelok, Grete Reinwald, Henry Peters-Arnold, Karl Sick.
»Tochter der Straße« – Da: Maria Widal.
»Ein neues fünfaktiges Drama ›Die Nacht der Entscheidung‹ [...] hielt das bis auf den letzten Platz gefüllte Haus bis zur Schlußszene in Spannung. Die straff durchgeführte Handlung spielt am Hof eines Duodezfürsten und ist mit aktuellen politischen und amoureusen Verwicklungen stark durchsetzt. Dem Fürsten stehen galante Abenteuer höher denn die Politik. Der frühere Finanzminister Graf Menari läßt sich durch den Liebreiz der jungen Angelina, einer Tochter des Hausministers, zur Wiederübernahme des Postens verleiten. Der Fürst stellt der jungen Frau nach und versucht sie nachts zu überfallen, wird von dem Minister überrascht. Dieser wird jetzt des Fürsten bitterster Feind und will ihn stürzen. Die Verschwörung wird entdeckt, der Minister und sein Verbündeter werden zum Tode verurteilt. Angelina bittet um beider Leben. Der Fürst begnadigt einen, Angelina soll ihn bestimmen. Menari bittet schließlich seine junge Frau, mit ihrem Jugendgeliebten in die Freiheit zu gehen. Er selbst wird erschossen. Darstellung und Aufnahmen waren meisterhaft« (BLA 25. 4.).
»Tochter der Straße«: Nach der Entscheidung der Berliner Prüfungsstelle wurden gekürzt *»aus Akt III nach Titel 9 die Szene, in welcher der Fremde, nachdem er Rosita im Torwege angesprochen hat, mit ihr in den Vordergrund tritt und sie dabei mit der Hand die Bewegung des Bezahlens macht«* (Birett, Verzeichnis, S. 296).

Apr 30–Mai 3
»Versiegelte Lippen« – R: Rudolf del Zopp; Bu: Alfred Mayer-Eckhardt, Rudolf del Zopp; Da: Leontine Kühnberg, Arthur Bergen, Ernst Rückert, Gustav Botz, Anna von Palen, Auguste Wanner-Kirsch.
»Nur ein Diener« – R: Erik Lund; Bu: Ida Wüst, Bruno Kastner; K: Curt Courant; Au: Siegfried Wroblewsky; Da: Bruno Kastner, Ria Jende, Lotte Werckmeister, Leopold von Ledebur, Karl Platen, Ernst Behmer.
»Nur ein Diener«: »Eine scherzhaft gemeinte Heiratsannonce wird scherzhaft erwidert. Man verabredet ein Stelldichein, schickt aber als Vorposten zunächst Vertreter, die sondieren sollen – sich aber ineinander verlieben. ›Er‹ hat jedoch belauscht, wie ›sie‹ der Vertreterin Instruktionen gab, und ist von ›ihr‹ entzückt. Um in ihrer Nähe bleiben zu können, verdingt er sich bei ihr als Diener. Bald hat ›sie‹ den hübschen Burschen liebgewonnen, doch der Standesunterschied schließt jede Vertraulichkeit aus. Da kommmt ›ihm‹ der Zufall zu Hilfe: einem Bekannten sind Zwillinge beschert worden. Beide, er sowohl wie seine Herrin, sollen Pate stehen. Auf der Reise zu dem Gut, auf dem die Taufe stattfinden soll, gedenkt er ›ihr‹ seine Liebe zu gestehen und sein Inkognito zu lüften. Jetzt unterstützt ›sie‹ der Zufall: in seiner Villa findet sie seine Photographien und erkennt nun, welchen Streich er ihr gespielt hat. Sie flieht vor ihm und erst bei den Tauffeierlichkeiten sehen sie sich wieder. Nun aber gehen beider Herzen durch, und sie sinken sich glückselig in die Arme« (DF 9. 11. 1919, S. 33).

Mai 4–6
»Dämon der Welt« II. Teil: »Der Teufelsadvokat« (auch unter dem Titel: **»Wirbel des Verderbens«**) – R: Siegfried Dessauer; Bu: William Kahn, Rudolf del Zopp; K: Otto Jäger; Au: August Rinaldi; Da: Charles Willy Kayser, Ethel Scharo, Anna von Palen, Toni Ebärg, Bernhard Goetzke, Karl Falkenberg.
»Dämon der Welt« II. Teil: *»Der Teufelsadvokat«: »Edgar Morton, der Held des I. Teils des ›Dämon‹, der Bekämpfer des ›ungerechten Rechts‹, wird [...] als Revolutionär geschildert, ein naheliegender Gedanke! Aber auch diesmal wird seine Menschlichkeit verkannt, seine Güte mißbraucht, und seine Hoffnung auf das Edle im Menschen arg betrogen. Eine Frau, die er liebt, entpuppt sich als geldgierige Schwindlerin, Freunde verkehren hohe Gedanken in gemeinen, raubsüchtigen Egoismus, Blutvergießen wird unvermeidlich und wirft auch Morton schwerverwundet auf das Krankenlager. In den Bergen, in der Einsamkeit sucht er Genesung«* (DF 28. 2., S. 46).

Mai 7–13
»Versiegelte Lippen«.
»Nur ein Diener«.
Wiederaufnahme des Programms der Vorwoche (vgl. Apr 30–Mai 3).

Mai 14–20
»Staatswanwalt Jordan« – R: Erik Lund; Bu: nach dem gleichnamigen Roman von Hans Land; K: Curt Courant; Au: J. C. Pfaff; Da: Eva May, Magnus Stifter, Emmy Wyda, Hermann Picha, Lina Paulsen, Heinz Stieda, Ernst Laskowski, Ernst Behmer, Leopold von Ledebur.
»Der Liebe Sold« – R: Eugen Illés; Bu: Alfred Mayer-Eckhardt, Bertha Neumann-Asch; Au: Artur Günther; Da: Esther Carena, Guido Herzfeld, Hr. Erkel, Max Wilmsen.
»Der Liebe Sold«, ein *»vieraktiges Filmschauspiel, das eigentlich kräftig wirken müßte. [...] Der Zuschauer wird aber nur einer kleinen Nervenmassage ohne weitere Folgen unterworfen. Ein Mädel verliebt sich in einen Kunstreiter, verheiratet sich aber ehrbar und läßt sich später von dem ersten Geliebten entführen. Dieser ist seinerseits noch legitim verheiratet, die erste Frau knallt ihn nieder, der rechtmäßge Gatte der leichtfertigen Schönheit erscheint, hält ihr eine lange Rede, daß sie nur jung, aber nicht verderbt sei und nimmt sie reuig auf. ›Die Männer sind zu große Dussels!‹, meinte eine Dame im Parkett. Was aus dem schwachen Stück herausgeholt werden konnte, war geschehen«* (BLA 16. 5.).

Mai 21–27
»Die Geheimnisse des Zirkus Barré« – R: Harry Piel; Bu: Max Bauer; K: Gustave Preiss; Da: Harry Piel, Margot Thisset, Ruth von Wedel, Fritz Schröter, Erna Papst, Friedrich Berger, Kurt Kaiser, Adolf Wenter.
»Flimmertanz«.
»Die Geheimnisse des Zirkus Barré«: »Diese Abenteuer eines Vielgesuchten, der die verbrecherische Bande eines Wüstlings, des Direktors Barré, entlarvt und der Strafe zuführt, ist geeignet, das Publikum stark zu fesseln. Der Film atmet Zirkusluft, er beleuchtet in trefflich gestellten Bildern das Leben und Treiben der Artisten und bringt eine Fülle fabelhafter Sensationen. [...] Wilde Jagden, Brückensprengung, aufregende Ringkämpfe, Entfesselungskünste, ein famos aufgenommener Zirkusbrand, hübsche Naturaufnahmen, stilvolle Ballettszenen und korrekt durchgeführte Attraktionen – all das flimmert in wilder Hast an uns vorüber und löst infolge der trefflichen Durchführung, der bis ins kleinste meisterhaft ausgearbeiteten Tricks, wahre Beifallsstürme aus. An einer einzigen Stelle folgte das Publikum leider nicht: so gut die Nahaufnahme der den Käfigen entsprungenen Löwen und Tiger waren – die Panikszenen hatten eine nicht gewünschte Wirkung« (FK 16. 4.).
Nach der Entscheidung der Berliner Prüfungsstelle mußte der Film um folgende Szenen gekürzt werden: *»Vergewaltigungsszene, in der man sieht, wie der Zirkusdirektor die Artistin in die Höhe hebt, sie forträgt, auf das Sofa legt und sie am Halse würgt. Akt V nach Titel 7, Szene, in der man sieht, wie Verbrecher sich an der Rinne eines Hauses festhalten und die Verfolger ihnen auf die Hände treten, damit sie herabstürzen sollen. Nach Titel 23, Szene, in der man sieht, wie Harry Piel von zwei Verbrechern überwältigt und ihm ein Knebel in den Mund gesteckt wird«* (Birett, Verzeichnis, S. 297).

Mai 28–Jun 3
»Büßer der Leidenschaft. Geschichte einer Liebe« – Bu: Robert Heymann; Da: Hilde Wolter, Max Wogritsch, Paul Hartwig.
»Sucht nach Luxus« – Bu: Paul Forro; Da: Carmen Cartellieri.
»Büßer der Leidenschaft«: »Es ist eine alte Geschichte, doch bleibt sie ewig neu: zugegeben im Leben, aber auch im Film? Aber da ist ein Gatte und eine Gattin, ein Fürst und eine Fürstin, und der Fürst und die Gattin lieben einander und brennen auf sein Schloß durch, wo ein seliges Jahr verlebt wird. Aber ha! Da naht schon das Schicksal in doppelter Gestalt: die Fürstin, unfruchtbar, und nach einem Thronerben lüstern, raubt der Geliebten das Knäblein, das sie dem Fürsten geboren; darob Jammer und Zwietracht: das Glück ist zerstört. Doch ist die Rache der Nemisis, recte der gekränkten Moral, noch lange nicht gestillt. Der Kastellanssohn des Schlosses, von toller Liebe zur Geliebten seines Herrn erfaßt, erschießt diesen in blinder Eifersucht; sie selbst wird als verdächtig eingesperrt, von ihm jedoch befreit und raubt nun ihrerseits, von Mutterliebe getrieben, mit seiner Hilfe wieder das Kind. Auf der Flucht lassen schließlich beide ihr Leben, während an beider Leichen die Fürstin und der Gatte sich finden. Die Bösen werden bestraft, die Guten belohnt: wie lebensfalsch, wie kinoecht! Fragt sich nur: ist wirklich für solche Sterilität das Kino mit seinem unerhörten Reichtum, seinen unzähligen Möglichkeiten verantwortlich und nicht vielmehr die Ideenarmut der meisten Manuskripte?« (FK 30. 5.).

Jun 4–10
»Dämon der Welt« III. Teil: »Das goldene Gift« – R: Rudolf del Zopp; Bu: William Kahn, Rudolf del Zopp; K: Otto Jäger; Au: Willi A. Hermann; Da: Charles Willy Kayser, Heinz Salfner, Mabel May-Yong, Kurt Middendorf, Georg John, Josef Reithofer.
»Die Erbschaft der Inge Stanhope« – R: Rudi Bach; Bu: Carl Heinz Carell, Idur Rivus; Da: Rita Parsen, Willy Strehl, Vilma von Mayburg, Gustav Birkholtz, Edi Blum, Marco Schwarz, Carl Heinz, Gotthelf Pistor.
»Die Erbschaft der Inge Stanhope«: »Inge Stanhope ist durch den Tod ihres Vaters verarmt und sieht sich gezwungen, ihr Brot bei fremden Leuten zu suchen. Sie gerät in die Hände von Verbrechern, die sie verschleppen. Nach mancherlei Fährlichkeiten befreit sie der Detektiv John Johnson und führt sie ihrem Bräutigam in die Arme« (DdF 13. 5. 1921, S. 6).

Jun 11–17
»Zu spät bereut« – Bu: Fritz Löhner-Beda; Da: Max Neufeld, Liane Haid.
»Verlorenes Spiel« – R und Bu: Franz Seitz; Da: Lili Dominici, Fritz Kampers, Magda Lyndt, Ellinor Buller, Rolf Pinneger, Bertil Skavellen.
»Der Film ›Verlorenes Spiel‹ schildert die Schurkenstreiche eines Hochstaplers, der auf raffinierte Art auf die Gelder einer Millionenerbin Jagd macht, aber zum Schluß doch entlarvt wird« (DF 19. 6., S. 48).
»Warum wendet man auch heute noch, wo die Herstellung eines Filmes fast ein kleines Vermögen verschlingt, soviel Geld, Zeit und Kraft auf die Schaffung von Filmwerken, wie es das vorliegende ist? Schade um die unnützen Anstrengungen [...] Der Filmfabrikant, dem das Manuskript zu diesem Filme vorlag, hätte doch sofort sehen müssen, daß kein noch so gutes Spiel, keine noch so gute Inszenierung daraus einen einigermaßen unterhaltenden Film schaffen kann. Ist der Mangel an Spielfilm-Manuskripten wirklich so groß, daß man zu einem solchen Buche greifen muß [...] Dieser Film wird meines Erachtens nicht etwa nur vom Anspruchsvolleren abgelehnt werden, er kann selbst der großen Masse unmöglich etwas bieten. Langeweile im Kino aber ist viel gefährlicher als selbst das Vorliegen von unlogischen Vorkommnissen« (FK 13. 6.).

Jun 18–24
»Das Ende vom Liede« – R: Willy Grunwald; Bu: Hans Gaus; K: Gustave Preiss; Au: Siegfried Wroblewsky; Da: Asta Nielsen, Marga Köhler, Julius Geisendörfer, Josef Römer, Fritz Wreede, Robert Hartmann, Olga Wojan, Max Zilzer; Uraufführung (die einschlägige Literatur gibt als Uraufführungsdatum irrtümlich 18. 6. 1919 an).
»Der Student von Prag« – R: Stellan Rye; Bu: Hanns Heinz Ewers; K: Guido Seeber; Au: Robert A. Dietrich nach Entwürfen von Klaus Richter; Mu: Josef Weiss; Da: Paul Wegener, Grete Berger, Lyda Salmonova, John Gottowt, Fritz Weidemann, Lothar Körner.
»Das Ende vom Liede«: »Ein Film aus der Reihe jener hundert, die nicht schlecht sind; die wirken, ohne vorwärtszubringen; die geschickt gemacht sind, ohne zu erfüllen. Konstruierte Schicksale mit kinomäßigen Wendungen. Psychologie als Mittel zum Gewalt-Zweck. Fragt sich nur: ob alles,

was nach Kriminalität abzielt, wirklich kinomäßig, ob es noch kinomäßig ist. [...] Es ist nichts zu loben, nichts zu tadeln. Die Erlebnisse einer Frau, die zwischen drei Männern steht, einer sehr eigenwilligen, sehr abwegigen Frau, verläuft ins Sensationelle. Endet mit Schuß und Knall. Gewiß, das ist klug aufgebaut, dramatisch gesteigert, das hat seine seelische Belichtung; das ist gut photographiert, ist mit Titeln ausgestattet, die kein Sprachgefühl beleidigen und wird richtig gespielt. Nur – es gibt hier nichts, was man bewundern, worüber man sich freuen könnte. Doch! Asta Nielsen. Wer wollte nicht ergriffen sein, wenn sie Menschliches, Allermenschlichstes in die Erschütterungen, die ihr Wesen spendet, gießt, aus den Kelchen ihrer Augen, aus der Musik ihrer Hände fließen läßt« (FK 21.6.).

»Der schöne deutsche Wegener Film: ›Der Student von Prag‹ unveraltet [die Uraufführung fand am 22. 8. 1913 statt]. *Unvergänglich. Klassisch«* (FK 21.6.).

Ilona Brennicke und Joe Hembus, Klassiker des deutschen Stummfilms, 1910–1930, München 1983, S. 23–29; Das wandernde Bild. Der Filmpionier Guido Seeber, hg.von der Stiftung Deutsche Kinemathek, Berlin 1979; Helmut H. Diederichs, Der Student von Prag, Einführung und Protokoll (Focus Film Text 2), Stuttgart 1985.

Jun 25–Jul 1

»Komödie des Lebens« – R: Eugen Illés; Bu: Erwin Stary, Alfred Mayer-Eckhardt; K: Eugen Illés; Au: Artur Günther; Da: Esther Carena, Adolf Edgar Licho, Arthur Somlay, Artur Krieger, Lya Sellin, Elly Lys, Henry Peters-Arnolds; Uraufführung.

»Das Geheimnis der Mitternachtsstunde« – R: Wolfgang Neff; Bu: Jane Bess; K: Joseph Dietze; Da: Harry Frank, Oskar Marion, Trude Hoffmann, Curd Cappi; Uraufführung.

»Komödie des Lebens«: »Die Tragödie einer jungen Frau, die ihren ersten Verlobten, den Todkranken, verlassen hat, um einen reichen Industriellen zu heiraten. Sie liebt den Todkranken weiter; dieser stirbt in San Remo. Der Gatte erfährt alles. Inszeniert einen Ehebruch seiner Frau, der mit einem Mord endet. Massenszene: Gerichtsverhandlung. Die Frau wird freigesprochen. Ein Schuß endet das Leben des schurkischen Großindustriellen. Der Fall liegt, wie man sieht, ziemlich einfach. Eine Unterhaltungssache, etwa vom Range der Courths-Mahler. [...] Das Publikum verlangt gewiß nichts anderes« (FK 26.6.).

»Noch vor wenigen Tagen wurden die Aufnahmen zu ›Komödie des Lebens‹ im Lunapark gemacht und schon fand die Premiere im Sport-Palast statt. [Der Film] übt eine derartiged Zugkraft aus, daß das Riesenhaus auch an Wochentagen ausverkaft war« (LBB 3. 7., S. 26).

Jul 2–8

»Prinz von Pera« – Da: Hubert Marischka, Lilli Bobrowska.

»Wildfeuer« – R: Max Neufeld; Bu: nach dem gleichnamigen Drama von Friedrich Halm; K: Carl Wagner; Da: Dora Kaiser, Max Neufeld, Karl Ehmann, Margit Joll, Lisl Günther.

FK 3. 7.

Jul 9–15

»Der Plan der Drei« – R: Wolfgang Neff; Bu: Jane Bess; K: Joseph Dietze; Au: H. Franz Schroedter; Da: Harry Frank, Oskar Marion, Irene Marga.

»Die Buchhalterin« – R: Paul von Woringen; Bu: Ewald André Dupont, Paul von Woringen nach dem gleichnamigen Roman von Max Kretzer; Da: Lotte Neumann, Bruno Kastner, Carl Beckersachs, Max Adalbert, Georg Baselt, Olga Engl, Emil Birron, Marga Köhler.

FK 10. 7.

Jul 16–22

»Agnes Arnau und ihre drei Freier« – R: Rudolf Biebrach; Bu: Robert Wiene; K: Karl Freund; Au: Ludwig Kainer; Mu: Giuseppe Becce; Da: Henny Porten, Hermann Thimig, Kurt Ehrle, Artur Menzel, Paul Westermeier, Bertha Monnard, Rudolf Biebrach, Paul Passarge.

»Fremde Welten« – R und Bu: Rudolf Walther Fein; Da: Maria Zelenka, Henry Peters-Arnolds, Minna Steinböck, Gustav Botz, Julius Brandt, Klara Heimlich, Lotte Bring; Uraufführung.

Helga Belach, Henny Porten, Der erste deutsche Filmstar, 1890–1960, Berlin 1986.

»Fremde Welten«: »Der übliche Kintoppfilm, triefend von Sentimentalität, eine Sache für das ganz große Publikum, das für die Abgenutztheit der verwendeten Effekte vielleicht kein Gefühl hat. Künstlerisch war nur die Darstellung von Maria Zelenka bemerkenswert« (DF 24.7., S. 35).

Jul 23–29

»Seelen im Sturm« – R: Eugen Illés; Bu: Alfred Mayer-Eckhardt; K: Eugen Illés; Da: Esther Carena, Julius Frucht, Arthur Somlay, Lya Sellin, Artur Krieger, Carola Franzius, Jaro Fürth, Elly Lys; Uraufführung.

»Malheurchen Nr. 8« – R und Bu: Franz Hofer; K: Gotthardt Wolf; Au: Fritz Kraencke; Da: Doritt Weixler, Franz Schweiger.

»Seelen im Sturm«: »Der neue Film mit dem Hausstar des Sportpalastes in der Hauptrolle ist guter Druchschnitt. Esther Carena, die selbst anwesend war und stark applaudiert wurde, zeigte sich diesmal sehr vielseitig. Zuerst als hausbackene kleine Landdoktorsfrau, die sich mimosenhaft jeder Einwirkung von außen her zu entziehen sucht, dann als Geliebte des Violinvirtuosen Olaf Dahlgren auf einer amerikanischen Konzerttournee, und schließlich, eine Rolle, die ihr merkwürdig gut lag, als Schwester der Barmherzigkeit in der Blindenpflege« (DF 31.7., S. 30).

»Esther Carena [...] versteht sich nicht nur sehr eingehend zu schminken. Hier gibt sie sich nicht, wie so oft, als Star, als Diva – sondern als Mensch, als sensibles Weib, das um seiner Gefühle willen durch dornenvolle Wege sich kämpfen muß – ihr Spiel zeugt von warmer Hingebung, von sicherer Reife und Natürlichkeit« (FK 24.7.).

Jul 30–Aug 5

»Die Furcht vor der Wahrheit« – Bu: nach dem Schauspiel *»Ihr Kind«* von Paul Albrecht; Da: Lotte Neumann, Ludwig Trautmann, Hermann Seldeneck, Marga Köhler, Rudolf Lettinger, Carl Beckersachs.

»Der Mann in der Falle« – R: Wolfgang Neff; Bu: Jane Bess; K: Joseph Dietze; Au: H. Franz Schroedter; Da: Harry Frank, Ernst Dernburg, Sybill Morell, Harald Bredow, Richard Georg, Hans Walden; Uraufführung.

»Der Mann in der Falle«: »Dieser Fünfakter [...] stellt ziemlich starke Anforderungen an die Leichtgläubigkeit des Publikums. Tritt da ein Klub von Gentlemen-Einbrechern auf, dessen Mitglieder den allerbesten Gesellschaftskreisen angehören, um auf dem Umwege der Plünderung der Wohlhabenden den Armen und Elenden helfen zu können. Nach den Satzungen dieser sentimentalen Edelsinn-Vereinigung ist der Klub berechtigt, nichts unversucht zu lassen, um sich die Mittel für freigebige Unterstützungsaktionen zu beschaffen. Und die Herren Mitglieder sind recht gerissene Edelverbrecher, die in ihrem Rendezvouskeller über allerhand raffiniert ausgeklügelte Fallen, treu ergebene herkulische Neger usw. verfügen. Ein Riesendiamant verwandelt sich durch einen taschenspielerischen Kunstgriff in eine fabelhafte Imitation und des Detektivs Mortens Aufgabe ist es, ihn dem Präsidenten des Jockeiklubs wieder zu verschaffen. Der Mann, der den aufgespürten Dieben in die vorerwähnte Falle geht, ist natürlich der Detektiv. Gasbetäubt wird er von den Negern in eine Tonne genagelt und ins Wasser geworfen. Aber Mortens muß Entlarver und Sieger bleiben. Die Tonne im Wasser überschlägt sich ein paarmal – und siehe da – Mortens strebt mit kräftigen Schwimmstößen der steilen Ufermauer zu, klettert aufwärts und kommt gerade im rechten Augenblick, um den Dieb des kostbaren Klubsilbers im Auto und Flugzeug zu verfolgen« (FK 2.8.).

Aug 6–12

»Frauenbriefe« – R und Bu: Rudolf Walther Fein; Da: Maria Zelenka; Reinhold Pasch, Lo Bergner; Uraufführung.

»Höhenluft« – R: Rudolf Biebrach; Bu: Siegfried Philippi; Mu: Giuseppe Becce; Da: Henny Porten, Max Laurence, Paul Hartmann, Lupu Pick, Max Gülstorff, Emmy Wyda, Reinhold Schünzel, Rudolf Biebrach.

»Frauenbriefe«: »Der Faden der Handlung, der sich nur schwach erkennbar durch den Film zieht, ist ein unverkennbares Analogon zu: ›Anders als die Andern‹, nur daß die Betroffenen hier Frauen sind. In der Pension bereits knüpfen sich die Bande inniger Freundschaft zwischen Lona und Magda, die sich allmählich immer mehr verdichten, und aus Freundschaft zu anderen Empfindungen hinüberleiten. Das Leben tritt in seine Rechte. Lona heiratet unter dem Einfluß ihres Vaters einen Mann, der sich als Rohling und Genüßling niedrigster Art entpuppt. Das Liebessehnen nach der Freundin erhält immer neue Nahrung dadurch, und nach einem häßlichen Gewaltakt mit ihrem Mann verläßt sie ihn, um in deren Arme zu flüchten. Sie trifft sie im Brautschleier, eben im Begriff, mit dem geliebten Mann vor den Altar zu treten. Denn sie hat wahr lieben gelernt. Das zu sehen, raubt Lona alle Besinnung; sie schießt die Freundin nieder. ›Weil ich Dich so liebte‹« (DF 14.8., S. 47).

Aug 13–19

»Wildes Blut« – R: Emerich Hanus; Bu: Franz Servaes nach der Novelle *»Erweckung«* von Oskar Maurus Fontana; K: Axel Graatkjaer; Au: Fritz Kraencke; Da: Dagny Servaes, Josef Klein, Rudolf Klein-Rogge, Hans Schweikart, Franz Cornelius, Erwin Binswanger, Fritz Schröter, Clemens Kaufung, Ilse Arrow, Frieda Lehndorf, Colette Corder; Uraufführung.

»Meyer aus Berlin« – R: Ernst Lubitsch; Bu: Hanns Kräly, Erich Schönfelder; K: Alfred Hansen; Da: Ernst Lubitsch, Ethel Orff, Heinz Landsmann, Trude Troll.

»Wildes Blut«: »Eines jener Balkansujets, die ja von jeher für den Film dankbare Motive gaben. Zwei Handlungen, bei denen es sich um die Erlebnisse eines Geschwisterpaares handelt, laufen nebeneinander her und vereinigen sich zum Schluß. Der leichte Hauch von Sentimentalität, die nicht ungeschickte Anlehnung an Zeitereignisse und Zeitverhältnisse dürfen auf ein angenehm angeregtes Publikum rechnen, um so mehr als das [...] Manuskript Geschmacklosigkeiten fernbleibt und vom Kinobesucher nicht verlangt, Unmögliches zu glauben« (FK 14.8.).

»Meyer aus Berlin«: »Der Film heißt vom Anfang bis zum Ende Lubitsch. Nicht allein, weil er den komischen Helden spielt und sich die vergnügte Handlung nur um seine Person dreht, sondern weil niemand wie er den Sinn und die Möglichkeiten des Filmlustspiels erfaßt hat. Lubitsch nähert seinen Film in vieler Beziehung dem Bühnenlustspiel: der nimmermüde, unaufhörlich eingesprenkelte Witz, an keiner Stelle versäumt, ermöglicht es ihm, jede Szene von geringerer Entwicklung in der Handlung zu würzen. Freilich mögen dadurch viele Titel entstehen; aber sie sind so kurz,

207 Anzeige (Chr Aug 20 – Sep 2; nach: DF 11. 9. 1920).

plakathaft, schlagend, daß sie – immer gut eingespielt – nur blitzartig aufzucken und nur ihren Witz, nicht aber den Eindruck des Zwischentitels hinterlassen. So auch hier: und so galt sicherlich der Haupterfolg des Films Lubitschem Witz und Lubitscher Regietechnik« (DF 1. 2. 1919, S. 99).
Hans Helmut Prinzler und Enno Patalas (Hgg.), Lubitsch, München-Luzern 1984, S. 207.

Aug 20–26
»Der Kindesraub im Zirkus Buffalo« – (Forts. Aug 27–Sep 2) Da: Luciano Albertini, Henriette Bonnard.
»Die Todesmaske« – R: Wolfgang Neff; Bu: Jane Bess; K: Hans Saalfrank; Au: H. Franz Schroedter; Da: Harry Frank, Grete Weixler, Trude Lehmann, Ernst Dernburg, Lothar von Meyrink.
»Der Kindesraub im Zirkus Buffalo«: »Ein Sensationsfilm, in dem ein Italiener Luciano Albertini ein gutes Spiel und eine noch bessere Akrobatik zeigt. Er jongliert in diesem Drama [...] mit Menschen, springt abwechselnd aus einem daherrasenden Zug in den anderen, klettert einen Fabrikschornstein hinauf und hinab, schlägt ihn mit einem Vorschlaghammer in Trümmer, trägt fünf Menschen in einem Netz und macht in rascher Folge die unglaublichsten Akrobatenkunststückchen, die Verblüffung und beifallsfreudige Heiterkeit hervorrufen. Den Beifall verdient er, seine Gewandtheit und Körperkraft sind wirklich unübertrefflich. Aber die Textdichter könnten bei unseren deutschen Filmautoren noch allerhand lernen« (LBB 31. 7., S. 37).
»Die Todesmaske«: »Detektiv-Filme scheinen doch nach wie vor, ganz gleich ob sie etwas taugen oder minderwertiger Kitsch sind, von größter Zugkraft zu sein. Der Sportpalast war wieder mal zum brechen voll und die Qualität des Gebotenen scheint mir dazu in keinem rechten Verhältnis zu stehen. Denn das Manuskript des Films ist, trotzdem das Sujet sogar recht gut ist, nur schwach. Hätte nicht die Regie Wolfgang Neffs mit glücklicher Hand an vielen Stellen helfend und bessernd eingegriffen, so wäre es ein völliger Versager gewesen« (DF 28. 8., S. 33).

Aug 27–Sep 2
»Der Mut zum Glück« – R: Paul von Woringen; Da: Lotte Neumann, Erich Kaiser-Titz, Heinrich Schroth, Franz Ramharter, Asta Hiller.
»Der Kindesraub im Zirkus Buffalo« – (Forts. von Aug 20–26).
»Der Mut zum Glück«: »Eine etwas süßliche Marlittiade, wie sie leider in den Lotte Neumann-Filmen bevorzugt zu werden scheinen. Von Psychologie und psychologischer Problematik ist nicht viel die Rede. Lotte, die hier Eveline heißt, liebt Heinz, wie hier Erich heißt. Der Vater hat andere Pläne. [...] Ein uralter Brief spielt eine Hauptrolle und ebenso das liebe Geld. Schließlich siegt natürlich, auch über gräßliche Rachegedanken, die Liebe: Eveline bekommt ihren Heinz. Und das Publikum ist gerührt und zufrieden. Vielleicht brauchen wir nach vier so harten und blutigen Kriegsjahren diese weiche und weichliche Sentimentalität. Die Erfahrungen nach anderen Kriegen sprechen dafür« (FK 30. 8.).

Sep 3–9
»Frank Norton« – R: Leopold Bauer; Bu: Hans Felix, Leopold Bauer; Da: Leopold Bauer, Adalbert Lang, Betty Laurence, Robert Fuchs, Sigmund Achenbach, Helene Voß, Josef Klein; Uraufführung.
»Die Glocke« – R: Franz Hofer; Bu: Franz Hofer frei nach Motiven von Friedrich Schiller; K: Ernst Krohn; Da: Ewald Brückner, Frieda Richard, Victor Colani, Lya Ley, Andreas von Horn, Erwin Fichtner, Hansi Dege.
(Forts. Sep 10–16).
»Frank Norton«: »Großer Detektiv-Schlager lautet der Untertitel! Wenn das Publikum an solchem ausgesprochenem Kino-Kitsch solchen offensichtlichen Gefallen findet, wie gestern abend, wenn es einem notorischen Verbrecher seine ganze Sympathie schenkt und sich kaum noch halten kann vor Vergnügen, wenn der Polizei eine Nase gedreht wird, dann verdient es eben keine anderen Filme. Dann kann man sich aber auch jede Art von Kritik ersparen, die ja letzten Endes darauf hinausläuft, durch sachliche Hinweise auf Schwächen und Mängel den Weg zu Besserem zu weisen. Für wen dann das Bessere?« (FK 4. 9.).
»Die Glocke«: »Ein wahrhaft kühnes Unternehmen, Schillers ›Glocke‹ verfilmen zu wollen, und auch als nur zum kleinsten Teil gelungen zu bezeichnen, und doch ist das, was unter Franz Hofers zielsicherer Spielanleitung entstanden ist, als ein gewaltiges Stück Arbeit und eine an sich durchaus beachtenswerte Leistung anzusprechen. Nur etwas mehr frei von Sentimentalität hätte man sich halten sollen, die aber in der Aufführung des Sportpalastes durch zum Teil nicht sehr glücklich gewählte Liedertexte und Chorgesänge gerade noch fälschlich unterstrichen wurde. [...] Von sehr starker Wirkung waren auch die Szenen des 4. Aktes, die das Ausrücken der Truppen 1914 zeigten und damit wohl in fast jedem von uns verwandte Saiten berührten. Zum mindesten ein unbestrittener Erfolg von Regie und Darstellung« (DF 11. 9., S. 36f.).
Hätte ich das Kino! Der Schriftsteller und der Stummfilm, Katalog der Ausstellung des Deutschen Literaturarchivs Marbach, München 1976, S. 252f.

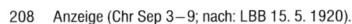

208 Anzeige (Chr Sep 3–9; nach: LBB 15. 5. 1920).

Sep 10–16
»Die Glocke« – (Forts. von Sep 3–9).
»Das Geheimnis des Schafotts« – Bu: Robert Heymann nach einem Motiv von Philippe-Auguste Villiers de L'Isle-Adam; Da: Wanda Treumann, Eugen Burg, Oskar Marion.
»Das Geheimnis des Schafotts«: »Keine absonderliche Geschichte. Spielfilm schlechthin: Dr. Sarofka liebt Maria de Vita, die an den Grafen Barnowski ihr Herz verloren. Barnowski hat einen Mord begangen, wird aber durch einen Meineid Marias vor dem Schafott bewahrt. Dr. Sarofka weiß um diesen Meineid und erzwingt dadurch Marias Hand, während der Graf ins Ausland geht. Nach Jahren kehrt er zurück. Marias Liebe erwacht von neuem, sie gibt ihrem Gatten ein Gift, das ihn wahnsinnig macht; er erwürgt sie, als er Barnowski bei ihr findet, der wirft den Rasenden aus dem Fenster und kommt dadurch in den Verdacht, Marias Mörder zu sein. Da er schweigt, verurteilt man ihn zum Tode« (DF 2. 10., S. 34).

Sep 17–23
»Masken« – R: William Wauer; Bu: Hans Hennings; K: Mutz Greenbaum; Au: Walter Röhrig, Robert Herlth; Da: Albert Bassermann, Else Bassermann, Kurt Keller-Nebri, Rose Veldtkirch, Maat St. Clair, Walter Rolfs, Albert Paul, Fr. Storm.
»Eine Nacht, gelebt im Paradiese« – R: Eugen Burg; Bu: Margot Meyer; Da: Reinhold Schünzel, Wanda Treumann, Paul Hartmann, Eugen Burg, Josef Peterhans.
»Masken«: »Vorspiel: irgend ein Mensch, wohl als Literat gedacht, kommt auf die absonderliche Idee, seiner Geldklemme dadurch abzuhelfen, daß er sich todkrank stellt und dem Künstler Bassermann einen Schreibebrief schickt, in dem er ihn bittet, einem Sterbenden den letzten Wunsch zu gewähren und zu kommen. Bassermann kommt natürlich. Und empfängt als Vermächtnis des angeblich Sterbenden drei Filmideen. [...] 1. ›Mister Pax‹ Eine Frau bittet auf der Jagd den Liebhaber, den Gatten zu erschießen. Der tut es (was ja auch im Leben bisweilen vorkommen soll.) Verwundet ihn aber nur, weiß es natürlich nicht. Das Mörderpaar flüchtet unter Gewitter durch den Wald. Trifft auf Mister Pax, der einsamer Sonderling ist. Sie aufnimmt, den Verwundeten holen läßt und sie entlarvt. Er erschießt sich, sie erlangt die Verzeihung ihres Gatten. – Hm ... Psychologie. 2. ›Variété‹ Bajazzo liebte eine, und war von einer anderen geliebt. Die eine betrügt ihn mit Hilfe der anderen. [...] Erwacht in den Armen der anderen. Entsetzte Ernüch-

terung. Gardinenschnur – Haken. Aus. – Verständlicher. Aber dumm, ich meine von dem Bajazzo. 3. ›Ein Trapistenkloster‹ Alle dürfen schweigen, nur der Abt muß reden. Reiter und Knappe kommen um Nachtquartier. Knappe-Weib zu dem Mönch mit der eisernen Maske in die Zelle. Weltliches Glück. Bruder Kellermeister entdeckt es. Eiserne Maske muß sterben, wenn es herauskommt, fleht – ganz unmönchische Angst vor dem Tode – um ein Wunder. Das geschieht. Bruder Kellermeister Schlaganfall. Eiserne Maske gerettet. Reiter und Knappe wieder ab in die Welt. [...] Ein Versuch. Mit nicht immer zureichenden Mitteln. Und nicht immer genügend durchgefeilt. Modern-phantastische Aufmachung. Caligari-Genuine-Nachahmung. Aber ohne Schmiß. Doch vielleicht entwicklungsfähig« (FK 13.9.).

»Ein neuer Bassermann-Film. Bewußt als Experiment angefaßt ... Experiment geblieben. [...] drei Masken für Bassermann. Die erste folgt der neuen expressionistischen Mode, häuft unnötige Gräßlichkeit und Dekorationen wie den erkennbar gemalten Mond in Gewitternacht, ist aber wirkungsvoll gesteigert bis zum Moment des Grauens. Der zweite Einakter bringt die alte Geschichte von Pierrot und seiner treulosen Colombine in neuer Linienführung, die trefflich zu dem bizarren Variété-Stil der Bilder paßt. Am schwächsten, auch in der Regie, die letzte Maske, des Trapistenmönches. Diese Schöne in der Nachtjacke als Versucherin des heiligen Antonius löste ungetrübte Heiterkeit beim Publikum aus, war aber leider durchaus ernst gemeint« (DF 18. 9., S. 25 f.).

Sep 24–Okt 7

»Das Kußverbot« – R: Ludwig Czerny; Bu: Ludwig Czerny, Franz Jobst Rauch nach einer Idee von Otto Tilmar Springefeld; Gesangstexte: Otto Sprinzel; Mu: Hans Ailbout, Otto Tilmar Springefeld; Au: Neporoli; Da: Ada Svedin, Willy Strehl, Lotte Werckmeister, Josef Reithofer, Martha Rhema, Hella Tornegg, Hugo Döblin, Hugo Bauer, Max Neumann, Alexander Raby, Harald Bredow; Uraufführung.

»Das Kußverbot«: »Die Handlung [...] führt uns in friedliche Biedermeierzeit. Sie teilt mit allen Operettenlibretti der Welt die allzuleichte Harmlosigkeit und die lächelnde Hingabe an eine von aller Wirklichkeit gelöste, tanzende und singende Umwelt. Aber dieser Erbprinz Ulrich Theodor, der im Studentenübermut den bierbäuchigen Leibfuchs an seiner Statt die Huldigungen der Landeskinder entgegennehmen läßt, wie der schneidige Wachoffizier, dem die schelmische Reichsgräfin Barbara zum Verdruß der hübschen Wirtstochter den Kopf verdreht, scheinen geeignet, ganz nach Liebhaber-Art überall die Herzen zu brechen. [...] Der Beifall war stark und platzte des öfteren in die Gesangsnummern hinein, so daß sie unfehlbar Da capo gefordert worden wären, wenn das im Film eben ginge« (DF 28.8., S. 30 f.).

Der Operettenfilm war nach dem Verfahren Czerny-Springefeld aufgenommen. Um eine Übereinstimmung zwischen dem Bild einerseits und der begleitenden Musik sowie den gesungenen Schlagern andererseits zu erreichen, läuft im Filmbild ein Notenband mit, nach dem der Kapellmeister im Kino Orchester und Sänger dirigierte. Ein Markierungsstrich gab an, welcher Takt der Musik jeweils erreicht sein mußte.

209 Anzeige (Chr Sep 24–30; nach: LBB 18. 9. 1920).

210 Aus dem Film »Masken« (Chr Sep 17–23).

Sep 24–30

»Das Zeichen der Vier« – R und Bu: Siegfried Dessauer; Au: Hans Neirath; Da: Robert Scholz, Otto Heinecke, Ferdinand Robert, Charlotte Berlow, Gerda Frey, Paul Herpich, Wladimir Agajeff.

»Das Zeichen der Vier«: »Ein Detektivfilm des üblichen Genres, der sich durch eine Fülle von abenteuerlichen Verfolgungen, atemraubenden Sensationen und geschickten Verwechslungen auszeichnet. Im Mittelpunkt der Handlung steht ein Verbrecher-Quartett, das ein Millionen-Testament an sich bringen will. Dem Detektiv gelingt es, nachdem er mehrmals gefoppt worden ist, die Verbrecher zu entlarven. Kaum hat er dieses Abenteuer glücklich zu Ende geführt, da legt ihm der Polizeibeamte schon wieder einen neuen Fall vor. [...] Reklame für den nächsten Film!« (DF 2.10., S. 33).

211 Anzeige (Chr Okt 8–14; nach: LBB 2. 10. 1920).

Okt 1–7

»Lori & Co« – Da: Lotte Neumann, Bruno Kastner.

Okt 8–14

»Der unheimliche Fahrgast« – R: Leopold Bauer; Bu: Hans Felix, Leopold Bauer; Da: Leopold Bauer, Maria Forescu, Josef Klein, Gerda Frey, Fritz Digruber, Hans Felix; Uraufführung.

»Wenn Colombine winkt« – R und K: Eugen Illés; Bu: Alfred Mayer-Eckhardt; Da: Esther Carena, Danny Gürtler, Fritz Achterberg, Ernst Pittschau, Friedrich Kühne, Franz Verdier, Ferry Sikla.

»Der unheimliche Fahrgast«: »Der Kern der Handlung ist an sich nicht schlecht. Eine im Besitz wichtiger Dokumente befindliche Erpresserbande saugt einen Fabrikbesitzer aus. Der eine Schurke tritt als spanischer Edelmann auf und fordert die Tochter seines Opfers. Als man ihn eines Nachts aus dem Auto hebt, ist er tot. Ein Fremder begleitete ihn, sprang unterwegs ab – wer war der Täter, wo blieben die Dokumente? Nun das Übliche: falsche Spur, ein Unschuldiger in Haft, raffinierter Kampf zwischen Gericht, Polizei und Verbrechern. Schließlich Sieg der Gerechtigkeit. [...] Aber Herrschaften: das viele Beiwerk! Es verwirrt die Handlung, daß ein weniger scharf aufpassender Besucher schwer aus dem Ganzen klug wird. Und dann: Weshalb die endlosen Titel – das Kino ist doch kein Lesesaal!« (FK 9.10).

Okt 25–21

»Der Schatten einer Stunde« – R: Otto Rippert; Bu: Paul Georg, Willy Rath; Au: Carl Kirmse; Da: Hella Moja, Georg John, Theodor Becker, Ernst Pittschau, Traute Trinius, Ernst Ludwig; Uraufführung.

»Die Notheirat« – R: Paul von Woringen; Bu: Robert Heymann; Da: Hilde Wolter, Kurt Ehrle, Albert Paulig, Bruno Becker, Johanna Flessa, Anna Lehmann; Uraufführung.

»Der Schatten einer Stunde«: »Ein Frauenschicksal in 5 Akten. [...] Der Film schildert das Liebesleben einer schönen Frau, der eine glückliche, verbotene Stunde zum Schicksal wird. Der Geliebte, Staatsanwalt, kommt in große Seelenkämpfe. Hie Weib, hie Pflicht und Amt. Ein Schurke beutet mit gestohlenen Briefen das schwer mit sich ringende Weib aus – bis die Verzweifelte ihn mordet. [...] Die stetig fortschreitende, glaubwürdige Handlung ist stark und dramatisch bewegt. Interesse und Spannung halten bis zum Schluß an. [...] Der Film dürfte beim Publikum starken Anklang finden« (DF 23. 10., S. 42).

»Der Schatten einer Stunde«: »Ein Film, der weit unter dem Mittelmaß deutscher Produktion der letzten Zeit steht. [...] Der Mangel beginnt bereits beim Manuskript. Es geht nichts vor. Im ganzen Film handelt es sich um Seelenkämpfe und die lassen sich nun einmal im Film nicht voll zur Geltung bringen, auch dann nicht, wenn man in jedem Akt ein paar Großaufnahmen der leidenden Heldin bringt, bei denen sie händeringend, mit weitaufgerissenen Augen dasitzt. Innere Erregungen müssen empfunden, aber nicht gespielt werden« (FK 18. 10.).

Okt 22–28

»Das Mädchen aus der Ackerstraße. 2. Teil. Ein Sittendrama aus Berlin N.« – R: Werner Funck; Bu: Walter C. F. Lierke nach dem gleichnamigen Roman von Ernst Friedrich; K: Willy Großstück; Au: H. Franz Schroedter, Mathieu Oostermann; Da: Lilly Flohr, Arthur Kraußneck, Eugen Klöpfer, Lya Sellin, Kurt Middendorf, Hermann Picha, Elsa Wagner, Hedda Forster, Heinz Stieda, Ferry Sikla, Martha Seemann, Lou Finck, Johanna Ewald, Leonhard Haskel; Uraufführung.

»Die Jagd nach dem Kopf« – R: Strix; Bu: Emerich Hanus.

»Das Mädchen aus der Ackerstraße. 2. Teil«: »Im Mittelpunkt der Handlung steht neben der unglücklichen Ella der gutherzige Vater Schröder. Dieser hat einst im Jähzorn seine einzige Tochter verjagt und in den Tod getrieben. Der seelisch Gebrochene will nun Gutes tun. Jeden Abend wandert er zum Goldfischteich, um den Lebensmüden neue Hoffnung zu geben. Hier findet er eines Tages Ella. Bei ihm geborgen, erzählt sie ihm ihre Geschichte. Von grausamen Eltern verstoßen, lief sie dem edlen Dr. Albrecht in die Hände. Das kurze Liebesverhältnis fand durch den Selbstmord ihres Geliebten ein tragisches Ende. Ella jedoch, bald getröstet, wurde auf einem großen Fest die Geliebte eines Hochstaplers, der sie bald verließ. Nun lebte sie mit dem treuherzigen Lehrer Krause, den sie inzwischen kennengelernt. Doch von dem naiven Menschen unverstanden, kehrte sie zu ihrem früheren Geliebten zurück. Bald darauf wurde dieser, ein lang gesuchter Verbrecher, festgenommen. Nun wollte sie sterben. Vater Schröder richtet sie wieder auf und vereinigt sie nochmals mit Krause, der ihr gern verzeiht« (FK 21. 10.).

DF 23. 10., S. 43; 30. 10., S. 31 f.

»Die Jagd nach dem Kopf«: »Der entzückende Lustspieltrickfilm: Ein Professor hält einen Vortrag, hat jedoch in seiner Zerstreutheit im Vorraum des Saales seinen Kopf mit den Überkleidern abgelegt, und der wird ihm nun gestohlen. Der Film erregte durch seine überaus grotesk gezeichneten Einfälle und duch seine ironische Drastigkeit eine gute Stimmung beim Publikum« (FK 20. 9.).

212 Anzeige (Chr Okt 22–28; nach: LBB 16. 10. 1920).

Okt 29–Nov 4

»Manegenrausch« – R und K: Eugen Illés; Bu: Alfred Mayer-Eckhardt; Au: Artur Günther; Da: Esther Carena, Fred Selva-Goebel, Antonie Jaeckel, Hr. Stehlick, Irmgard Bern; Uraufführung.

»Das Geheimnis des Fakirs« – R und Bu: Siegfried Dessauer; K: Vilmos Fényes; Au: Hans Neirath; Da: Robert Scholz, Otto Heinicke, Clemens Kaufung, Walter Wolfgram, Gerda Frey; Uraufführung.

»Manegenrausch«: »Ein netter, sechsaktiger Publikumsfilm [...] Es handelt sich im Kern der Sache um die sündige Liebe unter Blutsverwandten [...], gemischt mit Zirkusluft, Stallduft und Zigeunerleben-Romantik. [...] Esther Carena spielt die Hauptrolle, ist das Weib, das – nachdem es durch Zufall die Blutsverwandtschaft festgestellt hat – Glück und Reichtum aufgibt, um dem geliebten Gatten und Halbbruder Kummer und Sorge zu ersparen. Ist sie als Trapezkünstlerin, als Führerin einer Gauklertruppe schon so recht in ihrem Element, so findet sie als Gräfin, als liebendes Weib diesmal warme, sympathische Züge, die man anerkennen muß. Wenn diese Darstellerin erst einmal eine Rolle geschrieben bekommt, in der sie nicht blenden, sondern inneres Erleben zeigen kann, wenn sie ferner ihr Bestreben, in den Vordergrund zu rücken, aufgegeben haben wird und sich nur als Glied eines Ganzen fühlt – dann bin ich überzeugt, daß wir unsere helle Freude an ihr erleben können« (DF 6. 11., S. 37 f.).

»Das Geheimnis des Fakirs«: »An der Spitze einer indischen Sekte steht der Fakir Sihid-Al-Bar, der einem Europäer furchtbare Rache geschworen hat, weil dieser einst eine ihnen geheiligte Schlange und einige Inder erschlug. Mit heiligem Fanatismus bereiten sie sich in aller Stille auf die Ausführung ihres Planes vor. Da tritt John Harrison, der Meisterdetektiv, auf, durchschaut ihre mit feinstem Verbrecherraffinement gesponnenen Pläne, vereitelt noch im letzten Augenblick vielfachen Mord und bringt, wie üblich, unter großem Aufwand an Detektivschlauheit und -geschicklichkeit, mutigen Überrumpelungen den Verbrecher zur Strecke. Das mysteriöse Dunkel des ersten Aktes hat sich gelöst, und aus dem ›Geheimnis des Fakirs‹ ist ziemlich rasch ein regelrechtes, romantisches Detektiv-Schauspiel mit allem gewohnten Zubehör geworden« (FK 1.11.).

Nov 5–11

»Sybill Morgan, die Tochter des Milliardärs« – Bu: Walter Wassermann; Da: Hilde Wolter, Meinhart Maur, Hansi Dege, Rolf Nordeck.

»Der Funkenruf der ›Riobamba‹« – R: Adolf Gärtner; Bu: Paul Rosenhayn; K: Carl Paulus; Au: Hr. Barlitza; Da: Kurt Brenkendorf, Carl Auen, Fred Selva-Goebel, Bruno Ziener, Frl. Jürgens, Marie Voigtsberger.

»Sybill Morgan, die Tochter des Milliardärs«: »Echtes Unterhaltungsstück: nett aufgebaut, ohne auf literarische Bewertung Anspruch zu machen. Die Logik macht wunderliche Sprünge, aber das Publikum – wenigstens die große Masse – achtet nicht darauf« (DF 13.11., S. 35).
»Der Funkenruf der ›Riobamba‹«: »Ein Detektivfilm, wie er beliebt ist. Mit vieler und starker Handlung, mit verwirrenden Geschehnissen, mit spannenden Tricks und fesselndem Vorwärtsschreiten« (DF 20.11., S. 38).

Nov 12–17
»Auri sacra Fames. Der verfluchte Hunger nach Gold. 1. Teil: An der Liebe Narrenseil« – R: Leo Lasko; Bu: Rosa Porten, Otto Krack; K: Franz Stein; Au: Artur Günther; Da: Rosa Porten, Werner Funck, Fritz Delius, Josef Peterhans, Sophie Pagay, Charles Berger, Josef Commer, Julius Brandt; Uraufführung.
»Der Gatte der gnädigen Frau«.
»Auri sacra Fames. Der verfluchte Hunger nach Gold. 1. Teil: An der Liebe Narrenseil«: »Der Film beginnt auf eine Weise, die nicht sonderlich überrascht. Klub – Spiel – Milliardär langweilt sich. Freund verspricht Anregung, Auto, Vorstadttheater, Schauspielerin. Das alles kennt man. Aber nun kommt es anders. Die Schauspielerin fällt durch. Der Milliardär eilt in plötzlich erwachendem Interesse in ihre Garderobe, bietet ihr seine Hilfe und wird – abgewiesen. Trotz der Milliarden. Nur eine Zigarette nimmt die Schauspielerin. Dann erklärt sie seine Mission hier als beendet. Aktschluß. Und im Publikum nicht die übliche Pausenlangeweile, sondern Spannung, Mutmaßung, versuchte Enträtselung dieser tapferen, ruhig überlegenen Schauspielerin, die so gar nichts vom Üblichen hat. Der Milliardär lächelt, kauft ein Theater, einen Direktor, läßt sie engagieren und verschafft ihr einen einzigartig dastehenden Erfolg. – Sehr amüsant übrigens die Inszenierung dieses Erfolges! – Er nähert sich ihr in Liebe, und sie liebt ihn. Aber sie zeigt es nicht. Sein Reichtum steht zwischen ihr und ihm. Das vom Goldhunger reine, in seinen tiefsten Wurzeln verletzte Gefühl der geliebten Frau gibt dem Milliardär schließlich die Kraft zur Läuterung. Er tilgt sich aus den Reihen der Lebenden. Sein Auto rast brennend einen Abhang hinab« (DF 6.11., S. 35).

Nov 18, 19.30 Uhr. Boxen »Tom Cowler – Erminio Spalla« u.a.
V: Hermann Wulff.
Lg: Otto Kresin (Berlin) – Jack Greenstock (GB), Sieg Greenstocks nach Pktn (10 Rdn).
Wg: Willy Spörl (Bayern) – Alfred Craig (GB), Sieg Craigs nach Pktn (10 Rdn).
Mg: Walter Buckszun (Berlin) – Sid Burns (GB), Sieg Buckszuns nach Pktn (10 Rdn).
Sg: Tom Cowler (90 kg; USA) – Erminio Spalla (77,5 kg; I), Sieg Cowlers durch Aufgabe (6. Rde).
»Am Donnerstag [...] eröffnet der jetzt völlig der hohen Filmkunst geweihte Sportpalast [...] nach langer Zeit wieder einmal den Jüngern und Freunden des Sportes und zwar diesesmal denjenigen des Boxsportes, seine Pforten. Keiner unserer großen Ringe, selbst nicht einmal der als Kampfarena eigentlich unübertreffliche Zirkus Busch ist so großartig dazu geeignet, unserem Sport als Tempel zu dienen, wie die riesige Sportpalast-Arena. Die Gewißheit, gut 10000 Zuschauer unterzubringen und die damit verbundene Möglichkeit, durch populäre Preise weiteren interessierten Schichten der Bevölkerung den Genuß großer Faustkämpfe zugänglich zu machen, lassen es als sicher annehmen, daß gerade diese Stätte dazu berufen erscheint, ein großes Werbefeld für den Boxsport zu werden [...]« (BS 11, S. 3). Die Halle war für diesen Tag *»besonders umgebaut«* worden.
BS 7, S. 7; 10, S. 11; 11, S 3 f.; 12, S. 5 f.

214 Anzeige (Chr Nov 12–17; nach: LBB 13. 11. 1920).

Nov 19–25
»Auri sacra Fames. Der verfluchte Hunger nach Gold. 2. Teil: Das Testament eines Exzentrischen« – R: Leo Lasko; Bu: Rosa Porten, Otto Krack; K: Franz Stein; Au: Artur Günther; Da: Rosa Porten, Werner Funck, Trude Hoffmann, Fritz Delius, Josef Peterhans, Josef Commer; Uraufführung.
»Der gelbe Diplomat« – R: Fred Sauer; Bu: Fanny Carlsen; K: Wilhelm Goldberger; Da: Friedrich Zelnik, Käthe Haack, Grete Lundt, Hermann Vallentin, Fritz Schulz, Nien-Tso-Ling, Nien-Sön-Ling.

213 Tom Cowler gegen Erminio Spalla (Chr Nov 18).

»Auri sacra Fames. Der verfluchte Hunger nach Gold. 2. Teil: Das Testament eines Exzentrischen«: »Während aber der 1. Teil die Hoffnung offen ließ, daß die Autoren ein Problem lösen, eine Originalität bringen wollten, verliert sich der 2. Teil leider in eine Detektivgeschichte alten Stiles: Verschleppung, Autoattentate, Sprengungen, tollkühnen Sprüngen und Gott weiß was alles. Es tritt die Handlung zurück und die Sensation siegt. [...] Der Milliardär, der durch seinen glaubhaft gemachten Selbstmord im 1. Teil Lillith, seinen Schützling, in den Geruch einer Mörderin bringt, lebt und will Lillith auf recht eigenartige Weise von der Macht des Goldes überzeugen« (FK 20.11.).

»Der gelbe Diplomat«: »In sechs Akten buhlt in leidenschaftlicher Weise eine spanische Botschaftersfrau um die Gunst eines am Hofe neu eingetroffenen chinesischen Diplomaten, dessen Bekanntschaft sie schon vorher auf hoher See gemacht hatte. Ein von ihr veranlaßtes nächtliches Liebesabenteuer im eigenen Hause, das durch das plötzliche Eintreffen des betrogenen Gatten die Ehre des Hauses zu treffen drohte, wird durch die Ritterlichkeit des Chinesen dadurch abgewendet, daß er um die Hand der Tochter wirbt, der sein Besuch gegolten. Diese Liebesszene fand bei den Besuchern wenig Anklang, ebenso war es in den anderen Akten, in der die exotische Exzellenz über eine verrottete Salonmoral den Sieg davontrug« (BLA 21.11.).

Nov 26–Dez 2

»Das Frauenhaus von Brescia« – R: Hubert Moest; Bu: Karl Hans Strobl, Hubert Moest nach dem gleichnamigen Roman von Karl Hans Strobl; K: Georg Hermann Schubert; Au: Hans Dreier; Da: Hedda Vernon, Josef Peterhans, Gertrud Welcker, Theodor Burgarth, Eduard von Winterstein, Ernst Deutsch, Olga Limburg, Paul Bildt, Fritz Delius, G. de Giorgetti, Julius Roether, Fritz Jessner, Hermine Strassmann-Witt, Gerda Frey, Vera Hall, Martha Santen, Blandine Ebinger, Josef Klein, Hugo Bauer.

»Ein Mutterherz« – Da: Rita Jolivat.

»Das Frauenhaus von Brescia«: »Die Ereignisse spielen zur Zeit des Römerzuges Kaiser Heinrich VII., eines nicht übermäßig glorreichen Vertreters der ›römischen Kaiser deutscher Nation‹. Die Hauptzeit seiner kurzfristigen Regierungsperiode wurde von dem letzthin unglücklichen Italienzug ausgefüllt, auf dem ihm der gegnerische Feldherr Barbiano von Brescia die Gemahlin zu rauben versteht, um sie im Frauenhause der öffentlichen Schande preiszugeben, der sie nur durch die Aufopferung [...] einer ihrer Edeldamen entgeht, die sich statt ihrer hingibt« (DF 2.10., S. 32).

»Die eigentliche Stärke des Films liegt nicht in der großen, teilweise wundervollen Aufmachung, die man ihm zuteil werden ließ, nicht in dem Reiz seiner sagenumwobenen Zeit. Sie liegt im Inhaltlichen, im tragischen Konflikt, dem keine Verlogenheit und falsche Sentimentalität anhaftet, der mit feinsten Fasern im Menschlichen wurzelt und deshalb menschlich zu erschüttern vermag« (FK 10. 8.).

AKB 19. 2. 1921, S. 10.

»Ein Mutterherz«: »Eine Mischung von Schauerromantik und Rührseligkeit, die kaum überboten werden kann. Die ganze Idee ist dürftig, die Ausführung naiv. Jagd nach einem Dokument, das erst bei seiner Vernichtung als Warnungsruf eines Sterbenden erkannt wird, Rache der Schurken [...] durch Raub eines Kindes, dessen Rettung durch die Mutter. Tod der Bösewichter durch eigene Schuld. [...] Wenn sich Vorstadtkinos [des Films] erbarmt hätten, würde man es vielleicht verständlich finden. Er steht unendlich weit hinter der modernen Kinokunst zurück und ich glaube richtig beobachtet zu haben, daß selbst das genügsame, ja anspruchslose Sportpalast-Stammpublikum kühl blieb« (FK 27.11.).

Dez 3–9

»Ihr Recht« – R: Paul von Woringen; Bu: Robert Heymann; Da: Hilde Wolter, Josef Römer, Henry Peters-Arnolds, Marga Köhler, Antonie Forescu.

»Oberst Chabert« – R: Eugen Burg; Bu: Robert Heymann nach dem gleichnamigen Roman von Honoré de Balzac; K: Joseph Dietze; Da: Wanda Treumann, Eugen Burg, Edgar Pauly, Oskar Marion, Max Laurence, Hans Ahrens.

»Ihr Recht« »ist in die Sorte der Aufklärungsfilme unseligen Angedenkens einzureihen. Man schwelgt in Ausschweifungen, spielt falsch, kriegt Kinder, die an ihrer Gesundheit die Sünden der Väter büßen müssen, treibt Ehebruch und haßt leidenschaftlich. Also: alles was sein kann!« (DF 11.12., S. 32).

»Oberst Chabert«: Der Film behandelt *»das Schicksal eines angeblich im Kriege Gefallenen, der plötzlich zurückkehrt, von seiner Gattin wegen seines schlechten, früheren Lebenswandels verleugnet wird und nun versucht, wieder in seine Rechte zu gelangen«* (DF 11.12., S. 32).

Dez 10–16

»Zigeunerblut« – R: Karl Otto Krause; Bu: Karl Otto Krause, Franz Jobst Rauch; K: Kurt Lande; Au: Eduard Peter; Mu: Georges Bizet, Ruggiero Leoncavallo, Ferdinand Gumpert, Emmé Maillart, Luigi Arditi, Erik Meyer-Helmund, Karl Otto Krause; Da: Hilde Wörner, Paul Hansen, Fritz Moleska, Max Laurence, Karl Fenz.

»Hotel Atlantik« – R und Bu: Siegfried Dessauer; K: Vilmos Fényes; Au: F. W. Krohn; Da: Robert Scholz, Oskar Marion, Meg Gehrts-Schomburgk, Max Freiburg, Hans Gungowsky; Uraufführung.

Das Film-Singspiel *»Zigenerblut«* wurde nach dem Beck-Patent aufgenommen; ein am unteren Bildrand einkopierter, bei der Projektion deutlich sichtbarer Kapellmeister ermöglichte es dem Orchesterleiter im Kino, Bild und Musik in Übereinstimmung zu bringen. *»Die einfache Handlung, in der ein Straßenmädel aufgefischt, zur Sängerin ausgebildet, ihrem Wohltäter untreu wird und dann schließlich doch erkennt, daß er der Beste ist, ist nicht neu – dafür aber hübsch in die Länge gezogen. Der Komponist dieses Werkes hat es nicht schwer gehabt: ein Walzerchen, ein, zwei Lieder – das ist sein geistiges Eigentum. Sonst aber bietet die Vorführung einzelner Szenen aus ›Bajazzo‹, ›Glöckchen des Eremiten‹ und ›Carmen‹ Gelegenheit, die edle Sangeskunst zu üben.«* Der zweite Film des Abends *»Hotel Atlantik«*, ein Detektivschauspiel: *»Fünf Akte, in denen es ein bißchen viel zu überlegen gibt, wenn man den Faden nicht verlieren will. Ein Salondieb hat ein armes Mädel zur Helfershelferin gepreßt; plündert Hotel-Safes, wird von dem berühmten Meister [...] verfolgt und mit Hilfe seiner reuevollen Komplizin geschnappt. Nun stellt sich aber heraus, daß sein letztes Verbrechen ein anderer ausführte. Und noch im Kittchen ist er lächelnder Gentleman. Zunächst läßt der Film Sensationen erwarten, löst Spannungen auf, um dann gut bürgerlich und zensurrein weiterzugehen. Dessauers Auffassung ist ganz interessant: er zeigt von vornherein Dieb und Detektiv und überläßt es dem Publikum, sich vier Akte hindurch den Kopf zu zerbrechen, wie und wann der böse Mann gefaßt werden wird. Das ist ein Trick, der nicht schlecht ist und den Zuschauer in Atem hält«* (FK 11.12.).

Dez 17–23

»Rheinzauber« – R: Joseph Max Jacoby; K: Arpad Viragh; Mu: Carlo Emerich; Da: Bernhard Bötel, Melitta Kiefer, Karl Harbacher, Carmen Ila, Fr. Torf, Waldemar Henke.

»Die Rache des Maharadscha«.

»Rheinzauber«: »Ich möchte gleich vorausschicken – der Beifall war stark und setzte nach jedem Akt und einzelnen Gesangsnummern ein. Also ist wohl von einem großen, äußerlichen Erfolg dieses neuen Filmsingspiels (nach dem bekannten Beck-Patent) zu sprechen. Berechtigt ist er für die wunderherrlichen Landschaftsmotive [...], berechtigt auch für die friedliche Sonntagmorgenstimmung und lustige Kleinmalerei, mit deren Eindrücken der Regisseur den faden Inhalt würzte, berechtigt schließlich auch noch für den fabelhaften Fleiß des kleinen Kapellmeisters, der mal auf dem Schoß, mal auf dem Stiefel der Darsteller, manchmal aber auch bescheiden im Gras den Takt schlägt. Die Handlung – ? Film und Gesang in nicht immer glücklicher Kombination, wenn auch technisch tadellos klappend. Manchmal von unfreiwilliger Komik. Ein junges Paar, lange Zeit getrennt, findet sich wieder, küßt sich und fängt sofort an zu singen. Das kennen wir von der Oper, der Operette her. Beim Film aber sind wir es nicht gewohnt. Wir empfinden die Situation als unwahr, unmöglich und durch die ständig wechselnden Mundstellungen der Sänger noch dazu sehr komisch« (DF 2.10., S. 35).

DF 25. 12., S. 33; FK 18. 12.

»Die Rache des Maharadscha«, als *»großer Ausstattungsfilm in 4 Akten, mit Löwen- und Tigerszenen«* angekündigt, ist *»ein indisches Drama, das so indisch ist, wie all die andern, die man in letzter Zeit auf der Leinwand gesehen hat. ›Die Rache des Maharadscha‹ [...] hat zwei Folgen, die eine zu erwartende, daß es ihm selbst schlecht dabei geht, er wird getötet, die andere etwas unerwartete, daß die unglücklich von ihm Geliebte vom Tode erwacht und aus dem Sarg heraus dem glücklichen Nebenbuhler in die Arme fliegt. Im Kino ist nichts unmöglich«* (BLA 19.12.).

Dez 25–30

»Ninon de Lenclos« – R: Eugen Burg; Bu: Robert Heymann; K: Joseph Dietze; Au: Ludwig Kainer; Da: Wanda Treumann, Julius Strobl, Hans Lackner, Heinrich Fuchs, Emmy Flemmich, Marianne Wulf, Alfred Schreiber, Ernst Barth, Felix Steinböck.

»Der Liebesbrief der Königin« – R und Bu: Robert Wiene; Mu: Giuseppe Becce; Da: Henny Porten, Arthur Schröder, Rudolf Biebrach, Frieda Richard, Heinrich Schroth, Paul Biensfeldt.

»Ninon de Lenclos«: »›6 Akte aus dem Leben der vielbegehrten Frau des galanten Jahrhunderts, frei nach ihren Memoiren bearbeitet‹ – so lautet der Untertitel. [...] Große Aufmachung eines routinierten Fachmannes – aber nicht das echte Spiegelbild, nicht der wirkliche Geist jener Zeit. Wanda Treumann ist die dem Regisseur folgsame Titelheldin, die Kurtisane, die von Arm zu Arm fliegt, die Männer haßt und verachtet und sehen muß, wie der Eine, den sie wahrhaft liebt, ein Opfer gemeiner Intrige, auf dem Schafott stirbt. Sie gibt sich große Mühe – aber sie bleibt nur Geliebte, bringt nicht genügend das politische Raffinement der Lenclos zum Ausdruck. [...] Ein Werk, welches das Unterhaltung suchende Publikum befriedigen wird« (DF 1.1. 1921, S. 43).

»Im Sportpalast ertönen Weihnachtslieder eines Vocalchors und Glockengeläute, in jeder Loge ein kleiner Christbaum mit gedämpften Lämpchen, das Haus übervoll, doch der Kritiker muß seines Amtes walten« (LBB 1.1. 1921, S.60).

1920/1921

Dez 31–1921 Jan 6
»Die Erlebnisse der Tänzerin Fanny Elßler« – R: Friedrich Zelnik; Bu: Fanny Carlsen; K: Wilhelm Goldberger; Au: Fritz Lederer; Da: Lya Mara, Rudolf Forster, Ernst Hoffmann, Heinrich Peer, Josef Reithofer, Ilka Grüning, Karl Platen, Karl Harbacher, Hilde Arndt.
»Der Museumsdiebstahl« – Da: Leopold Bauer, Emil Mamelok.
»Die Erlebnisse der Tänzerin Fanny Elßler«: »Trägt das Sujet schon vermittels Milieu und Hauptfigur alle Voraussetzungen zum starken Publikumsfilm in sich, so hat es hier Gestalten gefunden, die sehr geschickt zu Werke und der Versüßlichung durchweg aus dem Wege gingen. Das Manuskript [...] bezeichnet sich in klugberechnender Art als Filmroman in fünf Kapiteln. Jedes Kapitel bedeutet gleichsam einen Abschnitt aus dem Leben der göttlichen Fanny. Das erste schildert ihre fröhliche Jugend bis zu dem Moment, da sie dem Freiherrn v. Gentz vorgestellt und von ihm zur Ausbildung nach Italien geschickt wird. Das zweite Kapitel ist ihren ersten Erfolgen und der zarten, warmen Freundschaft mit dem Freiherrn gewidmet. Das dritte gibt ihr Abenteuer in England mit dem seltsamen, romantischen Lord Chester wieder, und das vierte und fünfte ihr Erlebnis mit dem jungen Herzog von Reichsstadt, das so jäh und traurig endet. Regie führt Zelnik. Routine. Liebevolle Überlegtheit eines Könners. Viel echter Humor. Kein Vorbeihauen in der Wahl der künstlerischen Ausdrucksmittel. Kein Experimentieren mit ungewissem Ausgang und zu erwartenden Offenbarungen oder Enttäuschungen. Können in der Regie. Kenner in der Psyche des Publikums. Lya Mara als Fanny. Ganz Temperament, Impuls und eine unbeschreibliche Lieblichkeit. Kindhaft naiv im Rausch des Erfolges sowohl, als noch in dem Augenblick, da der Tod des Herzogs ihr den ersten derben Schmerz zufügt und sie Schutz sucht bei ihrem ersten treuen Freund. Die Leistung der Mara ist so abgerundet, so durchgeführt, wie ich es noch nicht oft sah. Ganz abgesehen von ihrer Tanzkunst« (FK 6. 8. 1920).
»Der Museumsdiebstahl«: »Der Spitzbube Frank Norton wird, nachdem er den abenteuerlichen Diebstahl ausgeführt, von dem Meisterdetektiv natürlich gefaßt, und es ist auch selbstverständlich, daß in den ersten vier Akten sich die Schwierigkeiten, den Gauner zu erwischen, gewaltig häufen, aber am Ende [...] muß sich der schlaue Norton doch in sein Schicksal ergeben. Der Verfasser – sein Name ist wieder einmal nicht auf dem Programm genannt – führt uns mit geschickter Hand durch verschlungene Pfade und versteht es, empfängliche Gemüter eine Weile zu fesseln« (BLA 1.1. 1921).

1921

Jan 7–13
»Madame Bovary« – R: Franz Eckstein; Bu: Rosa Porten nach dem gleichnamigen Roman von Gustave Flaubert; Da: Else Roscher, Josef Peterhans, Fred Selva-Goebel, Olaf Storm.
»Der fürstliche Abenteurer« – (Forts. Jan 14–15).
»Der fürstliche Abenteurer«: »In diesem [...] Film mit dem Untertitel ›Buffalo, der stärkste Mann der Welt‹ kommt jedes Publikum ganz auf seine Kosten. Denn es handelt sich um das Erbe einer Fürstenkrone, um die Schicksale eines geraubten Kindes, um Schliche zwischen Verfolgern und Verfolgten und um herkulische Leistungen Buffalos, eines Artisten. Im Sportpalast war die Menge von dessen Taten [...] begeistert, trotzdem sie in rasendem Tempo gezeigt wurden. Es ist ein italienisches Fabrikat voller Sensationen, leider ohne Nennung der beteiligten Personen, daher ist nur ein allgemeines Lob des Sujets, der Regie, der Darstellung und der Aufnahmen am Platze« (LBB 29.1., S. 46).
DF 28.12. 1920, S. 29f.; FK 13. 12 1920.

215 Aus dem Film »Der Frauenarzt« (Chr Jan 21–27).

Jan 14–20
»Der Triumph des Todes« – Bu: Walter Schmidthäsler; Da: Hilde Wolter, Karl Falkenberg, Ralf Nordeck, Vilma von Mayburg; Uraufführung.
»Der fürstliche Abenteurer« – (nur bis Jan 15; Forts. von Jan 7–13).
»Monica Vogelsang« – (erst ab Jan 16) R: Rudolf Biebrach; Bu: Hanns Kräly nach der gleichnamigen Novelle von Felix Philippi; K: Willibald Gaebel, Bruno Fellmer; Au: Jack Winter, Emil Hassler; Da: Henny Porten, Paul Hartmann, Elsa Wagner, Gustav Botz, Julius Sachs, Ernst Deutsch, Wilhelm Diegelmann, Ilka Grüning, Willy Schmidt.
DF 11. 1. 1920, S. 34; Helga Belach, Henny Porten, Der erste deutsche Filmstar, 1890–1960, Berlin 1986.
»Tripumph des Todes«: »Dieser Film stellt an die Gewissenhaftigkeit des Kritikers große Anforderungen. Wollte man diesen Film nur nach der Handlung beurteilen, dann müßte man ihn in einem Atem mit allen Filmen nennen, die letzten Endes nichts anderes bezwecken, als ein naives Publikum ›zu Tränen zu rühren‹. [...] Es gibt zwar auch eine ganze Menge kitschiger Nebensächlichkeiten, die man verfeinern oder weglassen könnte; aber sie wirken nicht aufdringlich. Es fehlen die marktschreierischen ›Sensationen‹. Einige schöne Bilder und zart empfundene Liebesszenen entschädigen für die Handlung, von deren allzu gewöhnlichen Sujet man absehen muß, wenn man die Lichtseiten dieses Films erkennen will. Mit einem Wort: es ist ein annehmbarer Publikumsfilm ohne die widerliche ›Aufmachung‹, der eine müßige Stunde ganz annehmbar vertreibt. Die Handlung spielt sich zwischen drei Personen ab. Zwischen drei einsamen Menschen. Der junge Freiherr, erblich belastet, ist unrettbar verloren. Er genießt ein kurzes Glück mit Herta, einem jungen Mädchen, das sich eines Tages auf ihrem nächtlichen Spaziergang in sein Schloß verirrt hat. Später findet er sie auf einem Fest wieder. Zwischen ihnen steht der Freund, ein junger Maler, der aber edelmütig entsagt. Doch der Freiherr zieht sich, sobald er die volle Wahrheit über seinen Zustand weiß – er hat nur noch ein halbes Jahr zu leben –, von Herta und von allen Verpflichtungen in die Einsamkeit zurück. Sie folgt ihm. Sie verleben einige schöne Tage. Noch vor Eintritt der Katastrophe ertränkt sie sich. Er stirbt an ihrer Bahre« (FK 15.1.).

Jan 21–27
»Der Frauenarzt« – R: Reinhard Bruck; Bu: Hans Hennings; Da: Albert Bassermann, Colette Corder, Else Bassermann, Leopold von Ledebur; Uraufführung.
»City-Bank« – R: Robert Scholz; Bu: Siegfried Dessauer; Da: Harry Hardt, Friedel Arcow, Alfred Scherzer, Willi Kaiser-Heyl.
»Der Frauenarzt«: »Der neue Bassermann-Fünfakter [...] behandelt die Tragödie eines Arztes, der in vorgerückten Jahren die Tochter seiner Jugendgeliebten, weniger aus innerem Zwang als aus einem gewissen Mitleid heraus heiratet. Gleichzeitig mit ihm feiert sein Assistent Hochzeit mit einer Frau, die ebenfalls in den Professor verliebt ist und in

ihrer Ehe nur Mittel zum Zweck sieht. Der Assistent stirbt infolge eines Unglücksfalles und der Kampf zwischen den beiden Frauen um den Überlebenden fordert Entscheidung. Die Gattin des Professors nimmt sich das Leben, als sie sieht, daß er sich der Gegnerin zuwendet. Er, schuldbewußt und lebensmüde, folgt ihr« (DF 29. 1., S. 50).
FK 1. 2.
»City-Bank«: »Ein Verbrecher, der ein Doppelleben führt, liebt die Tochter eines Bankiers, deren Herz dem Kassierer ihres Vaters gehört. Dieser kommt durch unglückliche Kombinationen in den Verdacht, schwere Verbrechen begangen zu haben, die in Wirklichkeit dem verschmähten Oleander, der zugleich als ›spanischer Emil‹ das Oberhaupt einer gefürchteten Verbrecherbande repräsentiert, zur Last fallen. Der schlaue, stets zur richtigen Zeit auftauchende Detektiv erkennt die Situation, befreit den unschuldigen Kassierer und nimmt die ganze Bande gefangen. Das junge Mädchen, dem wir es nicht verzeihen können, daß es statt des Verbrechers den Musterknaben liebt, und der Kassierer werden ein Paar. – Natürlich fehlen die üblichen Requisiten des Detektivfilmes nicht. Eine einschnappende Eisentür, eine Schlinge, die den ahnungslosen Detektiv in die Höhe zieht, sowie die letzte Verfolgung mit Hindernissen, Klettertouren« (FK 24. 1.).

Jan 28–Feb 3
»Satan Diktator« – R, Bu und Au: Edmund Linke; K: Felix Braun; Da: Aenne Perra, Hans Zeise-Gött, Kläre Härten-Mederow, Lothar Körner, Miranda Golben, Herbert Hübner, Willi Engst, Paul Minke.
»Veras Eifersucht«.
»Satan Diktator«: »Die ›Tragödie eines Fürstengeschlechts‹ spielt im glänzenden Rahmen der Rokokoperiode. Da hat der Regisseur herausgeholt, was nur irgend möglich war. Glänzende Innenarchitektur, vergoldete, zierlich geschweifte Möbel, blendende Gemälde. Dann große Aufzüge, die Damen im Reifrock, die Herren gepudert in Perücke, den Degen an der Seite, der Rock goldgestickt und spitzenverbrämt. Kurz eine Periode des höchsten Luxus lebt da auf. Dazwischen einzelne schöne Naturbilder, der windbewegte Park, rauschende Gewässer« (BLA 30. 1.).
Der Film, in den Zeitungen als *»Uraufführung des größten Prunkfilms der Gegenwart«* angekündigt, erlebte seine Uraufführung bereits am 10. 9. 1920 im Leipziger Astoria-Lichtspielhaus.
FK 15. 9. 1920; LBB 5. 2. 1921, S. 36.

Feb 4–9
»Kri-Kri. Die Herzogin von Tarabac« – R: Friedrich Zelnik; Bu: Fanny Carlsen; Da: Lya Mara, Wilhelm Diegelmann, Johannes Riemann, Gisela Werbezirk, Hans Junkermann, Lene Voß, Karl Platen, Ernst Behmer, Hermann Picha.
»Die Schmugglerin« – R: Eugen Burg; Bu: Robert Heymann; K: Joseph Dietze; Da: Wanda Treumann, Eugen Burg, Oskar Marion.
»Je-Ka-Fi«-Programm: Jeder Besucher kann mitfilmen, jeder sein eigener Filmstar.
»In den ›Sport-Palast-Lichtspielen‹ zieht in dieser Woche ein Drama, ein Lustspiel und die aus der ›Scala‹ und dem ›Apollo-Theater‹ aus dem verflossenen Monat bekannte Attraktion ›Je-Ka-Fi‹ über die Leinwand. Während in den beiden ersten Stücken der fertige Film abgerollt wird, filmen bei ›Je-Ka-Fi‹ Personen aus dem Publikum. Viel Hilflosigkeit erweckt hierbei ungetrübte Heiterkeit der Zuschauer. Die Besucher üben aber auch das Richteramt aus; die Dame und der Herr, die am besten abschneiden, werden allabendlich mit je 100 Mark prämiert« (BLA 6. 2.).
»Jeder kann filmen! Das ist jetzt das neue Schlagwort unserer modernen Zeit, die komplett im Zeichen der Flimmeritiskrankheit steht. Überall im weiten deutschen Vaterland wird jetzt diese Massen-Epidemie der Kinowüteriche in Geld umgemünzt, überall locken die Ankündigungen: ›Jeder kann filmen!‹ [...] Die Unglücklichen kommen geströmt. Sie haben alle samt und sonders schon seit Jahren heimlich zu Hause im stillen Kämmerlein vorm Spiegel gestanden, sind zu der festen Überzeugung gekommen, daß sie alle Anwartschaft hätten, um Henny Porten oder Gunnar Tolnaes brotlos zu machen, und es ist eigentlich verwunderlich, daß die deutsche Film-Industrie bisher überhaupt ohne diese versteckten privaten Filmtalente ihre Bilder machen konnte. [...] Das eine hat aber die moderne Unterhaltungsform der Bühnendarbietung ›Jeder kann filmen‹ als gutes für sich: wer da einmal mitgefilmt hat, der hat sich auch blamiert, ist engros von den anderen, die ihre eigene Schwäche boshaft erkannt haben, als unliebsamer Konkurrent ausgelacht worden, und das Resultat dieser privaten Dilettanten-Filmerei ist ein Kinobild, das aufs deutlichste beweist, wieviel noch des weiteren dazu gehört, um die bisherigen Kinogrößen brotlos zu machen« (DF 5. 3., S. 67).
Egon Jacobsohn, Die Menge dringt ins Glashaus ein, in: LBB 15. 1., S. 27; FK 31. 1.

Feb 10, abends. Boxen »Hans Breitensträter – Paul Murray« u. a.
Wg: George Groves (63 kg; GB) – Harry Deiters (67 kg; Hannover), Sieg Groves' durch Abbruch (5. Rde).
Mg: Jimmy Lyggett (USA) – Walter Buckszun (Berlin), Sieg Lyggetts nach Pktn.
Sg: Hans Breitensträter (78,8 kg; Berlin) – Paul Murray (88 kg; GB), Sieg Breitensträters durch ko (3. Rde); ursprünglich sollte anstelle von Murray Tom Cowler kämpfen.
BS 23, S. 2–4.

Feb 11–17
»Unter der Dornenkrone« – R und Bu: Rolf Randolf; K: Ernst Krohn; Da: Niels Jensen, Ria Jende, Rolf Randolf, Erra Bognar, Lys Andersen, Rudolf Hilberg, Ernst Pittschau, Victor Senger.
Zimmer Nr. 17«.
»Je-Ka-Fi« (vgl. Feb 4–9).
»Unter der Dornenkrone«: »Dieser Romanfilm [...] schildert in sieben langen Akten die Tragödie Kaiser Maximilians von Mexiko: seinen verheißungsvollen Einzug, die rauschenden Höflichkeiten, das wilde Lagerleben der Revolutionäre und den Verrat von Quentaro, mit der Erschießung des Kaisers und zweier Generäle endigend. Zwischendurch spielt Liebe und Eifersucht. Anderthalb Stunden rollt so der Film, aber trotz aller Augenweide trat schließlich Ermüdung ein. Die Regie brachte eine glanzvolle Ausstattung zustande, Land und Leute blieben aber unecht« (BLA 13. 2.). *»Dieser in Kapitelform abgefaßte Film ist das beste Beispiel eines epischen Films. Man könnte den epischen Film definieren als einen, der in seiner Handlung eher das einzelne Bild symbolisch verstärkt, als die einheitliche Linie der Handlung hervorhebt. Der Reiz der Handlung des epischen Films besteht in ihrer zwanglosen Ausgebreitetheit, in ihren großen Ressourcen, die sie im Roman, der der Filmhandlung zugrunde liegt, leicht findet. Dieser Film ist aber nicht nur ein gutes Beispiel eines epischen Films, sondern an sich eine sehr schöne Leistung. Er spielt in einem Goyaschen Mexiko und zeigt das tragische Schicksal des ahnungslosen Maximilian von Habsburg, den Napoleons des Dritten politische Operettenphantasie in das Abenteuer eines mexikanischen Kaisertums hineinlockte«* (FK 12. 2.).

Feb 18–24
»Opfer der Liebe« – R: Franz Eckstein; Bu: Rosa Porten nach dem gleichnamigen Roman von Hedwig Courths-Mahler; K: Franz Stein; Au: Artur Günther; Da: Lina Salten, Else Wasa, Helga Molander, Toni Tetzlaff, Charly Berger, Fred Selva-Goebel, Karl Elzer, Ilka Illis; Uraufführung.
»Liebestaumel« – R: Martin Hartwig; Bu: Arthur Landsberger; Da: Maria Zelenka, Conrad Veidt; Uraufführung.
»Opfer der Liebe«: »Filmdrama in fünf Akten [...] krankt vor allem an dem gänzlichen Mangel einer einheitlichen, geschlossenen Handlung. Zwei nebeneinander herlaufende Handlungen, die kurz vor Tores Schluß zu einer aber auch nur scheinbaren Vereinigung kommen. Mir will es eine nicht sehr dankbare Aufgabe scheinen, Courths-Mahlersche Romane zu verfilmen. Trotzdem ist der Film durchaus nicht schlecht. Er hat fraglos Qualitäten, die ihn zum rechten Publikumsfilm stempeln« (DF 26. 2., S. 44).
»Wenn man's so sieht, mag's leidlich scheinen ... der guten Dame Courths-Mahler sprachbegabte Puppen wirken auf der zappelnden Leinwand, von wirklichen Menschen dargestellt immer noch etwas erträglicher als die Romanhelden während der Lektüre. Anerkennenswerter Weise müht man sich [...], Leben in die farblose Geschichte zu bringen. Gerecht geurteilt, gelingt das eigentlich nur dem Photographen, der vorzügliche Bilder bringt und allenfalls der Regie. [...] Von der Milderung der banalsten Courths-Mahlerei ist keine Spur. Das arme Zeichenmädel kriegt den millionenschweren Chef, die pechschwarzschlechte Tante ist fast eine Kindsmörderin, ein braves, hübsches, ahnungsloses Mädel verzichtet großmütig zugunsten eines anderen ... na, und so fort. Wie man es gewöhnt ist« (DdF 6. 5., S. 10f.).

Feb 25–Mär 3
»Fasching« – R: Friedrich Zelnik; Bu: Fanny Carlsen nach dem gleichnamigen Roman von Paul Oskar Höcker; K: Wilhelm Goldberger; Au: Fritz Lederer; Da: Lya Mara, Mabel May-Yong, Ernst Hoffmann, Else Wasa, Heinrich Peer, Johannes Riemann, Carl Armster, Fritz Schulz, Gustav Czimeg, Karl Platen.
»Irrlicht« – Da: Iven Andersen, Margarete Schön, Gustav Semmler.
»Irrlicht«: »Wer kennt nicht jene Irrlichter des Lebens, die manchem jungen Manne die Besinnung rauben? – Auch Egon von Worringen, ein reicher Bankier, ist [...] vom Irrlicht geblendet. Er ist in die Tänzerin Mia Salten verliebt, obgleich er mit Helene Brandt, der Tochter eines Majors, verlobt ist. Durch List und Ränke von Seiten der Tänzerin wird Egon ein Opfer seiner Sinne, er ist machtlos den Verführungskünsten Mia's verfallen. Egon vergöttert seine neue Geliebte – bald darauf angetraute Gattin. Ihr bleibt kein Wunsch versagt, und sie genießt das Leben in vollen Zügen. Durch Mias Verschwendungssucht ruiniert, muß Egon zu seinem Schmerz auch noch erfahren, daß er in seiner Frau eine herzlose Kokotte geliebt, und erst jetzt findet er den Weg zu seiner ersten und wahren Liebe zurück« (AKB 20. 8., S. 604).

Mär 4–10
»Die Bettlerprinzessin« – R und Bu: John Drake; K: Hans Männling; Da: Esther Carena, Josefine Dora, Friedrich Kühne, John Gottowt, Felix Basch, Irmgard Bern; Urauff.

»Der schwarze Pierrot« – Bu: Olga Wohlbrück; Da: Lotte Neumann, Fritz Schröter, Carl Beckersachs.

»Die Bettlerprinzessin«: »Erpresserbriefe einer dunklen Gaunerbande, gefährliche Mächte, die mit einer Knochenhand unterzeichnen, geheimnisvolle Nächte, die den Lord Hamilton mitten im Scheunenviertel in einen morgenländischen Palast führen, gespenstische Schatten, Verbrecherkeller, Sipo, Verfolgungen, der Bettlerkönig mit seiner schönen, liebedürstenden Tochter, die als Blumenmädel den Lord an sich lockt, die Jagd nach dem Millionenschatz in der mexikanischen Mine – das wirbelt bunt durcheinander und wäre als echter Kinokitsch anzusprechen – wenn nicht der Autor John Drake diesen zielbewußt durchgeführten ›Abenteurerfilm‹ bewußt kurios geschrieben hätte, um ›in fünf Heften eine Persiflage auf einen Hintertreppenroman‹ zu schreiben. Er läßt eine rundliche Köchin so einen Kolportageschmöker während der Tagesarbeit ›verschlingen‹ und drastisch erleben. Das ändert natürlich das Ganze – man nimmt den Film, wie es sein soll, von der humoristischen Seite und vergnügt sich dann eineinhalb Stunden. Allerdings mit einem ernsten Unterton: möge dieser der Unterhaltung dienende Film auch erzieherischen Wert für Autoren und Fabrikanten haben!« (FK 7. 3.).

Mär 11–17

»Die Nächte des Cornelius Brouwer« – R: Reinhard Bruck; Bu: Ludwig Marr; K: Mutz Greenbaum; Au: Robert A. Dietrich; Da: Albert Bassermann, Colette Corder, Herbert Stock, Hermann Blaß, Hugo Döblin, Margarete Neff, Max Wogritsch.

»Die Prinzessin von Neutralien« – R: Rudolf Biebrach; Bu: Robert Wiene; K: Karl Freund; Au: Ludwig Kainer; Mu: Giuseppe Becce; Da: Henny Porten, Paul Bildt, Hermann Picha, John Gottowt, Julius Falkenstein, Alexander von Antalffy.

»Die Nächte des Cornelius Brouwer«: »Cornelius Brouwer, der soeben sein größtes Werk, den Bau des Pantheons vollenden will, erleidet durch den Anschlag seines mißgünstigen Schülers einen Unfall, der ihn allnächtlich in einen Dämmerzustand versetzt. In krankhafter Willenlosigkeit verbringt er die Nächte in einer wüsten Matrosenkneipe als verspotteter Liebhaber des schönen, leichtfertigen Arbeitermädchens Marion. Er selbst ahnt nichts von seinem Doppelleben. Erst der Verzweiflungsschrei seiner Frau reißt den seelenkranken Mann aus seinem Traumzustand und führt ihn langsam der Genesung zu. Albert Bassermann stellte als Träger der Hauptrolle seine reife Kunst in den Dienst des Stücks. Er zog alle Register der menschlichen Seele und bewahrte in den Höhen und Tiefen gleiche Meisterschaft. Erschütternd war sein Irrsinn, bemitleidenswert, grauenerregend das Schauspiel, als er in seinem Dämmerzustand auf der Bühne der Matrosenkneipe tanzt. Das Trugbild seines Wahns, die leichtfertige Marion, fand in Colette Corder eine gute Vertreterin« (BLA 6. 3.).
FK 5. 3.; DdF 25. 3., S. 9; 27. 5., S. 8

Mär 18–24

»Die Sonne Asiens. Der Todeskampf zwischen Gelb und Weiß« – R: Edmund Heuberger; Bu: Willy Roellinghoff; K: Otto Kanturek; Au: Heckendorff; Da: Henry Sze, Irene Marga, Nien Sön Ling, Paul Otto, Victor Varkonyi, Aruth Wartan, Wladimir Agajeff, Ilia Dubrowski, Colette Corder.

»Die Mieze von Bolle« – K: Martin J. Knoops; Da: Doritt Weixler.
FK 15. 3.; AKB 24. 9., S. 757 f.; DF 22. 1., S. 46.

Mär 25–30

»Durch Liebe erlöst« – R: Franz Eckstein; Bu: Rosa Porten nach einem Roman von Hedwig Courths-Mahler; K: Franz Stein; Au: Artur Günther; Da: Lina Salten, Else Roscher, Josef Reithofer, Werner Funck, Ernst Pittschau; Uraufführung.

»Die Geliebte des Grafen Varenne« – R: Friedrich Zelnik; Bu: Fanny Carlsen; K: Wilhelm Goldberger; Da: Lya Mara, Johannes Riemann, Josef Commer, Heinrich Peer, Robert Scholz, Colette Corder, Olga Engl, Leopold von Ledebur, Karl Platen.

»Durch Liebe erlöst«: »Graf Udo glaubt einen Nebenbuhler getötet zu haben. Seine Geliebte, zugleich die Geliebte des Angeschossenen, verlangt einen märchenhaft hohen Scheck, den sie erhält, woraufhin sie den wieder Genesenen heiratet, der aus Eifersucht schließlich irrsinnig wird. Die Gattin vergiftet sich an seinem Schmerzenslager. Wie man sieht, viele Unwahrscheinlichkeiten, die die Bearbeitung hätte mildern und glätten können« (DF 2. 4., S. 52)
AKB 6. 8., S. 564.

»Die Geliebte des Grafen Varenne«: »Der Verdacht des Mordes an der Tänzerin Colette fällt auf den Grafen Varenne, ihren früheren Geliebten, der sein Alibi dem Gericht nicht nachweisen will. Seiner Verlobten Sylvette, bei der er

216 Tom Cowler (2. von links) und Hans Breitensträter (6. von links) vor ihrem Kampf (Chr Mär 31).

in der Mordnacht gewesen war, gelingt es unter Lebensgefahr, in einem Hochstapler den Mörder zu entlarven« (DF 12. 3., S. 45).
FK 4. 3.; LBB 5. 3., S. 78.

Mär 31, 19.30 Uhr. Boxen »Tom Cowler - Hans Breitensträter« u. a.
W. Müller – Schmidt (Breslau), Sieg Müllers durch Abbruch (1. Rde).
Harry Deiters (Hannover) – Merken (Magdeburg), Sieg Merkens durch Aufgabe (4. Rde).
Sg: Hans Breitensträter (78,5 kg; Berlin) – Tom Cowler (96,5 kg; GB), Sieg Cowlers durch ko (2. Rde).
»Eine nach Tausenden zählende Menge, die dichtgedrängt, Kopf an Kopf, von den Rängen herab bis zu dem weit ausladenden Parterre wie eine Welle alles überschwemmend, die gewaltige Halle füllt, harrt der kommenden Dinge. Nur eine Frage beschäftigt sie alle, nicht erst jetzt, sondern schon seit Tagen und Wochen; wer wird siegen? Tom Cowler oder Breitensträter? Der Engländer oder der Deutsche? Die brutale Kraft und Ringerfahrung des Riesen oder die Gewandtheit und Schnelligkeit des um einen Kopf kleineren, blonden Deutschen?
Eine fieberhafte Spannung liegt über dem Raum [...] Tom Cowler erscheint und kurz darauf auch sein Gegner Breitensträter [...] Ueber 15 Runden soll der Kampf gehen [...] Ein Gongschlag ertönt: der Kampf beginnt. Wie ein Löwe, mehr mutig als taktisch klug, greift Breitensträter an. Ein, zwei Schläge treffen den Riesen, erschüttern ihn aber nicht. Nun trifft auch Cowler, und Breitensträter wankt und geht auf Sekunden zu Boden; er zeigt erstes Blut. Weiter geht der Kampf. Man erkennt schon jetzt: ein ungleiches Treffen. Der Engländer ist zu schwer; 36 Pfund sind eine zu große Vorgabe. Noch einmal muß Breitensträter zu Boden, dann ist der erste Gang zu Ende.
Das Ende kommt schnell: die zweite Runde bringt es. Die Rechtshänder des langen Cowler fallen wie Hammerschläge. Unentmutigt kämpft Breitensträter, aber er kämpft gegen überlegene Kraft. Einmal, zweimal muß er noch zu Boden, dann streckt ihn ein rechter Schwinger glatt nieder. Es geht wie ein Seufzer durch die Menge; Breitensträter erhebt sich nicht wieder und wird ausgezählt. Er ist ehrenvoll unterlegen ... Draußen geht es wie eine Woge durch die Menge: Breitensträter geschlagen!« (BLA 1. 4.; vgl. auch 30. 3.).

Apr 1–7
»Exzellenz Unterrock« – R: Edgar Klitsch; Bu: Adolf Paul nach seinem gleichnamigen Roman; K: Hermann Schadock; Au: Ludwig Kainer; Da: Marion Regler, Adele Sandrock, Albert Steinrück, Jürgen Fehling, Ellen Petz, Margot Baron, Paul Günther, Guido Herzfeld, Lotte Fliess, Alexander Eckert, Annemarie Loose, Walter Werner, Gisela Werbezirk, das Petz-Kainer-Ballett.

217 Aus dem Film »Puppen des Todes« (Chr Apr 15–21).

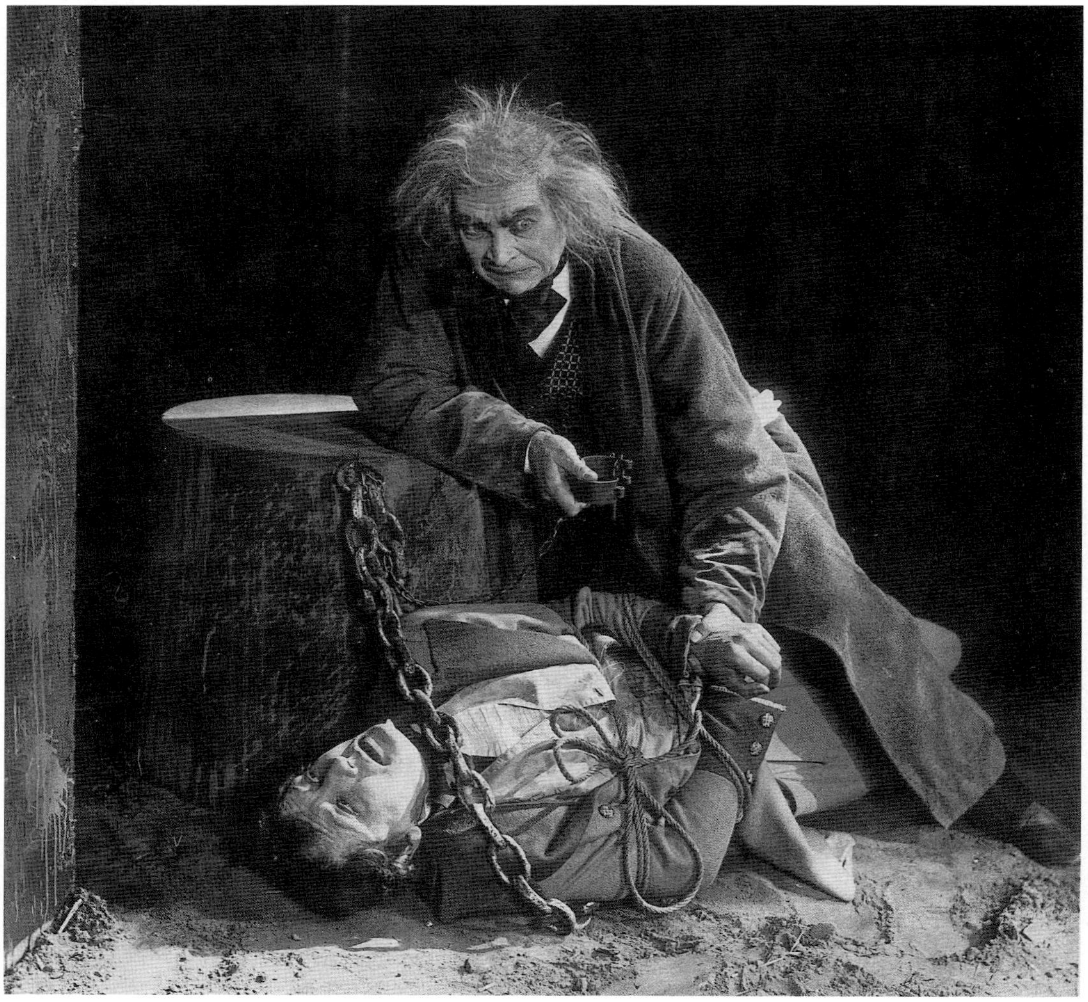

»Sein 70. Geburtstag« – Vermutlich ein ›Lustspiel in 2 Akten‹ mit Gerhard Dammann.
LBB 26. 3., S. 56; DF 26. 3., S. 51 f.

Apr 8–14
»Die Diktatur der Liebe« I. Teil: »Die böse Lust« – R: Willy Zeyn; Bu: Armin Petersen, Alfred Mayer-Eckhardt; Au: H. Franz Schroedter; Da: Esther Carena, Ernst Dernburg, Hans Tillo, Heinrich Schroth, Oswald Delmor, Danny Gürtler, Else Wasa, Käthe Haack, Preben Rist, Jaro Fürth, Francesca d'Alera; Uraufführung.
»Die goldene Kugel« – R: Robert Wüllner; Bu: Otto Treptow; K: Werner Brandes; Au: Lhotka; Da: Gertrud Welcker, Erich Kaiser-Titz, Paul Richter, Albert Patray, Max Adalbert, Adolf Klein, Max Winter, Otto Treptow, Ernst Behmer.
»Die böse Lust« ist *»ganz in amerikanischem Geiste gehalten: Geld ist Macht, der auch die Liebe unterliegt. Im Mittelpunkt der Handlung steht die durch Schönheit glänzende Künstlerin Viviane, die Geliebte des Stahlmagnaten Simpson, um die dann der Eisenbahnkönig Gardener wirbt. Er stellt seinem Rivalen die Wahl, entweder zu entsagen oder sich von ihm geschäftlich ruinieren zu lassen. Gardener bleibt auch Sieger in diesem Kampf. Die schwierige Rolle Vivianes, die Leidenschaftlichkeit und alle Register der Verführungskünste erfordert, wird von Esther Carena entzückend gegeben«* (BLA 10. 4.).
»Die goldene Kugel«: Es kommt bei einem Film nie so sehr auf den Stoff an, als auf seine Behandlung, auf die Form, in der er erzählt wird. [Dieser Film] beweist es, denn er ist gut und wirkungsvoll. Zum Teil Kriminalgeschichte, zum Teil Geschichte einer Ehetragödie, ist sein Sujet im Grunde einfach, kaum originell. Eine Frau nimmt sich das Leben, weil sie sich ihrem früheren Geliebten hingeben mußte, um von ihm alte kompromittierende Briefe zurückzubekommen. Vor ihrem Tode hat sie es ihrem Gatten gebeichtet und ihm den geschändeten Ehering gegeben. Er formt aus ihm eine goldene Kugel, die dem Zerstörer seines Glückes bestimmt ist. Er erschießt ihn durch ein Schlüsselloch, und dann, als die Sache herauskommt – das ist die Detektivgeschichte des Films – sich selbst. Auch die Handlung ist einfach, aber erst durch ihren Bau, durch die psychologisch fein pointierten Effekte, durch äußerst geschickt geschürzte Handlungsknoten wird aus dieser Geschichte etwas ganz anderes« (FK 26. 3.).

Apr 15–21
»Puppen des Todes« – R: Reinhard Bruck; Bu: Reinhard Bruck frei nach Nikolaus Lenau; K: Mutz Greenbaum; Da: Albert Bassermann, Else Bassermann, Georg Heinrich Schnell, Bernhard Goetzke, Gertrud Welcker, Walter Rolfs.
»Ernst ist das Leben« – R und Bu: Fern Andra; Da: Fern Andra, Fritz Delius, Alfred Abel.
»Puppen des Todes«: »Der Titel läßt auf ein blutrünstiges Kinodrama schließen, es handelt sich aber in Wahrheit um eine dichterische Vision [...] Ein Dichter verirrt sich in den Bergen, ein Eremit bietet ihm Gastfreundschaft in einem verwitterten Kastell. Der Poet sieht zwei lebensvolle Bildwerke. Das sind die ›Puppen des Todes‹, deren Geschichte jener dem Aufhorchenden erzählt. Der Schloßherr hat sie zur Erinnerung an seine hingesiechte Tochter und ihren Verführer anfertigen lassen. Die Tragödie entrollt sich während der Erzählung. Im Mittelpunkt steht der Schloßherr [...] in zärtlicher Fürsorge für seine heißgeliebte Tochter und später als wahnsinniger, gemeingefährlicher Kranker. Wie Bassermann den Wahnsinnigen verkörpert, das wird von den Zuschauern so leicht nicht vergessen werden« (BLA 17. 4.).
DF 13. 11. 1920, S. 34; LBB 11. 12. 1920, S. 27 f.

Apr 22–28

»Die Diktatur der Liebe« II. Teil: »Die Welt ohne Liebe« – R: Fred Sauer; Au: H. Franz Schroedter; Da: Esther Carena, Ilka Grüning, Ludwig Hartau, Ernst Hoffmann, Eduard von Winterstein, Eugen Burg, Charles Willy Kayser, Danny Gürtler, Oswald Delmor.

»Anna Karenina« – R: Friedrich Zelnik; Bu: Fanny Carlsen nach dem gleichnamigen Roman von Leo Tolstoi; K: Wilhelm Goldberger; Au: Fritz Lederer; Da: Lya Mara, Johannes Riemann, Heinrich Peer, Fritz Achterberg, Lu L'Arronge, Olga Engl, Dora Schlüter, Rudolf Forster, Fritz Schulz, Martin Herzberg, Melitta Kiefer, Josef Commer.

»Anna Karenina«: »Friedrich Zelnik hat seinem Film eine bestimmte Auffassung zugrunde gelegt, die nicht versagen konnte, weil er eine Lya Mara neben sich hatte. [...] Es ist von vornherein alles auf Anna Karenina eingestellt. Sie ist gleichsam die hell bestrahlte Hauptfigur eines Gemäldes, dessen übrige Gestalten sich schattengleich im Hintergrund bewegen. Zusammenhänge mit ihnen sind kaum merkbar angedeutet. Sie sind weder Erklärung noch Ursache. Sie sind Schemen. Und sie bilden miteinander eine Atmosphäre der Unpersönlichkeit, in der einsam und verlassen Anna Karenina lebt, kämpft und leidet. Dadurch wird ihr Schicksal noch rührender. Sie erscheint losgelöst von den Gestalten ihrer Umwelt, hilflos in der Stimmung ihrer Alltäglichkeit, eine an sich selbst zu Grunde gehende Dulderin, die nie Sünderin wird. Hier setzte Lya Mara ein. Auch sie ging eigene Wege in der Auffassung ihrer Rolle. Ihre Anna Karenina ist jung, spielerisch, kindhaft, unbewußt irgend einer Sünde, bis das Erlebnis in ihr Leben tritt und den Schleier ahnungsvoller Schwermut über ihren Liebreiz legt. Ergreifend ist sie im Moment angstvoller Hilflosigkeit sowohl, als auch im Augenblick der Scham vor ihrem Kinde. Nie ist bei dieser Frau die Berechnung von Geste oder Mimik zu spüren, sie handelt aus der unfehlbaren richtigen Eingebung des Augenblicks. Sie gibt Natur und wirkt wie Natur« (FK 18. 10. 1920).
DF 23. 10. 1920, S. 42; LBB 30. 10. 1920, S. 24 f.

Apr 29–Mai 5

»Banditen« – R: Mat Algerty; Bu: Carlo Emerich nach »Fra Diavolo« von Eugène Scribe unter Verwendung der Musik von Daniel François Esprit Auber; K: Arpad Viragh; Au: Adolf von Marée; Da: Alois Pennarini, Carl Geppert, Vera Schreiber, Melitta Kiefer, Juana del Soto, Werner Stein, Emil Stammer, Hermann Picha; bei der Filmvorführung mitwirkende Sänger: Wolfgang von Steglitz, Max Gordon, Lotte Enders.

»Pfropf und Wumpfenschrumpfer« – R: Gerhard Lamprecht; Bu: Luise Heilborn-Körbitz; K: Walter Weise; Au: Hermann Krehan; Da: Herbert Paulmüller, Kurt Kubus, Peter Esser, Lotte Lorring, Josephine Dora, Arthur Weinschenk, Karl Hannemann, Eve Düren, Agnes Hartstein.

»Banditen«: »Das Filmbuch [...] ist ein anspruchsloses Erzeugnis, nur das Interesse an den gesanglichen Einlagen sichert ihm einige Aufmerksamkeit. Die Waise, die den armen Grenzsoldaten heiratet, weil dieser eine Räuberbande in den Bergen entlarvte und reich belohnt wurde, ist eine Operettenfigur, etwas wesenlos Theaterliches. Und auch der Räuberhauptmann, der schließlich erschossen wird, wirkt im Libretto blaß und farblos [...] Bleibt nur noch das karikierte englische Ehepaar, das von der Räuberbande erfolglos ausgeplündert wird, und hier tauchte echtes Filmblut auf, das die Szenen belebte und dem Singspiel eine frische Färbung verlieh. [... Es] sei konstatiert: dieser Singfilm bedeutet einen Fortschritt. Das Beck-Patent, nach dem die Aufnahmen den musikalischen Tempi angepaßt sind, hat sich in der hervorragendsten Weise bewährt [...] Hier bietet sich eine voll ausgenutzte Bildfläche dem Auge, das störende Vorübergleiten des Notenstreifens am Fuße des Bildes fällt gänzlich fort, und dennoch ist die Gleichzeitigkeit der Mimik und des Tones garantiert« (FK 11. 3.).
DdF 25. 3. S. 9 f.

Mai 6–12

»Das Geheimnis von Schloß Holloway« – R: Willy Zeyn; Bu: Armin Petersen, Alfred Mayer-Eckhardt; K: Hans Munnlink, Kurt Lande; Da: Esther Carena, Charles Willy Kayser, Martin Herzberg, Beate Fink.

»Monte Carlo« – R: Fred Sauer; Bu: Fanny Carlsen; K: Wilhelm Goldberger; Da: Friedrich Zelnik, Olga Engl, Poldi Müller, Fred Selva-Goebel, Ressel Orla, Fritz Schulz, Marie von Bülow, Richard Georg, Alfred Schmasow, Emma Sturm, Sedda Gezzah.

»Das Geheimnis von Schloß Holloway«: »Ein fünfaktiges Drama mit aller Routine und Versiertheit aufgebaut. Irgendeinen künstlerischen Sinn darin zu suchen, wäre natürlich zwecklos. Es ist der reine Publikums- und Unterhaltungsfilm, immmer wieder mit den gewohnten Motiven, mit der gewohnten unheimlichen Atmosphäre arbeitend, womit nicht gesagt sein soll, daß diese ziemlich handwerksmäßige Arbeit nicht recht geschickt gemacht ist. Esther Carena ist ein merkwürdiger Fall. In bescheiden mimischen Grenzen ist eine gewisse Ehrlichkeit und zurückhaltende Feinheit des Spieles nicht zu verkennen. In der Konversation, noch in einem leichten Anflug von Affekt ist ihr Spiel reizvoll und nicht ohne Ausdruckskraft. Ihr Fehler ist, wenn wir nicht irren, ihre künstlerische Überspannung auf ein Gebiet des Groß-tragischen und Dämonischen. Eine derartige Forcierung kann manchmal nur bedauerlich sein; aber gerade diese ist nicht nur bedauerlich, sondern auch etwas peinlich. Denn das sogenannte ›weiblich-dämonische‹ in der Filmdarstellung ist nachgerade zum unerträglichen Schema geworden; und konzediert werden können, gerade in dieser Sphäre nur ganz außerordentliche Leistungen. Das ist hier nun gewiß nicht der Fall« (FK 10. 5.).

»Monte Carlo«: »Ein Detektivfilm; mehr noch – sagen wir – Gesellschafts-Detektivfilm [...] Die Handlung [...] führt in das mondäne Leben Monte Carlos. Auf dunkle Existenzen, die nur an solchen Stätten auffindbar sind, auf Spiegelsäle, elegente Gestalten, Halbwelt, auf Internationalität des Luxus ist dieser Film gestimmt. Das alles trägt den Film. Was inmitten dieser Welt geschieht, ist nebensächlicher. Da mordet ein verbrecherisches Spielerpaar, raubt und entführt. Der unvermeidliche Detektiv wird hier durch einen Lord ersetzt, der durch spielerisches Interesse die Schablone mildert. Er kommt den Verbrechern bald auf die Spur und bringt sie über kleine Abenteuer, kleine Klettersensatiönchen zur Strecke« (FK 21. 1.).

Mai 13–16

»Der Mann ohne Namen« 1. Teil: »Der Millionendieb« – R: Georg Jacoby; Bu: Robert Liebmann, Georg Jacoby nach dem Roman *»Peter Voß, der Millionendieb«* von Ewald Gerhard Seeliger; K: Frederik Fuglsang; Au: Kurt Richter; Technik: Kurt Waschneck; Da: Harry Liedtke, Georg Alexander, Mady Christians, Jakob Tiedtke, Lori Leux, Henry Bender, Paul Biensfeldt, Gerhard Boselt, Paul Otto.

»Das gutgewürzte Hochzeitsmahl« – R: Hermann Engelmann; Bu: Hermann Engelmann, Otto Wilhelm Barth; K: Otto Uekerus; Da: Anges del Sarto, Josef von Fielitz, Gertrud Löwe, Oskar Wehle, Robert Pirk.

»Der Mann ohne Namen« 1. Teil: »Der Millionendieb«: »Es ist ein Abenteurer- oder eigentlich Detektivfilm mit Sensationen, Verfolgungen, Dachklettereien, aber – unkompliziert und riesig lustig. Ein Detektivfilm ohne Ambitionen auf noch nie dagewesenes, also – in der guten Bedeutung – ein harmloser, aber wirklich reizender Film. Peter Voß raubt 25 Millionen, die in Wirklichkeit gar nicht existieren, um das Bankhaus Voß vor dem Ruin zu bewahren, vor dem es durch eine Generalpleite steht. Dieses Geld gehörte Frederik Nissen, dem Reedermillionär; er hatte den Betrag eingefordert und muß nun Stundung geben – das ist die Rettung des Bankhauses. Seine Tochter Gert hat Peter Voß ihre Hand verweigert, weil er ein dummer Junge, ein Salonlöwe, ›ein Mann ohne Namen‹ sei. Und der will nun zwei Fliegen auf einen Schlag fangen. Er flieht, der ›gefürchtete‹ Detektiv Bobby Dodd, Nissen und Tochter hinter ihm her, einige lustige Intermezzi, und es beginnt die Reise um die Welt – der Stoff für die anderen fünf Teile. Das ist der Inhalt der ersten Episode, sie enthält die Exposition für die ganze Folge, ist aber selbständig in sich abgeschlossen. Leicht und graziös die Handlung, das Tempo. Waghalsige Fenstersprünge, brennende Flugzeuge, Katastrophen sind in einen lustigen, gleichsam entschuldigenden Humor gekleidet: jede Sensation ist ein Gaudium, jede Trickszene ein kleines Lustspiel, eine Humoreske. Das macht diesen Film zum Amüsement und hält das Interesse ohne knallige Mittel in Spannung: alles das Verdienst der exakten, instinktsicheren Regie Georg Jacobys, der die ganze Tastatur der Regietechnik mit Geläufigkeit beherrscht« (FK 11. 3.).

Mai 17–19

»Der Mann ohne Namen« 2. Teil: »Der Kaiser der Sahara« – R: Georg Jacoby; Bu Robert Liebmann, Georg Jacoby nach dem Roman *»Peter Voß, der Millionendieb«* von Ewald Gerhard Seeliger; K: Frederik Fuglsang; Au: Kurt Richter; Technik: Kurt Waschneck; Da: Harry Liedtke, Georg Alexander, Mady Christians, Jakob Tiedtke, Erich Kaiser-Titz, Lori Leux, Paul Morgan, Karl Harbacher, Albert Florath.

»Die Hochzeit des Eunuchen«.

»Der Mann ohne Namen« 2. Teil: »Der Kaiser der Sahara«: »Mit einer sachlichen, orientierenden Einleitung über das im ersten Teil Vorhergegangene setzt der zweite dort ein, wo der erste geendet hat. Am Beginn der Reise, der Flucht des Millionendiebs Peter Voß. Es geht in diesem Film eigentlich sehr wenig vor. Die sogenannte Handlung bleibt im Grunde immer dasselbe: Einer flüchtet und ein anderer verfolgt, fünf Akte durch alle möglichen Länder. [...] Von dem leichten und graziösen Tempo habe ich schon das letzte Mal gesprochen - es ist auch im ›Kaiser der Sahara‹ beibehalten. Dieselbe Leichtigkeit und Freudigkeit in allem, was geschieht, die Selbstverständlichkeit, der Anmut beherrscht das Ganze, die Darsteller, die situationswitzigen Titel, der Humor, die Naturaufnahmen. Die sind eine Sensation für sich. Man sieht Scheveningen, die Stadt, den herrlichen Badestrand und die Luxushotels [...] Venedig mit Markusplatz, den Tauben und allem Zubehör ... Triest mit Hafen, die Adriaküste, alles in der klarsten, verführerischsten Photographie« (FK 19. 3.).

Mai 20–23

»Der Mann ohne Namen« 3. Teil: »Gelbe Bestien« – R: Georg Jacoby; Bu: Robert Liebmann, Georg Jacoby nach dem Roman *»Peter Voß, der Millionendieb«* von Ewald Gerhard Seeliger; K: Frederik Fuglsang; Au: Kurt Richter; Technik: Kurt Waschneck; Da: Harry Liedtke, Georg Alexander, Mady Christians, Jakob Tiedtke, Erich Kaiser-Titz, Manja Tzatschewa,

»Foxtrott-Fimmel« – Da: Albert Paulig.

»Der Mann ohne Namen« 3. Teil: »Gelbe Bestien«: »Peter Voß, der Millionendieb, folgt in neuen Verkleidungen der geliebten Gert Nissen auf das Schloß [des] Prinzen Abdul

Hassan, der sich außergewöhnlich für sie interessiert, ohne auf Gegenliebe zu stoßen. Seine Neigung läßt jedoch Roschana, seine Lieblingsfrau, auf eifersüchtige Rache sinnen. Durch einen willfährigen Bedienten gelingt es ihr, einen Löwenzwinger zu öffnen und die Bestien auf ihren Gemahl und die anwesenden europäischen Gäste hetzen zu lassen. Nur durch die Anwesenheit und Geistesgegenwart des Millionendiebes wird Gert vor einem sicheren Tode bewahrt. Die ersten Akte dieses Teils lassen das Tempo und den so angenehm berührenden Humor vermissen, wofür schöne Naturaufnahmen aus dem Orient nur teilweise entschädigen. Die Umstellung auf eine ernstere Note war allerdings in Anbetracht des Schlußaktes, der an spannenden Kämpfen zwischen den Hauptdarstellern und den gelben Bestien Unerhörtes, in einem deutschen Film jedenfalls noch nie Gesehenes zeigte, notwendig. Die Naturalistik der Wiedergabe, bei der sich in flüchtigem Beschauen nur schwer feststellen ließ, wo der Trick aufhörte und die Wirklichkeit einsetzte, wirkte geradezu nervenaufpeitschend. Sich anschließende Verfolgungsszenen waren nicht minder glänzend gemacht und lösten dann auch tosenden Beifall aus« (DF 2. 4., S. 51).

Mai 24–26

»Der Mann ohne Namen« 4. Teil: »Die goldene Flut« – R: Georg Jacoby; Bu: Robert Liebmann, Georg Jacoby nach dem Roman *»Peter Voß, der Millionendieb«* von Ewald Gerhard Seeliger; K: Frederik Fuglsang; Au: Kurt Richter; Technik: Kurt Waschneck; Da: Harry Liedtke, Georg Alexander, Mady Christians, Jakob Tiedtke, Erich Kaiser-Titz, Paul Otto, Edith Meller, Lewis Brody, Karl Huszar, Heinrich Marlow, Hermann Picha, Henry Bender, Emil Rameau.

»Erfolg verblüffend. Eine haarige Geschichte in 3 Akten« – R: Gerhard Lamprecht; Bu: Luise Heilborn-Körbitz; Da: Herbert Paulmüller, Lotte Lorring, Peter Esser, Josefine Dora, Agnes Hartstein.

»Der Mann ohne Namen« 4. Teil: *»Die goldene Flut«: »Der Schauplatz, an dem sich die Vorgänge des vierten Teils abspielen, ist die mysteriöse Goldküste. [...] Auf Umwegen, die ihm seinen Negerfreund zuführten, gelangt [Peter Voß] nach der Goldküste. Als einfacher Arbeiter in seinem eigenen Unternehmen entdeckt er den Betrug, auf den es sich gründet. [...] Um aus dem Meerwasser Gold zu gewinnen, – muß es erst hineingegeben werden. Das ist das Geheimnis eines Börsencoups. Der alte Nissen investiert in dieses wunderbare Unternehmen neuerdings 25 Millionen, die Peter ihm retten will. Aber es kommt anders. Während einer Arbeiterrevolte verschwindet [...] einer der in den Betrug der Gründung Eingeweihten mit dem Geld. Und Bobby Dodd schließt mit dem Millionendieb Frieden, um einen neuen Millionendieb im fünften Teil, hoffentlich mit mehr Glück, zu verfolgen«* (FK 9. 4.).

»Die vierte Etappe [nimmt] die eigentliche Haupthandlung wieder auf und knüpft unmittelbar an die Geschehnisse der 1. Abteilung an – nicht nur inhaltlich-handlungsmäßig, sondern auch in der Art der Verarbeitung. Diesem Autor, diesem Regisseur, diesen Darstellern ist auf der langwierigen Verfolgung des Millionendiebes die Puste noch nicht ausgegangen. Sie sind frisch und elastisch wie zu Beginn. Lustige Einfälle, gespickt mit gut pointierten Titeln, überraschende Situationen auf dem Hintergrund wundervoller, belebter Landschaften jagen einander, und die Handlung läßt in munterem, rastlosem Tempo keinen Augenblick nach, ebenso wenig wie die Teilnahme des bezauberten, entzückten Publikums. Warum schlägt jeder Teil dieses Films so ein, warum hat er einen so bedingungslosen Erfolg zu verzeichnen? Weil er nichts anderes ist, weil er nichts anderes sein will, als eben ›Film‹. Er sucht niemals seine Mittel außerhalb des rein Filmischen. Keine ›Aufklärung‹, kein ›Expressionismus‹, keine ›Belletristik‹, keine ›Psychologie‹, sondern Handlung in wechselnden Situationen sichtbaren Geschehens, eine gerade, innere Linie, schöne Szenerien, darstellerische Aufgaben, die sich im Film restlos lösen lassen, und, nicht zu vergessen, eine prachtvolle Photographie« (LBB 9. 4., S. 56).

Mai 27–30

»Der Mann ohne Namen« 5. Teil: »Der Mann mit den eisernen Nerven« – R: Georg Jacoby; Bu: Robert Liebmann, Georg Jacoby nach dem Roman *»Peter Voß, der Millionendieb«* von Ewald Gerhard Seeliger; K: Frederik Fuglsang; Au: Kurt Richter; Technik: Kurt Waschneck; Da: Harry Liedtke, Georg Alexander, Mady Christians, Jakob Tiedtke, Erich Kaiser-Titz, Ferdinand von Alten, Lewis Brody, Lori Leux, Gustav Botz, Lothar von Meyrink, Henry Bender.

»Der Mormonenonkel« – K: Heinrich Gärtner; Da: Kurt Vespermann, Ida Vané, Erna Salten, Fr. Lorée, Josef Commer, Fritz Beckmann.

»Der Mann ohne Namen« 5. Teil: *»Der Mann mit den eisernen Nerven«: »Der 5. Teil spielt in Spanien. Peter Voß, Bobby Dodd, die beiden Feinde, haben sich in ihrem gemeinsamen Ziel der Verfolgung des zweiten Millionendiebes zusammenschließen müssen und hetzen den Verbrecher durch einen Teil von Spanien und Oberitalien, bis es ihnen gelingt, ihn in Genua zu stellen, unschädlich zu machen und die gestohlenen 25 Millionen wieder herbeizuschaffen. Da der Waffenstillstand zwischen Peter und Bobby [...] abgelaufen war, will Bobby Peter verhaften lassen. Daß ihm sein Vorhaben noch nicht gelingt, war die Regie dem Publikum schuldig, denn sonst wäre der Film zu Ende gewesen«* (DdF 29. 4. S. 8).

Mai 31–Jun 2

»Der Mann ohne Namen« 6. Teil: »Der Sprung über den Schatten« – R: Georg Jacoby; Bu: Robert Liebmann, Georg Jacoby nach dem Roman *»Peter Voß, der Millionendieb«* von Ewald Gerhard Seeliger; K: Frederik Fuglsang; Au: Kurt Richter; Technik: Kurt Waschneck; Da: Harry Liedtke, Georg Alexander, Mady Christians, Jakob Tiedtke, Paul Otto, Henry Bender, Albert Paulig, Paul Biensfeldt, Lori Leux, Erich Kaiser-Titz, Heinrich Marlow, Blandine Ebinger, Lewis Brody, Bruno Lopinski.

»Der rote Falter« – ›Lustspiel‹.

»Der Mann ohne Namen« 6. Teil: *»Der Sprung über den Schatten«* steht an *»Publikumswirksamkeit seinen Vorgängern in nichts nach, im Gegenteil. [...] Der Schluß des Episodenfilm zeigt noch einmal hübsche Naturaufnahmen aus Genua, dem Engadin und München und endet mit der glücklichen Heirat des durch die ganze Welt gehetzten Peters und der tüchtigen Blamage des Meisterdetektivs Bobby Dodd, der in Peter Voß seinen Meister gefunden hat«* (DdF 13. 5., S. 7 f.).

»Daß sechs Teile ausgehalten werden konnten, daß die in einem Zeitraum von mehr als zwei Monaten die Sensation, die Tagessensation bilden konnten, beweist eigentlich alles für den Film, macht alles, was man im einzelnen gegen ihn zu sagen hätte, hinfällig. [...] Man freut sich, man amüsiert sich doch. Und darin liegt auch das Geheimnis, das allen Teilen, dem Riesenfilm Erfolg gab: nicht Sensationen, nicht mysteriöse Verwicklungen, nicht wilde Phantasie halten das Publikum frisch, sondern ein reizender, manchmel ironischer Plauderton, die Harmlosigkeit, das Unverbindliche. Weil das erfrischend, so anspruchslos Stimmung machend wirkt, konnte man so viel wagen, so viel Akte ohne Handlung; die ungezwungene Komik in den einzelnen Situationen, das Humorvolle, Jugendhaft-Lustige war immer Hauptsache, stand immer im Vordergrund. Das Publikum erwartete die Fortsetzungen weniger, weil es wissen wollte, was weiter geschah [...], als wegen der Gewißheit, mit der es sich zu amüsieren hoffte. Es gab immer neue Einfälle – das ist das Anziehende an diesem Film, sein Geheimnis. Damit wurde er auch der beste Publikumsfilm großen Stils, den die Saison brachte« (FK 7. 5.).

Jun 3–9

»Blut wider Blut. Aus dem Leben eines Hochstaplers« – R: Leo Lasko; Bu: Kurt Schwabach, Paul Kuhlmann; K: Walter Stein; Da: Käthe Haack, Magnus Stifter, Josef Peterhans, Lewis Brody; Uraufführung.

»Die Flucht durch Flammen« – R: Josef Römer; K: Eugen Hamm; Da: Erra Bognar, Josef Römer, Heinz Treskow, Gertrud Berry, Marta Lande, Kurt Hildebrandt, Trude Städing, Walter von Allwörden, Rosa Flügel, Helene Voß; Uraufführung.

»Die Flucht durch Flammen«: Die sechsaktige *›Schicksalstragödie einer Verführten‹* ist *»übelste Hintertreppenphantasie. Ein ehrbares Mädchen wird verführt, in ein Freudenhaus geschleppt, das zündet sie, um entfliehen zu können, der Einfachheit halber an, hat aber später Glück und wird die Gattin eines reichen Mannes. Damit das Stück aber auch 6 Akte bekommt, treten die früheren Peiniger der jungen Frau wieder auf und treiben bis zum versöhnlichen Schluß allerlei Erpressungsversuche an ihrem Opfer«* (BLA 5. 6.).

Jun 10–16

»Miss Beryll. Die Laune eines Millionärs« – R: Friedrich Zelnik; Bu: Fanny Carlsen; K: Wilhelm Goldberger; Au: Fritz Lederer; Da: Lya Mara, Ernst Hoffmann, Fritz Schulz, Erich Kaiser-Titz, Karl Huszar, Olga Engl, Charles Willy Kayser, Julie Serda.

»Karlchen und Professor Steinach« – R: Josef Stein; Da: Karl Victor Plagge, Julius Einödshofer.

»Miss Beryll. Die Laune eines Millionärs«: »Die Laune des Millionärs besteht darin, daß er ein Mädchen aus einer Hafenschenke loskauft, sie in seidene Kleider steckt und zu einer berühmten Tänzerin macht. Der uneigennützige Wohltäter verschwindet in demselben Augenblick, in dem er sieht, daß ihn das Mädchen nicht mehr nötig und zudem in einem jungen Attaché einen Freund gefunden hat, dem sie ihr Herz schenkte. Aber zwischen den Attaché und die Tänzerin tritt die sogenannte ›gute Familie‹, und so beginnt für sie das Wandern von einer Hand zur andern. Der Millionär kann das Mädchen nicht vergessen, kehrt zurück nimmt sie schließlich zur Frau. Dieses billige Sujet wäre nur schwer zu ertragen, wenn nicht ein heiterer Grundton, eine leichte Selbstironie dem Ganzen eine Wendung gäbe, die es amüsant macht« (DF 30. 4., S. 39).

Jun 17–23

»Die Diktatur der Liebe« III. Teil: Das neue Paradies – R: Willy Zeyn; Bu: Armin Petersen, Alfred Mayer-Eckhardt nach einer Idee von Erich Kraft; Da: Esther Carena, Arthur Bergen, Ferry Sikla, Rosa Valetti, Max Adalbert, Frieda Richard, Marie Voigtsberger, Anita Dickstein, Gerd André, Ilse Born, Danny Gürtler, Hans Waschattko, Anna Müller-Lincke.

»Der Unerkannte« – R: Wolfgang Neff; Bu: Jane Bess; K: Hans Saalfrank; Au: H. Franz Schroedter; Da: Ludwig Trautmann, Curd Cappi, Sybill de Brée, Lou Czerny, Arnold Czempin, Fritz Falkenberg, Alfred Schmasow.

»›Das neue Paradies‹ zeigt die Erlebnisse eines gebildeten, aber nicht sehr begüterten Mädchens, das mit einem Mann des neuen Reichtums verheiratet wird, dessen Lebemanns-

manieren sie jedoch nur für kurze Zeit eindämmen kann. Er läßt sich scheiden, schiebt ihr die Schuld zu, sie, von den ehrbaren Eltern nicht wieder aufgenommen, wird Mannequin, die Gatten der Käuferinnen stellen ihr nach, sie wird entlassen, kommt in ein übles Haus, hält ihrem Gatten trotzdem Treue, ja, sendet ihm Blumen. In ihm hat sich eine Wandlung vollzogen, er ist der Bummelei satt, nimmt seine Frau wieder auf« (DF 14. 5., S. 34 f.).

»Der Unerkannte«: »Ein Detektivfilm mit recht eigenartiger Lösung des Knotens. Diesmal entpuppt sich ein Kriminalforscher, ein greiser Gelehrter, als Anstifter einer ganzen Reihe geheimnisvoller, raffinierter Verbrechen – eine Handlungsweise, zu der ihn seine psychologischen Studien getrieben. Als sein Werk abgeschlossen ist, enthüllt er selbst all das, was Detektiv und Polizei vergebens zu ergründen suchten« (LBB 4. 12. 1920, S. 33).

Jun 24–30

»Der Fluch des Nuri. Die Liebesgeschichte eines Buckligen« – R: Carl Boese; Bu: Hans Brennert, Friedel Köhne; K: George Greenbaum; Au: Mathieu Oosterman; Da: Gertrud Welcker, Hans Albers, Grete Weixler, Emil Lind, Hella Tornegg, Ludwig Rex, Sadjah Gezza; mit Gesangseinlagen von Bertrand Sänger.

»Marodeure der Revolution« – R und Bu: Martin Berger; Da: Max Gülstorff, Eduard Eysenck, Emil Lind, Rudolf Klix, Curt Ehrle, Charlotte Schulz, Poldi Sangord.

»Marodeure der Revolution«: »Nichts schadet einem Film in künstlerischer Hinsicht mehr als eine zu groß aufgetragene Tendenz. Sie ist sehr leicht die Ursache verzeichneter Gestalten, langer Titel, ermüdender Alltäglichkeit, und, infolge seiner deutlich merkbaren Absicht, einer Publikumsverstimmung. Die Tendenz erdrückt den Film als Kunstwerk. Dieser Gefahr ist Martin Berger [...] nicht entgangen. Es ist gewiß ein schöner, versöhnender Gedanke, der durch dies ›soziale Schauspiel‹ geht, aber er ist ganz auf Propagandawirkung eingestellt, illustriert durch die bekannten kräftigen Schlagworte der Sozialdemokratie und gesehen durch ihre Lupe. Das führt zu einer gewissen Einseitigkeit, und es ist sehr die Frage, ob das Publikum, das im Kino Ablenkung sucht, sich diese gefallen lassen wird« (DF 1. 2. 1920, S. 42).

»Mit auffallendem Verständnis für die Idee des Sozialismus [sucht Martin Berger] die mittlere Linie zwischen Arbeitgeber und Arbeitnehmer und [sieht] als Schuldige an der Revolution und ihren Folgeerscheinungen nicht die Aufrührer, sondern die Schmarotzer unter den Besitzenden an. Ein Bankier sperrt einem Großunternehmen den Kredit und fordert den Sohn des Großindustriellen als Schwiegersohn, wenn er das Unternehmen weiterhin finanzieren soll. Dieser Sohn ist Künstler und Sozialist. Da der Bankier auf geradem Wege zu seinem letzten Ziel, dem Werk des anderen, nicht kommt, spaltet er die Arbeiterschaft des Werkes, die sich blutig bekämpft, und läßt den Sohn verwunden. Dem gelingt es schließlich, die Einigkeit der Arbeiter untereinander und – nach dem Tode des Vaters – mit sich selbst herzustellen, so daß aus eigener Kraft das Werk gerettet wird. Eine etwas ideologisch verkrümmte Geschichte« (DF 3. 7., S. 45 f.).

Jul 1–7

»Der Perlenmacher von Paris« – R: Eberhard Frowein; Bu: Emil Ferdinand Malkowsky; K: Willy Großstück; Au: Rudi Feld; Da: Hermann Wlach, Herma van Delden, Eva Christa, Maria Merlott, Kurt Hänsel, Richard Kirsch, Lo Bergner, Walter von Allwörden, Richard Georg; Uraufführung.

»Das Maskenfest des Lebens« – R: Rudolf Biebrach; Bu: Wilhelm Röllinghoff nach Motiven von Honoré de Balzac; K: Karl Freund; Au: Jack Winter; Mu: Giuseppe Becce; Da: Henny Porten, Bruno Decarli, Carl Zickner, Olga Engl, Ernst Wendt, Bruno Eichgrün, Elsa Wagner, Walfried Mellin.

»Der Perlenmacher von Paris« erzählt *»die bewegte, stoffreiche und interessante Geschichte eines Brüderpaares, deren verbrecherische Instinkte den einen durch den Henker sterben läßt. Der andere erlebt eine Reihe seltener Abenteuer, und gibt sich unter anderem als der Erfinder künstlicher Perlen aus, die von echten nicht zu unterscheiden wären. In Wirklichkeit aber handelt es sich um Perlen aus einem gestohlenen Schmuck, an dem eine Anarchistenbande interessiert ist. Diese sieht in dem ›Erfinder‹ einen Gegner und Verräter und verfolgt ihn. Er kommt aber durch eigenes Verschulden in einer geheimnisvollen Kellergrotte, die er als Versteck verwendet hat, um«* (DF 10. 7., S. 26).

Jul 8–14

»Der Held des Tages« – R: Rudi Bach; Bu: Walter Schmidthässler; K: Joe Rive, Marius Holdt, Kurt Lande; Au: Siegfried Wroblewsky; Da: Hans Breitensträter, Ria Jende, Karl Falkenberg, Hermann Picha, Fritz Beckmann, Sybill Morell, Magde Madelaine, Käthe Haack, Kurt Gerron, Jimmy Lygget, Tom Cowler, François Mehlers; Uraufführung.

Als zweiter Film wird ein nicht näher gezeichnetes *»reizendes Lustspiel«* angekündigt.

»Der Held des Tages« erzählt *»von einem groß angelegten Juwelendiebstahl. Die Spur der Diebe führt in den Zirkus Simson, in dem unter anderem auch Breitensträter für ein Boxmatch verpflichtet worden ist und durch diesen Umstand den Detektiv durch seine körperliche Gewandtheit und Stärke zu unterstützen in der Lage und bereit ist. Hieraus ergeben sich unzählige Gelegenheiten, gefahrvolle Situationen, z. B. einen Sprung aus der Zirkuskuppel, einen Kampf auf der Spitze eines Fabrikschornsteines, einen Sturz vom Dache eines Hauses in einen Fluß, das Überturnen einer Straße an einem Seil und viele andere, in die Handlung einzufügen. Man entdeckt im Laufe der sieben Akte sowohl die kostbaren Perlen des entwendeten Diadems als auch das halbe Dutzend Verbrecher, das sich an diesem Diebstahl beteiligt hat«* (DF 19. 6., S. 34).

»Mit dem Motorrad durch eine Spiegelscheibe von 10 Millimeter Stärke und in einer Stundengeschwindigkeit von 90 Kilometern sauste [...] ein Sensationsdarsteller für den Breitensträter-Film. [...] Die Aufnahme fand in Lankwitz statt. Die ca. 5 Zentner schwere Spiegelscheibe wurde von zwei Männern aufrecht gehalten und von dem Motorradfahrer glatt durchfahren. Außer einigen Schnittwunden an der Nase, im Gesicht und an den Händen [...] ist der kühne Fahrer glatt durchgekommen. Diese sensationelle Szene, die in ihrer Art bisher einzig dastehen dürfte und ein neuer Beweis dafür ist, zu welchen Tollkühnheiten sich deutsche Filmdarsteller hergeben, ist eine der vielen Darstellungen waghalsiger Verfolgungsaufnahmen, an denen der neue [...] Film ganz ungewöhnlich reich ist« (LBB 30. 4., S. 66).

»Im allgemeinen kann man ja nichts dagegen haben, wenn ein Film dem Hauptdarsteller auf den Leib geschrieben ist, also den Hauptzweck verfolgt, diesen Schauspieler in all seinen vorteilhaften Stellungen zu zeigen. Um so weniger, wenn, wie es hier der Fall ist, ein guter Publikumsfilm dabei herauskommt. [...] Der Clou ist da: ein richtiger Boxkampf im Zirkus, und das genügt, um das Publikum nicht nur zu befriedigen, sondern geradezu zum Rasen zu bringen. 14 Runden à 3 Minuten machen Hans Breitensträter und sein Partner Jimmy Lygget, bis letzterer endlich mit einem Knock-out auf dem Boden liegt« (AKB 9. 7., S. 480).

Jul 15–21

»Die Furcht vor dem Weibe« – R: Hanna Henning; Bu: Hanna Henning nach Motiven des gleichnamigen Romans von Georg Engel; K: Carl Paulus; Au: Julian Ballenstedt; Da: Bernd Aldor, Marija Leiko, Max Pohl, Wilhelm Diegelmann, Toni Zimmerer, Otto Gebühr, Paula Conrad-Schlenther, Hermine Strassmann-Witt, Robert Leffler.

»Die Keuschheitskommission« – Da: Hedi Janowitz, Karl Harbacher.

»Die Furcht vor dem Weibe«: »Ein Gesellschaftsdrama mit durch und durch auf psychologischem Grund aufgebauter, straffer, klarer und menschlich fesselnder Handlung, der neben den schönen, vielfach an der See aufgenommenen Bildern die eingefühlte und durcherlebte Darstellung zu vollendeter Wirkung verhilft. Bernd Aldor findet in dem Film eine Rolle, die ihm auf den Leib geschrieben und die er bis in die feinsten psychischen Regungen ausspielt« (LBB, 25. 6., S. 40).

»Der Film erzählt, wie ein Stubengelehrter die Tochter eines Reeders heiratet, sie aber vernachlässigt und über den ersten Schein einer Untreue zu einer pathologischen Furcht vor dem Weibe kommt – dem Weibe als Geschlechts- und Wesensbegriff. Die angeborene Nervenkonstitution des Epileptikers hindert ihn, eine klare Situation zu schaffen, er behält seine Frau auch bei sich, nachdem er eine Zeitlang Zuflucht in einem Sanatorium fand, gibt aber dann den ungleichen Kampf gegen den physisch ihn übertreffenden Nebenbuhler auf und findet den Tod im Meer. Was diese Geschichte so überaus reizvoll macht, ist zunächst das Milieu der deutschen Kleinstadt an der Wasserkante. Dann aber ist die etliche Jahre umspannende Handlung durch die Beichte des Nervenkranken im Sanatorium in zwei Teile zerlegt, so daß der Eindruck einer gegenwärtigen, geschlossenen Handlung, die sich in kürzester Folge abspielt, erzielt wurde. Es ist nicht das erstemal, daß der Film zu diesem Hilfmittel greift, aber wie Hanna Henning sich dieser Aufgabe entledigt, zwischen Vergangenheit und Gegenwart gedankliche Brücken in der Vorstellungswelt des Kranken zu schlagen, ist sehr glücklich« (FK 17. 6.).

AKB 23. 7., S. 519; 10. 9., S. 700; LBB 18. 6., S. 48.

Jul 22–28

»Der geheimnisvolle Juwelendieb« – R und Bu: Martin Garas; Da: Martin Ratkai, Maria Cartoricki, Paul Lukács, Juci Bojda.

»Ein fideles Gefängnis« – R: Ernst Lubitsch; Bu: Hanns Kräly, Ernst Lubitsch nach Motiven aus der Operette *»Die Fledermaus«* von C. Haffner und Richard Genée; K: Theodor Sparkuhl; Au: Kurt Richter; Da: Harry Liedtke, Emil Jannings, Kitty Dewall, Agda Nilsson, Erich Schönfelder.

Hans Helmut Prinzler und Enno Patalas (Hgg.), Lubitsch, München-Luzern 1984, S. 126 f.

»Der geheimnisvolle Juwelendieb« ist eine *»Mischung aus Gesellschafts- und Detektivfilm. [...] Humoristische Momente, deren Unabsichtlichkeiten schwer festzustellen sind, mischen sich mit gewollt satirischen Ausfällen zu einem leichten Ganzen. Was vorgeht – es ist für sechs Akte nicht viel ... Aber was will man von Unterhaltungsfilmen? Ihre Aufgabe ist die des Modejournals, das ja nicht den Eindruck einer Kultur darstellt, sondern ihre elegante Umgebung. Infolgedessen: es ist unwichtig, wer gestohlen hat, beinahe, daß gestohlen wurde. Spannung und Gang der Handlung laufen nebenher [...] Da es im ersten Akt schon entschieden ist, daß die Verdächtigten nicht die Täter sind, im zweiten die wirklichen feststehen und bis zum sechsten nichts neues eintritt, was diese Vermutung umstoßen könnte, bleibt für den Zuschauer nur das Interesse an Bildern. Sie sind gut, elegant, abgetönt – man unterhält sich,*

weil man gewissermaßen in angenehmer Gesellschaft ist« (FK 1. 7.).

Jul 29–Aug 4
»Die Jagd nach dem Glück« – R und Bu: Fritz Freisler; K: Hans Theyer; Au: Karl Hartl; Da: Alfons Fryland, Grete Ruth, Elga Beck, Paul Richter, Robert Rastelberger, Frieda Walden.
»Ein kleiner Irrtum«.
»Die Jagd nach dem Glück«: »Die Jagd nach dem irdischen Scheinglück, das mit dem Opfer alles menschlich Wertvollen erkauft werden muß. Der alte und ewige Widerstreit zwischen Gott und dem Mammon. Das sieht man in dem phantastischen symbolischen Geschehen dieses Films. [...] Der Getriebene aller Laster wird der Ingenieur Harmsen, nachdem er sich einmal gegen seinen besseren fachlichen, für den mammonistisch beratenen Ehrgeiz entschieden hat, bis die Quelle seines Reichtums, seine hüttentechnische Erfindung, zu dem Strom des Verderbens wird, der Tod und Trümmer um sich verbreitet. Dann aber setzt sich die Tugend zu Tisch. – Daß das Wie dieses Geschehens nicht banal wirkt, sondern im Gegenteil höchste Spannung entfesselt, liegt an der hervorragenden, in den Hüttenwerkszenen grandiosen Bebilderung dieses Stoffes, der in jeder Beziehung glänzend gelungen ist« (BLA 1. 8.).

Aug 5–11
»Der Tag der Vergeltung« – R und Bu: Fritz Magnussen; Da: Olaf Fönss, Gudrun Brunn, Ellen Dall, Philipp Beck, Augusta Blad, Helen Gammeltoft, Karen Lund, Henry Seemann, Valdemar Möller, Aage Hertel.
»Das Badehotel« – Da: Edith Psilander, Einar Zangenberg.
»Der Tag der Vergeltung«: »Baron van Straten, dem allgewaltigen Finanzmann, ist nichts in seiner Jagd nach den Millionen heilig. Ebenso kaltlächelnd wie das Glück des Einzelnen zertritt er das Glück der Massen. Wer sich ihm in den Weg stellt, wird zermalmt. Einzig und allein der Wille seines herrschsüchtigen Ichs ist maßgebend. Und doch bringt der Weihnachtsabend den Gehaßten, Einsamen wieder der Menschheit in die Arme. Ein furchtbarer Traum wandelt sein Innerstes um, öffnet ihm den Blick für die ganze Hohlheit und Roheit seines Herzens und der Erwachende sühnt das, was er in schnöder Gier nach dem blendenden Mammon verbrach. [...] Manchem Finanzgewaltigen unserer Zeit wäre das Thema auf den Leib geschrieben, wie der ganze Film überhaupt, ohne in einer scharfumrissenen Zeitepoche zu spielen, den im Innersten faulen Kern der unsrigen, ihren gewissenlosen Egoismus, ihre skrupellose Unterdrückung aller Andersdenkenden, scharf geißelt« (DdF 12. 8., S. 7 f).

Aug 12–18
»Die Ratten« – R: Hanns Kobe; Bu: Julius Sternheim nach der gleichnamigen ›Berliner Tragikomödie‹ von Gerhart Hauptmann; K: Karl Freund; Au: Robert Neppach; Künstlerische Leitung: Grete Ley; Da: Emil Jannings, Lucie Höflich, Eugen Klöpfer, Marija Leiko, Blandine Ebinger, Hermann Vallentin, Trude Hoffmann, Auguste Prasch-Grevenberg, Claire Selo, Hans Heinrich von Twardowski, Preben Rist, Käthe Richter, Emmy Wyda, Max Krone.
»Ein Tag auf dem Mars« – R: Heinz Schall; Bu: Mathilde Wieder; K: Curt Courant; Au: Fritz Seyffert; Da: Lilly Flohr, Hermann Picha, Gerhard Ritterband, Hans Behrendt.
»Die Ratten«: »Ein gesellschaftliches Ereignis von Bedeutung: Gerhart Hauptmann im Film ... Könnte man nach der Substraktion des Dichternamens diesen Film betrachten, also ganz unbefangen, als ob es kein Bühnenstück ›Die Ratten‹ und gar keinen Hauptmann gäbe, so müßte der Kritiker nur über einen Film sprechen, der so ist wie jeder andere. [...] Uns geht also nur der Film an, wie er ist. Und [...], er ist gut, sehr gut; er gehört zu unseren besten Spielfilmen, vielleicht aber auch zu denen, die nicht auf das große Verständnis stoßen, das ihnen gebührt; dem Publikum fehlt vielfach noch der Gout für sie, weil es falsch erzogen ist« (FK 30. 7.).
»In Bezug auf Darstellung wurde hier ein Musterfilm geschaffen. Was Lucie Höflich spielt, ist keine Rolle, sie lebt in der Tat als die Maurerpoliersfrau John mit der Sehnsucht nach einem eigenen Kind im Herzen und stirbt als Frau mit eben dieser unbefriedigten Sehnsucht. Und ihr Mann [...], den sie wissentlich belogen, ohne den Mut zum erlösenden Geständnis zu finden, betrogen aus Liebe und Güte, findet durch Eugen Klöpfer eine rührende Darstellung. Und dann ist da noch der Bruder der Frau John, der an sich harmlose Tagedieb Bruno Mechelke, aus dem Emil Jannings eine starke Menschenfigur, ein seltsames Gemisch harmloser Gutmütigkeit und instinktivem Verbrechertum macht« (DdF 5. 8., S. 8).
»Ein Tag auf dem Mars«: »Professor Traugott Himmelsleiter entdeckt im Traum einen Marsbewohner durch sein Fernglas, er schwillt sichtlich auf vor Entdeckerstolz, versucht mit Erfolg mit den Marsbewohnern in Kontakt zu kommen, fliegt nebst Homunkulus, seinem Faktotum, hinauf, der in der Marskönigin [...] Lilly Flohr wiederfindet, die er so oft im Erdenkino bewunderte. Sie ist gelegentlich eines Amüsierfluges infolge des unachtsamen, mehr mit ihr als mit dem Flugzeug beschäftigten Piloten, den sie zudem liebt, und der jetzt im Marsgefängnis schmachtet, auf diesen unheilvollen Planeten gekommen, wider Willen zum freudlosen Leben einer ›marsakischen‹ Königin verurteilt worden und beschwört den guten Homunkulus und den guten Professor Himmelsleiter, wenn es ihnen nicht auch noch übel gehen soll, ihren armen Freund zu befreien und dann gemeinsam zu fliehen. Glücklich gelingt auch der Plan, nur Himmelsleiter muß dran glauben, denn er hat seinen Schirm vergessen und die anderen sind ohne ihn abgefahren. Erwachend findet sich der gute Professor vor seinem Fernrohr sitzend, über dessen Linse der Marsbewohner schleicht, der sich bei genauem Zusehen als ein ganz gemeines Insekt aus der Familie der [...] Läuse entpuppt. [...] Eine Unzahl witziger, zum Teil boshaft satirischer, höchst zeitgemäßer Zwischentitel, eine originelle groteske Ausstattung und ein glänzendes Spiel [...] sicherte dem Film eine beifällige Aufnahme« (DF 29. 1., S. 51).

Aug 19–25
»Trix, der Roman einer Millionenerbin« – R: Friedrich Zelnik; Bu: Fanny Carlsen nach dem gleichnamigen Roman von Eufemia von Adlersfeld-Ballestrem; K: Wilhelm Goldberger; Au: Fritz Lederer; Da: Lya Mara, Ilka Grüning, Ernst Hoffmann, Wilhelm Diegelmann, Josefine Dora, Fritz Schulz, Johannes Riemann, Vilma von Mayburg, Herma van Delden, Karl Platen.
»Spiegel der Zeiten. Aus der Werkstatt einer Tänzerin« – R: Richard Löwenbein; K: Gustave Preiss; Au: E. M. Schumacher; Da: Gertrude Barrison.
»Trix, der Roman einer Millionenerbin« ist eine *»glänzende Publikumsangelegenheit, und zugleich für den Geschmack eines Publikums aufschlußreich. Denn er befriedigt seine Bedürfnisse nach Romantik, Phantasie und Humor mit einer leutselig-entgegenkommenden Gleichzeitigkeit dieser Dinge. Trix ist ein blondlockiges Pensionsbackfischchen [...] Sie erbt ein Millionenvermögen und dazu ein altes Schloß mit Schätzen und – was? und Geheimtüren. Im Verlauf der Handlung, die sich nur in den feudalsten Kreise bewegt [...], geht die intrigante Gesellschafterin der Komtesse durch eigene Schuld zugrunde. Sie stahl ein Perlenhalsband aus dem Familienschmuck, das, da es von den anrüchigen Borgias stammen soll, vergiftet war. Sie hatte es auf das Vermögen der inzwischen resolut gewordenen Trix abgesehen und war nun so tragisch abgeblitzt. Aber doppelt glücklich ist Trix, denn sie hat in die Arme eines Mannes gefunden, zu dem wir eine nicht schmerzensfreie Liebe in ihr aufkeimen sahen«* (FK 22. 7.).
AKB 20. 8., S. 605; LBB 23. 7., S. 50.
»Spiegel der Zeiten. Aus der Werkstatt einer Tänzerin« ist *»eine Bilderfolge, die [...] die Tänzerin Gertrude Barrison bei der Toilette und im Tanz zeigt. Der Wert dieses seiner Idee nach originellen Films liegt in verschiedener Richtung. Einmal ist er ein Stück Lehrfilm und gibt einen kultur-historischen Unterricht in einer Form, die für jedes Publikum anziehend und amüsant sein dürfte. Zweitens aber hat dieser Film seine besondere Bedeutung in ästhetisch-filmischer Beziehung. Gertrude Barrison gibt sich nämlich keineswegs nur als Nur-Mannequin oder als Nur-Tänzerin: nein, sie spielt. Was sie spielt, ist kein Drama oder Lustspiel, es ist ein Stück weiblicher Anmut, weiblichen Charakters – im Wesen stets gleich, in der Form gewandelt durch die Zeiten, und dieses Spiel [...] ist das Reizvolle und Bedeutsame«* (LBB 18. 9. 1920, S. 32).

Aug 26–Sep 8
»Grausige Nächte« – R: Lupu Pick; Bu: Carl Mayer; K: Theodor Sparkuhl; Au: Robert A. Dietrich; Da: Edith Posca; Arnold Korff, Alfred Abel, Paula Eberty, Adele Sandrock, Paul Walker, Waldemar Pottier; Uraufführung.
»Grausige Nächte«: »Die Gattin eines Konsuls hat von ihrem früheren Verlobten ein Kind, von dem ihr Mann nichts weiß. Als sie diesem schließlich die Erlaubnis abgeschmeichelt hat, einen Knaben zu adoptieren, holt sie ihren vorehelichen Sohn, d. h. sie glaubt es. Aber ihr verflossener Liebhaber, der inzwischen ein Saufbold und noch Schlimmeres geworden ist, gibt ihr statt ihres Kindes einen anderen jungen Mann, der ihm völlig ergeben ist. Dieser Pseudo- und Adoptivsohn verübt nun Nacht für Nacht Diebstähle in seinem neuen Elternhause. Als er bei dieser

218 Programmheft (Chr Aug 26 – Sep 8); Berlin, Stiftung Deutsche Kinemathek.

ebenso schmutzigen wie einträglichen Arbeit von seinem Pflegevater überrascht wird, schießt er diesen nieder und versucht, seine Pflegemutter zu erwürgen. Es wird aber trotzdem noch alles gut. Der Konsul wird am Leben erhalten. Seine Frau gesteht ihm alles, und er verzeiht großmütig. Nun nimmt sie ihren rechten Sohn zu sich, der sich inzwischen eingefunden hat (AKB 29. 10., S. 873).

»Es geht hier nicht darum, dieses oder jenes ›Sujet‹ zu behandeln, daher auch nicht Vorgänge aus dem Film auf ihre Glaubwürdigkeit, auf ihre Wahrscheinlichkeit zu prüfen. ›Ein Film‹ nennt Carl Mayer kurz die Form, die er dem Gedanken, dem Einfall, der in ihm existiert, gegeben hat. Die einzig mögliche, denn der Denkstil Carl Mayers ist – Film. Er hat wirkliche Filmerlebnisse und weiß für sie nur ein Ausdrucksmittel; vielleicht der einzige in Berlin: ein Unbedingter, der etwas zu sagen hat. [...] Er drängt alles Handlungsgemäße ab, macht es körperlos, aber es bleibt real, sachlich. Die Handlung setzt ein, unmerklich, ohne Anfang und bricht auch so ab, unbestimmt, der Film hört auf, ohne Bedeutung. Geschehen ist nur etwas, weil, um ein Bild zu malen, Farbe da sein muß. Deshalb kann man den Film auch nicht nacherzählen, er bekäme einen anderen Sinn. Ihn beherrscht nur das Grauen einer Mutter, der ein falsches Kind, ein verbrecherischer Liliputaner untergeschoben wurde, das Grauen über jenes entsetzliche Geschöpf mit dem so seltsamen, bösen Gesicht; die furchtbare Vision« (FK 29. 8.).

E. Spiess, Carl Mayer. Ein Filmautor zwischen Exhibitionismus und Idylle (= Filmblätter 11), Frankfurt a. M., o. J.

Sep 9–15

»Der Spielmann« – R und Bu: Karl Otto Krause; Gesangstexte: Franz Jobst Rauch; K: Gustave Preiss; Da: Carola Toelle, Sadjah Gezza, Uschi Elleot, Paul Hansen, Fritz Kuhlbrodt, Alfred Walter; bei der Filmvorführung mitwirkende Sänger: Siegfried Adler, Lotte Bartschat; Uraufführung.

»Der Kampf um die Heimat« – R: James Bauer; Bu: Armin Petersen; K: Marius Holdt; Künstlerische Leitung: Hans Mierendorf; Da: Hans Adalbert von Schlettow, Wilhelm Diegelmann, Margit Barnay, Hermine Strassmann-Witt, Herta Katsch, Eva Christa, Anni Hajek, Richard Kirsch, Gottfried Kraus, Cläre Menges, Nada Amnera.

»Der Spielmann«: »Vom technischen Standpunkte bot die Premiere dieses ›dramatischen Singspiels‹ [...] insofern Interesse, als man das Resultat des Beckschen Synchronverfahrens zu taxieren vermochte. Es ist ein und dasselbe Prinzip, in nicht immer auf Sekundenbruchteile harmonierender anderer Form, mit dem sichtbaren Dirigenten in einer Ecke des Bildes. Neu nur der Szenenwechsel bei derselben musikalischen Nummer, oft ohne Zwischenpause und Intervall. Dagegen kann im Wesen diese Art Filmdarbietung nicht befriedigen, denn man entbehrt der Handlung, durch die Musik an und für sich auf langgestrecktes gedehntes Tempo beschränkt. Der Spielmann zieht in die Welt, seine Liebe und deren Sprößling hinterlassend, die Mutter geht ins Wasser, und nach Jahren finden sich Vater und Tochter wieder« (LBB 10. 9., S. 40).

»Der Kampf um die Heimat«: »Der Kampf unserer oberschlesischen Brüder um ihre deutsche Heimaterde, das gewaltige Ringen, das so ungemein reich ist an dramatischen Ereignissen und eindrucksvollen Charakteren, hat zum ersten Mal seinen Niederschlag im Lichtspiel erfahren. [...] Die Handlung wurde, mit Ausnahme der Hauptpersonen, ausschließlich von oberschlesischen Flüchtlingen dargestellt, aus deren verhärmten Gesichtern und deren schüchternen, müden Bewegungen starke, nachhaltige Eindrücke auf den Betrachter übergehen. Der lange Zug der Flüchtlinge, das Bild eines schnell hergerichteten Flüchtlingslagers, die Kämpfe zwischen den polnischen Banden und den oberschlesischen, einheimischen Bergleuten, die Herzenskonflikte einer verschiedenartig gemischten Bevölkerung sind von ganz ergreifender Wucht. Darunter sind Szenen und Bilder, wie sie im Lichtspiele bisher noch nicht geboten wurden, z. B. ein Zug von Bergleuten in ihrer düsteren Tracht und echtes Bergmannsleben in Grube und Hütte. Die Zahl der auftretenden Personen beträgt mehr als 2000« (FK 25. 8.).

»Der Film will das beste: Auf die Not unserer Landsleute in Oberschlesien aufmerksam machen und Hilfe für sie erbitten. Man kann verschiedener Meinung sein, ob der begangene Weg der richtige ist. Tatsache ist freilich, daß man den niederen Volksschichten am besten etwas beibringen kann, wenn man es ihnen an Hand von Beispielen begreiflich zu machen sucht. Andererseits ist dieses Werbedrama das, was wir bei unseren ehemaligen Feinden verdammten und als Hetzfilme bezeichneten« (AKB 5. 11., S. 891).

219 Anzeige (Chr Sep 16–22; nach: DF 4. 9. 1921).

Sep 16–22

»Die Ehre seiner Schwester« – R und Bu: Fritz Magnussen; Da: Olaf Fönns, Clara Vieth; Uraufführung.

»S. M. Der Reisende« – R: Paul Heidemann; Bu: Heinz Gordon, Erich Schönfelder; Da: Paul Heidemann, Richard Georg, Manny Ziener, Trude Lorenz, Heinz Gordon.

»Die Ehre seiner Schwester«: »Jan Hemkirk, Angestellter des Konsuls Hausmann, wird von diesem nach einer überseeischen Filiale geschickt, um ihn die Liebe der Haustochter vergessen zu machen. In seiner Abwesenheit verführt der junge Haussohn Jans Schwester. Dieser kehrt zurück und schwört Rache. Langsam, aber unerbittlich treibt er das stolze Haus dem Ruin entgegen, um schließlich durch die Liebe besiegt zu werden. [...] Der Film machte sichtlich tiefen Eindruck. In den Höhepunkten wischte hier ein kleiner Finger eine Träne aus dem Augenwinkel und klang da und dort verdächtiges Schneuzen. Wie sich gerade auch die billigen Plätze nicht genierten, ihrem Vergnügen Ausdruck zu geben, wenn die dramatische Linienführung gefährlichen Wiederholungen nicht ganz aus dem Wege zu gehen wußte« (DF 9. 10., S. 64).

»S. M. Der Reisende«: »Lustspiel in 3 Akten. [...] Eine Damenwäsche-Ausstellung und deren filmische Verwendung erzeugt verständnissinniges Kichern und Lachen. [...] Um die reizende Verkäuferin als Gattin heimführen zu können, kaufte der verliebte Teddy ein ganzes Wäschegeschäft, ›mit allem, was drin, dran und drum hängt!‹ – also auch mit der Geliebten. Der Trick gelingt ihm – und die Zuschauer können sich an dem glücklichen Filmpaar erfreuen« (DF 3. 7., S. 49).

Sep 23–29

»Das Kußverbot« – Der Operettenfilm wurde *»auf vielseitigen Wunsch«* noch einmal ins Programm genommen (vgl. 1920 Sep 24–Okt 7).

»Nobody« – R: Josef Stein, Karl Gerhardt; Bu: Paul O. Montis, Rudolf Saklikower nach der Romanfolge *»Detektiv Nobody's Erlebnisse und Abenteuer«* von Robert Kraft; K: Adolf Otto Weitzenberg, Josef Daub; Au: Bernhard Schwidewski; Da: Sylvester Schäffer; Uraufführung.

»Nobody«: »Eine etwas spleenige Idee, einen zweiundfünfzigteiligen Abenteurerfilm zu machen, von dem jede Woche ein Teil gezeigt werden soll. Die Nobody-Filmgesellschaft, die dieses Wagnis unternommen hat, muß sehr viel Mut gehabt haben, als sie sich dazu entschloß, denn der Gefahren gibt es unzählige, die den Erfolg eines solchen Unternehmens bedrohen. Die Gesellschaft arbeitet denn auch vorsichtigerweise mit Preisausschreiben und Rätselraten, um für die 52 Wochen das Interesse des Publikums immer von neuem anzuregen. Außerdem hat sich die Gesellschaft Sylvester Schäffer verschrieben, diesen Tausendkünstler, der ein ganzes Varietéprogramm allein absolvieren kann. [...] Im ersten Teil entlarvt er zunächst auf einem Ozeandampfer einen Brillantendieb, schwimmt dann durch das Meer an Land, betritt splitternackt (infolge einer Wette) das Strandhotel von New Jersey und wird sofort von einem Varietédirektor mit 10000 Dollar Gage engagiert« (BLA 25. 9.).

Sep 30–Okt 6

»Das gestohlene Millionenrezept« – R: Carl Wilhelm; Bu: Hans Gaus; Au: Carl L. Kirmse; Da: Harald Paulsen, Lia Eibenschütz, Lina Salten, Claire Lotto, Magnus Stifter, Heinrich Peer, Carl Schönfeld, Karl Platen, Rudolf Klein-Rohden, Albert Paulig, Arthur Somlay, Emil Rameau, Hugo Döblin.

»Nobody« 2. Teil: »Der Meister des Bluffs« – R: Josef Stein, Karl Gerhardt; Bu: Paul O. Montis, Rudolf Saklikower nach der Romanfolge *»Detektiv Nobody's Erlebnisse und Abenteuer«* von Robert Kraft; K: Adolf Otto Weitzenberg, Josef Daub; Au: Bernhard Schwidewski; Da: Sylvester Schäffer; Uraufführung.

»Das gestohlene Millionenrezept«: »In einem Unternehmen wird ein Geheimrezept entwendet, das Millionenwert besitzt. Die Verdachtsumstände verdichten sich so sehr, daß ein junger Chemiker als schuldig befunden wird. Auf dem Transport zum Gefängnis entweicht er mit einem notorischen Schwerverbrecher. Der junge Mann, unehelicher Sohn eines verschollenen Großkaufmanns, wird von seinem Vater erkannt, der, von seiner Unschuld überzeugt, einen Detektiv beauftragt, ihn vor dem Gefängnis zu bewahren. Der Detektiv, erfreut, dem hochmütigen Polizeikommissar ein Schnippchen schlagen zu können, versteht es nicht nur, dem Entflohenen, der in ihm nur seinen Verfolger wittert, bei seiner Flucht zu helfen, sondern vermag auch den wahren Schuldigen zu entlarven und der Gerechtigkeit in die Arme zu führen. Daß sich dadurch eine kleine Liebesgeschichte in mehrseitiges Wohlgefallen auflöst, ist angenehme Beigabe« (DF 4. 9., S. 42).

»Jene Mischung von Humor, Witz, flotter spannender Handlung mit wechselnden Schauplätzen und kriminellem Einschlag ist das neue Filmgenre, der dernier cri, über den man sich freuen darf, weil er das Wesen des Films richtig erfaßt; weil er das zu bieten vermag, was die breiten Massen fesselt und den anspruchsvollen Kinofreund befriedigt. Voraussetzungen sind, abgesehen vom stofflich starken Manuskript, eine einfallsreiche Regie der leichten Hand und ein temperamentvolles Spiel« (LBB 3. 9., S. 52).

Okt 7–13

»Miss Venus« – R und Chgr: Ludwig Czerny; Bu: Ludwig Czerny, Georg Okonkowski; Gesangstexte: Willi Steinberg; Mu: Hans Ailbout, Otto Tilmar Springefeld; K: Ernst Daub; Au: Robert Neppach; Da: Ada Svedin, Charles Willy Kayser, Manny Ziener, Hans Wassmann, Johanna Ewald, Felicitas Scholz, Mary Cepalek, Herta Bibo, Albert Lenz, Friedrich Berger, Berthold Rosé, Willi Godlewski, Willy Fritsch, Inge Brandt.

»Nobody« 3. Teil: »Ein toller Abend im Atlantic« – (Forts. Okt 14–20). R: Josef Stein, Karl Gerhardt; Bu: Paul O. Montis, Rudolf Saklikower nach der Romanfolge *»Detektiv Nobody's Erlebnisse und Abenteuer«* von Robert Kraft; K: Adolf Otto Weitzenberg, Josef Daub; Au: Bernhard Schwidewski; Da: Sylvester Schäffer, Irene Marga; Uraufführung.

»Miss Venus«: »Eine neue Filmoperette – und ein unbestrittener Sieg auf der ganzen Linie. Ein Werk, das in seiner gewissenhaften, flotten Durchkomposition ganz Operette ist, vom ersten Takt bis zur letzten Fermate – und das in seiner einwandfreien Notenbandführung unter dem Bilde eine Gewähr für bedingungslose Durchführung des künstlerischen Willens ist, der bei der Komposition maßgebend war. Dazu ein Film, der in seiner Regie, seiner Darstellung und Photographie voller köstlicher Spieleinfälle ist, hervorragend sauber in jeder Szene und amüsant in seinem burlesken, exentrischen Ideen. Die Geschichte, die dem Film zugrunde liegt, verschwindet fast hinter dem Wert der Ausführung, das heißt, sie tritt dahinter zurück, so verblüffend prunkvoll ist Akt für Akt. Ob Maud Goggodan den Journalisten Bobby Parker heiratet – oder nicht, ob ihr Vater Timoty seine Tochter öffentlich ausbietet, um seinen Schwiegersohn zu erhalten, ob Hanna Thompson Bobby Parker kriegt oder gar Timoty Goggodan, also Bobs Stiefmutter wird ... das alles erscheint unwesentlich neben der Art, in der hier ein operettenhafter Handlungsfaden fortgesponnen wird« (FK 24. 9.).

»Ada Svedin [...] erscheint persönlich mit ihrem Partner, dem Ballettmeister Willi Godlewski, im Sportpalast vor dem Publikum, um ihre beiden Tänze, den mexikanischen Tango und den Cowboy-Tanz, mit Anmut und großer Ausgelassenheit zur Darstellung zu bringen. Unter dem Jubel des Publikums verläßt Ada Svedin mit ihrem Partner zu Pferde den Saal« (LBB 22. 10., S. 63).

Okt 14–20

»Nobody« 3. Teil: »Ein toller Abend im Atlantic« – (Forts. von Okt 7–13).

»Nobody« 4. Teil: »Das japanische Rätsel« – R: Josef Stein, Karl Gerhardt; Bu: Paul O. Montis, Rudolf Saklikower nach der Romanfolge *»Detektiv Nobody's Erlebnisse und Abenteuer«* von Robert Kraft; K: Adolf Otto Weitzenberg, Josef Daub; Au: Bernhard Schwidewski; Da: Sylvester Schäffer; Uraufführung.

»Nobody«: »Der vierte Teil bringt eine völlig neue Handlung. Ein alter Raritätensammler [...] zeigt freudestrahlend seinen Freunden die neueste Aquisition, ein kostbares Schwert. Für dieses Prunkstück interessiert sich auch noch ein verdächtiger Japaner; bald darauf wird der Antiquar, unmittelbar nach Erwerbung eines riesigen japanischen Götzenbildes ermordet aufgefunden und die Herstellungsfirma setzt nun 60 000 Mark an Geldpreisen aus für die richtige Lösung der Frage: ›Wer ist der Mörder?‹« (FK 17.10.).

Okt 21–27

»Haschisch. Das Paradies der Hölle« – R: Reinhard Bruck; Bu: August Lembach; K: Mutz Greenbaum; Au: Robert Neppach; Da: Tilla Durieux, Fritz Kortner, Eva Seeberg, Paul Hartmann, Leopold von Lebedur, Wilhelm Diegelmann, Hermann Picha, Paula Conrad-Schlenther, Friedrich Kühne, Fritz Beckmann; Uraufführung.

Nobody« 5. Teil: »1 Milliarde Falschgeld« – R: Josef Stein, Karl Gerhardt; Bu: Paul O. Montis, Rudolf Saklikower nach der Romanfolge *»Detektiv Nobody's Erlebnisse und Abenteuer«* von Robert Kraft; K: Adolf Otto Weitzmann, Josef Daub; Au: Bernhard Schwidewski; Da: Sylvester Schäffer, Paul Hansen; Uraufführung.

»Jedem das Seine« – R: Eugen Hollstein; Bu: Bert Oehlmann, Eugen Hollstein; Da: Paul Heidemann, Ria Alldorf, Rita Burg, Mia Greder, Luise Werkmeister, Karl Geppert, Herbert Paulmüller.

»Haschisch. Das Paradies der Hölle« nennt sich *»das fünfaktige orientalische Abenteuer von August Lembach [...] Eine verwickelte Geschichte, halb Traum, halb Wirklichkeit, halb Humoreske, halb Unsinn. Da der Sultan alt ist, läßt sich die Sultanin von einem verträumten Teppichhändler auf Anraten ihrer Vertrauten ein Kind schenken, um den Thronerben zu erhalten. Der Sultan, der eigentlich dankbar sein müßte, droht dem ›Mohren, der seine Schuldigkeit getan‹ hat, mit dem Tode – sein Weib und der Arzt helfen dem Ersatzgatten zur Flucht und Assa wartet schon darauf, den leistungsfähigen Träumer in die Arme zu schließen. Das Ganze soll humorvoll sein – ist es aber nur sehr bedingt. Der Film soll orientalisch sein – ist es aber auf keinen Fall; weder im Text noch in der Darstellung, die – besonders in der Komparserie – sehr berlinerisch aussieht. Zu derartigen Filmen gehört Kapital – und wenn man das nicht hineinstecken kann, soll man lieber die Hände davon lassen«* (DdF 4. 11., S. 4).

Okt 28–Nov 3

»Dubrowsky« – R: Peter Tschardynin; Bu: Peter Tschardynin nach der gleichnamigen Erzählung von Alexander Puschkin; K: Waldemar F. Siewerssen; Au: Jacques Rotmil; Da: Ossip Runitsch, Tamara Duwan, Wassily Wronsky, Peter Tschardynin, Gregor Ratoff, Michael Walgjamin, Gustav Oberg, Lydia Potechina, Emil Stammer.

»Nobody« 6. Teil: »Die Dame in Trauer« – R: Josef Stein, Karl Gerhardt; Bu: Paul O. Montis, Rudolf Saklikower nach der Romanfolge *»Detektiv Nobody's Erlebnisse und Abenteuer«* von Robert Kraft; K: Adolf Otto Weitzmann, Josef Daub; Au: Bernhard Schwidewski; Da: Sylvester Schäffer, Paul Hansen, Karl Geppert, Marie Luise Jürgens, Josef Commer; Uraufführung.

»›Dubrowsky‹ erzählt die Geschichte eines russischen Kleinedelmannes, dessen Vater, ungerechtfertigterweise von seinem Gute vertrieben, einsam zugrunde geht, und in ihm, dem Sohn, einen Rächer findet, der durch Bildung einer Räuberbande zur Selbsthilfe greift, sich aber in die Tochter seines Feindes verliebt und dadurch zum Verzicht auf seine Rache veranlaßt wird« (DF 24. 7., S. 38).

Nov 4–10

»Der Tod im Nacken« – R: Fred Sauer; Bu: Fanny Carlsen; K: Wilhelm Goldberger; Da: Johannes Riemann, H. Peer, Fritz Schulz, Bernhard Goetzke, Edith Seidel, Lene Voss.

»Nobody« 7. Teil: »Aus Nobody's Vergangenheit« – R: Josef Stein, Karl Gerhardt; Bu: Paul O. Montis, Rudolf Saklikower nach der Romanfolge *»Detektiv Nobody's Erlebnisse und Abenteuer«* von Robert Kraft; K: Adolf Otto Weitzenberg, Josef Daub; Au: Bernhard Schwidewski; Da: Sylvester Schäffer, Magnus Stifter, Josef Commer, Anna von Palen, Marie Luise Jürgens; Uraufführung.

»Der Neffe als Onkel« – R: Eugen Hollstein; Bu: Margarethe Lindau-Schulz; Da: Paul Heidemann, Ethel Orff, Josefine Dora, Emmy Wyda, Karl Geppert, Richard Georg, Emil Sondermann, Gustav Kiebel.

»Der Tod im Nacken«: »In weiter Ferne ein kleiner, schwarzer Punkt, der sich mit rasender Geschwindigkeit nähert – ein Auto. Ihm entsteigt gerade noch zur rechten Zeit der Schauspieler Valton, um eine Lebensmüde den Fluten zu entreißen. Er nimmt sie als seine Gehilfin zu sich. Ihrer Findigkeit gelingt es, zwei Nihilisten auf die Spur zu kommen, die einen Anschlag auf den Fürsten planen. Noch rechtzeitig bemerkt Valton eine Höllenmaschine. Zwei Minuten vor der Explosion kann er das Uhrwerk abstellen. Gerettet – gesiegt über den grinsenden Tod! Erneute Vereitelung von Anschlagplänen. Standhalten selbst bei giftigen Gasen. Das Pulver, das andere töten sollte, schleudert den Verbrecher selbst in die Luft. Auch ein gückliches Liebespärchen fehlt nicht. Sonst ein ganz unterhaltsamer Film, der manche gute Seite aufzuweisen hat« (BLA 8. 11.).

»Ein ebenso harmloser wie unterhaltsamer Detektivfilm, der seinen Zweck vollauf erreicht, das Publikum bei wohltemperierter Spannung und guter Laune zu unterhalten« (FK 14. 12.).

»Nobody«: »Im siebenten Teil [...] wird eine Hälfte des Rätsels um Nobody gelüftet [...] Es stellt sich heraus, daß Nobody in Wirklichkeit der Neffe des verstorbenen Herzogs von Nordland ist. Vor Jahren hatte er das Pech, in dieselbe Dame verliebt zu sein wie sein Onkel, dieser schickte ihn für längere Zeit ins Ausland und heiratete inzwischen seine Angebetete [...] Der Neffe verschwand darauf nach einem heftigen Wortwechsel mit seinem Onkel und blieb seitdem verschollen. Nach dem Tode des Herzogs stellte dessen Gemahlin, die ihren früheren Geliebten noch nicht vergessen hatte, Nachforschungen an, und jetzt hatte sie im ›Nobody-Journal‹ sein Bild gefunden und war gekommen, um sich mit ihm auszusöhnen« (FK 7. 11.).

Nov 11–14 (?)

»Die Mohikaner von Paris« – *»Sensationsfilm in einem Vorspiel und 5 Akten«* nach dem gleichnamigen Roman von Alexandre Dumas (père).

»Nobody« 8. Teil: »Der Tyrann der Wüste« – R: Rudolf Stein, Karl Gerhardt; Bu: Paul O. Montis, Rudolf Saklikower nach der Romanfolge *»Detektiv Nobody's Erlebnisse und Abenteuer«* von Robert Kraft; K: Adolf Otto Weitzenberg, Josef Daub; Au: Bernhard Schwidewski; Da: Sylvester Schäffer; Uraufführung.

»Die Mohikaner von Paris« sind die *»Staatsumstürzler und einer ihrer Führer ist Sarranti. Um einen politischen Kampf dreht sich damit ein Teil des reichlich wirren Films. Eine Revolution wird vorbereitet und verraten. Die Umstürzler müssen fliehen. Sarranti wird des Umsturzes angeklagt. Auch des Mordes. Am Tage seiner Flucht wird die Haushälterin zweier reicher Kinder, die Sarranti zu erziehen hatte, ermordet aufgefunden. Die Kinder werden vermißt. Zwei Menschenalter später werden diese Rätsel und einige andere durch Sarrantis Sohn gelöst. Wer die Handlung entziffern konnte, wird sie spannend gefunden haben. Die Darstellung war mäßig, aber leicht beschwingt«* (DF 20. 11., S. 47).

Nov 14 (?). Schließung der »Sport-Palast-Lichtspiele«
Die große Halle wurde in kürzester Zeit wieder in etwa in ihren alten Zustand versetzt. Die feierliche Eröffnung als Sportarena fand jedoch erst am 26. 11. statt. In der Zwischenzeit – offenbar während des Umbaus – wurde ein Reit- und Fahr-Turnier durchgeführt.

Nov 17–19. Reit- und Fahr-Turnier »Pferd und Mode«
V: Vereinigung Berliner Tattersall/Deutsche Mode-Verbände.
»Materialprüfungen, Springen, Schleifenraub, Gymkhana, Hochspringen / – Modevorführungen – / durch Künstlerinnen von Bühne und Film [...] Modevorführungen 5 Uhr / Preisverteilung 9 Uhr« (Anz., BLA 16. 11.).
»Im Schiedsgericht sowie unter den übrigen Herren, die den technischen Apparat der Veranstaltung bilden, finden wir die besten und bekanntesten Namen: Die Herren Aug. Andreae, Graf v. Westphalen, Oberst Wilmer (München), Major Lauffer (Stuttgart), Rittmeister Bürkner (Hannover), Oberst v. Krosigk, Landstallmeister v. Senden, Major a. D. Müseler, O. Stensbeck, v. Platen=Vogtsdorf, Rittmeister v. Mirbach, Graf v. Roedern [...] Für die künstlerische Leitung der Modeveranstaltung zeichnet Herr Hans Gräfenberg verantwortlich« (BLA 16. 11.).

Nov 17, 14.00 Uhr. Entscheidungen – Erster Tag
Ergebnisse: *»I. Ermunterungs=Dressur=Prüfung. Gestüt Streckewaldes Siegwart (Günther Schmidt) 1. Herrn Ebners Schwertlied (Prinz Friedrich Sigismund) 2. Herrn v. Holtens Sally (Bes.) 3. 7 Teilnehmer. – II. Gehorsamsspringen. Leutn. v. Hülsens Preußen (Bes.) 1. Herrn Littauers Odysseus (Stallmeister Bremer) 3. Herrn Speyers Macabäer (Herr Spillner) 3. Hauptm. Haubolds Ulli (Leutn. Wemmer) 4. 53 Teilnehmer. – III. Stallmeister=Dressurprüfung. Herrn Balzers Viadukt (Stallm. Stack) 1. Herrn v. Holtens Sally (Stallm. Esche) 2. Frau Hansbergs Flirt (Stallm. Stenschke) 2. Herrn Nidowitz' Junggeselle (Stallm. Troschke) 4. 15 Teilnehmer. – IV. Materialprüfung für Reitpferde. Abt. A: Oberleut. v. Sendens Calmus (Bes.) 1. Herrn Jamrowskis Kerlchen (Herr v. Platen) 2. Kommerzienrat Boswensteins Gerd v. Wessel (Frau Speer) 3. 17 Teilnehmer. Abt. B: Frau Nischs Graue (Bes.) 1. Frau Diehns Freya (Bes.) 2. Frau Ch. Steigs Spion (Bes.) 3. 25 Teilnehmer. – V. Ermunterungs-Jagdspringen. Hauptm. Maptius Döllnitz (Bes.) 1. Frhr. v. Langries Seidenspinner (Bes.) 2. Leutn. v. Sydows Rochus (Bes.) 3. Hrn. Speyers Macabäer (Hr. Spillner) 4. 54 Teilnehmer«.*
»Eine hübsche Modenschau hatte zu dem letzten Wettbewerb übergeleitet« (BLA 18. 11.).

Nov 18, 15.00 Uhr. Entscheidungen – Zweiter Tag
Ergebnisse: *»I. Eignungsprüfung für Reitpferde. Abt A (kleine Pferde): Prinz Friedrich Sigismunds Preußenstolz (Bes.) 1. Frau Schwartz' Nestor (Bes.) 2. Herrn Langes Epirus (Bes.) 3. 10 Teilnehmer. Abt B (über 1,70 Meter Bandmaß): Frau Potthoffs Carola (Bes.) 1. Herrn Ebner Schwertlied (Prinz Friedrich Sigismund) 2. Graf Trautvetters Mitternachtssonne (Bes.) 3. 22 Teilnehmer. – II. Damenpferd=Dressurprüfung. Herrn Diebels Banko (Frl. v.d. Becke) 1. Herrn Speyers Picolomini (Frl. Hanni Dreyer) 2. Herrn Langes Epirus (Frau Käthe Franke) 3. 9 Teilnehmer. – III. Gymkhana. Stallmeister Krug mit Edelmann 1. Stallmeister Krug mit Tommy 2. Stallmeister Krug mit Dick 2. Stallmeister Kreissig mit Gretel 2. 8 Teilnehmer. – IV. Eignungsprüfung für Gespanne. Heinrich Meyers Erben Dart Prince und Son of Polonius (Herr Meyer) 1. M. Adlers G.m.b.H. Jimmy und Charley (Herr Köhnemann) 2. 2 Teilnehmer. – V. Haupt=Jagdspringen. Herrn Prievermanns Tristan (Bes.) 1. Frhr. v. Buddenbrocks Ultimus (Bes.) 2. Leutn. v. Sydows Ostpreuße (Bes.) 3. Leutn. Andreaes Mädi (Bes.) 4. Desselben Teufel (Bes.) 4. 51 Teilnehmer«.*
»Die Modenschau leitete zu dem Hauptjagdspringen über« (BLA 19. 11.).

Nov 19, 14.30 Uhr. Entscheidungen – Dritter Tag
Ergebnisse: *»I. Kinderreiten. Cilly Feindt auf Frau Wagners Blitz 1. Günther Krüger auf Cassius 2. Albert Rother auf Patin 3. Liselott Nachmann auf Wuttki 4. 6 Teilnehmer. – II. Große Dressurprüfung. Herrn Stensbecks Morgenrot (Bes.) 1. Herrn Speyers Picolomini (Herr Spillner) 2. Rittmeister Blakeleys Hans (Bes.) 3. Herrn Brinns Marius (Frau v. Gottberg) 3. 11 Teilnehmer. – III. Hochspringen. Freiherr v. Langens Hanko (Bes.) 1. Herr Müllers Glücksmädel (Stallmeister Kreissig) 2. Leutnant Andreaes Mädi (Bes.) 3. Desselben Teufel (Bes.) 4. 10 Teilnehmer. – IV. Eignungsprüfung für Einspänner. Heinrich Meyers Erben Son of Polonius 1. Desselben Dolly 2. Drei Teilnehmer. – Schleifenraub. Stallmeister Krug 1. Stallmeister Stenschke 2. Stallmeister Berndt 2. 9 Teilnehmer. – VI. Trost=Jagdspringen. Herrn v. Wietersheims Kreon (Bes.) 1. Herrn Ebners Schwertlied (Graf Goertz) 2. Hauptmann v. Prendzynskis Sascha (Bes.) 3. Freiherr v. Langens Hanko (Bes.) 4. 47 Teilnehmer«* (BLA 20. 11.).
»Die Pferde haben sich wohl allmählich daran gewöhnt, unfreiwillig Zeugen von Modevorführungen zu werden. Denn nach den verschiedenen Moderennen im Freien gibt es jetzt auch bei Reit- und Fahrturnieren Modeschauen. So [...] im Sportpalast [...] Sportmoden. An sich kein schlechter Gedanke, Wenn er nur besser ausgeführt gewesen wäre. Bei der Beleuchtung und ohne Scheinwerfer kann man keine Mode vorführen lassen. Dabei kommt niemand zu seinem Rechte. Weder die Vorführenden noch die Zuschauer. Im Programm war eine Anzahl Künstlerinnen angeführt, die die Moden tragen sollten, aber keine dieser Damen war erschienen. Nur Lilly Flohr las an Stelle einer anderen erkrankten Künstlerin einen Prolog vor. Von Carl Salbach eigens dazu in Hermelin gehüllt. Daran schlossen sich die Vorführungen der hübschen Mannequins, die zum Teil sehr geschmackvolle Sportkleidung zeigten, soweit sie sich im Dämmerlicht erkennen ließen. Carl Salbach war mit kostbaren Pelzmänteln und Sportjacken vertreten. Ch. Drècoll zeigte einige hübsche Wintersportkostüme, ebenso Johanna Marbach, die unter anderem ein gelbes Jumperkleid mit gelb=schwarzem Cape vorführen ließ. Friedmann und Webers Sportkleidung verriet deutlich den kunstgewerblichen Einschlag, der in diesem Hause herrscht und den Sportkostümen vorteilhaft zugute kommt. Marie Latz führte u. a. sehr geschmackvolle Reitkleider in schwarzem Wollstoff und Covercoat mit vielumstrittenen Reitkappen vor. Sehr korrekte Sportkleider und Mäntel zeigte Gerard Bresser. G. Benedict stellte nur einige Herrensportanzüge, die aber besten Geschmacks, aus. Sehr amüsante und lebhafte Sportkostüme steuerte A. C. Steinhardt bei. Fritz Schmidt war mit Sportpelzen vertreten. Regina Friedländer und Paula Schwarz hatten die sportlichen Kopfbedeckungen beigesellt. Den Epilog las Hedy Sven in einem Goldkleid eigner Erfindung. Eugen Moßner hatte einige funkelnde Abendkleider und Capes zwischen die Sportkleidung eingestreut« (BLA 19. 11.).
BLA 13., 16., 18.–20. 11.

Nov 26, 19.00 Uhr. Feier zur Eröffnung der wiederhergestellten Sportarena und der Wintersaison
V: Sp.
Et: nur für geladene Gäste.
»Der gewaltige, von hellem Licht überflutete Raum war bis auf den letzten Platz gefüllt, und in den Rängen und Wandelgängen erging sich eine festlich gekleidete Menge, um den Auftakt der großen Veranstaltung zu erwarten. Unter den anwesenden Ehrengästen bemerkte man Reichspostminister Giesberts, Staatsminister Siering, Staatssekretär Dr. Freund, Ministerialdirektor Bredow, Kammerpräsident Dr. von Kleefeld, Generalleutnant von der Lippe, den spanischen Militär=Attaché Oberstleutnant de Valdivia, Reg.=Rat von Lecoa, Branddirektor Reichelt, Prof. Hass=Heye sowie die Vertreter zahlreicher staatlicher und kommunaler Behörden und sportlicher Körperschaften.
Laute Fanfarenklänge durchrauschten die weite Halle, als kurz nach 7 1/2 Uhr die Deputationen der Berliner Sportgemeinde, die Radfahrvereine mit ihren bunten Bannern voran, in festlichem Aufmarsch durch die Arena zogen, Leichtathleten, Boxer, Ringer, Radler und Turner, kurz, Vertreter aller jener Sportzweige, die hinfort an dieser wieder zu neuem Leben erwachten Stätte des Volkssports zu Worte kommen sollen.
Ihre eigentliche Weihe empfing die Arena, in der den ganzen Winter hindurch große Sportveranstaltungen stattfinden, zunächst durch einen die Bedeutung des Sports würdigenden Prolog von J. H. Wilke ›Sport ist Leben‹, den Raoul Lange vom Deutschen Theater mit klangvollem Organ sprach. Dann folgte eine Ansprache des Kammerpräsidenten von Kleefeld, des Ehrenvorsitzenden der Arbeitsgemeinschaft Deutscher Rad= und Motorrad=Sportverbände, der auf die Bedeutung des Sports für den Wiederaufbau unserer Volkskraft hinwies, und als letzter ergriff Direktor Jürgens vom Sportpalast das Wort, um die neue Wintersportstätte der Oeffentlichkeit zu übergeben. Das Deutschland=Lied, das die Kapelle hierauf intonierte, fand begeisterten Anklang. Der nun folgende sportliche Teil war ein voller Erfolg, an dem alle Zweige des Sports ihren Anteil hatten. Besonderen Beifall fand der 16er=Begrüßungsreigen des Radfahr=Vereins ›Blitz‹ Neukölln [...]« (BLA 27. 11.).
Neben Turnvorführungen des Kreises III b der Deutschen Turnerschaft fanden unter anderem statt: ein *»3000=Meter=Laufen der Leichtathleten, an dem der in Berlin weilende schwedische Meister Matson unter den Farben des S. C. Charlottenburg teilnahm [...] Matson lag bis zur letzten Runde in Front, dann zog Murawski (Zehlendorf 88) in blendendem Endspurt nach vorn und über ihn hinweg. Das 60=Meter=Damenlaufen holte sich Frl. Pahl (V.F.L.) vor Frl. Henoch (B.S.C.), und die 10=mal=50=Meter=Jugend=Pendelstaffel fiel an den Berliner Sportklub vor Teutonia 07. In einem 10=Minuten=Ringkampf brachten Montag (Alt=Wedding) und Friedel (Athen 07) die Feinheiten des griechisch=römischen Stiles zur Geltung. Die Berufsfahrer zeigten ihr Können in einem 2000=Meter=Malfahren, das Lewanow vor Hoffmann und Schulz gewann, und in einem Verfolgungsrennen, in dem R. Huschke=Kohl über A. Huschke=Michael triumphierte«* (BLA 28. 11.).
Durch den Umbau waren zwei Seitentribünen im Parterre (je 700 Sitzplätze) hinzugekommen und der erste Rang wurde *»amphitheatralisch«* eingerichtet. Der Sportpalast *»wird [...] etwa 6500 Besucher aufnehmen können [...] Die bauliche Leitung lag in den Händen von Baurat Jaffé und Pourroy. In dem ehemaligen blauen Saal ist ein elegantes Kasino eingerichtet worden. Die sportliche Leitung hat Direktor Schwarz übernommen«* (BLA 26. 11.).
BLA 22., 26.–28. 11.; Vw 28. 11.

Nov 27, 19.30 Uhr. Radrennen
V: SP (?).
Teiln.: Abraham, Amort, Behrendt, Corlaita (I), Damke, Hahn, Brüder Huschke, Hoffmann, Kendelbacher, Krahner, Kuschkow, Lewanow, Münzner, Pawke, Schallwig, Schlottke, Schürmann, Stolz, Brüder Tietz u. a.
Ergebnisse:
10-Rdn-Hauptfahren (mit Vor- und Hoffnungsläufen): 1. Münzner, 2. Stolz, 3. Lewanow (Hoffmann gestürzt).
25-Rdn-Prämienfahren: 1. Hahn, 2. Krahner, 3. Amort, 4. Damke.
9-Rdn-Vorgabefahren: 1. Schlottke (95 m Vorgabe), 2. Kendelbacher (55), Schulz (60), Behrendt (45), 0. Tietz (20).
Stunden-Prämienfahren (19 Teiln.; alle 5 Min. eine Prämie): 1. Pawke, 2. Corlaita, 3.Schulz, 4. Behrendt, 5. Stolz; 37,720 km.
10-Rdn-Entschädigungsfahren: 0. Tietz vor Münzner.
»Und nun der Clou des Abends. Das Stunden=Prämienfahren [...] Gegen Ende wird das Publikum aktiv. Private Prämien lassen die Fahrer nicht außer Atem kommen. Sie bleiben eigentlich immer im Spurt. Vorweg der Italiener Corlaita – das Publikum weiß schon einen netteren Namen ›Kalaika‹–, hinter ihm Pawke [...] Die Spannung im Publikum wächst von Runde zu Runde [...] Das Tempo wird bedeutend schneller. Die Bahn erbebt unter den Rädern. Noch in der vorletzten Runde ist ›Kalaika‹ an der Spitze. Die Zuschauer toben. Es ist eine Stimmung wie an ganz großen Tagen. [...] Erst kurz vor dem Ziel fällt die Entscheidung. Pawke hat um Handbreite gesiegt [...]« (BLA 28.11.).
BLA 22., 26., 28. 11.; Vw 28. 11.

Nov 30, 19.30 Uhr. Radrennen
V: SP (?)
Vorgabefahren: 1. Hiepel.
Ausscheidungsfahren: 1. Petri vor Amort.
50-km-Punktefahren (20 Fahrer; alle 10 km eine Wertung): 1. Oskar Tietz, 2. Hiepel, 3. Hoffmann, 4. Pawke, 5. Münzner, 6. Hahn, 7. Corlaita (I); 1:17 Stunden; aufgegeben Bontekoe und van Duyn (NL).
BT 30. 11.; 2. 12.

Dez 2, abends. Boxen »Kurt Prenzel – Krieger« u. a.
V: SP.
Alfred Böger (Mg; Berlin) – Georg Miers (Berlin), Sieg Bögers nach Pktn (6 Rdn).
Urban Graß (53,5 kg; Köln) – Kid Murphy (58,5 kg; GB), Sieg Graß' nach Pktn (6 Rdn).
George Groves (61 kg; GB) – Bishop (63,5 kg; NL), unentschieden (10 Rdn).
Kurt Prenzel (68,8 kg; deutscher Mg-Meister) – Krieger (77,5 kg; NL), Sieg Prenzels durch Abbruch (nach 90 Sek.).
»Krieger erhielt schon kurz nach Beginn einen schweren Kinnhaken, von dem er sich nicht wieder zu erholen vermochte. Weitere Treffer machten ihn vollends fertig, und schon nach 1 1/2 Minuten sah sich der Schiedsrichter veranlaßt, den Kampf im Hinblick auf die ersichtliche Kampfunfähigkeit Kriegers abzubrechen und Prenzel zum Sieger zu erklären, eine Entscheidung, die stürmischen Jubel hervorrief« (BLA 3. 12.).
BLA 29. 11.; 3. 12.; BS 65, 8. 12.

Dez 4
10.30 Uhr. »Volk in Not« – Werbeveranstaltung
V: DRAfL.
Rd: Dr. Theodor Lewald (1. Vors.), Hacker (Studienprof., München), Siegfried von Kardorff (MdL), Dr. Edmund Neuendorff.
»Zu einer Massenkundgebung unter dem Titel ›Volk in Not‹ hatte der Deutsche Reichsausschuß [...] die Vertreter und Anhänger der Sport- und Turnverbände [...] geladen. Neben den Führern des Reichsausschusses, wie Excellenz Lewald, Oberregierungsrat U. v. Oertzen bemerkte man den Oberbürgermeister Boeß und Gemahlin [...] Lewald [...] eröffnete die Versammlung und betonte in seiner Begrüßungsansprache die dringende Notwendigkeit der Leibesübungen in alle Bevölkerungsschichten zur Erstarkung des kranken deutschen Volkskörpers. Nach ihm folgten weitere namhafte Redner, wie [...] von Kardorff und Dr. Neuendorff, deren mit großen Beifall aufgenomende Ausführungen als Grundgedanken das alte Lateinerwort hatten ›Mens sana in corpore sano‹. Turnvorführungen der Mitglieder des Kreises IIIb der Deutschen Turnerschaft im Keulenschwingen, an Ringen, Barren, Reck und Pferd,

220 9. Hallensportfest des VBAV (Chr Dez 9–11), Start zum 60-m-Lauf der Damen.

gymnastische Uebungen der Deutschen Hochschule für Leibesübungen und ein Stillauf der Jugendlichen vom Verband Brandenburgischer Athletik=Vereine in mustergültiger Weise gezeigt, erläuterten die Worte der Redner durch praktische Arbeit« (BLA 5. 12.).
BLA 29. 11.; 5. 12.

19.00 Uhr. Radrennen
V: SP (?).
6-Rdn-Hauptfahren: 1. Lewanow, 2. Hoffmann, 3. A. Huschke, 4. Schürmann.
40-Rdn-Prämienfahren: 1. Pawke, 2. Hensch, 3. Schulz, 4. Kops; 12:17 Min.
60-Rdn-Punktefahren: 1. Linsener 25 Pkte; 2. Damke 20; 3. Schröder 14; 4. Amort 14; 5. Wigandt.
50-km-Mannschaftsfahren (13 Paare): 1. Lewanow/Stolz 30 Pkte; 2. Brüder Huschke 16; 3. Hahn/Hoffmann 15; Brüder Tietz 13; Schulz/Neinas 4; 14:30 Min,; außerdem starteten: Corlaita/Schürmann (I/D), Münzner/Pawke, Hiepel/Schallwig, Bontekoe/van Duyn (NL), Abraham/Kops, Behrendt/Häusler, Müller/Krahner, Petri/Kendelbacher.
BLA 29. 11.; 2.–3., 5. 12.; Vw: 5. 12.

Dez 8, 19.30 Uhr. Radrennen
V: SP (?).
Ausscheidungsfahren: 1. Hahn (9:22 Min.), 2. Hoffmann, 3. Pawke, 4. O. Tietz, 5. Münzner.
10-Rdn-Hauptfahren: 1. Lewanow, 2. Kendelbacher, 3. Stolz, 4. A. Huschke; 3:36 Min.
Verfolgungsfahren: Pawke/Hahn *»leichte Sieger«* vor Hoffmann/Münzner und Abraham/Häusler.
Herausforderungsfahren »Stabe-Arend«. Erster Lauf: Arend; Zweiter Lauf: Stabe; Dritter Lauf: Stabe; Gesamtergebnis; 1. Stabe 4 Pkte; 2. Arend 5.
6-Rdn-Entschädigungsfahren: 1. R. Huschke, 2. Hiepel, 3. Schulz, 4. O. Tietz.
100-Rdn-Prämienfahren; 1. O. Tietz, 2. Hahn, 3. Hensch, 4. A. Huschke, 5. K. Müller; 23:31 Min.
BLA 7.–8. 12.; Vw 10. 12.

Dez 9–11. 9. Hallensportfest des VBAV
V: VBAV.
»Der Vorverkauf [...] hat so außerordentliche Nachfrage gezeitigt, daß die 14000 Eintrittskarten in kürzester Zeit vergriffen sein dürften« (BLA 30. 11.).
Am 9. 12. um 19.00 Uhr Vorkämpfe, am 10. 12. um 19.00 Uhr, am 11. 12. um 17.00 Uhr.
»Der Verband Brandenburgischer Athletik=Vereine hat, begünstigt durch die Wiedereröffnung des Sportpalastes als sportliche Kampfstätte, seine alljährlichen Hallensportfeste wieder aufgenommen« (BLA 9. 12.). *»Das 9. Berliner Hallensportfest [...] hat eine Besetzung gefunden, die alle bisherigen Veranstaltungen weit in den Schatten stellt. Die leichtathletischen Wettbewerbe stehen auch diesmal wieder im Mittelpunkt des Festes und sehen die besten deutschen Kräfte am Start. Besondere Konkurrenzen sind für Damen, Jugend und alte Herren vorgesehen«* (BLA 6. 12.).
Aus den Wettbewerben: *»60=Meter=Mallaufen (Zwischen-Läufe). 1. Lauf: 1. Dünker (S.C.C.). Zeit: 7,0; 2. Lauf: 1. Holz I (V.f.L.). Zeit: 7,1; 3. Lauf: 1. Senftleben (S.C.C.). Zeit: 7,1; 4. Lauf: 1. Rau (S.C.C.). Zeit: 6,9 Sek. – 60=Meter=Hürdenlauf (Hoffnungslauf): 1. Ball=München, Zeit 9,1 Sek. – 60=Meter=Mallaufen für Damen (Endlauf): 1. Frl. Furchheim (Jahn=Neukölln), Zeit: 8,3 Sek.; 2. Frl. Henoch (B.S.C.); 3. Frl. Voß (B.S.C.). – 60=Meter=Mallaufen (2. Hoffnungslauf). 1. Friedrich=Leipzig, Zeit: 7,1 Sek. – 60=Meter=Hürdenlaufen (Endlauf): 1. Holz I (V.f.L.), Zeit: 9,0 Sek.; 2. Gillmann=München; 3. Eicke (V.f.L.). – 1000=Meter=Jugendlaufen (Entscheidung): 1. Fannrich (V.f.L.), Zeit: 2,46,3; 2. Lehmann (B.S.C.), Brustbreite zurück. – 60=Meter=Mallaufen (Entscheidung): 1. Rau (S.C.C.), Zeit: 6,8 (Weltrekord); 2. Holz (V.f.L.). – 1000=Meter=Hauptlaufen (Entscheidung): 1. Köpke=Zehlendorf 2:42,6. 2. Peltzer=Stettin; 3. Langkutsch=Zehlendorf. – Tauziehen. S.C. Athen 1897 (1. Mannsch.). – 10=Runden=Hauptfahren. 1. V. Packebusch (Concordia) 2:15,2. – Olympische Staffel für B.C.D.=Vereine (Endlauf). 1. Friesen=Spandau. Zeit: 4,94; 2. T.S.V.=Schöneberg; 3. M.T.V.=Friedrichshain. – 60=Meter=Mallaufen für Herren über 32 Jahre (Endlauf): 1. Hoffmann=Leipzig, Zeit: 7,4; 2. Fischer (V.f.L.); 3. Sackheim=Hamburg. – 10mal=50=Meter=Staffel (Hoffnungslauf): 1. Lübeckscher Turnverein, Zeit 1,31; 2. S.C.C. – 1500=Meter=Vorgabelaufen (Endlauf): 1. Otto=Magdeburg, Zeit: 8,118 (20 Meter); 2. Ulrich (T.Sp.Friesen)(30 Meter); 3. Bölke (B.T.)(40 Meter); 4. Plaser=Bernau (35 Meter); 5. Nurawski=Zehlendorf, Mal. – 10mal=50=Meter=Staffel (Endlauf): 1. Lübeckscher Turnverein, Zeit: 1,28; 2. Schupo; 3. B.S.C. – 10mal=50=Meter=Damen=Staffel (Endlauf): 1. T.S.V. Friesen, Zeit: 1,16; 2. S.C.C.; 3. V.f.L. II. – 8mal=200=Meter=Staffel (Entscheidung): 1. Leipzig, Zeit; 1,20; 2. Hamburg. – Stabhochsprung. 1. Fricke (Hannover) 3,40 Meter; 2. Schumacher (Hamburg) 3,20 Meter; 3. Schuldt (B.S.C.); 4. Adams (S.C.C.), beide 3,10 Meter (durch Los entschieden). – Ringen. Rieger (S.C. Heros 03) besiegt Abendroth (S.C. Heros 03), Zeit: 8 Min. 13 Sek. – Mannschaftsverfolgungsfahren. 1. B.R.C. Concordia, Zeit: 5 Min. 43 Sek. – 5mal=100=Meter=Staffel für B.C.D.=Vereine. 1. Lübeckscher Turnverein, Zeit: 1;6,3; 2. Neuköllner Sportfreunde. – Boxen (Federgewicht). Stahlberg (V.f.L.) schlägt Ramin (S.C.C.). (Mittelgewicht): Jokisch (V.B. Lichtenberg) schlägt Werse (Astoria). – 4mal=100=Meter=Staffel. 1. V.f.L., Zeit: 3 Min. 52 Sek.; 2. S.C.C.; 3. Schupo. – 15=Minuten=Paarlaufen. 1. Zehlendorf 88 (Köpke=Langkutsch); 2. Schupo; 3. V.f.L. – 20=Runden=Verfolgungs=Staffel. B.S.C. schlägt V.f.L. und S.C.C. schlägt Schupo«.*
»Viel Interesse wurde auch den Vorführungen der Wandervögel im Volkstanz sowie den sportlichen Leistungen dargebracht. Besonders die Darbietungen im Jiu=Jitsu, veranstaltet von der Polizeischule Berlin, und die Uebungen am Reck von der Hochschule für Leibesübungen fanden große Anerkennung. Ein wunderschönes Bild auch, als die Fechter auf Florett und leichten Säbel antraten. Die Rapiere klirren, das Publikum ist ganz im Banne von Hieb und Parade. Der Abend war eingeleitet worden durch ein Stillaufen. Mehr aber als alles Stil= und Propagandalaufen werden solche Sportfeste dem Sport allerorten die gebührende Achtung erwerben. Der doch immerhin trotz aller Größe einengende Raum hält die Stimmung enger zusammen und reißt alle, die vielleicht nur um der Neugierde willen gekommen sind, mit. Es ist in hohem Maße anerkennenswert, daß durch dieses Haus dem Sport auch im Winter eine Heimstätte geschaffen ist, wo er sich frei entfalten kann« (BLA 12. 12.).
BLA 30. 11.; 6.–7., 9.–12. 12.

Dez 14, 19.30 Uhr. Radrennen
V: SP (?).
Preis des Sportpalastes (10 Rdn): 1. Lorenz, 2. Münzner, 3. Hahn, 4. Abraham.
»Vier=Länder=Match« (4 Läufe): 1. Hoffmann (D) 16 Pkte; 2. van Engelen (NL) 12; 3. Graf (CH) 7; 4. Corlaita (I) 5.
Stunden-Prämienfahren (18 Teiln.; fünf Wertungen in jeder 10. Min.): 1. Lewanow 30 Pkte; 2. Hahn 25; 3. Häusler 11 vor Hiepel 8 und O. Tietz 8; 39,530 km.
Mannschafts-Verfolgungsfahren (3 Paare): 1. Bontekoe/Vermeer (NL), 2. Neinas/Schulz (D), 3. Kokol/Kaleta (A).

221 Anzeige (Chr Dez 16; nach: BS 65, 8. 12. 1921).

Außerdem gab es noch ein 80-Rdn-Prämienfahren.
»[...] Stunden=Punktefahren [...] Bei der zweiten Wertung kam es zu einem böse aussehenden Sturz von Oskar Tietz infolge Reifenschadens. Hinter Tietz führen Pawke und Stolz. Diese kamen über ihn ebenfalls zu Fall. Während sich Pawke und Stolz wieder erheben konnten, mußte Tietz bewußtlos von der Bahn getragen werden. Wie sich herausstellte, hatte er eine leichte Gehirnerschütterung erlitten, sowie eine Verletzung an der Oberlippe durch Pedaltritt, die genäht werden mußte. Sein Befinden gibt zu Besorgnissen keinen Anlaß [...]« (BLA 15. 12.).
BLA 13.–15. 12.

Dez 16, 19.30 Uhr. Boxen »Hans Breitensträter – Willy Borer« u. a.
V: SP (Picard).
»II. Sportpalast-Großkampftag«.
Bg: Waldemar Meinke (55 kg; Hamburg) – Jack Bitz (54 kg; Köln), unentschieden (6 Rdn).
Fdg: Jack Matzken (58,5 kg; Köln) – Willy Hesse (Berlin), unentschieden (zuerst Sieg Hesses durch Abbruch, 4. Rde).
Wg: Helmuth Kapitzke (66 kg; Berlin) – Ernst Koch (64 kg; Gera), Sieg Kapitzkes nach Pktn (6 Rdn).
Mg: Joe Hammer (72 kg; Berlin) – Bruno Hönscherle (66 kg; Berlin), Sieg Hönscherles durch ko (2. Rde).
Sg: Hans Breitensträter (81 kg; Berlin) – Willy Borer (82 kg; CH), Sieg Breitensträters durch Aufgabe (4. Rde).
»Vor einem Hause von 4–5000 Menschen vermochte der deutsche Schwergewichtsmeister Hans Breitensträter [...] den Schweizer Willy Borer in vier Runden zum Aufgeben zu zwingen. Körperlich überlegen, entschlossener, von Beginn an energisch angreifend, brachte Breitensträter seinen Gegner, der sich größtenteils auf die Verteidigung verlegte und nur hin und wieder selbst zur Offensive schritt, bald in Nöten. In der dritten Runde mußte Borer wiederholt zu Boden; der Schluß der Runde rettete ihn noch einmal. Kurz

nach Wiederbeginn suchte Breitensträter die Entscheidung zu erzwingen; Borers Widerstand erlahmte jetzt, und der Schweizer wäre nun wohl entscheidend besiegt worden, wenn seine Sekundanten nicht das Handtuch in den Ring geworfen und so den Kampf für ihren Mann aufgehoben hätten« (BLA 17. 12.).

»Es ist das persönliche Verdienst des Herrn André Picard, des sportlichen Leiters der Kämpfe, das amerikanische 6=Runden=System für Ausscheidungskämpfe hier eingeführt zu haben; auf seine Veranlassung wird auch die Verteilung der Kampfbörse nach dem System ›60 Prozent für den Sieger, 40 Prozent für den Verlierer‹ vor sich gehen. Dieses System hat sich in Amerika bestens bewährt; es bürgt vor allem für ehrliche Kämpfe. Der Vorteil der kurzen 6=Runden=Kämpfe liegt darin, daß die Gegner in dieser knappen Zeit alles aus sich herausholen müssen, um eine Entscheidung, nach Punkten oder durch Niederschlag zu erzwingen« (BLA 14. 12.).

BLA 8., 11., 14., 17. 12.; BS 65–67, 8.–21. 12.

Dez 18, 19.30 Uhr. Radrennen

V: SP (?).

Teiln.: Hahn, Hoffmann, Kendelbacher, Kops, Krupkat, Lewanow, Lorenz, Magnussen (DK), Münzner, Neinas, Nörenberg, Pawke, Stolz, Wegmann u. a.

Ergebnisse:

Herausforderungsfahren »Lorenz – Lewanow« (3 Läufe). Erster Lauf: 1. Lorenz; Zweiter Lauf: 1. Lewanow; Dritter Lauf: 1. Lewanow; Gesamtergebnis: 1. Lewanow.

60-km-Punktefahren (je 6 Wertungen alle 10 Mon.): 1. Hoffmann 31 Pkte; 2. Hahn 30; 3. Kops 25; 4. Krupkat 11 vor Stolz 8 und Pawke 8.

Außerdem gab es ein Malfahren und ein 50-Rdn-Entschädigungsfahren.

BLA 17., 19. 12.

Dez 26, 19.30 Uhr. Radrennen

V: SP (?).

Dreistunden-Mannschaftsfahren.

Teiln. (13 Paare): de Vreng/Ikelaer (NL), Corlaita/Minoretti (I), Hoffmann/Krupkat (D), Stolz/Pawke (D), Sennecke/Aberger (D), Brüder Huschke (D), van Engelen/Vermeer (NL), Hiepel/Hensch (D), Häusler/Münzner (D), Lewanow/Hahn (D), Kokol/Kaleta (A), Nörenberg/Müller (D), Stellbrink/Packebusch (D).

Ergebnis: 1. Lewanow/Hahn 40 Pkte; 2. Hoffmann/Krupkat 23; 3. Brüder Huschke 22; 115,130 km.

»Das Drei=Stunden=Rennen nach 6=Tage=Art hat das Publikum in Massen angelockt. Das Schild ›Ausverkauft‹ prangte schon lange vor Rennbeginn. An allen Kassen und im Innenraum bis zu den höchsten Rängen empor drängten sich die Menschen. Es war ein Rekordtag für den Sportpalast. In der Tat versprach das Rennen besonderes Interesse, da durch ein neugeschaffenes Wertungssystem sämtliche Fahrer und nicht nur wie früher der bessere Sprinter jeder Mannschaft an den Punktwertungen teilzunehmen hatten. Alle 45 Minuten vereinte ein Zehnrundenkampf die ersten Fahrer jeder Mannschaft, und gleich darauf mußten die anderen Fahrer ihre Wertung ausfahren [...] Hier ereignete sich in der dritten Runde ein Massenstürzen. Stellbrink hatte Reifenschaden und kam ausgangs der Zielkurve zu Fall. Ueber ihn hinweg stürzten acht Fahrer, die aber sämtlich aus dem Wirrwarr von Menschen und Maschinen ohne Schaden hervorkrochen [...]« (BLA 27. 12.).

BLA 21., 23., 27. 12.

1922

Jan 1, 19.30 Uhr. Radrennen

V: SP (?).

Ausscheidungsfahren: Amort vor Schrefeld.

100-km-Mannschaftsfahren (13 Paare): 1. Lorenz/Techmer 29 Pkte; 2. Saldow/Schrage 25; 3. Kohl/Schulz 9 und Minoretti/Kaleta (I/A) 9; 2:30:55,1 Stunden; außerdem starteten: Magnussen/Manthey (DK/D), Abraham/Kuschkow, Schwab/Wegmann (CH), Herbst/Schmucker, Tadewald/Rudel, Behrendt/Kops, Brüder Tietz, Krahner/Kendelbacher, Petri/Linsener.

»[...] In gleichem Tempo ging das Rennen ohne besondere Abwechslung weiter. Obwohl die Rennfahrer Kronker und Lewanow eine 1000-Mark-Prämie für diejenige Mannschaft gestiftet hatten, der eine Ueberrundung gelingen würde [...] 25 km vor Schluß wurde die obenerwähnte Ueberrundungsprämie auf 1500 M. erhöht und gleichzeitig 5000 M. für eine Ueberrundung gestiftet. Trotzdem kam es zu keinem ernsthaften Vorstoß« (BLA 2. 1.).

Jan 4, 19.30 Uhr. Radrennen

V: SP.

Herausforderungsfahren »Lewanow – Kaufmann« (3 Läufe): 1. Kaufmann (CH).

10-Rdn-Malfahren: 1. Kendelbacher, 2. Schröder, 3. Abraham, 4. Kokol.

Stundenfahren: 1. Oskar Tietz 17 Pkte; 2. Bauer 17; 3. Otto Tietz 15; 4. Kops 13; 5. Hoffmann 11; 6. Saldow 11.

BLA 28. 12. 1921; 4., 6. 1.; BZaM 4.–5. 1.

Jan 6, 19.30 Uhr. Boxen »Adolf Wiegert – Kurt Prenzel« u. a.

V: SP.

Bg: Kid Murphy (58 kg; GB) – Urban Graß (53 kg; Köln), unentschieden.

Wg: André Dumas (61,5 kg; F) – Helmuth Kapitzke (66 kg; Berlin), Sieg Dumas' nach Pktn (8 Rdn).

Wg: André Blazy (67 kg; F) – Hans Hirschberger (65 kg; München), Sieg Blazys nach Pktn (6 Rdn).

Wg: Adolf Wiegert (70 kg; Berlin) – Kurt Prenzel (70 kg; Hamburg), Sieg Prenzels durch ko (4. Rde; Deutsche Meisterschaft, Hf Wiegert).

Sg: Krüger (86 kg; Berlin) – Bauer (81 kg; Berlin), Sieg Bauers nach Pktn (6 Rdn).

BLA 4., 6. 1.; BT 5., 8. 1.; BS 68–69, 5.–12. 1.

Jan 7–8. Radrennen »Die Nacht«

Beginn 7. 1. um 20.30 Uhr, Start 21.00 Uhr, Ende 8. 1. um 22.00 Uhr.

V: SP (?).

Et: von 7.00 bis 15.00 Uhr *»zu volkstümlichen Preisen«*.

25-Stunden-Mannschaftsfahren.

Wertungen: 22.30, 24.00, 4.00, 10.00, 13.00, 18.00, 20.00, 22.00 Uhr.

Teiln. (14 Paare): van Engelen/Vermeer (NL), Lewanow/Hahn (D), Häusler/Pawke (D), Saldow/Schrage (D), Hoffmann/Packebusch (D), Brüder Huschke (D), Kops/Hensch (D), Vay/St. Antegostini (I), Giorgetti/Croce (I), Kaleta/Kokol (A), Aberger/Manthey (D), Bauer/Krupkat (D), Lorenz/Techmer (D), Brüder Tietz.

Ergebnis: 1. Lorenz/Techmer, 2. Saldow/Schrage, 3. Brüder Huschke, 4. Bauer/Krupkat, 5. van Engelen/Vermeer, 6. Aberger/Oskar Tietz, 7. Häusler/Pawke, 9. Kops/Hensch; 906,170 km.

Startschuß: Ernst Kaufmann (CH; Radrennfahrer).

»Das Haus ist voll. Schon besteigt das erste Paar die Räder, um die Begrüßungsrunde zu fahren. Und noch immer fressen die Tore des Sportpalastes neue Menschenmassen. Drinnen gleitet ein Paar nach dem anderen über die Holzbahn. Jeweils von Freunden begrüßt. Dann ist die Uhr neun. Ein Schuß, die ersten Fahrer der Paare gehen auf die Reise. Und gleich setzt eine wilde Jagd ein. Jeder hat den Ehrgeiz, die erste Wertung heimzubringen. Hier und da Ablösung. Weiße, rote Nummern, immer durcheinander. Und die Fahrt geht fort. Die Holzbohlen zittern unter dem Druck der vierzehn Maschinen. Die Fahrer hetzen vorüber, wie von unsichtbaren Furien verfolgt. Rad hängt an Rad. Hier und dort tritt einer stärker an. Aufschrei des Publikums: ›Emil-Oskar-Aberger...‹ Der Ausreißer kommt nicht weit. Die Verfolger sind ihm auf den Fersen. Ermattet steigt der Führende steil in die Kurve. Ein anderer nimmt die Spitze. Bald ist Lewanow vorn, bald Bauer, einer der Tietz oder Giorgetti, der trotz eines Sturzes gleich zu Beginn, der ihm eine Handverletzung eintrug, immer an der Tete ist. Die Italiener scheinen überhaupt ausgezeichnete Fahrer, wenn sie auch selten durchhalten. Sie bringen Schwung in die Sache. Jetzt reißt Croce das Feld nach vorn. Kaum daß für Minuten Ruhe eintritt. Dann rollen die Maschinen wie auf einem Faden gereiht im Gänsemarsch über die Bahn. Aber schon kommt wieder eine Prämie. Dann eine Wertung. Und wieder Prämien mit 200, 300 Mark beginnend, sich steigernd auf 1000–2000 Mark. Das Publikum wird aktiv. Die Galerie schreit, brüllt, stampft. Und sowie die Fahrer etwas nachlassen: »Schiebung«. Das ist die Hetzpeitsche. Vorwärts – vorwärts. Die Stunden fliegen. Augen starren ewig gleichförmig auf das Parkett. Und immer die Spannung auf den Gesichtern.

Die Farbenschlange der Trikots fließt in aufregendem Gleichmaß: Ziel – Kurve – Gerade – Kurve – Gerade – Ziel. In den Kurven des öfteren scheinbare Auflösung. Maschinen kleben am oberen Rande. Sprühe, rote, gelbe, weiße Funken, vorüber und stürzen raubvogelgleich in die Gerade hinunter. Dazu Musik. Neue – neueste Schlager. Es wird zwei, drei Uhr. Eine neue Prämie. 200 Mark und zehn Flaschen Kognak. Und wieder beginnt die Hetzjagd, wieder stürmen einige davon. Allen voran Bauer und Richard Huschke. Und dann greift des Schicksals Hand in den Raum. Die letzte Runde der Prämie. Ein aufregender Spurt. Immer wie gepeitscht hinter den Fahrenden her. Schon sind die Fahrer in der Straßenkurve. Noch ein, zwei Tritt... Und Otto Tietz gleitet an Häusler heran. Immer nach außen drückend. Das Rad des Angefahrenen legt sich leicht, ganz leicht nach der Seite über. Jede Phase des Gleitens scheint endlos zu währen. Die Zeit setzt aus. Mitten in der Hetzjagd steht das Feld in den Augen. Und Häusler stürzt. Otto Tietz gleitet zu Boden. Man möchte schreien, die Nachfolgenden zurückreißen. Schon steuert Lewanow auf die gestürzte Gruppe zu. Dann ist er verschwunden. Nach ihm alle, die folgen.

Zwölf Fahrer übereinander.

Die Bahn ist leer. Grauenhaft leer. Als wäre mit eisernem Besen gefegt. Nur ganz weit, scheinbar unabhängig von dem allen, ein Paar: Bauer und Richard Huschke. Ein Aufkreischen ging durch den Raum. Vieltausend Menschenkehlen einen sich zu einer entsetzensheiseren, gefolterten Stimme. Blut kocht in dem Tone auf. Dann ist es still. Menschenleiber beugen sich über Brüstungen und verharren in jäher Erstarrung. Hände krampfen sich an Ballustraden. Gesichter blutleer, furchtgepeinigt. Stille gärt im Raum. Knie zittern, Worte ersterben auf Lippen. Musik setzt ein, drei vier Takte. Doch die Menge läßt sich nicht mit Tönen betäuben. ... Noch weiß niemand, was geschehen. ›Ruhe!‹ schreit einer, ein anderer. Die Musik bricht ab. Und noch einmal krallt die Stille sich in die Brust der Menschen. Man hört das Forttragen der Fahrer. Einer hängt zwei Männern in den Armen. Sein Gesicht ist zerschunden. Ein Ausdruck entsetzlichen Jammers. Und tausende von Nerven fiebern der Entspannung entgegen. Die Partner sind benachrichtigt. Die Bahn füllt sich wieder. Langsam, in ertötend gleichförmigem Tempo umkreisen sie die Bahn. In memoriam?! ... Nun hebt der Sprecher die Hand: ›Das Rennen bleibt bis nach Feststellung des Ergebnisses der ärztlichen Untersuchung neutralisiert.‹ Die Worte hämmern sich in die Gehirne. Entspannung. Gierige Blicke nach den Fahrenden. Wer fehlt?! Und ein Raunen: Der Favorit? ...

Emil Lewanow liegt unten in seiner Kabine.
Das Gesicht aufgerissen. Man hört dazu noch etwas von Gehirnerschütterung. Doch nur ein Gedanke in ihm: ›Ich will weiterfahren. – Wo ist meine Maschine?‹ ... Armer Lewanow, die Maschine, mit der er so vertraut war, die ihm zu viel Erfolgen half, ist nur ein Trümmerhaufen. Und schon ist ein Krankenwagen zur Stelle, der den Schwerverletzten fortschafft. Auf der Bahn aber heißt es, trocken referierend: Es scheiden aus:
Lewanow, Giorgetti, Manthey, St. Antegostini, Otto Tietz.
Neue Mannschaften sind eine Runde zurück: Vay=Croce, Aberger=Otto Tietz. Bald spricht es sich herum, daß der Sturz weiter keine schweren Folgen hatte. Nur Lewanow traf es hart, den Favoriten. Karma ... Das Rennen nimmt seinen Fortgang. Um die Stelle des Sturzes aber, da, wo man das Blut von den Brettern gewischt hat, machen die Fahrer stets einen Bogen. Es dauert lange, ehe der erste seine Maschine darüber lenkt.
Und wieder geht die Jagd los. Die vierte Wertung wird nun statt um vier, eine halbe Stunde später gefahren. Auf dem Publikum aber lastet noch ein seltsamer Druck. Manch einer geht still wieder seinen Weg nach Hause. Erst nach der Wertung kommt wieder Schwung in die Sache. Diese Wertung sieht nach schwerem Kampfe Lorenz vor Saldow siegreich. Die Fahrenden lassen auch nach der Wertung das Tempo nicht abflauen, verschärfen es eher. Die Post geht los. Hinter den beiden rast Bauer her. Weiß der Teufel, wie endlich auch der eine der Gebrüder Huschke vorn mit bei ist. Man kann den Eindruck nicht los werden, als wäre hier das Märchen vom Wettlauf zwischen Igel und Hasen Wirklichkeit geworden. Eine Weile sind die Fahrer über die ganze Bahn verteilt. Niemand weiß so recht, was alles nach vorn gehört.

Endlich ist das Feld überrundet.
Wer vorn war, ist nicht allen klar. Es bilden sich streitende Gruppen. Das Schiedsgericht entscheidet: ›Es liegen vorn Lorenz=Techmer, Saldow=Schrage, Bauer=Krupkat, Gebr. Huschke, van Engelen=Vermeer. Ueber die beiden letzten Paare sind die Meinungen recht geteilt. Der eine hat dies gesehen, der andere das. ›Am End, weiß keiner nix...‹ Man reißt Witze. Etwa wie: ›Ferner schlief: das Schiedsgericht ...‹ Aber schließlich blieb man loyal. Die letzte Stunde der Nacht rückte heran. Das Tempo wurde gleichförmig. Noch eine halbe Stunde, dann wenige Minuten. Der neunte Schuß ertönt: 6 Uhr. Das Haus wird geräumt. Währenddessen gleiten die Maschinen in eintönigem Rhythmus über die Bahn. – Draußen weht ein kalter Wind. Auf den Straßen begegnet man den letzten Nachtschwärmern. Die ersten Bahnen stampfen gespenstisch durch das Dunkel. Eine Abspannung legt sich auf den Menschen. Noch eine Dusche. Dann ins Bett. Man denkt daran, daß die Rennfahrer noch immer die Bahn umstreifen und – zieht sich die Decke über die Ohren« (BLA 9. 1.).
BLA 6., 9. 1.; BT 7. 1.

Jan 9, 20.00 Uhr. Werbeveranstaltung der Deutschen Hochschule für Leibesübungen
V: DHfL.
Et: 5,– M.
»Die neu eingerichtete Volkshochschul=Abteilung der Deutschen Hochschule für Leibesübungen wird [...] mit einer Sonderveranstaltung aufwarten. Zum ersten Male werden Trockenschwimmübungen von Massen gezeigt; zwei Boxkämpfe geben dem Programm Zugkraft und erhöhtes Interesse. Außerdem werden Gesänge und Tänze von Wandervögeln neben leichtathletischen Vorführungen geboten. Zum Schluß läuft die grandiose sechsaktige Film=Alpensymphonie ›Im Kampf mit dem Berge‹« (BLA 24. 12. 1921).

Jan 14, 19.30 Uhr. 1. Fest der Sportpresse
V: VDS.
Zugunsten der Wohlfahrtskasse des VDS.
Aus den Wettbewerben:
»3000=Meter=Mannschaftslaufen: 1. Schupo 9 Pkte. 9:29,8 Sek. 2. B.A.K. 12 Pkte. 3. S.C.=Charlottenburg 26 Pkte. 4. B.T.S.V. 31 Pkte. –
Fliegerkampf: 1. Lauf: 1. Lorenz, 2. Stabe, 3. Arend. – 2. Lauf: 1. Lorenz, 2. Arend, 3. Stabe. – 3. Lauf: 1. Lorenz, 2. Stabe, 3. Arend. Gesamtergebnis: 1. Lorenz 3 Punkte, 2. Stabe 7 Punkte, 3. Arend 8 Punkte. –
Rekordversuch Kaufmanns über eine Bahnrunde (160 Meter) 10,4 Sek. (alter Rekord 10,2). –
Jockey-Tauziehen: Karlshorst gegen Hoppegarten: Sieger Karlshorst.
Boxkampf: R. Naujoks gegen Kid Murphy. Naujoks siegt nach Punkten. – Jockey-Boxkampf [Schiedsrichter Kurt Prenzel]: P[aul] Lewicke gegen [Hermann] Preißler, [beide Hindernisreiter], unentschieden. –
1000=Meter=Mallaufen: 1. Köpke (Zehlendorf 88) 2:46 Min. 2. Bein (S.C.C.). 3. Stieg (Schöneberg). –
10 Runden-Verfolgungsstaffel: 1. S.C.=Charlottenburg 3:10,4. 2. Berliner Sport=Club 3:14,5. 3. Turngemeinde in Berlin 3:16,9. –
Steherkampf, 100 Runden: Gesamtergebnis: 1. Saldow (Continentalreifen) 16 Punkte. 2. Techmer 15 Punkte. 3. Krupkat 12 Punkte. 4. Appelhans 6 Punkte. 5. Bauer 5 Punkte. Zeit: 25 Min. 36 Sek.« (BLA 16. 1.).
»Die Berliner Wintersaison, deren Mittelpunkt der Sportpalast ist, erreichte jetzt ihren Höhepunkt. Am Sonnabend erzielte das [...] Fest der Sportpresse mit der originellen Mannigfaltigkeit seines Programms einen Riesenerfolg. Es war das erstemal, daß so hervorragende Vertreter aller Sportzweige, Amateure wie Professionals, vereint ein so glänzendes Bild des Berliner Sportlebens aufrollten, und obwohl es nur um Ehrenpreise, allerdings um sehr wertvolle, ging, wurden die Kämpfe mit voller Hingabe durchgeführt [...] Der Radsport, populärer denn je, stellte zunächst seine Koryphäen vor: Walter Rütt von Amerika zurück, fuhr, vom Beifall umbraust, eine Ehrenrunde. Lewanow, der noch unter den Nachwehen seines letzten Sturzes litt, folgte, nicht minder sympathisch begrüßt [...] Großes Hallo weckte das Tauziehen der Jockeilehrlinge von Hoppegarten und Karlshorst [...] Eine besondere Attraktion, die großen Beifall fand, stellte der im Boxring ausgeführte glänzende Sportakt der vier Millons dar, eine Paradenummer des Tauentzienpalastes« (BT 16. 1.).
BLA 24. 12. 1921; 7., 10., 12.–13., 15.–16. 1.; BT 16. 1.

Jan 15, 19.30 Uhr. Radrennen
V: SP (?).
10-Meilen-Mannschaftsfahren (450 Runden; 14 Paare; Startschuß: Walter Rütt): 1. Behrendt/Krahner vor Kohl/Siewert, Schulz/Hiepel, Stellbrink/Sennecke; außerdem starteten: Petri/Linsener, Rädlitz/Dahnke, Magnussen/Jenssen (DK), Schwab/Wegmann (CH), Behrendt/Krahner u.a.
5-Meilen-Mannschaftsfahren (225 Rdn) – *»Ländermatch Deutschland gegen Ausland«* (Lorenz, A. Huschke, Bauer, Saldow – Kaufmann [H], Vay [I], Giorgetti [I], Croce [I]): 1. Deutschland 40 Pkte vor Ausland 20.
BLA 13., 16. 1.; BT 16. 1.

Jan 18, 20.00 Uhr. Amateur-Boxen »Berliner Polizei-Meisterschaften«
V: Berliner Schutzpolizei.
Je Kampf 5 Rdn zu 3 Min., mit einer eventuellen Zusatzrunde.
Bg: Nuck (54 kg; Linden) besiegt Fiebing (54 kg; Wedding) durch ko (1. Rde).
Fdg: John (56 kg; West) – Gerk (57 kg; Nord), unentschieden.
Lg: Karsch (61 kg; Charlottenburg) besiegt Ballerstädt (60 kg; Mitte).
Wg: Fritsche (66 kg; Südost) besiegt Hoffmann (66 kg; Nord).
Hsg: Frommhold (71 kg; Nord) besiegt Wanjura (72 kg; Mitte).
Sg: Fischer (77 kg; Mitte) besiegt Hohmann (75 kg; Charlottenburg) nach Zusatzrunde.
BLA 13., 17. 1.; BS 68–69, 12.–19. 1.

Jan 19 und 21. Hallensportfest der Turner
V: Berliner Turnrat.
Et: 4,– bis 20,– M.
Am 19. 1. abends Vorkämpfe zu den »schwerathletischen Wettbewerben«, am 21. 1. um 17.00 Uhr Vorkämpfe und 19.00 Uhr Hauptkämpfe.
»Das große Hallenfest [...] hat eine hervorragende Beschickung gefunden. Die Groß=Berliner Turnvereine und ihre Sportabteilungen sind fast restlos vertreten. Von auswärts erscheinen u. a.: Brandenburg a. H., Velten, Küstrin, Eberswalde, Hannover, Nauen, Rathenow. Die Zahl der Meldungen hat 1000 fast erreicht.
Die Vorführungen bringen die besten Geräteturner Berlins, darunter die siegreiche Mannschaft von Hamburg=Berlin in die Halle. Namen wie Erhardt (B.T.G.), Ratt, Freudenberg, Weichert (B.T.), Güttler, Siebenhaar (Guts=Muths), Schwiederle, Böhlicke (Lüb. Tv.), versprechen einen künstlerischen Hochgenuß. V.f.L. Charlottenburg 58 zeigt mit seiner bekannten Riege das Tischspringen. Die Fechtvorführungen bringen sowohl Gang= wie Schulfechten auf Florett, leichten und schweren Säbel, ausgeführt von Tv. Guts=Muths und Akadem. Turnverein. Volkstänze des Damenturnvereins Brühl, Jugendvorführungen, Pyramiden vervollständigen das Programm«. Außerdem wurden Box- und Ringkämpfe sowie Tauziehen angekündigt, dazu ein *»vollständiges leichtathletisches Programm mit Kurz= und Mittelstreckenlaufen, Stafetten, Wettbewerben im Springen [...]«* (BLA 20. 1.).
»Leider war die Organisation äußerst mangelhaft, so daß sich die Veranstaltung bis nach 1 Uhr nachts hinzog. Von den 2500 Zuschauern verließen daher sehr viele vorzeitig die Kampfstätte. Die Ergebnisse sind: Hochsprung: 1. Schröder (Jahn=Neukölln) 1,70 Meter; 100 Meter über 32 Jahre: 1. Nöhnel (Rathenow) 58 Sek.; Olympische Staffel: 1. Akad. T.V.=Berlin 1:30; 100 Meter Jugendl.: 1. Neumann (A.T.V.=Berlin) 2:49,2; 800=Meter=Vorg.: 1. Thiede (Tsch. Schöneberg) 2:84,6; 60 Meter: 1. Lenz (Weißensee) 7 Sek.; 1500 Meter: 1. Gliech (Golßen) 4:20,4; 10=Rdn=Staffel: 1. Lüb. T.V. 3:17,2; 15=Min.=

Paarlaufen: 1. Thiede=Oehme (Berl. Tsch.) 6,023 Kilometer; Tauziehen: 1. Schöneberger Tsch. Damenwettbewerbe. Hochsprung: 1. Frl. Fischer (T.V. Brühl) 1,35 Meter; 60 Meter: 1. Frl. Furchheim (Jahn=Neukölln) 7,6 Sek.; 5mal=75=Meter=Staffel: 1. T.V. Brühl 56,6 Sek.« (BLA 23. 1.).
BLA 19.–20., 23. 1.

Jan 22, 19.00 Uhr. Radrennen
V: SP (?).
4x10-km-Einzelfahren (Punktewertung; vier Läufe) – acht Ausländer gegen acht Deutsche (Wegmann, Schwab [CH], Vay, Minoretti [I], Magnussen [DK], Ikelaar, de Vreng, Vleminx [NL] gegen Lewanow, Hahn, O. Tietz, Behrendt, Krahner, Bauer, Pawke, Chr. Müller [D]): 1. Vay, 2. Schwab, 3. Behrendt, 4. Ikelaer.
Herausforderungsfahren »Lorenz–Kaufmann (CH)«. Erster Lauf: 1. Kaufmann; Zweiter Lauf: 1. Lorenz; Dritter Lauf: 1. Kaufmann; Sieger: Kaufmann.
1-Rde-Rekordfahren: 1. Hahn (10,2 Sek.), 2. Lewanow (10,3), 3. Krahner (10,4); außerdem starteten: Bauer, Ikelaer, Magnussen, Minoretti, O. Tietz, Vay.
Ausscheidungsfahren (16 Teiln.): 1. Hensch vor Neinas.
BLA 19., 22.–23. 1.

Jan 24. Boxen »Training der Mannschaft des SC Heros«
Vorbereitung für die Kämpfe am 27. 1.
BZaM 25. 1.

Jan 27, 20.00 Uhr. Amateur-Boxen »Berlin–Kopenhagen«
V: SC Heros 1903.
SC Heros 1903 – Sparta Kopenhagen (DK).
Je Kampf drei Runden, die ersten beiden Runden über drei, die dritte über vier Minuten, bei unentschiedenem Ergebnis eine Zusatzrunde von zwei Minuten.
Eröffnungskämpfe:
Bg: Werner (51,5 kg; Heros) besiegt M. Kunde (VfL).
Lg: Nawoczin (60 kg; Heros) besiegt Ihmann (62 kg; SCC) nach Zusatzrunde.
Hsg: Mosig (73 kg; Heros) besiegt Kohls (73 kg; Heros).
Hauptkämpfe:
Flg: Erich Kohler (47,5 kg; Heros) besiegt K. Swensson (50 kg; Sparta).
Bg: K. Larsen (55,5 kg; Sparta) besiegt Hermann Lohe (54 kg; Heros).
Fdg: Ch. Petersen (58 kg; Sparta) besiegt O. Pohlmann (57 kg; Heros).
Lg: Alb. Holdt (58 kg; Sparta) besiegt W. Funke (60,5 kg; Heros) nach Zusatzrunde.
Wg: Richard Kaube (66 kg; Heros) besiegt Otto Frederiksen (67 kg; Sparta).
Mg: T. Nielsen (70,5 kg; Sparta) besiegt A. Hoppe (70 kg; Heros).
Sg: M. Olsen (74 kg; Sparta) besiegt Großmann (86 kg; Heros).
»Als erster Amateur=Club hat es der führende deutsche Box=Club, der S.C. Heros 1903 gewagt [...] den Sportpalast zu mieten. Alle bisherigen Veranstaltungen des Clubs waren mustergültig und der gebotene Sport erstklassig. Was der S.C. Heros diesmal bietet, stellt alles frühere weit in den Schatten [...]« (BLA 22. 1.). *»Leider klappte die Organisation insofern nicht, als sich die Kämpfe bis um 12 Uhr nachts hinzogen [...]«* (BLA 29. 1.).
BLA 22., 29. 1.; BS 72, 2. 2.

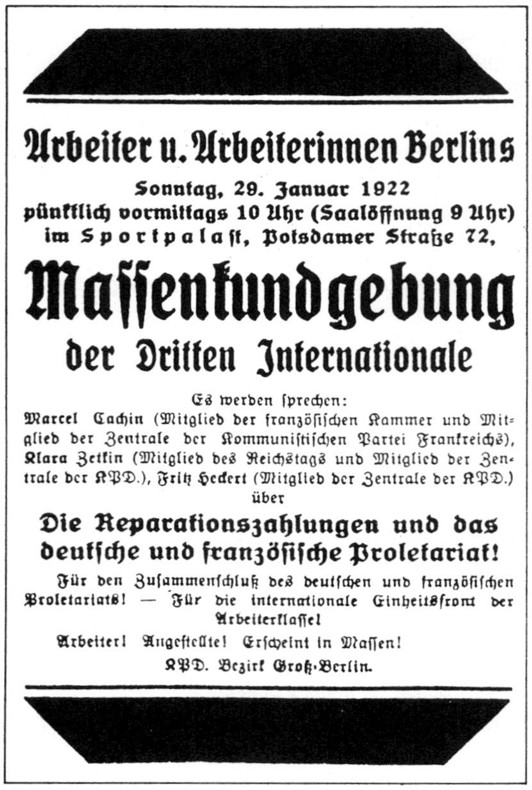

222 Anzeige (Chr Jan 29; nach: RF 23. 1. 1922).

Jan 28, 19.00 Uhr. Amateur-Radsport »1. Hallenfest des BDR«
V: BDR.
»Nicht weniger als 14 Programmnummern harrten der Erledigung. Reigen=, Rennen= und Kunstfahren hielten die Zuschauer in Stimmung. Von den Rennen holten sich das Hauptfahren mit halber Radbreite W. Krüger (B.R.C. Concordia) vor seinem Klubkameraden Hiltmann und W. und K. Packebusch. In dem Vereinsablösefahren über eine halbe Stunde errang die Mannschaft Hiltmann=W. Krüger einen knappen Sieg mit 18 Punkten vor O. Blank=Wurmstich (B.R.C. von 1889) mit 17 Punkten. [...] Das Punktefahren über 25 Runden sicherte sich Bergel (B.R.C. von 1889) vor Stein (Panther=Charlottenburg) und Kuniewski (R.C. Courier=Charlottenburg). Letzter blieb Kahre (Sportclub von 1888 Berlin). Das Ablösefahren der Straßenfahrer über 150 Runden zeitigte scharfe Kämpfe. Die Oberhand behielten Adolf Huschke=Noerenberg vor Aberger=Manthey, Oskar Tietz=Kohl, R. Huschke=Nagel. In dem Vereins=Mannschaftsfahren über vier Kilometer holte sich der R.C. Germania=Charlottenburg nach ungemein scharfem Endkampf mit dem B.R.C. Concordia 1897 den Preis. Unter den anderen Darbietungen hatte der Club Lichterfelder Herrenfahrer (Meistermannschaft) gegen 'Freiweg'=Glasow in einem Dreier=Radballspiel keinen allzu schweren Stand; er siegte mit 3:1. [...] Der Kunstmeisterfahrer W. Gutschmidt, Kunst=R.V. Caputh 1907 fesselte durch die Sicherheit seiner schwierigen Uebungen, die er nachher in einem Zweier=Kunstfahren mit Siebke noch einmal bewies. Daß die Meistermannschaft von Deutschland, der R.V. Blitz=Neukölln in einem Achterkunstreigen wieder sein großes Können zeigt, sei besonders anerkannt. [...]« (BLA 30.1.).
BLA 22., 27., 30. 1.

Jan 29
10.00 Uhr. »Massenkundgebung der Dritten Internationale«
V: KPD, Bezirk Groß-Berlin.
Rd: Marcell Cachin (M. der französischen Kammer der Zentrale der KP Frankreichs), Klara Zetkin (MdR, M. der Zentrale der KPD), Fritz Heckert (M. der Zentrale der KPD) u. a.
Thema: *»Die Reparationszahlungen und das deutsche und französische Proletariat! Für den Zusammenschluß des deutschen und französischen Proletariats! – Für die Internationale Einheitsfront der Arbeiterklasse!«* (RF 28. 1.).
»Achtung! Genossen! Die Partei- und Jugendgenossen der Bezirke 1, 2. 3, 4, 5, 6, 7, 9, 12, 13, 14 sammeln sich zum gemeinsamen Abmarsch zur internationalen Kundgebung [...] an nachstehenden Treffpunkten:
1. Bezirk Mitte: Abmarsch Punkt 8 1/2 Uhr Schloßplatz.
2. Bezirk Moabit: Abmarsch Punkt 3/4 9 Uhr Kleiner Tiergarten.
3. Bezirk Wedding: Abmarsch Punkt 1/4 9 Uhr Gustav=Meyer=Allee. Humboldthain.
4. Bezirk Prenzlauer Berg: Abmarsch Punkt 8 1/2 Uhr Bülowplatz.
5. Bezirk Friedrichshain: Abmarsch Punkt 8 1/2 Uhr.
Gruppe Viehof: Baltenplatz.
Gruppe Schlesischer Bahnhof und Stralau: Weberwiese.
Gruppe Strausberger Platz: Am Strausberger Platz.
6. Bezirk Hallesches Tor: Abmarsch 8 1/2 Uhr vom Kottbusser Tor.
7. Bezirk Charlottenburg: Abmarsch Punkt 3/4 9 Uhr am Knie.
9. Bezirk Wilmersdorf: Abmarsch Punkt 3/4 9 Uhr vom Wittenbergplatz.
12. Bezirk Steglitz: Abmarsch Punkt 3/4 9 Uhr vom Rathaus Steglitz.
13. Bezirk Tempelhof: Abmarsch Punkt 8 1/2 Uhr Dorfstraße Tempelhof.
14. Bezirk Neukölln: Abmarsch Punkt 8 1/2 Uhr vom Hermannsplatz.
Sämtliche Banner und Fahnen sind mitzubringen!
Achtung! Ausschneiden! In den Betrieben anschlagen oder kursieren lassen!« (RF 28. 1.).
»An 15 000 revolutionäre Berliner Arbeiter und Arbeiterinnen waren [...] voll Begeisterung dem Rufe der Kommunistischen Partei [...] gefolgt. Eine grandiose proletarische Veranstaltung, wie sie die Berliner Arbeiterschaft nur in ihren besten Tagen gesehen! [...] Nach dem Gesang des Rotgardistenmarsches durch den Arbeitergesangsverein der KPD wird um 10 1/2 Uhr von dem Genossen Gehlmann [...] die Kundgebung eröffnet« (RF 30. 1.).
Neben den genannten Rednern sprachen noch eine *»Vertreterin Sowjetrußlands«*, sowie die Genossen Kreibisch (Tschechoslowakei), Wladimirow (Balkan), Linderup (Skandinavien), Pollzowsky (Polen) und Lucie Colliard (Paris). Mit der Annahme einer Resolution *»für die Befreiung der politischen Gefangenen und gegen die Auslieferung der spanischen Revolutionäre«* endete die Kundgebung.
RF 25.–26., 28.–30. 1.
19.30 Uhr. Radrennen
V: SP.
100-km-Mannschaftsfahren (sieben Wertungen).
Startschuß: Weltmeister Moeskops.
Teiln. (11 Paare): Kaufmann/Krupkat (CH/D), O. Tietz/Hahn (D), Brüder Huschke (D), Kops/Sennecke (D), Hoffmann/Bauer (D), Behrendt/Krahner (D), Tadewald/Pawke (D), Kohl/Saldow (D), Ikelaer/de Vreng (NL), Jenssen/Magnussen (DK), Lorenz/Aberger (D).
Ergebnis: 1. Kohl/Saldow 27 Pkte; 2. Lorenz/Aberger 27; 3.

223 Internationales Hallensportfest des VBAV (Chr Feb 12–13); rechts Lilli Henoch (vgl. S. 94).

Kaufmann/Krupkat 25; 4. Brüder Huschke 11; 5. Hoffmann/Bauer 8; 2:27:30 Stunden.
BLA 27., 30. 1.; Vw 30. 1.

Jan 31, 19.30 Uhr. Radrennen
V: SP (?).
»Dreiermatch Kaufmann [CH] – Moeskops [NL] – Lorenz [D]« (fünf Läufe): 1. Kaufmann 5 Pkte; 2. Lorenz 6. 60-km-Punktefahren (drei Vorläufe, ein Endlauf): 1. Oskar Tietz 16 Pkte; 2. A: Huschke 15; 3. Bauer 8; 4. Hoffmann 7; 5. Hahn 6; 6. Schulz 5; 7. Jensen 3.
BLA 31. 1.; 1. 2.; BT 2. 2.

Feb 1–11. Ringen »Internationaler Meister-Wettbewerb«
V: SP.
Forts. Feb 14–15.
»Ausschreibung: Die Direktion des ›Sport-Palast‹ erläßt hiermit die Ausschreibung für einen Berufsringer-Wettbewerb. Der Wettstreit ist offen für Schwergewicht der Meisterklasse. [...] Es wird neben Tagegeldern in von Fall zu Fall festzusetzender Höhe Ersatz für Reisespesen gewährt. Folgende Ehrenpreise werden neben den Tagegeldern für die ersten Sechs in diesem Wettstreit gegeben: dem Sieger 15000 Mk., dem 2. 12000 Mk., dem 3. 8500 Mk., dem 4. 7500 Mk., dem 5. 6500 Mk., dem 6. 4000 Mk., [...] Einzelmeldungen sind der Direktion des Sport-Palastes (Sportabteilung) bis spätestens 20. Januar 1922 einzureichen. Theater- und Konzerthaus A.-G., Abteilung Sport« (Anz., BZaM 2. 1.).
Teiln.: Apollon (135 kg; B), Bahn (125 kg; Bremen), Fehringer, Hintze (125 kg; Berlin), Huhtanen (SF), Laskenowitsch (Lettland), Romanoff (Lettland), Saft (Breslau), Schwarz (118 kg), Steinke (108 kg; Stettin), Westergaard-Schmidt (Spandau); nachträglich hinzu gekommen: Lobmayer (110 kg); im Lauf der Kämpfe ausgeschieden: Huhtanen (Verletzung), Romanoff (Krankheit).
Feb 1 Huhtanen besiegt Hintze in 39 Min.; Westergaard-Schmidt besiegt Fehringer in 24 Min.; Saft besiegt Laskenowitsch nach Pktn (75 Min.).
Feb 2 Schwarz besiegt Bahn in 38 Min.; Steinke besiegt Apollon in 7 Min.; Hintze-Romanoff, Abbruch wegen Verletzung Hintzes.
Feb 3 Steinke besiegt Romanoff nach Pktn (75 Min.); Saft besiegt Fehringer in 28 Min.; Huhtanen besiegt Laskenowitsch nach Pktn (75 Min.).
Feb 4 Westergaard-Schmidt besiegt Laskenowitsch in 63 Min.; Schwarz besiegt Apollon in 15 Min.; außerdem kämpften Steinke und Bahn.
Feb 5 Schwarz besiegt Saft in 70 Min.; Laskenowitsch besiegt Apollon in 17 Min.; Steinke besiegt Fehringer in 25 Min.
Feb 6–9 Ausgefallen *»wegen Streiks der städtischen Arbeiter«*.
Feb 10 Schwarz besiegt Laskenowitsch in 63 Min.; Bahn-Steinke, unentschieden (75 Min.); Westergaard-Schmidt besiegt Lobmayer in 25 Min.; Hintze besiegt Bahn in 39 Min.
Feb 11 Schwarz besiegt Steinke nach Pktn (75 Min.); Laskenowitsch besiegt Lobmayer in 21 Min.
BZaM 1.–7., 9.–12. 2.; BLA 31. 1.; 3. 2.

Feb 12–13. Internationales Hallensportfest des VBAV
V: VBAV.
Über 800 Meldungen, u. a. von Rau, Senftleben, Düncker, Holz, Sachert, Adams, Lehniger, Schelenz (Berlin), Bedarff (Frankfurt am Main), Lauterbach, Friedrich, Fritz (Leipzig), Peltzer (Stettin), Fricke (Hannover), Schuhmacher (Hamburg), Tschaber (Dresden).
»Der Verkehrsstreik, der sich über ganz Deutschland ausgedehnt hatte, wirkte hemmend auf die glatte Abwicklung der Verhandlungen und stellte schließlich noch die gesamte Veranstaltung in Frage. Erst in letzter Stunde trat eine Wendung zum Besseren ein. Wenn auch die Teilnahme der Wiener durch die mißliche Verkehrslage zweifelhaft geworden ist, versammelt sich doch unsere beste deutsche Klasse [...]« (BLA 12. 1.).
Feb 12, 17.00 Uhr
Aus den Wettbewerben: 3000-m-Gehen: 1. Schwab, 2. Haupt, 3. Stiller (Müller [SCC] und Köhler [BSV 92] dis-

qualifiziert). – 800-m-Mallaufen: 1. Bein, 2. Kempe, 3. Tamsel. – *»Dreier=Match der Radfahrer«*: 1. Krüger (Concordia). – *»60=Meter=Damenlaufen«*: 1. Furchheim.

Feb 13, 19.00 Uhr
Aus den Wettbewerben: 60-m-Mallaufen: 1. Friedrich, 2. Fritz. – 3000-m-Mallaufen: 1. Lauterbach. – Olympische Staffel für Verbandsmannschaften: 1. Mitteldeutschland, 2. Berlin. – 10-Rdn-Staffel für Frauen: 1. BSC. – 20x2-Rdn-Staffel für Frauen: 1. BSC. – Kugelstoßen für Frauen: 1. Grasse 8,55 m. – Mannschaftsablösefahren: 1. Hiltmann/Krüger (Concordia). – Boxen: Kaube (Wg) besiegt Raasch (Wg); Goßmann besiegt Stecker durch Aufgabe. – Ringen: Montag besiegt Struwe (beide Alt-Wedding). – Radball: Groß-Lichterfelde 94 – »Frei weg« Glasow 8:1. – Neben zahlreichen anderen Wettbewerben gab es auch Vorführungen im Trockenschwimmen.
BLA 29. 12. 1921; 6., 12.–14. 2.

Feb 14–15. Ringen »Internationaler Meister-Wettbewerb«
Forts. von Feb 1–11.
Feb 14 Westergaard-Schmidt besiegt Steinke in 32 Min.; Laskenowitsch besiegt Bahn in 12 Min.; Saft besiegt Hintze in 35 Min.; Schwarz besiegt Lobmayer in 26 Min.
Feb 15 Steinke besiegt Laskenowitsch nach Pktn (75 Min.); Saft besiegt Lobmayer in 34 Min. 25 Sek.; Westergaard-Schmidt besiegt Schwarz nach Pktn (75 Min.).
Gesamtwertung: 1. Westergaard-Schmidt, 2. Schwarz, 3. Steinke, 4. Saft, 5. Laskenowitsch, 6. Lobmayer.
BZaM 14.–16. 2.

Feb 16, 19.30 Uhr. Boxen »Kurt Prenzel – Geo Marcel« u. a.
V: SP (?).
Kid Murphy (58,5 kg; GB) – Clemens Kinseher (57 kg; München), unentschieden (6 Rdn).
Richard Naujoks (Berlin) – Tavernier (60 kg; B), Sieg Naujoks' nach Pktn (12 Rdn).
George Groves (61,5 kg; GB) – Otto Klingensteiner (69 kg; Bayern), Sieg Groves' nach Pktn (10 Rdn).
Kurt Prenzel (68,5 kg; Hamburg) – Geo Marcel (67 kg; B), Sieg Prenzels durch ko (3. Rde).
BLA 16.–17. 2.; BS 75, 23. 2.

Feb 17–23. 9. Berliner Sechstagerennen
Beginn 17. 2. um 20.30 Uhr. Start 21.00 Uhr, Ende 23. 2. um 22.00 Uhr.
V: SP (?).
Wertungen: 15.30, 22.00, 2.00 (je 10 Spurts) und 10 Schlußspurts. *»Der Erste erhält 5, der Zweite 3, der Dritte 2, der Vierte 1 Punkt. In der letzten Stunde des Rennens werden 10 Punktwertungen ausgefahren durch je 10 Rundenspurts. Es erhält bei diesen 10 Wertungen der Erste 10, der Zweite 6, der Dritte 4 und der Vierte 2 Punkte«* (Budzinski, S. 12).
Teiln. (13 Paare): 1 van Neck/R. Huschke (NL/D), 2 Lorenz/Aberger (D), 3 Vlemminckx/Walthour (NL/USA), 4 Saldow/Bauer (D), 5 Magnussen/Jenssen (DK), 6 Stellbrink/Appelhans (D), 7 Spencer/Roß (USA/AUS), 8 Lewanow/A. Huschke (D), 9 Schrage/Pawke (D), 10 Kaufmann/Rosellen (CH/D), 11 Stabe/Kohl (D), 12 Hahn/Oskar Tietz (D), 13 Tadewald/Packebusch (D).
Ergebnis: 1. Saldow/Bauer 278 Pkte; 2. Lorenz/Aberger (1 Rde zurück) 291; 3. van Nek/R. Huschke 229; 4. A. Huschke/Roß 158; 5. Hahn/Oskar Tietz 42; 6. Kohl/Schrage (2 Rdn zurück) 28; 7. Stellbrink/Appelhans (3 Rdn zurück) 56; 8. Tadewald/Packebusch 6.
Zurückgelegte km: 4152,970.
Startschuß: Valy Arnheim (Harry Hill; Filmschauspieler).
»Der Gesamtaufwand an Preisen und Tagegeldern beträgt über eine Million Mark. An Tagegeldern werden 980 000 M., an Preisen 100 000 M. ausgeworfen. Die siegreiche Mannschaft erhält 40 000 M., die zweite 25 000, die dritte 15 000, die vierte 12 000 und die fünfte 8000 M.« (BLA 13. 2.). *»Der siegreichen Mannschaft war außerdem ein Automobil im Werte von 100 000 Mark gestiftet worden [...] Die während der sechs Tage gestifteten Prämien erreichten eine Höhe von über ein halbe Million Mark«* (BLA 24. 2.).
In diesem recht flott gefahrenen international besetzten Rennen schieden zahlreiche Fahrer aus (auch Favoriten), zum Teil auf Grund von Verletzungen bei Stürzen, die diesmal besonders häufig vorkamen (am 2. Tag ein Massensturz). Zum erstenmal wurde über ein Sechstagerennen auf der Titelseite des konservativen BLA ausführlich berichtet. Während des Rennens wurden Aufnahmen für den von Paul Günther verfaßten und von Arthur Teuber inszenierten Ungo-Film *»Die siebente Nacht«* gemacht.
BLA 13., 17.–24. 2.;Fredy Budzinski, Das neunte Berliner Sechstage-Rennen, 17. bis 23. Februar 1922 im Sport-Palast, Nach den Berichten der Rad-Welt zusammengestellt u. reich illustriert, Berlin o. J. (1922; Senatsbibl.).

Feb 26. »Jugend-Hallensportfest«
V: Berliner Jugend-Ausschuß.
»Der Berliner Jugend=Ausschuß, dem 138 Vereine ehemaliger Schüler und Schülerinnen der Berliner Volksschulen angehören, veranstaltete [...] ein gut gelungenes Hallensportfest. Ueber 300 Teilnehmer und Teilnehmerinnen maßen sich in den verschiedensten Arten von Wettbewerben wie Laufen, Springen, Ringen, Turnen. Viel Beifall fanden auch die Volkstänze. Die Spielvereinigung 1911=Karlshorst holte sich die 6mal=100=Meter=Staffel und das 3000=Meter=Mannschaftslaufen, während die 4mal=50=Meter=Mädchenstaffel zwei Mannschaften von Friesen=Berlin in Front sah« (BLA 27. 2.).

Mär 4–7. Reit- und Fahr-Turnier
V: Reichsverband für Zucht und Prüfung deutschen Halbbluts.
Forts. Mär 9–12.
Nennung von 781 Pferden. *»Freiherr v. Buddenbrock erscheint mit 10 Pferden, unter diesen ›Teufel‹, der Gewinner des letzten Springerderbys in Hamburg. Frhr. v. Langen kommt u. a. mit ›Hanko‹, ›Seidenspinner‹ und ›Goliath‹. Herr O. Caminnevi ist mit zwei Pferden zur Stelle, darunter ›Pipifax‹, der im Karlshorster Parforce=Jagdrennen des Vorjahres auf den dritten Platz lief. Auch der alte ›Piccolo‹ des Grafen Görtz fehlt nicht. Ferner kommen gute Pferde wie die hannoversche Stute ›Walküre‹, ›Erich III‹ und ›Döllnitz‹, die Gewinnerin des letztjährigen großen Berliner Jagdspringens. Mit der größten Streitmacht rückt aus Frankfurt a. M. der bekannte Stall Oppenheimer an, der nicht weniger als 12 Pferde mitbringen dürfte«* (BLA 2. 3.). *»Zum ersten Male wird auch hier der Totalisatorbetrieb bei einer Veranstaltung in geschlossener Bahn ermöglicht«.* (BLA 3. 3.).
Täglich wurden vormittags Vorprüfungen, ab 13.00 Uhr die eigentlichen Turnierwettbewerbe und ab 19.00 Uhr die Totalisator-Jagdspringen durchgeführt.
Aus den Wettbewerben: *»Preis von Ostpreußen. a) 3–4jährige. Hrn. Plates Prinz Christian (Major v. Bast) 1. Siegfried XII. (Prinz Friedrich Sigismund) 2. Tank (Stallmeister Michel) 3. 9 Teilnehmer. – b) Aeltere Pferde: Oberst v. Schlebrügges Poker (Major Meyer) 1. Helianth (Stallm. Speer) 2. Anklang (Major v. Schmidt) 3. Kohinor (Bes.) 4. 20 Teilnehmer. [...] Heeres=Jagdspringen. 1. Komp. Nachr.=Abt. 3 Orkan (Wachtmstr. Pergandt) 1. Nelly (Oberwachtmstr. Röttger) 2. Remus (Wachtmstr. Grell) 3. Schalmei (Wachtmstr. Arend) 4. 40 Teilnehmer«* (BLA 6. 3.).
»Preis von Hannover. a) Drei= und Vierjährige: Freiherr von Münchhausens Harlekin (Bes.) 1. Degold (Herr v. Heimann) 2. Horst (Fähnrich von Barnekow) 3. 9 Teilnehmer. – b) Aeltere Pferde: Frl. F[...] Diamant (Herr v. Platen) 1. Grane (Bes.) 2. Ingo V (Herr Staeck) 3. 28 Teilnehmer. [...] Sportpalast=Dressurprüfung: Rittmeister Freiherr v. Lotzbecks Valentin (Bes.) 1. Sonnenstrahl (Wachtm. Czeranowski) 2. Nestor II (Herr Kreißig) 3. Sigrid (Bes.) 4. 23 Teilnehmer« (BLA 8. 3.).
BLA 2.–8. 3.

Mär 8, 19.30 Uhr. Boxen »Hans Breitensträter – Harry Reeve« u. a.
V: SP (?).
Fdg: Tom Cherry (54 kg; GB) – Fritz Rolauf (57,5 kg; Berlin), Sieg Rohlaufs nach Pktn (15 Rdn).
Wg: Hans Hirschberger (63,5 kg; München) – Bruno Obel (65,5 kg; Berlin), Sieg Hirschbergers nach Pktn.
Hsg: Bruno Schmidt II (78,5 kg; Berlin) – Rudi Arndt (76 kg; Magdeburg), unentschieden (8 Rdn).
Sg: Hans Breitensträter (ca 80 kg; Berlin) – Harry Reeve (87,5 kg; GB), Sieg Reeves nach Pktn (15 Rdn).
»Technisch und taktisch vollendet kämpfend, gelang es Reeve, seinen Gegner in der sechsten Runde zweimal zu Boden zu bringen. Schwer erschüttert, zeigte Breitensträter große Bravour. Er erholte sich in bewundernswerter Weise und stand die 15 Runden hervorragend durch [...]« (BLA 9. 3.).
BLA 4., 7., 9. 3.; BS 78, 16. 3.

Mär 9–12. Reit- und Fahr-Turnier
Forts. von Mär 4–7.
Aus den Wettbewerben: *»Preis von Deutschland. a) Drei= und Vierjährige: Herrn Langwitz' Vasal (Herr Trapp) 1. Noni (Freiherr v. Langen) 2. Hänschen (Herr Kreißig) 3. 12 Teilnehmer. – b) Aeltere Pferde: Frau Diehm=Gamps Freya (Herr Speer) 1. Spion (Frau Steig) 2. Alskling (Frau Franke) 3. 12 Teilnehmer. [...] Große Berliner Olympiade=Dressurprüfung. Hrn. Oskar M. Stensbecks Morgenrot (Bes.) 1. Valentin (Bes.) 2. Siegwart (Herr Günther Schmidt) 3. 11 Teilnehmer. [...] Hochsprung. Freiherrn v. Langens Hanko (Bes.) 1. Bismarck I (Herr Caminnecci) 2. Teufel (Leutn. Andreae) 3. 10 Teilnehmer«* (BLA 10. 3.).
»Eignungsprüfung für Gespanne. a) Einspänner: Frau Bings Tiger Lilly (Bes.) 1. Bodo II (Frau v. Löbecke) 2. 4 Teilnehmer. – b) Zweispänner: Herrn Tiedkes Dark Prince und Son of Polonia (Fräulein Menzel) 1. Happy Mary und Diadem (Frau Bing) 2. 6 Teilnehmerinnen. [...] Damen=Jagdspringen. Graf Trautvetters Meerkönig (Frau Wiener) 1. Erich III (Frau Wiener) 2. Hanko (Freifrau v. Langen) 3. 19 Teilnehmer« (BLA 12. 3.).
BLA 10.–14. 3.

Mär 17, abends. Boxen »Kurt Prenzel – Constant Pluyette« u. a.
V: SP (?).
Fdg: Kurt Sasse (57 kg; Berlin) – Robert Dastillon (54 kg; F), Sieg Dastillons nach Pktn (10 Rdn).
Lg: Fritz Rolauf (57,5 kg; Berlin) – Kid Murphy (58,5 kg; GB), unentschieden (6 Rdn).
Lg: Richard Naujoks (61,5 kg; Berlin) – André Dumas (61,5 kg; F), Sieg Naujoks' nach Pktn (10 Rdn).

Mg: Kurt Prenzel (67,5 kg; Hamburg) – Constant Pluyette (68.5 kg; F), Sieg Prenzels durch ko (2. Rde).
BLA 10., 14., 18. 3.; BS 78–79, 16.–23. 3.

Mär 19. »Hallensportfest der Arbeitersportler«
14.00 Uhr Vorkämpfe, 19.00 Uhr Endkämpfe und Sondervorführungen.
V: Kartellverband für Arbeitersport und Körperpflege.
Et: 6,– M.
»Der Kartellverband [...], bestehend aus sämtlichen Arbeiter=Sportorganisationen Groß-Berlins, veranstaltet [...] sein erstes großes Hallensportfest. Die Arbeitersportbewegung hat mit dem patriotischen Brimborium und mit dem Preis=Sportfexentum der bürgerlichen Sportbewegung nichts zu tun« (RF 21. 2.). *»Alle Sportarten kamen vollauf zur Geltung[...] der Sportpalast [...] war überfüllt. Pünktlich um 2 Uhr setzten die Vorkämpfe ein und es entwickelte sich ein lebhaftes sportliches Bild. Besonders wurden die Männerläufe mit Spannung beobachtet. In bunter Reihenfolge marschierten dann die Großberliner Arbeitersportler auf, Radfahrer, Athleten, Wanderer und Turner. An den Sprungkonkurrenzen beteiligten sich auch die Frauen und die Jugendlichen. Die Turnspiele wurden durch ein Raffballspiel vertreten. Das Geräteturnen kam ebenfalls zur Geltung. Buntes Leben brachten die Volkstänze der Arbeiterwanderer in die Halle. [...] Die Leistungen der Schwerathleten reihten sich denen der Leichtathleten würdig an. Ringer, Boxer, Jiu=Jitsu=Kämpfer machten sich das Leben nicht leicht und erneteten für ihre Leistungen reichen Beifall«* (RF 21. 3.).

Mär 25–26. Vorführungen der Leipziger Musterschule für Turnen und Sport
Am 25. 3. um 10.30 und 19.30 Uhr, am 26. 3. um 15.00 Uhr.
V: Leipziger Musterschule für Turnen und Sport.
Teiln.: ca 60 Schülerinnen (Direktor F. Groh).
»Der Besuch empfiehlt sich besonders, weil die Musterschule berufen scheint, der Körperkultur der Frau neue Wege zu weisen. Sie will das Spezifisch=Weibliche in der Körperbildung der Frau nicht vernachlässigt sehen und sucht eine gründliche Durchbildung zu erreichen, indem sie aufbauend auf den Grundlagen des deutschen Turnens unter Auswertung des Rhythmus und der Musik Ausdruckskultur in den Bewegungen anstrebt und über Volkslied und Volkstanz bis zum Kunsttanz fortschreitet« (BLA 24. 3.). *»Der Leiter F. Groh hat mit den sechzig schmucken Mädeln, lauter Schülerinnen der Leipziger Volksschule, auf dem Gebiete der weiblichen Körperkultur hervorragende Erfolge erzielt«* (BLA 26. 3.).
BLA 24., 26. 3.

Mär 31, abends. Boxen »Hans Breitensträter – Joe Mullings« u. a.
V: SP (?).
Flg: Erich Kohler (47 kg; Berlin) – Felix Heyse (50,5 kg; Berlin), Sieg Kohlers nach Pktn (6 Rdn).
Mg: Adolf Wiegert (68,5 kg; Berlin) – André Blazy (67,5 kg; F), Sieg Wiegerts durch Aufgabe (nach der 1. Runde).
Hsg: Alfred Böger (77,5 kg; Berlin) – Rudi Arndt (75 kg; Magdeburg), Sieg Arndts durch ko (4. Rde).
Sg: Hans Breitensträter (80 kg; Berlin) – Joe Mullings (85 kg; GB), Sieg Breitensträters durch ko (8. Rde).
BLA 31. 3.; 1. 4.; BS 81, 6. 4.

Apr 7, abends. Boxen »Kurt Prenzel – Charlie Woodman« u. a.
V: SP (?).
Et: bis 300,– M.
Wg: Ernst Koch (64 kg; Gera) – August Huber (66,5 kg; München), unentschieden (6 Rdn).

224 9. Berliner Sechstagerennen (Chr Feb 17–23), Runden-Einläuten.

225 Anzeige (Chr Apr 9; nach: RF 8. 4. 1922).

Mg: Kurt Prenzel (67,5 kg; Hamburg) – Charlie Woodman (71 kg; GB), Sieg Prenzels durch ko (3. Rde).
Mg: Adolf Wiegert (69 kg; Berlin) – Marius Maertens (69,5 kg; F), Sieg Wiegerts durch ko (nach 75 Sek.).
Hsg: Franz Knöpnadel (74 kg; Berlin) – Willi Antonowitsch (70 kg; Bremen), Sieg Antonowitschs durch ko (6. Rde).
BLA 8. 4.; BS 81–82, 6.–13. 4.

Apr 9, 10.00 Uhr. »Massenkundgebung der Dritten Internationale«
V: KPD, Sektion der 3. Internationale, Bezirk Berlin-Brandenburg.
Et: 2,– M. *»Zur Deckung der Unkosten«.*
Rd: Clara Zetkin (MdR), Bordiga (KPI), Kar (KP USA), Meunier (KPF), Martha Wünsch (KP CS), Synkropos (*»Vertreter des Balkan«*), Tamar (KP IND). Die angekündigten Redner Frossard, Smeral, Mac Manus und Katayama traten nicht auf, einige schickten Vertreter. Karl Radek erhielt von den deutschen Behörden keine Redeerlaubnis.
Th: *»Genua und Sowjetrußland!«*
»Arbeiter, Arbeiterinnen! Demonstriert in Massen für die internationale Einheitsfront des Proletariats!«
Anläßlich der Weltwirtschaftskonferenz zu Genua (10. 4.–19. 5.), an der 23 Staaten teilnahmen.
Für die 20 Bezirke der Berliner KPD wurde ein genauer Abmarschplan festgelegt – *»Fahnen und Banner sind mitzubringen!«* (RF 8. 4.).
»Mehr als 18 000 Arbeiter und Arbeiterinnen waren [...] dem Rufe der Kommunistischen Partei [...] gefolgt! [...] Bereits um 10 Uhr waren die Seitenemporen und die Arena des Sportpalastes zum größten Teil besetzt. Aber noch immer strömten die Massen in geschlossenen Zügen mit wehenden Bannern, zum Teil unter klingendem Spiel, heran. Als um 10 Uhr 30 Min. der Gen. Gehlmann nach kurzen einleitenden Worten die Kundgebung für eröffnet erklärte, war die Riesenhalle, Kopf an Kopf gedrängt, bis auf den letzten Platz gefüllt. Nach dem eindrucksvollen Vortrag zweier Lieder des Arbeitergesangsvereins ›Vorwärts‹ nahm als erste Rednerin die Genossin Zetkin das Wort [...]« (RF 10. 4.).
RF 4., 6.–10. 4.

Apr 16–31. Internationale Sportausstellung
Nicht im Sportpalast stattgefunden; wohl identisch mit der Ausstellung, die Ende Juni im Zusammenhang mit den Deutschen Kampfspielen in der Autohalle am Kaiserdamm gezeigt wurde, wo auch die Boxkämpfe der Spiele stattfanden (26. 6.–1. 7.; vgl. BS 95, 26. 7., S. 2).
BLA 19. 1.; BS 86, 11. 5., S. 7.

Mai 2, 12.00 Uhr. Empfang für den Boxer Jack Dempsey, dem Weltmeister im Schwergewicht
Im »Blauen Saal«.
V: SP.
»Jack Demsey, der gestern auch vom Oberbürgermeister Böß empfangen wurde [...] ist [...] offiziell von den Berliner Sportkreisen und der Berliner Presse bewillkommnet worden. Die Direktion des Berliner Sportpalastes hatte es übernommen, für den Meisterboxer der Welt und seinen Manager Mr. Kearns einen ›Empfang‹ zu arrangieren, der in den Räumen des Sportpalastes stattfand. Eine zahlreiche Gesellschaft hatte sich zu diesem Zwecke eingefunden, die den Weltmeister, eine überaus symphatische, elastische Erscheinung, herzlich begrüßte. Direktor Schwarz vom Sportpalast hieß Dempsey im Namen seiner Gesellschaft willkommen; für die Presse und den Verband Deutsche Faustkämpfer sprachen die Herren Josky und Dr. Meyer, während Weltmeister Walter Rütt dem Danke Dempseys Ausdruck gab, der über den freundlichen Empfang in Berlin hocherfreut war und das Versprechen abgab, wiederzukommen und sich in einem Berliner Ring zu zeigen« (BLA 3. 5.).
BLA 3. 5.; BS 85, 4. 5.

Mai 5, 20.00 Uhr. Boxen »Piet Vanderveer – Harry Reeve« u. a.
V: SP (?).
Et: bis 400,– M.
Lg: Paul Kotzur (60 kg; Berlin) – Eugen Kündig (59,5 kg; Hamburg), unentschieden (6 Rdn).
Wg: Theo Kourimsky (65 kg; NL) – Richard Naujoks (61,5 kg; Berlin), unentschieden (10 Rdn).
Hsg: Chic Nelson (71,5 kg; DK) – Rudi Arndt (75 kg; Magdeburg), Sieg Nelsons nach Pktn (8 Rdn).
Sg: Piet Vanderveer (93 kg; NL) – Harry Reeve (87 kg; GB), Sieg Vanderveers durch Aufgabe (7. Rde).
BLA 28. 4.; 4., 6. 5.; BS 85–86, 4.–11. 5.

Mai 20, 20.00 Uhr. Boxen »Adolf Wiegert – Léonhard« u. a.
V: SP (?).
Flg: Erich Kohler (47,5 kg; Berlin) – Alfred Michelsohn (51,5 kg; Berlin), Sieg Kohlers nach Pktn (6 Rdn).
Lg: Fritz Rolauf (59,5 kg; Berlin) – Frank Dykast (61,5 kg; Prag), Sieg Rolaufs nach Pktn (8 Rdn).
Wg: Richard Naujoks (61,5 kg; Berlin) – Ernst Grimm (67 kg; Berlin), unentschieden (10 Rdn).
Mg: Willy Spörl (71,5 kg; Prag) – Marius Maerten (67,5 kg; F), Sieg Maertens' nach Pktn (10 Rdn).
Mg: Adolf Wiegert (70 kg; Berlin) – Léonhard (77,5 kg; F), Sieg Wiegerts durch ko (3. Rde).
BLA 16., 19.–21. 5.; BS 87–88, 18.–26. 5.

Mai 31, 20.00 Uhr. Boxen »Kurt Prenzel – Shoeing Smith Davies« u. a.
V: SP (?).
Fdg: Kurt Sasse (58 kg; Berlin) – Paul Kotzur (60 kg; Berlin), Sieg Sasses durch Disqualifikation wegen Tiefschlages.
Wg: George Groves (61,5 kg; GB) – Harry Deiters (66,5 kg; Hannover), Sieg Deiters' nach Pktn (6 Rdn).
Mg: Kurt Prenzel (68,5 kg; Hamburg) – Shoeing Smith Davies (72 kg; GB), Sieg Smith Davies' durch Aufgabe (14. Rde).
Sg: Hans Wagener (91 kg; Duisburg) – Joe Mullings (GB), Sieg Wageners durch ko (2. Rde).
BLA 29.–30. 5.; 1. 6.; BS 89, 2. 6.

Jul 30–Aug 1. Schuhmesse
V: Verein der Schuhhandelsvertreter für Groß-Berlin.
»Die wirtschaftlichen Verhältnisse, Markentwertung, und Teuerung, beeinflussen das Geschäft der Handelsvertreter ungünstig, Es ist ihnen der hohen Reisekosten wegen nicht mehr möglich, die notwendigen Reisen zu unternehmen. Aus diesem Gedanken ist diese Schuhmesse entstanden. Der Abnehmer findet auf der Messe jede Auswahl und kann mit dem Vertreter verhandeln. Ohne der großen Messe in Leipzig Eintrag zu tun, bleibt Berlin ein vorzüglicher Platz für eine derartige Fachausstellung. Diesem Gedanken gab der Vereinsvorsitzende Woyda bei Eröffnung der Messe in einer kernigen Ansprache Ausdruck. Ein Rundgang zeigte dann, daß der mächtige Raum des Sportpalastes von den ausstellenden Schuhwarenfabrikanten aus allen Teilen des Reichs dicht besetzt ist. Die Ausstellung macht einen bedeutenden Eindruck. Um Mißverständnissen zu begegnen, sei bemerkt, daß es sich um eine Großmesse handelt, nicht um einen Markt. Einzelverkauf dürfte daher kaum stattfinden« (BLA 31. 7.).

Aug 5–13. »3. Musik-Fachausstellung«
V: Central-Verband Deutsche Tonkünstler und Tonkünstler-Vereine E. V.
»In die große Halle des Sportpalastes, wo sonst wie bunte lebendige Kugeln in einer Riesenroulette die Sechstagerenner ihre Kreise zogen, und die ledergepanzerten Fäuste der Boxer auf nackte Leiber klatschten, sind die Musiker eingekehrt – Gestern mittag wurde dort im Kasinosaale die dritte Fachausstellung [...] feierlich eröffnet. Nach dem vom Berliner Tonkünstlerorchester unter Kapellmeister Müngersdorfs schwungvoll pathetischer Leitung vorgetragenen Meistersinger=Vorspiel, ergriff der Vorsitzende des Zentralverbandes, Herr Arnold Ebel, das Wort zu einer Begrüßungsrede, in der er Zweck und Ziel der Ausstellung klar legte und auf ihre Bedeutung auch für die schaffenden

226 Anzeige (Chr Aug 5–13; nach: BT 6. 8. 1922).

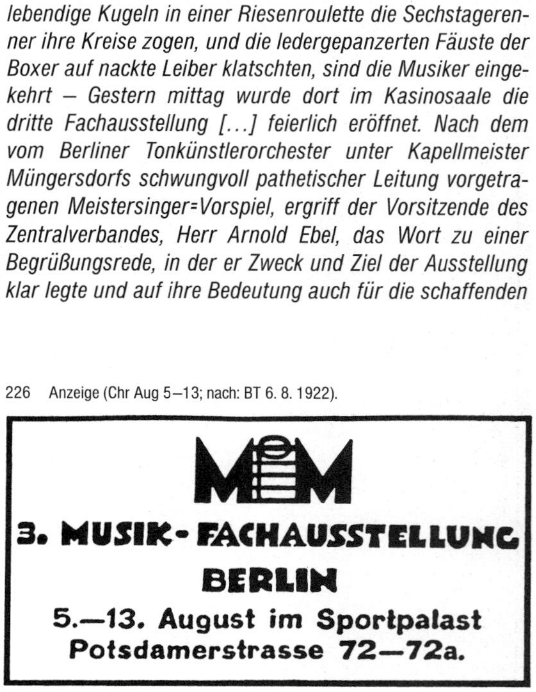

Tonkünstler hinwies. [...] Kürzeren Ansprachen seitens eines Vertreters der Deutschen Musikinstrumentemacherverbandes, des Herrn Robert Linau als Vertreter der Musikalienhändler und Verleger, sowie Professor Blankenburgs, der den Gruß und die guten Wünsche des Provinzialschulkollegiums überbrachte, schloß sich die Rede des Oberbürgermeisters Böß an, der mit warm empfundenen Worten diese, trotz der Ungunst der Zeiten zustande gekommene Ausstellung als ein erfreuliches Zeichen dafür begrüßte, daß trotz des physischen und moralischen Niedergangs unseres Volkes sein geistiges Leben in voller Blüte stehe. [...]« (BT 6. 8.).

»Als ich die 3. Musik=Fachausstellung betrat, [...] wurde ich von einem Tonchaos begrüßt. Wagner ertönte mir auf einem Flügel von rechts entgegen, links wurde ein Operettenschlager auf einem Klavier gespielt, Geigentöne schmeichelten sich dazwischen, ein religiöses Musikstück erklang von einem Harmonium, und alle übertönte Caruso mit der Aida=Arie, deren Tonwellen aber nicht aus dem Himmel kamen, sondern aus dem Schalltrichter eines Grammophons. [...] In der Hauptsache natürlich eine gewerbliche Messe; aber da es sich um Musik handelt, eine Messe von kunstwissenschaftlicher Bedeutung und für jedermann von Interesse, [...] Da ist die Ausstellung einer Geigenfirma, die nach dem Verfahren eines Musikprofessors Geigen veredelt und sie den alten Amati= und Guarneri=Geigen im Tone so anpaßt, daß Musiksachverständige ›baff‹ gewesen sein sollen und Besitzer von echten Amatigeigen glaubten, auf ihrem eigenen Instrument zu spielen [...] Und dieses Homogenisierungsverfahren, bei welchem jede Geige auf sorgfältigem Studium beruhende individuelle Behandlung erfährt, kann man auf der Ausstellung genau kennenlernen. [...] Hat man sich dann aus dem Tönetohuwabohu des unteren Raumes auf die Galerie geflüchtet, kann man sich dort ruhiger in die historischen Ausstellungsobjekte vertiefen. Da sind antike Tasteninstrumente aus einer bekannten Berliner Sammlung, Spinette aus dem 16. bis 18. Jahrhundert italienischer und deutscher Herkunft. Eine Auswahl aus der Staatlichen Musikinstrumentensammlung: Kielflügel aus dem 17. und 18. Jahrhundert [...]« (BLA 7. 8.).

Im Rahmen der Ausstellung fanden im Kasino folgende Konzerte statt:

227 Curt Prenzel (Chr Sep 6; nach: BS 100, 31. 8. 1922).

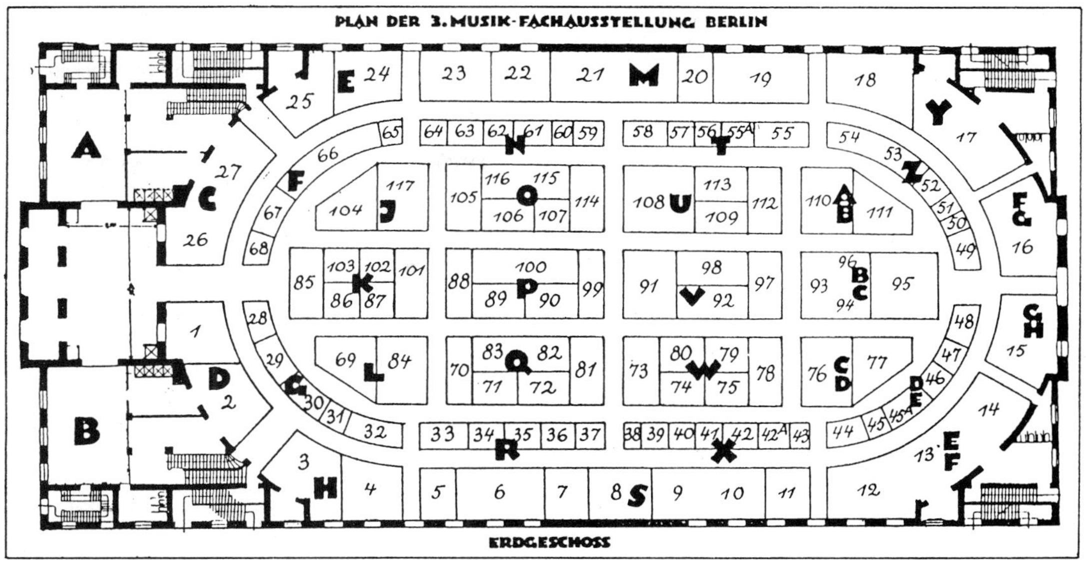

228 Plan der »3. Musik-Fachausstellung« (Chr Aug 5–13; nach: Programmheft [Bibliothek des Staatlichen Instituts für Musikforschung]).

Aug 6, 17.00 Uhr. Kammermusik
V: »REVALO« Tonveredelungs-A.G., Berlin.
Mitw.: Maurits van den Berg (1. Violine), Hans Graupner (2. Violine), Fritz Leue (Viola), Walter Schulz (Cello), Linus Wilhelm (Baß), Joseph Schwarz (Klavier).
Werke: Ludwig van Beethoven (Streichquartett op. 18 Nr. 6, B-dur, Franz Schubert (Forellenquintett op. 114).

Aug 7, 17.00 Uhr. »Konzertvorführung der Firma C. Pude & Co. G.m.b.H. und der Notenrollenfabrik *›Roland‹ Otto P.F. Hanke, Berlin«*
Werke: Friedrich Chopin, Arnold Ebel, Edvard Grieg.

Aug 8, 17.00 Uhr. Kammermusik
V und Mitw.: wie Aug 6.
Werke: Johannes Brahms (Trio für Violine, Cello, Klavier op. 8, H-dur), Beethoven (Sonate für Violine und Klavier, C-moll).

Aug 10, 20.00 Uhr. »I. Konzert mit neuen Kompositionen d. Berliner Tonkünstler-Vereine (E.V.)«
Mitw.: Ange Schubert (Mezzopran), Prof. Kurt Schubert (Klavier).
Werke von Heinz Thiessen, Arnold Ebel, Hans Kummer, Kurt Schubert, Ferruccio B. Busoni.

Aug 11
17.00 Uhr. Kammermusik
V und Mitw.: wie Aug 6.
Werke: Friedrich Smetana (Streichquartett, E-moll), Schubert (Streichquartett op. 29).
20.00 Uhr. »Kammermusik auf Homogenen Streichinstrumenten von Professor F.I. Koch in Dresden«
Mitw.: Konzertmeister Dahmen, Kammermusikmeister Riphahn, Konzertmeister Schneider, Cellovirtuose Kropholler.
Werke: Wolfgang Amadeus Mozart (Quartett, Köchel 575), Beethoven (Streichtrio op. 8), Anton Dvorak (Quartett op. 96).

Aug 12
17.00 Uhr. Kammermusik
V und Mitw.: wie Aug 6.
Werke; Beethoven (Streichquartett op. 18 Nr. 6, B-dur), Schubert (Streichquartett op. 29).
20.00 Uhr. »II. Konzert mit neuen Kompositionen d. Berliner Tonkünstler-Vereins (E.V.)«
Mitw.: Minna Ebel-Wilde (Sopran), Hans Butze-Haase (Violine), Prof. Kurt Schubert (Klavier), Prof. Eduard Behm (Begleitung der Gesänge).
Werke von Artur Holde, Hugo Rasch, Walther Schulthess, Arnold Ebel, Paul Hindemith, Eduard Behm.
BLA 7. 8.; BT 6. 8.; Voss 6. 8.; Offizieller Katalog der III. Musik-Fachausstellung [...] (Staatliches Institut für Musikforschung, Bibliothek, Bb 3d/Ber 50).

Sep 6, abends. Boxen »Kurt Prenzel – Albert Vandoolaeghe« u. a.
V: SP (?).
Flg: Erich Kohler (47,5 kg; Berlin) – Felix Friedemann (49,5 kg; Hamburg), Sieg Kohlers nach Pktn (20 Rdn).
Fdg: Fritz Rolauf (57,5 kg; Berlin) – Fred Davison (58 kg; GB), unentschieden (10 Rdn).
Mg: Kurt Prenzel (69 kg; Hamburg) – Albert Vandoolaeghe (65 kg; F), Sieg Prenzels durch Aufgabe (6. Rde).
Sg: Hans Wagener (91 kg; Duisburg) – Hugo Podzuhn (86,5 kg; Bayern), Sieg Wageners durch Abbruch (2. Rde).
BLA 8. 9.; BS 100–01, 31. 8.–8. 9.

Sep 12–17. Ausstellung »Sparsame Hauswirtschaft«
V: Zentrale der Hausfrauenvereine von Groß-Berlin.
»Not lehrt nicht nur beten, sondern auch sparsam wirtschaften. Wie man das tun soll und auch vielleicht kann, will die [...] Ausstellung zeigen [...] So auf den ersten Blick sieht man allerdings noch nicht, wie man sparsam wirtschaften kann; wenigstens ist das Anlagekapital für die sparsame Hauswirtschaft ziemlich hoch. Die Oefen zum Beispiel, die es ermöglichen, mit verhältnismäßig sehr geringen Gas- und Kohlenmengen auszukommen, kosten viel Geld. [...] Aber dann kommt man schon eher dem Zweck der Ausstellung näher, wenn man entdeckt, was alles aus alten Gegenständen zurechtgebastelt werden kann [...] wie man aus einer abgenutzten Kücheneinrichtung eine funkelnagelneue herstellen kann« (BLA 12. 9.).
»Ein Sonderlob gebührt [...] dem rührigen Letteverein, der eine sehr instruktive Musterschau bietet. Die Abteilungen Gewerbeschule, Kranken=, Säuglings= und darmschonende Küche, [...] die Verwendung verschiedener Tees nach ihrer Wirkung [...] sind durchaus auf der Höhe [...]

Gleich rühmend sei des Pestalozzi=Fröbelhauses II., Seminar Koch= und Haushaltungsschule gedacht [...] dann die Frauenschule des Vereins ›Jugendheim‹, Charlottenburg [...]« (BLA 15. 9.).

Im Rahmen der Ausstellung fand vom 12.–13. 9. die Herbsttagung des Verbandes Deutscher Hausfrauenvereine statt. Unter anderem wurde eine Vortragsreihe mit *»belehrenden Filmdarstellungen«* durchgeführt. So wurde gesprochen über *»Vorschläge zur Steuerreform‹* (Clara Mende), über die Krankenkassen der Hausfrauen (Josephine Süßbach, Breslau), die Verwendung von Gefrierfleisch (Herr von der Warth), die Notwendigkeit des Nebenerwerbs und seine Organisation (Freiin von Pawel-Rammingen, *»Vorkämpferin der schwer notleidenden Damen des Mittelstandes«*) – *»In bewegter Klage wies die Rednerin darauf hin, daß noch immer kein Friede sei, was die Ersatz- und Streckmittelwirtschaft in traurigster Weise bestätige. Aber, so schwer dies auch für die deutsche Hausfrau sei, entmutigen lasse sie sich auch hierdurch nicht«* (BLA 14. 9.).

BLA 2., 12., 14.–15. 9.

Sep 26, 19.30 Uhr. Boxen »Hans Breitensträter – Jef de Paus« u. a.

V: SP.

Bg: Urban Graß (Köln) – Emil Volkmer (Bremen), Sieg Graß' durch Aufgabe (7. Rde).

Lg: Richard Naujoks (Berlin) – Claes (B), Sieg Naujoks' nach Pktn (10 Rdn).

Wg: Kirschbaum (61,5 kg; Krefeld) – Albert Wagner (62 kg; Hamburg), Sieg Kirschbaums nach Pktn (6 Rdn).

Wg: Ernst Grimm (Berlin) – Peter Hana (A), Sieg Grimms durch Aufgabe (6. Rde).

Sg: Hans Breitensträter (80,8 kg; Berlin) – Jef de Paus (79,8 kg; B), Sieg Breitensträters durch ko (5. Rde).

»Etwa zehn= bis zwölftausend Zuschauer füllten die weite Halle und die Ränge. Im Hauptkampf des Abends, der als letzter an die Reihe kam, standen sich der deutsche Schwergewichtsmeister Hans Breitensträter und Jef de Paus, der Schwergewichtsmeister von Belgien, gegenüber. Von Angfang an hatte Breitensträter das Heft in der Hand [...] De Paus, sehr stark, aber nicht so gewandt wie sein Gegner, erlahmte in der fünften Runde, und mußte in der sechsten auf einen schweren rechten Kinnhaken hin zu Boden gehen, worauf er ausgezählt wurde« (BLA 27. 9.).

BLA 27. 9.; BS 104, 28. 9.

Okt 6, 19.30 Uhr. Boxen »Paul Samson-Körner – Hugo Podzuhn« u. a.

V: SP.

Ab 18.30 Uhr *»konzertiert die Przywarski-Hauskapelle«.*

Bg: Emil Volkmer (53,5 kg; Bremen) – Ludwig Will (53,5 kg; München), Sieg Volkmers nach Pktn (8 Rdn).

Hsg: Rudi Arndt (75,5 kg; Magdeburg) – Bruno Schmidt II (79,5 kg; Berlin), Sieg Arndts durch Aufgabe (8. Rde).

Sg: Paul Samson-Körner (78 kg; Zwickau) – Hugo Podzuhn (87,5 kg; Bayern), Sieg Samson-Körners durch Aufgabe (2. Rde).

Sg: Hans Wagener (91 kg; Duisburg) – B. Ahaus (85 kg; NL), Sieg Wageners durch Abbruch (1. Rde; Ahaus als Ersatz für den erkrankten Spalla).

BLA 7. 10.; BS 105–06, 5.–12. 10.

Okt 25, 19.30 Uhr. Radrennen

V: SP (?).

Eröffnungsrennen der Wintersaison.

Eröffnungsfahren: 1. Hahn, 2. Hoffmann.

Dreierkampf (10-Rdn-Fahren, Verfolgungs- und 20-Rdn-Punktefahren): 1. Adolf Huschke.

Stunden-Prämienfahren: 1. Hoffmann, vor Packebusch, Tietz; 38,740 km; ausgeschieden Hahn und Techmer.

BT 27. 10; Vw 24. 10.

Okt 27, abends. Boxen »Kurt Prenzel – René Pontignac« u. a.

V: SP (?).

Bg: Urban Graß (53,5 kg; Köln) – Ludwig Will (53,5 kg; München), Sieg Graß' durch Abbruch (7. Rde).

Lg: Walter Buhl (Stuttgart) – Waldemar Hentschel (61 kg; Berlin), unentschieden (6 Rdn).

Wg: Ernst Grimm (65 kg; Berlin) – Bruno Hönscherle (66 kg; Berlin), Sieg Grimms nach Pktn (10 Rdn; Ausscheidungskampf um die deutsche Wg-Meisterschaft).

Mg: Kurt Prenzel (69 kg; Hamburg) – René Pontignac (66,5 kg; F), Sieg Prenzels durch Aufgabe (2. Rde).

»Wie immer bei bedeutenden Kämpfen war die Riesenhalle bis auf den letzten Platz gefüllt. Größen des Films und der Sprechbühne hielten wie sonst die ersten Ringreihen besetzt, und auf dem für die Presse reservierten Raum sah man Georges Carpentier, den Ex-Weltmeister im Leichtschwergewicht [Halbschwergewicht], der einen vorübergehenden Aufenthalt dazu benutzte, um seinen Landsmann Pontignac in einem deutschen Ring kämpfen zu sehen. Siegreich allerdings sah er ihn nicht; Pontignac – ein Mann, dem ein vorzüglicher Ruf vorausging – war den starken Schlägen Prenzels nicht gewachsen. Schon in der ersten Runde mußte der Franzose zweimal zu Boden gehen, und in der zweiten wurde er, bereits stark angeschlagen, von einem mächtigen Kinnschlage auf den Rükken gelegt, worauf seine Sekundanten, die Situation erfassend, aufgaben. Riesiger Beifall belohnte den schnellen Sieg [...]« (BLA 28. 10.).

BLA 26. 10; BS 108–09, 26. 10.–12. 11.

Okt 29, 12.30 Uhr. Hallensportfest des Arbeiter-Turn- und Sportvereins »Fichte«

V: Fichte.

Et: 25,– M; Vorverkauf 20,– M.

»In der Arena, die sonst den Schauplatz von Radrennen und Boxkämpfen bildet, kam der von den Turnerinnen betriebene Volkssport in seiner Vielseitigkeit zur Darstellung und fesselte das vieltausendköpfige Publikum bis zum Schluß. Den Anfang bildete ein Musterriegenturnen mit Wertung [...] Es folgten Stabübungen [...] Schleuderballschwingen mit Anklang an das Keulenschwingen [...] Die Mädchen führten in zwei Kreisen Volkstänze mit Gesang vor. Die Turnerinnen zeigten Keulenübungen und nachdem Ausdruckübungen, beide verbunden mit rhythmischer Gymnastik, ein Erfolg der Bundesschule. Lebhaftes Interesse fand das Handballspiel der Turnerinnen [...] Als Sonderdarbietung verdient der Mannschaftshochsprung der Sportler und Sportlerinnen Erwähnung. Den Abschluß des Festes bildeten Massenpyramiden der Männer, Turnerinnen, Jugendlichen und Kinder, die den ganzen Innenraum ausfüllten und ein beifallsfreudiges Publikum fanden.

Resultate: Wetturnen der Musterriegen: Männer, Oberstufe: 9. Abt. Barren 218 1/2 P., 2. Abt. Barren 208 P., 10. Abt. Barren 197 1/2 P., 7. Abt. Reck 197 P., 4. Abt. Pferd 193 1/2 P., 2. Abt. Reck 181 1/2 P., 1. Abt. Barren 169 1/2 P. – Mittelstufe: 4. Abt. Barren 208 1/2 P., 20. Abt. Barren 138 1/2 P., 2. Abt. Pferd seit 196 P., 19. Abt. Pferd lang 190 P., 5. Abt. Barren 183 P. – Freiübungen: 16. Abt. 106 P., 2. Abt. 108 1/2 P. – Turnerinnen: Oberstufe: 4. Abt. Barren 210 1/2 P., 1. Abt. Pferd 194 1/2 P. – Mittelstufe: 18. Abt. Barren 228 P., 14. Abt. Abt. Barren 185 P., 10. Abt. Barren 158 1/2 P., 6. Abt. Freiübungen 64 1/2 P., 2. Abt. Freiübungen 59 P. – Jugendliche: Oberstufe: 4. Abt. Barren 189 P. – Mittelstufe: 21. Abt. Barren 190 1/2 P., 3. Abt. Barren 182 1/2 P., 7. Abt. Barren 178 P., 4a-Abt. Barren 175 1/2 P., 2. Abt. Barren 159 P., 14. Abt. Barren 156 P., 1. Abt. Barren 149 1/2 P., 11. Abt. Reck 148 1/2 P. – Wettläufe. 50-m-Lauf, Männer: 1. Laute=Südost 6,1 Sek., 2, Marr=Süd und Pfitzner=Süd handbreit zurück. – Jugend: 1. Eicke=Ost 6 Sek., 2. Sprenger=Südost und Spickermann=Südost 6,1 Sek. – Frauen: 1. Giese 14. Abt. 6,4 Sek., 2. Weitz=Südost und Soßnitza 14. Abt. Brustbreite zurück. – 800-m-Lauf, Männer: 1. Köhler=Ost 2 Min. 18 Sek., 2. Beyer=Südost 2 Min. 21 Sek., 3. Kaatz=Südost 2 Min. 25 Sek. – Jugend: 1. Liebmann=Südost 2 Min. 20 Sek., 2. Riebenstahl=Ost 2 Min. 23,2 Sek., 3. Plettstößer 2 Min. 25 Sek. – 5=Rundenstaffel, Jugend: 1. Ost 1 Min. 41 Sek., 2. Südost 1 Min. 41,2 Sek. – 10=Rundenstaffel, Männer: 1. Südost 3 Min. 30 Sek., 2. Ost und Süd 3 Min. 22 Sek. – 10x50m=Pendelstaffel, Frauen: 1. 14. Abt. 1 Min. 19,2 Sek., 2. Südost 1 Min. 20 Sek.« (Vw 31. 10.).

Vw 24., 27., 31. 10.

Nov 1, 19.30 Uhr. Radrennen

V: SP (?).

Dreierkampf »Rütt – R. Huschke – Roß«: erster Lauf (Malfahren): 1. Rütt, 2. Huschke, 3. Roß; zweiter Lauf (Verfolgungsfahren): 1. Roß (2:19 Min.), 2. Huschke, 3. Rütt; dritter Lauf (20-Rdn-Punktefahren, Wertung nach jeder 5. Rde): 1. Rütt 11 Pkte; 2. Huschke 7; 3. Roß 6; Gesamtergebnis: 1. Rütt 5 Pkte vor Roß 6; und R. Huschke 7.

100-Rdn-Punktefahren (14 Teiln.): 1. Oskar Tietz 33 Pkte; 2. Häusler, 3. Hensch, 4. Schwab, 5. Neinas.

Prämienfahren: 1. Petri.

Vorgabefahren: 1. Schulz vor Häusler.

BLA 1.–2. 11.

Nov 5, 19.30 Uhr. Radrennen

V: SP (?).

6-Rdn-Malfahren: 1. Behrendt vor Hoffmann, Oskar Tietz, Petri.

Viererkampf »Rütt – Roß – Brüder Huschke«: erster Lauf (6-Rdn-Malfahren): Rütt vor A. Huschke und Roß vor R. Huschke; zweiter Lauf (20-Rdn-Punktefahren, vier Wertungen): Rütt und A. Huschke je 7 Pkte, Roß 11, R. Huschke 13; dritter Lauf (Verfolgungsfahren, zwei Paare); 1. Brüder Huschke vor Rütt/Roß; Gesamtergebnis: 1. Rütt und A. Huschke.

Ausscheidungsfahren: 1. Schulz vor Rädlitz, Linsener, Weber.

50-km-Punktefahren (10 Wertungen, 14 Teiln.): 1. Häusler 26 Pkte vor Oskar Tietz 25, Beets 16, Neinas 16 und Schwab.

»Das gestrige erste Sonntagsprogramm im Sportpalast hatte seine Anziehungskraft auf die Massen nicht verfehlt, und die Anhänger des blinkenden Rades lieferten den Beweis, daß sie hinter den Freunden des Fausthandschuhs nicht zurückzustehen brauchen. Auch sie brachten der Direktion in diesem Jahre das erste ›Ausverkauft‹, wie die Boxer am Dienstag« (BLA 6. 11.).

Nov 7, abends. Boxen »Hans Breitensträter – Paul Samson-Körner« u. a.

V: SP (?).

Fdg: Theo Beyerling (57 kg; Köln) – Fred Davison (58 kg; GB), Sieg Beyerlings nach Pktn (10 Rdn).

Mg: Marius Maertens (65,5 kg; F) – Hein Domgörgen (67,5 kg; Köln), Sieg Domgörgens nach Pktn (8 Rdn).

Hsg: Alfred Böger (78 kg; Berlin) – Rudi Arndt (Magdeburg), Sieg Arndts durch ko (3. Rde).
Sg: Hans Breitensträter (78 kg; Berlin) – Paul Samson-Körner (77,5 kg; Zwickau), Sieg Samson-Körners durch Aufgabe (nach der 9. Rde).
»Eine ungeheure Menschenmenge im Sportpalast. Im dunklen Riesenraum ein Ozean von Köpfen um den hell erleuchteten Ring. Hochspannung in der Atmosphäre, als der Hauptkampf des Abends, Samson gegen Breitensträter, angekündigt wird. Deutsch=Amerikaner der eine, in vielen Kämpfen im Ausland erprobt, deutscher Schwergewichtsmeister der andere, beide aber auf die Sekunde fertig. Muskelbepackt, kampfbereit. Eine Viertelmillion an Prämien wird ausgerufen. Herr George Carpentier, der französische Meister, der wieder zur Stelle ist, ganz Gentleman in Frack, spendet 100 000 Mark dem Sieger. Dann ein anderer, Ungenannter, 200 000 Mark, falls Sieg durch Niederschlag erfolgt. Blitzlicht flackert auf. Man photographiert; dann beginnt der Kampf. Blitzschnell und hart fallen die Schläge; es geht ums Ganze. Wild greift Breitensträter an, aber Samson ist schwer zu treffen, wird dann aber seinerseits hart. In der dritten Runde wird Breitensträter wegen Tiefschlags verwarnt. Es scheint jetzt, daß Samson langsam die Oberhand gewinnt. Standhaft wehrt sich Breitensträter, aber Samson ist ersichtlich der bessere, hart, genauer Treffende. In der 8. Runde geht Breitensträter bis ›neun‹ zu Boden, in der 9. Runde wirft ihn ein schwerer Haken auf die Bretter. Ein rasch und schnell folgender zweiter Schlag trifft unbeabsichtigt den am Boden Knieenden an der Schulter [...] Protest, Beratung, Unruhe im Publikum [...] Dann der Schiedsspruch: Samson wird verwarnt und, da Breitensträter, ersichtlich geschlagen, nicht wieder antritt, zum Sieger erklärt, ein Urteil, das rasenden Beifall in der Zuschauermenge auslöst« (BLA 8. 11.).
BLA 8. 11.; BS 109–10, 2.–9. 11.

Nov 12, abends. Radrennen
V: SP (?).
Dreierkampf »Rütt/Oskar Tietz/Hoffmann – Saldow/A. Huschke/Hahn« in drei Läufen (Malfahren, Verfolgungsfahren mit Ablösung, 30-Rdn-Punktefahren); alle von den einzelnen Fahrern erzielten Punkte wurden ihren Mannschaften gutgeschrieben): 1. Saldow/A. Huschke/Hahn 63 Pkte.
200-Rdn-Prämienfahren: 1. Stolz, 2. Behrendt (1 Rde zurück), 3. Techmer, 4. Manthey, 5. Pawke, 6. Schrefeld.
BLA 13. 11.

Nov 15, abends. Radrennen
V: SP (?).
Dreierkampf »Ohrt – Saldow – A. Huschke« (Malfahren in vier Läufen über 5, 9, 12, 15 Rdn mit Punktwertung): 1. Ohrt 7 Pkte, vor Saldow 8 und A. Huschke 9.
Niederlande gegen Deutschland: 1. Behrendt und R. Huschke vor Beets (NL) und Kolles (NL).
50-Rdn-Punktefahren: 1. Otto Tietz vor Krüger.
Stunden-Prämienfahren: 1. Schrefeld vor Techmer.
BLA 16. 11.

Nov 19, 19.30 Uhr. Radrennen
V: SP (?).
Vierer-Mannschaftstreffen »Ohrt/Bauer – Schrage/A. Huschke« in vier Läufen (1-Rde-Zeit-, 6-Rdn-Mal-, Mannschaftsverfolgungs- und 20-Rdn-Punktefahren): 1. Ohrt/Bauer 27 Pkte vor Schrage/A. Huschke 31. Außerdem gab es noch ein Stunden-Mannschaftsfahren mit internationaler Beteiligung.
BLA 19.–20. 11.

Nov 25, 19.30 Uhr. Radrennen
V: SP (?).
Dreierkampf »Saldow – Bauer – de Crasto (NL)« in drei Läufen (1-Rde-Zeit-, Mal-, und 20-Rdn-Punktefahren): 1. Saldow 11,5 Pkte; 2. Bauer 13; 3. de Crasto 14,5.
Mannschaftsfahren »Hahn/Oskar Tietz – Beets/Kolles (NL) – Carli/Rizetto (I)« in drei Treffen (6-Rdn-Malfahren [2 Läufe], 50-Rdn-Verfolgungs- und 20-Rdn-Punktefahren): 1. Hahn/Oskar Tietz 23 Pkte; 2. Beets/Kolles 37; 3. Carli/Rizetto 46.
50-km-Prämienfahren (14 Teiln.): 1. Schrefeld (1:15:31 Stunden), 2. Techmer, 3. Schulz, 4. Schröder, 5. Petri; außerdem starteten u. a. Magnussen (DK), Neinas.
10-Rdn-Malfahren: 1. Münzner vor Kendelbacher, Krüger und Schönborn.
BLA 22., 25.–26. 11; Vw 28. 11.

Dez 1, abends. Jiu-Jitsu
V: Centralverband Deutscher Jiu-Jitsu-Kämpfer.
Erich Rahn (Berlin) besiegt Hans Reuter (München) (Deutsche Meisterschaft). Möbus besiegt Essaw. Buse (AUS) besiegt Freiberger.
»Wie der nur kurze Verlauf des Treffens erkennen ließ, war Rahn seinem Gegner ziemlich überlegen. Sehr ruhig kämpfend, konnte er ihn schon nach wenigen Minuten, ihn durch eine Beinschere am Boden festhaltend, einen Halsknebel ansetzen, worauf Reuter sich als besiegt erklärte. Im Kampf Möbus, der Jiu-Jitsu, gegen den Neger Essaw, der freien Ringkampfstil zeigte, blieb nach drei temperamentvollen Runden Möbus durch Kopfschere und Würgegriff Sieger. Noch schneller fertigte Buse (Australien) seinen Gegner Freiberger ab, den er nach zwei Minuten durch Kopfschere und Gurgelabdruck zum Aufgeben zwang. Den Kämpfen gingen Demonstrationen vorauf. Ob das Jiu-Jitsu als Schaustück die Volkstümlichkeit des Boxens erlangen wird – weitere Veranstaltungen scheinen geplant zu sein – ist immerhin zweifelhaft« (BLA 3. 12.).
BLA 30. 11.; 3. 12.

Dez 2, 19.00 Uhr. Radsport »Jubiläums-Hallenfest des DRV«
V: DRV.
Anläßlich des 25jährigen Bestehens und zum *»Besten der Unterstützungskasse des D.R.V.«. »In allen Konkurrenzen geht es lediglich um Ehrenpreise, die nach Schluß des sportlichen Teils im Kasino in Gegenwart besonders geladener Gäste zur Verteilung gelangen«* (BLA 2. 12.).
Eröffnung mit einem Prolog, gesprochen von dem Schauspieler Heinz Sarnow vom Theater am Kurfürstendamm, und einem *»Kinderfahren (sechs Knaben, vier Mädchen) auf kleinen Holz=Fahrrädern«.*
Teiln.: Aberger, Bauer, Giesecke, Hahn, Häusler, Hiepel, Hoffmann, Brüder Huschke, Jahn, Kohl, Lewanow, Manthey, Münzner, Neinas, Pawke, Peter, Petri, Saldow, Sawall, Schrage, Schrefeld, Schröder, Schwab, Stellbrink, Tadewald, Techmer, Tetzlaff, Brüder Tietz u. a.
Aus den Wettbewerben:
Malfahren: Endlauf I (10 Rdn): 1. Saldow (2:34,8 Min.), 2. Bauer, 3. A. Huschke, 4. Schrage (Raddefekt); Endlauf II (10 Rdn): 1. R. Huschke (2:42,4 Min.), 2. Häusler, 3. Aberger, 4. Münzner.
Erstes 60-Rdn-Punktefahren: 1. Lewanow 14 Pkte; 2. Sawall 8; 3. Neinas 7; 4. Kohl 5; 5. Schröder 5;
Zweites 60-Rdn-Punktefahren: 1. Hahn 14 Pkte; 2. Otto Tietz 7; 3. Hiepel 6; 4. Petri 5; 5. Manthey 5.
Wettlauf für Helfer und Pfleger (2 Rdn): 1. Jahn, 2. Techmer, 3. Giesecke.
10-Rdn-Hauptfahren: 1. Tetzlaff (2:35 Min.), 2. Stellbrink, 3. Peter, 4. Tadewald (gestürzt).
30-Rdn-Punktefahren: 1. Techmer 8 Pkte; 2. Hoffmann 6; 3. Schwab 4; 4. Pawke 2.
»Welche Veranstaltung von Radrennen dürfte imstande sein, ein derartig starkes Feld von Rennfahrern an den Start zu bringen, wie es gestern [...] der Fall war. Unter den Startern war, mit Ausnahme von Rütt und Lorenz, die bei dem New Yorker Sechstagerennen die deutschen Farben zu vertreten haben, alles erschienen, was im deutschen Radsport einen Namen hat. Der Tag brachte auch den ersten Start des Matadors der Holzbahn, Lewanow« (BLA 3. 12.).
BLA 10., 29. 11., 2.–3. 12.; Vw 4. 12.

Dez 3. Hallensportfest der Arbeitersportler
15.30 Uhr Vorkämpfe, 16.00 Uhr Hauptkämpfe.
V: ATB, 1. Kreis.
Teiln.: rund 1500 Sportlerinnen und Sportler.
»Am Sonntag zeigte der Arbeitersport vor vollem Hause und unter Teilnahme vieler Gäste aus der Mark Brandenburg, Leipzig usw. ein spannendes und vielseitiges Programm [...] Die Leistungsfähigkeit der Arbeitersportvereine ist in gutem Aufstieg begriffen und hat die der bürgerlichen Veranstaltungen erreicht, in der Erfassung der Massen sogar überschritten... Das Keulenschwingen der Turnerinnen von der Bundesschule, durchmischt mit rhythmischen Bewegungen ist tanzende Gymnastik, scheinbar nur Spiel und doch große Kraft erfordernd [...] ›Ausdrucksübungen‹ der Turnerinnen [...] folgen, rhythmische Gymnastik bei den Klängen melodiöser Streichmusik zeigend. Die Bundesschule arbeitet auf diesem Gebiet vorbildlich, es dürfte aber an der Zeit sein, das Geräteturnen der Frauen sobald als möglich einzubeziehen, da die jetzige Einseitigkeit über kurz oder lang zu einer Reaktion führen muß [...] Ein gutes Bild boten die Massenpyramiden von Fichte. Die Kreisriege am Barren, an der Fichte und FTGB beteiligt war, ernetete verdienten Beifall [...]« (Vw 5.12.).
Aus den Wettbewerben: *»Hochsprung: Frauen: 1. Leder=Gr.=Berlin=Süden 1,39 Meter, 2. Hilli=Neukölln=Britz 1,28 Meter. – Männer: Zain=ASC., Holz=Gr.=Berlin=Norden, Lippert=Lichtenberg je 1,60 Meter. – 4=mal=400=Meter=Stafette: 1. Fichte=Südost II 4,88 Min., 2. Fichte=Ost 4,68 Min., 3. ASC. 4,44 Min. – Viertelstunden=Paargehen: 1. Wilmersdorf 3423 Meter, 2. ASC. 25 Meter zurück, 3. Leipzig 100 Meter zurück. – 50=Meter=Endläufe: Frauen: 1. Giese=Fichte=Südost 7,8 Sek., 2. Hese=ASC. handbreit zurück. – Jugendliche: 1. Walter=Fichte=Süd 6,6 Sek., 2. Sprenger=Fichte=Südost brustbreit zurück. – Männer: 1. Eicke=Fichte=Ost 6,3 Sek., 2. Teller=Wilmersdorf handbreit zurück. – Altersriegen: 1. Gruhn= und Gunst=Fichte=Ost. – 800=Meter Jugend: 1. Siebmann=Fichte=Südost und Riebenstahl=Fichte=Ost je 2 Min. 19,4 Sek., 2. Splettstößer=Fichte=3 2 Min. 27,2 Sek. – Kugelstoßen: 1. Starke=Fichte=Ost 10,31 Meter, 2. Kallweit=Moabit 9,47 Meter. – 60=Meter=Hürdenlauf: 1. Eicke=Fichte=Ost 9,4 Sek., 2. Frick=Lichtenberg 1 Meter zurück. – 4=Rundenstaffel, Altersriegen: 1. Fichte=Ost 1 Min. 27,2 Sek., 2. Gr.=Berlin=Norden 1 Min. 29 Sek. – 10=mal=50=Meter=Pendelstafette: Frauen: 1. Weißensee 1 Min. 20,5 Sek., 2. Wilmersdorf. – Jugend: 1. Fichte=Südost 1 Min. 11,3 Sek., 2. Rathenow 1 Min. 11,7 Sek. – Männer: 1. ASC. 1 Min. 7,7 Sek., 2. Fichte=Südost 1 Min. 11,3 Sek., 3. Wilmersdorf. – 1500=Meter=Lauf: 1. Krause=Wilmersdorf 4 Min. 33,5 Sek., 2. Wagner=Leipzig 4 Min. 40,2 Sek. – Schwedenstafette, Jugendliche: 1. Wilmersdorf 2 Min. 31,5 Sek., 2. Fichte=Südost 2 Min. 34,4 Sek. – 20=Runden=Verfolgungsstafette: A. 1. Fichte=Süd 7 Min. 2,9 Sek., 2.*

Moabit. – B. 1. Fichte=Südost 7 Min. 6,2 Sek., 2. ASC« (Vw 5. 12.).
Vw 21., 28. 11.; 5. 12.; RF 20., 27. 11.; 4. 12.

Dez 6, abends. Radrennen
V: SP (?).
6-Rdn-Vorgabefahren: 1. Martin (90 m) in 1:12; 2. Meyer (35 m).
»Internationales Fliegermatch« (van Kempen [NL] – Saldow [D]; drei Läufe): 1. van Kempen (alle drei Läufe). »Holland – Deutschland« (de Crasto [NL] – A. Huschke [D]; drei Läufe): 1. A. Huschke.
50-km-Punktefahren: 1. Techmer (1:16:03) 16 Pkte; 2. Hahn 15; 3. Behrendt 15; 4. Schröder 12; 5. Kohl 12.
BLA 5., 7. 12.;BT 8. 12.

Dez 7, abends. Boxen »Hans Wagener – Giuseppe Spalla« u. a.
V: SP (?).
Fdg: Emil Volkmer (54 kg; Bremen) – Fritz Rolauf (58 kg; Berlin), unentschieden (8 Rdn).
Lg: Gustav Runge (60,5 kg; Berlin) – Peter Mazloum (62 kg; TR), Sieg Mazloums nach Pktn (8 Rdn).
Wg: Richard Naujoks (62,5 kg; Berlin) – Bruno Hönscherle (66,5 kg; Berlin), Sieg Naujoks' durch ko (4. Rde).
Sg: Hans Wagener (90 kg; Duisburg) – Giuseppe Spalla (80 kg; I), Sieg Spallas durch Disqualifikation wegen verbotenen Schlages (4. Rde).
»Im Sportpalast kam es gestern abend um 10 Uhr, gelegentlich des Boxkampfes Wagener=Duisburg und Giuseppe Spalla=Italien, zu einem Tumult, wie ihn Berlin seit langem nicht erlebt hat. Die Ursache war, daß Wagener nach dreimaliger Verwarnung in der vierten Runde disqualifiziert wurde, so daß der Kampf abgebrochen werden mußte. Im Augenblick, als dieses dem Publikum mitgeteilt wurde, erhob sich ein ohrenbetäubendes Pfeifen und Toben, das durch kein Mittel gemildert werden konnte. Die Kämpfer mußten den Ring verlassen, während ein Teil des Publikums sich in immer wüsteren Kundgebungen gefiel. Der Tumult dauerte etwa zwanzig Minuten, und als man den letzten Kampf Naujoks gegen Hönscherle stattfinden ließ, dauerte der Tumult noch weiter an. Es wurden auf die Kämpfer faule Äpfel und die unmöglichsten Gegenstände herabgeschleudert. Die Polizei war völlig machtlos und konnte nur zu einer langsamen Räumung das Ihrige tun. Es dauerte jedoch fast eine Stunde, bis der Sportpalast sich gänzlich geleert hatte« (Vw 8. 12.).
BLA 5., 8. 12.; BS 115, 15. 12.

Dez 8–9, 19.00 Uhr. Hallensportfest der Turner
V: Berliner Turnrat.
Der Besuch ließ an beiden Tagen *»sehr zu wünschen übrig«*. Am ersten Tag, der der Jugend vorbehalten war, wurden *»verschiedentlich recht gute Leistungen gezeigt [...] Die Beteiligung war wieder überreichlich stark [...] In allen Fällen gab es erbitterten Kampf und knappe Entscheidungen, die die Zuschauer stetig bei Stimmung hielten. Die beiden einzigen Herrenwettbewerbe ergaben im 1000=Meter=Lauf den Sieg von Lehmann (Akademischer Turnverein) in 2 Min. 39 Sek. mit 15 Meter Vorsprung vor Tiede (Biesdorf), während die 10=mal=50=Meter=Staffel zum drittenmal vom Lübeckschen Turnverein in der guten Zeit von 1 Min. 4 Sek. überlegen mit 20 Meter Vorsprung vor Turnsport Friesen gewonnen wurde«* (BLA 9. 12.).
Am zweiten Tag *»zeichneten sich besonders die Mitglieder der Berliner Turnerschaft, des Turnsportvereins Friesen und des Männersportvereins Friedrichsberg aus, während in den Wettbewerben für Damen Fräulein Döring von der Berliner Turnerschaft zwei erste Plätze belegen konnte«* (BLA 10. 12.).
BLA 8.–10. 12.

Dez 10, 19.30 Uhr. Radrennen
V: SP (?).
200-Rdn-Punktefahren (8 Teiln.; 10 Wertungen): 1. Piet van Kempen (NL) 33 Pkte; 2. A. Huschke 20; 3. Saldow 16; 4. Bauer 11, 5. Hahn 7; außerdem starteten: R. Huschke, Techmer.
Malfahren: 1. Sonntag vor Techmer.
Ausscheidungsfahren für Amateure: 1. Tatschild vor Hiltmann.
Stundenfahren (14 Teiln.; Punktewertung): 1. Rizetto (I); außerdem starteten: Beets (NL), Kolles (NL), Manthey, Nörenberg, Packebusch, Schrefeld u. a.
BLA 10.–11. 12.

Dez 16, 18.00 Uhr. Jugendtag des VBAV
V: VBAV.
Et: »völlig frei«.
Werbeveranstaltung der Sportverbände für die *»Unterstützung der gesamten Jugendbewegung«* mit Vorführungen u. a. *»In fünf kurzgehaltenen Vorträgen von Generalsekretär Dr. Diem, Direktor Dr. Häusler, Dr. med. Eicke und den Jugendsportwarten der Deutschen Sportbehörde für Leichtathletik Neider sowie des Berliner Verbandes Maaß wird den Gästen ein Ueberblick über das gesamte Gebiet der Jugendpflege und Leibesübungen gegeben [...]«* (BLA 16. 12.).
BLA 16.–17. 12.

Dez 25, 19.30 Uhr. Radrennen
V: SP (?).
»Großer Weihnachtspreis« – »Rennen der Acht« (zwei Vorläufe, ein Endlauf): erster Vorlauf (5-Rdn-Malfahen): 1. R. Huschke, 2. Aberger; zweiter Vorlauf (5-Rdn-Malfahren): 1. Jenssen (DK), 2. Sawall; Endlauf (20-Rdn-Punktefahren, vier Wertungen): 1. R. Huschke 16 Pkte; 2. Sawall 10; 3. Jenssen 7; 4. Aberger 7.
10-Rdn-Malfahren für die Unplazierten des Großen Weihnachtspreises: 1. Wittig, 2. Stellbrink, 3. Krupkat, 4. Stabe (gestürzt).
20-km-Prämienfahren: 1. Stolz (30:41,6 Min.), 2. Neinas, 3. Hensch, 4. Pawke, 5. Kaleta.
10-Rdn-Vorgabefahren für Amateure: 1. Kloß (100 m Vorgabe), 2. Lehmann (80), 3.Schmidt (80), 4. Tatschild (0), 5. Lemke (20).
50-km-Punktefahren (fünf Wertungen): 1. Häusler 30 Pkte; 2. Behrendt 26; 3. Oskar Tietz 24; 4. Rizetto (I) 20; 5. Kohl 18; 1:15:53,4 Stunden; außerdem starteten: Carli (I), Hahn, Magnussen (DK),Schrefeld, Valentini (I) u. a.
BLA 24., 27. 12.; Vw 27. 12.

Dez 26, 19.30 Uhr. Radrennen
V: SP (?).
10-Rdn-Vorgabefahren: 1. Hoffmann (0 m Vorgabe), 2.0. Tietz (0), 3. Meyer (60), 4. Neinas (20), 5. Kaleta (20).
10-Rdn-Malfahren für Amateure: 1. Max, 2. Tatschild, 3. Lehmann, 4. W. Packebusch, 5. R. Packebusch; 2:24 Min.
60-Rdn-Prämienfahren: 1. Sonntag, 2. Petri, 3. Krüger, 4. Neinas, 5. Otto Tietz; 15:30,4 Min.
50-km-Mannschaftsfahren (12 Paare): 1. Hahn/Kohl 28 Pkte; 2. A. Huschke/Häusler 19; 3. Beets/Vermeer (NL) 15; 4. Oskar Tietz/Stolz 13; 5. Behrendt/Valentini (D/I) 9; 1:12:22,8 Stunden; außerdem starteten: Krupkat/Schrefeld, Stabe/Manthey, Techmer/Kendelbacher u. a.
BLA 24., 27. 12.; Vw 27. 12.

1923

Jan 1. 19.30 Uhr. Radrennen
V: SP (?).
Dreierkampf in drei Läufen: 1. Lewanow, 2. A. Huschke, 3. Hahn.
60-km-Punktefahren (sechs Wertungen): 1. Bauer, vor Saldow, Rizetto (I), Carli (I), Häusler; außerdem starteten: Aberger, Behrendt, A. Huschke, Kohl, Krupkat, Oskar Tietz, Valentini (I).
40-km-Mannschaftsfahren: 1. Magnussen/Münzner (DK/D).
BLA 31. 12. 1922; 2. 1.

Jan 4, 19.00 Uhr. Vorkämpfe zum 11. Hallensportfest des VBAV
V: VBAV.
Vgl. Jan 5 und 6–7.
BLA 3. 1.

Jan 5
Nachmittags. Vorkämpfe zum 11. Hallensportfest des VBAV
V: VBAV.
BLA 3., 6. 1.
Abends. Radrennen
V: SP (?).
Malfahren: 1. Hoffmann, vor Kops, Stiepel, Krieger.
30-Rdn-Verfolgungsfahren für Amateure: 1. Packebusch/Lemke/Lehmann.
Zweistunden-Mannschaftsfahren (10 Paare): 1. van Nek/Sawall (NL/D) 42 Pkte; 2. Rizetto/Carli (I) 18; 3. Hahn/Tietz 15; sowie Lewanow/Häusler 13 und Bauer/Kohl 13.
BLA 3., 5., 6. 1.

Jan 6–7. 11. Hallensportfest des VBAV
V: VBAV.
Jan 6
15.30 Uhr Vorkämpfe, 18.00 Uhr Hauptkämpfe.
Jan 7
11.00 und 15.00 Uhr Vorkämpfe, 17.00 Uhr Hauptkämpfe.
»Als aus Anlaß des zehnjährigen Bestehens der Deutschen Sportbehörde für Leichtathletik der Verband Berliner Athletik=Vereine im Januar 1908 zu Ehren der aus allen Teilen Deutschlands erschienenen Vertreter auf Betreiben seines damaligen Vorsitzenden Carl Diem den ersten Versuch machte, auch Wettkämpfe in der Halle zu veranstalten, ahnte wohl niemand, ein wie großes und an Werbekraft kaum zu übertreffendes Gebiet damit erschlossen wurde. Aus kleinen Anfängen heraus, es waren damals nur 109 Teilnehmer, die sich in den Ausstellungshallen am Zoo tummelten, ist das Fest heute weit über seinen Rahmen hinausgewachsen und hat fast alle Gebiete der Leibesübungen erfaßt. [...] Alles in allem muß man mit 2000 Teilnehmern rechnen, von denen allein 157 aus dem Reiche herbeigeeilt sind, darunter unsere besten Kräfte, [...] wie Bedarff, Tronbach und Söhngen-Frankfurt, Pelzer-Stettin, Fricke und Diekmann-Hannover, Friedrich, Fritz, Lauterbach, Kempe und Hoffmann-Leipzig, Schumacher-Hamburg u. a. [...] Ihnen gegenüber dürfte selbst unsere beste Berliner Klasse einen schweren Stand haben [...] wie Rau, Dünker, Hähnchen, Kibbert, Ulpe, Bormann, Lüdeke, Langkutsch, Stieg, Blankenburg, Scholenz u. v. a.« (BLA 3. 1.).
»Es kam keine rechte Stimmung auf, da wiederholt zu lange Pausen eintraten, denn besonders die Vertreter der anderen Disziplinen ließen den V.B.A.V. im Stich. So fehlte

ein Teil der Boxer, ferner eine Radballmannschaft, so daß das Spiel völlig ausfallen mußte, aber auch von den auswärtigen Teilnehmern der Leichtathletik stellten sich verschiedene nicht dem Starter. Hierunter litt besonders der Hauptwettbewerb, das 1000=Meter=Laufen, in dem der Stettiner Peltzer zu einem billigen Erfolg kam [...] Ueberhaupt hatten die Berliner Vereine nicht viel zu bestellen, wenn sie auf auswärtige Konkurrenz stießen. So blieben die Gäse im Hochsprung ganz unter sich« (BLA 7. 1.).
»Teilweise wurden recht gute Leistungen geboten, so [...] im Endlauf des 60=Meter=Laufens, in dem der Leipziger Friedrich mit 6,7 Sek. eine bei Hallenfesten noch nicht erzielte Zeit erreichte... Recht hoch einzuschätzen ist auch der Stabhochsprung von Fricke mit 3,46 Meter und Baltes mit 3,36 Meter, wenn man berücksichtigt, unter wie unglücklichen Raum= und vor allem auch Lichtverhältnissen diese schwierige Uebung in der Halle vorgenommen werden muß. Hähnchen übertraf im Kugelstoßen mit 12,33 Meter seine bisherigen Würfe erheblich [...] Wie stets lösten die Vorführungen der Turner sowie das Stillaufen der über 300 Jugendlichen, ferner auch der Radkunstfahrer, die Volkstänze und auch das neuartige Trockenschwimmen berechtigten Beifall aus [...]« (BLA 8. 1.; hier auch die genauen Ergebnisse der einzelnen Wettbewerbe).
BLA 3., 5., 7.–8. 1.

Jan 9, 19.30 Uhr. Boxen »Richard Naujoks – Ernst Grimm« u. a.
V: SP (?).
Bg: Emil Volkmer (54 kg; Bremen) – Robert Hugentobler (55 kg; Stuttgart), unentschieden (6 Rdn).
Fdg: Erich Kohler (54 kg; Berlin) – Friedrich Schmidt (50,5 kg; Hannover), unentschieden (6 Rdn).
Fdg: Kurt Sasse (57,5 kg; Berlin) – Clemens Kinseher (58 kg; München), Sieg Sasses nach Pktn (6 Rdn).
Wg: Richard Naujoks (61,5 kg; Berlin) – Ernst Grimm (65 kg; Berlin), Sieg Grimms durch ko (2. Rde; Deutsche Meisterschaft, im Wg zum erstenmal vergeben).
Hsg: Adolf Seybold (77,5 kg; Köln) – Hermann Kröger (75 kg; Hamburg), Sieg Krögers nach Pktn (6 Rdn).
BZaM 9.–10. 1.; BLA 7., 9.–10. 1.

Jan 13, 19.30 Uhr. 2. Fest der Sportpresse
V: VDS.
Zugunsten der Wohlfahrtskasse des VDS. Zur Erinnerung wurden den aktiven Teilnehmern Exemplare des »Sport-Spiegel« (Bilder aus der Welt des Sports, hg. v. Arno Arndt, Berlin 1923) übergeben.
»Keine glückliche Zeit für Feste, aber dieses Fest der Sportpresse, das gestern im großen Hallenbau in der Potsdamer Straße gefeiert wurde, erwies sich als eine rein sportliche Veranstaltung. Und daß es sich um eine Veranstaltung handelte, kann gewiß nur als Gewinn gewertet werden. Man sah alles. Von allem ein wenig. Und alles war gut. Vom Jiu=Jitsu bis zum Hunderennen, vom Flieger=Radrennen bis zum Schattenboxen Kurt Prenzels und zum nichtentschiedenen Match Wiegert=Jörgensen. Sehr tüchtige Leistungen sah man am Reck und am Barren, und auch der Keulenschwinger-Gruppe des Berliner Turnvereins – aus Damen bestehend, und von einer Dame geführt – wurde viel Beifall gezollt. Die Resultate der einzelnen Wettbewerbe sind die folgenden: das Zweiermatch Lewanow=Richard Huschke gewann Lewanow überlegen. Der Rekordversuch Willi Lorenz' mißlang. Im 100=Runden=Radrennen siegte Oskar Tietz, während Saldow die zweite Wertung erhielt. Die 10=Runden=Staffel wurde vom deutschen Sportklub siegreich bestritten« (BLA 14. 1.).
»Als besonders glücklichgewählte Schaunummer erwies sich der von Mitgliedern des R.V. Germania vollendet gefahrene farbenprächtige Glühreigen [...] Einen Höhepunkt; dem der humoristische Einschlag wahrhaftig nicht fehlte, bedeuteten die Wettläufe der Jockeilehrlinge auf der Flachen und über Hürden [...]« (BLA 15. 1.).
BLA 14. 12. 1922; 4., 13.–15. 1.

Jan 14. Radrennen
Wurden wegen *»des nationalen Trauertages«* (Besetzung des Ruhrgebietes durch französische Truppen am 11. 1.) auf den 16. 1. verlegt.
BLA 13. 1.

Jan 16, 19.00 Uhr. Radrennen
V: SP (?).
100-km-Mannschaftsfahren (12 Paare): 1. Oskar Tietz/Neinas 32 Pkte; 2. Hahn/Packebusch 27; 3. Rizetto/Carli (I) 19; 4. Schrefeld/Valentini (D/I) 10; 5. Behrendt/Krupkat 5; 2:31:03 Stunden; außerdem starteten: Bakker/Blemmer (NL), A. Huschke/Stolz, R. Huschke/Kohl u. a.
BLA 16.–17. 1.

Jan 20, 19.30 Uhr. Amateur-Radsport »2. Hallenfest des BDR«
V: BDR.
»Wenn auch in dem recht abwechslungsreichen Programm nicht alles erstklassig war, so bot doch das Ganze ein hohes Maß sportlichen Könnens, das die Zuschauer lebhaft interessierte. In den Rennen wurde scharf gekämpft. Passenheim (R.C. Crampe) holte sich das Hauptfahren sicher vor K. Lehmann (R.C. v. 1889), Lemke (Germania=Charlottenburg) und O. Blank (R.C. v. 1889). Ein flott gefahrenes Stunden=Vereins=Ablösefahren gewannen Kroll/Futtek [?] (Germania 83, Berlin), vor Rich. Lehmann, Knoblauch (R.C. Defekt 02). Das Vorgabefahren über acht Runden holte sich Erxleben (60) vor K. Lehmann (20), Griebst (50), O. Blank (0). Der Länderkampf Dänemark=Deutschland, bestehend aus drei Treffen, erbrachte den Sieg der deutschen Mannschaft W. Packebusch=Fatschild gegen die Dänen C. und E. Hansen mit 44 zu 28 Punkten. Im Einer=Kunstfahren schoß W. Gutschmidt (Caputh) gegen seinen Klubkameraden Siebke den Vogel ab. Die Meisterschaft des Gaues 20 im 3er Radballspiel zwischen R.V. Groß-Lichterfelde 1894 und dem B.R.C. Concordia 1897 gewann der letztere Verein mit 5:2. Im 8er Kunstreigen war das Resultat bei Abgang dieses Berichts noch nicht verkündigt« (BLA 21. 1.).
BLA 20.–21. 1.

Jan 21, 19.30 Uhr. Radrennen
V: SP (?).
Fliegerfahren: *»der Sechs«* in drei Treffen: 1. Bauer 23 Pkte; 2. Rizetto (I) 19; 3. Carli (I) 18; 4. Hahn 17; 5. Oskar Tietz 15; 6. Lewanow.
60-km-Mannschaftsfahren (10 Paare; Wertung nach je 60 Rdn): 1. Manthey/Schrefeld, vor Schulz/Neinas, Häusler/Techmer, Behrendt/Stolz, Brüder Kaleta (A); 1:32:46,1 Stunden; außerdem starteten: Hoffmann/Petri, Valentini/Martin u. a.
BLA 21.–22. 1.

Jan 26–28. Radrennen
Das 50-Stunden-Mannschaftsfahren wurde mit *»Rücksicht auf den Ernst der politischen [...] Lage«* abgesagt.
BLA 22. 1.

Jan 28, abends. Radrennen
V: SP (?).
Vorgabefahren: 1. Müller (60 m), vor Linsener (40), Schulz (20), Rädlitz (60), Oskar Tietz.
Großer Winterpreis *»mit einer Ausstattung von zwei Millionen Mark an Preisen«* in drei Treffen: erstes Treffen (vier Zweierläufe): R. Huschke vor Carli (I), A. Huschke vor Rizetto (I), Bauer vor Tietz, Spencer (USA) vor Hahn; zweites Treffen (zwei Viererläufe): Rizetto vor Hahn, Bauer, R. Huschke und Carli vor A. Huschke, Oskar Tietz, Spencer (wegen Radschadens gestürzt); drittes Treffen (200-Rdn-Fahren für alle Fahrer; acht Zwischenwertungen): 1. Oskar Tietz; Gesamtergebnis: 1. Oskar Tietz 65 Pkte; 2. A. Huschke 36; 3. R. Huschke 27; 4. Carli 25; *»Tietz gewann außerdem noch 75 000 M. und 1 Dollar als Prämie«.*
50-km-Punktefahren (11 Fahrer): 1. Behrendt 17 Pkte; 2. Techmer 14; 3. Häusler 11; 4. Schrefeld 9; 1:15:20 Stunden; *»Das Rennen war infolge der Extraprämien, von denen Walter Rütt allein 60 000 Mark gestiftet hatte, im ersten Drittel ein ununterbrochener Kampf«* (BLA 29. 1.).

Jan 31, 19.00 Uhr. Boxen für die »Rheinlandspende«
V: SP (?).
Fdg: Robert Hugentobler (55 kg; Stuttgart) – Gerhard Höhl (57 kg; Köln), unentschieden (8 Rdn).
Lg: Richard Naujoks (62 kg; Berlin) – Hein Domgörgen (66 kg; Köln), unentschieden (8 Rdn).
Wg: Ernst Grimm (65 kg; Berlin) – Willy Drekopf (61 kg; Düsseldorf), Sieg Grimms nach Pktn (8 Rdn).
Mg: Tom Jörgensen (73 kg; Düsseldorf) – Paul Steffgen (69 kg; Düsseldorf), Sieg Steffgens durch ko (1. Rde).
Einleitung: Alex Tomkowiak (64 kg; Essen) – Kirschbaum (61 kg; Köln), Sieg Tomkowiaks nach Pktn (6 Rdn).
»Ein Abend der Rheinländer im Ring und außerhalb des Ringes. Kein Großkampftag der Boxer, dafür aber ein Großkampftag der Vaterlandsliebe, der Liebe für unsere bedrängten Landsleute am Rhein und im Ruhrgebiet. Nach dem zweiten Kampf erscheinen Weltmeister Walter Rütt, Meisterläufer Rau, Prenzel, Breitensträter, und Sasse, die deutschen Meister im Boxen, die Rennfahrer Lewanow und R. Huschke im Ring; sie wollen, so schließt der Schauspieler Sarnow einen flammenden Apell an die Zuschauer, für die Rheinlandspende sammeln. Und wie gebefreudig ist die Menge. Zehntausende, Hunderttausende flattern in den Ring. Spenden von einer halben Million und mehr werden gegeben. Amerikaner, Spanier, Schweizer und Holländer spenden mit vollen Händen. Hundert holländische Gulden gibt der amerikanische Meisterfahrer William Spencer. Auch der zweite Rang bleibt nicht zurück, und immer neue Hüte voller Tausendmarkscheine werden herangebracht. Eine Zählung ergibt rund 16 1/2 Millionen« (BLA 1. 2.).
BLA 31. 1., 1. 2.; BT 2. 2.; BS 123, 9. 2.

Feb 2, 19.00 Uhr. Radrennen
V: SP (?).
Dreistunden-Mannschaftsfahren: 1. Oskar Tietz/Behrendt 35 Pkte; 2. Rizetto/Manthey (I/D) 32; 3. Bauer/Krupkat 23; 4. Spencer/Kohl (USA/D) 22; 5. A. Huschke/Hahn 19; 6. R. Huschke/Häusler 8; 116,050 km; außerdem starteten: Carli/Schrefeld (I/D), Neinas/Magnussen (D/DK), Brüder Kaleta (A), Techmer/Vermeer (D/NL).
BLA 2., 4. 2.

Feb 4, 14.00 Uhr. Hallensportfest der Berliner Arbeitersportler
V: Verband der Arbeiter-Sportkartelle Groß-Berlins.
Et: 250,– M (im Vorverkauf 200,–), für Jugendliche 100,– (nur im Vorverkauf).

»Die gesamten Arbeiter=Sportorganisationen Groß=Berlins veranstalten [...] ihr diesjähriges Hallensportfest. Die Arbeiter=Radfahrer (Solidarität) fahren Farben=, Kunst= und Massenreigen, führen außerdem Einzel=Kunstfahren, Radball= und Radpolospiele vor. Von den Arbeiter=Athleten werden nur die Stärksten im Gewichtheben (bis 3 Zentner zur Hochstrecke) auftreten. Auch zu den Ringkämpfen kommen nur die Gewandtesten und Stärksten unserer Berliner Arbeiter=Ringe zusammen. Die Jiu=Jitsukämpfer werden neue Verteidigungsmöglichkeiten vorführen. In den leichtathletischen Kämpfen treten nur eingeladene erste Kräfte der Arbeiter=Sportvereine Groß=Berlins auf den Plan, denen sich noch erste Läufer aus Leipzig zugesellen. 40 Frauen und Mädchen der Bundesschule des Arbeiter=Turn= und Sportbundes werden nach den Klängen der Musik rhythmische Leibesübungen zeigen. Schulmädchen und =Knaben, Jugendliche und Männer werden an den Geräten die Entwicklung des Turnens vorführen. Den Abschluß des Programms bildet ein Hockeyspiel von Arbeiterfrauen und =Mädchen. Es soll der Arbeiterschaft einmal gezeigt werden, daß die Arbeiter=Sport=Organisationen dasselbe, ja sogar besseres zu leisten vermögen, wie die bürgerlichen Sport=Organisationen mit ihrer ›Kanonen‹=Züchterei« (RF 26. 1.).

RF 26., 31. 1.

Feb 6, 20.00 Uhr. Amateur-Boxen »Berliner Polizei-Meisterschaften«

V: PSV.

Fdg: Elsner besiegt Gerk. Lg: Karsch besiegt Maske. Mg: Gaikowski besiegt Frommhold. Hsg: Krefft besiegt Fischer. *»Die Weltergewichtsmeisterschaften zwischen Fritsche und Behnke blieb unerledigt, da Fritsche ein zu schweres Gewicht mit in den Ring brachte. Der Kampf fand ohne auf das Ziel des Meistertitels statt. Sieger blieb Fritsche nach Punkten. Bei den Rahmenkämpfen siegte Fendler über Schulz und Hohmann über Vögels (Berliner Boxing=Club). Beides waren Punktsiege über drei Runden«* (BLA 8. 2.).

»Zwei besonders kostbare Ehrenpreise sollen denjenigen Meistern zugesprochen werden, die im Kampf den besten Gesamteindruck hinterließen. Die deutschen Berufsboxer haben den neuen Polizeimeistern Ehrengürtel gestiftet, die diese gemäß besonderer Bestimmungen gegen jeden deutschen Polizeiboxer nach Ablauf von sechs Monaten zu verteidigen haben« (BLA 7. 2.).

BLA 7.–8. 2.; BS 123, 9. 2.;

Feb 9, 19.00 Uhr. Ringen

V: SP (?).

Kawan (Wien) besiegt Debie (Köln) nach 35:6 Min. Albert Hein besiegt Karl Reber (München) nach 25:40 Min.

229 10. Berliner Sechstagerennen (Chr Feb 23 – Mär 1), um vier Uhr morgens.

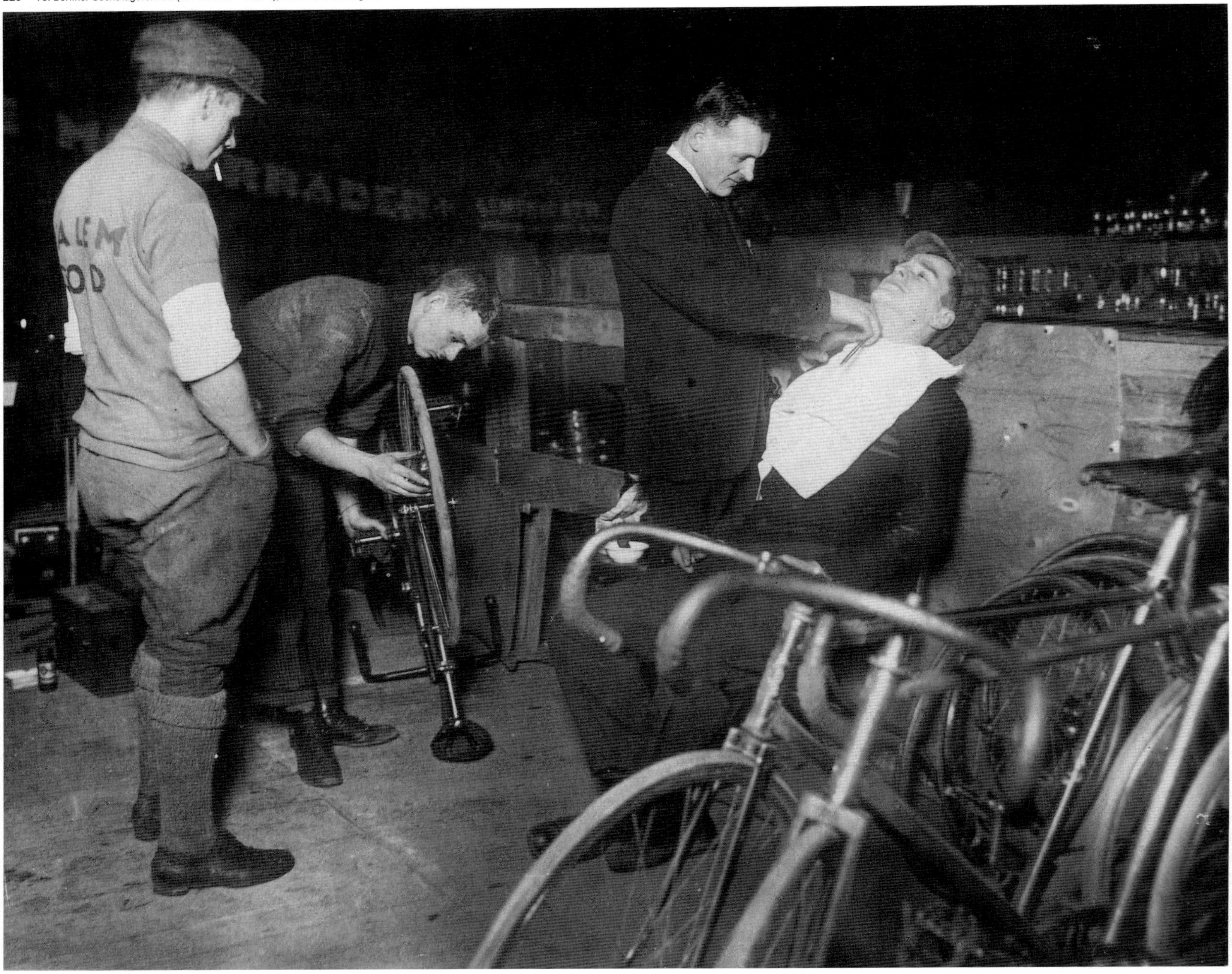

Schmidt-Westergaard (130 kg) besiegt Romanoff (120 kg) nach 53:24 Min. Die Kämpfe waren nur mäßig besucht.
BLA 8., 10. 2.

Feb 11, 19.00 Uhr. Radrennen
V: SP (?).
125-km-Fahren (11 Paare; acht Zwischenwertungen): 1. Rizetto/Techmer (I/D) 36 Pkte; 2. Oskar Tietz/Hahn 24; 3. A. Huschke/Kohl 23; außerdem starteten: Lewanow/Krupkat, Schrage/Stellbrink, Beets/Kolles (NL), Carli/Sawall (I/D), Wittig/Manthey, Häusler/Schrefeld, Magnussen/Packebusch (DK/D), R. Huschke/Behrendt.
BLA 10., 12. 2.

Feb 18, 18.30 Uhr. Radrennen
V: SP (?).
Vierstunden-Mannschaftsfahren (12 Wertungen, je eine nach 20 Min.): 1. van Nek/Krupkat (NL/D), 45 Pkte; 2. Rizetto/Aberger (I/D) 21; 3. Bauer/Carli (D/I) 20; 4. A. Huschke/Behrendt; 5. Jenssen/Kuschkow; 6. Oskar Tietz/Häusler; außerdem starteten: Lewanow/Wittig, Hoffmann/H. Kaleta, R. Huschke/Magnussen, Stolz/Valentini, F. Kaleta/Neinas.
BZaM 19. 2.; BLA 19. 2.

Feb 22, 19.30 Uhr. Boxen »Giuseppe Spalla – Al Baker« u. a.
V: SP.
Flg: Erich Kohler (48 kg; Berlin) – Alfred Michelsohn (53,5 kg; Berlin), Sieg Kohlers nach Pktn (8 Rdn).
Fdg: Billy Jehu (61 kg; GB) – Fritz Rolauf (61,5 kg; Berlin), Sieg Jehus nach Pktn (8 Rdn).
Lg: Richard Naujoks (64 kg; Berlin) – Willy Drekopf (61,5 kg; Düsseldorf), unentschieden (10 Rdn).
Sg: Giuseppe Spalla (84 kg; I) – Al Baker (82 kg; USA), Sieg Spallas durch ko (nach 124 Sek.).
BLA 21., 23. 2.; BS 125–26, 23. 2., 2. 3.

Feb 23–Mär 1. 10. Berliner Sechstagerennen
Beginn 23. 2. um 19.30 Uhr, Start 21.00 Uhr, Ende 1. 3. um 22.00 Uhr.
V: SP.
Wertungen: 15.00, 22.00, 2.00 Uhr, und die Schlußwertung, die nach *»dem sogenannten Berliner System«* erfolgt, *»wonach am Schluß von den Spitzenmannschaften 10 Spurts mit Punktwertung zu fahren sind, wobei aber darauf geachtet wird, daß die Spurts immer abwechselnd von je einem Fahrer derselben Mannschaft bestritten werden«* (BLA 23. 2.).

230 10. Berliner Sechstagerennen (Chr Feb 23 – Mär 1), um vier Uhr morgens.

Teiln. (13 Paare): van Nek/Aberger (NL/D), Lewanow/Techmer (D), Oskar Tietz/Bauer (D), Krupkat/Hahn (D), Carli/Rizetto (I), de Crasto/Vermeer (NL), Wittig/Kohl (D), Brüder Huschke (D), Häusler/Stellbrink (D), Schrefeld/Magnussen (D/DK), Neinas/Jenssen (D/DK), Pawke/Kuschkow (D), Manthey/Behrendt (D).
Ergebnis: 1. Oskar Tietz/Bauer 366 Pkte; 2. Brüder Huschke 338; 3. Krupkat/Hahn 306; 4. Techmer/Aberger (1 Rde zurück) 141; 5. Neinas/Schrefeldt 47; 6. Manthey/Behrendt 17; 7. Häusler/Stellbrink (2 Rdn zurück) 64; 8. Pawke/Kuschkow 1.
Zurückgelegte km: 4316,150.
Startschuß: *»Direktor Paul Schwarz, der Präsident der Arbeitsgemeinschaft der Radfahrer und Radsportindustrie«.*
Prämien (einschließlich Sachwerte): 24 Millionen M.
»Ein dicht gefülltes Haus gab den 13 startenden Paaren ein dreifaches ›Heil‹ mit auf den Weg; dann zog das Feld in langer Reihe um die kleine Bahn. Obwohl die großen Klassefahrer bis auf den Holländer van Nek [...] fehlen – Amerikaner und Engländer fehlen, Franzosen und Belgier wollen wir nicht – entbehrt das Rennen doch nicht der Spannung [...] Dem Start ging das übliche Vorspiel voraus; Vorstellungsrunden der wunderschön neu betrikoten Paare, die mit mehr oder minder rauschendem Beifall begrüßt wurden, schallende Ankündigungen des stimmgewaltigen Ansagers Tadewald, schließlich rege Geschäftigkeit der Blitzlichtphotographen« (BLA 24. 2.).
In der dritten Nacht *»einige Minuten vor 10 Uhr, ein unerfreuliches Vorspiel: auch Lewanow gibt auf! Ohne Angabe stichhaltiger Gründe; die sofort angeordnete ärztliche Untersuchung ergibt eine leichte Fußverletzung. Dem Rennen ist damit ein weiteres gutes Teil von seinem Reiz genommen, das Feld erschreckend zusammengeschrumpft. Lewanow dürfte sich seine Beliebtheit nun endgültig verscherzt haben«* (BLA 26. 2.).
»Nach der Ueberrundung des Feldes durch die Spitzengruppe und nach den großen Erfolgen Ad. Huschkes in der Nachmittags= und in der 10=Uhr=Wertung sah man den Ergebnissen der 2=Uhr=Wertung mit größter Spannung entgegen. Wieder war Adolf Huschke der Held des Rennens, der in seinem ersten Spurt zwar von Hahn geschlagen wurde, im zweiten diesen aber, aus fast unmöglicher Position vorstoßend, ganz knapp hinter sich verwies, um im dritten Bauer, Aberger und Hahn abermals zu schlagen« (BLA 28. 2.).
»Das am Freitag voriger Woche begonnene 10. Berliner Sechstagerennen gehört nun auch der Vergangenheit an. Von ursprünglich 26 Fahrern lagen am [...] Schlußtage noch 16 in 8 Mannschaften zusammengestellt im Rennen« (BLA 2. 3.).
BLA 17. 1.; 21., 23.–24., 26.–28. 2.; 1.–2. 3.

Mär 4, 14.00 Uhr. Turnen »4. Brandenburgische Meisterschaften«
V: DT.
Die Meisterschaften *»gelten als Vorprobe für das im Sommer stattfindende Deutsche Turnfest in München, so daß sich alles, was Rang und Namen hat, unter den Teilnehmern findet«* (BLA 3. 3.).
Die Vorkämpfe fanden am 3. 3. um 17.00 Uhr statt, für Männer in der Turnhalle Wrangelstraße 137, für Frauen in der Turnhalle Turmstraße 75.
Aus den Wettbewerben: *»Zehnkampf der Männer: 1. Ehrhardt (B.T.G.) 187 P. – Siebenkampf der Aelteren über 40 Jahre: 1. Gutsch (T.S.V. Schöneberg) 133 P. – Siebenkampf der Frauen: 1. Frl. Furchheim (Jahn Neukölln) 121 P. – Alterssiebenkampf der Frauen: 1. Frl. Hermenau (B.T.G.) 116 P. – Vierkampf der Frauen am Reck: 1. Frl. Steeg (B.T.) 74 P. – Vierkampf der Frauen am Barren: 1. Frl. Furchheim (Jahn Neukölln) 76 P. – Meisterschaft an den Ringen für Männer: 1. Freiberg (B.T.) 34 P. – Meisterschaft am Pferd für Frauen: 1. Frl. Schunagis (Friesen=Berlin) 63 P. – Meisterschaft am Barren für Männer: 1. Ehrhardt (B.T.G.) 35 P. – Dreikampf der Männer: 1. Kuhlenbeck (Spandau) 52 P. – Meisterschaft am Pferd für Männer: 1. Ehrhardt (B.T.G.) 35 P. – Meisterschaft am Barren für Frauen: 1. Frl. Furchheim (Jahn Neukölln) 76 P. – Dreikampf der Frauen: 1. Frl. Reimann (B.T.) 50 P. – Meisterschaft am Reck: 1. Ehrhardt (B.T.G.) 36 P.«* (BLA 5. 3.).
BLA 3., 5. 3.

Mär 10–21. Reit-Turnier
V: Sport-Kartell Berlin.
14.00–17.30 Uhr die eigentlichen Turnierwettbewerbe (bis 18. 3.), ab 19.00 Uhr Totalisator-Jagdspringen (bis 21. 3.). Am 14. 3. Ruhetag.
Rund 2500 Nennungen *»aus ganz Deutschland«* waren eingegangen. Die internationale Beteiligung erstreckte sich nur auf Reiter und Reiterinnen aus Schweden, der Schweiz und den Niederlanden. Auf Grund der *»Riesenbeteiligung«* wurde die ursprünglich nur bis zum 18. geplante Konkurrenz von dem Veranstalter um drei Tage erweitert.
»[...] eine Turnierveranstaltung, wie man sie in gleicher Ausdehnung in Deutschland noch nie gesehen hat. Das neugegründete Sport=Kartell Berlin besteht seine Feuerprobe unter schwierigen äußeren Verhältnissen. Riesenhaft gesteigerte Unkosten erschweren den Unterhalt eines Turnierstalles außerordentlich und machen insbesondere das Beschicken auswärtiger Veranstaltungen fast unmöglich. Trotzdem hat das Sport=Kartell infolge seiner großzügigen Preispolitik einen Rekord=Nennungsschluß erzielt, der insbesondere für die Jagdspringen mit Totalisatorbetrieb einen solchen Umfang angenommen hat, daß die einzelnen Springen in zahlreiche Abteilungen durchgeführt werden müssen« (BLA 10. 3.). Deshalb mußte mit den Vorprüfungen bereits am 8. 3. im Tattersall Beermann begonnen werden.
Bei den Abendlichen Jagdspringen wurden acht Preise ausgetragen (mit zum Teil sechs Abteilungen und mehr: Kreon-, Lady Pride-, Rochus-, Walküre-, Erich-, Hanko-, Döllnitz- und N.A.G.-Preis. Letzterer war am höchsten dotiert: eine runde Million M hatte die Berliner Automobilfirma dafür gestiftet.
»Von der Sechstagebahn zur Turnier=Arena, vom Sport der Massen zu dem der Gesellschaft, diesen Weg hat der Sportpalast binnen zehn Tage zurückgelegt« (BLA 11. 3.).
Am Abend des 11. kam es zu *»einer großartigen vaterländischen Kundgebung [...] am Schluß der als Einlage vorgeführten Quadrille aus der Zeit Friedrichs des Großen. Acht Stallmeister des Tattersalls Beermann, zur Hälfte in Uniform der Zietenhusaren, zur anderen als Seydlitzkürassiere, absolvierten unter dem Kommando von Herrn Oskar Fritz schneidig und exakt ihre Trab= und Galopp=Evolutionen, mit einer Attacke gegen den Gegner von Roßbach am Schluß. Als dann die Musik aus der Tanzweise in das Deutschlandlied überging, erhob sich das volle Haus unter brausendem Jubel und sang entblößten Hauptes die Hymne mit. Und als unter den Klängen des Löweschen Friedricus Rex die Quadrille aus der Bahn ritt, wurde die Attacke so stürmisch da capo verlangt, bis dem Begehren Folge geleistet wurde. Die Vorführung war so recht ein Labsal in der heutigen Zeit, getragen vom Geist einer Zeit, die den Grund zu Preußens Größe gelegt hat«* (BLA 12. 3.). Im Verlauf des Turniers wurde die Quadrille des öfteren vorgeführt – mit entsprechenden Reaktionen.
Am 18. erschien kurze *»Zeit nach dem Beginn der Nachmittagsprüfungen [...] Reichskanzler Cuno mit seiner Familie [...] Im Namen der Turnierleitung begrüßte Graf L. Westphalen die Gäste und geleitete sie in die den Ehrengästen vorbehaltene Mittelloge, in der sich auch der preußische Landwirtschaftsminister Wendorff und der Chef der Heeresleitung General v. Seeckt eingefunden hatten«* (BLA 19. 3.).
Aus den Nachmittags-Wettbewerben:
»Preis von Ostpreußen (a. leichte Pferde). 100 000 M. Materialprüfung. Frhrn v. Scherstedts Herzbube (Frau v. Gottberg) 1. Gimpel (W. Spillner) 2. 8 Teilnehmer [...] Preis des Reitclubs Sand. Dressurprüfung. Frl. Frenows Diamant (Rittm. v. Platen) 1. Grane (Rittm. Staek) 2. [...] Jucker=Preis. Eignungsprüfung. Frhrn. v. Reibnitzsches Privatgestüt Luke (Baronin v. Reibnitz) 1. [...] Preis von Berlin (c. schwere Pferde). Hrn. Salomons Vasall (Dir. Trapp) 1. Graue (Frau Käthe Franke) 2. [...]« (BLA 11. 3.).
»Internationale Dressurprüfung: Schwere Klasse: Kav.-Schule Hannovers Panther II (Oberwachtmstr. Gerhard) 1.« (BLA 12. 3.).
»Dressurprüfung. Kav.=Schule Hannovers Panther II (Oberwachtmstr. Gerhard) 1. Derselben Raubgraf (Oberwachtmstr. Gerhard) 2. [...] Otto=Koch=Erinnerungspreis. Hochspringen. Herrn Ebners Krieger (Graf Hohenau) 1. Hanko (Bes.) 2. [...]« (BLA 14. 3.).
»Preis von Deutschland. Materialprüfung für Inländer. a) Leichte Pferde: Freiherr v. Buddenbrocks Per Dark (Bes.) 1. Faun (Leutn. v. Hülsen) 2. [...] Dressurprüfung für Damenpferde. Frau Hanni Seers Erfolg (Bes.) 1. Grane (Frau Käthe Franke) 2. Diana III (Frau Gottschalk) 3. [...]« (BLA 16. 3.).
»Große Damenpferde=Dressurprüfung. Frau Käthe Frankes Grane (Bes.) 1. Haustochter (Bes.) 2. [...]« (BLA 17. 3.).
»Achenbach=Preis. Eignungsprüfung für Mehrspänner: Herrn E. Gottschalks Boy, Fred, Dark Prince und Son of Polonias (Herr Wolff) 1. [...]« (BLA 18. 3.).
»Die Große internationale Dressurprüfung sicherte sich Major Bürkners Narziß gegen sieben Konkurrenten. In der Aktionsprüfung für inländisches Zuchtmaterial wurde Landgestüt Celles Nenner diesmal von Alary III geschlagen. [...]« (BLA 19. 3.).
BLA 10. 1.; 28. 2.; 7.–8., 10.–14., 16.–20. 3. (mit weiteren Ergebnissen).

Mär 23, 19.00 Uhr. Boxen »Paul Samson-Körner – ›Bombardier‹ Hans Jörgen«
V:SP (?).
Fdg: Kurt Sasse (56,7 kg; Berlin) – Fritz Rolauf (57,1 kg; Berlin), Sieg Rolaufs nach Pktn (20 Rdn; Deutsche Meisterschaft, Hf Rolauf).
Wg: Richard Naujoks (64,5 kg; Berlin) – Rudolf Frolik (69,5 kg; CS), Sieg Naujoks nach Pktn (6 Rdn).
Hsg: Rudi Arndt (76,5 kg; Magdeburg) – Hermann Kröger (77,7 kg; Hamburg), Sieg Arndts durch Abbruch (12. Rde; Deutsche *»Leichtschwergewichtsmeisterschaft«* = Hsg-Meisterschaft).
Sg: Paul Samson-Körner (81 kg; Zwickau) – ›Bombardier‹ Hans Jörgen (81 kg; DK), Sieg Samson-Körners durch Abbruch (6. Rde).
BLA 21., 24. 3.; BS 127–30, 9.–30. 3.

Mär 26, 19.30 Uhr. Ringen
V: SP.
Kawan (Wien) – Steinke (Stettin), Abbruch wegen Verletzung Kawans. Westergaard-Schmidt (Spandau) besiegt

Reinhard Hintze durch Schulterwurf in 29 Min. Albert Hein (Berlin) besiegt Artur Bartkowiak durch Schulterwurf in 44 Min.
BLA 25., 27. 3.

Mär 31. *»Radsport: 6 Uhr früh: Sportpalst [...]: Start zur B.D.R.-Fernfahrt Berlin-Leipzig (Beginn des Rennens am Steglitzer Rathaus)«* (BZaM 31. 3.).

Apr 5, 19.30 Uhr. Boxen »Kurt Prenzel – Adolf Wiegert« u.a.
V: SP (?).
Fdg: Erich Fendler (56 kg; Berlin) – Alfred Michelsohn (55 kg; Berlin), Sieg Fendlers durch Disqualifikation (3. Rde).
Wg: Willy Drekopf (63,5 kg; Köln) – Erich Jäckel (63 kg; Berlin), Sieg Drekopfs nach Pktn (10 Rdn).
Mg: Seppl Pirtzl (71 kg; Mainz) – Paul Steffgen (70 kg; Düsseldorf), Sieg Pirtzls nach Pktn (10 Rdn).
Mg: Kurt Prenzel (80,5 kg; Hamburg) – Adolf Wiegert (69,5 kg; Berlin), Sieg Prenzels durch Aufgabe (5. Rde; Deutsche Meisterschaft, Hf Wiegert).
»Wiegert suchte sofort nach Beginn des Kampfes eine Entscheidung herbeizuführen. Er drängte Prenzel von Ecke zu Ecke; schon in der zweiten Runde trifft er ihn mit einem schweren rechten Schwinger und wirft ihn glatt auf den Rücken in die Seile. Unter größter Erregung des Hauses liegt Prenzel anscheinend bewußtlos, bis ›neun‹ – dann ist er wieder auf den Beinen. Obwohl angeschlagen, gelingt es ihm, über die Runde zu kommen. Im zweiten Gang glückt Wiegert ein weiterer Treffer, der Prenzel nochmals zu Boden reißt; wieder hoch, duckt und weicht der Meister geschickt aus, und Wiegert kann seinen Vorteil nicht ausnutzen. Die dritte Runde sieht Wiegert, nachdem der erstaunlich ruhige Prenzel ihn wiederholt schwer getroffen, in der Defensive; jetzt ist es Prenzel, der treibt, allen gelegentlichen Schlägen Wiegerts ausweicht, selbst aber oft und hart landet. Doch noch einmal muß Prenzel zu Boden, dann geht Wiegert nach einem schweren Treffer, der sein linkes Auge fast völlig schließt, auf die Bretter. Stark blutend, erhebt er sich; jetzt hat Prenzel die Oberhand. Die fünfte Runde bringt die Entscheidung. Systematisch zermürbt Prenzel seinen Gegner mit wuchtigen Herz- und Kinnhaken; erschöpft gibt Wiegert auf. Ein Beifallssturm belohnt Sieger und Besiegten für diesen wahrhaft heroischen Kampf, der in der Geschichte des Berliner Boxsports einzig dasteht« (BLA 6. 4.).
BLA 4., 6. 4.; BS 131–32, 6.–13. 4.

Apr 21, abends. Boxen »Hans Breitensträter – Hans Wagener« u.a.
V: SP (?).
Fdg: Fritz Rolauf (59 kg; Berlin) – Robert Hugentobler (56,5 kg; Stuttgart), Sieg Rolaufs nach Pktn (10 Rdn).
Lg: Gustav Runge (61 kg; Berlin) – Willy Drekopf (61,5 kg; Düsseldorf), Sieg Runges nach Pktn (15 Rdn).
Sg: Hans Breitensträter (77,5 kg; Berlin) – Hans Wagener (89 kg; Duisburg), Sieg Breitensträters durch ko (7. Rde; Deutsche Meisterschaft, Hf Wagner).
»Der Sportpalast [...] könnte doppelt und dreifach so groß sein als er ist und wäre trotzdem immer ausverkauft, wenn etwa ein ›Großkampftag‹ im Boxen angezeigt ist. Nachgerade muß man beinahe schon ›Beziehungen‹ haben, um überhaupt für Geld, sehr viel Geld, und gute Worte, sehr gute Worte, eine Eintrittskarte zu bekommen, die bei den wilden Händlern schließlich ganz phantastische Preise erklettert. Am letzten Sonnabend haben Spätkommende, natürlich Neureiche, bis zu 150000 für einen Sitzplatz bezahlt, um Breitensträter, unseren deutschen Schwergewichtsmeister, gegen den neuen Mann aus Duisburg, Wagener, kämpfen zu sehen. Der goldblonde Hans Breitensträter in seiner fast mädchenhaft weißen Haut sieht neben dem bräunlichen Riesen Wagener, der mit seinen 192 Zentimetern ihn um Haupteslänge überragt und auch ein viel größeres Gewicht in seine langen Arme legen kann, wie David vor Goliath aus, hat aber, das sieht man gleich anfangs, die bessere Technik und den stärkeren Angriffsgeist. In dem Halbdunkel des Riesenraumes starrt alles gebannt von der ersten bis zur letzten Sekunde auf den lichtüberfluteten ›Ring‹ in der Mitte [...] starren 15000 Paar Augen – oder mehr noch – auf die einander umspringenden Boxer und ihre Stöße. Schon hat Wagener, den Breitensträter manchmal buchstäblich anspringt, zwei wuchtige Hiebe an – soviel ich erkennen kann – die Kehle bekommen. Da, etwa in der 19. Minute des Kampfes, kriegt er einen Magenstoß und blitzschnell im nächsten Augenblick einen schweren Kinnhaken und stürzt rücklings hin wie ein gefällter Stier. Alle Viere von sich. Bewußtlos [...] Er wird ›ausgezählt‹. [...] Der umjubelte, umtoste Breitensträter hat schon längst seinen Lorbeerkranz, seinen Wald von Flieder, seine Millionenschecks, als Wagener noch immer bewußtlos daliegt [...]« (Rumpelstilzchen 1923, S. 226f.).
BLA 13., 18., 22. 4.; Rumpelstilzchen 1923, S. 226–28.; BS 133–34, 20.–27. 4.

Apr 26–Mai 6, 10.00–19.00 Uhr. »Allgemeine Büro-Ausstellung 1923«
V: Deutscher Fachverband der Büro-Industrie e.V. (DFDB).
Et: 300,– M (am 3. 5. ab 13.00 Uhr frei).
Von 16.00–19.00 Uhr *»konzertiert in der Ausstellung ein erstklassiges Orchester«*.
Ausstellungsleitung: die Herren Bahn, Paul Herzberg, von Schack (vom DFDB) und Ohrtmann, Königsberger, Lubcke (von der Direktion des Sportpalastes).
Eröffnung am 26. um 11.00 Uhr mit einer Ansprache des

231 Reit-Turnier (Chr Mär 10–21), die Mitglieder der »Quadrille aus der Zeit Friedrichs des Großen« vor dem Sportpalast.

Vorsitzenden der Ausstellungsleitung, Paul Herzberg. *»Für die Stände steht in dem ausgezeichnet gelegenen Sportpalast die Mittelhalle, die Seitengänge und für kleinere Stände der erste Rang mit insgesamt 6000 qm zur Verfügung. Ein Teil des ersten Ranges wird als Café eingerichtet, wo bei Musik Erfrischungen eingenommen und das Leben und Treiben in der Ausstellung beobachtet werden kann. Warme Speisen werden in den anschließenden Kasinoräumen serviert«* (Merkblatt, LA SP/4002, Bl. 167).
Erste Ausstellung der Büro-Industrie in Berlin seit 1911 (Ausstellungshallen am Zoo).
Im Rahmen der Ausstellung wurde an zwei Tagen ein Schreibmaschinenwettbewerb durchgeführt.

Apr 28–29, nachmittags. »Schreibmaschinen-Wettschreiben um die Meisterschaft Deutschlands«
Rund 450 Teilnehmer stellten sich den 35 Richtern und einer übergeordneten siebenköpfigen Kommission.
»Die Bedingungen sind streng. Jeder Schreiber darf seine eigene Maschine benutzen, er darf sich aber nur des von der Leitung bereit gehaltenen Papiers bedienen. Es finden die Wettbewerbe mit einem dreifachen Programm statt. Erstlich eine Zehnminuten=Uebertragung eines Stenogramms von fünf Minuten Dauer, dann eine Abschrift von einem gelieferten, gedruckten Text, sie darf nur zehn Minuten in Anspruch nehmen. Endlich muß sich der Bewerber einen Schnelligkeitssatz eingelernt und diesen drei Minuten lang ohne Umschalttaste, d. h. ohne große Buchstaben und Interpunktionen niederschreiben. Jeder Bewerber muß an mindestens zwei Wettbewerben teilnehmen« (BLA 29. 4.). An Preise wurden u. a. vergeben: *»Preis des ›Berliner Lokal=Anzeigers‹: 200 000 M. und Krickepreis 250 000 M., zusammen 450 000 M., Siegerin Frau Margarete Frydzikkowicz mit der Royalmaschine. Breitensträter(Boxer)preis 150 000 M. Auf Continental siegte Fräulein Lucie Franke (Berlin). 450 000=M.=Preis Frau Elsa Graf (Berlin) auf ›Mercedes‹. Frl. Elly Grabow (Kiel auf ›Continental‹ 375 000 M«* (BLA 30. 4.).
BLA 25.–26., 29.–30. 4.; 2. 5.; LA SP 4002/167 ff.

Mai 13, 15.00 Uhr. Jubiläums-Schauturnen
V: TiB.
Schlußveranstaltung der Jubiläumsfeier aus Anlaß des 75jährigen Bestehens der TiB (16. April).
»Unter dem Titel ›Weshalb wir turnen, und wie wir turnen‹ sollen in einer vollkommen neuartigen Weise dem großen Anhängerkreise der TiB alle Leibesübungen vorgeführt werden, die in den einzelnen Abteilungen gepflegt werden. In schneller Folge werden Spiele, Haltungsübungen, Staffelläufe, Ringkämpfe, Geräteturnen der Jugend=, Männer= und Frauenturner abwechseln; Sprünge am Pferd mit Federbrett, Kunstturnen am Reck und an den Ringen, Fechten, Saalhockey der Sportabteilung werden kaleidoskopartig an den Zuschauern vorüberziehen [...] Anschließend vereinigt am Abend ein großer Festkommers im Marmorsaal des Zoologischen Gartens Gäste und Teilnehmer« (BLA 13. 5.).

Mai 15, abends. Boxen »Richard Naujoks – Gustav Runge« u. a.
V: SP (?).
Bg: George Molinaro (54 kg; Würzburg) – Ott (55 kg; München), Sieg Molinaros durch ko (3. Rde).
Lg: Richard Naujoks (60 kg; Berlin) – Gustav Runge (59,7 kg; Berlin), Sieg Naujoks durch ko (16. Rde; Deutsche Meisterschaft, Hf Runge).
Mg: Adolf Wiegert (70,5 kg; Berlin) – Noel Steenhorst (67,5 kg; NL), unentschieden.

232 Programmheft (Chr Apr 26 – Mai 6), LA SP 4002/167.

Sg: Rudi Wagener (85 kg; Duisburg) – Piet Jansma (79,5 kg; NL), Sieg Wageners durch Aufgabe (5. Rde).
BLA 15.–16. 5.; BS 136–37, 11.–18. 5.

Mai 25, 19.30 Uhr. Jiu-Jitsu, Boxen und Ringen
V: Jugendamt der Stadt Berlin.
Im Rahmen der Berliner Turn- und Sport-Woche vom 24. bis 30. 5.
Neben Amateurbox- und Amateurringkämpfen fanden auch Berufsboxkämpfe statt. Es wurde die Deutsche Jiu-Jitsu-Meisterschaft im Mg ausgetragen: Erich Rahn siegte über Emil Buse *»nach erbittertem Strauß durch Armhebel in der 22. Minute«*. Bei den Berufsboxkämpfen besiegte Kurt Prenzel (Mg) Rudi Arndt (Hsg) nach drei Runden, während Erich Kohler – Alfred Michelsohn und Fritz Rolauf – Hans Hirschberger jeweils ein unentschieden erzielten.
Das umfangreiche Programm wurde durch Gesangsvorträge des Berliner Sängerbundes unter seinem Dirigenten Hanns Meißner abgeschlossen.
BLA 16., 23., 25. 5. (zur Turn- und Sportwoche auch 26.–28. 5.); BS 138–39, 25. 5.–1. 6.

Jun 3–? Mittelstandsausstellung
V: Mittelstandshilfe und Vereine für Mittelstandsfürsorge.
»[...] eine Ausstellung des Mittelstandes und für den Mittelstand [...] Schon ein flüchtiger Rundgang belehrt, das alles, was hier ausgestellt wird, für den Bedarf des Mittelstandes tatsächlich geeignet und wertvoll ist. Vielleicht zu wertvoll [...] So bleiben als wichtigste Ausstellungsobjekte die verschiedenen Sparapparate, die das Sparen in allen Lebenslagen zur höchsten Potenz erheben [...] Man kann Wäsche sparen, Sohlen sparen, Stoffe sparen, Schuhe sparen, kurz, man kann wenn man will auch das Leben sparen [...] Jedenfalls haben die Veranstalter mit der Ausstellung ein kulturhistorisches Dokument geliefert« (BLA 3. 6.).
»Der tote Mittelstand. Eine Ausstellung für Nepper und Geneppte [...] Hat der Mittelstand etwas anderes auszustellen als seine Haut und Knochen? Die große Halle ist bunt von Möbeln, Kochgeschirren, Oefen, Lebensmitteln, Feuerlöschern, Apparaten aller Art, von farbenprächtigen Plakaten angepriesen. Wir kennen dies stumme Geschrei des kapitalistischen Warenlagers. Aber woher nimmt der Mittelstand noch diese Lungenkraft? [...] Wir wurden belehrt: all diese bunten Dinge sind für den Mittelstand ausgestellt. Von – nun von der ›hilfreichen und warmherzigen Industrie‹, die sich ihres Elends erbarmt. Sie hilft den Beamtenfrauen Kohlen zu sparen und erfindet zu dem Zweck Oefen, die nur 1/4 und 1/10 der normalen Menge verbrennen und auf denen man außerdem noch kochen kann. Sie hilft dem pensionierten Lehrer zu vergessen, was Kaffee ist und erfindet ›Quieta‹ – der ist außerdem gesünder und wirkt beruhigend statt aufreizend, wie das gefährliche Bohnengetränk. – Sie erfindet ›Vitamin‹ in pulvrisierter Form und hilft der Familie des Kriegsinvaliden den Mangel an Butter, an Milch, an grünem Gemüse und frischem Obst, das die Fürsorge seinen blassen rachitischen Kindern empfahl, zu verschmerzen. Lebensstoffe sind in diesem Zauberpulver ja enthalten. Sie weiß auch, die gute Industrie, wie verteufelt eng die Wohnung des Büroschreibers ist und erfindet: ›ein Griff, ein Bett‹. Der Lehnstuhl, der Schrank, das Sofa verwandelt sich blitzschnell in eine Schlafgelegenheit – so ›spart man Raum‹ und hat doch als gehobener Stehkragenproletarier das Gefühl, im ›Wohnzimmer› und nicht in der ›Schlafstube‹ aufeinander zu hocken [...] Der ›Ehrenvorsitzende‹, Oberbürgermeister Dr. Böß, eröffnete die Ausstellung mit der Feststellung: ›Die Stadt Berlin verdankt dem Mittelstand den größten Teil ihrer Bedeutung‹. Das sagte er. Und keiner der Versammelten schrie auf. Und keiner stieß diese Ehrenmänner mit dem Kopf in den Misthaufen dieser ungeheuerlichen Kulturschande. Die Stadt Berlin verdankt ... und veranstaltet zum Zeichen dieses Dankes – eine Leichenschau, an der sich die Aasgeier der Industrie noch mästen [...] Und die Arbeiterklasse? Die Arbeiterklasse gedenkt nicht dieses unrühmlichen Todes zu sterben [...]« (RF 8. 6.).
BLA 3. 6.; RF 8. 6.

Jun 16, 19.30 Uhr. Amateur-Boxen
V: DRfAB.
Zwischenrunde um den Boxsport-Silberpokal des DRfAB.
Berlin – Nordwestdeutschland 9:7.
BS 142, 22. 6.

Jun 30, 19.00 Uhr. Boxen »England – Deutschland«
V: SP.
Fdg: Nat Brooks (61,5 kg; GB) – Fritz Rolauf (59 kg; Berlin), unentschieden (8 Rdn).
Lg: Jack Greenstock (61 kg; GB) – Richard Naujoks (61,5 kg; Berlin), Sieg Naujoks' durch Aufgabe (3. Rde).
Mg: Jack Hart (70 kg; GB) – Kurt Prenzel (68 kg; Hamburg), Sieg Prenzels durch ko (1. Rde).
Hsg: Sergeant Pape (77 kg; GB) – Hans Breitensträter (78 kg; Berlin), Sieg Breitensträters durch ko (1. Rde).
»Breitensträter war auf der Höhe seiner Form und griff Pape sofort mit äußerstem Temperament an. Dann entwikkelt sich ein Kampf, wie man ihn von gleicher Erbitterung, gleicher Härte nur selten in Berlin gesehen hat. Beide Gegner bluteten bald stark; in der dritten Runde schien Pape schwer erschüttert, erholte sich jedoch mit bewunderungswerter Energie. In der vierten Runde schmetterte ihn ein volltreffender rechter Kinnhaken zu Boden. Vergeblich versuchte er wieder hochzukommen; unter ohrenbetäubendem Jubel des Publikums wurde er ausgezählt« (BLA 1. 7.).
BLA 24. 6.; 1. 7.; BS 143–44, 26. 6.–6. 7.

Aug 25–31, 9.00–17.00 Uhr. »Allgemeine deutsche Hygienemeßausstellung«
»Die Veranstaltung ist weniger als Verkaufsmesse nach Leipziger Muster zu werten, als vielmehr als eine Prestigeausstellung anzusehen. Es soll hier der hohe Grad der Leistungsfähigkeit der deutschen Industrie auch auf diesem Spezialgebiet gezeigt werden und ihre fruchtbringende enge Zusammenarbeit mit der Wissenschaft. [...] Die Ausstellung umfaßt die gesamte hygienische und medizinische Industrie und zeigt so ziemlich alle Apparate und Hilfsmittel, die zur Wiederherstellung und Erhaltung der menschlichen Gesundheit erforderlich sind. [...]« (BT 26. 8.).
BLA 27. 7.; BT 26. 8.

Sep 18. Boxen
Verlegt auf Sep 21.
BLA 16. 9.

Sep 21, 19.45. Boxen »Paul Samson-Körner – Giuseppe Spalla« u. a.
V: SP.
Flg: Erich Kohler (48,8 kg; Berlin) – Friedrich Schmidt (48,6 kg; Hannover), Sieg Schmidts durch Aufgabe (18. Rde; Deutsche Meisterschaft, Hf Schmidt).
Bg: Urban Graß (53 kg; Köln) – George Molinaro (52 kg; Würzburg), Sieg Graß' nach Pktn (20 Rdn; Deutsche Meisterschaft, Hf. Molinaro).
Lg: Richard Naujoks (62,5 kg; Berlin) – Walter Funke (64 kg; Berlin), unentschieden (10 Rdn).
Sg: Paul Samson-Körner (80 kg; Zwickau) – Giuseppe Spalla (85 kg; I), Sieg Samson-Körners durch Aufgabe (5. Rde). Ursprünglich war als Gegner Spallas Hans Breitensträter vorgesehen, der jedoch an Grippe erkrankt war. Deswegen wurden die für den 18. geplanten Kämpfe auf den 21. verlegt.
»Vor einer riesigen Zuschauermenge trafen sich bei der gestrigen Herbstpremiere des Sportpalastes Paul Samson-Körner und der Italiener Giuseppe Spalla. Die technische Ueberlegenheit Samsons, der seinem Gegenr um zehn Pfund im Gewicht benachteiligt war, machte sich bereits in der ersten Runde bemerkbar, in der Samson den Italiener mit einem linken Haken bis ›neun‹ zu Boden schickte. Erschüttert setzte Spalla den Kampf fort, wurde aber in den nächsten Runden immer wieder und wieder getroffen und gab schließlich vor Beginn der sechsten Runde, stark blutend, den aussichtslosen Kampf auf« (BLA 22. 9.).
BLA 11., 16., 21.–22. 9.; BS 153–56, 7.–28. 9.

233 Allgemeine Büro-Ausstellung 1923 (Chr Apr 26 – Mai 6), Standeinteilung (nach: Programmheft, vgl. Abb. 232).

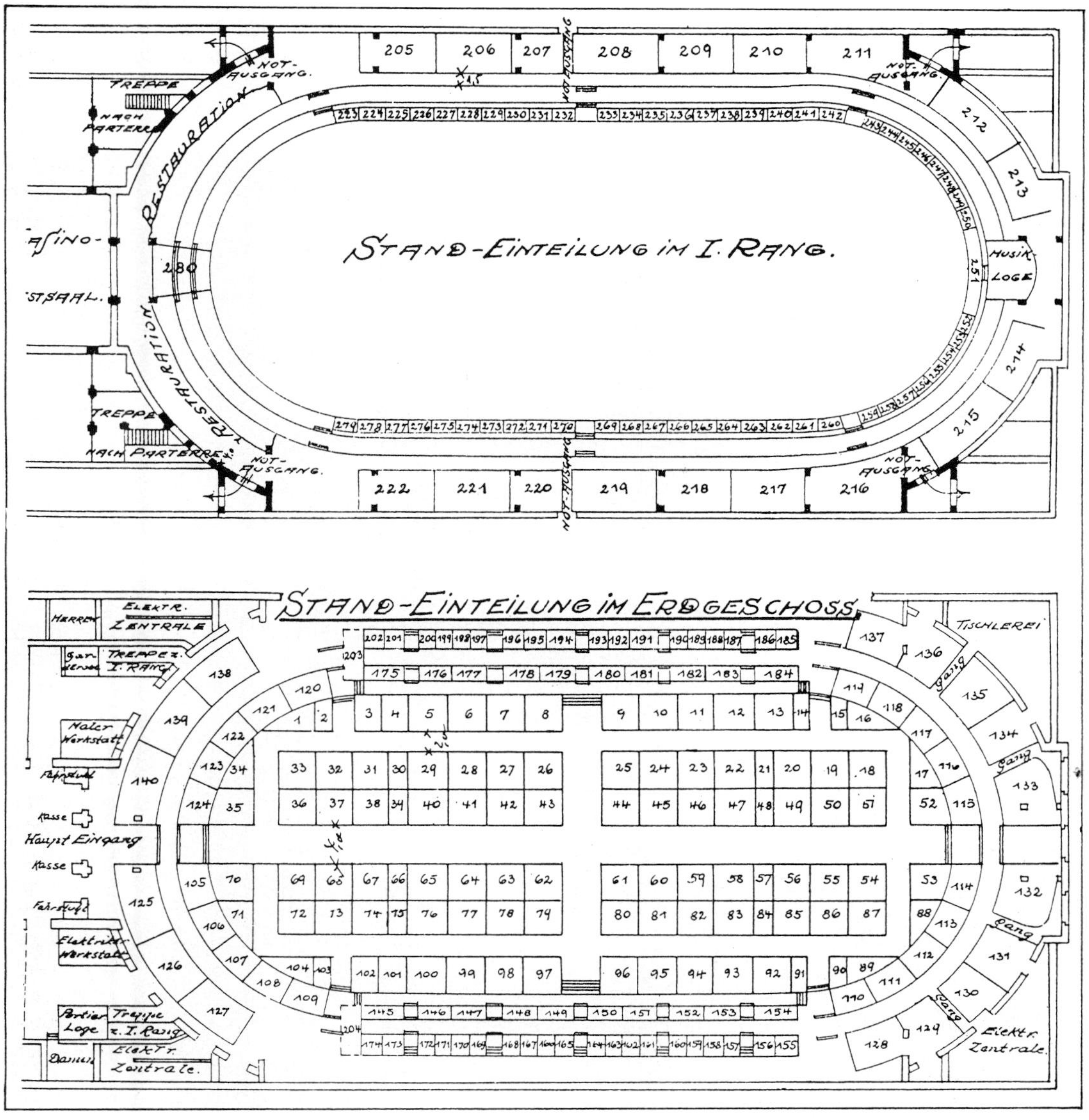

234 Freiherr von Langen (Chr Okt 26 – Nov 4; nach: BLA 29. 10. 1923).

Okt 26–Nov 4. Reit- und Fahr-Turnier
V: Sport-Kartell Berlin/SP.
14.30 Uhr die eigentlichen Turnierwettbewerbe (mit Ausnahme des 29. 10. und 1. 11.), ab 19.00 Uhr Totalisator-Jagdspringen.
Rund 2300 Anmeldungen, darunter *»die Namen so guter Pferde, wie Freiherr von Langens Goliath, Frau Freudlings Haustochter, Rittmeister Seers Erfolg, Stall Brücks Rex, Frau Perskes Wandervogel, Lt. Viebigs Rebell, Herrn Oppenheimers Amy und Schwabenmädel, Schmidts Siegwart und Frau Frankes Grane«* (BLA 19. 10.), und aus der Schweiz Oberleutnant Gertois' Geko, Sompro, Cosi, Ralf, Roland und Reveuse sowie Herrn Millvilles Döllnitz, Jacqueline, Robert und Narzisse.
Offenbar hat es bei der Organisation der Veranstaltung große – vermutlich finanzielle – Schwierigkeiten gegeben, die eine Durchführung in Frage stellten. *»Das große Reitturnier [...] wird trotz der immer schwieriger werdenden allgemeinen und wirtschaftlichen Verhältnisse [Inflation!] bestimmt vor sich gehen [...] Ein Zurückziehen des Turniers wäre nach den von langer Hand getroffenen Vorbereitungen und nachdem die Pferde von allen Richtungen her zu Fuße im Anmarsch auf Berlin sind, auch gar nicht mehr möglich gewesen«* (BLA 22. 10.).
Die Möglichkeiten des abendlichen Wettbetriebes wurden erweitert, da man auch bei dem letzten Turnier im März gute Erfahrungen mit dem Totalisator – *»zum Besten der Landespferdezucht«* – gemacht hatte. *»Das große Publikum hat sich mit dieser Einrichtung sehr schnell befreundet und sich in ihr zurechtgefunden, so daß die Wettmaschine eifrig benutzt wurde [...] Es ist auch beabsichtigt, neben dem Totalisator Buchmacher zuzulassen, um dem wettenden Publikum die Wahl zwischen Wettmaschine und Buchmacher zu lassen. In diesem Fall wird im Sportpalast für die Buchmacher ein besonderer Ring errichtet, zu dem genau wie auf der Rennbahn gegen Entrichtung eines besonders Betrages Eintritt gewährt wird«* (BLA 25. 10.). Drei Buchmacher wurden dann zugelassen. Damit hatte man zusätzliche Anreize für die abendlichen Besucher geschaffen, deren Zahl abends wesentlich höher war als an den Nachmittagen, selbst dem der Eröffnung – *»für die mangelnde Masse entschädigte freilich die gesellschaftliche Note, die von Reitrock und Reichswehruniform bestimmt wurde«* (BLA 27. 10.).
Bei den abendlichen Jagdspringen wurden sechs Preise ausgetragen (mit zum Teil sechs Abteilungen und mehr): Preis der Pantherkatze, Benedict-Preis, Graf Westphalen-Preis, Preis des Sankt Georg, Otto-Koch-Erinnerungspreis

und der Große Preis der N.A.G., der bedeutenden Berliner Automobilfirma.
Aus den Wettbewerben:
»Marathon=Fahrt für Viererzüge, die mit Start und Ziel im Sportpalast über eine 20 Kilometer lange Staße durch den Berliner Westen führte [...] E. Gottschalks Devil, Commander, Prince, Mary 1. Frhr. v.d. Borchs Jubila, Athos, Jonas, Baby 1. Fahrausb. Komm. Hannovers Partnerin, Rudolf, Stolz, Tommy 1.« (BLA 27. 10.).
»Stürmischen Beifall fand die Vorführung von 16 Deckhengsten – durchweg prachtvolle Gestalten – aus dem Landgestüt Neustadt a. D. Es wurden zum Teil sehr schwierige Uebungen, wie z.B. Springen in Viererreihen gezeigt. In der Dressurprüfung, einer Unterprüfung zu der Großen Gebrauchsprüfung, stachen von den sieben Teilnehmern besonders Frhr. v. Langens Goliath sowie P. Ebners Schwertlied hervor« (BLA 28. 10.).
»Eignungsprüfung für Reitpferde: P. Emdens Pantherkatze (v. Platen) 1. Frau L. Behrends Petra (Staek) 2. Prinz zu Lippes Cara (v. Pentschulidzew) 3. [...] Eignungspreis für Wagenpferde (Vierer= und Mehrspänner): E. Gottschalks Gespann (Müller=Albert) 1. Fahrausb. Kom. Hannovers Gespann (Rittm. Pape) 2. [...] Dressurprüfung für Reitpferde: Frhr. v. Langens Hanko (Bes.) 1. Lt. Viebigs Rebell (Bes.) 2. Frau Freudlings Haustochter (Bes.) 3.« (BLA 29. 10.).
»Das Ergebnis der Großen Gebrauchsprüfung ist nun bekannt. Die Vielseitigkeitsprüfung, bestehend aus Jagdspringen, Dauerritt, Galopp über eine Steeple=Chase-Bahn, Dressurprüfung, Jagdspringen im Sportpalast und Geländeritt über 50 Kilometer, wurde von Frhr. v. Langen auf Goliath gegen Prinz Friedrich Sigismund von Preußen auf Goldelse, Graf Görtz auf P. Ebners Schwertlied, Rittm. Seer auf Kirsche, Oblt. Betzel auf Stall Jakobis Lilofee und Lt. v. Deutsch auf Zar gewonnen« (BLA 31. 10.).
Der 50-Kilometer-Geländeritt (am 29. 10.) führte von der Grunewaldrennbahn auf der Heerstraße über Pichelsdorf-Staaken-Dallgow zum Lager Döberitz. *»Dicht dahinter, bei Wirtschaft ›Zum Gardestern‹ war Kontrollstelle I, dann ging es südlich über den Uebungsplatz, auf dem eine Reihe von Sprüngen zu überwinden war. Ferbitz bei Krampnitz war Kontrollstelle II. Dann ging es auf dem Waldweg nach Cladow-Gatow-Pichelsdorf und zurück zur Rennbahn«* (BLA 30. 10.). Hier fanden auch Prüfungen zum Preis des Landwirtschftsministeriums statt.
»Großer Amazonen=Preis (Vielseitigkeitsprüfung): Dr. Wieners Schwabenjunge (Frau Dr. Wiener) 1. Frau Behrs Ael-skling (Frau Franke) 2. E. Schmidts Lux IV (Frau v. Funcke) 3. [...]« (BLA 1. 11.).
»Eignungsprüfung für Wagenpferde, a) Hackneys; Frau A. Bings Tigerlilly (Bes.) 1. v. Natzmers Sweetheart (Bes.) 2. [...] Dressurprüfung für Damenpferde: Frau Freundlings Haustochter (Bes.) 1. Frau Frankes Grane (Bes.) 2. Frau Dr. Hanebergs Iro (Bes.) 3. [...] Preis des Landwirtschaftsministeriums, a) leicht: Bar. de Savernin=Lohmanns Tokio II (Staek) 1. Prinzessin zu Lippes Beduine (v. Pantschulidzew) 2. [...]« (BLA 3. 11.).
»Senioren-Jagdspringen: 1. Frhr. v. Langens Seidenspinner (Oberstlt. Chr. v. Arnim) 0 F. 54 Sek. 2. Gen. v. Knobelsdorffs Erlaucht (Bes.) 0 F. 59 Sek.« (BLA 4. 11.).
»Championat der Damenreitpferde. Frau Frankes Grane (Bes.) 1. Caracella (Frl. Plate) 2. Almenröder (Frau v. Gottberg) 3.« (BLA 5. 11.).
BLA 5., 19., 22.–23., 25.–31. 10.; 1.–5. 11. (mit weiteren Ergebnissen).

Nov 6, 19.00 Uhr. Boxen »Kurt Prenzel – Billy Fullerton« u.a.
V: SP.
Wg: Erich Milenz (70,7 kg; Berlin) – Ernst Grimm (65,7 kg; Berlin), Sieg Milenzs nach Pktn (10 Rdn).
Mg: Kurt Prenzel (68 kg; Hamburg) – Billy Fullerton (68,5 kg; GB), Sieg Prenzels durch ko (4. Rde).
Hsg: Jimmy Lygget (74 kg; USA) – Ted Coveney (70 kg; GB), Sieg Lyggets nach Pktn (10 Rdn).
Einleitung (Mg): Seppl Pirtzl (Mainz) – Hans Rönisch (71 kg; Berlin), unentschieden (8 Rdn).
»Die herrschende Passion für den Boxkampf kommt auch der Wohlfahrt zugute. Anläßlich der letzten Boxkämpfe veranstaltete die Direktion des Berliner Sportpalastes eine Sammlung für die Armen, Kinder und Greise. Der Apell an die Anwesenden, durch Gaben die Mittel der Volksspeisungen zu vergrößern, hatte großen Erfolg. Es türmten sich in kurzer Zeit riesige Mengen Papiergeld. Nicht nur Geld, auch Viktualien wurden gespendet. Ein ganzer Tag mußte darauf verwendet werden, die Gelder zu zählen, die dem Landwirtschaftsminister zur Weiterleitung an die Volksspeisung übergeben wurden. Das zahlenmäßige Ergebnis der Sammlung sind in bar 480 Billionen Mark. Daneben wurden gespendet: 15 Sack Mehl, 6 Sack Zucker, 17 Eimer

235 Reit- und Fahr-Turnier (Chr Okt 26 – Nov 4), Parade der 16 ostpreußischen Hengste.

Marmelade, 1 Faß Heringe, 80 Zentner Kartoffeln, 250 Meter Damentuch, Stoff für fünf Anzüge und zehn Hemden, 20 Kindermäntel, 232 Paar Strümpfe, 12 Paar Stiefel, 12 Mützen, 12 Hüte, 55 Zentner Kohlen, 120 Stück Seife, 1 Faß Petroleum usw.« (BT 9. 11.).
BZaM 6.–7. 11.; BT 4., 9. 11.; BLA 7. 11.; BS 161–62, 2.–9. 11.

Nov 17. Beginn des Radrenn-Trainings auf der wiedereingebauten Bahn
BLA 17. 11.

Nov 20. Radrennen
Das Radrennen zur Eröffnung der Wintersaison wurde abgesagt wegen *»Meinungsverschiedenheiten zwischen Fahrern und Direktion des Sportpalastes bzw. seinem sportlichen Leiter [...] Der Deutsche Rennfahrer=Verband und der Verband der Straßenfahrer haben gegen ihre Mitglieder auf Beschluß einer gestern abgehaltenen Versammlung Startverbot erlassen. Am Donnerstag wird sich auch der Verband deutscher Radrennbahnen in seiner Ausschußsitzung mit der Angelegenheit beschäftigen«* (BLA 20. 11.). Verhandlungen über die Beilegung des Konfliktes hatten zunächst keinen Erfolg.
»Der Streit zwischen Rennfahrern und Radrennbahnen hat bekanntlich zur Folge gehabt, daß im Sportpalast seit Beginn der Wintersaison keine Radrennen stattfinden. Die Direktion des Sportpalastes hat nun den beiden streitenden Verbänden, dem Verband Deutscher Radrennbahnen und dem Deutschen Rennfahrerverband einen Einigungsvorschlag unterbreitet, der folgendes besagt: Es soll ein Schiedsgericht gebildet werden zur Entscheidung der strittigen Fragen. Bis zur Entscheidung des Schiedsgerichts sollen alle Maßregeln und Lizenzentziehungen, die von seiten des Verbandes Deutscher Radrennbahnen ausgesprochen worden sind, ruhen. Ferner stellt der radsportliche Leiter des Sportpalastes Paul Schwarz, gegen dessen Person sich die Rennfahrer in erster Linie gewendet haben, sein Amt dem Sportpalast zur Verfügung. Damit dürfte ein Weg gefunden sein, den beide Parteien gehen können, und der dem leidigen Zwist zunächst ein Ende setzt.« (BLA 19. 12.). Auch dieser Vorschlag führte vorläufig zu keinem Erfolg. In der Zwischenzeit hatte sich das Velodrom Kaiserdamm etabliert, wo u. a. während der beiden Weihnachtstage Radrennen stattfanden (BLA 25. 12.). Das führte zu einer Ausweitung der Auseinandersetzungen. Schließlich – am 29. 12., 14.00 Uhr – setzte man sich, *»der Vorsitzende des Verbandes Deutscher Radrennbahnen, Vertreter des Sportpalastes, des Velodroms Kaiserdamm, der Breslauer Winterbahn, des Bundes Deutscher Radfahrer und der Sportpresse, endlich an den Verhandlungstisch [...] Nach endlosen Auseinandersetzungen kam in der siebenten Stunde eine Einigung zustande, die in folgender Entschließung ihren Ausdruck fand: ›Die Anwesenden sind, um eine Brücke zur Verständigung zu finden, gemeinsam der Ansicht, daß dem Antrag der drei Winterbahnen stattzugeben ist, wonach der B.D.R. Interimslizenzen für die Wintersaison 1923/24 ausgibt. Mangels Zeit sollen, soweit noch keine neuen Lizenzen gelöst sind, die Lizenzen für 1923 als Interimslizenzen bis auf weiteres Gültigkeit haben‹«* (BLA 31. 12.). Am 31. 12. sollten sich die Rennfahrer zu dieser Entschließung äußern.
Schon vorher war darüber eine Einigung erzielt worden, daß die *»neue Bahn am Kaiserdamm sich den bestehenden Sportgesetzen anpaßt«* (BLA 30. 12.). Die Radrennfahrer bzw. der DRV haben sich dann offenbar auf Grund dieser Entschließung mit den Kontrahenten geeinigt, offiziell allerdings wohl erst nach dem 30. 12., da dieses erste Rennen der Professionals etwas später noch als *»wildes Rennen«* bezeichnet wurde.
BLA 20. 11.; 19., 30., 31. 12. 1923; 10. 1. 1924.
Während dieser Querelen war die findige Direktion von *»Wien-Berlin«* (Jägerstraße 23) auf die Idee gekommen, die Popularität der Radrennfahrer gewinnbringend einzusetzen, indem sie Radrennen auf der Bühne inszenierte – mittels Home-Trainern. Sie inserierte u. a. im BLA (2. 12.): *»Die im Sportpalast ausgefallenen Winter-Radrennen finden vom 1. bis 15. Dezember in Wien-Berlin auf der Bühne statt. Großer Weihnachtspreis von Wien-Berlin. Flieger-Rennen Vorgabefahren Punktefahren. Teilnehmer; Weltmeister Willy Arend – Emil Lewanow – Meister über 100 km Karl Wittig – Wiener Meister über 24 Stunden Alfred Schrage – Deutscher Straßenmeister Paul Koch – Sechsfacher Treptower Meister Erich Abraham – Karl Rudel – Hiepel – Bögel. Täglich Ausfahren der Punkte für den ›Grossen Weihnachtspreis von Wien-Berlin‹«.* Der Sportkritiker des BLA bemerkte hierzu: *»Das ist weder ein Scherz, noch eine Kabarettnummer, sondern ein Beginnen, das als sportliche Veranstaltung gewertet werden will und von den Fahrern selbst durchaus ernst genommen wird. Kurz gesagt – es handelt sich um Home=Trainer=Rennen [...] Es wird sicherlich nicht ohne sportliches Interesse sein, festzustellen, wie die Fahrer nach Ausschaltung aller der Zwischenfälle und Widrigkeiten, die auf der Rennbahn immer möglich und nie ganz ausgeschlossen sind, abschneiden werden. Die Rennen [...] schließen sich, nach 10 Uhr beginnend, einem (nach Ansicht Sr. Inkompetenz des Sportkritikers vorzüglichen) Kabarettprogramm an«* (3. 12.).
BLA 2.–3. 12.

Nov 24, 19.30 Uhr. Amateur-Radsport »3. Hallenfest des BDR«
V: BDR.
Unter Teilnahme von Berufsfahrern als Gästen. Neben einem Fliegertreffen »Berlin–Köln–Breslau« (vier Läufe; Oskar Rütt – Oszmella – Heidenreich; Sieger Oszmella) gab es ein Stunden-Mannschaftsfahren der Berufsfahrer (11 Paare: Aberger/Kroll, Huschke/Geisdorf, Kohl/Nörenberg, Manthey/Behrendt, Koch/Golle u. a.), ein Mal-, ein Vorgabe- und ein Entschädigungsfahren. Das Dreier-Radballspiel *»Club Lichterfelder Herrenfahrer – ›Frei weg‹-Glasow«* wurde durch die Glasower frühzeitig beendet, die protestierend wegen Entscheidungen des Schiedsgerichtes abrückten.
»Was Willy Gutschmidt und was die Gebrüder Kurfiß als Kunstfahrer vollführten – auf einer Varietébühne hätte es rauschenden Beifall als erstklassige ›Nummer‹ gefunden, und auch die Reigen, die gefahren wurden, bedeuteten allerhand. Der Zweikampf im Achter=Reigen um den Garbaty=Herausforderungs=Preis wurde von der Meistermannschaft des R.=V. Blitz=Neukölln gewonnen, die schlechthin Vollendetes leistete. Auch R.-V. Wanderer Spandau hielt sich höchst wacker [...]«.
»Der erste Radrenntag im Sportpalast – nach langer, langer Sommerpause! Der erste seit dem Sechstage=Rennen im Februar. Das mußte ein Erfolg werden – und er wurde es. Es lag wie eine erste, leise Andeutung von Sechstage=Stimmung in der (nicht immer sehr palastmäßigen) Luft des Sportpalastes. Funkelnagelneu schlang sich das Oval der Holzbahn mit den beängstigend steilen Kurven um die holzbeteppichte Arena, ungefüge und tappig schoben sich Brücke und Treppe vom Rang in das Innere. Und als das Zehnerfeld zum Stunden=Mannschaftsfahren auf die Reise geschickt war, da war's wieder der unvergessene Ton ... unablässig, unablässig – dieses singende, summende Surren der Schlange mit den stählernen Kettengliedern. Auch dem Publikum, das sich, vor allem auf den wohlfeileren Plätzen, Kopf an Kopf drängte, schien es angebracht, für seinen Teil ein bißchen Sechstage= (oder besser: ›Nächte‹) Stimmung zu erzeugen. Wie unten nicht die blitzlichtbewaffneten Photographen fehlen, so fehlten oben weder der Kunstpfeifer noch der dito Zwitscherer. Es fehlten nicht die begnadeten Kehlen, die unablässig sich im ›Sike‹ – Schreien übten, nicht die Fanatiker, die jede Phase der Rennen mit frenetischem Gebrülle tonuntermalten, nicht die ewig Unausrottbaren, denen der freundliche Ruf ›Schiebung!‹ ach so schnell dem Gehege der Zähne entwischte« (BLA 26. 11.).

Dez, Anfang. Amateur-Boxen
In den Räumen der Sportschule.
V: Sportschule des Sportpalastes.
»Die Boxschule des Berliner Sportpalastes veranstaltete kürzlich ihren ersten Meisterschaftskampfabend. Die Kämpfe, in denen nur Schüler der Sportschule in den Ring gingen, boten sehr guten Sport. Die Leistungen der Kämpfer gewinnen um so mehr an Bedeutung, wenn man in Betracht zieht, daß hier nur Herrensportler, die am Tage ihrem Beruf nachgehen, kämpften. Die Ergebnisse sind folgende: Pleßner, 130 Pfd., schlägt Steinberger, 135 Pfd., nach Punkten; de Bassé, 124 Pfd., schlägt Körber, 121 Pfd., nach Punkten; Metzler, 117 Pfd., schlägt Quack, 115 Pfd., nach Punkten; von Gontard 133 Pfd., schlägt Guske 133 Pfd., in der Zusatzrunde nach Punkten; Jaenchen, 114 Pfd., schlägt Friedländer, 114 Pfd., in der zweiten Runde durch Abbruch; Mallon, 155 Pfd., gegen Ihlenfeld trotz Zusatzrunde unentschieden; Boeckel, 154 Pfd., schlägt Wander, 152 Pfd., nach Punkten« (BLA 8. 12.).

Dez 2, 19.00 Uhr. Amateur-Radsport »4. Hallenfest des BDR«
V: BDR.
8-Rdn-Malfahren: 1. Mühlbach, 2. Packebusch, 3. Balke, 4. Griebat.
»Preis der Stadt Berlin« (Viererkampf in sechs Läufen; Oszmella – Heidenreich – Graue – Max): 1. Heidenreich, 2. Oszmella (für diesen Preis war vom Magistrat eine Plakette gestiftet worden).
Außerdem gab es noch ein Zweistunden-Mannschaftsfahren (Wertungen nach je 15 Min.; Otto Blank/W. Packebusch, Erich Moeller/Rathmann, Longardt/Hartwig, Brüder Krewer, Passenheim/Schmidt u. a.).
»Der B.D.R. konnte [...] abermals auf einen Erfolg zurückblicken, obgleich zur Programmaufstellung nur wenige Tage verfügbar waren. Letzteres war leider der Grund, daß bessere ausländische Amateure nicht mehr herangeholt werden konnten« (BLA 3. 12.).
BLA 1.–3. 12.

Dez 8–9. 12. Hallensportfest des VBAV
V: VBAV.
Für die gesamten Wettbewerbe gingen über 1200 Meldungen ein, davon für die Leichtathletik rund 1000, u. a. von Engstandt, Lenniger und Schumacher (Hamburg), Biebrich, Friedrich, Fritz und Sellner (Leipzig), Dieckmann und Otto (Magdeburg), Peltzer und Volkmann (Stettin), Bleise, Bormann, Düncker, Fannrich, Horlemann, Kammerdiener, Kibbert, Kraft, Krüger, Lehmann Murawski, Treppe, Tumoszeit und Wondracek (Berlin).
Dez 8
17.30 Uhr Vorkämpfe, 20.00 Uhr Hauptkämpfe.
»Die winterliche Heerschau der Leichtathleten [...] begann [...] unter dem denkbar günstigsten Stern. Das Berliner

Hallensportfest des Verbandes Berliner Athletik=Vereine feiert diesmal eine Art Jubiläum. Zum 12. Male schon kämpft der leichtathletische Heerbann um die Ehren der Halle, und so konnte es nicht fehlen, daß die weite Arena in den Rängen und auf der Zielseite dicht gefüllt war [...] Sportliche Glanznummern wechselten mit Schauvorführungen. Den ersten starken Applaus erntete der R.=B. Möwe=Britz mit seinem exakt gefahrenen 16er Radreigen [...] Eine famose Leistung sah man im 100=Runden=Punktefahren von Passenheim, der alle vier Wertungen überlegen gewann. Dann zeigte die Preußische Polizeischule für Leibesübungen Meisterturnen an Sprossenwand und Gitterleiter; Ringkämpfe, Frauenturnen, ein Boxkampf und stark bestrittene Staffeln mit heißumkämpften Entscheidungen vervollständigten das Programm« (BLA 9. 12.; hier auch genaue Ergebnisliste).

Dez 9

16.30 Uhr Vorkämpfe, 18.00 Uhr Hauptkämpfe.

»Die sportliche Ausbeute [...] war wesentlich größer als am Vortage [...]. Besonders heiß umstritten war das 60=Meter=Laufen [...] Thumm=Deutsche Sport=Club zeigte sich schließlich allen Gegnern überlegen und fertigte in glänzender Zeit Holz und den überraschend gut laufenden Hamburger Schuback sicher mit einem Meter ab [...] Wenn auch mit dem nochmaligen Siege des Stettiners Peltzer erwartungsgemäß der beste Mann den Sieg davontrug, so war die glänzende Leistung des D.S.C.ers Lehmann eine Ueberraschung, denn er setzte dem sich erst zum Schluß vorschiebenden deutschen Meister hart zu und unterlag nur knapp 2 Meter. Die bedeutendste Staffel war wieder die über die 3=mal=200=Meter=Strecke um den Wanderpreis des Reichspräsidenten, den der V.f.B.=Leipzig bereits zweimal gewonnen und dem bei einem nochmaligen Erfolg die kostbare Trophäe endgültig zufallen mußte. Die Gäste erwiesen sich auch diesmal als die besten und schlugen nach schärfstem Kampf den Deutschen Sport-Club aus dem Felde« (BLA 10.12.; hier auch genaue Ergebnisliste).

BLA 24.10.; 21., 25. 11.; 8.–10. 12.

236 Paul Samson-Körner (Chr Dez 11; nach: BLA 10. 12. 1923).

Dez 11. Außerordentliche Generalversammlung des Verbandes Deutscher Radrennbahnen

Wohl im »Blauen Saal«.

V: VDR.

Vertreten waren 15 Radrennbahnen Deutschlands, außerdem der Bund Deutscher Radfahrer, die Allgemeine Radfahrer-Union und der Allgemeine Deutsche Automobil-Club. Thema waren die Differenzen zwischen dem VDR und dem Deutschen Rennfahrer-Verband sowie dem Berufsstraßenfahrer-Verband (vgl. Nov 20).

BLA 12., 14. 12.

Dez 11, 19.30 Uhr. Boxen »Paul Samson-Körner – Harry Reeve« u. a.

V: SP (?).

Lg: Walter Funke (64,5 kg; Berlin) – Willy Drekopf (62,5 kg; Düsseldorf), Sieg Funkes nach Pktn (8 Rdn).

Mg: Bill Mannering (75 kg; GB) – Adolf Wiegert (69 kg; Berlin), unentschieden (10 Rdn).

Mg: Jim Connel (71 kg; GB) – Erich Milenz (71 kg; Berlin), Sieg Milenz' durch Aufgabe (2. Rde).

Sg: Harry Reeve (82 kg; GB) – Paul Samson-Körner (80 kg; Zwickau), Sieg Samson-Körners nach Pktn (10 Rdn).

BLA 8.–12. 12.; BT 13. 12.; BS 166–67, 8.–14. 12.

Dez 29, 19.30 Uhr. Amateur-Radrennen

V: BDR.

Et: 2, – M.

Teiln.: Balke, Blank, Erxleben, Fullek, Korsch, Krupkat, Lemke, Mühlbach, K. Packebusch, Papenfuß, Passenheim, Petermann, Rathmann, Oskar Rütt, Paul Schmidt, Sbresny u. a.

Fliegertreffen (zwei Vorläufe, ein Endlauf; Oskar Rütt – Mühlbach – Packebusch – Balke): 1. Oskar Rütt.

Dreistunden-Mannschaftsfahren (13 Paare; neun Wertungen): 1. Korsch/Papenfuß.

»Die Berliner zeigten sich hier von der undankbarsten Seite. Nachdem ihnen allein die Rührigkeit des Bundes Deutscher Radfahrer solange ermöglicht hatte, Winterbahnrennen beizuwohnen, bewiesen sie gestern [...], daß des Menschen Gemüt für die Dankbarkeit nicht geschaffen ist. Kurzum, bei der Veranstaltung [...] hatten sich leider nur wenig Zuschauer eingefunden« (BLA 31. 12.).

BLA 27., 29., 31. 12.

Dez 30, abends. Radrennen

V: SP.

Diese erste Veranstaltung der Wintersaison mit Berufs-Radrennfahrern nach dem »Waffenstillstand« (vgl. Nov 20) wurde allerdings später nicht anerkannt.

»Internationales Vierertreffen« (sieben Läufe): 1. Kaufmann (CH) 10 Pkte; 2. Hahn 8; 3. Bauer 6; 4. Schrage 4.

Stunden-Mannschaftsfahren (14 Paare): 1. Saldow/Häusler 17 Pkte; 2. Brüder Tietz 13; 3. Sawall/Vay 12; 4. Hoffmann/Pawke 11; 40,880 km; außerdem starteten: Arend/Münzner, Stellbrink/Kendelbacher, Rizetto/Rotter, Manthey/Kolles, Krupkat/Techmer, Abraham/Schrefeld, Rudel/Wegmann, Sennecke/Vermeer, Bauer/Krahner, Herbst/Schmucker. Daneben gab es noch ein Mal-, ein 50-Rdn-Prämien- und ein Entschädigungsfahren.

»Dieser so verspätete erste Berufsfahrer-Renntag der Sportpalast=Wintersaison war schon äußerlich ein Bombenerfolg. Das Haus war voll, zum Brechen voll, die Musike hatte – o Wunder – neue Noten, im Innenraum erstrahlte ein Lichterbaum, und die Stimmung – einfach ›sechstagehaft‹ –« (BLA 31. 12.).

»Der D.R.V. steht auf dem Standpunkt, daß seine Mitglieder die Rennen am 26. Dezember in Breslau und am 30. Dezember im Sportpalast ebenso wie die vorausgegangenen Rennen im Velodrom Kaiserdamm ohne Lizenz bestritten haben und daß infolgedessen diese Rennen am 26. und 30. Dezember unter den gleichen Voraussetzungen (als wilde Rennen) gefahren worden seien, wie die in der Oeffentlichkeit beanstandeten Eröffnungsrennen am Kaiserdamm« (BLA 10. 1. 1924).

BLA 27., 30.–31. 12. 1923; 10. 1. 1924.

237 Anzeige (Chr Dez 31; nach: BLA 28. 12. 1923).

Dez 31, 20.00 Uhr. Silvesterfeier

Im Kasino.

V: SP.

»Order! Alle Optim-, Pessim-, Bandag-, Kokain-, Morphium-, Dada-, Propagan-, Idiot-, Flöt-, Horn-, Expression-, Impression-, Station-, Kub-, Futur-, Natural-, Poliz-, Vandal-, National-, Sozial- und ähnliche isten haben sich Silvester in reingeschwaschenem Zustande pünktlich abends um 8 Uhr im Casino im Sportpalast [...] mit ihren Damen zur Empfangsnahme der neuen Parole für 1924 einzufinden. Das Aushebungs-Kommando gez. Immerblau« (Anz., BLA 28. 12.).

BLA 28.–29., 31. 12.

1924

Jan 1, 19.30 Uhr. Radrennen

V: SP.

50-Rdn-Punktefahren (17 Teiln.): 1. Krüger 16 Pkte; 2. A. Meyer 15; 3. Jenske 8; 4. K. Müller 6.

Dreistunden-Mannschaftsfahren: 1. van Nek/Bauer 32 Pkte; 2. Hahn/Oskar Tietz 25; 3. Rizetto/Schrage 15; 4. Kaufmann/Rotter (1 Rde zurück) 11; 5. Rudel/Vay 7; 6. Techmer/Jenssen 3; 7. Abraham/ Otto Tietz 2; 8. Münzner/Stolz 1.

BZaM 2. 1.; BLA 27. 12. 1923; 2. 1.

Jan 4, 19.00 Uhr. Boxen »Ernst Rösemann – Fred Tovee« u. a.
V: SP (?).
Et: 2,– bis 25,– M.
Lg: Fritz Ensel (60 kg; Köln) – Richard Naujoks (62,5 kg; Berlin), Sieg Ensels durch Abbruch (3. Rde).
Wg: Walter Funke (65 kg; Berlin) – Ernst Grimm (65,5 kg; Berlin), unentschieden (10 Rdn).
Mg: Noel Steenhorst (69 kg; NL) – Erich Milenz (72,5 kg; Berlin), Sieg Milenzs nach Pktn (10 Rdn).
Sg: Ernst Rösemann (Hannover) – Fred Tovee (87 kg; GB), Sieg Tovees durch Aufgabe (6. Rde).
BZaM 4.–5. 1.; BS 170–71, 3.–10. 1.

Jan 5, 19.30 Uhr. Bunte Veranstaltung »Musik und Sport«
V: Scherl-Verlag.
Et: 0,50, 0,80, 1,–, 1,50, 2,– und 2,50 M.
Zugunsten der Notstandsküchen.
Mitw.: *»Künstlerischer Teil: Kammersängerin Margarete Arndt=Ober (Staatsoper) / Kammersänger Walter Kirchhoff. Carl de Vogt / Berliner Symphonie=Orchester, Dirigent Kapellmeister Ehrenberg (Staatoper). Berliner Sänger=Verein [Cecilia Melodia, Musikdirektor Eschke] / Sportliche Schaukämpfe: Fechten: Hans Murero, dipl. Fechtmeister. Max Hoops (Fechterschaft der T.i.B.). Frl. Benedikt – Frl. Haensch (Fechterschaft der T.i.B.) / Jiu=Jitsu: Erich Rahn, Polizei=Instrukteur – H. Doil / Boxen: Sabri Mahir – Adolf Wiegert/Tanzkunst: Karen Zabel«* (Anz., BLA 1. 1.).
»Ein mächtiges Podium steht an der Schmalseite, große Scheinwerfer zielen mit breiten Lichtstreifen dorthin. Das Berliner Sinfonie=Orchester [...] spielt das Meistersinger=Vorspiel. Herrlich brausen die Töne; die Akustik des Raumes ist besser, als man erwartete. Nun rollt sich der musikalische Teil ohne Verzögern weiter ab [...] Karl de Vogt spricht machtvoll Gedichte von Wildenbruch [...] Frieda Leider [...] singt Isoldes Liebestod [...] Walter Kirchhoff singt das Preislied und die Winterstürme [...] Als Schluß des musikalischen Teiles dirigiert Ehrenberg [...] eine Liszt=Rhapsodie und die Fledermaus=Ouvertüre voll Glanz und Frohsinn. Karen Zabel bot drei Tänze [...] Ganz besonders gefiel der Frühlingsstimmen=Walzer [...]«. Danach folgte der sportliche Teil mit den Schaukämpfen. *»In der Pause stürzten die wackeren Männer des Sportpalastes auf das Podium und verwandelten es in einen richtigen Boxring mit Seilen, Stühlchen und Spuckeimerchen in den Ecken. Sabri Mahir, der bekannte türkische Meister, trat mit einem seiner Schüler auf, um dem Publikum Schaukämpfe vorzuführen. Sabri Mahir selbst trat zum Kampfe gegen seinen Partner, den schlanken August von Geer, an. Viele Zuschauer mögen hier zum ersten Male das äußere echte Bild eines Boxkampfes gesehen haben; und wie Sabri Mahir hin und her federte, sich schneller duckte, als die Augen folgen konnten, angriff und zurückflitzte, so bot das ein so prachtvolles Bild höchster körperlicher Leistung und Gewandtheit, daß mancher Laie erstaunt gewesen sein mag. Ebenso trat Adolf Wiegert, ein Schüler des Türken und selbst schon Sieger in manchen großen Kämpfen, mit dem Deutsch=Dänen Thom Jörgensen an [...] Es war fast Mitternacht, als die Lampen erloschen [...] Dieser erste erfolgreiche Abend im Sportpalast (das Haus war von der Direktion dankenswerter Weise zur Verfügung gestellt) war die größte Veranstaltung, die wir bisher unseren Lesern geboten hatten [...]«* (BLA 7. 1.).
BLA 25., 28., 30. 12. 1923; 1., 7. 1.

Jan 6, 19.00 Uhr. Radrennen
V: SP (?).
Vorgabefahren: 1. Hiepel gegen Schönborn, Fenske u. a.
100-km-Mannschaftsfahren (14 Paare; nach je 20 km eine Doppelwertung): 1. Hahn/Kohl 23 Pkte; 2. Bauer/Krupkat 22; 3. Rizetto/Oskar Tietz 21; 4. Stabe/Vay 13.
BLA 5., 7. 1.

Jan 12, 19.30 Uhr. 3. Fest der Sportpresse
V: VDS.
Zugunsten der Wohlfahrtskasse des VDS.
*»Dieses dritte Fest der Sportpresse erreichte, ja übertraf noch bei weitem seine beiden Vorgänger. Das Sportpressefest 1922 war gut, das 1923 war besser, das 1924 aber am besten. Und damit dürfte diese allwinterliche Veranstaltung [...] nun ständig für das sportliche Leben Berlins das bedeuten, was etwa für sein politisches, literarisches kulturelles Gesellschaftsleben der Presseball ist. Schon das äußere Bild [...] war imposant. Ein auf allen Plätzen dichtbesetztes, wenn nicht gar ausverkauftes Haus, dessen Besucher zu einem großen Teil schon durch die Gesellschaftstoilette den besonderen Charakter der Veranstaltung unterstrichen. In der großen Ehrenloge die Vertreter von Reichs=, Staats=, und städtischen Behörden, denen sich die führenden Männer aller bedeutenden sportlichen Körperschaften der Reichshauptstadt zugesellten.
Unter den sportlichen Darbietungen nahmen die radsportlichen naturgemäß wieder einen besonders breiten Raum ein. Mitglieder des Clubs Lichterfelder Herrenfahrer leiteten das Programm mit einer wohlgelungenen, viel Heiterkeit weckenden Fuchsjagd auf Rädern ein. Und noch einmal kamen die Amateure zu Wort; das war, als der farbenschöne, kunstvoll und sicher gefahrene Achter=Glühlichtreigen des Radfahr=Vereins Germania, Charlottenburg 1913, die Besuchermassen zu stürmischem Beifall hinriß. Bestes vom Guten boten die Berufsfahrer. In einem Verfolgungsrennen brachte nach wilder Jagd die Mannschaft Huschke-Kohl das gegnerische Paar Manthey-Kroll zur Strecke. Aus dem Fliegertreffen ging Hahn als sicherer Sieger über Schrage, den alten, mit der schwarzweißroten Schärpe geschmückten Weltmeister Arend und Stabe hervor. Das 100=Runden=Rennen endlich gewann Bauer nach Punkten gegen unsere besten Steher. [...] Die Leichtathleten traten mit den Mannschaften der vier stärksten Berliner Vereine zu einer 10 mal 2=Runden=Verfolgungsstaffel an. Sieger blieb der Sport=Club Charlottenburg über den Deutschen Sport=Club, dessen letzter Mann durch den nahezu eingeholten Träger der Farben des Berliner Sport=Clubs des öfteren an der vollen Entfaltung seiner Schnelligkeit gehindert worden war. Mit zwei ganz hervorragenden Darbietungen warben die Turner für ihre Sache. Sowohl in dem Tischspringen der Damen vom Verein für Spiel und Sport ›Brandenburg‹ als auch im Kunstturnen am Reck, das von Herren der Berliner Turnerschaft vorgeführt wurde [...] Abwechslung der willkommendsten Art bereiteten die Hunde=Rennen sowie das Hoch= und Weitspringen der Hunde, in dem eine Leistung von 1,35 meter hoch, 2,65 Meter weit erzielt wurde. [...] Von den Boxkämpfen war das Blindboxen zwischen Groves und Koch eine ungemein erheiternde Angelegenheit. Dann aber trat, kletterten Mielenz und Vongehr (und als Dritter im Bunde ›der‹ deutsche Ringrichter Kurt Doerry) zu ernsterem Tun durch die Seile. [...] der Ringrichter [...] brach den Kampf [...] zugunsten von Mielenz ab. [...] Tanzdarbietungen [...] beschlossen den sportlichen Teil und leiteten zu dem gesellschaftlichen Teil über [...] Tanz als Sport zum ersten Male öffentlich [...]von drei Paaren der Klubs des Reichsverbandes für Tanzsport bestritten [...] Die Paare tanzten bei abgeblendetem Licht unter den Scheinwerfern im Boxring, der seiner Umfassung entkleidet war. Man führte Java, Tango-Milonge und Samba vor, drei der gegenwärtig beliebtesten Gesellschaftstänze«* (BLA 14. 1.).
BLA 30. 11.; 24. 12. 1923; 6., 10.–12., 14. 1.

Jan 13. Hallensportfest der Turner
Vor- und nachmittags.
V: Brandenburgischer Turnsportverband.
»Schon am frühen Sonntag=Morgen begannen die Vorkämpfe für das [...] Hallensportfest des Turnsportverbandes, des ›Konkurrenzunternehmens‹ der Turner gegen die von den Leichtathleten veranstalteten Hallenfeste. Beim Vergleich beider muß man allerdings den Leichtathleten das bessere Organisationstalent und =können einräumen. Zwar gab es auch bei den Turnsportlern recht starke Beteiligung in den einzelnen Konkurrenzen, aber die erzielten Leistungen brachten keine überragende«.
Aus den Wettbewerben: *»Männer: 60=Mtr.=Lauf: 1. Krause (Tv. Eiche=Fürstenwalde). 800=Mtr.=Vorgabelauf: 1. Mundstock (T.S.V. Schöneberg) 2:01. Hochsprung: 1. Krause (T.S.V. Schöneberg) 1,62 Mtr. – 8 mal 100=Mtr.=Staffel für kleine Vereine: 1. A.T.V. Leipzig 8:24,2. – 3000=Mtr.=Lauf f. Anf.: 1. Schneider (A.T.V. Leipzig). 3000=Mtr.=Gehen: 1. Baesch (T.S.V. Neukölln) 13:48. 15=Min.=Paarlaufen B=Klasse: 1. Richter=Hagen (Jahn=Neukölln) 5260 mtr. [...] Frauen=60=Mtr.=Lauf: 1. Hecker (T.V. Gesundbrunnen) 7,4 Sek. – Hochsprung: 1. Döring (B.T.H.) 1,42 Mtr. – 6mal 75=Mtr.=Staffel: 1. B.T.H. 2:05 [...] 60 Meter Damenlaufen: 1. Frl. Furchheim (Jahn=Neukölln) 8,2 Sek., 2. Frl. Dornig (Berl. Turng.) 2 Meter z., 3. Frl. Schwanebeck (Velten). – Olympische Staffel (Jugend): 1. T. Sp. Schöneberg 3:55, 2. Jahn=Neukölln 60 Meter z. – Radballspiel: Club Lichterfelder Herrenfahrer gegen Germania=Charlottenburg 9:1. – [...] 60 Meter Hürdenlaufen: 1. Werner (B. T.). 8,6 Sek., [...] 10mal 50 Meter Pendelstaffel: 1. T.i.B. 58,2 Sek., 2. B.T. 2 Meter z., 3. V.f.L. 58«* (BLA 14. 1.).
BLA 29. 12. 1923; 14. 1.

Jan 15, abends. Radrennen
V: SP (?).
Hauptfahren um den »Großen Winterpreis« (sechs Läufe): Endlauf der Zweiten: 1. Münzner, 2. Vay, 3. Golle; Endlauf der Ersten: 1. Hahn, 2. Saldow, 3. Kaufmann.
Ausscheidungsfahren: 1. Hoffmann, 2. Pawke, 3. Weber.
Verfolgungsfahren »Deutschland – Ausland« (Bauer, Huschke, Oskar Tietz [D] – Girardengo [I], Rizetto [I], Rotter): *»Girardengo hielt sein Team mit überlegener Ruhe zusammen [...] und erreichte unter tosendem Beifall die nachgebenden Gegner schon in der 32. Runde«.*
50-km-Mannschaftsfahren (10 Paare): 1. Münzner/Golle, 2. Schulze/Neinas, 3. Kroll/Krüger; 1:15:31,4 Stunden.
150-Rdn-Punktefahren (Wertung nach je 25 Rdn): 1. Girardengo 11 Pkte; 2. Saldow 10; 3. Oskar Tietz 9.
BLA 9., 16. 1.

Jan 17, 19.00 Uhr. Amateur-Radrennen
V: DRU.
Teiln.: Albert, Bauer, Bork, Born, von Bronikowsky, Dorn, Franke, Graffunder, Haase, Henke, Kaps, Kerzierski, Klos, Köhler, Kowalt, Kranpuhl, Krehn, Kuhn, Kunde, Lemke, Lippke, Oertel, Preuß, Riedel, Schuplitz u. a.
Vierermatch: 1. Krehn, 2. Klos, 3. Preuß, 4. Henke.
Zweistunden-Mannschaftsfahren: 1. Kloß/Kerzierski 32 Pkte; 2. Krehn/Born; 79,860 km.
30-Rdn-Prämienfahren: 1. Köhler, 2. Bauer, 3. Bork.
Hauptfahren: 1. Riedel, 2. Schuplitz, 3. Kunde, 4. Kaps.
40-Rdn-Jugendfahren: 1. Kowalt, 2. Graffunder, 3. Franke.
Ausscheidungsfahren: 1. Kranpuhl.
BLA 17., 20. 1.

238 11. Berliner Sechstagerennen (Chr Jan 29 – Feb 4), fertig zum Start.

Jan 20, 19.30 Uhr. Radrennen
V: SP (?).
10-Rdn-Ermunterungsfahren: Endlauf der Zweiten: 1. Linsener, 2. Schönborn, 3. Weber; Endlauf der Ersten: 1. Hiepel, 2. Winzelberg, 3. A. Meyer, 4. Naujokat.
Internationales Fliegertreffen (3 Läufe): 1. Lorenz (D) 7 Pkte; 2. Kaufmann (CH) 6; 3. van Nek (NL) 5.
1-Rde-Rekordfahren: 1. van Nek 10,2 Sek., 2. Kaufmann und Lorenz je 11.
Zweistunden-Mannschaftsfahren (2 Läufe über je 1 Stunde): 1. Stolz/Vay 48 Pkte; 2. Münzner/Sennecke 39; 3. Hoffmann/Häusler 31; 4. Schulz/Neinas 20; 5. Krüger/Rudel 15; außerdem starteten: Abraham/Ostermeyer, Nörenberg/Pawke, Zander/Nagel, Radomski/Seel, Bader/Kendelbacher, Tetzlaff/Müller.
BZaM 20.–21. 1.

Jan 23, 19.30 Uhr. Radrennen
V: SP (?).
50-Rdn-Prämienfahren (21 Teiln.): 1. A. Meyer (11:45,1); 2. Hoffmann, 3. Schönborn, 4. Rudel, 5. Rädlitz, 6. Winzelberg.
15-Meilen-Mannschaftsfahren (13 Paare): 1. Bauer/Saldow 48 Pkte; 2. Wittig/van Nek 47; 3. Lorenz/ Krupkat 33; 4. Rizetto/Vay 27; 5. Hahn/Oskar Tietz 25; außerdem starteten: Arend/Otto Tietz, Suter/Rotter, Stabe/Jenssen, Golle/Stellbrink, Bekkering/Kolles, Manthey/Behrendt, Hiepel/Schwab, Packebusch/Pohl.
BZaM 23.–24. 1.

Jan 25, 19.30 Uhr. Boxen »Erich Milenz – Frank Burns« u. a.
V: SP.
Et: 2.– bis 20,– M.
Wg: Walter Funke (64 kg; Berlin) – Tom Mallison (65 kg; GB), unentschieden (10 Rdn).
Mg: Erich Milenz (71,5 kg; Berlin) – Frank Burns (70 kg; AUS), Sieg Milenzs nach Pktn (10 Rdn).
Mg: Adolf Wiegert (70 kg; Berlin) – Ernie Millson (72 kg; GB), unentschieden (10 Rdn).
Sg: Hans Wagener (91 kg; Duisburg) – Guardsman Penwill (86,5 kg; GB), Sieg Penwills durch Aufgabe (4. Rde).
BZaM 25.–26. 1.; BS 173–74, 24.–31. 1.

Jan 29 – Feb 4. 11. Berliner Sechstagerennen
Beginn 29. 1. um 20.00 Uhr, Start 21.00 Uhr, Ende 4. 2. um 22.00 Uhr.
V: SP.
Wertungen: 15.00, 22.00, 2.00 Uhr.
Teil. (14 Paare): Hanley/Lawrence (USA), Kaiser/Taylor (USA), Hahn/Tietz (D), Schrage/Golle (D), Techmer/Stellbrink (D), Häusler/Orth (D/USA), Bauer/Krupkat (D), Stabe/Schrefeld (D), Huschke/ Kohl (D), Lorenz/Saldow (D), Neinas/Stolz (D), Verri/Belloni (I), Manthey/Wittig (D), Münzner/Nörenberg (D).
Ergebnis: 1. Lorenz/Saldow 347 Pkte; 2. Bauer/Krupkat 264; 3. Techmer/Stellbrink 189; 4. Kaiser/Taylor 167; 5. Hahn/Tietz 132; 6. Hanley/Lawrence 128.
Zurückgelegte km: 3896,905.
»Gestern abend in der neunten Stunde, strömten die Berliner Radsportfreunde in hellen Scharen nach dem Sportpalast in der Potsdamer Straße. Autos schnaubten daher. Schupo hielt die Eingänge besetzt; nur mit Karten durfte man passieren, der Sportpalast war seit Tagen ausverkauft. Fliegende Billetthändler, auf hohes Aufgeld erpicht, brachten ihre Karten reißend an den Mann. [...] So entwikkelt sich vom Fleck weg jene Sechsnächtestimmung mit ihrem reizvollem Gemisch aus Kampf Ulk und Betrieb, das die Sechstageblüte als echtes Gewächs weltstädtischen Lebens erscheinen läßt« (BLA 30. 1.).
»Werden die Amerikaner losmachen oder nicht? Das ist die alle bewegende Frage. Inzwischen werden Prämien ausgefahren. Ein lebendes Schwein von zwei Zentner ist darunter. Die Galerie tobt vor Vergnügen und reißt Witze. Beim Antritt hat Golle die Spitze, er scheint ein Freund von Eisbeinen. Hahn und Schrage drücken etwas auf die Pace, ohne dem Kollegen das Schlachtfest ernstlich zu stören. Golle behält das Ringelschwänzchen am Wickel und ist quietschvergnügt« (BLA 1. 2.).
»Am Sonnabend abend war die Luft noch dicker als gewöhnlich. Dies buchstäblich, denn im Sportpalast herrscht jetzt ein Dunst, der häufig die Fahrer in der entgegengesetzten Kurve wie in einem Nebel verbirgt. Unter den Fahrern kribbelt es; alle sind in einem Stadium derartiger Ueberreizung, wie die Mehrzahl der Zuschauer, die diesen Zustand durch heftigen Alkoholgenuß bekämpfen. Tatsächlich gab es eine betrunkene Nacht, an der nur verwunderlich ist, daß sie ohn schwere Excesse vom Innenraum bis zur Galerie ablief« (BLA 4. 2.).
BLA 4.–5., 7., 9., 16.–17., 20., 29.–31. 1.; 1.–5. 2.

Feb 8, 19.30 Uhr. Boxen
V: DÖV (Spielmann).
Wohltätigkeitsveranstaltung des Deutsch-Österreichischen Volksbundes.
Wg: Peter Hana (67 kg; A) – Walter Funke (64 kg; Berlin), unentschieden (6 Rdn).
Hsg: August Kudernatsch (74,5 kg; A) – Hans Rönisch (74 kg; Berlin), Sieg Rönischs durch ko (2. Rde).
Hsg: August Vongehr (74 kg; Königsberg) – Willi Antonowitsch (70,5 kg; Bremen), Sieg Antonowitschs (8. Rde).
Sg: Bela Barothy (85 kg; H) – Paul Samson-Körner (80,5

kg; Zwickau), Sieg Samson-Körners durch ko (2. Rde).
Sg: Rocky Knight (85 kg; GB) – Rudi Wagener (85 kg; Duisburg), Sieg Wageners nach Pktn (10 Rdn).
»Unter der Parole ›Sport und Wohltätigkeit‹ fand gestern im Sportpalast ein Boxabend statt, der so recht nach dem Geschmack des Publikums war. Zwei Niederschläge, ein Kampf mit Aufgabe, ein Sieg nach Punkten und ein Kampf unentschieden, da ›lohnt‹ es sich schon, wohltätig zu sein« (BLA 9. 2.).
BLA 7.–9. 2.; BZaM 8.–9. 2.; BS 175, 7. 2.

Feb 9, 19.30 Uhr. Bunte Veranstaltung
V: Scherl-Verlag.
Et: 0,75 bis 3,– M *»sowie Sessel am Podium«* 4,– M.
»[...] unsere große Veranstaltung im Sport=Palast / Mitwirkende im künstlerischen Teil: Berliner Sinfonie=Orchester, Dirigent Kapellmeister Ehrenberg. Solisten: Gertrud Bindernagel (Staatsoper), Josef Wolfsthal (Konzertmeister der Staatsoper), Herbert Janssen (Staatsoper) / Max Terpis (Ballettmeister der Saatsoper) mit einer Tanzgruppe vom Staatsballett / Mitwirkende im vorzüglichen Varieté=Teil: Dunio und Gegna, Straßen=Musikanten (aus dem Februar=Programm der ›Scala‹) / 3 Appalonas, Equilibristischer Akt (aus dem Februar=Programm des ›Wintergarten‹) / Satons boxende Känguruhs (aus dem Februar=Programm des ›Wintergarten‹ / Gottschalk=Kapelle, Dirigent Kapellmeister Gust. Gottschalk« (Anz., BLa 8. 2.).
BLa 1., 6.–8., 10. 2.

Feb 10, 19.00 Uhr. Amateur-Radsport »6. Hallenfest des BDR«
V: BDR.
Flieger-Länderkampf »Dänemark – Deutschland – Niederlande« (Hansen [DK] – Oszmella [D] – Mazairac [NL]) in vier Läufen: 1. Mazairac 7 Pkte; 2. Oszmella 5; 3. Hansen 3.
Mannschaftsverfolgungsfahren: Petermann/Stresny/Korsch holen nach 18 Rdn Erxleben/Lemke/Rieger ein.
100-Rdn-Ausscheidungsfahren: 1. Engelmann (BRC 89), 2. Berlin (Stern-Wannsee), 3. Lehmann (Defekt 02).
Stunden-Einzelfahren (15 Teiln.): 1. Muklbach (Concordia 97), 2. Hansen (DK), 3. O. Blank (BRC 89).
BLA 11.2.

Feb 15–19. Reit- und Fahr-Turnier
V: Sport-Kartell Berlin.
Forts. Feb 21–24.
Abends Totalisator-Jagdspringen, ab 17. 2. um 14.30 Uhr die eigentlichen Turnierwettbewerbe.
»Mit einer Geschwindigkeit, die schon an Hexerei grenzt, ist der Sportpalast aus dem ›Sechstage‹=Schauplatz zur Turnierarena umgewandelt worden. Die Radrennbahn ist verschwunden, mit ihr alle jene weiteren Einbauten, die noch bei den Radrennen am Sonntag in voller Tätigkeit waren. Gestern abend also war's wieder das nun schon altgewohnte Turnierbild, nur hatte man diesmal noch ein übriges getan und die Brüstung der Tribünen mit Tannengirlanden geschmückt« (BLA 16. 2.).
»Nach dem Geplänkel der ersten Jagdspringen ist das Turnier [...] gestern in das Stadium der seriösen Entscheidungen getreten [...] Inmitten der Potsdamer Gesellschaft bemerkte man den Prinzen Oskar von Preußen. An der Spitze der offiziellen Persönlichkeiten war Oberlandstallmeister Großcourth erschienen[...] Der Nachmittag gipfelte nicht im Preis von Ostpreußen, nicht in den Fahrkonkurrenzen, nicht in den Reiterprüfungen, sondern in den Vorführungen der Celler Landbeschäler. 20 nach Exterieur und Gangwerk ganz hervorragende Hengste hatte Graf Kalnein, Celles Gestütsleiter, dem Sport=Kartell zu einer exquisiten Schaunummer, die täglich nachmittags gezeigt wird, überlassen. Ein Laut des Entzückens, zu stürmischen Beifall gesteigert, schallte durch die Arena, als die Prachtgestalten hereintänzelten. Sie wurden als Fahrschule vorgeführt, wobei jeweils ein Reiter einen zweiten Hengst am Fahrzügel nach Tandemart vor sich hatte« (BLA 18. 2.).
»In der Präsidialloge nahmen der Reichspräsident [Friedrich Ebert] und der Reichswehrminister mit ihren Adjutanten Platz. Der Moment als die Preisrichter im Preis von Frankfurt den Prinzen Friedrich Sigismund von Preußen mit der Siegerschleife schmückten, war nicht ohne historische Pikanterie« (BLA 19. 2.).
Bei den abendlichen Jagdspringen wurden folgende Preise ausgetragen (mit bis fünf Abteilungen): Shantung-, Herzog-Albrecht-, Ludwig-, Erlaucht-, Robert II.-, Morgenglanz-, Krieger-, Benedict-, Seidenspinner-, Tommy-Preis und Großer Preis des Sportpalastes.
Aus den Nachmittags-Wettbewerben:
»Preis von Ostpreußen. Materialprüfung für 3= bis 4jährige. a) Leichte Pferde. Frau Vollmers Luftikus (Stallm. Kreißig) 1. Trotha 2. Kyrill 3. [...] – b) schwere Pferde. Stall Brucks Wotan VIII 1. Magnet 2. [...]
Preis von Berlin. Eignungsprüfung. Schwere Pferde. Frau Voß Sandmann (H. Kreißig) 1. Liebherr 2. Kismet 3. [...] Mittlere Pferde. Frau Potthoffs Alpenrose (Bes.) 1. Grane 2. Arnulf 3. [...]« (BLA 18. 2.).
»Preis von Frankfurt. Eignungsprüfung: a) Leichte Pferde: K. Schaepers Albrich (Lörke) 1., Altgold 2., Goldgräber 3., Kaisertreue 4. [...] b) Mittlere Pferde: Prinz Friedr. Sig. v. Preußens Christoph II (Bes.) 1., Tauentzien 2. [...] Otto=Koch=Erinnerungspreis. Hochspringen: Frhrn v. Langens Hanko (Bes.) 1,95 m 1., Apache 1,90 m 2.« (BLA 19. 2.).
BLA 15.–20. 2.

Feb 20, 19.30 Uhr. Boxen »Emil Andreasen – Rudi Wagener« u. a.
V: SP.
Wg: George Brustad (71 kg; N) – Alexander Kiausch (70 kg; Berlin), unentschieden (10 Rdn).
Mg: Gustav Olander (72 kg; S) – Erich Milenz (72 kg; Berlin), Sieg Milenzs durch Abbruch (2. Rde).
Hsg: Chic Nelson (72 kg; DK) – Michael Kompa (76 kg; Hamburg), unentschieden (10 Rdn).
Sg: Emil Andreasen (77 kg; DK) – Rudi Wagener (85 kg; Duisburg), Sieg Wageners durch Aufgabe (1. Rde).
Einleitung (je 4 Rdn zu 2 Min.):
Wg: Otto Griese (63 kg; Berlin) – Paul Richter (60,5 kg; Dresden), unentschieden.
Hsg: Solyga – Horst Schade (74 kg; Berlin), Sieg Schades nach Pktn.
»Der Sportpalast hat für diese Kämpfe den Berliner Schulen und dem Berliner Jugendamt 2000 Freikarten zur Verfügung gestellt und macht den nebenbei ja auch sportlich interessanten Tag zu einem Propagandatage ersten Ranges« (BLA 19. 2.).
BLA 19. 2.; BT 20., 22. 2.; BS 177–78, 21.–28. 2.

Feb 21–24. Reit- und Fahr-Turnier
Forts. von Feb 15–19.
Aus den Nachmittags-Wettbewerben:
»Kanonen=Jagdspringen. E. R. Mivilles Döllnitz 3 F. 45 2/5 Sek. (Bes.) 1. Hanko 5 F. 45 Sek. 2. [...] »(BLA 22. 2.).
»Hannepu=Preis. Jagdspringen im Damensattel. Dr. Wieners Schwabenjunge (Frau Dr. Wiener) 1. Herst (Frau Perske) 2. Rauhreif (Frau Hantke) 3. [...]
Preis von Halberstadt. Eignungsprüfung für Vier= und Mehrspänner. E. Gottschalks Viererzug (R. Wolff=Wietzlow) 1. und Fahrerpreis. Fahrausbildung Ko. Hannover Sechserzug (Ritter Pape) 2. [...]
Championat für Reitpferde. Eignungsprüfung. Prinz Fr. Sig. v. Preußens Christoph II (Bes.) 1. Alpenrose (Staeck) 2. Grane (Frau K. Franke) 3. [...]« (BLA 25. 2.).
BLA 20.–25. 2. (weitere Ergebnisse).

Feb 29, 19.00 Uhr. Boxen »Hans Breitensträter – Paul Samson-Körner« u. a.
V: SP (?).
Lg: Willy Drekopf (60 kg; Düsseldorf) – Gustav Runge (60 kg; Berlin), Sieg Runges nach Pktn (10 Rdn; Ausscheidung zur Deutschen Meisterschaft).
Lg: Fritz Ensel (61,5 kg; Köln) – Eugen Kündig (61,5 kg; Hamburg), Sieg Ensels nach Pktn (10 Rdn: Ausscheidung zur Deutschen Meisterschaft).
Sg: George Cook (82 kg; AUS) – Giuseppe Spalla (83 kg; I), Sieg Cooks' durch ko (6. Rde).
Sg: Hans Breitensträter (81,5 kg; Berlin) – Paul Samson-Körner (81 kg; Zwickau), Sieg Samson-Körners durch ko (3. Rde; Deutsche Meisterschaft, Hf Samson Körner).
»Der Vorstand des Verbandes Deutscher Faustkämpfer beschäftigte sich mit dem von Th. C. Buß, dem Manager Breitensträters, nach dem Meisterschaftskampf Samson=Breitensträter eingebrachten Protest und faßte u. a. nachstehenden Beschluß einstimmig: ›Der Protest ist insofern als berechtigt anerkannt worden, als die Zeugen in ihrer überwiegenden Majorität erklärt haben, daß sich Breitensträter vor ›aus‹ weder mit den Knien noch mit den Händen am Boden befand. Aus sportlichen Gründen ist aber der Protest laut § 87 der ›Sportlichen Regeln‹ zurückgewiesen worden‹« (BLA 8. 3.).
BLA 3., 27.–28. 2.; 1.–2., 8. 3.; Rumpelstilzchen 1924, S. 205 f.; BS 178–79, 28. 2., 6. 3.

Mär 1. Jubiläums-Hallensportfest des VBAV
V: VBAV.
»Entgegen seinen sonstigen Gepflogenheiten brachte der Verband [...] zum ersten Male in einer Wintersaison [...] ein zweites Hallensportfest. Grund bildete das 20jährige Bestehen des Verbandes, der am 15. November 1904 in einer von Curt Frank (Markomannia) einberufenen Versammlung das Licht der Welt erblickte« (BLA 3. 3.).
Aus den Wettbewerben: *»20=Runden=Staffel für Jugendliche: 1. Brandenburg 7:40. 2. S.C.C. 3. B.S.V. 92. – Olympische Staffel (Leistungsklasse C): 1. S.C. Wannsee 4:02,5. 2. Marathon 02. 3. Lichtenberger Sport=Union. – 8=Runden=Verfolgungsstaffel für Frauen: 1. Brandenburg 3:26,4. 2. S.C.C. 3. B.S.C. – 3000=Meter=Gehen: 1. Schwab (Neuköllner Sportfreunde). – Schwedenstaffel: 1. S.C.C. 3:46,4. 2. Zehlendorf 88. – 4mal 400=Meter=Staffel (Leistungsklasse D): 1. Weißenseer F. B. 3:57,2. 2. Frankfurter Sp. Cl. – Handballspiel: Siemens – S.C.C. 7:4 (3:2). – 3000=Meter=Mannschaftslaufen: 1. Spandau 9:39,1. 2. Potsdam, V.f.L. 3. B.A.K.«* (BLA 2.3.).
BLA 24. 1.; 2.–3. 3.

Mär 8, 19.30 Uhr. Bunte Veranstaltung »Kunst · Tanz · Sport · Mode«
V: Scherl-Verlag.
Et: 0,75 bis 4,– M.
Zugunsten der Notstandsküchen.
»Unsere letzte große Schau [...] MUSIK / Kammersänger Carl Clewing, Jäger= und Reiterlieder, Kapellmeister Hans Philipp Hofmann, Plaß'scher Bläser=Chor, Kammerorchester Keßner / TANZ / Max Terpis, Ballettmeister der Staatsoper / Tanzsketch ›Negerhochzeit‹ / MODE / Große Modenschau der Firma Maaßen / Hüte von Auguste Münzer /

SPORT / Turner=Riegen, Kunst=Radfahren und akrobatische Nummern« (Anz., BLA 5. 3.).
»Den musikalischen Teil bestritt als Solist [...] Carl Clewing, der mit den Jäger= und Soldatenliedern aus alter Zeit [...] großen Beifall hatte. [...] Vorher trug der Plaßsche Bläserchor eine von Ludwig Plaß komponierte Hymne als wirkungsvollen Auftakt [...] vor. Mit großem Interesse wurden die Tänze erwartet, bei denen zuerst Ines Mesina und Leni Bowitz zwei Duette und Erna Sydow (an Stelle der erkrankten Elisabeth Grube) einen sehr gut getanzten Wiener Walzer boten. Der Tanzsketch ›Negerhochzeit‹ zeigte sich als eine sehr spaßhafte Tanzpantomime [...] Der Sport war durch eine Mädchen-Barrenriege und eine Damenriege des ›Brandenburg‹ [...] vertreten [...] Den Mittelpunkt des Interesses [...] bildete die große Modenschau [...] Die Schlußnummer waren die wie stets mit großem Applaus aufgenommenen Straßenmusikanten Dunio und Gegna [...] Unser Blatt hatte [...] mehrere hundert Berliner Schüler eingeladen, die auf dem zweiten Rang Platz gefunden hatten. Leider wurde hier ›Wohltat Plage‹, denn die Herren Jugendlichen schienen den Zweck der Veranstaltung sowie ihre eigene Anwesenheit mißzuverstehen und machten sich durch störendes und unmanierliches Benehmen sehr unliebsam bemerkbar [...]« (BLA 10. 3.).
BLA 29. 2.; 2., 5., 10. 3.

Mär 13, abends. Konzert »Beethoven-Wagner-Abend«
V: SP.
Mitw.: Philharmonisches Orchester (verstärkt; Prof. Richard Hagel), Jacques Urlus (Tenor), Berliner Lehrergesangverein (Prof. Hugo Rüdel).
Der Sportpalast, *»in dessen Arena sich bisher in erster Linie die spannenden Kämpfe des Amateur=, Volks= und Berufssports abspielten, wird sich nun [...] in den Dienst der Kunst stellen. Nachdem die hervorragend gelungenen Veranstaltungen des Verlages Scherl die letzten Bedenken in akustischer Hinsicht zerstreut haben, plant die Direktion eine Reihe von großen Musikabenden, zu welchem erste Orchester und Solisten bereits gewonnen wurden«* (BLA 27. 2.).
»Auch an anderer Stelle war das Philharmonische Orchester unter seinem ständigen Diktator Prof. Hagel, der einen ganzen Wagner=Teil auswendig glänzend beherrschte, Gegenstand lauter Ovationen, und zwar im Sportpalast. Es galt, einen neuen Konzertsaal einzuweihen [...] Nun, zunächst war das Resultat zweifelhaft; denn das offensichtlich nicht genügend hypnotisierte Publikum hatte sich nur in geringer Menge eingefunden, und die natürlich Folge war eine Dünne des Klanges im Piano und im Forte [...]« (BLA 23. 3.).
BLA 27. 2.; 23. 3.

Mär 14, 19.00 Uhr. Boxen »Hans Breitensträter – Harry Drake« u. a.
V: SP.
Fdg: Erich Ziemdorf (57 kg; Berlin) – Haberland (57 kg), Sieg Ziemdorfs nach Pktn (4 Rdn).
Fdg: Fritz Rolauf (56,5 kg; Berlin) – Theo Beyerling (57 kg; Köln), Sieg Beyerlings durch Disqualifikation (13. Rde; Deutsche Meisterschaft, Hf Beyerling).
Wg: Walter Funke (66 kg; Berlin) – Seaman Hall (66 kg; GB), Sieg Funkes nach Pktn (10 Rdn).
Mg: Kurt Prenzel (69 kg; Berlin) – Shoeing Smith Fred Davies (72 kg; GB), Sieg Prenzels durch Aufgabe (5. Rde).
Sg: Rudi Wagener (85 kg; Duisburg) – Harry Persson (93 kg; S), Sieg Perssons nach Pktn (10 Rdn).
Sg: Hans Breitensträter (81 kg; Berlin) – Harry Drake (82,5 kg; GB), Sieg Breitensträters durch ko (1. Rde).
BLA 8., 11., 15. 3.; BS 180–81, 13.–20. 3.

Mär 16, 15.00 Uhr. Turnen »5. Brandenburgische Meisterschaften«
V: DT, Kreis III b.
Ein Teil der Veranstaltung hatte bereits am 16. 3. in der Turnhalle Prinzenstraße stattgefunden.
Die Meisterschaften *»hatten wie gewöhnlich eine große Schar von Anhängern der Turnsache dorthin gelockt. Die Leistungen legten Zeugnis ab von dem hohen Stand des deutschen Geräteturnens. Im heiß umstrittenen Zehnkampf der Männer endeten Ratt (BT) und Bockenauer (Weißensee) mit je 175 Punkten im toten Rennen vor Ehm (BT) 170 P. – Der Siebenkampf der Aelteren sah Gutsch (Schöneberg) als Sieger vor Jüttner (Tib.), während sich Kliesche (Frankfurt a. O.) den Dreikampf vor Kuhlenbeck (Spandau) holte. Den Sechskampf der Turner (II. Stufe) gewann Spindler (Tib.) knapp gegen Schnarrs (Spandau). In den einzelnen Meisterschaften siegten am Pferd Mock (Guts Muths), an den Ringen Linke (B. T.), am Barren Ehms (B. T.) und am Reck Thor (Spandau). Von den Wettbewerben der Frauen sind besonders der Siebenkampf, den sich Frl. Hermann (Jahn=Neukölln), und der Dreikampf, den sich Frl. Reimann (B. T.) holte, hervorzuheben. Erwähnung verdienen noch die Münchener Nacktfreiübungen, das Schau= und Werbefechten und die mit großem Beifall aufgenommenen Vorführungen der Polizeisportschule Spandau, ferner die Keulenübungen der Frauen der T.i.B. Die 10mal 2 Runden=Verfolgungsstaffel sah nach scharfem Kampf T.u.S.V. Schöneberg als überlegene Sieger vor T.S.V.=Friesen«* (BLA 17. 3.).
BLA 10. 2.; 12., 16.–17. 3.

Mär 19, 20.00 Uhr. Konzert »Johann-Strauss-Abend«
V: SP (?).
Et: 2,– M.
»[...] Johann Strauss (ehem. k. k. Hofmusikdirektor) dirigiert das verstärkte Blüthner-Orchester / Else Knepel (Staatsoper) / Bernhard Bötel (Deutsches Opernhaus) / Ballett der Staatsoper« (Anz., BLA 16. 3.).

Mär 23–30. »Erste Deutsche Allgemeine Sport- und Radio-Ausstellung«
»Ständevermittlung: Philipp Moss G.m.b.H., Berlin W, Freisinger Str. 3«.
»Alle Sportvereine haben bei Vorzeigung ihrer Mitgliedskarte freien Eintritt. – Jeder 100. Besucher erhält gratis 1 Heliophon-Rundfunk-Empfänger. Jeder 500. Besucher erhält gratis 1 Pro-domo-Rundfunk-Apparat« (Anz., BLA 26. 3.).
»Schon Stunden vor Beginn der Eröffnung [...] sammelten sich dichte Massen vor dem Eingang [...] Der Andrang war so stark, daß ein erhebliches Schupokommando zur Aufrechterhaltung der Ordnung beordert wurde, das aber wegen der Leidenschaftlichkeit einiger Hitzköpfe unter den Rundfunkfreunden seine Aufgabe nicht reibungslos zu erledigen vermochte.
Das starke Interesse des Publikums war gerechtfertigt durch die vorzüglich aufgebaute und ungemein reichhaltige Ausstellung an Rundfunk- und Sportgerät der denkbar verschiedensten Art. Die Zusammenlegung der Veranstaltung, die ja in erster Linie eine Rundfunkausstellung sein soll, mit Sportartikeln erwies sich als recht glücklich, da sie es ermöglichte, das Rundfunkgerät in den verschiedenartigsten Anwendungsformen vorzuführen [...] Die Motor- und Segelbootausstellung stellen Boote mit vollständiger

239 Anzeige (Chr Mär 23–30; nach: RF 23. 3. 1924).

Antennenanlage aus [...] Außer den führenden Firmen für Segel- und Motorboote, mit denen führende Firmen der Radioindustrie ihre Erzeugnisse vereinigt hatten, war selbstverständlich die deutsche Funkindustrie mit den besten Namen der leistungsfähigsten Firmen vertreten. Die Ausstellung vermittelt den Eindruck, daß in diesem jüngsten Zweig der deutschen Industrie gewaltiges Kapital gesteckt ist. Neben den sehr bekannten Firmen Telefunken, Allradio, Afra, Radio-Amato (Otto Lootze), Huth, Lorenz, Radiosonanz, Behn [...] sieht man zahlreiche neue Firmen [...] Interessant sind die Versuche, die Rundfunkapparate in Form von Tischen, Schatullen und überhaupt Behältern der verschiedensten Formen der Architektur des Zimmers einzufügen [...]« (BLA 25. 3.).
BLA 9., 14., 23., 25.–26. 3.

Apr 4, 19.00 Uhr. Boxen »Paul Samson-Körner – Frank Goddard« u. a.
V: SP.
Bg: Emil Volkmer (53,5 kg; Bremen) – Urban Graß (53,5 kg; Köln), unentschieden (20 Rdn; Deutsche Meisterschaft).
Lg: Gustav Runge (60,8 kg; Berlin) – Fritz Ensel (61,2 kg; Köln), Sieg Ensels durch Aufgabe (2. Rde; Ausscheidung zur Deutschen Meisterschaft).
Wg: Ernst Grimm (65,2 kg; Berlin) – Walter Funke (65 kg; Berlin), Sieg Funkes durch Disqualifikation wegen Tiefschlages (11. Rde; Deutsche Meisterschaft).
Sg: Paul Samson-Körner (80,5 kg; Zwickau) – Frank Goddard (82,5 kg; GB), Sieg Samson-Körners nach Pktn (10 Rdn).
Einleitung (je 4 Rdn zu 2 Min.):
Flg: Harry Stein (49 kg; Berlin) – Willi Allmeroth (49 kg; Kassel), Sieg Steins nach Pktn.
Lg: Paul Czirson (61 kg; Berlin) – Waldemar Hentschel (61 kg; Berlin), unentschieden.
Wg: Erich Brandl (66,5 kg; Berlin) – Otto (65 kg; Bochum), unentschieden.
BLA 27., 30. 3.; 4.–5. 4.; BS 183–84, 3.–10. 4.

Apr 11, 20.00 Uhr. Bunte Veranstaltung »Vaterländischer Abend«
V: Verband der mittleren Polizeivollzugsbeamten Deutschlands, Ortsgruppe Berlin.
Et: 1,50 M (Vorverkauf 1,– M).
Zugunsten der Wohlfahrtseinrichtungen des Verbandes.
Mitw.: Deutsches Tonkünstler-Orchester u. a.
BLA 30. 3.; 6., 10. 4.

Apr 12, 19.00 Uhr. Boxen »Erich Milenz – Ted Kid Lewis« u. a.
V: SP.
Fdg: Phil Richards (59 kg; GB) – Fritz Rolauf (59 kg; Berlin), Sieg Richards' nach Pktn (10 Rdn).
Wg: Bruno Hönscherle (66,5 kg; Berlin) – Erich Brandl (66,5 kg; Berlin), unentschieden (6 Rdn).
Mg: Ted Kid Lewis (69,5 kg; GB) – Erich Milenz (71,8 kg; Berlin), Sieg Lewis' durch Abbruch (9. Rde).
Mg: Sid Turner (GB) – Adolf Wiegert (69,5 kg; Berlin), Sieg Wiegerts durch ko (9. Rde).
Einleitung (je 4 Rdn zu 2 Min.):
Lg: Damm (63,5 kg; Berlin) – Horst Kühlhorn (62 kg; Berlin), Sieg Kühlhorns durch Abbruch (3. Rde).
Mg: Horst Schade (73 kg; Berlin) – Willy Franke (71 kg; Berlin), Sieg Schades durch Aufgabe (3. Rde).
BLA 7., 10., 13. 4.; BS 184–85, 10.–17. 4.

Apr 18, 20.00 Uhr. Konzert »Wolfgang Amadeus Mozart – Requiem für Chor, Soli und Orchester«
V: SP.
Et: 2,– bis 5,– M.
»3. Musikabend im Sportpalast«.
Mitw.: Staats- und Domchor (Prof. Hugo Rüdel), Gertrud Bindernagel, Waldemar Henke, Anna Reichner-Feiten, Eduard Kandl.
BLA 13. 4.

Aprl 19 *»6 Uhr früh: Sportpalast: Start zur Fernfahrt Berlin-Leipzig«* (BZaM 19. 4.).

Apr 19, abends. Amateur-Ringen »Internationale Turniere«
V: BSC.
Ergebnisse:
Fdg-Turnier: 1. Nemeth (H; Budapest), 2. Aage Meier (DK; Kopenhagen), 3. Andersen (Malmö).
Lg-Turnier: 1. Montag (SC Alt-Wedding), 2. Maturei (Budapest), 3. Stuwe (SC Alt Wedding).
Mg-Turnier: 1. Carl Westergren (Malmö), 2. Gottfried Grüneisen (BSC), 3. Einar Hansen (Kopenhagen).
»Neben Weltmeister Westergren (Schweden), der eine Klasse für sich bildet, ist besonders das gute Abschneiden des Berliner Gottfried Grüneisen zu erwähnen, der recht fleißig an sich gearbeitet hat und in ausgezeichneter Form war. Eine bescheidene Rolle spielte Rieger (S.C. Heros 03), der im Auslande schon verschiedentlich gut abgeschnitten hatte, diesmal absolut nichts zeigte und von Grüneisen schon in 5 Minuten geworfen wurde. Weltmeister Westergren war in seiner Klasse überlegener Sieger vor Grüneisen und dem Dänen Hansen. Im Federgewicht zeigte sich der Ungar Nemeth als der Beste vor dem Dänen Meier und dem Schweden Andersson, während im Leichtgewicht der Berliner Montag mit viel Glück die deutschen Farben vor dem Ungarn Maturai und dem Berliner Stuwe zum Siege trug« (BLA 22. 4.).
BZaM 24. 4.; BLA 22. 4.

Apr 29, 20.00 Uhr. Ballett
V: SP.
Et: 2,– bis 4,– M.
»4. Musikabend im Sportpalast«.
Mitw.: Berliner Sinfonie-(Blüthner-)Orchester (Edmund Meisel); Mary Zimmermann mit acht Damen, Gudrun Hildebrandt mit ihren Meisterschülerinnen, Lotte Siber, Walter Kujawski sowie Anna Wikström/Helmuth Lotz (Meistertanzpaar des Balletts Professor Haas-Heye).
BLA 27. 4.; Ph (Deutsches Tanzarchiv Köln).

Mai 3, 20.00 Uhr. Konzert »Ludwig van Beethoven – IX. Sinfonie«
V: Barnofske.
Et: 1,– bis 5,– M.
Mitw.: verstärktes Berliner Sinfonie-(Blüthner-) Orchester, Arnold Ebels Chorvereinigung (Scheinpflugscher Chor und Schöneberger Liedertafel), Müngersdorffscher Chor; Solisten: Gertrud Bindernagel, Margarete Arndt-Ober, Waldemar Henke, Blasel, Julius Thornberg; Dirigent: Generalmusikdirektor Paul Scheinpflug.
Konzert zur Jahrhundertfeier der IX. Sinfonie. *»E. L. Heute, am 7. Mai, sind 100 Jahre vergangen, daß in Wien Beethovens 9. Sinfonie in Gegenwart des schon völlig tauben Komponisten aufgeführt wurde. Die deutsche Bourgeoisie benutzt den Anlaß zu ›Populären‹ Aufführungen des Werkes. Was dabei herauskommt, zeigt der folgende Artikel eines Genossen über eine solche ›weihevolle‹ Veranstaltung im Berliner Sportpalast. Heute Boxkampf, morgen 9. Sinfonie als Massenamüsement: Geschäft ist Geschäft.*
Die Riesenhalle des Sportpalastes überfüllt – die Hörer durchweg Angehörige des Mittelstandes, auch proletarische Jugendliche (Preise von 1– bis 5 Mark), also nichts fürs ›große‹ Publikum – daher auch gespannteste Aufmerksamkeit – zum Schluß dröhnender Beifall. Galt dieser dem Dirigenten (Scheinflug) oder dem Komponisten?
Das gewaltigste Werk Beethovens, das erlebt und geschaffen wurde als revolutionärer Protest gegen die feudalistischen Ketten, wurde wiedergegeben als eine Aneinanderreihung von Tönen und Gesang. Aus dem Sturmgesang: ›Freiheit, schöner Götterfunke‹ – wurde ein süßliches Gestammel mitleidsuchender Stimmen. Alle Noten mögen richtig wiedergegeben, alle Vorzeichen sicher peinlich genau beachtet worden sein, es fehlte nur eine Kleinigkeit, es fehlte die revolutionäre Glut, das Gefühl für das Meisterwerk eines (bürgerlichen) Revolutionärs. Wer als Spießbürger den gewaltigsten Kämpfen dieser Tage passiv gegenübersteht und versucht, sich in die ›höheren Sphären‹ reiner Kunst zu retten, wer aktiver Konterrevolutionär ist, der kann den Inhalt des Satzes: ›Seid umschlungen Millionen, Diesen Kuß der ganzen Welt‹ oder die ausdrucksreichste Stelle der ganzen Symphonie, den Jubelgesang des Soloquartetts: ›Alle Menschen werden Brüder‹ nicht verstehen. Herr Dirigent! Kennen Sie die Sehnsucht des lichtlosen Daseins? Können Sie den unbändigen schöpferischen Haß der Unterdrückten gegen den Ausbeuter empfinden? Können Sie wiedergeben, was Menschen empfinden, die aus tiefster Nacht unter unendlichen Mühen, trotz der größten Leiden sich durchkämpften zum Licht?
Herr Dirigent, wenn Sie das nicht erleben können, lassen Sie Beethovens Werke ruhen. Sie werden trotzdem eine Auferstehung feiern – nicht heute, vielleicht erst in Jahren – dann, wenn der Satz auch für das alltägliche Leben gilt: ›Alle Menschen werden Brüder‹. So war auch dieses Konzert ein Beweis mehr, daß die bürgerliche Kunst vermodert, zum Grammophon wird für eine vergangene Epoche, die schöpferische Tätigkeit entfalten konnte. Gegenwart und Zukunft sind dem maßgebenden Teil der heutigen Künstler wesenfremd. Sie flüchten sich greinend in die Vergangenheit, um den Alltag des Heute nicht zu sehen; sie klettern in den blauen Himmel der Mystik und hoffen, die Realität des Lebens, die Antwort von ihnen heischt, wie weiland Münchhausen dadurch bemogeln zu können, daß sie sich am eigenen Haarbeutel aus dem Sumpf ziehen. Wir können heute der bürgerlichen Kunst, die die absterbende Bourgeoisie nicht mehr versteht, noch nichts entgegenstellen. Die Zeiten des Bürgerkrieges haben andere Forderungen. Der Kampf geht um Macht und Brot. Wer in diesem Kampf auf Seiten der Revolution steht, ist uns willkommen, aber er muß bereit sein, sich unseren Gesetzen zu unterwerfen, er muß gewillt sein, heute den Stift oder das Instrument mit der Waffe zu vertauschen. Ernst Franke, Hamburg« (RF 7.5.).
BLA 6., 20., 27. 4.; 10. 5.; RF 7. 5.

Mai 21, 20.00 Uhr. »Balladen=Abend«
V: SP.
Et: 1,– bis 5,– M.
»5. Musikabend im Sportpalast«.
Mitw.: Margarete Arndt-Ober, Josef Schwarz, Ludwig Wüllner, Berliner Sinfonie-(Blüthner-) Orchester (Edmund Meisel).
»Der Höhepunkt des Abends war zweifellos sein [Ludwig Wüllners] Vortrag des Wildenbruchschen ›Hexenliedes‹ (Musik Max v. Schillings), der zu stürmischem Beifall hinriß. Für die gesangliche Wiedergabe vertonter Balladen von Loewe, Schubert, Liszt usw. waren Margarete Arndt=Ober und Jos. Schwarz gewonnen worden, die trotz mancher Mängel der Akustik des Hauses treffliche Leistungen boten. Die Begleitung am Flügel besorgte mit feinem Verständnis Fritz Lindemann. In Ergänzung des Programms hörte man vom Blüthner=Orchester [...] u. a. Liszts sinfonische Dichtung ›Tasso« (BLA 3. 6.).
BLA 16., 18. 5.; 3. 6.

Mai 24, 20.00 Uhr. Konzert »Wagner-Abend«
V: Berliner Lehrer-Gesangsverein.
Et: 3,– bis 6,– M.
Mitw.: Berliner Lehrer-Gesangsverein (Prof. Hugo Rüdel), Philharmonisches Orchester, Cäcilienchor (Dr. Unger); Karl Clewing, Herbert Jansen, Karl Jöken (Staatsoper); Lilan v. Granfeld; Eduard Kandl (Deutsches Opernhaus); Hans Hermann Nissen (Große Volksoper) – *»500 Mitwirkende«.*
Programm aus: Der fliegende Holländer (Ouvertüre), Lohengrin (Vorspiel und 2. Akt, Doppelchöre der Brabanter und Sachsen), Tannhäuser (aus dem 3. Akt), Götterdämmerung (aus dem 2. Akt), Meistersinger (Ansprache des Hans Sachs und Schlußchöre). Wiederholung des Konzertes am 31. 5.
BLA 18. 5.; Ph vom Apr 29.

Mai 30, 19.30 Uhr. Boxen »René Devos – Adolf Wiegert« u. a.
V: SP.
Fdg: Young Spears (58 kg; GB) – Paul Noack (56 kg; Berlin), unentschieden (4 Rdn).
Wg: Harry Jones (68 kg; GB) – Walter Funke (66 kg; Berlin), Sieg Funkes nach Pktn (6 Rdn).
Mg: Maurice Prunier (68,5 kg; F) – Hein Domgörgen (69 kg; Köln), unentschieden (10 Rdn).
Mg: René Devos (71 kg; B) – Adolf Wiegert (70 kg; Berlin), Sieg Devos' durch Aufgabe (9. Rde).
Hsg: Max Diekmann (75 kg; Berlin) – Rudi Arndt (78,5 kg; Magdeburg), unentschieden (6 Rdn).

Sg: Jaak Humbeeck (85 kg; B) – Sabri Mahir (77 kg; Berlin), Sieg Humbeecks nach Pktn (10 Rdn).
BLA 29., 31. 5.; BS 190–91, 21.–28. 5.

Mai 31. Konzert »Wagner-Abend«
Wiederholung von Mai 24.

Jun 3, 21.00 Uhr. »Massen-Chor«-Konzert
V: SP (?).
Et: 1,50 bis 5,– M.
Mitw.: *»1000 Sänger u. Orchestermitglieder«* – Dr. Artur Böhme (Dirigent des Massen-Chores), Irma Weber (Sopran, München), R. Hübner (Chordirigent), Georg Müller (Chordirigent), Max Spiegel (Bariton), Jakob Jörgensen (Begleitungen, DK), Charlottenburger Männergesangverein »Freundschaft«, Gesangverein des »Postamt 58«, Männergesangverein »Rheingold-Euterpe«, Postgesangverein »Echo«, Postgesangverein »Einigkeit«, Sängerchor der Berliner Turnerschaft, Spandauer Männergesangverein »Liederfreunde-Glocke«, Tegeler Männergesangverein, Wilmersdorfer Männerchor »Abendroth-Sangeslust«, Dr. A. Böhmes Soloquartett-Vereinigung (alle Berlin), u. a., sowie das Deutsche Tonkünstler-Orchester.
Programm: *»Beethoven: Die Ehre Gottes in der Natur. Schubert: Die Nacht. Grieg: Landerkennung mit Baritonsolo und Orchesterbegleitung. Bruch: Vom Rhein. Dürrner: Sturmbeschwörung mit Baritonsolo. Hegar: Rudolf von Werdenberg. Zelter: Meister und Gesell. Kremser-Adrian Valerius: Altniederländisches Dankgebet mit Orchesterbegleitung«*, u. a.
»Es klappte alles ganz vortrefflich und die wackeren Sänger zeigten mit der Wiedergabe einzelner Werke ein sehr achtbares Können. So besonders mit Beethovens ›Die Ehre Gottes in der Natur‹ und mit Kalliwodas ›Deutsches Lied‹. Daneben hörte man noch [...] Angerers ›Zieh mit‹. [...] Als Solistin hörte man Irma Weber-München (mit Liedern von Schubert und Brahms); ihr schöner Sopran empfiehlt sie für die Zukunft [...]« (BLA 7. 6.).
BLA 25. 5.; 1., 7. 6.

Jul 20–23. Genossenschaftsschau des deutschen Bäckerhandwerks
V: Germania.
Zum 50jährigen Jubiläum des Zentralverbandes Deutscher Bäckerinnungen »Germania«. Parallel dazu wurde eine Verbandstagung durchgeführt. *»Imposant ist die Sonderschau der Zentralen Einkaufsgenossenschaft. Vom Getreide bis zur kleinsten Tüte sorgt diese Organisation, und Nichts, aber auch gar nichts fehlt, was zum Betriebe einer Bäckerei gehört. [...] Einzelaussteller zeigen Maschinen aller Art, Backzutaten, Mehl; Staßfurt schickte große Obelisken aus Salz; weiter sieht man Kolonialwaren und Luxusartikel, die zum Handwerk gehören [...] Von ganz besonderem Wert und hohem kulturhistorischem Interesse ist die Historische Abteilung, die von Generalsekretär Ernst Göttsch (Zweckverband der Bäckermeister Groß=Berlins) mit vielem Fleiß zusammengestellt ist. Diesen kostbaren Besitz hegt die Innung natürlich mit allergrößter Sorgfalt, uns sie ist stolz darauf, daß sie ihn nicht, wie anfangs beabsichtigt, dem Märkischen Museum überwiesen hat. Man sieht u. a. die alte Innungslade, auf deren Deckel die Gesellen den Eid ablegen mußten, die erste Urkunde zum Privileg, die von Friedrich dem Großen ausgestellt war, die ganz alte Lade der Köpenicker Bäcker=Innung und die jahrhundertealte Urkunde, die beim Abbruch des Bäckerhauses, das einstmals auf der Museuminsel gestanden hat, im Grundstein aufgefunden wurde[...]«* (BLA 21. 7.).
BLA 20.–22., 24. 7. (auch zur Tagung).

Aug 15, 20.00 Uhr. Boxen »Kurt Prenzel – Erich Milenz« u. a.
V: SP (?).
Fdg: Erich Ziemdorf (58,5 kg; Berlin) – Paul Noack (58 kg; Berlin), unentschieden (6 Rdn).
Lg: Paul Czirson (63 kg; Berlin) – Richard Naujoks (64 kg; Berlin), unentschieden (6 Rdn).
Wg: Walter Funke (67 kg; Berlin) – Konrad Stein (65 kg; München), Sieg Funkes nach Pktn (8 Rdn).
Mg: Kurt Prenzel (69,5 kg; Hamburg) – Erich Milenz (72 kg; Berlin), Sieg Prenzels durch ko (4. Rde; Deutsche Meisterschaft, Hf Milenz).
Einleitung (Hsg): Max Diekmann (74 kg; Berlin) – Hans Rönisch (75 kg; Berlin), unentschieden (4 Rd).
»Nach seinem eben erst errungenen Siege über Milenz überrascht der deutsche Mittelgewichtsmeister Kurt Prenzel die deutsche Boxsportgemeinde mit der Nachricht, daß er am 19. August seinen lange gehaltenen Titel in die Hände seiner sportlichen Behörde, des Verbandes Deutscher Faustkämpfer, zurückgelegt hat. Maßgebend für diese Titelabgabe des Meisters war hauptsächlich die große Empfindlichkeit seiner Hände nach den vielen Knochenbrüchen, die laut Attest des Vertrauensarztes des VDF., Prof. Bätzner, zumindest ein Jahr Ruhe zwecks vollständiger Ausheilung bedürfen. Prenzel ging auch zu seinem letzten Kampf mit Milenz schon mit schlecht verheilten Händen in den Ring; sein Ehrgeiz trieb ihn jedoch dazu, seiner Laufbahn durch einen Sieg über eben denselben Herausforderer, der ihn seinerzeit in Leipzig überraschend geschlagen hatte, einen würdigen und glänzenden Abschluß zu geben« (BLA 20. 8.).
BLA 16., 20. 8.; BS 202–03, 11.–18. 8.

Aug 30, 19.30 Uhr. Amateur-Boxen »München – Berlin«
V: BBV.
Je Kampf drei Runden; die beiden ersten Runden je 3 Min., die dritte Runde 4 Min.
Flg: Ziglarski besiegt Münich (München).
Bg: Kennien besiegt Taubald (München).
Fdg: Malz besiegt Nefzger (München).
Lg: Müysers (München) besiegt Tiedemann.
Wg: Ewald besiegt Weißhäupl (München).
Mg: Gaikowski besiegt Niedermeier durch ko (1. Rde).
Hsg: Nispel besiegt Funk (München) durch Aufgabe (3. Rde).
Berlin – München 6:1
Außerdem gab es einen Einladungskampf (Knöpnadel besiegt Siewert) und einen Ausscheidungskampf um die Teilnahme am Länderkampf »Deutschland – Ungarn« (Marks besiegt Ziemdorf).
BLA 1. 9.; BS 204, 25. 8.; 206, 8. 9.

Sep 17–21, 20.00 Uhr. Konzert »Don Kosaken Chor Serge Jaroff«
V: Wolff u. Sachs.
Et: 1,– bis 3,– M.
»Gesänge und Tänze im Nationalkostüm / Kirchengesänge, Weltliche Lieder: Wolgalied, Die gefangenen Kosaken, Fuhrmannslied, Der rote Sarafan, Uralte Klosterlegende, Altes Kosakenlied u. a.« (Anz., BLA 7. 9.). Am 20. 9.: *»IV. Neues Programm«*.
BLA 24., 31. 8.; 7., 16., 20.–21. 9.

Sep 26, 19.30 Uhr. Boxen »Erich Milenz – Adolf Wiegert« u. a.
V: SP.
»Jeder der drei Meisterschafts-Kämpfe geht, entsprechend den neuen Bestimmungen des Verbandes Deutscher Faustkämpfer, über 15 Runden, in 4=Unzen=Handschuhen und mit harten Bandagen« (BLA 19. 9.).
Fdg: Fritz Rolauf (57,5 kg; Berlin) – Theo Beyerling (57 kg; Köln), Sieg Beyerlings durch Aufgabe (15. Rde; Deutsche Meisterschaft, Hf Rolauf).
Wg: Ernst Grimm (66 kg; Berlin) – Walter Funke (65 kg; Berlin), Sieg Grimms nach Pktn (15 Rdn; Deutsche Meisterschaft, Hf Grimm).
Mg: Erich Milenz (72 kg; Berlin) – Adolf Wiegert (72 kg; Berlin), Sieg Wiegerts durch ko (9. Rde; Deutsche Meisterschaft).
Einleitung (4 Rdn):
Wg: Hermann Herse (65 kg; Berlin) – Richard Kaube (66,5 kg; Berlin), unentschieden.
Hsg: Horst Schade (76 kg; Berlin) – Erich Brandl (75 kg; Berlin), unentschieden.
BLA 19., 27. 9.; 5. 10.; BS 208–09, 21.–28. 9.

Sep 28-Okt 7, 13.00–22.00 Uhr. »Erste Berliner Herbst-Messe ›Mode und Heim‹«
Et: 1,– M.
Die Messe war ursprünglich für die Zeit vom 6. bis 14. September angekündigt und wurde dann aus unbekannten Gründen verschoben. Unter anderem wurden angekündigt *»Messebälle – Kabarett – Tombola Jekafi, jeder kann filmen etc.«* und ein tägliches *»Künstlerkonzert«* von 14.00–22.00 Uhr.
»Da das Gebiet ›Mode und Heim‹ unendlich viele Gegenstände umfaßt, solche für den täglichen Gebrauch und Luxussachen aller Art, findet man natürlich auf der Messe auch so ziemlich alles, was zum Schmuck der Frau und zum Schmücken des Heimes dient. Ja sogar eine recht stattliche Gemäldegalerie ist zu sehen; Münchner Künstler haben ihre Werke geschickt – Landschaften, Poträte, Enterieurs, Akte, Stilleben, Genrebilder – eine reiche, farbige Kollektion. Man sieht wundervolle Pelze und schöne Hüte, Wäsche in allen Ausführungen, Schuhe, Grammophone, Schreibmaschinen, Einrichtungen für Küche und Keller [...] Um der Ausstellung auch einen gesellschaftlichen Mittelpunkt zu geben, wird an den Nachmittagen eine Teestunde eingerichtet mit anschließendem Konzert und einer Modenschau. An den freigegebenen Abenden Gesellschaftstanz, und jeden Abend Kabarett. Und wer sich besonders für Hundedressuren und Jiu-Jitsu interessiert findet auf der Messe auch Sondervorführungen dieser Wichtigkeiten für den Schutz des Heimes« (BLA 30. 9.).
BLA 27. 7.; 28.–30. 9.; 5. 10.

Okt 10, 19.30 Uhr. Boxen »Hans Breitensträter – George Cook« u. a.
V: SP (?).
Hsg: Max Diekmann (75 kg; Berlin) – Max Schmeling (80 kg; Köln), Sieg Dieckmanns durch Aufgabe (4. Rde).
Hsg: Franz Diener (77 kg; Berlin) – Heinz Marko (84 kg; A), Sieg Dieners nach Pktn (6 Rdn).
Hsg: Louis Clément (77 kg; CH) – Sabri Mahir (78 kg; Berlin), unentschieden (8 Rdn).
Sg: Giuseppe Spalla (95 kg; I) – Rudi Wagener (91 kg; Duisburg), unentschieden (8 Rdn).
Sg: George Cook (86 kg; AUS) – Hans Breitensträter (84 kg; Berlin), unentschieden (10 Rdn).
Es war der erste Kampf Schmelings im Sportpalast. *»Mein Bezwinger war der damals härteste Schläger der halbschweren Gewichtsklasse, der Berliner Max Dickmann. Die Niederlage ereignete sich ausgerechnet im Berliner Sportpalast. In der zweiten Runde hatte Dickmann mich mit einem seiner gefürchteten Haken am Ohr getroffen, das*

sofort zu bluten begann. Während der Ringpause versuchten meine Betreuer, ohne Erfolg die Wunde zu stillen. Zwei Runden später brach der Ringrichter den Kampf ab« (Schmeling, Erinnerungen, S. 38).
BLA 10.–11. 10.; BS 210–11, 5.–12. 10.

Okt 16, 20.00 Uhr. Konzert mit Pietro Mascagni
V: SP (?).
Et: 1,– bis 8,– M.
Mitw.: Maestro Pietro Mascagni (Dirigent; I), Viglione Borghese (Bariton; I), verstärktes Berliner Sinfonie-(Blüthner-) Orchester.
Programm: Ludwig van Beethoven, Sinfonie in C-Moll; Ruggiero Leoncavallo, Prolog aus »Der Bajazzo«; Mascagni, Santa Teresa (Visione lyrico), deutsche Erstaufführung.
»Der [...] Sportpalast war im Hinblick auf die Tatsache, daß der berühmte italienische Meister [...] Mascagni ein eigenes Konzert [...] leitete, wobei der ebenso berühmte [...] Borghese mitwirkte, mit höchstens einem Drittel Zuhörer nur mäßig besetzt. Diese aber wurden nicht müde, über jede Programmnummer mit Begeisterung zu quittieren, obwohl sich hier und da gegen die Auffassung etwa der Beethovenschen C-Moll-Sinfonie einige kleinere Bedenken nicht unterdrücken ließen. Zweifellos am stärksten [...] ist Mascagni in allen Werken, die seiner heimatlichen Erde entsprossen sind. Er lieh ihnen Temperament und Geist und gestaltete sie so vollkommen künstlerisch« (BLA 23. 10.).
BLA 12., 15., 23. 10.

Okt 18, 20.00 Uhr. Konzert »Wiener-Abend«
V: Barnofske.
Et: *»Populäre Preise«.*
Mitw.: Dr. Felix Günther (Dirigent), Sonja Vergin (Große Volksoper), Berliner Sinfonie-(Blüthner-) Orchester, Charlottenburger und Neuköllner Lehrergesangverein.
Programm: Josef Haydn, Sinfonie mit dem Paukenschlag; Wolfgang Amadeus Mozart, Arie aus Figaros Hochzeit; Franz von Suppé, Schöne Galatea; C. M. Ziehrer, Wiener Bürger-Walzer; Johann Strauss, Ouvertüre zu Die Fledermaus, Trauschauwem-Walzer, An der schönen blauen Donau; u. a.
BLA 12. 10.

Okt 19, 19.30 Uhr. »Schachspiel mit lebenden Figuren zwischen Weltmeister Dr. Emanuel Lasker und Großmeister Akiba Rubinstein«
V: Poculla / Tansinger.
Et: 1,– bis 8,– M.
»Der Originelle Schachabend, bei dem Meister Kagan Lasker und der Russe Bernstein Rubinstein sekundierte, wurde durch musikalische Darbietungen des Blüthner=Orchesters unter Pietro Mascagni und Generalmusikdirektor Dr. Kopsch eingeleitet und beschlossen« (Querschnitt).
»Dort, wo sich sonst unter dem grell herniederfallenden Licht der riesigen Lampen, umwogt von Rauch, Dunst und erregtem Geschrei das kriegerische, blutrünstige Viereck des Boxringes erhebt, hat man heute einen friedlichen, gelb und schwarz gewürfelten Teppich, ein weites Schachbrett, auseinandergebreitet. [...] Ich habe eine Probe gesehen [...] Die Kostüme waren noch etwas eng und neu, und den weißen König drückte empfindlich die güldene Krone. Die beiden Königinnen rauschten sehr majestätisch in Taft und schillernder Seide umher, aber noch besser haben mir die engbehosten Bauern gefallen, die natürlich in Wahrheit Bäuerinnen sind [...] Der Andrang der Statistinnen war ungewöhnlich, man verspürte recht deutlich die Not, die hier würgt, drückt und sticht [...]« (BLA 19. 10.).
»Jede Partie hatte ihren Herold, der die gezogenen Figuren auf die Bestimmungsfelder und die Kampfopfer vom Felde führt. Die beiden Feldherren [...] spielten ein abgelehntes Damengabit. Zu Anfang ging es sehr ruhig zu, später wurde die Partie, als der polnische Meister, der die weißen Figuren führte, einem Bauernopfer ein Läuferopfer folgen ließ, lebhafter. Einem Läuferopfer Laskers folgte ein Turmopfer Rubinsteins und wenige Züge später ewiges Schach durch die weiße Dame. Unentschieden im 24. Zuge« (Querschnitt).
BLA 19. 10.; Der Querschnitt 4, 1924, S. 268.

Okt 23, 20.00 Uhr. Konzert »der Saenger der roemischen Basiliken San Pietro Vaticano, Santa Maria Maggiore, San Giovanni in Laterano, Sixtinische Kapelle«
V: Robert Sachs.
Et: 1,– bis 5,– M.
»IV. (Abschieds-) Konzert/Neues Programm«.
Leitung: Monsignore Raffaele C. Casimiri.
Die vorherigen Konzerte hatten u. a. im Ufa-Palast (19. 10.) und im Marmorsaal am Zoo (20. 10.). stattgefunden.
BLA 18. 10.

Okt 25–26, 20.00 Uhr. Konzert »Don Kosaken Chor Serge Jaroff«
V: Wolff u. Sachs.
Et: 1,– bis 3,– M.
Vorher waren die Don Kosaken im Marmorsaal am Zoo (21.–23. 10.) und in der »Alten Garnisonkirche« (24. 10.). aufgetreten.
BLA 26. 10.

Okt 29, 20.00 Uhr. Amateur-Boxen »Deutschland – Niederlande« u. a.
V: SCC.
Jeder Kampf zu drei Runden.
Bg: Ziglarski (Alt-Wedding) besiegt de Ray (NL).
Lg: Stöhr (Heros) besiegt Brugging (NL).
Wg: Clauß (SCC) besiegt de Graaf (NL).
Mg: Rieke (Hamburg) besiegt Brok (NL); Rieke erhielt den vom Berliner Tageblatt gestifteten Ehrenpreis.
Hsg: Miljon (NL) besiegt Gaikowski (PSV).
Hsg: Nispel (Heros) besiegt Beesemer (NL).
Rahmenkämpfe: Fleischer (Maccabi) besiegt Raatz (SCC); Post (VfB Pankow) besiegt Ebeling (SCC); Goericke (Heros) besiegt Rube (SCC); Carr (AUS) – Weber (SCC), beide wurden wegen *»boxerischer Unfähigkeit«* disqualifiziert.
BLA 29. 10.; BS 213–14, 26. 10.–2. 11.

Nov 2, nachmittags. Kundgebung
V: DDP.
Zur Wahl des Reichstags am 7. 12.
Rd: Erich Koch-Weser (Reichsmin.), Bernhard Falk (Justizrat; Köln), Prof. Dr. Willy Hugo Hellpach (Unterrichtsmin., Baden), Dr. Gertrud Bäumer, Berthold von Deimling (General; M. des Reichsbanners Schwarz-Rot-Gold).
»Deutscher Geist – demokratischer Wille' – dies waren die Leitworte, unter denen die Deutsche Demokratische Partei [...] eine Massenversammlung nach dem Sportpalast einberufen hatte. Welchen Widerhall dieser Ruf fand, bewiesen die Tausende von Männern und Frauen, die sich in dem riesigen Raum, der mit schwarz-rot-goldenen Fahnen reich geschmückt war, drängten. Wie der Eindruck dieses flaggengeschmückten Saales, so war auch die Stimmung der Massen, die ihn füllten: festlich und ernst [...] Unter Marschklängen hielten die Fahnenträger des Reichsbanners Schwarz-Rot-Gold, begrüßt vom stürmischen Beifall der Versammlungsteilnehmer, ihren Einzug in den Saal. Ein wahrer Fahnenwald in den Reichsfarben umgab alsbald den Raum um die Rednertribüne, die als erster Karl Ebert von Staatstheater erstieg. Wie eine ernste Mahnung erklangen die herrlichen Verse, die Conrad Ferdinand Meyer den sterbenden Hutten von der deutschen Einheit sprechen läßt [...]«.
Der letzte Redner, General von Deimling, sagte unter anderem: *»Wer rechts wählt, gibt seine Stimme für den Zukunftskrieg. Wer keinen Zettel abgibt, muß sich vor seinen Mitbürgern schämen. Hundert Jahre haben die Deutschen politisch dagestanden die Hände an der Hosennaht, auch die Frauen (Große Heiterkeit). Jetzt aber geht die Staatsgewalt vom Volke aus. Ihr seid keine Untertanen mehr, sondern Staatsbürger, die die Verantwortung für die Geschicke Deutschlands tragen.«* Er schloß *»unter stürmischem Jubel: ›Nieder mit der Reaktion, hoch die Republik! Das Ganze sammeln unter dem Reichsbanner Schwarz-Rot-Gold. Unter diesem Zeichen wird das Vaterland wieder groß, frei und stark werden!‹«* (Voss 3. 11.).

240 Anzeige (Chr Nov 6; nach: BS 48, 3.11. 1924).

Nov 6, 19.30 Uhr. Boxen »Paul Samson-Körner – George Cook« u. a.
V: SP (?).
Fdg: Erich Ziemdorf (57 kg; Berlin) – Alwin Paulke (57 kg; Bremen), unentschieden (8 Rdn).
Mg: Max Diekmann (68 kg; Berlin) – Hein Domgörgen (68 kg; Köln), Sieg Domgörgens nach Pktn (8 Rdn; Ausscheidung zur Deutschen Meisterschaft).
Sg: Ernst Rösemann (95,5 kg; Hannover) – Paul Journée (95,5 kg; F), Sieg Rösemanns durch Abbruch (1. Rde).
Sg: Paul Samson-Körner (81 kg; Zwickau) – George Cook (86 kg; AUS), unentschieden (10 Rdn).
BLA 24. 10.; 6. 11.; 214–15., 2–9. 11.

Nov 8–18. Reit- und Fahr-Turnier
V: Reichsverband für Zucht und Prüfung deutschen Warmbluts.
Forts. Nov 20–22.
15.00 Uhr die eigentlichen Turnierwettbewerbe (dazu bereits ab 9.00 oder 10.00 Uhr Vorprüfungen), 19.00 Uhr Totalisator-Jagdspringen.
Mit rund 5500 Nennungen, u. a. aus Ungarn, Schweden, der Schweiz und den Niederlanden, war es das umfangreichste aller bisherigen Reit- und Fahrturniere. *»Nicht weniger als 1100 Pferde nahmen an dem Turnier teil, an den Nachmittagen waren außer den Reiter=Vereinen und den Regiments=Patrouillen 1021 Pferde und 85 Gespanne in Konkurrenz zu sehen. In den Jagdspringen am Abend gab es 1522 Starter. In diesen Prüfungen spielte die*

Reichswehr eine ganz vorzügliche Rolle, da es 24 Offizieren und mehreren Chargierten gelang, Siege zu erringen. Lt. v. Deutsch, Hptm. Martins und Lt. Momm zählten zu den erfolgreichsten Reitern des Turniers. Den Vogel schoß Graf Hohenau ab [...], während sein sonstiger, schärfster Rivale Frhr. v. Langen diesmal nicht recht in Form war. Die [...] erfolgreichen Turnierreiter: Graf Hohenau (8 Siege, 7 zweite, 6 dritte Plätze), Hr. A. Holst (7–3–10), Lt. v. Deutsch (7–1–1), Hptm. Martins (6–1–3), Hr. R. Treeck (4–4–4), Hr. K. Chr. v. Knobelsdorff (4–3–1), Frhr. von Langen (4–1–7), Lt. Momm (3–5j–1), Hr. M. Perske (3–4–1), Rittm. Binder (3–3–2), Hr. G. Hillenberg (3–1–1), Lt. Amlinger (3–1–0), Hr. Grimm-Kreien (3–0–0), Lt. v. Wietersheim (2–2–0), Wachtm. Lange (2–1–1), Lt. Baldamus (2–1–0), Frau Hanebeck (2–1–0), Rittm. Neumann (2–0–2), Hr. Loeschmann (2–0–2), Prinz Kraft Hohenlohe (2–0–1), Lt. Frhr. v. Liebenstein (2–0–0) [...]« (BLA 26. 11.).

Einen besonderen Erfolg hatte die Schaunummer *»Quadrille der Ostpreußen«*, die – am 10. erstmalig vorgeführt – zum ständigen Nachmittags-Repertoire gehörte. *»Unter der Führung des Spitzenpferdes Leonidas (Bereiter Rhattauer) trabten die 16 Hengste unter den Klängen des Preußenliedes in die Arena. Erlesenes Material aus den Landgestüten Gudwallen, Rastenburg, Georgenburg und Braunsberg, meist von Privatzüchtern gezogen, aber auch einige Trakehner darunter, stürmisch begrüßt vom Publikum. Unter steigendem Beifall bei den einzelnen Figuren, die mit aller wünschenswerten Exaktheit ausgeführt wurden [...]«* (BLA 11. 11.).

Auch diesmal fanden wieder Prüfungen außerhalb des Sportpalastes statt: der 50-km-Geländeritt (von Potsdam zur Rennbahn Grunewald), Teil der Großen Gebrauchsprüfung, und die Marathonfahrt der Viererzüge, deren Start und Ziel der Sportpalast war und die 20 km durch die Stadt führte. Der obligatorische Besuch des Reichspräsidenten Friedrich Ebert war am 20. 11. Zur Einstimmung hatte am Vorabend des Turniers, am 7., im Marmorsaal des Zoo ein *»Reitertag«* stattgefunden, bei dem u. a. unter Fanfarengeschmetter *»die Bannerträger der ländlichen Reitervereine«* einzogen. *»Zur Höhe einer vaterländischen Kundgebung von unmittelbarster Wucht erhob sich der Beifall, als die hinreißenden Rhythmen des Fridericus=Rex=Marsches aufbrandeten und die Gestalten des Alten von Sanssouci, Zietens und Seydlitzens die Stufen herunterschritten und sich in symbolischer Huldigung die Banner senkten [...]«* (BLA 8. 11.).

Aus den Wettbewerben:

»Eignungsprüfung für Offizierspferde. I. Leichte Pferde. Oblt. Sandströms Ralf (Bes.) 1. [...] II. Schwere Pferde. Oblt. Sandströms Säbel (Bes.) 1. Edmund (Hptm. Schneider) 2. Ahnenrausch (Rittm. Moritz) 3. [...] Dressurprüfung für Damenpferde. Frhr. v. Schierstaedts Herzlinde (Frau v. Gottberg) 1. Liebherr (Frau Franke) 2. [...]« (BLA 10. 11.).

»Mannheimer Preis. Hochspringen. Frhr. v. Langens Hanko (Bes.) 2,05 Meter, 1. Frhr. v. Buddenbrocks Fortunello (Bes.), 2,05 meter, 2. [...] Große Gebrauchsprüfung (Endklassement). Prinz Friedr. Sigism. v. Preußen Heiliger Speer (Bes.) 1. Frhr. v. Langens Goliath (Bes.) 2. Rittm. Sers Kirsche (Bes.) 3. [...] Großer Amazonen-Preis. Frau. v. Häußlers Hannepü (Frau Franke) 1. Frau Dr. Wieners Schwabenjunge (Bes.) 2. Amtsrat Lüttichs Alma VI (Frau Lüttich) 3. [...]« (BLA 15. 11.).

»Mehrspänner (Eignungsprüfung für Gespanne). a) Jukker. Frhr. v. d. Borchs Sechserzug (Bes.). 1. E. Gottschalks Viererzug (Wolff=Wietzow) 1. [...]« »Frhr. v. d. Borch mit seinem aus Schimmeln und Füchsen gemischten Sechserzug war hier ›Klasse für sich‹ und erhielt mit E. Gottschalks Viererzug [...] den Siegerpreis« (BLA 18. 11.).

»Marathonfahrt für Viererzüge. E. Gottschalks Prinz, Darling, Commander, Mary (Rößler) 1. 2. Esk. Fahrabt. 3. Toni, Urban, Steffen, Sebald (Unterwachtm. Krüger) 2. [...]« (BLA 19. 11.).

BLA 19. 10.; 7.–24., 26. 11.

Nov 19. Versammlung der Heilsarmee

V: Heilsarmee.

Bramwell Booth, Sohn des Gründers William Booth, *»der gestern im Sportpalast sprach, übernahm das Autokraten=Zepter des merkwürdigen und großen Vaters, und ist nun selber auch schon ein Greis. Eine ehrwürdige, gütige Erscheinung. Die freundlichen Augen voll Ausdruck, der feine Mund leicht geschürzt im bartlosen Antlitz, das weiße, üppige Haupthaar gelockt. Satz für Satz wird die Rede vom Dolmetscher übertragen, und was man – stokkend zunächst – vernimmt, ist eine rührende Schilderung seiner Eltern Leben [...] Bramwell schilderte weiter, wie der alte General den Titel ›Heilsarmee‹ fand [...] Das Publikum, das den Sportpalast noch nicht zur Hälfte füllte, blieb im großen und ganzen merklich kühl. Der rein religiöse Teil der Bothschen Rede zumal schien wenig Eindruck zu machen, und das lag daran, daß die früher wohlweislich so suggestiven und häufig geradezu agressiven Methoden der Heilsarmee wesentlich schwächer, ›dezenter‹ geworden sind [...] Gestern war es nicht mehr der alte, beschwingte Betrieb, nicht mehr das jubelnde, mitreißende Singen und Klingen, nicht mehr die feurigsüße, verlokkende Heilsmelodei«* (BLA 20. 11.).

Nov 20–22. Reit- und Fahr-Turnier

Forts. von Nov 8–18.

Aus den Wettbewerben: *»Preis der Nationen. (Jagdspringen. Kl. 8.) Schweiz: Espérance, Siegfried und Ramuntcho (Hptm. Herrsche), 10 F. 1. Deutschland: Tommy, Rübezahl, und Armin II (Graf Hohenau), 13. F. 2. Ungarn: Beni, Alkormany und Adogato (Hptm. v. Cseh) 3. [...]«* (BLA 22. 11.).

Nov 28, 20.30 Uhr. Vorkämpfe zum 13. Berliner Hallensportfest des VBAV am 29.–30. 11.

BLA 27. 11.

Nov 29–30. 13. Hallensportfest des VBAV

Am 29. 11. um 17.00 Uhr; am 30. 11. vor- und nachmittags Vorkämpfe, 18.00 Uhr Hauptkämpfe.

V: VBAV.

Aus den Wettbewerben:

60-m-Laufen: 1. Thumm (DSC) 7,2 Sek., 2. Schlöske (Brandenburg), 3. Pampe (Zehlendorf).

60-m-Hürdenlaufen: 1. Troßbach (BSC) 8,8 Sek., 2. Gundel (DSC).

1000-m-Hauptlaufen: 1. Peltzer (Stettin) 2:86 Sek, 2. Schonemann (SCC), 3. Schmidt (Zehlendorf 88).

10mal 50-m-Pendelstaffel: 1. Brandenburg.

Kugelstoßen: Hänchen 13,27 m, Haymann (München) 13,24 m.

Hochsprung: 1. Skoczynski (PSV) 1,75 m, 2. Fritzmann (SCC), 3. Schlöske (Brandenburg) – (durch Stechen entschieden).

Stabhochsprung: 1. Schuhmacher (Hamburg) 3,45 m *»Der Kasseler Adams muß leider mit gleicher Sprunghöhe ausscheiden, um seinen Zug nicht zu versäumen«.*

BLA 1. 10.; 27., 29.–30. 11.; 1. 12. (mit weiteren Ergebnissen).

Dez 1–4. Einbau der Radrennbahn

durch die Firma Hagendorf & Hass (Friedenau, Lefèvrestraße 5). Bis zu diesem Zeitpunkt war auch ein Tunnel zum Innenraum der Rennbahn gebaut worden, sodaß zum erstenmal bei Radrennen im Sportpalast die sonst obligatorische Holzbrücke – viel geliebt und viel geschmäht – fehlte.

LA SP/4002, Bl. 209; BLA 4., 7. 12.

Dez 5, 19.30 Uhr. Boxen »Hans Breitensträter – Frank Goddard« u. a.

V: SP.

Mg: Walter Funke (67,5 kg; Berlin) – Andrew Newton (70 kg; GB), Sieg Funkes nach Pktn (8 Rdn).

Mg: Hein Domgörgen (69 kg; Köln) – Joe Bloomfield (73 kg; GB), unentschieden (8 Rdn).

Hsg: Sergeant Sid Pape (73,5 kg; GB) – Adolf Seybold (73,5 kg; Köln), Sieg Papes nach Pktn (8 Rdn).

Sg: Ernst Rösemann (94,5 kg; Hannover) – Arthur Townley (92 kg; GB), Sieg Rösemanns nach Pktn (8 Rdn).

241 Reit- und Fahr-Turnier (Chr Nov 8–18; nach: BLA 9. 11. 1924).

Sg: Hans Breitensträter (84 kg; Berlin) – Frank Goddard (96 kg; GB), Sieg Breitensträters nach Pktn (10 Rdn).
BLA 6. 12.; BT 7. 12.; BS 218–19, 30. 11.–7. 12.

Dez 6, 19.30 Uhr. Radrennen
V: SP.
Eröffnungsrennen der Wintersaison (auch unter Beteiligung von Amateuren).
Eröffnungsfahren (5 Vor-, 2 Zwischenläufe): 1. Münzner, 2. Gottfried, 3. Stolz, 4. Hoffmann.
200-Rdn-Punktefahren (5 Wertungen): 1. Oskar Tietz 24 Pkte; 2. Häusler 14; 3. Ostermeyer 6.
20-Rdn-Vereins-Mannschaftsfahren für Amateure (3 Läufe): 1. Tempo 08 (Longardt, Petermann, Schenk) vor Concordia 97, BRC 89, Krampe.
Stunden-Mannschaftsfahren: 1. A. Meyer/Jenske 18 Pkte; 2. Schmidt/Koch 13; 3. Schrefeld/Tietz 12; 4. Krüger/Linsener 11; 5. Krahner/Neinas 8; 6. Schulz/Schönborn 8; 39,650 km.
»Nun haben auch die Berliner Radsportanhänger wieder ihre Winterbahn [...] Eine Neuerung fiel sofort in die Augen. Es ist der Fortfall der Treppe zum Innenraum, an deren Stelle ein unterirdischer Zugang geschaffen worden ist. Zur besseren Uebersicht über die Rennen ist die Einrichtung sehr dienlich. Der Besuch war nicht gerade zahlreich, was auf die unmittelbare Nähe des Wahltages und auch auf das wenig zugkräftige Programm [...] zurückgeführt werden kann« (BLA 8. 12.).
Während des Stunden-Mannschaftsfahrens kam Paul Meyer durch Radschaden zu Falle und erlitt eine so schwere Gehirnerschütterung, daß er an den Folgen am 9. im Krankenhaus starb.
BLA 4., 8., 10. 12.

Dez 14, 19.30 Uhr. Radrennen
V: SP (?).
Fliegerhauptfahren (Vor- und Zwischenläufe): 1. Oskar Tietz, 2. Saldow, 3. Hoffmann, 4. Münzner.
Länderkampf »Deutschland – Amerika« (Hahn, Rütt, Bauer [D] – Jaeger, Lang, Weber [USA]; neun Zweier-, ein 50-Rdn-Punkte- und ein Mannschafts-Verfolgungsfahren): 1. Weber 20 Pkte; 2. Lange 20; 3. Jaeger 19; 4. Hahn 19; 5. Bauer 18; 6. Rütt 7; USA – D 89:86 Pkte.
50-Rdn-Punktefahren: 1. P. Schulz (17:18,3); 2. Schönborn.
50-km-Mannschaftsfahren (12 Paare; Wertung nach je 10 km): 1. Tietz/Golle 28 Pkte; 2. Saldow/Techmer 20; 3. Häusler/Münzner 17; 4. Meyer/Jenske 12; 5. Jenssen/Kuschkow 12; 6. Koch/Sennecke 12; 1:12:02 Stunden.
BZaM 14.–15. 12.; BLA 14.–15. 12.

Dez 14–23 (?), 13.00-22.00 Uhr. Weihnachts-Messe
V: SP (?).
Et: 0,50 M.
»WO KAUFE ICH MEIN WEIHNACHTSGESCHENK? / AUF DER WEIHNACHTSMESSE IM SPORTPALAST / verbunden mit einer GEMÄLDE-AUSSTELLUNG Münchener Künstler / [...] IN DER HALLE: Konzert, Menschenwunder, Vergnügungs-Abteilung / IM KASINO: Weihnachtsmärchen ›Das Gotteskind‹ / (16., 17., 18., 22., 23. Dezember 5 Uhr) / Bunte Weihnachtsbühne. Jed. 100. Besucher erh. 1 Kunstblatt / Kunst=Tombola: Für 1 Mk. ein Kunstgegenstand« (Anz., BLA 14.–15. 12.). Eine Gemälde-Ausstellung Münchener Künstler war bereits in der Messe ›Mode und Heim‹ zu sehen (vgl. Sep 28-Okt 7). »Das Gotteskind« wurde durch die Akademische Bühne aufgeführt (R: Bruno Th. Satori-Neumann).
BLA 14.–15. 12.

Dez 25, 19.30 Uhr. Radrennen
V: SP (?).
»Großer Weihnachtspreis« (Fliegerhauptfahren): 1. Hahn, vor Jaeger, Hoffmann, Münzner.
»Internationales Dreiertreffen« (Mori [I] – van Bever [B] – Lorenz [D]; drei Läufe je 10 Rdn): 1. Lorenz 4 Pkte.
10-Meilen-Mannschaftsfahren (13 Paare; Wertung nach je 25 km): 1. Oskar Tietz/Krupkat, 2. Münzner/Kohl (nach erfolgreichem Protest), 3. Jaeger/Lang, 4. Rütt/Bauer, 5. Carli/Minoretti, 6. van Bever/Huschke; 1:49:44,1 Stunden; außerdem starteten: Schrefeld/Ostermeyer, Krüger/Kolles, Schwab/Peter, Lorenz/Hahn, Hoffmann/Häusler, Gottfried/Sennecke, van Nek/Sawall.
50-Rdn-Punktefahren: 1. Neinas 7 Pkte; 2. Naujokat 7; 3. Schulz 4; 4. Linsener 4.
BLA 21., 25., 27. 12.; BT. 27. 12.

Dez 26, 19.30 Uhr. Radrennen
V: SP (?).
10-Rdn-Ermunterungsfahren: 1. Schwab, vor Hoffmann, Krahner, Schulz.
100-km-Mannschaftsfahren (zwei Läufe je 50 km): 1. O. Tietz/Huschke 53 Pkte; 2. Manthey/H. Suter 8; 3. Hahn/Sawall (1 Rde zurück) 49; 4. Rütt/Bauer 36.
»Deutschland – Italien« (Verfolgungsfahren): Carli/Minoretti (I) holen P. Kroll/H. Kohl (D) nach 5 Min. 34 Sek. ein.
BLA 21., 25., 27. 12.; BT 27.–28. 12.

Dez 28. Amateur-Radrennen
11.00 Uhr Vorwettbewerbe für das Vereins-Mannschaftsfahren, 19.00 Uhr Hauptwettbewerbe.
V: BDR.
Internationaler Länderkampf: 1. Oszmella, 2. Rieger; außerdem starteten Ballière (F) und Boiocchi (I). Vereins-Mannschaftsfahren: 1. Concordia 97, 2. Panther.
»Maiglöckchenpreis« (30-Min.-Punktefahren): 1. Heyne.
»Fliederpreis« (30-Min.-Punktefahren): 1. Dahms.
Außerdem war noch ein 300-Rdn-Mannschaftsfahren angekündigt.
BLA 28. 12.; BT 30. 12.

1924/25

Dez 31-Jan 1. Radrennen
Beginn 31.12. um 20.00 Uhr, Start zum 25-Stundenfahren um 22.00 Uhr, Ende 1. 1. um 23.00 Uhr.
V: SP (?).
Vorgabefahren: 1. Neinas.
Fliegerkampf »Deutschland – Ausland« (Behrendt, Techmer, Sennecke [D] – Kolles [NL], Ducrettet [CH], Jenssen [DK]): Ausland – Deutschland 34:29 Pkte.
30-Rdn-Prämienfahren: 1. P. Schmidt, 2. Kneifel.
25-Stundenfahren (13 Paare; Wertungen von je sechs Spurts um 1.00, 3.00, 5.00, 15.00 und 20.00 Uhr): 1. Persyn/Verschelden, 2. Brüder Suter (1 Rde zurück), 3. Lang/Weber, 4. van Bever/Stellbrink (2 Rdn zurück); außerdem starteten: Golle/Oskar Tietz, Huschke/Kohl, Lewanow/Schrage, Lorenz/Krupkat, Münzner/Häusler, Stolz/Manthey, Rütt/Verraes, van Nek/Bauer, Ferrario/Bestetti; Startschuß: *»der Schweizer Meisterfahrer Kaufmann«*.
Die Veranstaltung war nur schwach besucht und ein finanzieller Reinfall. Das 25-Stundenfahren wurde als *»völlig verunglückt«* angesehen; es *»brachte während der Nacht zum 1. Januar keine Veränderung. [...] Die erste entscheidende Wendung geschah ganz überraschend um 6 Uhr 10 Min. morgens, zu einer Zeit, als keine Besucher anwesend waren und die Bahn im Halbdunkel dalag. Hier stieß Kohl plötzlich mit blitzschnellem Antritt vor. Sofort kam Leben in das Feld. Golle war der erste, der das Hinterrad Kohls erwischte. [...] Leider wurde der bis dahin sportlich schöne und fesselnde Verlauf des Rennens durch das Versagen des Renngerichts empfindlich beeinträchtigt. Der naturgemäß etwas unübersichtlichen Situation, die sich im Verlaufe der langen Jagden ergab, waren die Mitglieder des Kollegiums offenbar nicht gewachsen; [...]«* (BLA 2. 1.).
BLA 30.–31. 12.; 1.–2. 1. 1925.

1925

Jan 7, 19.30 Uhr. Boxen »Hans Breitensträter – Jaak Humbeeck« u. a.
V: SP (?).
Wg: Ernst Grimm (67 kg; Berlin) – Hermann Herse (66,5 kg; Berlin), Sieg Herses nach Pktn (8 Rdn).
Hsg: Erich Milenz (76,5 kg; Berlin) – Max Diekmann (75,5 kg; Berlin), Sieg Diekmanns nach Pktn (6 Rdn).
Sg: Franz Diener (85 kg; Berllin) – Ludwig Haymann (87,5 kg; München), unentschieden (6 Rdn).
Sg: Ernst Rösemann (94,5 kg; Hannover) – Hans Wagener (94,5 kg; Duisburg), Sieg Rösemanns durch ko (1. Rde; Ausscheidung zur Deutschen Meisterschaft).
Sg: Hans Breitensträter (84,5 kg; Berlin) – Jaak Humbeeck (91,5 kg; B), Sieg Breitensträters nach Pktn (10 Rdn).
BLA 1., 4., 8. 1.; BS 223–24, 3.–9. 1.

Jan 10, 19.30 Uhr. 4. Fest der Sportpresse
V: VDS.
Zugunsten der Wohlfahrtskasse des VDS.
»Das Fest [...] hat sich, das bewies dieser Sonnabend von neuem, die Stellung an der Spitze der Veranstaltungen der Berliner winterlichen Sportsaison, die es sich so schnell errungen hat, fest gesichert. Schon äußerlich war es ein Erfolg, der alle Erwartungen übertraf und den Sportpalast ganz ausgezeichnet besucht sah. Was geboten wurde, war so reichhaltig und abwechslungsvoll, wie man sich nur wünschen konnte.« Unter anderem gab es leichtathletische Wettbewerbe, Ring- und Boxkämpfe (Edu Schmidt – Young Spears), Radrennen oder Turnvorführungen. *»Walter Rütt, der Vater, und Oskar Rütt, der Sohn, steuerten als vorsintflutliche Rennfahrer mit mehr als fossilem Rade eine Excentric=Nummer bei, die ebenso witzig war, wie sie an des Weltmeisters Fahrkunst hohe Anforderungen stellte [...] Viel Anklang fanden wieder die Leistungen der vierbeinigen Schützlinge des Berliner Hunde=Rennklubs, außerordentlichen Beifall fand die jugendliche Cilly Feindt, die ihren ›Nestor‹ in verschiedenen Gangarten der Hohen Schule vorritt [...] Später gab es dann in den Gesellschaftsräumen des Sportpalastes das übliche gesellschaftliche Beisammensein [...] Der Sport hatte zahlreiche seiner prominentesten Vertreter entsandt. So sah man [...] Exzellenz Lewald und Dr. Diem, Graf L. Westphalen [...], die Jockeys Otto Schmidt, Tarras, Kaiser [...], von den Größen des Boxringes Hans Breitensträter und Wiegert, von Meistern des Rades die Weltmeister Arend und Rütt, ferner Saldow, Bauer, Krupkat, Sawall, Huschke und Oskar Tietz [...]«* (BLA 12. 1.).
BLA 28. 12. 1924; 4., 9., 10., 12. 1.

Jan 11. Hallensportfest der Turner
9.00 Uhr Vorkämpfe, 15.00 Uhr Hauptkämpfe.
V: DT, Kreis III b.
»Ein schöner Erfolg [...], diese gewaltige Heerschau von rund 2500 Mitwirkenden bei einem Hallensportfest [...]

242 »Freiübungen im Gymnastikstil«.

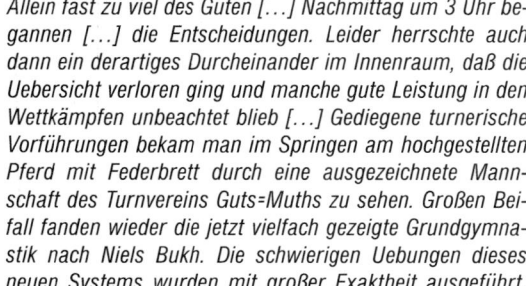

243 »Start zum 55-Meter-Laufen der Männer«.

244 »Das Wettlaufen der Frauen über dieselbe Distanz«.

242–244 Hallensportfest der Turner (Chr Jan 11; nach: Sport-Spiegel 22. 1. 1925).

Allein fast zu viel des Guten [...] Nachmittag um 3 Uhr begannen [...] die Entscheidungen. Leider herrschte auch dann ein derartiges Durcheinander im Innenraum, daß die Uebersicht verloren ging und manche gute Leistung in den Wettkämpfen unbeachtet blieb [...] Gediegene turnerische Vorführungen bekam man im Springen am hochgestellten Pferd mit Federbrett durch eine ausgezeichnete Mannschaft des Turnvereins Guts=Muths zu sehen. Großen Beifall fanden wieder die jetzt vielfach gezeigte Grundgymnastik nach Niels Bukh. Die schwierigen Uebungen dieses neuen Systems wurden mit großer Exaktheit ausgeführt. Kunstfreiübungen, Volkstänze, Ringen, Reckturnen und ein figurenreicher 16er Kunstreigen von ›Blitz‹-Neukölln bildeten den übrigen Teil der Vorführungen. In eine bunte Festwiese, dicht belebt von froher weiblicher Jugend, verwandelte sich der Innenraum bei den anmutigen Volkstänzen [...]« (BLA 12. 3.).

Aus den Wettbewerben: *»55 Meter: Männer: 1. Oberbeck, Braunschweig, 6,4 Sek. 2. Scherrig (T.S.V. Schöneberg). 3. Krause (Eichen, Fürstenwalde). – 55 Meter: Frauen: 1. Frl. Schwanebeck, Velten, 7,4 Sek. 2. Frl. Kranich (Germania, Petershagen). 3. Frl. Goldbach (T.K. Hannover.) – 55 Meter, Jugend: 1. Voges (T.S.V. Schöneberg) 6,8 Sek. 2. Koszorowsky (Guts Muths). 3. Kutzbach (Tib.). – 800 Meter, Jugend 09–10: 1. Stemminger (T.S.V. Schöneberg). 2. Rebe (T.S.V. Schöneberg) [...] 5mal 12=Rundenstaffel, Jugend 07–10. 1. Berliner Turnsportverein 3 Min. 28 Sek. 2. Guts Muths. 3. T.S.V. Schöneberg. [...] 4mal 1/2 Rundenstaffel für Frauen: Endlauf B: 1. V.f.L. 58 44,3 Sek. [...] 1000=Meter=Hauptlaufen: 1. Tiede (T.V. Jahn, Biesdorf) 2 Min. 46 Sek. [...] 60=Meter=Hürdenlaufen: 1. Rüter (Turnkl. Hannover) 8,6 Sek. [...] Hochsprung: 1. Rüter (Tc. Hannover) 1,70 Meter, 2. Schröder (Jahn=Neukölln) 1,65*

Meter, [...] 1500 Meter, männl. Jugend: 1. Lehmann (Tv. Neuenhagen), 4 Min. 42,2. 2. Booth (Tib.), 3. Heyme (Leipzig). – 800=Meter=Vorgabelauf: 1. Dannefeld (Oranienburger Tschst.) (40 Meter), 2,07 Min. [...] Hallensportstaffel: 1. Tib. 3 Min. 31 Sek. 2. T.S.V. Schöneberg. [...] Radballspiel: Club Lichterfelder Herrenfahrer, A=Mannschaft (Gebr. Richter, Schulz) schlägt B=Mannschaft (Falk, Weber, Finkenkrug) 2:0. – Hochsprung der Frauen: 1. Frl. Sommer (Kieler Tv.) 1,45 Meter. [...] Stockball: Jahn=Neukölln schlägt Turngem. in Berlin 2:1 (1:0). [...]« (BLA 12. 1.; mit weiteren Ergebnissen).
BLA 8., 11.–12. 1.

Jan 17, abends. Kommers der Burschenschafter zur Feier des Reichsgründungstages
V: Deutsche Burschenschaft.
Zum Tag der Reichsgründung (17. 1. 1871).
»Mehr als zweitausend Teilnehmer säumen die langen Tische [...] Unter und über den Sitzreihen [...] schwarz=weiß=rote Drapierung. An den Seiten dunkelgrüne Tannen. Ein prächtiges Bild. Schwarzrotgolden leuchtet das Fahnentuch gegenüber der Kommersleitung, im echten Glanz Symbol des Burschenschafter=Ideals. Schmetternd hebt das Deutsche Tonkünstler=Orchester an. ›Sind wir vereint zur guten Stunde‹ und brausend fällt der tausendstimmige Chor ein. In langem Zuge marschieren die Fahnen der Burschenschaften in die Halle. Landgerichtspräsident Lieber (Saxonia) eröffnet die offizielle Feier mit Worten, die in dem gemeinsamen Gesang des ›Deutschlandliedes‹ ausklingen [...]«. In seiner Festrede sagt *»Direktionssekretär Laudien (Gothia=Königsberg)«* u. a.: *»Die Burschenschaft steht heute noch zu dem Geiste des alten schwarzrotgold, lehnt aber den internationalen und pazifistischen Geist, der sich mit den für die Republik jetzt in Anspruch genommenen Farben verknüpft, ab. [...] Der Abend brachte weiter eine machtvolle Kundgebung gegen die Verlängerung der Besetzung Kölns [...]«* (BLA 18. 1.).

Jan 21, 19.30 Uhr. »Lenin-Gedächtnis-Kundgebung zum Todestag des Führers des revolutionären Weltproletariats«
V: KPD.
Et: 0,50 M (*»Der gesamte Ueberschuß wird der ›Roten Hilfe‹ zugeführt«*).
Rd: Ruth Fischer (MdR), Ernst Thälmann (MdR).
»Aus dem Programm: Sprechchor – Orchester – Lichtbilder aus dem Leben revolutionärer Führer – Filmszenen – Rezitationen [...] Die Parteigenossen der Bezirke 1, 2a, 6, 11 und 14 treffen sich pünktlich abends 6 Uhr in ihren Abteilungslokalen und marschieren von dort aus geschlossen nach dem Sportpalast (Bannmeile beachten!) Sämtliche Schilder, Transparente und Fahnen (mit Trauerflor) sind mitzubringen. Die Fahnen nehmen im Sportpalast rechts bis spätestens abends 7 Uhr Aufstellung [...] Die Kameraden des Roten Frontkämpferbundes treffen sich möglichst vorher in ihren Lokalen, aber so rechtzeitig, daß sie bis spätestens 6,45 im Sportpalast eintreffen. Die Abteilungen nehmen im rechten Vorraum des Sportpalastes Aufstellung« (RF 21. 1.).
»Ueber dem großen Portal des Sportpalastes, ›des größten Sportpalastes der Welt‹, wie es heißt, steht mit großen Lettern: ›Lenin ist tot, der Leninismus lebt‹ [...] Der Riesensaal, der normalerweise 16000 Personen faßt, ist überfüllt. Alle Gänge sind mit Menschen dicht gefüllt, 20000 sind im Saale [...] Der Saal ist lange vor Beginn polizeilich gesperrt. Viele Tausende stehen auf der Straße [...] Plötzlich Trommelwirbel, rasender Applaus [...] Mit wehenden roten Fahnen marschiert die Junge Garde an, der Jungsturm mit dem Frontkämpferbund, dann kommen die Pioniere mit ihren roten Halstüchern, ein Trupp Frauen mit roten Kopftüchern unter ihnen. Mit Trommeln und Pfeifen marschieren im Taktschritt die Kolonnen durch den Saal. Die Massen im Saale erheben sich spontan und stimmen die Internationale an, und unter den Klängen der Kampfhymne schreiten die Trupps mit den Fahnen durch den Saal und stellen sich um das Rednerpodium auf [...] Im verdunkelten Saal erklingen die weihevollen Klänge des russischen Trauermarsches. Zwanzigtausend Proleten, ausgebeutete und mühebeladene, stehen in atemloser Stille und lauschen dem Trauermarsch der russischen Revolutionäre, am Todestage Lenins. Der Apparat projiziert Lichtbilder aus vergangenen Tagen: die Bilder Rosas, Karls, Leo Jogiches, Sylts, der Männer unserer Revolution. Als an der Wand eine Nummer des ›Vorwärts‹ erscheint, ertönen Rufe: ›Pfui! Verräter!‹ Und gleich darauf: ›Es lebe die deutsche Revolution!‹ Genosse Becher trägt eines seiner Gedichte vor. Die kriegerischen, kampfbereiten Verse passen ausgezeichnet zu dieser Kundgebung, die eine Aktion ist. Dann spricht, von brausendem Beifall und Hochrufen empfangen, Genossin Ruth Fischer [...]« (RF 22. 1.).
RF 15., 17., 20.–22. 1.

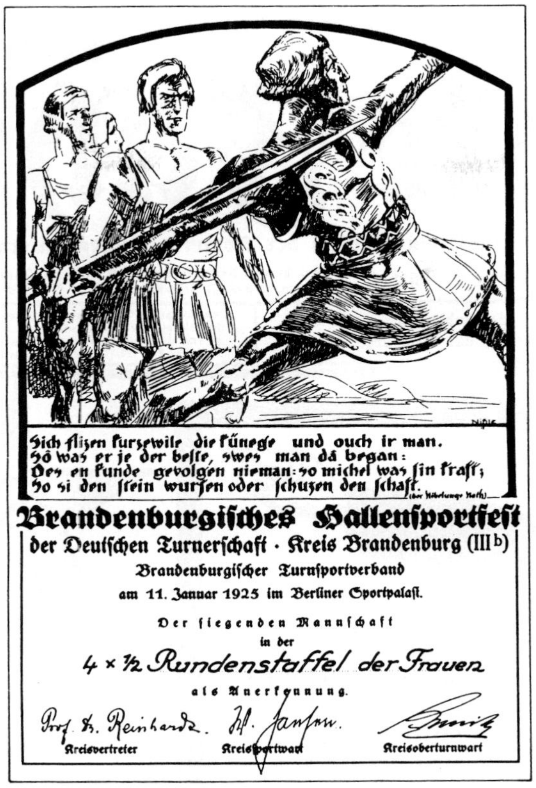

245 Urkunde (Chr Jan 11); VWA.

Jan 24–25. Generalversammlung des Verbandes Deutscher Faustkämpfer E.V.
Im »Blauen Saal«
Am 25. 1. um 11.00 Uhr, am 26. 1. um 11.30 Uhr.
V: VDF.
»Das Erscheinen sämtlicher Mitglieder ist dringend erforderlich.«
BS 226, 23. 1. 1925, S. 9.

Jan 24. Hallensportfest des Berliner Jugendbundes
V: Berliner Jugendbund.
»Das Hallensportfest [...] hatte ein günstiges Meldeergebnis gezeitigt: 490 männliche und 63 weibliche Teilnehmer. Die Läufe, Sprünge und Würfe waren stark besetzt. Besonders erbittert wurde um die 6mal 50 Meter-Pendelstaffel und die 10mal 1 Runde=Staffel gekämpft [...] Die rhythmisch-gymnastischen Vorführungen des J. B. 255 wurden recht exakt ausgeführt und fanden begeisterten Beifall. Leider ließ der Besuch des Hauses sehr zu wünschen übrig« (BLA 26. 1.).
Aus den Wettbewerben: *»Kugelstoßen Kl. D 1. Frl. Wundrig 7,40 Meter (V.e.S. 87). – Kugelstoßen Kl. E 1. Frl. Anne Müller 7,44 Meter (J. B. 150). – Hochsprung Kl. A 1. Rogge, 1.,40 Meter (B. J. 1922). – [...] Kugelstoßen Kl. B 1. Tausch 11,90 Meter (Turnsport). – Hochsprung Kl. C 1. Tornow 1,50 Meter (Pallas). – Kugelstoßen Kl. C 1. Tomascheski 12,10 Meter (V.d.Sp. 1910). – 1000 Meter=Mallaufen Kl. A 1. E. Stöckle 3:10, 1 (Turnsport). – 4mal 50 Meter=Damenstaffel 1. Turnsport I. 29:8 – [...] 3000 Meter=Mannschaftslaufen: 2. Lauf: 1. V.f.L. Humboldt 10 Min. 27,8. [...] 3000=Meter=Vorgabe=Gehen: 1. Kappel 14:56,8 (Berolina). – [...] Handballspiel: 1. Halbzeit: Vg. d. Sp. 1910 – S.C. Arnim 1:1. – 6mal 50 Meter Vereinsstaffel: 1. Turnsport I Jug. 37,5 Sek. – 10mal 1 Rundenstaffel: 1. Turnsport«* (BLA 26. 1.).
BLA 25.–26. 1.

Jan 25, 19.30 Uhr. Radrennen
V: SP (?).
»Wintermeisterschaft« (22 Teiln.; vier Vorläufe, sechs Läufe): 1. Schrage 6 Pkte; 2. Guldager 5; 3. Jenssen 4; 4. Hoffmann 3.
»Preis von Schöneberg« (offen für die Dritten der Vorläufe des Winterpreises): 1. Schwab, vor Münzner, Rütt, Ostermeyer.
»Preis des Sportpalastes« (offen für die Zweiten der Vorläufe des Winterpreises): 1. Hahn, vor Verraes, Bauer, Krüger.
Verfolgungsfahren: Behrendt/Stolz holen Carli/Minoretti ein.
100-Rdn-Punktefahren (fünf Zwischenwertungen): 1. Linsener, 2. Weber, 3. Alb. Meyer, 4. Otto Tietz, 5. Schönborn, 6. Vinzelberg.
50-km-Mannschaftsfahren (13 Paare): 1. Bauer/Krupkat 30 Pkte; 2. Rütt/Jaeger 30.
BLA 25.–26. 1.

Jan 27, 19.00 Uhr. Kundgebung »Gegen den Rechtskurs«
V: SPD.
Rd: Otto Braun (Ministerpräs., Preußen), Dr. Rudolf Breitscheid (MdR), Artur Crispien (MdR), Dr. Paul Levi (MdR), Paul Löbe (Reichstagspräs.), Hermann Müller-Franken (MdR) (angekündigt war auch Philipp Scheidemann).
Mitw.: 250 Arbeitersänger – *»Massengesang«. »Bald nach 5 Uhr [...] Reichsbannerleute rückten an, zum Teil in geschlossener Formation, zum Teil einzeln, und faßten an den beiden Portalen des Vorgartengitters sowie an den Eingängen zum Saal Posten. Und nun strömte es [...] Jeder Straßenbahnwagen, jeder Autobus, jeder Zug der Hochbahn brachte neue Besucher [...] Nach 6 Uhr war die Potsdamer Straße ein einziger breiter Menschenstrom [...] dann – um 1/2 7 Uhr etwa – [...] In geschlossenem Zuge, mit vielen Fahnen, Fähnchen und Bannern kam die Arbeiterjugend angerückt. Frisch und jung erscholl die Internationale aus blanken Kehlen. Verschiedene Abteilungen der Partei aus Schöneberg, aus Wilmersdorf, ja selbst aus Charlottenburg waren in geschlossenem Zuge gekommen mit ihren Fahnen und Bannern [...] Der Arbeiter=Samariter=Bund fehlte gleichfalls nicht [...]« – »Die gewaltige Kundgebung wurde kurz nach 7 Uhr vom Vorsitzenden des*

8. Jahrg. / Nr. 17 / Preis für Groß-Berlin 10 Pfennig — Mittwoch, 21. Januar 1925

Die Rote Fahne

Zentralorgan der Kommunistischen Partei Deutschlands (Sektion der Kommunistischen Internationale)

Redaktion u. Verlag: Berlin SW 48, Friedrichstr. 225 III Tel.: Lützow 1956/57 und Nollendf. 2883. — Jurist. Sprechstunde Montag, Mittwoch u. Freitag v. 5–7 Uhr

Erscheint täglich

Tel.-Adresse: Rotfahne Berlin. Bank-Konto: Darmstädter u. Nationalbank Berlin, Dep.-Kasse Belle-Alliance-Platz. Postscheck-Konto Berlin NW 27970

Bezugspreis pro Woche 60 Pf., monatlich 2.70 M. in Berlin und Reich mit eigener Zustellung. — Vorauszahlbar. — Postbezug inkl. Bestellgeld 3.30 M., Streifband im Inland sowie nach Oesterreich, Litauen, Luxemburg, Danzig, Memel u. Saargebiet 3.30 M., in übrige Länder 4.50 M., Briefe: Inland 3.30 M.

Begründet von Karl Liebknecht und Rosa Luxemburg

Anzeigenpreis: Die 8gespaltene Nonpareillezeile oder deren Raum 70 Pfennig. Kleine Anzeigen, Familienanzeigen und Stellengesuche die 1?gespaltene Nonpareillezeile 40 Pfennig. Reklamezeile 3.50 M. Laufende Anzeigen laut Tarif.

„Die Kommunistische Internationale ist die eiserne Kohorte der Revolution!"

Lenin-Gedächtnis-Kundgebung

Heute

abend 7½ Uhr im Sportpalast

Einlaß 7 Uhr

246 Die Rote Fahne, 21. 1. 1925 (Chr Jan 21).

Gegen den Rechtskurs! Große Kundgebung am 27. Januar, abends 7 Uhr im Sportpalast

Redner: Ministerpräsident Otto Braun, Reichstagspräsident Löbe, Reichstagsabgeordnete Crispien, Dr. Rudolf Breitscheid, Dr. Levi, Müller-Franken, Scheidemann

Massengesang von 250 Arbeitersängern

Die Arbeiterjugend trifft sich abends 1/2 7 Uhr am Hochbahnhof der Station Bülowstraße

Gewerkschaftsbewegung

(Gewerkschaftliches siehe auch 4. Seite Hauptblatt.)

Vierundzwanzig Stunden Dienst!

Gemeingefährliche Ausbeutung.

Am Freitag beschäftigte sich eine vom Deutschen Verkehrsbund einberufene öffentliche Versammlung der Kraftdroschkenführer im Gewerkschaftshaus mit der Lage im Kraftdroschkengewerbe. Die überfüllte Versammlung folgte mit größter Aufmerksamkeit den Ausführungen des Genossen Heyl, der einleitend ein Schreiben der Hauptverkehrsstelle des Polizeipräsidiums verlas, welches blitzartig die Verhältnisse im Kraftdroschkengewerbe in bezug auf die Arbeitszeit unserer Kollegen beleuchtet. Da diese Zuschrift für die gesamte Oeffentlichkeit von Interesse ist, bringen wir sie im Wortlaut:

„Es ist zu meiner Kenntnis gekommen, daß die Führer von

men wiedergewählt. Die Anträge auf Wiederaufnahme der Aus-

SO. 9. Volkswirtschaftliche Arbeitsgruppe für Anfänger. Lehrer: Dr. Heinrich Acker. Beginn: Dienstag, den 10. Februar 1925, abends 7 Uhr, Zimmer 19.

SO. 11. Kulturpolitische Arbeitsgruppe. Lehrer: Henny Schumacher. Beginn: Montag, den 9. Februar 1925, abends 7 Uhr, Zimmer 18.

Im Hygienischen Institut der Universität, Dorotheenstraße 28 a:

SO. 10. Arbeitsgruppe: Sozialpolitik. Lehrer: Dr Norbert Marx. Beginn: Donnerstag, den 12. Februar 1925, abend

Achtung, Holzarbeiter!

Trotz der Kundgebung im Sportpalast haben die SPD.-Holzarbeiter am Dienstag, den 27. Januar, zunächst die Versammlungen ihrer Branchen und Bezirke zu besuchen, um an der Wahl der Kommissionen teilzunehmen.

Alsdann gehe jeder zur Kundgebung im Sportpalast.

Der Bezirksverband Berlin SPD.

247 Anzeige (Chr Jan 27; nach: Vw 25. 1. 1925).

Berliner Bezirksverbandes, dem Genossen Künstler, eröffnet. Brausender Jubel erhob sich, als er erklärte, daß mit dem heutigen Tage die Arbeiterschaft Berlins der Reaktion den schärfsten Kampf ansage. Erneuter Beifall wurde laut, als er darauf hinwies, daß die von radikaler Seite beabsichtigten Störungen entschieden unterdrückt würden« (Vw 28. 1.). Da der Andrang so groß war *»hatten, Löbe, Ludwig, Otto Meiter und Litle vor der Halle zu vielen Tausenden gesprochen, die keinen Einlaß mehr hatten finden können«* (Vw 28. 1.).

Auch vom Datum her (Kaisers Geburtstag) war die Veranstaltung gegen die reaktionäre politische Entwicklung gerichtet. Im Anschluß an die Kundgebung kam es zu – zum Teil heftigen – Auseinandersetzungen, zu Schlägereien mit Angehörigen der KPD.

Vw 21., 25., 27.–29. 1.; RF 28.–30. 1.

Jan 30, 19.00 Uhr. Boxen »Eugen Kündig – Hermann Herse« u. a.

V: SP (?).

Et: 1,50 bis 12,– M.

Fdg: Alwin Paulke (56,5 kg; Bremen) – Bruno Müller (59 kg; Berlin), unentschieden (12 Rdn).

Fdg: Edu Schmidt (57,5 kg; Bremen) – Paul Noack (56,5 kg; Berlin), Sieg Schmidts nach Pktn (12 Rdn).

Lg: Max Mattheus (65 kg; Hamburg) – Otto Griese (61,5 kg; Berlin), Sieg Mattheus' nach Pktn (8 Rdn).

Ausscheidungskämpfe zu Deutschen Meisterschaften:

Lg: Gerhard Höhl (61,2 kg; Köln) – Paul Czirson (61,2 kg; Berlin), Sieg Czirsons nach Pktn (8 Rdn).

Wg: Otto Bennies (66 kg; Altona) – Richard Kaube (66,2 kg; Berlin), Sieg Kaubes (4. Rde).

Wg: Eugen Kündig (66,5 kg; Hamburg) – Hermann Herse (65,5 kg; Berlin), unentschieden (8 Rdn).

Sg: Franz Diener (86,5 kg; Berlin) – Rudi Wagener (89,1 kg; Duisburg), Sieg Dieners nach Pktn (8 Rdn).

BLA 29., 31. 1.; Herold Nr. 4 f.; BS 225–26, 16.–23. 1.; 228, 6. 2.

Jan 31, abends. Radrennen.

V: SP (?).

Unter Beteiligung von Amateuren.

»Flieger=Kriterium« (sechs Läufe von je 10 Rdn mit je vier Fahrern): 1. van Nek (NL; 12 Pkte), 2. Tonani (I), 3. Kaufmann (CH), 4. Hahn (D), 5. Rütt (D), 6. Lewanow (D), 7. Lorenz (D), 8. Spears (GB).

Stunden-Mannschaftsfahren (13 Paare): 1. Stolz/Behrendt 30 Pkte; 2. Meyer/Linsener 15; 3. Sennecke/Krüger (1 Rde zurück) 25; 4. Techmer/Vermeer 20; 5. Münzner/Jenssen 16; 6. Häusler/Neinas 8.

Malfahren für Amateure: 1. Longardt, vor Lemke, Krehn, W. Packebusch.

»Den Schluß bildete ein 200=Runden=Punktefahren mit 12 Fahrern«.

BLA 1. 2.

Feb 1, 15.30 Uhr. Hallensportfest der Arbeitersportler

V: Märkische Leichtathletik-Vereinigung.

»Eingeleitet wird das Sportfest mit dem Einmarsch der über 2000 gemeldeten Teilnehmer. Dieser Einmarsch muß das gesamte Sportfest zu einer machtvollen Kundgebung für den Arbeitersport und gleichzeitig auch für die Solidarität mit ›Fichte‹ im Kampf gegen die Bundesbürokratie werden [...] Arbeitersportler! Heraus am 1. Februar mit Euren Fahnen und Bannern zum Hallen=Sportfest. Proletarier! Am 1. Februar gilt als Parole: Auf zum Sportpalast, Potsdamer Straße« (RF 31. 1.).

Aus den Wettbewerben: *»Männer: Weitsprung: 1. Teller=F. West 6,06; 2. Koch=Magdeburg 6,00; 3. Klemke=Siemensstadt 5,96. Tauziehen: 1. ASC. 50 Meter (Wassersportler und Fußballer): 1. Spickermann=FSpV. 22 6,5; 2. Beck=SB. Vorwärts=Neukölln ein Meter zurück; 3. Erdmann=Lichtenberg; 50 Meter (Turner): 1. Pohl=Bohnsdorf 6,8; [...] 50 Meter (Sportler), Lauf A: 1. Eicke=ASC. 6,8; [...] 5mal eine Runde (Wassersp. und Fußballer): 1. Lichtenberg 1:40,1; 2. Vorwärts=Süden; 3. Freie Schwimmer=Neukölln. [...] 1500 Meter Männer: 1. Boose=Hannover 4:26,8; 2. Rakkow=Stettin; 3. Lawerenz=Hermsdorf. 60 Meter Hürden: 1. Eicke=ASC. 9,4; 2. Mehwald=Rathenow; [...] 3mal 1000 Meter Gruppe Bund C: 1. Hermsdorf 8:42,4; 2. Fichte=Nord; 3. Fichte=Süd. Olymp. Stafette: 1. Fichte=West 3:56,6; 2. ASC.; 3. Lichtenberg. 10mal 50 Meter (Fußballer): 1. Fichte=Gesundbr. 1:11; Jugend: Hochsprung (Turner): 1. Knöpfler=Fichte 8; 2. Klamant=Fichte 14 1,50 Meter; 3. Wiese=Biesdorf 1,45 Meter. [...] Tauziehen: 1. Fichte 22. 60 Meter Hürden (Turner): 1. Körl=Rohland 11; 2. Klamant=Fichte 14; [...] Schwedenstafette (Turner): 1. Fichte 1 2, 26,5; [...] Aeltere Sportler; Hochspringen: 1. Schulz=Rathenow; [...] 50 Meter, 30 bis 35 Jahre: 1. Schulz=Rathenow; [...] 36 bis 40 Jahre: 1. Schmidt=Fichte 9 7,1; [...] über 40 Jahre: 1. Richter=Schöneberg 7,2; [...] Frauen: Hochsprung (Turnerinnen): 1. Förster=Fichte 6 1,30 Meter; [...] Tauziehen: 1. Fichte=Süd=Ost. [...] 10mal eine halbe Runde (Wassersportlerinnen): 1. BSV. Welle 1 2,4,2; [...]«* (RF 3.2.; mit weiteren Ergebnissen).

RF 31. 1.; 3. 2.; Vw 27., 29. 1.; 3. 2.

Feb 3, 19.30 Uhr. Amateur-Boxen »Brandenburgische Meisterschaften«

V: BBV.

Je Kampf drei Runden; die beiden ersten Runden je 3 Min., die dritte Runde 4 Min.

Papiergewicht (Neueinrichtung, bis 45 kg): Klemp besiegt Weidner (Weißensee).

Flg: Ziglarski (Alt-Wedding) besiegt Walter (Westen).

Bg: Volkmar (Heros) besiegt Aust (BC 1913).

Fdg: Werner (Westen) besiegt Hardt (Heros).

Lg: Stöhr (Heros) besiegt Thorey (Westen).

Wg: Schröder (Heros) besiegt Pabst (Heros) durch Aufgabe (1 Rde).

Mg: Hoffmann (Weißensee) besiegt Voigt (Felsen-Tasdorf).

Hsg: Nispel (Heros) besiegt Gimpel (Heros).

Sg: Knöpnadel (Brandenburg) besiegt Karls (Astoria).

Die *»Boxmeisterschaften gelangten [...] vor etwa 6000 Zuschauern zum Austrag. Am erfolgreichsten war der B.C. Heros, der vier erste und zweite Plätze besetzte«* (BLA 3. 2.).

BZaM 4. 2.; BLA 3.–4. 2.; BS 227–28, 30. 1.–6. 2.

Feb 6, 19.30 Uhr. Boxen »Hans Breitensträter – Marcel Nilles« u. a.

V: SP (?).

Fdg: Robert Dastillon (58 kg; F) – Fritz Rolauf (59,5 kg; Berlin), Sieg Dastillons nach Pktn (8 Rdn).

Wg: Brévières (67,5 kg; F) – Erich Brandl (70,5 kg; Berlin), Sieg Brandls durch Abbruch (2. Rde).

Mg: B. Egrel (72 kg; F) – Adolf Wiegert (72 kg; Berlin), Sieg Egrels durch ko (7. Rde).

Sg: Ajax Feste (81,5 kg; F) – Ludwig Haymann (89 kg; München), Sieg Haymanns durch Abbruch (1. Rde).

Sg: Marcel Nilles (87 kg; F) – Hans Breitensträter (84 kg; Berlin), Sieg Breitensträters durch ko (5. Rde).
BLA 4., 6.–7. 2.; BS 228–29, 6.–13. 2.

Feb 7, 18.00 Uhr. »1. Berliner Akademisches Hallen= Turn= und Sportfest«
V: Berliner Akademischer Gesamtausschuß für Leibesübungen (?).
»Dem ergangenen Rufe waren alle gefolgt. Korps, Deutsche Burschenschaft, Landsmannschaften, Turnerschaften, Akademischer Turnerbund, viele andere Korporationen und eine Menge nichtkorporierter Studenten beiderlei Geschlechts. Die Hochschulen hatten einen ›dies academicus‹ verkündet und die Vorlesungen ausfallen lassen, um allen unbeschränkte Teilnahme zu ermöglichen. Schade nur, daß der Aufmarsch der Chargierten mit Banner und Wichs wegen zu geringer Beteiligung ausfallen mußte [...] Trotz der Fülle des Gebotenen kein Augenblick Ermüdung bei den sehr zahlreichen Zuschauern. Immer wieder flammte helle Begeisterung über die glänzenden Vorführungen und sportlichen Kämpfe auf. Glanzpunkte waren die Vorführungen der Preußischen Hochschule für Leibesübungen. Insbesondere der Körperschule für Frauen. Halb rythmischer Tanz, halb gymnastische Uebung und voller Kraft und Anmut« (BLA 9. 2.).
Aus den Wettbewerben: *»60=m=Laufen für Altakademiker. Über 35 Jahre: 1. Schmitz (Suevia) 7,8 Sek. 2. Dr. Maeder (A.T.V. Arminia). – Bis 25 Jahre: 1. Seter (Univ. Berlin) 7,2 Sek. [...] Für Erstlinge: 1. Hildebrandt (Hochschulgilde Hagen) 7,1 Sek. [...] Für Studentinnen: 1. Frl. Köhler (D.H.F.L.) 7, 9 Sek. [...] Für alle: 1. Hubrich (Univ. Berlin) 7 Sek. [...] Weitsprung für Altakademiker. Über 35 Jahre: 1. Dr. Maeder (A.T.V. Arminia) 4,47 m. [...] Kugelstoßen für Altakademiker. Ueber 35 Jahre: 1. Schmitz (Suevia). 2. Voigt (A.T.V. Eiselen). 3. Schnurr (Univ. Berlin). 9,88 m. – Für alle: 1. Lingnan (Hannover) 12,76 m. [...] Hochsprung: 1. Rüter (Hannover) 1,70 m. [...] 4mal 1 Rundenstaffel. A= Korporationen: 1. A.T.V. Berlin 1:19,4. 2. S.C.C. 3. A.T.V. Eiselen. [...] 3mal 1000=m=Staffel für Hochschulen: 1. Univ. Marburg 8:40. 2. Techn. Hochschule Hannover. 3. Univ. Berlin. – 6mal 50=m=Pendelstaffel: 1. D.S.C. 41,6 Sek. [...] 60=m=Hindernislaufen: 1. Westerhans (Univ. Berlin) 8,8 Sek. [...] 400 m für Alle: 1. Franke (Pr.H.f.L.) 57,4 Sek. [...] Handball: Universität – Technische Hochschule 1:1. – 4mal 2 Rundenstaffel für Hochschulen: 1. Univ. Berlin 2:43,6. [...] Schwedenstaffel. A.=Korporationen: 1. D.S.C. 2:22,2. 2. A.T.V. Berlin. 3. S.C.C. [...]«* (BLA 9. 2.; weitere Ergebnisse).
BLA 27. 1.; 8.–9., 15. 2.; BZaM 6.–7. 2.

Feb 8, 19.30 Uhr. Radrennen
V: SP (?).
50-Rdn-Prämienfahren (B-Klasse): 1. Erxleben, vor Schwab, Alb. Meyer, Rudel (1 Rde zurück), K. Müller.
Dreistunden-Mannschaftsfahren (13 Paare): 1. van Nek/Hahn, 2. Tonani/Jaeger, 3. Bauer/Standaert, 4. Lang/Weber, 5. Rielens/Oskar Tietz, 6. Saldow/Krupkat; 122,020 km; außerdem starteten: Knappe/Feja, Kaufmann/Stellbrink, Krüger/Sennecke, Münzner/Minoretti, Sawall/Lewanow, Schrefeld/Ducrettet, Spears/Schrage. BLA 7., 9. 2.

Feb 12 – 22. Reit- und Fahr-Turnier
V: Sport-Kartell Berlin.
Täglich (mit Ausnahme des 18. [Ruhetag]) 19.30 Uhr Totalisator-Jagdspringen, ab 14. Feb 14.30 Uhr die eigentlichen Turnierwettbewerbe. Am 12. und 13. fanden Vorprüfungen im Tattersall Beermann statt.
»Nicht mehr das Sechstagerennen mit dem Surren der rollenden Räder, mit den hetzenden Schreien von den Tribünen, vom Innenraum, nicht mehr die Boxkämpfe mit Knock outs und Uppercuts mit Schwingern und Haken, keine technische, kaufmännische Messe, keine Parteiabende und Versammlungen füllen heute den weiten Raum [...] Einem anderen ritterlichen Sport sind diese Tage, ist dieser Raum heute geweiht. Turnier! – [...] Das große Oval ist mit Sand bedeckt, hier ist eine Hürde, dort ein Gatter aufgestellt, Reichswehr verrichtet den Ordnungsdienst in der Bahn, und auf den Bänken und Stühlen ringsumher sitzt das Publikum [...]« (BLA 16. 2.).
»Gestern [...] wurde [...] die Deutsche Schulquadrille zum ersten Male vorgeführt [...] Ein Ausschnitt aus einem Menzelschen Gemälde wurde lebendig, als acht Stallmeister in zeitgenössischen Uniformen in die Arena einritten. Eine kurze Pause – und der große König reitet, stürmisch begrüßt, in die Arena. Glänzend in der Maske die kleine Exzellenz Freiherr v. Heintze=Weißenrade auf einem Schimmel, den man schon tausendfach gesehen hat. Ist es nicht der von Chodowiecki gestochene, von Menzel gemalte Condé, das Leibpferd des Schlachtenkönigs? Und hinter ihm die Zelebritäten aus dem Siebenjährigen Kriege, Ziethen aus dem Busch (Oskar M. Stensbeck), General v. Seydlitz (Herr v. Platen), Generalleutnant Belling (Generalmajor v. Holzing=Berstett), Generalleutnant v. Lossow (Major Bürkner), Generalleutnant Prinz Eugen v. Württemberg (Prinz Friedrich Sigismund v. Preußen), Feldmarschall Graf Geßler (Graf v. Hohenau), Generalleutnant v. Driesen (Freiherr v. Langen), Oberstleutnant von Wackenitz (Graf M. Lehndorff=Preyl). Alle acht beritten, wie es die Generale kaum besser gewesen sein konnten. Unsere besten Dressurpferde, Auer, Christoph, der Schimmel des Generals v. Holzing, um nur die Extraklasse zu nennen, waren vertreten. Nach dem feierlichen Umzug hielt der König an der Stirnseite der Arena, seine Paladine begrüßten ihn militärisch, und alsdann begann unter gespanntester Anteilnahme der Zuschauer das reiterliche Schauspiel [...] Die von Stallmeister O. Fritz, der auf einem prachtvollen Fuchs saß, kommandierte Quadrille brachte eine Überraschung nach der anderen [...] Heller Jubel entfachte der Schulgalopp, nach dessen Beendigung der alte Ziethen dem König Meldung erstattete. Hatten beim Einritt die Klänge des Hohenfriedberger Marsches die Massen elektrisiert, so ertönte beim Ausritt der Fridericus=Marsch, der nicht weniger Beifall fand [...]« (BLA 17. 2.).
Die Schulquadrille wurde täglich gezeigt, ebenso wie die Hengste-Quadrille aus preußischen Gestüten.
»Wieder war der Sportpalast gestern ausverkauft. Unter den Erschienenen befand sich der Kronprinz, die Großherzöge von Oldenburg und von Mecklenburg=Strelitz, Herzog Albrecht von Württemberg, die Prinzen Oskar und August Wilhelm von Preußen. Die fremden Militärs, die Delegierten der Gesandtschaften, eine große Anzahl von Würdenträgern waren gleichfalls anwesend, so daß der Sportpalast ein gesellschaftliches Bild bot, wie einst in den heute schon alten Zeiten vor 1914 [...]« (BLA 18. 2.).
Der Ruhetag (Feb 18) wurde *»von der Landwirtschaftskammer für die Provinz Ostpreußen dazu benutzt, um die jungen Warmblüter der Provinz zur Versteigerung zu stellen«* (BLA 19. 2.).

Aus den Wettbewerben: *»Amazonen=Jagdspringen. Frau Perskes Horst (Bes.) oF. 48,25 Sek. 1. Hannepü (Frau Franke) 2. Imperator (Baronin de Savornin=Lohmann) 3. [...] Großer Preis des Preußischen Landwirtschafsministeriums [...] b) Mittlere Pferde. Holtz=Wosenthins Magnat (Frau Holtz) 1. Donner III (Rich. Wätjen) 2. [...] c) Schwere Pferde. Frau Ch. Bahrs Liebherr (Staeck) 1. König (H. Kreissig) 2. Feldherr (F. Wolff) 3. [...] Panther= Preis (Dressurprüfung). Frhr. v. Langens Auer (Bes.) 1. Gimpel (Oscar M. Steennsbeck) 2. Zobel (Rittm. Frhr. v. Essen) 2. [...]«* (BLA 16. 2.).

248 Reit- und Fahr-Turnier (Chr Feb 12–22), »Die Kavallerie-Generale Friedrichs des Großen vor dem König« (nach: BLA 18. 2. 1925).

Vom Reit- und Fahrturnier im Sportpalast.
Die Kavallerie-Generale Friedrichs des Großen vor dem König.

»Hochspringen. Frhr. v. Buddenbrocks Fortunello (Bes.), 1.90 Mtr., 1. Spanier (Lt. Momm) 2. Henry (Gf. W. Hohenau) 3. [...]« (BLA 20. 2.).
»Preis von Deutschland. a) leichte Pferde. M. Balzers Tauentzien (Staeck) 1. Ingeborg (Frhr. v. Heintze) 2. Altgold (Fr. v. Watzdorf) 3. [...] b) schwere Pferde. Dr. Metz u. O. M. Stensbecks Adalbert (O. M. Stensbeck) 1. Liebherr (Staeck) 2. Schwabenprinz (v. Platen) 3. [...]« (BLA 21.2.).
»Preis der Nationen. (Jagdspringen) Rittm. Labouchère, Holland (Gamin 3 F., Jopie Slim 3 F.) 1. Rittm. v. König, Schweden (Top Twig 8, Cecil 10) 2. Lt. Miville, Schweiz (Ramuntcho 8, Apache 13) 3. Frhr. v. Langen, Deutschland (Goliath 0, Nosoza I gef.) 4.« (BLA 22. 2.).
»Mehrspänner. Eignungsprüfung. Frhr. v. d. Bache Jucker=Viererzug (Bes.) 1. E. Gottschalks Viererzug (Hr. Wolff=Wietzow) 1. Frhr. v. d. Kettenburgs Viererzug (Bes.) 2. [...] Großer Preis der Ställe. Eignungsprüfung. Turnierstall Frhr. v. Langen 1. Turnierstall Prinz Sigismund von Preußen 2. Turnierstall Beermann 3. [...]« (BLA 23. 2.).
BLA 23. 1.; 12., 15.–23. 2. (weitere Ergebnisse).

Feb 27, 19.30 Uhr. Boxen »Paul Samson-Körner – Phil Scott« u. a.
V: SP (?).
Bg: Teddy Murton (52,5 kg; GB) – Felix Friedemann (53,5 kg; Hamburg), unentschieden (6 Rdn).
Hsg: Bill Bates (76 kg; GB) – Max Diekmann (77,5 kg; Berlin), Sieg Diekmanns durch ko (nach 30 Sek).
Sg: Stanley Glenn (81 kg; GB) – Ludwig Haymann (78 kg; München), Sieg Haymanns durch ko (5. Rde).
Sg: Phil Scott (86,5 kg; GB) – Paul Samson-Körner (80 kg; Zwickau), Sieg Scotts nach Pktn (12 Rdn).
BLA 26., 28. 2.; 2. 3.; BS 230–31, 20.–27. 2.

Mär 2, 19.30 Uhr. Radrennen
V: SP (?).
100-Rdn-Punktefahren (für B-Klasse; fünf Wertungen): 1. Otto Tietz, vor Linsener, Schönborn (1 Rde zurück), Erxleben, Jenske, Zimmermann, P. Schulz.
15-Meilen-Mannschaftsfahren (13 Paare): 1. Bauer/Oskar Tietz 11 Pkte; 2. Jaeger/Verraes 6; 3. Rielens/Vandervelde 2; 4. Lewanow/Jenssen (1 Rde zurück) 11; außerdem starteten: Boxel/Vermeer, Oliveri/Stefani, Golle/Sawall, Lorenz/Gottfried, Hahn/Saldow, Sennecke/Schwab, Krüger/Neinas, Meyer/Krahner, Hoffmann/Rudel.
Das ursprünglich für den 1. März geplante Rennen wurde aus *»Anlaß der Landestrauer um den verstorbenen Reichspräsidenten«* (Friedrich Ebert, gest. 28. 2. 1925) auf den 2. verlegt. An diesem Tag wurden die amerikanischen Sechstagefahrer Madden und Coburn dem Publikum vorgestellt.
BLA 1.–3. 3.

Mär 5–11. 14. Berliner Sechstagerennen
Beginn 5. 3. um 20.00 Uhr, Start 22.00 Uhr, Ende 11. 3. um 23.00 Uhr.
V: SP.
Et: 3,– bis 20,– M.
Wertungen: 15.00, 22.00, 2.00 Uhr.
Teiln. (15 Paare – *»reichlich viel für die kleine Bahn«*): Bauer/van Kempen (D/NL), Behrendt/Stolz (D), Coburn/Madden (USA), C. Debaets/Thollembeck (B), Golle/Lorenz (D), Gottfried/Münzner (D), Häusler/Schrefeld (D), Hahn/Tietz (D), Krupkat/Rütt (D), Kuschkow/Schrage (D), Lang/Weber (USA), van Nek/Saldow (NL/D), Oliveri/Tonani (I), Persyn/Verschelden (B), Stellbrink/Techmer (D).
Ergebnis: 1. Persyn/Verschelden 422 Pkte; 2. Hahn/Tietz 361; 3. Debaets/Thollembeck 122; 4. Oliveri/Tonani (1 Rde zurück) 192; 5. van Kempen/Bauer (2 Rdn zurück) 392.
Zurückgelegte km: 3740,840.
Startschuß: Otto Schmidt (*»Championjockey«*).
Vorrennen:
Fliegerkampf (drei Läufe): 1. Arend. Verfolgungsfahren: Rielens/Vandervelde holen P. Passenheim/Otto Tietz nach 24,5 Rdn ein. 200-Rdn-Punktefahren: 1. Neinas, vor Jenssen, Erxleben, Hoffmann. *»Die meisten schieden durch Reifenschäden, hervorgerufen durch die Splitter eines von der Galerie herabgefallenen Kneiferglases, aus [...]«.*
»Bevor das [...] Sechstagerennen [...] seinen Anfang nehmen konnte, gelangten ab 8 Uhr abends noch einige andere Wettbewerbe zur Erledigung, die den noch wenig zahlreichen Besuchern die Zeit vertreiben sollten. Das gelang nur schlecht, denn was gezeigt wurde, war wenig geeignet, zu fesseln« (BLA 6. 3.).
»Die zweite Nacht gipfelte in der Massensensation eines Massensturzes [...] Runde um Runde wurde abgefahren, mit Volldampf ging's in die letzte. Da gellte ein Aufschrei durch die Massen: Münzner, in fünfter Position, hatte Reifendefekt und stürzte. Ueber ihn wälzte sich in Bruchteilen von Sekunden das halbe Feld, ja sogar Krupkat und Coburn, die gerade ablösen wollten, wurden mit umgerissen. Einen Augenblick wirbelten Räder und Leiber durch die Luft; während Tonani als Spurtsieger durchs Ziel ging, wurde das Rennen abgeläutet. Fünf Viertelstunden verstrichen, bis sich die Betroffenen einigermaßen erholt hatten. Rütt hatte einen Schlüsselbeinbruch erlitten und gab auf, ebenso der Amerikaner Lang. Die übrigen fuhren, geflickt und bandagiert, weiter« (BLA 7. 3.)
BLA 13., 15., 2.; 5.–12. 3.

Mär 15, 15.00 Uhr. Turnen »6. Brandenburgische Meisterschaften«
V: DT, Kreis III b.
»Mit Musik erfolgte 3.15 Uhr der Einmarsch sämtlicher Teilnehmer unter Führung von Herrn Schmitz, dem Oberturnwart des Kreises III b, der mit kurzen, kernigen Worten die Veranstaltung eröffnete« (BLA 16. 3.).
Aus den Wettbewerben: *»Meisterschaft an den Schaukelringen: 1. (Meister) Linke (B.T.) 66 P., 2. Freyberg (B.T.) 64 P. – Olympische Staffel für Vereine der Mark: 1. Tv. Jahn, Potsdam, 4:5,2, 2. T.S.V. 1863, Zossen. – 1000=Meter=Lauf auf Einladung: 1. Thiede (Tv. Jahn, Biesdorf) 2:37,8, [...] Meisterschaft am Barren: 1. (Meister) Mock (Tv. Guts Muths) 72 P., 2. Bockenauer (Tvg. Weißensee) 71 P., 3. Bölicke (Tv. Georg Jung) 67 P., – 60=Meter=Hürdenlauf auf Einladung: 1. Seier (A.T.V., Berlin) 9 Sek., 2. Anton (A.T.V., Berlin) Brustweite. – 60 Meter für Frauen: 1. Frl. Furchheim (Tv. Jahn, Neukölln) 7,4. – 60 Meter für Männer: 1. Kirsch (Turnsport Eintracht) 6,4, 2. Schorr (T.S.V., Schöneberg) 2 Meter zurück, 3. Krause (Tv. Eiche, Fürstenwalde). – Meisterschaft am Pferd: 1. (Meister) Ratt (B.T.), 2. Weißenberg (Guts Muths) 67 P. – Hochsprung auf Einladung: 1. Schröder (Tv. Jahn, Neukölln) 1,65 Meter. – Meisterschaft am Reck: 1. (Meister) Jost (B.T. 1850) 71 P., 2. Ratt (B.T.) 68 P., 3. Heine (Berl. Turngemeinde) 65 P.«* (BLA 16.3.).
BLA2., 13., 15.–16. 3.

Mär 16, abends. Amateur-Radsport »Hallenfest des BDR«
V: BDR, Gau 22.
Länderkampf »Italien – Deutschland« (Bocchia, Boiocchi [I] – Oszmella, Longardt [D]; sieben Läufe): 1. Oszmella 10 Pkte; 2. Boiocchi 8; 3. Bocchia 5; 4. Longardt 5;
Vorgabefahren: 1. Gerl (Sport 88) 60 m, 2. Härtgen (Köln) 0 m, 3. Schenk (Tempo 08) 10 m, 4. Schuffenhauer (Concordia 97) 20 m,
30-Min.-Prämienfahren: 1. Kursmeier (München) 19,880 km, 2. Biedermann (Tempo 08), 3. Wolff (Pfeil Charlottenburg), 4. Balke (BRC 89).
Dreier-Radballspiel: Club Lichterfelder Herrenfahrer – Concordia 97 1:1.
300-Rdn-Punktefahren: 1. Härtgen (Köln) 1:18,9, 19 Pkte; 2. Boiocchi 16; 3. Heyne (Concordia 97) 5; 4. Günther (Zugvogel) 3.
»Kehraus im Sportpalast [...] Die Sommersaison steht nun einmal dicht vor der Tür, da heißt es Schluß machen mit Veranstaltungen auf Winterbahnen. Der Abschiedsabend galt den Bundes=Amateuren [...], die mit Reigenfahren, Radballspiel und Bahnrennen aufwarteten. Aber auch das reichhaltige Programm vermochte nicht allzu viele Zuschauer anzulocken. Die Radsportgemeinde ist eben durch das Sechstage=Rennen übersättigt. Etwas ganz neues zeigte der Berliner Gaumeister im Einer=Kunstfahren Machnich nähmlich eine Art sehr schwierigem Rad=Hokkey. Er wie sein ungenannter Gegner bedienten sich dabei nur des Hinterrades mit Sitz ohne Lenkstange. In den Händen ein Hockey=Stab, mit dem der Ball durch das kleine, ihn gerade noch durchlassende Tor getrieben werden mußte. Das größte Geschicklichkeit und Sicherheit bedingende Spiel fand vielen Beifall.
[...] Während [...] die Bundes=Amateure auf der Holzbahn des Sportpalastes noch ihre Kräfte maßen, schwangen im Sportpalast=Kasino ihre Kollegen von der anderen Fakultät bereits munter das Tanzbein. Dort feierte der Deutsche Berufs=Straßenfahrer=Verband sein 5. Stiftungsfest. Alles, was zum Bau gehört, war erschienen. U. a. auch Hahn, Tietz und Saldow die sich von den Strapazen des Sechstage-Rennens schon wieder erholt haben. Die Begrüßungsrede hielt der Vorsitzende Erich Aberger. Besonderen Zuspruch fand die von Industrie und anderen Gönnern reich bedachte Tombola [...]« (BLA 18. 3.).

Mär 20, 19.30 Uhr. Boxen »Franz Diener – Ernst Rösemann« u. a.
V: SP (?).
Lg: Walter Funke (66 kg; Berlin) – Hein Heeser II (66,5 kg; Koblenz), Sieg Funkes nach Pktn (10 Rdn).
Mg: Erich Brandl (71,5 kg; Berlin) – Erich Milenz (76 kg; Berlin), Sieg Brandls durch Aufgabe (2. Rde).
Mg: Willi Antonowitsch (69,5 kg; Bremen) – Hein Domgörgen (69,5 kg; Köln), Sieg Domgörgens nach Pktn (10 Rdn; Ausscheidung zur Deutschen Meisterschaft).
Hsg: Sergeant Sid Pape (78 kg; GB) – Max Diekmann (78 kg; Berlin), unentschieden (8 Rdn).
Sg: Franz Diener (86 kg; Berlin) – Ernst Rösemann (94 kg; Hannover), Sieg Dieners nach Pktn (10 Rdn; Ausscheidung zur Deutschen Meisterschaft).
BLA 20.–21. 3.; BS 233–35, 13.–27. 3.

Mär 21–22, 20.00 Uhr. Konzert »Don Kosaken Chor Serge Jaroff«
V: Wolff u. Sachs.
Et: 1,– bis 3,– M.
BLA 8., 15., 22. 3.

Mär 22, 11.30 Uhr. Kundgebung
V: Reichsblock Groß-Berlin.
Et: 0,50 M.
Zur Wahl des Reichspräsidenten am 29. 3. (1. Wahlgang). Kandidat des Reichsblocks: Dr. Karl Jarres (Reichsmin. a. D., Oberbürgermeister, Duisburg).

Rd: von Jaecklin (DNVP), Lossow (Amtsrat), Dr. Luther (Pfarrer, DVP), Reinhold Wulle (Deutschvölkische Freiheitsbewegung).
Mitw.: Deutsches Tonkünstler-Orchester.
»Von Fahnen weht es ringsum: Lichtes Schwarz=weiß=rot des alten und, so Gott will, künftigen Reiches, ernstes Schwarz=weiß der Preußenfarben, das Kreuz von Eisen in der ruhmumgoldeten Kriegsflagge. Unter dem Schmettern herzaufwühlender Heeresmärsche rücken sie heran, getragen von schlanken Jungmannen und kampferprobten Kriegern im Schmucke der Ehrenzeichen unvergessener Schlachten, stellen sich in weitem, buntem Halbrund um die Bühne. Dicht vor uns ragt in schwieliger Faust das schwarz=weiß=rote Banner des Deutschnationalen Arbeitervereins Berlin=Wedding; nur wenige wissen, wie bitter der Kampf dieser Getreuen war, bis sie ihr Fähnlein durch den Brodem von Haß und Verhetzung zur Höhe tragen konnten. Das Deutsche Tonkünstlerorchester in schlichtem Feldgrau oder schmucker Husarenattila setzt die blitzenden Instrumente an. Feierlich und getragen braust es durch das riesige Oval: ›Ein feste Burg ist unser Gott‹ [...] Wulle, der temperamentvolle, redekampfgeübte Vertreter der Deutschvölkischen Freiheitsbewegung [...] ›[...] Manches trennt die Deutschvölkischen von Jarres, aber wir treten für ihn ein, weil wir wissen, daß er national ist bis auf die Knochen, daß der Mann, der gegen rote Banditen und französische Einbrecher furchtlos und stolz deutsches Recht vertrat, auch an höchster Stelle des Reiches die Sturmfahne mit starker Hand flattern lassen wird‹« (BLA 23. 3.).
BLA 20., 22.–23. 3.

Mär 25, 20.00 Uhr. Kundgebung
V: SPD.
Et: *»Zur Deckung der Unkosten Tellersammlung«.*
Zur Wahl des Reichspräsidenten am 29. 3. (1. Wahlgang).
Kandidat der SPD: Otto Braun (Ministerpräs. Preußens).
Rd: Siegfried Aufhäuser (MdR), Wilhelm Dittmann (MdR), Dr. Rudolf Hilferding (MdR), Adolf Hoffmann (MdR), Franz Künstler (MdR), Carl Severing (MdL, Innenmin., Preußen), Friedrich Stampfer (MdR), Otto Wels (MdR).
Mitw.: Arbeitersängerbund – *»Massenschöre, Rezitationen«.*
»Sechzehntausend Menschen faßt der Berliner Sportpalast, zwanzigtausend mögen in ihm zusammengedrängt gewesen sein, als der Ordnerdienst den Saal wegen Ueberfüllung schloß [...] In Scharen schiebt man sich über den Vorgarten zu den Eingangspforten und hinein in den großen Saal. Abteilungen des Reichsbanners Schwarz=Rot=Gold rücken an, formieren sich im Vorgarten und ziehen in den Versammlungsraum. Dazwischen kommen Abteilungen unserer Partei mit Banner und Fahnen, und es kommen Jugendliche, die junge Garde des Proletariats, mit ihren Fahnen und Wimpeln. Auf zwei großen Lastautomobilen, die im Vorgarten rechts und links von den Eingängen zum Saal stehen, flammen Leuchtfeuer auf. Auf den Wagen stehen Mitglieder des Reichsbanners und speisen die Pechpfannen mit neuer Nahrung [...] Der Innenraum der gewaltigen Halle füllte sich im Nu [...] Den geduldig Harrenden wurde die Langeweile durch große Lichtbilder verkürzt, die Künstlerhand auf eine Leinwand zauberte [...] Um 3/4 8 Uhr wird endlich der zweite Rang geöffent, der im Nu von den ungeduldig Harrenden gestürmt wird [...] Auf dem Podium [...] der Arbeitersängerbund [...] Punkt 8 Uhr verkünden Riesenbuchstaben auf der Leinwand den Beginn der gewaltigen Versammlung [...]« (Vw 26. 3.).
Vw 22.–26. 3.; RF 26. 3.

249 Anzeige (Chr Mär 25; nach: Vw 24. 3. 1925).

Grosse Kundgebung
zur Wahl des Reichspräsidenten
für den Kandidaten
OTTO BRAUN
Mittwoch, 25. März, abends 8 Uhr
im Sportpalast, Potsdamer Str. 72
Es sprechen die Reichstagsabgeordneten
Aufhäuser, Adolf Hoffmann, Dittmann
Dr. Hilferding (Reichsminister a. D.), Stampfer
Severing (Preuß. Innenminister), Otto Wels
Massenchöre, Rezitationen.
Zur Deckung der Unkosten Tellersammlung.
Parteigenossen, sorgt dafür, daß diese Kundgebung zu einer gewaltigen Demonstration wird für unseren Kandidaten
OTTO BRAUN! Der Bezirksvorstand.

Mär 26, 20.00 Uhr Kundgebung
V: DDP.
Et: *»nur gegen Karten, die in den Ortsgruppen und im Parteibureau, Zimmerstr. 7/8 zu haben sind«*, außerdem in allen Filialen des BT und der Voss.
Zur Wahl des Reichspräsidenten am 29. 3. (1. Wahlgang).
Kandidat der DDP: Prof. Dr. Willy Hugo Hellpach (Staatspräs. Badens).
Rd: Gustav Böß (Oberbürgermeister von Berlin), Hellpach, Erich Koch-Weser, Dr. Marie Elisabeth Lüders (MdR); angekündigt waren außerdem: Dr. Otto Geßler (Reichswehrmin.), Bamberg (Stadtverordneter).
Th: *»Deutschlands Volkstum – Staatsform und Kultur«.*
Mitw.: Beethoven-Chor, Berliner Orchester-Verein.
»Bereits um 1/2 7 Uhr ratterten die Lastautos der Schutzpolizei heran, um die Schutzmannschaften, die die Ordnung des Straßendienstes übernehmen sollten, an ihre Plätze zu bringen. Schon um 7 Uhr konnte die mit den Eintrittskarten bewaffneten Männer und Frauen nur noch auf der zweiten Galerie des Palastes, des größten Lokals der Reichshauptstadt und des Deutschen Reiches überhaupt, Platz finden. Um 1/2 8 Uhr mußte die Polizei aus Sicherheitsgründen den Zugang zum Sportpalast sperren [...] Der riesige Saal in gedämpftem Licht. Die Balkone mit schwarzrotgoldenen Bannern drapiert, im Hintergrund ein riesiger Adler der deutschen Republik, zu beiden Seiten lodernde schwarzrotgoldene Flammen [...]« (BT 27. 3.). Zu der großen Menge, die keinen Einlaß gefunden hatte, und sich auf dem Vorplatz aufhielt, sprachen dann nacheinander Otto Nuschke (MDL), Böß, Georg Bernhard, Lüders, Koch-Weser und schließlich auch Hellpach (gegen 21.30 Uhr).
BT 23., 25.–28. 3; Voss 26.–27.–3.; BLA 27.; Wahlbroschüre (LA, Rep. 240, Acc. 2381, 137).

Mär 27, 19.00 Uhr. Kundgebung
V: KPD.
Et: 0,30 M.
Zur Wahl des Reichspräsidenten am 29. 3. (1. Wahlgang).
Kandidat der KPD: Ernst Thälmann (MdR).
Rd: Thälmann und je ein Vertreter der Kommunistischen Partei Frankreichs und der Kommunistischen Partei Englands u.a.
»Fahneneinmarsch – Rezitation – Gesang«.
»Organisatorische Anweisungen.
1. Der von den Bezirken 1, 2a, 3, 4, 5, 6 und 14 gestellte Ordnerdienst tritt um 6 Uhr im Vorraum des Sportpalastes an.
2. Alle Männerchöre treffen sich Freitag, punkt 6 1/2 Uhr, im Sportpalast, Eingang rechte Tür. Jeder Chor stellt um 6 Uhr zwei Genossen. Achten auf Plakat ›Sänger‹! Mitgliedskarte mitbringen!
3. Alle Frauen mit roten Kopftüchern sammeln sich 6,45 Uhr im Garten des Sportpalastes, rechts.
4. Sämtliche Fahnendeputationen der Bezirke, Gruppen und Betriebe sammeln sich in der Mitte des Sportpalast-Gartens vor dem Eingang.
5. Wir bitten nochmals dringend sämtliche Besucher, Kleingeld bereitzuhalten.
6. Sofort nach Schluß der Kundgebung treffen sich sämtliche Parteigenossen und Genossinnen zum bezirksweisen Rückmarsch an folgenden Plätzen: [...]
Fackeln sind von sämtlichen Bezirken und Gruppen in genügender Anzahl mitzubringen« (RF 27. 3).
»Das war keine Wahlversammlung, die gestern im Sportpalast stattgefunden hat, das war keine übliche ›Veranstaltung‹ einer Partei, die mit dem Attribut ›riesig‹, ›gewaltig‹, ›grandios‹ abgetan werden kann. – Das war der Aufmarsch einer gewaltigen Avantgarde, der Avantgarde der Revolution, der Aufmarsch von Revolutionskämpfern, die bereit sind, auf die Barrikaden zu steigen, ihr Leben hinzugeben für das höchste, größte Ziel, die proletarische Revolution. Das waren keine ›Versammlungsbesucher‹, kein ›Publikum‹, keine ›Zuhörer‹ [...] Nein, die Männer und Frauen, Alt und Jung, die in der Riesenhalle versammelt waren, waren Soldaten der Revolution, von dem heißen Willen zum Kampfe beseelt [...] Der Aufmarsch [...] Aber nicht die einzelnen bildeten den gewaltigen Aufmarsch, sondern die straff disziplinierten Kolonnen der Betriebe, der Bezirke, des Roten Frontkämpfer=Bundes, des Jungsturms. Geschlossen kamen die Frauen mit den roten Kopftüchern mit ihren Fahnen und Standarten, ebenso geschlossen marschierte Jung=Spartakus mit roten Halstüchern auf [...] In der Halle. Der Riesenraum war schon lange vor Beginn des Meetings überfüllt [...] Es ertönt ein

Widerspruch des Kabinetts Braun scheiterte dieser Versuch. So ließe sich noch vieles andere von Jarres und den Parteien sagen, die jetzt seine Kandidatur propagieren.
Die Rechtspresse, die zu einem erheblichen Teil abhängig ist von den Geldern der Schwerindustrie und des Reichslandbundes, hat einen Skandalfeldzug eröffnet, um die gegnerischen Parteien moralisch zu vernichten. Die Demokratische Partei ist aus diesem vergifteten Vernichtungskampf makellos hervorgegangen. Ihr Schild ist völlig blank. Aber der Pfeil, den die Rechte gegen die Mitte und die Linke abgeschlossen hat, ist auf sie zurückgeprallt. Die skandalösen Vorgänge in der Landespfandbriefanstalt haben mehrere adlige Herren der Rechten als Schieber entlarvt. Tut nichts. Die Hetze der Rechtspresse, die auch die Ehre Friedrich Eberts systematisch zu besudeln versuchte, geht weiter. Sie verlangt, um ihr Vorgehen zu motivieren, Reinheit und Sauberkeit im politischen Leben. Richtig. Wir brauchen Reinheit und Sauberkeit in der Gesinnung, vor allem im Kampfe der Politik, im Kampfe der Weltanschauungen, im Kampfe der Geister. Ein Wahlkampf aber, der mit den Mitteln der Rechtspresse arbeitet, richtet sich selbst. Jarres wird von dieser Schlammwelle der Rechtspresse, die sich auf die Gegner ergießt, umspült. Denkt er heute bereits im stillen: Gott beschütze mich vor meinen Freunden?
Ueberblickt man seine bunte Gefolgschaft, betrachtet der Wähler die Leute, die sich Jarres verschrieben haben, und fragt man alle die Männer und Frauen, die am 29. März an die Wahlurne treten sollen, so kann man nur mit dem Dichter antworten: Auf diese Frage des Kandidaten Jobses geschah ein allgemeines Schütteln des Kopfes.
Wen aber soll ich denn wählen? Die Antwort ist nicht schwer: Dr. Willy Hellpach, den derzeitigen badischen Staatspräsidenten, den Demokraten, den Träger deutscher Kultur, den Mann, der, unabhängig von allen Geldmächten, nur das Allgemeinwohl des Vaterlandes im Auge hat; den Mann, der als Charakter, als Mensch, als Wissenschaftler, als praktischer Politiker, als Staatsmann die beste Gewähr für eine Führung der Präsidentengeschäfte im Sinne eines gerechten Ausgleichs aller Stände und Berufe und im Sinne einer klugen und vorausschauenden Innen- und Außenpolitik bietet.

Aus der Tatsache, daß der Kandidat der nationalen, liberalen und demokratischen Mitte, Willy Hellpach, badischer Staatspräsident ist, haben norddeutsche Reaktionäre vielfach gefolgert, daß er Süddeutscher und kein geeigneter Kandidat für Preußen sei.
Demgegenüber sei festgestellt, daß Hellpach 1877 in Schlesien geboren und mithin Norddeutscher ist. Von Beruf Nervenarzt, wandte er sich später der Naturwissenschaft und Philosophie zu. Seit 1911 hat er in Karlsruhe den Lehrstuhl für Psychologie und Pädagogik inne.
Hellpach ist nicht nur als Parteipolitiker eine Persönlichkeit. Seine hervorragenden Arbeiten auf wissenschaftlichem Gebiet und die Folgerungen, die er aus sozialen Betrachtungen zieht, lassen erkennen, daß er der Mann ist, der zwischen Bürgertum und Arbeiterschaft ein Vermittler sein kann. Eine solche Persönlichkeit gehört auf den Reichspräsidentenstuhl, wenn nicht neue politische Erschütterungen unser ganzes Wirtschaftsleben abermals schwer schädigen sollen.
Wählt Liste 3 – wählt Willy Hellpach!
3

250 Flugschrift (Chr Mär 26); LA, Rep. 240, Acc. 2381, Nr. 137.

8. Jahrg. / Nr. 70 / Preis für Groß-Berlin 10 Pfennig

Berlin, Freitag, 27. März 1925

Die Rote Fahne

Zentralorgan der Kommunistischen Partei Deutschlands (Sektion der Kommunistischen Internationale)

Redaktion u. Verlag: Berlin SW 48, Friedrichstr. 225 III Tel.: Lützow 1956/57 und Rollendf. 2683. — Juristische Sprechstunde Montag und Freitag von 5—7 Uhr

Erscheint täglich

Tel.-Adresse: Rotfahne Berlin. Bank-Konto: Darmstädter u. Nationalbank Berlin, Dep.-Kasse Belle-Alliance-Platz. Postscheck-Konto Berlin NW 27970

Bezugspreis pro Woche 60 Pf. monatlich 2.70 M. in Berlin und Orten mit eigener Ausdehnung. — Vorausbezahlbar. — Postbezug inkl. Bestellgeld 3.50 M. Streifband im Inland sowie nach Oesterreich, Litauen, Luxemburg, Danzig, Memel- u. Saargebiet 2.80 M., in übrige Länder 4.50 M. Briefe: [illegible] 6.50 M.

Begründet von Karl Liebknecht und Rosa Luxemburg

Anzeigenpreis: Die 12gespaltene Nonpareillezeile oder deren Raum 70 Pfg., bei Familien-, Organisations-Anzeigen und Stellengesuchen 30 Pfg., Reklamezeile, die 3gespaltene Nonp.-Zeile 3.50 M. Kleine Anzeigen: Das fettgedruckte Ueberschriftswort 15 Pfg., das Textwort 10 Pfg. Laufende Anzeigen laut Tarif

Heraus zur Thälmann-Kundgebung!

Heute, Freitag, abends 7 Uhr, Potsdamer Straße 72 im

Sportpalast

Redner: Ernst Thälmann, M. d. R., Präsidentschaftskandidat der Kommunistischen Partei Deutschlands und je ein Vertreter der Kommunistischen Partei Frankreichs und Englands.

Fahneneinmarsch — Rezitation — Gesang.

Zur Deckung der Unkosten werden 30 Pfennig an der Abendkasse erhoben. Wir bitten sämtliche Besucher, Kleingeld bereitzuhalten.

251 Die Rote Fahne, 27. 3. 1925 (Chr Mär 27).

Trompetenstoß. Geschlossen marschieren zuerst die Frauen herein. Feuerrot glühen die Tücher auf den Köpfen dieser Proletarierinnen, von denen viele ausgemergelt von den Tagesnöten, im Alltagsleben gebrochen erscheinen, aber an diesem Abend schreiten sie gerade und stolz einher. Mitstreiterinnen, Mitkämpferinnen, Soldatinnen der Revolution. Dann kommt der Rote Frontkämpferbund mit den Fahnen, mit den Standarten […] nach ihm der Jungsturm […] Die Kundgebung. Zum Auftakte spricht Genosse Piscator einige Verse von Heine: ›1848‹ und ein satirisches Gedicht von Erich Mühsam […].« (RF 28. 3.).

Zu der großen Menge, die keinen Einlaß gefunden hatte und sich auf dem Vorplatz aufhielt, sprachen verschiedene Redner. *»Als schließlich Genosse Thälmann auf dem Balkon erschien, knatterten die Kampfrufe der Masse immer wieder in den Nachthimmel empor: ›Rot Front! Heil Moskau! Rot Front!‹* (RF 28. 3.).

RF 24.–29. 3.

Apr 3

17.00 Uhr. Training zum Hallensportfest am 5. 4.

RF 1. 4.

19.30 Uhr. Boxen »Ludwig Haymann – Larry Gains« u. a.

V: SP.

252 Vorwärts, 18. 4. 1925 (Chr Apr 17).

Nr. 182 ♦ 42. Jahrg.

Ausgabe A Nr. 94

Bezugspreis:

Wöchentlich 70 Pfennig, monatlich 3.– Reichsmark voraus zahlbar. Unter Kreuzband für Deutschland, Danzig, Saar- und Memelgebiet, Oesterreich, Litauen, Luxemburg 4.50 Reichsmark, für das übrige Ausland 5.50 Reichsmark pro Monat.

Der „Vorwärts“ mit der Sonntagsbeilage „Volk und Zeit“ mit „Siedlung und Kleingarten“ sowie der Beilage „Unterhaltung und Wissen“ und Frauenbeilage „Frauenstimme“ erscheint wochentäglich zweimal, Sonntags und Montags einmal.

Telegramm-Adresse: „Sozialdemokrat Berlin“

Morgenausgabe

Vorwärts

Berliner Volksblatt

Zentralorgan der Sozialdemokratischen Partei Deutschlands

10 Pfennig

Anzeigenpreise:

Die einspaltige Nonpareillezeile 70 Pfennig. Reklamezeile 4.– Reichsmark. „Kleine Anzeigen“ das fettgedruckte Wort 20 Pfennig (zulässig zwei fettgedruckte Worte), jedes weitere Wort 10 Pfennig. Stellengesuche das erste Wort 10 Pfennig, jedes weitere Wort 5 Pfennig. Worte über 15 Buchstaben zählen für zwei Worte. Familienanzeigen für Abonnenten Zeile 30 Pfennig.

Anzeigen für die nächste Nummer müssen bis 4½ Uhr nachmittags im Hauptgeschäft, Berlin SW 68, Lindenstraße 3, abgegeben werden. Geöffnet von 9 Uhr früh bis 5 Uhr nachm.

Redaktion und Verlag: Berlin SW. 68, Lindenstraße 3
Fernsprecher: Redaktion: Dönhoff 292–295, Verlag: Dönhoff 2506–2507

Sonnabend, den 18. April 1925

Vorwärts-Verlag G.m.b.H., Berlin SW. 68, Lindenstr. 3
Postscheckkonto: Berlin 37536 — Bankkonto: Direktion der Diskonto-Gesellschaft, Depositenkasse Lindenstraße 3

Massenaufmarsch für die Republik.

Riesenkundgebung für Marx im Sportpalast. – Für Freiheit und Einheit, für Demokratie und Großdeutschland.

Als Wilhelm Marx den Sportpalast betrat, begrüßte ihn brausender, enthusiastischer Jubel. Die versammelten Republikaner begrüßten nicht nur ihn, sie begrüßten die Republik, die Idee der Demokratie.

ist Herr Loebell, derselbe wilhelminische Minister, der noch den Soldaten im Schützengraben das allgemeine Wahlrecht vorenthalten wollte. Wo wäre das Rheinland, wo wäre Köln, das Ruhrgebiet hingekommen, wenn gerade die großen

aus dem Kreis der nationalen Einigung ausgeschlossen. Aber auch der übrige Teil, das uns noch erhalten gebliebene Deutschland, war in seiner äußeren Einheit stark gefährdet. Unter unseren früheren Feinden blieben einflußreiche Kräfte am Werk, die in Ver-

253 Vowärts, 18. 4. 1925 (Chr Apr 17).

Flg: Erich Kohler (48 kg; Berlin) – Harry Stein (49 kg; Berlin), Sieg Steins durch Abbruch (nach der 3. Rde; Ausscheidung zur Deutschen Meisterschaft).
Fdg: Axel Kvist (58,5 kg; S) – Urban Graß (56 kg; Berlin), Sieg Kvists durch Abbruch (5. Rde).
Mg: Hans Wesselitsch (77 kg; A) – Erich Brandl (76 kg; Berlin), unentschieden (6 Rdn).
Hsg: Jimmy Ligget (72,5 kg; USA) – Max Schmeling (77,5 kg; Köln), unentschieden (8 Rdn).
Hsg: Michael Kompa (77,5 kg; Hamburg) – Hans Rönisch (75,5 kg; Berlin), unentschieden (10 Rdn; Ausscheidung um Deutsche Meisterschaft).
Sg: Ludwig Haymann (87,5 kg; München) – Larry Gains (82,5 kg; CDN), unentschieden (10 Rdn).
BLA 2., 4. 4.; BT 2. 4.; BS 235–37, 27. 3.–10. 4.

Apr 5, 15.00 Uhr. Hallensportfest
V: Kartellverband für Arbeitersport und Körperpflege.
Et: 1,– M, Jugendliche 0,50 M.
Musik: Neuköllner Turnerkapelle.
»Um 2.45 Uhr halten die Turnerspielleute mit Trommel= und Flötenklang ihren Einzug. Anschließend daran wird die ›Rote Kavallerie‹ zweimal einen Achter=Farbenreigen fahren. Kunstradfahrer, darunter die jüngsten Radfahrer des Arbeiter=Radfahrer=Bundes Solidarität, zwei Jungens und ein Mädchen im Alter bis zu drei Jahren, zeigen ihre Gewandtheit und Fertigkeit in der Beherrschung des Rades. Ein Zweimal=Sechser=Kunstreigen wird im Programm den Radsport beschließen [...] Der Turn- und Sportverein ›Fichte‹ wartet mit turnerischen Vorführungen auf. Von den Männern werden Reckturnen und mutige Tischsprünge gezeigt [...] Die Turnerinnen werden am Pferd beweisen, daß durch systematische Körperschulung nicht nur Mut und turnerische Fertigkeiten erreicht werden, sondern daß dadurch auch die Harmonie des Körpers, die Körperschönheit das Endziel aller Uebungen sind. Eine in ihrer Art nicht mehr neue, aber doch interessante Vorführung bedeutet das ›lebende Schachspiel‹, ausgeführt von den Kindern der Abteilung Gesundbrunnen des Berliner Arbeiter=Schachklubs« (RF 1. 4.). Gezeigt wurden u. a. auch Saalhockey und natürlich Leichtathletik, hier jedoch beschränkte man sich auf Hochspringen und Staffetten.
RF 1., 5. 4.

Apr 17, 20.00 Uhr. »Große Republikanische Wahlkundgebung«
V: Reichsbanner Schwarz-Rot-Gold (für den »Volksblock«).
Et: frei.
Zur Wahl des Reichspräsidenten am 26. 4. (2. Wahlgang). Kandidat des »Volksblocks« (Zentrum, DDP, SPD): Wilhelm Marx (Zentrum, MdR, Reichskanzler a. D.).
Rd: Anton Erkelenz (DDP, MdR), Fritz Koch (Vors. des Gaues Berlin des Reichsbanners), Marx, Hermann Müller-Franken (SPD, MdR).
Mitw.: Theodor Hardt (Prolog), Berliner Sinfonie-Orchester.
»Ein Gemeinsames führte diesmal alle zusammen [...] Am Ende des Saales war ein langes und breites Podium aufgebaut, dessen Mitte vom Orchester eingenommen wurde. An den Seiten standen harmonisch schließende Säulen. Vor dem Podium ein langer Pressetisch, [...] Und Schwarz=Rot=Gold! Von den Seitenbalkonen, an den Eingängen, vorn, hinten, am Rednerpult, das beim Orchester untergebracht worden war, überall grüßten die Farben der deutschen Nation. Am Ende des Saales, nicht nur symbolisch, sondern auch außerordentlich ästhetisch wirkend, das Reichswappen [...] Zur sinnentsprechenden Ausgestaltung des Saales trugen auch die zahlreichen angeschlagenen Plakate bei, teilweise zeigten sie den Kopf von Marx als den Träger der republikanischen Idee, zum Teil waren es Textplakate, die zur Entscheidung über die Frage ›Kriegsgeneral oder Friedenspräsident!‹ aufforderten [...] Und dann, auf die Sekunde um 8 Uhr, intoniert die Musik den ›Reichsbannermarsch‹, während eine Abordnung des Reichsbanners selbst mit schwarzrotgoldenen Fahnen, Standarten und Wimpeln festlichen Einzug hält [...] Mit heller Stimme spricht [...] Theodor Hardt einen Prolog [...]« (Vw 18. 4.). Mit der *»Vaterländischen Hymne«* von Häselin endete die Kundgebung. Auch diesmal war der Sportpalast überfüllt, sodaß eine große Menge auf dem Vorplatz die Ansprachen erwartete, *»die vom Balkon, der mit schwarzrotgoldenen Fahnen festlich geschmückt war, [...] gehalten werden sollten. Als [...] Marx inmitten eines Kreises fackeltragender Reichsbannerleute auf dem Balkon erschien, brach die Menge spontan in Ovationen aus«* (Vw 18. 4.).
Vw 16.–18. 4.; BT 15., 17.–18. 4.; Voss 18. 4.; Germ 15.–19. 4.

Apr 23, 19.30 Uhr. Kundgebung
V: Reichsblock Groß-Berlin.
Et: *»Karten werden durch die Geschäftsstellen der Verwaltungsbezirke gratis ausgegeben«.*
Zur Wahl des Reichspräsidenten am 26. 4. (2. Wahlgang). Kandidat des ›Reichsblocks‹ (DNVP, DVP, BVP u. a.): Paul von Beneckendorf und Hindenburg (Generalfeldmarschall a. D.).
Rd: Dr. Julius Curtius (DVP, MdR), Hermann Drewitz (Wirtschaftspartei), Dr. Karl Jarres (Reichsmin. a. D., Oberbürgermeister, Duisburg), Wilhelm Kube (Deutschvölkische Freiheitsbewegung), Wilhelm Laverrenz (DNVP, MdR), Annagrete Lehmann (DNVP).
Mitw.: Deutsches Tonkünstler-Orchester, Jansen (Hofschauspieler, Rezitation) u. a.
»Schon eine Stunde vor Beginn mußten die Tore geschlossen werden und Tausende versammelten sich auf dem Vorplatz zu einer Parallelversammlung, in der [...] Pfarrer Koch (Dnat.), Frhr. v. Medem (V.V.V.), Dr. Faltz (D. Vp.) und Amtsrat Lossau (Dtv. Freiheitsbewegung) zu den Massen sprachen [...] Saal und [...] Rednertribüne [...]mit schwarzweißrotem Fahnentuch reich geschmückt. Vor der Rednertribüne [...] zwischen Lorbeerbäumen eine Kolossalbüste Hindenburgs. Militärmärsche [...] leiteten die Kundgebung ein, während auf eine weiße Leinwand über der Rednertribüne Marx=Karikaturen eines Schnellzeichners projiziert wurden. Sodann erfolgte der Einmarsch der Fahnen unter den Klängen des Präsentiermarsches und des Flaggenliedes, dessen Schluß: ›Dir wollen wir unser Leben weihen, der Fahne Schwarz=weiß=rot!‹ von den Versammelten, die sich erhoben hatte, begeistert mitgesungen wurde. Ueber 200 Fahnen zogen ein. Es marschierten auf unter der Führung des Sportvereins ›Olympia‹ der Wikingbund, der Werwolf (mit dem weißen Totenkopf und der Inschrift ›Und doch!‹), der Jungdeutschland=Bund, Jungbünde (Jugend der Deutschnationalen Volkspartei, Bismarck=Jugend, Bismarck=Orden usw.), Arbeitervereine und Arbeiterverbände, der Frontbund, der Jungdeutsche Orden und der Stahlhelm« (Kreuz-Zeitung, 24. 4.).
»Nationale Spektakelrevue [...] Junge, Junge, das hälst du nicht aus [...] Schon am Eingang beim Ansturm nationalentbrannter Meschenmassen gab es Prügeleien. ›Verfluchter Lausejunge...‹ ›Sie erbärmliches Rindvieh...‹

254 Wilhelm Marx bei seiner Rede während der Kundgebung des Volksblocks (Chr Apr 17; nach: Germ 19. 4. 1925).

Deutsche Männerdispute. Im Innern martialische Hindenburgbüsten, schwarzweißrot tapezierte Wände und, in alter Balkenbiegerfrische, Akten=Tirpitz, leutselig seinen gepflegten Bart von einer Stätte zur anderen tragend. Unter schauerlicher Blechmusik rückten sie mit Fahnenschwenken an: Werwölfe, wie es der fletschende Name erfordert, von sehr blutrünstigem Aussehen, Wikinger, Frontbannern, Jungdeutsche und Stahlhelmer. An Totenköpfen, Hakenkreuzen und sonstigen Parteiinsignien war kein Mangel. Unheimlich viel wurde gesungen, und alles für Hindenburg. Wild durcheinander Nationalpotpourri, Frühlingslieder, Wacht am Rhein, ›Haltet aus im Sturmgebraus‹ und andere Erbauungssächelchen. Auch bekundete man den festen Willen, Frankreich siegreich und unentwegt zu Boden zu schlagen. Herr Jarres, der Durchfallskandidat, las, von ohrenbetäubendem Getrampel und Heilsgebrüll empfangen, notdürftig und mit einigem Streben eine magere Rede ab, die in der Loebell=Küche zusammengebraut war. In der ›Kaiserloge‹ saß die Exzellenz Fritz und amüsierte sich anscheindend königlich über das Theater. Nach der Sprechübung des Oberbürgermeisters erschien auf der Leinwand – der Helm Hindenburgs. Rasendes Beifallsgebrüll, trampelnde Jungfrauen, Kettengesänge. Laverrenz, der Schnorrer Meister, sprach von der ›Synagogenausgabe Germania‹. Wütendes Geschrei. Rufe: ›Unbeschnittene Verräter. Weiße Juden.‹ Beim Fallen des Namens Hellpach ruft eine reinrassige Dame: ›Dieser erbärmliche Dreckjude.‹ Sehr putzig auch der völkische Kube, der dutzendweise Juden schlachtete. Annagretchen Lehmann mit dem Feldwebelakzent, Herr Wallraf, der Zylinderhutlöwe und Curtius, der eine Manifestation gähnender Langeweile war. Das Publikum amüsierte sich unterdessen auf seine Weise durch anhaltendes Johlen und Schreien. Es war eine gut durchwärmte Spießerkirmes. Unmassen schwarzweißroter Kinder von 5 bis 15 Jahren gaben dem Ganzen das Relief. Furchtbar wurden die Juden mitgenommen. Ob man von der prozentualen Staffelung der Einkommensteuer auf Kuba, der notleidenden Schwerindustrie, von Hindenburg, dem ›einsam ragenden Giganten und verehrten Volksvater‹, oder über die brennende Schmach der Dawes=Versklavung (Herr Drewitz. – Hörst du die Dolchstoßtöne, armer guter Stresemann?!) sprach, prompt tobte es wildgestikulierend durch den Raum: die verfluchten Juden, die verfluchten Juden... Zwischendurch hielten Hysteriker außerprogrammmäßige Ansprachen ins Publikum. Der eine schrie von der Galerie: Wir wollen unsere geliebten Hohenzollern wieder haben. Tobender Applaus. Ein anderer forderte ultimativ Elsaß-Lothringen und sämtliche Kolonien. Auf der Leinwand gab es unflätige Marx=Karikaturen. Der Mob brüllte. Als Kube von Marx, den ›Mann der französischen Regimenter‹ sprach, tobte es wie besessen ›Lump, an den Galgen‹. – Um 1/4 11 sang man das vierstrophige Deutschlandlied. Dann folgte der verrostete Siegerkranz: ›Heil Kaiser, dir.‹ Hindenburg, du Reichspräsident in Vorbereitung, wie wird dir?«
(Vw 24. 4.).
Kreuz-Zeitung 22., 24. 4.; BLA 24. 4; Vw 24. 4.

Apr 24, 19.00 Uhr. Kundgebung
V: KPD, Bezirk Berlin-Brandenburg.
Et: 0,30 M.
Zur Wahl des Reichspräsidenten am 26. 4. (2. Wahlgang) und *»gegen die Leipziger Todesurteile. Gegen das monarchistisch=kapitalistische Programm der Hindenburg=Marx!«*. Kandidat der KPD: Ernst Thälmann (MdR).
Rd: Ruth Fischer (MdR), Ernst Thälmann (MdR), Wolf (Rechtsanwalt), *»Begrüßungsansprachen ausländischer Arbeitervertreter«*.
Mitw.: Erwin Piscator und Erich Weinert (Rezitation) u. a.
»Aus dem Programm: Orchestermusik / Fahneneinmarsch / Rezitationen / Politisch-satirische Ansprachen (u. a. sprechen: ›Hindenburg‹, ›Marx‹, ›Adolf Hoffmann an die Freidenker‹)«
»Die Kundgebung [...] war im Rahmen eines politischen und satirischen Abends gehalten. Viel Heiterkeit erregte das Auftreten der drei ›Helden‹ des Tages: Hindenburg, Marx und Adolf Hoffmann. Die Reden, die diese Herren zum besten gaben, wurden wiederholt von stürmischen Rufen und manchen witzigen Bemerkungen unterbrochen [...] während Hindenburg sprach, spielte das Orchester: ›Wer will unter die Soldaten‹; Marx wurde durch ›Jesus, meine Zuversicht‹ eingeleitet. Und des alten Adolf Hoffmann Rede floß unter Begleitung des ›Lieben Augustin‹. Die Rezitationen des Genossen Piscator und die Gedichte des Genossen Weinert ergänzten neben den Orchesterstükken den künstlerischen Teil des Abends« (RF 25. 4.). Auch an diesem Abend wieder Ansprachen an die auf dem Vorplatz Versammelten, die keinen Einlaß gefunden hatten.
RF 21.–25. 4.; Vw 24. 4.

Der Arbeiterkandidat Ernst Thälmann

256 Ernst Thälmann (Chr Apr 24; nach: RF 25. 4. 1925).

255 Die Rote Fahne, 24. 4. 1925 (Chr Apr 24).

8. Jahrg. / Nr. 92 / Preis für Groß-Berlin 10 Pfennig — Berlin, Freitag, 24. April 1925

Die Rote Fahne

Zentralorgan der Kommunistischen Partei Deutschlands (Sektion der Kommunistischen Internationale)

Redaktion u. Verlag: Berlin SW 48, Friedrichstr. 225 III Tel.: Lützow 1956/57 und Rollendf. 2883. – Juristische Sprechstunde Montag und Freitag von 5–7 Uhr — Erscheint täglich — Tel.-Adresse: Rotfahne Berlin. Bank-Konto: Darmstädter u. Nationalbank Berlin, Dep.-Kasse Belle-Alliance-Platz. Postscheck-Konto Berlin NW 27970

Begründet von Karl Liebknecht und Rosa Luxemburg

Heraus zum Massenprotest!

Gegen das dreifache Todesurteil des Blutgerichtshofes!
Gegen das Dawes-System der Arbeiterfeinde Hindenburg und Marx!
Heute, Freitag, abends 7 Uhr im Sportpalast, Potsdamer Str. 72
Redner: Ruth Fischer – Ernst Thälmann
Begrüßungsansprachen ausländischer Vertreter. Saalöffnung 6 Uhr. Eintritt 30 Pfennig.

Arbeiter und Arbeiterinnen Berlins! Der Justizterror gegen das deutsche Proletariat hat in den drei Todesurteilen des Leipziger Staatsgerichtshofes einen bisher nicht gekannten Höhepunkt erreicht. Das Leipziger Bluturteil übertrifft alle bisher dagewesenen Urteile der deutschen Klassenjustiz. Die Reaktion will abschrecken. Das Proletariat soll an den Sklavenketten des Dawes-Paktes nicht einmal rütteln. Das Urteil soll gleichzeitig die Intervention gegen Sowjetrußland einleiten.

Arbeiter und Arbeiterinnen Berlins! Zeigt, daß Ihr gewillt seid zu kämpfen! Organisiert den Massenprotest gegen die Justizverbrechen der Marx- und Hindenburg-Justiz! Agitiert für die Kandidatur Thälmann!

Nieder mit der Blutjustiz!

Apr 25, 20.00 Uhr. Kundgebung
V: Reichsbanner Schwarz-Rot-Gold (für den »Volksblock«)
Zur Wahl des Reichspräsidenten am 26. 4. (2. Wahlgang).
Kandidat des »Volksblocks« (Zentrum, DDP, SPD): Wilhelm Marx (Zentrum, MdR, Reichskanzler a. D.).
Rd: Dr. Gertrud Bäumer (DDP, MdR), Arthur Crispien (SPD, MdR), Fritz Koch (Vors. des Gaues Berlin des Reichsbanners), Dr. Joseph Wirth (Zentrum, MdR, Reichskanzler a. D.).
Mitw.: Berliner Bläserchor.
Auch an diesem Abend wieder Ansprachen an die auf dem Vorplatz versammelten, die keinen Einlaß gefunden hatten. Im Anschluß an die Kundgebung fand ein großer Demonstrationszug nach dem Westen statt *»umrahmt von Tausenden von Fackeln«*
Vw 23., 25.–26. 4; BT 25. 4. Voss 24. 4.; Germ 23., 26. 4.

Mai 8, 20.00 Uhr. Boxen »Hans Breitensträter – Piet Vanderveer« u. a.
V: SP.
Fdg: Axel Kvist (58,6 kg; S) – Edu Schmidt (58,7 kg; Bremen), Sieg Schmidts nach Pktn (8 Rdn).

257 Plakat (Chr Mai 10); Berlin, Kunstbibliothek, SMPK.

Wg: Maurice Prunier (68,5 kg; F) – Ernst Grimm (66 kg; Berlin), unentschieden (10 Rdn).
Hsg: Ted Zegwaard (78 kg; NL) – Max Diekmann (80 kg; Berlin), Sieg Diekmanns nach Pktn (8 Rdn).
Sg: Hans Breitensträter (85 kg; Berlin) – Piet Vanderveer (99 kg; NL), unentschieden (12 Rdn).
Einleitung: W. Petermann (84,5 kg; Bremen) – Horst Schade (79 kg; Berlin), Sieg Schades nach Pktn (4 Rdn).
Der Kampf Breitensträter – Vanderveer hatte ein Nachspiel. In einer Anzeige an den VDF wurde die *»Reellität des Kampfes«* angezweifelt. Das Urteil des VDF *»lautete in seinen wesentlichen Teilen: Das Kampfurteil wird abgeändert in ›Kein Kampf‹. Beide Boxer zahlen je 5000 Mark Geldstrafe, die Wohlfahrtszwecken zugeführt werden. Vanderveer wird für ein halbes Jahr für Deutschland disqualifiziert. Breitensträter wird für Europa und auf die Dauer von drei Monaten disqualifiziert. Die Disqualifikation beginnt nach dem Meisterschaftskampf mit Samson-Körner. Bis dahin ist ihm nur der Kampf mit Diener gestattet. Des weiteren gab es Lizenzentziehung u. dergl. für die Manager der beiden und – den Ringrichter (!). Begründet wurde das Urteil vom Vorsitzenden des V. D. F. offiziell damit: es läge die Vermutung (!) einer Verabredung vor«* (BLA 20. 5.).
BLA 8.–9., 14., 20. 5.; BS 239–42, 24. 4.–15. 5.

Mai 10, 15.00 Uhr. Werbe-Turn- und Sportfest der Turngemeinde in Berlin
V: TiB.
Zum *»Gedächtnis ihrer vor 77 Jahren erfolgten Gründung und des vor 50 Jahren in ihren Betrieb aufgenommenen Jugendturnens«*.
BLA 8. 5.; Pl (KB, SMPK).

Mai 12, 20.00 Uhr. Protestkundgebung gegen das Aufwertungsgesetz
V: Hypothekengläubiger und Sparerschutzverband für das Deutsche Reich.
Et: frei.
Rd: Max Ahlberg (Vors.), Justizrat Brink (München), Dr. Krentz, Amtsgerichtsrat John, Riemer, Höhne.
Kundgebung der *»Arbeitsgemeinschaft zusammengeschlossener Rentner= und Kriegsopferverbände, im ganzen 33 Spitzenverbände«*.
»Gläubiger! Sparer! Rentner! Wehrt Euch gegen das Unrecht der Aufwertungsgesetzentwürfe. Erscheint in Massen [...]« (Anz., BLA 10. 5.).
BLA 10., 13. 5.

Mai 16–Jun 1, 9.30–22.00 Uhr. Industrie-Ausstellung für Baufach, Wohnungswesen und verwandte Gewerbe
V: Bau-, Maurer- und Zimmermeister-Innung (?; Ausstellungsbüro: Potsdamer Straße 82 d).
Et: 1,20 M *»für beide Lokale«*.
Die Ausstellung fand im Sportpalast und in der Philharmonie, Bernburgerstraße, statt.
BLA 13., 17. 5.

Jun–Nov. Umbau des Sportpalastes durch den Architekten Oskar Kaufmann
Bereits Mitte April wurde bekanntgegeben (BLA 15. 4.), daß die Sportpalast AG in Verbindung mit dem Eislaufverband und dem Berliner Schlittschuh-Club (BSchC) den Sportpalast wieder dem Eissport zuführen und ihn in diesem Zusammenhang umbauen lassen wolle, die Pläne für die Umgestaltung lägen bereits vor. *»Durch technische Neuerungen wird es möglich sein, innerhalb von drei Tagen eine Radrennbahn aufzubauen und über Nacht die für die Abhaltung von Boxkämpfen erforderlichen Einrichtungen zu schaffen«*. Mitte Mai wurden die Pläne *»zur Umwandlung des Berliner Sportpalastes in einen Eispalast«* durch den BschC unter dem Vorsitz seines Präsidenten P. G. Hoffmann während eines Festbanketts der Öffentlichkeit vorgestellt – *»Dieses Projekt wird von der Sportpalast A. G. gemeinsam mit dem Berliner Schlittschuh=Club durchgeführt [...]«* (BLA 19. 5.). Als Datum der Eröffnung stellte man den 15. Oktober in Aussicht. Durch die *»ungeheuren, immer wieder unterschätzten Bauarbeiten und einen glücklicherweise schnell behobenen Kesseldefekt«* wurde die Fertigstellung verzögert, bis die Eröffnung schließlich am 25. 11. erfolgen konnte. In der Zwischenzeit, am 13. 11. gab der Vorsitzende des BSchC näheres über den geplanten Sportbetrieb bekannt: *»Der gesamte Amateursportliche Betrieb im Sportpalast steht unter Aufsicht des Berliner Schlittschuh-Clubs. Alle ernsten Sporttreibenden sollen sich der jedermann aufnehmenden Schlittschuhläufer=Vereinigung anschließen, die ihren Mitgliedern eine Ermässigung von 50 Prozent auf die Eintrittspreise gewährt. Ferner sollen entwicklungsmögliche Mitglieder durch Eislauflehrer kostenlos gefördert werden und in internen Wettkämpfen Erfahrungen für Kokurrenzen sammeln. Der Mitgliedsbeitrag beträgt 8 Mark für die Saison 1925–26 vom 24. November bis 15. April. Der Eintrittspreis für die Allgemeinheit beträgt pro Tag 1 Mark, die Mitglieder der S.V.B. zahlen also nur 50 Pfennig. Nur Sonntags und bei Sonderveranstaltungen gelten diese ermäßigten Sätze nicht. Die Geschäftsstelle der Schlittschuhläufer-Vereinigung beginnt am 19. November im Berliner Sportpalast [...], linker Flügel, 1 Treppe, mit der Ausgabe der Mitgliedskarten. Es ist auch möglich, den Beitrag in Monatsraten zu 2 Mark zu entrichten. Paßphotos sind mitzubringen«* (BLA 16. 11.).

Nov 25, 20.00 Uhr. Eröffnung des umgebauten Sportpalastes mit einem »Festabend des Berliner Schlittschuh-Clubs«
V: SP/BSchC.
»Neben den Spitzen der Behörden und den Vorständen der größten Berliner Sportklubs hatten sich die Prominenten aller Sportzweige eingefunden. Reichskanzler Dr. Luther, Reichsminister Dr. Stresemann, Reichswehrminister Dr. Geßler, Reichsarbeitsminister Dr. Brauns, Stadtkommandant Oberst Severin, Kultusminister Dr. Becker, Polizeipräsident Crscynski [Grzesinski] und Bürgermeister Scholz bemerkte man u. a. unter den Ehrengästen. Von bekannten

258 Programmheft zur Neueröffnung nach dem Umbau durch Oskar Kaufmann (vgl. Chr Nov 25); VWA.

Sportsleuten fiel die Spitze der deutschen Tennisrangliste, Froitzheim, Landmann, Moldenhauer, besonders auf. Von den Berufsboxern sah man neben dem gesamten Descamps-Unternehmen, das durch Paolino, Fritsch und Molina vertreten wurde, Samson–Körner und Prenzel. Die Sechstagegrößen Rütt, Saldow und Lorenz repräsentierten den Radsport, dem die Halle auch später ein Betätigungsfeld bieten soll. Nach den offiziellen Ansprachen und dem Einzug der Eisläufer wurde Kunstlaufen gezeigt« (BT 26. 11.). *»Alle tüchtigen Kräfte des Berliner Schlittschuhclubs und Berliner Eislauf-Vereins 1886 traten auf«:* Geschwister Winter (BSchC), Wulff/Haertel (BEV 86; Paarlauf), Brockhöfft (BSchC), W. Rittberger u.a. Ein Reigen wurde von Damen des BSchC und BEV 86 vorgeführt. *»Während der Pausen füllte sich die Eisfläche mit vielen Läufern und bot ein farbenfrohes Bild, das sehr gut in den Rahmen paßte. Es war ein netter Anblick, die bunt durcheinander gewürfelte Schar sich in ihrem Element austoben zu sehen. Kunstläufer, Schnelläufer, alles durcheinander, so wirbelte es um die Bahn«.* Dann folgten die mehr sportlichen Wettbewerbe: ein 1500-m-Vorgabe-Schnellaufen (drei Läufe; 1. Grell, 2. Grund [beide BSchC], 3. Schönbrodt [BEV 86]) und das Eishockeyspiel: BSchC – SC Riessersee 4:1 (1:1). *»Die Gäste mußten mit einigen Ersatzleuten antreten. Sie stellten sich den Berlinern mit: Leis im Tor; Priller, Schmidt in der Verteidigung und Rau, Kreisel und Gruber in der Sturmlinie. Beim Schlittschuh-Club fehlte der gute Schwede Holmquist, so daß er mit: Andraesen (Tor); Sachs, Steinke (Verteidigung); Dr. Holzboer, Molander, Krokowski bzw. Reschke (Sturm) den Gästen gegenübertrat [...] Berlins Elf siegte verdient. Gut vier Leute, Molander, Holzboer und beide Verteidiger. Schwach der jeweilige dritte Stürmer und Andraesen [...] Eine Frage. Warum spielt man nicht auch bei uns nach internationalen Regeln, d.h. nicht 2 mal 20 Minuten, sondern 3 mal 15 Minuten?«* (Leichtathlet). Von dieser Eröffnung lieferte Alfred Braun einen kurzen Bericht für den Rundfunk (vgl. Radio-Revue 14. 10. 1951). BLA 20., 23. 11.; BT 24.–26. 11.; Leichtathlet 1925, Nr. 48.

Nov 26. Eisballett »Die Laune der Favoritin« u.a.
Ab 13.00 Uhr öffentlicher Eislauf.
V: SP.
Et: 1,– bis 3,– M.
Mitw.: Einödshofer-Orchester u.a.
»Am zweiten Tag war die Eisbahn [...] das erstemal zur öffentlichen Benutzung und zum Besuch der Veranstaltungen freigegeben. War schon am ersten Tage die Lauffläche mit Läufern gut besetzt, der zweite Tag brachte eine riesige Fülle, denn die Verehrer des Eislaufs waren in stattlicher Zahl zur ersten Probe erschienen«.
20.45 Uhr. »Kunstlauf-Vorführungen preigekrönter Meisterläufer«
21.45 Uhr. Eishockey: SC Riessersee – SCC 2:1 (0:1)
»Die Bayern traten mit der Mannschaft des Vortages an. SCC., ohne Wegener, mit dem Berliner repräsentativen Landhockeytorhüter des BSV 92, Lincke, im Tor, Warmuth, Lehniger, Römer, Martin, Schulze und später Krüger für Lehniger [...] Die Gäste spielten reichlich hart, und da der Schiedsrichter Holzboer nicht immer genug durchgriff, ging es, nachdem auch die Berliner härter wurden, bisweilen recht lebhaft zu [...] Durch den Sportpalast wird der Eishockeysport ein neues Aufblühen erleben. Bei jeder größeren Eisveranstaltung [...] darf nie ein Eishockeyspiel fehlen, das ergaben die beiden Eröffnungstage« (Leichtathlet 1925, Nr. 48, S. 23).
22.45 Uhr. Premiere des Eisballetts »Die Laune der Favoritin«
Dieses Ballett sollte dann bis weit in das Jahr 1926 hinein zum Repertoire gehören.
Mit der Wiedereröffnung des Sportpalastes wurde ein monatliches Programmheft ins Leben gerufen, die *»Blätter des Sportpalastes«,* deren Umschlag von Fritz Stahl entworfen worden war, in denen neben dem laufenden Programm u.a. ein *»Sport- und Ballkalender«* enthalten war; ihr Erscheinen wurde offenbar bereits im Laufe des Jahres 1926 eingestellt.
Im ersten Heft »Blätter des Sportpalastes, Wintersaison 1925=1926, Nr. 1 – Preis 30 Pf.« gibt es folgende Angaben zum Eisballett: *»Die Laune der Favoritin / Choreographisch-sportliches Gemälde auf dem Eis von Willy Rath und William Karfiol / In Szene gesetzt von William Karfiol / Tanzarrangement von Ballettmeister Georges Blanvalet / Musikalische Einrichtung von Kapellmeister Julius Einödshofer / Hauptpersonen: / Der Fürst ... Paul Wilson / Die Favoritin ... Sigrid Trilling / Leutnant Grimski ... Gaston Callé / Marietta ... Else Rackow / Johann ... Eugen Masurat / Kammerherr ... Georg Reitmeier / Pix/Pax, Stadtwächter ... Sloan-Küger/Josef Schard / Volk, Soldaten / Kostüme: Theaterkunst Herm. J. Kaufmann / Beleuchtungseffekte: Schwabe & Co. / Schlitten und Requisiten: Leo Impekoven«.*
Außerdem eine Beschreibung des Inhalts: *»In Winkelhausen ist Volksfest, das, da es kalter Winter ist, auf dem*

259 Girl-Truppe (Chr Nov 25, 26).

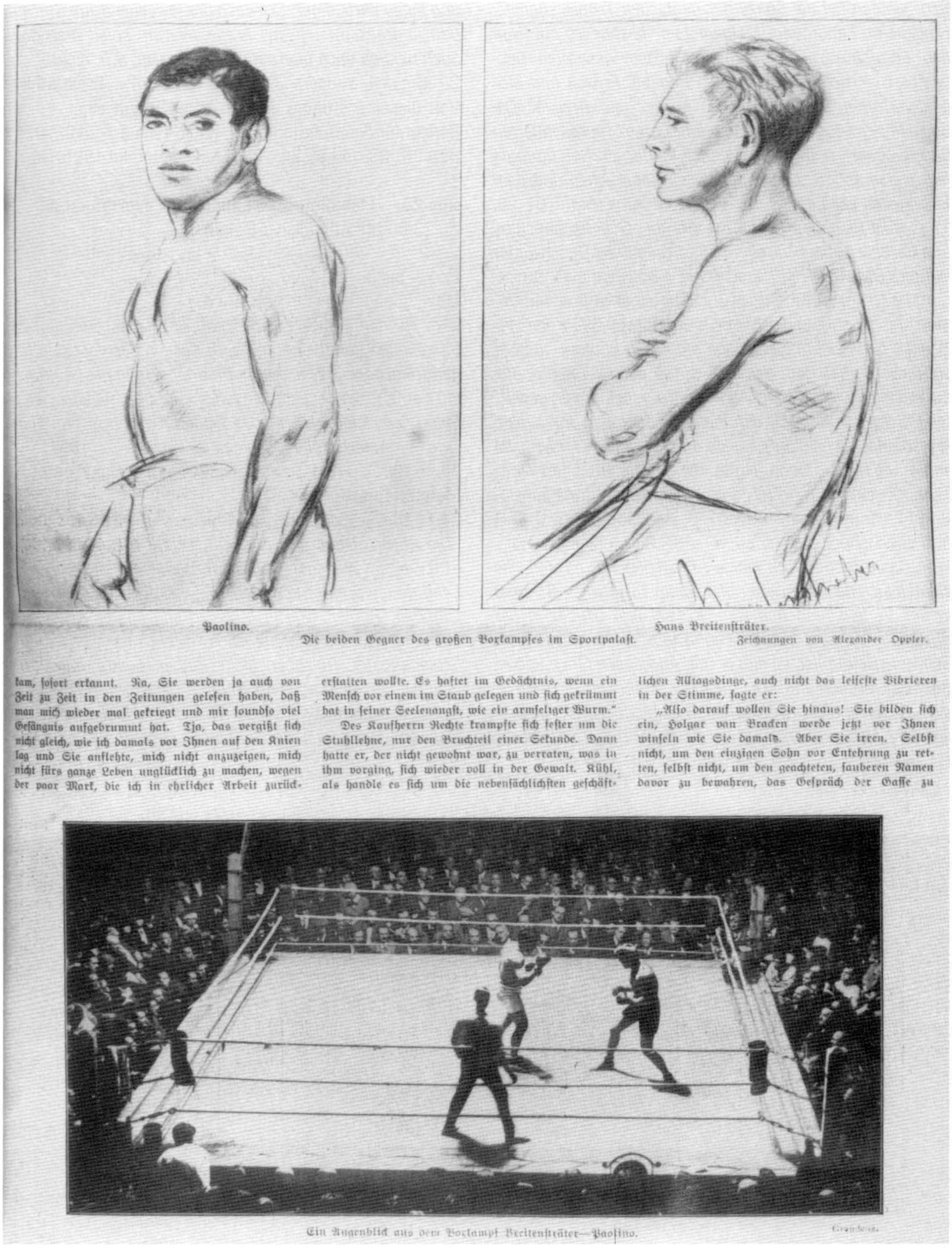

Paolino. Hans Breitensträter.

Die beiden Gegner des großen Boxkampfes im Sportpalast. Zeichnungen von Alexander Oppler.

kam, sofort erkannt. Na, Sie werden ja auch von Zeit zu Zeit in den Zeitungen gelesen haben, daß man mich wieder mal gekriegt und mir soundso viel Gefängnis aufgebrummt hat. Tja, das vergißt sich nicht gleich, wie ich damals vor Ihnen auf den Knien lag und Sie anflehte, mich nicht anzuzeigen, mich nicht fürs ganze Leben unglücklich zu machen, wegen der paar Mark, die ich in ehrlicher Arbeit zurück-erstatten wollte. Es haftet im Gedächtnis, wenn ein Mensch vor einem im Staub gelegen und sich gekrümmt hat in seiner Seelenangst, wie ein armseliger Wurm."

Des Kaufherrn Rechte krampfte sich fester um die Stuhllehne, nur den Bruchteil einer Sekunde. Dann hatte er, der nicht gewohnt war, zu verraten, was in ihm vorging, sich wieder voll in der Gewalt. Kühl, als handle es sich um die nebensächlichsten geschäft-lichen Alltagsdinge, auch nicht das leiseste Vibrieren in der Stimme, sagte er:

„Also darauf wollen Sie hinaus! Sie bilden sich ein, Holgar van Bracken werde jetzt vor Ihnen winseln wie Sie damals. Aber Sie irren. Selbst nicht, um den einzigen Sohn vor Entehrung zu ret-ten, selbst nicht, um den geachteten, sauberen Namen davor zu bewahren, das Gespräch der Gasse zu

Ein Augenblick aus dem Boxkampf Breitensträter—Paolino.

260 Hans Breitensträter gegen Paolino (Chr Dez 1; nach: Zeitbilder 6. 12. 1925).

Schloßteich abgehalten wird. Die tüchtigen Stadtwächter Pix und Pax sorgen für Ordnung und gute Sitte. Bürger und Bauern vergnügen sich auf dem Eis, unter ihnen auch der brave Johann mit seinem Bräutchen Marietta. Als Johann gerade seine Künste als Schlittschuhläufer zeigt, erscheint die Hofgesellschaft, die sich an dem Jahrmarktstrubel ergötzen will, in eleganten Schlitten. Auch die Favoritin des Fürsten befindet sich darunter, die mit großem Interesse den kunstvollen Figuren folgt, die der brave Johann auf dem Eis zeichnet. Sie mischt sich unter die Bürger und klatscht dem Eiskünstler ganz enthusiasmiert Beifall. Einer der Hofkavaliere, der Leutnant Grimski, der sich sehr um die Gunst der Favoritin bemüht, wird eifersüchtig und winkt kurzerhand den Soldaten, um den kecken Bürger, der es wagt, die Aufmerksamkeit der Favoritin auf sich zu ziehen, festnehmen zu lassen. Die Bürgerschaft ist empört, und namentlich Marietta, das Bräutchen, die schon mit steigendem Unwillen voller Eifersucht jede Bewegung der Favoritin verfolgt hat, gebärdet sich ganz aufgeregt. In diesem Augenblick erklingen die Fanfaren, die das Nahen des Fürsten ankündigen, und Serenissimus selbst hält in einer Sänfte, von Pagen begleitet, seinen Einzug auf dem Eise. Die Favoritin eilt lächelnd auf ihn zu und erklärt ihm, daß alles nur ein Scherz sei. Der Fürst winkt den Soldaten und läßt den Johann frei. Die Pagen begleiten den Fürsten auf den für ihn reservierten Sitz und zeigen ihm dann ihre Künste. Der Fürst, der selbst Sportsmann ist, steigt selbst in die Arena hinab und tanzt mit der Favoritin einen kunstvollen Reigen, dem sich auch der Leutnant Grimski anschließt. Die Dunkelheit bricht herein, und die Bürgerschaft veranstaltet vor dem Landesherrn, dem sie ihre ehrerbietigen Huldigungen darbringt, einen Fackelzug.«
BLA 27. 11.; BT 24.–26. 11.; Leichtathlet 1925, Nr. 48, S. 23.; Ph (VWA).

Nov 27–29. Eisballett »Die Laune der Favoritin« u. a.
Forts. von Nov 26.
Ab 10.00 Uhr öffentlicher Eislauf, 21.00 Uhr Kunstlauf, 22.30 Uhr Eisballett.
Am 29. 11. *»Im Kasino bis 1 Uhr nachts: Kapelle Sula Levich«*
An den Klubtagen des BSchC (Dienstag und Donnerstag) schon von 7.30 Uhr an für das Training geöffnet.
BLA 28.–29. 11.; BT 27.–28. 11.

Nov 30. Geschlossen
Umbau zur Boxkampfarena.
BLA 29. 11.

Dez 1, 20.00 Uhr. Boxen »Hans Breitensträter – Paolino« u. a.
V: Koslowski (u. a.?).
Lg: Paul Fritsch (61 kg; F) – Fritz Ensel (60 kg; Köln), Sieg Ensels nach Pktn (8 Rdn).
Lg: Adolf Schell (61,5 kg; Elberfeld) – Willy Drekopf (61,5 kg; Düsseldorf), Sieg Schells durch Disqualifikation (6. Rde).
Mg: Barthélemy Molina (72 kg; F) – Hein Domgörgen (70 kg; Köln), unentschieden (10 Rdn).
Sg: Hans Breitensträter (84 kg; Berlin) – Paolino (=Paolino Eskudum; 91,5 kg; E), Sieg Paolinos durch ko (9. Rde).
»Der erste Boxkampfabend im verwandelten Sportpalast. Im neuen, leuchtendbunten Rahmen die altgewohnte schwarze Besucherfülle der großen Boxschlachten. Der Auftakt im übrigen so unglücklich, wie möglich: eine ganz unzulängliche Organisation war dem Massenansturm der Besucher gegenüber hilflos, wüste Szenen spielten sich halbstundenlang vor und in den unpraktischen Engpässen ab, durch die man sich in den Sportpalast hineinquetschen mußte. Drinnen ging es um kein Haar gemütlicher zu; ein von falschen Angaben strotzendes Programm; ein unzulänglicher ›Sprecher‹, dazu eine die lärmende Kritik der Massen herausfordernde Beleuchtung – der erste Kampf ging unter Pfeifen und Gejohle vor sich […] Und dann – ja dann erschienen die eigentlichen Helden des Abends, die Schwergewichtsmeister von Spanien und von Deutschland. Zuerst klettert Paolino in den Ring, schwarz, untersetzt, muskulös, ein Stier, breitgrinsend. Dann Breitensträter, blond, groß und (am Gegener gemessen) schlank. Die Menge beklatscht ihn begeistert; Die Musik spielt den ›Einzug der Gladiatoren‹. Dann endloses Vorspiel mit Film und Photographen, Vorstellungen der Kämpfer […], des Ex-Weltmeisters Carpentier (der in diesem Kampfe Paolino sekundiert), des Ringrichters Hönscherle (man wundert sich), und so weiter, im gewohnten Reigen… ›Ring frei!‹ – Gong! Der Kampf hat begonnen; zehntausend Menschen halten den Atem an. Wie ein Tiger springt Breitensträter den Stier an; schwerste Brocken sitzen; Paolino ist Amboß, Breitensträter Hammer. Über des Basken linkem Auge fließt Blut; aber auch über Breitensträter Auge öffnet sich eine vor wenigen Tagen im Training erhaltene Wunde. Brausender Beifall begleitet den Deutschen in seine Ecke. Abermals Gong. Nun geht auch Paolino voll aus sich heraus. Und es wird ein Kampf voll wilder Energie, ein erbitter-

ter, aufwühlender Fight. Breitensträters stürmisches Kämpfertemperament gegen Paolinos unerschütterliche Wuchtigkeit – auf die Dauer kann das Ende nicht zweifelhaft sein. [...] Die 9. Runde bringt dann das Ende. Eine Serie von Kinnhaken, abwechselnd rechts und links geschlagen, schmettert Breitensträter auf die Bretter – diesmal endgültig [...]« (BLA 2. 12.).
Bereits ab 4. 12. wurde als Vorfilm in einem Kino (Charlottenburg, Bismarckstraße 93/94) gezeigt: *»Breitensträter – Paolino des deutschen Meisters schwerster Kampf, 2 Akte Spezialaufnahmen aus dem Sportpalast«* (BLA 4. 12.).
BLA 19. 11, 1.–2. 12.; BS 270–71, 27. 11.–4. 12.

Dez 2–3, 21.00 Uhr. Eisballett »Die Laune der Favoritin« u. a.
Vgl. Nov. 26.
Am 2. 12. ab 18.00 Uhr, am 3. 12. ab 10.00 Uhr öffentlicher Eislauf.
Et: 1,– M. (inkl. Bahnbenutzung).
Am 3. 12. wurde bekanntgegeben: *»Dienstags und Freitags von 3–7 Uhr nachm. Klubtage des B.S.C.«.*
BLA 2.–3. 12.

Dez 4, abends. Eishockey u. a.
V: SP/BSchC.
BSchC – SCC 3:1.
»Die Charlottenburger begannen sehr schnell, mußten aber doch dem B.S.C. die Führung überlassen, bei dem sich Molander und Dr. Holsboer in die Tore teilten. Beim S.C.C. war Römer der beste Mann; auch Martin spielte ausgezeichnet, als er in der ersten Halbzeit den Ausgleich gegen das vom B.S.C. vorgelegte Tor herbeiführte [...]«.
Vorgabe-Schnellaufen: 1. Grell, vor Grund (BSchC).
Im übrigen war die Eisbahn geöffnet von 10.00–24.00 Uhr, außerdem dürfte das Eisballett (wie Nov 26) vorgeführt worden sein.
BLA 5. 12.

Dez 5 (?)–11. Eisballett »Die Laune der Favoritin« u. a.
Vgl. Nov 26.
Et: 1,– M (inkl. Eislauf).
Ab 10.00 Uhr öffentlicher Eislauf, 21.30 Uhr Apachentanz auf dem Eis, 22.30 Uhr Eisballett.
Dez 6, außerdem 21.00 Uhr: Eiskunstlauf
Mitw.: Paul Wilson, Kurt Worms, Rodolfo Angola/Elsie Derksen, Ehepaar Metzner.
BLA 8., 10. 12.; Ph (VWA).

Dez 12, 16.00 Uhr. »Der Ball der Mode«
»Auf dem ersten Modenball [...] nach Pariser Vorbildern unter Förderung der großen Modenverbände [...], ist aus der Schar der reizenden Berliner Vorführdamen die erste Modenkönigin gekrönt worden. Auf der zum Parkett gewandelten Eisfläche schritt die Schar der Berliner Vorführdamen über ein Podium und zeigten sich dem ›Wahlkollegium‹ [...] Die junge Modenkönigin, Sonja Jowanowicz, ist 19 Jahre alt, [...] Der zweite Preis fiel auf Edith Richter, eine junge Berlinerin, weitere Preise erhielten Helly Ritt, Wera Barle, Betty Hinze, Käte Hornig, Fräulein Kliemek, Fräulein Harbacher [...] Der Sportpalast erwies sich als zugkräftiger Ballsaal, fast viertausend Menschen füllten Ränge und Logen« (BLA 14. 12.).
BLA 12., 14. 12.

Dez 13 (?)–18. Eisballett »Die Laune der Favoritin« u. a.
Vgl. Nov 26.
Et: 1,– M (inkl. Eislauf).
Ab 10.00 Uhr öffentlicher Eislauf, 21.30 Uhr Kunstlauf, 22.30 Uhr Eisballett.
Dez 16, außerdem 21.30 Uhr: Eishockey
(stattgefunden?).
BLA 15., 17.–18. 12.

Dez 19–20. Eishockey u. a.
V: BSchC/SP.
Dez 19, 20.30 Uhr Wiener EV – SCC 17:0 (11:0).
»Es war eine sehr einseitige [...] Angelegenheit. Die Charlottenburger sind für ein Spiel gegen solch einen Gegner zur Zeit wahrhaftig noch nicht reif [...] das Torverhältnis hätte noch ganz anders ausgesehen, wenn nicht erstens die Wiener [...] die Sache mehr als eine Art Trainingsspiel aufgefaßt hätten, und wenn nicht zweitens der Charlottenburger Tormann Lincke sich [...] geradezu vorbildlich aufgeopfert hätte [...]« (BLA 21. 12.).
Dez 20, 15.30 Uhr Wiener EV – BSchC 4:3 (1:0).
»Am Sonntag rettete dann die erprobte Mannschaft des Berliner Schlittschuh=Clubs die Ehre des eishockey=sportlichen Berlins in einem von Anfang bis zu Ende fesselnden Spiel. Die Berliner waren den Gästen gegenüber zunächst etwas schwerfällig; doch hielt ihre Verteidigung, [...] Torwächter Andresen, den zahllosen scharfen Angriffen wakker stand [...] Nach der Pause erzielte Watson rasch zwei weitere Tore [...] dann raffte sich die Berliner Mannschaft energisch auf [...] In rascher Aufeinanderfolge fielen (durch Molander, Johannsen und Holmquist) drei Tore für Berlin [...]« (BLA 21. 12.).
An diesem Tag ab 13.00 Uhr *»Voller Eislaufbetrieb«*, 22.30 Uhr Eisballett (wie Nov 26).
BLA 19.–21. 12.

Dez 21–23. Eisballett »Die Laune der Favoritin« u. a.
Wie Dez 13–18.
Dez 23, außerdem 15.30 Uhr: »Lustige Spiele auf dem Eis f. Knaben u. Mädchen«
»Wertvolle Ehrenpreise«.
BLA 22.–23. 12.

Dez 24. Geschlossen
BLA 24. 12.

Dez 25–30. Eisballett »Die Laune der Favoritin« u. a.
Vgl. Nov 26.
Ab 10.00 Uhr öffentlicher Eislauf, 22.30 Uhr Eisballett; Dez 25–26, 16.30 und 22.30 Uhr Eisballett und *»Hilda Rückert tanzt«.*
Dez 27–30, außerdem 21.00 Uhr: »Die sensationelle Hilda Rückert-Truppe«
»In den Weihnachtsfeiertagen hat der Sportpalast mit einem neuen Kunstlaufprogramm, das auch die nächsten Tage wiederholt wird, aufgewartet. Ernst Hartung und Erna Krause zeigen im Paarlaufen viel Können. Das bekannte Hilda=Rückert=Ensemble, vier Eisläuferinnen mit staunenswerter Technik, wissen ausgezeichnet zu gefallen. Hier namentlich bei Hilda Rückert, sowie in dem komischen Intermezzo bei Hans Witte, dominiert die Eisakrobatik, wie man sie sich vollendeter nicht vorstellen kann. Die hohe Schule, die klassische Eislaufkunst, verkörpern der schwedische Meister P. Wilson und Frau Dr. Metzner. Der Schwede läuft eine vorbildliche, äußerst exakte, disziplinierte Kür, in Technik, Haltung und Schwung unerreicht. Frau Dr. Metzner, die internationale Paarläuferin, zeigt, daß sie auch allein die große Klasse darstellt« (BLA 28.12.).
BLA 24., 28. 12.

Dez 27 und 29, außerdem: Eiskunstlauf »Berliner Meisterschaften 1924«
V: BSchC.
Dez 27, 8.30 Uhr. Pflicht
Dez 29, 16.00 Uhr. Kür
Die Meisterschaften 1924 waren ein Jahr zuvor der Witterung zum Opfer gefallen und wurden jetzt nachgeholt.
Ergebnisse:
Meister-Damen: 1. Brockhöfft (BSchC) 170,8 Pkte; 2. Bökkel (BSchC) 159,4.
Meister-Herren: 1. Franke (BSchC) 167,6.
Meister-Paare: 1. Flebbe/Grauel (BSchC) 12,3.
Junioren-Herrn: 1. Brey (BSchC) 97,9; 2. Strebel (BEV 86) 95,8; 3. Gattwinkel (BSchC) 82,7.
Senioren-Damen: 1. Flebbe (BSchC) 117. 2. Bernhardt (BSchC) 115,8; 3. Veit (BSchC) 106,8.
Senioren-Herren: 1. Nagel (BSchC) 106,5; 2. Gaste (BSchC) 103; 3. Schartiger (BEV 86) 101.
Außerdem fand noch ein Eishockeyspiel zweier BSchC-Mannschaften statt und ein Eisschnellauf: 2000-m-Vorgabelauf: 1. Ganzevoort (SCC; Malmann) 4:00.
BLA 27.–28., 30. 12.

Dez 31, 20.30 Uhr. »Ein Silvesterball in Oberhof«
V: SP.
Et: 4,– M (reserv. Tisch 2,– M Zuschlag).
»in den Gesamträumen des Berliner Sportpalastes. Die überdeckte Eisarena als Ballsall / Große Überraschungen! / 9-Uhr-Tanzspiel: Thüringer Bilderbuch / Einzug des neuen Jahres 5 Kapellen /// Große Schnellballschlacht / Gesellschaftsanzug« (BLA 29. 12.).
Musik: *»Kapellen: 1. Julius Einödshofer (in der Halle) / 2. Hugo Fleischer (in der Halle) / 3. Sula Levich (im Casino) / 4. Orig. Schrammel ›D'Ottakringer‹ / 5. Oberbayr. Schrammelterzett«*
Aus dem Programm: *»›Thüringer Bilderbogen‹ / Tanzspiel zusammengestellt und arrangiert von Georges Blanvalet«;* Mitw.: Setti Bartsch, Gertrud Georges, Bruno Guttke, Paul Wilson, Hans Witte, Frieda Wruck. *»Das mondäne Paar Hildegard Aderhold / Helmut Lotz vom Kgl. Theater in Stockholm / Drei Rokoko=Schönen: Hilde Rückert, Betty Rückert, Alice Speck [...] In allen Räumen stept original Fritz Hiller / Um Mitternacht Einzug des neuen Jahres / Das neue Jahr...Hilde Walter / Prinz Carneval...Paul Wilson / Sein Hofnarr... Helmut Lotz / Der Zeremonienmeister ...Hans Witte / Gambrinus...Georg Reitmeier / Bacchus ...Bruno Guttke / Das Hofgefolge des Prinzen Carneval, Volk und Bürger«.*
»Sonderbetriebe: ›Die Schlemmerecke‹ im Casino (1. Rang) / ›Die Schrammeln‹ im Zwischenstock (vorn) / ›Zur Schwemme‹ im Keller (vorn)« (Ph).
BLA 25., 27., 29.–30. 12.; Ph (VWA).

1926

Jan 1–8 (?). Eisballett »Die Laune der Favoritin« u. a.
Vgl. 1925 Nov. 26.
Ab 10.00 Uhr öffentlicher Eislauf (am 1. 1. erst ab 14.00 Uhr), 22.30 Uhr Eisballett (am 1. 1. auch 16.30 Uhr, am 2. 1. auch 17.30 Uhr).
Jan 2, außerdem 21.00 Uhr: Kunstlauf
Jan 3, außerdem 16.00 Uhr: Eishockey
V: BSchC.
Et: 1,– bis 5,– M.
Slavia Prag (CS): Pospisil (Tor); Vilda, Vend (Vert.); Jirkovski, Stroubek, Krasl (Sturm).

BSchC: Andresen (Tor); Steinke, Sachs (Vert.); Molander, Holsboer, Holmquist (Sturm).
Slavia-Prag – BSchC 2:1 (1:1).
Das Spiel unter der Leitung von Martin (SCC) begann nach einleitendem Schaulaufen der Geschwister Winter. In der Pause Vorführungen von Frau Brockhöfft und von Rittberger.
BLA 1., 3.–4. 1.

Jan 10, 19.30 Uhr. Radrennen
V: SP.
Internationales Dreistunden-Mannschaftsfahren (nach jeder Stunde Wertung mit vier Spurts).
Teiln. (14 Paare): Louis Maes/Roels (B), Decort/Vermeerberghen (B), Mori/Rizetto (I), Spears/Corry (Australien), Jenssen/Rauch (DK/D), Vermeer/Stade (NL/D), Bauer/Schrage (D), Stolz/Behrendt (D), Kaleta/Feja (A/D), Koch/Miethe (D), Münzner/Häusler (D), Neinas/Erxleben (D), Meyer/Krüger (D), Schwab/Kuschkow (CH/D).
Ergebnis: 1. Koch/Miethe 33 Pkte; 2. Spears/Corry 26; 3. Kaleta/Feja (1 Rde zurück) 35; 4. Mori/Rizetto 21; 123,520 km.
Mit diesem Rennen wurde die nur zehn Tage – einschließlich des Sechstagerennens – währende Winterradsaison eröffnet, unter den neuen radsportlichen Leitern Walter Rütt und Erich Kroner. Sprecher dieser Saison war wieder Tadewald mit seiner *»Löwenstimme«*.
BLA 10.–11. 1.

Jan 12, 20.00 Uhr. 5. Fest der Sportpresse
V: VDS.
Zugunsten der Wohlfahrtskasse des VDS.
»Mit seinem traditionellen Winterfest hat der ›Verein [...]‹ auch gestern den gewohnten, großen Erfolg errungen. Trotz der ungünstigen wirtschaftlichen Lage, obwohl das Fest statt auf den sonst üblichen Sonnabend auf einen Dienstag anberaumt war, erschienen die Freunde des Veranstalters in hellen Scharen [...] Schaunummern wechselten mit ernsthaften sportlichen Wettkämpfen und humoristischen Darbietungen aus allen Gebieten« (BLA 13. 1.). Leichtathletischen Kämpfen (u.a. Dr. Peltzer-Stettin, Schoemann-Breslau) folgten Radrennen (u.a. mit Gottfried, Gorry, Hahn), ein Boxkampf (Ernst Grimm – Richard Naujoks), turnische Übungen und vieles andere mehr. *» [...] und dann fuhr Walter Rütt, geführt von seinem Sohne Oskar, seine Abschiedsrunde von Zement- und Holzbahn. Ueber die packenden Vorführungen der Schupo, die in einer Verbrecherjagd eine ganze Reihe von Polizei=Sportmeistern ins Treffen schickte, das mit Begeisterung aufgenommene Kunstturnen am Barren, das Hundert=Runden=Radrennen, erreichte der offizielle Teil des hervorragend gelungenen Festes mit der Entscheidung der Jockei=Boxmeisterschaft sein Ende«* (BLA 13. 1.).
BLA 8., 11.–13. 1.

Jan 14–20. 15. Berliner Sechstagerennen
Beginn 14. 1. um 20.00 Uhr, Start 22.00 Uhr, Ende 20. 1. um 23.00 Uhr.
V: SP (Rütt)
Wertungen: 14.30 und 16.30 Uhr (5 Spurts á 10 Rdn), 22.00 und 2.00 Uhr (10 Spurts á 10 Rdn). In der ersten Nacht bereits eine Wertung um 23.00 Uhr.
Teiln. (14 Paare): 1. Mac Namara/Horan (USA), 2. Persyn/César Debaets (B), 3. Dewolf/Stockelynk (B), 4. Girardengo/Giorgetti (I), 5. Brüder Vandenhove (F), 6. Saldow/Tonani (D/I), 7. Lorenz/Krupkat (D), 8. Hahn/Tietz (D), 9. Sawall/Rosellen (D), 10. Bauer/Gottfried (D), 11. Möller/Lewanow (D), 12. Golle/Wittig (D), 13. Knappe/Rieger (D), 14. Stellbrink/Longardt (D).
Ergebnis: 1. Mac-Namara/Horan 569 Pkte; 2. Rieger/Georgetti 509; 3. Hahn/Tietz 199; 4. Tonani/Sawall 179; 5. Dewolf/Stockelynk (1 Rde zurück) 330; 6. Persyn/Vandenhove 251; 7. Bauer/Gottfried 213; 8. Möller/Lewanow 201; 9. Lorenz/Krupkat 103.

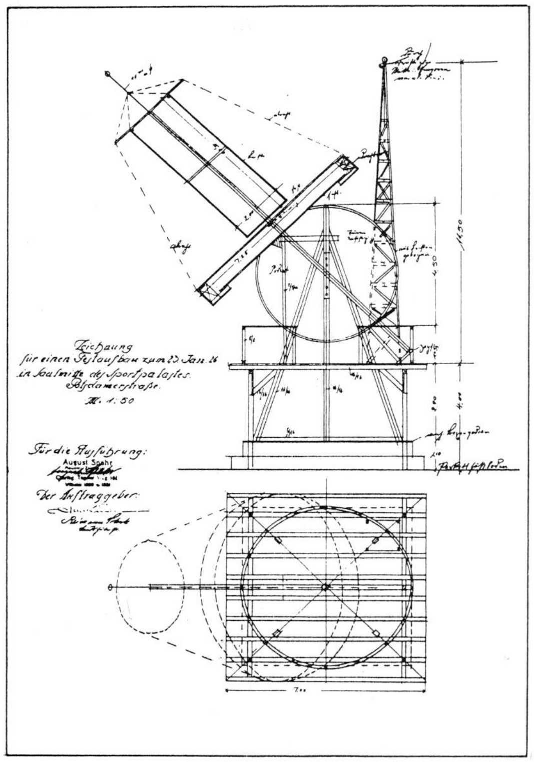

261 Konstruktion des Gerüstes zu dem Entwurf von Abb. 262 (nach: LA SP 3969/59 [Lichtpause/Papier/Leinen, 44,5 x 52,5 cm]).

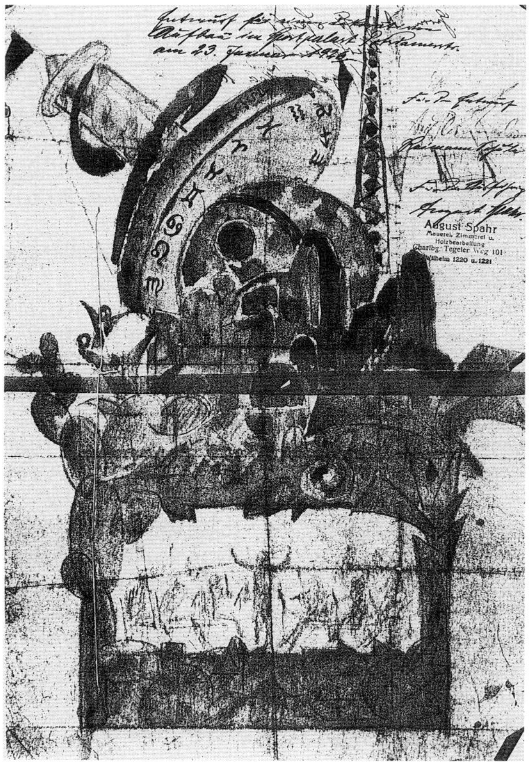

262 Entwurf für das »himmelstürmende Luftschloß der Schule Reimann« mit einer Höhe von über 15 m (Chr Jan 23; nach: LA SP 3969/61 [Lichtpause/Papier, 38 x 25 cm]).

Zurückgelegte km: 3604,640.
Startschuß: Sonja Iwanowitsch (Modekönigin, vgl. 1925 Dez 12).
Vorrennen (ab 20.00 Uhr):
100-Rdn-Fahren für Amateure: 1. Krollmann (Breslau), vor Karl Krupkat und Oskar Rütt.
200-Rdn-Punktefahren für Berufsfahrer: 1. Stolz, vor Behrendt.
Bereits in der zweiten Nacht schieden Girardengo und Knappe aus (Schlüsselbeinbruch infolge von Stürzen), später Saldow (94. Stunde, Leistendrüsenentzündung), Debaets (Sturz, leichte Gehirnerschütterung) und R. Vandenhove.
»Das 15. Berliner Sechstage-Rennen ist vorüber. [...] Unbestreitbar ist es ein riesiger geschäftlicher Erfolg geworden. Vom Start bis ins Ziel war der Sportpalast allnächtlich ausverkauft, und sogar die sonst recht stillen Nachmittagswertungen fanden diesmal mehr Zuspruch als sonst [...] Rieger war die große Entdeckung des Rennens [...] Walter Rütt, als Rennleiter, gab sein Debüt mit einiger Nervosität, bis der Erfolg feststand« (BLA 21. 1.).
BLA 18. 11., 21. 12. 1925; 14.–23. 1.; Vw 14.–15., 18., 21.1.

Jan 23, 20.00 Uhr. Gauklerfest der Schule Reimann
V: Freundeskreis der Schule Reimann.
Die jährlichen Gauklerfeste der Schule Reimann, einer privaten Kunst- und Kunstgewerbeschule mit den Schwerpunkten Mode und Dekoration, waren in den zwanziger Jahren überaus beliebt und berühmt. Üblicherweise fanden sie im Winter in den Festsälen des Zoos statt, die jedoch nicht genug Platz boten, sodaß an zwei Tagen gefeiert werden mußte. Die Überschüsse flossen der *»Unterstützungskasse der Schüler«* zu. Die Vorbereitungen zu diesen Festen wurden in den Unterricht integriert. Am Sportpalast faszinierte Albert Reimann die Größe des Raumes und die Möglichkeiten der Ausgestaltung. Außerdem konnte man *»beide Bälle vereinigen, man brauchte kein Nachfest«* (Reimann, S. 48).
Als Hauptdekoration wurde in der Mitte unter Verwendung des Boxringes ein 15,50 m hohes turmartiges Gebilde hergestellt, aus Holz und imprägniertem Papier.
Aus dem Programm:
»I. Musik / ›Ernö Rapeés Jazz-Symphonica‹ in der Mitte der Arena / Einödshofer Tanzorchester im 1. Rang / Vier Überraschungskapellen unter den vier Ecktürmen / Kapelle Boulanger im Kasinosaale ab 1 Uhr / Mandolinenkapelle Vorpahl in den Klubräumen
II. Die Dekoration / Die Ausstattung stammt von der Schule Reimann, Abteilung Höhere Fachschule für Dekorationskunst, Technische Oberleitung: Chefdekorateur Georg Fischer.
Vestibül: Oswald Herzogs leuchtende Ouvertüre in Rot, Orange, Blau.
Garderobe und Saaleingang: Scherzando von Christoph Kleinsang.
Arena: (2500) qm Exzentrisch=zentraler Hochbau, das himmelstürmende Luftschloß der Schule Reimann mit der vierdimensionalen Höllen=Maschine und der heulenden Steuerschraube ohne Ende. Entwerfer und Konstrukteure: Carl Gadau (Harmonischer Teil), Adolf Plünnecke (Chaotische Raumgroteske).
Seitengänge: Sonnentraum von Else Taterka.
Freitreppen: Maria Mays Jahrtausendrevue der gaukelnden Liebespaare.
Parterre: Gerda Juliusbergs vier intime Tanzbars, Spiel und Liebe im Zeichen von Treff, Coeur, Karo und Pique unter roten Brokatbaldachinen.

Casino=Saal: ›Der siebente Himmel‹ (Max Hertwig), groteske Liebesphantasie im sternhagelvollen Kometenkäfig.«
»Der Umzug wird für die Ufa-Wochenschau gefilmt.« (Ph).
»Am interessantesten war die 2500 Quadratmeter große Arena, mit dem exzentrischen zentralen Hochbau, dem himmelstürmenden Luftschloß der Schule Reimann, mit der vierdimensionalen Höllenmaschine und der heulenden Steuerschraube. Das Programm, das geboten wurde, umfaßte nicht weniger als 30 Nummern« (Der Konfektionär, zit. nach Reimann, S. 49).
»Der Mitternachtsfestzug windet sich mitten durchs Gewühl: grausliche Tiere und wehende Standarten, Sänften und Türme, Revuegruppen, in denen die ganze Berliner Prominenz mitwirkt. Mitten hinein platzt eine Überraschung: Dr. Lutz Heck, der ›Afrika-Heck‹ kommt mit seinen Tieren. Affen, Steinböcke, Ziegen, Ponys und Esel, und ein wilder Leopard« (DAZ, zit. nach Reimann, S. 48).
LA SP 3969/54,59,61 (Entwurf des Turmes); BLA 24. 1.; Ph (KB, SMPK); Albert Reimann, Die Reimann-Schule in Berlin, Berlin 1966, S. 46 ff.; Hans-Werner Klünner, Die Schule Reimann in Berlin, in: Kunstschulreform 1900–1933, hg. von Hans M. Wingler, Berlin 1977, S. 255.

Jan 27–Feb 5. Eisballett »Die Laune der Favoritin« u.a.
Vgl. 1925 Nov 26.
Ab 10.00 Uhr öffentlicher Eislauf, 21.00 Uhr Eiskunstlaufprogramm, 22.30 Uhr Eisballett; sonn- und feiertags 16.30 und 21.00 Uhr Vorführungen des Gesamtprogramms.
Et: 1,– bis 3,– M (1,– bis 5,– M bei Eish.).
Eiskunstlaufprogramm Ende Jan/Feb: Hilda Rückert/Kitty Schmidt; Paul Wilson (Schwedischer Meister); Eugen Masurath, Marg. Tournier, Else Rackow, Lissy Kerrennnes (Troika); Hilda Rückert (*»Der lebende Kreisel«*); Eyna Carlsson, Nils Carlsson (*»Phänomenale Bravourläufer«*); Hans Witte (*»Chaplin als Eisläufer«*); außerdem die *»choreographische Eislaufszene« Satans Flügelgarde«* mit Hilda Rückert (Satan) und Kitty Schmidt, Alice Speck, Betty Rückert (*»Drei Schmetterlinge«*); zum 28. werden u.a. genannt die *»artistischen Paarläufer«* Ernst Hartung und Erna Krause und ein *»Komisches Intermezzo«* mit Hans Witte *»assistiert v. Paul Wilson«*. Das Eislaufprogramm entspricht wohl weitgehend den bereits früher gezeigten Kunstlaufvorführungen.
BLA 27. 1.–5. 2.; Ph (VWA).
Jan 31, 16.30 Uhr außerdem: Eishockey
V: SP/BSchC.

263 Anzeige (BLA 28. 1. 1926).

Kunstlauf von Böckel, Brey, Dr. Danzig (Münchener EV), Veit.
Sparta Prag (CS): Peka (Tor); Dr. Hartmann, Rada (Vert.); Lorenz, Malecek, Steigenhöfer (Sturm).
BSchC: Andresen (Tor); Sachs, Johansson (Vert.); Holmquist, Holsboer, Molander (Sturm).
Schiedsrichter: Martin (SCC).
BSchC – Sparta Prag 2:1 (2:1).
BLA 31. 1.; 1. 2.
Feb 5, außerdem in der Sportschule 20.00 Uhr: Boxen »Ohne Entscheidung«
V: Sportschule.
Et: 1,25 und 2,50 M.
Je Kampf 4 Rdn.
Fdg: Urban Graß (56 kg; Köln) – Kurt Sasse (58 kg; Berlin).
Lg: Adolf Schell (62,5 kg; Elberfeld) – Willi Glaser (62 kg; Berlin).
Wg: Otto Griese (66 kg; Berlin) – Walter Peter (63 kg; Berlin).
Wg: Ernst Grimm (66,5 kg; Berlin) – Alexander Kiausch (71 kg; Berlin).
»Die Berliner Sportpalast-Schule wird künftig am Freitagabend jeder Woche vier 4-Runden-Kämpfe nach amerikanischer Art ›ohne Entscheidung‹ austragen lassen, wie sie im letzten Sommer allwöchentlich im Berliner ›Ulap‹ abgewickelt wurden. Ernst Koch, der Leiter der Sportpalast-Schule, hat inzwischen sein erstes Programm für diesen Freitag, den 5. Februar, zusammengesetzt. Die Neuerung des Sportpalastes ist begrüßenswert; sie wird sicherlich vielen Anklang unter Sportfreunden wie Boxern finden. [...]« (BS 280).
Weitere Abende fanden am 19. und 26. 2. sowie am 5. 3. statt. Damit endete dieses Projekt, da die Besteuerung zu hoch war.
BS 280-81, 5.–12. 2.

Feb 6, abends. »Original Böser Buben-Ball«
V:GDB.
Zugunsten der Wohlfartskasse der GDB.
BLA 2., 4.–5. 2.; Anz. in Ph 28. 1. (VWA).

Feb 7–11. Eisballett »Die Laune der Favoritin« u.a.
Vgl. Jan 27–Feb 5.
BLA 7., 9.–11. 2.

Feb 12–14. Eiskunstlauf »Weltmeisterschaften für Herren und Paare« u.a.
V: BSchC.
Et: 2,– bis 10,– M.
»Die Flaggen sind gehißt! Seit gestern nachmittag wehen über den Eingängen des Sportpalastes [...] die Landesfahnen der zwölf teilnehmenden Nationen. Neben dem Schwarzweißrot, den Clubfarben des Veranstalters, [...] flattern friedlich alle fremden Flaggen – Symbole des völkerversöhnenden Sports!« (BLA 12. 1.).
Feb 12
9.00–18.00 Uhr. Training der Eiskunstläufer.
19.30 Uhr. Eish.: Paris Canadians – Wiener EV 5:2 (3:0).
21.00 Uhr. Eish.: BSchC – SCC 6:1 (2:1); Ersatzspiel, da das geplante Treffen Slavia-Prag – BSchC verschoben werden mußte, weil die Prager Mannschaft erst sehr spät abends in Berlin eintraf.
Zwischen den Spielen Schaulauf von Herma Jarosz-Szabo, den Geschwistern Winter, Sonja Henie. *»Die 13jährige Norwegerin Sonja Henie rechtfertigte den Ruf eines jugendlichen Genies im Eiskunstlauf durch eine von Schwierigkeiten strotzende Kür, bei der sie in Sprüngen, Drehungen, Monden Ausgezeichnetes leistete«* (BLA 13. 2.).

Feb 13
Nachmittags und abends. Internationale Kunstlaufwettbewerbe für Junioren, Senioren und Tanzpaare. Eish.: Paris Canadians – Slavia Prag 8:0 (5:0); BSchC – Wiener EV 3:3 (1:1).
Feb 14
9.00 Uhr. Weltmeisterschaft: Herren, Pflicht.
»Folgende Figuren sind bestimmt worden: Doppeldreier r. c., Wende v. a., Gegenwende v. a., Dreierparagraph v. a. Da sämtliche Figuren bis auf die erste links und rechts gelaufen werden müssen, waren es im ganzen elf Uebungen, von denen die zweite und die beiden letzten die besonders schwierigen sind. [...] Eine [...] Enttäuschung war das Fernbleiben Grafströms [...] Der stark favorisierte Schwede verzichtete auf den Start, da er einen einstimmigen Beschluß, nicht nur die Mehrheit seines Verbandes für seine Startgenehmigung erwartet hatte« (BLA 15. 2.).
Nachmittags. Eish.: Wiener EV – Slavia Prag 8:0 (2:0).
Weltmeisterschaft: Herren (Kür) und Paare.
Eish.: BSchC – Paris Canadians 3:2 (2:2).
Ergebnisse:
Junioren-Damen: 1. Else Flebbe (BSchC) Plz 5/80,9 Pkte; 2. Grete Kubitschek 10/76,10; 3. Vesely (Prag); 4. Dietze (Berlin).
Junioren Herren: 1. Karl Schäfer (Wien) 5/107,8; 2. Baier (BEV) 13,5/93,5; 3. Prasnowski (Troppau) 17/92,75; 4. O. Gold (Troppau); 5. Kurt Brey (Berlin); 6. L. Meierbergs (München).
Senioren-Damen: 1. Ellen Brockhöfft (BSchC) 5/243,15; 2. Elisabeth Böckel (BSchC) 14/224,2; 3. Thiel (Wien) 17/216,8; 4. K. Wulff (Berlin) 19/214,1; 5. M. Bernhardt (Berlin) 21/211,15; 6. G. Veit (Berlin) 30/199,35; 7. Olga Schiffelers (B) 34/193,15.
Senioren-Herren: 1. Gunnar Jakobsson (SF) 8/208,5; 2. Jarosz (Wien) 10/198,45; 3. Herbert Haertel (BSchC) 14/194,75; 4. Dr. H. Danzig (München) 22,5/172,18; 5. Engel (Berlin) 23,5/168,4; 6. E. Gaste (Berlin) 26/163,65.
Eistanz: 1. Ethel Muckelt/J. F. Page (GB) 10/19; 2. Else Flebbe/Bruno Grauel (BSchC) 13,35/18; 3. Olga Schiffelers/van Zeebroeck (B) 14,5/18,3; 4. Ehepaar Hoppe (Troppau) 18/17,65; 5. Kishauer/Haertel (Berlin) 21,5/17,4; 6. Lierke/Krümling (Berlin) 29/15,8; 7. Ehepaar Gaetschmann (Berlin) 35/13,85; 8. Bronikowski/Heinzelmann (Breslau) 35,5/13,8.
Weltmeisterschaft-Herren: 1. Willi Böckl (Wiener EV); 2. Dr. Otto Preißecker (Cottage Wien); 3. John Ferguson Page (GB); 4. Werner Rittberger (BSchC); 5. Josef Sliva (CS); 6. Robers van Zeebroeck (B); 7. Ludwig Wrede (Wiener EV); 8. Arne Lie (N); 9. Paul Franke (BSchC).
Weltmeisterschaft-Paare: 1. Andrée Joly/Pierre Brunet (F); 2. Lilly Scholz/Otto Kaiser (VK Engelmann Wien); 3. Herma Jarosz-Szabo/Ludwig Wrede (Wiener EV); 4. Lisa Hochhaltinger/Georg Pamperl (VK Engelmann Wien); 5. Sonja Henie/Arne Lie (N); 6. Ethel Muckelt/John Ferguson Page (GB); 7. Ehepaar Hoppe (Troppauer EV); 8. Ilse Kishauer/Herbert Haertel (BSchC); 9. Grete Weise/L. Velisch (SC Riessersee); 10. Margit Edlund/Anders Palm (S).
BLA 9.–10. 12. 1925; 22., 25. 1.; 7.–8., 10., 12.–13. 2.

Feb 16, abends. »Eine Nacht in Wien / Faschings-Dienstags-Redoute«
Anz. in Ph 28. 1. (VWA).

Feb 18–19, 20.30 Uhr. Eishockey und Eisballett »Die Laune der Favoritin«
Ab 10.00 Uhr öffentlicher Eislauf.
V: BSchC/SP.
Et: 1,– bis 3,50 M.

Die Modekönigin Sonja Jovanitsch nach dem Startschuss
Bauer wird in seiner Koje massiert
Die amerikanische Mannschaft Mac Namara – Horan
Zuschauer des Innenraums in Erwartung der Wertung
Der Sechstagekönig Mac Namara pumpt selbst einen Reifen auf
Bauer – Gottfried (Deutschl
Arcona
Arcona
Arcona
Arcona

264 15. Berliner Sechstagerennen (Chr Jan 14–20; nach: Sport-Spiegel 21. 1. 1926).

s dem Berliner
hstagerennen
n Sportpalast

Die Italiener Girardengo – Giorgetti

Der Belgier Persyn stärkt sich

Eine vergnügte Zuschauergruppe

aus 14 Fahrern bestehende Feld kurz vor dem Start

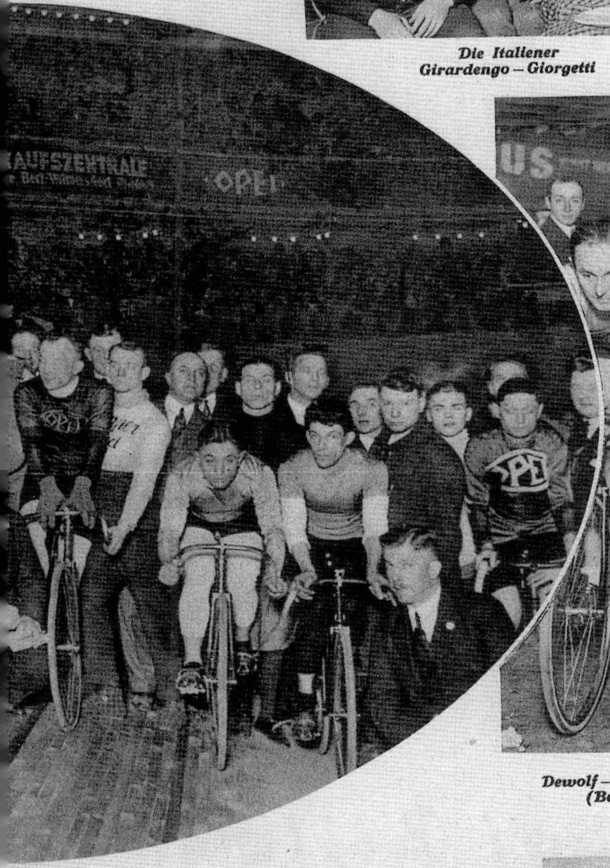

Die belgische Mannschaft Persyn – Debaets

Dewolf – Stockelynck (Belgien)

Golle – Wittig (Deutschland)

Die Steher Sawall – Rosellen

Kurze Ruhepause. Debaets lässt sich massieren

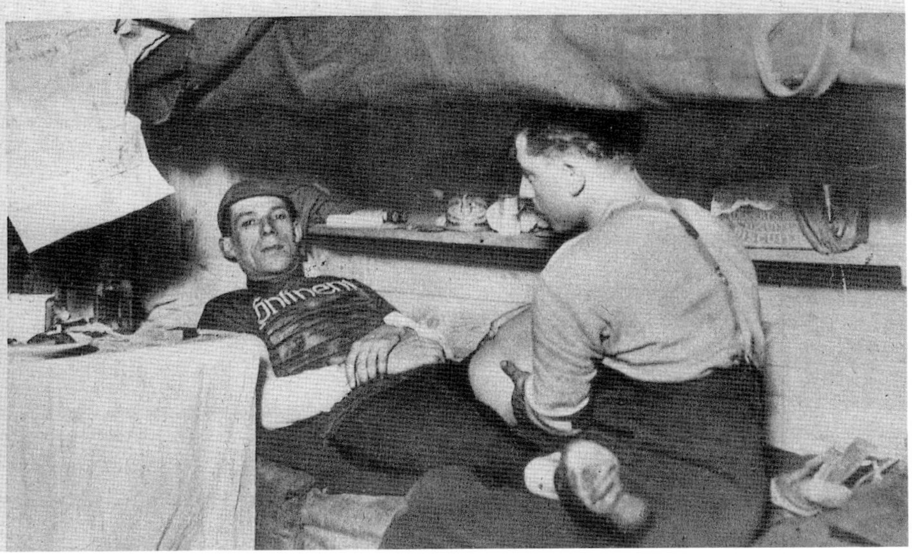

Nach dem Eishockeyspiel das Eisballett (vgl. 1925 Nov 26).

Feb 18 ASC Warschau – SCC 7:1.

Feb 19 BSchC – ASC Warschau 6:1.

Außerdem in der Sportschule 20.00 Uhr: Boxen »Ohne Entscheidung«

V: Sportschule.
Et: 1,25 und 2,50 M.
Je Kampf 4 Rdn (vgl. Feb 5).
Bg: Kurt Aust (51,5 kg; Berlin – Striedl (52,5 kg).
Fdg: Felix Friedemann (54,5 kg; Hamburg) – Kurt Sasse (58 kg; Berlin; Trainer der Sportschule).
Wg: Ernst Grimm (66 kg; Berlin) – Otto Griese (66,5 kg; Berlin).
Mg: Erich Brandl (73 kg; Berlin) – Hans Rönisch (76 kg; Berlin).
BLA 18.–29. 2.; Vw 20. 2.; BS 282–83, 29.–26. 2.

Feb 20, 20.30 Uhr. »Hofball bei Zille« / »Berliner Carneval im Sportpalast«

Et: 10,– M (Künstlerkarten gegen Ausweis 5,– M).
»Zillekostüm oder Gesellschaftsanzug mit Maskenzeichen« – »Kremser-Ausflug unter persönl. Leitung von Heinrich Zille« – »Enthüllung des ersten Zille-Denkmals«.
Zum *»Besten des Wirtschaftsverbandes bildender Künstler«.*
R: Victor Schwanecke, Carl Wallauer. Saalschmuck: Peter Foerster. Festzeitung: C. K. Roellinghoff. Gesamtleitung: Ludwig Rabow.
Mitw.: *»Ernö Rapée mit seinem 40 Mann starken Jazz-Orchester« – »Im Kasino: Jazz-Band / Einödshofer / Petersburger Hofbalaleika Rodina« – »Zille-Hofballett die echten Zille-Girls Leitung: Blanvalet«* – insgesamt sechs Musikkapellen – und Max Adalbert, Charlotte Ander, Georg Alexander, Siegfried Arno, Else Bäck, Henry Bender, Wilhelm Bendow, Siegfried Berisch, Charlotte Böcklin, Eva Bruck, Mary de Bourbé, Josefine Dora, Leonine Duval, Edith Edwards, Karl Elzer, Hugo Fischer-Köppe, Julius Falkenstein, Albert Florath, Heinz Fuss, Otto Gebühr, Kurt Gerron, Alexander Granach, Paul Graetz, Franz Grosse, Max Hansen, Trude Hesterberg, Fritz Hirsch, Gussy Holl, Antonie Jaeckel, Emil Jannings, Fritz Kampers, Melitta Kleffer, Marianne Kupfer, Lambert-Paulsen, Max Landa, Frieda Lehndorf, Maria Leyke, Trude Lieske, Hugo Moesgen, Paul Morgan, Leo Peukert, Paul Rehkopf, Berthold Reissig, Eugen Rex, Frieda Richard, Fritz Richard, Oskar Sabo, Greti Scherk, Lotte Stein, Hans Sternberg, Lotte Steinhoff, Rosa Valetti, Hermann Vallentin.
»Det wa een Fest. Der janze, jroße Sportpalast war eene Kaschemme. [...] Alles konnte man haben, Jazzband, Balaleika, Pappneesen [...] Weinpullen, Schnaps in eene dustre Ecke, lustigen Krach mit den andern Kaschemmemkollejen, Meechen, Meechen, Meechen, ooch hibsche Meechen [...] es war een bißken voll bei diesen Hofball bei Zillen. Tausend, zweetausend, fünftausend, zehntausend Menschen [...] Det wa een Fest. Alle Zilletiepen waren [...] vasammelt. Vor allem Lüderliche und wieda Lüderliche [...] mit blaujeschlagenen Oogen, mit jemalte Messerstiche [...] Det hätte sich der jute Zille nie träumen lassen, als er damals auszog, um das Elend Berlins zu zeichnen [...] det Elend der Hintahöfe, den vahungaten Mala, der int Wasser jeht [...] das hätte sich Zille nie träumen lassen, det noch einmal seine Tiepen in Sportpalast tanzen würden, det es for eenen hoha Gesellschaftskavalier Ehre sein würde, eenmal als Zillestrolch jehn zu können [...] Ein

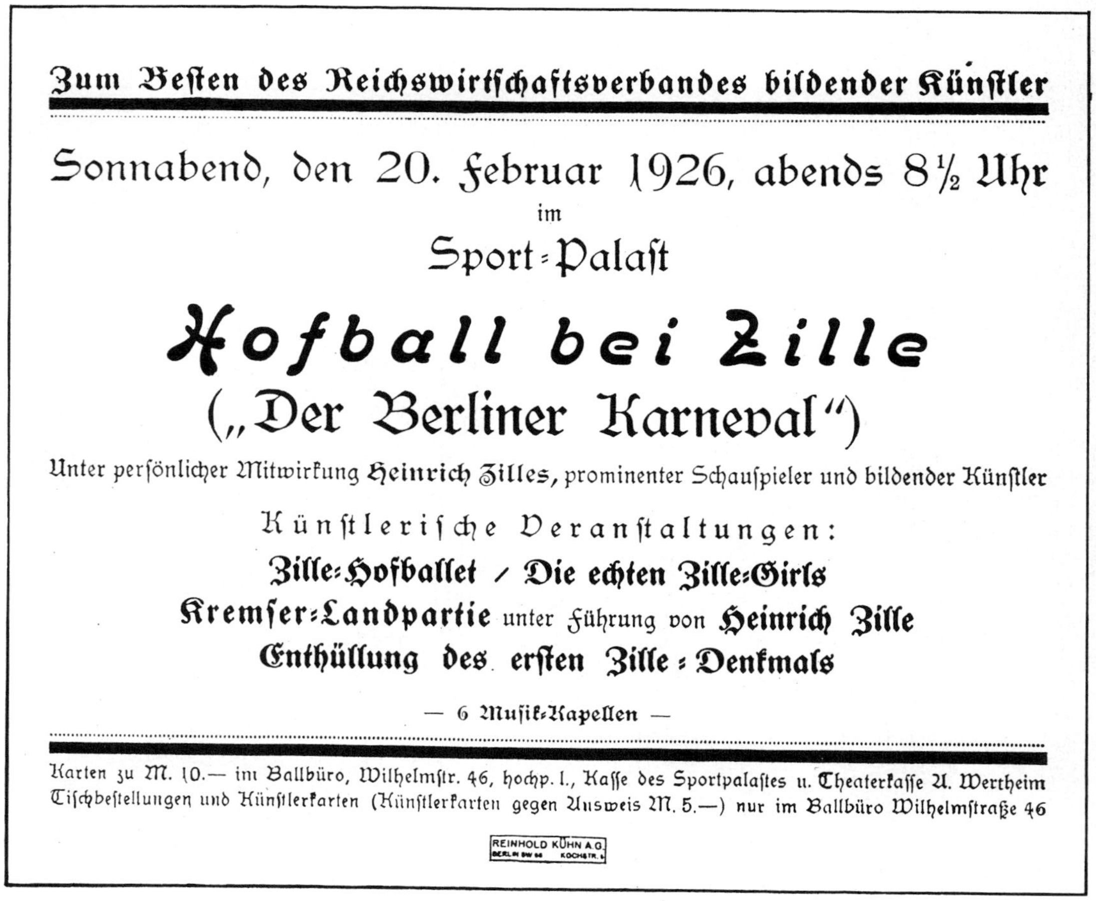

265 Werbezettel (Vorder- und Rückseite; Chr Feb 20); VWA. ▷

Babelball kann man det nennen. Echte Chinesen, Japaner, Slawen, alles als Zilletiepen vakleidet [...] Man hat nicht zu sagen: ›Gnädiges Fräulein [...] gestatten...‹ Sondern: ›Nu man ran, scharfe Eva. Nu man ran, du kleenet, süßes Tier mit die Bubilocken...‹ [...] Könnte Mephisto lachen – [...] Kaschemmenjungs hatten Intelligenzhornbrillen [...], Rollkutscher hatten weeße Hände wie Marzipan und Brillantringe uff die zarten Knochen [...] Vor eenem Lumpensammler machte eener im Frack Verbeugungen und sagte immer: ›Exzellenz sehen prachtvoll aus‹ [...] Und alles für arme, hungernde Künstler. Und um Mitternacht, uff eenen Kremser kam Zille selbst in die Arena jefahren... [...] Bitterkalt war es draußen [...] Doch unentwegt, in zerfetzten Lumpen, durchnäßt, frierend, zusammengekauert, hielten immer noch einige der Aermsten Wacht, warteten sie auf ein paar hingeworfene Groschen. Bettler, Hungernde. Echte Zilletypen« (BLA 22. 2.).
BLA 7., 14., 16., 22. 2.

Feb 21, 23–26. Eisballett »Die Laune der Favoritin« u. a.
Wie Jan 27–Feb 2.
17.30 Uhr und 21.00 Uhr Eisballett; am 21. 2. jedoch erst ab 16.00 Uhr öffentlicher Eislauf.

Feb 23, außerdem 18.30 Uhr: Eishockey
V: BSchC.
BSchC – Leipziger SC 5:2 (Freundschaftsspiel).
»Die bekannte Eishockeymannschaft des Leipziger Sport=Clubs, die vor dem Kriege im Bandy (Eishockey mit dem Ball) eine der besten und gefürchtetsten des Kontinents war, hat in diesem Jahr auch das kanadische Scheibenspiel aufgenommen. Die Mannschaft wird [...] von 1/2 7 bis 1/2 8 Uhr ein Freundschaftsspiel gegen eine aus jungen Spielern bestehende Mannschaft des Schlittschuh=Clubs austragen« (BLA 23. 2.).
»Bei den Leipzigern spielten die Gebr. Schomburgk, Zehme, Dr. Junck, Brunner und [...] Proft [...] Bei Berlin war Jaeneke sehr gut, er schoß allein 3 Tore. Samek und Orbanowski vervollständigten den Erfolg der Einheimischen« (BLA 24. 2.).
BLA 21.–26. 2.

Feb 26, außerdem in der Sportschule 20.00 Uhr: Boxen »Ohne Entscheidung«
V: Sportschule.
Et: 1,25 und 2,50 M.
Je Kampf 4 Rdn (vgl. Feb 5).
Fdg: Kurt Sasse (58 kg; Berlin) – Alwin Paulke (57,5 kg; Bremen).
Wg: Walter Peter (61,5 kg; Berlin) – Adolf Schell (62,5 kg; Elberfeld).
Mg: Erich Brandl (72,5 kg; Berlin) – August Vongehr (76 kg; Königsberg).
Mg: Richard Kaube (70 kg; Berlin) – Willi Antonowitsch (71 kg; Bremen).
BS 283-84, 26. 2.–5. 3.

266 Paul Franke (links), Ellen Brockhöfft und Werner Rittberger (Chr Mär 6–7).

Feb 27, abends. »Alpen-Ball«
V: Deutscher Alpen-Verein Berlin.
»Der neugegründete [...] Alpenverein [...] hatte Mitglieder und Freunde zu seinem ersten Alpenball entboten [...] Von Zeit zu Zeit wurde mit realistischer Naturtreue geschuhplattelt; auch ein paar Preisjodler erklommen mit ihrem Stimmorgan phantastische Höhen, die die Festleitung in anderer Weise schuldig blieb [...] was so ein richtiger Salontiroler ist, der ist mit Schimmy und Fox und ein paar urgemütlichen Ländlern von Anno dazumal zufrieden. Und so ging es beim Tanz in dem Riesenraum, auf der Rutschbahn und auf dem Karussell, am Schießstand und an der Scherbenbude, besonders aber in der Schwemme, lustig und alleweil urfidel zu [...]« (BLA 1. 3.).
BLA 27. 2.; 1. 3.

Feb 28–Mär 1. Eishockey »Deutsche Meisterschaft«
V: DEV/BSchC.
Et: 1,– bis 5,– M.
1. Königsberg i. Pr. (Auswahl): Schmidt (Tor); Wiemer, Steinort (Vert.); Koch, Kretzer, Kuklinski (Sturm); Wischnewski, Zibburys (Ersatz).
2. Münchener EV: Schmidt (Tor); Wienhöfer, Sieg (Vert.); Wimmer, Rammelmeyer, Kulzinger (Sturm); Slevogt, Reinemann (Ersatz).
3. SC Riessersee: Leis (Tor); Schmid, Kreisel (Vert.); Tambosi, Fischer, Gruber (Sturm); Schröttle (Ersatz).
4. BSchC: Andresen (Tor); Sachs, Steinke (Vert.); Krokowski, Holsboer, Molander (Sturm); Jaenecke, Reschke (Ersatz).
5. SCC: Schmidt (Tor); Warmuth, Lehninger (Vert.); Römer, P. Martin, Krüger (Sturm); Schulze (Ersatz).
6. Leipziger SC: W. Proft, Dr. E. Zehme, Dr. W. Junck, Dr. W. Schomburgk, H. Brunner, A. Faber, H. Foerstendorf, H. Zscherlich, W. Freyberg, Dr. H. Gullmann, Dr. H. Röhrig, Dr. C. Hagens, H. Hülss.

Feb 28
16.30 Uhr. Königsberg – Münchener EV 2:0 (2:0); SCC – Leipziger SC 5:0 (2:0).
20.30 Uhr. BSchC – Königsberg 13:1 (5:1); SCC – SC Riessersee 4:1 (2:0).

Mär 1
20.00 Uhr. BSchC – SCC 8:0 (Endspiel).
22.00 Uhr. Eisballett »Die Laune der Favoritin« (vgl. 1925 Nov 26).
»Während des ersten Wettkampfes wurde das Spiel auf zwei Minuten zum Zeichen des ehrenvollen Gedenkens der im Kriege Gefallenen unterbrochen. Alles erhob sich von den Plätzen [...] Die Musik intonierte dann: ›Ich hatt' einen

Kameraden‹. Nach diesem weihevollen Akt ging der Kampf weiter« (BLA 1. 3.).
BLA 25. 2.–1. 3.; Vw 2. 3.; Ph (Longino).

Mär 2–5. Eisballett u.a.
V: SP.
Ab 10.00 Uhr öffentlicher Eislauf, 21.00 Uhr »Das große März-Programm«, 22.30 Uhr Eisballett (vermutlich wie 1925 Nov 26).
BLA 3.–5. 3.; Vw 2. 3.

Mär 5, außerdem in der Sportschule 20.00 Uhr: Boxen »Ohne Entscheidung«
V: Sportschule.
Et: 1,25 und 2,50 M.
Je Kampf 4 Rdn (vgl. Feb 5).
Bg: Urban Graß (54,5 kg; Köln) – Paul Noack (57 kg; Berlin).
Lg: Young Spears (61 kg; GB) – Herbert Ulrich (62 kg; Hamburg).
Lg: Willy Eger (59,5 kg; Mühlhausen) – Willi Glaser (61 kg; Berlin).
Wg: Richard Naujoks (63,5 kg; Berlin) – Otto Griese (66 kg; Berlin).
»Am Freitag, den 5. März, wickelten sich wieder vier ›no decision‹-Kämpfe ab, wie es heißt, infolge einer verfehlten Steuerpolitik, die letzten, und die es zuwege brachte, daß jeder Abend einen Zuschuß erforderte, da die 25 % Steuer jede Verdienstmöglichkeit nahm. Den Herren Koenigsberger und Koch sei an dieser Stelle der Dank ausgesprochen für das bisher geleistete, und die Verdienstmöglichkeiten, die man den gerade in diesen Tagen schwer um ihre Existenz kämpfenden Professionalen bot« (BS 285).
BS 284-85, 5.–12. 3.

Mär 6–7. Eiskunstlauf »Deutsche Meisterschaften für Damen, Herren und Paare« u.a.
V: DEV/BEV.
Et: 1,– bis 5,– M.
»Die Durchführung dieses großen sportlichen Ereignisses ist vom deutschen Eislauf=Verband dem um den deutschen Eissport hochverdienten Berliner Eislauf=Verein v. 86 übertragen worden, der sein 40jähriges Jubiläum damit verbinden kann« (BLA 6. 3.).
Eish.-Mannschaften:
Göta Stockholm (S): Jansson (Tor); Lundell, Pibquist (Vert.); Svensson, Gallen, Wyberg (Sturm); Johansson, Mattson (Ersatz).
BSchC: Andresen (Tor); Sachs, Johansson (Vert.); Molander, Holsboer, Holmquist (Sturm); Steinke, Krokowski, Reschke (Ersatz).

Mär 6

9.30 Uhr.	Meister-Herren, Pflicht.
11.00 Uhr.	Senioren-Damen, Pflicht.
19.00 Uhr.	Senioren Damen, Kür.
19.30 Uhr.	Junioren-Paare.
19.50 Uhr.	Meister-Herren, Kür.
20.15 Uhr.	Eistanz.
20.30 Uhr.	12-Rdn-Schnellauf mit Vorgabe, Vorläufe.
21.15 Uhr.	Eish.: BSchC – Göta Stockholm 3:2.
21.45 Uhr.	12-Rdn-Schnellauf mit Vorgabe, Entscheidung: 1. Schönbrodt (BEV).

Mär 7

9.00 Uhr.	Meister-Damen, Pflicht; Senioren-Herren, Pflicht.
11.00 Uhr.	Junioren-Damen, Pflicht; Junioren-Herren, Pflicht.
18.30 Uhr.	Junioren-Damen, Kür.
19.00 Uhr.	Junioren-Herren, Kür.
19.45 Uhr.	Meister-Paare.
20.05 Uhr.	Senioren-Herren, Kür.
20.35 Uhr.	Meister-Damen, Kür.
21.00 Uhr.	Eish.: BSchC – Göta Stockholm 4:4 (3:1).
21.20 Uhr.	3000-m-Staffellauf: 1. BSchC (Grund, Grell, Müller), 2. BEV.
21.50 Uhr.	Mannschafts-Eiswettschießen.
22.00 Uhr.	*»Preisverteilung verbunden mit einem Essen aus Anlass des 40 Jähr. Bestehens des Berliner Eislauf-Vereins im Kasino des Sport-Palastes«.*

Ergebnisse:
Meister-Damen: 1. Brockhöfft (BSchC) Plz 5/216,3 Pkte; 2. Veit (BSchC) 10/182,5.
Meister-Herren: 1. Rittberger (BSchC) 7/128,5; 2. Franke (BSchC) 9/122,7; 3. Vieregg (BEV) 14/120,9.
Meister-Paare: 1. Kishauer/Haertel (BSchC) 6/14,8; 2. Foerster/Jüngling (Oppelner EV) 8/14,1;
Junioren-Damen: 1. Dietze (BSchC) 7/73,8; 2. Kownatzki (BEV) 11/70,3; 3. Scherz (BEV) 12,70,8.
Junioren-Herren: 1. Brey (BSchC) 5/83; 2. Strebel (BEV) 13/73,5; 3. Flemminger (BSchC) 16/71,9; 4. Hartig (BEV) 20/71,5.
Junioren-Paare: 1. Lierke/Krümling (BEV) 8/11,5; 2. Ehepaar Gaetschmann (BSchC) 11/10,3; 2. Ehepaar Bittner (Breslauer EV) 14/9,9.
Senioren-Damen: 1. Bernhardt (BSchC) 8/66,2; 2. Wulff (BEV) 9/63,1; 3. Flebbe (BSchC) 13/59; 4. Kownatzki (BEV) 20/47,6.
Senioren-Herren: 1. Haertel (BSchC) 5/127,6; 2. Baier (BEV) 11/104,4; 3. Nagel (BSchC) 14/103,6.
Eistanz: 1. Kishauer/Brey (BSchC) 7/18,2; 2. Lierke/Krümling (BEV) 9/17,9; 3. Masurath/Strebel (BEV) 18/16,1; 4. Kownatzki/Schartiger (BEV) 19/16.

Mär 7, außerdem als Veranstaltung des Sportpalastes 16.30 Uhr: »Das neue März-Programm«
»Lichtertanz / ausgeführt von Elsie Derksen und Rodolfo Angola / Krekow Bravourläufer / Troika / gefahren von Eugen Masurath, Grete Tournier, Mia Brewka, Else Rackow / Tanz-Groteske, / Elsie Derksen, Rodolfo Angola, Kurt Worms / Sie und Er / Komisches Intermezzo / Apachen-Tanz / Elsie Derksen und Rodolfo Angola« (Ph).
BLA 4., 6.–8. 3.; Ph (Longino).

Mär 8–12. Eisballett »Die Laune der Favoritin«
Vgl. 1925 Nov 26.
Mit dem neuen Kunstlauf-Programm (vgl. Mär 7).

Mär 13, 20.00 Uhr. 1. Polizei-Hallensportfest
V: PSV.
Gezeigt wurden Vorführungen in Jiu-Jitsu, mit Polizeihunden (darunter die bekannten Hunde Hexe und Wotan), und ein *»Alarm=Hindernis=Lauf«*, an sportlichen Wettbewerben ein Sprinter-Dreikampf (über 40, 50, 60 m), ein Box- und ein Ringkampf, ein Handballspiel (PSV – Mannschaft des VBAV 2:3) u.a. *»Den Beschluß bildete eine Staffel unserer großen Athletik=Vereine«* (Sieger DSC vor SCC).
BLA 12.–13., 15., 21. 3.

Mär 14. Eisballett »Die Laune der Favoritin« u.a.
Wie Mär 8–12; jedoch erst ab 12.00 Uhr öffentlicher Eislauf.
BLA 12. 3.

Mär 16, 22.30 Uhr. Eisschnellauf »Die Stunde / Mannschafts-Eislaufen nach Art der 6-Tage-Rennen«
V: SP/BSchC (?).
Et: 1,– bis 3,– M.
Teiln. (6 Paare): Alfons Huber/Hans Krehn, Georg Berndt/Walter Frommann, Hans Meyer/Willy Hellwig, Albert Meyer/Walter Oehme, Thomas Ganzevoort/Meinhold u.a.
Ergebnis: 1. A Meyer/Oehme 19 Pkte; 2. H. Meyer/Hellwig 8; 28 km.
»Die Rennfahrer Karl Saldow, Wittig, Lorenz, Bauer und Hahn und Tietz gehören dem Rennausschuß an, der in derselben Weise seines Amtes walten wird wie die Rennausschüsse bei den großen Radrennen. Rundenzähler haben die zurückgelegte Strecke zu kontrollieren« (BLA 16. 3.).
BLA 16. 3.; BT 18. 3.

Mär 17–18. Eisballett »Die Laune der Favoritin« u.a.
Wie Mär 8–12.
BLA 17. 3.

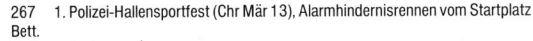

267 1. Polizei-Hallensportfest (Chr Mär 13), Alarmhindernisrennen vom Startplatz Bett.

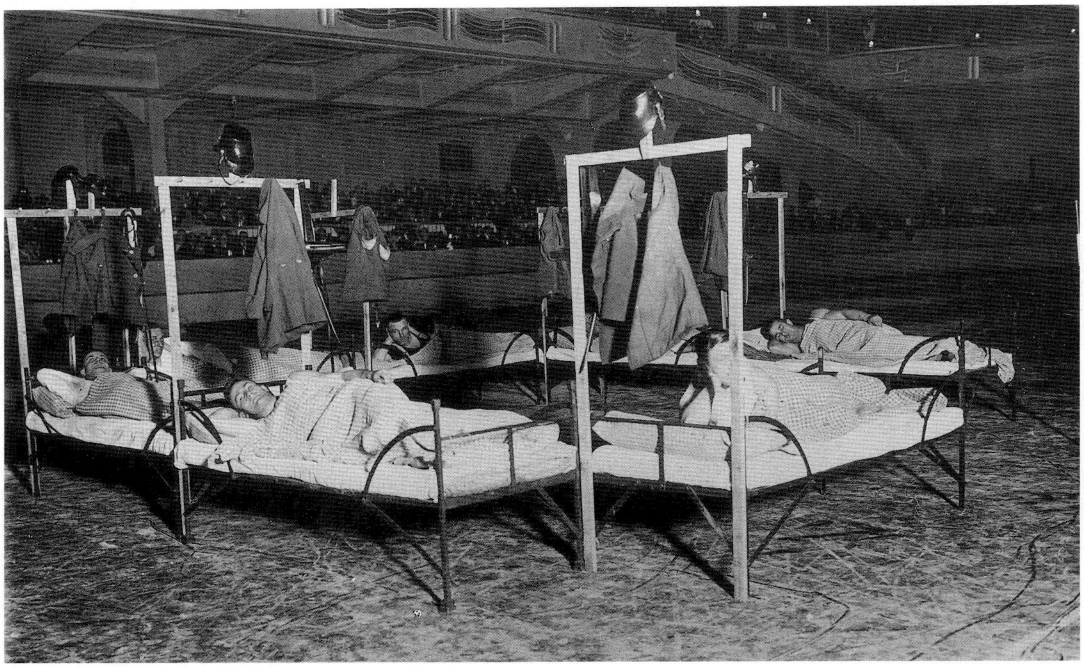

Mär 19, 20.00 Uhr. Boxen »René Devos – Hein Domgörgen« u. a.
V: SP.
Bg: Roger Fabrègues (54 kg; F) – Felix Friedemann (54 kg; Hamburg), Sieg Fabrègues' nach Pktn (10 Rdn).
Mg: Jim Cox (68 kg; GB) – Hermann Herse (66 kg; Berlin) unentschieden (10 Rdn). *»Herse und Cox veranstalteten eine Holzerei, die mit einem Unentschieden endete, das eine starke Ungerechtigkeit gegen Herse darstellte«* BLA 20. 3.).
Mg: René Devos (72,2 kg; B) – Hein Domgörgen (71 kg; Köln), Sieg Devos' nach Pktn (15 Rdn; Europameisterschaft, Hf Domgörgen).
»Das Publikum war in seiner Gesamtheit mit dem Spruch unzufrieden. Es machte den französischen Ringrichter Bernstein in erster Linie für den vermeintlichen Fehlspruch verantwortlich und vollführte ein Pfeifkonzert von einer in der Tat bei Berliner Boxkämpfen noch nicht dagewesenen Einmütigkeit, Stärke und – Dauer. Darüberhinaus gab es einen wahren Hagelschauer von allerlei Obst, das von allen Seiten in den Ring regnete« (BLA 20. 3.).
Sg: Blackie Miller (82,2 kg; AUS) – Ludwig Haymann (87,5 kg; München), Sieg Haymanns nach Pktn (10 Rdn).
BLA 27. 2.; 19.–20. 3.; BS 284–86,5.–19. 3.; Ph (VWA).

Mär 20, 21.00 Uhr. »Strandfest an der Ostsee«
V: Kapellmeistergrossverband Deutschland E.V.
Et: 8,– M (Abendkasse 10,– M).
»Prämierung der Königin der Ostsee«.
Anz. in Ph Mär 19 (VWA).

Mär 21. Eisschnellauf »Halbstunden-Mannschaftslauf für Amateure nach Art des Sechstagerennens« u. a.
Ab 14.00 Uhr öffentlicher Eislauf.
V: SP/BSchC.
Et: 1,– bis 3,– M.
16.30 Uhr. »Das große Märzprogramm«
21.00 Uhr. Halbstunden-Eisschnellauf
»Gute Läufer wie Grund, Schönbrodt, Meyke, Grell, haben für das Rennen gemeldet. Im Rahmen der Veranstaltung wird auch ein Laufen für die Berliner Eishockey=Mannschaften stattfinden, zu dem die besten und schnellsten Eishockeyspieler Berlins Meldungen abgegeben haben. Man hofft, mehr als zwanzig so gute Leute wie Johannson, Holmquist, Molander, Holsboer am Start zu sehen, die das Rennen in vier Vorläufen und einem Endlauf für die Placierten bestreiten werden. Auch der Kunstlauf kommt zu seinem Recht, da sowohl der deutsche Meister Rittberger wie die deutsche Meisterin Frau Brockhöfft und Geschwister Winter ihre Künste zeigen werden« (BLA 21. 3.).
22.30 Uhr. Eisballett »Die Laune der Favoritin«
Vgl. 1925 Nov 26.
BLA 21. 3.; Ph Mär 19 (VWA).

Mär 23–24. Eisballett »Die Laune der Favoritin« u. a.
Wie Mär 8–12.
Et: 1,– bis 2,50 M.
BLA 23. 3.

Mär 25–Apr 2. »Phil Taylor / Canadischer Meister im Todessprung auf dem Eis« u. a.
Ansonsten öffentlicher Eislauf und vermutlich das übliche Eiskunstlauf- und Eisballettprogramm.
21.00 Uhr (am 27. um 22.30 Uhr) Phil Taylor; am 28. um 16.30 Uhr »Das große Märzprogramm«.
V: SP.
Et: 1,– bis 3,– M.
»[...] ein Springer von Klasse. Alle Hindernisse, die ihm auf der Eisbahn in den Weg gelegt wurden, nahm er mit Leichtigkeit. Taylor springt zuerst über neun aneinandergereihte oder übereinandergetürmte Fässer. Dann setzt er in elegantem Sprung über drei zusammengerückte Tische, auf denen außerdem noch mehrere Personen ihre Arme kreuzen. Dieser ›Todessprung‹ gibt einen glänzenden Beweis von der Kühnheit des Meisterläufers, die ihn aber auch bei seinen sonstigen Uebungen (z. B. Laufen, Hinfallen und Wiederaufrichten auf fast meterhohen Stelzen) auszeichnet [...] Aber auch das Beiprogramm, in dem man u. a. Taylor mit Erna Remolt noch in einer entzückenden Tanzeinlage sah, fand reichen Beifall« (BLA 28. 3.).
Mär 27, außerdem 20.30 Uhr: Eisschnellauf »Die Stunde / 2. Mannschaftslaufen auf dem Eise nach Art der 6-Tage-Rennen«
»Mehrere Jagden unterwegs sorgten für Abwechselung. Bei der ersten verlor das Feld gegen A. Meyer=W. Hellwig und Th. Ganzevoort=H. Krehn eine Runde; späterhin gelang es Meyer-Hellwig sich allein an der Spitze zu behaupten.

SPORT-SPIEGEL
ILLUSTRIERTE WOCHENSCHRIFT DES BERLINER TAGEBLATTS
Hockeyspieler
NR. 12 · JAHRGANG 1926
DONNERSTAG, 25. MÄRZ
Boxer

Der Boxkampf um die Europa-Meisterschaft im Berliner Sportpalast
Der Belgier Devos (weisser Mantel) konnte seinen Titel nur durch einen knappen Punktsieg gegen den deutschen Meister im Mittelgewicht Hein Domgörgen verteidigen

268 René Devos gegen Hein Domgörgen (Chr Mär 19; nach: Sport-Spiegel 25. 3. 1926).

PROGRAMM
Sport-Palast
Freitag, den 30. April 1926, abends 8 Uhr
Ausscheidungskämpfe
um die
Deutsche Meisterschaft 1926
Preis 20 Pfennig

269 Programmheft (Chr Apr 30); VWA.

Die zurückgelegte Strecke war nach dem Stundenschuß 28,800 Kilometer. Ganzevoort=Krehn waren eine Runde gegen die Sieger wieder zurückgefallen und konnten, da sie bei den Wertungen nur 14 Punkte eingeheimst hatten, nur Dritter werden. Vor ihnen plazierte sich die Mannschaft W. Frommann=G. Berndt mit 24 Punkten« (BLA 29. 3.).
BLA 25., 27.–29. 3.

Apr 3–4. Eishockey u. a.
Ab 10.00 Uhr öffentlicher Eislauf, 16.30 Uhr »Das große Osterprogramm«, 20.30 Uhr Eishockey, abends Phil Taylor (vgl. Mär 25).
V: SP/BSchC.
Et: 2,– bis 10,– M.
Apr 3 London Lions Ice-Hockey-Club – BSchC 7:2.
Apr 4 BSchC – London Lions 7:2.
»Am Ostersonntag wurden die Berliner durch Watson verstärkt. Schiedsrichter war diesmal Martin. Das Unglaubliche geschah. Die Berliner waren wie ausgewechselt, und das Ueberraschendste an dieser Tatsache ist nicht etwa das überragende Können Watsons – der erst gegen Schluß mehr in Erscheinung trat – sondern daß die Mannschaft nun mit einmal wie aus einem Guß spielte [...] die Berliner kamen immer wieder zu Erfolgen und konnten schließlich ihre Gäste mit dem gleichen Resultat (7:2) schlagen, mit dem sie am Vortage unterlegen waren« (BLA 6. 4.).
Ursprünglich sollten in einem umfangreichen Turnier auch Mannschaften aus Schweden und Österreich teilnehmen, *»durch das ministerielle Verbot, am Karfreitag nicht zu spielen«* wurde dies unmöglich gemacht.
BLA 27., 30. 3.; 2.–4., 6. 4.

Apr 5–8. Das große Eislaufprogramm mit Phil Taylor
Ab 10.00 Uhr öffentlicher Eislauf. Vgl. Mär 25.
Apr 5
16.30 und 21.00 Uhr. *»Das große Osterprogramm«*, abends Phil Taylor.
Apr 6–7
21.00 und 22.30 Uhr. *»Das große Aprilprogramm mit Phil Taylor«.*
Apr 8, außerdem 20.30 Uhr: »Abschieds-Veranstaltung des Berliner Schlittschuh-Clubs« von der Wintersaison
Dazu gehörte ein Halbstunden-Mannschafts-Eisschnellaufen und ein Schaulaufen deutscher Meister.
BLA 4., 7.–8. 4.

Apr 14–16, 10.00–20.00 Uhr. »15. Allgemeine deutsche Gastwirtsmesse« verbunden mit einer »Reichshotelmesse«
»Der Rahmen der Messe ist dadurch größer geworden, daß sie diesmal nicht nur durch die ›Lokalkommission der Gastwirtsvereinigung Groß-Berlin‹, sondern auch durch den ›Reichsinteressenverband im deutschen Gastwirtsgewerbe‹ gestützt wird« (BLA 14. 4.).

Apr 23, 20.00 Uhr. Amateur-Boxen »Stockholm – Berlin«
V: BC Westen.
Den internationalen Kämpfen gingen drei Klubkämpfe voraus: Hünnekens (Westen) – Friedländer III (Maccabi), unentschieden; Wilsch (Westen) besiegt Zlabs (Nord-Nordwest); Thill (Teutonia) besiegt O. Wegener (Westen).
Stockholm – Berlin:
Flg: Ziglarski (Nord-Nordwest) besiegt J. Pihl (Stockholm).
Lg: Tschorsch (Westen) besiegt Gustavsson (Stockholm).
Wg: G. Berggren (Stockholm) besiegt Stahlberg (Sparta).
Hsg: O. Falk (Stockholm) besiegt E. Michaelis (Westen).
Sg: Daniels (Duisburg) besiegt J. Lewin (Stockholm).
Sg: Bror Persson (Stockholm) besiegt Franz Wegener (Westen).
BLA 25. 4.; Vw 24. 4.; BS 290–92, 15.–29. 4.

Apr 30, 20.00 Uhr. Boxen »Paul Samson-Körner – Ludwig Haymann« u. a.
V: Schwarz / Buß.
Alles Ausscheidungskämpfe zu Deutschen Meisterschaften:

270 Anzeige (Chr Aug 14–?; nach: BLA 12. 8. 1926).

SONNABEND ERÖFFNUNG!
MÜNCHNER HATZ SPORTPALAST
Mit Berlins fabelhaftester Dekoration
Die große Bayernhochzeit
Die gewaltigste TRACHTENSCHAU aller Zeiten in Originalbesetzung
100 bayr. Madl'n 4 Kapellen
SCHORSCH'L EHRNGRUBER mit sein. Oberlandlern u. Schuhplattlern
Oktoberwiese Riesenprogramm
So etwas haben Sie noch nie erlebt! Da müssen Sie unbedingt dabei sein!
Beginn 6 Uhr abends ★ Eintritt nur 30 Pfg.

271 Programmheft (Chr Okt 1); VWA.

Fdg: Paul Noack (56 kg; Berlin) – Kurt Sasse (57 kg; Berlin), Sieg Noacks nach Pktn (8 Rdn).
Lg: Adolf Schell (60,6 kg; Elberfeld) – Paul Czirson (60,6 kg; Berlin), Sieg Czirsons nach Pktn (8 Rdn).
Hsg: Max Diekmann (78 kg; Berlin) – Hans Rönisch (76 kg; Berlin), Sieg Diekmanns durch Aufgabe (5. Rde).
Sg: Paul Samson-Körner (82,5 kg, Zwickau) – Ludwig Haymann (87 kg; München), Sieg Samson-Körners nach Pktn (10 Rdn).
BLA 28., 30. 4.; 1./2.–3. 5.; BS 291–93, 22. 4.–6. 5.; Ph (VWA).

Mai 14, 20.00 Uhr. Amateur-Boxen »Irland – Berlin«
V: BBV.
Unter dem Protektorat des englischen Botschafters Viscount d'Abernon.
Flg: Ziglarski besiegt M. Rogers (Irland) durch ko (2. Runde).
Bg: Fuchs besiegt F. McDonagh (Irland).
Fdg: M. Doyle (Irland) besiegt Altner.
Lg: Malz besiegt W. E. Wright (Irland).
Wg: F. Cooper (Irland) besiegt Nitschke.
Mg: J. Chase (Irland) besiegt Buchbaum.
Hsg: Siewert besiegt W. Murphy (Irland).
Sg: Knöpnadel besiegt Jim O'Driscoll (Irland) durch Abbruch (3. Rde).
Berlin – Irland 10:6.
»Den Abschluß der Berliner Amateurboxsaison bildet [...] die Begegnung der irischen Meister mit den Repräsentanten Berlins [...] Es ist das erste Mal, daß Amateurboxer aus Großbritannien im Berliner Ring erscheinen [...]« (BT 13. 5.).
BT 13., 16. 5.; BS 293–95, 6.–20. 5.

Mai 17, 10.30 Uhr. Wettbewerb um »Die beste Stenotypistin von Groß-Berlin«
V:BLA.
Et: 0,50 bis 1,20 M (im Vorverkauf billiger).

Berufswettbewerb des Berliner Lokal-Anzeigers.
Mitw. des künstlerischen Teils: Berliner Sinfonie-(Blüthner-)Orchesters (Clemens Schmalstich), Kammersänger Walter Kirchhoff, Joseph Wolfsthal (1. Konzertmeister der Staatsoper) und das amerikanische Tänzerpaar Lola Menzeli/Senia Solomonoff.
Programm der öffentlichen Hauptprüfung der *»hundert Besten«*:
10.30 Uhr: Schreiben nach Stenogramm.
10.45 Uhr: 3 Min. Schnelligkeitsschreiben (des Satzes *»Wer immer nur sinnet und nimmer beginnet, der endet auch nie«*).
10.50 Uhr: 20 Min. Abschrift nach Vorlage.
11.20 Uhr: Verteilung der Diplome.
11.30 Uhr: Künstlerischer Teil.
Ergebnis:
»1. Preis 1000 Mark bar, dazu 1 Orga=Standard=Schreibmaschine, gestiftet von der Orga=A.=G., 1 Hinz=Stuhl, gestiftet von der Hinzfabrik, Berlin=Mariendorf, und Zusatzpreis eine A.E.G.=Schreibmaschine für die beste Stenographische Leistung, gestiftet von der Schreibmaschinen=Abteilung der A.E.G.: Else Kalweit, Greifswalder Str. 62 (mit 12 086 Anschlägen auf Adler=Schreibmaschine).
2. Preis 500 Mark bar: Hertha Reichet auf Schreibmaschine System A.E.G.
3. Preis 300 Mark bar und Zusatzpreis von 300 Mark bar, gestiftet von der Firma Carl E. Halbarth (Ideal=Schreibmaschinen): Fanny Hein auf Schreibmaschine System Ideal.
4. Preis 200 Mark bar: Elisabeth Schönfelder.
5. Preis 200 Mark bar: Erna Knack« (BLA 23. 5.).
BLA 9., 11.–13., 15.–17., 23.–24., 30. 5.

Jul 9, 20.45 Uhr. Boxen »Ludwig Haymann – Jaak Humbeeck« u. a.
V: SP.
Et: 1,50 bis 18,– M.
Lg: Fritz Ensel (Köln) – Paul Czirson (Berlin), Sieg Czirsons nach Pktn (10 Rdn).
Lg: Walter Peter (61,5 kg; Berlin) – Hans Kruse (62 kg; Hamburg), unentschieden (6 Rdn).
Wg: Walter Funke (69 kg; Berlin) – Paul Richter (66 kg; Dresden), Sieg Funkes nach Pktn (10 Rdn).
Sg: Ludwig Haymann (87 kg; München) – Jaak Humbeeck (93,5 kg; B), Sieg Haymanns nach Pktn (10 Rdn).
BMp 9.–10. 7.; BS 302, 7. 7.; 303, 14. 7.

Aug 14–(?), 18.00 Uhr. Volksfest »Münchner Hatz«
V: SP (?).
Et: 0,30 M.
»Mit Berlins fabelhaftester Dekoration / Die große Bayernhochzeit / Die gewaltigste Trachtenschau aller Zeiten in Originalbesetzung / 100 bayr. Madl'n 4 Kapellen / Schorsch'l Ehrngruber mit sein. Oberlandlern u. Schuhplattlern / Oktoberwiese Riesenprogramm / So etwas haben Sie noch nie erlebt! Da müssen Sie unbedingt dabei sein!« (BLA 12. 8.). Außerdem die Mitwirkung des Bayerischen Trachten-Vereins Edelweiß. Dieses Volksfest dürfte eine Reihe von Wochen hindurch stattgefunden haben.
BLA 11.–16. 8.

Sep 18–19, 20.00 Uhr. »Massen-Konzert«
Am 19. auch 16.00 Uhr.
V: Deutsches Tonkünstler-Orchester (?).
Et: 0,50 und 1,– M.
»150 Mitwirkende / Klassische und moderne Musik / Militär-Konzert / Deutsches Tonkünstler-Orchester / Gr. Zapfenstreich u. Gebet / Im oberen Saal: Tanz« (Anz., BLA 17.–18. 9.).

272 Hallensportfest der Polizei (Chr Sep 30), Kretschmer nach seinem Sieg über Wiedemeyer (rechts).

Sep 30, 20.00 Uhr. Hallensportfest der Polizei
V: Reichsausschuß für Polizeisport.
Das Hallensportfest fand im Rahmen der *»Großen Polizei-Ausstellung Berlin 1926«* statt.
Aus dem Programm:
Boxen (Hsg-Polizeimeisterschaft): Ansorge (Berlin) besiegt Holbach (Hamburg).
Jiu-Jitsu: Dietrich (Frankfurt am Main) besiegt Sprössing (Dresden).
Ringen: Kretschmer (Berlin) besiegt Wiedemeyer (Karlsruhe).
Außerdem leichtathletische Wettbewerbe (Sprinterdreikampf, Hürdenlauf, Hochsprung), ein Handballspiel (PSV Berlin – Ländermannschaft Sachsen) sowie gymnastische und turnerische Vorführungen (Reck, Barren).
BLA 24., 30. 9.; 2. 10.

Okt 1, 20.00 Uhr. Boxen »Max Schmeling – Hermann van t'Hof« u. a.
V: SP.
Et: *»Die Preise der Plätze sind wirklich äußerst niedrig gehalten und wie folgt: 1. Ring, 3. bis 5. Reihe, 10 Rm.; 1. Ring, 6. bis 12. Reihe, 6 Rm.; 1 Ring, 13. bis 20. Reihe, 5 Rm.; 2. Ring, 21. bis 27. Reihe, 4 Rm.; 3. Ring, 28. bis 35. Reihe, 3,50 Rm.; Parterresitz 3 Rm., Tribüne, Sperrsitz, 6 Rm.; 1. Rang, Balkon, 5 Rm.; 1. Rang, Estrade, 3,50 Rm.; 1. Rang, Wandelgang, 2,50 Rm.; 2. Rang 1,50 Rm.«* (BS 314, 29. 9. 1926).
Mg: Erich Brandl (75 kg; Berlin) – Eugené Alonzo (75,5 kg; B), Sieg Alonzos durch Abbruch (1. Rde).
Mg: Walter Funke (69 kg; Berlin) – Adolf Wiegert (71,1 kg; Berlin), Sieg Funkes nach Pktn (10 Rdn; Endausscheidung im Mg).

9. Jahrg / Nr. 236 / Preis für Groß-Berlin 10 Pfennig

Berlin, Freitag, 22. Oktober 1926

Die Rote Fahne

Zentralorgan der Kommunistischen Partei Deutschlands (Sektion der Kommunistischen Internationale)

Redaktion u. Verlag: Berlin SW48, Friedrichstr. 225 III Tel.: Hasenheide 1934—38 und 4240/41. — Juristische Sprechstunde Dienstag u. Freitag v. 7—8 Uhr nachm.

Erscheint täglich

Tel.-Adresse. Rotfahne Berlin. Bank-Konto: Darmstädter u. Nationalbank Berlin, Dep.-Kasse Belle-Alliance-Platz. Postscheck-Konto Berlin NW 27970

Bezugspreis pro Woche 60 Pfg., monatlich 2,70 Mk. in Berlin und Orten mit eigener Zustellung. — Vorauszahlbar. — Postbezug inkl. Bestellgeld 3,50 Mark, Streifband im Inland sowie nach Oesterreich Litauen, Luxemburg, Danzig, Memel- und Saargebiet 3,80 Mark, übrige Länder 4,50 Mark

Begründet von Karl Liebknecht und Rosa Luxemburg

Hauptannahmestelle: Verlängerte Hedemannstraße 6.

Massenaufmarsch gegen die Fürstenknechte!

Heute, Freitag, abends 1/2 8 Uhr im Sportpalast

Der Rote Frontkämpferbund ruft auf! Es sprechen Ernst Thälmann, Wilhelm Pieck, Dr. Friedländer (V. soz. Aerzte), Rabold (Soz. Bund), Ledebour, Karl Olbrisch (R. Jungfront)

273 Die Rote Fahne, 22. 10. 1926 (Chr Okt 22).

Hsg: Teddy Sandwina (86,5 kg; Berlin) – Max Diekmann (80 kg; Berlin), unentschieden (4 Rdn).
Hsg: Max Schmeling (79,7 kg; Berlin) – Hermann van t'Hof (77 kg; NL), Sieg Schmelings durch Disqualifikation (8. Rde).
BLA 2. 10.; BS 314-15, 29. 9.–6. 10.; Ph (VWA).

Okt 16, 20.00 Uhr. Fest der DDP
V: DDP, Bezirksverband Potsdam II.
LA SP 3969 (Brief SP v. 11. 10.).

Okt 22, 19.30 Uhr. Kundgebung »Massenaufmarsch gegen die Fürstenknechte!«
V: Roter Frontkämpferbund.
Rd: Dr. Friedländer (SPD; Bund sozialistischer Ärzte), Georg Ledebour, Karl Olbrisch (Rote Jungfront), Wilhelm Pieck (MdR), Emil Rabold (Sozialistischer Bund), Hanna Schulz, Ernst Thälmann (MdR).
»Mit der brutalsten Unterdrückung der Opposition gegen die Hohenzollernabfindung, mit Versammlungs- und Demonstrationsverbot, mit Ausschluß und Mundtotmachung der Kommunisten gelang es den Fürstenlakeien, von den ›linken‹ Sozialdemokraten bis zu den rechtesten Völkischen, dem davongelaufenen Feigling in Doorn 400 000 Morgen besten Bodens und 15 Millionen Bargeld nebst einem Dutzend Schlösser zu zuschachern. Das trotz der 14 1/2 Millionen Stimmen, die die restlose Enteignung forderten, trotz ungeheurer Verelendung der werktätigen Massen in Deutschland. Am Donnerstag [...] rief der Rote Frontkämpferbund die Berliner Arbeiterschaft zum Protest und Kampf gegen den Schandvergleich in den Sportpalast« (Rote Front, Nr. 21, November 1926).
»Der über 20 000 Menschen fassende Sportpalast war überfüllt. Die Schupo sperrte ab [...] Am Rednerpult das Bild Lenins mit der Unterschrift: Die Faust wird vereinen die Kämpfer der Welt! [...] Als der Fahneneinmarsch beginnt, voraus die Kapelle, an der Spitze Genosse Thälmann, ballen sich die Fäuste zum Gruß, zum revolutionären Gruß der roten Front. Von den Emporen knattert Händeplatschen. Erschütternd und mitreißend dieser Aufmarsch in Rot, diese zehntausende geballten Fäuste, bereit zum Schlage gegen den kaiserlichen Millionär in Doorn, gegen seine Trabanten in Deutschland.« (RF 23. 10.).
Im Zusammenhang mit der Kundgebung kam es zu Auseinandersetzungen mit der Polizei.
RF 22.–23. 10.; Rote Front 1926, Nr. 21; BLA 23. 10.

Okt 24, 19.30 Uhr. Radrennen zur Eröffnung der Wintersaison
V: SP.
»Am gestrigen Sonntag begann der Sportpalast seine [...] diesmal nur kurze Radrennsaison [...] Als Neueinrichtung der Bahn verdient ein Lautsprecher Erwähnung, der sich ausgezeichnet bewährte; die durch ihn übermittelten Ankündigungen waren im ganzen Hause verständlich« (BLA 25. 10.).
Teiln.: Behrendt, Buschenhagen, Dewolf (B), Faucheux (F), Fricke, Gottfried, Hahn, Häusler, Jenssen (DK), Kaufmann (CH), Knappe, Koch, Leene (NL), Lewanov, Longardt, Lorenz, de Martini (I), Schrage, Spears (AUS), Tonani (I).
Großer Preis der Ausländer. Erster Vorlauf (8 Rdn): 1. Tonani, vor Leene, Kaufmann, Dewolf. Zweiter Vorlauf: 1. Faucheux, vor Jenssen, Spears, de Martini. Hoffnungslauf: 1. de Martini. Endlauf: 1. Faucheux, vor Tonani, de Martini.
Großer Preis der Inländer. Erster Vorlauf: 1. Hahn, vor Gottfried. Zweiter Vorlauf: 1. Schrage, vor Fricke. Hoffnungslauf: 1. Koch. Endlauf: 1. Koch.
»Im Endlauf hatte Hahn, an der Spitze liegend, Reifenschaden. Er spurtete aber weiter. In der Kurve hatte er sein Rad nicht mehr in der Gewalt, so daß er zu hoch getragen wurde und mit Schrage, der ihn außen passieren wollte, über die Barriere geschleudert wurde. Hahn zeigte sich sofort wieder unverletzt, wogegen Schrage mit geringen Verletzungen davongekommen war« (BLA 25. 10.).
Großer Preis der Nationen. Erster Vorlauf: 1. Gottfried, vor Schrage, Kaufmann, de Martini. Zweiter Vorlauf: 1. Hahn, vor Koch, Spears, Dewolf. Dritter Vorlauf: 1. Leene, vor Tonani, Fricke, Knappe. Vierter Vorlauf: 1. Lorenz, vor Jenssen, Buschenhagen, Faucheux. Erster Hoffnungslauf: 1. Koch, vor de Martini. Zweiter Hoffnungslauf: 1. Tonani. Erster Zwischenlauf: 1. Lorenz, vor Koch. Zweiter Zwischenlauf: 1. Hahn, vor Gottfried. Befähigungslauf: 1. Tonani. Zweiter Endlauf (für die Unplazierten): 1. Leene, vor Gottfried, Koch. Endlauf: 1. Hahn, vor Tonani, Lorenz (gestürzt).
Großer Preis des Sportpalastes (50-km-Mannschaftsfahren nach Sechstageart): 1. Koch/Fricke, 2. Tonani/de Martini (1 Rde zurück), 3. Lewanow/Dewolf (2 Rdn), 4. Longardt/Behrendt, 5. Spears/Gottfried (3 Rdn), 6. Jenssen/Häusler.
BLA 24.–25. 10.

Okt 31, 19.30 Uhr. Radrennen
V: SP.
Dreistunden-Mannschaftsfahren (sechs Wertungen, nach je 30 Min. vier Spurts).
Teiln. (12 Paare): Koch/Stolz, Pagnoul/Duray (B), Faudet/Choury (F), Koch/Miethe, Tietz/Buschenhagen, Hahn/Fricke, Tonani/de Martini (I), Jenssen/Häusler (DK/D), May/Pohl, Kolles/Passenheim, Stellbrink/Dobe, K. Krüger/Erxleben.
Ergebnis: 1. Tietz/Buschenhagen, 2. Faudet/Choury (1 Rde zurück), 3. Kohl/Stolz, 4. Koch/Miethe, 5. Tonani/de Martini (2 Rdn); 123,840 km.
BLA 31. 10.; 1. 11.

Nov 2, 19.30 Uhr. 6. Fest der Sportpresse
V: VDS.
Zugunsten der Wohlfahrtskasse des VDS.
»Den Reigen der Schaunummern eröffneten Schülerinnen der Bodeschule für Körpererziehung, deren Uebungen in rhythmischer Gymnastik lebhaften Beifall fanden. Ein Achter=Glühlicht=Reigen des R. V. Concordia 1896, Friedrichsfelde, mit seinen graziösen Figuren kam im verdunkelten Raum zu bester Wirkung. Sonderapplaus erzielte der Turnverein Guts Muths mit prächtig gestellten Pyramiden [...] Der Humor kam in der bewährten Zugnummer des Hürdenlaufs der Jockey=Lehrlinge zu seinem Recht [...] Wenn der Sieger W. Littmann bei Arth. Schläfke so gut reiten lernt, wie er laufen kann, so dürfte sein Name den Rennleuten bald geläufig werden. Ein Tauziehen der Schrittmacher führte Tennismeister Najuch für seine Gruppe zum Siege.

274 Anzeige (nach: Die Arena, Das Sportmagazin, Berlin 1926, Heft 2, S. 71).

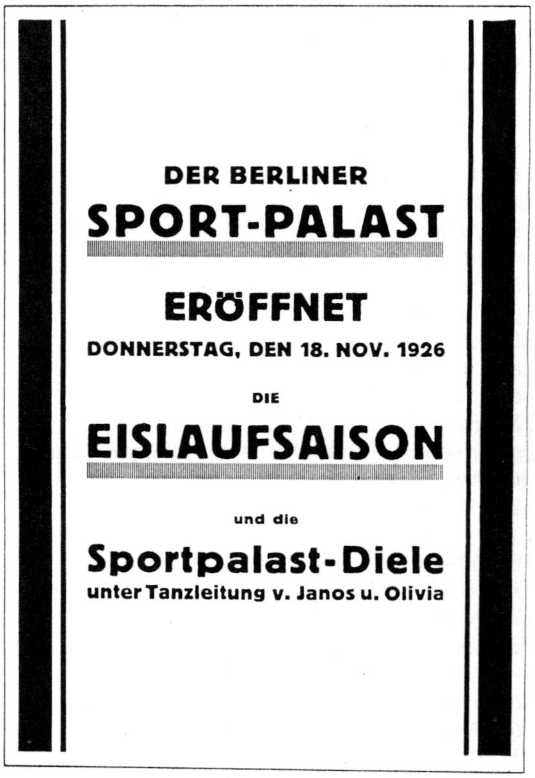

Die Verleihung einer von dem V.D.S. gestifteten Auszeichnung für hervorragende sportliche Leistungen an Dr. Peltzer und O. Schmidt [...] leitete zum zweiten Teil des Festes über. Hier trat das sportliche Moment mehr in den Vordergrund« (BLA 3. 11.).
Auf dem Programm standen noch ein Verfolgungsfahren der Straßenfahrer, die *»klassischen ›Hundert Runden‹«*, turnerische Übungen, Vorführungen des Hunde-Renn-Clubs u. a.
»Kommissionsrat Albert Schumann, der populäre, bei allen alten Berlinern noch unvergessene Zirkusdirektor, führt sodann seinen Apfelschimmel ›Gigolo‹ in der hohen Schule vor« (BLA 2. 11.).
BLA 25. 9.; 2.–3. 11.

Nov 4–10. 17. Berliner Sechstagerennen
Beginn 4. 11. um 20.00 Uhr, Start 22.00 Uhr, Ende 10. 11. um 23.00 Uhr.
V: SP (Walter Rütt, Erich Kroner).
Wertungen: 14.30 und 16.30 Uhr (je 5 Spurts), 22.00 und 2.00 Uhr (je 10 Spurts). In der ersten Nacht bereits eine Wertung um 23.00 Uhr (Neutralisation 6.00–12.00 Uhr).
Teiln. (14 Paare): Aerts/van Hevel (B), Bauer/Junge (D), Behrendt/Stolz (D), Blanchonnet/Marcillac (F), Buschenhagen/Lewanow (D), Fricke/Verschueren (D/B), Golle/Huschke (D), Gottfried/Nebe (D), Hahn/Tietz (D), Horan/Horder (USA/AUS), Knappe/Rieger (D), Koch/Miethe (D), Lacquehay/Wambst (F), Lorenz/Tonani (D/I).
Ergebnis: 1. Lacquehay/Wambst 327 Pkte; 2. Marcillac/Junge (1 Rde zurück) 258; 3. Aerts/van Hevel (3 Rdn) 129; 4. Knappe/Rieger (6 Rdn) 479; 5. Huschke/Tonani (7 Rdn) 358; 6. Koch/Tietz 357. Zurückgelegte km: 3715.
Startschuß: Ch. Mills (Traberfahrer).
Vorrennen (ab 20.00 Uhr):
30-km-Mannschaftsfahren für Amateure: 1. Nickel/Siegel.
»Die Vorstellung der Paare. Unter den Klängen der jeweiligen Hymnen – zum ersten Male in der Geschichte der Berliner Nachkriegs-Sechstagerennen erklang das Deutschland=Lied ohne jeglichen ›Protest‹ von Galerie und Kurve, was immerhin bemerkt zu werden verdient – [...]« (BLA 5. 11.). Wie üblich schieden eine Reihe Fahrer durch Verletzungen bei Stürzen oder aufgrund von Erschöpfung aus (u. a. Hahn, Golle, Stolz, Miethe und Behrendt). Am Abend des 6. wurde *»von dem Kronprinzen, der mit seinem früheren Adjutanten von Zobeltitz und dessen Gattin in einer Loge dem spannenden Schauspiel beiwohnte«* eine 500-Mark-Prämie gestiftet. *»Ihre Ankündigung fand geteilten Beifall«* (BLA 8. 11.).
»Kürzlich erschien zu später Stunde der frühere Kronprinz im Sportpalast, um dem Sechstagerennen beizuwohnen. Er blieb gänzlich unbeachtet, bis er, um seine Popularität festzustellen, sich unliebsam bemerklich machte. Es erschien plötzlich in großen Lettern auf dem Verständigungstransparent folgende Mitteilung: ›Ein alter Freund der Sechstagefahrer aus Oels stiftet 500 M. dem Sieger in den nächsten 5 Runden‹. Kaum war die Transparentschrift zu entziffern, als ein Höllenspektakel begann: Pfeifen und wenig freundliche Wünsche aller Art bekundeten dem ›hohen Herrn‹, daß Berlin buchstäblich auf ihn pfeift. Im Verhältnis zu dem Beifall, den die beiden dänischen Filmschauspieler Pat und Patachon an dem gleichen Abend erhielten, mußten die vereinzelten Beifallsrufe für den Sportfreund aus Oels geradezu kläglich anmuten« (Vw 10. 11.). Die Prämie des Herrn aus Oels errag Aerts, die von Pat und Patachon (1000 M) zum größten Teil Wambst/Lacquehay. Im Vw erschien dann zu diesem Vorfall mit dem Herrn aus Oels die *»Ballade vom Sportpalast«* (Vw 10. 11.).
BLA 23. 10.; 4.–11. 11.; Vw 4.–6., 10.–11. 11.

275 Anzeige (Zeitungsausriß; Chr Dez 4).

Nov 17. Versammlung der Heilsarmee
BLA 19. 11.

Nov 18–19, 20.00 Uhr. Eishockey u. a.
V: BSchC.
Et: 1,– bis 5,– M.
Eröffnung der Eissaison 1926/27.
Kunstlauf von Böckel, Brockhöfft, Franke, Rittberger, Joly/Brunet, Geschwister Winter sowie Schnellauf.
Paris (zusammengestellt von der Fédération Française des Sports d'hiver): George (Tor); de Rauch, Marphy (Vert.); Haßler, Defries, Grunwald (Sturm); Wilde, Monarde, Zula (Ersatz).
BSchC: Andresen (Tor); Johansson, Sachs (Vert.); Molander, Kraatz, Roche (Sturm); Steinke, Jaenecke, Orbanowsky (Ersatz).
Nov 18 Paris – BSchC 3:0 (1:0).
Nov 19 BSchC – Paris 2:1 (0:0).
BLA 16.–20. 11.

Nov 20–24, 20.00 Uhr. »Eisrevue« u. a.
Ab 10.00 Uhr öffentlicher Eislauf, ab 24. 11. 15.00–18.30 Uhr *»Fünf-Uhr-Tee«* (Eintritt frei).
V: SP.
Et: 1,– bis 2,– M.
Am 20. die Premiere der ›Eisrevue‹, die dann lange auf dem Programm stehen sollte.
»Das Programm enthielt fast nur artistische Sportleistungen. Zwischendurch sah man komische Entrees und eine sehr hübsche Ballettszene. An erster Stelle muß Phil Taylor genannt werden. [...] Die drei Estellas (Kitty Schmidt, Rodolfo Angola und Knut Worms) zeigen altrömische Gladiatorenspiele. Wahre Lachstürme entfesselt der urkomische Larsen. Sehr schöne Bilder bringt der Serpentinentanz, der an die beste Zeit Loie Fuller erinnert und mit vollendeter Anmut von den Damen Betty Rückert, Alice Speck und Mia Brewka aufgeführt wird. Der zweite Teil des Programms bringt eine hübsch arrangierte choreographische Verwandlungsszene der Eisgirls des Sportpalastes. Sie erscheinen zunächst dick vermummt als Schneemänner mit dem Besen in der Hand. Plötzlich verschwinden sie hinter einem Eisfelsen, um auf der anderen Seite in eleganter Sportkleidung wieder hervorzukommen. Zum zweiten Mal verschwinden sie und verwandeln sich hinter der Eisdekoration in die wirklichen Sportpalastgirls mit rotblonden Pagenköpfchen, angetan mit knappen Kleidchen aus Silberlamé« (BLA 21. 1.).
BLA 19., 12., 23.–24. 11.

Nov 25, 20.00 Uhr. Eishockey »Das grosse Sportprogramm«
V: BSchC/SP.
Ab 10.00 Uhr öffentlicher Eislauf, 15.00–18.30 Uhr *»Fünf-Uhr-Tee«*.
Et: 1,– bis 2,– M.
»Die Berliner Mannschaften übten sich die Woche über in Trainingsspielen [...] Am interessantesten verlief die Begegnung zweier Mannschaften des Berliner Schlittschuh=Clubs. Die bekannte ›Schweden‹=Mannschaft des führenden Berliner Clubs spielte gegen eine rein nationale Mannschaft. Eine solche muß Deutschland bei den Olympischen Spielen in St. Moritz aufstellen. Sie hielt sich ausgezeichnet, wenn sie auch gegen den starken Sturm Molander=Johansson=Roche nicht viel ausrichten konnte [...] Bei einem früheren Spiel schlug der S.C. Charlottenburg Brandenburg überlegen mit 8:0. Das erste Spiel des vom Sportpalast gestifteten Berliner Eishockey=Pokals sah den vorjährigen Pokalsieger Berliner Sportverein von 1892 gegen den Sportverein Zehlendorf=Mitte im Kampfe [...] bei Halbzeit erst 1:0 für den B.S.V. [...] Dann aber ließ Zehlendorf

stark nach und die Berliner gewannen [...] mit 5:0« (BLA 28. 11.).
BLA 25., 28. 11.

Nov 26–Dez 1. »Eisrevue« u. a.
Wie Nov 20.–24.
Am 27. 11. Ankündigung *»Sonntag 4–6 Nachmittagsvorstellung«.*
»Der gestrige Sonntag brachte der Eisarena vom frühen Vormittag an starken Besuch. Namentlich die aktiven Eisläufer waren zahlreich erschienen. Am Abend war der Andrang so gewaltig, daß zeitweise die Arena wegen Ueberfüllung geschlossen werden mußte. In etwa 10'000 Personen dürften den Sportpalast gestern besucht haben. Von der kollossalen Beanspruchung der Bahn zeugt am Besten die Tatsache, daß über 9000 Kilogramm Eis abgelaufen wurden« (BLA 29. 11.).
BLA 26.–30. 11.; 1. 12.

Dez 2, 20.00 Uhr. »Sport-Programm«
Vermutlich wie Nov 25.
BLA 2. 12.

Dez 3. »Eisrevue« u. a.
Wie Nov 20.–24.
BLA 3. 12.

Dez 4
(Eisarena geschlossen).
15.00 Uhr. »Erdal=Tanz=Tee«
V: Erdal-Fabrikniederlage (Berlin SW 29).
Mitw.: Bernard Etté *»mit einer Jazz=Band von 70 Mann«.*
»Harry Lambertz=Paulsen konferiert während der Putzprobe, die die Preisfrage beantworten soll, wieviel Schuhe mit dem Inhalt einer Dose Erdal geputzt werden können. Die Gewinner der ersten Preise von M. 5000,–, M. 2000,– und M. 1000,– erhalten die Preise, wenn sie sich vor dem anwesenden Notar ausreichend ausweisen, im ›Sportpalast‹ sofort ausbezahlt« (Zeitungsausriß, Archiv Gräfer).
Abends. Ball
BLA 4. 12.

Dez 5–8. »Eisrevue« u. a.
Wie Nov 20–24.
Dez 5, außerdem 17.00 Uhr: Eishockey
V: BSchC.
Et: 1,– bis 5,– M.
Sparta Prag (CS): Peka (Tor); Pusbauer, Dr. Hartmann (Vert.); Malecek, Hamacek, Steigenhöfer (Sturm); Rada, Krasl (Ersatz).
BSchC: Andresen (Tor); Sachs, Kraatz (Vert.); Molander, Johansson, Dr. Roche (Sturm); Jaenecke (Ersatz).
BSchC – Sparta Prag 3:0 (3:0).
»Das gestrige Wettspiel Prag-Berlin gab wieder einmal den Beweis für die außerordentliche Beliebtheit des Eishockeyspieles. Das riesige Haus [...] war in allen Rängen bis auf den letzten Platz gefüllt« (BLA 6. 12.).
BLA 2., 4.–5., 8. 12.

Dez 9, 20.00 Uhr. »Sport-Programm«
Vermutlich wie Nov. 25.
BLA 9. 12.

Dez 10. »Eisrevue« u. a.
Wie Nov 20–24.
BLA 10. 12.

Dez 11-12. Eishockey u. a.
Ab 10.00 Uhr öffentlicher Eislauf.
V: BSchC.
Et: 1,– bis 5,– M.
HC Davos (CH): Huegli (Tor); Geromini, Dr. Ruedi (Vert.); Spengler, Meng, Kraatz (Sturm); Rudolph, Fasel (Ersatz).
BSchC/SCC: Steinke (Tor); Sachs, Römer (SCC) (Vert.); Orbanowski, Martin (SCC), Jaenecke (Sturm); Warmuth (SCC), Kittel (Ersatz).
BSchC: Andresen (Tor); Dr. Holsboer, Sachs (Vert.); Dr. Roche, Johansson, Molander (Sturm); Chapdelaine, Orbanowski (Ersatz).
Dez 11, 20.30 Uhr HC Davos – BSchC/SCC 2:2 (1:2).
»Demgegenüber verdient die Berliner Mannschaft alles Lob [...] Unablässig trug der Sturm seine Angriffe vor, bis Jaenecke zwei Tore weg hatte« (BLA 13. 12.).
Dez 12, 17.30 Uhr BSchC – HC Davos 11:3 (5:2).
20.00 Uhr. »Eisrevue« (wie Nov 20–24).
BLA 8., 10., 13. 12.

Dez 13–14. »Eisrevue« (?)

Dez 15–17. Eishockey-Turnier u. a.
Ab 10.00 Uhr öffentlicher Eislauf.
V: BSchC.
Et: 1,– bis 2,– M.
Dez 15, 20.30 Uhr BSchC – SCC 2:0 (0:0).

277 Anzeige (Chr Dez 21–22; nach: BLA 22. 12. 1926).

Dez 16, 20.00 Uhr SCC – SC Riessersee 2:1 (1:0) (außerdem noch ein Spiel BSchC I – BSchC II).
Dez 17, 20.30 Uhr SC Riessersee – BSchC 1:0.
BLA 15.–18. 12.

Dez 18–22. Eisrevue »Der verzauberte Prinz« u. a.
Ab 10.00 Uhr öffentlicher Eislauf (am 19. 12. ab 19.00 Uhr).
V: BLA (Verlag August Scherl GmbH).
Et: 0,60 M für Kinder, 1,30 M für Erwachsene (Vorverkauf: 0,40 und 1,– M).
»Die neue Kinder-Weihnachtsrevue auf dem Eise«.
»Danach: Lustiges Geschicklichkeitslaufen für Kinder / 1. Preis 200 M. für eine Ferienreise von Scherls Reisebüro / 2. Preis ein Photo-Apparat etc.« – »Jedes Kind bekommt ein Geschenk!«
BLA 12., 18.–19., 25. 12.
Dez 18–20, außerdem: Eishockey »Internationales Turnier«
V: BSchC.
Et: 1,50 bis 6,– M.
Teiln.: BSchC, Deutsche Auswahl, Wiener EV, Oxford Canadians.
»An allen drei Tagen wird die mehrfache Weltmeisterin Frau Jarosz=Szabo (Wien) mit ihrem Partner Wrede ihr äußerst schwieriges Programm im Paarlaufen zum Vortrag bringen, außerdem werden beide in eingelegten Sololaufen die klassische Wiener Schule des Kunstlaufs zeigen« (BLA 17. 12.).

276 Die Mannschaften der Oxford Canadians und des Wiener EV (Chr Dez 18–20; nach: Sport-Spiegel 30. 12. 1926).
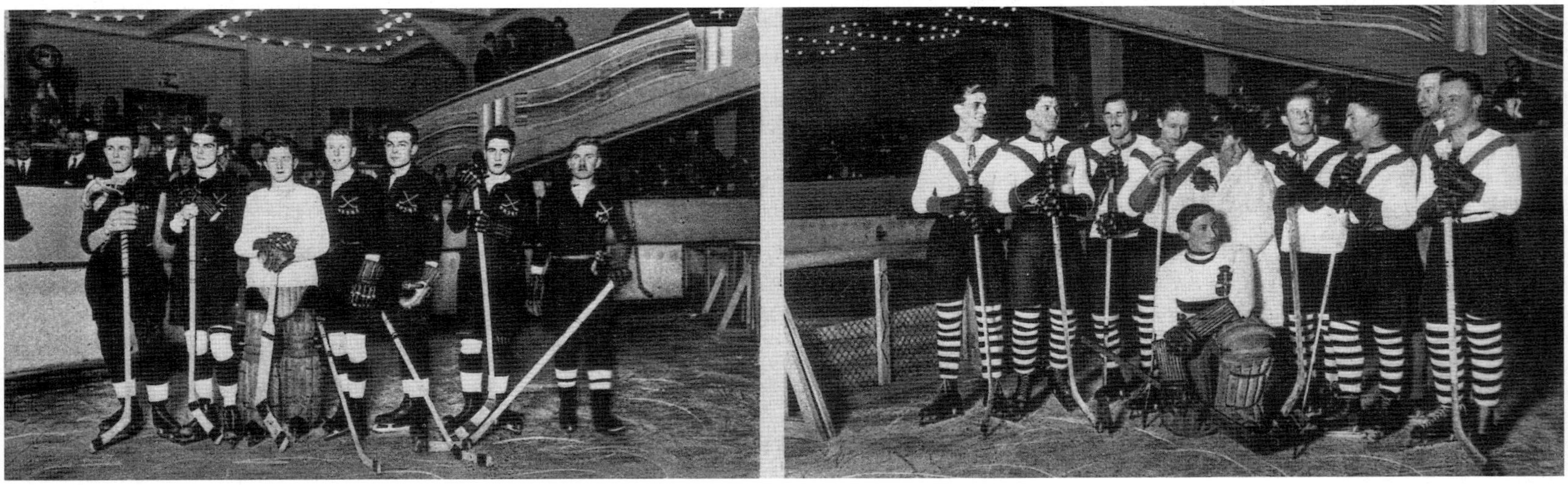

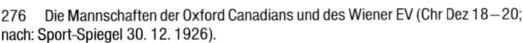

278 Jack Stanley und Max Schmeling (Chr Jan 7; nach: BT 7. 1. 1927).

Dez 18
16.00 Uhr. »Der verzauberte Prinz.«
20.30 Uhr. Wiener EV – Oxford Canadians 6:1 (1:1). Deutsche Auswahl – BSchC 3:3 (1:1).
Dez 19
11.30 Uhr. »Der verzauberte Prinz«.
16.30 Uhr. Wiener EV – BSchC 7:0 (4:0). Deutsche Auswahl – Oxford Canadians 1:1 (1:1).
20.00 Uhr. »Eisrevue« (wie Nov 20–24).
Dez 20
20.30 Uhr. Wiener EV – Deutsche Auswahl 7:4 (4:0). BSchC – Oxford Canadians 6:5 (3:3).
»Infolge eines Defektes der Lichtanlage begannen die [...] Wettspiele [...] mit halbstündiger Verspätung. Zur Beruhigung des Publikums lief die liebenswürdige Wiener Weltmeisterin Frau Jarosz=Szabo im Halbdunkel ihre Kür, [...]« (BLA 21. 12.). *»Zwischen dem ersten und zweiten Spiel gab es sogar noch eine ganz besondere Attraktion, der ehemalige deutsche Schwergewichtsmeister Franz Diener war in Berlin eingetroffen und wurde vorgestellt. Der große Applaus wird den mutigen Franz bewiesen haben, daß er in Deutschland während seiner Abwesenheit nichts an Sympathie eingebüßt hat«* (BT 21. 12.).
Dez 21–22
16.00 Uhr. »Der verzauberte Prinz«.
20.00 Uhr. »Eisrevue« (wie Nov 20–24).
BLA 16.–21. 12.; BT 21. 12.; Vw 22. 12.

Dez 23, 20.00 Uhr. »Sport-Programm«
Ab 10.00 Uhr öffentlicher Eislauf.
V: BSchC.
Et: 1,– bis 2,– M.
Vermutlich hat an diesem Tag das Eishockeyspiel BSV 92 – Zehlendorfer Wespen (5:0, 0:0) stattgefunden, über das der BLA erst am 29. 12. ohne Datumsangabe berichtet: *»Im Berliner Sportpalast standen sich im zweiten Spiel um den Pokal des Norddeutschen Eissportverbandes die Mannschaften von B. S. V. 92 und Zehlendorf 1911 gegenüber. Die Zehlendorfer spielten ohne Kittel, wodurch sie stark benachteiligt waren«* (BLA 29. 12.).
BLA 23., 29. 12.

Dez 24. Geschlossen
BT 23. 12.

Dez 25–29. »Eisrevue« u. a.
Wie Nov 20–24; vom 25. bis 27. jedoch 16.30 und 20.30 Uhr.
BT 23. 12.; BLA 28.–29. 12.

Dez 30, 20.00 Uhr. »Sport-Programm«
Vermutlich ähnlich Nov 25.
BLA 30. 12.

Dez 31, 20.30 Uhr. Silvester-Ball »Eine Neujahrsnacht in St. Moritz«
V: SP.
Et: 4,– M, reservierter Tischplatz 2,– M Zuschlag.
»In den Gesamträumen des Sportpalastes. Die überdeckte Eisarena als Ballsaal. 10 Uhr: Völkerbund-Ballett in St. Moritz einstudiert von Ballettmeister Paul [Mürig?] [...] Janos u. Olivia Sisters Helen u. a. 12 Uhr: Begrüssung des Prinzen Carneval durch das Neue Jahr Grosse Schneeballschlacht! 4 Kapellen!« (Anz., BLA 28. 12.).
BLA 28.–29., 31. 12.

1927

Jan 1–6. »Eisrevue«
Wie 1926 Nov 20–24; am 1. 1. erst ab 13.00 Uhr öffentlicher Eislauf; am 1.–2. 1. um 16.30 und 20.30 Uhr »Eisrevue«.
BLA 1., 3.–5. 1.

Jan 7, 20.00 Uhr. Boxen »Max Schmeling – Jack Stanley« u. a.
V: Damski.
Fdg: Hans Stamms (56,5 kg; Mühlhausen) – Phil Nefzger (57,5 kg; München), Sieg Nefzgers nach Pktn (6 Rdn).
Mg: Hein Domgörgen (70 kg; Köln) – Walter Funke (68,6 kg; Berlin), Sieg Domgörgens nach Pktn (15 Rdn; Deutsche Meisterschaft, Hf Funke).
Mg: Hermann Herse (68,5 kg; Berlin) – Piet Brand (73 kg; NL), Sieg Herses nach Pktn (8 Rdn).
Hsg: Max Schmeling (79,5 kg; Berlin) – Jack Stanley (92 kg; GB), Sieg Schmelings durch Aufgabe (8. Rde).
»Der riesige Blondiu ›arbeitet‹ zunächst im schönsten Stil, seine ungeheuren Schultern treiben die Fäuste wie Dampfhämmer vorwärts, das schmale Gesicht Schmelings verbirgt sich nicht selten hinter beiden Handschuhen, er ›nimmt‹ viel und teilweise in immerhin verlegener Haltung. Bis der Bedrängte auf einmal, in der fünften Runde, seinerseits ›landet‹ und der fette Angreifer plötzlich weithin die Bretter bedeckt. Der Deutsche führt einen Indianertanz um die Fleischmassen auf. Das ganze Parkett steht auf den Stühlen und jubelt – bis der Referee acht gezählt hat und die Dampfhämmer vorübergehend wieder in Betrieb kommen. Das geht dreimal so, während zehntausend erwachsene Menschen sich wie die kleinen Kinder freuen. Beim viertenmal fliegt das Handtuch der Sekundanten durch die Luft, die weißleinene Friedenstaube, die in der Weltboxsprache um Einstellung der Feindseligkeiten ersucht« (BT 8. 1.).
BT 29. 12. 1926; 6.–8. 1.; BS 327–28, 6.–13. 1.

Jan 8(?)–12. »Eisrevue« u. a.
Wie 1926 Nov 20–24.
BT 11.–12. 1.

Jan 13, 20.00 Uhr. »Sport-Programm«
Vermutlich ähnlich 1926 Nov 25.
BT 13. 1.

Jan 14–18. »Eisrevue« u. a.
Wie 1926 Nov 20–24.
BT 14., 18. 1.

Jan 19. Eiskunstlauf »Deutsche Meisterschaften für Damen, Herren und Paare« u. a.
V: DEV/Norddeutscher Eissportverband.
Et: 0,50 bis 3,– M.
Meister-Damen: 1. Brockhöfft (BSchC) Plz 5/223,4 Pkte; 2. Böckel (BSchC) 11/208,8; 3. Veit (BSchC) 15/200,4; 4. Flebbe (BSchC) 195,8.
Meister-Herren: 1. Franke (BSchC) 6/217,7; 2. Rittberger (BSchC) 9/216,7; 3. Haertel (BSchC) 203,2; 4. Nagel (BSchC) 161,1.
Meister-Paare: 1. Kishauer/Gaste (BSchC) 15,9; 2. Schwendtbauer/Aichinger 14,4; 3. Flebbe/Zerrmann 12,9.
Außerdem gab es noch Wettbewerbe für Junioren und Senioren sowie einen Schnellauf und ein Eishockeyspiel.
Schnellauf-Handicap (12 Rdn): 1. Meyke (BEV) 2:34, vor Schönbrodt (BEV) und Grund (BSchC).
Eish.: BSchC – Deutsche Auswahl 7:2 (5:1).
BLA 9., 22. 12. 1926; BT 19.–21. 12. 1927.

Jan 20, abends. Eishockey
V: BSchC.
BSchC – Deutsche Auswahl 6:1 (Rückspiel von Jan 19).
BT 20.–21. 1.

Jan 21 und 23. Eishockey u. a.
Ab 10.00 Uhr öffentlicher Eislauf.
V: BSchC/SP.
Et: 1,– bis 5,– M (Eishockey); sonst 1,– bis 2,– M.
Paris Canadians (F): O'Donnell, Dr. Rainschaud, Dr. Wight u. a.
Deutsche Auswahl: Steinke (Tor); Jaenecke, Orbanowski, Sachs u. a.
BSchC: Steinke (Tor); Simond, Johansson, Dr. Roche, Holsboer u. a.
Jan 21
20.30 Uhr. Paris Canadians – Deutsche Auswahl 3:3 (0:2).
In der Pause Schnellauf (10 Rdn): 1. Bulota (BSchC), 2. Meyke (BEV). Als Abschluß ein Staffellauf mit Vorgabe (18 Rdn): 1. BSchC, vor BEV.
Jan 22. Geschlossen
Jan 23
17.30 Uhr. Paris Canadians – BSchC (IM) 6:3 (4:1).
Außerdem ein Schnellauf (18 Rdn): 1. Meyke (BEV) 4,22 Min., vor Grell und Boluta (beide BSchC).
Abends. »Eisrevue« (wie 1926 Nov 20–24).
BT 21.–22., 24. 1.; Vw 25. 1.

Jan 25–26, abends. Eisballett »Six Parisiennes« u. a.
Ab 10.00 Uhr öffentlicher Eislauf.
V: SP.
Et: 1,– bis 2,– M.
»Die Attraktion des ›Folies Bergre‹ / Six Parisiennes / Das grandiose Ausstattungs-Ballett in Orig. Pariser Kostümen und / Eislauf-Attraktionen« (Anz., BT 25. 1.).

Jan 27, 20.00 Uhr. »Sport-Programm«
Vermutlich ähnlich 1926 Nov 25.
BT 27. 1.

Jan 28. Eisballett »Six Parisiennes« u. a.
Wie Jan 25–26.
BLA 28. 1.; 2. 2.

Jan 29, abends. »Goldrausch-Fest«
V: Internationaler Varieté-Theater-Direktoren-Verband E.V.
Et: 8,– M; Vorverkauf 6,– M; Künstlerkarten 3,50 M.

279 Eintrittskarte (Vorder- und Rückseite; Chr Feb 5); Archiv Gräfer.

»1000 M. in bar für das originellste Kostüm / pünktl. 1 Uhr Einzug der Tiller-Girls / Admirals-Girls / und / Russ. Ballett der Haller-Revue mit dem Weltschlager ›Das Angellied‹ / GOLDRAUSCH-FEST / Die Sensation der 5 Minuten / Das größte Masken-Kostümfest der Saison [...] 24 wertvolle Trostpreise / Gesamtinszenierung Dir. Leo Kronau / 60 Mann Monstre-Orchester / und weitere 10 Tanz-Kapellen« (Anz., zit. nach Schrader/Schebera, S. 112).

Jan 31 – Feb 2. Eisballett »Six Parisiennes« u. a.
Wie Jan 25–26.
BLA 28. 1.; 2. 2.

Feb 3, 20.00 Uhr. »Sport-Programm«
Vermutlich ähnlich 1926 Nov 25.
BLA 3. 2.

Feb 4. Eisballett »Six Parisiennes« u. a.
Wie Jan 25–26.
BLA 4. 2.

Feb 5, abends. »Hofball bei Zille«
Et: 10,– M.
»Een Jlick, det et nur en Ball is. Denn so ville Polente jibt et jar nich, um alle die Meechens aus de falsche Ackerstraße und die Ganoven mit Intellijenzbrille und falsche Berliner Aussprache vahaften zu können. Falscher Berliner Dialekt, jawoll, als Tiepe un Sprache sind hier ville, die meesten Tinneff und Blüte, aber sonst von Seele, det heeßt mit ihre dicke Marie sind se jut, so jut, det sich bei diese Ganoven schon een Einbruch lohnte. Vakehrte Welt, det hier, wa? Aba Hofball bei Zille, det sagt et. Alle sind da, die in't vorichte Jahr da waren. Und noch mehr [...] im Augenblick ist es 10 Uhr. Es sind noch vier Stunden, bis das Fest richtig begonnen hat, es werden noch viele und immer mehr kommen, und, jawoll, ein Ganove hat schon wütend zum Ober gesagt: ›Herr Oberkellner, ich finde es wirklich nicht sehr schön, daß man sich hier an den Tischen so einengen muß‹. Und een Meechen aus de Ackerstraße sagte zu einem zerlumpten Penner: ›Herr Geheimrat, Sie waren so gütig, für mich die Eau de Colonge einzustecken.‹ Worauf der Penner antwortete: ›Hier, Gnädigste, bitte sehr.‹ [...] Musik. Zehn Kapellen spielen. [...] die einzelnen Stunden werden große Knallbonbons sein. Dreißigtausend Zigaretten werden verteilt werden, die Claire Waldoff wird als Harfenjule erscheinen, einer wird des Jubilars Zille Haupt mit einem goldenen Kranze bekränzen, die letzten Berliner Droschkengäule werden zu sehen sein, eine Schneeballschlacht am Wedding... Knorke, wa?...Hofball bei Zille. Es ist für viele eins der prickelndsten Feste. Beste Gesellschaft Berlins, der Kunst, Schriftstellerei, Industrie, Banken, Diplomatie (und auch etwas schlechtere Gesellschaft) spielt eine ganze Nacht die Komödie...Zilletype zu sein« (BLA 6. 2.).
BLA 4., 6. 2.

Feb 6–8. Eishockey u. a.
Am 6. 2. ab 13.00 Uhr, ab 7. 2. ab 10.00 Uhr öffentlicher Eislauf.
V: BSchC/SP.
Et: 1,– bis 6,– M (Eishockey), sonst 1,– bis 2,– M.
Canada: Roy (Tor); Dr. Dempsey, Dr. Wight (Vert.); O'Donnel, Senecal, Dr. Roche (Sturm); u. a.
BSchC: Hohnsdorf (Tor); Sachs, Johansson (Vert.); Holsboer, Reschke, Simond (Sturm); u. a.
Feb 6
17.30 Uhr. Canada – BSchC 7:3 (5:0). In der Pause Kunstlauf (Rittberger) und ein Schnellauf mit Vorgabe (15 Rdn): 1. Meyke (BEV).
Abends. Eisballett »Six Parisiennes« (wie Jan 25–26).

280 Vorwärts, 11. 2. 1927 (Chr Feb 10).

Feb 7
BFC Preußen – BEV 86 1:0 (Pokal des Sportpalastes).

Feb 8
20.30 Uhr. Canada – BSchC 4:4 (2:3). BSchC diesmal mit Orbanowski und Römer anstelle von Reschke und Simond.
BLA 2., 4.–8. 2.; BZaM 8. 2.

Feb 9, abends. Eisballett »Glitzernde Sterne« u. a.
Ab 10.00 Uhr öffentlicher Eislauf.
V: SP.
Et: 1,– bis 2,– M.
»Phantastisches Ausstattungs-Ballett / ›Glitzernde Sterne‹ / Six Parisiennes / Die Attraktion der Folies Bergère« (Anz., BLA 9. 2.).

Feb 10, 20.00 Uhr. »Massenkundgebung gegen die drohende politische, soziale, kulturelle Reaktion«
V: SPD, Bezirksverband Groß-Berlin.
Rd: Siegfried Aufhäuser, Dr. Rudolf Breitscheid, Wilhelm Dittmann, Marie Juchacz, Franz Künstler, Philipp Scheidemann (alle MdR), Vogel-Nürnberg.
Anlaß war die neue, seit dem 29. 1. amtierende Koalition aus den bürgerlichen Parteien Zentrum, BVP, DVP, DNVP (Reichskanzler Wilhelm Marx).
»Zeigt der Regierung des Bürgerblocks, wie das schaffende Volk Berlins zu ihr steht« »Kampf dem Besitzbürgerblock!«
»Am Eingang [...] staut sich die Menge [...] Schon gegen 1/2 8 Uhr sind Riesensaal und Tribünen bis auf den letzten Platz besetzt; [...] Eins noch war bemerkenswert: Die Besucher der Riesenkundgebung waren nicht nur sozialistische Republikaner, nicht allein Anhänger der Sozialdemokratie. Tausende aufgeschreckter Kleinbürger und Mittelständler waren erschienen, um zu hören, was die Abgeordneten der größten Arbeiterpartei in dieser Stunde des Alarms dem Millionenvolk der Reichshauptstadt zu sagen haben. [...] Zehn Minuten vor 8 sperrte die Polizei wegen Ueberfüllung Saal und Tribünen, die Gitter des Gartens zum Sportpalast werden geschlossen, indes sich Tausende und aber Tausende auf der Straße stauen... [...] Die moderne Einrichtung des Mikrophons und der Lautsprecher ist auch für unsere Kundgebung nutzbar gemacht worden. Jedes Wort, das vor dem Mikrophon gesprochen wird, ist in dem ganzen weiten Raum gleich gut zu verstehen [...]« (Vw 11. 2.). Nach dem BLA kam es *»zu heftigen Zusammenstößen zwischen Reichsbannerangehörigen und kommunistischen Zettelverteilern«* nach Schluß der Veranstaltung (BLA 11. 2.).
BLA 11. 2.; Vw 5., 8.–11. 2.

Feb 11, 20.00 Uhr. Boxen »Hans Breitensträter – Francis Charles« u. a.
V: SP.
Fdg: Harry Stein (51 kg; Berlin) – André Gleizes (51,5 kg; F), unentschieden (8 Rdn).
Wg: Hans Seifried (66,5 kg; Bochum) – Joe Ralph (68,8 kg; B), unentschieden (8 Rdn).
Wg: Hermann Herse (69,5 kg; Berlin) – Piet Hobin (69 kg; B), unentschieden (8 Rdn).
Sg: Hans Breitensträter (80 kg; Berlin) – Francis Charles (79 kg; F), unentschieden (10 Rdn).
»Vor dem Hauptkampf wurde Paul Samson=Körner, der seine Kampftätigkeit eingestellt hat, Gelegenheit gegeben, sich vom Publikum zu verabschieden« (BLA 12. 2.).
BLA 1., 9. 11.–12. 2.; BS 331-33, 1.–15. 2.

Feb 13–16. Eisballett »Glitzernde Sterne« u. a.
Am 13. 2. jedoch erst ab 13.00 Uhr öffentlicher Eislauf und um 16.30 Uhr zusätzlich eine Vorstellung (ermäßigte Preise). Vgl. Feb 9.
BLA 12.–13. 2.

Feb 17–18 und 20. Eishockey »Internationales Turnier« u. a.
V: BSchC.
Et: 1,– bis 6,– M (am 17. 2.); 2,– bis 10,– M (18. und 20. 2.).
Tschechoslowakei (NM): Pospisil (Tor); Dr. Hartmann, Jirkovski, Loos, Malecek, Pepan, Pusbauer, Dr. Rezak, Steigenhöfer.
Victoria Eishockey Club Montreal (CDN): Beaudry (Tor); Bell, Bowles, Campbell, Carlin, King, Lamb, Robinson, Shibley.
BSchC (IM): Lincke (Tor); Dr. Holsboer, Jaenecke, Johansson, Reschke, Dr. Roche, Sachs, Simond.
»Im Gegensatz zu den sonstigen Spielen wird diesmal in drei Abschnitten zu je 15 Minuten gespielt, wie es bei ganz großen internationalen Konkurrenzen üblich ist« (BLA 17.2.).
Feb 17, 20.00 Uhr BSchC (IM) – Tschechoslowakei 4:2 (1:1, 0:0, 3:1).

281 Felix Schwormstädt, Eishockey im Sportpalast (Chr Feb 17–20; nach: Die Woche 5. 3. 1927).

Feb 18, 20.30 Uhr Montreal – Tschechoslowakei 8:0 (5:0, 1:0, 2:0).
Feb 19. Ball (siehe unten).
Feb 20, 17.30 Uhr Montreal – BSchC (IM) 13:0 (4:0, 8:0, 1:0).
Außerdem ein Stafettenlauf (15 Rdn): 1. BSchC. *»Unnötige Pausen vermied man diesmal. Vor allem ließ man die im allgemeinen als höchst überflüssig empfundenen Kunstlaufen fort. Dafür wurde fein säuberlich die Bahn gefegt und Franz Diener (ohne Schlittschuhe) gezeigt«* (BLA 21. 2.).
BLA 10., 14.–21. 2.; Vw 21. 2.

Feb 19, 20.00 Uhr. »Ball der 1000 Tausendkünstler«
V: Internationale Artisten-Loge.
Et: 6,– M.
»Der Betrag dieses Balles ist für Artisten im Elend bestimmt«.
»Im Riesenraum Gedränge. Hunderte von rassigen Girls. Junge flotte Akrobaten. Clowns, Gladiatoren, Amazonen, Zwerge und Riesen. Gestalten aus allen Teilen der Erde. Südländisches Lachen, nordischlichte Heiterkeit. Eine farbige Welt. Leute, die man ob ihrer schneidigen Eigenart lieb gewinnt. Halt, einer da ist traurig, Warum? Er hat schwören müssen, heute nicht mitzutun in dem großen Mitternachts-Charivari, das die Künste seiner Kollegen zeigen soll. Er als einziger muß abseits stehen. Er ist – Menschenfresser« (BLA 20. 2.).
BLA 18., 20. 2.

Feb 21–25. Eisballett »Glitzernde Sterne«
Wie Feb 9.
BLA 22.–23., 25. 2.

Feb 26, abends. »Original Kinderbahll der Bösen Buben im Sportpalast«
V: GDB.
Et: 20,– M (Vorverkauf 10,– M; Künstlerkarten gegen Ausweis nur Ballbüro).
»Zwangskostümierung. Notkostüm 5,– Mk.«
Zugunsten der Wohlfahrtskasse der GDB.
Festleitung: Rudolf Meinhard-Jünger, Karl Weiss. Ausstattung der Räume: Benno von Arent, Herbert Diehne, Leo Dahl, Leo Impekoven, Theaterkunstgewerbehaus Stenger-Impekoven. Plakat: Karl Weiss.
»Gross-Film-Aufnahmen der Aafa-Film für den ›Bösen-Buben-Film‹ unter Mitwirkung sämtlicher Besucher des ›Bösen-Buben-Balles‹. Ein Ringelreihen der bösen Buben. [...] Feierliche Enthüllung der Bösen-Buben-Muratti-Zigarette und Gratisverteilung von 10000 ›Bösen-Buben-Muratti-Zigaretten‹. Gratisverteilung von 10000 BBZ um Mitternacht. Chefredaktion: Egon Jacobsohn. Gratisverteilung von 10000 Luftballons um 5 Uhr morgens. Arthur Guttmanns ›Böse Buben-Riesen-Jazzband‹« (Anz., BLA 20. 2.).
»Um glatten Verlauf sind jetzt die Herren Meinhard=Jünger und Karl Weiß bemüht [...] Wenn man den Sportpalast um 9 Uhr betritt, wird einem um ihren Unternehmungsgeist bange. Man mustert den leeren Raum, blickt nach dem farbigen Ballongetümmel an der Decke und studiert die Bösen=Buben=Bilder. Pennäler mit bunten Kappen steigen den Mädels nach, deren Kleider noch kürzer sind als tagsüber [...] Man treibt Fug und Unfug, je nach Laune und Temperament. Für die Prominenten ist eine Sonderklasse eingerichtet. Ob sie wohl kommen werden? Die Mosheim, die Christians, die Liane Haid, die Lia Mara, die Hesterberg, die Ander, die Valetti, die Sedlitz haben sich einschreiben lassen. Wenn sie nur nicht die Schule schwänzen! Auch Clewing, Paulsen, Ebert, Landa, Schünzel, Morgan, Falkenstein, Tiedtke, Steinrück, Tauber sollen um Mitternacht erscheinen« (BLA 27. 2.).
BLA 20., 27. 2.

Feb 27–Mär 2. Eisballett »Glitzernde Sterne« u. a.
Wie Feb 9, am 27. 2. jedoch erst ab 13.00 Uhr öffentlicher Eislauf und um 16.30 Uhr zusätzlich eine Vorstellung (ermäßigte Preise).
BLA 27. 2.; 1.–2. 3.

Mär 3, 20.00 Uhr. Eiskunstlauf »Norddeutsche Meisterschaften« und Eishockey
V: BSchC.
Et 1,– bis 2,– M.
Die Meisterschaft wurde *»zu einer internen Angelegenheit, da ausschließlich Mitglieder des Berliner Schlittschuh=Clubs starteten. Bei den Herren machte der deutsche Meister Franke den geringeren Vorsprung, den sich Haertel durch die Pflichtübungen gesichert hatte, in der Kür mehr als gut. Die Damenmeisterschaft – quantitativ am stärksten besetzt – sah erwartungsgemäß Frau Brockhöfft vor Frau Bernhardt als Sieger. Im Paarlaufen startete nur Fräulein Kishauer=Gaste«* (BLA 5. 3.). Über das Eishockeyspiel *»Berlin – B.S.C.«* wurden nähere Angaben nicht mitgeteilt.
BLA 3., 5. 3.

Mär 4, 20.00 Uhr. Boxen »Phil Scott – Franz Diener« u. a.
V: Koslowski (u. a.).
Lg: Fritz Ensel (61 kg; Köln) – Richard Naujoks (61 kg; Berlin), Sieg Ensels durch Aufgabe (11. Rde; Deutsche Meisterschaft, Hf Ensel).
Mg: Hein Domgörgen (70 kg; Köln) – Kid Nitram (72 kg; F), Sieg Nitrams nach Pktn (10 Rdn).
Sg: Ludwig Haymann (90,5 kg; München) – Piet Vanderveer (98 kg; NL), Sieg Haymanns nach Pktn (10 Rdn).
Sg: Franz Diener (88,5 kg; Berlin) – Phil Scott (93 kg; GB), Sieg Scotts nach Pktn (10 Rdn).
BLA 23., 28. 2.; 3.–5. 3.; BS 334–36, 22. 2.–8. 3.

Mär 5, 21.00 Uhr. Maskenredoute »Die Nacht der Frauen / Wahl der deutschen Schönheits-Königin«
Et: 10.– M.
»Smokings und Masken, bunte Zylinder und Perücken tauchen immer zahlreicher an den Eingangstüren auf. Maskenfreiheit zeitigt die erste Stimmung in Gestalt freudig erregter Quietscher, und die Tische und Menschen tauchen unter in Fröhlichkeit, Sekt und Zigarettenrauch. An einer Querwand des Riesenraumes jedoch steht ein Podium und auf ihm ein leerer Thron. Geheimnisvoll tagen zurzeit in der sogenannten Meckerdiele fünf ernsthafte, schwarzangezogene Männer, vor deren Augen fünfzig angstbibbernde Mädchen defilieren müssen, aus deren Reihen fünfzehn ausgewählt werden. Diese Fünfzehn werden nach Mitternacht dem Publikum vorgestellt, und aus diesen wird die deutsche Schönheitskönigin – ach, was sage ich: die deutsche Schönheitspräsidentin hervorgehen« (BLA 6. 3.).
BLA 27. 2.; 1., 3.–4., 6. 3.

Mär 6, 18.00 Uhr. Eishockey u. a.
Ab 13.00 Uhr öffentlicher Eislauf, abends Eisballett »Glitzernde Sterne« (vgl. Feb 9).
V: BSchC/SP.
Et: 1,– bis 6,– M (Eishockey).
Prag (Slavia/Sparta): Peka (Tor); Pusbauer, Jirkovski u. a.
Berlin: Lincke (BSV 92) (Tor); Sachs, Reschke (BSchC) (Vert.); Jaenecke (BSchC), Römer (SCC), Orbanowski (BSchC) (Sturm); Warmuth (SCC), Kittel (BSchC) (Ersatz).
Prag – Berlin 5:2 (0:0, 4:1, 1:1).
BLA 3.–4., 6.–7. 3.; Vw 7. 3.

Mär 7–10. Eisballett »Glitzernde Sterne« u. a.
Wie Feb 9.

Mär 11–13. Eishockey »Internationales Turnier« und Eiskunstlauf
Ab 10.00 Uhr öffentlicher Eislauf.
V: BSchC.
Et: 1,– bis 7,– M.
Für das Eishockey-Turnier hatte der Verlag August Scherl einen Preis gestiftet.
London Lions (GB): Dr. Dempsey, Brett, Sexton, O'Donnel, Kellough, Watts, Forbes u. a.
Belgien (NM): Kreitz, de Ridder, Meyer, Frank, Bureau, Collon, Popliment, van Reyschoot.
BSchC (IM): Lincke, Sachs, Dr. Holsboer, Johansson, Dr. Roche, Simond, Jaenecke.
SC Riessersee/SCC: A. Schmidt (SCC), H. Schmidt (SCR), Römer (SCC), Marquardt (SCR), Rammelmeyer (SCR), Martin (SCC).
Mär 11, 20.00 Uhr Belgien – SC Riessersee/SCC 4:2 (2:1, 2:0, 0:1). BSchC (IM) – London Lions 7:3 (2:1, 5:0, 0:2).
Mär 12, 19.00 Uhr Belgien – London Lions 6:4 (0:1, 1:1, 5:2). BSchC (IM) – SC Riessersee/SCC 9:1 (3:0, 1:1, 5:0).
Mär 13, 19.00 Uhr London Lions – SC Riessersee/SCC 8:5 (2:4, 1:1, 5:0). BSchC (IM) – Belgien 4:3 (2:0, 1:0, 1:3).
An allen drei Tagen Wettbewerbe im Kunstlauf und im Schnellauf.
Kunstlauf Wettbewerbe:
Junioren Damen: 1. Kubitschek (Wien) Plz 8/120,4 Pkte; 2. Hecht (Berlin); 3. Dietze (Berlin).
Junioren-Herren: 1. Bernhauser (Wien); 2. Schrötter (Wien); 3. Nagel (Berlin).

282 Programmheft (Chr Mär 20); VWA.

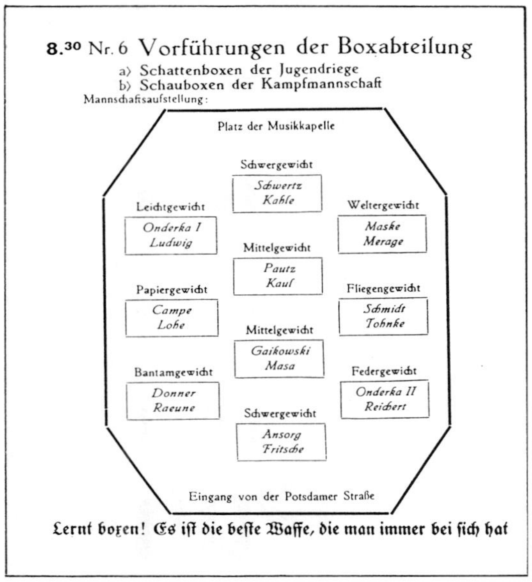

8.30 Nr. 6 Vorführungen der Boxabteilung
a) Schattenboxen der Jugendriege
b) Schauboxen der Kampfmannschaft
Mannschaftsaufstellung:
Platz der Musikkapelle
Schwergewicht
Schwertz Kahle
Leichtgewicht
Onderka I Ludwig
Weltergewicht
Maske Merage
Mittelgewicht
Pautz Kauf
Papiergewicht
Campe Lohe
Fliegengewicht
Schmidt Tohnke
Mittelgewicht
Gaikowski Masa
Bantamgewicht
Donner Raeune
Federgewicht
Onderka II Reichert
Schwergewicht
Ansorg Fritsche
Eingang von der Potsdamer Straße
Lernt boxen! Es ist die beste Waffe, die man immer bei sich hat

283 2. Polizei-Hallensportfest (Chr Mär 20), Aufstellungsschema der Boxer (nach: Programmheft, S. 12; vgl. Abb. 282).

Senioren-Damen: 1. Brockhöfft (Berlin) 6/191,4; 2. Brunner (Wien) 11/179,5; 3. Bernhardt (Berlin) 12/181,6.
Senioren-Herren: 1. Karl Schäfer (Wien) 5/253,2; 2. Haertel (Berlin); 3. Bernhauser (Wien).
Paare: 1. Lilly Scholz/Kaiser (Wien) 5/10,95; 2. Ilse Kishauer/Gaste (Berlin); 3. Hoppe/Hoppe (Berlin).
Walzer: 1.Just/E. Richter (Wien); 2. Flebbe/Grauel; 3. Brockhöfft/Rittberger (Berlin).
An zwei Tagen trat auch die junge Weltmeisterin Sonja Henie auf und führte ihre Weltmeisterschaftskür vor.
Schnellauf »Antwerpen – Berlin« 1. Antwerpen 10:9 Pkte.
BLA 10.–14. 3.; Vw 12., 15. 3.

Mär 17. Eisschnellauf
Halbstunden-Mannschafts-Schnellauf: 1. Meyke/Schönbrodt (99 Rdn), vor Bulota/Grell (180 m zurück) und Loetsch/Bock.
BLA 19. 3.

Mär 20, 19.30 Uhr. 2. Polizei-Hallensportfest
V: Kommando der Schutzpolizei, Berlin/PSV.
Programm:
19.30 Uhr. Schauturnen
19.45 Ringen und Jiu-Jitsu
20.00 Hockey, 1. Halbzeit
20.10 Tauziehen und Fußballerstaffel (Vorläufe)
20.20 Hockey, 2. Halbzeit
20.30 Vorführungen der Boxabteilung des PSV
20.40 Faustball, 1. Halbzeit
20.50 Unsere Jugend auf Rollern
20.55 Faustball, 2. Halbzeit
10 Min. Pause
21.15 Gymnastische Übungen
21.25 Alarm-Hindernislaufen
21.40 Hohe Schule
21.50 Fußballerstaffel (Endlauf)
21.55 Jiu-Jitsu-Sketsch
22.00 Altrömisches Wagenrennen
22.05 Polizeihunde-Vorführungen
22.25 Handball, 1. Halbzeit
22.40 Lebende Hindernisstaffel
22.50 Handball, 2. Halbzeit
23.05 10-Bahnrunden-Staffel

»Mit Vorführungen an der Gitterleiter, am Reck, Barren und Trampolin begann das Fest; mit Ringen und Dschiudschitsu wurden die eigentlichen Wettkämpfe eingeleitet. Kretzschmer (P.S.P.) legte nach ausgeglichenem Kampfe Neßler=Heros auf die Schultern, und im Dschiudschitsu schlug Utsch=P.S.V. Kunze-Rößler. Das für viele Besucher neue Landhockey in der Halle hatte immerhin einiges Interesse [...] Auch die Schwerathleten kamen zu ihrem Recht: zweimal ging die Tauziehmannschaft der Pol.=Gruppe Südost, mit ihren Gegnern (Nord) ›an der Strippe‹ über die Bahn. Eine rein leichtathletische Sache war die Verfolgungsstaffel für Fußballer. Nach spannendem Kampf [...] siegte die Polizeimannschaft sehr sicher gegen S.C. Charlottenburg. Dann wurden wieder eine Reihe von Vorführungen gezeigt. Box=Schaukämpfe [...] Ein Faustballkampf. [...] Viel Beifall hatte eine humoristische Einlage, eine Knaben=Rundenstaffel auf den jedem Kraftfahrer bekannten Rollern« (BLA 21. 3.).
BLA 15., 20.–21. 3.; Vw 22. 3.; Ph (VWA).

Mär 23 (?), abends. Konzert des Christlichen Sängerbundes
V: Zentraldeutsche Vereinigung des Christlichen Sängerbundes.
»Siebenzig Gesangvereine, etwa zweitausend Frauen und Männer, waren zu einer Einheit zusammengeschweißt! Von einem Willen gelenkt und von einen Gedanken, den Höchsten zu preisen durch die Macht des Liedes. Ein ›Gesang-Gottesdienst‹! Und ein Mann, der sonst Gottes Wort von der Kanzel herab verkündet, Pfarrer G. Schürmann, sprach von der Bedeutung, der Wirkung eines ›Gesang-Gottesdienstes‹ [...] Die Riesenhalle [...] war bis zum letzten Platz besetzt« (BLA 24. 3.).

Mär 25–27, 20.00 Uhr. Eishockey »Internationales Turnier«
Ab 10.00 öffentlicher Eislauf.
V: BSchC.
Et: 1,– bis 7,– M.
Teiln.: Göta Stockholm (S) – HC Chamonix (F) – SCC – BSchC (IM).
Während des Turniers fand auch ein Eisschnellauf und ein Staffellauf »Chamonix – Berlin« statt.
Mär 25 BSchC (IM) – HC Chamonix 3:1. Göta – SCC 9:0.
Mär 26 BSchC (IM) – SCC 4:0 (1:0, 0:0, 3:0). Göta – HC Chamonix 5:0 (2:0, 0:0, 3:0).
Mär 27 HC Chamonix – SCC 9:3 (4:0, 4:1, 1:2). Göta – BSchC (IM) 1:1 (0:0, 1:1, 0:0).
Gesamtergebnis: 1. Göta 5 Pkte (16:1 Tore), 2. BSchC (IM) 5 (8:2), 3. HC Chamonix 2 (10:11), 4. SCC 0 (3:23).
»Ein Stafetten-Schnellauf über 2000 Meter beschloß den Abend. Bock und Loetsch von der Schnelläufervereinigung errangen nach scharfem Kampf einen knappen aber wohlverdienten Sieg über den durch Bulota und Grell vertretenen Schlittschuhclub« (BLA 28. 3.). Die Besucherzahlen blieben weit hinter den Erwartungen zurück. Es war das Abschlußturnier der Eissaison.
BLA 24.–28. 3.

Mär 27. Hallensportfest
V: Kartellverband für Arbeitersport und Körperpflege.
Abgesagt.
Vw: 15. 3.

Mär 28, 20.00 Uhr. Kundgebung
V: Deutscher Volksbund »Wahrheit und Recht« (Bundesleitung G. Winter, Leipzig).
ET: 0,50 M.
»Inflationsgeschädigte aller Art! Heraus zum Massenprotest! [...] Redner: Betriebsanwalt G. Winter, Leipzig, Bericht über die Generalversammlung der Reichsbank. – Der Ausgang des Kampfes gegen die Reichsbank bedeutet den Schlüssel zur Aufwertung. Erscheint in Massen! Unsere Bewegung umfaßt heute mit Angehörigen 10 Millionen ehrlicher Deutscher aller Klassen« (Anz, Vw 28. 3.).

Mär 31, 20.00 Uhr. Großes Militär-Konzert
Et: 0,50 bis 3,– M.
Mitw.: neun Reichswehrkapellen – 300 Musiker und Spielleute. *»Leitung: Armeemusikinspizient Professor Oscar Hackenberger«* (BLA 29. 3.).

Apr 1, 20.00 Uhr. Amateur-Boxen »Meisterschaften des Brandenburgischen Box-Verbandes«
V: BBV.
Endkämpfe.
»Gekämpft wird nach den Wettkampfbestimmungen des Deutschen Reichsverbandes für Amateurboxen e. V. und zwar 2 Runden zu 3 Minuten und 1 Runde zu 4 Minuten«.
»Der Kampfabend [...] wird eingeleitet durch ein Jugendtreffen zwischen Vieth (Poet) und König (Westen).«
Flg: Pfitzner (Teutonia) besiegt Friedländer II (Maccabi).
Bg: Dalcho (Hermes) besiegt Jonschker (Teutonia).
Fdg: Kräker (Teutonia) besiegt Leinz (BSC).
Lg: Volkmar (Heros) besiegt Altner (Teutonia).
Wg: Nitschke (Heros) besiegt Bolz (Astoria).
Mg: Pevestorff (Teutonia) besiegt Buchbaum (Maccabi).
Hsg: Panne (Teutonia) besiegt Rochow (ABC Brandenburg).
Sg: Nispel (Heros) besiegt Lungwitz (Astoria).
»An die Berliner Schuljugend wurden bereits gegen 5000 Karten vergeben«. »Rund fünftausend Zuschauer, verstärkt durch einige tausend Schüler der Berliner Lehranstalten hatten sich eingefunden« (DAZ 2. 4.).
BT 1.–2. 4.; DAZ 2. 4.; BS 339–40, 29. 3.–5. 4.

284 Programmheft (Chr Apr 1); VWA.

Brandenburgischer Box-Verband e. V.
Landesverband des D. R. f. A. B.
Geschäftsstelle: Berlin NW. 6, Schiffbauerdamm 19,
Fernruf: Norden 4214.
Endkämpfe
der
Brandenburgischen
Box-Meisterschaften 1927
am Freitag, den 1. April 1927, abends 8 Uhr
im Sportpalast, Potsdamer Straße 71-72
Der Deutschen Jugend gewidmet!

285 Vier Sieger bei den »Meisterschaften des Brandenburgischen Box-Verbandes« (Chr Apr 1; nach: BT 2. 4. 1927).

286 Anzeige (Chr Apr 1; nach Programmheft, vgl. Abb. 284).

287 Don Kosaken Chor Serge Jaroff (Chr Apr 3).

Apr 2, 20.00 Uhr. Großes Militär-Konzert
Wie Mär 31.
BLA 29. 3.

Apr 3, 20.00 Uhr. Konzert »Don Kosaken Chor Serge Jaroff«
V. Wolff u. Sachs.
Et: 1,– bis 3,– M.
Am Tag zuvor hatte ein Konzert der Don Kosaken im Blüthnersaal stattgefunden.
BLA 27. 3.

Apr 5, 19.00 Uhr. Kundgebung »gegen den imperialistischen Massenmord in China, gegen den Stahlhelm-Aufmarsch in Berlin«
V: KPD, Bezirksleitung/RFB, Gauführung des Bezirks Berlin-Brandenburg-Lausitz.
Et: 0,30 M, Erwl. 0,10 M (*»zur Deckung der Saal- und Propagandakosten«*).
Rd: Wilhelm Pieck (MdR), Ernst Thälmann (MdR), Willi Münzenberg (MdR), Boldwin (USA), Tschi (China), »Genossin Overlach« u. a.
»Krieg und Revolution in China! Schanghai von den revolutionären Truppen erobert. Tausende Streikende von den Imperialisten geköpft. So soll es auch in Deutschland kommen. Darum Stahlhelmaufmarsch am 8. Mai. Zerstörung der Arbeiterwohnungen wie in Italien. Eine internationale Linie des Terrors: 7000 ermordete friedliche Einwohner Nankings für sieben Kapitalisten. Standgericht für revolutionäre Arbeiter in Bulgarien und Ungarn. Nieder mit den Kriegshetzern und Streikbrechern! Arbeiter, Werktätige, schließt die Reihen! [...] Programm: Rezitationen. Ansprachen [...] Aufmarsch der Fahnenkompanie. Lichtbildervortrag über China. Drei RFB.-Kapellen.« (Anz., RF 2. 4.).
»Bei der heutigen Kundgebung [...] werden die Reden [...] zum ersten Male durch Lautsprecher übertragen« (RF 5. 4.).
»Trommelwirbel setzt ein. Die Kapellen des RFB spielen die Internationale. Spontan erheben sich die Arbeiter und Massengesang wogt durch den Saal. Von riesigen roten Scheinwerfern überflutet, marschieren die Fahnenabordnungen in langer Reihe in den Riesensaal. Die Bundesleitung des RFB. und der Genosse Ernst Thälmann an der Spitze. Ueber 150 Fahnen und Banner scharten sich in großem Bogen um die Rednertribüne. Immer wieder brausten Rufe auf die Weltrevolution und donnernde Rot Front Rufe durch den Riesensaal.« Gegen Schluß *»wurden Lichtbilder aus China vorgeführt, die den Terror der weißen Truppen zeigten«* (RF 6. 4.).
RF 30.–31. 3.; 2.–3., 5.–6. 4.

Apr 8, 20.00 Uhr. Boxen »Max Schmeling – Francis Charles« u. a.
V: SP (Damski).
Wg: Hans Schumacher (62 kg; Berlin) – Claus (64,5 kg), Sieg Schumachers nach Pktn (4 Rdn).
Wg: Karl Sahm, (66,5 kg; Hamburg) – Lucien Geeraerts (69,5 kg; B), Sieg Geeraerts' nach Pktn (8 Rdn).
Wg: Hermann Herse (69,5 kg; Berlin) – Joe Ralph (66 kg; NL), Sieg Herses nach Pktn (8 Rdn).
Hsg: Max Schmeling (80,5 kg; Berlin) – Francis Charles (79,5 kg; F), Sieg Schmelings durch Aufgabe (8. Rde).
Sg: Ernst Rösemann (97 kg; Hannover) – Thomas Barrick (90 kg; F), Sieg Rösemanns durch ko (1. Rde).
Die Kämpfe waren *»halbwegs gut besucht«*.
BLA 1. 4.; BS 340–41, 5.–12. 4.

Apr 10, abends. »Krönungsfest der Sommerkönigin Berlins für 1927, verbunden mit dem großen Varieteprogramm und Ball der prämiierten 100 Schönsten«
V: Littmann.
Bei diesem Schönheitswettbewerb, der Vorstellung der Sommerkönigin, deren Vorauswahl an zahlreichen Abenden in einem Variete stattfand, kam es zu einem Skandal – offenbar auf Grund von Unredlichkeiten des Veranstalters. *»Eine derartige Erregung des Publikums, derartige Pfeifkonzerte und Tumultszenen hat der Sportpalast noch nicht gesehen!«* (BT 11. 4.). *»Das Publikum setzte sich zusammen aus 19jährigen Lausejungen, 29jährigen Lebegreisen, 39jährigen Schlächtermeistern und 49jährigen Kuppelmuttern. Geil, dumm, faul und gefräßig: Es ist Fleischmarkt im Sportpalast. Interesselos rollt ein dürftiges Varieteprogramm ab. [...] Nach einer guten Stunde ist die Parade der 100 Badeengels vorbei, ein Mann mit einer Habichtvisage verkündet als Königin die Nummer 83. Was jetzt folgt, ist unbeschreibbar. Indianergeheul bricht los, Trillerpfeifen werden gezückt, mehrere Kompagnien Weiber brüllen unaufhörlich im Chor ›miese Ziege‹, was von den Kerlen überhaupt noch schreien kann, schreit immerwährend ›Schiebung, Schiebung‹, die rotbefrackten Portiers des Sportpalastes verlassen ohnmächtig den Kriegsschauplatz [...]«* (RF 12. 4.).
BT 11. 4.; RF 12. 4.

Apr 11, 20.00 Uhr. Kundgebung
V: Reichsbanner Schwarz-Rot-Gold.
Rd: Otto Hörsing (SPD, MdL, 1. Bundesvors. des Reichsbanners), Otto Nuschke (DDP, MdL), Dr. Joseph Wirth (Zentrum, MdR, Reichskanzler a. D.).
Th: *»Staatsordnung – oder national-kommunistischer Radau?«*
»Die republikanische Kundgebung [...] füllte die Riesenhalle [...] aus mit Reichsbannerleuten und ›Zivilisten‹, auch recht vielen Frauen. Anders als noch bei der letzten Riesenkundgebung unserer Partei [...] war die Rednertribüne mehr im Innern der Halle, ringsum freistehend, aufgebaut, wodurch die Redner auch ohne Verwendung einer Lautsprecheranlage besser hörbar wurden. Vor der Rednertribüne hatte sich das neue Fanfarenbläserkorps aufgestellt, das unter Begleitung der Trommler den Einzugsmarsch für die Fahnenkompagnie spielte, als diese unter stürmischem Beifall der Tausende heranmarschierte, um

289 Programmheft (Chr Mai 16–20); VWA.

einen Wald republikanischer Fahnen auf der Estrade und um sie herum aufzubauen. Fanfarenklänge mußten auch jeden neuen Redner ankündigen [...] Geschäftsführer Neidhardt eröffnete mit ernsten Worten die Kundgebung [...]« (Vw 12. 4.).
Vw 10.–12. 4.; BT 4., 13., 19. 4.; Voss 13. 4.

Mai 16–18 und 20. Amateur-Boxen »Europameisterschaften«
V: DRfAB/FldBA/Berliner Morgenpost.
Teilnahme von 53 Boxern aus Belgien, Dänemark, Deutschland, Estland, Frankreich, Italien, Lettland, Niederlande, Norwegen, Österreich, Polen, Schweden, Ungarn.
Alle Kämpfe gingen über eine Distanz von 3 Runden.
Mai 16, 19.00 Uhr. Vorkämpfe
Mai 17, nachmittags und abends. Vor- und Zwischenkämpfe
Mai 18, nachmittags und 20.00 Uhr. Zwischenkämpfe
Mai 20, 20.00 Uhr. Endkämpfe
Flg: Lennart Bohman (S) besiegt Kocsis Antal (H).
Bg: Dalchow (D) besiegt Guido Lanzi (I).
Fdg: Dübbers (D) besiegt Harry Wolff (S).
Lg: Domgörgen (D) besiegt Arne Sande (DK).
Wg: Romano Caneva (I) besiegt Roth (B).
Mg: Edgar Christensen (N) besiegt Maier (D).

288 Anzeige (Chr Apr 5; nach: RF 3. 4. 1927).

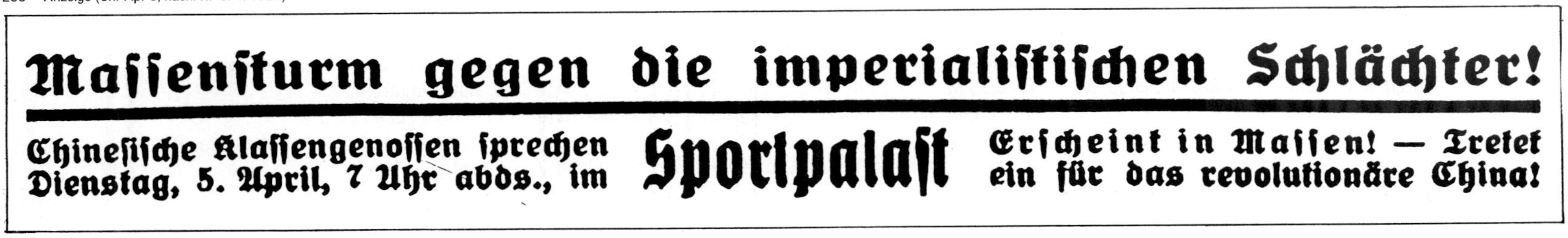
Massensturm gegen die imperialistischen Schlächter!
Chinesische Klassengenossen sprechen Dienstag, 5. April, 7 Uhr abds., im Sportpalast Erscheint in Massen! — Tretet ein für das revolutionäre China!

290 Anzeige (Chr Mai 21; nach: RF 17. 5. 1927).

Hsg: Müller (D) besiegt K. Miljon (NL).
Sg: Nils Ramm (S) bsiegt Schönrath (D).
»25 000 Zuschauer sind Zahlen, die für sich sprechen! [...] Zum Endkampftag war der Sportpalast vollkommen ausverkauft. Etwa 11 000 Zuschauer füllten schon lange vor Beginn der Kämpfe das mächtige Rund der einzelnen Ränge, sowie den Innenraum des Sportpalastes. Vertreter der Reichs= und Staatsregierungen, Provinzial= und Stadtbehörden, sowie der Ländervertretungen der teilnehmenden Nationen waren anwesend und wurden Zeuge der grandiosen Schlußkämpfe. [...] Es war der größte Tag des Amateursports, denn noch nie war die weite Halle [...] so von Amateursportanhängern gefüllt, und es war gleichzeitig der größte Tag des deutschen Boxsports überhaupt, denn an diesem Abend gingen die ersten vier Europatitel nach Deutschland. [...] « (Jubiläums Box Jahrbuch 1930, S. 154ff.).
BLA 15., 18.–21. 5.; BT 17. 4.; 15., 17.–19., 21. 5.; Voss 23. 4.; Ph (VWA); Jubiläums Box Jahrbuch 1930, S. 154–74.; BS 345–47, 10.–24. 5

Mai 21, 19.00 Uhr. Kundgebung
V: RHD, Bezirksvorstand Berlin-Brandenburg, Lokalkomitee des II. Reichskongresses der RHD.
Et: 0,30 M.
Zur Eröffnung des II. Reichskongresses der Roten Hilfe Deutschlands.
Rd: Henry Barbusse (F), Dr. Leo Klauber, George Lansbury (GB), Will Lawther (GB), Dr. Lennbach (DK), Andree Marty (F), Menzel, Hermann Meyer (Ch, M des ZK der RH Schweiz), Wilhelm Pieck (MdR), Sylvester Swestow (SU, M des ZK der Mopr der SU), Todria (SU, M des ZK der Mopr Georgiens) u. a.
Mitw.: *»Arbeiter Gesangvereine, DATB. Bez. Groß=Berlin – Sprechchor der Naturfreunde – RFB. und RFMB. – RFB.-Kapellen – Rote=Hilfe=Orchester – Bewegungschor der Roten Hilfe«, außerdem Alfred Beierle (Rezitation) und Heinrich Vogeler (?; Diavortrag). »Sangeskundige Genossen, Mitglieder der RH., der KPD. und Arbeiter=Gesang=Vereine, sammeln sich auf der Kundgebung [...] an der Bühne«* (RF 21. 5.).
»Gegen den Internationalen weißen Terror. Gegen das Wüten der bürgerlichen Klassenjustiz. Für die proletarische Solidarität mit den Opfern der bürgerlichen Klassenjustiz. Für die Vollamnestie der proletarisch=politischen Gefangenen!«
»Die bildliche Ausgestaltung und den Saalschmuck hat der Stifter des Kinderheimes Worpswede der Roten Hilfe, der Maler Heinrich Vogeler, übernommen« (RF 11. 5.).
Aus dem Programm: *»Fahnenübergabe der russischen Delegationen an die RHD., Uraufführung des Massensprechchorwerks ›Die rote Flut‹. Etwa 1000 Mitwirkende«.*
»Viele Tausende Berliner Arbeiter waren zur Begrüßung der Delegierten erschienen und nahmen an der Eröffnung des Kongresses teil. Dicht gedrängt saßen die Teilnehmer, die Gänge und der Eingang waren überfüllt. Nach dem Fahneneinmarsch wurde die Kundgebung durch eine Rezitation von Alfred Beierle eröffnet. Die Eröffnungsansprache hielt Genosse Wilhelm Pieck [...] in das Ehrenpräsidium des Kongresses wählten dann die versammelten Arbeiter einstimmig die Genossin Klara Zetkin, die Präsidentin der IRH., die Genossen Margies, Max Hoelz, Sacco, Vanzetti und andere ausländische Revolutionäre. Ebenfalls einstimmig werden in den Vorsitz des Kongresses die Genossen Pieck, Menzel und Schreck gewählt [...]« (RF 22. 5.).
Am Schluß wird *»Die rote Flut«* aufgeführt, zu der in der RF eine sehr kritische Rezension erscheint (25. 5.): *»Es gab einige lebendige, bewegte Szenen in diesem Auf- und Abflauen der Massen, einige kräftige Szenen, wo die Massen wirklich als Masse, als das klassenbewußte Proletariat wirkten [...] Da scheint der sonst fähige Autor und die früher fähige Leiterin des Sprechchors die deutsche Arbeiterklasse mit einer religiösen Gemeinde verwechselt zu haben [...] im ganzen eine gut angelegte, aber mangelhaft durchgeführte Aufführung. Wir wissen, eine Massenaufführung im Sportpalast ist mit großen Schwierigkeiten verbunden, erfordert also eine lange und sorgfältig Vorarbeit. Diese Vorarbeit schien uns zu fehlen.«*
Es ist nicht ganz sicher, ob der Vortrag Vogelers zu seinen *»Komplexbildern«* im Rahmen dieser Veranstaltung stattgefunden hat. In den offiziellen Ankündigungen und dem – allerdings ungewöhnlich kurzem – Bericht über die Veranstaltung wird Vogeler nicht genannt. Allerdings druckte die RF am 20. 5. eine Besprechung seiner Bilder ab, mit dem Hinweis, sie würden am 21. 5. zum erstenmal im Sportpalast vorgeführt (vgl. Karl Robert Schütze, Heinrich Vogeler – Worpswede, Leben und architektonisches Werk, Berlin 1980 [Diss. TU], S. 87; Kat. Heinrich Vogeler, Kunstwerke-Gebrauchsgegenstände-Dokumente, Berlin 1983, S. 188).
RF 15., 17., 19., 21–22., 25. 5.

Jun 3, 20.00 Uhr. Kundgebung
V: Rote Jungfront.
Et: 0,30 M, Erwl. 0,20 M.
Im Rahmen des 3. Reichstreffens des Roten Frontkämpferbundes.
Rd: Willy Leow (2. Bundesf. des RFB), Karl Olbrisch (Reichsf. der Roten Jungfront) *»Genosse Sonnack«* u. a.

Programm: *»Einmarsch der Fahnenkompagnie der Roten Jungfront, des RFB., des Kommunistischen Jugendverbandes und der Pionierdelegation.*
Gemeinsamer Gesang: ›Wir sind die erste Reihe…‹
Gedächtnisfeier für Eugene Leviné der am 5. Juni in München standrechtlich erschossen wurde.
Brüder zur Sonne… Gespielt von 1000 Spielleuten des RFB. und der RJ. Groß=Berlins.
Ansprachen Redner: Willy Leow [...] Karl Olbrisch [...] Vertreter des ZK. des Kommunistischen Jugendverbandes. Vertreter der Kuomintang=Jugend und Ueberreichung einer Fahne an die Rote Jungfront. Vertreter unserer französischen Bruderorganisation, der ›Jungen Antifaschistischen Garden‹ Frankreichs. (Die Redner werden jeweils durch Fanfarensignal angkündigt. Die gesamte Redezeit beträgt eine Stunde.).
Vortrag der 700 Schalmeienbläser der RJ. und des RFB. Vereidigung der 400 Rote Jungfrontkameraden von Groß=Berlin, die im Märzaufgebot in die Rote Jungfront eingetreten sind, durch den Gauführer der RJ.
Schlußgesang: Die Internationale« (RF 2. 6.).
An den Rängen Transparente mit *»Kampf dem Faschismus«* und *»Hinein in die freien Gewerkschaften«. »Um 9 war der Riesenbau [...] voll besetzt. Ueber 25 000 Arbeiter saßen und standen dicht gedrängt [...] Jubelnder Beifall und stürmisches Händeklatschen begrüßte die in den Saal marschierende Fahnendelegation der Jungpioniere. Unter den Klängen des Hörnermarsches und der durch den Saal brausenden Begeisterung der versammelten Zehntausende marschierten dann an der Spitze der Fahnenkompanien der RJ. und des KJVD. die Bundesleitung der Roten Jungfront, Vertreter des RFB., der Antifaschistischen Jungen Garde Frankreichs, der Roten Matrosen, des KJVD. und der chinesischen Arbeiterjugend ein. [...] Ueber 200 Fahnen scharten sich dann im Halbkreis um das Podium«* (RF 5. 6.).
RF 29., 31. 5; 1.–5. 6.

Jun 29, 20.00 Uhr. Konzert der Wiener Philharmoniker
V: Ebner.
Dirigent: Generalmusikdirektor Erich Kleiber.
Programm: Richard Wagner, Meistersinger-Vorspiel; Franz Schubert, V. Sinfonie B-dur; Peter Iljitsch Tschaikowski, IV. Sinfonie F-moll.
»Wenn wir vielleicht annehmen können, daß das Wiener Orchester nicht wußte, wie man dadurch von vornherein eine starke künstlerische Leistung unmöglich machte, der Dirigent Kleiber [...] mußte es wissen, denn er dürfte wohl den Sportpalast – zumindest von einem Sechstagerennen her – gekannt haben. Eine ausgeglichene Gesamtwirkung konnte in diesem geschmacklosen Riesenraum nicht erzielt werden. Weder die Streicher, noch die Bläser, geschweige ihr Zusammenklang konnten richtig zur Geltung kommen [...] Das Programm war populär, das Konzert nicht. Denn die Preise der Sitzplätze waren auf den Zuzug der Zahlungskräftigen abgestimmt« (RF 3. 7.).
BLA 19., 30. 6.; RF 3. 7.

Jul 5, 19.30 Uhr. Klara-Zetkin-Kundgebung im Rahmen der Werbe- und Sammelwoche der Roten Hilfe (3.–9. Juli)«
V: Komitee zur Klara-Zetkin-Werbewoche (KPD, KJVD, RHD, RFB, RFMB, IAH).
Et: 0,30 M.
»Gegen den Zollwucher, gegen die Bürgerblockregierung, gegen den Abbau der Erwerbslosenfürsorge, gegen die imperialistischen Kriegstreiber [...] Ehrt durch einen gewaltigen Massenbesuch zugleich den 70. Geburtstag unserer Vorkämpferin Clara Zetkin« (RF 5. 7.).
Rd: Wilhelm Koenen (MdR), Wilhelm Pieck (MdR), Hanna Schulz.
Mitw.: *»Volkskunstgemeinschaft Wedding – Blasorchester des RFB. – Bewegungschor und Orchester der RHD.«*
Programm: *»1. Warschawjanka. 2. Ouvertüre zu ›Egmont‹ von L. van Beethoven. 3. Ansprachen: Genosse Wilhelm Pieck, Genossin Hanna Schulz. 4. ›Der Totentanz der Arbeit‹, Bewegungschor. 5. ›Der Tag des Proletariats‹, Chorwerk«* (RF 1. 7.).
RF 29.–30. 6.; 1.–2., 5.–6. 7.

Sep 2, 20.00 Uhr. Boxen »Max Schmeling – Robert Larsen« u. a.
V: Damski.
Mg: Alexander Kiausch (71 kg; Berlin) – Hans Seifried (68 kg; Bochum), unentschieden (8 Rdn).
Mg: Hermann Herse (70,5 kg; Berlin) – Albert Lepesant (73 kg; F), Sieg Herses nach Pktn (8 Rdn).
Hsg: Max Schmeling (Berlin) – Robert Larsen (80 kg; DK), Sieg Schmelings durch Abbruch (4. Rde).
Sg: Teddy Sandwina (87,5 kg; GB) – Sören Petersen (94,5 kg; DK); Kampf wurde – da *»nicht mit der nötigen Schärfe durchgeführt«* nach der 4. Rde abgebrochen. *»Beide Boxer wurden disqualifiziert, d. h. die Gagen einbehalten. Diesem unerwarteten Ausgang folgte ein Tumult von ungewöhnlichen Ausmaßen«* (BLA 3. 9.).
Einleitung: Fritz Reppel (60 kg; Herne) – Heinz Harlos (62,5 kg; Köln), Sieg Harlos' nach Pktn (6 Rdn).
Der ursprünglich für diesen Tag vorgesehene Kampf Rudi Wagener – Franz Diener fand nicht statt.
BLA 19., 31. 8.; 2.–3. 9.; BS 361–62, 30. 8.–6. 9.

10. Jahrg. / Nr. 129 / Preis für Groß-Berlin 10 Pfennig — Berlin, Freitag, 3. Juni 1927

Die Rote Fahne

Zentralorgan der Kommunistischen Partei Deutschlands (Sektion der Kommunistischen Internationale)

Redaktion u. Verlag: Berlin SW 48, Friedrichstr. 225 III Tel.: Hasenheide 1934–36 und 4240/41. – Juristische Sprechstunde Dienstag u. Freitag v. 7–8 Uhr nachm. — Erscheint täglich — Tel.-Adresse: Rotfahne Berlin. Bank-Konto: Darmstädter u. Nationalbank Berlin, Dep.-Kasse Belle-Alliance-Platz. Postscheck-Konto Berlin NW 27970

Begründet von Karl Liebknecht und Rosa Luxemburg

Hauptannahmestelle: Verlängerte Hedemannstraße 6.

Auf zur Sportpalast-Kundgebung!

Heute Freitag, abds. 8 Uhr (Einlaß 7 Uhr) große Eröffnungskundgebung zum roten Pfingsten — Demonstriert euren Kampfwillen gegen die Kriegstreiber!

291 Die Rote Fahne, 3. 6. 1927 (Chr Jun 3).

10. Jahrg. / Nr. 155 / Preis für Groß-Berlin 10 Pfennig — Berlin, Dienstag, 5. Juli 1927

Die Rote Fahne

Zentralorgan der Kommunistischen Partei Deutschlands (Sektion der Kommunistischen Internationale)

Redaktion u. Verlag: Berlin SW 48, Friedrichstr. 225 III Tel.: Hasenheide 1934–36 und 4240/41. – Juristische Sprechstunde Dienstag u. Freitag v. 7–8 Uhr nachm. — Erscheint täglich — Tel.-Adresse: Rotfahne Berlin Bank-Konto. Darmstädter u. Nationalbank Berlin, Dep.-Kasse Belle-Alliance-Platz. Postscheck-Konto Berlin NW 25970

Begründet von Karl Liebknecht und Rosa Luxemburg

Hauptannahmestelle: Verlängerte Hedemannstraße 6.

Gegen den Zollwucher

gegen die Bürgerblockregierung, gegen den Abbau der Erwerbslosenfürsorge, gegen die imperialistischen Kriegstreiber demonstriert das Berliner Proletariat in der heutigen

Clara-Zetkin-Kundgebung im Sportpalast

Ehrt durch einen gewaltigen Massenbesuch zugleich den 70. Geburtstag unserer Vorkämpferin Clara Zetkin

Einlaß: 6.30 Uhr, Beginn: 7.30 Uhr. Zur Deckung der Unkosten Eintritt 30 Pf.

KPD. Bezirk Berlin-Brandenburg-Lausitz, KJVD., RFB., RFMB., RH., IAH

292 Die Rote Fahne, 5. 7. 1927 (Chr Jul 5).

293 Klara-Zetkin-Kundgebung (Chr Jul 5), auf der Rednertribühne Wilhelm Pieck (nach: Zeitungsausriß).

Sep 3-Okt 10, 20.30 Uhr. Ringen »Internationaler Wettstreit«
V: SP (?).
Et: 1,– bis 5,– M.
Täglich fanden sechs Kämpfe statt. Als Rahmenprogramm außer Konkurrenz Jiu-Jitsu-Kämpfe, zu denen der Japaner Kawamura von Teilnehmern des Wettstreites herausgefordert wurde, u. a. von Schulz, Debie, Kochanski, Prochaska und F. Kawan.
Teiln.: Barothy (H), Heinrich von Berg (Mannheim), Bierholz (Memelland), Blahowetz (CS), Arnoldus Bleeke (NL), Gustav Budrus (Tilsit), Peter Debie (Köln), Favre (F), Gocksch (Berlin), Gottfried und Rudolf Grüneisen (CH), Huthanen (SF), Hans und Franz Kawan (Wien), Kochanski (Westpreußen), Kopp (Y), Kunst (Elberfeld), Jean Leskinowicz (Lettland), Meierhans (Dortmund), Naber (Westfalen), Opitz (Naumburg), Leo Pinetzki (Berlin), Pogrzeba (Schlesien), Aloys Prochaska (CS), Marinus van Riel (NL), Sachs (Bayern), August Schachschneider (Berlin), Schulz (Hamburg), Heinrich Stange (Hamburg), Steinke (Stettin), Stibor

294 Anzeige (Chr Sep 3 – Okt 10; nach: BLA 4. 9. 1927).

295 »Doppelnelson« (Chr Sep 3 – Okt 10; nach: BLA 18. 9. 1927).

(CS), Fritz Stolzenwald (Saargebiet), Teodor Sztekker (PL), Vincent Vlach (CS), Vogtmann (Bayern).
Mg-Ergebnis: 1. Kunst (11 Siege), 2. Steinke (10 Siege, 1 Niederlage), 3. Favre (9 Siege, 2 Niederlagen), 4. Kopp, 5. Grüneisen.
Sg-Ergebnis: 1. Sztekker (Platz 2 und 3 wurden zwischen Kawan und Leskinowicz entschieden).
BLA 2.–4., 6.–18., 20.–25., 27.–29. 9.; 2.–4., 7.–10. 10.; Vw 22., 25., 30. 9.; 4.–5., 11. 10.

Okt 11, 20.00 Uhr. Boxen »Franz Diener – Rudi Wagener« u. a.
V: SP.
Et: 3,– bis 35,– M.
Um deutsche Meisterschaften.
Flg: Erich Kohler (49 kg; Berlin) – Harry Stein (50,5 kg; Berlin), Sieg Steins durch Disqualifikation (13. Rde).
»Zum Schluß sah es dann ganz so aus, als würden in der Fliegengewichtsmeisterschaft Stein und besonders der sehr fixe kleine Kohler dem Abend zu guter letzt doch noch einen freundlichen Ausklang schaffen. Aber in der 13. Runde gingen Kohler, der bereits klar vorn lag, die Nerven durch. Er glaubte sich, und das nicht ganz mit Unrecht, durch den Ringrichter (der in diesem Kampfe nicht Samson-Körner hieß), dauernd benachteiligt, lief in seine Ecke und weigerte sich, weiterzukämpfen. Daraufhin mußte er disqualifiziert werden. Das Publikum demonstrierte wild gegen den Ringrichter, und so endete der Unglücksabend unter Johlen und Pfeifen« (BLA 12. 10.).
Wg: Karl Sahm (66,1 kg; Hamburg) – Ernst Grimm (66,6 kg; Berlin), Sieg Sahms durch Disqualifikation (9. Rde; Tiefschlag Grimms).
Sg: Franz Diener (88 kg; Berlin) – Rudi Wagener (88,2 kg; Duisburg), Sieg Dieners nach Pktn (15 Rdn); Schiedsrichter Paul Samson-Körner.
Einleitung (Lg): Walter Funke (65 kg; Berlin) – Heinz Harlos (64 kg; Köln), unentschieden (6 Rdn).
Ab 21.00 Uhr wurden die Kämpfe im Rundfunk übertragen (BLA 11.–12. 10.). Für die Sg-Meisterschaft wurde eine Gesamtgage von rund 30 000 M ausgegeben.
»Die neuen deutschen Boxmeister brauchen wirklich auf ihre Titel nicht stolz zu sein. Was gestern abend im Sportpalast als Meisterschaftskämpfe geboten wurde, war den Aufwand nicht wert. Nicht einer von den Titeln wurde erkämpft [...] Wann wird wieder einmal geboxt im Sportpalast?« (Vw 12. 10.).
BLA 11.–12. 10.; Vw 12. 10.; BS 366–68, 4.–28. 10.; Rumpelstilzchen 1927, S. 41–43.

Okt 12–15 (?). Einbau der Radrennbahn in Tages- und Nachtarbeit
BLA 13. 10.

Okt 18, 20.00 Uhr. Radrennen
V: SP.
Eröffnung der winterlichen Radrennsaison, die jedoch nur bis zum 9. 11. dauerte.
Großer Preis für Ausländer (8 Rdn): 1. Tonani, vor Dewolf.
Großer Preis für Inländer (8 Rdn): 1. Ehmer, vor Oskar Rütt und Buschenhagen.
Großer Preis der Nationen: 1.Ehmer (D), 2. Piet van Kempen (NL), 3. Jenssen (DK); außerdem starteten: Dewolf (B), Kolles (NL), Poulain (F), Spears (AUS), Tonani (I) sowie Buschenhagen, Fricke, Hahn, Koch, Kühl, Lorenz (alle D).
50-km-Mannschaftsfahren (10 Paare): 1. Tonani/Fricke 35 Pkte; 2. Koch/Buschenhagen 24; 3. Piet van Kempen/O. Rütt 23; 4. Dewolf/Ehmer 20; 5. Kedzierski/Schwemmler 10; 6. Kolles/Erxleben (1 Rde zurück) 5; 7. Spears/Lorenz und Krüger/Häusler je 4; 1:10:58,1 Stunden; außerdem starteten: Poulain/Hahn, Kühl/Jenssen.
BZaM 19.10.; BLA 18.–19. 10.

Okt 21, 10.00 Uhr. Amateur-Radrennen
V: DRU.
Bahnmeisterschaft von Berlin (1000 m): 1. K. Käber (Semper).
30-Rdn-Punktefahren: 1. Laue (Semper).
30-Rdn-Punktefahren: 1. Lehmann (RBC 1912).
Dreistunden-Mannschaftsfahren: 1. Buse/M. Franke, 2. F. Schimming/K. Käber; 117,600 km.
Vw 19., 23. 10.

Okt 22, 20.00 Uhr. Konzert »Don Kosaken Chor Serge Jaroff«
V: Ebner.
BLA 9., 16. 10.; Vw 22. 10.

Okt 23, 19.30 Uhr. Radrennen
V: SP.
Fliegerkampf »Deutschland – Ausland« (Ehmer, Hahn, Heyne D – Piet van Kempen [NL], Dewolf [B], Tonani [I]; 5 Läufe): 1. Ehmer, 2. Dewolf.
1-Rde-Zeitfahren: Ehmer 10,2 Sek.; Hahn 10,6; van Kempen 10,7; Dewolf und Tonani 10,8; Heyne 10,9.
100-km-Mannschaftsfahren (12 Paare; Wertung nach je 25 km mit je 4 Spurts): 1. Charlier/Duray 51 Pkte; 2. Ehmer/Kroschel 28; 3. Tonani/Bauer 18; 4. Brüder van Kempen 10; 5. Kühl/Wette (1 Rde zurück) 6; 6. Dorn/Nickel (2 Rdn zurück) 32; 7. Mühlbach/Maczynski 25; 8. Petermann/Behrendt (3 Rdn zurück) 26; 9. Hahn/Dewolf 13; 10. Blank/Krüger (4 Rdn zurück) 10; 11. Carpus/Schorn (7 Rdn zurück) 0; 12. Longardt/Heyne (8 Rdn zurück) 0.
BZaM 23.–24. 10.; BLA 23., 25. 10.

Okt 28, 20.00 Uhr. Amateur-Radrennen
V: BDR.
100-Rdn-Punktefahren (2 Vorläufe): 1. Weiß, vor Graffunder, Klawitter.
100-km-Mannschaftsfahren (14 Paare): 1. Beinert/Donath, 2. Wissel/Ameling, 3. Hahn/Funda; außerdem starteten: Bauer/Tittel, Fliegel/Krohn, Voeltz/Thienel, Eggert/Schulz, Schuffenhauer/Bahlke, Meyer/Krehn u. a.
BLA 28., 30. 10.; Vw 29. 9.

Okt 30, 19.30 Uhr. Radrennen
V: SP.
Dreistunden-Mannschaftsfahren (12 Paare; Wertung nach je 30 Min. mit je 4 Spurts): 1. Koch/Buschenhagen 75 Pkte;

Fest der Sportpresse
am Dienstag, 1. November 1927, abends 8 Uhr
im
Berliner Sport-Palast
Potsdamer Straße 72-72a
Veranstalter: Verein Deutsche Sportpresse.
I. Rang Wandelgang
№ 314

296 Eintrittskarte (Chr Nov 1); VWA.

2. Kroll/Miethe 73; 3. Tonani/Junge 42; 4. Aerts/Duvivier 19; 5. Letourneur/Rouyer (1 Rde zurück) 14; 127,930 km; außerdem starteten: Bauer/Nörenberg, Läuppi/Manthey, Weyer/Kantorowicz u. a.
BLA 31. 10.

Nov 1, [19.30 Uhr]. 7. Fest der Sportpresse
V: VDS.
Zugunsten der Wohlfahrtskasse des VDS. Trotz der Konkurrenz in der *»Nacht der Berliner Sportpresse«*, die als erste Veranstaltung dieser Art des jungen *»Vereins Berliner Sportpresse«* am 29. 10. stattfand, war das Fest des VDS ein voller Erfolg und konnte vor ausverkauftem Hause veranstaltet werden. *»Den Reigen der Darbietungen eröffnete eine Damen-Abteilung des S. C. C. mit Vorführungen sportlicher Zweckgymnastik. Viel beklatscht wurden Frl. Mehrmann und Herr Krieg, die das unförmliche Rhönrad mit Geschick meisterten«.* Dann folgten das übliche Hürdenlaufen der Jockeylehrlinge, Kunstturnen am Reck und Sprünge am hohen Pferd (»Turnverband Groß-Berlin« und TV Guts Muths) und ein Faltboot-Aufbau-Wettbewerb. Verschiedene leichtathletische Wettbewerbe folgten, ein Fußballspiel (Hertha BSC – TeBe 2:1), ein Hunderennen, ein Boxkampf, Radrennen, Dressurreiten. Zwischendurch wurde der Radweltmeister der Amateure Mathias Engel vorgestellt, er erhielt das *»Goldene Band«* des Vereins.
BLA 16., 22., 25., 28.–29., 31. 10.; 2. 11.

Nov 2, 20.00 Uhr. Konzert »Don Kosaken Chor Serge Jaroff«
V: Ebner.
Et: 1,– bis 4,– M.
BLA 30. 10.

Nov 3–9. 19. Berliner Sechstagerennen
Beginn 3. 11. um 20.00 Uhr, Start 22.00 Uhr, Ende 9. 11. um 23.00 Uhr.
V: SP (Rütt/Kroner).
Wertungen: 14,30 und 16.30 Uhr (je 5 Spurts), 22.00 und 2.00 Uhr (je 10 Spurts). In der ersten Nacht bereits eine Wertung um 23.00 Uhr.
Teiln. (14 Paare): Wambst/Lacquehay (F), Piet van Kempen/Dewolf (NL/B), H. Aerts/Duvivier (B), Linari/Zanaga (I), Tonani/Knappe (I/D), Thollembeek/Tietz (B/D), Char-

297 Felix Schwormstädt, Sechstagerennen im Sportpalast (Chr Nov 3–9; nach: Die Woche 19. 11. 1927).

298 19. Berliner Sechstagerennen (Chr Nov 3–9), »In der vierten Morgenstunde«.

lier/Bauer (B/D), Kroll/Miethe (D), Koch/Buschenhagen (D), Ehmer/Kroschel (D), Rausch/Hürtgen (D), Dorn/Nickel (D), Kühl/Wette (D), Behrendt/Junge (D).
Ergebnis: 1. van Kempen/Dewolf 544 Pkte; 2. Thollembeek/Tietz 422; 3. Ehmer/Kroschel 389; 4. Kroll/Miethe 242; 5. Rausch/Hürtgen 206; 6. Behrendt/Junge 194; 7.Wambst/Lacquehay 58.
Zurückgelegte km: 3701,165.
Startschuß: *»ein Funktionär«* (angekündigt war Mathias Engel, Amateur-Fliegerweltmeister).
Aus dem Vorprogramm (für Amateure, ab 20.00 Uhr): 1-Rde-Zeitfahren: 1. Lothar Ehmer 10,1 Sek.; 2. M. Engel und Falck-Hansen je 10,3 Sek.
Fliegerkampf (8 Rdn): 1. Falck-Hansen.
Einstunden-Mannschaftsfahren der Bundesamateure: 1. Beiner/Donath (BRC 89).
»Kein Wunder daß der Besuch die Grenze des ›Ausverkauft‹ streifte. Dies, obwohl die geschäftstüchtige Leitung die Sonnabend=Konjunktur durch gepfefferte Eintrittspreise wahrnahm. Dabei ist eine stark ins Gewicht fallende Steuerermäßigung erzielt worden, so daß die geschäftliche Ausbeute diesmal alle Rekorde drücken sollte. Sicherem Vernehmen nach sind mit der Sonnabend=Einnahme alle Spesen gedeckt, was in so frühem Stadium des Rennens kaum zuvor dagewesen sein dürfte« (BLA 7. 11.). Die letzte Stunde des Rennens wurde im Rundfunk übertragen – *»10 nachm.: Uebertragung Berliner Sportpalast«* (BLA 9. 11.).
BLA 19., 27. 10.; 3.–10. 11.; Vw 4., 7. 11.; RF 5. 11.

Nov 10. Beginn der Demontage der Radrennbahn
Anschließend Einrichtung der Eisbahn.

Nov 18–20. Eishockey, Kunst- und Schnellauf zur Eröffnung der Eis-Saison
Ab 19. 11. ab 10.00 Uhr öffentlicher Eislauf.
V: BSchC/SP.
Et: 1,– bis 6,– M (öffentlicher Eislauf 1,– M).
London Canadians (ehem. ›London Lions‹): Sexton, Osler, Mather u. a.
BSchC (IM): Lincke, Steinke, Molander, Johannsson, Jaenecke, Dr. Roche, Dr. Holsboer, Römer, Sachs u. a.
Nov 18, 20.30 Uhr
»Die Arena bot mit ihrer im Schein von tausend Beleuchtungskörpern sich spiegelnden Fläche das von den Vorjahren her gewohnte Bild. Berlin hat in ihr einen Mittelpunkt für alle Arten von Eissport, wie er vielleicht einzig dasteht. Der erste Teil des reichhaltigen Programms ließ den Kunstläufern das Wort. Kritik üben wäre billig angesichts der Tatsache, daß all diesen Amateuren erst wenige Tage zum Training zur Verfügung standen. Daß in dieser kurzen Zeit die deutsche Meisterin Frau Ellen Brockhöfft, das Meisterpaar Frl. Kishauer-Gaste, die Geschwister Winter, Frl. Dietze, Frl. Flebbe=Grauel, der Wiener Schäfer schon soviel Sicherheit und Schwung zeigten, bezeugt ihre starke Passion für die Sache. Zwei Vorläufe zu einem Schnellaufen mit Vorgabe über 1500 Meter dessen Entscheidung heute (Sonnabend) fällt, wurden von Meyke (2:56) und Bulota (3:00) gewonnen« (BLA 19. 11.).
Eish.: BSchC (IM) – London Canadians 9:3 (2:1, 3:0, 4:2).
Nov 19 Eish.: BSchC (IM) – London Canadians 5:4 (0:0, 1:2, 4:2).
Außerdem im Kasino 21.00 Uhr: Winterfest der DRV
V: DRV.
Zugunsten der Unterstützungskasse der Rennfahrer.
Mit Kabarett, Ball und Tombola.
BLA 11., 21. 11.
Nov 20, 16.30 Uhr Eish.: BSchC (IM) – London Canadians 4:1 (1:0, 1:1, 2:0).
BLA 12., 17.–21. 11.

Nov 21–25 (?), 21.00 Uhr. »Eislauf-Attraktionen«
Ab 10.00 Uhr öffentlicher Eislauf.
V: SP.
Et: 1,– bis 2,50 M.
»Eislauf-Attraktionen / u. a. Gastspiel / Charlotte Die ›Königin des Eises‹ / vom Madison Square, New York / Rowe and Rowe / vom Casino de Paris« (Anz., BLA 22. 11.).
BLA 22.–23. 11.

Nov 26, 21.00 Uhr. Eisballett »Pierrots Flirt« u. a.
Ab 10.00 Uhr öffentlicher Eislauf.
V: SP.
Et: 1,– bis 2,– M.
Im übrigen das Programm von Nov 21.
»Erfrischend, wenn man dem fröhlichen Gleiten und Drehen und Sausen der Jungen und Alten auf weißer Fläche zuschaut. Festlich, wenn im vielfarbigen Scheinwerferlicht die einzelnen Programmnummern in Szene gehen. So die graziösen und heiteren Eistänze der Damen Kraushaar, Speck und Schmidt. So die unerhört sicheren, rhythmischen, spielerisch wirkenden Vorführungen (Vals, Charleston, Furioso) von Rowe and Rowe. So das aller Schwere entrückte, in tausend kunstvollen Varianten gezeigte Schweben der Meisterin Charlotte und ihres Partners. Dann das Eisballett ›Pierrots Flirt‹. Ein Auf- und Abwogen schillernder Kostüme in wechselndem Licht. Im Tanz geschwungene Beine, Schlittenglockengeläut, grellbuntes Federwehen. Pierrots, Pierretten, Polizisten, Gäste, Kellner. Vor allem zu nennen: Rowe and Rowe, Eugen Masurath, Georg Reitmeier als gewandte Darsteller. W. Karfiol als sicheren Arrangeur des Ganzen und die alles belebende Musik (Kapellmeister A. Altmann-Nemos)« (BLA 29. 11.).
BLA 26., 29. 11.

Nov 27. Eishockey und Eisballett u. a.
Ab 10.00 Uhr öffentlicher Eislauf.
V: BSchC/SP.

299 Anzeige (Chr Nov 18; nach: BLA 17. 11. 1927).

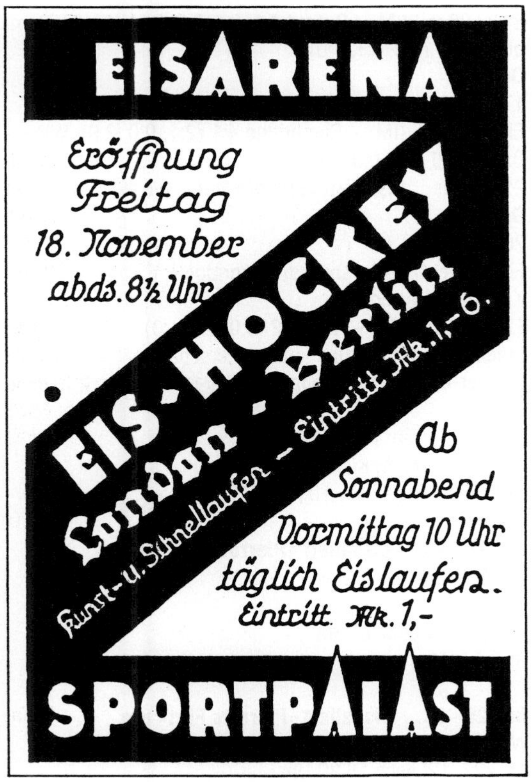

Et: 1,– bis 6,– M (Eish.), sonst 1,– bis 2,– M.
17.00 Uhr. Eishockey
Slavia-Prag (CS): Pospisil (Tor); Stroubek, Jirkovski, Kraft (Sturm); Dolezal, Fiala, Plecity, Kotzba.
BSchC (IM): Lincke (Tor); Sachs, Römer (Vert.); H. Brück, Johansson, Dr. Roche (Sturm); Jaenecke, Reschke (Ersatz).
BSchC (IM) – Slavia Prag 7:1 (1:1, 4:0, 2:0).
21.00 Uhr. Eisballett »Pierrots Flirt« (wie Nov 26).
BLA 24., 26.–27. 11.

Nov 28-Dez 1 (?). Eisballett »Pierrots Flirt« u. a.
Wie Nov 26.
BLA 29. 11.

Dez 2, 20.00 Uhr. Boxen »Max Schmeling – Gipsy Daniels« u. a.
V: Damski.
Fdg: Paul Noack (57 kg; Berlin) – Roger Fabrègues (57,1 kg; F), Sieg Noacks nach Pktn (10 Rdn).
Lg: Paul Richter (65,5 kg; Dresden) – Young Spears (61,5 kg; GB), unentschieden (10 Rdn; ursprünglich sollte Paul Czirson gegen Spears antreten, er mußte jedoch wegen einer Verletzung vom Kampf zurücktreten).
Mg: Alexander Kiausch (70,5 kg; Berlin) – Hans Seifried (67 kg; Bochum), unentschieden (10 Rdn).
Mg: Hein Domgörgen (69 kg; Köln) – Albert Lepesant (72 kg; F), Sieg Domgörgens nach Pktn (10 Rdn).
Hsg: Max Schmeling (81 kg; Berlin) – Gipsy Daniels (81 kg; GB), Sieg Schmelings nach Pktn (10 Rdn).
BLA 26. 11.; 2.–4. 12.; BS 373–75, 22. 11.–6. 12.

Dez 3, abends. »Feier der Einweihung der deutschen Schule in Venzida (Brasilien)«
V: Verein für das Deutschtum im Ausland.
»Unter großer Teilnahme fand [...] die Feier [...] statt, die der Landesverband Mark Brandenburg des Vereins für das Deutschtum im Ausland in den Mittelpunkt seines Festes gestellt hatte. Tänze von Mitgliedern der V. D. A.=Gruppe und Gesangsdarbietungen der deutschen Sängerschaft leiteten über zur feierlichen Uebergabe der Schule durch den V. D. A.=Vertreter, an die sich eine kurze Dankansprache des Schulgruppenleiters schloß. Dann wie ein Schwur der Tausende: ›Das Deutschland=Lied‹. Als zweiter Teil folgten Geselligkeit und Tanz [...]« (BLA 4. 12.).

Dez 4. Eishockey und Eisballett u. a.
Ab 12.00 Uhr öffentlicher Eislauf.
V: BSchC/SP.
Et: 1,– bis 6,– M (Eish.), sonst 1,– bis 2,– M.
17.30 Uhr. Eishockey
BSchC: Lincke (Tor); Albin, Jaenecke, Kittel, Krüger, Reschke, Römer, Sachs u. a.
SC Riessersee: Leis (Tor); Gruber, Kreisel, Marquardt, Rammelmeyer, Scheublein, Schmidt, Schröttle u. a.
BSchC – SC Riessersee 5:2 (0:1, 2:0, 3:1; zur Auswahl der besten Spieler für die deutsche Nationalmannschaft zur Olympiade 1928).
21.00 Uhr. Eisballett »Pierrots Flirt« (wie Nov 26).
BLA 2., 4.–5. 12.
Außerdem im Kasino 18.00 Uhr: Gesellschaftsabend des BEV
V: BEV.
»Im Rahmen des Abends hält Arthur Vieregg, ehemaliger Dozent an der Hochschule für Leibesübungen, einen Vortrag über das Thema: ›Wir und die Olympischen Winterspiele‹. Begleitet wird der Vortrag durch Abrollen des Films

300 M. Bernhardt (Chr Dez 17–19).

der letzten Olympischen Winterspiele. Neben einigen Tanzvorführungen und Solovorträgen hat die Festleitung für Ueberraschungen gesorgt« (BLA 2. 12.).

Dez 6. Eishockey und Eisballett u. a.
Ab 10.00 Uhr öffentlicher Eislauf.
V: BSchC/SP.
Et: 1,– bis 6,– M (Eish.), sonst 1,– bis 2,– M.
20.30 Uhr. Eishockey
BSChC (IM): Lincke (Tor); Dr. Holsboer, Molander (Vert.); H. Brück, Dr. Roche, Johansson (Sturm).
Deutsche Nationalmannschaft: Leis (SCR) (Tor); Sachs (BSchC), Kreisel (SCR) (Vert.); Jaenecke, Römer (beide BSchC), Marquardt (SCR) (Sturm); Schröttle, H. Schmidt (beide SCR), Kittel (BSchC) (Ersatz).
BSchC (IM) – Deutsche NM 4:4 (0:2, 3:0, 1:2).
»Zur weiteren Klärung der Frage, wer die deutschen Farben beim Olympischen Eishockeyturnier in Sankt Moritz vertreten wird, fand am Montag nachmittag auf dem Platze des Berliner Schlittschuh=Clubs ein Auswahlspiel statt. Nach den bei diesem Spiel gewonnenen Eindrücken wurde eine Nationalmannschaft gebildet, die am heutigen Dienstag abend [...] gegen die Internationalen des Berliner Schlittschuh=Club ihre Eignung beweisen soll« (BLA 6. 12.).
Nach dem Eishockeyspiel: Eisballett »Pierrots Flirt« (wie Nov 26).
BLA 6., 9. 12.; Vw 13. 12.

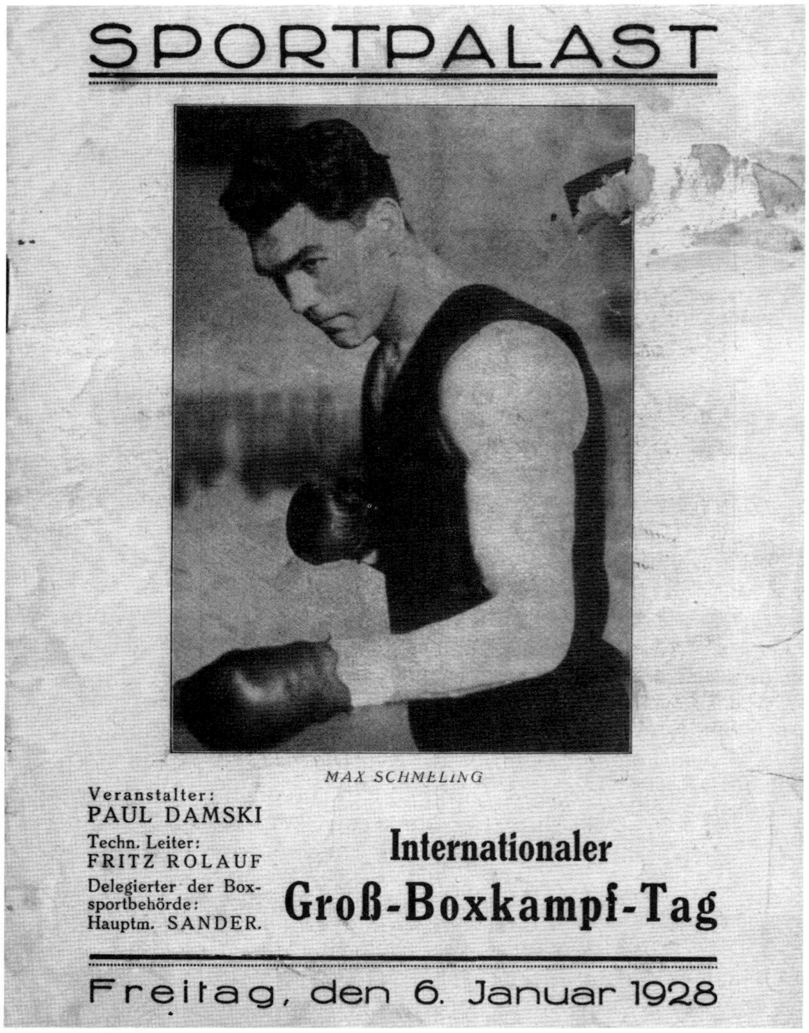

301 Programmheft (Chr Jan 6).

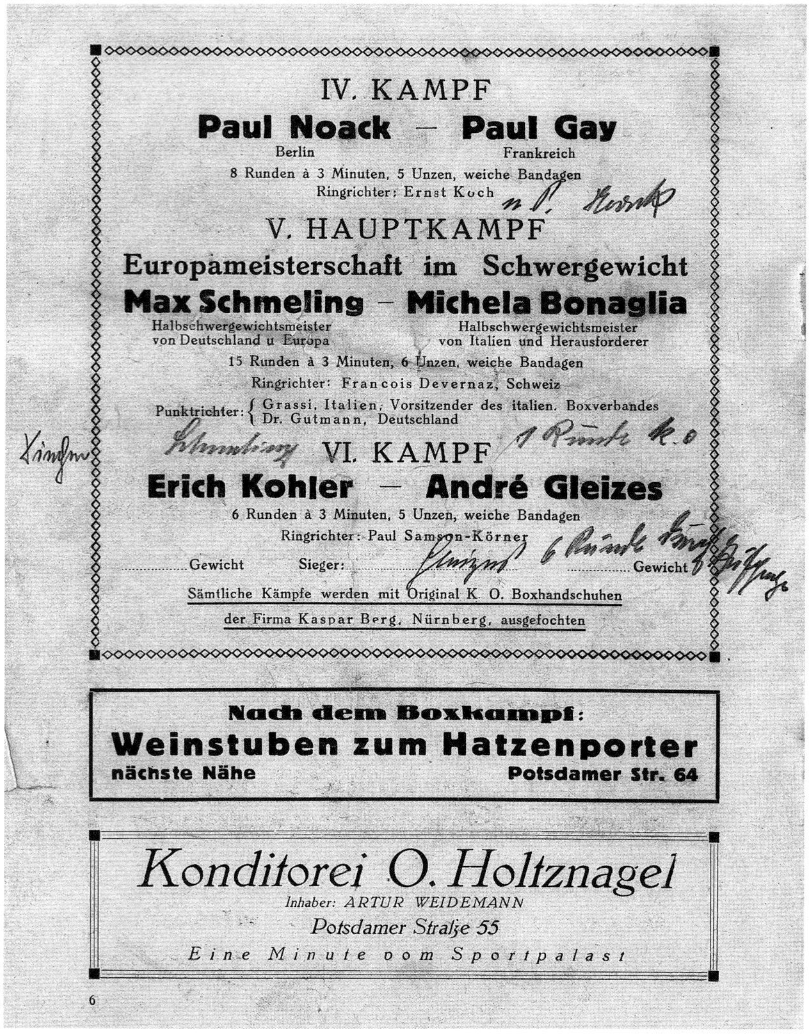
IV. KAMPF
Paul Noack – Paul Gay
Berlin Frankreich
8 Runden à 3 Minuten, 5 Unzen, weiche Bandagen
Ringrichter: Ernst Koch
V. HAUPTKAMPF
Europameisterschaft im Schwergewicht
Max Schmeling – Michela Bonaglia
Halbschwergewichtsmeister von Deutschland u. Europa – Halbschwergewichtsmeister von Italien und Herausforderer
15 Runden à 3 Minuten, 6 Unzen, weiche Bandagen
Ringrichter: Francois Devernaz, Schweiz
Punktrichter: Grassi, Italien, Vorsitzender des italien. Boxverbandes; Dr. Gutmann, Deutschland
VI. KAMPF
Erich Kohler – André Gleizes
6 Runden à 3 Minuten, 5 Unzen, weiche Bandagen
Ringrichter: Paul Samson-Körner
........Gewicht Sieger: ....Gewicht
Sämtliche Kämpfe werden mit Original K. O. Boxhandschuhen der Firma Kaspar Berg, Nürnberg, ausgefochten

Nach dem Boxkampf:
Weinstuben zum Hatzenporter
nächste Nähe Potsdamer Str. 64

Konditorei O. Holtznagel
Inhaber: ARTUR WEIDEMANN
Potsdamer Straße 55
Eine Minute vom Sportpalast

6

302 Seite aus dem Programmheft (Chr Jan 6; vgl. Abb. 301).

Dez 7–9. Eisballett »Pierrots Flirt« u. a.
Wie Nov 26.
BLA 9. 12.

Dez 10–11. Eishockey und Eisballett u. a.
Ab 10.00 Uhr öffentlicher Eislauf.
V: BSchC/SP.
Et: 1,– bis 6,– M (Eish.), sonst 1,– bis 2,– M.
HC Davos (CH): Fraselt (Tor); Bell, Meng, Spengler u. a.
BSchC: in der nationalen Mannschaft des BSchC wirkten sämtliche für die Olympischen Winterspiele von St. Moritz 1928 aufgestellten Spieler des Clubs mit.
BSchC (IM): Lincke (Tor); H. Brück, Johannsson, Dr. Roche u. a.
Dez 10
17.30 Uhr. Eish.: HC Davos – BSchC 4:1 (0:0, 2:0, 2:1).
21.00 Uhr. Eisballett »Pierrots Flirt« (wie Nov 26).
Dez 11
17.30 Uhr. Eish.: BSchC (IM) – HC Davos 6:4.
21.00 Uhr. Eisballett »Pierrots Flirt«.
BLA 9., 11.–12. 12.; Vw 13. 12.

Dez 12–13. Eisballett »Pierrots Flirt« u. a.
Wie Nov 26.

Dez 14. Eiskunstlauf, Eisballett u. a.
Ab 10.00 Uhr öffentlicher Eislauf.
V: NEV/SP.
»Mit Rücksicht auf die ungünstige Witterung hat sich der Norddeutsche Eissportverband gezwungen gesehen, seine Kunstlaufmeisterschaften im [...] Sportpalast abzuhalten« (BLA 12. 12.).
18.00–19.30 Uhr. Pflicht.
Das Kürlaufen fand dann im Rahmen des dreitägigen Eishockey-Turniers vom 17.–19. 12. statt (entgegen einer Ankündigung des BLA vom 12. 12.).
21.00 Uhr. Eisballett »Pierrots Flirt« (wie Nov 26).
BLA 12., 16. 12.

Dez 15–16. Eisballett »Pierrots Flirt« u. a.
Wie Nov 26.
BLA 16. 12.

Dez 17–19. Eishockey »Internationales Turnier« und Eiskunstlauf »Berliner Meisterschaften« u. a.
Ab 10.00 Uhr öffentlicher Eislauf.
V: BSchC/SP.
Et: 1,– bis 8,– M (Eish.), sonst 1,– bis 2,– M.
Der Pflichtlauf der Eiskunstlaufmeisterschaften hatte bereits am 14. 12. stattgefunden.
Teiln. des Eishockey-Turniers: BSchC – Cambridge University Ice Hockey Club – Oxford University Ice Hockey Club – Wiener EV.
Dez 17
20.00 Uhr.
Kunstlauf: Damen, Kür.
Eish.: BSchC (IM) – Oxford 7:1 (2:1, 3:0, 2:0). Wien – Cambridge 3:1 (2:0, 0:1, 1:0).
Dez 18
17.30 Uhr. Kunstlauf: Paare.
Eish.: BSchC (IM) – Cambridge 4:1 (2:1, 0:0, 2:0). Wien – Oxford 5:0 (1:0, 0:0, 4:0).
21.30 Uhr. Eisballett »Pierrots Flirt« (wie Nov 26).
Dez 19
20.00 Uhr.
Eish.: BSchC (IM) – Oxford/Cambridge 4:1.
Kunstlauf: Herren, Kür.
Eish.: BSchC (IM) – Wien 3:2 (0:0, 2:2, 1:0).
Ergebnisse der Eiskunstlaufmeisterschaften:
Meister-Damen: 1. Bernhardt Plz 3/128,7 Pkte; 2. Flebbe 6/119,8.
Meister-Herren: 1. Haertel.
Meister-Paare: 1. Kishauer/Gaste.
BLA 16.–20. 12.; Vw 19., 21. 12.

Dez 20–23. Eisballett »Pierrots Flirt« u. a.
Wie Nov 26.

Dez 24. Geschlossen
BLA 24. 12.

Dez 25–30. Eisballett »Pierrots Flirt« u. a.
Wie Nov 26.
25.–27. 12. auch 16.30 Uhr.

Et: 1,– bis 2,50 M (nachmittags ermäßigt).
BLA 24. 12.

Dez 31, 20.30 Uhr. Silvesterball »Eine Neujahrsnacht im Spreewald«
V: SP.
Et: 5,– M (reserv. Tischplatz 2,– M Zuschlag).
»In den Gesamträumen des Sportpalastes / Die überdachte Eisarena als Ballsaal. / Sensationelle Ueberraschungen! / u. a. / Spreewaldzauber / Um Mitternacht / Das fliegende Neue Jahr. / 5 Kapellen« (Anz., BLA 28. 12.)
BLA 28.–29. 12.

1928

Jan 1–5. Eisballett »Pierrots Flirt« u. a.
Wie 1927 Nov 26.
Et: 1,– bis 2,50 M.
BLA 3., 5. 1.

Jan 6, 20.00 Uhr. Boxen »Max Schmeling – Michele Bonaglia« u. a.
V: Damski.
Flg: Paul Noack (57,9 kg; Berlin) – Paul Gay (56,5 kg; F), Sieg Noacks nach Pktn (8 Rdn).
Bg: Erich Kohler (50,5 kg; Berlin) – André Gleizes (52,4 kg; F), Sieg Gleizes' durch Aufgabe (6. Rde).
Hsg: Jimmy Lygget (78,7 kg; USA) – Karl Walter (71,6 kg; Berlin), Sieg Lyggets nach Pktn (4 Rdn).
Mg: Hermann Herse (71,7 kg; Berlin) – Alexander Kiausch (71,2 kg; Berlin), Sieg Herses durch Aufgabe (4. Rde; Endausscheidung zur Deutschen Meisterschaft).
Hsg: Helmut Hartkopp (76,7 kg; Berlin) – Hans Faust (78,1 kg; Frankfurt am Main), Sieg Hartkopps nach Pktn (4 Rdn).
Hsg: Max Schmeling (78,9 kg; Berlin) – Michele Bonaglia (79,1 kg; I), Sieg Schmelings durch ko (1. Rde; nach 2 Min. 31 Sek; Europameisterschaft, Hf Bonaglia).
»Das war gestern ein ganz klein wirkender, huschender Schlag, der den ahnungslosen Bonaglia dazu veranlaßte, sich mitten in der ersten Runde mit der Miene eines gesunden aber todmüden Jungen rücklings auf die Bretter zu strecken. Dort lag er nun, und der gelbleuchtende, heiser brüllende Sportpalast, die verzerrten Gesichter der nahe am Ring sitzenden Menschen, die erschrocken geweiteten Augen seiner italienischen Freunde, das alles sackte vom Bewußtsein des unschuldig Müden weit weg [...] Offener Ausbruch der Hölle! Die riesige, unter dicken Nebeln der Leidenschaft flimmernde Arena wird zu einem speienden Krater, zu einem einzigen, tosenden Maul. Die Lichter umwölken sich, Frauen kreischen und recken die Arme [...]«
BLA 7. 1.).
BLA 15., 30. 12. 1927; 4., 7. 1. 1928; BS 379–80, 3.–10. 1.; Ph (VWA).

Jan 7–13. Eisballett »Pierrots Flirt« u. a.
Wie 1927 Nov 26.
Et: 1,– bis 2,50 M.
BLA 7., 9.–10. 1.

Jan 14, abends. »Goldrauschfest«
V: Internationaler Varieté-Theater-Direktoren-Verband.
Et: 12,– M (Vorverkauf: 10,– M; Künstlerkarten 6,– M; Studentenkarten *»in den 4 Hochschulen«*).
Zum *»20jährig. Bestehen des Intern. Varieté-Theater-Direktoren-Verb. / Das größte Kostümfest d. Saison / RM. 1000,– in bar dem originellsten oder schönsten Damen- od. Herren-Kostüm u. 12. weitere wertvolle Preise / Gesp. von den Sprengel-Schok.-Werken / Die Sensation der 5 Minuten! / Die große Goldrauschsymphonie / Massenaufmarsch der Prominenten Berlins. – Goldrausch-Ballett. / Gesamtinszenierg.: Dir. L. Kronau 60 Mann Monster-Orchester u. weit. Kap.«* (Anz., BLA 14. 1.).

303 »Die Nacht des Lachens« (Chr Jan 21).

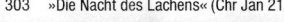

304 Anzeige (Chr Jan 21; nach: BLA 15. 1. 1928).

305 Anzeige (Chr Feb 4; nach: BLA 29. 1. 1928).

»Der Goldrausch verflüchtigte sich über der parkettierten Eisdecke [...] und unter der Saaldecke zu zahllosen orangegelben Papierstreifen, die in Fetzen sektionsweise herabhingen [...] Um 0 Uhr 30 wurde im Saal das Licht ausgeschaltet [...] Es war nur ein szenischer Effekt, um die ›Sensation der fünf Minuten‹ wirkungsvoll anzukündigen. Als man wieder sehen konnte, hörte man trommeln, so laut, daß man nicht sprechen konnte. Und dann zeigten sich auf dem Mittelpodium, von Flammen flankiert, Menschenplastiken in hüllenloser Goldbronze. Auch ein 1000-Mark-Preis für das schönste Kostüm war ausgeschrieben [...] Es traf eine junge, reizende Schauspielerin, die vor Freude fast aus der Rolle gefallen wäre [...]« (BLA 16. 1.).
BLA 8., 14., 16. 1.

Jan 15–16. Eishockey und Eisballett u. a.
Ab 10.00 Uhr öffentlicher Eislauf.
V: BSchC/SP.
Et: 1,– bis 8,– M (Eish., am 16. 1. nur 1,– bis 5,– M), sonst 1,– bis 2,50 M.
Troppauer EV: Wachmenko (Tor); Alt, Czernohorsky, Dorazil, Heinz, Lisnoffky, Weishuhn u. a.
Prag (Slavia/Sparta; CS-NM): Peka (Tor); Jirkovski, Krasl, Malecek, Pusbauer, Stroubek, Steigenhöfer, Vilda, u. a.
BSchC (IM): Steinke (Tor); Sachs, Dr. Holsboer (Vert.); Jaenecke, Johansson, H. Brück (Sturm); Römer, Reschke (Ersatz).
BSchC (Reserve): Andresen (Tor); Ball, Bayne, Davidoff, Kittel, Krüger, Molander, Reichenheimer, Reschke.
Jan 15
17.00 Uhr. Eish.: BSchC (Reserve) – Troppauer EV 1:0 (0:0, 1:0, 0:0). BSchC (IM) – Prag 7:0 (2:0, 3:0, 2:0).
21.00 Uhr. Eisballett »Pierrots Flirt« (wie 1927 Nov 27).
Jan 16
17.00 Uhr. Eish.: Troppauer EV – BSchC (Reserve) 2:1 (1:0, 0:0, 1:1).
100-Rdn-Mannschaftsschnellauf (15 km): 1. Loetsch/Hellwig (VDE) 29:12 Min., vor Bulota/Grell (BSchC) und Richter/Müller (VDE/BSC).
21.00 Uhr. Eisballett »Pierrots Flirt« (wie 1927 Nov 26).
BLA 12., 14.–17. 1.; Vw 16., 18. 1.

Jan 17–20 (?). Eisballett »Pierrots Flirt« u. a.
Wie 1927 Nov 26.
BLA 17. 1.

Jan 21, abends. Ball »Die Nacht des Lachens«
V: Kabarett der Komiker (Kurfürstendamm 193/4).
Et: 10,– M.
Künstlerische Leitung: Kurt Robitschek, Paul Morgan.
»Die Mitarbeiter: Ilse Bois / Alice Hechy / Trude Hesterberg / Hilde Jennings / Hella Kürty / Senta Söneland / Edith Schollwer / Lilly Schwarz / Emmy Schwarz / Charlotte Waldow / Lotte Werkmeister / Max Adalbert / Georg Alexander / Bruno Arno / Siegfried Arno / Siegfried Bertsch / Kurt Gerron / Emmerich Göndor / Max Grünberg / Max Gülstorff / Max Hansen / Paul Hörbiger / Heinrich Jaksch / Oskar Karlweis / Hermann Krehan / Max Landa / Paul Nikolaus / Leo Peukert / Johannes Riemann / Willy Rosen / Willy Schäffers / Erich Schmidt-Elmar / Ernst Schütte / Otto Stransky / Walter Trier / Paul Westermeier / Fritz Wiesenthal / Aus dem Riesenprogramm: 10 Uhr: Beginn des großen Lachens / 11 Uhr: Einzug der 100 prominentesten

Komiker Deutschlands unter Führung von Karl Valentin und Lisl Karlstadt / 12 Uhr: Auftreten der Original-10-Robby-Girls, die große Tanzsensation dieser Spielzeit. Hierauf Auftreten der 10 Original-Robitschek-Girls mit ihrem Ballettmeister Max Adalbert / 1 Uhr: Das Wettlachen der 200 Gesichter ??? und viele andere Sensationen / Tanzmusik: Arthur Guttmanns 50 Jazz-Symphoniker / Mexikanisches Nationalorchester unter Leitung v. Prof. José Mangas mit seinen Sängern u. Tänzern. Die beste Tangokapelle d. Welt, Gerh. Hoffmanns Meisterjazzband, Kapelle Lengwinat u. weit. 4 Jazzkapellen / Um Mitternacht erscheint: Ballsondernummer des Magazins ›Die Frechheit‹ mit Beiträgen aller Komiker und Humoristen Berlins (Gratisverteilung) / Ausstattung u. Zeichner: Hermann Krehan, Ernst Schütte Walter Trier, Alix Simon Ball-Leitung: Karl Weiss« (Anz., BLA 15. 1.).
»Beim Ball des Kabaretts der Komiker war es anders. Hier mußte man das Lachen selber mitbringen, was gerade im Sportpalast seine Schwierigkeiten hat. Denn schon am Eingang spielten sich Szenen ab, die es in der Tasche zerdrükken. Man wird revidiert und kontrolliert, als gälte es, zu Kriegszeiten einen Grenzübergang zu wagen; man windet sich durch einen unterirdischen Schützengraben, der notdürftig als Kleiderablage eingerichtet ist, und fühlte sich im Augenblick, wo man den Saal betritt, von der lärmenden, drängenden Masse derart ent-icht, daß von dem armseligen bißchen Lachen, das man aus den Händen der Garderobenfrauen gerettet hat, nichts, aber auch gar nichts übrigbleibt. Man hat denn auch nirgens so viel Komiker auf der Suche nach dem verlorenen Lachen gesehen, wie im Sportpalast am Sonntagabend« (BLA 23. 1.).
BLA 1., 15., 23. 1.

Jan 22–27 (?). Eisballett »Pierrots Flirt« u. a.
Wie 1927 Nov 26, am 22. 1. auch 16.30 Uhr (erm. Preise).
Et: 1,– bis 2,50 M.
BLA 22. 1.

Jan 28, abends. »Ball der 1000 Tausendkünstler«
V: Internationale Artisten-Loge.
Et: 10,– M (Vorverkauf 8,– M).
»Der originellste Ball der Saison nach dem übereinstimmenden Urteil der gesamten Presse / Das große kunterbunte Mitternachts-Charivari / 1000 Mitwirkende: Sämtliche in Berlin engagierten Artisten vom Varieté, Zirkus, Kabarett und den Revuen« (Anz., BLA 22. 1.).
»Der große Saal [...] war in ein Gemisch von Bühne, Rennbahn, Arena, Manege verwandelt, und tausend Tausendsassa zeigten hier ihre tausenderlei Künste. Alle Abnormitäten und Raritäten, alle Spezilitäten und großen und kleinen Rosellis und Fortinellis vereinigten sich zu einem wilden, wirbelnden Durcheinander« (BLA 30. 1.).
BLA 22., 26., 30. 1.

Jan 29–30. Eishockey und Eisballett u. a.
Am 29. 1. ab 12.00 Uhr, am 30. 1. ab 10.00 Uhr öffentlicher Eislauf.
V: BSchC/SP.
Et: 1,– bis 8,– M (Eish.), sonst 1,– bis 2,50 M.
Paris Canadians (F): Roy (Tor); Gagnon, Sabourin (Vert.); Bell, Cobe, Senecal (Sturm); Tremple, Comeau (Ersatz).
Deutsche Olympia-Mannschaft (BSchC/SC Riessersee): Leis (Tor); Kreisel, Schmidt (Vert.); Jaenecke, Römer, Kittel (Sturm); Sachs, Schröttle (Ersatz).
Jan 29
17.30 Uhr. Eish.: Deutsche Olympia-M. – Paris Canadians 5:0 (2:1, 1:0, 2:0).
21.00 Uhr. Eisballett »Pierrots Flirt« (wie 1927 Nov 26).
Jan 30
20.30 Uhr. Eish.: BSchC (IM) – Paris Canadians 3:0 (2:0, 1:0, 0:0).
BLA 24.–25., 29.–30. 1.; 1. 2.; Vw 30. 1.; 1. 2.

Feb 1, 20.30 Uhr. Eishockey
Ab 10.00 Uhr öffentlicher Eislauf.
V: BSchC.
Et: 1,– bis 8,– M.
Schweden (OM): Nils Johansson, K. Sucksdorf (Tor); K. Abrahamsson, Henry Johansson, E. Bergman (Vert.); E. Karlberg, B. Holmquist, W. Petersen, E. Larsson, S. Oeberg, W. Linde, G. Johansson (Sturm).
BSchC (IM) – Schweden (OM) 6:2 (1:1, 1:1, 4:1).
»Schon vor Beginn [...] zeigte der Sportpalast das äußere Bild eines ganz großen Abends. Alle Plätze waren dicht besetzt von einer aufs äußerste gespannten Menge. Beifall rauschte auf, als die Schweden in ihrer kleidsamen Tracht (gelbe Trikots, schwarze Hosen) in der Arena erschienen. Mit Sonderapplaus begrüßte die Schwedenkolonie ihre Landsleute [...] Nach der [...] Begrüßung begann ein Spiel, das zu den schnellsten und schärfsten gehört, die man in diesem Winter gesehen hat [...] Im letzten Spieldrittel [...] schien bei der ausgeglichenen Spielstärke der Parteien die Partie remis zu enden. Da ereignete sich das schier Unfaßliche, daß das B. S. C.=Stürmertrio Brück=Johansson=Dr. Roche in drei wunderbar durchgeführten dreimaligen glatten Treffern u. im Zeitraum von knapp fünf Minuten drei Erfolge für Berlin erzielen konnten« (BLA 2. 2.).
BLA 1.–2. 2.

Feb 4, 21.00 Uhr. »Hofball bei Zille«
Et: 15,– M (Vorverkauf 10,– M).
»Berliner Karneval im Sportpalast [...] unter persönlicher Leitung von Heinrich Zille / Hofball bei Zille / Nach Mitternacht: / Huldigung für Meister Zille / des 70 Geburtstages [...] Es gratulieren: / vom Funk: Alfred Braun / vom Film: Reinhold Schünzel / von den Schriftstellern: Arnold Bronnen /vom Theater und Kabarett: Claire Waldoff / und Harry Lamberts-Paulsen / von den Malern: Paul Simmel / von den Bildhauern: Prof. August Kraus / von den Komponisten: Hugo Hirsch«.
Aus dem Programm: *»Einzug der Zille-Modelle: Zille-Hofballett / Heinrich Zille prämiiert die originellsten Zillefiguren mit Zille-Originalgemälden. / Der Sportpalast als Original-Zille-Millieu. / Arthur Guttmanns Jazz-Symphoniker und weitere 10 Kapellen. / Festleitung: Karl Weiß. / Kostümzwang. [...] Notkostüm 5 Mk.«* (Anz., BLA 29. 1.).
BLA 29. 1.; 5.–6. 2.

Feb 5–9. Eisballett »Pierrots Flirt« u. a.
Wie 1927 Nov 25.
Et: 1,– bis 2.50 M.
BLA 7. 2.

Feb 10, 20.00 Uhr. Boxen »Hein Domgörgen – Hermann Herse« u. a.
V: Damski.
Lg: Paul Czirson (62 kg; Berlin) – Young Spears (62,5 kg; GB), unentschieden (8 Rdn).
Mg: Hein Domgörgen (71,1 kg; Köln) – Hermann Herse (71 kg; Berlin), Sieg Domgörgens nach Pktn (15 Rdn; Deutsche Meisterschaft, Hf Herse).
Hsg: Helmuth Hartkopp (77 kg; Berlin) – Charles Sass (78 kg; B), Sieg Hartkopps nach Pktn (6 Rdn).
Hsg: Hein Müller (78,5 kg; Köln) – Egon Stief (89,5 kg; Berlin), Sieg Müllers nach Pktn (6 Rdn).
Sg: Hans Breitensträter (82 kg; Berlin) – Luigi Buffi (85,5 kg; I), Sieg Breitensträters nach Pktn (10 Rdn).
BLA 24. 1.; 10.–11. 2.; BS 384–85, 7.–14. 2.

Feb 11, abends. »Reichskommers Berliner Burschenschafter«
V: Deutsche Burschenschaft.
Rd: Pfarrer Pankow.
»Wappen und Fahnen der 175 Burschenschaften des deutschen Sprachgebietes prangten von den Galerien. Fast 3000 junge und alte Burschenschafter hatten sich mit einer großen Anzahl Ehrengäste aus den Kreisen der Wissenschaft, Politik und Wirtschaft in dem Riesenraum versammelt. Der Leiter des Kommerses, Direktor Dr.=Ing. e. h. Donecker, begrüßte die Gäste. Aufgabe der Burschenschafter müsse sein, alle aufbauwilligen Kräfte in die feste Front derer einzuordnen, die in der Zeit des Ueberganges zu neuer Größe des deutschen Volkes in eine einem gerecht geordneten Europa stehen« (BLA 12. 2.).
BLA 11.–12. 2.

Feb 12–13. Eishockey und Eisballett u. a.
Ab 10.00 Uhr öffentlicher Eislauf.
V: BSchC/Sp.
Et: 0,75 bis 4,– M (Eish.); sonst 1,– bis 2,50 M.
Feb 12
17.30 Uhr. Eish.: VfB Königsberg – BSchC 2:1 (0:1, 1:0, 1:0). Eisstaffellauf (18 Rdn): 1. BSchC (Grund/Grell/Schönbrodt) 5:20 Min., vor BEV.
21.00 Uhr. Eisballett »Pierrots Flirt« (wie 1927 Nov 25).
Feb 13
20.30 Uhr. Eish.: Norddeutscher Eissportverband – VfB Königsberg 2:1 (1:0, 1:1, 0:0).
BLA 12.–13. 2.

Feb 14. Eisballett »Pierrots Flirt« u. a.
wie 1927 Nov 25.
BLA 14. 2.

Feb 15, 19.45 Uhr. Eishockey u. a.
Ab 10.00 Uhr öffentlicher Eislauf.
V: BSchC.
SCC – BFC Preußen 4:3 (2:2; 2:1; Endspiel um den Pokal des Sportpalastes). Außerdem ein Einstunden-Mannschaftsschnellauf nach Sechstageart: 1. Loetsch/Hellwig (VDE) 199 Rdn (29, 850 km), 2. Hüber/Klett (BEV, 6 m zurück), 3. Grell/ Schönbrodt (BSchC, 30 m zurück).
BLA 15.–16. 2; Vw 16. 2.

Feb 17, 20.00 Uhr. Kundgebung »10 Jahre Rote Armee«
V: RFB, Gauführung des Bezirks Berlin-Brandenburg-Lausitz.
Et: 0,50 M, Erwl. 0,30 M.
Rd: Willy Leow (M. der Bundesleitung).
»Mitwirkung der Piscator=Bühne, des Fanfarenchors und der Schalmeienkapellen«.
»Die Rote Armee als Symbol des Kampfes um die Macht auch in Deutschland! Mehr noch als in anderen Riesenkundgebungen des Berliner Proletariats bisher sah man auch die Frauen. Sie kämpften draußen vor den Toren des Sportpalastes um den Einlaß, nachdem die Polizei Zörgiebels wegen Ueberfüllung den Zugang schon ›amtlich‹ gesperrt hatte. Drinnen im Riesenraum bahnt sich die Fahnenkompagnie einen Weg durch die Mitte der Arena nach vorn zur Aufstellung um die Rednertribüne. Die Klänge der Internationale schweißen die Massen in ihrer Kampfstimmung noch mehr zusammen. Aus mehr als zwanzigtau-

send Kehlen begrüßt der Kampfruf: ›Rot Front!‹ die Fahnenkompagnie. Die Kundgebung ist eröffnet« (RF 18. 2.).
RF 16., 18. 2.

Feb 18, 21.00 Uhr. »Original Gesindeball«
V: GDB.
Et: 15,– (Vorverkauf 10,– M).
»Zwangskostümierung Notkostüm 3 M.«
»Tombola-Hauptgewinne: Eine neue Opel-Luxus-Limousine / Ein neuer Schiedmayer-Flügel und weitere wertvolle Gewinne«.
Veranstaltungsleitung: Karl Weiss.
Mitw.: *»Arthur Guttmanns Jazzsimphoniker, Gerhard Hoffmanns Rundfunk-Tanzkapelle und weitere Kapellen«.*
Zugunsten der Wohlfahrtskasse der GDB.
»Der Riesensaal war selbstverständlich à la Gesindeball kostümiert und wieder von Tausenden von Zofen, Köchen, Kutschern, Kellnern und sonstigem Gesinde bis zum Rande gefüllt, das mit Staubwedeln, Kochlöffeln, Peitschen und anderen beruflichen Requisiten ausgerüstet war und damit allerhand Unfug verübte. Die leichte Kunst, die Operette und das Kaberett, stellte die meisten Besucher, die Oper und das Schauspiel waren, wie gewohnt, nur schwach vertreten« (BLA 19. 2.).
BLA 5., 12., 19. 2.

Feb 19. Eishockey und Eisballett u. a.
Ab 12.00 öffentlicher Eislauf.
V: BSchC/SP.
Et: 1,– bis 8,– M (Eish.), sonst 1,– bis 2,50 M.
17.30 Uhr. Eishockey.
Tschechoslowakische Olympia-Mannschaft: Dorazil, Krasl, Malecek, Peka, Pusbauer, Rezak, Steigenhöfer, Stroubek, Tozicka.
BSchC (IM): Steinke (Tor): Dr. Holsboer, Sachs (Vert.); Jaenecke, Dr. Roche, H. Brück (Sturm); Römer, Reschke (Ersatz).

306 Anzeige (Chr Feb 18; nach: BLA 12. 2. 1928).

307 Sonja Henie (»Häseken«; nach: BLA 23. 1. 1928).

Tschechoslowakei – BSchC (IM) 5:3 (1:1, 2:1, 2:1).
»[...] wie die meisten Olympia-Kämpfe eine zahme Affäre. Von Anbeginn wogte der Kampf hin und her, und zahllos waren auf beiden Seiten die versiebten Chancen. Alle Spieler verloren die Stöcke, ließen sich die Scheibe nehmen, schossen weit neben das Tor. Im Berliner Sturm fehlte Johansson ersichtlich; das Stürmertrio Brück=Jaenecke=Dr. Roche arbeitete zunächst ungenau. Schließlich gingen die Tschechen durch Malecek aus einem Gedränge in Führung [...]« (BLA 20. 2).
21.00 Uhr. Eisballett »Pierrots Flirt« (wie 1927 Nov 25).
BLA 19.–20. 2.; Vw 18., 21. 2.

Feb 21, 20.30 Uhr. Eishockey u. a.
Ab 10.00 Uhr öffentlicher Eislauf.
V: BSchC.
Et: 1,– bis 8,– M.
Schwedische Olympia-Mannschaft: N. Johansson (Tor); Sucksdorf, Abrahamsson, H. Johansson, Oeberg, G. Johansson, Petersen, Holmquist, Linde, Larsen, Bergman, Karlberg.
BSchC (IM): wie Feb 19.
BSchC – Schweden 5:3 (2:2, 2:1, 1:0).
BLA 21.–22. 2.; Vw 21.–22. 2.

Feb 23, abends. Benefiz- und Galaabend der Eiskunstläufer und -lehrer des Sportpalastes
Außerdem am Nachmittag: Eisfest für die Jugend.
V: SP (?).
Veranstaltung der professionellen Eiskunstläufer und -lehrer *»wie alljährlich zum Schluß der Saison«.*
»Der Clou des Abends war natürlich wieder ›Charlotte‹, die ihre fabelhafte Kunst bewundern ließ. Die Grazie und spielerische Leichtigkeit, mit der diese begnadete Eistänzerin ihre Pirouetten, Spiralen und Tanzstücke ausführte, ist unerreicht. Sie konnte an dem Ehrenabend über einen ganzen Hain Blumen quittieren. Ihre Partner Reitmeier, Neumann und Masurath brillierten allein und im Ensemble. ›Pierrots Flirt‹, das große Eisballett, beschloß den für die Künstler erfolgreichen Abend« (Vw 25. 2.).
Vw 22., 25. 2.

Feb 24–27. Eishockey »Internationales Turnier« und Eiskunstlauf »Internationale Wettbewerbe« sowie »Weltmeisterschaft für Herren«
Kein öffentlicher Eislauf.
V: BSchC.
Et: 1,– bis 10,– M (am 26. 2. 2,– bis 15,– M).
Teiln. des Eish.-Turniers: HC Davos – Canada (NM) – BSchC (IM) – Toronto University Graduates (CDN).
Feb 24
9.30 Uhr. Kunstlauf: Senioren-Herren und Junioren-Damen (Pflicht).
20.00 Uhr. Kunstlauf: Junioren-Damen und Senioren-Herren (Kür), Tanz.
Eish.: HC Davos – BSchC (IM) 5:5 (2:3, 1:2, 2:0).
»Viel bejubelt wurde die norwegische Weltmeisterin und Olympiasiegerin Sonja Henie. In bestechender Manier lief sie ihr St. Moritzer Kürprogramm, das äußerst schwierig war, von ihr aber leicht gemeistert wurde« (Vw 25. 2.).
Feb 25
9.30 Uhr. Kunstlauf: Meister-Herren, Junioren-Herren, Senioren-Damen (Pflicht).
20.00 Uhr. Kunstlauf: Senioren-Damen und Junioren-Herren (Kür), Paare.
Eish.: Canada – HC Davos 12:1 (5:0, 3:0, 4:1).
Feb 26
16.30 Uhr. Kunstlauf: Meister-Herren (Kür).
Eish.: Canada – BSchC (IM) 12:2 (4:0, 3:1, 5:1).
20.15 Uhr. Eisballett »Pierrots Flirt« (wie 1927 Nov 25; letzte Vorstellung; Et: 1,– bis 2,50 M).
Feb 27, 20.30 Uhr Kunstlauf: Sonja Henie mit ihrer Olympiakür. Eish.: Toronto University Graduates, A-Mannschaft – B-Mannschaft 5:4.
Ergebnisse des Kunstlaufs
Internationale Wettbewerbe:
Paare: 1. Scholz/Kaiser (BEV) Plz 7/54, 50 Pkte; 2. Brunner/Wrede (WEV) 10,5/54; 3. Kishauer/Gaste (BSchC) 18,5/50,50; 4. Ehepaar Hoppe (Troppau) 19/48,75; 5. Blanchard/Niles (USA) 25/40,75.
Junioren-Damen: 1. Weiler (Wien) 7/132,45; 2. Lainer (Wien) 9,5 133,40; 3. Dietze (BSchC) 13,5/128,45.
Junioren-Herren: 1. Baier (BEV) 7/662; 2. Gold (Troppau) 10/638,75; 3. Nagel (BSchC) 18/586; 4. Prasnowski (Troppau) 19/599; 5. Flemminger (BSchC) 28/555,75; 6. Wellmann (BEV) 28/554.
Senioren-Damen: 1. Burger (WEV) 6/294,4; 2. Brunner (WEV) 9/283,63; 3. Brockhöfft (BSchC) 17/264,35; 4. Kubitschek (Engelmann-Wien) 20/254,85; 5. Blanchard (USA) 24/241,65; 6. Bernhardt (BSchC) 29/242,05; 7. Veit (BSchC) 35/201,75.
Senioren-Herren: 1. Nikkanen (SF) 5/226; 2. Baier (BEV) 10/218; 3. Dr. Danzig (München) 15/196,1.
Tanz: 1. Staffa/Richter (WEV); 2. Wintersteiner/Maleck (WEV); 3. Ehepaar Krümling (WEV).
Weltmeisterschaft-Herren:
1. Böckl (Wien) 5/357,65; 2. Schäfer (Wien) 12/341,25; 3. Dr. Distler (Wien) 22/323,05; 4. Page (GB) 25/322,75; 5. Turner (USA) 26/320.
BLA 20.–22., 24.–27. 2.; Vw 25., 27.–28. 2.

Feb 28 – Mär 1/2. Einbau der Radrennbahn in Tag- und Nachtarbeit
Vw 3. 3.

Mär 4, 19.30 Uhr. Radrennen
V: SP.
Eröffnung der Radrenn-Saison.
Dreistunden-Mannschaftsfahren (Wertung nach je 30 Min. mit je vier Spurts; 11 Paare): 1. Miethe/Buschenhagen (D) 31 Pkte; 2. Louet/Brunier (F; 1 Rde zurück) 65; 3. Dorn/Behrendt (D) 32; 4. Oskar Rütt/Mouton (D/F) 31; 5. Wette/Beinert (D) 31; 6. Karpus/Maczinski (D) 31; 7. Kedzierski/Schwemmler (D) 19; 8. Lorenz/Seiferth (D) 16; 9. Kühl/Kantorowicz (D; 2 Rdn zurück) 22; 10. Alb. Maes/Goris (B; 3 Rdn zurück) 17; 11. Bauer/Coles (D/USA; 4 Rdn zurück).
BLA 4.–5. 3.; Vw 3., 5. 3.

Mär 5, 20.00 Uhr. Amateur-Radrennen
V: DRU.
Eröffnungsfahren (vier Vorläufe, 1 Endlauf über je 6 Rdn): 1. Schimming, vor Mattern und Peters.
Dreistunden-Mannschaftsfahren (13 Paare): 1. Evert/Urban 22 Pkte; 2. Sieronski/Risch (1 Rde zurück) 24; 3. Preuße/Mattern 3; 117,6 km.
BLA 6. 3.; Vw 5. 3.

Mär 7. 16. Hallensportfest des VBAV
V: VBAV.
Programm (mit einigen Ergebnissen):

18.00 Uhr Olympische Staffel für B-, C-, D-Vereine (Vorläufe).
18.30 10 x 50-m-Pendelstaffel (Vorläufe).
19.00 1500-m-Hindernislauf (Vorläufe).
19.25 60-m-Hürdenlauf (Vorläufe).
19.35 10 x 50-m-Pendelstaffel (Zwischenläufe). Hauptkämpfe
20.00 Eröffnungsmarsch *(»Feuert los! Holzmann«)*.
20.05 Laufvorführungen.
20.10 1000-m-Hauptlauf: 1. Müller (Zehlendorf) 2:39, 2. Schoenemann (Breslau), 3. Merkel (Berlin).
20.15 Jiu-Jitsu-Vorführungen.
20.25 1500-m-Hindernislauf (Endlauf): 1. Lehmann (Berlin) 4:48,8; 2. von Meerscheidt-Hüllesem (Berlin; 100 m zurück); 3. Kluth (Berlin).
20.35 10 x 50-m-Pendelstaffel (Endlauf): 1. BSC 60 Sek.; 2. TiB; 3. Bar Kochba.
20.40 Olympische Staffel für B-, C-, D-Vereine (Endlauf): 1. Deutsche Girozentrale Berlin 4:01,8; 2. Polizei Brandenburg/H. 4:03.
20.47 60-m-Hürdenlauf (Endlauf): 1. Troßbach (Berlin) 8,5 Sek.
20.50 4 x 400-m-Staffel: 1. Teutonia 4:01; 2. DSC (15 m zurück).
20.57 Sprinter-Dreikampf (1. Lauf).
21.00 Radrennen (50 Rdn): 1 Krehn, vor H. Schulz und Wessel.
21.15 Lg-Ringkampf.
21.25 Gymnastisches Bilderbuch und Ehrung der Gründer der Deutschen Sportbehörde für Leichtathletik.
21.50 Sprinter-Dreikampf (2. Lauf).
21.53 5 x 5-Rdn-Staffel für B-Vereine.
22.05 Handballspiel (1. Halbzeit)
22.20 Sprinter-Dreikampf (3. Lauf)
22.23 3 x 100-m-Staffel: 1. Teutonia 8:14,6; 2. Preußen-Stettin 8:18,6; 3. SCC 8:20.
22.33 Handballspiel (2. Halbzeit): Verbandsmannschaft – DHC 7:6.
22.43 3000-m-Lauf: 1. Boltze (Hamburg) 8:54,4; 2. Kohn (Berlin) 9:01,5; 3. Klinzing (Berlin) 9:03.
22.53 Vorführungen mit dem Rhönrad.
23.00 Große Hallensportfest-Staffel (25 x 2-Rdn): 1. DSC 16:37,4; 2. Bar Kochba; 3. Teutonia-Berlin; 4. SCC; 5. BSC.

»Vor den Augen der Zuschauer rollte ein Bild ab, wie es lebhafter, farbenfreudiger nicht zu denken ist. Vorführungen wechselten mit bitterernsten Wettkämpfen, in denen um jeden Zoll Boden hart gestritten wurde. Eine Art Krönung des Festes bedeutete die Ehrung der noch lebenden Män-

308 Aufbau der Radrennbahn, 1928.

309 Eintrittskarte (Chr Mär 7); VWA.

ner, die vor 30 Jahren den Grundstock zur heutigen Blüte der Leichtathletik gelegt haben« (Vw 8. 3.).
BLA 9. 12. 1927; 7.–9. 3.; Vw 6., 8.–9. 3.; Ph (VWA).

Mär 8, 19.00 Uhr. Amateur-Radrennen
V: BDR.
100-Rdn-Punktefahren: 1. Krehn (BRC 89) (24:20,1) 20 Pkte; 2. Scherff (Diamant, Berlin) 11.
100-km-Mannschaftsfahren (14 Paare): 1. Hahn/Siegel 35 Pkte; 2. Balke/Graffunder (1 Rde zurück) 21; 3. Bernhardt/Fliegel (2 Rdn zurück) 22; 4.Steger/Zettner 7; 5. Schulz/Hundt (3 Rdn zurück) 11; 6. Voeltz/Thienel 10; 7. Wissel/Alb. Meyer (4 Rdn zurück) 3; 2:29:10,3 Stunden.
BLA 8. 3.; Vw 7., 9. 3.

310 Programmheft (Chr Mär 7); VWA.

311 16. Hallensportfest des VBAV (Chr Mär 7), Plan der Arena (nach: Programmheft).

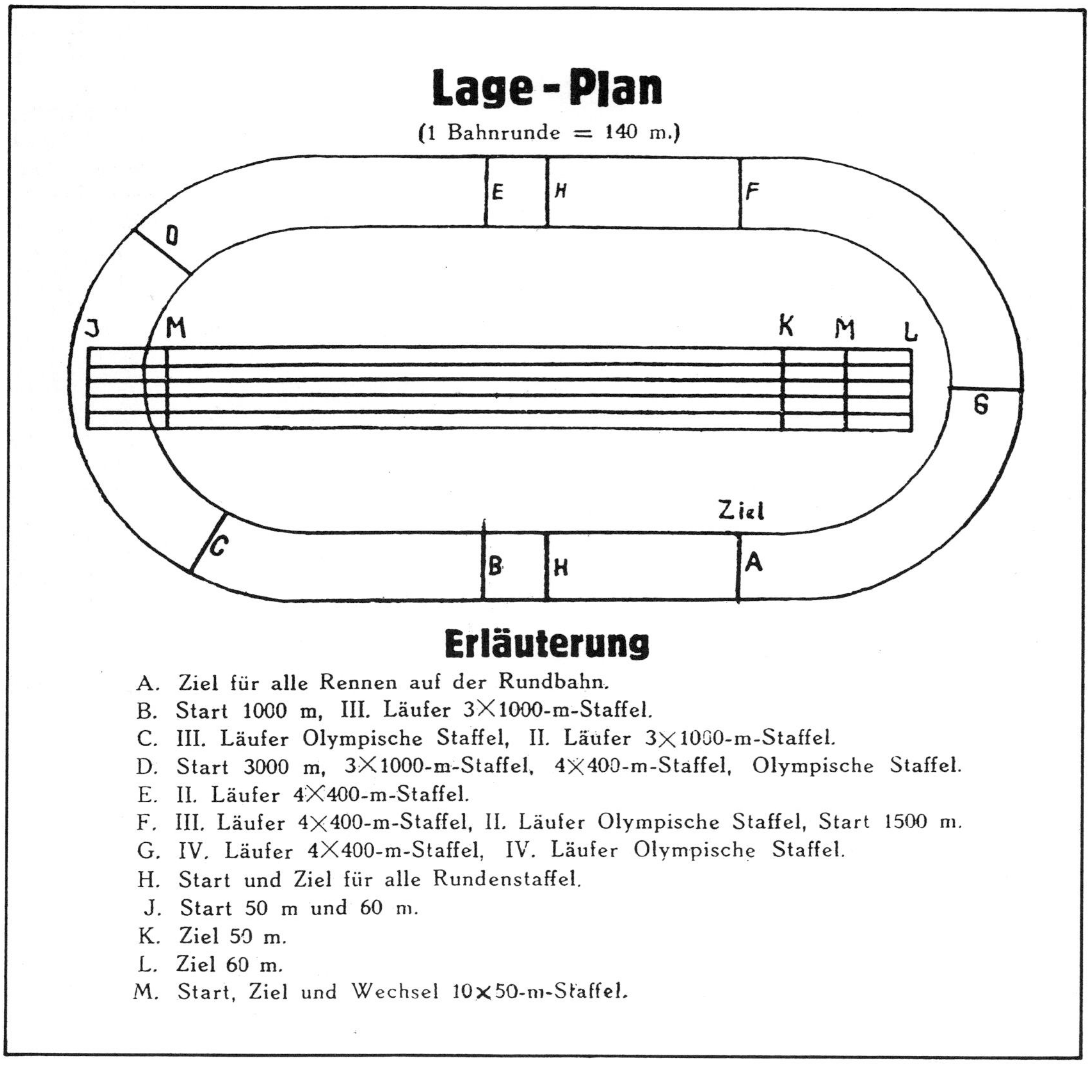

Mär 9–15. 20. Berliner Sechstagerennen
Beginn 9. 3. um 20.00 Uhr, Start 22.00 Uhr, Ende 15. 3. um 23.00 Uhr.
V: SP (Rütt, Kroner).
Wertungen: 14.30 und 16.30 Uhr (je 5 Spurts), 22.00 und 2.00 Uhr (je 10 Spurts). In der ersten Nacht bereits eine Wertung um 23.00 Uhr.
Teiln. (14 Paare): Piet van Kempen/Richli (NL/CH), Wambst/Lacquehay (F), Louet/Brunier (F), Tonani/Dinale (I), Goris/Duray (B), Linari/Lorenz (I/D), Dewolf/Goebel (B/D), Dempsey/Frankenstein (Australien/D), Tietz/Rieger (D), Ehmer/Kroschel (D), Rausch/Hürtgen (D), Miethe/Buschenhagen (D), Carpus/Maczynski (D), Dorn/Behrendt (D).
Ergebnis: 1. Ehmer/Kroschel 211 Pkte; 2. Tietz/Rieger (1 Rde zurück) 358; 3. van Kempen/Richli (2 Rdn zurück) 565; 4. Wambst/Lacquehay (3 Rdn zurück) 383; 5. Rausch/Hürtgen 203; 6. Tonani/Dinale (4 Rdn zurück) 248;7. Dewolf/Brunier (5 Rdn zurück) 308.
Zurückgelegte km : 3654,800.
Startschuß: Sonja Henie (Eiskunstläuferin).
Vorrennen (ab 20.30 Uhr): Stunden-Mannschaftsfahren für Amateure: 1. Hahn/Siegel, 2. Steger/Zettner; 43,165 km.
Bei diesem an Jagden besonders zahlreichen Rennen kam es zu vielen Stürzen. Eine Reihe von Fahrern schieden aus. Die Holzbahn war am Anfang nicht ganz einwandfrei, denn am ersten Vormittag mußte während der neutralisierten Vormittagsstunden *»auf der Bahn der steile Uebergang der Kurven in die Langseiten abgehobelt«* werden (BLA 10. 3.) – das Feld fuhr indessen auf dem sogenannten Teppich. In der vierten Nacht *»wurde um 11 herum Europameister Max Schmeling vorgestellt. Der Bezwinger Ted Moores mußte auf allseitiges Verlangen eine Ehrenrunde fahren; die Ankündigung seines großen Kampfes gegen Diener am 4. April fand donnernden Beifall. Eine Schmeling-Prämie holte sich in glänzendem Spurt van Kempen«* (BLA 13. 3.). In der letzten Nacht taucht auf dem *»Teppich«* der deutsche Schwergewichtsmeister Franz Diener auf. *»Der Sachverständigenplatz des Hauses, die Kurve, hat ›Franz‹ sofort erspäht, und der bewußte ›Schrei nach der Prämie‹ durchzittert die Halle. Diener gibt 100 Mark und muß außerdem noch eine Ehrenrunde absolvieren. Das ist nun einmal Tradition, der sich selbst Pat und Patachon beugen mußten. Also Franz fährt, nimmt mutig die Auskurve und kommt dabei beinahe in den Genuß eines Sechstagesturzes. Neuer Anlaß der Kurvenbesucher zu einer Sympathiekundgebung, die der Boxer mit ›ner Lage Bier‹ quittiert«* (Vw 15. 3.).
Die letzte Stunde des Rennens wurde durch den Rundfunk übertragen (vgl. dazu RF 18. 3.).
BLA 9.– 16. 3.; Vw 7., 9.–16. 3.
Unmittelbar nach dem Rennen wurde bekannt, daß es bei diesem Rennen zu Abmachungen zwischen verschiedenen Mannschaften gekommen, wer für den Sieg zu begünstigen sei. Kurz vor Schluß des Rennens habe der Rennleiter Rütt diese Schiebung aufdecken können. Die Angelegenheit wirbelte viel Staub auf und kam vor den Sportausschuß des BDR, der bereits am 20. das Urteil fällte (das bei der Berufung bestätigt wurde):
»Dem Holländer Piet van Kempen wird die Lizenz auf drei Monate entzogen, außerdem wird er auf die Dauer eines Jahres von allen deutschen Rennbahnen verwiesen. Die gleiche Strafe erhielt sein Manager Blekemolen, der die Rolle eines Vermittlers zwischen van Kempen und den anderen Fahrern spielte. Der Schweizer Richli kam mit drei Monaten Lizenzentziehung davon, Ehmer und Kroschel erhielten zwei Monate Startverbot und außerdem je 1000 Mark Geldstrafe. Oskar Tietz und sein Partner Willi Rieger

sind auf die Dauer von zwei Monaten von der Teilnahme an allen Wettbewerben ausgeschlossen worden. Paul Münzner, der Manager und Pfleger der Mannschaft Ehmer=Kroschel wurde mit zwei Monaten Lizenzentziehung bestraft, der Manager Villa, der bei Tietz=Rieger und Tonani tätig war, ist auf die Dauer eines Jahres von allen deutschen Rennbahnen verwiesen worden« (BLA 21. 3.). *»Konnte doch festgestellt werden, daß zwischen van Kempen=Richli einerseits, Ehmer=Kroschel und Rieger=Tietz Abmachungen bestanden haben, laut deren das holländisch=schweizerische Paar den gegnerischen Paaren im Falle eines Sieges höhere Geldbeträge zuwenden sollte. Ehmer=Kroschel waren für 1200, Rieger=Tietz für 1000 Mark käuflich. Andererseits hatten sich beide Paare verpflichtet, 4000 bzw. 3000 Mark an van Kempen=Richli zu zahlen, falls sie das Rennen gewinnen würden [...] Daß die Untersuchung ähnliche Vorgänge beim 19. Berliner Sechstagerennen zutage förderte, sei nur nebenbei erwähnt. Wahrscheinlich ist es so oder ähnlich immer und überall zugegangen«* (BLA 22. 3.).
BLA 19., 21.–22., 25. 3.; 4. 4; Vw 17., 21.–22. 3.; 4. 4.

Mär 17, 19.30 Uhr. 3. Polizei-Hallensportfest
V: PSV.
»Aus dem Reinertrag des Festes will der Polizeisportverein die Kosten für das Studium einer Anzahl Verkehrsbeamter in London bestreiten. Den größten Raum im Programm beanspruchten die körperbildenden Vorführungen. So zeigten die Polizeischule für Leibesübungen in Spandau, die Polizeischule Brandenburg a.d.H., die Jugendabteilung des PSV. gut gelungene Uebungen an der Sprossenwand, der Gitterleiter, am Barren und am Reck. Sehr interessant war die gezeigte Dressur der Polizeihunde unter Leitung von Polizeihauptmann Breitkreuz. Gut gespielte Handballspiele, energisch durchgeführtes Tauziehen, verschiedene Staffelläufe – u.a. ein Staffellauf der Verkehrsbeamten in voller Polizeiausrüstung – und besonders eine ›Roller‹-staffel der Jugendabteilung des PSV, bekamen vielen Beifall. Starken Beifall ernteten Europameister Max Schmeling und die deutsche Fechtmeisterin Helene Mayer nach ihren Darbietungen; eine besondere Schaunummer des Festes waren auch die von der Polizeischule Brandenburg gestellten Pyramiden« (Vw 19. 3.).
BLA 15., 18. 3.,; Vw 14., 19. 3.; Ph (VWA).

Mär 19, 20.00 Uhr. Amateur-Boxen »Meisterschaften des Brandenburgischen Box-Verbandes«
V: BBV.
Endkämpfe.
Flg: Pfitzner (Teutonia) besiegt Klemp (Heros).
Bg: Ziglarski (Westen) besiegt Moehl (Heros).
Fdg: Jahnke (Eisenbahn) besiegt Donner (PSV).
Lg: Malz (Maccabi) besiegt Dalchow (Hermes).
Wg: Volkmar (Heros) besiegt Stahlberg (Teutonia).
Mg: Wilsch (Westen) besiegt Seelig (TeBe).
Hsg: Pistulla (Heros) besiegt Schwarz (WFC 00).
Sg: Daniel (PSV) besiegt Richter (BSC).
BLA 19. 3.; Vw 21. 3.; BS 389–90, 13.–20. 3.; Ph (VWA).

Mär 23. Vorprüfungen für das offiziell erst am 24. beginnende Reit- und Fahr-Turnier
BLA 19. 3.

Mär 24 – Apr 1. 1. Reit- und Fahr-Turnier
14.00 Uhr die eigentlichen Turnierwettbewerbe, 20.00 Uhr Totalisator-Jagdspringen.
V: Sport-Kartell Berlin und Turnierabteilung des Reichsverbandes für Zucht und Prüfung deutschen Warmbluts.

»Es ist immerhin schon einige Jahre her, daß man in Berlin Reit=Turniere großen Stils erlebt hat, zuletzt in der Kaiserdamm=Halle. Es folgte die Abwanderung in die Provinz, und Schauplatz der letzten großen Reichsverbands=Turniere war die Dortmunder Westfalenhalle. Nun sind Reiter und Reiterinnen wieder dorthin zurückgekehrt, wo einst, vor sechs oder sieben Jahren, der große Aufschwung des neuen deutschen Turniersports begonnen hatte, in den Berliner Sportpalast [...]« (BLA 26. 3.).
»Die Berliner Turniere haben nach und nach eine wesentlich andere Note bekommen. Waren die ersten Veranstaltungen eine ausschließlich schwarzweißrote Angelegenheit, mit Friedricus=Rex=Rummel usw., so sucht man jetzt, unter schwarzrotgoldener Flagge, Anschluß an die Gegenwart. Die Friedensuniformen des kaiserlichen Heeres treten in den Hintergrund, es beherrschen die Rotröcke, die Stallmeister, die Reichswehr und neuerdings auch die Schutzpolizei das Feld« (Vw 26. 3.)
Neben den Wettbewerben gab es eine Reihe von Schaunummern – an den Nachmittagen oder Abenden meist als Abschluß vorgeführt: *»Die große Schaunummer der Berliner Schupo bringt 50 Teilnehmer unserer berittenen Polizei in die Arena, die sich als Reiter, Gymnastiker und Voltigeure produzieren. Die ›Reit=Pantomime‹, die große Modenschau im Sattel von den Urzeiten her, die Stallmeister=Schimmelquadrille, die Parforce=Jagd, die Polovorführungen vervollständigen das Mammut=Programm«* (BLA 24. 3.). Wie üblich war an einem Tag (30. 3.) der Reichspräsident von Hindenburg anwesend.
Aus den Wettbewerben:
»Preis des Reitklubs Sand. (Dressurprüfung) Belgarder Stalls Schwarzer Prinz (Linnewebe) 1. Sonnenbruder (Staeck) 2. Diamant (Major Berger) 2.« (BLA 25. 3.).
»Preis von Ostpreußen (Materialprüfung für Reitpferde): M. L. v. Prollius Irokese (Frhr. v. Langen) 1. Kakadu (Oblt. v. Stein) 2. Heynitz (Oblt. v. Barnekow) 3. Coeffizient (Frau v. Gottberg) 4. – Schwere Pferde: Stall Westens Kirsch (A. Staeck) 1. Kreuzzug (Hptm. Domansky) 2. Tiberius (Maj. Birkner) 3. Fedor (Oblt. v. Barkow) 4.« (BLA 26. 3.).
»Dressurprüfung für Reitpferde: Frau v. Behrs Draufgänger II (A. Staeck) 1. Burgdorff (Lietz) 2. Wan III (Major Bürkner) 3.« (BLA 27. 3.).
»Vielseitigkeitsprüfung (Schutzpolizei): 3. ber. Bereitschaft Berlins Lydia (Pol.=Hptm. Dorff) 1. 2. ber. Bereitschaft Berlins Lorelei (Pol.=Hptwachtm. Schwarz) und 3. ber. Bereitschaft Berlins Meister (Pol.=Oberlt. Weikien) 2. Pol.=Reitlehrgang Berlins Niels Mackensen (Pol.=Oberstlt. Bertram) 4.« (BLA 29. 3.).
»Große Olympiade=Dressurprüfung (Kl. 8). Frau Bürkners a.br. W. Caracalla (Maj. Bürkner) 260,4 Punkte, 1. Haustochter (R. Wätjen) 250,8 P., 2. Draufgänger II (A. Staeck) 246,4 P., 3. Wan III (Frhr. von Langen) 233,5 P., 4.« (BLA 31. 3.).
»Damenpferde=Dressurprüfung. Frau Frankes Abdera (Bes.) und Frau R. Mans Wan III (Frau Rau) 1. Dr. Lampe-Vischers Indier (Frau v., Gottberg) 3. Turmwart (Frau Theune) 4.« (BLA 1. 4.).
»Mehrspänner (Eignungsprüfung für Gespanne). E. Gottschalks Gespann (Wolff=Wietzow) 1.; Baron v. d. Borchs Gespann (Bes.) 2.; Fahrausbild.=Kom. Hannovers Gespann (Maj. Wörler) 3.« (BLA 2. 4.).
BLA 22., 24.–31. 3.; 1.–2. 4.; Vw 26. 3.; 3. 4.

312 20. Berliner Sechstagerennen (Chr Mär 9–15); von oben: »Die Sieger«, »Tietz=Rieger, die Mitinhaber der Spitze«, »Diener gewinnt seine Ehrenrunde« und »Der große Jäger van Kempen stößt mit Richli zur Spitzengruppe vor« (nach: Vw 16., 14., 15. und 12. 3. 1928).

Apr 4, 19.30 Uhr. Boxen »Max Schmeling – Franz Diener« u. a.

V: Ludwig Schütze.
Et: 5,– bis 75,– M.
Protektorat: Verein Berliner Sportpresse e.V.
»Der evtl. Reingewinn fließt wohltätigen Zwecken zu«.
Fdg: Paul Noack (56,7 kg; Berlin) – Heinrich Gohres (56,1 kg; Duisburg), Sieg Noacks durch Aufgabe (7. Rde; Deutsche Meisterschaft, Hf Gohres).
Mg: Ted Moore (73,6 kg; GB) – Hein Domgörgen (72,5 kg; Köln), Sieg Domgörgens nach Pktn (10 Rdn).
Sg: Harry Crossley (82 kg; GB) – Ludwig Haymann (90 kg; München), Sieg Haymanns nach Pktn (8 Rdn).
Sg: Max Schmeling (82 kg; Berlin) – Franz Diener (87,5 kg; Berlin), Sieg Schmelings nach Pktn (15 Rdn; Deutsche Meisterschaft, Hf Schmeling); Ringrichter: Paul Samson-Körner.
Schmeling boxte erstmals im Schwergewicht. Mit seinem Sieg war er außerdem »Deutscher Meister aller Klassen«. Der Sieg brachte ihm 30 000,– M ein. *»Für den Kampf [...] haben Ufa und Deulig wertvolle Ehrenpreise gestiftet«* (BLA 4. 4.).
»Am 4. April gingen Wolkenbrüche über Berlin nieder. Das Interesse für den Kampf hatte in den letzten Tagen sehr zugenommen. Ein Theaterdirektor verlegte eine Premiere, um nicht mit Diener und Schmeling zu kollidieren. Die Kunst interessierte sich für den Sport. Im Programm-Magazin des Abends hatten [...] Karl Zuckmayer, Herbert Ihering, Emil Faktor, Moriz Seeler, Leopold Jeßner, Kurt Pinthus, Werner Krauß ihre positive Meinung über Wesen und Wichtigkeit des Boxsports abgegeben. ›Was halten Sie vom Boxsport?‹ wurde Herbert Ihering gefragt. – ›So viel, daß jede Rundfrage überflüssig ist‹ war die Antwort. Man sprach hinter den Kulissen nur von Schmeling und Diener. [...] Zwei Dutzend Berliner Zeitungen erschienen am Morgen mit Vorberichten. Zwei tippten Schmeling, die anderen Diener. Sogar die Astrologen wurden bemüht. Ihre Sterne strahlten für Diener.
Am Abend stauten sich vor dem Sportpalast die Autos. Durch Schmutz und Morast bahnten sich die Fußgänger fluchend ihren Weg. Drinnen ein festliches Haus. Was man sonst selten bei Boxkämpfen sah, in den ersten Reihen Smokings, Fracks und Abendtoiletten. Die Präsidenten des Vereins Berliner Sportpresse, Peter Ejk und Hans Adam Faerber, hatten nach Schluß der Kämpfe zu einem Bankett geladen. [...] schon begann der Kampf. In dem vor Erregung zitternden Raum wurde es ganz still. In den ersten Runden ist Diener überlegen, dann kommt Schmeling auf und schlägt Dieners Gesicht blutig. Beide Boxer kämpfen fanatisch und verbissen. [...] Nach 15 Runden sind sie totmüde, können sich kaum noch auf den Beinen halten, aber bis zum letzten Gongschlag hat keiner den Boden berührt. [...] Das Publikum ist von Schmeling begeistert und jubelt ihm zu. [...]« (Nürnberg, Schmeling, S. 51 f.).
BLA 26. 1.; 19., 26. 3.; 1.–4. 4.; Vw 4.–5. 4.; BS 391–92, 27. 3.–5. 4.; Ph (VWA); Schmeling Erinnerungen, S. 75, 110–13; Nürnberg, Schmeling, S. 51–53.

Apr 25, 19.30 Uhr. Kundgebung »Sozialdemokratie und Wahlen«

V: SPD, Bezirksverband Groß-Berlin.
Zur Wahl des Reichs- und des Preußischen Landtags am 20. 5.
Rd: Artur Crispien, Arthur Falkenberg, Gertrud Hanna, Franz Künstler, Tony Sender, Otto Wels.
Mitw.: *»Massenchöre des Deutschen Arbeiter=Sängerbundes. Fanfaren=Bläser des Reichsbanners«. »Treffpunkt der S.A.J 18 1/2 Uhr Bülowstraße, Ecke Potsdamer Straße /Fahnen und Banner sind mitzubringen!«*
»Schon lange vor Beginn der festgesetzten Zeit begann sich der Riesenraum [...] zu füllen. Aus den entferntesten Stadteilen marschierten die einzelnen Züge der Partei und des Reichsbanners mit klingendem Spiel und wehenden roten Fahnen und Bannern heran. Ein prächtiger Anblick war es, als der lange Zug der Sozialistischen Arbeiterjugend in den Sportpalast einmarschierte. Mit zahllosen roten Fahnen und dem gemeinsamen Gesang der Internationale hielt die Jugend ihren Einzug, von den Beifallsstürmen der Versammelten begeistert begrüßt. Vor dem von rotem Tuch umschlungenen Rednerpult hatten zahlreiche Bannerträger und die Fanfarenbläser des Reichsbanners Aufstellung genommen – ein farbenreiches Bild, das einen wirkungsvollen Rahmen schuf. Kurz vor Beginn der Kundgebung, die die zweite Vorsitzende des Bezirksverbandes Groß=Berlin, Genosse Litke, eröffnete, wurde der Sportpalast durch die Polizei wegen Ueberfüllung gesperrt. Trommelwirbel und Fanfarenmusik ertönten. In dem Riesenraum herrschte atemlose Stille. Dann erscholl vom ersten Rang herab der Massengesang der Chöre des Arbeitersängerbundes, deren meisterhafte Wiedergabe der Lieder ›Frühlingsstürme‹ und ›Gesang der Völker‹ starken Beifall hervorrief. Neue Fanfarenstöße kündeten den ersten Redner an [...]« (Vw 26. 4.).
Vw 24.–26. 4; BLA 26. 4; RF 28. 4.

Apr 29. Kundgebung

V: DNVP, Landesverbände Berlin, Potsdam I und II.
Zur Wahl des Reichs- und des Preußischen Landtags am 20. 5.

313 3. Polizei-Hallensportfest (Chr Mär 17), »Eine kunstvolle Pyramide der Polizeischule Brandenburg« (nach: Die Woche 31. 3. 1928, S. 385).

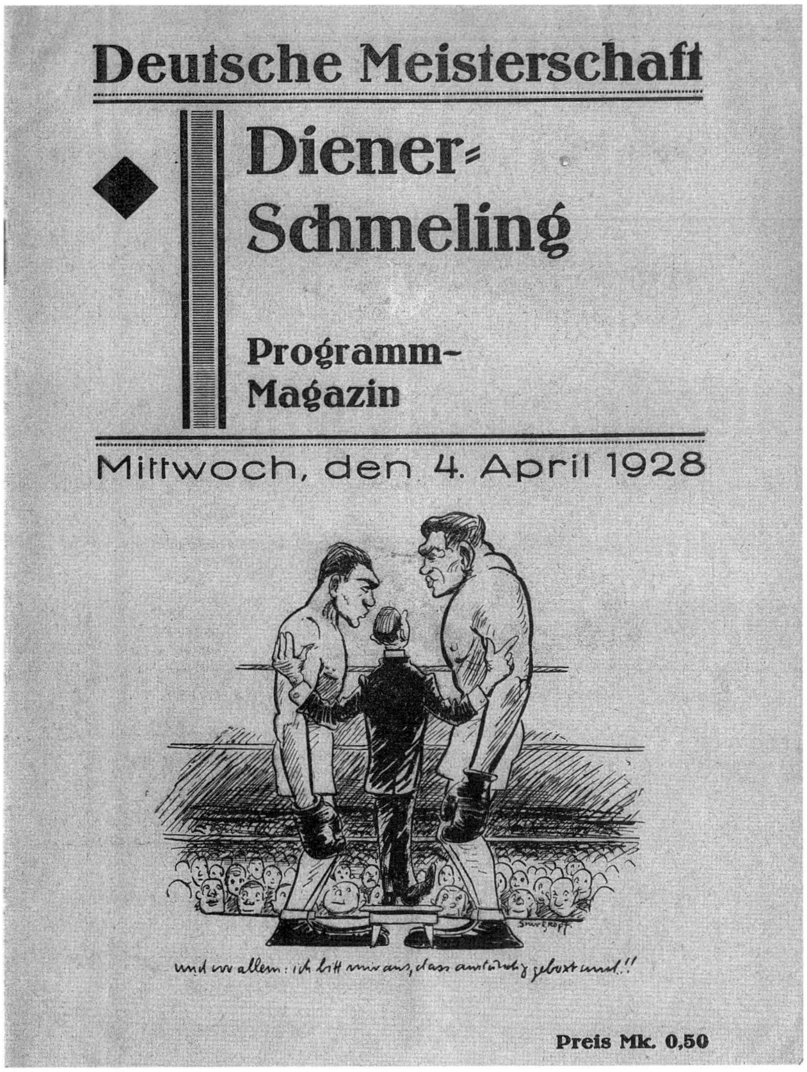

314 Programmheft (Chr Apr 28); VWA.

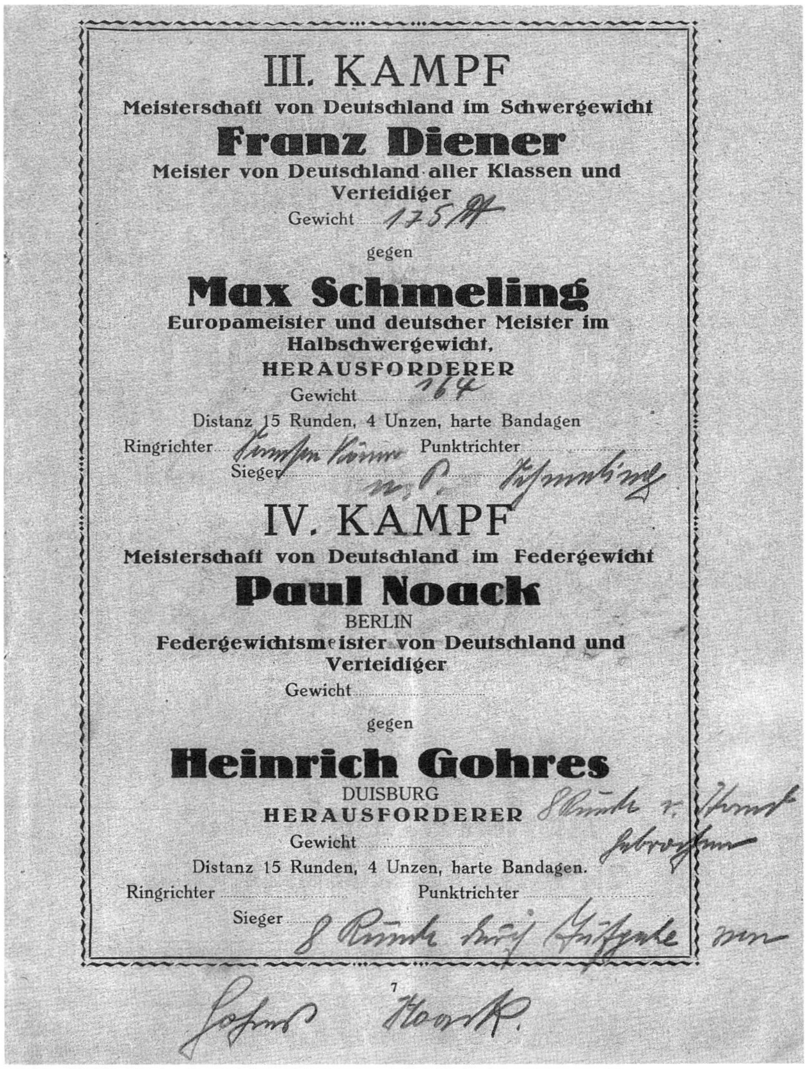

III. KAMPF
Meisterschaft von Deutschland im Schwergewicht
Franz Diener
Meister von Deutschland aller Klassen und Verteidiger
Gewicht
gegen
Max Schmeling
Europameister und deutscher Meister im Halbschwergewicht,
HERAUSFORDERER
Gewicht
Distanz 15 Runden, 4 Unzen, harte Bandagen
Ringrichter Punktrichter
Sieger

IV. KAMPF
Meisterschaft von Deutschland im Federgewicht
Paul Noack
BERLIN
Federgewichtsmeister von Deutschland und Verteidiger
Gewicht
gegen
Heinrich Gohres
DUISBURG
HERAUSFORDERER
Gewicht
Distanz 15 Runden, 4 Unzen, harte Bandagen.
Ringrichter Punktrichter
Sieger

315 Seite aus dem Programmheft (Chr Apr 28; vgl. Abb. 314).

Rd: Wilhelm Laverrenz (MdR), Kuno Graf Westarp (MdR).
Th: *»Deutschlands Zukunft und die Aufgabe der Deutschnationalen«.*
»Ein Heer von Getreuen folgte der ausgegebenen Parole, und die riesige Arena des Sportpalastes, in der die alten Preußenmärsche zu jubeln begannen, war schnell zu drei Vierteln gefüllt. Aber man weiß längst, daß die starke Beteiligung an Wahlversammlungen über die tatsächliche Macht einer Partei nichts aussagt [...] Ehe Graf Westarp [...] das Wort ergriff, begrüßte der Reichstagsabgeordnete Laverrenz die Versammlung und marschierten die Fahnenträger ein. Es gab den Sturm der Begeisterung [...] dem der blutlose Hohn, der ohnmächtige Spott der Kritiker draußen am Zaune an Kraft und Bedeutung nichts rauben wird. Noch gelten die alten Fahnen im Volke« (BLA 30. 4.).
»Wenn eine deutschnationale Wahlkundgebung für drei Riesenwahlkreise, die den Sportpalast höchstens zu drei Vierteln füllt, schon außerordentlich gut besucht ist, wie müssen dann die ordentlich besuchten deutschnationalen Wahlkundgebungen aussehen!« (Vw 1. 5.).
BLA 29.–30. 4.; Vw 1. 5.

April (bis Oktober)
Gegen Ende der Wintersaison 1927/28 geriet der Sportpalast – wieder einmal – in finanzielle Schwierigkeiten, unter anderem wegen der relativ hohen Steuer.
Mit Wirkung vom 16. 4. 1928 war der Direktor William Karfiol (W. Hudes gen. Karfiol), der u. a. die Eisballette inszeniert hatte, aus dem Vorstand ausgeschieden. An seiner Stelle trat Geheimrat Arthur Günsburg in den Vorstand ein. Die Verhandlungen mit einem englischen Konsortium wegen Übernahme des Sportpalastes blieben ergebnislos. Schließlich ließ die Hauptgläubigerin, die Schweizerische Hypothekenbank (Schweizer Volksbank), den Sportpalast unter Zwangsverwaltung stellen und als Termin für eine Versteigerung den 28. 11. 1928 (26. 10. ?) festlegen. *»Die seit einiger Zeit angeordnete Zwangsverwaltung des Betriebes ist die Ursache für den Ausfall der sportlichen Veranstaltungen in den letzten Monaten, da der Verwalter eine Auswertung für sportliche Zwecke abgelehnt hat«* (BLA 17. 10.).
Schließlich wurde Ende Oktober 1928 der Sportpalast an ein Konsortium für die Monate November-Dezember (bis 27. 12.) verpachtet, das unter der Leitung des Sportpalast-Direktors Königberger in dieser Zeit Radrennen und andere sportliche Veranstaltungen durchführen ließ. Weitere Bemühungen führten zur Aussetzung der Versteigerungstermines. Außerdem fand sich eine Unternehmergruppe, die den Sportpalast ab 15. 1. 1929 übernehmen wollte um ihn dem Eissport wieder zuzuführen (unter Führung des Rechtsanwalts Landrat a. D. Giese).
BLA 19. 4.; 12., 17., 21., 25., 28. 11.; 7., 10., 12., 22. 12.; Vw 17., 25.–26. 10.; 23. 11.; 10. 12.; RF 15. 11.

Mai 1, 20.00 Uhr. Konzert »Don Kosaken Chor Serge Jaroff«
V: Ebner.
BLA 15., 29. 4.

Mai 2, 20.00 Uhr. Kundgebung
V: »Wahrheit und Recht«.
Et: 0,50 M (*»Minderbemittelte 30 Pfg.«*).
Zur Wahl des Reichs- und des Preußischen Landtags am 20. 5.
»Berliner, wählt nicht falsch! Sensationelle Wahlparole [...] Eingeladen: alle Parteien! Redner + + +« (Anz., BLA 29. 4.).

316 Anzeige (Chr Mai 2; nach: BLA 29. 4. 1928).

11. Jahrg. / Nr. 134 / Preis für Groß-Berlin 10 Pfennig — Berlin, Sonnabend, 9. Juni 1928

Die Rote Fahne

Zentralorgan der Kommunistischen Partei Deutschlands (Sektion der Kommunistischen Internationale)

Redaktion und Verlag: Berlin C 25, Kleine Alexanderstr. 28. Tel.: E 1 Berolina 5481. Geschäftszeit des Verlages von ½9 Uhr bis ½17 Uhr. Jurist. Sprechstunde: Dienstag u. Freitag von 18 bis 19 Uhr. — Erscheint täglich — Tel.-Adresse: Rotfahne Berlin. Bankkonto: Darmstädter und Nationalbank Berlin. Dep.-Kasse Alexanderstr. 50. Vereinigte Zeitungsverlage, G. m. b. H. Postscheckkonto Berlin NW 27970

Begründet von Karl Liebknecht und Rosa Luxemburg

Massenaufmarsch für Amnestie

Machtvolle Kundgebung im Sportpalast gegen Koalition, für Klassenkampf

Gestern abend marschierte das arbeitende Berlin im Sportpalast auf, um einmütig und wuchtig gegen die Koalitionsschande der Sozialdemokratie, gegen die Brutalitäten des sozialdemokratischen Polizeipräsidenten Zörgiebel und für die sofortige Freilassung der proletarischen politischen Gefangenen zu protestieren.

Als der mit jubelndem Beifall begrüßte Fahneneinmarsch begann, war die weite Riesenhalle des Sportpalastes bis auf den letzten Platz gefüllt. In seltener Geschlossenheit leisteten die Berliner Werktätigen dem Rufe der KPD., des RFB. und der Roten Hilfe Folge. Zu beiden Seiten des Rednerpultes saßen die Frauen derjenigen Berliner Genossen, die die Klassenjustiz ins Zuchthaus geworfen hat, eine ergreifende Anklage gegen den schmachvollen Amnestieverrat der Sozialdemokratie. Von den Galerien mahnen Transparente: „Amnestie für alle proletarischen politischen Gefangenen!", Nieder mit dem Polizeiterror!", „Koalitionsregierung heißt' Arbeiterverrat!", „Nieder mit Mussolini!"

[…] tionspolitik und für die Befreiung der proletarischen politischen Gefangenen. Er schilderte die Unterstützung der Stahlhelmbanden durch den sozialdemokratischen Polizeisenator Schönfelder in Hamburg. In Berlin hat sich der sozialdemokratische Polizeipräsident Zörgiebel die Aufgabe gestellt, nach dem mißglückten Keudell-Verbot das Material für das Verbot des RFB. zu liefern.

Neben dem Kampf für die Amnestie und gegen die Koalitionspolitik fordern wir: Auflösung der französischen Reichswehr, Ausmerzung der faschistischen Offiziere aus der Polizei, Absetzung von Zörgiebel, wir fordern, daß die Schupo mit ihren Massenaufgeboten bei unseren Aufmärschen von den Straßen verschwindet. Wir fordern die Auflösung aller faschistischen Verbände!

Einstimmig wurde eine Resolution angenommen, die die von den einzelnen Rednern entwickelten Forderungen enthält. Rezitationen aus den Verteidigungsreden von Hoelz und Margies und der gemeinsame Gesang der „Internationale" bildeten den wirkungsvollen Schluß der wuchtigen Kundgebung.

Neue Polizeibrutalitäten!

Zörgiebels Schupo wütet wieder — Ueber 20 Verhaftungen — Landtags-

317 Die Rote Fahne, 9. 6. 1928 (Chr Jun 8).

Mai 14, 20.00 Uhr. Kundgebung
V: DDP.
Zur Wahl des Reichs- und des Preußischen Landtags am 20. 5.
Rd: Heinrich Johann Graf von Bernstorff, Gustav Böss (Oberbürgermeister von Berlin), Berthold von Deimling (General a. D.), Erich Koch-Weser (Reichsmin. a. D.), Dr. Marie-Elisabeth Lüders, Oskar Meyer, Dr. Peter Reinhold (Reichsminister a. D.).
»Um 1/2 8 Uhr waren die Riesenhalle unten wie auch die Tribünen nahezu gefüllt, und um 8 Uhr war der gewaltige Raum mit etwa 15 000 Menschen überfüllt […] Man hatte die Empfindung, dass hier, wie es in Versammlungen anderer Parteien kaum vorkommt, alle Stände, alle Klassen, alle Berufsschichten, die Jugend in gleicher Weise wie das Alter vertreten waren. Die Frauen stellten ein auffallend grosses Kontingent zu der Besucherschar. Die ganze Halle, besonders auch die Bühne, auf der dann der Musikchor, von den Fahnen umringt, Aufstellung nahm, war mit weithin leuchtendem Schwarz-Rot-Gold geschmückt« (BT 16. 5.).
»Der Sportpalast […] war nicht so zum Brechen gefüllt, wie man das früher bei Wahlversammlungen dieser auf dem Rücken der Sozialdemokratie nistenden, innerlich tief komischen Zwergenpartei sah« (BLA 15. 5.).
BT 15.–16. 5.; BLA 15. 5.

Mai 18, 19.00 Uhr. Kundgebung »Roter Aufmarsch«
V: KPD, Bezirksleitung Berlin-Brandenburg-Lausitz.
Zur Wahl des Reichs- und des Preußischen Landtags am 20. 5.
Rd: Isabell Brown (GB), Arthur Ewert, Hans Pfeiffer, Wilhelm Pieck, Hanna Schulz, Ernst Thälmann.
Mitw.: Gesangsgemeinschaft Rosebery d'Arguto, Sprechchor der Wandersparte Fichte, zahlreiche RFB-Kapellen und Erich Weinert *»mit einer glänzenden revolutionären Rezitation«*.
»Das rote Berlin erhob gestern im Sportpalast seine Faust für die KPD., für die Liste 5 und für den revolutinären Kampf nach dem 20. Mai. Die Arbeiter Berlins bekundeten im überfüllten Sportpalast, in einer Parallelkundgebung auf dem Winterfeldplatz und in etwa 12 anderen Versammlungen in den Bezirken Berlins ihr unerschütterliches Vertrauen zur KPD. und ihren entschlossenen Kampfeswillen gegen die Bourgoisie und die reformistischen Arbeiterverräter, für die proletarische Revolution […] Dann kam der Höhepunkt der Veranstaltung, das Auftreten der verfolgten Reichstagskandidaten Genossen Arthur Ewert und Hans Pfeiffer, wobei Genosse Pieck unter dem Jubel aller Versammelten den Polizeispitzeln versicherte, daß die Genossen mittels eines Flugzeuges in den Saal gekommen seien und ihn auch mit dem gleichen Beförderungsmittel verlassen würden« (RF 19. 5.).
RF 16., 18.–19. 5.

Jun 8, 19.30 Uhr. »Amnestie-Kundgebung für die Freilassung der proletarischen politischen Gefangenen zur Reichstagseröffnung«
V: KPD / Rote Hilfe / RFB
Et: 0,20 M.
Rd: Karl Olbrisch (für den RFB), Wilhelm Pieck (für die KPD), Jakob Schlör (für die RH) und Traute Hoelz (als Vertreterin der Frauen der politischen Gefangenen).
Mitw: Deutscher Arbeiter-Sängerbund (600 Mann), Blasorchester des RFB.
»Als der mit jubelndem Beifall begrüßte Fahneneinmarsch begann, war die weite Riesenhalle des Sportpalastes bis auf den letzten Platz gefüllt. […] Zu beiden Seiten des Rednerpultes saßen die Frauen derjenigen Berliner Genossen, die die Klassenjustiz ins Zuchthaus geworfen hat, eine ergreifende Anklage gegen den schmachvollen Amnestieverrat der Sozialdemokratie. Von den Galerien mahnen Transparente: ›Amnestie für alle proletarischen politischen Gefangenen!‹, ›Nieder mit dem Polizeiterror!‹, ›Koalitionsregierung heißt Arbeiterverrat!‹, ›Nieder mit Mussolini!‹« (RF 9. 6.).
RF 2., 5., 7., 9. 6.

Sep 5, 20.00 Uhr. Boxen »Hein Müller – Abel Argotte« u. a.
V: Damski.
Eröffnung der winterlichen Boxsportsaison im Sportpalast.
Bg: Karl Schulze (52,7 kg; Magdeburg) – Harry Stein (52,9 kg; Berlin), Sieg Steins nach Pktn (8 Rdn).
Lg: Hans Schumacher (59,9 kg; Berlin) – Fritz Reppel (58,8 kg; Herne), unentschieden (6 Rdn).
Wg: Joe Ralph (66,9 kg; B) – Helmut Schulz (66,5 kg; Königsberg), Sieg Ralphs nach Pktn (6 Rdn).
Hsg: Hein Müller (77,2 kg; Köln) – Abel Argotte (77,4 kg; F), Sieg Müllers nach Pktn (10 Rdn).
Hsg: Edu Hülsebus (76,2 kg; Bremen) – Hermann Scherle (73,5 kg; Mannheim), Sieg Hülsebus' durch ko (7. Rde; Scherle sprang für den verletzten, ursprünglich vorgesehenen Helmut Hartkopp ein).
Schiedsrichter: Ernst Koch und Paul Samson-Körner.
»Dann legten Hülsebus und Scherle […] einen humoristischen Teil ein. Was die beiden als Boxen zeigten, kann man auf jedem Rummel für 20 Pfennig sehen […] Warum diese Holzerei nicht abgebrochen wurde, ist unverständlich. Schließlich sah man allerlei Sport im Ring: Dauerlaufen, Ringkampf, Zeckspielen. Die Boxer warfen nicht nur alle Kampfregeln, sondern auch noch den Wassereimer um; die Zuschauer bekamen ein reguläres Brausebad ohne Eintrittserhöhung. Heil blieben nur die Lampen und der Ringrichter« (Vw 6. 9.).
Vw 1., 4., 6. 9.; BS 413–15, 8. 8.–11. 9.; Ph (VWA).

Sept 30, 16.00 Uhr. Kundgebung zum »3. Märkertag«
V: NSDAP, Ortsgruppe Berlin.
Et: 1,– M.

318 Programmheft (Chr Sep 5); VWA.

Rd: Dr. Joseph Goebbels (MdR), F.W. Heinz (ehem. Hauptschriftl. des Stahlhelm), Wilhelm Kube (MdL), Ernst Graf zu Reventlow (MdR), Josef Wagner (MdR).
Mitw.: Lehrabteilung der Reichsleitung der NSDAP (Reichsmusikl. Hillebrand).
»Am Sonntag [...] marschiert unsere S.–A. in die Reichshauptstadt ein. Nachmittags ab 4 Uhr findet im Berliner Sportpalast die größte nationalsozialistische Massendemonstration statt, die Berlin je gesehen hat. Daß Du kommst, ist selbstverständlich. Wieviele Bekannte und Freunde bringst Du mit? Der Sportpalast ist die größte Versammlungshalle in Berlin. Die Parole lautet: ›Wegen Ueberfüllung polizeilich gesperrt‹« (Agr 17. 9.).
»12 Uhr: Abmarsch über Zehlendorf, Lichterfelde, Steglitz, Friedenau, Kaiserallee, Nürnberger Straße, Wittenbergplatz nach dem ›Berliner Sportpalast‹« (Agr 24. 9.). Diese erste Kundgebung der NSDAP im Sportpalast richtete sich vor allem gegen *»Dawesfron und Dawesschande«*, gegen den Dawes-Plan (Neuregelung der Reparationen).
»Nun windet sich der braune Heerwurm in die Riesenhalle, von unendlichem Jubel begrüßt. Harte Trommelschläge. Schmetternde Musik. Preußens Gloria geleitet die Fahnen an ihre Plätze rechts und links der Ehrenloge. Immer neue Massen strömen herein. Die Gänge füllen sich. Die Treppen werden zu Sitzen eingerichtet. Schließlich sieht sich die Polizei genötigt den ungeheuren Raum wegen Ueberfüllung zu sperren. Das ist in der Geschichte des Sportpalastes bisher nur einmal vorgekommen – bei der Reichspräsidentenwahl. 15 000 Menschen füllen die weite Runde bis zum letzten Platz« (Agr. 8. 10.).
Im Zusammenhang mit der Kundgebung – vor allem nach deren Schluß – kam es zu gewalttätigen Auseinandersetzungen zwischen Nationalsozialisten und Andersdenkenden vor dem Sportpalast und auf der Postdamer Straße.
»Während der Veranstaltung hatte sich im Vorhof [...] eine dichte Menschenmenge angesammelt, wo es zu Zusammenstößen [...] kam. Die Polizei mußte von ihrem Gummiknüppel Gebrauch machen. Ein von Nationalsozialisten bedrängter Polizeibeamter gab in der Notwehr mehrere Schreckschüsse ab. Auf die Schüsse hin stürmte ein grosser Teil der im Saal versammelten Nationalsozialisten auf die Straße. Hier kam es zu einem wüsten Handgemenge, bei dem zahlreiche Personen verletzt wurden. Die Polizei nahm 92 Zwangsgestellungen vor. Etwa 30 Personen wurden durch Messerstiche und Stockhiebe verletzt und mussten die Hilfe der Rettungswache in Anspruch nehmen« (BT 1. 10.).
Agr 17., 24. 9.; 1., 8. 10.; BLA 1. 10.; Vw 1. 10.; Germ 1. 10.; BT 1. 10.

Nov 4, 20.00 Uhr. Radrennen
V: SP.
Eröffnung der winterlichen Radrennsaison.
Fliegerkampf »Deutschland – Ausland« (Hahn, Lorenz, Schrage – Horan [USA], Jan van Kempen [NL], Rouyer [F]; 5 Läufe). Erster Lauf: 1. Hahn, 2. Lorenz, 3. Schrage. Zweiter Lauf: 1. Horan, 2. Jan van Kempen, 3. Rouyer. Endlauf der Dritten: 1. Rouyer, vor Schrage. Endlauf der Zweiten: 1. Jan van Kempen, vor Lorenz. Endlauf der Ersten: 1. Hahn, vor Horan.
Erstes 50-Rdn-Punktefahren: 1. A. Standaert 9 Pkte; 2. Wette 8; 3. Kantorowicz 8; 12 Min.
Zweites 50-Rdn-Punktefahren: 1. Dobe 16; 2. B. Standaert 10; 3. Behrendt 7; 11 Min.
Zweistunden-Mannschaftsfahren (12 Paare): 1. Behrendt/Manthey 33; 2. Dobe/Dahms 22; 3. Beinert/Wette 7; 4. Goris/Jan van Kempen (1 Rde zurück) 29; 5. Rouyer/Bauer 26; 6. Hahn/Longardt 24; 7. Kühl/Mühlbach 14; 8. Kantorowicz/Kedzierski 11; 9. Horan/Lorenz (2 Rdn zurück) 13; 10. Brüder Standaert 10; 11. Beyer/Feder (3 Rdn zurück) 11; 85,230 km; ausgeschieden: Schrage/Nörenberg.
BZaM 4.–5. 11.; BLA 5. 11.

319 Anzeige (Chr Sep 30; nach: Agr 17. 9. 1928).

Nov 9, 19.30 Uhr. Revolutionsfeier »Nach zehn Jahren!«
V: SPD.
Et: 0,50 M. (keine Abendkasse).
Rd: Wilhelm Dittmann (MdR).
Th: *»Wenn der Gedrückte nirgend Recht kann finden«.*
Mitw.: Berliner Sinfonie-Orchester; Männerchöre »Fichte-Georginia«, »Berliner Sängerchor« und »Typographia« (Leitung: Wilhelm Knöchel); Sprechchor für proletarische Feierstunden (Einzelsprecher: Heinrich Witte; Leitung: Albert Florath).
Programm:
»Orchester:
Einzug der Gäste .... *Wagner*
Einmarsch und Aufstellung d. Fahnengruppen (Jugend, Rote Falken, Sportgruppen)
Egmont-Ouvertüre .... *Beethoven*
Chöre mit Begleitung des Orchesters:
Das heilige Feuer .... *Uthmann*
Sprechchor:
Ballade ›Habt ihr vergessen‹ .... *Klabund*
Chor mit Begleitung des Orchesters:
Das Erntelied (Dehmel) .... *Fried*
REDE (verstärkt durch Lautsprecher):...
Orchester:
Vorspiel zu ›Kampf und Sieg‹ .... *Knöchel*
Chor mit Begleitung des Orchesters:
Tord Foleson .... *Uthmann*
Sprechchor:
Der 9. November 1918–1928 .... *Rothenfelder*
Gemeinsamer Gesang mit Begleitung des Orchesters:
Die Internationale: .... *Daygeter«*
(Vw 2. 11.).
Vw 1.–2., 8.–10. 11.

Nov 11, 20.00 Uhr. Radrennen
V: SP.
Fliegerkampf »Deutschland – Ausland« (Ehmer, Hahn, Bernhardt, Tietz – Tonani [I], Louet [F], Rielens [B], Rouyer [F]; 4 Läufe). Erster Lauf: 1. Ehmer, 2. Bernhardt, 3. Louet, 4. Läufe). Erster Lauf: 1. Ehmer, 2. Bernhardt, 3. Louet, 4. Aerts. Zweiter Lauf: 1. Fricke, 2. Rielens, 3. Tietz, 4. Tonani. Endlauf der Dritten und Vierten: 1. Louet. Endlauf der Ersten und Zweiten: 1. Ehmer, 2. Rielens, 3. Fricke, 4. Bernhardt.
100-km-Mannschaftsfahren: 1. Tietz/Kroll 100 Pkte; 2. Dorn/Maczinski 71; 3. Ehmer/Kroschel 56; 4. Rouyer/Hahn 2; 5. Dobe/Manthey (2 Rdn zurück) 23; 6. Rielens/Duvivier 4; 7. Louet/Tonani 0; 8. E. und J. Aerts 3; 9. Nickel/Buse (5 Rdn zurück) 3; 10.Koch/Schwemmler 0; 11. Evert/Urban (7 Rdn zurück) 0; 2:16:56,4 Stunden; aufgegeben: Bernhardt/Fricke.
BZaM 11.–12. 11.; BLA 12. 11.

Nov 15, 19.00 Uhr. Amateur-Radrennen
V: BDR.
100-Rdn-Punktefahren: 1. Wunderlich 13 Pkte; 2. Boyssen 6; 3. Schulz 5.
100-km-Mannschaftsfahren: 1. Lehmann/Wissel 27 Pkte; 2. Fliegel/Donath 10; 3. Kräher/Schimming 4; 4. F. Engelmann/Graffunder (1 Rde zurück) 14; 5. Köther/Hoffmann (Hannover/Berlin; 3 Rdn zurück) 20; 6. Buchwald/Bier (Breslau) 17; 7. Zettner/Altenburger (München; 4 Rdn zurück) 5; 8. Adamek/W. Engelmann (Leipzig/Berlin; 7 Rdn zurück); 2:28:00 Stunden.
Vw 10., 14., 16. 11.; BLA 15.–16. 11.

Nov 16, 18.00 Uhr. Kundgebung
V: NSDAP, Gau Groß-Berlin.
Et: 1,20 M (Vorverkauf 1,– M).
Rd: Dr. Joseph Goebbels (MdR, Gl), Adolf Hitler.
Th.: *»Der Kampf, der einst die Ketten bricht!«.*
Mitw.: Reichsmusiklehrabteilung, Kapelle Fuhsel, Spielmannskorps (Oberspielmannszugführer Mebes).
Erste Rede Hitlers in einer öffentlichen Versammlung in Berlin.
»Um 7 Uhr ist der ungeheure Saal gefüllt, nicht lange darauf polizeilich gesperrt. Die Polizei scheint vom Märkertag gelernt zu haben. Sie sperrt die Potsdamer Straße vor dem Sportpalast eisern ab und läßt nur die mit Karten Bewaffneten hindurch. Am Eingang zum Versammlungsraum sind starke S. A.=Abteilungen aufgebaut, die schon von außen der Versammlung ein eigenartiges, mitreißendes Gepräge geben. Nur ein Bruchteil der S. A. versieht im Saale ihren Dienst. Und doch diese nie geträumte Ueberfülle, die selbst das am Märkertag Gesehene weit in den Schatten stellt! [...] Dann plötzlich braust vom Eingang her rasch sich durch den ganzen Riesenraum verbreitend ein unge-

320 Anzeige (Chr Nov 16; nach: Agr 12. 11. 1928).

heurer Jubelsturm auf. Hitler kommt! Der Führer ist da! Geleitet von Männern der Schutzstaffel, gefolgt von Berlins Gauleiter Dr. Goebbels schreitet er den schmalen Gang entlang [...] Und gleich brandet es wieder aufs neue auf, als unter schmetternder Musik die heiligen Zeichen der Bewegung, die Standarten und Fahnen vom baumlangen S. A.=Männern hereingetragen werden. Rechts und links von der aufgebauten Rednertribüne leuchten sie nun in ihren flammenden Farben« (Agr 19. 11.). Hitlers Auftritt erfolgte erst gegen 20.30 Uhr.

»Das weite Rund [...] war derart überfüllt, daß Einsturzgefahr für die eingebaute Radrennbahn bestand, und erst die Drohung einer polizeilichen Räumung die Bahn frei machen ließ« (BLA 17. 11.).

»Adolf Hitler hat gestern zum erstenmal in Berlin in einer öffentlichen Versammlung gesprochen [...] Er sieht in sich immer noch den großen Heldendarsteller und glaubt, daß die Berliner so wild nach ihm seien, daß er schon den großen Sportpalast nehmen muß, damit die Massen auch hineinkämen. Er hat sich aber bitter getäuscht. In bescheidenen Gruppen zogen die Teutonenjünglinge an und brüllten zum Amüsement der Straßenpassanten ihre Heilrufe. Die Polizei hatte diesmal weitgehende Vorsorge getroffen, daß die Nationalsozialisten keine Straßenpassanten belästigen konnten. Die Potsdamer Straße war vor dem Sportpalast durch ein starkes Polizeiaufgebot abgesperrt [...] Während der Veranstaltung durften die Versammlungsteilnehmer, vor allem die uniformierten Nationalsozialisten, den Sportpalast nicht verlassen« (Vw 17. 11.).

Einige Stunden nach Ende der Veranstaltung kam zwischen 5.00 und 6.00 Uhr Hans Georg Kütemeyer – Nationalsozialist und Kassierer bei der Kundgebung – zu Tode. Dieser nie ganz geklärte Todesfall wurde von Nationalsozialisten als politischer Mord angesehen, begangen von Kommunisten – womit die »Bewegung« einen neuen Märtyrer hatte.

Agr 12., 19., 26. 11.; BLA 17., 19. 11.; Voss 18. 11.; BT 17. 11.; Vw 17. 11.

Nov 18, 20.00 Uhr. Radrennen

V: SP.

1-Rde-Rekordfahren: 1. Hahn 10,2 Sek; 2. Frankenstein 10,4; 3. Louet 10,4; 4. Beinert 10,5.

15-Meilen-Mannschaftsfahren (112,5 km; 6 Wertungen mit je 4 Spurts beim 20., 40., 60. und 100. km; 12 Paare): 1. Frankenstein/Buschenhagen 59 Pkte; 2. Rielens/Verschelden (1 Rde zurück) 46; 3. Bragard/Goebel 32; 4. Wauters/Vermandel 22; 5. Charlier/Duray (2 Rdn zurück) 48; 6. Louet/Lorenz 47; 7. Nebe/Seiferth 38; 2:39:45,2 Stunden; außerdem starteten: Dahms/Dobe, Hahn/Miethe, Beinert/Wette, Kantorowicz/Kedzierski, Heyne/Jensen.

BLA 16., 18.–19. 11.; Vw 13., 19. 11.

Nov 23, 20.00 Uhr. Boxen »Kampftag der zehn Schwergewichte«

V: Damski.

Hans Schönrath (86,8 kg; Krefeld) – Hans Bischoff (89,2 kg; Duisburg), Sieg Schönraths durch Disqualifikation (4. Rde).

Dr. Ludwig Bach (86,8 kg; Heidelberg) – Karl Walter (83,3 kg; Berlin), Sieg Bachs nach Pktn (5 Rdn).

Ernst Rösemann (94,2 kg; Hannover) – Carl Carter (92 kg; USA), unentschieden (8 Rdn).

Rudi Wagener (Duisburg) – Giuseppe Spalla, Sieg Wageners durch ko (1. Rde).

Hein Müller (80,4 kg; Köln) – Harry Crossley (80,05 kg; GB), unentschieden (8 Rdn).

BLA 15., 23.–24. 11.; BS 425–26, 20.–27. 11.

Nov 25, 20.00 Uhr. Radrennen

V: SP.

Dreistunden-Mannschaftsfahren: 1. Tietz/Miethe 55 Pkte; 2. Junge/Skupinski 50; 3. Ehmer/Kroschel 86; 4. Krüger/Funda (1 Rde zurück); 5. Goris/Jan van Kempen 9; 6. Max Hahn/Longardt (2 Rdn zurück) 6; 7. Joksch/Kießlich 6; 8. Horan/Krollmann (4 Rdn zurück) 22; 9. Nickel/Buse 16; 123, 850 km; außerdem starteten: Dossche/Haemerlynk, Stockelynck/Goebel und Fricke/Bernhardt.

Ehmer/Kroschel hatten ursprünglich Platz 1. Ihr Sieg wurde ihnen jedoch vom Wettfahrausschuß des BDR aberkannt und sie wurden auf Platz 3 verwiesen, da sie eine unerlaubte Absprache mit Karl Goebel getroffen hatten, der ebenfalls bestraft wurde.

»Und da zeigte es sich mit aller Deutlichkeit, daß Kombinationen zugunsten anderer Fahrer trotz aller Maßnahmen und der noch in weiter Ferne wirkenden – angeblich ›durchgreifenden‹ Bestimmungen, nach wie vor möglich sind! Goebel=Stockelynck fuhren ganz offensichtlich für Ehmer=Kroschel, nahmen die beiden ins Schlepptau und kümmerten sich zunächst sehr wenig um die Schieberrufe des Publikums, daß diese Angelegenheit von Beginn an ›spitz‹ hatte. Das Renngericht griff – vielleicht nicht ganz – durch und nahm Goebel aus dem Rennen« (Vw 26. 11.).

BLA 25.–26., 30. 11.; Vw 23., 26., 30. 11.

Nov 27, 20.00 Uhr. 8. Fest der Sportpresse

V: VDS.

Zugunsten der Wohlfahrtskasse des VDS.

»In der Ehrenloge bemerkte man u. a. Magistratsrat Heusler, vom Reichsausschuß für Leibesübungen Exzellenz Lewald und Dr. Diem, vom Rennsport Graf Spreti, Rittm. Krause u. a. Unter den Akteuren wimmelte es nur so von Weltmeistern, Olympia=Siegern und anderen Champions. Fast keine Darbietung ohne irgendeinen Prominenten. So gab es eine Revue der Hallensports, die sich sehen lassen konnte. Richtig in Stimmung versetzt wurde das Haus gleich durch die Wettläufe der Jockeilehrlinge. Den Endsieg errang nach manchem Intermezzo E. Bugge in den Farben des Stalles Florian Geyer. Im Radfahrer=Wettkampf Hoppegarten gegen Karlshorst blieb die Hindernisbahn durch W. Wolff vor M. Schmidt Sieger. Den zweiten Fliegerlauf der Steher holte sich Weltmeister W. Sawall. Dann sah man Ernst Casimir und Dr. Hoops fechten, Pistulla und Habermann boxen, Tennisspieler und Fußballer im Wettkampf. Sonderapplaus begrüßte Frhrn. v. Langen, der auf Goliath Teile seines Dressurprogramms zeigte, das ihm in Amsterdam den olympischen Lorbeer verschaft hat. Kunstturner, Wettläufer, Leichtathleten der Hochschule für Leibesübungen traten weiterhin in Aktion und ernteten mit ausgezeichneten Darbietungen oft stürmischen Beifall« (BLA 27. 11.).

BLA 30. 10.; 14., 21., 25., 27. 11.; Ph (Berlin Museum).

Nov 30, 20.00 Uhr. Amateur-Radrennen

V: BDR, Gau Berlin.

Malfahren: 1. Gröning, 2. Negd, 3. Hallon, 4. Gangel.

Zweistunden-Mannschaftsfahren: 1. Lehmann/Wissel 41 Pkte; 2. Elpel/Hoffmann 21; 3. F. Engelmann/Graffunder 20; 4. Benninghoff/Schnitzler (1 Rde zurück) 29.

Vw 28. 11.; 1. 12.; BLA 30. 11.

Dez 1. 17. Hallensportfest des VBAV

18.30 Uhr Vorkämpfe, 20.15 Uhr Entscheidungen.

V: VBAV.

Mitw.: Reichswehrkapelle (Musikdirektor Dippel).

»Die im Gegensatz zu den früheren Jahren vorgenommene Beschränkung der Wettkämpfe und Vorführungen (von einigen Füllseln abgesehen) auf nur einen Tag hatte kein Nachlassen des Interesses zur Folge« (BLA 2. 12.). *»Der Reichspräsident stiftete für den Sieger in der ›Großen Hallensportfest=Staffel‹ über 25 mal 2 Runden sein Bild mit eigenhändiger Unterschrift. Der Verlag Scherl stiftete einen Scherl=Pokal für die 3000 Meter. Aus den Kreisen des Handels und der Industrie liegen weitere Preisstiftungen vor«* (BLA 20. 11.).

Aus den Wettbewerben:

»10 mal 50=Meter=Pendelstaffel. 1. Bar=Kochba. 2. Berliner S. C. 3. Teutonia. – 3 mal 1000=Meter=Staffel: 1. Preußen-Stettin 8:06,3. 2. V.f.B. Breslau 2 Meter zurück. 3. Hamburger S. V. – Olympische Staffel für B=, C=, D=Vereine: 1. B.F.C. Preußen 4:15. 2. S.V. Osram 1 Meter zurück. 3. Deutsche Girozentrale. – 60=Meter=Hürden: 1. Troßbach (B.S.C.) 8,7 Sek. 2. Schulze (Pol. S.V.). 3. Beschetznick (D.S.C.). – 4 mal 400=Meter=Staffel: 1. S.C. Charlottenburg 3:46,2. 2. Teutonia 5 Meter zurück. 3. Pol. S.V. – Ringen, Leichtgewicht: Stuwe (B.S.C.) schlägt Barth (Pol.=Schule) n. P. 50=Runden=Punktefahren: 1. Schulz (Concordia) 8 Punkte. 2. Donath (Tornado) 7 P. 3. Lindner (Concordia 7. P. – 1000=Meter=Hauptlaufen: 1. Wichmann (Karlsh.) (Turn=Verein) 2:34,4. 2. Schoemann (S.C.C.) 5 Meter zurück. 3. Dr. Peltzer-Stettin dichtauf. – Sprinterdreikampf: 1. Körnig (S.C.C.) 10 Punkte. 2. Jonath=Dortmund 9 P. 3. Meier (S.C.C.) 5 P. – 3000=Meter-Laufen: 1. Boltze=Hamburg. 2. Göhrt (Post=S.V.) dichtauf. 3. Dieckmann=Hannover. – Große Hallensportstaffel: 1. S.C. Charlottenburg« (BLA 3. 12.).

BLA 30. 10.; 14., 20. 11.; 1.–3. 12; Vw 30. 11.; 2. 12.

Dez 2, 17.30 Uhr. Radrennen

Start: 18.00 Uhr.

V: SP.

Internationales Sechsstunden-Mannschaftfahren.

»Das lange Rennen sieht alle 30 Minuten zwei Spurts hintereinander vor. In Anlehnung an die letzte 6=Tage=Stunde finden bei diesem 6=Stunden=Rennen in der letzten halben Stunde ununterbrochen 10=Runden=Spurts statt, wodurch ein hochinteressanter Abschluß des Wettbewerbs gewährleistet ist« (Vw 30. 11.).

Ergebnis: 1. Buschenhagen/Frankenstein (D) 103 Pkte; 2. Faudet/Marcillac (F) 80; 3. Mouton/Miethe (F/D) 10; 4. Manthey/Tietz (D; 1 Rde zurück) 44; 5. Dewolf/Goosens (B) 41; 6. Wette/Beinert (D) 8; 7. Pagnoul/Haezendonck (B; 2 Rdn zurück) 17; 8. Lorenz/Koch (D; 4 Rdn zurück) 14; 9. Mühlbach/Nörenberg (D; 5 Rdn zurück) 20; 240,160 km; außerdem starteten: Heinrich Suter/Bauer [CH/D] sowie Kroll, Behrendt, Kühl, Hahn (alle D).

Entgegen der obigen Prognose verlief das Rennen sehr eintönig – *»Langweilige 6 Stunden!«* –, was zu endlosen Pfeifkonzerten des Publikums führte.

BLA 29. 11.; 2. 12.; Vw 28., 30. 11.; 3. 12.

Dez 8–9. Radrennen »4. Berliner 25-Stunden-Rennen« u. a.

Beginn 8. 12. um 20.00 Uhr, Start 22.00 Uhr, Ende 9. 12. um 23.00 Uhr.

V: SP.

Vorrennen:

Fliegermalfahren: 1. Jensen (DK); 2. Kantorowicz (D); 3. Feder (D).

150-Rdn-Punktefahren (6 Spurts): 1. Kantorowicz 21. Pkte; 2. Nickel (D) 20; 3. Jensen 14.

25-Stunden-Mannschaftsfahren:

Neutralisation: 9.00–12.00 Uhr. Wertungen: 23.00, 1.00, 4.00 (je 10 Spurts); 12.00, 15.00, 17.00 Uhr (je 5 Spurts); 20.00 (10 Spurts); die letzte Stunde ununterbrochen Wertungsspurts.

Teiln. (12 Paare): Wambst/Lacquehay (F), Goosens/Stokkelynck (B), Vermandel/Verhaegen (B), Rielens/Jan van Kempen (B/NL), Horan/Koch (USA/D), Suter/Skupinski (CH/D), Kroll/Tietz (D), Buschenhagen/Frankenstein (D), Knappe/Miethe (D), Behrendt/Manthey (D), Wette/Beinert (D), Preuß/Resiger (D).
Ergebnis: 1. Buschenhagen/Frankenstein 175 Pkte; 2. Goossens/Tietz (1 Rde zurück) 140; 3. Behrendt/Manthey 68; 4. Wambst/Lacquehay 56; 5. Preuß/Resiger (8 Rdn zurück) 96; 825,140 km.
»Als [...] die Vorwettbewerbe ihren Anfang nahmen [...] gähnte trostlose Leere auf allen Plätzen [...] (Und im übrigen herrschte eine Kälte, als gelte es Generalprobe für den Eispalast.) Als zwei Stunden später der Startschuß fiel, der die zwölf Paare auf die [...] Fahrt schickte, war die Leere durch vereinzelte Besucher unterbrochen, und dabei blieb es während der ganzen Nacht« (BLA 10. 12.)
BLA 8.–9. 12.; Vw 6., 8., 10. 12.

Dez 12, 20.00 Uhr. Wohltätigkeits-Radrennen
V: DRV, Ortsgruppe Berlin.
Hauptfahren: 1. Max Hahn 8 Pkte; 2. Lorenz 7; 3. Jensen 4; 4. Beinert 3.
Mannschaftsomnium: 1 Dorn/Maczynski 30 Pkte; 2. Tietz/Miethe 28; 3. Manthey/Behrendt 15.
100-Rdn-Punktefahren: 1. Panke 8 Pkte; 2. Kedzierski (1 Rde zurück) 7; 3. Kantorowicz 6.
500-Rdn-Mannschaftsfahren: 1. Tietz/Miethe 72 Pkte; 2. Hahn/Koch 38; 3. Krüger/Funda 25; 4. Kühl/Mühlbach 19; 5. Wette/Beinert 16; 6. Lorenz/Bauer 16; 7. Feder/Weiher 0; 8. Behrendt/Manthey (1 Rde zurück) 14; Dobe/Dahms 7; Longardt/Buse (2 Rdn zurück) 2; 1:54:49,6 Stunden.
»Nach dem Radrennen findet im Blauen Saal des Sportpalastes das alljährliche Wintervergnügen, verbunden mit Siegerverkündung, Ball und Riesentombola, statt. Die Eintrittspreise sind volkstümlich« (Vw 4. 12.).
Vw 4., 11., 13. 12.; BLA 14. 12.

Dez 15, 20.00 Uhr. Amateur-Radrennen
V: BDR.
Fliegerkampf (8 Läufe): 1. Severgini (I), 2. Benninghoff, 3. Hoffmann, 4. Gangel.
75-Rdn-Punktefahren: 1. Kurz 20 Pkte; 2. Eggert 11; 3. Neugebauer 9; 4. Kinnsbrunner 5.
75-km-Mannschaftsfahren: 1. Lehmann/Wissel 40 Pkte; 2. Hoffmann/Elpel 15; 3. F. Engelmann/Graffunder 15; 4. Zettner/Altenburger (1 Rde zurück) 12; 5. Benninghoff/Schnitzler 7; 6. Gangel/Lindner 7; 7. Fliegel/Donath 0; 8. Köther/W. Engelmann (3 Rdn zurück) 2; 1:51:31,4 km.
Vw 13., 17. 12.; BLA 17.–18. 12.

Dez 16. Hallensportfest der Arbeitersportler
13.30 Uhr Vorkämpfe, 17.00 Uhr Entscheidungen.
V: Arbeiter-Sport- und Kulturkartell Groß-Berlin e.V.
Et: 1,50 M (Vorverkauf 1,– M), Jugendliche 0,75 M.
»Einen unvergeßlichen Eindruck hinterließ der Einmarsch der 75 auswärtigen Sportler – an ihrer Spitze marschierten über 100 Spielleute mit klingendem Spiel – die an der Spitze des Zuges ein riesiges rotes Transparent mitführten: Leipzig-Berlin in einer Front gegen die Spalter. Dröhnender Beifallssturm war die Antwort. Dreimal mußten die auswärtigen Sportler in der weiten Arena die Runde machen, und immer wieder wollte der Beifall kein Ende nehmen. Aber die Zeit drängte. Mit einem dreifachen ›Frei=Heil‹ dankten sie den Berlinern für den herzlichen Empfang« (RF 18. 12.).
»2500 Aktive treten auf den Plan [...] nur elf Konkurrenzen stehen auf dem Programm. 20 Mannschaften [...] in der großen Staffel (20 mal 2 Runden) [...] Bei der 10 mal 50 Meter Pendelstafette der C-F=Klasse sind sogar 45 Mannschaften am Start. Die A- und B-Klasse hat 28 Meldungen [...] Die Olympische Staffette der Klassen C-F sieht 41 Mannschaften am Start. Bei den Jugendlichen treten in der 10 mal 1 Runde 33 Mannschaften in Konkurrenz [...] Glänzend ist das Meldeergebnis bei den Frauen, die für die 10 mal 1/2 Runde 38 Meldungen haben. Der 1500=Meterlauf für Männer mit über 100 Teilnehmern [...] Die Radrennen [...] Ein Rennen über drei Runden, 30 Startende, wird den schnellsten ›Flieger‹ ermitteln. Das Mannschaftsverfolgungsrennen über 20 Runden zwischen Gruppe Friedrichshain und Gruppe Moabit wird viel zur Programmbelebung beitragen. Den Schluß der Kartellveranstaltung bildet das 50 Kilometer=Mannschaftsfahren nach Sechstageart. Kleinkinderturnen, Artistik, Ringkämpfe, Radball, Kunstwettturnen, Gymnastik und Sprechchor vervollständigen das vielseitige Programm« (RF 14. 12.).
RF 16. 11.; 14., 18. 12.

321 21. Berliner Sechstagerennen (Chr Jan 4–10), Vorbereitungen zum Start (nach: Zeitbilder 13. 1. 1929).

Dez 26, 20.00 Uhr. Weihnachts-Radrennen
V: SP.
Fliegerkampf: 1. Engel, 2. Oszmella, 3. Buschenhagen.
Vorgabefahren: 1. Manthey (120 m), 2. Funda (105 m), 3. Bauer (100 m), 4. Horan (80 m).
Mannschafts-Verfolgungsfahren: 1. Rausch/Hürtgen, 2. Kroschel/Miethe, 3. Mouton/Goossens.
Zweistunden-Mannschaftsfahren: 1. Krüger/Funda 50 Pkte; 2. Behrendt/Manthey 31; 3. Kroschel/Miethe 12; 4. Buschenhagen/Frankenstein (1 Rde zurück) 26; 5. Rausch/Hürtgen 25; 6. Louet/Mouton 18; 7. Koch/Nörenberg (3 Rdn zurück) 24; 8. Bauer/Lorenz (4 Rdn zurück) 11; 9. Horan/Goossens (5 Rdn zurück) 22; 85,340 km; außerdem starteten: Falck-Hansen/Oszmella, Engel/Steffes, Hahn/Bragard.
BLA 30. 10.; 24.–25. 12.; Vw 19., 22., 27. 12.

1929

Jan 4–10. 21. Berliner Sechstagerennen
Beginn 4. 1. um 20.00 Uhr, Start 22.00 Uhr, Ende 10. 1. um 23.00 Uhr.
V: SP.
Wertungen: wie 1928 Mär 9–15.
Teiln. (13 Paare): Faudet/Marcillac (F), Wambst/Lacquehay (F), Letourneur/Broccardo (F), Goossens/G. Debaets (B), Rielens/Jan van Kempen (B/NL), Stockelynck/Lorenz (B/D), Linari/Miethe (I/D), Petri/Dülberg (D), Kroll/Tietz (D), Junge/Kroschel (D), Behrendt/Manthey (D), Wette/Beinert (D), Preuß/Resiger (D).
Um das Rennen kampfreicher zu gestalten, wurden *»eine tägliche Prämie von 500 M. für dasjenige Paar ausgesetzt [...], daß in der Zeit von 10 Uhr abends bis 4 Uhr morgens seine Position durch Rundengewinn verbessert«* (Vw 29. 12. 1928).
Ergebnis: 1. Dülberg/Petri 377 Pkte; 2. Goossens/Debaets (2 Rdn zurück) 396; 3. Junge/Kroschel 188; 4. Rielens/Jan van Kempen (3 Rdn zurück) 213; 5. Faudet/Tietz (4 Rdn zurück) 334; 6. Preuß/Resiger 250; 7. Behrendt/Manthey (7 Rdn zurück) 227.
Zurückgelegte km: 3661,720.
Startschuß: Walter Sawall (Steher-Weltmeister 1928).
Vorrennen (Stunden-Punktefahren): 1. Jensen, vor Kantorowicz, Dobe, Panke.
Die Vorstellung der Mannschaften erfolgte durch Tadewald. *»Mit Vergnügen sah man wieder den einstigen Sportpalast=Demosthenes Tadewald mitwirken. Anfangs glaubte man, es gelte lediglich der Bewältigung rhetorischer Aufgaben (›unsere Sechstagefahrer ein dreimal donnerndes All=Heil!‹ und so), dann sprach es sich so langsam*

herum, daß es sich um das Erbe Rütts als sozusagen sportlicher Leiter handele« (BLA 7. 1.).
Bei diesem Sechstagerennen wurde der berüchtigte, seit langem gesuchte *»Ein= und Ausbrecher«* Hugo Lorbach festgenommen. *»Der 40 Jahre alte Hugo Lorbach, der den Spitznamen ›der schöne Hugo‹ führt, ist mit seiner Freundin Lotte zusammen eine bekannte Erscheinung in der Berliner Verbrecherwelt. Schon vor drei Jahren wurde Lorbach bei einem Sechstagerennen erwischt [...] Lorbach ist ein Mitglied der berüchtigten Kolonne Arnold, Otto Dunst und Heinrich Groß, auf deren Konto die meisten der ganz großen Pelz= und Konfektionseinbrüche kommen. Am Sonnabend abend besuchten nun Kriminalkommissar Braschwitz, der Leiter des Sonderdezernats für Pelz= und Konfektionseinbrüche, und Kriminalrat Galzow das Sechstagerennen, weil erfahrungsgemäß dort die schweren Jungen unter den Zuschauern sitzen. Als die Beamten ihre Plätze einnehmen wollten, erhielt Kommissar Braschwitz in dem Gedränge einen unbeabsichtigten Stoß von rückwärts. Er sah sich nach dem Drängler um und erkannte zu seiner Ueberraschung seinen alten ›Freund‹ Lorbach, der mit zwei anderen Männern und Lotte in einer Seitenloge saß [...] Lorbach war mit Leib und Seele bei dem Rennen und hatte alles andere um sich her vergessen. Kurz bevor die 2=Uhr=Wertung ausgefahren wurde, verließ Lorbach mit einem seiner Begleiter seine Loge, um ein Glas Bier zu trinken. Die Beamten folgten ihm, ließen ihn auch sein Glas leeren, nahmen ihn dann aber fest, zusammen mit seinem Begleiter. Lorbach war durchaus nicht widersetzlich, ihn betrübte es nur, daß er mitten im Rennen weg mußte«* (Vw 7.1.).
BLA 15., 24., 31. 12. 1928; 4.–11. 11.; Vw 22., 29. 12. 1928; 3., 5. 7. 10.–12. 1.

Jan 12, 20.00 Uhr. Amateur-Radrennen
V: BDR.
100-Rdn-Punktefahren: 1. Dasch 15 Pkte; 2. Salmann 11; 3. Kliemchen 10, 4. Levy 7.
Zweistunden-Mannschaftsfahren: 1. Lehmann/Wissel (Berlin) 29; 2. Elpel/Dietrich (Breslau) 40; 3. Gangel/Lindner (Berlin) 27; 4. Schnitzler/Benninghoff (Köln/Dortmund) 23; 5. Zettner/Altenburger (München/Kassel) 18; 82,050 km; außerdem starteten: Grossimlinghaus/Pützfeld (Dortmund), Donath/Fliegel, Engelmann/Graffunder u. a.
BT 12., 14. 1.

Jan 13. Hallensportfest der Turner
Vormittags Vorkämpfe, 18.00 Uhr Hauptkämpfe.
V: DT, Kreis III b.
Rund 1600 Startende aus fast 100 Vereinen.
»Der Kampf auf Rasen und Aschenbahn sowie in der Halle dient zum Mittler zwischen Turnen und Sport. Was der grüne Tisch nicht schaffte, ist ihm gelungen. Immer näher kommen sich die ›feindlichen‹ Brüder. Von der gegenseitigen Anerkennung bis zum völligen Zusammengehen ist der Weg nicht mehr weit. Ein großer Schritt dahin ist jetzt vom Turnkreis III b getan, denn zum ersten Male beteiligen sich auch die Leichtathleten der Sportbehörde an einer Veranstaltung der Turner. So wurde das 8. Brandenburgische Hallensportfest [...] ein besonderes Ereignis, das weit über den Rahmen der Turnerschaft hinaus die Oeffentlichkeit interessierte. Turnerschaft und Sportler vereinten sich im friedlichen Kampfe nicht mehr aus national=olympischen Erwägungen heraus, sondern getragen vom Willen zur Einigung« (BLA 14. 1.).
Aus den Wettbewerben:
»1000=Meter=Hauptlaufen: 1. Wichmann=Karlshorst 2:31,8; 2. Dr. Peltzer=Stettin 1:31,9; 3. Schmidt=Charlottenburg 45 Meter zurück. – 60=Meter=Hürdenlaufen: 1. Schulze=Polizei 8,6 Sek.; 2. Köster 8,8; 3. Troßbach. – 3=mal=1000=Meter=Staffel: 1. Karlshorster T. V. 8:03,6; 2. Preußen=Stettin 8:04,8; 3. ATB. Berlin – Sprinterdreikampf: 1. Lauf 50 Meter: 1. Lammers=Oldenburg 6,3 Sek.; 2. Becker=Stendal;, 3. Füllgrabe=Berlin. 2. Lauf 50 Meter: 1. Lammers 6,2 Sek.; 2. Füllgrabe ; 3. Becker. – Charlottenburger Staffel für D=Vereine: 1. Lichtenrade 3:40,1 – [...] – 50 Meter Frauen: 1. Gehricke=Tiefensee 7,1; 2. Furchheim=Neukölln 7,8; 3. Holdmann=Leipzig, gestürzt. – 50 Meter Männer: 1. Maschat=Berlin 6 Sek. – [...] – 60 Meter Hürden für Jugend: 1. Pörner=Neukölln 9,4 Sek. – 4=mal=100=Meter=Frauenstaffel: 1. Lichterfelde 59,8 Sek.; 2. Tib. 61 Sek.; 3. VfL Charlottenburg 61,1 Sek. – [...] 10=mal=50=Meter Pendelstaffel Männer: 1. BTSV. 1:01,5; 2. Schöneberger Turnsportclub 1:02; 3. Bar Kochba. – [...] – Sprinterdreikampf (Ergebnis): 1. Lammers=Oldenburg 18 Punkte. 2. Becker=Stendal 14 P., 3. Füllgrabe=Eintracht 13 P. – 20=mal=2=Rundenstaffel der A=Vereine: 1. Schöneberger T.S.C. 2. B.T.S.V. 3. T.Vgg. Weißensee. – Handbball: Berlin=Havelgau 4:3 (1:0). – [...]« (BLA 14. 1).
BLA 17., 19., 31. 12. 1928; 6., 8., 10., 14. 1.

Jan 16–18, 14.00–15.00 in der Sportschule. Öffentliches Training des Boxers Primo Carnera
Vw 16. 1.

Jan 18, 20.00 Uhr. Boxen »Primo Carnera – Ernst Rösemann« u. a.
V: Damski.
Fdg: Paul Noack (57,5 kg; Berlin) – Robert Tassin (56,6 kg; F), unentschieden (10 Rdn).
Lg: Jakob Domgörgen (61 kg; Köln) – Hans Schumacher (60,2 kg; Berlin), Sieg Domgörgens durch Aufgabe (4. Rde).
Mg: Poldi Steinbach (72,5 kg; A) – Hein Domgörgen (71,3 kg; Köln) Sieg Domgörgens nach Pktn (8 Rdn).
Gegen die Entscheidung der Punktrichter zum Sieg Hein Domgörgens erhob das Publikum lebhaftesten Protest – *»Ein gleich vollkommenes Fehlurteil ist kaum jemals im Sportpalast gefällt worden«* (Vw 19. 1.). Vom Sportausschuß der Boxsportbehörde Deutschlands wurde daraufhin der Beschluß gefaßt, *»den beiden Boxern aufzugeben, den Kampf in ihren Rekordlisten als ›ohne Entscheidung‹ zu führen«* (Vw 23. 1.)
Hsg: Helmut Hartkopp (79,7 kg; Berlin) – Emil Scholz (78,1 kg; Breslau), unentschieden (8 Rdn).
Sg: Primo Carnera (121 kg; 2,05 m; I) – Ernst Rösemann (94,8 kg; Hannover), Sieg Carneras nach Pktn (8 Rdn).
BLA 6., 16.–17., 19. 1.; BS 433–34, 14.–21. 1.; Ph (VWA).

Jan 19, 21.00 Uhr. »Hofball bei Zille«
Et: 15,- M (Vorverkauf 10,- M).
»Berliner Karneval im Sportpalast / [...] / unter persönlicher Leitung von Heinrich Zille / Hofball bei Zille / Um Mitternacht / Huldigung für Meister Zille unter Mitwirkung der Künstlerschaft und der Zille Modelle / Heinrich Zille prämiiert die originellsten Zille-Figuren mit Orig.-Zille-Gemälden / Erntefest in der Laubenkolonie / Umzug der Kolonisten Reigen der Zille-Jöhren / Empfang Heinrich Zilles durch den Laubenvorstand / Tanzmusik: Artur Guttmann's Jazz-symphoniker / Im Kasino: Die Zille-Band In der Schwemme: Leierkasten-Symphoniker / Rixdorfer Vergnügungspark / Kostümzwang Festleitung: Karl Weiß Notkostüm M. 3.-« (Anz., BLA 14. 1.).
»Oft regt sich Zille über die unzureichenden Darbietungen und Einrichtungen beim Zilleball 1929 auf: ›Das sollte ein Volksfest sein! Ein richtiges Volksfest! Sie machen aber eine Schampagnerpropaganda daraus. – Ein Laubenfest sollte es diesmal werden. Was machen sie? Eine Ruine von einer Bude setzen sie in die Mitte vom Saal. Verschiedene Gäste machten sich darüber lustig und kletterten rauf. Ringsum die Reste von früheren Dekorationen. Nichts Neues gemalt. Keine Musik im Saal. Bloß auf der Galerie. Ein Haufen Leierkasten in dem unteren Umgang. Kein Ton von der Ballmusik war unten im Saal richtig zu verstehen. Kein Paar konnte darnach tanzen. Na, es ging auch nicht: der Tanzboden war ganz rauh – nicht mal gewachst!‹« (Ostwald, Zille S. 87, ausführliche Beschreibung des Festes, S. 79–88).
Es war das letzte Zille-Fest im Sportpalast; Zille starb am 9. 8. 1929.
BLA 1., 6., 13., 21.–22. 1.

Jan 26–Feb 3. Reit- und Fahr-Turnier
Vormittags und 16.00 Uhr die eigentlichen Turnierwettbewerbe, 20.00 Uhr Totalisator-Jagdspringen.
V: Sport-Kartell Berlin und Turnierabteilung des Reichsverbandes für Zucht und Prüfung deutschen Warmbluts (Organisator Major Ch. Hausmann).
»Das Programm [...] ist einer Dreiteilung unterworfen, um bei den Nachmittagsveranstaltungen nicht allzu große Anforderungen an die Aufmerksamkeit des Publikums stellen zu müssen. Die Vormittage bringen die Materials=, Eignungs= und Dressur=Prüfungen mit ihren Entscheidungen, dann ist nachmittags nur eine kurze, wenige Minuten in Anspruch nehmende Vorstellung der Sieger und Placierten notwendig, bei der sich das große Publikum immer noch orientieren kann. Nachmittags wird den Schaunummern größerer Spielraum als früher gelassen, abends treten die Jagdspringen in traditioneller Weise in ihre Rechte, begleitet von einigen besonders wirkungsvollen Schaunummern« (Vw 26. 1.).
»Wer vielen etwas bringt, wird jedem etwas bringen, das faustische Theater=Motto gilt noch in erhöhtem Maße für

322 Programmheft (Chr Jan 18); VWA.

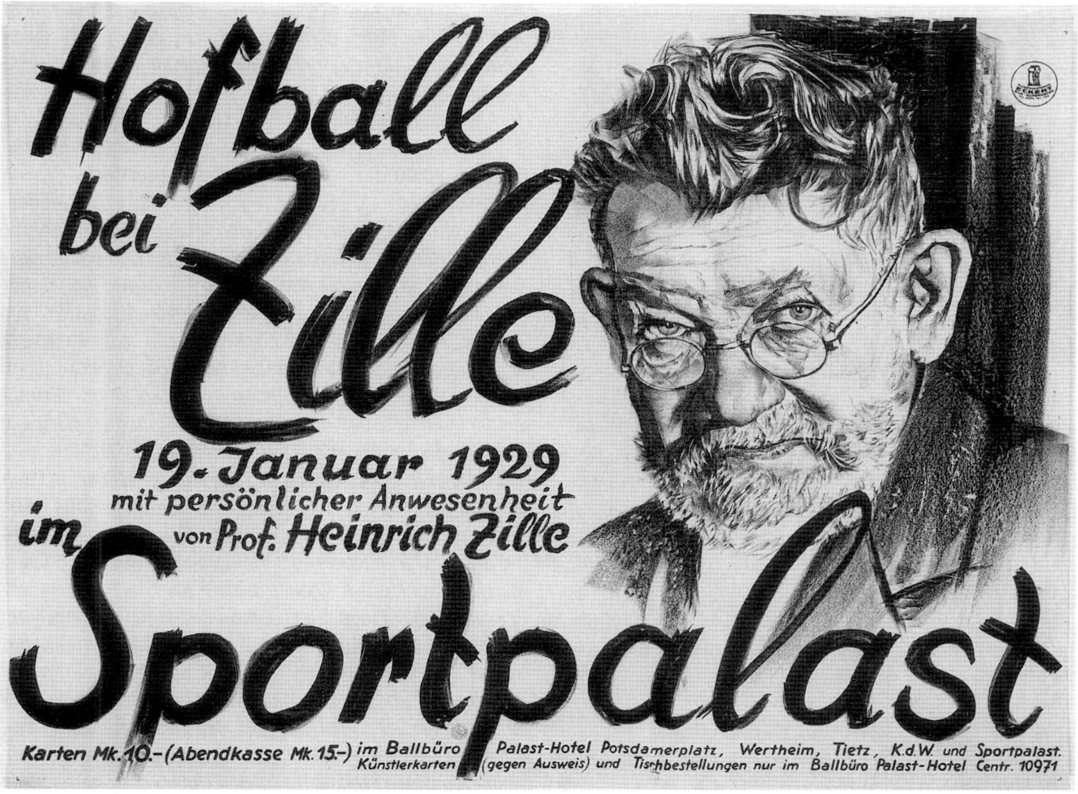

323 Plakat (Chr Jan 19); Berlin, Kunstbibliothek, SMPK.

zirzensische Spiele. Zu solchen haben sich die Turniere in fortschreitendem Maße entwickelt« (BLA 26. 1.).
An Schaunummern wurden gezeigt: u. a. Kinder-Quadrille, Hindenburg-Quadrille, Zapfenstreich zu Pferde, Viererzug-Fahrquadrille der Reichswehr.
»Beim Zapfenstreich zu Pferde wirken nicht weniger als 18 Rechwehrkesselpauker mit. Die Pferde tragen die Traditionsgeschirre, die durch kriegerische Taten verdient werden mußten [...] Die 18 Kesselpauker besorgen die übliche Lärmentfaltung. Wenn aber mit Pauken und Trompeten bei voller Kriegsbemalung ›Ich bete an die Macht der Liebe‹ steigt, dann stehen die Zuschauer auf, von den Logen bis zum höchsten Olymp, und programmäßige Rührung erfüllt das ganze Haus. Die Pferde aber stehen wie die Osterlämmer, sie wissen, daß Krachschlagen die größte Nichtigkeit im Leben ist« (Vw 29. 1.).
Jeder Tag stand unter einem Motto, das in etwa die Wettbewerbe kennzeichnete: Tag der Jugend, der Rotröcke, der Reichswehr, Damentag, Tag der ländlichen Reitervereine, der Mode, der Fahrkunst, der Senioren und der Championate. Am Tage der Reichwehr *»erschienen zwei Züge Maschinengewehre in der Arena, die im Trab und Galopp vorgeführt wurden. Dann wurde mit ein paar Handgriffen abgeprotzt, und es standen die Geschütze ›Fertig zum Feuern‹. Noch bedeutender war die Auffahrt zweier Geschütze reitender Artillerie«* (BLA 29. 1.). *»Man spielte also Manöver oder Krieg, je nachdem man es gerade auffassen will«* (Vw 29. 1.).
Am vorletzten Tag erschien der Reichspräsident. *»Hindenburg kommt! Das bedeutet Turnier=Höhepunkt. Der Sportpalast seit Tagen ausverkauft, für Geld und gute Worte keine Karte mehr zu haben. Lang vor vier Uhr ›strömte‹ die Menge [...] Ein imposanter Anblick dies übervolle Haus, bereit, dem Reichspräsidenten zu huldigen«* (BLA 3. 2.).

Aus den Wettbewerben:
»Junioren=Preis. Eignungsprüfung. a) Kinder bis 11 Jahre: Rittm. v. Schmidts Ahmet (Ursula Bürkner) 1. Herb. Krasemanns Moritz (Bes.) 1. [...] b) Aeltere Kinder: Frau Herm. Kloths Heimat (Ursula Meyer Glousselle) 1. Nina Hagens Schwabensohn (Bes) 2.« (BLA 27. 1.).
Preis des Reitklubs Sand: *»Dressurprüfung für Reitpferde. Stall Westens Sonnenbruder (A. Staeck) 1. am Endes Turmwart (O. Lörke) 2. Dr. Baumgartners Charin (A. Staeck) 3. Frau Duensings Burgsdorff (Lietz) 4«* (BLA 28. 1.).
»Amazonen=Jagspringen. Ehrenpr. u. 500 M. M. L. von Prollius Irokese (Frau Franke), 3 F., 67 Sek., 1. H. Marwedes Etzel (Frl. Marwedes) 3 F., 73 Sek., 2. Os Kleesattels Fridericus (Baronin A. von Oppenheim), 8 F., 84 Sek., 3. Frau von Heynitz' Neste (Bes.), 15 F., 4. Dreys Bellonia (Frau Dr. Salochin) 5 F., 5.« (BLA 30. 1.).
»Hochspringen. Ehrenpr. u. 1000 M. Oblt. v. Hülsens Harald (Bes.), 2,05 Meter, 1. Frhr. v. Langen u. Lt. Mivilles Vertuchon (Frhr. v. Langen) 2 Meter, 2. [...] Zweispänner=Eignungsprüfung für Gespanne. 350 M. Fahrausbild.= Kommando Hannovers Fabrizius=Gaugraf (Major Woerler) 1.« (BLA 1. 2.).
»Mehrspänner. Eignungsprüfung. 500 M. Fahrausbildungs=Kommando Hannovers=Sechserzug (Major Woerler) 1. – Frhr. v. d. Borchs Viererzug, Jucker (Bes.) 1.–3. Esk. Fahrabteilung 2 Viererzug [Char à banc] (Oblt. Marzahn) 1.« (BLA 2. 2.).
»Championat der Jagdpferde. Eignungsprüfung. Ehrenpreis und 400 Mk. M. L. v. Prollius ›Irokese‹ (Frau K. Franke) 1. Mekelburgs Percy (Czeranowski) 2. Th. Nierhoffs Sentenz (A. Holst) 3. G. Schwandts Kriegskind (Bes.) 4.« (BLA 4. 2.).
BLA 8., 22., 24., 26.–31. 1.; 1.–4. 2.; Vw 23., 26., 29., 31. 1.

Feb 20. Zwangsversteigerung des Sportpalastes im Amtsgericht Schöneberg (?).
Vw 20. 2.

Feb 23–24, 20.00 Uhr. Eishockey u. a.
Ab 12.00 Uhr öffentlicher Eislauf.
V: BSchC.
Eröffnung der Eissaison 1928/29, die bereits am 9. 2. stattfinden sollte, jedoch wegen einer Explosion *»an der Hauptmaschine der riesigen Kälteerzeuger«* am 8./9. 2. verschiedentlich verschoben werden mußte (vgl. Vw 1., 8.–9., 20. 2.).
»Die Eisfläche im Sportpalast ist auf das vorgeschriebene internationale Eishockeymaß verkleinert, eine Tischreihe auf der Ebene der Eisfläche ist neugewonnen worden. Große Schutznetze an den Toren sichern die Zuschauer vor der abirrenden Scheibe« (Vw 25. 2.).
Kunstlauf von Paul Franke, Herbert Haertel, Gerda Veit und Scholz/Kaiser (Wien).
Wiener EV: Dr. Dempsey, Walter Brück, Lederer, Klang, Sell, Göbel, Maier, Lichtschein.
BSchC (IM): Dr. Holsboer, Sachs, Haßler, Römer, Jaenecke, Herbert Brück, Ball, Steinke, Lincke.
Feb 23 Wiener EV – BSchC (IM) 3:2 (0:1, 2:1, 1:0).
Feb 24 Wiener EV – BSchC (IM) 1:1 (0:0, 0:0, 1:1).
BLA 21., 23.–25. 2.; Vw 22.–25. 2.

Feb 27, 20.00 Uhr. Eishockey
Ab 10.00 Uhr öffentlicher Eislauf.
Brandenburg – BESV-Auswahl (Trainingsspiel).
BLA 27. 2.

Feb 28, abends. Eishockey
»Am Donnerstag abend 28. 2. nehmen die Eishockey=Pokalspiele ihren Anfang, die fast täglich stattfinden. Es werden also ziemlich alle Berliner Mannschaften Gelegenheit zu Eishockey=Wettspielen im Sportpalast haben, wodurch sicherlich der Sport als solcher stark gefördert werden wird« (BLA 27. 2.). Die Spiele fanden offensichtlich in loser Folge statt, ohne in der Öffentlichkeit besonders Aufsehen zu erregen. Am 4. 4. wurde das Entscheidungsspiel durchgeführt.
BLA 27. 2.

Mär 2, 20.00 Uhr. Eishockey
Ab 12.00 Uhr öffentlicher Eislauf.
BSchC – Brandenburg 5:2.
Das für diesen Tag geplante Spiel »Budapester EV – Brandenburg« mußte auf den 4. 3. verlegt werden, da ein Teil der ungarischen Mannschaft wegen Schneeverwehungen nicht rechtzeitig eingetroffen war. Als Ersatz spielte dann die Mannschaft des BSchC.
Vw 4. 3.; BLA 3. 3.

Mär 3. Eishockey und Eiskunstlauf »Berliner Meisterschaften«
Ab 10.00 Uhr öffentlicher Eislauf.
9.30 Uhr. Kunstlauf, Pflicht.
19.30 Uhr. Kunstlauf, Kür.
20.00 Uhr. Eishockey.
Budapester EV: Heinrich (Tor); Barna, Weiner (Vert.); Minder, Dr. Lator, Barcza (Sturm).
BSchC (IM) – Budapester EV 5:0 (3:0, 2:0, 0:0).
Ergebnisse der Kunstlaufmeisterschaften:
Sie wurden *»durch geringe Beteiligung und mäßige Leistungen charakterisiert«.*
Meister-Damen: 1. Flebbe (BSchC) Plz 3/228 Pkte; 2. Dietze (BSchC) 6/182.

324 Fritz Meisel, Eishockey im Sportpalast (Bleistift, Tusche, 29 x 38,5 cm; Chr Mär 3; veröffentlicht in: BZaM 4. 3.); Privatbesitz.

Meister-Herren: 1. Haertel (BSchC) 5/267; 2. Franke (BSchC) 12/255.
Meister-Paare: 1. Ehepaar Krümling (BEV 86) 3/9,3; 2. Hempel/Baumgärtner (BEC) 6/7,8.
BLA 2.–4. 3.; Vw 2.–4. 3.

Mär 4, 20.00 Uhr. Eishockey
Ab 12.00 Uhr öffentlicher Eislauf.
Budapester EV: entsprechend Mär 3.
Brandenburg: Schmidt (Tor); Herker, Kuklinski, Kummetz, Heinrich u. a.
Brandenburg – Budapester EV 3:2, (1:0, 1:0, 1:2; Nachholung des Spiels vom 2. 3.)
BLA 2.–5. 3.; Vw 28. 2.; 4.–5. 3.

Mär 8, 20.00 Uhr. Boxen »Franz Diener – Gipsy Daniels« u. a.
V: Damski.
Fdg: Franz Dübbers (58,5 kg; Köln) – Erwin Zinndorf (60 kg; Frankfurt), Sieg Dübbers' nach Pktn (6 Rdn).
Fdg: Paul Noack (57,7 kg; Berlin) – Johnny Curley (58,4 kg; GB), Sieg Noacks nach Pktn (8 Rdn).
Lg: Jakob Domgörgen (60 kg; Köln) – Young Spears (62,4 kg; GB), unentschieden (8 Rdn).
Mg: Poldi Steinbach (72 kg; A) – Joe Ralph (70 kg; B), Sieg Steinbachs nach Pktn (8 Rdn).
Sg: Franz Diener (85,1 kg; Berlin) – Gipsy Daniels (84 kg; GB), Sieg Dieners nach Pktn (10 Rdn).
BLA 12. 2.; 7.–9. 3.; BS 440–41, 4.–11. 3.; Ph (VWA).

Mär 9–10, 20.00 Uhr. Eishockey u. a.
Ab 12.00 Uhr öffentlicher Eislauf.
Kunstlauf von Dietze, Haertel, Franke, Geschwister Winter, Kishauer/Gaste.
British Ice Hockey Association: Gardner (Tor); Harding, Davis (Vert.); Campbell, Watts, Home (Sturm); u. a.
BSchC: Lincke, Steinke (Tor); Sachs, Römer (Vert.); Jaenecke, Haßler, Brück (Sturm); R. Ball, Reschke (Ersatz).
Mär 9 BSchC – BIHA 5:3 (0:2, 1:0, 4:1).
Mär 10 BSchC – BIHA 2:1 (0:0, 1:1, 1:0). Brandenburg – BSV 92 6:0.
»Die Engländer wollten ursprünglich ihre Nationalmannschaft nach Berlin entsenden, haben aber vorgezogen, diese durch Hinzunahme der besten zur Zeit in England weilenden Kanadier zu verstärken. Die British Ice=Hockey Association hat die denkbar beste Mannschaft aufgestellt, so daß der Berliner Schlittschuh=Club den in dieser Saison bisher stärksten Gegner vorfinden wird. Fünf Kanadier bilden das Rückgrat der Gäste=Mannschaft« (BLA 9. 3.).
BLA 9.–11. 3.; Vw 8., 11. 3.

Mär 11, 20.00 Uhr. Amateur-Boxen »10. Brandenburgische Meisterschaften«
V: BBV.
Endkämpfe.
Flg: Stegemann (Teutonia) besiegt Noack (BCB).
Bg: Ziglarski (Westen) besiegt Riethdorf (Sparta) durch ko (2. Rde).
Fdg: Fuchs (Maccabi) besiegt Gehlhaar (TeBe).
Lg: Bächler (Heros) besiegt Hünnekens (Westen).
Wg: Volkmar (Heros) besiegt Langdecker (Bewag).
Mg: Seelig (TeBe) besiegt Römer (Heros).
Hsg: Gaikowski (PSV) besiegt Schwarz (Weissensee).
Sg: Eggert (Spandauer BC) besiegt Lungwitz (Astoria).
»Der Sportpalast ist groß, und wenn der Boxverband nicht den zweiten Rang den Schulen zur Verfügung stellen würde, dann würde es bei diesen Kämpfen manchmal recht leer aussehen« (BLA 8. 3.).
BLA 8., 12. 3.; BS 441–42, 11.–18. 3.

Mär 12, 20.00 Uhr. 4. Polizei-Hallensportfest
V: PSV.
»Der Sportpalast war bis auf den letzen Platz gefüllt, die Gäste hatten nichts zu bereuen [...] Unter den ersten Darbietungen machten die Vorführungen von 40 Hunden der ›Abteilung für Polizei= und Schutzhunde‹ besonders viel Freude. Aus den leichtathletischen Ergebnissen ist zuerst das Hürdenlaufen zu erwähnen, das Troßbach leicht gegen Köster und Werkmeister gewann. Im Sprinterdreikampf siegte Lammers, der in Becker (Stendal) und Kurz nicht viel zu schlagen hatte. Das 1000=Meter=Laufen sicherte sich Dr. Peltzer in 2:34 gegen den Zehlendorfer Müller und den Hamburger Boltze überlegen. Schoemann hatte hier anfangs geführt, gab aber, als er von Peltzer von der Spitze verdrängt war, noch vor der Hälfte des Rennens auf. Einen der Höhepunkte des Abends bildete der Start von Hirschfeld im Kugelstoßen. Der Ostpreuße siegte überlegen, er brachte die Leistung von 14,82 Meter zusammen. Zweiter wurde der Fürther Uebler. Die Große Staffel über 20 mal 2 Runden fiel an den SC. Charlottenburg vor dem Polizeisportverein. Sehr interessant verlief das Handballturnier. Siemens siegte im Endkampf gegen den Spandauer Polizeihandballklub mit 8:5 Toren. Unter den zahlreichen Ehrengästen sah man u. a. den Landtagspräsidenten Bartels, Polizeipräsidenten Zörgiebel, Polizeivizeprädsident Dr. Weiß [...]« (Vw 13. 3.).
Vw 13. 3.; BLA 12.–14. 3.

Mär 13, abends. Kundgebung
V: Bund der Haus- und Grundbesitzer.
Rd: Hermann Hilger-Spiegelberg (MdL; DNVP), Johann Howe (MdL; DNVP), Dr. Franz Jörissen (MdR; RdDM [Wirtschaftspartei]), Carl Ladendorff (MdL; RdDM [Wirtschaftspartei]), Jacob Ludwig Mollath (MdR; RdDM [Wirtschaftspartei]).
Th: Gegen die Steuerpolitik des Reichsfinanzministeriums.
»Wie der Leiter der Versammlung, Abg. Ladendorff, feststellte, waren nicht wengier als 31 Verbände des organisierten Mittelstandes aus Handwerk, Gewerbe und Handel nebst vielen Vertretern aus dem ganzen Reiche an der Versammlung beteiligt [...]« Er *»bezeichnete im Schlußreferat als Wurzel alles Uebels den deutschen Parlamentarismus. Diese Spottgeburt müsse mit Stumpf und Stiel ausgerottet werden. Der Staat predige den Bürgern Sparsamkeit und sei selbst der größte Verschwender. Ohne lebensfähigen deutschen Mittelstand, ohne Sicherung des Privateigentums sei Deutschland nicht mehr zu retten, denn der Mittelstand sei der Regulator zwischen Arm und Reich, zwischen Arbeit und Kapital«* (BLA 14. 3.).

Mär 16–17, 20.00 Uhr. Eishockey u. a.
Am 16. 3. ab 12.00 Uhr, am 17. 3. ab 10.00 Uhr öffentlicher Eislauf.
V: BSchC.
Kunstlauf von Baier, Franke, Geschwister Winter (am 16. 3.), Brockhöfft (an beiden Tagen), Brey (am 17. 3.).
HC Davos (CH): Kuenzler (Tor); Geromini, Dr Ruedi, Morosani, Meng, Rudolph, Spengler, Mai.
BSchC (IM): Lincke (Tor); Sachs, Römer (Vert.); Brück, Jaenecke, Ball (Sturm); Reschke, Krüger (Ersatz).
BESV-Auswahl: Schmidt (SCC) (Tor); Lehniger (SCC), Heinrich (Brandenburg) (Vert.); Krüger (BSchC), Herker, Kuk-

linski (Brandenburg) (Sturm); Kuhn, Kummetz (Brandenburg) (Ersatz).
Slavia Prag (CS): Jirkovski, Krasl, Pospisil, Stroubek, Steigenhöfer, Stranski u. a.
Mär 16 BSchC (IM) – HC Davos 2:1 (1:0, 1:1, 0:0). Brandenburg (Junioren) – BEC (Junioren) 6:1.
Mär 17 BSchC (IM) – Slavia-Prag 9:1 (1:0, 4:1, 4:0). BESV-Auswahl – HC Davos 3:2 (1:0, 1:1, 1:1).
BLA 16.–18. 3.; Vw 15., 18. 3.

Mär 20, 16.00 Uhr. Kinderfest »Frühling auf dem Eise«
V: SP.
»Neben einem Schlittenkorso finden auch verschiedene Wettlaufen und Gymkhana=Spiele, für die es viele Preise gibt, statt. Als besondere Ueberraschung tanzt Charlotte, die ›Königin des Eises‹ den Kindern die ›Puppe‹ vor. Bei den Kinderkunstlaufen und Kinderwalzertänzen werden unsere besten Amateurmeisterläufer= und Läuferinnen, darunter natürlich auch Sonja Henie, die Preisrichter sein« (Vw 19. 3.).

Mär 23–24, 20.00 Uhr. Eishockey u. a.
Ab 10.00 Uhr öffentlicher Eislauf.
V: BSchC.
Kunstlauf von Karl Schäfer (Wien).
SC Riessersee: Dr. König (Tor); Schmid, Kreisel (Vert.); Schröttle, Rammelmeyer, Slevogt (Sturm); A. Fischer, Marquardt (Ersatz).
LTC Prag (CS): Peka (Tor); Kral, Pusbauer (Vert.); Malecek, Hromadka, Toricka, Svihovez (Sturm und Ersatz).
BSchC (IM): wie Mär 16–17 (aber mit Haßler und Dr. Holsboer).
BESV-Auswahl: vermutlich wie Mär 16–17.
Mär 23 BSchC (IM) – SC Riessersee 9:1 (4:0, 1:0, 4:1). LTC Prag – BESV-Auswahl 11:2.
Mär 24 BSchC (IM) – LTC Prag 2:1 (1:0, 1:0, 0:1). BESV-Auswahl – SC Riessersee 2:1 (0:0, 2:1, 0:0).
BLA 23.–24. 3.; Vw 20., 25. 3.

Mär 25. Eishockey
V: BSchC (?).
BSchC – BFC Preußen 7:0.
MdBSchC 14, Heft 1.

Mär 30–Apr 1, 20.00 Uhr. Eishockey u. a.
Ab 10.00 Uhr öffentlicher Eislauf
V: BSchC.
Kunstlauf von Gillis Grafström (S) und Sonja Henie (N).
Göta Stockholm (S): Sucksdorf (Tor); Svensson, »Fransman« Johansson (Vert.); Burman, Gallen, »Lulle« Johansson (Sturm).
BSchC (IM): Steinke (Tor); Sachs, Römer (Vert.); Dr. Holsboer, Haßler, Jaenecke (Sturm); Ball (Ersatz).
BESV-Auswahl: vermutlich wie Mär 16–17.
Der ursprünglich auch eingeplante Troppauer EV hatte aus Krankheitsgründen einiger Mitglieder abgesagt.
Mär 30 Göta Stockholm – BESV-Auswahl 8:3 (3:0, 4:0, 1:0). BSchC – Zehlendorfer Wespen 11:1 (Pokalspiel).
Mär 31 Göta Stockholm – BSchC (IM) 1:1.
Apr 1 Göta Stockholm – BSchC (IM) 2:2 (1:1, 0:1, 1:0).
»Sonja Henie, stürmisch begrüßt, ist geblieben, was sie war, ein stürmisches Temperament, eine Naturbegabung von seltenem Reiz, dabei ein liebes Mädel im ganzen Charme der Jugend. Fabelhaft wirken noch immer ihre Wirbelwind=Pirouetten, bei denen sie den Fußwechsel dazugelernt hat, und ihre eleganten Sprünge. Schematisch sind die Uebergänge, konventionell die abfließenden Verbeugungen. Der Beifall war natürlich enthusiastisch, Sonja erhielt einen halben Blumenladen und wurde begeistert gerufen« (BLA 2. 4.).
BLA 30.–31. 3.; 1.–2. 4.; Vw 30. 3;. 2. 4.

Apr 3, 20.00 Uhr. Eishockey
SCC – Tegeler EV 2:2.
BZaM 3.–4. 4.

Apr 4, 20.00 Uhr. Boxen »Ludwig Haymann – Rudi Wagener« u. a.
V: Damski.
Bg: Karl Schulze (53,5 kg; Magdeburg) – Otto Ziemdorf (53,5 kg; Berlin), Sieg Schulzes nach Pktn(8 Rdn).
Lg: Fritz Reppel (59,4 kg; Herne) – Paul Czirson (60,5 kg; Berlin), Sieg Reppels durch ko (6. Rde; Deutsche Meisterschaft, Hf Czirson).
Mg: Hermann Herse (71,5 kg; Berlin) – Walter Cunow (72,6 kg; Hamburg), Sieg Cunows nach Pktn (8 Rdn).
Hsg: Hein Heeser II (76,5 kg; Koblenz) – Helmut Hartkopp (77,5 kg; Berlin), Sieg Hartkopps nach Pktn (8 Rdn).
Sg: Ludwig Haymann (88,7 kg; München) – Rudi Wagener (90 kg; Duisburg), Sieg Haymanns nach Pktn (15 Rdn; Deutsche Meisterschaft, Hf Wagener).
»[...] Kampf gegen Wagner. Auf das was dabei gezeigt wurde, kann weder der eine noch der andere stolz sein. Es war der langweiligste Kampf, der seit langer Zeit gezeigt wurde. Die Tribüne belustigte sich mit Pfeifen, Trompetengezwitscher und faulen Witzen [...] Die deutsche Boxerei ist auf einem Tiefstand angelangt, wo die Frage angebracht ist, ob die ganze Angelegenheit nicht ein faules Geschäft ist, bei dem viel, sehr viel versprochen wird, bei dem aber schließlich die Kunden die Genasführten, um nicht zu sagen die Betrogenen sind. Was den Sportbegeisterten gestern abend wieder im Sportpalast als ›Meisterschaftskämpfe‹ serviert wurde, war eine elende Rummelangelegenheit, nur mit dem Unterschied, daß dort 20 Pfennige Eintritt bezahlt wird, während im Sportpalast der billigste Platz immerhin den vierten Teil des Tageslohnes eines Handwerkers koste.« (Vw 5. 4.).
BLA 4.–5. 4.; BS 444–45, 2.–8. 4.

Apr 5, 21.00 Uhr. Eishockey
TC Schwarz-Grün – BSC 3:0 (Pokal des Sportpalastes).
BSchC – Zehlendorfer Wespen 6:0.
BZaM 4.–5. 4.; MdBSchC 14, Heft 1.

Apr 6–7, 20.00 Uhr. Eishockey u. a.
Am 6. 4. ab 12.00 Uhr, am 7. 4. ab 10.00 Uhr öffentlicher Eislauf.
V: BSchC.
Kunstlauf von Herbert Haertel, Kishauer/Gaste; die angekündigte Vorführung von Sonja Henie fiel aufgrund einer Verletzung der Läuferin aus.
Stockholm (Auswahl): Sucksdorf (Tor); Persson, Larsson (Vert.); Oeberg, Linde, Petterson (Sturm); Wohlin, Weidehy (Ersatz).
BSchC (IM): vermutlich ähnlich Mär 30.
Apr 6 Stockholm – BSchC (IM) 4:3 (2:1, 1:0, 1:2).
Apr 7 BSchC (IM) – Stockholm 10:3 (1:0, 4:2, 5:1).
Brandenburg – SCC 5:1 (Pokalspiel).
BLA 7.–8. 4.; Vw 5., 8. 4.

Apr 8. Eishockey
V: BSchC (?).
BSchC – TC Schwarz-Grün 14:2.
MdBSchC 14, Heft 1.

Apr 10, abends. Eishockey
Brandenburg – BFC Preußen 9:0 (2:0, 4:0, 3:0). Letztes Spiel um die Meisterschaft des BESV.
Vw 11. 4.

Apr 11 und 14, 20.00 Uhr. »Kostümfest auf dem Eise«
V: BESV.
Zum *»Besten des Jugendpflege= und Sportfonds«.*
»Es ist ein großes künstlerisch=humoristisches Programm vorgesehen, zu dem sich die prominentesten Mitglieder des Brandenburgischen Eissportverbandes zur Verfügung gestellt haben. Die Weltmeister und Olympiasieger Gillis Grafström und Sonja Henie, die von ihrer Fußverletzung wieder hergestellt ist, werden ebenfalls an dem Fest teilnehmen. Zum erstenmal kommt auch ein Hockeywettkampf zwischen einer Damen= und einer Herrenmannschaft zum Austrag. Die Eisarena selbst bleibt noch bis Sonntag abend in Betrieb« (BLA 11. 4.).
BLA 11., 13. 4.; Vw 13. 4.

Apr 14, 20.00 Uhr. Eishockey u. a.
Ab 10.00 Uhr öffentlicher Eislauf.
Letzter Eistag der Saison. Pokal-Endspiele. Kunstlauf von Gillis Grafström, Kishauer/Gaste.
BSchC: Steinke (Tor); Römer, Sachs (Vert.); H. Brück, Haßler, Jaenecke (Sturm); Bayne, Reschke (Ersatz).
Brandenburg: Kaufmann (Tor); Heinrich, Prange (Vert.); Kummetz, Herker, Schlesinger (Sturm); Wiener, Wiemer (Ersatz).
Senioren (Pokal des Kurhauses Davos): BSchC (IM) – Brandenburg 13:1.
Junioren (Schaper-Pokal): SCC – BSchC 3:1.
Offenbar die Schlußspiele der am 28. 2. begonnenen Pokalspiele.
BLA 13.–15. 4.; Vw 13., 15. 4.

Apr 30, 20.00 Uhr. Amateur-Boxen »Irland – Deutschland«
V: DRfAB.
Gekämpft wurde nach einer besonderen Vereinbarung: in den unteren Klassen (Flg-Wg) je 3 Rdn zu 3 Min., in den oberen Klassen (Mg-Sg) je 6 Rdn zu 2 Min.
Flg: Ausböck (München) besiegt J. Hughes.
Bg: Ziglarski (Berlin) besiegt J. Byrnes.
Fdg: Fuchs (Berlin) besiegt G. Collins.
Lg: W. O'Shea besiegt Malz (Berlin).
Wg: Volkmar (Berlin) besiegt F. Cooper.
Mg: Skibinski (Bochum) besiegt Forde.
Hsg: Figge (Elberfeld) besiegt W. Murphy.
Sg: Neusel (Bochum) besiegt O'Driscoll durch ko.
Deutschland – Irland 8:0.
»Der mit großer Spannung erwartete Kampf brachte insofern eine große Enttäuschung, als man auf der Waage feststellen mußte, daß die irischen Boxer in fünf Klassen mit Uebergewicht antraten. Dadurch fiel der Sieg im Länderkampf bereits vor Beginn der einzelnen Treffen an Deutschland« (BLA 1. 5.).
BLA 12., 20. 4.; 1. 5.; BS 447–49, 22. 4.–6. 5.

Mai 1, 11.00 Uhr. Maifeier des Deutschen Metallarbeiterverbandes und des Verbandes der Kupferschmiede
Rd: Ulrich.
Mitw.: Berliner Sinfonie-Orchester, Arbeitergesangverein »Fichte-Georgina«, Sprechchor der Proletarischen Feierstunden.
»Wagners Einzug der Gäste auf der Wartburg geleitete die Jungmannen des Verbandes in feierlichem Aufzug in den

Saal, mit Hunderten roten Fahnen nehmen die prächtigen Jungen und Mädel am Podium, in den Seitengängen und auf den Rang Aufstellung, so ein lebendes Sinnbild des jungen Mai bietend. Bevollmächtigter Ulrich sprach eine tiefempfundene Mairede, die durch Lautsprecher übertragen, klar und kräftig bis in alle Ränge drang. Es war eine Feier, die über den Lärm der letzten Wochen erhob und wohl einen bleibenden Eindruck hinterlassen wird« (Vw 2.5.).
Vw 25. 4.; 2. 5.

Aug 23, 20.15 Uhr. Boxen »Hans Seifried – Otto Lauer« u. a.
V: SP (?)
Zur Wiedereröffnung des renovierten Sportpalastes unter neuer Leitung.
Flg: Karl Schulze (54 kg; Magdeburg) – Nipper Pat Daly (58,2 kg; GB), Sieg Dalys durch ko (5. Rde).
Fdg: Paul Noack (Berlin) – Joseph Pelemans (B), Sieg Noacks durch ko (4. Rde).
Wg: Hans Seifried (66,1 kg; Bochum) – Otto Lauer (66,5 kg; Saarbrücken), Sieg Seifrieds durch Disqualifikation (8. Rde; Deutsche Meisterschaft, Hf Lauer).
Hsg: Ernst Pistulla (79 kg; Berlin) – Edu Hülsebus (76 kg; Bremen) Sieg Pistullas nach Pktn (6 Rdn).
Sg: Rudi Wagener (93,5 kg; Duisburg) – Ernst Gühring (93,7 kg; Stuttgart), Sieg Gührings nach Pktn (8 Rdn).
»Schließlich gaben noch der deutsche Fliegengewichtsmeister Karl Schulze und ein sechzehnjähriger Engländer Nipper Pat Daly eine Vorstellung, die an sich gefiel, bei der man aber im Interesse des englischen Kindes gewünscht hätte, daß sie unterblieben wäre. Zwar nahm Schulze, ein sehr unrühmliches Ende, indem er die fünft Runde nicht mehr überstand, aber einen in der körperlichen Entwicklung stehenden Knaben als Berufsboxer auftreten zu lassen – nein, ihr Herren vom Boxsport, habt ihr keine ausgewachsenen Leute? Oder sollte ein Kind als Boxer auch den Sportpalast füllen helfen?« (Vw 24. 8.)
BLA 22., 24. 8.; Vw 15., 22., 24. 8.; BS 464–65, 19.–26. 8.

Nachdem der *»bekannte Industrielle und Generaldirektor Schapiro«* den Sportpalast ersteigert hatte (20. 2. ?), verpachtete er ihn an Richard Mueck, den Vorsitzenden des Traberrennvereins Berlin-Ruhleben, *»der auch in der Boxsportbehörde Deutschlands eine Rolle spielt«*, ab 15. August (vgl. BLA 10. 4.). Mueck ließ den Sportpalast renovieren. *»Das Haus in der Potsdamer Straße ist in den letzten Monaten von oben bis unten, von außen und innen erneuert, umgestaltet, modernisiert worden: mit viel Geld, richtigem Verständnis, organisatorischem Geschick und Liebe zur Sache. Es wurde ganze Arbeit geleistet, würdig dem Ansehen der Reichshauptstadt. Und alles ist der privaten Initiative des sportkundigen, sportbegeisterten Richard Mueck zu danken. Morgen werden zum Boxkampf zum ersten Male die Tore sich öffnen. Schon von außen ein völlig neues Bild. Im Vorhof großzügige Kassenanordnung, regengeschützte Pergolas, die neue Fassade taghell erstrahlend: Sport im Licht. Das weite Vestibül völlig umgestaltet. Neue Freitreppe zum Zwischenstock. Die Garderobenablagen, früher das Schmerzenskind, sind heute Vorbild. In allen Räumen sieht man die Hand des Künstlers. Zweckmäßig, doch pompös die Architektur [...] Die Bequemlichkeit des Zuschauers ist oberstes Prinzip. Ueberall amphitheatralische Anordnung. 10600 Klappsessel bieten von jedem Platz aus gute Sicht. Die Bestuhlung ist fest eingebaut, kann aber doch in wenigen Stunden, wie es gerade der Zweck erfordert, verändert werden [...]«* (BLA 22. 8.). *»Beim Einbau der Lautsprecheranlage wur-*

325 Vorwärts, 26. 9. 1929 (Chr Sep 24).

326 Bestuhlungsplan für die Veranstaltung von Radrennen, 12. 9. 1929 (nach: LA, SP 4009/26 f. [Lichtpause/Papier/Leinen, 53 x 68 cm]).

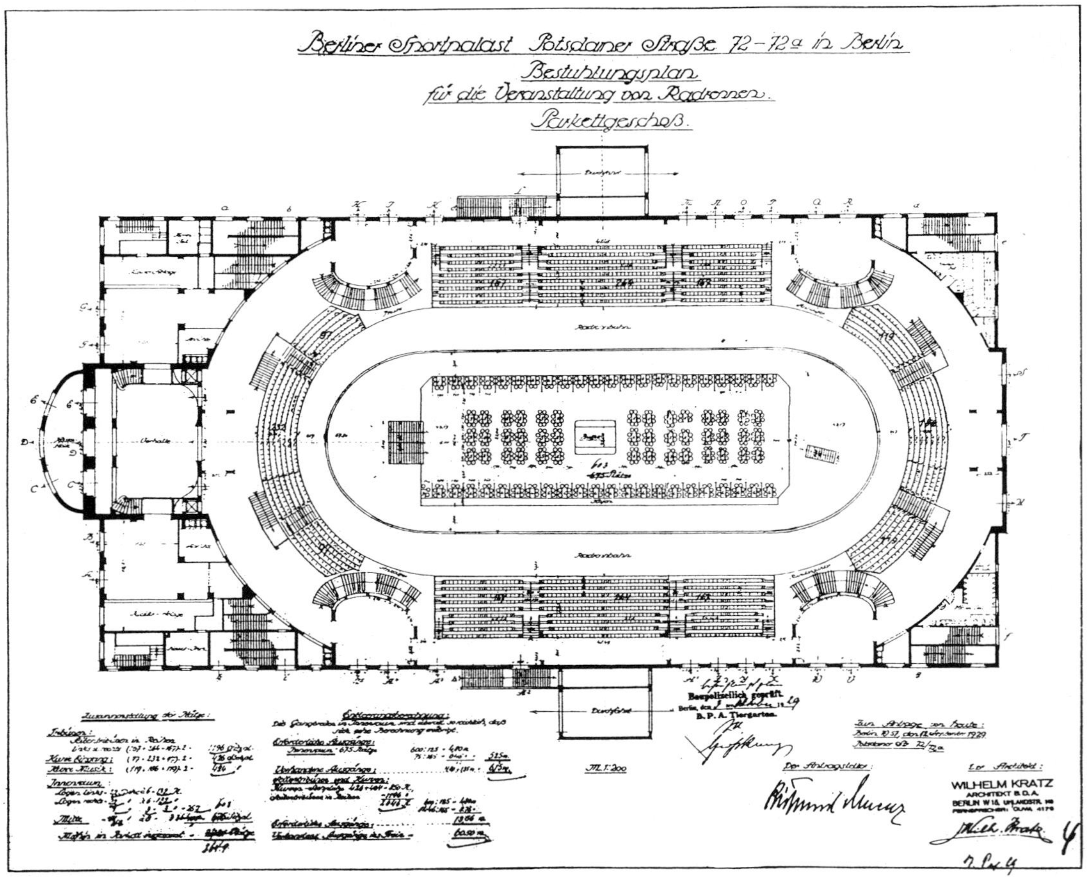

327 Kundgebung der NSDAP (Chr Sep 27), Hermann Göring spricht.

den die Gesetze der Akustik genau beachtet [...] Die Wirtschaftsbetrieb [...] von der gleichen Regie geführt [...] sind neu aufgebaut. Für die Bewirtschaftung im Hause sind 16 elektrisch betriebene Speisenaufzüge, eine Rohrpostanlage für 60 Reviere sowie eine Kellner=Rufanlage für die gleiche Anzahl geschaffen worden. Das Kasino [...] bietet durch vollständigen Umbau 500 Personen die Möglichkeit schnellster und bester Verpflegung [...] Eine Sodafontäne nach amerikanischem Muster, die die in letzter Zeit so beliebt gewordenen antialkoholischen Getränke in sauberster und raschester Art herstellt, wird besonders von allen [...] aktiven Sportlern begrüßt werden« (Vw 23. 8.).

Aug 25. Saalsportmeisterschaften des BDR
V: BDR.
»Am Abend kamen dann neben Vorführungen der neuen deutschen Meister im Kunst= und Reigenfahren durch den Bund Deutscher Radfahrer die Endspiele um die Deutschen Meisterschaften im Zweier= und Dreier=Rad=Ball-Spiel zum Austrag. Nachdem in den Vorkämpfen der Verteidiger R.V. Falken=Stellingen, die Berliner Concordia und andere aussichtsreiche Mannschaften ausgeschieden waren, standen sich in der Schlußrunde in R.V. Wanderlust 1905–Frankruft a. M. und Chemnitzer Radsport Vereinigung zwei gleichwertige Gegner gegenüber [...] bis in der letzten Sekunde mit 10:9 der Sieg an Frankfurt fiel. Auch in der Dreier=Meisterschaft war der vorjährige Meister, Erfurter Turnerschaft, vorher unterlegen. Wieder kämpfte die durch Möser ergänzte Frankfurter Mannschaft gegen einen sächsischen Vertreter, Wanderfalke=Dresden, um die Entscheidung. [...] Mit 3:2 gewann Wanderlust auch die zweite Mannschaft« (BLA 26. 8.).
Weitere Ergebnisse:
»Sechser=Kunstreigen: 1. R.V. Wanderlust (Heilbronn), 13,397 Punkte, 2. R.V. Flottweg (Kassel), 13,395, 3. R.V. Adler (Breslau 01), 13,351, 4. R.V. Möwe (Britz 97), 13,212. – Achter=Kunstreigen: 1. R.V. Blitz (Neukölln), 14,346 Punkte, 2. Erster Breslauer Radfahrerverein, 13,543, 3. R.V. Möwe (Britz 97), 13,264, 4. R.C. Pfeil (Göttingen), 12,504. – Einer=Kunstfahren: 1. G. Heidenreich (R.V. Adler-Breslau), 263,4, 2. A. Seiferth (Wanderer=Görlitz 86), 257,3, 3. P. Simons (Rad- und Sportvereinigung 23=Streitfeld), 256,4, 4. J. Aretz (Rad- und Sportvereinigung 23=Streitfeld), 242,0, – Zweier=Kunstfahren: 1. R.V. Adler=Neuwerk, 1. Mannschaft (E. Adrians-Sieben), 244,00, 2. R.V. Flottweg=Kassel 24 (Nun=Usinger), 243,7, 3. R.V. Adler=Neuwerk, 2. Mannschaft (F. Adrians=Küppenbaender), 242,00, 4. R.V. Fröhlich=Nürnberg 06 (Reichert=Mehling), 240,1« (BLA 26. 8.).
BLA 22., 26. 8.

Sep 24, [20.00] Uhr. Kundgebung gegen den Young-Plan
V: Arbeitsausschuß Groß-Berlin für das deutsche Volksbegehren gegen den Pariser Tributplan.
Rd: Dr. Alfred Hugenberg (DNVP, MdR, Geh. Finanzrat), Franz Seldte (1. Bundesvors. des Stahlhelm), Werner Steinhoff (DNVP, MdL, Stadtrat), Franz von Stephani (F. des Landesverbandes Groß-Berlin des Stahlhelm, Major a. D.).
»Gegen 8 Uhr nahm der Zustrom der Versammlungsteilnehmer solchen Umfang an, daß alle Beamten eingesetzt werden mußten, um den Verkehr aufrecht zu erhalten. Die Potsdamer Straße wurde zwischen der Alvensleben= und Goebenstraße für den Fußgängerverkehr gesperrt. Die Bewohner der dort gelegenen Häuser mußten, um heimzugelangen, einen Umweg machen. An den Ecken Potsdamer, Pallas= und Goebenstraße sowie Alvenslebenstraße und Winterfeldstraße sammelte sich mit der Zeit kommunistischer Janhagel an, der von Zeit zu Zeit von der Polizei vertrieben wurde.« – »Vor Beginn der eigentlichen Kundgebung wurde unter lebhaftem Beifall ein Film ›Das deutsche Volksbegehren‹ sowie eine Lichtbildserie gezeigt, die die Wirkungen des Pariser Tributplanes darstellte. Nach Darbietungen der Stahlhelm=Kapelle folgte dann unter großem Jubel der Fahneneinmarsch aller beteiligten Parteien, Bünde und Verbände.« – »Wieder erbrauste der Raum beim Gruß an die verbündeten Organisationen, an die Hohenzollernprinzen August Wilhelm und Oskar, an die Führer der Verbände und die Redner des Abends« (BLA 25. 9.).
BLA 25.–26. 9.

Sep 27, 20.30 Uhr. Kundgebung »gegen die Young-Versklavung« und Uraufführung des Parteitagfilms 1929
V: NSDAP.
Et: 1,10 M.
Zu den Berliner Gemeindewahlen am 17. November.
Rd: Hermann Göring (MdR), Dr. Joseph Goebbels (MdR, GL); angekündigt außerdem Franz Ritter von Epp (MdR; General a. D.).
Th: *»Die Volksfront gegen Young!«*
»Großes Orchester, Spielmannszüge, Fahneneinmarsch. [...] Auch hier soll es wieder einmal mit Recht heißen: Berlin voran! Darum: Alle mann an Bord! An die Arbeit! 1. Jeder Parteigenosse und jede Parteigenossin betrachten es als Ehrenpflicht, am Freitag im Sportpalast selbst anwesend zu sein. [...]
2. Jeder bringt mindestens noch drei andere Volksgenossen mit. Heran mit Freund und Feind! [...]
3. Jeder betrachtet die laufende Woche als Werbungs= und Vorbereitungswoche für den Sportpalast! [...]
Und nun, Berliner, zeigt, was ihr könnt! [...] Am Freitag wollen wir dann den Lohn einheimsen für Arbeit und

Der Angriff

Heute, Sonntag, 15.30 Uhr: Alles Sportpalast!

Herausgeber: Dr. Goebbels. Preis 20 Pf.

Für die Unterdrückten / Erscheint jeden Donnerstag und Sonntag / Gegen die Ausbeuter

Nummer 45 — Anschrift: „Der Angriff", Charlottenburg, Berliner Str. 77. Fernruf: Wilhelm 8006, 8027. Postscheckkonto: Der Angriff, Berlin, Nr. 113 137. Der Angriff erscheint in Berlin und kostet durch die — Sonntag, den 20. Oktober 1929 — Post ohne Bestellgeld 1.30 Mk. monatlich. Die Anzeigen kosten 20 Pf. die mm-Zeile. Bei Ausfall der Lieferung wegen höherer Gewalt Betriebsstörung oder Streik kein Anspruch auf Nachlieferung — 3. Jahrgang

Trotz Terror und Verfassungsbruch!

Helden!

Nachts klingelt das Telefon. Ich fahre auf aus halbem Schlaf und greife fast mechanisch nach dem Hörer. Anruf von irgendeiner Stelle aus der Stadt, aus einer Privatwohnung, einer Fernsprechzelle, einem Cafe oder einer Kneipe. „Wir hatten soeben einen schweren Ueberfall von Rotfront abzuwehren. Drei S. A.-Leute sind bedenklich verwundet. Einer Lungenstich, einer Bauchschuß." Das Gespräch geht im Telegrammstil vor sich, in Sekunden ist die ganze Situation umrissen; Anordnungen, Ratschläge, Verhaltungsmaßregeln, dann legt man resigniert den Hörer wieder auf die Gabel. Für diesmal ist es aus mit der Nachtruhe.

Ich komme an einem Abend noch spät auf die Geschäftsstelle. Unten am Wilhelmplatz herrscht eine nervöse Unruhe; ein halbwüchsiger Bursche stürmt im Laufschritt an mir vorbei, hinter ihm her zwei, drei stämmige Kerle, die sich wie selbstverständlich neben mir auf-

Massenaufmarsch im Sportpalast

Berlin, den 19. Oktober

Der geplante große Aufmarsch der Berliner S. A. und der von auswärts erwarteten Abordnungen, sowie der geschlossene An- und Abmarsch zur Kundgebung im Sportpalast, ist von der Polizei verboten worden. (Um Mißverständnissen vorzubeugen, sei ausdrücklich bemerkt, daß ein

Verbot der Kundgebung

selbst im Sportpalast nicht ergangen ist!)

Dies hinterhältig erst im letzten Augenblick ausgesprochene Verbot ist das Ergebnis eines tagelang planmäßig geübten Ränkespiels der sogenannten maßgebenden Stellen. Die kommunistischen Organe hetzten und bedrohten die etwa aufmarschierende S. A. offen mit Mord und Totschlag, die Polizei schwieg dazu und verhielt sich passiv, während die jüdische Boulevardpresse, allen voran „Tempo" und „Achtuhr-Abend-Blatt" von vornherein für alle etwa vorkommenden Tumulte und Bluttaten die — Nationalsozialisten verantwortlich machen wollten, um „im Interesse von Ruhe und Ordnung" für ein Verbot Stimmung zu machen. So warfen sich die Feinde des Deutschtums, die Parteigänger der Youngsklaverei und die Vertreter der angeblichen „Demokratie" die Bälle zu, bis schließlich im Zusammenspiel aller Faktoren das gewünschte Ergebnis vorlag.

Selbstverständlich war bei Erlaß des Verbotes vor allem auch der Wunsch maßgebend, das Volksbegehren in seinen aktivsten Trägern, den Nationalsozialisten, zu treffen.

Darauf kann es nur eine Antwort geben:

Nun erst recht, — heraus zum Volksbegehren! Heraus zum Massenprotest um 15,30 Uhr im Sportpalast! Freunde und Bekannte sind in Scharen mitzubringen. Eine wuchtige Kundgebung von noch nie gesehener Stärke muß den Schergen der Youngsklaverei zeigen, daß unser Kampf weitergeht: Trotz Terror und Verfassungsbruch!

mitten in einer Gruppe von Kameraden. Es ist Sonnabend-Nachmittag. Sie kommen eben von der Arbeit. Sie haben ihm von ihren kargen Groschen Blumen gekauft. Essen darf er noch nichts. Männer schenken einem todwunden Kameraden Blumen. Das sind keine Bürgersöhne. Lauter Arbeiter, hart, streng, mit dicken Fäusten und mit Kinderherzen. Der Kampf um ein Ideal macht nicht roh, sondern gütig.

Seine Mutter steht dabei. Eine Arbeiterfrau aus dem Volke. Sie erzählt von der furchtbaren Nacht, da man sie an das Bett ihres todwunden Sohnes holte. Die Mütter tragen doch immer am schwersten.

Was er sich wünscht? Bücher! Programmatische Schriften der Bewegung. Der da liegt, mitten unter seinen Kameraden, umgeben von bescheidenen Asternsträußen, ist kein Student, kein Bürgersohn, er ist ein einfacher Arbeiter. Einer, der einem nie auffallen würde in Reih und Glied, schösse ihm nicht eine rote Kanaille in den Leib.

328 Der Angriff, 20. 10. 1929 (Chr Okt 20).

Kampf: Sportpalast wegen Ueberfüllung polizeilich gesprerrt! Dr. Goebbels« (Anz., Agr 23. 9.).
Agr 5. 8.; 23., 30. 9.; BLA 28. 9.

Okt 5, 20.00 Uhr. Radrennen

V: SP (?).
Eröffnung der Radsportsaison Winter 1929/30.
Preis der Ausländer: 1. Goossens (B), vor Linari (I) und Bergamini (I).
Preis der Inländer: 1. Ehmer, vor Oszmella und Steffes.
Preis der Nationen: 1. Oszmella, vor Degraeve (NL) und Ehmer.
50-km-Mannschaftsfahren (10 Paare): 1. Lehmann/Wissel 17 Pkte; 2. Krüger/Funda (D; 1 Rde zurück) 33; 3. Goossens/Deneef (B) 26; 4. Ehmer/Kroschel (D) 24; 5. Degraeve/Jan van Kempen (NL) 7; 6. Knappe/Buschenhagen (D) 2; 7. Linari/Bianchi (I; 6 Rdn zurück); 8. Bergamini/Jensen (I/DK; 7 Rdn zurück); 9. Oszmella/Steffes (D; aufgegeben); 1:09:51,6 Stunden.
BLA 5.–6. 10; Vw 1., 5., 7. 10.

Okt 8, 20.00 Uhr. Amateur-Boxen »Polizei London – Polizei Berlin«

V: PSV.
London (Egan, Hearn, Allen, Jackson, Titmus) – Berlin (Thorey, Pautz, Wintgen, Gaikowski, David) 8:2.
»Ihren besten Mann hatten die Gäste in Egan, der klar über Pautz siegreich war. Hearn und Titmus gewannen gegen Thorey und Daniels, und Jackson erhielt durch eine grobe Fehlentscheidung den Sieg über Gaikowski. Durch Wintgen kamen die Berliner Polizisten zum einzigen Siege über Allen. Weitaus besseren Sport sah man in den Rahmenkämpfen. Donner siegte sicher über Brofazi (Hannover)« (BLA 10. 10.).
BLA 25. 9.; 8., 10. 10.; BS 471–72, 7.–14. 10.

Okt 10, 20.00 Uhr. Amateur-Radrennen

V: DRU, Ortsgruppe Berlin.
Flieger-Viererkampf: 1. Käber 10 Pkte; 2. Kusche (Breslau) 7; 3. Kolbe 7; 4. Schuler (Mannheim) 4.
Malfahren: 1. Tadewald, 2. Giel, 3. H. Wolke.
Erstes Prämienfahren: 1. Steinecke, 2. Kulicke, 3. Scheurich.
Zweites Prämienfahren: 1. Materne, 2. Giel, 3. Wischnewski.
Zweistunden-Mannschaftsfahren: 1. Tallmann/Kalupa 10 Pkte; 2. Kolbe/Horn (1 Rde zurück) 12; 3. Matorn/Quindt (2 Rdn zurück) 3; 4. Knöfel/Kusche (Breslau) 23; 5. Rauhut/Güttner 18; 84,230 km.
Vw 8., 11. 10.

Okt 11, 20.15 Uhr. Radrennen

V: SP (?).
50-Rdn-Punktefahren: 1. Oskar Tietz 13 Pkte; 2. R. Wolke 12; 3. Schön 8.
»Match Omnium«. a) Malfahren. Erster Lauf: 1. Tonani, 2. Miethe, 3. Kroll, 4. Dinale. Zweiter Lauf: 1. Charlier, 2. Hürtgen, 3. Duray, 4. Goebel. Dritter Lauf: 1. Buschenhagen, 2. Petri, 3. Mouton, 4. Louet. b) Verfolgungsfahren: Erster Lauf: Kroll/Miethe schlagen Tonani/Dinale um 20 m. Zweiter Lauf: Charlier/Duray holen Hürtgen/Goebel nach 10

Runden ein. Dritter Lauf: Buschenhagen/Petri schlagen Mouton/Louet um 20 m. c) Punktefahren: 1. Charlier, 2. Goebel, 3. Tonani, 4. Miethe. Gesamtergebnis: 1. Deutschland 41 Pkte, 2. Ausland 39.
Zweistunden-Mannschaftsfahren (13 Paare): 1. Kroll/Miethe 46 Pkte; 2. Tietz/Kroschel 36; 3. Mouton/Louet (F) 29; 4. Lehmann/Wissel (1 Rde zurück) 20; 5. Hürtgen/Goebel (2 Rdn zurück) 25; 6. Charlier/Duray (F) 14; 7. Petri/Buschenhagen 11; 8. Tonani/Dinale 6; 9. Manthey/Schön 5; 86,780 km; außerdem starteten: Brüder Wolke, Schwemmler/Kedzierski, Bauer/Koch, Balke/Evert).
BLA 11.–12. 10.; Vw 9., 12. 10.

Okt 12, 19.30 Uhr. Kundgebung »5 Jahre Rote Hilfe«
V: KPD/RHD.
Et: 0,50 M.
Anläßlich des 3. Reichskongresses der RHD.
Rd: Friedrich Heckert (MdR), Wilhlm Pieck (MdR) *»und ausländische Vertreter«*.
Mitw.: 700 Arbeitersänger, Erich Weinert, 150 Fichte-Sportler, Neuköllner Bläserchor, Rosebery d'Arguto-Chor.
An den Galerien u. a. *»Kampf gegen Faschismus u. Polizeiterror«*.
»Der riesige Sportpalast war bis auf den letzten Platz gefüllt. Zörgiebels Horden waren ebenfalls aufmarschiert, um durch brutalste Provokationen, Ueberfälle und schikanöse Maßnahmen die Teinehmer der Kundgebung zu provozieren. Jeder, der zum Sportpalast wollte, mußte sich erst durch einen dichten Kordon von Polizisten kämpfen und wurde von einem Ende zum anderen gehetzt. [...] Mit dem Fahneneinmarsch begann die Kundgebung. Vom Trommelwirbel begleitet, marschierten die Delegationen der Roten Frontkämpfer und des Kommunistischen Jugendverbandes durch die Gänge des Sportpalastes. Tosenden Beifall erregten die straffen, disziplinierten Kolonnen der Jungen Antifaschisten« (RF 13. 10.).
RF 10., 12.–13., 15. 10.

Okt 18, 20.00 Uhr. Radrennen
V: SP (?).
Fliegerkampf: 1. Tonani 4 Pkte; 2. Ehmer 3; 3. Louet 2.
Mannschafts-Verfolgungsfahren: Ausland (Fabre, Wauters, Vermandel, Choury, Mouton) besiegt Deutschland (Krüger, Dorn, Wissel, Tietz, Miethe) über 10 Rdn um 70 m.
100-km-Mannschaftsfahren (13 Paare): 1. Lehmann/Wissel (D) 26 Pkte; 2. Hürtgen/Miethe (D) 25; 3. Tonani/Tietz (I/D) 20; 4. Wauters/Vermandel (B) 8; 5. Ehmer/Kroschel (D; 1 Rde zurück) 10; 6. Choury/Fabre (F) 10; 7. Wette/Nikkel (D) 6; 8. Louet/Mouton (F) 5; 9. Maczynski/Kantorowicz (D; 2 Rdn zurück) 11; 10. R. Wolke/Dorn (D) 0; 11. Buse/Dahms (D) 0; 12. Beinert/Mandelkow (D; 3 Rdn zurück) 0; 2:24:48,8 Stunden; außerdem starteten: Krüger/Funda (D).
BLA 16., 18.–19. 10.; Vw 15., 19. 10.

Okt 20
15.30–17.30 Uhr. Kundgebung »gegen die Young-Sklaverei«
V: NSDAP, Gau Groß-Berlin.
Et: 1,– RM; *»Das Young=Abzeichen berechtigt, wird es sichtbar getragen, zum freien Eintritt [...] Das Abzeichen kostet 1,– RM. [...]«*.
Rd: Dr. Joseph Goebbels (MdR), Wilhelm Kube (MdL), Mossakowski (angekündigt waren auch Hermann Göring und Ernst Graf zu Reventlow).
Th: *»Letztes Aufgebot gegen Young!«*
Mitw.: Kapelle Fuhsel.
»Unsere Kinder klagen an: Sklaverei auf sechzig Jahre! Wer hat den Mut, dieses Dokument, das sich Young=Pakt nennt, zu unterschreiben? Noch wissen wir es nicht. Wir wissen aber, wer dagegen Widerstand leisten wird. Wir!!! Willst Du nicht auch zu dieser Front des Widerstandes gehören? [...]« (Anz., Agr 13. 10.).
Abschlußkundgebung des 4. Märkertages.
»Der geplante große Aufmarsch der Berliner S. A. und der von auswärts erwarteten Abordnungen, sowie der geschlossene An= und Abmarsch zur Kundgebung im Sportpalast, ist von der Polizei verboten worden. (Um Mißverständnissen vorzubeugen, sei ausdrücklich bemerkt, daß ein Verbot der Kundgebung selbst im Sportpalast nicht ergangen ist)« (Agr 20. 10.).
»Die Polizei hatte außerordentlich scharfe Absperrungsmaßnahmen vorgenommen. Der Sportpalast war in weitem Umkreis von der Alvenslebenstraße bis zur Goebenstraße abgesperrt und auch der Autoverkehr umgeleitet, während die Straßenbahn= und Omnibushaltestellen aufgehoben worden waren und die Fahrzeuge schnell durchfahren mußten. Auch in den Nebenstraßen in der weiten Umgebung des Sportpalastes waren berittene und Kraftwagenstreifen vorgesehen, um Ansammlungen sofort zu zerstreuen« (BLA 21. 10.).
»Klassengenossen! Der Polizeipräsident Berlins, der Sozialdemokrat Zörgiebel, hat für Sonntag, den 20. Oktober, alle Demonstrationen und Kundgebungen verboten. Die faschistischen Organisationen, die am Sonntag in den Straßen Berlins demonstrieren wollen, haben schon wochenlang vorher die ›Eroberung‹ des proletarischen Berlin, d. h. die Niederschlagung der Arbeiter angekündigt. Diese frechen Provokationen der faschistischen Mordbanden unter Führung des bezahlten Arbeitermörders Göbbels, [...] die täglichen Ueberfälle der Faschisten auf Arbeiterlokale hat Zörgiebel und seine Polizei geduldet [...] Unter dem Schutze der Polizei Zörgiebels werden die Faschisten sich am Sonntag im Sportpalast versammeln. Die Faschisten erklären, die proletarischen Quartiere Berlins den Klauen des Marxismus entreißen zu wollen. Die Arbeiter müssen die Faschisten von den Straßen Berlins vertreiben. Schlagt die Faschisten, wo ihr sie trefft! das ist nach wie vor die Losung eines jeden klassenbewußten Arbeiters« (RF 19. 10.)
Agr 13., 17., 20., 24., 10.; BLA 21.–22. 10.; RF 17.–20., 22. 10.

20.00 Uhr. Boxen »Hans Schönrath – Maurice Griselle« u. a.
V: SP (Koslowski).
Et: 2,– bis 25,– M.
Wg: Louis Saerens (63 kg; B) – Erwin Zinndorf (62 kg; Wiesbaden), Sieg Saerens nach Pktn (8 Rdn).
Wg: Walter Peter (64,1 kg; Berlin) – Otto Lauer (67 kg; Saarbrücken), unentschieden (8 Rdn).
Mg: Walter Cunow (70 kg; Hamburg) – Charles Kräuchi (71,8 kg; CH), Sieg Cunows durch ko (1. Rde).
Hsg: Gerhard Debarbieux (81 kg; B) – Emil Koska (77,7 kg; Gleiwitz), Sieg Koskas nach Pktn (6 Rdn).
Sg: Maurice Griselle (92,8 kg; F) – Hans Schönrath (86,6 kg; Krefeld), Sieg Schönrath nach Pktn (8 Rdn).
»Der Versuch des [...] Sportpalastes, einen volkstümlichen Box=Kampftag an einem Sonntagabend zu veranstalten, brachte nicht den erhofften Publikumserfolg. Schuld hieran dürfte wohl in erster Linie die viel zu hohen Eintrittspreise sein, die man alles andere denn ›volkstümlich‹ nennen konnte. Bei einer geschickteren Preispolitik hätte das Parkett sonst unmöglich diese Lücken aufweisen können« (Vw 21. 10.).
BLA 9., 17., 20.–21. 10; BS 472–73, 14.–21. 10.

Okt 25, 20.00 Uhr. Amateur-Radrennen
V: BDR.
Fliegerrennen – »Weltmeisterschaftsrevanche« (Mazairac [NL], Cozens [GB], Gerwin [DK], Malatesta [I]): 1. Malatesta, 2. Gerwin, 3. Cozens, 4. Mazairac.
Mannschafts-Verfolgungsfahren: Deutschland (Patzack, Schulz, Schimming, Manthey [Concordia 97]) schlägt Ausland (Mazairac, Cozens, Gerwin, Malatesta) mit 70 m Vorsprung.
Stunden-Mannschaftsfahren (14 Paare). Teiln.: Mazairac/Cozens, Gerwin/Malatesta, Schnitzler/Trauden (Köln), Kilian/Pützfeld (Dortmund), Hoffmann/Haller (Breslau), Walter/Köther (Leipzig/Hannover), Gangel/Golz, Puttkamer/Panke, Schulz/Schimming, Donath/Scherff, Becker/Stock, Manthey/Bauer, Engelmann/Nickel u. a.; Ergebnis: 1. Haller/Hoffmann, 2. Manthey/Bauer.
Außerdem fanden ein Vorgabe- und ein Punktefahren statt.
BLA 23., 25.–26. 10.

Okt 26, 20.00 Uhr. »Massen-Vortrags-Abend«
V: Deutscher Volksbund »Wahrheit und Recht«.
Et: 0,50 M.
Rd: *»Betriebsanwalt Winter, Leipzig«*.
»Frieden, Freiheit, Gerechtigkeit und Brot für alle. Die Mitglieder aller Parteien, Klassen und Stände sind eingeladen. Keiner Partei dienstbar. Dem ganzen Volk« (Anz., BLA 25. 10.).

Okt 27, 20.00 Uhr. Radrennen
V: SP (?).
Dreistunden-Mannschaftsfahren: 1. Manthey/Schön 26 Pkte; 2. Ehmer/Buschenhagen (1 Rde zurück) 68; 3. Lehmann/Wissel 46; 4. Hürtgen/Miethe 14; 5. Tietz/Junge (2 Rdn zurück) 51; 6. Joksch/Stübecke 33; 7. B. Wolke/Göbel 4; 8. Carpus/Bragard (3 Rdn zurück) 9; 9. Feder/Weyer (5 Rdn zurück) 5; 10. Koch/Longardt 0; 11. Pagnoul/Depauw (6 Rdn zurück) 15; 126,50 km; außerdem starteten: Goossens/Deneef, Krog/Dorn.
BLA 23., 27.–28. 10.; Vw 24., 28. 10.

Okt 29, 19.30 Uhr. 9. Fest der Sportpresse
V: VDS/VBS.
»Mit einem ›St. Moritz in der Halle‹ begann die bunte Reihe der Sportdarbietungen. Die Mitglieder von ›Rauhreif‹ zeigten mit Beifall aufgenommene Skitrockenübungen [...] Bei dem Lauf zwischen Oszmella und Hahn ging plötzlich das Licht aus. Das Pfeiffkonzert der Galerie tönte durch den dunklen Raum. Als es hell wurde, gewann Oszmella den Lauf und blieb im Gesamtklassement mit zehn Punkten vor Ehmer, Hürtgen und Hahn siegreich. Dann kam Sonja Henie, die Weltmeisterin auf dem Eise. Stürmisch begrüßt und stürmisch gefeiert, als sie, ganz in Gold gekleidet, auf der kleinen chemischen Eisfläche ihre herrliche Kunst zeigte. Der Clou des Abends war aber Helene Mayer, die junge blonde elegante Fechterin. Noch Schülerin, ist sie schon Weltmeisterin und unbesiegbar. Ihre großartigen Schulvorführungen mit Meister Gazerra wurden mit tosendem Beifall quittiert. Helene Mayer, die Exzellenz Lewald an die Planche führte, und Morzik, der Sieger im Europarundflug, erhielten dann das Erinnerungszeichen des V.D.S., das Chefredakteur Kurt Doerry überreichte. Max Schmeling war durch Krankheit leider verhindert. Nach einem Wettlauf der Prominenten, den der Jockei Narr vor Saldow, Richter, Franz Diener und Samson=Körner gewinnt, und nach einem vielbelachten Boxkampf zwischen dem Schauspieler Curt Bois und dem [Trabrennfahrer] Frömming beendete ein Hundertrunden=Punktefahren

für Berufsrennfahrer den interessanten Abend« (BLA 30. 10.).
BLA 9., 23., 27., 30. 10.

Nov 1–7. 22. Berliner Sechstagerennen
Beginn 1. 11. um 20.15 Uhr, Start 22.00 Uhr, Ende 7. 11. um 23.00 Uhr.
V: SP.
Wertungen: wie 1928 Mär 9–15.
Teiln. (14 Paare): Tonani/Binda (I), Girardengo/Negrini (I), Raynaud/Dayen (F), Louet/Mouton (F), Goossens/Deneef (B), Wauters/Vermandel (B), Petri/Tietz (D), Ehmer/Kroschel (D), Hürtgen/Miethe (D), Lehmann/Wissel (D), Krüger/Funda (D), Brüder Wolke (D), Dorn/Maczynski (D), Manthey/Schön (D).
Ergebnis: 1. Dorn/Maczynski 127 Pkte; 2. Ehmer/Kroschel (4 Rdn zurück) 168; 3. Hürtgen/Miethe 136; 4. Louet/Mouton (5 Rdn zurück) 223; 5. Krüger/Funda (6 Rdn zurück) 394; 6. Goossens/Deneef (7 Rdn zurück) 278; 7. Manthey/Schön (8 Rdn zurück) 147; 8. Petri/Tietz (9 Rdn zurück) 337.
Zurückgelegte km: 3454,200.
Startschuß: Mitglied des Wettfahrausschusses.
Vorrennen: Stunden-Punktefahren.
»Vor dichtgefülltem Hause [...] rollte eine Sonnabend-Sonntag=Nacht ab, in der so ziemlich alles geschah, was sich das Publikum von einer echten und rechten Sechstage=Nacht erwartet. In anmutigem Wechsel gab es Jagden, Stürze, Stürze, Stürze, Prominentenklamauk und, als Höhepunkt, ein wildes einmütiges Pfeiffkonzert mit anschließendem Umfall des Wettfahrausschusses. Um zunächst von der, nun sagen wir einmal: gesellschaftlichen Seite der Nacht zu reden, so begrüßte die Kurve zunächst ihren Emil Jannings so laut, so herzhaft und so lange, bis er durch Stiftung einer größeren Prämie dieser allgemeinen Begeisterung genuggetan hatte. Stunden später wurde dann der Sportpalast zu einem Tempel sozusagen hehrer Kunst. Auf der Zieltribüne erschien, großartig ›gemanaged‹ von ›Krücke‹ Goethe persönlich in der Gestalt des Kammersängers Tauber. Gerührt vom Beifall der Massen, begab sich der Kammersänger in den Innenraum und sang, ja sang: Mädchen, mein Mädchen. Sang es, immer bewegter vom Jubel der Massen, wiederholt. Das Rennen war währendessen offenbar stillschweigend neutralisiert; keiner der langsam um die Bahn trudelnden Fahrer brachte den Humor auf, durch einen plötzlichen Vorstoß Kammersänger, Sechstagefeld und Publikum in die fürchterlichste Verwirrung zu stürzen. [...] Eine Entscheidung des Wettfahrausschusses – und zwar ein richtige Entscheidung – gab das Signal zu einem wilden Pulikumsprotest mit gellendem Pfeiffkonzert. Man witterte eine Benachteiligung des Lieblings Tietz (der neben Tauber der Held der Nacht war) [...] Als die Massen anfingen, unter Geschrei, Gepfeif und Schieberrufen die Bahn mit Papierknäuel zu bewerfen, erhob sich Kopflosigkeit im Lager der Leitenden. Zunächst suchte man die gefällte Entscheidung durch eine Erläuterung am Transparent zu rechtfertigen. Als sich daraufhin der Lärm verdoppelte, widerrief man alles und ließ Petri/Tietz in Gottesnamen zur Spitze aufgerückt sein. Großer Beifall, und alles war wieder in Butter« (BLA 4. 11.).
BLA 29. 10.; 1.–8. 11.; Vw 15., 29. 10.; 1., 2., 4. 11.: Germ 31. 10.

Nov 8.–14. Abbau der Radrennbahn und Einrichtung der Eisbahn
»Die Eisfläche ist wieder auf 2400 Quadratmeter vergrößert worden. Auch der Zuschauerraum ist umgestaltet wor-

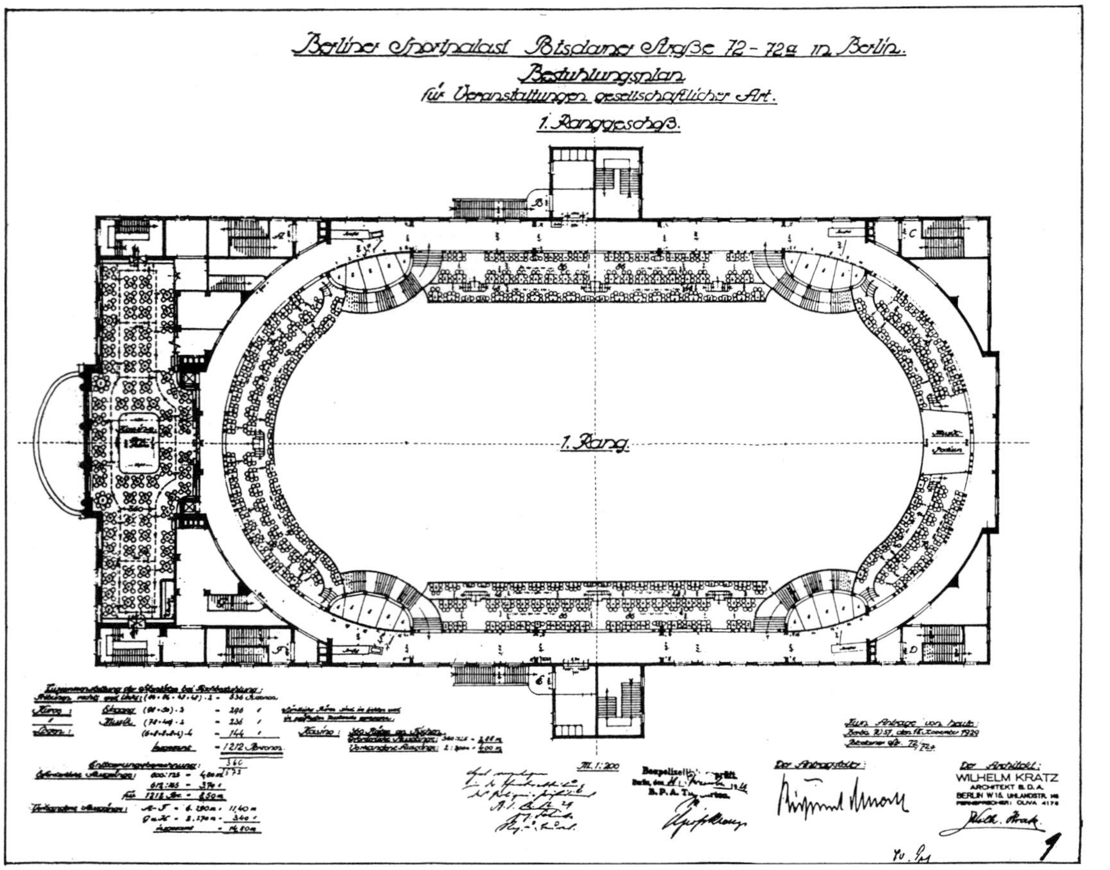

329 Bestuhlungsplan für Veranstaltungen gesellschaftlicher Art, 18. 11. 1929 (nach: LA SP 4009/47 [Lichtpause/Papier/Leinen, 52,5 x 67 cm]).

330 Bestuhlungsplan für Veranstaltungen von Ballfestlichkeiten, 18. 11. 1929 (nach: LA SP 4009/44 [Lichtpause/Papier/Leinen, 53 x 57 cm]).

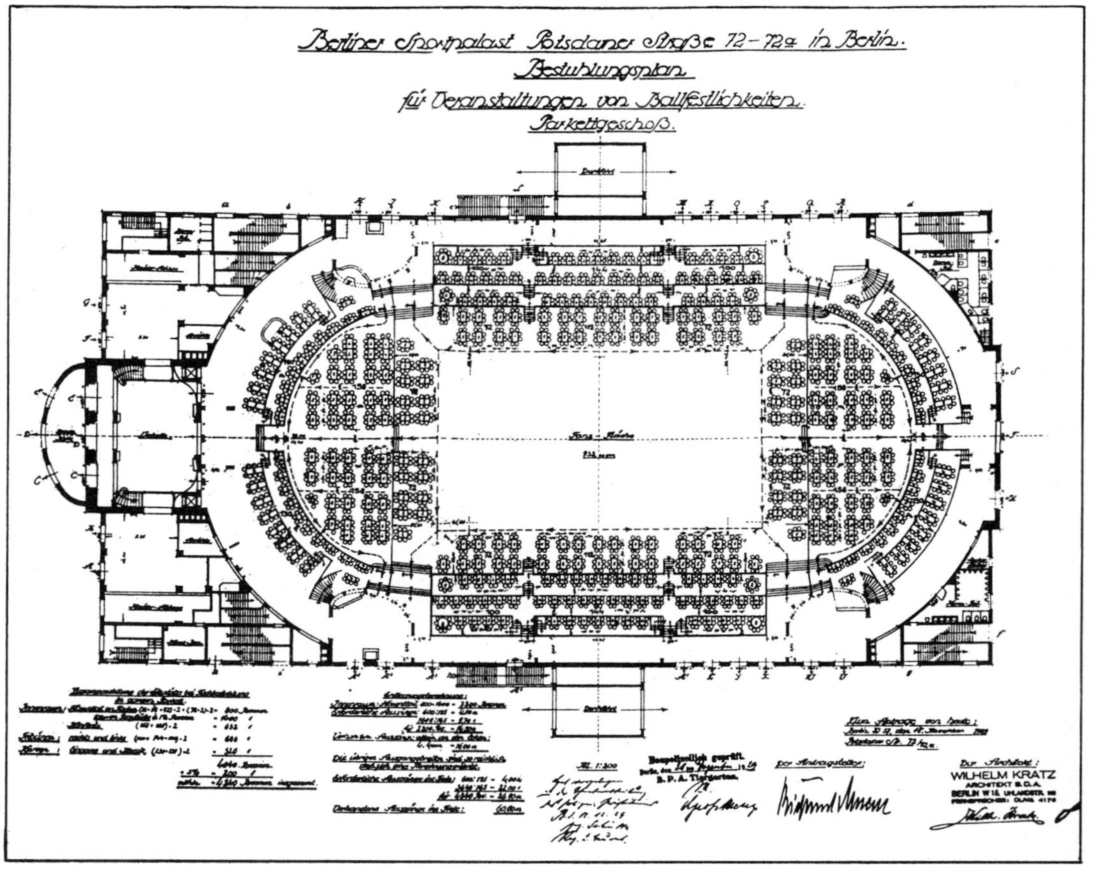

Der kämpfenden Jugend heiße Kampfesgrüße!

Heraus zum Internationalen Massen-Meeting im Sportpalast ● Donnerstag, d. 21. Nov., abends 7 Uhr

331 Anzeige (Chr Nov 21; nach: RF 21. 11. 1929).

den, so daß von jedem Platz aus beste Sichtmöglichkeit geboten wird« (BLA 16. 11.).
Vw 13. 11.; BLA 16. 11.

Nov 10. Langemark-Feier
V: Allgemeine Studentenschaft (?).
Rd: von Altrock (General a. D.), Hoppe (1. Vors.), Voelkel (Felddivisionspfarrer).
Mitw.: Hans Mühlhofer (Rezitation), Vier Reichswehrkapellen (Musikdir. Dippel).
»Mütter und Mädchen waren gekommen, alte Soldaten und blühende akademische Jugend, die Hochschulrektoren und die ergrauten Generale der stolzen Armee. Erschütternde Musik ließ jedes Herz erschauern: Beethovens Egmont-Ouvertüre [...] Und dann – – dann nahten in unabsehbarem Zuge die umflorten Fahnen. Der Blick hing an ihnen, versonnen und wehmutsvoll. Denn jäh kam der Gedanke, daß ja einst diese Fahnenschäfte in den Fäusten der Jungen geruht haben, deren Körper nun unter dem flandrischen Rasen in Atome zerstäubt sind. Aber deren Geist noch lebt! Und die Erben dieses Geistes, sie zogen eben vorüber und stellten sich in buntem Halbrund um den schwarzen Katafalk. Zu dessen Füssen ein Lorbeerkranz mit schwarzweißroter Schleife lag [...]« (BLA 11. 11.).

Nov 15–Anfang Dez. Sonja Henie trainiert
»Das zur Zeit in Norwegen [...] herrschende schlechte Wetter hat die Eislaufweltmeisterin bewogen, ihr Trainigsquartier in Berlin aufzuschlagen. Die in der Reichshauptstadt überaus populäre Meisterin [...] wird die Tage bis zu ihrer Anfang Dezember erfolgenden Abfahrt nach Amerika dazu benutzen, um sich im Sportpalast für ihre U.S.A.-Tournee vorzubereiten« (BLA 16. 11.).

Nov 16–17, 20.15 Uhr. Eishockey u. a.
Ab 17. Nov ab 10.00 Uhr öffentlicher Eislauf.
V: BSchC.
Et: 1,50 bis 8,– RM.
Eröffnung der Eisbahn für die Wintersaison 1929/30.
London (British Ice Hockey Association): W. E. Speechly, V. H. Tait, A. D. Mulholland, A. Gordon, B. N. Sexton, W. J. Home, W. H. MacKenzie, J. P. C. Magwood, N. Melland.
Berlin (BSchC [IM]): Lincke, Steinke (Tor); Römer, Dr. Holsboer, Sachs (Vert.); Jaenecke, H. Brück, R. Ball (Sturm).
Nov 16 London – Berlin 6:3 (2:0, 1:2, 3:1). Kunstlauf von G. Veit.
Nov 17 London – Berlin 2:4 (1:1, 1:3, 0:0). Kunstlauf von Rittberger und Brockhöfft sowie ein 15-Runden-Schnellauf.
BLA 31. 10.; 15.–18. 11.; Vw 13.–14., 18. 11.

Nov 20, 15.00 Uhr. Kundgebung
V: Katholische Aktion.
Rd: Dr. Erich Klausener (Ministerialdir.), Dr. Christian Schreiber (Bischof von Berlin und der Mark Brandenburg).
Th: *»Bischof und Volk«.*
Mitw.: Philharmonisches Orchester.
Ausschmückung des Sportpalastes *»unter der sachkundigen Leitung des Reichskunstwarts, Dr. Redslob«.* Übertragung der Veranstaltung durch den Deutschlandsender.
»12 000 Katholiken hatten sich hier im Zeichen der Katholischen Aktion vereinigt, um ihren neuen Oberhirten, den Administrator des Bistums Berlin, Bischof Dr. Christian Schreiber von Meißen, in ihrer Mitte zu begrüßen. Am Dienstag hatte der Bischof den Reichspräsidenten, sowie den Spitzen des Reiches und des preußischen Staates seinen Besuch gemacht. Gestern nachmittag stand der Bischof zum ersten Male in einer großen öffentlichen Kundgebung inmitten des katholischen Berlin. Die weißgelben Farben der Kirche schmückten zusammen mit dem Banner des Reiches und den Farben Preußens und der Reichshauptstadt den stimmungsvollen Raum. Ueber dem Podium strahlte ein goldenes Kreuz von dunkelrotem Grunde. Die Riesenhalle war bis auf den letzten Platz gefüllt. In letzter Stunde noch hatte man die Erlaubnis für hunderte von Stehplätzen erteilt. [...] Der Führer der Katholischen Aktion, [...] Dr. Klausener, machte sich zum Interpreten der Versammlung, begrüßte in herzlicher, kerniger Weise den ersten Bischof der Reichshauptstadt, gedachte seines Vorgängers, des fürstbischöflichen Delegaten Dr. Deitmer, und wies auf die geschichtliche Bedeutung der Stunde hin. Stürmischer Beifall geleitet darauf Bischof Schreiber zum Rednerpult. [...] Wenn die gestrige Kundgebung, die für uns ein kirchenhistorisches Ereignis war, dazu beigetragen haben sollte, überlebte Vorurteile zu beseitigen, so freuen wir uns, die Katholische Aktion hat im Zeichen des Bistums einen schönen Erfolg errungen« (Germ 21. 11.).
Germ 20.–21. 11.

Nov 21, 19.00 Uhr. »Internationales Massenmeeting zum 10jährigen Bestehen der Kommunistischen Jugendinternationale«
V: ZK der KPD/ZK der KJVD.
Rd: Willi Münzenberg (MdR), Ernst Thälmann (MdR) u. a.
Mitw.: Erich Weinert.
»Aus allen Teilen Berlins strömten die jungen und erwachsenen Proletarier zusammen, um in einem grandiosen Meeting das zehnjährige Bestehen [...] zu feiern. [...] Nur eine Partei ist so eng mit den Massen des Jungproletariats verbunden: die Kommunistische Partei, die Kommunistische Internationale. Zörgiebel umrahmt das zehnjährige Bestehen [...] mit einem riesenhaften Schupoaufgebot. Allein in der Winterfeldstraße sind sieben große Ueberfallautos und eine Brigade berittener Polizisten postiert. Absperrungsmaßnahmen werden rigoros durchgeführt. Die Besucher müssen sich erst zum Sportpalast durchkämpfen. Trotzdem gab es gestern abend in der Potsdamer Straße nur eine Parole: Hinein in den Sportpalast! Das Gesicht dieser Straße, die sonst von faulen Bourgois beherrscht wird, war gestern bestimmt von den Massen der jungen und erwachsenen Proletarier. Der Sportpalast zeigt heute ein verändertes Bild. Von den Wänden grüßen Lenin, Rosa Luxemburg und Karl Liebknecht. An den Rängen sind die Kampflosungen verkündet. Vom obersten Rang mahnt ein Transparent: Lest und verbreitet die ›Rote Fahne‹! Den Tisch des Präsidiums schmückt in Riesenlet-

332 Programmheft; VWA.

tern der Schwur: ›Wir schützen die Sowjetunion!‹ [...] Fanfarenklänge tönen [...] Plötzlich tosender Beifall: der Einmarsch beginnt. An der Spitze die Vertreter des Zentralkomitees des Kommunistischen Jugendverbandes und der Partei. Genosse Thälmann, Remmele und Heinz Neumann [...] Dann folgt die ›alte Garde‹. Genosse Münzenberg an der Spitze. Und dann [...] die straffen Kolonnen des Jugendverbandes [...] Ein neuer Beifallssturm, als die Kolonnen der Antifaschistischen Jungen Garde [...] einmarschieren. [...] Eine Delegation des Roten Frontkämpferbundes grüßt mit donnerndem ›Rot Front!‹. Der Jung=Spartakus=Bund, die jüngste Generation marschiert ein [...] In das Präsidium werden u. a. die Genossen Thälmann, Remmele, Neumann, Heckert, Leo Flieg und Münzenberg gewählt. Unter begeisterter Zustimmung werden in das Ehrenpräsidium die Genossen Stalin, Molotow, Krupskaja, Kuusinen und mit besonderem Beifall der Führer der Roten Armee, Woroschilow, gewählt. Dann betritt Weinert, der populäre Arbeiterdichter, das Podium und trägt einen Prolog ›Zehn Jahre KJI.‹ vor [...]« (RF 22. 11.).
RF 16.–17., 20., 22.–23. 11.

Nov 22, 20.15 Uhr. Boxen »Hans Schönrath – José Santa« u. a.
V: SP (Koslowski).
Et: 3,– bis 25,– M.
Fdg: Paul Noack (Berlin) – Johnny Cuthbert (60 kg; GB), Sieg Cuthberts nach Pktn (8 Rdn).
Lg: Jakob Domgörgen (60,4 kg; Köln) – Fritz Reppel (59,4 kg; Herne), Sieg Domgörgens durch ko (10. Rde; Deutsche Meisterschaft, Hf Reppel).
Wg: Benny Singer (71,3 kg; USA) – Max Skibinski (71,3 kg; Bochum), Sieg Skibinskis durch ko (3. Rde).
Wg: Hans Seifried (66,6 kg; Bochum) – Helmut Schulz (67,2 kg; Königsberg), unentschieden (8 Rdn).
Sg: Hans Schönrath (85,7 kg; Krefeld) – José Santa (111,4 kg; P), Sieg Schönraths nach Pktn (8 Rdn).
BLA 8., 20., 22.–23. 11.; BZaM 22.–23. 11.; BS 477–78, 18.–25. 11.

Nov 23–24. Eishockey u. a.
Ab 10.00 Uhr öffentlicher Eislauf.
V: BSchC.
Et: 1,50 bis 8,– M.
LTC Prag (CS): Peka (Tor); Hromadka, Kral, Malecek, Peter, Dr. Pusbauer, Dr. Rezak, Svihovez, Tozicka.
SC Riessersee: G. Ball (Tor); Schmidt, Kreisel, Fischer (Vert.); Gruber, Schröttle, Slevogt (Sturm); Rammelmeyer (Ersatz); da ihr Torhüter Leis nicht nachgekommen war, mußten sie G. Ball vom BSchC *»ausleihen«*.
BESV-Auswahl: Schmid (SCC) (Tor); Schulze, Grimm (SCC) (Vert.); Kuklinski, Herker (Brandenburg), Heinz Ball (BSchC) (Sturm); Baak (Tegeler EV), Krahl (SCC), Heinrich (Brandenburg) (Ersatz).
BSchC (IM): wie Nov 16–17.
Nov 23, 20.00 Uhr LTC Prag – BESV-Auswahl 15:1. BSchC (IM) – SC Riessersee 6:2 (0:1, 5:0, 1:1).
Nov 24, 16.30 Uhr BSchC (IM) – LTC Prag 1:0 (0:0, 0:0, 0:1). SC Riessersee – BESV-Auswahl 2:1 (0:0, 1:0, 1:1). Außerdem ein 30-Rdn-Staffelschnellauf: 1. BSchC, 2. BEV, 3. VDE.
BLA 22.–23., 25. 11.; Vw 22., 25. 11.

Nov 28 (?). Eishockey
V: BESV (?).
SCC – Zehlendorfer Wespen 1:0. Brandenburg – BESV-Auswahl 0:0.
BLA 19. 11.

Nov 30 – Dez 1. Eishockey u. a.
Ab 10.00 Uhr öffentlicher Eislauf.
V: BSchC (?).
Et: 2,– bis 10,– M.
Kunstlauf von Sonja Henie.
Prag-Auswahl: Pospisil (Tor); Malecek, Dr. Pusbauer, Steigenhöfer, Krasl, Svihovez, Schmelhaus, Pettrs.
Wiener EV: Weiß (Tor); W. Brück, Klang, Lederer, Gsell, Göbel, Demmer, Watson.
BSchC (IM): wie Nov 16–17.
BESV-Auswahl: Schmidt (Tor); Heinrich, Lehninger (Vert.); Kuklinski, Kummetz, Herker (Sturm); H. Ball, Grimm (Ersatz).
Nov 30, 20.00 Uhr Wiener EV – BESV-Auswahl 6:1. BSchC (IM) – Prag-Auswahl 2:0.
Dez 1, 17.00 Uhr Prag-Auswahl – BESV-Auswahl 11:2 (5:1, 3:1, 4:0). BSchC (IM) – Wiener EV 3:0 (0:0, 1:0, 2:0). *»In der Pause erschien, stürmisch bejubelt, Sonja Henie und lief ihre Kür, eine wahre Weltmeisterinnen=Leistung. Die Massen rasten, daß der Sportpalast in seinen Grundfesten zitterte«* (BLA 2. 12.).
BLA 29.–30. 11.; 1.–2. 12.; Vw 28. 11.; 2. 12.

Dez 4. Bekanntgabe der neuen (?) Tarife für die Benutzung der Eisbahn
»Täglich Eislaufbetrieb ab 10.00 vorm. / Von 2.00 nachm. bis 11.00 abends: / Schlittschuhlaufen ... Mk. 1.50 / Schüler ... –,75 / Zuschauer I. Rang ... 0,50 / Hockeytraining abdl. 7.30 bis 8.30« (Anz., BLA 4. 12.).

Dez 5, 20.00 Uhr. »Eisfest der internationalen Berufsläufer«
Ab 10.00 Uhr öffentlicher Eislauf. 16.00 Uhr Kinderfest (Et: 0,75 und 1,– M).
V: SP (?).
Et: 2,50 und 3,– M.
»Alle prominenten Läufer haben ihre Teilnahme zugesagt. Man wird u. a. auch wieder einmal Charlotte, die ›Königin des Eises‹, den unvergeßlichen Paul Kreckow, Thea Frensen, Elsie Derksen, das Meisterpaar Metzner, den großen Hans Witte, Worms, Angola, Reitmeyer – um nur einige Namen zu nennen – bewundern können. ›Arabella‹ das schlittschuhlaufende Wunderpferd, wird für den Humor sorgen [...] Am Nachmittag kommen die Kinder zu ihrem Recht: Schlittenpolonäse, Gymkhana=Spiele, Vorführungen und Belustigungen aller Art [...]« (Vw 4. 12.).
BLA 4.–5. 12.; Vw 4. 12.

Dez 7–8. Eishockey u. a.
Ab 10.00 Uhr öffentlicher Eislauf.
V: BSchC.
Et: 2,– bis 8,– M.
Kunstlauf von Vivi-Anne Hulthen, Herbert Haertel, Edith Michaelis.
Stockholm (Auswahl): Sucksdorf (Göta) (Tor); K. Abrahamsson (Södertälje), Lindgren (Djugarden) (Vert.); Gustav Johansson (Göta), Linde (Karlbergs BK), R. Pettersson (Södertälje) (Sturm); Waldenström (Göta), Oeberg (Karlbergs BK) (Ersatz).
BSchC (IM): Steinke (Tor); Sachs, Dr. Holsboer (Vert.); Jaenecke, H. Brück, Römer (Sturm); Davidoff, Bayne, H. Ball, G. Ball (Ersatz).
Dez 7, 20.15 Uhr Stockholm – BSchC (IM) 4:1 (0:1, 2:0, 2:0).
Dez 8, 17.15 Uhr Stockholm – BSchC (IM) 4:1 (0:0, 2:0, 2:1).
BLA 5.–9. 12.; Vw 9. 12.

Dez 13–14, 20.15 Uhr. Eishockey u. a.
Ab 10.00 Uhr öffentlicher Eislauf.
V: BSchC
Et: 1,50 bis 8,– M.
Kunstlauf von Otto Gold (Prag), Flebbe, Brockhöfft, Annemarie Dietze, Günther Noack.
Oxford Canadians (GB): D. M. Turnbull (Tor); A. J. Grace, R. Martland, L. C. Stanley, H. A. Heydt, W. P. Wallace, J. D. Babbit, H. G. Lafleur, B. S. Keirstead.
BSchC (IM): entsprechend Nov 16–17, aber mit Andresen im Tor.
Dez 13 BSchC (IM) – Oxford Canadians 6:0 (2:0, 2:0, 2:0).
Dez 14 BSchC (IM) – Oxford Canadians 8:2 (0:1, 4:0, 4:1). Außerdem ein 50-Rdn-Mannschaftsschnellauf: 1. Loetsch/Richter (VDE).
BLA 11., 13.–16. 12.; Vw 14., 16. 12.

Dez 15, 17.00 Uhr. Hallensportfest der Arbeitersportler
Ab 10.00 Uhr: Vorkämpfe.
V: Arbeiter-Sport- und Kulturkartell Groß-Berlin e.V.
Et: 1,50 M (Vorverkauf 1,– M), Jugendliche und Erwl. 0,75 M.
»3000 aktive Sportler aus Berlin, 130 Sportler aus Leipzig, Dresden, Halle, Greifswald, Knautkleeberg (Sa.) und Teuchern (b. Weißenfels) bekundeten durch ihre Teilnahme an dem Hallensportfest, daß sie gewillt sind, unter oppositioneller Führung für die revolutionäre Einheit im Arbeitersport zu kämpfen. 7000 Berliner Arbeiter waren Zuschauer der Wettkämpfe [...] Sie waren gekommen, um den Berliner Arbeitersportlern zu bekunden, daß sie sich mit ihnen solidarisieren im Kampf gegen die sozialfaschistischen Spalter, im Kampf um die Klassentradition des roten Arbeitersports [...] In der Arena fiel besonders ein Riesentransparent ins Auge: ›Die KPD. begrüßt die roten Arbeitersportler! Tretet ein in die KPD.!‹ [...]« (RF 17. 12.).

Aus den Wettbewerben.
1000-m-Jugendlauf: 1. Erfurt (FSU) 2:48,9, vor Schramm (Fichte) und Nitschke (Fichte 3). 4x400-m-Staffel für Männer: 1. Fichte-Südost 3:43, vor Schöneberg 3:51,3 und FSU. 3000-m-Lauf (Männer): 1. Lawerenz (Tegel) 9:25,7, vor Leetz (Spandau) 9:34 und Herfurth (Fichte – Moabit). Neben weiteren leichtathletischen Wettkämpfen gab es Boxkämpfe (Berlin – Halle 9:3), Hockey-, Handball- und Radballspiel, außerdem Vorführungen der Turner.
RF 24., 29. 11.; 6., 11.–13., 15., 17. 12.

Dez 18 (?). Eishockey
V: BSchC (?).
SCC – Tegeler EV 6:3 (3:1).
BLA 20. 12.

Dez 19 und 21–22, 20.15 Uhr. Eishockey u. a.
Ab 10.00 Uhr öffentlicher Eislauf.
V: BSchC.
Et: 2,– bis 15,– M (am 22. 12. von 3,– bis 18,– M).
Kunstlauf von Vivi-Anne Hulthén, Ernst Baier, Geschwister Winter, Kishauer/Gaste; Schnellauf von Edel Random, Brey, Veit u. a.
Canada (Toronto): Percy Timpson (Tor); Joe Griffin, Fred Radtke (Vert.); »Red« Armstrong, Wally Adams, Don Hutchinson (Sturm); Alec Park, Bert Clayton, Gordon Grant (Ersatz).
Europa-Auswahl: Leinweber (D; EV Füssen) (Tor); Abrahamsson (S), Dr. Holsboer (CH; BSchC) (Vert.); Jaenecke (D; BSchC), »Lulle« Johansson (S), H. Brück (A; BSchC) (Sturm A); Malecek (CS), R. Ball (D; BSchC), Römer (D; BSchC) (Sturm B).
BSchC (IM): Steinke (Tor); Römer, Sachs, Jaenecke, Dr. Holsboer, Brück, R. Ball u. a.
LTC Prag (CS): vermutlich wie Nov 23–24.
BESV-Auswahl: vermutlich wie Nov 30– Dez 1.
Dez 19 Canada – BSchC (IM) 6:2 (1:1, 4:0, 1:1). BESV-Auswahl – BSchC (Res.) 4:1.
Dez 21 Canada – Europa-Auswahl 7:2 (2:0, 1:0, 4:2). LTC Prag – BESV-Auswahl 7:1.
Dez 22 LTC Prag – BESV-Auswahl 7:1 (0:0, 2:0, 5:1). Canada – Europa-Auswahl 4:1 (1:0, 1:0, 2:1).
»Hochspannung im Sportpalast: Die Kanadier kommen, Höhepunkt der ersten Saisonhälfte. Gestern sind die Weltmeister von London, wo sie ihr erstes europäisches Spiel ›unterwegs‹ gegen eine Britische Auswahlmannschaft leicht mit 8:2 gewannen, abgefahren und werden heute nachmittag um 5.17 Uhr am Bahnhof Friedrichstraße erwartet. [...] Kanada ist für Eishockey ein Begriff, ein Non plus ultra in diesem Sport. Die Kanadier waren und werden immer für uns Vorbild sein – unerreichbar. Für sie ist Eishockey Nationalsport. Von Kind auf üben sie sich in dieser Kunst, und ihr Bester ist Heros des Volkes. Kanadas repräsentative Mannschaft besucht Europa, um den Weltmeistertitel zu verteidigen und Eishockey in höchster Vollendung der alten Welt zu zeigen und zu propagieren. Die Sendboten dieser großen, einzigartigen Sportkunst kommen aus Toronto, der Hochburg kanadischen Eishockeys. [...]« (BLA 19. 12.).
BLA 17.–21., 23. 12.; Vw 20., 23. 12.

Dez 31, abends. Silvester-Feier
V: SP.
Et: 3,– M.
»Berlins größte Silvester-Feier auf dem Riesen-Tanzparkett im Sportpalast / Es dirigieren persönlich: Doelle, Jean Gilbert, Goetze, Hauptmann, Hugo Hirsch, Victor Holländer, Knopf, Künnecke, Paul Lincke, Hans May, Profes Robrecht, Willi Rosen, Schmidt-Gentiner, Translateur. / Es treten auf: Cläre Waldoff, Wilhelm Bendow, Max Hansen, Paul Morgan, Artur Guttmanns Jazz Symphoniker und fünf weitere Ballorchester« (Anz., BLA 25. 12.).

1930

Jan 2–3, 20.15 Uhr. Eishockey u. a.
Ab 10.00 Uhr öffentlicher Eislauf.
V: BSchC (?).
Et: 2,– bis 12,– M.
Kunstlauf von Günther Noack, Flebbe und Kishauer/Gaste sowie ein Mannschafts-Schnellauf (12 Rdn).
Canada: vermutlich wie 1929 Dez 19 und 21–22.
Schweden: Sucksdorf (Tor); Abrahamsson, Lindgren (Vert.); Burman, Gustav Johansson, Pettersson (Sturm); Linde, Oeberg, Rundtquist, Nilsson (Ersatz).
Jan 2 Canada – Schweden 2:0 (0:0, 0:0, 2:0).
Jan 3 Canada – Schweden 6:0 (2:0, 3:0, 1:0).
»Obwohl die Eishockeyweltmeisterschaft erst Ende Januar in Chamonix zum Austrag kommt, so fällt doch die Entscheidung bereits am 2. und 3. Januar in Berlin. Die Schweden, die zur Weltmeisterschaft nicht gemeldet haben, suchten eine Begegnung mit den Kanadiern. Da die Witterungsverhältnisse diesen Kampf [...] in Stockholm nicht zuließen, hat der Eishockey=Europameister die sicheren Weltmeisterschaftsanwärter, die Kanadier, zu einem Kampf im Berliner Sportpalast herausgefordert« (Vw 31. 12.)
BLA 27., 31. 12. 1929; 1.–4. 1.; Vw 30.–31. 12. 1929; 3. 1.

Jan 5, 20.00 Uhr. 18. Hallensportfest des VBAV
Ab 18.00 Uhr: Vorkämpfe.
V: VBAV.
Aus den Wettbewerben:
10x50-m-Pendelstaffel: 1. Bar Kochba 1:1,5; 2. TiB; 3. BTSV. – 1000-m-Hauptlaufen: 1. Wichmann (SCC) 2:37; 2. Kauffmann (Hannover) 2:38; 3. Güthing. – 60-m-Hürdenlauf: 1. Schulze (PSV) 8,5 Sek; 2. Beschetznik; 3. Scholz. – Olympia-Staffel für B.C.D.-Vereine: 1. Deutsche Bank 3:54,2; 2. Terest; 3. BFC Preußen. – Jubiläumsstaffel, 5 x 1 Runde: 1. Brandenburgischer Kraftsport-Verband 1:56,4; 2. Deutscher Kanu-Verband; 3. BESV. – 4 x 100-m-Staffel: 1. BSC 3:41,9; 2. Schöneberger TSC; 3. Teutonia. – Sprinterdreikampf: Erster Lauf: 1. Jonath 7,0 Sek; 2. Malitz; 3. Gillmeister. Zweiter Lauf: 1. Jonath 6,9 Sek; 2. Gillmeister; 3. Malitz. Dritter Lauf: 1. Jonath 7,1 Sek; 2. Gillmeister; 3. Malitz. Gesamtergebnis: 1. Jonath 15 Pkte; 2. Gillmeister 11; 3. Malitz 10. 3 x 1000-m-Staffel: 1. SCC 8:07 Min; 2. DSC 8:09; 3. VfL Humboldt. – 3000-m-Mannschaftslauf für B.C.D.-Vereine: 1. Bewag 10:04 Min; 2. AEG; 3. Siemens. – Handball: PSV – DHC 5:2 (0:1). – »Große Hallensport-Staffel« (25 Rdn): 1. SCC. 18:38,2 Min; 2. DSC; 3. VfL Humboldt; 4. PSV. (nach BLA 6. 1.).
»Der Verband [...] hat es für notwendig angesehen, die Kämpfe der Leichtathleten mit Konkurrenzen aus den anderen Sportgebieten zu umrahmen, zu durchsetzen. Das war ganz sicher unnötig [...] Man kommt doch in erster Linie zum Hallensportfest, um die herrlichen Rennen der besten deutschen Läufer zu sehen, um den packenden Kampf, der auf der schmalen, kurzen Bahn mit den engen Kurven tobt, zu erleben, und nicht, um nun auch noch Radfahrer im Kunstreigen, das Radballspiel und Ringen auf der Matte anschauen zu müssen« (BLA 4. 1.).
BLA 4.–6. 1.

Jan 10–13, 20.00 Uhr. Eishockey »Deutsche Meisterschaft«
Ab 10.00 Uhr öffentlicher Eislauf.
V: BSchC.
Et: 1,50 bis 6,– M (13. 1.).
Jan 10 BSchC – VfB Königsberg 4:1 (3:1, 0:0, 1:0). Brandenburg – VfL Rastenburg 5:1 (2:1, 2:0, 1:0).
Jan 11 Brandenburg – SC Riessersee 3:1. EV Füssen – VfB Königsberg 4:1
Jan 12 EV Füssen – BSchC 1:8 (0:2, 0:3, 1:3). SC Riessersee – VfL Rastenburg 6:0 (1:0, 3:0, 2:0).
Vorrunde:

I)	1.	BSchC	2	12:2	4:0
	2.	Füssen	2	5:9	2:2
	3.	Königsberg	2	2:8	0:4
II)	1.	Brandenburg	2	8:2	4:0
	2.	Riessersee	2	7:3	2:2
	3.	Rastenburg	2	1:11	0:4

Jan 13 Um Platz 3: EV Füssen – SC Riessersee 3:0 (1:0, 2:0, 0:0).
Um Platz 1: BSchC – Brandenburg 9:1 (4:0, 1:0, 4:1).
Der BSchC *»konnte damit zum zwölften Male den deutschen Meistertitel erringen. Die noch junge Brandenburg-Mannschaft, von der man sich nach den vielen Ankündigungen eigentlich mehr versprochen hatte, zeigte sich einer derartigen Aufgabe noch nicht gewachsen. Sie spielte viel zu aufgeregt, zeitweise konnte man jede Kombination vermissen, und der Torhüter der Brandenburger, Kaufmann, versagte in kritischen Momenten«* (Vw 14. 1.).
BLA 10.–14.; Vw 9., 13.–14. 1.

Jan 15–16, 20.15 Uhr. Eishockey u. a.
Ab 10.00 Uhr öffentlicher Eislauf.
V: BSchC (?).
Et: 2,– bis 8,– M.
Japan (Studenten der Universität Mukden [Mandschurei]): K. Kitagawa, Y. Inaba, K. Ohga, S. Hayashi, T. Shoji, H. Takahashi, T. Nishiuchi, Y. Kinoshita, S. Hirano.
Deutschland: Leinweber (EV Füssen) (Tor); Römer, (BSchC), Heinrich (Brandenburg) (Vert.); Jaenecke, (BSchC), Schröttle (SC Riessersee), Rudi Ball (BSchC) (Sturm); Kummetz, Herker, Kuklinski (Brandenburg) (Ersatz).
BSchC (IM): entsprechend 1929 Dez 7–8.
Jan 15 Deutschland – Japan 15:4 (6:1, 4:1, 5:2).
Jan 16 BSchC (IM) – Japan 12:2 (5:0, 5:2, 2:0).
BLA 13., 15.–17. 1.; Vw 10., 14., 16.–17. 1.

Jan 18, 20.00 Uhr. Fest »Sturm über Berlin«
V: Die Welt am Abend/Berlin am Morgen (Münzenberg-Konzern).
Et: 1,– M.
»Von namhaften Künstlern treten u. a. auf / Ernst Busch / Paul Graetz / Anni Mewes / Carola Neher / Karl Valentin / Rosa Valetti / Erich Weinert / Conférencier: Erich Weinert / 12 Sturm-Girls / Zum Tanz spielt: Die 30 Mann starke Kapelle Artur Guttmann / Große Tombola / Ferner im Kasino: Kapelle Krog« (Anz., Die Welt am Abend).
Hoffmann/Siebig, Busch, S. 78.

Jan 19, 15.00 Uhr. »Arbeiter-Hallensportfest«
V: FTGB.
Et: 0,75, 1,– und 2,– M (Vorverkauf 0,50, 0,75 und 1,50 M).
Rund 1500 Teilnehmer, davon *»300 aus dem Reich«.*
»Ein Lichtbild fordert auf: ›Treibt Sport in den Vereinen des Arbeiter=Turn= und Sportbundes!‹ [...] Einiges aus dem Beiprogramm sei genannt. Die Leute aus der tausendjährigen Stadt Brandenburg, die Freie Turnerschaft Berlin und

die Kreisfrauenschule vereinigten sich zu Vorführungen aus dem Uebungsbetrieb. Die Brandenburger trieben Beintrainig mit Springschnüren so schön, wie man es sonst nur bei den Mädchen im Frühjahr auf der Straße sieht. Aber es war schwer. Mitglieder von Groß=Berlin spielten, nein, übten ernsthaft=spaßig mit dem Medizinball. Was diese Uebungen einbringen, zeigten ihre muskulösen Körper. Ein besonderes Lob der Frauenschule. Namenlose wollen hier Lehrerinnen für die namenlose Masse werden. Im bürgerlichen Rekordsport heißt man die Lehrenden ›Dozenten‹, die Lernenden ›Studentinnen‹ und die Schule selbst ›Hochschule!‹ Mag man titulieren, Arbeitersportler sagen einfach: Kreisschule!. Sehenswertes zeigten die Nowaweser, die Brandenburger und die Luckenwalder Arbeiterradfahrer beim Radballspiel und beim Meisterreigen. Dann zeigten 16 Mann vom Athletik=Sportclub Uebungen in neuer Aufmachung, so quasi in bengalischer Beleuchtung. Sechzehn Sonny Boys vollbrachten Tiller=Girls-Training in Zeitlupenbewegungen. Dunkler Saal, nur die Tiefstrahler auf die Sechzehn. Uebungsbetrieb, in neuem Gewande gezeigt, das schlug ein. ›Berlin, vorwärts marsch!‹ hieß die Sache. ›Jeder einmal in Berlin‹, spielte die Musik – einverstanden! […] Schließlich erreichte das Fest seinen Höhepunkt, als die neuaufgebaute Freie Sport= und Musikvereinigung in der Mitte der Arena Aufstellung nahm und die Internationale spielte. Zuschauer und Sportler ehrten den Gesang der Völker durch Erheben von den Plätzen […]« (Vw 20.1.).
Vw 17. 12. 1929; 10., 13.–14., 17.–20. 1.

Jan 23, 20.00 Uhr. Handball-Turnier
V: VBAV.
Vorrunde: Siemens – SCC 7:5; 1. Spandauer Polizei-Handball-Club – Brandenburg 8:4; DHC – BSV 92 10:3; PSV – DSC 7:4 (3:3).
Zwischenrunde: DHC – Siemens 8:7 (2:3, 5:4, nach Verlängerung); PSV – 1. Spandauer Polizei-Handball-Club 11:6.
Endspiel: DHC – PSV 6:5.
Die Vorrundensieger qualifizierten sich für das Turnier am 26. 1.
BLA 18., 22.–25. 1.; BT 25. 1.

Jan 24, 20.15 Uhr. Boxen »Hein Domgörgen – Franz Boja« u. a.
V: SP (Koslowski).
Fdg: Harry Stein (54,2 kg; Berlin) – Franz Dübbers (58 kg; Köln), unentschieden (8 Rdn).
Lg: Jakob Domgörgen (60,4 kg; Köln) – Paul Noack (58,3 kg; Berlin), Sieg Noacks nach Pktn (8 Rdn).
Mg: Erich Tobeck (71,8 kg; Breslau) – Karl Dräbing (74 kg; Saarbrücken), Sieg Tobecks nach Pktn (6 Rdn).
Mg: Hein Domgörgen (71,3 kg; Köln) – Franz Boja (71,5 kg; Dortmund), unentschieden (15 Rdn; Deutsche Meisterschaft, Hf Boja).
Sg: Ernst Gühring (91,7 kg; Stuttgart) – Hans Schönrath (86,2 kg; Krefeld), Sieg Gührings nach Pktn (10 Rdn; Endausscheidung für Deutsche Meisterschaft).
»Harry Stein, acht Pfund leichter als der deutsche Federgewichtsmeister Dübbers (Köln) lieferte eine meisterhafte Schlacht, zerstach dem Kölner das linke Auge völlig, mußte aber viele harte Treffer am Kinn und im Magen einstecken. Stein hielt blendend durch, hatte aber nach Punkten knapp verloren. Das Punktgericht gab ihm jedoch ein Unentschieden […]« (BLA 25. 1.).
BLA 28. 11. 1929; 8., 15., 22., 24.–26. 1.; BS 486–87, 20.–27. 1.; Ph (VWA).

Jan 26, 19.00 Uhr. Handball-Turnier
V: VBAV.
Vorrunde: PSV Halle – PSV 9:7; DHC – Leipziger Sportfreunde 1900 7:3; 1. Spandauer Polizei-Handball-Club – SV Darmstadt 6:4 (3:1); Wiener ASC – Siemens 5:4 (nach Verlängerung).
Zwischenrunde: PSV – 1. Spandauer PHC 10:3 (5:2); Wiener Athletiksport-Club – DHC 5:4 (0:3; nach Verlängerung).
Endspiel: Wiener Athletiksport-Club – PSV 8:4 (3:1).
BLA 18., 26.–27. 1.

Feb 2. Hallensportfest der Turner
10.00 Uhr Vorkämpfe, 18.00 Uhr Hauptkämpfe.
V: DT, Kreis III b.
Aus den Wettbewerben:
Charlottenburger Staffel, 500, 400, 300, 200, 100 m: 1. TG Lichtenrade 3:33,1; 2. Turnklub Bernau (6 m zurück). – 1000-m-Hauptlaufen: 1. F. Müller (Zehlendorf) 2:27,9; 2. Dr. Merkel (DSC) 2:37,9; 3. Ast (BTSV) 2:38; 4. Winkler (Karlshorst). – 60-m-Lauf für Frauen: 1. Furchheim (Neukölln) 8 Sek; 2. Feldmann (Teutonia) 8, 1 Sek; 3. Gehricke (Tiefwerder) 8,1 Sek. – 4 x 800-m-Staffel: 1. VfL Humboldt 8:39; 2. Osram 8:39,4; 3. Frankfurt/Oder 1860 8:47; 4. Friesen. – 4 x 400-m: 1. Schöneberger TSC 3:42,5; 2. SCC; 3. Dresdner Bank. – 60-m-Hürden: 1. Schultze (Polizei) 8,1; 2. Sieg (Schöneberg) 8,3; 3. Scholz (Friesen) 8,4. – 4 x 100-m für Frauen: 1. TSV Schöneberg 56,4; 2. TiB 57,6. – 1500-m: 1. Thiede (Biesdorf) 4:20,2; 2. Kober (Spandau) 4:20,2; 3. Both (Charlottenburg) 4:22,2. – Faustball: Verein der Turnfreunde – Teutonia 30:14 (14:7). – 10 x 50-m-Pendelstaffel: 1. TSV Schöneberg 60,4; 2. TiB 60,8; 3. Jahn (Neukölln); 4. Bar Kochba. – 10 x 50-m-Pendelstaffel für Frauen: 1. Jahn (Neukölln): 74,6; 2. TSV Schöneberg 74,9; 3. Schöneberger TSC. – 3 x 1000-m: 1. DSC 8: 14,4; 2. ATB 8: 26,3; 3. BTSV. – Hochsprung: 1. Lange (Komet) 1,765 m; 2. Steg (Schöneberg) 1,75 m; 3. Grenz (Stettin) 1,75 m. – Hochsprung für Frauen: 1. Notte (Düsseldorf) 1,525 m (neue Hallenhöchstleistung); 2. Geiling (Hamburg) 1,47 m; 3. Kantorowicz (BT) 1,43 m. – 60-m-Hauptlaufen: 1. Jonath (Hannover) 7,1 Sek; 2. Kurz (Bar Kochba) 7,2; 3. Gärtner (Schöneberger TSC) 7,3; 4. Pankrath (Potsdam). – 3000-m-Hauptlaufen: 1. Spring (Wittenberg) 8:49,2; 2. Göhrt (Post SV) 9:10,1; 3. Wolff (Teutonia) 9:10,3; 4. Schmuck (Kiel) 9:25,4. (nach BLA 3. 2.).
BLA 15. 1.; 1.–3. 2.; Vw 3. 2.

Feb 4–5, 20.15 Uhr. Eishockey u. a.
Ab 10.00 Uhr öffentlicher Eislauf.
V: BSchC.
Kunstlauf von Wellmann (u. a.?).
Göta Stockholm (S): Sucksdorf (Tor); »Fransman« Johansson, Axelsson (Vert.); Burman, »Lulle« Johansson, Galin (Sturm); Lindberg, Eryberg, Svensson (Ersatz).
BSchC (IM): Steinke bzw. Lincke (Tor); Dr. Holsboer, Römer (Vert.); Jaenecke, H. Brück, R. Ball (Sturm); H. Ball, Davidoff (Ersatz).
Feb 4 BSchC (IM) – Göta Stockholm 6:3 (2:0, 3:0, 1:3).
Feb 5 BSchC (IM) – Göta Stockholm 5:2 (1:2, 3:0, 1:0).
BLA 4.–6. 2.; Vw 4., 6. 2.

Feb 6, 20.15 Uhr. Boxen »Frankie Genaro – Harry Stein« u. a.
V: SP (Koslowski).
Bg: Georg Pfitzner (53,3 kg; Berlin) – Bobby Spunner (53,4 kg; A), Sieg Pfitzners durch Aufgabe (3. Rde).
Fdg: Frankie Genaro (51,5 kg; USA; Weltmeister) – Harry Stein (52 kg; Berlin), Sieg Steins durch Disqualifikation (8. Rde).
Fdg: Paul Noack (58,3 kg; Berlin) – Franz Machtens (57,3 kg; B), unentschieden (8 Rdn).
Wg: Hans Seifried (66,7 kg; Bochum) – Alfred Genon (67,2 kg; B), Sieg Seifrieds nach Pktn (8 Rdn).
Wg: Gustav Eder (66,4 kg; Dortmund) – Franta Nekolny (67 kg; CS), Sieg Nekolnys nach Pktn.
»Im Sportpalast gab es am gestrigen Boxabend wieder einmal Skandalszenen, ohne die es im deutschen Berufsboxsport nicht mehr zu gehen scheint. Die große Arena hallte wider von dem Protestgeschrei und einem ohrenbetäubenden Pfeifkonzert, als der mit allen Mitteln der Reklame (echt amerikanisch, bitte!) angepriesene ›Weltmeister im Fliegengewicht‹ Frankie Genaro – New York […] gegen den Berliner Harry Stein […] im Ring stand […] Von einem Weltmeister hatte man doch etwas anderes erwartet. Es soll Genaro zuerkannt werden, daß er dem Berliner überlegen war, aber war denn das wirklich der Fliegengewichtsmeister der Welt? Hatte es Genaro nötig, mit der offenen Hand, was vielfach, sehr zu Unrecht, bestritten wurde, zu schlagen? War es nötig, daß Genaro mit der einen Hand hielt und mit der anderen schlug? Muß so etwas ein Weltmeister tun? […]« (Vw 7. 2.). Von dem Vorstand der Boxsportbehörde Deutschlands wurde etwas später das Urteil gegen Genaro aufgehoben und das Ergebnis des Kampfes Stein – Genaro in *»ohne Entscheidung«* umgeändert (BLA 12. 2.).
BLA 29. 1.; 6.–7. 2.; BS 488–89, 3.–10. 2.

Feb 7, 20.15 Uhr. »Massendemonstration des erwachenden Berlin«
V: NSDAP.
Et: 1.– M.
Rd: Dr. Joseph Goebbels (MdR, Gl), Hermann Göring (MdR), Karl Litzmann (General a. D.).
Th: *»So kann es nicht weitergehen!«*
Mitw.: SA-Kapelle Fuhsel u. a.
»Kopf an Kopf füllten fünfzehntausend Menschen den Raum […] Erwartungsvoll schlugen die Herzen und heller Jubel brandete empor, als der greise General Litzmann, der ›Löwe von Brzesiny‹, begleitet von dem Gauleiter Dr. Goebbels und Hauptmann Göring, die weite Halle betraten. Im Fluge gewann der alte Recke, mit dem Feuergeist eines Jungen, die Gemüter. Ein Appell an die Jugend, flammend und mitreißend, waren seine Ausführungen, die Bismarckgeist, Frontkämpfergeist, und Hitlergeist zu einer historischen Einheit zusammenfaßten, einer Einheit, die als politischer Machtwille Deutschlands Rettung herbeiführen werde […]« (Agr 9. 2.).
Agr 2., 6., 9. 2.; BLA 8. 2.

Feb 8, abends. »Kaschemmenball«
Et: 4,– M.
»Berlins größtes Kostümfest«.
Mitw.: *»Dajos Béla mit seinen Jazzsymphonikern«* und anderen Kapellen.
Der Kaschemmenball sollte die Tradition der Zille-Bälle fortsetzen, hatte aber offensichtlich bei weitem nicht deren Erfolg.
BLA 7.–8., 10. 2.

Feb 9–10, 20.15 Uhr. Eishockey »Endspiele der Europameisterschaft und der Weltmeisterschaft«
Kunstlauf von Edith Michaelis, Günther Noack, Kishauer/Gaste.
Canada: Percy Simpson (Tor); »Red« Armstrong, Wally Adams, Don Hutchinson, Bert Clayton, Alec Park, Gordon Grant, Joe Griffin, Fred Radtke.
Deutschland: Leinweber (EV Füssen) (Tor); Römer (BSchC), Kreisel (SC Riessersee) (Vert.); Jaenecke, R. Ball (BSchC), Schröttle (SC Riessersee) (Sturm); Steinke

(BSchC), Heinrich, Kummetz, Herker (Brandenburg) und Slevogt (SC Riessersee) (Ersatz).
Schweiz: Kuenzler (Tor); Mai, Rudolph (Vert.); R. Torriani, Meng, Geromini (Sturm); Eberle, Kraatz, C. Torriani, Ruedi, Fuchs (Ersatz) (die meisten vom HC Davos).
Tschechoslowakei: Nespor (Tor); Kral, Pusbauer, Hromadka, Tozicka, Steigenhöfer, Svihovez, Malecek, Dorazil.
Das Weltmeisterschafts-Turnier fand in Chamonix statt. Da sich gegen Ende die Witterungsverhältnisse so verschlechterten, wurden die letzten Spiele – Europafinale und Weltfinale – in den Sportpalast verlegt.
Feb 9 Deutschland – Schweiz 2:1 (0:1, 1:0, 1:0; Europameisterschafts-Endspiel). Canada – Tschechoslowakei 14:1 (4:0, 6:1, 4:0).
Mit 1:1 ging es bei der Europameisterschaft ins letzte Drittel: *»ununterbrochen stürmten Jaenecke und Rudi Ball in Alleingängen gegen das Schweizer Tor, aber Kuenzler hielt alles. Als dann aber die deutschen Stars im Sturm endlich anfingen, Zusammenspiel vorzuführen, wurde die Situation für das Schweizer Tor immer bedrohlicher. In der siebenten Minute gelang dann ziemlich überraschend Römer das siegbringende Tor. [...] die deutsche Mannschaft [...] hatte damit den Titel des Europameisters im Eishockey zum erstenmal für Deutschland gewonnen«* (BLA 10. 2.).
Feb 10 Canada – Deutschland 6:1 (1:1, 3:1, 2:0; Weltmeisterschafts-Endspiel). Tschechoslowakei – Schweiz 2:0 (0:0, 2:0, 0:0; Freundschaftsspiel).
BLA 3., 9.–11. 2.; Vw 10.–11. 2.

Feb 11, 20.00 Uhr. Eissportfest – Schlußveranstaltung der »Internationalen roten Wintersportwoche«
V: Interessengemeinschaft zur Wiederherstellung der Einheit im Arbeitersport unter Mitwirkung der Roten Sportinternationale und der Opposition der LSJ.
Et: 1,– und 1,30 M (Parkettribüne); für Zuschauer, die keiner proletarischen Organisation angehören 3,– und 5,– M; Plakettenverkauf.
»Sportlich wird ein erstklassiges Programm geboten werden. Die besten Schnelläufer werden am Start sein. Der Schnellauf wird in drei Distanzen vor sich gehen. Es werden gelaufen: vier Runden, zehn Runden und dreißig Runden. Auch der Kunstlauf verspricht einen großen Erfolg, da bis heute schon Meldungen der allerersten Kunstläufer aus den verschiedensten Ländern vorliegen. Das sportlich größte Ereignis wird das Eishockeyspiel zwischen Finnland und Schweden werden. Gleichzeitig wird die Veranstaltung [...] ein internationales Kampfgelöbnis für den Gedanken des revolutionären Massensports werden« (RF 19. 1.).
Die Internationale rote Wintersportwoche (1.–13. 2.) fand in Oberwiesenthal, Halle a.d.S. und in Berlin statt. Den russischen Teilnehmern war die Einreise verweigert worden.
»Die riesige Halle [...] ist bis auf den letzten Platz gefüllt. An den Seiten sind Transparente angebracht, die verkünden: Arbeitersportler sind Soldaten der Revolution – Gegen Severings Zuchthausgesetz – Wir schützen die Sowjetunion. Ein Signalschuß ertönt. Die Massen erheben sich und singen die Internationale. Auf der Eisfläche erscheinen die roten Arbeitersportler auf Schlittschuhen, an der Spitze mit einer roten Fahne die norwegische Arbeitersportlerin Ella Trensen [...] Genosse Alfred Nitsche von der Interessengemeinschaft [...] nimmt das Wort, begrüßt die Berliner Arbeiter [...] Genosse Florian, als Vertreter des ZK. der KPD, führt aus: Wir bekunden, daß wir Internationalisten sind und [...] Sport treiben, um die physischen Kräfte der Arbeiter im Kampf gegen Kapitalismus und sozialfaschistische Terrormaßnahmen zu stärken [...] Die roten Eisläufer fahren eine zweite Runde und die Kämpfe beginnen. Sieger und Besiegte werden von den Massen gefeiert« (RF 12. 2.).
Eine Reportage aus dem Sportpalast im Rundfunk, die bis 23.00 Uhr dauern sollte, wurde mitten *»in der Uebertragung [...] plötzlich ausgeschaltet, weil die vielen Tausende im Sportpalast anwesende Arbeiter die ausländischen Sportgenossen mit stürmischen ›Rot-Front!‹=Rufen begrüßten«* (RF 21. 2.).
Wilhelm Pieck, der nach den Ankündigungen als Vertreter der KPD die Begrüßungsansprache halten sollte, war offenbar verhindert.
RF 19., 21., 25., 29., 31. 1.; 1., 4., 6.–9., 11.–13., 15., 21. 2.

Feb 15. »Roter Rummel, politisch-satirischer Karneval«
V: ASV Fichte.
Et: 1,50 M (Vorverkauf 1,– M).
RF 14. 2.

Feb 19, 20.15 Uhr. Radrennen
V: SP (?).
Viererkampf für Ausländer: 1. Arlet (B), 2. Martinetti (I), 3. Kaufmann (CH), 4. Michard (F).
Viererkampf für Inländer: 1. Knappe, 2. Oszmella, 3. Steffes, 4. Ehmer.
Großer Winterpreis (Fliegerrennen; Michard, Kaufmann, Arlet, Martinetti – Ehmer, Knappe, Oszmella, Steffes): 1. Steffes, 2. Michard, 3. Ehmer.
50-km-Mannschaftsfahren (11 Paare): 1. Lehmann/Wissel 28 Pkte; 2. Knappe/Miethe (1 Rde zurück) 44; 3. Krüger/Funda 32; 4. Kilian/Pützfeld 15; 5. Ehmer/Koch 0; 6. Wette/Nickel (2 Rdn zurück) 6; 7. Schwemmler/Kantorowicz 2; 8. Nebe/Seiferth (3 Rdn zurück) 2; 9. Bauer/Evert (4 Rdn zurück) 3; vorzeitig aufgegeben: Arlet/Martinetti, Oszmella/Steffes.
BLA 18.–20. 2.; Vw 20. 2.

Feb 21, 20.00 Uhr. Amateur-Radrennen
V: BDR/DRU.
Die beiden Verbände veranstalteten zum ersten Mal einen gemeinsamen Renntag, schrieben jedoch jeweils eigene Rennen aus.
»Rennen des BDR.: Hauptfahren: 1. Dasch (Argo); 2. Pohl; 3. Wendt. Vereinsmannschaftsfahren: 1. Arminius 94; 2. BRC. 89; 3. Concordia 97. Stundenmannschaftsrennen: 1. Engelmann-Nickel 17 P. (45, 800 Kilometer); eine Runde zurück: 2. Manthey – Bauer 7 P.; zwei Runden zurück: 3. Becker=Stock 13 P.; 4. Golz=Ussat 8 P.; 5. Schmidt=Spormann 3 P.; drei Runden zurück: 6. Eggert=Patzack 10 P.; 7. Schulz=Schimming 9 P.; 8. Graf=Levy 7. P.;
Rennen der DRU.: Hauptfahren: 1. Giel (Berolina); 2. Büttner; 3. Dubaschny. 50=Runden=Punktefahren: 1. Kottlarz 15 p.; 2. Kalupa 10 P.; 3. Goog 10 P. Stundenmannschaftsrennen: 1. Horn=Kolbe 15 P. (44,160 km); 2. Rauhuth=Zaiser 14 P.; 3. Mattern=Quindt 11 P.; eine Runde zurück: 4. Giel=Badner 10 P.; 5. Kloß=Lipkow 5 P.; 6. Materne=Büttner 5 P.« (Vw 22. 2.).
BLA 21.–22. 2.; Vw 22. 2.

Feb 23, 19.00 Uhr. Radrennen
V: SP (?).
1000-Rundenfahren (13 Paare): 1. Petri/Kroschel 41 Pkte; Manthey/Schön 40; 3. Ehmer/Tietz 39; 4. Knappe/Rieger 31; 5. Lehmann/Wissel 26; 6. Kroll/Miethe 4; 7. Jan van Kempen/Rielens (1 Rde zurück) 26; 8. Brüder Wolke (3 Rdn zurück) 3; 9. van Nek/Tonani (4 Rdn zurück) 3; 10. Negrini/Severgnini (5 Rdn zurück) 23; 3:54:09 Stunden; außerdem starteten: Bauer/Koch, Kuhn/Balke, Peyrode/Vandenhove.
BLA 23.–24. 2.

Feb 26, 20.00 Uhr. Radrennen
V: DRV.
»Die Prominenten anderen Sports geben die Startschüsse ab. Es haben sich Hans Breitensträter und Samson=Körner, der populäre Fußballspieler Hanne Sobeck, der einstige große Sprinter Richard Rau zur Verfügung gestellt« (BLA 26. 2.).
Hauptfahren: 1. Oszmella, vor Petri, Buschenhagen und Ehmer.
Prämienfahren: 1. Schenk, 2. Kilian, 3. Kantorowicz, 4. J. Steger.
Omnium der Steher: 1. Hille 30 Pkte; 2. Bauer 26; 3. Sawall 23; 4. Schindler 22; 5. Krewer 19.
Stunden-Mannschaftsfahren. Teiln. (14 Paare): Rausch/Hürtgen, Kroll/Miethe, Lehmann/Wissel, Manthey/Schön, Krüger/Funda, Meyer/Stübecke, Kilian/Pützfeld, Joksch/Göbel, Wette/Nickel, Kuhn/Balke, Benninghoff/Grossimlinghaus, Buse/Dahms, Brüder Wolke, Brüder Steger.
Ergebnis: 1. Kilian/Pützfeld 27 Pkte; 2. Benninhoff/Schenk (1 Rde zurück); 3. Wette/Nickel.
Außerdem fand noch ein Verfolgungsrennen der Straßenfahrer statt, bei dem Kroll, Tietz und Nickel erfolgreich waren, und ein Seniorenfahren.
»Das mit Spannung erwartete Rennen der Senioren vereinte Willi Arend, Walter Rütt, Arthur Stellbrink und Willi Techmer am Start. Sechs Runden waren zu erledigen. Rütt ließ sich den Sieg nicht nehmen, ehrenvoller Zweiter wurde Stellbrink. Bei Arend und auch bei Techmer stockte die Luftzufuhr, der ehemalige Weltmeister fuhr dann auch ›seine‹ Ehrenrunde geschmückt mit der Larve eines alten Herrn [...] Eine humoristische Angelegenheit bildete das Wettlaufen der Schrittmacher. Jeder von ihnen erhielt einen – Roller und mußte nun damit den Sieg ›erkämpfen‹. Versteht sich, daß sich komische Momente ergaben, die zur frohen Stimmung des – leider – nicht vollbesetzten Hauses erheblich beitrugen« (Vw 27. 2.).
BLA 26.–27. 2.; Vw 27. 2.

Feb 27, [19.00] Uhr. »Hallensportfest der oppositionellen Arbeitersportler«
Et: 1,– M (im Vorverkauf).
»Als der Genossen Dahlem als Vertreter des Zentralkomitees der KPD. den Massen zurief: ›Kämpft unter Führung der kommunistischen Internationale für die Verteidigung der Sowjetunion und ein Sowjetdeutschland‹, da reckten sich die Gestalten der Arbeitersportler, und durch den Riesenraum ging ein Beifallssturm. Die Berliner Sportgenossen stellten wieder unter Beweis: Wir sind internationale Soldaten der Revolution! Wie ein Mann erhoben sich die 6000 im Sportpalast und begrüßten die französischen Genossen Matagon und Canniard, zwei der besten Rennfahrer der französischen Arbeitersportbewegung, mit dem Gesang der ›Internationale‹ und begeisterten ›Sport=rouge‹=Rufen« (RF 1. 3.).
Auf den Wettbewerben:
Radrennen (Flieger, 5 Rdn): 1. F. Skrypnick, 2. Canniard (F). – Radrennen (Jugendlauf): 1. Paetsch, vor Karstedt (beide Moabit). – Olympische Staffel (Männer): 1. Fichte-Nordost 5:08,4 Min; vor Fichte-Mitte. – 10 x 1-Runde-Lauf (Jugendliche): 1. Fichte-Wedding 3:14,8 Min; 2. Fichte-Moabit 3:20. – Hockey: Auswahl – FT Schönholz 1:2 (1:1). – 10 x 50-m-Stafette für Turner und Wassersportler: 1. Berlin 12 (1:10 Min), 2. Freiheit–Spree (1:12,8). – Bezirkskartellstaffel (10 x 1-Rde): 1. Spandau 3:24,2 Min; 2. Neukölln 3:25,3. – Medizinballstafette. – Schwedenstaffel (Männer): 1. Charlottenburg 3:03 Min; 2. Nowawes 3:03,8; 3. Tegel. – 20-Rdn-Mannschaftsverfolgungsfahren: nach 2:13 Min überrundet Friedrichshain die Auswahl nach 8

333 Der erleuchtete Eingang (Chr Feb 28 – Mär 6).

Runden. – Frauengymnastik. – Handball: Fichte-Wedding-Jugend – Auswahl 5:1 (4:0). – 5 x 1-Runde-Staffel (Frauen): 1. Fichte-Südost 1:47 Min; 2. Fichte-Moabit 1:47, 1. – 50-Runden-Punktefahren: 1. Kröcher. – 3000-m-Mannschaftslauf (Männer): 1. Fichte-Moabit 11:53,9 Min. – 10 x 2-Rdn-Stafette: 1. Fichte-Südost 6:23,4 Min; 2. Sparta-Schöneberg 6:27,6; 3. FSU 6:27,9. – 50-km-Mannschaftsfahren (12 [?] Paare): 1. Brüder Skrypnick 18 Pkte, 2. Matagon/Canniard (F) 13.
RF 17. 1.; 19., 21.–22., 25.–27. 2.; 1. 3.

Feb 28 – Mär 6. 23. Berliner Sechstagerennen
Beginn 28. 2. um 20.00 Uhr, Start 22.00 Uhr, Ende 6. 3. um 23.00 Uhr.
V: SP.
Wertungen: wie 1928 Mär 9–15.
Teiln. (15 Paare): 1. Piet van Kempen/Buschenhagen (NL/D), 2. Pijnenburg/Goebel (NL/D), 3. Charlier/Duray (F), 4. Choury/Fabre (F), 5. Goosens/Deneef (B), 6. Faudet/Louet (F), 7. Rausch/Hürtgen (D), 8. Rieger/Kroschel (D), 9. Kroll/Miethe (D), 10. Ehmer/Tietz (D), 11. Petri/Junge (D), 12. Krüger/Funda (D), 13. Preuß/Resiger (D), 14. Meyer/Stübecke (D), 15. Manthey/Schön (D).
Ergebnis: 1. Piet van Kempen/Buschenhagen 222 Pkte; 2. Rieger/Kroschel 125; 3. Pijnenburg/Goebel (2 Rdn zurück) 350; 4. Preuß/Resiger 278; 5 Goossens/Deneef 245; 6. Ehmer/Tietz 190; 7. Krüger/Funda (3 Rdn zurück) 241.
Zurückgelegte km: 3421,7000.
Vorrennen: Verfolgungsfahren (Lehmann/Wissel schlagen Br.Wolke), Malfahren (1. Kantorowicz, vor Nickel, Koch und Bernhardt), 150-Rundenfahren (1. Kantorowicz [35:15,3] 13 Pkte, vor Buse und Kedzierski).
»Die Sechstagefahrt ist zu Ende. Sie brachte wenige, dafür aber harte Jagden, deren Eindruck durch die Rundenspielereien stark geschwächt wurde. Hinzu kamen die erwähnten unmöglichen Verpflichtungen, die bestimmt nicht dazu angetan waren, belebend zu wirken. Nachdem einige gute Fahrer durch Stürze ausgeschieden waren, ergaben sich die vielen monotonen Stunden von selbst. Bei kommenden Vertragsabschlüssen möge sich die Leitung des Sportpalastes besser beraten lassen« (Vw 7. 3.).
BLA 28. 2.; 1.–7. 3.; Vw 24. 12. 1929; 7. 3.

Mär 12. Wiedereröffnung der Eisbahn
Ab 10.00 Uhr öffentlicher Eislauf.
BLA 9., 12. 3.; Vw 10. 3.

Mär 15–16. Eishockey und Eiskunstlauf »Eislaufkonkurrenzen der deutschen Winterkampfspiele« und »Internationale Wettbewerbe« sowie »Europameisterschaften der Herren« u. a.
England (British Ice Hockey Association): Rogers (Tor); Bonnycastle, Bruce, Fahr, Home, Marwitz, Melland, Sexton.
BSchC (IM): Steinke (Tor); R. Ball, H. Brück, Dr. Holsboer, Jaenecke, Römer, Sachs.
Mär 15
9.00 Uhr. Eiskunstlauf (Pflicht).
19.30 Uhr. Eiskunstlauf (Kür), Eishockey.
Eislaufkonkurrenzen der deutschen Winterkampfspiele:
Diese konnten *»in Krummhübel seinerzeit wegen der ungünstigen Witterung nicht zur Entscheidung gebracht werden«* (BLA 12. 3.).
Meister-Damen: 1. Fritzi Burger (Wien) Plz 5/170,3 Pkte; 2. Melitta Brunner (Wien) 11/162,14; 3. Ilse Hornung (Wien) 17/159,3; 4. E. Flebbe (Berlin) 18/159,5.
Meister-Herren: 1. Herbert Haertel (Berlin), vor Ernst Baier (Berlin), Joseph Bernhauser und Ludwig Wrede (beide Wien).
Meister-Paare: 1. Brunner/Wrede (Wien) 6/11,22; 2. Kishauer/Gaste (Berlin) 12/10,88; 3. Papetz/Zwack (Wien) 15/10,8; 4. Ehepaar Hoppe (Troppau) 19,5/10,64.
Eish.: England – BSchC (IM) 5:2 (2:1, 1:0, 2:1).
Mär 16
9.00 Uhr. Eiskunstlauf (Pflicht).
19.00 Uhr. Eiskunstlauf (Kür), Eishockey.
Internationale Wettbewerbe:
Senioren-Damen: 1. Fritzi Burger 5/250,08; 2. Vivi-Anne Hulthén (S) 12/228,72 ; 3. Ilse Hornung 14/226,96.
Paare: 1. Rotter/Szollas (Budapest)6/19,2; 2. Brunner/Wrede 9/11,18; 3. Kishauer/Gaste 18,5/10,38; 4. Ehepaar Hoppe 25/10,24; 5. Filipovits/Dillinger (Budapest) 24/10,26.
Europameisterschaft der Herren:
1. Karl Schäfer (Wien) Plz 5; 2. Otto Gold (Prag) 20; 3. Marcus Nikkanen (SF) 17; 4. Herbert Haertel 17; 5. Ernst Baier 21; 6. Joseph Bernhauser (Wien) 31; 7. Rudolf Prasnowski (Troppau) 29; 8. Benno Wellmann (Berlin) 40; 9. Zappe (Gablonz) 45.
Eish.: BSchC (IM) – England 4:2 (1:2, 2:0, 1:0).
BLA 9., 12.–13., 15.–17. 3.; Vw 14., 17. 3.

Mär 18, 19.30 Uhr. »Massenmeeting der Roten Hilfe« gegen das Severingsche Republikschutzgesetz
V: RH.
Et: 0,70 M, Erwl. 0,40 M (Plaketten).
Rd: Wilhelm Pieck (MdR) u. a.
Programm: Russischer Trauermarsch. – Fahneneinmarsch (Zuchthäusler, Jugend, Sportler, Rote Helfer). – Massenchor der Arbeitersänger. – Rhythmischer Bewegungschor. – Ansprache des Genossen Rudolf Preuß, der heute aus der Festung Gollnow eintrifft. – Französische Revolutionslieder. – Erich Weinert rezitert. – *»Zerreißt die Fesseln«*, Massenschauspiel des Fichte-Sprechchors. – Musik: Bläser- und Tambourkorps Wedding. – Ansprachen: Wilhelm Pieck und ausländische Genossen (nach RF 18. 3.).
»An den Wänden standen zwei gewaltige Porträts der beiden ermordeten Genossen Frischmann und Karkowski. Rund um die Ränge zogen sich die Losungen des revolutionären Proletariats. ›Nieder mit dem Severingschen Republikschutzgesetz!‹, ›Gegen die blaue Schmach, für die Rote Hilfe!‹ Gleich zu Beginn [...] marschierten unter ungeheurem Jubel Abteilungen des verbotenen Roten Frontkämpferbundes und der Antifaschistischen Jungen Garde mit erhobenen Fäusten in den Raum. Vor ihnen ein Propagandazug von Genossen der Roten Hilfe, die Zuchthauskleidung trugen. Orkanartig brausten immer wieder die Rotfront=Rufe der Zehntausende durch die weite Halle. Dann marschierten unter den Klängen des russischen Trauermarsches die Delegationen der proletarischen Organisationen mit umflorten Fahnen ein. Der Friedrich=Jäger=Chor sang Kampflieder und der Sprechchor der Fichte=Wandersparte brachte ungeheuer packende Rezitationen. Dann sprachen eine Reihe von ausländischen Genossen aus Litauen, Griechenland, Polen und Mexiko [...] Als Vertreter der Bezirksleitung der Roten Hilfe nahm der Genosse Pieck das Wort [...] Vor dem Sportpalast war während der Kundgebung ein riesiges Aufgebot von Polizeiautos aufgefahren« (RF 19. 3.).
RF 15.–16., 18.–19. 3.

Mär 20. Eishockey
V: BSchC (?).
BSchC – BFC Preußen 4:0.
MdBSchC 15, Heft 1.

Mär 21, 20.15 Uhr. Boxen
V: SP (Koslowski).
Et: 3,– bis 30,– M.

Wg: Erwin Volkmar (61,6 kg; Berlin) – Balister (60 kg; B), Sieg Volkmars nach Pktn (6 Rdn).
Wg: Hans Seifried (67 kg; Bochum) – Louis Keßler (65,9 kg; F), unentschieden (10 Rdn).
Mg: Franz Boja (70,5 kg; Berlin) – Kid Nitram (74,3 kg; F), Sieg Bojas nach Pktn (10 Rdn).
Hsg: Ernst Pistulla (79,4 kg; Berlin) – Jack Etienne (76,4 kg; B), Sieg Pistullas nach Pktn (8 Rdn).
Trainingsboxen Max Schmelings gegen vier Gegner (Simon, Walter, Neusel, Stief), je eine Runde von zwei Minuten. *»Der Sportpalast war zwar recht gut besucht, doch der erwartete Massenansturm ist wohl ausgeblieben. Anscheinend hatten die hohen Preise abgeschreckt«* (BLA 22. 3.).
»Im zeitlichen Mittelpunkt [...] stand ein Trainigsboxen des Weltmeisterschaftsanwärters im Schwergewicht, Max Schmeling. Was er zeigte, war allerdings recht bescheiden. [...] Nun hat also die große Schaukampfserie [...] begonnen. In fünfzehn Städten Deutschlands wird er herumgeführt und jedesmal hat er 10000 M. verdient, wenn er seine vier Runden hinter sich hat. Gewiß, Schmeling betreibt die Boxerei als Geschäft, dafür ist er Professional und er will Geld verdienen, um so mehr, je höher sein Titel ist – oder werden soll. Es sollte aber für all diejenigen, die immer meinen, daß Boxen eine Sache ist, ohne die die Welt nicht mehr leben kann (was haben wir bloß früher gemacht?), beschämend sein, zu sehen, wie die wirkliche große Boxartistik drüben in Amerika gemacht wird, während Deutschland, Schmelings Heimat, so etwas wie Rummelboxerei vorgesetzt bekommt [...] Das man in Deutschland gegen hohe Eintrittspreise Schmeling beim einfachsten, leichtesten Training zeigt, daß dabei gute Trainingsgegener trotz Ankündigung nicht antreten – nun, daß ist nicht nur eine Pleite für die Boxerei, das ist auch so etwas wie eine Verhöhnung des Publikums« (Vw 22. 3.).
BLA 19., 21.–23. 3.; Vw 18., 22. 3.; BS 494–95, 17.–24. 3.; Ph (LA).

Mär 22. Geschlossen
Ph Mär 21.

Mär 23. »Ball der graph. Hilfsarbeiter«
Anz. in Ph Mär 21.

Mär 24–27. Öffentlicher Eislauf
»Eisarena von 10 Uhr früh bis 11 Uhr nachts ununterbrochen geöffnet, / Eintrittspreise: Für Eisläufer / Sonntags von 10 Uhr früh bis 11 Uhr nachts Mk. 1.50 / Wochentags von 2 Uhr mittags bis 11 Uhr nachts Mk. 1.50 / Wochentags von 10 Uhr früh bis 2 Uhr mittags Mk. 2.– / Schüler bis 14 Jahren / Wochentags u. Sonntags von 10 Uhr früh bis 11 Uhr nachts Mk. 0.75 / Zuschauer Wochentgs. u. Sonntgs. Mk. 0.50 / (Bei Sonderveranstaltungen wie Eishockey etc gelten andere Preise) / Eislauf-Unterricht / durch geprüfte Eislauflehrer des Verbandes Deutsche Sportlehrer / 1 Lektion – 20 Minuten Eislauf Mk. 2.50 / 1 Lektion – 30 Minuten Kunstlauf Mk. 5.– / Auskunft am Lehrerstand im Parterre / Schlittschuhe und Stiefel leih- und kaufweise am Schlittschuhstand im Parterre« (Anz., Ph Mär 21).

Mär 28. Eishockey
V: BSchC (?).
HC Chamonix – Brandenburg 2:1.
MdBSchC 15, Heft 1.

334 »Massen-Meeting der Roten Hilfe« (Chr Mär 18), Wilhelm Pieck spricht.

Mär 29–30, 20.15 Uhr. Eishockey u. a.
V: BSchC.
Kunstlauf von Sonja Henie mit ihrer Weltmeisterkür und Eisschnellauf.
HC Chamonix (F): Tournier (Tor); Charlet, M. Couvert (Vert.); Quaglia, Haßler, Simond (Sturm); Muntz, Mollard, R. Couvert (Ersatz).
BSchC (IM): vermutlich wie Mär 15–16.
Mär 29 HC Chamonix – BSchC (IM) 1:1 (0:0, 1:0, 0:1). BSchC (Res.) – Tegeler EV. Außerdem ein Eisschnellauf (4 x 10-Rdn-Staffel).
Mär 30 HC Chamonix – BSchC (IM) 2:2 (1:1, 0:1, 1:0). Brandenburg – SCC 5:0 (2:0, 3:0; in Halbzeiten gespielt). Außerdem ein Eisschnellauf (50-Rdn-Mannschaftslauf).
»Die Tage der Berliner Eishockeysaison sind vorüber. Den Versuchen, sie in den Frühling hinein zu verlängern, ist kein rechter Erfolg beschieden. So war der Sportpalast auch am Sonntagabend trotz Soja Henie wieder nur zur Hälfte gefüllt. Die Scharmanteste aller Weltmeisterinnen lief zuerst ihre Weltmeisterschaftskür, die sie während ihres Amerikaaufenthaltes zu einer nun wirklich kaum mehr zu überbietenden Vollkommenheit des Stils, der Technik und der natürlichen Anmut gesteigert hat. Dann zeigte sie eine Reihe besonders schwieriger Figuren, als Gipfelleistung ganz langsam gedrehte Spitzenpirouetten. Das Publikum tobte die üblichen Sonjabeifallsstürme« (BLA 31. 3.).
BLA 23., 26.–27., 29.–31. 3.; Vw 27., 31. 3.

Mär 31, 20.00 Uhr. Amateur-Boxen »Berliner Meisterschaften«
V: BBV.
1500 Plätze waren für die Berliner Schuljugend reserviert.
Endkämpfe.
Flg: Ball besiegt Balsam (beide Maccabi).
Bg: Ziglarski (Westen) besiegt Pierentz (Post SV).
Fdg: Moehl (Heros) besiegt Reckler (Wittenberge).
Lg: Malz (Maccabi) besiegt »Dornröschen« Hünnekens (Westen).

335 Anzeige (Chr Apr 17; nach: Herold 13. 4. 1930).

336 Entwurf für eine Dekoration zu dem Eisballett »Die roten Schuhe« (?; Chr Apr 17–30; nach: LA SP 4006/35 [Lichtpause/Papier, ca 51 x 85 cm]).

Wg: Czerlinski (Astoria) besiegt Kaddatz (TeBe).
Mg: Seelig (TeBe) besiegt Hornemann (Sparta).
Hsg: Wintgen (PSV) besiegt Beier (Astoria).
Sg: Hinzmann (Heros) besiegt Wegener (Westen).
BLA 23., 29., 31. 3.; 1. 4.; BS 496–97, 31. 3.–7. 4.

Apr 1, 20.00 Uhr. 5. Polizei-Hallensportfest
V: PSV.
Etwas über 600 Teilnehmer.
»Turnvorführungen, Leicht= und Schwerathletikkämpfe boten so große Reichhaltigkeit im Programm, daß sich das Fest bis in die späten Abendstunden hinzog« (Vw 2. 4.).
Aus den Wettbewerben: Sprinterdreikampf A: 1. Jonath 12 Pkte, 2. Lammers 9. – Sprinterdreikampf B: 1. Füllgrabe (TiB) 11 Pkte, 2. Pankratz (Brandenburg a.d. H.) 7. – 60-m-Hürdenlauf: 1. Schulze (PSV) 12, 2. Beschetznik (DSC) 10. – 3 x 1-Runde-Staffel für Polizeigruppen: 1. Süd, 2. West. – 4 x 2-Runden-Staffel: 1. Dresdner Bank 2:59,9 2. Schöneberger TSC 3:01,4. – 1000-m-Lauf: 1. Schwerdtfeger (DSC) 2:48,8, 2. Müller (Zehlendorf) 2:44,8. – Große Staffel, 20 x 2-Rdn: 1. SCC 15:10,8, 2. Humboldt, 3. PSV. – Handball: PSV – Siemens 4:0 (0:1). – Tauziehen: Polizeischule Brandenburg schlägt PSV. – Ringen: Köplin (PSV) siegt über Ismer (BVG). u. a.
BLA 19., 26., 29. 3.; 1., 3. 4.; Vw 1.–2. 4.

Apr 2, 20.15 Uhr. Kundgebung
V: NSDAP, Gau Groß-Berlin.
Et: 1,– M, *»Erwerbslose Parteimitglieder 0,50 M, SA frei«.*
Rd: Dr. Joseph Goebbels (MdR, Gl), Wilhelm Kube (MdL), Dr. Wilhelm Frick ((MdR, Innenmin. Thüringens).
Th: *»Die deutsche Freiheitsbewegung vor neuen Aufgaben!«*
Mitw.: SA-Kapelle Fuhsel u. a.
»Achtung! Hier Deutschland! Die Massendemonstration der Nationalsozialisten [...] ist bereits seit vierzehn Tagen ausverkauft / Nachfrage nach Karten zwecklos. Damit überfüllen die ›verfluchten Hakenkreuzler‹ in diesem Winter zum vierten Mal den Sportpalast, die größte Versammlungshalle Deutschlands mit 16000 Personen Fassungsvermögen! Welche andere Partei kann ein Gleiches von sich behaupten?« (Anz., Agr 30. 3.).
»Ein Summen wie in einem Bienenstock dröhnt durch die Halle. Ein Hin und Her wogt durch die Massen, die möglichst günstige Plätze zu erhaschen suchen. Aber die Schwarzmützen der S.S. und die sie unterstützenden S.A.= Stürme sind nicht aus der Ruhe zu bringen. Eisern halten sie selbst Disziplin und bringen mit erstaunlicher Sicherheit auch in die herbeigeströmten Massen schnell Zucht und Ordnung. Die S.A.=Kapelle Fuhsel setzt ein mit den schmissigen Klängen des Radetzki=Marsches [...] Unsere Reichsttagsfraktion und unsere Landtagsfraktion [12 und 6 Abg.] sind fast vollzählig vertreten [...] Punkt 1/2 9 ertönt die schallende Kommandostimme des Staf. III., der die Fahnenkompagnie kommandiert. ›Fahnen auf!‹ Und stolz und wuchtig marschieren unsere herrlichen Fahnen ehrfürchtig begrüßt von zehntausenden erhobener Arme durch die Riesenhalle. Im Halbkreis, nehmen sie rund um die Führer und Funktionäre der Bewegung im Hintergrunde Aufstellung« (Agr 6. 4.).
Agr 23., 30. 3.; 6. 4.

Apr 3. Eishockey
V: BSchC (?).
BSchC – Tegeler EV 15:1.
MdBSchC 15, Heft 1.

Apr 6, 20.00 Uhr. Eishockey u. a.
V: BESV.
Et: 1,– M.
Endspiel um die Brandenburgische Meisterschaft:
BSchC – Brandenburg 5:0 (0:0, 1:0, 4:0).
»Außerdem werden die Schnelläufer mit einem 100 Runden Mannschaftslaufen nach 6=Tageart sowie einige Kunstläufer den Schlußabend der Saison beleben« (BLA 6. 4.).
BLA 6.–7. 4.; Vw 5., 7. 4.

Apr 7–16 (?). Umwandlung der Eisarena in ein »Eistheater mit modernster Bühneneinrichtung«
Vw 5. 4.

Apr 17–30. Eisballett »Carnaval« und »Die roten Schuhe«

Am 17. 4. um 20.00 Uhr Premiere; 18. 4. geschlossen; ab 19. 4. um 20.30 Uhr, 20.–21. 4. sowie sonntags auch 16.30 Uhr; ab 22. 4. wochentäglich 10.00 – 13.00 und 15.00 – 19.00 Uhr öffentlicher Eislauf (Et: 3,– M).
V: SP.
Forts. Mai 3–5.
Et: 1,– bis 8,– M (ab 27. 4. um 16.30 *»kleine Preise«*)
Carnaval: Tanzsuite von Robert Schumann, arrangiert von Ballettmeister Viktor Gsovsky.
Die roten Schuhe: Ballett in vier Akten von H. Regel, Musik von Raoul Mader, für die Eisbühne bearbeitet von Leo Bartuschek, Regie Alex Nordheimer, musikalische Leitung Dr. Werner Günther, die Tänze V. Gsovsky. Ausstattung Prof. Ludwig Kainer. Mitw.: »Charlotte« sowie 100 Tänzerinnen und Tänzer.
»Und der Stern des Balletts hat auch nur einem Vornamen: Charlotte heißt er. Ein wirklicher Stern erster Größe, der das übrige Ensemble weit überstrahlt. Leicht, von fabelhafter Technik, originell und effektreich [...] Seelische Gestaltungen sind dem Ballett unmöglich. Was es geben kann, sind technische Knaller und dekorative Effekte. Und an diesen mangelte es nicht. Charlotte ließ ein ununterbrochenes Feuerwerk von raffinierter Schlittschuhakrobatik prasseln und leuchten. Blendete, begeisterte und entfesselte Beifallsorkane. Aber das eigentliche Problem, mit dessen Lösungen das Eisballett steht oder fällt, wurde kaum berührt. Es liegt hier die Aufgabe vor, tänzerische Motive aus der Technik und der besonderen Eigenart des Eislaufs zu entwickeln. Statt dessen wurden Ballettmotive in die Technik des Schlittschuhs gepreßt. Die Bravourstücke, die in den Soli immer wiederkehrten, waren rasende Pirouettenwirbel. Auch Battements wurden schüchtern versucht und ein paar primitive Entrechats. Man zeigte, daß sich Ballettartiges zur Not auch auf Schlittschuhen nachahmen läßt. Man hüpfte und sprang, wirkte damit aber schwer und steif, statt uns Gewichtslosigkeit zu suggerieren [...] Sehr schön waren zum Teil die Szenenbilder. Märchengärten mit projizierten Riesenblumen im Prospekt und auf der Eisfläche, Bäume unter Schneedecken und schwer niederrieselnde weiße Flocken, große, sanft leuchtende Sterne am hellblauen Himmelsgewölbe [...]« (Vw 19. 4.).
Für diese Veranstaltung wurden Eisfläche und auch Zuschauerraum verkleinert. *»Sechs Vorhänge, jeder davon auf einem eigenen Fahrdraht befestigt, der seitlich an den Außenwänden in Höhe des II. Ranges verspannt wird, trennen den Innenraum in zwei Teile. Ein Velarium dient zur architektonischen Ueberleitung zwischen Decke und neuer Saalwand. Die Arena wird durch straff=verspannte Stoffe geteilt«* (Br.SP v. 24. 1; LA SP 4006/4).
BLA 13.–14., 17., 19.–20., 22.–30. 4.; 3.–4., 7.–11., 13.–15. 5.; Vw 19. 4.

337 Festabend der 2. Weltkraftkonferenz (Chr Jun 18), Tischanordnung (nach: Weltkraftfest, Berlin 1920, Sportpalast, Tischordnung [Verzeichnis aller Teilnehmer, alphabetisch und nach Tischen]; AGB B 983, 66).

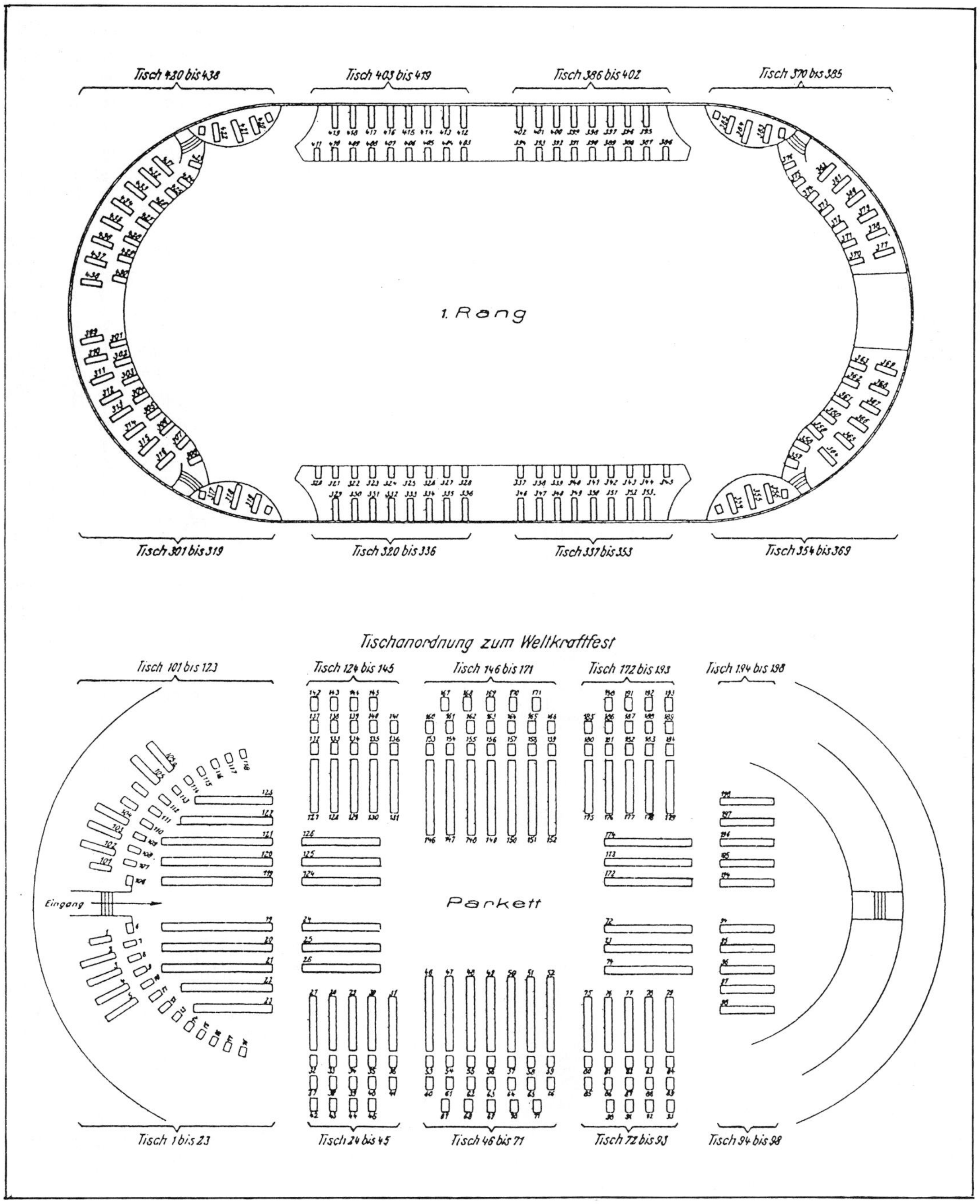

Mai 1, 10.00 Uhr. Maifeier des Deutschen Metallarbeiterverbandes und des Verbandes der Kupferschmiede

V: ADGB, Ortsausschuß Berlin.
Rd: Brandes, Ulrich.
»Die Metallarbeiter, neben dem neuen ›Gesamtverband‹, Berlins stärkste Arbeitergruppe, füllten den Riesensaal des Sportpalastes bis unter das Dach. Mit Verdis Triumpfmarsch aus ›Aida‹ zog die Metallarbeiterjugend in den Saal, frische frohe Jugend, die jetzt schon das Organisationswerk mit den Alten gemeinsam hütet. Wagners wuchtige ›Rienzi‹=Ouvertüre, vom Sinfonieorchester gespielt, leitete über zu den Sprechvorträgen Alfred Beierles. In die Festrede teilten sich Bevollmächtigter Ulrich und Hauptvorsitzender Brandes. Arbeiter=Männerchöre und der gemeinsame Gesang der Internationale bildeten den Schluß der schönen Feier« (Vw 2. 5.).

Mai 2, 19.30 Uhr. Kundgebung

V: NSDAP, Gau Groß-Berlin.
Et: 1,– M.
Rd: Dr. Joseph Goebbels (MdR, Gl), Adolf Hitler.
Th: *»Raum für unser Volk«*.
»Schon in den frühen Nachmittagsstunden begann der Anmarsch, in der siebenten Stunde marschierte, begleitet von zahllosen Schaulustigen, die S.A. abteilungsweise dem Sportpalast zu. Das Zauberwort ›Hitler spricht‹ schlug Alle in seinen sieghaften Bann. Gegen acht Uhr wurde [...] die schon seit Wochen ausverkaufte Versammlung polizeilich gesperrt, wegen völliger, feuerpolizeilich unstatthafter Ueberfüllung. Schätzungsweise waren diesmal, die bisherige Höchstzahl weit übertreffend, wohl zwanzigtausend Menschen erschienen« (Agr 4. 5.).
»Die militärisch organisierten Trupps der Partei sorgten für Ordnung und für einen wirksamen Einmarsch Hitlers und des Prinzen August Wilhelm von Preußen, die mit stürmischen Zurufen und mit zum ›römischen Gruß‹ ausgestreckten Armen empfangen wurden« (Voss 4. 5.).
Agr 30. 3.; 3., 6. 4.; 4. 5.; VB 4./5., 7. 5.; BLA 3. 5.; Voss 4. 5.

Mai 3–15. Eisballet »Carnaval« und »Die roten Schuhe«

Forts. von Apr 17–30.

Jun 15, vormittags. Protestkundgebung gegen das »Notopfer der Festbesoldeten« und die von der Regierung geplanten Sparmaßnahmen
V: DBB.
Rd: Wilhelm Flügel (1. Vors.), Hubert Lenz (M. des Vorstandes).
Mit zahlreichen Teilnehmern aus dem ganzen Reich. *»Die [...] Kundgebung habe den Zweck, Einspruch zu erheben gegen die Belastung der Beamten mit einer ungerechten Sondersteuer und gegen den Versuch, die wohlbegründeten Rechte der Beamten zu schmälern. Die Beamten, so sagte der Redner, dienten zwar dem Staate, aber sie seien nicht verpflichtet, mit jeder Regierung durch Dick und Dünn zu gehen. (Stürmische Zustimmung.)«* (BLA 16. 6.).

Jun 18, 20.00 Uhr. Festabend der 2. Weltkraftkonferenz
»Die riesige Halle [...] ist wundervoll mit Blumen ausgeschmückt. Wenige Minuten nach 8 Uhr ertönen Fanfarensignale, und das Fest wird durch einen Festspruch eingeleitet. 400 Kinder singen deutsche Volkslieder und tanzen deutsche Volkstänze, die mit Begeisterung aufgenommen werden. Bei Redaktionsschluß findet die funktelephonische Unterhaltung zwischen Berlin, San Franzisco und London statt. Mister Sloan, Präsident der National Electric Association, die in San Franszisco ihre Jahresversammlung abhält, sendet an die Teilnehmer der Weltkraftkonferenz Grüße [...] Die Verständigung ist hervorragend. Nach einer Dankesrede des Vorsitzenden der Weltkraftkonferenz, Generaldirektors Dr. Koettgen [...] wird eine Ansprache des Earl of Derby aus London erfolgen. Danach spricht Dr. v. Miller, der Ehrenvorsitzende der Weltkraftkonferenz, aus Berlin [...] Ihm soll Senator Marconi aus London folgen. Im Anschluß an die Unterhaltung, die auf 45 Minuten festgesetzt ist, werden noch Owen Young, der Aufsichtsratsvorsitzende der N.E.L.A. und Thomas A. Edison in Orange sprechen. Wenn die Verständigung auch weiterhin so gut bleibt wie zu Anfang, dann wird diese Uebertragung ein Markstein in der Uebermittlung drahtloser Nachrichten sein« (BLA 19. 6.).
»[...] das Festbankett im Sportpalast, das geradezu phantastische Ausmaße hatte. Allerdings mußten auch 3700 Personen bedient werden. Sechzig Köche, vierhundertfünfzig Kellner, zweihundert Mann Hilfspersonal waren aufgeboten, um diese hungrigen Mägen zu versorgen. Verbraucht wurden 10 Zentner Schildkröten, 15 Zentner Lachs, 2000 Hühner, 4000 belegte Brötchen, 6000 Flaschen Wein und Sekt, 30 Hektoliter Bier. Dieses von interessanten Vorträgen, bemerkenswerten Reden und künstlerischen Darbietungen eingerahmte Mahl, das mit einem Ball seinen Abschluß fand, ist wohl bis jetzt das größte in der Geschichte Berlins« (Meckermann S. 199).
BLA 19. 6.; Meckermann S. 199.

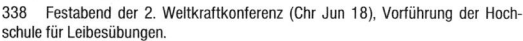

338 Festabend der 2. Weltkraftkonferenz (Chr Jun 18), Vorführung der Hochschule für Leibesübungen.

Jul 1, 20.30 Uhr. »Sommer-Abschlußkundgebung«
V: NSDAP, Gau Groß-Berlin.
Et: 1,– M *»Erwerbslose Pg.: 0,50«* M.
Rd: Dr. Joseph Goebbels (MdR, Gl), Hermann Göring (MdR), Werner Studentkowski (MdL, Sachsen), Josef Wagner (MdR).
»Massen heraus! Es gilt, der Reichshauptstadt zu zeigen, daß trotz Verbot und Terror der deutschbewußte Gedanke in Berlin im Marsch ist« (Agr 26. 6.).
Th: *»Zusammenbruch der bürgerlich=marxistischen Politik. Verbot statt Brot! Der Nationalsozialismus als letzte Rettung!«*
Mitw.: SA-Kapelle Fuhsel u. a.
»Die Kundgebung mitten in der Sommerglut und am ersten Ferientage war wieder einmal ein Wagnis. Aber wie immer wurde sie zu einem ungeheuren Erfolg. Die Riesenhalle war wieder bis zum letzten Plätzchen gefüllt, so daß die Polizei, die diesmal mit einer selbst für ihre Verhältnisse ungewöhnlicher Schroffheit und Brutalität vorging, den weiteren Zutritt sperrte« (Agr 3. 7.). *»Der Sportpalast war stark gefüllt, wenn auch diesmal nicht überfüllt«* (BLA 2. 7.).
Agr 12., 26., 29. 6.; 3. 7.; BLA 2. 7.

Jul 8, abends. Festabend anläßlich des 50. Deutschen Fleischer-Verbandstages
V: DFV, Bezirksverein Berlin.
Mitw.: Vereinigte Fleischer-Innungs-Chöre, Musikkorps des 2. Bataillons des 9. (Preuß.) Infanterie-Regiments (Musikdir. Dippel), Ballettkorps der Staatsoper, Leo Schützendorf, Willi Schaeffers, Thea Gymnich-Hollmann.
»Einen feierlichen Auftakt zu den Veranstaltungen [...] bildete der gestrige Begrüßungsabend [...] Mehr als 6000 Personen waren erschienen, u. a. zahlreiche Delegierte aus Oesterreich, der Schweiz, Deutsch=Böhmen, Danzig und aus Amerika [...] Von der Empore des festlich geschmückten Saales grüßte die blaugelbe Flagge mit der goldenen Jubiläumszahl 50. In einem imposanten Zuge wurden unter den Klängen des Yorkschen Marsches die Fahnen der Innungen eingeholt. Harry Frank sprach anschließend einen wirkungsvollen Prolog, der des Handwerks kampferprobten Geist pries. Obermeister Krayer entbot im Namen des Bezirksvereins Berlin den Gästen den Willkommensgruß. Der 83jährige Verbandsleiter, Ehrenobermeister Lamertz, fand in der Festrede wirksame Worte von der Not des deutschen Handwerks und seinem Existenzkampf [...]« (BLA 9. 7.).

Aug 11, abends. »Feier der Republik«
»Am Abend findet eine weitere gemeinsam von Reich, Preussen und der Stadt Berlin veranstaltete Feier im Sportpalast statt, die den Ausklang der offiziellen Veranstaltungen bildet. Als Festredner ist hier der preussische Kultusminister Dr. Grimme vorgesehen. Im übrigen trägt diese Feier vorwiegend musikalischen Charakter. Sie beginnt mit dem Vortrag des ›Halleluja‹ aus Händels ›Messias‹ (Chordirigent: Bruno Kittel) und endet mit der Aufführung der Beethovenschen IX. Sinfonie, die von den Philharmonikern und dem Berliner Sinfonieorchester unter Leitung von Generalmusikdirektor Abendroth (Köln) gespielt wird« (BT 5. 8.).

Aug 29, 20.15 Uhr. Kundgebung
V: NSDAP.
Et: 1,– M.
Zur Wahl des Reichstags am 14. 9.
Rd: Dr. Wilhelm Frick (MdR; Innenmin. Thüringens). Dr. Joseph Goebbels (MdR, Gl), Karl Litzmann (General a. D.).
Th: *»Hier Dein eiserner Besen! Hitler zeigt Euch den Weg!«*
Die Veranstaltung stand schon im Zeichen erster erkennbarer Konflikte mit der SA (vgl. Agr 28., 31. 8.; RF 30. 8.).
Agr 7., 17., 28., 31. 8.; RF 30. 8.

Sep 3, 20.15 Uhr. Kundgebung
V: NSDAP.
Et: [1,– M].
Zur Wahl des Reichstags am 14. 9.
Rd: Dr. Joseph Goebbels (MdR, Gl), Hermann Göring (MdR), Gregor Strasser (MdR).
Th: *»Erfüllungspolitik unter Pensionsministern oder Freiheitspolitik unter Volksführern!«*
»Gestern abend hatten die Nazis ihre zweite Sportpalastkundgebung. Die Meuterei der SA. hat geholfen, die Korruptionswirtschaft unter den Naziführern bekannt zu machen und viele bisherige Versammlungsbesucher der faschistischen Versammlung fernzuhalten. So war der dritte Rang im Sportpalast vollständig leer, der zweite

339 Kundgebung der NSDAP (Chr Aug 29), Karl Litzmann spricht.

Rang zum großen Teil leer und das Parkett nur knapp gefüllt. Viele Tausende hätten noch Platz gehabt« (RF 4. 9.).
Agr 28., 31. 8.; RF 4. 9.

Sep 4, 20.00 Uhr. Kundgebung
V: KPD, Groß-Berlin.
Et: 0,50 M.
Zur Wahl des Reichstags am 14. 9.
Rd: Max Hölz, Albert Kuntz, Kurt Schmidt *(»ehemaliger Bezirksführer der NSDAP. Hamburg«)*, Walter Ulbricht (MdR).
Th: *»Der Weg aus Young-Sklaverei zur Freiheit«.*
»Die Wahlkundgebung [...] gestaltete sich zu einer machtvollen Demonstration für den Kommunismus, für den Kampf um Brot und Freiheit. Lange vor Beginn war der Sportpalast bis auf die letzten Ränge brechend voll besetzt. Gewaltige Aufgebote der Zörgiebel=Polizei hielten den Sportpalast, der polizeilich abgesperrt war, belagert. Im Saale selbst ein Meer roter Fahnen und Transparente [...] Um 8 Uhr marschierten noch immer die Demonstrationen aus den Bezirken mit klingendem Spiel herein. Die Umgebung des Sportpalastes glich einem Heerlager. Gegen 20.30 Uhr marschierten die Fahnendelegationen in den Saal. Fanfarenklänge erbrausten. Wie aus einem Munde ertönte der unsterbliche Kampfruf des Proletariats: ›Rot Front!‹ [...] Nicht endenwollender Jubel ertönt, als die roten Betriebswehren in den Saal marschieren [...]« (RF 5. 9.).
RF 27. 8.; 4.–6. 9.

Sep 7, 10.00 Uhr. Kundgebung
V: SPD.
Zur Wahl des Reichstags am 14. 9.
Rd: Siegfried Aufhäuser (MdR; Vors. des Allgemeinen freien Angestellten Verbandes), Artur Crispien (MdR), Gertrud Hanna (MdL), Franz Künstler (MdR), E. Lübbe, O. Ortmann (Gesamtverband der Arbeitnehmer der öffentlichen Betriebe...).
Programm: *»Fahneneinzug der Sportler und der Sozialistischen Arbeiterjugend / Chöre des Deutschen Arbeiter=Sänger=Bundes. Dirigent: / Georg Oskar Schumann / Sturm ... Uthmann / Das heilige Feuer ... Uthmann / Ansprachen der Genossen: S. Aufhäuser, A. Crispien, Gertrud Hanna, F. Künstler, E. Lübbe, O. Ortmann / Chöre: Brüder zur Sonne ... Scherchen / Gemeinsamer Gesang: Die Internationale«* (Vw 2. 9.).
»Gegenüber dem Eingang haben auf den bis an den ersten Rang hinaufsteigenden Stuhlreihen die Sänger des Berliner Gaues vom Arbeitersängerbund Platz genommen, wohl an die tausend Mann unter ihrem Dirigenten Georg Oskar Schumann. Darüber fordert die Inschrift eines riesigen roten Tuches: *›Proletarier aller Länder vereinigt euch!‹ Unten das Rednerpult, geschmückt mit der Standarte des Bezirksverbandes und dem Riesenmonogramm der Partei. Rote Fahnen und Inschriftentücher zieren Ränge und Dekken. Lange vor 1/2 10 Uhr marschieren die Versammlungsbesucher an, einzeln, in losen Scharen oder in geordneten Zügen [...] Es war ein feierlicher Augenblick, als der Tambourchor der ›Freien Sport= und Musikvereinigung‹ einsetzte und die Fahnenträger mit ihren roten Fahnen in den Sportpalast einzogen. Hunderte von jungen Genossinnen und Genossen trugen die sturmerprobten Fahnen der Berliner Sozialdemokratie unter den Klängen eines Musikchors der Arbeitersportler. Kaum hatte die Spitze der Fahnenträger den Sportpalast betreten, da erhob sich ein orkanartiger Beifallssturm, wie ihn wohl der Sportpalast noch nicht gehört hatte [...] Unaufhörlich kommen die Fahnenträger in den Sportpalast, unaufhörlich flattern die roten Fahnen durch den weiten Raum, unaufhörlich tost der begeisternde Beifall, den die Massen den roten Fahnen der Sozialdemokratie spenden [...] überall leuchten die Aufschriften der Transparente, die die Forderungen der Sozialdemokratie verkünden«* (Vw 8. 9.).
Vw 2.–9. 9.; BT 8.–9. 9.

BERLIN
Montag
8. September
1930

Der Abend

10 Pf.
Nr. 420
B 209
47. Jahrgang

Erscheint täglich außer Sonntags. Zugleich Abendausgabe des „Vorwärts". Bezugspreis beide Ausgaben 85 Pf. pro Woche, 3,60 M. pro Monat. Redaktion und Expedition; Berlin SW 68, Lindenstr. 3

Spätausgabe des „Vorwärts"

Anzeigenpreis: Die einspaltige Nonpareillezeile 80 Pf., Reklamezeile 5 M. Ermäßigungen nach Tarif. Postscheckkonto: Vorwärts-Verlag G. m. b. H., Berlin Nr. 37536. Fernsprecher: Dönhoff 292 bis 297

Die Wahlkundgebung der Partei

Riesendemonstration im Sportpalast

340 Vorwärts, 8. 9. 1930 (Chr Sep 7).

341 Vorwärts, 9. 9. 1930 (Chr Sep 7).

Sep 8, 20.00 Uhr. Kundgebung
V: Konservative Volkspartei.
Zur Wahl des Reichstags am 14. 9.
Rd: Paul von Lettow-Vorbeck (General a. D.), Dr. Hans Erdmann von Lindeiner-Wildau, Lucke (Geschäftsf. des DHV), Gottfried Reinhold Treviranus (Vors., Reichsmin.).
»Die obersten Galerien bleiben leer. Auch sonst Lücken, und auf der Tribüne hinter der Rednerempore nur eine dünne Streichmusik. Also, schätzungsweise, etwa sechstausend Menschen. Rechnen wir davon tausend auf die Opposition, zweitausend, die noch nicht genau wissen, fünfhundert Neugierige – so bleiben zweitausend fünfhundert für die neue Parteigruppe [...] Um die Rednertribüne schlingt sich etwas, das teils Schwarz-Weiß, teils Schwarz-Weiß-Rot ist und vorne den kaiserlichen Reichsadler zeigt. So hat man sich also die Mischung vorzustellen. Sonst aber Verzicht auf Fahnen, Schmuck und Vereine. Wo du nicht bist, Herr Organist – da muss man notwendig altpreussische Einfachheit zeigen. Publikum: gehobenes Bürgertum, viele sehen nach alten Offizieren aus, höheren Beamten, viele Damen, gesellschaftliche Gegend Luisenverein, Rotes Kreuz, Tennisklub. Auch die ›Deutsche Jugend‹ wird von den Rednern begrüsst, ist aber nicht erschienen.
Nun werden dauernd hier in recht auffallender Manier die ›Grossen Sportpalast-Passionsspiele‹ angekündigt, die aber nichts, wie Naive Meinen, mit den Wählerversammlungen zu tun haben. Nachher malt ein feiner Stift auf die Leinwand ›Rettet das Reich!‹ Dieser Spruch von zweifelhafter Güte ist bekanntlich von der Staatspartei – sagen wir – übernommen [...] Die Opposition, die die Versammlung belebt, ist zwieköpfig. Ein Teil hängt Hugenberg an, der andere Hitler. Und wenn die Polizei nicht kräftig für Saalschutz sorgte, so hätte das Fest nicht festlich geendet. Es gab siebzig, wie das schöne Wort sagt ›Zwangsgestellte‹. Und auch Goebbels, der, in einem hellgelben Trenchcoat, sehr unternehmungslustig, von einem Schwarm Anhänger umgeben, im Saal erschien, musste sich schnell zurückziehen. Wie Treviranus witzig sagte: ›Ich hoffe, dass der vorübergehende Besuch des Dr. Goebbels nicht darauf zurückzuführen war, dass er wegen Auseinandersetzungen im eigenen Lager hier Unterstand suchte.‹ [...] Vom Versammlungsleiter angekündigt als ››unser politisches Vorbild‹ kommt zum Schluss die Kanone, der jugendliche Reichsminister [...] Man sieht, es sind nicht genug ›zwangsgestellt‹ worden. Zu beiden Seiten der Galerie erscheinen Streifen: ›Herr Treviranus, was ist ein Ehrenwort?‹ Und zugleich regnet es Flugblätter, die von der Hugenberg-Gruppe stammen, mit dem Bild des hübschen jungen Redners und seiner Unterschrift in Facsimile [...] Die Versammlung ebbt so sanfthin ab. Man singt ein bisschen zu der Streichmusik und geht heim. Draussen bellt es da und dort an den Straßenecken: ›Deutschland erwache!‹« (BT 9. 9.).
BT 9. 9.; BLA 9. 9.; Voss 10. 9.

Sep 9, abends. Kundgebung
V: Zentrum.
Zur Wahl des Reichstags am 14. 9.
Rd: Dr. Heinrich Brüning (Reichskanzler), Rektor Kellermann, Dr. Heinrich Krone.
»Die große Halle war bis auf den letzten Platz besetzt. Unten, in den Rängen und oben, ein wogendes Meer von Menschen, schwarz=rot=goldene und schwarz=weiße Fahnen grüßten von der gewölbten Decke der großen Halle [...] Mit stürmischen Hochrufen und mit Händeklatschen wurde der Reichskanzler empfangen, als er mit dem Berliner Zentrumskandidaten Dr. Krone und mit dem Staatsse-

60. Jahrgang 1930
Nr. 420

Morgenausgabe

Germania

Zeitung für das deutsche Volk

Ausgabe A
Berlin, Mittwoch, 10. September
Einzelpreis 10 Pfennig.

Schriftleitung und Hauptgeschäftsstelle: Berlin SW 68. Puttkamerstraße 18.

Fernsprecher: Sammelnummer F 5, Bergmann 7680—7689.

Die „Germania“ erscheint täglich zweimal, Sonntag und Montag einmal. — Bestellungen durch alle Postanstalten und die Geschäftsstelle Berlin SW 68, Puttkamerstr. 18. Bezugspreis monatlich: Ausgabe A M. 4,— einschließlich M. 0,60 Postgebühren (zuzüglich Bestellgebühr). Ausgabe B M. 0,50 mehr. Ausland entsprechenden Postaufschlag. Telegr.-Adr.: Zeitung Germania, Berlin.

Anzeigenpreise: Die Nonpareillezeile M. 0,50, an bevorzugter Stelle (Reklameteil) M. 2,50. Familien-, Wohnungsanzeigen und Ste' 'nangebote M. 0,20. Kleine Anz.: Ueberschriftswort M. 0,20, Textwort M. 0,10. Stellengesuche: Ueberschriftswort M. 0,10, Textwort M. 0,05. Für Platzvorschrift können wir keine Gewähr leisten. Postscheckkonto: Berlin NW 7 Nr. 20750.

Brüning vor dem Berliner Zentrum

Riesenkundgebung im Sportpalast — Für eine Politik der Wahrheit und Klarheit — Gegen Agitation und Illusion — Antwort an Braun

In dichten Scharen strömen die Massen in die weite, mit den Augen kaum meßbare Halle des Berliner Sportpalastes. Die Groß-Berliner Zentrumspartei hatte zu einer großen Wahlkundgebung eingeladen und man darf feststellen, daß der Wahlkampf, den das Zentrum hier in der Diaspora mit aller Energie und mit dem Einsatz aller Kräfte führt, mit der gestrigen Kundgebung eine Höhe erreicht hat, die der Arbeit der Berliner Zentrumspartei alle Ehre macht. Die große Halle war bis auf den letzten Platz besetzt. Unten, in den Rängen und oben, ein wogendes Meer von Menschen. schwarz-rot-goldene und schwarz-weiße Fahnen grüßten von der gewölbten Decke der großen Halle.

Die Berliner Partei hatte sich Reichskanzler sind für den Zentrumsgedanken, und wir dürfen Ihnen sagen, daß das Zentrum in Berlin zu einem Faktor im politischen Leben der Reichshauptstadt geworden ist. **Nehmen Sie, Herr Reichskanzler, dieses Wort des Grußes als das Bekenntnis zu Ihnen und zu Ihrer Tat, als das Gelöbnis der unwandelbaren Treue zur Zentrumspartei.**

Und ein gleiches Wort des Grußes unserem Spitzenkandidaten, Herrn Dr. Krone. Wir haben Sie auf den Schild erhoben. Ich brauche Ihnen nicht zu sagen, welches hohes Maß von Verantwortung wir in Ihre Hände gelegt haben, und wenn wir in Ihnen den zukünftigen Reichstagsabgeordneten der Zentrumspartei für die Reichshauptstadt sehen, so haben wir großes Vertrauen in Sie gelegt. Wir haben keine lange Liste in Berlin zu vergeben. Und was uns an Quantität fehlt, werden Sie durch Qualität ersetzen. Herr Dr. Krone! Wir stehen zu Ihnen und zu Ihrer Führung.

Und ein freudiges Wort des Grußes der so zahlreich erschienenen in- und ausländischen Presse. Wir wissen, daß die Presse das Sprachrohr der öffentlichen Meinung ist, und wir geben der Hoffnung Ausdruck, daß aus dieser Versammlung ein gutes Sprachrohr für die deutsche Politik kommen wird

Und so seien Sie alle, meine verehrten Damen und Herren, herzlichst begrüßt. Die zahlreiche Beteiligung ist mir ein Beweis, daß der Wahlkampf die Berliner Zentrumswähler im Tiefsten erschüttert hat, ist mir ein Beweis, daß wir mit Zuversicht in diesen Wahlkampf gehen und der Zentrumspartei in Groß-Berlin zum Siege verhelfen.

342 Germania, 10. 9. 1930 (Chr Sep 9).

kretär Dr. Pünder eintraf. Minutenlang hielt der Beifallssturm der Tausende an. Diese Ovationen wiederholten sich, als die Jungmannen mit ihren Fahnen und Wimpeln einmarschierten und um das Rednerpult Aufstellung nahmen […]« (Germ 10. 9.).
Germ 9.–11. 9.; Vw 10. 9.; BT 10. 9.; BLA 10. 9.; Voss 11. 9.

Sep 10, 20.15 Uhr. Kundgebung
V: NSDAP.
Et: 1,– M.
Zur Wahl des Reichstags am 14. 9.
Rd: Dr. Joseph Goebbels (MdR, Gl), Adolf Hitler.
Th: *»Die Generalabrechung! Deutschland ist im Erwachen!«*
»Das war mehr eine Theatervorstellung als eine politische Kundgebung […] Schon von 6 Uhr ab drängen sich die Massen im Vorgarten des Sportpalastes, um 7 Uhr verkaufen betriebsame junge S.=S.= und S.=A.=Leute unter der Hand Eintrittskarten, die nominal auf 1 Mark lauten, für 6, 8 und 10 Mark. Die Gebote übersteigern sich in Sekunden: denn das persönliche Auftreten Hitlers ist fest zugesichert. Die Organisation draußen und drinnen funktioniert. Das muß man sagen. Ueberall lebendige Absperrketten, der große Raum […] ist voll bis an die Decke. Die Wände rot dekoriert, hinter dem Podium ein großes Hakenkreuz aus Pappe, rot die Sammelbüchsen, rot die Fahnen, rot die Armbinden. Das Publikum eine merkwürdige Mischung aus ganz Jungen und ergrauten älteren Männern und Frauen, die im Aeußern und in der Kleidung unzweifelhaft den besseren bürgerlichen Kreisen angehören: das sind die Hugenberg=Wähler von gestern […] An äußerer Aufmachung freilich fehlte nichts, um dem Publikum zu beweisen, wie sehr man den Star schätze. Der ganze Saal springt auf und tobt begeistert Beifall, als Hitler durch ein Spalier der S.=S.=Leute schreitet, kokett fällt ihm eine Locke über die Stirn. Mit dieser Locke und dem gestutzten Schnurrbärtchen sieht er denkbar unpreußisch aus. Auf dem Rednertisch liegen ein Dutzend Rosenbuketts: sie gelten offenbar weniger dem Führer einer Partei, als dem Liebhaberspieler eines Theaters […] Primadonna Hitler lächelt gerührt, wirft langsam den Mantel ab, betritt das Podium […]« (Voss 12. 9.).
Agr 7., 11., 14. 9.; BT 11. 9.; Voss 12. 9.

Sep 11, 20.00 Uhr. Kundgebung
V: Deutsche Staatspartei.
Zur Wahl des Reichstags am 14. 9.
Et: 0,50 M.
Rd: Hermann Robert Dietrich (Reichsfinanzmin.), Dr. Goepel, Erich Koch-Weser (Reichsmin. a. D.), Arthur Mahraun (Staatssekr. a. D.), Oskar Meyer, Elli Schüler, Dr. August Weber.
»Wer von der Eingangskurve her den ungeheuren Saal überblickte, der sah an der Stirnseite, um das mit dem Reichswappen geschmückte Rednerpult geschart, junge und alte Männer in Windjacke, Gamaschen und Lederkoppel. Sie sahen ganz gleichmäßig aus, und doch hatten sie an ihren Mützen verschiedenfarbige Kokarden. Mahraun grüßte die Kameraden vom Reichsbanner und die Brüder seines Jungdeutschen Ordens. Ein graubärtiger Mann hielt die schwarz=rot=goldene Präsidenten=Standarte, ein junger Bruder das Ordensbanner, schwarzes Johanniter=Kreuz auf weißem Grunde […]« (Voss 13. 9.).
»Es war eine schöne Veranstaltung, eine wirklich imponierende Parteienschau. In den Logen […] saßen die Komture und Großmeister und wie die vielen Aufsichtsratsposten in den Balleien des Jungdo – Aufsichtsratsposten, die nicht von Herrn Koch=Weser und Dietrich besetzt sind – heißen mögen. Die Brüder vom Jungdo und die Genossen vom Reichsbanner hatten wirklich brüderlich Ordnungsdienst, und über der Stirnseite des großen Ovales des Sportpalastes stand das Bekenntnis: ›Wir glauben an unser Volk‹, gemeint war wohl die Wählerschaft. Zur anderen Seite aber war diese Betrachtung zu lesen: ›Fort mit dem Flaggenstreit!‹ […]« (BLA 12. 9.).
Voss 10., 12.–13. 9.; BT 12. 9.; BLA 12. 9.

343 Eintrittskarte (Chr Sep 11); VWA.

Ganz Berlin strömt zusammen
Unser Führer spricht!
Freitag abend, 7 Uhr spricht im Sportpalast
Genosse Thälmann

344 Anzeige (Chr Sep 12; nach: RF 10. 9. 1930).

Sep 12, 20.00 Uhr. Kundgebung
V: KPD.
Zur Wahl des Reichstags am 14. 9.
Rd: Ernst Thälmann (Vors., MdR), Walter Ulbricht (MdR).
»Kurz nach 8 Uhr ein Fanfarensignal. Dann brach ein wahrer Orkan der Begeisterung los. An der Spitze von endlosen Kolonnen des nicht zu verbietenden Roten Frontkämpferbundes betrat unser Führer Genosse Ernst Thälmann den Sportpalast. Die Fäuste der begeisterten RFB.=Kameraden hoben ihn hoch, und auf ihren Schultern trugen sie ihn unter dem nicht endenwollenden Jubel im Marsch durch den Riesensaal. Immer wieder donnerte der Ruf ›Rot Front!‹, immer wieder zitterte der Sportpalast unter dem Sturm der Begeisterung. Die Antifaschistischen Jungen Garden, der Kommunistische Jugendverband, unser kühner deutscher Komsomol, marschierten mit ihren Fahnen ein. Immer wieder brandete das Händeklatschen, das begeisterte Rufen, der Gruß für Ernst Thälmann als Ausdruck nicht nur der Begeisterung, sondern der proletarischen Liebe der Massen zu ihrem revolutionären Führer« (RF 13. 9.).
»Sie verstehen sich auf Massen=Regie. Das zeigt schon die Aufmachung der Halle. Riesige Plakate an den Wänden ›Wer ließ die Fememörder laufen? Der Sozialdemokrat Braun!‹ Rote Spruchbänder über die ganze Länge der Galerie ›Schafft rote Betriebswehren! Organisiert den Metallarbeiterstreik! Verteidigt die Sowjet-Union!‹ Flugblätter, Broschüren, auf Stangen große Karikaturen sozialdemokratischer Parteigrößen. In der Mitte der Halle ein riesiges Transparent mit dem Bild Lenins.
Und dann der Clou: Fahnenaufmarsch! Durch die Mitte der Arena tosende Regimentsmusik. Vorne weg ein dicker Tambourmajor, dann die Bläser, die Trommler, die Kolonne der Rot=Front und wieder Kapellen und wieder Parademarsch, am Podium vorbei und noch einmal durch die Arena, eine Viertelstunde lang, bis die Fahnen im Hintergrund der Tribünen stehen. Durchaus preußisches Exerzierreglement, noch immer Vorbild für die rote Disziplin« (Voss 14. 9.).
»Eine Spezialität ist es aber bei der K.P.D., dass sie ihre Gäste, solange der Führer spricht, nicht wieder herauslassen. Sind sie schon gekommen, so sollen sie Thälmann bis zum Schluss geniessen – so äußern sich die Ordner, die ihre Order haben werden –, und man muß seine Presslegitimation zeigen, um frische Luft schöpfen zu können« (BT 13. 9.).
RF 10.–13. 9.; BT 13. 9.; Voss 14. 9.

Sep 13, 20.00 Uhr. »Massen-Konzert«
V: Ausschuss für deutsche Volksbildung und Unterhaltung.
Et: 0,50 und 1,– M.
»Garde-Erinnerungstag / Ein Abend alter preußischer Militärmusik! / Massen-Konzert / ausgeführt von den vereinigten Abteilungen ›Ostsee‹, ›Mecklenburg‹, ›Pommern‹, ›Preußen‹ und ›Westfalen‹ des Deutschen Tonkünstler-Orchesters / Dirigenten: Obermusikmeister unserer ehemaligen Garde-Regimenter« (Anz., BLA 12. 9.).
»Dieser in ihrem Einflusse auf die heranwachsende deutsche Jugend nicht zu unterschätzenden Propaganda der Linksparteien kann nur durch ein erhöhtes, intensives Eintreten der Rechtskreise für die Tradition der alten Armee und ihre ruhmreichen Symbole erfolgreich entgegengewirkt werden […] Unzertrennlich von der Truppe war ihre Musik […] Von dieser Tatsache ausgehend, hält es der unterzeichnete Ausschuss für logisch und notwendig, als wichtigsten und im Augenblick alleinig möglichen Propagandafaktor die alte deutsche Armeemusik bei seiner Arbeit einzusetzen […]« (aus dem Pressetext des Ausschusses, nach BT 11. 9.).
BLA 12. 9.; BT 11. 9.

Sep 14, 20.30 Uhr. Wahlfeier mit Militärkonzert
V: NSDAP.
Et: 1,– M.
Tag der Wahl des Reichstags.
Programm des Konzerts:
»Musikfolge:
1. Teil
1. Hohenfriedberger Marsch .... Friedrich d. Gr.
2. Ouvertüre zur Oper Stradella .... Franz v. Floto
3. Von Gluck bis Richard Wagner, Tongemälde . Schreiner
4. ›Mein Traum‹, Walzer .... Waldteufel
5. Parademarsch der 18. Husaren .... Beck
2. Teil
1. Badenweiler Marsch .... Fürst
2. Fridericus-Rex-Marsch .... Radek
3. Deutscher Flaggenmarsch .... Thiele
4. Unsere Garde, Marsch .... Förster
5. I. Batl. Garde (Armeemarsch Nr. 7) ...... Fr. Wagner
6. Marsch des York'schen Korps von 1813 .. Beethoven
7. Preußens Gloria (Armeemarsch Nr. 240) ..... Piefke
3. Teil
1. ›Vom Rhein zur Donau‹, Potpourri .... Rohde
2. Leichte Kavallerie, Ouvertüre .... Suppé
3. Hacketäuer Marsch (Reg.-Marsch I.-R. 16) .... Benz
4. ›Seid einig‹, Marschpotpourri .... Morena
5. Kreuzritter-Fanfaren-Marsch .... Henrion
Laufend, sofort nach Eintreffen, Bekanntgabe der Wahlergebnisse. Außerdem sprechen die Reichstagskandidaten: Pg. Dr. Goebbels, Pg. Göring, Pg. Kube, M.d.L., Pg. Löpelmann, Pg. Graf Reventlow, Pg. Schuhmann und Pg. Stöhr. […] Saalöffnung: 6,30 Uhr. Ende: 1,30 Uhr« (Anz., Agr 11. 9.).
»Lediglich vor dem Sportpalast, wo die Nationalsozialisten abends eine große Kundgebung und Siegesfeier veranstalteten, kam es nach Schluß der Versammlung zu kleineren Krawallen. Hier mußte die Polizei vorgehen, wobei ein Nationalsozialist festgenommen wurde, weil er sich den Anordnungen der Polizei nicht fügen wollte« (Germ 15. 9.).
Agr 11., 14. 9.; Germ 15. 9.

Sep 18 – Okt 5, 20.15 Uhr. »Passionsspiele nach Art der Oberammergauer«
Sonntags auch 16.00 Uhr.
V: Festspielgemeinde für christliche Volkskunst.
Et: 0,60 bis 5,– M.
Text: Hermann Dahl. Spielleitung: Pleß. Da: Stöger, Körner u.a., außerdem zahlreiche Laien, insgesamt 600 Mitwirkende.
In diesem Jahr fanden auch im August und September die Passionsspiele in Oberammergau statt. In Berlin gab es bereits 1924 im Zirkus Busch Passionsspiele.
»Anzuerkennen ist, daß es gelang, den Bühnenraum durch eine dem Passionsspieltheater in Bayern abgesehene Gliederung jene Weite zu belassen, die nötig ist, um im Sportpalast überhaupt theatralische Wirkungen zu erreichen. Der akustischen Mißstände (in den ersten Reihen hörte man den Nach- und Mithall stärker als die Worte der Sprecher) wurde man freilich nicht Herr. Darauf mag es zurückgeführt werden, daß der Eindruck überhaupt mehr von dem Ewigkeitsgehalt des Themas ausging, als von der Form, in der es gestaltet war« (BLA 19. 9.).
BLA 18.–19., 21.–24., 27.–28. 9.; 1.–5. 10.

Okt 6–11 (?). Einbau der Radrennbahn
Vw 1. 10.

Okt 12, 20.15 Uhr. Radrennen
V: SP.
Eröffnung der Radsportsaison Winter 1930/31.
Fliegerkampf »Deutschland – Ausland« (vier Vorläufe; Ehmer, Lehmann, Krüger, Rieger, Rütt, Bernhardt – Piet und Jan van Kempen [NL], Braspenning [NL], Duray [B], Pijnenburg [NL], Depauw [B]): 1. Piet van Kempen, 2. Ehmer, 3. Pijnenburg, 4. Krüger.
50-Rdn-Punktefahren: 1. R. Wolke 17 Pkte; 2. Kantorowicz 12; 3. Kedzierski 10; 4. B. Wolke 9.
100-Rdn-Punktefahren: 1. Wissel 8; 2. Depauw (1 Rde zurück) 12; 3. Pijnenburg 11; 4. Jan van Kempen 11.
Verfolgungsfahren: Krüger/Funda schlagen Kilian/Pützfeld über 200 Rdn um 65 m.
50-km-Mannschaftsfahren: 1. Ehmer/Tietz 56 Pkte., 2. Br. van Kempen 23; 3. Pijnenburg/Braspenning 17; 4. Duray/ Depauw 9; 5. Kilian/Pützfeld 5; 6. Rütt/Nickel 0;7. Krüger/ Funda (1 Rde zurück) 15; 8. Schön/Bernhardt 15; 9. Lehmann/Wissel 6; 10. Rieger/Kroschel 5; 1:11:43 Stunden.
BLA 11.–13. 1.; Vw 11., 13. 10.

Okt 15, 20.00 Uhr. Amateur-Radrennen
V: DRU.
Hauptfahren: 1. Tadewald, 2. Wagner, 3. Giel, 4. Kolbe.
Vorgabefahren: 1. Münzer, 2. Breiter, 3. Greskowiak.
50-Rdn-Punktefahren: 1. Wischnewski, 2. Weiß (1 Rde zurück), 3. Giel, 4. Hank.
75-km-Mannschaftsfahren: 1. Kupke/Knöfel 29 Pkte; 2. Horn/Kolbe 14; 3. Mattern/Quindt (1 Rde zurück) 17; 4. Franke/Wagner 12; 5. Bretzke/Levy 19; 1:48:55,8 Stunden.
BLA 15.–16. 10; Vw 16. 10.

Okt 17, 20.15 Uhr. Radrennen
V: SP.
Omnium der Steher: Zeitfahren: Sawall 10,9 Sek; Möller 11; Krewer 11,4; Hauptfahren: 1. Möller, 2. Sawall, 3. Krewer;

345 Kundgebung der KPD (Chr Sep 12), Ernst Thälmann spricht.

Punktefahren: 1. Krewer 10; 2. Sawall 8; 3. Möller 6; Verfolgungsfahren: Möller holt Krewer nach 36 Rdn, 3. Sawall; Gesamtergebnis: 1. Möller 9 Pkte; 2. Sawall 8; 3. Krewer 7.
Amateur-Hauptfahren: 1. Dasch, vor Golz und Gieße.
Zweistunden-Mannschaftsfahren (10 Paare): 1. Miethe/Manthey 20 Pkte; 2. Charlier/Deneef (1 Rde zurück) 53; 3. Ehmer/Tietz 50; 4. Preuß/Resiger 28; 5. Rausch/Hürtgen 25; 6. Louet/Mouton 24; 7. Schnek/Stübecke 5; 8. Schwemmler/Kantorowicz (2 Rdn zurück) 7; 9. Dorn/Maczynski (3 Rdn zurück) 8; 10. Linari/Lazzaretti [Bazzaretti?] (4 Rdn zurück) 0; 84,940 km.
BLA 17.–18. 10.; Vw 16., 18. 10.

Okt 19, 20.00 Uhr. Amateur-Radrennen
V: BDR.
Flieger-Hauptfahren: 1. Hans Dasch, 2. Gangel.
75-Rdn-Punktefahren: 1. Erdmanski, 2. H. Schmidt, 3. Bartolomäus, 4. Raschke, 5. Runge; 17:14 Min.
75-km-Mannschaftsfahren: 1. Ahlers/Becker (Germania-Charlottenburg) 19 Pkte; 2. Patzack/Schimming 9; 3. Vopel/Korsmeier 8; 4. Manthey/Bauer 6; 5. Negd/Stock 3; 6. Paralana/Zims (1 Rde zurück); 7. Buchwald/Kirsch; 8. Giese/Puttkamer; 1:47, 15 Stunden.
BLA 18., 20. 10.; Vw 20. 10.

Okt 21, 20.15 Uhr. Kundgebung
V: NSDAP, Gau Groß-Berlin.
Et: 1,– M, Erwl. 0,50 M.
Rd: Dr. Joseph Goebbels (MdR, Gl).
Th: »Vor der Katastrophe!«
Mitw.: SA-Kapelle Fuhsel.
»Wie immer ist der Sportpalast längst vor Beginn bis zum allerletzten Stehplätzchen in drangvoller Enge besetzt und schließlich polizeilich gesperrt. Darüberhinaus geht die Polizei wieder gleich von Anfang an in rüder und brutaler Weise gegen die Versammlungsbesucher vor und verhaftet selbst Leute, die versteckt unter langen Mänteln eine irgendwie braune Hose tragen! Nachdem die bekannte Kapelle Fuhsel immer aufs neue ihre schneidigen Armeemärsche hatte erklingen lassen, erscheint um 1/2 9 Uhr von endlosem, tosendem Jubel begrüßt der Gauführer Dr. Goebbels. Unter den Klängen von Preußens Gloria marschieren in wuchtigem Tritt die Fahnen ein. Dann wird die Kundgebung, an der auch eine Reihe weiterer nationalsozialistischer Abgeordneter teilnimmt, eröffnet« (Agr 23. 10.).
Agr 5., 12., 23. 10.

Okt 25, 20.00 Uhr. Amateur-Radsport »Hallenfest des BDR«
V: BDR.
Aus den Wettbewerben:
»Wintermeisterschaft des Sportpalastes«: 1. Dasch (Argo), 2. Ahlers (Germania-Charlottenburg).
10-Rdn-Vorgabefahren: 1. Kohlmann (Arminius) 90 m Vorg.; 2. Gröning (Concordia 97) Mal; 3. Pohl (Post SV) 70 m; 4. Schulz (Grün-Weiß) 50 m.
20-Rdn-Mannschafts-Verfolgungsfahren: 1. Concordia 97 (Patzack, Schimming, Manthey, Bauer, Gröning) 4:8,2; 2. Arminius (Risch, Puttkamer, Panke, Giese, Stach) 4:10,3.
Zweier-Radballspiel: Club Lichterfelder Herrenfahrer – Concordia 97 7:4 (2:2).
Dreier-Radballspiel: Concordia 97 – Club Lichterfelder Herrenfahrer 2:1 (1:1).
BZaM 25.–26. 10.; BLA 22., 25. 10.

Okt 26, 20.00 Uhr. Radrennen
V: SP.
100-Rdn-Punktefahren: 1. Kedzierski 7 Pkte; 2. Nickel (1 Rde zurück) 13; 3. Sieronski 10; 4. Kantorowicz 7; 5. Carpus 7.

346 Anzeige (Chr Okt 30; nach: RF 28. 10. 1930).

100-km-Mannschaftsfahren (12 Paare): 1. Faudet/Peix 46 Pkte; 2. Ehmer/Tietz (1 Rde zurück) 40; 3. Kroll/Miethe 25; 4. J. van Hevel/Debruycker 19; 5. Manthey/Maczynski 18; 6. Schön/Stübecke 8; 7. Lehmann/Wissel (2 Rdn zurück) 29; 8. Brüder Wolke 8; 9. Raynaud/Dayen (3 Rdn zurück) 11; 10. O. Rütt/Stoepel (4 Rdn zurück) 2; 2:17:34,2 Stunden; aufgegeben: Bonduel/van Rysselberghe und Longardt/Mandelkow.
BLA 22., 26.–27. 10.; Vw 27. 10.

Okt 28, 20.15 Uhr. Amateur-Radrennen
V: DRU.
»Jugendzeitfahren über eine Runde: 1.Ulrichs (B.R.C. Fedia 1926) 10,9 Sekunden; 2. Münzer (R.Vg. Rennhahn 29) 11,1 Sek.; 3. Seidel (R.Vg. Rennhahn 29) 11,4 Sek.
Omnium (Adolf-Huschke-Gedenken). Fliegerlauf: 1. Kolbe; 2. Horn (beide B.R.C. Fedia 26); 3. Knöfel (Breslau). – 20-Runden-Punktefahren: 1. Kupke (15 Punkte); 2. Knöfel (11); 3. Kolbe (10); 4. Horn (8). Gesamt: 1. Kupke-Knöfel (11); 2. Kolbe-Horn (11).
Jagdrennen über 12 Runden: 1. Mannschaft: Giel, Wagner, Levy, König, Grindel, Kalupa.
Verfolgungsrennen: 1. Weiß (Einzelfahrer) 4.52.6; 2. Franke (Einzelfahrer); 3. Wischnewski (Alberto-Diamant 07); 4. Mattern (B.R.C. Fedia 26). 30-Runden-Punktefahren: 1. Wischnewski (Alberto-Diamant 07) 13 Punkte, 6.12.8; 2. Fritschler (R.V. Möwe 1910) 11 Punkte; 3. Jaenicke (Rennhahn-Kreuzberg) 11 Punkte; 4. Giel (R.S.C Berolina 29) 10 Punkte.
300-Runden-Mannschaftsrennen: 1. Kupke-Knöfel (Breslau) 40 Punkte 1.7.2; eine Runde zurück: 2. Bretzke (B.R.C. Alberto-Diamant)–Levy (Einzelfahrer); zwei Runden zurück: 3. Franke (Einzelfahrer)–Wagner (B.R.C. Opel 25) 20 Punkte; 4. Mattern (B.R.C. Fedia 26)–Quindt (B.R.C. Brennabor 28) 5 Punkte« (BT 30. 10.).
BT 28., 30. 10.

Okt 29. Training zum Hallensportfest am 2. 11.
V: 30. 10.

Okt 30, 19.30 Uhr. Hallensportfest der Arbeiter
V: Arbeiter-Sport- und Kulturkartell Groß-Berlin e.V.
Et: 1,– M, Jugendliche und Erwl. 0,60 M (im Vorverkauf).
»Arbeiter Berlins, seid mit den roten Sportlern solidarisch! Macht das Hallensportfest zu einer gewaltigen Kundgebung gegen sozialfaschistische Turnhallenräuber und Spalter der Arbeiterbewegung, faschistische Führer der bürgerlichen und Werksportverbände, gegen Hungeroffensive der Unternehmer und die reformistische Gewerkschaftsbürokratie! Für unentgeltliche Benutzung der Turnhallen und Sportplätze durch die roten Sportler! Für die Forderungen der kämpfenden Metallarbeiter! Für die RGO., für die Vollziehung der Roten Sporteinheit:!« (RF 29. 10.).
»Potsdamer Straße – Verkehrsmittel – alles überfüllt. Berlins Arbeiterbatallione streben einem Ziel zu, haben einen Gedanken: Hallensportfest unserer roten Sportler. Der Sportpalast zum Bersten gefüllt, ein jeder in Erwartung des Kommenden. Riesige Transparente weisen auf die im Juli 1931 stattfindende Spartakiade, auf die Kämpfe der roten Sportler gegen sozialfaschistische Turnhallenräuber und Spalter hin. In seiner Ansprache wies der Genosse Grube auf die Krise des Kapitalismus, als Folgen die sich verschärfenden Klassengegensätze, Unterdrückung und Unterjochung der proletarischen Organisationen, so das Verbot des Roten Frontkämpferbundes durch den Sozialfaschisten Severing, Turnhallenraub durch Severings Parteigenossen, hin« (RF 1. 11.).
Aus den Wettbewerben:
4 x 400-m-Staffellauf *»der Jungmannen«*: 1. Fichte-Südost (4:08,6), vor Wedding und Moabit. – 10 x 1-Runde-Staffellauf (Frauen): 1. Fichte-Wedding (3:41,4), vor Fichte-Neukölln und Fichte-Nordost. Kartellstaffel: 1. Schöneberg. – 10-Rdn-Hindernislauf (Männer): Erster Lauf: 1. Letz (Spandau), vor Andree (Lichtenberg); Zweiter Lauf: 1. Sonn (Fichte-Südost; 4:45,2), vor Herfurth (Moabit). – Radrennen-Flieger (5 Rdn): 1. Thomas (Friedrichshain), vor Kapruka. – Mannschaftsverfolgungsfahren: Friedrichshain holt Neukölln nach 10 Runden in 2 Min. – Radrennen-Fliegerstädtekampf »Berlin – Paris«: 1. Berlin 21 Pkte. – 50-Rdn-Punktefahren: 1. Zielutas (Friedrichshain) 15 Pkte; vor Neugebauer (Neukölln) 11 und Lüttringhaus (Schöneberg) 10. – 50-km-Mannschaftsfahren (13 Paare): 1. Skrypnik/Kapruka (1:17:30) 12 Pkte; 2. Fischer/Kröcher (1 Rde zurück) 11; 3. Weber/Karstedt (2 Rdn zurück) 11; 4. Thomas/Smout 7. – Handball: Fichte-Nord – Fichte-Süd 9:4 (2:2). Außerdem gab es Jiu-Jitsu-Kämpfe, Vorführungen der Turner, Kunstradfahren, ein Tauziehen zwischen Schwer- und Leichtathleten u.a.
RF 21., 26., 28.–30. 10.; 1. 11.

Okt 31, 20.15 Uhr. Boxen »Ernst Pistulla – Harry Crossley« u.a.
V: Breitensträter.
Et: 2,– bis 15,– Mark.
Erster Kampfabend Hans Breitensträters als Veranstalter.
Fdg: Harry Stein (55,5 kg; Berlin) – Paul Noack (57,9 kg; Berlin), Sieg Noacks durch ko (4. Rde).
Wg: Hans Seifried (67,1 kg; Bochum) – Franta Nekolny (66 kg; CS), Sieg Nekolnys nach Pktn (10 Rdn).
Wg: Gustav Eder (64,9 kg; Dortmund) – Konrad Stein (66 kg; München), unentschieden (8 Rdn).
Hsg: Ernst Pistulla (79,5 kg; Berlin) – Harry Crossley (81,2 kg; GB), Sieg Pistullas nach Pktn (10 Rdn).
Sg: Horst Hinzmann (85,4 kg; Königsberg) – Josef Hampacher (82 kg; CS), Sieg Hinzmanns nach Pktn (6 Rdn).
»Ausverkauft war bereits wenige Minuten nach Beginn des ersten Kampfes an allen Kassen zu lesen. Breitensträters großer Kollege Schmeling kam beim Publikum weit weniger günstig weg. Als Schmeling, übrigens unnötigerweise, im Ring vorgestellt wurde, setzte ein Pfeifkonzert und ein Protest ein, wie ihn wohl der Weltmeister kaum erwartet haben dürfte« (Vw 1. 11.).
BLA 21., 29.–31. 10.; 1.–2. 11.; BS 526–27, 27. 10.–3. 11.

Nov 1, 20.00 Uhr. Radrennen
V: SP.
Dreistunden-Mannschaftsfahren (13 Paare): 1. Rausch/Hürtgen 39 Pkte; 2. Ehmer/Tietz (1 Rde zurück) 55; 3. Krüger/Funda 41; 4. Dorn/Nickel 13; 5. von Hout/van der Heyden (2 Rdn zurück) 40; 6. Piet van Kempen/Mandelkow 24; 7. Rieger/Kroschel 9; 8. Engelmann/W. Nickel (3 Rdn zurück) 27; 9. Stupinski/Siegel (4 Rdn zurück) 29; 10. Gossens/van Revele 16; 124,160 km; außerdem starteten: Frantz/Miethe, Bauer/Kedzierski, sowie Jan van Kempen und Battesini.
BLA 30. 10.; 1.–2. 11.; Vw 29. 10.; 1. 11.

Nov 2, 15.00 Uhr. Hallensportfest der Arbeiter
Ab 11.50 Uhr Vorkämpfe.
V: Arbeiter-Turn- und Sportbund, 1. Kreis.
»Die Brüstungen der Galerien sind mit rotem Tuch geschmückt, Transparente geben die Losungen der Arbeiterklasse wieder. ›Proletarier aller Länder vereinigt euch! –

Jeder Sportler muß ein Kämpfer für den Sozialismus sein!‹ und andere Parolen leuchteten in weißer Schrift auf rotem Tuchgrund auf die Festteilnehmer nieder. Pünktlich um 15 Uhr nimmt das Musikkorps im Innenraum Aufstellung, Bundesmärsche erklingen, der Aufmarsch beginnt; voran die Kinder, ein riesiger Wall von roten Sturmfahnen folgt, dahinter die schmucken Sportlerinnen und die schlanken, sehnigen, muskelgestählten Sportler. Tausende Sportlerinnen und Sportler sind im Innenraum des Sportpalastes aufmarschiert, ein prächtiges, unvergleichlich schönes Bild junger, gesunder Menschenkinder, verbunden im Ziel, der sozialistischen Menschheitskultur den Weg bereiten helfen! Der Vorsitzende der Turnersparte, Lewin, begrüßt die Anwesenden. [...] Dann spricht der Vorsitzende der Berliner Sozialdemokratischen Partei, Reichstagsabgeordneter Franz Künstler [...]« (Vw 3. 11.).

Aus den Wettbewerben:

50-m-Läufe: Jugend (14–15 J.): 1. Schillbach 6,5; 2. Geißler (ASC Berlin) 6,7; Jugend (12–13 J.): 1. Fischer (Wedding) 6,3; 2. Wiese (ASC Hamburg) 6,7; 3. Seidel (Wedding) 6,8; Frauen: 1. Dumke (TV Osten) 7; 2. Reiche (Süden) 7,2; 3. Handke (Nordring) 7,3; Männer (Klasse A): 1. Heldt (O.-ASC Berlin) 6,2; 2. Höwler (Stettin); 3. Stoll (Ostring) 6,3. – Hürdenlauf (Männer, A): 1. Rumm[ler] (Nordring) 8,1; 2. Hansen (ASC Hamburg) 8,2; 3. Nielsen (Wedding) 8,3; Hürdenlauf (B): 1. Müller (Nordring) 8,2; 2. Manske (Schönow); 3. Lösert (Luckenwalde) 8,3. – 1000-m-Lauf: 1. Westphal (ASC Hamburg) 2:49,9; 2. Bölck (Stettin) 2:54,2; 3. Badtke (Nordring) 2:59,3. – 1000-m-Lauf (Einladung): 1. Huwe (ASC Berlin) 2:48,2; 2. Kittler (Ostring); 3. Braun (ASC Berlin) 2:51,4. – 3000-m-Lauf: 1. Henschel (Hamburg-Langenhorst) 9:26; 2. Klobs (Henningsdorf) 9:37,2; 3. Brunner (Ostring) 10:35,4. – 4 x 400-m-Staffel: 1. ASC Berlin II 4:2; 2. ASC Berlin III 4:8; 3. Nordring-Sport II 4:8,2. – 10 x 1-Runde (Klasse C): 1. ASC (Neukölln); 2. Wilmersdorf. – 10 x 2-Runden (Kasse B): 1. ASC Hamburg 6:46; 2. FTGB Oberspree 6:48; 3. FTGB Süden 6:58. – 10 x 50-m-Pendelstafette: (Klasse C): 1. Nordring-Turner 1:4, 8; 2. ASV Neukölln II 1:7, 4; 3. Schöneberg 1:8,4. – 10 x 50-m-Pendelstafette (Klasse B): 1. Süden-Sport 1:05; 2. ASC Berlin IV 1:05,4; 3. FTGB Mitte 1:06,2. – 10 x 50-m-Pendelstafette (Klasse A): 1. ASC Berlin 1:59,6; 2. Nordring-Sport 1:1,7; 3. ASC Berlin II. – 20 x 2-Rdn: 1. ASC Berlin I 13:11,7; 2. Nordring-Sport 13:24,7; 3. Wedding 14:02. – Hochsprung (Einladung): 1. Görsch (ASC Berlin) 1,65; 2. Wilde (Forst) 1,60; 3. Haub (FTGB Oberspree) 1,60. – Frauen. 10 x 50-m-Pendelstafette: 1. ASC Berlin 1:10,8; 2. Wedding 1:11,8; 3. Osten 1:18. – Kleine Olympische (Einladung): 1. Wedding 1:4,4; 2. Süden 1:4,4; 3. Nordring 1:4,5. – Hochsprung (Einladung): 1. G. Bleul (Osten), Weidlich (Moabit) je 1,38; 2. Berg (Süden-Sport) 1,33. – Jugend. 800-m-Lauf: 1. Hauser (ASV Neukölln) 2:17; 2. Schmorr (Hamburg 96) 2:17,7; 3. Hirsekorn (Zehlendorf) 2:18. – 10 x 1-Rdn: 1. Wedding 3:16,8; 2. Schöneberg 3:20,8; 3. Nordring-Turner 3:24,7. – Männer. 4 x 400-m (Einladung): 1. ASC Berlin 3:59; 2. Stettin 4:4,2; 3. Nordring-Sport I 4:4,6 (nach Vw 3. 11.).

Außerdem gab es Vorführungen im Turnen, Paargymnastik nach Musik, ein Handballspiel, verschiedene Radrennen, Kunstradfahren, Trampolin-Pferdspringen u. a.

Vw 29. 10.; 1.–3. 11.

347 Anzeige (Chr Nov 2; nach: Vw 1. 11. 1930).

348 Eintrittskarte (Chr Nov 7–13; aufgeklebt auf die Rückseite des Gemäldes von Abb. 100).

Nov 4, 20.15 Uhr. Kundgebung

V: NSDAP.

Et: 1,– M, Erwl. 0,50 M.

Rd: Dr. Joseph Goebbels (MdR, GI), Edmund Heines (MdR), Wilhelm Kube (MdL).

Th: *»Weg mit der roten Preußen-Regierung!«*

»In der Dämmerung um 5 Uhr weiß man, daß im Sportpalast etwas los ist; um 6 Uhr sieht man, daß es die NSDAP. ist; um 7 ist alles besetzt; um 8 sperrt die Polizei die Riesenhalle. Das ist der Auftakt zur Kundgebung der NSDAP. gegen die Preußenkoalition. Musik, Kommandos, Fahneneinmarsch, ungedeckte Tische, rauh, spartanisch, SA. in Reih und Glied [...] Femerichter Heines schwingt sich auf den Tisch. Das ist Jugend, das ist Kühnheit, Rasch die Bewegungen, harrt, heftig, soldatisch, holzschnittartig diese Gestalt [...]« (Agr 5. 11.).

Agr 23., 26. 10.; 5. 11.

Nov 5, 19.30 Uhr. 10. Fest der Sportpresse

V: VDS/VBS.

Zugunsten der Wohlfahrtskasse des VDS.

»Es war eine wundervolle Revue, die da abrollte, mit den reizenden gymnastischen Uebungen der Medau=Schule begann und mit den ›Hundert=Runden‹ der Rennfahrer endete. Hilde Krahwinkel=v. Cramm und Cilly Aussem=Prenn spielten ein Doppel, Möller und Sawall lieferten sich einen Zweikampf, Grabsch, der Champion des Flachsports, war der im Laufen schnellere als Rupprecht, der Primaner und Herrenreiter. Jockeilehrlinge liefen und purzelten über Hindernisse. Hirschfeld und Weiß schleuderten die Kugel stets auf die Bretter, statt auf die bereitgestellten Matten. Polizeisportler zeigten Gymnastik, Turner wundervolle Uebungen an den Geräten [...] Major bestach mit seiner Dressurprüfung, die er mit Caracalla vorführte. Der prachtvolle Athlet Nosseir, Weltmeister und frischgebackener Europameister im Gewichtheben, stieß 320 Pfund in die Luft, und Rastelli, der Meisterjongleur, balancierte und jonglierte mit den Fußbällen, daß es seine Arte hatte. Hanne Sobeck, [...] kam aus dem Staunen nicht heraus.« (BLA 7. 11.).

BLA 19., 29., 10.; 5. 7. 11.

Nov 6, 20.00 Uhr. Amateur-Radrennen

V: BDR.

Weltmeisterschaftstreffen: 1. Gerardin (F) 10 Pkte; 2. Pelizzari (I) 8; 3. Cozens (GB) 6; 4. Andersen (DK) 4.

30-m-Rdn-Punktefahren: 1. Block 15; 2. Schulz 13; 3. Graf 11; 4. Schmidt 9.

6-Rdn-Vorgabefahren: 1. Müggenburg (40 m); 2. Heinrich (25); 3. Eggert (5); 4. Marklewitz (35); 5. Kroll (20).

1-Rde-Rekordfahren: 1. Gerardin 10,2 Sek.; 2.–4. Dasch, Cozens, Pelizzari je 10; 5.–6. Oengel, Senge je 10,4.

Stunden-Mannschaftsfahren (12 Paare): 1. Buchwald/Kirsch (Breslau) 18 Pkte; 2. Vopel/Korsmeier (Dortmund) 17; 3. Zims/Perelaer (Köln) 14; 4. Senge/Ungethüm (Dortmund) 13; 5. Ahlers/Becker (Germania Charlottenburg) 9; 6. Patzack/Schimming (Concordia 97) 8; 48,200 km; außerdem starteten: Manthey/Bauer, Grothues/Alberty (Münster), Gangel/Golz (Berlin), Cozens/Andersen, Schnitzler/Schmitz, Gerardin/Pelizzari.

BLA 6. 11.; BT 6., 8. 11.

Nov 7–13. 24. Berliner Sechstagerennen

Beginn 7. 11. um 20.00 Uhr, Start 22.00 Uhr, Ende 13. 11. um 23.00 Uhr.

V: SP.

Wertungen: vermutlich wie 1928 Mär 9–15.
Teiln. (15 Paare): Horder/Elder (AUS/CDN), Dempsey/Walthour (AUS/USA), Lemoine/Peix (F), van Hevel/Debruycker (B), Dinale/Tonani (I), Pijnenburg/Braspenning (NL), Piet van Kempen/Schön (NL/D), Jan van Kempen/Mandelkow (NL/D), Rausch/Hürtgen (D), Ehmer/Tietz (D), Rieger/Kroschel (D), Lehmann/Wissel (D), Krüger/Funda (D), Manthey/Maczynski (D), Petri/Stübecke (D).
Ergebnis: 1. Rausch/Hürtgen 137 Pkte; 2. Piet van Kempen/Schön (2 Rdn zurück) 242; 3. Rieger/Kroschel (4 Rdn zurück) 191; 4. Manthey/Maczynski 154; 5. Krüger/Funda (5 Rdn zurück) 250; 6. Dinale/Tonani (7 Rdn zurück) 278; 7. Ehmer/Tietz 195; 8. Petri/Lehmann (9 Rdn zurück) 199.
Zurückgelegte km: 3313,280.
Vorrennen: Malfahren (1. Kantorowicz, 2. Gilgen), Verfolgungsfahren (Brüder Wolke holen Brüder Nickel nach 19 Rdn ein).

»Manche werden sich zur Potsdamer Straße trollen, weil sie einfach ›dabei gewesen sein müssen‹. Manche brauchen diesen Nervenkitzel wie ihren Kaffee zum Frühstück. Und dann gibts noch welche, die sich ›diesen Quatsch ruhig mal ansehen‹ wollen. Diese drei Kategorien werden den Sportpalast füllen. Und hinter den Kulissen reiben sich die Schwarz und Königsberger die feisten Hände. Großgewordenen Gigolos werden mit irgendwelchen Filmdiven in den Logen sitzen und mit einer unübertrefflichen Nonchalance einen Hundertmarkschein auf die Bahn flattern lassen. Berühmt gemachte Kammersänger werden ihrer Popularität nachhelfen können, denn eine Prämie zieht immer. Das Sportpalastoriginal ›Krücke‹ wird gute und schlechte Witze reißen und halb Palästina wird sein Betätigungsfeld für eine knappe Woche nach dem Haus verlegen, auf dem in großen Lettern prangt: ›Dem deutschen Sport‹« (Agr 7. 11.).

349 Litfaßsäule (Chr Nov 18).

»Hans Albers ließ in heftiger Effekthascherei an das Transparent schreiben: ›Hans in allen Gassen‹ (gemäß dem Titel eines in der Herstellung befindlichen Tonfilms), sei soeben im Innenraum eingetroffen. Sofort brüllte die Kurve, bei der er durch den ›Greifer‹ populär geworden ist, er solle eine Ehrenrunde auf dem ›Teppich‹ fahren. Dazu ließ sich Herr Albers lange nötigen und erst als die Kurve und der ›Heuboden‹ ungemütlich wurde und anstatt Greifer ›Kneifer‹ und etwas von Angst herunterschrien, bestieg Albers ein Rad und fuhr mehr schlecht als recht langsam einmal um die Bahn, wobei man merkte, warum er sich anfangs weigerte. Er machte nämlich auf dem Rade keine sehr glückliche Figur, und es ist besser, wenn er beim 25. die Kurve nicht mehr durch eine so unvorsichtige Reklame provoziert. Vom Erhabenen zum Lächerlichen ist doch nur ein Schritt« (Herold Nr. 46).
BLA 19. 2.; 30. 10.; 2., 4., 7.–14. 11.; Vw 7.–8., 13.–14. 11.; Herold Nr. 46 (16. 11.).

Nov 15, 21.00 Uhr. Opernball der Städtischen Oper
V: Städtische Oper, Charlottenburg.
Et: 15,– M; im Vorverkauf 10,– M; *»für Abonnenten nur im Vorverkauf: Mk. 5– [...] Tischreservierung: Terrassen und Logenplätzte pro Platz 1.– Mark, im Saal 50 Pfg. pro Platz«.*
Zugunsten der Unterstützungskasse der Städischen Oper.
»Mitwirkung und Beteiligung: Generalmusikdirektor Dr. Wilhelm Furtwängler dirigiert das gesamte Orchester der Städtischen Oper / Der gesamte Singechor der Städtischen Oper / Leitung: Chordirektor Hermann Lüddecke. / Die gesamte Tanzgruppe der Städtischen Oper / Choreographische Leitung: Lizzie Maudrik / Musikalische Leitung: Kapellmeister Ludwig Preiss / Solotänzerinnen: Ruth Abramowitsch, Erna Sydow, Alice Uhlen, / Solotänzer: L. Egenlauf, E. Frank, G. Groke, C. Jäger, H. Zehnpfenning. [...] Tanzmusik: Kapelle Marek Weber unter persönlicher Leitung von Marek Weber / Ball-Leitung: Karl Weiss / Tombola [...]« (Pz).
»Wohl mehr der Zeit gehorchend, die Wohlfahrtsaktionen fordert, [...] hatte die Städtische Oper ihr diesjähriges Fest in den Riesenraum des Sportpalastes verlegt. So gab es statt des üblichen Hausballs ein Palastfest sozusagen. Nach Aussage des Ballfeldmarschalls Karl Weiß wird den Wohlfahrtskassen des Instituts fast das Doppelte als bisher zugeführt werden können. Und doppelt schön war's obendrein diesmal. Griff doch der gefeiertste Dirigent des Hauses, Wilhelm Furtwängler, persönlich in die Geschichte ein. Ein Jubel ohnegleichen, als er in mächtiger Halle den Stab ergriff, um mit dem durch die Philharmoniker verstärkten Orchester der Städtischen zunächst den Huldigungsmarsch von Wagner zu dirigieren dann Johann Straußens Kaiserwalzer. So etwa um die Mitternachtsstunde ließ man das Ballett der Oper unter Lizzi Maudrik zum Tanz aus dem ›Propheten‹ freien ›Lauf‹. Alsdann der eigentliche Ball unter Marek Webers musikalischer Führung [...]« (BLA 17. 11.).
BLA 17. 11.; Pz (Berlin Museum).

Nov 16, 17.00 Uhr. Kundgebung
V: Deutscher Bund zum Schutz der abendländischen Kultur.
Rd: W. von Alvensleben (Vors.), Prof. Dr. Berg (Aachen), Sir William T.F. Horwood (ehm. Polizeipräs. von London), D. Emil Karow (Generalsuperintendent von Berlin), Graf Keyserlingk-Cammerau, Alois Fürst zu Löwenstein, Dr. Rosenthal (Rabbiner, Köln), Bischof Seraphim (Charkow).
»Gestern trat zum ersten Male der ›Deutsche Bund [...]‹ mit einer großen Kundgebung im Sportpalast vor die breite

13. Jahrgang / Nr. 273 / Preis für Groß-Berlin Auswärts 15 Pf. 10 Pfennig Berlin, Sonnabend, 22. November 1930

Die Rote Fahne

Zentralorgan der Kommunistischen Partei Deutschlands (Sektion der Kommunistischen Internationale)

Redaktion und Verlag: Berlin C 25, Kleine Alexanderstraße 28. Tel.: E 1 Berolina 5481. Geschäftszeit des Verlages von ½8 Uhr bis ½17 Uhr. Juristische Sprechstunde: Dienstag und Freitag von 18 bis 19 Uhr.

Erscheint täglich außer Montags

Tel.-Adresse: Rotfahne Berlin. Bankkonto: Darmstädter und Nationalbank Berlin, Dep.-Kasse Belle-Alliance-Pl. Vereinigte Zeitungsverlage, G.m.b.H. Postscheckkonto Berlin NW 279 70

Bezugspreis pro Woche 70 Pf., monatlich 3,— Mark einschließlich Trägerlohn in Berlin und Orten mit eigener Zustellung. — Vorauszahlbar. Postbezug inkl. Bestellgeld 3,50 Mark; Streifband im Inland sowie nach Oesterreich, Litauen, Luxemburg, Danzig, Memel- und Saargebiet 4,50 Mark, übrige Länder 4,80 Mark.

Begründet von Karl Liebknecht und Rosa Luxemburg

Anzeigenpreis: Die 12gespaltene Nonpareillezeile 70 Pf. Arbeiterorganisations- und Familienanzeigen: Zeile 40 Pf. Kleine Anzeigen: Wort 15 Pf., Ueberschriftswort 25 Pf., besonders stark 50 Pf. Arbeitsmarkt: Wort 5 Pf. Anzeigenabteilung: Kleine Alexanderstr. 28. Tel.: (E 1) Berolina 1888, 1918.

Thälmann heute im Sportpalast / Auf zur großen Kundgebung

Begrüßung des Reichskongresses werktätiger Frauen

Feierliche Eröffnung 19.30 Uhr

Aufmarschplan für die Bezirke: Nordwest und Nord, 18 Uhr, Kleiner Tiergarten; Südwest, 18.30 Uhr, Ebersmarkt, Schöneberg; Zentrum und Nordost, 17.30 Uhr, Bülowplatz; Süd, 18 Uhr, Reuterplatz; Ost, 18 Uhr, Lausitzer Platz.

Das rote Berlin demonstriert heute mit den werktätigen Frauen!

Das rote Berlin grüßt euch, werktätige Frauen!

Tausend werktätige Frauen, gewählt in den Betrieben, in Stadt und Land, entsandt als Vertreterinnen der erwerbslosen Frauen von ihren hungernden und verelendeten Leidensgenossinnen, Delegierte der Arbeiterfrauen und der Proletariermütter, Bauernfrauen, auf deren Schultern die doppelte Last der Hausarbeit und der Landwirtschaft ruht, die Delegierten der werktätigen Frauen ganz Deutschlands treten heute in Berlin zu ihren zweiten Reichskongreß zusammen.

Ein Kampfkongreß! Wie die Not der proletarischen Frauen, wie ihr Wille zur Befreiung in allen Ländern der kapitalistischen Welt täglich wächst, so soll auch dieser Kongreß die Frage des Kampfes um die Befreiung der werktätigen Frauen als eine internationale Frage stellen. Frauendelegierte aus Frankreich, Dänemark, Oesterreich, der Schweiz, der Tschechoslowakei und den Niederlanden werden ihre Kampferfahrungen und ihre Kampfpläne mit denen der werktätigen Frauen Deutschlands zu einem einheitlichen Plan verbinden.

Das deutsche Konsulat in Moskau hat den Vertreterinnen der werktätigen Frauen der Sowjetunion die Einreise verweigert. Die halbfaschistische Brüning-Regierung fürchtet das Beispiel der Befreiung, das diese Frauen ihren deutschen Genossinnen zur Nachahmung anfeuernd aufzeigen würden. Die Herren, die Kavaliere vom Scheitel bis zur Sohle sind, wenn die Luxusdämchen der Bourgeoisie, unter dem Vorwande von Frauenkongressen, internationale Modenschau und Fleischbeschau abhalten, zittern um den Bestand ihrer Herrschaft und werden zu brutalen Bütteln, weil Proletarierinnen aus der Sowjetunion vor ihren deutschen Schwestern von ihrem Befreiungskampfe und ihrem Siege sprechen wollen.

Aber das Beispiel der russischen Befreiung wirkt, die russischen Genossinnen werden unter ihren Schwestern sein, wollte man auch die deutschen Grenzen mit Drahtverhauen und Giftgasschwaden gegen sie abriegeln.

Die kapitalistische Gesellschaftsordnung hat die proletarischen Frauen mitten hineingestellt in die Produktion, in den Kampf um die Existenz. Sie hat sie zu Kämpferinnen gemacht und die herrschende Gesellschaft wird ihren Kampfwillen und ihre Kampfstärke zu spüren bekommen, wie sie sich schon in den bisherigen Klassenkämpfen des deutschen Proletariats gegen Young-Ausplünderung und faschistische Diktatur so herrlich bewährt haben.

Das rote Berlin begrüßt im zweiten Reichskongreß der werktätigen Frauen Deutschlands den Stab eines der kampfkräftigsten Armeekorps des proletarischen Heeres Deutschlands!

Frauen für Brot und Freiheit

Eine große Welle des politischen Erwachens, ein Strom revolutionären Kampfeswillens geht durch die Massen der arbeitenden Frauen Deutschlands. Die ungeheure Not der Zeit treibt alle Schichten des Proletariats in den Kampf um ihr nacktes Leben gegen die Willkür der Unternehmer, gegen die Raubgier der Reichen und Satten, gegen die Gewaltherrschaft des Kapitalismus. Mit den Millionenmassen aller Arbeiter treten auch die werktätigen Frauen immer rascher und entschiedener in den Kampf gegen die Besitzenden und ihren Staat.

Was fordern die werktätigen Frauen? Sie stellen die gleichen Forderungen wie die gesamte Arbeiterschaft. Sie wollen Brot für sich, ihre Männer und ihre Familien. Sie kämpfen gegen die Steuerlasten, gegen die hohen Mieten, gegen die künstlich verteuerten Lebensmittelpreise, gegen den Lohnabbau, gegen die Schmälerung der elenden Erwerbslosenunterstützung. Sie wollen Freiheit für sich, ihre Männer und ihre Familien. Sie kämpfen gegen die unverschämte Befehlsgewalt der kapitalistischen Antreiber und Aufpasser in den Betrieben, gegen die menschenunwürdige Knüppelherrschaft der Schupo auf den Straßen, gegen die Unterdrückung jeder freiheitlichen Regung, gegen das Auseinanderschlagen von Demonstrationen, gegen die Knebelung der ausgebeuteten Massen in der sogenannten „demokratischen Republik".

Die Frauen wollen Brot. Die Frauen wollen Freiheit. Die Frauen wollen — darüber hinaus — die Beseitigung jener demütigenden, erniedrigenden Gesellschaftsordnung, in der jede Proletarierin zur doppelten Sklaverei verurteilt wird. Die Arbeiterin leidet nicht nur unter der kapitalistischen Ausbeutung, die alle Arbeiter ohne Unterschied trifft, sondern überdies noch durch die Ungleichheit zwischen Frau und Mann, diesen ewigen Schandfleck jeder Klassengesellschaft.

Die Arbeiterin, die an der Maschine die gleiche Arbeits-

350 Die Rote Fahne, 22. 11. 1930 (Chr Nov 22).

Oeffentlichkeit [...] Fürst Alois zu Löwenstein, der Präsident der deutschen Katholikentage, umschrieb kurz Zielstellung und Aufgabenkreis des neuen Bundes und stellte besonders Abwehr und Aufbauarbeit gegen den äußeren, aber ebenso stark gegen den inneren Feind heraus. Die Hauptarbeit am Aufbau hätte die Kirche, die den Menschen aus der Verstrickung in die Materie herausführen müßte. Generalsuperintendent D. Karow ließ am russischen Kinderelend, an der Auflösung der Familie schlaglichtartig die Gefahr aufleuchten, die vom sowjetistisch=kollektivistischen Staatsideal den Aufbauelementen unseres Kulturlebens drohen« (Germ 18. 11.).
BLA 17. 11.; Germ 18. 11.

Nov 17. Versammlung
V: NSDStB.
LA SP 4006/64.

Nov 18, 20.00 Uhr. Kundgebung »Werden Köpfe rollen?«
V: Reichsbanner Schwarz-Rot-Gold.
Et: 0,50 M, *»Reichsbannerkameraden in Bundeskleidung frei«*.
Rd: Prof. Georg Bernhard, Otto Hörsing (1. Bundesvors.), Rektor Kellermann (Vors. der Berliner Zentrumspartei), Carl Severing (MdL, Innenmin. Preußen).
»Die große republikanische Kundgebung [...] zeigte durch Riesenbeteiligung den entschlossenen Willen der Berliner Republikaner, sich durch das lärmende Treiben der Faschisten nicht aus dem Gleichgewicht bringen zu lassen. In Massen waren die aktiven Reichsbanner=Kameraden dem Ruf der Führung gefolgt, in wuchtigen Kolonnen zogen sie von Norden und Süden, von Osten und Westen der Stadt heran, um schon durch ihren Aufmarsch zu zeigen, daß die demokratische Republik nicht ohne Schutzwehr gegen Ueberumpelungsversuche ist [...] nachdem die endlosen Fahnenreihen einmarschiert waren, nahm der Berliner Gauvorsitzende Reichstagsabg. Stelling das Wort zur Eröffnung der Versammlung [...]« (Vw 19. 11.).
Vw 18.–19., 30. 11.; BLA 14., 19. 11.

Nov 19, 15.00 Uhr. Totengedenkfeier
V: Katholische Aktion.
Rd: Josef Joos (MdR), Dr. Christian Schreiber (Bischof von Berlin und der Mark Brandenburg).
»Tausende von Katholiken Berlins, voran zahlreiche Vereine und Verbände, hatten sich auf Einladung der Katholischen Aktion zu einer Totengedächtnisfeier versammelt, gewissermaßen zur weltlichen Feier des katholischen Allerseelen=Tages. Der zweite Satz aus Beethovens Eroika, vom Philharmonischen Orchester tief ergreifend vorgetragen, leitete die Feier ein. Jugend=Sprechchöre wechselten dann mit ernster, dem Tag entsprechender Musik, deren Höhepunkt die Richard Straußsche Tondichtung ›Tod und Verklärung‹ war [...]« (BLA 20. 11.).

Nov 20, 20.00 Uhr. Amateur-Boxen »Polizei Deutschland – Polizei England«
V: PSV.
Rund 3000 Zuschauer.
Mg-Turnier: »Bobby« Egan (GB) besiegt Hornemann (Berlin); Bernlöhr (Stuttgart) besiegt Pautz (Stettin); Egan besiegt Bernlöhr.
Hsg-Turnier: Gaikowski (Berlin) besiegt Carmichael (GB); Wintgen (Elberfeld) besiegt Jackson (GB); Gaikowski besiegt Wintgen.
Sg-Turnier: Titmus (GB) besiegt Surma (Berlin); Titel (Dresden) besiegt Bünting (Berlin); Titmus besiegt Titel.
Außerhalb der Turniere (Lg): Donner (Berlin) besiegt Melisch (GB).
»Der [...] Boxkampfabend, den die deutschen Polizisten gegen ihre Kollegen aus London [...] austrugen, war ein Erlebnis in vielerlei Beziehungen. Es wurde geboxt, es wurde gekeilt, das Publikum raste, einige gerieten förmlich in Ekstase und führten, als im Schlußkampf Titel gegen den englischen Klotz Titmus antrat, in den Gängen förmliche Indianertänze auf [...]« (Vw 21. 11.).
BLA 19., 22. 11.; Vw 21. 11.; BS 529–30, 17.–24. 11.

Nov 21, 20.15 Uhr. Kundgebung
V: NSDAP, Gau Groß-Berlin.
Et: 1,– M, Erwl. 0,50 M.
Rd: Robert Gadewoltz (F. der Berliner HJ), Dr. Joseph Goebbels (MdR, Gl), Hermann Göring (MdR).
Th: *»? ? ? (Da unsere letzten Versammlungen wegen des angesetzten Themas vom Polizeipräsidenten Grzesinski verboten worden sind, sehen wir von der Festsetzung eines Themas von vornherein ab.)«* (Agr 18. 11.).
»Während das ›Reichsbanner‹ und andere politische Parteien und Vereine froh sind, wenn sie nach intensiver Propaganda einmal den Berliner Sportpalast einigermaßen füllen, hält die N.S.D.A.P. nun regelmäßig in kurzen Zeitabständen ihre Riesenkundgebungen ab, um durch Aussprache führender Persönlichkeiten zu den schwebenden politischen Fragen Stellung zu nehmen. Diesen Versammlungen kommt, als Willensakt der größten nationalen Oppositionspartei, steigende Bedeutung zu« (Agr 22. 11.).
»[...] war die Ankündigung des gestrigen Themas durch drei Fragezeichen ersetzt worden. Diese wurden dann durch Gadewoltz, Goering und Dr. Goebbels mit Anklagen gegen ›Bekämpfung der nationalen Jugend auf Schulen und Universitäten, in Werkstatt und Oeffentlichkeit‹, gegen die ›nationale Verlumpung der Parteien der Mitte‹ und gegen die ›Vernichtung alles Vaterländischen, Kulturellen und Sittlichen durch die Sozialdemokratie‹ ausgewertet« (BLA 22. 11.).
Agr 18., 20., 22. 11.; BLA 22. 11.

Nov 22, 19.30 Uhr. Eröffnungskundgebung zum »2. Reichskongreß werktätiger Frauen«
V: Reichskomitee werktätiger Frauen.
Rd: Hanna Ludwig, Heinz Neumann, Lene Overlach, u. a. (Ernst Thälmann konnte wegen einer Erkrankung nicht teilnehmen).
»Der Sportpalast und die umliegenden Straßen waren von einem Riesenaufgebot Schupo besetzt. Selbst die Telefonzellen im Sportpalast hatte die Polizei für die Lügenberichte ihrer Spitzel beschlagnahmt. Aber die Polizeiattakken vermochten das rote Berlin nicht daran zu hindern, die Vertreterinnen der werktätigen Frauen ganz Deutschlands, der Proletarierinnen des Auslandes zu begrüßen« (RF 23. 11.).
RF 21.–23. 11.

Nov 29–30, 20.00 Uhr. Eishockey u. a.
Ab 10.00 Uhr öffentlicher Eislauf.
V: BSchC.
Zur Eröffnung der Eislaufsaison Winter 1930/31.
Wiener EV: Weiß (Tor); Göbel, Dietrichstein (Vert.); Sell, Lederer, Tatzer (Sturm); Kirchberger, Demmer (Ersatz).
BSchC (IM): Lincke (Tor); Römer, Dr. Holsboer (Vert.); Jaenecke, H. Brück, R. Ball (Sturm); H. Ball, Korff (Ersatz).
Nov 29 Wiener EV – BSchC (IM) 2:2 (1:0, 0:1, 1:1).
Nov 30 BSchC (IM) – Wiener EV 2:0 (0:0, 1:0, 1:0).
Außerdem ein 50-Rdn-Mannschaftslaufen der Eisschnellläufer nach Sechstageart: 1. Loetsch/Grell (BSchC), 2. Hüber/Seelicke (BEC).
»Der Schlittschuh=Club war glücklicher [...] Er muß aber besser, noch viel besser werden, soll der Sportpalast wieder beim Eishockey bis unters Dach besetzt sein. Am Sonnabend und erst recht am Sonntag war er es nicht« (BLA 1. 12.).
Die Eisbahn ab jetzt täglich 10.00–23.00 Uhr geöffnet (Et: 1,– M, Kinder 0,60 M), mit Ausnahme der Zeiten, an denen andere Veranstaltungen stattfinden.
BLA 26., 29.–30. 11.;1. 12.; Vw 1. 12.

Dez 4, 20.30 Uhr. Kundgebung
V: NSDAP.
Et: 1,– M, Erwl. 0,50 M.
Rd: Dr. Joseph Goebbels (MdR, Gl), Rudolf Jung *(»Führer unserer sudetendeutschen Bruderpartei«)*.
Th: *»Weg mit dem Reichstag – Her mit einer nationalsozialistischen Regierung!«*
Mitw.: SA-Kapelle Fuhsel.
»Wie ein Heerhaufen ist es um den Sportpalast herum! In langen Reihen, zehn, ja zwanzigfach gestaffelt, stehen die Menschen! Nur schnell herein – nur noch Platz bekommen. Das einzige bange Hoffen. – Und da! Da gehen die Tore auseinander – da fluten die Massen in das Riesenrund! Als um 7.30 Uhr der Saal polizeilich gesperrt wird, da traut man den Augen kaum! Menschenmauern an den Wänden und Galerien hoch bis unter der Kuppel! Sinds 16 000 – sinds 18 000, wer vermag sie zu zählen! Doch ein Geist herrscht in der Riesenhalle. Da rasseln die Trommeln, jubeln die Flöten und zündend setzt die Musik [...] mit dem ersten Marsch ein. Punkt 8.30 Uhr wird die Kundgebung eröffnet [...]« (Agr 5. 12.).
Agr 27. 11.; 5. 12.

Dez 5, 20.15 Uhr. Boxen »Ernst Pistulla – Gustave Limousin« u. a.
V: SP (Breitensträter).
Lg: Walter Heinisch (61,7 kg; Mühlhausen) – Franz Dübbers (60,7 kg; Köln), Sieg Dübbers' nach Pktn (8 Rdn).
Mg: Poldi Steinbach (72,8 kg; A) – Hans Seifried (68,1 kg; Bochum), unentschieden (8 Rdn).
Mg: Paul Vogel (73,3 kg; Berlin) – Heinrich »Gipsy« Trollmann (70,1 kg; Hannover), Sieg Trollmanns nach Pktn (6 Rdn).
Hsg: Ernst Pistulla (78,1 kg; Berlin) – Gustave Limousin (79,2 kg; B), Sieg Pistullas durch Aufgabe (9. Rde).
Sg: Rudi Wagener (93,5 kg; Duisburg) – Egon Stief (90,6 kg; Berlin), Sieg Wageners nach Pktn (8 Rdn).
BLA 25., 27., 30. 11.; 5.–6. 12.; BS 531–32, 1.–8. 12.

Dez 6–7, 20.00 Uhr. Eishockey u. a.
Ab 10.00 Uhr öffentlicher Eislauf.
V: BSchC (?).
Kunstlauf von Annemarie Dietze, Noack u. a. sowie Schnelllauf-Wettbewerbe.
England (British Ice Hockey Association): Little (Tor); Sexton, Mackenzie (Vert.); Magwood, Melland, Fair (Sturm); Grace, Bussbell, Ehrhardt (Ersatz).
BSchC: Lincke (Tor); Römer, Dr. Holsboer (Vert.); Jaenecke, Brück, Rudi Ball (Sturm); Heinz Ball, Korff, Kummetz (Ersatz).
Dez 6 BSchC – England 4:2 (0:1, 3:1, 1:0).
Dez 7 England – BSchC 2:1 (1:0, 0:1, 1:0).
50-Rdn-Schnellauf: 1. Loetsch/Grell (BSchC).
»Als am Sonnabend (wiederum nicht ohne Verspätung) die Spieler [...] das Eis betraten und sich unter den Klängen der Nationalhymnen begrüßten, wiesen Tribünen und

Ränge des Sportpalastes erschreckend weite Lücken auf, und auch im Verlaufe des Abends füllte sich das Haus nur sehr mangelhaft. Diese früher bei Eishockey=Abenden ungewohnte Erscheinung sollte der Leitung des Sportpalastes zu denken geben; angesichts der heutigen wirtschaftlichen Notlage kann man [...] bei Sportveranstaltungen, die doch von Amateuren bestritten werden, mit solcher Preispolitik keine Häuser füllen!« (BLA 8. 12.).
BLA 3., 6., 8. 12.; Vw 4., 8. 12.

Dez 8–12, 23.00 Uhr. Eishockey
Am 11. 12. außerdem um 19.00 Uhr.
V: BESV.
Übungsspiele.
Dez 8 Neuköllner HC – DEC 2:0 (2:0).
Dez 9 Zehlendorfer Wespen – BSchC 1:0 (0:0).
Dez 10 Steglitzer SC – SSV Sparta 1:0.
Dez 11
19.00 Uhr. BESV-Auswahl – BSchC 0:0.
23.00 Uhr. BSV 92 – BFC Preußen 1:1.
Dez 12 Steglitzer TC – BEV 86 1:0.
BZaM 8.–13. 12.

Dez 13–15, 20.00 Uhr. Eishockey »Internationales Turnier« u. a.
Ab 10.00 Uhr öffentlicher Eislauf.
V: BESV (?).
Et: ab 1,– M.
Turnier-Teiln.: LTC Prag (CS) – Oxford University (GB) – BSchC (IM) – BESV-Auswahl.
Als Rahmenprogramm Kunst- und Schnellauf.
Dez 13 Prag – Oxford 1:1 (0:1, 0:0, 1:0). BSchC (IM) – BESV-Auswahl 3:0.
Dez 14 Prag – BESV-Auswahl 7:1 (1:0, 3:1, 3:0). BSchC (IM) – Oxford 2:1 (0:0, 1:0, 1:1).
Dez 15 Prag – BSchC (IM) 2:1 (1:1, 1:0, 0:0). Oxford – BESV-Auswahl 7:1.
Gesamtergebnis: 1. Prag, 2. BSchC (IM), 3. Oxford, 4. BESV-Auswahl.
»Ein herrliches Beispiel für fair play gab beim letzten Spiel [...] der englische Torhüter Little. Als bei der Brandenburgischen Auswahlmannschaft der zweite Torwächter – nachdem der erste wegen Unpäßlichkeit abgetreten war – verletzt und ohnmächtig vom Eis getragen wurde, und nun Heinrich, der Verteidiger, so wie er war, sich ins Tor stellte, band sich auch der Torwart der Oxford=Studenten wortlos seinen Beinschutz ab und stellte sich, nun ebenso mangelhaft geschützt wie sein Gegenpart in den Kasten« (BLA 17. 12.).
BLA 6., 11., 13.–15., 17. 12.; Vw 10., 15.–16. 12.

Dez 17, 23.00 Uhr. Eishockey
V: BESV.
SCC – Brandenburg 4:1 (2:0; Übungsspiel).
BZaM 17.–18. 12.

Dez 18, abends. Kundgebung
V: Reichsbanner Schwarz-Rot-Gold (?).
Rd: Helmuth von Mücke (Kapitänleutnant).
Th: Enthüllungen über die Nationalsozialisten.
H. v. Mücke war erster Offizier des im Ersten Weltkrieg berühmten kleinen Kreuzers S.M.S. Emden und Kapitän des Schoners S.M.S. Ayesha gewesen. Er war früh in die NSDAP eingetreten und hatte engen Kontakt zu den Spitzen der Partei (Goebbels wohnte gelegentlich bei ihm), trat aber 1929 aus.
»Da hat man also [...] das Auftreten eines Mannes erlebt, der persönliches Gewicht genug hat, um gehört zu werden, wenn er sagt und zeigt, warum er der Nationalsozialistischen Partei ›voll Ekel‹ den Rücken gekehrt hat. [...] Mücke bringt einen Namen mit vollem Klang in den Kampf, von dem er erklärt, dass er ihm aufgezwungen sei, weil die Partei, der er zehn Jahre lang angehört hat, in nichts seinen Erwartungen entsprach [...] Er zeigte in schlagender und einleuchtender Weise, wie es mit dem gesegneten ›dritten‹ Reich der Zukunft, das Herr Hitler heraufführen will, bestellt sein würde, indem er seinen Zuhörern vor Augen führte, wie es in der Gegenwart in der Nationalsozialistischen Partei zugeht, wie die ›Führer‹ nur sich selbst und ihre Stellung sehen, wie der große Diktator Hitler sich in Wahrheit vor seinen Geldgebern beugt, wie das ursprüngliche sozialistische Ideal preisgegeben, verraten und nur noch als Anlockmittel benutzt wird, wie sich ein in gleichem Umfang nirgends anders vorhandenes ›Bonzentum‹ breitmacht und wie jeder Tag und jede Stunde das Wort eines der ›Führer‹ Lügen strafe, dass die Nationalsozialistische Partei berufen sei, die Läuterung des Volkes vorzunehmen. [...] Wenngleich es bezeichnend ist, dass auch die Presse der Deutschnationalen über die Mücke-Abrechnung nichts oder so gut wie nichts bringt, ist es noch weit aufschlußreicher, dass Herr Dr. Goebbels in seinem ›Angriff‹ es für nötig gehalten hat, in der krampfhaften Diskreditierung der gestrigen Versammlung so weit zu gehen, dass er berichtete, den Saalschutz im Sportpalast habe gegen eine Gebühr von 1500 Mark der bekannte ›Ring‹-Verein ›Immertreu‹ übernommen. [...]« (BT 19. 12.).
»Sportpalastkundgebung; Thema: ›Enthüllungen über die Nazis!‹ Referent: Herr Kapitänleutnant von Mücke – so wurde er angekündigt. Ehrengast in der ersten Parkettreihe der Berliner Polizeivice Weiß, Hörsing usw., Musik: ›Auf in den Krampf, Torero!‹, tscherkessischer Zapfenstreich, ein amerikanischer Marsch und ein Wiener Walzer unter grellem Pfeifkonzert der Galerie: woher wußte der Kapellmeister, daß diesem exotisch=orientalischen Potpourri die nachfolgenden Ausführungen des Vortragenden gleichwertig sein würden? Vorn vertreibt man Hetzbroschüren, so die eines Oberleutnants über unseren angeblichen ›Sozialismus‹; Arbeitersamariter laufen wichtig herum, scharenweise führt man Immertreu=Typen und getarnte Reichsbannergruppen herein (ohne Abzeichen: aber mit Reichsbanner=Fingerringen!) und erreicht so einen zu zwei Dritteln ›gefüllten‹ Sportpalast. [...] Achtung, Achtung! – gleich beginnt das große Keulenschwingen! Das große Paradestück: ein im Kriege verdienter Offizier, adlig, gegen die Nazis eingestellt: Das zieht! Und es erscheint ein behäbiger Intellektueller, schwammig und gedunsen, mit obligater Intelligenzbrille, der, mit öligem Pathos und, stets einen Zeigefinger schulmeisterlich erhoben, den andern im Manuskript, einen Sermon vorliest. Die Enthüllungslüsternen wurden enttäuscht; es gab ein Sammelsurium der verworrensten Phrasen: ›Am Kriege war nur das Kapital (!?) schuld.‹ ›Hätten wir den Krieg gewonnen, wäre unsere Lage noch tausendmal schlimmer geworden‹ – obschon im nächsten Atemzuge von ›unseren gegenwärtig so grenzenlos traurigen Verhältnissen‹ spricht. [...] Er möchte sich so gern an Dr. Goebbels reiben, muß aber gestehen, sie hätten kaum miteinander zu tun gehabt. [...] Bilanz: ein kleiner Schwadroneur, der nach Anschluß sucht und beim Marxismus landen wird. [...]« (Agr 19. 12.).
BT 19. 12.; Agr 18.–19. 12.

Dez 19, 23.00 Uhr. Eishockey
V: BESV.
BEC – Jahn Neukölln 2:0 (1:0; Übungsspiel).
BZaM 18.–19. 12.

Dez 21, 9.00 Uhr. Eiskunstlauf »Berliner Meisterschaften« u. a.
V: BESV.
»Um den allgemeinen sonntäglichen Eislaufbetrieb nicht zu stören, sind die Pflichtübungen bereits auf 9 Uhr vormittags und gleich im Anschluß daran, die Kürlaufen auf halber Bahn angesetzt« (Vw 17. 12.).
Ergebnisse:
Damen: 1. Flebbe (BSchC) Plz 3/258, 2 Pkte; 2. Veit (BSchC) 3/229,7; 3. Schmidt (BEC) 10/177,2; 4. Dietze (BSchC) 11/184,3.
Herren: 1. Baier (BEV) 3/323; 2. Wellmann (BEV) 7/270,3; 3. Laß (BEV) 8/268,2; 4. Brey (BSchC) 12/243.
Paare: 1. Ehepaar Gaste (BEC) 3/10,3; 2. Böckel/Hayek (BSchC) 6/8,5; 3. Ehepaar Krümling (BEV) 8/7,5.
Eish.: BSV 92 – Tegeler EV 2:0; SCC – BSC 2:0.
BZaM 21.–22. 12.; BLA 18., 22. 12.; Vw 17., 22.–23. 12.

Dez 22–23, 23.00 Uhr. Eishockey
V: BESV.
Dez 22 DEV – Steglitzer SC 1:0.
Dez 23 Oberschöenweider HC – Neuköllner HC 6:1 (2:1).
BZaM 22.–24. 12.

Dez 26–28. Eishockey u. a.
Ab 10.00 Uhr öffentlicher Eislauf.
V: BESV (?).
Kunstlauf von Sonja Henie (am 26. und 28.).
Göta Stockholm (S): Jansson (Tor); Burman, Galin, »Lulle« Johansson, Lindgren, Nyberg, Svensson, Waldenström u. a.
BSchC (IM): Lincke (Tor); R. und G. Ball, H. Brück, Davidoff, Dr. Holsboer, Jaenecke, Korff, Römer u. a.
Pötzleinsdorfer SC Wien (A): Ertl u. a.
BESV-Auswahl: Greif, Kummetz u. a.
Dez 26
9.30 Uhr. Jugendlaufen in zwei Klassen.
20.00 Uhr. Pötzleinsdorfer SC – BSchC (IM) 4:3 (2:2, 0:0, 2:1). Göta – BESV-Auswahl 6:0 (3:0, 2:0, 1:0).
Dez 27
20.00 Uhr. BSchC (IM) – Göta 6:1 (1:0, 4:0, 1:1). BESV-Auswahl – Pötzleinsdorfer SC 3:1 (1:0, 0:0, 2:1).
»Weltmeisterin Sonja Henie trat diesmal zum Schaulaufen wegen einer leichten Erkrankung nicht an. Das enttäuschte Publikum, das schließlich die hohen Eintrittspreise auch für das Auftreten Sonjas mitbezahlt hatte, veranstaltete ein furchtbares Pfeifkonzert, in dem fast das ganze erste Spieldrittel des letzten Hockeykampfes unterging« (Vw 29. 12.).
Dez 28
19.30 Uhr. BSchC (IM) – Göta 1:1 (0:0, 1:0, 0:1). Pötzleinsdorfer SC – BESV-Auswahl 2:2 (0:2, 2:0, 0:0).
BLA 5., 21., 24.–29. 12.; Vw 22., 27., 29. 12.

Dez 29–30, 23.00 Uhr. Eishockey
V: BESV.
Übungsspiele.
Dez 29 SSV Sparta-Steglitzer TC 1:1 (1:0).
Dez 30 SSC – BEC 3:1 (0:1).
BZaM 29.–31. 12.

Dez 31, 20.00 Uhr. Silvesterball
V: SP.
Et: 5,– M (Vorverkauf 3,– M).
Mitw.: *»Trude Hesterberg / Alfred Braun /Max Ehrlich / Paul Grätz / Paul Heidemann / Es dirigieren: / Artur Guttmann / Gerhard Hoffmann / Willy Rosen / 10 Tanzorchester / Leitung: K. Weiss«* (Anz., BLA 28. 12.).

1931

Jan 4, vormittags. Eishockey
Ab 10.00 Uhr öffentlicher Eislauf.
V: BESV.
BESV-Nachwuchs – EV Landsberg 3:1 (1:1, 1:0, 1:0).
BLA 5. 1.

Jan 10, 20.00 Uhr. »Kostümfest auf dem Eise«
V: BESV.
Et: 1,50 M.
»Das Programm weist eine Walzerkonkurrenz, offen für alle Besucher, eine Fackelpolonaise und sonstige Belustigungen aller Art auf« (Herold Nr. 2).

Jan 12, abends. Eishockey
Training der Mannschaft aus Canada für das Turnier am 13.–15. 1.
BLA 13. 1.

Jan 13–15, 20.15 Uhr. Eishockey »Internationales Turnier« u. a.
Et: 2,– bis 12,– M.
Kunstlauf von Gillis Grafström (S).
Canada (Manitoba University Graduates): A.T. Puttee (Tor); G. Williamson, W.W. McVey (Vert.); Dr. Leo Hill, Gordon Mackenzie, Frank Morris, Maccallum, Pidcock, Dr. Blake Watson, Lammy McCallassy (Sturm und Ersatz).
Deutschland (NM): Leinweber (EV Füssen) (Tor); Kreisel (SC Riessersee), Römer (BSchC) (Vert.); Schröttle (SC Riessersee), Jaenecke, R. Ball (BSchC) (Sturm); Slevogt, Herker (SC Riessersee), Kummetz (BSchC) (Ersatz).
Europa-Auswahl: Lincke (BSchC), Leinweber (EV Füssen) (Tor); Dr. Pusbauer (CS), Römer (BSchC) (Vert.); Jaenecke, H. Brück, R. Ball (BSchC), Malecek (CS), Torriani (CH), Johansson (S) (Sturm und Ersatz).
BSchC (IM) – BSchC (Res.) – Brandenburg – VfB Königsberg – SCC.
Jan 13 Canada – BSchC (IM) 5:1 (4:0, 0:1, 1:0). Brandenburg – SCC 8:1.
Jan 14 Canada – Deutschland 7:1 (2:1, 1:0, 4:0). BSchC (Res.) – Königsberg 4:0 (2:0, 2:0, 0:0).
Jan 15 Canada – Europa-Auswahl 4:0 (3:0, 1:0, 0:0). Brandenburg – Königsberg 2:0.
BLA 30. 12. 1930; 8., 13.–16. 1.; Vw 13.–15. 1.

Jan 17, abends. Funkball »Berlins größtes Kostümfest«
V: SP.
Et: 5,– M (Vorverkauf: 4,– M, *»Rundfunkhörer halbe Preise«*).
»Natürlich ist Alfred Braun dabei. Bei dem Riesenkarnevalstrubel sind alle Kostüme zugelassen. Arthur Guttmann mit seinem Orchester und fünf weitere Kapellen spielen zum Tanze auf« (Herold Nr. 2).
Herold Nr. 2; BLA 16. 1.

Jan 18
12.00 Uhr. »Deutsche Weihestunde« als Reichsgründungsfeier
V: Deutscher Reichskriegerbund »Kyffhäuser«.
Rd: Paul von Beneckendorff und Hindenburg (Reichspräs.), Rudolf von Horn (General a. D., 1. Vors. des »Kyffhäuser«), Dr. Hermann Voss (Vors. d. Hauptkriegerverbandes Berlin).
Mitw.: 500 Sänger, ein Orchester (aus Musikern verschiedener Kriegerverbände), ein Sprechchor.

Nr. 3 ✶ 15 Pf.
Auswärts 20 Pf.

Der Montag
Bilder Sport vom Sonntag

Der „Montag" mit den Beilagen „Sport-Echo" und „Film-Echo" erscheint in zwei Ausgaben: die erste Sonntag abend, die zweite Montag früh. Bezug durch alle Postanstalten monatlich 75 Pfennig einschließlich 8 Pfennig Postzeitungsgebühr hierzu 6 Pf. Bestellgeld. Bei Ausfall in der Lieferung wegen höherer Gewalt oder Streik besteht kein Anspruch auf Ersatz oder Rückzahlung

Berlin 19. Januar 1931

Mit Preisfrage

Hindenburg spricht zu den nationalen Massen im Sportpalast.

Eindrucksvolle Worte des Marschalls bei der Reichsgründungsfeier.

„Vieles verloren, was uns lieb und teuer war . . ."

Gelübde für das Vaterland.

Hindenburgs Ansprache.

Bei der Kundgebung des Kyffhäuser-Bundes im Sportpalast hielt der Generalfeldmarschall von Hindenburg an die Festversammlung folgende Ansprache:

Die Reichsgründungsfeiern in Berlin.

Machtvolle Kundgebungen.

Wie das nationale Berlin den 18. Januar beging.

In der Zeit höchster politischer, wirtschaftlicher und kultureller Not hat Deutschland am Sonntag den Tag der 60. Wiederkehr jener Stunde gefeiert, in der vor den Toren von Paris im Spiegelsaal von Versailles das zweite Deutsche gebracht. Zu beiden Seiten an der Wand über dem Präsidentenplatz zwei große Fahnen, links die schwarzrotgoldene, rechts die schwarzweißrote Reichs-Kriegsflagge mit dem Eisernen Kreuz. Hinter der Rednertribüne eine große Bronzebüste Bismarcks. In langer Reihe rechts und links vom Sitz des Präsidenten standen Soldaten

Ausführlicher Bildbericht von den Reichsgründungsfeiern in der Beilage.

biete nationaler Wohlfahrt und Gesittung". Friedrich von Baden bringt ein Hoch dem Kaiser.
Rechtlich gesehen war nichts geschehen, vaterländisch gesehen alles. Rechtlich war die Einheit schon da. Bereits am 1. Januar waren die deutschen Staaten unter dem „Präsidium" des Königs

351 Der Montag, 19. 1. 1931 (Chr Jan 18).

»Zu der Weihestunde [...] hatten sich bereits seit 11 Uhr vormittags viele Tausende eingefunden. Die Ehrenwache vor der Loge des Reichspräsidenten wurde von Mitglieder des ehemaligen Regiments Garde du Corps in historischen Uniformen gestellt [...] Die Feier [...] war von Abordnungen des Deutschen Offiziersbundes, des Alldeutschen Verbandes und der Deutschen Studentenschaft besucht. Weiter waren Vertreter der Kolonialvereine, der Ostmarkenvereine, der Deutschen Turnerschaft, des Roten Kreuzes, der Arbeitgeberverbände, des Deutschen Adelsgaus, des Stahlhelm, des Nationalen Clubs, des Vereins für das Deutschtum im Auslande, der Deutschnationalen Volkspartei und anderer Reichstagsparteien erschienen. [...] Die Kundgebung wurde durch Fanfarenmärsche eingeleitet . Dann erfolgte unter den Klängen des Armeemarsches Nr. 9 der Anmarsch der vielen hundert Fahnen des Kyffhäuserbundes, die in der großen Empore und auf den Treppen zum ersten Rang aufgestellt wurden. Die vielen Tausende warteten unter den Klängen von Märschen auf die Ankunft des Generalfeldmarschalls von Hindenburg als Ehrengast der Feier [...] Als der Generalfeldmarschall den großen Saal betrat, brauste ihm der ungeheure Jubel der Massen entgegen. Die erste kurze Begrüßungsansprache hielt [...] Dr. Voß. Männerchöre leiteten dann mit dem Lied von der Freiheit und dem Lied des Gelöbnisses der Treue zum deutschen Vaterlande zu der Ansprache des ersten Präsidenten des Kyffhäuserbundes, [...] von Horn, über. Die Versammlung gedachte zunächst mit gesenkten Fahnen unter den Klängen des Liedes vom Kameraden derer, die auf den Schlachtfeldern für Deutschlands Ehre und Zukunft gefallen sind [...] General von Horn schloß mit einem Hoch auf Hindenburg, worauf der Generalfeldmarschall sich erhob und an die Versammlung die an anderer Stelle wiedergegebene kurze Ansprache richtete [...] Der Gesang des Kyffhäuser=Liedes leitete zum Großen Zapfenstreich mit dem Niederländischen Dankgebet über [...]« (BLA 19. 1.).
BLA 14., 19. 1.
19.00 Uhr. »Berliner Burschenschafter = Reichskommers«
BLA 14. 1.

Jan 21, 20.00 Uhr. Eishockey »Endspiel um die Deutsche Meisterschaft«
Et: 0,50 und 1,– M.
BSchC – VfB Königsberg 9:2 (1:2, 4:0, 4:0).
Das Endspiel wurde wegen Tauwetter mit nachfolgendem anhaltendem starken Schneetreiben von Garmisch-Partenkirchen nach Berlin verlegt. *»Der Sportpalast veranstaltet aus diesem Anlaß zur Propagierung des Eislaufsports einen volkstümlichen Abend«* (Vw 20. 1).
BLA 20., 22. 1.; Vw 20., 22. 1.

Jan 25. Eissport
Vormittags (?). Kunst- und Schnellauf
V: Arbeiter-Turn- und Sportbund.
»[...] Ausscheidungen im Eislauf für die 2. Arbeiterolympiade in Mürzzuschlag [...] Meldungen lagen aus Berlin, Hamburg, Kassel, Kottbus und Ilmenau vor. Im Kunstlauf wurden vier schwierige Pflichtübungen ausgelost, die manchem eine harte Arbeit gaben. Gute Leistungen wurden in allen Kürprogrammen gezeigt. In der Gesamtwertung belegte Mielke, gefolgt von Förster, heute Freie Turnerschaft Groß=Berlin, Abteilung Osten, den ersten Platz. Leider mußte Kreuzburg=Kassel infolge Verletzungen aus-

scheiden. Im Schnellauf landete Zepmeisel, Freie Turnerschaft Groß=Berlin, Abteilung Osten, in allen Wettbewerben vor Pospischil. [...]« (Vw 26. 1.).

17.00 Uhr. »Eissport-Nachmittag«
V: SP.
Et: 0,50 und 1,– M.
Eish: Brandenburg – BFC Preußen 1:1 (0:1, 0:0, 1:0).
100-Rdn-Schnellauf: 1. Barwa/Seelicke und Loetsch/Grell (totes Rennen), 3. Müller/Schönbrodt.
Erste Veranstaltung sogenannter »Eissport-Nachmittage« mit volkstümlichen Preisen.
BLA 24., 26.–27. 1.; Vw 24., 26. 1.

Jan 27, 20.00 Uhr. Reichsgründungsfeier
V: DNVP.
Et: 0,60 bis 1,50 M.
Rd: von Dommes (General), D. Doehring (Hof- und Domprediger), Dr. Alfred Hugenberg (MdR).
Th: *»Deutschland, Einst – Jetzt – In Zukunft«.*
»Vaterländische Musik, Fahnen-Aufmarsch, Sprechchor der Deutschnationale Jugend«.
Nachdem der Vorsitzende des Landesverbandes Berlin, Werner Steinhoff (MdL), die Versammlung für eröffnet erklärt hatte, erteilte er *»sofort dem General von Dommes das Wort zu einer einleitenden Ansprache, die der Bedeutung des 27. Januar als des Geburtstages Kaisers Wilhelms II. gedachte, in knappen, klaren Sätzen vor Augen rückte, wie anders die Zeiten geworden sind, seitdem kein Kaiser mehr auf dem Throne des Deutschen Reiches sitzt, und mit der Bitte des göttlichen Schutzes für das Geburtstagskind schloß. Nachdem die erste Strophe des Preußenliedes verklungen war, folgte in zwei endlosen Zügen der Einmarsch der Fahnen unter den markigen Klängen altpreußischer Armeemärsche, wobei die Fahnen der Bismarckjugend und die der Vaterländischen Arbeiter=Vereine besonders umjubelt wurden. Die Mitglieder des RvA. waren zum ersten Male in einheitlicher Kleidung, kornblumenblauen Hemdblusen, erschienen, und machten einen vorzüglichen Eindruck«* (BLA 28. 1.).
BLA 23., 26., 28. 1.; 1. 2.

Jan 28–29, 20.00 Uhr. Eishockey »Internationales Turnier«
V: SP.
Et: 1,50 bis 10,– M.
Teiln.: England (NM) – Frankreich (NM) – Schweden (NM) – BESV-Auswahl – BSchC (IM).
Jan 28 BSchC (IM) – Schweden 5:3 (1:0, 1:1, 3:2). England – Frankreich 5:1 (2:0, 0:0, 3:1).
Jan 29 BSchC (IM) – England 5:0 (2:0, 2:0, 1:0). Frankreich – BESV-Auswahl 4:1 (oder 5:1).
BLA 24., 28.–30. 1.; Vw 24., 28.–30. 1.

Jan 30, 20.15 Uhr. Kundgebung
V: NSDAP.
Et: 1,– M (Erwl. 0,50 M).
Rd: Dr. Joseph Goebbels (MdR, Gl).
Th: *»Wo sitzen die Katastrophen = Politiker?«*
Mitw.: Kapelle Fuhsel, Männerchor.
»Der Sportpalast im Zeichen des Massenprotestes gegen Brüning [...] 15 000 im Banne der Rede des Berliner Gauführers [...] Dann erschüttert ein unbeschreiblicher Orkan den Sportpalast, Dr. Goebbels erscheint, von Heilrufen umbrandet. Von einer acht Mann starken SA.=Gruppe begleitet, kommt er durch den Wald erhobener, grüßender Hände, zur Rednertribüne. Um seine Lippen spielt das unbeschreibliche »Goebels=Lächeln« mit dem er seine Freunde grüßt. Ein Volksgenosse überreicht ihm einen Strauß Nelken [...] Dann wird es still im weiten Rund, weihevoll und ergreifend bringt die Kapelle Fuhsel und der Männerchor das Thüringer Schulgebet zu Gehör. Der Sprechchor in weißen Hemden knallt seine tiefaufwühlenden Worte, häufig von spontan einsetzendem Beifall unterbrochen in alle Herzen. Jetzt gellt ein Kommando durch den Riesenraum. Klar, – stahlhart. ›Fahnen stillgestanden‹ ... Fahnen hoch ... rechts und links um ... Fahnen marsch!‹ Nun marschieren sie ein, jubelnd begrüßt. Der brandenburgische rote Adler neben dem Banner der Zukunft, – den siegreichen Fahnen der NSDAP. Beim Rütlischwur, den alles mit erhobener Hand mitspricht, – braust ein Orkan durch den Bau, daß man ums Mauerwerk fürchtet.« (Agr 31. 1.).
Agr 23., 28., 31. 1.; Goebbels, Tagebücher II, S. 14 f.

352 Der Angriff, 31. 1. 1931 (Chr Jan 30).

Für die Unterdrückten
Gegen die Ausbeuter

der Angriff

Heute 12 Seiten
Einzelpreis 10 Pf.
Auswärts 15 Pf.

Herausgeber: Dr. Goebbels

„Der Angriff" erscheint sechsmal wöchentlich und kostet monatlich durch die Post 2.50 RM. und 0.36 RM. Bestellgeld. Beilagen: Arbeit und Kapital, Heim und Welt, Der unbekannte SA.-Mann, Jugend in Front, Kampf um Berlin. – Bestellungen nehmen die Postämter und Briefträger entgegen. – Zahlungs- und Erfüllungsort ist Berlin. – Ausschließlicher Gerichtsstand Berlin-Mitte

Das deutsche Abendblatt in Berlin
Nummer 26 Sonnabend, den 31. Januar 1931 5. Jahrgang

Anzeigen: Die 12 gespaltene mm-Zeile 0.60 RM., Familienanzeigen 0.30 RM., Kleine Anzeigen 0.30 RM. das Wort, das Ueberschriftswort 0.60 RM., Stellenangebote und -Gesuche 0.15 RM. Anschrift: „Der Angriff", Berlin SW 19, Hedemannstraße 10. Fernsprecher: F 6 Bergmann 930 932. Postscheckkonto: „Der Angriff" Berlin 1181 87. – Bei Ausfall wegen höherer Gewalt, Betriebsstörung oder Streik kein Anspruch auf Nachlieferung

Neues Todesopfer:
Wieder ein SA.=Mann ermordet – Massenprotest im Sportpalast!

Von Kommunisten niedergeschossen

Dessau, 31. Januar

In Roßlau (Anhalt) fand eine nationalsozialistische Versammlung statt, zu der auch Dessauer SA.-Leute in Stärke von etwa 100 Mann erschienen waren. Auf dem Rückmarsch dieser SA.-Abteilung gegen 12.30 Uhr tauchte auf offener Chaussee plötzlich ein Trupp von

Die Bluttat bei Niesky

Berlin, 31. Januar.

Soeben erreicht uns die Mitteilung, daß feige Vertiertheit politischen Strolchtums wieder das Leben eines Nationalsozialisten ausgelöscht hat.

Während gestern Tausende und aber Tausende den Berliner Sportpalast zum Auseinanderbrechen füllten, alle Herzen höher

Straße Niesky-See von Kommunisten beschossen. Dabei wurde ein Nationalsozialist durch einen Bauchschuß schwer verletzt.

Er starb kurz nach seiner Einlieferung in das Görlitzer Krankenhaus.

Wir haben es gelernt, die Zähne zusammenzu-

Immunität

Dr. G. Die Gänse des demokratischen Kapitols sind wieder einmal ins Gackern geraten. Sie fühlen ihre geheiligte Republik aufs äußerste bedroht, und zwar diesmal nicht vom rebellischen Volk, sondern von den radikalen Wortführern der Opposition. Die Abgeordnetenimmunität steht zur Debatte, und die wohlerzogenen Vertreter der Erfüllungsparteien halten tönende und

Jan 31, 20.30 Uhr. Kostümball »Rund um den Bülowplatz«
V: Volksbühne Berlin.
Et: 2,50 M.
Mitw.: *»Kapelle Gerhard Hoffmann, Lewis Ruth-Band, Alfred-Jackson-Girls (Mit freundlicher Genehmigung der Scala-Direktion), Das Personal des Theaters am Bülowplatz.«*
»Riesen-Tombola«, »Kostüm-Konkurrenz«, »Kein Kostümzwang«.

»Man sah neben der gesamten Künstlerschaft der Volksbühne zahlreiche Vertreter des geistigen Lebens. Die Hauptattraktion des Abends war der festliche Einzug der ›Liliom‹-Darsteller unter Führung von Hans Albers, der zusammen mit seinen Kollegen von dem dankbaren Publikum stürmisch gefeiert wurde« (Deutscher Theaterdienst, 3. 2. 1931, S. 59).

Feb 6, abends. Kundgebung
V: Deutschlandbund.
Rd: Hermann Robert Dietrich (DDP, MdR, Reichsmin.), Josef Joos (Zentrum, MdR), Wilhelm Sollmann (SPD, MdR).
Th: *»Wir setzen uns zur Wehr«.*
Vw 7.2.

Feb 8, 20.00 Uhr. 19. Hallensportfest des VBAV
V: VBAV.
Es lagen 850 Meldungen vor. Für den 60-m-Lauf stiftete der Scherl-Verlag einen Ehrenpreis.
Aus den Wettbewerben:
3000-m-Lauf: 1. Boltze (Hannover) 8:45,1; 2. Buhk (Teutonia) 8:47,4; 3. Helber (Stuttgart) 8:52,2; 4. Molitor (TSV). – 1000-m-Lauf: 1. Dr. Peltzer (Stettin) 2:32,3; 2. Schwerdtfeger (BSC) 2:35. – 60-m-Hürden: 1. Wegener (Odermünde) 8,4 Sek.; 2. Schulz (TSV) 8,4 Sek.; 3. Ewald (VfL Humboldt) 8,5 Sek. – 3000-m-Mannschaftslauf: 1. Allianz 9:33,2; 2. Osram; 3. VfL Humboldt. – Olympia-Staffel: 1. VfL Humboldt 3:51; 2. SC Wannsee 3:51,5; 3. Preußen 3:54. – 10 x 50-m-Pendelstaffel: 1. Jahn Neukölln 60,9 Sek; 2. Bar Kochba 61 Sek; 3. BSC. – 4 x 400-m-Staffel: 1. BSC (Rothkamp, Weißkind, Weiß, Pöschke) 3:32,8; 2. Dresdner Bank 3:35; 3. Hamburger SV 3:37,9. – 3 x 1000-m-Staffel: 1. SCC (Born, Wichmann, Danz) 7:52,7; 2. Preußen (Stettin) 7:58; 3. Hannover 78. – Sechser-Radballspiel: Blitz-Neukölln – Concordia (Friedrichsfelde) 3:2.
Außerdem gab es Gymnastikvorführungen, ein Handballspiel und Vorführungen des Deutschen Schäferhunde-Verbandes.
BLA 5. 1.; 7.–9. 2.

Feb 10–11, 20.15 Uhr. Eishockey u. a.
V: BESV (?).
Boston Bruines (USA): Ted Frazier (Tor); Bob Elliot, E. F. Dagnino (Vert.); Dick Thayer, Charles Ramsay, Gordon

353 Kundgebung des Deutschlandbundes (Chr Feb 6); von links: Hesse (Regierungsrat), Josef Joos, Wilhelm Sollmann und Robert Dietrich.

Smith (Sturm A); Ty Andersson, Pete Sanford, Dwight Chapler (Sturm B).
»Die Amerikanische Hockey Association hatte den Boston=Hockey=Club zu den Weltmeisterschaften nach Europa gesandt, der nun auf der Rückreise von Krynica in Berlin Station macht. Die ›Boston Bruines‹, wie die Gäste drüben heißen sind tatsächlich die beste Amateurmannschaft von USA« (BLA 10. 2.).
Feb 10 Boston Bruines – Schweden (NM) 3:1. BSchC – BESV-Auswahl 1:0. Eisschnellauf: Berlin – München abgebrochen (wegen Verletzung von Richter [München] bei einem Sturz).
Feb 11 Boston Bruines – BSchC 4:2 (1:1, 0:1, 3:0). 100-m-Mannschaftsschnellauf (»nach Sechstageart«): 1. Sandtner/Donabauer (München), 2. Loetsch/Grell (Berlin), 3. Barwa/Seelicke (Berlin).
»Im Sportpalast kam es [...] zu Radauszenen übelster Art. Als der Kampf kurz vor Schluß 4:2 für die Amerikaner stand, beförderte Ball aus klarer Abseitsstellung die von dem Torwart Frazier nach einem Schuß Jaeneckes abgewehrte Scheibe in das USA=Tor. Schiedsrichter Martin wollte den Treffer trotzdem anerkennen. Der amerikanische Stürmer Ramsay attakierte darauf in einem plötzlichen Wutanfall den Schiedsrichter. Erst durch gutes Zureden seiner Landsleute ließ sich Ramsay langsam beruhigen. Brück, der in fairer Weise Einspruch gegen Martins Entscheidung erhob, bewog den Schiedsrichter, das bereits anerkannte Tor wieder für Ungültig zu erklären. Die Vorfälle auf dem Eise wurden von den Zuschauern mit einem endlosen lauten Pfeifkonzert quittiert« (BLA 12. 2.).
BLA 10., 12. 2.; Vw 12. 2.

Feb 12, abends. Kundgebung
V: NSDAP.
Rd: Dr. Joseph Goebbels (MdR, G1), Wilhelm Kube (MdL).
»›Wir sind zum Volke zurückgekehrt.‹ Mit diesen Worten hat [...] Dr. Goebbels die Flucht der Nationalsozialisten aus dem Reichstag zu popularisieren versucht. Ehrlicher hätte er sagen müssen: ›Wir sind zur Straße zurückgekehrt, in das politische Milieu, aus dem wir geboren sind und mit dessen Methoden wir uns in dem unzulänglichen Parlament nicht mehr durchzusetzen vermochten.‹ Das ganz allein ist der Sinn der ›neuen Politik‹ der nationalsozialistischen Volksverteter« (Germ 14. 2.).
Germ 14. 2.; Goebbels, Tagebücher II, S. 20.

Feb 13, 20.15 Uhr. Eishockey u. a.
V: Arbeiter-Turn- und Sportbund.
Et: 0,50 bis 3,– M.
Lettland: Sarinsch (Tor); Balodis, Dahle, Kalnin, Kammars, Krunichliepa, Kuptsche, Vilnieks.
Deutschland (Berlin/Königsberg): Knorr (Tor); Bojahr, Gewien, Jurkun, Kähne, Karweina, Kühn, Schischefski.
Letland – Deutschland 2:0 (1:0, 0:0 1:0, 0:0; es wurde in Vierteln gespielt).
Kunstlauf: Mielke (Berlin), Vilnieks (Lettland), Hohmann/ Freese (Berlin).
Eislauflehrvorführung »Die ersten Schritte«: Hohmann/ Freese.
1500-m-Mannschaftsschnelllauf: 1. Lettland (3:8,2 Min.), 2. Königsberg, 3. Berlin.
»Die mit roten Fahnen und den Farben der Republik reich geschmückte Eisarena wies guten Besuch auf, als der Vorsitzende des baltischen Turn= und Schutzbundes, Kalmin, in einer kurzen, ausgezeichneten Rede die Grüße der lettischen Arbeiterschaft überbrachte [...] Mit einem Kampfaufruf gegen die Weltreaktion, für Sozialismus, Demokratie und Republik klangen die Worte des baltischen Sportführers aus« (Vw 14. 2.).
Vw 22. 1.; 3., 12.–13. 2.

Feb 14, abends. »Weißer Rössl-Ball«
V: SP (?).
Et: 6,– M, *»Besucher des Gr. Schauspielhauses gegen Vorzeigung der Eintrittskarte und Rundfunkhörer im Vorverkauf halbe Preise, also 3,– RM.«*
»Ehrenprotektorat Erick Charell / Das größte Kostümfest! Der Höhepunkt des Berliner Faschings! Großer Originalfestzug aus dem Schlußbild des Singspiels des Großen Schauspielhauses ›Im weißen Rößl‹, 800 Mitwirk., Tanzkap. Artur Guttmann« (Anz., BLA 11. 2.).

Feb 15, 9.00 – 10.00 Uhr. Training für das Internationale rote Eisfest am 18. 2.
RF 15. 2.

Feb 17, 20.15 Uhr. Boxen
V: Damski.
Lg: Franz Dübbers (60,6 kg; Köln) – Bob van Klaveren (62,5 kg; NL), unentschieden (6 Rdn).
Hsg: Adolf Heuser (74,2 kg; Bonn) – Moise Boucquillon (81,5 kg; F), Sieg Heusers nach Pktn (8 Rdn).
Sg: Hans Schönrath (91 kg; Krefeld) – Sören Petersen (86 kg; DK), Sieg Petersens nach Pktn (8 Rdn).
Sg: Walter Neusel (83,7 kg; Bochum) – Rudolf Wagener (93 kg; Duisburg), Sieg Neusels nach Pktn (8 Rdn).
Einleitung: Paul Schäfer (50,7 kg; Dortmund) – Helmuth Hinz (55 kg; Barmen), unentschieden (6 Rdn).
»In merkwürdiger Verfassung trat Schönrath [...] gegen den alten Dänen Petersen [...], der für den verunglückten Franzosen Gardebois gekommen war, an. Schwerfällig, unbeholfen taumelte der Exschwergewichtsmeister nach den ersten linken Schlägen des Dänen im Ring umher. Versuchte krampfhaft zu fighten. Das Publikum lärmte, pfiff und warf Apfelsinen in den Ring. [...]« (BLA 18. 2.). Schönrath wurde vom Verband Deutscher Faustkämpfer später zu einer Geldstrafe von 500 M verurteilt, *»weil er in nicht pflichtgemäßer Verfassung«* angetreten war (BLA 20. 2.).
BZaM 17.– 18. 2.; BLA 17.–18., 20. 2; Vw 18.2.; 3. 3.

Feb 18, 19.30 Uhr. Internationales rotes Eisfest
V: Kampfgemeinschaft für rote Sporteinheit.
Et: 2,– (»für Vollarbeiter«, Vorverkauf 1,50 M), 1,50 M (Jugendliche und Erwl.), 0,20 M (Kinder).
Teilnehmer aus Deutschland, Norwegen, Österreich und Schweden.
Aus den Wettbewerben:
Eish.: Stockholm – Berlin 7:0 (0:0, 5:0, 2:0).
Stockholm: T. Andersson (Tor); Söderberg, Sten Hultman, (Vert.); Harry Söderholm, N. Hellström, Samuelsen (Sturm); L. Petterson, Eklund (Ersatz).
Berlin: Erfurth (Tor); Rieck, Jozat (Vert.); Thun, Höcke, Dümke (Sturm); Krause, Zeitz, Bendigkeit (Ersatz).
Kunstlauf: Aaslaug Aas (N), Franz Aigner (A), Ella Olwesen (N) u. a.
Schnellauf: 1500 m, 500 m (mehrere Läufe), u. a. mit Abrahamson, Piehl (beide S), Johansen, Haraldsen (beide N); 50-Rdn-Paarlaufen; 4 x 1- und 5 x 2-Rdn-Staffeln.
*»U-Bahnhof Bülowstr., der Bahnhofsvorsteher hält uns an: ›Was ist heute im Sportpalast los? Seit 17 Uhr rollen ununterbrochen brechendvolle Züge ein!‹ Im Sportpalast ist heute internationales Eisfest der roten Sportler Berlins. 19.30 Uhr im Sportpalast. Die Riesenarena ist bis unter das Dach von erwartungsvollen Werktätigen gefüllt. Glänzende Stimmung – Kampfesstimmung. Riesige Transparente mit den Losungen des revolutionären Proletariats umspannen die Riesenarena. ›Kämpft mit der KPD., der einzigen Führerin gegen den Faschismus! Rüstet zum 25. Februar, dem Kampftag gegen die Erwerbslosigkeit! Gegen den bürgerlichen Werksport, für roten Klassensport!‹
Drei Schüsse krachen. Das Eisfest ist eröffnet. Unter donnerndem Beifall und zehntausendstimmigen ›Rot=Sport‹=Rufen beginnt der Einmarsch der Aktiven. Voran die Norweger und Schweden [...] Die Kapelle intoniert die Internationale, die Massen erheben sich und machtvoll braust der Kampfgesang des revolutinären Proletariats durch die*

Halle. Zur Begrüßung ergreift der Reichstagsabgeordnete, Genosse Grube, für die Kampfgemeinschaft der roten Sporteinheit das Wort [...] Er schließt mit den Worten: »Gemeinsam mit den übrigen Massenorganisationen des Proletariats werden die Arbeitersportler kämpfen, bis überall die Herrschaft des Proletariats errichtet ist. In diesem Sinne Rot Sport!
Begeistert stimmen die Massen ›Brüder, zur Sonne, zur Freiheit‹ an. Das sportliche Programm beginnt [...] Der Lautsprecher meldet sich: ›Wir begrüßen den Führer des deutschen revolutionären Proletariats, den Genossen Ernst Thälmann mit einem dreifachen Rot Front!‹ Der Sportpalast erzittert. [...]« (RF 20. 2.).
RF 8., 15., 17.–20. 2.

Feb 19, 20.15 Uhr. Kundgebung
V: NSDAP.
Et: 1,– M, Erwl. 0,50 M.
Rd: Dr. Joseph Goebbels (MdR, Gl), Fritz Sauckel (MdL, Thüringen).
Th: *»Wenn wir regieren...«*
Mitw.: Kapelle Osaf-Ost, Sprechchor.
»Und dann, um 6.30 Uhr, stürmen sie herein, die Tausende, [...] Das weite Rund des Sportpalastes ist gegen 8 Uhr restlos gefüllt, über 15 000 Menschen stauen sich in teilweise drangvoller Enge. Die Galerien sind mit drei= und vierfachen Reihen stehender Volksgenossen gesäumt. Von den Wänden leuchten rot die Plakate mit den Parolen der Partei. [...] Um 8.10 Uhr hat die Polizei den Sportpalast wegen Ueberfüllung gesperrt und Tausende müssen, obwohl sie im Besitze von Eintrittskarten sind, wieder umkehren, [...] ›Preußens Gloria‹ klingt auf und mit erhobenem Arm grüßen die Tausende nun die einmarschierenden Fahnen. Im Takt der Musik, fest und stetig, durchmessen die Träger der Feldzeichen die weite Halle und lassen beim hinreißenden Rhythmus dieses Marsches der alten Armee, auferstehen die glorreiche Vergangenheit Preußens, dessen Heer seit Jahrhunderten beim Jubeln der Instrumente, bei schrillem Querpfeifenklang und dumpfem Trommelschlag dieser Melodien in siegreiche Schlachten schritten. [...] Die roten Hakenkreuzfahnen stehen in einer Kette vor dem Podium, als die Führung erscheint. [...] Aufwühlend [...] schallen durch den verdunkelten Raum die schweren Worte eines Sprechchors, [...] Heil auf die Bewegung und Horst Wessel=Lied beschließen die Kundgebung« (Agr 20. 2.).
Agr 17., 20. 2.; Goebbels, Tagebücher II, S. 24.

Feb 20, 20.00 Uhr. Feier zum siebenjährigen Bestehen des Reichsbanners Schwarz-Rot-Gold
V: Reichsbanner Schwarz-Rot-Gold.
Rd: Adolf Grimme (Preuß. Staatsmin.).
Mitw.: Hanne Merten, Heinrich Witte, Männerchor Fichte-Georginia, Vereinigte Reichsbanner-Musikkapellen u. a.
»Ein großes Aufgebot von Reichsbannerleuten, das sich um das große Oval des Parterres wie eine graue Mauer zog, und weiterhin in der ersten, zweiten und dritten Etage postiert war, sorgte für Ordnung. [...] Unter dem ›Fahnenruf‹ der Spielleute vollzog sich, begrüßt von dem Beifall der Tausende, der Einmarsch der Fahnen in den mit Schwarzrotgold reich geschmückten Saal. Das Erscheinen der vielen schwarzrotgoldenen Banner wirkte elektrisierend auf das Publikum, es erhob sich spontan von den Plätzen, wartete stehend, bis die Fahnenträger ihre Plätze an der ovalen Rückseite des Saales unter dem großen Reichsadler eingenommen hatten. Den Vorspruch des kürzlich verstorbenen Dichters Franz Rothenfelders: ›Die Fahnen der Republik‹ sprach Heinrich Witte, der rechte Sprecher für diese Massenversammlung und sein gewaltiges Organ, durch die Mikrophone verstärkt, war bis in die fernsten Winkel des Saales zu hören. Dann brachte der Männerchor Fichte= Georginia, im ersten Rang postiert, Massenchöre zum Vortrag, die mit größtem Beifall aufgenommen wurden. Die Vereinigten Reichsbanner=Musikkapellen (etwa 100 Mann stark), unter der Stabführung von Kapellmeister Habedank, spielten den ›Fackeltanz‹ von Meyerbeer. Darauf folgten die [...]Spielmannszüge, etwa 200 Mann stark, mit verschiedenen Märschen. [...] Die Rede des Staatsministers [...] wurde mit Begeisterung aufgenommen. [...] ›Der Freiheit Schwur‹, von den Sportabteilungen und dem Jungbanner, von Hanne Merten und Heinrich Witte vorgetragen, schloß die Feier« (Vw 21. 2.).
Vw 20.–21. 2.

Feb 21, abends. »Autoball«
V: SP.
Et: 2,– M im Vorverkauf.
»mit vielen Ueberraschungen und künstlerischen Darbietungen« (Herold Nr. 8); Wiederholung Feb 24.

Feb 22–23. Eiskunstlauf »Meisterschaften von Berlin« und Eishockey
Feb 22
12.00 Uhr. Kunstlaufmeisterschaften, Pflicht.
19.30 Uhr. Kunstlaufmeisterschaften, Kür.
Meister-Damen: 1. Flebbe (BSchC), 2. Schmidt (BEC), 3. Veit (BSchC), 4. Michaelis (BSchC).
Meister-Herren: 1. Haertel (BSchC) Plz 3/232,3 Pkte; 2. Beuttel (BEC) 4/210,6; 3. Noack (BSchC) 9/197,8; 4. Brey (BSchC) 10/194,3; 5. Nagel (BSchC) 15/152,5.
Meister-Paare: 1. Hempel/Weiß (BEC), 2. Böckel/Hayek (BSchC), 3. Ehepaar Krümling (BEV).
20.15 Uhr. Eish.: BSchC (IM) – Budapester EV 1:0 (0:0, 1:0, 0:0). HC Davos – BSchC (Res.) 13:1 (4:0, 3:0, 6:1).
Feb 23
20.15 Uhr. Eish.: HC Davos – BSchC (IM) 2:1 (1:0, 1:0, 0:1). Budapester EV – BSchC (Res.) 4:0 (1:0, 2:0, 1:0).
BLA 19., 22.–24. 2.; Vw 19., 23.–24. 2.

Feb 24, abends. »Autoball«
Wiederholung von Feb 21 (Herold Nr. 8).

Feb 27–Mär 1. Eishockey »Turnier um den Europa-Pokal« und Eiskunstlauf »Weltmeisterschaften«
Teiln. des Eishockey-Turniers: Canada (Manitoba University Graduates) – Tschechoslowakei – SC Riessersee – BschC.
Feb 27
20.00 Uhr. Eish.: Canada – BschC 8:1 (4:1, 0:0, 4:0). Tschechoslowakei – SC Riessersee 5:1.
Zwischen den beiden Spielen eine *»Internationale Walzerkonkurrenz«*. Nach dem ersten Eishockeyspiel *»kam es zu einem großen Publikumsskandal, weil statt der angekündigten Walzerkonkurrenz nur fünf Paare vorgestellt wurden und auch Sonja Henie und Karl Schäfer nicht auf dem Eis erschienen. Das Publikum, das nicht zum geringsten gekommen war, um diese beiden großen Eiskoryphäen im Tanze zu sehen, begann ein wüstes Pfeifkonzert, schrie und tobte unaufhörlich. Der nächste Eishockeykampf mußte bei diesem Lärm wieder abgebrochen werden, da vom Rang und vom hohen Olymp Papierfetzen in Mengen aufs Eis geworfen wurden. Endlich beruhigte man das Publikum mit der Erklärung, daß nach dem ersten Spieldrittel die Walzerkonkurrenz beginnen sollte. Währenddessen versuchte nun der Sportpalast, Sonja Henie dazu zu bewegen, mit Karl Schäfer, der sich schon bereit erklärt*

354 Hilde Holovsky (Chr Feb 27 – Mär 1; nach: BT 2. 3. 1931).

hatte, für kurze Zeit zu laufen. Nach dem ersten Drittel des zweiten Eishockeykampfes erschienen endlich Sonja Henie und Karl Schäfer, der Wiener, mit geliehenen Schlittschuhen und improvisierten ein Paarlaufen. Das Publikum applaudierte und war zufriedengestellt« (BLA 28. 2.).
Feb 28
9.30 Uhr. Kunstlauf (WM) – Damen, Pflicht.
20.00 Uhr. Kunstlauf (WM) – Paare.
Eish.: BSchC – Tschechoslowakei 4:2. Canada – SC Riessersee 16:0.
Mär 1
9.30 Uhr. Kunstlauf (WM) – Herren, Pflicht.
17.00 Uhr. Kunstlauf (WM) – Damen und Herren, Kür.
Eish.: Canada – Tschechoslowakei 2:1 (2:0. 0:1, 0:0). BschC – SC Riessersee 3:1 (1:0, 1:1, 1:0).
Ergebnis des Eish.-Turniers: 1. Canada (6:0 Pkte), 2. BSchC (4:2), 3. Tschechoslowakei (2:4), 4. SC Riessersee (0:6).
Ergebnisse der Eiskunstlauf-Weltmeisterschaften:
Meister-Damen: 1. Sonja Henie (N) Plz 8; 2. Hilde Holovsky (A) 19; 3. Fritzi Burger (A) 21; 4. Marybel Winson (USA) 26; 5. Vivi-Anne Hulthén (S) 35; 6. Edel Randem (N) 47; 7. Nanna Egedius (N) 48; 8. Yvonne de Ligne (B) 50; 9. Randy Gulligsen 63.
Meister-Herren: 1. Karl Schäfer (A) Plz 8/366,18 Pkte; 2. Roger F. Turner (USA) 26/337,1; 3. Ernst Baier (D) 33/328,8; 4. Dr. Hugo Distler (A) 33/326,71; 5. Leopold Meyer-Labergo (D) 41/323,54; 6. Markus Nikkanen (SF) 44/316,85; 7. Marcell Vaddas (H) 46/316,22; 8. Herbert Haertel (D); 9. Pierre Brunet (F); 10. R. Prasnowski (CS); 11. Josef Sliva (CS); 12. George E.B. Hill (USA); 13. Theo Laß (D).
Meister-Paare: 1. Rotter/Szollas (H) 13,5/10,75; 2. Organista/Szalay (H) 14,5/10,48; 3. Papetz/Zwack (H) 23,5/10,1; 4. Gaillard/Petter (A) 27,5/9,96; 5. Winson/Hill (USA) 39/9,3; 6. Ehepaar Hoppe (D) 39/8,94; 7. Ehepaar Gaste (D) 45/8,96; 8. Kast/Kaiser (A) 50/8,7; 9. Böckel/Hayek (D) 63/7,13.
BLA 3. 9.; 6. 12. 1930; 19., 27.–28. 2.; 1.–2. 3.; BZaM 2. 3.; Vw 21. 1.; 19. 2.; 2. 3.

Mär 2, 19.30 Uhr. Kundgebung
V: SPD.
Rd: Abramowitsch (Rußland), Franz Künstler (MdR), Pietro Nenni (I), Otto Wels (MdR).
Th: *»Gegen Gewalt und Justizmord!«*
»Die gestrige Kundgebung der Berliner Sozialdemokratie zählt nach dem übereinstimmenden Urteil auch der erfahrensten Genossen zu der eindrucksvollsten, die unsere Partei in der Reichshauptstadt jemals veranstaltet hat. Daß sie wegen Ueberfüllung polizeilich gesperrt werden mußte, war keine Ueberraschung, da die Eintrittskarten durch die Funktionäre bereits seit mehreren Tagen restlos abgesetzt waren. Aber die Kampfesstimmung, die Begeisterung der Massen beim Fahneneinmarsch der Delegationen von Arbeitersportlern und Arbeiterjugend, bei den Reden der drei Referenten, bei den prachtvollen Darbietungen der Arbeitersänger und endlich bei gemeinsamen Schlußgesang der Internationale, legten ein beredtes Zeugnis ab von dem glänzenden Schwung der gerade jetzt angesichts der faschistischen Drohung bei jung und alt in der Berliner wie in der gesamten deutschen Sozialdemokratie herrscht. Mögen auch die Worte der italienischen Rede des Genossen Pietro Nenni nur von den wenigsten vor der Uebersetzung verstanden worden sein, allein schon die wunderbar klangvolle Sprache hielt die Zuhörer in ihren Bann. [...] Mit Recht konnte Genosse Otto Wels feststellen, daß an diesem Abend die faschistische und die bolschewistische Diktatur, die so viel Berührungspunkte haben, gemeinsam auf der Anklagebank des internationalen Proletariats stehen« (Vw 3. 3.).
Eine ursprünglich vorgesehene Rede des Ministerpräsidenten Otto Braun entfiel, vermutlich auf Druck der Reichsregierung.
BLA 27. 2.; Vw 1., 3. 3.

Mär 3. Einbau der neuen Radrennbahn
BLA 2. 3.; Vw 3. 3.

Mär 5, 18.00 Uhr. Training für das Hallensportfest am 7. 3.
Vw 3., 5., 6. 3.

Mär 6, 20.15 Uhr. Kundgebung
V: NSDAP.
Et: 1,– M, Erwl. 0,50 M.
Rd: Dr. Joseph Goebbels (MdR, Gl), Paul Schulz (Oberleutnant, *»Fememörder«*).
Th: *»Soll Deutschland sterben, damit die Feinde des Volkes leben?«*
Kundgebung gegen die angeblich »Rote Justiz«. Schulz, ehemals Adjutant des Majors Bruno Ernst Buchrucker (Schwarze Reichswehr), war als Anstifter zahlreicher Fememorde verurteilt, dann aber amnestiert worden.
Agr 28. 2.; 5.; 7. 3.

Mär 7, 19.30 Uhr. Hallensportfest der Arbeitersportler
V: Arbeitersportler.
Das Fest stand unter der Devise: *»Das hat Berlin noch nicht gesehen«*. Neben den leichtathletischen Wettkämpfen fanden auch Sondervorführungen statt. So rezitierte der Komiker Paul Graetz einige *»echt Berliner Gedichte«*.
»Eine schöne Abwechslung brachte die Kreisschule der Männer. Mit körperbildender Gymnastik nach Musik erntete sie reichen Beifall. [...] Im ferneren Verlauf des Festes verstanden die Artisten ›Luri=Luri‹ durch humorvolle Mimik und erstklassige Leistungen heitere Stimmung zu schaffen. [...] Nun folgte ›Volkssport=Neukölln‹ mit der schönsten Aufführung des Tages. 200 Sportler und Sportlerinnen füllten mit guter Raumverteilung die Arena. Glänzend gelang diese, sicher mühevoll einstudierte, gymnastische Sondernummer, was der tosende Beifall nach dem wirkungsvollen, massigen Schlußeffekt bewies. [...] Gleich darauf gab die Kreis=Reckriege, diesmal ganz in roten Trikots, unter größtem Beifall ihre Kunst zum besten. [...] Die sehr hübsche Tanzvorführung zweier Luckenwalder Mädel wurde ebenfalls dankbar quittiert. Als dann der ›kleine Ball‹ von 1,80 Meter Durchmesser zum Pushyballspiel herabrollt, kommt Heiterkeit in die Massen. [...] Pünktlich um 11.35 Uhr läßt die FTGB. das Fest mit einem 150 Teilnehmer starken Bewegungschor wirkungsvoll ausklingen. Den Kampfeswillen der Arbeiterklasse demonstrierend, bildet die Marseillaise den Abschluß dieses Finale« (Vw 9. 3.).
Auch ein Hallenfußballspiel fand statt (Leipzig-Berlin).
Über die Veranstaltung wurde ein Film gedreht (*»Moderner Arbeitersport«*), der am 12. 4., 16.00 Uhr, in Beckers Gesellschaftshaus, Britz, Chausseestr. 97, gezeigt wurde (Vw 9. 4.).
Vw 22. 1.; 4.–6., 9.–10. 3.

Mär 8, 20.15 Uhr. Radrennen
V: SP (?).
100-km-Mannschaftsfahren (13 Paare): 1. Pijnenburg/Schön 22 Pkte; 2. 0. Tietz/Dinale 25; 3. Ehmer/Maczynski 25; 4. Kroll/Miethe (1 Rde zurück) 21; 5. Brüder Wolke (2 Rdn zurück) 12; 6. Faudet/Petri 28; 7. Krüger/Funda 25; 8. Maidorn/Mandelkow 7; 9. Rausch/ Hürtgen 7; 10. Engelmann/Nickel (4 Rdn zurück) 2; 11. Maes/van Nevele 36, 12. Lehmann/Wissel (4 Rdn zurück) 5; 2:13:48,3 Stunden; außerdem starteten: Bauer/Kantorowicz.
Beginn der zweiten (kurzen) Radrennsaison in diesem Winter. Die durch den Architekten Clemens Schürmann (Münster/Westf.) erbaute neue Bahn war fast 7 m länger als die alte und besaß steilere Kurven.
BLA 4., 6., 8.–9. 3.; Vw 3., 9. 3.

Mär 11, 20.00 Uhr. Radrennen
V: SP (?).
Dreistunden-Mannschaftsfahren (13 Paare): 1. 0. Tietz/Rieger 24 Pkte; 2. Manthey/Gilgen 56; 3. Thierbach/Siegel 34; 4. Schenk/Maidorn 23; 5. Ehmer/Goebel (1 Rde zurück) 23; 6. Preuß/Resiger 35; 7. Tonani/Bresciani (2 Rdn zurück) 24; 8. Debruycker/Billiet (3 Rdn zurück) 36; 9. Petri/Mandelkow 16; 10. Dorn/van der Heyden (5 Rdn zurück); 136,830 km; außerdem starteten: Schorn/Damm, Wissel/R. Wolke, Braspenning (ursprünglich mit van der Heyden) und Nickel (ursprünglich mit Dorn).
BLA 11.–12. 3.; Vw 12. 3.

Mär 13–19. 25. Berliner Sechstagerennen
Beginn 13. 3. um 20.00 Uhr, Start 22.00 Uhr, Ende 19. 3. um 23.00 Uhr.
V: SP.
Et: *»Dauerkarten z. ermäß. Preis«*, *»Zu den Nachmittagspurts (12–5.30 nachm.) Eintritt nur 1 u. 2 M. Schüler 50 Pf.«*
Wertungen: 14.30, 16.30, 22.00, 2.00, 4.00 Uhr (je sechs Spurts).
Teiln. (14 Paare): Ehmer/van Kempen (D/NL), 0. Tietz/Thollembeek (D/B), Schön/Pijenburg (D/NL), Goebel/Dinale (D/I), van Hevel/van Buggenhout (B), Faudet/Marcillac (F), Boucheron/B. Wolke (F/D), Rieger/Maczynski (D), Rausch/Hürtgen (D), Preuß/Resiger (D), Kroll/Miethe (D), Krüger/Funda (D), Dorn/Lehmann (D), Manthey/Nickel (D).
Ergebnis: 1. Pijnenburg/Schön 312 Pkte; 2. Tietz/Thollembeek 152; 3. Dinale Goebel 351, 4. Rieger/Maczynski (1 Rde zurück) 143; 5. Krüger/Funda 212; 6. Manthey/Nickel 183; 7. Faudet/Marcillac (3 Rdn zurück) 143; 8. Piet van Kempen/Ehmer 353; 9. van Hevel/van Buggenhout (5 Rdn zurück) 143.
Zurückgelegte km: 3244.
Startschuß: Sonja Henie (Eiskunstläuferin).
Vorrennen: Malfahren (1. Gilgen, vor Wissel und R. Wolke), 100-Rdn-Punktefahren (1. Schenk, vor Gilgen, Kantorowicz und Wissel).
»Zum Jubiläum gehören Jubilare. Und so waren sie gestern alle da, die alten Kämpen von damals. Die Kurve kannte sie alle wieder, die Pawke, Rudel, Stellbrink, Rütt, Techmer, Tadewald, Arend. Wer von den Sachverständigen oberhalb der Latten noch zu jung an Jahren ist, um diese alten Rennfahrerkanonen selbst fahrengesehen zu haben, der hatte aber mindestens in allerlei Fachzeitschriften soviel zusammengelesen, daß er nach dem Signalement seine Freunde auf dem Rade unten wiedererkennen mußte. Es waren alles dick und honorig gewordene Herren, die da ihre Ehrenrunde fuhren, Herren mt sauberen Straßenanzügen und ebensolchen Glatzen. Sie haben ihr Teil hinter sich gebracht während ihrer Rennfahrerzeit, der eine mehr, der andere weniger. Wer kein Fahrradgeschäft hat, hat eine Kneipe aufgemacht, oder er betreibt Ackerbau, Viehzucht und Fischfang wie etwa der alte Eugen Stabe in Friesack. [...] Fast kriegt man Bedenken mit der ›Kurve‹, dieser Institution, die zum Sechs=Tage=Rennen so sicher gehört wie die Rennbahn selbst. Sie war früher immer voll besetzt, die Kurve; hier saßen die einzigen Leute, die überhaupt etwas vom Rennen verstanden und die ihre Wissenschaft freigiebig dem Parkett und den Tribünen mitteilten. Jetzt ist die Kurve beschränkt, das heißt, sie ist verkleinert worden; die neue größere Bahn mit ihren höheren Kurven forderte ihren Tribut von der anderen ›Kurve‹« (Vw 14. 3.).
BLA 7., 12.–20. 3.; Vw 13.–20. 3.

Mär 21, 20.00 Uhr. Amateur-Radrennen
V: DRU.
Et: 0,50 bis 2,00 M.
Dreistunden-Mannschaftsfahren (14 Paare): 1. Kittler/Dubaschny 10 Pkte; 2. Mattern/Tadewald 35; 3. Kolbe/Horn 22; 4. Levy/Bretzke 18; 5. Zaiser/Böhm (1 Rde zurück) 9; 6. Giel/Quindt 19; 7. Jänicke/Trostmann (2 Rdn zurück) 6; 8. Kalupa/König (4 Rdn zurück) 19; 9. Schulz/Seidel (9 Rdn zurück) 11; 123,470 km.
BLA 21., 23. 3.; Vw 23. 3.

Mär 22, 15.00 Uhr. Hallensportfest »Aufmarsch zur Spartakiade«
V: Arbeiter-Sport- und Kulturkartell Groß-Berlin e.V.
Et: 1,– M, Erwl. und Jugendliche 0,60 M.
»2500 rote Sportler am Start« (RF 22. 3.). *»Bereits um 14 Uhr füllt sich der Innenraum mit den zu den Vorkämpfen antretenden Leichtathleten. [...] Pünktlich um 16 Uhr wurde die Arena geräumt. Die Frauen traten an zum Einmarsch zu den Spartakiade=Massenübungen. [...] An der Spitze zwei gewaltige Fahnen. Der Eindruck ist überwältigend. [...] Der größte Teil des Programms wurde von den Leichtathleten und Rennfahrern bestritten. Aber auch alle anderen Sparten waren mit von der Partie. Da traten auf die Tennisspieler. In vorbereitender Gymnastik demonstrierten sie, daß sie nicht nur auf dem Tennisplatz Ball und Schläger zu meistern verstehen, sondern daß sie auch andere Methoden anwenden, um ihren Körper für den Klassenkampf zu stählen. [...] Die Schwimmer, [...] führen dann ein Pushyballspiel durch ihre Frauen vor. [...] Die Neuköllner Gymnastikmädels zeigen dann eine Gymnastikstudie in drei Teilen: Unterdrückung, Aufruhr, Befreiung.*

355 Adolf Hitler bei einer Kundgebung der NSDAP (Chr Mär 6).

Durch diese Studie wurde bewiesen, daß man den politischen Befreiungskampf sehr gut mit den Leibesübungen verbinden kann« (RF 24. 3.).
Unter anderem wurden vorgeführt: Radball, Handball, Kunstfahren, Zweierzeitfahren über 10 Runden, 50-Runden-Punktefahren, Stunden-Mannschaftsfahren nach Sechstageart und Übungen der Vier- bis Zehnjährigen.
Aus den Wettbewerben:
»Hochsprung (Einladung) Hohensee=Wedding und Wehn=FSU. je 1,60 Meter. [...] 10=mal=1=Runde=Staffel, Klasse B: 1. Fichte=Südost 3:20,7 [...] 10=mal=50=Meter=Pendelstaffel (andere Sparten): 1. Fichte=Süd Handballer 1:09,1. 2. Fichte=Wanderer 1:11,4. – 50 Meter Männer: 1. Fabert Spandau 6,4; [...] 50 Meter ältere Sportler: 1. Teller=Wilmersdorf 6,6 [...] 1500 Meter (Einladung): Andräe=Lichtenberg 4:31,8; [...] 5=mal=1=Runde=Wasserfahren: 1. Schöneberg 1:47,3, [...] 50=Meter=Hindernislauf: 1. Böder=Moabit 10,8; [...] 20=mal=2=Runden=Staffel, Klasse A: 1. Südost 13:47,6; [...] 50=Meter=Lauf, Frauen: 1. Schilling Fichte 12 6,9; [...] 10=mal=1=Runde, Frauen: 1. Moabit 3:47,6; [...]« (RF 24. 3.).
RF 18., 21., 22., 24. 3.

Mär 23, 20.00 Uhr. Amateur-Boxen »Meisterschaften des BBV«
V: BBV.
Endkämpfe. 4000 Zuschauer.
Flg: Ball besiegt Roschkes (beide Maccabi).
Bg: Riethdorf (Sparta) besiegt Balsam (Maccabi) durch ko (2. Rde).
Fdg: Moehl (Heros) besiegt Gehlhaar (TeBe).
Lg: Donner (PSV) – Bächler (Heros), die Meisterschaft ging kampflos an Donner, da Bächler krankheitshalber nicht antreten konnte.
Wg: Berensmeier (Oberspree) besiegt Kriese (AEG).
Mg: Britsch (Weißensee) besiegt Geißler (Kottbus).
Hsg: Gaikowski besiegt Pautz (beide PSV) durch Aufgabe (2. Rde).
Sg: Ramek (Westen) besiegt Surma (PSV).
Für den nicht angetretenen Bächler wurde Dalchow (AEG) zu einem Einladungskampf gegen Donner verpflichtet (unentschieden).
Vw 24. 3.

Mär 24 (?), abends. Konzert der Berliner Funkstunde
»Das große Konzert der Funkstunde zugunsten der Berliner Winterhilfe war bis auf den letzten Platz ausverkauft. – Viel wurde geleistet. Gutes wurde geboten. Ein sinnreicher Prolog – von Alfred Braun gesprochen – leitete den Abend ein. Das Funkorchester spielte im ersten und zweiten Teil unter Bruno Seidler=Winkler und Friedrich Holländer. Generalmusikdirektor Leo Blech leitete den großen Opernteil. Masalva Salvatini, Martin Ohman, Cornelis Bronsgeest und Ludwig Hofmann holten sich mit Arien aus ›Margarete‹, ›Ernani‹, ›Die Afrikanerin‹ und ›Eugen Onegin‹ spontanen Beifall. Im Finale des zweiten Aktes von ›Aida‹ hörte man noch außer den obengenannten Deszö Ernster und Hildegard Gajewska. Lotte Schöne hatte mit dem ›Frühlingstimmen‹=Walzer einen rauschenden Sondererfolg. Marcel Wittrich mußte das entzückende Lied ›Treu sein, das liegt mir nicht‹ aus ›Eine Nacht in Venedig‹ wiederholen, das Publikum gab nicht Ruhe. Im ersten Teil spielte Claudio Arrau das Klavierkonzert Es=Dur von Liszt mit Orchesterbegleitung, wie es eben Claudio Arrau mit größtem Können und Empfinden spielen kann. Das riesige Ensemble war aus den Chören Berliner Gesangverein (Dirigent Prof. Hugo Rüdel), Oratorien=Verein (Dirigent Studienrat Johannes Stehmann), Erkscher gemischter Chor (Dirigent Studienrat Georg Bader), dem Berliner Funkchor (Dirigent Maximilian Albrecht) sowie Damen und Herren des Chores der Städtischen Oper zusammengesetzt. Der stürmische Beifall und die vielen Blumen bewiesen der Funkstunde und ihren Mitwirkenden, wie gut das auserlesene Programm gefallen hat. Es war ein großer Erfolg für die Funkstunde – ein noch größerer für die Berliner Winterhilfe« (Herold Nr. 13).

Mär 26, 20.00 Uhr. 6. Polizei-Hallensportfest
V: PSV.
»Eine bunte Revue des Sports rollte ab, durchsetzt von prachtvollen Kämpfen der Leichtathleten, geschmückt mit Spitzenleistungen im Turnen und in der Gymnastik, und gekrönt durch ein rassiges Handballspiel. Eindrucksvoll war der Einmarsch der hundert Beamten, die exakte Gymnastik zeigten« (BLA 27. 3.).
Aus den Wettbewerben:
4 x 400-m-Staffel: 1. BSC 3:41,0 (Weißkind, Wiese, Pöschke); 2. Schöneberger TSC 3:41,4; 3. PSV 3:41,7. – 3000-m-Mannschaftslauf: 1. Hannover 78 9:11 (Dieckmann, Petri, Boltze), 2. PSV (Molitor, Behnke, Pfarr). – 60-m-Lauf (in zwei Läufen): 1. Körnig 6,9 Sek, 12. Pkte, 2. Vent. – 60-m-Hürdenlauf: 1. Troßbach (BSC) 8,4 Sek, 2. Langwald (BSC), 3. Richter (Zehlendorf); Beschetznik (DSC), der als Erster angekommen war, wurde wegen Reißens zweier Hürden disqualifiziert. – 1000-m-Lauf: 1. Fredy Müller (Zehlendorf) 2:35, 2. Dr. Peltzer 2:35,6, 3. Kaßler (BSC), 4. Hellpap (Stettin). – 20x2-Rdn-Staffel: 1. SCC, 2. DSC, 3. PSV.
BLA 18., 25.–27. 3.; Vw 27. 3.

Heute alles in den Sportpalast!

Kundgebung gegen § 218

Es sprechen: Frau Dr. Kienle, Dr. Fr. Wolf und Genossin Lene Overlach

356 Anzeige (Chr Apr 15; nach: RF 15. 4. 1931).

Mär 27, 20.15 Uhr. Kundgebung
V: NSDAP.
Et: 1,– M, Erwl. 0,50 M.
Rd: Hermann Göring (MdR), Ernst Graf zu Reventlow (MdR).
Th: *»Der Kampf, der einst die Ketten bricht«.*
»Zuerst verbietet der Berliner Polizeipräsident unserem Gauleiter Dr. Goebbels das Reden in nationalsozialistischen Versammlungen. Dann erklärt die ›Berek‹, sie könne die Plakate für unsere Sportpalast=Kundgebung nicht in der üblichen großen Form anschlagen, aus Platzmangel könne sie nur ganz schmale Streifen zulassen. Schließlich werden in Berlin überall Handzettel verteilt, die bekanntgeben, daß die Sportpalast=Kundgebung verboten sei. [...] Wir haben den Sportpalast auch gestern wieder gefüllt. Ohne große Propaganda, trotz der Sabotage amtlicher Stellen [...] Mit den [...] Rednern des Abends, betritt auch Dr. Goebbels die Halle. Er sitzt als Zuhörer an der Stätte, wo er sonst mit seinen Worten die Zehntausende aufrüttelte [...]«.
»In der gestrigen Sportpalast=Kundgebung war beabsichtigt, eine neue Schallplatte mit einer kurzen Ansprache von Dr. Goebbels mittels Lautsprecher zu Gehör zu bringen. Die Polizei verbot dies, da es ›in der Wirkung ganz egal‹ sei, ob der Berliner Gauleiter ›persönlich oder mechanisch‹ spreche. Rede sei Rede und daher auf jeden Fall verboten« (Agr 28. 3.).
Agr 21., 26. 3.; 1. 4.

Mär 28, 20.00 Uhr. Kundgebung »Für das Preußen-Volksbegehren«
V: DNVP, Landesverbände Berlin, Potsdam I und II.
Für das Volksbegehren zur Auflösung des preußischen Landtags.
Rd: Wilhelm Laverrenz (MdR), Werner Steinhoff (MdL), Elard von Oldenburg-Januschau, Dr. Friedrich Wilhelm Wider (MdR).
Th: *»Fort mit Rot-Preußen!«.*
Mitw.: Hans Mühlhofer (Hofschauspieler), Sprechchor der Arbeitsgemeinschaft junger Deutschnationaler, Deutsches Tonkünstlerorchester.
Zwischen den Reden die Rezitationen Mühlhofers (Vorspruch Paul Warnkes gegen die freiwillige Verknechtung) und des Sprechchors (Friedrich Rückerts »Geharnischte Sonette«). Oldenburg gab in seiner Rede die Parole aus: *»Der Feind steht links!«.*
»Nach Zapfenstreich und Gebet erfolgte der Ausmarsch der Fahnen. Die Veranstaltung war umrahmt und durchsetzt von alten preußischen Armeemärschen [...] und gemeinsam gesungenen vaterländischen Liedern« (BLA 29. 3.).
BLA 24., 27., 29.–30. 3.

Mär 29, 11.30 Uhr. »Proletarische Freidenkerjugendweihe«
V: Kommunistischer Jugend-Verband (?).
Et: 0,80 M, Kinder 0,30 M.
Programm: *»Fahneneinmarsch der Jugendweihekinder mit dem Fanfaren= und Bläserchor Neukölln. 400 Arbeitersänger. Weiherede Gen. Ernst Schneller, M.d.R. Riesenpuppentheater des Roten Hammer. Erich Weinert spricht«* (RF 27. 3.).
»Von 10–13 Uhr kann im Vorraum Kirchenaustritt vollzogen werden« (RF 29. 3.).
»Schon lange Zeit vor Beginn der Veranstaltung ist kein Sitzplatz mehr zu haben. Auch die Treppen und Gänge der riesigen Halle sind besetzt. Die Neuköllner Fanfarenkapelle spielt wuchtige revolutionäre Märsche und Lieder [...] Ein Fanfarensignal eröffnet die Riesenkundgebung. Als die Leitung mitteilt, daß bei der nationalsozialistischen Versammlung vor zwei Tagen das Propagandamaterial der Freidenker aus dem Keller des Sportpalastes gestohlen wurde, bricht ein Entrüstungssturm los. [...] Am Eingang des Saales leuchten rote Fahnen. 2000 Arbeiterjungen und =mädel marschieren ein. Alles erhebt sich von den Plätzen. [...] Jubelnd werden die Schulentlassenen begrüßt. Spontan erklingt das Lied: ›Brüder, zur Sonne, zur Freiheit!‹ Nachdem die Arbeitersängerchöre mehrere Lieder von Bert Brecht und Eysler zu Gehör gebracht haben, ergreift Genosse Ernst Schneller das Wort. [...] Während der Rede stecken die Polizisten wiederholt die Köpfe zusammen. Der Polizeihauptmann greift hin und wieder zu seinem Tschako. Wie ein Fuchs, der auf Beute lauert, so sitzt er da, auf die passende Formulierung wartend, um aufspringen zu können. [...] Die Agitproptruppe ›Roter Hammer‹ beginnt ihr Spiel. Mit riesigen Puppen, die die Kirchengewaltigen darstellen, zeigen sie in wirkungsvollen Szenen den Kampf der Arbeiterklasse gegen die Kulturreaktion, um ihre Befreiung. Das Spiel ist kurz vor dem Ende, da sieht der Abgesandte Grzesinskis seinen Augenblick gekommen. Er [...] erklärt die Kundgebung für aufgelöst. In zehn Minuten müssen der Saal geräumt sein. Als die Versammlungsleitung dies durch das Mikrophon bekanntgibt, bricht wie eine Lawine der Proteststurm der Massen los. [...] Die Polizisten werden kreidebleich. Die Massen erheben sich von den Plätzen. Mächtig braust der Kampfgesang der Internationale durch die große Halle« (RF 31. 3.).
RF 27.–29., 31. 3.; BLA 30. 3.

Apr 9, 20.00 Uhr. »Große Kundgebung für das Volksbegehren des Stahlhelm«
V: Stahlhelm.
Et: 2,– bis 3,– M (numeriert), 0,50 bis 1,– M (unnumeriert).
Für das Volksbegehren zur Auflösung des preußischen Landtags.
Rd: Theodor Duesterberg (2. Bundesvors.), Franz Seldte (1. Bundesvors.), Franz von Stephani (F. des Landesverbandes).
Th: *»Der Kampf um Preußen!«*
»Imposant der Einmarsch der Fahnen, zum Teil noch in Händen von Männern, die auch früher schon diese ruhmreichen Symbole getragen haben; erhebend die alten Marschweisen, vorgetragen von Leuten, die diese Klänge in der Zeit, an die sie erinnern, schon gespielt haben; gewaltig der vieltausendstimmige Ruf, der die Führer, mit den Ehrenzeichen des Krieges geschmückt, begrüßt; ergreifend Schwur und Gelöbnis des Sprechchors, Deutschlands Ketten zu brechen; [...] Sinn und Ziel des Volksbegehrens: [...] die Zusammenfassung der nationalen Stoßkraft, um den Weg zu einem marxistenfreien Preußen frei zu machen, [...]« (BLA 10. 4.).
BLA 5., 9.–10. 4.

Apr 14, 19.30 Uhr. Kundgebung
V: SPD, Bezirksvorstand Groß-Berlin.
Gegen das Volksbegehren zur Auflösung des preußischen Landtags.
Rd: Otto Braun (MdR, Ministerpräs. Preußens), Franz Künstler (MdR), Fritz Tarnow (MdR).
Th: *»Was soll aus Preußen werden?«*
Mitw.: Kapelle der Freien Turnerschaft, Musiker des Reichsbanners Schwarz-Rot-Gold Treptow.
»Im Vorraum des Sportpalastes boten die unzähligen Fahnen der Arbeitersportler, der sozialistischen Arbeiterjugend und der Parteiabteilungen ein farbenfrohes Bild. Der Innenraum des Sportpalastes war bis zum letzten Platz der obersten Ränge voll besetzt. [...] Als Otto Braun kurz vor 1/2 8 Uhr den Riesenraum betritt und zur Rednertribüne schreitet, wird er durch stürmische Ovationen begrüßt. Pünktlich [...] beginnt der Einmarsch der Fahnengruppen, [...] Die Kundgebung schloß mit einem Hoch auf die internationale Sozialdemokratie und das republikanische Preußen! Unter Hörner= und Trommelklang setzten sich die

Fahnenabteilungen an die Spitze der abmarschierenden Massen [...]« (Vw 15. 4.).
Vw 10., 13.–15. 4.

Apr 15. »Kundgebung gegen § 218«
V: KPD (?).
Rd: Dr. Apfel (RA, Stuttgart), Dr. Else Kienle (Stuttgart), Lene Overlach, Frau Dr. Prager-Friedrich, Dr. Friedrich Wolf.
Mitw.: Renée Stobrawa (Rezitation eines Gedichtes von Erich Weinert), Peter Holm.
»[...] Frau Dr. Kienle [...] spricht als erste Rednerin des Abends. [...] Rasende Empörung im Saal, als sie die inquisitorischen Methoden der Stuttgarter Polizei schildert. ›Der Kampf gegen den Paragraphen § 218 ist nicht eine Frage der Justiz, sondern eine Frage der Frauen und der Menschenwürde. Das Volksempfinden ist für uns der einzige Richter‹« (RF 16. 4.).
RF 14.–17. 4.

Apr 16, 19.45 Uhr. General-Appell der Berliner SA
V: SA, Gausturm Berlin.
Et: *»nur für SA=Männer des Gausturms gegen Vorzeigung der für diesen Appell an die Sturmführer ausgegebenen Ausweise«.*
Rd: Dr. Joseph Goebbels (MdR, Gl), Edmund Heines, Paul Schulz.
Mitw.: Lehrmusikabteilung Ost (Fuhsel), Gausturmkapelle, SS-Kapelle.
»Ueber 3000 Mann standen in endlosen Reihen hintereinander, um ihre Treue zur nationalsozialistischen Idee, zur NSDAP. und zu ihrem Führer Adolf Hitler zu bekunden. Die weite Arena des Sportpalastes war viel zu klein, um eine richtige Aufstellung der Standarten zu ermöglichen. So dicht aufeinander aufgeschlossen mußten die Stürme stehen, daß es gar nicht möglich war, alle abzuschreiten, als der Gruppenführer Ost, Oberlt. Schulz, unter den Klängen des Präsentiermarsches die Front abnahm« (Agr 17. 4.).
Agr 15., 17. 4.; Goebbels, Tagebücher II, S. 50f.

Apr 19
Vormittags (?). Protestkundgebung der Kriegsbeschädigten und Kriegshinterbliebenen
V: Reichsbund der Kriegsbeschädigten.
Rd: Frau Harness, Pfänder (Bundesvors.)
Gegen die *»weiteren Rentenkürzungen der Kriegsopfer«.*
»Besonderen Eindruck machte der Einmarsch der zahlreichen Oberschenkelamputierten und die Einfahrt der völlig gelähmten auf ihren Selbstfahrern« (BT 21. 4.).
BLA 18. 4.; BT 21. 4.

20.00 Uhr. Kundgebung mit »Militär-Massenkonzert«
V: NSDAP, Gausturm Groß-Berlin.
Et: 1,– M, Erwl. 0,50 M.
Für das Volksbegehren zur Auflösung des preußischen Landtags.
Rd: Hermann Göring (MdR), Karl Litzmann (General a.D.).
Th: *»Der letzte Mann zum Volksbegehren«.*
Mitw.: Kapelle Fuhsel (mit Verstärkung), SS-Kapelle, Vereinigte Spielmannszüge des Gausturms.
»Die SS=Kapelle unter Leitung von Pg. Bodenkirchen unterhielt die Wartenden durch schneidige Märsche, dann mußte sie das Feld räumen, um der gewaltig verstärkten Kapelle Fuhsel Platz zu machen, die das ganze Halbrund hinter der Rednerbühne einnahm. [...] Und dann marschierten sie ein, die endlosen SA.=Kolonnen, Sturm auf Sturm, Standarte auf Standarte. Voran unsere herrlichen Feldzeichen und Sturmfahnen, vom Jubel umtost. Dann, geführt von Oberführer Heines, Tausende und Abertausende von SA.=Männern. Sta. III macht diesmal den Anfang, dann folgen Sta. IV, Sta. I, Sta. II und endlich der Sturmbann Horst Wessel. Eine Abordnung der SS., die im übrigen den Ordnerdienst übernommen hat, macht den Beschluß. Nicht ohne Schwierigkeiten war dieser Einmarsch zu bewerkstelligen, da die Polizei verbot, daß die Standarten, dem Plan entsprechend vom Vorhof direkt einmar-

357 Protestkundgebung der Kriegsbeschädigten und Kriegshinterbliebenen (Chr Apr 19).

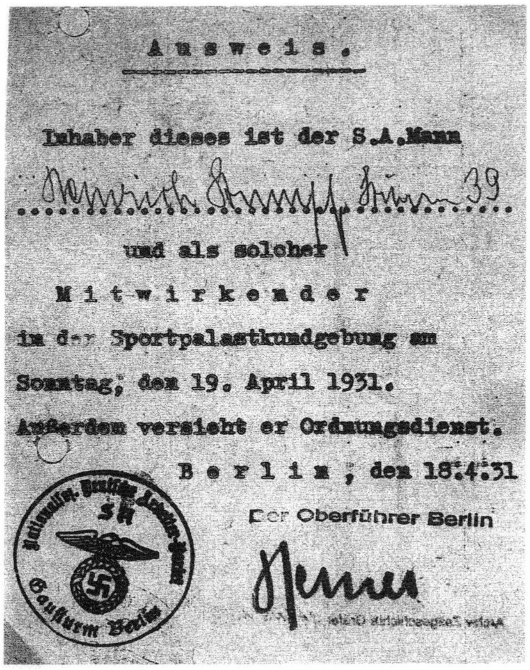
Ausweis.
Inhaber dieses ist der S.A.Mann
[illegible] 39
und als solcher
Mitwirkender
in der Sportpalastkundgebung am
Sonntag, den 19. April 1931.
Außerdem versieht er Ordnungsdienst.
Berlin, den 18.4.31
Der Oberführer Berlin
[illegible]

358 Ordner-Ausweis für eine Kundgebung der NSDAP (Chr Apr 18); Archiv Gräfer.

schierten. Auf geheimnisvollen, teilweise tropischheißen Wegen durch Keller und Heizanlagen mußte der Gausturm in den Saal geführt werden« (Agr 20. 4.).
Agr 10.–11. 4., 20. 4.; BLA 21. 4.; Goebbels, Tagebücher II, S. 52.

Apr 28, 19.45 Uhr. Gausturmappell der SA
V: SA, Gausturm Berlin.
Rd: Ernst Röhm (Stabschef der SA).
Zur Veranstaltung wurde folgender Befehl herausgegeben:
»SA.-Befehl
1. Der Gausturm Berlin sammelt zwecks Besichtigung durch den Chef des Stabes, Oberstleutnant Röhm, am Dienstag, dem 28. April 1931, pünktlich 7.45 Uhr abends im Sportpalast wie folgt:
im 1. Rang: Standarte 2
im 2. Rang: Standarte 4
im Innenraum nach Anweisung der aufgestellten Plakattafeln:
Standarte 3 vor der Bühne,
Sturmbann 5 Horst Wessel in der Mitte,
Standarte 1 im rückwärtigen Teil des Innenraums beim Eingang
Jeder SA.=Mann begibt sich sofort zu dem Sammelpunkt seiner Standarte!
2. Anzug: Zivil. Auch sonst ist auf die Bestimmungen der Notverordnung besonders zu achten. Fahnen eingerollt, Standarten umhüllt mitführen.
3. Der Gausturmappell ist eine geschlossene Veranstaltung. Zutritt zum Sportpalast haben nur SA.=Leute des Gausturms Berlin gegen Vorzeigung des eigens für diesen Tag ausgegebenen Eintrittsausweises.
Der Oberführer, Berlin
gez. Heines« (Agr 28. 4.).
Auf dieser Veranstaltung nahm Heines Abschied von der Berliner SA und übergab sie seinem Nachfolger, Hauptmann Horst von Petersdorff. Unter anderem diente zur musikalischen Untermalung eine Schalmeienkapelle, die *»lange Zeit als zu ›proletarisch‹ von der früheren SA.=Führung unterdrückt worden war«* (Agr 29. 4.).
Agr 28.–29. 4.; Goebbels, Tagebücher II, S. 57.

Apr 29, 19.30 Uhr. »Kampfappell der werktätigen Jugend Berlins zum 1. Mai«
V: KJVD.
Rd: Albert Kuntz (Bezirksleitung der KPD Berlin-Brandenburg), Kurt Müller (Vors. der KJVD), Fritz Reuter.
»Der in der Sportpalastkundgebung anwesende spanische Jungwerktätige konnte nicht das Wort ergreifen, da die überwachenden Polizeibeamten die Adresse jedes Redners vorher kontrollieren und ihm deshalb Verhaftung androhten« (RF 30. 4.).
RF 19., 26., 30. 4.

Mai 1, 20.00 Uhr. Kundgebung zum 1. Mai – »Das Manifest der deutschen Arbeit«
V: NSDAP.
Et: 1,– M, Erwl. 0,50 M.
Rd: Johannes Engel (Stadtverordneter), Dr. Joseph Goebbels (MdR, Gl).
Mitw.: Kapelle Fuhsel, Gau-Sprechchor.
Goebbels sprach erstmals wieder nach einem dreimonatigen Redeverbot.
Das Motto der Veranstaltung hing als großes Transparent an der Brüstung des ersten Ranges: *»Ehre die Arbeit und achte den Arbeiter, so ehrst Du Dein Volk!«*
Agr 24.–25., 28., 30. 4.; 2. 5.; BLA 2. 5.; Goebbels, Tagebücher II, S. 58 f.

Mai 10, 20.00 Uhr. Kundgebung
V: NSDAP.
Et: 1,– M, Erwl. 0,50 M.
Rd: Dr. Joseph Goebbels (MdR, Gl).
Th: *»Das Hohelied des Preußentums«.*
Mitw.: Kapelle Fuhsel, Gau-Sprechchor.
Die Veranstaltung war Auftakt zu einem *»Zweimonatsplan«.*
Agr 6.–7., 11. 5.; Goebbels, Tagebücher II, S. 61–63.

Mai 19, 20.00 Uhr. Kundgebung
V: NSDAP.
Rd: Dr. Joseph Goebbels (MdR, Gl), Adolf Hitler.
Th: *»Preußentum und Nationalsozialismus«.*
»Nach Einleitungsworten Dr. Goebbels, der ein Gelöbnis der Berliner NSDAP. für Hitler ablegte, gab Hitler einen historischen Rückblick, erinnerte daran, daß man in Deutschland vor zwölf Jahren nur an die Demokratie geglaubt habe, während heute wieder der Glaube an Führung und Autorität erwacht sei« (BLA 20. 5.).
Agr 19.–20. 5.; BLA 20. 5.; Goebbels, Tagebücher II, S. 66 f.

Mai 27, abends. Kundgebung
V: DBB.
Rd: Wilhelm Flügel (M. des Vorstandes), Hubert Lenz (Bundesdir., M. des Vorstandes).
Th: Protest gegen *»weitere Gehalts= und Lohnkürzungen«* der Beamten.
Germ 29. 5.

Jun 5, 20.15 Uhr. Boxen »Franz Dübbers – François Sybille« u. a.
V: SP.
Lg: Franz Dübbers (60,9 kg; Köln) – François Sybille (61,1 kg; B), unentschieden.
Wg: Hans Seifried (68,3 kg; Bochum) – Micziszak (72,4 kg; H), Sieg Seifrieds durch Aufgabe (3. Rde).
Mg: Josef Besselmann (64,5 kg; Köln) – Frank Dykast (65,7 kg; CS), Sieg Besselmanns nach Pktn.
Hsg: Adolf Heuser (74,7 kg; Bonn) – Gustave Limousin (80,5 kg; B), Sieg Heusers nach Pktn.
Sg: Walter Neusel (88,4 kg; Bochum) – George Gardebois (84,4 kg; F), Sieg Neusels durch Aufgabe (8. Rde).
BLA 5.–6. 6.; BZaM 5.–6. 6.

Jun 11, 19.30 Uhr Kundgebung
V: KPD.
Et: 0,60 M, Erwl. 0,30 M.
Rd: Kalerga, Albert Kuntz, Ernst Thälmann (MdR).
Th: *»Untergang im Kapitalismus oder Aufstieg im Sozialismus? (Die neue Notverordnung und der Kampf der Volksmassen.)«.*
Mitw.: 200 Spielleute, Uthmann-Chor, Sängervereinigung Norden.
»Als unser Genosse Ernst Thälmann den Sportpalast betreten wollte, drangen die Grünen auf die Genossen ein. Ein Polizist wollte [...] Thälmann nach Waffen betasten und erfrechte sich, nach der Aktentasche zu greifen und forderte ihn auf, mit in einen Hausflur zu kommen. [...] Thälmann wies den Grünen empört zurück. Daraufhin erklärte ihn die Polizei für verhaftet. Als die Genossen Willi Leow und Werner Hirsch gegen diese herausfordernde Maßnahme der Polizei auf schärfste protestierten, wurden auch sie für verhaftet erklärt. Unter den Arbeitern vor dem Sportpalast brach ein Entrüstungssturm aus. Unsere verhafteten Genossen wurden nach der Polizeiwache in der Alvenslebenstraße gebracht. Die Polizei sah sich aber gezwungen, unsere Genossen sofort wieder freizulassen. [...] Um 7.30 ist der Riesensaal [...] überfüllt. Lange vor Beginn der Kundgebung wird der Sportpalast polizeilich gesperrt. Die Wänder der Riesenhalle sind mit Transparenten bedeckt.

359 Anzeige (Chr Jun 11; nach: RF 5. 6. 1931).

Aufbruch des werktätigen Volkes
gegen die Notverordnung
Am 11. Juni alles im Sportpalast
Ernst Thälmann ruft das rote Berlin

Massenwille im Sportpalast

Die Riesenhalle wieder polizeilich gesperrt

Der Preußenführer Kube:

„Den neuen Staat formen wir"

Nationalsozialistische Kundgebung für den Volksentscheid. Ausdruck eines überwäl-

schwankenden Gestalten der bürgerlichen Mitte formen den neuen Staat. Den neuen

bei dem Kampf um Preußen immer wieder auf Frankreich berufen.

sten Preußenwahlen abwarten. Es werde sich dann zeigen, ob eine Fraktion von 150 Mann gegenüber einer Gruppe von vielleicht 15 Mann koalitionsfähig sei.

Wir sind bereit, nach den Wahlen die Verwaltung in Preußen zu übernehmen."

Der 9. August erinnere uns an die Augusttage von 1914. Was damals unter einem unfähigen Kanzler mißlang, das soll jetzt von

360 Der Angriff, 8. 8. 1931 (Chr Aug 7).

›Polizeikugel, Klassenjustiz gegen Hunger! Schafft Rote Hilfe!‹ ›Hunger im Land, Krieg vor der Tür, Proleten marschieren! Sturmbereit!‹ In 40 Meter Länge ist dieses Transparent durch den Saal gespannt. Und auf der anderen Seite ebenso mächtig: ›Das rote Berlin liest die ›Rote Fahne‹!‹ und darunter: ›Die ›Junge Garde‹ wird Tageszeitung!‹ [...] Mit einem Fanfarenmarsch marschiert die Fahnenkompanie durch den Saal zur Tribüne. Vorn die Kinder der Arbeiter, der Pionierverband, dahinter die Sturmfahnen des deutschen Komsomol, die Fahne der Partei und schließlich die Sturmfahne, die die Werktätigen kennen und über die die ›Rote Fahne‹ nicht schreiben darf. [...] Der Berliner Uthmann=Chor singt das Lied der 50 000 streikenden Holzarbeiter. Noch einmal ein Fanfarenmarsch, dann geht der Genosse Kuntz vor das Mikrophon« (RF 12. 6.)

»So begann der Abend und am Ende ward er zu einem einzigen Triumph der marxistischen Freiheitspolitik. Aus der Partei der Verfolgten werden die Kommunisten zur Partei der Verfolger, die tief einbrechen in die Reihen der Sozialdemokratie und der Hitlerpartei« (RF 12. 6.).

RF 4.–7., 9., 11.–13. 6.; Der Rote Stern, Nr. 7; BLA 12. 6.; Germ 16. 6.

Jun 12, 20.00 Uhr. Kundgebung mit Filmvorführungen

V: NSDAP, Gau Groß-Berlin.

Et: 1,20 M, Erwl. 0,60 M; *»Opferkarten mit Widmung Dr. Goebbels'«* 3,20 M.

Rd: Dr. Joseph Goebbels (MdR, Gl), Hans Krebs *(»Führer der sudetendeutschen Nat.=Soz«)*.

Th: *»Der Kampf um unsere Weltgeltung«* – *»Das ganze Deutschland soll es sein«*.

Film: *»Kampf um Berlin', NS.=Wochenbericht«*.

Nach Filmvorführungen sprachen Krebs und Goebbels.

»Soweit bei der unmöglichen Akustik auf den Presseplätzen überhaupt etwas zu verstehen war, stellte Krebs dem mutlosen Materialismus, der die Gegenwart beherrsche, den Kampfgeist der Frontsoldaten gegenüber, der das Dritte Reich der deutschen Nation schaffen werde. Dr. Goebbels schilderte, wie durch die Notverordnungspolitik weder das Elend gemildert, noch der innere Friede gewonnen sei. Der politische Mord sei an der Tagesordnung; die Behörden seien nicht in der Lage, den Schutz von Leib und Leben zu gewähren« (BLA 13. 6.).

Agr 4., 19. 6.(keine direkte Berichterstattung, da Agr 14 Tage verboten); BLA 13. 6.; Goebbels, Tagebücher II, S. 78; LA SP 4006/115f.

Jun 22, 20.00 Uhr. Protestkundgebung

V: Zentralverband Deutscher Haus- und Grundbesitzervereine.

Gegen die *»neue Notverordnung«* vom 5. 6., *»insbesondere gegen die in der Notverordnung getroffene Regelung der Abgeltung der erhöhten Aufwertungszinsen«* (BLA 21. 6.).

Rd: Franz Freidel (Hildesheim, Präs. des Nordwestdeutschen Handwerkerbundes), Josef Humar (München, Präs., Stadtrat), Carl Ladendorff (Vors. des Berliner Bundes der Haus- und Grundbesitzer, Reichsbankrat).

BLA 16., 21., 23. 6.

Jun 30, 20.15 Uhr. »General=Mitgliederversammlung«

V: NSDAP, Gau Groß-Berlin.

Et: 0,40 M, Erwl. 0,20 M.

Rd: Dr. Joseph Goebbels (MdR, Gl).

Th: *»Die politische Lage und unsere Bewegung Rückschau und Ausschau«*.

»Achtung!

[...] diesjährige reguläre General=Mitgliederversammlung. In Anbetracht des rapiden Anwachsens unserer Partei sehen wir keine andere Möglichkeit, als diese Veranstaltung in größtem Rahmen, und zwar in der Riesenhalle des Berliner Sportpalastes abzuhalten. Um allen Mitgliedern die Teilnahme zu ermöglichen, haben wir uns entschlossen, den Eintrittspreis unter großen Opfern möglichst niedrig zu halten [...] Das Erscheinen zu dieser Veranstaltung ist für alle Parteigenossen, vor allem für die im Rahmen des Zweimonatsplans neu eingetretenen, Pflicht« (Agr 30. 6.).

»Der Sportpalast war bis auf den letzten Platz gefüllt. Nahezu 18 000 Menschen – eingeschriebene Mitglieder – hatten sich eingefunden. Schärfste Kontrolle wurde ausgeübt, kein Nichtparteigenosse konnte der Versammlung beiwohnen. In dichten Reihen saßen sie; eine große Familie, eine Sippe, die durch die gemeinsame Idee zusammengeschweißt ist« (Agr 1. 7.).

Agr 27., 30. 6.; 1. 7.; Goebbels, Tagebücher II, S. 85.

Jul 4, 19.30 Uhr. Spartakiade-Eröffnungskundgebung

Ausgefallen wegen Verbots der Spartakiade!

RF 20. 6., 1. 7.; Germ 2.–3. 7.

Aug 6, abends. »Massenkundgebung des arbeitenden Berlins für den roten Volksentscheid«

V: KPD.

Rd: George Beaugrand (F), Hermann Remmele (MdR), Walter Ulbricht (MdR) (angekündigt war auch Jacques Doriot [F]).

Th: *»Massensturm gegen kapitalistische Mißwirtschaft«*.

»Die Polizei hatte gestern wieder ihren großen Tag. Das Gelände um den Sportpalast war abgeriegelt von großen Polizeiposten. Die Straßenecken waren besetzt. [...] In der Mitte des Saales hing eine Filmleinwand. Darauf wurden fortlaufend Parolen und die Werbeergebnisse projiziert. Unter den Neuaufnahmen für die Kommunistische Partei befand sich ein sozialdemokratischer Arbeiter, der seit 1900 in der SPD. organisiert war. [...] Dann verkündet Genosse Ulbricht, daß eine Werbepause von zehn Minuten eingelegt wird. Nach diesen zehn Minuten sind zusammen 52 neue Mitglieder aufgenommen worden, sowie 14 ›Rote Fahne‹=Leser geworben. [...] Nach der Rede des französischen Genossen kam es zu einem Zwischenfall, der nur durch die Disziplin der Massen keine ernstere Form annahm. Auf Denunziation eines Sozialdemokraten drangen 50 Polizisten mit vorgehaltenem Revolver in den Saal und verhafteten einen Arbeiter, der angeblich der Schütze auf den Polizeiwachtmeister Viebig sein soll« (RF 7. 8.).

RF 6.–7. 8.

Aug 7, 20.30 Uhr. Kundgebung

V: NSDAP.

Et: 0,80 M, Erwl. 0,40 M.

Rd: Dr. Joseph Goebbels (MdR, Gl), Wilhelm Kube (MdL).

Th: *»Preußisches Volk entscheide!«*

Mitw.: Kapelle Fuhsel.

Es nahmen auch Mitglieder der japanischen Botschaft teil.

»Kube führt aus, daß Preußen kein geographischer Begriff, sondern eine Staatsidee sei, die unter Führung großer

361 Anzeige (Chr Aug 14; nach: Vw 13. 8. 1931).

Männer entstand. Der Nationalsozialismus sei bereit, nach der Auflösung des Landtages und nach den Neuwahlen die preußische Verwaltung zu übernehmen und ein Preußen zu schaffen, vor dem die Ahnen sich nicht zu schämen brauchen« (BLA 8. 8.).
Agr 30. 7.; 6.; 8. 8.; BLA 30. 7.; 7.–8. 8.; Goebbels, Tagebücher II, S. 99.

Aug 14, 20.00 Uhr. Kundgebung
V: SPD.
Rd: Otto Braun (MdR, Ministerpräs. Preußens), Franz Künstler (MdR), Otto Wels (MdR).
Th: *»Der Volksentscheid«, »Gebt uns die Macht«.*
Mitw.: Spielleute der »Freien Sport= und Musikvereinigung«, Reichsbannerkapelle, Theo Maret (Rezitation).
»Arbeitersportler! [. . .] Die Vereine delegieren ihre Fahnen und Banner. Treffpunkt zum Umkleiden im Sportpalast um 19 Uhr an bekannter Stelle. Die Träger für die Sturmfahnen stellt die FTGB. Die Spielleute der *›Freien Sport= und Musikvereinigung‹ spielen zum Einmarsch«* (Vw 13. 8.).
»Schon um 17 1/2 Uhr standen Hunderte vor dem Sportpalast an, um Einlaß zu finden. Von 18 Uhr ab füllte sich der weite Raum, und immer neue Massen strömten mit der Straßenbahn, dem Omnibus und der Untergrundbahn herbei. So war schon um 1/2 20 Uhr der Sportpalast überfüllt. [. . .] Tausende fanden keinen Einlaß, aber sie harrten geduldig aus, um durch den Lautsprecher die Reden der beiden sozialdemokratischen Führer zu hören. Eine Reichsbannerkapelle spielt die Kampflieder der Republik. Beim Einmarsch der Fahnen erhebt sich die Versammlung, um die Banner der Partei mit stürmischem Beifall zu begrüßen. Der Chor der Sozialistischen Arbeiter=Jugend sind begeisternd ›Wir sind die junge Garde des Proletariats‹ und ›Jung Volk, Kameraden‹. Theo Maret rezitiert hinreißend Karl Brogers ›Die Freiheit spricht‹« (Vw 15. 8.).
Vw 10., 12.–15. 8.; Germ 15. 8.

Morgenausgabe
Nr. 420 A 216 48. Jahrgang
Sonntag 13. September 1931
Groß-Berlin 15 Pf. Auswärts 20 Pf.

Vorwärts
Berliner Volksblatt
Zentralorgan der Sozialdemokratischen Partei Deutschlands

Redaktion und Verlag: Berlin SW 68, Lindenstr. 3
Vorwärts-Verlag G. m. b. H.

Morgen Sportpalast!
Abrechnung mit der KPD.!

In einer sozialdemokratischen Versammlung im Sportpalast wird morgen abend Genosse Künstler sprechen. Er wird Anklage erheben gegen die Kommunistische Partei wegen der Verbrechen, die sie an der Arbeiterklasse begeht. Der angegriffenen Partei soll Gelegenheit gegeben werden, … Moskau im April 1928 den französischen Kommunistenführern aufoktroyierte. Nur der von Moskau anbefohlenen Aufrechterhaltung sinnloser kommunistischer Splitterkandidaturen verdankt die französische Rechte ihren Wahlsieg. Wenn heute der Kriegsminister Maginot die Abrüstung zu ver- … „Partei von Arbeiterverrätern entlarven"? Jeder ältere Genosse kennt die Quelle dieses gemeinsamen Sprachgebrauchs. Sie fließt aus den Schriften des „Reichsverbandes zur Bekämpfung der Sozialdemokratie", die vor dem Kriege vom Unternehmertum mit schwerem Gelde bezahlt wurden.

362 Vorwärts, 13. 9. 1931 (Chr Sep 14).

Aug 27, 19.30 Uhr. »Generalappell aller Mitglieder der Kommunistischen Partei und der Revolutionären Gewerkschaftsopposition«
V: KPD/KJVD/RGO Groß-Berlin.
Et: *»Ohne Mitgliedsbuch kein Eintritt – Eintritt frei«.*
Rd: Walter Ulbricht (MdR).
Th: *»Unsere Antwort an Brüning und Braun«.*
»Über 15 000 Mitglieder und Funktionäre der revolutionären Organisationen erhoben durch den Mund des Genossen Ulbricht vernichtende Anklage gegen das herrschende System, [. . .]« (RF 28. 8.).
RF 25.–29. 8.

Sep 4, 20.15 Uhr. Kundgebung
V: NSDAP, Gau Groß-Berlin.
Et: 0,80 M, Erwl. 0,40 M.
Rd: Dr. Joseph Goebbels (MdR, Gl).
Th: *»Die politische Lage – und was müssen wir tun?«.*
Mitw.: Kapelle Fuhsel.
Agr 1., 5. 9.; BLA 2., 5. 9.

Sep 5, abends. Festbankett im Kasino zu Ehren des Steherweltmeisters Walter Sawall
V: BDR.
IRS Nr. 37, S. 1014, 1022.

Sep 14, 20.00 Uhr Kundgebung
V: SPD.
Et: frei für SPD-Mitglieder.
Rd: Franz Künstler (SPD, MdR), Carl Litke (SPD, MdR), Heinz Neumann (KPD, MdR).
Th: *»Die Abrechnung mit der KPD«.*
Mitw.: Tambourkorps der Arbeiterjugend, Spielleute des Reichsbanners.
An Redezeit war für die beiden Hauptredner (Künstler und Neumann) jeweils eine Stunde vereinbart, für Diskussionsreden je 10 Minuten und für das Schlußwort der beiden Referenten jeweils 20 Minuten. Innerhalb und außerhalb des Sportpalastes kam es bei dieser Veranstaltung zu schweren Ausschreitungen.
»Von Mittag an drängten sich vor dem Sportpalast Anhänger der Kommunistischen Partei, um den Sportpalast vorzeitig zu besetzen. So bildeten sich in den Nachmittagsstunden große Ansammlungen in der Bülowstraße, die zeitweise den Sportpalast so belagerten, daß auch sozialdemokratische Arbeiter mit dem sozialdemokratischen Mitgliedsbuch nicht in den Sportpalast gelangen konnten. Der Druck auf die Sperrketten und die Gitter des Sportpalastes war so stark, daß zweimal Durchbrüche erfolgten. Die Absicht der Kommunisten war offensichtlich, die Eingänge

363 Die Rote Fahne, 13. 9. 1931 (Chr Sep 14).

14. Jahrg. / Nr. 177 / Preis 20 Pf. Berlin, Sonntag, 13. September 1931

Die Rote Fahne
Zentralorgan der Kommunistischen Partei Deutschlands (Sektion der Kommunistischen Internationale)
Redaktion und Verlag: Berlin C 25, Kleine Alexanderstr. 28. Tel.: E 1 Berolina 4481. Geschäftszeit des Verlages von 1/2 8 Uhr bis 1/2 17 Uhr.
Erscheint täglich außer Montags
Telegr.-Adresse: Rotfahne Berlin / Postscheckkonto: Berlin NW 27970, Vereinigte Zeitungsverlage GmbH., Berlin C 25, Kl. Alexanderstr. 28.
Begründet von Karl Liebknecht und Rosa Luxemburg

Montag alle, alle zum Sportpalast!
Unser Genosse Heinz Neumann spricht gegen Künstler vor den sozialdemokratischen Arbeitern — Macht die Sportpalast-Kundgebung zur gewaltigsten Einheitsfront-Kundgebung aller klassenbewußten Arbeiter des roten Berlin

Wie der Bezirksvorstand der SPD. der Bezirksleitung der KPD. mitteilt, findet die Auseinandersetzung der KPD. mit der Brüning-Braun-Politik der SPD. am Montag, dem 14. September, im Sportpalast, Potsdamer Straße 72, statt. Die Redezeiten bleiben wie vereinbart bestehen. Es werden also der Referent Künstler und Genosse Heinz Neumann je eine Stunde sprechen, dann Diskussionsredner je zehn Minuten und im Anschluß die beiden Referenten je zwanzig Minuten Schlußwort.
Am Montag geht das arbeitende Volk des roten Berlin nach dem Westen. Alle Kommunisten, alle sozialdemokratischen Arbeiter, alle Mitglieder der revolutionären Massenorganisationen begeben sich von den Betrieben und aus den Wohngebieten nach dem Sportpalast. Die von der SPD. an den Plakatsäulen angekündigte „Abrechnung mit der KPD." muß zur gewaltigsten Einheitsfrontkundgebung der Berliner Arbeiterschaft gegen die Brüning-Braun-Diktatur, für die Einigung der Arbeiterklasse auf dem Boden des Klassenkampfes gegen Unternehmertum und Faschismus werden. Die Versammlung, die einer sachlich-politischen Auseinandersetzung dient, muß — ebenso wie am letzten Dienstag in der Hasenheide — ohne jede Störung verlaufen.
Kein Arbeiter, keine Arbeiterfrau, kein Jungarbeiter darf am Montag zu Hause bleiben! Alle, alle kommen in den Sportpalast!
Kommunistische Partei Deutschlands, Bezirk Berlin-Brandenburg

so zu umlagern, daß eine kommunistische Mehrheit in der Versammlung zustande kommen würde. Diese kommunistische Taktik hat dazu geführt, daß kurz vor Beginn der Versammlung die Polizei, [...] von sich aus den Saal absperrte, obwohl noch einige hundert Platz gefunden hätten. [...] Abrechnung mit dem kommunistischen Arbeiterverrat – das war der Grundton, auf den die Versammlung von vornherein gestimmt war. Mit donnerndem Beifall wurden die Lichtbildinschriften begrüßt: ›Gebt uns die Macht! Her zur Sozialdemokratie!‹ [...] Der Abgang Heinz Neumanns wird von seinen Anhängern mit minutenlangen ›Rot=Front‹=Rufen begleitet, die trotz der dringenden Bitte des Genossen Litke um Ruhe für die Diskussion nicht enden wollen. Da packt die sozialdemokratische Mehrheit die Erregung und brausende ›Frei=Heil‹=Rufe übertönen das Geschrei der Kommunisten. Die Kommunisten stimmen daraufhin die Internationale an. Sie legen offenbar keinen Wert auf die sachliche Diskussion. Mehrmals wird das Trommler= und Pfeifferkorps der SAJ. eingesetzt, das den Lärm zwar unter dem Beifall unserer Genossen übertönen, aber nicht beenden kann. Jetzt provozieren die Kommunisten mit den um die Wiederherstellung der Ruhe bemühten Reichsbannerleuten eine Keilerei. Pfui=Rufe brandmarken dieses Vorgehen. Die kommunistischen Schläger müssen vor den Reichsbannerkameraden weichen und springen von den untersten Sitztribünen in den Saal hinunter. Nach fast zehn Minuten wird der unbeschreibliche Tumult einigermaßen gedämpft, [...]
Während im Sportpalast die Kundgebung schon im Gange war, wurde von den Kommunisten immer wieder der Versuch gemacht, Demonstrationszüge zu bilden, so am Winterfeldplatz und dann, als auch hier die Polizei eingriff, am Nollendorfplatz, ferner in der Göbenstraße, Alvenslebenstraße und den angrenzenden Bezirken. Von den Sperrketten der Polizei zurückgedrängt, wichen die Massen, in die Tausende von Sozialdemokraten eingekeilt waren, weiter zurück, so daß entsprechend dem Vorgehen der Polizei die Ansammlungen sich auch in mehr entferntere Straßen fortpflanzten, so bis zur Potsdamer Brücke und am Schöneberger Ufer, auch weiter nach Süden in der Hauptstraße. [...] Bei der Räumung der unmittelbaren Umgebung des Sportpalastes ereigneten sich ziemlich wüste Szenen, besonders an der Ecke der Potsdamer= und Alvenslebenstraße. Hier wurden in dem Gedränge der vor der Polizei zurückweichenden Menge die großen Schaufensterscheiben einer Filiale der Firma M. Pech zertrümmert. Die Polizei sorgte auch dafür, daß die Eingänge der umliegenden Häuser, in denen ein Teil der Zurückgedrängten Schutz suchte, geräumt wurden« (Vw 15. 9.).
»Bei den wüsten Tumulten wurden etwa 30 Personen, darunter mehrere Frauen, verletzt« (BLA 15. 9.). Die Polizei hatte rund 1000 Beamte im Einsatz. Etwa 15 Personen wurden festgenommen.
Vw 13.–15., 17. 9.; RF 13., 15.–16. 9.; BLA 15. 9.; Agr 19. 9.

Sep 18, 20.15 Uhr. »Trauer- und Protestkundgebung« anläßlich des Todes des SA-Mannes Hermann Thielsch
V: NSDAP.
Et: 0,80 M, Erwl. 0,40 M.
Rd: Dr. Frank II (München), Dr. Joseph Goebbels (MdR, Gl).
Th: *»Gegen den Mordterror! Sind wir Nationalsozialisten vogelfrei?«.*
»Hermann Thielsch [...], der bei dem kommunistischen Ueberfall auf das nationalsozialistische Verkehrslokal in der Gneisenaustraße erschossen wurde« (BLA 19. 9.).
Agr 15.–16. 9.; BLA 19. 9.

Okt 1, 20.00 Uhr. Kundgebung
V: NSDAP.
Im Rahmen der Hib-Aktion (Hinein in die Betriebe).
Rd: Johannes Engel (Stadtverordneter), Dr. Wilhelm Frick (MdR), Dr. Joseph Goebbels (MdR, Gl).
Agr 25. 9.; BLA 1. 10.

Okt 2, 20.00 Uhr. Hindenburg-Feier
V: Deutscher Reichskriegerbund »Kyffhäuser«.
Rd: Rudolf von Horn (General a.D., 1. Vors. des »Kyffhäuser«), von Metzsch (General a.D.).
Th: *»Das Wettrüsten der Nationen und Deutschlands Recht auf Sicherheit«.*
Mitw.: Symphonieorchester Müngersdorf, Kapelle des Hauptkriegerverbandes Berlin, Kapelle des Krieger- und Landwehrvereins Friedenau, Kapelle des Kriegervereins Neukölln u. a.
»Der Armeemarsch Nr. 7 fliegt auf. Die Menge erhebt sich. Die Fahnen ziehen ein. Es quillt heran, nimmt kein Ende. Es teilt sich und strömt und zieht der Bühne zu, auf der sich die Fahnen postieren wollen. Es kommt, kommt und quillt, immer noch kein Ende. Hundert Fahnen vorbei. Ein halbes Tausend – von Fahnen, von deutschen Fahnen« (BLA 3. 10.).
BLA 17. 9.; 3. 10.

Okt 8, 20.15 Uhr Boxen »Hans Schönrath – Walter Neusel« u. a.
V: Burda.
Et: 1,– bis 10,– M.
Bg: Werner Riethdorf (53,6 kg; Berlin) – Erich Kohler (Berlin), Sieg Riethdorfs nach Pktn (4 Rdn).
Lg: Kurt Dalchow (60 kg; Berlin) – Fritz Reppel (62,3 kg; Herne), Sieg Dalchows nach Pktn (4 Rdn).
Hsg: Erich Tobeck (78,5 kg; Breslau) – Phil Richard (79,5 kg; B), Sieg Tobecks nach Pktn (8 Rdn).
Hsg: Paul Vogel (76,9 kg; Berlin) – Walter Sabottke (76,3 kg; Berlin), unentschieden (8 Rdn).

364 Programmheft (Chr Okt 18); VWA.

Hsg: Egon Stief (91,4 kg; Berlin) – Charlie Saß (86,2 kg; B), Sieg Stiefs durch Abbruch (6. Rde).
Sg: Hans Schönrath (87,9 kg; Krefeld) – Walter Neusel (86,5 kg; Bochum), unentschieden (10 Rdn).
Eröffnungsveranstaltung der Sportsaison 1931/32.
»Wenn an einem Grosskampfabend im Berliner Sportpalast nur 2637 Karten verkauft werden, dann kann man nicht umhin, dann muss man von einer Pleite sprechen. Es wäre nun aber falsch, wollte man das Fiasko, das die Unternehmer Burda, Damski und Koslowski, bei ihrer letzten Veranstaltung erlebten, mit der schlechten Wirtschaftslage entschuldigen. Ausschlaggebend war vielmehr der Umstand, dass die Veranstalter es nicht verstanden, die Preise der Plätze dem Niveau der Kämpfe anzupassen. [...] Vor leeren Bänken und vor wenigen Zuschauern, die förmlich frierend, gelangweilt in den Ring gähnen, können Boxer nicht in Stimmung kommen. Sie brauchen Menschen, die sie anfeuern und dürfen nicht in Gedanken ausrechnen, dass sie bei ihrer prozentualen Beteiligung nicht einmal 100 Mark verdienten. Ruhig, da ohne finanzielle Sorgen, konnte wohl nur Schönrath boxen, dem man 2400 Mark garantieren musste. Er war der Glückspilz des Abends. [...]« (BT 10. 10.).
BLA 8.–10.; BT 10. 10; BZaM 8.–9. 10.

Okt 9, abends. Kundgebung
V: NSDAP.
Rd: Dr. Joseph Goebbels (MdR, Gl), Hans Hinkel (MdR).
Th: *»Was muß geschehen? Warum gehen wir in den Reichstag?«*
BLA 10. 10.

Okt 10, 19.00 Uhr. Kundgebung
V: IAH, Berlin-Brandenburg.
Rd: *»Henri Barbusse, Paris / Herm. Remmele, M.d.R. / Clara Zetkin / Harry Pollitt, London / Joe Wilkin, Negerarbeiter Amerikas, / Willi Münzenberg, M.d.R.«.*
»Brot für Alle! Massen-Kundgebung anläßlich des 8. Kongresses der Internationalen Arbeiterhilfe in Berlin [...] Fahneneinmarsch / Einmarsch der IAH-Jugendaktivs u. Pioniere / Sprech-Chöre 2 Kapellen URAUFFÜHRUNG eines Chorwerks d. Arbeiterchors Groß-Berlin ›SOLIDARITÄT‹ (300 Sänger) / Arbeiter! Angestellte! Beamte! Schaffende Frauen und Männer! Erscheint in Massen!« (Anz., Die Welt am Abend 6. 10.).
»Ueber 15000 sammeln sich im Sportpalast [...] Tausende finden keinen Einlaß«.
»Vom 9. bis 14 Oktober tagte in Berlin der 8. Kongreß der Internationalen Arbeiterhilfe, der dadurch besondere Bedeutung erhielt, daß mit ihm die Feier des zehnjährigen Bestehens der IAH. verbunden war. Auf diesem Kongreß waren über tausend Delegierte aus vierzig Ländern Europas, Amerikas, Asiens und Australiens vereinigt«, er tagte im Lehrervereinshaus (RF 16. 10.).

Okt 18, 20.00 Uhr. Radrennen
V: SP (Kroner).
100-Rdn-Punktefahren: 1. Bruno Wolke 16 Pkte; 2. Erwin Kuhn 8; 3. Richard Huschke 8; 4. Richard Schwemmler 8; 28:37,0 Min.; außerdem starteten: Kurt Balke, Fritz Bauer, Erwin Evert, Richard Feder, Paul Koch, Erich Kühne, Paul Neumann, Fritz Schimming, Kurt Skrypnik.
100-km-Mannschaftsfahren (11 Paare): 1. Kroll/Maidorn 36 Pkte; 2. A. Buysse/van Buggenhout 36; 3. Jan van Kempen/Braspenning 23; 4. Guimbretière/Peix 17; 5. Tietz/Goebel (1 Rde zurück) 30; 6. Lehmann/Wissel 23; 7. Funda/Maczynski 23; 8. Petri/Manthey 15; 9. Siegel/Thier-

der Angriff

Herausgeber: Dr. Goebbels

Das deutsche Abendblatt in Berlin

Für die Unterdrückten
Gegen die Ausbeuter

Nummer 190
Sonnabend, den 24. Oktober
5. Jahrgang 1931

Einzelpreis 10 Pf.
Auswärts 20 Pf.

Der von Kommunisten schmählich ermordete
Pg. Böwe
wird heute um 2.30 auf dem
Luisenstadtfriedhof
(Bergmannstraße) zu Grabe getragen.
Alle Nationalsozialisten sind zur Stelle, um dem gemeuchelten Kameraden die letzte Ehre zu erweisen!

Straßer im Sportpalast entwickelt das Regierungsprogramm

Der Dank des Führers

Kameraden der SA., der SS., der HJ. und des NSKK.!

Die Tage von Braunschweig sind vorbei. Die Welt hat den gewaltigsten Ausmarsch erlebt, der je in Deutschland gesehen wurde. Ein Abschnitt des harten Kampfes liegt wieder hinter uns.

Ich kenne die Opfer, die Ihr gebracht habt zum Gelingen des großen Tages, Opfer, wie nur Ihr sie bringen könnt, sonst keine Partei, keine Bewegung der Welt.

Berlin, 24. Oktober

Der überfüllte Sportpalast sah gestern eine Riesenkundgebung der Berliner Nationalsozialisten, zu den.. Pg. Gregor Straßer in groß angeleg..er Rede sprach.

Brüningmethoden oder neuer Kurs?

Die richtunggebenden Ausführungen unseres Reichsorganisationsleiters beschäftigten sich eingangs mit den Ereignissen der vergangenen Woche im Reichstag, wo die gescheiterten Methoden der jetzigen Regierung durch spießbürgerliche Interessenten noch einmal sanktioniert wurden. Der Nationalsozialismus völligen Selbständigkeit die Gruppen gesammelt, die in einer entschiedenen Front gegen den Marxismus und die heutige Staats- und Wirtschaftsführung ständen. Ein von Nationalsozialisten geführtes Deutschland sei das Ziel, in welchem allerdringlichste Aufgaben zum Wohle des gesamten Volkes in Angriff genommen und durchgeführt werden müßten, damit Deutschlands Untergang vermieden werde.

Unser Programm

Wenige leitende Forderungen seien unser Programm und damit das der kommen-

Wieder mal kaltgestellt

Dr. G. Mit tiefer Bitterkeit hat Schreiber dieser Zeilen aus der jüdischen Presse erfahren, daß seine Position innerhalb der nationalsozialistischen Bewegung vollkommen erschüttert sei. Seine Kaltstellung, von langer Hand vorbereitet, wäre nun endgültige Tatsache geworden. Er rechne bereits zu den politisch Toten. Man könne das vor allem daraus ersehen, daß er in Harzburg nur eine ganz untergeordnete Rolle gespielt habe, nicht zum feierlichen

365 Der Angriff, 24. 10. 1931 (Chr Okt 23).

bach 8; 10. Brüder Nickel 5; 11. Ehmer/Kroschel 4; 2:15:29,8 Stunden.
BLA 18. 9.; 16., 18.–19. 10.; Vw 17. 9.; 14. 10.; Ph (VWA).

Okt 19, 20.00 Uhr. Amateur Boxen »USA – Deutschland«
V: DRfAB.
Flg: Henry Burns (USA) besiegt Ball (Berlin).
Bg: Ziglarski (München) besiegt Beloise (USA).
Fdg: Schleinkofer (München) besiegt Paciano (USA) durch Disqualifikation.
Lg: Donner (Berlin) besiegt St.J. Salek (USA).
Wg: Kurth (Köln) besiegt Cravotta (USA).
Mg: Hough (USA) besiegt Rennen (Köln).
Hsg: Metham (USA) besiegt Polter (Leipzig) durch Disqualifikation.
Sg: Ramek (Berlin) besiegt Sather (USA) durch Abbruch (1. Rde).
Deutschland – USA 10:6.
Es waren jeweils drei Runden angesetzt. Als Einleitung fand ein Jugendkampf statt.
BLA 29. 9.; 19.–20. 10.; Vw 20. 10.

Okt 20–21, 20.30 Uhr. Eishockey u. a.
V: BSchC.
Et: 1,– bis 6,– M.
Kunstlauf von Sonja Henie (N).
Frankreich (Auswahl): Tournier (Tor); Couvert, Haßler, Murphy, Simond u. a.
BSchC: G. Ball (Tor); R. Ball, Brück, Davidoff, Jaenecke, Schröttle u. a.
Okt 20 BSchC – Frankreich 4:0 (3:0, 0:0, 1:0).
Okt 21 BSchC – Frankreich 8:2 (2:2, 4:0, 2:0).
Angekündigt waren noch: Brandenburg – BSV 92.
»Ein volles Haus erlitt eine arge Enttäuschung. Nur erlebte man gestern abend das Wunder, daß das Publikum – alles hinnahm, ohne zu mucksen. Es ist abgesehen von dem schwachen Eishockeyspiel schon eine sehr starke Zumutung an die Zuschauer, wenn man aus einer Ecke des 1. Ranges herab ein Grammophon irgendwelche Schlager dudeln läßt. Das hat man doch noch nicht erlebt, daß die Premiere einer Eislaufsaison mit schlechter Schallplattenmusik eingeleitet wird. Oder sollte der Direktion des Sportpalastes unbekannt sein, daß es in Berlin tausende arbeitslose Berufsmusiker gibt?« (Vw 21. 10.).
BLA 7., 21. 10.; Vw 20. 10.; Agr 21. 10.

Okt 22, 20.00 Uhr. Kundgebung der »werktätigen Frauen«
V: KPD.
Et: 0,60 M, Erwl. 0,25 M.
Rd: Roberta Gropper (MdR), Lene Overlach, Hermann Remmele (MdR), Adelheid Torhorst; eine Siemensarbeiterin.
Th: *»Kapitalismus: Hunger und Not – Kommunismus: Freiheit und Brot!« – »Wie schmieden wir die Einheitsfront gegen Not und Reaktion?«*
»Aus dem Programm: Fahneneinmarsch – Einmarsch der Frauenstaffeln des Kampfbundes, der roten Sportlerinnen, der roten Metallarbeiterinnen – Zwei Musikkapellen – Erich Weinert rezitiert.« Der Auftritt Weinerts wurde jedoch durch die Polizei verboten.
»Riesige Transparente werfen die Losungen in den überfüllten Saal. ›Macht die Metallbetriebe streikfertig!‹ – unter dieser Kampflosung [...] stand die gewaltige Kundgebung. [...] 8 Uhr. Trommelwirbel ertönt vom Eingang. [...] Die proletarischen Frauen marschieren in den Saal. Voran das Tambourkorps der Frauen; dann ein Meer roter Fahnen, trauerumflort. Tausende Fäuste ballen sich zum Gedenken der Braunschweiger ermordeten Kameraden! Minutenlang dauert der Einmarsch der Frauen. Rote Kopftücher leuchten. Staffel auf Staffel rückt ein. Kampfbund, EVMB., RGO. Ernste, entschlossene Gesichter. Dann folgen die jungen Pioniere und die Sportlerinnen. [...] Die Fahnendelegationen der Betriebe, der KPD. und des Kampfbundes marschieren hinter einem Tambourkorps. [...] Genosse Wangenheim rezitiert. Grund zum Einschreiten des überwachenden Beamten. Auch Weinerts Gedichte seien verboten« (RF 23. 10.).
RF 16., 20., 22.–23. 10.

Okt 23, 20.15 Uhr. Kundgebung
V: NSDAP.
Et: 0,80 M, Erwl. 0,40 M.
Rd: Gregor Strasser (MdR).
Th: *»Die politische Lage«.*
Agr 21., 24. 10.

Okt 24, 18.00 Uhr. Hallensportfest
V: ASV Fichte.
Et: 1,– M, Erwl. 0,60 M; Teilnehmer mit Startkarte 0,60 M, Erwl. und Jugendliche 0,30 M.
»Das Rote Berlin steht zu den roten Sportlern. Der ASV. Fichte ist die Berliner Arbeitersportbewegung. Das weite Rund ist so geschmückt mit riesigen Transparenten ›Prolet, schütze und verteidige deine Partei‹, ›Hinein in die KPD.‹, in riesigen Lettern betonen die roten Sportler ihre Verbundenheit mit der Führerin des revolutionären Proletariats, der KPD. [...] Ueberwältigend war der Einmarsch der roten Sportbataillone. Zuerst die Kleinsten, die 4–6jährigen, dann die Sportpioniere, die Jugend, die Sportler und Sportlerinnen, [...] Der Beifall steigert sich, als die Musik einsetzt: ›Wir schützen die Sowjetunion‹. Begeistert singen die Massen mit. Fahneneinmarsch. Genosse Zobel spricht« (RF 25. 10.).
Aus den Wettbewerben:
50-m-Lauf (Frauen): 1. Rose (Neukölln) 7,1 Sek. – 50-m-Lauf (Jugend): 1. Schütte (Schöneberg) 6,4 Sek. – 50-m-Lauf (Männer): 1. Reißschneider (FSU) 6,3 Sek. – 10x1/2-Rde-Staffel (Frauen): 1. Moabit 1:58,3. – 5x1-Rde-Staffel (Jugend): 1. Neukölln 1:51. – Ringen: Seelenbinder – Fischer, Sieg Seelenbinders nach 2:20 Min. – Fliegerfahren: 1. Werner (Lichtenberg) und Biontino (Moabit) 12,2 Sek. – Malfahren: Leipzig – Berlin, unentschieden. – Zehnmeilenfahren nach Sechstageart: 1. Schulze/Hebenstreit (Leipzig) 38 Pkte, 2. Merkan/Reinhardt (Berlin) 36 Pkte. – Hockey: FSU – Schöneberg 1:0. – Handball: Fichte-Ost – Spandau 2:4. – Pushball: Neukölln – Kreuzberg 12:0. – Außerdem gab es Schießwettkämpfe, Sprinter-Dreikämpfe, Vorführungen der Turner und der Radartisten u. a.
RF 18., 21.–25., 27. 10.; Der Rote Stern, Nr. 17.

Okt 25, 20.00 Uhr. Radrennen
V: SP (Erich Kroner).
Et: 1,50 M bis 7,0 M.
Dreistunden-Mannschaftsfahren: 1. Richli/Schön 36 Pkte; 2. Rausch/Hürtgen 19; 3. Tietz/Buschenhagen (1 Rde zurück) 60; 4. Kroll/Maidorn 29; 5. Brüder Wolke (2 Rdn zurück) 26; 6. Ehmer/Kroschel 18; 7. Petri/Manthey (3 Rdn zurück) 59; 8. Lehmann/Wissel 18; 9. Raynaud/Dayen 6; 129,447 km; aufgegeben: Dorn/Engelmann, Miethe/Krüger, Schenk/Piano.
BLA 18. .; 25.–26. 10.; Vw 21., 24., 26. 10.; Agr 23. 10.

Okt 27, 20.00 Uhr. Amateur-Radrennen
19.30 Uhr Vorwettbewerbe zum Malfahren.
V: DRU, Ortsgruppe Berlin.
Malfahren (1000 m; Vorläufe und 4 Zwischenläufe): 1. Tadewald, 2. Giel, 3. Mattern (alle Brennabor, Berlin), 4. Bretzke (Alberto Diamant).

Jugend-Punktefahren (20 Rdn): 1. Münzer (Rennhahn) 15 Pkte; 2. Gerhard Huschke (Mifa-Nord) 14; 3. Wiemer (Einzelfahrer) 7; 4. Passenheim (Suco) 4.
Ausscheidungsfahren: 1. Sturies (Fedia), 2. Meyer (Wanderer Spandau), 3. York (Endspurt), 4. Loetsch.
50-Rdn-Punktefahren: 1. Gruhn (Fedia) (11:28) 14 Pkte; 2. Scheurich (Fedia) 12; 3. B. Frank (Einzelf.) 10; 4. Breiter (Fedia).
Zweistunden-Mannschaftsfahren: 1. Kolbe/Tallmann (Fedia) 33 Pkte; 2. Jaenicke/Trostmann (Rennhahn) 29; 3. M. Franke/Dubaschny (Brennabor) 21; 4. König/H. Kalupa (Rennhahn/Semper) 17; 5. Mattern/Tadewald (Brennabor; 1 Rde zurück) 22; 6. Giel/Käber (Brennabor/Einzelf.) 17; 7. Münzer/Seidel (Rennhahn) 5; 8. Galle/Markus (Wanderer) 4; 9. Levy/Bretzke (Alberto Diamant) 2; 10. Nebe/Hufnagel; 84,825 km; aufgegeben: Jablonski/W. Kalupa; durch Sturz ausgeschieden: Gottwald/Rauhut.
BLA 27. 10.; Vw 28. 10.; IRS Nr. 44, S. 1200f.

Okt 28, 20.00 Uhr. 11. Fest der Sportpresse
V: VDS/VBS.
Zugunsten der Wohlfahrtkassen der beiden Vereine.
»Helene Mayer, Weltmeisterin im Florettfechten, wird im Kampf gegen ihren Bruder Eugen ihre Kunst zeigen, Mohamed Nosseir (Aegypten), der stärkste Mann der Welt, hat sich vorgenommen, 330 Pfund beidarmig zu strecken, Sawall, Steffes, Buse, die drei deutschen Radrennmeister, bestreiten ein Omnium in drei Läufen, Starter ist Otto Schmidt. Einen Sprinterkampf bestreiten der deutsche Doppelmeister Arthur Jonath und Helmut Körnig gegen die besten Turner Pflug und Vent, Syring, der deutsche Rekordmann, startet im 3000=Meter=Rennen, und ein Staffellauf der Prominenten u. a. mit Hanni Köhler, Caracciola, Pistulla, Böhlke, Frömming, Breitensträter, Zahn, Rau und Rausch, das von Ernst Udet gestartet wird, sieht 20 sportliche Berühmtheiten auf der Bahn [...] Fußballer werden in dem Treffen Hertha=BSC. gegen Tennis=Borussia auf ihre Kosten kommen. [...] Das Radrennen über 100 Runden wird [...] von Max Schmeling auf die Reise geschickt werden. Kunstreigen der Radfahrer von Blitz=Neukölln, Kunstturnen, Hürdenlaufen der Jockei=Lehrlinge usw. bilden weitere Darbietungen des Festes« (BLA 26. 10.).
BLA 18. 9.; 23., 26., 28., 30. 10.; IRS Nr. 46, S. 1249f.

Okt 30 – Nov 5. 26. Berliner Sechstagerennen
Beginn 30. 10. um 20.15 Uhr, Start 22.00 Uhr, Ende 5. 11. um 23.00 Uhr.
V: SP (Erich Kroner).
Wertungen: 14.30, 16.30, 22.00, 2.00, 4.00 Uhr (je sechs Spurts); die erste Wertung allerdings um 23.00 Uhr.
Teiln. (14 Paare): Wambst/Marcillac (F), Charlier/Deneef (B), Linari/Piemontesi (I), Richli/Buschenhagen (CH/D), Broccardo/Tietz (F/D), Bulla/Miethe (A/D), Schön/Göbel (D), Rausch/Hürtgen (D), Ehmer/Kroschel (D), Kroll/Maidorn (D), Petri/Manthey (D), Funda/Maczynski (D), Siegel/Thierbach (D), R. Wolke/Krüger (D).
Ergebnis: 1. Broccardo/Tietz 198 Pkte; 2. Schön/Göbel (1 Rde zurück) 299; 3. Funda/Charlier 195; 4. Richli/Siegel (2 Rdn zurück) 268; 5. Wambst/Wolke 144; 6. Bulla/Miethe (3 Rdn zurück) 196; 7. Ehmer/Maidorn 156; 8. Rausch/Hürtgen 130; 9. Petri/Manthey (6 Rdn zurück) 267; aufgegeben: Buschenhagen, Krüger, Linari/Piemontesi, Marcillac, Deneef, Kroschel, Kroll; durch Sturz ausgeschieden: Thierbach, Maczynski.
Zurückgelegte km: 3249,480.
Startschuß: Renate Müller (Schauspielerin).

366 26. Berliner Sechstagerennen (Chr Okt 30 – Nov 5), Renate Müller gibt den Startschuß ab.

Vorrennen:
6-Rdn-Malfahren (4 Vor-, 2 Zwischenläufe): 1. Bernhardt 10,9; 2. Dorn; 3. Kühn, 4. Balke. – Mannschafts-Verfolgungsfahren: Koch/Ussat holen Feder/R. Huschke nach 21 Rdn in 4:26 Min. – 100-Rdn-Punktefahren: 1. Schenk (22:18) 8 Pkte; 2. B. Wolke (1 Rde zurück) 10; 3. Wissel 8; 4. Schimming 6; 5. Piano 2.
Gitta Alpar, die Opern- und Operettensängerin, *»hat in einer Loge des ersten Ranges Platz genommen, Robert Liedemit, der Direktor des Admiralspalasttheaters, hat sie im Schatten seiner breiten Schultern durch die Massen geleitet und ›Gustav‹ ist endlich auch aus dem Atelier gekommen. Da erschallt es im mächtigsten Chor durch den Sportpalast, wo sich die flotte Kette der 6=Tagefahrer durch den Dunst schiebt: ›Gustav Fröhlich, du bist entdeckt – Wir wüßten gern, wie eine Lage schmeckt!‹ Das ist der Chor der ›Kurve‹. Sie ist die Landplage des 6=Tage=Rennens geworden. An der Südkurve des Ovals der Holzbahn hat sich eine Horde von Müßiggängern etabliert, die eisern jede Nacht durchhalten. Ihr ›Sport‹ ist es, nach bekannten Leuten auszuschauen und sie im Sprechchor ›anzupflaumen‹, bis sie sich durch eine Lage Bier für die ›Kurve‹ etablieren. Die ›Kurve‹ ist die Nebenregierung des Sportpalastes geworden. Ihr Schreien und Toben wendet sich mal gegen die Fahrer, mal gegen das Publikum. Gustav Fröhlich hat nicht gleich mit einer ›Lage‹ reagiert, da ertönt es schon wieder von der Kurve her: ›Gustav Fröhlich, lasse dich nicht lumpen, Gitta Alpar wird dir schon was pumpen!‹ Nachher erscheint ein Abgesandter der ›Kurve‹, um ganz offiziell den Obulus für den Sprechchor einzukassieren. Nun geht die Plage erst recht los. Denn nun will auch der ›Heuboden‹ seine ›Lage‹ haben. Der ›Heuboden‹ ist die Galerie über uns, wo sich kragenlos eine Konkurrenz der ›Kurve‹ aufgetan hat. Von oben herunter erschallt es: ›Gitta Alpar, holde Nachtigall / O zarte Sehnsucht, süßes Hoffen / Der Heuboden ist noch nicht besoffen!‹ Darauf lassen sie an einer Leine eine Mütze herunter, und die pendelt so lange vor Gittas Gesicht, bis Gustav in die Brieftasche greift und auch die Ansprüche des ›Heubodens‹ bewilligt. Aber man muß sagen: wenn diese Massenbettelei auch etwas dreist ist, sie hat die Form des Humors und ist nicht verletzend. Da sitzen oben die Jungens aus dem Volke und hier zwei Meter unter ihnen die junge, im Glanze ihres Ruhmes und ihres privaten Glücks strahlende Künstlerin, die im Laufe einer Saison so berühmt und populär wurde wie sonst nur die Massary – und Volk und Diva verstehen sich ausgezeichnet. Die da oben sind stolz darüber, daß die große Sängerin ihnen die Ehre ihres Besuches erweist und die Sängerin freut sich, daß man sie auch hier auf Händen trägt. Wenn man von der ›Kurve‹ und vom ›Heuboden‹ anerkannt ist, ist man eben wirklich populär. Bei den ersten 6=Tage=Rennen nach dem Kriege hatten Jannings und Conradt Veidt hier die Ehre, dann wurden sie an Popularität von Richard Tauber abgelöst, in der vorigen Saison jubelte der Sportpalast Hans Albers zu – nun sind die nächtlichen Huldigungen der Menge der blonden Gitta Alpar zugefallen. In der Sonntagnacht wurde sie sogar gezwungen, ›eins‹ zu singen. Zehntausend lauschten gebannt und die Fahrer fuhren ganz, ganz leise auf ihren Pneus ihre Runden...«* (Herold Nr. 45).
IRS Nr. 44f.; BLA 16., 30.–31. 10.; 1.–7. 11.; Herold Nr. 45.

Nov 7, abends. Sportball
V: SP.
Et: 1,– M.
»[...] ein Sportball [...] zu dem fast alle prominenten Sportler Berlins erscheinen werden. Es ist der Direktion des Sportpalastes möglich gewesen, die beliebtesten Mannschaften des 26. Berliner 6=Tage=Rennens zu veranlassen, zu erscheinen. Die Tanzmusik wird von drei Kapellen ausgeführt, außerdem finden Kabarett=Vorstellungen und Tanzdarbietungen statt« (Herold Nr. 45).

Nov 8, 20.15 Uhr. Totengedenkfeier
V: NSDAP, Gau Groß-Berlin.
Et: 0,80 M, Erwl. 0,40 M.
Rd: Dr. Joseph Goebbels (MdR, Gl), Wolf Heinrich Graf von Helldorf.
Th: *»Unsere Toten mahnen«.*
Mitw.: Kapelle Fuhsel, Sprechchor.
Agr 3., 9. 11.

Nov 9, 20.00 Uhr. Revolutionsfeier
V: SPD.
Rd: Rudolf Wissel (MdR).
Programm: *»Die Fahnen werden hereingetragen unter den Klängen d. Liedes: / Viele sind stark! Dichtung von Grete Hartung. Musik von Kurt Manschninger. Gesungen von Chören des Arbeitersängerbundes. Das Orchester begleitet. / So pocht das Schicksal an die Pforte. Erster Satz der fünften Sinfonie von Beethoven. / Erinnerung und Mahnung. Ein Vorspruch. Dichtung von Otto Meier. / Gelöbnis! Weckruf (Marseillaise), bearbeitet von Heinz Tiessen. Sonnenhymne, von Mussorgski, bearbeitet von A. Guttmann. Chöre. / Vorwärts zum Kampf, Rakoczy, Marsch von Berlioz. / Festansprache. Rudolf Wissel. / Signale aus der sechsten Sinfonie von Tschaikowsky. / Aufmarsch. Vier Sätze aus dem Chorwerk von Heinz Tiessen für gemischte Chöre mit Orchester. – Bergleute – Schnitter – Arbeit – Vorwärts wagen! / Wie lange noch Prolet. Ein Chorwerk für Sprechchor von Bruno Schönlank. Die Internationale. Gemeinsamer Gesang«* (Vw 7. 11.).
Vw 6.–8., 10. 11.

Nov 11, 10.00 Uhr. Öffentlicher Eislauf
V: SP (?).
Et: 0,50 M.
Vw 10. 11.

Nov 12–13, 20.15 Uhr. Eishockey u. a.
Ab 10.00 Uhr öffentlicher Eislauf (Et: 0,50 M).
V: BSchC (?).
SC Riessersee: Wimmer (Tor); Bender, von Bethmann-Hollweg, Lang, Scheublein, Schröttle, Slevogt, Strobl, Vierling.
BSchC (IM): G. Ball, Fehling (Tor); H. Ball, R. Ball, Brück, Davidoff, Jaenecke, Korff, Römer.
»Neben diesem Hauptkampf gibt es noch an jedem Abend drei ›Blitzspiele‹ von je zweimal zehn Minuten. Vier Mannschaften haben sich für diesen neuartigen Wettbewerb gemeldet. BSC. II., Brandenburg, SCC. und eine kombinierte Mannschaft von Tegel und dem BSV« (BLA 12. 11.).
Nov 12 BSchC (IM) – SC Riessersee 6:0 (0:0, 2:0, 4:0).
Nov 13 BSchC (IM) – SC Riessersee 3:2 (1:1, 1:0, 1:1).
BLA 12.–14. 11.; Vw 10., 13. 11.

Nov 14, abends. Funkball
V: SP.
Et: 1,– M *(»Funkhörer zahlen halbe Preise«).*
»[...] unter persönlicher Anwesenheit von Alfred Braun [...]. Die Tanzmusik wird von drei Kapellen ausgeführt, außerdem finden Kabarett, Tanzvorführungen usw. statt« (Herold Nr. 46).

Nov 15 (?), abends. Konzert mit Dajos Bela
V: SP (?) mit Unterstützung des Arbeitsamtes Berlin-Mitte.
Et: 0,75 bis 2,– M.
Zugunsten der Berliner Winterhilfe.
»Dajos Bela spielt [...] mit 200 Musikern für die Berliner Winterhilfe. Eine Monstre=Jazz=Matinee von bisher nicht bekannten Ausmaßen! [...] Dajos Bela spielt sein vollständiges modernes Schlagerprogramm« (Herold Nr. 46).

Nov 18. Elisabeth-Feier
V: Katholische Aktion/Caritas-Verband Groß-Berlin.
Rd: Pater Dionysius Ortsiefer.
Th: *»Unsere Not – unsere Liebe«.*
Mitw.: Vereinigte Katholische Kirchenchöre u.a.
BLA 19. 11.

Nov 19, 20.00 Uhr. Kundgebung
V: DNVP.
Rd: Dr. Brunow (Kampfgemeinschaft junger Deutschnationaler), Dr. Alfred Hugenberg (MdR), Otto Schmidt-Hannover (MdR).
Th: *»Zentrumspolitik und Arbeitslosigkeit«.*
Mitw.: Stahlhelmkapelle u.a.
BLA 20. 11.

Nov 20, 20.15 Uhr. Kundgebung
V: NSDAP, Gau Groß-Berlin.
Et: 0,80 M, Erwl. 0,40 M.
Rd: Hermann Esser, Dr. Joseph Goebbels (MdR, Gl).
Th: *»Hamburg! Anhalt! Mecklenburg! Hessen! Der Nationalsozialismus im Angriff! SPD! Wehr' Dich!«*
Agr 16., 21. 11.

Nov 21–(?). Öffentlicher Eislauf
10.00–24.00 Uhr.
V: SP.
Et: 1,– M, Kinder 0,50 M.
BLA 21. 11.; Vw 21. 11.

Nov 28–29, 20.15 Uhr. Eishockey u.a.
V: BSchC (?).
Et: ab 1,– M.
Kunstlauf von Sonja Henie (N) und Ernst Baier.
England (British Ice Hockey Association): Rodgers, Little (Tor); Ehrhardt, Fawcett, Jackson, Magwood, Melland u.a.
BSchC: G. Ball (Tor); Davidoff, Römer (Vert.); R. Ball, Brück, Jaenecke (Sturm); H. Ball, Korff (Ersatz).
Nov 28 BSchC – England 3:2. Legja Warschau – BESV-Auswahl 6:0.
Nov 29 BSchC – England 3:3 (1:3, 2:0, 0:0). Legja Warschau – BESV-Auswahl 1:0 (0:0, 0:0, 1:0).
BLA 23.–24., 27.–30. 11.; Vw 24., 30. 11.

Dez 2, 20.00 Uhr. Kundgebung
V: Reichsbanner Schwarz-Rot-Gold.
Rd: Bruno Hauff (DDP, MdL), Rektor Kellermann (Vors. der Berliner Zentrumspartei), Neidhardt (Gauf. des Reichsbanners), Fritz Tarnow (SPD, MdR).
Th: *»gegen Terror und Faschismus«, »Rücksichtsloses Zupacken«.*
Mitw.: Spielmannszüge und Musikkapellen des Reichsbanners.
»Unter den Marschklängen [...] vollzog sich der Fahneneinmarsch. Als zu beiden Seiten des Parketts die Fahnenträger, geführt von Trägern der Bundesstandarte und der alten Fahne von 1848, erschienen, brach die Riesenversammlung in nicht endenwollende begeisterte Ovationen aus. Hüteschwenken, Winken und minutenlanges Händeklatschen begrüßte die dann in voller Ausrüstung mit Tornister und Sturmriemen herunter inmarschierenden Formationen der Stafo=, Schufo= und Jungba=Organisation. Der Beifall braust noch durch das Haus, als die Fahnenabordnungen bereits auf dem Podium Aufstellung genommen haben, das im Hintergrunde einen riesigen Reichsadler zeigt« (Vw 3. 12.).
Vw 30. 11.; 2.–3. 12.; 28. 1.32.

Dez 4, abends. Kundgebung
V: NSDAP.
Rd: Hermann Göring (MdR), Franz Stöhr (MdR).
Goebbels hatte Redeverbot erhalten. »Der Angriff« war zu dieser Zeit ebenfalls verboten.
BLA 5. 12.

Dez 5, 20.00 Uhr. »Das Fest der 20 000« (Universum-Fest)
V: Universum-Verlag.
Et: 0,80 M, Erwl. 0,40 M.
»Es reden: Willi Münzenberg, Tarassow-Rodionow (Moskau), Michael Tschumandrin (Leningrad), J.R. Becher, Otto Heller, F.C. Weiskopf und Ernst Gläser / Kate Kühl und Sonja Ambach singen. Ein großes Orchester erwerbsloser Musiker spielt. Der Berliner Uthmann-Chor und Sängervereinigung ›Nord‹ bringen Massenchöre. Claire Waldoff, Ernst Bringolf und Hans Deppe rezitieren, Busch und Eisler mit neuen und alten Songs« (RF 4. 12.).
»Die [...] Kundgebung [...] war vor allem eine Riesendemonstration für das proletarische Buch und damit für die geistigen Waffen des kämpfenden Proletariats. Genosse Münzenberg hielt eine anfeuernde Ansprache, an die sich zahlreiche künstlerisch hochwertige Darbietungen anschlossen. Transparente und Bilder schmücken die Arena und beweisen mit Ziffern die kulturelle Arbeit des Universum-Verlages« (RF 6. 12.).
RF 4., 6. 12.; Hoffmann/Siebig, Busch, S. 118f.

Dez 6, 9.00 Uhr. Hallensportfest der Turner
V: DT, Kreis III b.
»rund 2000 Meldungen [...] von 9 Uhr früh ab krachten die Startschüsse [...], kämpften Elite und Durchschnitt in zahllosen Vor= und Zwischenläufen, und in der Turnhalle nebenan in der Pallasstraße maßen sich die Hochspringer gar seit 8 Uhr früh. [...] Den Entscheidungen der Hauptwettbewerbe am Nachmittag gingen die Vor= und Zwischenrundenspiele des Handballturniers vorauf, in dem die Turner unter sich waren. [...] Als am Abend die Hauptwettbewerbe begannen, waren Ränge und Tribünen [...] bis auf den letzten Platz besetzt. [...] Das Kunstturnen der Städtemannschaft Berlins am Barren war ebenso eindrucksvoll wie ein spannender Kampf der Läufer. Ausgezeichnet die Medizinballübungen der Mädchen und die Gymnastik der Kleinsten des TSV. Schöneberg. Ganz wundervoll aber der Gruppentanz der Turngesellschaft Steglitz. Nett auch die Rhönradvorführungen des Turnvereins Jahn=Werder. So wirkte alles zusammen und gab dem Sportfest der Turner sein Gepräge. [...] Etwas hart für die vielen, vielen Turner und Sportler war es auch, daß sie zwar mitmachen durften, den Sportpalast jedoch verlassen oder sich eine Eintrittskarte kaufen mußten, wenn sie in den Vorkämpfen geschlagen waren. Damit hat sich der Turnkreis Brandenburg zu einem Prinzip bekannt, das eigentlich nicht mit dem turnerischen Gedanken vereinbar ist« (BLA 7. 12.).
BLA 2., 4., 6.–7. 12.; Vw 7. 12.

Dez 10–(?). Öffentlicher Eislauf
11.00–23.00 Uhr.
V: SP.
Et: 1,– M, Schüler 0,50 M.
Vw 9. 12.

367 Kundgebung des Reichsbanners Schwarz-Rot-Gold (Chr Dez 2). ▷

Dez 12–13, 20.15 Uhr. Eishockey
V: BSchC (?).
Et: ab 2,– M.
Canada (Ottawa): St. Denis (Tor); Bates, Draper (Vert.); Cowley, Stitt, White (Sturm); Moussette, Reaume, Sauvageau (Ersatz).
Deutschland (NM)): G. Ball (Tor); Korff, Römer (Vert.); R. Ball, Jaenecke, Slevogt (Sturm); Grimm, Heinrich, Herker, Schröttle, Strobl (Ersatz).
LTC Prag: Peka (Tor); Malecek, Pusbauer, Tozicka u. a.
Dez 12 Canada – Deutschland 8:0 (1:3, 3:0, 4:0). LTC Prag – Berlin (Verbandsmannschaft) 1:1 (0:1, 0:0, 1:0).
Dez 13 Canada – BSchC (IM) 2:1 (2:1, 0:0, 0:0). LTC Prag – Berlin (Verbandsmannschaft) 3:0 (1:0, 1:0, 1:0).
BLA 10., 12.–14. 12.; Vw 9., 14. 12.

Dez 19–20, 20.15 Uhr. Eishockey u. a.
Ab 11.00 Uhr öffentlicher Eislauf (Et: 1,– M, Schüler 0,50 M).
V: BSchC (?).
Et: 1,– bis 6,– M.
Kunstlauf von Sonja Henie (N).
Dez 19 Oxford University (GB) – BSchC (IM) 2:1. VfB Königsberg – BschC (Res.) 3:1.
Dez 20 BSchC (IM) – Oxford University 2:0. Brandenburg – VfB Königsberg 5:1.
BLA 15., 17., 19.–21. 12.; Vw 19., 21. 12.

Dez 21, abends. Versammlung der durch den Zusammenbruch der Bank für Handel und Grundbesitz Geschädigten
Rd: Dr. Josef Kaufhold (DNVP, MdL).
»Im Sportpalast meldeten sich nach den Ausführungen der Redner zahlreiche Gläubiger zum Wort. Ueberall bildeten sich Gruppen, die heftig miteinander debattierten und dabei in Tätlichkeiten gerieten. Polizei mußte die Ruhe im Saal wiederherstellen. Schließlich sahen die Einberufer sich gezwungen, die Versammlung vorläufig zu schließen« (BLA 22. 1.).

368 Anzeige (Chr Dez 31; nach: BLA 28. 12. 1931).

Dez 25–26. Eishockey u. a.
V: BSchC.
Et: ab 2,– M.
Canada (Ottawa): wohl wie Dez 12–13.
BSchC (IM): wohl wie Dez 12–13.
Außerdem ein Juniorenblitzturnier. In den Pausen Eislauf von Sonja Henie, Gillis Grafström und Gerta Böttcher.
Dez 25, 20.15 Uhr Canada – BSchC (IM) 6:1. Juniorenblitzturnier: BSchC – BEC und BSV 92/SCC – Brandenburg.
Dez 26, 16.30 Uhr Canada – BSchC (IM) 6:1. Juniorenblitzturnier: BSV 92/SCC – BEC 2:1 (1:0).
»Sonja Henie und Gillis Grafström, Weltmeisterin und Weltmeister, Olympiasiegerin und Olympiasieger, im Rahmen eines einzigen Programms – das waren wirklich eine Art von Weihnachtsbescherung, die der Sportpalast seinem Publikum bereitete, und so gingen dann an beiden Feiertagen, am Abend des ersten und am Nachmittag des zweiten, die Wogen der Begeisterung im Sportpalast sehr hoch. [...] Weniger begeistert war man von den Eishockeykämpfen. [...] in den Spielen zwischen dem Berliner Schlittschuh=Club und den ›Ottawa‹=Kanadiern ging es nicht immer sehr weihnachtlich zu. Auf dem Eise nicht und nicht auf den Zuschauerplätzen. [...] in beiden Spielen ging es stellenweise schon mehr roh als rauh zu. Und die Schuld lag keineswegs nur auf seiten der Kanadier. Ein schwerer Fehler war es, den langjährigen BSC.=Kapitän Dr. Holsboer die beiden Spiele schiedsrichtern zu lassen. Der alte Haudegen (alle Achtung vor seinem Können und alle Achtung vor dem was er dem deutschen Eishockeysport genützt hat!) konnte bei solchem Spiel gar nicht unparteiisch sein, dazu hängt er mit seinem ganzen Herzen viel zu sehr an seinem Klub« (BLA 28. 12.).
BLA 23., 25., 27.–28. 12.; Vw 24. 28. 12.

Dez 27, abends. »Dajos Bela-Ball«
V: SP (?).
Et: 1,– M, Vorverkauf 0,50 M.
»3 Kapellen, Kabarett, Tanzvorführungen etc.« (Anz., BLA 25. 12.).

Dez 31, 20.00 Uhr. »Berlins größter Silvester-Ball«
V: SP (?).
Et: 5,– M, Vorverkauf 3,– M, *»Rundfunkhörer halbe Preise«*.
»5 Kapellen, Kabarett, Vorführungen etc. Silvester-Souper 4 Gänge Mk. 3,–« (Anz., BLA 30. 12.).

1932

Jan 3, abends. »Gildehof-Ball«
»Der Gildehof=Ball gehört bereits zum feststehenden Programm im Berliner Vergnügungsabend, und der Abend, der [...] im Sportpalast veranstaltet wird, wird nicht verfehlen, die zahlreichen Freunde der Gildehof=Zigaretten wieder zu einem fröhlichen Abend zu vereinen« (Herold Nr. 1).

Jan 7, abends. Pressekonferenz
Die fertiggestellte, neu eingebaute Radrennbahn wurde vorgeführt. *»Als [...] die Vertreter der Berliner Presse die Bahn besichtigten, legten die Zimmerleute gerade letzte Hand an. Altmeister Rütt, der – wie bekannt – die sportliche Leitung in Händen hat, fuhr die erste Runde und konnte die Bahn nur loben«* (Vw 9. 1.).

Jan 8, 20.15 Uhr. Kundgebung
V: NSDAP.
Et: 0,80 M, Erwl. 0,40 M.
Rd: Dr. Joseph Goebbels (MdR, Gl).
Th: *»Das Jahr des Sieges«.*
Mitw.: Kapelle Fuhsel.
»[...] das gewohnte Bild: Neben dem Paradegeneral der alten Armee, neben den Herren im Einglas, neben den schmisseverzierten Studenten und nicht zum wenigsten neben den Vertretern eines feisten Bürgertums, sah man die jugendlichen Arbeitslosen, die Not und mangelnde Einsicht in dieses Lager verführt haben. Wenn man zudem noch die Damen und Dämchen sah, die von dem bevorzugten Platz aus mit dem Lorgnon die wegen des Uniformverbotes in Zivil aufmarschierenden Männer der SA beäugelten und begutachteten, dann mußte man sich fragen: Wie kann sich hierhin ein klassenbewußter Proletarier verirren? [...] Dr. Goebbels [...] führte etwa folgendes aus: ›[...] Unsere Gegner rufen demgegenüber jetzt zu einer Eisernen Front auf. [...] Wir haben bisher keine große Angst vor der Eisernen Front gehabt. Wir glauben, daß mehr Blech als Eisen vorhanden ist. (Frenetische Heiterkeit) Aber unsere Ansichten änderten sich, als der Polizeivicepräsident Dr. Weiß (lärmende Zurufe: Jude, Isidor!) im ›Berliner Tageblatt‹ seine Sympathie mit dieser Eisernen Front erklärte. [...]‹« (Vw 9. 1.).
Die Versammlung wurde kurz nach 21.00 Uhr von der überwachenden Polizei aufgelöst, u. a. auch wegen dieser Angriffe auf den Polizeivizepräsidenten.
Agr 31. 12. 1931; 2. 1.; VB 10./11. 1.; BLA 9. 1.; Vw 9. 1.; Goebbels, Tagebücher II, S. 107.

Jan 9, abends. »Tonfilm-Ball«
V: SP.
»Die bekanntesten Filmstars haben ihr persönliches Erscheinen zugesagt. Drei Kapellen, Kabarett, Ballett=Vorführungen« (Herold Nr. 2).

Jan 10, 18.00 Uhr. »Kaschemmen-Ball«
»Drei Kapellen, Kabarett, Tanzvorführungen und Ueberraschungen sorgen für Stimmung des Publikums« (Herold Nr. 2).

Jan 10–(?). Öffentlicher Eislauf
Nachmittags.
V: SP.
BLA 11. 1.

Jan 12–13, 20.15 Uhr. Eishockey u. a.
V: BSchC (?).
Et: 1,– bis 6,– M.
Kunstlauf von Edith Michaelis und Hempel/Weiß.
Göta Stockholm (S): Sucksdorf (Tor); »Lulle« Johansson, Oeberg, Broberg (Sturm); u. a.
Jan 12 BSchC (IM) – Göta 3:1 (2:0, 0:0, 1:1). BFC Preußen – SCC 5:4 (1:2, 0:2, 3:0).
Jan 13 Göta – BSchC (IM) 3:2 (0:0, 2:2, 1:0).
BLA 4., 11.–13. 1.; Vw 13. 1.

Jan 14, 19.30 Uhr. Kundgebung
V: KPD, Bezirk Berlin-Brandenburg.
Et: 0,80 M, Erwl. 0,30 M.
Rd: Friedrich Heckert (MdR), Walter Ulbricht (MdR); ursprünglich war auch Wilhelm Pieck angekündigt worden.
Th: *»13 Jahre KPD. 13 Jahre Roter Vormarsch«.*
»Ein Kampfgefährte Karl Liebknechts / der Mitbegründer der KPD., Genosse Fritz Heckert, spricht / Einmarsch der Parteiveteranen und Fahnendelegationen / Im Programm

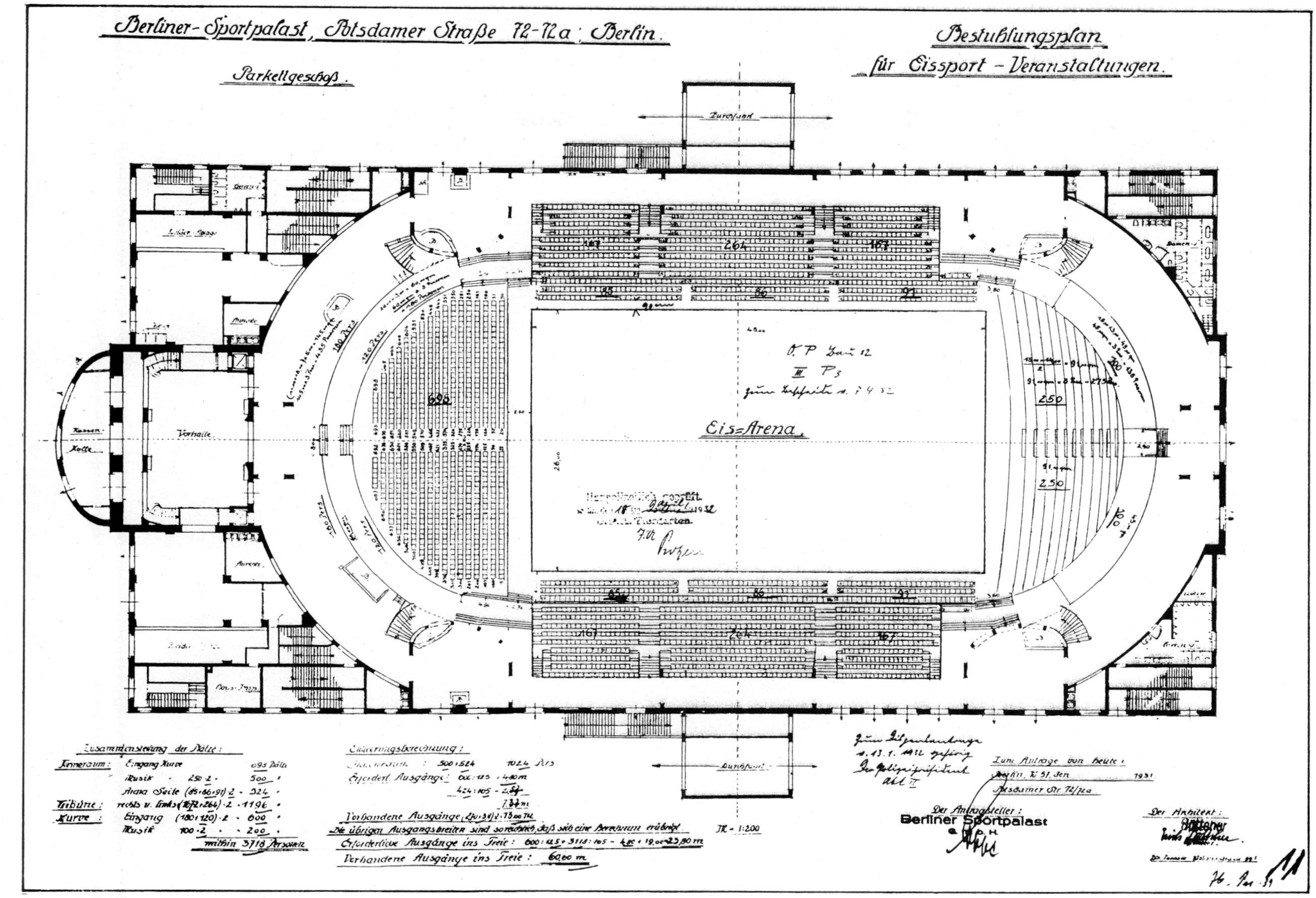

369 Bestuhlungsplan für Eissport-Veranstaltungen (Chr Jan 13; nach: LA SP 4009/60 [Lichtpause/Papier/Leinen, 46 x 65 cm]).

wirken mit: Uthmann-Chor, Sprechchor des Arbeiter-Theaterbundes, Ernst Busch, Hanns Eisler, Alexander Granach u. a.« (RF 13. 1.).
Veranstaltung im Rahmen der LLL-Kundgebungen (Lenin-Liebknecht-Luxemburg).
»Ein Trompetensignal. Die altbekannte, mitreißende Musik der Neuköllner schallte in den Riesensaal. Rote Fahnen tauchten auf. Blaue Kittel leuchteten. Der Einmarsch begann. [...] Da kamen die Roten Jungpioniere und dann [...] die weißen Köpfe unserer alten, ungebrochenen Kämpfer und der Gründungsmitglieder der Partei. [...] Nach der Rezitation ›13 Jahre KPD.‹ durch Alexander Granach, die Erich Weinert auf Grund des Redeverbotes [...] nicht selbst bringen durfte, erhielt Genosse Heckert das Wort. [...] Im Mittelraum des Sportpalastes, im Kreis der Fahnenwald. Von den Brüstungen, von jedem freien Fleck, riefen von großen roten Transparenten Kampfparolen. Ueber dem Rednerstand ein riesiges Lenin=Bild, darüber steht auf meterlangem Tuch: ›Der Kommunismus die einzige Rettung!‹ Anschließend dran links und rechts: ›Die Vernichtung des SPD.=Einflusses ist die Voraussetzung für den Sieg über die Bourgeoisie! Macht die Betriebe zu Hochburgen des Kommunismus! Erwerbslose, kämpft mit den Betriebsarbeitern: Hinein in die KPD.!‹ usw. Kein freier Fleck ohne Transparent. [...] Bekanntgabe der Werberesultate der Sturmmonate Oktober bis Dezember [...] Die im verdunkelten Saal auf die Leinwand geworfenen Zahlen, die Zeugnis gaben von dem unaufhaltsamen Vormarsch des Kommunismus in Berlin, lösten bei den Versammelten stürmischen Jubel aus« (RF 15. 1.).
RF 5., 12.–13., 15. 1.

Jan 15, 20.15 Uhr. Boxen »Ernst Gühring – Saverio Grizzo« u. a.
V: SP (Breitensträter).
Lg: Franz Dübbers (61,5 kg; Köln – Jean Boireau (59,4 kg; F), Sieg Dübbers durch Aufgabe (7. Rde).
Mg: Josef Besselmann (67,5 kg; Köln) – Hendrickx (70,5 kg; B), Sieg Besselmanns nach Pktn (6 Rdn).
Mg: Erich Seelig (72 kg; Berlin) – Frans Stevens (74,2 kg; B), Sieg Seeligs nach Pktn (8 Rdn).
Hsg: Erich Tobeck (78,1 kg; Breslau) – Pierre Gandon (76,2 kg; F), Sieg Tobecks nach Pktn (10 Rdn).
Sg: Ernst Gühring (95 kg; Stuttgart) – Saverio Grizzo (89,5 kg; F), Sieg Gührings durch Abbruch (3. Rde).
BLA 4., 8., 14. 1.; BS 589–90, 11.–18. 1.

Jan 16, 19.00 Uhr. Reichsgründungskommers
V: Burschenschafter Groß-Berlins.
Rd: Donecker, Lohmann.
»Die Burschenschafter Groß=Berlins (Vereinigung der Alten Burschenschafter VAB und der Berliner Burschenschaft) veranstalteten gestern aus Anlaß des bevorstehenden Tages der Reichsgründung [18. 1.] im Sportpalast ihren 46. Reichskommers« (BLA 17. 1.).
BLA 13., 17. 1.

Jan 17, 11.30 Uhr. »Deutsche Weihestunde« als Reichsgründungsfeier
V: Deutscher Reichskriegerbund »Kyffhäuser«.
Rd: Rudolf von Horn (General a.D., Präs. des »Kyffhäuser«).
Mitw.: Philharmonisches Orchester, Massenchor (600 Sänger).
BLA 14., 18. 1.

Jan 18, 20.00 Uhr. Kundgebung »Republikanische Aktion«
V: Reichsbanner Schwarz-Rot-Gold (?).
Et: 0,30 M; *»Reichsbannerkameraden und erwerbslose Mitglieder republikanischer Organisationen frei«.*

Rd: Dr. Ferdinand Friedensburg (Regierungspräs., Kassel), Bruno Hauff (Major a.D., Deutsche Staatspartei, MdL), Pater Innerkofler, Dr. Nowack.
Mitw.: Fritz von Unruh (Prolog).
Die Republikanische Aktion *»will die Sammlung gegen den Nationalsozialismus auch in bürgerlichen Kreisen einleiten, sie will den ideologischen Unterbau für eine Bürgerfront gegen Hitler bilden. Das Programm dieser Aktion enthält eine enge Zusammenarbeit mit der Eisernen Front des Reichsbanners und der Gewerkschaften«* (BT 19. 1.).
»Die gestrige Massenkundgebung der Republikaner [...] hat den Beweis erbracht, dass die bürgerlichen Republikaner bereit sind, an der Seite des Reichsbanners und der in den Gewerkschaften organisierten Arbeiterschaft die Front gegen den Faschismus zu schliessen. Der Sprecher des Prologs, Fritz von Unruh, fand Worte der Anklage gegen die Lässigkeit und Nüchternheit der Republikaner und Worte des Hohns gegen die lächerliche Russenangst der Hakenkreuzler. Kapuzinerpater Innerkofler sprach von den Leiden seiner Heimat Südtirol, die unter den Bedrückungen des Faschismus seufzt. Regierungspräsident Dr. Friedensburg rief das freiheitliche Bürgertum zum Kampf für die alten geschichtlichen Ideale auf. Der staatsparteiliche Landtagsabgeordnete Hauff zeigte die Aufgaben der Republikanischen Aktion auf, die sich an die Eiserne Front anzugliedern habe als Sammelpunkt für das republikanische Bürgertum. In seinem Schlusswort gab Dr. Nowack eine Reihe von Schreiben bekannt, die aus Kreisen führender Republikaner an die Republikanische Aktion gelangt sind« (BT 19. 1.).
BT 17.–19. 1.

Jan 22, 20.00 Uhr. Amateur-Boxen »Polizei Berlin – Polizei Paris – Polizei London«
V: PSV.
Lg-Turnier: Schwarz (Guben) besiegt Meseberg (Magdeburg); Donner (PSV) besiegt Lavayssiere (Paris); Donner besiegt Schwarz.
Mg-Turnier: Hornemann (PSV) besiegt Glain (Paris); Bernlöhr (Stuttgart) besiegt Marlow (London); Bernlöhr besiegt Hornemann.
Hsg-Turnier: Gaikowski (PSV) besiegt Barnes (London); Senst (PSV) besiegt Oquinarenne (Paris); Gaikowski besiegt Senst.
Einzelkämpfe:
Wg: Campe (PSV) besiegt Tourquet (Paris).
Sg: Michaelis (PSV) besiegt Germain (Paris).
Sg: Ramek (Westen) – Titmus (London), unentschieden.
»Wieder konnte man feststellen, daß Berlins Amateurboxer einen weit größeren Anhängerkreis haben als die Berufsboxer. Die gestrige Veranstaltung [...] ging in dem ausverkauften Sportpalast vor sich. Alle internationalen Begegnungen standen im Zeichen völliger Ueberlegenheit der deutschen Boxer. Der Städtekampf gegen Paris wurde von den Berlinern mit 10:0 gewonnen« (BLA 23. 1.).
BLA 21.–23. 1.; BS 590–91, 18.–25. 1.

Jan 23–24, 20.15 Uhr. Eishockey u. a.
V: BSchC (?).
Kunstlauf von Gerta Böttcher, Ursula Schwarz, Hempel/Weiß.
LTC Prag (CS): Peka (Tor); Malecek u. a.
Berlin (BSchC/Brandenburg/BFC Preußen): G. Ball (Tor); H. Ball, Bigelow, H. Brück, Davidoff, Gral, Kuklinski, Pfannkuch u. a.
Jan 23 LTC Prag – Berlin 3:3 (2:0, 0:2, 1:1).

370 Kundgebung der Republikanischen Aktion (Chr Jan 18), Dr. Ferdinand Friedensburg spricht.

Jan 24 LTC Prag – Berlin 2:0. BSchC (Res.) – Brandenburg 4:3.
BLA 20., 23.–25. 1.; Vw 19., 25. 1.

Jan 24, mittags. Kundgebung
V: NSDAP.
Rd: Johannes Engel (Stadtverordneter), Dr. Joseph Goebbels (MdR, Gl), Alfred Rosenberg (MdR).
Th: *»Im Kampf gegen den mordgierigen Marxismus«.*
Agr 26. 1.; BLA 25. 1.; Goebbels, Tagebücher II, S. 115.

Jan 27, 20.00 Uhr. Kundgebung
V: SPD.
Et: 0,20 M, Erwl. *»gegen Vorzeigung des Parteimitgliedsbuches und der Stempelkarte frei!«.*
Rd: Paul Faure (Generalsekretär der französischen sozialistischen Partei), Marie Juchacz (MdR), Franz Künstler (MdR), Pietro Nenni (ehemaliger Redakteur des Avanti in Mailand), Paul Löbe (Reichstagspräs.).
Th: *»Gegen Faschismus! Für Sozialismus!«, »Gegen Faschismus und Kriegshetze!«*
Mitw.: Leo Maret (Rezitation), Freie Sport- und Musikvereinigung.
»Jeder einzelne der Versammlungsteilnehmer, alte und junge, Männer und Frauen, war von dem einzigen Willen beseelt, Hitlers Nationalsozialisten ein donnerndes ›Bis hierher und nicht weiter‹ zuzurufen! Ueber der Rednertribüne leuchten die Bilder unseres August Bebel, des von den Faschisten ermordeten Giacomo Matteotti und des bei Kriegsbeginn von einem wahnwitzigen Nationalisten niedergestreckten Jean Jaures. Stürmischer, nicht endenwollender Beifall empfängt unsere Sportler, die mit roten Fahnen, ein lebendes Bild gleichsam der Eisernen Front, einmarschieren. Hinter ihnen schreiten, von Alter und

Jugend geleitet, die Bannerträger der Berliner Parteiorganisationen. [...] Dann singt die Berliner Arbeiter=Jugend in weithin schallendem Chor das Lied von der jungen Garde des Proletariats. Leo Maret spricht zündende Verse, die da mahnen, immerdar der Partei die Treue zu halten. [...]« (Vw 28. 1.).
Vw 14., 19., 25.–28. 1.

Jan 29, 20.15 Uhr. Kundgebung
V: NSDAP.
Et: 0,80 M, Erwl. 0,40 M.
Rd: Wolf Heinrich Graf von Helldorf, Hans Hinkel (MdR), Dietrich Klagges (Innen- und Volksbildungsmin. Braunschweigs).
Th: *»Deutschland vor der großen Entscheidung«.*
Goebbels durfte wegen Redeverbots nicht auftreten. Er war jedoch anwesend und ließ eine Erklärung vorlesen.
»Kläglich die Gegenwehr der anderen. Ueber das leere Getöse der ›Sch-‹, Verzeihung, ›Eisernen Front‹, lohnt es sich nicht zu reden. Aber auch die Kraft der Kommune ist völlig gebrochen. Selbst aus dem einstigen ›roten Osten‹ ist ein Nazi=Osten geworden. Das zeigt schon ein Blick in die ›Rote Fahne‹, das Organ der Meuchelmörder. Mächtig ist den Hetzjuden im Karl=Liebknecht=Haus das Gelingen unserer 21 Massenversammlungen in die Knochen gefahren. [...] Ueberwältigend ist der Eindruck, als die Führer, geleitet von einer SS.=Formation, durch den Saal schreiten, während die Massen sich still erheben und in tiefem Schweigen mit erhobenem Arm die Führer und zugleich die Toten ehren. [...] Dumpf dröhnen die Trommeln im Trauerklang und langsam in schwerem Tritt marschieren die Fahnenabordnungen der SA. und HJ. in die riesige Halle. An hundert Fahnen der Berliner Formationen!« (Agr 30. 1.).
Agr 27., 30. 1.; Goebbels, Tagebücher II, S. 117 f.

Morgenausgabe
Nr. 45 / A 23 49. Jahrgang

Vorwärts
Berliner Volksblatt
Zentralorgan der Sozialdemokratischen Partei Deutschlands

Donnerstag 28 Januar 1932
Groß-Berlin 10 Pf
Auswärts 15 Pf

Redaktion und Verlag: Berlin SW 68, Lindenstr. 3
Vorwärts-Verlag G. m. b. H.

Die Eiserne Front wird siegen!
Gewaltige Kundgebung der Berliner Sozialdemokratie im Sportpalast.

Die Kundgebung der Sozialdemokratie, die gestern gegen Faschismus und Kriegsgefahr im Berliner Sportpalast stattfand, war eine der gewaltigsten Kundgebungen, die Berlin seit langem gesehen hat! Es ist nicht allein die Tatsache, daß schon eine Stunde vor Versammlungsbeginn der Andrang so stark war, daß polizeiliche Vorsichtsmaßnahmen ergriffen werden mußten!

Dann nahm

Genossin Juchacz,

Vertreterin der Frauen im Parteivorstand, das Wort. Es geht gegen den Faschismus und gegen die Kriegshetzer, so führte sie aus, für die Republik und für den Frieden. Der Faschismus ist die Bewegung irregeleiteter Menschen, die Bewegung der Ideenlosigkeit. Trotzdem

Faures Rede, in französischer Sprache gehalten, wurde von der Genossin Toni Sender übersetzt. Dem Dank für den begeisterten Empfang ließ Faure das Versprechen folgen, daß er in seiner Heimat über die Versammlungen, die er in Bremerhaven, in Dresden und in Berlin abhalten durfte, ausführlich berichten werde.

(Fortsetzung des Berichts 2. Seite.)

371 Vorwärts, 28. 1. 1932 (Chr Jan 27).

Jan 30, 20.30 Uhr. Kostümball »Saure Wochen – frohe Feste!«
V: Volksbühne Berlin.
Et: 2,– M; *»Personen ohne Mitgliedskarte 0,50 Mk. Nachzahlung«.*
»Der Reinertrag des Festes fließt zur Hälfte der Berliner Winterhilfe und zur Hälfte der Wohlfahrtskasse der Volksbühne zu«.
»Drei Kapellen / Im großen Saal Kapelle Anton Goronzy, im Kasino Lewis Ruth-Band aus der Dreigroschenoper und im Tunnel Schrammelkapelle Grottschedt / Tanz-Wettbewerb / von 5 der besten Tanzpaare aus Berliner Variétés und Kabaretts. Preiskrönung der gelungensten Vorführungen nach Abstimmung durch das Publikum / Claire Eckstein / zeigt ihre wirkungsvollsten Gruppentänze aus der ›Großherzogin von Gerolstein‹ und der ›Regimentstochter‹ (Einstud. des Theaters am Schiffbauerdamm) / Große Tombola / Preis des Loses 0,50 Mk. Zahlreiche wertvolle Gewinne, u. a. Reformkücheneinrichtung, vollst. Radio-Anlage, Couch, Fahrrad, Grammophon-Apparate usw. [...] Auf allen Plätzen Bier zum Preise von 0,45 Mk. je Glas, Kännchen Kaffe zum Preis von 0,90 Mk. usw.« (Anz.).
»Die Leitung der Volksbühne weiß, daß die Zeiten nicht dazu angetan sind, Feste zu feiern. Aber sie weiß auch, daß es kein Unrecht ist, wenn diejenigen, die von den Schlägen

372 Kundgebung der SPD (Chr Jan 27); von links: Marie Juchacz, Paul Faure, Paul Löbe und Pietro Nenni.

373 Anzeige (Chr Jan 27; nach: Vw 27. 1. 1932).

374 Kundgebung der Eisernen Front (Chr Jan 31); vorne Mitglieder des Reichsbanners Schwarz-Rot-Gold, dahinter Arbeitersportler.

der Wirtschaftskrise noch nicht allzu schwer getroffen wurden, sich einmal zu heiterer Geselligkeit zusammenfinden. Gerade in so trüben Zeiten wie den jetzigen tun einige Stunden der ›Ausspannung‹ gut. [...] Im Vorjahr war das Fest der Volksbühne von rund 6000 Menschen besucht. Auf eine gleich große Zahl von Teilnehmern ist diesmal wohl nicht zu rechnen.«
Blätter der Volksbühne 1931/32, Heft 2, S. 21, 16.

Jan 31, 17.00 Uhr. Kundgebung
V: Eiserne Front (?).
Rd: Artur Crispien (SPD, MdR), Wilhelm Eggert (Gewerkschaft), Cornelius Gellert (Arbeitersportler), Karl Höltermann (Bundesvors. des Reichsbanners), Johannes Stelling (Vors. des Gaues Berlin des Reichsbanners).
Th: *»Für Volksrechte! Gegen Diktatur!«*
Mitw.: Max Barthel (Rezitation).
Mit dieser Veranstaltung wurde die *»Rüstwoche der Eisernen Front«* eröffnet. Erste *»Kundgebung der Wehrformationen der Eisernen Front«*. Aus einem Aufruf des »Kartells für Arbeitersport und Körperpflege«: *»Arbeitersportler! [...] Neben den Schufo=Formationen des Reichsbanners, den Hammerschaften des Allgemeinen Deutschen Gewerkschaftsbundes nehmen die zur Abwehr bereiten Arbeitersportler in den Hundertschaften hinter ihren roten Sturmfahnen Aufstellung. Arbeitersportler! Oft habt ihr den Ruf nach stärkerer Aktivität erhoben, jetzt ist die Zeit des Redens vorbei, jetzt heißt es handeln! Jeder Verein muß am Sonntag pünktlich um 16 Uhr in der Garderobe des Sportpalastes, 1 Treppe links, zum Umkleiden bereitstehen. Sportlerinnen treten nicht mit an, sie nehmen auf den Zuschauerplätzen teil. Jede Sportart tritt in ihrer Sportkleidung an. Für die Mitglieder des Arbeiter=Turn= und Sportbundes gilt Hemd und Hose, Motorradfahrer möglichst in Lederkleidung, Wanderer in Wanderkluft, Radfahrer in Solitracht. [...]«* (Vw 29. 1.).
»15 000 Teilnehmer füllten den Raum, viele fanden, da bald nach vier die Polizei wegen Ueberfüllung schliessen liess, keinen Einlaß« (BT 1. 2.).
»Um Punkt 5 Uhr marschierten in der vollen Breite des Innenraums die Reichsbanner=Tambours auf, hinter ihnen die Bundesbanner der in der Eisernen Front vereinigten Organisationen, mit ihnen in langer Reihe die Führer der Eisernen Front, in der Mitte Karl Höltermann mit dem Reichstagspräsidenten Löbe. Ihnen folgten acht Reihen tief die Hundertschaften der Fahnenträger mit den Flaggen des Reichsbanners, den Partei= und Gewerkschaftsfahnen, den langen Wimpeln der Arbeitersportler und den Sturmfahnen der Jugendverbände. Erst nachdem sie alle im blendenden Licht der Scheinwerfer das Parkett verlassen hatten, marschierten die drei Säulen der Eisernen Front in Stärke von je 3000 Mann auf: rechts die Windjacken der Reichsbanner=Schufo, links die Arbeitersportler in Sportkleidung, in der Mitte die ›Hammerschaften‹ der Gewerkschaftsbewegung, an ihrer Spitze Eisenbahner, Post- und Zollbeamte, sowie Straßenbahner in ihren Uniformen und 150 Mann der aus den republikanischen Studenten=Organisationen vor kurzem gegründeten ›Akademischen Legion‹« (Voss 1. 2.).
Vw 23., 26., 29. 1.; 1.–2. 2.; BT 1. 2.; Voss 31. 1.; 1. 2.

Feb 5, 20.25 Uhr. Boxen »Primo Carnera – Ernst Gühring« u. a.
V: SP (Breitensträter).
Et: 2,50 bis 20,– M.
Lg: Franz Dübbers (61,7 kg; Köln) – Alex Sandor (61,2 kg; H), Sieg Dübbers nach Pktn (8 Rdn).
Mg: Anklam (72,2 kg; Berlin) – Clemente Meroni (72 kg; I), Sieg Meronis nach Pktn.
Sg: Helmuth Hartkopp (78,7 kg; Berlin) – Josef Hampacher (79,1 kg; CS), Sieg Hartkopps nach Pktn (8 Rdn).
Sg: »Störtebecker« (Hermann Roth; 83,2 kg; Hamburg) – Vincenz Hower (84,6 kg; Köln), Sieg Howers durch ko (2. Rde).
Sg: Primo Carnera (122,8 kg; I) – Ernst Gühring (93,6 kg; Stuttgart), Sieg Carneras durch Aufgabe (5. Rde).
»Das Elefantenbaby schlug den deutschen Gühring in vier Runden derartig zusammen, daß es fast wie eine Erlösung für Gühring aussah, als er in der fünften Runde wegen einer Fußverletzung, die ihm das Stehen unmöglich machte, aufgeben mußte. Carnera ist nie ein Boxer gewesen und wird auch nie einer werden. Was er in den Ring mitbringt, ist seine ungeheure, massige Figur und eine Bärenkraft, die auf legalem boxerischen Wege nicht zu bezwingen ist« (Vw 6. 2.).
»Die Prominenz war stark vertreten. Hans Albers, seit einiger Zeit ständiger Besucher der Boxveranstaltungen, stiftete für die beiden besten Leute des Abends, Dübbers und Sandor, eine 100-Mark-Prämie, hatte einen riesigen Beifall des Hauses für sich (und sicher den Neid seiner Konkurrenten gegen sich). Die Schauspielgemeinde war sehr stark. Bei Peter Lorre angefangen, aufgehört bei Fritz Schulz. – Der Geist Fern Andras und Kurt Prenzels schwebte zwischen den ersten Ringreihen« (BS 593, 8. 2., S. 5f.).
BLA 4., 14. 1.; 5.–6. 2.; Vw 26. 1.; 3., 6. 2.; BS 592–93, 1.–8. 2.

Feb 6 (?), abends. Kostümfest
V: Verband Berliner Keglerklubs.
Mitw.: Notstandsorchester erwerbsloser Kapellmeister und Musiker (Kapellmeister Stepani und zwölf Gastdirigenten) u. a.
BLA 8. 2.

Feb 7
Vormittags. Kundgebung
V: Allgemeiner Deutscher Waffenring.
Th: *Für »deutsche Kultur«.*
BLA 8. 2.
Nachmittags. Feier des »10. Krönungstages des Papstes Pius XI«
V: Katholische Aktion.
Rd: Dr. Erich Klausener (Vors.), Cesare Orsenigo (Apostolischer Nuntius), Dr. Schmidt.
»Auf der Rednertribühne sah man die Berliner katholische Geistlichkeit in vollem Ornat, das Orchesterpodium umgaben zahlreiche Korporationen und Jugendverbände in ihren Trachten und mit bunten Bannern. [...] Die Festfolge begann mit Musikdarbietungen des Berliner Sinfonie=Orchesters unter Leitung von Camillo Hildebrandt. Mitwirkende waren weiter der Tenor Prof. Carl Clewing, der Konzertmeister Franz v. Scpanowski und der Rezitator Raimund Janitschek. Nach einer Begrüßungsansprache des Vorsitzenden der Katholischen Aktion Berlin, Dr. Erich Klausener, hielt der päpstliche Nuntius Exzellenz Cesare Orsenigo die Festrede. Anschließend sprach Staatsminister Dr. Schmidt über den jüngst heiliggesprochenen deutschen Naturforscher und Philosophen aus dem 13. Jahrhundert Albertus Magnus. Mit einem Schlußwort des Bischofs von Berlin Dr. Christian Schreiber und dem päpstlichen Segen und der Papst=Hymne wurde die Feier beendet« (BLA 8. 2.).

375 Anzeige (Chr Feb 26; nach: RF 25. 2. 1932).

20.15 Uhr. Kundgebung
V: NSDAP.
Et: 0,80 M, Erwl. 0,40 M.
Rd: Werner Willikens (MdR, Präs. des Reichslandbundes).
Th: *»Zurück zu Blut und Scholle«.*
Mitw.: Kapelle Fuhsel.
Veranstaltung *»Zum Abschluß der Grünen Woche«.*
Goebbels hatte immer noch Redeverbot. Als Willikens nach seiner Rede einen Aufruf von Goebbels verlesen wollte, wurde durch den überwachenden Kriminalkommissar Dittschlag die Kundgebung aufgelöst (gegen 22.30 Uhr).
Agr 1., 3., 8. 2.; BLA 8. 2.; Goebbels, Tagebücher II, S. 123f.

Feb 8. Beginn des Einbaus der Radrennbahn
Vw 26. 1.

Feb 9, abends (?). Generalappell der SA
V: NSDAP.
Rd: Adolf Hitler, Ernst Röhm (Stabschef der SA).
Th: *»Das Eisen der Nation sind wir«.*
»Der Präsentiermarsch schmetterte durch die Riesenhalle und der Führer beginnt, die Front abzuschreiten. [...] Genau zwei Stunden dauert das Abschreiten der Fronten trotz der viergliedrigen Aufstellung in der Arena. Immer wieder hält der Führer an und spricht mit einzelnen Kameraden. Als er endlich oben im dritten Rand bei der Horst=Wessel=Standarte angelangt ist, hallt dröhnend und ergreifend das herrliche Lied des zum Symbol für alle unsere Toten gewordenen Sturmführers durch den Saal. [...] Ernst, ein heiliger Schwur, klingt das Deutschlandlied auf. Graf Helldorff beendet den Appell. ›Die Straße frei den braunen Bataillonen...‹« (Agr 10. 2.).
Agr 10.–12. 2.; Goebbels, Tagebücher II, S. 125.

Feb 12–18. 27. Berliner Sechstagerennen
Beginn 12. 2. um 20.00 Uhr, Start 22.00 Uhr, Ende 18. 2. um 23.00 Uhr.
V: SP.
Wertungen: wie 1931 Okt 30–Nov 5.
Teiln. (13 Paare): Piet und Jan van Kempen (NL), G. Debaets/J. van Hevel (B), Charlier/Deneef (B), Broccardo/O. Tietz (F/D), Braspenning/Dülberg (NL/D), Dinale/Miethe (I/D), Schön/Goebel (D), Rieger/Preuß (D), Rausch/Hürtgen (D), Kroll/Maidorn (D), Siegel/Thierbach (D), Ehmer/O. Nikkel (D), Funda/Maczynski (D).
Ergebnis: 1. Broccardo/Tietz 255 Pkte; 2. Rausch/Hürtgen (1 Rde zurück) 297; 3. Charlier/Deneef (2 Rdn zurück) 250; 4. Preuß/Rieger (3 Rdn zurück) 226; 5. Brüder van Kempen (4 Rdn zurück) 426; 6. Schön/Goebel 265; 7. Kroll/Funda (5 Rdn zurück) 180; 8. Siegel/Thierbach (6 Rdn zurück) 268; 9. Braspenning/Dülberg (9 Rdn zurück) 89; 10. Dinale/Miethe (10 Rdn zurück) 196.
Zurückgelegte km: 2705,830.
Startschuß: Charlotte Susa.
Vorrennen: Malfahren (1. Ahlers, vor Wagner, Carpus, Kuhn), Verfolgungsfahren (1. Lehmann/Wissel, 2. Brüder Wolke), 100-Rdn-Punktefahren (1. Nickel, 2. Wissel, vor Brüder Wolke).
Bei diesem Sechstagerennen wurden *»Temporunden«* als Neuerung eingeführt. *»Diese ›Temporunden‹ sollen also, wenn es die hohe Direktion will, ganz urplötzlich angeläutet werden, und wer bei diesen zehn ›Temporunden‹, die täglich oder nächtlich ›zweimal eingelegt‹ werden, als Erster über's Band geht, erhält 3 Punkte, wer als Zweiter folgt, 1 Punkt«* (BLA 12. 2.).
BLA 10., 12.–15., 17.–19. 2.; Vw 19. 1.; 17.–19. 2.

376 Umschlag des Heftes mit der Rede von Dr. Joseph Goebbels (Chr Feb 22–23); LA Rep. 240, Acc. 1435 (das gleiche Motiv wurde auch für die Plakatwerbung benutzt).

Sonnabend, 5. März 1932 | Berliner | Morgenausgabe

Groß-Berlin 10 Pf. Auswärts 15 Pf.

Lokal-Anzeiger

№ 110 Zentral-Organ für die Reichshauptstadt 50. Jahrgang

Hauptgeschäftsstelle: Berlin SW 68 Zimmerstraße 35–41

Fernspr.: für Groß-Berlin Amt Dönhoff (A 7) Sammel-Nr. 4105; für auswärts Amt Dönhoff Sammel-Nr. 4100. — Postscheck-Konto 3111. — Für unverlangt eingesandte Manuskripte übernimmt die Schriftleitung keine Verantwortung

Duesterberg und Hugenberg sprechen in zwei überfüllten Berliner Versammlungen.

Ueber 20000 Menschen im Sportpalast und in der „Neuen Welt". — Stürmische Begrüßung Duesterbergs, Hugenbergs und des Kronprinzen.

377 Berliner Lokal-Anzeiger, 5. 3. 1932 (Chr Mär 4).

Feb 19, 20.15 Uhr. Kundgebung
V: NSDAP.
Et: 0,80 M, Erwl. 0,40 M.
Rd: Wilhelm Kube (MdL), Karl Litzmann (General a. D.).
Th: *»Der große Kampf beginnt!«.*
Agr 16., 18., 20., 22. 2.; BLA 20. 2.

Feb 21
Vormittags (?). Feier zum Gedenken der Toten des Krieges
V: Stahlhelm, Landesverband Groß-Berlin.
Rd: Richter-Reichwein (Oberpfarrer), Franz von Stephani (F. des Landesverbandes).
Mitw.: Stahlhelm-Bundeskapelle (Obermusikmeister a.D. Knoch) u. a.
»Die Stirnwand des Saales, von der Empore herab mit schwarzem Tuch verkleidet, zeigte ein großes weißes Kreuz. Davor als Symbol für die Gefallenen zu Land, Wasser und Luft sah man drei mit Kreuzen geschmückte Grabhügel, auf denen ein Stahlhelm, ein Fliegerhelm und eine Matrosenmütze ruhten. Totenwache hielten vier Soldaten, ein Feldsoldat in grauer Uniform, ein Luftkämpfer, ein Schutztruppler und ein Matrose. Unter dumpfem Trommelwirbel marschierten die umflorten Fahnen des Stahlhelm ein, die neben den symbolischen Grabhügeln Auffstellung nahmen. [...] Nach der Weihe senkten sich die Fahnen über die Grabhügel, und die mehrere Tausende zählende Menge verharrte zu Ehren der Gefallenen des Weltkrieges zwei Minuten in vollkommener Stille« (BLA 22. 2.).

378 Kundgebung des Kampfblocks Schwarz-Weiß-Rot (Chr Mär 4); von links: Dr. Alfred Hugenberg, Theodor Duesterberg und Franz von Stephani.

Abends. »Roter Presseball«
Stattgefunden?
V: (Münzenberg-Konzern).
»Ernst Busch und Hanns Eisler · Inge Bartsch · Erwin Gotthelf, der satyrische Tauber-Imitator · Sonja Wronkow · Ilse Trautscholdt · Der Neger Billie Jackson · Willi Rosen · Gottlieb und Kalle, die beiden originellen Straßensänger · C.W. Kaiser, der Vagabundendichter, bringt eigene Songs. Die Kabarettdarbietungen werden zwischen den Tänzen eingeschaltet. Tanzkapellen mit Refrainsängern / Ueberraschungen« (Anz., Welt am Abend, 15. 2.; zit. nach: Hoffmann / Siebig, Busch, S. 122).

Feb 22–23, 20.15 Uhr. General-Mitgliederversammlung des Gaues Groß-Berlin der NSDAP
Feb 22 *»für die Bezirke Osten, Westen und Norden«*
Feb 23 *»für die Bezirke Mitte und Süden«*
V: NSDAP.
Et: *»Nur Parteimitglieder haben gegen Ausweis Zutritt! – An der Sperre findet strengste Kontrolle statt!«* – *»Als Ausweis zum Eintritt in den Sportpalast [...] gelten die von der Organisationsabteilung I ausgegebenen Kontrollscheine. [...] Die Partei=Ausweise sind in jedem Falle mitzubringen.«*
Rd: Dr. Joseph Goebbels (MdR).
Th: *»Schluß jetzt! Das Deutsche Volk wählt Hitler!«* – Der *»Wahlkampf und seine Durchführung«.*
Bei der Veranstaltung am 22. wird die Kandidatur Adolf Hitlers für das Amt des Reichspräsidenten durch Goebbels bekanntgegeben. Am 22. Februar war das Redeverbot Goebbels' aufgehoben worden.
Agr 20., 22.–24. 2.; BLA 23. 2.; Goebbels, Tagebücher II, S. 130f; LA Rep. 240, Acc. 1435 (Broschüre mit der Rede von Goebbels).

Feb 26, 19.30 Uhr. »Die ›Rote Fahne‹ ruft zur ersten großen Wahlkundgebung für Ernst Thälmann im Sportpalast«
V: RF.
Et: 0,60 M, Erwl. 0,30 M.
Zur Wahl des Reichspräsidenten am 13. 3. Kandidat der KPD: Ernst Thälmann (MdR).
Rd: Ernst Reinhardt, Walter Ulbricht (MdR).
Th: *»Für den roten Arbeiterkandidaten Ernst Thälmann!«*
Mitw.: *»Arbeiter-Musikverein und Tambourkorps ›Wedding‹. ›Arbeiter-Chor Groß-Berlin‹, Ernst Busch, Hanns Eisler, Ly Weinert, Lotte Lenja, Lotte Löbinger, Leo Reuß, Gruppe Junger Schauspieler mit Helene Weigel, Szene aus ›Die Mutter‹«* (RF 25. 2.).
Die Veranstaltung war gleichzeitig *»Auftakt zum 1. Kongreß der ›Roten Fahne‹«.*
»Über den Rednerstand das Bild des roten Arbeiterkandidaten Ernst Thälmann. Darunter: ›Treue um Treue – Hinein in die KPD.– Verteidigt die ›Rote Fahne‹. Links und rechts an den Rängen: ›Jeder neue Leser ein neuer Kämpfer! – Deine Waffe im Wahlkampf ist die ›Rote Fahne‹! – Die ›Rote Fahne‹ für Thälmann! – Gegen den imperialistischen Krieg, für die Verteidigung der Sowjetunion‹ [...] Ein anderes Transparent forderte die Jungarbeiter zum Lesen der ›Jungen Garde‹ auf. Auf den vielen Metern roter Leinwand trat besonders die in breiten Buchstaben geschriebene Losung hervor: ›Kommunismus die einzige Rettung!‹ Starken Beifall lösten die auf eine riesengroße Leinwand geworfenen Bildparolen eines Schnellzeichners aus. Das Händeklatschen wollte kein Ende nehmen, wenn das Bild des Genossen Ernst Thälmann erschien.« *»Immer wieder brandet der Jubel empor, als der Fahneneinmarsch beginnt, als die Delegationen einrücken, allen voran die starke Delegation der BVG=Schaffner in voller Uniform. Hier fühlt jeder: das ist die starke, siegesbewußte Sturmtruppe des Proletariats, die kühn voranmarschiert, im Bewußtsein des nahen Sieges«* (RF 27. 2.).
RF 19. 1., 27. 2.

Feb 27, 20.15 Uhr. Kundgebung
V: NSDAP.
Et: 0,80 M, Erwl. 0,40 M.
Zur Wahl des Reichspräsidenten am 13. 3. Kandidat der NSDAP: Adolf Hitler.
Rd: Adolf Hitler.
Die Rede wurde nach den Tennishallen (Wilmersdorf, Brandenburgische Straße 53) übertragen.
»Der Führer spricht im Sportpalast und in den Tennishallen. Beide sind in einer noch nie dagewesenen Weise überfüllt. Die Berliner Nationalsozialisten bereiten ihm einen unbeschreiblichen Empfang. Er schleudert in einer phantastischen Rede dem System seine Kampfansage ins Gesicht. Der Sportpalast rast und tobt eine ganze Stunde in einer Art Besinnungslosigkeit« (Goebbels).
Agr 26.–27. 2.; Goebbels, Tagebücher II, S. 134.

Mär 1, 20.15 Uhr. Boxen »Hein Domgörgen – Roger Besneux« u. a.
V: SP (Breitensträter).
Et: 2,– bis 8,– M.
Fdg: Harry Stein (56,2 kg; Berlin) – Di Céa (57 kg; F), unentschieden (8 Rdn).
Lg: Walter Heinisch (61,5 kg; Mühlhausen) – Alex Sandor (61,9 kg; H), unentschieden (8 Rdn).

Wg: Gustav Eder (66,2 kg; Dortmund) – James Girardin (66,7 kg; F), Sieg Eders durch Abbruch (8. Rde).
Mg: Hein Domgörgen (72,2 kg; Köln) – Roger Besneux (70,8 kg; F), Sieg Domgörgens nach Pktn (10 Rdn).
Hsg: Karl Eggert (78,9 kg; Berlin) – Loni Vauclard (76,5 kg; F) Sieg Eggerts nach Pktn (8 Rdn).
BLA 1.–2. 3.; BS 596–97, 29. 2.–7. 3.

Mär 3, 19.00 Uhr. »Weltkrieg droht / Internationale Kundgebung gegen den Krieg«
V: Internationale Arbeiterhilfe Berlin-Brandenburg / Liga gegen den Imperialismus, Ortsgruppe Berlin.
Et: 0,40 M, Erwl. 0,20 M.
Rd: George Beaugrand (Paris), Isabel Brown (London), Albert Kuntz, Willi Münzenberg (MdR), Nakanome Otsuke (Japan), Chuang Tang (China); angekündigt war auch Marcel Cachin (Paris).
Th: *»Frankreich und der japanische Raubkrieg / Internationaler Kampf gegen den Krieg und die Verteidigung der Sowjetunion / Kampfbündnis der chinesischen und japanischen Arbeiter gegen den Krieg / Gegen die Hindenburg-Hitler Front / Für den roten Arbeiterkandidaten Ernst Thälmann!«*
RF 2.–4. 3.

Mär 4, 20.15 Uhr. Kundgebung
V: Kampfblock Schwarz-Weiß-Rot.
Et: 1,– M, Erwl. 0,50 M.
Zur Wahl des Reichspräsidenten am 13. 3. Kandidat des Kampfblocks: Theodor Duesterberg (Oberstleutnant a.D., 2. Bundesvors. des Stahlhelm).
Rd: Theodor Duesterberg, Dr. Alfred Hugenberg (DNVP, MdR), Otto Schmidt-Hannover (DNVP, MdR), Franz von Stephani (F. des Landesverbandes Groß-Berlin des Stahlhelm).
»Da die Karten [...] bereits ausverkauft sind, findet an demselben Abend in der Neuen Welt in der Hasenheide eine Parallelversammlung statt« (BLA 2. 3.).
»Um 1/2 8 Uhr schon mußte jeder Zugang zum Sportpalast für das Publikum gesperrt werden; der gigantische Raum war in seinen drei Rängen bis unters Dach überfüllt. Nur die Riesenfläche der Arena lag frei. Von 1/2 9 Uhr an marschierten dort unter Vorantritt der alten preußischen Knüppelmusik Stahlhelm, Arbeiterbund der Deutschnationalen Volkspartei und Bismarckjugend auf und füllten die Arena – zehn endlose dunkle Schlangen – Uniformverbot! Dazwischen erschien, als erster Einzelner mit lautem Jubelruf empfangen, der Kronprinz, der die Prinzessin Oskar begrüßte. Beim Stahlhelm, Gau Potsdam, in Reih und Glied Prinz Oskar und Prinz Eitel Friedrich. Um 1/4 10 Uhr erbebt dann der Raum bis in seine Grundfesten – von der Parallelversammlung in der Hasenheide treffen Hugenberg und Duesterberg ein. Der Fahneneinmarsch. [...]« (BLA 5. 3.).
BLA 1.–5. 3.

Mär 5–6, 20.15 Uhr. Eishockey
V: SP (?).
Et: ab 1,50 M.
Kunstlauf von Gerta Böttcher, Haertel, Schmidt.
All Stars Boston (USA): Crosby (Tor); Elliot, Langmaid (Vert.); Hilliard, Mahony, Forbes (Sturm A); Thursten, Holland, Blaney (Sturm B).
BSchC: G. Ball (Tor); Römer, Bigelow (Vert.); R. Ball, Brück, Jaenecke (Sturm A); H. Ball, Davidoff, Korff (Sturm B).
Deutschland (NM): G. Ball (Tor); Römer, Heinrich (Vert.); R. Ball, Jaenecke, Schröttle (Sturm A); Strobl, v. Bethmann-Hollweg, Lang (Sturm B).

379 Litfaßsäule (Chr Mär 2).

»Nach den Eishockeyspielen gegen die Amerikaner treten heute und morgen zwei Berliner Mannschaften zum Kampf an« (BLA 5. 3.).
Mär 5 All Stars – BSchC 4:3 (2:1, 1:0, 1:2).
Mär 6 All Stars – Deutschland 4:0 (1:0, 1:0, 2:0). BESV – BSchC (komb.) 3:2 (2:1, 0:1, 1:0).
»Es schien fast so, als ob das Sportpalast=Publikum schon vorher geahnt hätte, daß der Besuch dieses Spiels verlorene Zeit bedeutete. Jedenfalls: Im Hause herrschte gähnende Leere. Und auch die Zuschauer konnten ihr Gähnen kaum (oder gar nicht) bezwingen. Seltsam – man war schon nicht einmal mehr überrascht, als im letzten Drittel des Spieles ›All Stars‹ gegen die deutsche Mannschaft von der Galerie unwillige Rufe ertönten: ›Aufhören! Aufhören!‹ [...]« (BLA 7. 3.).
BLA 4.–7. 3.; Vw 7. 3.

Mär 9, 20.15 Uhr. Kundgebung
V: NSDAP.
Et: 0,80 M, Erwl. 0,40 M.
Zur Wahl des Reichspräsidenten am 13. 3. Kandidat der NSDAP: Adolf Hitler.
Rd: Dr. Joseph Goebbels (MdR, Gl), Wilhelm Kube (MdL).
Th: *»Schluß jetzt! Hitler an die Macht!«*
Mitw.: Kapelle Fuhsel, Standartenkapelle Horst Wessel.
Agr 5., 7., 9., 10. 3.; Goebbels, Tagebücher II, S. 138.

Mär 10, 19.30 Uhr. Kundgebung
V: KPD.
Zur Wahl des Reichspräsidenten am 13. 3. Kandidat der KPD: Ernst Thälmann (MdR).
Rd: Albert Kuntz, Ernst Thälmann.

Th: *»Schluß mit diesem System! Wir wollen ein freies, sozialistisches Räte-Deutschland!«*
RF 4., 9.–12. 3.

Mär 11, 20.00 Uhr. Kundgebung
V: Hindenburg-Ausschuß.
Zur Wahl des Reichspräsidenten am 13. 3. Kandidat des Hindenburg-Ausschusses: Paul von Beneckendorff und Hindenburg.
Rd: Dr. Heinrich Brüning (Zentrum, Reichskanzler), Dr. Günter Gereke (Christlich-Nationale Bauern- und Landvolkpartei), Kuno Graf Westarp (Volkskonservative Partei).
Th: *»Hindenburg muß siegen, weil Deutschland leben muß«.*
Die Rede Brünings wurde durch den Rundfunk über alle deutsche Sender von 20.15 bis 21.00 Uhr übertragen. Eine Parallelveranstaltung wurde im Clou durchgeführt.
»Die große Kundgebung des Hindenburg=Ausschusses [...] war von etwa 15 000 Personen besucht. Im Hintergrund des Rednerpults war in einem Hain von Lorbeerbäumen ein etwa acht Meter hohes Bild Hindenburgs aufgestellt. Propaganda= und Schlagworte und Aussprüche Hindenburgs wurden durch Scheinwerfer auf die Leinwand geworfen. [...] Die für die Presse vorbehaltenen 500 Plätze waren restlos besetzt. Die Musik stellte die Reichswehrkapelle. Ein besonderer Saalschutz wurde vom Jungdeutschen Orden gestellt« (Germ 13. 3.).
BT 11.–12. 3.; Germ 11., 13. 3.; BLA 12. 3.

Mär 12, 20.15 Uhr. Kundgebung
V: NSDAP.
Et: 0,80 M, Erwl. 0,40 M.
Zur Wahl des Reichspräsidenten am 13. 3. Kandidat der NSDAP: Adolf Hitler.
Rd: Dr. Joseph Goebbels (MdR, Gl), Hermann Göring (MdR), Wilhelm Kube (MdL).
Th: *»Adolf Hitler wird Reichspräsident!«*
Mitw.: Kapelle Fuhsel.
Agr 11. 3.; VB 13./14. 3.; Goebbels, Tagebücher II, S. 140.

Mär 13, 20.15 Uhr. 3. Rotes Eisfest
V: Kampfgemeinschaft für rote Sporteinheit.
Et: 1,20 M, Erwl. 0,80 M.
Rd: Aaslaug Aas (Oslo), Dahlen (Stockholm), Ernst Grube (Führer der roten Sportler).
»Riesentransparente mit den Losungen der roten Arbeitersportler leuchten in großen Buchstaben von den Rängen. So u. a.: ›Heraus zum Reichs=Einheitskongreß der sporttreibenden Arbeiterschaft!‹ ›Kampf den Werksportvereinen! – Schafft rote Betriebs=Sportgruppen!‹ In der Kurve leuchtet das Bild des Kandidaten der Arbeiterklasse, Ernst Thälmann. [...] Dann folgt der Einmarsch der Aktiven. Auf den blanken Schlittschuhen fahren sie über die glatte Fläche. Voran ein Riesentransparent: ›Für internationale rote Sporteinheit!‹ An der Spitze die soeben aus der Sowjetunion zurückgekehrte Berliner Mannschaft. Dann folgen Oesterreich, Schweden, Norwegen und die vielen Berliner Eisläufer und Eisläuferinnen. [...] Am Mikrophon stehen dann Ernst Busch und Hans Eisler. Durch zwei Songs wird im ersteren der Kampf gegen den imperialistischen Krieg in den Vordergrund gerückt, der zweite ist eine Satire auf die SPD.=Führer« (RF 15. 3.).
Aus den Wettbewerben:
3x1-Rde-Schnellauf: 1. Aigner (Wien) 18,1 Sek, 2. Schimmer (Wien) 18,3 Sek., 3. Dahlen (Stockholm) 19 Sek. – Eishockey: Oberspree – Fichte-Mitte 3:1; Wien – Berlin 2:1. – Kunstlauf von Franz Aigner, Schimmer (beide Wien), Dahlen (Stockholm), Irene Sehestedt und Aaslaug Aas (Oslo), u. a.
RF 3., 10., 12.–13., 15. 3.

380 Kundgebung der KPD (Chr Mär 10), Ernst Thälmann spricht.

Mär 14–20. Eishockey »Europameisterschaft« und Eiskunstlauf »Berliner Meisterschaften« u. a.
16.00, 20.15 und 21.30 Uhr.
V: BSchC/BEV (?).
Ursprünglich sollte die EM in Prag stattfinden. Da Prag verzichtete, wurde sie nach Berlin vergeben. Dazu wurde im Sportpalast die Eisfläche vergrößert, *»um ein einwandfreies Spielfeld zu haben«.*
Teiln.: Deutschland, Frankreich, Großbritannien, Lettland, Österreich, Rumänien, Schweden, Schweiz, Tschechoslowakei.
Üblicherweise fanden drei Spiele an einem Tag statt (zu den oben angegebenen Uhrzeiten). In den Pausen Kunstlauf von Ernst Baier, Sonja Henie (N) und Nikkanen (SF).
Ergebnis:

	Spiele	gew.	unent.	verl.	Tore	Punkte
1. Schweden	4	2	2	–	4:1	6:2
2. Österreich	4	1	3	–	6:3	5:3
3. Schweiz	4	1	3	–	7:6	5:3
4. Deutschland	4	1	2	1	3:3	4:4
5. Tschechoslow.	4	–	–	4	3:10	0:8
Trostrunde:						
6. Frankreich	3	2	1	–	9:3	5:1
7. Großbrit.	3	2	1	–	9:5	5:1
8. Lettland	3	1	–	2	5:6	2:4
9. Rumänien	3	–	–	3	0:9	0:6

Mär 20, außerdem 15.00 Uhr: Kunstlauf »Berliner Meisterschaften«
Meister-Damen: 1. Edith Michaelis (BSchC) Plz 6/232,6

Pkte; 2. Paula Schmidt (BEC) 9/221,9. Meister-Herren: 1. Herbert Haertel (BSchC) 5/334,2; 2. Wellmann (BEV) 12/292,7; 3. Noack (BSchC) 16/286,9.
Meister-Paare: 1. Ehepaar Krümling (BEV) 3/10; 2. Hempel/Weiß (BEC) 6/9,2.
BLA 17. 1.; 4., 9.–10., 14.–21. 3.; Vw 12., 14.–15., 17., 19., 21. 3.

Mär 21, abends. Kundgebung
V: (Evangelische Kirche).
Rd: D. Emil Karow (Generalsuperintendent von Berlin), Dr. Lindemann (Amtsgerichtsrat).
Th: *»Die Kirche als soziale Gemeinschaft«.*
Mitw.: Posaunenchorverband Groß-Berlin (Diakon Redlitz), Vereinigte Chöre des Kirchenkreises Berlin Stadt II (Musikdirektor Kurth), Sprechchor.
»In nicht endenden Zügen wanden sich die Reihen der Banner- und Wimpelträger durch die Halle. Mit frischen Gesängen zogen die Jungmännervereine ein. Unter den Klängen ›Wachet auf, ruft uns die Stimme‹, [...] zogen etwa 60 studentische Korporationen in vollem Wichs, die Evangelische Verbindung Wartburg, die christlichen Verbände, Sängerschaften, Turnerschaften und Landsmannschaften, mehr als 100 Banner kirchlicher Gemeindevereine und eine starke Abordnung der Geistlichkeit ein« (BLA 22. 3.).

381 Germania, 13. 3. 1932 (Chr Mär 11).

Nummer 73 **Germania** Sonntag, 13. März 1932

Brüning im Sportpalast

„Hindenburg muß siegen, weil Deutschland leben muß“

Der wahre Geist des deutschen Volkes

Berlin, 12. März.

Die Kundgebung, die der Hindenburg-Ausschuß gestern abend im Sportpalast veranstaltete, war in dem Verlauf und in der Haltung dieser vieltausendköpfigen Versammlung so überwältigend, daß man sie als den Höhepunkt dieses heißen Wahlkampfes bezeichnen muß. Eine bedrückende Fülle herrschte in dem weiten Raum, der gestern ohne den Befehl und ohne die organisatorischen Mittel großer Parteien aus dem spontanen Antrieb weitester Bevölkerungskreise bis zum letzten Winkel besetzt war. Die vielen Tausende, die dort versammelt waren, kamen nicht um irgendwelcher parteipolitischen Ziele willen; sie füllten diesen Riesenraum, der so oft von der Phrase und dem Schlagwort beherrscht wird, nicht, um sich in den Dienst einer das Volk zerreißenden Agitation zu stellen. Aus allen Parteien her waren sie gekommen, — eine wirkliche Gemeinschaft des Volkes — um Zeugnis abzulegen für Hindenburg, den Kandidaten des Volkes, den sie in unerschütterlicher Treue und Dankbarkeit am Sonntag zum Siege führen werden. Von diesem Geiste der Treue und von dem Willen zu einer überparteilichen, alle Schichten des Volkes umfassenden Kampfgemeinschaft für Hindenburg war die Kundgebung getragen, die bei allen Beteiligten einen unvergeßlichen Eindruck hinterließ.

Reichskanzler Brüning selbst war es, der aus diesem Geiste heraus in entscheidender Stunde an den sittlichen Ernst und an das politische Verantwortungsbewußtsein des deutschen Volkes appellierte. Ueber den Sportpalast hinaus drang seine Stimme auf allen deutschen Sendern hinaus in das ganze Land, als Mahnung und Bekenntnis zugleich. Ein ritterlicher Kämpfer für Hindenburg, die ungeheure Last der Verantwortung für Deutschlands Schicksal gemeinsam mit ihm tragend, sprach zu Millionen deutscher Volksgenossen, um sie zur Entscheidung im Sinne der Treue, der Ehrfurcht und der politischen Vernunft aufzurufen. Es ist schwer zu beschreiben, mit welcher spontanen Begeisterung der Appell des Kanzlers, dessen Rede immer wieder von stürmischem Beifall unterbrochen wurde, von der Riesenversammlung aufgenommen worden ist. Wurde Reichskanzler Brüning schon bei seinem Eintritt in den Saal und bei seinem Erscheinen auf der Rednertribüne mit einer überwältigenden Kundgebung des Vertrauens empfangen, so war er nachher Gegenstand eine Ovation, wie sie der Sportpalast bisher wohl selten erlebt hat. Er mußte zum Schlusse der Veranstaltung, nachdem noch Graf Westarp und Generalleutnant a. D. Streccius gesprochen hatte, nochmals das Wort nehmen, und er richtete dann eine letzte, eindringliche Mahnung an alle, in dieser Stunde der Not und Gefahr zusammenzustehen und sich einmütig um Hindenburg zu sammeln.

Der Geist, der diese Kundgebung beherrschte, die eine Demonstration für die Einigkeit und Freiheit unseres Volkes im Zeichen Hindenburgs war, ist der wahre Geist des deutschen Volkes. Dieser Geist wird sich, allen Widerständen zum Trotz, durchsetzen. Er wird Hindenburg und mit ihm die gute Sache unseres Vaterlandes zum Siege führen.

*

Die große Kundgebung des Hindenburg-Ausschusses am Freitag abend war von etwa 15000 Personen besucht. Im Hintergrund des Rednerpults war in einem Hain von Lorbeerbäumen ein etwa acht Meter hohes Bild Hindenburgs aufgestellt. Propaganda- und Schlagworte und Aussprüche Hindenburgs wurden durch Scheinwerfer auf die Leinwand geworfen und riefen immer wieder Beifall hervor. Reichskanzler Brüning wurde, als er kurz vor 20 Uhr in Begleitung von Minister Groener, Staatssekretär Pünder und dem Pressechef der Reichskanzlei, Dr. Zechlin, erschien mit

WIESBADEN – HOTEL ROSE
Das führende vornehme Kur- und Kochbrunnenbadhaus
Prachtvolle Lage. 300 Zimmer mit Privatbad oder fließendem Wasser. Täglich Konzert. Zimmer v. 6.–, Pension von 15.– RM. an. Eigene Tennishalle

Für Einigkeit und Recht und Freiheit!
Wählt
Hindenburg!

Mär 22, 20.00 Uhr. 7. Polizei-Hallensportfest
V: PSV.
»Der Polizeisportverein schloß die Berliner Hallensportsaison gestern mit einem wohlgelungenen Sportfest im Sportpalast ab. [...] Das Programm, dessen Abwicklung sich bis in die zwölfte Stunde hinzog, hinterließ den besten Eindruck von dem in der Polizei getriebenen Sport. Die Vorführungen mit Polizeihunden, die Gymnastikübungen, die Hindernisläufe über zum Teil sehr schwierige Barrikaden und auch das Geräteturnen zeigten, daß ein großer Teil der Polizeibeamten in Dingen, die zwar sportliche aufzufassen sind, trotzdem aber mit den Dienstobliegenheiten durchaus verwandt sind, gut vorgebildet ist« (Vw 23. 3.).

Aus den Wettbewerben:
4x100-m-Staffel: 1. Zehlendorf 3:36,7, 2. PSV 3:41, 3. DSC 3:41,2. – 4x400-m-Staffel: 1. Zehlendorf, vor PSV und DSC. – 3000-m-Lauf: 1. Schaumburg (Oberhausen) 8:48,2, 2. Petri (Hannover) 8:53,5, 3. Hellpapp (Stettin) 8:57. – 3000-m-Mannschaftslauf: 1. Hannover 78, vor PSV und BSC. – 60-m-Hürdenlauf: 1. Wegner (TSV Schöneberg) 8,3 Sek, vor Beschetznik (DSC) und Schulze (PSV). – 1000-m-Lauf: 1. Dr. Peltzer 2:35,8, vor Abraham (PSV) und Müller (Zehlendorf). 20x2-Bahnen-Staffel: 1. PSV 14:48,6, 2. BSC 14:57,6, 3. Schöneberger TSC.
BLA 22.–24. 3.; Vw 23. 3.

Mär 27–28, 20.15 Uhr. Eishockey und Eiskunstlauf
V: SP (und BSchC?).
Et: ab 1,– M.
Kunstlauf von Ernst Baier, Fritzi Burger, Sonja Henie, Edith Michaelis, Ursula Schwarz, Gerta Böttcher und Hempel/Weiß.
Deutschland (Auswahl): G. Ball (Tor); H. und R. Ball, H. Brück, Davidoff, Jaenecke, Korff (alle BSchC), Herker (Brandenburg), Strobl und Lang.
Schweden: Larsen (Tor), Abelstad, Andersson, Bohman, Engberg, »Lulle« Johansson, Th. Larsson, Linde.
Außerdem war noch ein Spiel BEV – Gau Sachsen-Thüringen angekündigt.
Mär 27 Schweden – Deutschland 4:1 (0:2, 0:1, 2:0).
Mär 28 Deutschland – Schweden 4:2 (0:2, 1:0, 3:0).
»Auch gestern abend war der Sportpalast wieder ausgezeichnet besucht. Prächtige Stimmung herrschte. Riesiger Jubel über die beiden besten Eiskunstläuferinnen der Welt. Fritzi Burgers Vortrag war schlechtweg vollendet, Sonja Henie aber unerreicht; diesmal weit sicherer als am Sonntag« (BLA 29. 3.).
BLA 24.–25., 27., 29. 3.; Vw 26., 29. 3.

Apr 2–3. »Reichstagung des Nat.-soz. Lehrerbundes«
V: NSLB.
Rd: Bender, Luise Diehl, Förster (Studienrätin), Goepfert, Prof. Dr. Ernst Krieck, Dr. Sablotny, Heinrich Scharrelmann, Hans Schemm (Reichsl. des NSLB), Walter.

Apr 3, 18.00 Uhr. Kundgebung anläßlich der Reichstagung
Et: 1,– M.
Rd: Dietrich Klagges (Innen- und Volksbildungsmin. Braunschweigs), Wilhelm Kube (MdL), u. a.
Mitw.: Kapelle Fuhsel.
Agr 2., 4. 4.

Apr 4, 20.15 Uhr. Kundgebung
V: NSDAP.
Zur Wahl des Reichspräsidenten am 10. 4. (2. Wahlgang).
Kandidat der NSDAP: Adolf Hitler.
Rd: Dr. Joseph Goebbels (MdR, Gl), Hermann Göring (MdR), Adolf Hitler.
Th: *»Marschiert alle mit! Schließt unsere Reihen! Vorwärts mit Adolf Hitler!«*
Agr 3., 4. 4.; VB 6. 4.; BLA 5. 4.; Goebbels, Tagebücher II, S. 151.

Apr 6, 19.30 Uhr. Kundgebung
V: KPD.
E: 0,60 M, Erwl. 0,30 M.
Zur Wahl des Reichspräsidenten am 10. 4. (2. Wahlgang).
Kandidat der KPD: Ernst Thälmann (MdR).
Rd: Willy Kasper (MdL), Albert Kuntz, Walter Ulbricht (MdR).
Th: *»Aufmarsch gegen Krieg und Faschismus«.*
Mitw.: Erich Weinert (Rezitation). Vier Musikkapellen.
Die Versammlung wurde frühzeitig polizeilich aufgelöst – im Zusammenhang eines angekündigten, vorher jedoch nicht gemeldeten Redners (eines *»chinesischen Genossen«*).
RF 1.–3., 5.–7. 4.; BLA 7. 4.

Apr 7, 20.15 Uhr. Kundgebung
V: NSDAP.
Et: 0,80 M, Erwl. 0,40 M.
Zur Wahl des Reichspräsidenten am 10. 4. (2. Wahlgang).
Kandidat der NSDAP: Adolf Hitler.

15. Jahrg. / Nr. 74 / Preis für Berlin 10 Pf. Auswärts 15 Pf

Berlin, Donnerstag, 7. April 1932

Die Rote Fahne

Zentralorgan der Kommunistischen Partei Deutschlands (Sektion der Kommu[…]ale)

Redakt.: Berlin C 25, Kl. Alexanderstr. 28, Tel.: E 1 Berolina 5481, Tel.-Adr.: Rotfahne Berlin. Verl.: Verein. Zeitungsverlage GmbH., Berlin C 25, Kl. Alexanderstr. 28, Postscheck: Berlin NW 27 970.

Erscheint täglich außer Montags

Anzeigenverwaltun[…] Expedition G. m. b. H., […] Kurfürst 1825/26. Sch[…] […]eraten[…] […]on: B 1 […] 16 Uhr.

Bezugspreis vorauszahlb. pro Woche 60 Pf., monatl. 2,60 M. einschl. Trägerlohn in Berlin u. Orten m. eig. Zustellg. Postbezug ausschl. Bestellgeld 2,60 M.; Streifband im Inland 4,20 M.; n. d. Ausland 4,50 M.

Begründet von Karl Liebknecht und Rosa Luxemburg

Anzeigenpreis: Die 12gesp. Millimeterze[…] 3gesp. Textmillimeterzeile 2,50 M. Arbeiterorganis. u. Familie[…] […]limeterz. 20 Pf. Kleine Anz.: Textwort 20 Pf. Ueberschriftw. 30 Pf. Ar[…] […]markt: Wort 5 Pf.

Morgen früh Die Rote Post sofort abonnieren

Nazi-Armee kriegsbereit gegen Sowjetunion / Siehe im Blatt

Sportpalast-Kundgebung polizeilich aufgelöst!

Grzesinski-Polizei verbietet Ansprache eines chinesischen Genossen zum Antikriegstag — So „kämpfen" Braun-Severing gegen den Faschismus! — Macht die heutige Lustgartendemonstration zu einem Massenaufmarsch des roten Berlin!

Die Polizei des Sozialdemokraten Grzesinski hat gestern dem roten Berlin augenfällig vordemonstriert, was „Wahlfreiheit" in SPD.-Preußen heißt. Die einzige Sportpalastkundgebung der Kommunistischen Partei, die in diesem nur sechs Tage lang möglichen öffentlichen Wahlkampf durchgeführt werden sollte, wurde während der Rede des Genossen Ulbricht aufgelöst.

Die eigentliche Schuld an der Auflösung fällt auf die Polizei, die — völlig unberechtigt — die Ansprache eines chinesischen Genossen zum Antikriegstag verbot, was bei den Massen natürlich ungeheure Empörung auslöste. Die Polizei, die unter der Leitung eines Mitgliedes der „völkerbefreienden" Sozialdemokratie steht, hat dadurch gezeigt, daß die SPD. im Interesse der imperialistischen Kriegstreiber den Kampf gegen das internationale Proletariat führt.

Heute für die Siemens-Belegschaft:
Zwei Welten bei Siemens
Alarm! Kriegsproduktion!

382 Die Rote Fahne, 7. 4. 1932 (Chr Apr 6).

Rd: Dr. Wilhelm Frick (MdR), Dr. Joseph Goebbels (MdR, Gl).
Th: *»Adolf Hitler, der Kandidat des Volkes«.*
Mitw.: Kapelle Fuhsel.
Agr 6., 8. 4.; BLA 8. 4.; Goebbels, Tagebücher II, S. 152.

Apr 9, 20.00 Uhr. Kundgebung
V: NSDAP.
Zur Wahl des Reichspräsidenten am 10. 4. (2. Wahlgang). Kandidat der NSDAP: Adolf Hitler.
Rd: Dr. Joseph Goebbels (MdR, Gl), Werner Studentkowski (MdL, Sachsen).
Th: *»Freiheit und Brot bringt Hitlers Wahl«.*
Agr 8., 11. 4.; Goebbels, Tagebücher II, S. 152.

Apr 11, 20.00 Uhr. Kundgebung
V: SPD.
Et: 0,20 M.
Zur Wahl des preußischen Landtages am 24. 4.
Rd: Otto Braun (MdR, Ministerpräs. Preußens), Otto Hörsing (?), Franz Künstler (MdR), Otto Wels (MdR).
Th: *»Erobert Preußen!«*
Vw 10.–12. 4.; BLA 12. 4.

Apr 13, 20.00 Uhr. Kundgebung
V: KPD.
Et: 0,60 M, Erwl. 0,30 M.
Zur Wahl des preußischen Landtages am 24. 4.
Rd: Ernst Thälmann (MdR), Walter Ulbricht (MdR).
Th: *»Schlagt Hitler und Severing! – Kämpft für ein rotes Preußen in Rätedeutschland!« »Preußen rot – für Arbeit, Freiheit, Brot!«*
Mitw.: Erich Weinert (Rezitation), vier Musikkapellen.
»Selten sind unsere Arbeiterbataillone stolzer und wuchtiger marschiert, als gestern beim Einmarsch in den Sportpalast. Kolonne um Kolonne marschierte unter nicht endenwollendem Jubel, die Verbände der jungen Antifaschisten, die Formationen des Kampfbundes, die Delegationen der roten Postler, ›Rote Postler funken: Rotes Preußen!‹, die Delegationen der Eisenbahner und Kriegsbetriebe, unser tapferer deutscher Komsomol, die Frauen und die Jungpioniere. Fast eine halbe Stunde dauerte der Einmarsch« (RF 14. 4.).
RF 12.–14. 4.

Apr 15, 20.15 Uhr. Kundgebung
V: NSDAP.
Zur Wahl des preußischen Landtages am 24. 4.
Rd: Dr. Joseph Goebbels (MdR, Gl), Josef Wagner.
Th: *»Preußen muß wieder preußisch werden«.*
»Da Reichskanzler Brüning sich trotz mehrfacher Aufforderung bekanntlich niemals zu einer Diskussion mit Pg. Dr. Goebbels gestellt hat, ließ dieser eine Schallplattenwiedergabe der letzten Rede des Kanzlers in Königsberg zu Gehör bringen und zerpflückte in schneidender Rede jedes einzelne der dort niedergelegten Argumente gegen die NSDAP. Selbst die Linkspresse muß heute früh in teilweise verschleierter Form widerwillig zugeben, daß hier der Berliner Gauleiter eine neue, verheißungsvolle Propagandamöglichkeit für den Wahlkampf gefunden hat.« – »Der Sportpalast hat ein neues Gesicht. Fahne neben Fahne hängt von den Rängen und den Treppen. Diesmal haben wir keinen Dienst, wir SA.-Männer von Berlin – wir sind verboten. Und wir dürfen auch nicht mit unseren Fahnen einmarschieren, wir dürfen nur dabei sein und die Zähne zusammenbeißen« (Agr 16. 4.).
Agr 14., 16. 4.; BLA 16. 4.; Goebbels, Tagebücher II, S. 156.

Apr 19. Kundgebung
V: NSLB.
Zur Wahl des preußischen Landtages am 24. 4.

Rd: Dr. Hans Fabricius (MdR), Dr. Frank II (MdR), Dr. Martin Franz Wilhelm Löpelmann (MdR), Hans Schemm (Reichsl. des NSLB), Jakob Sprenger (MdR).
Agr 20. 4.

Apr 21, 20.00 Uhr. Kundgebung »Großer Preußen-Appell«
V: DNVP.
Et: 0,50 bis 2,– M.
Zur Wahl des preußischen Landtages am 24. 4.
Rd: Dr. Alfred Hugenberg (MdR), Dr. Ilse Neumann (MdL), Paul Rüffer (MdL),Dr. Voelkle.
Th: *»Sorgt für eine starke DNVP.!«*
Mitw.: Musikkapelle in friderizinanischen Uniformen, Trommlerkorps des Bismarckbundes und des RvA.
Agr 17., 22. 4.

Apr 22, 20.30 Uhr. Kundgebung
V: NSDAP.
Et: 1,– M, Erwl. 0,50 M. *»Außerdem werden 3000 Karten zum Preis von 3 Mark für reservierte Plätze ausgegeben. Dadurch wird die Gauleitung in die Lage versetzt, Tausende von Eintrittskarten kostenlos an Arbeitslose abzugeben, für die dann ebenfalls Plätze freigehalten werden. Auf diese Weise wird ihnen, denen die ungeheure Not das Letzte nahm, die Möglichkeit gegeben, auch den Führer des kommenden Deutschland zu hören«* (Agr 19. 4.).
Zur Wahl des preußischen Landtages am 24. 4.
Rd: Adolf Hitler, Wilhelm Kube (MdL).
Th: *»Befreit Preußen!».*
»Der Sportpalast [...] ist für unsere Verhältnisse längst zu einem mäßigen Versammlungslokal herabgesunken. Wenn unsere Bewegung in der Reichshauptstadt ruft, kommen ohne besondere Propaganda Hunderttausende [...] Aber einen größeren Versammlungssaal als den Sportpalast haben wir nun einmal nicht [...]« (Agr 23. 4.).
Agr 19., 23. 4.; BLA 23. 4.; Goebbels, Tagebücher II, S. 159.

384 Anzeige (Chr Apr 13; nach: RF 12. 4. 1932).

Apr 24, 17.00–0.30 Uhr. Wahlfeier
V: NSDAP.
Et: 1,– M.
Zum Tag der Wahl des preußischen Landtages.
Rd: Dr. Joseph Goebbels (MdR, Gl) *»und die neugewählten Abgeordneten«.*
Mitw.: Kapelle Fuhsel.
»Bekanntgabe der Wahlergebnisse!«.
»Um 5 Uhr nachmittags beginnt das Leben im Sportpalast. Da, wo sonst in dichten Reihen die Massen sitzen, um unseren Rednern zu lauschen; [...] stehen heute bunt gedeckte Tische an denen unsere Berliner Parteigenossen wie eine unendlich große Familie sitzen, [...] um gemeinsam ein Fest zu feiern. Ununterbrochen schmettert die Kapelle Fuhsel ihre Weisen. Dann gegen halb acht Uhr werden die ersten Wahlergebnisse bekanntgegeben. Atemlose Stille herrscht, als Pg. Kampmann die Ergebnisse der ersten Gesamtzählung durch den Lautsprecher bekannt gibt. Fast doppelt soviel Stimmen wie die Sozialdemokraten sind für die NSDAP. abgegeben. [...] Später werden die Zahlen durch einen Projektionsapparat gegen eine große, in der Kuppel des Sportpalastes aufgehängte Leinwand geworfen« (Agr 25. 4.).
Agr 23., 25. 4.; Goebbels, Tagebücher II, S. 160.

Apr 28–Mai 8. »Große Berliner Wassersport- und Wochenend-Ausstellung«
13.00–22.00 Uhr, sonntags 10.00–22.00 Uhr.
V: SP/Wassersport-Industrie- und Handels-Verband, Berlin.
Et: 0,50 M.
Um 20.00 Uhr fanden im »Blauen Saal« im Rahmen der Ausstellung statt: *»Fechtakademie unter Leitung von Fechtmeister Dr. Herbert Hoops«* (28. 4); *»Vorführungen*

383 Anzeige (Chr Apr 11; nach: Vw 11. 4. 1932).

385 Kundgebung der SPD (Chr Apr 11), Paul Löbe (MdR, Reichstagspräs.) im Gespräch mit Albert Grzesinski (Polizeipräs.).

von Trainings- und Partner-Apparaten durch die Sportindustrie« (29. 4.); *»Vorführungen der Meistermannschaften von der Schwimmsportvereinigung Berlin und des D.S.V. Nixe-Charlottenburg. Erklärende Worte: Sportlehrer Kellner von der D.H.f.L.«* (30. 4.); *»Vortragsabend. Sprecher: Herr Ministerialrat Dr. Mallwitz, Herr Direktor Lombardino von der Verkehrs- und Wasserwacht. Herr Kegel von der Deutschen Lebensrettungs-Gesellschaft«* (2. 5.); *»Barrenturnen, Kunstgymnastik, Damen-Gymnastik, vorgeführt vom Polizeisportverein Berlin«* (3. 5.); *»Kunstturnen des Turnverbandes Groß-Berlin«* (4. 5.); *»Mustermannschaft des V.B.A.V. unter Leitung von Sportlehrer König«* (5. 5.); *»Ringen, Boxen, Jiu-Jitsu, vorgeführt vom Polizeisportverein Berlin«* (6. 5.); *»Gymnastik-Vorführungen der Damen des Postsportvereins Berlin«* (7. 5.).
»[...] Im rechten Augenblick kommt da die »Wa=Wo=Au« [...] Sie ist unbedingt geeignet, die Herzen der begeisterten Wassersportler [...] höher schlagen zu lassen. Im Parterre und im Rang des Hauses findet man auf den verschiedenen Ständen einfach alles, was des Sportlers Herz begehren mag. Prächtige Segeljachten und elegante Autoboote, Kanus, Faltboote, Zelte [...]« BLA 29. 4.).
BLA 29. 4.; 1. 5.; Vw 30. 4.; Ph (Senatsbibl.).

Mai 13. Boxen
V: Jeff Dickson (Damski).
Ausgefallen.

Mai 24 – Jun 14, 20.30 Uhr. Ringen »Internationales Turnier«
V: Internationaler Ringerverband e.V. Berlin.
Et: 0,50 bis 3,– M.
Ausscheidungen zur Europameisterschaft im Mittel- und Schwergewicht.
Teiln.: Adamschack (D), Barothy (H), Bognar (H), Budrus (LT), Chiruchin, Grünberg, Iwanoff (BG), Jaago (EW), Kawall (D), Köhler (D), Kopp (Y), Krumin, Kyriloff, Landau (D), Luppa (D), Menter (EW), Meyer (D), Naber (D), B. Nagy (H), Pohlfuß (D), Polis, Pooshoff (D), Rainer, Renter, Sasorski (PL), Saurer, Schwarzbauer (D), Stibor (CS), Stoll (D) u. a.
Ergebnisse:
Mg: 1. Pohlfuß, 2. Iwanoff, 3. Chiruchim.
Sg: 1. Jaago, 2. Pooshoff, 3. Budrus, 4. Kopp.
BLA 24., 26.–28., 30. 5.; Vw 25.–28., 30.–31. 5.; 2., 10., 13.–15. 6.

Jun 23, abends. Kundgebung
V: NSDAP.
Zur Wahl des Reichstages am 31. 7.
Rd: Dr. Joseph Goebbels (MdR, Gl).
»Abends im Sportpalast. Da herrscht allerdings eine andere Atmosphäre. Der Sportpalast ist die große politische Tribüne der Reichshauptstadt, und wir haben ihn dazu gemacht. Es geht von dieser Halle ein eigenartiges Fluidum aus. Wenn man sie bei Überfüllung betritt, wird man sofort davon berührt und empfangen. Heute abend ist sie von einem Menschenheer Kopf an Kopf besetzt. Eine grenzenlose Begeisterung herrscht. Alle fühlen, daß die Entwicklung zu Entscheidungen drängt. Die Musik erklingt, und dann marschieren die alten, lieben Fahnen und Uniformen wieder ein. Vor diesem Publikum zu sprechen ist ein Hochgenuß. Man vergißt dabei Zeit und Raum. Zweieinhalb Stunden und mehr rede ich. Ich reite eine scharfe Attacke nach der anderen gegen das Kabinett. Am Ende gibt es riesige Ovationen« (Goebbels).
BT 24. 6.; Goebbels, Tagebücher II. S. 190.

Jul 8, 20.15 Uhr. Kundgebung
V: NSBO.
Zur Wahl des Reichstages am 31. 7.
Rd: Johannes Engel (MdL, Gaubetriebszellenl.), Dr. Joseph Goebbels (Gl).
Th: *»Weg mit den bürgerlichen Schwächlingen!«*
»20 bis 30 Meter lange Transparente auf rotem Grund mit weißer Schrift, die die sonst nicht gewohnten Aufschriften: ›Keine Arbeitsstelle ohne Nazizelle‹, ›Ehre die Arbeit und achte den Arbeiter, dann ehrst Du Dein Volk!‹ und derer noch mehr trugen, boten dem erstaunten Auge einen neuen, ganz eigenartigen Anblick. [...] Gemeinsam mit dem Arbeiter der Faust saß der Arbeiter der Stirn, um sich einmal von den Nationalsozialisten über den Volks und Arbeiterverrat nicht nur der Marxisten, sonden auch der bürgerlichen Schwächlinge unterrichten zu lassen. [...] Als der frühere Betriebsrat der Knorr Bremse [...] Pg Engel, M.d.L., den Saal betrat, umbrauste ihn tausendfacher Jubel [...]« (Arbeitertum 1. 8.).
Agr 6. 11. 1937; Goebbels, Tagebücher II, S. 201 f.; Arbeitertum 1. 8.

Jul 15, 20.00 Uhr. Kundgebung
V: NSDAP.
Zur Wahl des Reichstages am 31. 7.
Rd: Dr. Joseph Goebbels (Gl), Hermann Göring.
BT 16. 7.; Goebbels, Tagebücher II, S. 205.

Jul 29, 20.00 Uhr. Kundgebung
V: Zentrum.
Zur Wahl des Reichstages am 31. 7.
Rd: Dr. Heinrich Brüning (Reichskanzler a.D.).
Eine Parallelversammlung wurde in der Tennishalle in Wilmersdorf (Brandenburgische Straße 53) veranstaltet, die Rede Brünings dorthin übertragen.
BT 27.–28. 7.; Germ 31. 7.

Aug 11. Kundgebung
V: KPD.
Wurde von der Polizei *»wegen Gefährdung der öffentlichen Ruhe und Sicherheit«* verboten.
RF 11. 8.

Sep 1, 20.30 Uhr. Kundgebung
V: NSDAP.
Rd: Dr. Joseph Goebbels (MdR, Gl), Adolf Hitler (Reg.-Rat, F.)
Th: *»Für Volksregierung – gegen Herrenklub!«*
Agr 1.–2. 9.; BLA 2. 9.; Goebbels, Tagebücher II, S. 235.

Sep 2, 20.30 Uhr. Kundgebung
V: Stahlhelm.
Anläßlich des 13. Frontsoldatentages des Stahlhelm.
Rd: Franz Seldte (1. Bundesvors.), Franz von Stephani (F. des Landesverbandes).
Th: *»Stahlhelmarbeit und Stahlhelmziele«.*
Mitw.: Walter Kirchhoff (Kammersänger), Stahlhelm-Bundeskapelle (Obermusikdirektor a.D. Knoch).
»Die Stahlhelmkapelle spielt alte Armeemärsche, und die Stimmung der Tausende gibt sich wieder den alten Klängen hin. Heilrufe. Die Versammlung erhebt sich, der Kronprinz, Prinz Eitel Friedrich, Prinz Oskar, die Prinzessin Oskar durchschreiten den Saal. Der Kronprinz trägt zu der Husarenuniform das Stahlhelmabzeichen, wie Prinz Eitel und Prinz Oskar auch« (BLA 3. 9.).
BLA 1., 3. 9.; Agr 3. 9.

Sep 11, 20.00 Uhr. Radrennen
V: SP (Erich Kroner).
Eröffnung der Sportsaison Winter 1932/33.
Omnium (Ahlers/Ehmer/Rieger/Siegel gegen van Buggenhout/Buysse/Billiet/Piet van Kempen): unentschieden, beide Mannschaften je 22 Pkte.
Ausscheidungsfahren: 1. Dorn.
Vorgabefahren: 1. Kroschel.

386 Radrennen (Chr Sep 16; nach: IRS 12, Nr. 39, 23. 9. 1932).

Mannschaftsrennen mit Ueberraschungsspurts im Sportpalast.

100-km-Mannschaftsfahren (11 Paare; Großer Eröffnungspreis): 1. Buysse/Billiet 29 Pkte; 2. Funda/Maidorn (1 Rde zurück) 14; 3. Wissel/Manthey (2 Rdn zurück) 26; 4. Rieger/Kroschel (3 Rdn zurück) 24; 5. Siegel/Thierbach 14; 6. Ehmer/R. Wolke (4 Rdn zurück) 40; 7. Kroll/Lehmann 22; 8. Dorn/Maczynski 20; 9. Ahlers/Becker 15; 10. Nickel/Engelmann 10; aufgegeben: van Buggenhout/Piet van Kempen.
BLA 21. 8.; 11.–12. 9.; Vw 22. 8.; 6., 10., 12. 9.

Sep 15, 20.15 Uhr. Kundgebung
V: NSDAP.
Et: 0,80 M, Erwl. 0,40 M.
Zur Wahl des Reichstages am 6. 11.
Rd: Dr. Joseph Goebbels (MdR, Gl), Hermann Göring (MdR).
Th: *»Über die Vorgänge im Reichstag«, »Das Volk will Papen nicht mehr!«, »Kampf gegen soziale Reaktion und Marxismus«.*
Mitw.: Kapelle Fuhsel.
Agr 12., 14., 16. 9.; BLA 16. 9.; Goebbels, Tagebücher II, S. 243.

Sep 16, 20.00 Uhr. Amateur-Radrennen
V: DRU, Ortsgruppe Berlin.
1000-m-Malfahren (8 Vor-, 4 Zwischenläufe): 1. Giel (Einzelf.), 2. Cronjäger (RC Diamant, Bremen), 3. Fritschler (Wima-Nord).
Jugend-Ausscheidungsfahren: 1. Gronwald (Rennhahn) 6:32; 2. Matysiak (RV Westend); 3. H. Schmidt (Endspurt 1911); 4. Höferl (Rennhahn).
50-Rdn-Punktefahren: 1. B. Frank (Fedia) (11:17) 14 Pkte; 2. E. Breiter (Einzelf.) 11; 3. F. Radde (Alberto Diamant) 9; 4. F. Wenzel (BRC Werner) 7.
Zweistunden-Mannschaftsfahren: 1. Mattern/Tadewald (Brennabor) 36 Pkte; 2. König/H. Kalupa (Rennhahn/Semper) 33; 3. Seidel/Münzer (Rennhahn) 23; 4. Gruhn/Wiemer (Fedia) 15; 5. Kedzierski/Bretzke (Alberto Diamant) 10; 6. Cronjäger/Levy (Bremen/Alberto Diamant; 1 Rde zurück) 12; 7. Tallmann/Fritschler (Fedia/Wima-Nord; 2 Rdn zurück) 19; 8. Richter/Willberg (Magdeburg) 1; 84,400 km.
IRS Nr. 39, S. 961 f.; BLA 16., 18. 9.; Vw 17. 9.

Sep 20, 19.30 Uhr. Kundgebung
V: Eiserne Front, Kampfleitung Berlin.
Et: 0,50 M, Erwl. 0,10 M.
Zur Wahl des Reichstages am 6. 11.
Rd: Franz Künstler (MdR), Paul Löbe (MdR), Otto Wels (MdR).
Th: *»Wir greifen an!«*
»erste Wahlkundgebung / Musikalische Darbietungen des Reichsbanners Schwarz-Rot-Gold, Fahneneinmarsch der Sportler. [...] Kasseneröffnung 17 Uhr. [...]« (Anz., Vw 17.9.).
»Die Berliner Sozialdemokratie hat den Wahlkampf eröffnet [...] Nicht lärmende, aufflackernde Begeisterung sondern unermüdliche kampfesfrohe Bereitschaft, abermals unter Aufbietung aller Kräfte den Feinden der Arbeiterklasse und der sozialen Demokratie siegreich die Stirn zu bieten – das war das Kennzeichen dieser Kundgebung im Zeichen der roten Fahnen und der drei Pfeile. [...]« (Vw 21.9.).
Vw 17.–18., 21. 9.

Sep 25, 20.00 Uhr. Radrennen
V: SP (Kroner).
1000-m-Malfahren (2 Vor-, 2 Endläufe): 1. Ehmer 10,2 Sek. (letzte Rde), 2. Boucheron, 3. Guimbretière, 4. Goebel.
Mannschafts-Zeitfahren (4 Rdn): 1. Funda/Maidorn 44 Sek.; 2. Perelaer/Resiger 44,7; 3. Kutz/Stock 45,1; 4. Kroll/Miethe 45,2; 5. Kilian/Korsmeier 45,3; 6. Knudsen/Kroschel 46; 7. Manthey/Wissel 46,7.
»Die 144 Minuten» (internationales Mannschaftsfahren): 1. Funda/Maidorn 52 Pkte; 2. Ehmer/Resiger 19; 3. Goebel/Kilian (1 Rde zurück) 32; 4. Kroll/Miethe 25; 5. Manthey/Wissel (2 Rdn zurück) 27; 6. Zims/Perelaer 23; 7. Knudsen/Kroschel 19; 8. Kutz/Stock 18; 9. Henri Aerts/Haezendonck (3 Rdn zurück) 5; 10. Vopel/Korsmeier (4 Rdn zurück) 27; 105,640 km; aufgegeben: Guimbretière/Boucheron.
IRS Nr. 39, S. 959 f., Nr. 40, S. 984–87; BLA 25.–26. 9.

Sep 29, 20.00 Uhr. Amateur-Radrennen
V: BDR, Gau Berlin.
6-Rdn-Malfahren (8 Vor-, 4 Zwischenläufe): 1. Golz (Argo) 10,9 Sek, 2. Röseler (Post-SV), 3. Marklewitz (Post-SV), 4. Block (Post-SV).
100-Rdn-Punktefahren (4 Vorläufe über je 30 Rdn): 1. Nowak (Germania, Charlottenburg) 10 Pkte; 2. Gebert (Einzelf.) 8; 3. Kreisel (Amateur-Sport, Charlottenburg) 0; 4. Balzer (Bewag) 0.
Zweistunden-Mannschaftsfahren: 1. Dasch/Golz (Argo) 25 Pkte; 2. Gangel/Wesenberg (Argo) 21; 3. Patzack/Röseler (Post-SV) 20; 4. Kamp/Schneider (Dortmund) 14; 5. Scherff/Marklewitz (Post-SV) 12; 6. Manthey/Raschke (Post-SV/Concordia 97). 10; 7. Negd/Böhm (Germania, Charlottenburg) 9; 8. Stach/Materne (Arminius/Grün-Weiß) 7; 9. Buchwald/Grundke (Breslau) 3; 86,960 km.
IRS Nr. 41, S. 1014 f.; BLA 29. 9.; 1. 10.; Vw 29.–30. 9.

Okt 7, 20.00 Uhr. Radrennen
V: SP (Kroner).
»Internationaler Fliegerkampf« (8 Teiln.): 1. Scherens (B), 2. Gérardin (F), 3. Falck-Hansen (DK), 4. Dasch (D), 5. Ehmer (D), 6. Engel (D), 7. Steffes (D), 8. Honemann (USA).
Rundenrekordfahren: 1. Scherens 9,9 Sek; 2. Ehmer 10,2; 3. Engel 10,3; vor Gérardin 10,4, Steffen und Falck-Hansen je 10,5, Dasch 10,7, Honemann 10,8.
»Ernst-Wilke-Handicap« (1000-m-Vorgabefahren): 1. Maczynski (50 m Vorg.) 1:13 Min., vor Dorn (50 m), Wolke (50 m) und Steffes (Mal).
50-km-Mannschaftsfahren. Teiln.: 1. Scherens/Lehmann (B/D), 2. Falck-Hansen/Dorn (DK/D), 3. Gérardin/O. Nickel (F/D), 4. Engel/Steffes (D), 5. Ehmer/Wissel (D), 6. Dasch/Engelmann (D), 7. Kroll/Miethe (D), 8. Kroschel/Maczynski (D), 9. Ahlers/Becker (D), 10. W. Nickel/Wagner (D), 11. Balke/Mandelkow (D), 12. Kutz/Stock (D). Ergebnis: 1. W. Nickel/Wagner 22 Pkte; 2. Ahlers/Becker (1 Rde zurück) 22; 3. Ehmer/Wissel 21; 4. Gérardin/O. Nickel (2 Rdn zurück) 22; 5. Kutz/Stock 10.
IRS Nr. 1008 f.; BLA 4., 7.–8. 10.; Vw 6., 8. 10.; Ph (VWA).

Okt 8–9, 20.15 Uhr. Eishockey u. a.
V: BSchC (?).
Et: ab 1,– M.
Kunstlauf von Sonja Henie (N).
England (British Ice Hockey Association): Elkins (Tor);

Morgenausgabe
Nr. 445 A 217 49. Jahrgang
Mittwoch 21. September 1932
Groß-Berlin 10 Pf. Auswärts 15 Pf.

Vorwärts
Berliner Volksblatt
Zentralorgan der Sozialdemokratischen Partei Deutschlands

Redaktion und Verlag: Berlin SW 68, Lindenstr. 3
Vorwärts-Verlag G. m. b. H.

Wir greifen an!
Wels und Löbe rufen zum Freiheitskampf.

387 Vorwärts, 21. 9. 1932 (Chr Sep 20).

388 Kundgebung der NSDAP (Chr Okt 20), Gregor Strasser spricht.

389 Kundgebung der NSDAP (Chr Okt 25), August Wilhelm, Prinz von Preußen (»Auwi«) spricht als SA-Mann.

Ehrhardt, Gratias (Vert.); Carr, Fawcett, Magwood (Sturm); Dewey, Thompson (Ersatz).
BSchC: G. Ball (Tor); Orbanowski, Römer (Vert.); R. und H. Ball, G. Brück, Davidoff, Jaenecke, Korff (Sturm und Ersatz).
Okt 8 BSchC – England 2:1 (1:1, 1:0, 0:0).
Okt 9 BSchC –England 5:2 (1:0, 1:1, 3:1).
»[...] und Sonja tanzt! [...] Häsekin ist wieder da! Häsekin ist Sonja Henie, der Liebling der Sportpalastgalerie. Am Sonnabend und Sonntag lief sie wieder, zum ersten Male in dieser Saison, ihre Kür, die ihr die Weltmeisterschaftswürde der Amateure schon so oft eingebracht hat. Es ist etwas naturbegnadetes in dieser jungen Eisartistin, die bei ihren Tänzen kaum noch das Eis berührt, die fast frei im Raume schwebt, der nichts mißlingt. Immer wieder ist es ein Genuß, ihr zuzuschauen, minutenlang donnert der Beifall durch den Riesenraum, bis sie sich zu Einlagen entschließt. Dafür wirft ihr dann ein stiller Verehrer einen netten, kleinen, selbst gebundenen Blumenstrauß von der Galerie herab oder es plumpst ein ausgeputzter Stoffwauwau von oben herunter. Und Häsekin dankt mit ihrem süßen Lächeln und bleibt Häsekin für den Sportpalastheuboden so wie früher, als sie noch 15, 16 Jahre alt war« (Vw 10. 10.).
BLA 30. 9.; 5., 8.–10. 10.; Vw 1., 8., 10. 10.

Okt 11, 20.00 Uhr. Amateur-Radrennen
V: DRU, Ortsgruppe Berlin.
Et: 0,50 bis 2,– M.
Berliner Meisterschaft über 1000 m: 1. Cronjäger, 2. Giel.
Ausscheidungsfahren: 1. Scheurig, 2. Schönfeld.
50-Rdn-Punktefahren: 1. Matysiak 16 Pkte, 2. Frank, 3. Giel.
500-Rdn-Mannschaftsfahren. Teiln.: Cronjäger/Warnecke (Bremen), Krankenberg/Fischer (Wilhelmshaven/Bremen), Neugebauer/Levy (Breslau/Berlin), Mattern/Tadewald (Berlin), Tallmann/Jaenicke (Berlin), Seidel/Münzer (Berlin), Huschke/Kalupa (Berlin), König/Bretzke (Berlin), Lubahn/Blank (Berlin), Gruhn/Wiemer (Berlin), Nebe/Hufnagel (Berlin), Passenheim/Fritschler (Berlin). Ergebnis: 1. Tallmann/Jaenicke (1:51:22) 27 Pkte; vor König/Bretzke 25 und Gruhn/Wiemer 15.
IRS Nr. 41, S. 1010; BLA 11., 13. 10.; Vw 12. 10.

Okt 12. Kundgebung
V: NSDAP.
Vom Polizeipräsidenten *»aus sicherheitspolizeilichen Gründen«* verboten.
Agr 7., 10.–11., 13. 10.; BLA 11.–12. 10.; Goebbels, Tagebücher II, S. 257.

Okt 16. Radrennen
V: SP (Kroner)/BDR
19.00 Uhr. Amateure.
Meisterschaften des Landesverbandes Brandenburg des BDR:
1000 m: 1. Golz, 2. Gangel.
10 km: 1. Patzack, 2. Gröning, 3. Pohl, 4. Kinnsbrunner.
20.15 Uhr. Berufsfahrer.
»Kriterium der Asse« (Straßenfahrer-Kriterium; 100-km-Einzelfahren): 1. Funda 23 Pkte; 2. Wissel 10; 3. Jean Arts 0; 4. Maidorn (1 Rde zurück) 31; 5. Siegel 18; 6. Busse 11; 7. Bogaart (2 Rdn zurück) 28; 8. Manthey 24; 9. Di Paco 13; 10. Thierbach 5; 11. Bonduel (4 Rdn zurück); 12. Stoepel; 13. Tietz; 14. Risch; 15. Camusso (5 Rdn zurück); 16. Le Drogo; 17. Sieronski; 18. Geyer; 2:15:10 Stunden; aufgegeben: Kroll und Miethe.
IRS Nr. 41, S. 1011; BLA 12., 14., 16.–17. 10.; Ph (VWA).

Okt 18–19, 20.15 Uhr. Eishockey u. a.
V: BSchC (?).
Kunstlauf von Ernst Baier und Fritzi Burger.
Paris: Morrison (Tor); Lacarrière, Michaelis (Vert.); Besson, Cholette, Geran (Sturm A); Claret, Delesalle, Hagnauer (Sturm B).
BSchC: wie Okt 8–9.
Okt 18 BSchC – Paris 2:2 (1:0, 0:2, 1:0).
Okt 19 BSchC – Paris 1:0 (0:0, 1:0, 0:0).
BLA 12., 18.–19. 10.; Vw 20. 10.

Okt 20, 20.15 Uhr. Kundgebung
V: NSBO.
Zur Wahl des Reichstages am 6. 11.
Rd: Gregor Strasser (Reichsorganisationsl., MdR).
Th: *»Der Sozialismus die Lebensfrage der deutschen Arbeiterschaft«.*
Mitw.: NS-Betriebszellen-Kapelle der BVG.
Agr 20.–21. 10.

Okt 21, 20.30 Uhr. Boxen »Hein Müller – Otto von Porat« u. a.
V: SP (Stadtländer).
Bg: Erich Beißmann (53 kg; Hannover) – Werner Riethdorf (53,4 kg; Berlin), Sieg Riethdorfs nach Pktn (6 Rdn).
Fdg: Jakob Domgörgen (59,2 kg; Köln) – Harry Stein (56,9 kg; Berlin) unentschieden (8 Rdn).
Sg: Arno Kölblin (90,6 kg; Plauen) – Paul Wallner (88,9 kg; Düsseldorf), Sieg Kölblins nach Pktn (8 Rdn).
Sg: Vincenz Hower (87 kg; Köln) – Giacomo Bergomas (101,5 kg; I), Sieg Howers nach Pktn (8 Rdn).
Sg: Hein Müller (88,7 kg; Köln) – Otto von Porat (91,4 kg; N), Sieg von Porats durch ko (6. Rde).
BLA 13., 20.–23. 10.; BS 628–30, 1.–24. 10.; Ph (VWA).

Okt 22, 19.00 Uhr. »Rotes Hallensportfest«
V: Kampfgemeinschaft für rote Sporteinheit.
Et: 1,– M, Erwl. 0,50 M (Vorverkauf 0,80 und 0,40 M), Teilnehmer 0,40 M.
»Bis unter das Dach standen die Zuschauermassen Kopf an Kopf und verfolgten nicht nur mit Spannung die sportlichen Konkurrenzen, sondern legten ein Massenbekenntnis für die roten Sportler, für die Einheitsfrontaktion und für die Liste 3 ab. Mit dem Einmarsch der über 1800 Aktiven [...] begann das eigentliche Programm. An der Spitze hinter einem riesigen Transparent ›Wir schützen die Sowjetunion!‹ marschiert die eben aus dem Lande befreiter Arbeiter und Bauern zurückgekehrte deutsche Delegation. Dann folgen Sportler aus bürgerlichen und reformistischen Vereinen, die durch ihre Teilnahme ihre Verbundenheit mit den roten Sportlern in der Einheitsfrontaktion demonstrierten. [...] Schlag auf Schlag werden die sportlichen Konkurrenzen abgewickelt [...] Großartig sind die gezeigten Leistungen, die Turner, die Artisten demonstrieren die hohe Kunst ihres Sports. Hindernisläufe der Jiu=Jitsuer folgen. [...] Die Leichtathleten tragen Staffelkämpfe aus. Im Kasino wird Schach gespielt. Im Tunnel treten die Sparten zum Schießwettkampf an. [...] Die Sammler für den Wahlfonds der Partei sind unermüdlich tätig und jeder opfert für den Kampffonds der Einheitsfrontaktion. In Massen wird proletarische Literatur umgesetzt. Die Sportler haben gleichzeitig den Losverkauf für die Literatur bei ihrem Hallensportfest angekurbelt« (RF 25. 10.,).
RF 19., 23., 25. 10.

Okt 23, 20.15 Uhr. Radrennen
V: SP (Kroner).
Dreistunden-Mannschaftsfahren (11 Paare): 1. Funda/Maidorn 53 Pkte; 2. Brüder Nickel 26; 3. Smets/Haegelsteen (1 Rde zurück) 55; 4. Stoepel/Manthey 40; 5. Tietz/Kroll 36; 6. Ehmer/Resiger 33; 7. Ahlers/Becker 17; 8. Piet van Kempen/Pijnenburg 5; 9. Buse/Sieronski (2 Rdn zurück) 31; 10. Siegel/Thierbach 9; 11. Kroschel/Miethe (4 Rdn zurück) 3; 133,320 km.
BLA 19., 23.–24. 10.; Vw 24. 10.

Okt 24, 20.15 Uhr. Kundgebung
V: NSDAP.
Et: 0,80 M, Erwl. 0,40 M, *»Die für die verbotene Sportpalastkundgebung am 12. Oktober gelösten Karten haben für diese Sportpalastkundgebung Gültigkeit.«*
Zur Wahl des Reichstages am 6. 11.
Rd: Dr. Joseph Goebbels (MdR, Gl).
Mitw.: Kapelle Fuhsel.
Agr 20.–22., 25. 10.; Goebbels, Tagebücher II, S. 264.

der Angriff

Sonderdruck

Herausgeber: Dr. Goebbels

Berlin, im November 1932

Verantwortlich: L. Kampmann, Berlin W. 9, Voßstraße 11; Druck: Rota-Druck G. m. b. H., Berlin W. 62.

Die riesigste Kundgebung, die Berlins größte Versammlungshalle je sah

Hitler im Sportpalast

In gewaltiger Rede erledigt der Führer den Kanzler vor dem schaffenden Volk

Berlin ist unser!

„Hitler spricht!" Zwei Worte nur — aber sie haben eine 4-Millionen-Stadt in Bewegung gebracht. Schon um 10 Uhr kamen die Ersten. Die anströmenden Massen verdichteten sich zu einer wahren Völkerwanderung. Bald ist der Vorhof des Berliner Sportpalastes überfüllt. Wie eine riesige Sturzflut ergießt sich der Menschenstrom in die weite Halle. In einer knappen halben Stunde ist der riesige Raum bis zum letzten Platz besetzt. Noch immer rückt das Volk an. Auf Rädern, mit der Straßenbahn und zu Fuß kommen sie. Sie haben alle nur ein Ziel: Sportpalast. Sie wollen Hitler hören —!

Sie kommen aus den Laubenkolonien, von tröstet sie mit ihren Kindern in ihrem schweren Leid. Das Volk schweigt.

Dann aber bricht wieder gewaltiger Jubel los, als unser Gauführer Dr. Goebbels Adolf Hitler das Wort erteilt. Minutenlang tobt frenetischer Beifall durch den Raum. Dann beginnt der Führer und entwickelt sofort in einzigartiger Rede seine Stellungnahme zu den Angeboten der Regierung Papen am 13. August. Man sieht, daß ihn das Volk versteht. Immer wieder gibt es sein Einverständnis mit Adolf Hitlers Wollen durch stürmischen Beifall kund. Vernichtend ist die Abrechnung, klar die Herausstellung unseres Wollens. Am Schluß wird die Rede fast nach jedem Satz durch laute Heilrufe der Zehntausende unterbrochen.

Der Führer hat geendet. Das war eine Rede voll Anklage und Begeisterung und Glauben das Volk dem Führer zuhörte. Es ist eine Kundgebung des deutschen Berlin. Werktätige sieht man überall, Männer mit harten abgehärmten Gesichtern, Wohlfahrtsempfänger von den Stempelstellen, Jugendliche mit schwieligen Händen, Mittelständler, Beamte und Frauen, denen die Not aus dem eingefallenen Gesicht blickt. Trotz ihrer Not oder gerade deswegen sind sie gekommen, um neue Zuversicht zu schöpfen. Die Betriebsräte fast sämtlicher Berliner Werke sind erschienen. Es ist zugleich die größte Arbeiterkundgebung, die Berlin je gesehen hat.

Die Worte Adolf Hitlers lösen bei der ganzen Versammlung tobende Begeisterung aus. Immer neue Sturmfluten brausen nach vorne zu dem Mann, der in der heutigen Zeit des grauenhaften Elends und der schleichenden

Die Fahnen werden wieder durch die Volksmassen getragen. Wie ein ungeheurer metallener Mund dröhnt die Musik. Das Volk singt das Horst-Wessel-Lied, dieses Gebet der deutschen Revolution. Es ist, als ob vor den wehenden Fahnen und den leuchtenden Standarten eine riesige Gestalt aufstünde, im flammenden Helmbusch, in funkelnder Rüstung aus Feuer, ein Dämon aus Zorn und Trotz und Glaube und Hingabe und Opfer und Kampf, und als ob dieser gewaltige Geist über der riesigen Menschenmenge schwebte und mit seinem Mund aus Erz als Sprache des Berliner Volkes die Worte unseres Dichters riefe, die als Schwur im Herzen jedes Teilnehmers an dieser geschichtlichen Feierstunde brennen:

„Noch heißt's, die Fäuste nicht zu ballen
Und schweigen dem, das in uns schreit.

390 Der Angriff, November 1932 (zu Chr Nov 2).

391 Kundgebung der NSDAP (Chr Nov 2).

Okt 25, 20.15 Uhr. Kundgebung
V: NSDAP.
Et: 0,80 M, Erwl. 0,40 M.
Zur Wahl des Reichstages am 6. 11.
Rd: August Wilhelm Prinz von Preußen (MdL), Wilhelm Kube (MdL).
Mitw.: Kapelle Fuhsel.
Agr 20.–22., 26. 10.; Goebbels, Tagebücher II, S. 265.

Okt 28, 20.00 Uhr. Radrennen
V: SP (Kroner)/BDR (?).
Berufsfahrer:
Fliegerkampf: 1. Scherens, vor A. Richter, Ehmer, Foucheux.
Rundenrekordfahren: 1. Scherens 10 Sek.
75-km-Mannschaftsfahren: 1. R. Wolke/Wagner 16 Pkte; 2. Knudsen/Lehmann (1 Rde zurück) 70; 3. Kutz/Stock 66; 4. Resiger/Balke 42; 5. Schimming/Pawlack (2 Rdn zurück) 17; 6. Kühne/Skrpynik 2; 7. Krüger/Mandelkow 1; 1:42:40 Stunden.
Amateure:
Punktefahren: 1. Golz.
Ausscheidungsfahren: 1. Sasse.
BLA 26., 28.–30. 10.

Okt 29–30, 20.00 Uhr. Eishockey u. a.
V: BSchC (?).
Kunstlauf von Fritzi Burger und Edith Michaelis.
Stockholm (S; Auswahl): Karlsson (Tor); Abrahamsson, Axelsson (Vert.); Burman, Engberg, »Lulle« Johansson (Sturm A); Malmberg, Pettersson, Thorberg (Sturm B).
Okt 29 Stockholm – BSchC 3:3 (2:1, 0:2, 1:0). LTC Prag – BSchC (Res.) 10:0.
Okt 30 Stockholm – BSchC 1:1 (0:1, 1:0, 0:0). LTC Prag – BSchC (Res.) 5:1.
BLA 29.–31. 10.; Vw 31. 10.

Nov 1, 20.00 Uhr. Kundgebung
V: KPD.
Zur Wahl des Reichstages am 6. 11.
Rd: Ernst Thälmann (MdR), Walter Ulbricht (MdR).
Mitw.: Erich Weinert (Rezitation), Arbeitermusiker.
»Um 8 Uhr. Ein schmetterndes Trompetensignal. [...] Der Einmarsch beginnt. Am Eingang des Sportpalastes braust Beifall auf, der bald den letzten der Tausende Versammlungsteilnehmer erfaßt und zu einem unbeschreiblichen Jubel wird. Rote Fahnen, hunderte. In der Mehrzahl sind die Kampffahnen der Betriebe, der RGO, des EVMB. usw. AEG.=Ackerstraße, leuchtet es in großen weißen Buchstaben von einer Fahne. Dann folgen die proletarischen Massenorganisationen, des J.=Bundes, Fahnen der Erwerbslosen=Ausschüsse, der Roten Hilfe, der IAH., die Sturmfahnen der Jungkommunisten und des Antifaschistischen Selbstschutzes. Dazwischen Transparente: ›Arbeiter verhelft diesem Zeichen zur Macht!‹, darunter ein großer Sowjetstern [...] Stoßbrigade am Zoo, Häuserschutzstaffel Budjonny, dann Arbeiterfrauen mit ihren roten Fahnen. ›BVG.-Arbeiter organisieren den Streik!‹ Der ununterbrochene Jubel wird zu einem Orkan von Begeisterung. Man hat das Gefühl, der Sportpalast müsse jeden Augenblick einstürzen, so donnern die ›Rot=Front‹=Rufe. Die BVGler kommen. [...] Jetzt kommen die Arbeiter von der Müllabfuhr. [...] Dann folgt der lange Zug der antifaschistischen Massenselbstschutzkolonnen. [...] Ein unvergeßliches Bild: Hinter der Rednertribüne hängen von der Brüstung Hunderte rote Fahnen, darunter sammelt sich die starke BVG.=Delegation. Von den Rängen rufen auf meterlangen roten Transparenten in großen Buchstaben die Kampfparolen: ›Es lebe die Einheitsfrontaktion in allen Betrieben und Stempelstellen.‹ – ›Verteidigt die ›Rote Fahne‹ – ›Unterstützt den Kampf der BVG.=Arbeiter‹. – ›Wählt, aber wählt Kommunisten.‹ – ›Für Arbeitermacht und Sozialismus‹. – ›15 Jahre Sowjetunion zeigen euch den Weg zum Sozialismus‹« (RF 2. 11.).
RF 20., 27.–28. 10.; 1.–3. 11.

Nov 2, 20.15 Uhr. Kundgebung
V: NSDAP.
Zur Wahl des Reichstages am 6. 11.
Rd: Dr. Joseph Goebbels (MdR, Gl), Adolf Hitler.
Th: *»Deutschland ist auf dem Marsch«.*
»Die Rede wird in die ›Neue Welt‹, in die Kammerfestsäle, in die Hohenzollernsäle, Moabit, und in die Bockbrauerei, Fidicinstraße, übertragen«.
Agr 2.–4. 11.; BLA 3. 11.

Nov 3, 20.00 Uhr. Kundgebung
V: DNVP.
Et: 0,50 bis 2,– M.
Zur Wahl des Reichstages am 6. 11.
Rd: Dr. Alfred Hugenberg (MdR), Wilhelm Laverrenz (MdR), Annagrete Lehmann (MdR), Hans Koennecke (MdL).
Th: *»Deutschlands Neugestaltung ist das Ziel des nationalen Deutschlands«.*
Mitw.: Stahlhelmkapelle, Trommlerkorps des Bismarckbundes und des RvA.
»Umfangreiche Maßnahmen zur Absperrung des Sportpalastes und für den Saalschutz sind getroffen. Sämtliche Kampfgruppen der Kampfringe von Berlin, Potsdam I und Potsdam II werden zu diesem Zweck im Sportpalast zusammengezogen« (BLA 3. 11.). *»Die Kundgebung fand im Zeichen des allgemeinen Verkehrsstreiks statt. [...] Die Deutschnationalen Berlins haben gestern abend bewiesen, daß sie sich durch keinen Verkehrsstreik daran hindern ließen, zu der Massenkundgebung im Sportpalast zu erscheinen«* (BLA 4. 11.).
BLA 3.–4. 11.

Nov 4, 20.00 Uhr. Kundgebung
V: SPD.
Et: 0,50 M, Erwl. 0,10 M.
Zur Wahl des Reichstages am 6. 11.
Rd: Otto Bauer (SPÖ, Wien), Artur Crispien (MdR), Franz Künstler (MdR), Tony Sender (MdR).
Mitw.: Reichsbannerorchester, Berliner Sängerchor, die Männerchöre Fichte-Georginia und Typographia.
»Große Transparente mahnen, daß der Spuk der Barone wie Spreu verfliegen werde. Von 19 Uhr ab spielt das Reichsbannerorchester. Dann erfolgt der Fahneneinmarsch, bei dem die Parteiveteranen, die Delegationen des Reichsbanners, unsere Frauen, unsere Jugend und unsere Sportler mit gleicher Begeisterung begrüßt werden. Unter stärkstem Beifall singen die Männerchöre [...] die ›Hymne‹ von Nehul und den ›Sturm‹ von Uthmann. [...] Kommunistische und nationalsozialistische Störungsversuche wurden rasch durch Entfernung der Störenfriede unwirksam gemacht« (Vw 5. 11.).
Vw 1.–2., 5. 11.

Nov 8, 20.00 Uhr. 12. Fest der Sportpresse
V: VDS/VBS.
Zugunsten der Wohlfahrtskassen der beiden Vereine.
»Drei Stunden Sport=Varieté großen Stils: Aufmarsch der Stars zu Dutzenden. Bunter Wirbel der Vorführungen. Ein Bild farbiger als das andere. Der Sportpalast bis unters Dach gefüllt: ein schöner Erfolg, [...]« (BLA 9. 11.).
»Lachsalven rollten durch den Raum, als der ›blonde Hans‹, als Breitensträter, der Boxheld von einst, im lebenden Ring (die vier Pfosten bildeten vier Boxer) auf seinen alten Rivalen ›Baule aus Zwickau‹, auf Samson Körner eindrosch, und so nebenbei auch einmal Franz Diener, den ehemaligen Schwergewichtsmeister, der den Ringrichter spielte, eins auswischte. Vorher hatte Exweltmeister Schmeling seine ›Ex=Kollegen‹ begrüßt. [...] Im ›Blauen Saal‹ fanden sich die geladenen Gäste noch für einige weitere Stunden zusammen, die von einem ausgezeichneten Kabarett ausgefüllt waren, bei dem alle prominenten Conferenciers erschienen und Max Hansen, Käthe Kühl und – Gitta Alpar kleine Proben ihrer großen Kunst gaben« (BLA 10. 11.).
BLA 6.–10. 11.

Nov 9–15. 28. Berliner Sechstagerennen
Beginn 9. 11. um 20.30 Uhr, Start 23.00 Uhr, Ende 15. 11. um 24.00 Uhr.
V: SP (Erich Kroner)
Wertungen: wie 1931 Okt 30–Nov 5.; die erste Wertung diesmal allerdings um 24.00 Uhr.
Teiln. (13 Paare): Piet van Kempen/Pijnenburg (NL), Broccardo/Guimbretière (F), A. Buysse/Billiet (B), Bresciani/Bulla (I/A), Tietz/Schön (D), Buschenhagen/Resiger (D), Funda/Maidorn (D), Kroll/Miethe (D), Buse/Maczynski (D), Rieger/Ehmer (D), Siegel/Thierbach (D), Brüder Nickel (D), Ahlers/Becker (D).
Ergebnis: 1. Broccardo/Guimbretière 555 Pkte; 2. Funda/Schön (1 Rde zurück) 817; 3. Rieger/Ehmer (2 Rdn zurück) 388; 4. Siegel/Thierbach (3 Rdn zurück) 533; 5. Buysse/Billiet 408; 6. Miethe/Pijnenburg 287; 7. Brüder Nickel (5 Rdn zurück) 240.
Zurückgelegte km: 3289.
Startschuß: Harold Lloyd (Filmschauspieler).
Vorrennen:
25-km-Punktefahren für Berufsfahrer: 1. R. Wolke 35:22 Min, vor Knudsen und Stock.
25-km-Punktefahren für Amateure: 1. Patzack und Kreisel (totes Rennen).
Das Rennen begann diesmal an einem Mittwoch (üblicherweise an einem Freitag), da es durch die Reichstagswahl vom 6. 11. zu Terminschwierigkeiten gekommen war.
»Beim diesmaligen Sechstagerennen kommen verschärfte Sechstagebestimmungen zur Anwendung, deren strikte Durchführung im Interesse eines spannenden Rennverlaufs, also in dem der Zuschauer, liegt« (Vw 9. 11).
»Nun ist der große Sportrummel in der Potsdamer Straße wieder im Gange. Wer etwa vom Bahnhof Bülowstraße den

392 Anzeige (Chr Nov 9–15; nach: BLA 9. 11. 1932).

Weg zum Sportpalast nicht kennen sollte, der braucht nur dem Geruch ›warmer Wiener‹ nachzugehen, die in langer Jahrmarktbudenreihe angeboten werden. Zeitungshändler, Taxis, Zaungäste, die auf Freibillets spendierende Gönner warten, schreiende Plakate, grelle Lampen, das ist der äußere Rahmen. Ueber dem großen Gebäude, das die Riesenhalle einschließt, steht: ›Dem deutschen Sport‹, und so gings gestern abend los, [...] Bei van Kempen=Pijnenburg klatscht nur die kleine holländische Kolonie, doch der Begrüßungsbeifall erstickt im Pfeifgetöse der Sachverständigen der Kurve und des Heubodens, die, unbestechlich wie sie nun einmal sind, die Schiebungen nicht vergessen haben, die sich Kempen früher leistete. [...] Einmal versuchte die Kapelle den ›Einzug der Gladiatoren‹ in die ›Stolze Flagge schwarzweißrot‹ ausklingen zu lassen. Tausendpfiffiger Protest belehrte den ehemaligen Militärkapellmeister, daß man bei Sechstagerennen andere Töne gewöhnt ist. Man drehte also das Blatt um und spielte den – Sportpalastwalzer. Harold Lloyd kam ohne Strohhut, aber mit kleiner Brille, um den Startschuß abzufeuern. Das tat er, ohne die freundlichen Zurufe der Kurve: Harry ist ein gut Boy! mit der verlangten ›Lage‹ zu beantworten« (Vw 10. 11.).
»Früher wurden an den Tischen im Innenraum immerhin edle Getränke verzehrt, so vom Wein aufwärts. Was der Kellner jetzt serviert? Saure Gurken! Auf einem Tablett mit bespitzelter Papierserviette; Zeichen der Zeit! Solche Rohkost macht sich sehr nett in der niedlichen Faust einer platinblonden Jungfrau mit imitiertem Karnikéelpelz, nur ist darauf Bedacht zu nehmen, daß der scharfe Essig dem Fingernagellack gefährlich werden kann« (Vw 12. 11.).
»Ein brechend volles Haus, am Sonnabend tollste Sechstagestimmung, viele Bühne und Film. Prämien finden den Weg zur Rennleitung. Geld und auch praktische Sachen. Die Zeiten drängen zur Realität und gemünztes Monney ist knapp. Da gab's Photo= und Radiosachen, güldene Zeitapparate, Tabakdosen, Schokolade und Maßanzüge, Naturalentlohnung für die braven Leute auf den Rädern. Währenddessen pfeift ›Krücke‹ einige Schlager ins Mikrophon und findet den Beifall des ersten und des letzten Platzes. Im Umgang promeniert die große Welt und was dazu gehören möchte, [...]« (Vw 14. 11.).
BLA 22. 9.; 3., 7., 9.–16. 11.; Vw 7., 9.–10., 12., 14.–15., 17. 11.

393 Harold Lloyd auf dem 28. Berliner Sechstagerennen (Chr Nov 9–15); 2. von links Werner Finck.

Nov 18. Boxen »Walter Neusel – Hans Schönrath« u. a.
Ausgefallen.
BLA 6., 12. 11.

Nov 19, 20.00 Uhr. Konzert mit Benjamino Gigli
Mitw.: Philharmonisches Orchester (Max von Schillings).
Programm: Arien und Lieder.
»Sportpalast und Boxmatchatmosphäre. Amerikanische Konzertallüren: stimmungslose Riesenhalle, teure Karten, teures Programm, viel zu teure Garderobe; Schokoladeverkäufer und Pressephotographen: Gigli singt! Der beste, der beliebteste, der berühmteste seit Caruso!
Zunächst aber – nicht nur am Anfang; zwischendurch und immer wieder spielt das Philharmonische Orchester unter Schillings, so sehr das alles wirkungslos zerflattert, spielt die ›Tell‹=, die ›Rienzi‹=, die ›Stradella‹=Ouvertüre, Bizets ›Arlesiennesuite‹, kein Mensch will es hören; jeder wartet bis Gigli kommt und wiederkommt; es hilft aber nichts, nichts bleibt einem erspart – bis er wirklich singt. Bis er sich eingesungen hat, den ungeheuren Raum mit seiner ungeheuren Stimme ausfüllt und beherrscht. Die holde Aida preist und den von Leoncavallo besungenen Lenz, Martha entschwinden läßt, die Weiberherzen ach so trügerisch findet und bei all den süßen italienischen Kitschliedern landet, die der Stimme und dem Publikumsohren so wohl tun [...] Wunderbar ist diese Stimme, von unsagbarer Größe, Fülle, Glätte, fast weiblicher Weichheit (ganz ohne den männlichen Erzklang Carusos); undramatisch im Grunde, lyrisches Schluchzen in unerhörtem Ausmaß, von vollkommenster italienischer Kultur die dem verhauchendsten mezza voce so gewachsen ist wie der strahlendsten Höhe. Entsprechende Begeisterung« (Vw 21. 11.).
BLA 30. 10.; Vw 21. 11.; Agr 23. 11.

Nov 22, 20.15 Uhr. Kundgebung
V: NSDAP.
Nicht stattgefunden.
Agr 15., 18. 11.; 2. 1. 1933.

Nov 23–24, 20.15 Uhr. Eishockey u.a.
V: BSchC (?).
Kunstlauf von Illy und Olly Holzmann und Karl Schäfer.
Pötzleinsdorfer SC Wien (A): Oerdögh (Tor); Gärtner, Stuchly (Vert.); Ertl, Schmucker, Tatzer (Sturm); Glatz, Henhappel, Schüßler (Ersatz).
Nov 23 BSchC – Pötzleinsdorfer SC 3:1 (1:0, 1:1, 1:0).
Nov 24 BSchC – Pötzleinsdorfer SC (unentschieden).
BLA 19., 23.–24. 11.; Vw 24.–25. 11.

Nov 25–27. Tennis »Tilden-Tennis-Co«
V: William T. Tilden (?).
Teiln.: Barnes, Albert Burke, Karl Kozeluh, Roman Najuch, Hans Nüßlein, Tilden.
Nov 25, 20.15 Uhr Barnes – Najuch 5:7, 6:3, 6:4, 6:4. Nüßlein – Kozeluh 6:3, 6:0, 6:0. Tilden/Barnes – Burke/Kozeluh 9:7, 9:7, 6:3.
Nov 26, 20.15 Uhr Najuch – Burke 6:3, 2:6, 6:3. Tilden – Kozeluh 6:3, 6:3, 6:2. Najuch/Nüßlein – Kozeluh/Burke 6:8, 8:6, 6:4, 9:7.
Nov 27, 16.30 Uhr Barnes – Burke 7:5, 6:1, 7:5. Tilden – Nüßlein 3:6, 6:4, 6:4, 6:1. Tilden/Barnes – Najuch/Nüßlein 5:7, 8:6, 3:6, 2:6.
»Im Innenraum [...] ist ein vorschriftsmäßiger Tennisplatz hergerichtet worden, auf dem [...] einige der besten Berufsspieler der Welt ihre Kunst zeigen werden. Der Dielenfußboden ist ausgeglichen und überstrichen worden, eine komplette Anlage mit Stirn= und Seitenabdeckung sowie Tiefstrahler sind eingebaut worden« (BLA 24. 11.).
»Die Spiele der Tilden=Tennis=Truppe [...] können – sieht man von einigen Ausnahmen ab – nur als Schau=Vorführungen betrachtet werden. Ihr Kampfwert ist zumeist ein reichlich problematischer « (BLA 27. 11.). *»Eines steht fest: Technisch besseres Tennis, als man es in diesen drei Tagen [...] sah, kann man sich kaum mehr vorstellen. Aufregenderes und daher mitreißenderes Tennis hat man dagegen schon viel öfter und von nicht so vollendeten Spielern gesehen. Und weiter: es war des Guten zu viel – man wurde mit der Zeit abgestumpft und mußte ermüden [...] weniger wäre mehr gewesen«* (BLA 28. 11.).
BLA 18., 24.–25., 27.–28. 11.; Vw 26. 11.

Dez 2, 20.15 Uhr. Amateur-Boxen »Internationale Turniere«
V: PSV.
Mg-Turnier: Hornemann (Berlin) besiegt Liani (Rom); Fred Mallin (London) besiegt Szigeti (Budapest); Hornemann besiegt Mallin.
Hsg-Turnier: Cziszar (Budapest) besiegt Senst (Berlin) durch Abbruch (1. Rde); Zehetmayer (Wien) besiegt Pietsch (Leipzig); Zehetmayer besiegt Cziszar.

Sg-Turnier: »Bobby« Titmus (London) besiegt Surma (Berlin); Caponi (Rom) besiegt Leis (Mittelbexbach); Titmus besiegt Caponi.
Einladungskämpfe:
Lg: Donner (Berlin) besiegt Szabo (Budapest).
Wg: Mietschke (Berlin) besiegt Lütke (Berlin).
BLA 29. 11., 2. 12.; BS 635–36, 28. 11.–5. 12.

Dez 3, 20.15 Uhr. Konzert mit Benjamino Gigli
Et: 1,– bis 6,– M.
»Populärer Arien-Abend«
Mitw.: wohl wie Nov 19.
BLA 20. 11.

Dez 4, 19.30 Uhr. 21. Hallensportfest des VBAV
V: VBAV.
Aus den Wettbewerben:
»3000=Meter=Mallaufen: 1. Syring, Kaufmännischer Turnverein Wittenberg 8:55,2. 2. Göhrt (BSC.). 3. Klos (AEG.). 4. Mollitoer (Polizei=Sportverein). [...] 4 mal 400 m Staffel: 1. Polizei=Sportverein 3:36,8. 2. Sportverein Zehlendorf. [...] 60=Meter=Hürdenlauf: 1. Wegener (T.u.S. Schöneberg) 8,4 Sek. 2. Beschetznik (DSC.) 8,5 Sek. [...] 60=Meterlauf für Frauen: 1. Kraus (Sportclub Dresden) 7,8 Sek. 2. Dörffeldt (Turnverein Karlshorst). [...] 60=Meter=Laufen für Männer: 1. Buthe=Piper (T.u.S. Bochum) 6,9 Sek. 2. Lewin (Bar=Kochba). [...] 3=mal=200=Meter=Städtestaffel: TUS. Bochum 1:11,9. 2. Berlin 4 Meter zurück. [...] 3=mal=1000=Meter=Staffel: 1. Kaufmännischer Turnverein Wittenberg 8:6,10. 2. Sport=Club Charlottenburg 8:4,2 [...]« (BLA 5. 12.).
BLA 4.–6. 12.

Dez 9, 20.15 Uhr. Boxen »Walter Neusel – Hans Schönrath« u.a.
V: SP (Stadtländer).
Bg: Werner Riethdorf (53,1 kg; Berlin) – van Meensel (54 kg; B), Sieg Riethdorfs nach Pktn (8 Rdn).
Fdg: Herbert List (52,4 kg; Zwickau) – Schindler (49,3 kg; Köln), Sieg Lists durch Aufgabe (3. Rde).
Lg: Jacob Domgörgen (61,7 kg; Köln) – Willy Seisler (61,8 kg; Berlin), Sieg Seislers nach Pktn (6 Rdn).
Sg: Walter Neusel (90,5 kg; Bochum) – Hans Schönrath (92 kg; Krefeld); Sieg Neusels durch Abbruch (nach der 7. Rde; Ausscheidung zur Deutschen Meisterschaft).
Sg: Vincenz Hower (85,7 kg; Köln) – Monti Spakow (81,9 kg; RO), Sieg Howers nach Pktn (8 Rdn).
»Der Bochumer Neusel war ebenso wie sein Manager Paul Damski sehr schlecht beraten, als er in Diva-Aufmachung in den Ring kam. Ein langer seidener ›Morgenrock‹ in wundervollem Blau hüllte ihn ein, überall sah man seinen Namen groß gestickt und sein Manager Damski und der angeblich so große Trainer Roberts hatten ebenfalls seidene Jäckchen an, auf deren Rückenbahnen groß zu lesen stand: Walter Neusel. In solcher Aufmachung ist nicht einmal Max Schmeling hier in den Ring gekommen. Das Berliner Publikum bedankt sich für solche ganzseidenen oder halbseidenen Mätzchen. [...] Die Zuschauer waren schon durch das Auftreten Neusels verschnupft und als der Bochumer dann im Kampf nicht das einzulösen vermochte, was er auf Grund seiner Auslandserfolge hätte bieten müssen, hatte Neusel das ganze Haus vom Parterre bis zum höchsten Rang völlig gegen sich. [...] Mit herzlichem Beifall empfangen, verließ er schließlich unter einem enormen Pfeifkonzert, umgeben von seinem seidenen Troß das Kampfviereck« (BS 637, 12. 12., S. 2).
BLA 7.–11. 12.; BS 636–37, 5.–12. 12.

394 »Bobby« Titmus (rechts) besiegt im Schwergewicht Caponi (Chr Dez 2).

Dez 10–11, 20.15 Uhr. Eishockey u.a.
V: BSchC (?).
Kunstlauf von Hilde Holovsky, Liselotte Landbeck, Erich Scholdan, Gaillard/Petter, Papetz/Zwack (?).
Wiener EV: Weiß (Tor); Dietrichstein, Trauttenberg (Vert.); Demmer, Göbel, Kirchberger (Sturm); Czöngei, Eisenstein, Rammer (Ersatz).
Dez 10 BSchC – Wiener EV 0:0.
Dez 11 BSchC – Wiener EV 5:0 (3:0, 1:0, 1:0).
»Am Sonnabend waren die Eisläufer durch das unerhört schlechte Eis stark behindert. Man kann der Verwaltung des Sportpalastes den Vorwurf nicht ersparen, daß sie solche Veranstaltungen zu wenig ernst nimmt und offenbar nur finanzielle Vorteile im Auge hat. Um 8 Uhr, eine Viertelstunde vor Beginn, war die Eisfläche noch pudelnaß, das heißt, das Eis befand sich nur in einer dünnen Schicht über den Kühlröhren. Große stumpfe Flecke auf der Bahn waren für den Eislauf absolut ungeeignet, die Läufer stürzten nur so über sie hin« (Vw 12. 12.).
BLA 8., 10.–13. 12.; Vw 12. 12.

Dez 16, 20.30 Uhr. SS-Konzert
V: SS.
Et: 1,– M, Erwl. 0,50 M.
Mitw.: die *»vereinigten 4 Standarten-Kapellen«* (SS-Musikzugführer Fleßburg) und die *»Spielmannszüge des SS-Abschnitts III«*.
Programm: preußische Armeemärsche (u.a. Fridericus-Rex-Marsch); Richard Wagner, Tannhäuser-Ouvertüre; Badenweiler Marsch; Großer Zapfenstreich u.a.
Zugunsten *»der SS.-Wohlfahrt«*.
Die angekündigten Reden von Goebbels und Hans Kerrl (MdL) fanden nicht statt, da bei dieser Veranstaltung von der Polizei *»jede Rede verboten«* war.
Agr 10., 13., 16. 12.

Dez 19–20, 20.15 Uhr. Eishockey
V: BSchC (?).
Kunstlauf von Hilde Holovsky, Edith Michaelis, Karl Schäfer, Gaillard/Petter, Papetz/Zwack.
Canada (Edmonton Superiors): Donald Stuart (Tor); Montgomery, Powers (Vert.); Croßland, Graham, Walker (Sturm A); B., H. u. J. Brown (Sturm B).
Deutschland: Egginger (SC Riessersee), G. Ball (BSchC) (Tor); Korff, Römer (beide BSchC) (Vert.); R. Ball, Jaenecke, Orbanowski (alle BSchC) (Sturm A); v. Bethmann-Hollweg, Lang, Strobl (alle SC Riessersee) (Sturm B).
Dez 19 Canada – Deutschland 7:1 (2:1, 3:0, 2:0).
Dez 20 Canada – Deutschland 5:1 (3:0, 1:0, 1:1).
BLA 15., 17.–21. 12.; Vw 20.–21. 12.

Dez 25–27, 20.15 Uhr. Eishockey u.a.
V: BSchC (?).
Kunstlauf von Sonja Henie, Gaillard/Petters, Papetz/Zwack.
Canada (Edmonton Superiors): wohl wie Dez 19–20.
BSchC: G. Ball, Lincke (Tor); Orbanowski, Römer (Vert.); R.

Ball, Brück, Jaenecke (Sturm A); H. Ball, Davidoff, Korff (Sturm B).
Dez 25 Canada – BSchC 4:0 (2:0, 1:0, 1:0).
Dez 26 Canada – BSchC 1:1 (0:1, 0:0, 1:0).
Dez 27 Canada – Paris Canadians 3:0 (3:0, 0:0, 0:0).
»Sonja Henie soll bleiben, was sie ist. Den Ruhm, die beste Eiskunstläuferin der Welt zu sein, kann ihr keiner nehmen. Doch dieser Ruhm verpflichtet wirklich nicht dazu, den Versuch zu unternehmen, die unvergleichliche Tänzerin Pawlowna auf dem Eise zu kopieren. [...] es war ein künstlerischer Reinfall [...] Was Sonja da zeigte, hatte nichts mit Eiskunstlaufen zu tun, war ein herziges Gehüpfe auf den Schlittschuhspitzen, von lieblichem Armwedeln begleitet. Es war, kurz gesagt, kindlicher Kitsch« (BLA 27. 12.).
BLA 25., 27.–28. 12.; Vw 24., 27.–28. 12.; 5. 1. 1933; BT 25. 12.

1933

Jan 5, 20.00 Uhr. Kundgebung
V: NSDAP.
Et: 0,80 M, Erwl. 0,40 M; *»Die bereits zur Sportpalast-Kundgebung am 22. November gelösten Eintrittskarten haben nur an diesem Tage Gültigkeit.«*
Rd: Dr. Joseph Goebbels (MdR, Gl), Erich Jahn (HJ-Bannf.).
Th: *»Hitler an die Macht!«, »Im Sturmschritt marsch, Berlin!«*
Mitw.: Kapelle Fuhsel.
»Katzenjammer im Sportpalast / Die Zeiten sind endgültig vorbei, da die wilden Billetthändler wie an großen Boxabenden vor dem Sportpalast ein gutes Geschäft machen konnten, wenn Herr Hitler oder Herr Goebbels sich vor dem Berliner Volk vernehmen ließen. Gestern mußten die armen SA.=Burschen immer wieder durch die Straßen um den Sportpalast herumziehen, um die noch fehlenden Massen mit Pauken und Trompeten in das Haus zu locken. Drinnen gibt es um 8 Uhr noch reichlich Platz und erst als man mit einhalbstündiger Verspätung beginnt, ist der Sportpalast voll besetzt, keineswegs aber überfüllt. Die da sitzen, sind biedere Kleinbürger – welcher Arbeiter könnte auch in dieser Zeit 80 Pf. Eintrittsgeld aufwenden, um Herrn Goebbels Phrasenschwall entgegenzunehmen. Man sieht hier sehr viele Frauen jener Gattung, die sich gerne Dame nennen hört. Die Mehrzahl ist mit einem Opernglas bewaffnet und starrt wie hypnotisiert auf den Tisch ›der Prominenten‹ an der Rednertribüne« (Vw 6. 1.).
BLA 21.–22. 12. 1932; 2., 6. 1.; Vw 6. 1.; Goebbels, Tagebücher II, S. 327 f.

Jan 7, 20.00 Uhr. Handball-Turnier
V: VBAV.
Vorrunde: D(M)SV – 1. Spandauer PHC 6:5 (4:2); DHC – Brandenburg 5:3 (2:2); PSV – BTSV 12:3 (5:2); BSV 92 – SCC 7:4 (6:1).
Zwischenrunde: PSV – D (M) SV 11:5 (5:2); DHC – BSV 92 6:5 (3:2).
Endspiel: PSV – DHC 16:6 (10:1).
Damenspiel: Deutscher Meistersportclub Charlottenburg – BSC 3:1 (1:0).
»Es ging im Berliner Sportpalast hoch her, es wurde soviel und so laut zugestimmt und protestiert, dass die Radio-Uebertragung sogar unterbrochen werden musste« (BT 10. 1.).
BT 6., 10. 1.; Vw 9. 1.

Jan 8, 20.00 Uhr. Mysterienspiel anläßlich der Gründung der deutschen Schwesterorganisation des Gral
V: Katholische Kirche (?).
»Am Sonnabend gegen 11 Uhr trafen auf der Stadtbahn die tausend jungen Holländerinen, Mitglieder des Gral, in Berlin ein. Sie kamen, um der neugegründeten Schwesterorganisation in der Reichshauptstadt ihren Besuch abzustatten, und zugleich dem Berliner Debut dieser neuen katholischen Mädchenorganisation einen übernationalen Charakter zu geben. [...] Am frühen Morgen um 7.30 Uhr fanden die Niederländerinnen und ihre Berliner Freunde sich in der St. Hedwigskathedrale ein, wo der Bischof von Haarlem, Exzellenz Aengenent ein feierliches Pontifikalamt [...] zelebrierte. [...] Nach dem Hochamt fuhren die Gäste in zehn Autobussen der BVG. über die Linden, durch das Brandenburger Tor, über den Potsdamer Platz, durch die Potsdamer Straße zum Sportpalast, wo ein kurzes Frühstück eingenommen wurde. Dann formierte sich vor dem Sportpalast ein Festzug, der über Potsdamer Straße, Schöneberger Ufer und Tempelhofer Ufer zum Belleallianceplatz zog. [...] Auf dem Balkon des Gralshauses, Belleallianceplatz 4, hatten der Bischof von Haarlem Aengenent, der Weihbischof von Westminster Myers und der Generalvikar von Berlin, Prälat Dr. Steinmann, Platz genommen, um die jungen Mädchen an sich vorüberziehen zu lassen. [...] Gegen 1/2 12 Uhr kehrten die Mädchen über Belleallianzplatz, Yorkstraße, Goebenstraße zum Sportpalast zurück. Am Abend fand im Sportpalast das bereits seit langem angekündigte Mysterienspiel statt. Es wirkten dabei 1200 Gralsmädchen mit, darunter die tausend jungen Holländerinnen. Die Karten für das Spiel waren bekanntlich seit über acht Tagen vergriffen. [...] Punkt acht Uhr erschienen auf der Ehrenloge [...] Bischof Dr. Schreiber, Bischof Aengenent=Haarlem mit seinem Dompropst, Hochwürden Westerwoudh, Weihbischof Myers von Westminster in Vertretung des erkrankten Londoner Kardinals, ferner Generalvikar Dr. Steinmann und mehrere Herren vom Berliner Domkapitel. Unter den Gästen bemerkte am fernerhin u. a. Ministerialdirektor Dr. Klausener von der Katholischen Aktion [...] Das Roratespiel, ein Advents= und Weihnachtsspiel eigener Prägung setzt sich aus liturgischen und religiösen Texten zusammen. Teilweise sind die lateinischen Originale, zu einem anderen Teil Uebersetzung von Romano Guardini zugrunde gelegt. Das Spiel begann mit einem imposanten Fahneneinmarsch der Gralmädchen. Sie zeigten in einem einleitenden Sprechchor die Ziele und den Sinn ihres Bundes. Er wolle die jungen Mädchen an der Wiedereroberung der Welt für Christus teilnehmen lassen. [...] Am Schluß sprachen die hochwürdigen Herren Bischöfe und hoben den hohen Erlebniswert des Spieles sowie die wichtigen Aufgaben und die lobenswerten Ziele der katholischen Gralsbewegung hervor. Die Ansprachen wurden durch Rundfunk über die beiden holländischen Sender verbreitet« (Germ 9. 1.).

Jan 15, mittags. »Deutsche Weihestunde«
V: Deutscher Reichskriegerbund »Kyffhäuser«.
Aus Anlaß des Reichsgründungstages (18. 1.).
Rd: Rudolf von Horn (General a.D., 1. Vors. des »Kyffhäuser«), Kurt von Schleicher (Reichskanzler und Reichswehrmin.).
Vw 16. 1.; Germ 16. 1.

Jan 18–19, 20.15 Uhr. Eishockey u. a.
V: BSchC (?).
Kunstlauf von Günther Noack, Megan Taylor, Hempel/Weiß.
Göta Stockholm (S): Sucksdorf (Tor); Andersson, Axelsson (Vert.); Burman, Joehncke, »Lulle« Johansson (Sturm A); Broberg, Engberg, Liljeberg (Sturm B).
BSchC: G. und R. Ball, Brück, Davidoff, Jaenecke, Korff u. a.
Jan 18 Göta – BSchC 2:0 (1:0, 1:0, 0:0). BSV 92 – Grunewald TC 4:1 (2:1, 2:0, 0:0; Brandenburgische Meisterschaft).
Jan 19 BSchC – Göta 3:1 (1:0, 2:1, 0:0). Brandenburg/Berlin – VfL Rastenburg 3:1 (0:1, 1:0, 2:0).
BT 17.–19. 1.; Vw 14., 19. 1.; Voss 18.–20. 1.; Germ 20. 1.

Jan 20, 20.15 Uhr. Amtswaltertagung
V: NSDAP.
Et: 0,50 M, Erwl. 0,25 M; *»Einlaß ab 5 Uhr nur gegen Eintrittskarte und Amtswalterausweis«.*
Rd: Dr. Joseph Goebbels (MdR, Gl), Adolf Hitler.
Th: *»Herrgott, laß uns nicht feige sein«, »Wenn wir uns nicht selbst zerreißen, dem Gegner kann es nie gelingen«.*
»Diese Amtswaltertagung des Gaues Berlin war von so monumentaler Wucht und Eindruckskraft, daß sie einen der bedeutsamsten Marksteine in der Geschichte unserer Bewegung in der Reichshauptstadt darstellt. Wie hat in den letzten Wochen die Judenpresse geschrien und gehetzt und intrigiert, wie hat sie von der angeblichen ›Zersetzung‹ der

395 Anzeige (Chr Jan 5; nach: Agr 2. 1. 1933).

Partei und der ›Meuterei‹ der SA. gelogen! Der ganze Schwindel konnte nicht besser widerlegt werden als durch diese gestrige überwältigende Kundgebung.« – »Sportpalast! – Ueber zehntausend willensharte Augenpaare, über zehntausend zum Treueschwur erhobene Hände, über zehntausend jubelnde Münder haben gestern abend dieses Wort wie Schmiedehämmer zu einem Begriff geprägt, den wir jetzt wie einen Weihespruch zu Kampf und Sieg im Herzen tragen, den wir jetzt wie einen Schild hohnlachend der Lügen= und Hetzflut unserer Gegner entgegenstemmen« (Agr 21. 1.).
Agr 16., 21., 23. 1.

Jan 22, 20.00 Uhr. Horst-Wessel-Gedenkfeier
V: NSDAP.
Et: 1,– M, Erwl. 0,50 M.
Rd: Wolf Heinrich Graf von Helldorf (Obergruppenf.), Adolf Hitler.
Th: *»Was heute hier steht, wird morgen die Nation sein«. »Möge der Allmächtige uns nicht feige sein lassen!«*
Mitw.: Otto Roloff (Rezitation), Kampfbundorchester (Prof. Gustav Havemann), Schalmeienkapelle der Standarte 5 Horst Wessel.
»Übertragung nach den Hohenzollern-Sälen, Bandelstr. 36«.
»Die für den 9. und dann 23. November 1932 festgesetzte Horst=Wessel=Gedenkfeier mußte beide Male wegen Burgfrieden, Demonstrationsverbots und ähnlicher Verordnungen ausfallen. Nachdem nunmehr diese einschränkenden Verordnungen gefallen sind, hat der Führer die Ansetzung der Gedenkfeier für den 22. Januar 1933 angeordnet. Es findet also am 22. Janur, 14 Uhr, die Weihe des Grabsteins auf dem St. Nikolei=Friedhof und um 20 Uhr die Gedenkfeier im Sportpalast statt. Bei beiden Veranstaltungen ist der Führer zugegen« (Agr 13. 1.).
»Der Sportpalast [...] bietet heute das Bild einer großen gewaltigen Kirche. Durch Lorbeerbäume ist das vordere Rund feierlich ausgeschmückt worden. Die dicht mit Blättern behangenen Zweige bilden eine dunkelgrüne Wand und gestalten den vorderen Raum zu einem erhabenen Altar. Vier große Leuchter werfen mit ihren zahlreichen kleinen Flammen ein flackerndes Licht über die Hakenkreuz=Banner und ein großes Horst=Wessel=Bild, das mit Tannengrün verziert ist. Es ist das Bild des Sturmführers Horst Wessel, wie wir es alle kennen. [...] Der SA.=Mann Otto Roloff vom Sturm 36 spricht dann den Kampfruf von Theodor Körner ›Die Flammenzeichen rauchen‹« (Agr 23.1.).
Agr 13., 18., 20.–21., 23. 1.; Goebbels, Tagebücher II, S. 348.

Jan 28, 20.15 Uhr. Radrennen
V: SP.
Mannschafts-Omnium »Deutschland – Ausland« (Buschenhagen/Hürtgen/Rausch/Schön – Buysse/Depauw/Jan van Kempen/van Nevele): 1. Deutschland 24:20 Pkte.
Vorgabefahren: 1. Maczynski (60 m); 2. Wissel (35 m); 3. Ehmer (Mal); 4. O. Tietz (20 m).
Ausscheidungsfahren: 1. Rieger; 2. Knudsen; 3. Funda; 4. Maczynski.
100-km-Mannschaftsfahren: 1. Rausch/Hürtgen 23 Pkte; 2. Ehmer/Rieger (1 Rde zurück) 41; 3. Jan van Kempen/Buysse 33; 4. O. Tietz/Maczynski 23; 5. Lehmann/Wissel 11; 6. Schön/Buschenhagen (3 Rdn zurück) 26; 7. Wolke/Resiger 17; 8. Ahlers/Becker (6 Rdn zurück) 13; 2:13,03 Stunden; außerdem starteten: Depauw/van Nevele, Knudsen/Manthey u. a.
Voss 28.–29. 1.; Vw 28., 30. 1.

396 Kundgebung der NSDAP (Chr Jan 20), Dr. Joseph Goebbels begrüßt den eben eingetroffenen Adolf Hitler.

Jan 29, 19.00 Uhr. Hallensportfest der Arbeitersportler
15.30 Uhr Vorkämpfe.
V: Arbeitersportler.
Et: 0,50 bis 1,50 M (*»Numerierte Plätze für 6000 Besucher«*).
Die *»Arbeitersportler begingen gestern ein Hallenfest mit der größten Teilnehmerzahl aller bisherigen Veranstaltungen. [...] gestern [...] war ein solcher Andrang, so daß sich die Leitung nur mit allergrößter Mühe durchsetzen konnte. [...] Der Besuch war infolge der gewaltigen Kundgebung im Lustgarten [Eiserne Front] hinter den Erwartungen zurückgeblieben«* (Vw 30. 1.).
Das Hallensportfest *»hat vielen nicht das gebracht, was sie sich versprachen. Gewiß war der Organisationsausschuß in der räumlichen Entfaltung des Festes behindert durch die Radrennbahn. Die Mitwirkenden mußten in Ermangelung anderer Aufenthaltsräume auf den Geraden der Rennbahn Platz nehmen, wo sie die Zuschauer am Sehen und Hören hinderten. Es mag sehr schwer sein, so viele junge Leute zur Ruhe zu bringen, was aber am Sonntag an Krach geleistet wurde, war doch ein bißchen viel. Wenn schon die großen Lautsprecher versagten, dann ... Was auf der Kampfbahn vor sich ging, blieb mangels jeder Information den meisten Gästen ein Rätsel«* (Vw 31. 1.).
Aus den Wettbewerben:
»Sportler 50 Meter. Sportler B: Krause (Moabit) 6,4 Sek.; 2. Müller (Rotweiß). Sportler A: Grothusen (Nordring) 6,3 Sek.; 2. Pflanze (Luckenwalde). Alterssportler 1897 und älter: 1. Schulze (Rathenow) 6,8 Sek.; 2. Heller (Wildau) 6,8 Sek. Alterssportler 1898 bis 1903: 1. Wasseroth (Brandenburg) 6,7 Sek.; 2. Lüdemann (Brandenburg) 6,8 Sek. Jugend 17/18: 1. Friesecke (Volkssport Wedding) 6,9 Sek.; 2. Prochnow 7 Sek. Jugend 15/16: 1. Hanisch (Südost) 6,7 Sek.; 2. Schillbach 6,7 Sek. Sportlerinnen 1907 und älter: 1. Friedrich (Volkssport Wedding) 7,7 Sek.; 2. Meyer (ASC.) 7,8 Sek. Sportlerinnen 1908/1914: 1. Handtke (Rotweiß) 7,1 Sek.; 2. Siebert (Volkssport Neukölln) 7,3 Sek. Sportlerinnen 1915 und jünger: 1. Fraede (Moabit) 7,5 Sek.; 2. Roggow (Moabit) 7,8 Sek. 1500 Meter Sportler, Lauf B: 1. Krakesch (Teltow) 4:43 Min.; [...] Hochsprung, Einladung, Sportler: 1. Clups (ASC. Wedding); 2. Cordte (Brandenburg) und Baerwald (Eberswalde) [...] 10x50=Meter=Pendelstaffetten, Turner: 1. Oberspree 1:12,1 Min.; 2. Osten 1:13,5 Min. [...] 10x1/2 Runde Knaben, Lauf C: 1. Luckenwalde 2:18,7 Min.; 2. Pankow. [...] Kleine Schwedenstaffette, Endlauf, 3. und 4. Mannschaften: 1. Rotweiß III 1:25 Min.; 2. Schöneberg III. Endlauf, 2. Mannschaften, Lauf B: 1. Schönow 1:19,4 Min.; 2. Schöneberg II. [...] Olympische Staffette: 1. Rathenow 4:24,4 Min.; 2. Schöneberg 4:29 Min.« (Vw 30. 1.).
Vw 22. 12. 1932; 19., 25., 27.–31. 1.

Feb 1, 20.00 Uhr. Amateur-Radrennen
V: BDR, Gau Berlin.
Vier-Städte-Mannschafts-Omnium (Golz/Arklewitz [Berlin], Frach/Buchwald [Breslau], Claußmeier/ Ungethüm [Dortmund], Merkens/Krewer [Köln]): 1. Köln 37 Pkte; 2. Berlin und Dortmund je 31; 3. Breslau 17.
75-km-Mannschaftsfahren. Teiln. (12 Paare): Golz/Negd (Berlin), Merkens/Krewer (Köln), Claußmeier/Ungethüm (Dortmund), Frach/Buchwald (Breslau), Hanke/Kreisel (Breslau/Berlin), Marklewitz/Stach (Berlin), Patzack/Röseler (Berlin), Böhm/Gröning (Berlin), Hoppe/Pohl (Berlin), Gebert/Hoffmann (Berlin), Raschke/Manthey (Berlin) u.a.
Ergebnis: 1. Claußmeier/Ungethüm.
Ein Ausscheidungsfahren und ein 75-Rdn-Punktefahren.
BLA 1. 2.; Voss 1.–2. 2.

Feb 4, 17.00 Uhr. Radrennen
Öffentliches Training zum Radrennen am 5. 2.
V: SP.
Et: 0,20 M.
Agr 4. 2.; BLA 5. 2.

Feb 5, 20.00 Uhr. Radrennen »Internationales Dauerrennen hinter Motoren«
V: SP.
Et: 1,– bis 5,– M.
Unter Beteiligung von Amateuren.
»Verfolgungsrennen: Wolke holt Wißbröcker nach 14 Runden in 2:40,3. Metze schlägt Gilgen nach 5 Kilometer mit 55 Meter Vorsprung in 5:13,1. Sawall holt Maronnier nach 11 Runden in 2:03. Steher=Premiere: 1. Vorlauf: 1. Metze 21:44,2. 2. Wißbröcker (240 Meter zurück). 3. Maronnier (250 Meter zurück). 2. Vorlauf: 1. Gilgen 22:15. 2. Wolke (125 Meter zurück). 3. Sawall (168 Meter zurück). Endlauf: 1. Sawall 22:03. 2. Wißbröcker (25 Meter zurück). 3. Maronnier (240 Meter zurück). Endlauf der Ersten: 1. Metze 26:40. 2. Gilgen (590 Meter zurück). 3. Wolke (740 Meter zurück). Stundenmannschaftsrennen für Amateure: 1. Golz=Negd 43,830 Kilometer 36 P. 2. Gröning=Röseler 23 P. 3. Manthey=Raschke 17 P. 4. Materne=Block 16 P. 5. Gebrüder Sasse 15 P. 6. Hoppe/Pohl 14. P.« (BLA 6. 2.).
»Am morgigen Sonntag sollen nun die ersten Dauerrennen im Sportpalast stattfinden. Das kleine Holzoval ist entsprechend hergerichtet, alle Vorkehrungen sind getroffen, um die Zuschauer vor Gefahren zu schützen. [...] Es zeigte sich, daß die Steher ein Tempo von 60 Stundenkilometer erreichten, daß sie die Runde in 10 Sekunden schaffen können, ja Sawall fuhr ein paar Runden sogar knapp unter 10 Sekunden« (BLA 4. 2.).
»Hinter den kleinen Motoren, die manchmal allerdings streikten und viel Lärm entwickelten, sah man auf der Holzbahn zahlreiche Kämpfe, die fast zu begeistern vermochten« (BLA 6. 2.).
BLA 4.–6. 2.; Agr 4., 6.–7. 2.; Voss 5.–6. 2.; Vw 7. 2.

Feb 8, 20.00 Uhr. Amateur-Rennen
V: DRU.
Zweikampf »Cronjäger (Bremen) – Giel (Berlin)« (drei Läufe): 1. Giel.
Malfahren: 1. Henschel (Magdeburg).
Ausscheidungsfahren: 1. Lutter, vor Busse, Gronwald und Markus.
50-Rdn-Punktefahren: 1. Frank 13 Pkte, vor K. Jachmann 13, Passenheim 10 und Matschke 4.
Zweistunden-Mannschaftsfahren (12 Paare): 1. König/ Bretzke 18 Pkte; 2. Tallmann/Jaenicke (1 Rde zurück) 40; 3. Gruhn/Wiemer 34; 4. Kalupa/Münzer 20; 5. Cronjäger/ Dubaschny 20; 6. Mattern/Tadewald 18; 7. Fischer/Matysiak 1; 8. Geilisch/Bunzek (2 Rdn zurück) 0; 9. Blank/Lubahn 0; 10. Schönfeld/Uenzelmann (3 Rdn zurück) 0; 86,100 km.
BLA 8.–10. 2.; Voss 8.–9. 2.

Feb 10, 20.15 Uhr. Kundgebung
V: NSDAP.
Et: 0,80 M, Erwl. 0,40 M.
Zur Wahl des Preußischen Landtags und des Reichstags am 5. 3.
Rd: Dr. Joseph Goebbels (MdR, Gl), Adolf Hitler (Reichskanzler).
Mitw.: Kapelle Fuhsel.
»Zu den Hitler-Kundgebungen, die im ganzen Reich während des Wahlkampfes stattfinden, wird regelmäßig eine halbe Stunde vor Beginn ein Tatsachen- und Stimmungsbericht über die Versammlung gegeben. Dieser Tatsachen- und Stimmungsbericht wird nicht für die Versammlung sondern für die angeschlossenen Sender gesprochen. Das Amt des Sprechers ist für sämtliche Versammlungen Adolf Hitlers dem Reichspropagandaleiter Pg. Dr. Goebbels übertragen worden. Zum erstenmal wird dieser Tatsachen- und Stimmungsbericht für alle deutschen Sender von der Sportpalastversammlung am kommenden Freitag gegeben« (Agr 7. 2.).
»Am Freitag, [...] wird die Rede des Führers der NSDAP., Reichskanzlers Adolf Hitler, vom Sportpalast aus auf nachstehende Plätze durch Lautsprecher übertragen [...] Das deutsche Berlin erscheint: Kleiner Tiergarten / Wildenbruchplatz / Wittenbergplatz / Gendarmenmarkt / Gartenplatz / Lauterplatz / Pistoriusplatz / Küstriner Platz / Spandauer Rathaus=Vorplatz / Schleidenplatz« (Agr 9. 2.).
»Reichskanzler Adolf Hitler spricht heute aus dem Berliner Sportpalast über alle deutschen Sender von 8,30 bis 9,45 Uhr« (Agr 10. 2.).
»Sportpalast. Überfüllt. An 10 Plätzen Menschenmengen. Im ganzen Reich an die 20 Millionen Zuhörer. Ich werde mit Jubel begrüßt. Erst bürste ich die Presse ab. Dann spreche ich über alle Sender. [...] Hitler hält eine phantastische Rede. Ganz gegen Marxismus. Zum Schluß großes Pathos. »Amen!« Das hat Kraft und haut hin. Ganz Deutschland wird Kopf stehen. Massen in sinnlosem Taumel. So muß das bleiben« (Goebbels).
Agr 2.–4., 6.–11. 2.; Goebbels, Tagebücher II, S. 370 f.

Feb 11, 20.00 Uhr. Kundgebung
V: DNVP (Kampffront Schwarz-Weiß-Rot).
Anläßlich des Reichsparteitages der DNVP am 11. und 12. 1. Zur Wahl des Preußischen Landtags und des Reichstags.
Rd: Dr. Alfred Hugenberg (Reichswirtschaftsmin.), Franz von Papen (Vizekanzler), Franz Seldte (Reichsarbeitsmin.).
Th: *»Die Zeit der Taten ist gekommen«*, *»Der Kämpfer gilt und nicht der Mitläufer«*, *»Kraft aus Soldatentum«*.
»Hugenbergs Rede wird [...] von 8.30 bis 9.45 Uhr auf alle deutschen Sender übertragen. Rolf Brandt wird die Ansage übernehmen, während der Pressechef der Deutschnationalen Volkspartei, Brosius, zur Einleitung der Hugenberg=Rede kurz über die politische Mission Hugenbergs am Mikrophon sprechen wird« (BLA 10. 2.).
BLA 5., 10., 12. 2.

Feb 12, 20.00 Uhr. Radrennen hinter Motoren
V: SP.
Verfolgungsfahren: Sawall holt Lohmann nach 19 Rdn in 3:25,3; Möller schlägt Metze mit 3 m in 5:15,4; Lohmann schlägt Metze mit 35 m in 5:13; Sawall schlägt Möller mit 30 m in 5:16,3.
Großer Steherpreis: Erster Lauf: 1. Möller 21:34; 2. Metze (5 m zurück); 3. Lohmann (90 m zurück); 4. Sawall (160 m zurück); Zweiter Lauf: 1. Sawall 22:25; 2. Metze (10 m zurück); 3. Möller (65 m zurück); 4. Lohmann (1170 m zurück); Gesamtergebnis: 1. Metze 59,983 km; 2. Möller 59,835 km; 3. Sawall 59,430 km; 4. Lohmann 58,040 km.
Hauptfahren: 1. Stock, 2. Ahlers, 3. Wesenberg, 4. Dasch.
Punktefahren: 1. Becker 18 Pkte; 2. O. Nickel 10; 3. Wagner 9; 4. Balke 2.
BLA 7., 12.–13. 2.; Voss 11., 13. 2.

Feb 14. 4. Rotes Eisfest »40 Jahre Arbeitersport«
V: Kampfgemeinschaft für rote Sporteinheit.
Et: 1,– M, Erwl. 0,80 M, Kinder 0,20 M; Vorverkauf 0,80 und 0,60 M.

Berlins gewaltiger roter Wahlappell!

Kampfrede unseres Spitzenkandidaten in Preußen, Gen. Pieck, im Sportpalast

397 Überschrift des Berichts über die letzte Kundgebung der KPD (RF 26./27. 2. 1933; zu Chr Feb 23).

Es ist ungewiß, ob diese Veranstaltung stattgefunden hat, da die Rote Fahne bis zum 26. (?) wieder einmal verboten war.
RF 5., 13., 27. 1.; 10.–11. 2.

Feb 15–16, 20.15 Uhr. Eishockey u.a.
V: BSchC (?).
Kunstlauf von Gerta Böttcher, Hilde Holovsky, Edith Michaelis, Ursula Schwarz, Rotter/Szollas.
USA (NM; Massachusetts Rangers): Cosby (Tor); Iglehart, Langmaid (Vert.); Breckenridge, Forbes, Garrison, Hilliard, Holland, Palmer, Sandford (Sturm und Ersatz).
Deutschland (NM; BSchC/SC Riessersee): Egginger, G. Ball (Tor); Römer, Schröttle (Vert.); Jaenecke, R. Ball, Orbanowski (Sturm A); Lang, Strobl, Scheublein (Sturm B).
Feb 15 USA – Deutschland 2:1 (1:0, 0:0, 1:1).
Feb 16 USA – Deutschland 7:2 (2:0, 3:1, 2:1).
BLA 14.–17. 2.; Vw 14. 2.; Voss 15.–16. 2.

Feb 17, 20.15 Uhr. Boxen »Hein Müller – Hans Schönrath« u.a.
V: SP (Stadtländer).
Flg: Herbert List (49,1 kg; Zwickau) – Paul Schäfer (49,9 kg; Dortmund), Sieg Schäfers nach Pktn (8 Rdn; Ausscheidung zur Deutschen Meisterschaft).
Bg: Willi Metzner (Köln) – Werner Riethdorf (52,1 kg; Berlin), Sieg Metzners durch Disqualifikation (2. Rde; Deutsche Meisterschaft, Hf Riethdorf).
Wg: Gustav Eder (68 kg; Dortmund) – Erwin Volkmar (68 kg; Berlin), Sieg Eders durch ko (3. Rde).
Sg: Horst Hinzmann (87,5 kg; Königsberg) – Vincenz Hower (85 kg; Köln), Sieg Howers nach Pktn (8 Rdn; Ausscheidung zur Deutschen Meisterschaft).
Sg: Hein Müller (84,1 kg; Köln) – Hans Schönrath (92,2 kg; Krefeld), Sieg Müllers nach Pktn (10 Rdn).
Einleitung: Praiß (72,8 kg; Köln) – Eiglsberger (68,4 kg; Garmisch), Sieg Praiß' nach Pktn (4 Rdn).
»Der Sportpalast war [...] ganz gut besucht. Die Prominenz von Bühne und Film war wieder einmal besonders stark vertreten. Man sah Jannings, Albers, das Ehepaar Fröhlich=Alpar, Pallenberg, Brigitte Helm, Ernst Deutsch, Abel und andere« (Voss 18. 2.).
BS 642, S. 7; 643, S. 6; 646, S. 4, 11; 647, S. 4ff.; BLA 17.–19. 2.; Voss 12., 17.–18. 2.

Feb 18, 21.00 Uhr. Radrennen »Die Nacht«
V: SP (Kroner).
Neunstunden-Mannschaftsfahren (12 Paare): 1. Rausch/Wals 155 Pkte; 2. Siegel/Thierbach (1 Rde zurück) 92; 3. Schön/Dobruycker 67; 4. Ehmer/Rieger 38; 5. Brüder Nickel (2 Rdn zurück) 23; 6. Vopel/Korsmeier (8 Rdn zurück) 88; 7. Manthey/Maczynski 74; 8. van Buggenhout/R. Wolke (10 Rdn zurück) 19; 304,00 km; ausgeschieden: Ahlers, Balke, Becker, Buschenhagen, Deneef, Stock, Wagner, Wesenberg.
BLA 18., 20. 2.; Voss 18., 20. 2.; Ph (VwA).

Feb 23, abends. Kundgebung
V: KPD.
Zur Wahl des Preußischen Landtags und des Reichstags am 5. 3.
Rd: Wilhelm Pieck (MdR).
Die Veranstaltung wurde gegen 22.00 Uhr durch die Polizei aufgelöst. Für diese Veranstaltung hatte bereits keine richtige Werbung mehr stattfinden können, da es noch am Vortage hieß, sie sei verboten; außerdem war zu dieser Zeit die Rote Fahne noch verboten. Zur Veranstaltung vgl. auch die Beschreibung von Johannes R. Becher im Neuen Deutschland vom 3. 1. 1956. *»Kein Rundfunk kündigte die Kundgebung [...] an. Keine teuren Riesenplakate riefen von den Anschlagsäulen dazu auf. Die Sender waren tausende rote Agitatoren und sie brachten es fertig, daß trotz der Polizeimaßnahmen der Sportpalast [...] voll besetzt war [...] Ein riesiges Polizeiaufgebot war rings um den Sportpalast stationiert. Fast jeder Versammlungsbesucher wurde nach Waffen durchsucht. Natürlich erfolglos. [...] Von den Brüstungen [...] riefen die Kampflosungen der Kundgebung auf meterlangen roten Riesentransparenten herab: Für Arbeit, Brot und Freiheit! – Gegen Hunger, Krieg und Faschismus! – Rotes Berlin, schütze deine Freiheitspartei, die KPD! – Rotes Berlin, verteidige deine Zeitung, die ›Rote Fahne‹! – Das rote Berlin wählt Kommunisten, Liste 3! – Der Triumph des Marxismus: die Sowjetunion! – Nieder mit den Fälschern des Marxismus! – Vorwärts mit Marx und Lenin! – Es lebe die Antifaschistische Einheitsfrontaktion! – Antifaschisten, wählt Kommunisten, Liste 3!«* (RF 26./27. 2.).
»Die kommunistische Wahlkundgebung, die gestern abend im Berliner Sportpalast stattfand, und von über 10 000 K.P.D.=Anhängern besucht war, wurde gegen 10 Uhr durch die Polizei aufgelöst, als der Redner, der kommunistische Abgeordnete Wilhelm Pieck, die Einführung des Religionsunterrichts in den Berufs= und Fachschulen kritisierte. Der überwachende Kriminalbeamte erblickte in einer Aeußerung Piecks eine Verächtlichmachung der Religion und erklärte die Versammlung für aufgelöst. Durch zahlreiche ›Rot=Front‹=Rufe und den Gesang der Internationalen gaben die Besucher ihrem Unwillen Ausdruck. Die Polizei räumte dann den Sportpalast, ohne daß es zu weitern Zwischenfällen kam« (Voss 24. 2.).
RF 26./27. 2.; Voss 24. 2.; ND 3. 1. 1956.

Feb 24, 20.15 Uhr. Kundgebung
V: NSDAP.
Et: 0,80 M, Erwl. 0,40 M.
Zur Wahl des Preußischen Landtags und des Reichstags am 5. 3.
Rd: August Wilhelm Prinz von Preußen (MdL), Dr. Joseph Goebbels (MdR, Gl).
Th: *»Die Zeit der Bonzen ist um – das Volk hat sie durchschaut!«*
Mitw.: Kapelle Fuhsel.
»Prinz August Wilhelm spricht. Ein Mann, dessen Familie mehr als ein halbes Jahrtausend die Führer Preußens stellten, steht vor dem Mikrophon im Braunhemd, dem Kleid, das mit gleichem Stolz der Arbeiter, der Student neben ihm trägt und spricht zu den Massen, spricht vor dem Führer, dem Mann, der das Volk aus dem Elend der letzten vierzehn Jahre führen wird« (Agr 25. 2.).
»Abends reite ich meine Attacke gegen die S.P.D. im Sportpalast. Hier redet es sich immer am besten. Der Sportpalast ist doch die große Tribüne des Nationalsozialismus, und nirgendwo gibt es ein so leicht zu entzündendes Publikum wie gerade in Berlin« (Goebbels).
Agr 17., 20.–25. 2.; Goebbels, Tagebücher II, S. 382.

Feb 25, 21.00 Uhr. Radrennen »6-Tage-Nacht«
V: SP (Kroner).
Neunstunden-Mannschaftsfahren (12 Paare): 1. Tietz/Schön 190 Pkte; 2. Siegel/Thierbach (1 Rde zurück) 266; 3. Wals/O. Nickel (2 Rdn zurück) 333; 4. Stüpp/Küster 85; 5. Ehmer/Rieger (3 Rdn zurück) 130; 6. Lehmann/R. Wolke (6 Rdn zurück) 87; 7. Kupke/Müller (7 Rdn zurück) 110; 8. Stock/Becker (8 Rdn zurück) 152; 316,166 km; ausgeschieden: Engelmann, Junge, Knudsen, Maczynski, Manthey, W. Nickel, Rausch, Resiger.
BLA 25., 27. 2.; Voss 25. 2.; Agr 25. 2.; Ph (VWA).

Feb 26, 19.00 Uhr. Handball »Internationales Turnier«
V: VBAV.
Vorrunde: D(M)SV – Stockholm 5:3 (2:1); BSV 92 – Kopenhagen 11:1 (6:0); PSV – SV Greif Stettin 9:3 (4:2); Wiener ASC – DHC 9:4.
Zwischenrunde: PSV – D(M)SV 10:3 (3:1); BSV 92 – Wiener ASC 4:2.
Endspiel: PSV – BSV 92 6:5 (3:0).
Außerhalb des Turniers: Stockholm – Kopenhagen 4:2; Knaben: SCC – DSC 3:2; Jugend: Atos – Kems 5:4.
Der Verlag Scherl hatte für das Turnier einen Ehrenpreis gestiftet.
BLA 24., 27. 2.

Feb 27, 19.30 Uhr. Karl-Marx-Feier
V: SPD.
Et: 0,50 M, Erwl. 0,25 M.
Rd: Franz Künstler, Friedrich Stampfer.
Mitw.: Martha John (Rezitation), Alexander Stein, Berliner Lendvai-Chor, Neuköllner Sängerchor, Orchester des Berliner Konzertvereins.

Gedenkfeier zum 50. Todestag von Karl Marx. Während der Rede Stampfers wurde die Versammlung aufgelöst. In der Nacht vom 27. zum 28. brannte der Reichstag.
»Drinnen im Sportpalast der schon lange vor 19 1/2 Uhr bis auf den letzten Sitzplatz gefüllt ist, grüßt das rote Banner der Berliner Sozialdemokratie, mahnt es in riesigem Transparent: ›Proletarier Deutschlands, vereinigt euch!‹ Da stehen die Träger der roten Banner, und auf der weißen Leinwand erscheinen die Mahnungen: ›Am 5. März nur Liste 2!‹ (Stürmischer Beifall.) ›Bleibt dem Vorwärts‹ treu trotz aller Verbote.‹ (Neuer stürmischer Beifall.) Die Kundgebung beginnt. Franz Künstler begrüßt die Massen mit Freiheit. [...] Musik aus Beethovens ›Egmont‹ ertönt. Dann spricht begeisternd und begeistert Martha John Wladimir Kirrilows hymnische Dichtung ›Karl Marx‹, in der Uebertragung von Max Barthel [...] Dann sprach [...] Alexander Stein die Grabrede, die Friedrich Engels am 17. März 1883 auf dem Friedhof zu Highgate Karl Marx gewidmet hat. Das Kampflied der Arbeit ›Wir sind die Kraft‹ klingt auf. Dann sprach Friedrich Stampfer: [...] Und da, meine lieben Genossinnen und Genossen, gestatten Sie mir ein persönliches Bekenntnis. Als ich noch ein junger Mensch war, da nannte ich mich wohl mit Stolz einen Sozialdemokraten. Aber einen Marxisten nannte ich mich nicht.
Ich meinte nämlich damals: Wer sich einen Marxisten, einen Schüler des Riesengeistes Karl Marx nennt, der müßte eine unendlich größere Fülle philosophischer, historischer und nationalökonomischer Kenntnisse besitzen, als ich sie mir selber zutraute.
Ich bin auch heute noch der Meinung, daß man, um ein wirklicher Marxist zu sein, ungeheuer viel wissen muß.
Aber eins habe ich inzwischen hinzugelernt: Um ein Antimarxist zu sein – dazu braucht man gar nichts zu wissen! [...] Hier erfolgte die Auflösung« (Vw 28. 2.).
Vw 25.–26., 28. 2.

der Angriff

Herausgeber: Dr. Goebbels Berlin

Das deutsche Abendblatt in Berlin

Für die Unterdrückten
Gegen die Ausbeuter

Nummer 55
Montag, den 6. März
7. Jahrgang 1933

Einzelpreis 10 Pf.
Auswärts 15 Pf.

Reichsbanner und „Eiserne Front" in Thüringen verboten

Die Thüringer Regierung hat, wie die „Telegraphen-Union" meldet, das Reichsbanner und die „Eiserne Front" im Lande Thüringen verboten. Einzelheiten über die Maßnahmen fehlen noch. Im Laufe des heutigen Nachmittags ist eine amtliche Erklärung zu diesem Verbot zu erwarten.

Im Zusammenhang mit dem überwältigenden Wahlsieg der NSDAP. haben heute bisher folgende Aemter und öffentliche Gebäude in Berlin die Hakenkreuzfahne gehißt:

Reichspatentamt, Preußisches Finanzamt Mitte (Weidendammbrücke), Polizeirevier im Bahnhof Alexanderplatz, Polizeirevier 165 in Spandau und das Polizeirevier in der Kaiser-Friedrich-Straße in Neukölln.

Der gigantische Vorsturm der Nationalsozialisten

Reich: 288 – Preußen: 211

Massentreffen heute abend im Sportpalast

399 Der Angriff, 6. 3. 1933 (Chr Mär 6).

398 Kundgebung der Zentrumspartei (Chr Mär 3), Dr. Heinrich Brüning (rechts) und Dr. Heinrich Krone (links).

Feb 28–Mär 1, 20.15 Uhr. Eishockey u. a.
V: BSchC.
Kunstlauf von Herbert Haertel, Ivonne de Ligne, Edith Michaelis, Ursula Schwarz, Hempel/Weiß, Ehepaar Krümling.
Toronto Nationals (CDN): Geddes (Tor); Chisholm, Collins, Hearne, Kane, Kerr, Nugendt u. a.
BSchC: R. Ball, Brück, Davidoff, Jaenecke, Korff, Römer u. a.
Feb 28 Toronto Nationals – BSchC 4:2 (1:0, 3:1, 0:1).
Mär 1 Toronto Nationals – BSchC 3:1 (0:0, 2:0, 1:1).
BLA 28. 2.; 1.–2. 3.; Voss 28. 2.; 1.–2. 3.; Agr 2. 3.

Mär 2, 19.30 Uhr. Kundgebung
V: NSDAP.
Et: *»Staffelpreise«*, Erwl. 0,50 M.
Zur Wahl des Preußischen Landtags und des Reichstags am 5.3.
Rd: Dr. Joseph Goebbels (Reichspropagandal., Gl, MdR), Adolf Hitler (Reichskanzler), (Hermann Göring, Reichsmin.).
Th: *»Die kommunistische Weltgefahr in Deutschland«*.
Mitw.: Kapelle Fuhsel, Kapelle Fleßburg.
Zur selben Zeit fand eine Wahlkundgebung in der Ausstellungshalle II am Kaiserdamm statt, bei der als Hauptredner Göring sprach. Ein Teil dessen Rede wurde in den Sportpalast übertragen. Die Rede Hitlers wurde hingegen vollständig in die Ausstellungshalle II übertragen, außerdem *»auch auf folgende sieben Plätze: Platz am Bahnhof Gesundbrunnen / Comeniusplatz / Marktplatz in Pankow / Viktoriaplatz in Lichtenberg / Marktplatz in Friedrichshagen / Marktplatz in Oberschöneweide / Richardplatz in Neukölln«* (Agr 1. 3.); sie wurde hier durch *»gewaltige Lautsprecher verkündet«*.
Die Rede wurde *»auf alle deutschen Sender übertragen, so daß Millionen deutscher Volksgenossen an diesem Erlebnis teilhaben konnten.«*
»Zwei Stürme der SS. sind in der Eingangshalle aufgestellt. Große, breitschultrige Kerle – einer wie der andere – harte, kantige Gesichter, die in Jahrelangem Kampf unter Gum-

miknüppeln roter Machthaber, im Pistolenfeuer roter Terrortrups ehern wurden. Die mächtige Halle ist bis hoch unter das Dach besetzt [...] Uniformen: Straßenbahner – Postbeamte – Zollbeamte – Arbeitsdienst – Schupo=Offiziere und Mannschaften – und Braunhemden – hunderte – tausende. [...] Transparente leuchten von den Emporen – riesige Hakenkreuzfahnen glühen im weißen Licht der Lampen. Lautsprecher dröhnen Marschmusik – dröhnen und donnern Fanfarenklänge. In den Gängen sind überall SA.=Stürme angetreten – in langen Reihen stehen sie Sturm an Sturm um das gewaltige Oval der Halle« (Agr 3.3.).
Agr 27.–28. 2.; 1.–3. 3.; BLA 3. 3.; Goebbels, Tagebücher II, S. 385.

Mär 3, 20.00 Uhr. Kundgebung
V: Zentrum.
Et: 0,70 M.
Zur Wahl des Preußischen Landtags und des Reichstags am 5. 3.
Rd: Dr. Heinrich Brüning (Reichskanzler a.D.), Dr. Heinrich Krone.
Th: *»Das ganze Deutschland!«, »Der Weg ist auf Frieden gestimmt, solange...«.*
»Das Bild solcher Massenkundgebungen kennen wir von früheren Anlässen. Ein schlichter Schmuck in den Reichsfarben, belebendes Grün um die Rednertribüne, die mit dem Reichsadler geschmückt ist, einige markante Transparente, die zur Wahl der Deutschen Zentrumspartei auffordern, und oben über dem Podium ein Orchester, das bis zum Auftakt der Versammlung das Programm bestreitet. [...] Als schließlich am Lichtbildtransparent die Notiz aufleuchtet: ›Brüning kommt!‹ ging es wie ein rasender Sturm durch den Riesenraum. Hier fühlte man es: Das war keine gemachte Stimmung. Das war in Aufbrechen der Volksseele! [...]« (Germ 5. 3.).
Germ 26. 2.; 5. 3.

Mär 6, 20.30 Uhr. Kundgebung
V: NSDAP.
Et: 0,10 M.
Rd: Dr. Joseph Goebbels (Reichspropagandal., Gl, MdR).
Th: *»Was wir tun und lassen, werden wir vor dem Volk begründen«.*
Mitw.: Kapelle Fuhsel, Kapelle Fleßburg.
Agr 6.–7. 3.; Goebbels, Tagebücher II, S. 388.

Mär 11–12. Eishockey u.a.
V: BSchC.
Et: 1,– bis 6,– M.
Zur Feier des 40jährigen Bestehens des BSchC.
Kunstlauf von Herbert Haertel, Maxi Herber, Edith Michaelis, Denes Pataky, Karl Schäfer, Hempel/Weiß, Rotter/Szollas.
Eish.: Canada (Toronto Nationals) – USA (Massachusetts Rangers) – Schweden – BSchC.
Mär 11, 20.00 Uhr Canada – BSchC 5:1 (1:0, 2:0, 2:1). USA – Schweden 4:0 (3:0, 1:0, 0:0).
Mär 12, 17.00 Uhr Schweden – BSchC 3:2 (1:0, 1:1, 1:1). USA – Canada abgebrochen: *»Daß nach einem neuerlichen Zusammenstoß Kanes mit dem amerikanischen Tormann Cosby der Amerikaner und der Kanadier plötzlich wie die Wilden aufeinander losgingen, sich im Nu auf dem Eise wälzten, und jetzt – und das ist in Berlin wohl noch ohne Beispiel – kamen beide Mannschaften samt den Ersatzstürmern (die hinter der Barriere saßen!) angerannt und stürzten ohne lange Ueberlegung aufeinander los! Eine wüste, minutenlange Prügelei folgte. Als die Gegner dann voneinander abließen und einfach weiterspielen wollten, nahm sich dann das Publikum der Sache an. Im Nu war die Eisfläche mit Papier, Obst und ähnlichen Sachen bedeckt, selbst Biergläser, die auf dem Eis zerschellten, fehlten leider nicht. Ein Pfeifkonzert von unerhörten Ausmaßen belehrte die Spieler, die das offensichtlich gar nicht verstehen konnten, darüber, daß man sie wirklich nicht mehr zu sehen wünschte. Trotz Händeschütteln der beiden Kontrahenten auf dem Eis, trotz Lautsprecher, Entschuldigungen, mußte Schluß gemacht werden«* (Voss 13. 3.).
Das Spiel wurde dann als »Versöhnungsspiel« am 14. 3. nachgeholt.
BLA 9., 11.–13. 3.; Voss 11.–13. 3.

Mär 14, 20.15 Uhr. Eishockey u.a.
V: BSchC.
Kunstlauf von Denes Pataky und Rotter/Szollas.
Canada (Toronto Nationals) – USA (Massachusetts Rangers) 2:1 (0:0, 1:0, 1:1).
Das Spiel wurde als *»Versöhnungsspiel«* nach den Vorfällen vom 12. 3. durchgeführt.
BLA 14.–15. 3.; Voss 14.–15. 3.; Agr 14. 3.

Mär 17, 20.15 Uhr. Amateur-Boxen »Brandenburgische Meisterschaften«
V: BBV.
Endkämpfe.
Flg: Bruß (Reichsbahn) besiegt Steingräber (Hermes).
Bg: Klingenbrunn (Westen) besiegt Taubensee (Sparta).
Fdg: Grenz (Neukölln) besiegt Noffke (Hermes).
Lg: Stadtländer (Maccabi) besiegt Leopold (Westen).
Wg: Hünnekens (Westen) besiegt Berensmeier (Oberspree).
Mg: Hornemann (PSV) besiegt Battist (Maccabi).
Hsg: Lorbeer (Oberspree) besiegt Blaurock (Heros).
Sg: Holz (Post SV) besiegt Schwarz (Weißensee).
Die 16 Teilnehmer der Endrunde waren in 15 Boxkampftagen mit 120 Einzeltreffen aus 170 gemeldeten Teilnehmern ermittelt worden.
BLA 17.–18. 3.; BS 650–51, 13.–20. 3.

Mär 19, (18.00 Uhr). Volkstrachtenfest »Deutsche Heimat in Volkstracht und Tanz«
V: Trachten-Arbeitsgemeinschaft Deutscher Landsmannschaften in Berlin.
Rd: Paul Kaplaneck (Vors.).
Mit Trachtenfestzug unter dem Motto: *»Das ist des Deutschen Vaterland«.*
»Rings von den Wänden [...] grüßten die etwa 8000 Besucher die Farben der deutschen Lande. Von der Decke herab hing ein riesiger Tannenkranz, die Rednertribüne schmückte ein schwarz=weiß=rotes Fahnentuch mit dem gekrönten Adler in der Mitte. [...] Trachtenfestzug [...] An der Spitze marschierte die Jugend des Vereins für das Deutschtum im Ausland, sie trug die Wappen und Farben der uns entrissenen Gebiete und Städte als aufrüttelnde Mahnung vor sich her. Da grüßten das Memelland, Danzig, Westpreußen, Nordschleswig, Eupen=Malmedy, das Saarland, Elsaß=Lothringen. [...] Mitten unter ihnen die Oberschlesier – Bergknappen und Bauern – in ihren malerischen Trachten, bunt und farbenfroh, ein Plakat an der Spitze des Zuges bat mahnend: ›Deutsche, vergeßt uns nicht!‹« (BLA 20. 3.).

Mär 24, 19.30 Uhr. 8. Polizei-Hallensportfest
V: PSV.
»Der 24. März 1933 wird in der deutschen Sportbewegung unvergessen bleiben. Zum erstenmal seit dem furchtbaren Niedergang des deutschen Sports, hervorgerufen durch die engstirnige Verbandspolitik der bürgerlichen Sportorganisationen und hetzerische Wühlarbeit der roten Arbeitersportverbände, bekannte sich ein Sportverein auf einer großen Veranstaltung zur nationalen Erhebung und zum deutschen Volkstum. Vor Tausenden erklang gestern im Berliner Sportpalast das Horst=Wessel=Lied, gesungen von den Polizeisportlern, [...] Hier wurde zum erstenmal mit der verderblichen Ansicht aufgeräumt, daß der Sport ›unpolitisch‹ bleiben müsse. [...] haben sie einmal das gewagt, wozu manch einer der Herren, die sich gestern noch als ›Sportführer‹ von den Scheinwerfern bestrahlen ließen, sich im Laufe von Jahren nicht aufraffen konnte: Den Sport als ein nationales Erziehungsmittel anzusehen. [...] Eine ernste Mahnung aber an einige Sportpresseleute [...]: Sie hätten sich bei den Klängen des Horst=Wessel=Liedes genau wie die Tausende, die gestern den Sportpalast füllten, von den Plätzen erheben sollen. [...] Ehrengäste [...] Man sah dort die Reichsminister v. Papen, Göring, Dr. Goebbels und Dr. Frick, die durch ihr Erscheinen erneut bekundeten, daß die nationale Regierung dem deutschen Sport das denkbar größte Interesse entgegenbringt. Man bemerkte ferner den Kronprinzen, Oberbürgermeister Dr. Sahm [...]« (Agr 25. 3.).
Wettbewerbe und Vorführungen: 1000-m-Lauf, 60-m-Hürdenlauf, 3x1000-m-Staffel, 4x400-m-Staffel, Turnen am Barren und an Ringen, Gymnastik, Tauziehen, Fußball der Schüler, Handball, Radball, Ringen, Jiu-Jitsu u.a.
BLA 8., 23.–25. 3.; Agr 23.–25. 3.; Voss 25. 3.

Apr 3, 20.00 Uhr. Amateur-Boxen »Deutsche Meisterschaften«
V: DRfAB.
Endkämpfe.
Flg: Spannagel (Barmen) besiegt Weinhold (Berlin).
Bg: Beck (Düsseldorf) besiegt Ziglarski (München).
Fdg: O. Kästner (Erfurt) besiegt Tröblinger (Speyer).
Lg: Schmedes (Dortmund) besiegt Leopold (Berlin).
Wg: Franz (Düsseldorf) besiegt Mahn (Breslau).
Mg: Bernlöhr (Stuttgart) besiegt Hornemann (Berlin).
Hsg: Kyfuß (Gevelsberg) besiegt Pietsch (Leipzig).
Sg: Vosen (Köln) besiegt Holz (Berlin).
»Nach 14 Jahren war zum ersten Male bei den Boxmeisterschaften die Regierung offiziell vertreten. die Reichsminister Dr. Frick, Dr. Goebbels und Geheimrat Hugenberg hatten Vertreter entsandt, ebenso war das Reichsinnenministerium, das Auswärtige Amt vertreten und der Kommandant der Schutzpolizei mit dem Berliner Stadtkommandanten Oberst Schaumburg waren zu der Veranstaltung erschienen. Der Sportpalast war mit den alten schwarzweiß-roten Fahnen und dem Hakenkreuzbanner sowie den Flaggen der Landesverbände dekoriert. Zu Beginn der Veranstaltung sangen die Zuschauer entblößten Hauptes die beiden ersten Strophen des Deutschland-Lieds, und während die Meister nach den Kämpfen noch einmal vom 1. Vorsitzenden Rüdiger auf die Bedeutung dieser Meisterschaften hingewiesen waren, ertönte das Horst-Wessel-Lied« (BS 653, S. 12).
BLA 3.–4. 4.; Agr 4. 4.; Voss 3.–4. 4.; BS 650–52, 13.–27. 3.

Apr 8, 18.45 Uhr. SA-Appell
V: NSDAP.
Rd: Adolf Hitler (Reichskanzler).
Th: *»Die Macht haben wir erobert – nun gilt es das deutsche Volk zu gewinnen!«*
Mitw.: Kapelle Fuhsel.

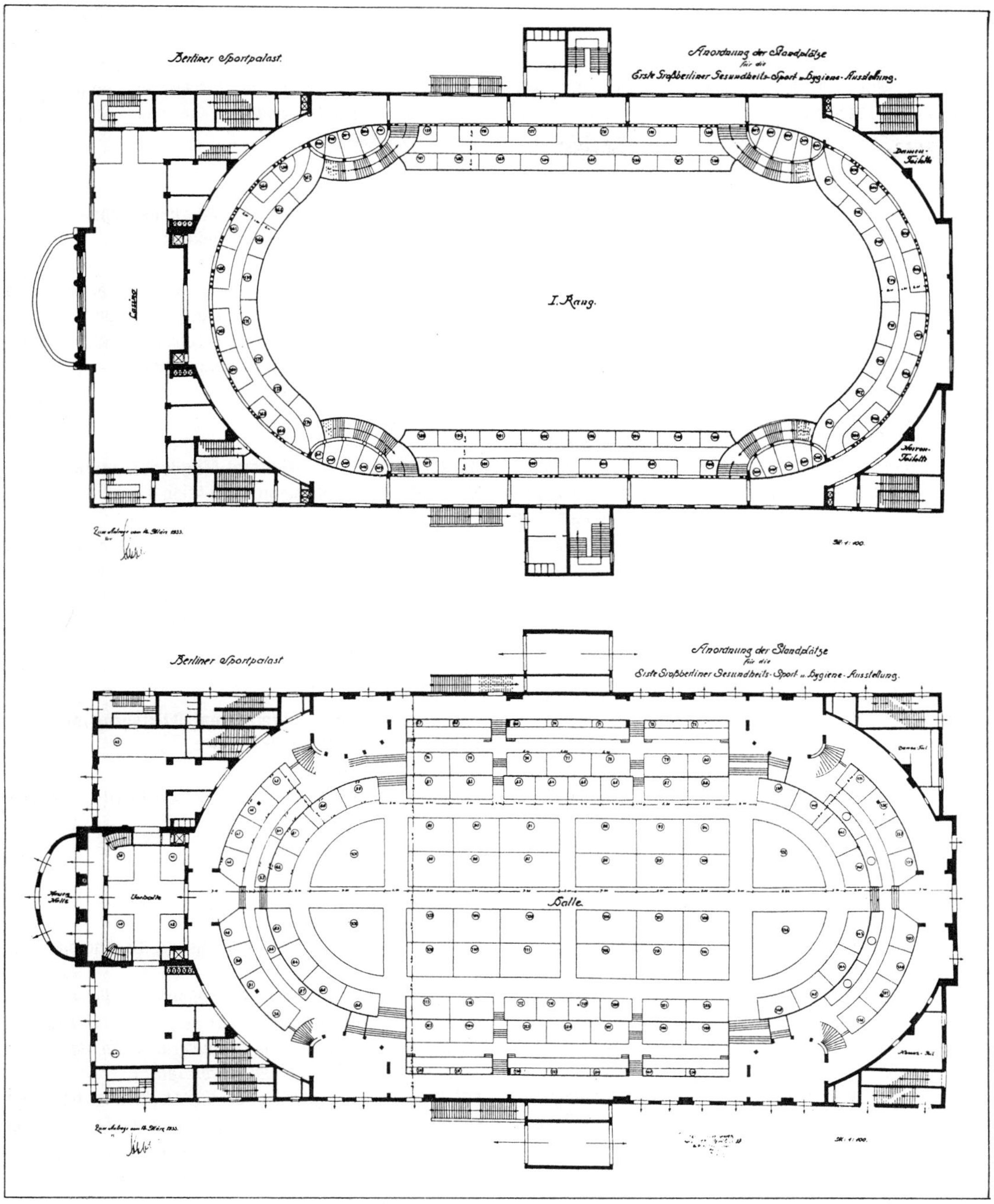

400 »Erste Groß-Berliner Gesundheits-, Sport- u. Hygiene-Ausstellung 1933« (Chr Apr 27 – Mai 11); Anordnung der Standplätze (nach: LA SP 4007/33–36 [Tusche/Leinen, 74 x 123 cm], 4007/38–40 [Tusche/Leinen, 74 x 123 cm]).

»Der Oberste SA.=Führer spricht heute abend um 19 Uhr über alle deutschen Sender vom Berliner Sportpalast aus zur SA. Deutschlands und Deutsch=Oesterreichs. Von 18.45 bis 19 Uhr gibt der Reichsminister für Volksaufklärung und Propaganda Dr. Goebbels ein Stimmungsbild für die Rundfunkhörer. Es ist Befehl an die gesamte SA. im Reich und in Deutsch=Oesterreich ergangen, für diese Stunde einen SA.-Appell anzusetzen und die Rede des Obersten SA.-Führers durch Lautsprecher übertragen zu lassen« (Agr 8. 4.).

»Die großen Saaltüren öffnen sich. Der Oberste SA.=Führer erscheint, im einfachen Braunhemd mit dem Eisernen Kreuz und dem Verwundetenabzeichen an der linken Seite. Langsam schreitet er den Mittelgang entlang durch einen Wald von Hakenkreuzfahnen. Immer wieder hebt er die Hand zum Gruß. Die Kapelle Fuhsel spielt den zackigen Badenweiler Marsch. Das grelle Licht der Scheinwerfer flattert über die braunen Reihen hinweg und fängt den Führer ein. Gleich einem Triumphator schreitet der Oberste SA.=Führer nach vorne, überschattet von schimmerndem Licht. Dann betritt er das Podium. Stabschef Röhm erhebt die Hand zum Gruß, um die Meldung zu erstatten: ›Mein Führer, ich melde hier im Sportpalast 17723 Berliner SA.= und SS.=Männer und Hunderttausende im ganzen Reich angetreten!‹ Der Führer erwidert den Gruß und tritt dann ans Mikrophon: ›Heil SA. und SS.!‹ Aus 17723 Kehlen, nein aus Hunderttausenden schallt ihm der Ruf entgegen: ›Heil mein Führer!‹ (Agr 10. 4.).

Agr 7., 8., 10. 4.; BLA 10. 4.; Goebbels, Tagebücher II, S. 404f.

Apr 9, 11.30 Uhr. »NSBO.-General-Mitglieder-versammlung«

V: NSBO, Gau Groß-Berlin.

Et: 0,30 M, *»Einlaß nur auf Ausweis«*.

Rd: Johannes Engel (Landesbetriebszellenl., MdL); Hermann Göring (Reichsmin.).

Th: *»Nationalismus und Sozialismus«, »Ihr sollt die marxistische Idee zertrümmern!«*

Mitw.: Kapelle Fuhsel, BVG-Kapelle.

Die Rede Görings wurde von allen deutschen Sendern übertragen.

»Eine graue Masse hat den Sportpalast überflutet, eine dreiviertel Stunde vor Beginn mußte er polizeilich gesperrt werden. Die Zufahrtstraßen sind von der Polizei abgeriegelt. Im weiten Umkreis drängen sich die Menschen. Arbeiter aus den Betrieben, Drucker und Setzer von Ullstein, Mosse und Scherl, die Belegschaft der Warenhäuser Tietz, Wertheim, Karstadt, Tausende von BVG.=Arbeitern, die musterhaft den Saaldienst versehen. Aus Fabriken und Kontoren kamen sie. Das ist das arbeitende Berlin, [...]« (Agr 10. 4.).

Agr 4.–8., 10. 4.; BLA 10. 4.; Voss 10. 4.; Göring, Reden, S. 37–49.

Apr 27–Mai 11. »Erste Groß-Berliner Gesundheits-, Sport- u. Hygiene-Ausstellung 1933«

10.00 – 22.00 Uhr.

V: SP.

Unter dem *»Protektorat des Groß-Berliner Aerztebundes e.V. und des Landesverbandes Berlin e.V. im Reichsverband der Zahnärzte Deutschlands«*.

Eröffnungsrede von Dr. Leonardo Conti (Ministerialrat).

»Bisher nie gezeigte medizinische und gerichtsmedizinische Sonderschauen / Täglich wechselnde Vorträge«.

BLA 26., 27., 30. 4.

Mai 14, 15.00 Uhr. Kundgebung

V: Bund Königin Luise.

Rd: vermutlich Charlotte von Hadeln (Bundesvors.), Ehrentraut Jahr (Landesvors.).

Anläßlich des zehnjährigen Bestehens dieses völkischen, dem Stahlhelm assoziierten Bundes, gegründet in Halle Mai 1923.

»Der Bund Königin Luise, der sich kürzlich bedingungslos Adolf Hitler unterstellt hat, begeht heute und morgen sein zehnjähriges Bestehen mit einer Tagung in Potsdam und Berlin. An der Tagung werden Mitglieder aus allen Teilen des Reiches teilnehmen. Heute findet im Potsdamer Stadion eine Begrüßungsfeier statt, in deren Verlauf das Spiel über den Aufbruch Deutschlands, bei dem 2500 Spieler mitwirken, aufgeführt werden wird. Morgen vormittag werden an zahlreichen Denkmälern in Potsdam und Berlin Kränze durch den Bundesvorstand niedergelegt werden. Nach einem Empfang der Ehrengäste findet um 3 Uhr im Berliner Sportpalast eine große Kundgebung statt« (Agr 13. 5.).

Agr 13. 5.; Charlotte von Hadeln (Hg.), Deutsche Frauen, Deutsche Treue, 1914–1933, Ein Ehrenbuch der deutschen Frau, Berlin 1933 (wohl zum Jubiläum hg.); dies., Deutsche Frauen studieren den Faschismus und werden von Mussolini empfangen, Berlin 1933.

Mai 19, abends. Gautag

V: NSDAP.

Rd: Dr. Joseph Goebbels (Reichsmin., Gl), Konstantin Hierl (Staatssekr.), Dr. Robert Ley (Leiter der PO).

Mitw.: Kapelle Fuhsel.

Versammlung der Berliner Amtswalter.

Agr 19.–20. 5.; Goebbels, Tagebücher II, S. 422.

Mai 23, 20.15 Uhr. Amateur-Boxen »Europameisterschaften der Polizeiboxer«
Nachmittags Vorkämpfe.
V: PSV.
Endkämpfe.
Lg: Mietschke (Berlin) besiegt Radtke (Danzig).
Wg: Campe (Berlin) besiegt Heinrich (Stuttgart).
Mg: Hornemann (Berlin) besiegt Gibbons (GB).
Hsg: Brennan (GB) besiegt Gaikowski (Berlin).
Sg: Surma (Berlin) besiegt Eckstein (Lübeck).
»Zu diesen Kämpfen sind nur Angehörige der Polizei und deren Nebenorganisationen zugelassen. Erfreulicherweise haben von diesem Teilnahmerecht zahlreiche namhafte deutsche Hilfspolizisten [u. a. SA-Männer] Gebrauch gemacht« (Agr 23. 5.).
BLA 14. 12. 1932; 16. 5.; Agr 12., 17., 19., 23.–24. 5.; Voss 16., 23.–24. 5.

Jun 1, 20.00 Uhr. »AEG.-Betriebsversammlung«
V: NSBO.
Rd: Johannes Engel (Staatskommissar, Gaubetriebszellenl., MdL), Hacker, Lucke (DHV), Eduard Karl Spiewok (MdL).
Th: *»Die Deutsche Arbeitsfront«.*
»Die Arbeiter und Angestellten sämtlicher AEG.=Betriebe Berlins, vom Lehrling bis zum Chef, hatten sich zusammengefunden unter dem verpflichtenden Bekenntnisspruch: ›Wir wollen gemeinsam arbeiten und aufbauen!‹ 15 000 deutsche Menschen gelobten es sich und ihrem Führer aufs neue, daß die Ehre, mitarbeiten zu können am Neubau der deutschen Nation, immer auch ihr einziger Stolz sein werde.]...] Begeisterte Zustimmung rief die Mitteilung hervor, daß der Bau von zwei großen AEG.=Siedlungen geplant ist. Das eine große Ziel aber, neue Arbeit unter würdigen Bedingungen zu schaffen, werde klug und vorsichtig, jedoch zäh und unerbittlich verfolgt. Pg. Spiewok schloß seine aufrüttelnde Rede mit den Worten ›Die AEG. soll nicht nur ein deutscher, sondern auch ein nationsozialistischer Betrieb werden!‹« (Agr 2. 6.).
Agr 31. 5.; 2. 6.

Jun 12, 20.00 Uhr. Kundgebung
V: NSBO, Kreis IV.
Rd: Johannes Engel (Staatskommissar, Landesobmann der NSBO, MdL), Wilhelm Kube (Oberpräs. von Brandenburg-Berlin), Eduard Karl Spiewok (MdL).
Th: Das *»kommende Gesetz der Arbeit«, »Fragen der Wirtschaft«.*
Agr 9., 13. 6.

Jun 16, 20.00 Uhr. NS-Schulungsabend
V: NSDAP.
Rd: Arthur Görlitzer (stellv. Gl), Erich Hilgenfeldt (Gauinspektor, MdL), Walther Schulze-Wechsungen (Gaupropagandal., MdL).
Th: *»Wir stärken alles, was dem Leben des Volkes dient«, »Die alte Garde und die Neulinge«, »Jeder muß sich dem Gesetz der Partei unterordnen!«*
»Teilzunehmen haben alle Parteigenossen, welche nach dem 1. Januar 1933 in die NSDAP. eingetreten sind.«
»An die zwanzigtausend Männer und Frauen waren [...] zusammengekommen. [...] Es ist ein völlig anderes Bild im Sportpalast, als man es sonst gewöhnt ist. Anstelle überschäumender Begeisterung, brausenden Jubels, ernste Arbeit« (Agr 17. 6.).
Agr 15.–17. 6.

Jun 19, 20.00 Uhr. Mitglieder-Appell
V: NSBO, Fachgruppe BVG.
Rd: Johannes Engel (Staatskommissar, Landesobmann der NSBO, MdL), Dr. Joseph Goebbels (Reichsmin., Gl), Rudolf Lencer (Stadtrat).
Th: *»Der Nationalsozialismus ist der Treuhänder der Schaffenden«, »Wir eröffnen einen Krieg gegen Hunger und Arbeitslosigkeit!«*
Agr 17., 19.–20. 6.; Goebbels, Tagebücher II, S. 436.

Jun 29, 20.00 Uhr. Kundgebung
V: NSDAP, Gau Groß-Berlin, Ortsgruppe Schill.
Rd: Wilhelm Heinrich Cohrs (Pressereferent), Arthur Görlitzer (stellv. Gl), Alfred Wolfermann (L. des Kreises IV).
Th: Zur Geschichte der Ortsgruppe, Über die Zustände und die Entwicklung in Österreich.
Mitw.: Kapelle der SS-Standarte 6 (Franz Stepany).
»Nahezu 2000 Mitglieder der Ortsgruppe Schill und etwa 12 000 Angehörige der ihr angeschlossenen Betriebszellen=Organisation füllten den traditionellen Versammlungssaal schon lange vor Beginn. Marschweisen und Kampflieder unserer SA, [...] klangen auf und schufen die rechte feierliche Stimmung für die Weihe der Ortsgruppen= und Betriebszellenfahnen« (Agr 30. 6.).

Jun 30. Kundgebung
V: Studentenkampfbund Deutsche Christen.
Auf den 9. 8. wegen *»des Umschwungs in der kirchenpolitischen Lage«* verschoben.
Agr 29. 6.

Jul 4, abends. Kundgebung
V: DHV, Ortsgruppe Groß-Berlin.
Rd: Heinrich Auerbach (Gauvorsteher des Gaues Brandenburg-Pommern), Wilhelm Kube (Oberpräs. von Brandenburg-Berlin), Gerhard Schach (Gruppeninspekteur des Gaues Groß-Berlin der NSDAP).
Th: *»Der neue DHV. im nationalsozialistischen Staate«.*
Agr 5. 7.; BLA 5. 7.; Germ 6. 7.

Jul 5, 20.30 Uhr. Kundgebung
V: NSBA/DBB.
Et: frei, *»Numerierte Eintrittskarten werden durch die Gaubeamtenabteilung des Gaues Groß-Berlin, Berlin W 9, Voßstraße 12, 1 Tr., abgegeben«.*
Rd: Hermann Neef (F. des DBB, L. der NSBA), Hans Schemm (Reichsl. des NSLB, Kultusmin. Bayerns), Jakob Sprenger (Reichsstatthalter von Hessen).
Th: Über Stellung und Aufgaben des Beamten im neuen Reich.
Agr 4., 6. 7.; BLA 6. 7.; Germ 7. 7.

Jul 6, abends. Kundgebung
V: Reichseinheitsverband des deutschen Gaststättengewerbes, Gau Berlin.
Rd: Deneke (Verbandsdir.), Hugo Kockel (Berliner Gauverwalter), Dr. Theodor Adrian von Rentelen (F. des Reichsstandes des deutschen Handels).
Th: *»Für aktive Arbeit – gegen die Ueberfüllung des Gewerbes«.*
BLA 7. 7.

Jul 10, 20.30 Uhr. »Öffentliche Arbeiter-Massenversammlung«
V: NSBO, Gau Groß-Berlin.
Et: 0,25 M.
Rd: Wilhelm Börger (Treuhänder für das Rheinland, MdR), Bernhard Köhler (Referent für Sozialpolitik im Gesamtverband der Arbeiter).
Th: *»Das Dritte Reich und der Sozialismus«, »Blut und Boden das Schicksal der Völker«.*
Mitw.: BVG-Kapelle.
Agr 5., 11. 7.; Germ 12. 7.

Jul 26, 20.00 Uhr. »General-Mitgliederappell«
V: NSDAP, Gau Groß-Berlin, Inspektion I.
Et: 0,20 M, Erwl. 0,10 M.
Rd: Arthur Görlitzer (stellv. Gl, Staatsrat); angekündigt: Walther Schulze-Wechsungen (Landespropagandal.).
Th: Über die politische Lage Deutschlands und die Methoden und Ziele der Regierungsmaßnahmen.
»Erscheinen aller Pgg. ist Pflicht!«
Agr 24., 27. 7.

Jul 28, 20.00 Uhr. »General-Mitgliederappell«
V: NSDAP, Gau Groß-Berlin, Inspektion II.
Et: 0,20 M, Erwl. 0,10 M.
Rd: Arthur Görlitzer (stellv. Gl, Staatsrat); angekündigt: Walther Schulze-Wechsungen (Landespropagandal.).
Th: Über die politische Lage Deutschlands und die Methoden und Ziele der Regierungsmaßnahmen.
»Erscheinen aller Pgg. ist Pflicht!«
Agr 24., 29. 7.

Aug 12, 20.00 Uhr. »Weihe von 10 Ortsgruppenfahnen des Kreises IV der NSDAP»
V: NSDAP, Kreis IV.
»Die Fahnenweihe nimmt der stellv. Gauleiter Pg. Görlitzer, M.d.L. vor«.
Agr 12. 8.

Aug 24. Kundgebung
V: BVG (?).
Rd: Johannes Engel (Staatskommissar), Dr. Thomas (Präsidialdir.).
»In ihrer Eigenschaft als erster nationalsozialistisch organisiertes Unternehmen der Stadt Berlin gab die BVG den Anstoß zu einer wuchtigen Demonstration für den am 1. September in Kraft tretenden neuen Tarif. [...] Dr. Thomas hob in seiner Ansprache hervor, daß es der Zweck der Versammlung aller BVGer sei, [...] den neuen Tarif zu einer Mehrleistung größten Ausmaßes der BVG für die Berliner Volksgenossen zu gestalten« (Agr 25. 8.).
Agr 25. 8.; Germ 26. 8.

Aug 28, 20.30 Uhr. »General-Amtswalter-Appell«
V: NSDAP.
Rd: Arthur Görlitzer (stellv. Gl, Staatsrat), Dr. Julius Lippert (Staatskommissar von Berlin), Riesler (stellv. Inspektor West), Rudolf Zilkens.
Mitw.: Kapelle Fuhsel.
»18 000 Berliner Amtswalter im Sportpalast«.
Agr 29. 8.

Sep 8, abends. Kundgebung
V: DBB, Reichsfachgruppe Post.
Rd: Prof. Dr. Johann von Leers, Hermann Neef (F. des DBB, L. der NSBA), Schneider (Oberpostinspektor).
Agr 9. 9.

Sep 12, abends. »AEG-Massenkundgebung«
V: DAF/NSBO.
Rd: Körner (Stellv. des F. der Arbeitersäule in der DAF), Eduard Karl Spiewok (MdL, Aufsichtsratsm. der AEG).

Th: Vergangenheit und Gegenwart des deutschen Arbeiters, Aufbau und Tätigkeit der DAF in den Betrieben der AEG.
Mitw.: SA-Standarten Kapelle der AEG.
»Rund 16 000 Werktätige eines einzigen Riesenunternehmens, Arbeiter und Angestellte, vom Arbeitskameraden in der Werkstatt angefangen hinauf bis zum Direktor, füllen dichtgedrängt Saal und Ränge des Sportpalastes. In wuchtigen Buchstaben grüßte die Inschrift herüber: ›Führer befiel! Wir folgen!‹ [...] Selbst von den vielen auswärtigen Fabriken und Büros der AEG im ganzen Reiche waren Abordnungen erschienen, so allein aus Magdeburg und Stettin auf Lastkraftwagen je 25 und 35 Mann« (Agr 13.9.).

Sep 13, 20.15 Uhr. Gautag
V: NSDAP, Gau Groß-Berlin.
Rd: Dr. Joseph Goebbels (Reichsmin. Gl).
Th: *»Kommende Aufgaben der Bewegung«.*
Mitw.: Kapelle Fuhsel.
Agr 12.–14. 9.

Sep 18, 20.30 Uhr. »Massenversammlung zur Unterstützung der Befreiungskämpfer in Österreich«
V: NSDAP, Kreis IV.
Rd: Habicht (Landesinspekteur), Walther Schulze-Wechsungen (Gaupropagandal., MdL).
Th: Für *»Oesterreich Gleichberechtigung, Neuwahlen und Aufhebung sämtlicher Zwangsmaßnahmen«.*
Agr 12., 18. 9.

Sep 20, abends. Versammlung
V: NSBO.
Rd: Ernst Heindorf, Walter Schuhmann (Staatsrat, F. des Gesamtverbandes der deutschen Arbeiter).
Th: *»Die neuen Aufgaben der NSBO«.*
Agr 21. 9.

Sep 22, 20.30 Uhr. Kundgebung zur Eröffnung des WHW
V: (NSDAP).
Rd: Dr. Joseph Goebbels (Reichsmin. Gl).
Th: *Unsere Aufgaben für den Winter«, »Jetzt müssen wir die Not angreifen!«*
Agr 21., 23. 9.

Okt 6, 20.15 Uhr. Amateur-Boxen »Berlin – Bayern«
V: BBV.
Flg: Weinhold besiegt Schiegl (Regensburg).
Bg: Ziglarski (München) besiegt Pierenz.
Fdg: Arenz – Kastl (Landshut), unentschieden.
Lg: Frey (Bayern) besiegt Hünnekens.
Wg: Berensmeyer besiegt Kugler (München).
Mg: Schmittinger (Würzburg) besiegt Schellin.
Hsg: Puersch besiegt Schiller (München).
Sg: Holz – Just (Nürnberg), unentschieden.
Berlin – Bayern 8:8.
BLA 6.–7. 10.; BS 678–68, 25. 9.–9. 10.

Okt 8, 20.00 Uhr. Radrennen
V: SP.
Unter Beteiligung von Amateuren.
Zweistunden-Mannschaftsfahren (12 Paare): 1. Brüder Nickel 31 Pkte; 2. Zims/Küster (1 Rde zurück) 55; 3. Rieger/Preuß 23; 4. Umbenhauer/Siehl 4; 5. Krüger/Kroll (2 Rdn zurück) 21; 6. Tietz/Lehmann 5; 7. Stüpp/Maczynski 5; 8. Balke/Wesenberg 2; 9. Resiger/Manthey (3 Rdn

401 Kundgebung der NSDAP (Chr Okt 20).

zurück) 17; 10. R. Wolke/Dorn 9; 11. Stock/Engelmann (4 Rdn zurück) 14; 12. Carpus/Ahlers 5; 79,660 km.
Amateure: Vorgabefahren, 50-Rdn-Punktefahren.
BLA 5., 8. 10.; Agr 7. 10.; Tag 10. 10.

Okt 9. Versammlung
V: Deutscher Arbeiterverband der öffentlichen Betriebe in der DAF.
Rd: Georg Körner (Verbandsl.).
Th: *»Arbeiter und Staat«.*
Agr 10. 10.

Okt 12, 20.00 Uhr. Kundgebung
V: Kameradschaftsbund Deutscher Polizeibeamter, Gau Groß-Berlin.
Et: 0,50 M.
Rd: Hans Kerrl (Justizmin. Preußens), Ludwig (Polizeioberwachtmeister, Berliner Gauf.)
Mitw.: Kapelle II der Schutzpolizei Berlin (Polizeiobermeister Richter).
Agr 10., 13. 10.

Okt 13, abends. Kundgebung
V: Berliner Holzarbeiterverband.
Rd: Johannes Engel (Staatskommissar), Grau (Organisationsl.), Harpe (Verbandsl.).
Agr 14. 10.

Okt 15, 20.00 Uhr. Radrennen
V: SP.
Unter Beteiligung von Amateuren.
100-km-Mannschaftsfahren (12 Paare): 1. Zims/Küster (D) 20 Pkte; 2. Kroll/Umbenhauer (D; 1 Rde zurück) 21; 3. Buysse/Deneef (B) 17; 4. Rieger/Preuß (D) 13; 5. Dayen/Lemoine (F; 2 Rdn zurück) 27; 6. Tietz/Lehmann (D) 16; 7. Brüder Nickel (D) 15; 8. Siegel/Thierbach (D; 3 Rdn zurück) 16; 9. Ehmer/Funda (D) 20; 10. Giebler/Resiger (D; 5 Rdn zurück) 17; 11. Siehl/Oesterreich (D) 12; 2:13:17,1 Stunden; außerdem starteten: Krüger und Dasch.
Amateuere:
Hauptfahren: 1. Golz, 2. Matysiak, 3. Kinnsbrunner, 4. Patzack.
30-Rdn-Punktefahren: 1. Negd (11:23) 11 Pkte; 2. Tadewald 9; 3. Manthey 7; 4. Felsmann 5.
BLA 12. 10.; Tag 15., 17. 10.

Okt 17, abends. Kundgebung
V: HJ (?).
Rd: Baldur von Schirach (Reichsjugendf.).
»Im Berliner Sportpalast fand gestern eine gewaltige Massenkundgebung der Berliner Jugend statt, in deren Verlauf [...] Baldur von Schirach, die Eingliederung der nationalsozialistischen Jugendbetriebszellen in die Hitlerjugend proklamierte und die zur Hitlerjugend gekommenen Jungens und Mädels für die Sache der Jungen verpflichtete. [...] Die Halle zeigte ein buntes Bild der braunen HJ=Truppen und der verschiedenen nationalsozialistischen Jugendbetriebszellen, die zum größten Teil in ihrer Berufstracht erschienen waren. Mehrere Jugendkapellen leiteten die eigentliche Kundgebung ein. Gegen 1/2 9 Uhr erschien dann unter begeistertem Jubel der tausende von Jungens und Mädels Baldur von Schirach, dem der Berliner Gebietsführer Erich Jahn und eine Anzahl Mitglieder der Reichsjugendführung folgten. [...] Nach dem feierlichen Einmarsch der Hunderte von HJ=Fahnen, bei denen auch die schwarzen Fahnen des Deutschen Jungvolks mit ihren weißen und roten Sieges-

402 Anzeige (Chr Okt 24; nach: Agr 23. 10. 1933).

zeichen auffielen, bestieg nach kurzen Begrüßungsworten durch den Gauführer der nationalsozialistischen Jugendbetriebszellen Groß=Berlin=Kurmark, Axmann, der Reichsjugendführer das Rednerpult. [...]« (BLA 18. 10.).

Okt 18, abends. Kundgebung
V: NSBO, Gau Groß-Berlin, Kreis V.
Rd: Gutzmer (L. des Kreises V), Ernst Heindorf (NSBO-F.), Eduard Karl Spiewok (Stadtverordnetenvorsteher).
Th: Die Abstimmung am 12. 11.
»Zu dieser Veranstaltung des Kreises V, der mit seinen 120 000 Mitgliedern aus dem Bereich Berlin=Mitte und Kreuzberg der weitaus stärkste NSBO=Kreis ist, waren auch eine große Anzahl NSBO=Mitglieder aus der Provinz, darunter 1500 Kameraden aus Fürstenwalde gekommen. Der Leiter des Kreises V, Gutzmer, begrüßte nach dem feierlichen Einzug von 100 Hakenkreuzbannern der Berliner Betriebszellen die Kameraden. Dann ergriff [...] Spiewok das Wort zu einer Ansprache, in der er der befreienden Tat des Führers gedachte, [...]« (BLA 19. 10.).

Okt 19, abends. Kundgebung
V: NSLB, Reichsfach-Abteilung der Kunsterzieher.
Rd: Dr. Wilhelm Frick (Reichsmin.), Dr. Oskar Karpa (Kustos der Rheinischen Heimatmuseen), Klawisch (Gauobmann des NSLB), Hans Schemm (Reichsf. des NSLB, Kultusmin. Bayerns).
Th: *»Für die Sauberkeit der deutschen Kunst«, »Kunst, Adel und Rasse«.*
»Dann hatte [...] Dr. Karpa, das Wort. Lichtbilder unterstrichen eindrucksvoll die Richtigkeit seiner Darlegungen über die Volks= und Rassenfremdheit sogenannten künstlerischen Schaffens in den vergangenen Jahren und die seelenvolle Belebtheit, die die Werke deutscher Künstler aus wirklich deutschen Epochen auszeichnen« (Agr 20. 10.).
BLA 20. 10.; Agr 20. 10.

Okt 20, 20.30 Uhr. Kundgebung
V: NSDAP.
Rd: Dr. Joseph Goebbels (Reichsmin., Gl).
Th: *»Deutschlands Kampf um Friede und Gleichberechtigung«.*
Mitw.: Kapelle Fuhsel.
»Parallelversammlungen: Neue Welt – Tennishallen – Saalbau Friedrichshain«.
»›Arbeit und Brot in Ehre und Frieden‹, mahnten die Transparente von den Rängen herab. ›Mit Hitler gegen den Rüstungswahnsinn der Welt.‹ ›Wir wollen kein Volk minderen Rechtes sein.‹ Parolen, die das Empfinden dieser nach Zehn= und aber Zehn=tausenden zählenden Masse treffend erfaßt haben« (Agr 21. 10.).
Agr 18., 21., 24. 10.

Okt 22, 20.00 Uhr. Radrennen
V: SP (Oskar Peter).
Dreistunden-Mannschaftsfahren (13 Paare): 1. Brüder Nikkel 23 Pkte; 2. Jan van Kempen/Braspenning (1 Rde zurück) 8; 3. Rieger/Preuß (2 Rdn zurück) 35; 4. Zims/Küster 35; 5. K. van Nek/Boogart (4 Rdn zurück) 49; 6. Ehmer/Funda 45; 7. Kroll/Umbenhauer 25; 8. Tietz/Lehmann (6 Rdn zurück) 19; 9. Wolke/Manthey (9 Rdn zurück) 18; 10. Dorn/Maczynski 17; 122,320 km; aufgegeben: Rausch/Hürtgen, Koch/Mandelkow, Balke/Wesenberg.
BLA 22., 23. 10.; Ph (VWA).

403 Kundgebung der NSDAP (Chr Okt 24), Dr. Joseph Goebbels vor seiner Rede, rechts von ihm sitzend Carl Hanke (Gl von Schlesien).

Okt 24, 20.00 Uhr. Kundgebung
V: NSDAP.
Rd: Dr. Joseph Goebbels (Reichsmin., Gl), Adolf Hitler (Reichskanzler).
Th: *»Bereit für den Frieden der Ehre.«*
Mitw.: Kapelle Fuhsel.
»Die heutige große Rede des Führers, mit der er den Wahlkampf eröffnet, wird auf 60 Säle durch Lautsprecher in Groß=Berlin übertragen. Diese Versammlungslokale sind an den Anschlagsäulen bekanntgegeben. Zugleich wird die Rede durch eine Lautsprecheranlage in der Potsdamer Straße zwischen Sportpalast und Lützowstraße den Volksgenossen vermittelt werden, die wegen der voraussichtlich frühzeitigen Sperrung des Sportpalastes keinen Einlaß mehr finden können« (Agr 24. 10.).
Rede zur Eröffnung des sogenannten Wahlkampfes zur »Wahl« des Reichstags am 12. 11. und zur sogenannten Volksabstimmung über die Frage, ob die Politik, die zum Austritt aus dem Völkerbund geführt hat, gebilligt werde.
Agr 21., 23.–25. 10.; BLA 24.–25., 29. 10.

Okt 25, 20.00 Uhr. Amateur-Radrennen
V: DRV, Gau III.
1000-m-Flieger-Hauptfahren (12 Vor-, 2 Hoffnungs-, 3 Zwischenläufe; 96 Meldungen): 1. Block, 2. Kinnsbrunner, 3. Golz, 4. Matysiak.
50-Rdn-Punktefahren (2 Vorläufe): 1. Rauhut, vor Manthey, Mirau und Pohl.
Ausscheidungsfahren: 1. Kühne, vor Klapputh und Seidel.
1000-m-Malfahren (Jugend): 1. Spang, vor Leuschner und Steinkrauß.
Stunden-Mannschaftsfahren: 1. Wiemer/Hoffmann 13 Pkte; 2. Patzack/Negd (3 Rdn zurück) 11; 3. Kalupa/Röseler 7; 4. Golz/Gröning (4 Rdn zurück) 14; 5. Block/Hopp 5; 44,350 km.
Agr 25.–26. 10.; BLA 26. 10.; Ph (VWA).

Okt 26 (?). Versammlung der Siemens-Schuckert Werke AG
Rd: Dr. Ing. E.H. Carl Köttgen (Generaldir., M. des kleinen Arbeitskonvents der DAF).
Agr 27. 10.

Okt 27, abends. Generalmitgliederversammlung
V: Deutscher Arbeiterverband des Baugewerbes, Bezirk Brandenburg.
Rd: Becker (Verbandsbezirksl.), Johannes Engel (Staatskommissar), Pfister (Verbandsfachschaftswart), Kurt Ullmann (Verbandsl.).
BLA 28. 10.; Agr 28. 10.

Okt 29, 19.30 Uhr. Radrennen
V: SP.
1000-Rdn-Mannschaftsfahren (13 Paare): 1. Charlier/van der Heyden 28 Pkte; 2. Ehmer/Funda (1 Rde zurück) 48; 3. Tietz/Kroll 29; 4. Brüder Nickel (2 Rdn zurück) 19; 5. Umbenhauer/Lehmann 17; 6. Rieger/Preuß (3 Rdn zurück) 38; 6. Wolke/Wagner 16; 7. Zims/Küster (4 Rdn zurück) 28; 8. Schön/Buschenhagen 27; 9. Kilian/Vopel 12; 10. Dorn/Maczynski.
BLA 29. 10.; Agr 30. 10.

Okt 30, 20.15 Uhr. Kundgebung
V: NSDAP.
Zur »Wahl« des Reichstags und zur »Volksabstimmung« (vgl. Okt 24) am 12. 11.
Rd: Erich Koch (Oberpräs. der Provinz Brandenburg), Alfred Rosenberg (Reichsl.).

404 Kundgebung der NSDAP (Chr Okt 24), »Zehntausende stehen um den Sportpalast...«.

Th: *»Um Deutschlands Weltgeltung«.*
Agr 28., 30.–31. 10.; Rosenberg, Blut und Ehre, S. 355–81.

Nov 1, 20.30 Uhr. Kundgebung
V: NSBO, Gau Groß-Berlin/DAF.
Zur »Wahl« des Reichstags und zur »Volksabstimmung« (vgl. Okt 24) am 12. 11.
Rd: Johannes Engel (Staatskommissar, Gaubetriebszellenl.), Walter Schuhmann (Reichsl., Staatsrat, F. des Gesamtverbandes der deutschen Arbeiter).
Mitw.: Kapelle des Arbeitsdienstes.
Agr 27. 10.; 2. 11.; BLA 2. 11.

Nov 3, 20.00 Uhr. Kundgebung
V: NSKOV, Gau Groß-Berlin.
Zur »Wahl« des Reichstags und zur »Volksabstimmung« (vgl. Okt 24) am 12. 11.
Rd: Hanns Oberlindober (Reichsf. der NSKOV).
Agr 2.–4. 11.

Nov 4, 20.00 Uhr. 13. Fest der Sportpresse
V: VDS.
Zugunsten der Wohlfahrtskasse des Vereins und des WHW.
»Wie das gesamte deutsche Sport= und Vereinsleben grundlegenden Umgestaltungen und Aenderungen unterworfen war, so wird auch dieses Fest der Berliner Sportgemeinde erstmalig und nachhaltig von jenem Geiste getragen sein, der in kürzester Zeit eine deutsche Volksgemeinschaft schuf und dessen segensreiche Auswirkungen im deutschen Sport schon jetzt zu spüren sind« (Agr 3. 11.).
»Gerade ist der Marschlieder=Wettgesang der Hitlerjugend verklungen, da radeln auch schon die Kunstfahrer des vielmaligen deutschen Meisters Blitz=Neukölln in den Innenraum. Und schon rollt ein Programm ab, dessen jede Einzelnummer ein Schlager für sich ist. Das Ganze: Die Schau deutschen Sports. Was soll man herausgreifen aus solcher Fülle? Steffes' Sieg über Dasch und Buschenhagen im Fliegertreffen, den Punktsieg Wegeners im Boxkampf über seinen Berliner Landsmann Holz, des Hamburger Schein Erfolg im Sprinterwettkampf gegen Meister Borchmeyer, Metzes Stehersieg über Wißbröcker und Sawall? Der Sieg der SA über PSV und Reichswehr in der Zehnrunden=Staffel, Syrings 3000=Meter=Erfolg gegen Dr. Peltzer? Alles nur Mosaik eines glanzvollen sportlichen Bildes, das nur in seiner Gesamtheit zu würdigen ist. [...] Und dann: Major Bürkners unübertreffliche Dressurdarbietung auf Caracalla! Die Künstler der Turner am Reck, an der Spitze Mei-

405 Programmheft (Chr Okt 25); VWA.

ster Krötzsch, der noch seine Freiübung zugibt, und Rollschuh=Kunstlauf von Jaensch=Zacharias – G. Voß (Dresden), die alle Schwierigkeiten von Kür und Parkett meistern. [...] Inmitten kernige Ansprache des Reichssportführers von Tschammer und Osten. Betonung des gemeinsamen Weges von Sport und Presse, Bekenntnis des deutschen Sports zu den Zielen der Führung, Bekundung, daß der Sport am 12. November [»Wahl« des Reichstages] seine Pflicht erfüllen wird« (BLA 6. 11.).
BLA 21. 9.; 1., 4., 6., 12. 11.; Agr 27. 10.; 2.–6. 11.

Nov 5
10.30 Uhr. Gauvertretertagung der Amtswalter
V: NSDAP, Gau Kurmark.
Zur »Wahl« des Reichstags und zur »Volksabstimmung« (vgl. Okt 24) am 12. 11.
Rd: Dr. Joseph Goebbels (Reichsmin., Gl), Heinrich Himmler (Reichsf.-SS), Wilhelm Kube (Oberpräs. von Brandenburg-Berlin, Gl des Gaues Kurmark), Ernst Röhm (Stabschef der SA).
Th: Die Aufgabe der SA, *»Die treuesten Träger«, »Der Sinn von Versailles«, »Der Osten als Grundlage«.*
Agr 1. 11.; BLA 6. 11.
19.30 Uhr. Amateur-Radrennen
V: DRV, Gau III.
Musik: Musikzug der SA-Standarte 19.
1000-m-Malfahren (Jugend): 1. Stang (Arminius), 2. Steinkrauß (Grün-Weiß), 3. Leuschner (Rennhahn).
50-Rdn-Punktefahren (3 Vorläufe): 1. Bartels (11:24; Grün-Weiß) 21 Pkte; 2. Kreisel (Spandau Wanderer) 9; 3. Kroll (Grün-Weiß) 8.
30-km-Mannschaftsfahren der »Kleinen« (12 Paare); 5 Wertungen): 1. Brüder Sasse (42:11) 12 Pkte; 2. Gebert/Seidel 8; 3. Blank/Fritschler 8; 4. Blankenburg/Mattern 5; 5. Richter/Trubach 3.
Zweistunden-Mannschaftsfahren der »Großen« (12 Paare): 1. Patzack/Negd 19 Pkte; 2. Wiemer/Hoffmann 18; 3. Manthey/Matysiak 18; 4. Golz/Gröning (1 Rde zurück) 12; 5. Kalupa/Röseler 10; 6. Gruhn/Tadewald 10; 7. Block/Hopp 6; 8. Gronwald/Kinnsbrunner (3 Rdn zurück) 0; außerdem starteten: Münzer/Huschke, Tallmann/Jaenicke, Bartholomäus/Raschke, König/Bretzke.
BLA 5.–6. 11.; Agr 5.–6. 11.

Nov 7, 20.00 Uhr. Kundgebung
V: NSDAP, Gau Groß-Berlin.
Zur »Wahl« des Reichstags und zur »Volksabstimmung« (vgl. Okt 24) am 12. 11.
Rd: Dr. Joseph Goebbels (Reichsmin., Gl.).
Th: *»Für Deutschlands Ehre, für Europas Frieden«.*
Mitw.: Kapelle Fuhsel.
»Noch einmal hatte der Berliner Gauleiter Dr. Goebbels vor dem entscheidungsschweren 12. November die Massen der Berliner Bevölkerung nicht nur in den Sportpalast, sondern zu noch 42 weiteren Versammlungen gerufen, die weitüber das ganze Stadtgebiet verteilt waren und in die seine Rede durch Lautsprecher übertragen werden sollte. Der Abend wurde zu einem Bekenntnis des Volkes zur nationalsozialistischen Staatsführung, [...]« (Agr 8. 11.).
Die Rede wurde unter anderem übertragen *»in folgende Säle: Spandauer Berg, Johann-Georg-Säle in Halensee, Germania-Säle, Kriegervereinshaus, Saalbau Friedrichshain, Pankow, Schloßpavillon, Weißensee, Schulaula Schlicht-Allee, ›Kyffhäuser‹ Oberschöneweide, Union-Brauerei Hasenheide«* (Agr 7. 11.).
Agr 2.–3., 7.–8., 11.; BLA 8. 11.

406 Litfaßsäule (Chr Nov 7).

Nov 11, 20.00 Uhr. Kundgebung
V: NSDAP, Gau Groß-Berlin.
Zur »Wahl« des Reichstags und zur »Volksabstimmung« (vgl. Okt 24) am 12. 11.
Rd: Hermann Göring (Reichsmin.).
Th: *»Die Ehre muß man sich selbst zurückgeben«.*
Mitw.: Kapelle Fuhsel.
Agr 11.–12. 11.; BLA 11.–12. 11.

Nov 12, abends. Wahlfeier
V: WHW, Gau Groß-Berlin.
Tag der »Wahl« des Reichstags und der »Volksabstimmung« (vgl. Okt. 24).
Mitw.: Kapelle Fuhsel, Symphonie-Orchester der AEG.
»Die bekannten Berliner Künstler Gerhard Hüsch und Hugo Fischer=Köppe hatten sich in selbstloser Weise für diesen Abend zur Verfügung gestellt und ernteten für ihre Darbietungen reichen Beifall. Um die Gunst der Anwesenden wetteiferten ferner die Kapelle Fuhsel und das Symphonie=Orchester der AEG. Stadtverordnetenvorsteher Spiewok gab kurz nach 7 Uhr die ersten Wahlergebnisse bekannt, die unbeschreiblichen Jubel auslösten. In einer kurzen Ansprache gedachte er dann der Bedeutung dieses historischen Tages und forderte die Volksgenossen auf, dem Führer auch weiterhin die Treue zu bewahren. Zum Schluß sei noch die außerordentlich reichhaltige Tombola erwähnt, die sich riesigen Zuspruchs erfreute. Der Gesamtertrag des Abends fließt dem Winterhilfswerk zu« (Agr 13. 11.).

Nov 13, abends. Generalmitgliederversammlung
V: Deutsche Christen, Gau Groß-Berlin.
Rd: Dr. Reinhold Krause (Gauobmann), Schmiedchen.
»Nach dem Fahneneinmarsch und dem Vortrag des Chorals ›Nun danket alle Gott‹ eröffnete die Kundgebung Pg. Schmiedchen und betonte, Deutschland habe am Sonntag 12. 11. seinen größten Tag erlebt. Dem Dritten Reich wolle die Glaubensbewegung in Gehorsam gegen Gottes Befehl eine Kirche bauen. Diese Kirche werde nicht eine Kirche des Herrschers und der Politik sein, sondern eine Kirche des Dienstes. [...] Die Stellung des Staates zur Kirche sei ein für allemal klargestellt in Abschnitt 24 des nationalsozialistischen Programms und die Stellung der Kirche zum Staate Adolf Hitlers sei in den Richtlinien der Glaubensbewegung ›Deutsche Christen‹ festgelegt. Unser Glaube verlange die Treue zur Rasse und zum Volkstum. Sodann sprach Gauobmann Dr. Krause: Der Totalitätsanspruch des Nationalsozialismus könne vor der Kirche nicht Halt machen, die er nicht zertrümmern, sondern aus seinem Geist erneuern wolle. [...] Am Schluß der Kundgebung [...] weihte Pfarrer Tausch 70 Fahnen der Bewegung.« Außerdem wurde eine Entschießung angenommen, in der es unter anderem hieß: *»Es wird von der Landeskirche erwartet, daß sie den Arier=Paragraphen – entsprechend dem von der Generalsynode beschlossenen Kirchengesetz – schleunigst ohne Abschwächung durchführt«* (Agr 14. 11.).
Agr 14., 16. 11.

Nov 15–21. 29. Berliner Sechstagerennen
Beginn 15. 11. um 20.00 Uhr, Start 22.00 Uhr, Ende 21. 11. um 23.00 Uhr.
V: SP (Oskar Peter).
Wertungen: 14.30, 16.30 (je fünf Spurts); 22.00, 2.00, 4.00 Uhr (je sechs Spurts); die erste Wertung allerdings um 24.00 Uhr.
Teiln. (14 Paare): 1. Buysse/Deneef (B), 2. Piemontesi/Dinale (I), 3. Mouton/Boucheron (F), 4. Schön/Buschenhagen (D), 5. Van d. Heyden/Bogaart (NL), 6. Rieger/Preuß (D), 7. Siegel/Thierbach (D), 8. Funda/Umbenhauer (D), 9. R. Wolke/Dorn (D), 10. Brüder Nickel (D), 11. Pützfeld/Maczynski (D), 12. Ehmer/Lehmann (D), 13. Kroll/Goebel (D), 14. Tietz/Charlier (D/B).
Ergebnis: 1. Buysse/Deneef 280 Pkte; 2. Tietz/Charlier (1 Rde zurück) 441; 3. Schön/Goebel 377; 4. Ehmer/Funda (2 Rdn zurück) 236; 5. Pützfeld/Maczynski (4 Rdn zurück) 124; 6. Siegel/Thierbach (5 Rdn zurück) 267; 7. Rieger/Preuß 258; 8. Mouton/Boucheron 195.
Zurückgelegte km: 3524,160.
Startschuß: Ohrtmann (Radsportführer).
Vorrennen (Amateure des DRV, Gau III):
Fliegerhauptfahren (8 Vor-, 4 Zwischenläufe): 1. Block, 2. Kinnsbrunner, 3. Gröning, 4. Tadewald.
100-Rdn-Punktefahren: 1. Hoffmann (22:05) 11 Pkte; 2. Wiemer 11; 3. Manthey 7; 4. Negd 7; 5. Kreisel 4; 6. Patzack 4.
Das 29. Berliner Sechstagerennen war ursprünglich für den 9.–15. März geplant worden, dann aber – auch aufgrund der Machtübergabe an die Nationalsozialisten – auf den November verschoben worden (vgl. BT 1. 1.; Vw 23. 12. 1932; 3. 1.; 23. 2.; Voss 21. 3.).
Für dieses Rennen war auch das Reglement verändert worden. Es sollte außerdem 146 Stunden dauern (Start um 22.00 Uhr, wie im Programm bereits ausgedruckt), durch das Einwirken des DRV wurde es jedoch wieder auf die alte Länge von 145 Stunden gebracht.
»Die Neuorientierung in der Politik hat auch eine solche im Sport zur Folge gehabt. Ihr fiel zunächst das Frühjahrs=Sechstagerennen zum Opfer. Deutschland und Berlin hatten andere Sorgen. Die Umgestaltung auf allen Gebieten machte sich im Sport bemerkbar. Es war aber auch höchste Zeit, sonst wäre auch er durch die nur ans ›Geschäft‹ denkenden Herren völlig zerschlagen worden. [...] Der Sportpalast war immer nur darauf bedacht, seine zwei

Sechs=Tage=Termine zu halten, aber er dachte nicht im entferntesten daran, den Sport durch eine entsprechend lange Vorsaison populär zu machen. Der Deutsche Radfahrer=Verband hat diesen Uebelstand erkannt und dekretierte so und so viele Vorrennen. [...] Ein gut Teil des um den Radsport erworbenen Verdienstes ist auf das Konto des [neuen] Rennleiters Oskar Peters zu setzen. [...]« (Agr 15.11.).

»Der Auftakt war feierlich und vielversprechend. Nachdem die ausländischen Paare durch Spielen ihrer Nationalhymne auf der Vorstellungsrunde geehrt wurden, richtete der Sportleiter des DRV einige Worte an die Fahrer. [...] Das Deutschland= und das Horst=Wessel=Lied ertönten, und dann marschierten die Fahrer in geschlossenem Zuge, die Reichsfahnen an der Spitze, unter den Klängen des Präsentiermarsches zu ihren Kojen« (Agr 16. 11.).

»Die echte Sechstagestimmung war da. Das Haus dröhnte vom Beifallssturm, der einsetzte, wenn die Fahrer auf der Bahn den Kampf begannen, hallte wider vom Pfeifkonzert, das angestimmt wurde, wenn der ›Sportpalast=Walzer‹ aufklang oder böse aufgellte, wenn sich das Publikum zu langweilen begann« (BLA 26. 11.).

BLA 26. 10.; 8., 11., 18.–19., 21.–23., 26. 11.; Agr 11., 15.–18., 20.–21., 23. 11.; Ph (VWA).

Nov 22, abends. Gedächtnisfeier

V: Katholische Aktion.

Zum Gedenken des am 1. 9. gestorbenen ersten katholischen Bischofs von Berlin, Dr. Christian Schreiber, und zur Hundertjahrfeier der Vereinigung der Vinzenz- und Elisabeth-Vereine.

Rd: Dr. Erich Klausener (Vors.), Pater Dionysius Ortsiefer (Domprediger), Dr. Johannes Steinmann (Prälat, Generalvikar).

»Die Gläubigen katholischer Konfession der Berliner Einwohnerschaft vereinigten sich gestern [...] zu einer Gedächtnisfeier, die von der Katholischen Aktion im Bistum Berlin in Verbindung mit dem Caritas=Verband und den Vinzenz= und Elisabeth=Vereinen veranstaltet wurde. [...] Der Nuntius, Msg. Orsenigo, war durch Nuntiaturrat Colli vertreten. Hunderte von Fahnen und Wimpeln katholischer Körperschaften und Jugendvereinigungen umrahmten die riesige Halle. Eine Bronzebüste des Bischofs Schreiber war inmitten von Immergrün vor der Rednertribüne aufgestellt [...] Dr. Klausener widmete dem verstorbenen Bischof Dr. Schreiber herzliche Worte des Gedenkens und des Dankes. [...]« (BLA 23. 11).

Nov 24, 20.15 Uhr. Amteur-Boxen »Internationale Polizei-Turniere«

V: PSV.

Endkämpfe.

Wg: Mietschke (Berlin) besiegt Franz (Duisburg) durch Abbruch.

Mg: Hornemann (Berlin) besiegt Szigeti (H).

Hsg: Brennan (GB) besiegt Daniel (Berlin).

Sg: Fenner (GB) besiegt Laria (I).

»Leider kam es während dieser Kämpfe zu einem Riesenkrach. Veranlassung dazu gab die Entscheidung im Mittelgewichtskampf zwischen Campe (Berlin) und Szigeti (Ungarn). Nach beiderseitiger unproduktiver Boxerei, die für keinen nennenswerte Vorteile zeigte, wurde dem Berliner der Sieg zugesprochen. Der einsetzende Tumult kam erst zur Beruhigung, als mitgeteilt wurde, daß Campe aus der Konkurrenz genommen wurde« (Agr 25. 11.).

Agr 17., 24.–25. 11.; BLA 24.–25. 11.; BS 686–87, 20.–27. 11.

Nov 26

10.45 Uhr. »Feier zur Ehrung der gefallenen Helden des Weltkrieges«

V: NSKOV, Landesverband Kurmark.

Rd: Hanns Oberlindober (Reichsf. der NSKOV), Walter Schuhmann (Reichsl. der NSBO, Staatsrat, F. des Gesamtverbandes der deutschen Arbeiter).

Mitw.: Kampfbund-Orchester (Prof. Gustav Havemann), NSKOV-Kapelle.

BLA 27. 11.; Agr 27. 11.

17.00 Uhr. »Totenfeier«

V: NSBO.

Rd: Walter Schuhmann (Reichsl. der NSBO, Staatsrat, F. des Gesamtverbandes der deutschen Arbeiter).

Mitw.: Sinfonie-Orchester aus 250 Mitgliedern (aus Philharmonisches Orchester, Berliner Staatskapelle, und Kampfbundorchester zusammengesetzt, Gesamtleitung Staatskapellmeister Erich Kleiber), SA-Sprechchor Herbert Molenaar (SA-Brigade 32), Margarete Arndt-Ober (Sängerin), Marcel Wittrisch (Sänger).

»Der Sportpalast war dem ernsten Charakter der Veranstaltung entsprechend würdig durch die NS=Betriebszelle Preußisches Staatstheater ausgestattet worden. Wände und Brüstungen waren Schwarz in Schwarz ausgeschlagen. An der Stirnseite des gewaltigen Raumes grüßten mahnend auf hohem Katafalk drei große schwarze Holzkreuze, die sich wirkungsvoll von dem silberleuchtenden Hintergrund abhoben« (Agr 27. 11.).

»Die Gedenkrede, die [...] Walter Schuhmann [...] den Gefallenen des Weltkrieges und den Toten der nationalsozialistischen Bewegung hielt, schilderte den ungebrochenen Mut, die unwandelbare Treue der Kämpfer für Volk und Vaterland und nannte ihr Sterben das gewaltigste Heldenepos aller Zeiten« (BLA 27. 11.).

Agr 27. 11.; BLA 27. 11.

Dez 1, 20.15 Uhr. Boxen »Gustav Eder – Adrien Anneet« u.a.

V: Breitensträter.

Et: 1,– bis 6,– M.

Wg: Alfred Katter (65,7 kg; Berlin) – Rudolf Boguhn (65 kg), Sieg Katters durch Aufgabe (4. Rde).

Wg: Gustav Eder (66,9 kg; Dortmund) – Adrien Anneet (67,6 kg; B), Sieg Eders nach Pktn (10 Rdn).

Mg: Hans Seifried (68,7 kg; Bochum) – Beb Donnars (70,8 kg; NL), unentschieden (8 Rdn).

Mg: Karrasch (75,4 kg; SA, Sturm 1, Standarte 18) – Edu Hülsebus (75,4 kg; Bremen), unentschieden (4 Rdn).

Hsg: Helmut Hartkopp (79,8 kg; Berlin) – Marinus de Boer (78 kg; NL), Sieg de Boers nach Pktn (10 Rdn).

BLA 12., 28., 30. 11.; 1.–2. 12.; BS 684–88, 6. 11.–4. 12.

Dez 2–3, 20.00 Uhr. Eishockey u.a.

V: BSchC (?).

Kunstlauf von Ernst Baier, Lorenz, Edith Michaelis, Noack, Hempel/Weiß.

AIK Stockholm (S): Carlsson (Tor); Gillstroem, Nilsson (Vert.); Engberg, Bohman, Fürst (Sturm A); Persson, »Lulle« Johansson, Eriksson (Sturm B).

BSchC: Lincke (Tor); Orbanowski, Römer (Vert.); Davidoff, Jaenecke, Heximer (Sturm A); Ahlemann, Jöhnke, Korff (Sturm B).

407 Hornemann (rechts), der Sieger im Mittelgewicht und Szigeti, sein Gegner (Chr Nov 24).

Dez 2 AIK – BSchC 3:0 (2:0, 0:0, 1:0).
Dez 3 AIK – BSchC 2:2 (0:0, 0:1, 2:1).
BLA 29.–30. 11.; 2.–4. 12.; Agr 2., 4. 12.; BT 4. 12.

Dez 4, 20.00 Uhr. Generalappell
V: Bund der Berliner Haus- und Grundbesitzervereine.
Rd: Dipl.-Ing. Gottfried Feder (Staatssekr.), Jesgars (F. des Bundes), Dr. Johannes Krohn (Staatssekr.), Fritz Reinhardt (Staatssekr.).
Th: *»Hausbesitzer, schafft Arbeit!«*, *»Neuer Einkommensteuertarif«* u.a.
Unter einer bisher noch nicht gekannten Massenbeteiligung veranstaltete der Bund [...] unter Leitung seines neuen Führers Pg. Jesgars [...] einen Generalappell seiner Mitglieder, dem sich der Reichsverband Deutscher Neuhaus= und Eigenheimbesitzer, der Verband Groß=Berliner Geschäfts= und Industriehausbesitzer und der Hauptverband Deutscher Baugenossenschaften und =gesellschaften anschlossen. [...] Reinhardt vom Reichsfinanzministerium nannte die Verminderung und Beseitigung der Arbeitslosen die erste Aufgabe des neuen Staates. Die Ablösung des Parteienstaates durch den Adolf=Hitler=Staat sei die Einleitung einer Gesundung der Wirtschaft gewesen. [...] Eine sehr erhebliche Vergünstigung werde dadurch gewährt, daß alle vom Hausbesitz für den zivilen Luftschutz gemachten Ausgaben vom steuerpflichtigen Einkommen voll abgesetzt werden könnten [...]« (BLA 5. 12.).
BLA 26. 11.; 5. 12.

Dez 5, abends. Generalprobe zu dem Konzert der SS am 7. 12.
V: SS-Oberabschnitt Ost.
BLA 6. 12.

Dez 7, 20.00 Uhr. »Historisches Konzert«
V: SS-Oberabschnitt Ost.
Et: 0,50 bis 2,– M.
Mitw.: die Kapellen der SS-Standarten 15 (MZF SS-Obertruppf. Hellmann), 42 (MZF SS-Truppf. Fleßburg), 44 (MZF SS-Truppf. Krüger), Spielmannszug der SS-Gruppe Ost (MZF SS-Obertruppf. Schedler), Sängerchor und Kapelle der Leibstandarte Adolf Hitler (Musikmeister Sturmhauptf. Müller-John), insgesamt etwa 500 Mitwirkende. Gesamtleitung SS-Truppf. Prof. Carl Clewing.
»Das Konzert der Fünfhundert« zugunsten des WHW. *»Dank der vorzüglichen Organisation [...] hatten pünktlich um 8 Uhr die Zehntausende der Zuhörer ihre Plätze eingenommen und die etwa 500 Musiker, Spielleute und Sänger sich in dem vorderen Halbrund aufgestellt. Nach dem der Führer erschienen und der Begeisterungssturm sich gelegt hatte, verdunkelte sich der weite Raum, als [...] Müller-John das Zeichen zum Beginn des ersten großen Konzertteils gab, der Flötenmusik und Märsche Friedrichs des Großen brachte. Das Bild das sich den Zuhörern bot, war an sich schon dazu angetan, Begeisterung und Bewunderung zu erwecken. Nur die Musiker und Sänger waren durch das strahlende Licht der Scheinwerfer aus dem Dunkel hervorgehoben, das alle übrigen umgab; das einheitlich Schwarz der Uniformen wurde nur durch das silberne Glänzen der Totenköpfe und Hoheitszeichen auf den Mützen, der Rangabzeichen, der Sterne und Litzen und durch das metallische Leuchten der Trompeten und Fahnen unterbrochen. Zur Rechten und Linken hatten zwei gewaltige, mit schwarz-weißen und weiß=roten Roßschweifen gezierte Schellenbäume Aufstellung genommen. [...] Dann sprach nach der kurzen Pause Pg. Dr. Goebbels. [...] Und dann erklangen zum Schluß im dritten Teil [...] die jubelnden und schmetternden Weisen alter und neuer Militärmärsche [...] die mit den Klängen des [...] Badenweiler Marsches endeten«* (Agr 8. 12.).
Agr 4., 7.–8. 12.; BLA 8. 12.

Dez 9–10, 20.15 Uhr. Eishockey u. a.
V: BSchC (?).
Kunstlauf von Ernst Baier, Laß, Lorenz, Edith Michaelis, Hempel/Weiß, Ehepaar Krümling.
Oxford University (GB): Hopkins, Kelly (Tor); McCourt, Nadeau (Vert.); Andrew, Johnson, Babbit (Sturm A); Humble, Cohne, Black (Sturm B).
BSchC: Henn (Tor); Römer, Orbanowski (Vert.); Schropp, Heximer, Jaenecke (Sturm A); Korff, Jöhnke, Davidoff (Sturm B).
Dez 9 BSchC – Oxford 3:1 (0:1, 1:0, 2:0). BSchC (Res.) – Beuthen 09 8:2.
Dez 10 Oxford – BScHC 4:3 (1:1, 0:2, 3:0). Beuthen 09 – Braunschweig 1:0.
BLA 9., 11. 12.; Agr 8.–9., 11. 12.

Dez 14, 20.00 Uhr. Kundgebung
V: Deutsche Studentenschaft, Kreis III/NSDStB.
Et: *»Kleiner Unkostenbeitrag. Für Studenten und Arbeitslose 25 Pfg.«*
Rd: Dr. Joseph Goebbels (Reichsmin., Gl), Dr. Wilhelm Dekker (Reichsinspekteur der Führerschulen des deutschen Arbeitsdienstes).
Mitw.: Musikzug der Hochschulgruppe, HJ-Kapelle, Sprechchöre, Singgruppen.
Im Rahmen der *»Kampfwoche ›Jugend für deutschen Sozialismus‹«*.
»Zu einem unübersehbaren Hörsaal wurde die große Halle. Die Jugend aller Volksschichten, HJ, SA, SS, Jungarbeiter und Studenten hatten sich ein Treffen gegeben. Eine einzige große Willensbekundung! Dunkel das Rot der Siegesfahnen, die gemeinsam mit den Zeichen der Burschenschafter in den Saal getragen wurden. Treuegelöbnis dem Führer, Verpflichtung den Toten, die für uns fielen, und trotziger Glaube – das liegt gemeinsam in den aufgereckten Armen, in den harten, glänzenden Augen der Tausende! Es wurde viel mehr als eine Versammlung, es wurde ein gewaltiges Bekenntnis der deutschen Hochschuljugend, ein Antritt der Jugend für die Idee des deutschen Sozialismus« (Agr 15.12.).
Agr 9., 11., 15. 12.

Dez 15, abends. Mitgliederversammlung des Deutschen Arbeiterverbandes der öffentlichen Betriebe, Ortsgruppe Berlin
V: DAF.
Rd: Georg Körner (Verbandsl.), Dr. Robert Ley (F. der DAF, Staatsrat).
Th: *»Arbeiter sein heißt nicht weniger sein als andere, sondern mehr als andere«*.
Mitw.: Chor, Musik- und Spielmannszug der BVG.
Agr 16. 12.; BLA 16. 12.

Dez 16, abends. Weihnachtsfeier
V: Reichsbahndirektion Berlin.
Rd: Dr. Hans Fabricius (L. der Beamtenabteilung), Wilhelm Kleinmann (stellv. Generaldir.), Körner (Verwaltungsratsm.).
»Bis auf den letzten Platz füllten Eisenbahnarbeiter, Beamte und Angestellte, mit ihren Familien die Reihen der Bänke. Aus Stargard, Jüterbog und Brandenburg – von den äußersten Grenzen der Reichsbahndirektion waren sie zu diesem Fest der Gemeinschaft gekommen. Bei dem von Hans Batteux verfaßten und inszenierten Weihnachtsspiel ›Im Zeichen des Kreuzes‹ tausend Laienspieler, vorwiegend Eisenbahner, und Mitglieder der Städtischen Oper mit. Der sieghafte Glaube an eine weltumspannende Idee, die jahrhundertelang deutsche Menschen mit kämpferischem Geist erfüllte, bildet den Kern dieses Weihnachtsspiels. [...]« (BLA 17. 12.).

Dez 17, abends. Weihnachtskonzert
V: NSBO, Kreis V.
Rd: Ernst Heindorf (Adjutant des Stabsl. der PO), Eduard Karl Spiewok (Gl der NSV).
Mitw.: Philharmonisches Orchester (Dr. Hoerner), Bruno Kittelscher Chor, Elsa Schön und Franz Baumann (Gesang).
Zugunsten des WHW.
»Während des Gesanges ›Ehre sei Gott‹ leuchteten am obersten Ring der Text des Lobgesanges und über dem Innenraum sieben riesige von der Decke herabhängende Hakenkreuze auf« (Agr 18. 12.).
BLA 18. 12.; Agr 18. 12.

Dez 26–27, 20.00 Uhr. Eishockey u. a.
V: BSchC (?).
Kunstlauf von Bluhm, Denes Pataky, Paula Schmidt, Hempel/Weiß, Maxi Herber/Ernst Baier (erstmalig als Paar), Rotter/Szollas.
Ottawa Shamrocks (CDN): G. Marshall (Tor); Bates, Mc Ineney [Bergin?] (Vert.); Cowley, Reichardt, Shields (Sturm A); Draper, Millar, C. Marshall (Sturm B).
BSchC: Egginger (SC Riessersee) (Tor); Orbanowski, Römer (Vert.); Jaenecke, Heximer, Schropp (Sturm A); Davidoff, Jöhncke, Korff (Sturm B).
Dez 26 Ottawa Shamrocks – BSchC 6:1 (3:0, 0:0, 3:1). Tegeler EV – Zehlendorfer Wespen 2:1 (Berliner Verbandsmeisterschaft).
Dez 27 Ottawa Shamrocks – BSchC 8:2 (5:0, 0:1, 3:1). Brandenburg – BEC 5:0 (2:0, 1:0, 2:0).
BLA 18.–19., 22., 24., 27. 12.; Agr 23., 27.–28. 12.

Dez 29. Training zum Hallensportfest am 7. 1. 1934
BLA 30. 12.

1934

Jan 3, 20.00–22.00 Uhr. Training zum Hallensportfest am 7. 1.
BLA 4. 1.

Jan 7, 20.00 Uhr. Hallensportfest des DLV
9.00 und 19.00 Uhr Vorkämpfe.
V: DLV, Gau III.
»Jedem 100. Besucher [...] wird übrigens eine Eintrittskarte für das große Hallenfest am 4. März gratis ausgehändigt« (BLA 30. 12. 1933).
1500 Meldungen. *»Am Abend war der Sportpalast schon vor Beginn der Hauptkämpfe sehr gut besucht. Gegen 8 Uhr, als die letzten Vorentscheidungen erledigt waren, erschienen der deutsche Reichssportführer v. Tschammer und Osten und der Kronprinz, ein treuer Besucher der Berliner Hallensportfeste. Unter den Klängen von ›Deutschland hoch in Ehren‹ rückten dann die Teilnehmer des Festes, flankiert von den einheitlich blau=grau gekleideten Jugendabteilungen des Verbandes in die Kampfbahn ein, in der Mitte die Fahnen. Ein festliches Bild. Gauführer Fürstner unterstrich in seiner Ansprache den besonderen Charakter dieses Festes, umriß die olympische Zielsetzung der deut-*

schen Leichtathleten und des deutschen Sports im Allgemeinen und schloß mit einem Siegheil auf den Reichspräsidenten, den Führer und das deutsche Vaterland. Das Deutschland= und das Horst=Wessel=Lied schlossen dieses feierliche Zwischenspiel ab, das zu den Endkämpfen hinüberleitete« (BLA 8. 1.).
Aus den Wettbewerben:
»3000=Meter=Mannschaftslaufen: 1. Sportverein Osram 9:38,2 Min. 2. BAK 9:39,2. 3. TV Waidmannslust 9:42,2. Hochsprung für Männer: 1. Stoeck – Sportclub Charlottenburg 1:81, 2. Kaufmann – Sportclub Charlottenburg, 3. Ladewig – Deutscher Sportclub, 4. Bieberach SCC, alle drei 1,78 Meter (durch Stechen entschieden). Kugelstoßen: 1. Stoeck – Charlottenburg 14,52 Meter. 2. Wöllke – Polizeisportverein 12,99 Mtr. 3. Müller – AEG 12,17. 4. Lindenau – Athos, Berlin 11,72. Olympiastaffel für BCD=Vereine: 1. Neuköllner Sportverein 3:54,8. 2. SC Ullstein 3:55,7. 3. Schupatz 3:59,8. 1000=Meter=Mal=Laufen: 1. Dr. Peltzer – Preußen=Stettin 2:26 Min. 2. Mertens – KPV Wittenberg 2:37,9. 3. Böttcher – KPV Wittenberg. 4. Willers – Zehlendorf. 60=Meter=Laufen für Frauen: 1. Dörffeldt – Siemens 8 Sekunden. 2. Köhler – SCC 8,2 Sek. 3. Siebert – NSF. 4. Inge Braumüller – Olympischer Sportclub 8,4 Sek. 60=Meter=Laufen für Männer: 1. Liersch – SCC 7 Sek. 2. Bannter – Preußen=Stettin 7,1 Sek. 3. Thaler – SCC. 4. Klug – Allianz. 60=Meter=Hürdenlaufen für Männer: 1. Wegner – TSV=Schöneberg. 2. Langwald – BSC 8,6. 3. Schröder – SCC 9 Sekunden. 4=mal=660=Meter=Staffel für Jungmannen: 1. Schöneberger Turn= und Sport=Club 6:14,8 Min. 2. Deutscher Sportclub 6:16,5. 3. Sportverein Zehlendorf 6:21. 4. Grunewald. 10=mal=1=Runden=Jugendstaffel: 1. Deutscher Sportclub 3:17,3. 2. SCC 3:19. 3. PSV 3:21,3. 4. VfL Humboldt.
10=mal=50=Meter=Pendelstaffel für SA= und SS=Stürme: 1. SS=Sportsturm Standarte 6 1:04,5. 2. Sturm 45/M 29 1:07,7. 3. Motorsturm 17/39. 10=mal=50=Meter=Pendelstaffel für Frauen BCD=Vereine: 1. Berl. TSpV 1:15,8. 2.

408 Programmheft (Chr Jan 19); VWA.

409 »Weihestunde« als Reichsgründungsfeier (Chr Jan 14), erste Reihe von links: Erich Raeder (Admiral), Karl Ernst (SA-Obergruppenf.), Gerd von Rundstedt (General), Franz Seldte (Reicharbeitsmin.), Hans Frank (Reichsmin.) und Constantin Freiherr von Neurath (Reichsaußenmin.).

DOB 1:16,2. 3. PSV 1:16,9. 10=mal=50=Meter=Pendelstaffel für Männer: B= und C=Vereine: 1. BTSV 1:04,3. 2. Neuköllner Sportfreunde. 3. Postsportverein. 4. Dresdner Bank. D= und Mark=Vereine: 1. Jahn=Lichtenberg 1:07,4. 2. Cito 1:07,7. 3. Grunewald. 4=mal=300=Meter=Staffel für B=Vereine: 1. Neuköllner Sportfreunde 8:09,4. 2. SB=Vereinigung Osram 8:11,4. 3. AEG 8:27,2.« (BLA 8. 1.).
BLA 21., 30. 12. 1933; 4., 6., 8.–9. 1.; Agr 6., 8. 1.

Jan 14
Mittags. »Weihestunde« als Reichsgründungsfeier
V: Deutscher Reichskriegerbund »Kyffhäuser«.
Rd: Rudolf von Horn (General a.D., Bundesf. des »Kyffhäuser«), Ernst Röhm (Reichsmin., Stabschef der SA).
Mitw.: *»Musikkorps vom I., II. und III. Bataillon des Infanterie=Regiments 9, vom Reiterregiment Nr. 4, von der Nachrichtenabteilung 3, vom Artillerieregiment 3, von der II. Marine=Artillerie-Abteilung Wilhelmshaven und zwei Bataillons=Spielmannszüge des Infanterie=Regiments 9 unter Leitung des Heeresmusikinspizienten Professor Schmidt«* (BLA 15. 1.).
Anläßlich der 63. Wiederkehr des Reichsgründungstages (18. 1.).
»Vor dem Reichstag traten gegen 9 Uhr morgens die Bundes= und Vereinsfahnen der im Kyffhäuser zusammengeschlossenen Kriegervereine zu einem imposanten Marsch nach der Potsdamer Straße an. Mehr als 2000 Fahnen, der größte Teil von ihnen in den rot=blauen Farben des Bundes, der Rest in den buntfarbigen, reich mit Silber= und Goldstickerei geschmückten alten Vereinsfahnen, rückten in kaum übersehbarem Zuge über die Sieges=Allee, den Skagerakplatz und die Margaretenstraße nach einem Vorbeimarsch an dem Stabschef der SA Röhm in den Sportpalast ein. Die Stätte der Weihestunde zeigte schon in ihrem äußeren Bild die Eigenart des gestrigen Tages. Ueber den hohen eisernen Toren und von der weißen Fassade des Hauses hinab flatterte inmitten der schwarz=weiß=roten und der Hakenkreuzfahne das blaue Kreuz auf rotem Grund der Kyffhäuserbundesflagge. [...] Das gewohnte Bild des Innenraumes erschien dadurch verändert, daß auf der vom Eingang gesehenen linken Seite die Ehrentribüne für den Reichspräsidenten, die Minister und Staatssekretäre, die Vertreter der SA, SS, des Stahlhelm und des alten Heeres und der ausländischen Diplomatie errichtet war« (Agr 15.1.).
Agr 13., 15. 1.; BLA 15. 1.
20.00 Uhr. »Arbeiter=Kundgebung«
V: NSBO.
Rd: Johannes Engel (Treuhänder der Arbeit), Rudolf Lencer (Organisationsl. der NSBO, Stadtrat), Walter Schuhmann (Reichsl. der NSBO, Staatsrat).
Th: *»Freiheit und soziale Ehre«.*
Anlaß war das neue *»Gesetz der Arbeit«.*
Agr 13., 15. 1.; BLA 15. 1.

Jan 16, 20.15 Uhr. Kundgebung des gewerblichen Mittelstandes
V: NS-Hago, Gauamtsleitung.
Et: 0,30 M.
Rd: Arthur Görlitzer (stellv. Gl, Staatsrat), Dr. Heinrich Hunke (Gauamtsl.), Dr. Theodor Adrian von Rentelen (Reichsamtsl.).
Agr 16.–17. 1.

Jan 19, 20.30 Uhr. Boxen »Hans Schönrath – Gustave Limousin« u. a.
V: SP (Breitensträter).
Fdg: Hans Schiller (56,3 kg; Hannover) – Otello Abbrucciati (57,6 kg; I), Sieg Abbrucciatis nach Pktn (8 Rdn).

Lg: Alfred Radtke (62,5 kg; Danzig) – Ted Veneziano (62,6 kg; L), unentschieden (6 Rdn).
Hsg: Adolf Witt (77,7 kg; Kiel) – Del Fontaine (= Raimond Henry Bosquet; 76,2 kg; CDN), Sieg Witts nach Pktn (10 Rdn).
Sg: Hans Schönrath (95,5 kg; Krefeld) – Gustave Limousin (92,5 kg; B), Sieg Schönraths durch ko (1. Rde).
Einleitung (Lg): Reinhold Leopold (60,2 kg; Berlin) – Rudolf Kretzschmar (60,3 kg; Dresden), Sieg Kretzschmars nach Pktn (4 Rdn).
BLA 18.–20. 1.; Agr 12., 19.–20. 1.; BS 694–95, 15.–22. 1.; Ph (VWA).

Jan 20–21, 20.15 Uhr. Eishockey
V: BSchC (?).
Et: 1,– bis 6,– M.
Kunstlauf von Bluhm, Lorenz, Noack, Ehepaar Krümling.
Canada (Saskatoon-Quakers): Wood (Tor); Dewey, Lake, Rogers, Scarfe, Welsh u. a.
BSchC: Leinweber (Tor); Römer, Orbanowski (Vert.); Heximer, Jaenecke, Schropp (Sturm); u. a.
Jan 20 Canada – BSchC 2:0 (1:0, 0:0, 1:0).
Jan 21 BSchC – Canada 3:1 (0:0, 0:0, 3:1).
BLA 16., 21.–22. 1.; Agr 22. 1.; Germ 22. 1.

Jan 22, 18.00 Uhr. Eisfest
V: NSBO, Kreis V.
»Der Kreis V der NSBO hatte gestern abend mit seinem ersten Sportabend, der im Rahmen des Feierabendwerks der Deutschen Arbeitsfront [...] veranstaltet wurde, einen vollen Erfolg. Fast 10 000 Zuschauer, von denen sicherlich viele ein solches Fest noch nicht gesehen hatten, waren erschienen. Es wurde ein Volksfest im wahrsten Sinne des Wortes. Drei Stunden lang tummelten sich auf dem Eise die Kunstläufer und =läuferinnen sowie die Eishockeyspieler. Die flotte Marschmusik der BVG=Kapelle unter Musikzugführer Gohlke verkürzte die Pausen durch flotte Marschmusik. [...] Für die Jugend war das Schönste am Schluß die Freigabe der Eisfläche zum allgemeinen Laufen. Nur mit Mühe konnte um 10 Uhr abends die Bahn geräumt werden« (BLA 23. 1.).
Agr 23. 1.; BLA 23. 1.

Jan 28, 20.00 Uhr. 3. Hallenhandball-Turnier der Gauliga
V: DT, Gau III.
Vorrunde: SV Siemens – 1. Spandauer PHC 8:5 (4:2); PSV – BSC 7:3 (3:1); BSV 92 – TiB 4:3 (1:1); Askanischer TV – Älterer TV Küstrin 14:3 (7:1).
Zwischenrunde: SV Siemens – BSV 92 7:6 (6:3); Askanischer TV – PSV 7:4.
Endspiel: SV Siemens – Askanischer TV 6:5 (3:3).
»Die weite Halle [...] war bis auf den letzten Platz gefüllt, als nach dem Einmarsch aller Teilnehmer der Führer der brandenburgischen Turner, SS=Standartenführer Breithaupt, das Wort ergriff und auf die Bedeutung des 30. Januar hinwies. Die Stille, die während der kurzen, aber eindringlich wirkenden Ansprache des Turnerführers, der hier zusammen mit dem Leichtathletikführer Fürstner als Veranstalter verantwortlich zeichnete, in der Halle herrschte, wurde bald abgelöst von den Zurufen und dem Lärm, der gleich das erste Vorrundenspiel begleitete« (Agr 29. 1.).
BZaM 27., 29. 1.; BLA 27.–28. 1.; Agr 29. 1.

Jan 29, 19.30 Uhr. »Weihestunde«
V: Allgemeiner Deutscher Waffenring/Deutsche Studentenschaft.

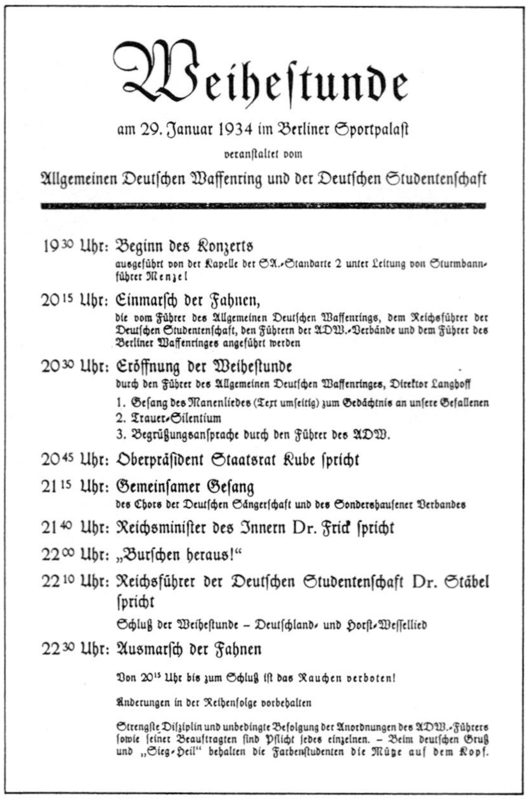
Weihestunde
am 29. Januar 1934 im Berliner Sportpalast
veranstaltet vom
Allgemeinen Deutschen Waffenring und der Deutschen Studentenschaft

19^{30} Uhr: Beginn des Konzerts
ausgeführt von der Kapelle der SA.-Standarte 2 unter Leitung von Sturmbannführer Menzel

20^{15} Uhr: Einmarsch der Fahnen,
die vom Führer des Allgemeinen Deutschen Waffenrings, dem Reichsführer der Deutschen Studentenschaft, den Führern der ADW.-Verbände und dem Führer des Berliner Waffenringes angeführt werden

20^{30} Uhr: Eröffnung der Weihestunde
durch den Führer des Allgemeinen Deutschen Waffenringes, Direktor Langhoff
1. Gesang des Manenliedes (Text umseitig) zum Gedächtnis an unsere Gefallenen
2. Trauer-Silentium
3. Begrüßungsansprache durch den Führer des ADW.

20^{45} Uhr: Oberpräsident Staatsrat Kube spricht

21^{15} Uhr: Gemeinsamer Gesang
des Chors der Deutschen Sängerschaft und des Sondershausener Verbandes

21^{40} Uhr: Reichsminister des Innern Dr. Frick spricht

22^{00} Uhr: „Burschen heraus!"

22^{10} Uhr: Reichsführer der Deutschen Studentenschaft Dr. Stäbel spricht
Schluß der Weihestunde – Deutschland- und Horst-Wessellied

22^{30} Uhr: Ausmarsch der Fahnen

Von 20^{15} Uhr bis zum Schluß ist das Rauchen verboten!

Änderungen in der Reihenfolge vorbehalten

Strengste Disziplin und unbedingte Befolgung der Anordnungen des ADW.-Führers sowie seiner Beauftragten sind Pflicht jedes einzelnen. – Beim deutschen Gruß und „Sieg-Heil" behalten die Farbenstudenten die Mütze auf dem Kopf.

410 Programmzettel (Chr Jan 29); Archiv Gräfer.

Et: 1,– M für unnumerierte, 3,– M für numerierte, 5,– für *»bevorzugte«* Plätze.
Rd: Dr. Wilhelm Frick (Reichsmin.), Wilhelm Kube (Oberpräs., Staatsrat), Dr. Friedrich Oskar Stäbel (Reichsf. der DS).
Th: Von der *»Freiheit der deutschen Wissenschaft und den Aufgaben des nationalsozialistischen Akademikers«.*
Die Rede Fricks *»wird über den Deutschlandsender und alle deutschen Sender übertragen«.*
Zur *»Wiederkehr der Machtübernahme durch unseren Volkskanzler Adolf Hitler.«.*
»Die [...] Weihestunde [...] war ein machtvolles Bekenntnis zum Dritten Reich und seinem Führer«.
Agr 29. 1.; BLA 4. 2.; Germ 31. 1.; Pz (Archiv Gräfer).

Jan 30, 20.30 Uhr. Kundgebung
V: NSDAP, Gau Groß-Berlin.
Et: 0,50 M, Erwl. 0,20 M.
Rd: Dr. Joseph Goebbels (Reichsmin., Gl).
Th: *»Das Jahr der Deutschen Revolution«.*
Mitw.: Vier SA-Musikzüge (Standartenf. Fuhsel).
»[...] Dr. Goebbels [...] ergriff nach der Wiedergabe einer Schallplatte, die die Ereignisse des 30. Januar 1933 im Ton festgehalten hat und die stürmende Begeisterung dieses historischen Tages noch einmal vor den Zwanzigtausend gestern im Sportpalast lebendig werden ließ, das Wort zu seiner [...] Rede« (Agr 31. 1.).
Agr 24., 31. 1.; Germ 1. 2.

Jan 31, 20.00 Uhr. »Historisches Konzert des SS-Oberabschnitt Ost und der Leibstandarte Adolf Hitlers«
V: SS.
Et: 1,– M; 0,50 M für unnumerierte Plätze.
Wiederholung des Konzertes von 1933 Dez 7.
»Die Wiederholung [...] erhält dadurch ihr markantestes Gepräge, daß wiederum der Führer anwesend sein wird« (Agr 29. 1.).
Agr 29. 1.; 2. 2.

Feb 5, abends. Amtswaltertagung des DHV
V: DHV (?).
Rd: Albert Forster (F. des Gesamtverbandes der deutschen Angestellten), Dr. Rober Ley (F. der DAF, Staatsrat).
Th: *»Gesetz zum Schutz der nationalen Arbeit«, »Neuordnung der Deutschen Arbeitsfront«.*
Germ 7. 2.

Feb 8. General-Mitgliederversammlung des »Deutschen Arbeiterverbandes des graphischen Gewerbes (Verbandsort Berlin)«
Rd: Gebauer (Geschäftswart), Ernst Heindorf (M. der Reichsleitung der NSBO), Rudolf Lencer (Stadtrat, Organisationsl. der NSBO).
Th: Tarifänderungen, Neuordnung der DAF.
Germ 10. 2.

Feb 10, 20.15 Uhr. »Erste große Frauenkundgebung«
V: NS-Frauenschaft, Gau Groß-Berlin.
Rd: Sophie Fikentscher (L. des Gaues Groß-Berlin der NS-Frauenschaft), Arthur Görlitzer (stellv. Gl, Staatsrat), Erich Hilgenfeldt (Amtsl. der NS-Frauenschaft), Dr. Robert Ley (F. der DAF, Staatsrat).
Th: *»Die Frau im neuen Deutschland«.*
Zur Eröffnung einer Gautagung der NS-Frauenschaft, Gau Groß-Berlin.
»Die Leiterin der Berliner Frauenschaft, Frau Fikentscher eröffnete die Kundgebung und begrüßte die 25 000 versammelten Frauen und die Vertreter zahlreicher Reichs= und Statsbehörden sowie Abordnungen der Parteiorganisationen. Gauleiter Görlitzer hob in seiner Rede besonders hervor, daß die nationalsozialistische Bewegung die Frau nach der Machtübernahme wieder auf ihren Aufgabenkreis beschränkt habe« (Agr 12. 2.).
Agr 2., 12. 2.; Germ 10., 12. 2.

Feb 11. Papstfeier aus Anlaß des Papstkrönungstages
V: Katholische Aktion.
Rd: Dr. Nikolaus Bares (Bischof von Berlin und der Mark Brandenburg), Dr. Erich Klausener (Vors.), Cesare Orsenigo (Apostolischer Nuntius).
Mitw.: Vereinigte Berliner Kirchenchöre (Musikdirektor Dr. J. Kromolicki).
»Die gelbweißen Kirchenfarben und die Fahnen des Reiches verbanden sich mit Tannengrün und Lorbeer zu würdigem Schmuck, ergänzt durch die Wappenbilder des Bistums und des Heiligen Stuhles über dem Eingang und der Empore, auf der die Vereinigten Berliner Kirchenchöre Aufstellung genommen hatten. Schönster Schmuck war jedoch das große goldene Kreuzsymbol, das den ganzen weiten Raum beherrschte [...]« (Germ 12. 2.).
Germ 12. 2.; BT 12. 2.

Feb 14, abends. »Feierabendkundgebung der Osramarbeiter«
V: Osram G.m.b.H. Kommanditgesellschaft.
Rd: Johannes Engel (Treuhänder der Arbeit), Dr. Robert Ley (F. der DAF, Staatsrat), Hermann Schlüpmann (Geheimrat, Vors. der Osram G.m.b.H.).
Th: Das Gesetz zur Ordnung der nationalen Arbeit.
Mitw.: Osram-Orchester, Osram-Chor.
Die Veranstaltung stand im Zeichen des WHW, jeder An-

wesende spendete 0,25 M durch den Erwerb einer Anstecknadel.
Germ 16. 2.

Feb 15, 20.00 Uhr. »Saarkundgebung der Jugend«
V: Studentenschaft der Friedrich Wilhelms-Universität/HJ.
Rd: Peter Kiefer (F. der deutschen Gewerkschaften an der Saar), Franz von Papen (Vizekanzler), Dr. Schneider (L. der Saar-Abteilung).
Th: *»Volkstum kennt keinen Verzicht! Deutsch die Saar immerdar!«, »Das Saarland ist deutsch!«*
Agr 14., 16. 2.; Germ 17. 2.; BT 16. 2.

Feb 16, 20.15 Uhr. Boxen »Hans Schönrath – John Andersson« u.a.
V: SP (Breitensträter).
Lg: Willi Seisler (61,9 kg; Berlin) – Richard Stegemann (60,6 kg; Berlin), Sieg Seislers nach Pktn (6 Rdn).
Mg: Fred Bölck (73 kg; Hamburg) – Maxime Frère (71,8 kg; F), Sieg Bölcks nach Pktn (8 Rdn).
Mg: Erwin Bruch (71,9 kg; Berlin) – Hans Holdt (71,4 kg; DK), unentschieden (8 Rdn).
Sg: Hans Schönrath (95,8 kg; Krefeld) – John Andersson (80,5 kg; S), unentschieden (10 Rdn).
Einleitung (Mg): Anklam (72,5 kg; Berlin) – Nitschke (72 kg), Sieg Anklams nach Pktn (4 Rdn).
BLA 15.–17. 2.; BS 698–99, 12.–19. 2.

Feb 20, 18.00 Uhr. Eisfest
Ab 20.00 Uhr *»wird die Eisfläche für das Publikum freigegeben«.*
V: NSBO, Kreis V.
Et: 0,20 M, Kinder 0,10 M.
Im Rahmen des Feierabendprogramms der NSBO, Kreis V (vgl. Jan 22).
»Das Programm, dessen einzelne Darbietungen durch die Weisen der Kapelle der BVG umrahmt wurden, bot anfangs Kunstlaufen von Mitgliedern des Berliner Eislauf=Club, unter denen besonders die graziöse und mit vollendeter Kunst laufende Charlotte sowie der jüngste Nachwuchs umjubelt wurden, [...] Den Höhepunkt des Abends bildete der spannende und im schärfsten Tempo durchgeführte Eishockeykampf, [...] Solche Zusammenkünfte zu zwanglosem und vergnügtem Treiben [...] tragen zur Förderung deutscher Volksgemeinschaft im besten Sinne bei [...]« (Agr 21. 2.).
BLA 20. 2.; Agr 20. 2.

411 Saarkundgebung (Chr Feb 15), Franz von Papen spricht.

Feb 21–22, 20.15 Uhr. Eishockey u.a.
V: BSchC (?).
Kunstlauf von Herbert Haertel, Sonja Henie, Werner Zähring, Hempel/Weiß, Ehepaar Krümling.
England (Grosvenor House Canadians): Holmes (Tor); Dailley, Borland (Vert.); Duncason, Mc Williams, Morrisson (Sturm A); Bloss, Kennedy, Yeandle (Sturm B).
BSchC: Kaufmann (Tor); Römer, Todten (BEC) (Vert.); Heximer, Korff, Schropp (Sturm A); Davidoff, Herter (Brandenburg), Schütte (Tegeler EV) (Sturm B).
Feb 21 England – BSchC 5:2 (2:1, 1:1, 2:0). Zehlendorfer Wespen – Grunewald TC.
Feb 22 England – BSchC 3:0. BHC – BSchC (Res.).
»... und dann lief Sonja Henie!
Bewundernswert, wie sie gleich mit den ersten Schritten die Zuschauer, ihr Publikum, in den Bann schlug, wie sie dann mit herrlichen, genau gestoppten Sprüngen, wundervollen Pirouetten und eleganten Bogen immer und immer wieder Beifallstürme herausforderte [...] Man verzieh ihr gern die neuen, etwas pompös anmutenden Kostüme, [...] man freute sich nur über ihre Kunst [...]« (Agr 22. 2.).
»Der Führer des neuen Deutschland, Adolf Hitler, stattete der gestrigen Veranstaltung seinen Besuch ab und verlieh damit diesem Eissport=Abend eine Bedeutung, wie sie nur die wenigsten zu erhoffen gewagt hatten. [...] Brausende Heilrufe durchtosten dann die weite Halle, als Adolf Hitler nach dem ersten Drittel des Eishockeyspiels den Sportpalast betrat. [...] Kaum hatte sich die erste Begeisterung der Massen gelegt, da erschien Sonja Henie, die achtmalige Weltmeisterin, und entbot unter dem donnernden Beifall der Tausende dem Führer den deutschen Gruß« (Agr 23.2.).
»Als Sonja dann – der Kanzler hatte bereits wieder den Sportpalast verlassen – zum zweiten Male auf dem Eise erschien [...] da wollte der Beifall kein Ende nehmen. [...] Die mehr als 8000 Zuschauer tobten und schrien, wurden zu einem Riesenchor, der im Takt immer und immer wieder nach ihr rief. – ›Ha – se – ken‹: so schallte es durch den Riesenraum. Sonja ist das ›Haseken‹ der Berliner Eissportgemeinde. [...]« (BLA 23. 2.).
BLA 21.–23. 2.; Agr 21.–23. 2.; BT 21. 2.

Feb 23, 19.30 Uhr. »Revolutionäre Feierstunde der SA=Standarte 8«
V: SA-Standarte 8.
Rd: Dr. Joseph Goebbels (Reichsmin., Gl).
Th: *»Die Entwicklung von der kleinen Schar des Frontbanns bis zur stolzen SA«.*
Die Rede von Goebbels *»wird, wie der ganze Verlauf des Standartenfestes, durch die Funkstunde Berlin übertragen werden.«* – *»Die Rede [...] wird durch Postleitungen gleichfalls auf die einzelnen Säle der Stadt übertragen«.*
»Das vom Standartenführer Karl Heck besonders fesselnd gestaltete Programm sieht den Einmarsch von einzelnen Trupps vor, die in ihrer Uniformierung und ganzen Aufmachung die Entwicklung der SA aus den früheren Kampforganisationen deutlich machen. Frontbann, alte SA=Männer mit weißen Hemden, Männer in Räuberzivil, neue SA – alles wird zugegen sein. Während des Einmarsches dieser heute schon historischen Trupps werden dank der Mitwirkung des Gau=Archivs, das Schallplatten zur Verfügung gestellt hat, besonders bedeutungsvolle und unvergeßliche Stellen aus alten Goebbels=Reden ertönen, Stellen, die der SA und der alten Kampfgenossenschaft bis auf den heutigen Tag im Herzen geblieben sind, Worte, die die Männer nicht wieder losgelassen haben« (Agr 9. 2.).
Agr 9., 20.–21., 24. 2.; BLA 23.–24. 2.

Feb 24, 19.30 Uhr. Partei-Gründungsfeier
V: NSDAP, Kreis IV.
Zum Jahrestag der Gründung der NSDAP am 24. 2. 1920.
Rd: Dr. Joseph Goebbels (Reichsmin., Gl).
»Um 19.30 Uhr spricht Gauleiter Dr. Goebbels im Sportpalast. Diese Rede wird auf alle anderen Veranstaltungen übertragen. Von 20 Uhr ab wird das Programm von den Veranstaltungen in München übertragen« (die Rede Hitlers aus dem Hofbräuhaus).
Agr 22., 26. 2.; BLA 25. 2.

Feb 27. Kundgebung
V: Reichsbetriebsgruppe Banken und Versicherungen.
Rd: Fritz Reinhardt (Staatssekr.).
Th: Praktischer Nationalsozialismus in der Finanzpolitik.
Agr 28. 2.

Feb 28. Kundgebung
V: Deutsche Christen.
Rd: Dr. Christian Kinder (Reichsl.), Ludwig Müller (Reichsbischof).
Th: Christentum und Nationalsozialismus.
Mitw.: Sängerbund.
Agr 1. 3.

Mär 1, 20.30 Uhr. Kundgebung
V: NSDAP, Gau Groß-Berlin, Amt für Beamte.
Et: 0,50 M.
Rd: Dr. Hans Fabricius (L. des Amtes für Beamte in Berlin), Hermann Neef (F. des RDB).
Th: Ziele des Beamten im nationalsozialistischen Staat.
Agr 28. 2.; Germ 3. 3.

412 Sir Oswald Mosley (Mitte), Mitbegründer der »British Union of Fascists«, bei der »Revolutionären Feierstunde der SA-Standarte 8« (Chr Feb 23).

Mär 2, 20.15 Uhr. Amateur-Boxen »Brandenburgische Meisterschaften«
V: DABV, Gau III.
Endkämpfe.
Flg: Bruß (Reichsbahn) besiegt Weinhold (SA Stand. 19).
Bg: Pierentz (Post SV) besiegt Klingenbrunn (Allianz).
Fdg: Bieselt (Hermes) besiegt Rosinski (Helios).
Lg: Gehlhaar (TeBe) besiegt Eisenheim (Wünsdorf).
Wg: Mietschke (PSV) besiegt Campe II (Teutonia).
Mg: Hornemann (PSV) besiegt Berensmeier (SA Stand. 19).
Hsg: Pürsch (Weißensee) besiegt Lorbeer (SA Stand. 19).
Sg: Wegener (Westen) besiegt Holz (Post SV).
BLA 2.–3. 3.; BS 700–01, 26. 2.–5. 3.

Mär 4, 20.00 Uhr. Hallensportfest des DLV
Ab 10.00 Uhr Vor- und Zwischenkämpfe (Et: frei).
V: DLV, Gau III.
»Reichskanzler Adolf Hitler, Reichspräsident von Hindenburg, Oberpräsident Kube, sowie zahllose weitere Persönlichkeiten, haben ihr reges Interesse an dieser Veranstaltung durch Stiftung von Ehrenpreisen bekundet« (Agr 3. 3.).
»Feierlich war der Auftakt. Hinter den Fahnen waren die Teilnehmer in die Kampfbahn des prächtig ausgeschmückten Sportpalastes einmarschiert. Voran, von einer Ehrenabteilung faschistischer Jugend begleitet, der große Gast des Festes, der Olympiasieger Beccali im blauen Trainingsanzug, den er schon bei den Olympischen Spielen 1932 in Los Angeles getragen hat. Die Gaujugend umsäumte die Teilnehmer, vor denen Leichtathleten fünf lebende Ringe gebildet hatten, das Symbol der Olympischen Spiele, in dessen Zeichen ja auch diese Hallenkämpfe standen. Gauführer Fürstner hielt die Ansprache, in der er Beccali begrüßte. Stehend, mit gestreckten Armen wurde die italienische Nationalhymne angehört. Mit dem Bekenntnis zum geeinten Deutschland schloß Fürstner seine Ansprache. Deutschlandlied und Horst=Wessel=Hymne beendeten die Eröffnungsfeier, und nun begannen die Kämpfe, [...]« (BLA 5. 3.).
Aus den Wettbewerben:
»3mal 1000 m: 1. Kurmärkischer Tv. Wittenberg (Böttcher, Mertens, Syring) 7:51,2. 2. Berliner SC 7:57,2. 3. Schöneberger TSC 7:57,6. Jungmannstaffel (500, 400, 300, 200, 100 m): 1.Deutscher SC 3:25,4. 2. Schöneberger TSC 3:26,5. 4mal 400 m: 1. Deutscher SC 3:32,5. 2. Berliner SC 3:33,6. 3. Schöneberger TSC 3:34,6. 4. Zehlendorfer SV. 60 m Hürden: 1. Wegener (TSC Schöneberg) 8,5 Sek. 2. Pörtner (Dt. Beamtenvers.) 8,7 Sek. 3. Krüger (Osram) 8,9 Sek. Olympische Staffel (BCD=Vereine): 1. Neuköllner Sportfreunde 3:53. 2. Osram 3:53,6. 3. Terest 3:55. 1000 m: 1. König=Hamburg 2:36,4. 2. Mertens=Wittenberg 2:37,2. 3. Abraham=Polizei SV Berlin 2:37,3. 1500 m: 1. Luigi Beccali=Italien 4:00,6. 2. Syring=Wittenberg 4:01. 3. Dr. Peltzer=Stettin 4:01,1. 4. Böttcher=Wittenberg 4:02. 5. Kaufmann=Hannover 4:04,2. 10mal 50 m = Pendelstaffel für Frauen: 1. Brandenburg=Berlin 1:11,8. 2. Turngemeinde in Berlin 1:12,3. 10mal 50 m = Pendelstaffel für Männer: 1. Turngemeinde in Berlin 1:02,6. 2. VfL Humboldt 1:05,6. 3. Neuköllner Sportfreunde. Dreikampf (Kugelstoßen, Hochsprung, 60=m=Lauf): 1. Siewert=Hamburg 2538,8 P. 2. Ladewig=DSC 2222,2 P. 60=m=Lauf: 1. Liersch=SCC 7 Sek. 2. Pflug=SCC Brustbreite. 3. Imhoff=Polizei SV 7,1. 60=m=Lauf für Frauen: 1. Dörffelt=Siemens 8 Sek. 2. Frau Engelhard=Siemens 8,1 Sek. 3. Wittmann=Brandenburg 8,2 Sek. 10mal 1 Runde für Fußballmannschaften: 1. Berliner SV 92 3:44,4. 2. Hertha=BSC 3:46. 3. Viktoria 89 3:46,1. 20mal 2 Rundenstaffel: 1. Polizei SV 13:08,5. 2. SC Charlottenburg 13:10,2. 3. Deutscher SC. 4. Berliner SC.« (BLA 5. 3.).
BLA 23. 2.; 3., 5. 3.; Agr 3., 5. 3.

Mär 9–15. 30. Berliner Sechstagerennen
Beginn 9. 3. um 20.30 Uhr, Start 23.00 Uhr, Ende 15. 3. um 24.00 Uhr.
V: SP (Oskar Peter).
Wertungen: wohl wie 1933 Nov 15–21; die erste Wertung allerdings bereits um 23.30 Uhr.
Teiln. (14 Paare): 1. Rausch/Lohmann (D), 2. Umbenhauer/Hoffmann (D). 3. Dorn/Maczynski (D), 4. Goebel/Prieto (D/E), 5. Martin/Smets (B), 6. Zims/Ippen (D), 7. Ehmer/Korsmeier (D), 8. van Nevele/Slaats (B/NL), 9. Brüder Nikkel (D), 10. Jan van Kempen/Braspenning (NL), 11. Rieger/Siegel (D) 12. Patzack/Negd (D), 13. Funda/Pützfeld (D), 14. Tietz/Loncke (D/B).
Ergebnis: 1. Rausch/Lohmann 447 Pkte; 2. van Nevele/Slaats (5 Rdn zurück) 343; 3. Zims/Ippen (6 Rdn zurück) 526; 4. Funda/Siegel (8 Rdn zurück) 414; 5. Ehmer/Korsmeier (16 Rdn zurück) 411; 6. Brüder Nickel (19 Rdn zurück) 229; 7. Umbenhauer/Hofmann (21 Rdn zurück) 329; 8. Maczynski/Smets (29 Rdn zurück) 347.
Zurückgelegte km: 3055,160.
Vorrennen (Amateure):
Hauptfahren (8 Vor-, 4 Zwischenläufe): 1. Golz, 2. G. Sasse.
100-Rdn-Punktefahren: 1. Gronwald, vor Gröning und Wiemer.
»Nicht nur die Direktion des Sportpalastes vermißt die Massen der Zuschauer, sondern auch den Rennfahrern fehlt die Stimmung, die eben nur bei gutem Besuch im Sportpalast aufkommen kann. So verwundert es weiter nicht, daß die schönsten Kämpfe am Nachmittag, wenn Freikartenbesucher die Halle füllen, gezeigt werden« (Agr 15. 3.).
»Das Feld, das mit seinem farblosen Gesicht schon eine der Ursachen war, warum die Berliner Sportgemeinde es so völlig abgelehnt hatte, war auch noch so ungleichmäßig wie kein anderes vorher [...]« »Die Frage ist noch ungeklärt, ob man überhaupt noch einmal Sechstagerennen in Deutschland veranstalten wird« (BLA 16. 3.).
Dieses 30. Berliner Sechstagerennen war dann auch das letzte Sechstagerennen in Berlin während des Nationalsozialismus.
BLA 7., 9.–16., 18. 3.; Agr 10., 12.–16. 3.

Mär 16, abends. Kundgebung
V: NSBO.
Rd: Johannes Engel (Landesobmann der NSBO, Treuhänder der Arbeit).
Mitw.: Männergesangverein und zwei Spielmannszüge der BVG.
Th: Über das Verhältnis zwischen Betriebsführer und der Betriebsgefolgschaft, zur Durchführung des Gesetzes der nationalen Arbeit und zur *»am 21. März neu beginnenden Arbeitsschlacht«*.
»Bereits am frühen Nachmittag hatten sich die uniformierten NSBO=Mitglieder der Berliner Verkehrsgesellschaft, sowie Abordnungen der Luft=Hansa, der Reichsbahn, der Post, der großen Werke Siemens und der AEG und vieler anderer Betriebe auf dem Polizeisportplatz in der Chausseestraße versammelt. Zwei Spielmannszüge der BVG, in einer Gesamtstärke von 100 Mann, führten den Zug durch den Norden Berlins, durch die Garten=, Elsässer=, Münz= und Kaiser=Wilhelm=Straße, der sich dann am späten Nachmittag über den Lustgarten zum Süden der Reichshauptstadt hin bewegte, durch die Markgrafen=, Gneisenau= und schließlich durch die Potsdamer Straße zum Sportpalast« (Agr 17. 3.).

Mär 17, 19.30 Uhr. 9. Polizei-Hallensportfest
V: PSV.
»Höhepunkt der ganzen Veranstaltung waren unstreitig die Vorführungen. Die Exaktheit, mit der die 100 Mann der Landespolizei=Inspektion Brandenburg unter der Leitung von Polizeihauptmann Brix zuerst ihre Freiübungen in Sportkleidung durchführten und dann später in Uniform mit dem Karabiner exerzierten, ist kaum noch zu übertreffen. Als sich die Hundert in Hakenkreuzform aufgestellt hatten, kannte die Begeisterung keine Grenzen mehr« (BLA 19. 3.).
BLA 16.–17., 19. 3.; Agr 16. 3.; Germ 19. 3.

Mär 18, mittags. Kundgebung mit Fahnenweihe
V: Reichstreubund ehemaliger Berufssoldaten.
Rd: Werner von Blomberg (Reichswehrmin.), Franz Schwede (Präs. des Reichstreubundes, Oberbürgermeister von Coburg), Rakowski (Pfarrer), D. Schlegel (Feldbischof).
Mitw.: Sängerchor.
Agr 19. 3.; BLA 19. 3.

Mär 19, abends. Gautag
V: NSDAP, Gau Groß-Berlin.
Rd: Dr. Joseph Goebbels (Reichsmin., Gl).
Th: *»Richtlinien für die kommende Arbeit der NSDAP«.*
An den Brüstungen der Halle: »Die Tat ist stumm!«, »Durch Ehrlichkeit und Wahrheit zum Sieg!« oder »Arbeit und Brot in Ehre und Freiheit«.
BLA 20. 3.; Agr 20. 3.; Germ 21. 3.

Mär 20, abends. Kundgebung von Kommunalbeamten und Angestellten
V: Fachschaft 13 »Kommunalverwaltung«.
Rd: Dr. Julius Lippert (Staatskommissar für Berlin).
Th: Beamte im Nationalsozialismus.
»Riesige Transparente wie ›Hinweg mit dem Standesdünkel‹, ›Gemeinnutz geht vor Eigennutz‹ und andere mehr riefen die Tausende von Beamten auf. Durch die zahlreich erschienen Feuerwehrleute der Stadt Berlin, die in voller Uniform mit blankem Lederhelm den Ordnungsdienst im Sportpalast versahen, bot die Kundgebung schon rein äußerlich ein interessantes Bild« (Agr 21. 3.).

Mär 22. Kundgebung von Mitarbeitern der Berliner AEG-Betriebe
V: DAF (?).
Rd: Dr. Hermann Bücher (Geheimrat, Dir. der AEG), Dr. Robert Ley (F. der DAF, Staatsrat).
Mitw.: AEG-Symphonie-Orchester.
»Im Anschluß an die mit Beifall aufgenommene Rede nahm Dr. Ley durch den Führer des Gesamtbetriebsrates der AEG das Treuegelöbnis der Belegschaft entgegen« (Agr 23. 3.).

Mär 23, 20.00 Uhr. Amateur-Boxen »SA-Berlin – Fascio di Roma«
V: SA-Brigade 31.
Flg: Weinhold (Berlin) besiegt Urbinati (Rom).
Bg: Völker (Berlin) besiegt Nicolai (Rom).
Fdg: Gualandri (Rom) besiegt Arenz (Berlin).
Lg: Zardini (Rom) besiegt Gehlhaar (Berlin).
Wg: Binazzi (Rom) besiegt Hünnekens (Berlin).
Mg: Berensmeier (Berlin) besiegt Neri (Rom).
Hsg: Medici (Rom) besiegt Lorbeer (Berlin).

Sg: Wegener (Berlin) besiegt Laria (Rom).
SA-Berlin – Fascio di Roma 8:8.
BLA 20., 23.–24. 3.; Agr 20., 23.–24. 3.; BS 703–04, 19.–26. 3.

Mär 26, abends. Kundgebung
V: NSBO, Kreis IV/KdF.
Rd: Johannes Engel (Treuhänder der Arbeit, Stadtrat), Walter Schuhmann (Reichsl. der NSBO, Staatsrat), Rudolf Zilkens (KdF-Abteilungsl.).
Th: Das *»Gesetz zur Ordnung der nationalen Arbeit«*, *»Mißwirtschaft der alten Gewerkschaften«* und die notwendige Vereinigung der Arbeiter mit dem Unternehmer – die Bildung der *»Schicksalsgemeinschaft«*, *»Sinn und Aufgabe der NSG ›Kraft durch Freude‹«*.
Agr 27. 3.

Mär 27, 20.30 Uhr. Kundgebung
V: Soziales Amt der HJ, Gebiet Berlin/DAF.
Rd: Artur Axmann (Obergebietsf. der HJ), Erich Jahn (Gebietsf. der HJ), Baldur von Schirach (Reichsjugendf.).
Th: *»Die Hitlerjugend im Arbeitsleben der Nation«*, *»Sinn des Berufswettkampfes«*, *»Freizeitgestaltung und Berufsausbildung«*.
Anläßlich des bevorstehenden Reichberufswettkampfes.
BLA 25. 3.; Agr 28. 3.

Mär 29, abends. Kundgebung
V: NS-Hago/Gesamtverband für Handel, Handwerk und Gewerbe in der DAF/HJ.
Rd: Dr. Heinrich Hunke (Gauamtsl.), Erich Jahn (Gebietsf. der HJ), Dr. Robert Ley (F. der DAF, Staatsrat).
Th: *»Das Handwerk gibt der Deutschen Jugend Arbeit.«*
Teilnahme von *»1200 Saarländern«*.
Germ 31. 3.

Apr 11, abends. Kundgebung
V: NSBO, Kreis VII und VIII/KdF.
Rd: Johannes Engel (Landesobmann der NSBO, Stadtrat), Rudolf Zilkens (KdF-Abteilungsl.).
Th: *»Die Revolution der Arbeit«*, das *»Gesetz zur Ordnung der nationalen Arbeit«*, der *»Aufgabenkreis und die Ziele der NS-Gemeinschaft ›Kraft durch Freude‹«*.
»Von riesigen Transparenten aber leuchtet es noch lange in die dunkle Nacht hinein: ›Arbeit ist nicht Fron, sondern Dienst am Volk!‹« (Agr 12. 4.).
Agr 11.–12. 4.

Apr 12, 20.00 Uhr. Kundgebung
V: DAF, Reichsbetriebsgruppe Verkehr und öffentliche Betriebe.
Rd: Georg Körner (Reichsbetriebsgruppenl.), Walter Schuhmann (Reichsl. der NSBO, Staatsrat).
Th: *»Unser Weg zum Ziel!«*
Agr 12. 4.

Apr 17, 20.00 Uhr. »Großes Frühlingskonzert der SS«
14.00 Uhr Generalprobe.
V: SS-Oberabschnitt Ost.
Mitw.: Großes SS-Orchester, zusammengesetzt aus den Kapellen der Leibstandarte Adolf Hitler und den Standarten 6, 15, 42, 44. Dirigenten: Carl Clewing, Edwin Fischer, Müller-John, Krüger, Fleßburg.
»Während die bisherigen Konzerte unter dem Motto: ›Historische Musik‹ standen, wird das neue Programm klassische Märsche großer Komponisten bringen, sowie in einem Mittelteil Gesänge aus den Freiheitsjahren 1813 ›am Lagerfeuer‹ darbieten. In dem Marschteil werden Kompositionen von Beethoven, Richard Strauß, Mozart, Schubert, Lortzing und Schumann dargeboten. Unter anderem bringt dieses Konzert auch fünf militärische Märsche, die Richard Strauß komponiert hat.[...] Besonderes Interesse wird der Mittelteil des Programms, der Lieder aus dem Jahre 1813 bringt, die die Freischaren damals am Lagerfeuer gesungen haben, erwecken. Bei diesem Teil wird das Haus verdunkelt, Lagerfeuer werden entzündet, und die Männer unter Begleitung von Instrumenten, wie sie 1813 gebraucht wurden, Lieder aus dem Jahre 1813 singen. Die Texte sind zeitnahe gestaltet worden« (Agr 11. 4.).
»Nicht endenwollende Begeisterung brach los, als Adolf Hitler [...] erschien [...] Höhepunkt [...] war die Darbietung ›Schwarze singen am Lagerfeuer‹ [...]« (Agr 18. 4.).
Agr 11.–12., 14., 17.–18. 4.

Apr 18, abends. »Fest des Deutschen Volkstums«
V: KdF, Reichsamt für Volkstum und Heimat.
Rd: Werner Haverbeck (F. des Reichsbundes Volkstum und Heimat).
Motto: *»Treue zur Heimat! Treue zur Tracht! Für Vätersitte –Väterart halten wir Wacht!«*
Mitw.: Sprechchöre der Arbeiterschaft, Trachtenvereine, *»jungkameradschaftliche Werkscharen«*.
»Das Fest zerfiel in drei Teile: Kampf zwischen Winter und Frühling sowie den Umbruch im politischen Zeitgeschehen. [...] Werner Haverbeck, wies in einer kurzen Ansprache auf Sinn und Bedeutung des Festes hin. Der Nationalsozialismus habe zum Wiedererwachen der Deutschen Volksseele geführt. Draufhin brachten Sprechchöre der Arbeiterschaft auf einer riesigen Bühne Arbeiterdichtungen zu Gehör, Trachtenvereine führten Tänze vor [...] Werkscharen sangen Volkslieder und nationalsozialistische Kampfweisen. Zum Schluß der Veranstaltung zeigten Berliner SA=Männer einen germanischen Schwertertanz. Besonderes Aufsehen erregte auch eine bayrische Jodlerschar und Schuhplattlertanzgruppe« (Agr 19. 4.).
Agr 19. 4.; Germ 20. 4.

Apr 19, abends. Kundgebung
V: DAF, Reichsbetriebsgruppe Verkehr und öffentliche Betriebe.
Rd: Walter Schuhmann (Reichsl. der NSBO, Staatsrat).
Parallelkundgebung auf dem Winterfeldplatz.
»Oftmals von spontanen Beifallskundgebungen unterbrochen, sprach er von dem hehren Begriff der deutschen Arbeit und ihrem unschätzbaren inneren Wert: ›Arbeit ist im neuen Deutschland keine Schande, Arbeit ist der Sinn des Lebens. Seien wir dem Herrn also dankbar, daß wir arbeiten dürfen!‹« (Agr 20. 4.).

Apr 20, abends. »Feierstunde der HJ«
V: HJ.
Rd: Baldur von Schirach (Reichsjugendf.).
Anläßlich des Geburtstags Hitlers am 20. 4.
Agr 20. 4.

Apr 24, abends. Kundgebung
Wurde kurzfristig auf den 8. Mai verlegt.
»Die [...] Kundgebung [...], auf der der Beauftragte des Führers, Dr. Groß sprechen sollte, mußte [...] [auf] den 8. Mai, verlegt werden. [...] Die Nachricht [...] traf erst sehr spät ein. Tausende saßen bereits auf ihren Plätzen, harrten mit Ungeduld des Redners. Im Vorraum warteten die Fahnenträger und Begleiter auf den Wink zum Einmarsch. Alles ist bereit – und plötzlich sagt vorn jemand an, daß dieser Abend aus zwingenden Gründen verschoben werden muß [...] kein Wort des Mißfallens wird laut [...]« (Agr 25. 4.).

Mai 8, abends. Kundgebung
V: NSDAP, Gau Groß-Berlin.
Rd: Dr. Walter Gross.
Th: NS-Rassenpolitik.
Wurde vom 24. April auf dieses Datum verlegt.
Agr 25. 4.

Mai 11, 20.30 Uhr. Kundgebung
V: NSDAP, Gau Groß-Berlin.
Rd: Dr. Joseph Goebbels (Reichsmin., Gl).
Th: *»Gegen Miesmacher und Kritikaster«*.
Agr 11.–12., 14.–15. 5.

Mai 15, 20.00 Uhr. General-Mitgliederversammlung
V: NSV, Gau Groß-Berlin.
Et: 0,80 M, Erwl. 0,10 M; *»Die Teilnahme an der Versammlung ist für Amtswalter und Mitglieder Pflicht«*.
Rd: Eduard Karl Spiewok (Gauamtsl.).
Mitw.: Kapelle Fuhsel, *»Pankower Jungvolk-Fähnlein ›Theoderich‹«*.
Agr 15.–16. 5.

Jun 2, 20.00 Uhr. Kundgebung
V: NSBO/DAF, Reichsbetriebsgruppe X.
Rd: Johannes Engel (Treuhänder der Arbeit), Alfred Spangenberg (Gaubetriebszellenobmann).
Th: *»Die Gemeinschaft der schaffenden Deutschen«*, *»Die soziale und wirtschaftliche Entwicklung im nationalsozialistischen Deutschland«*.
»Schon ab 7 Uhr begann sich der Sportpalast zu füllen. In geschlossenen Zügen rückten die Betriebszellen der städtischen Betriebe ein. Voran die Männer von der Berliner Müllabfuhr=Gesellschaft in ihren braunen Anzügen, dann im langen Zuge die Betriebszellen der BVG, die Straßenreinigung und all die anderen Arbeiter der Stadt. [...] Ein buntes Gewoge war dort unten in der Halle. Dort saßen sie alle, die Arbeiter der Stirn und die der Faust, die Arbeiter der Stadt Berlin. Auf dem Platz über dem Rednerpult hatte die Kapelle der BVG und am anderen Ende der Halle die Bewag Aufstellung genommen. Abwechselnd spielten sie, mit stürmischem Beifall belohnt, zackige Märsche« (Agr 3. 6.).
Agr 25. 5.; 3. 6.

Jun 3, 19.00 Uhr. »SA-Massenkonzert«
V: KdF, Reichsamt für Volkstum und Heimat.
Et: 0,50 M.
Mitw.: Blasorchester der vereinigten Musikzüge der SA-Obergruppe III (Standartenf. Fuhsel), Sprechchor Molenaar, Walter Ludwig (Sänger).
Anlaß war der Berlin-Besuch von 25 000 Sachsen und Schlesier, den die NSG KdF vermittelt hatte. *»Die Besucher der Reichshauptstadt, die alle eine Plakette mit dem Brandenburger Tor und der Aufschrift ›Fahrt nach Berlin. – NS-Gemeinschaft Kraft durch Freude‹ trugen, bekamen Führer zugeteilt. Diejenigen, die mit den ersten Zügen gekommen waren, wurden zunächst zu einem einfachen Frühstück in die Neue Welt in der Hasenheide geleitet. Die anderen begaben sich direkt zur Besichtigung der Ausstellung ›Deutsches Volk – Deutsche Arbeit‹ oder zu einem Gang durch die Stadt. Die Mittagsbeköstigung fand für 15 000 Gäste im Sportpalast und für 10 000 in der Neuen Welt statt. Der Besuch [...] fand seinen Abschluß in einem vollbesuchten SA=Massenkonzert im Sportpalast [...]«* (Agr 4.6.).
Agr 2., 4. 6.

Jun 15. Kundgebung von Arbeitern und Studenten
V: NSBO/Deutsche Studentenschaft.
Et: 0,30 M.
Rd: Wilhelm Börger (Treuhänder der Arbeit für das Rheinland, Staatsrat), Graefe (Reichshochschulobmann der Deutschen Studentenschaft).
Th: Bündnis zwischen der Jugend der NSBO und der Studentenschaft.
Agr 13., 16. 6.

Jun 18, abends. »Kolonial-Gedenkfeier«
V: NSLB/Reichskolonialbund.
Rd: Franz Ritter von Epp (Reichsstatthalter, General), Dr. Hans Meinshausen (Gauobmann des NSLB), Dr. Heinrich Schnee (Gouverneur a.D., Deutsch-Ost-Afrika).
Th: Die *«koloniale Entfaltung des deutschen Reiches«*.
Mitw.: Berliner Lehrergesangsverein.
»Trotz der drückenden Hitze war gestern abend der Sportpalast bis unter das Dach dicht gedrängt gefüllt. Das Braun der SA, HJ, das Schwarz der SS und die blauen Farben des VDA waren vielfältig durchsetzt durch die grauen Uniformen der ehemaligen deutschen Schutztruppe. Vor dem Rednerpult hatte die Petersflagge mit einer Fahnenmannschaft der Schutztruppe Aufstellung genommen« (Agr 19.6.).
Agr 18.–19. 6.

Aug 19 (?), 19.00 Uhr. Konzert der SS
V: Reichsverband Deutscher Rundfunkteilnehmer/Deutscher Funktechnischer Verband.
Protektor: Sepp Dietrich (SS-Obergruppenf.).
Anläßlich der Berliner Funkausstellung (17.–26. 8.).
»Von den Wänden und Galerien grüßten rundfunkwerbende Plakate. Unzählige Angehörige der SA, SS, Postbeamte, die zum Teil Spalier bildeten, und vor allem auswärtige Funkwarte.
Endlich war es soweit, daß nach dem Einmarsch der Fahnen und den Ansprachen des Reichssendeleiters, Pg. Hadamovsky, und des Pg. Dreßler=Andreß, dem Präsidenten der Rundfunkkammer, Musikmeister Müller=John aufs Podium vor die drei SS=Standarten=Kapellen treten konnte, die sich mit der Kapelle der Leibstandarte des Führers und deren Spielmannszug sowie dem Sängerchor vereinigt hatten. Zunächst gab es Flötenmusik und Märsche von Friedrich dem Großen, darunter den ›Mollwitzer‹, so wie er von der preußischen Militärmusik damals geblasen wurde und auch den ›Hohenfriedberger‹ im friderizianischen Zeitmaß mit 72 Schritt in der Minute, dazwischen noch verschiedene Fanfarensignale. Erlesene, kostbare Kompositionen, die man in solch einer geschmackvollen Zusammenstellung (Prof. Carl Clewing) und hochkünstlerischen Ausführung sonst nirgends zu hören bekommt. Der zweite Teil brachten dann Feldchöre (den ›Choral vor Leuthen‹ und das ›Feldlied Gustav Adolfs‹ unter anderem), in den dritten mit seinem großartigen Marschpotpourri aus sechs Jahrhunderten ausmündend« (Agr 21. 8.).

Aug 21, abends. Konzert der »Milwaukee American Legion Band«
V: Deutscher Reichskriegerbund »Kyffhäuser«.
»Die 25 Mitglieder der Milwaukee American Legion Band, die sich auf einer Konzertreise durch ganz Deutschland befinden, sind am gestrigen Montag mittag in Berlin eingetroffen. Den ankommenden Gästen der Reichshauptstadt wurde auf dem Bahnsteig des Anhalter Bahnhofs ein würdiger Empfang bereitet. Eine Fahnenkompagnie des Kyffhäuserbundes mit 120 Fahnen hatte neben der Ehrenformation in Stärke von 300 Mann in breiter Front auf dem Bahnsteig Aufstellung genommen. [...] Als der Zug in die Halle einfuhr, erklang die Nationalhymne. Die Mitglieder der berühmten amerikanischen Kapelle in ihrer schmucken blauen Uniform, den blitzenden Paradestahlhelm auf dem Kopf, nahmen sodann gegenüber der Fahnenkompagnie des Kyffhäuserbundes Aufstellung, an ihrer Spitze der große, schlanke Tambourmajor, der unter seiner gewaltigen grauweißen Bärenmütze allgemeine Bewunderung erregte. Zum Schluß dankte der Führer der amerikanischen Kapelle, Col. Walker, für den überaus herzlichen Empfang. [...]« (Agr 21. 8.).
»[...] drängte sich die Menge, um Zeuge der großen musikalischen Verbrüderung zwischen Jung=Amerika und Jung=Deutschland zu sein. Nach dem Einzug der amerikanischen Gäste hinter den Fahnen des Kyffhäuser=Bundes richtete Generalmajor Müller herzliche Worte an die Legionäre. [...] Ein Hoch auf USA, gefolgt von der Nationalhymne, beschloß seine Ausführungen. Der Dirigent der Kapelle fand in seiner englisch gesprochenen Erwiderung tiefbewegte Worte des Dankes. [...] Dann ließ er das Deutschland= und Horst=Wessel=Lied erklingen. [...] Hinter dieser bedeutsamen kulturpolitischen Aktion trat der musikalische Teil etwas zurück, so prächtig das amerikanische Blasorchester auf auffällig weich tönenden Instrumenten in einheitlichem Zusammenspiel ein Werk auf das andere ohne Pause folgen ließ. Es war vorwiegend gefällige Unterhaltungsmusik: die ›Stars and Stripes‹ mit Herausstellen einzelner Instrumente nach Art der Jazzmusik, der Badenweiler Marsch, neue amerikanische Tanzklänge von Goult u. a., ein deutsches Volkslieder=Potpouri und ein alter ›Rheinländer‹, der den Gästen hoffentlich nicht als eine Verkörperung des neuen Deutschland erschienen ist. Besondere Begeisterung fand ein Saxophonsolo und der Vortrag eines noch jugendlichen Trompeters« (Agr 22. 8.).
Agr 21.–22. 8.

Aug 23, 20.00 Uhr. »Gesamt=Amtswalter=Appell«
V: Deutsche Angestelltenschaft in der DAF, Ortsgruppe Berlin.
Rd: Bernhard Köhler (L. der Kommission für Wirtschaftspolitik in der NSDAP).
Th: *»Der Vormarsch des deutschen Sozialismus«*.
Agr 22., 25. 8.

Aug 31, 20.00 Uhr. »Paul=Lincke=Abend«
V: KdF, Gau Groß-Berlin.
»›Sie werden gebeten, einer Orchesterprobe Paul Linckes beizuwohnen.‹ Und da steht man nun an diesem regnerischen Vormittag in der menschenleeren Riesenhalle des Sportpalastes, der in für den passionierten Sportpalast=Besucher gänzlich ungewohntem Dunkel daliegt, sieht auf der erleuchteten Bühne ein Ballett junger Tänzerinnen hin und her trippeln und fühlt und denkt in diesem Augenblick doch weiter nichts, als daß man hierher gekommen ist, um mit Paul Lincke ein Wiedersehen zu feiern. [...] Mit 68 ein Jüngling [...] Der Mann, der da vor uns mit seinem Taktstock und seinem Geiste die 80 Musiker beschwingt, ist doch kein 68jähriger, er ist ein Jüngling in Körper und musikalischer Leidenschaft. – Pause. Die letzten Töne seiner neuesten Tonschöpfung, des Balletts ›Anne Dorothe‹ sind soeben verrauscht und mit jungenhafter Lebhaftigkeit springt Paul Lincke vom Podium herab und auf mich zu. Also das ist Paul Lincke, denke ich. ›Also Sie möchten einiges über mich, mein Leben und Arbeiten hören? Nun, etwas davon wird Ihnen ja schon bekannt sein. [...] Seit mehreren Monaten hat mich nun die NS-Gemeinschaft ›Kraft durch Freude‹, Gau Groß=Berlin, und zwar das Amt für Volkstum und Heimat, damit beauftragt, Konzerte zu veranstalten. Die ersten Konzerte wurden in kleinem Rahmen im ›Clou‹, im ›Friedrichshain‹ und in der ›Neuen Welt‹ veranstaltet. Da aber der Andrang ungeheuer war und alle Säle sich als zu klein erwiesen, soll nunmehr das nächste Konzert als Massenveranstaltung hier im Sportpalast am 31. August stattfinden. Wir hoffen, daß wir den Sportpalast voll bekommen werden‹ [...]« (Agr 29. 8.).

Sep 22, abends. Kundgebung
V: Deutsche Christen.
Zur Eröffnung der Reichstagung der Deutschen Christen.
Rd: Dr. Christian Kinder (Reichsl.), Ludwig Müller (Reichsbischof), Beermann (Landesbischof, Danzig), Tausch (Pfarrer, Gauobmann).
Zu dieser Kundgebung fand auch eine Parallelveranstaltung in den Tennishallen statt.
BLA 22. 9.; Germ 23. 9.; Agr 22. 9.

Sep 26, abends. Kundgebung
V: NS-Kulturgemeinde.
Rd: Dr. Robert Ley (F. der DAF, Staatsrat), Alfred Rosenberg (Reichsl.), Dr. Walter Stang (Reichsamtsl. der NS-Kulturgemeinde).
Th: Deutsche Kultur, *»Die Wiedergeburt der Kunst«*.
Mitw.: Dr. Max Burckhardts NS-Chor, Sprechchor der HJ, Reichsorchester des Deutschen Luftsports, Rudolf Bockelmann (Kammersänger).
»Die große Kundgebung [...] stand im Zeichen des Massenbesuches. Im Sportpalast war gestern eine Gemeinde versammelt, die willens ist, den Weg der neuen deutschen Kultur und Kunst zu gehen. Dr. Walter Stang sprach Begrüßungsworte. Es gelte eine deutsche Kultur zu schaffen, den Willen des Führers in die Tat umzusetzen. Allen deutschen Volksgenossen soll die Teilnahme am Kulturleben ermöglicht werden, und alle sollen die Gewißheit haben, Träger dieser Kultur zu sein« (Agr 27. 9.).
Agr 27. 9.; Germ 28. 9.

Okt 12, 20.15 Uhr. Gautag
V: NSDAP, Gau Groß-Berlin.
Rd: Dr. Joseph Goebbels (Reichsmin., Gl).
Th: *»Für das Winterhilfswerk – gegen die Brunnenvergifter«*.
»Kopf an Kopf bis hinauf auf den obersten Rang saßen in gespannter Erwartung die Vertreter der Politischen Organisation, SA, SS, NSBO, Arbeitsfront, der Verbände der Aerzte, Juristen, der Jugend, der Frauenschaft und der anderen Arbeitsgruppen. Würdig=schlicht mit Fichtengrün und Fahnen war das Innere des Riesenbaues geschmückt, abgeschlossen an der Rundung der Bühne mit dem Spruchband: ›Im täglichen Erfüllen der kleinsten Pflicht liegt ein stilles Heldentum‹, einer Parole für das Schaffen im Gau. Eine Abteilung Arbeitsdienst flankierte die blumengeschmückte Rednertribüne« (BLA 13. 10.).
Agr 12.–13. 10.; BLA 13. 10.; Germ 14. 10.

Okt 16. Zwangsversteigerung des Sportpalastes vor dem Amtsgericht Schöneberg
Zwei Schweizer Firmen, die Finanzierungs-AG Glarus und die Eidgenössische Versicherungs-AG erhielten den Zuschlag bei einem Gebot von 2 Millionen RM.
»Schon jetzt ist der letzte Pächter, die Berliner Sportpalast=G.m.b.H., durch ein Gerichtsurteil gezwungen worden, das Gebäude sofort zu räumen. Schon lange waren weder Pacht noch Miete bezahlt worden. Es ist nur zu hoffen, daß bei der Zwangsversteigerung das Haus in Hände kommt, unter deren Führung der Sportpalast endlich ein solides Unternehmen wird.

Nicht nur die großen sportlichen Veranstaltungen haben das Gebäude in der Potsdamer Straße weit über die Grenzen Berlins hinaus in der ganzen Welt bekannt gemacht. Vor allem waren es die großen Massenveranstaltungen unserer Bewegung, die den Namen ›Sportpalast‹ zu einem fest umrissenen Begriff werden ließen. Unzählige Male ist hier die Berliner Parteigenossenschaft zum Appell angetreten. Der Führer und Dr. Goebbels haben hier um das Herz Deutschlands gerungen. Die Versammlungen in dem riesigen Saalbau waren das Barometer unserer Bewegung. An ihnen zeigte sich der dauernde Aufstieg mehr als irgendwo sonst.
Die Schweizer Volksbank hängt an dem Unternehmen mit 2 Millionen Reichsmark fest. Auch das Bezirksamt Tiergarten hat noch eine Forderung von 150 000 Mark wegen rückständiger Steuern. Für diese Summe wollte das Bezirksamt bei dem letzten Versteigerungstermin, der jedoch ausgesetzt wurde, den Sportpalast übernehmen. Es ist fraglich, ob sich so rasch ein neuer Pächter finden wird. Denn noch niemals konnte im Sportpalast jemand auf einen grünen Zweig kommen. Einige gerissene Geschäftemacher wußten sich die Taschen zu füllen und trieben das Unternehmen von einer Pleite in die andere. Schon bei der Erbauung im Jahre 1910 kam es zu einem großen Skandal, da alle Handwerker und Baufirmen ihr Geld zusetzten. Bis auch Herr Jacob Schapiro in Schwierigkeiten ging, war die Geschichte des Sportpalastes ein ständig wechselndes Drunter und Drüber.
Es wird Zeit, daß endlich saubere Geschäftsmethoden die Zukunft dieses größten Saalbaues Berlins sicherstellen« (Agr 21. 9.).
»Die Zwangsversteigerung des Sportpalastes, die heute vor dem Schöneberger Amtsgericht stattfand, hatte bei aller Eintönigkeit, die derartige Verhandlungen mit der Aufzählung der vielen einzelnen Gegenstände bringt, doch gewisse dramatische Höhepunkte. Hauptgläubiger sind bekanntlich zwei große schweizerische Finanzgesellschaften, die Finanzierungs AG Glarus und die Eidgenössische Versicherungs AG, die zusammen mehr als 2,5 Millionen Hypothekenforderungen haben, sowie das Bezirksamt Tiergarten mit über 200 000 RM Steuerforderungen. Schuldnerin ist die Sportpalast GmbH – Firma Hoppe und Genossen – die geschäftliche und geistige Nachfolgerin von Jakob Schapiro.
Daß der Sportpalast versteigert würde, wußte die Sportpalast GmbH, aber nun versuchte sie doch noch zu retten, was sie retten zu können glaubte. Nach der Meinung des Vertreters der Schuldnerin, des in nichtarischen Kreisen bekannten und beliebten Rechtsanwalts Auerbach, muß der Sportpalast damals, als die Schweizer ihr Geld in den Sportpalast steckten, ein leeres Gebäude gewesen sein, wo die Zuschauer beim Sechstagerennen stehen mußten und die Rennfahrer nur auf gedachter Bahn fuhren, denn die ganze Einrichtung ist angeblich erst später angeschafft worden. Als der Rechtsanwalt Auerbach mit routinierter Sicherheit die Unglaubwürdigkeit der Behauptung der Sportpalast GmbH. überging, war die Spannung im Saal auf das Höchste gestiegen. Wohlmeinende Kollegen nahmen allerdings an, Herr Auerbach sei nicht vollständig informiert –. Als das Gericht eine Freigabe der Einrichtungsgegenstände ablehnte, genau wie es das wegen der Unglaubwürdigkeit der Behauptungen der Sportpalast GmbH. über die Einrichtungsgegenstände schon in der ersten Verhandlung getan hatte, verließ Herr Auerbach beleidigt die Verhandlung.
Die Schweizer, also die Finanzierungs=AG Glarus und die Eidgenössische Versicherungs=AG ersteigerten dann den Sportpalast mit einem Gebot von 2 Millionen RM und führten damit den Riesensaalbau, der eine so denkwürdige Geschichte hat, in ihre Hände über« (Agr 16. 10.).
Agr 21. 9.; 16. 10.; Germ 14. 10.

Okt 20, abends (?). General-Mitgliederversammlung der NSV
V: NSV, Gau Groß-Berlin.
Rd: Eduard Karl Spiewok (Gauamtsl.).
Th: Arbeit der NSV.
Germ 21. 10.

Nov 1, abends (?). Kundgebung
V: DAF, Gau Kurmark.
Rd: Wilhelm Kube (Gl des Gaues Kurmark, Staatsrat), Dr. Robert Ley (F. der DAF, Staatsrat), Heinz Wohlleben (Gauamtsl.).
Th: Sozialismus und DAF.
Germ 2. 11.

Nov 5, 20.30 Uhr. Kundgebung zur »Woche des Deutschen Buches«
V: Reichsschrifttumskammer.
Rd: Dr. Hans Friedrich Blunck (Präs. der Reichsschrifttumskammer), Dr. Joseph Goebbels (Reichsmin., Gl).
Th: Über das *»Verhältnis zwischen Nationalsozialismus und Buch«*, Dichtung und Volk.
Mitw.: Kapelle Fuhsel, Hanns Johst (Schriftsteller), Lothar Müthel (Rezitation), Josef Magnus Wehner (Schriftsteller) u. a.
Die Kundgebung wurde als Höhepunkt der *»Woche des Deutschen Buches«* (4.–10. 11.) bezeichnet, die Rede von Goebbels vom Reichssender Berlin übertragen.

413 Anzeige (Chr Nov 5; nach: Agr 4. 11. 1934).

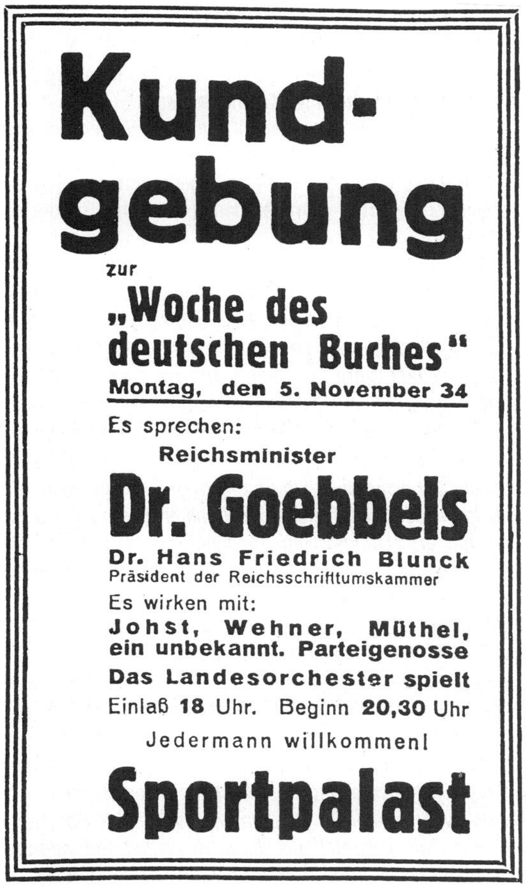

»Das ungeheure Rund des Sportpalastes, sonst im Dienste politischer Massenaufmärsche – heute ist es eine Freistätte jenes Geistes, der mit seinen Ursprüngen nicht so sehr auf öffentlichen Märkten als in der stillen Tiefe einer letzten innerlichen Versenkung beheimatet ist. Die Woche des Buches findet an diesem Abend ihren Anfang und Höhepunkt« (BLA 6. 11.).
BLA 3.–6. 11.; Germ 4., 7. 11.; Agr 6. 11.

Nov 9, abends. »Totengedenkfeier«
V: NSDAP (?).
Rd: Arthur Görlitzer (stellv. Gl, Staatsrat), Dietrich von Jagow (Obergruppenf.), Viktor Lutze (Chef des Stabes).
»Während der Weihestunde waren die Lichter [...] gedämpft. Chrysanthemen, Lebensbäume und Pyramiden von Lorbeer umschlossen das Bühnenrund, das ganz ausgefüllt war mit einem einzigen wallenden Hakenkreuzbanner, florüberhängt. Ehrfürchtigen Gruß entboten 20 000 Deutsche den unter Trommelwirbel einmarschierenden Feldzeichen und Fahnen. Dann trat Obergruppenführer v. Jagow auf die Rednertribüne und verlas in feierlicher Stille die Namen derer, die im Kampf um Berlin gefallen sind. Die Fahnen senkten sich. Der Trommelwirbel verstummte. Leise erklang: ›Ich hatt einen Kameraden!‹ Nach einer Schweigeminute meldete Gebietsführer Jahn den Uebertritt von 600 Hitlerjungen in die Partei« (BLA 10. 11.).
Agr 5., 8., 10. 11.; BLA 10. 11.; Germ 9., 11. 11.

Nov 11–18, 20.00 Uhr. Eishockey und Eiskunstlauf
Im Rahmen der *»Reichs-Wintersport-Werbe-Woche«*. Diese wurde vom Reichsministerium für Volksaufklärung und Propaganda und dem Deutschen Reichsbund für Leibesübungen veranstaltet und vom Deutschen Eislaufverband durchgeführt. Sie stand unter dem Motto: *»Deutsche, treibt Wintersport!«*.
Im Kasino des Sportpalastes wurde dazu außerdem eine Wintersport-Ausstellung gezeigt.
Nov 11. Eröffnung der »Werbewoche«
Kunstlauf von Ernst Baier, Maxi Herber, Lorenz, Ursula Schwarz, Hempel/Weiß.
Norddeutschland (BSchC/BEC/Brandenburg): Hoffmann (Tor); Heinrich, Römer (Vert.); George, Hecker, Hopf (Sturm A); Korff, Orbanowski, Schropp (Sturm B).
Süddeutschland (SC Riessersee/EV Füssen): Egginger (Tor); Reimeier, Schröttle (Vert.); Lang, Strobl, Schenk (Sturm A); Kögl, Kuhn, Wiedemann (Sturm B).
Süddeutschland – Norddeutschland 3:1 (1:1, 0:0, 2:0).
Zehlendorfer Wespen – BFC Preußen 3:1.
»Die Begeisterung für den Wintersport [...] in immer größere Kreise zu tragen, [...] den Boden vorzubereiten für die kommenden Kämpfe der Olympischen Spiele [...] das ist Sinn und Zweck der großen Wintersport=Werbewoche, die am Sonntag überall in Deutschland begann und im Berliner Sportpalast feierlichst eröffnet wurde. [...] In seiner Ansprache wies Reissportführer v. Tschammer und Osten auf die Bedeutung des Wintersports hin, sprach von den kommenden großen Aufgaben und begrüßte unter großem Beifall der zahlreichen Zuschauer die Mitglieder der Nanga=Parbat=Expedition, deren unerhörte Leistungen Vorbild für die Jugend sind. Mit einem ›Sieg=Heil‹ auf den Führer schloß der Reichssportführer, [...] « (BLA 12. 11.).
Nov 12. KdF-Veranstaltung
Süddeutschland – Norddeutschland 5:2 (1:0, 1:0, 3:2).
Tegeler EV – Grunewald TC 2:1.
»Eine humorvolle Schaunummer sorgte gleich für gute Stimmung. Die Kunstlaufdarbietungen Maxie Herbers, Ernst Baiers, Theo Laß', Margot Härtlings und des Paares Hempel=Weiß fanden viel Beifall. [...] In einer Pause gab

es eine Vorführung von Skigymnastik auf der Eisfläche, [...]« (BLA 13. 11.).

Nov 13. »Tag der Turn- und Sportverbände«
Et: 0,30 bis 0,60 M.
BSchC – Zehlendorfer Wespen 5:3 (1:1, 1:2, 3:0).
BEC – Tegeler SV 2:1 (0:0, 0:0, 2:1).
»Ein Walzer auf dem Eis, vorgeführt von etwa zwei Dutzend Teilnehmern des Olympia=Vorbereitungskurses, leitete den Abend ein. Wieder begeisterten dann in den Pausen zwischen den Eishockeyspielen Maxie Herber und Ernst Baier mit ihren Zeitlupen=Pirouetten und Sprüngen. Auch Günther Noack und Lotte Bluhm (beide BSC) zeigten schöne Küren« (BLA 14. 11.).

Nov 14. »Tag der Jugend«
Jugend-Eish.: BSchC – BEC 3:1. BEC – BFC Preußen 3:1 (0:0, 2:1, 1:0).
»Störend wirkte nur die Radaulust der Zuschauer, die namentlich zum Schluß nur aus Freude am Krach dauernd sinnlos pfiffen, und, wie im Vorjahr, durch Lautsprecher zur Ruhe gemahnt werden mußten.«

Nov 15
Et: Schüler 0,80 M.
Zehlendorfer Wespen – Brandenburg 3:1 (1:0, 0:2, 0:1).
BHC – BEC 1:1.
Kunstlauf von Randy Gulligsen (Oslo), Theo Laß und Ursula Schwarz.

Nov 16–18. Eishockey »Internationales Turnier« u. a.
Kunstlauf von »Charlotte«, Ernst Baier, Maxi Herber, Haertel, Vivi-Anne Hulthén, Ehepaar Metzner.
Turnier-Teiln.: Streatham HC (London) – Göta Stockholm – SC Riessersee – BSchC.
Streatham HC: Gerth (Tor); Erhardt, Trautenberg (Vert.); Davey, Shaw, A. Stapleford (Sturm A); Gidden, Halford, Ramus (Sturm B).
Göta Stockholm: Sucksdorff (Tor); Aleberg, Lindgren (Vert.); Adamsson, Burmann, Johannson (Sturm A); T. Andersson, Carneman, Liljeberg (Sturm B).
Nov 16 KdF-Veranstaltung. Streatham HC – Göta 3:2 (1:0, 0:1, 2:1). SC Riessersee – BSchC 2:0 (1:0, 0:0, 1:0).
Nov 17 Streatham HC –SC Riessersee 3:1. Göta – BSchC 1:1.
Nov 18 SC Riessersee – Göta 2:0. Streatham HC – BSchC 3:0.
Gesamtergebnis: 1. Streatham HC, 2. SC Riessersee, 3. Göta, 4. BScHC.
»Das war wirklich mehr als Eiskunstlauf in des Wortes üblicher Bedeutung, was uns die kleine Schwedin Vivi=Anne Hulthén im Berliner Sportpalast gezeigt hat. Das war – über meisterliche Technik hinaus – künstlerisch geformte Bewegung, wahre Tanzkunst. Wie Schuppen fiel es uns von den Augen, als wir diese kleine, zierliche Meisterin und Künstlerin im milchigen Scheinwerferkegel über das Eis dahingleiten sahen, die ganze Fläche mit ihrem technisch, tänzerisch und musikalisch vollendeten Vortrag beherrschend. Diese tänzerische Gestaltung des Eiskunstlaufs ist grundverschieden von der Eiskunst einer Sonja Henie und unserer Maxi Herber, sie ist Ausdruck einer neuen Auffassung des Eiskunstlaufs« (BLA 20. 11.).
BLA 19., 21. 10.; 8., 11.–20. 11.; Agr 12.–13., 17., 19. 11.; Germ 12., 14., 16. 11.

Nov 20, abends. Kundgebung der »Amtswalter und Betriebsführer des Kreises V«
V: NSBO/DAF.
Rd: Dr. Daeschner (Treuhänder der Arbeit), Alfred Spangenberg (Gaubetriebszellenobmann und Gauwalter der DAF).

414 »Bruder Konrad von Parzham-Feier« (Chr Nov 21); von rechts: Dr. Nikolaus Bares und Dr. Johannes Steinmann.

Th: *»Nationale Arbeit«, »Volksgemeinschaft und Schicksalsgemeinschaft«.*
Germ 22. 11.; Agr 22. 11.

Nov 21, 20.00 Uhr. »Bruder Konrad von Parzham-Feier«
V: Katholische Aktion.
Rd: Joseph Anton (Pater Definitor, Altötting), Dr. Nikolaus Bares (Bischof von Berlin und der Mark Brandenburg), Dr. Johannes Steinmann (Prälat, Generalvikar).
Th: *»Der Klosterpförtner von Altötting», »Heldentum und Heiligtum«.*
Zu Ehren des Pfingsten 1934 heiliggesprochenen Kapuzinermönches Konrad von Parzham (= Johann Birndorfer, 1818–94).
»[...] bis hinauf in die Reihen des ›Hängebodens‹ war die prächtig geschmückte Riesenarena dicht gefüllt. Breite Bänder in den Kirchenfarben, links und rechts die nationalen Symbole, wallendes Fahnentuch aus der Kuppel, lenken den Blick nach vorn, zur Stirnseite des Saales, wo aus Blattwerk und Grünschmuck ein Podium errichtet ist, über dem in großen goldenen Lettern das Motto dieses Abends leuchtet: ›Heiliger Bruder Konrad bitte für uns!‹. Darüber schwebt auf weißem Grund im mächtigen Flaggentuch das Chi-Rha, das Erlöserzeichen. Schönster Schmuck jedoch sind die erwartungsvollen Tausende, ist vor allem die Jugend, die in ihrer bunten bündischen Tracht die Empore und darüber die Ränge füllt.
Vielstimmige Heilrufe von draußen künden pünktlich 8 Uhr die Ankunft des Oberhirten an. Geleitet von der Jugend, den Fahnen der Vereine und Organisationen, den Bannern und Wimpeln – in ihrer bunten Fülle ein immer wieder begeisterndes Bild –, so zieht unter den Fanfarenklängen der Neudeutschen und Sturmscharen Bischof Dr. Bares in den Saal. [...] In Begleitung des Bischofs ist erschienen sein Generalvikar, Prälat Dr. Steinmann, das gesamte Domkapitel, ferner als Vertreter des durch Krankheit verhinderten Apostolischen Nuntius Nuntiaturrat Prälat Dr. Colli. [...] Ein Akt der Pietät ist es, wenn der Redner bei dieser Feier im Allerseelenmonat der Dahingeschiedenen gedenkt, des im vergangenen Jahre verstorbenen, über das Grab hinaus geliebten ersten Oberhirten der jungen Diözese, Bischof Dr. Christian Schreiber, und ferner dem in diesem Jahr so jäh dahingeschiedenen ersten Vorsitzenden der Katholischen Aktion, Ministerialdirektor Dr. Klausener, dem das aufblühende Bistum nicht weniger verdanke und dessen Verdienste ebenso unvergessen bleiben. In stiller Trauer und um das Andenken der Toten zu ehren, erheben sich die Teilnehmer von den Plätzen« (Germ 22. 11.).
Dr. Erich Klausener war am 30. 6. 1934 in seinem Büro von zwei SS-Männern erschossen worden. Am 24. 6. 1934 hatte er *»auf dem 32. Berliner Katholikentag vor 60000 Menschen die nat.-soz. Rassenpolitik«* angegriffen, so daß ihn Göring auf die Todesliste der Röhm-Affäre setzen ließ (Zentner/Bedürftig, S. 315).
Germ 22. 11.

Nov 23, 20.30 Uhr. »Massenkundgebung«
V: NSDAP, Gau Groß-Berlin.
Et: 0,40 M, Erwl. 0,20 M.
Rd: Dr. Joseph Goebbels (Reichsmin., Gl).
Th: Grundzüge der Regierungspolitik, *»Große Politik kann nur mit Opfern gemacht werden«.*
BLA 17.–18., 23.–24. 11.; Germ 25. 11.; Agr 22.–24. 11.

Nov 24–25, 20.00 Uhr. Eishockey u. a.
V: BSchC (?).
Kunstlauf von Lotte Bluhm, Theo Laß, Günther Lorenz, Günther Noack, Schmidt, Ursula Schwarz, Hempel/Weiß.
Richmond Hawks (London): Harnedy (Tor); Leocock, Makkenzie (Vert.); Beaton, MacArthur, Robertson (Sturm); Nesbitt, Yeandle u. a. (Ersatz).
BSchC: Kaufmann, Rohde (Tor); Jaenecke, Römer (Vert.); Brant, Korff, Schropp (Sturm A); Davidoff, Orbanowski, Weiland (Sturm B).
Nov 24 Richmond Hawks – BSchC 5:1 (1:0, 4:1, 0:0; im

Rahmen des neugeschaffenen Europa-Turniers). Zehlendorfer Wespen – BHC 4:2.
Nov 25 Richmond Hawks – BSchC 4:2 (2:0, 1:0, 1:2; Europa-Turnier). Berlin (A) – Berlin (B) 3:0.
BLA 24.–26. 11.; Agr 23.–24., 26. 11.; Germ 26. 11.

Nov 26, abends. »Feierstunde des Handwerks«
V: DAF, Berliner Gaubetriebsgemeinschaft Handwerk.
Rd: Johannes Engel (Bezirksl. der DAF), Dr. Theodor Adrian von Rentelen (Hauptamtsl. der NS-Hago), Schmidt (Reichshandwerksmeister).
Mitw.: Kapelle der BVG, Chor der Bäckermeister.
»Der Sportpalast hat eine Tradition als Versammlungsstätte der Berliner Nationalsozialisten und solche, die es werden wollen. Wir wissen das und die Amtswalter der Partei=Gliederungen wissen es gleichfalls, denn sie verwenden jedes Mal wieder großen Fleiß, viel Liebe und Mühe an die äußere Gestaltung des Riesenraumes. Gestern nun wieder war gegen die äußere Aufmachung nichts zu sagen. Die Amtswalter der Gaubetriebsgemeinschaft ›Handwerk‹ hatten alles aufgeboten, um den Saal festlich zu schmücken. Rundherum zeigten sich die Wappen mit den Symbolen des Handwerks, abgelöst durch die Zeichen der DAF. Die Schmalseite hinter dem Rednerpult war mit einem riesigen Rad der Arbeit geschmückt, das sogar illuminiert werden konnte. Alles ist dicht an dicht besetzt. Im Mittelgang sind die malerischen, reich bestickten Fahnen und Banner der Innungen postiert. Aus dem Parkett winken die Besen der Schornsteinfeger und die zwischen die schwarzen Männer ganz folgerichtig placierten Wäscherinnen und Köchinnen lassen ein lustiges, hell und froh klingendes Lachen hören. Auf der anderen Seite stehen die Leitern der Fensterputzer gegen die unerreichbare Höhe des Sportpalastes an, indes aus der Balkonloge eine Frau Meisterin neugierig mit ihrem Operngucker den ersten Redner des Abends betrachtet. Die flotte Musik der BVG=Kapelle klingt ab, und Meister, Geselle und Lehrling von der Schmiedezunft leiten mit ihren Ambosschlägen zum Programm des Abends über: Feierstunde des Handwerks. [...]« (Agr 27. 11.).
BLA 27. 11.; Agr 27. 11.; Germ 28. 11.

415 Amateur-Boxen »Internationale Polizei-Turniere« (Chr Dez 4), Begrüßung der ausländischen Gäste.

Nov 29, abends (?). Kundgebung
V: DAF, Kreis IX.
Rd: Arthur Görlitzer (stellv. Gl, Staatsrat), Hans Hinkel (Staatskommissar), Wippermann (Reichsschulungsamt der NSDAP).
Th: »Mit Hitler für den deutschen Sozialismus«.
Germ 1. 12.

Nov 30 – Dez 1, 20.15 Uhr. Eishockey u. a.
V: BSchC (?).
Kunstlauf von Randy Gulligsen (Oslo), Herbert Haertel, Theo Laß, Schmidt, Ursula Schwarz.
Français Volants (Paris): McKann (Tor); Lorin, Ramsay (Vert.); Gaudette, Haßler, Moussette (Sturm A); Boyard, Bertrand, Lacarrière (Sturm B).
BSchC: Rohde (Tor); Jaenecke, Römer (Vert.); Davidoff, Korff, Schropp (Sturm A); Brant, Orbanowski, Schwarz (Sturm B).
Nov 30 Français Volants – BSchC 3:0 (2:0, 0:0, 1:0; Europa-Turnier). Rastenburger SV – Berlin (Auswahl).
Dez 1 Français Volants – BSchC 6:0 (1:0, 2:0, 3:0; Europa-Turnier). Rastenburger SV – BEC 4:1 (1:0, 2:0, 2:1).
BLA 30. 11.; 1. 12.; Agr 28., 30. 11.; 1., 3. 12.; Germ 4. 12.

Dez 2, nachmittags. Leistungswettbewerb von rund 800 Friseurlehrlingen
V: Handwerkerinnung für das Friseurhandwerk zu Berlin.
»In enger Zusammenarbeit mit der Hitler-Jugend und der Bezirksjugendwaltung der Deutschen Arbeitsfront [...] Es werden historische, Braut-, Perücken-, Wasserwellen, Kurz- und Langhaar-Frisuren sowie Herrenfrisuren in zwei Abteilungen praktisch gezeigt. Hiermit sollen die in Werkstatt und Schule erworbenen Kenntnisse der breiten Öffentlichkeit vorgeführt werden. [...] Mit dieser Veranstaltung wollen wir den Behörden, allen Freunden des Handwerks, allen Berufskameraden und den Eltern der Lehrlinge zeigen, wie ernst es uns mit dem Neuaufbau des Handwerks und der Jugendausbildung ist, beim Lehrling angefangen. [...]« (Ankündigungszettel).
»[...] ein groß angelegtes Schaufrisieren, um zu zeigen, daß auch in ihrem Handwerkszweig neues Leben eingekehrt ist und die Parole der Wertleistung gilt. Der Beweis wurde restlos erbracht, und das ist um so anerkennenswerter, als die Lehrlinge, etwa 400 weibliche und 400 männliche, die oft nicht unerheblichen Kosten des Nachmittags selbst tragen mußten« (BLA 4. 12.).
BLA 4. 12.; LA SP 4007/153, 155 f.

Dez 4, 20.15 Uhr. Amateur-Boxen »Internationale Polizei-Turniere«
V: PSV.
Wg-Turnier: Campe (Berlin) besiegt Vil Beck (Aarhus); Chmielewski (Lodz) besiegt Mietschke (Berlin); Campe besiegt Chmielewski.
Mg-Turnier: Nielsen (Kopenhagen) besiegt Richter (Berlin); Hornemann (Berlin) besiegt Majchrzyeki (Posen); Hornemann besiegt Nielsen.
Hsg-Turnier: Zehetmayer (Wien) besiegt Sjöe (Stockholm); Kyfuß (Münster) besiegt Karpinski (Warschau); Kyfuß besiegt Zehetmayer.
Sg-Turnier: Eckstein (Lübeck) besiegt Dworacek (Wien); Leis (Mittelbexbach) besiegt Blätte (München); Leis besiegt Eckstein durch Abbruch.
BLA 4.–5. 12.; Agr 4.–5. 12.; BS 739–41, 27. 11.–10. 12.

Dez 6, abends. »Jahreskundgebung der Reichskulturkammer«
V: Reichskulturkammer.
Rd: Dr. Joseph Goebbels (Reichsmin., Gl).
Th: *»Übersicht über die Kulturarbeit des letzten Jahres«.*
Mitw.: Staatskapelle, Philharmonisches Orchester (Peter Raabe), Chor (Bruno Kittel), Sprechchor des Arbeitsdienstes, Lothar Müthel (Rezitation).
»Man traut seinen Augen nicht. Ist das wirklich noch der alte Sportpalast, dieses gigantische Rechteck, welches das strahlende Gewand einer wirklichen Festhalle angelegt hat? Mit feinem künstlerischem Verständnis ist man an der Arbeit gewesen, hat man durch Stoffbehang die nüchterne Kahlheit des Hauses beseitigt und einen Saal von würdigstem Aussehen geschaffen. Oberhalb der Orchestra, auf der das weiße Festkleid der Sängerinnen sich wirkungsvoll von dem Schwarz des Sängerfracks abhebt, streben rote Bänder mit dem Schmuck des Hakenkreuzes zur Decke. [...] Dicht gedrängt die Tausende, die Minister Dr. Goebbels mit dem deutschen Gruß willkommen heißen. [...] ›Es entspricht nicht der Loyalität‹, so führte der Minister aus, ›die der schaffende Künstler dem neuen Staate schuldet, wenn nationalsozialistische Forderungen, die im Geiste der kämpfenden Bewegung ihre Rechtfertigung finden, als von gewissen Kreisen kommend, verdächtigt und diskreditiert werden. Denn der Nationalsozialismus ist nicht nur das

416 Leis, der Sieger im Schwergewicht, am Boden sein Gegner, Eckstein (Chr Dez 4).

politische und soziale, sondern auch das kulturelle Gewissen der Nation« (BLA 7. 12.).

Dez 11, abends. Kundgebung der Eisenbahner
V: Fachschaft Reichsbahn im Amt für Beamte der NSDAP/ Fachgruppe Reichsbahn in der DAF.
Rd: Arthur Görlitzer (stellv. Gl, Staatsrat), Klein (Reichsfachgruppenwalter), Friedrich Peppmüller (Reichsfachschaftsl.).
Th: *»Schilderung der gewaltigen Leistungen der Reichsbahn auf technischem, wirtschaftlichem und sozialem Gebiet«, »Zukunftsbild von den neuen Aufgaben und Leistungen der Reichsbahn«, »Grundlagen der weiteren Arbeit«.*
BLA 12. 12.

Dez 14, 20.00 Uhr. Gautag
V: NSDAP, Gau Groß-Berlin.
Rd: Dr. Joseph Goebbels (Reichsmin., Gl), Arthur Görlitzer (stellv. Gl, Staatsrat).
Th: Jahresübersicht und die gegenwärtige politische Lage.
»Die Plakate des Sportpalastes sprechen eine deutliche Sprache. Sie erzählen von der Arbeit des Jahres, das hinter uns liegt, des Jahres der Behauptung, wie es Dr. Goebbels nannte. Eines Jahres voller Kampf und Opfer. ›Not schmiedet Volksgemeinschaft‹ oder ›Noch 2 Millionen Erwerbslose – 65 Millionen stehen dafür ein‹« (Agr 15. 12.).
Agr 15. 12.; BLA 15. 12.

Dez 15–16. 20.15 Uhr. Eishockey u. a.
V: BSchC (?).
Kunstlauf von Lotte Bluhm, Randy Gulligsen (Oslo), Günther Lorenz, Günther Noack, Paula Schmidt, Ursula Schwarz, Werner Zähring, Hempel/Weiß.
Wembley Canadians (London): Amantyia (Tor); Rogers, Rost (Vert.); Mc Williams, Milford, Morrison (Sturm A); Markham, Porter, Wyman (Sturm B).
Dez 15 Wembley Canadians – BSchC 0:0 (Europa-Turnier). Brandenburg – Zehlendorfer Wespen 4:0.
Dez 16 Wembley Canadiens – BSchC 3:0 (0:0, 0:0, 3:0). BEC – Tegeler EV 3:0 (0:0, 1:0, 2:0).
BLA 12., 14.–15., 17. 12.; Agr 15., 17.–18. 12.

Dez 18. 20.00 Uhr. »Großes Konzert der Verwaltungspolizei, Schutzpolizei und Landespolizei«
Zum *»Tag der Deutschen Polizei«.*
Germ 12. 12.

Dez 19, abends (?). Kundgebung
V: NS-Kulturgemeinde/Bund Nationalsozialistischer Deutscher Juristen.
Rd: Dr. Wilhelm Römer (Gauf. im BNSDJ), Alfred Rosenberg (Reichsl.).
Th: »Einheit von Recht, Volk und Staat«, »Weltanschauung, Recht und Paragraph«.
Mitw.: Sprechchöre der SA, Fanfarenkorps des Potsdamer Reiterregiments, Landesorchester Berlin.
»Die große Versammlung im Sportpalast zeigte eine neue Gestaltung. Vorstoß zu neuen Wegen, den Willen, auf der kultisch gewordenen Form nationalsozialistischer Massenversammlungen weiter zu bauen. Der Sportpalast bot das Bild, wie es von Raum und Material bestimmt ist. Endlose Sitzreihen, überfüllte Tribünen und Ränge. Vorn das Rednerpodium; die Inschriften dem Sinne der Versammlung entsprechend. Aber der Wille, weiterzugehen, zeigte sich weniger in der Formung des Materials, als im Eingreifen des Menschen. Was die Sprechchöre [...] in abwechselnder Darbietung mit dem Streichorchester oder dem Fanfarenkorps [...] boten, das war neuartig und imposant. Eine einzigartige Folge künstlerischer Darbietungen hämmerte auf die Massen ein. [...] Für den verhinderten Reichsminister Dr. Frank sprach Dr. Römer, Gauleiter im BNSDJ. Der Grundgedanke der ganzen Veranstaltung war das Wort des Führers: Von nun an darf es keinen Unterschied mehr geben zwischen Recht und Moral. – Weltanschauung und Recht sind eins, sie bilden den neuen Menschen, ihre Verbindung bedeutet revolutionäre Gutmachung zum einigen deutschen Reich« (Agr 20. 12.).
Agr 20. 12.; Rosenberg, Gestaltung der Idee, S. 222–34.

Dez 21–22, 20.00 Uhr. Eishockey
Dez 21 BSchC – Tegeler EV 16:0 (6:0, 6:0, 4:0). BHC – BEC 3:1 (1:0, 1:1, 1:0).
Dez 22 Zehlendorfer Wespen – BFC Preußen 0:0. SCC – Oberschöneweider HC 0:0.
BZaM 21.–22., 24. 12.; Agr 21.–22. 12.

Dez 23. Eishockey u. a.
Kunstlauf von Ernst Baier, Maxi Herber, Vivi-Anne Hulthén, Ursula Schwarz u. a.
14.30 Uhr. HJ-Veranstaltung
»Der erste Teil des Programms wird nur von Jugendlichen ausgeführt. Nach Vorführung der Allerjüngsten werden die besten Jugendlichen aus Berlin und München ihr Können zeigen. Ein Eishockeyspiel zwischen zwei Juniorenmannschaften und eine humoristische Einlage folgen. Im zweiten Teil [...] werden die Winnipeg=Monarchs einen Schaukampf gegen eine Berliner Verbandsmannschaft austragen« (BLA 19. 12.).
Winnipeg Monarchs (CDN) – Berlin-Auswahl 7:0 (2 x 10 Min.). BSchC – BEC 3:1.
20.15 Uhr. KdF-Veranstaltung
Winnipeg Monarchs – Rastenburger SV 7:1 (2:0, 2:1, 3:0). Brandenburg – BFC Preußen 6:1 (2:0, 3:0, 1:1; Brandenburgische Meisterschaft).
BLA 19., 23.–24. 12.; Agr 22., 24. 12.; BT 24. 12.

Dez 25, 20.00 Uhr. »Großes Eisfest«
V: KdF.
»Bekannte Kunstläufer / Belustigungen auf dem Eis / Musikzug der SS.-Leibstandarte Adolf Hitler / Musikmeister Müller-John / Wettspiele der Eishockey-Mannschaften: / Brandenburg e. V. (Deutscher Meister, Kampfspielsieger 1934) / gegen Berliner Eishockey-Klub. / Zehlendorfer Wespen gegen Berliner Eislauf-Club« (Stattgefunden?; Kraft durch Freude, Gau Groß-Berlin, Programm-Mitteilung, Nr. 12, 1. 12. 1934).

Dez 26–27, 20.15 Uhr. Eishockey
V: BSchC (?).
Kunstlauf von Ernst Baier, Maxi Herber, Vivi-Anne Hulthén, Viktoria Lindpaintner, Hempel/Weiß.
Dez 26 Winnipeg Monarchs (CDN) – BSchC 9:2 (4:1, 2:0, 3:1). Rastenburger SV – Berlin-Auswahl 1:1 (1:0, 0:0, 0:0).
Dez 27 Winnipeg Monarchs – BSchC 7:0 (1:0, 4:0, 2:0). Rastenburger SV – Berlin-Auswahl 3:1 (0:0, 3:0, 0:1).
BLA 26.–28. 12.; Agr 27.–28. 12.; Germ 27., 29. 12.

Dez 31, 20.00 Uhr. Großer Silvester-Ball
V: SP.
E: 2,– M, Vorverkauf 1,50 M; *»Kein Gedeckzwang – Kein Weinzwang«, »Tischbestellung im Sportpalast«.*
Mitw.: Claire Waldoff, Fischer-Köppe, Ludwig Manfred Lommel, Wilhelm Bendow; die Kapellen Fred Bird und Krüger-Burghardt.
Agr 31. 12.

1935

Jan 6, 20.00 Uhr. »Saarkundgebung«
V: Bund der Saarvereine Berlin.
Rd: Rudolf Heß (Reichsmin., Stellv. des F.).
Th: *»Deutsch bleibt die Saar«.*
Mitw.: Kapelle Fuhsel, Knappenkapelle der Saarländer.
Anläßlich der bevorstehenden Abstimmung am 13. 1. über die Rückgliederung des Saargebietes. Am gleichen Tag wurde *»im Namen des Museums für Länderkunde, Leipzig, in der Wandelhalle des Reichstages die Saar=Ausstellung eröffnet«* (Eröffnungsfeier in der Krolloper).
»Die in Berlin anwesenden abstimmungsberechtigten Saarländer sammeln sich zwischen 18 und 19 Uhr im Lustgarten und marschieren von dort geschlossen zum Sportpalast. Die Bevölkerung Berlins bildet Spalier. Die Sportpalastkundgebung findet mit einem Fackelzug zum Wilhelmplatz ihren Abschluß« (BLA 31. 12. 1934).
Die Rede von Heß wurde durch alle deutschen Sender übertragen, sie wurde *»in die vielen tausend Versammlungen übertragen, die in allen deutschen Gauen gleichzeitig stattfanden, eine geschlossene deutsche Volkskundgebung also, Antwort und Echo auf den gewaltigen Aufmarsch der Saarländer, die am Tage von Saarbrücken aus ihr Bekenntnis über den Rhein gerufen hatten«* (BLA 7. 1.).
»Im Vorhof [...] stehen die Fahnen der SA. Und von der Front des Gebäudes leuchtet ein Transparent: ›Berlin grüßt die Saarländer!‹. Durch SA=Reihen geht es in den Sportpalast hinein. [...] Der ganze Raum, dessen Weite fast unwirklich anmutet, ist in Fahnen getaucht. Sie klettern bis zur Decke hinauf, sie hüllen das Oval der Brüstung völlig ein. Auf dem Podium schimmert ein Lorbeerhain, davor hat inzwischen die Knappenkapelle mit den roten Federbüschen auf ihren Schachthüten Platz genommen. Ueber ihr die Kapelle Fuhsel und ein Spielmannszug. [...] Die Saarländer nehmen in der Mitte des Raumes Platz. Vor ihnen am Podium stehen wie eine eherne Wacht in zwei Gliedern SS=Männer. Plötzlich verstummt das Stimmengewirr wie auf ein unhärbares Kommando. Abertausende erheben sich in einem Ruck. Die Hände fahren hoch und dann brandet ein Heilrufen auf, wie der donnernde Gesang des Meeres. [...] Heß, [...] Dr. Goebbels, [...] Görlitzer, schreiten durch den Mittelgang in den Saal. [...] Görlitzer grüßt das Saarvolk in seinem Kampf, die im Saal vereinte Menge und die 30000 Parallelveranstaltungen, die zur gleichen Stunde in Berlin und im ganzen Reiche stattfinden und bittet dann den Stellvertreter des Führers, Reichsminister Heß, das Wort zu nehmen« (BLA 7. 1.).
BLA 31. 12. 1934; 4.–5., 7. 1.; Agr 7. 1.

Jan 7. Beginn des Einbaus der Radrennbahn
Agr 4. 1.

Jan 11, 20.00 Uhr. Radrennen
V: SP.
Unter Beteiligung von Amateuren.
Amateure:
Malfahren (15 Läufe): 1. Kinnsbrunner, 2. Bartels, 3. Wiemer, 4. Golz.
Berufsfahrer:
100-km-Mannschaftsfahren (13 Paare): 1. Funda/Pützfeld 38 Pkte; 2. Kilian/Vopel 34; 3. Zims/Küster 20; 4. Siegel/Thierbach 11; 5. Frach/Hürtgen (1 Rde zurück) 9; 6. Brüder Nickel 7; 7. Gröning/Leuer 7; 8. Stach/Colvenbach (2 Rdn zurück) 10; 9. Rieger/Stöpel o; 10. Maczynski/Hoffmann (3 Rdn zurück) 9; 11. Tietz/Lehmann (4 Rdn zurück) 4:2:20:10,3 Stunden; ausgeschieden: Rausch, P. Müller, Negd/Stock.
»Das war ein Erfolg, den man nicht erwartet hatte. Der erste Radrenntag im Sportpalast, und schon ein ausverkauftes Haus! [...] Mit einem Einmarsch aller Teilnehmer begann dieser erste Renntag. Willi Arend, der Altmeister, gedachte in seinen Eröffnungsworten der Brüder an der Saar. Das Deutschlandlied, die Horst=Wessel=Hymne, das Lied der Saar beendeten den kurzen Auftakt« (BLA 12. 11.).
BLA 11.–12. 1.; Agr 4., 8., 12. 1.

Jan 12–13. »24. Berliner Hallensportfest«
V: DRL, FaL, Gau III.
2500 Meldungen. Zur Abwicklung der Vorkämpfe des ursprünglichen nur für den 13. geplanten Festes mußte aufgrund der großen Zahl an Meldungen auch der 12. hinzugenommen werden.
Jan 12 Vorkämpfe.
Jan 13
8.30 Uhr Vorkämpfe, 20.00 Uhr Hauptkämpfe.
»Mit einem eindrucksvollen Einmarsch begannen am Abend die Hauptkämpfe. Rechts und links aus der Mitte der Tribüne zogen sie ein, eine frohe, bunte Schar. Noch mehrere hundert Kämpfer waren es, die von den 2500 Teilnehmern übrig geblieben sind. Dann sprach der Gauführer Fürstner vom Fachamt Leichtathletik zu ihnen und begrüßte die sudetendeutschen Kameraden und gedachte des Freiheitskampfes an der Saar. Ein historischer Tag sei es, an dem Berlins Leichtathleten ihr Hallenfest feiern. Keine schönere Stunde könne es geben, um den Brüdern an der Saar das Bekenntnis zuzurufen ›Treue um Treue‹. Nach dem Sieg=Heil auf den Führer, nach dem Absingen des Deutschland= und des Horst=Wessel=Liedes zogen die Teilnehmer wieder geschlossen ab, während die wuchtigen Klänge des Saarliedes die Halle durchbrausten« (BLA 14. 1.). An diesem Tag fand im Saargebiet die Abstimmung über dessen Rückgliederung an das Deutsche Reich statt (91% für die Rückgliederung).
Aus den Wettbewerben:
»60 Meter: 1. Liersch (SCC) 7,0. 2. Taler (SCC) 7,1. 3. Stege (BSC) 7,2. Frauen: 1. Drabsch (Tib) 8,3. 2. Wedde (SCC) 8,4. 3. Schlüter (Tib) 8,5. – Jugend, 19/20: 1. Prink (Brandenburg) 7,7. 2. Melms (Post=SpV). 3. Frank (SCC). – Jugend, 17/18: 1. Adler (DSC) 7,3. 2. Jantos (Humboldt). 3. Rutz (Humboldt). – 60 Meter Hürden: 1. Braunder (DSC) 8,9. 2. Schulze (Borussia=Rathenow) 9,0. 3. Richter (Zehlendorf) 9,2. – Frauen: Kohtz (TSV Schbg.) 10,0. 2. Beckstein (SCC) 10,2. 3. Stolzenburg (Neuk. Sportfr.) 10,7. – 1500 Meter: 1. Hobus (Siemens) 4:20,2. 2. Buhk (PolSpV) 4:23,7. 3. Hartmann (DSC) 4:23,8. – Hochsprung: 1. Weinkötz (ASC Köln) 1,93 Meter. 2. Gehmer (Trainings=Gemeinschaft) 1,88 Meter. 3. Schrell (BSC), Loesch (PostSpV), Ladewig (DSC) 1,83 Meter. – 3000=Meter=Mannschaftslaufen: 1. Schönebg. TSC 9:37. 2. BT. 3. LTV. – Schwedenstaffel: 1. DSC 2:18,1. 2. SV Zehlendorf 2:19,7. 3. Tib 2:20,9. – 10=mal=50=Meter=Pendelst.: 1. Tib 1:02,2. 2. Reichskredit 1:03,5. 3. LTV 1:03,8. – 10 mal 2 Rd.: A=Vereine: 1. PolSpV 6:12,8. 2. Tib. 3. Neukölln. Sportfr. – BCD=Vereine: 1. Reichskredit 6:14,2. 2. BerlTSpV. 3. LTV. – 10 mal 1 Rd. Frauen: A=Vereine: 1. SCC 3:28,6. 2. Neuk. Sportfr. 3:27,7. 3. BDSC. – BCD=Vereine: 1. PolSpV 3:27,1. 2. Sportkameraden 3:32,3. 3. Schbg. TSC 3:32,8. – Jugendliche: DSC 3:05,1. 2. VfL Humboldt 3:06,2. 3. PolSpV 3:09,1. – 5 mal 1 Rd.: 1. Neuk. Sportfr. 1:33,6. 2. PolSpV 1:34,8. 3. SCC 1:38,5. – 4 mal 800 Meter, B=Vereine: 1. Ostmark=Frankfurt 8:33,8. 2. SV Vers.=Konzern 9:03,5. 3. Teutonia 99 9:06,1. – Olymp. Staffel, RCD=Vereine: 1. Karlsh. TV 4:54. 2. Telefunken. 3. SpV Astoria. – 4 mal 600 Meter. Jungmannen: 1. SpV Zehlendorf 6:37,7. 2. Schöneberger TSC 6:41,5. 3. BSC 6:45,7. – 10 mal 1/2 Rd. Knaben: 1. Guts Muths 1:44,7. 2. SC Süd 1:41,9. 3. Brandenburg 1:15,2.« (BLA 14. 1.).
BLA 11., 14. 1.; Agr 20. 12. 1934; 9., 12., 14. 1.

417 Saarkundgebung (Chr Jan 6); vorne von links: Rudolf Heß, Dr. Joseph Goebbels (Reichsmin., Gl) und Arthur Görlitzer (stellv. Gl, Staatsrat).

Jan 15, 20.00 Uhr. Amateur-Radrennen
V: SP.
Et: 0,50 bis 2.– M.
Hauptfahren (18 Vorläufe): 1. Bartels, 2. Wiemer, 3. Krehn, 3. Kinnsbrunner.

418 Saarkundgebung (Chr Jan 6).

Punktefahren (4 Vorläufe): 1. Scherrf 11 Pkte; 2. Lindner 11; 3. Bartkowski 7; 4. Bresching 6.
Ausscheidungsfahren: 1. Blankenburg vor Geserick.
75-Minuten-Mannschaftsfahren (12 Paare): 1. Wiemer/Dubaschny 10 Pkte; 2. König/Kalupa (1 Rde zurück) 13; 3. Kreisel/Wachtmeister 9; 4. Kinnsbrunner/Gronwald 9; 5. Schenk/Röseler; 6. Spang/Hubrich 3; 7. Block/Hopp 0; 8. Felsmann/Passenheim 0; 9. Blank/Fritschler (2 Rdn zurück) 2; 10. Wenzel/Zimmermann (4 Rdn zurück); 11. Mirau/Witte (5 Rdn zurück); 58,280 km.
BLA 16. 1.; Agr 15. 1.

Jan 18, 19.30 Uhr. Radrennen
V: SP.
Unter Beteiligung von Amateuren.
Amateure:
1000-m-Hauptfahren *»Großer Preis des Sportpalastes«:* 1. Mathysiak (Schweinfurt), 2. Kinnsbrunner (Wima-Derby), 3. Röseler (Fedia), 4. Hopp (Germania, Charlottenburg).

Berufsfahrer:
Dreistunden-Mannschaftsfahren (13 Paare): 1. Funda/Pützfeld (D) 37 Pkte; 2. Buysse/Buschenhagen (B/D) 21; 3. Brüder Nickel (D; 1 Rde zurück) 15; 4. Loncke/Ehmer (B/D; 2 Rdn zurück) 28; 5. Tietz/Kroll (D; 3 Rdn zurück) 20; 6. Dorn/Ippen (D; 5 Rdn zurück) 4; 7. Maczynski/Rieger (D; 6 Rdn zurück) 9; Wissel/Lehmann (D; 14 Rdn zurück) 1; 128,320 km; außerdem starteten: Schön/Lohmann (D), Prieto/Bresciani (E/I), Trosch/Biernaczyk (D) und Engel (D).
BLA 18.–19. 1.; Agr 17.–19. 1.

Jan 20, abends. »Großes Flieger-Massenkonzert«
V: Deutscher Luftsportverband, Landesgruppe XIV Brandenburg-Grenzmark.
»Auf dem Halbrund des Podiums, das festlich mit den Fahnen des Dritten Reiches und den Emblemen der deutschen Fliegerei ausgeschmückt war, hatten die 300 Musiker der vereinigten Musikzüge der Landesgruppe, das Reichsorchester des DLV und die 400 Fliegersänger mit ihrem Generaldirektor Fliegerkapitän Rudolf Schulz=Dornburg Aufstellung genommen.
Fanfarenklänge und ein Marschlied des einmarschierenden Fliegerkorps leiteten zu einer kurzen Saargedenkansprache des Landesgruppenführers Fliegerkommandant Cranz über, die mit dem gemeinsamen Gesang des Saarliedes und dem Choral ›Nun danket alle Gott‹ ausklang. Nach einem Vaterlandslied der Sänger und der begeisternden vaterländischen Festouvertüre Max Regers übermittelte Staatssekretär Milch die Grüße des Luftfahrtministers und forderte anknüpfend an die Worte des Vorredners den Präsidenten des DLV, Loerzer, auf, den Fliegerstürmen der befreiten Saar die Grüße der Versammlung telegraphisch zu übermitteln. In das Sieg=Heil auf das Vaterland und die Fliegerei, auf den Führer und seinen Luftfahrtminister stimmten die 20000 begeistert ein.
Und dann klangen in bunter Folge die alten herrlichen Militärmärsche; [...] (Germ 21. 1.)

Jan 21, mittags. »Weihestunde« als Reichsgründungsfeier
V: Deutscher Reichskriegerbund »Kyffhäuser«.
Rd: Wilhelm Reinard (Oberst a.D., Bundesf.) Hoos, (Landesf., Saargebiet).
Mitw.: Vereinigte Musikkorps und Spielmannszüge der Reichswehr (Heeresmusikinspizient Prof. Hermann Schmidt). Anläßlich der 64. Wiederkehr des Reichsgründungstages (18. 1.).
»Von der Außenfront der Riesenhalle grüßte, mit Tannengrün verkleidet, ein gewaltiges Spruchband: ›Deutsch ist die Saar‹ und wies damit auf die besondere Bedeutung dieser Reichsgründungsfeier hin. [...; vgl. Jan 13] die Fahnenabordnungen des Kyffhäuserbundes [...] rückten unter klingender Marschmusik heran. Auch eine Ehrenkompanie der Reichswehr mit den Fahnen der alten Garderegimenter traf, begleitet von einer zahlreichen Menschenmenge, vor dem Sportpalast ein und marschierte dann als erste der Fahnenabordnungen unter den Klängen des Badenweiler Marsches durch ein Spalier von Angehörigen des Kyffhäuserbundes in dem Saal ein. Es folgten Fahnenabordnungen der SA, des NSKK, der SS und schließlich Fahnen, Fahnen und nochmals Fahnen – insgesamt 2000 – des Kyffhäuserbundes« (BLA 21. 1.)

Jan 22, abends. Kundgebung
V: Gaubetriebsgemeinschaft »Nahrung und Genuß«.
Rd: Alfred Spangenberg (Gauwalter der DAF), Wolkersdörfer (L. der Reichsbetriebsgemeinschaft).
Th: u.a. zum *»Gesetz zur Ordnung der nationalen Arbeit«*.
Agr 23. 1.

Jan 23, 20.00 Uhr. Reichswehr-Konzert
Nachmittags Generalprobe (für die Angehörigen der HJ; Et: frei).
V: Wehrkreiskommando/KdF.
Et: 0,50 M.
Mitw.: Acht zu einer Kapelle vereinigte Musikkorps (Heeresmusikinspizient Prof. Hermann Schmidt).
Das ursprünglich für den 9. 1. geplante Konzert war wegen der Saarkundgebung auf diesen Tag verschoben worden.
»Auf dem großen, mit den Symbolen des Dritten Reiches und den Emblemen der Arbeitsfront geschmückten Halbkreis des Podiums, hatten die acht zu einer Kapelle vereinigten Musikkorps, insgesamt 500 Mann [...] Aufstellung genommen. Der erste Programmteil, der mit der Ouvertüre zur Oper ›Agrippina‹ von Händel eingeleitet wurde, zeigte die außerordentliche Schulung und Leistungsfähigkeit der Musikkorps auf dem Gebiete der Streichmusik, [...]« Gespielt wurden unter anderem *»Wagners Ouvertüre zu ›Rienzi‹ und Beethovens ›Leonoren=Ouvertüre III‹ [...] Der zweite Teil begann mit dem Einzug der Spielleute, der Fanfarentrompeter und 250 Mann der Berliner Wachtruppe, die [...] mit klingendem Spiel und Soldatenliedergesang einmarschierten [...] begeisterter Beifall [...] als nun in bunter Folge die alten volkstümlichen Soldatenlieder, so*

419 »Weihestunde« als Reichsgründungsfeier (Chr Jan 21); erste Reihe von links: Unbekannter, Wuest (amerikanischer Militärattaché), Erwin von Witzleben (Generalmajor), Heinrich Lammers (Staatssekr.), Heusinger von Waldegg (Admiral), Wilhelm Reinhard, Unbekannter.

das herrliche Reiterlied ›Morgenrot‹ ertönten, und als die schneidigen Militär= und Armeemärsche aufklangen [...]« (Agr 24. 1.).
Agr 7., 24. 1.; Germ 19. 1.

Jan 24, abends. Fahnenweihe der NSKOV-Saar
V: NSKOV.
Rd: August Wilhelm Prinz von Preußen (Gruppenf.), Peter Baltes (Kriegsopferf. des Saargebiets), Hanns Oberlindober (Reichskriegsopferf.).
Th: Zu den Auswirkungen der Wiedereingliederung des Saargebietes.
»Die schwarze Sturmfahne der Kriegsopferversorgung – Saar – ist gestern abend nach dem über 700 Kilometer=Triumphzug durch Deutschland, der in den Mauern der Reichshauptstadt mit besonders eindrucksvollen Kundgebungen zu Ende ging, in den Sportpalast geleitet worden. Reichswehr, Landespolizei, SA, PO bildeten das Spalier, durch das die Schwarze Fahne durch den Sportpalast getragen wurde. [...] Pg. Oberlindober übernahm die Fahne, die heute dem Führer übergeben wird. Die Kameraden von der Saar erhielten die neue Fahne mit den Farben und Zeichen des neuen Reiches [...] Die Schwarze Fahne der Opfer gab der neuen Fahne die Weihe« (Agr 25. 1.)

Jan 26, 20.00 Uhr. Radrennen
V: SP.
100-Rdn-Mannschaftsfahren (13 Paare): 1. Schön/Lohmann 9 Pkte; 2. Kilian/Vopel (1 Rde zurück) 42; 3. Rausch/Wals 11; 4. Funda/Pützfeld (2 Rdn zurück) 35; 5. Buysse/Buschenhagen (3 Rdn zurück) 38; 6. Tietz/Kroll (4 Rdn zurück) 10; 7. Brüder Nickel (5 Rdn zurück) 15; 8. van Nevele/Maczynski 2; 9. Göbel/Korsmeier (9 Rdn zurück) 5; 10. Brüder Wolke 3; 3:40:21,6 Stunden; ausgeschieden: Siel/Göttmann, Marklewitz/Stach, Ehmer, Suter.
BLA 20., 23., 28. 1.; Agr 23., 26., 28. 1.

Jan 29, 20.00 Uhr. Amateur-Radrennen
30-Min.-Mannschaftsfahren (10 Paare): 1. Hubrich/Passenheim 16 Pkte; 2. Mirau/Witte; außerdem starten: Nowak/Prinz, Fritschler/Blank, Rast/Kusche, H. Thomas/Schulz, E. Thomas/Satorius, York/Schmidt, Bartkowski/Stoewer.
100-Min.-Mannschaftsfahren (12 Paare): 1. Mertens/Schneider, 2. Mathysiak/Marcuse, 3. Roeseler/Spang; außerdem starten: Wiemer/Dubaschny, Ibbe/Busche, Jung/Schenk, Kinnsbrunner/Gronwald, Kalupa/König, Meier/Blankenburg, Tallmann/Böhm, Kreisel/Wachtmeister, Block/Hopp.
Vorher gab es noch ein 50-Rdn-Punkte-, ein Jugendhauptund ein Fliegerhauptfahren.
BLA 29. 1.; Agr 29.–30. 1.

Feb 1, 20.30 Uhr. Gautag
V: NSDAP, Gau Groß-Berlin.
Rd: Dr. Joseph Goebbels (Reichsmin., Gl).
Th: *»Die Politik wird von der Partei gemacht«.*
»Transparente: ›Not schmiedet Volksgemeinschaft‹, oder ›Im täglichen Erfüllen der kleinsten Pflicht liegt das größte Heldentum‹ gaben Leitgedanken des Dritten Reiches wieder« (BLA 2. 2.).
Agr 25. 1.; 2. 2.; BLA 2. 2.; Germ 3. 2.

Feb 2, 21.00 Uhr. Radrennen »Die Nacht«
V: SP.
Unter Beteiligung von Amateuren.
Amateure:
Malfahren: 1. Kinnsbrunner, 2. Mertens.
Berufsfahrer:
Achtstunden-Mannschaftsfahren (13 Paare): 1. Funda/Pützfeld, 2. Kilian/Vopel, 3. Zims/Küster, 4. Buschenhagen/Kolvenbach; außerdem starteten: Rausch/Lohmann, Lehmann/Wissel, Dekuysscher/G. Debaets, Siegel/Thierbach, Tietz/Pellenaers, Brüder Nickel, R. Gyssels/Rieger, Danholt/Maczynski, Choury/Fabre.
BLA 2.–4. 2.; Agr 29. 1.; 1., 4. 2.

Feb 3, 20.00 Uhr. Handball-Turnier
Vorrunde: BSC – Osram 4:3 (2:2); PSV – Bewag 8:2 (3:1); Askanischer TV – BT, Spiel-Abt. 11:2 (5:2); DBV – BSV 92 6:4 (2:1).
Zwischenrunde: PSV – BSC 6:5 (3:3); DBV – Askanischer TV 5:2 (3:1);
Endspiel: DBV – PSV 10:7 (4:2).
BLA 3.–4. 2.; Agr 4. 2.

Feb 8, 20.00 Uhr. Radrennen
V: SP.
1000-m-Vorgabefahren (Ernst-Wilke-Erinnerungspreis; 1000,– M; 5 Vorläufe): 1. Kolvenbach, 2. Wesenberg, 3. Stock.
500-Rdn-Mannschaftsfahren (12 Paare): 1. Tietz/Kolvenbach, 2. Stach/Hoffmann; außerdem starteten: Brüder Nickel, Gruhn/Kolbe, Gröning/Marklewitz, Dorn/Steffes, Ebeling/Maczynski, Brüder Wolke, M. Engel/Lehmann, Stock/Wesenberg, Neitzel/Biernatzyk, Berg/Balke.
Der *»angekündigte Rekordversuch des ehemaligen Amateur=Weltmeisters A. Richter, den bestehenden Rundenrekord von 9,9 Sek. zu unterbieten, war nicht erfolgreich, denn Richter konnte nur 10 Sekunden herausfahren.«*
»Große Lücken zeigten sich in dem leider recht kalten Sportpalast, und die hier nun schon gewohnte Stimmung stellte sich sehr spät ein« (Agr 9. 2.).
BLA 7.–8. 2.; Agr 9. 2.

Feb 10, 10.00 Uhr. »Morgenfeier«
V: BDM, Obergau Berlin.
Mitw.: *»Sprechchor von 500 Mädeln«,* Musikzug der HJ.
Etwa *»15 000 Angehörige des BDM [...] Nach dem Einzug der weit über tausend Wimpel trug ein Sprechchor von 500 Mädeln ein Chorwerk vor, das symbolhaft die Einigung Deutschlands in der nationalsozialistischen Bewegung darstellte: aus Nord und Süd, aus West und Ost, aus Stadt und Land vereinigen sich alle Gruppen in einem Block zum gemeinsamen Bekenntnis für Deutschland. In den aufrüttelnden Versen kam das Wollen des BDM zum Ausdruck, den lebensstarken Frauentyp zu verkörpern, der seine Lebensgestaltung, seine Arbeit und seine Freude aus der Verwurzelung in seinem Volke schöpft«* (BLA 11. 2.).
Agr 9., 11. 2.; BLA 11. 2.; Germ 10., 12. 2.

Feb 13, abends. Gautagung
V: NS-Frauenschaft, Gau Groß-Berlin.
Rd: Sophie Fikentscher (Gauamtsl.), Dr. Walter Gross (L. des Rassenpolitischen Amtes der NSDAP), Gertrud Scholtz-Klink (Reichsfrauenf.)

Th: *»Rasse, Blut, Bevölkerungspolitik«, »Feierabend deutscher Frauen«.*
Mitw.: NS-Chor, Kapelle Fuhsel.
Agr 14. 2.; BLA 14. 2.

Feb 14, 19.30 Uhr. Radrennen
V: SP.
Unter Beteiligung von Amateuren.
Amateure:
Hauptfahren: 1. Krehn, 2. Kinnsbrunner, 3. Golz, 4. Mertens.
Berufsfahrer:
Erstes Halbstundenfahren (Aberger-Preis): 1. Falck-Hansen 12 Pkte; 2. Charlier 8; 3. Hoffmann 5; 4. Buschenhagen und Siebelhoff je 0; 6. Zims (1 Rde zurück) 6; 7. Gilgen 2.
Zweites Halbstundenfahren (Stellbrink-Preis): 1. Rausch 3 Pkte; 2. Deneef (1 Rde zurück) 5; 3. Buysse 5; 4. Pijnenburg 3; 5. W. Nickel 1.
Zweistunden-Mannschaftsfahren (12 Paare); 1. Lohmann/Buschenhagen 8 Pkte; 2. Charlier/Deneef (1 Rde zurück) 25; 3. Zims/Küster 17; 4. Hürtgen/Pijnenburg 13; 5. Tietz/Kolvenbach 8; 6. Brüder Nickel 6; 7. Hoffmann/Ehmer (2 Rdn zurück) 18; 8. Rausch/Falck-Hansen (4 Rdn zurück) 21; 9. Gilgen/Saladin (6 Rdn zurück) 10; 10. Vinders/Ebeling (7 Rdn zurück) 4; 89,830 km; ausgeschieden: Kroll/Siebelhoff, Schön, Buysse.
BLA 15. 2.; Agr 14.–15. 2.

Feb 15, 20.30 Uhr. Eröffnung des 2. Reichsberufswettkampfes der deutschen Jugend
V: HJ.
Rd: Dr. Joseph Goebbels (Reichsmin., Gl), Dr. Robert Ley (Reichsorganisationsl.), Baldur von Schirach (Reichsjugendf.).
Mitw.: Sprechchor, Orchester des Deutschlandsenders, Kapellen und Spielmannszüge der HJ.
» [...] Dr. Ley und [...] Dr. Goebbels wiesen dann in einem großen Apell an die Jugend auf die hohe Bedeutung dieses Wettkampfes im Arbeitsleben der Nation hin. Chorische Darbietungen von Hitlerjungen, Jungvolk=Jungen und BDM=Mädel umrahmten die würdige Feierstunde. [...] An 3000 Orten werden in 50000 Kampfstätten während der Zeit vom 18. bis 25. März die Ausscheidungskämpfe stattfinden. Der Endkampf wird im Saargebiet ausgetragen, um den Saarländern die enge Verbindung mit der deutschen Zukunft zu zeigen« (Agr 16. 2.).
Agr 14., 16. 2.; BLA 12., 16. 2.

Feb 16, abends. Versammlung der »Betriebsführung und Gefolgschaft der Osramwerke«
V: DAF (?).
Rd: Arthur Görlitzer (stellv. Gl, Staatsrat).
»Unter den Symbolen des Dritten Reichs und der Deutschen Arbeitsfront waren über 16000 Mann der Belegschaft gekommen, um nach einer Ehrung der Jubilare, die 25 Jahre im Betrieb tätig sind, eine Festrede des stellvertretenden Gauleiters Staatsrat Görlitzer zu hören« (Agr 18.2.).

Feb 17. Papstfeier aus Anlaß des Papstkrönungstages
V: (Katholische Kirche).
Rd: Dr. Nikolaus Bares (Bischof von Berlin und der Mark Brandenburg), Cesare Orsenigo (Apostolischer Nuntius), Dr. Rick (Regierungspräs. i. R.).
Mitw.: Philharmonisches Orchester, Dom- und Knabenchor St. Hedwig (Domchordir. Dr. Foerster).
»Die Katholiken im Sportpalast! Seit 1930 ist das nichts neues mehr, aber immer wieder etwas Besonderes. Sportpalast! Was ist dieser ovale Riesenraum nicht schon alles gewesen? Rennbahn und Theatersaal, Versammlungsstätte aller Parteien und aller Farben. Und heute schon fast sakraler Raum. Alles, was den Willen zum Siege und zur Wirkung in die Oeffentlichkeit hatte, ist in den Sportpalast gegangen. Es gibt in Berlin und im Reiche keine Stätte, die in stärkerem Maße Forum der Oeffentlichkeit wäre als der Sportpalast. Und immer wieder ist dieser Raum ein genaues Spiegelbild derjenigen gewesen, die ihn füllten. Von den Brüstungen der Ränge, an denen in dieser Stunde die päpstlichen Farben leuchten haben rote Spruchbänder antichristliche Parolen in den Raum geschrien, und an derselben Stelle, von wo aus jetzt der fremde Akzent des Berliner Nuntius Orsenigo unser Ohr trifft, sind einmal die vergifteten Lehrsätze moskowitischer Weltbeglückungsträume verkündet worden. Hier hat Hitler die Massen begeistert, hier hat Dr. Goebbels unzählige Male gesprochen. In der Tat: Form der Oeffentlichkeit ist dieser Betonbau wie kein zweiter.
Heute gehört er den Katholiken, heute ist er Bekenntnisstätte katholischer Gläubigkeit und katholischen Willens zum Ausgleich, zur Synthese zwischen Vaterland und Welt, katholischem Christentum und nationaler Wiedergeburt [...] Plötzlich Händeklatschen, unmittelbar gefolgt von Fanfarenstößen und Trommelwirbel. Die Fahnen, die Banner und Wimpel ziehen ein, und es entwickelt sich jetzt jener Kundgebungsstil, den wir schon oft beobachten konnten und der sich immer wieder bewährte. Zunächst erscheinen die schweren würdigen Kirchenfahnen, dann die leichten, frischen, bunten Banner der Jungmädchen, der Jungmänner, der berufständischen Vereine. [...] Die Sturmschärler, die über dem Orchester und dicht neben dem päpstlichen Wappen, das den Raum beherrscht, Platz genommen haben, begrüßen ihre Christusbanner mit einem hallenden Dreifachen ›Heil!‹. [...] Nun erscheint unter Vorantritt der Neudeutschen, der Sturmschärler, der Pfadfinder und des Domkapitels der Apostolische Nuntius Orsenigo und Bischof Dr. Bares. Sie werden wirklich (und ohne die geringste Uebertreibung des Berichterstatters) mit ohrenbetäubenden Jubel begrüßt. Die Versammlung hat sich kaum beruhigt, da setzt das Orchester ein mit dem ›Tu es Petrus‹ aus dem Oratorium ›Christus‹ für Chor und Orchester von Franz Liszt. [...] folgte die Ansprache des Festredners, Regierungspräsident i. R. Dr. Rick [...]« (Germ 18. 2.).

Feb 19, 20.00 Uhr. Amateur-Radrennen
V: DRV, Gau III.
Hauptfahren: 1. Merkens, 2. Mertens, 3. Kinnsbrunner, 4. Krehn.
Rundenrekordfahren: 1. Merkens 10,1 Sek; 2. Jung; 10,3.
50-Rdn-Punktefahren: 1. Zimmermann 12 Pkte; 2. Mirau 11; 3. Scherff 6.
100-Minuten-Mannschaftsfahren (12 Paare): 1. Mertens/Dubaschny 21 Pkte; 2. Wiemer/Matysiak (1 Rde zurück) 16; 3. Jung/Schenk (2 Rdn zurück) 6; 4. Meier/Blankenburg (3 Rdn zurück) 1; 5. Mertens/Marcuse (4 Rdn zurück) 12; 6. Kinnsbrunner/Gronwald (5 Rdn zurück) 10; 7. König/Kalupa 9; 8. Röseler/Wachtmeister 0; 78,490 km; ausgeschieden: Block/Hopp, Passenheim/Hubrich, Schneider, Golz, Böhm, Kreisel.
BLA 19.–20. 2.; Agr 19.–20. 2.; Germ 21. 2.

Feb 22, 20.00 Uhr. Radrennen
V: SP.
Dreistunden-Mannschaftsfahren (12 Paare): 1. Schön/Lohmann 26 Pkte; 2. J. Aerts/Buschenhagen (1 Rde zurück) 4; 3. Zims/Küster (2 Rdn zurück) 17; 4. Stach/Billiet 13; 5.

420 Bestuhlungsplan für die Veranstaltung von Radrennen, 24. 1. 1935 (nach: LA SP 4009/108 [Lichtpause/Papier, 57 x 68 cm]).

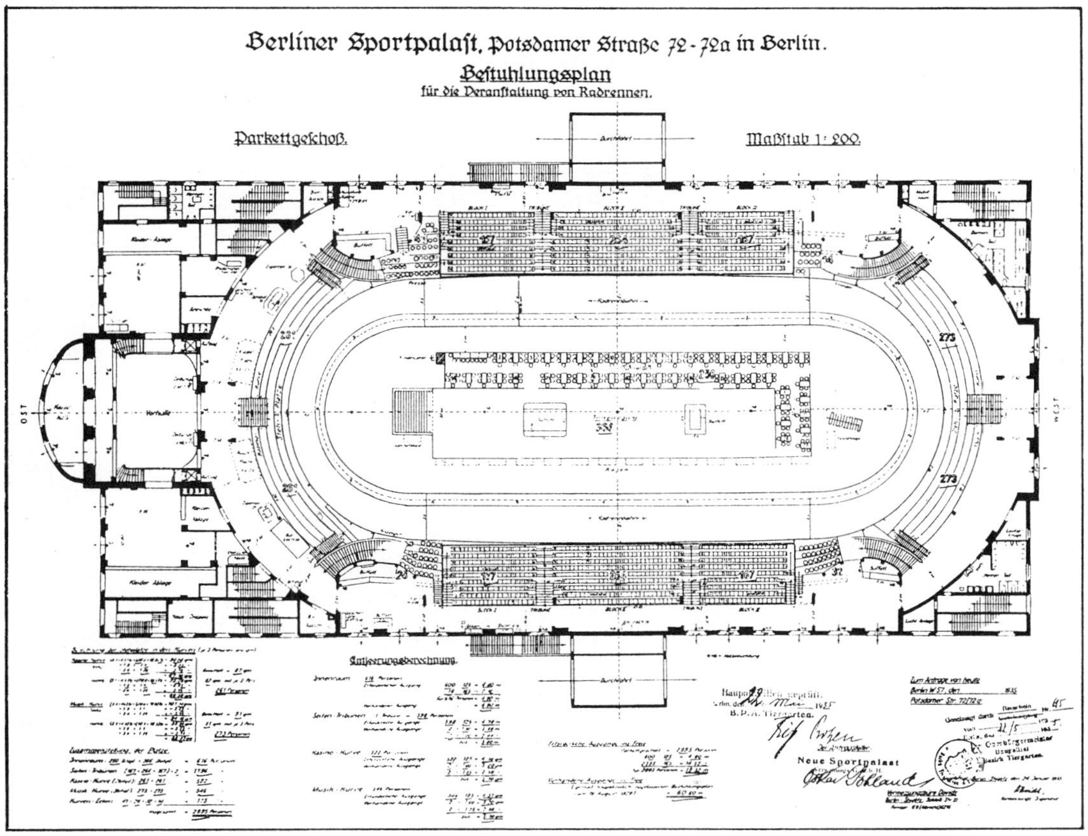

Kolvenbach/Hoffmann (3 Rdn zurück) 17; 6. Depauw/O. Nickel 3; 7. Umbenhauer/Siebelhoff 1; 132,5 km; ausgeschieden: Bulla/Bresciani, Ebeling/Maczynski, Brüder Wolke, Kaers, Kroll, Gröning, W. Nickel.
BLA 22.–23. 2.; Agr 22.–23. 2.

Feb 22–? Zinnfigurenschau »Neueste deutsche Geschichte in Dioramen«
Wohl im Kasino.
9.00 bis 22.00, sonntags 10.00 bis 18.00 Uhr.
Et: 0,20 M.
»Eine bunte Schau von Dioramen, die die deutsche Geschichte von 1914 bis zur Gegenwart darstellt, wird heute in einem Raum des Berliner Sportpalastes eröffnet. Unter Verwendung von Tausenden und aber Tausenden von Zinnsoldaten, von Häuserminiaturen sowie naturgetreuen Geländenachbildungen schildern die einzelnen Dioramen Szenen des Weltkrieges, der Revolution und der Nachkriegszeit, bis diese dunkle Episode deutscher Geschichte im Parteitag des Sieges im September 1933 ihren Abschluß fand. An der Schau haben rund fünfzig Zinngießer und Maler, Bildhauer und Holzschnitzer in wochenlanger Mühe gearbeitet.
In den ersten kleinen Dioramen sieht man das Chaos des Schlachtfeldes. Dann ziehen Soldaten über die Straßen Frankreichs, und Schützengräben durchschneiden die weite Ebene. Weiter: In einer kleinen deutschen Stadt wüste Haufen von Menschen mit roten Fahnen an Barrikaden. Auch die Schlangen vor den Arbeitsämtern werden bildlich geschildert, und ein Wahlsonntag mit seinem Durcheinander von Demonstranten und Parteivertretern ruft die Erinnerung an jene Zeit zurück. Die SA marschiert das erstemal in geschlossenem Zuge am Karl=Liebknecht=Haus vorbei, das brennende Reichstagsgebäude ist einfach und schlicht nachgebildet, bis in einem großen Diorama der Führer in Nürnberg den Vorbeimarsch seiner Getreuen abnimmt. Sehr schön gelungen sind die beiden Schlußdioramen, deren Herstellung besonders viel Mühe machte: das große Reichswehrbiwak nach dem Manöver und der Einzug eines Infanterieregiments in eine Stadt, die für eine Nacht Einquartierung erhält.
Die Erbauer der Schau, die Gebrüder Helwing, deren Familie in jahrzehntelanger Arbeit mehr als 200 000 Zinnsoldaten sammelte, schildern kurz, wie sie mit ihren 50 Mitarbeitern die Dioramen zustandebrachten. Sie erzählen, wie aus Zinnsoldaten durch geduldige Kleinarbeit an den Figuren Zivilisten wurden, wie der Maler die Gesichter änderte, wie er Männer in Frauen verwandelte, und wie nach und nach diese ganze Ausstellung geschaffen wurde, deren feierlicher Mittelpunkt zwei stimmungsvoll beleuchtete Dioramen mit dem Schlageterkreuz auf der Golzheimer Heide und der Feldherrnhalle in München bilden« (BLA 22. 2.).
BLA 22.–23. 2.

Feb 28, 20.00 Uhr. Hallensport »Winterhilfs-Hallenfest«
V: DRL, FaL, Gau III.
Et: 0,50 bis 2,– M.
Rd: Fürstner (F. des Gauers III).
Mitw.: Musikkorps des Wehrkreiskommandos III (Heeresmusikinspizient Prof. Hermann Schmidt).
Zugunsten des WHW mit Unterstützung des Wehrkreiskommandos III und der Polizeigruppe General Göring. Verbunden mit einem Reichswehrkonzert. *»Das Reichswehr-Konzert wird von 200 Hoboisten und einem Spielmannszug ausgeführt. [...] Der erste Teil [...] bringt ›Regimentsgruß‹, Vorspiel ›Dichter und Bauer‹, Melodien aus ›Die Fledermaus‹, der zweite ›Preußens Gloria‹, Revuemarsch, ›Parademarsch‹ und ›Kreuzritterfanfaren‹«* (BLA 28. 2.).
»Die harten Kämpfe der Leichtathleten, Handballer und Radfahrer – deren Ergebnisse wir bereits kurz meldeten – sowie die bunten Vorführungen sorgten dafür, daß die gute Stimmung anhielt. Besonders reizvoll wirkten die einfallsreichen Uebungen der Mädchen und Frauen. Man sah, wie viele lustige Bodenspiele mit einem Medizinball oder auch

421 Papstfeier aus Anlaß des Papstkrönungstages (Chr Feb 17).

ganz ohne Gerät möglich sind. Das Tischspringen einer Riege der Polizeigruppe General Göring zeigte Kraft und Mut. Hervorragende kunstturnerische Leistungen bot die Barrenriege des Turnkreises Berlin. Ein fesselnder Wettbewerb war das Ausscheidungsfahren, bei dem alle zwei Runden der letzte abtreten mußte. [...] Mit Marschmusik der Soldatenkapelle schloß die gutgelungene Veranstaltung« (BLA 1. 3.).
BLA 17., 22., 25., 28. 2.; 1. 3.; Agr 27.–28. 2.; 1. 3.

Mär 2, 20.00 Uhr. Amateur-Radrennen
V: DRV, Gau III.
Zugunsten des WHW.
In der Hauptsache handelte es sich um einen Städtekampf zwischen Köln und Berlin. *»Die besten Kölner Flieger, Richter, Engel, Steffes und Oszmella werden gegen Berlin einen Städtekampf austragen [...] Die Berliner Dasch, Marklewitz, Wesenberg und E. Hoffmann haben auf jeden Fall einen überaus schweren Stand. Sie treffen in vier verschiedenen Rennen aufeinander, einem Fliegertreffen, einem Ausscheidungsfahren, Rundenzeitfahren und einem Mannschaftsverfolgungsrennen«* (Agr 2. 3.). Die Veranstalung hatte offenbar keine große Resonanz, denn selbst der Angriff berichtet nur von *»etwa tausend«* Zuschauern.
BLA 2. 3.; Agr 2., 4. 3.

Mär 3. »Groß-Konzert der Landespolizei«
V: NSKOV/Landespolizeiinspektion Brandenburg.
Mitw.: *»Musikkorps, Spielleute und Sängerchöre der Landespolizei«.*
Zugunsten der Kinderverschickung, *»die von der NSKOV im Sommer durchgeführt werden soll«.*
»Unter der Leitung des Landespolizeimeisters Bernecke und des Obermeisters Richter brachte das riesige Streichorchester Werke von Weber, Liszt, Brahms und Strauß. Dann marschierten mehrere Sängerhundertschaften auf. Das Saarlied, das Weihelied deutscher Arbeit von Buchhorn-Buder und Marschgesänge zeigten, daß der Chorleiter der LPG General Göring, Rosenburg, seine Sänger zu einem disziplinierten Klangkörper zusammengesetzt hat« (BLA 4. 3.).

Mär 10, 20.00 Uhr. Handball »Internationales Turnier«
V: DRL, Fa Handball und Basketball.
Vorrunde: Askanischer TV (Berlin) – MSV Greif (Stettin) 6:1 (3:1); Dänemark – PSV (Berlin) 9:8 (nach Verlängerung; 2:5); DBV (Berlin) – BSV (Magdeburg) 10:5 (3:3); Schweden – BSC (Berlin) 4:3 (1:1).
Zwischenrunde: Askanischer TV – PSV 5:4 (2:1); Schweden – DBV 4:3 (2:0).
Endspiel: Schweden – Askanischer TV 4:3 (0:3).
BLA 6., 11.–12. 3.; Agr 9., 11. 3.

Mär 13. Eishockey-Training
»In einem harten Trainingsspiel wurde am Mittwoch die Eishockey=Mannschaft, die am 17. und 18. März die Berliner Farben gegen tschechische und polnische Spieler vertreten soll, gegen eine zweite Berliner Kombination einer eingehenden Probe unterzogen« (BLA 14. 3.).

Mär 16, 20.00 Uhr. »Heldengedenkfeier«
V: NSDAP, Gau Groß-Berlin.
Et: 0,50 bis 1,– M.
Rd: Dr. Joseph Goebbels (Reichsmin., Gl).
Th: Gesetz für den Aufbau der Wehrmacht, Wiedereinführung der allgemeinen Wehrpflicht.
Mitw.: Landesorchester (Prof. Havemann).
Anläßlich des Heldengedenktages am 17. 3. Die Veranstaltung wurde durch den Deutschlandsender übertragen.
»Der Reichsarbeitsführer hat angeordnet, daß die Arbeitsgauleitungen für alle Abteilungen, die über einen Empfangsapparat verfügen, einen Gemeinschaftsempfang der Veranstaltung, die vom Deutschlandsender übernommen wird, ansetzen« (BLA 16. 3.).
»Die Totenfeier [...] ist zu einer historichen Stunde geworden. Vor den Tausenden [...] verlas [...] Dr. Goebbels die Proklamation, mit der das Gesetz über die allgemeine Wehrpflicht der Nation verkündet wurde« (Agr 18. 3.).
»Quer durch den gewaltigen Raum des Sportpalastes zog sich zwischen den Menschenmassen hindurch ein blitzendes Band: das Spalier der Arbeitsdienstmänner mit geschultertem Spaten. Vor der Rückwand leuchtete vor schwarzem Hintergrund das Hoheitszeichen des Arbeitsdienstes vom Hakenkreuz und dem Eisernen Kreuz auf dunkel ragenden Säulen flankiert. Das graue Dienstkleid deutscher Jugend, [...] gab dieser Gedenkkundgebung eine besondere Prägung: Deutschlands Jungmannen, wieder im Geiste des Vaterlandsdienstes und der Ehre erzogen, brachten den toten Helden des Weltkrieges ihren Dank dar mit dem Gelöbnis, den Opfermut der Gefallenen als höchstes Vorbild mannhaften Tuns und Kämpfens hinzunehmen« (BLA 17. 3.).
Dann folgte das *»Weihespiel«*: *»Deutsche Not und Wende«* (Text Konrad Lisz, Musik Kurt v. Hertzberg).
Agr 12., 16., 18. 3.; BLA 15.–17. 3.

Mär 17–18, 20.15 Uhr. Eishockey u. a.
Ab 19.00 Uhr wird *»die Kapelle des Feldjäger=Korps musizieren«.*
Kunstlauf von Sonja Henie, Ursula Schwarz, Hempel/Weiß.
LTC Prag: Peka (Tor); Pusbauer, Gromoll (Vert.); Doyle, Malecek, Hromadka (Sturm A); Trojak, Tozicka, Kucera (Sturm B).
Polen (NM): Matyiko (Tor); Sokolowski, Ludwiezak (Vert.); Marchewzyk, Woltowski, Kowalski (Sturm A); Gorlicki, Michalak, Palcer (Sturm B).
Deutschland (NM): Leinweber (Tor); Jaenecke, Schröttle (Vert.); Adler, Orbanowski, Schwarz (Sturm A); Kuhn, Strobl, Wiedemann (Sturm B).
Berlin (Auswahl): Kaufmann (Tor); Grimm, Tobien (Vert.); Schropp, Brant, Seldte (Sturm A); Hopf, Greif, Hook (Sturm B); am 18. 3. an Stelle von Schropp und Brant *»junge Nachwuchsspieler«.*
Mär 17 Polen – Deutschland 1:1 (1:0, 0:1, 0:0).
LTC Prag – Berlin 9:0 (2:0, 2:0, 5:0).
Mär 18 Polen – Berlin 1:0 (0:0, 0:0, 1:0).
LTC Prag – Deutschland 2:2 (1:1, 0:1, 1:0).
BLA 2., 14., 16.–18. 3.; Agr 16.–18. 3.; Germ 19.–20. 3.

Mär 20, abends. »Fliegerkonzert«
V: Deutscher Luftsportverband, Landesgruppe XIV Brandenburg-Grenzmark.
Mitw.: Reichsorchester des Luftsportverbandes (Generalmusikdir. Schulz-Dornburg), Vereinigte Musikzüge des Landesverbandes XIV (Musikzugf. Wolff, Hecker und Hauwede), Marschliedchor der Fliegeruntergruppe Berlin.
»Einen anschaulichen Hinweis auf das von neuem Volkslied= und Kunstgeist durchdrungene Schaffen der Jungen brachte der erstaufgeführte Fliegermarsch mit Gesangstrio ›Angeworfen die Propeller‹ von E. Buder, der im Verlauf des Abends noch mit einer weiteren Uraufführung erfolgreich vertreten war« (Agr 21. 3.).
BLA 21. 3.; Agr 21. 3.

Mär 22, 19.30 Uhr. 10. Polizei-Hallensportfest
V: PSV.
Mitw.: Orchester der Landespolizeiinspektion Brandenburg.
»Ausgezeichnet die musikalischen Darbietungen, die 100 Wachtmeister bei den gymnastischen Übungen, die Turner am Reck und Barren, die Schüler als Fußballspieler unter Leitung von Sobek, die wuchtigen Gestalten der Schutzpolizeitruppe West, die Meister im Tauziehen wurden, das Tischspringen und vor allem das Turnen am großen Ring und Langstab, bei dem die Zuschauer gebeten wurden, die Übungen mit dem Beifall nicht zu stören [...] Die 3 mal 1000=Meter=Staffel gewann die Polizei vor dem DSC, das 60=Meter=Laufen sah Marwede (SCC) vor Schulz (Polizei) erfolgreich, die 4 mal 400=Meter=Staffel wurde eine Beute des DSC vor Schöneberger TSC und Polizei, das Kugelstoßen holte sich Woellke mit der fabelhaften Leistung von 15,47 vor Fritsche, das zweite 60=Meter=Laufen erkämpfte Liersch (SCC) mit Zweizehntel Sekunden vor Bleßmann (Polizei), über 1500 Meter siegte sicher Lt. d.L.P. Neu vor Zunke (Schbg. TSC) und die große Staffel sah die Polizei als überlegenen Sieger vor dem SCC« (Agr 23. 3.).
BLA 15. 3.; Agr 21.–23. 3.

Mär 23–24, 20.00 Uhr. Eishockey und Eiskunstlauf
Kunstlauf von Sonja Henie, Theo Laß, Ursula Schwarz, Hempel/Weiß.
Göta Stockholm: Sucksdorf (Tor); Ringblom u. a. (Vert.); Burman, »Lulle« Johansson, Liljeberg (Sturm A); Carneman, Norberg, Söderman (Sturm B).
Deutschland: wie Mär 17–18.
Mär 23 Deutschland – Göta 2:0.
Mär 24 Deutschland – Göta 1:1 (0:0, 1:1, 0:0).
»Sonja tanzt! Sie läuft nicht Schlittschuh, Weltmeisterin ›Häseken‹, sie tanzt wie eine große Künstlerin. Mit ihrem slawischen Tanz, viel auf Schlittschuhspitzen, mit der Beinarbeit eines Florettfechters, graziös bis in die Fingerspitzen und dem Lächeln einer großen Schauspielerin auf den Lippen, reißt sie die Massen zu frenetischem Jubel hin.«
»Ueberflüssige, zu sagen, daß das grandiose Können der Weltmeisterin die Menge zu wilden Beifallsbezeugungen hinriß, daß der Jubel zum Orkan schwoll, als man namens der Sportpalast=Leitung dem ›Häseken‹ der Berliner eine silberne Erinnerungsschale überreichte, auf der man ein – Häschen eingraviert sehen konnte. [...]« (BLA 25. 3.).
BLA 23., 25. 3.; Agr 25. 3.

Mär 29, 18.00 Uhr. Hallensportfest »sämtlicher Berliner Schulen«
V: NSLB, Gau Groß-Berlin.
»Vorführungen vielseitigster Art, wie Gymnastik, Bodenturnen, Reck= und Barrenübungen, Sprünge am Tisch, Langpferd, Doppelkasten, Bewegungschule der Mädchen und Volkstänze aus dem Geestland und Pommern werden in wirkungsvoller Weise die sportlichen Wettkämpfe unterbrechen, von denen neben dem 50=Meter=Lauf die beiden Großstaffeln, einmal die 10 mal Einhalb=Runden=Staffel der Volksschulen und der 10 mal Ein=Runden=Staffel der Älteren im Vordergrund stehen« (Agr 29. 3.).
Agr 29.–30. 3.

Mär 30, 20.00 Uhr. »Wehrmacht-Konzert«
Et: 0,50, 0,75, 1,– M.
Mitw.: *»III. Batl. Inf.-Regiment Potsdam, Spandau, Inf.-Lehrbatl. Döberitz, Inf.-Regt. Döberitz, Nachr.-A. Potsdam, Art.-Regt. Wachregiment Berlin, Reiterregt. Potsdam, Musik-Hochschüler, weitere Streicher der Bataillone des Inf.-Regt. Potsdam u. des Inf.-Regt. Crossen, Spielleute des*

Wachregt., 200 Sänger des Wachregt. und der 9. Komp. des Infanterie-Regiments Potsdam« (Zeitungsausriß).

Mär 31, 11.00 Uhr. Kunstturnen »Deutsche Turnerschaft – Reichswehr«
V: DT.
Zugunsten des WHW (Abschluß der WHW-Woche der DT).
DT – Reichswehr 993,9:965,2 Pkte.
Je sechs Turner traten einander gegenüber. *»Besonders herzlich war begreiflicherweise der Jubel um die beiden besten Einzelturner des Tages, Franz Beckert (DT) mit 191,2 Punkten und Alfred Schwarzmann (Reichsheer) mit 189,9 Punkten«* (BLA 1. 4.).
»Wenn nun auch die Deutsche Turnerschaft, was von vornherein zu erwarten war, mit ihren sechs Turnern im Endergebnis um einige Punkte besser war als die Wehrmacht (993,9:965,2), so war das wesentlich Moment des Kampfes, wie es auch Reichswehrminister von Blomberg zum Schluß bei der feierlichen Siegerehrung betonte, nicht zwischen den beiden Parteien den Sieger und den Zweiten festzustellen, sondern durch derartige Wettkämpfe in weitesten Kreisen der Bevölkerung die Bedeutung gesunder Leibesübung vor Augen zu halten und auf diese Weise ein gesundes Geschlecht von einsatzbereiten deutschen Männern und Frauen zu schaffen« (Agr 1. 4.).
BLA 5., 30.–31. 3.; 1. 4.; Agr 27. 3.; 1. 4.

422 Gau-Parteitag (Chr Jun 29).

Apr 2, abends. »Kundgebung der AEG-Betriebsgemeinschaft«
V: AEG-Betriebsgemeinschaft (?).
»Feierstunde« als Auftakt zu den Vertrauensratswahlen am 12.–13. 4.
Rd: Dr. Hermann Bücher (Geheimrat, Betriebsf. der AEG), Nikolaus (Claus) Selzner (Reichsorganisationsl. der DAF).
Th: *»Entwicklung der AEG im letzten Betriebsjahre«, »Stellung des Arbeiters im neuen Staat und die Bedeutung der Vertrauensratswahlen«.*
Mitw.: AEG-Sinfonie-Orchester.
BLA 3. 4.

Apr 9, 20.30 Uhr. Kundgebung
V: Gaubetriebsgemeinschaft »Verkehr und öffentliche Betriebe« (RBG 10).
Zu den Vertrauensratswahlen am 12.–13. 4.
Rd: Georg Körner (Reichsbetriebsgemeinschaftsl.), Dr. Robert Ley (Reichsorganisationsl.).
Mitw.: BVG-Kapelle.
Agr 9.–10. 4.

Apr 26. Kundgebung
V: Deutsche Glaubensbewegung.
Rd: Jakob Wilhelm Hauer (Gründer und L. der Deutschen Glaubensbewegung), Ernst Graf zu Reventlow (stellv. L. der Deutschen Glaubensbewegung).
Th: *»Geschichtlicher Rückblick über die Entwicklung der Deutschen Glaubensbewegung«, »Fremder Glaube oder deutsche Art«.*
»Die Deutsche Glaubensbewegung [...] sei ein Teil der schöpferischen Gesamtbewegung des Deutschen Volkes, die ihren politischen Ausdruck im Dritten Reiche gefunden habe. Sie sei [...] eine Bewegung der deutschen Seele, die aufs engste zusammenhänge mit dem volksbiologischen Aufbruch, und diese Gesamtbewegung leite eine Jahrtausendwende ein« (BLA 27. 4.).

Mai 16, abends. Kundgebung der DAF
V: NSDAP, Kreis VII/NSBO/DAF.
Rd: Johannes Engel (Landesobmann der NSBO, Stadtrat), Arthur Görlitzer (stellv. Gl, Staatsrat).
Agr 9., 17. 5.; BLA 17. 5.

Jun 3, abends. »Gesamtprobe« zur Aufführung des »Fest-Oratoriums« von Georg Friedrich Händel am 5. 6.
Agr 4. 6.

Jun 5, 20.00 Uhr. Georg Friedrich Händel »Fest-Oratorium«
V: NSDAP, Gau Groß-Berlin/Reichsmusikkammer.
Et: 0,75 bis 4,– M; ermäßigte Karten (0,75 M) *»in allen Geschäftstellen der K.d.F., Gau Groß-Berlin«.*
»Berlins größte Musikfeierstunde im Bach=Händel=Schütz=Jahr«. Mit rund 1600 Musikern und Sängern. *»Das verstärkte Philharmonische Orchester, das Hochschul=Orchester, viele arbeitslose Musiker (insgesamt gegen 300 Mann); an Chören der Berliner Lehrer=Gesang=Verein, die Berliner Liedertafel, der Bruno Kittelsche Chor, der Erk'sche gemischte Chor, Hochschul=Chor, Pankower Oratorien=Verein, Brinkmannscher Gesangverein Steglitz, Gemischter Chor Steglitz 1890 und der Oratorien=Verein Johannes Stehmann (1420 Stimmen wurden ausgegeben) – das bedeutet eine beispielhafte Gemeinschaftstat der Mitwirkenden. Zum ersten Male schließen sich Männerchöre und gemischte Chöre im Verein mit den Berufsmusikern nach manchem Zwist zu einer gemeinsamen Aufführung dieses Rahmens zusammen.«*
»Die weite Halle liegt im Dunkel, nur das Podium ist hell erleuchtet. Seine ganze Breite wird von Streichern eingenommen, die zu Zweien, Dreien und Vieren dicht nebeneinander sitzen. [...] Auf der hohen Dirigierkanzel mit Rückengeländer der Feldherr [...]: Professor [Dr. Fritz] Stein! Er verfügt aber auch über Heerscharen. Etwa 50 erste und zweite Geigen, zehn Trompter, zehn Hornisten, acht Fagotte, zwölf Oboen, drei Paar Pauken, das schwere Blech nicht zu zählen.«
»Was ist das ›Fest=Oratorium‹? Zunächst ein unbekannter Titel. Dahinter steckt ein den Fachleuten zwar bekanntes, aber für die Öffentlichkeit seit seiner einmaligen Aufführung unter Händel selbst restlos verschollenes Meisterwerk, das sogenannte ›Gelegenheits=Oratorium‹. Im Jahre 1745 bedrohte ein Aufstand der Schotten unter den Stuarts die englische Herrschaft ernsthaft. Er wurde im April 1746 blutig niedergeschlagen. Händel schrieb zur Feier dieses Sieges das großartige Oratorium ›Judas Maccabäus‹. Aber noch vor dem endgültigen Siege, nachdem die Bedrohung Londons infolge des Rückzugs der Aufrührer beseitigt war, schuf er sein ›Occasional Oratorio‹ zur unmittelbaren Verherrlichung des nationalen Ringens der Engländer. Die Musik der ersten beiden Teile ist selbstständig: der dritte Teil vorwiegend aus früheren Werken, besonders aus ›Israel in Ägypten‹, entlehnt. Das ganze ein hohes Lied der Vaterlandsliebe; es gibt nach einem Wort unseres führenden Musikforschers Hermann Kretzschmar nur wenige Werke, die sich für Konzertaufführungen in schweren Zeiten des Völkerlebens so eignen wie dieses. Prof. Stein verdanken wir seine arbeitsreiche neue Herausgabe zur rechten Zeit« (Agr 4. 6.; aus der Besprechung der Gesamtprobe am 3. 6.).
An Solisten waren beteiligt: Emmi Leisner, Fritz Soot, Rudolf Watzke, Henny Wolf.
BLA 26. 5.; 2., 6. 6.; Agr 9. 2.; 4. 6.

Jun 21, 20.30 Uhr. Boxen »Vincenz Hower – Pierre Charles« u. a.
V: Böcker.
Wg: Alfred Katter (Berlin) – Willi Seisler (Berlin), Sieg Katters nach Pktn (8 Rdn).
Hsg: Leonhard Marohn (77,8 kg; Berlin) – Josef Czichos (78,3 kg; Breslau), unentschieden (8 Rdn).
Hsg: Adolf Heuser (78,7 kg; Bonn) – Emile Kunter (77 kg; L), Sieg Heusers durch Aufgabe (3. Rde).
Sg: Hermann Kreimes (83 kg; Mannheim) – Arno Kölblin (92 kg; Berlin), Sieg Kölblins nach Pktn (8 Rdn).
Sg: Vincenz Hower (90,3 kg; Köln) – Pierre Charles (102,8 kg; B), Sieg Charles' nach Pktn (15 Rdn; Europa-Meisterschaft, Hf Hower).
BLA 19., 21.–22. 6.; BS 767–69, 11.–24. 6.; Ph (VWA).

Jun 29, 14.00 Uhr. »Gau-Parteitag«
V: NSDAP, Gau Groß-Berlin.
Et: *»Zutritt nur mit Einladungen des Gauleiters möglich«.*
Rd: Erich Hilgenfeldt (Reichshauptamtsl. der NSV), Dietrich von Jagow (SA-Obergruppenf.), Dr. Robert Ley (Reichsorganisationsl., Reichsl. der DAF), Dr. Joseph Goebbels (Reichsmin., Gl), Arthur Görlitzer (stellv. Gl, Staatsrat).
Mitw.: Kapelle Fuhsel, Spielmannszug.
»Das Innere des großen Ovals, das im Laufe der Jahre so manche Kundgebung der NSDAP erlebte, ist heute besonders festlich ausgeschmückt. Der Hintergrund der Bühne ist mit großem Hakenkreuztuch verkleidet. Rings um das Rednerpult grüßt ein Wald von vielen hundert Birken. Auf einem Sockel erhebt sich das Symbol der Bewegung, ein gewaltiges Hakenkreuz. Hoch über dem zweiten Rang ein riesiges Hakenkreuz, silbern auf schwarzem Grund, Blumen – rote und weiße Rosen – schmücken das Rednerpult. Grünschmuck und Hortensien begrenzen die Bühne nach dem Zuschauerraum hin. Rote Tücher mit dem Hakenkreuz auf weißem Grund verkleiden die Emporen. Ein Spruchband verkündet: ›Führer befiehl – wir folgen‹« (BLA 29.6.).
Agr 26. 6.; 1. 7.; BLA 29., 30. 6.

Aug 1, 14.00 Uhr. Verpflegung von 1050 »auslandsdeutschen Jungen«
»An acht langen, sauber gedeckten Tischen nahmen im Sportpalast die 1050 auslandsdeutschen Jungen Platz, die aus dem Deutschlandlager in Berlin eingetroffen waren. Der ›Hilfszug Bayern‹ war im Vorhof des Sportpalastes angerollt und hatte riesige Essenkannen mit dampfender, herrlicher Mahlzeit bereitgestellt. Der Musikzug der SA=Gruppe Berlin=Brandenburg unter Leitung von Standartenführer Fuhsel konzertierte, Oberbannführer Minke gab durch einen Böllerschuß das Zeichen zum Beginn des Essens, [...] Gegen 3 Uhr nachmittags traf der Gaupropagandaleiter Schulze=Wechsungen ein, der in einer Ansprache an die Hitlerjugend die Grüße des Gaues Berlin darbrachte. Er erinnerte die jungen Gäste daran, daß sie an historischer Stelle stünden und daß vom Sportpalast aus durch die Reden des Führers und des Berliner Gauleiters Dr. Goebbels Berlin erobert worden sei« (BLA 2. 8.).
Agr 1. 8.: BLA 1.–2. 8.

Aug 6–9. Amateur-Boxen »Deutsche Meisterschaften«
V: DRL, FaB.
Teiln.: 128 Boxer.
Aug 6. Vorkämpfe
9.00 Uhr Flg und Bg; 14.00 Uhr Fdg, Lg und Wg; 19.30 Uhr Mg bis Sg; Kampf 1–64.
»Um das mehr als umfangreiche Meisterschaftsprogramm unter Dach und Fach zu bringen, darf keine auch noch so geringe Verzögerung am ersten Tag auftreten, da aus Gründen der besseren Übersicht alle Kämpfe nur in einem Ring ausgetragen werden. Es wird daher pausenlos geboxt, d. h. noch während des ersten Kampfes warten an den neutralen Ecken schon die Nächsten, um sofort nach dem Schlußgong durch die Seile zu klettern, und kaum wird das erste Urteil verkündet, ertönt schon der Gong zum zweiten Start« (Agr 1. 8.).
Aug 7. Zwischenkämpfe
14.00 Uhr Flg bis Lg; 19.00 Uhr Wg bis Sg; Kampf 65–96.
Aug 8, 19.00 Uhr. Vorschlußrunden
Flg bis Sg; Kampf 97–112.
Aug 9, 19.00 Uhr. Endkämpfe
Flg: Färber (Augsburg) besiegt Bruß (Berlin).
Bg: Rappsilber (Frankfurt am Main) besiegt Stasch (Kassel).
Fdg: Büttner II (Breslau) besiegt Miner (Breslau).
Lg: Schmedes (Dortmund) besiegt Manczik (Bochum).
Wg: Murach (Bochum) besiegt Ulderich (Köln).
Mg: Stein (Bonn) besiegt Blum (Altona).
Hsg: Pietsch (Leipzig) besiegt Vogt (Wandsbek).
Sg: Runge (Elberfeld) besiegt Vosen (Bonn).
Nach dem vierten Kampf *»fand durch Boxerführer Rüdiger eine Ehrung des verdienstvollen Kämpfers Hans Zieglarski=München statt. Dieser ehemalige Berliner, der bei 280 Kämpfen Deutschland zwanzigmal international vertreten hatte und dabei nur einmal geschlagen wurde«* trat endgültig vom Kampfsport zurück und *»erhielt im Auftrage des Reichssportführers und vom Fachamt Boxen zwei wertvolle Ehrenpreise überreicht«* (Agr 10. 8.).
BLA 7. 6.; 6.–8., 10. 8.; BS 775–76, 5.–12. 8.; Ph (VWA).

Aug 15, 20.00 Uhr. Kundgebung
V: NSDAP, Gau Groß-Berlin.
Rd: Julius Streicher (Gl von Franken).
Th: Über die Judenfrage, *»Rassenreinheit ist wertvollstes Volksgut«, »Deutschland wird die Rassenfrage lösen«.*
Mitw.: Sprechchöre, Kapellen, Schalmeienkapelle. Übertragung der Rede nach den Tennishallen.
»Aus Anlaß der Kundgebung [...] wird [...] der gesamte Verkehr in der Potsdamer Straße zwischen Bülowstraße und Pallasstraße ab 18 Uhr gesperrt. [...] Der Zugang zum Sportpalast für Karteninhaber erfolgt durch die Potsdamer, Bülow= Pallas= und Goebenstraße« (BLA 14. 8.).
»Emporen und Ballustraden leuchteten im Rot des Hakenkreuztuches, Fanfaren schmetterten durch den Raum. Rieseninschriften warfen in harten Lettern in den Saal: ›Frauen und Mädchen, die Juden sind euer Unglück!‹ ›Ohne Lösung der Judenfrage keine Erlösung!‹ ›Der Jude siegt mit der Lüge und stirbt mit der Wahrheit!‹« – Grundwahrheiten unseres Kampfes gegen das internationale Judentum, die immer wieder dem Volk gesagt werden müssen« (Agr 16. 8.).
Agr 16. 8.; BLA 13.–14., 16. 8.

Aug 19. Kundgebung
V: Reichsverband Deutscher Rundfunkteilnehmer.
Rd: Eugen Hadamovsky (Reichssendel.).

423 Kundgebung der NSDAP (Chr Aug 15).

424 Programmheft (Chr Aug 6–9).

Mitw.: Kapelle der Leibstandarte Adolf Hitler (Obermusikl. Müller-John).
Der RDR veranstaltete *»mit seiner Rundfunktagung am Montag eine große Kundgebung im Sportpalast, die von einem historischen Konzert [...] umrahmt war. [...] Hadamovsky [...] führte aus, daß wir in der Wirtschaft das Chaos aller gegen alle durch eine wirkliche Gemeinschaftsarbeit ersetzt haben. Nach dem Volksempfänger kamen der neue D.A.F.=Gemeinschaftsempfänger und der Allstrom=Empfänger. Wir haben erreicht, daß die Zahl der Rundfunkempfänger von 4 Millionen in zwei Jahren auf 6,7 Millionen stieg. Sechs Monate nach der Machtübernahme war das Judentum im Rundfunk restlos ausgeschaltet und damit die Bahn für den kulturpolitischen Aufbau freigemacht. [...] Reichssendeleiter Hadamovsky setzte allen Köpfen der Kritikaster den Kopf des ersten Arbeiters Deutschlands, Adolf Hitlers, entgegen. Mit ihm gingen und gehen wir ans Werk und wir werden es schaffen«* (Agr 10. 8.).

Aug 31, 20.45 Uhr. Boxen »Adolf Heuser-Vittorio Livan« u. a.
V: Boxarena (Böcker).
Lg: Richard Stegemann (60,7 kg; Berlin) – Valda Novotny (61,2 kg; CS), unentschieden (8 Rdn).
Wg: Alfred Katter (65,5 kg; Berlin) – Gino Bonetti (65,7 kg; I), Sieg Katters nach Pktn (8 Rdn).
Hsg: Adolf Heuser (79,1 kg; Bonn) – Vittorio Livan (78,3 kg; I), Sieg Heusers nach Pktn (10 Rdn).
Hsg: Leonhard Marohn (79,9 kg; Berlin) – Karl Maier (77,2 kg; Singen), unentschieden (8 Rdn).
Sg: Hermann Kreimes (84,5 kg; Mannheim) – Erwin Klein (85,5 kg; Solingen), Sieg Kleins nach Pktn (8 Rdn).
BLA 31. 8.; BS 778–79, 26. 8.–2. 9.

Sep 3, 20.30 Uhr. »Rassenpolitische Kundgebung«
V: SA-Gruppe Berlin-Brandenburg.
Et: gegen Dienstkarten und Einladungen (kein Kartenverkauf).
Rd: Dr. Blome (Sanitätsoberf.), Dr. Büttner (Sanitätsstandartenf., Rassereferent), Dietrich von Jagow (SA-Obergruppenf.).
Th: *»Nationalsozialistische Rassenpflege und Bevölkerungspolitik«, »Das Gastvolk der Juden, ein Parasit im Volkskörper«.*
Bei dieser Veranstaltung wurde auch der *»Gruppensieger im Reichswettkampf der S.A.«* bekanntgegeben. *»[...] von Jagow schloß mit dem Hinweis, daß die rassenpolitische Aufklärungsarbeit der S.A. nicht auf Judenverfolgung hinziele; die Regelung dieser Fragen obliegen der Gesetzgebung des Staates, die es umöglich mache, daß das deutsche Volk noch einmal ausgeplündert werde und jede Rassenvermischung ausschließe«* (Agr 4. 9.).
Agr 2., 4. 9.; BLA 28.–29. 8.; 4. 9.

Sep 8. Feier anläßlich der Inthronisation des Berliner katholischen Bischofs Dr. Konrad Graf von Preysing
V: (Katholische Kirche).
Rd: Prof. Dr. Emil Dovifat, Dr. Konrad Graf von Preysing (Bischof von Berlin und der Mark Brandenburg), Dr. Johannes Steinmann (Prälat, Generalvikar).
Mitw.: Dom- und Knabenchor von St. Hedwig (Domchordir. Dr. Forster), Philharmonisches Orchester.
»Über 15 000 Berliner Katholiken hatten sich im Berliner Sportpalast versammelt, um Berlins neuen Oberhirten in ihrer Mitte begrüßen zu dürfen; und vor den Toren drängten sich ungezählte Scharen, vergeblich Einlaß suchend, [...] die in Freude und Dankbarkeit gekommen waren,

425 Feier anläßlich der Inthronisation des Berliner katholischen Bischofs Dr. Konrad Graf von Preysing (Chr Sep 8).

426 Feier anläßlich der Inthronisation des Berliner katholischen Bischofs Dr. Konrad Graf von Preysing (Chr Sep 8); von links: Unbekannter, Unbekannter, Dr. Johannes Steinmann, Cesare Orsenigo (Nuntius), Preysing, Prof. Dr. Emil Dovifat, Unbekannter.

Bischof Konrad von Preysing willkommen zu heißen. Zum sichtbaren Ausdruck dieser Freude und Dankbarkeit prangte die sonst so nüchterne Halle des Sportpalastes im feierlichen Fahnenschmuck: rechts und linke von der Rednertribüne sah man die Insignien des Deutschen Reiches, die Tribünen und Balustraden waren mit den päpstlichen Farben behängt, während zu beiden Seiten des Saales und im Halbrund der Bühen die katholische Jugend Berlins in dicht gedrängten Reihen stand, zahllose Fahnen und Wimpel haltend, deren buntes Farbenspiel dem Saale ein festlich-freudiges Aussehen verlieh. Punkt 5 Uhr durchbrausten donnernde Heilrufe die weite Halle, und man sah den hochwürdigsten Herrn Bischof Dr. Konrad von Preysing, geleitet vom päpstlichen Nuntius Cesare Orsenigo, Generalvikar Dr. Steinmann und anderen Vertretern des Domkapitels zur Tribüne schreiten. Als der stürmische Beifall sich gelegt hatte, spielte das Philharmonische Orchester den Krönungsmarsch aus Kretschmers Oper ›Die Folkunger‹ und das Vorspiel zu Beethovens Fidelio. Dann trat, von der Menge herzlich begrüßt, Generalvikar Dr. Steinmann an das Rednerpult, um den neuen Oberhirten Berlins willkommen zu heißen. [...]« (Germ 9. 9.).
BLA 9. 9.; Germ 9. 9.

Sep 23–27, 19.30 Uhr. Schulung der Amtswalter der DAF
V: DAF, Gau Groß-Berlin.
Rd: Dr. Robert Ley (Reichsl.; nur am 27. 9.), Nikolaus (Claus) Selzner (Hauptamtsl. und Organisationsl.; jeden Abend).
Th: *»Aufgaben des Betriebswalter der DAF«* (23. 9.), *»Aufgaben der Reichsbetriebsgemeinschaften«* (24. 9.), *»Selbstverwaltung«* (25. 9.), *»Zur Lage«* (26. 9.), *»Die DAF ist der Exerzierplatz der Gemeinschaft«* (27. 9.); Ley).
Mitw.: *»Betriebskapellen und Werkscharen Groß=Berliner Betriebe«*.
Agr 19., 24.–28. 9.

Okt 4, 20.00 Uhr. Kundgebung
V: DAF, Gau Groß-Berlin.
Et: 0,40 M.
Rd: Julius Streicher (Gl von Franken).
Th: Über die Judenfrage und die Nürnberger Gesetze.
Übertragung der Rede durch Lautsprecher auf den Vorplatz des Sportpalastes.
»Mit beißendem Spott deckte Julius Streicher die Lügen rassefremder Auslandsjournalisten über den Verlauf der letzten Sportpalastkundgebung auf, und wieder unterstrich er unter lautem Beifall, daß kein Nationalsozialist sich dazu hergeben werde, die Judenfrage mit unverantwortlichen Einzelaktionen zu lösen. Wer Schaufensterscheiben einschlage oder Andersrassige verprügele, sei ein Staatsfeind, ein Provokateur. [...] Die Nation habe nicht nur das Recht, sondern die heilige Pflicht, für die Gesundung ihres Blutes, ihrer Seele und ihres Charakters die erforderlichen Gesetzesmaßnahmen zu ergreifen. Diejenigen Völker, die noch nicht von dem zersetzenden und unruhestiftenen Bazillus des Judentums rettungslos vergiftet seien, würden eines Tages dem Beispiel Deutschland folgen und dankbar die Pioniertat des Dritten Reiches anerkennen« (BLA 5. 10.).
Agr 27. 9.; 2., 7. 10.; BLA 27. 9.; 5. 10.

427 Eintrittskarte (Chr Okt 7); VWA.

Okt 7, 20.30 Uhr. Boxen »Adolf Heuser – Tino Rolando« u. a.
V: Böcker.
Lg: Richard Stegemann (63,7 kg; Berlin) – Ted Veneziano (63,6 kg; L), Sieg Stegemanns nach Pktn (8 Rdn).
Mg: Josef Besselmann (67,9 kg; Köln) – Roger Besneux (72,4 kg; F), Sieg Besselmanns nach Pktn (8 Rdn).
Hsg: Adolf Heuser (78,7 kg; Bonn) – Tino Rolando (75,3 kg; I), Sieg Heusers durch Aufgabe (3. Rde).
Sg: Erwin Klein (87,4 kg; Solingen) – Charles Rutz (84,5 kg; F), Sieg Kleins nach Pktn (8 Rdn).
Einleitung (Sg): Paul Wallner (84,3 kg; Düsseldorf) – Josef Czichos (80,1 kg; Breslau), Sieg Wallners durch Abbruch (5. Rde).
BLA 29. 9.; 3., 6.–8. 10.; BS 783–85, 1.–14. 10.

Okt 17, 20.00 Uhr. Kundgebung
V: SA-Gruppe Berlin-Brandenburg.
Et: kein Kartenverkauf.
Rd: Dr. Joseph Goebbels (Reichsmin., Gl), Dietrich von Jagow (SA-Obergruppenf.).
Th: Parteiarbeit und Aufgabe der kommenden Zeit.
Mitw.: Kapelle Fuhsel.
»Über ihnen schwangen sich die Spruchbänder als Parolen zum täglich wachen Einsatz für das Volk: ›Vor uns der Führer, über uns die Fahne‹, und ›Wir haben das Reich erobert, wir werden es auch erhalten‹, und ›Wo wir marschieren, wird der Standesdünkel zertreten‹« (BLA 18. 10.).
Agr 15., 19. 10.; BLA 18. 10.

Okt 18
20.00 Uhr. »General-Mitgliederappell«
V: NSV, Gau Groß-Berlin.
Et: *»Karten nur durch die Organisationen und Gliederungen der Bewegung«* (nicht im öffentlichen Verkauf).
Rd: Arthur Görlitzer (stellv. Gl, Staatsrat), Eduard Karl Spiewok (Gauamtsl., Stadtrat).
Mitw.: Kapelle Fuhsel, Sprechchor Molenaar.
»Ein gewaltiges Plakat deutete die Losung des Abends an: Du sollst kein Almosen geben, sondern opfern« (BLA 19. 10.).
»Zwar ist es die eigentliche Aufgabe der N.S.V., nur das biologisch wertvolle Erbgut zu schützen, doch soll das Winterhilfswerk weit über diesen Rahmen hinausgehen und alle erfassen – nur mit Ausnahme asozialer Elemente. [...] Die Geburtsstätte der N.S.V. war der Sportpalast. Hier wurden in den Kampfjahren die ersten Stullenpakete für die S.A. gesammelt« (Agr 20. 10.).
Agr 16., 20. 10.; BLA 19. 10.
Abends. Begrüßung der Teilnehmer am Olympiakursus vom 19. 10. bis 10. 11.
Wohl im Kasino.
BLA 19. 10.

Okt 19–30. Olympiakursus im Eishockey und Eiskunstlauf
Forts. Nov 2–8.
V: DRL, FaE.
»Der Kursus, der sich über drei Wochen erstrecken wird, dient in erster Linie natürlich der Vorbereitung auf die Olympischen Winterspiele von 1936. Man hat aber den Kreis der Kursusteilnehmer sehr weit gezogen, denn man will auch außer den wenigen, die schließlich Olympiakämpfer sein werden, eine möglichst große Zahl von Läufern und Hockeyspielern schulen, damit der deutsche Eissport in der Lage ist, den starken Ansprüchen, die in diesem Winter auch außerhalb des Olympischen Geschehens an ihn gestellt werden (man denke an die vielen Eissportstätten) entsprechen zu können. So wird in den nächsten Wochen im Sportpalast vom frühen Morgen bis in die späten Abendstunden ununterbrochen gearbeitet werden« (BLA 19. 10.).
Die Eishockeyspieler aus Riessersee, München, Füssen, Tölz, Nürnberg, Rastenburg, Berlin und anderen Orten wurden durch den Kanadier Hoffinger trainiert, die Eiskunstläufer durch den Altmeister, Hauptsportwart Vieregg; er nannte als Teilnehmer *»die Namen der Männer: Baier, Lorenz, Härtel, Laß, Schmitz und Noack und der Frauen: Herber, Michaelis, Schwarz, Veicht, Lindpaintner und Hartung«* (Agr 20. 10.). *»Als Lehrkräfte stehen Vieregg zur Seite der Münchener Reitmayer, Schönmetzler=Garmisch, Mertsch=Berlin, das Berliner Ehepaar Metzner und der als Theoretiker besonders hochgeschätzte Königsberger Amateur Weiß«* (BLA 22. 10.). Allabendlich wurden Eishockeyspiele durchgeführt, von Mannschaften aus Kursusteilnehmern, von Berliner Vereinsmannschaften oder auch von auswärtigen Mannschaften. *»[...] es lohnt sich schon jetzt nachmittags zum Training der Kunstläufer zwischen 15 und 17 Uhr zu erscheinen oder sich die Eishockeyspieler ab 19 Uhr (50 Pf. Eintritt) anzusehen!«* (Agr 25. 10.).

428 Kundgebung des Reichsluftschutzbundes (Chr Nov 14), Hermann Göring spricht.

Innerhalb dieser drei Wochen fanden nur drei Veranstaltungen statt, die nichts mit dem Eissport zu tun hatten (am 31. 10., 1. und 9. 11.).
Okt 22, 21.30 Uhr BSchC – BEC 2:1 (2:1,0:0, 0:0).
Okt 23, 21.30 Uhr Tegeler EV – SCC 3:2.
Okt 24, 21.30 Uhr Grunewald TC – BEV 3:0 (0:0, 0:0, 3:0).
Okt 25, 21.30 Uhr BFC Preußen – RSC Westen 5:1 (1:0, 1:0, 3:1).
Okt 26, 19.30 Uhr Brandenburg – Tegeler EV 4:0.
Okt 27, 19.30 Uhr Zehlendorfer Wespen – BSchC 5:2 (2:0, 1:1, 2:1).
BEC – Brandenburg 1:0 (1:0, 0:0, 0:0).
Okt 28, 21.30 Uhr Rastenburger SV – Berlin/Kursusteilnehmer 2:2.
Okt 29, 19.30 Uhr Trainingsspiele.
Okt 30, 19.15 Uhr Grunewald TC – SCC 1:1.

Okt 31, 20.00 Uhr. Hauptversammlung der Gaufachschaft Gemeindeverwaltung
V: NSDAP, Gau Groß-Berlin, Amt für Beamte, Gaufachschaft Gemeindeverwaltung.
Rd: Dr. Wilhelm Frick (Reichsmin.), Hermann Neef (Reichswalter des RDB).
Mitw.: Kapelle der Gaufachschaft.
Agr 25. 10.; 2. 11.

Nov 1, 20.15 Uhr. Amateur-Boxen »Warschau-Berlin«
V: DRL, FaB.
Flg: Rotholc (Warschau) – Bruß, unentschieden.
Bg: Czortek (Warschau) besiegt Weinhold.
Fdg: Völker besiegt Kozlowski (Warschau).
Lg: Arenz – Polus (Warschau), unentschieden.
Wg: Campe besiegt Janczyk (Warschau).
Mg: Hornemann besiegt Karpinski (Warschau).
Hsg: Tabbert besiegt Doroba I (Warschau).
Sg: Kyfus besiegt Mizerski (Warschau).
Berlin – Warschau 12:4.
BLA 17., 30.–31. 10.; 1.–2. 11.; BS 787–88, 28. 10.–4. 11.

Nov 2–8. Olympiakurs im Eishockey und Eiskunstlauf
Forts. von Okt 19–30; Schluß Nov 10.
Nov 2, 20.15 Uhr Stade Français (Paris) – Deutsche Auswahl 5:3 (3:0, 1:1, 1:2); Kunstlauf von Ernst Baier, Maxi Herber u. a.
Nov 3, 20.15 Uhr Stade Français (Paris) – Deutsche Auswahl 3:1 (2:1, 0:0, 1:0); Kunstlauf von Ernst Baier, Maxi Herber u. a.
Nov 4, 20.00 Uhr Brandenburg – BEC 1:0. Jugend: BSchC – BEC.
Nov 5, 20.00 Uhr BEC – Tegeler EV 2:1 (0:0, 2:1, 0:0).
Nov 6
16.00 Uhr. Fest der Berliner Schulen. Eishockey und Kunstlauf (u. a. von Vivi-Anne Hulthén). Jugend: BEV – Steglitzer TC 2:2 (1:1, 0:0, 1:1).
20.00 Uhr. BFC Preußen – Zehlendorfer Wespen 4:2 (1:0, 2:1, 1:1).
Nov 7, 20.15 Uhr KdF-Veranstaltung. *»Karten (Anrechtsscheine) zum Einheitspreis von 0,60 RM sind in allen ›Kraft=durch=Freude‹-Geschäftsstellen erhältlich.«* Kunstlauf (u. a. von Vivi-Anne Hulthén) und Eishockey (Nordgegen Süddeutschland u. a.).
Nov 8, 20.00 Uhr Queens Club London – Deutsche Auswahl 3:3 (1:0, 0:3, 2:0). Queens Club: McNamara (Tor); Hall, Naumann (Vert.); Winter, Towell, Head (Sturm A); Groome, McCaugherty, Lloyd (Sturm B). Außerdem Kunstlauf.

Nov 9, abends. Feier des 9. November
V: NSDAP, Gau Groß-Berlin.
Rd: Arthur Görlitzer (stellv. Gl, Staatsrat)
Mitw.: SA-Sprechchor Molenaar.
»Das Hoheitszeichen der Partei leuchtete silbern von dem schwarzen Grunde eines Banners, das hinter der von Oleander umsäumten Rednertribüne über die ganze Höhe des Sportpalastes spannte. Es war umgeben von 16 Hakenkreuzbannern, die an die Toten des Odeonsplatzes mahnten. Den 16 Gefallenen des 9. November 1923 galt das Gedenken [...]« (Agr 12. 11.).
Agr 6., 12. 11.

Nov 10, 20.00 Uhr. Schlußveranstaltung des Olympiakurses im Eishockey und Eiskunstlauf
Vgl. Okt 19–30 und Nov 2–8.
Kunstlauf von Vivi-Anne Hulthén, Viktoria Lindpaintner, Günther Lorenz, Maxi Herber/Ernst Baier.
Eish.: Deutsche Auswahl – Queens Club 3:1 (1:0, 2:1, 0:0).
Brandenburg/BEC – BFC Preußen/Zehlendorfer Wespen 1:0 (0:0, 1:0, 0:0).
BLA 9., 12., 19., 22.–31. 10.; 2.–8., 10.–12. 11.; Agr 20., 25. 10.; 1.–2. 5., 7.–10., 12. 11.

Nov 11, 20.30 Uhr. Boxen »Gustav Eder – Felix Wouters« u. a.
V: Spichernring (Zirzow).
Wg: Gustav Eder (66 kg; Dortmund) – Felix Wouters (65 kg; B), Sieg Eders durch ko (9. Rde; Europameisterschaft, Hf Wouters).
Hsg: Adolf Witt (78,1 kg; Kiel) – Jean Berlemont (79,7 kg; B), Sieg Witts durch ko (3. Rde).
Sg: Paul Wallner (84,9 kg; Düsseldorf) – Arthur Polter (80,3 kg; Leipzig), Sieg Polters durch Aufgabe (1. Rde).
Sg: Vincenz Hower (91,5 kg; Köln) – Hans Schönrath (92,5

429 Programmheft (Chr Nov 22).

kg; Krefeld), unentschieden (12 Rdn; Deutsche Meisterschaft, Hf Schönrath).
BLA 11.–12. 11.; BS 788–89, 4.–11. 11.

Nov 14, 20.00 Uhr. Kundgebung
V: Reichsluftschutzbund, Landesgruppe Groß-Berlin.
Rd: Hermann Göring (General der Flieger, Ministerpräs.).
»Um 8 Uhr war der Sportpalast bis auf den letzten Platz besetzt: Saal und Ränge füllten die graublauen Uniformen der Männer vom Luftschutz, die Front des Podiums die helleuchtenden blauen Fahnen des Reichsluftschutzbundes und die Fahnen der Bewegung. [...] Riesige Transparente umspannten die Ränge: ›Der Kämpfer für den Luftschutz hat soviel Verantwortung und soviel Ehre wie jeder Frontsoldat.‹ Dieser Ausspruch Görings stand als Leitspruch über der Kundgebung. Präsident Generalleutnant a. D. Grimme dankte dem Ministerpräsidenten im Namen der 7 Millionen Mitglieder des Bundes für sein Erscheinen. [...] Von stürmischem Jubel begrüßt und immer wieder unterbrochen, nahm Göring das Wort zu seiner Ansprache, die mit aller Klarheit Wesen, Aufgabe und Ziel des Reichsluftschutzbundes umriß. [...] Göring schloß mit einem leidenschaftlichen Appell an alle, den Reichsluftschutzbund tatkräftig zu unterstützen. Brausend klang das Sieg=Heil auf den Führer durch den Sportpalast. Nach den nationalen Hymnen fand die feierliche Verpflichtung der 18 000 Amtsträger durch den Landesgruppenführer Major a. D. v. Loeper statt. Die Weihe der 205 Fahnen und der Badenweiler Marsch beendeten die gewaltige Kundgebung« (BLA 15. 11.).

Nov 19. Generalappell
V: NSDAP, Gau Groß-Berlin, Amt für Beamte.
Rd: Arthur Görlitzer (stellv. Gl, Staatsrat), Hermann Neef (Hauptamtsl.).
Th: *»Warum muß der Beamte im Dritten Reich Nationalsozialist sein?«, »Volks- und Staatsführung im Dritten Reich«.*
BLA 19. 11.

Nov 22, 20.15 Uhr. Amateur-Boxen »Europa-Turnier«
V: PSV/Heros.
Mg-Turnier: Hornemann (Berlin) besiegt Szigeti (H); von Büren (CH) besiegt te Nuyl (NL); der Endkampf wegen einer Augenverletzung von Bürens ausgefallen.
Hsg-Turnier: Johnsson (S) besiegt Tralst (Berlin); Bernlöhr (Stuttgart) besiegt Michelot (F); Bernlöhr besiegt Johnsson.
Sg-Turnier: Schnarre (Recklinghausen) besiegt Gustafsson (S); Kyfus (Berlin) besiegt Petersen (DK); Schnarre besiegt Kyfus.
Einladung:
Wg: Koß (Wünsdorf) besiegt Mietschke (Berlin).
Wg: Campe (Berlin) besiegt Karsch (Wünsdorf).
Sg: Thielbeer (Wünsdorf) besiegt De Wyl (Berlin).
BLA 16., 19., 22.–23. 11.; BS 790–91, 18.–25. 11.

Nov 28–29, 20.00 Uhr. Eishockey u. a.
Kunstlauf von Beuttel, Haertel, Noack, Schwarz, Dukatz/Krieschek, Prawitz/Weiß.
Nov 28 LTC Prag – Deutsche Auswahl 5:3 (1:0, 2:1, 2:2). Zehlendorfer Wespen – Brandenburg 2:1.
Nov 29 LTC Prag – Deutsche Auswahl 7:0 (3:0, 1:0, 3:0). BSchC – BEC 5:0 (0:0, 3:0, 2:0).
BLA 24., 27.–30. 11.

Dez 1, 16.00 Uhr. »2. Großes Lehrlings-Schaufrisieren«
V: Friseur-Innung Berlin/Gaujugendwaltung der DAF.
E: 0,75 M.
»1000 Berliner Friseurlehrlinge werben [...] im Sportpalast [...] für das Deutsche Handwerk. Jeder Freund des Handwerks erscheint deshalb [...] Einlaß 3 Uhr. Beginn 4 Uhr. [...] Nach dem Frisieren Tanz.
Programm:
1. Teil.
1. 15 bis 16 Uhr Konzert unter pers. Leitung des Obermusikmeisters a. D. Hermann Baarz.
2. Einmarsch der Fahnen und der 1000 Lehrlinge unter den Klängen des Marsches des Deutschen Handwerks.
3. Begrüßung: Sprechchor der Dietrich-Eckhardt-Schar der Hitler-Jugend: ›Segen der Arbeit‹.
4. Eröffnung der Veranstaltung durch den Obermeister und Kreishandwerksmeister Pg. Kortmann.
5. Beginn des Wettbewerbs. Wasser-Wellen-Frisur / Langhaar-Frisur / Kurzhaar-Frisur / Historische Frisur / Braut-Frisur / Herren-Frisur mit Eisen / Herren-Frisur einfach / Kurzhaar-Frisur mit Ersatz / Kunst-Frisur (Perücken)
6. Haararbeiten-Ausstellung der in Driesen und Saarbrücken Prämiierten.
2. Teil.
7. Bewertung durch die Preisrichter
8. Es spricht der Reichs-Innungsmeister Pg. Renz.
9. Lieder der Spielschar der Hitler-Jugend: ›Auf, hebt unsre Fahnen‹.
10. Es spricht der Reichsfachschaftswalter Pg. Klasen.
11. Ansprache des Bannführers Schüler.
12. Rundgang der 1000 Frisuren mit ihren Herstellern / Tanz / 11.30 Uhr Bekanntgabe der Ausgezeichneten« (Pz).
»Der festlich geschmückte Sportpalast war dicht gefüllt. In langen Reihen standen die 20 weißen Tafeln, an denen jeweils 50 Lehrlinge beiderlei Geschlechts fieberhaft arbeiteten. Eine Stunde blieb ihnen, um ihre Kunst zu zeigen. Da klapperten die Scheren, die Nickelhauben surren ganz leise, um die kunstvoll gelegten Wasserwellen zu trocknen, hier wird noch gesteckt, dort gezupft, gespritzt, gestrahlt und gebürstet. Ganz erstaunt ist man, was diese jungen Lehrlinge schon alles können. [...] Besondere Mühe geben sich die Lehrlinge, um die himmelhohen historischen Frisuren kunstgerecht aufzubauen. Hier ersteht manch verklun-

430 Programmzettel (Chr Dez 1); LA SP 4007/211.

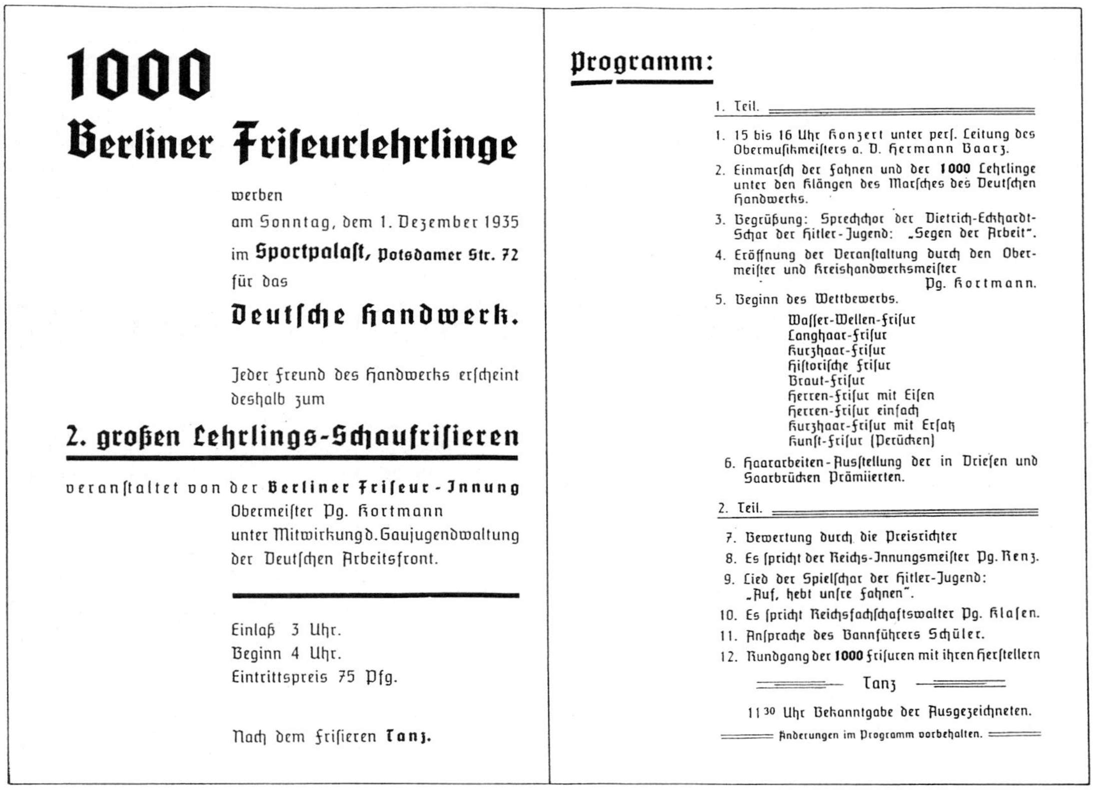
1000
Berliner Friseurlehrlinge
werben
am Sonntag, dem 1. Dezember 1935
im Sportpalast, Potsdamer Str. 72
für das
Deutsche Handwerk.
Jeder Freund des Handwerks erscheint deshalb zum
2. großen Lehrlings-Schaufrisieren
veranstaltet von der Berliner Friseur-Innung
Obermeister Pg. Kortmann
unter Mitwirkung d. Gaujugendwaltung der Deutschen Arbeitsfront.
Einlaß 3 Uhr.
Beginn 4 Uhr.
Eintrittspreis 75 Pfg.
Nach dem Frisieren Tanz.

Programm:
1. Teil.
1. 15 bis 16 Uhr Konzert unter pers. Leitung des Obermusikmeisters a. D. Hermann Baarz.
2. Einmarsch der Fahnen und der 1000 Lehrlinge unter den Klängen des Marsches des Deutschen Handwerks.
3. Begrüßung: Sprechchor der Dietrich-Eckhardt-Schar der Hitler-Jugend: „Segen der Arbeit".
4. Eröffnung der Veranstaltung durch den Obermeister und Kreishandwerksmeister Pg. Kortmann.
5. Beginn des Wettbewerbs.
Wasser-Wellen-Frisur
Langhaar-Frisur
Kurzhaar-Frisur
Historische Frisur
Braut-Frisur
Herren-Frisur mit Eisen
Herren-Frisur einfach
Kurzhaar-Frisur mit Ersatz
Kunst-Frisur (Perücken)
6. Haararbeiten-Ausstellung der in Driesen und Saarbrücken Prämiierten.
2. Teil.
7. Bewertung durch die Preisrichter
8. Es spricht der Reichs-Innungsmeister Pg. Renz.
9. Lied der Spielschar der Hitler-Jugend: „Auf, hebt unsre Fahnen".
10. Es spricht Reichsfachschaftswalter Pg. Klasen.
11. Ansprache des Bannführers Schüler.
12. Rundgang der 1000 Frisuren mit ihren Herstellern
Tanz
11 30 Uhr Bekanntgabe der Ausgezeichneten.
Änderungen im Programm vorbehalten.

gene Rokokotracht mit wippenden Federn, künstlichen Blumen und Schiffen. Sogar ein Zeppelinmodell fehlt nicht in einem Haaraufbau, und wir wollen bei so viel gutem Eifer die kleine Stillosigkeit dieses modernen Luftschiffes gern übersehen« (BLA 2. 12.).
BLA 22. 11.; 2. 12.; LA SP 4007 (u. a. Pz).

Dez 3, abends. Großkonzert der Wehrmacht
Et: 0,50 bis 1,50 M.
Mitw.: Zehn Wehrmachtskapellen (Heeresmusikinspizient Prof. Hermann Schmidt).
Zugunsten des WHW für Berlin.
Agr 19. 11.; 5. 12.

Dez 6, 19.00 Uhr. Eishockey
BEC – BFC Preußen 1:1 (1:0, 0:0, 0:1; Pokal des Sportpalastes).
»Um den Trainingsspielen der Berliner Eishockeymannschaften einen wirklichen Kampfcharakter zu verleihen, hat der Sportpalast einen Pokal gestiftet, um den sich 16 Vereine bewerben. Die Besonderheit dieses Wettbewerbs ist die Teilnahmeberechtigung aller ausländischen Mitglieder von Berliner Vereinen, wodurch selbstverständlich das Interesse an diesen Spielen gesteigert wird. Ferner dürfen auch die deutschen Olympia=Kandidaten für ihre Vereine spielen.
In vier Gruppen wird die Austragung erfolgen. Für jede dieser Gruppen ist einer der besten Vereine ›gesetzt‹ worden, die übrigen Mannschaften wurden ausgelost. Gruppe A umfaßt den Berliner Schlittschuh=-Club, RSC Westen, Tegeler EC und Siemens, Gruppe B Brandenburg, Berliner EV 1886, Lindenhof und Astoria, Gruppe C den Berliner Eislauf=Club, BFC Preußen, Oberschöneweide und Landsberg, den einzigen auswärtigen Teilnehmer, schließlich Gruppe D die Zehlendorfer Wespen, den Grunewald TC, SC Charlottenburg und den Berliner Hockey=Club« (BLA 6. 12.). Eröffnungsspiel dieser Pokalkämpfe; weitere Spiele am 8., 10.–12., 15., 17.–23. 12.
BLA 27. 11.; 6. 12.

Dez 7– (?). Öffentlicher Eislauf
BLA 17. 11.

Dez 8, 19.00 Uhr. Eishockey
BSchC – Tegeler EV.
Ausgefallen.
BLA 8.–9. 12.

Dez 9, 20.30 Uhr. Boxen »Gustav Eder – Hilario Martinez« u. a.
V: Spichernring (Englert).
Wg: Gustav Eder (65,8 kg; Köln) – Hilario Martinez (66,3 kg; E), Sieg Eders nach Pktn (15 Rdn; Europameisterschaft, Hf Martinez).
Mg: Josef Besselmann (69 kg; Köln) – Adrien Anneet (71,7 kg; B), Sieg Anneets nach Pktn (8 Rdn).
Hsg: Leonhard Marohn (79,3 kg; Berlin) – Nicolaus Droog (81 kg; Krefeld), Sieg Droogs durch ko (3. Rde).
Sg: Adolf Witt (76,5 kg; Kiel) – Joe Zeeman (84 kg; USA), Sieg Witts nach Pktn (8 Rdn).
Sg: Erwin Klein (88,8 kg; Solingen) – Arthur Polter (81,2 kg; Leipzig), Sieg Kleins nach Pktn (8 Rdn).
BLA 4., 7., 9.–10. 12.; BS 792–94, 2.–16. 12.; Ph (VWA).

Dez 10, 19.00 Uhr. Eishockey
RSC Westen – Tegeler EV 3:2 (Pokal des Sportpalastes; vgl. Dez 6).
BLA 10.–11. 12.

Dez 11–12, 20.00 Uhr. Eishockey u. a.
Kunstlauf von Karl Beuttel, Herbert Haertel, Liselotte Landbeck, Theo Laß, Günther Noack, Benno Wellmann, Prawitz/Weiß u. a.
Oxford University (GB): G. R. Krull (Tor); D. R. Wilson, D. P. Wallace (Vert.); R. L. Fenerty, G. S. Cowan, W. A. Tanner (Sturm A); F. J. McLean, O. Glass, G. I. Willis (Sturm B).
Berlin (überwiegend Zehlendorfer Wespen): v. Meerscheidt (Tor); Kelch I, Tobien (Vert.); Bedford, Brant, Paulin (Sturm A); Kelch II, Schwarz, v. Lindenau (Sturm B).
Dez 11 Berlin – Oxford 1:0 (0:0, 1:0, 0:0). Brandenburg – BEV 5:0 (1:0, 2:0, 2:0; Pokal des Sportpalastes, vgl. Dez 6).
Dez 12 Berlin – Oxford 5:1 (1:0, 1:1, 3:0): SCC – Grunewald TC 1:1 (Pokal des Sportpalastes).
BLA 11.–13. 12.; Agr 6., 11. 12.; BT 11. 12.

Dez 13, 19.00 Uhr. Eishockey u. a.
Veranstaltung für die Berliner Schuljugend.
Kunstlauf von Herbert Haertel, Liselotte Landbeck, Ursula Schwarz, Prawitz/Weiß u. a.
Berlin (A) – Berlin (B) 6:1 (0:1, 3:0, 3:0).
Jugend: BEC – BFC Preußen.
»An der Spitze der Kunstläufer stand die österreichische Meisterin Liselotte Landbeck mit ihren schneidigen Sprüngen und wirbelnden Pirouetten. Herbert Haertel hat sich erheblich verbessert, und auch Lotte Bluhm zeigte ihre ansprechende Kür. Sehr nett die jungen Kunstläufer des BSC und des BEV. In der Mitte des Interesses stand für die vielen Jungen aber doch das schnelle und oft aufregende Eishockeyspiel zweier Berliner Mannschaften. Erheblich stärker war die A-Mannschaft, in der die erste Wespensturmreihe stand« (BLA 14. 12.).

Dez 14–15, 20.00 Uhr. Eishockey u. a.
Kunstlauf von Liselotte Landbeck, Prawitz/Weiß u. a.
Schweden (Olympia-Kernmannschaft): Herman Carlsson (Tor); Sven Bergkvist, B. Lundell (Vert.); J. Liljeberg, F. Jöhnke, B. Norberg, H. Engberg, Sven Söderstrom, Stig Anderson, P. Hagren, R. Carlsson, Lindquist (Sturm und Ersatz).
Berlin (Auswahl): v. Meerscheidt (Tor); Haffner, Tobien (Vert.); Bedford, Brant, Schwarz (Sturm A); Greif, Korff, Seldte (Sturm B).
Dez 14 KdF-Veranstaltung. Schweden – Berlin 2:1.
»Am Freitag wurden zahlreiche Jugendliche unter brennenden Weihnachtsbäumen mit schönen Eislaufdarbietungen beschert. Leider waren es nicht so viele [...] immerhin brachten diese 3000 Jungen und Mädel viel Leben in den Sportpalast« (Agr 15. 12.).
Dez 15 Schweden – Berlin 8:0 (1:0, 4:0, 3:0). BSchC – Tegeler EV 5:0 (4:0, 1:0, 0:0; Pokal des Sportpalastes, vgl. Dez 6).
BLA 14.–16. 12.; Agr 15. 12.

Dez 17–21 und 23. Eishockey
Um den Pokal des Sportpalastes (vgl. Dez 6).
Dez 17, 19.00 Uhr Zehlendorfer Wespen – Grunewald TC 8:0 (2:0, 2:0, 4:0).
Dez 18, 22.00 Uhr Tegeler EV – Siemens 9:0 (3:0, 3:0, 3:0). Außerdem Kunstlauf.
Dez 19, 22.00 Uhr Zehlendorfer Wespen – SCC 14:0 (4:0, 5:0, 5:0).
Dez 20, 19.00 Uhr Brandenburg – RSC Lindenhof 14:0 (3:0, 5:0, 6:0).
Dez 21, 22.00 Uhr BFC Preußen – EV Landsberg 6:0 (0:0, 3:0, 3:0).
Dez 23, 22.00 Uhr BEV – Astoria 5:3 (2:2, 1:1, 2:0).
BLA 17.–23. 12.; Agr 24. 12.

Dez 26–28, 20.00 Uhr. Eishockey »Internationales Turnier« u. a.
Kunstlauf von Lotte Bluhm, Faltermeier, Viktoria Lindpaintner, Günther Noack, Annelies Schorr, Prawitz/Weiß u. a.
Turnierteiln.: Göta Stockholm (S) – Polen-Auswahl – LTC Prag (CS) – BSchC.
Dez 26 LTC Prag – Polen 9:3 (4:0, 0:3, 5.0). BSchC – Göta 1:0 (0:0, 0:0, 1:0).
Dez 27 Polen – BSchC 4:2. LTC Prag – Göta 7:3 (4:1, 1:2, 2:0).
Dez 28 KdF-Veranstaltung. Göta – Polen 3:2. LTC Prag – BSchC 1:0.
Ergebnis des Turniers:

1. LTC Prag	17:6	Tore,	6:0 Pkte
2. Polen	9:14	Tore,	2:4 Pkte
3. Göta	6:10	Tore,	2:4 Pkte
4. BSchC	3:5	Tore,	2:4 Pkte

»Grundsätzlich sei festgestellt, daß der deutsche Gruß zum Sport gehört. Auch Annelies Schorr und Günther Noack sollten sich danach richten!« (Agr 30. 12.).
BLA 25., 27.–28., 30. 12.; Agr 25., 28., 30.–31. 12.

1936

Jan 3, 19.00 Uhr. Eishockey
V: DRL, FaE.
BFC Preußen – Brandenburg 3:2 (Gesellschaftsspiel).
BLA 3.–4. 1.

Jan 7, 19.00 Uhr. Eishockey
V: DRL, FaE (?).
Brandenburg – Astoria 4:2 (1:0, 3:1, 0:1; Pokal des Sportpalastes, vgl. 1935 Dez 6).
BLA 7. 1.

Jan 8, 22.00 Uhr. Eishockey
V: DRL, FaE (?).
SCC – Oberschöneweider HC 3:3 (Pokal des Sportpalastes, vgl. 1935 Dez 6).
BLA 8.–9. 1.

Jan 10, 20.00 Uhr. Eishockey u. a.
V: DRL, FaE/KdF.
Et: 0,65 M.
KdF-Veranstaltung. Kunstlauf von Randy Gulligsen, Günther Noack, Zähring u. a.
Brandenburg – Rastenburger SV 5:0 (2:0, 1:0, 2:0).
BLA 10.–11. 1.; Agr 11.–12. 1.

Jan 12, 20.00 Uhr. »25. Berliner Hallensportfest«
8.00–16.00 Vorkämpfe.
V: DRL, FaL, Gau III.
In 18 Wettbewerben starteten mehr als 3000 Teilnehmer.
»Die Hauptkämpfe leitete der Aufmarsch der Teilnehmer ein. In breiter Front standen sie hinter ihren Fahnen. Gaufachamtsleiter Dr. Lüdeke richtete Worte der Begrüßung an die Zuschauer, sprach von der gewaltigen Entwicklung, die die Leichtathletik genommen hat, seitdem im Jahre 1908 das erste Hallensportfest stattfand. Die Aktiven seien durch ihre Kämpfe und ihre Leistungen die besten Werber für den Sport, so führte er aus. Die Nationalhymnen verklangen, der weite Innenraum wurde wieder leer. [...]« (BLA 13. 1.).

Aus den Wettbewerben:
»10mal=2=Runden=Staffel, B=C=D=Vereine, niedere Mannschaften: 1. Reichskredit 6:55,2 Min., 2. Humboldt, 3. Schöneberger TSC. 10=Min.=Paarlaufen: 1. Telefunken (Schilgen=Lukowicz) 3675 Meter, 2. Schöneberger TSC (Zunke=Ziemek) 3660 Meter, 3. BSC (Weichert=Göhrt) 3570 Meter. 60=Meter=Hürdenlaufen, Männer: 1. Huber (DSC) 8,8 Sek., 2. Beschetznik (DSC), 3. Scholz (DSC). [...] 3=mal=1000=Meter=Staffel: 1. B.F.R. Schlesien Breslau 8:0,1, 2. Neuköllner Sportfreunde 8:11,6, 3. Deutscher Sportclub 8:17,2, 4. SCC, 5. Schöneberger TSC. – Hochsprung Frauen: 1. Siebert (Neuköllner Sportfreunde) 1,52 Meter, 2. Le Viseur (SCC) 1,47 Meter, 3. Manthey (DOSC) 1,47 Meter. – Hochsprung Männer: 1. Gehmert (Siemens) 1,86 Meter, 2. Lösch (Post=SV) 1,81 Meter, [...] 10=mal=50=Meter=Pendelstaffel für Jugendliche: 1. Humboldt 1:08, 2. Jahn=Neukölln, 3. Brandenburg. – [...] 60 Meter für Frauen: 1. Dörffeldt (Siemens) 7,7, 2. Müller (SCC) 7,7, 3. Wedde (SCC) 7,8 Sek. Sprinter=Dreikampf: 1. Trapp (Post) 16 Punkte, 2. Füllgräbe (Margarine Union) 14 Punkte, 3. Schumann (DSC) 13 Punkte« (BLA 13. 1.).
BLA 10. 12. 1935; 3., 8. 11.–13. 1.; Agr 10.–12., 14. 1.

Jan 13, 20.00 Uhr. Amateur-Boxen »Olympia-Prüfungskämpfe«
V: DRL, FaB/KdF.
Et: 0,50 M.
KDF-Veranstaltung. Zwei Viererturniere und Einzelkämpfe.
Flg-Turnier: Färber (Augsburg) besiegt Tietzsch (Bernau); Graf (Hamburg) besiegt Brofazi (Hannover); Graf besiegt Färber.
Sg-Turnier: Runge (Elberfeld) besiegt Thielbeer (Wünsdorf); Schnarre (Recklinghausen) besiegt Vosen (Bonn); Schnarre besiegt Runge.
Einzelkämpfe:
Bg: Wilke (Hannover) besiegt Stasch (Kassel).
Fdg: Büttner II (Breslau) besiegt Klemp (Dessau).
Mg: Baumgarten (Hamburg) besiegt Blum (Altona).
Hsg: Jaspers (Stettin) besiegt Rosenkranz (Elberfeld).
BLA 12.–13. 1.; BS 797–99, 8.–20. 1.

Jan 14, 15.00 Uhr. Eishockey und Eiskunstlauf
V: DRL, FaE.
Vorführungen japanischer Eissportler.
»Bei den Kunstläufern fielen die Leichtigkeit und die stark betonte musikalische Einfügung angenehm auf. Das jüngste Mitglied der Mannschaft, die elfjährige Yetsuko Inada, überraschte durch einige gutgelungene Sprünge. Die Schnelläufer und Läuferinnen verfügen über eine gute Technik«. Die Japaner hatten bereits am 13. ihr Training aufgenommen. Sie waren u. a. auch wegen der Europameisterschaften im Eiskunstlauf nach Berlin gekommen.
BLA 14. 1.

Jan 15–16, 20.00 Uhr. Eishockey u. a.
V. DRL, FaE.
Et: 0,50 M.
Kunstlauf von Gerta Böttcher, Randy Gulligsen, Heinz Meyer, Günther Noack, Annelies Schorr, Ursula Schwarz u. a.
Jan 15 KdF-Veranstaltung. Bukarest – Berlin-Auswahl 3:2. BSchC – BEC 3:1 (1:0, 1:0, 1:1).
Jan 16 Bukarest – Berlin-Auswahl 2:1. Tegeler EV – BFC Preußen 2:1.
BLA 14.–17. 1.; Agr 16. 1.

Jan 17, 19.00 Uhr. Eishockey
V: DRL, FaE (?).
BSchC – Siemens 9:0 (4:0, 2:0, 3:0; damit wurde der BSchC Sieger der Gruppe A des Wettbewerbs um den Pokal des Sportpalastes; vgl. 1935 Dez 6).
BLA 17.–18. 1.

Jan 18, 22.00 Uhr. Eishockey
V: DRL, FaE (?).
Grunewald TC – RSC Westen 2:1 (Gesellschaftsspiel).
BLA 18. 1.

Jan 20, 20.00 Uhr. Eishockey u. a.
V: DRL, FaE/KdF.
KdF-Veranstaltung. Kunstlauf von Randy Gulligsen, Günther Noack, Annelies Schorr, Ursula Schwarz.
SC Riessersee: Max Maier (Tor); Karl Maier, Slevogt (Vert.); Lang, Rammlinger, Dr. Scheublein (Sturm A); Schmiedinger, Späth, Wild (Sturm B).
Berlin-Auswahl – SC Riessersee 3:0.
BSchC – Brandenburg 2:2 (1. Spiel der Vorschlußrunde um den Pokal des Sportpalastes, vgl. 1935 Dez 6).
BLA 19.–21. 1.

Jan 21–23, 7.30–22.30 Uhr. Training der Eiskunstläufer zu den Europameisterschaften am 24.–27. 1.
»Der Berliner Sportpalast steht vor großen Ereignissen, und diese Ereignisse werfen ihre Schatten voraus. [...] Seit gestern hat, nachdem einzelne Läufer und Läuferinnen, an ihrer Spitze die fleißige Sonja Henie, ihr Training im Sportpalast schon vor ein paar Tagen aufgenommen hatten, nun der weitaus größte Teil der Bewerber und Bewerberinnen mit der ›Arbeit‹ im Sportpalast begonnen. Vom frühen Morgen (ab 7.30 Uhr) bis zum späten Abend bis 22.30 Uhr) steht die – zwischendurch fünfmal eine Erneuerung erfahrende – Eisfläche des Sportpalastes den Läufern und Läuferinnen an den Trainingstagen zur Verfügung« (BLA 22. 1.). *»Annähernd 1500 Zuschauer mögen es am Mittwoch gewesen sein, die Zeugen mancher schönen Leistung wurden. Alle waren sie wieder an der Arbeit, Meister und Meisterinnen und alle, die es werden wollen ,erst recht«* (Agr 24. 1.).
BLA 22. 1.; Agr 24. 1.

Jan 24–27. Eiskunstlauf »Europameisterschaften« und Eishockey
V: DRL, FaE.
Teiln: rund 60 Läufer und Läuferinnen aus 16 Ländern.
Jan 24
8.30 Uhr. Herren, Pflicht.
20.00 Uhr. Paare.
Eish.: Rapid Prag – Berlin-Auswahl 7:2 (1:1, 4:1, 2:0).
Jan 25
8.00 Uhr. Damen, Pflicht (Anfang).
20.00 Uhr. Herren, Kür.
Eish.: Rapid Prag – Berlin-Auswahl 5:2.
Jan 26
10.00 Uhr. Frauen, Pflicht (Ende).
15.00 Uhr. Frauen, Kür.
Eish.: Japan (NM) – Berlin-Auswahl 1:1 (1:1, 0:0, 0:0).
(21.30 Uhr Preisverteilung und Ball im Hotel Adlon).
Jan 27
20.00 Uhr. KdF-Veranstaltung. Schaulaufen von Teilnehmern der Europameisterschaften.
Eish.: Rapid Prag – Berlin-Auswahl 8:1 (3:1, 2:0, 3:0).
Ergebnisse der Europameisterschaften:
Damen: 1. Sonja Henie (N) Plz 7/434,6 Pkte; 2. Cecilia Colledge (GB) 16/417,2; 3. Megan Taylor (GB) 21/413,9; 4. Liselotte Landbeck (B) 31/403,6; 5. Vivi-Anne Hulthén (S) 37/400,2; 6. Hedy Stenuf (A) 45/391; 7. Maxi Herber (D) 48/390,4; 8. Viktoria Lindpaintner (D) 46/389,7; 9. Yetsuko Inada (J) 64/372,7.
Herren: 1. Karl Schäfer (A) 7/432,2; 2. Graham Sharp (GB) 20/413,7; 3. Ernst Baier (D) 23/403,2; 4. Felix Kaspar (A) 26/407,7; 5. Elemer von Tertak (H) 30/396,4; 6. Markus Nikkanen (SF) 45/370,3; 7. T. Katayama (J) 54/366,1; 8. Fred Tomlins (GB) 57/364,4; 9. Oimatsu (J) 59/361,5.
Paare: 1. Maxi Herber/Ernst Baier (D) 7/11,5; 2. Ehepaar Cliff (GB) 18/10,6; 3. Geschwister von Szekrenyessy (H) 19/10,5; 4. Eva Prawitz/Otto Weiß (D) 29/9,7; 5. Ehepaar Kalus (PL) 37/9,4.
BLA 20. 12. 1935; 20., 22.–28. 1.; Agr 21. 12. 1935; 23.–24., 27.–28. 1.

Jan 29–30, 22.00 Uhr. Eishockey
V: DRL, FaE.
Jan 29 BEV – RSC Lindenhof 2:1 (0:0, 1:1, 1:0; Pokal des Sportpalastes, vgl. 1935 Dez 6).
Jan 30 Tegeler EV – Astoria 4:0 (3:0, 1:0, 0:0; Freundschaftsspiel).
BZaM 30.–31. 1.; BLA 29., 31. 1.

Jan 31 Geschlossen
BZaM 31. 1.

Feb 1, 17.30 Uhr. Eröffnung des 3. Reichsberufswettkampfes
V: HJ/DAF (?).
Rd: Dr. Robert Ley (Reichsorganisationsl.), Baldur von Schirach (Reichsjugendf.).
»Der Sportpalast bot ein festliches Bild. Über dem Podium leuchtete neben der Bannfahne der Berliner HJ die Fahne der Arbeitsfront. Über alle Balkone und Ränge spannten sich die Spruchbänder, auf denen die Leitsätze dieses Wettkampfes der Jugend standen: ›Unser Adel die Leistung! Unsere Sehnsucht der Frieden! Unser Ideal die Arbeit!‹ Mehr als 15 000 Jungen und Mädel füllten den riesigen Raum bis auf den letzten Platz. Um 5.30 Uhr trafen Baldur v. Schirach und Dr. Ley ein. [...] Obergebietsführer Axmann eröffnete die Kundgebung, und dann begann das eindrucksvolle chorische Vorspiel, als dessen Ausklang der Einmarsch der Fahnen erfolgte. [...] Schirach bezeichnete den Reichsberufswettkampf als das ›Olympia der Arbeit‹. Die Auslese der jungen Schaffenden bilde den Adel der deutschen Jugend, die sich zur harten Wirklichkeit des Daseins bekenne. Dieser Wettkampf sei die praktische Führerschule der Nation. Am 2. Februar beginne in 2500 Orten mit 40 000 ehrenamtlichen Mitarbeitern in ganz Deutschland der große Wettkampf.«
»Dr. Ley verkündete den Aufbau eines großen Berufserziehungswerkes, die Ernennung von Musterbetrieben und die Gründung einer Reichsberufsschule« (BLA 2. 2.).
BLA 2., 3. 2.

Feb 3, 22.00 Uhr. Eishockey
V: DRL, FaE.
Nachwuchs-Auswahlspiel: A – B 4:1.
»Mit dem Auswahlspiel für den Nachwuchs der Berliner Eishockey=Vereine [...] hat der Gau III einen bei uns wohl neuen Weg beschritten, der bei zielsicherem Verfolg zu einem brauchbaren Ergebnis führen muß: die Stärkung des Sturms der Berliner Eishockey=Vertretung. Der erste Abend hat erklärlicherweise noch keine überragenden Erkenntnisse gebracht; das Spiel endete mit einem 4:1=Sieg der A=Mannschaft, die in den jungen Stürmern der Wespen und den überraschend nett spielenden BEVern den stärkeren

Angriff hatte. Ein Wechsel des Preußen Walter in die B=Verteidigung glich das Verhältnis etwas aus« (BLA 5. 2.). Im BLA vom 2. 2. war das erste Auswahlspiel bereits für den 2. 2. angekündigt.
BLA 2.–3., 5. 2.

Feb 4, 19.00 Uhr. Eishockey
V: DRL, FaE.
Brandenburg/BFC Preußen – BSchC/BEC 1:1.
BLA 4., 6. 2.

Feb 5, 20.00 Uhr. Eishockey u. a.
V: DRL, FaE/KdF.
KdF-Veranstaltung. Kunstlauf von Lotte Bluhm, Günther Noack, Ursula Schwarz u. a.
Rastenburger SV – Zehlendorfer Wespen 2:0 (1:0, 0:0, 1:0). BEC – EV Landsberg 4:2 (2:0, 2:1, 0:1; Pokal des Sportpalastes, vgl. 1935 Dez 6).
BZaM 6. 2.; BLA 5.–7. 2.

Feb 6, 22.00 Uhr. Eishockey
V: DRL, FaE.
BFC Preußen – BEC 2:0 (0:0, 1:0, 1:0; Ausscheidung zur Deutschen Meisterschaft). Da Berlin nur zwei Mannschaften zur Deutschen Meisterschaft entsenden durfte, mußten einige Ausscheidungsspiele durchgeführt werden.
BLA 6.–7. 2.

Feb 7, 20.00 Uhr. Eishockey u. a.
V: DRL, FaE/KdF.
KdF-Veranstaltung. Kunstlauf von Annelies Schorr, Ursula Schwarz, Roth/Walter u. a.
BSchC – Berliner Junioren 3:1 (2:0, 0:1, 1:0). Gau Brandenburg – Gau Nordmark 8:3 (3:0, 0:4, 1:3).
BLA 7.–8. 2.

Feb 11, 20.00 Uhr. Eishockey u. a.
V: DRL, FaE/KdF.
KdF-Veranstaltung. *»Da es nicht möglich ist, jetzt während der Olympischen Spiele eine der ausländischen Eishockey=Mannschaften in Berlin antreten zu lassen, haben sich die Veranstalter [...] etwas Neues ausgedacht. Es wird zehn Eishockey=Kämpfe geben, allerdings nur Kurzspiele von je zweimal 7 1/2 Minuten. Fünf der besten Berliner Mannschaften treten in einem Blitzturnier jede gegen jede an. Es sind der Berliner Schlittschuh=Club, Brandenburg, Zehlendorfer Wespen, eine zwischen Preußen und dem Berliner Eislaufclub kombinierte Mannschaft und schließlich eine Vertretung der Nachwuchsspieler des Sportclubs Charlottenburg, Berliner Eislauf=Verein und Grunewald=Tennisclub«* (BLA 11. 2.).
Kunstlauf von Roth/Walter u. a.
BLA 11., 13. 2.

Feb 14, 20.00 Uhr. Eishockey u. a.
V: DRL, FaE/KdF.
KdF-Veranstaltung. Kunstlauf von Benno Faltermeier u. a.
Berlin – Amsterdam 3:0 (3:0, 0:0, 0:0).
BLA 14. 2.

Feb 15, 18.00 Uhr. »Osram-Werkfeier 1936«
V: Osram G.m.b.H. Kommanditgesellschaft.
Mitw.: Osram-Werkkapelle, Sprechchor der Werkscharen.
»Am Sonnabend begingen die Osramwerke ihre dritte Werkfeier im Sportpalast. Die Jubilare des Jahrgangs 1910 wurden geehrt und eine Reihe junger Arbeiter erhielten Stipendien für die Weiterbildung auf technischen Lehranstalten. [...] Die Feier beginnt. Alles das, Kommandos, Badenweiler Marsch, Fanfaren= und Begrüßungsworte gibt es auch sonst; sie prägen nicht das einzigartige Gesicht der Stunde. Aber schon der Sprechchor der Werkscharen läßt merken, was gemeint ist. Die Kameraden da oben sprechen ihre Worte von Kameradschaft aus eigener Erfahrung« (Agr 18. 2.).
Agr 18. 2.

Feb 16, 20.00 Uhr. Eishockey u. a.
V: DRL, FaE/KdF.
Et: 0,65 M.
KdF-Veranstaltung. Kunstlauf von Benno Faltermeier u. a.
Amsterdam – Berlin-Auswahl 2:1 (1:0, 0:1, 1:0). Zehlendorfer Wespen – BFC Preußen 3:0 (1:0, 1:0, 1:0; Ausscheidung zur Deutschen Meisterschaft, vgl. Feb 6).
BLA 16., 18. 2.; Agr 14. 2.

Feb 18, 19.00 Uhr. Eishockey
V: DRL, FaE (?).
Zehlendorfer Wespen – Brandenburg (Ausscheidung zur Deutschen Meisterschaft, vgl. Feb 6).
BLA 18., 19. 2.

Feb 19, 20.00 Uhr. Eishockey u. a.
V: DRL, FaE/KdF.
KdF-Veranstaltung. Kunstlauf von Vera Hruba, H. Krause, Seguse, Schwarz/Göschel u. a.
Brandenburg – Lettland (OM) 5:1 (2:0, 2:1, 1:0). Zehlendorfer Wespen – Polen (OM) 1:0 (1:0, 0:0, 0:0).
BLA 19.–20. 2.; Agr 19., 21. 2.

Feb 20, 20.00 Uhr. Eishockey u. a.
V: DRL, FaE/KdF.
KdF-Veranstaltung. Kunstlauf von Faltermeier, Vera Hruba, Günther Lorenz, Ursula Schwarz, v. Tertak, Urajanko, Rotter/Szollas, Geschwister Szekrenyessy u. a.
Ungarn (OM) – Polen (OM) 1:1 (1:1, 0:0, 0:0). BEC-Gaunachwuchs 2:0 (0:0, 1:0, 1:0).
BLA 20.–21. 2.; Agr 22. 2.

Feb 22, 20.00 Uhr. Eishockey u. a.
V: DRL, FaE/KdF.
KdF-Veranstaltung. Kunstlauf von v. Tertak, Prawitz/Weiß, Geschwister Szekrenyessy u. a.
Polen (OM) – Zehlendorfer Wespen 1:0. BFC Preußen – Gaunachwuchs 1:1.
BLA 22. 2.; Agr 25. 2.

Feb 23, mittags. Weihestunde
V: Deutscher Reichskriegerbund »Kyffhäuser«.
Rd: Wilhelm Reinard (Bundesf., SS-Oberf.).
Mitw.: Zehn Musikkorps und Spielmannszüge (Heeresmusikinspizient Prof. Hermann Schmidt).
»Im ganzen Reich fand am Sonntagmittag die feierliche Weihe der vom Führer und Reichskanzler genehmigten neuen Bundesfahnen des Deutschen Reichskriegerbundes (Kyffhäuser) statt. Die neue Fahne zeigt auf rotem Grund das Eiserne Kreuz und in dessen Mitte das Hakenkreuz, das Symbol des Dritten Reiches.
Die Hauptfeier im Berliner Sportpalast wurde für die 36 000 Kriegskameradschaften des Reichskriegerbundes auf den Deutschlandsender übertragen, wozu über 1000 Kyffhäuser=Kreisverbände Gemeinschaftsempfang und gleichzeitige Weihe angeordnet hatten. [...] Ein schönes Bild bot der Fahneneinmarsch: an der Spitze marschierte eine Abordnung des Arbeitsdienstes; es folgten S.A., S.S., N.S.=Marinebund, N.S. K.O.V., Technische Nothilfe, Luftwaffe=Reserve, Kolonialkriegerbund und Soldatenbund. Dann folgten die 2000 Fahnen des Reichskriegerbundes. Unter begeistertem Beifall der Zuschauer marschierte zum Schluß eine Ehrenabordnung der Luftwaffe und eine Ehrenkompanie des Heeres mit den Traditionsfahnen im Parademarsch ein« (Agr 25. 2.).
Agr 25. 2.; BLA 24. 2.

Feb 24–25, 20.00 Uhr. Eishockey u. a.
V: DRL, FaE/KdF.
KdF-Veranstaltungen, Kunstlauf von Benno Faltermeier, Günther Lorenz, Annelies Schorr, Prawitz/Weiß u. a.
Feb 24 Ungarn (OM) – Zehlendorfer Wespen 2:0.
Feb 25 BSchC – Ungarn (OM) 2:1 (0:1, 2:0, 0:0).
BLA 23., 25. 2.; Agr 26.–27. 2.

Feb 26, abends. Kundgebung
V: DAF, Ortsverwaltung BVG.
Rd: Johannes Engel (Amtsl., Stadtrat), Hans von Tschammer und Osten (Reichssportf.).
Th: Das bevorstehende Sommer Olympia; Das *»Bild eines friedlichen, wohlgeordneten Deutschlands inmitten einer Welt von Unfrieden«.*
Mitw.: BVG-Männerchor, BVG-Kapelle.
BLA 27. 2.

Feb 28, 20.30 Uhr. Boxen »Gustav Eder – Gustave Roth«
V: Zirzow & Englert.
Lg: Richard Stegemann (60,6 kg; Berlin) – Reinhold Leopold (60,6 kg; Berlin), Sieg Stegemanns nach Pktn (6 Rdn).
Lg: Kurt Bernhard (59,8 kg; Leipzig) – Albert Esser (61,4 kg; Köln), unentschieden (6 Rdn).
Wg: Gustav Eder (67,1 kg; Köln) – Gustave Roth (72,5 kg; B), Sieg Eders nach Pktn (12 Rdn; Ausscheidung zur Weltmeisterschaft).
Hsg: Willi Pürsch (Berlin) – Fred Bölck (Hamburg), Sieg Pürschs nach Pktn (8 Rdn).
Sg: Vincenz Hower (91,5 kg; Köln) – Werner Selle (98,4 kg; Köln), Sieg Howers nach Pktn (12 Rdn; Deutsche Meisterschaft, Hf Selle).
»Selten ist eine deutsche Schwergewichtsmeisterschaft so arm an Können gewesen, wie die zwischen Hower (Köln) und dem jungen Düsseldorfer Selle, die gestern im Sportpalast vor ausgezeichnetem Besuch zum Austrag kam. Der Kölner behielt seinen Titel, aber nicht, weil er eine gute Leistung vollbrachte, sondern weil der andere eben schlechter war. Dieser Meisterschaft war nicht mehr wert, als den Rahmen für den großen Kampf zu bieten, den der deutsche Europameister Gustav Eder und der Belgier Gustave Roth lieferten« (BLA 29. 2.).
BLA 26., 28.–29. 2.; BS 804–05, 24. 2.–2. 3.; Ph (VWA).

Feb 29 – Mär 2, 20.00 Uhr. Eishockey u. a.
V: DRL, FaE (auch mit KdF).
Kunstlauf von Cecilia Colledge, Faltermeier, Günther Lorenz, Megan Taylor, Prawitz/Weiß, Roth/Walter u. a.
Feb 29 Canada (OM) – Deutschland-Auswahl 10:1.
»Ein Unstern waltete an diesem Tage über der ganzen Veranstaltung. Es sollte eine recht gute deutsche Auswahlmannschaft antreten, aber Grippe hatte die Besten (Jaenecke, Ball, George) gleich reihenweise ins Bett geworfen, Schibukat spielte in Polen und die Bayern vom Riessersee und Füssen im Süden. Dazu traten auch Eva Prawitz=Weiß nicht an, was durch reichlich ungeschickte Regie zu weiteren Mißfallenskundgebungen Anlaß gab! Die Pfiffe werden noch lange in unseren Ohren gellen!« (Agr 3. 3.).
Mär 1 Canada (OM) – Deutschland-Auswahl 3:1 (0:1, 3:0, 0:0).

Mär 2 KdF-Veranstaltung. Canada (A) – Canada (B) 9:7.
»Die Popularität Sonjas ist erschüttert. Norwegens zehnfache Weltmeisterin ist seit Jahren wohl die umschwärmteste Eiskunstläuferin in Berlin. Nun aber hat sie auch hier Rivalinnen erhalten. So herzlich, so stürmisch wie sonst nur sie, sind Englands Künstlerinnen auch am Sonntag wieder gefeiert worden. Was an Cecilia Colledge und Megan Taylor am Sonntag die Zuschauer so begeisterte, war nicht nur die herrliche Eislaufkunst, sondern vielmehr die frische, ungezwungene, so natürliche Art, wie die entzükkenden Engländerinnen auf dem Eise liefen, die schwierigsten Figuren in einem Tempo, in einer so charmanten Art ausführten, daß der Jubel immer von neuem losbrach. Und wenn einer rief: ›Wir brauchen keine Sonja mehr‹, so meinte er sicher das, was alle Zuschauer empfanden: die beiden Engländerinnen verstehen es [...] wie Sonja Henie [...] die Zuschauer für die herrliche Eislaufkunst zu begeistern« (BLA 2. 3.).
BLA 21., 29. 2.; 1.–3. 3.; Agr 28.–29. 2.; 1.–3. 3.

Mär 3, 20.00 Uhr. 11. Polizei-Hallensportfest
V: PSV.
Mitw.: Kapelle der Schutzpolizei/Kapelle des Kommandos der Reserve-Feldjäger.
»Den größten Beifall des voll besetzten Hauses erhielten [...] die Staffelläufer und die Beamten der Veranstalter für die mustergültigen Vorführungen. Die 120 Feldjäger der Kommando=Reserve Feldjäger beschlossen ihre Karabinerübungen mit einer Salve, vor der vorher, um zarte Gemüter nicht zu erschrecken, durch Lautsprecher gewarnt worden war. Vorzügliche Disziplin zeigten die Beamten in Sportkleidung bei ihren Freiübungen. Der in der Ehrenloge anwesende Polizeipräsident Graf Helldorff wurde zum Schluß mit ›Sieg-Heil‹ begrüßt. [...] In den beiden Staffeln über 4mal 2 Runden und der Großen Polizeistaffel über 20mal 2 Runden war stets der Sport=Club Charlottenburg überlegen. Die lange Staffel gewann er mit einer solchen Überlegenheit, daß er alle anderen Mannschaften überrundete. Die Handballmannschaft des Veranstalters war dem SpV Deutsche Beamten-Versicherung nicht gewachsen. Mit 10:3 (Halbzeit 6:1) verließ die DBV=Mannschaft das Spielfeld und erhielt den Ehrenpreis des Ministerpräsidenten Göring« (BLA 4. 3.).
BLA 20. 2.; 3.–4. 3.; Agr 3., 5. 3.

Mär 4, 20.00 Uhr. Großkonzert der Luftwaffe
V: Luftkreiskommando II.
Zugunsten des WHW.
Mitw.: Zwölf Fliegermusikkorps (Luftwaffenmusikinspizient Hans Husadel).
»Schon äußerlich war das Bild des Abends äußerst glanzvoll und wies so auf die Bedeutung dieses Konzertes hin. Dunkle Grünpflanzen und Fahnen gaben dem Saal ein freundliches Aussehen. [...] Besonders abwechslungsreich und interessant war das Programm. Der festliche Königsmarsch von Richard Strauß, der 1906 komponiert ist, wurde einleitend gespielt. Richard Wagners Ouvertüre zu ›Der fliegende Holländer‹ folgte. Überraschend stark war die Wirkung dieser dramatischen Musik in dieser großen Bläser- und Schlagzeugbesetzung. Unheimlich dröhnte das dumpfe Wirbeln der Kesselpauken durch den weiten Raum, und wie wilde Brandung schäumte der Klang des riesigen Orchesters, durch die Hand des Dirigenten auf das feinste abgetönt, empor. [...] Der zweite Teil war besonders interessant gestaltet, da hier historisch wertvolle Militärmusik erklang. [...] Besonders charakteristisch waren die nun folgenden Märsche der Luftwaffe, von denen zuerst der Fliegerpräsentiermarsch, der einstmalige Pariser Einzugsmarsch, erklang. Ernst Hanffstaengls beliebter und bekannter Deutscher Föhn, Ministerfanfare und Fliegerfanfare von Hans Husadel schlossen sich an. Nun marschierten die Spielleute und der Fliegersoldatenchor im Stechschritt, mit Beifall empfangen, quer durch den Sportpalast. Das ›Locken‹ ertönte und die Chöre ›Flieger empor‹ von Buder und ›Kamerad Glückab‹ von Hans Husadel bildeten den festlichen Ausklang des Konzertes« (BLA 6. 3.).
BLA 6. 3.; Agr 5. 3.

Mär 5, 22.00 Uhr. Eishockey
V: DRL, FaE (?).
Grunewald TC – Oberschöneweider HC 4:2 (2:0, 0:2, 2:0; Pokal des Sportpalastes, vgl. 1935 Dez 6).
BLA 5., 7. 3.

Mär 7–9, 20.00 Uhr. Eishockey u. a.
V: DRL, FaE.
Kunstlauf von Ernst Baier, Maxi Herber, Günther Lorenz, Ursula Schwarz u. a.
Mär 7 BSchC – Birmingham (Maple Leaf; GB) 4:3 (1:1, 0:0, 3:2). BEV – EC Crimmitschau 2:1.
Mär 8 Zum fünfzigjährigen Jubiläum des BEV. Birmingham (Maple Leaf) – Brandenburg 4:2 (1:0, 1:1, 2:1). EC Crimmitschau – BEV 2:2.
»Der Sportpalast war zu seiner gestrigen Eissportveranstaltung, in dessen Mittepunkt die Ehrung des fünfzigjährigen Berliner Eislaufvereins von 1886 und der Kunstlauf unseres Weltmeisterpaares Maxi Herber=Ernst Baier stand, nahezu ausverkauft. Berlins Eissportfreunde bereiteten dem Jubilar, dessen zahlreiche Abteilungen zu Beginn mit dem Weltmeisterpaar und den an diesem Abend beteiligten Eishockeymannschaften im Halbkreis aufmarschiert waren, einen herzlichen Empfang. Anstelle des erkrankten Fachamtsleiters Kleeberg beglückwünschte Herr Hönicke den Berliner Eislaufverein, Berlins ältesten Eissportverein, der zu den erfolgreichsten des Fachamtes gehört, und erinnerte an die Verdienste dieses Vereins, der bereits 1891 in Oskar Uhlig den ersten Europameister im Kunstlauf stellte und in Arthur Vieregg, seinem jetzigen Vereinsführer, einen der besten der früheren Eislaufgarde besaßt. Alles aber überstrahlte, so betonte Herr Hönicke in seiner Ansprache, Ernst Baiers großer Erfolg mit Maxi Herber im Olympia und der Weltmeisterschaft. Auch Otto Schönings, der den BEV in vier Jahrzehnten mit ganzem Einsatz zur Höhe führte, wurde ehrend gedacht.
Im Namen des Berliner Schlittschuh=Clubs übergab M. F. Micheler einen Silbernen Pokal für die Jugend des Vereins, die dem Jubilar stets besonders am Herzen gelegen hat. Vereinsführer Vieregg dankte für die zahlreichen Ehrungen mit den Worten, daß das Erbe Verpflichtung sei, überreichte Ernst Beier und Max Herber die Goldene Ehrennadel des Vereins und ernannte Ernst Baier zum Ehrenmitglied« (BLA 9. 3.).
Mär 9 KdF-Veranstaltung. Birmingham (Maple Leaf) – Brandenburg 5:3 (1:0, 3:2, 1:1). Tegeler EV – BEV.
BLA 3.–4., 7.–9. 3.; Agr 5., 7., 10. 3.

Mär 10, 20.00 Uhr. Kundgebung zur Eröffnung des »Wahlkampfes«
V: NSDAP, Gau Groß-Berlin.
Zur sogenannten »Wahl« des Reichstages am 29. 3.
Rd: Dr. Joseph Goebbels (Reichsmin., Gl).
Mitw.: Musikzug der SA-Brigade 28, Sprechchöre der HJ.
Die Hauptkundgebung fand in der Deutschlandhalle statt. Im Sportpalast hielt Goebbels daher erst um 22.30 Uhr seine Rede.
»Reichsminister Dr. Goebbels wird um 20.25 Uhr in der Deutschlandhalle sprechen. Die Kundgebung wird auf den Berliner und den Deutschlandsender und in den Sportpalast, die Tennishallen, die Pharussäle, den Saalbau Friedrichshain, die Neue Welt und weitere 200 Säle in Berlin übertragen, so daß der größte Teil der Berliner Bevölkerung Gelegenheit haben wird, den Gauleiter von Berlin und Reichspropagandaleiter der NSDAP zu hören.
Die Reichs=Wahlkampfleitung wurde vom Führer dem Reichsminister Reichspropagandaleiter Dr. Goebbels übertragen. Die Reichspropagandaleitung hat mit ihrem gesamten Mitarbeiterstab mit sofortiger Wirkung ihren Sitz bis Ende des Wahlkampfes nach Berlin verlegt. Die Anschrift lautet: Reichs=Wahlkampfleitung der NSDAP, Berlin W 9, Wilhelmplatz 6–8, Fernruf A 1 (Jäger) 0014« (BLA 8. 3.).
»Im fahnengeschmückten Eingang des Sportpalastes ein dickes Gewimmel von Männern, Frauen und Hitlerjungen und Mädeln, Formationen, die zum geschlossenen Einmarsch antreten.
Tausende und aber Tausende füllen die alte Kampfstätte der Berliner Bewegung bis zum letzten Platz, drängen sich Kopf an Kopf im Parkett, in den Rängen und auf der Galerie hoch oben unterm Dach. In den schmalen Gängen ist S.A. mit herabgelassenen Sturmriemen angetreten. Rundum leuchten weiße Transparente von den Wänden: ›Deine Ehre: Treue dem Führer!‹ – ›Deutschlands Dank: Das ›Ja‹ für den Führer!‹ Bis in die letzten Winkel hinein dröhnen die schneidigen Märsche und Kampflieder [...] Feierliche Stille, als kurz vor 20 Uhr die Sturmfahnen, die Parteifahnen, die Wimpel der Motor=S.A., die Fahnen der Arbeitsfront und des R.L.B. hereingetragen werden, und als der Kreisleiter, Pg. Wolfermann, dann die aus der Deutschlandhalle übertragene Rede angekündigt« (Agr 12. 3.). Zur Veranstaltung in der Deutschlandhalle: *»Die Vorhalle des Riesenbaues durchrauscht Kommandorufen, Stiefelklirren, Lachen. An den Schanktischen und Zigarrenständen herrscht Biwakbetrieb. Ein Scharführer der S.A.=Reserve, Kreuz für zwei, Bauch für anderthalb, gießt ein kleines Helles hinter den Sturmriemen. Ein Kamerad wischt sich genüßlich den Mund nach fetten Würstchen. Aus einer Türspalte wehen Klangfetzen herüber. Die Stimmung ist fröhlich, aufgeräumt. Keiner denkt an Stuhlbeinschlachten und Bierseidelwurf. Wir sind unter uns, weil es außer uns niemanden mehr gibt«* (Agr 12. 3.).
BLA 8. 3.; Agr 12. 3.

Mär 11, 20.00 Uhr. Eishockey u. a.
V: DRL, FaE/KdF.
KdF-Veranstaltung. Kunstlauf von Inge Koch, Benno Faltermeier, Gebrüder Lindström, Günther Noack, Ursula Schwarz, Krizek/Dukatz, Prawitz/Weiß.
BSchC – Gau-Auswahl 12:2 (4:2, 2:0, 6:2). Außerdem Probespiel zweier Berliner Nachwuchsmannschaften.
BLA 10.–12. 3.; Agr 12.–13. 3.

Mär 12, abends. Kundgebung
V: NSDAP, Gau Groß-Berlin, Amt für Beamte.
Zur sogenannten »Wahl« des Reichstages am 29. 3.
Rd: Hanns Kerrl (Reichsmin.), Hermann Neef (Hauptamtsl.).
Agr 14. 3.

Mär 13, 20.00 Uhr. Amateur-Boxen »Brandenburgische Meisterschaften«
V: DRL, FaB.
KdF-Veranstaltung. Endkämpfe.
Flg: Tietzsch (BC Bernau) besiegt Staub (Brandenburg).

Bg: Schiller (Ost) besiegt Pierenz (Post SV).
Fdg: Völker (Neukölln) besiegt Obst (Reichsbahn).
Lg: Liebelt (Forst) besiegt Vietzke (Allianz).
Wg: Campe (Wünsdorf) besiegt Mietschke (PSV)
Mg: Hornemann (PSV) besiegt Schellin (Hermes).
Hsg: Brunkow (Weißensee) besiegt Malender (Weißensee).
Sg: Holz (Post SV) besiegt Kyfus (Wünsdorf).
»Man kennt nun die neuen Meister, die Brandenburg bei den deutschen Titelkämpfen vertreten sollen. Es war ein voller Erfolg am Freitag im Sportpalast, denn 10000 KdF=Zuschauer besetzten das Haus bis auf den letzten Platz. Sie sahen technisch gute und auch harte Kämpfe. [...] In zwei Ausscheidungstreffen, deren Sieger ebenfalls an den deutschen Meisterschaften teilnehmen, gewannen Arenz (Neukölln) und Künzel (AEG) klar gegen Gloger (Wünsdorf) und Schirrmacher (Weißensee). Für den besten Techniker war ein Sonderpreis ausgesetzt. Der Preis wurde Erich Campe zugesprochen« (BLA 14. 3.).
BLA 13.–14. 3.; BS 806–07, 9.–16. 3.

Mär 14–15, 20.00 Uhr. Eiskunstlauf »Berliner Meisterschaften« und Eishockey
V: DRL, FaE/KdF.
KdF-Veranstaltungen. Schaulauf von Vivi-Anne Hulthén (S).
Mär 14
Meisterschaft: Damen.
Eish.: SC Riessersee – BSchC 0:0.
Mär 15
(11.00 Uhr, außerdem: Kundgebung, siehe unten).
Meisterschaft: Herren und Paare.
Eish.: SC Riessersee – BSchC 1:1 (0:0, 1:1, 0:0).
Außerdem ein Jugend-Walzer (1. Schorr/Eidam) und ein Juniorenwettbewerb (1. Otto Weiß, vor Joachim Wellmann, Heinz Meyer).
Ergebnisse der Meisterschaften:
Damen: 1. Ursula Schwarz, 2. Lotte Bluhm, 3. Annelies Schorr (alle BSchC).
Herren: 1. Günther Lorenz, 2. Karl Beuttel (beide BSchC), 3. Karl Krause (Reichsbahn).
Paare: 1. Eva Prawitz/Otto Weiß, 2. Inge Koch/Günther Noack.
BLA 13.–16. 3.; Agr 12., 14., 17. 3.

Mär 15, 11.00 Uhr. Kundgebung
V: Polizeibeamte Groß-Berlins und der Mark.
Zur sogenannten »Wahl« des Reichstages am 29. 3.
Rd: Wolf Heinrich Graf von Helldorf (Polizeipräs. von Berlin).
Th: *»Geschichte, Aufgabe und Verpflichtung der Polizei«.*
»Der weite Raum bot äußerlich das gewohnte Bild einer großen Veranstaltung. Die Sitzreihen des Parketts und der Ränge waren bis auf den letzten Platz gefüllt, Spruchbänder und Hakenkreuzfahnen, dazwischen das silberne Hoheitszeichen der Polizei auf grünem Tuch, schmückten Emporen und Bühne. [...] Helldorf [...:] Als der Nationalsozialismus im Januar 1933 an die Macht gelangte, mußte Adolf Hitler ein Chaos übernehmen. Sieben Millionen Arbeitslose und fast ebenso viele dem Kommunismus verfallene Volksgenossen gab es in Deutschland. Und gerade die Polizei hatte am meisten unter der Seuche des jüdischen Bolschewismus gelitten. 216 preußische Polizeibeamte sind im Kampf gegen diese Störer der staatlichen Ordnung gefallen. Ebenso wie die Polizei aber hatte auch der Nationalsozialismus erkannt, daß der Bolschewismus der gefährlichste Gegner und das Ende aller Kultur und jedes völkischen Lebens sei« (BLA 16. 3.).
BLA 16. 3.; Agr 14., 17. 3.

Mär 16, 20.00 Uhr. Eishockey u. a.
V: DRL, FaE/KdF.
KdF-Veranstaltung. Kunstlauf von Gabriele Koch, Günther Lorenz, Lucie Mertz, Ursula Schwarz.
SC Riessersee – Brandenburg 5:0 (2:0, 0:0, 3:0). Tegeler EV – BEC 2:0.
BLA 17. 3.; Agr 17. 3.

Mär 17, abends. Kundgebung
V: NSDAP, Gau Groß-Berlin.
Zur sogenannten »Wahl« des Reichstages am 29. 3.
Rd: Dr. Joseph Goebbels (Reichsmin., Gl).
»Am 17. März 1936 spricht der Berliner Gauleiter, Reichsminister Dr. Goebbels, in sechs Großkundgebungen in Sälen, die mit dem Kampf des Nationalsozialismus in Berlin auf das engste verbunden sind. Und zwar: Pharus=Säle, Berlin N 65, Konzerthaus Lindner, Pankow, Saalbau Friedrichshain. NO 55, Neue Welt, Hasenheide, Bockbrauerei Fidicinstraße, SW 29, Sportpalast, W 57« (Agr 15. 3.).
»Mit Dr. Goebbels durch Berlin [...] Durch einsame und dunkle Straßen – längst schlief das schaffende Berlin – führte die jagende Fahrt zur Neuen Welt in der Hasenheide, und von dort zur Bockbrauerei in der Fidicinstraße, wohin der Kreis V die Massen gerufen hatte. Krönung und Höhepunkt der erlebnisreichen Fahrt aber war die gewaltige Kundgebung im Sportpalast, wo vor den Männern und Frauen der Kreise II, III und IV der Gauleiter noch einmal die Parole des 29. März verkündete: ›Adolf Hitler hat in den letzten drei Jahren seine Schuldigkeit getan, nun, deutsches Volk, tu du die deine!‹« (BLA 18. 3.).
BLA 18. 3.; Agr 15. 3.

Mär 18–19, abends. Konzert »Paul-Lincke-Abend«
V: KdF.
»Selbst der Riesenraum des Sportpalastes reicht kaum aus, wenn Paul Linckes Name lockt. [...] Einführend wies Kreiswart Jakob auf den 29. März hin, an dem das deutsche Volk Gelegenheit habe, dem Führer seinen Dank abzutragen. Stürmischer Beifall, als dann Paul Lincke das Podium betrat, um als Dirigent des Landesorchesters Gau Berlin mit zwei Märschen das Konzert zu beginnen. Seine jugendfrische, temperamentvolle Art riß Musiker und Zuhörer in gleicher Weise mit, und die Begeisterung erreichte ihren Höhepunkt, als ein Potpourri seine bekanntesten Operettenschlager, die von den vielen Tausenden mitgesungen wurden, unter dem Stichwort ›Ein Abend bei Paul Lincke‹ zusammen faßte. Alle Künstler, die sich für den Abend zur Verfügung gestellt hatten, Franz Wolf, der stimmgewaltige Sänger, das Heinz=Lingen=Ballett mit den Solotänzern Fred Becker und Lisl Spalinger, Melitta Kiefer und Armin Münch, die in Kostümen den Runxendorfer gesungen hatten, sie alle fanden sich in dieser überaus stimmungsvollen Schlußdarbietung mit dem Orchester und ›Paulchen‹ zusammen, und der Beifall nahm kein Ende« (BLA 20. 3.).
BLA 20. 3.; Agr 21. 3.

Mär 20. Kundgebung
V: NSDAP, Kreis V.
Zur sogenannten »Wahl« des Reichstages am 29. 3.
Rd: Arthur Görlitzer (stellv. Gl, Staatsrat).
Mitw.: Mitglieder des Arbeitsdankes und Angehörige des Arbeitsdienstes.
»Die Versammlung [...] erhielt den Charakter einer Feierstunde durch die chorische Sprachdichtung von Konrad Lisz's ›Schicksal und Tat‹, deren Uraufführung durch Mitglieder des Arbeitsdankes und Angehörige des Arbeitsdienstes die Veranstaltung einleitete. Die Dichtung, zu der Hans Renner eine eindrucksvolle Musik geschrieben hat, gestaltet den ewigen Kampf der Deutschen um ein geistig und politisch freies und starkes Reich von den Tagen Armins des Cheruskers an bis zu der Einigungstat Adolf Hitlers. Unter den Ehrengästen befand sich Reichsarbeitsführer Hierl« (BLA 21. 3.).
BLA 21. 3.; Agr 22. 3.

Mär 21, 18.00 Uhr. Kundgebung
V: NSDAP, Gauleitung Groß-Berlin, Gaufachschaft Gemeindeverwaltungen.
Et: 0,30 M.
Zur sogenannten »Wahl« des Reichstages am 29. 3.
Rd: Arthur Görlitzer (stellv. Gl, Staatsrat), Dr. Julius Lippert (Staatskommissar für Berlin).
Th: Das Nationalsozialistische Aufbauwerk der Reichshauptstadt; *»Das ganze Volk steht hinter dem Führer«.*
Mitw.: Fachschaftskapelle, Sprechchor.
»Über die Balkone waren helle Transparente gespannt, deren Sprüche Dank und Gelöbnis an den Führer waren. Um 6 Uhr marschierten die Fahnen ein, voran die alten, zerschlissenen Sturmfahnen, unter denen das einst rote Berlin erobert wurde. Aus der Höhe hallte der eherne Rhythmus eines Sprechchors: ›Deutschland, wir glauben an Dich!‹« (BLA 22. 3.).
BLA 19., 22. 3.; Ankündigungszettel (LA Rep. 206 [Kreuzberg] Acc. 3328, vorl. Nr. 361).

Mär 22–23, 20.00 Uhr. Eishockey »Endkämpfe um den Pokal des Sportpalastes« u. a.
Nachmittags Eishockey-Schülerspiel.
V: DRL, FaE/KdF.
KdF-Veranstaltungen. Kunstlauf von Karl Beuttel, Benno Faltermeier, Lucie Grimminger, Franzl Loichinger, Günther Lorenz, Ursula Schwarz, Koch/Noack u. a.
»Die Vorrunden erstreckten sich über den ganzen Winter [vgl. 1935, Dez 6] und brachten 15 Mannschaften in den Kampf. Aus diesen haben sich als Gruppensieger der jetzige deutsche Meister Berliner Schlittschuh=Club, Brandenburg, zur Zeit Berliner Meister, die Zehlendorfer Wespen und der BFC Preußen ergeben. Zwei Spiele sind von der Schlußrunde, in der jeder gegen jeden spielen wird, schon erledigt: der BSC mußte sich mit einem 2:2 gegen Brandenburg begnügen, und die Preußen wurden mit 7:0 von den Wespen geschlagen« (BLA 22. 3.).
Mär 22 Zehlendorfer Wespen – Brandenburg 4:1 (0:0, 1:0, 3:1). BSchC – BFC Preußen 5:0 (1:0, 2:0, 2:0).
»In einer Pause zeigte der Altmeister des Jiu=Jitsu, Erich Rahn, interessante Vorführungen, die eine gute Propaganda für Kraft=durch=Freude=Kurse auf diesem Sportgebiet bildeten« (BLA 23. 3.).
Mär 23 BSchC – Zehlendorfer Wespen 3:1 (1:0, 1:0, 1:1). BFC Preußen – Brandenburg 5:2.
Der BSchC gewann den Pokal des Sportpalastes.
BLA 22.–24. 3.; Agr 22., 24. 3.
Vormittags (?), außerdem: Kundgebung
Stattgefunden?
V: DAF, RBG Handel, Fachgruppe »Vermittlungsgewerbe«.
Rd: Rau (Reichsgruppenwalter), Nikolaus (Claus) Selzner (Hauptamtsl.).
»Zu dieser Großkundgebung werden die Handelsvertreter der Fachgruppen erscheinen. Dazu gehören die Handelswerber, die Reisevertreter, Geschäftsreisende, Versicherungsagenten und Makler, Agenten im Zweck= und Bausparwesen, die Grundstücks= und Hypothekenmakler und =versteigerer sowie die Hausverwalter« (Agr 6. 3.).

Mär 25, 20.00 Uhr. Eishockey u. a.
12.30 Uhr Eishockey-Schülerspiel.
V: DRL, FaE/KdF.
KdF-Veranstaltung. Kunstlauf von Karl Krause, Franzl Loichinger, Günther Lorenz, Lydia Veicht, Koch/Noack.
Berlin (A) – Berlin (B) 4:1. SCC – Gaunachwuchs.
Agr 22., 26. 3.

Mär 26, 20.00 Uhr. Eishockey u. a.
V: DRL, FaE/KdF.
KdF-Veranstaltung. Kunstlauf von Benno Faltermeier, Franzl Loichinger, Vivi-Anne Hulthén u. a.
BSchC – Gau-Auswahl 7:3. Tegeler EV – BEV.
»*Der Bericht über das Spiel Tegel-BEV komb. sei uns erlassen. Hier überwog die Komik die sportliche Note..., aber dies ärgerte niemanden mehr*« (Agr 27./28. 3.).
»*Vivi=Anne Hulthén [...] Als Dank für ihr herrliches Können wurde der Schwedin unter dem Beifall des wieder restlos gefüllten Hauses ein Erinnerungszeichen überreicht, das der Sportpalast neu geschaffen hat und das sie als erste in Empfang nehmen durfte*« (BLA 27. 3.).
BLA 26.–27. 3.; Agr 22., 27. 3.

Mär 27, 20.00 Uhr. Kundgebung zum Abschluß des sogenannten Wahlkampfes
V: NSDAP, Gau Groß-Berlin.
Zur sogenannten »Wahl« des Reichstages am 29. 3.
Rd: Hermann Göring (Reichsmin.).
»*Im Rahmen der Kundgebungen des Wahlkampfes spricht heute, Freitagabend, um 8 Uhr Reichsminister Göring in der Deutschlandhalle und anschließend daran in einer Parallelkundgebung im Sportpalast*« (BLA 27. 3.).
BLA 27.–28. 3.

Mär 30–31, 20.00 Uhr. Eishockey u. a.
V: DRL, FaE.
Kunstlauf von Benno Faltermeier, Henhappel, Vivi-Anne Hulthén, Karl Schäfer, Hedy Stenuf, Geschwister Pausin u. a.
Mär 30 VK Engelmann Wien – BSchC 4:2 (2:0, 2:0, 0:2).
Mär 31 BSchC – VK Engelmann Wien 2:1 (1:0, 0:0, 1:1).
BLA 29.–31. 3.; 1. 4.; Agr 1. 4.

Apr 1–2, 20.00 Uhr. Eishockey u. a.
V: DRL, FaE/KdF.
KdF-Veranstaltung. Kunstlauf wie Mär 30–31, außerdem Händel, Martha-Maria Meyerhans, Emmy Puzinger.
Apr 1 Gau-Auswahl – VK Engelmann Wien 2:2 (2:0, 0:2, 0:0).
Apr 2 Eishockeykurzspiele (2 x 10 Min.): BSchC – Tegeler EV 7:1; BSchC – BEC 3:0; BFC Preußen – BEC 1:0; BFC Preußen – Tegeler EV 1:1.
BLA 1.–3. 4.

Apr 6–8, 20.00 Uhr. Eishockey u. a.
V: DRL, FaE/KdF.
KdF-Veranstaltungen. Kunstlauf von Benno Faltermeier, Irmi Hartung, Vivi-Anne Hulthén, Ulrich Kuhn, Hedy Stenuf, Koch/Noack u. a.
Apr 6 BSchC – AIK Stockholm 5:2.
Apr 7 BSchC – AIK Stockholm 4:3.
»*Der erste Abschied im Sportpalast liegt hinter uns; Erich Römer, der alte Internationale des Berliner Schlittschuh=Clubs, trat am Dienstagabend [7.4.] bei der vorletzten Eissportveranstaltung dieses Winters aus den Reihen der aktiven Eishockeyspieler ab. Herzlich waren die Worte, die ihm der Sportwart des Verbandes, Arthur Vieregg, zurief, und wir alle werden diesen wackeren Kämpen in guter Erinnerung behalten. Mit Römer scheidet wieder einer von denen, die den Berliner Eishockeysport aufzubauen mithalfen, doch seine Erfahrung wird noch immer den jungen Spielern, denen er jetzt Raum gibt, helfend und belehrend zur Seite stehen*« (BLA 8. 4.).
Apr 8 AIK Stockholm – Berlin-Auswahl 5:1.
»*Die ›Eiszeit‹ ist nun auch im Sportpalast vorüber. Am Mittwoch glitten zum letzten Male in diesem Winter die blanken Schienen über die Eisfläche [...] Inge Koch=Günther Noack brachten den Paarlauf zur Geltung und Faltermeier den Humor. Die beiden Schweden Johnson und Lindgren als Teile des urkomischen Pferdes ›Vania‹, von Vivi=Anne geführt, machten ihm schwere Konkurrenz. Schließlich warb Meister Rahn in der Pause für die KdF=Sportkurse durch einige Jiu=Jitsu=Vorführungen. [...] Etwa 300000 Volksgenossen haben in diesem Jahre den Sportpalast=Veranstaltungen beigewohnt. Allein 33 Abende gehörten der NSG ›Kraft durch Freude‹, die nicht nur vielen angestrengt arbeitenden Berlinern die Freude eines derartigen Sportabends machte, sondern daneben Tausende als Anhänger des Eissports neu gewonnen hat. Das ist ein Erfolg, der noch einmal betont werden soll*« (BLA 9. 4.).
BLA 7.–9. 4.; Agr 22. 3.

Apr 20, abends. Vereidigung der Politischen Leiter der Partei und der Amtswalter ihrer Gliederungen
V: NSDAP, Gau Groß-Berlin.
Rd: Dr. Joseph Goebbels (Reichsmin., Gl).
Th: «*Der Fahneneid des deutschen politischen Soldaten*« u. a.
Mitw.: Kapelle Fuhsel.
»*Dr. Goebbels über die Bedeutung des Schwurs / 41418 Männer und Frauen leisten in Berlin den Eid auf den Führer / Die Schauplätze der feierlichen Vereidigung am Abend des 20. April [Geburtstag Hitlers] waren in Berlin die Traditionsstätte der Kampfzeit, der Sportpalast, und der steinerne Zeuge des Aufbaus, die Deutschlandhalle. 41418 Politische Leiter der Partei und Amtswalter ihrer Gliederungen traten in den beiden Hallen vor ihren Gauleiter, Reichsminister Dr. Goebbels, der die Vereidigung im Sportpalast mit einer auch nach der Deutschlandhalle übertragenen Rede einleitete, zum Schwur auf den Führer an. [...] Ein Führungsamt in der Partei ist die höchste politische Würde, die ein Deutscher im politischen Leben bekleiden kann. Ein Eid auf den Führer ist ein Lebensbekenntnis, ist der Fahneneid des deutschen politischen Soldaten. [...] Nach dieser ernsten vorbereitenden Stunde reiht sich Berlin mit seinem Gauleiter ein in die Mannschaft, die zu diesem Zeitpunkt in allen Teilen des Reiches angetreten ist. Ein Umschalten der Lautsprecher. Jetzt schwingt über die Männer und Frauen im Sportpalast und in der Deutschlandhalle sowie über die ganze Nation das Wort aus München. In atemlosem Schweigen heben sich die Arme, die Hände zum Schwur, und dann hallt laut, zugleich mit der Stimme des Stellvertreters des Führers, Wort um Wort des Eides auf. Zum Schwur verbunden ist das Reich*« (BLA 21. 4.).
BLA 21. 4.; Agr 22. 4.; Goebbels, Tagebücher II, S. 603.

Mai 8, 20.30 Uhr. Boxen »Adolf Heuser – Norman Tomasulo« u. a.
V: Schumacher.
Lg: Richard Stegemann (60,2 kg; Berlin) – Willi Seisler (61,5 kg; Berlin), Sieg Seislers nach Pktn (10 Rdn; Deutsche Meisterschaft, Hf Stegemann).
Wg: Willy Prodel (65,7 kg; Köln) – Alfred Radtke (65,7 kg; Danzig), Sieg Prodels nach Pktn (6 Rdn).
Hsg: Fred Bölck (Hamburg) – Leonhard Marohn (79 kg; Berlin), Sieg Marohns nach Pktn (6 Rdn).
Sg: Arno Kölblin (89,5 kg; Berlin) – Joe Zeeman (84,5 kg; USA), Sieg Kölblins nach Pktn (8 Rdn).
Sg: Adolf Heuser (82,2 kg; Bonn) – Norman Tomasulo (82,2 kg; RA), Sieg Heusers durch ko (1. Rde).
BLA 8.–9. 5.; BS 814–15, 4.–11. 5.

Mai 18–23, 20.00 Uhr. Konzerte »Paul-Lincke-Woche«
V: KdF.
»*›Eine Woche Berliner Luft mit Paul Lincke‹, das ist der Leitsatz für die Abende, die die NS=Gemeinschaft Kraft durch Freude im Sportpalast veranstaltet. Wenn das Landesorchester Gau Berlin und das Blasorchester Johannes Kley unter dem Dirigentenstab des Komponisten des Altmeisters beliebte Melodien durch den mächtigen Bau klingen lassen, dann gehen die Tausende in fröhlicher Stimmung mit – hier ist Berliner Luft wirklich einmal Musik geworden. So war auch der Eröffnungsabend ein großer Erfolg. Daran teil hatten Lillie Claus, die mit ihrer Stimme spielerisch die höchsten Tonstufen erkletterte, Herbert Ernst Groh, der das Lied ›In der Sperlingsgasse‹ aus der Taufe hob, und – nicht zu vergessen – Melitta Kiefer und Arnim Münch. Dazu das Egon=Molkow=Ballett mit seinem Schmiß und Können und die kleinen Ballettratten Gisela und Helga vom Mary=Zimmermann=Ballett. Die Freude und die Begeisterung erreichten ihren Höhepunkt, als Paul Lincke den Gesang der Besucher dirigierte. Ein Beifallssturm dankte dem Meister, den Musikern und Solisten*« (BLA 19. 5.).

Jul Anfang bis 26 (?). Renovierung des Sportpalastes und Umbau der Kühlanlage
»*Kommt man heute an dem Hause in der Potsdamer Straße vorüber, so sieht man auf dem Vorplatz Kühlröhren sich zu hohen Bergen türmen, und im Inneren des Hauses sind die Handwerker, Maler, Maurer und Tischler, emsig bei der Arbeit. Vorbereitung auf Olympia? Jetzt mitten im Sommer? Die Winterspiele sind doch vorüber.*
Der Zweck der Vorbereitungen ist folgender: Um den vielen Tausenden von Besuchern des Sommer=Olympia in Berlin einen Ausschnitt von den wintersportlichen Kämpfen vor wenigen Monaten in Garmisch vermitteln zu können, werden wir im August vier Eissportabende im Sportpalst erleben, und dazu erhält er nicht nur ein neues Gesicht, sondern auch die ›Eingeweide‹ werden umgebaut. Um ein schnelleres Gefrieren der Eisfläche zu sichern, werden die vielen Kilometer von Röhren in anderer Anordnung verlegt [...] Für das unbedingt erforderliche Training steht der Sportpalast mit dem Ende dieses Monats zur Verfügung« (BLA 2. 7.).
»*Die alte Röhrenanlage hatte sich als verbraucht gezeigt. Eine neue mußte geschaffen werden. Hierfür wurden dem Sportpalast mehrere Pläne überreicht, von denen man den, der die Querberohrung anstelle der alten Längsberohrung vorsah, zur Ausführung annahm. Der Firma Gesellschaft für Linde's Eismaschinen wurden diese Arbeiten übertragen und mit ihnen gleich eine Vergrößerung der Eisbahn um 4 m in der Länge verbunden, so daß die neue Fläche eine Größe von 56 x 26 m aufweist, was als ideale Fläche für Eishockeykämpfe gilt. Etwa 15000 m Rohre fanden für die Anlage Verwendung. Durch die Neuanlage der Eisfläche ist der ganze Boden des Sportpalastes um 20 cm gehoben und damit auch – in Verbindung mit der Vergrößerung der Fläche und der Erniedrigung der Hockeyumwehrung – eine noch bessere Sicht von vielen Plätzen erzielt worden. Bei der völligen Erneuerung der Tribünen hat man durch Ver-*

besserungen noch zusätzlich einige Sitzplätze gewonnen, was sich ebenfalls als vorteilhaft erweisen wird.
Von wesentlicher Bedeutung für die ganze Anlage des Sportpalastes ist auch die Erneuerung der Wände und Dekken. Mit Ausnahme der eigentlichen Arenadecke, sind alle Wände und Zwischendecken neu gestrichen worden, so daß infolge der hellen Tönung bei Tageslicht sowohl als auch bei Lampenlicht der Sportpalast innen weit heller ist als bisher. Auch die eigentliche Eisfläche ist durch zusätzlich angebrachte Tiefstrahler noch besser beleuchtet« (Ph zu Aug 15–16).
»*[...] die ganze Fläche kann innerhalb von 24 Stunden gekühlt werden. Für jedes Gefrieren der ganzen Fläche sind 100 000 Liter Wasser nötig. Später, wenn die Oberschicht betoniert wird, braucht man nur etwa 20 000 Liter für eine Eisschicht. Es ist übrigens interessant zu erfahren, daß die verschiedenen Eissportler jeweils andere Temperaturen zur Kühlung ihres Eises verlangen . Die Kunstläufer wollen ihr Eis bei 6 bis 8 Grad gekühlt haben, die Eishockeyspieler bei 12 bis 14 Grad und die Schnell=Läufer bei 10 Grad Kälte«* (BLA 28. 7.).
BLA 2., 28. 7.; Ph zu Aug 15–16.

Jul 27. Probelaufen der Jugend auf der neuen Eisbahn nach dem Umbau
»*Am Montagnachmittag gab es im Sportpalast ein reizendes Schauspiel: Unter der riesigen Halle flogen die Schlittschuhläufer über die blanke Eisfläche, 150 Berliner Jungen und Mädel. Die Mädel in silberweißen oder leuchtendblauen kurzen Röcken, die Jungen vollendete Kavaliere beim Tanz über das Eis. Die Eltern standen rundherum um diese hochsommerliche Eisbahn und freuten sich über jeden Sprung und jede Pirouette ihrer Kinder. Und diese 15= bis 18jährigen Mädel liefen, als gelte es das Leben, denn unter den Zuschauern stand ein zartes, blondes Mädchen und prüfte liebevoll, aber doch mit fachmännischer Kenntnis den Eiskunstlauf dieser Jugend. Die Zuschauerin war niemand anders als die Olympia=Siegerin im Eispaarlaufen, Maxi Herber, die bereits am Vormittag mit Ernst Baier auf der neuen Eisfläche des Sportpalastes trainiert hatte*» (BLA 28. 7.).

Aug 1–7, 9.00 Uhr. Training der Eissportler für die Veranstaltung am 8.–9. und 15.–16. 8.
BLA 28. 7.; Agr 29. 7.

Aug 8–9, 20.30 Uhr (?). Eishockey und Eiskunstlauf »Internationale Eislauf-Veranstaltung«
V: DRL, FaE.
Kunstlauf von Cecilia Colledge (GB), Benno Faltermeier (Münchener EV), Emmy Puzinger und Hedy Stenuf (beide VK Engelmann Wien), Herber/Baier (Münchener EV), Geschwister Pausin (VK Engelmann Wien).
Aufstellung der Eish.-Mannschaften vermutlich wie Aug 15–16.
Aug 8 VK Engelmann Wien – BSchC.
Aug 9 VK Engelmann Wien – BSchC 2:0 (0:0, 2:0, 0:0).
BLA 2. 7.; 10. 8.

Aug 12, 20.00 Uhr. »Feierstunde der Turnschule Asch der Deutschen Turnerschaft in der Tschechoslowakei«
V: DRL.
Teiln.: Konrad Henlein (»Führer des Sudetendeutschtums«), Dr. Adalbert-Vojtech Mastny (Min., Bevollmächtigter der CS), Erwin Guido Kolbenheyer u. a.
Eine Feierstunde, bei *»der Männer und Frauenturnen, Volkstänze und Laienspiele, zur Vorführung gelangen. Das abwechslungsreiche Programm wird umrahmt von Gesangs= und Musikvorträgen. Es spielen die sudetendeutschen Turnerkapellen«* (Agr 11. 8.).
Agr 11., 14. 8.

Aug 13, 20.00 Uhr. Eishockey und Eiskunstlauf
V: DRL, FaE/KdF.
KdF-Veranstaltung. Eish.: BSchC – VK Engelmann Wien 1:0 (Mannschaften vermutlich wie Aug 15–16).
»Programm
1. Irmgard Roß – Ulrich Kuhn (Berliner Eislauf=Verein)
2. Die Jugend des Berliner Schlittschuh=Clubs unter Leitung von Frl. Ulla Schwarz, Berliner Meisterin 1936)
3. Hedy Stenuf, Wien
4. Emmy Putzinger, Wien
5. Geschwister Ilse und Erik Pausin, Wien, Gewinner der silbernen Medaille der Winter=Olympiade 1936
6. Internationaler Eishockeykampf Verein Kunsteisbahn Engelmann, Wien (Österreichischer Meister) gegen Berliner Schlittschuh=Club (Deutscher Meister)... 1. Spieldrittel
7. Cecilia Colledge, London, Gewinnerin der silbernen Medaille der Winter=Olympiade 1936
8. Karl Schäfer, Wien, Weltmeister und Gewinner der goldenen Medaille der Winter=Olympiade 1936
9. Maxi Herber und Ernst Baier, München=Berlin, Weltmeister und Gewinner der goldenen Medaille der Winter=Olympiade 1936
10. Internationaler Eishockeykampf... 2. Spieldrittel Pause/Eisreinigung
11. Herta Utech=Wächtler, Wien, tanzt einen Kosakentanz auf dem Eise
12. Benno Faltermaier
13. Internationaler Eishockeykampf... 3. Spieldrittel Schluß«(Pz).
BLA 15. 8.; Pz (Archiv Gräfer).

Aug 15–16, 20.30 Uhr. Eishockey und Eiskunstlauf »Internationale Eislauf-Veranstaltung«
V: DRL, FaE.
Kunstlauf von Cecilia Colledge (GB), Benno Faltermeier (Münchener EV), Günther Lorenz (BSchC), Emmy Puzinger und Hedy Stenuf (beide VK Engelmann Wien), Maxi Herber/Ernst Baier (Münchener EV), Geschwister Ilse und Erik Pausin (VK Engelmann Wien), Margit Roß/Ulrich Kuhn (BEV); Gruppenlauf der BSchC-Jugend (Ursula Schwarz).
VK Engelmann Wien: Oerdögh (Tor); Heim, Schüßler (Vert.); Proksch, Czöngei, Schneider (Sturm A); Gartner, Tatzer, Zehetmayer (Sturm B).
BSchC: Kaufmann (Tor); Tobien, Jaenecke (Vert.); Trautmann, Ball, George (Sturm A); Adler, Soltmann, v. Krause (Sturm B); Korff, Frickert (Ersatz).
Aug 15 VK Engelmann Wien – BSchC.
Aug 16 VK Engelmann Wien – BSchC.
Es ist unsicher, ob diese Veranstaltung stattgefunden hat. In Zeitungen finden sich keine Hinweise, was allerdings auch daran liegen kann, daß die Zeitungen ausführlich über die Sommer-Olympiade in Berlin berichten.
Ph (LA, Rep. 240, Acc. 1404 Nr. 84).

Sep 4, 20.15 Uhr. Boxen »Adolf Witt – Emile Ollivon« u. a.
V: Zirzow & Englert.
Anläßlich des 100. Kampftages der Veranstalter.
Bg: Werner Riethdorf (Berlin) – Helmut Hinz (Barmen), Sieg Riethdorfs durch Abbruch (3. Rde).
Lg: Richard Stegemann (Berlin) – Kurt Bernhard (Leipzig), Sieg Stegemanns nach Pktn (8 Rdn).

BERLINER SPORTPALAST
Internationale
Eislauf-Veranstaltungen
im
Berliner Sportpalast
8., 9., 15. und 16. August 1936
DURCHGEFÜHRT VOM FACHAMT EISSPORT
IM DEUTSCHEN REICHSBUND FÜR LEIBESÜBUNGEN

431 Programmheft (Chr Aug 8–9 und 15–16); LA, Rep. 240., Acc. 1404, Nr. 84.

Mg: Erwin Bruch (Berlin) – Roger Besneux (F), Sieg Bruchs nach Pktn (8 Rdn).
Mg: Josef Besselmann (Köln) – Garcia Lluch (E), Sieg Besselmanns nach Pktn (8 Rdn).
Hsg: Adolf Witt (Kiel) – Emile Ollivon (F), Sieg Witts nach Pktn (10 Rdn).
»Bevor der Hauptkampf begann, gab es eine kleine Ehrung der Jubilare. Fachamtsleiter Rüdiger, der auch Führer des Verbandes Deutsche Faustkämpfer ist, sprach den Veranstaltern für ihre treue Mitarbeit an dem deutschen Berufsboxsport seinen Dank aus« (BLA 5. 9.).
BLA 31. 8.; 4. 9.; BS 831–32, 1.–8. 9.

Sep 11, 20.15 Uhr. Boxen »Adolf Heuser – Dave Carstens« u. a.
V: Schumacher.
Lg: Rudolf Kretzschmar (60,1 kg; Dresden) – Albert Esser (59,5 kg; Köln), Sieg Kretzschmars nach Pktn (8 Rdn).
Wg: Arno Przybilski (72 kg; Potsdam) – Hans Stelzer (68 kg; Y), Sieg Przybilskis nach Pktn (6. Rdn).
Hsg: Adolf Heuser (79 kg; Bonn) – Dave Carstens (83,6 kg; Südafrika), Sieg Heusers durch ko (5. Rde).
Sg: Werner Selle (92 kg; Köln) – Hermann Kreimes (83 kg; Mannheim), Sieg Selles nach Pktn (8 Rdn).
Sg: Willi Müller (93 kg; Düsseldorf) – Erwin Klein (87,6 kg; Solingen), Sieg Kleins nach Pktn (8 Rdn).
BLA 11.–12. 9.; BS 832–33, 8.–15. 9.

Okt 3 bis (?). Öffentlicher Eislauf
9.00–13.00, 13.00–17.30, 20.00–23.00 Uhr (wenn keine Veranstaltung).
»Der Sportpalast [...] veranstaltet jeden Mittwoch nachmittag einen Schülertag und jeden Mittwoch abend fröhlichen Eislauf für ›Kraft durch Freude‹, jeden Dienstag und Freitag Eishockeywettkämpfe um den Pokal des Sportpalastes, wo der Eintritt für Zuschauer übrigens nur 30 Rpf

beträgt. Dreimal täglich wird das Eis erneuert, damit die Berliner Eisläufer immer eine glatte, risselose, blitzblanke Fläche vorfinden« (BLA 3. 10.).
»An jedem Abend steht den Berliner Eishockeymannschaften der Sportpalast 1 1/2 Stunden zur Verfügung. Für die ersten Wochen des Oktobers sind noch keine Wettspiele vorgesehen, um die Spieler erst wieder an das Eis zu gewöhnen, auch sollen die Nachwuchsspieler trainiert werden. Es wird erfreulicherweise erwogen, nur solchen Spielern das Training mit Stock und Scheibe zu gestatten, die vorher eine Leistungsprüfung abgelegt haben. Sie sollen die Pflichtübung der dritten Kunstlaufklasse vollkommen beherrschen. Als Folge sollte ein Fortschritt in der Hebung der allgemeinen Spielstärke nicht ausbleiben. Bisher gab es nur wenige Berliner Vereine, aus denen Spieler für eine repräsentative Mannschaft in Frage kamen: den Berliner Schlittschuh=Club, der in diesem Jahre auf die Mitwirkung von Tobien und v. Krause wegen Erfüllung ihrer Dienstpflicht verzichten muß, Brandenburg, die Wespen und in gewissem Abstand, den Berliner Eislauf=Club und den Berliner Eislauf=Verein. Der letztgenannte hat sich mit dem Tennis=Club Rot=Weiß zusammengeschlossen, und heute schon übersteigen die Anmeldungen für die Eissportabteilung die Erwartungen« (BLA 8. 10.).
BLA 3., 8. 10.

Okt 13–19, 18.30 Uhr. Eishockey
Am 18. 10. um 19.00 Uhr. Öffentlicher Eislauf (vgl. Okt 3).
V: DRL, FaE.
Et: 0,30 M.
Freundschaftsspiele.
Okt 13 BSchC – BFC Preußen 2:0 (0:0, 0:0, 2:0).
Okt 14 RC Germania Tegel – Zehlendorfer Wespen 5:1 (2:0, 2:0, 1:1).
Okt 15 Brandenburg – Grunewald TC 5:1 (3:0, 1:1, 2:0).
Okt 16 BSchC – BEC/SCC 10:1 (2:0, 2:1, 6:0).
Okt 17 Zehlendorfer Wespen – BFC Preußen 3:2 (1:0, 2:0, 0:2).
Okt 18 Grunewald TC – Rheinmetall-Borsig 1:0 (1:0, 0:0, 0:0).
Okt 19 Brandenburg – SCC 7:1 (4:1, 1:0, 2:0).
BLA 14.–20. 10.; BZaM 13.–20. 10.

432 Kundgebung zur Verkündung des 2. Vierjahresplanes (Chr Okt 28); von links: Dr. Joseph Goebbels, Hermann Göring, Rudolf Heß.

Okt 21, nachmittags. Kameradschaftstreffen
V: HJ.
Rd: Graf Galeazzo Ciano (Außenmin. Italiens), Baldur von Schirach (Reichsjugendf.).
»Die Jugend der Reichshauptstadt grüßte am Mittwoch nachmittag Graf Ciano, den Außenminister Italiens. Mehr als 20000 Berliner Jungen und Mädel jubelten dem Gast des Führers zu, als dieser in Begleitung des italienischen Botschafters, Exzellenz Attolico, im überfüllten Sportpalast zum Kameradschaftstreffen erschien und zu ihnen sprach. Reichsjugendführer Baldur von Schirach teilte im Rahmen der Kundgebung mit, daß mit Zustimmung Adolf Hitlers und Benito Mussolinis in Rom und Berlin je ein Institut zur Austauschschulung der deutschen und italienischen Jugendführer errichtet werden soll. In der historischen Kampfarena der Bewegung saßen Kopf an Kopf die Jungen der HJ, die Pimpfe des Jungvolks, die Mädel vom BDM und die Blaujacken der Marine=HJ. Hinter grünen Lorbeerhekken schimmerte das Banner der Hitler=Jugend, flankiert vom Hakenkreuz und der Flagge Italiens. Unter den Klängen des Badenweiler Marsches schritten Graf Ciano und Reichsjugendführer Baldur v. Schirach durch das Spalier der Jugend, die immer wieder in tosende Heilrufe ausbrach« (BLA 22. 10.).

Okt 23, 18.30 Uhr. Eishockey
V: DRL, FaE.
BSchC – Gaunachwuchs 5:5.
BZaM 23.–24. 10.

Okt 24–25, 20.15 Uhr. Eishockey u. a.
V: DRL, FaE.
Kunstlauf von Karl Beuttel, Maxi Herber, Felix Kaspar, Ulrich Kuhn, Günther Lorenz, Bianka Schenk, Eva Pawlick, Hedy Stenuf, Herber/Baier.
Brighton Tigers (London): Romeo Seguin (Tor); Vince Gallagher, Johnny Taugher (Vert.): Al Rogers, Bobby Lee, Gibson (Sturm A); J. Borland, Gordie Poirier, Jim Kelly (Sturm B).
BSchC: Kaufmann (Tor); Jaenecke, Korff (Vert.); Ball, George, Molyneux (Sturm A); Adler, Frickert, Soltmann (Sturm B); Warrlich (Ersatz).
Zehlendorfer Wespen/Brandenburg: von Meerscheidt (Tor); Haffner, Kelch I (Vert.); Schwarz, Wehling, Schütte, Hopf u.a. (Sturm A und B); Kelch II (Ersatz).
Okt 24 Brighton Tigers – BSchC 6:3 (2:3, 1:0, 3:0). Zehlendorfer Wespen/Brandenburg – BFC Preußen 4:4.
Okt 25 Brighton Tigers – Zehlendorfer Wespen/Brandenburg 3:1. BFC Preußen – BEC 2:0.
BZaM 23.–26. 10.; BLA 21., 24.–25. 10.; Agr 15., 25., 27.10.

Okt 26–27, 20.15 Uhr. Eishockey u. a.
V: DRL, FaE/KdF.
KdF-Veranstaltung. Kunstlauf von Felix Kaspar, Günther Lorenz, Heinz Meyer, Martha-Maria Meyerhans, Eva Pawlick, Annelies Schorr, Hedy Stenuf, Herber/Baier, Koch/Noack.
Okt 26 Brighton Tigers (vgl. Okt 24) – BSchC 3:1 (1:1, 1:0, 1:0).
Okt 27 Zehlendorfer Wespen – Brandenburg 3:1 (1:0, 0:0, 2:1).
BLA 25. 10.; Agr 29. 10.

Okt 28, 20.00 Uhr. Kundgebung
V: NSDAP, Gau Groß-Berlin.
Rd: Hermann Göring (Ministerpräs. Preußens), Rudolf Heß (Stellv. des F.).
Th: *»Über die Aufgaben des Vierjahresplanes«.*
Die Reden wurden durch *»alle deutschen Sender« übertragen.*
BLA 29.–30. 10.; Agr 30. 10.; Göring, Reden, S. 256–75.

Okt 29, 20.30 Uhr. Boxen »Adolf Witt – Gustave Roth« u. a.
V: Zirzow & Englert.
Lg: Richard Stegemann (59,1 kg; Berlin) – Mac Gerard (57,3 kg; B), Sieg Stegemanns nach Pktn (8 Rdn).
Wg: Georg Sporer (65 kg; Dortmund) – Al Baker (67 kg; B), Sieg Bakers durch Aufgabe (5. Rde).
Mg: Erwin Bruch (72 kg; Berlin) – Adrien Anneet (72,5 kg; B), Sieg Bruchs nach Pktn (8 Rdn).
Hsg: Adolf Witt (78 kg; Kiel) – Gustave Roth (75 kg; B), Sieg Roths nach Pktn (15 Rdn; Weltmeisterschaft, Hf Witt).
»Die erste Weltmeisterschaft, die in Deutschland durchgeführt wurde, fand im Sportpalast statt. Nach Max Schmeling und Adolf Heuser war nun Adolf Witt der dritte Deutsche, der um diese höchste Würde kämpfen durfte. So erlebte Berlins alte Kampfstätte des Boxsports nach langer Zeit wieder einen ihrer größten Tage, der an jene Zeit erinnerte, da Samson Körner und Breitensträter, Prenzel und Wiegert die erbitterten Schlachten lieferten. [...] Vor den Eingangsschranken des Sportpalasts stauten sich bald die Massen. Auch nicht ein Platz mehr war zu haben. Mit über 12000 Zuschauern war der Sportpalast völlig ausverkauft und bildete so den würdigen Rahmen zu dem Kampf um die Weltmeisterschaft im Halbschwergewicht der IBU, in der der deutsche Meister Adolf Witt gegen den Titelhalter Gustave Roth (Belgien) anzutreten hatte« (BLA 30. 10.).
BLA 21., 26., 29.–31. 10.; BS 838–40, 20. 10.–2. 11.

Okt 30, 20.10 Uhr. Kundgebung zur Zehnjahrsfeier des Gaues Berlin der NSDAP
V: NSDAP, Gau Berlin.
Rd: Dr. Joseph Goebbels (Reichsmin., Gl) Adolf Hitler (F. und Reichskanzler).
Th: *»10 Jahre Kampf und Sieg«, »Die Opfer nicht umsonst« – »Der Mann für Berlin«.*
Mitw.: Kapelle Fuhsel.
Die Reden wurden *»über alle deutschen Sender«* und auf acht Parallelveranstaltungen übertragen.
»Im überfüllten Sportpalast beging der Gau Berlin der NSDAP gestern abend die Feier der zehnjährigen Wiederkehr des Tages, an dem Dr. Goebbels, vom Führer entsandt, in die Reichshauptstadt kam. Adolf Hitler ehrte den Gau und seinen Leiter durch sein persönliches Erscheinen zu dieser Kundgebung. Die Reden wurden auf acht Parallelversammlungen übertragen. Tausende von Parteigenossen saßen in den Pharussälen und im Saalbau Friedrichshain, wo einst die großen Schlachten für die Bewegung geführt worden waren; sie saßen in Spandau, in Pankow, in Zehlendorf und hörten die Rede ihres Gauleiters und anschließend die Ansprache des Führers« (BLA 31. 10.).
»In dem feierlich mit dem Hoheitszeichen der Bewegung geschmückten Kasinosaal des Sportpalastes trafen sich vor Beginn der Kundgebung die 455 ältesten Parteigenossen und Parteigenossinnen Berlins. Hier überreichte ihnen Dr. Goebbels, ›den alten Rabauken‹ – wie er in seiner Ansprache sagte, das Silberne Ehrenzeichen des Gaues. Wie über dem ganzen Gautag, so lag auch über dieser Feierstunde die Stimmung jener Tage, als ein kleines Häuflein, in dem sich jeder auf den anderen verlassen konnte, einer Übermacht gegenüberstand. [...] Dann trat der Doktor zu seinen alten Kameraden. Jedem einzelnen drückte er die Hand als Zeichen seines Dankes, und an der Spitze der Ehrenzeichenträger führte er sie in den Sportpalast«.

Sonnabend, 31. Oktober 1936

Berliner

Lokal-Anzeiger

Morgenausgabe
Groß-Berlin 10 Pf.
Auswärts 15 Pf.

Nummer 262

Zentralorgan für die Reichshauptstadt

54. Jahrgang

Der Führer mit Goebbels im Sportpalast

Mit jubelnder Begeisterung empfingen die alten Kämpfer Berlins Adolf Hitler zur großen Siegesfeier
Dr. Goebbels schilderte den Weg zur Macht – Würdigung des Berliner Gauleiters durch den Führer

Des Führers Dank an seinen Gauleiter

Der Mann für Berlin

Im überfüllten Sportpalast beging der Gau Berlin der NSDAP gestern abend die Feier der zehnjährigen Wiederkehr des Tages, an dem Dr. Goebbels, vom Führer entsandt, in die Reichshauptstadt kam. Adolf Hitler ehrte den Gau und seinen Leiter durch sein persönliches Erscheinen zu dieser Kundgebung. Die Reden wurden auf acht Parallelversammlungen übertragen. Tausende von Parteigenossen saßen in den Pharussälen und im Saalbau Friedrichshain, wo einst die großen Schlachten für die Bewegung geführt worden waren; sie saßen in Spandau, in Pankow, in Zehlendorf und hörten die Rede ihres Gauleiters und anschließend die Ansprache des Führers.

Dr. Goebbels über 10 Jahre Kampf und Sieg

Die Opfer nicht umsonst

Im Sportpalast vereinigte sich an diesem Abend des Sieges die Gemeinschaft der alten Kämpfer. In jeder Reihe sitzen Männer in der Uniform der Politischen Leiter und mit Abzeichen, die darauf denken, daß sie auch nach den Jahren des Sieges unermüdlich für die Bewegung gearbeitet haben. In jeder Reihe sitzen Führer der SA neben den einfachen SA-Soldaten, die ihrer Sturmfahne seit zehn Jahren treugeblieben sind, Männer der SS, Männer, die aus den Reihen der Bewegung in Stellungen des Arbeitsdienstes um sich die notwendige Belehrung für ihre täglichen Gespräche mit den Hausgenossen, mit den Kollegen im Betriebe zu holen, Männer, die einen Abend in der Woche in der Versammlung ihres Gauleiters, zwei Abende in der Woche in der Versammlung des Kreises und die restlichen vier Abende in der Woche mit dem Werben von neuen Helfern des Führers verbrachten; die keinen Feiertag und keinen Sonntag mehr kannten, nachdem sie auf die Fahne mit dem Hakenkreuz geschworen hatten. In diesem Sportpalast

433 Berliner Lokal-Anzeiger, 31. 10. 1936 (Chr Okt 30).

»Bei seiner Rede […] sagte der Führer u. a.: ›Wie überall in Deutschland, im Größten und im Kleinsten der Mann entscheidend ist, so war es auch damals in der Hauptstadt des Reiches. Zwei Jahre lang habe ich mir den Kopf zerbrochen: wo ist der Mann? Und als ich diesen Mann zum erstenmal reden hörte und mit ihm sprach, da wußte ich: Der oder keiner kann es machen, der muß es machen!‹« (Agr 1.11.).
BLA 30.–31. 10.; Agr 1. 11.

Nov 3–5, 20.00 Uhr. Kundgebungen
V: DAF, Gaubetriebsgemeinschaft »Das Deutsche Handwerk«.
Auftakt für eine von der Betriebsgemeinschaft organisierte Großwerbung.
Nov 3 Teiln: Meister und Gesellen.
Rd: Arthur Görlitzer (stellv. Gl, Staatsrat), Alfred Spangenberg (Gauobmann der DAF).
Nov 4 Teiln: Handwerkerfrauen und Frauen aus der Betriebsgemeinschaft.
Rd: Schmalbach, Wilhelm Georg Schmidt (Reichshandwerksmeister und Reichsbetriebsgemeinschaftsl. der DAF).
Nov 5 Teiln: Lehrlinge.
Rd: Arfmann (Gaubetriebsgemeinschaftsl.), Freudenberg (Gaujugendwalter).
»Die Gaubetriebsgemeinschaft ›Handwerk‹, die am 1. Oktober auf ein zweijähriges Bestehen zurückblicken konnte, hat unter schwierigsten Umständen ihren Aufbau durchführen können. Die Schwierigkeiten lagen zuerst einmal darin, daß 79000 Handwerksbetriebe, die in der Mehrzahl nur einen Meister, höchstens aber noch einen Gesellen oder Lehrling beschäftigen, erfaßt werden mußten. In allen Betrieben zusammen sind 225 000 Volksgenossen in Lohn und Brot; unter diese Zahl fallen 20000 Friseure und fast 50000, die im Nahrungsmittelhandwerk arbeiten. Es gilt, alle Handwerker in der Betriebsgemeinschaft zu erfassen. Im letzten Jahr konnten rund 48000 Neuaufnahmen getätigt werden. Auf der anderen Seite stehen noch 120000 außerhalb der Betriebsgemeinschaft« (Agr 4. 11.).
Agr 4., 6.–7. 11.

Nov 7 und 9, 18.30 Uhr. Eishockey
V: DRL, FaE (?).
Nov 7 Zehlendorfer Wespen – SCC 3:2 (1:0, 2:1, 0:1).
Nov 9 Rot-Weiß Preußen – Steglitzer TC 6:0 (3:0, 1:0, 2:0).
»Im Berliner Sportpalast stellte sich am Montag [9. 11.] erstmalig die neue Eishockey=Mannschaft des Tennisklub Rotweiß und Preußen vor«.
Agr 11. 11.; BLA 7.–8. 11.

Nov 11. »Ausstellung von Handarbeiten anläßlich der Tagung«
Wohl im Kasino.
V: Vaterländischer Frauenverein.
LA SP 4008/1.

Nov 13–16, 20.15 Uhr. Eishockey u. a.
V: DRL, FaE.
Kunstlauf von Benno Faltermeier, Vera Hruba, Ulrich Kuhn, Martha-Maria Meyerhans, Megan Taylor, Koch/Noack, Roth/Walter.
German Canadians (Krefeld): Downton (Tor); Hoffinger, Ring (Vert.); Grau, Schnarr, Schwinghammer (Sturm A); Klotz, Prediger, Schulz (Sturm B).
BSchC: Kaufmann (Tor); Haffner, Jaenecke (Vert.); Ball, Frickert, Molyneux (SturmA); Adler, George, Soltmann (Sturm B).
Nov 13 German Canadians – BSchC 3:0 (0:0, 2:0, 1:0).
Nov 14 KdF-Veranstaltung. German Canadians – BEV/Rot-Weiß Preußen 10:1.
Nov 15 German Canadians – Berlin-Auswahl 11:3 (4:1, 4:1, 3:1).
Nov 16 KdF-Veranstaltung. German Canadians – Zehlendorfer Wespen 4:1 (1:0, 1:0, 2:1).
BLA 11., 13.–16. 11.; Agr 11., 15., 19. 11.

Nov 19–20, 20.15 Uhr. Eishockey u. a.
V: DRL, FaE/KdF.
KdF-Veranstaltungen. Kunstlauf von Ursula Schwarz u. a.
Nov 19 Düsseldorfer EG – Rot-Weiß Preußen 4:3.
Nov 20 Düsseldorfer EG – Brandenburg 1:1 (0:0, 0:0, 1:1).
BLA 20. 11.; Agr 22. 11.

Nov 25, 20.15 Uhr. Boxen »Adolf Heuser – Primo Bassi« u. a.
V: Böcker/KdF.
KdF-Veranstaltung.
Lg: Rudolf Kretzschmar (61 kg; Dresden) – Giordano Vigorelli (59,9 kg; I), Sieg Kretzschmars nach Pktn (8 Rdn).
Hsg: Adolf Heuser (79,3 kg; Bonn) – Primo Bassi (77 kg; I), Sieg Heusers durch Aufgabe (5. Rde).
Hsg: Arno Przybilski (Potsdam) – Clemente Meroni (I), Sieg Przybilskis nach Pktn (8 Rdn).
Sg: Jakob Schönrath (83,7 kg; Krefeld) – Santa de Leo (86,2 kg; I), Sieg de Leos nach Pktn (8 Rdn).
Sg: Paul Wallner (85,9 kg; Berlin) – Angelo Sarruggia (I). Sieg Wallners nach Pktn (8 Rdn).
BLA 21., 24.–25., 27. 11.; BS 843–44, 23. 11.–1. 12.

Nov 26–27, 20.15 Uhr. Eishockey u. a.
V: DRL, FaE/KdF.
KdF-Veranstaltungen. Kunstlauf von Karl Beuttel, Gerta Böttcher, Susi Demoll, Ursula Schwarz, Koch/Noack u. a.
Nov 26 BSchC – Hamburger Gaumannschaft 3:0 (2:0, 1:0, 0:0). Rot-Weiß Preußen – SCC (Pokal des Sportpalastes, vgl. Okt 3).
Nov 27 Zehlendorfer Wespen – Hamburger Gaumannschaft 4:4. Brandenburg – Grunewald TC (Pokal des Sportpalastes, vgl. Okt 3).
»Für den Wettbewerb um den Sportpalast=Pokal, der im Vorjahre vom Schlittschuh=Club mit 3:1 gegen die Wespen gewonnen wurde, haben sich 17 Mannschaften eingetragen. Für die vier Gruppen wurden wieder der Schlittschuh=Club, Brandenburg, ferner die Zehlendorfer und Rot=Weiß=Preußen ›gesetzt‹, die übrigen Vereine ausgelost. Bei diesen Spielen sind bekanntlich auch die ausländischen Mannschaftsmitglieder spielberechtigt« (BLA 25. 11.).
»Schließlich wird ein ›KdF.‹=Kursus mit einer allgemeinen Körperschule für den Gedanken des allgemeinen Eislaufsportes werben« (Agr 27. 11.).
BLA 25., 27. 11.; Agr 27.–28. 11.

Nov 29, 16.00 Uhr. 3. Großes Lehrlings-Schaufrisieren
V: Friseur-Innung Berlin/DAF.
Et: 0,75 M.
Rd: Freudenberg (Gaujugendwalter), Robert Kortmann (Kreishandwerksmeister), Willi Lohmann (Handwerkskammer-Präs.), Renz (Reichsinnungsmeister).
Schaufrisieren von 1000 Lehrlingen. Programm ähnlich dem von 1935 Dez 1.
BLA 1. 12.; LA SP 4008/4–7 (mit Pz).

Dez 1, 20.15 Uhr. Großkonzert der Luftwaffe
V: Luftkreiskommando II/KdF.
Mitw.: 300 Bläser und Spielleute des Luftkreiskommandos II (Musikinspizient der Luftwaffe Prof. Hans Husadel).

KdF-Veranstaltung. *»Im taghellen Scheinwerferlicht blitzen die Posaunen, Hörner und Trompeten. Wo hört das Volk sonst die Faust=Ouvertüre, die Wagner mit 28 Jahren schuf, diese Musik gewordene Weltanschauung, die schon auf die spätere, verwandte Zwei=Seelen=Musik des ›Tannhäuser‹ hindeutete (Gretchen – Elisabeth)? Richard Strauß zeigt sich in der ›Feuersnot‹ noch als Melodiker, Tschaikowsky und Johann Strauß haben das Zauberwort. Dann wird der Sportpalast zum Feldlager der Helden aller Zeiten. Blücher und Wilhelmus von Nassauen leben in ihren Siegesliedern im Sturmschritt fegt der fanfarenumblitzte Alte Dessauer vorüber, ein Feldstück sondergleichen. [...] Achtung Uraufführung! Es gibt den ›Blomberger‹ von E. Schumann. Ein Name, ein Rhythmus, eine Marschmelodie, dann nochmal – so wird Volksmusik geboren. [...]«* (Agr 3. 12.).

Dez 2–4, 18.30 Uhr. Eishockey
V: DRL, FaE.
Um den Pokal des Sportpalastes (vgl. Nov 26–27).
Dez 2 Zehlendorfer Wespen – Steglitzer TC 12:1 (4:0, 3:0, 5:1).
Dez 3 Rot-Weiß Preußen – Astoria 13:0 (3:0, 6:0, 4:0).
Dez 4 Brandenburg – Reichsbahn.
BLA 2., 4. 12.; Agr 3.–5. 12.

Dez 5–7, 20.15 Uhr. Eishockey u. a.
V: DRL, FaE.
Kunstlauf von Karl Beuttel, Gerta Böttcher, Cecilia Colledge, Ulrich Kuhn, Edith Nowakowski, Graham Sharp, Ehepaar Cliff u. a.
Dez 5 Zehlendorfer Wespen – Wiener EV 2:1 (1:0, 0:1, 1:0). BSchC – Rheinmetall-Borsig 5:4 (Pokal des Sportpalastes, vgl. Nov 26–27.
Dez 6 Wiener EV – BSchC 2:2 (1:0, 0:1, 1:1). Zehlendorfer Wespen – TSC Weißwasser 10:0 (Pokal des Sportpalastes).
Dez 7 KdF-Veranstaltung. Wiener EV – Berlin-Auswahl 4:0 (2:0, 1:0, 1:0).
BLA 5.–8. 12.; Agr 3., 6.–8. 12.

Dez 8, 20.15 Uhr. Amateur-Boxen »Berlin – Westdeutschland«
V: DRL, FaB/KdF.
KdF-Veranstaltung.
Flg: Spannagel (Barmen) besiegt Weinhold (Berlin).
Bg: Westhoff (Elberfeld) besiegt Schiller (Berlin).
Fdg: Völker (Berlin) besiegt Heese (Düsseldorf).
Fdg: Biemer (Köln) besiegt Bieselt (Berlin).
Fdg: Arenz (Berlin) besiegt Rustemeyer (Köln).
Wg: Lipowski (Berlin) besiegt Knoth (Düsseldorf).
Mg: Campe (Berlin) besiegt Ilsenburg (Düsseldorf).
Hsg: Hornemann (Berlin) besiegt Stein (Bonn).
Sg: Schnarre (Recklinghausen) besiegt Holz (Berlin). Außerdem ein internationaler Kampf: Nagy (H) besiegt Tralst (Berlin).
Berlin – Westdeutschland 10:10.
BLA 8., 11. 12.; BS 845–46, 7.–14. 12.

Dez 9, abends. Gemeinschaftsabend der Beamten
V: Amt für Beamte, Gau Berlin.
Rd: H. Schneider (Reichshauptstellenl.).
»Die Veranstaltung, für die der große Raum festlich geschmückt worden war, wurde von eindrucksvollen Vorträgen einiger hundert Jungen und Mädel des Deutschen Jungvolks und des BDM. umrahmt. Sie fand ihren Höhepunkt in der Ansprache des Reichshauptstellenleiters H. Schneider, der vor den Augen seiner Zuhörer noch einmal den ganzen Irrweg der Systemzeit vorüberziehen ließ und daran anschließend auf das Werk Adolf Hitlers und seiner Bewegung einging« (Agr 11. 12.).

Dez 11, 20.30 Uhr. Boxen »Gustav Eder – Panther Purchase«
V: Zirzow & Englert.
Lg: Karl Blaho (Wien) – Richard Stegemann (Berlin), Sieg Blahos nach Pktn (8 Rdn).
Wg: Willy Prodel (Köln) – Georg Sporer (Dortmund), Sieg Prodels nach Pktn (6 Rdn).
Wg: Gustav Eder (Dortmund) – George »Panther«Purchase (GB), Sieg Eders durch Aufgabe (9. Rde).
Mg: Karl Neubauer (Wien) – Erwin Bruch (Berlin), Sieg Neubauers nach Pktn (8 Rdn).
Sg: Hans Havlicek (A) – Vincenz Hower (Köln), Sieg Havliceks nach Pktn (8 Rdn).
BLA 10.–12. 12.; BS 845–46, 7.–14. 12.

Dez 14–15, 20.15 Uhr. Eishockey u. a.
V: DRL, FaE/KdF.
KdF-Veranstaltungen. Kunstlauf von Karl Beuttel, Gerta Böttcher, Inge Koch, Ulrich Kuhn, Günther Noack, Annelies Schorr, Ursula Schwarz, Koch/Noack u. a.
Dez 14 Berlin (A) – Berlin (B) 11:2 (4:1, 1:0, 6:1). Junioren: BSchC – Steglitzer TC 8:4 (2:2, 3:1, 3:1).
Dez 15 BSchC – Gau-Auswahl 4:1 (1:0, 2:0, 1:1).
BLA 13., 15.–16. 12.; Agr 11., 16–17. 12.

Dez 21, 18.30 Uhr. Eishockey
V: DRL, FaE.
Rot-Weiß Preußen – Siemens 18:1 (5:0, 5:0, 8:1). Damit war im Wettbewerb um den Pokal des Sportpalastes Rot-Weiß Preußen *»in allen drei Treffen Sieger und somit Erster seiner Gruppe«* (BLA 22. 12.).
BLA 20., 22. 12.

Dez 22, 18.30 Uhr. Eishockey
V: DRL, FaE (?).
BSchC – RSC Westen (Pokal des Sportpalastes, vgl. Nov 26–27).
BLA 22. 12.

Dez 26–28, 20.00 Uhr. Eishockey u. a.
V: DRL, FaE.
Kunstlauf von Benno Faltermeier, Viktoria Lindpainter, Leopold Linhart, Emmy Puzinger, Karl Schäfer, Elemer von Tertak, Geschwister Pausin, Geschwister Szekrenyessy u. a.
Dez 26 Kimberley Dynamiters (CDN) – BSchC 4:1 (0:0, 2:0, 2:1).
Dez 27 Kimberley Dynamiters – German Canadians (Krefeld) 4:2.
Dez 28 KdF-Veranstaltung. German Canadians – Berlin-Auswahl 5:4. Steglitzer TC – RSC Westen 5:1.
BLA 23.–25., 27., 30. 12.; Agr 18., 23., 25., 28.–29. 12.

Dez 31, abends. Silvesterball
V: SP.
LA SP 4008/31.

1937

Jan 3–6. Eishockey
V: DRL, FaE.
Um die Berliner Meisterschaft u. a.

434 Programmheft (Chr Jan 8); VWA.

435 Nagy (links), der Sieger im Schwergewicht (Chr Jan 8).

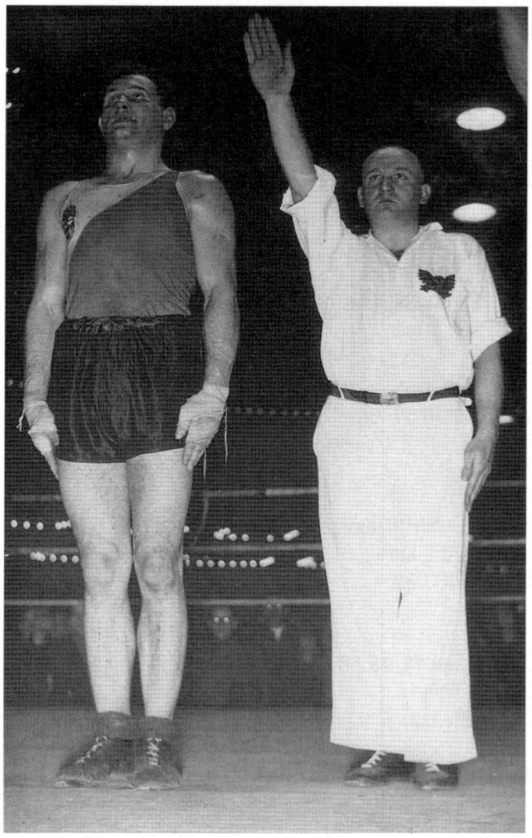

Jan 3
19.00 Uhr. Brandenburg – Rheinmetall-Borsig 1:1 (0:1, 1:0, 0:0).
Jan 4
17.45 Uhr. Zehlendorfer Wespen – RSC Lindenhof 14:0.
19.00 Uhr. SCC – Rot-Weiß Preußen 0:0.
Jan 5
17.45 Uhr. BSchC (IM) – RSC Westen 11:1 (4:0, 3:1, 4:0; um den Pokal des Sportpalastes).
19.00 Uhr. BSchC – Grunewald TC 10:0 (2:0, 4:0, 4:0).
Jan 6
18.30 Uhr. Zehlendorfer Wespen – Rheinmetall-Borsig 7:0.
BLA 1.–6. 1.; Agr 7. 1.

Jan 8, 20.25 Uhr. Amateur-Boxen »Internationale Turniere«
V: PSV/12 Uhr Blatt.
Mg-Turnier: Hablig (A) besiegt Nopila (H); Campe (Berlin) besiegt Serra (I); Campe besiegt Hablig durch ko (1. Rde).
Hsg-Turnier: Hornemann (Berlin) besiegt Weichart (A); Musina (I) besiegt Varga (H) durch ko (1. Rde); Hornemann besiegt Musina.
Sg-Turnier: Tralst (Berlin) besiegt Paoletti (I); Nagy (H) besiegt Martineck (A); Nagy besiegt Tralst.
In der Pause außerdem:
Jugend-Mg: Meul (Stettin) – Passmann (Berlin), unentschieden.
Wg: Mietschke (Berlin) besiegt Bene (H).
BLA 28. 12. 1936; 8.–9. 1.; BS 850, 11. 1.; Ph (VWA).

Jan 9, 18.00 Uhr. »Werbe-Boxabend«
V: NSLB, Gau Berlin/DRL, FaB.
»12000 Jungen sind eingeladen, denen unter Leitung des Gausportwartes der Boxer, W. Engel, die hohe Schule des Boxens vorgeführt und nötigenfalls auch erklärt wird. Hierauf kommt der reine Kampfsport zum Wort. Im Einladungstreffen stehen sich Jugendliche gegenüber, und dann werden unsere Meister und Olympiasieger ihr Können im Ring zeigen« (Agr 10. 1.).
BLA 9.–10. 1.; Agr 7., 9.–10.; 12. 1.; BS 849–50, 4.–11. 1.

Jan 10–13. Eishockey
V: DRL, FaE.
Um die Berliner Meisterschaft u. a.
Jan 10, 19.00 Uhr Zehlendorfer Wespen – Brandenburg 1:1.
Jan 11, 18.30 Uhr BSchC – Rot-Weiß Preußen 4:0 (2:0, 2:0, 0:0).
Jan 12, abends Zehlendorfer Wespen – Astoria 6:1 (1:1, 3:0, 3:0).
Jan 13, 18.30 Uhr Rot-Weiß Preußen – Brandenburg 5:4 (2:2, 1:0, 2:2; Gesellschaftsspiel).
BLA 10.–14. 1.

Jan 15. WHW-Konzert
V: DAF, Abt. Luftfahrt.
LA SP 4008/38.

Jan 16 und 18, 18.30 Uhr. Eishockey
V: DRL, FaE.
Jan 16 Brandenburg – Astoria 4:0 (Berliner Meisterschaft).
Jan 18 Junioren: BSchC – Rot-Weiß Preußen 4:1 (3:0, 0:0, 2:1).
BLA 16., 18. 1.; BZaM 19. 1.

Jan 19–20, 20.15 Uhr. Eishockey u. a.
V: DRL, FaE/KdF.
KdF-Veranstaltungen. Kunstlauf von Karl Beuttel, Ulrich Kuhn, Günther Lorenz, Koch/Noack, Prawitz/Laß, Prawitz/Weiß u. a.
Beuthen 09: Fries (Tor); Pdleska, Walter (Vert.); Ruschzyk, Hans Hillmann, Reinhard Hillmann (Sturm A); Kazmierczak, Groß, Böhm (Sturm B); Krüger, Sollmann, Fugler (Ersatz).
Jan 19 Zehlendorfer Wespen – Beuthen 09 10:0. Rot-Weiß Preußen – Grunewald TC 6:0 (0:0, 2:0, 4:0).
Jan 20 Brandenburg – Beuthen 09 3:0 (0:0, 1:0, 2:0).
BZaM 19.–21. 1.; BLA 19.–20. 1.; Agr 21.–22. 1.

Jan 22, 20.15 Uhr. Boxen »Rudolf Kretzschmar – Vittorio Tamagnini« u. a.
V: Böcker.
Lg: Rudolf Kretzschmar (60,7 kg; Dresden) – Vittorio Tamagnini (59,6 kg; I), Sieg Tamagninis nach Pktn (15 Rdn; Europameisterschaft, Hf Kretzschmar).
Mg: Richard Wielsch (69,1 kg; Breslau) – Karl Schlegel (73,4 kg; Berlin), Sieg Wielschs nach Pktn (4 Rdn).
Hsg: Karl Lambertz (79,2 kg; Zwickau) – Kurt Zoschke (Berlin), Sieg Zoschkes durch ko (2. Rde).
Hsg: Adolf Heuser (79,3 kg; Bonn) – Karel Sys (77,8 kg; B), Sieg von Sys nach Pktn (10 Rdn).
Sg: Paul Wallner (87,4 kg; Berlin) – Preciso Merlo (78,2 kg; I), unentschieden (8 Rdn).
Zum Kampf Kretzschmar-Tamagnini: *»Erstmalig in einem deutschen Ring wurden zum Zweck einer besseren Trefferkontrolle weiße Handschuhe verwandt, deren Eignung mit wachsender Strecke in Frage gestellt wurde«* (BLA 23. 1.).
BLA 22.–23. 1.; BS 850–52, 11.–25. 1.

Jan 24–29, 18.30 Uhr. Eishockey
V: DRL, FaE.
Jan 24 Zehlendorfer Wespen – Rheinmetall-Borsig 13:0 (4:0, 3:0, 6:0; Gesellschaftsspiel).
Jan 25 Zehlendorfer Wespen – Berlin-Auswahl 4:4 (0:0, 1:2, 3:2).
Jan 26 Brandenburg – Rot-Weiß Preußen 3:2 (3:0, 0:1, 0:1; Berliner Meisterschaft, um den 3. Platz).
Jan 27 Berliner Kanadier – Zehlendorfer Wespen 7:2 (2:0, 4:1, 1:1; Gesellschaftsspiel).
Jan 28 Berliner Kanadier – Brandenburg 8:1 (0:0, 4:0, 4:1; Gesellschaftsspiel).
Jan 29 Berliner Kanadier – Rot-Weiß Preußen 14:3 (4:1, 4:1, 6:2; Gesellschaftsspiel).
»Seit Mitte Dezember kämpfen zehn Berliner Mannschaften, in zwei Gruppen unterteilt, um die Brandenburgische Eishockey-Meisterschaft, teils im Sportpalast, teils auf den Eisbahnen im Freien, soweit hier Spiele durchgeführt werden können. In Gruppe A spielen der Schlittschuhclub, Rot-Weiss-Preussen, Grunewald TC, Steglitzer TC und SCC. In Gruppe B kämpfen die Zehlendorfer Wespen gegen Brandenburg, den Werksportverein Rheinmetall-Borsig und den Berliner Eislaufclub. Hinzu ist neuerdings als fünfter Astoria gekommen. Da zu diesen Meisterschaftsspielen ohne kanadische Lehrmeister angetreten werden muss, entstand anfänglich ein reichliches Kunterbund. Mannschaften wie Brandenburg oder Rot-Weiss-Preussen konnten gegen schwächere Gegner nur ein Unentschieden erzielen, oder gewannen ihre Treffen mit knappen Resultaten. Inzwischen haben sich aber die Vereine wieder gefunden, und nun ist soweit Klarheit geschaffen worden, dass bereits die ersten drei in jeder Gruppe feststehen. Der Schlittschuhclub, der sämtliche Spiele seiner Klasse gewinnen konnte, führt in Abteilung A mit 8:0 Punkten. Rot-Weiss-Preussen hält den zweiten Platz mit 5:8 Punkten, dann folgt der Grunewald TC mit 4:4 Punkten. In der Abteilung B liegen die Zehlendorfer Wespen mit 7:1 Punkten an erster Stelle, dazu kommt Brandenburg mit 6:2 Punkten, dahinter der Werksport-Verein Rheinmetall-Borsig mit 5:3. [...] An den kommenden Tagen werden nun die Sieger der beiden Abteilungen, der Schlittschuhclub und die Zehlendorfer Wespen, um den ersten und zweiten Platz der Brandenburgischen Meisterschaften spielen und die beiden Zweiten, Brandenburg und Rot-Weiss-Preussen, um den dritten Platz. Das letztere Treffen [...] verdient ganz besonderes Interesse, winkt doch dem Sieger die Teilnahme an der deutschen Eishockeymeisterschaft. [...]« (BT 26. 1.).
BLA 24.–29. 1.; BT 26. 1.

Jan 31–Feb 2, 20.15 Uhr. Eishockey »Internationale Kämpfe« u. a.
V: DRL, FaE (am 31. mit KdF).
Kunstlauf von Gret Björnstad (N; *»Erbin der großen Sonja«*), Gerta Böttcher, Anita Heinricht, Heinz Meyer (alle drei BSchC), Nadine von Szilassy (H), Megan Taylor (GB), Ehepaar Cattaneo (I), Ehepaar Cliff (GB).
Berliner Kanadier: Pauls (Tor); Forsyth I, Jeffrey (Vert.); Forsyth II, Molyneux, Schumann (Sturm A); Jhalainen, Seiffert, Stacey (Sturm B).
Göta Stockholm (S); Erdás (Tor); Burman, »Lulle« Johansson, Jöhnke, Liljeberg u. a.
Brighton Tigers (London): Gallagher, Gibson, Ingram, Kelly, Lee, Rogers u. a.
»Der Gau III hat jedoch eine ausgezeichnete Lösung gefunden. Er hat gewissermaßen über nacht eine berlinisch=kanadische Mannschaft auf die Beine gestellt. Die in Berlin spielenden Lehrkanadier reichen nämlich mit wenigen Ergänzungen aus, um eine starke Mannschaft zusammenzubringen« (Agr 29. 1.).
Jan 31 KdF-Veranstaltung. Göta Stockholm – Berlin-Auswahl 1:1 (1:1, 0:0, 0:0).
Feb 1 Brighton Tigers – Berliner Kanadier 5:1 (1:0, 2:1, 2:0).
Feb 2 Brighton Tigers – Berliner Kanadier 1:0 (0:0, 0:0, 1:0).
BLA 21., 30. 1.; 1.–3. 2.; Agr 29. 1.; 3.–4. 2.

Feb 4, 20.30 Uhr. Boxen »Gustav Eder – Anacleto Locatelli«
V: Zirzow & Englert.
Fdg: Hans Schiller (Hannover) – Gustavo Ansini (I), Sieg Ansinis nach Pktn (8 Rdn).
Wg: Gustav Eder (65,6 kg; Dortmund) – Anacleto Locatelli (64,5 kg; I), Sieg Eders nach Pktn (12 Rdn).
Mg: Erwin Bruch (73 kg; Berlin) – Arno Przybilski (71,7 kg; Potsdam), Sieg Bruchs nach Pktn (8 Rdn).
Sg: Jakob Schönrath (Krefeld) – Heinz Lazek (84,5 kg; Wien), Sieg Lazeks nach Pktn (8 Rdn).
BLA 1., 3.–4. 2.; BS 853–54, 1.–8. 2.

Feb 5, abends. Kundgebung »Auftakt für die 5. Reichsstraßensammlung«
V: NSKOV/Deutscher Reichskriegerbund »Kyffhäuser«/Deutscher Luftsportverband/Reichsluftschutzbund/NSDStB.
Rd: Arthur Görlitzer (stellv. Gl, Staatsrat), Dietrich von Jagow (SA-Obergruppenf.)), Hanns Oberlindober (Reichskriegsopferf.).
Sammlung des WHW 1936/37 zugunsten der Kriegsblinden. Transparent im Sportpalast: *»Das Bernsteinzeichen des W.H.W. das Schmuckstück für jeden Deutschen«*.

»Ihr Symbol ist der Bernstein, das ›deutsche Gold‹ aus der ›blauen Erde‹ von Palmnicken, dessen reiche Farbskala vom kristallklaren Weiß bis zum satten Honiggelb, vom grünlichen Onyxton bis zum dunkelsten Braun sich in Millionen von Erinnerungszeichen, Eichenblättern und vierblättrigen Glücksklee, widerspiegelt« (BLA 6. 2.).
BLA 5.–6. 2.

Feb 6–8. Eishockey u. a.
V: DRL, FaE/KdF.
KdF-Veranstaltungen. Kunstlauf von Uschi Berger, Heinz Eidam, Ulrich Kuhn, Franzl Loichinger, Heinz Meyer, Sophie Schmidt, Edith Schwabe, Ursula Schwarz, Roth/Walter, Wahl/Nuske.
Feb 6
20.15 Uhr. Berlin-Auswahl – VfB Königsberg 7:4.
Feb 7
15.00 Uhr. Jugendnachmittag. Junioren: BSchC – Brandenburg. Kunstlauf in Kostümen.
20.15 Uhr. Brandenburg – VfB Königsberg 2:1.
Feb 8
20.15 Uhr. Zehlendorfer Wespen – Altonaer SV 3:1 (2:1, 0:0, 1:0; Pokal des Sportpalastes).
BLA 6.–8. 10., 2.; Agr 7. 2.

Feb 10, 20.30 Uhr. Eröffnung des 4. Reichsberufswettkampfes
V: DAF/HJ.
Rd: Dr. Robert Ley (L. der DAF, Reichsorganisationsl.), Baldur von Schirach (Reichsjugendf.).
»Der deutsche Rundfunk überträgt am Sonnabend, dem 13. Februar, von 19.15 bis 20.00 Uhr Ausschnitte aus dieser Eröffnungskundgebung. Ursender ist der Reichssender Berlin, von dem alle Reichssender und der Deutschlandsender die Veranstaltung übernehmen. Alle Teilnehmer des Reichsberufswettkampfes hören die Sendung im Gemeinschaftsempfang« (Agr 12. 2.).
Ley und Schirach hatten folgenden Aufruf erlassen: *»Der Führer hat auf dem Parteitag der Ehre dem deutschen Volk seinen Vierjahresplan verkündet. Alle natürlichen Mängel sollen in Deutschland durch Genialität und Fleiß ausgeglichen werden. In diesem Sinne rufen wir die Jugend der Stirn und der Faust zum 4. Reichsberufswettkampf. Kommt aus den Betrieben in Dörfern und Städten und bekennt Euch mit Freude im Gegensatz zum antreiberischen Stachanowsystem in Rußland zum freiwilligen Leistungswettbewerb. Es geht um die Freiheit der Nation«* (Agr 9. 2.).
Auf einem Transparent im Sportpalast stand: *»Unser Ideal – die Arbeit«.*
»15 000 Berliner Jungen und Mädel, die sich [...] beteiligten, füllten den Sportpalast bis auf den letzten Platz. [...] Fanfaren des Jungvolks kündeten hell den Beginn des Appells. Die Kapelle der Gebietsspielschar ließ den wuchtigen Rhythmus des Liedes ›Tritt heran, Arbeitsmann‹ aufklingen. Die Fahnen zogen vorbei, aus der Höhe tönten die Worte des Sprechers, vom Chor abgelöst, zum Lied gesteigert, zur brausenden Melodie geformt: ›Männer schaffen, Frauen weben, Kinder schauen gläubig auf, Arbeit füllt das große Leben, Arbeit lenkt der Zeiten Lauf‹« (BLA 11. 2.).
BLA 11. 2.; Agr 9., 12. 2.

Feb 11, 18.30 Uhr. Eishockey
V: DRL, FaE.
Berliner Kanadier – Berlin-Auswahl 5:1 (2:0, 1:1, 2:0; Gesellschaftsspiel).
BLA 11., 13. 2.; Agr 13. 2.

Feb 12–15. Eishockey u. a.
V: DRL, FaE/KdF.
KdF-Veranstaltungen. Kunstlauf von Benno Faltermeier, Vera Hruba, Ulrich Kuhn, Ursula Schwarz, Koch/Noack u. a.
Feb 12
20.15 Uhr. Berliner Kanadier – Polen (NM) 7:2.
Feb 13
20.15 Uhr. Harringay Racers (London – Berlin-Auswahl 7:1. Berliner Kanadier – Polen (NM) 5:1.
Feb 14
15.00 Uhr. Jugendnachmittag, Eishockey und Eiskunstlauf.
20.15 Uhr. Harringay Racers – Berliner Kanadier 5:4 (4:2, 1:0, 0:2). Berlin-Auswahl – Polen (NM) – 4:3.
Feb 15
20.15 Uhr. *»Internationaler karnevalistischer ›Kraft=durch=Freude‹=Abend«.*
Klagenfurter ASC – Brandenburg/Berlin 2:1.
BLA 9., 12.–15. 2.; Agr 11., 13.–17. 2.

Feb 17–18, 20.15 Uhr. Eishockey u. a.
V: DRL, FaE/KdF.
KdF-Veranstaltungen. Kunstlauf von Gerta Böttcher, Karl Krause, Ulrich Kuhn, Ursula Schwarz, Ruth Teupte, Koch/Noack u. a.
Feb 17 Klagenfurter ASC – Rot-Weiß Preußen 0:0.
Feb 18 Zehlendorfer Wespen – Klagenfurter ASC 3:0 (1:0, 1:0, 1:0).
BLA 17., 19. 2.; Agr 19. 2.; BZaM 19. 2.

Feb 20, 18.00 Uhr. »Osram=Werkfeier mit Ehrung der Jubilare und Uebergabe der Stipendien=Urkunden«
V: Osram G.m.b.H. Kommanditgesellschaft.
Rd: Hermann Schlüpmann (Geheimrat, Betriebsf. von Osram), Alfred Spangenberg (Gauobmann der NSBO/DAF).
Mitw.: Werkschar, Osram-Chor, Orchester-Vereinigung Osram u. a.
»An alle Arbeitskameraden und Kameradinnen ergeht hierdurch die Aufforderung, sich für die Teilnahme an der Kundgebung unserer Betriebsgemeinschaft freizuhalten. Familienangehörige können ebenfalls teilnehmen. Festfolge und Anstecknadel werden zu 25 Rpf ausgegeben. Der verdoppelte Gesamtertrag fließt wiederum dem Winterhilfswerk des Deutschen Volkes« zu (Osram-Nachrichten 1. 2.).
»7000 im Sportpalast und alle aus einem Betrieb! [...] Was wird gefeiert? Die Arbeit und der Mensch, der sie trägt. An die ›Fünfundzwanzigjährigen‹ wendet sich der Betriebsführer [...], und in sehr persönlichen Worten an 7 Stipendiaten. [...] ›Unser Name‹ – sagt er unter großem Beifall – ›berechtigt nicht, er verpflichtet!‹ [...] Spangenberg nimmt den Gedanken des Verpflichtetseins auf. Entwickelt aus dem Fronterlebnis den Begriff der Kameradschaft, die dann verwirklicht sein wird, wenn der Betrieb von jedem Arbeitskameraden als zweite Heimat empfunden wird [...]« (Agr 23. 2.).
Agr 23. 2.; Osram-Nachrichten 1. 2.

Feb 23–25. »Filmfeierstunde«
V: NSDAP, Gaufilmstelle.
Vorführung des Films »Ehre und Freiheit« u. a.
»Ein Film von Not und Aufstieg [...] eingeleitet von den aufrüttelnden Worten eines Sprechers, dessen rhythmische Verse den Geist der Helden heraufbeschworen. Die Bilder aus dem Weltkrieg griffen an jedes Herz. Noch einmal erlebte man Sieg und Sterben, Auszug und Heimkehr, Heimkehr in ein zerbrochenes Deutschland, in dem Spartakus seine blutige Herrschaft führte, in dem Not, Arbeitslosigkeit und Haß emporwuchsen, bis endlich in Adolf Hitler der Mann erstand, der Deutschland wieder frei und stark machte. Der Film endete mit den herrlichen, klaren und hellen Bildern des neuen Deutschlands und seiner jungen Wehrmacht, die der Führer dem deutschen Volk wiedergab« (BLA 24. 3.).

436 »Filmfeierstunde« mit Fahnenweihe (Chr Feb 23–25), im Vordergrund Werner von Blomberg (Reichskriegsmin.; nach: Wehrarbeit, Fachl. Schulungsblatt der DAF, Abt. Wehrmacht, 2. Jg., Folge 5, Mai 1937).

Feb 23
In Zusammenarbeit mit der DAF, Abt. Wehrmacht.
Rd: Werner von Blomberg (Reichskriegsmin.).
Vor der Vorführung des Films fand eine Fahnenweihe statt: *»Diese 31 Fahnen der Betriebe des Standorts Berlin sind die ersten der Abteilung Wehrmacht der Deutschen Arbeitsfront, die der Reichskriegsminister selbst in einer eindrucksvollen Feierstunde weihte«* (BLA 24. 3.). Drei Fotos dieser Weihe wurden dann als Wandbilder angeboten: *»Diese drei Bilder werden in sauberster Ausführung als Wandbilder geliefert. Lieferbar sind die auf der 2. Umschlagseite gezeigten Bilder im Format etwa 42 mal 35 cm mit 2 cm breiter geschmackvoller silberner Leiste zum Preise von 4,– RM.; das auf der 3. Umschlagseite gezeigte Bild in einem Format von 47 mal 60 cm mit 2 cm breiter geschmackvoller silberner Leiste zum Preise von 7,– RM. [...] Es wird erwartet, daß die Standorte und Betriebe der Bedeutung dieser Fahnenweihe Rechnung tragen, wenn auch [...] von Blomberg auf den gezeigten Bildern nur Fahnen des Standortes Groß-Berlin weiht. Die Bilder selbst sind für die DAF. Abt. Wehrmacht von symbolischer Bedeutung, und es dürfte die Annahme nicht fehl am Platze sein, daß die Diensträume der DAF. Abt. Wehrmacht [...] durch die Anschaffung dieses Wandschmuckes verschönt werden«* (Wehrarbeit, Fachl. Schulungsblatt der DAF Abt. Wehrmacht, 2. Jg., Folge 5, Berlin Mai 1937, S. 30).
Feb 24
In Zusammenarbeit mit der DAF, Abt. Luftfahrt.
Rd: Arthur Görlitzer (stellv. Gl, Staatsrat), Albert Kesselring (Generalstabschef der Luftwaffe).
Mitw.: Musikzug des Reichssportführers, Orchester des Bautechnischen Büros.
Feb 25
In Zusammenarbeit mit den Kreisen III und IV der NSDAP.
Rd: Arthur Görlitzer.

Mitw.: Musikzug I der SA-Brigade 30 (Johannes Fuhsel).
BLA 23.–24., 26. 2.; Agr 25.–27. 2.

Feb 26, 20.00 Uhr. Eröffnung der »Fachbuchwerbung 1937«
V: Reichsschrifttumskammer/DAF.
Rd: Ebenböck (L. der Reichsbetriebsgemeinschaft »Druck«), Hanns Johst (Präs. der Reichschrifttumskammer, Staatsrat), Dr. Robert Ley (Reichsorganisationsl.).
Mitw.: Werkscharen und Landesorchester des Gaues Berlin, Gaumusikzug der DAF.
Agr 12. 2.

Feb 27. Generalappell
V: NSKK.
Anläßlich der Internationalen Automobil-Ausstellung am Kaiserdamm.
Agr 6. 2.

Feb 27, 20.30 Uhr. Ringen
V: Böcker.
»Die Kämpfe brachten nachstehende Ergebnisse: Jean Lescinowitsch (Lettland) warf Max Steinke (Stettin) durch Abfangen eines Hüftschwunges in 18 Minuten; Bruno Mosik (Breslau) bezwang Rudolf Grüneisen (Schweiz) durch Abfangen eines Ueberstürzers in 26 Minuten; Willi Müller (Köln) schlug Basil Colex (Rumänien) durch Hüftschwung und anschließendes Eindrücken der Brücke in neun Minuten; Bela Barothy (Ungarn) warf August Ahrens (Westfalen) durch Ueberstürzer nach einem Doppelnelson in 30 Minuten und Cziruchin (Rußland) legte Karl Pohlfuß (Spandau) in 28 Minuten durch Abfangen eines Aushebers auf beide Schultern«.
»Obgleich in Berlin seit einem Jahr keine Kämpfe der Berufsringer stattgefunden haben, hatten sich am Sonnabend kaum mehr als 2000 Zuschauer im Sportpalast, der ein viel zu großer Rahmen für die Veranstaltung war, eingefunden. Es kam keine Stimmung auf [...]« (BLA 1. 3.).
BLA 27. 2.; 1. 3.; Agr 28. 2.; 2. 3.

Mär 1, 20.15 Uhr. Amateur-Boxen »Brandenburgische Meisterschaften«
V: DRL, FaB/KdF.
Et: 0,75 M.
KdF-Veranstaltung. Endkämpfe.
Flg: Bruß (Reichsbahn) besiegt Tietzsch (BC Bernau).
Bg: Schiller (Ost) besiegt Baes (Neukölln).
Fdg: Arenz besiegt Völker (beide Neukölln).
Lg: Krage (Hermes) besiegt Sonntag (Reichsbahn).
Wg: Lütke (Heros) besiegt Vopel (Schöneberger Boxfreunde).
Mg: Campe (PSV) besiegt Schellin (Hermes).
Hsg: Brunkow (Weißensee) besiegt Heier (Neukölln).
Sg: Holz (Post SV) besiegt Tralst (PSV).
»Im Jugend=Leichtgewicht siegte Gorczyza (BC Heros) über Müller (BC Weißensee) und im Jugend=Weltergewicht: Schienke (BC Oberspree) über Golembiewski (Polizei SV)« (Agr 3. 3.).
BLA 23., 26., 28. 2.; 1.–2. 3.; BS 857–58, 1.–8. 3.

Mär 3, abends. Konzert der Luftwaffe
V: DRK, Provinzialverband Berlin.
Mitw.: 300 Musiker der Luftwaffe (Musikinspizient der Luftwaffe Prof. Hans Husadel).
Zugunsten des DRK.
Schirmherrschaft: Hermann Göring (Ministerpräs., Generaloberst). Das Programm umfaßte *»Werke von Wagner, Grieg, Strauß und Reger sowie eine Reihe von Landsknechtsmärschen. Der zweite Vortragsteil war Märschen der Gegenwart gewidmet.*
Durch ein Spalier von 100 Samariterinnen und 100 Sanitätsmännern der Verfügungskolonne des Berliner Roten Kreuzes schritten die Gäste, die den Sportpalast bis in die letzten Ränge füllten. Auf den Ehrenplätzen hatten sich u. a. der Stellvertretende Präsident des Deutschen Roten Kreuzes, SS=Oberführer Dr. Grawitz, und der frühere Stellvertretende Präsident SA=Gruppenführer Dr. Hocheisen eingefunden. [...]« (BLA 4. 3.).

Mär 5, 20.30 Uhr. Boxen »Gustav Eder – Al Baker« u. a.
V: Zirzow & Englert.
Fdg: Hans Schiller (Hannover) – Toni Waldinger (A), Sieg Schillers nach Pktn (8 Rdn).
Wg: Gustav Eder (66,9 kg; Dortmund) – Al Baker (66,5 kg; B), Sieg Eders nach Pktn (12 Rdn).
Mg: Fred Bölck (76,2 kg; Hamburg) – Arno Przybilski (71,8 kg; Potsdam), Sieg Przybilski durch Aufgabe (4. Rde).
Sg: Vincenz Hower (89,9 kg; Köln) – Heinz Lazek (83,4 kg; A), Sieg Lazeks nach Pktn (8 Rdn).
Sg: Franz Hintemann (82,1 kg; Berlin) – Rex Romus (90,1 kg; A), Sieg Hintemanns nach Pktn (6 Rdn).
BLA 3., 5.–6. 3.; BS 857–58, 1.–8. 3.

Mär 6–7. Eishockey u. a.
V: DRL, FaE.
Kunstlauf von Karl Beuttel, Benno Faltermeier, Karl Krause, Lydia Veicht, Ursula Schwarz, Geschwister Pausin, Prawitz/Laß.
HC Davos: Eberle (Tor); A. und F. Geromini (Vert.); H. und F. Cattini, Torriani (Sturm A); Buchli, Rauth (oder Trauffer), Ruedi (Sturm B).
BSchC: Kaufmann (Tor); Haffner, Jaenecke (Vert.); Ball, Molyneux, Trautmann (Sturm A); Adler, George, Soltmann (Sturm B).
Berliner Kanadier: Pauls (Tor); Forsyth I, Schumann (Vert.); Forsyth II, Molyneux, Stacey (Sturm A); Dunn, Jeffrey, Seiffert (Sturm B).
Mär 6
20.15 Uhr. BSchC – HC Davos 3:1. Zehlendorfer Wespen – Brandenburg 3:0 (2:0, 1:0, 0:0; Berliner Meisterschaft).
Mär 7
15.00 Uhr. Jugendveranstaltung, Eishockey und Eiskunstlauf (KdF-Veranstaltung; Et: 0,40 M).
20.15 Uhr. Berliner Kanadier – HC Davos 3:1. BSchC – Rot-Weiß Preußen 9:0 (3:0, 3:0, 3:0; Berliner Meisterschaft).
BLA 22. 2.: 6.–8. 3.; Agr 6.–7., 9. 3.

Mär 8–10, 20.15 Uhr. Eishockey u. a.
V: DRL, FaE/KdF. Et: 0,95 M.
KdF-Veranstaltungen. Kunstlauf (vgl. Mär 6–7).
Mär 8 German Canadians (Krefeld) – Rot-Weiß Preußen 3:2 (1:1, 2:0, 0:1).
Mär 9 German Canadians – Brandenburg 8:3 (2:1, 0:1, 6:0).
Mär 10 BSchC/Berliner Kanadier – Zehlendorfer Wespen 8:4 (3:2, 5:1, 0:1).
BLA 9.-11. 3.; Agr 9., 11.–12. 3.

Mär 13–15, 20.15 Uhr. Eishockey u. a.
V: DRL, FaE/KdF. Et: 0,70 M.
KdF-Veranstaltungen. Kunstlauf von Karl Beuttel, Martha-Maria Meyerhans, Annelies Schorr, Ursula Schwarz, Koch/Noack u. a. Schnellauf von Ruth Hiller u. a.
Mär 13 Zehlendorfer Wespen – Rot-Weiß Preußen 1:1 (Berliner Meisterschaft).
Mär 14 Brandenburg – Rot-Weiß Preußen 1:0 (Berliner Meisterschaft).
Mär 15 Zehlendorfer Wespen – Rot-Weiß Preußen 5:0 (Pokal des Sportpalastes).
»Schließlich sah man erneut ein Eisschnellaufen, dessen Ergebnis jedoch wegen der Ungeeignetheit der Bahn für wirkliche Rennen, problematische Bedeutung hat« (Agr 17.3.).
BLA 13.–14., 17. 3.; Agr 16.–17. 3.

Mär 19, 19.45 Uhr. 12. Polizei-Hallensportfest
V: PSV.
»Packende Kämpfe und prächtige Darbietungen reihten sich im ausverkauften Berliner Sportpalast aneinander und ließen auch das 12. Hallensportfest der Polizei zu einem großen Erfolg werden. Nach flotten Märschen der Kapelle des Veranstalters sorgten zuerst die gymnastischen Vorführungen der Schutzpolizei für die richtige Stimmung, und dann folgten in bunter Reihenfolge leichtathletische Wettkämpfe, Staffeln, Spiele und auserlesene Vorführungen. In den Staffeln schnitt die Gruppe West am besten ab, die sowohl die große Hindernisstaffel wie die 10 mal 1=Rundenstaffel gewann und dadurch die Ehrenpreise des Reichsführers SS. und Chef der Deutschen Polizei Himmler sowie des Berliner Polizeipräsidenten entgegennehmen konnte. [...]« (Agr 21. 3.).
BLA 21. 2.; 17., 19.–20. 3.; Agr 12., 18., 21. 3.

Mär 20–22, 20.15 Uhr. Eishockey u. a.
V: DRL, FaE/KdF.
Et: 0,95 M.
KdF-Veranstaltungen. Kunstlauf von Karl Beuttel, Ulrich Kuhn, Günther Lorenz, Martha-Maria Meyerhans, Ursula Schwarz, Koch/Noack, Prawitz/Laß u. a. Außerdem Schnellauf.
Mär 20 Brandenburg – Olmützer EV 3:0.
Mär 21 Rot-Weiß Preußen – Olmützer EV 8:1 (3:0, 3:1, 2:0).
Mär 22 Zehlendorfer Wespen – Olmützer EV 6:2 (2:0, 1:1, 3:1).
BLA 20.–22., 24. 3.; Agr 20., 23.–24. 3.

Mär 23, 18.15 Uhr. Eishockey
V: DRL, FaE.
Zehlendorfer Wespen – Brandenburg, abgebrochen.
»Zu höchst unerfreulichen Szenen kam es bei dem Eishokkey=Pokalspiel zwischen den Zehlendorfer Wespen und Brandenburg [...] An eine Rüpelei des Zehlendorfers Schwarz, über den sofort Startverbot verhängt wurde, reihten sich weitere Unsportlichkeiten auf beiden Seiten an, bis der Schiedsrichter den Kampf beim Stande von 1:1 abbrach. Der Vorfall ist sehr bedauerlich; hinzu kommt, daß es nicht einmal feststand, ob der beteiligte Kanadier Schumann für Brandenburg spielberechtigt war. Ob das Treffen neu angesetzt wird oder ob die Punkte beiden Mannschaften verlorengehen, muß der Gau entscheiden« (BLA 24. 3.).
BLA 23.–24. 3.

Mär 25, 20.15 Uhr. Boxen »Erwin Bruch – Josef Besselmann« u. a.
V: Schumacher.
Fdg: Karl Beck (58,6 kg; Düsseldorf) – Stan Basta (58,6 kg; CS), Sieg Becks nach Pktn (10 Rdn).
Lg: Rudolf Kretzschmar (62,1 kg; Dresden) – Boby Astur (63,4 kg; E), unentschieden (6 Rdn).

437 Werbezettel (Chr Apr 6–8); Berlin, Kunstbibliothek, SMPK.

Mg: Erwin Bruch (71,7 kg; Berlin) – Josef Besselmann (70,1 kg; Köln), Sieg Besselmanns nach Pktn (12 Rdn; Deutsche Meisterschaft, Hf Bruch).
Mg: Walter Müller (70,6 kg; Gera) – Hein Wiesner (70 kg; A), unentschieden.
Hsg: Adolf Heuser (79,5 kg; Bonn) – Mario Liani (79,5 kg; I), Sieg Heusers durch ko (7. Rde).
BZaM 25., 27. 3.; BLA 21., 25.–27. 3.; BS 860–61, 22. 3.–1. 4.

Mär 29–Apr 1, 20.15 Uhr. Eishockey u. a.
V: DRL, FaE (mit KdF am 31. 3.).
Kunstlauf von Cecilia Colledge, Benno Faltermeier, Emmy Puzinger, F.W.E. Tomlins, Herber/Baier u. a.
Mär 29 Prag-Auswahl – Zehlendorfer Wespen 6:0 (2:0, 1:0, 3:0).
Mär 30 Prag-Auswahl – BSchC 3:2 (1:1, 1:0, 1:1).
Mär 31 KdF-Veranstaltung (Et: 0,95 M). Berliner Kanadier – BSchC 7:3.
Apr 1 Prag-Auswahl – Berlin-Auswahl 1:1.
»Im Mittelpunkt des Abends standen wieder die Weltmeister – das Paar Maxie Herber und Ernst Baier und die eben aus Kanada zurückgekehrte Cecilia Colledge, die nun die Krone der Henie trägt. [...] Sie ist eine starke Persönlichkeit, was sich in ihrer Kür ausprägt, sie teilt die Fläche geschickt auf, sie beherrscht den Raum, das Eis und die zehntausend Zuschauer, die sie mit ihrem spontanen Beifall zu vielen Zugaben zwangen« (Agr 2. 4.).
BLA 28., 30.–31. 3.; 1. 4.; Agr 30.–31. 3.; 2. 4.

Apr 2–4. Eiskunstlauf »Berliner Meisterschaften und Eishockey«
V: DRL, FaE/KdF.
Et: 0,95 M.
KdF-Veranstaltungen (abends). Außerhalb der Meisterschaften auch Schaulauf von Cecilia Colledge, Emmy Puzinger, Fred Tomlins u. a.

Apr 2
20.15 Uhr. Eish.: Étoile du Nord (Brüssel) – BSchC 3:3.
Apr 3
9.00 Uhr. Meisterschaften: Damen, Herren, Junioren, Pflicht.
20.15 Uhr. Eish.: Berlin-Auswahl – Étoile du Nord 7:3. Meisterschaften: Paare; Junioren, Kür.
Apr 4
20.15 Uhr. Eish.: Étoile du Nord – Zehlendorfer Wespen 6:2 (2:0, 4:1, 0:1). Meisterschaften: Damen, Herren, Kür.
Ergebnisse der Meisterschaften:
Meister-Damen: 1. Martha-Maria Meyerhans Plz 5/302,9 Pkte; 2. Gerta Böttcher 10/264,9; 3. Annelies Schorr.
Meister-Herren: 1. Günther Lorenz 3/274; 2. Karl Beuttel 7/268,1; 3. Karl Krause (Reichsbahn).
Meister-Paare: 1. Inge Koch/Günther Noack.
Junioren-Damen: 1. Carla Schwennicke, 2. Gudrun Olbricht.
Junioren-Herren: 1. Ulrich Kuhn.
BLA 2.–5. 4.; Agr 4., 6. 4.

Apr 6–8, 20.30 Uhr. »Filmfeierstunde«
V: NSDAP, Gaufilmstelle.
Et: 0,50 M.
Rd: Arthur Görlitzer (stellv. Gl, Staatsrat). Vorführung des Filmes »Ehre und Freiheit« (Wiederholung von Feb 23–25).
Agr 1. 4.

Apr 10, abends. »Führertagung des Gebietes 3 Berlin der HJ. und des Obergaues 3 Berlin des Bundes Deutscher Mädel«
Rd: Artur Axmann (Obergebietsf. der HJ), Baldur von Schirach (Reichsjugendf.), Hans von Tschammer und Osten (Reichsportf.).
Bei der Tagung gab *»der Reichsjugendführer den 12000 Führern und Führerinnen in großen Zügen Richtlinien für die kommende Arbeit [...] Nach dem Einmarsch der Fahnen richtete [...] Axmann herzliche Begrüßungsworte an den Reichsjugendführer. Es sei Baldur von Schirachs Verdienst, in der Kampfzeit die deutschen Hochschulen und Universitäten erobert und gleichzeitig auch die beste idealistische Auslese der deutschen Jugend hinter die Fahne der Bewegung gebracht und sie nach der Machtübernahme allen separatistischen Gegenbestrebungen zum Trotz zu einem einheitlichen Block zusammengefügt zu haben. [...]«* (BMp 11. 4.).

Apr 13–14, 20.00 Uhr. Vorführungen der Turnschule Asch aus der Tschechoslowakei
V: DRL, Gau III.
»120 Turner und Turnerinnen aus der sudetendeutschen Turnschule Asch in der Tschechoslowakei zeigten [...] unter Leitung von Verbandsturnwart Willi Brandner ihre hervorragende turnerische Arbeit. Rund 6000 Zuschauer, darunter viele Ehrengäste, spendeten begeisterten Beifall. [...] Es war eine erhebende Feierstunde. [...] DRL=Kreisführer Karl Pfennig begrüßte die Gäste. [...] Das Turnen, das mehr als eine Schau von Leibesübungen war, endete mit einer schlichten Schlußfeier. Die Turner und Turnerinnen, die zu Hause Arbeiter, Bauern, Studenten und Handwerker sind, marschierten noch einmal auf die Bühne. Die Kapelle spielte die tschechoslowakische und die deutsche Nationalhymne. Dann fiel der Vorhang. Die Zuschauer spendeten noch lange Beifall« (BLA 14. 4.).
»Die Turnschule Asch ist von Konrad Henlein, dem Führer der Sudetendeutschen Partei, vor 10 Jahren gegründet. In ihr sollte eine Führerschaft erzogen werden. Das Ziel hat Konrad Henlein erreicht. Alle Männer, die heute an der Spitze der sudetendeutschen Partei stehen, sind durch die Turnschule Asch gegangen« (BLA 4. 4.).
BLA 4., 14.–15. 4.; Agr 15. 4.

Apr 15, 20.15 Uhr. »WHW-Boxabend«
V: DRL, FaB.
Zugunsten des WHW. Gemeinsame Veranstaltung von Berufs- und Amateurboxern.
Amateurboxen:
Jugend: Schwuchow (Astoria) – Passmann (PSV), unentschieden.
Flg: Staub (Brandenburg) besiegt Koch (Landsberg).
Fdg: Arenz (Neukölln) besiegt Klauke (Heros).
Lg: Krage (Heros) besiegt Hanke (AEG).
Wg: Lütke (Heros) besiegt Lipowski (Oberspree).
Mg: Schellin (Hermes) besiegt Schlick (Post SV).
Hsg: Hornemann (PSV) besiegt Kaiser (Sparta).
Sg: Förster (Ost) besiegt Roske (SS-SG).
Sg: Gerigk (Sparta) besiegt Schütt (Spandau).
Berufsboxen:
Fdg: Hermann Bieselt (Berlin) – Franz Wruck (Mülheim), unentschieden (4 Rdn).
Sg: Arno Kölblin (Plauen) – Hermann Kreimes (Mannheim) Sieg Kölblins durch Aufgabe (4. Rde).
»Die Berufsboxer, der Europameister Kölblin und sein Gegner, der Mannheimer Kreimes, erschienen, lebhaft begrüßt. Brausender Beifall, Toben und Schreien setzten ein, als Max Schmeling den Ring betrat. Fachamtsleiter Dr. Metzner sprach und würdigte die Tatsache, daß Berufsboxer und Amateuere zum ersten Male gemeinsam einer Veranstaltung bestritten. Er ehrte Schmeling und gab bekannt, daß der Verband Deutscher Faustkämpfer den Beschluß gefaßt habe, jetzt auch den Titel ›Deutscher Meister aller Klassen‹ zu verleihen, um damit deutsche Boxer, die sich besonders große Verdienste erworben haben, zu ehren. Sie erhalten für immer diesen Titel und einen Goldenen Gürtel. Als erstem deutschen Boxer wurde der Titel Max Schme-

ling verliehen. Wieder ertönte nichtendenwollender Beifall« (BLA 16. 4.). Schmeling war hier als Ringrichter tätig (Kölblin-Kreimes).
BLA 14.–16. 4.; BS 863–64, 12.–19. 4.

Apr 21. Kundgebung mit »Vereidigung der Politischen Leiter und der Walter und Warte der Parteigliederungen«
V: NSDAP, Gau Berlin.
Rd: Dr. Joseph Goebbels (Reichsmin., Gl).
»Seinen feierlichen Abschluß fand der Geburtstag des Führers auch in der Reichshauptstadt mit der Vereidigung der Politischen Leiter und der Walter und Warte der Parteigliederungen. Im Sportpalast und an 85 anderen Berliner Versammlungsstätten, zu denen die Sportpalastkundgebung übertragen wurde, waren fast 90 000 Männer und Frauen angetreten, um vor ihrem Gauleiter Dr. Goebbels den Eid auf den Führer abzulegen« (Agr 22. 4.).

Apr 23, 20.15 Uhr. »Großkundgebung der deutschen Technik«
V: Hauptamt für Technik in der Reichsleitung der NSDAP/ Reichswaltung des NS-Bundes Deutscher Technik/ Hauptamt für technische Wissenschaften in der DAF.
Et: 0,30 M.
Rd: Dr Robert Ley (Reichsorganisationsl.), Dr. Fritz Todt (L. des Hauptamtes für Technik).
Th: *»Die Neuordnung der deutschen Technik«.*
»Im Sportpalast fand [...] aus Anlaß des Zusammenschlusses der technisch=wissenschaftlichen Verbände und Vereine aller Fachrichtungen zu einem einzigen, die gesamte Technik umfassenden Nationalsozialistischen Bund Deutscher Technik, der dem Hauptamt für Technik in der Reichsleitung der NSDAP. angeschlossen ist, eine Großkundgebung statt« (Agr 25. 4.).
»Rein äußerlich wird sich die Straffung des Zusammenschlusses darin auswirken, daß die bisherige Reichsgemeinschaft der technisch=wissenschaftlichen Arbeit ihre Stellung als Dachgliederung an den NS.=Bund Deutscher Technik abgibt, und daß auf diese Weise die fünf großen Spitzenverbände der Technik,
der Verein Deutscher Ingenieure (VDI.) – für mechanische Technik und allgemeine Ingenieurwissenschaften,
der Verband Deutscher Elektrotechniker (VDE.) – für das Gesamtgebiet der Energiewirtschaft und einige verwandte Gebiete,
der Verein deutscher Chemiker (VdCh.) – für die Chemie,
die Deutsche Gesellschaft für Bauwesen (DGfB.) – für Hoch= und Tiefbau, und
der Verein Deutscher Eisenhüttenleute (VDEH.) – für das Gesamtgebiet des Bergbaus und der Metallwirtschaft
im NSBDT. unter Wahrung ihrer vereinsmäßigen Selbständigkeit zusammengefaßt werden« (Agr 20. 4.).
Agr 18., 20., 25. 4.

Apr 25, abends. Gautagung der Amtswalterinnen der NS-Frauenschaft und des Deutschen Frauenwerks
V: NS-Frauenschaft/Deutsches Frauenwerk.
Rd: Sophie Fikentscher (Gaufrauenschaftsl.), Arthur Görlitzer (stellv. Gl, Staatsrat), Gertrud Scholtz-Klink (Reichsfrauenf.).
Mitw.: NS-Frauenchor, Frauen-Kammerorchester, Tanzgruppe Jutta Klamt.
Agr 27. 4.; BLA 26. 4.

Apr 29, 18.00 Uhr. Amateur-Boxen »Jugendstädtekampf Breslau – Berlin«
V: DRL, FaB.

438 Dekoration an der Potsdamer Straße zur 700-Jahr-Feier, 1937.

Box-Werbeveranstaltung *»für die Berliner Schuljugend und die HJ«.*
Berlin – Breslau 18:2.
»Mit zehn Kämpfen wurde dieser Jugendstädtekampf durchgeführt, denn im Feder=, Leicht= und Weltergewicht fanden je zwei Kämpfe statt, während die Mittelgewichtsklasse ausfiel. Die Berliner Jungen, die in den Ring kamen, errangen in der Gesamtwertung einen sehr hohen Sieg. [...] Für Berlin siegten: Gossow, Pfeifer, Westfal, Goreyska, Müller, Leonhardt, Schienke, v. Kalben und Dragestein, während die Breslauer nur im Bantamgewicht in Sellhof den Sieger stellten« (BLA 30. 4.).
BLA 29.–30. 4.; BS 866, 3. 5.

Apr 30, 20.15 Uhr. Boxen »Rudolf Kretzschmar – Albert Esser« u. a.
V: Schumacher.
Fdg: Kurt Bernhardt (56,3 kg; Leipzig) – Reinhold Leopold (56,6 kg, Berlin), Sieg Bernhardts durch Abbruch (10. Rde; Deutsche Meisterschaft).
Lg: Rudolf Kretzschmar (60,7 kg; Dresden) – Albert Esser (60 kg; Köln), Sieg Essers durch ko (9. Rde; Deutsche Meisterschaft, Hf Esser).
Mg: Josef Besselmann (69,7 kg; Köln) – Carmelo Candel (72,2 kg; F), unentschieden (10 Rdn).
Hsg: Adolf Heuser (79,3 kg; Bonn) – Ilie Petresco (78,7 kg; RO), Sieg Heusers nach Pktn (10 Rdn).
»Mit einem riesigen goldenen Kranz und großen Fliedersträußen wurde Adolf Heuser zu seinem Jubiläumskampf im Ring empfangen. [...] Leicht wurde es dem Bonner Boxer aber nicht gemacht, seinen 75. Kampf zu einem Siege zu gestalten. [...]« (BLA 1. 5.).
BLA 10., 28., 30. 4.; 1.–2. 5.; BS 864–66, 19. 4.–3. 5.

Mai 11, 20.00 Uhr. Einschreibungs- und Freisprechungsfeier des Handwerks
V: Handwerkskammer zu Berlin.
Rd: Dr. Hjalmar Schacht (Reichswirtschaftsmin.).
»In festlichem Rahmen nahm die Industrie- und Handelskammer und die Handwerkskammer zu Berlin am Dienstag abend im Sportpalast die Lehrlingseinschreibung von 1200 Jugendlichen und die Freisprechung von 3000 Lehrlingen der handwerklichen, kaufmännischen und industriellen Betriebe vor. Im Mittelpunkt der Feier stand eine Rede des Reichswirtschaftsministers. [...]« (BT 13. 5.).

Sep 10, 20.15 Uhr. Boxen »Josef Besselmann – Carmelo Candel« u. a.
V: Schumacher.
Lg: Richard Stegemann (61 kg; Berlin) – Rudolf Kretzschmar (62 kg; Dresden), Sieg Stegemanns nach Pktn (8 Rdn).
Mg: Josef Besselmann (70,5 kg; Köln) – Carmelo Candel (72,5 kg; F), Sieg Besselmanns durch ko (3. Rde).
Hsg: Erwin Bruch (Berlin) – Karl Maier (Singen), Sieg Maiers nach Pktn (8 Rdn).
Hsg: Willi Pürsch (Berlin) – Arno Przybilski (Potsdam), Sieg Przybilskis nach Pktn (8 Rdn).
Hsg: Karl Lambertz (Zwickau) – Walter Sabottke (Berlin), Sieg Sabottkes durch ko (5. Rde).
»Höchstens 3000 Zuschauer mögen Zeuge dieses immerhin recht interessanten Kampfabends gewesen sein, der bis auf die bescheidene Einleitung das hielt, was man von ihm erwartet hatte« (Agr 13.9.).
BLA 10.–11.9.; Agr 11., 13.9.; BS 884–85, 6.–13.9.; Ph (VWA).

439 Eintrittskarte (Chr Sep 10); VWA.

Sep 26. Eröffnung der Eissaison 1937/38
V: DRL, FaE.
»›Am Sonntag geht es nun offiziell los‹, erzählt uns Arthur Vieregg, ›wir haben sämtliche Berliner Eislaufvereine einschließlich der Eishockeyspieler eingeladen, um diesen ersten Trainingstag mitmachen zu können. Wir haben ja nicht viel Anlaufzeit, denn auf dem Veranstaltungsprogramm dieses Winters stehen nicht weniger als 67 Abende, davon hat das Berliner Sportamt der NS.=Gemeinschaft Kraft durch Freude allein 45 übernommen. Eine besondere Anziehungskraft werden [...] sechs karnevalistische Abende ausüben, die ebenfalls im Februar bis einschließlich dem Rosenmontag angesetzt sind. Wenn es gut geht und ich einigermaßen noch zeitlich zurechtkomme, werde ich für diese Tage eine kleine Eissportrevue schreiben, die den Berlinern bestimmt gefallen wird, da hier der Eistanz, den wir sehr stark pflegen werden, im Mittelpunkt stehen soll. Wir haben vor, an jedem Dienstagabend den Eissportfreunden Gelegenheit zu geben, das Eistanzen unter sachkundiger Anleitung zu pflegen und dadurch immer mehr Freude am Eislaufen überhaupt hervorzurufen. Erstmalig wird dieser Eistanzabend am Dienstag, dem 12. Oktober, durchgeführt. [...] Eine besondere Förderung des Nachwuchses verspreche ich mir von dem internationalen Juniorenlaufen, die einmal zeigen soll, wie es um die ›künftigen Meister‹ bestellt ist. Die Schaulaufen, die immer und immer wieder in das Programm eingestreut werden, erziehen zu größerer Sicherheit, so daß sich damit auch der Leistungsstand hebt.
Vom 14. bis 25. Oktober läuft [...] seitens des Reichsfachamtes auch ein Spitzenschulungslehrgang, an dem die besten deutschen Läufer und Läuferinnen teilnehmen. Bei den Frauen wird hier die fünfmalige deutsche Meisterin Thea Frenssen die Führung übernehmen, und bei den Männern erwarten wir den vielfachen Weltmeister und zweifachen Olympiasieger Gillis Grafström‹« (Agr 24.9.).
»Seit Anfang Oktober ist [...] die Eisfläche in Betrieb. Dieser frühe Beginn hat sich außerordentlich bewährt. Einmal sieht man es an der großen Anteilnahme der Eissportler Berlins – der letzte Sonntag z.B. war besser als der beste Sonntag des ganzen vorigen Jahres –, dann aber beweist die Tatsache, daß heute schon eine Reihe ausländischer und auswärtiger Kräfte ihr Quartier hier aufgeschlagen haben, den Vorteil, den die Reichshauptstadt durch diese gedeckte künstliche Eisbahn hat« (Agr 15. 10.).
Agr 16., 24.9.; 14.–15. 10.

Okt 1, 20.30 Uhr. Boxen »Deutschland – Italien«
V: Zirzow & Englert.
Wg: Alfred Katter (66 kg; Berlin) – Filippo Crespi (64,4 kg; I), Sieg Katters nach Pktn (8 Rdn).
Mg: Gustav Eder (67,8 kg; Dortmund) – Alfredo Oldoini (72 kg; I), Sieg Eders nach Pktn (12 Rdn).
Mg: Josef Besselmann (70,6 kg; Köln) – Fausto Rossi (74,3 kg; I), Sieg Besselmanns durch Abbruch (nach der 6. Rde).
Hsg: Arno Przybilski (76 kg; Potsdam) – Ugolini (76,1 kg; I), Sieg Przybilskis durch ko (4. Rde).
Einleitung (Hsg): Jean Kreitz (79,7 kg; Aachen) – Josef Czichos (81 kg; Breslau), Sieg Kreitzs nach Pktn (6 Rdn).
BLA 1.–2. 10.; BS 887–88, 27.9.–4. 10.

Okt 12. Erster Eistanz-Übungsabend
Vgl. Sep 26.

Okt 14–25. »Spitzenschulungslehrgang« für EiskunstläuferInnen
V: DRL, FaE (Vgl. Sep 26).

Okt 20–21. Eishockey
V: DRL, FaE.
Okt 20, 19.00 Uhr Brandenburg – Rot-Weiß Preußen 2:1.
Okt 21, 20.00 Uhr Zehlendorfer Wespen – BEC.
BLA 20.–21. 10.

Okt 22–25. Eishockey u. a.
V: DRL, FaE (mit KdF am 22. und 25.).
Kunstlauf von Karl Beuttel, Maxi Herber, Vera Hruba, Ulrich Kuhn, Günther Lorenz, Martha-Maria Meyerhans (22. und 25.), Nadine von Szilassy, Lydia Veicht, Herber/Baier, Prawitz/Laß (23.–24.) u. a.
Prag-Auswahl: Modry (Tor); Bate, Buckna, Malecek, Pusbauer, Trojak, Zisar u. a.
Okt 22, 20.15 Uhr KdF-Veranstaltung. Prag – Rot-Weiß Preußen 2:0 (1:0, 0:0, 1:0).
Okt 23, 20.15 Uhr Prag – Zehlendorfer Wespen 4:1.
Okt 24, 19.00 Uhr Prag – BSchC 1:0 (0:0, 0:0, 1:0).
Okt 25, 20.15 Uhr KdF-Veranstaltung. Prag – Brandenburg 4:2.
BLA 9., 17., 22.–25. 10.; Agr 15., 24., 26. 10.

Nov 1–3, 20.15 Uhr. Eishockey u. a.
V: DRL, FaE/KdF.
»Die als Eishockeygegner der Berliner Mannschaften angekündigten Polen hatten keine Ausreiseerlaubnis erhalten« (BLA 2. 11.).
Kunstlauf von Karl Beuttel, Benno Faltermeier, Gertrud Klotz, Günther Lorenz, Eva Pawlick, Lydia Veicht, Koch/Noack, Winkelmann/Löhner.
Nov 1 BSchC – Zehlendorfer Wespen 1:0 (nach Verlängerung; Pokal des Sportpalastes; *»so behielt der Schlittschuh=Club den Sportpalast=Pokal«*).
Nov 2 Rot-Weiß Preußen – Brandenburg 3:3.
Nov 3 BSchC – Rot-Weiß Preußen 5:0.
BLA 2.–3. 11.; Agr 2.–3., 5. 11.

Nov 4, 20.30 Uhr. Boxen »Josef Besselmann – Kid Tunero« u. a.
V: Göttert.
Fdg: Kurt Noffke (56 kg; Berlin) – Kurt Dalchow (62,5 kg; Berlin), Sieg Noffkes nach Pktn (4 Rdn).
Mg: Josef Besselmann (70,4 kg; Köln) – Kid Tunero (70 kg; C), Sieg Besselmanns durch Disqualifikation (10. Rde; Endausscheidung zur Weltmeisterschaft).
Hsg: Adolf Witt (78,3 kg; Kiel) – Marcel Lauriot (F), Sieg Witts durch ko (4. Rde).
Hsg: Arno Przybilski (75,6 kg; Potsdam) – Henri Demets (78 kg; F), Sieg Przybilskis durch Aufgabe (3. Rde).
Sg: Vincenz Hower (89 kg; Köln) – Preciso Merlo (80 kg; I), unentschieden (8 Rdn).
Einleitung (Hsg): Jean Kreitz (79 kg; Aachen) – Walter Sabottke (78,4 kg; Berlin), Sieg Kreitzs durch ko (3. Rde).
BLA 27. 10.; 2., 4. 11.; BZaM 4.–5. 11.; BS 891–93, 25. 10.–8. 11.

Nov 5, 20.15 Uhr. Kundgebung
V: NSDAP, Gau Berlin.
Rd: Dr. Joseph Goebbels (Reichsmin., Gl).
Th: Vierjahresplan, Ernährung und Außenpolitik.
Mitw.: Kapelle Fuhsel.
Auftakt *»zur Aufklärungs= und Propagandaaktion dieses Winters«*.
»Eingeleitet wird die Kundgebung durch einen Propagandamarsch der SA. Dieser endet auf dem Vorplatz des Sportpalastes, auf den auch die Kundgebung durch Lautsprecher übertragen wird« (BLA 1. 11.).
»Der Sportpalast ist schon eine Stunde vor Beginn vollbesetzt. Eine neue Ehrentribüne steht an der Stirnseite des riesigen Raumes. Lange Hakenkreuzfahnen geben ihm den Schmuck. Für die Träger der Standarten und Fahnen ist ein Raum unter dem großen Ehrenzeichen der Bewegung vorgesehen, das in bronzenem Ton auf rotem Tuch steht« (BLA 6. 11.).
BLA 1., 6.–7. 11.

Nov 7, vormittags. Langemarck-Gedenkfeier
V: Reichsjugendführung/Arbeitsausschuß Langemarck.
Rd: Grote (Generalmajor a.D.), von Metzsch (General a.D.), Baldur von Schirach (Reichsjugendf.).
Agr 9. 11.; BLA 8. 11.

Nov 12–17. Eishockey u. a.
V: DRL, FaE (mit KdF 12., 15.–17.).
Kunstlauf von Günther Lorenz, Helmuth May, Martha-Maria Meyerhans, Martha Musilek, Hanne Niernberger, Emmy Puzinger, Edi Rada, Hertha Wächtler, Wagner/Staniek u. a.
VK Engelmann Wien: Wurm, Oerdögh (Tor); Heim, Schüßler (Vert.); Glück, Proksch, Schneider, Tatzer, Tschammler, Voit (Sturm A und B).
Nov 12, 20.15 Uhr KdF-Veranstaltung. BSchC – VK Engelmann 3:1 (1:0, 1:0, 1:1).
Nov 13, 20.15 Uhr BSchC – VK Engelmann 3:0 (0:0, 2:0, 1:0).
Nov 14, 19.00 Uhr Zehlendorfer Wespen – VK Engelmann 3:2 (0:0, 1:0, 2:2).
Nov 15, 20.15 Uhr KdF-Veranstaltung. Sparta Prag – Brandenburg 4:2.
Nov 16, 18.00 Uhr KdF-Veranstaltung. Rot-Weiß Preußen – VK Engelmann 3:2 (0:1, 2:1, 1:0).
Nov 17, 20.15 Uhr Zehlendorfer Wespen – Sparta Prag 1:0.
BLA 11.–17. 11.; Agr 12., 14., 16. 11.

Nov 18, 20.15 Uhr. Boxen »Adolf Heuser – John Andersson« u. a.
V: Boxring, Göttert & Schumacher.
Lg: Rudolf Krezschmar (59,5 kg; Dresden) – Gino Cattaneo (56,4 kg; I), Sieg Cattaneos nach Pktn (8 Rdn).
Mg: Erwin Bruch (73,4 kg; Berlin) – Amadeo Dejana (68,7 kg; I), Sieg Dejanas nach Pktn (8 Rdn).
Hsg: Jean Kreitz (79,2 kg; Aachen) – Girolamo Giusto (78,4 kg; I), Sieg Kreitz nach Pktn (8 Rdn).
Hsg: Adolf Heuser (81,5 kg; Bonn) – John Andersson (79,7 kg; S), Sieg Heusers durch Aufgabe (nach der 8. Rde).
Sg: Paul Wallner (86,5 kg; Berlin) – Santa de Leo (87,9 kg; I), unentschieden (8 Rdn).
Einleitung (Fdg): Kurt Noffke (56,1 kg; Berlin) – Hermann Bieselt (57,5 kg; Berlin), unentschieden (4 Rdn).
BLA 18. 11.; BZaM 19. 11.; BS 894–96, 25.–29. 11.

Nov 19–20 und 22, 20.15 Uhr. Eishockey u. a.
V: DRL, FaE/KdF.
KdF-Veranstaltungen. Kunstlauf wohl wie Nov 12–17.
Nov 19 Sparta Prag – BSchC 2:2 (1:1, 0:1, 1:0).
Nov 20 Sparta Prag – Rot-Weiß Preußen 3:1 (1:1, 2:0, 0:0).
Nov 22 Berlin-Auswahl – Sparta Prag 5:1 (2:0, 2:1, 1:0).
BLA 19., 21., 24. 11.; Agr 23. 11.

Nov 25. Eishockey
V: DRL, FaE (?).
Berliner Meisterschaft (erste Spiele).
18.00 Uhr. Rot-Weiß Preußen – SCC 1:0 (0:0, 1:0, 0:0).

19.00 Uhr. Brandenburg – Grunewald TC 1:0 (0:0, 1:0, 0:0).
»Im Berliner Eishockey setzen nun auch die Rundenkämpfe ein. Nachdem vom Gau III bereits die Liga eingeteilt worden ist, spielen in der Gruppe A: Berliner Schlittschuh=Club, Rot=Weiß=Preußen, Werksport=Verein Rheinmetall Borsig, Sport=Club Charlottenburg und Steglitzer Tennis=Klub, und in der Gruppe B: Brandenburg, Zehlendorfer Wespen, Grunewald Tennis=Club und RSC Westen« (Agr 25. 11.).
BLA 25.–26., 28. 11.; Agr 25. 11.

Nov 27, 20.30 Uhr. Boxen »Gustav Eder – Alred Katter« u. a.
V: Zirzow & Englert.
Wg:Gustav Eder (66,4 kg; Dortmund) – Alfred Katter (66,2 kg; Berlin), Sieg Eders durch ko (2. Rde; Deutsche Meisterschaft, Hf Katter).
Mg: Josef Besselmann (70,9 kg; Köln) – Charles Pernot (68,5 kg; F), unentschieden (10 Rdn).
Hsg: Jean Kreitz (Aachen) – Leonhard Marohn (Berlin), Sieg Kreitzs durch Abbruch (nach der 6. Rde).
Hsg: Arno Przybilski (75,6 kg; Potsdam) – René Lachartre (74,4 kg; F), Sieg Przybilskis durch ko (4. Rde).
Einleitung (Lg): Hermann Bieselt (Berlin) – Reinhold Leopold (Bernau), Sieg Bieselts nach Pktn (6 Rdn).
BLA 14., 24., 26.–27. 11.; BS 895–96, 22.–29. 11.

Nov 29. Eishockey
V: DRL, FaE (?).
Berliner Meisterschaft (vgl. Nov 25).
18.00 Uhr. BSchC – Steglitzer TC 18:3 (2:0, 7:1, 9:2).
19.00 Uhr. Zehlendorfer Wespen – RSC Westen 12:1 (2:1, 4:0, 6:0).
BLA 28., 30. 11.; Agr 1. 12.

Nov 30 – Dez 2, 20.15 Uhr. Eishockey u. a.
V: DRL, FaE (mit KdF am 30.).
Kunstlauf von Benno Faltermeier, Ulrich Kuhn, Erik Pausin, Graham Sharp, Ehepaar Cliff, Geschwister Pausin u. a.
Nov 30 KdF-Veranstaltung. AIK Stockholm (S) – Rot-Weiß Preußen 2:2 (0:1, 1:0, 1:1).
Dez 1 AIK Stockholm – Zehlendorfer Wespen 3:1 (0:0, 1:0, 2:1).
Dez 2 AIK Stockholm – BSchC 2:2 (0:0, 2:2, 0:0).
BLA 19., 30. 11.; 1.–3. 12.; Agr 2., 4. 12.

Dez 3, 20.15 Uhr. Amateur-Boxen »Wien – Berlin«
V: DRL, FaB/KdF.
KdF-Veranstaltung.
Flg: Tietzsch (Berlin) besiegt Kohn (Wien).
Bg: Schiller (Berlin) besiegt Mathä (Wien).
Fdg: Jaro (Wien) besiegt Arenz (Berlin).
Lg: Nürnberg (Berlin) besiegt Weilhammer (Wien).
Wg: Liedtke (Berlin) besiegt Bedrich (Wien).
Mg: Campe (Berlin) besiegt Horak (Wien).
Hsg: Hornemann (Berlin) besiegt Vibra (Wien).
Sg: Kleinholdermann (Berlin) besiegt Lechner (Wien).
Berlin – Wien 14:2.
Einleitung (Fdg): Gänserig (Bochum) besiegt Heide (Dresden); Kästner (Erfurt) besiegt Völker (Berlin).
BLA 3.–4. 12.; BS 895–97, 22. 11.–6. 12.

Dez 5, 16.00 Uhr (?). 4. Großes Lehrlings-Schaufrisieren
V: Friseur-Innung Berlin/DAF.
Rd: Robert Kortmann (Obermeister), Renz (Reichsinnungsmeister).
Schaufrisieren von 1000 Lehrlingen. Programm wohl ähnlich den Programmen von 1935 Dez 1 und 1936 Nov 29.
BLA 6. 12.; LA SP 4008/83.

Dez 6, 20.00 Uhr. Kolonialkundgebung
V: RKB, Gauverband Berlin.
Et: 0,50 M.
Rd: Franz Ritter von Epp (Bundesf. des RKB, Reichsstatthalter), Arthur Görlitzer (stellv. Gl, Staatsrat).
Th: *»Unsere Kolonial-Forderung«.*
Agr 8. 12.; BLA 4., 7. 12.

Dez 7–8, 20.15 Uhr. Eishockey u. a.
V: DRL, FaE/KdF.
Kunstlauf von Schmiedinger, Koch/Noack u. a.
Dez 7 Düsseldorfer EG – Zehlendorfer Wespen 2:2 (0:2, 2:0, 0:0).
Dez 8 Düsseldorfer EG – Brandenburg 3:0 (3:0, 0:0, 0:0).
BLA 7.–8., 10. 12.; Agr 9.–10. 12.

Dez 10–12. Eishockey u. a.
V: DRL, FaE/KdF.
Kunstlauf von Koch/Noack und anderen Berliner Läufern.

440 Langemarck-Gedenkfeier (Chr Nov 7), Einmarsch der Hitlerjugend.

Dez 10, 20.15 Uhr Hammarby Stockholm – Zehlendorfer Wespen 1:0 (1:0, 0:0, 0:0).
Dez 11, 20.15 Uhr Hammarby – Brandenburg 7:1 (1:1, 4:0, 2:0).
Dez 12, 18.00 Uhr Berlin-Auswahl – Hammarby 5:3 (1:3, 4:0, 0:0).
»Das abschließende Mannschafts=Schnellaufen über dreißig Runden brachte einen anfänglich harten Kampf, ehe das Paar May=Schmidt mit klarem Vorsprung gewann. In dem Kunstlauf=Wettbewerb der Junioren siegte bei den Mädels Gerta Böttcher (Berl. SC). Willy Schilling (Deutsches Jungvolk) gewann bei den Jungen« (BLA 13. 12.).
BLA 10.–13. 12.; Agr 12., 14. 12.

Dez 14–15. Eishockey
V:DRL, FaE (?).
Um den Pokal des Sportpalastes (vgl. Nov 1–3).
Dez 14
20.00 Uhr. Rheinmetall-Borsig – SCC 2:1.
Dez 15
18.00 Uhr. BScHC – Astoria.
19.00 Uhr. Reichsbahn – SCC 4:1.
BLA 14.–15. 12.; BMp 15.–16. 12.

Dez 18 und 20–23. Eishockey
V: DRL, FaE (?).
»Es hat seinen besonderen Grund, daß jetzt jeden Tag Eishockeyspiele um den Pokal stattfinden, an denen Brandenburg, die Zehlendorfer Wespen und Rot=Weiß=Preußen beteiligt sind. Diese drei Mannschaften sollen die Gegner für die an den Weihnachtstagen im Sportpalast spielenden Glasgower ›All Stars‹, und einen weiteren Gast, den Rastenburger SpV, sein. Die harten Pokalkämpfe sind das beste Training. Der Berliner Schlittschuh=Club steht nicht zur Verfügung, da er wieder in Davos den Kampf um den Spengler=Pokal aufnimmt« (BLA 22. 12.).
Dez 18
18.00 Uhr. Zehlendorfer Wespen – Reichsbahn.
19.00 Uhr. SCC – Rot-Weiß Preußen.
Dez 20
18.00 Uhr. BSchC – Reichsbahn.
19.00 Uhr. Zehlendorfer Wespen – RSC Westen.
Dez 21
18.00 Uhr. BSchC – Steglitzer TC 12:3 (6:0, 3:2, 3:1).
19.00 Uhr. Rot-Weiß Preußen – Rheinmetall-Borsig 3:2 (1:1, 1:0, 1:1).
Dez 22
18.00 Uhr. Zehlendorfer Wespen – SCC 10:1 (4:0, 2:0, 4:1).
19.00 Uhr. Rot-Weiß Preußen – Reichsbahn 2:1 (1:0, 1:1, 0:0; Trainingsspiel).
Dez 23
18.00 Uhr. Brandenburg – Steglitzer TC 5:3 (3:1, 0:1, 2:1).
19.00 Uhr. SCC – RSC Lindenhof.
BLA 18.–19., 22.–23. 12.

Dez 25–29. Eishockey u. a.
V: DRL, FaE (mit KdF am 25., 28.–29.).
Kunstlauf von Gerta Böttcher, Ulrich Kuhn, Megan Taylor, Elemer von Tertak, Tomlins, Herber/Baier (nicht 28.–29.), Geschwister Szekrenyessy u. a.
Dez 25, 16.30 Uhr KdF-Veranstaltung. Brandenburg – Rot-Weiß Preußen 6:3 (Pokal des Sportpalastes).
Dez 26, 20.15 Uhr Zehlendorfer Wespen – All Stars (Glasgow) 4:3 (0:1, 1:1, 3:1).
»Der erwartete Zweikampf um die Gunst des Publikums zwischen Eishockey und Kunstlauf ist am zweiten Weihnachtsfeiertag im Sportpalast wieder zugunsten des Kunstlaufs entschieden worden. Der schönste Genuß des Abends blieb bis zum Schluß vorbehalten. Maxi Herber, die vorher schon einen kurzen schwungvollen Einzellauf geboten hatte, und Ernst Baier schlugen die Zuschauer mit ihrer voll ausgereiften Kunst in ihren Bann. Die Kür unseres Weltmeisterpaares erscheint noch freier, noch gelöster als im Vorjahre, obgleich die Genauigkeit der Ausführung, das Uebereinstimmen aller Bewegungen auch nicht die kleinste Abweichung von der Folge der Figuren gestatten« (BLA 27.12.).
Dez 27, 20.15 Uhr Berlin-Auswahl – All Stars 0:0.
Dez 28, 20.15 Uhr KdF-Veranstaltung. Rastenburger SV – Brandenburg 3:0 (3:0, 0:0, 0:0).
Dez 29, 20.15 Uhr KdF-Veranstaltung. All Stars – Rot-Weiß Preußen 5:3 (4:0, 0:0, 1:3). Rastenburger SV – Steglitzer TC 6:1 (4:0, 0:0, 2:1).
BLA 24.–25., 27.–31. 12.; Agr 9., 17.–23., 28.–30. 12.

Dez 30, 18. 30 Uhr. Eishockey
V: DRL, FaE (?).
Brandenburg – Zehlendorfer Wespen 2:1 (2:0, 0:0, 0:1; Berliner Meisterschaft).
BLA 30.–31. 12.; BT 1. 1. 1938.

1938

Jan 3. Eishockey
V: DRL, FaE.
18.00 Uhr. Reichsbahn – BSchC (Res.) 2:1 (Pokal des Sportpalastes).
19.00 Uhr. Brandenburg – Astoria 2:0 (1:0, 1:0, 0:0; Berliner Meisterschaft).
BLA 3.–4. 1.

Jan 5. Eishockey
V: DRL, FaE.
18.00 Uhr. Zehlendorfer Wespen – Steglitzer TC 9:1 (Pokal des Sportpalastes).
19.00 Uhr BSchC (Res.) – SCC 4:3 (1:1, 2:0, 1:2; Berliner Meisterschaft).
BLA 5.–6. 1.

Jan 7, 20.15 Uhr. Amateur-Boxen »Internationale Turniere«
V: PSV/KdF (mit Unterstützung des 12 Uhr Blattes).
KdF-Veranstaltung.
Wg-Turnier: Moore (Dublin) besiegt Jahn (Leipzig); Mietschke (Berlin) besiegt Knudsen (Kopenhagen); Moore besiegt Mietschke.
Mg-Turnier: Zigan (Paris) besiegt Köhler (Leipzig); Campe (Berlin) besiegt Herlihy (Dublin); Campe besiegt Zigan.
Hsg-Turnier: Hornemann (Berlin) besiegt Deguerre (Paris); Nielsen (Kopenhagen) besiegt Brannigan (Dublin) durch Abbruch (3. Rde); Hornemann besiegt Nielsen.
Sg-Turnier: Vosen (Godesberg) besiegt Kerry (Dublin); Nikkel (Berlin) besiegt Copin (Paris) durch ko (1. Rde); Vosen besiegt Nickel durch Aufgabe (2. Rde).
In der Pause außerdem:
Mg: Kaiser (Sparta) besiegt Passmann (PSV).
»Einen würdigen Auftakt im neuen Jahr waren die [...] Boxturniere [...] Es dürften rund 10000 Zuschauer gewesen sein, die den Sportpalast bis zum letzten Platz füllten. Von der stattlichen Zahl der Ehrengäste [...] seien erwähnt General Daluege, SS=Obergruppenführer Sepp Dietrich und Polizeipräsident Graf Helldorff [...]« (Agr 10. 1.).
Agr 11. 12. 1937; 4.–5., 7.–8., 10. 1.; BS 901–02, 3.–10. 1.; Ph (VWA).

441 Programmheft (Chr Jan 7); VWA.

Jan 10–12. Eishockey
V: DRL, FaE.
Jan 10
19.00 Uhr. BSchC – Astoria 15:0 (8:0, 4:0, 3:0; Pokal des Sportpalastes).
Jan 11
18.00 Uhr. BSchC – Allianz 23:1 (9:0, 7:0, 7:1; Pokal des Sportpalastes).
19.00 Uhr. Brandenburg – Reichsbahn 6:0 (4:0, 0:0, 2:0; Pokal des Sportpalastes).
Jan 12
18.00 Uhr. BSchC – Brandenburg (Trainingsspiel).
BLA 11.–12. 1.

Jan 14, 20.15 Uhr. Boxen »Gustav Eder – Antoine Christoforidis« u. a.
V: Boxring, Göttert & Schumacher.
Wg: Gustav Eder (67,5 kg; Dortmund) – Antoine Christoforidis (72 kg; GR), Sieg Christoforidis' nach Pktn (12 Rdn).
Hsg: Jean Kreitz (Aachen) – Carlo Bertoni (I), Sieg Kreitzs durch ko (4. Rde).
Sg: Paul Wallner (Berlin) – Pancho Villar (E), unentschieden.
Sg: Vincenz Hower (Köln) – Santa de Leo (I), Sieg de Leos nach Pktn.
Einleitung (Wg): Kurt Dalchow (Berlin) – Alfred Radtke (Danzig), unentschieden (4 Rdn).
BLA 14.–15. 1.; BS 901–03., 3.–17. 1.

Jan 15–17. Eishockey u. a.
V: DRL, FaE/KdF.
KdF-Veranstaltungen. Kunstlauf (und Eistanz) von Benno

442 Endkampf im Mittelgewicht zwischen Campe (rechts) und Zigan (Chr Jan 7).

Faltermeier, Edith Mertz, Graetz/Weiß, Prawitz/Laß, Roth/Walter u. a.

Jan 15, 20.15 Uhr Wiener EV – Zehlendorfer Wespen 3:2 (1:2, 1:0, 1:0).

Jan 16, 18.00 Uhr Zehlendorfer Wespen – Wiener EV 5:0 (2:0, 2:0, 1:0).

Jan 17, 20.15 Uhr Wiener EV – Berlin-Auswahl 3:3.

BLA 15.–18. 1.; Agr 14., 18. 1.

Jan 21, 20.30 Uhr. Boxen »Josef Besselmann – Gustave Roth« u. a.

V:Zirzow & Englert.

Lg: Hermann Bieselt (59,4 kg; Berlin) – Willi Bröcking (Düsseldorf), Sieg Bieselts nach Pktn (6 Rdn).

Wg: Alfred Katter (63,3 kg; Berlin) – Al Baker (63,3 kg; B), Sieg Bakers durch technischen ko (5. Rde).

Hsg: Arno Przybilski (76,3 kg; Potsdam) – Marcel Prilleux (74,2 kg; F), Sieg Prilleux' nach Pktn (8 Rdn).

Hsg: Adolf Witt (Kiel) – Roger Royer (F), Sieg Witts durch ko (1. Rde).

Hsg: Josef Besselmann (70,6 kg; Köln) – Gustave Roth (76,6 kg; B), Sieg Roths nach Pktn (8 Rdn).

BT 21.–22. 1.; BS 903–04, 17.–24. 1.

Jan 22–24. Eishockey u. a.

V: DRL, FaE/KdF.

KdF-Veranstaltungen. Kunstlauf von Lucie Mertz, Hans Reutter, Gyögyi und Eva von Bontond, Roth/Walter u. a.

Jan 22, 20.15 Uhr Göta Stockholm – Berlin-Auswahl 5:0 (4:0, 1:0, 0:0).

Jan 23, 18.00 Uhr Zehlendorfer Wespen – Göta Stockholm 1:0.

Jan 24, 20.15 Uhr Berlin-Auswahl – Göta Stockholm 4:2.

BT 22., 26. 1.; Agr 25.–26. 1.

Jan 25. Eishockey

V: DRL, FaE.

Rot-Weiß Preußen – Steglitzer TC 4:2 (0:0, 3:0, 1:2). HJ-Gaumannschaft – SCC 4:0.

BLA 26. 1.

Jan 27, abends. »Führerappell«

V: SA-Gruppe Berlin-Brandenburg.

Rd: Dietrich von Jagow (SA-Obergruppenf.), Alfred Rosenberg (Reichsl.).

Th: *»Das Rückgrat der Bewegung«.*

Mitw.: Kapelle Fuhsel.

»Berlins SA.=Führer und Unterführer, 10 000 Scharführer, Sturmführer, Standartenführer, füllen einträchtig nebeneinander den Riesenraum des Sportpalastes. [...] Ein herrliches Bild der Geschlossenheit bietet dieses olivgrüne Meer, von dem sich blutrot die breite Stirnwand der Halle abhebt. Von obenher neigen sich die Fahnen der Berliner SA. wie zum Gruß über die rote Fläche. Das Ganze beherrscht symbolisch das goldene Hoheitszeichen der Partei. Natürlich spielt Fuhsel [...] Die Pausen füllen aus dem Stegreif organisierte Sprechchöre; ›Fuhsel, spiel uns mal zum Tanz, spiel heil dir im Siegerkranz!‹ und: ›Wir woll'n kein Bier – wir woll'n Fuhsel!‹ [...] Dann spricht der Obergruppenführer [v. Jagow]. Dieses Treffen sei eine Weihestunde für seine Führer und Unterführer, die schon lange geplant gewesen sei, aber immer wieder verschoben werden mußte. Nun sei es so weit. Aufgabe der SA. sei es, sich heute wie in der Vergangenheit zum Schutz der Bewegung und zur Werbung für das Werk des Führers einzusetzen« (Agr 29. 1.).

Jan 28, 19.30 Uhr. »Winterhilfs-Boxabend«

V: DRL, FaB/BDF.

Zugunsten des WHW.

19.30 Uhr. *»Vorführung des Films vom Kampf um die Deutsche Halbschwergewichtsmeisterschaft zwischen Heuser und Witt«* (ausgefallen).

20.15 Uhr. Amateur-Boxen *(»Die Deutsche Nationalmannschaft kämpft gegen eine Berliner Auswahl-Acht«):*

Flg: Tietzsch (Berlin) besiegt Prieß (NM; Hamburg) durch ko (1. Rde).

Bg: Wilke (NM; Hannover) besiegt Schiller (Berlin).

Fdg: Gänserig (NM; Bochum) besiegt Arenz (Berlin).

Lg: Heese (NM; Düsseldorf) besiegt Krage (Berlin).

Wg: Fluß (NM; Köln) besiegt Lipowski (Berlin).

Mg: Hornemann (NM; Berlin) besiegt Hein (Berlin).

Hsg: Vogt (NM; Hamburg) besiegt Preiß (Berlin).

Sg: Runge (NM; Wuppertal) besiegt Grupe (Berlin).

22.10 Uhr. Berufsboxen (ohne Wertung, vier oder sechs Rdn):

Lg: Richard Stegemann (Berlin) – Gino Cattaneo (I).

Hsg: Adolf Heuser (Bonn) – Angelo Saruggia (I).

Hsg: Jean Kreitz (Aachen) – Heinrich Mayer (Ludwigshafen).

«Vier ehemalige Meister [...] erscheinen im Ring. [...] als Sekundanten. Es sind dies Breitensträter, Samson=Körner, Diener und Pistulla. Als Ringrichter sind Walter Neusel und Arno Kölblin genannt. Wie uns mitgeteilt wird, haben Michael Bohnen, Willy Fritsch und Hans Albers ihre Zusage als Sprecher gegeben. Als Karikaturisten wirken Barlog und Sturtzkopf mit. Die Kapelle stellt die SA.=Standarte 12« (Agr 27. 1.).

BT 12., 28. 1.; Agr 7., 29.–30. 1.; BS 904–05, 24.–31. 1.

Jan 29–31. Eishockey u. a.

V: DRL, FaE/KdF.

KdF-Veranstaltung. Kunstlauf von Györgyi und Eva von Bontond, Ulrich Kuhn, Lydia Veicht, Zeller u. a.

Jan 29, 20.15 Uhr Polen-Auswahl – Brandenburg 2:2.

Jan 30, 18.00 Uhr Zehlendorfer Wespen – Polen-Auswahl 3:1.

Jan 31, 20.15 Uhr Berlin-Auswahl – Polen-Auswahl 4:1 (2:0, 2:0; 0:1).

BT 29. 1.; Agr 2. 2.; BLA 30.–31. 1.

Feb 5–7. Eishockey u. a.

V:DRL, FaE/KdF.

Kunstlauf von Angela Anderes, Uschi Berger, Gerta Böttcher, Peter Grammatikoff, Ernst Jahnke, Rosemarie Kaufmann, Hans Reutter, Fred Tomlins. Sudetendeutsche Auswahl (Troppau/Komotau/Olmütz).

Feb 5, 20.15 Uhr Berlin-Auswahl – Sudetendeutsche Auswahl 11:0.

Feb 6, 18.00 Uhr Berlin-Auswahl – Sudetendeutsche Auswahl 4:1.

Feb 7, 20.15 Uhr Berlin-Auswahl – Sudetendeutsche Auswahl 7:2.

Agr 3., 9. 2.; Pz (Archiv Gräfer).

443 Eintrittskarte (Chr Feb 5–7); VWA.

Deutsche Sporthilfe
½ Sportgroschen
Gutschein für ½ Sportbild
Druck und Entwurf EBIFA Eberswalde
DEUTSCHER REICHSBUND FÜR LEIBESÜBUNGEN / FACHAMT EISSPORT
in Verbindung mit der NS.-Gemeinschaft „Kraft durch Freude"
Sonntag, 6. Febr. 38, 18 Uhr, Berl. Sportpalast, Potsdamer Str. 170-172
Großer Internationaler Eissport-Abend
mit Eishockey-Wettkämpfen und Kunstlaufen
Das Fachamt Eissport übernimmt keinerlei Haftung für irgendwelche Sach- oder Körperschäden, die beim Besuch entstehen.
BLOCK 1
Tribüne Parterre RECHTS
REIHE 2
SITZ 23
30
Preis einschließlich Sportgroschen RM 1,00
Karte ist aufzubewahren und auf Verlangen vorzuzeigen. Wer Karten nach der Auslosung verkauft, macht sich strafbar. Beim Verlassen des Hauses wird die Karte ungültig. Programmänderungen vorbehalten. - Das Eintrittsgeld wird nicht zurückgezahlt.

Feb 10, 20.30 Uhr. Boxen »Adolf Heuer – Karel Sys « u. a.
V: Boxring, Göttert & Schumacher.
Hsg: Jean Kreitz (Aachen) – Combi (I), Sieg Kreitzs nach Pktn.
Hsg: Arno Przybilski (Potsdam) – Primo Bassi (I), Sieg Przybilskis nach Pktn).
Hsg: Adolf Heuser (78,9 kg; Bonn) – Karel Sys (78,5 kg; B), Sieg Heusers nach Pktn (12 Rdn; Endausscheidung für die Weltmeisterschaft).
Sg: Paul Wallner (87 kg; Berlin) – John Andersson (81,6 kg; S), Sieg Wallners durch Aufgabe (nach der 6. Rde).
Einleitung (Wg): Erich Wiskandt (Königsberg) – Bruno Seewald (Berlin), Sieg Wiskandts nach Pktn (4 Rdn).
BT 12. 2.; BS 906–07, 7.–14. 2.

Feb 12–13. »26. Berliner Hallensportfest«
V: DRL, Gau III, Kreis Berlin.
3135 Teilnehmer gemeldet.
Feb 12
17.00 Uhr Vorkämpfe, 20.30 Uhr Hauptkämpfe.
Feb 13
8.30 Uhr Vorkämpfe, 19.30 Uhr Hauptkämpfe.
»Man hätte denken können: Berlins Leichtathletik ist ausgehungert nach einem solchen Ereignis, nach einem Ereignis, das in früheren Jahren einen Höhepunkt des Wintersportlebens von Berlin darstellte. Leider – leider bewies der Besuch an beiden Abenden im Berliner Sportpalast, dass dem nicht so war, denn die wenigen tausend Zuschauer, die sich eingefunden hatten, verteilten sich über die Ränge und Tribünen wie die Streusel über den von einem geizigen Bäcker gebackenen Streuselkuchen. Schuld daran war, in einer Beziehung wenigstens, das Programm, das für die beiden Abende zusammengestellt worden war. [...] An Konkurrenzen aber, die den Anspruch erheben konnten, interessant, wirklich für den Laien interessant zu sein, war an den beiden vergangenen Tagen [...] Mangel « (BT 15. 2.).
»Den Hauptwettbewerb, die 4x400=Meter=Staffel, gewann der VfR Schlesien Breslau, der sich damit auch den von Reichsminister Dr. Goebbels gestifteten Ehrenpreis holte. [...] Im 1000=Meter=Einladungslauf fehlten die Hamburger Körting und König sowie Hamann=Berlin. So wurde es ein leichtes Rennen für den Wittenberger Mertens, der in 2:34,4 vor Weichert (BSC) in 2:34,6 und Hergenreutter (PSV) in 2:37,8 siegreich blieb. [...] Den 60=Meter=Hürdenlauf gewann Meister Erwin Wegner vor seinem SS.=Kameraden Glaw. [...] Im Kurzen 60=Meter=Lauf der Frauen war Ilse Dörffeldt die Schnellste. Die abschließende 25x2=Runden-Staffel um den Ehrenpreis des Reichsministers Dr. Frick wurde vom SC Charlottenburg vor der Polizei und dem Deutschen SC gewonnen« (Agr 15. 2.).
BT 12., 15. 2.; Agr 3., 10., 14.–15. 2.

Feb 16–17, 8.00 Uhr. Eiskunstlauf – Öffentliches Training zu den Wettbewerben und Weltmeisterschaften vom 18. bis 21. 2.
BLA 16. 1.

Feb 18–21. Eiskunstlauf »Weltmeisterschaften der Herren und Paare« u. a.
V: DRL, FaE.
Außerdem internationale Wettbewerbe für Senioren und Junioren sowie Eistanz und Eishockey.
Feb 18
8.30 Uhr. Meister-Herren, Pflicht.
9.00 Uhr. Junioren-Damen, Pflicht.
20.00 Uhr. Meister-Paare *(»Ehrenpreise des Herrn Reichsminister Dr. Frick«).*
Eish.: Niederlande-Auswahl – Berlin-Auswahl.
Feb 19
8.30 Uhr. Senioren-Damen, Pflicht.
9.00 Uhr. Junioren-Herren, Pflicht.
20.00 Uhr. Meister-Herren, Kür *(»Ehrenpreis des Herrn Reichsminister Dr. Goebbels«).* Junioren-Damen, Kür *(»Ehrenpreis des Herrn Reichssportführer von Tschammer und Osten«).*
Eish.: Harringay Greyhounds (London) – Berlin-Auswahl.
Feb 20
17.15 Uhr. Senioren Damen, Kür (Großer Preis der Reichshauptstadt, *»Ehrenpreis des Herrn Stadtpräsidenten Dr. Lippert«*). Junioren-Herren, Kür *(»Ehrenpreis des Herrn Reichsjugendführer Baldur von Schirach«).*
17.50 Uhr. Junioren-Paare *(»Ehrenpreis des Fachamtes Eissport im DRL«).*
Eish.: Harringay Greyhounds – Berlin-Auswahl 8:1 (2:0, 3:0, 3:1).
Feb 21
20.00 Uhr. Eistanz *(»Ehrenpreis des Berliner Sportpalastes«).*
Schaulaufen der Ersten und Placierten.
Eish.: Zehlendorfer Wespen – USA (NM) 5:3 (1:0, 2:1, 3:1).
»Zuerst ein paar Worte über den Tanzwettbewerb. Es war eine rein österreichische Angelegenheit – und das war gut so! Man ist nun einmal in Wien im Eistanz eine Nasenlänge vor. Gestehen wir das neidlos ein. Es war beste Wiener Schule, die da vorgeführt wurde. Und das gewiß kritische Publikum ließ sich willig einfangen. [...] Wagner=Staniek wurden mit knappem Vorsprung Wettbewerbssieger vor Winkelmann=Löhner. [...] Dann aber [...] bekam der Abend ein Gepräge von unerhörtem Ausmaß. Die Sieger und Placierten aller Wettbewerbe der letzten Tage stellten sich noch einmal im Schaulaufen vor. [...] an einem Abend waren zu sehen: der Weltmeister der Männer, Kaspar, die Weltmeisterin der Frauen, Megan Taylor, das Weltmeisterpaar Herber=Baier, dazu die Juniorensieger und die Bestplacierten aller Wettbewerbe« (Agr 23. 2.).
Ergebnisse der Weltmeisterschaften:
Meister-Herren: 1. Felix Kaspar (A) Plz 9/394,3 Pkte; 2. Graham Sharp (GB) 12/391,2; 3. Herbert Alward (A) 32/368,8; 4. Horst Faber (D) 33/368,1; 5. Fred Tomlins (GB) 35/366,4; 6. Elemer von Tertak (H) 37/366.
Meister-Paare: 1. Maxi Herber/Ernst Baier (D) 12/11,62; 2. Erik und Ilse Pausin (A) 16/11,46; 3. Inge Koch/Günther Noack (D) 30/10,93; 4. Ehepaar Cliff (GB) 37/19,37; 5. Geschwister Szekrenyessy (H); 6. Geschwister Dubois (CH); 7. Liesl Roth/Bruno Walter (D); 8. Gisela Graetz/Otto Weiß (D).
Ergebnisse der übrigen Wettbewerbe:
Junioren-Damen: 1. Hertha Wächtler (A) 7/170,2; 2. Anita Waegeler (A) 15/166,5; 3. Gerti Nathansky (A) 18/165,6.
Junioren-Herren: 1. Ulrich Kuhn (D) 8/176,6; 2. Erich Zeller (D) 11/174,2; 3. Alexander Balisch (A) 14/170,2; 4. Artur Breslauer (PL) 19/167,4.
Junioren-Paare: 1. Liesl Roth/Bruno Walter (D) 8/11,1; 2. Hildegarde Faulhaber/Dr. K. Eigel (A) 11/10,8; 3. Erika Bach/Bela Barcza (H) 11/10,8; 4. Geschwister Kallus (PL) 21,5/10,3.
Senioren-Damen: 1. Hedy Stenuf (USA) 15/363,4; 2. Hanne Niernberger (A) 20/361,1; 3. Emmy Puzinger (A) 19/361; 4. Lydia Veicht (D) 27/357,4.
Eistanz: 1. Wagner/Staniek (A) 7/22,8; 2. Winkelmann/Löhner (A) 8,5/22,6; 3. Stöhr/Hackl (A) 15,5/22; 4. Bauer/Kröpfl 21/21,5; 5. Kraupa/Männer 23/21,4.
BLA 18.–22. 2.; Agr 21.–23. 2.; Ph (Longino).

Feb 22, 20.15 Uhr (?). Eishockey u. a.
V: DRL, FaE/KdF.
KdF-Veranstaltung. Kunstlauf (und Eistanz) von Angela Anderes, Hanne Niernberger, Emmy Puzinger, Edi Rada, Trude Schweickhardt, Hedy Stenuf, Lydia Veicht, Grete Veit, Ehepaar Cliff, Stöhr/Hackl.
BSchC – USA-Auswahl 3:1 (1:0, 1:0, 1:0).
BLA 22.–23. 2.; Agr 24. 2.

Feb 24 – Mär 2, 20.15 Uhr. »Fasching auf dem Eis«
Am 27. 2. um 18.00 Uhr.
V: DRL, FaE/KdF.
KdF-Veranstaltungen *»Mit einem verdreht gedruckten Programmzettel, den man zuerst in die Hand gedrückt bekommt, fängt es an, und dann rollt ein wechselvolles Programm ab, das eine Reihe schöner Tanznummern und sehr viel Lustiges und Humorvolles auf das Eis bringt. Eine Anzahl Wiener Gäste bereichert das Ganze noch erheblich. So gefiel vor allem der großartige Donauwalzer, den acht Wiener Mädels unter der Führung vom Emmy Puzinger und Hanne Niernberger tanzten. Das Programm, das bis zum Fastnachts=Dienstag durchgeführt wird, hat ab Freitag durch das Hinzukommen der österreichischen Meistertanzpaare, wie Wagner=Staniek noch eine Bereicherung erfahren. Von den Grotesknummern der Abende seien erwähnt: die jetzt sehr wirkungsvoll aufgezogenen ›Kühnen Springer‹, das zwerchfellerschütternde Eishockeyspiel zwischen den Chikagogangstern und den Buffalo Kidnapp, zu denen sich als gern gesehener Gast das Pferd Vanja aus Stockholm gesellt. Ein recht fröhlicher Karnevalsabend auf dem Eis, an den sich dann alltäglich für diejenigen, die ohne ein richtiges Eishockeyspiel nicht sein können, ein Treffen um die Berliner Meisterschaft anschließt«* (Agr 26. 2.).
Feb 24 BSchC – Rot-Weiß Preußen 3:1 (1:0, 1:0, 1:1; Berliner Meisterschaft, Endrunde).
Feb 25 Zehlendorfer Wespen – Brandenburg 3:1 (0:0, 2:0, 1:1; Berliner Meisterschaft, Endrunde).
Feb 26 Berlin-Auswahl – Rot-Weiß Preußen 6:0 (2:0, 2:0, 2:0).
Feb 27 BSchC – Brandenburg 10:2 (1:0, 6:1, 3:1; Freundschaftsspiel).
Feb 28 Zehlendorfer Wespen – Rot-Weiß Preußen 2:0 (1:0, 0:0, 1:0; Berliner Meisterschaft, Endrunde).
Mär 1 Zehlendorfer Wespen – Berliner Jugend 8:1 (1:0, 5:1, 2:1).
Mär 2 BSchC – Rot-Weiß Preußen 11:2 (1:0, 6:1, 4:1).
BLA 24. 2.–3. 3.; Agr 26. 2.; 1. 3.

Mär 4, 20.30 Uhr. Boxen »Arno Kölblin – Heinz Lazek« u. a.
V: Zirzow & Englert.
Mg: Josef Besselmann (71,5 kg; Köln) – Karel Müller (72,5 kg; CS), Sieg Besselmanns nach Pktn (8 Rdn).
Hsg: Jean Kreitz (Aachen) – Willi Pürsch (Berlin), Sieg Kreitzs durch Abbruch (4. Rde).
Sg: Erwin Klein (86,6 kg; Solingen) – Rex Romus (90 kg; Wien), Sieg Romus' nach Pktn (8 Rdn).
Sg: Arno Kölblin (93,8 kg; Plauen) – Heinz Lazek (83,5 kg; Wien), Sieg Lazeks durch Disqualifikation (2. Rde; Europameisterschaft, Hf Lazek).
Einleitung (Hsg): Werner Hein (Berlin) – Hölz (Stuttgart), Sieg Heins durch Abbruch (3. Rde).
BT 4., 6. 3.; BS 909–10, 28. 2.–7. 3.

Mär 5–6. Eishockey
V: DRL, FaE.
Kunstlauf von Cecilia Colledge, Horst Faber, Benno Faltermeier, Ulrich Kuhn, Dusolt/Hofer, Koch/Noack.

Sudbury Wolves (WM; CDN): Coulter (Tor); Godfrey, Portland (Vert.); Heximer, McReacy, Allan (Sturm A); Chipman, Russel, Bruce (Sturm B); Marshall, Albright (Ersatz).
Berlin-Auswahl: Kaufmann (BSchC) (Tor); Jaenecke (BSchC), Schumann (Brandenburg) (Vert.); Ball, Ertl (BSchC), McQuade (Rot-Weiß Preußen) (Sturm A); Kelch I, Gregory, Kelch II (Zehlendorfer Wespen) (Sturm B); am 6. *»verteidigt Sissons mit Jaenecke zusammen und Schumann stürmt für Kelch I«.*
Mär 5, 20.15 Uhr Sudbury Wolves – Berlin-Auswahl 10:2 (4:0, 3:0, 3:2).
Mär 6, 19.00 Uhr Sudbury Wolves – Berlin-Auswahl 4:1.
BT 5. 3.; Agr 27. 2.; 3., 8. 3.

Mär 7–8, 20.15 Uhr. Eishockey u. a.
V: DRL, FaE/KdF.
KdF-Veranstaltungen. Kunstlauf von Cecilia Colledge, Benno Faltermeier, Günther Lorenz, Koch/Noack u. a.
Mär 7 BSchC – SC Riessersee 2:1 (0:1, 1:0, 1:0).
Mär 8 SC Riessersee – Zehlendorfer Wespen 2:2 (0:0, 2:0, 0:2).
BT 5. 3.; Agr 9. 3.; BLA 7.–10. 3.

Mär 11, 20.15 Uhr. Amateur-Boxen »Gaumeisterschaften von Berlin und Brandenburg 1938«
V: DRL, FaB/KdF.
2. Vorschlußrunde (Endkämpfe Mär 18). KdF-Veranstaltung.
Flg: Tietzsch (BC Bernau) besiegt Bläske (Oberspree).
Bg: Graaf (BVG) besiegt Pollock (SS-SG).
Fdg: Bauer (Weißensee) besiegt Meißner (Heros).
Fdg: Völker (Neukölln) besiegt Apfelbaum (Sparta).
Lg: Gorczyza (Heros) besiegt Beyer (Landsberg) durch Disqualifikation (2. Rde).
Wg: Kriese (Wittenberge) besiegt Vopel (Schöneberger Boxfreunde).
Mg: Campe (PSV) besiegt Ludwig (Hermes).
Hsg: Hornemann (Luftwaffen SV) besiegt Seelisch (Teutonia).
Sg: Kleinholdermann (SS-SG) besiegt Kowaczek (Neukölln).
Einladung (Hsg): Jaskulski (Sparta) besiegt Nitschke (Westen).
BT 11. 3.; BS 910–11, 7.–14. 3.

Mär 12. Eissportfest der Berliner HJ
V: HJ (?).
Das Programm wurde zweimal durchgeführt, mit Ausnahme des Eisschnellaufs und der Eishockeyspiele, und zwar um 16.00 Uhr (besonders *»für das Jungvolk«*) und um 20.30 Uhr.
Programm:
»1. Begrüßung.
2. Kürlaufen:
a) Willi Schilling, Gebiet Berlin (4. Sieger DJ.d. Reichswintersportwettkampfes).
b) Hilde Rohde, Gebiet Berlin (3. Siegerin Jungmädel)
c) Walter Hofer, Gebiet Franken (2. Sieger HJ.)
d) Lucie Mertz, Gebiet Hochland (2. Siegerin BdM).
3. Erstes Drittel Eishockey.
4. Kürlaufen:
a) Gerhard Aschenbrenner, Gebiet Berlin (1. Sieger DJ.),
b) Inge Jell, Gebiet Hochland (1. Siegerin Jungmädel),
c) Paarlaufen Dusold-Hofer, Gebiet Hochland,
d) Lydia Veicht, Deutsche Eislaufmeisterin.
5. Zweites Drittel Eishockey.
6. Kürlaufen:
a) Karl Waldeck, Gebiet Westfalen (1. Sieger HJ.).
b) Ruth Stettner, Gebiet Franken (1. Siegerin BdM.),
c) Gruppenlaufen (Berliner Eislaufgruppe).
d) Gruppenlaufen zum Walzer (Eislaufgruppe).
7. Drittes Drittel Eishockey.
8. Eisschnellauf.
Dieses Programm gilt für Nachmittag und Abend. Das Kürprogramm des Eiskunstlaufs ist dasselbe. Eishockey und Eisschnellauf siehe unten.)
Nachmittagsveranstaltung:
Eishockey: Gebiet Ostland (3. Sieger) gegen Gebiet Hochland (4. Sieger).
Eisschnellauf: 3 Berliner Bannmannschaften (je 2 Mann).
Abendveranstaltung:
Eishockey: Gebiet Berlin (Deutscher Jugendmeister 1. Sieger) gegen Gebiet Franken (2. Sieger).
Eisschnellauf: Die Mannschaften der 3 besten Gebiete.« (BT 12. 3.).
BT 11.–12. 3.; Agr 10., 12. 3.

Mär 18, 20.15 Uhr. Amateur-Boxen »Gaumeisterschaften von Berlin und Brandenburg 1938«
V: DRL, FaB.
Endkämpfe (zur 2. Vorschlußrunde vgl. Mär 11).
Flg: Tietzsch (BC Bernau) besiegt Staub (Brandenburg).
Bg: Graaf (BVG) besiegt Schiller (Ost).
Fdg: Völker (Neukölln) besiegt Bauer (Weißensee).
Lg: Gorczyza (Heros) besiegt Krage (Hermes).
Wg: Lütke (Heros) besiegt Kriese (Wittenberge).
Mg: Campe (PSV) besiegt Schellin (Hermes).
Hsg: Hornemann (Luftwaffen SV) erhält den Titel kampflos, da sein Gegner verreist ist.
Sg: Kleinholdermann (SS-SG) besiegt Holz (Post SV).
Einladung (Hsg): Hornemann (Luftwaffen SV) besiegt Jaskulski (Sparta).
BT 20. 3.; BS 911–12, 14.–21. 3.

Mär 22, 20.15 Uhr. Kundgebung zur Eröffnung des »Wahlkampfes« in Berlin
V: NSDAP, Gau Berlin.
Rd: Dr. Joseph Goebbels (Reichsmin., Gl).
Th: Der Anschluß Österreichs, *»Auftakt zur Volksabstimmung 1938«.*
Die Rede *»wird von allen deutschen Sendern einschließlich des deutsch=österreichischen Rundfunks übertragen.«*
Zur »Volksabstimmung« über den Anschluß Österreichs und zur »Wahl« des »Großdeutschen Reichstags« am 10. 4. Der Anschluß Österreichs hatte bereits am 13. 3. stattgefunden.
BLA 22.–23. 3.; BT 27. 3.

Mär 25–27, 20.15 Uhr. Eishockey u. a.
V: DRL, FaE (mit KdF am 25. 3.).
Kunstlauf von Horst Faber, Ulrich Kuhn, Lucie Mertz, Megan Taylor, Herber/Baier u. a.
VK Engelmann Wien: *»Die Wiener, die in Begleitung des früheren Weltmeisters Karli Schäfer nach Berlin unterwegs sind, werden am Donnerstagabend am Anhalter Bahnhof von den Berliner Eishockeymannschaften besonders feierlich eingeholt. Ankunft der Engelmänner ist: 20.44 Uhr«* (Agr 25. 3.).
Mär 25 KdF-Veranstaltung. VK Engelmann – Rot-Weiß Preußen 4:1 (2:0, 2:0, 0:1).
Mär 26 VK Engelmann – Zehlendorfer Wespen 1:1.
Mär 27 VK Engelmann – Berlin-Auswahl 5:1 (2:0, 2:0, 1:1).
BLA 24.–28. 3.; BT 24. 3.; Agr 19., 25., 27., 29. 3.

Mär 28, 20.00 Uhr. Kundgebung
V: NSDAP, Gau Berlin.
Rd: Dr. Joseph Goebbels (Reichsmin., Gl), Adolf Hitler (F. und Reichskanzler).
Zur »Volksabstimmung« über den Anschluß Österreichs und zur »Wahl« des »Großdeutschen Reichstags« am 10. 4. (vgl. Mär 22).
Übertragung der Reden durch Lautsprecher auf den Wilhelmplatz. *»Lautsprecher säumen auch die Leipziger und die Potsdamer Strasse.«*
»Der Führer hat gehandelt! Nun spricht das Volk! [...] Es gilt zu beweisen, daß der Ruf Ein Volk – Ein Reich – Ein Führer das fanatische Glaubensbekenntnis aller Deutschen ist. [...] Beriner, versammelt Euch alle um den Lautsprecher an den Anfahrtstraßen des Führers von der Reichskanzlei zum Sportpalast und macht durch Eure Teilnahme den traditionellen Sportpalast und die Anfahrtstraße zu einer einzigen gewaltigen Kundgebungsstätte der Reichshauptstadt. [...] Heraus zur Führerkundgebung am 28. März 1938!« (Ankündigungszettel).
»Am schönsten aber ist der Bülowbogen. Hier entstand über Nacht aus einem nüchternen, sachlichen, wenig schönen Hochbahnbau eine Ehrenpforte. Die ganze Hochbahnbrücke [...] völlig verdeckt hinter grünen Wänden, aus Tannenreis aufgeführt. Mächtig grüsst aus dem dunklen Grün in goldenen Buchstaben der Satz, der in diesen Tagen ein ganzes Volk bewegt: *›Ein Volk – ein Reich – ein Führer!‹ [...]*
Auch der Eingang zum Sportpalast hat sein Gesicht völlig verändert. Fahnenmaste auf beiden Seiten der Potsdamer Strasse, wo sich an den Fassaden ohnehin der Schmuck bis zu höchsten Wirkung steigert. Das eiserne Gitter vor dem Sportpalast, das den Vorplatz zur Strasse hin abriegelt, verschwindet hinter einer hohen, grünen Wand aus Tannenreis, durchwirkt von goldenen Bändern und geschmückt mit goldenen Eichen- und Lorbeerblättern. Zwei Doppelreihen hoher Maste führen von der Strasse

444 Flugblatt (Chr Mär 28); LA, Rep. 240, Acc. 1380, Nr. 3.

Der Führer hat gehandelt!
Nun spricht das Volk!

Es gilt der Welt zu zeigen, daß das gesamte deutsche Volk einiger und geschlossener denn je zum Werk des Führers steht.
Es gilt zu beweisen, daß der Ruf

Ein Volk - Ein Reich - Ein Führer

das fanatische Glaubensbekenntnis aller Deutschen ist.
Es gilt eindeutig kundzutun, daß 75 Millionen Deutsche nunmehr für alle Zeiten unzertrennlich verbunden sind.
Darum hat der Führer das Deutsche Volk zur Wahl gerufen.
Darum werden alle Kräfte im Volke mobilisiert.
Der Führer selbst hat sich wie immer auch jetzt an die Spitze dieses Wahlkampfes gestellt und wird in zahlreichen Kundgebungen zur Nation sprechen.

Am 28. März 1938 spricht der Führer im Sportpalast

Berliner, versammelt Euch alle um die Lautsprecher an den Anfahrtstraßen des Führers von der Reichskanzlei zum Sportpalast und macht durch Eure Teilnahme den traditionellen Sportpalast und die Anfahrtstraßen zu einer einzigen gewaltigen Kundgebungsstätte der Reichshauptstadt.
Zeigt, daß die Reichshauptstadt von keiner anderen Stadt des Reiches in ihrer Liebe und Verehrung zum Führer übertroffen wird.
Zeigt, daß Ihr die Größe der geschichtlichen Stunde erkannt habt.

Heraus zur Führerkundgebung am 28. März 1938!

Herausgeber: Gaupropagandaleitung Berlin

zum Portal des Sportpalastes. Der Balkon und der Eingang tragen Fahnen- und Blumenschmuck. Blumen säumen auch den Weg vom Eingang zum Innern der Halle selbst. Das gewaltige Oval des Sportpalastes wird beherrscht von dem ganz neuartigen, unerhört wirksamen Aufbau des Podiums. Es ist weit in den Saal vorgeschoben. Gelbes Tuch bildet den Hintergrund. Auf hohen Pylonen breitet der Reichsadler seine Schwingen aus. Von der Brüstung der Ränge leuchten Spruchbänder in den Saal, und von den Decken wallen lange Hakenkreuzbanner nieder. Die alte Kampfstätte, die aus der Geschichte der Bewegung nicht mehr fortzudenken ist, hat an diesem denkwürdigen Tage ein Gewand angelegt, wie es festlicher noch niemals gewesen ist. Hier spricht der Führer« (BT 29. 3.).

»Spruchbänder künden den Sinn der Kundgebung, die uns heute hierher geführt hat. ›Ein Volk, ein Reich – ein Führer‹, so ist es vor uns in Riesenlettern zu lesen. Zur einen Seite wird festgestellt, was wir alle denken: ›Wir alle gehören dem Führer‹, und auf der anderen kündet das Spruchband: ›Dein Dank: Dein Ja am 10. April‹« (Agr 30. 3.).

BT 29.–30. 3.; Agr 30. 3.

Apr 1–2, 20.15 Uhr. Eishockey u. a.
V: DRL, FaE/KdF.
KdF-Veranstaltung. Kunstlauf von Horst Faber, Benno Faltermeier, Sherry Tory, Lydia Veicht, Koch/Noack.
Apr 1 VK Engelmann Wien – BSchC 2:2.
Apr 2 Zehlendorfer Wespen – VK Engelmann Wien 4:2 (2:1, 1:1, 1:0).
BLA 1.–2. 4.; Agr 2.–3., 5. 4.

Apr 3. Eiskunstlauf und Eishockey »Gaumeisterschaften«
V: DRL, FaE (KdF).
9.00 Uhr. Kunstlaufmeisterschaften, Pflicht.
13.00 Uhr. Eish.: BSchC – Zehlendorfer Wespen; dieses Endspiel um die Meisterschaft fiel aus, *»da es den Zehlendorfern nicht gelang, eine vollständige spielberechtigte Mannschaft auf die Beine zu bringen«.*
17.30 Uhr. Kunstlaufmeisterschaften, Kür.
18.00 Uhr. KdF-Veranstaltung. Eish.: VK Engelmann Wien – Brandenburg 4:0 (3:0, 1:0, 0:0). Kunstlauf.
Ergebnisse der Kunstlaufmeisterschaften:
Damen: 1. Gerta Böttcher Plz 9/192,8 Pkte; 2. Gudrun Olbricht 10/192,2; 3. Gisa Graetz 15/188,1; 4. Eva Prawitz 16/187,5.
Herren: 1. Günter Lorenz *(hatte keinen Gegner, »so daß er sich kampflos den Titel wieder holte«).*
Paare: Inge Koch/Günter Noack 3/11,2; 2. Gisela Graetz/Otto Weiß 3/9,9.
BLA 1., 3.–4. 4.; Agr 3., 5. 4.

Apr 4, 20.15 Uhr. Eishockey u. a.
V: DRL, FaE/KdF.
KdF-Veranstaltung. Rot-Weiß Preußen – VK Engelmann Wien 1:0. Außerdem Kunstlauf.

Apr 6, 20.00 Uhr. Kundgebung
V: NSDAP, Gau Berlin.
Zur »Volksabstimmung« und »Wahl« am 10. 4. (vgl. Mär 22).
Rd: Arthur Görlitzer (stellv. Gl, Staatsrat), Dr. Arthur Seyß-Inquart (Reichsstatthalter der deutschen Ostmark).
Th: *»In der Hand des Führers sein – bedeutet Sieg«.*
»Die Kundgebung wurde durch Lautsprecher in andere Versammlungsräume übertragen«.
»Nach dem Einmarsch der Standarten und Fahnen erfolgte zunächst die feierliche Verabschiedung der NSKK.=Meldefahrer, die die Treuebotschaft des Gaues Berlin, die wenige Minuten zuvor vom Grabe Horst Wessels abgegangen war, dem Führer nach Wien überbringen werden. NSKK.=Oberführer Aulock, gefolgt von zwei NSKK.=Männern auf Motorrad und Beiwagen, meldete dem Gauleiter=Stellvertreter und dem Reichsstatthalter, daß er soeben in feierlichem Rahmen die Treuebotschaft des Gaues Berlin an den Führer übernommen habe« (Agr 8. 4.).
BLA 2., 6.–7. 4.; Agr 8. 4.

445 Kundgebung der NSDAP (Chr Apr 6); von links: Arthur Görlitzer, Dr. Arthur Seyß-Inquart, Werner Wächter (Gaupropagandal.) und Franz Hofer (Gl in Österreich).

Apr 7, 20.30 Uhr. Boxen »Josef Besselmann – Edouard Tenet« u. a.
V: Zirzow & Englert.
Wg: Alfred Katter (65,8 kg; Berlin) – Walter Klockhaus (66,2 kg; Krefeld), Sieg Katters durch Disqualifikation (6. Rde).
Mg: Joseph Besselmann (71 kg; Köln) – Edouard Tenet (71,5 kg; F), Sieg Tenets durch Aufgabe (12. Rde; Weltmeisterschaft).
Hsg: Jean Kreitz (78,1 kg; Aachen) – Arno Przybilski (74 kg; Potsdam), Sieg Kreitzs nach Pktn (8 Rdn).
Hsg: Adolf Witt (77,1 kg; Kiel) – Carmelo Candel (72,6 kg; F), Sieg Candels nach Pktn (8 Rdn).
BT 31. 3.; BLA 8. 4.; BS 914–15, 4.–8. 4.

Apr 8, 20.00 Uhr. Kundgebung
V: NSDAP, Gau Berlin.
Zur »Volksabstimmung« und zur »Wahl« am 10. 4. (vgl. Mär 22).
Rd: Hermann Göring (Generalfeldmarschall).
Th: Anschluß Österreichs.
Mitw.: Musikzug der SA-Standarte »Feldherrnhalle«.
»Die Rede des Generalfeldmarschalls Göring am heutigen Freitag von 20 bis 22 Uhr im Berliner Sportpalast wird von allen deutschen Sendern übertragen«.
»Vor dem Sportpalast, der ebenso wie der zum Triumphbogen ausgestaltete Bülowbogen durch Scheinwerfer angestrahlt wird, marschieren eine Kompanie der Luftwaffe, eine Hundertschaft der Polizei und je ein Ehrensturm der SS und der SA=Standarte ›Feldherrnhalle‹ auf.
Wie bei den vorhergehenden großen Sportpalastkundgebungen, werden auch zu dieser Veranstaltung die Standarten und Fahnen der Berliner SA um 18.30 Uhr von der Gruppen=Dienststelle am Horst=Wessel=Platz unter Vorantritt eines Musikzuges und eines Spielmannszuges feierlich zum Sportpalast übergeführt und nach Schluß der Kundgebung in gleicher Weise zur Dienststelle zurückgebracht« (BLA 7. 4.).
BLA 7.–9. 4.; Agr 10. 4.

Apr 13, 20.00 Uhr. 13. Polizei-Hallensportfest
V: PSV.
Mitw.: Musikkorps des Pionier-Bataillons 23 Spandau.
»Schon bei den gymnastischen Uebungen der 120 Wachtmeister, die mit Gesang in den Innenraum einzogen, gab es den ersten Beifall, der sich steigerte, als die Auswahlmannschaft der Polizei am Barren und Reck ihre exakten Uebungen zeigte. [...] Im 60=Meter=Lauf der Aelteren ließ Liersch (SCC) Lammers (PSV) 4 Meter hinter sich. [...] Das große Feld von 48 Läufern kam im 3000=Meter=Lauf an den Start. Eberhardt (Komet), Syring, Böttcher und Schönrock (alle KTV Wittenberg) bildeten nach 2 Kilometer die Spitzengruppe. [...] KTV Wittenberg erhielt als Mannschaftssieger den vom Reichsführer SS und Chef der Deutschen Polizei Himmler gestifteten Ehrenpreis. In großer Form zeigte sich unser Olympiasieger, Oberleutnant der Schutzpolizei Woellke, beim Kugelstoßen. Es gelang ihm beim fünften Versuch, mit 16,09 Meter eine neue deutsche Höchstleistung in der Halle aufzustellen [...] Mit großer Gewandtheit nahmen die Wachtmeister in der 10mal=1=Runden=Hindernisstaffel die zwei Meter hohe Eskalierwand. Die Schutzpolizeigruppen Nord, West und Süd waren am geschicktesten. Neu war das Hindernislaufen der Diensthunde über 60 Meter. [...]« (BLA 14. 4.).
BLA 13.–14. 4.

Apr 16–19, 20.15 Uhr. Eishockey u. a.
V: DRL, FaE (mit KdF am 16. und 19.).
Kunstlauf von Cecilia Colledge, Ulrich Kuhn, Günther Lorenz, Martha Musilek, Hanne Niernberger, Emmy Puzin-

ger, Inge Solar, Lydia Veicht, Geschwister Pausin, Wagner/Staniek; außerdem trat das Wiener Eisballett *(»Engelmann- Ballett«)* auf.
Wien (VK Engelmann/Wiener EV).
Apr 16 KdF-Veranstaltung. Wien – Rot-Weiß Preußen 3:1.
Apr 17 Wien – Zehlendorfer Wespen 5:0.
Apr 18 Wien – Berlin-Auswahl 4:2.
Apr 19 KdF-Veranstaltung. Wien – Brandenburg 8:3. Vermutlich fand am Nachmittag auch das Endspiel des Wettbewerbs um den Pokal des Sportpalastes statt: Zehlendorfer Wespen – BSchC 2:0.
BLA 14., 16.–17., 19.–20. 4.; Agr 14., 20. 4.

Apr 20, 20.00 Uhr. Kundgebung mit »Vereidigung der neuen Politischen Leiter, Walter und Warte der Gliederungen« der NSDAP
V: NSDAP, Gau Berlin.
Rd: Arthur Görlitzer (stellv. Gl, Staatsrat).
»Der Stellvertreter des Führers, Rudolf Heß, wird am Geburtstage des Führers wieder von München aus die Vereidigung der neuen Politischen Leiter, Walter und Warte der Gliederungen vornehmen. Im Gau Berlin treten insgesamt 63 611 Männer und Frauen zur Vereidigung an. Vom Berliner Sportpalast aus, in dem allein fast 13 000 zur Vereidigung antreten, wird Gauleiterstellvertreter Staatsrat Görlitzer vor der Übertragung aus München sprechen. In rund 50 Parallelversammlungen im Gaugebiet Berlin, von denen besonders die des Kreises VI im Volkspark Rehberge mit fast 7000 Teilnehmern zu erwähnen ist, wird die Rede aus dem Sportpalast übertragen. [...] Um 20.30 Uhr wird die Übertragungsanlage auf München umgeschaltet, um die Reportage aus München zu übernehmen. Als erster spricht dann der Reichsorganisationsleiter der NSDAP., Dr. Robert Ley, und nachdem der Reichsausbildungsleiter in München dem Stellvertreter des Führers die im gesamten Reichsgebiet zur Vereidigung Angetretenen gemeldet hat, nimmt um 21 Uhr Rudolf Heß die Vereidigung der Politischen Leiter, Walter und Warte vor« (Agr 17./18. 4.).
Agr 17./18., 22. 4.

Mai 6, 20.30 Uhr. Boxen »Gustav Eder – Antonio Christoforidis« u. a.
V: Boxring, Göttert & Schumacher.
Lg: Richard Stegemann (Berlin) – Al Thomas (F), Sieg Stegemanns durch Aufgabe (6. Rde).
Wg: Gustav Eder (67,3 kg; Dortmund) – Antonio Christoforidis (72,1 kg; GR), unentschieden (12 Rdn).
Hsg: Jean Kreitz (79,5 kg; Aachen) – Valongo Pinto (79,3 kg; P), Sieg Kreitzs durch ko (2. Rde).
Sg: Heinz Lazek (85,8 kg; Wien) – Alf. Souvage (89,6 kg; F), Sieg Lazeks durch ko (5. Rde; Europameisterschaft, Hf Souvage).
Sg: Heinz Sendel (88,8 kg; Berlin) – Karl Lambertz (87,6 kg; Zwickau), Sieg Sendels durch Abbruch (2. Rde).
BLA 4., 6. 5.; BS 918–19, 2.–9. 5.

Aug 26. Boxen »Gustav Eder – Felix Wouters« u. a.
V: Zirzow.
19.00 Uhr. Vorprogramm *»Nationale Nachwuchskämpfe«* (je 4 Rdn):
Wg: Hans Lipowski (64,5 kg; Berlin) – Alfred Radtke (Danzig), Sieg Lipowskis nach Pktn.
Mg: Eduard Peter (70 kg; Hannover) – Arthur Klug (Köln), Sieg Peters durch ko (3. Rde).
Hsg: Helmut Förster (75,1 kg; Berlin) – Kurt Zoschke (Berlin), Sieg Zoschkes nach Pktn.
20.30 Uhr. Hauptprogramm *»Internationale Kämpfe«*:

446 Felix Wouters gegen Gustav Eder (Chr Aug 26).

Wg: Gustav Eder (66 kg; Dortmund) – Felix Wouters (66 kg; B), unentschieden (15 Rdn; Europameisterschaft, Hf Eder).
Mg: Erwin Bruch (73,4 kg; Berlin) – Marcel Prilleux (F), unentschieden (8 Rdn).
Hsg: Jean Kreitz (Aachen) – Jean Swevers (B), Sieg Kreitzs durch ko (4. Rde).
Sg: Paul Wallner (Berlin) – André Lesage (F), Sieg Wallners durch Aufgabe (6. Rde).
»In der Abwicklung des Programms tritt insofern eine begrüßenswerte Neuerung ein, als mit den nationalen Rahmenkämpfen, die auf je vier Runden angesetzt sind und in denen der Nachwuchs beschäftigt wird, bereits um 19 Uhr begonnen wird. [...] Nach einer Pause von 20 Minuten beginnt dann der eigentliche Kampfabend mit den internationalen Treffen« (Agr 21.8.).
Agr 21., 24.–28. 8.; BS 933–35, 8.–29. 8.)

Sep 23. Boxen »Gustav Eder – Bob van Klaveren« u. a.
V: Göttert.
Der Boxabend wurde wegen Erkrankung Eders abgesagt.
BLA 21.–22. 9.; Agr 4., 14., 23. 9.

Sep 26, 20.00 Uhr. Kundgebung
V: NSDAP, Gau Berlin.
Et: frei.
Rd: Dr. Joseph Goebbels (Reichsmin., Gl), Adolf Hitler (F. und Reichskanzler).
Th: *»Deutschlands Plan über die Abtretung des Sudetenlandes«*, *»Am 1. Oktober muß Benesch uns das Sudetenland übergeben«*
Mitw.: Kapelle Fuhsel.
»Diese Kundgebung wird auf alle deutschen Sender übertragen. Sie wird in allen Städten und Dörfern des Reiches

von denjenigen, die selbst nicht im Besitz eines Rundfunkapparates sind, im Gemeinschaftsempfang aufgenommen. Die Ortsgruppenleiter der Partei haben sofort mit den Vorbereitungen zu diesem Gemeinschaftsempfang zu beginnen.
Es darf im ganzen Reiche niemanden geben, der nicht über den Rundfung Zeuge dieser historischen Kundgebung würde«.
»Die Kundgebung wird durch Lautsprecher auf den Anfahrtstrecken des Führers von der Reichskanzlei, Wilhelmstraße, Leipziger Straße, Potsdamer Platz, Potsdamer Straße, übertragen. [...] Berliner, heraus zur großen Volkskundgebung. Soweit ihr im Sportpalast keinen Platz findet, stellt ihr für den Führer bei der Hin= und Rückfahrt zum Sportpalast ein unübersehbares Menschenspalier und bereitet ihm einen Enpfang mit den Gefühlen, die uns in diesen historischen Stunden alle bewegen«.
»Einfach, aber eindruckvoll, ist der Schmuck, den die Versammlungshalle trägt. Wie immer, wenn jemals hier der Führer oder einer seiner alten Kampfgefährten sprach, künden Spruchbänder den Sinn der Stunde. In Erinnerung an das Wort, das Adolf Hitler auf dem Nürnberger Reichsparteitag prägte, lesen wir heute, ›Die Sudetendeutschen sind weder wehrlos noch verlassen‹, und ein zweites Spruchband sagt ›Unser heiliges Land ist Deutschland‹. Die Stirnwand hinter dem von Lorbeerbüschen umgebenen Rednerpodium ist mit weißem Tuch verkleidet, von dessen Hintergrund sich zwei rote Säulen als Träger goldener Hoheitsabzeichen wirkungsvoll abheben« (BLA 26.9.).
BLA 26.–27.9.; 2. 10.; Agr 27.–28.9.

Okt 5, 20.00 Uhr. Kundgebung als Auftakt zum 6. Winterhilfswerk
V: NSDAP, Gau Berlin (?).
Rd: Dr. Joseph Goebbels (Reichsmin., Gl), Erich Hilgenfeldt (Reichshauptamtsl. der NSV), Adolf Hitler (F. und Reichskanzler).
Th: *»Die Größe der Opfer muß der geschichtlichen Größe dieses Jahres entsprechen!«, »Aufruf zur Ehrenpflicht«.*
Mitw.: Musikzug der SA-Gruppe Berlin-Brandenburg.
»Die Kundgebung wird von sämtlichen deutschen Rundfunksendern übertragen.«
»Der Sportpalast war würdig geschmückt, an den Geländern der Treppen und Ränge rotes Tuch und Tannengrün. Der Hintergrund der Ehrentribüne war grün und rot verkleidet, und in mächtigen silbernen Buchstaben gaben die Worte: ›Winterhilfswerk 1938=39 – Großdeutschlands‹ der Kundgebung ihrer Sinn. Gegenüber an der anderen Schmalseite des Raumes der Spruch: ›Ein Volk hilft sich selbst!‹ [...] Die Bänke der Ehrengäste sind dicht besetzt [...] Man sieht u. a. die Reichsminister Lammers, Kerrl, Rust, Dorpmüller, Reichsleiter Rosenberg, Reichsamtsleiter Hilgenfeldt [...] Dr. Lippert, den Polizeipräsidenten Graf Helldorf und SS-Obergruppenführer Heydrich. [...]« (BLA 6. 10.).

Okt 21, 20.30 Uhr. Boxen »Josef Besselmann – Frank Hough« u. a.
V: Göttert.
Bg: Hermann Remscheid (52,5 kg; Solingen) – Pierre Louis (52,5 kg; F) Sieg Louis' nach Pktn (8 Rdn).
Wg: Alex Huditsch (Wien) – Alfred Radtke (Danzig), Sieg Huditschs nach Pktn.
Mg: Josef Besselmann (70,4 kg; Köln) – Frank Hough (78,8 kg; GB), Sieg Besselmanns durch ko (3. Rde).
Hsg: Adolf Witt (Kiel) – Arno Przybilski (Potsdam), Sieg Witts nach Pktn (8 Rdn).
Sg: Kurt Haymann (München) – Harry Weber (Estland), Sieg Webers nach Pktn (6 Rdn).
Einleitung (Wg): Hans Lipowski (Berlin) – Bruno Seewald (Berlin), Sieg Lipowskis.
BLA 15., 20.–22. 10.; BS 942–43, 17.–24. 10

Okt 22–23. Basketball »Internationales Turnier«
V: DRL, Fa Handball und Basketball.
Okt 22, 17.00 Uhr Vorrunde.
Gruppe A: 1. Lettland, 2. Frankreich, 3. England.
Gruppe B: 1. Italien, 2. Deutschland, 3. Schweiz.
Okt 23, 20.00 Uhr Endrunde.
England – Schweiz 31:21 (21:12). Frankreich – Deutschland 33:25 (21:16). Lettland – Italien 26:18 (21:12).
Ergebnis: 1. Lettland, 2. Italien, 3. Frankreich,, 4. Deutschland, 5. England, 6. Schweiz.
BLA 22.–24. 10.; Agr 21. 10.

Okt 24–Nov 2, 20.30 Uhr (?). »Filmfeierstunde«
V: NSDAP, Gaufilmstelle.
Vorführung des Films *»Der Sieg des Volkswillens«.*
Rd: Werner Wächter (Gaupropagandal.).
Mitw.: Gaumusikzug V (Musikzugf. Ernst Schubert), Berliner Sängerbund (Hanns Mießner).
Text zum Film: Dr. Konrad Lisz.
»In Film Wort und Musik zogen die großen Ereignisse dieses Jahres, die zehn Millionen Deutsche ins Reich heimkehren ließen, an den Tausenden, die das weite Rund des Sportpalastes füllten, vorbei. Der Sportpalast, die alte Kampfstätte der Bewegung, hatte ein besonders eindrucksvolles Gewand angelegt. Rechts und links von der großen Leinwandfläche an der Stirnseite der Halle ragten hohe weiße Pylone empor, von silbernen Hoheitszeichen gekrönt, und daneben Fahnenbündel, mit goldenen Hakenkreuzen verziert. Langsam verlosch das Licht. Dann klang Musik auf [...] Wächter sprach zur Einleitung der Veranstaltung. In dieser Film=Feierstunde solle noch einmal all das vorüberziehen, was uns der Führer in diesem Jahre geschenkt habe. Es sei gleichzeitig eine ernste Mahnung, in Zukunft unsere Pflicht mehr denn je zu tun.
Wieder blendete das Licht ab. Dann richteten sich die Scheinwerferkegel auf das Podium. Der Sprecher ließ die Geschichte der deutschen Ostmark aufleben, die Geschichte jenes Volkes, das sich vor tausend Jahren im Raume Oesterreichs und des Sudetenlandes ansiedelte. Dazwischen sah man Filmstreifen, die die Schönheit der österreichischen Landschaft wiedergaben. In buntem Wechsel zogen Wort und Bild an den Zuschauern vorüber. Der Einsatz der deutschen Oesterreicher im Weltkriege, besonders der Kaiserjäger, wurde in einem packenden Filmstreifen lebendig. Weiter drehte sich das Rad der Geschichte. Die Habsburg=Monarchie wird zerschlagen. In Oesterreich richtet sich das System eines Dollfuß, eines Schuschnigg auf. Unerhört eindrucksvolle Bilder aus jener grauenhaften Zeit, da die Männer der ›vaterländischen‹ Front im Namen Gottes deutsche Arbeiter vor die Maschinengewehre trieb. Und dann naht der Tag der Befreiung. 7 1/2 Millionen Deutsche kehren in das größere Vaterland zurück – aber noch stehen 3 1/2 Millionen Deutsche im Tschechenstaat in einem Kampf, der beinahe aussichtslos erscheint. Doch auch der Mosaikstaat Nr. 2 kann sich nicht halten. Die Schicksalsstunde Europas rollt in ergreifenden Filmbildern ab, als sich die Führer der vier europäischen Großmächte in München zusammentun, um eine vernünftige Lösung zu finden. [...] Der Berliner Sängerbund [...] sang zwischen den Filmvorführungen« (BLA 25. 10.).
BLA 25. 10.; Agr 18. 10.

Nov 4–7. Eiskunstlauf »Wettbewerbe für Junioren« und Eishockey
V: BEG/KdF.
KdF-Veranstaltungen. Außerdem Schaulauf von Helmuth May, Hanne Niernberger, Wagner/Staniek u. a.
»Nachdem es nur noch den Eissportorganisationen gestattet ist, Veranstaltungen durchzuführen, hat die Gemeinschaft Berlin[er] SC – Rot=Weiß die Ausrichtung der kommenden vier Eissportabende für Kraft durch Freude im Sportpalast übernommen. Gleich bei diesen ersten Veranstaltungen vom Freitag bis Montag tritt der neue Gedanke des Fachamtes hervor: Kampf. Für die Kunstlaufjunioren sind Wettbewerbe ausgeschrieben worden, für die aus Berlin und aus dem Reiche 36 Meldungen eingegangen sind. Das Pflichtlaufen wird am Vormittag durchgeführt, die Kür am Abend« (BLA 4. 11.).
Nov 4, 20.15 Uhr Eish.: Zehlendorfer Wespen – Brandenburg 3:2 (1:1, 0:1, 2:0).
Nov 5, 19.15 Uhr Kunstlauf: Junioren-Damen, Kür: 1. Gudrun Olbricht (BEC) Plz 5/153,4 Pkte; 2. Gisela Graetz (BSchC) 12/140,5; 3. Margit Roß (LTTC Rot-Weiß) 16/138,6.
Eish.: BSchC – Wiener EV 2:1.
Nov 6, 17.00 Uhr Kunstlauf: Junioren-Herren, Kür: 1. Erich Zeller (Augsburg) 5/169; 2. Bert Aschenbrenner (BSchC) 11/145,7; 3. Willi Schilling (BSchC) 18/140,3; 4. Heinz Dräger 17/136,1; 5. Ernst Jahnke 24/131,2.
Eish.: Wiener EV – LTTC Rot-Weiß 3:2 (1:0, 0:1, 2:1).
Nov 7, 20.15 Uhr Berlin (A) – Berlin(B) 5:1.
»Es ist nichtssagend, wenn man feststellt, daß [...] die Städtemannschaft ›Blau‹ über ›Rot‹ mit 5:1 gewonnen hat; und genau so unnötig wie diese Feststellung ist ein solches Spiel an sich« (Agr 9. 11.).
BLA 25. 10; 4.–8. 11.; Agr 8., 29. 10.; 5.–6., 8.–9., 11. 11.

Nov 8–10. Eishockey
V: BEG (?).
Ausscheidungen zur Deutschen Meisterschaft.
Nov 8
18.00 Uhr (?). LTTC Rot-Weiß – Grunewald TC 6:1.
19.00 Uhr (?). Steglitzer TC – Reichsbahn 3:2 (nach zweimaliger Verlängerung). Unsicher ist, ob diese beiden Spiele im Sportpalast stattfanden.
Nov 9
18.00 Uhr. LTTC Rot-Weiß – Astoria 2:1.
19.00 Uhr. BFC Preußen – Steglitzer TC 14:1.
Nov 10
18.00 Uhr. BFC Preußen – Astoria 6:0 (1:0, 2:0. 3:0).
19.00 Uhr. LTTC Rot-Weiß – Steglitzer TC 5:1.
BLA 9.–10. 11.

Nov 13. Appell
V: NSDAP, Kreis II.
»An der alten Kampfstätte der Bewegung, dem Berliner Sportpalast, findet [...] ein großer Appell des Kreises II statt, an dem außer allen Politischen Leitern und Parteigenossen und Parteigenossinnen, Formationen der SA.=Standarte 7, des SS.=Sturmbannes I/6, der NSKK.=Motorstandarte 30, der NSFK.=Standarte 26, der SA.=Marinestandarte 77, der NSKK.=Kraftbootstandarte I, Werkscharen der Kreiswaltung II der DAF., der HJ.=Bann 37, der Jungbann 37, der BDM.=Untergau 37 und der Reichsluftschutzbund teilnehmen werden« (Agr 13. 11.).

Nov 18–20. Eishockey u. a.
V: BEG/KdF.
KdF-Veranstalttungen.*»In den Runden um den Berliner Titel spielen die fünf für die Deutsche Meisterschaft zuge-*

lassenen Mannschaften – Berliner SC, Wespen, Brandenburg, Preußen und Rot=Weiß – jede gegen jede« (BLA 18.11.).
Kunstlauf von Gudrun Olbricht, Emmy Puzinger, Edi Rada, Koch/Noack, Stöhr/Hackl.
Nov 18, 20.15 Uhr Zehlendorfer Wespen – BFC Preußen 3:1 (2:0. 0:0, 1:1).
Nov 19, 20.15 Uhr Altonaer SV – LTTC Rot-Weiß 1:1
Nov 20, 18.00 Uhr BFC Preußen – BSchC 3:1 (1:0, 2:0, 0:1). Zehlendorfer Wespen – Altonaer SV 12:0 (3:0. 6:0, 6:0).
BLA 18.–19., 21. 11.; Agr 18., 20., 22. 11.

Nov 23, 20.30 Uhr. Boxen » Jean Kreitz – Preciso Merlo« u. a.
V: Zirzow.
Lg: Willi Seisler (Berlin) – Hermann Bieselt (Berlin), Sieg Seislers nach Pktn (4 Rdn).
Mg: Josef Besselmann (Köln) – Armando Alessandrini (I), Sieg Besselmanns nach Pktn (10 Rdn).
Hsg: Jean Kreitz (Aachen) – Preciso Merlo (I), unentschieden (10 Rdn).
Sg: Paul Wallner (Düsseldorf) – Vincenz Hower (Köln), Sieg Howers nach Pktn.
Sg: Willi Pürsch (Berlin) – Erwin Klein (Solingen), unentschieden (8 Rdn).
Sg: Fritz Knorr (Berlin) – Franz Hintemann (Berlin), Sieg Knorrs nach Pktn (6 Rdn).
BLA 22.–24. 11.; BS 947–48, 21.–28. 11.

Nov 25–28. Jubiläumsveranstaltung »30 Jahre Eishockey«
V: BEG (mit KdF am 26.–28.).
Die eigentliche Jubiläumsveranstaltung nur vom 25. bis 27. 11. *»Am 2. Dezember 1908 wurde zum erstenmal in Deutschland das sogenannte kanadische Eishockey gespielt. In Erinnerung an jene Zeit steht die große eissportliche Veranstaltungsserie [...] unter dem Motto: ›30 Jahre Eishockey‹.«*
Eiskunstlauf: *»Internationale Wettbewerbe für Junioren«*; außerdem Schaulauf von Ulrich Kuhn, Lydia Veicht, Herber/Baier, Koch/Noack.
Eish.-Turnier: Frankreich (NM) – Streatham HC (London) – BSchC – LTTC Rot-Weiß.
Frankreich (NM): Rossignol (Tor); Lacarrière, Boyard, Lorraine (Vert.); Marcq, Prévier, Renaud (Sturm A); Lacorne, Luis, Desoublieux (Sturm B).
Streatham HC: St. Denis (Tor); Blais, Hayes, Mahaffey, Woodward u. a.
BSchC: Drewitz, Kaufmann (Tor); Haffner, Jaenecke (Vert.); George, Ball, Liener (Sturm A); Warlich, Ertl, Adler (Sturm B); von Krause (Ersatz).
Nov 25
20.15 Uhr. Kunstlauf-Wettbewerb, Junioren-Paare: 1. Elfriede Gönner/Karl Gmeiner (Wiener EV), 2. Margot Rißlinger/Heinz Dräger (LTTC Rot-Weiß), 3. Puppa Girschek/Kurt Peschel (Troppauer EV).
Eish.: Streatham HC – Frankreich 8:2 (3:0, 1:1, 4:1).
Nov 26
16.00 Uhr. KdF-Veranstaltung. Eish.: Streatham HC – LTTC Rot-Weiß 10:2 (2:0. 4:0, 4:0). Schaulauf.
20.15 Uhr. Kunstlauf-Wettbewerb, Junioren-Damen: 1. Martha Musilek (VK Engelmann Wien), 2. Inge Jell (Münchener EV), 3. Winifred Silverthorne (London).
Eish.: BSchC – Frankreich 4:1.
Nov 27
16.00 Uhr. KdF-Veranstaltung. Eish.: LTTC Rot-Weiß – Frankreich 2:0 (1:0, 1:0, 0:0). Schaulauf.
20.15 Uhr. Kunstlauf-Wettbewerb, Junioren-Herren: 1. Erich Zeller (Augsburger EV), 2. Franzl Loichinger (Münchener EV), 3. Dennis Silverthorne (London), 4. Günther Lorenz (BSchC).
Eish.: Streatham HC – BSchC 6:0 (2:0, 0:0, 4:0).
Nov 28
20.15 Uhr. KdF-Veranstaltung. Eish.: BSchC - LTTC Rot-Weiß 4:0.
Ergebnis des Turniers: 1. Streatham HC, 2. BSchC, 3. LTTC Rot-Weiß, 4. Frankreich.
Kunstlauf-Wettbewerb des BDM: 1. Edith Schwabe, 2. Carla Schwennicke. Kunstlauf-Wettbewerb der HJ: 1. Willi Schilling, 2. Bert Aschenbrenner.
»Da ja nach den neuen Bestimmungen nicht mehr der Sportpalast selbst oder auch das Fachamt als Veranstalter zeichnet, haben sich der Berliner Schlittschuhklub und der LTTC-Rot-Weiss zu einer Eissportgemeinschaft zusammengeschlossen und führen nun die Veranstaltungen der kommenden Tage in gemeinsamer Arbeit aus. [...] Als Einlage ›aus der guten alten Zeit‹ ist die Mitwirkung von 15 ehemaligen guten Aktiven zu werten, die vor 30 Jahren im alten Berliner Eispalast als Läufer, Eishockeyspieler, Preisrichter oder Amtswalter tätig gewesen sind. Es sind dies der zehnfache Kunstlaufweltmeister Urich Salchow (Stockholm), dann Max Rendschmidt, jetzt Stadtbaudirektor von Berlin, Regierungspräsident d. R. Dr. Fromm, Arthur Vieregg, Kurt Doerry, Alfred Steincke, der Eishockeysportwart Paul Martin, Günther Dreyer, Richard Müller, Karl Lüdecke, Ernst Jacob, Hermann Wendt, Krokowski, Hermann Kleeberg und der Franzose Del Valle« (BT 26. 11.).
BLA 13., 25.–28., 30. 11.; Agr 20., 24., 26.–27., 29.–30. 11.; BT 26. 11.; Ph (Longino).

Dez 1, abends. Kundgebung
V: NSDAP, Gau Berlin.
Zur sudetendeutschen Wahl am 4. 12.
Rd: Arthur Görlitzer (stellv. Gl, Staatsrat).
Mitw.: Kapelle Fuhsel.
»Zur gleichen Stunde, in der im Sudentengau selbst sich Zehntausende wieder um führende Männer des Großdeutschen Reiches versammelt hatten, fand am gestrigen Donnerstag auch in der Reichshauptstadt eine machtvolle Wahlkundgebung statt. Der Gau Berlin [...] hatte die Sudetendeutschen dazu in den Sportpalast gerufen. [...] Manche der Teilnehmer hatten sich in der vergangenen Zeit schon an anderen Orten getroffen als in dieser im Grünschmuck und im leuchten Rot der Fahnenreihen prangenden Halle« (BLA 2. 12.).
»[...] Pg. Görlitzer [...] Zwei Parteien stünden auf dem Wahlzettel: die Partei der Anständigen, die die Leistungen Adolf Hitlers sehen und sich darum zu ihm bekennen, und die Partei der Unanständigen, die sich aus ein paar übriggebliebenen unbelehrbaren Marxisten rekrutiert. Diesen stünde noch eine zweite Wahl offen, sich zu Rußland zu bekennen, indem sie schleunigst in das Sowjetparadies übersiedelten« (Agr 3. 12.).
BLA 2. 12.; Agr 3. 12.

Dez 2, 20.15 Uhr. Amateur-Boxen »Internationale Turniere«
V: PSV/KdF.
KdF-Veranstaltung.
Mg-Turnier: Lüdtke (Berlin) besiegt Szulczynski (PL); Campe (Berlin) besiegt Sandberg (S); Campe besiegt Lüdtke.
Hsg-Turnier: Hornemann (Berlin) besiegt Simonson (S); Kubale (Berlin) besiegt Klimecki (PL); Hornemann besiegt Kubale.

447 Programmheft (Chr Dez 2).

Sg-Turnier: Andersson (S) besiegt Drägestein (Berlin);Pilat (PL) besiegt Mietzner (Berlin) durch Abbruch (1. Rde); Andersson – Pilat ausgefallen (ärztliches Startverbot für Andersson).
Einladung (Lg): Nürnberg (Berlin) besiegt Johnsson (S); Gorczyza (Berlin) besiegt Westphal (Berlin).
BLA 1.–2. 12.; BS 948–49, 28. 11.–5. 12.; Ph (VWA).

Dez 4, 16.00 Uhr. 5. Großes Lehrlings-Schaufrisieren
V: Friseur-Innung Berlin.
Schaufrisieren von 1000 Lehrlingen. Programm wohl ähnlich den Programmen von 1935 Dez 1, 1936 Nov 29 und 1937 Dez 5.
Rd: Albrecht (Lehrlingswart), Robert Kortmann (Obermeister), Willi Lohmann (Landeshandwerksmeister), Renz (Reichsinnungsmeister).
»Sie saß in der ersten Reihe und sah sehr verführerisch und pompös aus. Zudem befand sie sich in einer illustren Gesellschaft. Ihre rechte Nachbarin war Königin Luise, ihre linke Marie Antoinette. Außerdem waren noch weitere 32 historische Figuren bzw. Frisuren vorhanden, die sich [...] ein Stelldichein gaben. [...] Kurz nach 4 Uhr begann der Wettbewerb. An tausend Tischen blitzten die Spiegel, die Scheren wurden geschwungen, die Eisen waren heiß, die Wasserwellen wurden gelegt. Die leitenden Männer des Friseurhandwerks in Berlin waren natürlich vollzählig versammelt. [...] in 13 Gruppen wurde gearbeitet – die einfachen Herrenfrisuren oder die Tagesfrisur der Dame durfte bis zu 30 Minuten dauern. Jedes Ausbildungsjahr war vertreten, [...] Die Preise lockten nicht weniger als der persönliche Ehrgeiz. Neben Medaillen, Diplomen oder Manikürkoffern gab es auch für den Besten jeder Gruppe eine Ferienreise von acht Tagen. [...] Nach Beendigung des Wettbewerbs und der Verteilung der Preise tanzten die Meister, die Lehrlinge und alle Gäste noch fröhlich miteinander« (BLA 5. 12.)
BLA 5. 12.; LA SP 4019/32.

Dez 9–11. Eiskunstlauf »Berliner Meisterschaften« und Eishockey
V: BEG/KdF.
Eish.-Vorrundenspiele zur Berliner Meisterschaft. Außerdem Schaulauf von Benno Faltermeier, Nadine von Szilassy, Elemer von Tertak, Geschwister von Szekrenyessy u. a.
Dez 9, 20.15 Uhr Kunstlaufmeisterschaft: Paare. Eish.: BSchC – Brandenburg 5:1
Dez 10, 20.15 Uhr Kunstlaufmeisterschaft: Herren, Kür. Eish.: Zehlendorfer Wespen – LTTC Rot-Weiß 2:1.
Dez 11, 18.00 Uhr Kunstlaufmeisterschaften: Damen, Kür. Eish.: Brandenburg – BFC Preußen 4:1.
Ergebnisse der Kunstlaufmeisterschaften:
Damen: 1. Gudrun Olbricht, 2. Rosemarie Kaufmann, 3. Anita Heinricht.
Herren: 1. Ulrich Kuhn, 2. Heinz Dräger.
Paare: 1. Koch/Noack.
»Von den drei Kunstlaufmeisterschaften Berlins war der abschließende Frauenwettbewerb am besten besetzt – mit drei (!) Teilnehmerinnen. [...] Es ist unbedingt zu begrüßen, das Lorenz, Krause und Weiß wegen unbegründeten Nichtantreten bis zum 3. Januar suspendiert wurden« (BLA 12. 12.).
BLA 9.–12. 12.; Agr 9.–11., 13. 12.

Dez 13–15. Eishockey
V: BEG (?).
Vorrundenspiele zur Berliner Meisterschaft.
Dez 13
18.00 Uhr. BSchC – LTTC Rot-Weiß 9:2.
19.00 Uhr. Zehlendorfer Wespen – Steglitzer TC 3:2.
Dez 14
19.00 Uhr. BFC Preußen – RSC Lindenhof 9:0.
Dez 15
29.00 Uhr. Grunewald TC – Astoria.
BLA 13.–14. 12.; Agr 15. 12.

Dez 21–23. Eishockey
V: BEG (?).
Dez 21
18.00 Uhr. LTTC Rot-Weiß – HJ.
19.00 Uhr. BFC Preußen – SCC 6:2 (Berliner Meisterschaft).
Dez 22 Um die Berliner Meisterschaft.
18.00 Uhr. Brandenburg – Astoria 6:0.
19.00 Uhr. SCC – Steglitzer TC.
Dez 23
18.00 Uhr. BSchC (Res.) – HJ 11:9.
19.00 Uhr. Zehlendorfer Wespen – RSC Lindenhof 7:0 (Berliner Meisterschaft).
BLA 21.–24. 12.; Agr 25/26/27. 12.

Dez 25–29. Eishockey u. a.
V: BEG (mit KdF am 27.–28).
Kunstlauf von Herbert Alward, Cecilia Colledge, Martha Musilek, Eva Nyklova, Eva Pawlick, Edi Rada, Emil Ratzenhofer, Geschwister Pausin, Winkelmann/Löhner u. a.
Berlin-Auswahl: Hoffmann (Wespen) (Tor); Jaenecke (BSchC), Kelch I (Wespen) (Vert.); Trautmann (LTTC Rot-Weiß), R. Ball, George (beide BSchC) (Sturm A); Wehling, Kelch II, Jedlitzka (alle Wespen) (Sturm B); Hillmann (Brandenburg), Klitz (Wespen) (Ersatz).
Berlin/Wien: Wurm (VK Engelmann Wien; Tor); Jaenecke (BSchC), Czöngei (VK Engelmann Wien) (Vert.); Feistritzer (Wiener EV), Nowak (VK Engelmann Wien), Demmer (Wiener EV) (Sturm A); Greif (LTTC Rot-Weiß), Ertl, George (beide BSchC) (Sturm B); Seldte (Brandenburg) (Ersatz).
Dez 25, 18.00 Uhr Smoke-eaters (CDN) – Berlin-Auswahl 5:1.
Dez 26, 18.00 Uhr Smoke-eaters – Berlin/Wien 9:1.
Dez 27, 20.15 Uhr AIK Stockholm – BFC Preußen 4:2.
Dez 28, 20.15 Uhr KdF-Veranstaltung. AIK Stockholm – LTTC Rot-Weiß 5:1.
Dez 29, 20.15 Uhr Zugunsten des WHW. AIK Stockholm – Brandenburg 4:1 (2:0, 1:1, 1:0).
Neben dem Kunstlauf auch ein Schnellaufen (30 Rdn), das *»May=Jülge knapp vor der Rot=Weiß=Mannschaft«* gewann.
BLA 18.–19., 23.–24., 27.–30. 12.; Agr 20.–22., 24.–31. 12.

Dez 30, 18.00 Uhr. Eishockey
V: BEG (?).
Allianz – RSC Westen 4:0 (Berliner Meisterschaft).
BLA 30.–31. 12.

1939

Jan 2–3, 19.00 Uhr. Eishockey
V: BEG (?).
Um die Berliner Meisterschaft.
Jan 2 Zehlendorfer Wespen – SCC.
Jan 3 LTTC Rot-Weiß – HJ 4:2. Brandenburg – Grunewald TC 7:1.
BLA 1., 3.–4. 1.

Jan 6–8. Eiskunstlauf »Deutsche Meisterschaften für Herren und Paare« und Eishockey
V: BEG.
Erste *»Großdeutsche Eiskunstlauf-Meisterschaften«*.
Die Meisterschaft der Frauen fand in Krefeld am 14.–15. 1. statt. Außerdem wurde ein Wettbewerb für Junioren-Damen durchgeführt.
Jan 6
9.00 Uhr. Meisterschaft: Herren, Pflicht.
20.15 Uhr. Meisterschaft: Paare. Eish.: Göta Stockholm – BSchC 7:1 (3:0, 1:0, 3:1).
Jan 7
9.00 Uhr. Junioren-Damen, Pflicht.
20.15 Uhr. Meisterschaft: Herren, Kür. Eish.: Göta Stockholm – Zehlendorfer Wespen 3:1.
Jan 8
17.30 Uhr. Junioren-Damen, Kür. Eish.: Zehlendorfer Wespen – Göta Stockholm 3:0 (1:0, 0:0, 2:0).
Ergebnisse der Meisterschaften:
Herren: 1. Horst Faber (München) Plz 8/386,9 Pkte; 2. Edi Rada (Wien) 15/376,1; 3. Ulrich Kuhn (Berlin) 19/368,8; 4. Franzl Loichinger (München) 29/354,5; 5. Emil Ratzenhofer (Wien).
Paare: 1. Maxi Herber/Ernst Baier 9/11,6; 2. Geschwister Ilse und Erik Pausin (Wien) 12/11,4; 3. Helga Schrittwieser/Beppo Jauernick (Graz) 24/9,5; 4. Gisela Graetz/Otto Weiß (Berlin) 30/9,5; 5. Lauer/Waldeck (Dortmund) 31/9,5; 6. Sophie Schmidt/Josef Ramboldt (München) 40/8,8.
Ergebnisse des Wettbewerbs für Junioren-Damen: 1. Anita Waegeler (Wien) 11/64,9; 2. Inge Jell (München) 13/64,8; 3. Erika Haudeck (Wien) 37/39,1; 4. Lydia Wahl (Nürnberg) 47/39,1; 5. Gudrun Olbricht (Berlin) 38/62,8.
BLA 2., 5.–9. 1.; Agr 4., 7.–8., 10. 1.

Jan 9, vormittags. Feier zur Fertigstellung der neuen Reichskanzlei in Berlin
Rd: Adolf Hilter (F. und Reichskanzler).
»Der Führer feierte heute im Berliner Sportpalast mit den 8000 Bauarbeitern die Fertigstellung der neuen Reichskanzlei in der Voßstraße. Ein Vertreter der Arbeiter überreichte ihm in einem rot ausgeschlagenen Kästchen den Schlüssel zur neuen Reichskanzlei. Dann sprach der Führer.
Zur Feier [...] waren viele Persönlichkeiten des neuen Deutschland erschienen. U. a. sah man: die Minister Meißner und Lammers, die Reichsleiter Bouhler und Bormann, Reichsorganisationsleiter Dr. Ley, Staatssekretär Hanke, Dr. Lippert, Gauleiterstellvertreter Görlitzer, Seyß=Inquardt, Dr. Todt, Wächter vom Gau Berlin sowie Frau Prof. Troost aus München.
Ein Bauarbeiter in Kluft, mit schwarzem Hut auf dem Kopfe, Max Hoffmann aus Berlin, begrüßte den Führer und sprach ihm den Dank der 8000 Arbeiter aus, die an dem Werk der neuen Reichskanzlei mitschaffen durften. Er wies darauf hin, daß wohl selten ein Bau in solcher Schnelligkeit errichtet worden ist. Immer habe vor allen Arbeitern die Frage gestanden: Werden wir es schaffen? [...] Der Bauarbeiter beschloß seine kurze Ansprache mit der Meldung: Die neue Reichskanzlei ist schlüsselfertig! [...] Der Führer reichte dem Bauarbeiter die Hand und trat dann selbst an das Mikrophon, von einem Jubelsturm der Arbeiter begrüßt. [...] ›Als deutscher Volksgenosse‹, so erklärte der Führer unter dem begeisterten Jubel seiner Bauarbeiter, ›bin ich heute genau das, was ich immer war, und will ich nicht mehr sein. Meine Privatwohnung ist genau die gleiche, die ich vor der Machtübernahme hatte und wird dieselbe bleiben. Hier aber bin ich der Repräsentant des deutschen Volkes!‹ (Erneute stürmische Kundgebungen.) Und wenn ich hier jemanden in der Reichskanzlei empfange, dann empfängt den Betreffenden nicht der Privatmann Adolf Hitler, sondern der Führer der deutschen Nation! Und damit empfange nicht ich ihn, sondern durch mich empfängt ihn Deutschland! (Begeistert stimmen die Arbeiter dem Führer zu) [...] Nach der Feier im Sportpalast fuhren die Arbeiter zum gemeinsamen Mittagessen zum Zoo, wo der stellvertretende Gauleiter Görlitzer zu ihnen sprach. Ein anderer Teil fuhr ins Rheingold. Dort sprach Gaupropagandaleiter Wächter« (Agr 10. 1.).
Agr 10. 1.; Speer, Erinnerungen, S. 128 f.

Jan 13, 20.30 Uhr. Boxen »Gustav Eder – Saverio Turiello« u. a.
V: Zirzow.
Wg: Gustav Eder (66,2 kg; Dortmund) – Saverio Turiello (67,2 kg; I), unentschieden (12 Rdn).
Mg: Walter Müller (Gera) – Fred Flury (CH), unentschieden.
Hsg: Arno Przybilski (Potsdam) – Walter von Büren (CH), Sieg Przybilskis nach Pktn (8Rdn).
Hsg: Jean Kreitz (82,8 kg; Aachen) – Mario Casadei (73,7 kg; I), Sieg Kreitzs nach Pktn (10 Rdn).
Sg: Jakob Schönrath (86 kg; Krefeld) – Mario Anniballi (86 kg; I) Sieg Annibalis nach Pktn.
BLA 13.–14. 1.; BS 954–55, 9.–16. 1.

Jan 14–17. Eishockey u. a.
V: BEG/KdF.
KdF-Veranstaltungen.
Kunstlauf von Gudrun Olbricht, Geschwister Ratzenhofer, Schrittwieser/Jauernick, Schülke/Grammatikoff u. a.
Jan 14, 20.15 Uhr LTTC Rot-Weiß – BFC Preußen 2:1 (nach 2. Verlängerung; Ausscheidung zur Deutschen Meisterschaft).

448 Feier zur Fertigstellung der neuen Reichskanzlei in Berlin (Chr Jan 9).

Jan 15, 18.00 Uhr BSchC – VK Engelmann Wien 2:1 (1:0, 1:1, 1:0; Deutsche Meisterschaft, Zwischenrunde).
»Das Publikum verteilte seine Gunst gleichmäßig und freute sich mächtig, als nach einem Schuß die Scheibe verschwunden blieb. Jaenecke saß darauf« (BLA 16. 1.).
Jan 16, 20.15 Uhr VK Engelmann Wien – LTTC Rot-Weiß 4:4 (1:2, 2:1, 1:1).
Jan 17, 20.15 Uhr VK Engelmann Wien – Brandenburg.
BLA 14.–17. 1.; Agr 17. 1.

Jan 20–22. Eishockey u. a.
V: BEG/KdF.
KdF-Veranstaltungen.
Kunstlauf von Irene Braun, Sonja Fuhrmann, Inge Jell, Patsy Sheridan, Graetz/Weiß, Lusch/Lemke u. a.
Jan 20, 15.00 Uhr Polen-Auswahl – BFC Preußen 1:0.
Jan 21, 20.15 Uhr Polen-Auswahl – Brandenburg 3:0 (1:0, 2:0, 0:0).
Jan 22, 18.00 Uhr Berlin-Auswahl – Polen-Auswahl 2:0 (1:0, 1:0, 0:0).
»Ausgezeichnete Werbung für den Gedanken des Betriebssports bildete die Lauf= und Körperschule, die eine Gruppe der Betriebssportgemeinschaft Stiller unter Leitung der Sportlehrerin Margrit Zörner vorführte. Man konnte sehen, mit welch verhältnismäßig einfachen Uebungen die Mädel – zum großen Teil Verkäuferinnen – durch leichten Sport Lockerung und Entspannung nach ihrer schweren Berufsarbeit finden. So denken wir uns den idealen Betriebssport für Frauen!« (BLA 23. 1.).
BLA 20.–23. 1.; Agr 24. 1.

Jan 25, 20.15 Uhr. Kundgebung
V: NSDAP, Gau Berlin.
Et: 0,50 M.
Rd: Roberto Farinacci (ital. Staatsmin.), Julius Streicher (Gl von Franken), Werner Wächter (Gaupropagandal.).
Th: Zur *»›Judenfrage‹ in Deutschland und Italien«.*
»[...] Gauleiter Julius Streicher [...] Staatsminister Farinacci [...] Mit diesen beiden Männern stehen die Exponenten der antisemitischen Bewegung der beiden großen befreundeten Nationen vor den Berlinern. Denn was Julius Streicher für Deutschland bedeutet, ist Farinacci für Italien« (BLA 24. 1.).
BLA 24.–26. 1.

Jan 29, 17.00 Uhr. 14. Polizei-Hallensportfest
V: PSV (?).
Zugunsten des WHW. Die Veranstaltung fand am *»Tag der Deutschen Polizei«* statt, der ganz im Dienst der Sammeltätigkeit für das WHW stand.
»Ausgezeichnet klappten wieder die Vorführungen. Die 150 Wachtmeister hatten sich etwas besonders Nettes ausgedacht. Am Boden liegend, bildeten sie zum Schluß die drei Buchstaben ›WHW‹. Hatten die Vorführungen wie die Uebungen am Barren und Reck schon großen Beifall gehabt, so steigerte sich dieser, als eine Reihe Beamte in voller Ausrüstung mit Tornister und Stahlhelm den freien Ueberschlag über fünf lebende Pferde (denen das Stillstehen allerdings weniger behagte) ausführte« (BLA 30. 1.).
BLA 29.–30. 1.

Jan 31, abends. Kundgebung zur Eröffnung des Reichsberufswettkampfes
V: DAF/HJ.
Rd: Artur Axmann (Obergebietsf. der HJ), Dr. Robert Ley (Reichsorganisationsl.), Baldur von Schirach (Reichsjugendf.).
»Die Kundgebung wird am Mittwoch, den 1. Februar, abends zwischen 19.15 und 19.45 Uhr, über alle deutsche Sender übertragen« (BLA 1. 2.).

Feb 2–4, 20.15 Uhr. Eishockey »Internationales Turnier« u. a.
V: BEG (mit KdF am 2.).
Kunstlauf von Horst Faber, Ulrich Kuhn, Emmi Pollack, Eva Reisinger u. a.

Hammarby Stockholm – Sparta Prag – Berlin-Auswahl.
Berlin: Kaufmann (Tor); Kelch I, Klitz (Vert.); Ball, Ertl, George (Sturm A); Jedlitzka, Proschke, Trautmann (Sturm B).
Feb 2 Hammarby – Sparta 7:1 (4:0, 3:0, 0:1).
Feb 3 Hammarby – Berlin 3:3 (2:1, 0:2, 1:0).
Feb 4 Berlin – Sparta 3:1.
Ergebnis: 1. Hammarby, 2. Berlin, 3. Sparta.
BLA 2.–4. 2.; Agr 6.–7. 2.

Feb 5–11. »Eiskarneval« und Eishockey
V: BEG.
»Alljährlich stellen die Berliner Eisläufer im Februar eine bunte Karnevalsveranstaltung zusammen, in der eine Woche lang weniger die sportliche Note als die frohe Laune zu ihrem Recht kommt. Farbenschillernde bunte Kostüme aus Gegenwart und Vergangenheit sorgen weiter für lebendige Bilder, die beinahe zwei Stunden lang auf der Eisfläche des Sportpalastes abrollen. Aus dem – gedruckten – Programm wurde kein Mensch klug, alles steht wild durcheinander, und so wird es auch nachher auf dem Eis gehalten. Herausgehoben sein sollen die Schulmädel, sie sind 17 junge Berlinerinnen in reizenden Schottenkleidchen mit ach so kleinen Schulranzen auf dem Rücken, und ihre gestrenge Gouvernante. Dann der Tatzelwurm, ein Ungeheuer mit 32 Beinen und entsprechender Beweglichkeit, das Auge des Gesetzes, die Springer – na und so weiter. Eishockey gab es auch, und zwar nach Regeln, die selbst uns unbekannt waren« (BLA 6. 2.).
Feb 5, 18.00 Uhr Zehlendorfer Wespen – Astoria 8:1 (3:0, 0:0, 5:1; Berliner Meisterschaft).
Feb 6, 20.15 Uhr BSchC – LTTC Rot-Weiß 5:0 (2:0, 1:0, 2:0; Berliner Meisterschaft).
Feb 7, 20.15 Uhr Klagenfurter ASC – Brandenburg 2:1 (1:0, 0:1, 1:0).
Feb 8, 20.15 Uhr Klagenfurter ASC – BFC Preußen 1:0.
Feb 9, 20.15 Uhr Krefelder EV – Berlin-Auswahl 3:0.
Feb 10, 20.15 Uhr Krefelder EV – Berlin Auswahl.
Feb 11
15.00 Uhr. Eisfest der HJ. Veranstaltung für HJ und BDM. HJ Berlin – HJ Stettin 15:1 (6:0, 5:1, 4:0).
20.15 Uhr. Klagenfurter ASC – Krefelder EV 3:2 (1:0, 1:1, 1:1; Deutsche Meisterschaft, Zwischenrunde).
BLA 5.–11., 13. 2.; Agr 6.–7. 2.

Feb 13, 20.00 Uhr. »Reichskundgebung des Landdienstes der HJ«
V: HJ, Landdienst.
Rd: Artur Axmann (Obergebietsf.), Rudolf Heß (Reichsmin., Stellv. des F.), Heinrich Himmler (Reichsf.-SS und Chef der deutschen Polizei), Baldur von Schirach (Reichsjugendf.).
Mitw.: Musikkorps des RAD, Fanfarenbläser des Jungvolkes.
Übertragung von 20.30–22.00 Uhr über den Deutschlandsender. *»Diese Kundgebung bildet den Auftakt zu der Aktion, der der Reichsjugendführer in seinem Aufruf an die vor der Berufswahl stehenden Jungen und Mädel zum Eintritt in den Landdienst die Parole »Heim aufs Land« vorangestellt hat«* (BLA 9. 2.).
BLA 9., 14. 2.

Feb 14, 20.00 Uhr. Beamtenappell
V: NSDAP, Gau Berlin, Amt für Beamte.
Rd: Dr. Hans Fabricius (Gauamtsl.), Dr. Joseph Goebbels (Reichsmin., Gl), Werner Wächter (Gaupropagandal.).
Th: *»Auf innere Gesinnung und Volksverbundenheit kommt es an«.*

449 Feier zur Fertigstellung der neuen Reichskanzlei in Berlin (Chr Jan 9).

Mitw.: Gaumusikzug der NSDAP (Musikzugf. Ernst Schubert).
»150 Fachschaftsfahnen ziehen ein. Die Versammlung erhebt sich, die Fahnen zu grüßen, die von den Männern der Reichsbahn, der Post, des Zolls und, als Abschluß, von Politischen Leitern getragen werden. Unterhalb des goldenen Reichsadlers auf rotem Grund vorn auf der Ehrentribüne nehmen sie Platz« (Agr 16. 2.).
BLA 13., 15. 2.; Agr 16. 2.

Feb 15, abends. Feierstunde mit Fahnenweihe
V: DAF, Abt. Wehrmacht.
Rd: Arthur Görlitzer (stellv. Gl, Staatsrat), Wilhelm Keitel (Generaloberst, Chef des OKW).
Mitw.: Musikkorps des Wachregiments Berlin (Stabsmusikmeister Ahlers), Soldatenchor des Wachregiments Berlin.
Weihe von *»15 Betriebsfahnen der DAF, Abteilung Wehrmacht«* der *»Standorte Oberkommando der Wehrmacht und Oberkommando des Heeres«.*
»Generaloberst Keitel weihte jede der Fahnen durch Berühren mit der Blutfahne, und nach diesem feierlichen Akt klangen die Lieder der Nation auf, und die erhebende Feierstunde war beendet« (BLA 16. 2.).
BLA 16. 2.; Agr 17. 2.

Feb 17, abends. Kundgebung
V: DAF.
Rd: Prof. Dr. Robert Karl Arnhold (L. des Amtes für Berufserziehung und Betriebsführung), Alfred Spangenberg (Gauobmann).
Auftakt zur Sonderaktion der DAF *»Jeder hilft bei der Betriebsgestaltung«.*
BLA 18. 2.

Feb 18–21. Eishockey u. a.
V: BEG/KdF.
KdF-Veranstaltungen. Kunstlauf von Gret und Turid Björnstad, Patsy Sheridan, Graetz/Weiß u. a.
Feb 18, 20.15 Uhr SC Riessersee – Zehlendorfer Wespen 2:0 (1:0, 0:0, 1:0; Deutsche Meisterschaft, Zwischenrunde).
Feb 19, 18.00 Uhr BSchC – SC Riessersee 2:0 (0:0, 1:0, 1:0; Freundschaftsspiel).
Feb 20, 20.15 Uhr Zehlendorfer Wespen – Düsseldorfer EG 2:1 (1:0, 0:1, 0:0, 1:0; nach Verlängerung; Deutsche Meisterschaft, Zwischenrunde).
Feb 21, 20.15 Uhr Düsseldorfer EG – LTTC Rot-Weiß 3:1 (3:1, 0:0, 0:0; Freundschaftsspiel).
BLA 18.–21., 23. 2.; Agr 21., 23. 2

Feb 24–26. Eishockey »Internationales Turnier«
V: BEG.
Kunstlauf von Ulrich Kuhn, Eva Nyklova, Graham Sharp, Hedy Stenuf und Daphne Walker (beide nur 25.–26.), Ehepaar Cliff, Geschwister Dubois, Koch/Noack u. a.
Stockholm (Göta/AIK) – Prag (Sparta/LTC) – Berlin (BSchC/Zehlendorfer Wespen).
Feb 24, 20.15 Uhr Prag – Berlin 6:0 (2:0, 1:0, 3:0).
Feb 25, 20.15 Uhr Berlin – Stockholm 5:2.
Feb 26, 18.00 Uhr Prag – Stockholm 5:0 (1:0, 2:0, 2:0).
Ergebnis: 1. Prag, 2. Berlin, 3. Stockholm.
BLA 23.–27. 2.; Agr 27.–28. 1.

Feb 27, 20.15 Uhr. Eishockey u. a.
V: BEG/KdF.
KdF-Veranstaltung. Kunstlauf wie Feb 24–26.

450 Walzer auf dem Eis (Chr Mär 24–26 [?]).

BSchC – BFC Preußen 5:1 (Deutsche Meisterschaft, Zwischenrunde).
BLA 26. 2.; Agr 1. 3.

Mär 1, 20.15 Uhr. Amateur-Boxen »Meisterschaften des Gaues Berlin-Brandenburg«
V: NSRL, FaB.
Endkämpfe.
Flg: Tietzsch (BVG) besiegt Pruß (Hermes).
Bg: Schiller (SA-Stand.9) besiegt Günther (Rheinmetall-Borsig).
Fdg: Graaf (BVG) besiegt Arenz (Deutsche Bank).
Lg: Nürnberg (BVG) besiegt Gorczyza (Heros).
Wg: Kriese (Westen) besiegt Beyer (Landsberg).
Mg: Schellin (Hermes) besiegt Radlewski (Luftwaffen-SV).
Hsg: Seelisch (Teutonia) besiegt Koß (Wünsdorf).
Sg: Kleinholdermann (SS-SG) erhält den Titel kampflos, da Mietzner (SS-SG) verletzt ist und nicht zum Kampf antreten kann.
Außerdem gab es noch Ausscheidungskämpfe zur Deutschen Meisterschaft, aus denen Hellmundt (AEG), Krage (RAD), Heier (Luftwaffen-SV) und Bauer (Weißensee) als Sieger hervorgingen.
BLA 28. 2.; 1.–2. 3.; BS 961–62, 27. 2.–6. 3.

Mär 3–7. Eishockey u. a.
V: BEG/KdF.
KdF-Veranstaltungen. Um die Deutsche Eishockeymeisterschaft (Zwischenrunde). Kunstlauf von Emmi Pollack, Schwestern von Bontond, Kraupa/Männer, Geschwister Szekrenyessy u. a.
Mär 3, 20.15 Uhr LTTC Rot-Weiß – EV Füssen 2:2 (2:0, 0:1, 0:1). Das Ergebnis blieb trotz dreimaliger Verlängerung, so daß das Spiel neu angesetzt werden mußte.
Mär 4, 20.15 Uhr EV Füssen – BFC Preussen 6:1 (2:1, 2:0, 2:0).
Mär 5, 18.00 Uhr LTTC Rot-Weiß – VfL Rastenburg 4:2.

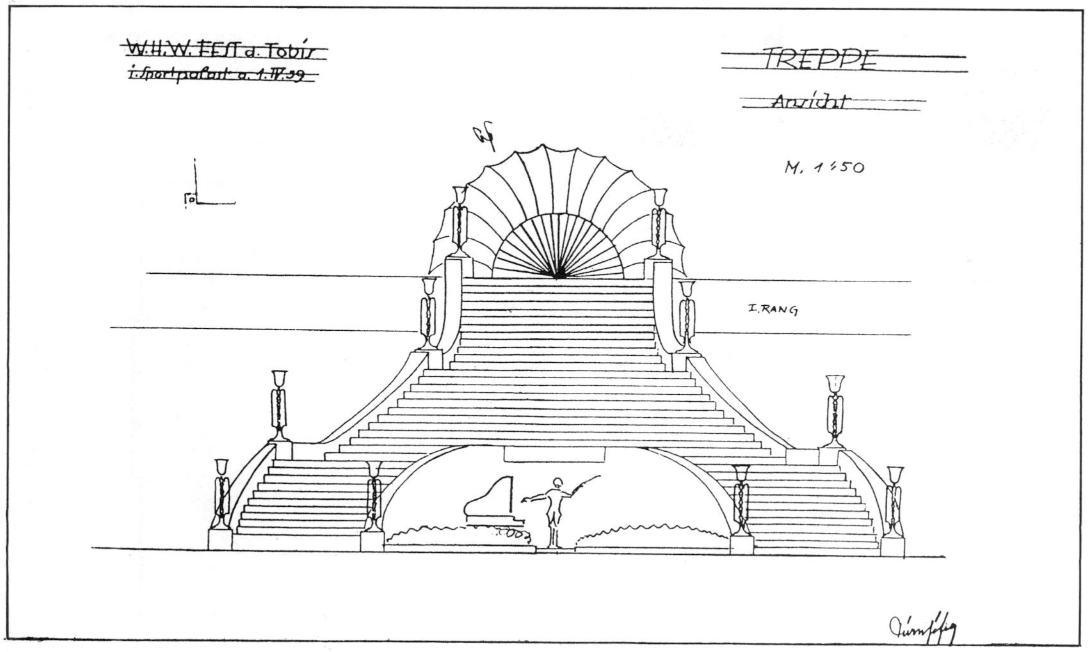

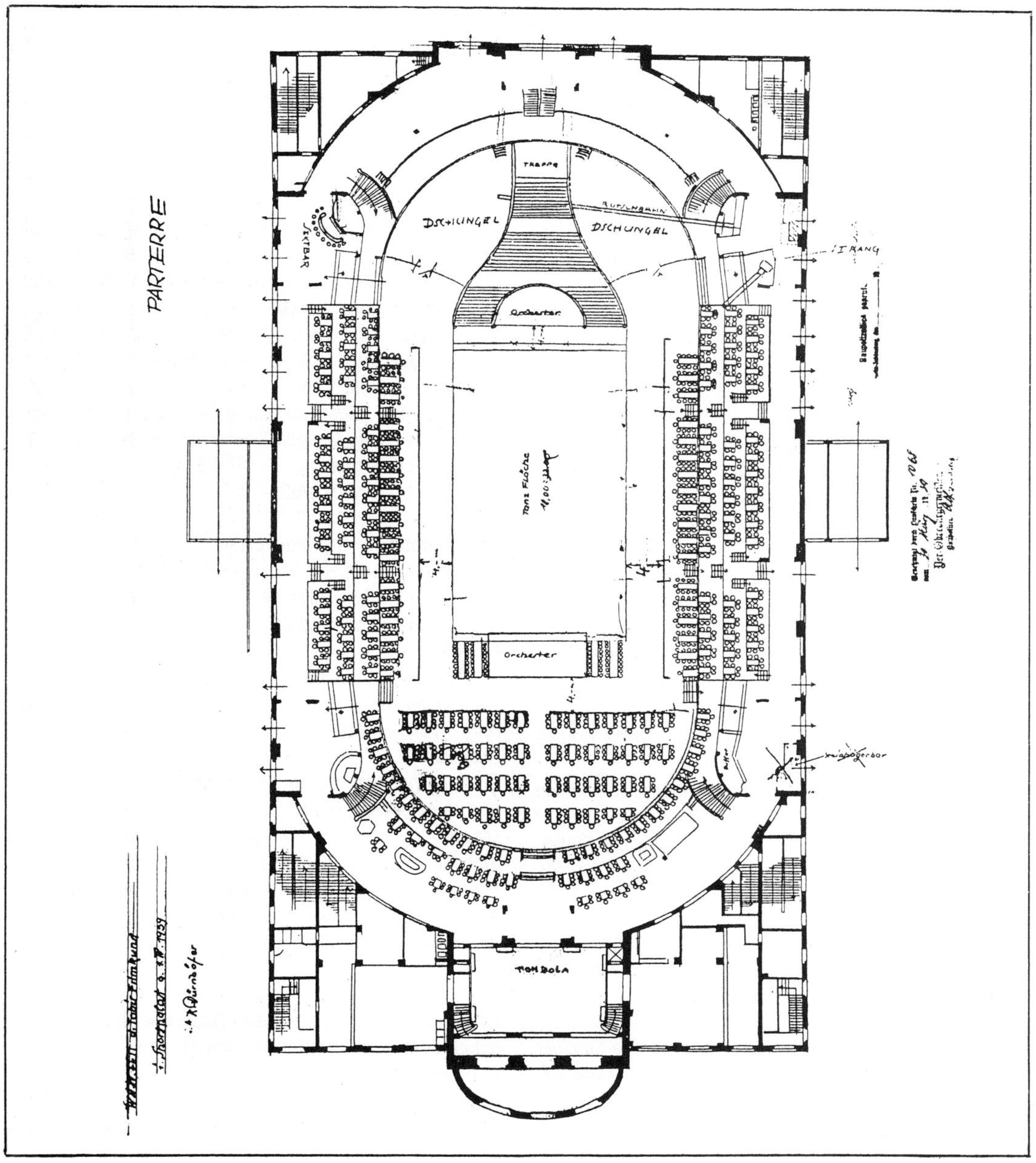

Mär 6, 20.15 Uhr VfL Rastenburg - Brandenburg 2:1 (0:1, 1:0. 1:0).
Mär 7, 20.15 Uhr BSchC – LTTC Rot-Weiß 3:2 (1:1, 1:0, 0:1, 1:0; nach Verlängerung).
BLA 3.–9. 3.; Agr 5., 7. 3.

Mär 9, 20.30 Uhr. Boxen »Josef Besselmann – Bob van Klaveren« u. a.
V: Göttert.
Lg: Albert Esser (61,9 kg; Köln) – Vittorio Tamagnini (63,3 kg; I), Sieg Tamagninis nach Pktn (8 Rdn).
Wg: Willi Seisler (63 kg; Berlin) – Hans Lipowski (64,5 kg; Berlin), Sieg Seislers durch ko (5. Rde).
Mg: Josef Besselmann (71,4 kg; Köln) – Bob van Klaveren (70,3 kg; NL), unentschieden (12 Rdn).
Hsg: Richard Vogt (79,2 kg; Hamburg) – Minardi (77 kg; Sieg Vogts durch ko (2. Rde).
Sg: Arno Kölblin (96,1 kg; Plauen) – Verbeeren (91,5 kg; B), Sieg Kölblins durch ko (4. Rde).
BLA 8.–10. 3.; BS 962–63, 6.–13. 3.

Mär 10–12. Eishockey u. a.
V: BEG/KdF.
KdF-Veranstaltungen. Kunstlauf von Herbert Alward, Hertha Wächtler, Schwestern von Bontond, Winkelmann/Löhner u. a.
Mär 10, 20.15 Uhr BSchC – Krefelder EV, nicht beendet.
»Fünf Minuten vor Schluß eines ›Freundschaftsspieles‹ im Sportpalast gegen den Berliner Schlittschuh=Club hat die Eishockey=Mannschaft des Krefelder EV. das Eis verlassen. [...] Wer die größere Schuld daran trägt, daß dieses Spiel ausartete, läßt sich nicht feststellen. Es scheinen irgendwelche persönlichen Mißverständnisse für diese ›kriegerische‹ Stimmung maßgebend gewesen zu sein. Die Schiedsrichter Schulz und Baer bemühten sich, Ordnung zu schaffen, doch selbst diesen beiden ruhigen Männern gelang es nicht, die Gemüter zu besänftigen« (BLA 12. 3.).
Mär 11, 20.15 Uhr LTTC Rot-Weiß – BFC Preußen (Berliner Meisterschaft).
Mär 12, 18.00 Uhr Krefelder EV – Zehlendorfer Wespen 4:2 (2:0, 1:1, 1:1; Deutsche Meisterschaft, Zwischenrunde).
BLA 10.–13. 3.

Mär 13, 20.30 Uhr. Kundgebung
V: DAF, Abt. Deutscher Handel.
Rd: Hans Feit (L. des Deutschen Handels in der DAF), Dr. Robert Ley (Reichsorganisationsl.).
Th: *»Handel ist eine Frage des Vertrauens«.*
Für die *»Schaffenden des deutschen Handels«.*
Agr 15. 3.

Mär 14. Betriebsappell
V: Henschel Flugzeugwerke.
»Den feierlichen Abschluß des Leistungskampfes der Betriebe bedeutete für die Henschel=Flugzeugwerke ein Betriebsappell der gesamten Gefolgschaft im festlich geschmückten Sportpalast, an dem auch der Chef des Konzerns, Oscar Henschel, teilnahm. Nachdem die Kläge der Egmont=Ouvertüre, von der Werkkapelle vorgetragen, verhallt waren, begrüßte der Betriebsführer Direktor Hormel Arbeitskameraden und Gäste. Dann sprach der Reichschu-

451 Entwurf für die Dekoration zu »Die Nacht der 1000 Wunder, Tobis Sterne im Sportpalast« (Chr Apr 1; nach: LA SP 4019/70 [Lichtpause/Papier, ca 35 x 49 cm]).

452 Bestuhlungsplan zu »Die Nacht der 1000 Wunder, Tobis Sterne im Sportpalast«, 30. 3. 1939 (Chr Apr 1; nach: LA SP 4019/60 [Lichtpause/Papier, ca 49 x 63,5 cm]).

lungsleiter der NSDAP, Maier=Dorn, von den Kräften, die aus der nationalsozialistischen Gemeinschaft kommen. Die Feierstunde klang in die Lieder der Nation aus« (BLA 15.3.).

Mär 15, 14.00 Uhr. Kundgebung
V: Wirtschaftsgruppe Gaststätten und Beherbergungsgewerbe.
Rd: Fritz Dreesen (L. der Wirtschaftsgruppe), Hermann Esser (Staatssekr., L. der Reichsgruppe Fremdenverkehr).
»Ein Vertreter des Gaues Berlin der NSDAP, Fähler, begrüßte die Erschienenen und unterstrich, daß dieses Gewerbe den Gästen Berlins, den Reisenden des In= und Auslandes den ersten Eindruck von der Lebensart der Reichshauptstadt und vom neuen Deutschland zu vermitteln habe. [...] Dr. Ringer, Hauptgeschäftsführer des Gewerbes, verlas ein Telegramm des Reichswirtschaftsministers Funk, [...] Der Minister wies in seinem Telegramm darauf hin, daß er die neue Reichsgruppe Fremdenverkehr begründet habe, in die die Wirtschaftsgruppe Gaststätten und Beherbergungsgewerbe eingegliedert wird. [...]« (BLA 16. 3.).

Mär 22, 19.00 Uhr. Eishockey
V: BEG (?).
BSchC – Brandenburg 5:2 (Berliner Meisterschaft).
BLA 22., 24. 3.

Mär 24–26. Eiskunstlauf um den »Großen Preis der Reichshauptstadt« und Eishockey
V: BEG.
Außerdem Schaulaufen von Herber/Baier und Koch/Noack.
Mär 24, 20.15 Uhr Großer Preis: Eistanz.
Eish.: EV Füssen – VfL Rastenburg 2:1 (1:0, 1:0, 0:1; Deutsche Meisterschaft, Zwischenrunde).
Mär 25, 20.15 Uhr Großer Preis: Damen, Kür.
Eish.: VK Engelmann Wien – Zehlendorfer Wespen 3:1 (Freundschaftsspiel).
Mär 26, 18.00 Uhr Großer Preis: Herren, Kür.
Eish.: VK Engelmann Wien – VfL Rastenburg 2:0 (1:0, 1:0, 0:0; Deutsche Meisterschaft, Zwischenrunde).
Ergebnisse der Wettbewerbe um den »Großen Preis«:
Damen: 1. Lydia Veicht (München), 2. Emmi Puzinger (Wien), 3. Martha Musilek (Wien), 4. Hertha Wächtler (Wien), 5. Eva Nyklova (Prag).
Herren: 1. Horst Faber (München), 2. Edi Rada (Wien), 3. Elemer von Tertak (Budapest), 4. Franzl Loichinger (München), 5. Walter Hofer (Schwabach).
Tanz: 1. Winkelmann/Löhner (Wien), 2. Wagner/Staniek (Wien), 3. Stöhr/Hackl (Wien), 4. Bauer/Kröpfl (Wien).
BLA 16., 24.,–26. 3.; Agr 18., 22., 25.–26., 28. 3.

Mär 27–28, 20.00 Uhr. Eishockey u. a.
V: BEG/KdF.
KdF-Veranstaltungen. Kunstlauf von Lydia Veicht, Herber/Baier, Wagner/Staniek.
Mär 27 VfL Rastenburg – Zehlendorfer Wespen 3:2 (1:2, 0:0, 2:0).
Mär 28 VK Engelmann Wien – LTTC Rot-Weiß 4:1 (0:0, 3:1, 1:0; Freundschaftsspiel.
BLA 26., 28.–30. 3.

Apr 1. Abschlußveranstaltung des WHW 1938/39 »Die Nacht der 1000 Wunder, Tobis Sterne im Sportpalast«
V: Tobis Filmkunst GmbH/NSV.
Zugunsten des WHW und der *»Dr. Goebbels-Spende Künstlerdank«*.

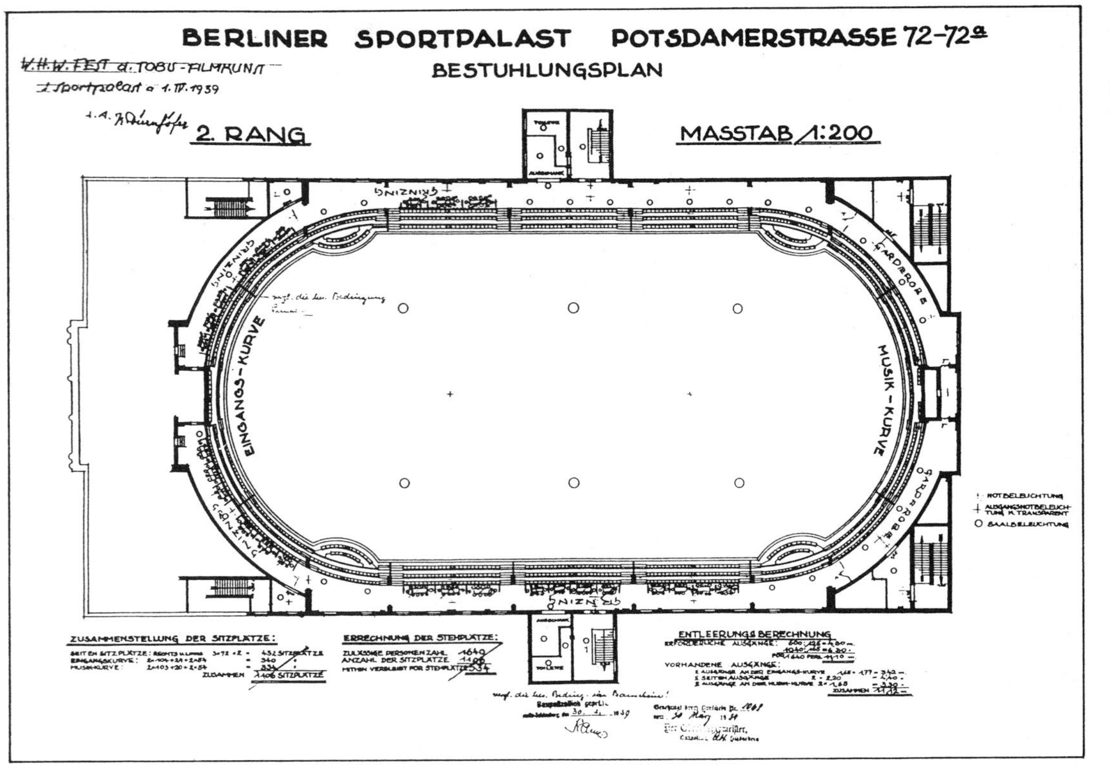

453 Bestuhlungsplan zu »Die Nacht der 1000 Wunder, Tobis Sterne im Sportpalast«, 30. 3. 1939 (Chr Apr 1; nach: LA SP 4019/61 [Lichtpause/Papier, ca 49,5 x 68,5 cm]).

Zu dieser Festveranstaltung mit Tanz und zahlreichen Vorführungen wurden umfangreiche Einbauten vorgenommen:

»1.) Abhängen der Decke des Sportpalastes durch die Firma Emil Minuth & Co., W. 35, Lützowstraße 95, mit feuerfesten Stoffen.
2.) Aufstellen einer Treppe für den Auftritt der Darbietungen von der Höhe des I. Ranges zum Parkett, obere Breite 6 Mtr., untere 18 Mtr., Tiefe 21 Mtr. [...]
4.) Aufstellen einer Rutschbahn auch von der Höhe des I. Ranges nach dem hinteren Teil der Treppe. Der Raum an und hinter der Treppe soll in einen Dschungel umgebaut werden.
5.) Aufhängung einer Mongolfière, welche bereits im Film ›Robert und Bertram‹ verwendet wurde, deren maschinelle Konstruktion die Firma Julius Knappe, Maschinenbau, Berlin SO, Skalitzerstr. 26, übernommen hatte. Dieselbe Firma wird es übernehmen, den Ballon im Sportpalast zu montieren. Beabsichtigt sind Aufstiege zur Decke.
7.) Einbau von Sektzelten une Mokkastuben in die Ecktürme.
8.) Im Kasino-Raum Aufstellung einer Kabarett-Bühne von 8 Mtr. Breite, 6 Mtr. Tiefe und 80 cm Höhe.
9.) Einbau eines Befehlsstandes im I Rang für die Festleitung« (Brief der Tobis an das Polizeiamt Schöneberg v. 22. 3.; LA SP 4019/52).

»Die ›Tobis=Sterne‹, zahllose bekannte Filmschauspieler und =schauspielerinnen waren gekommen, und mit ihnen erschienen die Berliner und Berlinerinnen, die dem Ruf der Tobis nur allzu gern Folge leisteten. Tausend Wunder, tausend Attraktionen, tausend Ueberraschungen. Die Künstler und Artisten der großen Berliner Variétés und Kabaretts zeigten ihre Darbietungen in wirbelnder Folge, die Filmkomponisten dirigierten ihre beliebten Schlager, und in den zwei Sektzelten, in einer Kaffeebar und einer Schnapsklause ließ man sich von seinen Filmlieblingen bewirten und immer aufs neue einschenken. Ja, sie tanzten mit uns und gaben für 30 Pfennig ihr Autogramm. Man rutschte nach einer kleinen Spende über eine Rutschbahn in ein Dschungelparadies, und – man filmte selbst: Das war wirklich der Höhepunkt! Unter der Regie von Herbert Selpin und Hans Deppe spielten Theo Lingen, Else Elster, Else Fürstenberg und viele andere bekannte Tobis=Sterne kleine Filmszenen aus einem lustigen Kriminalstück vor, und das Publikum spielte sie nach [...]« (BLA 3. 4.).
BLA 3. 4.; LA SP 4019/52–58.

Apr 6, abends. Großkonzert
V: DAF, Gau Berlin/Reichsmusikkammer.
Mitw.: Luftwaffen- und Werkscharmusiker, Werkscharchor; Musikmeister Walter Dette, Emil Mietusch, Emil Rojahn.
Rd: Alfred Spangenberg (Gauobmann).
»Mit einem Großkonzert der Luftwaffe und der Werkscharen [...] erhielt das Volksmusikfest 1939 seinen krönenden Abschluß. [...] Daß die Volksmusikbewegung im Leben der Gemeinschaft die doppelte Funktion hat – zu entspannen und zu erheben, also der Freizeit= und der Feierstundengestaltung zu dienen – machte die sinnvoll gegliederte Musikfolge überzeugend anschaulich. Adel der Arbeit, Rhythmus der Freude an Volk und Wehr waren ihre großen, machtvoll anklingenden Themen [...]« (BLA 9. 4.).
BLA 9. 4.; Agr 9./10./11. 4.

Apr 7 und 9–11. Eishockey »Deutsche Meisterschaft« und »Berliner Meisterschaft« u. a.
V: BEG (mit KdF am 11.).
Kunstlauf von Cecilia Colledge, Gudrun Olbricht, Lydia Veicht, Anita Waegeler, Geschwister Pausin, Wagner/Staniek u. a.

BSchC: Kaufmann (Tor); Haffner, Jaenecke (Vert.); Adler, Ball, Betzen, Ertl, George, Liener, Warrlich (Sturm und Ersatz).
Düsseldorfer EG: Rohde (Tor); Tobien, Diecker (Vert.); Blumberg, Davidoff, Kessler, Orbanowski I, Orbanowski II, Schmiedinger (Sturm und Ersatz).
VK Engelmann Wien: Wurm (Tor); Heim, Czöngei (Vert.); Gartner, Glück, Hintermeier, Nowak, Schneider, Tschammler, Zehetmayer (Sturm und Ersatz).
Zehlendorfer Wespen: Hoffmann (Tor); Klitz, Kelch I (Vert.); Kelch II, Kuhn, Pfundtner, Schuster, Stübler, Wehling, v. Wrangel (Sturm und Ersatz).
»›Angriff‹-Gespräch mit Jaenecke und Kelch [...] Die Zehlendorfer Wespen – so sagte uns ihr Verteidiger Kelch – müssen leider auf die Mitwirkung von Jedlitzka verzichten, da dieser [...] immer noch an einer Gehirnerschütterung laboriert. Man hofft trotzdem im Lager der Wespen auf ehrenvolles Abschneiden [...] Die gesamte Mannschaft bedauert es jedoch lebhaft – so meinte Kelch – daß sie vor diesen wichtigen Spielen keinerlei Trainingsmöglichkeit hatte, da das Eis im Sportpalast erst am Kampftag selbst gemacht wird. [...] Gustav Jaenecke, der langjährige Kapitän und Stratege des Schlittschuhclubs [...] faßt seine Meinung in dem knorrigen Spruch zusammen:
Glaubt nicht an Spuk und böse Geister, Der Schlittschuhclub wird wieder Meister! Nun, lieber ›Gustav‹, dazu vom Angriff Hals= und Beinbruch!« (Agr 7./8. 4.).
Apr 7, 20.15 Uhr Deutsche Meisterschaft (Vorschlußrunde): BSchC – Düsseldorfer EG 2:1 (1:0, 0:1, 0:0, 1:0; nach Verlängerung); VK Engelmann Wien – Zehlendorfer Wespen 9:0 (3:0, 3:0, 3:0).
Apr 9, 18.00 Uhr Deutsche Meisterschaft (3. und 4. Platz): Düsseldorfer EG – Zehlendorfer Wespen 1:0 (1:0, 0:0, 0:0).
Apr 10, 18.00 Uhr Deutsche Meisterschaft (Endspiel): VK Engelmann Wien – BSchC 1:0 (0:0, 0:0, 1:0).
Apr 11, 20.15 Uhr KdF-Veranstaltung. Berliner Meisterschaft (Endspiel): BSchC – Zehlendorfer Wespen 2:1 (2:1, 0:0, 0:0).

454 Programmheft (Chr Apr 9–10); VWA.

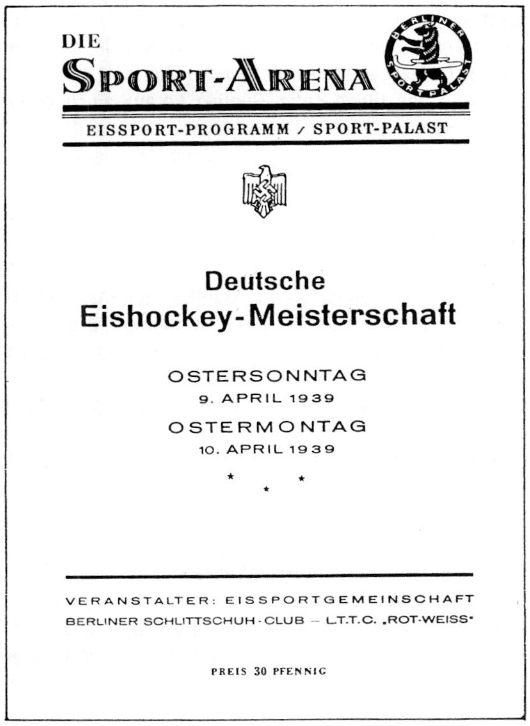

DIE
SPORT-ARENA
EISSPORT-PROGRAMM / SPORT-PALAST
Deutsche
Eishockey-Meisterschaft
OSTERSONNTAG
9. APRIL 1939
OSTERMONTAG
10. APRIL 1939
VERANSTALTER: EISSPORTGEMEINSCHAFT
BERLINER SCHLITTSCHUH-CLUB – L.T.T.C. „ROT-WEISS"
PREIS 30 PFENNIG

»Zwar hatten die Zehlendorfer Wespen im Kampf um die Berliner Eishockeymeisterschaft noch gegen Brandenburg und Rot=Weiß zu spielen, doch wurde das Treffen [...] mit dem Berliner Schlittschuh=Club gleichsam als Endspiel betrachtet« (BLA 12. 4.).
BLA 7., 9., 11.–12. 4.; Agr 5., 7.–13. 4.; Ph (VWA).

Apr 20, 20.00 Uhr. »Weihestunde« mit Vereidigung der Politischen Leiter der NSDAP
V: NSDAP, Gau Berlin.
Rd: Arthur Görlitzer (stellv. Gl, Staatsrat), Rudolf Heß (Reichsmin., Stellv. des F.), Dr. Robert Ley (Reichsorganisationsl.).
»Die feierliche Eidesleistung wird in der Zeit von 20 bis 21 Uhr über alle deutschen Sender als Reichssendung übertragen« (BLA 18. 4.).
»Für die Veranstaltung [...] ist folgendes Programm vorgesehen:
20 Uhr: Fahneneinmarsch.
20.15 Uhr: Eintreffen des Reichsorganisationsleiters Dr. Ley.
20.20–20.30 Uhr: Es spricht der stellv. Gauleiter Pg. Görlitzer.
20.31–20.45 Uhr: Es spricht der Reichsleiter Dr. Ley.
20.45 Uhr: Eintreffen des Stellvertreters des Führers.
20.47 Uhr: Begrüßung des Stellvertreters des Führers, Heß, durch den Reichsleiter Dr. Ley und Pg. Görlitzer.
20.50 Uhr: Der Reichsausbildungsleiter Pg. Mehnert meldet dem Stellvertreter des Führers die zur Vereidigung angetretenen Politischen Leiter. – Präsentiermarsch. Anschließend Vereidigung durch den Stellvertreter des Führers. Horst=Wessel=Lied. Sieg=Heil auf den Führer. Im Gau Berlin werden 46358 Politische Leiter, Walter und Warte vereidigt« (Agr 19. 4.).
»Im Ganzen wurden in 811 Kreisen der NSDAP insgesamt 995318 Männer und Frauen vereidigt. [...] Sie sprachen dem Stellvertreter des Führers die Eidesformel nach: ›Ich schwöre Adolf Hitler unerschütterliche Treue. Ich schwöre ihm und den Führern, die er mir bestimmt, unbedingten Gehorsam‹« (BLA 21. 4.).
BLA 18., 21. 4.; Agr 19., 22. 4.; VB 21. 4.

Mai 8, abends. Kundgebung
V: NSDAP, Gau Berlin.
Rd: Arthur Görlitzer (stellv. Gl, Staatsrat), Alfred Rosenberg (Reichsl.).
Th: *»Die andere Weltrevolution«*.
Mitw.: Musikzug des Gaues Berlin.
»Der Sportpalast, die historische Kampfstätte Berlins, war am Montagabend der Schauplatz einer Großkundgebung, auf der Alfred Rosenberg ein anschauliches Bild der schöpferischen Kräfte unserer Epoche zeichnete. Seine großangelegte Rede, die durch herzliche Worte des stellvertretenden Gauleiters Pg. Görlitzer eingeleitet wurde, fand bei den Tausenden, die den Sportpalast bis zu den höchsten Rängen füllten, begeisterten Anklang« (Agr 10. 5.).
BLA 9. 5.; Agr 7., 10. 5.

Mai 16, 20.30 Uhr. Boxen »Gustav Eder – Omar Kouidri«
V: Zirzow.
Mehrfach wurde ein Kampf zwischen Eder und Turiello (Europameisterschaft) wegen Erkrankung Turiellos verschoben (vom 5. 4. auf den 12., den 16. 5.). Schließlich wurde Kouidri als Gegner für Eder für diese Veranstaltung ausgesucht.
Lg: Werner Riethdorf (61 kg; Berlin) – Danetzki (59,6 kg; Berlin), Sieg Rietdorfs nach Pktn (4 Rdn).
Lg: Hermann Bieselt (Berlin) – Kurt Bernhardt (Leipzig), Sieg Bieselts durch Disqualifikation (6. Rde).
Wg: Gustav Eder (Dortmund) – Omar Kouidri (F), Sieg Eders nach Pktn (10 Rdn).
Mg: Walter Müller (71,8 kg; Gera) – Armand Alessandrini (72,5 kg; I), unentschieden (8 Rdn).
Mg: Arno Przybilski (72 kg; Potsdam) – Luigi de Laurentis (71,2 kg; I), Sieg Przybilskis nach Pktn (8 Rdn).
Sg: Vincenz Hower (89 kg; Köln) – Kurt Jost (88 kg; Frankfurt am Main), unentschieden (6 Rdn).
BLA 25. 4.; 4., 16.–17. 5.; Agr 10.–12., 17.–19. 5.; BS 972–73, 15.–22. 5.

Mai 22, 20.00 Uhr. Konzert der Betriebsgemeinschaft Siemens
V: DAF/KdF.
»Im überfüllten Sportpalast gaben die Musikgruppen der Siemenswerke aus Berlin, der Ostmark, Bayern und dem Rheinlande ein Konzert, das einen Erfolg der deutschen Volksmusik bedeutet. Unter den Gästen befanden sich Dr. Karl v. Siemens und die Betriebsführer Dr. von Boul und Dr. Bingel. Der KdF=Ortswart Schröder umriß den Sinn des Abends dahin, daß den Gruppen aus dem Reich Gelegenheit gegeben werden solle, vor einem größeren Kreis aufzutreten, und daß die Zuhörer auf die Möglichkeiten hingewiesen würden, sich im Rahmen des deutschen Volksbildungswerkes zu betätigen. Der erst Teil des Abends gehörte dem Orchester und dem Berliner Werkscharchor, die unter der Leitung von Obermusikdirektor a. D. Mietusch Märsche und Lieder der Bewegung vortrugen. [...]« (BLA 24. 5.).

Jun 3, 20.30 Uhr. Militärkonzert
V: Künstler-Altershilfe.
Zugunsten der Künstler-Altershilfe. Unter der Schirmherrschaft des Generalfeldmarschalls Hermann Göring und seiner Frau Emmy.
»Nachdem im Namen der Künstler=Altershilfe Harry Gondi die Erschienenen, unter denen sich namhafte Vertreter der Partei, der Wehrmacht und der Künstlerwelt befanden, begrüßt hatte, zeigte der erste Teil des Abends den hohen Stand der künstlerischen Leistungen des Musikkorps des Regiments General Göring mit einer neuartigen Instrumentalbesetzung. Stabsmusikmeister Hasse konnte darum der Overtüre zu ›Cleopatra‹ von Luigi Manchinelli und in der Tondichtung ›Don Juan‹ von Richard Strauß und anderen Werken besonders wirkungsvolle Klangfärbung geben. Im zweiten Teil lag die Stabführung bei Musikzugführer Heuberger, der die SA=Standarte Feldherrnhalle und das Musikkorps des Regiments General Göring dirigierte [...]« (BLA 5. 6.).

Jun 14, 20.00 Uhr. Kundgebung der Berliner Studenten
V: NSDStB.
Rd: Dr. Joseph Goebbels (Reichsmin., Gl), Dr. Scheel (Reichsstudentenf.), Dr. Walter Schultz (Reichsdozentenf.).
Th: *»Erziehung zur Führung«, »Gehorsam schärfste Waffe des Geistes«.*
Abschlußveranstaltung des Berliner Studententages 1939. *»Weiß und rot leuchtet der Schmuck der Tribünen von der Stirnwand des Riesenraumes. Weiß auch die Balustrade mit dem Rednerpodium, und rot darüber die Fahne des NS.=Deutschen Studentenbundes. Zur Linken haben in klar gegliederten Blocks die Studenten, die in den Formationen der Partei, in den Reihen der SA., der SS., der Hitlerjugend oder des Kraftfahrerkorps Dienst tun, ihre Stellung bezogen. Ihnen gegenüber sitzen in Blauweiß ihre*

Kameradinnen von den Universitätsbänken, und das Parkett füllen die ›Alten Herren‹. In den vorderen Reihen haben außerdem eine Abordnung faschistischer Studenten und volksdeutscher Studenten aus dem Auslande in ihren landsmännischen Trachten Platz genommen. [...] Einige Minuten nach 8 Uhr kündet tausendfaches Trampeln dann den Reichsstudentenführer an. [...]« (Agr 16. 6.).
BLA 9., 15. 6.; Agr 16. 6.

Jul. Geschlossen
LA SP 4019/159.

Aug 11, 20.30 Uhr. Boxen »Adolf Heuser – Preciso Merlo« u. a.
V: Göttert.
Flg: Hans Schiffers (50,3 kg; München-Gladbach) – Herbert List (53,9 kg; Zwickau), unentschieden (4 Rdn).
Bg: Ernst Weiss (53,5 kg; Wien) – Aurel Toma (53,3 kg; RO), Sieg Weiss' durch Aufgabe (11. Rde; Europameisterschaft, Hf Weiss).
Lg: Hans Heuser (61 kg; Bonn) – Rudolf Kretzschmar (61 kg; Dresden), Sieg Heusers nach Pktn.
Mg: Willy Prodel (Köln) – Fred Flury (CH), unentschieden.
Hsg: Adolf Heuser (81,1 kg; Bonn) – Preciso Merlo (79,3 kg; I), Sieg Heusers durch ko (2. Rde; Europameisterschaft, Hf Preciso). *»Adolf Heuser verlor seinen Titel schon auf der Waage, da er unverständlicherweise mit viel zu hohem Gewicht, 81,1 Kilo (also etwa drei Pfund Übergewicht), antrat«* (Agr 13. 8.). Auch Preciso erhielt den Titel nicht (er mußte neu ausgeschrieben werden).
Sg: Heinz Sendel (90,5 kg; Berlin) – Bürgin (84,8 kg; CH), Sieg Sendels durch Abbruch (nach der 6. Rde).
»Zeugt es schon von einer unglaublich unsportlichen Gesinnung, die Entscheidung des Arztes in seinem Amt mit einem Pfeifkonzert zu beantworten, so war es geradezu verbrecherisch, daß sich ein Zuschauer dazu hinreißen ließ, aus Empörung ein Bierseidel in den Ring zu werfen. Zum Glück richtete es keinen großen Schaden an« (BLA 12. 8.).
BLA 11.–12. 8.; Agr 12.–13. 8.; BS 984–85, 7.–14. 8.

Aug 25, 19.30 Uhr. Boxen »Gustav Eder – Sten Suvio« u. a.
V: Zirzow.
Vorprogramm:
Bg: Kurt Ködderitzsch (Weißenfels) – Hermann Heise (Hannover), Sieg Ködderitzschs nach Pktn (4 Rdn).
Lg: Werner Riethdorf (62,7 kg; Berlin) – Herbert Jakubowski (Bochum), Sieg Jakubowskis nach Pktn (4 Rdn).
Hsg: Karl Hach (75,2 kg; Halle) – Eduard Peter (Hannover), unentschieden (4 Rdn).
Hauptprogramm:
Lg: Hermann Bieselt (Berlin) – Willi Seisler (Berlin), unentschieden (6 Rdn).
Wg: Gustav Eder (Dortmund) – Sten Suvio (SF), Sieg Eders nach Pktn (12 Rdn).
Hsg: Richard Vogt (Hamburg) – Nico Droog (Krefeld), Sieg Vogts durch Abbruch (6. Rde).
Hsg: Heinz Seidler (79 kg; Berlin) – Walter von Büren (CH), Sieg Seidlers durch Aufgabe (4. Rde).
Sg: Heinz Sendel (Berlin) – Kurt Jost (Frankfurt am Main), Sieg Sendels nach Pktn (8 Rdn).
BLA 25.–26. 8.; BS 986–87, 21.–28. 8.

Sep 22. Boxen
Die für diesen Tag vorgesehene Boxveranstaltung konnte nicht stattfinden, *»da die Schwierigkeiten wegen der Luftschutzmaßnahmen und der Verkehrseinschränkungen zu groß«* waren. *»Nun ist beabsichtigt, den Kampf Kreitz (Aachen) – Heinz Seidler (Berlin) am 1. Oktober bei einer Freiluftveranstaltung in der Bockbrauerei, Fidicinstraße, durchzuführen«* (BLA 19. 9.).

Sep 30. Vorläufige Schließung des Sportpalastes
»Bei dieser Gelegenheit teilen wir Ihnen mit, daß wir infolge des Kriegszustandes gezwungen sind, den Sportpalast am 30. September d. J. zu schließen« (Brief der Neuen Sportpalast Verwaltungs G.m.b.H. vom 14. 9. an die Baupolizei Abt. Schöneberg; LA SP 4019/142).

Okt 10, nachmittags. Kundgebung zur Eröffnung des »Kriegswinterhilfswerks 1939/40«
Rd: Dr. Joseph Goebbels (Reichsmin., Gl).
Th: Rechenschaftsbericht über das WHW 38/39 und *»Anpassung an die Kriegsverhältnisse«.*
»Im Sportpalast: Wie sie von der Arbeit geprescht sind, mit Mappe und Handwerkszeug, füllen sie Reihe um Reihe, halten enggedrängt jeden Flecken Platz in den Gängen und Rang über Rang bis über die Estrade hin, wo der SA.=Musikzug unsere Märsche anstimmt; wie ein schmaler Saum liegt der Mittelweg. Schon erscheinen auf der weißabdekkenden Tribüne die Männer des Führers. Allmählich ist die Lautlosigkeit der höchsten Erwartung über die Tausende herabgesunken. Ein Kommando – die Fahnen ziehen ein, voran die Standarte Horst Wessel; sie umringen den Sitz des Führers wie riesenklafternde Adlerschwingen. Auf der Mitteltribüne haben sich zahlreiche Mitglieder der Reichsregierung, führende Persönlichkeiten der Partei und der Wehrmacht eingefunden.
Die Masse ist stehengeblieben, sucht mit erwartungsbrennenden Blicken, horcht... 15.55 Uhr klingt der Badenweiler auf und versinkt doch gleich in dem zwanzigtausendstimmigen jubelnden Gruß: Der Führer! Nun steht der Führer zwischen Dr. Goebbels und Rudof Heß Auge in Auge mit seinen namenlosen Volksgenossen, die sein Gegengruß und bald seine Stimme zu sich emporreißt. Der stellvertretende Gauleiter eröffnet die Kundgebung. Während der Doktor Rechenschaft über das WHW. gibt, gleitet der Blick Adolf Hitlers groß, prüfend, und immer wieder die Augenreihen seines Volkes auf und nieder, als nähme er uns jetzt schon wortlos in Eid und Pflicht. Dann hält er Appell. Jeder aber hört ihn mit dem Bewußtsein: Dich, Dich, gerade Dich hat der Führer gemeint. Und die Hände, die ihn dann unter Jubel grüßen, sind Schwurhände geworden« (Agr 11. 10.).
BLA 11. 10.; Agr 11. 10.

Dez 2, nachmittags. Feierstunde
V: DRK, Landesstelle III.
Rd: Dr. Brekenfeld (stellv. Landesf.).
Mit Vereidigung von 3000 Helferinnen und 600 Helfern des DRK.
BLA 4.–5. 12.

Dez 15, 20.15 Uhr. Boxen »Adolf Heuser – Mario Casadei« u. a.
V: Göttert.
Fdg: Karl Beck (Düsseldorf) – Hermann Remscheid (Solingen), Sieg Becks nach Pktn.
Wg: Georg Sporer (Hamburg) – Wilhelm Stiny (Aachen), Sieg Sporers nach Pktn (4 Rdn).
Mg: Arno Przybilski (Potsdam) – Karel Müller (CS), Sieg Przybilskis nach Pktn (8 Rdn).
Hsg: Adolf Heuser (80,8 kg; Bonn) – Mario Casadei (77,8 kg; I), Sieg Heusers durch Abbruch (7. Rde).
Sg: Heinz Sendel (88,5 kg; Berlin) – Vincenz Hower (91,5 kg; Köln), Sieg Sendels nach Pktn (6 Rdn).
»War es bei den letzten Boxkampfveranstaltungen, die im Sportpalast im Sommer durchgeführt wurden, unerträglich heiß, so herrschte gestern abend bei der ersten Veranstaltung seit Kriegsbeginn eine unangenehme Kälte. Die richtige Stimmung wollte nicht aufkommen, zumal auch der Besuch zu wünschen übrig ließ« (BLA 16. 12.).
BLA 10., 16. 12.; BS 1002–03, 11.–18. 12.

Dez 16, 13.00 Uhr. Varieté
V: DAF/KdF.
LA SP 4019/120.

Dez 18. Pressekonferenz.
V: BEG.
»Die Berliner Eissportgemeinschaft – das ist die unter Führung von Gaupropagandaleiter Wächter stehende Arbeitsgemeinschaft der führenden Berliner Eissportgemeinde – hatte gestern die Berliner Sportpresse in den Sportpalast gerufen, um ihr das Arbeitsprogramm für diesen Kriegswinter bekanntzugeben. Eine Feststellung muß dabei vorweggenommen werden : Der Sportpalast ist in den kommenden Monaten frei von wirtschaftlichen Bindungen und Erwägungen, er wird in des Wortes bestem Sinne wirklich fast ausschließlich dem Sport gehören und dabei – sofern nicht gerade Veranstaltungen durchgeführt werden – von morgens bis abends dem Training unserer Kunstläufer und Eishockeymannschaften zur Verfügung stehen.
Von 8 Uhr früh bis 13 Uhr können die Kunstläufer üben, die Zeit von 14 bis 17 Uhr ist dem Training der Jugend vorbehalten. Von 18 bis 19 Uhr steht die Fläche nochmals für die Kunstläufer bereit, und von 19 bis 22 Uhr gehört sie den Eishockeymannschaften Berlins. Dieses Programm ist auf Monate hinaus ein tägliches. Es ist dabei selbstverständlich, daß der Sportpalast künftig den Schlittschuhläufern, die ohne sportliche Richtlinien, sozusagen nur zu ihrem Vergnügen, ein paar Kringel drehen oder Bogen ziehen, nicht mehr zur Verfügung stehen kann.
Die Zahl der Veranstaltungen ist gegenüber den Vorjahren etwas eingeschränkt worden, um unsere Kunstläufer nicht mit zuviel Startverpflichtungen zu belasten« (BLA 19. 12.).

Dez 20, 15.00 Uhr. Eishockey u. a.
V: BEG/Gaupropaganda-Amt Berlin.
»[...] erste Eislaufveranstaltung. Allerdings ist sie noch nicht für die Allgemeinheit bestimmt, sondern unsere Soldaten sind es, die vom Gaupropaganda=Amt Berlin in den Sportpalast eingeladen worden sind« (BLA 20. 12.).
Kunstlauf von Ulrich Kuhn, Günther Lorenz, Erich Zeller, Koch/Noack u. a.
BSchC – LTTC Rot-Weiß 3:3 (Freundschaftsspiel).
BLA 14., 20.–21. 12.

Dez 25–27. Eishockey u. a.
V: BEG.
Kunstlauf von Ulrich Kuhn, Günther Lorenz, Gudrun Olbricht, Erich Zeller, Herber/Baier, Koch/Noack u. a.
Dez 25, 15.00 Uhr Berlin-Auswahl – Prag-Auswahl 1:1 (1:0, 0:0, 0:1).
Dez 26, 15.00 Uhr Prag-Auswahl – Berlin-Auswahl 2:1 (2:0, 0:0, 0:1).
Dez 27, 20.15 Uhr Prag-Auswahl – Berlin-Auswahl 2:0 (1:0, 1:0, 0:0).
BLA 24., 26.–27. 12.; Agr 17. 12.

Dez 30, nachmittags (?). Eishockey
V: BEG (?).
Deutsche Meisterschaft (Ausscheidungsspiele): LTTC Rot-Weiß – Brandenburg; BSchC – BFC Preußen/Zehlendorfer Wespen.
BLA 28. 12.

1940

Jan 2–3, nachmittags (?). Eishockey
V: BEG (?).
Deutsche Meisterschaft (Ausscheidungsspiele).
Jan 2 BFC Preußen/Zehlendorfer Wespen – LTTC Rot-Weiß 1:0. BSchC – Brandenburg 4:0.
Jan 3 BFC Preußen/Zehlendorfer Wespen – Brandenburg 8:2. BSchC – LTTC Rot-Weiß 2:2.
BLA 28. 12. 1939; 4. 1.

Jan 6–7. Eishockey
V: BEG (?).
Berliner Meisterschaft.
Jan 6
16.00 Uhr. LTTC Rot-Weiß – Reichsbahn (ausgefallen, da Reichsbahn *»keine volle Mannschaft zur Verfügung hatte«*).
Jan 7
14.00 Uhr. LTTC Rot-Weiß – SSC 15:0 (5:0, 6:0. 4:0; nach BLA 8. 1. hat dieses Spiel jedoch auf dem Adolf-Hitler-Platz stattgefunden).
15.00 Uhr. Brandenburg – Siemens 18:1 (7:1, 3:0, 8:0).
BLA 6.–8. 1.

Jan 13–14. Eishockey u. a.
V: BEG.
Deutsche Meisterschaft (Rundenspiele). Kunstlauf von Uschi Berger, Benno Faltermeier, Ulrich Kuhn, Erich Zeller, Baran/Falk, Koch/Noack, Geschwister Pausin u. a.
Jan 13, 20.00 Uhr BSchC – Düsseldorfer EG 1:1.
Jan 14, 15.00 Uhr Düsseldorfer EG – Rastenburger SV 3:3 (0:2, 3:1, 0:0).
»Ein Ausscheidungsspiel für die HJ-Winterkampfspiele zwischen den Gebietsmannschaften von Berlin und der Nordmark endete mit 1:1 unentschieden«. »An zwei Tagen erfreuten Ilse und Erik Pausin von der Wiener Eissport=Gemeinschaft mit einem auserlesenen Programm, das die Kür sowie einen Tanz der Kontraste umschloß. Ein Walzer, recht spritzig vorgetragen, offenbarte so recht das letzte Ausfühlen der Bewegung. Geschenke und Blumen regneten vom Olymp herab und bewiesen die Herzlichkeit, die Berlin den Wiener Geschwistern entgegenbringt« (Agr 16. 1.).
BLA 13.–15. 1.; Agr 16. 1.

Jan 16–20. Lehrgang der »Reichsleistungsklasse Eislauf«
»[...] Lehrgang der Reichsleistungsklasse Eislauf, in der mehr als 80 Jungen und Mädel, die Auslese des Nachwuchses in dieser Sportart, zusammengefaßt sind. Unter den Teilnehmern und Teilnehmerinnen befinden sich viele Läufer und Läuferinnen, die bereits einen guten Namen haben. Am Kursus im Kunsteislauf nehmen 25 Mädel und 19 Jungen teil, während am Eishockeykursus 42 HJ=Spieler teilnehmen. Höhepunkt des Lehrgangs wird das Eissportfest der Hitler=Jugend am Sonnabend, 20. Januar, sein,[...]« (BLA 17. 1.).
BLA 17.–18. 1.; Agr 11. 1.

Jan 17, abends. Eishockey
V: BEG (?).
Berliner Meisterschaft: Brandenburg – Friesen (Neukölln) 13:1 (4:0, 5:1, 4:0); BFC Preußen/Zehlendorfer Wespen – SCC 7:2 (1:0, 3:1, 3:1).
BLA 19. 1.

Jan 20, 20.00 Uhr. Eissportfest der HJ
V: BEG.
Mitw.: Kapelle Fuhsel.
»Großen Beifall fand das von Ulla Schwarz=Sieg geleitete Gruppenlaufen, an dem sich alle Spitzenkönnerinnen beteiligten. Es war ein prachtvolles Bild, die Jungen und Mädel bei exakter Raumverteilung und gutem technischen Können laufen zu sehen. In bester Form zeigten sich die beiden Deutschen Meister Lydia Veicht und Horst Faber, die ihr schwieriges, geschickt aufgebautes Programm mit Schwung und vollendeter Beherrschung liefen. Die beiden Meister sowie Hanne Niernberger, das Paar Baran=Falck, Martha Musilek, Ruth Mittelberger, Bert Aschenbrenner und das Paar Fischer=Kroehl wurden mit Beifall überschüttet. [...] Daß unsere Jugend auch im Eishockey ihren Mann stellt, zeigte das Spiel zwischen einer Auswahlmannschaft des Gebietes Berlin und einer Reichsauswahl, in der ein großer Teil ostmärkischer Spieler stand. [...] Beide Mannschaften kämpften mit großem Einsatz und rissen immer wieder die Zuschauer zu Begeisterung hin« (BLA 21. 1.).
BLA 20.–21. 1.; Agr 17.–18. 1.

Jan 21. Eishockey u. a.
V: BEG.
15.00 Uhr. Zugunsten des Kriegs-WHW. Kunstlauf von Horst Faber, Karl Jungbauer, Madeleine Müller, Martha Musilek, Gudrun Olbricht, Rudi Seeliger, Lydia Veicht, Lydia Wahl, Baran/Falk u. a.
LTTC Rot-Weiß/Brandenburg – WSV Kattowitz 9:0 (1:0, 4:0, 4:0).
17.00 Uhr. Steglitzer TC – Astoria 5:1 (1:0, 1:1, 3:0; Berliner Meisterschaft).
BLA 21.–22. 1.; Agr 23. 1.

Jan 24. Appell von »Offiziersanwärtern des Heeres und der Luftwaffe«
Rd: Adolf Hitler (F.)
Th: *»Pflichten und Aufgaben der Offiziere in der nationalsozialistischen Wehrmacht«.*
BLA 25. 1.

Jan 25, 20.00 Uhr. Hallensportfest der HJ
V: HJ.
Das Sportfest *»bildet den Abschluß der Reichslehrgänge der HJ, die auf dem Reichssportfeld stattfanden. Vorführungen der Turner, Boxer, Fechter, Ringer, Gewichtsheber und Judokämpfer sollen einem größeren Kreis die vielseitige Körpererziehung der HJ zeigen«* (BLA 25. 1.).
BLA 25.–27. 1.; Agr 24. 1.

Jan 27, 20.15 Uhr. Boxen »Walter Neusel – Paul Wallner« u. a.
V: Göttert.
Bg: Ernst Weiss (Wien) – Giovanni Masella (I), Sieg Weiss nach Pktn (8 Rdn).
Mg: Erwin Bruch (Berlin) – Mario Casadei (I), Sieg Casadeis nach Pktn (8 Rdn).
Sg: Heinz Sendel (Berlin) – Bürgin (CH), Sieg Sendels durch Aufgabe (6. Rde).
Sg: Walter Neusel (92,2 kg; Bochum) – Paul Wallner (88,3 kg; Düsseldorf), Sieg Neusels nach Pktn (12 Rdn).
Einleitung (Lg): Hans Heuser (Köln) – Kurt Stary (CS), Sieg Starys nach Pktn (6 Rdn).
BLA 22. 12. 1939; 5., 19., 24., 27.–28., 30. 1.; BS 1/1940, 1. 1.; 5/1940, 29. 1.

Jan 30, abends. Kundgebung zum 7. Jahrestag der »Machtübernahme«
V: NSDAP, Gau Berlin.
Rd: Dr. Geobbels (Reichsmin., Gl), Adolf Hitler (F.).
Th: *»Deutschland wird leben«, »Das Volk hört nur auf die Stimme seines Führers«.*
»Die Rede wird über alle deutschen Sender übertragen«, »Die Rede, die der Führer am Dienstag im Sportpalast hielt, wird Mittwoch um 12 Uhr über alle deutschen Sender wiederholt«.
BLA 31. 1.; Agr 31. 1.; 1. 2.

Feb 3–4. Eiskunstlauf »Berliner Meisterschaften« und Eishockey
V: BEG.
Außerdem Schaulaufen, u. a. des *»neuen ungarischen Meisterpaares Szilassy=Kertesz«.*
Feb 3
14.00 Uhr. Herren, Pflicht.
15.30 Uhr. Damen, Pflicht (Anfang).
20.00 Uhr. Paare; Herren, Kür. Eish.: Krefelder EV – BFC Preußen/Zehlendorfer Wespen 2:1.
Feb 4
9.00 Uhr. Damen, Pflicht (Ende).
15.00 Uhr. Damen, Kür. Eish.: Rastenburger SV – Krefelder EV 4:0.
Damen: 1. Gudrun Olbricht (BSchC) Plz 3/136 Pkte; 2. Margit Roß (LTTC Rot-Weiß) 8/127,4; 3. Edith Schwabe (BSchC) 8/125,7; 4. Anita Heinricht (BSchC) 11/121,1; 5. Gerda Strauch (LTTC Rot-Weiß) 15/113,9.
Herren: 1. Günther Lorenz (BSchC) Plz 5/211,8 Pkte; 2. Ulrich Kuhn (LTTC Rot-Weiß) 6/212; 3. Erich Zeller (LTTC Rot-Weiß) 6/211; H. H. Kalumenes (BSchC) 12/159.
Paare: 1. Inge Koch/Günther Noack (BSchC) 3/11,6; 2. Ehepaar Krümling (BSchC) 7/9,9; 3. Ursula Schülke/Peter Grammatikoff (Post SV) 8/8,8.
BLA 2.–5. 2.; LA SP 4019/146.

Feb 5–8. »Eis-Kunterbunt«
V: BEG.
»[...] das Kunterbunt [...] eine Fülle von Eislaufvorführungen, zusammengestellt von Ulla Schwarz=Sieg und Benno Faltermeier, der dieses Programm mit seinem urkomischen Können krönt« (BLA 7. 2.). Außerdem gab es Eishockeyspiele.
Feb 5, 20.00 Uhr Eish.: BSchC – Brandenburg 4:2.
Feb 6
15.00 Uhr. Veranstaltung zusammen mit dem Reichspropaganda-Amt Berlin. *»Im Rahmen der Truppenbetreuung für alle Wehrmachtsteile des Standorts Berlin waren fast zehntausend Soldaten in den Sportpalast gekommen, Soldaten aller Truppengattungen, darunter viele Fronturlauber, die zur Zeit in ihrer Heimatstadt Berlin weilen, und ebenfalls eine ganze Anzahl von Verwundeten aus den Berliner Lazaretten. Drei Stunden lang erlebten unsere Soldaten in dem bis auf den letzten Platz gefüllten Sportpalast, der mit den Fahnen des Reiches und der Nationalflagge Ungarns geschmückt war, einen mitreißenden Querschnitt durch alle Arten der Eislaufkunst. [...] Einer der Glanzpunkte des Programms war natürlich Benno Faltermeier, [...] der mit weißhaariger Perücke, die aussah, als ob in ihr die Motten gewesen, mit umgehängter schaukelnder Gasmaske und steifem Hut als ›Mister Chamberlain‹ unerhört komisch und grotesk über das Eis stolperte. Auch W. C. [Winston Churchill] war zu Gast, und bei dieser Nummer gerieten die Soldaten vollends aus dem Häuschen«* (BLA 7.2.).
Eish.: LTTC Rot-Weiß – Berlin-Auswahl 5:3.

20.00 Uhr. Übliches Abendprogramm. Eish.: LTTC Rot-Weiß – Brandenburg 6:2.
Feb 7, 20.00 Uhr Übliches Abendprogramm. Eish.: ?
Feb 8, 20.00 Uhr Übliches Abendprogramm. Eish.: BSchC – BFC Preußen/Zehlendorfer Wespen 3:1.
BLA 6.–9. 2.; LA SP 4019/146.

Feb 11. Eishockey
V: BEG (?).
Brandenburg – Steglitzer TC 4:3 (Berliner Meisterschaft; unsicher ist, ob dieses im Sportpalast stattfand).
BLA 11.–12. 2.

Feb 17, 20.00 Uhr. »Reichssiegerwettbewerb im Eistanz« und Eishockey
V: BEG.
Außerdem Schaulauf von Günther Lorenz, Lydia Veicht, Erich Zeller, Koch/Noack u. a.
»Die zwölf besten deutschen Paare im Eistanz traten [...] an. Es war ein elegantes Gleiten und Schwingen nach den Klängen der Walzer, Tangos und Foxtrotts, und das Publikum klatschte immer wieder laut und mitgerissen Beifall. Am meisten wurden die Titelverteidiger Edith Winkelmann=Walter Löhner und die beiden anderen Wiener Paare Jutta Stöhr=Fritz Hackl sowie Trude Wagner=Fritz Staniek bejubelt, für die die Preisrichter auch die höchsten Zensurnoten zeigten. Erstaunlich viel haben die beiden Berliner Paare Ursula Schülke=Peter Grammatikoff und Gerda Luscht=Kurt Lemke seit dem letzten Jahr zugelernt« (BLA 18. 2.).
Eish.: Düsselforfer EG – Rastenburger SV.
BLA 15., 17.–19. 2.; Agr 14., 18. 2.

Feb 18, 15.00 Uhr. Eistanz und Eishockey
V: BEG.
Eistanz und Schaulaufen wohl wie Feb 17. Eish.: LTTC Rot-Weiß/Brandenburg – Düsseldorfer EG 4:0, (0:0, 2:0, 2:0).
BLA 19.–20. 2.; Agr 18. 2.

Feb 25. Eishockey
V: BEG (?).
Um die Berliner Meisterschaft und den Pokal des Sportpalastes.
THC Borussia 99 – BSV 92 3:1 (1:1, 2:0, 0:0). Astoria – SCC 2:2 (1:1, 1:1, 0:0). LTTC Rot-Weiß – Friesen (Neukölln) 16:1 (3:0, 8:0, 5:1).
BLA 25.–27. 2.

Mär 5, 15.00 Uhr. Eislauf und Eishockey
V: BEG/Reichspropaganda-Amt Berlin.
Im Rahmen der Truppenbetreuung für alle Wehrmachtsteile Berlins.
Kunstlauf von Horst Faber, Ulrich Kuhn, Günther Lorenz, Gudrun Olbricht, Lydia Veicht, Erich Zeller, Herber/Baier, Koch/Noack; Ursula Schwarz-Sieg, *»die Reichsjugendfachwartin hat zehn deutsche Trachtentänze einstudiert, die von Berlins besten Läuferinnen gezeigt werden«.*
Eish.: LTTC Rot-Weiß – BSchC 5:4 (2:4, 1:0, 1:0).
BLA 5.–6. 3.

Mär 6, 20.00 Uhr. Eislauf und Eishockey
V: BEG/NSV.
Zugunsten des Kriegs-WHW. Kunstlauf wie Mär 6. Eish.: LTTC Rot-Weiß – BSchC 3:1 (1:0, 1:0, 1:1).
BLA 6.–7. 3.

Mär 7, 20.00 Uhr. Eislauf und Eishockey
V: BEG.
Kunstlauf wohl wie Mär 5. Eish.: (?) (BLA 27. 2.).

Mär 9–10. Eiskunstlauf »Große Preise der Reichshauptstadt Berlin 1940« und Eishockey
V: BEG.
Die Wettbewerbe für Paare und Junioren wurden am 23.–24. 3. durchgeführt.
Mär 9, 20.00 Uhr »Großer Preis«: Damen, Kür.
Eish.: BSchC – SC Riessersee 1:0, (0:0, 0:0, 1:0, Deutsche Meisterschaft).
Mär 10, 15.00 Uhr »Großer Preis«: Herren, Kür.
Eish.: LTTC Rot-Weiß – SC Riessersee 3:2 (1:0, 0:1, 2:1; Deutsche Meisterschaft).
»Der gefallenen Kameraden wurde durch Spielunterbrechung von einer Minute gedacht«.
Ergebnisse der Wettbewerbe um die »Großen Preise«:
Damen: 1. Lydia Veicht (München) Plz 7/379,7 Pkte; 2. Martha Musilek (Wien) 14/368,6; 3. Grete Veit (Wien) 21/346,6; 4. Gudrun Olbricht (Berlin) 28/340,7; 5. Margit Roß (Berlin) 35/319,8.
Es wurde Lydia Veicht *»verhältnismäßig leicht gemacht, da ihre schärfste Konkurrentin, Hanne Niernberger (Wien) [...] sich abends eine Fußverletzung zugezogen hatte und ins Krankenhaus gebracht werden mußte. Außerdem starteten von der ersten Klasse die Wienerin Emmy Wurm=Puzinger und die Münchnerin Inge Jell nicht«* (BLA 10. 3.).
Herren: 1. Horst Faber (München) 7/378,6; 2. Ulrich Kuhn (Berlin) 15/358,1; 3. Helmuth May (Wien) 24/351,2; 4. Erich Zeller (Berlin) 26/350,1; 5. Franzl Loichinger (München) 33/345,4; 6. Karl Jungbauer (Wien).
BLA 27. 2.; 9.–11. 3.; Agr 9., 12. 3.

Mär 14, 19.30 Uhr. Amateur-Boxen »Kriegsmeisterschaften der Brandenburgischen Amateurboxer«
V: NSRL, FaB.
Endkämpfe.
Flg: Tietzsch (BC Bernau) besiegt Thiele (Babelsberg) durch ko (1.Rde).
Bg: Schiller (Allianz) besiegt Gossow (Westen).
Fdg: Graaf (BVG) besiegt Schimanski (Heer).
Lg: Nürnberg (BVG) besiegt Arenz (Deutsche Bank) durch Aufgabe.
Wg: F. Campe (Hermes) besiegt Bieck (Potsdam).
Mg: Schellin (Hermes) besiegt Russel (Weißensee).
Hsg: E. Campe (PSV) besiegt Kleinwächter (SS-Leibstandarte Adolf Hitler).
Sg: Kleinholdermann (SS-Leibstandarte Adolf Hitler) besiegt Drägestein (Heros).
BLA 14.–15. 3.; BS 12/1940.

Mär 17, 18.00 Uhr. Eishockey
V: BEG (?).
Et: 0,50 M.
LTTC Rot-Weiß – Brandenburg 1:0 (1:0, 0:0, 0:0; Brandenburgische Meisterschaft, Endspiel).
»Da der Berliner Schlittschuh=Club darauf verzichtet hatte, gegen das zur Zeit sehr starke Rot=Weiß zum Endspiel um die Brandenburgische Eishockeymeisterschaft anzutreten, war [...] Brandenburg Gegner im Endspiel« (BLA 18. 3.).
BLA 16.–18. 3.

Mär 23–26. Eiskunstlauf »Große Preise der Reichshauptstadt Berlin 1940« und Eishockey-Turnier
V: BEG.
Et: ab 1,50 M.
Die Wettbewerbe für Damen und Herren um den »Großen Preis« wurden bereits am 9.–10. 3. durchgeführt.
Teiln. des Eish.-Turniers: BSchC – LTTC Rot-Weiß – Wiener EG – SC Riessersee.
Außerdem Schaulauf von Horst Faber, Lydia Veicht, Erich Zeller und Teilnehmern der Wettbewerbe.
Mär 23
20.00 Uhr. »Großer Preis«: Paare.
Eish.: LTTC Rot-Weiß – Wiener EG 4:3 (1:2, 2:1, 1:0).
Mär 24
10.30 Uhr. Eish.: Wiener EG – BSchC 7:3 (2:0, 5:2, 0:1).
14.30 Uhr. »Großer Preis«: Junioren-Damen, Kür.
15.00 Uhr. Eish.: SC Riessersee – LTTC Rot-Weiß 3:3 (2:1, 0:2, 1:0).
Mär 25
15.00 Uhr. Eish.: BSchC – SC Riessersee 1:1.
Mär 26
16.00 Uhr. Eish.: SC Riessersee – Wiener EG 2:0 (1:0, 1:0, 0:0.
20.00 Uhr. Eish.: LTTC Rot-Weiß – BSchC 1:0 (1:0, 0:0, 0:0).
Ergebnis des Eish.-Turniers: 1. LTTC Rot-Weiß, 2. SC Riessersee, 3. Wiener EG, 4. BSchC.
Ergebnisse der Wettbewerbe um die »Großen Preise«:
Paare: 1. Maxi Herber/Ernst Baier (Berlin) Plz 8/11,7 Pkte; 2. Geschwister Ilse und Erik Pausin (Wien) 14/11,6; 3. Inge Koch/Günther Noack (Berlin) 20/11,4; 4. Geschwister Ratzenhofer (Wien) 30/11; 5. Ria Baran/Paul Falk (Dortmund) 33/10,7; 6. Hintermaier/Dürschl (München) 49/9,11
Junioren-Damen: 1. Madeleine Müller (Wien) 11/138,7; 2. Grete Veit (Wien) 11/137,8; 3. Margit Roß (Berlin) 28/129,3; 4. Erika Haudeck (Wien) 31/129.
BLA 19.–20., 22., 24., 26.–27. 3.; Agr 24., 27.–28. 3.

Mär 28, 18.00 Uhr. Eishockey u. a.
V: BEG.
Kunstlauf von Koch/Noack u. a.
LTTC Rot-Weiß – Brandenburg 11:0 (4:0, 2:0, 5:0; Pokal des Sportpalastes, Endspiel).
BLA 29. 3.; LA SP 4019/145.

Mär 30, 20.30 Uhr. Boxen »Adolf Heuser – Jean Kreitz« u. a.
V: Göttert.
Bg: Hermann Heise (Hannover) – Hubert Offermanns (Neuß), Sieg Offermanns' durch Aufgabe (nach der 6. Rde).
Wg: Hans Heuser (Bonn) – Richard Stegemann (Berlin), unentschieden (6 Rdn).
Mg: Josef Besselmann (70 kg; Köln) – Walter von Büren (77 kg; CH), Sieg Besselmanns durch ko (1. Rde).
Hsg: Adolf Heuser (78,7 kg; Bonn) – Jean Kreitz (77,7 kg; Aachen), Sieg Kreitzs nach Pktn (12 Rdn; Deutsche Meisterschaft, Hf Kreitz).
Sg: Heinz Sendel (85 kg; Berlin) – Gustav Thieß (91,5 kg; Ludwigshafen), Sieg Sendels nach Pktn (8 Rdn).
Als zum Kampf Heuser – Kreitz *»das Urteil verkündet wurde, nach dem Kreitz nach Punkten gewonnen hatte, gab es im überfüllten Sportpalast viele, die der Meinung waren, daß dieses Urteil der Leistung Heusers nicht gerecht wurde. Nun stellt sich heraus, daß die Punktrichter [...] einen knappen Vorsprung für Kreitz herausgerechnet hatten, nämlich den Vorsprung von einem Punkt. Wie nun der Berufsverband Deutscher Faustkämpfer mitteilt, gibt es eine klare Entscheidung über die Wertung bei Meisterschaftskämpfen in den Satzungen des BDF nicht. So hat der Verband die Anordnung getroffen, daß der Kampf nicht als Meisterschaft gewertet wird. [...] Heuser [...] behält bis auf weiteres den Titel als Deutsche Meister im Halbschwergewicht«* (BLA 1. 4.).
»Von dem Boxkampf Heuser – Kreitz [...] hat die Tobis einen Film gedreht, der unter dem Titel ›Ring frei‹ vom heu-

tigen Freitag ab in 60 Berliner Lichtspielhäusern und im Reich in 110 Kopien zu laufen beginnt« (BLA 5. 4.).
BLA 23. 2.; 29.–31. 3.; 1., 5. 4.; BS 8/1940, 14/1940.

Mär 31. Konzert der Kriegsmarine
V: DAF, Abt. Wehrmacht.
Zugunsten des Kriegs-WHW. *»Das Rund des Podiums im Sportpalast erstrahlte in weißen Farben, ringsum leuchtete das Tuch der Kriegsflagge, vor den Notenpulten saßen die Musiker. Das Metall der Instrumente blinkte, dunkelblau grüßten die Uniformen. [...] Drei Musikkorps hatten sich vereint – 180 Musiker –, drei Dirigenten, Obermusikmeister Rath, Musikmeister Romberg und Musikmeister Siebenhaus, führten dieses stattliche Orchester [...] Kompositionen von Verdi, Richard Strauß und Wagner tönten so ausdrucksvoll, daß man glaubte, ein überdimensionales Sinfonieorchester vor sich zu haben. Der Höhepunkt des Abends war freilich das Spiel jener schneidigen, rassigen Marine Märsche, deren zündender Rhythmus ins Blut geht«* (BLA 1. 4.).
BLA 1. 4.; Agr 2. 4.

Apr 14 (?), 18.00 Uhr (?). Eishockey u. a.
V: BEG (?).
Zum Ausklang des Eissaison. Göta Stockholm – LTTC Rot-Weiß 4:3. Göta Stockholm – BSchC 1:1. Außerdem Kunstlauf.
Agr 16. 4.

Apr 17, abends. Kundgebung zur Eröffnung des »Kriegshilfswerks für das Deutsche Rote Kreuz«
Rd: Dr. Joseph Goebbels (Reichsmin., Gl).
Th: Rechenschaft über das Kriegs-WHW, *»Aufruf des Führers zum Kriegshilfswerk für das Deutsche Rote Kreuz«. »Tausende von Rote-Kreuz-Schwestern und -Helferinnen waren zur Verkündung des Kriegshilfswerk zusammengekommen«.*
BLA 18. 4.; Agr 19. 4.

Mai 3. Appell von jungen Offizieren und »Führeranwärtern«
Rd: Adolf Hitler (F.).
»Der Führer und Oberste Befehlshaber hatte am Freitag wieder 6000 junge Offiziere und Führeranwärter des Heeres, der Luftwaffe und der Waffen-SS im Sportpalast versammelt. In eindrucksvoller Ansprache stellte der Führer seinen jungen Kameraden die Aufgabe, die sie in der Front im Kampf um Sein oder Nichtsein unseres Volkes zu erfüllen haben. Generalfeldmarschall Göring beschloß den Appell mit einem Sieg=Heil auf den Führer. Die jungen Soldaten zeigten durch ihre begeisterten Heilrufe, daß sie ihren Obersten Befehlshaber verstanden haben« (BLA 4.5.).

Jun 13, abends. Kundgebung
V: Graufrauenschaft Berlin
Rd: Dr. Joseph Goebbels (Reichsmin., Gl), Gertrud Scholtz-Klink (Reichsfrauenf.).
Th:*»Helferinnen des Führers«, »Den Männern Waffen reichen bis zum Sieg«.*
»Die traditionelle Versammlungsstätte der Nationalsozialisten Berlins prankte im schönsten Schmuck. Die Rangborden waren mit rotem Tuch ausgeschlagen, das Podium leuchtete im Schmuck der Fahnen. Groß stand über der Front des Saales der goldene Hoheitsadler auf silberweißem Feld. Die Standarten waren einmarschiert, das Scheinwerferlicht glitzerte auf den golden blinkenden Spitzen der Fahnen, als eine Gruppe des weiblichen Fascio einmarschierte, die stürmisch von den Anwesenden begrüßt wurde. Jubelgrüße aber klangen Frau Scholtz-Klink, dem Reichsminister Dr. Goebbels und dem italienischen Botschafter Alfieri entgegen, die gemeinsam den Saal betraten. Es dröhnten die Melodien des Marsches ›Durch Großberlin marschieren wir‹ und der Gioinezza auf« (BLA 14.6.).

455 »Der Führer kommt« (Chr Sep 4).

Sep 4, nachmittags. Kundgebung zur Eröffnung des 2. Kriegswinterhilfswerks
V: NSV, Gau Berlin(?).
Rd: Dr. Joseph Goebbels (Reichsmin., Gl), Adolf Hitler (F.).
Th: *»Wie die Heimat mithilft«, »England wird niederbrechen«.*
»Kaum war der Beifall nach den Worten Dr. Goebbels verebbt, da intonierte die Musik den Badenweiler Marsch. Die Saaltüren flogen auf, und geleitet von dem Beauftragten für das Winterhilfswerk, Reichshauptamtsleiter Hilgenfeldt, erschien der Führer in Feldgrau. Jubel ohnegleichen empfing ihn, als er begleitet vom Reichsführer SS und Chef der deutschen Polizei Himmler, Reichsleiter Bormann und seinen persönlichen Adjutanten SA=Obergruppenführer Brückner und SS=Obergruppenführer Schaub durch die Saalmitte schritt, nach allen Seiten für die stürmischen Kundgebungen dankend. Sie erneuerten und verstärkten sich, als Reichsminister Dr. Goebbels den Gruß auf den Führer ausbrachte« (BLA 5. 9.).
BLA 5. 9.; Agr 6. 9.

Nov 3, 15.00 Uhr. Boxen »Walter Neusel – Heinz Lazek«
V: Gretzschel.
Wg: Kurt Bielski (66,8 kg; Solingen) – Fritz Quoß (61,5 kg; Königsberg), Sieg Bielskis durch ko (6. Rde).
Mg: Fritz Gahrmeister (73,4 kg; Königsberg) – Walter Müller (71,7 kg; Gera), Sieg Müllers nach Pktn (8 Rdn).
Mg: Josef Besselmann (70,4 kg; Köln) – Hein Wiesner (71,7 kg; Wien), Sieg Besselmanns nach Pktn (12 Rdn; Deutsche Meisterschaft, Hf Wiesner)
Hsg: Werner Hein (78 kg; Berlin) – Luigi Musina (78,5 kg; I), Sieg Musinas nach Pktn (6 Rdn).
Hsg: Heinz Seidler (79 kg; Berlin) – Girolamo Giusto (79,3 kg; I), Sieg Giustos durch ko (3. Rde).
Sg: Walter Neusel (92 kg; Bochum) – Heinz Lazek (86 kg; Wien), Sieg Lazeks nach Pktn (12 Rdn; Deutsche Meisterschaft, Hf Lazek).
»Der Sportpalast steht nun wieder den Boxern zur Verfügung. Bis auf den letzten Platz war dann auch diese alte, würdige Kampfstätte der Berufsboxer am Sonntag bei der groß aufgezogenen Veranstaltung besetzt, in deren Mittel-

punkt die Deutsche Meisterschaft im Schwergewicht stand« (BLA 4. 11.).
Das war die letzte Boxveranstaltung in diesem Jahr. Am 14. 11. meldet der BLA: *»Kein Berufsboxen gibt es in diesem Jahr mehr in der Reichshauptstadt. Die geplanten Veranstaltungen mußten fallen gelassen werden [...]«.*
BLA 24. 9.; 30. 10.; 1.–2., 4. 11.; BS 39/1940, 45/1940.

Nov, etwa ab 7. Eissport Training
»Berlins Hallen=›Eisszeit‹ hat begonnen. Am Nachmittag üben die Kunstläufer, abends stürmen die Eishockeyspieler im Training hinter der kleinen schwarzen Scheibe her. Wenn Ende nächster Woche der Sportpalast seine Winterpremiere hat, wollen alle, die Kämpfer und die Künstler der Eisarena, in bester Form sein. Am meisten Zeit zum Ueben haben die jüngsten Berliner Eisläuferinnen. [...] Rund ein Dutzend blutjunger Läuferinnen hat Berlin heute, die sich ohne Angst vor einer Blamage dem immerhin anspruchsvollen Sportpalastpublikum zeigen dürfen. Einige von ihnen sind vielversprechende Talente. Ob aber eine künftige Meisterin unter ihnen ist, wird erst die Zukunft lehren. Jedes Mädel hat natürlich die stille, glühende Hoffnung, einmal ein Liebling des ›Heubodens‹ zu werden, der, maßgebender als die Preisrichter, das Urteil über Erfolg oder Mißerfolg fällt. Nicht immer sachlich ist dieser ›Heuboden‹ mit seinen Pfiffen, seinen Zwischenrufen und seinem stürmischen Jubel, doch die spürbarste Macht. Sein Beifall krönt, seine Gleichgültigkeit ist der Verdammnis gleich. So mögen es jedenfalls kleine Eisläuferinnen, deren Herzen noch nicht von Routine gepanzert sind, empfinden« (BLA 10. 1.).

Nov 21, 15.00. Eiskunstlauf und Eishockey
V: BEG/Reichspropaganda-Amt Berlin.
Im Rahmen der Truppenbetreuung für alle Wehrmachtsteile Berlins. Kunstlauf von Bert Aschenbrenner, Anita Heinricht, Ulrich Kuhn, Gudrun Olbricht, Edith Schwabe, Gerda Strauch, Ingrid Wetscherek, Erich Zeller, Ehepaar Baier.
Eish.: LTTC Rot-Weiß – Brandenburg 6:0 (1 0, 2:0, 3:0).
BLA 7., 21.–22. 1.; Agr 9., 21. 1.

Nov 23–25, 16.00. Eiskunstlauf und Eishockey
V: BEG.
Eröffnung der Wintersaison. Kunstlauf von Bert Aschenbrenner, Erika Haudeck, Anita Heinricht, Ulrich Kuhn, Madeleine Müller, Gudrun Olbricht, Edith Schwabe, Gerda Strauch, Grete Veit, Erich Zeller, Ehepaar Baier.
Nov 23 *»Der Förderung des deutschen Kunstlaufnachwuchses sollen in diesem Jahre einige Klubkämpfe dienen. Den ersten Dreiklubkampf zwischen Berliner Schlittschuh=Club, Rot=Weiß und Wiener Eissport=Gemeinschaft gewannen die Juniorinnen des BSC vor den Wienerinnen und den Rot=Weißen. Grete Veit (Wien) belegte zwar den ersten Platz, ihre Klubkameradin Erika Haudeck wurde jedoch nur fünfte, so daß der zweite und dritte Platz der BSCerinnen Anita Heinricht und Edith Schwabe den Ausschlag für den Berliner Sieg gaben«* (BLA 24. 11.).
Eish.: BSchC – LTTC Rot-Weiß 2:1 (1:0, 1:1, 0:0).
Nov 24 Eish.: SC Riessersee – BSchC 4:1 (2:0, 1:0, 1:1).
Nov 25 Eish.: SC Riessersee – LTTC Rot-Weiß 2:1 (1:0, 0:0, 1:1).
BLA 23.–26. 1.

Dez 5 und 6–7. Eishockey und Eiskunstlauf
V: BEG (mit dem Reichspropaganda-Amt Berlin am 5.).
Kunstlauf von Ulrich Kuhn, Hanne Niernberger, Edi Rada, Erich Zeller, Stöhr/Hackl.
Dez 5, 16.00 Uhr Im Rahmen der Truppenbetreuung für alle Wehrmachtsteile Berlins. Berlin-Auswahl – Wien-Auswahl 6:1 (2:0, 2:0, 2:1).
Dez 7, 16.00 Uhr BSchC: Kaufmann (Tor); Dieker, Jaenecke (Vert.); Ball, George, Liener (Sturm A); Adler, Davidoff, Ertl (Sturm B).
BSchC – Wiener EG 5:0 (0:0, 2:0, 3:0).
Dez 8, 15.00 Uhr Brandenburg: v. Meerscheidt (Tor): Kollecker, Walter (Vert.); Hillmann, Seldte, Teske (Sturm A); Klopstich, Lück, Noack (Sturm B).
Wiener EG – Brandenburg 2:0 (0:0, 1:0, 1:0; Deutsche Meisterschaft 1941, Vorrunde).
BLA 28.10.; 27. 11.; 5.–9. 12.

Dez 19, mittags. Appell von Offiziersanwärtern
Rd: Adolf Hitler (F.).
»Der Führer und Oberste Befehlshaber der Wehrmacht sprach heute mittag im Sportpalast zu 5000 Offiziersanwärtern des Heeres und der Luftwaffe sowie Funkern der Waffen=SS, die vor ihrer Beförderung zum Offizier stehen und nun nach Abschluß ihrer Ausbildung wieder zu ihren Feldtruppenteilen gehen. In einer packenden und mitreißenden Ansprache gab der Führer den jungen Soldaten die Parole für ihre spätere Aufgabe als Vorgesetzte in der nationalsozialistischen Wehrmacht und die Ausrichtung ihres Lebens« (BLA 19. 2.).

Dez 25–27. Eishockey u. a.
V: BEG.
Kunstlauf von Ulrich Kuhn, Gudrun Olbricht, Ehepaar Baier, Geschwister Pausin, Schülke/Grammatikoff u. a.
Göta Stockholm: Karlberg (Tor); Aleberg, Eriksson (Vert.); Liljeberg, Lindquist, Wernstedt (Sturm A); Karlsson, Jihde, Petersson (Sturm B); Jöhnke, Waldenkampf (Ersatz).
BSchC: Kaufmann, Rohde (Tor); Dieker, Jaenecke (Vert.); Ball, George, Liener (Sturm A); Adler, Davidoff, Ertl (Sturm B); Frickert (Ersatz).
LTTC Rot-Weiß: Hoffmann (Tor); Hoppe, Kelch I (Vert.); Nowak, Schwarz, Trautmann (Sturm A); Kelch II, Lortzing, Schneider (Sturm B); Neumann, Proksch (Ersatz).
Dez 25. 15.30 Uhr Göta – LTTC Rot-Weiß 1:0.
Dez 26, 15.30 Uhr BSchC – Göta 3:1 (2:0, 1:1, 0:0).
Dez 27, 16.00 Uhr BSchC – Göta 0:0.
BLA 10., 19., 22., 25., 27.–28. 12.; Agr 25/26/27. 12.

1941

Jan 11–13. Eishockey u. a.«
V: Rpropamt/BEG (mit KdF am 13. 1.).
Kunstlauf von Horst Faber, Benno Faltermeier, Anita Heinricht, Ulrich Kuhn, Lydia Veicht, Baran/Falk u. a.
Jan 11, 16.15 Uhr Wiener EG – Brandenburg 7:3 (3:1, 2:1, 2:1; Freundschaftsspiel).
Jan 12, 15.30 Uhr Wiener EG – VfB Königsberg 2:1 (0:0, 2:1, 0:0; Deutsche Meisterschaft, Vorrunde).
Jan 13, 15.00 Uhr KdF-Veranstaltung. Berlin (A) – Berlin (B) 6:3 (0:2, 1:0, 5:1).
BLA 6., 11.–14. 1.

Jan 17–19. Eishockey u. a.
V: Rpropamt/BEG (mit KdF am 18.–19. 1.).
Kunstlauf von Inge Jell, Ulrich Kuhn, Martha Musilek, Erich Zeller, Strauch/Noack u. a.
Jan 17, 15.00 Uhr Im Rahmen der Truppenbetreuung für alle Wehrmachtsteile Berlins. LTTC Rot-Weiß – TSC Weißwasser 16:0 (5:0, 5:0, 6:0; Deutsche Meisterschaft, Vorrunde).
»Im Berliner Sportpalast waren am Freitag rund 10000 Soldaten des Standortes Berlin zu Gast. Für viele von ihnen mag es etwas ganz Neues gewesen sein, was sich dort auf der Eisfläche abspielte; viele hatten vielleicht vorher überhaupt noch keine Bekanntschaft mit dem Eissport in dieser Form gemacht. Wie dankbar sie den schönen Nachmittag [...] aufnahmen, das konnte man an dem unermüdlichen Beifall für jede Leistung erkennen« (BLA 18. 1.).
Jan 18, 16.00 Uhr KdF-Veranstaltung. BSchC – Berlin-Auswahl 2:2.
Jan 19, 15.00 Uhr KdF-Veranstaltung. LTTC Rot-Weiß – Kagenfurter ASC 8:1 (3:0, 3:0, 2:1; Deutsche Meisterschaft, Vorrunde).
BLA 17.–19. 1.; Agr 21. 1.

Jan 26, 15.00 Uhr. Eishockey u. a.
V: Rpropamt.
Für die Berliner HJ. *»Die Eishockeymannschaften der Gebiete Berlin, Hamburg, Sachsen und Mittelland stehen sich in den Gruppenkämpfen für die deutsche Jugendmeisterschaft, die bei den Reichswinterkampfspielen der HJ in Garmisch=Partenkirchen entschieden werden, gegenüber«* (BLA 26. 1.).
»Die Obergaumeisterschaft im Kunstlaufen gewann natürlich Gudrun Olbricht, die ja auch Meisterin von Berlin=Brandenburg ist. Bei den Jungmädeln fiel der erste Preis an Brigitte Zopf (Rot=Weiß)« (BLA 27. 1.).
BLA 26.–27. 1.; Agr 28. 1.

Jan 30, 16.00 Uhr. Kundgebung zum »achten Jahrestag der nationalsozialistischen Revolution«
V: NSDAP, Gau Berlin.
Rd: Adolf Hitler (F.).
Th: *»Das Jahr der Neuordnung Europas«, »Mit allen Kräften gegen England«.*
»Die Rede des Führers am 30. Januar wurde von 667 Sendern in folgenden Ländern übernommen: Deutschland, Italien, Holland, Belgien, Frankreich, Norwegen, Dänemark, Finnland, Ungarn, Bulgarien, Jugoslawien, Schweiz, Slowakei, Argentinien, Uruguay, Vereinigte Staaten von Nordamerika, Japan. Außerdem übertrug der deutsche Rundfunk mit seinen Sendern und Richtstrahlern die Rede in 26 verschiedene Sprachen und zwar in: Italienisch, Englisch, Griechisch, Serbisch, Französisch, Tschechisch, Slowakisch, Ungarisch, Rumänisch, Bulgarisch, Kroatisch, Slowenisch, Spanisch, Portugiesisch, Finnisch, Holländisch, Dänisch, Schwedisch, Norwegisch, Türkisch, Africaans, Arabisch, Maghrebinisch, Iranisch, Hindostani und Malaiisch« (Agr 1. 2.). Die Übertragung wurde abends um 20.00 Uhr durch den deutschen Rundfunk wiederholt, außerdem am 31. 1. um 12.00 Uhr.
»Am Tag der Nationalen Erhebung steht die Reichshauptstadt im Banne der Führerrede. Bereits in den frühen Nachmittagsstunden fallen im Straßenbild neben dem Feldgrau der Wehrmacht die Uniformen der Partei und ihrer Gliederung auf. Wer es irgend ermöglichen kann und wer nicht das Glück hat, der Kundgebung selbst beizuwohnen, versucht, die Rede bereits um 16.30 Uhr am Lautsprecher mitzuerleben. Für all die vielen schaffenden Volksgenossen, für die es am Nachmittag keine Arbeitspause gibt, wiederholt der deutsche Rundfunk die Rede um 20.20 Uhr« (Agr 31. 1.).
»Die Begeisterung, die im Sportpalast herrschte, als der Führer zum Schluß von der Kraft der deutschen Gemeinschaft sprach und die Hoffnung zum Ausdruck brachte, daß der Herrgott im kommenden Jahr uns nicht verlassen

(Preis 50 Pfennig)
DIE
SPORT-ARENA
EISSPORT-PROGRAMM / SPORT-PALAST
Berlin W 35, Potsdamer Straße 170-172
TAG
DER BERLINER PAARE
mit dem
Weltmeisterpaar Maxi Herber - Ernst Baier
Berliner Schlittschuh-Club
Gerda Strauch - Günther Noack
T. T. C. Rot-Weiß - Berliner Schlittschuh-Club
Ria Baran - Paul Falk
Berliner Schlittschuh-Club
und
Ursula Schülke - Peter Grammatikoff
Post-Sportverein
Sonnabend, 1. Februar • 16 Uhr
Veranstalter: Berliner Eissport-Gemeinschaft im NSRL.

456 Programmheft (Chr Feb 1); VWA.

werde, gab Kunde von dem unzerreißbaren Band, das Führer und Nation verbindet. Die Welt hat in fassungslosem Staunen im vergangenen Jahre erlebt, was deutsche Kraft und Entschlossenheit in der Hand eines genialen Führers vermögen. Die Kundgebung im Berliner Sportpalast am 3. Januar 1941 wurde zu einem solchen Ausdruck der Stärke, daß sie die Welt nicht wird übersehen können« (BLA 31.1.).
BLA 31. 1.; Agr 31. 1.; 1. 2.; Hitler, Freiheitskampf II, S. 195–223.

Feb 1–3. Eishockey u. a.
V: Rpropamt.
Kunstlauf von Hans-Günter Lafeld (LTTC Rot-Weiß), Herber/Baier, Baran/Falk (BSchC), Schülke/Grammatikoff, Strauch/Noack u. a.
NST Komotau: Klemm (Tor); Prinz Hohenlohe, Skalitzky (Vert.); Leitner, Hein, Grundmann (Sturm A); Fischer, Ulrich, Stermetz (Sturm B).
LTTC Rot-Weiß: Hoffmann (Tor); Trautmann, Schibukat (Vert.); Kelch, Lortzing, Kühn (Sturm A); Proksch, Nowak, Schneider (Sturm B).
Feb 1, 16.00 Uhr *»Tag der Berliner Paare«* LTTC Rot-Weiß – NST Komotau 9:1 (5:0, 1:1, 3:0).
Feb 2, 15.00 Uhr BSchC – NST Komotau 6:0 (3:0, 2:0, 1:0; Deutsche Meisterschaft, Vorrunde):
Feb 3, 17.00 Uhr Berlin-Auswahl – VfL Brandenburg 6:1 (1:0, 3:0, 2:1).
BLA 21. 1.; 1.–4. 2.; Ph (zum 1. 2.; Longino).

Feb 6. Vortrag von Kapitänleutnant Joachim Schepke
V: NSLB.
»Joachim Schepke, der in wenigen Wochen sein 29. Lebensjahr vollenden wird, hat im vergangenen Jahre zum ersten Male ein U=Boot als Kommandant führen können. [...] Schon im September 1940 verlieh ihm der Führer das Ritterkreuz, als er insgesamt 26 Schiffe mit zusammen 122443 BRT versenkt hatte. Bei der Bekanntgabe dieser Verleihung wurde besonders hervorgehoben, daß diese Leistung dem frischen Unternehmungsgeist und der besonderen Tüchtigkeit dieses jungen Offiziers zu verdanken sei, der zunächst als Kommandant eines kleinen Bootes in der Nordsee und dann auf zwei Unternehmungen im Atlantik diese erfreulichen Erfolge erzielt hatte. Dabei hatte er von 15 im Atlantik versenkten Dampfern allein 13 aus Geleitzügen herausgeschossen. Als er insgesamt 40 Schiffe mit 208975 BRT versenkt hatte, verlieh ihm der Führer am 20. Dezember 1940 das Eichenlaub zum Ritterkreuz, das bis dahin in der Kriegsmarine nur Kapitänleutnant Prien und Kapitänleutnant Kretschmer trugen. [...] Seine Ergebnisse auf U=Booten am Feind werden sie [die Berliner] begeistern und ihnen gleichzeitig ein Bild von den Schwierigkeiten geben, unter denen die Erfolge der U=Boote im Kampf gegen England erstritten werden müssen« (BLA 5. 2.).

Feb 11, abends. »Generalappell sämtlicher Betriebsführer und DAF=Walter und =Warte der Kreiswaltung IV der Deutschen Arbeitsfront«
V: DAF, Kreis IV.
Rd: Dr. Joseph Goebbels (Reichsmin., Gl), Alfred Spangenberg (Gauobmann).
Th: *»Auf den Führer vertrauen! Er wird uns den richtigen Weg führen!«, »Mit unsern Fahnen ist der Sieg!«*
Mitw.: Werkmusikzug.
»So verlieh schon der äußere Schmuck des Saales dem Sportpalast Bild und Gepräge einer großen Stunde. Das Podium war umglitzert von hellem Silbertuch. Im Hintergrunde thronte auf weißem Sockel die strahlende Plastik des Hoheitszeichens, leuchtend vor rotem Tuchgrund. Grüne Girlanden umwoben Wände und Ränge. Doch festlicher noch war der Anblick der Abertausende von Menschen, die in der frühen Abendstunde in größerer Zahl zum Sportpalast geströmt waren, als der Riesenraum fassen konnte« (BLA 12. 2.).

Feb 16, 15.30 Uhr. Boxen »Karl Blaho – Carl Andersen«
V: Göttert.
Fdg: Ernst Weiss (57 kg; Wien) – Fernando Tagliatti (57 kg; I), Sieg Weiss' nach Pktn (8 Rdn).
Lg: Karl Blaho (61 kg; Wien) – Carl Andersen (61 kg; DK), Sieg Blahos nach Pktn (15 Rdn; Europameisterschaft, Hf Andersen).
Hsg: Jean Kreitz (80,5 kg; Aachen) – Girolamo Giusto (78,1 kg; I), Sieg Kreitzs nach Pktn (12 Rdn).
Sg: Heinz Sendel (86,2 kg; Berlin) – Luigi Musina (80 kg; I), Sieg Musinas nach Pktn (8 Rdn).
Einleitung (Wg): Hans Heuser (65 kg; Bonn) – Josef Hampeis (64,1 kg; Wien); Sieg Heusers nach Pktn (6 Rdn).
BLA 11., 14., 16.–17. 2.; BS 7/1941.

Feb 22–24. Eishockey u. a.
V: Rpropamt.
Kunstlauf von Benno Faltermeier, Franzl Loichinger, Lauer/Waldeck, Geschwister Pausin u. a.
Feb 22, 17.00 Uhr Finnland (NM) – BSchC/LTTC Rot-Weiß 1:0 (0:0, 0:0, 1:0).
Feb 23, 16.00 Uhr BSchC – Finnland (NM) 5:3 (4:2, 1:1, 0:0).
»Vielseitig war das Programm, das die Geschwister Pausin diesmal zeigten. Nach ihrer Kür gaben sie ihre artistisch gefärbten Sondervorführungen zum besten, dann folgte ein tänzerisch betontes ›Largo furioso‹, und zuletzt erhielten sie noch einmal stürmischen Beifall (ferner die unvermeidlichen Blumensträußchen und süßen Gaben) für ihren Tanz der Kontraste. Gut gefiel auch das Dortmunder Paar Lauer=Waldeck, im 30=Runden=Paarlaufen siegten Egerland=Köhler (Rot=Weiß). Benno Faltermeier, der Münchener Spaßmacher auf dem Eise, erzielte komische Effekte durch seine Kostümierung als Dirigent (Eine Frage nur am Rande: Warum gerade Dirigent?) und zeigte wirklich witzige Einfälle bei seinen Kämpfen mit dem Schatten und der Eishockeyscheibe« (BLA 24. 2.).
Feb 24, 17.00 Uhr Finnland (NM) – LTTC Rot-Weiß 5:4 (1:1, 2:0, 2:3).
BLA 15., 18., 22.–25. 2.; Agr 11. 2.

Mär 7–9. Eissport »Dreistädtekampf Berlin – Wien – München« u. a.
V: Rpropamt.
Der Wettbewerb hatte auf dem Eisstadion Friedrichshain mit Schnellauf begonnen und wurde nun mit Eiskunstlauf und Eishockey im Sportpalast weitergeführt.
Außerdem Schaulaufen von Horst Faber, Benno Faltermeier, Lydia Veicht, Herber/Baier, Baran/Falk, Geschwister Pausin u. a.
Mär 7
17.00 Uhr. Kunstlauf, Paare. Eish.: München – Berlin 4:2 (0:1, 3:1, 1:0).
Mär 8
9.00 Uhr. Kunstlauf: Damen, Pflicht.
12.00 Uhr. Kunstlauf: Herren, Pflicht.
17.00 Uhr. Kunstlauf: Damen, Kür. Eish.: München – Wien 3:1 (1:1, 1:0, 1:0).
Mär 9
10.00 Uhr. Veranstaltung für die Wehrmacht.
Kunstlauf: Herren, Kür. Eish.: SC Riessersee – Berlin-Auswahl 7:0 (1:2, 2:1, 4:3).
16.00 Uhr. Kunstlauf: *»Parade der Besten«*. Eish.: Berlin – Wien 6:0 (2:0, 2:0, 2:0).
Ergebnisse des Kunstlaufs:
Damen: 1. Lydia Veicht (München) Plz 5/302,2 Pkte; 2. Martha Musilek (Wien) 10/293,6; 3. Inge Jell (München); 4. Grete Veit (Wien).
Herren: 1. Horst Faber (München) 5/299,1; 2. Ulrich Kuhn (Berlin) 11/287,2; 3. Erich Zeller (Berlin); 4. Helmuth May (Wien).
Paare: 1. Herber/Baier (Berlin) 11,7 Pkte; 2. Geschwister Pausin (Wien) 11,4; 3. Strauch/Noack (Berlin) 11,2; 4. Jurczak/Hauser (Wien) 9,9; 5. Schmidt/Ramboldt (München) 9,6; 6. Saar/Parstorfer (München) 9,3.
Gesamtergebnis des Städtekampfes: 1. Berlin 55 Pkte; 2. München 44; 3. Wien 35.
BLA 18. 2.; 4., 7.–10. 3.

Mär 10, 17.00 Uhr. Eishockey u. a.
V: Rpropamt.
Kunstlauf wie Mär 7–9. LTTC Rot-Weiß – Berlin-Auswahl 9:2 (1:0, 1:2, 7:0).
BLA 11. 3.

Mär 12, 17.30 Uhr. Eishockey
V: Rpropamt.
LA SP 4019/189.

Mär 15–16. Eishockey
V: Rpropamt.
Mär 15, 18.00 Uhr Steglitzer TC – THC Borussia 99.
Mär 16, 10.30 Uhr Astoria – Sieger von Mär 15.
BLA 15.–16. 3.; LA SP 4019/189.

Mär 23, 10.30 Uhr. Eishockey
V: Rpropamt.
BSchC – Astoria.
BLA 23. 3.; LA SP 4019/189.

Mär (26) und 28–31. Eishockey »Internationales Turnier um den Preis des Reichssportführers« und Eiskunstlauf um die »Großen Preise der Reichshauptstadt«
V: Rpropamt.
Eish.: Budapest-Auswahl – HC Davos – Hammarby Stockholm – BSchC – LTTC Rot-Weiß – VfL Brandenburg.
Kunstlauf: *»Deutschlands beste Kunstlauf=Klasse wird sich in den ›Großen Preisen der Reichshauptstadt‹ treffen. Für die Prüfung der Frauen hat Reichsminister Dr. Goebbels den Preis gegeben, die Paare kämpfen um den Preis des Reichsministers Dr. Frick und den Wanderpreis des Oberbürgermeisters von Berlin. Auch die besten Männer sind beteiligt«* (BLA 26. 3.).
Außerdem Schaulauf (und Eistanz) von Horst Faber, Ulrich Kuhn, Lydia Veicht, Herber/Baier, Baran/Falk, Rahlén/Mothander (S) u.a.
Mär 26
19.00 Uhr. Eish.: LTTC Rot-Weiß – VfL Brandenburg 6:1 (2:0, 2:0, 2:1; im Rahmen einer Klubveranstaltung).
Mär 28
17.00 Uhr. Kunstlauf: Paare.
Eish.: HC Davos – BSchC 7:2 (2:1, 2:0, 3:1).
Mär 29
10.00 Uhr. Veranstaltung für die Wehrmacht.
Kunstlauf: Herren. Eish.: HC Davos – Budapest 1:1.
17.00 Uhr. Kunstlauf: Damen. Eish.: LTTC Rot-Weiß – Hammarby 1:1.
Mär 30
10.00 Uhr. KdF-Veranstaltung. Eish.: Hammarby – Brandenburg 8:0 (2:0, 2:0, 4:0).
16.00 Uhr. Eish.: BSchC – Budapest 3:1 (1:0, 2:0, 0:1).
Mär 31
17.00 Uhr. Eish.: HC Davos – Hammarby 4:2 (1:1, 1:0, 2:1; Endspiel des Turniers).
»Zwei Schnellauf=Wettbewerbe beschlossen den Abend. Im Frauen=Einzellauf über 14 Runden siegte die Wienerin Lucie Mertz vor den beiden Berlinerinnen Annelies Schorr und Edith Casimir. Im Männer=Mannschaftslauf über 30 Runden gewannen Wazulek (Wien) und Sandner (München) vor May=Schmidt (BSC) und Egerland=Köhler (Rotweiß).« (BLA 1. 4.).
Ergebnisse des Kunstlaufs:
Damen: 1. Lydia Veicht Plz 7/315,7 Pkte; 2. Martha Musilek 15/306,8; 3. Inge Jell 39/286,9; 4. Madeleine Müller.
Herren: 1. Horst Faber; 2. Ulrich Kuhn; 3. Helmuth May.
Paare: 1. Herber/Baier Plz 7,5/11,7 Pkte; 2. Geschwister Pausin 15/11,3; 3. Strauch/Noack; 4. Rahlén/Mothander (S); 5. Baran/Falk.
BLA 26., 28.–31. 3., 1. 4.

Apr 6, 16.00 Uhr. Eissport-Werbeveranstaltung mit dem »Bereichsmeisterschaften Berlin-Brandenburg« im Eiskunstlauf
V: Rpropamt.
Bereichsmeisterschaften:
Damen: 1. Gudrun Olbricht (BSchC) Plz 3/205,7 Pkte; 2. Anita Heinricht (BSchC 7/189,5; 3. Edith Schwabe 8/185,5.
Herren: 1. Erich Zeller (LTTC Rot-Weiß) 4/218,5; 2. Ulrich Kuhn (LTTC Rot-Weiß) 5/218,6; 3. Bert Aschenbrenner (BSchC) 9/187,7.
Paare: 1. Gerda Strauch/Günter Noack (LTTC Rot-Weiß/BSchC) 4/11,3; 2. Ria Baran/Paul Falk (BSchC) 5/11.
Eish.: LTTC Rot-Weiß – BSchC 7:1 (3:0, 2:0, 2:1; Freundschaftsspiel).
BLA 7. 4.

Apr 13–14, 16.00 Uhr. Eishockey u.a.
V: Rpropamt.
Kunstlauf von Sonja Fuhrmann, Anita Heinricht, Inge Jell, Ulrich Kuhn, Gudrun Olbricht, Lydia Veicht, Ingrid Wetscherek, Erich Zeller, Baran/Falk, Geschwister Pausin, Rahlén/Mothander, Strauch/Noack u.a.*»Für eine heitere Note sorgt das in Berlin gut bekannte schwedische ›Pferd‹ Vanja«.*
Apr 13 Göta Stockholm – LTTC Rot-Weiß 4:3 (0:0, 3:2, 1:1).
Apr 14 Göta Stockholm – BSchC 1:1.
BLA 8., 12.–15. 4.

Apr 30, mittags. Appell von Offiziersanwärtern
Rd: Adolf Hitler (F.).
»Der Führer und oberste Befehlshaber der Wehrmacht hatte wieder die vor der Beförderung stehenden Offiziersanwärter des Heeres, der Kriegsmarine, der Luftwaffe und der Waffen=SS zum Appell befohlen. Von den annähernd 9000 jungen Soldaten, die zum Teil schon Zeichen höchster Bewährung vor dem Feinde abgelegt haben, sprach der Führer [...] über ihre Pflichten und Aufgaben in der nationalsozialistischen Wehrmacht. [...]« (Agr 30. 4.).
BLA 30. 4.; Agr 30. 4.

Jun 10, nachmittags. Kundgebung der HJ
V: HJ/OKM.
Rd: Artur Axmann (Reichsjugendf.), Erdmenger (Korvettenkapitän), Warzecha (Vizeadmiral, Chef des Allgemeinen Marinehauptamtes).
»›Kampf der Kriegsmarine gegen England‹ war das Thema einer Großveranstaltung der Hitlerjugend [...] Fanfarenruf grüßte den Reichsjugendführer Axmann bei seinem Eintreffen. Mit den Fahnen der Hitler=Jugend wehten beim Einmarsch die Flagge eines Zerstörers aus dem Verband des vor Narvik gefallenen Kommodore Bonte und zwei U=Boot=Flaggen, die die zur dieser Kundgebung aufmarschierte Ehrenkompanie mit sich führte. Nachdem der K=Führer des Gebiets Berlin, Oberbannführer Bayer, die Kundgebung eröffnet hatte, ergriff zunächst Vizeadmiral Warzecha, der Chef des Allgemeinen Marinehauptamtes, das Wort. Er dankte dem Reichsjugendführer für die Aktion ›Frontkämpfer sprechen zur Jugend‹: Nichts sei geeigneter, die Jugend mit wehrhaftem Geiste zu erfüllen, als die Schilderungen bewährter Frontkämpfer. An die Jungen gewandt, umschrieb der Admiral in eindrucksvollen Worten den vielfältigen und erfolgreichen Einsatz unserer Schlachtschiffe und Kreuzer, unserer Zerstörer, unserer Torpedo= und Schnellboote, unserer U=Bootswaffe und der Hilfskreuzer. Am Ende dieses Ringens steht der deutsche Sieg« (BLA 11. 6.).

Jun 18, abends. Konzert der Accademia di Musica della G. I. L.
V: Reichsjugendführung.
Dirigent: Emilio Tufacchi.
»Das Podium des Berliner Sportpalastes war am Mittwochabend gefüllt von Notenpulten, an denen junge, braungebrannte Musiker saßen. Jungen in schwarzer Uniform, mit weiß leuchtendem Lederzeug. Ueber ihnen, in der Höhe der Stirnwand des Saales, leuchteten die goldenen Embleme des faschistischen Liktorenbündels und des Hakenkreuzes. Wenn die Musiker in den dicht gefüllten Saal blickten, sahen sie Wogen von Fahnen der italienischen und der deutschen Nation, die von der Höhe der Decke niederwallten. Die Zuhörer waren Mädel vom BDM, Jungen der Hitler=Jugend, Rüstungsarbeiter, Kriegsbeschädigte und Verwundete des jetzigen Krieges – eingeladen durch die Reichsjugendführung, die auch diesmal Hausherr im Sportpalast war [...] Junge Musiker, 14 bis 21jährige Mitglieder der berühmten, durch Mussolini begründeten Musischen Schule, die alle musikalischen Talente Italiens ausgewählt hat. Auch der Dirigent [...] ist erstaunlich jung. Er dirigierte auswendig, und man spürte bei dem ersten Akkord: so musiziert eine Musikgemeinschaft, die nicht nur miteinander probt und übt, die zusammenlebt« (BLA 19.6.).

Okt 3, 17.00 Uhr. Kundgebung zur Eröffnung des 3. Kriegswinterhilfswerks
V: NSV, Gau Berlin (?).
Rd: Dr. Joseph Goebbels (Reichsmin., Gl), Adolf Hitler (F.).
»Nach dem eindrucksvollen Rechenschaftsbericht, den Dr. Goebbels im Sportpalast über das letzte Kriegswinterhilfswerk erstattete, ergriff – von einem Jubel ohnegleichen umbraust – der Führer das Wort, um ein Bekenntnis zu der Größe der Gemeinschaftsleistung von Front und Heimat abzulegen. Der Führer unterstrich, daß der unwiderstehliche Kampfesmut der deutschen Soldaten und die beharrliche Opferbereitschaft der Heimat den endgültigen Sieg in diesem entscheidensten aller Kriege gewährleisteten« (Agr 5. 10.).
»Punkt 17 Uhr betritt [...] Dr. Goebbels, von lebhaftem Beifall begrüßt, die alte Kampfstätte der Berliner Nationalsozialisten, wo inzwischen auf der mit immergrünem Gewächs geschmückten Tribüne führende Männer von Partei und Staat, unter ihnen [...] Dr. Ley, die Minister Rosenberg, Rust, Todt, Lammers Platz genommen haben. Nach kurzen einleitenden Worten bittet Oberbefehlsleiter Hilgenfeldt den Minister, den Rechenschaftsbericht über das Kriegswinterhilfswerk 1940/41 zu erstatten. [...] Und dann kommt der Führer. Wie immer in den Minuten kurz vor seinem Erscheinen, liegt eine spannunggeladene Stille über dem weiten Riesenrund. Aller Augen sind auf den Eingang gerichtet, wo gleich – es ist 1 Minute vor 1/2 6 Uhr nachmittags den 3. Oktober 1941 – der Mann im einfachen Rock des Soldaten den Saal betreten wird. Der Badenweiler Marsch klingt auf, und dann ist er mitten unter uns, unser geliebter Führer, und ein Schrei aus tausend und aber tausend Herzen umfängt ihn. Endlich, nach langen, schicksalschweren Wochen, hören wir wieder seine vertraute Stimme« (Agr 5. 10.).

Nov 8–9. Eishockey u.a.
V: Rpropamt.
Eröffnung der Eissport-Saison 1941/42. Kunstlauf von Bert Aschenbrenner, Anita Heinricht, Ulrich Kuhn, Hanne Niernberger, Gudrun Olbricht, Margit Roß, Carla Schwennicke, Ingrid Wetscherek, Erich Zeller, Herber/Baier, Geschwister Pausin, Strauch/Noack.
Nov 8, 16.30 Uhr Zugunsten des WHW. BSchC – SC Riessersee 5:1 (1:1, 1:0, 3:0).
»Mit einem ebenso umfangreichen wie interessanten Programm ist gestern die neue Berliner Eissportzeit im Sportpalast eröffnet worden. Es war ein schöner Gedanke, diese Premiere zugunsten des Kriegs=WHW durchzuführen. Wie Reichshauptamtsleiter Wächter, der Führer der Berliner Eissportgemeinschaft, bei einer vorangehenden Kaffeetafel für 150 Verwundete mitteilte, konnten von dieser ausverkauften Veranstaltung 26 000 RM an das Kriegs=WHW als Reingewinn abgeführt werden. Reichskulturwalter Hinkel übermittelte den Dank der eingeladenen Verwundeten« (BLA 9. 11.).
Nov 9, 16.00 Uhr SC Riessersee – LTTC Rot-Weiß 4:1 (1:0, 1:1, 2:0).
BLA 23. 10., 9.–10. 11.

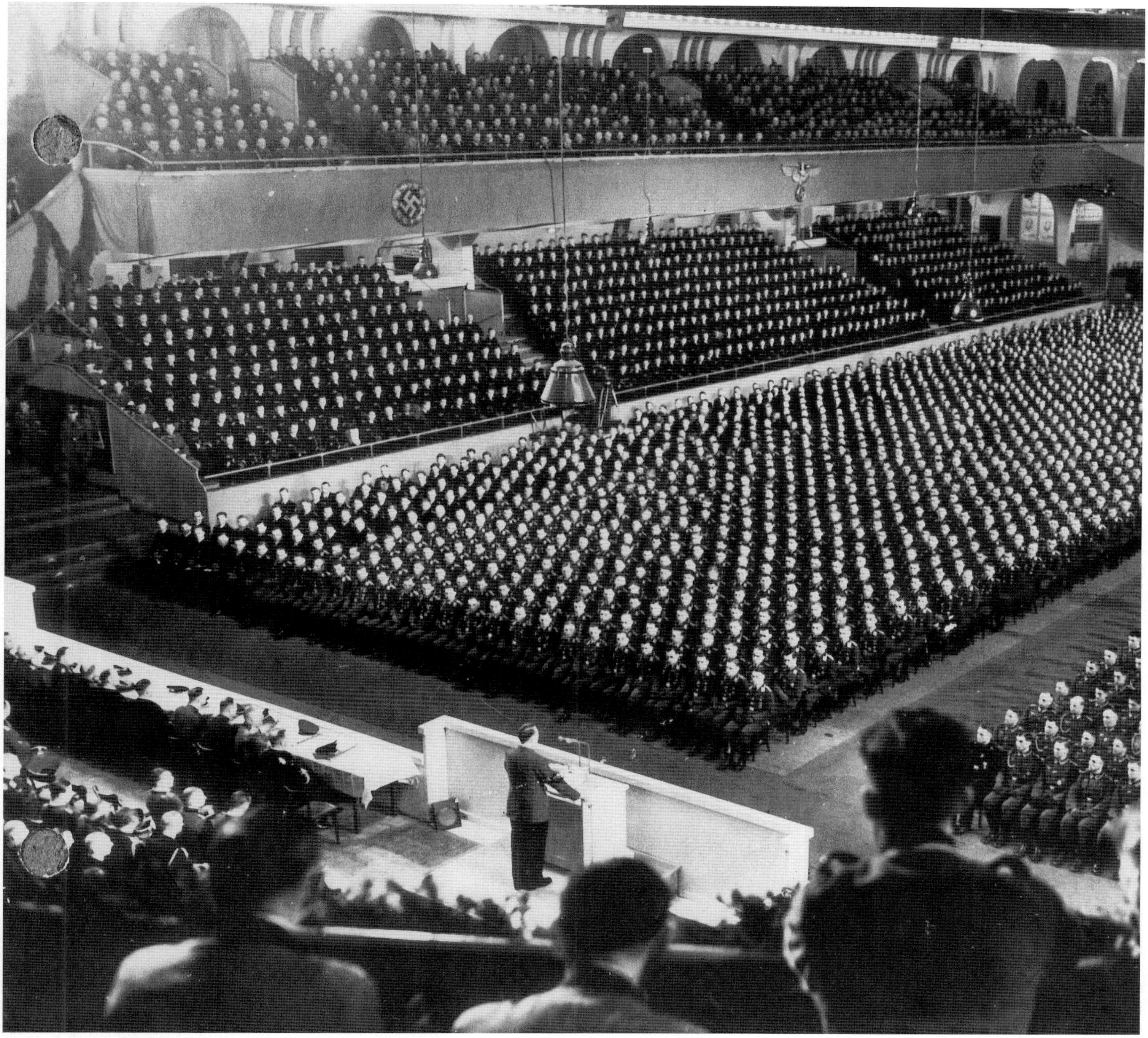

457 Apell von Offiziersanwärtern (Chr Apr 30).

Nov 15–17. Eishockey u. a.
V: Rpropamt.
Kunstlauf von Ulrich Kuhn, Gudrun Olbricht, Edith Schwabe, Carla Schwennicke, Grete Veit, Erich Zeller, Geschwister Pausin, Schülke/Grammatikoff u. a.
Nov 15
16.30 Uhr. LTTC Rot-Weiß – HC Mailand 4:1 (0:1, 1:0, 3:0).
Nov 16
10.30 Uhr. VfL Brandenburg – HC Mailand 4:0.
»Zu der für den Vormittag vorgesehenen Begegnung zwischen HC Mailand und ›Brandenburg‹ kam es nicht, da sich die Gäste verständlicherweise für den schweren Kampf gegen den Schlittschuh=Club am Nachmittag ausruhen wollten. So stellte Mailand nur drei Ersatzspieler für eine in Mailänder Pullovern antretende Mannschaft, der sechs, später (nach Verletzung des Mailänder Torwarts) gar sieben Berliner angehörten« (BLA 17. 11.).
16.00 Uhr. BSchC – HC Mailand 11:1.
Nov 17
16.30 Uhr. Eish.: (?)
BLA 15.–17. 11.

Nov 22. Kundgebung »für die in Deutschland tätigen ausländischen Arbeiter«
V: DAF.
Rd: Dr. Robert Ley (Reichsorganisationsl.), Otto Marrenbach (Oberbefehlsl.), Mende (Oberbereichsl., L. des Amtes für Arbeitseinsatz der DAF).
Th.: *»Europa ist unbesiegbar«*, Der *»Einsatz und die Betreuung der in Deutschland tätigen Arbeiter«*.
»Tausende von fremdländischen Arbeitern, an der Spitze die des befreundeten Italiens und des verbündeten Finnland, Kroatien, Rumänien, der Slowakai und von Ungarn

sowie die Arbeiter aus Bulgarien, Dänemark, Flandern, Frankreich, den Niederlanden, Norwegen, Spanien und Wallonien waren Zeugen einer Feierstunde, die mitten im gewaltigen Geschehen eines erbitterten Kampfes an den Fronten schon die Gewißheit einer kontinentalen Befriedung in sich barg« (Agr 23. 11.).

Nov 24, 16.30 Uhr. »Eissportfest der Jugend«
Wurde auf Dez 1 verlegt.
BLA 24. 11.

Nov 28–30. Eishockey u. a.
V: Rpropamt.
Kunstlauf (und Eistanz) von Ulrich Kuhn, Martha Musilek, Gudrun Olbricht, Edi Rada, Erich Zeller, Baran/Falk, Stöhr/Hackl, Strauch/Noack u. a.
Nov 28, 15.00 Uhr Eish.: (?)
Nov 29, 16.30 Uhr Södertälje (S) – BSchC 1:1 (1:0, 0:0, 0:1).
Nov 30, 16.00 Uhr Södertälje (S) – LTTC Rot-Weiß 4:0 (3:0, 0:0, 1:0).
BLA 15., 19., 23., 30. 11.; 1. 12.

Dez 1, 16.30 Uhr. »Eissportfest der Jugend«
V: Rpropamt.
Eish.: Gebietsmannschaft A – B 7:1.
Kunstlauf: Clubkampf der Mädchen: 1. BSchC 10 Pkte; 2. LTTC Rot-Weiß 8; 3. SC Riessersee 3.
Das Eissportfest war ursprünglich für den 24. 11. geplant und mußte dann auf dieses Datum verlegt werden.
BLA 24. 11.; 3. 12.

Dez 5–8. Eishockey u. a.«
V: Rpropamt.
Kunstlauf (und Eistanz) von Irmgard Boeckmann, Ulrich Kuhn, Helmuth May, Edith Schwabe, Emmi Wurm-Puzinger, Herber/Baier, Lusch/Bitter, Schrittwieser/Jauernick u. a.
Dez 5, 15.00 Uhr Veranstaltung für die Wehrmacht. Berlin-Auswahl – Berlin/Wien 8:2.
Dez 6, 16.00 Uhr Wiener EG – Brandenburg 1:0 (0:0, 1:0, 0:0).
Dez 7, 16.00 Uhr BSchC – Wiener EG 5:0.
Dez 8, 16.30 Uhr Eish.: (?)
BLA 4., 5.–8. 12.

Dez 15, 16.30 Uhr. Eishockey u. a.
V: Rpropamt.
LA SP 4019/197.

Dez 20–21. Eiskunstlauf »Dritte Großdeutsche Kriegsmeisterschaft im Eiskunstlaufen der Männer« und Eishockey
V: Rpropamt (mit KdF am 21. 12.).
Außerdem Schaulauf von Edi Rada, Erich Zeller, Baran/Falk, u. a. sowie ein Wettbewerb für Junioren-Damen.
Dez 20
Vormittags. Kriegsmeisterschaft, Herren, Pflicht.
16.00 Uhr. Kriegsmeisterschaft, Herren, Kür: 1. Erich Zeller (LTTC Rot-Weiß) Plz 6/371,8 Pkte; 2. Edi Rada (Wien) 10/368,9; 3. Ulrich Kuhn (LTTC Rot-Weiß) 15/362,4; 4. Helmuth May (Wien) 19/357,1; 5. Robert Unger (Nürnberg).
Wettbewerb Junioren Damen: 1. Inge Solar (Wien), 2. Margit Roß (Berlin), 3. Irene Braun (München).
Eish.: Mannheimer ERC – LTTC Rot-Weiß 6:2 (0:0, 3:2, 3:0).

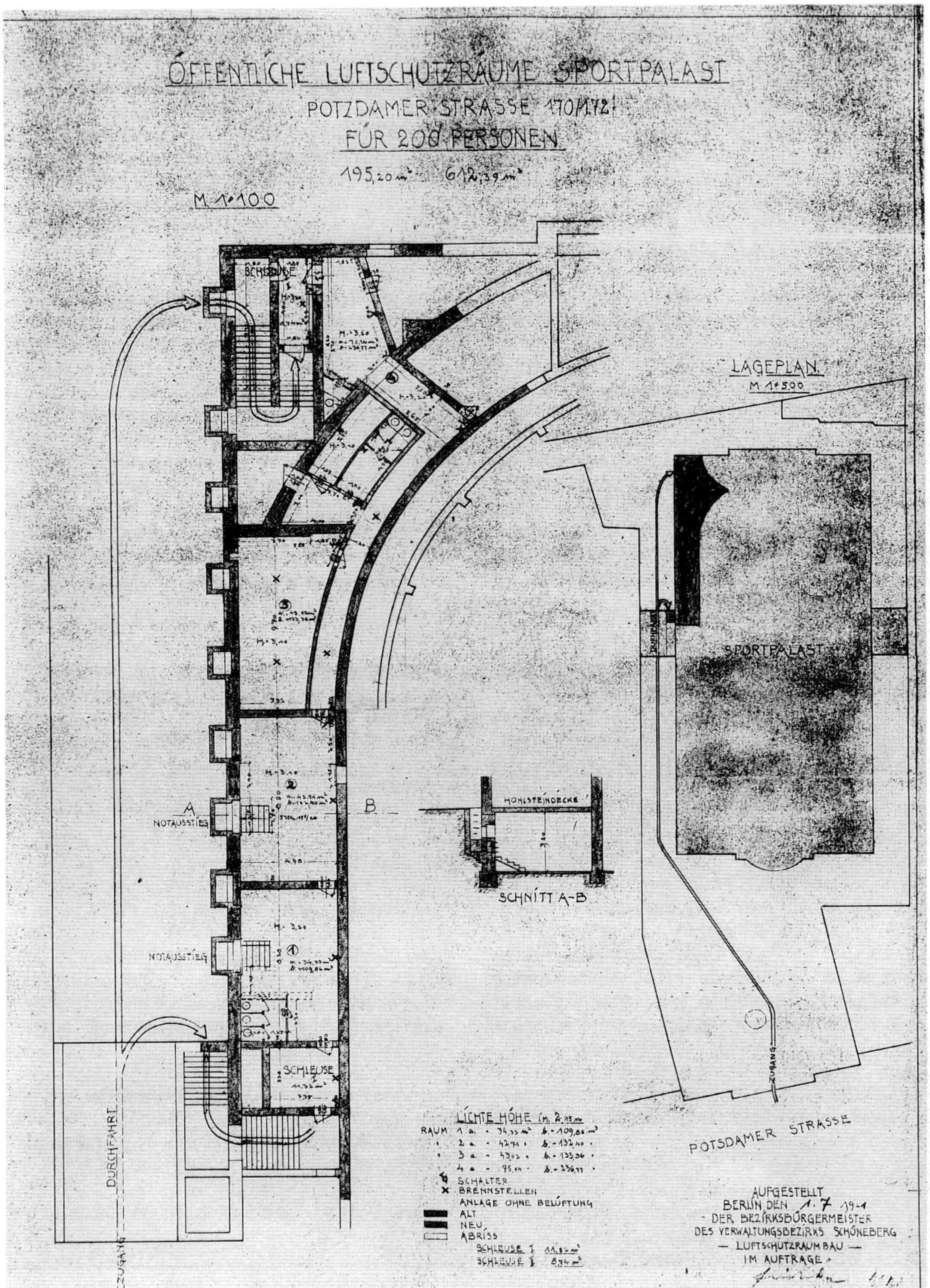

458 Entwurf für die Einrichtung öffentlicher Luftschutzräume im Sportpalast, 1. 7. 1941 (nach: LA SP 3990/o. Nr. [Lichtpause/Papier, ca 47 x 79 cm]).

Dez 21
16.00 Uhr. KdF-Veranstaltung. Eish.: Mannheimer ERC – BSchC 6:1 (3:0, 1:1, 2:0).
BLA 17., 20.–22. 12.

Dez 25–28, 16.00 Uhr. Eishockey u. a.
V: Rpropamt.
Kunstlauf (und Eistanz) von Turid Helland-Björnstad, Ulrich Kuhn, Gudrun Olbricht, Maj Brit Roeningberg, Edith Schwabe, Herber/Baier, Baran/Falk u. a.
Dez 25 Göta Stockholm – BSchC 6:2.
Dez 26 Göta Stockholm – LTTC Rot-Weiß 5:2.
Dez 27 BSchC – SK Bratislava (Preßburg) 11:1.
Dez 28 LTTC Rot-Weiß – SK Bratislava (Preßburg) 17:1.
BLA 18., 25., 27.–29. 12.

1942

Jan 10–11, 16.00 Uhr. Eishockey u. a.
V: Rpropamt/KdF.
KdF-Veranstaltungen. Kunstlauf (und Eistanz) von Sonja Fuhrmann, Birtte Holmberg, Ulrich Kuhn, Maj Brit Roeningberg, Willi Schilling, Gerda Twehle, Baran/Falk.
Jan 10 Karlberg BK – Berlin-Auswahl 5:5 (2:1, 1:2, 2:2).
Jan 11 Karlberg BK – Berlin-Auswahl 4:1 (1:1, 3:0, 0:0).
BLA 3., 10.–12. 1.

Jan 16–19. Eishockey u. a.
V: Rpropamt (mit KdF am 18. 11., 10.30 Uhr).
Kunstlauf (und Eistanz) von Sonja Fuhrmann, Birtte Holmberg, Hans Kalumenes, Martha Musilek, Maj Brit Roeningberg, Erich Zeller, Fuhrmann/Grammatikoff, Rahlén/Mothander, Strauch/Noack.
Jan 16
16.00 Uhr. Zugunsten des WHW. LTTC Rot-Weiß – Rastenburger SV 10:1 (Deutsche Meisterschaft, Vorrunde).
Jan 17
16.00 Uhr. Hammarby Stockholm – BSchC 1:1 (0:0, 1:0, 0:1).
Jan 18
10.30 Uhr. KdF-Veranstaltung. EV Füssen – Rastenburger SV 4:2 (Deutsche Meisterschaft, Vorrunde).
16.00 Uhr. Hammarby Stockholm – LTTC Rot-Weiß 4:4 (1:1, 3:0, 0:3).
Jan 19
16.00 Uhr. Veranstaltung für die Wehrmacht. BSchC – TSC Weißwasser 21:0 (6:0, 7:0, 8:0; Deutsche Meisterschaft, Vorrunde).
»[...] im Sportpalast waren 8000 Soldaten [...] begeisterte Zuschauer [...] Sie bekamen auch einen Einblick in den Wettkampfbetrieb, denn als Einleitung wurde mit der Kür die Meisterschaft des Obergaues Berlin des BDM entschieden – bei den älteren siegte Anita Heinricht (Untergau 199), bei den Jungmädeln Ingeborg Minor (Untergau 6)« (BLA 20. 1.).
BLA 15., 17.–20. 1.

Jan 24–25, 16.00 Uhr. Eishockey u. a.
V: Rpropamt/KdF.
KdF-Veranstaltungen. Kunstlauf (und Eistanz) von Anita Heinricht, Ulrich Kuhn, Gudrun Olbricht, Margit Roß, Edith Schwabe, Baran/Falk, Rahlén/Mothander.
Jan 24 Brandenburg – DTSG Krakau 11:4 (6:2, 0:1, 5:1).
Jan 25 DTSG Krakau – Brandenburg 2:2 (1:0, 0:0, 1:2).
BLA 13., 24.–26. 1.

Jan 30, 17.00 Uhr. Kundgebung zum neunten Jahrestag »der deutschen Revolution«
V: NSDAP, Gau Berlin.
Rd: Dr. Joseph Goebbels (Reichsmin., Gl), Adolf Hitler (F.).
Th: *»Mit aller Kraft zum Sieg!«, »Härtester Einsatz verbürgt den Sieg«.*
Hitlers Rede wurde *»gehört von der Welt, der sie über viele ausländische Sender übermittelt wurde«. »Im Berliner Sportpalast saßen vor dem Führer Verwundete, Flaksoldaten, Männer und Frauen aus den Berliner Betrieben, Rote=Kreuz=Schwestern, Männer des Arbeitsdienstes und Männer und Frauen aus Büros und Fabriken, aus Handelszentralen und großen politischen Organisationen und Ministerien. Unter ihnen saßen die Generale des Heeres, der Luftwaffe, der Polizei, die Admirale der Kriegsmarine. Die aufwühlenden Klänge der Marschmusik werden immer wieder übertönt von den Ovationen für die ankommenden ausländischen Gäste, die einen besonders herzlichen Charakter annahmen, wenn Vertreter der verbündeten und befreundeten Nationen erschienen. Als die schwarzen Uniformen der faschistischen Miliz auftauchten – unter ihnen Botschafter Dino Alfieri – wurde diesen Waffenkameraden ein begeisterter Empfang bereitet. Die Spannung stieg von Minute zu Minute. Das alte Kampflied ›Volk ans Gewehr‹ klang auf. Allmählich aber wurde die weite Halle still in Erwartung des Führers. Dann erhoben sich die Hände und mit tiefer Ergriffenheit sahen die Tausende jenen Mann in ihrer Mitte, der in diesem gewaltigen Schicksalskampf die Schwere der Verantwortung auf seinen Schultern trägt, den Führer, zu dem ihre Gedanken so oft in ehrfürchtiger Liebe eilen.«*
»In den Arbeitsstätten der Schaffenden, wo zur Nachmittagsstunde das Werk der Stirn und der Faust noch nicht ruhte, zu Hause im Kreise der Familie und in den Gaststätten verfolgte man den Zeiger der Uhr, bis die fünfte Nachmittagsstunde heranrückte und der Großdeutsche Rundfunk das historische Geschehen dieser Stunde durch den Aether leitete. [...] Millionen aber hatten sich um die Lautsprecher geschart und folgten den Worten Adolf Hitlers bewegten Herzens« (BLA 31. 1.).
BLA 31. 1.; Agr 1. 2.

Jan 31–Feb 1, 16.00 Uhr Eishockey u. a
V: Rpropramt.
Kunstlauf (und Eistanz) von Györgyi von Botond, Inge Jell, Rahlén/Mothander u. a.
Jan 31 BSchC – AIK Stockholm 2:2 (1:0, 0:2, 1:0).
Feb 1 AIK Stockholm – BSchC 2:0 (0:0, 2:0, 0:0).
BLA 31. 1.; 1.–2. 2.; Agr 3. 2.

Feb 6, nachmittags. »Großappell des betrieblichen Führer- und Unterführerkorps sämtlicher Berliner Siemenswerke«
V: DAF/Siemens (?).
Rd: Dr. Robert Ley (Reichsorganisationsl.).
Th: *»Wir werden den Kampf meistern«.*
Agr 8. 2.

Feb 20–22, 16.00 Uhr. Eishockey u. a.
V: Rpropamt.
Kunstlauf (und Eistanz) von Ulrich Kuhn, Erich Zeller, Baran/Falk, Strauch/Noack u. a. Schnellauf von Werner Egerland, Roman May u. a.
Feb 20 Veranstaltung für die Wehrmacht. LTTC Rot-Weiß – Brandenburg 6:2 (1:1, 3:1, 2:0). 30-Rdn-Staffelschnellauf: 1. May/Schmidt (BSchC).
Feb 21 BSchC – Brandenburg 4:0 (3:0, 0:0, 1:0). 30-Rdn-Staffelschnellauf: 1. Köhler/Egerland (LTTC Rot-Weiß), 2. May/Schmidt (BSchC).
Feb 22 BSchC – LTTC 1:1 (0:1, 0:0, 1:0).
30-Rdn-Schnellauf: 1. May/Schmidt, 2. Köhler/Rönnefahrt.
»Auf allen deutschen Eisbahnen wurden die Eishockeyspieler bisher stets in der (übrigens regelwidrigen) Form durchgeführt, daß zwischen den einzelnen Dritteln lange Pausen lagen, die durch Kunstlaufdarbietungen ausgefüllt wurden. Im Interesse der Spieler und des Sports hat jetzt der NSRL (Fachamt Eissport) eine grundlegende Aenderung bestimmt, die für alle Spiele Gültigkeit hat. Danach dürfen die Pausen zwischen den drei Spielabschnitten nur noch je zehn Minuten betragen. Diese Bestimmung findet bereits für die Veranstaltung am Wochenende im Berliner Sportpalast Anwendung, bei der also ein erheblicher Teil des Kunstlaufens bereits vor dem Eishockeyspiel abgewickelt wird« (BLA 19. 2.).
BLA 17., 19.–20., 22.–23. 2.

459 Eishockey »BSchC gegen Brandenburg« am 21. 2. (Chr Feb 20–22).

Feb 27–Mär 1, 16.00 Uhr. Eishockey u.a.
V: Rpropamt.
Kunstlauf (und Eistanz) von Ulrich Kuhn, Margit Roß, Erich Zeller, Baran/Falk, Strauch/Noack u.a.
Schnellauf von Werner Egerland, Roman May u.a.
Feb 27 Veranstaltung für die Wehrmacht. Brandenburg – BSchC 5:3 (0:1, 2:1, 3:1; Freundschaftspiel). 20-Rdn-Schnellauf: 1. Egerland.
Feb 28 LTTC Rot-Weiß – Brandenburg 4:1 (0:0, 2:0, 2:1; Berliner Meisterschaft, Vorrunde).
Mär 1 BSchC – LTTC Rot-Weiß 3:0 (0:0, 0:0, 3:0; Berliner Meisterschaft, Endspiel).
BLA 25., 27.–28. 2.; 1.–2. 3.

Mär 8, 16.00 Uhr. Eishockey u.a.
V: Rpropamt.
HJ-Veranstaltung. *»Im Eishockey und im Kunstlaufen wurden die zahlreichen Besucher glänzend unterhalten. Zweimal gab es Eishockey zwischen Berlin und Thüringen. Bei den HJ=Vertretungen siegte Berlin mit 14:1 (4:0, 4:0, 6:1) und beim Jungvolk 4:0 (1:0, 2:0, 1:0). Im Kunstlaufen gefiel ganz besonders das westfälische Paar Gerda Fischer=Heinz Kröll. Von den Berliner Teilnehmern taten sich besonders hervor Gudrun Olbricht, Edith Schwabe, Ingrid Wetscherek, Bert Aschenbrenner und Willi Schilling«* (BLA 10. 3.).
BLA 8., 10. 3.

Mär 14–17. Eishockey und Eiskunstlauf »Berliner Meisterschaften« u.a.
V: Rpropamt (mit KdF am 15. 3., 10.30 Uhr).
Kunstlauf (und Eistanz).
Mär 15
10.30 Uhr. KdF-Veranstaltung. Brandenburg – Steglitzer TC 5:3 (0:3, 1:0, 4:0).
16.00 Uhr. Meisterschaften:
Herren: 1. Ulrich Kuhn, 2. Erich Zeller, 3. Willi Schilling, 4. Bert Aschenbrenner.
Paare: 1. Strauch/Noack, 2. Baran/Falk.
Die Damen-Meisterschaften wurden am 5. 4. ausgetragen.
Eish.: LTTC Rot-Weiß – Berliner Auswahl 3:2 (2:1, 0:0, 1:1).
Ob die für den 14., 16. und 17. (16.30 Uhr) angekündigten Veranstaltungen stattgefunden haben, ist ungewiß.
BLA 11., 14.–16. 3.

Mär 19–22. Eishockey u.a.
V: Rpropamt (mit KdF am 22. 3.).
Kunstlauf (und Eistanz) von Ulrich Kuhn, Gudrun Olbricht, Baran/Falk, Fuhrmann/Grammatikoff, Lusch/Bitter, Strauch/Noack.
Mär 21
18.00 Uhr. LTTC Rot-Weiß – Brandenburg 8:1.
Mär 22
10.30 Uhr. KdF-Veranstaltung. LTTC Rot-Weiß – Steglitzer TC 15:3 (5:1, 5:1, 5:1).
16.00 Uhr. BSchC – Brandenburg 6:1 (0:0, 4:1, 2:0).
Ob die für den 19. und 20. (16.30 Uhr) angekündigten Veranstaltungen stattgefunden haben, ist ungewiß.
BLA 18., 21.–23. 3.

Mär 29. Eishockey u.a.
V: Rpropamt (mit KdF um 10.30 Uhr).
Kunstlauf (und Eistanz) von Anita Heinricht, Gudrun Olbricht, Margit Roß, Edith Schwabe, Ingrid Wetscherek, Baran/Falk.
10.30 Uhr. KdF Veranstaltung Berlin (A) – Berlin (B) 4:3 (2:0, 1:0, 1:2).
15.00 Uhr. Eish.-Blitzturnier (2x10 Min.; für die Vereine, die auf Spritzeisbahnen spielen): Astoria – THC Borussia 99 2:0; Mariendorfer HC – RSC Westen 3:0; RSC Westen – Astoria 1:0; RSC Westen – THC Borussia 99 3:2; Mariendorfer HC – THC Borussia 99 3:1; Mariendorfer HC – Astoria 1:1; Gesamtergebnis: 1. Mariendorfer HC, 2. RSC Westen, 3. Astoria, 4. THC Borussia 99.
BLA 27., 29.–30. 3.

Apr 3 und 5–6. Eishockey u.a.
V: Rpropamt.
Kunstlauf (und Eistanz) von Martha Musilek, Erich Zeller, Lusch/Bitter, Fuhrmann/Grammatikoff, Strauch/Noack.
Apr 3, 16.00 Uhr LTTC Rot-Weiß – BSchC 3:1 (1:1, 2:0, 0:0).
Apr 5, 16.00 Uhr. Eiskunstlauf »Berliner Meisterschaften« und Eishockey
Meisterschaften-Damen: 1. Gudrun Olbricht, 2. Margit Roß, 3. Edith Schwabe, 4. Anita Heinricht (die Meisterschaften für Herren und Paare wurden bereits am 15. 3. durchgeführt).
Eish.: Berlin-Auswahl – Brandenburg 3:2.
Apr 6
10.30 Uhr (?). *»KdF-Eisfest«.*
16.00 Uhr. LTTC Rot-Weiß – BSchC 4:1 (2:0, 1:0, 1:1).
BLA 3.–5., 7. 4.

Apr 11–12. Eishockey u.a.
V: Rpropamt (mit KdF am 12. 4.).
Kunstlauf (und Eistanz) von Ulrich Kuhn, Baran/Falk u.a.
Apr 11, 16.00 Uhr Veranstaltung für die Wehrmacht. LTTC Rot-Weiß – Berlin-Auswahl 2:1 (0:1, 0:0, 2:0).
Apr 12, 10.30 Uhr KdF-Veranstaltung. LTTC Rot-Weiß – Berlin-Auswahl 11:5 (4:1, 2:1, 5:3).
BLA 11.–13. 4.

Sep 28, mittags (?). Appell von Offizieren und Offiziersanwärtern sowie Junkern der Waffen-SS
Rd: Hermann Göring (Reichsmarschall), Adolf Hitler (F.).
»Der Führer sprach am Montag auf einem Appell im Sportpalast zu 12 000 Offizieren und kurz vor ihrer Beförderung stehenden Offiziersanwärtern des Heeres, der Kriegsmarine, der Luftwaffe und Junkern der Waffen-SS. [...] In mitreißenden Worten gab der Führer der jungen Mannschaft einen Einblick in die große deutsche Geschichte, die in dem gewaltigen Schicksalskampf unserer Tage ihre Krönung findet. [...]«(Agr 30. 9.).

Sep 30, 18.00 Uhr. Kundgebung zur Eröffnung des 4. Kriegswinterhilfswerks
V: NSV, Gau Berlin (?).
Rd: Dr. Joseph Goebbels (Reichsmin., Gl), Adolf Hitler (F.).
Th: Rechenschaftsbericht über das 3. Kriegs-WHW, *»Bis zum glorreichen Sieg!«.*
»Das Spruchband über dem riesigen Hoheitszeichen an der Stirnwand verkündet das Stichwort dieses Treffens: ›Kriegswinterhilfswerk 1942/43 des deutschen Volkes!‹ Märsche und Kampflieder der Bewegung, die jubelnd mitgesungen werden, kürzen die Wartezeit und schaffen die Stimmung, die seit je unseren Sportpalastversammlungen zu eigen war. Mit erhobenen Armen werden Dr. Ley, [...] Keitel, Reichsminister Speer, Stabschef Lutze, werden die Standarten der Berliner SA, die Sturmfahnen und die Fahnen der Partei begrüßt, die sich in weitem Halbrund vor der Stirnwand gruppieren. [...] gleich darauf der Gauleiter Berlins, Reichsminister Dr. Goebbels, der [...] in Begleitung Generalfeldmarschall Rommels, Oberbefehlsleiter Hilgenfeldts und des Stellvertretenden Gauleiters von Berlin, Staatsrat Görlitzer, den Saal betritt«. Dann spricht Goebbels über das Ergebnis des 3. Kriegs-WHW. *»Kaum sind die Wogen der Begeisterung, mit dem der Bericht aufgenommen wurde, verebbt, als der Badenweiler Marsch aufklingt, und von einem unbeschreiblichen Jubelsturm empfangen, der Führer in Begleitung des Reichsführers SS Himmler und des Reichsleiters Bormann erscheint. Minutenlang halten die Heilrufe an, als Dr. Goebbels den Führer begrüßt und in warmen Worten zum Ausdruck bringt, wie sehr er sich mit allen Anwesenden darüber freut, ihn so frisch und gesund zu sehen«* (Agr 2. 10.).
BLA 1. 10., Agr 2.–3. 10.

Okt 4, 12.00 Uhr. Kundgebung zum Erntedanktag
V: NSDAP, Gau Berlin.
Rd: Herbert Backe (Staatssekr.), Herrmann Göring (Reichsmarschall).
Th: *»Aufwärts mit der Ernährung«, »Pflug und Schwert sichern den Sieg«.*
Mitw.: Gaumusikzug der SA-Gruppe Berlin-Brandenburg (SA-Oberf. Fuhsel).
»Das deutsche Volk hat am Sonntag in kriegsmäßiger Schlichtheit den Erntedanktag begangen. Im Mittelpunkt der für das ganze Reichsgebiet angesetzten Feierstunden stand eine Großkundgebung der NSDAP im Berliner Sportpalast, bei der Reichsmarschall Hermann Göring, immer wieder von Beifallstürmen umbraust, einen großartigen Ueberblick über die ernährungswirtschaftliche und militärische Stärke des Reiches gab und damit alle Hoffnungen der Feinde auf eine Hungerblockade gegen Deutschland endgültig zunichte machte« (BLA 5. 10.).
BLA 5.–6. 10.; Agr 6. 10.

Nov 28–30, 15.00 und 18.30 Uhr. Karl Schäfers Wiener Eisrevue
V: Rpropamt.
Eisrevue des früheren Weltmeisters und Olympiasiegers im Eiskunstlauf Karl Schäfer.
»Immerhin darf Karl Schäfer mit dem Erfolg der Eröffnungsveranstaltung vollauf zufrieden sein. Die Zuschauer bezeigten ihre wachsende Anteilnahme oftmals mit stürmischem Beifall. Am stärksten war er verdientermaßen nach dem Akrobatikakt der Geschwister Duxa, bei dem der männliche Partner seine Schwester in tollem Schwung über das Eis wirbelt. Karl Schäfer führte allein und mit Hertha Wächtler zusammen feine, kultivierte Eislaufkunst vor – das Strahlende, Beschwingte, das ihn in seiner Glanzzeit auszeichnete, sah man diesmal nicht. Aus der Fülle der Programmnummern seien besonders erwähnt: der hübsche stimmungsvolle Fackeltanz von Gert Helland=Björnstad, die amüsante Szene ›Max und Moritz‹ (Barbara und Wittmann), Hertha Wächtlers verschiedene schwierige und musikalisch hübsch gestaltete Tänze sowie die Sprünge des Eisakrobaten Preindl über sieben Fässer und durch einen Flammenreifen« (BLA 29. 11.).
BLA 28.–29. 11.

Dez 4, 18.00 Uhr. »Appell der Amtsträger des Gaues Berlin der NSDAP«
V: NSDAP, Gau Berlin.
Rd: Dr. Joseph Goebbels (Reichsmin., Gl).
Th: *»Deutschland wird siegen, weil es siegen muß«.*
Mitw.: Kapelle Fuhsel.
»In weißer Holzverkleidung ragt das Podium über die Köpfe der Männer und Frauen im Parkett hervor. Ein breites Spruchband in der Höhe der oberen Ränge, die bis dicht an die Decke besetzt sind, trägt die Worte: ›Vergeßt nie,

daß uns England diesen Krieg aufgezwungen!‹ Auf einer weißen Tuchbespannung, die die Rückwand des Podiums bildet und mit grünen Girlanden durchflochten ist, leuchtet in Bronzefarben das Symbol des Adlers mit Hakenkreuz, darunter sind die Fahnen und Standarten der Berliner Partei und ihrer Formationen angetreten. Die Ränge sind rot umkleidet, von der im Halbdunkel liegenden Decke des hohen Saales herab hängt Fahne neben Fahne« (BLA 5.12.).
BLA 5. 12.; Agr 6. 12.

Dez 17 (?), mittags (?). Appell von jungen Offizieren und Offiziersanwärtern
V: Wehrmacht (?).
Rd: Hermann Göring (Reichsmarschall).
»Im Auftrage des Führers sprach Reichsmarschall Hermann Göring im Sportpalast vor dem jungen Offiziersnachwuchs des Heeres, der Kriegsmarine und der Luftwaffe. Der Reichsmarschall gab den jungen Offizieren und Offiziersanwärtern die Losung für ihren künftigen Einsatz. Er umriß in packenden Ausführungen die Grundpflichten des deutschen Offiziers und zeigte an leuchtenden Beispielen, wie sich auch in diesem Kriege wieder der Heldenmut des deutschen Soldaten ruhmvoll bewährt hat« (Agr 19. 12.).
BLA 18. 12.; Agr 19. 12.

Dez 22 und 25–27. Eishockey u. a.
V: Rpropamt.
Kunstlauf (und Eistanz) von Ria Baran, Anita Heinricht, Rosi Kaufmann, Mädi Neubauer, Gudrun Olbricht, Edith Schwabe, Ursula Schwarz-Sieg, Erich Zeller, Baran/Falk, Fuhrmanns/Grammatikoff, Musilek/Faber, Strauch/Noack.
Dez 22
17.00 Uhr. Veranstaltung für die Wehrmacht. LTTC Rot-Weiß – Berlin-Auswahl 7:2 (2:0, 2:0, 3:2).
Dez 25
16.00 Uhr. Berlin-Auswahl – Mannheimer ERC 3:0 (1:0, 1:0, 1:0).
Dez 26
10.30 Uhr. LTTC Rot-Weiß – Mannheimer ERC 3:3.
16.00 Uhr. Berlin-Auswahl – Budapest-Auswahl 0:0.
Dez 27
10.00 Uhr. Mannheimer ERC – Berlin-Auswahl 3:3.
16.00 Uhr. LTTC Rot-Weiß – Budapest-Auswahl 5:3 (2:3, 2:0, 1:0).
BLA 8., 18., 23., 28. 12.; Agr 25. 12.

Dez 29–31, 18.30 Uhr. Karl Schäfers Wiener Eisrevue
Am 29. auch 15.00 Uhr.
V: Rpropamt.
Vgl. Nov 28–30 (Forts. 1943 Jan 1–6).
LA SP 4019/222.

1943

Jan 1–6, 18.30 Uhr. Karl Schäfers Wiener Eisrevue
Am 1.–3. auch 15.00 Uhr.
V: Rpropamt.
Vgl. 1942 Nov 28–30 (Forts. von 1942 Dez 29–31).
LA SP 4019/222.

Jan 7–8. Eishockey u. a.
V: Rpropamt.
Ob die für den 7. (18.30 Uhr) und 8. (15.00 und 18.30 Uhr) angekündigten Veranstaltungen stattgefunden haben, ist ungewiß.
LA SP 4019/224.

Jan 9–11. Eishockey u. a.
V: Rpropamt.
Kunstlauf (und Eistanz) von Anita Heinricht, Rosi Kaufmann, Georg Kalumenes, Mädi Neubauer, Willi Schilling, Robert Unger, Herber/Baier.
Jan 9
18.00 Uhr. Brandenburg – ERC Posen 15:0 (6:0, 2:0, 7:0; Deutsche Meisterschaft, Vorrunde).
Jan 10
10.30 Uhr. Brandenburg – ERC Posen 6:2 (Freundschaftsspiel).
16.00 Uhr. BSchC – Rastenburger SV 5:0 (Deutsche Meisterschaft, Vorrunde).
Jan 11
18.00 Uhr. Veranstaltung für Betriebsangehörige. Berlin-Auswahl – Rastenburger SV 8:2 (2:1, 2:1, 4:0).
BLA 9.–11., 13. 1.; LA SP 4019/222.

Jan 13. Vortrag des »erfolgreichsten Jagdfliegers Major Graf, Träger des Eichenlaubs mit Schwertern und Brillanten zum Ritterkreuz des Eisernen Kreuzes«
V: NSFK.
»›Fliegen hilft Siegen‹, diese Inschrift auf dem Spruchband im Sportpalast kennzeichnet die Laufbahn des Majors Graf, [...] Der Stabsführer des NSFK, Oberführer Grambow, der die Kundgebung eröffnete, sprach den vielen Tausenden aus der Seele, als er den erfolgreichsten Jagdflieger begrüßte und dabei erklärte, wie unbändig stolz das NSFK sei, daß einer der Seinen die höchste Auszeichnung, die der Führer zu vergeben habe, trägt. Minutenlang dröhnte der Beifall, als der Redner den großen Flieger das Urbild des unbesiegbaren deutschen Soldatentums nannte. Dann nahm Major Graf [...] das Wort. [...] Mit viel Humor schilderte er dann, wie er ewig vom Pech verfolgt, während glücklichere Kameraden ein Rumesblatt nach dem anderen erwarben, beiseitegestellt war, bis endlich im Ostfeldzug seine Stunde schlug. Er erhielt den Auftrag, einen vom Feind noch besetzten Bahnhof anzufliegen, die Zahl der dort befindlichen Waggons und sogar deren Inhalt festzustellen. Er zerschoß zunächst einmal eine Lokomotive, entdeckte dabei, daß die Wagen mit Munition beladen waren und sorgte dafür, daß deutsche Schlachtflieger dann das übrige erledigten. So erklomm er langsam aber stetig die Leiter zum Ruhm, so daß er schließlich von 300 Abschüssen seiner Staffel 94 für sich verbuchen konnte und jetzt mit 202 Abschüssen an der Spitze aller Jagdflieger steht« (BLA 15. 1.).
BLA 14.–15. 1.; Agr 16. 1.

Jan 16–17. Eishockey u. a.
V: Rpropamt.
Kunstlauf (und Eistanz) von Inge Jell, Franzl Loichinger, Gudrun Olbricht, Edith Schwabe, Lusch/Bitter.
Jan 16, 18.00 Uhr LTTC Rot-Weiß – Brandenburg 2:2 (1:0, 1:2; nach dem 2. Drittel wurde das Spiel abgebrochen; Freundschaftsspiel).
Jan 17, 16.00 Uhr LTTC Rot-Weiß – Brandenburg 6:2 (0:2, 4:0, 2:0; Deutsche Meisterschaft, Vorrunde).
BLA 15., 17.–18. 1.; LA SP 4019/224.

Jan 18, 16.30 Uhr. Eissportfest der HJ
V: Rpropamt.
»Im Mittelpunkt stand ein Vorrundenspiel um die Jugendmeisterschaft im Eishockey zwischen den Gebieten Sachsen (16) und Berlin (3). Nach temperamentvollem Kampf, in dem beide Parteien ihr Bestes gaben, fiel der Sieg mit 2:0 an die Berliner Mannschaft. Im Schaulaufen zeigten die Siegerinnen der Gebietsmeisterschaften des BDM und der Jungmädel, die am Vormittag durchgeführt worden waren, ihr Können. Während bei den Jungmädeln Inge Minor (Bann 199) als Siegerin hervorging vor Christel Abraham (Bann 199), stellte beim BDM der Bann 200 mit Ingrid Wagner die Siegerin und mit Brigitte Zopf die Zweite. Weiter zeigten im Schaulaufen die Berliner Meisterin Gudrun Olbricht, Oberhordenführer Schilling und Oberkameradschaftsführer Aschenbrenner ihre Kunst« (BLA 19. 1.).
BLA 19. 1.; LA SP 4019/211.

Jan 22–24. Eishockey u. a.
V: Rpropamt.

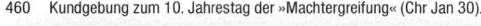

460 Kundgebung zum 10. Jahrestag der »Machtergreifung« (Chr Jan 30).

461 150. Sendung »Das Deutsche Volkskonzert« (Chr Jan 31).

Kunstlauf (und Eistanz) von Margit Roß, Erich Zeller, Strauch/Noack u. a.

Jan 22, 15.30 Uhr (?). Veranstaltung für die Wehrmacht (6000 Soldaten). Berlin (A) – Berlin (B) 7:4.

Jan 23, 15.30 Uhr Berlin-Auswahl – NSTG Prag 3:3 (0:1, 1:0, 2:2).

Jan 24, 15.00 Uhr LTTC Rot-Weiß – NSTG Prag 12:3 (3:1, 5:2, 4:0; Deutsche Meisterschaft, Vorrunde).

BLA 23.–24., 26. 1.; LA SP 4019/211 und 224.

Jan 30. Kundgebung zum zehnten Jahrestag der »nationalsozialistischen Machtergreifung«

V: NSDAP, Gau Berlin.

Rd: Dr. Joseph Goebbels (Reichsmin., Gl).

Th: *»Wir siegen, weil wir den Führer haben«*, Verlesung einer Proklamation Hitlers: *»Kämpfen und arbeiten für den germanischen Staat deutscher Nation«.*

»Der Berliner Sportpalast bot das Bild eines besonders großen Tages. Menschen aller Schichten und jeden Alters saßen nebeneinander. Die Verwundeten und die Ritterkreuzträger neben den Männern der Partei. Unmittelbar vor Beginn der Kundgebung wurde mit besonderer Herzlichkeit die Abordnung des verbündeten Italien begrüßt. Diese Herzlichkeit wurde besonders dadurch betont, als der Leiter der italienischen Delegation, Tarabini, auf einige verwundete deutsche Soldaten grüßend zutrat, die in der ersten Reihe ihren Platz gefunden hatten. Mit besonderer Herzlichkeit wurde auch der Redner [...] Dr. Goebbels, begrüßt, der mit Reichsorganisationsleiter Dr. Ley, dem Reichsführer SS Himmler, mit Reichsminister Speer und Reichsarbeitsführer Hierl erschien. Es nahmen an der Kundgebung weiter Teil Reichsleiter und Reichsminister Rosenberg, Reichsleiter Bouhler, die Reichsfrauenführerin und Reichsjugendführer Axmann« (BLA 31. 1.).

BLA 31. 1.; Agr 2. 2.

Jan 31, 12 Uhr (?). »150. Volkskonzert« des »Großdeutschen Rundfunks«

Foto ADN, BLA 31. 1.

Feb 13–14, 15.00 Uhr. Eishockey u. a.

Kunstlauf (und Eistanz) von Erich Zeller, Baran/Falk u. a.

Feb 13 LTTC Rot-Weiß – Berlin-Auswahl 2:1 (0:1, 1:0, 1:0).

Feb 14 LTTC Rot-Weiß – Berlin-Auswahl.

BLA 13.–14. 2.; LA SP 4019/213.

Feb 18, abends. Kundgebung

V: NSDAP, Gau Berlin.

Rd: Dr. Joseph Goebbels (Reichsmin., Gl).

Th: *»Wollt ihr den Totalen Krieg?«*

Die Rede wurde über alle deutschen Sender übertragen.

»Dr. Goebbels zeigte die ernste Bedeutung der Stunde / Der Wille des ganzen Volkes: Totaler Einsatz für den Sieg / [...] Wir sahen Kundgebungen, deren manche weltgeschichtliche Tragweite hatte, aber wir erlebten diesmal eine triumphale Demonstration eines Ausmaßes, das nur schwer im politischen Leben eines Volkes übertroffen werden kann. Wir waren Zeugen einer Stunde, die dem härtesten und schwersten aller Kriege, von denen die Menscheit heimgesucht wurde, ein neues Gesicht gab.«

»Bei seiner großen, von leidenschaftlichen Zustimmungsrufen unterbrochenen Rede führte [...] Dr. Goebbels aus: ›Meine deutschen Volksgenossen und Volksgenossinnen! Parteigenossen und Parteigenossinnen! [...] Ich habe heute zu dieser Versammlung nun einen Ausschnitt des deutschen Volkes im besten Sinne des Wortes eingeladen. Vor mir sitzen reihenweise deutsche Verwundete von der Ostfront, Bein- und Armamputierte, mit zerschossenen Gliedern, Kriegsblinde, die mit ihren Rote-Kreuz-Schwestern gekommen sind, Männer in der Blüte ihrer Jahre, die vor sich ihre Krücken stehen haben.

Dazwischen zähle ich an die fünfzig Träger des Eichenlaubes und des Ritterkreuzes, eine glänzende Abordnung unserer kämpfenden Front. Hinter ihnen erhebt sich ein Block von Rüstungsarbeitern und -arbeiterinnen aus den Berliner Panzerwerken. Wieder hinter ihnen sitzen Männer aus der Parteiorganisation, Soldaten aus der kämpfenden Wehrmacht, Ärzte, Wissenschaftler, Künstler, Ingenieure

462 Kundgebung »Wollt ihr den totalen Krieg?« (Chr Feb 18), in der Bildmitte der Schauspieler Heinrich George.

Freitag, 19. Februar 1943
Einzeln 10 Pf., auswärts 15 Pf.

Berliner
Lokal-Anzeiger

Tagesausgabe
für Groß-Berlin 50 Pf wöchentlich
monatlich 2,20 Mark

Nummer 43 — Organ für die Reichshauptstadt — 61. Jahrgang

Wöchentlich sechsmal. Bezugspreis durch die Filialen 2,20 Mark monatlich. Durch die Post 2,20 Mark monatlich einschließlich 18 Pfennig Postgebühren, hierzu 36 Pfennig Bestellgeld. Bezugspreis der Morgen- und Abendausgabe (zwölfmal wöchentlich) 3,25 Mark monatlich, durch die Post 3,25 Mark monatlich einschließlich 36 Pfennig Postgebühren, hierzu 72 Pfennig Bestellgeld

Bei Ausfall wegen höherer Gewalt kein Anspruch auf Ersatz. Schriftleitung und Verlag Berlin SW 68. Fernsprecher Sammel-Nr. 17 45 71, Ferndienst 17 57 61. Drahtanschrift Scherlverlag Berlin. Postscheck-Konto 3111 für Anzeigen, 36 649 für Bezugsgebühren. Anzeigen-Annahme im Scherlhaus, Zimmerstr. 35, und in allen Scherlfilialen. Keine Gewähr für Aufnahme in bestimmte Ausgaben

Nun, Volk, steh auf! Die Nation entschlossen zum totalen Krieg!

Machtvolle Kundgebung im Berliner Sportpalast – In ernster Stunde zeigte Dr. Goebbels in einer großen Rede die weltgeschichtliche Bedeutung unseres Kampfes gegen die bolschewistische Gefahr Zehn Schicksalsfragen an das deutsche Volk, zehn Antworten vor aller Welt:

Deutschland gelobt, dem Führer zu folgen bis zum Sieg!

Die deutsche Nation ist in dem ihr aufgezwungenen Schicksalskampf zu jedem Einsatz bereit! Das brachte die Massenkundgebung im Berliner Sportpalast, auf der Reichsminister Dr. Goebbels sprach, vor aller Welt zum Ausdruck. Dort war eine große Abordnung des Volkes versammelt: die Front und die Heimat, alle Stände und Berufe, Männer, Frauen und Jugend. Mitten im härtesten Kampf, der Gefahr, im Augenblick der großen Anspannung, zu der sich das deutsche Hundertmillionenvolk anschickt, hat die Nation ihren fanatischen Kampfwillen bekundet. Zehn Fragen hat Dr. Goebbels an die Menge gerichtet. Die von Kampfesmut und Einsatzwillen getragenen Antworten brachen sich mit so elementarer Gewalt Bahn, wie sie nur aus den Tiefen eines zum Letzten entschlossenen Volkes emporsteigen können.

Wir setzen deshalb die denkwürdigen Schlußworte Dr. Goebbels' an die Spitze unseres Blattes. Der Reichsminister und Gauleiter von Berlin sagte:

Eine nicht abebbende Woge von Heilrufen auf den Führer braust auf. Wie auf ein Kommando erheben sich nun die Fahnen und Standarten, höchster Ausdruck des weihevollen Augenblicks, in dem die Massen dem Führer huldigen.) Ist eure Bereitschaft, ihm auf allen seinen Wegen zu folgen und alles zu tun, was nötig ist, um den Krieg zum siegreichen Ende zu führen, eine absolute und uneingeschränkte?

Ich frage euch als sechstes: Seid ihr bereit, von nun ab eure ganze Kraft einzusetzen und der Ostfront die Menschen und Waffen zur Verfügung zu stellen, die sie braucht, um dem Bolschewismus den tödlichen Schlag zu versetzen ...

daß auch die deutsche Frau ihre ganze Kraft der Kriegführung zur Verfügung stellt und überall da, wo es nur möglich ist, einspringt, um Männer für die Front frei zu machen und damit ihren Männern an der Front zu helfen?

Ich frage euch neuntens: Billigt ihr, wenn nötig, die radikalsten Maßnahmen gegen einen kleinen Kreis von Drückebergern und Schiebern, die mitten im Kriege Frieden spielen und die Not des Volkes zu eigensüchtigen Zwecken ausnutzen wollen? Seid ihr damit einverstanden, daß, wer sich am Krieg vergeht, den Kopf verliert?

463 Berliner Lokal-Anzeiger, 19. 2. 1943 (Chr Feb 18).

und Architekten, Lehrer, Beamte und Angestellte aus den Ämtern und Büros.
Über das ganze Rund des Sportpalastes verteilt, sehe ich Tausende von deutschen Frauen. Die Jugend ist hier vertreten und das Greisenalter. Kein Stand, kein Beruf und kein Lebenjahr blieb bei der Einladung unberücksichtigt. [...]
Ich kann also mit Fug und Recht sagen: Was hier vor mir sitzt, ist ein Ausschnitt aus dem ganzen deutschen Volk an der Front und in der Heimat. Stimmt daß? ([...] Die Masse springt wie elektrisiert von ihren Plätzen. Wie ein Orkan braust ein vielstimmiges Ja durch das weite Rund. [...])
Ihr also, meine Zuhörer, repräsentiert in diesem Augenblick die Nation. Und an euch möchte ich zehn Fragen richten, die ihr mir mit dem deutschen Volke vor der ganzen Welt, insbesondere aber vor unseren Feinden, die uns auch in ihrem Rundfunk hören, beantworten sollt: [...] Viertens: Die Engländer behaupten, das deutsche Volk wehrt sich gegen die totalen Kriegsmaßnahmen der Regierung. Es will nicht den totalen Krieg, sondern die Kapitulation. (Zurufe: Niemals! Niemals! Niemals!) Ich frage euch: Wollt ihr den totalen Krieg? Wollt ihr ihn, wenn nötig, totaler und radikaler, als wir ihn uns heute überhaupt noch vorstellen können? [...] Nun, Volk, steh auf, und Sturm brich los!« (Agr 20. 2.).
Bereits im Januar erschienen in Zeitungen Parolen wie *»Totaler Krieg heißt: Keiner darf fehlen!«* (Agr 24. 1.) oder *»Totaler Krieg – alle Kraft für den Sieg«* (Agr 28. 1.).
BLA 19. 2.; Agr 20. 2.; Willi A. Boelke, Goebbels und die Kundgebung im Berliner Sportpalast vom 18. Februar 1943, Vorgeschichte und Verlauf, in Jahrbuch für die Geschichte Mittel- und Ostdeutschlands, Publikationsorgan der Historischen Kommission zu Berlin, Bd. 19, Berlin 1970, S. 234 ff.
»Vorschläge zur totalen Kriegsführung können von allen Volksgenossen unter dem Kennwort ›Totaler Krieg‹ an das Reichsministerium für Volksaufklärung und Propaganda, Berlin W 8, Wilhelmplatz 7–8, gerichtet werden« (BLA 14.3.).
»Das Reichsministerium und Volksaufklärung und Propaganda teilt mit:
Unsere Aufforderung an alle Volksgenossen, Vorschläge zur Durchführung des totalen Krieges einzureichen, hat in weiten Kreisen der Bevölkerung großen Widerhall gefunden. Bereits am Tage nach der Bekanntgabe dieser Meldung gingen Hunderte von Briefen aus allen Teilen des Reiches ein, die wertvollste Vorschläge auf allen Gebieten der Kriegsführung enthielten. Am zweiten Tag hat sich die Zahl der Eingänge verdoppelt an den darauffolgenden Tagen weiter erhöht. Die totale Kriegsführung und die hohe Zahl der Eingänge verbietet es, jedem Einsender persönlich zu antworten. Jeder Volksgenosse aber, der einen Beitrag leistet, darf versichert sein, daß jede Anregung verwertet, jeder Vorschlag überprüft und jedem gemeldeten Mißstand nachgegangen und für seine Abstellung gesorgt wird. [...]« (BLA 24. 3.).

Feb 20.–22. Eishockey u. a.
V: Rpropamt.
Kunstlauf (und Eistanz) von Anita Heinricht, Gudrun Olbricht, Tanzgruppe des BSchC (erstmaliger Auftritt).
Feb 20, 15.30 Uhr Berlin (A) – Berlin (B).

Feb 21, 15.30 Uhr LTTC Rot-Weiß – BSchC 6:0 (Berliner Meisterschaft, Endspiel).
Feb 22, 16.00 Uhr Veranstaltung für die Wehrmacht. *»Das Reichspropagandaamt Berlin hatte rund 10 000 Soldaten und Verwundete zu einer großen Eissportveranstaltung im Sportpalast geladen [...] Vor allem waren es die spannungsvollen Eishockey=Wettkämpfe einer Berliner Auswahlmannschaft, die die Soldaten mit höchstem Interesse und mit anfeuernden Zurufen verfolgten. Rot kämpfte gegen Weiß [...] Enderfolg 7:3 für Weiß. Auch die ausgezeichneten Darbietungen im Eiskunstlaufen [...] wurden begeistert verfolgt. [...]«* (BLA 23. 2.).
BLA 18., 22.–23. 2.; LA SP 4019/213, 227.

Feb 24–25, 16.00 Uhr. Eishockey u. a.
V: Rpropamt.
LA SP 4019/213.

Feb 27–Mär 1, 16.00 Uhr. Eishockey u. a.
V: Rpropamt.
Kunstlauf (und Eistanz) von Gudrun Olbricht, Strauch/Noack, Tanzgruppe des LTTC Rot-Weiß.
Feb 27 Veranstaltung für Werktätige aus Rüstungsbetrieben. Berlin (A) – Berlin (B).
Feb 28 Veranstaltung für Werktätige aus Rüstungsbetrieben. Berlin (A) – Berlin (B).
Mär 1 Veranstaltung für die Wehrmacht. Berlin (A) – Berlin (B) 5:4.
BLA 2. 3.; LA SP 4019/213, 227.

Mär 7, 15.00 Uhr. »Handball-Turnier und Sportschau« der Berliner Schutzpolizei
V: PSV (?)
Zugunsten des Kriegs-WHW. *»Mit besonderem Interesse werden die Spiele des Handballturniers erwartet. Schon die Vorrunde, in der BHLT und Reichsbahn=SG, Ordnungspolizei und die BT, BfL Weißensee und BSV sowie SCC und die ATB aufeinandertreffen, verspricht spannende Begegnungen. [...] Großen Anklang wird auch die 10=mal=1=Runden=Staffel der Schutzpolizeigruppen Mitte, Nord, Süd, Ost und West, ferner das Bodenturnen des Deutschen Meisters Kurt Krötzsch sowie das Zweier=Radballspiel der Bereichsmeister Strohschenk=Kege (Post=SG) gegen ihre Klubkameraden Binger=Dobeck finden«* (BLA 6. 3.).

Mär 13, 16.00 Uhr. Eiskunstlauf »Vierte Kriegsmeisterschaft des Bereiches III« und Eishockey
V: Rpropamt/BEG.
Damen: 1. Gudrun Olbricht, 2. Edith Schwabe, 3. Hertha Neubauer.
Paare: *»Da Günther Noack wegen Urlaubsschwierigkeiten den mit seiner Partnerin Gerda Strauch errungenen Paarlauf=Titel nicht verteidigen konnte, kamen Ria Baran und Paul Falk (BSC) zwar kampflos, jedoch mit einer guten Leistung zu Meisterehren«* (BLA 15. 3.).
Herren: Die Meisterschaft konnte nicht vergeben werden, *»weil hier alle Bewerber, so u. a. der Vorjahressieger Ulrich Kuhn und Erich Zeller an der Ostfront stehen«* (BLA 5. 3.).
Eish.: Berlin (A) – Berlin (B) 7:5 (5:2, 2:1, 0:2).
BLA 5., 11., 13., 15. 3.; LA SP 4019/215.

Mär 19–21 und 26–28, 16.00 Uhr. »Eisveranstaltung Baier-Schau«
Am 19. und 26. Veranstaltung für die Wehrmacht, am 21. und 28. außerdem 10.30 Uhr.
V: Rpropamt/BSchC/KdF.
»Maxi u. Ernst Baier bringen Eislauf / Tanz · Humor / mit Anita Heinricht, Rosi Kauffmann / Inge Koch, Albert Meier / Als Gäste aus der Pausin-Schau: Fritzi Gillard, Trude Schweikart-Rothe / Grete Veit«.
Programm: I. Teil: 1. Fröhliche Rhythmen (Veit), 2. Promenade (Schweikart-Rothe), 3. Rumba (Koch), 4. Der Anfänger (Meier), 5. M./E. Baier, 6. Kreisel (Gillard), 7. Traumbild (Schweikart-Rothe), 8. Tänzerischer Dreiklang (Heinricht, Kauffmann, Koch), 9. Groteske (Veit), 10. Foxtrott und Rumba (M./E. Baier); II. Teil: 11. Militärmarsch (Schweikart-Rothe), 12. Auf Freiersfüßen (Kauffmann, Meier), 13. Tango (Gillard), 14. Sportlicher Lauf (Heinricht), 15. Conga und Walzer (M./E. Baier), 16. Polka (Schweikart-Rothe), 17. Fackeltanz (Gillard), 18. Der Lausbub (Kauffmann), 19. Melodien von Lehar (Heinricht), 20. Tango und Paso-Doble (M./E. Baier).
Das Programm nach dem Ph zum 20. 3.; es dürfte auch für die weiteren Veranstaltungen bis weit in den Mai hinein gegolten haben. Für den 19., 21., 26.–28. ist die Schau zwar nicht gesichert, aber doch sehr wahrscheinlich. Weitere Termine: Apr 10–12, 17–18, 24–25, Mai 1–3, 8–9, 14–16, 22–24.
LA SP 4019/215; Ph (Berlin Museum).

Apr 10–12 und 17–18. »Eisveranstaltung Baier-Schau«
Vgl. Mär 19–21. Am 10. um 14.30 Uhr, am 11. und 18. um 10.30 und 16.00 Uhr, am 12. um 16.30 Uhr (Veranstaltung für die Wehrmacht), am 17. um 16.00 Uhr.
LA SP 4019/217.

Apr 23, 16.30 Uhr. Eishockey u. a.
V: Rpropamt/BEG.
Veranstaltung für die Wehrmacht. Kunstlauf (und Eistanz). von Horst Faber, Inge Jell, Gudrun Olbricht, Baran/Falk.
Berlin (A) – Berlin (B) 5:4.
BLA 21., 24. 4.; LA SP 4019/217,

Apr 24–25, 16.00 Uhr. »Eisveranstaltung Baier-Schau«
Vgl. Mär 19–21. Am 25. auch 10.30 Uhr.
LA SP 4019/217.

Apr 26, 16.00 Uhr. Eishockey u. a.
V: Rpropamt/BEG.
Kunstlauf (und Eistanz) wie Apr 23.
LTTC Rot-Weiß – Berlin-Auswahl.
BLA 21., 25. 4.; LA SP 4019/217.

Mai 1–3 und 8–9, 16.00 Uhr »Eisveranstaltung Baier-Schau«
Am 2. und 9. auch 10.30 Uhr, am 3. Veranstaltung für die Wehrmacht.
LA SP 4019/218.

Mai 13, 15.00 Uhr. Eissportfest der HJ.
V: Rpropamt.
LA SP 4019/219.

Mai 14–16, 16.00. »Eisveranstaltung Baier-Schau«
Vgl. Mär 19–21. Am 16. auch 10.30 Uhr, am 14. Veranstaltung für die Wehrmacht.
LA SP 4019/218.

Mai 19, 17.15 Uhr. Eisveranstaltung für das DRK
V: Rpropamt.
LA SP 4019/219.

Mai 22–24, 16.00 Uhr. »Eisveranstaltung Baier-Schau«
Vgl. Mär 19–21. Am 23. auch 10.30 Uhr, am 24. Veranstaltung für die Wehrmacht.
LA SP 4019/218.

Jun 5. »Feierstunde der deutschen Rüstungsarbeiter«
V:NSDAP, Gau Berlin.
Rd: Dr. Joseph Goebbels (Reichsm., Gl), Albert Speer (Reichsmin. für Bewaffnung und Munition).

464 Eishockey (Chr Feb 24–25).

Sonntag, 6. Juni 1943 | 30 Pfg. | Reichsausgabe | (Sonntag Nr. 23) | 87. Jahrgang | Nr. 285–286

Frankfurter Zeitung

(Frankfurter Handelszeitung) und Handelsblatt (Neue Frankfurter Zeitung)

Fernsprech-Sammel-Nr.: Ortsruf 20202. Fernruf 20301. — Drahtanschrift: Zeitung Frankfurtmain. — Postscheck: Frankfurt-M. 4430

Vervielfachte Rüstung als Bürgschaft des Sieges.

Reichsminister Speer und Reichsminister Goebbels sprechen im Berliner Sportpalast.

BERLIN, 5. Juni. An derselben Stelle, an der vor Monaten der totale Krieg proklamiert worden ist, im Berliner Sportpalast nämlich, sind heute in einer großen Kundgebung des Gaues Berlin der NSDAP die stolzen Ergebnisse dieser außerordentlichen Kraftanstrengung der Nation der Oeffentlichkeit mitgeteilt worden. Der Reichsminister für Waffen und Munition, Albert Speer, gab in ausführlichem Bericht eine Bilanz der Rüstungsproduktion, deren Einzelheiten auch hochgespannte Erwartungen übertreffen. Als Anerkennung für die gesammelte Leistung des ganzen Volkes, die sich in den mitgeteilten Zahlen ausdrückt, erhielten führende Männer der Rüstungsindustrie vom Arbeiter bis zum Generaldirektor im Namen des Führers aus den Händen von Ritterkreuzträgern der Wehrmacht und der Waffen-SS hohe Auszeichnungen; eine Reihe von ihnen wurde mit dem Ritterkreuz des Kriegsverdienstkreuzes ausgezeichnet. Oberbürgermeister Liebel als Chef des Zentralamtes des Ministeriums Speer, begleitete diesen Vorgang mit einer Ansprache, in der die Verdienste der Ausgezeichneten gewürdigt wurden.

Zum Schlusse deutete Reichminister Dr. Goebbels in einer groß angelegten Rede den politischen Sinn und die Bedeutung der Kundgebung. Mit eindringlichen Worten charakterisierte er die Haltung unerschütterlicher Zuversicht, mit der das ganze deutsche Volk den Aufgaben der kommenden Wochen und Monasprechen, um ihnen die Erfolge, die unsere Rüstung in einem Jahr zu verzeichnen hat, bekanntzugeben. Die vielen Millionen, die in der Rüstung arbeiten, und darüber hinaus das ganze deutsche Volk, das in immer steigendem Maße in seiner Gesamtheit für die Rüstung des Reiches direkt oder mittelbar eingesetzt ist, in der Hauptsache aber unsere Soldaten an der Front, — sie alle haben ein Anrecht darauf, von den gewaltigen Fortschritten, die in unserer Rüstung in diesem Jahre erreicht wurden, zu erfahren. Wenn ich auch nicht Einzelheiten angeben kann, um dem Feind keine Anhaltspunkte für seine Angriffe auf unsere Industrie zu geben, so wird das heute der Oeffentlichkeit übergebene Zahlenmaterial ihnen doch die Gewißheit geben, daß unsere Rüstungsindustrie Außerordentliches und Gewaltiges geleistet hat.

Rekordhöhe der Rüstungsproduktion im Mai.

Bereits lange vor dem Krieg zwang uns unsere Armut an verschiedenen Rohstoffen dazu, unsere Wirtschaft straff zusammenzufassen, sie konzentriert aufzubauen und einheitlich zu steuern. Der Vierjahresplan hat hier, vor allem durch den Aufbau vollständig neuer Industrien, zur Herstellung fehlender Werkstoffe ein gewaltiges Werk vollbracht. In diesen vier Kriegsjahren erhofften sich die wirtschaftlichen Sachverständigen des Feindes von Jahr zu Jahr eine stetiges Absinken unserer Rüstung aus

duktion durch besondere Maßnahmen der Leistungssteigerung nochmals erheblich erhöht werden. Die Möglichkeit zu weiteren Steigerungen sind unterdessen erschlossen und festgelegt. Dabei wurden verschiedene Spezialstähle, die für die Rüstung dringend notwendig sind, und bei denen wir etwa dieselbe Kapazität wie Amerika haben, im Laufe des Jahres 1942 weiter erheblich ausgeweitet.

Unsere Erzeugung an den Metallen, die für die Rüstung unumgänglich notwendig sind, wurde in Deutschland und in den besetzten Gebieten ebenfalls wesentlich gesteigert. Kupfer, Aluminium, Magnesium, Chrom, Mangan und andere Metalle stehen auch heute, im vierten Kriegsjahr, der Rüstung noch in einem Umfang zur Verfügung, der durchaus als genügend bezeichnet werden kann. Zahlreiche Sparingenieure haben in den letzten anderthalb bis zwei Jahren einen Umstellungsprozeß in der Verarbeitung der Metalle vorgenommen. Dadurch ist bei einer Vervielfachung des Ausstoßes sämtlicher Waffen und Geräte der laufende Bedarf an Legierungs- und anderen uns mangelnden Metallen sehr wesentlich abgesunken. Wir haben unterdes neue Wege erschlossen, die es uns ermöglichten, noch weitgehender von diesen Metallen unabhängig zu werden. Da im übrigen in den von uns besetzten Räumen diese Metalle reichlich vorkommen, wird auch ein vermehrter Ausstoß der nächsten Jahre

ich im Jahre 1942 aufgefordert, innerhalb der Rüstung alles zu tun, um die Lokomotivproduktion zu steigern; denn zur Bewältigung der großen Räume sind zusätzlich Lokomotiven in großer Zahl notwendig. Wir haben den Monatsdruchschnitt der Produktion des Jahres 1941 an Lokomotiven im Mai 1943 um mehr als 300 Prozent gesteigert. Diese Leistung wird im Laufe dieses Jahres mit Sicherheit noch wesentlich überboten werden. Durch zahllose Vereinfachungen und vollständig neuartige Fabrikationsmethoden ist es gelungen, den Arbeitsaufwand pro Lokomotive um ein Drittel, den Aufwand an Eisen um 22 Prozent und an Kupfer für jede Lokomotive auf 1/15 zu senken. So einfach diese Zahlen klingen: Eine ungeheure Einzelarbeit war notwendig, diesen Erfolg zu erzielen.

Gleichzeitig erhielt die Rüstung den Auftrag, die Anfertigung und den Einbau von Generatoren für unsere Lastkraftwagen zu übernehmen. Der Erfolg: Vom 1. Juni 1942 bis heute wurden dreieinhalbmal soviel Kraftfahrzeuge auf Generatorbetrieb umgestellt als in den vorangehenden drei Jahren zusammengenommen. Der in diesem Jahr erzielte Erfolg hat eine gewaltige Einsparung an Treibstoff gegeben, — eine Einsparung, die der laufenden Erzeugung mehrerer großer Hydrierwerke entspricht und die ermöglicht, der Front erhöhte Treibstoffmengen zuzuführen.

465 Frankfurter Zeitung, 6. 6. 1943 (Chr Jun 5).

Th:*»Deutschlands Rüstung in steilem Aufstieg«.*
»Der Deutschlandsender überträgt die Kundgebung mit den Reden der Reichsminister Speer und Dr. Goebbels am heutigen Sonntag im Anschluß an den 10=Uhr=Nachrichtendienst« (BLA 6. 6.).
»Die Kundgebung der NSDAP. im Berliner Sportpalast am vergangenen Sonnabend gestaltete sich zu einer einzigartigen Manifestation der deutschen Wehrbereitschaft. In mitreißenden Darlegungen wiesen Reichsminister Dr. Goebbels und Reichsminister Speer auf die Erfolge der großen Rüstungsschlacht und die Aussicht hin, die die gewaltig gesteigerte Produktion unserer schaffenden Kriegswirtschaft bietet. Die Verleihung von neun Ritterkreuzen zum Kriegsverdienstkreuz, die von Nürnbergs Oberbürgermeister Liebel vorgenommen wurde, bildete den feierlichen Mittelpunkt der Veranstaltung« (BLA 6. 6.).
BLA 6. 6.; Agr 8. 6.; Speer, Erinnerungen, S. 280f.

Okt 3. Kundgebung zum Erntedanktag
V: NSDAP, Gau Berlin.
Rd: Herbert Backe (Reichsbauernf., Staatssekr.), Dr. Joseph Goebbels (Reichsmin., Gl).
Th: *»Ernährung sichergestellt«, »Kein Zurück mehr, nur noch ein Vorwärts«.*
»Bauern und Bäuerinnen aus allen deutschen Gauen hatten sich mit Vertretern der schaffenden Bevölkerung Berlins aus allen Berufsschichten im Berliner Sportpalast zusammengefunden, um zum fünften Male in diesem Kriege den Ehrentag des deutschen Landmannes feierlich zu begehen. Schulter an Schulter saßen die Vertreter des ganzen deutschen Volkes in kämpferischer Geschlossenheit und zollten den Volksgenossen höchste Anerkennung und tiefsten Dank, die in diesen Zeiten des Ringens um unsere Zukunft der Nation das tägliche Brot sichern. Als Motto stand über der gewaltigen Kundgebung ›Pflug und Schwert, die Garanten des Sieges!‹« (Agr 5. 10.).

Nov 14. Eislauf und Eishockey
V: Rpropamt.
Eröffnung der Wintersaison 1943/44 im Eissport.
9.00 Uhr. Veranstaltung der HJ: *»Anlaufen«.*
»Für den kommenden Sonntagvormittag [...] ladet das HJ=Gebiet Berlin alle eislauffreudigen Berliner Jungen und Mädel zu einem Anlaufen im Sportpalast ein. Alle, die den einfachen Eislauf beherrschen und sich im Eiskunstlauf und im Eishocky ausbilden lassen möchten, sind teilnahmeberechtigt. Die Schulung erfolgt in einmal wöchentlich stattfindenden Schulungsgruppen im Sportpalast und im Friedrichshain. Schlittschuhe sind mitzubringen, Hockeyschläger werden gestellt. Meldung um 9 Uhr am Eingang des Sportpalastes. Die Ausbildung erfolgt kostenlos« (BLA 12. 11.).
15.30 Uhr. Veranstaltung für die Wehrmacht (6000 Soldaten). Kunstlauf (und Eistanz) von Gudrun Olbricht, Erich Zeller, Baran/Falk, Strauch/Noack u. a.
Eish.: BSchC/Brandenburg – LTTC Rot-Weiß 7:1 (1:0, 3:0, 3:1).
BLA 27. 10.; 12., 14., 16. 11.; LA SP 4019/229.

Nov 20–21. Jubiläumsveranstaltung zum 50jährigen Bestehen des Berliner Schlittschuh-Clubs
V: Rpropamt/BSchC (mit KdF am 21. 11., 10.30 Uhr).
Kunstlauf (und Eistanz) von Györgyi von Bontond, Sonja Fuhrmann, Gudrun Olbricht, Baran/Falk, Rahlén/Mothander, Strauch/Noack.
Nov 20
16.00 Uhr. Eish.: BSchC – SK Bratislava (Preßburg) 6:2 (2:0, 3:1, 1:1).
Nov 21
10.30 Uhr. KdF-Veranstaltung. Eish.: SK Bratislava (Preßburg) – Brandenburg 8:0.
16.00 Uhr. Eish.: BSchC – LTTC Rot-Weiß 4:3.
»Fünf Jahrzehnte hindurch hat der Berliner Schlittschuh=Club im deutschen Eissport Pionierdienste geleistet. Im wahrsten Sinne des Wortes unzählbar sind die Erfolge, die seine Kunstläufer und Eishockeyspieler in vielen Ländern errangen. Darüberhinaus ist der BSC jedoch auch an der Veranstaltung großer Eissportereignisse, die diesem Sport zu seiner Beliebtheit verhalfen, maßgeblich beteiligt gewesen. Zur Feier seines 50jährigen Bestehens – ursprünglich sollte dies Jubiläum bereits Anfang dieses Jahres begangen werden – ist dem Club ein besonders reizvolles Programm gelungen« (BLA 20. 11.).
BLA 18., 20., 21., 23. 11.; LA SP 4019/229.

Nov 22, 15.30 Uhr. Eishockey
V: Rpropamt.
BSchC – HC Davos.
Letzte Veranstaltung im alten, unzerstörten Sportpalast.
LA SP 4019/229.
Abends. Erste Beschädigung des Sportpalastes durch Fliegerbomben
Am Abend erfolgten zwei Fliegerangriffe: 19.29–21.10 Uhr (153. Fliegeralarm) und 22.05–22.40 Uhr (154. Fliegeralarm). Der Sportpalast wurde wohl bei dem zweiten Angriff getroffen. Die Schäden waren vermutlich nicht sehr groß, reichten aber aus, daß vorerst keine Veranstaltungen durchgeführt werden konnten. Die für Ende November und für Dezember angekündigten zahlreichen Eissport-Veranstaltungen, die für den Sportpalast vorgesehen waren, fanden dann wohl überwiegend im Eisstadion Friedrichshain statt. Mit den Reparaturarbeiten wurde unverzüglich

begonnen, man hoffte, die Schäden bis Ende Januar 1944 beseitigt zu haben.
Otto Conrad, Chronik der Fliegeralarme in Berlin und der Luftangriffe auf die Stadt während des Krieges 1939–1945 (Typoskript; LA, Rep. 152, Acc. 262). – Luftlageberichte und Schadensmeldungen aus den Siemenswerken 1943 (LA); LA, Rep. 84 Acc. 3641.

1944–1945

1944 Jan 30, abends. Zweite Beschädigung des Sportpalastes durch Fliegerbomben
Bei dem Angriff von 19.57 bis 21.15 Uhr (174. Fliegeralarm) erlitt der Sportpalast stärkere Schäden, vor allem *»durch Einwirkung des Luftdrucks an den Decken und Wänden«* des Kronenbodens, 1. Rangs und Erdgeschosses, welche allerdings bis April 1944 beseitigt wurden.
Rechnungen über Reparaturarbeiten (u.a. Malerarbeiten) lassen auf weitere Beschädigungen, auch durch Brand, im Laufe der Zeit schließen. Sie betreffen die große Halle und die Büroräume (LA, Rep. 84 Acc. 3641).

1944 Ende Nov/Anfang Dez. Größere Schäden des Sportpalastes durch Fliegerbomben
Die Aufräumungsarbeiten zogen sich bis Mitte Februar hin.

Ob weitere Bombenangriffe oder der Endkampf um Berlin den Sportpalast in den Zustand versetzten, in dem er nach Kriegsende zu sehen war, ist unbekannt: Die große Halle und der Kopfbau mit den Betriebsräumen und dem Kasino waren vollständig ausgebrannt.
Berichte über die Luftangriffe auf die Reichshauptstadt Berlin (LA, Rep. 239 Acc. 2517 Nr. 60). – Ereignismeldungen der Technischen Nothilfe, Landesgruppe Berlin, über Luftangriffe auf Berlin während des 2. Weltkrieges, Bd. II, Januar 1944– April 1945 (LA, Rep. 20, Lfd. Nr. 7795); LA, Rep. 84 Acc. 3641.

1946

Jan 19–20, 14.30 Uhr. »Internationales Eisballett«
V: SP.
»Der Reinertrag dieser Vorstellung ist zugunsten der Aktion ›Rettet die Kinder‹« (Ts 19. 1.).
Das Innere des ausgebrannten Sportpalastes hatte man äußerst notdürftig für eine Benutzung hergerichtet.
»Die bereits angekündigte Doppelveranstaltung im Sportpalast am kommenden Sonnabend-Sonntag dürfte so schnell vermutlich nicht abrollen, [...] Im Sportpalast fehlt nämlich nicht nur die Eisanlage, deren Instandsetzung etwa 20 000 Mark erfordern würde, es fehlt auch – Wasser. Bisher bildete sich die Eisbahn durch Regenwasser (!)« (Kur 7. 1.).
»Die Mauern des ehemaligen Sportpalastes sahen sehr betrübt auf die jetzt natürliche Eisfläche, auf der am Wochenende eine Eislaufveranstaltung stattfand. Die

466 Sportpalast 1945/46.

467 Eishockey in der Ruine, 1946.

Zuschauer hatten die Wahl, im Stehen oder im Spazierengehen zu frieren, der schon unseren Vätern bekannten ›kleinen Charlotte‹, und dem aus sieben Berliner Mädchen bestehenden ›Internationalen Eisballett‹ zuzusehen. Halbwüchsige Jungen spielten laut Programm Eishockey. Was den angekündigten Humor anbelangte, so kamen die Zuschauer, die den eigenen nicht verloren hatten, wirklich auf ihre Kosten« (Ts 23. 1.).
Ts 19., 23. 1.; Kur 7., 14. 1.; LA SP 4019/232.

Jan 26–27, 14.30 Uhr(?). Eisballett »Ein bunter Reigen schöner Bilder«
V: SP.
Mit *»dem ›Internationalen Eisballett‹ und ›Charlotte‹, die Eiskönigin und ehemalige Weltmeisterin mit Partner. Ferner Solisten: Gerda Twehle, Gerda Lusch, Irmgard Görges, Ilse Schmidt u. viele andere«* (Kur 25. 1.).
Ts 24., 26. 1.; Kur 25., 30. 1.; LA SP 4019/232.

Feb
Für diesen Monat war eine zweitägige Eissportveranstaltung geplant, zunächst für den 2.–3., 9.–10., dann für den 16.–17. und schließlich für die Zeit nach dem 24. 2. Da man auf Natureis angewiesen war, machte das einsetzende Tauwetter allen Planungen ein Ende. Die Hoffnung auf eine Reparatur der Kunsteisanlage scheiterte unter anderem an den hohen Kosten (vgl. Jan 19–20).
Kur 23. 1.; 1., 13. 2.; LA SP 4019/232.

Dez 22, 14.00 Uhr. Eissport
Eish.: West (Eichkamp [früher BSchC]) – Süd (Tempelhof [früher LTTC Rot-Weiß]) 11:2 (1:0, 6:1, 4:1).
5-Rdn-Schnellauf der Frauen: 1. Eva Gleue, 2. Gerda Kleinert.
30-Rdn-Mannschaftsschnellauf: 1. Egerland/Mokka, 2. Kittlaus/Knoblauch, 3. Markus/Götsch.
Kunstlauf (noch ohne Musik) von Christel Abraham, Brigitte Zopf. Humoristische Vorführungen der beiden Eishokkeyspieler Heinz Herrmann und Heinz Schubert.
Im Eishockey wurde nach neuen Reglen gespielt, die unter anderem eine Verlängerung der Spielzeit bedeuteten (jetzt 3 x 20 Min., statt 3 x 15 Min.).
»Nach mehrjähriger Pause kommt es am Goldenen Sonntag zur ersten Veranstaltung im Berliner Sportpalast. [...] Wiedereröffnung der Eissportsaison an alter Stätte [...]« (Ts 19. 12.).
»Das Bild der früheren traditionellen Eissportfeste ist ein anderes geworden; man wird nicht in einem warmen Raum sitzen, auch ist es nicht möglich, in den Pausen das Eis ›aufzufrischen‹. War es nicht immer ein besonderer Augenblick, wenn die Eismacher auf ihren elektrischen Karren hockten und die ständig unter Wasser gehaltene Matte über die vom Kampfgetümmel zernarbte Eisfläche schleppten? Die Eismaschinen arbeiten noch nicht, man ist auf den natürlichen Frost angewiesen [...] Werner Zaehring, der Leiter der Eissportgruppe Berlin-Süd, zeichnet verantwortlich für die Eissportfeste« (Ts 21. 12.).
»Die wehmütigen Erinnerungen an Einst gab es in den vom Schutt befreiten Ruinen des ›Sportpalastes‹. Das Natureis war schon mäßig. Mäßiger noch der Verlauf der Amateurveranstaltung. Mangels Lautsprecher entfielen die Kunstläufe« (Kur 23. 12.).
Trotz entgegengesetzter Meldungen (z. B. Kur 12. 12.) war offenbar die Eisanlage noch nicht funktionsfähig.
Ts 19.–22. 12.; Kur 19., 21., 23. 12.

Dez 25–26, 14.00 Uhr (?). Eishockey u. a.
Um die Berliner Meisterschaft. Kunstlauf (diesmal mit Musik, da die Lautsprecheranlage intakt war) von Christel Abraham, Margit Roß, Gerda Siepert, Ingrid Wetscherek, Brigitte Zopf.
Dez 25 Süd (Tempelhof) – Nord (Pankow) 5:0 (2:0, 1:0, 2:1). 10-Rdn-Schnellauf: 1. Werner Egerland.
Dez 26 West (Eichkamp) – Süd (Tempelhof) 3:1 (1:0, 0:0, 2:1). 50-Rdn-Mannschaftsschnellauf: 1. Kittlaus/Drisga, 2. Egerland/Mokka.
Ts 28. 12.; Kur 27. 12.; Sozialdemokrat 27. 12.

Dez 29, 9.30 Uhr. Eishockey
Et: frei.
»Die Eissportgruppe Süd spielt morgen von 9 Uhr 30 an mit drei Mannschaften im Sportpalast. Bei freiem Eintritt gibt es zuerst das Punktetreffen zwischen Süd und Ost (Neukölln). Dann folgen Spiele der Reserve- und Juniorenmannschaften Süd gegen Nord« (Ts 28. 12.).

468 Das Kassenhäuschen 1945/46.

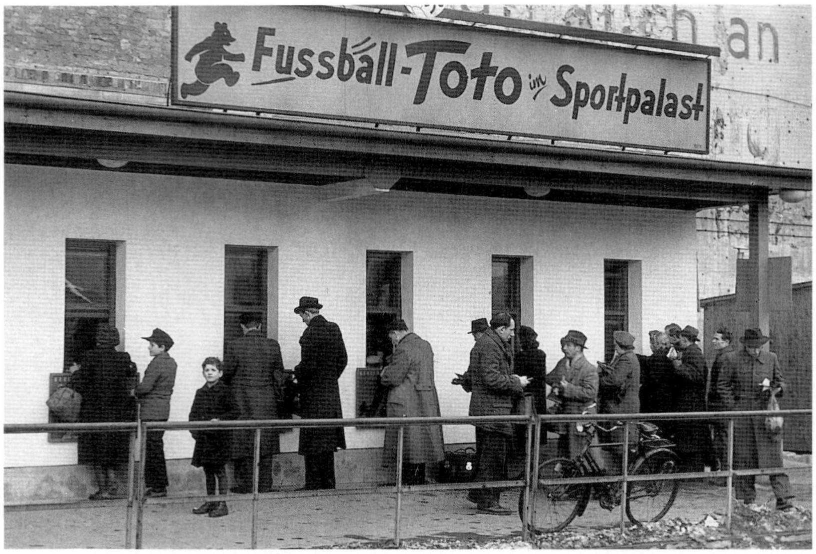

469 Das Kassenhäuschen am 11. 2. 1950.

470–473 Sportpalast 1947.

470

471

472

473

1947

Jan 12, 14.00 Uhr. Eishockey u. a.
V: Eissportgruppe Süd.
Kunstlauf (und Eistanz) von Christel Abraham, Inge Koch, Gudrun Olbricht, Margit Roß, Brigitte Zopf.
West (Eichkamp) – Nord (Pankow) 16:3 (3:0, 4:0, 9:3; Berliner Meisterschaft).
Ts 11., 14. 1.; Sozialdemokrat 10., 13. 1.

Jan 26. Eiskunstlauf »Berliner Meisterschaften 1947« u. a.
9.30 Uhr. Kunstlauf-Meisterschaften, Pflicht.
13.00 Uhr. Kunstlauf-Meisterschaften, Kür.
Meister-Damen: 1. Margit Roß Plz 3/271,2 Pkte; 2. Brigitte Zopf 6/238; 3. Ingrid Wetscherek.
Junioren-Damen: 1. Gerda Siepert, 2. Christel Abraham, 3. Helga Stange.
»[...] es konnten nur Titel für Frauen und Juniorinnen vergeben werden. Für die Wettbewerbe der Männer, Junioren und für Paare fehlten die Teilnehmer« (Ts 29. 1.).
Schnellauf für Frauen: 1. Eva Gleue, 2. Gerda Glinzer-Kleinert.
Eish.: Süd/Ost – Nord (Pankow) 7:3 (2:1, 1:2, 4:0).
50-Rdn-Mannschaftsschnellauf: 1. Egerland/Schmidt, 2. Mokka/Drisga.
»Alles was ›zum Bau‹ gehört, hatte sich zwischen den Ruinen der alten Winterkampfstätte im Sportpalast versammelt, um die Kunstläufergilde paradieren zu sehen« (Sozialdemokrat 27. 1.).
Ts 25.–26., 28.–29. 1.; Sozialdemokrat 24., 27. 1.

Feb 9, 14.00 Uhr. Eissport
Kunstlauf (und Eistanz) von Christel Abraham, Margit Roß, Gerda Siepert, Helga Stange, Ingrid Wetscherek, Brigitte Zopf.
Eish.: Süd (Tempelhof) – Ost (Neukölln) 12:2 (4:0, 6:0, 2:2).
30-Rdn-Mannschaftsschnellauf für Frauen und Männer: 1. Gleue/Drisga, 2. Glintzer/Kittlaus.
Schnellauf für Junioren: 1. Mokka/Knoblauch, 2. Sander/Herrmann.
»Der Aufenthalt im Berliner Sportpalast – soweit es in Anbetracht des ausgebrannten Hauses noch als solcher bezeichnet werden kann – war gestern nicht gerade angenehm. Die starke Kälte liess keinen zahlreichen Besuch der Eissportveranstaltung zu« (Sozialdemokrat 10. 2.).
Ts 7. 2.; Sozialdemokrat 7., 10. 2.

Feb 23 (?). Eishockey
West (Eichkamp) – Süd (Tempelhof) 24:8 (Berliner Meisterschaft, Endspiel).
Ts 25. 2.

Apr 20. Verbot der weiteren Benutzung der Halle zu Veranstaltungen
Mit Datum vom 25. 4. 1947 teilt der *»Magistrat der Stadt Berlin, Amt für Bauverordnungswesen im Verw.-Bezirk Schöneberg/Friedenau, Baupolizei«* dem Verwalter des Sportpalastes, Herrn Pohland mit: *»Das Sportpalastgebäude Potsdamerstraße 172 ist durch die Kriegsereignisse derart stark geschädigt worden, dass die Standsicherheit einzelner Teile für die Zukunft nicht mehr gewährleistet ist. Die Räume können wegen der damit verbundenen Lebensgefahr zu Aufenthaltszwecken nicht mehr zugelassen werden (§11 der Bauordnung v. 9. 11. 1929).*

474 Sportpalast 1948.

475 Kundgebung der SPD (Chr Apr 30); auf dem Rang, unterhalb der Fahne, Dr. Kurt Schumacher (Vors. der SPD).

Wir müssen Ihnen darum zu unserem Bedauern untersagen, das Gebäude ab sofort noch zu Veranstaltungen zu benutzen oder benutzen zu lassen. Lediglich die für den 30. 4. vorgesehene Versammlung darf noch abgehalten werden. [...]« (LA SP 4019/262).

Apr 24. Erteilung eines Baufreigabescheins für den Umbau des Kasinos in ein Kino
Bauherren sind die Neue Sportpalast GmbH und Karl Heger. Das Kino wird am 2. 1. 1948 unter dem Namen *»Filmtheater im Sportpalast GmbH«* eröffnet.
LA SP 4011/4.

Apr 30, 18.00 Uhr. Kundgebung
V: SPD, Landesverband Groß-Berlin.
Rd: Fritz Eberhard (Staatssekretär.), Franz Neumann.
Th: Der erste Mai.
Mitw.: Sprechchor der Abt. VI, Schöneberg-Friedenau (»Erlösung« von Bruno Schönlank).
»Aus den Ruinen des Sportpalastes grüßten gestern, am Vorabend des 1. Mai, die jungen Sozialdemokraten Berlins die Sozialisten der Welt. Nach dem gemeinsamen Liede ›Auf Sozialisten, schließt die Reihen‹ erinnerte Franz Neumann an die letzte Kundgebung der SPD am 27. Februar 1933, die gewaltsam aufgelöst wurde. An diesem Abend setzte der Großterror ein, der mit den Flammen des Reichstages den Weltenbrand entzündete. Aus dem Sportpalast wurde der totale Krieg verkündet, der alles in den Abgrund riß. Jetzt suchen die Sozialdemokraten wieder einmal in einem Trümmerfeld das Schlechte auszulöschen und von einem besseren Deutschland zu künden [...]« (Sozialdemokrat 1. 5.).
Sozialdemokrat 29.–30. 4.; 1. 5.; LA SP 4019/262.

Sep 1, 18.00 Uhr. »Anti-Kriegskundgebung 1947« auf dem Vorplatz des Sportpalastes
V: SPD, Landesverband Groß-Berlin.
Rd: Franz Neumann, Louise Schroeder (Amtierender Oberbürgermeister).
Mitw.: *»2. Männerchor der Chorgemeinschaft Neukölln in Gemeinschaft mit dem Männerchor Kreuzberg-Ost (120 Mann). Musikalische Leitung und Dirigent: Bruno Klieth«.*
Programm:
»1. Chor: ›Ich warte dein...‹ (Gustav Uthmann)
2. Chor: ›Sturm‹ (Gustav Uthmann)
3. Rezitation: ›Wacht auf, ihr Toten...‹ (Erich Grisar)
4. Ansprache von Louise Schröder
5. Gemeinsamer Gesang: Internationale« (Sozialdemokrat 30. 8.).
Sozialdemokrat 30.–31. 8.; 2. 9.

Okt 6. Einreichung detaillierter Pläne zum Wiederaufbau der großen Halle durch den Boxveranstalter Fritz Gretzschel
Diese Pläne gelangten jedoch nicht zur Ausführung.

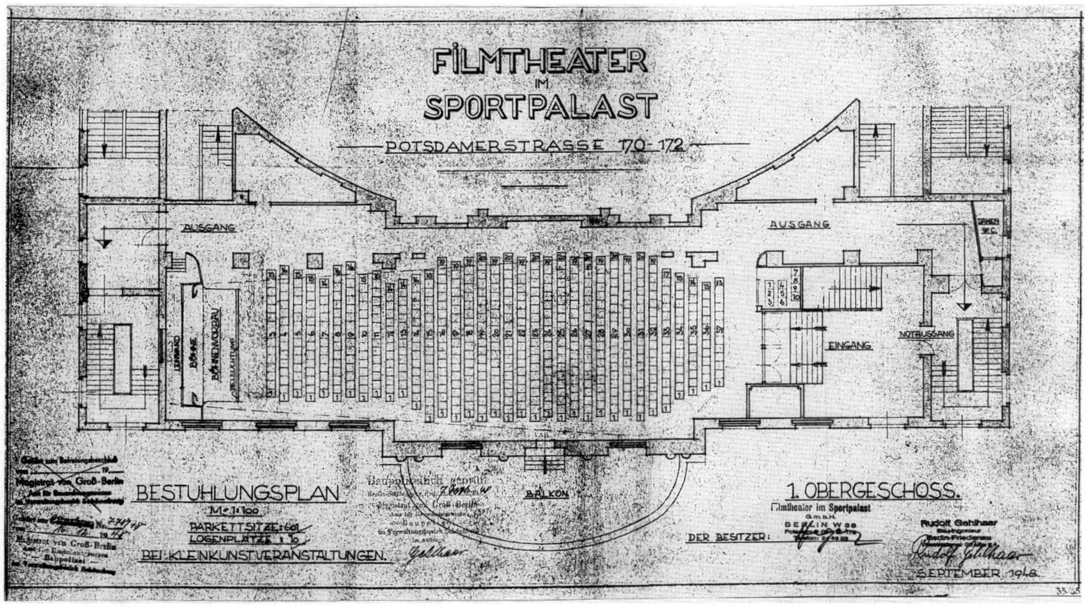

476 Bestuhlungsplan für das »Filmtheater im Sportpalast«, September 1948 (nach: LA SP 3973/3 [Lichtpause/Papier, ca 35 x 65 cm]).

1948

Jan 2, 20.00 Uhr. Eröffnung der »Filmtheater im Sportpalast GmbH«

Im umgebauten Kasino werden bis 1964 Spielfilme gezeigt, die Lothar Schirmer in einem umfangreichen Typoskript zusammengestellt hat, das – trotz aller Kürze der einzelnen Angaben – aus Gründen des Umfangs bedauerlicherweise hier nicht abgedruckt werden kann.

1951

Okt 6. Richtkrone über dem Neubau der Arena

Ts 7. 10.

Okt 13. »Erste Eisprobe im Sportpalast«

»Am Sonnabend tummelten sich im neuen Berliner Sportpalast gleich nach dem ersten Eismachen Kunstläufer und Eishockeyspieler. Das Eislauftraining unter vielen Tiefstrahlern ließ vergessen, daß ein Dach noch fehlt. Das Eis war recht dünn, erlaubte aber schon starke Beanspruchung. Fehlerquellen waren nicht festzustellen. Die Vorführungen von Erika Kraft, Helga Stange und Ingeborg Schellhase, ferner die Trainingsduelle mit dem Puck unter der Führung der beiden Kanadier ließen die Hoffnung aufkommen, daß das Langentbehrte in alter Form wiederkommt und Berlin mit der Eröffnung des Sportpalastes bald eine gute Rolle im deutschen Eissport spielen wird« (Ts 14. 10.).

Okt 22–27. Eishockey »Olympia-Vorbereitungslehrgang«

»Zu dem Lehrgang wurden 24 Spitzenspieler der Vereine Preußen-Krefeld, Sportclub Rießersee, EV Füssen, Krefelder EV, VfL Bad Nauheim, und Düsseldorfer EG eingeladen. Leiter des Kursus ist der Rießerseer [Franz] Kreisel, dem zwei Angehörige der kanadischen Weltmeisterschaft Maple Leafs als Trainer zur Seite stehen werden« (Ts 6. 10.).
Ts 6., 23. 10.

Okt 26, 20.00 Uhr. Eishockey und Eiskunstlauf zur Eröffnung des Neubaus

Kunstlauf von Erika Kraft (SC Riessersee), Helga Stange (BSchC), Minor/Braun (Köln).
Olympia-Auswahl: Alfred Hoffmann (Tor); Karl Wild, Toni Biersack (Vert. A) (alle drei SC Riessersee); Herbert Schibukat (Preußen Krefeld), Karl Bierschel (Krefelder EV) (Vert. B); Dieter Niess (VfL Bad Nauheim), Engelbert Holderied (EV Füssen), Helmut Kremershof (Preußen Krefeld) (Sturm A); Karl Enzler (SC Riessersee), Ulli Eckstein, Hans Pescher (beide Krefelder EV) (Sturm B); Münstermann (Ersatz) (Krefelder EV).
BSchC: Georg Münstermann, Joachim Drewitz (Tor); Jim Malacko, Rolf Brand (Vert. A); Jack Yucytus, Gerhard Stupp (Vert. B); Rainer Kossmann, Heinz Henschel, Rudi Kruschinsky (Sturm A); Dr. Kurt Adler, Paul Trautmann, Werner George (Sturm B).
Schiedsrichter: Erich Römer (Gustav Jaenecke war auch vorgesehen, sein Flugzeug hatte jedoch drei Stunden Verspätung).
Eish.: Olympia-Auswahl – BSchC 20:2 (7:0, 6:1, 7:1).
»5000 Berliner Sportfreunde wollten am Freitag dabeisein, wenn ihr Sportpalast [. . .] seine Wiedergeburt feiert. Eine festlich gestimmte Menge drängte sich durch die blumengeschmückten Eingänge. Lebhaften Beifall gab es, als Heinz Henschel bei der Uebergabe der Kampfbahn die Gäste begrüßte. Nach dem Sportpalast-Walzer begann das Programm [. . .]« (Ts 27. 10.).
»Alles, was einmal zum ›lebenden Inventar‹ des Sportpalastes gehörte, war dabei. ›Krücke‹ pfiff wie früher mit Sportpalast-Walzer und ›Justaf‹, Gustav Jänecke, Berlins Eishockey Idol großer BSC-Zeiten, wurde herzlich begrüßt. [. . .] Den Dank an den Bauherrn, dessen Initiative und finanziellem Rückhalt es zu verdanken ist, daß der 1943 zerstörte Sportpalast wiederaufgebaut wurde, sprachen Dr. Ruhemann, der Vorsitzende des Sportverbandes Berlin, und der zweite Vorsitzende des Berliner Eissport-Verbandes, Großmann, aus. Dr. Ruhemann meinte: ›Henschel hat das getan, was eigentlich die ganze Stadt hätte tun müssen‹« (Berliner Anzeiger 27. 10.).
Ts 25.–27. 10.; Kur 25., 27. 10.; Berliner Anzeiger 27. 10.; Ph (Longino).

Okt 27, 20.00 Uhr. Eishockey u. a.

Kunstlauf wie Okt 26.
Olympia-Auswahl (A): Hoffmann (Tor; Ersatz Wackers); Wild, Biersack (Vert.; Ersatz Langhans); Egen, Poitsch, Unsinn (Sturm A); Enzler, Huber, Pfundtner (Sturm B).
Olympia-Auswahl (B): Jansen (Tor); Bierschel, Schibukat (Vert.); Holderied, Kremershof, Niess (Sturm A); Endres, Pescher, Rampf (Sturm B).
Olympia-Auswahl (A) – Olympia-Auswahl (B) 8:5 (2:1, 4:4, 2:0).
Ts 27.–28. 10.; Kur 29. 10.

477 Sportpalast, die wiederaufgebaute Arena ohne Dach, 25. 10. 1951.

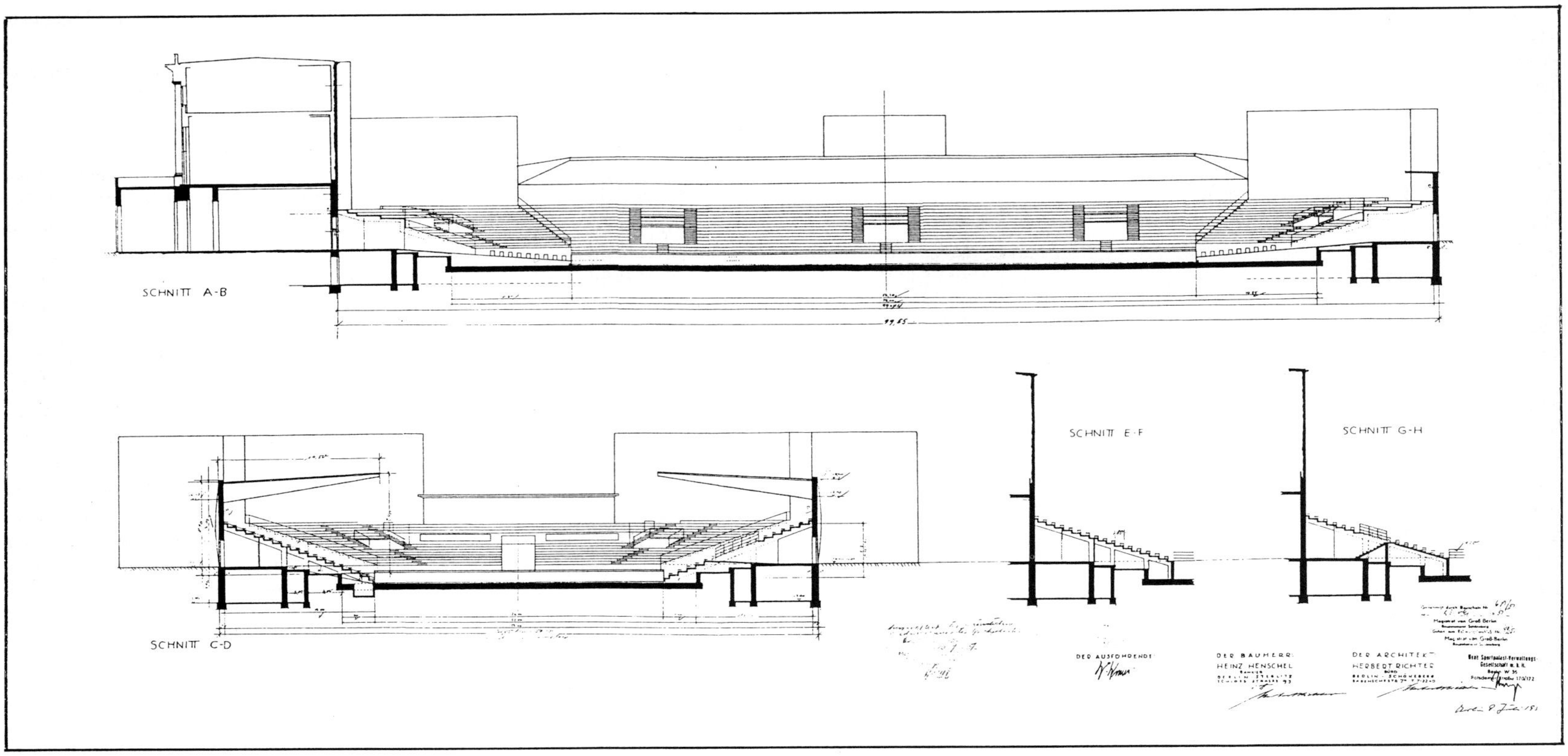
SCHNITT A-B
SCHNITT C-D
SCHNITT E-F
SCHNITT G-H
DER AUSFÜHRENDE
DER BAUHERR
HEINZ HENSCHEL
DER ARCHITEKT
HERBERT RICHTER

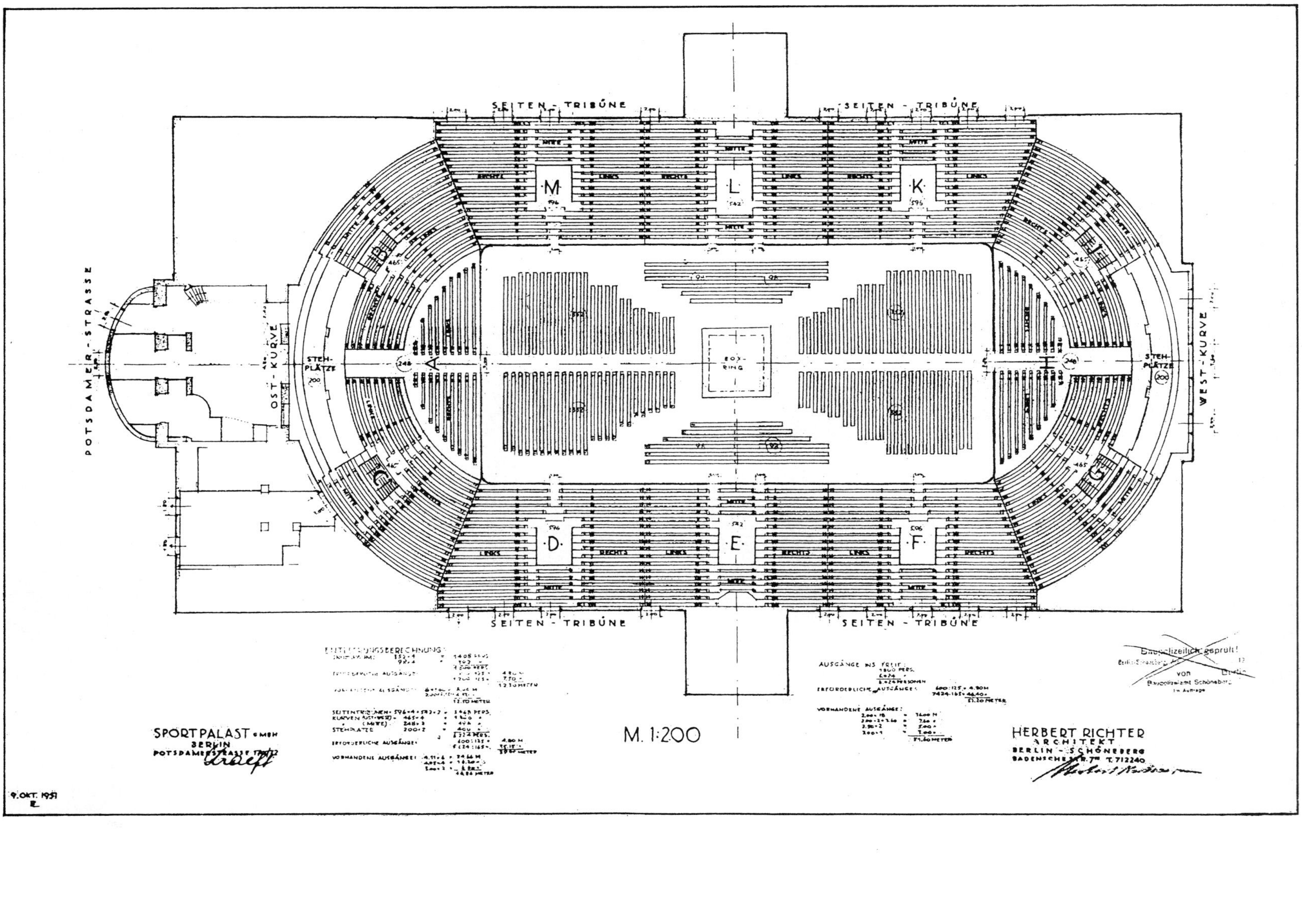
SEITEN - TRIBÜNE
SEITEN - TRIBÜNE
SEITEN - TRIBÜNE
SEITEN - TRIBÜNE
M
L
K
D
E
F
OST-KURVE
WEST-KURVE
POTSDAMER-STRASSE
STEH-PLÄTZE
STEH-PLÄTZE
BOX-RING
AUSGÄNGE INS FREIE
M. 1:200
SPORTPALAST GMBH
BERLIN
HERBERT RICHTER
ARCHITEKT
BERLIN - SCHÖNEBERG
9. OKT. 1951

Okt 28, 20.00 Uhr. Eishockey u. a.
Kunstlauf wie Okt 26.
Süddeutschland (SC Riessersee/EV Füssen): Hoffmann (Tor); Biersack, Wild (Vert.; Ersatz: Langhans); Egen, Poitsch, Unsinn (Sturm A); Enzler, Holderied, Huber (Sturm B).
Westdeutschland (Krefeld/Düsseldorf): Jansen (Tor); Bierschel, Schibukat (Vert.; Ersatz: Eichler); Kremershof, Niess, Pfundtner (Sturm A); Eckstein, Münstermann, Pescher (Strum B).
Beide Mannschaften aus Mitgliedern des Lehrganges (vgl. Okt 22–27).
Süddeutschland – Westdeutschland 8:5 (1:3, 2:1, 5:1).
Ts 28., 30. 10.; Kur 29. 10.

Nov 3–4, 20.00 Uhr. Eishockey u. a.
V: SP (Heinz Henschel).
Et: 1,– bis 3,– DM.
Kunstlauf von Erika Kraft, Minor Braun.
BSchC: Münstermann (Tor); Stupp, Yucytus (Vert.); Henschel, Kossmann I, Kruschinsky (Sturm A); George, Menzel, Trautmann (Sturm B).
Berlin-Auswahl: Jasinski (Tor); Kaluzny, Walter (Vert.); Holey, Kossmann II, Kossmann III (Sturm A); Finnern, Hübner, Korn (Sturm B).
Nov 3 BSchC – Berlin-Auswahl 17:2 (6:2, 6:0, 5:0).
Nov 4 BSchC – Berlin-Auswahl, ausgefallen?
Ts 3. 11.; Kur 2., 5. 11.

Nov 18, 20.00 Uhr. Eishockey u. a.
V: DEV (Heinz Henschel).
Et: 1,50 bis 8,– DM.
Kunstlauf von Helga Stange.
Schweden: Svensson (Tor; Ersatz Bjaegerstaed); Loefgren, Thunmann (Vert.; Ersatz: Almquist, Lassas); Granath, Gustavsson, G. Johansson (Sturm A); Blomquist, E. Johansson, Larsson (Sturm B); O. Johansson, Schill (Ersatz).
Deutsche Auswahl: Hoffmann (Tor); Biersack, Wild (Vert.; Ersatz: Bierschel, Schibukat); Egen, Guggemoos, Poitsch (Sturm A); Kremershof, Niess, Unsinn (Sturm B).
Schweden – Deutsche Auswahl 15:1 (5:0, 4:0, 6:1).
Ts 7., 17. 11.; Kur 17., 19. 11.

Nov 21, 18.00 Uhr. Eissport-Werbeveranstaltung
Kunstlauf von Helga Stange.
Berlin (A): *»Münstermann; Jim Malacko, Stupp; Grass, Kruschinsky, Menzel, Rainer Kossmann, Gläser, Cissewski, Oquinn«.*
Berlin (B): *»Drewitz; Jack Yucytus, Brand, Walter, George, Trautmann, Adler, I. Kossmann, Johannes Kossmann, Hollnery«* (Ab 20. 11.).
Eish.: Berlin (A) – Berlin (B) 7:5 (2:0, 3:1, 2:4).
40-Rdn-Mannschaftsschnellauf: 1. Sander/Gehrmann 10:02,8; 2. Löwenberger/Kittlaus.
Ts 22.–23. 11.; Kur 22. 11.; Ab 20., 22. 11.

Nov 24–25, 20.00 Uhr. Eishockey u. a.
Kunstlauf von Schroer/Müller.
BSchC: Münstermann (Tor); Brand, Malacko (Vert.; Ersatz; Stupp, Yucytus); Henschel, Kossmann, Kruschinsky (Sturm A); Adler, George, Trautmann (Sturm B).

◁ 478 Sportpalast, Wiederaufbau der Arena ohne Dach, Schnitte, 9. 7. 1951 (nach: LA SP 3967/54 [Lichtpause/Papier, 77 x 136 cm]).

◁ 479 Sportpalast, Wiederaufbau der Arena ohne Dach, Grundriß mit Bestuhlungsplan für Boxkämpfe, 9. 10. 1951 (nach LA SP 4018/13 [Lichtpause/Papier, ca 49 x 72 cm]).

480 Eishockey (Chr Okt 26).

Krefelder EV: Jansen (Tor; Ersatz Moeller); Bierschel, Dohr, Konecki (Vert.); Gutowsky, Münstermann, Schmiedinger (Sturm A); Eckstein, Pelzer, Pescher (Sturm B).
Nov 24 Krefelder EV – BSchC 5:1 (4:0, 1:1, 0:0).
Nov 25 Krefelder EV – BSchC 6:2 (2:0, 1:1, 3:1).
Ts 24. 11.; Kur 24., 26. 11.

Dez. Öffentlicher Eislauf
Sonntags bis Freitags, 9.00–13.00, 14.00–17.30, 20.00–22.00 Uhr.
Et: vor- und nachmittags 0,60 DM, erm. 0,30 DM; abends und sonntags 1;– DM, erm. 0,50 DM.
Am 1. und 2. Weihnachtsfeiertag durchgehende Laufzeit bis 15.30 Uhr.

Dez 1–3, 20.00 Uhr. Eishockey u. a.
V: BSchC.
Kunstlauf von Werner Kronemann, Helga Stange, Baran/Falk.
Hamburg-Auswahl: Mewes (Tor); Baß, Klitz, Opitz (Vert.); Hartung, Hein, Seelmann (Sturm A); Clasen, Lappoehn, Menzel (Sturm B).
Berlin-Auswahl: Münstermann (Tor); Brand, Malacko (Vert.; Ersatz: Stupp, Yucytus); Henschel, Kossmann, Kruschinsky (Sturm A); George, Menzel, Trautmann (Sturm B).
40-Rdn-Mannschaftsschnellauf.
Dez 1 Berlin – Hamburg 12:4 (4:3, 3:0, 5:1).
Dez 2 Berlin – Hamburg 10:4 (2:1, 4:1, 4:2).
Dez 3 Berlin – Hamburg 12:4 (3:0, 5:1, 4:3); geschlossene Betriebsveranstaltung.
Ts 1., 4. 12.; Kur 3.–4. 12.

Dez 8–10. Eishockey u. a.
V:BSchC.
Kunstlauf von Helga Dudzinski, Baran/Falk (8.–9. 12.). 5000-m-Mannschaftsschnellauf.
Dez 8, 20.00 Uhr BSchC – Düsseldorfer EG 5:3 (1:0, 1:2, 3:1).
Dez 9, 19.30 Uhr Düsseldorfer EG – BSchC 7:2 (1:0, 1:2, 5:0).
Dez 10, 20.00 Uhr Düsseldorfer EG – Berlin-Auswahl 7:7 (3:0, 2:3, 2:4); geschlossene Betriebsveranstaltung.
Ts 8.–9., 11.–12. 12.; Kur 7.–8., 10.–11. 12.

Dez 12, 19.00 Uhr. Eishockey u. a.
Et: 1,– DM, Schüler 0,50 DM.
Kunstlauf von Werner Kronemann und Helga Stange.
LTTC Rot Weiß – Grunewald TC 13:3 (4:0, 5:0, 4:3).
Ts 12. 12.; Kur 12.–13. 12.

Dez 15–16, 18.00 Uhr. Eishockey u. a.
V: BEV.
Et: 1,– DM, Eltern 0,50 DM, Schüler 0,30 DM.
Kunstlauf von Werner Kronemann, Helga Stange. Schnelllauf.
Dez 15 WSC Neukölln – Steglitzer TC 6:2 (2:0, 3:1, 1:0).
Dez 16 BSchC – Berlin-Auswahl 11:5 (4:2, 3:2, 4:1; bei diesem Stand abgebrochen, da die Auswahl aus Protest wegen unsportlichen Verhaltens von Malacko und Yucytus das Spielfeld verließ).
Ts 14. 12.; Kur 15., 17. 12.

Dez 25–27. Eishockey u. a.
V: BSchC.
Et: 1,– bis 6,– DM.
Kunstlauf von Gudrun Olbricht (nur am 27. 12.), Frank Sawers, Helga Stange (nur am 27. 12.). Ursprünglich sollten Kurt Oppelt, Sissy Schwarz, und Helmut Seibt aus Wien auftreten. Da längere Zeit unklar war, ob die gesamte Veranstaltung stattfinden könnte, da es Schwierigkeiten zwischen dem DEV und dem BEV gab, erhielten die Läuferinnen und Läufer erst so spät die Zusage, daß die Wiener nicht mehr teilnehmen konnten.
Växjö (S): Bengt Lind, Leif Andersson (Tor); Milton Forsberg, Lennart Eriksson (Vert. A); Kurt Lindbom, Lars Karlsson (Vert. B); Karl Karlsson, Gösta Petersson, Gösta Holmgren (Sturm A); Kurt Johansson, Jören Danielsson, Ivar Johansson (Sturm B); Jörgen Andersson (Ersatz).
BSchC: Georg Münstermann (Tor); Jim Malacko, Gerhard Stupp (Vert. A); Rolf Brand, Heinz Walter (Vert. B); Paul Trautmann, Heinz Henschel, Rudi Kruschinsky (Sturm A); Dr. Kurt Adler, Jack Yucytus, Kurt Menzel (Sturm B); Joachim Drewitz, Hans Hübner (Ersatz).
Außerdem ein 3000-m-Mannschaftsschnellauf.
Dez 25, 18.00 Uhr BSchC – Växjö 7:3 (1:1, 2:1, 4:1).
Dez 26, 18.00 Uhr BSchC – Växjö 9:7 (4:1, 5:1, 0:5).
Dez 27, 20.00 Uhr BSchC – Växjö 9:6 (2:0, 6:3, 1:3).
Ts 25., 28.–29. 12.; Kur 22., 24., 27. 12.; Ph (Longino).

1952

Jan. Öffentlicher Eislauf
9.00–13.00, 14.00–17.00, 20.00–22.00 Uhr; ab 11. 1.: 9.00–12.30, 13.30–15.00, 20.00–22.00 Uhr.
V: SP.
Et: vor- und nachmittags 0,60 DM, erm. 0,30 DM; abends und sonntags 1,– DM, erm. 0,50 DM.
»An Veranstaltungsabenden fällt das öffentliche Eislaufen in der Zeit von 20.00 bis 22.00 Uhr aus«.
BP 1–4.

Jan 2–10. Eishockey
Berliner Meisterschaft.
Jan 2, 18.30 Uhr BSchC – HC Schwarz-Weiß Wedding 23:2 (6:1, 10:1, 7:0).
Jan 3, 18.30 Uhr LTTC Rot-Weiß – Steglitzer TC 17:1 (5:1, 7:0, 5:0; wurde nicht als Meisterschaftsspiel anerkannt). *»Auch die Frage der Spielberechtigung des von BSC zu Rot-Weiß übergetretenen Rainer Kossmann gehört zu den Merkwürdigkeiten dieser ›Meisterschaft‹. 17:1 siegte Rot-Weiß mit Rainer Kossmann über Steglitz, aber man spricht davon, daß Rot-Weiß die Punkte wegen der unberechtigten Mitwirkung Kossmanns abgesprochen werden sollen«* (Kur 4. 1.).
Jan 4, 18.30 Uhr SC Brandenburg – HC Schwarz-Weiß Wedding 5:1 (1:0, 1:1, 3:0).
Jan 5, 18.30 Uhr LTTC Rot-Weiß – BSchC 9:3 (0:0, 4:1, 5:2; wurde nicht als Meisterschaftsspiel anerkannt, da R. Kossmann nicht spielberechtigt gewesen sei, vgl. Jan 3).
Jan 6, 18.30 Uhr Grunewald TC – SC Brandenburg 8:2 (1:1, 2.1, 5:0).
Jan 7, 18.30 Uhr Steglitzer TC – WSC Neukölln, ausgefallen.
Jan 8, 18.30 Uhr LTTC Rot-Weiß – HC Schwarz-Weiß Wedding 26:1 (10:1, 7:0, 9:0; *»Ergebnis nicht anerkannt wegen nicht spielberechtigten Ex-BSCer Rainer Kossmann, Hübner und Walter«*).
Jan 9, 22.00 Uhr BSchC – WSC Neukölln 21:1 (8:0, 5:0, 8:1; wurde nicht als Meisterschaftsspiel anerkannt, *»weil die Neuköllner nicht ihre komplette Mannschaft zur Stelle hatten«*.
Jan 10, 22.00 Uhr Grunewald TC – Steglitzer TC, ausgefallen?
Kur 3.–4., 7., 9. 1.; Ab 2.–12. 1.

Jan 12–13, 20.00 Uhr. Eishockey u. a.
V: BEV.
Kunstlauf von Frank Sawers, Ehepaar Baier.
Jan 12 BSchC – LTTC Rot-Weiß 4:2 (1:0, 1:1, 2:1).
5000-m-Mannschaftsschnellauf: 1. Samp/Seeger, 2. Sander/Gehrmann.
Jan 13 BSchC – LTTC Rot-Weiß 6:4 (2:2, 2:3, 2:0).
3000-m-Schnellauf: 1. Gehrmann, 2. Heilmann, 3. Sander.
Kur 9., 12., 14. 1.

Jan 14–20. Eishockey
Berliner Meisterschaft.
Jan 14, (18.30 Uhr) SC Brandenburg – BSchC, ausgefallen; *»Nachlässigkeit und Mißverständnisse verhinderten gestern abend im Sportpalast die Fortsetzung der Eishokkey-Meisterschaft. Während Brandenburg mit kompletter Mannschaft auf dem Eis erschien, trat weder der als Gegner angesetzte Berliner Schlittschuh-Club noch die als Ersatz vorgesehene Mannschaft von Neukölln an. Da die Brandenburger keine offizielle Absage vom Verband erhalten, sondern nur am Biertisch zufällig davon erfahren hatten, pochten sie auf ihr Recht und der Verband wird sich jetzt mit der Angelegenheit beschäftigen müssen. [...] In einem Gesellschaftsspiel schlugen die mit den früheren Nationalspielern Herker und Heinrich angetretenen Brandenburger ein kombiniertes Team 12:6«* (Ab 15. 1.).
Jan 15, (18.30 Uhr) Grunewald TC – HC Schwarz-Weiß Wedding 14:3 (3:0, 7:1, 4:2).
Jan 16, 18.30 Uhr WSC Neukölln – HC Schwarz-Weiß Wedding 8:2.
Jan 17, (18.30 Uhr) SC Brandenburg – Steglitzer TC 3:0 (0:0, 2:0, 1:0).
Jan 19, (18.30 Uhr) BSchC – Grunewald TC 10:3 (4:1, 2:0, 4:2).
Jan 20, (18.30 Uhr) LTTC Rot-Weiß – SC Brandenburg, ausgefallen?
Kur 14.–21. 1.

Jan 25–26, 20.00 Uhr. Eishockey und Eiskunstlauf »Tag der Meister«
V: BEV.
Kunstlauf von Erika Kraft, Suzanne Morrow, Helmut Seibt.
Preußen Krefeld: Werther (Tor); Langhans, Nieder, Hillmann (Vert.); Walter, Trottier, Wurmbrand (Sturm A); Brannenburg, Kremershof, Jochems (Sturm B); Kessler (Ersatz).
BSchC: Georg Münstermann (Tor); Rolf Brand, Jack Yucytus, Gerhard Stupp (Vert.); Rudi Kruschinsky, Heinz Henschel, Kurt Menzel (Sturm A); Dr. Kurt Adler, Paul Trautmann, Helmut Borsutzky (Sturm B); Phil Oquinn, Ulrich Korn, Gerhard Holey (Sturm C); Joachim Drewitz (Ersatz).
Jan 25 Preußen Krefeld – LTTC Rot-Weiß 4:2 (1:1, 3:0, 0:1).
Jan 26 Preußen Krefeld – BSchC 12:2 (3:1, 6:0, 0:10.
Kur 16., 21., 25.–26., 28. 1.; BP 4; Ph (Longino).

Jan 27–31. Eishockey
Berliner Meisterschaft.
Jan 27, 18.30 Uhr SC Brandenburg – WSC Neukölln 10:2 (6:1, 1:0, 3:1).

481 Wiener Eisrevue mit »Man vergnügt sich« (Chr Feb 16–26).

Jan 28, 18.30 Uhr LTTC Rot-Weiß – HC Schwarz-Weiß Wedding 18:1 (7:1, 4:0, 7:0). BSchC – Steglitzer TC 19:2 (7:0, 4:1, 8:1).
Jan 29, 18.30 Uhr Grunewald TC – WSC Neukölln 8:7 (2:3, 5:3, 1:1). LTTC Rot-Weiß – SC Brandenburg 13:1 (3:0, 4:0, 6:1).
Jan 30, 18.30 Uhr Grunewald TC – Steglitzer TC 8:5 (3:0, 3:4, 2:1). BSchC – WSC Neukölln, ausgefallen.
»In der Berliner Eishockey-Meisterschaft hatte sich über Nacht die Situation grundlegend geändert, nachdem Rot-Weiß seinen Antrag, die noch nicht spielberechtigten Walter, Günther und Rainer Kossmann nachträglich freizugeben, auf der Verbandssitzung durchsetzen konnte.«
Jan 31, 22.00 Uhr BSchC – SC Brandenburg 19:1 (4:1, 7:0, 8:0).
Ts 28. 1.–2. 2.; Kur 27. 1.–1. 2.

Feb. Öffentlicher Eislauf
Vgl. Jan.
Ab 8. 2. um 9.00–12.30, 13.30–17.00, 20.00–22.00 Uhr. BP 5 ff.

Feb 1–2 und 4–12. Eishockey
Berliner Meisterschaft.
Feb 1
18.30 Uhr. LTTC Rot-Weiß – WSC Neukölln 25:0 (8:0, 7:0, 10:1).
22.00 Uhr. Steglitzer TC – HC Schwarz-Weiß Wedding 4:0 (1:0, 0:0, 3:0).
Feb 2, 18.00 Uhr BSchC – LTTC Rot-Weiß 10:7 (3:1, 4:2, 3:4). »Außerdem gibt es ein 5000-m-Schnellaufen und das Debüt zweier junger Berliner Kunstläuferinnen« (Kur 1. 2.).
Feb 4
18.30 Uhr. LTTC Rot-Weiß – Grunewald TC 9:4 (3:2, 3:1, 3:1).
22.00 Uhr. Steglitzer TC – WSC Neukölln 3:2 (1:0, 1:0, 1:2).
Feb 5
18.30 Uhr. LTTC Rot-Weiß – SC Brandenburg 13:3 (6:1, 5:1, 2:1).
22.00 Uhr. Grunewald TC – HC Schwarz-Weiß Wedding 8:3 (3:1, 3:1, 2:1).
Feb 6, 18.30 Uhr BSchC – WSC Neukölln 27:1 (10:0, 4:0, 13:1).
Feb 7, 22.00 Uhr SC Brandenburg – WSC Neukölln 9:6.
Feb 8, 18.30 Uhr Steglitzer TC – HC Schwarz-Weiß Wedding 4:3 (1:0, 1:1, 2:2).
Feb 9, 18.30 Uhr SC Brandenburg – HC Schwarz-Weiß Wedding, ausgefallen *»wegen zu starken Schneefalls«*.
Feb 10, 18.30 Uhr Grunewald TC – Steglitzer TC, ausgefallen (vgl. Feb 9).
Feb 11, 18.30 Uhr HC Schwarz-Weiß Wedding – WSC Neukölln 1:1 (0:1, 1:0, 0:0).
Feb 12, (18.30 Uhr) SC Brandenburg – Steglitzer TC 7:5 (4.1, 1:1, 2:3).
Kur 1.–13. 2.

Feb 16–26, 20.00 Uhr. Wiener Eisrevue »Man vergnügt sich«
V: SP.
Et: 1,10 bis 6,60 DM; *»Erwerbsl. u. Ostberl. Sonderregelung«.*
Mitw.: Bertl Capek, Helmut May, Eva Pavlik, Emmy Puzinger, Lotte Schwenk u. v. a.
Ts 19. 2.; Kur 12., 15.–16., 21. 2.

482 Dick Button, Olympiasieger 1952 im Eiskunstlauf, wird von General Matheson begrüßt, 4. 3. 1952 (Chr Mär 4–5).

Feb 28–29, 18.30 Uhr. Eishockey
Berliner Meisterschaft.
Feb 28 LTTC Rot-Weiß – WSC Neukölln 39:3 (8:1, 12:0, 19:2).
Feb 29 BSchC – Steglitzer TC, ausgefallen; *»Der Berliner Schlittschuh-Club [...] mußte gestern dem Steglitzer Tennis-Club die Punkte kampflos überlassen, da seine Mannschaft zum fälligen Meisterschaftskampf nur mit vier Spielern auf dem Eise erschien. [...]«* (Ab 1. 3.).
Kur 29. 2.; Ab 1. 3.

Mär. Öffentlicher Eislauf
Vgl. Jan und Feb (BP 9 ff.).

Mär 1–3, 18.30 Uhr. Eishockey
Mär 1 LTTC Rot-Weiß – SC Brandenburg, ausgefallen? (Freundschaftsspiel).
Mär 2 SC Brandenburg – WSC Neukölln 8:6 (3:1, 3:2, 2:3; Berliner Meisterschaft).
Mär 3 LTTC Rot-Weiß – Steglitzer TC 19:0 (6:0, 5:0, 8:0; Berliner Meisterschaft).
Ts 4. 3.; Kur 1., 4. 3.

Mär 4–5, 20.00 Uhr. Eishockey u. a.
V: BEV.
Mitw.: Amerikanische Militärkapelle.
Kunstlauf von Dick Button, Sonya Klopfer. 5000-m-Eisschnellauf.
Mär 4 Berlin-Auswahl – All Star Rockets (US-Soldatenmannschaft) 17:2 (8:1, 3:0, 6:1).
Mär 5 Berlin-Auswahl – All Star Rockets 7:4 (4:0, 3:2, 0:2).
Kur 3.–6. 3.

Mär 6–8, 18.30 Uhr. Eishockey
Berliner Meisterschaft.
Mär 6 Grunewald TC – Steglitzer TC 7:2 (1:0, 4:1, 2:1).
Mär 7 BSchC – WSC Neukölln, ausgefallen; der BSchC *»verlor gestern gegen den WSC Neukölln kampflos die Punkte, da seine Mannschaft erneut nicht antrat«* (Ab 8. 3.).
Mär 8 Grunewald TC – SC Brandenburg 7:3.
Kur 6.–8. 3.; Ab 8. 3.

Mär 9–11, 18.30 Uhr. Eishockey
Mär 9 Berlin-Auswahl – LTTC Rot-Weiß 4:2 (2:1, 1:1, 1:0).
Mär 10 Berlin (BSchC/Grunewald TC) – LTTC Rot-Weiß 4:2 (1:0, 3:2, 0:0). Steglitzer TC – WSC Neukölln 5:4 (0:1, 3:2, 2:1).
Mär 11 Berlin-Auswahl – LTTC Rot-Weiß 12:9 (6:4, 4:2, 2:3).
Kur 8., 10., 12. 3.; Ab 10. 3.

Mär 12–13, 18.30 Uhr. Eishockey
Berliner Meisterschaft.
Mär 12 SC Brandenburg – HC Schwarz-Weiß Wedding 14:3 (0:0, 6:2, 8:1).
Mär 13 LTTC Rot-Weiß – Grunewald TC 16:2 (6:0, 6:0, 4:2; Endspiel).
Kur 12.–14. 3.

Mär 15–16, 20.00 Uhr. Eishockey u. a.
V: BEV.
Kunstlauf von Gundi Busch, Baran/Falk.
Mär 15 VfL Bad Nauheim – Berlin-Auswahl 7:5 (2:2, 3:2, 2:1).
Mär 16 VfL Bad Neuheim – LTTC Rot-Weiß 9:4 (3:0, 2:1, 4:3).
»Ria und Paul Falk im Beifallssturm von 15 000 im Sportpalast«.
Kur 12., 14.–15., 17. 3.; Ph (Longino).

Apr 13–15, 20.00 Uhr. Eishockey u. a.
V: BEV.
War ursprünglich für den 11.–13. geplant.
Kunstlauf von Gundi Busch, Carlo Fassi (I), Erika Kraft, Silvia und Michael Grandjean (CH).
Apr 13 LTTC Rot-Weiß – Berlin-Auswahl 11:4. Die Berliner Auswahl verstärkt durch die Westdeutschen Wuther und Blankenstein sowie die Ostberliner Zoller, Seeck und Heyer.
Apr 14 LTTC Rot-Weiß – Berlin-Auswahl 9:4.
Apr 15 Preußen Krefeld – LTTC Rot-Weiß 5:2 (1:0, 2:1, 2:1).
Kur 10., 15.–16. 4.

Mai 10, 20.00 Uhr. Kabarett »Sportpalast total verrückt«
V: Berndt-Bernstein.
Stattgefunden?
LA SP/2 d(Br. v. 7. 5.).

Jun 20–Jul 3, 20.15 Uhr. Catchen »Weltmeisterschaftsturniere«
V: Kowalski/Ruch.
Forts. Jul 5–8.
Das Turnier hatte bereits am 21. 5. in der Messehalle 9 am Funkturm begonnen und seitdem dort regelmäßig abends stattgefunden. Da die Halle wegen der »Vorolympischen Festtage 1952 in Berlin« benötigt wurden, setzte man das Turnier im Sportpalast fort. *»Die Zahl der Weltmeister in den einzelnen Gewichtsklassen wird wohl nie genau festzustellen sein. Aber den Freunden dieser sportlich-zirzensischen Schau kommt es vor allem auf das Können und auf die Sensationen an; in diesem Punkt verspricht das Turnier [...] besondere Höhepunkte«* (Ts 21. 5.).
Die Kämpfe fanden um die »Weltmeistertitel« im Mittelgewicht (bis 85 kg) und im Schwergewicht (über 85 kg) statt.
Teiln. des Mg-Turniers: Benoit (B), Bonte (F), Boubaerts (F), Callens (L), Charly (B), Chemoul (F), Dale (GB), van Dyck (B), Grosjean (B), Black Kwango (USA), Leduc (F), Lopez (E), O. Müller (D), Rasmussen (DK), Roberty (I), Rudi Schumacher (D), Selenkowicz (Y), Serkeyn (F), Tardieu (F), Wanes (F) und viele andere.
Teiln. des Sg-Turniers: Asserati (GB), Babka (D), Berger (CH), Le Bury (B), Gallienne (F), Gensheimer (D), Marciniak (PL), Matassa (H), Olaguibal (E), Pinetzki (D), Vavra (CS) und viele andere.
»Die Catcher werden ihren Umzug in den Sportpalast nicht zu bereuen haben; hier findet sich neben den bisherigen Anhängern eine neue Schicht von Besuchern zusammen, unter ihnen viele mit echtem Berliner Mutterwitz, die bisher den Weg zum Funkturm gescheut haben« (Ts 22. 6.).
Da der Sportpalast immer noch kein Dach hatte, konnte es passieren, daß ein Kampfabend wegen starken Regens ausfiel (wie am 25. 6.).
Jun 29. Endkämpfe im Mg: 1. Leduc, 2. Schumacher, 3. Chemoul, 4. Black Kwango.
Ts 21. 6. ff; Ph (VWA).
Außerdem 17.00 Uhr: Gewichtheben »Deutschland – Frankreich«
V: Deutscher Athletenbund.
Im Rahmen der *»Vorolympischen Festtage 1952 Berlin«.*
Frankreich – Deutschland (Olympia-Kernmannschaft) 5:2.
»Herausragend war die Leistung von Jean Debuf, der im beidarmigen Stoßen mit 160 kg einen neuen französischen Rekord aufstellte. Heinz Schattner (München) glich die Leistung Debufs mit 160 kg aus, kam aber mit seinem Versuch, mit 167,5 kg einen neuen deutschen Rekord aufzustellen, nicht zum Erfolg« (Ts 1. 7.). Weitere Teilnehmer: Hans Clausen, Toni Leuthe, Robert Nogues (F), Adolf Wagner.
Jun 30, außerdem 18.00 Uhr: Amateur-Ringen »Kopenhagen – Berlin«
Im Rahmen der *»Vorolympischen Festtage 1952 Berlin«.*
Von Flg an aufwärts: Thomsen besiegt Hellpapp nach Pktn; Cortsen besiegt Heinz Müller (7:25); Leisin besiegt Lier nach Pktn; Rasmussen besiegt Klompfas nach Pktn; Hansen besiegt Peltzer (2:50); Jensen besiegt Kreimes (4:10); Paikin besiegt Klingbeil (0:50).
Kopenhagen – Berlin 8:0.
Ts 1. 7.
Jul 1, außerdem 17.30 Uhr: Amateur-Ringen »Deutschland – Dänemark«
Im Rahmen der *»Vorolympischen Festtage 1952 Berlin«.*
Von Flg an aufwärts: Weber besiegt Thomsen (4:55); Schmitz besiegt Cortsen nach Pktn; Ellerbrock besiegt Leisin nach Pktn; Nettesheim besiegt Rasmussen nach Pktn; Makowiak besiegt Henningsen (4:30); Gocke besiegt Brunn nach Pktn; Leichter besiegt Jensen (2:10); Waltner besiegt Paikin nach Pktn.
Deutschland – Dänemark 8:0.
Ts 2. 7.

Jul 4, 20.15 Uhr. Boxen »Willi Hoepner – Stephan Olek« u. a.
V: Göttert.
Hsg: Ronald Franke (Hettstedt) – Hans Obermeier (Berlin), unentschieden (4 Rdn).
Hsg: Franz Szüzina (Bremen) – Albert Hayen (B), Sieg Szüzinas durch Aufgabe (4. Rde).
Hsg: Gerhard Hecht (79,4 kg; Berlin) – Emile Degreef (82,3 kg; B), Sieg Hechts nach Pktn (8 Rdn).
Sg: Robert Eugène (103,8 kg; B) – Herbert Wiese (Berlin), unentschieden (6 Rdn).
Sg: Willi Hoepner (79,4 kg; Hamburg) – Stephan Olek (85,5 kg; F), Sieg Oleks durch Abbruch (9. Rde).
»[...] erstmals nach dem Neuaufbau der Arena in der Potsdamer Straße wird der Ring wieder im Sportpalast, in einer der populärsten Boxkampfstätten zwischen den beiden Weltkriegen stehen [...]« (Ts 3. 7.).
Ts 3.–5. 7.; Ab 4.–5. 7.

Jul 5–8, 20.15 Uhr. Catchen »Weltmeisterschaftsturniere«
Forts. von Jun 20–Jul 3.
Jul 8. Endkämpfe im Sg: 1. Vavra, 2. Le Bury, 3. Pinetzki, 4. Marciniak.
Ts 5.–9. 7.

Jul 26, 20.15 Uhr. Boxen »Conny Rux – Willi Schagen« u. a.
V: Göttert.
Die ursprünglich für den 25. geplante Veranstaltung mußte wegen Regens um 24 Stunden verlegt werden.
Fdg: Jan Maas (57,7 kg; NL) – Hans Schömig (57,4 kg; Schweinfurth), unentschieden (8 Rdn).
Fdg: Wolfgang Bohnert (55,7 kg; Berlin) – Heinz Klein (58 kg; Karlsruhe), unentschieden (4 Rdn).
Mg: Harry Bos (66,6 kg; NL) – Franz Szüzina (72,5 kg; Bremen), Sieg Szüzinas nach Pktn (8 Rdn).
Hsg: Gerhard Hecht (79 kg; Berlin) – Paul Schirrmann (75 kg; Hamburg), Sieg Hechts nach Pktn (8 Rdn).
Hsg: Conny Rux (79,3 kg; Berlin) – Willi Schagen (78 kg; NL), Sieg Ruxs durch ko (12. Rde; Europameisterschaft).
Sg: Klaus Helfrich (93,5 kg; Berlin) – Otto Bastian (84,3 kg; Altena), Sieg Bastians nach Pktn (4 Rdn).
Ts 24.–26., 29. 7.; Kur 26. 7.; Ab 28. 7.; Ph (VWA).

Aug 10, 20.00 Uhr. »Jazz-Meeting«
V: Mey.
Mitw.: Detlef A. Madtkes Big Band, Harmonie, Mc Allan's Harlem Kidies, Werner Deinert mit seiner Band, Nelson Williams.
»Der Sportpalast glich während seines ersten Jazz-Meetings einem Hexenkessel. Das vorwiegend jugendliche Publikum schien den Drei-Stunden-Jazz unter offenem Himmel mit einem Sechstagerennen zu verwechseln, es schrie, pfiff und tobte vor Begeisterung über Nelson Williams, den schwarzen Meister-Trompeter vom Duke Ellington-Orchester, dessen großartiges Stilgefühl und Improvisationstalent in einem intimeren Raum weitaus besser zur Geltung gekommen wäre. Auch die Neger-Combo ›Mac Allen's Harlem Kiddies‹ und das Jazz auf der Mundharmonika produzierende Trio ›Harmonie‹ ernteten reichen Beifall. Von deutscher Seite waren erfreulich zurückhaltend Werner Deinert mit seiner Band und Detlef A. Madtkes Big Band, diesmal nicht ganz so frisch und präzise wie sonst, beteiligt. In der abschließenden Jam Session behaupteten sich die improvisierenden Berliner Solisten ebenbürtig neben Nelson Williams und seinem baumlangen Landsmann Frank Goudie, einem hervorragenden Klarinettisten« (Ts 12. 8.).

Aug 30, 20.00 Uhr. »Jitter Bug und Boogie-Woogie-Turnier«
V: Berndt.
Mitw.: *»Werner Deinert, Franz Bücherl, Kurt Widmann, 3 Travellers, Evelyn Künnecke; Carel Eiskamp, Ethel Reschke, Jimmy Jimmson, Günter Werner«* (BP 35).

Sep 9–25, 20.15 Uhr. Catchen »Großer Preis von Berlin«
V: Ruch.
Forts. Sep 27–28.
Hsg-Turnier. Teiln.: Roman Adramanoff (D), Herbert Audersch (D), Josef Berber (A), Nino Brossati (I), Fritz Brill

483 Programmheft (Chr Jun 20–Jul 3); VWA.

(D), Axel Cadier (S), René Ben Chemoul (Nordafrika), Cid Curney (franz. Marokko), Jacques Delmée (F), Manfred Eggert (D), Paul Forstmann (D), Gedeon Gida (H), Felix Kerschitz (A), Edmond Kopranion (Armenien), Erich Krecklo (D), Guy Laroche (Staatenlos), Gilbert Leduc (F), Paul Leteurtrois (I), Claude Montourey (F), Marcel Nonest (F), Pedro Perez (E), Arabet Said (Nordafrika), Rudi Saturski (D), Walter v. Waltherr (A), Roman Wanjek (PL).
Kur 9. 9. ff.; Ph (Berlin Museum).

Sep 26, 20.00 Uhr. Amateur-Boxen »London – Berlin«
V: BBV.
Flg: Schwer besiegt Lewis (London).
Bg: John (London) besiegt Stutz.
Fdg: Woodmann (London) besiegt Wronicki.
Lg: Kurschat besiegt Duffin (London).
Halb-Wg: Waterman (London) besiegt Claer.
Wg: Heidemann besiegt Morgan (London).
Halb-Mg: Murphy (London) besiegt Harnisch.
Mg: Sawitzki besiegt Aukett (London).
Hsg: Dunsfort (London) besiegt Ziuber.
Sg: Kroß besiegt Hearn (London).
London – Berlin 10:10.
Ts 26.–27. 9.; Kur 25.–27. 9.

484 Programmheft, Innenseiten (Chr Jul 26); VWA.

Sep 27–28, 20.15 Uhr. Catchen »Großer Preis von Berlin«
Forts. von Sep 9–25.
»Das ›Internationale Freistilturnier‹ der Berufsringer im Sportpalast kann infolge der wegen der kühlen und nassen Witterung entstandenen hohen finanziellen Verluste nicht mehr fortgesetzt werden, wurde am Montag bekanntgegeben« (Kur 30. 9.).

Nov. Öffentlicher Eislauf
Werktags 9.00–12.00, 13.00–17.00, 18.30–21.00 Uhr.
V: SP.
Während der Veranstaltungen fällt das öffentliche Eislaufen aus.
»Seit gestern früh zehn Uhr laufen im Sportpalast die Maschinen, um bis Sonnabend früh eine einwandfreie Eisfläche für das an diesem Tage beginnende öffentliche Eislaufen herzustellen. Die hohen Temperaturen bedingen den frühen Beginn der Vorbereitungen« (Ts 30. 10.).
»Morgen früh um 7 Uhr öffnen sich die neu eingesetzten Türen des Sportpalastes: das Eis ist fertig, die Kunstläufer beginnen mit dem Training. Zwei Stunden später wird die Bahn für das öffentliche Eislaufen freigegeben, zu Eintrittspreisen, die trotz der erhöhten Strom- und Wasserkosten erheblich niedriger sind als auf den Kunsteisbahnen der Bundesrepublik. [...] Rot-Weiß beginnt am Montag um 22 Uhr mit dem Training [...]« (Ts 31. 10.).
»Schön wäre es gewesen, wenn die diesjährige Eissportsaison im überdachten Sportpalast hätte starten können. Leider besteht das Dach noch immer aus den Wolken oder dem Sternenhimmel. Immerhin, Türen sind überall eingehängt worden; es zieht nicht mehr. Und die Deckenverleiher im Wandelgang haben ihre Bestände vergrößert, im Restaurant fällt nicht mehr Kalk von den Wänden« (Ts 7.11.).
»Wenn solide Bürger zu Bett gehen, beginnt für Berliner Eishockeyspieler erst die Trainingsarbeit im nächtlichen Sportpalast unter Scheinwerfern vor einer Handvoll Zaungästen« (Kur 7. 11.).
Ts 30.–31. 10.; 7. 11.; Kur 7. 11.; BP 44 ff.

Nov 8–9, 20.00 Uhr. Eishockey u. a.
V: LTTC Rot-Weiß.
Et: 1,– bis 4,– DM; *»1000 Schülerkarten werden zum Preise von dreißig Pfennige durch die Schulämter verteilt«.*
Kunstlauf von Rosl Pettinger, Dorit Rösler, Kurt Weilert.
LTTC Rot-Weiß: Majewski (Tor); Brand, Stupp (Vert. A); Walter, Grundmann (Vert. B); J. Kossmann, Hübner, Sussmann (Sturm A); Kruschinsky, Peter, Menzel (Sturm B); Mickley, Melerski (Ersatz).
EV München-Wessling: W. Edelmann (Tor); Brendle, Schneider (Vert. A); Buchner, Dallmayer (Vert. B); A. Edelmann, Schaberer, Ressemann (Sturm A); Rebay, Riedl, Dellinger (Sturm B); Schneider II, Jakob (Ersatz).
Nov 8 LTTC Rot-Weiß – EV München-Wessling 9:7 (5:4, 1:3, 3:0).
Nov 9 EV München-Wessling – LTTC Rot-Weiß 5:2 (1:1, 3:1, 1:0).
Ts 31. 10.; 6.–7., 9., 11. 11.; Kur 7.–8., 10. 11.

Nov 15–16, 20.00 Uhr. Eishockey u. a.
V: LTTC Rot-Weiß.
Et: 1,– bis 3,– DM.
Um den Aufstieg in die Oberliga.
Kunstlauf von Hagen Buchwald und Gerda Siepert.
Nov 15 LTTC Rot-Weiß – EC Hannover 17:4 (6:0, 6:2, 5:2).
Nov 16 LTTC Rot-Weiß – HTHC Hamburg 6:5 (4.2, 1:2, 1:1).
»Ein empfindliches Defizit aus den beiden Saison-Eröffnungs-Veranstaltungen des vergangenen Wochenendes bereitet dem Vorstand von Rot-Weiß erhebliche Sorge. 6500 Mark betrugen die Unkosten, nur 1300 Westmark und 700 Ostmark stehen ihnen als Einnahmen gegenüber. [...] Steigt Rot-Weiß auf, so erhöhen sich diese Kosten nicht unerheblich. Rot-Weiß muß sich denn verpflichten, jeweils zwei Spiele gegen den Meisterschaftsgast in Berlin auszutragen, und pro Spiel 720 Mark Fahrtzuschuß und 500 Mark Ausrüstungszuschuß zahlen, also für beide Tage zusammen 2440 Mark« (Ts 12. 11.). Dazu kam dann die Miete des Sportpalastes in Höhe von 3100 DM. Rot-Weiß verzichtete nach den beiden Siegen auf die Teilnahme an dem vorgesehenen Aufstiegsspiel in Düsseldorf, so daß die Düsseldorfer EG kampflos in die Oberliga kam.
Ts 12., 15., 18. 11.

Nov 19, 15.00 Uhr (?). Eissport »Jugendwerbeveranstaltung«
Et: 0,50 DM, erm. 0,30 DM.
Kunstlauf von Renate Brettschneider, Brigitte Henschel, Karin Klaws, Manfred Wollschläger.
Eish.: BSchC – Steglitzer TC 12:0 (2:0, 4:0, 6:0).
»[...] wer Schlittschuhe mitbringt, kann anschließend selbst noch eine Stunde laufen«.
Die Veranstaltung wurde von 4000 Jugendlichen besucht.
Ts 19., 21. 11.

Nov 26, 14.30 Uhr. Eishockey u. a.
V: WSC Neukölln.
Et: 1,– DM.
Kunstlauf von Brigitte Henschel, Karin Klaws, Pauka/Kwiet.
Brandenburg – WSC Neukölln 4:1 (1:0, 1:1, 2:0).
»Anschließend dürfen alle Besucher bis 17 Uhr 30 kostenlos Schlittschuh laufen«.
Ts 26.–27. 11.

Dez. Öffentlicher Eislauf
Vgl. Nov.
BP 49–52.

Dez 6, 15.00 Uhr. Eissport »3. Fest der Jugend«
V: BSchC.
Et: 0,60 DM, erm. 0,40 DM.
Kunstlauf von Brigitte Henschel, Karin Klaws, Ursula Strube, Kurt Weilert, Brettschneider/Weilert. Außerdem *»Eiskomiker und ein Verfolgungsrennen der Schnelläufer«.*

Eish.:BSchC – SC Brandenburg 9:1 (3:1, 1:0, 5:0). Die Veranstaltung wurde von 2000 Jugendlichen besucht.
Ts 5. 12.; Kur 6., 8. 12.

Dez 8. Eishockey
Kunstlauf von Renate Brettschneider, Renate Gutsch, Karin Klaws, Kurt Weilert.
LTTC Rot-Weiß – Grunewald TC 4:4.
Ts 9. 12.

1953

Jan. Öffentlicher Eislauf
Werktags 9.00–12.00, 13.00–17.00, 18.30–21.00 Uhr; vom 23. 1. an 9.00–12.00, 13.00–17.00, 20.00–22.00 Uhr.
V: SP.
Während der Veranstaltungen kein öffentlicher Eislauf.
BP 1 ff.

Jan 3–4. Eiskunstlauf »Berliner Meisterschaften 1953« u. a.
V: BEV.
Et: 0,50 bis 1,– DM.
Jan 3, 20.00 Uhr Berliner Meisterschaften, Pflicht.
Jan 4, 17.45 Uhr Berliner Meisterschaften, Kür.
Meister-Damen: 1. Renate Brettschneider.
Meister-Herren: 1. Kurt Weilert.
Junioren Damen: 1. Renate Gutsch, 2. Brigitte Henschel.
Neulingsklasse: 1. Eva Grüning, 2. Karin Klaws.
»Noch ehe sie überhaupt begonnen hat, ist die Berliner Meisterschaft [...] in den beiden Seniorenklassen bereits entschieden. Dieses Kuriosum erklärt sich daraus, daß in den Meisterklassen der Frauen und Männer nur je ein Läufer teilnahmeberechtigt ist [...] Das internationale Reglement schreibt vor, daß jeder Teilnehmer einer Meisterschaft die Qualifikation zur Meisterklasse in früheren Wettbewerben nachgewiesen haben muß. Da jedoch seit 1943 in Berlin keine Titel im Eiskunstlauf mehr vergeben worden sind, hatten bisher nur Renate Brettschneider und Kurt Weilert bei ihren Starts in der Meisterschaft der Sowjetzone dazu Gelegenheit« (BMp 3. 1.).
Eish.: BSchC – Grunewald TC 16:6 (6:0, 6:4, 4:2; Freundschaftsspiel); LTTC Rot-Weiß – HC Schwarz-Weiß Wedding 17:5 (Berliner Meisterschaft); LTTC Rot-Weiß – SC Brandenburg 12:2 (Berliner Meisterschaft).
TS 3.–4., 6. 1.; BMp 3., 6. 1.

Jan 8 und 10, 18.30 Uhr. Eishockey
Berliner Meisterschaft.
Jan 8 LTTC Rot-Weiß – Grunewald TC 18:1 (6:1, 8:0, 4:0).
Jan 10 Grunewald TC – SC Brandenburg, ausgefallen?
Ts 7., 9. 1.

Jan 17–18, 18.00 Uhr. Eishockey u. a.
V: BSchC.
Et: 1,– bis 4,– DM.
Kunstlauf von Renate Brettschneider, Freimut Stein, Kurt Weilert, Neeb/Probst.
BSchC: Bendel, Majewski (Tor); Korn, Lück (Vert.); Borsutzki, Holey, Trautmann (Sturm A); Kossmann, Seeck, Walter (Sturm B).
Jan 17 BSchC – Mannheimer ERC 8:6.
Jan 18 BSchC – Mannheimer ERC 5:0.
Ts 7., 14.–15., 17., 20. 1.

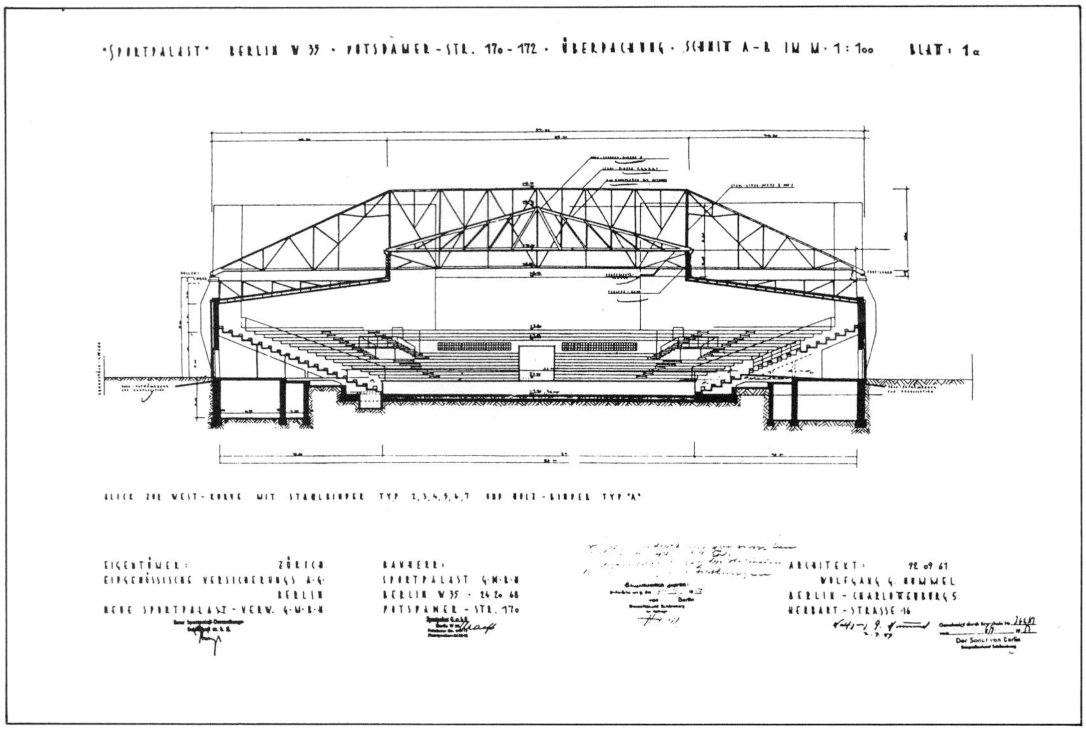

485 Sportpalast, Überdachung der Arena, Querschnitt, 1953 (nach: LA SP 3971/79 [Lichtpause/Papier, 63 x 85 cm]).

486 Sportpalast, Überdachung der Arena, Richtfest am 25. 3. 1953.

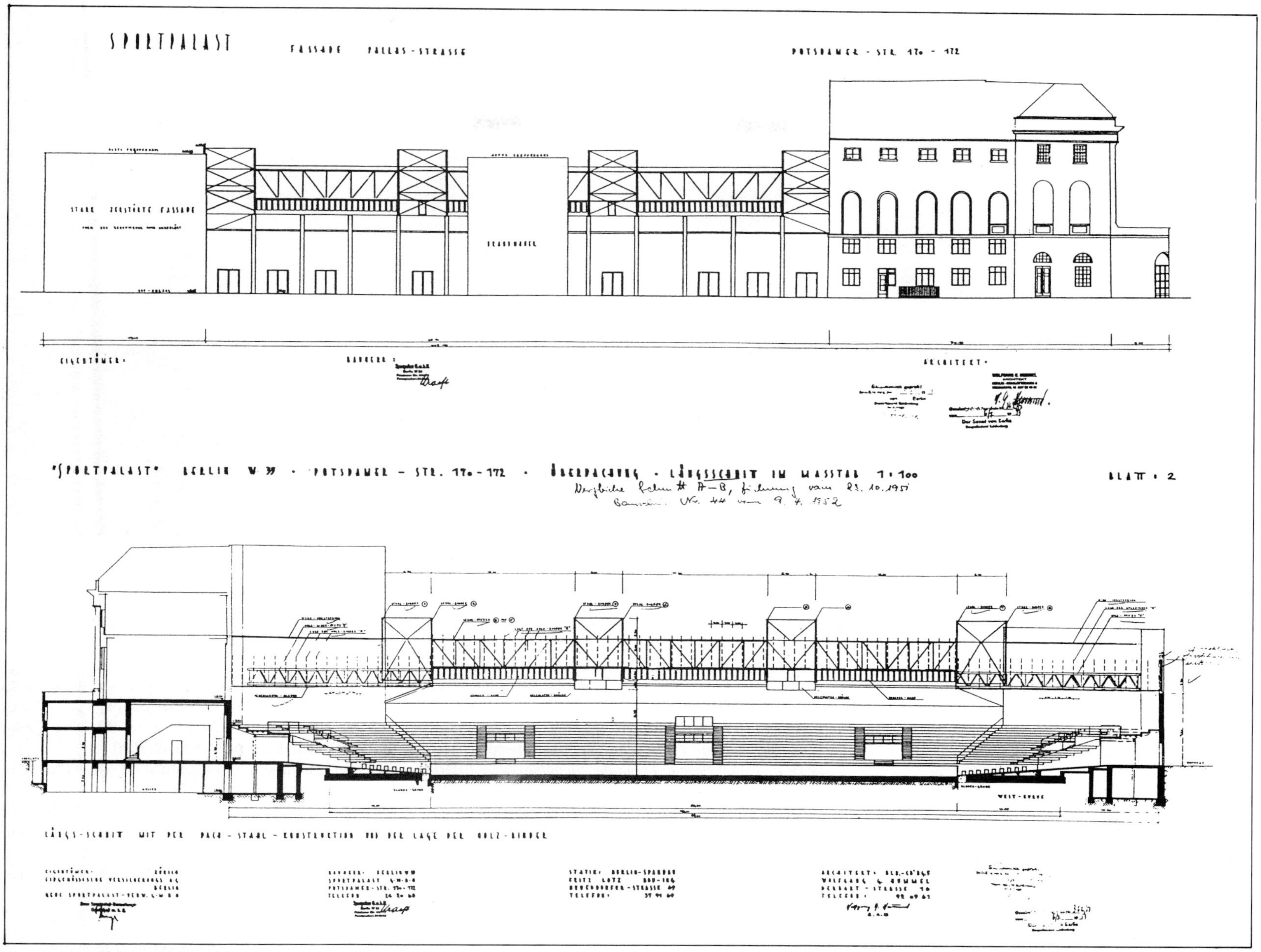

487 Sportpalast, Überdachung der Arena, Aufriß vom Süden und Längsschnitt, 1953 (nach: LA SP 3971/82 [Lichtpause/Papier, 48,5 x 139 cm] und 3971/81 [Lichtpause/Papier, 62 x 139 cm]).

Ende Jan/Anfang Feb. Schließung des Sportpalastes
»Und was geschieht in Berlin? Der Sportpalast hat aus finanziellen Erwägungen seine Pforten geschlossen, weil die Einnahmen mit den Ausgaben nicht Schritt hielten; einige Optimisten hoffen, daß er etwa Ende April wiedereröffnet wird, dann allerdings mit einem Dach, dessen Bauzeit acht Wochen betragen würde« (11. 2.).
Ts 7., 11. 2.

Feb 23. Beginn der Bauarbeiten für die Überdachung
Ts 21. 2.; Ab 21. 2.; NZ 21. 2.

Mär 25, 16.35 Uhr. Richtfest der Überdachung
»Breite Sonnenbahnen fielen durch das Deckengebälk des Sportpalastes in der Potsdamer Straße, als gestern um 16.35 Uhr laut und dröhnend der Richtspruch durch die große ›Halle‹ klang. – Ein Sektglas splitterte, und dann stieg die dunkelgrüne Richtkrone, von der breit und leuchtend das rotweiße Berliner Stadtbanner mit dem schwarzen Bären herabwehte, in die hellen Deckenbalken« (SVb 26. 3.).

Apr 4–6. Wiedereröffnung des überdachten Sportpalastes mit Eiskunstlauf und Eishockey zur 60-Jahr-Feier des Berliner Schlittschuh-Clubs
V: SP/BSchC (?).
Et: 1,– bis 6,– DM; am Montag 16.00 Uhr 1,– bis 5,– DM.
Mitw.: Britische Militärkapelle.
Kunstlauf (und Eistanz) von Alain Giletti, James Grogan, Kurt Weilert, Westwood/Demmy, Neeb/Probst.
Apr 4, 20.00 Uhr Eish.: HC Davos – BSchC 9:1 (3:0, 6:0, 1:1).
Apr 5
Außerdem 10.00 Uhr: Turnen »Kopenhagen – Berlin«
Kopenhagen (DK); Poul Erik Jessen, Bjarne Jörgensen, Arne Frymann, Jacob Gjerding, Knud Haakonson u. a.
Berlin: Boll, Lorenz (TiB); Wasgindt, Kozuschek, Kiwatschinski (ATV); Fiedler (OSC); Keimel (TuS Neukölln) u. a.
Kopenhagen – Berlin 313,90:312,65 Pkte.
Ab 4., 7. 4.; BP 14.
20.00 Uhr. Eish.: LTTC Rot-Weiß – HEHC Den Haag 9:7 (1:2, 3:4, 5:1; Rot-Weiß verstärkt durch die Nauheimer Niess und Eichler, den Tölzer Tormann Wörschhauser sowie den Preußen Krefelder Rainer Kossmann).
Apr 6
16.00 Uhr. Eish.: HC Davos – LTTC Rot-Weiß 9:4 (4:1, 2:2, 3:1).
20.00 Uhr. Eish.: BSchC – HEHC Den Haag 9:4 (4:1, 2:2, 3:1).
»Vom Regierenden Bürgermeister Ernst Reuter bis zu den Stadtkommandanten, von Erika Brüning bis zu ›Krücke‹ war auch alles zur Stelle, was im Berliner Sport Namen hat und feierte in überschwenglicher Weise die Neugestaltung der schmucken Halle […] Über 20 000 erlebten klassische Eislaufkunst in höchster Vollendung. […] Der Berliner

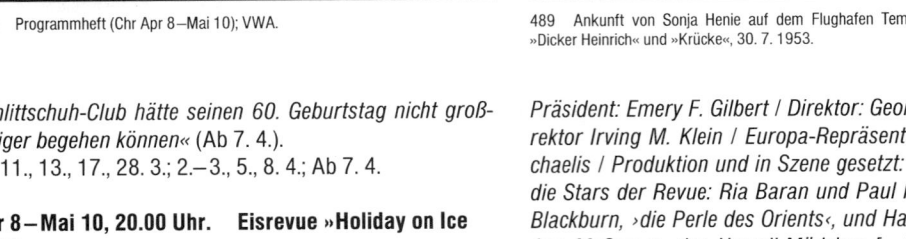

488 Programmheft (Chr Apr 8–Mai 10); VWA.

489 Ankunft von Sonja Henie auf dem Flughafen Tempelhof, rechts von ihr »Dicker Heinrich« und »Krücke«, 30. 7. 1953.

Schlittschuh-Club hätte seinen 60. Geburtstag nicht großartiger begehen können« (Ab 7. 4.).
Ts 11., 13., 17., 28. 3.; 2.–3., 5., 8. 4.; Ab 7. 4.

Apr 8 – Mai 10, 20.00 Uhr. Eisrevue »Holiday on Ice 1953«
Sonnabends und sonntags auch 16.00 Uhr.
V: SP (?).
»[...] der Welt größte und farbenprächtigste Eisschau in 25 glitzernden, bezaubernden Programmnummern mit 125 Mitwirkenden, hervorragenden Künstlern, Artisten und urkomischen Clowns. Präsident: Morris Chalfen, Vice-Präsident: Emery F. Gilbert / Direktor: George D. Tyson, Direktor Irving M. Klein / Europa-Repräsentant: Charles Michaelis / Produktion und in Szene gesetzt: Marie Carr [...] die Stars der Revue: Ria Baran und Paul Falk [...] Rosina Blackburn, ›die Perle des Orients‹, und Harry Glick [...] Jo Ann McGowan, das Hawaii-Mädchen [...] Nancy Hallam, der fliegende Stern [...] Lydia Cloots, die kleine Schneeflocke [...] Chet Nelson, König der Stepptänzer [...] Harry Reddy, der Meisterspringer [...] Buddy und Baddy, das urkomische Clown-Paar [...] Ted Deeley und Pieter van Gils, der Charlie Chaplin auf Schlittschuhen [...] Die ›Glamour-Girls‹« (Ph).

490 100.000 BesucherInnen bei der Eisrevue Holiday on Ice; Paul Falk überreicht der glücklichen 100.000. einen Radio-Apparat.

»Die erste Stunde des Premierenabends der amerikanischen Eisrevue ›Holiday on Ice‹ im ausverkauften Sportpalast gehörte den Heubodenbesuchern und den Hauskonzertmusikanten. Beim Flugzeugtransport hatte die elektrische Ausrüstung der Revue, die vor wenigen Tagen noch in Belgien gastierte, gelitten, so daß die Revueleitung wegen Ausfalls einiger Beleuchtungseffekte die Berliner Premiere schon absagen wollte. Nach einstündiger Verspätung, die durch einen geschickten Sprecher besser hätte überbrückt werden können, dankte das geduldige Publikum beifallsfreudig den glanzvollen Darbietungen auf dem Eise. Mittelpunkt des Programms war, wie zu erwarten, das Ehepaar Falk, dem für seinen Walzer, seine Olympia-Kür und den Mambo-Sambo Ovationen gebracht wurden. Sonderapplaus holte sich auch Peter van Gils, der Komiker auf Schlittschuhen. Die Kostümierung der Stars und der Statisten war durch geschmackvolle Farbgebung ungewöhnlich reizvoll. Von den Revuebildern fand vor dem Berliner Publikum ein schwungvoller Tiergartenbummel besonderen Beifall« (Ts 9. 4.).
Die Veranstaltung war ein großer Erfolg. Insgesamt kamen über 200.000 Besucher.
Ts 9. 4.ff.; BP 14–19; Ph (VWA).

Mai 13, 19.00 Uhr. »Jitterburg-Dauertanzturnier«
BP 19.

Mai 16, 20.15 Uhr. Boxen »Gerhard Hecht – Hans Stretz« u. a.
V: Göttert.
Hsg: Willi Schagen (70,9 kg; NL) – Willi Hoepner (78,5 kg; Hamburg), Sieg Hoepners durch ko (5. Rde).
Hsg: Nicolas Kramer (78,3 kg; NL) – Toni Gruber (79 kg; Stuttgart), Sieg Grubers durch ko (3. Rde).
Hsg: Hans Strelecki (79,6 kg; Dortmund) – William Besmanoff (Berlin), unentschieden (6 Rdn).
Hsg: Gerhard Hecht (78,8 kg; Berlin) – Hans Stretz (74,9 kg; Berlin), Sieg Hechts durch ko (10. Rde; Deutsche Meisterschaft, Hf Stretz).
Sg: Herbert Wiese (94,5 kg; Berlin) – Günther Nürnberg (97,6 kg; Hamburg), Sieg Nürnbergs nach Pktn (6 Rdn).
Ts 3., 5.–6., 10., 16.–17., 20. 5.; BP 20; Ph (VWA).

Mai 29, 20.15 Uhr. Premiere der Operette »Abenteuer im Atlantik«
V: Berliner Operettenhaus (Werner Hartnik).
Et: 1,– bis 6,– DM.
»›Große Ausstattungs-Operettenrevue‹ / Musik: Albrecht Nehring · Insz.: W. Hartnik · Tänze: J. Keith / mit Edith Schollwer · Klaus Günter Neumann · Paul Heidemann · Peter Manuel / Edmund Reinhold · Asta v. Seydlitz · Chiye Oshima / [...] 120 Mitwirkende« (Anz., Ts 29. 5.).
Es kam nur zu dieser einen Aufführung, vor allem wohl aufgrund von Schwierigkeiten mit der Baupolizei. Die endgültige Absetzung wurde einige Tage nach der Premiere bekanntgegeben. *»Von seiten des Veranstalters wird diese mit finanziellen Schwierigkeiten infolge der Maßnahmen der Baupolizei begründet«* (Ts 4. 6.). Ein langwieriger Prozeß um Schadensersatz vor Gerichten schloß sich an.
Ts 22.–23., 31. 5.; 4. 6.; LA SP 4021.

Mai 31, 16.00 Uhr. Bekenntnistag
V: Bischöfliches Amt für Jugendseelsorge Berlin.
»Nach Gemeinschaftsgottesdiensten in allen katholischen Kirchen trafen sich auch in Berlin über 10 000 Jugendliche zu einer Bekenntnisfeier im Sportpalast. [...] Generalvikar Prälat Puchowski überbrachte die Grüsse und den Segen

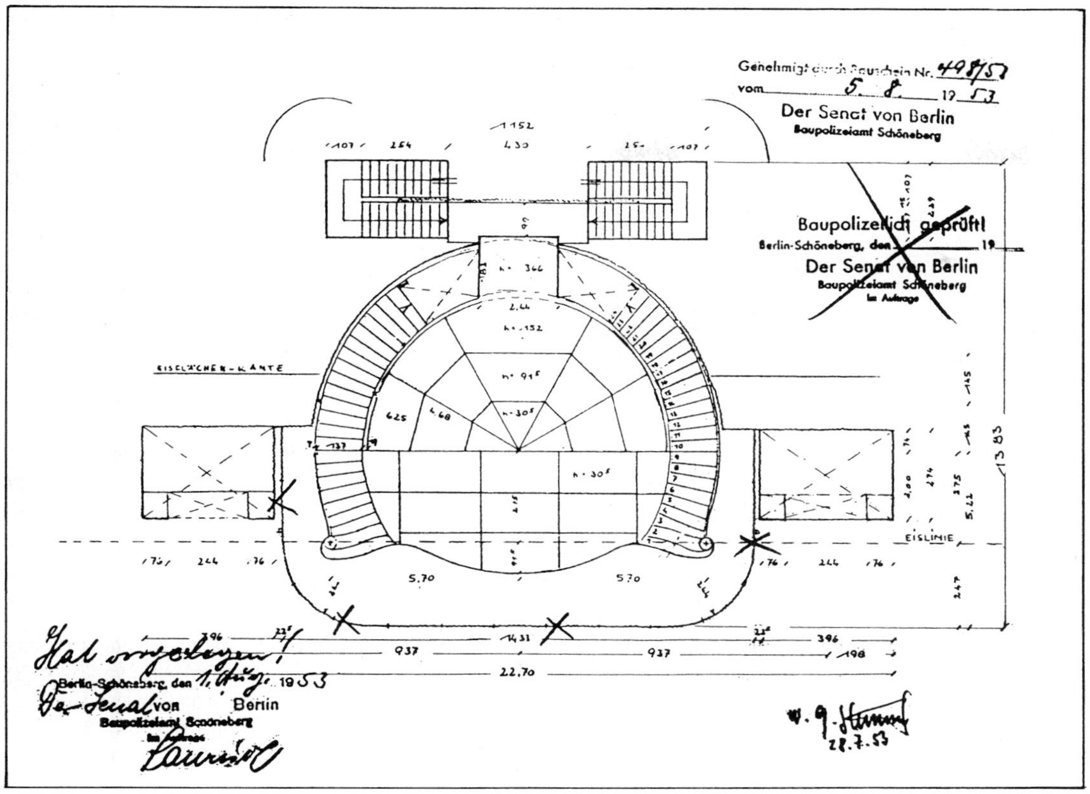

491 Entwurf der großen Treppe für die Eisrevue Sonja Henie, 28. 7. 1953 (zu Chr Aug 1–16; nach: LA SP 4018/14 [Lichtpause/Papier, ca 28 x 35 cm]).

von Bischof Weskamm. [...] Die Bekenntnisandacht hielt Pater Mianecki S. J.« (Ts 2. 6.).

Jun 3–Jul 5. »Amerikanische Wasser-Revue ›Aqua-Parade‹ «
Ausgefallen.
BP 15 f.

Jul 31, 20.00 Uhr. Amateur-Boxen »Paris – Berlin«
V: BBV.
Flg: Harry Schwer besiegt Henri Schmitt (Paris).
Bg: Antoine Martin (Paris) besiegt Gerhard Richter.
Fdg: Louis Poncy (Paris) besiegt Heinz Lind durch Abbruch (2. Rde).
Lg: Harry Kurschat besiegt Drahim Latrèche (Paris) durch Abbruch (3. Rde).
Hwg: Günter Hase besiegt Roger Vigneron (Paris) durch Abbruch (3. Rde).
Wg: Ralf Siewert besiegt Alfred Arrendondo (Paris).
Hmg: André Becu (Paris) besiegt Peter Mikolajewski.
Mg: Hans Sawitzki besiegt Jean Wankerchaver (Paris).
Hsg: Roger Nadirian (Paris) besiegt Hans Hoth.
Sg: Eduard Kroß besiegt Paul Sylvia (Paris).
Berlin – Paris 12:8.
Ts 30. 7.; 1. 8.; Ab 31. 7.; 1. 8.

Aug 1–16, 20.15 Uhr. »Eisrevue Sonja Henie«
Am 8.–9. auch 16.00 Uhr (Sonderveranstaltung; Et: *»Rentner, Erwerbslose, Kinder, Ostbewohner 50% Ermäßigung«*).
V: SP.
Et: ab 1,50 DM.
Mitw.: Marshall Beard, Larry Ham und David Riggs, Joyce Lockwood, Buddy la Londe, Gil und Tuffy McKellen, Bob Miller, Louise Minnich, Marc Nelson, Rusty Rodgers, Donald Watson u. a.
»Henie und ihre Eisrevue haben Berlin im Sturm erobert. Orkanartig steigerte sich der Beifall und ein Regen von Veilchensträußen legte sich auf das Eis, als die berühmte Eiskönigin, gerührt von dem nicht endenwollenden Jubel, das Mikrophon auf die glitzernde Fläche stellen ließ und ihren Dank in herzliche, deutsche Worte zu kleiden verstand. Da war Sonja wieder Häseken, so wie wir sie von früher her kannten« (Ab 3. 8.).
Ts 31. 7.; Ab 3. 8.; BP 31–32.

Aug 22, 20.00 Uhr. »Jazzkonzert im Sportpalast«
Mitw.: Ilja Gluskal, Macky Kasper, Omar Lamparter, Lubo D'Orio, Willi Stanke (Jazz-Orchester), Kurt Widmann (Big Band) und *»20 Boogie-Paare im Wettbewerb um den Sportpalast-Pokal«*; Ansage; Joachim Krüger.
Ts 20. 8.; BP 34.

Aug 27, 19.00 und 21.30 Uhr. Jazz-Konzert »Stan Kenton mit seiner Big Band«
V: Hoffmeister.
Mitw.: Stan Kenton (p, ld); June Christy (voc); Conte Candoli, Buddy Childers, Don Dennis, Ernie Royal, Don Smith (tp); Bob Burgess, Keith Moon, Frank Rosalino, Bill Russo, Bill Smilley (tb); Dom Carone, Tony Ferina, Bill Holman, Lee Konitz, Zoot Sims (s); Don Bagley (b); Barry Galbraith (g); Stan Levey (dm).
»Tabakrauch liegt in Schwaden über dem verdunkelten Oval des Sportpalastes. An der frei hängenden Filmleinwand läuft die Vorschau eines deutschen Lustspielfilmes. Grete Weiser, im Riesenformat, lacht in den Saal. Lichtreklamen flammen auf und verlöschen wieder. Lärmend drängt und stößt sich ein nach Tausenden zählendes Publikum aus Zwanzigjährigen in die harten, schmalen Bänke. Programme, Würstchen und Eis werden ausgerufen. Platzanweiser regeln den aufgeregten Verkehr. Die Jazz-Fans halten Einzug. Der Lärm verebbt nicht, er wird stärker, er schwillt zu ohrenbetäubendem Lautorkan an, wenn unter der langsam in die Höhe gewundenen Leinwand das Podium sichtbar und von grellen Scheinwerfern angestrahlt wird. Und dann kommt Stan Kentons Big Band. Hellgraue Sommeranzüge, blauweißgestreifte Binder, entspannte Glieder, Bürstenhaarschnitt. Zuerst die fünf Trompeten, dann die fünf Posaunen, schließlich die fünf Saxophone, Baß, Gitarre, Schlagzeug. [...]« (Ts 29. 8.).
Ts 22., 25., 29. 8.; BP 34; Ph (VWA).

Aug 28, 20.30 Uhr. Boxen »Gustav Scholz – Franz Szüzina« u. a.
V: Göttert.
Wg: Ernst Zetzmann (66,3 kg; Berlin) – Theun Brommer (66,8 kg; NL), Sieg Zetzmanns durch ko (4. Rde).
Mg: Heinz Sänger (72,6 kg; Berlin) – Al Mobley (72 kg; USA), unentschieden.
Mg: Gustav Scholz (71,1 kg; Berlin) – Franz Szüzina (72,2 kg; Bremen), Sieg Scholzs durch ko (10. Rde).
Hsg: Hans Stretz (74,4 kg; Berlin) – Ray Schmitt (76,2 kg; L), Sieg Stretzs nach Pktn (8 Rdn).
Sg: William Besmanoff (79,4 kg; Berlin) – Willi Schagen (78,9 kg; NL), Sieg Besmanoffs durch ko (2. Rde).
Ts 28.–29. 8.; Ab 27.–29. 8.; BP 35; Ph (VWA).

Aug 30, 10.30 Uhr. Kundgebung
V: SPD, Landesverband Berlin.
Et: 0,20 DM, *»West oder Ost«*.
Zur Wahl des Bundestages am 6. 9.
Rd: Ernst Reuter (Regierender Bürgermeister).
Th: *»Deutschlands Einheit – Berlins Aufgabe«*.
Mitw.: Blasorchester, Sängerchor Berlin-Neukölln, Klaus-Günter Neumann.
Ts 1. 9.; Tg 28. 8.; 1. 9.

492 Sonja Henie, ... immer noch »Häseken« (Chr Aug 1–16).

493 »Stan Kenton mit seiner Big Band« (Chr Aug 27).

Sep 1, 20.30 Uhr. »Wir helfen Griechenland«
V: SP/Griechische Militärmission Berlin.
Zugunsten der Opfer der Erdbebenkatastrophe in Griechenland.
Mitw.: Irma Beilke, Johanna Blatter (Städtische Oper) und *»namhafte Künstler von Bühne, Kabarett, Film und Sport, außerdem die US-Air-Force-Band sowie ein britisches und ein französisches Militärorchester«* (Ts 1. 9.).

Sep 2, 20.30 Uhr. Konzert »US-Air-Force-Band«
Das Konzert sollte ursprünglich im Olympiastadion am 29. 8. stattfinden, konnte jedoch wegen des schlechten Wetters nicht durchgeführt werden und wurde in den Sportpalast verlegt.
Ts 1., 4. 9.

Sep 3–6, 20.00 Uhr. Bezirksversammlung
V: Watch-Tower Bible and Tract Society (Zeugen Jehovas).
LA SP 4018/22.

Sep 7–Okt 1, 20.15 Uhr. Catchen »Schwergewichts-Weltmeisterschaft«
V: Kowalski.
Teiln.: Hans R. Behrens (D), Martin Chenok (H), Paul Daehre (D), Jimmy Dula (Casablanca), Nick van Dyck (B), Gedeon Gida (H), Gonzales (RA), Jean Grosjean (B), King-Kong (F), Oskar Müller (D), Josef Vavra (CS), Billy Virag (USA), Riedel Vogt (D), Sitting Ward (USA) u. a.

494 Kundgebung der SPD (Chr Aug 30), am Rednerpult Franz Neumann, in der Mitte Ernst Reuter.

Ergebnis: 1. Vavra, 2. Gida, 3. Gonzales, 4. Virag, 5. Ward.
Sep 20, außerdem 16.00 Uhr: »Jitterbug im Catcherring«
V: Union-Gastspiele.
Et: 1,– bis 4,– DM.
Tanzturnier Paris-Berlin. Mit *»Heribert Meisel, dem beliebten Wiener Fußballreporter / Es spielen: Walter Dobschinski / Benny Combo / Allround-Stars / Negro-Jazz-Band · Diana Parker / Jimmy Jimson · Trio Harmonie«* (Ab 12. 9.).
Ab 5. 9. ff.; BP 36–39.

Okt 2, 20.30 Uhr. Boxen »Gerhard Hecht – Karel Sys« u. a.
V: Göttert.
Wg:Günter Hase (63,7 kg; Berlin) – Paul Vogel (64,4 kg; Berlin), Sieg Hases nach Pktn (4 Rdn).
Wg: Frank Nevens (65,7 kg; B) – Helmuth Höhmann (65,4 kg; Stuttgart), unentschieden (6 Rdn).
Mg: Max Resch (71,5 kg; Stuttgart) – Hein Rehmet (66,5 kg; Berlin), Sieg Reschs durch ko (2. Rde).
Mg: Al Mobley (72,5 kg; USA) – Werner Handke (65,5 kg; Berlin), Sieg Handkes durch Disqualifikation (4. Rde).
Hsg: Gerhard Hecht (80,9 kg; Berlin) – Karel Sys (93,6 kg; B), unentschieden (10 Rdn).
Sg: Victor d'Haes (79,3 kg; B) – Toni Gruber (79,2 kg; Stuttgart), Sieg d'Haes durch ko (5. Rde).
Ts 2.–3. 10.; Ab 24. 9.; 2.–3. 10.; BP 40; Ph (VWA).

Okt 3, 20.00 Uhr. Konzert »Berliner Philharmonisches Orchester«
V: Heinicke/DGB/DAG/Gesellschaft der Freunde der Philharmonie.
Dirigent: Sergiu Celibidache.
Zugunsten des Wiederaufbaus der Berliner Philharmonie. *»Schuberts Unvollendete Symphonie, der Trauermarsch aus Beethovens Eroica, das Finale aus Dvoráks Symphonie ›Aus der Neuen Welt‹ und Wagners ›Tannhäuser‹-Ouvertüre stehen auf dem Programm«.*
Ts 3., 6. 10.

Okt 4
16.00 Uhr. Jazz-Konzert »Lionel Hampton und seine 20 Solisten«
V: Schibille.
»Zwanzig spielen – ein Haus zittert / Im Sportpalast war am Sonntag der Teufel los / Zwei Stunden bebte der Sportpalast. Tausende standen auf den Bänken, jubelten, schrien, tobten und feierten zwanzig schwarze Männer: Lionel Hampton und sein Jazz-Orchester... ›Hamp‹ schlug die Trommel. Hämmerte auf dem Klavier. Sprang, schrie, sang und lachte. Er spielte unbarmherzig stark und schnell und wild. Und ging dann plötzlich ans Vibraphon und ließ die leisen Töne glashart springen oder sogar – und das ist das Wunderbare – zart und weich gleiten... [...] Und als er erst auf die Trommel und dann mit seinen Leuten ins Publikum sprang, ging ein Aufschrei durch den Sportpalast, Tausende in Ekstase! Beängstigend...« (Ab 4. 10.).
Ts 6. 10.; Ab 4. 10.; BP 40.
19.45 Uhr. Bunte Veranstaltung »Fernsehen im Sportpalast«
V: Schibille.
Et: 2,– bis 3,50 DM.
Idee, Gestaltung: Klaus Günter Neumann.
Mitw.: *»Olga Tschechowa, Liselotte Malkowsky, Ursula Herking, Walter Gross, Ruth Stephan, Köster-Stahl, Alice Zimmermann, Sebastian Hauser, Rudolf Nelson und die Kapellen Otto Kermbach und Omar Lamparter«* (Ts 1. 10.).
Ts 1. 10.; BP 40.

Okt 10, 20.00 Uhr. Radrennen »Frankreich – Deutschland«
V: Knaak.
Erste Radrennen im Sportpalast nach dem Zweiten Weltkrieg. *»Günther Schulz war der erste Radsportler, der auf der neuen Bahn im Sportpalast gestern mittag Proberunden drehte. ›Prima, prima‹, sagte er danach. ›Das ist doch ganz etwas anderes als die Bahn vom Funkturm.‹ Morgen können sich die Berliner Radsportfreunde überzeugen, daß die vom erfahrenen Veranstalter Max Knaak und vom Architekten Bremer gebaute Bahn allen Ansprüchen genügt, wenn nach achtzehnjähriger Unterbrechung erstmals wieder Radrennen im Sportpalast stattfinden«* (Ts 9.10.).
Unter Beteiligung von Amateuren.
300-Rdn-Mannschaftsfahren: 1. Surbatis/Godeau (F) 10 Pkte; 2. Bouvard/Goussot (F) 9; 3. Borkowski/Veltmann (D; 5 Rdn zurück) 12; 4. Otte/Pankoke (D; 6 Rdn zurück) 10; 5. Andrieux/Jacoponelli (F) 7; 6. Voggenreiter/Kutza (D; 7 Rdn zurück) 6; 7. Lehmann/Walter (D; 9 Rdn zurück) 2; 8. Günter Schulz/Schwarzer (D; 10 Rdn zurück) 2; 9. Lognay/Rioland (F) 4; 1:02:21 Stunden; aufgegeben: Chapette/Blusson.
Außerdem ein Punkte-, ein Verfolgungs- und ein Ausscheidungsfahren sowie ein Fliegerrennen. *»In vier der fünf Konkurrenzen blieben die Franzosen Sieger. Ihre Sprinter Jacoponelli und Lognay hatten in Günter Schulz und Georg Voggenreiter nicht viel zu schlagen, denn beide unterlagen in den Zweierläufen mit je einer Länge. Dagegen hielten sie sich im Viererlauf recht wacker; es gelang Voggenreiter, zum Schluß bis auf eine halbe Länge zu dem siegreichen französischen Meister Lognay aufzulaufen. Auch in den beiden Verfolgungsrennen hatten Andrieux und Rioland leichtes Spiel. [...] Einen haushohen Sieg errangen die Franzosen im Punktefahren, das Subatis vor Godeau, Goussot, Bouvard und Blusson als Sieger sah. Im Ausscheidungsfahren [...] versagten die Gäste«* (Ts 13. 10.).
Frankreich – Deutschland 54:43.
Ts 9., 11., 13. 10.; Ab 9.–10., 12. 10.; NZ 10. 10.

Okt 11, 15.30 Uhr. »Jazz-Conference Berlin 1953«
V: Blache-Mey.
BP 41.

Okt 14, 20.00 Uhr. Amateur-Radrennen
V: BDR.
Fliegerkampf (4 Vorläufe); *»1. Freitag (Luisenstadt), 2. Malitz (Berl. Bär), 3. Sylvestrzak (Luisenstadt), 4. Wahl (Berl. Bär)«.*
»30 Temporunden«: »1. Schliebener 15 P., 2. Ziebell (Mariendorf) 11 P., 3. Blanke (Luisenstadt) 10 P.«.
Ausscheidungsfahren der Jugend: 1. Stolp, 2. Kliemе, 3. Lönser.
50-km-Mannschaftsfahren: 1. Boss/Dominik 18 Pkte; 2. Irrgang/Witte 17; 3. Bugdahl/Maraun (1 Rde zurück) 10; 4. Lüder/Busse (2 Rdn zurück) 2; 5. Freitag/Böhlke (3 Rdn zurück) 0; 1:04,33 Stunden.
Ts 14.–15. 10.; Ab 14. 10.; BP 41.

Okt 17, 20.00 Uhr. Radrennen
V: Knaak.
100-km-Mannschaftsfahren: 1. Bakker/Smits (NL) 23 Pkte; 2. van Kerckhove/Janssen (B; 3 Rdn zurück) 31; 3. Meier/Zehnder (CH)24; 4. Borkowski/Veltmann (D) 22; 5. Laursen/Olsen (DK) 0; 6. Schumacher/Nothdurft (D; 5 Rdn zurück) 0; 7. Heinz Ziege/Weimer (D) 0; 8. Lehmann/Walter (D) 0; 9. Otte/Günter Schulz (D; 6 Rdn zurück) 65; 10 Kaune/Berger (D; 8 Rdn zurück) 0; 11. Kutza/Pankoke (D) 0; 12. Voggenreiter/Matysiak (D; 11 Rdn zurück) 0; 2:06:59 Stunden; Saura/Cozcolluela (E) fehlten unentschuldigt, Buyl/Olivier (B) hatten Startverbot.
Außerdem zwei australische Verfolgungsfahren mit je sechs Fahrern und zwei Amateurwettbewerbe.
Ts 11., 17.–18. 10.

Okt 18, 18.30 Uhr. Amateur-Radrennen
V: BDR.
75-km-Mannschaftsfahren: 1. Freitag/Böhlke 19 Pkte; 2. Lüder/Busse (1 Rde zurück) 15; 3. Irrgang/Witte 5; 4. Boss/Dominik (2 Rdn zurück) 16; 5. Bugdahl/Fromm 14; 6. Schliebener/Neusser 13; 7. Höpner/Altenburg 2; 1:36:25 Stunden.
Außerdem ein Ausscheidungsfahren, ein Vorgaberennen, ein Jugend-Punktefahren u. a. *»Sieger im Ausscheidungsfahren wurde Ahl, im Vorgaberennen schlug der Malmann Sylvestrzak trotz 115 m Vorgabe seine Gegner mit gut 20 Längen, und das Jugend-Punktefahren holte sich Lönser punktgleich vor Stolp«* (Ab 19. 10.).
Ts 17.–18., 20. 10.; Ab 19. 10.

Okt 21, 20.00 Uhr. Handball
V: BHV.
Berliner Meisterschaft 1953, erste Vorschlußrunde (die zweite Nov 11, die Endrunde Dez 13).
Vorrunde: OSC – Berliner Bären 4:1 (1:0); BSV 92 – Sutos Spandau 3:0 (2:0); SSC Südwest – VfL Lichtenrade 3:0 (3:0); SV Reinickendorf – TSV Marienfelde 2:0.
Zwischenrunde: OSC – SSC Südwest 6:5; BSV 92 – SV Reinickendorf 6:0.
Endrunde: SSC Südwest – SV Reinickendorf 6:1 (3:1); BSV 92 – OSC 8:3 (3:2).
Gesamtergebnis: 1. BSV 92, 2. OSC, 3. SSC Südwest, 4. SV Reinickendorf.
»Vor nahezu ausverkauftem Hause spielten gestern abend zum ersten Male nach dem Kriege wieder die Handballer im Sportpalast. Die Holzspielfläche ist bis auf ganz wenige Unebenheiten ideal, Beleuchtung und Sichtverhältnisse auf fast allen Plätzen einwandfrei. Wenn erst geheizt wird, dürften also alle technischen Voraussetzungen für erfolgreiche Turniere gegeben sein« (Ts 22. 10.).
Ts 21.–22. 10.; Ab 22. 10.

Okt 24, 20.00 Uhr. Radrennen »Großes Internationales 3-Stunden-Mannschaftsrennen«
V: Knaak.
Et: ab 1,50 DM.
Dreistunden-Mannschaftsfahren: 1. Otto Ziege/Intra (D) 22 Pkte; 2. Borkowski/Veltmann (D; 4 Rdn zurück) 20; 3. Surbatis/Otte (F/D) 16; 4. Heinz Ziege/Weimer (D; 5 Rdn zurück) 11; 5. Depauw/Glorieut (B) 3; 6. Kaune/Kolbeck (D; 6 Rdn zurück) 14; 7. Reynes/Le Nizerhy (F) 0; 8. Lehmann/Walter (D; 7 Rdn zurück) 16; 9. Schumacher/Nothdurft (D; 8 Rdn zurück) 18; 10. Berger/Kutza (D) 4; 11. Senfftleben/Günther Schulz (F/D; 9 Rdn zurück) 8; 141,430 km.
Außerdem ein Vorgabefahren für Amateure.
Ts 24., 27. 10.; Ab 23., 26. 10.; BP 43.

Okt 25, 20.00 Uhr. Amateur-Radrennen
V: BDR.
Zweistunden-Mannschaftsfahren: 1. Boss/Dominik 20 Pkte; 2. Lüder/Busse 15; 3. Bugdahl/Fromm 14; 4. Irrgang/Witte 13; 5. Höpner/Altenburg 10; 6. Donicke/Krüger 3; 7. Hoffmann/Zoll (1 Rde zurück) 0; 8. Freitag/Maraun (2 Rdn zurück) 4; 91,130 km.
Außerdem ein Fliegerkampf, ein Punkte- und ein Vorgabefahren. *»Den an jedem Renntag fälligen ›Freitag-Sieg‹ gab*

es aber trotzdem, der Luisenstädter hatte den Fliegerkampf überlegen gegen Krüger (Hannover) und seinen kürzlichen Bezwinger Bugdahl gewonnen, wobei er mit 10,6 Sekunden den Bahnrekord des Franzosen Lognay einstellte. Blanke im Punkte- und Mehlitz im Vorgabefahren waren die weiteren Sieger des Abends« (Ab 26. 10.).
Ts 25., 27. 10.; Ab 24., 26. 10.; BP 43.

Okt 30–Nov 5. 39. Berliner Sechstagerennen
Beginn 30. 10. um 20.00 Uhr, Start 22.00 Uhr, Ende 5. 11. um 23.00 Uhr.
V: Knaak (»Matze« Schmidt).
Erstes Sechstagerennen im Sportpalast seit 1934.
Musik: 2 Kapellen Otto Kermbach.
Wertungen: 15.00, 16.30 (je 6 Spurts), 21.00, 2.00, 4.00 Uhr (je 10 Spurts).
Teiln. (14 Paare): 1 Stan Ockers/Rik van Steenberghen (B), 2 Sid Patterson/Georges Senfftleben (AUS/F), 3 Ferdinand Kübler/Oskar Plattner (CH), 4 Jan Derksen/Günter Schulz (NL/D), 5 Heinz Müller/Ludwig Hörmann (D), 6 Jean Roth/Walter Bucher (CH), 7 Heinz Zoll/Waldemar Knoke (D), 8 Otto Ziege/Theo Intra (D), 9 Heinz Ziege/Richard Walter (D), 10 Miguel Poblet/Günter Otte (E/D), 11 Sepp Kolbeck/Karl Weimer (D), 12 Günter Schuhmacher/Ditmar Nothdurft (D), 13 Hans Borkowski/Franz Veltmann (D), 14 Dominique Forlini/Henri Surbatis (F).
Ergebnis: 1. Roth/Bucher 263 Pkte; 2. Otto Ziege/Intra (1 Rde zurück) 320; 3. Kübler/Plattner (2 Rdn zurück) 508; 4. Patterson/Senfftleben 424; 5. Ockers/van Steenberghen 239; 6. Zoll/Knoke 165; 7. Forlini/Borkowski (4 Rdn zurück) 164; 8. Derksen/Günter Schulz (6 Rdn zurück) 233, 9. Heinz Ziege/Walter (9 Rdn zurück) 326, 10. Poblet/Otte (13 Rdn zurück) 291.
Zurückgelegte km: 3703,400.
Startschuß: Georg Thomalla (Schauspieler).
Vorrennen (für Amateure): *»Beim Auftakt zum 39. Berliner Sechstagerennen gab es ein schweres Unglück. Als zum Ein-Stunden-Einzelrennen 25 der besten Berliner Amateure um die Bahn jagten, als sich die Tribünen langsam zu füllen begannen, erlosch nach der 16. Minute plötzlich die gesamte Beleuchtung im Sportpalast, und während einige tausend Zuschauer den Atem anhielten und darauf warteten was geschehen würde, hörte man auf der Fahrfläche das Splittern der Radfelgen und das Schreien der Gestürzten. Nach einigen Schrecksekunden flackerte das Licht einmal kurz auf, bald aber lag der Schauplatz wieder im Dunkeln. Die Ambulanzen und Feuerwehren wurden alarmiert. Sie hatten alle Hände voll zu tun, denn 14 Verletzte wurden gezählt. Davon mußten acht ins Krankenhaus. Am schlimmsten hatte es Klaus Bugdahl, der eine schwere Kopfverletzung davontrug, Alfred Freitag von der RVg. Luisenstadt sowie Richter vom BRC 1889 getroffen. Peter Ahl von Blau-Gelb 1950 soll einen doppelten Beinbruch erlitten haben. Zu den Verunglückten gehörten auch Gerhard Boss von der RV Iduna und Heinz Brandt vom BRC Zugvogel, zu den leichter Verletzten zählen der deutsche Verfolgungsmeister ›Hanne‹ Schliebener (Luisenstadt), sein Vereinskamerad Blanke, der ›Endspurtler‹ Witte, Prechel vom RV Möwe Britz und L. Hoepner vom RV Derby. [...] Die verantwortlichen Herren der Sportpalast-Direktion, Herr Krefft und Herr Jeske, diskutierten wenig später mit den Verantwortlichen des Landesverbandes Berlin des Bundes Deutscher Radfahrer. Nach ihren Darstellungen konnte es zu diesem Debakel nur durch eine Anordnung der Feuerschutzpolizei kommen, die besagt, daß die Katastrophenbeleuchtung nur durch einen Feuerwehrmann einzuschalten ist. Dieser Posten der Feuerwehr soll nicht an seinem Platz gewesen sein. Es heißt, er habe einige Meter von dem Kippschalter entfernt gestanden und den Rennverlauf verfolgt. Der Kurzschluß in der Hauptleitung soll auf einen Fehler am Transformator im Keller des Sportpalastes zurückzuführen sein«* (NZ 31. 10.). In der Folgezeit setzten heftige Auseinandersetzungen darüber ein, wer für diese Art Notbeleuchtung verantwortlich sei. Auf jeden Fall führte es zu einer Veränderung der Notbeleuchtungsanlage.
»Die Baupläne für die Bahn haben der Direktion, dem Veranstalter und dem Konstrukteur manches Kopfzerbrechen bereitet. Sie soll möglichst genau dem alten Holzoval gleichen. Die frühere Länge (166,66 m), Breite (5,5 m) und Überhöhung der Kurven (48 Grad) wird beibehalten. Dagegen ersetzt die Baufirma die bisher üblichen Vierkantstäbe, die auch am Funkturm verwendet wurden, durch gespundete Bretter von 20 cm Breite. Damit verringert sich die Zahl der Längsfugen auf etwa ein Fünftel, und das bedeutet eine merkliche Steigerung der Schnelligkeit. Der Bahnerbauer hofft sogar, durch ›nahtloses‹ zusammenfügen des Holzes, durch neuartige Stützbalken und die Sonderkonstruktion der Kurvenausläufe die Bahn im Sportpalast zu einer der schnellsten Europas zu machen. Der alte Tunnel zum Innenraum ist noch vorhanden, allerdings stark beschädigt und halb verschüttet. Seine Wiederinstandsetzung wird rund 10000 Mark kosten. Mit rund 8000 Zuschauerplätzen 5400 Sitz- und 3000 Stehplätze) ist zunächst rein rechnerisch die Möglichkeit gegeben, Weltstadt-Programme für erschwinglichen Eintritt zu finanzieren« (Welt 23. 8.).
Ts 29.–31. 10.; 1.–6. 11.; Ab 21., 26., 29.–31. 10.; 1.–6. 11.; NZ 31. 10.; Welt 23. 8.; Ph (VWA).

Nov 7, 18.00 Uhr. Amateur-Radrennen
V: BDR.
100-Min.-Mannschaftsfahren: 1. Scholl/Kirchherr 9 Pkte; 2. Irrgang/Witte (1 Rde zurück) 26; 3. Lüder/Busse 26; 4. Altenburg/Leonhardt (3 Rdn zurück) 13; 5. Hochgeschurtz/Remagen 7; 6. Donicke/Mertens 5; 7. Böhlke/Krüger (5 Rdn zurück) 11; 8. Gieseler/Ziebell (9 Rdn zurück) 8; 77,800 km.
Außerdem gab es ein Fliegerhauptfahren (1. Hochgeschurtz vor Krüger und Busse) und ein Mannschaftsverfolgungsfahren. *»Weitaus überraschender war der Erfolg der Kölner Hochgeschurtz, Remagen, Donicke und Mertens im Mannschafts-Verfolgungsrennen, das sie in 4:59 gegen die starken Berliner Verfolger Schliebener, Böhlke, Irrgang und Witte (5:03,6) gewannen«* (Ts 10. 11.).
Ts 10. 11.; Ab 9. 11.; BP 45.

Nov 8, 20.00 Uhr. »Großer Opernabend« mit Benjamino Gigli
V: Heinicke.
»Benjamino Gigli, temperamentvoller Italiener, Bühnensänger, im Sportpalast. Vor einigen tausend Zuhörern. Dazu das RIAS-Symphonie-Orchester mit gleich zwei Dirigenten: Enrico Sivieri, als Begleiter des Sängers, und Zoltan Fekete, der aus dem Füllhorn populärer Ouvertüren die Vortragsfolge konzertant unterbricht. Ein Volksfest um Gigli. Der ›Heuboden‹ spielt mit. Er ruft nach Zugaben, er verlangt, den Sänger sehen zu können. Das ›Hier her!‹ klingt schon fast wie das ›Bier her!‹ Aber so weit kommt es nicht, Gigli tut, was er kann. [...]«(Ab 9. 11.).
Ts 25. 10.; 8., 10. 11.; Ab 9. 11.

Nov 11, 20.00 Uhr. Handball
V: BHV.
Et: 1,– DM; Ostbewohner 0,50 DM; Erwl., Jugendliche und Schüler 0,25 DM.
Berliner Meisterschaft 1953, zweite Vorschlußrunde (in BP 45 für den 8. angekündigt; vgl. auch Okt 21 und Dez 13).

495 Begeisterung des jugendlichen Publikums beim Konzert von Lionel Hampton (Chr Okt 4).

496 Lionel Hampton (Chr Okt 4).

Vorrunde: Rein. Füchse – SV Buckow 7:2 (3:1); ASV – BSC Rehberge 3:2; SCC – Blau-Weiß Spandau 7:2 (4:0); PSV – SC Spandau 04 11:3 (4:2).
Zwischenrunde: Rein. Füchse – SCC 6:4; PSV – ASV 6:3.
Endrunde: SCC – ASV 4:1 (3:0); Rein. Füchse – PSV 7:4 (3:2).
Gesamtergebnis: 1. Rein. Füchse, 2. PSV, 3. SCC, 4. ASV.
Ts 11.–12. 11.; Ab 11.–12. 11.; BP 45.

Nov 14, 19.00 und 22.00 Uhr. Bunte Veranstaltung »Prominente am Start«
V: Schibille.
Et: ab 1,50 DM.
Mitw.: Lale Andersen, René Carol, Die kleine Cornelia, Noucha Doina, Kurt Engel, Gisela Griffel, Renate Holm, Bruce Low, Leila Negra, Klaus Günter Neumann, Vico Torriani, 3 Travellers, Rosita Serrano, Horst Winter u.a.; Ansage: Maria Ney, Günter Keil; *»Am Flügel: John Spartacos · Gerhard Froboess / Günter Roepke u. Solisten · Ernst Mielke u. Orchester«.*
Ts 1., 8., 17. 11.; BP 46.

Nov 15, 18.00 Uhr. Amateur-Radrennen
V: BDR.
75-km-Mannschaftsfahren (13 Paare): 1. Irrgang/Witte 18 Pkte; 2. Zoll/Franzke 7; 3. Dominik/Schliebener (1 Rde zurück) 27; 4. Böhlke/Freitag (2 Rdn zurück) 21; 5. Altenburg/Leonhardt (4 Rdn zurück) 8; 6. Hautopp/Sieber 5; 7. Krüger/Blanke (5 Rdn zurück) 9; 1:40:39 Stunden.
Außerdem ein Fliegerkampf, ein 60-Rdn-, Punkte- und ein Vorgabefahren.
Ts 15., 17. 11.; Ab 14., 16. 11.; BP 46.

Nov 17, 20.00 Uhr. Amateur-Boxen »Neuköllner SF – BSG Empor Nord«
V: NSF.
Flg: Brien (Empor) besiegt Günter Langer (NSF).
Bg: Richter (NSF) besiegt Bretzke (Empor).
Fdg: Meier (NSF) besiegt Hahn (Empor).
Lg: Kurschat (NSF) besiegt Schröter (Empor).
Hwg: Langpohl (Empor) besiegt Hnatiak (NSF).
Wg: Heidemann (NSF) besiegt Bialek (Empor).
Hmg: Geserick (Empor) besiegt Snigowski (NSF).
Mg: Schubert (Empor) besiegt Sawitzki (NSF).
Hsg: Apel (Empor) besiegt Langer (NSF).
Sg: Wolff (NSF) besiegt Preuss (Empor) durch ko (1. Rde).
NSF – Empor Nord 10:10.
Einleitung (Junioren): Reidl (Heros) besiegt Orth (NSF).
»Welche Popularität der Amateurboxsport in Berlin besitzt, bewies die Anziehungskraft der beiden besten Boxstaffeln von Groß-Berlin im nahezu ausverkauften Sportpalast. Nur 2000 Eintrittskarten waren in den Ostsektor gegangen, die restlichen 5500 Besucher stellten die Westsektoren. Selbstverständlich war der Bezirk Neukölln am stärksten vertreten, galt es doch den ›Sportfreunden‹ in ihrem schweren Kampf gegen den mehrfachen DDR-Mannschaftsmeister Empor Nord den Rücken zu stärken« (BS 47, S. 17).
Ts 13., 18. 11.; Ab 17., 19. 11.; BS 47; BP 46.

Nov 18, 10.00 und 19.00 Uhr. Handball-Turnier
V: BHV/DHB.
Vorbereitungsspiele für die Weltmeisterschaft in Schweden. Sechs Auswahlmannschaften des DHB bestritten das Turnier. Die Regionalverbände *»Nord, West, Süd/Südwest, Ost I und II und Berlin«* stellten dazu je 15 Spieler.
Ts 18. 11.; Ab 17., 19. 11.; BP 46.

Nov 21, 19.00 Uhr. Jazz-Konzert »Hampt kommt wieder«
V: Schibille.
Mitw.: Lionel Hampton mit seiner Bigband.
Ts 8. 11.; BP 47.

Nov 22, 18.00 Uhr. Amateur-Radrennen
V: BDR.
Fliegerfahren *»Neun Trümpfe«* (12 Läufe): 1. Potzernheim 12 Pkte; 2. Siegenthaler 11; 3. Vorster 8; 4. Freitag 8; 5. Hochgeschurtz 7; 6. Malitz 7; 7. von Büren 7; 8. Ziebell 6; 9. Neie 6.
Zweistunden-Mannschaftsfahren: 1. Böhlke/Donicke 20 Pkte; 2. Lüder/Busse (1 Rde zurück) 15; 3. Dominik/Schliebener 12; 4. Irrgang/Witte 10; 5. Siegenthaler/von Büren 6; 6. Zoll/Franzke 0; 7. Altenburg/Leonhardt (2 Rdn) 9; 8. Scholl/Kirchherr (3 Rdn) 5; 9. Krüger/Blanke 5; 90,250 km.
Außerdem ein Jugendomnium, ein Punkte- und ein Ausscheidungsfahren.
Ab 21., 23.–24. 11.

Nov 25, 19.30 Uhr. Amateur-Radrennen
V: BDR.
Fliegerrennen *»Neun Trümpfe«*: 1. Siegenthaler 12 Pkte; 2. Potzernheim 10; 3. Neie 10; 4. Vorster 9; 5. von Büren 8; 6. Malitz 7; 7. Freitag 6; 8. Krüger 5; 9. Ziebell 3.
100-Min.-Mannschaftsfahren: 1. Scholl/Donicke 36 Pkte; 2. Siegenthaler/von Büren 23; 3. Irrgang/Witte 15; 4. Schliebener/Busse (1 Rde zurück) 10; 5. Altenburg/Leonhardt 6; 6. Freitag/Bratengeier (3 Rdn) 12; 78,320 km.
Außerdem ein Verfolgungs-, ein Punkte- und ein Ausscheidungsfahren.
Ab 25.–26. 11.

Nov 28, 19.30 Uhr. »Der Philips ›Star‹-Kasten«
V: Schibille.
Et: ab 1,50 DM; *»Ostbewohner halbe Preise«.*
Mitw.: *»Maria Mucke, Peter Scheeben, Ruth Bruck, Die 3 Peheiros, Bert Robbé, Willy Hagara, Johnny Meyer, Lucas-Trio, Chris Howland, Kilima Hawaiians, Das Tanzorchester des Hessischen Rundfunks, Ltg: Willy Berking, Heinz Erhardt«* (BP 48).
Ab 19., 21. 11.; BP 48.

497 39. Berliner Sechstagerennen (Chr Okt 30–Nov 5).

Nov 29, 16.00 Uhr. Bunte Veranstaltung »Sportpalast wie noch nie!«
V: Vereinigung der Opfer des Stalinismus.
Mitw.: *»Wolfgang Behrendt, Erika Brüning, Erna Haffner, Karin Hardt, Ursula Herking, Günter Keil, Lucie Klaar, Joachim Krüger, Franz-Otto Krüger, Wolfgang Lukschy, Wolfgang Neuss, Maria Ney, Peter Manuel, Kurt Meisel, Wolfgang Müller, Peter Mosbacher, Bruno W. Pantel, Pinsel und Schnorchel, Ping-Pongs, Suse Preisser, Ethel Reschke, Heinrich Riethmüller, Werner Schmah, Edith Schneider, Hertha Staal, Jockel Stahl/Liselotte Köster, Trio Sorrento, Hans Stretz, Bubi Scholz, Sunshine-Quartett, Dorothea Wieck, Ewald Wenck, u. a., das Tanz- und Unterhaltungsorchester des NWDR unter Horst Kudritzky, Egon Kaiser, H. Brandt mit seinen Solisten, Schöneberger Sängerknaben«* (BP 48).

Dez 2
15.00 Uhr. »Bunter Nachmittag für Rentner und Erwerbslose«
V: DGB.
LA SP 4018/48.
20.00 Uhr. Konzert »Berliner Philharmonisches Orchester«
V: Heinicke/Freunde der Berliner Philharmonie.
Zugunsten des Wiederaufbaus der Philharmonie.
Mitw.: Berliner Philharmonisches Orchester, St.-Hedwigs-Kathedralchor, Dirigent Paul van Kempen, und die Solisten Erna Berger, Diana Eustrati, Helmut Krebs, Karl Wolfram.
Programm: Ludwig van Beethoven, Neunte Sinfonie.
»Nachdem die Verkäufer von Pralinen, Eis, Schokolade und Käsestangen sich mit ihren Anpreisungen zurückgezogen hatten, ein Ventilator nach langem Warten schließlich abgeschaltet und auch noch das Motorengeräusch eines Flugzeugs in der Ferne verstummt war, konnte Paul van Kempen endlich mit der Aufführung […] beginnen. Die äußerliche Begleitmusik ist hier höchst unerquicklich. Sie fördert nicht die künstlerische Athmosphäre. Aber die Akustik des Raumes ist gut. Zustrom und guter Zweck (für den Wiederaufbau der Philharmonie) rechtfertigen eine Aufführung an dieser Stelle vor Tausenden von Besuchern. Paul van Kempen, Bremens Generalmusikdirektor, schaltet etwas frei mit dem Tempo. Die sattelfesten Philharmoniker folgten aufmerksam, ebenso der St.-Hedigs-Chor. Im Solo-Quartett Erna Berger, Diana Eustrati, Helmut Krebs und Karl Wolfram. Der Beifall entsprach den Ausmaßen des Raumes« (Ab 3. 12.).
Ts 2., 4. 12.; Ab 3. 12.

Dez 4, 20.15 Uhr. Boxen »Gustav Scholz – Baby Day« u. a.
V: Göttert.
Wg: Günter Hase (64,8 kg; Berlin) – Erich Pregla (64,5 kg; Magdeburg), Sieg Hases nach Pktn (4 Rdn).
Wg: Ernst Zetzmann (66,9 kg; Berlin) – Herbert Gläser (66 kg; Castrop), Sieg Zetzmanns nach Pktn (6 Rdn).
Mg: Max Resch (71,9 kg; Berlin) – Hans Obermeier (71,2 kg; Berlin), Sieg Reschs nach Pktn (4 Rdn).
Mg: Gustav Scholz (72 kg; Berlin) – Baby Day (= Lewis Warren; 75 kg; USA), Sieg Scholzs durch ko (3. Rde).
Hsg: Joachim Borowski (72,1 kg; Berlin) – Otto Hentrich (73,4 kg; Halberstadt), Sieg Borowskis nach Pktn (4 Rdn).
Hsg: William Besmanoff (79,4 kg; Berlin) – Ray Schmitt (78,4 kg; L), Sieg Besmanoffs nach Pktn (6 Rdn).
Hsg: Willi Hoeper (80 kg; Hamburg) – Giuliano Pancani (80 kg; I), Sieg Hoepners durch ko (1. Rde).
Ts 28. 11.; 2. 12.; Ab 4.–5. 12.; BP 49; Ph (VWA).

Dez 10, 20.00 Uhr. Eishockey »Deutschland – Finnland« u. a.
V: BEV.
Kunstlauf (und Eistanz) von Karin Klaws, Rosl Pettinger, Jutta Seifert, Kurt Weilert.

Finnland: Viitala (Tor; Ersatz: Myllylä); Kaupi, Koiso, Lampainen, Mildh (Vert.); Hakala, Kuramaa, Kunsela (Sturm A); Rapp, Silvan, Silvennoinen (Sturm B); Takala, Tie, Rintakoski (Sturm C).
Deutschland: Jansen (Tor; Ersatz Wackers); Bierschel, Gutowski, Beck, Kuhn (Vert.); Unsinn, Egen, Huber (Sturm A); Pescher, Münstermann, Jochems (Sturm B); Kremershof, Walter, R. Kossmann (Sturm C); Poitsch (Ersatz).
Deutschland – Finnland 3:2 (1:0, 0:1, 2:1).
Ab 21., 30. 11.; 3., 8. 10.–11. 12.; BP 49.

Dez, ab 11. Öffentlicher Eislauf
9.00–12.00, 13.00–17.00, 18.30–21.00 Uhr. (7.00–9.00 Uhr: Training für Kunst- und Schnelläufer).
V: SP.
Et: werktags bis 17.00 Uhr: 0,80 DM, Jugendliche 0,40 DM; werktags 18.30–21.00 Uhr und sonn- und feiertags: 1,20 DM, Jugendliche 0,60 DM.
Während der Veranstaltungen kein öffentlicher Eislauf.
BP 50.

Dez 13. Handball »Berliner Meisterschaften 1953«
V: BHV.
Endrunden (zu den Vorschlußrunden siehe Okt 21 und Nov 11).
10.00 Uhr. Frauen: Rein. Füchse – BSC Rehberge 4:0 (3:0); Rein. Füchse – TeBe 1:0 (1:0); SSC Südwest – TeBe 4:1 (0:1); SSC Südwest – BSC Rehberge 2:1 (2:0); Rein. Füchse – SSC Südwest 1:1 (trotz zweimaliger Verlängerung blieb das Ergebnis, sodaß dieses Endspiel am Abend wiederholt werden mußte).
Männer: Ausscheidungsspiele in zwei Gruppen (Rein. Füchse, OSC, SCC und BSV 92, PSV, SSC Südwest).
19.00 Uhr. Frauen: SSC Südwest – Rein. Füchse 3:1 (Endspiel).
Männer: Rein. Füchse – PSV 11:7 (5:4); BSV 92 – SCC 11:8 (4:3); OSC – SSC Südwest 5:5 (3:2); SCC – PSV 8:6 (5:6); Rein. Füchse – BSV 92 7:6 (2:2; Endspiel).
Gesamtergebnis: 1. Rein. Füchse, 2. BSV 92, 3. SCC, 4. PSV.
Ab 12., 14. 12.; BP 50.

Dez 25–26, 18.30 Uhr. Eishockey u. a.
V: BSchC.
Kunstlauf (und Eistanz) von Michèle Allard, Alain Giletti, James Grogan, Karin Klaws, Kurt Weilert, Knake/Koch.
BSchC: Laufer (Tor; Ersatz: Bendel); Grundmann, Lück, Walter (Vert.); Borsutzki, Kruschinsky, Trautmann (Sturm A); Korn, Menzel, Seeck (Sturm B); Gläser, Hübner, Holey (Sturm C); Achim und Horst Schröder (Ersatz).
Dez 25 Berliner Bären – BSchC 5:3.
Dez 26 Wismut Frankenhausen – BSchC 7:5.
Ts 12., 20. 12.; Ab 18., 22., 24., 28. 12.

Dez 27, 19.00 Uhr. Boxen »Hans Stretz – Wim Snoek« u. a.
V: Gretzschel.
Wg: Ernst Zetzmann (66,5 kg; Berlin) – Jean Hilderson (67 kg; L), Sieg Zetzmanns durch ko (2. Rde).
Mg: Heinz Sänger (72,5 kg; Berlin) – Al Mobley (72 kg; USA), Sieg Al Mobleys nach Pktn (6 Rdn).
Hsg: Robert Gaffron (73 kg) – Joachim Borowski (73 kg; Berlin), Sieg Borowskis nach Pktn (4 Rdn).
Hsg: Jeng Serres (82,5 kg; L) – William Besmanoff (82,5 kg; Berlin), Sieg Besmanoffs durch Aufgabe (nach der 4. Rde).
Hsg: Wim Snoek (77,5 kg; NL) – Hans Stretz (75,5 kg; Berlin), unentschieden (8 Rdn).
Hsg: Gustav (»Bubi«) Scholz (72 kg; Berlin) – Victor d'Haes (82 kg; B), Sieg Scholzs durch ko (3. Rde).
Ts 25., 29. 12.; Ab 17., 19., 22., 24., 28. 12.; Ph (VWA).

Dez 29–30, 22.00 Uhr. Eishockey
Berliner Meisterschaft.
Dez 29 BSchC – BHC Schwarz-Weiß 12:1 (2:0, 6:0, 4:1).
Dez 30 Steglitzer TC – SC Brandenburg 4:3 (1:0, 1:0, 2:3).
Ts 1. 1. 1954; Ab 30. 12.

Dez 31, 19.15 Uhr. Bunte Veranstaltung »Die letzte Runde 1953«
V: Schibille.
Et: 1,50 bis 4,– DM.
Mitw.: *»Ursula Herking · Walter Gross · Ethel Reschke · Bruno Fritz / Günter Keil · Edith Schollwer · Wolfgang Neuss · Ruth Stephan / Erna Haffner · Wolfg. Müller · Brigitte Mira · Fr. O. Krüger / W. Schöne · E. Roberty · Joach. Krüger · R. Peter · W. Liebe / L. Klaar · F. Amsel · H. Rosen · K. Heymann · P. Cichon u.v.a. / 3 Rulands · 3 Travellers · 3 Rilons / Kapelle Wilfried Krüger – Kapelle Kurt Widmann«* (Anz., Ts 25. 12.).

1954

Jan. Öffentlicher Eislauf
Vgl. 1953 Dez 11.

Jan 1, 18.00 Uhr. Handball »Internationales Turnier«
V: BHV.
Gruppe A: Oberalster Hamburg – Rein. Füchse – SCC.
Gruppe B: Ajax Kopenhagen – BSV 92 – TeBe.
Vorrunde: Ajax – BSV 92 5:5 (2:3); BSV 92 – SCC 7:1 (1:1); Ajax – SCC 6:6 (2:3); Oberalster – TeBe 7:2 (5:1); Rein. Füchse – TeBe 7:4 (4:2); Rein. Füchse – Oberalster 8:5 (5:3).
Endrunde: TeBe – SCC 4:3; Ajax – Oberalster 11:9 (6:6); BSV 92 – Rein. Füchse 10:6 (5:1).
Gesamtergebnis: 1. BSV 92, 2. Rein. Füchse, 3. Ajax, 4. Oberalster, 5. TeBe, 6. SCC.
Ts 31. 12. 1953; 3. 1.; Ab 2. 1.; BP 1.

Jan 2–9, 22.00 Uhr. Eishockey
Berliner Meisterschaft.
Jan 2 BSchC II – NSF 12:0 (4:0, 5:0, 3:0).
Jan 3 BSchC I – SC Brandenburg I 13:0 (3:0, 4:0, 6:0).
Jan 4 BSchC II – BHC Schwarz-Weiß 5:0 (3:0, 1:0, 1:0).
Jan 5 Steglitzer TC – SC Brandenburg II 9:1 (3:1, 2:0, 4:0).
Jan 6 BSchC I – NSF 13:1 (3:0, 3:0, 7:1).
Jan 7 NSF – SC Brandenburg II 4:1 (2:0, 1:1, 1:0).
Jan 8 BHC Schwarz-Weiß – SC Brandenburg 4:2 (3:0, 0:1, 1:1).
Jan 9 BSchC I – BSchC II 7:1 (0:0, 4:1, 3:0).
Ts 1., 3., 5.–6., 9., 12. 1.; Ab 4., 9. 1.

Jan 10, 14.00 und 19.00 Uhr. »2. Berliner Hallen-Turn- und Sportfest«
V: Berliner Leichtathletikverband/BT.
»Nicht alle Hoffnungen beim gemeinsamen Hallensportfest der Leichtathleten und Turner erfüllten sich. Die Zahl der Zuschauer blieb trotz der niedrigen Eintrittspreise weit hinter den Erwartungen zurück; den Wettbewerben fehlte die sensationelle Note. Die sportlichen Leistungen aber ließen nichts zu wünschen übrig. Besonders beeindruckte die Berliner 3x1000-m-Staffel, die klar vor der deutschen Rekordstaffel des Barmer TV 1848 siegte [...]« (BMp 12. 1.).
Ts 9. 1.; Ab 9., 11. 1.; BMp 12. 1.

Jan 11–13, 22.00 Uhr. Eishockey
Berliner Meisterschaft.
Jan 11 BSchC II – Steglitzer TC 11:5 (5:1, 2:3, 4:1).
Jan 12 BSchC I – SC Brandenburg II 25:0 (8:0, 9:0, 8:0).
Jan 13 SC Brandenburg – NSF 8:3 (1:0, 3:2, 4:1).
Ab 11., 13.–14. 1.

Jan 15, 17.00 Uhr. »Deutsche Eiskunstlauf-Meisterschaften 1954« – Sonderveranstaltung für Berlins Schulen
V: DEV.
Et: 0,50 DM.
Kunstlauf: vgl. Jan 16–18.
Eish.: BHC Schwarz-Weiß – NSF 4:4 (Berliner Meisterschaft); Junioren: SC Brandenburg – BSchC 2:1.
»Bis unter das Dach mit 7000 begeisterten Schulkindern war der Sportpalast gefüllt. Alle Kunstläufer, die an den Meisterschaften teilnehmen, hatten sich freudig zur Verfügung gestellt. [...] Vor den autogrammwütigen Jugendlichen mußten die Läufer schließlich durch ein herbeigerufenes Ueberfallkommando geschützt werden« (Ts 16. 1.).
Ts 16. 1.; Ab 16. 1.; BP 3.

Jan 16–18. Eiskunstlauf »Deutsche Meisterschaften 1954« und Eishockey
V: DEV.
Et: ab 1,– DM.
Jan 16
8.00 und 14.00 Uhr. Pflicht.
19.00 Uhr. Kür (Junioren-Damen, Meister-Herren, Junioren-Paare, Meister-Paare).
Eish.: Berlin-Auswahl – BHC Schwarz-Weiß 3:1 (1:1, 1:0, 1:0).
Jan 17, 19.00 Uhr Kür (Meister-Damen, Junioren-Paare). Eish.: BSchC – HTHC Hamburg 7:3 (0:0, 5:1, 2:2; Aufstiegsspiel zur Oberliga).
Jan 18, 20.00 Uhr *»Eiskarneval der Meister«.*
Eish.: BSchC – Steglitzer TC 11:0 (3:0, 3:0, 5:0).
Eiskunstlauf-Ergebnisse:
Meister-Damen: 1. Gundi Busch Plz 7/232,88 Pkte; 2. Rosl Pettinger 14/216,08; 3. Lilo Kürzinger 26/205,59; 4. Erika Rucker 28/203,52; 5. Isolde Eichler-Menge 35/200,09; 6. Herta Zeidlmayer 42/186,05.
Meister-Herren: 1. Freimut Stein 5/414,20; 2. Werner Kronemann 12/373,66; 3. Kurt Weilert 13/370,44.
Meister-Paare: 1. Inge Minor/Hermann Braun 9,5/10,95; 2. Marika Kilius/Franz Ningel 15/10,80; 3. Lilli Zettl/Klaus

498 Plakat (Chr Jan 15 und 16–17); LA, Rep. 240, Acc. 2054, Nr. 55.

Loichinger 21/10,71; 4. Eva Neeb/Karl Probst 25/10,65; 5. Helga Krüger/Willi Göntges 34,5/10.30.
Junioren-Damen: 1. Lilo Kürzinger 8/180,70; 2. Ina Bauer 8/177,28; 3. Herta Zeidlmayer 21/165,00; 4. Petra Damm 23/164,02; 5. Rita Kirsch 30/161,90; 6. Margit Cargill 32/159,92.
Junioren-Herren: 1. Hans-Jürgen Bäumler 8/157,12; 2. Manfred Schnelldorfer 10/154,55; 3. Seyffert 12/154,68; 4. Rummeld 22/147,12; 5. Kamenzin 28/142,34; 6. Riederer 28/142,62; 7. Schamberger 32/140,38.
Junioren-Paare: 1. Schmitz/Porepp 7/45,8; 2. Rita Pauka/Peter Kwiet 8/46,2; 3. Grossmann/Kraft 15/42,5.
Ts 13., 15.–16.1.; Ab 8., 12.–13., 15.–16., 18. 12; BP 3.

Jan 20, 20.00 Uhr. »Jazz-Club USA«
V: Lippmann.
Mitw.: Billie Holiday, Buddy DeFranco, Beryl Booker Trio, Red Norvo Trio; Ansage: Leonhard Feather.
»Jazz ohne Trompete? Warum nicht! Gestern abend konnten sich ein paar tausend Berliner im Sportpalast davon überzeugen, daß es auch sehr wohl ohne dieses populäre Ur-Instrument des Jazz geht. Leonhard Feather hatte berühmte Solisten aus Amerika nach Berlin gebracht. Billie Holiday, die beste lebende Blues-Sängerin, deren unnachahmliche Stimme mit ein paar Lauten den ganzen Jazz erklärt – Buddy de Franco, Amerikas Klarinettist Nr. 1, unwiderstehlich mit verblüffenden Läufen auf der Klarinette – Red Norvo, der vielleicht beste Techniker des Vibraphon – und Beryl Booker, eine Neuentdeckung am Klavier, die manchmal an Eroll Garner erinnert. Wieder zeigt sich allerdings, daß für solche Meister der leisen Töne der Sportpalast kaum der geeignete Rahmen ist« (Ab 21. 1.).
Ts 26. 1.; Ab 16., 21. 1.; BP 3.

Jan 22, 20.30 Uhr. Boxen »Gerhard Hecht – Johnny Williams« u. a.
V: Göttert.
Mg: Max Resch ((72,6 kg; Berlin) – Henry Calaerts (72,1 kg; B), Sieg Reschs nach Pktn (4 Rdn).
Hsg: Horst Niche (77,8 kg; Berlin) – Otto Hentrich (77,3 kg; Halberstadt), Sieg Niches durch ko (2. Rde).
Hsg: Willi Hoepner (80,4 kg; Hamburg) – Brian Anders (79,5 kg; GB), Sieg Hoepners nach Pktn (8 Rdn).
Sg: Werner Wiegand (102 kg; L) – Prosper Beck (90,4 kg; B) – Sieg Wiegands nach Pktn (6 Rdn).
Sg: William Besmanoff (82,4 kg; Berlin) – Hans Friedrich (93,1 kg; Recklingshausen), Sieg Friedrichs nach Pktn (8 Rdn).
Sg: Johnny Williams (88,2 kg; GB) – Gerhard Hecht (80,6 kg; Berlin), Sieg Williams' durch ko (2. Rde).
Ts 13., 22.–23. 1.; Ab 19.–20., 22.–23. 1.; BP 4; Ph (VWA).

Jan 23, 19.30 Uhr. Bunte Veranstaltung »Festlicher Sportpalast« – Berliner Künstler helfen
V: Schibille/GDB.
Zugunsten der GDB.
Mitw.: *»Rita Streich, Josef Greindl, Hans Beirer, Lisa Otto, Fritz Hoppe, Elisabeth Grummer, Ernst Krukowski, Liselotte Köster/Jockel Stahl, Erwin Bredow/Lilo Herbeth, Theo Lingen, Friedel Schuster, Hans Söhnker, Joana Maria Gorvin, Tatjana Sais, Günter Neumann, Edith Schollwer, Ethel Reschke, Brigitte Mira, Wolfgang Neuss, Ursula Herking, Bruno Fritz, Walter Gross, Erika Brüning, Willi Rose, Ruth Stephan, Wolfgang Müller, Erna Haffner, Erich Fiedler, Olga Rinnebach, Kate Kühl, 3 Rulands, Ansage: Joachim Krüger, Günter Keil, Berliner Orchester, Ltg. Hans-Joachim Wunderlich«* (BP 4).

»Eiskalt war es im Sportpalast, doch keiner der bibbernden Zuschauer ging vorzeitig. Weil die Wohltätigkeitsveranstaltung der Genossenschaft Deutscher Bühnenangehöriger eine Wohltat auch für sie war. [...] etwa 50 Künstler wirkten mit. [...] Vom Chanson bis zur Opernarie, vom Kabarett bis zur Tanzparodie – dieser Cocktail war hochprozentig, gut abgeschmeckt und gut gewürzt. [...] Es kamen 8000 Zuschauer, es zahlten keinen Eintritt 800 Ehrengäste aus den Flüchtlingslagern« (Ab 25. 1.).
Ab 25. 1.; BP 4.; Ph (VWA).

Jan 26, 19.45 Uhr. Bunte Veranstaltung »Wir sind ja alle Berliner«
V: Schibille.
Et: 1,– bis 4,– DM; *»(Ostbesucher DM Ost 1,– bis 4,–) Erwerbsl. nur DM 1,–«.*
»Froh, heiter und beschwingt vom Alex bis zum Funkturm«.
Mitw.: *»Walter Gross, Edith Schollwer, Günter Keil, Ruth Stephan, Renate Holm, Lilo Herbeth/Erwin Bredow, Olaf Bienert, Erna Haffner, Willi Rose, Hanni Rosen, 3 Rulands, Erika Brüning, Ilja Gluskal, Ruth Peter und Partner, Klaus Günter Neumann, Kinderballett Margarete Hess, Berliner Tanzorchester, Ltg. Horst Kudritzky; Ingeborg von Streletzky mit ihren Solisten«* (BP 4).
»Mit Schlagern (Orchester Ingeborg von Streletzky) begann es, mit Schlagern (Orchester Horst Kudritzky) endete es – das Sportpalast-Programm des NWDR [...] Das Programm selbst bestand auch aus Schlagern. Dazu waren anwesend: Berlins Tanz-, Vortrags- und Gesangkünstler, 3000 Ostberliner, 1000 Westberliner und 1800 Flüchtlinge. Außerdem zwei Fernsehkameras und ›Krücke‹« (Ab 27. 1.).
Ab 23., 27. 1.; BP 4.

499 Inge Minor/Hermann Braun (Chr Jan 16–18).

500 Gundi Busch (Chr Jan 16–18).

501 Zuschauer bei den Deutschen Meisterschaften im Eiskunstlauf (Chr Jan 16–18).

Jan 28–29. Eishockey
Ausgefallen.
Kur 26.–27. 1.

Jan 30–31, 18.00 Uhr. Bunte Veranstaltung
V: DGB, Landesbezirk Berlin.
LA SP 2d (Br.v. 21. 1.).

Feb 4, 19.30 Uhr. Handball-Turnier
V: BHV.
»Sportpalast-Einladungsturnier«.
Vorrunde: SCC – SSC Südwest 3:0 (1:0); OSC – TSV Marienfelde 8:1 (4:0); BSV 92 – BSC Rehberge 3:1 (2:0); Rein. Füchse – SV Buckow 6:2 (4:0).
Zwischenrunde: BSV 92 – SCC 8:4 (4:2); Rein. Füchse – OSC 5:3.
Endspiel: Rein. Füchse – BSV 92 7:3 (4:1).
Ts 4.–5. 1.; Ab 4.–5. 1.; BP 4.

Feb 5, 20.00 Ur. Amateur-Boxen »London – Berlin«
V: BBV.
Flg: Wendt besiegt Lewis (London).
Bg: Stilett (London) – Richter, unentschieden.
Fdg: Charnley (London) besiegt Stutz durch Abbruch (3. Rde).
Lg: Kurschat besiegt Atkinson (London) durch Abbruch (2. Rde).
Hwg: Murray (London) besiegt Roll.
Wg: Link besiegt Ashton (London).
Hmg: Mikolajewski besiegt Garnett (London).
Mg: Scott (London) besiegt Sahlmann durch ko (2. Rde).
Hsg: Madigan (London) besiegt Hoth durch Abbruch (3. Rde).
Sg: Engel besiegt Sammons (London) durch ko (2. Rde).
Berlin – London 11:9.
»Durch die Anwesenheit des britischen Außenministers Eden, seines Unterstaatssekretärs Notting, des englischen Hohen Kommissars Sir Hoger-Millar und des britischen Stadtkommandanten von Berlin, General Coleman, sowie Vertretern des Senats widerfuhr der Begegnung der Amateur-Boxer [...] hohe Ehre« (Ab 6. 2.).
Ts 5.–6. 2.; Ab 6. 2.; BP 6.

Feb 7, 16.00 Uhr. »Jazz im Sportpalast«
V: Schibille.
Et: 1,50 bis 4,– DM; *»Ostbesucher 50% Erm.«*
Boogie-Woogie um den Sportpalast-Pokal (20 Paare).
Mitw.: Kurt Widmann mit seiner Big Band, Willi Stanke mit seinem Jazz-Orchester, Werner Deinert und seine Jazz-Solisten, Macky Kasper vom RIAS; Ansage: Joachim Krüger.
Ab 30. 1.; 6. 2.; Kur 30. 1.; BP 6.

Feb 11, 20.30 Uhr. Boxen »Gustav Scholz – Wim Snoek« u. a.
V: Göttert.
Die Veranstaltung war ursprünglich für den 12. geplant, wurde dann aber relativ kurzfristig auf den 11. vorverlegt.
Wg: Günter Hase (64,8 kg; Berlin) – Horst Garz (67,5 kg; Magdeburg), unentschieden (4 Rdn).
Wg: Ernst Zetzmann (65,7 kg; Berlin) – Fritz Schwering (70 kg; Düsseldorf), Sieg Zetzmanns nach Pktn (4 Rdn).
Mg: Hans Stretz (74,5 kg; Berlin) – Jan Hagenaar (72,8 kg; NL), Sieg Stretzs nach Pktn (8 Rdn).
Mg: Al Mobley (72,2 kg; USA) – Franz Szüzina (74 kg; Bremen), unentschieden (8 Rdn).
Hsg: Dieter Hucks (76,7 kg;) – Nicolas Kramer (79,4 kg; NL), Sieg Hucks' nach Pktn (6 Rdn).
Hsg: Horst Niche (77,3 kg; Berlin) – Günter Huber (78,8 kg; Stuttgart), Sieg Niches nach Pktn (4 Rdn).

Hsg: Gustav Scholz (73 kg; Berlin) – Wim Snoek (78 kg; NL), Sieg Scholzs nach Pktn (10 Rdn).
Ab 28. 1.; 5., 8.–9., 11.–12. 2.; BP 6.

Feb 13, 19.30 Uhr. Konzert »Berliner Philharmonisches Orchester«
V: Berliner Philharmonisches Orchester.
Dirigent: Karl Böhm.
»Den Wiener Abend [...] im Sportpalast mochte sich der österreichische Außenminister Dr. Figl nicht entgehen lassen. Er hörte ihn bis zum Schluß an. Böhm servierte Mozart und Johann Strauß [...]« (Ab 16. 2.).

Feb 14, 15.30 und 20.00 Uhr. »Singender, klingender Sportpalast«
V: Weil.
Et: 1,50 DM; *»Rentner, Erwerbslose, Ostbewohner auf allen Plätzen 1,–«.*
Mitw.: *»Irma Beilke · Dorothea Schlösser · Brigitte Mira / Horst Wilhelm · Hanns Heinz Nissen · Kurt Reimann / Jean Löhe · Erika Brüning · Diana Parker / Cilly Mosler · Ursula Maury · Werner Schmah / Willi Rose · Willi Liebe · Sylvia Roeber / Horst-Thal-Trio · Die Schöneberger Sängerknaben / Die Ping Pongs mit Joe Dixi / Das Berliner Orchester, Leitung: E.G. Scherzer / Wilfried Krüger mit seinen Solisten / Ansage: Werner Schöne«* (Anz., Ab 10. 2.).
Ab 10.–11. 2.

Feb 16, 20.00 Uhr. Ballett »3 Jahrhunderte Tanz an der Pariser Oper«
V: SP.
Ballett der Pariser Oper, u.a. mit: *»Lycette Darsonval, Gerard Ohn und Maryane Regeane, Gilbert Canova, Violette Lautard, Genevieve Godefroy, Michele Perrot und Robert Paujol«.*
»Es begann mit einem Hofballett unter Ludwig XIV. Das Große Finale war ein hinreißend schwungvolles Ballett nach der Choreographie von Serge Lifar. [...] Daß die Bühnenausstattung mit sechs mickrigen Topfbäumchen eine Rücksichtslosigkeit war, auch davon wollen wir nicht sprechen. Aber bei einem blieb uns doch das Herz stehen: Als einer der Tänzer beim Sprung bis ans Knie in den Bühnenboden einbrach. [...]« (Ab 17. 2.).

502 Programmheft (Chr Feb 26); VWA.

INTERNATIONALER BOXKAMPF-ABEND
BERLINER TENNIS CLUB BORUSSIA
B
FREITAG, 26. FEBRUAR 1954, IM SPORTPALAST
Preis 0,20 DM

Feb 17, 20.00 Uhr. »Norman Granz' Jazz at the Philharmonic«
V: Schibille.
Et: ab 1,50 DM.
Mitw.: *»Ella Fitzgerald · Benny Carter / Flip Phillips · Louis Bellson / Oscar Peterson · Bill Harris / Roy Eldridge · Charlie Shavers / Ray Brown u. a.«* (Anz., Ab 13. 2.).
»Da hatten wir ihn endlich wieder: den vollendeten Jazz! Amerikanische Musiker brachten ihn in den Sportpalast, und die Berliner vergaßen Fußkälte, Staub und Unfähigkeit der Ordner – sie erwärmten sich über zwei Stunden am hinreißenden Stil der vitalen Gäste« (Ab 18. 2.).
Ab 13., 18. 2.

Feb 20, 20.00 Uhr. »Geh'n wir bummeln«
V: Schibille.
»Eine große musikalische Polydor-Revue«.
Mitw.: *»Rudi Schuricke · Gerhard Wendland / Friedel Hensch und die Cyprys / Mona Baptiste · Undine von Medvey / Catarina Valente · Karl Peukert / Horst Wende u.d. Polys / [...] Kurt Edelhagen [...] Werner Kroll«* (Ab 13. 2.).
Ab 13. 2.; BP 8.

Feb 21, 18.00 Uhr. Radrennen »Große Internationale Dauerrennen hinter Motoren«
V: Knaak (»Matze« Schmidt).
Et: 1,50 bis 6,– DM.
»Großer Winterpreis in 4 Läufen« (von 10, 15, 20 und 25 km): 1. Theo Intra (Frankfurt) hinter Schrittmacher Kurt Schindler 11 Pkte; 2. Günter Schulz (Berlin) hinter Werner Schmidt 10; 3. Jean Schorn (Köln) hinter Fritz Ulrich 10; 4. Guy Bethery (Paris) hinter Kurt Schindler 9.
Außerdem ein Mal-, ein Ausscheidungs- und ein 100-Rdn-Punktefahren.
Ab 16., 20., 22. 2.; BP 8.

Feb 26, 20.00 Uhr. Amateur-Boxen »Tennis Borussia – Metallac Zagreb«
V: TeBe.
Flg: Knez (Metallac) besiegt Trostdorff (Berliner Bären).
Bg: Stefanek (Metallac) besiegt Claus (TeBe).
Fdg: Lazarovic (Metallac) besiegt Stutz I (Sparta 58).
Lg: Dieter II (Spandau 26) besiegt Stefanovic (Metallac).
Hwg: Tkalcic (Metallac) besiegt Baerwald (TeBe) durch Abbruch (2. Rde).
Wg: Tisanic (Metallac) besiegt Eckert II (SSC Südwest).
Hmg: Schnurbus (TeBe) besiegt Meic (Metallac) durch Abbruch (1. Rde).
Mg: Wemhöner (TeBe) besiegt Popovic (Metallac) durch Abbruch (3. Rde).
Hsg: Sivka (Metallac) – Drust (TeBe), unentschieden.
Hsg: Oremus (Metallac) besiegt Lawnitzak I (TeBe).
Sg: Krizmanic (Metallac) besiegt Pautz (PSV Hannover) durch Abbruch (1. Rde).
Metallac – TeBe 13:7.
Ts 27. 2.; Ab 26.–27. 2.; Ph (VWA).

Feb 27, 20.00 Uhr. Radrennen »Dauerrennen hinter Motoren« u. a.
V: Knaak.
»Großer Preis von Berlin« (4 Läufe, 3 x 15 km, 1 x 20 km): 1. Günter Schulz (Berlin) hinter Schrittmacher Werner Schmidt 11 Pkte; 2. Theo Intra (Frankfurt) hinter de Graaf 11; 3. Gustav Kilian (Dortmund) hinter Käb 10; 4. Henri Lemoine (F) hinter Jubi 8.
Außerdem ein Mal-, ein Punkte- und ein 300-Rdn-Mannschaftsfahren. *»Im Malfahren holte sich auch diesmal Knoke (Hannover) den Sieg vor Borkowski (Münster), Kutza (Berlin) und H. Ziege (Berlin). Der Dortmunder Bintner kam im Punktefahren zum Erfolg vor Scherer (Frankfurt) und Heiner Ziege. Das 300-Runden-Mannschaftsrennen sah Borkowski-Heiner Ziege an der Spitze vor Weinrich-Scherer und Jornitz-Kutza«* (Ts 2. 3.).
Ts 27. 2.; 2. 3.; Ab 22., 27.–28. 2.; BP 10.

Feb 28, 19.00 Uhr. Bunte Veranstaltung »Wir sind uns einig«
V: Et: ab 1,– DM.
Mitw.: *»Am Konferenzort: Unsere Vier (Günter Keil, Klaus Günter Neumann, Kurt Pratsch-Kaufmann, Ivo Veit) – Loni Heuser, Brigitte Mira, Henny Krauss, Peter Igelhoff, Wolfgang Müller, Willi Rose, Paul Cichon, Curt Haupt, Armin Münch, Eddie Pauly, Berthold Pesalla, Kurt Waitzmann, Lukas Trio, Die Ping-Pongs, 3 Travellers, Berliner Orchester, Ltg. H.J. Wunderlich«* (BP 9).
Ts 21. 2.; Ab 24. 2.; BP 2.

Mär 4, 20.00 Uhr. Radrennen »Internationale Dauerrennen hinter Motoren«
V: Knaak.
Et: 1,50 bis 6,– DM.
»Das Goldene Rad von Berlin« (4 Läufe, 3 x 15 km, 1 x 20 km): 1. Adolphe Verschueren (B) hinter Schrittmacher Ville 13 Pkte; 2. Jaques Besson (CH) hinter Schindler 11; 3. Günter Schulz (Berlin) hinter Werner Schmidt 10; 4. Gustav Kilian (Dortmund) hinter Käb 6.
4000-m-Verfolgungsfahren: Günter Schulz besiegt Adolphe Verschueren und Gustav Kilian besiegt Jacques Besson.
Flieger-Omnium: 1. Weinrich 21 Pkte; 2. Otte 18; 3. Scherer 17; 4. H. Ziege 16,5; 5. Bintner 14,5.
Ts 4.–5. 3.; Ab 2., 4.–5. 3.; Kur 4.–5. 3.

Mär 5, 20.30 Uhr. Boxen »Hans Stretz – Emile Delmine« u. a.
V: Göttert.
Wg: Emile Delmine (72,7 kg; B) – Hans Stretz (73,8 kg; Berlin), unentschieden (10 Rdn).
Hsg: Joachim Borowski (75,3 kg; Berlin) – Hans Obermeier (72,1 kg; Berlin), unentschieden (4 Rdn).
Hsg: Domingo Lopez (74 kg; E) – Willi Hoepner (80 kg; Hamburg), Sieg Hoepners durch ko (3. Rde).
Hsg: Horst Niche (78,5 kg; Berlin) – Robert Gaffron (73,5 kg), Sieg Gaffrons nach Pktn (4 Rdn).
Sg: William Besmanoff (84,1 kg; Berlin) – José Gonzales (82,9 kg; E), unentschieden (8 Rdn).
»Nur zu zwei Dritteln gefüllt war gestern abend der Sportpalast [...]; ein Zeichen dafür, daß die drei Hauptkämpfer Stretz, Hoepner und Besmanoff nach ihren letzten enttäuschenden Leistungen nicht mehr ihre frühere Publikumsgunst besaßen. Kurz vor dem ersten Gong stürmten die Kurven- und Stehplatzinhaber die noch freien Tribünenplätze« (Ts 6. 3.).
Ts 4.–6. 3.; Ab 3.–6. 3.; BP 10.

Mär 6, 20.00 Uhr. Bunte Veranstaltung »Start und Ziel Sportpalast – Wir treten in die Pedale«
V: SP.
»Conférence: Maria Ney, Joachim Krüger, Kurt Pratsch-Kaufmann. Mitw.: Renate Holm, Ethel Reschke, Friedel

503 40. Berliner Sechstagerennen (Chr Mär 12–18).

Herfurth, Michael Egner, Edith v. Ebeling, Günther Schwerkolt, die kleine Cornelia, Bruno Fritz, Walter Gross, Ivo Veit, Kurt Reimann, die Kampels, Fritz Schulz-Reichel und seine Band, ›der schräge Otto‹, Carina-Marno-Truppe und die Kapelle Wilfried Krüger« (BP 10).

Mär 7, 16.00 Uhr. Bunte Veranstaltung »Kommen Sie mit zum Sportpalast«

V: Verband der Heimkehrer e.V.

Mitw.: *»Maria Fein, Liselotte Köster, Jockel Stahl, Suse Preisser, Rainer Köchermann, Werner Fütterer, Peter Mosbacher, Karin Hardt, Lucie Englisch, Marina Ried, Wolfgang Behrendt, Ida Wüst, Jakob Tiedtke, Walter Gross, Klaus Günter Neumann, Loni Heuser, Erika Brüning, Werner Schöne, Rosl Seegers, Ewald Wenck, Lucas-Trio, Rediske-Trio, Horst Thal-Trio, Kapellen: Willi Stahnke, Paul Woitschach, Berliner Orchester, Ltg. H.J. Wunderlich, Schöneberger Sängerknaben, Kinderballett Margarete Hess u. a.« – »Hans Joachim Wunderlich [...] wird in dieser Veranstaltung Erika Brünings neuestes Berlin-Lied ›Wir reisen nach Berlin‹ aus der Taufe heben«* (BP 10).

Mär 10, 20.00 Uhr. Amateur-Radrennen

V: Knaak.

300-Rdn-Mannschaftsfahren (12 Paare): 1. Gräbner/Klieme 9 Pkte; 2. Fromm/Franzke (1 Rde zurück) 14; 3. Wittke/Sylvestrzak (2 Rdn zurück) 6; 4. Jährling/Oldenburg 4; 5. Zawadski/Semrau (3 Rdn zurück) 11; 6. Barandat/Wille 3; 1:01:45 Stunden.

50-Rdn-Punktefahren: 1. Wahl, 2. Neie, 3. Blanke.

Außerdem ein Mal-, ein Ausscheidungs-, ein Vorgabe- und ein Jugend-Mannschafts-Verfolgungsfahren.

Ts 10. 3.; Ab 10.–11. 3.

Mär 12–18. 40. Berliner Sechstagerennen

V: Beginn 12. 3. um 19.00 Uhr, Start 22.00 Uhr, Ende 18. 3. um 23.00 Uhr.

V: Knaak (»Matze« Schmidt).

Et: nachmittags 0,50, 1,–, 2,– und 3,– DM.

Musik: *»Kapelle Otto Kermbach und Fanfarenbläser«.*

Teiln. (14 Paare): 1. Schulte/Peters (NL), 2. Godeau/Senfftleben (F), 3. Nielsen/Klamer (DK), 4. Gillen/Terruzzi (L/I), 5. Hörmann/Preiskeit (D), 6. Roth/Bucher (CH), 7. Petry/Schürmann (D), 8. Otto Ziege/Intra (D), 9. Kilian/Knoke (D), 10. Rigoni/Günter Schulz (I/D), 11. Saager/Otte (D), 12. Scherer/Weinrich (D), 13. Borkowski/Heinz Ziege (D), 14. Bintner/Walter (D).

Ergebnis: 1. Schule/Peters 338 Pkte; 2. Godeau/Senfftleben (1 Rde zurück) 398; 3. Roth/Walter 302; 4. Otto Ziege/Terruzzi (2 Rdn zurück) 487; 5. Nielsen/Klamer 302; 6. Saager/Otte (5 Rdn zurück) 487; 7. Rigoni/Günter Schulz (6 Rdn zurück) 198; 8. Scherer/Weinrich (7 Rdn zurück) 260.

Zurückgelegte km: 3721.

Startschuß: Michèle Morgan *»in goldbestickter weißer Seide mit Hermelin-Cape«.*

Vorrennen (für Amateure): *»Als Auftakt gibt es [...] Amateur-Radrennen und – was noch nie da war – einen Steher-Wettbewerb. Weltmeister Adolphe Verschueren stellt sich den Berlinern noch einmal vor und nimmt den Kampf gegen Schorn, Zims und Rintelmann auf«* (Ab 12. 3.). *»In den drei Steherläufen des Prologs war Weltmeister Verschueren [...] seinen deutschen Gegnern weit überlegen [...] Nach und nach erschienen die Fahrer in dicke Wollanzüge gekleidet. Und das war gut, denn im Sportpalast herrschte wieder einmal Polarkälte [...] Otto Kermbach intonierte mit seinen Männern [...] den Sportpalast-Walzer, ›Krücke‹ pfiff dazu, und schon war man mitten drin in der Sechstage-Stimmung«* (Ab 13. 3.).

Kur 11.–19. 3.; Ab 11.–19. 3.; BP 11.

Mär 24, 20.00 Uhr. Konzert »Hoch- und Deutschmeister Wien«

V: Schibille.

Et: ab 1,50 DM.

»Ein Wiener Abend: Märsche, Walzer, Operetten- und Volksmelodien«.
Kur 12. 3.; BP 12.

Mär 25, 21.30 Uhr. Jazz-Konzert »Count Basie und sein Orchester«
V: Schibille.
Kur 15. 3.; BP 12.

Mär 26. Eishockey u. a.
V: BSchC.
Kunstlauf (und Eistanz) von Erika Batchelor, Gundi Busch, Hans-Jürgen Bäumler, Ina Bauer, Jimmy Grogan, Minor/Braun.
16.00 Uhr. Veranstaltung für die Schulen; es *»werden nur Sammelbestellungen durch die Schulen entgegengenommen«;* Et: 0,50 DM.
BSchC (Res.) – BEV-Auswahl 2:2 (2:0, 0:2, 0:0).
20.00 Uhr. Düsseldorfer EG – BSchC 8:1 (2:0, 3:0, 3:1).
Ts 27.–28. 3.; BP 13.

Mär 27, 20.00 Uhr. Bunte Veranstaltung »Uns sticht der Hafer!«
V: SP.
Mitw.: *»Edith Schollwer, Peter René Körner, Ivo Veit, Kurt Pratsch-Kaufmann, Wolfgang Müller, Fritz Schulz-Reichel, Berliner Orchester, Ltg: Hans-Joachim Wunderlich, u. a.«* (BP 12).
Diese Veranstaltung war ursprünglich für den 20. 3. geplant und angekündigt (BP 12).
BP 12–13.

Mär 28, 18.00 Uhr. Handball »Internationales Turnier«
V: BHV.
Hamburg – Kopenhagen 7:4 (3:2). Berlin – Südschweden 8:6 (3:3); Hamburg – Berlin 8:2 (1:2); Südschweden – Kopenhagen 9:5 (6:1); Berlin – Kopenhagen 15:7 (5:3); Südschweden – Hamburg 4:3; Endspiel: Berlin – Südschweden 3:2 (2:2).
Einlagespiel der Frauen: Berlin – Hamburg 3:1.
Ts 27., 30. 3.; Kur 27., 29. 3.; BP 13.

Mär 29–31. Eishockey u. a.
V: BSchC.
Kunstlauf (und Eistanz): vgl. Mär 26.
Mär 29
16.00 Uhr. Veranstaltung für die Schulen (vgl. Mär 26).
BSchC (Res.) – Berlin-Auswahl 3:2 (1:0, 1:2, 1:0).
20.00 Uhr. Eish.: SC Riessersee – BSchC 8:3 (1:0, 1:2, 1:0).
Mär 30
20.00 Uhr. SC Riessersee – BSch 7:4 (2:1, 2:2, 3:1).
Mär 31
20.00 Uhr. BSchC – Berliner Bären 4:4 (1:0, 2:2, 1:2).
»Auch gestern fuhren viele Berliner vergebens zur Potsdamer Straße, denn nachmittags und abends waren die Tribünen überfüllt. Schwarzhändler erzielten für 7-DM-Karten fünffachen Preis« (Kur 30. 3.).
Ts 30.–31. 3.; 1. 4.; Kur 29.–30. 3.; 1. 4.; BP 13.

Apr 2–25, 20.15 Uhr. Eisrevue »Holiday on Ice«
Sonnabends, sonn- und feiertags auch 16.00 Uhr.
V: SP.
Et: ab 1,50 DM; *»Ermäßigung für Rentner, Erwerbslose, Ostbewohner, Kinder«.*
»[...] mit Ria Baran – Paul Falk / Völlig neues Programm Neue Ausstattung / über 100 Mitwirkende 800 herrliche Kostüme / Eisballett Artistik Komik« (BP 14).
[...] ein neues Programm, dessen Mittelpunkt unverändert Ria und Paul Falk bilden. Sie tanzen ihren Walzer so jung, so schwungvoll und elegant, wie es nur ein Weltmeisterpaar kann, zeigen ihren schon traditionellen Mambo-Jambo und Ausschnitte ihrer einstigen Weltmeisterkür im ›Warschauer Konzert‹. [...] Sensationen des Abends [...] Dazu gehörte der junge Dortmunder Heinz Kroel, der die schwierigsten Sprünge vom Axel Paulsen bis zum doppelten Rittberger virtuos beherrscht. Weiter zu nennen auch die Amerikanerin Anni Schmidt, der urkomische Guy Longpre, die Schweden Steve und Topsy, der leichtfüßige über 11 Tonnen und durch rotierende Messer und Ringe springende Ken Bailey, die kleine Italienerin Diana und, nicht zu vergessen, Gerry Mahoney. [...]« (NZ 3. 4.).
NZ 3. 4.; BP 14 ff.; Ph (VWA).

Apr 29–Mai 22 (?). Catchen »Internationales Turnier«
V: Kowalski.
Um den Sportpalast-Pokal. Teiln.: Apollon, Chapuisat, Cortez, Duecrez, Florent, Gonzales, Hermangeat, Hunter, Iffland, Jacobson, Khan-Tiki, King-Kong, Lonadi, Martinson, Pinetzki, Popescu, Reiss, Salessa, Salvatore, Stein, Tropez u. a.
Für den Veranstalter war das offenbar kein großer Erfolg – es gab auch Parallelunternehmungen – denn die Veranstaltung war bis zum 3. 6. angekündigt (BP 22), Berichte kommen (wenn überhaupt) nur bis zum 23. 5. vor.
BMp 4.–23. 5.; BP 18–22.

Mai 11, 20.00 Uhr. Bunte Veranstaltung »Komiker lassen bitten«
V: DGB.
BP 19.

Jun 10, 20.30 Uhr. Boxen »Gustav Scholz – Emile Delmine« u. a.
V: Göttert und Englert.
Fdg: Jean Sneyers (58,1 kg; B) – Rudi Langer (58,1 kg; Berlin), Sieg Sneyers' durch Aufgabe (nach der 5. Rde).
Wg: Ernst Zetzmann (65,5 kg; Berlin) – Günter Hase (64,3 kg; Berlin), unentschieden (6 Rdn).
Mg: Jean Mollekens (78,6 kg; B) – Max Resch (71,1 kg; Berlin), Sieg Reschs durch Aufgabe (2. Rde).
Mg: Gustav Scholz (73 kg; Berlin) – Emile Delmine (72 kg; B), Sieg Scholzs durch ko (4. Rde).
Hsg: Marcel Limage (80 kg; B) – William Besmanoff (80,9 kg; Berlin), Sieg Besmanoffs nach Pktn (8 Rdn).
»Die Sender Freies Berlin und Rias übertragen heute um 23 Uhr 15 und um 23 Uhr 45 den Kampf Scholz-Delmine aus dem Sportpalast«.
Ts 10.–11. 6.; Kur 10.–11. 6.; BP 23; Ph (VWA).

Jun 14, 18.00 Uhr. Versammlung
V: IGM.
Rd: Otto Brenner (Bundesvors.), Erich Galle (Berliner Vors.).
Th: Lohnerhöhung, Streikdrohung.
Kur 15. 6.

Jun 20, 9.30 Uhr. Gottesdienst
V: Neuapostolische Kirche.
LA SP 2d (Br. v. 24. 5.).

Jul 6–9 und 11. Amateur-Boxen »Deutsche Meisterschaften 1954«
14.30 und 20.00 Uhr, am 8. 7. auch 9.30 Uhr, am 11. 7. nur 16.00 Uhr.
V: DABV/BBV.
Jul 6–9. Vor- und Zwischenrunden
Jul 11. Endkämpfe
Flg: Basel (Baden) besiegt Gattig (Württemberg) durch ko (2. Rde).
Bg: Schweer (Westfalen) besiegt Schwarz (Hamburg).
Fdg: Mehling (Niedersachsen) besiegt Rudhof (Hessen).
Lg: Kurschat (Berlin) besiegt Johannpeter (Westfalen).
Hwg: Reithmeier (Bayern) besiegt Wagner (Südbaden).
Wg: Oldenburg (Hamburg) besiegt Wohlers (Württemberg).
Hmg: Walter (Hessen) besiegt Rienhardt (Württemberg).
Mg: Wemhöner (Berlin) besiegt Peters (Westfalen).
Hsg: Pfirrmann (Baden) besiegt Schoeppner (Westfalen).
Sg: Janssen (Hamburg) besiegt Witterstein (Bayern).
»Die Endkämpfe werden von den deutschen Fernsehsendern von 16 Uhr an aus dem Sportpalast übertragen«.
»Die Deutschen Meisterschaften, die von fast 40 000 Zuschauern besucht wurden, haben dem Amateurboxsport in Berlin sicherlich viele neuen Anhänger zugeführt« (Kur 12.7.).
Ts 4., 7.–11., 13. 7.; Kur 6.–10., 12. 7.

Jul 16–17, 20.15 Uhr. Basketball »Harlem Globetrotters«
Am 17. auch 16.30 Uhr.
V: Mattner.
Mitw.: Pete Woodran, Tony Lavelli, The Garners, Romano Brothers u. a.; als Gegner diesmal »House of David«.
»Einige internationale Varieténummern von Rang umrahmen den Auftritt der ›Trotters‹« (Ts 15. 7.).
»Da sind sie wieder, die langen schwarzen Männer mit den blau-weiß-roten ›Kostümen‹, die Harlem Globetrotters, Zauberkünstler auf dem Basketballfelde. [...] haben sie diesmal auch ihren großen Star mitgebracht, ›Goose‹ Tatum, dem die Arme bis zu den Knien herabhängen und der mit schlenkernden Gliedern auf den Holzplanken des Sportpalastes ergötzlich umhertrabt. Diesen schwarzen

504 Programmheft (Chr Jul 16–18); VWA.

Kobold spielen zu sehen, ist allein das Eintrittsgeld wert [...]« (Kur 17. 7.).
Ts 15., 17. 7.; Kur 15., 17. 7.; BP 29; Ph (VWA).

Jul 24, 20.00 Uhr. Turnen »Bern – Berlin«
Bern: Heinrich Dubach, Oskar Fehlmann, Othmar Hüsler, Christian und Kurt Kipfer, Alois Kunz, Ernst Lauper, Robert Lucy, Ingold René, Michael Reusch u. a.
Berlin: Heinz Bengeldorf (OSC), Heinz Boll (TiB), Werner Hoedt (TSV Spandau), Werner Keimel (TuS Neukölln), Herwardt Kzuschek (ATV), Heinz Lorenz (TiB), Alfred Schier (TuS Neukölln), Mirek Walter (TSV Spandau) u. a.
Bern – Berlin 336,10:325,40 Pkte.
Aus den Wettbewerben:
Ringe: Hüsler 9,70 Pkte – Boll 9,35.
Barren: Hüsler 9,80 – Boll 9,70.
Seitpferd: Lucy 9,80 – Boll 8,90.
Bodenturnen: Lucy 9,60 – Hoedt 9,55.
Pferdsprung: Lucy 9,80 – Hoedt 9,70.
Reck: Lucy 9,85 – Boll 9,60.
Kur 23., 26. 7.; BP 30.

Aug 5 – 8, 8.00 Uhr. Versammlung
V: Watch-Tower Bible and Tract Society (Zeugen Jehovas).
LA SP 4018/8.

Aug 19, 18.00 Uhr. Kundgebung
V: ÖTV, Bezirk Berlin.
Rd: Hans Behre (Bezirksvors.).
Th: Zu den Lohnforderungen und zur Urabstimmung (Beginn 20. 8.).
Kur 20. 8.; ÖTV-Mitteilungen, 4. Jg., Nr. 9, Berlin 15. 9. 1954.

Aug 27, 20.30 Uhr. Boxen »Hein ten Hoff – Billy Gilliam« u. a.
V: Göttert und Englert.
Hsg: Horst Niche (76,6 kg; Berlin) – Joachim Borowski (76,4 kg; Berlin), Sieg Niches nach Pktn (4 Rdn).
Hsg: Max Resch (72,4 kg; Berlin) – Willi Schagen (80 kg; NL), unentschieden (6 Rdn).
Hsg: William Besmanoff (78,7 kg; Berlin) – Franz Szüzina (75,3 kg; Bremen), Sieg Besmanoffs nach Pktn (10 Rdn).
Sg: Gerhard Hecht (81 kg; Berlin) – Art Henri (88 kg; USA), Sieg Hechts nach Pktn (8 Rdn).
Sg: Hein ten Hoff (99,3 kg; Hamburg) – Billy Gilliam (98,8 kg; USA), Sieg Gilliams durch Abbruch (7. Rde).
Kur 11., 17., 26.–28. 8.; BP 35; Ph (VWA).

Sep 4, 19.30 Uhr. Bunte Veranstaltung »Berlin und Willi Schaeffers«
V: Schibille.
Eine festliche Stunde zum 70. Geburtstag.
Mitw.: *»Hans Albers, Walter Groß, Joachim Krüger, Peter Kreuder, Klaus-Günter Neumann, Eric Ode, Viktor de Kowa, Rudof Schock, Ruth Stephan und ›Die Stachelschweine‹, RIAS-Tanzorchester unter Werner Müller, Ingeborg v. Streletzky«* (BP 36). *»Mehr als vier Stunden dauerte [...] ›Berlin und Willi Schaeffers‹ zu Ehren des Siebzigjährigen [...] Höhepunkt war neben dem Glückwunschtelegramm des Bundespräsidenten Heuss die Ueberreichung des Willi-Schaeffers-Ringes. Von Oper, Theater und Operette, Film und Kabarett selbst hatte sich rund ein halbes Hundert Künstler nicht nur als Gratulanten eingefunden: der Reinerlös ihres uneigennützigen Auftretens kommt alten und hilfsbedürftigen Kollegen zugute. [...]«* (Ts 7. 9.).
Ts 7. 9.; BP 36.

Sep 18, 19.30 Uhr. Jazz-Konzert »Endlich wieder Jazz«
V: Schibille.
BP 38.

Sep 25, 19.30 Uhr. Bunte Veranstaltung »Das ist Berlin«
V: SP/Schibille.
Et: ab 1,50 DM.
Zur *»Deutschen Industrie-Ausstellung 1954«.*
Mitw.: *»Hans Albers, Walter Groß, Ilse Neudtner, Maria Corelli, Fredy Sieg, Nuscha Richter, Edith Schollwer, Joachim Krüger, Betty Sedlmayr, Armin Münch, Fred Hänsom, Friedel Schuster, Erna Haffner, Horst Wilhelm, Tommy Dale, Trio Sorrento, Wolfgang Neuß, Maria Ney, Fredy Rolf, Ninowka und Michael, Hella Jansen, Kapelle Otto Kermbach«* (BP 39).
Kur 24.–25. 9.; BP 39.

Sep 26, 16.00 Uhr. »Festlicher Gesang-Gottesdienst«
V: Christlicher Sängerbund, Landesverband Berlin.
Mitw.: Christlicher Sängerbund mit über 1000 Sängern (Hanns Karin), Berliner Posaunen-Mission (E. Hoffmann).
Aus Anlaß des 75jährigen Bestehens des Christlichen Sängerbundes 1879 (neben einer Reihe verschiedener Veranstaltungen im Rahmen der Berliner Festwochen).
Ts 25., 30. 9.; BP 39.

Okt 2, 19.30 Uhr. Bunte Veranstaltung »Lachender Mittwoch«
V:Schibille.
Für Rentner und Erwerbslose. Kabarett mit namhaften Künstlern. War ursprünglich für den 29. 9. geplant, wurde dann aber wegen der Gedenkfeierlichkeiten für Ernst Reuter auf dieses Datum gelegt.
Ph (VWA); LA SP 2d (Br.v. 30. 8. und 21. 9.).

Okt 3, 19.00 Uhr. Bunte Veranstaltung
V: Verband der Film-, Funk- und Fernseh-Schaffenden.
LA SP 2d (Br. v. 29. 9.).

Okt 5, 19.30 Uhr. Bunte Veranstaltung mit RIAS
V: ÖTV, Bezirk Berlin.
BP 40.

Okt 6
15.00 Uhr. Bunte Veranstaltung »Hausfrauen-Nachmittag«
V: Schibille/SP.
Et: 1,– bis 2,– DM.
Mitw.: *»Bruno Fritz · 3 Travellers · Köster-Stahl / Pratsch-Kaufmann · M. Pohlenz · Jean Löhe / A. Zimmermann · J. Krüger · Rosen · 3 Hallodries / Schbg. Sängerknaben · Kapelle Wilfried Krüger / Dako bringt die neuesten Herbst-Wintermodelle / Wir suchen die ideale Hausfrau / Wettbewerbe · Wertvolle Preise«* (Anz., Ts 26. 9.).
Ts 26. 9.; BP 40.
20.00 Uhr. Jazz-Konzert »Harold Davison's Jazz-Parade«
V: Schibille/Hoffmeister.
Et: ab 1,– DM.
Mitw.: *»Sarah Vaughan und ihr Trio / Illinois Jacquet und sein Orchester / Coleman Hawkins«.*
Ts 26. 9.; BP 40.

Okt 7, 19.30 Uhr. Bunte Veranstaltung mit RIAS
V: DGB.
BP 40.

Okt 8, 20.30 Uhr. Boxen »Gustav Scholz – Willie Armstrong« u. a.
V: Göttert und Englert.
Mg: Werner Teuscher (72,9 kg; Karlsruhe) – Karl-Heinz Bücher (74,1 kg; Essen), unentschieden (6 Rdn).
Hsg: Joachim Borowski (78,8 kg; Berlin) – Piet Klijssen (78 kg; NL), Sieg Klijssens nach Pktn (4 Rdn).
Hsg: Willi Hoepner (79,1 kg; Hamburg) – Serge Barthelemy (77,3 kg; F), Sieg Hoepners durch ko (3. Rde).
Hsg: Gustav Scholz (72,2 kg; Berlin) – Willie Armstrong (73,5 kg; GB), Sieg Scholzs durch Abbruch (8. Rde).
Sg: Wilson Kohlbrecher (103 kg; Osnabrück) – Art Henri (89,8 kg; USA), unentschieden (8 Rdn).
Ts 8.–9. 10.; Kur 6., 8.–9. 10.; BP 41; Ph (VWA).

Okt 9, 20.00 Uhr. Konzert »Lachende Operette«
V: Schibille/SP.
Et: 1,– bis 4,– DM.; *»Ost 50% Ermäßig.«.*
Mitw.: *»Herbert Ernst Groh · Hans Reinmar · Ivo Veit / Schollwer · Mira · Rose · Köster-Stahl / Maria Reith · Horst Wilhelm · Axel Monjé / Jansen · Pauly · Ekkehard Fritsch · Joach. Krüger / Der Berliner Chor · Kapelle Wilfried Krüger«* (Anz., Ts 3. 10.).
Ts 3. 10.; BP 41.

Okt 15 – 21. 41. Berliner Sechstagerennen
Beginn 15. 10. um 20.00 Uhr, Start 22.00 Uhr, Ende 21. 10. um 23.00 Uhr.
V: Knaak (»Matze« Schmidt).
Musik: 2 Kapellen Otto Kermbach.
Wertungen: wie 1953 Okt 30 – Nov 5.
Teiln. (14 Paare): 1 Constant Ockers/Rik van Steenbergen (B), 2 Emile Carrara/Dominique Forlini (F), 3 Oskar Plattner/Fritz Schaer (CH), 4 Heinz Zoll/Herbert Weinrich (D), 5 Hans Preiskeit/Günter Schulz, 6 Pierre Jacoponelli/Heinz Ziege (F/D), 7 Theo Intra/Heinz Müller (D), 8 Otto Ziege/Horst Holzmann (D), 9 Alfred Strom/Sidney Patterson (AUS), 10 Franz Reitz/Günter Bintner (D), 11 Juan Espin/Guillermo Timoner (E), 12 Rudolf Theissen/Richard Walter (D), 13 Günter Otte/Günter Jornitz (D), 14 Rudolf Jacobsen/Otto Olsen (DK).
Ergebnis: 1. Carrara/Forlini 246 Pkte; 2. Ockers/van Steenbergen 184; 3. Otto Ziege/Holzmann (1 Rde zurück) 373; 4. Strom/Patterson 359; 5. Plattner/Schaer 261; 6. Zoll/Weinrich (2 Rdn zurück) 203; 7. Jacoponelli/Heinz Ziege (5 Rdn zurück) 374; 8. Preiskeit/Schulz 324; 9. Espin/Timoner (7 Rdn zurück) 141; 10. Intra/Müller (8 Rdn zurück) 264; 11. Reitz/Bintner (12 Rdn zurück) 163.
Zurückgelegte km: 3596,310.
Startschuß: *»Die Prozedur des Startschußes teilten sich die schwedische Filmschauspielerin Anita Björk und Berlins Boxliebling Gustav Scholz, von dem sich der Heuboden in Sprechchören eine Ehrenrunde erzwang«* (Ts 16. 10.).
Vorrennen (für Amateure) u. a.: 10-km-Punktefahren, 10-Rdn-Verfolgungsfahren der Sechstagesieger von 1923 (Oskar Tietz [59 Jahre] holte Fritz Bauer), Die Stunde (Stunden-Einzelfahren: 1. Fred Zoll, 2. Bugdahl, 3. Schliebener, 4. Irrgang).
Ts 29. 9.; 7., 16.–22. 10.; Kur 7., 14., 16.–22. 10.; BP 41; Ph (VWA).

Okt 23, 20.00 Uhr. Wohltätigkeitsveranstaltung
V: Verband der Heimkehrer e.V.
LA SP 2d (Br.v. 22. 9.).

Okt 24, 18.00 Uhr. Amateur-Radrennen
V: BDR.
Et: 0,50 bis 3,– DM.

1000-m-Fliegerhauptfahren: 1. Kaslowski, 2. Lüder, 3. Krüger, 4. Bugdahl.
30-Tempo-Rdn: 1. Schliebener 16 Pkte; 2. Blanke 9; 3. Jaroszewicz 5; 4. Schwarzer 4; 5. Nowack 4.
Jugend-Ausscheidungsfahren: 1. Stolp vor Weber. 300-Rdn-Mannschaftsfahren (12 Paare): 1. Bugdahl/Schliebener 23 Pkte; 2. Lüder/Fromm 15; 3. Körnchen/Kohlmann 8; 4. Schulze/Schmiel 7; 5. Zoll/Dominik 4; 6. Irrgang/Sylvestrzak (1 Rde zurück) 4; 7. Pötsch/Prechel (3 Rdn zurück) 0; 8. Klaus und Willy Röper (10 Rdn zurück) 2; 9. Krüger/Müller (11 Rdn zurück); 1:0:57 Stunden.
Ts 24., 26. 10.; Kur 23., 25. 10.

Okt 26, 19.00 Uhr. Kundgebung
V: DP, Landesverband Berlin.
Zur Wahl des Abgeordnetenhauses von Berlin am 5. 12.
Rd: Wolfram von Heynitz (Landesvors.), Hans Joachim Merkatz (MdB, Fraktionsvors.).
»Von 19–20 Uhr spielt das Blasorchester Paul Ball«.
»Mit einer demonstrativen Begrüßung des Bundes der Fallschirmjäger, der Hilfsgemeinschaft ehemaliger Angehöriger der Waffen-SS, des Stahlhelm, des Verbandes deutscher Soldaten und schließlich auch des Bürgerschutzbundes des Jochen Kühles eröffnete die Deutsche Partei [...] im Sportpalast ihren Wahlkampf. Die Veranstaltung begann mit der Marschmusik einer Blaskapelle, die ihr Programm mit dem Lied ›Deutsch ist die Saar‹ beendete. Unterdessen verkauften uniformierte Mädchen und Jungen den ›Neuen Deutschen Soldatenkalender‹ [...]« (Kur 27. 10.).
Ts 24., 27. 10.; 7., 14. 11.; Kur 27. 10.

Okt 29, 19.30 Uhr. Kundgebung
V: Gesamtdeutscher Block (BHE).
Zur Wahl des Abgeordnetenhauses von Berlin am 5. 12.
Rd: Waldemar Krafft (Bundesmin.).
»Nach dem offenbar in Mode kommenden Muster der Deutschen Partei hat nun auch der Gesamtdeutsche Block (BHE) den Wahlkampf mit Marschmusik begonnen. Auf einer Kundgebung in dem nur zur Hälfte gefüllten Sportpalast dankte am Freitag Bundesminister Krafft ausdrücklich für den Marsch seines alten Grenadierregimentes [...]« (Kur 30. 10.).

Okt 30, 19.30 Uhr. Bunte Veranstaltung »Hermann heeßt er«
V: Schibille/SP.
Et: ab 1,50 DM.
Zum 70. Geburtstag von Claire Waldoff (zugunsten der Hilfskassen der GDB).
Mitw.: *»Edith Schollwer · Gretl Schörg / Walter Gross · Wolfgang Neuss / Ruth Stephan · Fr. O. Krüger / Liselotte Köster · Jockel Stahl / Marta Hübner / Joachim Krüger · Erika Brüning / Fredy Rolf · Erna Haffner · Willi Schäffers · Lotte Werkmeister / Paul Heidemann · Rose Rauch / Ekkehard Fritsch · Thierry · Willi Rose · Ruth Peter · Egon Brosig / Lene Ludwig · Willi Liebe · Manny Ziener · Der dicke Heinrich · Dorothea Schlösser · Armin Münch / Betty Sedlmayr · Hanni Rosen / Fredy Sieg · R.T. Odemann · Lucas Trio / Kapelle Wilfried Krüger«* (Anz., Ts 24. 10.).
Ts 24. 10.; BP 44.

Okt 31, 18.00 Uhr. Amateur-Radrennen
V: BDR.
400-Rdn-Mannschaftsfahren: 1. Bugdahl/Schliebener 28 Pkte; 2. Lüder/Fromm 19; 3. Marsell/Wawrik 14; 4. Fred Zoll/Dominik 13; 5. Vadder/Hartweg 7.
Außerdem ein Punkte-, ein Ausscheidungs- und ein Jugend-Vorgabefahren.
Ts 30. 10.; 2. 11.; Kur 2. 11.; BP 44.

Nov 1, 19.30 Uhr. Jazz-Konzert »Lionel Hampton«
V: Collien/Hoffmeister/Schibille.
»Das war ein Jubel gestern abend im Sportpalast. 25.000 Fans hatten brüllenden Enthusiasmus mitgebracht, und die Blechbläser in den Rängen kamen mit eigenen Tuten durchaus gegen die sechzehnköpfige Band unter den Tiefstrahlern an. Vom Blues bis zum Boogie, außer sich vor Begeisterung, hetzte Lionel Hampton durch sein Repertoire [...]« (Kur 2. 11.).
Ts 17., 24. 10.; Kur 2. 11.; BP 44; Ph (Grote).

Nov 3, 20.00 Uhr. Bunte Veranstaltung »Heut' liegt was in der Luft...«
V: Zentralausschuß/RIAS.
BP 44.

Nov 6, 20.00 Uhr. Bunte Veranstaltung
V: Schibille/SP.
Für Rentner und Erwerbslose.
LA SP 2d (Br.v. 22. 9.).

Nov 8–11, 20.00 Uhr. Konzert »Don Kosaken Chor Serge Jaroff«
Am 11. 11. auch um 16.00 Uhr.
V: Schibille.
Et: ab 1.50 DM.
Ts 24. 10.; 4., 7., 10. 11.; BP 45.
Nov 10, außerdem 15.00 Uhr: Bunte Veranstaltung »Hausfrauen-Nachmittag«
V: Schibille.
BP 45.

Nov 12, 20.30 Uhr. Boxen »Gerhard Hecht – Yvon Durelle« u.a.
V: Göttert und Englert.
Wg: Siegfried Burrow (65,9 kg; Datteln) – Helmuth Höhmann (66 kg; Stuttgart), Sieg Burrows nach Pktn (8 Rdn).
Mg: Fritz Wenzel (71,6 kg; Bochum) – Jean Vincke (68 kg; B), Sieg Wenzels nach Pktn (6 Rdn).
Mg: Max Resch (72 kg; Berlin) – Paul Matti (73,7 kg; B), Sieg Reschs durch ko (1. Rde).
Mg: Hans Stretz (73,6 kg; Berlin) – Ralph Scott (72,7 kg; Barbados), Sieg Stretzs durch Aufgabe (5. Rde).
Hsg: Horst Niche (78,1 kg; Berlin) – Günter Sladky (74,5 kg; Dortmund), Sieg Niches durch ko (3. Rde).
Sg: Gerhard Hecht (79,4 kg; Berlin) – Yvon Durelle (76 kg; CDN), Sieg Hechts nach Pktn (10 Rdn); *»der gehaltloseste Hauptkampf, den wir in der Letztzeit erlebten«* (Kur 13. 11.).
Kur 12., 13. 11.; BP 46; Ph (VWA).

Nov 13, 19.30 Uhr. Radrennen »Internationales Flieger- und Steherrennen«
V: Knaak.
»Preis des Sportpalastes« (Dauerrennen hinter kleinen Motoren, 4 Läufe): 1. Günter Schulz (Berlin) hinter Schrittmacher Werner Schmidt 15 Pkte; 2. Richard Walter (Berlin) hinter Gerhard Kühne 11; 3. Karl Kittsteiner (Nürnberg) hinter Willy Lücke 9; 4. Max Meier (CH) hinter Herbert Bresching 5.
»Großer Preis von Berlin« (Omnium für Berufsfahrer): 1. Russel Mockridge (AUS) 15 Pkte; 2. Gosselin (B) 14; 3. Werner Potzernheim (Hamburg) 13; 4. Reginald Harris (GB) 12; 5. Georg Voggenreiter (Nürnberg) 5; 6. Günter Otte (Berlin) 4.
Kur 29. 10.; 13., 15. 11.; BP 46.

Nov 17. Amateur-Radrennen
V: BDR.
9.30 Uhr. Training und Jugendveranstaltung.
Ein Mal-, ein Mannschafts-Punkte- und ein Vorgabefahren, ein Zweier-Radballspiel und Kunstfahren. *»Die Mädchen von Blitz Neukölln führen ihre Meisterkür im Kunstfahren vor«.*
18.00 Uhr. 100-Min.-Mannschaftsfahren (10 Paare): 1. Bugdahl/Schliebener, 2. Hochgeschurtz/Remagen, 3. Kirchherr/Leonhardt, 4. Fred Zoll/Dominik (4 Rdn zurück).
»Neun Trümpfe« (1000-m-Malfahren): 1. Hochgeschurtz 12 Pkte; 2. Remagen 10; 3. Kaslowski 10; 4. Eckstein 8.
Außerdem ein Mannschafts-Verfolgungs- und ein Ausscheidungsfahren.
Ts 17., 19. 11.; Kur 16., 18. 11.; BP 46.

Nov 19, 15.00 Uhr. Bunte Veranstaltung
V: DGB.
Künstlernoteinsaz.
LA SP 2d (Br. v. 25. 11.).

Nov 20, 20.00 Uhr. »Kurt Widmann kommt wieder«
V: Schibille.
Et: ab 1,50 DM.
Mitw.: *»Walter Dobschinsky und seine Starband / Willi Stanke und sein Orchester / Conny Fischer · Tanz-Orchester Berlin / Kurt Widmann und seine Big-Band / 3 Travellers · Köster-Stahl / Mosler · 4 Dacapos / Ping-Pong u. Joe Dixie / Ansage: Joachim Krüger«* (Anz., Kur 13. 11.).
Kur 13. 11.; BP 47.

Nov 21, 18.00 Uhr. Amateur-Radrennen
V: BDR.
Zweistunden-Mannschaftsfahren: 1. Bugdahl/Lüder, 2. Hochgeschurtz/Remagen.
Fliegerhauptfahren: 1. Kaslowski.
50-Rdn-Punktefahren: 1. Schwarzer.
Außerdem ein Jugend-Vorgabe- und ein Jugend-Verfolgungsfahren.
Ts 23. 11.; Kur 19., 22. 11.; BP 47.

Nov 23, 20.00 Uhr. Kundgebung
V: DP, Landesbezirk Berlin.
Zur Wahl des Abgeordnetenhauses von Berlin am 5. 12.
Rd: Hans-Christoph Seebohm (Bundesmin.).
»Am Schluß einer Kundgebung der Deutschen Partei im Sportpalast wurden drei Kundgebungsteilnehmer von DP-Ordnern blutig geschlagen, weil sie sich beim Absingen der ersten Strophe des Deutschlandliedes nicht von den Plätzen erhoben hatten« (Kur 24. 11.).
Ts 24. 11.; Kur 24., 26. 11.

Nov 27–28, 20.00 Uhr. Eishockey u.a.
V: BSchC.
Kunstlauf (und Eistanz) von Ina Bauer, Helga Dudzinski, Marika Kilius/Franz Ningel, Sigrid Knake/Günter Koch.
Nov 27 AIK Stockholm – BSchC 4:2 (1:1, 1:1, 2:0).
Nov 28 AIK Stockholm – BSchC 6:5 (1:1, 2:1, 3:3).
Ts 30. 11.; Kur 26., 29. 11.; BP 48.

Nov 27–29. Öffentlicher Eislauf
9.00–12.30, 13.30–17.00 Uhr; am 29. auch 18.00–21.00 Uhr.
V: SP.
Kur 26. 11.

505 Kundgebung der CDU (Chr Dez 3), Dr. Konrad Adenauer spricht.

506 Kundgebung der Deutschen Partei (Chr Nov 23), Ordner in Aktion.

Nov 30, 20.00 Uhr. Bunte Veranstaltung
V: Tribüne/Weil.
LA SP 2d (Br. v. 25. 11.).

Dez 1, 20.00 Uhr. Handball
V: HVB.
Et: 0,50 bis 1,50 DM.
Berliner Meisterschaft, erste Vorschlußrunde (je Spiel 2 x 10 Min.; vgl. Dez 9 und Jan 9 1955).
Vorrunde: PSV – VfL Lichtenrade 8:2 (4:1); SV Buckow – SC Brandenburg 4:1 (2:1); Concordia Wittenau – BSC Rehberge 6:5 (nach 2. Verlängerung, 2:3, 5:5); BSV 92 – SCC 7:4 (4:2).
Zwischenrunde: PSV – Concordia Wittenau 8:2 (2:1); BSV 92 – SV Buckow 11:2 (9:0).
Endrunde: Concordia Wittenau – SV Buckow 9:1 (2:0); BSV 92 – PSV 8:7 (nach Verlängerung, 3:3, 5:5).
Gesamtergebnis: 1. BSV 92, 2. PSV, 3. Concordia Wittenau, 4. SV Buckow.
Kur 30. 11.; 2. 12.; BP 48.

Dez 3, 20.00 Uhr. Kundgebung
V: CDU, Landesverband Berlin.
Zur Wahl des Abgeordnetenhauses von Berlin am 5. 12.
Rd: Dr. Konrad Adenauer (Bundeskanzler), Ernst Lemmer (Fraktionsvors.).
Ts 1., 4. 12.; Kur 2., 4. 12.

Dez 4, 20.15 Uhr. Bunte Veranstaltung »Wir blenden auf«
V: Schibille.
Et: ab 1,50 DM.
»Eine Groß-Veranstaltung mit dem Verband der Filmschaffenden«.
Mitw.: *»Willy Birgel, Gustav Fröhlich, Barbara Rütting, Wolfgang Lukschy, Hilde Weissner, Hermine Körner u.a.; Kapelle Wilfried Krüger«* (BP 49).
Ts 28. 11.; BP 49.

Dez 5–7. Öffentlicher Eislauf
Vgl. Nov 27–28.

Dez 8, 15.00 Uhr. Bunte Veranstaltung »IV. Hausfrauen-Nachmittag«
V: Schibille.
Et: 1,50 und 2,– DM (für Ts-Leser gegen Nachweis 1,– und 1,50 DM).
Mit dem Wettbewerb: *»Wir suchen die ideale Hausfrau«.*
Mitw.: *»Erika Brüning, Willi Rose, Franz-Otto Krüger, Erna Haffner, Freddy Rolf, Suse Preisser, Fredy Sieg u.a.; Kapelle Kurt Drabek«* (BP 49); Ansage Joachim Krüger.
Ts 4. 12.; BP 49.

Dez 9, 20.00 Uhr. Handball
V: HVB.
Et: 0,50 bis 1,50 DM.
Berliner Meisterschaft; zweite Vorschlußrunde (je Spiel 2 x 10 Min.; vgl. Dez 1 und Jan 9 1955).
Vorrunde: SSC Südwest – Blau-Weiß Spandau 6:3; NSF – OSC 4:3; Rein. Füchse – BT 6:2; CHC – Siemensstadt 9:3.
Zwischenrunde: Rein. Füchse – SSC Südwest 4:1; CHC – NSF 6:4.
Endrunde: SSC Südwest – NSF 10:4 (7:3); Rein. Füchse – CHC 7:3 (2:2).
Gesamtergebnis: 1. Rein. Füchse, 2. CHC, 3. SSC Südwest, 4. NSF.
Kur 9., 10. 12.; BP 49.

Dez 10, 20.30 Uhr. Boxen »Gustav Scholz – Claude Milazzo« u.a.
V: Göttert und Englert.

Fdg: Auguste Caulet (61 kg; F) – Rudi Langer (57,6 kg; Berlin), Sieg Langers nach Pktn (8 Rdn).
Mg: Carlo Mola (71,6 kg; I) – Max Resch (72 kg; Stuttgart), Sieg Reschs nach Pktn (6 Rdn).
Mg: Gaston Vandemeulebrouck (71,6 kg; F) – Hans Stretz (74 kg; Berlin), Sieg Stretzs nach Pktn (8 Rdn).
Mg: Gustav Scholz (72,2 kg; Berlin) – Claude Milazzo (72,3 kg; F), Sieg Scholzs nach Pktn (10 Rdn).
Hsg: Piet Klijssen (77,6 kg; NL) – Horst Niche (77,7 kg; Berlin), Sieg Niches nach Pktn (4 Rdn).
Hsg: Artenio Calzavara (77 kg; I) – William Besmanoff (80,4 kg; Berlin), Sieg Besmanoffs nach Pktn (8 Rdn).
Ts 5., 10. 12.; Kur 30. 11.; 7.–10. 12.; BP 50; Ph (VWA).

Dez 11–13. Öffentlicher Eislauf
Vgl. Nov 27–29.

Dez 14, 20.00 Uhr. »Musik-Revue«
V: Schibille.
Mitw.: *»RIAS-Tanzorchester unter Werner Müller, Katharina Valente, Mona Baptiste, Friedel Hensch und die Cyprys, Bully Buhlan, Gerhard Wendland, Helmut Zacharias, Ansage: Wolfgang Müller«* (BP 50).

Dez 15. Öffentlicher Eislauf
Vgl. Nov 27–29.

Dez 17–23, 16.00 Uhr. Eisrevue »Märchenzauber«
Am 19. 12. um 15.00 und 18.00 Uhr.
V: Arbeitsgemeinschaft Berliner Eissportvereine im BEV.
Et: 1,50 bis 3,– DM; Kinder 0,50 bis 1,50 DM.
»Ein buntes Weihnachts-Bilderbuch auf dem Eise und auf der Bühne«.
Mitw.: Barings, Karin Klaws, Günther Lorenz, Willi Schilling, Gerda Siepert, Kinderballett Fiametta Hildesgarde, 3 Rilons, Schleuderbrett-Akrobaten des Henry-Trios u.a.
Zur Premiere gab es Freikarten für 2000 Waisenkinder.
Ts 16.–17. 12.; BP 51.

Dez 17–23 und 25–30. Öffentlicher Eislauf
V: SP.
Dez 17–23 um 9.00–14.00 Uhr; Dez 18, 21, 23 auch 18.30–21.00 Uhr. Dez 25–27 um 9.00–15.30 Uhr. Dez 28–30 um 9.00–12.30, 13.30–17.00, 18.30–21.30 Uhr (LA SP 2d, Br. v. 10. 12.).

Dez 25–27, 19.00 Uhr. Eishockey u.a.
V: BSchC.
Kunstlauf (und Eistanz) von Erika Batchelor, Hans Jürgen Bäumler, Karin Klaws, Erika Rucker, Lilli Zettl/Klaus Loichinger.
HHYC Den Haag (NL): Vandermolden (Tor); Klein, Vanrheden (Vert. A); Overakker, Henselaar (Vert. B); Loret, Zukiwski, Smit (Sturm A); Schwenzke, Stonge, Bins (Sturm B); Heruer, Vandijk, Dinger (Sturm C); Hendriks, Bylsma (Ersatz).
Düsseldorfer EG: Hinfner (Tor); Bunte, Dieker (Vert. A); Kaltenhäuser, Blankenstein (Vert. B); Pabelick, Niess, Drake (Sturm A); Ellermeyer, Öllinger, Dolna (Sturm B); Schlüppmann, Tasler, v. Hagen (Sturm C).
BSchC: Münstermann (Tor); More, Thorsell (Vert. A); Walter, Brand (Vert. B); Borsutzki, Bielke, Korn (Sturm A); Grundmann, Smith, Menzel (Sturm B); Hübner, Schröder, Melerski (Sturm C).
Dez 25 HHYC Den Haag – BSchC 8:4 (1:0, 4:2, 3:2; Freundschaftsspiel).
Dez 26 HHYC Den Haag – BSchC 10:4 (2:4, 4:0, 4:0; Westeuropapokal).
Dez 27 BSchC – Düsseldorfer EG 8:4 (1:3, 2:0, 5:1; Westeuropapokal).
Ts 23., 28. 12.; Kur 24., 27.–28. 12.; Ph (LA).

Dez 31, 19.15 Uhr. Bunte Veranstaltung »Die letzte Runde 1954«
V: Schibille.
Et: ab 1,50 DM.
»3-Stunden-Rennen Berliner Komiker«.
Mitw.: *»Edith Schollwer · Lotte Werkmeister · Marta Hübner · Erna Haffner / Wolfg. Neuss · Willi Schaeffers · Mario Tuala · Wolfg. Müller / Joachim Krüger · Lucie Klaar · Hanni Rosen · Erika Brüning / Fr. O. Krüger · Fredy Rolf · Eddi Pauly · Willi Rose / Henry Lorenzen · Willi Liebe · Fritz Amsel · Ninowka u. Michael / 3 Rilons · Trio Harmonie · Werner Schöne · Die Barrings / Kapelle Wilfried Krüger · 3 Travellers · Kapelle Kurt Drabek«* (Anz., Ts 19. 12.).

1955

Jan 1–7. Öffentlicher Eislauf
9.00–12.30, 13.30–17.00, 18.00–21.00 Uhr.
V: SP.
LA SP 2d (Br v. 31. 12. 1954).

Jan 8, 19.00 Uhr. »Nationales Hallen-Turn- und Sportfest«
V: BLV/BT.
Zur 50-Jahr-Feier des Berliner Leichtathletik-Verbandes.
»Berlins Leichtathleten können sich freuen. Mit dem [...] Hallen-Turn- und Sportfest haben sie der Berliner Leichtathletikgemeinde [...] einen sportlichen Höhepunkt des 50jährigen BLV-Jubiläums geboten, der an die Zeiten der traditionellen Hallensportfeste der Vorkriegszeit erinnerte. [...] Ergebnisse: 10x1-Runde-Staffel weibliche Jugend: 1. OSC; 50 m Hürden Frauen: 1. Fuhrmann (SCC) 7,9 Sek.; Sportpalaststaffel männliche Jugend: 1. SCC; 10-Minuten-Paarlaufen: 1. BSC (Lawrenz-Hennig); 50 m Hürden Männer: 1. Steines (Rot-Weiß Koblenz) 6,9 Sek.; Sprinter-Zweikampf Frauen: 1. Egert (Eintracht-Frankfurt) 12 Punkte (6,7 und 6,6 Sek.); Sprinter-Zweikampf-Männer: Fütterer, Karlsruhe, 12 Punkte (5,7 und 5,7 Sek.); 5x3 Rundenstaffel: 1. NSF; 4x1-Runde-Staffel Frauen: 1. Eintracht-Frankfurt 1:27,2 Minuten; 3x1000-m-Vereinsstaffel: 1. SCC (Kohls, Steller, Dohrow) 7:56 Minuten« (Tg 9. 1.).
Kur 7., 10. 1.; Tg 9. 1.; BP 2.

Jan 9. Handball
V: HVB.
Berliner Meisterschaft (Vorschlußrunden: 1954 Dez 1 und 9).
10.00 Uhr. Männer-Vorschlußrunde (je Spiel 2 x 10 Min.).
Frauen-Endspiel: Rein. Füchse – SSC Südwest 1:0.
17.00 Uhr. Männer-Endrunde (je Spiel 2 x 15 Min.): SSC Südwest – Concordia Wittenau 9:6 (4:2); PSV – CHC 12:8 (8:3); Rein. Füchse – BSV 92 6:4 (3:1). Gesamtergebnis: 1. Rein. Füchse, 2. BSV 92, 3. PSV, 4. CHC.
Ts 11. 1.; Kur 8., 10. 1.; BP 2.

Jan 10–13. Öffentlicher Eislauf
Vgl. Jan 1–7.

Jan 14–17. Eiskunstlauf »Deutsche Meisterschaften 1955«
V: BEV.
Jan 14
8.00 Uhr. Training.
20.00 Uhr. Begrüßung, Auslosung (Gaststätte im Sportpalast).
Jan 15
8.00 und 20.00 Uhr. Pflicht und Kür.
Jan 16
19.00 Uhr. Kür.
Jan 17
15.00 Uhr. Veranstaltung für die Jugend.
20.00 Uhr. Schaulaufen *»Stelldichein der Deutschen Eiskunstlauf-Elite«.*
Et: 1,50 bis 6,– DM.
Ab 21.00 Uhr durch das Fernsehen übertragen.
Ergebnisse:
Meister-Damen: 1. Rosl Pettinger (München) 224,52 Pkte; 2. Erika Rucker (München) 208,02.
Meister-Herren: 1. Manfred Schnelldorfer (München) 226,65; 2. Tilo Gutzeit (Düsseldorf) 224,93; 3. Werner Kronemann (Bad Nauheim) 220,98.
Meister-Paare: 1. Marika Kilius/Franz Ningel (Frankfurt am Main) 10,94; 2. Lilli Zettl/Klaus Loichinger (München) 10,92; 3. Eva Neeb/Karl Probst (München) 10.72.
Junioren-Damen: 1. Ina Bauer (Krefeld) 103,33; 2. Margit Cargill (Hamburg) 94,81.
Junioren-Herren: 1. Günter Tyroler (München) 97,25; 2. Claus Habermann (Riessersee) 95,30.
Junioren-Paare: 1. Sigrid Knake/Günter Koch (Düsseldorf) 10,07; 2. Rita Pauka/Peter Kwiet (Berlin) 9,07.
Senioren-Damen: 1. Ina Bauer (Krefeld) 146,75; 2. Brigitte Hägeler (München) 138,15.
Kur 13.–18. 1.; Tg 18. 1.; BP 3; Ph (LA).

Jan 21 – Feb 5, 20.00 Uhr. 1. Bockbierfest im Sportpalast
Bis 2.00 Uhr; sonnabends bis 5.00 Uhr; sonntags ab 16.00 Uhr; montags geschlossen.
V: Schibille/SP.
Et: 1,25 DM.
»Alpenglühen / Lichteffekte / Wasserfontänen / Saaldekorationen / Bayernkapelle Sepp Schmidt – Otto Kermbach – Erna Haffner, J. Krüger, F. Rolf, Jodler, Schuhplattler« (BP 4).
Jan 26, außerdem 15.00 Uhr: »5. Hausfrauen-Nachmittag – Bockbierfest für Muttern«
Et: 1,50 DM.
Mitw.: *»Ethel Reschke, Rosl Segers, Lucas-Trio, Lucie Klaar, Fritz Amsel u.a. Ansage: Joachim Krüger. Kapelle: Otto Kermbach«* (BP 4).
Feb 2, außerdem 15.00 Uhr: »6. Hausfrauen-Nachmittag«
Ts 27. 1.; BP 4–6.

Feb 6, 20.00 Uhr. Lieder- und Arienabend »Benjamino Gigli«
V: Heinicke.
Mitw.: RIAS-Symphonieorchester (Zoltan Fekete), Maestro Dino Fedri.
»Lieder, Opernarien und neapolitanisch eingefärbte Rührstücke lösten einander in buntem Wechsel ab. Jeder kam auf seine Rechnung [...]« (Kur 7. 2.).

Feb 10, 20.00 Uhr. »Norman Granz' Jazz at the Philharmonic«
V: Schibille.
Et: ab 2,– DM.
Mitw.: *»Ella Fitzgerald · Roy Eldridge / Dizzy Gillespie · Flip Phillips / Bill Harris · Buddy de Franco / Louis Bellson · Ray*

507 Roy Eldridge (Chr Feb 10).

508 Lilli Zettl/Klaus Loichinger (Chr Jan 14–17).

Brown / Herb Ellis · Oscar Peterson Trio« (Anz., Kur 31. 1.). *»[...] nach dem üblichen Ritual [...] auf die älteste Jam-Session folgten die Darbietungen des Oscar-Peterson-Trios und des JATP-Quartetts, das allerdings an diesem Abend durch die Mitwirkung des Gitarristen Herb Ellis zu einem Quintett erweitert worden war. Krönung und Beschluß des Abends [...] Ella Fitzgerald [...]«* (Kur 11. 2.).
Kur 31. 1.; 7., 11. 2.; BP 6.

Feb 11, 20.30 Uhr. Boxen »Henry Hall – Heinz Neuhaus«
V: Göttert und Englert.
Wg: Siegfried Burrow (65,5 kg; Datteln) – Günter Hase (65,1 kg; Berlin), unentschieden (8 Rdn).
Wg: Jack Subero (64,4 kg; Trinidad) – Werner Handke (65 kg; Berlin), Sieg Suberos nach Pktn (8 Rdn).
Mg: Herbert Sowa (71,5 kg; Hamborn) – Hans Obermeier (72,5 kg; Berlin), Sieg Sowas durch Aufgabe (nach der 2. Rde).
Hsg: Horst Niche (78,5 kg; Berlin) – Helmut Werfel (76 kg; Düsseldorf), Sieg Niches durch Abbruch (2. Rde).
Sg: Manfred Schneider (82,5 kg; Frankfurt am Main) – Hans Scherbaum (93 kg; Düsseldorf), Sieg Schneiders durch Aufgabe (3. Rde).
Sg: Clair Redmond (78,9 kg; Trinidad) – William Besmanoff (80 kg; Berlin), Sieg Besmanoffs durch ko (2. Rde).
Sg: Henry Hall (83,6 kg; USA) – Heinz Neuhaus (95 kg; Dortmund), unentschieden (10 Rdn).
Kur 1., 4. 1.; 11.–12./13. 2.; BP 7; Ph (VWA).

Feb 12–13, 20.00 Uhr. Bunte Veranstaltung »Festlicher Sportpalast« – Berliner Künstler helfen
V: GDB/Schibille.
Et: ab 1,50 DM.
Zugunsten der Hilfskassen der GDB.
Mitw.: *»Grümmer, Greindl, Gorvin, Krukowski, Köster-Stahl, Mosbacher, Deege, Reinholm, Bruno Fritz, Walter Groß, Wenck, Ney, Schollwer, Reschke, Mira, Klaus Günter Neumann, Keil u.a., die Stachelschweine, Lucas-Trio, Meister-Vocalisten, Gr. Orchester, Dir.: Kurt Gaebel, Chor der Städt. Oper, RIAS-Tanz-Orchester, Wilfried Krüger«* (BP 7).
Ts 15. 2.; Kur 7., 10. 2.; BP 7; Ph (VWA).

Feb 15–18. Öffentlicher Eislauf
9.00–12.30, 13.30–17.00, 18.00–21.00 Uhr; während der Veranstaltung fällt das öffentliche Eislaufen aus.

Feb 16 und 18, 20.15 Uhr. Eishockey u.a.
V: BEV.
Kunstlauf (und Eistanz) von Doris Ehlert, Karin Klaws, Rita Pauka/Peter Kwiet.
Feb 16 Penticton V's (CDN) – Internationale Auswahl 11:4 (5:1, 2:1, 4:2).
Feb 18 Penticton V's – Internationale Auswahl 16:1 (3:1, 6:0, 7:0).
Kur 15.–19./20. 2.; BP 7; Ph (Longino).

Feb 20, 16.00 Uhr. »Musiker greifen ein! Erinnerungen an Kurt Widmann«
V: Schibille.
Et: ab 1,50 DM.
Zugunsten der Hinterbliebenen von Kurt Widmann.
Mitw.: *»Das Berliner Tanzorchester William Greiß, SFB / Pepp Neumann und seine Big-Band / Curt Dillenberger mit seinem Tanzorchester / Orchester Kurt Widmann, Leitung H. Berry / Omar Lamparter · Lubo D'Orio · Otto Fröhlich / Bodo Coer · 4 Dacapos · 3 Ralleys · Les trois As / Héléne*

509 Frank Sawers in »Holiday on Ice« (Chr Apr 14–27).

Adams · Cilly Mosler · Jimmy Jimson / Ansage: Joachim Krüger · Die Berliner Boogie-Paare« (Anz., Ts 13. 2.).
Ts 13. 2.; Kur 17. 2.; BP 8.

Feb 22, 20.11 Uhr. Karnevalssitzung »Kornblumenblau«
V: SP.
Et: ab 2,– DM.
»Die Original Kölner Karneval-Prunksitzung mit den Größten der Großen des Kölner Karnevals: A. Batzem · J. Schlösser · J. Schmitz · Steingass-Terzett / P. Jöns · Eilemann-Trio · P. Antweiler · H. Ehnie · W. Strugg / Präsidium: M. Mauel und H. Jonen / Das große Kölner Karneval-Orchester Chr. Reuter und das Tanzkorps mit seinem Tanzmariechen« (Anz., Ts 13. 2.).
Ts 13. 2.; BP 8.

Feb 23–Mär 5. Öffentlicher Eislauf
Vgl. Feb 15–18.
BP 9.

Feb 26–27, 19.00 Uhr. Eiskunstlauf »Elite der USA« und Eishockey
V: BSchC.
Et: ab 2,– DM.
Kunstlauf (und Eistanz) von Patricia Firth, Carol Heiss, Alan Hayes Jenkins, Catherine Machado, Ronnie Robertson, Carol Ann Ormaca/Robin Greiner, Lucille Ash/Sully Kothmann.
Feb 26 Eish.: BSchC – Berlin-Auswahl 14:1.
Feb 27 Eish.: BSchC – Berlin-Auswahl 19:5.
»Die Eleganz des dreifachen Weltmeisters Alan Hayes Jenkins erscheint unübertrefflich [...] Und dann die Frauen: die elfenhaft liebliche 15jährige Carol Heiss [...] wirbelt fast ohne Erdenschwere über die Eisfläche [...] oder die elegante Paricia Firth [...]« (Kur 28. 2.).
Kur 25., 28. 2.; BP 9.

Mär 11, 20.00 Uhr. Amateur-Boxen »Berliner Meisterschaften 1955«
V: BBV.
Endkämpfe.
Flg: konnte erst 14 Tage später ausgetragen werden.
Bg: Richter (NSF) besiegt Bednorz (Sparta 58).
Fdg: Reidl (Heros) besiegt Wendt (Astoria).
Lg: Kurschat (NSF) besiegt Lorenz (SSC Südwest).
Hwg: Bartsch (Hertha BSC) besiegt Dieter II (Spandau 26).
Wg: Heidemann (NSF) besiegt Simon (Sparta 58).
Hmg: Olschewski (Nordstern 07) besiegt Sprengel (TeBe) durch Abbruch (2. Rde).
Mg: Wemhöner (TeBe) besiegt Lüdemann (Berliner Bären).
Hsg: Sawitzki (PSV) besiegt Hoth (Astoria).
Sg: Walloscheck (Astoria) besiegt Nippert (Sparta 58).
Kur 11.–12./13. 3.; BP 11; Ph (VWA).

Mär 12–13, 19.30 Uhr. Bunte Veranstaltung »Stars am Start«
V: Schibille.
Et: ab 1,50 DM; *»Ost 50% Erm.«.*
Mitw.: *»Sonja Ziemann, Curd Jürgens, Carsta Löck, Traute Rose, Carl Napp, Erika Brüning, Willi Rose, Lucie Klaar, Ruth Zilger, Maria Avanti, Lucas-Trio, Willi Stanke, Kurt Engel, Ansage: Joachim Krüger u. a.«* (BP 11).
Kur 5./6. 3.; BP 11; Ph (SPA).

Mär 19, 20.00 Uhr. Konzert »Schaumburger Märchensänger«
V: Schulze.
Et: ab 1,– DM.
»Der Kinderchor, der die Welt eroberte!!!! Nach dem Triumphzug durch Amerika und England / Erstmalig in Berlin / [...]Oberkirchener Kinderchor · Leitung: Edith Möller / Volkslieder, Wanderlieder, ›Die Nachtigall‹, Ein März. v. Andersen« (Anz., Ts 13. 3.).
Ts 13. 3.; BP 12.

Mär 20, 16.00 Uhr. Konzert »Melodie des Hörers«
V: Schibille.
Et: ab 1,50 DM.
Wunschkonzert des SFB.
Mitw.: *»Kerstin Anderson, Maria Reith, Herbert Brauer, Ludwig Hofmann, Ludwig Suthaus, Johanna Blatter, Traute Rose, Francesco Farinelli, Fritz Hoppe, Horst Wilhelm, Lore Hoffmann, Alice Zimmermann, Sebastian Hauser, Hans Reinmar, Adolf Stauch, Waldo-Favre-Chor, Schöneberger Sängerknaben u. a. Das Große Rundfunkorchester, Ltg. Kurt Gaebel; Ansage: Harald Karas und Rudolf-Günter Wagner«* (BP 12).
Ts 13. 3.; BP 12.

Mär 23, 15.00 Uhr. Bunte Veranstaltung »7. Hausfrauen-Nachmittag«
V: SP/Schibille
Et: 1,– bis 2,– DM.
»Wir suchen die ideale Hausfrau / Wettbewerbe · Dako-Modenschau · Wertv. Preise« (Anz., Ts 13. 3.).
Mitw.: *»Traute Rose, Mario Tuala, Marta Hübner, Joachim Krüger, Armin Münch, Betty Sedlmayr, Jean Löhe, 3 Ralleys, Kapelle Otto Kermbach«* (BP 12).
Ts 13. 3.; BP 12.

Mär 25, 20.30 Uhr. Boxen »Gustav Scholz – Ivano Fontana« u. a.
V: Göttert und Englert.
Fdg: Rudi Langer (58,1 kg; Berlin) – Sergio Milan (58,1 kg; I), Sieg Langers nach Pktn (8 Rdn).
Wg: Günter Hase (66,8 kg; Berlin) – Jean Ruellet (67,8 kg; F), unentschieden (8 Rdn).
Mg: Herbert Sowa (73,4 kg; Hamborn) – Al Mobley (67,6 kg; USA), Sieg Sowas nach Pktn (4 Rdn).
Mg: Max Resch (72,4 kg; Berlin) – Serge Leveque (71,3 kg; F), Sieg Reschs durch Aufgabe (2. Rde).
Hsg: Horst Niche (78 kg; Berlin) – Christian Luneaud (79,5 kg; F), Sieg Niches nach Pktn (6 Rdn).
Hsg: Gustav Scholz (73,4 kg; Berlin) – Ivano Fontana (79,4 kg; I), Sieg Scholzs durch ko (5. Rde).
Ts 26. 3.; Kur 25.–26./27. 3.; BP 13; Ph (VWA).

Mär 26, 20.00 Uhr. Konzert »RIAS bringt die schönsten Operettenmelodien«
V: Zentralausschuß.
Mitw.: *»Ester Rethy, Anneliese Rothenberger, Karl Terkal, Herbert Brauer, Otto Falvay, RIAS-Orchester, RIAS-Chor, Dirigenten: Hans Carste und Fried Walter. Emil Surmann führt durch das Programm«* (BP 13).

Mär 27, 18.00 Uhr. Handball »Internationales Städteturnier«
V: HVB.
Berlin – Kopenhagen (DK) – Stockholm (S) – Zagreb (YU).
Je Spiel 2 x 15 Minuten.
Berlin – Kopenhagen 8:7 (5:2); Stockholm – Zagreb 7:5 (3:2); Berlin – Zagreb 14:5 (6:3); Kopenhagen – Stockholm 5:1 (4:0); Kopenhagen – Zagreb 8:7 (4:5); Berlin – Stockholm 11:4 (7:2).
Gesamtergebnis: 1. Berlin (6:0 Pkte), 2. Kopenhagen (4:2), 3. Stockholm (2:6), 4. Zagreb (0:6).
Ts 27., 29. 3.; Tg 29. 3.; BP 13.

Mär 30, 20.00 Uhr. Bunte Veranstaltung »›Machen Sie mit‹ von und mit Peter Frankenfeld«
V: Schibille.
Et: ab 1,50 DM.
»Wertvolle Preise · Kabarettprogramm«.
Ts 13. 3.; BP 13.

Mär 31, 20.00 Uhr. Konzert »Hoch- und Deutschmeister Wien«
V: Schibille.
Et: ab 1,50 DM; *»Ost 50% Erm.«.*
»Die berühmteste Militärkapelle der Welt in den Uniformen des ehem. k. u. k. Inf.-Rgt. Nr. 4 mit ihren Märschen, Walzern, Volksmelodien« (Anz., Ts 13. 3.).

Apr 9–11, 19.30 Uhr. Bunte Veranstaltung »Oster-Star-Parade«
Am 10. und 11. 4. auch 15.30 Uhr.
V: Schibille.
Et: ab 1,50 DM.
Mitw.: *»Zarah Leander, Lys Assia, Horst Winter, Kl.-G. Neumann, Schwabenhansl, Marta Hübner, Ethel Reschke, Brigitte Mira, Fr. O. Krüger, Harald Nielsen, Joachim Krüger, Friedel Herfurth/Michael Egner, Werner Schmah, Rudi König, Meister-Vokalisten, Trio Harmonie, Kapelle: Wilfried Krüger, ›Die Stachelschweine‹«* (BP 15).
Ts 20. 3.; BP 15; Ph (VWA).

Apr 14–27, 20.00 Uhr. Eisrevue »Holiday on Ice«
Sonnabends und sonntags auch 16.00 Uhr (ebenfalls am 26. und 27. 4.).
V: SP.
Et: ab 2,– DM.
[...] mit neuen Attraktionen: Olympiasieger und Weltmeister / Ria Baran – Paul Falk / Dem beliebten Wiener Geschwisterpaar / Ilse u. Erik Pausin / Frank Sawers · Hazel Franklin / Artistik · Eis-Ballet · Humor/Erstmalig mit den farbenprächtigen Wasserspielen« (Anz., Kur 9./10. 4.).
»Die Falks, zweifellos noch immer in ihrem nun schon zur sicheren Routine gewordenen Programm unerreicht, begeisterten durch die traumwandlerische Sicherheit und Schwerelosigkeit ihres Vortrages. [...] Hazel Franklin, gewiß eine Attraktion der Schau, gerät ein wenig in den Schatten der charmanten und graziösen Gerry Mahoney. Werner Müller sprang über Kakteen und Mädchen, Frank Sawers imponierte mit seinen Butterflys, Heinz Kroel verriet ein in härtester Trainingsarbeit nun ausgereiftes Können, und die achtjährige Juanita bezauberte mit ihren kindlichen Kapriolen. Der unwahrscheinlich sicher jonglierende Kay Farelli und der durch zwerchfellerschütternde Komik viel Sonderapplaus einheimsende Guy Longpré versetzten auch den trübsinnigsten Zuschauer in strahlende Laune« (Ts 15. 4.).
Ts 15. 4.; Kur 9./10. 4.; BP 15.

Apr 30, 20.00 Uhr. »Schlager-Favoriten«
V: Union Gastspiele.
Mitw.: *»Alice Babs, Wolfgang Sauer, Erwin Lehn, Toby Fichelscher, Spree City Stompers, Werner Deinert u. a. Ansage: Günter Werner«* (BP 18).

Mai 1, 20.00 Uhr. Bunte Veranstaltung »Maibowle«
V: DGB/RIAS.
Mitw.: *»Bruno Fritz, Walter Gross, Wolfgang Neuss, RIAS-Tanzorchester unter Werner Müller, Kapelle Wilfried Krüger«* (BP 18).
»8000 Ostberliner verlebten abends [...] im Sportpalast einige frohe Stunden« (Ts 3. 5.).
Ts 3. 5.; BP 18.

Mai 8
9.00 Uhr. Gottesdienst
V: Neuapostolische Kirche.

19.30 Uhr. »Großveranstaltung ›Schiller und das unteilbare Deutschland‹«
V: Kuratorium Unteilbares Deutschland.
Et: ab 1,– DM, *»(für Ostbewohner in Ostwährung)«.*
Rd: Carlo Schmid (Vizepräs. des Bundestages), Prof. Dr. Otto Suhr (Regierender Bürgermeister).
Mitw.: *»Das Berliner Philharmonische Orchester, die Schumannschen Chöre (600 Sänger). Dirigent: Georg O. Schumann«.*
Aus dem Programm: *»Szenen aus Schillers Werk mit Hilde Weissner, Ernst Deutsch, Walter Franck und Erich Schellow. Schlußsatz aus Beethovens IX. Symphonie mit dem großen Schlußchor [...]«* (Anz., Ts 1. 5.).
»Seltsam schon der Stil einer Schiller-Ehrung zwischen Eiscreme-, Möbel- und Bayernexpreß-Reklamen. Ein nicht unerheblicher Teil des Sportpalastes war unbesetzt geblieben. [...] Der Bundesminister für Gesamtdeutsche Fragen, Jakob Kaiser, hatte abgesagt. [...] Hauptredner des Abends [...] Carlo Schmid, [...] Niemand warnte den Redner, als die Berliner unruhig wurden, weil ihnen Schmid ein beinahe abendfüllendes [...] Referat vortrug: So kam es zu der peinvollen und taktlosen Unterbrechung des Vortragenden durch dauerndes Klatschen [...]« (Kur 9. 5.).
Ts 1. 5.; Kur 9. 5.

Mai 20, 20.30 Uhr. Boxen »Gustav Scholz – Tuzo Portuguez« u. a.
V: Göttert und Englert.
Fdg: Henri Podevin (58,4 kg; F) – Alfred Schweer (56,1 kg; Bochum), Sieg Schweers nach Pktn (4 Rdn).
Wg: Michel Lombardet (66,4 kg; F) – Siegfried Burrow (66,4 kg; Datteln), unentschieden (8 Rdn).
Wg: André Mauguin (66,4 kg; F) – Ernst Zetzmann (67 kg; Berlin), Sieg Zetzmanns nach Pktn (8 Rdn).
Mg: Gino Menozzi (73 kg; I/F) – Max Resch (72,4 kg; Berlin), Sieg Reschs nach Pktn (8 Rdn).
Hsg: Tuzo Portuguez (71,7 kg; Costa Rica) – Gustav Scholz (72,4 kg; Berlin), Sieg Scholzs nach Pktn (10 Rdn).
Hsg: Roland Guille (81,6 kg; F) – William Besmanoff (82,8 kg; Berlin), Sieg Besmanoffs durch Abbruch (3. Rde).
Ts 21. 5.; Kur 21./22. 5.; BP 21; Ph (VWA).

Mai 27–Jun 3 und 5. Amateur-Boxen »15. Europameisterschaften 1955«
V: Association Internationale de Boxe Amateur/DABV.
Teiln.: 173 Boxer aus 24 Ländern.
Mai 27–Jun 3. Vor- und Zwischenrunden
27. 5. 19.30 Uhr; 28. 5.–2. 6. 14.00 und 20.00 Uhr; 3. 6. 16.00 und 20.00 Uhr.
Jun 3, 20.00 Uhr. Endkämpfe
Flg: Basel (D) besiegt Dobrescu (RO).
Bg: Stefanuk (PL) besiegt Stepanow (SU).
Fdg: Nichols (GB) besiegt Sasuchin (SU).
Lg: Kurschat (D) besiegt Moustapho (ET).
Hwg: Drogosz (PL) besiegt Budai (H).
Wg: Gargano (GB) besiegt Annex (F).
Hmg: Pietrzykowski (PL) besiegt Dscharerjan (SU).
Mg: Schatkow (SU) besiegt Sjölin (S).
Hsg: Schoeppner (D) besiegt Nitschke (D).
Sg: Schozikas (SU) besiegt Witterstein (D).
Kur 26. 5.–6. 6.; BP 22 f.; Ph (VWA).

Jun 14–17, 20.15 Uhr. Basketball »Harlem-Globetrotters«
V: Mattner/SP.
Et: ab 2,– DM.
Ts 12. 6.; BP 24.

Jun 17, 19.45 Uhr. Bunte Veranstaltung »1:0 für Berlin! – von und mit Peter Frankenfeld«
V: Collien/Schibille.
Et: ab 2,– DM.
»[...] unter Mitwirkung namhafter Künstler«.
Ts 3. 7.; BP 29.

Jul (?)/Aug. Umbauten und Verschönerungsarbeiten
Ts 6. 4.; 5. 8.; BMp 6. 4.

Sep 1–7, 20.00 Uhr. Konzert »Don Kosaken Chor Serge Jaroff«
V: Collien/Schibille.
Et: ab 1,50 DM.
Ts 21. 8.

Sep 9, 20.30 Uhr. Boxen »Peter Müller – Artie Towne« u.a.
V: Göttert und Englert.
Lg: Rudi Langer (59,8 kg; Berlin) – Albert Müller (60,6 kg; Düsseldorf), Sieg Langers durch Aufgabe (11. Rde; Deutsche Meisterschaft).
Lg: Werner Neuke (60,9 kg; Delmenhorst) – Dieter Dorst (60 kg; Berlin), Sieg Neukes nach Pktn (4 Rdn).
Wg: Manolo Correa (67,4 kg; E) – Günter Hase (65,6 kg; Berlin), Sieg Hases nach Pktn (8 Rdn).
Mg: Herbert Sowa (71,8 kg; Berlin) – Heinrich Sattler (71,5 kg; Wuppertal), Sieg Sattlers durch Aufgabe (nach der 5. Rde).
Mg: Peter Müller (73 kg; Köln) – Artie Towne (72,4 kg; USA), Sieg Müllers durch Disqualifikation (9. Rde).
Sg: José Gonzales (83 kg; E) – William Besmanoff (81,6 kg; Berlin), Sieg Besmanoffs nach Pktn (8 Rdn).
Sg: Uwe Janssen (80,3 kg; Hamburg) – Gerd Rode (88 kg; Lüdenscheid), Sieg Janssens nach Pktn (4 Rdn).
Ts 10. 9.; Kur 9., 10./11. 9.; BP 37; Ph (VWA).

Sept 10–11, 20.00 Uhr. Konzert »Jazz-Tanzorchester Erwin Lehn«
V: Schibille.
Mitw.: *»Bibi Johns, Kenneth Spencer, Angèle Durand, Wolfgang Sauer u.a.«* (BP 37).

Sep 14–16, 20.00 Uhr. »Eiskunstlauf der Weltmeister«
V: BSchC.
Et: ab 2,– DM.
Kunstlauf (und Eistanz) von Erika Batchelor, Hans-Jürgen Bäumler, Gundi Busch, Alan Hayes Jenkins, Dudley S. Richards, Pamela Weight/Paul Thomas.
Sep 15, außerdem 16.00 Uhr: Jugendveranstaltung
»Schulen können Sammelbestellungen [...] aufgeben«;
Et: 1,– DM.
Kur 14.–16. 9.; BP 37 f.

Sep 17, 18.00 Uhr. Betriebsversammlung der Siemens Kabelwerke
V: Siemens AG.

Sep 24, 20.00 Uhr. Jazz-Konzert »The mess is here«
V: Glusczcewski.
Mitw.: Harlem Jazz Orchester USA, Ceciliy Forde, Hans Koller u. a. (BP 39).

Okt 1–2, 20.00 Uhr. Bunte Veranstaltung »Da lacht das Herz«
V: Hoffmeister/Schibille.
Et: ab 1,50 DM.

Mitw.: *»Catarina Valente / Vico Torriani / Orchester Kurt Edelhagen vom Südwestfunk Baden-Baden / Hans Joachim Kulenkampff / Noucha Doina · Illo Schieder / Renee Franke · Silvio Francesco / Margot Eskens · Die 3 Nickels / M. Böhm · Bobby Schmidt-Sextett«* (Anz., Kur 17./18. 10.).
Kur 17./18. 10.; BP 40.

Okt 6, 19.30 Uhr. Kundgebung
V: Deutscher Beamten-Bund.
Rd: Angelo Kramel (CSU-MdB, Vors. des DBB).
Th: Die *»zweitrangige Behandlung der Berliner Beamten«.*
Kur 7. 10.

Okt 8, 20.00 Uhr. Bunte Veranstaltung »Berlin mit Rudolf Nelson«
V: Schibille.
Et: ab 2,– DM.
»Eine festliche Veranstaltung zum Bühnen-Abschied«.
Zugunsten der Hilfskasse der GDB.
Mitw.: Alfred Braun, Ernst Deutsch, Blandine Ebinger, Werner Finck, Bruno Fritz, Trude Hesterberg, Günter Neumann, Wolfgang Neuss, Tatjana Sais, Willi Schaeffers, Edith Schollwer, Kapelle Karbe, Kapelle Kermbach, Mäcki-Trio, Schöneberger Sängerknaben, *›Stettiner Sänger‹ der Städtischen Oper; Glückwünsche von Senator Joachim Tiburtius (insgesamt rund 40 Mitwirkende).*
»[...] der 77jährige Schlagerkomponist und Altmeister des Kabaretts, mit dessen künstlerischem Schaffen fünfzig Jahre Berliner Kleinkunst verbunden sind, wird am kommenden Sonnabend im Sportpalast seinen Bühnenabschied nehmen« (Kur 5. 10.). *»Berlin bleibt Berlin: der Sportpalast war bis zum Rand gefüllt. Siebentausend gaben dem scheidenden Rudolf Nelson das Geleit und damit ein unverlierbares Geschenk zum Abschied, weil ihre Gabe aus dem Herzen kam«* (Kur 10. 10.).
Kur 5., 7., 10. 10.; BP 41; Ph (SPA).

Okt 14–20. 42. Berliner Sechstagerennen
Beginn 14. 10. um 20.00 Uhr, Start 22.00 Uhr, Ende 20. 10. um 23.00 Uhr.
V: Knaak (»Matze« Schmidt).
Musik: 2 Kapellen Otto Kermbach.
Wertungen: wie 1953 Okt 30–Nov 5.
Teiln. (14 Paare): 1 Sid Patterson/Rik van Steenbergen (AUS/B), 2 Georges Senfftleben/Dominique Forlini (F), 3 Oskar Plattner/Hans Preiskeit (CH/D), 4 Lucien Gillen/Fernando Terruzzi (L/I), 5 Kay Nielsen/Evan Klamer (DK), 6 Hugo Koblet/Armin von Büren (CH), 7 Heinz Zoll/Günter Otte (D), 8 Otto Ziege/Heinz Müller (D), 9 Herbert Weinrich/Willi Liebelt (D), 10 Werner Holthöfer/Franz Reitz (D), 11 Valentin Petry/Walter Schürmann (D), 12 Jan Derksen/Günter Schulz (NL/D), 13 Günter Pankoke/Günter Bintner (D), 14 Theo Intra/Richard Walter (D).
Ergebnis: 1. Gillen/Terruzzi 338 Pkte; 2. Nielsen/Klamer 270; 3. Patterson/van Steenbergen (1 Rde zurück) 238; 4. Preiskeit/Müller (2 Rdn zurück) 367; 5. Petry/Schürmann 230; 6. Holthöfer/Reitz (3 Rdn zurück) 291; 7. Zoll/Otte 187; 8. Intra/Walter (4 Rdn zurück) 233; 9. Weinrich/Liebelt 123; 10. Derksen/Schulz (7 Rdn zurück) 287.
Zurückgelegte km: 3560,640.
Startschuß: Elma Karlowa und Hans Söhnker (SchauspielerInnen).
Vorrennen (Einstunden-Einzelfahren der Amateure): 1. Böhlke 14 Pkte; 2. Bugdahl 7; 3. Gauert.
In der: *»4. Nacht / Tag der Prominenten. [...] Wahl der Miß Heuboden«.*
»Oskar Plattner, der sich gestern vor dem Sportpalast gemeinsam mit dem Australier Patterson und dem Sportpalast-Original›Krücke‹ feiern ließ, gruppiert um Krückes sagenhafte Beiwagenmaschine, die zum Erstaunen aller immer noch getreu ihren Dienst versieht [...]« (Kur 14. 10.).
»Auch das Heuboden-Herz schlug warm: Plötzlich stand

510 Amateur-Boxen »15. Europameisterschaften 1955« (Chr Mai 27–Jun 3 und 5).

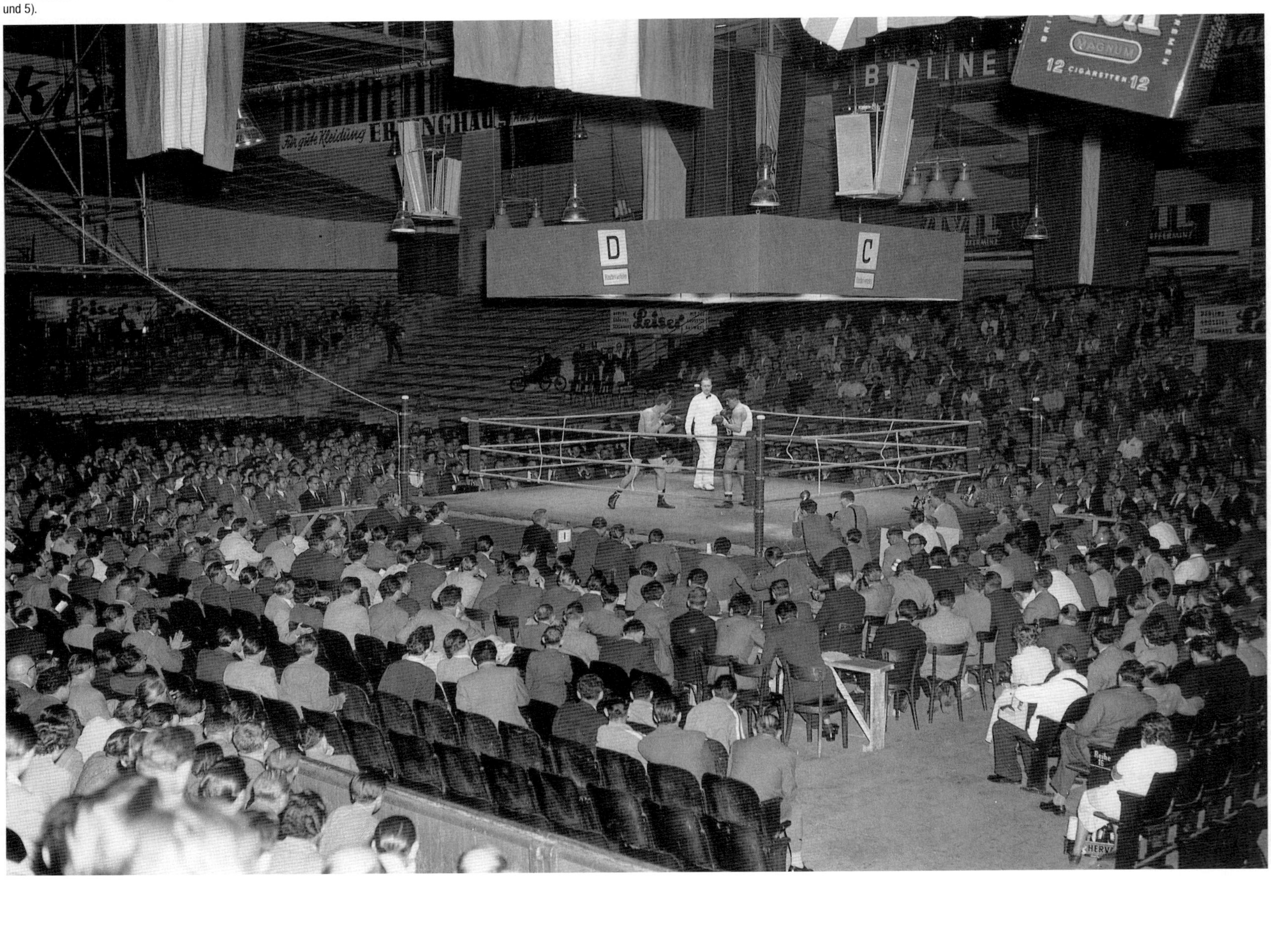

ein ›Abgeordneter‹ des Kurvenblocks O vor dem Prämienkommissar Herbert Bresching und überreichte ihm eine Mütze, in der Groschen und Pfennige klimperten. Es dauerte lange, bis das Ergebnis dieser Prämiensammlung feststand: 16,80 DM-West und 0,87 DM-Ost! Wie besessen spurteten die Fahrer um diese Prämie ihrer treuesten Freunde. Oskar Plattner [...] schoß strahlend als Erster über die Ziellinie und heimste nicht nur die vielen Groschen, sondern auch den donnernden Beifall der gerührten Menge ein« (Kur 15./16. 10.). *»Berlins 42. Sechstagerennen hat bisher mit Überraschungen am laufenden Band aufgewartet. Dem vollen Haus am Eröffnungstage – seltenes Ereignis in der über 50 Jahre alten Geschichte der Six days – folgten zwei weitere Nächte, an denen die Schilder ›Ausverkauft‹ die Kassenschalter schmückten«* (Kur 17. 10.).
Ts 29. 9.; 5.–7., 14.–21. 10.; Kur 14.–21. 10.; BP 42; Ph (VWA).

Okt 22, 20.00 Uhr. »5 Jahre – Die Stachelschweine«
V: Schibille.
Et: ab 1,50 DM.
»Ein festlich-kabarettistischer Abend«.
Mitw.: *»O.E. Hasse – Hardy Krüger / Becker · Braun · Fidesser · Gruner · Hanke / Hassenkamp · Der dicke Heinrich · Herbst · Juhnke / Fr. O. Krüger · J. Krüger · Löck · Lucas-Trio · Mäcki Trio / Milan · Mira · Neuss · Odemann · Pfitzmann · Reschke / Riethmüller · Schollwer · Schöne · Schwabenhansl / P. Schmidt · S. Schneider · Strietzel · Thierry / R. Ulrich · Wellmann · Wenck · Wolffberg / Orch. Otto Kermbach · Schöneberger Sängerknaben«* (Anz., Ts 16. 10.).
»Das Beste aber boten doch die ›Stachelschweine‹ selbst: Klaus Becker, Wolfgang Gruner, Jo Herbst, Günter Pfitzmann, Achim Strietzel, Rolf Ulrich, Ingeborg Wellmann, Inge Wolffberg und wer sonst noch dazu gehört, wieder mit Paul Milan am Flügel« (Kur 24. 10.).
Ts 16. 10.; Kur 24. 10.; BP 43.

Okt 23, 17.30 Uhr. Amateur-Radrennen
V: BDR.
300-Rdn-Mannschaftsfahren (12 Paare): 1. Schliebener/Bugdahl 20 Pkte; 2. Fromm/Gieseler (2 Rdn zurück) 11; 3. Sylvestrzak/Stolp.
Fliegerhauptfahren: 1. Freitag, 2. Bischoff, 3. Materne, 4. Körnchen.
30-Tempo-Rdn: 1. Schliebener 25 Pkte; 2. Bugdahl 12; 3. Nowack 11.
Außerdem ein Ausscheidungsfahren für Jugendliche.
»Bei der Rennpremiere der Berliner Radamateure im Sportpalast gab es für das Sanitätspersonal und die Bahnzimmerleute keine Ruhe; während der vierstündigen Wettbewerbe wurden soviel Stürze registriert wie während des ganzen Sechstagerennens. Der Idunafahrer Nitsche versteuerte sein Rad derartig, daß er beim Anprall die Brüstung am Ausgang der Zielkurve durchbrach und mit seiner Maschine in die Zuschauerplätze flog« (Ts 25. 10.).
Ts 25. 10.; Kur 22./23. 10.

Okt 27–28, 21.00 Uhr. Jazz-Konzert »Louis Armstrong und seine All Star Group«
Am 27. 10. auch 18.00 Uhr.
V: Ebner.
Et: ab 2,– DM.
Mitw.: Louis Armstong (tp, voc, ld), Barney Bigard (cl), Barrett Deems (dm), Billy Kyle (p), Velma Middleton (voc), Arvell Shaw (b), Trummy Young (tb).
»Manche Nummer hätte man gern entbehrt, ›C'est si bon‹ macht die Eartha Kid besser, Trummy Young hat uns das letzte Mal schon gezeigt, daß er die Posaune mit dem Fuße zu bedienen weiß, und Velma Middleton sollte, anstatt ihre Drei-Zentner-Figur dem Publikum zum Gaudium im Tanze zu drehen, lieber Blues singen, was sie nämlich großartig kann. Eine Musikschau, ein musikalisches Varieté, eine Demonstration musikbegleiteten und hart synkopierten Uebermuts. Die Fans waren in Hochstimmung, und manchmal gab es sogar guten, heißen, schwarzen Jazz zu hören. Das war, als die sechs Musiker den unverwelklichen St.-Louis-Blues intonierten, oder als der Bassist Shaw vors Mikrophon trat und leidenschaftlich keuchend seine Soli aus dem Instrument herauszupfte« (Kur 28. 10.).
Kur 8./9., 27–28. 10.; BP 43; Ph (Grote).

Okt 29, 20.00 Uhr. Bunte Veranstaltung »Bezaubernde Stunden«
V: Hofner/Schibille.
Et: ab 1,50 DM.
Mitw.: *»Lys Assia, Horst Winter, Will Glahé, Köster/Stahl, Kapelle Otto Kermbach, Schöneberg. Sängerknaben u.a.«* (BP 44).

Okt 30, 19.30 Uhr. Bunte Veranstaltung »Knüller auf Knüller«
V: Hofner/Schibille.
Et: ab 1,50 DM.
Mitw.: *»René Carol, Liselotte Malkowsky, Maria Andergast, Will Höhne, Marta Hübner, Carl Napp, Willi Rose, Erika Brüning, Lilo Herbeth, Erwin Bredow. Ansage: Joachim Krüger, Kapelle Wilfried Krüger«* (BP 44).

Okt 31, 16.30 Uhr. Kundgebung
V: DGB.
Rd: Ludwig Rosenberg (Bundesvors.)
Th: Gründung der »Christlichen Gewerkschaftsbewegung«, Tarifverträge.
Kur 1. 11.

Nov 2, 19.30 Uhr. Amateur-Radrennen
V: BDR.
400-Rdn-Mannschaftsfahren: 1. Bugdahl/Schliebener 28 Pkte; 2. Gieseler/Fromm (1 Rde zurück) 12; 3. Dominik/Körnchen (2 Rdn zurück) 17; 4. Kaslowski/Schulze 8; 5. Gnas/Zoll (5 Rdn zurück) 3; 6. Prechel/Schädlich (6 Rdn zurück) 7; 7. Wiese/Witte o; 8. Schwarzer/Sommer (7 Rdn zurück) 4; 9. Dreher/Wolff 1; 10. Heyde/Nowack (8 Rdn zurück) 1.
Fliegerhauptfahren: 1. Stolp, 2. Bischof, 3. Freitag, 4. Prechel.
Ausscheidungsfahren: 1. Bugdahl, 2. Schliebener, 3. Weber.
Ts 3. 11.; Kur 3. 11.; BP 44.

Nov 5–6, 20.00 Uhr. Konzert »RIAS bringt die schönsten Operettenmelodien«
V: Zentralausschuß.
Mitw.: *»Sari Barabas, Lenora Lafayette, Anny Schlemm, Otto Falvay, Karl Hoppe, Kurt Wehofschitz, RIAS-Orchester und RIAS-Chor, Ltg.: Hans Carste. Durch das Programm führt Werner Oehlschläger«* (BP 45).

Nov 12–13, 20.00 Uhr. Konzert »Musikfest der Nationen«
V: Heinicke/Schlothe.
Et: ab 2,– DM.
»Die führenden Militärkapellen aus England und Frankreich und das große Musikkorps der Schutzpolizei Berlin spielen die beliebtesten Märsche« (Anz., Ts 30. 10.).
Ts 30. 10.; BP 46.

Nov 15, 20.00 Uhr. Bunte Veranstaltung »100. RIAS-Kaffeetafel«
V: DGB/RIAS.

Nov 16, 18.00 Uhr. Amateur-Radrennen
V: BDR.
450-Rdn-Mannschaftsfahren: 1. Bugdahl/Schliebener 18 Pkte; 2. Maul/Sauer (1 Rde zurück) 15; 3. Dominik/Körnchen 7; 4. Böhlke/Fromm (2 Rdn zurück) 8; 5. Gierga/Götzelmann (3 Rdn zurück) 9; 6. Wolff/Zoll 3; 7. Schmiel/Schulze (4 Rdn zurück) 4; 8. Sommer/Stolp (5 Rdn zurück) 0; 1:37:40 Stunden.
Fliegerfahren: 1. Bischoff, 2. Remagen, 3. Frenssen, 4. Kaslowski.
Ausscheidungsfahren: 1. Jaroszewicz, 2. Schädler, 3. Heyde, 4. Nowack, 5. Kaiser.
Mannschafts-Punktefahren für Jugendliche: 1. Hesse/Dünzel 27 Pkte; 2. Kositzky/Redomski 15; 3. Mehlitz/Willoweit 10.
Kur 17. 11.

Nov 18, 20.15 Uhr. Boxen »Hans Stretz – Mickey Laurent« u.a.
V: Göttert und Englert.
Lg: Dieter Dorst (61 kg; Berlin) – Egon Lillich (64 kg; Freiburg), Sieg Dorsts durch Aufgabe (nach der 3. Rde).
Lg: Rudi Langer (58,7 kg; Berlin) – Jacques Dumesnil (60 kg; F), unentschieden (8 Rdn).
Wg: Günter Hase (65,7 kg; Berlin) – Bruno Marostegan (67,6 kg; F), Sieg Hases nach Pktn (8 Rdn).
Mg: Herbert Sowa (71,4 kg; Hamborn) – Hanswerner »Buttje« Wohlers (71,9 kg; Hamburg), Sieg Wohlers' nach Pktn (4 Rdn).
Mg: Hans Stretz (74 kg; Berlin) – Mickey Laurent (71,9 kg; F), Sieg Stretzs nach Pktn (10 Rdn).
Sg: Manfred Schneider (83,8 kg; Frankfurt am Main) – Paul Sylva (93,1 kg; F), Sieg Schneiders nach Pktn (4 Rdn).
Sg: Gerd Rode (89,5 kg; Lüdenscheid) – Ernest Chalono (88,8 kg; F), Sieg Rodes nach Pktn (4 Rdn).
Kur 18.–19. 11.; BP 47; Ph (VWA).

Nov 20, 18.00 Uhr. Amateur-Radrennen
V: BDR.
100-Min.-Mannschaftsfahren: 1. Bugdahl/Schliebener 16 Pkte; 2. Böhlke/Fromm (2 Rdn zurück) 14; 3. Schädler /Zoll (3 Rdn zurück) 5; 4. Kirchner/Leonhardt (4 Rdn zurück) 9; 5. Dominik/Körnchen 7; 76,300 km.
»Neun Trümpfe« (Fliegerfahren): 1. Renn 11 Pkte; 2. Eckstein 10; 3. Prechel 10; 4. Kaslowski 9; 5. Stolp.
Mannschafts-Verfolgungsfahren: Bugdahl/Schliebener holen nach 15 Rdn Böhlke/Fromm ein; Dominik/Körnchen holen in der 21. Runde Farr/Loy ein.
Kur 21. 11.

Nov 26–27. Bunte Veranstaltung »Berliner Familientag«
Am 26. um 20.00 Uhr, am 27. um 16.00 Uhr.
V: SP/Schibille.
Mitw.: *»Günter Neumann, Tatjana Sais, Walter Gross und viele andere«* (BP 48).

Nov 30, 20.00 Uhr. Amateur-Radrennen
V: BDR.
75-km-Mannschaftsfahren: 1. Bugdahl/Schliebener 26 Pkte; 2. Dominik/Körnchen 16; 3. Böhlke/Fromm 11; 4. Gieseler/Kohlmann (1 Rde zurück) 1; 5. Loy/Renn 0; 6. Schmiel/Schulze (2 Rdn zurück) 4; 7. Hugo/Retvig (3 Rdn

zurück) 6; 8. Schädler/Zoll 2; 9. Dreher/Wolff (5 Rdn zurück) 0; 1:39:12 Stunden.
Flieger-Omnium (Flieger-, Rundenrekord- und Ausscheidungsfahren): 1. Verdeun 33,5 Pkte; 2. Gérard 28,5; 3. Kaslowski 28; 4. Renn 24,5; 5. Bischoff 24,5; 6. Gassner 22,5; 7. Prechel 18; 8. Schweizer 14; 9. Freitag 13,5; 10. Wiese 13; 11. Hugo 7; 12. Retvig 7.
30-Rdn-Ausscheidungsfahren: 1. Sylvestrzak 18 Pkte; 2. Jaroszewicz 14; 3. Nowack 13.
Ts 30. 11.; 1. 12.; Kur 30. 11.; 1. 12.

Dez 4, 20.00 Uhr. Konzert »Ein Abend in Wien«
V: Heinicke/SP.
Et: ab 2,– DM.
»Die schönsten Melodien von Johann Strauß bis Robert Stolz / Das große RIAS-Orchester unt. Leitung v. Robert Stolz, Wien / Solisten: Anneliese Rothenberger, Herbert Ernst Groh / Durch das Programm führt Werner Oehlschläger« (Anz., Ts. 20. 11.).
Ts 10. 11.; 2. 12.; BP 49.

Dez 10, 19.30 Uhr. Amateur-Radrennen
V: BDR.
300-Rdn-Mannschaftsfahren: 1. Dominik/Körnchen 22 Pkte; 2. Böhlke/Fromm 20; 3. Gnas/Gauert (1 Rde zurück) 0; 4. Dreher/Wolff (2 Rdn zurück) 3; 5. Backenecker/Schmitt 0; 6. Loy/Renn (3 Rdn zurück) 5; 7. Ziegler/Zirbel 1; 8. Schädlich/Zoll 0; 9. Schmiel/Schulze (4 Rdn zurück) 3; 1:03:29 Stunden.
Internationales Mannschafts-Omnium (Flieger-, Rundenrekord- und Mannschafts-Punktefahren): 1. Zieger/Zirbel 49,5 Pkte; 2. Hjortboell/Ogna 41,5; 3. Bugdahl/Schliebener 38,5; 4. Bischoff/Stolp 36,5; 5. Kaslowski/Prechel 34,5; 6. Loy/Renn 33,5.
Außerdem ein Jugend-Vorgabefahren, bei dem ein Massensturz geschah, der zur Verletzung eines Teilnehmers und einer Zuschauerin führte.
Ts 11. 12.; Kur 10./11.–12. 12.

Dez 17, 20.00 Uhr. Bunte Veranstaltung
V: Zentralverband politischer Ostflüchtlinge.

Dez 25–26, 16.00 und 20.00 Uhr. Bunte Veranstaltung »Weihnachts-Star-Parade«
V: Schibille/SP.
»Ein festliches Programm mit / Elfie Mayerhofer / Klaus-Günter Neumann · Mario Tuala · Günter Keil · Liselotte Malkowsky / Hans Albers / Brigitte Mira · Werner Eisbrenner · 3 Travellers / 3 Rulands · Joachim Krüger · Sigrid Candler / Werner Schmah · Kapelle Kurt Drabek / Die Stachelschweine« (Anz., Ts 18. 12.).
»Stürmisch begrüßter König des Abends: Hans Albers, raffiniert eingeführt von Werner Eisbrenner. Mit Marschmusik zogen die drei Rulands gegen den Militarismus ins Feld. Als nicht weniger schlagfertig erwies sich bei diesem – leider wohl aussichtslosen – Kampf wieder Klaus-Günter Neumann. Herrliche Bissigkeiten offerierte Günter Keil; die ›Stachelschweine‹ standen ihm nicht nach. Den musikalischen Rahmen stellten Kurt Drabek und seine Solisten. Im Reich der Noten spannte sich der Beifallsbogen vom Frühlingsstimmenwalzer Elfie Mayerhofers bis zum ›Mexiko‹ Mario Tualas« (Tg 29. 12.).

◁ 511 Louis Armstrong und Velma Middleton (Vordergrund), Barrett Deems (dm) und Trummy Young (tb) (Chr Okt 27–28).

Dez 31, 19.15 Uhr. Bunte Veranstaltung »Die letzte Runde 1955«
V: Schibille/SP.
Et: ab 1,50 DM.
»3-Stunden-Rennen Berliner Komiker«.
Mitw.: *»Marta Hübner, Carl Napp, Kurt Engel, Günter Keil, Erika Brüning, Willi Rose, Maria Ney, Fr. O. Krüger, der dicke Heinrich, Eddy Pauly, Joachim Krüger, Horst Braun, Lucie Klaar, Fred Hänsom, Lotte Werkmeister, Fritz Amsel, Hanni Rosen, Willi Liebe, Betty Sedlmayr, Armin Münch, Oda Troll, R.T. Odeman, Curt Haupt, Hans Fidesser, 3 Rulands, 3 Travellers, Kapellen: Wilfried Krüger, Kurt Drabek«* (BP 1 1956).
Ts 17./18. 12.; BP 1 1956.

1956

Jan 1
9.00 Uhr. Gottesdienst
V: Neuapostolische Kirche.
18.00 Uhr. Handball »Internationales Turnier«
V: HVB.
Et: 1,– bis 5,– DM.
Aarhus (DK) – Berlin – Göteborg (S) – Hamburg.
Je Spiel 2 x 15 Minuten.
1. Göteborg – Hamburg 6:6 (5:1); 2. Aarhus – Berlin 9:8 (4:5); 3. Berlin – Hamburg 9:7 (5:1); 4. Göteborg – Aarhus 11:5 (6:2); 5. Aarhus – Hamburg 11:10 (8:6); 6. Berlin – Göteborg 4:4 (0:3).
Endspiel: Aarhus – Göteborg 1:0 (0:0).
Ts 30. 12. 1955; BMp 3. 1.; Kur 30. 12. 1955; BP 1.

Jan 2–5, 18.30–23.00 Uhr. Eiskunstlauf- und Eishockeytraining
V: DEV.
Eishockeytraining mit Lorne Trottier (CDN), dem Trainer vom SC Riessersee.
BMp 4.–5. 1.

Jan 13, 20.30 Uhr. Boxen »Charles Humez – Hans Stretz« u.a.
V: Göttert und Englert.
Bg: Alfred Schweer (54,5 kg; Bochum) – Jean Kidy (55 kg; B), Sieg Schweers nach Pktn (6 Rdn).
Lg: Dieter Dorst (61,9 kg; Berlin) – Willi Börgemann (62 kg; Berlin), Sieg Dorsts nach Pktn (4 Rdn).
Wg: Ernst Zetzmann (66,4 kg; Berlin) – Pierre Wouters (67,2 kg; B), unentschieden (8 Rdn).
Wg: Siegfried Burrow (66,4 kg; Datteln) – Edgar Delannoit (66,5 kg; B), Sieg Burrows nach Pktn (8 Rdn).
Mg: Charles Humez (73,4 kg; F) – Hans Stretz (73,8 kg; Berlin), Sieg Humezs nach Pktn (10 Rdn).
Sg: William Besmanoff (82,5 kg; Berlin) – Maurice Demulder (84,4 kg; B), Sieg Besmanoffs durch ko (4. Rde).
Ts 23. 12. 1955; BMp 12.–14. 1.; 12., 14. 1.; Ph (VWA).

Jan 14, 20.00 Uhr. Bunte Veranstaltung »Eine tolle Ringschlacht«
V: SP/Schibille.
Et: ab 1,50 DM.
Mit »Prominenten vom Film, Sport und Artistik«.
Mitw.: *»Horst Winter, Klaus-Günter Neumann, Günter Keil, Wolfgang Müller, Erika Brüning, Willi Rose, Anny Ondra, Max Schmeling, Gerhard Hecht, Bubi Scholz, Hans Stretz, Ursula Maury, Peter Manuel, Hella Jansen, Die Collings, Die Blizzards, Die Smiths, Die Waldows, Trio Harmonie, Otto Kermbach, Wilfried Krüger; Ansage: Joachim Krüger«* (BP 3).
Kur 31. 12. 1955; 1. 1.; BP 3.

Jan 15, 18.00 Uhr. Handball
V: HVB.
Berliner Meisterschaft.
Vorschlußrunde: Rein. Füchse – PSV 7:5; BSV 92 – CHC 10:4; PSV – BSV 92 11:10; Rein. Füchse – CHC 4:2; PSV – CHC 8:6; BSV 92 – Rein. Füchse 3:2.
Endrunde: Rein. Füchse – BSV 92 2:0; BSV 92 – PSV 3:1; Rein. Füchse – PSV 5:1.
Gesamtergebnis: 1. Rein. Füchse, 2. BSV 92, 3. PSV.
Ts 17. 1.; BP 3.

Jan 20–Feb 14, 20.00 Uhr. 2. Bockbierfest im Sportpalast
Bis 2.00 Uhr; sonnabends bis 5.00 Uhr (auch am 13. und 14.).
V: SP.
Et: 1,25 DM.
»Alpenglühen · Riesen-Dekorationen · Almhütte / Bayernkapelle Sepp Schmidt · Kapelle Kermbach / Joachim Krüger · Jodler · Schuhplattler / Gaudi · Tanz · Humor · Überraschungen · Festwiese« (Anz., BMp 15. 1.).
Jan 25 und Feb 8, außerdem 15.00 Uhr: Hausfrauen-Nachmittag »Das Bockbierfest für Muttern – Wir suchen die ideale Hausfrau«
Et: 1,50 DM.
Mitw.: *»Erika Brüning, Willi Rose, Martha Hübner, Fredy Sieg, Alice Zimmermann, Hans Fidesser; Ansage: Joachim Krüger; Kapelle: Otto Kermbach«* (BP 6).
Feb 11 »Bis früh um fünfe«.
Feb 13 »Zille-Ball«.
Feb 14 »Fastnachtsball«.
BP 4–7.

Feb 16, 20.00 Uhr. Jazz-Konzert »Lionel Hampton mit seiner Big-Band«
V: Schibille.
Et: ab 2,– DM.
Ts 16. 2.; BP 7.

Feb 18–19. Karnevalssitzung »Kornblumenblau«
Am 18. um 20.02 Uhr, am 19. um 18.02 Uhr.
V: SP.
Et: ab 2,– DM.
»Köln grüßt Berlin! Die Original Kölner Karneval-Prunksitzung«.
Ts 12. 2.; BP 8.

Feb 20–22, 20.15 Uhr. Eishockey
V: BEV.
Et: 1,– DM, Erwl. und Schwerbeschädigte 0,50 DM.
Um die Berliner Meisterschaft 1956 (Forts. Feb 25 und Feb 27–Mär 2).
Feb 20 BFC Preußen – BSchC 4:2 (1:1, 3:1, 0:0).
Feb 21 BFC Preußen – Grunewald TC 12:2 (3:0, 6:1, 3:1). SC Brandenburg – Steglitzer TC 15:0 (4:0, 6:0, 5:0).
»Weil der Grunewald TC gestern zum festgesetzten Zeitpunkt seine Mannschaft nicht vollzählig zur Stelle hatte, kam der BFC Preußen mit dem Torverhältnis von 5:0 kampflos zu den Punkten in der Berliner Eishockeymeisterschaft« (Ts 22. 2.); das Spiel wurde dann als Freundschaftsspiel durchgeführt.
Feb 22 SC Brandenburg – BHC Schwarz-Weiß 8:2 (3:0, 3:1, 2:1). BSchC – Grunewald TC 19:4 (1:2, 11:0, 7:2).
Ts 21.–23. 2.; Tg 23.–24. 2.

512 Carol Heiss (Chr Feb 23–24).

Feb 23–24. Eiskunstlauf »Olympiasieger in Berlin«
Am 23. um 15.00 Uhr, am 24. um 20.00 Uhr.
V: BSchC (Jeschke).
Mitw.: Ina Bauer, Hans-Jürgen Bäumler, Merry Ann Dorsey, Tilo Gutzeit, Carol Heiss, David Jenkins, Alan Hayes Jenkins, Peter Kwiet, Catherine Machado, Rita Pauka, Rosl Pettinger, Dudley Richards, Arnold/Nelson, Ash/Kothman, Ehepaar Bodel u. a.
Ts 23.–24. 2.; BMp 22.–24. 2.; BP 8.

Feb 25, 19.15 Uhr. Eishockey
V: BEV.
Berliner Meisterschaft 1956 (Forts. Feb 27–Mär 2; vgl. auch Feb 20–22).
BFC Preußen – BHC Schwarz-Weiß 2:1 (1:0, 0:0, 1:1).
BMp 26. 2.

Feb 26, 16.00 Uhr. Bunte Veranstaltung »›1:0 für Sie‹ von und mit Peter Frankenfeld«
V: Collien.
Et: ab 1,50 DM.
»Das Publikum spielt mit! Sieger werden belohnt · Wertvolle Preise / Im Programm: Internationale Artistik und Kabarett« (Anz., Ts 16. 2.).
Ts 16. 2.; BP 9.

Feb 27–Mär 2, 20.15 Uhr. Eishockey
V: BEV.
Berliner Meisterschaft 1956 (vgl. Feb 20–22, 25).
Feb 27 SC Brandenburg – Grunewald TC 18:3 (5:0, 6:2, 7:1). BFC Preußen – Steglitzer TC 6:4 (1:2, 1:0, 4:2).
Feb 28 SC Brandenburg – BFC Preußen 6:5 (2:2, 2:0, 2:3). BHC Schwarz-Weiß – Grunewald TC 4:3.
Feb 29 BSchC – SC Brandenburg 5:3 (1:1, 1:2, 3:0). BHC Schwarz-Weiß – Steglitzer TC 3:3 (1:1, 1:1, 1:1).
Mär 1 BSchC – BFC Preußen 5:3 (1:1, 0:1, 4:1). Grunewald TC – Steglitzer TC 3:0 (0:0, 1:0, 2:0).
Mär 2 BSchC – BHC Schwarz-Weiß 1:0 (1:0, 0:0, 0:0; Endspiel).
Ts 26., 28.–29. 2.; 1.–3. 3.

Mär 3–4. Handball »Deutsche Meisterschaft«
V: HVB.
Mär 3, 19.30 Uhr BV Solingen 98 – Rein. Füchse 5:4; THW Kiel – TSG Hassloch 8:5; FA Göppingen – Rein. Füchse 6:4; BSV 92 – TSG Hassloch 6:3; BV Solingen 98 – FA Göppingen 9:8; BSV 92 – THW Kiel 5:4.
Mär 4, 18.00 Uhr THW Kiel – FA Göppingen 7:5 (nach Verlängerung, 4:4, 2:3); BSV 92 – BV Solingen 98 6:2 (4:1); Rein. Füchse – TSG Hassloch 4:3 (3:0); BV Solingen 98 – FA Göppingen 9:8 (nach 2 Verlängerungen, 6:6, 8:8).
BSV 92 – THW Kiel 3:2 (nach Verlängerung, 0:2, 2:2; Endspiel).
BMp 2., 4., 6. 3.; BP 10f.

Mär 7, 20.00 Uhr. »Norman Granz' Jazz at the Philharmonic«
V: Schibille.
Mitw.: *»Ella Fitzgerald · Dizzy Gillespie · Roy Eldridge / Illinois Jacquet · Flip Phillips · Oscar Peterson Trio / Gene Krupa · Ray Brown · Herb Ellis · Don Abney«* (Anz., Ts 26. 2.).
Ts 26. 2.; BP 10.

Mär 9, 20.30 Uhr. Boxen »Willi Hoepner – Hans Stretz« u. a.
V: Göttert.
Wg: Günter Hase (66,6 kg; Berlin) – Edgar Delannoit (67,7 kg; B), Sieg Hases nach Pktn (8 Rdn).
Mg: Erich Walter (72,4 kg; Hamburg) – Joseph Janssens (69,5 kg; B), unentschieden (8 Rdn).
Hsg: Karl Gröbner (72,5 kg; Duisburg) – Wenzel Bocick (79,3 kg; Oberhausen), Sieg Bocicks durch ko (2. Rde).
Hsg: Willi Hoepner (79,3 kg; Hamburg) – Hans Stretz (77,2 kg; Berlin), Sieg Stretzs nach Pktn (12 Rdn; Deutsche Meisterschaft).
Sg: Uwe Janssen (81,6 kg; Hamburg) – Max Marsille (93,5 kg; B), Sieg Janssens durch Aufgabe (3. Rde).
Sg: Hans Friedrich (90,8 kg; Dortmund) – Robert Eugène (104,6 kg; B), Sieg Friedrichs nach Pktn (8 Rdn).
Ts 1., 9.–11. 3.; BP 11; Ph (VWA).

Mär 10, 20.00 Uhr. Bunte Veranstaltung »Laßt den Kopf nicht hängen«
V: Schibille/SP.
»Ein Abend bei Paul Lincke: Edith Schollwer, Herbert Ernst Groh, Brigitte Mira, Alice Zimmermann, Horst Wilhelm, Schöneberger Sängerknaben, Kapellen Otto Kermbach, Wilfried Krüger« (BP 11).
Ts 26. 2.; BP 11.

Mär 11, 18.00 Uhr. Handball »Schweden – Deutschland«
V: HVB.
Schweden – Deutschland 13:10 (8:7). Außerdem als Vorspiel: Frauen Berlin – Schweden 3:1 (1:1).
Ts 10.–11., 13. 3.; BP 11.

Mär 14, 20.00 Uhr. Konzert »Mantovani mit seinem Charmaine-Orchester«
V: Schibille.
»Erstmalig in Berlin! Die singenden Geigen!«
Ts 26. 2.; BP 11.

Mär 15, 20.00 Uhr. Konzert »Wiener Philharmoniker«
V: DGB.
Et: 1,50 bis 3,50 DM.
Dirigent: Rafael Kubelik.
»Beschwingte Musik von Schubert, Smetana, Dvořák, Johann Strauß« (Anz., BMp 11. 3.).

Mär 16, 20.00 Uhr. Konzert »Mantovani mit seinen Charmaine-Orchester«
Vgl. Mär 14.

Mär 17, 20.00 Uhr. Bunte Veranstaltung »›1:0 für Sie‹ von und mit Peter Frankenfeld«
V: Schibille.
BMp 16. 3.; BP 12.

513 Handball (Chr Mär 11).

Mär 19–21, 18.30–22.45 Uhr. Eiskunstlauf- und Eishockeytraining
V: LA SP 3973 (Br. SP v. 6. 3.).

Mär 22 und 24–25, 20.00 Uhr. Bunte Veranstaltung »10 Jahre Telegraf«
Am 25. auch 16.00 Uhr.
V: Tg.
Et: 1,50 bis 6,– DM.
Mitw.: *»Erika Brüning, Lilo Herbeth und eine Ballettgruppe der Städt. Oper, Brigitte Mira, Hanni Rosen, Elfie Mayerhofer, Zarah Leander, Horst Braun, Georges Belletti, Erich Fiedler, Franz-Otto Krüger, Klaus-Günter Neumann, Robert T. Odeman, Willi Rose, Werner Schmah, ›Die Stachelschweine‹, Trio Sorrento, Mario Tuala, Kapelle: Egon Kaiser«* (BP 12).
Tg 7., 23. 3.
Mär 24, außerdem 8.00 Uhr: Betriebsversammlung
V: BEWAG AG.
LA SP 3973 (Br. v. 13. 3.).

Mär 26–28. Eiskunstlauf- und Eishockeytraining
Am 26. 18.30–22.15 Uhr, am 27.–28 um 18.30–21.30 Uhr (für Jugendliche bis 16 Jahre 14.00–18.00 Uhr; Et: 0,10 DM).
»Für die Zeit vom 26. bis zum 28. März hat die Senatsverwaltung für Jugend den Sportpalast gemietet, um den Berliner Mädchen und Jungen Gelegenheit zum Schlittschuhlaufen zu geben. Karten zum Preise von zehn Pfennig verkaufen vom 19. März an die Sportämter der zwölf Westberliner Bezirke« (BMp 14. 3.).
Mär 27, 20.15 Uhr. Eishockey u. a.
V: BEV (?).
Pokalturnier der vier Erstplazierten der Berliner Meisterschaft. Erste Austragung um den Pokal des BEV.
Kunstlauf von Ute Grünert, Karin Klaws, Karin Schwarz, Pauka/Kwiet.
SC Brandenburg – BFC Preußen 8:4 (2:1, 2:2, 4:1). BSchC – BHC Schwarz-Weiß 7:5 (4:0, 1:2, 2:3).
Endspiel: BSchC – SC Brandenburg 10:5 (5:2, 3:2, 2:1).
BMp 14., 27. 3.; BP 13.

Mär 31–Apr 2, 20.00 Uhr. Bunte Veranstaltung »Oster-Star-Parade«
Am 1.–2. 4. auch 15.30 Uhr.
V: Schibille/SP.
Et: ab 1,50 DM, *»Ostbesucher 50% Erm. – nachm. kl. Preise«.*
»Ein festliches Programm mit Lys Assia · Rudi Schuricke / Lale Andersen · Claire Schlichting u.v.a.« (Anz., Ts 11. 3.).
Ts 11. 3.; BP 14; Ph (SPA).

Apr 4–5, 20.00 Uhr. Konzert »Wiener Sängerknaben«
V: Landgraf/Schibille.
Et: ab 1,50 DM.
Ltg: Robert Kühbacher. Aus dem Programm: Maria Wiegenlied, Brüderlein fein, Aba Heitschi, Kaiserwalzer, *»u. die Oper ›Bastien u. Bastienne‹ von W.A. Mozart«* (Anz., Ts 18.3.).
Ts 18. 3.; BP 14.

Apr 7, 20.00 Uhr. Konzert »Unsterbliche Operette«
V: Schibille.
Et: 1,– bis 6,– DM.
»SFB-Veranstaltung zugunsten der Bürgermeister-Reuter-Stiftung, Protektorat Frau Hanna Reuter«.
Mitw.: *»Kerstin Andersson · Sari Barabas · Ingeborg Exner · Erika Köth · Lisa Otto · Herta Talmar / Otto Falvay · Franz Fehringer · Willy Hofmann / Fritz Hoppe · Sandor Konya · Horst Wilhelm / Männerchöre des Deutschen Allgemeinen Sängerbundes. Leitung: Hans Kohlmann / Das Radio-Orchester Berlin / Leitung: Werner Eisbrenner und Kurt Goebel/Verbindende Worte: Hans Söhnker / Gesamtleitung: Erich Koberling«* (Anz., Ts 25. 3.).
Ts 25. 3.; BP 15.

Apr 8, 20.00 Uhr. Jazz-Konzert »Jazz-Orchester Max Greger«
V: Berlin-Produktion (Gluszcewski).
»Mit einer Saalschlacht endete am Sonntag ein Jazz-Abend im Sportpalast vorzeitig. 14 Besucher im Alter von 18 bis 22 Jahren wurden wegen Hausfriedensbruchs, Aufruhrs, Widerstandes und Sachbeschädigung festgenommen. Fünf Polizisten erlitten im Handgemenge Verletzungen. Der Sachschaden beträgt etwa 3000 DM.
Der erste Teil des Programms ›Zehn Jahre Jazz in Berlin‹ war von den 4000 Besuchern mit großem Beifall aufgenommen worden. Die Zwischenfälle begannen, als ein Sprecher der veranstaltenden Berlin-Produktion nach der Pause bekanntgab, daß das angekündigte Münchener Orchester Max Greger infolge von Flugschwierigkeiten nicht auftreten könne. Pfiffe ertönten und Papierbälle flogen. Als Ersatz, so hieß es, werde eine fünfzigminütige Jam-Session mit ›15 internationalen Solisten aus neun Orchestern‹ geboten. Da die Besucher bald feststellten, daß die ›internationalen Solisten‹ in Wirklichkeit durchschnittliche Berliner Musiker waren, brach der Sturm los. Apfelsinen, Stuhllehnen und Blumentöpfe flogen auf die Bühne; ein Schlagzeuger wurde von einem Topf getroffen, noch bevor er und die anderen ›Solisten‹ sich in Sicherheit bringen konnten. Mehrere jungen Burschen konnten von der Polizei rechtzeitig daran gehindert werden, den Flügel von der Bühne zu stürzen. Erst nach eineinhalb Stunden hatte das zu Hilfe gerufene Einsatzkommando den Saal geräumt« (Ts 10. 4.).
Ts 10. 4.; BP 15.

Apr 14–29, 20.00 Uhr. Eisrevue »Holiday on Ice«
Sonnabends und sonntags auch 16.00 Uhr.
V: SP.
Et: ab 2,– DM.
»Eisballett · Wasserspiele · Humor / Artistische Weltsensationen«.
Mitw.: *»Weltmeisterin Jacqueline du Bief / Dorothy Goos · Murray Galbraith / Geschwister Pausin · Erika Kraft«.*
Apr 18, außerdem 16.00 Uhr: Sonderveranstaltung
Für *»Schulen, Ostbewohner, Erwerbslose, Rentner, Schwerbeschädigte«.*
Et: 1,25 bis 5,– DM.
»[...] an Glanz, Farbenpracht, Musikalität und überraschenden Effekten hat die Schau vielleicht noch gewonnen. Alte Bekannte begrüßen wir wieder mit Ilse und Erik Pausin aus Wien, mit dem zwerchfellerschütternden französischen Matrosen Guy Longpré und dem Dortmunder Heinz Kroel, dessen Sprünge heute höher, kühner und exakter als die eines Frank Sawers sind. Er läuft als Solist und im Paarlauf mit Erika Kraft, die schon als Deutsche Meisterin im Sportpalast die Herzen der Berliner eroberte. Dorothy Goos – deren deutsche Eltern erstmals die alte Heimat auf dieser Tournee wiedersehen – und ihr Partner Murray Galbraith bezaubern mit dem Eisballett vor allem in der ›Rapsodie in Blue‹ von Gershwin. Wie immer, bringt ›Holiday‹ auch diesmal großartige Artisten mit: Joe Jackson jr., dessen Vater einst auf der Bühne der Scala stand, kämpft mit

514 Jacqueline du Bief in »Holiday on Ice« (Chr Apr 14–29).

den Tücken eines Fahrrades, bis die Besucher vor Lachen zu ersticken drohen, und der Jongleur Topper Martyn fordert sein Publikum auf ›Machen Sie es nach‹ – auch ohne Schlittschuhe würde es keinem gelingen. 25 Programmnummern – eine schillernder und farbenprächtiger als die andere – garantieren der Eisrevue wieder volle Häuser« (Ts 13. 4.).
Ts 1., 13. 4.; BP 16; Ph (VWA).

Apr 30, 20.00 Uhr. Konzert »Hoch- und Deutschmeister Wien«
V: Schibille.
Et: ab 1,50 DM, *»Ostbesucher 50% Erm.«*
BMp 15. 4.; BP 18.

Mai 1, 20.00 Uhr. Bunte Veranstaltung »Maibowle«
V: DGB/RIAS/SP.
LA SP 3973 (Br. SP v. 28. 4.).

Mai 2, 20.00 Uhr. Fest der Sportpresse
V: Verein Deutsche Sportpresse Berlin e.V.
»Das Programm setzt sich aus Geräteturnen, Eiskunstlaufen, Springen, Gewichtheben, Tanz, Boxkämpfen, Rollschuhlaufen, Paarlaufen von Leichtathleten, Kunstradfahren, Modenschau, Ponyrennen, Rugby-Vorführung, Fußball-Kurzspiel, Elfmeterschiessen, Handballspiel, einem VW-›Rennen‹ (Langsamkeit ist Trumpf) und einer Ehrung zweier großer deutscher Meistersportler, HG Winkler und Gerhard Hecht, zusammen. Außerdem spielen das Orchester der Amerikanischen Besatzungsmacht und der Berliner Schutzpolizei« (Br. des VDS v. 25. 4.).
BMp 1. 5.; BP 18; LA SP 3973/367.

Mai 4, 20.30 Uhr. Boxen »Gerhard Hecht – Peter Bates« u. a.
V: Göttert.

Bg: Alfred Schweer (54 kg; Bochum) – Emile Delplanque (53 kg; B), Sieg Delplanques nach Pktn (6 Rdn).
Lg: Rudi Langer (59,1 kg; Berlin) – Fernand Nollet (61,9 kg; F), unentschieden (8 Rdn).
Mg: Hanswerner »Buttje« Wohlers (71,9 kg; Hamburg) – Fritz Wenzel (72,5 kg; Bochum), Sieg Wohlers' nach Pktn (8 Rdn).
Hsg: Erich Schoeppner (79,2 kg; Witten) – André Wyns (70,4 kg; B), Sieg Schoeppners durch ko (4. Rde).
Hsg: Horst Niche (78,7 kg; Berlin) – Ahmed Boulgroune (77,3 kg; F), Sieg Boulgrounes durch Aufgabe (9. Rde).
Hsg: Wenzel Bocick (78,7 kg; Oberhausen) – Emil Zangl (76,8 kg; Forchheim), Sieg Bocicks durch Abbruch (2. Rde).
Sg: Gerhard Hecht (81,9 kg; Berlin) – Peter Bates (90,4 kg; GB), Sieg Bates' durch Abbruch (5. Rde).
Ts 21. 3.; 5. 5.; BMp 3.–6. 5.; Ph (VWA).

Mai 5, 20.00 Uhr. Bunte Veranstaltung »Schlager und Humor«
V: Zentralverband politischer Ostflüchtlinge.
Et: ab 1,50 DM.
»Großveranstaltung des SFB zugunsten der Verschickung von Flüchtlingskindern«. Protektorat: Senator Joachim Lipschitz.
Mitw.: *»Eva Busch · Erika Brüning · Maria Mucke / Wolfgang Neuß · Wolfgang Müller · Addi Münster / Robert T. Odeman · Willi Rose · Willi Schneider / Kurt Reimann · 3 Rulands · Horst-Ramthor-Trio / Mäcki-Trio · Trio Sorrento · Schöneberg. Sängerknaben / Es konferieren: Jacques Königstein · Joachim Krüger / Das grosse SFB-Tanz-Orchester / Leitung: William Greihs«* (Anz., Ts 29. 4.).
Ts 29. 4.; 5. 5.; BP 19.

Mai 12, 20.00 Uhr. »RIAS-Tanz-Orchester«
V: Union Gastspiele (Berndt).
Et: 1,50 bis 4,50 DM.
»Unser musikalisches Wochenende / RIAS-Tanz-Orchester / Leitung: Werner Müller / Bully Buhlan · Margot Eskens Gerhard Wendland / Illo Schieder · 3 Travellers / Fred Ignor (Schlager der Woche) u. a.« (Anz., BMp 6. 5.).
Ts 12. 5.; BMp 6. 5.; BP 20.

Mai 21, 20.00 Uhr. Konzert »Berliner Philharmonisches Orchester«
V: Berliner Philharmonisches Orchester.
Dirigent: Herbert von Karajan.
Programm: *»Beethoven: Symphonie Nr. VII · Wagner: Tannhäuser-Ouvertüre / Strauß: Till Eulenspiegel · Johann Strauß: Kaiserwalzer / Berlioz: Rákoczi-Marsch«* (BP 21).
»Daß man mit Beethoven, Wagner, Strauss und Herbert von Karajan den Sportpalast bis auf den letzten Platz füllen kann, ist ein erfreuliches Zeugnis für die Verbreitung des Bedürfnisses nach ernster Musik« (Ts 23. 5.).
Ts 23. 5.; BP 21.

Mai 26, 20.00 Uhr. »Star-Parade-Italien«
V: Schibille.
Et: ab 1,50 DM.
»Schlager-Cocktail mit den Stars der Rundfunk- und Fernsehsender Rom-Mailand-Genua-Bari«.
Mitw.: *»Nello Segurini · Nilla Pizzi · Jula de Palma / Luciano Virgili · Alda Sileni · Christina Denise / Nicla Di Bruno · Rino Salviati · Mino Vinci [...] Ansage: Joachim Krüger«* (Anz., Ts 20. 5.).
»Aus dem Programm: Arri viderci Roma – O Sole mio – Mamma – Vergiß mein nicht u.v.a.« (Anz., Ts 26. 5.).
Ts 20., 26. 5.; BP 22.

Jun 5, 20.00 Uhr. Bunte Veranstaltung »Ein Meisterabend der Sonderklasse«
V: Schibille/Hofner.
Et: 2,– bis 5,– DM.
Mitw.: *»Marika Rökk, Hans-Joachim Kulenkampff, Mona Baptiste, Wolfgang Sauer, Iska Geri, Horst Winter, Barbara Kist, Peter Frankenfeld«* (BP 23); außerdem: Die Penny Pipers, Helmut Ketels, Claus Christofolini u.a.
»Sonder-Programm: Ausscheidungskampf im großen ›PRIL‹-Spülwettbewerb mit Peter Frankenfeld / und von Radio Hilversum das große Rundfunk-Tanzorchester / The Skymasters / Gesamtleitg. Otto Hoffner« (Anz., Ts 27. 5.).
Ts 27. 5.; BP 23.

Jun 24, 8.00 Uhr. Gottesdienst
V: Neuapostolische Kirche.
LA SP 3973 (Br. SP v. 25. 5.).

Jun 28, 20.30 Uhr. Boxen »Germinal Ballarin – Peter Müller« u.a.
V: Göttert.
Fdg: Alfred Schweer (55,1 kg; Bochum) – Ray Bénard (54,5 kg; F), Sieg Schweers nach Pktn (6 Rdn).
Lg: Rudi Langer (58,7 kg; Berlin) – Morlay Kamara (62,3 kg; F), Sieg Langers nach Pktn (8 Rdn).
Lg: Karlheinz Rauen (61,5 kg; Essen) – Wolfgang Bohnert (56,5 kg; Berlin), Sieg Rauens nach Pktn (4 Rdn).
Wg: Addy Müller (60,4 kg; Köln) – Dieter Dorst (60,7 kg; Berlin), Sieg Müllers durch Abbruch (3. Rde).
Mg: Günter Hase (67,5 kg; Berlin) – Marcel Pigou (72 kg; F), unentschieden (8 Rdn).
Mg: Germinal Ballarin (73 kg; F) – Peter Müller (73 kg; Köln), Sieg Müllers nach Pktn (10 Rdn).
Sg: William Besmanoff (83,8 kg; Berlin) – Eugene d'Alessio (85 kg; F), Sieg Besmanoffs nach Pktn (8 Rdn).
Ts 28. 6.; BMp 27.–30. 6.; BP 26; Ph (VWA).

Jun 30, 20.00 Uhr. Bunte Veranstaltung »1000. Bunte Palette«
V: Zentralausschuß.
»›die Müllerin‹ = Ilse Fürstenberg; Emil Surmann, ›Rolf‹ = Gerd Martienzen« (BP 27).

Jul 14. »2. Ausscheidungsturnen für die Olympischen Spiele in Melbourne«
V: DTB/BT.
Zur Bildung einer gesamtdeutschen Mannschaft.
Von 24 Teilnehmern blieben 12 übrig: 1. Helmut Bantz 113,90 Pkte; 2. Adalbert Dickhut 112,95; 3. Hans Pfann 110,45; 4. Robert Klein 109,90; 5. Theo Wied 109,45; 6. Erich Wied 108,80; 7. Herbert Schmitt 108,25; 8. Friedhelm Irrle 107,25; 9. Schnepf 106,60; 10. Martin Mildt 106,45; 11. Overwien 106,35; 12. Matthias Reis 105,80.
Ts 12., 14.–15., 17. 7.; BP 30.

Aug 2–5, 20.00 Uhr. Basketball »30 Jahre Harlem Globetrotters«
Am 2.–4. um 20.00 Uhr, am 5. um 19.00 Uhr.
V: SP.
Et: ab 2,– DM.
»30 Jahre Welterfolg [...] Jubiläumsveranstaltung mit den sensationellen Varieté-Nummern«.
Mitw. des Varieté-Programms: Jacques Cordon, Tony Lavelli, Shari McKim, Ray Willbert, Lilly Yokoi; Gegner diesmal die »Texas-Cowboys«.
»Prächtige Solodribblings, mühelos erfolgbringende Kombinationen und oft erprobte Tricks ergaben eine nur durch Varieténummern unterbrochene Schau perfekter Ballbeherrschung. Gegen die breitbehüteten ›Texas-Cowboys‹, die ständigen Europagegner ihrer dreißigsten Saison, gewannen die Globetrotters überlegen mit 56:45. Bumerangwerfend, lassoschwingend und peitschenknallend imponierten die Texaner weitaus mehr als beim Spiel« (Ts 3. 8.).
Ts 2.–3. 8.; BP 31 f.

Aug 31, 20.00 Uhr. Amateur-Boxen »London – Berlin«
V: BBV.
Flg: Spinks (London) – Stephani, unentschieden.
Bg: Jones (London) besiegt Heidorn.
Fdg: Woodman (London) besiegt Ullmann.
Lg: Dunning (London) besiegt Reidl.
Hwg: Stone (London) besiegt Dieter II.
Wg: Wenzke besiegt Thurgood (London).
Hmg: Schwarz besiegt Garnett (London).
Mg: Sawitzki besiegt Rowlinson (London) durch Disqualifikation (2. Rde).
Hsg: Cole (London) – Franke, unentschieden.
Sg: Walloscheck besiegt Vickers (London).
Berlin – London 12:8.
Ts 30.–31. 8.; 1. 9.; BP 36; Ph (VWA).

Sep 8, 20.00 Uhr. Konzert »Budapester Zigeuner-Orchester«
V: Collien/Schibille.
Et: 1,50 bis 6,– DM.
Ts 26. 8.; BP 37.

Sep 9, 20.00 Uhr. Konzert »Tanzorchester Erwin Lehn«
V: Hofner/Schibille.
Et: 2,– bis 5,– DM.
Mitw.: Bibi Johns, Angèle Durand, Wolfgang Sauer, Fred Bertelmann, Horst Fischer, Ronald Feit u.a.
Ts 26. 8.; BP 37.

Sep 13, 20.00 Uhr. Amateur-Boxen »Ausscheidungskämpfe für die Olympischen Spiele in Melbourne«
V: DABV/BBV.
Zur Bildung einer gesamtdeutschen Mannschaft. Teiln.: je 20 Boxer des DBAV und der Sektion Boxen (DDR). Die Ausscheidungskämpfe umfaßten insgesamt drei Tage. Die Kämpfe des zweiten Tages fanden in der Werner-Seelenbinder-Halle in Berlin (Ost) statt, die des dritten Tages in der Freilichtbühne Rehberge.
Ts 12.–15. 9.; BP 37.

Sep 16–21, 20.00 Uhr. Konzert »Don Kosaken Chor Serge Jaroff«
Am 16. auch 11.00 Uhr.
V: Collien/Schibille.
Et: ab 1,50 DM.
Ts 19. 8.; BP 39.

Sep 22, 20.00 Uhr. Bunte Veranstaltung »Paul Lincke und Berlin – Erinnerungen zum 10. Todestag«
V: Schibille/SP.
Et: 1,50 bis 5,– DM.
Mitw.: *»Edith Schollwer · Kl.-Günter Neumann · Alice Zimmermann · Brigitte Mira / Der dicke Heinrich · Kerstin Anderson · Liselotte Köster · Jockel Stahl / Fredy Rolf · Hanni Rosen · Meister-Vokalisten · Kurt Reimann · Erika Brüning · Hans Fidesser · Schöneberger Sängerknaben · Kinderballett Hess / Kapelle Wilfried Krüger · Verbindende Worte: Joachim Krüger«* (Anz., Ts 9. 9.).
Ts 9. 9.; BP 39; Ph (VWA).

515 Count Basie und sein Orchester (Chr Sep 25).

Sep 25, 20.00 Uhr. Jazz-Konzert »Count Basie und sein Orchester«
V: Collien/Schibille.
Et: 2,– bis 6,– DM.
Mitw.: Count Basie (p), Joseph Newman (tp), Thad Jones (tp), Wendall Culley (tp), Renauldo Jones (tp), Bill Graham (as), Marshal Royal (s), Frank Wess (ts), Frank Foster (ts), Charlie Fowlkes (bs), Benny Powell (tb), Henry Coker (tb), William Hughes (tb), Sonny Payne (dm), Edward Jones (b), Freddie Greene (g), Joe Williams (voc).
»Count Basie spielt mit seiner Bigband im Sportpalast! Diese Ankündigung lockte viele Jazzfreunde in die Riesenhalle, denn der Count gilt mit seinen Mannen seit Jahren als die beste und swingendste Großformation des Jazz. [...] Die Besucher, die bislang nur deutsche Bigbands oder Stan Kenton oder Woody Herman erlebt hatten, waren besonders von dem äußerst ungezwungenen Bild der Band überrascht. Ohne Notenpulte und Noten wurde trotzdem sauber und exakt musiziert. [...]« (berlin-jazz, S. 15).
Ts 16. 9.; BP 39; berlin-jazz, Dezember 1956, S. 15f.; Ph (Grote).

Sep 28, 20.30 Uhr. Boxen
Wohl ausgefallen.
BP 40.

Sep 29–30, 20.00 Uhr. Bunte Veranstaltung »Triumph der guten Laune«
V: Polydor/Schibille.
Et: 2,– bis 6,– DM.
»2 Meisterabende froher Unterhaltung«.
Sep 29 Mitw.: *»Helmut Zacharias, Bully Buhlan, Gerhard Wendland, Erni Bieler, Evi Kent, 3 Travellers, Maria Ney, Joachim Krüger, RIAS-Tanzorchester unter der Leitung von Werner Müller«.*
Sep 30 Mitw.: *»Heinz Erhardt, Hans-Joachim Kulenkampff, Bruce Low, Geschwister Schmid, Liselotte Malkowsky, Margot Eskens, Jean Walter, Yonal, Kurt Edelhagen und sein Orchester«* (Anz., Ph Sep 25).
Ts 16. 9.; BP 40; Ph Sep 25.

Okt 3, 20.00 Uhr. Jazz-Konzert »Kid Ory und seine Creole Jazz-Band«
V: Lippmann/Schibille.
Mitw.: Kid Ory (tb, voc, ld), Alvin Alcorn (tp), Wellman Brand, Phil Gomez (cl), Cedric Haywood (p); Ata Berk (dm) von den Two Beat Stompers als Ersatz für den erkrankten Minor Hall (dr).
»Das Konzert von Kid Ory und seiner Creole Jazzband war ein voller Erfolg in mehrfacher Hinsicht: Der Sportpalast war so gut wie ausverkauft, während eine Woche vorher die Baisie-Bigband bedeutend weniger Zuschauer anlockte. Das Konzert war musikalisch gesehen relativ gut, und das Publikum benahm sich mustergültig im Sinne einer Jazzveranstaltung. [...] Der beinahe 70jährige Kid Ory leistete Erstaunliches als Bandleader, Posaunist und Vokalist. Niemand konnte ihm sein hohes Alter ansehen. Ory sagt, daß die Musik ihn jung erhalte und daß er immer spielen werde, um jung zu bleiben. [...] Orys Posaunenspiel war typisch, wie wir es von seinen Platten her kennen. Eigentlich gefiel er auf dem Konzert noch besser, da er Übertreibungen seines Growl-Tones unterließ [...]« (berlin-jazz, S. 6).
BP 40; berlin-jazz, Dezember 1956, S. 6–8.

Okt 4, 20.00 Uhr. Konzert »Fisk Jubilee Singers«
V: Ebner/SP.
Et: ab 1,50 DM.
Dirigent: John W. Work.
»Der klassische Chor aus dem Westen [...] Amerikas bester Negerchor [...] Songs aus Haiti, Trinidad, Spirituals, afrikanische und amerikanische Volkslieder« (Anz., Ts 30. 9.).
»Die Sänger und Sängerinnen, weniger als zwanzig an der Zahl, die auf dem Podium des freilich für ihre intime Kunst zu großen Sportpalastes standen [...], rechtfertigen den alten Ruf des Ensembles. Sie sangen fast ausschließlich geistliche Lieder in reichen, vollklingenden Sätzen, deren Stil wohl ihr Dirigent John W. Work bestimmt hat« (Ts 7. 10.).
Ts 30. 9.; 7. 10.

Okt 5, 20.00 Uhr. Konzert »London Philharmonic Orchestra«
V: Schibille/SP.
Et: 2,– bis 6,– DM.
Dirigent: Prof. Dr. Willem van Hoogstraten; Solistin: Elly Ney.
»Beethoven-Abend«, »Ouvertüre ›Leonore‹ Nr. III · Klavierkonzert Nr. 5, Es-dur Symph. Nr. 5« (Anz., Ts 23. 9.).
Ts 23. 9.; 7. 10.).

Okt 6, 20.00 Uhr. Bunte Veranstaltung
V: DGB/SFB.
LA SP 3973 (Br. v. 25. 9.).

Okt 7, 19.00 Uhr. Konzert »Budapester Zigeuner-Orchester«
V: Collien/Schibille.
Et: 1,50 bis 6,– DM.
»28 Söhne der Pußta musizieren, singen und tanzen – aufgepeitscht aus Blut und Leidenschaft – verzehrend und hinreißend« (Anz., Ph Sep 25).
Ts 23. 9.; BP 41; Ph Sep 25.

Okt 12–18. 43. Berliner Sechstagerennen
Beginn: 12. 10. um 20.00 Uhr, Start 22.00 Uhr, Ende 18. 10. um 23.00 Uhr.
V: Knaak.
Musik: 2 Kapellen Otto Kermbach.
Wertungen: wie 1953 Okt 30–Nov 5.
Neu: tägliches Halbstunden-Einzelfahren.
Teiln. (14 Paare): 1. Rik van Steenbergen/Emile Severeyns (B), 2. Emile Carrara/Oskar Plattner (F/CH), 3. Kay Nielsen/Evan Klamer (DK), 4. Reginald Arnold/Klaus Bugdahl (AUS/D), 5. Jan Derksen/Arie van Vliet (NL), 6. Jean Roth/Walter Bucher (CH), 7. Heinz Zoll/Heinz Müller (D), 8. Otto Ziege/Fernando Terruzzi (D/I), 9. Hans Junkermann/Emil Reinecke (D), 10. Theo Intra/Horst Holzmann (D), 11. Günter Otte/Karl-Heinz Marsell (D), 12. Valentin Petry/Walter Schürmann (D), 13. Günter Bintner/Heini Scholl (D), 14. Heinz Ziege/Günter Schulz (D).
Ergebnis: 1. Roth/Bucher 232 Pkte; 2. Otto Ziege/Terruzzi (1 Rde zurück) 574; 3. Nielsen/Klamer 441; 4. van Steenbergen/Severeyns 347; 5. Arnold/Bugdahl 247; 6. Otte/Plattner (2 Rdn zurück) 249; 7. Bintner/Scholl (5 Rdn zurück) 160.
Zurückgelegte km: 3298,600.
Startschuß: *»Miß Germany Marina Orschel, die in einem attraktiven, hautengen Hosendreß aus weißem Neylon die Zuschauer faszinierte, gab gemeinsam mit Zirkusdirektor Franz Althoff den traditionellen Doppelstartschuß ab [...]«* (Ts 13. 10.).
Vorrennen (für Amateure): 20-Rdn-Punktefahren, 200-Rdn-Punktefahren.
»Nach der ersten Einzelprüfung des ersten Tages werden sich die entzückenden Mädchen vom Follies Bergere im Sportpalast vorstellen« (Ts 12. 10.).
Am 15. 10. Wahl der »Miß Heuboden«.
Ts 16. 9.; 11.–19. 10.; Tg 12., 14. 10.; BP 42.; Ph (VWA).

Okt 20–21. »Singendes, tanzendes Schlager-Karussell«
Am 20. um 20.00 Uhr, am 21. um 19.00 Uhr.
V: Hofner/Schibille.
Et: ab 1,50 DM, *»Ostbesucher 50% Ermäßigung«.*
Mitw.: *»Mona Baptiste · Angèle Durand / Rudi Schuricke / René Carol · Liselotte Malkowsky / Die Penny Pipers · 3 Peheiros · Schwabenhansl u.v.a. Kapelle Wilfried Krüger«* (Anz., Ts 14. 10.).
»Große Pleite im Sportpalast / Was die Kölner Gastspieldirektion Hofner am Sonnabend den Berlinern im (Gott sei Dank) nur schwach besuchten Sportpalast unter dem vielversprechenden Titel ›Singendes, tanzendes Schlagerkarussel‹ bot, war eine ausgesprochene Zumutung, war weniger als niedrigste Provinz. Der auffallend arrogante René

Carol im knallroten (!) Anzug zum Beispiel wartete völlig unmotiviert mit ebenso geschmacklosen wie dilletantischen Parodien (Hitler, Goebbels u.a.) auf und konnte es nicht lassen, mit seiner schon mehr als peinlichen Autounfallaffäre zu kokettieren.
Und sonst? Ein Tanzpaar, das nicht tanzen konnte, zwei Conférenciers, die hauptsächlich mit alten und uralten Witzen ›glänzten‹, ein müder, sehr müder Schwabenhansl, eine Liselotte Malkowsky, die sich seit ihrem letzten Auftreten vor drei Wochen kein neues Wort, geschweige denn ein neues Lied hatte einfallen lassen, und eine zwar mitreißende, aber leider, leider stockheisere Angele Durand. (Von den anderen Sängerinnen sprechen wir am besten gar nicht!)
Einzige Lichtblicke: die wirklich erstklassigen 3 Peheiros, Rudi Schuricke und die Penny-Pipers. Und die groß angekündige Mona Baptiste? Hatte absagen müssen! Das aber sagt man dem enttäuschten Publikum vorsorglich erst in der allerletzten Minute!« (ndp 22. 10.).
Ts 14. 10.; ndp 22. 10.; BP 43.

Okt 23–25, 18.30–21.30 Uhr. Training der Radrenn-Amateure
V: BDR.
LA SP 3973 (Br. SP v. 20. 10.).

Okt 26, 20.30 Uhr. Boxen »Tuzo Portuguez – Max Resch« u.a.
V: Göttert.
Fdg: Rudi Langer (60,1 kg; Berlin) – Saad Moussa (58,2 kg; F), Sieg Langers nach Pktn (8 Rdn).
Mg: Hanswerner »Buttje« Wohlers (71,6 kg; Hamburg) – Francesco Frances (71,2 kg; E), Sieg Wohlers' nach Pktn (6 Rdn).
Mg: Peter Müller (72,3 kg; Köln) – Manolo Correa (72,3 kg; E), Sieg Müllers nach Pktn.
Mg: Tuzo Portuguez (72,7 kg; Costarica) – Max Resch (72,7 kg; Hamburg), Sieg Reschs nach Pktn (10 Rdn).
Sg: Erich Schoeppner (78,9 kg; Witten) – Horst Herold (89,7 kg; Braunschweig), Sieg Schoeppners durch Abbruch (3. Rde).
Sg: Gerd Rode (94,9 kg; Lüdenscheid) – Francis Magnetto (88,6 kg; F), unentschieden (6 Rdn).
Ts 26.–27. 10.; BMp 27.–28. 10.; BP 44; Ph (VWA).

Okt 27, 20.00 Uhr. Konzert »Internationaler Opern-Abend«
V: Schibille.
Et: ab 2,– DM.
Mitw.: Radio-Symphonie-Orchester (ehemals RIAS-Symphonie-Orchester); Dirigent: Arthur Rother; Solisten: Paula Takàcz (1. Sopran der Oper Budapest), Josef Simandy (1. Tenor der Oper Budapest), Mihàly Székely (1. Baß der Oper Budapest / Metropolitan New York), Josef Metternich (Staatsoper München/Metropolitan New York).
Ts 14. 10.; BP 44.

Okt 28, 18.30 Uhr. Amateur-Radrennen
V: BDR.
Einstunden-Mannschaftsfahren: 1. Böhlke/Fromm, 2. Gnas/Gauert (2 Rdn zurück), 3. Dominik/Hesse (3 Rdn zurück), 4. Wolff/Prechel, 5. Pötsch/Stolp, 6. Freitag/Körnchen.
1000-m-Fliegerfahren: 1. Hans Hesse.
30-Tempo-Rdn: 1. Jaroszewicz 33 Pkte; 2. Laux 26; 3. Nowack 19.
Das 20-Rdn-Punktefahren der Jugend mußte nach einem Massensturz abgebrochen werden.
Ts 31. 10.; BP 44.

516 »Gedenkkundgebung für das ungarische Volk« (Chr Okt 31), am Pult Franz Neumann.

517 Plakat (Chr Nov 14); Grote.

Okt 29, 20.00 Uhr. Konzert »Tschechische Philharmonie« (Prager Philharmonisches Orchester)
V: SP.
Et: ab 2,– DM.
Dirigent: Karel Ancěrl.
Aus dem Programm: *»Dvorak: Sinfonie G-dur, Mozart: Prager Sinfonie / R. Strauß: Till Eulenspiegel lustige Streiche«* (Anz., Ts 14. 10.).
Ts 14., 30. 10.

Okt 31, 18.00 Uhr. »Gedenkkundgebung für das ungarische Volk«
V: SPD, Landesverband Berlin.
Rd: Willy Brandt (Präs. des Abgeordnetenhauses), Franz Neumann (Landesvors.).
Th: *»Helft Ungarn! Europa will frei sein«.*
»Anschließend Fackelzug zum Mahnmal des 17. Juni auf dem Kreuzberg«.
Ts 31. 10.; 1. 11.

Nov 2, 19.30 Uhr. Musikalische Veranstaltung
V: Zentralausschuß.
LA SP 3973/412.

Nov 3–4. »Aus Oper und Operette«
Am 3. um 20.00 Uhr, am 4. um 19.00 Uhr.
V: Zentralausschuß/RIAS.
»[...] mit Wilma Lipp, Leonora Lafayette, Karl Hoppe, Kurt Wehofschitz, Lawrence Winters, dem Radio-Orchester und dem großen RIAS-Chor, Dirigent: Hans Carste. Es führt durch das Programm: Werner Oehlschläger« (BP 45).

Nov 6, 20.00 Uhr. Jazz-Konzert »Modern Jazz«
V: Schibille.
Et: ab 2,– DM.
»Zum 1. Mal in Europa! Modern Jazz / mit der besten Jazz-Combo der letzten Jahre / Modern Jazz Quartett / mit John Lewis · Milt Jackson u. a. außerdem · Lester Young · Miles Davis · Bud Powell« (Anz., Ts 28. 10.).
»Ein Jazzkonzert, wie wir es uns wünschten, erlebten die vielen Besucher des ›birdland 56‹ im Sportpalast. Das bekannte New-Yorker Jazzlokal ›Birdland‹ hatte eine Auswahl seiner besten Musiker zusammengestellt und auf die Reise geschickt. [...] Aber nicht nur in bezug auf das Publikum erlebten wir ein vorbildliches Konzert, auch die Darbietungen sprengten den Rahmen alles bisher Dagewesenen! Das ›Modern Jazz Quartett‹ mit John Lewis, p; Milt Jackson, vib; Percy Heath, b; und Conny Kay, dm; ist heute ohne Zweifel Jazzcombo Nr. 1 der Welt. [...] Es gibt keine Worte für unsere Begeisterung! Gewiß, man kannte fast

alle vorgetragenen Werke schon von Platten her, aber zu erleben, wie diese vier Menschen auf der Riesenbühne und vor dem Auditorium von 7000 still lauschenden Besuchern etwa die Gedächtnisballade für den verstorbenen Gitarristen Django Reinhardt gestalteten, gehört schon zu den größten Erlebnissen, die wir bisher im Jazz hatten. [...]« (berlin-jazz).
Ts 28. 10.; 13. 11.; berlin-jazz, Dezember 1956, S. 5; BP 45.

Nov 10–11, 19.30 Uhr. Bunte Veranstaltung »Wir funken dazwischen«
V: SP/Schibille.
Et: ab 1,50 DM, *»Ost 50% Erm.«.*
»Adresse: Bonn / Absender: Berlin / Eine aktuelle Sportpalast-Revue / von Kl. Günter Neumann und R.T. Odeman / mit Edith Schollwer · Bruno Fritz · Kate Kühl · Willi Rose · Ingeb. Wellmann · Wolfg. Gruner / Erna Haffner · Fredy Rolf · Hanni Rosen / Joachim Krüger · Lilo Herbeth · Erwin Bredow / 3 Rulands · Mäcki-Trio · Kl.-Günter Neumann / R.T. Odeman · Thierry · Willi Liebe · Achim Strietzel · Hans Joachim Röcker · Joe Herbst / Meister-Vokalisten · Kapelle Otto Kermbach« (Anz., Ts 4. 11.).
Ts 4. 11.; BP 46; Ph (VWA).

Nov 14, 20.00 Uhr. Jazz-Konzert »Sidney Bechet mit seiner Réwéliotty-Band«
V: Ebner.
Et: 2,– bis 6,– DM.
»Im Sportpalast konnten Berlins Jazzfreunde Bechet mit der Band des französischen Klarinettisten André Réwéliotty hören. Die französische Auffassung des Dixielandjazz ist für unseren Geschmack etwas zu elegant, zu arrangiert und abgerundet. Das südliche Temperament, das man eigentlich von Franzosen erwarten könnte, kommt merkwürdigerweise kaum zum Ausdruck. [...] Bester Mann schien uns der Pianist zu sein. Er spielte technisch versiert im Fats-Waller-Stil und machte das vollkommenste Dixielandpiano, das bis jetzt in Berlin zu hören war. Und dann betrat Sidney Bechet, stürmisch begrüßt, das Podium. Obwohl leicht nervös, spielte er mit einem hinreißenden Schwung, der die ganze Band mitriß, einen Evergreen nach dem anderen. O ja, der alte Sidney weiß, wie man eine Show aufzuziehen hat. So forderte er alle auf, sein ›Halle-Halle-lujah‹ mitzuklatschen oder bei Les Onions den Refrain mitzusingen. [...]« (berlin-jazz).
Ts 11. 11.; BP 46; berlin-jazz, Dezember 1956, S. 15.

518 Peter Müller wurde durch seinen Sieg über Günter Hase (links) zum dritten Mal Deutscher Meister im Mittelgewicht (Chr Nov 30).

Nov 17, 19.00 Uhr. Bunte Veranstaltung
V: DAG/SFB.
LA SP 3973/420,424.

Nov 18, 17.30 Uhr. Amateur-Radrennen
V: BDR.
50-km-Mannschaftsfahren (12 Paare): 1. Materne/Sommer, 2. Böhlke/Fromm, 3. Pötsch/Stolp, 4. Hesse/Dominik (1 Rde zurück), 5. Gnas/Gauert (2 Rdn zurück), 6. Wolff/Prechel, 7. Remagen/Laux, 8. Freitag/Körnchen.
Außerdem ein 1000-m-Flieger-, ein 4000-m-Verfolgungs- und ein Vorgabefahren der Jugend.
Ts 18., 20. 11.; BMp 20. 11.; BP 47.

Nov 20, 20.00 Uhr. Konzert »Schaumburger Märchensänger«
V: Zocher.
Et: 1,50 bis 4,– DM.
Leitung: Edith Möller.
Ts 11. 11.; BP 47.

Nov 21, 17.30 Uhr. Amateur-Radrennen
V: BDR.
400-Rdn-Mannschaftsfahren: 1. Hesse/Dominik 10 Pkte; 2. Böhlke/Fromm 9; 3. Wolff/Prechel 5.
Außerdem ein 4000-m-Mannschaftsverfolgungs-, ein 30-Rdn-Punkte- und ein Fliegerfahren.
Ts 21., 23.–24. 11.; BP 47.

Nov 24, 20.00 Uhr. Konzert »Richard Wagner Abend«
V: SP/Schibille.
Mitw.: Radio-Symphonie-Orchester Berlin (Leopold Ludwig); Solisten: Martha Mödl, Ludwig Suthaus, Hans Hotter.
»Die riesige Halle war fast vollbesetzt, und als die Violinen die ersten Akkorde des ›Lohengrin‹-Vorspiels spielten, vergaß man den nüchternen Raum mit den grellbunten Empfehlungen von Vivil und Varta, Coca und Kindl; der mächtige, unfehlbare Zauber des romantischen Genies entführte die Phantasie aus der Gegenwart in mythische Landschaften [...]« (Ts 27. 11.).
Ts 11., 27. 11.; Ph (LA).

Nov 25. Amateur-Radrennen
V: BDR.
10.00 Uhr. *»Renntag der Jugendlichen«* (Et: für Schuljugend frei).
U.a. ein 200-Rdn-Mannschaftsfahren: 1. Grzesik/Edler, 2. Thiele/Schumann.
17.30 Uhr. 100-km-Mannschaftsfahren: 1. Gnas/Gauert, 2. Farr/Sauer, 3. Franzke/Wildermann, 4. Körnchen/Jaroszewicz, 5. Hesse/Dominik, 6. Böhlke/Fromm.
»Neun Trümphe«: 1. Lauff, 2. Walter, 3. Kaslowski, 4. Modrow, 5. Hesse, 6. Freitag.
Außerdem u.a. ein Mannschafts-Verfolgungs- und ein Ausscheidungsfahren.
Ts 24., 27. 11.; BP 48.

Nov 29, 18.30 und 21.15 Uhr. Jazz-Konzert »Lionel Hampton mit seiner Big-Band«
V: Ebner/SP.
Et: ab 2,– DM.

»Zum Schluß glich der Sportpalast wieder einem Hexenkessel. Die Jazz-Fans huldigten ihrem Idol Lionel Hampton auf ihre Art: mit hochgereckten Armen, tanzend, singend, den Rhythmus mitstampfend und mit jenen wild hervorgestoßenen Rufen, die dem Außenstehenden wie wilde Urwaldlaute vorkommen: ›Hay Ba, Ba-Re-Bop‹ oder ›ooh la pa da pa!‹ – ›Hamp‹, wie sie ihn nennen, schlug dazu die Trommel wie ein Höllenfürst. [...]« (Tg 1. 12.).
Ts 18. 11.; Tg 1. 12.; BP 48.

Nov 30, 20.30 Uhr. Boxen »Peter Müller – Günter Hase« u. a.
V: Göttert.
Mg: Karl-Heinz Guder (68,4 kg; Herford) – Ernst Zetzmann (65,4 kg; Berlin), Sieg Guders durch ko (4. Rde).
Mg: Erich Walter (72,8 kg; Hamburg) – Kid Dussart (72,8 kg; B), Sieg Walters nach Pktn (8 Rdn).
Mg: Peter Müller (70,8 kg; Köln) – Günter Hase (67,5 kg; Berlin), Sieg Müllers nach Pktn (12 Rdn; Deutsche Meisterschaft).
Hsg: Wenzel Bocick (79,3 kg; Oberhausen) – André Wyns (79,4 kg; B), Sieg Bocicks nach Pktn (6 Rdn).
Sg: Hans Kalbfell (92,6 kg; Hagen) – Robert Duquesne (87,3 kg; F), Sieg Duquesnes nach Pktn.
Sg: Günter Nürnberg (96,2 kg; Hamburg) – »Tonga Terror« Kitione Lave (91,5 kg; Tonga), Sieg Laves durch ko (1. Rde).
Tg 30. 11.; 1. 12.; BP 49; Ph (VWA).

Dez 1–2, 20.00 Uhr. Musikveranstaltung
V: Schibille.
Stattgefunden?
LA SP 3973/390.

Dez 5, 19.00 Uhr. Handball-Turnier
V: HVB.
Vorrunde: PSV – Rein. Füchse 4:3; BSV 92 – PSV 5:3; BSV 92 – Rein. Füchse 4:3; SC Dynamo – CHC 8:5; THW Kiel – CHC 7:2; SC Dynamo – THW Kiel 7:6.
Endrunde: SC Dynamo – PSV 7:5; BSV 92 – THW Kiel 7:6; SC Dynamo – BSV 92 7:5 (4:2; Endspiel).
Gesamtergebnis: 1. SC Dynamo, 2. BSV 92, 3. BSV 92, 4. THW Kiel.
Tg 5., 7. 12.

Dez 7–8, 20.00 Uhr. »Rock'n Roll Show. Bill Bell and his Rocketts«
V: Mattner.
Et: ab 2,– DM.
»[...] mit der Originalmusik aus dem Columbia-Film ›Außer Rand und Band‹ / Fatty George and his Jazzband / Sieger im Deutschen Jazz-Festival 1956 / Die King Kols / Al ›Fats‹ Edwards – Ralf Bendix / Gunnar Winkler – Jutta Lenz / Chris Howland« (Anz., Tg 2. 12.).
Tg 2. 12.; BP 50.

Dez 9, 17.30 Uhr. Amateur-Radrennen
V: BDR.
75-km-Mannschaftsfahren: 1. Hesse/Dominik 20 Pkte; 2. Körnchen/Jaroszewicz; 3. Pötsch/Stolp 10; 4. Gnas/Gauert 4; 5. Franzke/Wildermann; 6. Böhlke/Fromm; 7. Materne/Sommer.
Außerdem ein Vorgabe- und ein Jugend-Punktefahren.
Tg 11. 12.; BP 50.

Dez 15, 20.00 Uhr. Bunte Veranstaltung »Nach getaner Arbeit ein fröhliches Wochenende«
V: Zentralverband politischer Ostflüchtlinge/SFB.
Mitw.: *»Lilli Palmer, Nina Konsta, Loni Heuser, Harald Nielsen, Brigitte Mira, Irmgard Schnell, Erika Brüning, Hanni Rosen, Willi Rose, Gustl Dierkes, Trio Sorrento, 3 Rudlands, die Meister-Vokalisten, das große SFB-Tanzorchester. Ltg.: William Greihs, Ltg. u. Ansage: Joachim Krüger«* (BP 51).

Dez 16, 17.30 Uhr. Amateur-Radrennen
V: BDR.
Mannschafts-Mehrkampf (Flieger-, Ausscheidungs- und Einstunden-Mannschaftsfahren): 1. Gassner/Walliser (CH) 46 Pkte; 2. Hesse/Dominik 36; 3. Farr/Sauer 33; 4. van Buggenhout/Mortiers (B) 30; 5. Böhlke/Fromm 29; 6. Gnas/Gauert 26; 7. Jaroszewicz/Körnchen 25; 8. Pötsch/Stolp 24; 9. Walter/Bratengeier 21; 10. Wolff/Prechel 18; 11. Materne/Sommer 10.
Außerdem ein Punktefahren, die 30-Tempo-Runden u. a. Nach diesem Rennen erfolgte der Abbau der Radrennbahn.
Ts 15., 18. 12.; BP 51.

Dez 22–23, 20.00 Uhr. Konzert »Don Kosaken Chor Serge Jaroff«
V: Collien/Schibille.
Et: ab 1,50 DM.
Mitw.: Schöneberger Sängerknaben (G. Hellwig).
Ts 25. 12.; Tg 2. 12.

Dez 25–26, 15.30 und 20.00 Uhr. Bunte Veranstaltung »Weihnachts-Star-Parade«
V: Schibille/SP.
Et: ab 1,50 DM.
»Ein festliches Programm mit Bully Buhlan / Günter Keil · Kurt Pratsch-Kaufmann / Edith Schollwer · Mario Tuala / Alexis · Eddie Pauly · Arne Hülphers / Zarah Leander / Kerstin Anderson · R.T. Odeman · F.O. Krüger / Joachim Krüger · Les Barells · 2 Harrisons · Egner / Herfurth · Kinderballett Hess · Kapelle Drabek / Die Stachelschweine« (Anz., Tg 4. 12.).
Tg 4. 12.; Ts 16. 12.

Dez 29–30. Eishockey und Eiskunstlauf
V: BSchC/SC Brandenburg.
Et: ab 1,50 DM.
Kunstlauf (und Eistanz) von Hans Jürgen Bäumler (SC Riessersee), Joan Haanappel (NL), Karin Klaws (BSchC), Barbara Rintisch (BSC), Manfred Schnelldorfer (Münchener EV), Kurt Weilert (BSchC), Kilius/Ningel (Franfurter ERC), Pauka/Kwiet (SCC).
Eintracht Dortmund: Thomas, Ruhrmann (Tor); Dorn, Weide (Vert. A); Danielsmeier, Metzer (Vert. B); R. Kossmann, Kettler, Muss (Sturm A); Czech, Weiß, Hoyer (Sturm B); Schleusinger, Schmidt (Ersatz).
SC Füssen-Ziegelwies: Knoll (Tor); Socher, Simon (Vert. A); Pult, Prestel (Vert. B); Gröger, Mayr, Guggemoos (Sturm A); Frenzel, Machenschalk, Enzensberger (Sturm B).
BSchC: Münstermann, Rüffer (Tor); Grundmann, Thorsell (Vert. A); Walter, Seeck (Vert. B); Szengel, Korn, Klier (Sturm A); Grun, Melerski, Patrzek (Sturm B); Schröder, Zunker, Hülsberg (Sturm C).
SC Brandenburg: Majewski (Tor); Leifheit, Hain (Vert. A); Stutz, Kaluzny (Vert. B); P. Schmidt, Heysa, Hahn (Sturm A); Wolff, Henschel, P. Werner (Sturm B); D. Schmidt (Ersatz).
Dez 29
20.00 Uhr. BSchC – SC Füssen-Ziegelwies 6:1 (4:0, 1:1, 1:0).
Dez 30
15.00 Uhr. Sonderveranstaltung für die Berliner Schulen. SC Brandenburg – SC Füssen-Ziegelwies 4:3.
19.00 Uhr. BSchC – Eintracht Dortmund 1:0 (1:0, 0:0, 0:0).
Ts 25., 30. 12.; 1. 1. 1957; BP 52; Ph (Longino).

Dez 31, 19.15 Uhr. Bunte Veranstaltung »Die letzte Runde 1956«
V: SP/Schibille.
Et: ab 1,50 DM.
Ts 16. 12.

1957

Jan 1
8.00 Uhr. Gottesdienst
V: Neuapostolische Kirche.
LA SP 3973/454.
18.00 Uhr. Handball »Internationales Turnier«
V: HVB.
Aarhus (DK): Leif Gelvad, Mogens Olsen, Gustav Wolther, Poul Winge, Kaj Okholm, Poul Locht, Age Holm Petersen, Jörgen Tillegreen, Knud Erik Jensen, Bent Koldste, Jörgen Hansen, Poul Michelson.
Berlin: Fredy Pankonin, Horst Käsler, Peter Bußacker, Wolfgang Kunde, Günter Nachtigall, Wolfgang Schütze, Günter Scholz, Jörg Bearke, Harald Gleining, Klaus Wegner, Jürgen Albrecht.
Bern (CH): Alex Mundwyler, Robert Senn, Beat Müller, Paul Burr, Heinz Lehmann, Urs Brand, Max Liniger, Ueli Friedli, Adolf Burkhardt, Max Aeschlimann, Marcel Jendly, Georges Morniroli, Otto Mosimann, Hansuli Nufer.
Göteborg (S): Arne Johansson, Stig Lennart Olsson, Gösta Carlsson, Bengt Andersson, Hasse Karlsson, Agne Svensson, Leif Albrechtsson, Leif Gustafson, Gunnar Kämpendahl, Bengt Hellgren, Stig Larsson, Stig Schill.
Je Spiel 2 x 15 Min., *»nach den neuen internationalen Regeln«.*
1. Bern – Berlin 8:4 (2:3); 2. Aarhus – Göteborg 12:7 (5:3); 3. Aarhus – Bern 16:7 (6:3); 4. Berlin – Göteborg 8:8 (7:4); 5. Göteborg – Bern 7:5 (5:2); 6. Berlin – Aarhus 14:13 (5:7).
Gesamtergebnis: 1. Aarhus (4:2 Pkte), 2. Göteborg und Berlin (je 3:3), 3. Bern (2:4).
Außerdem ein Einlagespiel Berliner Junioren.
Ts 1.–2. 1; BP 52 1956; Ph (SPA).

Jan 5, 19.30 Uhr. »Nationales Frauenturnen an internationalen Geräten«
14.00–16.00 Uhr *»Gelegenheit zum Einturnen«.*
V: BT/DT.
Ergebnis: 1. Thea Nocke (Essen) 36,35 Pkte; 2. Rosi Fottner (München) 36,25; 3. Helga Stöckel (Osnabrück) 35,05; 4. Magda Richter (Nürnberg) 34,75; 5. Ingelore Rost und Christel Wilke (beide Berlin) je 34,50; 6. Margit Schwerdtfeger (Berlin) 34,40; 7. Doris Behte (Frankfurt am Main); 8. Ursula Brian (Mosbach/Baden); 9. Meinhild Hierling (Saarbrücken); 10. Marie-Luise Krutmeyer (Düsseldorf).
Ts 5. 1.; Kur 4., 7. 1.; BP 2.

Jan 9, 19.00 Uhr. Handball
V: HVB.
Et: 1,– bis 2,50 DM im Vorverkauf.
Berliner Meisterschaft 1957, erste Vorschlußrunde.
BSV 92 – OSC 9:4; CHC – SSC Südwest 13:10; SSC Südwest – OSC 11:5; BSV 92 – CHC 17:1; CHC – OSC 18:6; BSV – SSC Südwest 14:5.

519 Marika Kilius/Franz Ningel (Chr Jan 19–21).

Qualifikation für die Endrunde (Jan 27): BSV und CHC.
Ts 9. 1.; Kur 10. 1.; BP 2.

Jan 12, 7.15 Uhr. Betriebsversammlung
V: BEWAG AG.
LA SP 3973/464.

Jan 12–13. Karnevalssitzung »Wer soll das bezahlen? – Düsseldorf grüßt Berlin«
Am 12. 1. um 20.11 Uhr, am 13. 1. um 18.11 Uhr.
V: SP.
Et: ab 2,– DM.
»Prunksitzung der Düsseldorfer Karnevalsgesellschaft mit den Großen des Rheinischen Humors / Dr. Allos, Kurt Lauterbach, Jürgen Raasch, Franz Ketzer, Karl Klinzing, Hans Quasten, Willy Keuenhof, Heinz Sommer, Heinz Schüler, Hans Heinrichs, Serenissimus u. Kindermann / Karnevalistische Tanzgruppe. Es präsidiert: Hugo Cremer / Paul Woitschach und sein Orchester hauen auf die Pauke« (Anz., Ts 1. 1.).
Ts 1. 1.; BP 3.

Jan 14, 9.30 Uhr. Betriebsversammlung
V: Berliner Verkehrs-Betriebe (BVG).
LA SP 3973/464.

Jan 16, 19.00 Uhr. Handball
V: HVB.
Et: 1,– bis 2,50 im Vorverkauf.
Berliner Meisterschaft 1957, zweite und letzte Vorschlußrunde (vgl. Jan 9).
TuS Lichterfelde – Rein. Füchse 7:3; PSV – Sutos Spandau 13:7 (9:1); Rein. Füchse – Sutos Spandau 13:6 (9:1); PSV – TuS Lichterfelde 7:5 (4:3); TuS Lichterfelde – Sutos Spandau 10:7 (1:5); PSV – Rein. Füchse 12:5 (4:4).
Qualifikation für die Endrunde (Jan 27): PSV und TuS Lichterfelde.
Ts 16.–18. 1.; Kur 17. 1.; BP 3.

Jan 18, 8.00 Uhr. Eiskunstlauf »Training zu den Deutschen Meisterschaften 1957«
V: DEV/BEV.

Jan 19–21. Eiskunstlauf »Deutsche Meisterschaften 1957« und Eishockey
V: DEV/BEV.
Jan 19 7.30 und 20.00 Uhr.
Jan 20 16.00 und 19.30 Uhr.
Jan 21
14.30 und 17.00 Uhr. Veranstaltung für die Schulen.
20.00 Uhr. Schaulaufen der Meister.
Eish.: BSchC – SC Brandenburg 8:4 (5:3, 2:0, 1:1; Berliner Meisterschaft).
Ergebnisse der Kunstlaufmeisterschaften:
Meister–Damen: 1. Ina Bauer (Krefelder EV) 235,69 Pkte; 2. Gabriele Weidert (SC Riessersee) 228,57; 3. Brigitte Hägeler (Münchener EV) 227,83.
Meister–Herren: 1. Manfred Schnelldorfer (Münchener EV) 217,26; 2. Hans Jürgen Bäumler (SC Riessersee) 212,92; 3. Günter Tyroler (Münchener EV) 204,60.
Meister–Paare: 1. Marika Kilius/Franz Ningel (Frankfurt am Main) 11,6; 2. Rita Pauka/Peter Kwiet (SCC) 10,24.
Meister–Tanzpaare: 1. Sigrid Knake/Günter Koch (Frankfurter ERC) 34,85; 2. Rita Pauka/Peter Kwiet 33,56; 3. Karin Weber/Herbert Beyer (Frankfurter ERC) 32,44.
Junioren–Damen: 1. Ursula Barkey (Köln) 93,48; 2. Ursel Dillmann (Düsseldorf) 92,26; 3. Sonja Schönmetzler (SC Riessersee) 91,53.
Junioren–Herren: 1. Sepp Schönmetzler (SC Riessersee) 101,58; 2. Jochen Niemann (Münchener RC) 99,71; 3. Franz Pieringer (Münchener EV) 94,33.
Junioren–Paare: 1. Doris Weinhausen/Manfred Schnelldorfer (Münchener EV) 9,8; 2. Inge Gutmann/Helmut Schlick (1. FC Nürnberg) 9,36.
Junioren–Tanzpaare: 1. Margit Cargill/Klaus Ebel (Hamburg); 2. Inge Schliwski/Klaus Ansorge (SCC).
Senioren–Damen: 1. Karin Gude (Düsseldorfer EG)143,46; 2. Bärbel Martin (Hamburger EV) 133,65; 3. Sigrid Schmitz (Altonaer SV) 136,28.
Ts 6., 13., 16., 18.–19. 1.; Tg 20., 22. 1.; Kur 16., 19./20. 1.; BMp 23. 1.; BP 4.

Jan 25, 20.30 Uhr. Boxen »Gerhard Hecht – Yolande Pompey« u. a.
V: Göttert.
Lg: Karl-Heinz Bick (61,1 kg; Dortmund) – Rudi Langer (60,1 kg; Berlin), unentschieden (8 Rdn).
Mg: Kid Dussart (71 kg; B) – Hanswerner »Buttje« Wohlers (71,2 kg; Hamburg), Sieg Wohlers' nach Pktn (8 Rdn).
Hsg: Yolande Pompey (76,3 kg; Trinidad) – Gerhard Hecht (79,3 kg; Berlin), Sieg Pompeys durch ko (2. Rde).
Sg: Robert Duquesne (87 kg; F) – Erich Schoeppner (80 kg; Witten), Sieg Schoeppners nach Pktn (6 Rdn).
Sg: Horst Niche (80,5 kg; Berlin) – Günter Huber (80 kg; Freiburg), Sieg Niches durch Abbruch (4. Rde).
Sg: Michel Dinot (79 kg; F) – Wenzel Bocick (79,9 kg; Oberhausen), unentschieden (6 Rdn).
Ts 15., 24., 26. 1.; Kur 24., 26./27. 1.; BP 5; Ph (VWA).

Jan 26, 20.00 Uhr. Kabarett »Die Stachelschweine« mit »1000 und eine Wucht«
V: SP/Schibille.
Et: ab 2,– DM.
Mitw.: *»Ingeborg Wellmann, Inge Wolffberg, Wolfgang Gruner / Klaus Becker, Achim Strietzel, G. Pfitzmann, J. Röcker / Aus dem großen Erfolgsprogramm: ›1000 und eine Wucht‹ / Ferner wirken mit: Liselotte Köster, Jockl Stahl, 3 Travellers, Eddie Pauly, Meister-Vokalisten, 8 Waldos, 5 Albatros, Charly Willmos / Kap. Otto Kermbach · Ansage: Joachim Krüger«* (Anz., Ts 20. 1.).
Ts 20. 1.; BP 5; Ph (VWA).

Jan 27, 18.00 Uhr. Handball
V: HVB.
Et: 0,50 bis 3,50 im Vorverkauf.
Berliner Meisterschaft 1957, Endrunde (vlg. Jan 9 und 16).
BSV 92: Jürgen Albrecht, Wolfgang Schütze, Peter Bußacker, Wolfgang Kunde, Karl Henkmann, Horst Käsler, Joachim Rudolph, Eberhard Köbke, Jürgen Bernhardt, Hans Richter, Horst Christen, Gerd Jörke, Jochen Welk.
CHC: Alfred Franke, Kurt Weigelt, Klaus Dingler, Horst Tempel, Gerhard Jordan, Hans Abendroth, Peter Kunze, Gerhard Simon, Armin Morks, Dieter Wiesner, Günter Krüger, Helmut Sobotta, Klaus Dippi.
PSV: Harri Kamm, Gerhard Zindler, Horst Krause, Günther Kape, Günter Nachtigall, Wolfgang Kaczmarek, Günter Lottermoser, Hans-Joachim Wald, Hans-Jürgen Schenckewitz, Joachim Niemann, Siegfried Becker, Dietmar Wedderin, Gert Schicke.
TuS Lichterfelde: Günther Joachim, Rudolf Schreckenbach, Dieter Krämer, Werner Guske, Klaus Wegner, Helmuth Müller, Horst Remmé, Manfred Kehnscherper, Alfred Schüler, Karl-Heinz Pieper, Wilhelm Maecker, Jürgen Löhr, Lothar Franke.
BSV 92 – TuS Lichterfelde 10:5 (4:2); PSV – CHC 13:6 (4:4); PSV – TuS Lichterfelde 10:6 (5:3); BSV 92 – CHC 9:7 (4:3); TuS Lichterfelde – CHC 9:8 (4:3); BSV 92 – PSV 10:9 (5:5).
Ergebnis: 1. BSV 92, 2. PSV, 3. TuS Lichterfelde.
Kur 26./27.–28. 1.; BP 5; Ph (VWA).

Jan 31–März 5, 20.00 Uhr. 3. Bockbierfest im Sportpalast
Wochentags bis 1.00 Uhr, sonnabends bis 5.00 Uhr, sonntags bis 24.00 Uhr.
V: SP/Schibille.
»... det dollste, wat de hast / Bockbierfest im Sportpalast«.
Mitw.: *»Kap. Otto Kermbach, Bayern-Kap. Sepp Schmidt, Ansage: Joachim Krüger«.*
Feb 10 und 17, außerdem 16.00 Uhr: Kinderfest als Höhepunkt einer Kindersternfahrt
V: SFB.
»Nach dem großen Erfolg der Kinderaktion des ›Hilfswerks Berlin‹ im vergangenen Jahr [...] haben sich die Berliner Autofahrer zum Beginn der diesjährigen Aktion eine wichtige Aufgabe gestellt. Am 10. Februar werden sie eine ›Berliner Kinderfahrt‹, eine Sternfahrt zum Sportpalast durchführen, die vom Sender Freies Berlin, vom ADAC, vom Presseverband und von den Berliner Zeitungen vorbereitet wird. [...] Jeder Autobesitzer, der bei Anmeldung seiner Teilnahme ein Nenngeld von DM 20,– je Wagen einzahlt, stellt seinen Wagen für eine Kinderfahrt zur Verfügung und lädt zwei Waisenkinder zu einer Sternfahrt zum Sportpalast ein, wo er seine Patenkinder mit Kaffee, Kuchen und Schlagsahne bewirtet, während der SFB ein anderthalbstündiges Unterhaltungsprogramm für Groß und Klein bietet. [...]« (BP 6).
Mär 2–5, 20.00 Uhr. »Der Höhepunkt der Bockbiersaison / 3 Tolle Nächte!«
»Sonnabend, 2. März, 20 Uhr / Bis früh um fünfe / – Motto: Hier stößt der Bock! – / Rosenmontag, 4. März, 20 Uhr / Zille-Ball / Der große Erfolg von 1956. Großes Zille-Kabarett / Dienstag, 5. März, 20 Uhr Fastnachts-Ball / – Motto: Berlin steht Kopp – / in allen 3 Nächten: Kapellen Otto Kermbach und Sepp Schmidt / und das Prominenten-Programm!« (Anz., Kur 25. 2.).
V: SP/Berliner Gaststättenbetriebe.
Et: je Nacht 4,– DM.
Kur 25. 2.; BP 6 ff.

Mär 7, 20.00 Uhr. Jazz-Konzert »Internationales Dixieland Jubilee«
V: Schibille.
Et.: ab 1,50 DM.
Mitw.: *»Mezz Mezzrow / der berühmte Chicago Klarinettist / Michel Attenaux / und seine Jazzband, Paris / Crane River Jazzband / London / Two Beat Stompers / Deutschlands beste Dixielandband«* (Anz., Ts 3. 3.).
»In dem sehr eindrucksvollen Konzert ›Dixieland Jubilee‹ der Deutschen Jazz-Föderation im Sportpalast demonstrierten drei Orchester (die deutschen ›Two Beat Stompers‹, die englische ›Crane River Jazzband‹ und die Band des Franzosen Michel Attenaux) wieviel ungebrochene Vitalität in dem traditionellen Jazz steckt. Die Soli ihres phantasievollen farbigen Schlagzeugers Kansas Fields haben eine prächtige Faszinationskraft. Hier paarte sich höchste Virtuosität mit Urgewalt. Die jugendlichen Hörer waren hingerissen. Begeistert gefeiert wurde auch der berühmte heute in Paris lebende Klarinettist Milton ›Mezz‹ Mezzrow« (BMp 9. 3.).
Ts 3. 3.; BMp 9. 3.; BP 10.

Mär 8–9, 20.02 Uhr. Karnevalsausklang »Drei Stunden Spaß an der Freud – Kornblumenblau«
V: Schulze.
Et: ab 2,– DM.
Mitw.: August Batzem, Karl Berbuer, Eilemann-Trio, Hans Jonen, Kurt Lauterbach, Max Mauel, Jupp Schmitz, Karl Schmitz-Grön, Kölner Karnevalsorchester Christian Reuter und das Tanzmariechen mit seinem Tanzoffizier.
Ts 6.–7. 3.; BP 11.

Mär 14, 20.00 Uhr. Bunte Veranstaltung
V: IG Bau–Steine–Erden.
LA SP 3973/478.

Mär 15. Boxen
Verlegt auf Apr 26.

520 Ankunft von Kindern aus dem Flüchtlings-Kindergarten der Arbeiterwohlfahrt vor dem Sportpalast (Chr Feb 10 und 17).

Mär 16–18. Eishockey u. a.
V: BSchC.
Et: ab 1,50 DM; Sonntag nachmittag ermäßigte Preise.
Kunstlauf (und Eistanz) von Ina Bauer (Krefelder EV), Karel Divin (CS), Emma Giardini (I), Jindriska Kramperova (CS), Carla Tichatschek (I), Marianne und Laszlo Nagy (H), Vera Suchankova/Zdenek Dolezal (CS).
GAIS Göteborg (S): Hivell (Tor); Andersson, Nilsson (Vert. A); Bohlin, Öström (Vert. B); Adrian, Ek, Johansson (Sturm A); Nilsson, Karlsson, Hylland (Sturm B); Lundquist, Nyman (Ersatz).
BSchC: Münstermann (Tor; Ersatz: Rüffer); Grundmann, Brand (Vert. A); Heinz Walter, Horst Walter (Vert. B); Patrzek, Korn, Achim Schröder (Sturm A); Szengel, Seeck, Klier (Sturm B); Zunker, Melerski, Grun (Sturm C); Hülsberg (Ersatz).
SC Brandenburg: Klatte (Tor); Hain, Stutz (Vert. A); Leifheit, Kaluzny (Vert. B); Werner, P. Schmidt, Hahn (Sturm A); Heysa, Henschel, Mößner (Sturm B); Wolff, Dieter Schmidt (Ersatz).
BFC Preußen: Dannenberg (Tor); Weichardt, Klopstech (Vert. A); Lück, Schröder (Vert. B); Zellmer, Falk, Fischer (Sturm A); Mickley, Cissewski, Gläser (Sturm B); Pofahl (Ersatz).
Mäz 16
20.00 Uhr. GAIS Göteborg (S) – BSchC 12:5 (2:2, 7:2, 3:1).
Mär 17
15.00 Uhr. BFC Preußen – SC Brandenburg 8:2 (3:1, 3:0, 2:1; Berliner Pokal, Semifinale).
19.00 Uhr. GAIS Göteborg – BSchC 9:0 (2:0, 6:0, 1:0).
Mär 18
20.00 Uhr. BSchC – Grunewald TC 10:5 (6:1, 4:2, 0:2; Berliner Pokal, Semifinale; Endspiel Apr 8).
Ts 16.–17., 19. 3.; Kur 15.–19. 3.; BMp 15., 17., 19.–20. 3.; BP 12; Ph (LA).

Mär 22, 19.30 Uhr. Handball »Internationales Turnier«
V: PSV/BSV 92.
BSV 92: Jürgen Albrecht, Wolfgang Schütze, Peter Bußacker, Wolfgang Kunde, Karl Henkmann, Horst Käsler, Joachim Rudolph, Eberhard Köbke, Jürgen Bernhardt, Hans Richter, Horst Christen.
HG Kopenhagen (DK): Knud Sorensen, Ole Nielsen, Erik Wilbeck, Egon Rasmussen, Ole Halskov, Preben Marott, Mogens Nielsen, Kaj Ingerslev, Preben Borg Hansen, Gerd Andersen, Bent Mortensen.
IS Orion Falkenberg (S): Bengt Ake Carlsson, Roy Elliasson, Stig Svensson, Arne Johansson, Arne Carlsson, Bengt Gevert, Gösta Svensson, John Fälth, Eric Johansson, Nisse Svensson, Bengt Svensson, Berndt Olos Maylande.
PSV: Harri Kamm, Gerhard Zindler, Horst Krause, Günther Kape, Dietmar Wedderin, Wolfgang Kaczmarek, Günter Lottermoser, Hans-Joachim Wald, Hans-Jürgen Schenckewitz, Joachim Niemann, Gert Schicke.
SSC Südwest: Schneider, Schulze, Kollmorgen, Meyerhoff, Bosch, Lehmann, Ollrogge, Hegermann, Rösicke, Hagemann, Jex.
Wargo Landskrona (S): Bengt Cronsell, Roland Forsberg, Lars Akesson, Sven Larsson, Lues Karlsson, Göran Nordgren, Rolf Nilsson, Kurt Larsson, Roy Ekdall, Leis Persson, Lennart Alsson.
Gruppe A: PSV – Falkenberg 8:3 (3:1); PSV – Landskrona 5:2 (2:1); Falkenberg – Landskrona 4:2 (2:0).
Gruppe B: Koppenhagen – SSC Südwest 7:3 (5:1); BSV 92 – SSC Südwest 5:1 (3:1); BSV 92 – Kopenhagen 5:2 (3:0).
Endrunde: Kopenhagen – Falkenberg 9:3 (6:2); PSV – BSV 92 6:4 (1:1, 3:3, nach Verlängerung; Endspiel).
Einleitung (Frauen): Rein. Füchse – OSC 4:2 (1:1).
Einlagespiel: HVB-Auswahl – Berliner Sportpresse 10:4.
Ts 22.–23. 3.; Kur 22.–23./24. 3.; BMp 22.–23. 3.; BP 13; Ph (SPA).

Mär 23, 20.00 Uhr. Bunte Veranstaltung »Worte, Töne, Musensöhne«
V: Schutzverband Berliner Schriftsteller/Schibille.
Et: ab 1,50 DM.
Mitw.:*»France Cléry, Renée Franke, Wolfgang Sauer, Lucas-Trio, Evelyn Künnecke, Werner Finck, R. T. Odeman, Willi Schaeffers, Harald Nielsen, 3 Travellers, Loni Heuser, Werner Eisbrenner, Will Meisel, Willi Richartz, Gerhard Winkler, Wolfgang Zeller, Werner Bergengruen, Martin Kessel, Hans Hellmut Kirst, Friedrich Luft, August Scholtis, Hans Scholz. Das große SFB-Tanz- und Unterhaltungsorchester, Ltg.: William Greihs, Ansage: Joachim Krüger, Günther Schwerkolt, Harald Karas«* (BP 13).
Ts 10. 3.; BP 13.

Mär 29, 20.00 Uhr. Bunte Veranstaltung »Berlin feiert Otto Kermbach«
V: SP/Schibille.
Et: ab 2,– DM.
»Festvorstellung an seinem 75. Geburtstag«.
Mitw.: *»A. Braun, Brüning, Bienert, Bredow, Egner, Engel, W. Greihs, H.E. Grob, Haupt, Der dicke Heinrich, Herbeth, Herfurth, Köster, Krukowski, Liebe, Pratsch-Kaufmann, Mira, Münch, Napp, Kl. G. Neumann, Anderson, R.T. Odeman, Pauly, Rosen, Rose, Fr. Schröder, Sedlmayer, Trio Sorrento, Stahl, 3 Travellers, G. Winkler, O. Ziege, Kinderballett Hess, Schöneberger Sängerknaben, Die Stachelschweine. Großes Orchester Otto Kermbach / Leitung und Ansage: Joachim Krüger«* (Anz., BMp 17. 3.).
BMp 17. 3.; BP 14.

Mär 30–31. Operetten-Konzert »Beliebt und bekannt«.
Am 30. um 20.00 Uhr, am 31. um 19.00 Uhr.
V: Zentralausschuß/RIAS.
Mitw.: Erna Berger, Anny Schlemm u. a.
BP 14.

Apr 3, 20.00 Uhr. Konzert »Ural Kosaken Chor«
V: Heinicke/SP.
Et: ab 2,– DM.
Dirigent: Andrej Scholuch.
»Im Programm u. a.: Stenka Rasin · Abendglocken · Die 12 Räuber · Original Kosakentänze« (Anz., BMp 24. 3.).
BMp 24. 3.; BP 14.

Apr 6, 20.00 Uhr. Konzert »Hoch- und Deutschmeister Wien«
V: SP/Schibille.
Et: ab 1,50 DM.
Ltg: Julius Herrmann.
BMp 17. 3.; BP 15.

Apr 7–9. Eiskunstlauf »Meistertreffen im Berliner Sportpalast« und Eishockey
Am 7. um 19.00 Uhr, am 9. um 20.00 Uhr.
V: BEV.
Et: ab 1,50 DM.
Kunstlauf (und Eistanz) von Erica Batchelor (GB), Ina Bauer (Krefelder EV), Hans-Jürgen Bäumler (SC Riessersee), Michael Booker (GB), Hanna Eigel (A), Alain Giletti (F), Ute Grünert (BSchC), Manfred Schnelldorfer und Doris Weinhausen (Münchener EV), Hanna Walter (A), Marika Kilius/Franz Ningel und Sigrid Knake/Günter Koch (Frankfurter ERC), June Markham/Courtney Jones (GB).
Apr 8
16.00 Uhr. Veranstaltung für die Berliner Schulen.
20.00 Uhr. Eish.: BSchC – BFC Preußen 4:2 (2:0, 1:0, 1:0; Berliner Pokal, Endspiel, vgl. Mär 17–18). Kunstlauf.
Ts 7., 9. 4.; Kur 8., 10. 4.; BMp 31. 3.; 5., 7., 9.–10. 4.; BP 15; Ph (SPA).

Apr 19, 20.00 Uhr. Amateur-Boxen »Polen – München – Berlin«
V: TeBe/BC Heros/Spandau 26/Astoria.
Hwg: Ernst Dietl (München) besiegt Lawnitzak (Berlin) durch ko (2. Rde).
Hwg: Zigmund Milewski (PL) besiegt Reidl (Berlin).
Hwg: Drogosz(PL) besiegt Wenzke (Berlin).
Wg: Biberger (München) besiegt Hoffmann (Berlin).
Wg: Tobus (Berlin) besiegt Gruber (München) durch Abbruch (2. Rde).
Hmg: Siegfried Dietl (München) besiegt Wolfgang Schwarz (Berlin).
Hmg: Pietrzykowski (PL) besiegt Lüdemann (Berlin) durch Abbruch (3. Rde).
Hsg: Voitl (München) besiegt Volz II (Berlin) durch Abbruch (2. Rde).
Hsg: Tadeusz Grzelak (PL) besiegt Hans Hoth (Berlin).
Sg: Werner Walloschek (Berlin) besiegt Branicki (PL) durch Abbruch (2. Rde).
Außerdem besiegte Andreasz Zmiejewski (PL) den Berliner Thürck.
Ts 19., 21. 4.; Kur 20./21. 4.; BMp 14., 17.–18., 21. 4.

Apr 20–22, 20.00 Uhr. Bunte Veranstaltung »Oster-Star-Parade«
Am 21.–22. auch 15.30 Uhr.
V: SP/Schibille.
»Ein festliches Programm mit Addi Münster · Günter Keil / Ethel Reschke · Will Höhne / Henny Porten / Kl.–G. Neumann · 3 Rulands / 3 Travellers · Joachim Krüger / Lys Assia / R.T. Odeman · Kurt Lauterbach / 3 Rilons · Ursula Maury · Peter Manuel / Kinderballett Hess · Schöneberger Sängerknaben / Kurt Drabek mit großem Orchester« (Anz., BMp 21. 4.)
BMp 21. 4.; BP 17.

Apr 26, 20.15 Uhr. Boxen »Gerhard Hecht – Alex Buxton« u. .a.
V: Göttert.
»Tag junger Talente«.
Wg: Helmut Mistol (66,9 kg; Hamburg) – André Guyon (67 kg; F), Sieg Mistols nach Pktn (4 Rdn).
Mg: Manfred Hass (71,6 kg; Hamburg) – Roger Guerrard (72,6 kg; F), Sieg Hass' durch Abbruch (2. Rde).
Mg: Hanswerner »Buttje« Wohlers (71,8 kg; Hamburg) – Umberto Paccagnella (72,8 kg; F), Sieg Wohlers' nach Pktn (8 Rdn).
Mg: Mohammed Taibi (72,6 kg; F) – Rolf Peters (73,5 kg; Dortmund), Sieg Taibis durch ko (4. Rde).
Hsg: Horst Niche (79 kg; Berlin) – Serge Barthélemy (78 kg; F), Sieg Niches nach Pktn (6 Rdn).
Hsg:Uwe Janssen (82 kg; Hamburg) – »Bobby« Warmbrunn (93,8 kg; Hamburg), Sieg Janssens nach Pktn (8 Rdn).
Sg: Gerhard Hecht (81,4 kg; Berlin) – Alex Buxton (77,6 kg; GB), Sieg Hechts nach Pktn (10 Rdn).
Ts 26. 4.; Kur 26.–27./28. 4.; BP 12; Ph (VWA).

Apr 27–28. »Melodien und Synkopen«
Am 27. 4. um 20.00 Uhr, am 28. 4. um 19.00 Uhr.
V: Zentralausschuß.
Mit *»dem RIAS-Tanzorchester unter der Leitung von Werner Müller«.*
Mitw.: *»Bibi Johns, Peters-Sisters, Bully Buhlan, Udo Jürgens, Franco Pagani, Sunnies und Cornels, Kurt Pratsch-Kaufmann, Jürgen Graf, Fred Ignor u. a.«* (BP 18).

Mai 1, 20.00 Uhr. Bunte Veranstaltung »Maibowle«
V: DGB.
LA SP 3973/553.

Mai 3–14, 20.00 Uhr. Eisrevue »Holiday on Ice 1957«
Mittwochs, sonnabends und sonntags auch 16.00 Uhr.
V: SP.
Et: ab 2,– DM, *»Nachmittags kleine Preise«.*
»Während des 5. Gastspiels im Sportpalast wird der 500 000. Revuebesucher erwartet«.
Mitw.: Jacqueline du Bief, Jeanne Cheadle, Jinx Clark, Peter Firstbrook, Marshall Garrett, Frank Sawers, Rosemarie und Robert Unger, die Glamour Icers, die Harvards und die Ice Squires u. v. a. (insgesamt 125).
BP 19 f.; Ph (VWA).

Mai 17, 20.30 Uhr. Boxen »Gustav Scholz – Tino Albanese« u. a.
V: Gretzschel.
Mg: Günter Hase (69 kg; Berlin) – Michel Masson (72, 5 kg; F), Sieg Hases nach Pktn (8 Rdn).
Mg: Horst Borcoskowski (72 kg; Düsseldorf) – Gerhard Moll (69,5 kg; Braunschweig), Sieg Borcoskowskis nach Pktn (6 Rdn).
Mg: Tommy Baars (70,8 kg; NL) – Heinz Sattler (73 kg; Berlin), unentschieden (6 Rdn).

Mg: Kid Belfort (68,2 kg; NL) – Herbert Soodmann (71,5 kg; Essen), Sieg Soodmanns durch Abbruch (6. Rde).
Mg: Gerard van Eijk (72,4 kg; NL) – Dieter Wemhöner (73,2 kg; Berlin), Sieg Wemhöners nach Pktn (6 Rdn).
Mg: Tino Albanese (73,5 kg; I) – Gustav Scholz (73,4 kg; Berlin), Sieg Scholzs durch ko (1. Rde).
Ts 18.5.; Kur 17.–18./19. 5.; BP 21; Ph (VWA).

Mai 18, 20.00 Uhr. »Neue Schlagerparade«
V: SP/NDR.
Mitw.: *»Alice Babs, Margot Eskens, Bruce Low, Lawrence Winters und die Starletts, das Hazy-Osterwald-Sextett, das Tanz- und Unterhaltungsorchester des NDR, Leitung Alfred Hausen mit William Greihs als Gast vom SFB. Am Mikrofon: Hans Hellhoff und die 3 Peheiros«* (BP 21).

Mai 21, 20.00 Uhr. Jazz-Konzert »Norman Granz' Jazz at the Philharmonic«
V: Schibille.
Et: ab 2,– DM.
Mitw.: *»Roy Eldridge, Stuff Smith, Don Abney, Ray Brown, Herb Ellis, Jo Jones, Oscar Peterson-Trio«* (Anz., Kur 11./12. 5.).
Kur 11./12. 5.; BP 21.

Mai 22, 20.00 Uhr. Bunte Veranstaltung »Die große Starparade ›Das war noch nie da!‹«
V: W. A. T.
Et: 1,50 bis 6,– DM.
»Gloria-Film-Preisausschreiben / mit Künstlern von Bühne, Film und Funk / Eine Wahl besonderer Art: / chic – elegant – charmant / und das große Programm: / ›Stachelschweine‹, m. W. Gruner und G. Pfitzman / Schöneberger Sängerknaben / Walter Gross · Pelle Jöns · Kurt Reimann / Suse Preisser · Willi Rose · Polly Pfeiffer / R. T. Odeman · Mario Fay · Mäcki-Trio / Dixie-Band · 3 Rulands · Weltartistik / Kapelle Otto Kermbach · Peter Graf und seine Solisten / Ansage: Joachim Krüger · Ltg.: Heinz-Lothar Schütt« (Anz., BMp 19.5.).
BMp 19. 5.; BP 21.

Mai 23–29, 20.00 Uhr. Basketball »Harlem Globetrotters«
Am 26. um 19.00 Uhr.
V: SP.
Zum 30jährigen Bestehen *»mit dem Sensations-Jubiläums-Varieté«*; Gegner diesmal die *»US Stars«*.
Das Varieté-Programm:
»1. Rolando Schweden unerreichte Jongleurkunst auf den Zeigefingern
2. Lilly Yokoi Japan die ›Ballerina‹ des Fahrrads, deren Bumerang-Schaukel einzigartig in der Welt ist
3. Jacques Cordon Belgien Artistik in höchster Vollendung auf dem Einrad
4. Elimar Australien Einzigartige Schlappseilakrobatik
5. Richard Albershadt USA Trampoline
6. Benny Schirtzinger USA Batonist
7. Palermo Brothers Italien Komische Akrobaten
8. Tischtennis Ungarn Meister–Bergmann« (Ph).
BP 22; Ph (VWA).

Jun 2, 9.00 Uhr. Gottesdienst
V: Neuapostolische Kirche.
LA SP 3973/551.

Jun 8, 20.00 Uhr. Bunte Veranstaltung »700. Brigitten-Tag«
V: SFB/Verlag Ullstein.

521 Programmheft (Chr Sep 18–20); VWA.

Mitw.: Fred Bertelmann, Olaf Bienert, Bully Buhlan, Marcel Cordes, Renée Franke, Ekkehard Fritsch, Bruno Fritz, Ilse Fröhlich, Walter Geisler, Karl Kohn, Erika Köth, Joachim Krüger, Mäcki-Trio, Peter Mosbacher, Brigitte Mira, Klaus Günther Neumann, Maria Ney, Lisa Otto, Ernst Petermann, Willi Schaeffers, Edith Schollwer, Günther Schwerkolt, Rolf Stiefel; Kurt Gaebel und das Radio-Orchester Berlin, William Greihs und das SFB-Tanzorchester, Ingeborg von Streletzky mit ihren Solisten, 3 Travellers u. a.
»Verleger Heinz Ullstein und SFB-Programm-Direktor Alfred Braun, der selbst einmal dreizehn Brigittentage konferiert und geleitet hat, begrüßten ihr Publikum. Sie gaben den Auftakt zu einer Mammutvorstellung, die alle Erwartungen übertraf. Der Oper und der Operette war der erste Teil des Programms vorbehalten. [...] dann kamen die Freunde der leichten Muse und des Kabaretts voll auf ihre Kosten [...]« (BMp 12. 6.).
BMp 9., 12. 6.

Jun 14, 20.00 Uhr. Amateur-Boxen »Berliner Meisterschaften 1957«
V: BBV.
Endkämpfe.
Flg: Horst Kießling (ASV) besiegt Waldemar Stephani (Sparta 58).
Bg: Gerhard Heidorn (Hertha BSC) besiegt Heinz Bochow (NSF) durch Abbruch.
Fdg: Gerhard Richter (NSF) besiegt Norbert Scholta (Astoria).
Lg: Wolfgang Seidel (Hertha BSC) besiegt Kurt Deichmann (Nordstern 07) durch ko (1. Rde).
Hwg: Hans-Heinrich Dieter III (Spandau 26) besiegt Otto Ohrt (PSV) durch ko (2. Rde).
Wg: Hans Wenzke (Nordstern 07) besiegt Karl-Heinz Hehl (ASV).
Hmg: Horst Studemund (Hertha BSC) besiegt Henry Bartsch (ASV).
Mg: Günter Teuscher (PSV) besiegt Manfred Lüdemann (Astoria).
Hsg: Hans Hoth (Astoria) besiegt Rudolf Sawitzki (PSV).
Sg: Werner Walloscheck (Astoria) besiegt Reinhard Schuldt (Viktoria 89).
BMp 15. 5.; BP 25; Ph(VWA).

Jun 29, 20.00 Uhr. Boxen »Gustav Scholz – Peter Müller« u. a.
V: Gretzschel.
Unter den Zuschauern Hildegard Knef, Nadja Tiller, Ulla Jacobsen, O. E. Hasse und Hans Albers.
Flg: Tahar Benhamed (52 kg; Algerien) – Edgar Basel (52 kg; Mannheim), Sieg Basels nach Pktn (4 Rdn).
Mg: Horst Borcoskowski (71,1 kg; Düsseldorf) – Carmelo Beraza (65,2 kg; E), unentschieden (6 Rdn).
Mg: Hans Pfaffenholz (70,2 kg; Köln) – Max Heinze (71 kg; Berlin), Sieg Heinzes durch Abbruch (4. Rde).
Mg: Gustav Scholz (72,5 kg; Berlin) – Peter Müller (70 kg; Köln), Sieg Scholzs durch ko (3. Rde; Deutsche Meisterschaft, Hf Scholz).
Mg: Hans Ducrée (72,5 kg; Essen) – Heinz Sattler (72,4 kg; Berlin), unentschieden (6 Rdn).
Mg: Herbert Soodmann (74 kg; Essen) – Dieter Wemhöner (74 kg; Berlin), Sieg Wemhöners nach Pktn (6 Rdn).
Sg: Kid Rocha (90,9 kg; E) – Hans Kalbfell (94 kg; Hagen), Sieg Kalbfells durch ko (2. Rde).
Ts 30. 6.; Kur 29./30. 6.; BP 26; Ph (VWA).

Aug 11, 17.00 Uhr. Bunte Veranstaltung
V: IG Bau–Steine–Erden.
LA SP 3973/562.

Aug 30, 20.30 Uhr. Boxen »Peter Müller – Michel Diouf« u. a.
V: SP (?).
Bg: Ali Belhout (53,6 kg; F) – Edgar Basel (52 kg; Mannheim), Sieg Basels nach Pktn (6 Rdn).
Wg: Addy Müller (Köln) – Conny Rudhoff (Rüsselsheim), ausgefallen.
Mg: Max Heinze (72 kg; Berlin) – Gerhard Stachowitz (69,4 kg; Bonn), Sieg Heinzes nach Pktn (4 Rdn).
Mg: Lucien Menu (72,6 kg; F) – Dieter Wemhöner (74 kg; Berlin), Sieg Wemhöners durch ko (2. Rde).
Mg: Michel Diouf (72,7 kg; F) – Peter Müller (70,9 kg; Köln), Sieg Müllers nach Pktn (10 Rdn).
Mg: Emile Boccelato (71,3 kg; F) – Horst Borcoskowski (71 kg; Düsseldorf), unentschieden (6 Rdn).
Ts 31. 8.; BMp 31. 8.; Kur 30. 8.; BP 32.

Sep 6, 20.00 Uhr. Amateur-Boxen »Berlin – Dublin«
V: Hertha BSC, Boxabteilung.
Hertha BSC, Berlin – Crumlin Amateur-Boxing Club, Dublin.
Flg: Joseph Gaffney (Dublin) besiegt Horst Trostdorff (Hertha).
Fdg: Heinz Berke (Heros) besiegt John McClory (Dublin).
Lg: Wolfgang Seidel (Hertha) besiegt James Jordan (Dublin).
Hwg: Tom Maguire (Dublin) besiegt Herbert Strauß (Hertha).
Wg: Manfred Bartsch (Hertha)– Peter Byrne (Dublin), unentschieden.
Hmg: Terry Milligan (Dublin) besiegt Horst Studemund (Hertha) durch Abbruch (3. Rde).
Hmg: Charles McKenna (Dublin) besiegt Harry Kascha (Hertha).

Mg: Hinrich Wolter (Hertha) besiegt McKeon (Dublin) durch Disqualifikation (3. Rde).
Hsg: Horst Jäckel (Hertha) besiegt Robert Stewart (Dublin).
Sg: Reinhard Schuldt (Victoria) besiegt Colm Hernan (Dublin) durch Abbruch (2. Rde).
Einleitung (Berliner Juniorenmeister): Karl Heinz Werner (Fdg; Hertha) besiegt Luckstadt (Bg; BTSV).
Kur 6.–7./8. 9.; BMp 6. 9.; BP 33.

Sep 14, 20.00 Uhr. »Electrola stellt vor: Erwin Lehn, das deutsche Spitzen-Tanzorchester vom Süddeutschen Rundfunk«
V: Schibille.
Et: ab 2,– DM.
Mitw.: *»Bibi Johns, Wolfgang Sauer, Eve Boswell, Fred Bertelmann, Barbara Kist, Ralf Bendix, Horst Fischer, Peter Schwarz, Hansen-Quartett, Horst Jankowski, Helmut Weglinski u. s. Starsextett«* (Anz., BMp 1. 9.).
BMp 1. 9.; BP 34.

Sep 21–29, 20.00 Uhr. Konzert »Don Kosaken Chor Serge Jaroff«
V: Schibille.
Et: ab 1,50 DM.
Am 24. und 25. Sonderkonzerte für die Leser der BMp (Et: 1,– bis 4,– DM).
BMp 15. 9.; BP 35.

Sep 18–20, 20.15 Uhr. Catchen »Weltmeisterschaft im Super-Schwergewicht und im Leicht-Schwergewicht«
V: SP (?).
Et: ab 2,– DM.

522 44. Berliner Sechstagerennen (Chr Okt 11–17), Gerrit Schulte/Klaus Bugdahl.

523 »Harry James und Amerikas Tanzorchester Nr. 1« (Chr Okt 5–6).

Ergebnisse:
Leicht-Sg (unter 110 kg): 1. Bob Martin (110 kg; B), 2. Yvar Martinsson (110 kg;F), 3. Luis Cordoba (106 kg; E), 4. Mario Matassa (102 kg; I).
Super-Sg (über 110 kg): 1. Primo Carnera (138 kg; USA), 2. Richard Grupe (115 kg; Hamburg), 3. Felix Miquet (144 kg; F), 4. Fey (Berlin).
Ts 21. 9.; BMp 15., 18. 9.; Ph (VWA).

Okt 5–6, 20.30 Uhr. Konzert »Harry James und Amerikas Tanzorchester Nr. 1«
V: Heinicke/Schlote.
Et: 3,– bis 10,– DM.
»Der Welt berühmtester Trompeter u. meistgefilmte Musiker Hollywoods [...] mit Buddy Rich, dem König der Schlagzeuger u. 14 and. prominenten Solisten« (Anz., BMp 15. 9.).
»Harry James [...] In grau-glänzender Smokingjacke mit dazu wohl abgestimmter grauer Haarsträhne stand er auf dem Podium des Sportpalastes, ein verwöhnter, selbstsicherer Star unter den Tanzorchesterleitern. Mit seiner 14 Mann starken Kapelle – darunter so ausgezeichnete Solisten wie Buddy Rich (Schlagzeug), Willie Smith (Alt-Saxophon), Corky Corcoran (Tenor-Saxophon) – brachte er ein weitgespanntes Programm mit Tanznummern, Sweetmusik und reinem Jazz. [...]« (BMp 8. 10.).
BMp 15. 9.; 8. 10.; BP 36.

Okt 11–17. 44. Berliner Sechstagerennen
Beginn 11. 10. um 20.00 Uhr, Start 22.00 Uhr, Ende 17. 10. um 23.00 Uhr.
V: Knaak.
Musik: 2 Kapellen mit Otto Kermbach.
Wertungen: 15.00, 16.30 (je 6 Spurts), 21.00, 2.00, 4.00 Uhr (je 10 Spurts).
Teiln. (13 Paare): 1. van Steenbergen/Severeyns (B), 2. Senfftleben/Forlini (F), 3. Nielsen/Klamer (DK), 4. Teruzzi/Arnold (I/AUS), 5. Derksen/Depaepe (NL/B), 6. Roth/Otte (CH/D), 7. Gieseler/Donicke (D), 8. Schulte/Bugdahl (D), 9. Heinz Zoll/Weinrich (D), 10. Petry/Scholl (D), 11. Heinz Müller/Ziegler (D), 12. Reinicke/Junkermann (D), 13. Tüller/Schürmann (D).
Ergebnis: 1. van Steenbergen/Severeyns 293 Pkte; 2. Teruzzi/Arnold (1 Rde zurück) 538; 3. Schulte/Bugdahl 464; 4. Senfftleben/Forlini 394; 5. Nielsen/Gieseler (2 Rdn zurück) 284; 6. Roth/Derksen (3 Rdn zurück) 247; 7. Petry/Scholl (4 Rdn zurück) 186; 8. Reinecke /Junkermann (5 Rdn zurück) 247; 9. Zoll/Weinrich 191.
Zurückgelegte km: 3504,700.
Startschuß: *»Filmstar Sonja Ziemann schoß gleich zweimal ab. Boxmeister Bubi Scholz aber hielt sich die Ohren zu«.*
Vorrennen (Einstunden-Einzelfahren der Amateure; 17 Teiln.): 1. Hesse, 2. Holz, 3. Farr, 4. Gieseler; 36 km.
Bei diesem Sechstagerennen war Siegmund Durst zum fünfzigsten Male als Sprecher am Mikrophon tätig.
»Troz schiefem Lenker brachte Berlins Regierender Bürgermeister Willy Brandt auf der schiefen Ebene der Sportpalast-Bahn seine Ehrenrunde glatt hinter sich. 6000 Berliner zollten Beifall« (BMp 18. 10.).
BMp 9.–18. 10.; BP 37; Ph (VWA).

Okt 18, 20.00 Uhr. Bunte Veranstaltung mit »Eddie Constantine«
V: SP.
Et: ab 2,– DM, *»Ostbesucher 1:1«.*
»[...] als Gast Chinita Rivero von Radio Paris / Ninowka und Michael, Carina-Marno-Trio / 3 Ralleys, Die Cornichons und das / SFB-Tanzorchester, Ltg. William Greihs / Conférence: Joachim Krüger« (Anz., BMp 6. 10.).
BMp 6. 10.; BP 37.

Okt 19–20. Kabarett »100 x Günter Neumann und seine Insulaner«
Am 19. 10. um 20.00 Uhr, am 20. 10 um 16.00 Uhr.
V: Schibille/SP.
Et: ab 2,– DM.

Mitw.: *»Tatjana Seis · Edith Schollwer · Bruno Fritz · Walter Gross / Maria Ney · Ewald Wenck · Joe Furtner · Ilse Trautschold / Es wirken ferner mit: Alice Zimmermann · Kurt Engel · Lotte Werkmeister / Fredy Sieg · Kinderballett Hess · Die Emyras · Lucas-Trio / Kapelle: Otto Kermbach · Ansage: Joachim Krüger«* (Anz., BMp 6. 10.).
BMp 6., 20. 10.

Okt 26, 20.00 Uhr. Konzert »Lachende Operette«
V: SP/Schibille.
»Ein großer Berliner Abend mit Melodien v. Lincke, Kollo, Kálmán, Lehár, Offenbach u. a.«
Mitw.: *»Edith Schollwer, Bruno Fritz, Pratsch-Kaufmann / Willi Rose, Lisa Lesco, Joachim Krüger, Ivo Veit / Betty Sedlmayer, Willi Liebe, Friedel Herfurth / Michael Egner, Meister-Vokalisten, Gerti Müller / Adi Appelt, Christel Skoda, Gustl Dierkes, Jean Löhe, Rosel Seegers, Marianne Pohlenz, Der dicke Heinrich, Ewald Wenck, Ingeborg Galling / Wilfried Krüger mit großem Orchester«* (Anz., BMp 20. 10.).
BMp 20. 10.; BP 38.

Okt 27, 15.30 Uhr. Veranstaltung des Evangelischen Kirchentages
V: Evangelisches Konsistorium.
Rd: Klaus von Bismarck, Otto Dibelius (Bischof, Ratsvors. der EKD).
Eine der sechs Schlußveranstaltungen des *»Herbsttreffens des Deutschen Evangelischen Kirchentages«*, das als *»Abschluß von etwa dreißig regionalen Kirchentagsveranstaltungen in allen Teilen Deutschlands«* durchgeführt wurde, gleichsam als Ausgleich dafür, *»daß die DDR-Regierung einem gesamtdeutschen Kirchentag in Thüringen ihre Erlaubnis verweigerte«.*
»Im Sportpalast verweist der Synodale Klaus von Bismarck auf die Vergangenheit dieser alten Berliner Versammlungsstätte insbesondere während der nationalsozialistischen Zeit. ›Ich wollte, der Sportpalast zwänge uns alle aus Ost und West zu Beginn zu dieser Demütigung, zu dieser schockierenden Begegnung mit Schuld und Geschichte, ehe wir uns beim Reden über die gesamtdeutsche Lage und unteilbare Kirche an Lasten vorbeidrücken! Hitlers Schulden – unsere Schulden scheinen mir von vielen unter uns noch nicht bezahlt!‹ [...] Wenn mit tönender Proklamation der Einheit die Augen davor verschlossen würden, wie weit die unterschiedliche Entwicklung in zwei Räumen bereits fortgeschritten sei, so wäre die Einheit der Kirche in der Tat gefährdet, so bestünde noch heute die Gefahr, durch Sportpalast-Veranstaltungen die Wirklichkeit zu verschleiern . [...]« (Berlin, Chronik 1957-1958, S. 301 f.).

Nov 2–3. Kabarett »Die Stachelschweine walzen ›7 Jahre Blech‹ 1950–1957«
Am 2. 11. um 20.00 Uhr, am 3. 11. um 16.00 Uhr.
V: Schibille.
Et: ab 2,– DM.
Mitw.: *»Ingeborg Wellmann · Inge Wolffberg / Klaus Becker · Wolfgang Gruner · Jo Herbst / Günter Pfitzmann · Joachim Röcker / Achim Strietzel · Rolf Ulrich · Max Werner / Es wirken ferner mit: / Lucas Trio · Kerstin Anderson · Ingrid Schnell · Die Blizzards / Carina-Marno-Trio · Friedel Herfurth · Michael Egner / Werner Kroll / Ansage: Joachim Krüger · Kapelle: Kurt Drabek«* (Anz., BMp 20. 10.).
BMp 20. 10.; 2. 11.; BP 39.

Nov 8, 20.00 Uhr. Amateur-Boxen »Deutsche Polizeimeisterschaften 1957«
V: PSV.

524 »Die Stachelschweine« mit »7 Jahre Blech« (Chr Nov 3); von links: Jo Herbst, Günter Pfitzmann und Joachim Röcker.

Endkämpfe.
Fdg: Lothar Worm besiegt Horst Dietzen.
Lg: Harald Weichert besiegt Hans Schimpf.
Hwg: Klaus Ohrt besiegt Wolfgang Thees.
Wg: Horst Zander besiegt Werner Minuth.
Hmg: Paul Hogh besiegt Heinz Schilling durch Aufgabe (3. Rde).
Mg: Günter Teuscher besiegt Otto Sechting.
Hsg: Walter Möller besiegt Adolf Wittholz.
Sg: Wolfgang Pautz besiegt Werner Dietrich.
Kur 8.–9./10. 11.; BP 39.

Nov 9–10. »Beschwingte Musik aus Operette, Musical und Tonfilm«
Am 9. 11. um 20.00 Uhr, am 10. 11. um 19.00 Uhr.
V: Zentralausschuß.
Mit Musik von *»Suppé, Strauß, Millöcker, Lehár; Fall, Kálmán, Weill«* (BP 39).

Nov 16, 20.00 Uhr. Radrennen »Deutsche Meisterschaft der Berufsfahrer im Zweier-Mannschaftsfahren über 100 Kilometer«
V: BDR (SP/Knaak).
Et: 1,– bis 7,– DM.
Ergebnis: 1. Gieseler/Donicke 23 Pkte; 2. Ziegler/Scholl 21; 3. Tüller/Liebelt 12; 4. Heinz Zoll/Weinrich 3; 5. Hochgeschurtz/Heinz Müller (1 Rde zurück) 3; 6. Jornitz/Brinkmann (2 Rdn zurück) 0; 7. Vadder/Löder (3 Rdn zurück) 0; 8. Junkermann/Wawrick 0; 2:13:19,8 Stunden; außerdem starteten: Bitter/Ommer, Otte/Walter, Fred Zoll/Körnchen sowie Reinecke und Klein.
Vorrennen (30-Min.-Punktefahren der Amateure, 18 Teiln.): 1. Wildermann.
»Schon nach fünfzehn Minuten wurde [...] das Favoriten-Paar [...] Junkermann/Reinecke auseinandergerissen, als Reinecke in einem unfreiwilligen Hechtsprung von der Bahn in die Zuschauer stürzte. Mit einer Gehirnerschütterung mußte er in ein Krankenhaus eingeliefert werden. [...] hier gab es viele, die des Bahnfahrens überhaupt unkundig waren [...] Es machte einen schlechten Eindruck, als sich der Wettfahr-Ausschuß entschließen mußte, die Fahrer Ommer, Bitter und Klein aus dem Rennen zu nehmen, wegen ›Gefährdung der anderen Teilnehmer‹ [...]« (Kur 18.11.).
Kur 16./17.–18. 11.; BMp 10. 11.; BP 40; Ph (SPA).

Nov 19, 20.00 Uhr. Konzert »Schaumburger Märchensänger«
V: SP.

Et: ab 1,50 DM, *»Ostbewohner 1:1 DM Ost«.*
Ltg: Edith Möller.
BMp 10. 11.; BP 40.

Nov 20, 17.00 Uhr. Handball »Internationales Turnier«
V: SSC Südwest.
Aarhus GF (DK) – ATSV Linz (A) – Hamburger TB – BSV 92 – CHC – SSC Südwest.
Es wurde in zwei Gruppen gespielt. Als Einleitung ein Spiel der Frauen (SSC Südwest – TV Elmshorn).
Spiel um den dritten Platz: Aarhus GF – SSC Südwest 12:4.
Endspiel: BSV 92 – CHC 7:2.
Kur 19., 21. 11.; BP 40.

Nov 23–24. Handball »Turnier der Regionalmannschaften«
V: HVB (?).
Nov 23, 19.00 Uhr Berlin I – Südwest 12:3; West – Berlin II 14:7; Nord – Südwest 17:5; West – Süd 9:8; Nord – Berlin I 14:10; Süd – Berlin II 21:10.
Nov 24, 18.00 Uhr Südwest – Berlin II 12:11; Süd – Berlin I 18:16 (nach Verlängerung); West – Nord 15:14 (8:8).
Ergebnis: 1. West, 2. Nord, 3. Süd.
Kur 23./23.–25. 11.; BP 41.

Nov 26–Dez 12. Wiener Eisrevue mit »›Sylvia‹, die Geschichte einer Tänzerin«
Werktags 20.00 Uhr, sonntags 19.00 Uhr; sonnabends und sonntags auch 15.30 Uhr.
V: SP.
Et: ab 2,– DM, *»Ostbewohner 1:1 DM Ost«.*
»Europas größte u. schönste Eisschau«.
R: Will Petter; Mu: Robert Stolz; Mitw.: André Calame, Hanna Eigel, Sylvia Eigner, Fernand Leemans, Emmy Puzinger, Inge und Willi Schilling u. v. a.
Dez 5, 15.30 Uhr Sonderveranstaltung für bedürftige Berliner Kinder.
Kur 27. 11.; BMp 17. 11.; BP 41 f.; Ph (VWA).

Dez 14, 20.00 Uhr. Bunte Veranstaltung »Schlager und Humor«
V: Zentralverband politischer Ostflüchtlinge/SFB.
LA SP 3973/623.

Dez 15. Handball »2. Vorbereitungsspiel zur Bildung der Deutschen Nationalmannschaft für die Hallenhandball-Weltmeisterschaft 1958«
V: DHB.
18.00 Uhr. Jugend (2 x 15 Min.): BSV 92 – Rein. Füchse.
18.30 Uhr. Städtespiel der Männer (2 x 30 Min.): Berlin – Hannover 22:17 (9:7).
19.45 Uhr. 2. Vorbereitungsspiel (2 x 30 Min.): DHB – Sektion Handball der DDR 11:9 (7:4).
Bereits am 14. 12. hatte in der Werner-Seelenbinder-Halle, Berlin (DDR), ein Spiel stattgefunden, bei dem die Sektion Handball gegen den DHB mit 16:14 (8:8) gesiegt hatte.
Kur 14./15.–16. 12.; BP 43; Ph (LA).

Dez 21–22, 20.00 Uhr. Konzert »Don Kosaken Chor Serge Jaroff«
V: Collien/Schibille.
Mitw.: Schöneberger Sängerknaben (G. Hellwig).
BMp 1. 12.; BP 44.

Dez 25–26, 15.30 und 20.00 Uhr. Bunte Veranstaltung »Weihnachts-Star-Parade«
V: SP/Schibille.

525 Programmheft (Chr Nov 16); VWA

Mitw.: *»Hans Albers, Loni Heuser, Werner Eisbrenner, Günter Keil, Lale Andersen, Evi Kent, Eva Busch, Iska Geri, Fredy Rolf, Eddie Pauly, Maria Ney, K. Waitzmann, Erna Haffner, Werner Schmah, 3 Travellers, 2 Harrisons, Die Blizzards, Die Schöneberger Sängerknaben, Kapelle Kurt Drabek, Ansage: Joachim Krüger«* (BP 44).
BP 44; Ph (VWA).

Dez 27, 20.15 Uhr. Boxen »Robert Guivarch – Max Resch« und »Sauveur Chiocca – Hanswerner ›Buttje‹ Wohlers« u. a.
V: Göttert.
Wg: Manfred Hass (71,5 kg; Hamburg) – Rachid Tabti (70,2 kg; Algerien), Sieg Hass' nach Pktn (6 Rdn).
Wg: Helmut Mistol (68 kg; Hamburg) – Claude Lapourielle (68,5 kg; F), Sieg Mistols nach Pktn (6 Rdn).
Mg: Hanswerner »Buttje« Wohlers (72 kg; Hamburg) – Sauveur Chiocca (69,8 kg; F), unentschieden (10 Rdn.)
Mg: Max Resch (72,8 kg; Hamburg) – Robert Guivarch (71,7 kg; F) Sieg Reschs durch Aufgabe (7. Rde).
Hsg: Horst Niche (78,3 kg; Berlin) – Jacques Bro (79 kg; F), unentschieden (8 Rdn).
Ts 28. 12.; Kur 27.–28./29. 12.; BP 44; Ph (VWA).

Dez 29, 19.30 Uhr. Jazz-Konzert »Lionel Hampton mit seiner Big Band«
V: Schibille.
BMp 8., 31., 12.; BP 44.

Dez 31, 19.15 Uhr. Bunte Veranstaltung »Die letzte Runde 1957«
V: SP/Schibille.
Et: ab 1,50 DM.
»3-Stunden-Rennen Berliner Komiker«
Mitw.: *»Willi Rose, Hanni Rosen, Marta Hübner, Lucie Klaar, Iska Geri, Fritz Amsel, Paul Cichon, Betty Sedlmayr, Adi Appelt, Maria Ney, R.T. Odeman, 2 Harrisons, Curt Haupt, Mäcki-Trio, Trio Sorrento, Brigitte Mira, Kapelle Kurt Drabek«* (BP 44).

1958

Jan 1
8.00 Uhr. Gottesdienst
V: Neuapostolische Kirche.
LA SP 3973/633.
18.00 Uhr. Handball »Internationales Turnier«
V: HVB.
Aarhus (DK): Leif Gelvad, Mogens Olsen, Gustav Volder, Poul Michelson, Jörgen Lundbye, Poul Locht, Aage Holm Petersen, Jörgen Tillegreen, Knud Erik Jensen, Bent Jörgensen, Leif Thomas, Knud Meier.
Berlin: Fredy Pankonin, Klaus Werner, Peter Bußacker, Wolfgang Kunde, Peter Dorsch, Wolfgang Schütze, Wolfram Kunze, Eberhard Köbke, Harald Gleinig, Joachim Rudolph, Günter Scholz, Horst Jex, Günter Szillat.
Bern (CH): Alex Mundwyler, Toni Lorsten, Fritz Bernhard, Heinz Lehmann, Ueli Friedli, Max Liniger, Hans Sieber, Karl Teuscher, Adolf Burkhardt, Urs Brand, Walter Kummer, Otto Mosimann.
Südschweden (S): Sven Jönsson, Eskil Richardsson, Rune Pettersson, Thor Hedberg, Kjell-Ake Pettersson, Lennart Pettersson, Unc Richardsson, Raul Sjölin, Kjell Kjellsson, Arne Lindgren, Ake Johansson.
Je Spiel 2 x 15 Min.
1. Berlin – Bern 10:5 (4:1); 2. Südschweden – Aarhus 7:7 (3:3); 3. Berlin – Aarhus 7:6 (3:3); 4. Südschweden – Bern 13:4 (8:2); 5. Aarhus – Bern 10:10 (4:4); 6. Berlin – Südschweden 10:4 (5:1).
Ergebnis 1. Berlin, 2. Südschweden, 3. Aarhus, 4. Bern.
»Der ›Handball-Bär‹, die Siegesptrophäe des traditionellen internationalen Vier-Städte-Turniers im Hallenhandball, hat nach dreijähriger Abwesenheit wieder seinen Wohnsitz in seiner Geburtsstadt genommen« (BMp 3. 1.).
BMp 1., 3. 1.;BP 1; Ph (SPA).

Jan 10–11, 20.11 Uhr. Karnevalssitzung »Wer soll das bezahlen?«
V: SP.
Et: ab 2,– DM, *»Ostbewohner 1:1 DM Ost«.*
»Prunksitzung der Düsseldorfer Karnevalsgesellschaft ›Die Weißfräcke‹ mit den Großen des Rheinischen Humors. Die 3 Henkelmänner – die 4 Stadtmöschen. Es präsidiert: Hugo Cremer. Otto Kermbach und sein Orchester« (BP 2).
BMp 5. 1.; BP 2.

Jan 12, 18.00 Uhr. Handball
V: HVB.
Berliner Meisterschaft, Endrunde.
BSV 92: Jürgen Albrecht, Peter Bußacker, Wolfgang Kunde, Wolfgang Schütze, Joachim Rudolph, Horst Käsler, Eberhard Köbke, Karl Henkmann, Bernd Lukas, Gerd Jörke, Jürgen Bernhardt, Horst Christen.
CHC: Lothar Franke, Klaus Wegner, Günter Szillat, Jürgen Rietdorf, Karl-Heinz Pieper, Harald Gleinig, Wolfram Kunze, Peter Dorsch, Klaus Dingler, Gerhard Jordan, Horst Hempel, Werner Guske, Bernd Nass.
PSV: Horst Schneider, Gerhard Zindler, Günter Lottermoser, Günther Kape, Günter Nachtigall, Werner Köbke, Wolfgang Kaczmarek, Joachim Niemann, Hans-Joachim Wald, Günter Scholz, Hans-Jürgen Schenckewitz, Gert Schicke.
SSC Südwest: Horst Jex, Wolfgang Kelch, Werner Kollmorgen, Olaf Schulze, Jürgen Meißner, Dieter Meyerhoff, Wolf-

526 Chr Feb 21–22.
526–29 Programmhefte; SPA.

527 Chr Mär 23.

528 Chr Nov 15.

529 Chr Dez 25–28.

gang Stuck, Fritz Lange, Joachim Bosch, Kurt Weigelt, Klaus Pitschat, Klaus Ollrogge.
Je Spiel 2 x 15 Min.
1. PSV – CHC 9:7 (8:6; nach Verlängerung); 2. BSV 92 – SSC Südwest 6:4 (2:1); 3. BSV 92 – CHC 5:3 (2:2); 4. PSV – SSC Südwest 12:7 (8:3); 5. CHC – SSC Südwest 13:8 (7:3); 6. BSV 92 – PSV 8:5 (2:2).
Gesamtergebnis: 1. BSV 92, 2. PSV, 3. CHC, 4. SSC Südwest.
BMp 11., 14. 1.; BP 2; Ph (SPA).

530 Entwurf einer Rutschbahn zum Bockbierfest (Chr Jan 23–Feb 18; nach: LA, Rep. 21, Acc. 2788, Nr. 4486 [Lichtpause/Papier, ca 30,5 x 42 cm]).

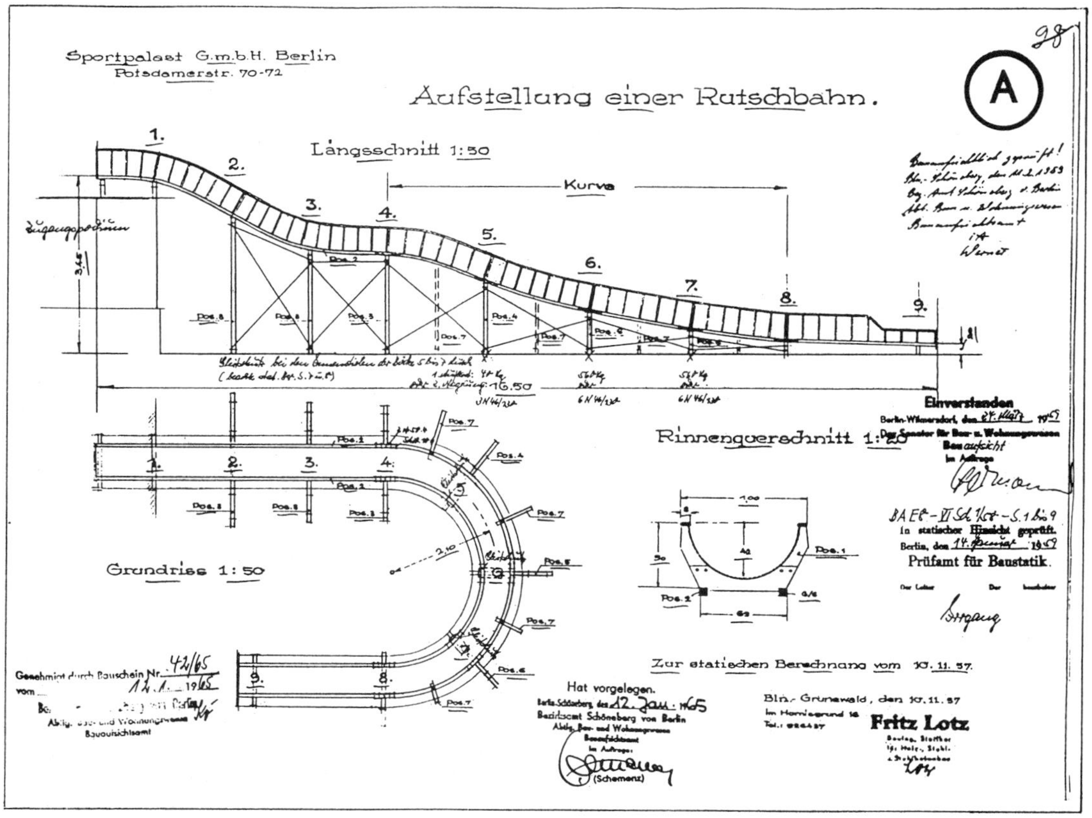

Jan 18–19, 19.00 Uhr. Eiskunstlauf »Meistertreffen der europäischen und deutschen Kunstlaufelite« u. a.
Am 19. auch 11.00 und 15.00 Uhr.
V: BEV.
Kunstlauf (und Eistanz) von Ina Bauer, Petra Damm, Ursel Dillmann, Margret Göbl, Ute Grünert, Tilo Gutzeit, Dorle Kirchhofer, Manfred Schnelldorfer, Sepp und Sonja Schönmetzler, Marika Kilius/Hans-Jürgen Bäumler, Innes Markham/Courtney Jones, Rita Pauka/Peter Kwiet.
Jan 18 Eish.: EC Oberstdorf – Berlin-Auswahl 6:5.

Jan 19 Eish.: EC Oberstdorf – Berlin-Auswahl 5:4.
BMp 17., 19., 21. 1.; BP 2.

Jan 23–Feb 18, 20.00 Uhr. 4. Bockbierfest im Sportpalast
Bis 1.00 Uhr; sonnabends bis 5.00 Uhr.
V: SP/Berliner Gaststättenbetriebe.
»... det dollste, wat de hast / Bockbierfest im Sportpalast«, *»Otto Kermbach – Sepp Schmid – Joachim Krüger«*.
Feb 15 und 17–18. »Der Höhepunkt der Bockbiersaison 3 TOLLE NÄCHTE!«
»Sonnabend, 15. Februar, 20 Uhr / Bis früh um fünfe / – Motto: Hier stößt der Bock! – / Rosenmontag, 17. Februar, 20 Uhr / Zille-Ball / Zille-Kaberett zum 100. Geburtstag / Dienstag, 18. Februar, 20 Uhr / Fastnachts-Ball / – Motto: Berlin steht kopp – / In allen 3 Nächten: / Kapellen Otto Kermbach und Sepp Schmid / und das Prominenten-Programm!«; Et: je nacht 4,– DM (Anz., BMp 9. 2.).
BMp 9. 2.; BP 3–5.

Feb 21–22, 20.00 Uhr. »3 Stunden Spaß an der Freud' Kornblumenblau«
V: Schulze/SP.
Et: ab 2,– DM, *»Ostbewohner 1:1 Ost«*.
»Karnevals-Ausklang 1958 / mit den Großen der Größten des Kölner Humors / Karl Berbuer · Jupp Schmitz · Eilemann-Trio / Hans Jonen · Max Mauel · Pelle Jöns / Karl Schmitz-Grön · Fritz Weber / Orig. Kölner Karnevals-Kapelle Christian Reuter / Elferrat u. d. Tanzmariechen m. ihr. Tanzoffizier / Es präsidieren: Hans Jonen und Max Mauel« (Anz., BMp 16. 2.).
BMp 16. 2.; BP 6.

Feb 25, 20.00 Uhr. Jazz-Konzert »Dave Brubeck-Quartett«
V: Ebner/New Jazz-Circle Berlin e.V.
Et: ab 2,– DM, *»Ostbesucher 1:1«*.
Mitw.: Dave Brubeck (p), Gene Wright (b), Paul Desmond (as), Joe Morello (dm).
Ts 28. 2.; BMp 20. 2.; BP 6; Ph (SPA).

Feb 27, 18.00 Uhr. Kundgebung zum 25. Jahrestag des Reichstagsbrandes
V: SPD, Landesverband Berlin.
Rd: Willy Brandt (Regierender Bürgermeister), Joachim Lipschitz (Innensenator), Paul Löbe (Reichstagspräs. a. D.), Carlo Schmid (Vizepräs. des Bundestages).
»[...] Löbe erinnert an die letzte Kundgebung der SPD am 27. Februar 1933 im Sportpalast, die bald nach ihrem Beginn von dem überwachenden Polizeioffizier wieder aufgelöst wurde, weil der ›Vorwärts‹-Chefredakteur Friedrich Stampfer erklärt hatte: ›Um Marxist zu sein, muß man viel, sehr viel wissen, um Antimarxist zu sein, braucht man gar nichts zu wissen.‹ [...] Lipschitz geißelt mit scharfen Worten jene Unbelehrbaren und Böswilligen, Nutznießer und Akteure des NS-Regimes, die mit Duldung höchster Bonner Stellen sich wieder einflußreicher Positionen bemächtigt hätten und dreist ihr Haupt erhöben. [...] Man sollte meinen, daß jeder Überlebende nur mit Schrecken und Abscheu an jene Zeit zurückdenke. Und doch gäbe es schon wieder Leute, die sich zynisch zu Gewalttaten bekennen. [...] Schmid bemerkt, daß ›nicht nur Goethe, sondern auch Hitler ein Stück unserer Geschichte (ist), das wir nicht verleugnen dürfen‹. Seiner Auffassung nach treffe nicht die Arbeiter die entscheidende Schuld am Versagen des deutschen Volkes gegenüber dem Nationalsozialismus, sondern die geistigen Schichten, die nicht hätten sehen wollen, wohin die Reise gehe. [...]« (Berlin, Chronik 1957–1958, S. 440).
Ts 28. 2.; BMp 28. 2.

Feb 28, 20.30 Uhr. Boxen »Hanswerner ›Buttje‹ Wohlers – Pat Mc Ateer« u. a.
V: Göttert.
Lg: Harry Kurschat (61,6 kg; Berlin) – Heinz Klein (61,6 kg; Karlsruhe), Sieg Kurschats durch Abbruch (2. Rde).
Lg: Manfred Neuke (61,3 kg; Delmenhorst) – Jean Paternotte (64 kg; B), unentschieden (8 Rdn).
Mg: Erich Walter (Hamburg) – Abel Soudan (B), Sieg Soudans durch Abbruch (6. Rde).
Mg: Hanswerner »Buttje« Wohlers (72,1 kg; Hamburg) – Pat Mc Ateer (71,5 kg; GB), unentschieden (10 Rdn).
Sg: Abraham »Rommé« Rosenberg (89,5 kg; Frankfurt am Main) – Walter Hauft (93,4 kg; Berlin), Sieg Haufts nach Pktn (4 Rdn).
Ts 28. 2.; 1. 3.; BMp 27. 2.; 1.3; BP 6; Ph (VWA).

Mär 1, 20.00 Uhr. »The American Negro Ballet Jazz« – Archie Savage mit seiner Company
V: SP/Heinicke.
»Original-Tänze – Trommeln – Gesang«.

532 Programmheft (Chr Mär 1); SPA.

531 Kundgebung der SPD (Chr Feb 27).

533 June Christy (Chr Mär 18).

Mitw.: Archie Savage, Walter Davis, Gloria Jones, Hazel Rogers, Jean Pace, Andrew Robinson, Betty Lomax, Harold Walker, Charles Mohr, Leroy Hamilton, Natt Bush; Jeanette Williams (voc), Don Powell (p), Norman & Armstead Shobey (dm), Roscoe Weathers (fl, s) u. a.

»[...] Das Erlebnis dieser anfänglichen, einfachen Einheit brachte uns ›The American Negro Ballet Jazz‹, eine Truppe von siebzehn Tänzern und Musikern unter dem Choreographen Archie Savage, die sich auf dem Podium des Sportpalastes unter einigermaßen unzulänglichen Bedingungen produzierte und das Publikum zu stürmischem Beifall hinriß. Was Archie Savage in einer bunten zweistündigen Schau tanzt und tanzen läßt, ist eine Geschichte des Jazz, deren Schauplätze die afrikanische Heimat, die Plantagen Amerikas und die Cities der Zivilisation sind, und sein künstlerischer Instinkt läßt ihn weder nach der Seite des Völkerkundlich-Trockenen noch nach der des Revuehaft-Billigen abgleiten; alles ist Tanz in elementarem Sinne, Tanz als Ausdruck übermächtiger Vitalität und als natürlich-lebendige Form« (Ts 4. 3.).

Ts 4. 3.; BMp 16. 2.; BP 7; Ph (SPA).

Mär 5–6, 20.00 Uhr. Eiskunstlauf »Schaulaufen der Weltelite«

V: BSchC.

Kunstlauf (und Eistanz) von Ina Bauer (Krefelder EV), Robert Brewer (USA), Jim Brown (USA), Jan Carnegie (CDN), Edward Collins (CDN), Ute Grünert (BSchC), Tilo Gutzeit (Düsseldorfer EG), David Jenkins (USA), Claralynn Lewis (USA), Tom Moore (USA), Geraldine Fenton/William McLachlan (CDN), Nancy und Ronald Ludington (USA), Rita Pauke/Peter Kwiet (SCC), Barbara Wagner/Bob Paul (CDN), Mary-Jane Watson/John Jarmon (USA).

Ts 25. 2.; 5.–6. 3.; Ph (SPA).

Mär 8, 20.00 Uhr. Bunte Veranstaltung »1000 x Berliner Sportpalast«

V: SP.

Et: ab 2,– DM, *»Ostbewohner 1:1 Ost«.*

»Ein festliches Jubiläumsprogramm / Die Stachelschweine / Kerstin Anderson · Erika Brüning · Gustl Dierkes / Trio Dorré · Michael Egner u. Friedel Herfurth / Marta Hübner · Willi Liebe · Die Meistervokalisten · Das Mäcki-Trio · Brigitte Mira · Maria Ney / Robert T. Odeman · Ethel Reschke · Hanni Rosen / Kinderballett Margarete Hess · Schöneberger Sängerknaben / Das große Orchester Otto Kermbach · Ansage Joachim Krüger« (Anz., Ts 2. 3.).

»1000 Veranstaltungen im Sportpalast seit 1945, seit dem Ende jenes totalen Krieges, der im Berliner Sportpalast verkündet wurde und der nur ein Trümmergrundstück von diesem übrigließ. [...] Der Eissport steht mit 113 Veranstaltungen an der Spitze, Radsport (73), Boxsport (60), Handball (32), Basketball (21) und Turnen (9) folgen. 171 Vorstellungen gaben die Eisrevuen, 84mal wurde im Sportpalast gecatcht. Chöre, Solisten und Orchester aus aller Welt – von den Londoner, Prager und Berliner Philharmonikern über die Don-Kosaken und Benjamino Gigli bis zu Lionel Hampton, Harry James und Jazz at the Philharmonic reicht die Liste – gehörten ebenso zu den Gästen wie Bundeskanzler Adenauer, die Zeugen Jehovas und Hans Albers. [...]« (Ts 4. 3.).

»Das Jubiläumsprogramm ging von A bis Z. Von Kerstin Anderson (blonde Schönheit aus Schweden) bis zu Otto Ziege (Idol des Sechstagerennens bis zu seiner Verkapselung im Privatleben). Er wurde am (neuen, hochempfindlichen) Mikrophon des Sportpalastes von Harald Karas mit der Eisprinzessin Ina Bauer und dem ›Eiskönig‹ Ernst Baier interviewt. [...] Eine Flut von Telegrammen von Tiburtius und Kressmann aus Berlin bis zu den Harlem Globetrotters aus Buenos Aires bestätigten das Ereignis. [...]« (Tg 11. 3.).

Ts 2., 4. 3.; Tg 11. 3.; Ph (VWA).

Mär 18, 20.00 Uhr. Jazz-Konzert »Jazz West Coast Show« mit June Christy

V: Ebner/SP.

Et: ab 2,– DM, *»Ostbewohner 1:1 Ost«.*

Mitw.: June Christy (voc), Bob Cooper (ts), Bud Shank (as, fl); Claude Williamson-Trio (Claude Williamson [p], Donald Prell [b], Jimmy Pratt [dm]).

»West Coast Jazz' bezeichnet jene moderne Richtung des Jazz, die auch das Modern Jazz Quartett und das Dave Brubeck Quartett vertreten, die wir erst unlängst hier hörten. Ohne die schöpferische Phantasie und technische Brillanz dieser Combos zu erreichen, wissen die Musiker der ›Jazz West Coast Show‹ jedoch, ihren Arrangements in Cool Improvisationen und Klangwirkungen zu entlocken« (BMp 20. 3.).

BMp 9., 20. 3.; BP 8; Ph (SPA).

Mär 22, 20.00 Uhr. »Eishockey USA – Deutschland«

V: DEV.

USA: Rigazio (Tor); McKinnon, Gordon Christian (Vert. A); Lawman, Eisenzopf (Vert. B); Meredith, Bill Christian, Olson (Sturm A); Zifcak, Johnson, Wonoske (Sturm B).

Deutschland: Hobelsberger (SC Riessersee) (Tor); Biersack, Huber (beide Riessersee) (Vert. A); Eggerbauer, Ambros (beide EV Füssen) (Vert. B); Pfefferle, Egen, Trautwein (alle Füssen) (Sturm A); Alois Mayr, Probst, Rampf

534 Zuhörer bei dem Konzert von Johnnie Ray (Chr Mär 29).

(alle EC Bad Tölz) (Sturm B); Werner Kadow (Preußen Krefeld), Unsinn (Füssen), Sepp (Mannheimer ERC) (Sturm C); Jansen (Krefelder EV), Sailer (Riessersee) (Ersatz).
USA – Deutschland 9:1 (0:1, 5:0, 4:0).
Ts 22.–23. 3.; BMp 19., 21., 23., 25. 3.; BP 8; Ph (SPA).

Mär 23, 15.00 und 20.00 Uhr. Bunte Veranstaltung »Was ihr wollt«
V: Union Gastspiele.
»Ein Meisterabend froher Unterhaltung«.
Mitw.: *Sari Barabas, Franz Klarwein, Vera Little, Owen Williams, Rosemarie Moogk, Mario Tuala, Kapelle Egon Kaiser«* (BP 9).
BP 9; Ph (SPA).

Mär 26, 20.00 Uhr. Bunte Veranstaltung »150. RIAS-Kaffeetafel«
V: DGB/RIAS.
Mitw.: Günter Bartosch, Hector Collantes, Peter Frankenfeld, Ekkehard Fritsch, Gisela Griffel, Walter Gross, Lonny Kellner, Maria Ney, Kurt Pratsch-Kaufmann, Ingeluise Schlenker, Günther Schwerkolt, Herbert Weissbach, Horst Wilhelm, Die drei Raben, RIAS-Kammerchor, Trio Sorrento, Orchester Krüger.
BP 8; Pz (SPA).

Mär 29, 20.00 Uhr. Konzert »Johnnie Ray«
V: SP.
Et: ab 3,– DM.
Mitw.: Johnnie Ray, *»Amerikas Schlagersänger Nr. 1«*, Omar Lamparter und seine 13 Starsolisten (Otto Fröhlich [tp], Henry Masnick [tb], Kurt Grabert [dm], Omar Lamparter [cl] u.a.), Almenar Otero, Georgia Milton, Amir Schirvani, Siegfried Schubert-Weber; Ansage: Joachim Krüger.
Bei diesem Konzert – dem einzigen Gastspiel Rays in Deutschland – kommt es *»zu tumultartigen Ausschreitungen. Nachdem er das Publikum in einen fast ekstatischen Taumel versetzt hatte, muß er fluchtartig die Bühne verlassen, um sich vor den wildaufkreischenden, meist jugendlichen Verehrern beiderlei Geschlechts zu retten. Als ein Einsatzkommando der Polizei mit Gummiknüppeln den Saal zu räumen beginnt, setzt ein ohrenbetäubendes Gejohle und Gepfeife Tausender ein, während einige Hundert Halbwüchsige in bunten Lederjacken und Niethosen damit beginnen, mit Bierflaschen und Stuhlbeinen zu werfen und ganze Sitzreihen abzumontieren. Einige der Hauptakteure werden von der Polizei vorübergehend festgenommen«* (Berlin, Chronik 1957–1958, S. 475).
BMp 23. 3.; BP 9; Ph (SPA).

Apr 4, 20.00 Uhr. Konzert »Ural Kosaken Chor«
V: Heinicke/SP.
Et: ab 2,– DM.
Dirigent: Andrej Scholuch.
BMp 23. 3.; BP 9.

Apr 5–7, 20.00 Uhr. Bunte Veranstaltung »Oster-Star-Parade«
Am 6.–7. auch 15.30 Uhr.
V: SP/Schibille.
Mitw.: *»Claire Schlichting · Mario Tuala / Klaus G. Neumann · Günter Keil / Marika Rökk / Alice Zimmermann · Fred Raoul · Adi Appelt / Hans Fidesser · Helmut Ketels · Betty Sedlmayr / Willi Lilie · Polly Pfeifer · Trio Sorrento / Werner Kroll / Kapelle Kurt Drabek · Ansage: Joachim Krüger«* (Anz., BMp 16. 3.).
BMp 16. 3.; BP 10; Ph (SPA).

535 Sidney Bechet mit der André-Réwéliotty-Band (Chr Apr 12).

Apr 12, 20.00 Uhr. Jazz-Konzert »Sidney Bechet: King of Dixieland and New Orleans Style«
V: Deutsch-Französischer Künstlerdienst, Mainz.
Et: ab 2,– DM.
Mitw.: Sidney Bechet (ss), Kansas Fields (dm) und André Réwéliotty (cl) mit seiner Band (»Zozo« d'Halluin [b], Jean-Luis Durand [tb], Yannick Singerry [p], Roland Hug [tp], »Poumy« Arnaud [dm]).
»Als er jetzt mit der André-Réwéliotty-Dixieland-Band im Sportpalast gastierte, ging die alte Faszination von ihm aus. Die Leichtigkeit, Klangfülle und gleitende Raffinesse seines von einem unvergleichlichen Bluesgefühl inspirierten Stils – all das macht auch heute noch die Einmaligkeit dieses bedeutendsten Sopran-Saxophonisten des klassischen New-Orleans-Jazz aus« (BMp 15. 4.).
BMp 30. 3.; 15. 4.; BP 11; Ph (SPA).

Apr 19, 20.00 Uhr. Bunte Veranstaltung »Berlin feiert Rudolf Nelson«
V: SP/Schibille.
Et: ab 2,– DM, *»Ostbesucher 1:1 DM-Ost«.*
»Eine festliche Veranstaltung zum 80. Geburtstag«.
Mitw.: Alfred Braun, Egon Brosig, Michael Egner, Kurt Engel, Bruno Fritz, Friedel Herfurth, Marta Hübner, Lucie Klaar, Rudolf Nelson, Mäcki-Trio, Brigitte Mira, Klaus Günter Neumann, Maria Ney, Ethel Reschke, Heinrich Rietmüller, 3 Rilons, Willi Rose, Hanni Rosen, Anita Sander, Willi Schaeffers, Edith Schollwer, Fredy Sieg, Die Stachelschweine, Trio Sorrento, Mario Tuala, Lotte Werckmeister, Ewald Wenck, Manny Ziener; Kinderballett Margarete Hess, Kapelle Otto Kermbach; Ansage: Joachim Krüger; u.a.
»Bis weit über Mitternacht feierten 8000 Ost- und West-Berliner am Wochenende den 80jährigen Komponisten und Altmeister des Kabaretts, Rudolf Nelson. 80 Künstler hatten sich für diese nachträgliche Geburtstagsfeier im Sportpalast zur Verfügung gestellt, [...]« (Ts 22. 4.).
Ts 22. 4.; BP 11; Ph (LA).

536 Programmheft (Chr Apr 12); SPA.

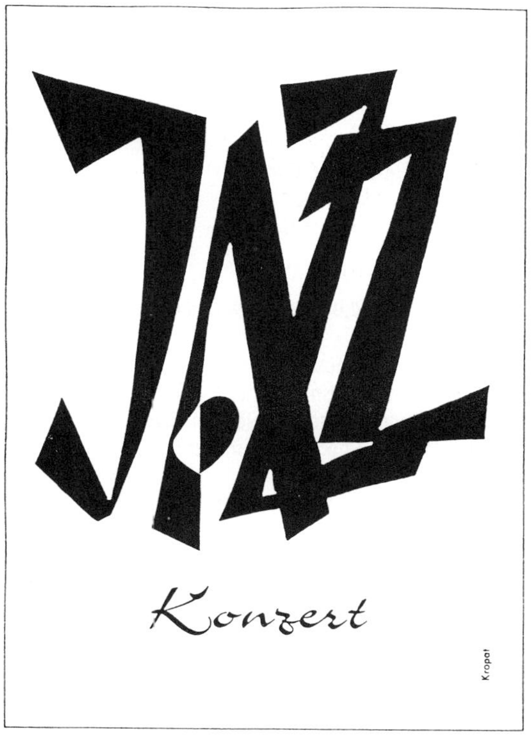

537 Chris Barber (Chr Mai 17).

538 Monty Sunshine (Chr Mai 17).

Apr 26, 20.00 Uhr. »RIAS-Kaffeetafel ›Lachende Operette‹ «
V: DGB/RIAS.
BP 12.

Apr 27, 9.00 Uhr. Gottesdienst
V: Neuapostolische Kirche.
LA SP 3973 (Br. SP v. 28. 3.).

Apr 29 – Mai 11, 20.00 Uhr. Eisrevue »Holiday on Ice 1958«
Mittwochs, sonnabends und sonntags auch 16.00 Uhr.
Et: 2,– bis 8,– DM, *»Ostbewohner 1:1 DM-Ost«*.
Mitw.: Guy Longpré und Ivor Robson, Werner Müller, Kay Servatius/Arnold Shoda, Rosemarie und Robert Unger u. v. a.
BMp 13. 4.; BP 12–14.

Mai 14, 20.00 Uhr. Kabarett »Achtung! Achtung! Hier spricht Berlin«
V: GDB.
Et: ab 2,– DM.
Zugunsten der Hilfskassen der GDB.
»Eine festliche Veranstaltung mit und um Alfred Braun anläßlich seines 70. Geburtstages / Eva Bartok · Prof. Siegfried Borries · Erika Brüning · Gustl Dierkes / Werner Eisbrenner · Hans Fidesser · Bruno Fritz · Walter Giller / Jürgen Graf · William Greihs · Martin Held · Loni Heuser · Otto Kermbach · Sandor Konya · Joachim Krüger · Ernst Krukowski · Wolfgang / Martin · Kurt Meisel · Brigitte Mira · Peter Mosbacher · Rudolf Platte / Carl Raddatz · Prof. Artur Rother · Willi Rose · Willi Schaeffers / Erich Schellow · Ursula Schirrmacher · Wolfgang Stresemann · Ludwig Suthaus · Nadja Tiller · Rolf Ulrich · Kurt Waitzmann · Gerhard Winkler / Alice Zimmermann · Schöneberger Sängerknaben / Radio-Symphonie-Orchester · Rudolf Nelson · Anita Sander / Das große SFB-Tanz- und Unterhaltungs-Orchester« (Anz., BMp 11. 5.).
BMp 11. 5.; BP 14; Ph (SPA).

Mai 17, 20.00 Uhr. Jazz-Konzert »Chris Barber's Jazzband«
V: Jänicke/New Jazz Circle Berlin e.V.
Et: ab 2,– DM.
Mit *»Ottilie Patterson u. d. Bluessängern Brownie McGhee und Sonny Terry«*.
»Die Popularität dieses jungen englischen Ensembles ist erstaunlich; sie beruht darin, daß diese sechs Musiker eine Epoche des Jazz wieder beleben, die manchem schon als verlorenes Paradies erscheint: sie spielen in New-Orleans-Manier, Trompete, Posaune und Klarinette alternierend schmetternd, schreiend und geläufig sprudelnd mit melodischen Varianten oder gehen in harter, ungeschliffener Dreistimmigkeit zusammen, Baß, Banjo und Schlagzeug sind nur Hintergrund. [...] Der eigentliche Star [...] ist der Klarinettist Monty Sunshine [...]« (Ts 21. 5.).
Ts 21. 5.; BMp 4. 5.; BP 14.

Mai 23, 20.00 Uhr. Amateur-Boxen »Berliner Meisterschaften 1958«
V: BBV.
Endkämpfe der 10. Nachkriegsmeisterschaften.
Flg: Waldemar Stephani (Sparta 58) besiegt Klaus Lichtenstein (Heros).
Bg: Horst Trostdorff (Hertha BSC) besiegt Bernhard Lingk (Astoria).
Fdg: Harry Weißenberg (Spandau 26) besiegt Gerhard Richter (NSF).
Lg: Klaus Steinert (Sparta 58) besiegt Wolfgang Seidel (Hertha BSC).
Hwg: Gerhard Dieter II (Spandau 26) besiegt Günther Grunow (TeBe).
Wg: Hans-Heinrich Dieter III (Spandau 26) besiegt Heinz Winkler II (Sparta 58).
Hmg: Horst Studemund (Hertha BSC) besiegt Harry Kascha (Hertha BSC) durch Abbruch (1.Rde).

539 Kai Chresten Winding und J. J. Johnson (Chr Sep 28).

Mg: Günter Teuscher (PSV) besiegt Hinrich Wolter (Hertha BSC) durch ko (2. Rde).
Hsg: Hans Hoth (Astoria) besiegt Harry Schwertz (Astoria) durch Abbruch (2.Rde).
Sg: Reinhard Schuldt (Viktoria) besiegt Gerhard Zech (Spandau 26).
Ts 23.–24. 5.; BMp 22., 24. 5.; BP 15; Ph (VWA).

Mai 29, 20.00 Uhr. Festkundgebung
V: DGB.
Zum 10jährigen Bestehen der *»freien Gewerkschaften«.*
BP 15.

Mai 30, 20.00 Uhr. Jazz-Konzert »Norman Granz' Jazz at the Philharmonic«
V: Jänicke/New Jazz-Circle Berlin e.V.
Et: ab 2,50 DM.
Mitw.: Max Bennett (b), Ray Brown (b), Roy Eldridge (tp), Herb Ellis (g),Stan Getz (ts), Dizzy Gillespie (tp), Coleman Hawkins (gs), Gus Johnson (dm), Pete Johnson (p), Lou Levy (p), Sonny Stitt (as), Joe Turner (voc).
BMp 25. 5.; BP 15; Ph (SPA).

Mai 31, 19.30 Uhr. Kundgebung »Wir wählen richtig, Liste 2«
V: DAG, Landesverband Berlin.
Rd: Siegfried Aufhäuser (Landesverbandsl.), Carl Ruge (M. des Hauptvorstandes).
Zur Wahl der BfA-Vertretung am 6.–8. 6.
Mitw.: Erika Brüning, Carina-Marno-Trio, Michael Egner, Kurt Engel, Walter Gross, Curt Haupt, Friedel Herfurth, Willi Liebe, Mäcki-Trio, Eddie Pauly, Robert T. Odeman, Edith Schollwer, Die Stachelschweine, Alice Zimmermann; Kapelle Otto Kermbach, Schöneberger Sängerknaben (Gerhard Hellwig); Ltg: Joachim Krüger.
Ph (SPA).

Jul 2–5, 20.00 Uhr. Basketball »Harlem Globetrotters«
V: SP.
Et: ab 2,– DM, *»Ostbewohner 1:1 DM Ost«.*
»Dazu das Weltstadt-Varieté und die Tischtennis-Weltmeister Richard Bergmann (England) Norikazu Fujii (Japan)«; Gegner diesmal die »United States Stars«.
Mitw.: Roberta Caswell (USA; Batonistin), Farias-Trio (C; ›Hand-in-Hand‹-Akrobaten), Rolando (S; Spaziergang auf den Fingern), Gus Angel (USA; Einrad-Fahrer), Havanna-Duo (C; Artisten ohne Schwerkraft), Lee Marx (USA; Jongleur), Lilly Yokoi (J; Ballerina auf dem Fahrrad).
Ts 29. 6.; 3. 7; BP 19; Ph (VWA).

Aug 31, 9.00 Uhr. Gottesdienst
V: Neuapostolische Kirche.
LA SP 3973 (Br. SP v. 29. 7.).

Sep 4–7, 20.00 Uhr. Konzert »Don Kosaken Chor Serge Jaroff«
V: Collien/Schibille
Et: ab 1,50 DM, *»Ostbewohner 1:1«.*
Ts 17. 9.; BP 25.

Sep 9, 20.00 Uhr. Bunte Veranstaltung »RIAS-Kaffeetafel«
V: DGB/RIAS.
Mitw.: Günter Bartosch, Otto Braml, Die Cornichons, Toni Dadario, Dieter Donner, Walter Anton Dotzer, Kurt Engel, Julius Eschka, Ekkehard Fritsch, Ilse Fürstenberg, Sigrid Lagemann, Ludwig Manfred Lommel, Meister-Vokalisten, Maria Ney, Kurt Pratsch-Kaufmann, Renate Renzmann, Hans Rosenthal, Ingeluise Schlenker, Günther Schwerkolt, Rolf Siegbert, Rolf Stiefel, Werner Stock; Kapelle Krüger.
BP 25; Pz (SPA).

Sep 12–14, 20.00 Uhr. Eiskunstlauf »Internationaler Eislauf-Cocktail« u. a.
V: BSchC.
Et: ab 2,– DM.

Kunstlauf (und Eistanz) von Hans-Jürgen Bäumler (SC Riessersee), Barbara Conniff (GB), Petra Damm (SC Riessersee), Karin Frohner (A), Anna Galmarini (I), Tilo Gutzeit (Düsseldorfer EG), Joan Haanappel (NL), Regine Heitzer (A), David Jenkins (USA), Marika Kilius (Frankfurter ERC), Kilius/Bäumler, Barbara Wagner/Bob Paul (CDN).
Sep 13 Eish.: BSchC – ASV Pegnitz 10:3 (2:1, 5:2, 3:0).
Ts 5., 7., 11.–14., 16. 9.; BP 26; Ph (SPA).

Sep 19, 20.00 Uhr. Bunte Veranstaltung »Ein Meisterabend froher Unterhaltung« mit Marika Rökk
V: Hofner/Union-Gastspiele.
Et: ab 1,50 DM, *»Ostbewohner 1:1«.*
»Marika Rökk singt, tanzt und stept mit ihren Filmpartnern Claus Christofolini · Helmut Ketels«.
Mitw.: *»Will Höhne · Lonny Kellner · Andrea Larsen / Herr Fröhlich u. Herr Schön · Schwabenhans'l / Fred Paul · Orchester Gerhard Wehner (SDR)«* (Anz., BMp 7. 9.).
BMp 7. 9.; BP 26; Ph (SPA).

Sep 20, 20.00 Uhr. Jazz-Konzert »Dixieland-Blues – Skiffle«
V: Jänicke.
Et: ab 2,50 DM.
Mitw.: Humpfrey Lyttelton (tp) and his Band (Tony Coe [as], Jimmy Skidmore [ts], Joe Temperley [bs], John Picard [tb], Ian Armit [p], Brian Brocklehurst [b]), Jimmy Rushing (voc), Lonnie Donegan (voc, bjo, g) and his Skiffle Group (Leslie Bennetts [g], Peter Huggett [b], Nick Nicholls [dm]).
Ts 7., 24. 9.; Ph (SPA).

Sep 21, 15.00 und 20.00 Uhr. Bunte Veranstaltung »Lachender Sportpalast« mit Ludwig Manfred Lommel
V: Union-Gastspiele.
BP 27.

Sep 28, 19.30 Uhr. Jazz-Konzert »Jazz from Carnegie Hall«
V: Jänicke.
Mitw.: *»›JAY and KAI‹. J. J. Johnson (p. s.) · Kai Windings (p. s.) / Oscar Pettiford (b.) · Lée Konitz (a. s.) · Red Garland (p.) / Zoot Sims (t. s.) · Kenny Clarke (d.) · Phineas Newborn (p.)«* (Anz., BMp 14. 9.).
BMp 14. 9.; BP 27.

Okt 3–9. 45. Berliner Sechstagerennen
Beginn 3. 10. um 20.00 Uhr, Start 22.00 Uhr, Ende 9. 10. um 23.00 Uhr.
V: Knaak (Otto Ziege).
Musik: 2 Kapellen mit Otto Kermbach.
Wertungen: 14.30, 16.00, 20.30, 2.00, 4.00 Uhr (je 10 Spurts).
Teiln. (13 Paare): 1. van Steenbergen/Severeyns (B), 2. Terruzzi/Faggin (I), 3. Nielsen/Lykke (DK), 4. Arnold/Batiz (Aus/RA), 5. Gillen/Jaroszewicz (L/D), 6. Roth/Pfenninger (CH), 7. Petry/Marsell (D), 8. Schulte/Bugdahl (NL/D), 9. Junkermann/Müller (D), 10. Reitz/Tüller (D), 11. Scholl/Ziegler (D), 12. Reinecke/Wildermann (D), 13. Altweck/Donicke (D).
Ergebnis: 1. Schulte/Bugdahl 470 Pkte; 2. van Steenbergen/Severeyns 392; 3. Nielsen/Lykke 317; 4. Terruzzi/Faggin (1 Rde zurück) 461; 5. Arnold/Batiz 301; 6. Roth/Jaroszewicz (2 Rdn zurück) 303; 7. Petry/Marsell (8 Rdn zurück) 327; 8. Scholl/Ziegler (11 Rdn zurück) 344; 9. Altweck/Donicke 267; 10. Junkermann/Müller 132; 11. Reinecke/Wildermann (25 Rdn zurück) 228.
Zurückgelegte km: 3487,200.
Startschuß: *»abgefeuert von Frankreichs Europa-Boxmeister Charles Humez und der in einem schwarzen Silberlaméekleid erschienenen amerikanischen Filmschauspielerin Debra Paget«* (Ts 4. 10.).
Vorrennen: Einstunden-Einzelfahren der Amateure.
Am 6. 10. Wahl der Miß Heuboden.
»48 Stunden vor dem Start des Berliner Sechstagerennens arbeiten traditionsgemäß noch die Zimmerleute an dem Einbau der 166,6 m langen Sportpalast-Bahn. Rund 1700 Meter neue Holzlatten für die Kurven, fast 1500 Meter Fußbodenbretter und etwa 72000 Nägel wurden verwendet, um die Bahn in einen »jubiläumsgemäßen« Zustand zu bringen, denn der europäische Six-days-Auftakt ist das 45. Berliner, das 30. Sportpalast- und das 125. deutsche Sechstagerennen. Aber heute Mittag zur Abnahme durch die Baupolizei wird alles fertig sein, so daß die engagierten 26 Profis nach der Fahrerbesprechung um 17 Uhr schon ein paar Proberunden fahren können« (Ts 2. 10.).
Ts 31. 8.; 10. 9.; 2.–10. 10.; BP 28 f.; Ph (VWA).

Okt 11–12. »Stars am Start«
Am 11. 10. um 20.00 Uhr, am 12. 10. um 16.00 Uhr.
V: Hoffmeister/SP/Schibille.
Et: ab 2,– DM, *»Ostbesucher 1:1«.*
Mitw.: *»Conny, Peter Kraus, Otto Höpfner, Margot Eskens, Paul Kuhn, Peter Frankenfeld, Silvio Francesco, Barbara Kist, Horst Sippel, Fred Bertelmann u. a.«* (BP 29).
Ts 28. 9.; BP 29.

Okt 17, 19.30 Uhr. Handball »Internationales Turnier«
V: CHC.
BSV 92: Jürgen Albrecht, Peter Bußacker, Wolfgang Schütze, Wolfgang Kunde, Horst Singer, Horst Käsler, Joachim Rudolph, Eberhard Köbke, Jürgen Bernhardt, Berndt Lukas, Horst Schubert.
CHC: Siegfried Unglert, Klaus Wegner, Jürgen Rietdorf, Peter Kunze, Peter Dorsch, Harald Gleinig, Günter Scholz, Wolfram Kunze, Karl-Heinz Pieper, Gerhard Jordan, Jürgen Meißner, Lothar Franke.
FA Göppingen: Anton Burkhardsmaier, Hanspeter Flinspach, Gerhard Grill, Edmund Meister, Werner Speidel, Joachim Pohl, Edwin Vollmer, Fritz Jarosch, Heribert Weiss, Erwin Singer, Eberhard Röhm, Siegfried Schwenk, Günter Fussenegger.
H 43 Lund (S): Jan Strömgren, Per-Olof Österlin, Ingvar Larsson, Harry Winberg, Gunnar Persson, Charles Lindgren, Nils Danielsson, Karl Olsson, Hasse Nilsson, Bertil Nilsson.
Je Spiel 2 x 15 Min.
1. CHC – Göppingen 10:9 (3:6); 2. BSV 92 – Lund 6:4 (5:2); 3. BSV 92 – CHC 11:9 (6:2); 4. Lund – Göppingen 11:5 (7:5); 5. BSV 92 – Göppingen 14:10 (8:3); 6. CHC – Lund 10:8 (4:2).
Ergebnis: 1. BSV 92 6:0 Pkte (31:23 Tore); 2. CHC.
Ts 15., 18. 10.; BP 29; Ph (SPA).

Okt 18, 20.00 Uhr. Konzert »Hoch- und Deutschmeister Wien«
V: Schibille.
Et: ab 2,– DM, *»Ostbesucher 1:1«.*
Ltg: Julius Herrmann.
Ts 5. 10.; BP 29.

Okt 19, 18.00 Uhr. »Tennis-Weltmeister im Sportpalast«
V: SP.
Et: ab 3,50 DM.
»Jack Kramers weltberühmter ›Tennis-Zirkus‹, zum erstenmal im Sportpalast«.
Mitw.: Ricardo Gonzales (USA), Ken Rosewall (AUS), Pancho Segura (EC), Tony Trabert (USA).
»Annähernd 3000 Besucher erlebten das Supertennis [...] Eine kaum noch für möglich gehaltene Steigerung bot das abschließende Zweistunden Duell im Doppel. Die Zuschauer gerieten ganz aus dem Häuschen bei dem Furioso, das die Tenniszauberer [...] entfesselten« (Ts 21. 10.).
Ts 12., 16., 19., 21. 10.; BP 29.

Okt 22, 19.30 Uhr. Konzert »Airmen of note«
V: Zentralausschuß/ RIAS.
»U.S. Air Force Dance Band [...] mit Musikern aus den Orchestern Tommy Dorsey, Gene Krupa, Ralph Flanagan, Harry James, Ansage: Jürgen Graf« (BP 30).

Okt 24, 19.45 Uhr. Radrennen »Nacht der Revanche«
V: Knaak (Otto Ziege).
Unter Beteiligung von Amateuren.

540 Aus dem Programmheft (Chr Nov 1–2); VWA.

50 Jahre Kapelle Otto Kermbach

ALS GRATULANTEN GRÜSSEN

Adi Appelt Erwin Bredow Egon Brosig Paul Cichon Kurt Engel Hans Fidesser Walter Gross Erna Haffner
Curt Haupt Fred Hänsom Der dicke Heinrich Lilo Herbeth Kinderballett Hess Marta Hübner Lucie Klaar
Christiane Kappauff Willi Liebe Mäcki-Trio Meistervokalisten Klaus Günter Neumann Marianne Pohlenz
Pratsch-Kaufmann Fredy Rolf Willi Rose Hanni Rosen Rolf Sanden Claire Schlichting Schöneberger Sängerknaben
Betty Sedlmayr 3 Travellers Alice Zimmermann

Leitung und Ansage Joachim Krüger

DAS GROSSE ORCHESTER OTTO KERMBACH

541 Zuhörer bei dem Konzert von Bill Haley (Chr Okt 26).

542 Nach dem Konzert von Bill Haley (Chr Okt 26).

Achtstunden-Mannschaftsfahren (11 Paare): 1. van Steenbergen/Severeyns (B) 160 Pkte; 2. Nielsen/Lykke (DK) 108; 3. Schulte/Jaroszewicz (NL/D) 58; 4. Petry/Gieseler (D; 1 Rde zurück) 78; 5. Ziegler/Scholl (D; 2 Rdn zurück) 44; 6. de Baere/Olsen (B/DK; 4 Rdn zurück) 59; 7. Reinekke/Wildermann (D; 5 Rdn zurück)68; 8. Altweck/Holz (D) 66; 9. Burrey/Reitz (D; 9 Rdn zurück) 56; 10. Klamer/Brinkmann (DK/D; 10 Rdn zurück); 316,300 km; außerdem starteten: Marsell (D; mit Reinecke) und Körnchen (D; mit Wildermann).
Vorrennen (30-Min.-Punktefahren der Amateure): 1. Wolf Jürgen Edler (Kreuzberger RVg), 2. Grzesik (BRC Endspurt), 3. Prechel (BRC Zugvogel).
Ts 22., 24.–26. 10.; BMp 19., 23., 25.–26. 10.; BP 30; Ph (SPA).

Okt 26, 20.00 Uhr. Konzert »Bill Haley and his Comets« und »Kurt Edelhagen mit seinem internationalen Star-Orchester«
V: Hoffmeister/Collien/Schibille.
Et: ab 2,50 DM.
»Die Halbstarken-Raserei im Sportpalast / Auge eines Polizisten gefährdet – 30 000 DM Sachschaden von Versicherung gedeckt – Direktor Kraeft bläst Jazz ab 30 000 DM Sachschaden, 17 Verletzte, 18 Zwangsgestellungen und Festnahmen, ein Haftbefehl, 22 Strafanzeigen – das ist das bisherige Ergebnis der Rock'n Roll-Veranstaltung mit dem Orchester Bill Haley [...] im Sportpalast. [...] Bill Haley erscheint. Bierdeckel fliegen durch die Luft. Das Orchester beginnt zu spielen, und damit ist auch für die Rowdies das Signal gegeben, die bisher noch verhältnismäßig ruhig auf ihren Plätzen saßen. Stühle werden auseinandergebrochen, abgebrochene Latten, Stuhlbeine und Sitzflächen der Stühle wirbeln durch die Gegend. etwa 500 der 7000 Veranstaltungsgäste toben, hupen mit mitgebrachten Lärminstrumenten, schießen mit großkalibrigen Schreckschußpistolen. [...]« (Ts 28. 10.).
Ts 12., 28.–31. 10.; 1. 11.; BMp 28. 10.; BP 30; Ph (SPA).

Okt 29, 20.00 Uhr. Bunte Veranstaltung »RIAS-Kaffeetafel«
V: DGB/RIAS
LA SP 3973 (Br. v. 28. 3.).

Okt 31, 20.00 Uhr. Jazz-Konzert »Swingin' the Blues – Sammy Price and his Band«
V: SP.
Et: ab 2,– DM, *»Ostbew. 1:1«*.
Mitw.: J.C. Higginbotham (tb), Eddie Barefield (cl), Arvell Shaw (b), J.C. Heard (dm) u.a.
BMp 26. 10.; Report 10/11, S. 3.

Nov 1–2. Bunte Veranstaltung »50 Jahre Kapelle Otto Kermbach – Berlin bleibt doch Berlin«
Am 1. 11. um 20.00 Uhr, am 2. 11. um 16.00 Uhr.
V: SP/Schibille.
Et: ab 2,– DM.
Mitw.: *»Walter Gross, Claire Schlichting, Mäcki-Trio, Klaus-Günter Neumann, Pratsch-Kaufmann, Willi Rose, Kurt Engel, Erwin Bredow / Lilo Herbeth, Fredy Rolf, Erna Haffner, 3 Travellers, Marta Hübner, Hans Fidesser u. a.«*(BP 31).
Ts 19. 10.; BP 31; Ph (VWA).

Nov 7, 20.00 Uhr. Kundgebung mit buntem Programm
V: CDU, Landesverband Berlin.
Zu den Wahlen zu dem Abgeordnetenhaus von Berlin und den BVV am 7. 12.

Deutsche Partei
im
Sportpalast
Mittwoch, den 12. Nov. 1958
Eröffnung 19[00] Uhr
Beginn 20[00] Uhr
Großes Konzert
DP
DEUTSCHE PARTEI

543 Flugblatt (Chr Nov 12); LA.

Rd: Franz Amrehn (Bürgermeister), Kurt Georg Kiesinger (Vors. des Bundestagsausschusses für Auswärtige Angelegenheiten), Ernst Lemmer (Landesvors., Bundesmin.).
»Mit politischem Kabarett, Chansons (›Mein Ernst ist dufte‹ eigens für den Wahlkampf komponiert), Walter Gross' ›Am politischen Stammtisch‹ und Otto Kermbachs ›Berliner Luft‹ hat die CDU gestern abend im Sportpalast ihren Wahlkampf ›neuen Stils‹ vor vollbesetztem Haus eröffnet« (Ts 8. 11.).
Ts: 8. 11.; BMp 8. 11.; Berlin, Chronik 1957–1958, S. 728 f.

Nov 8–9. »Beschwingte Musik aus Oper, Operette, Musical und Tonfilm«
Am 8. 11. um 20.00 Uhr, am 9. 11. um 19.00 Uhr.
V: Zentralausschuß/RIAS.
»Wohltätigkeitsveranstaltung des Berliner Zentralausschusses für die Verteilung von Liebesgaben«.
Mitw.: Erika Köth, Lenora Lafayette, Herta Staal, Lawrence Winters, Hendrikus Rootering, Harry Friedauer, RIAS-Orchester (Hans Carste), RIAS-Chor (Günther Arndt); Ansage: Werner Oehlschläger.
BP 31; Ph (SPA).

Nov 12, 20.00 Uhr. Kundgebung
V: DP, Landesverband Berlin.
Et: 0,50 DM, Rentner und Erwl. 0,20 DM.
Zu den Wahlen zu dem Abgeordnetenhaus von Berlin und den BVV am 7. 12.
Rd: Heinrich Hellwege (Ministerpräs.), Wolfram von Heynitz (Landesvors.).
Ts 13. 11.; BMp 12. 11.

Nov 13, 19.30 Uhr. Kundgebung
V: SED, Bezirksleitung Groß-Berlin.
Zu den Wahlen zu dem Abgeordnetenhaus von Berlin und dem BVV am 7. 12.
Rd: Bruno Baum (Sekr. der Bezirksleitung), Albert Norden (M. des Politbüros, Sekr. des Zentralkomitees der SED).
Th: *»Nur die SED hat ein konstruktives Programm zur Normalisierung der Lage in Berlin«.*
»Es gibt nur eine Losung an der Spree: Westberlin wählt SED!«
Mitw.: Wolfgang Langhoff, Li Weinert, Robert Trösch, Mathilde Danegger, Gisela Mey, Harry Hindemith, FDGB-Chor Groß-Berlin, Orchester der Hochschule für Musik, Chor der Hochschule für Ökonomie, Vereinigte Schalmeienorchester Groß-Berlin (Kurt Pospyrsnie).
»Einige tausend Demonstranten gaben gestern abend mit Protesten gegen die kommunistischen Parolen den Auftakt zu der ersten großen SED-Wahlversammlung in West-Berlin, in der im Sportpalast das SED-Politbüromitglied Norden sprach« (Ts 14. 11.).
Ts 14. 11.; BMp 14. 11.; Pz (SPA); Berlin, Chronik 1957–1958, S. 737.

Nov 15, 20.00 Uhr. Bunte Veranstaltung »Schlager und Humor«
V: Zentralausschuß/ SFB.
»Großveranstaltung des SFB für die Weihnachtsbescherung von Flüchtlingskindern«.
Mitw.: Ilse Fröhlich, Ilse und Werner Hass, Renate Holm, Hans Ludwig, Mäcki-Trio, Undine von Medvey, Addi Münster, Klaus Günter Neumann, Harald Nielsen, Tony Sandler, Günther Schwerkolt, Trio Sorrento, Horst Winter, Das große SFB-Tanzorchester (William Greihs).
Ph (SPA).

Nov 17, 17.00 Uhr. Bunte Veranstaltung
V: DGB.
LA SP 3973 (Br. SP v. 28. 10.).

Nov 18, 20.00 Uhr. Konzert »Schaumburger Märchensänger«
V: SP.
Et: ab 1,50 DM, *»Ostbewohner 1:1 DM Ost«.*
Ltg: Edith Möller.
Ts 9. 11.; BP 32.

Nov 19, 18.00 Uhr. Handball »Internationales Turnier«
V: HVB.
BSV 92: Jürgen Albrecht, Dankwart Hüffmeier, Peter Bußacker, Wolfgang Schütze, Wolfgang Kunde, Horst Singer, Horst Käsler, Joachim Rudolph, Bernd Lukas, Jürgen Bernhardt, Eberhard Köbke, Horst Schubert.
CHC: Siegfried Unglert, Lothar Franke, Jürgen Rietdorf, Gerhard Lenz, Klaus Wegner, Jürgen Meißner, Wolfram Kunze, Harald Gleinig, Peter Dorsch, Günter Scholz, Karl-Heinz Pieper, Günter Szillat, Gerhard Jordan.
IFK Malmö (S): Jörgen Hallbäck, Hans Ake Nilsson, Nils Erik Jacobsson, Erik Kamph, Stig Nilsson, Lennart Lindberg, Jan Magnusson, Gert Thysell, Nils Gösta Paulsson, Inge Svensson, Kjell Jönsson, Olle Althin, Olle Bengtsson.
PSV: Horst Schneider, Werner Hoffmann, Hans-Jürgen Schenckewitz, Günter Lottermoser, Günther Kape, Joachim Niemann, Hans-Joachim Wald, Wolfgang Kaczmarek, Hans-Peter Kahlau, Werner Köbke, Siegfried Becker, Wolfgang Schwarz.
SSC Südwest: Joachim Bosch, Horst Jex, Helmut Brunn, Hans-Joachim Aminde, Karl-Heinz Plötz, Jürgen Pander, Dieter Meyerhoff, Wolfgang Stuck, Hans-Rudolf Hilbig, Helmut Müller, Klaus Ollrogge, Klaus Bischke, Klaus Pitschat.
VfL Wolfsburg: Jürgen Hinrichs, Hein Gerle, Horst Nolte, Paul Schwope, Jürgen Kniphals, Egon Brüheim, Uwe Trigo-Teixeira, Manfred Fiebach, Rudi Fiebach, Peter Baronski, Walter Hansch, Hans Zacharias, Ernst Lüthe.
Je Spiel 2 x 10 Min.
1. Malmö – CHC 13:8; 2. BSV 92 – SSC Südwest 12:2; 3.

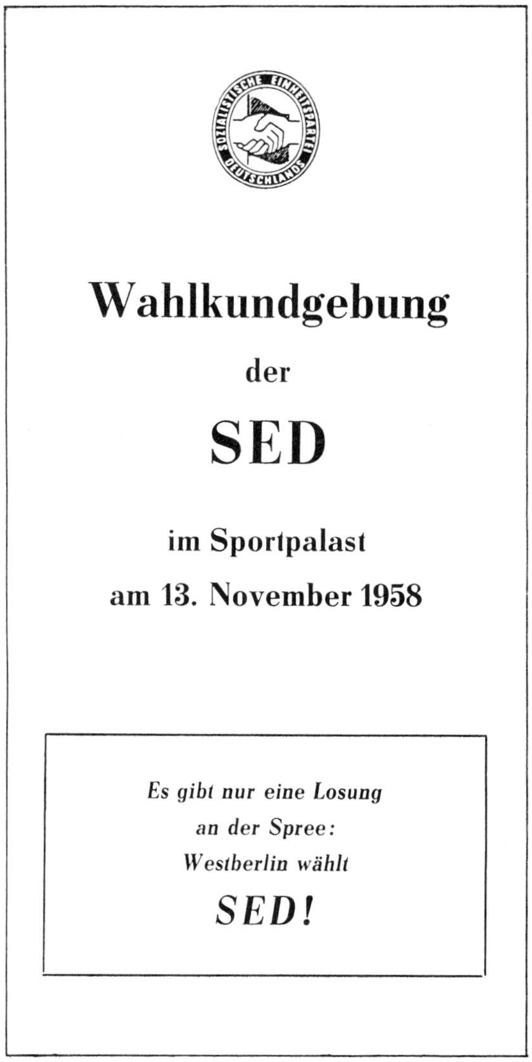
Sozialistische Einheitspartei Deutschlands
Wahlkundgebung
der
SED
im Sportpalast
am 13. November 1958
Es gibt nur eine Losung
an der Spree:
Westberlin wählt
SED!

544 Programmzettel (Chr Nov 13); SPA.

545 Litfaßsäule mit SED-Plakat (Chr Nov 13).

PSV – CHC 6:5; 4. Wolfsburg– SSC Südwest 12:4; 5. Malmö – PSV 12:7; 6. BSV 92 – Wolfsburg 6:3; 7. Malmö– Wolfsburg 5:4, 8. BSV 92 – PSV 14:10 (7:7, nach Verlängerung); 9. PSV – Wolfsburg 9:7 (5:2); 10. BSV 92 – Malmö 11:7 (6:4).
Gesamtergebnis: 1. BSV 92, 2. Malmö, 3. PSV, 4. Wolfsburg.
Einlagespiel (Schüler, 2 x 7 Min.): SSC Südwest – TSV Guts-Muths.
Ts 19., 21. 11.; BP 32; Ph (SPA).

Nov 22, 20.00 Uhr. Eishockey u. a.
V: BSchC.
Zum 65jährigen Bestehen des BSchC.
Kunstlauf (und Eistanz) von Ute Grünert, Karin Klaws, Ingrid Schliebener, Doreen D. Denny/Courtney Jones (GB) u. a.
BSchC – Kölner EK 6:6 (3:2, 2:1, 1:3; Oberliga).
Ts 22., 25. 11.; BMp 21., 25. 11.; BP 33.

Nov 26 – Dez 16. Wiener Eisrevue mit »Zauber der Liebe«
Werktags 20.00 Uhr, sonntags 19.00 Uhr, sonnabends und sonntags auch 15.30 Uhr.
V: SP.
Et: 2,– bis 8,– DM, *»Ostbewohner 1:1 Ost«*.
R: Will Petter; Mu: Robert Stolz. Mitw.: Liliane de Becker, André Calame, Hanna Eigel, Liesl Ellend, Ulli Ertl, Pieter van Gils, Fernand Leemans, Konrad Lienert, Eva Pavlik, Emmy Puzinger, Inge und Willi Schilling, Rudie Seeliger, Ingrid Wendl, Wiener Eisballett u. a.
Ts 9., 27. 11.; BMp 12. 11.; BP 33–35; Ph (SPA).

Dez 17, 19.30 Uhr. »Handballvergleich der Männer und Frauen«
V: HVB.
Bezirksfachausschuß Berlin im DHV des DTSB – HVB.
Frauen (2x20 Min.): HVB – Bezirksfachausschuß 11:4 (8:0).
Männer(2x30 Min.): HVB – Bezirksfachausschuß 17:14 (10:5).
Ts 17.–18. 12.; BP 35; Ph (SPA).

Dez 20 – 21, 20.00 Uhr. Konzert »Don Kosaken Chor Serge Jaroff«
V: Collien/Schibille.
Mitw.: Schöneberger Sängerknaben (G.Hellwig).
Ts 14. 12.; Ph (SPA).

Dez 25 – 28. Bunte Veranstaltung »Weihnachts-Star-Parade«
Am 25.–26. um 15.30 und 20.00 Uhr, am 27. um 20.00 Uhr, am 28. um 15.30 Uhr.
V: SP/Schibille.
Mitw.: *»Helge Roswaenge, Bully Buhlan, Günther Keil, Sherrier, Lys Assia, Santa Chissari, Trio Sorrento, Ethel Reschke, Kurt Pratsch-Kaufmann, Liselotte Malkowsky, Claire Schlichting, u. a. Kapelle: Wilfried Krüger, Ansage: Joachim Krüger«* (BP 36).
Ts 14. 12.; BP 36; Ph (VWA).

Dez 31, 19.15 Uhr. Bunte Veranstaltung »Die letzte Runde 1958«
V: SP/Schibille.
Et: ab 1,50 DM.
»3-Stunden-Rennen Berliner Komiker«.
Mitw.: Fritz Amsel, Adi Appelt, Egon Brosig, Erika Brüning, Paul Cichon, Gustl Dierkes, 2 Harrisons, Curt Haupt, Marta Hübner, Lucie Klaar, Mäcki-Trio, Klaus Günter Neumann, Robert T. Odeman, Kurt Pratsch-Kaufmann, Ethel Reschke, Willi Rose, Hanni Rosen, Axel Sandy, Betty Sedlmayr, Sherrier, Mario Tuala; Kapelle Otto Kermbach, Kapelle Wilfried Krüger; Ansage: Joachim Krüger.
Ts 21. 12.; BP 36; Ph (SPA).

1959

Jan 1
10.00 Uhr. Gottesdienst
V: Neuapostolische Kirche.
LA SP 3973/785.
17.30 Uhr. Handball »Internationales Turnier«
V: HVB.
Aarhus (DK): Leif Gelvad (AGF), Mogens Olsen (KFUM), Poul Winge (KFUM), Egon Jensen (Viby IF), Bent Jörgensen (Skovbakken), Poul Locht (AGF), Bent Meng (AGF), Knud Skaarup (Skovbakken), Jörgen Lundby (AGF), Hans-Jürgen Jacobsen Fremad, Aage Holm Petersen (AGF), Erich Roed (AIA).
Berlin: Fredy Pankonin (BSC Rehberge), Horst Singer (BSV 92), Wolfram Kunze (CHC), Horst Käsler (BSV 92), Wolfgang Schütze (BSV 92), Hans-Joachim Wald (PSV), Wolfgang Kunde (BSV 92), Joachim Rudolph (BSV 92), Günter Scholz (CHC), Jürgen Meißner (CHC), Harald Gleinig (CHC), Jürgen Albrecht (BSV 92).
Göteborg (S): Donald Lindblom (RIK), Stig Larsson (GBIS), Lars-Axel Johansson (MIK), Ingvar Landström (Gais), Sven-Olf Hjelmqvist (Gais), Stig Joseffsson (MIK), Stig Kennheden (MIK), Sten Lindgren (Heim), Agne Svensson (Heim), Kjell Jarlenius (Baltichov), Ove Persson (GBIS), K.G. Falk (IK Wega).
Oslo (N): Oddvar Klepperas (Fredensborg), Knut Larsen (Fredensborg), John Tresse (Arild), Kjell Svestad (Fredensborg), Agnar Hagen (Arild), Jan Narvestad (Arild), Jan Flatla (Arild), Erik Velland (Grönland), Roy Yssen (Fredensborg), Finn Arne Johansen (Fredensborg), Thor Hoff Olsen (OHK), Kai Ringlund (Fredensborg).
Je Spiel 2 x 15 Min.
1. Berlin – Oslo 8:7; 2. Aarhus – Göteborg 10:9; 3. Berlin – Göteborg 15:9; 4. Aarhus – Oslo 6:3; 5. Göteborg – Oslo 10:7, 6. Berlin – Aarhus 7:6.
Gesamtergebnis: 1. Berlin, 2. Aarhus, 3. Göteborg, 4. Oslo.
Ts 31. 12. 1958; 3. 1.; Ph (SPA).

Jan 3 – 4. Karnevalssitzung »Wer soll das bezahlen?«
Am 3. 1. um 20.11 Uhr, am 4. 1. um 17.11 Uhr.
V: SP.
Et: ab 2,–DM, *»Ostbewohner 1:1 DM Ost«*.
Prunksitzung der Düsseldorfer Karnevalsgesellschaft »DKG-Weißfräcke«.
Mitw.: Dr. Allos, Willi Böttcher, Hugo Cremer, Franz Ketzer, Willy Keuenhof, Karl Klinzing, Kurt Poschinger, Hans Quasten; Hans Heinrichs, Hans-Ludwig Lonsdorfer, Heinz Schüler; das große Fanfarenkorps und das große Blasorchester der Funken-Artillerie Eschweiler u. a.
Ts 28. 12. 1958; BP 1; Ph (SPA).

Jan 6, 20.00 Uhr. Konzert »Budapester Zigeuner-Orchester«
V: Dickers & Schlote/Heinicke.
»Ein neues Programm feuriger Rhythmen, wirbelnder Tänze und sehnsuchtsvoller Lieder«.
Mitw.: Agnes Gellért, Clementine Horváth, József Pécsi, Mihály Tar u. a.
Ts 1. 1.; BP 1; Ph (SPA).

Jan 7, 20.30 Uhr. Boxen »Peter Müller – Sauveur Chiocca« u. a.
V: Göttert/Englert.
Lg: Harry Kurschat (60,6 kg; Berlin) – Manfred Neuke (60,9 kg; Delmenhorst), Sieg Kurschats nach Pktn (10 Rdn).
Wg: Heinz Winkler (63,4 kg; Berlin) – Rudolf Bielmann (60,4 kg; Freiburg), Sieg Winklers durch Abbruch (2. Rde).
Mg: Peter Müller (70 kg; Köln) – Sauveur Chiocca (66,9 kg; F), Sieg Müllers nach Pktn (10 Rdn).
Hsg: Dieter Wemhöner (78,3 kg; Berlin) – Ilde Warusfel (78,1 kg; F), Sieg Wemhöners nach Pktn (8 Rdn).
Sg: Werner Walloschek (101 kg; Berlin) – Baby de Voogd (98,1 kg; NL), Sieg Walloscheks durch Abbruch (5. Rde).
Sg: Ulli Nitzschke (90,1 kg; Berlin) – André Wyns (88 kg; B), Sieg Nitzschkes durch Abbruch (1. Rde).
Ts 7.–8. 1.; BP 1; Ph (VWA).

Jan 9 – 11. Eiskunstlauf »Deutsche Meisterschaften 1959«
V: DEV/BEV.
Jan 9
8.00 Uhr. Training.
Jan 10
7.30 Uhr. Pflicht
20.00 Uhr. Pflicht (Meister-Tanzpaare), Kür (Junioren-Damen, Junioren-Tanzpaare, Meister-Paare), anschließend Schaulaufen.
Jan 11
15.00 Uhr. Pflicht (Meister-Tanzpaare), Kür (Senioren-Herren, Senioren-Damen, Meister-Herren), anschließend Schaulaufen.
19.00 Uhr. Kür (Junioren-Herren, Junioren-Paare, Meister-Tanzpaare, Meister-Damen), anschließend Schaulaufen.
Ergebnisse:
Meister-Damen: 1. Ina Bauer (Krefeld) Plz 5/186,66 Pkte; 2. Bärbel Martin (Hamburg) 13/174,74; 3. Ursula Barkey (Köln) 18/173,7.
Meister-Herren: 1. Manfred Schnelldorfer (München) 7/185,16; 2. Tilo Gutzeit (Düsseldorf) 11/182,92; 3. Hans-Jürgen Bäumler (Riessersee) 12/180,92.
Meister-Paare: 1. Marika Kilius/Hans-Jürgen Bäumler (Frankfurt am Main/Riessersee) 5/11,22; 2. Margret Göbl/Franz Ningel (Riessersee/Frankfurt am Main) 11/11,14; 3. Rita Blumenberg/Werner Mensching (Nürnberg) 14/10,96.
Meister-Tanzpaare: 1. Rita Pauka/Peter Kwiet (Berlin) 5/35,52; 2. Elly Thal/Hannes Burkhardt (München) 10/34,42; 3. Margot Nissen/Gerhard Mayer (Hamburg) 16/32,61.
Junioren-Damen: 1. Brigitte Wagner (Riessersee) 13/76,36; 2. Traudi Müller (Nürnberg) 21/75,32; 3. Ingrid Schliebener (Berlin) 17/75,10.
Junioren-Herren: 1. Hugo Dümler (Nürnberg) 6/385,02; 2. Peter Krick (Bad Nauheim) 9/377,7; 3. Eckhard Auberlen (Düsseldorf) 17/349,68.
Junioren-Paare: 1. Marga Mussfeld/Rudolf Steigerwald (Frankfurt am Main) 12/9,64; 2. Edith Kabel/Heinz Germershausen (Frankfurt am Main) 13,5/9,56; 3. Hiltrud Winkel/Hans-Dieter Winkel (Mannheim) 16/954.
Junioren-Tanzpaare: 1. Irmgard Hildner/Fritz Schorr (Nürnberg) 8/20,62; 2. Gitta Höllmich/Rudi Matysik (Berlin) 13/20,28; 3. Kogler/Kunz (München) 16/20,0.
Senioren-Damen: 1. Sonja Schönmetzler (Riessersee) 5/116,22; 2. Ute Grünert (Berlin) 13/112,0; 3. Adda Müller (Hamburg) 21/111,54.

1959 1959

546 Plakat (Chr Feb 11); Grote.

Senioren-Herren: 1. Franz Pieringer (München) 5/111,04; 2. Sepp Schönmetzler (Riessersee) 11/108,4; 3. Fritz Keszler (Mannheim) 14/105,36.
Ts 9.–14. 1.; BP 2; Ph (LA).

Jan 15–Feb 10, 20.00 Uhr. 5. Bockbierfest im Sportpalast
Bis 1.00 Uhr; sonnabends bis 5.00 Uhr.
V: SP/Berliner Gaststättenbetriebe.
»Kapellen Kermbach u. Schmidt · Joachim Krüger«.
Feb 7 und 9–10. »Der Höhepunkt der Bockbiersaison 3 TOLLE NÄCHTE!«
»Sonnabend, 7. Februar, 20 Uhr / Bis früh um fünfe / – Motto: Hier stößt der Bock! – / Rosenmontag, 9. Februar, 20 Uhr / Zille-Ball / Großes Zille-Kabarett / Dienstag, 10. Februar, 20 Uhr / Fastnachts-Ball / – Motto: Berlin steht kopp – / in allen 3 Nächten: / Kapellen Kermbach und Schmid und das Prominenten-Programm!«; Et: 4,– DM je Nacht (Anz., BMp 1. 2.).
BMp 1. 2.; BP 2–4.
Jan 30, außerdem 12.00 Uhr: Betriebsversammlung
V: BEWAG AG.
LA SP 3973/785.

Feb 11, 19.30 und 22.15 Uhr. Jazz-Konzert »Louis Armstrong mit seinen All Stars«
V: Ebner/SP.
Et: ab 2,50 DM, *»Ostbewohner 1:1 Ost«.*
Mitw.: Danny Barcelona (dm), Mort Herbert (b), Peanuts Hucko (cl), Billy Kyle (p), Velma Middleton (voc), Trummy Young (tb).
Ts 1., 8., 13. 2.; BP 5; Pl (Grote); Ph (VWA).

Feb 12, 20.00 Uhr. Amateur-Boxen »Westfalen – Berlin«
V: BBV.
Auftakt der Veranstaltungen anläßlich des 40jährigen Bestehens des BBV. Gleichzeitig im Rahmen des Deutschen Boxsport-Kongresses.
Flg: Hans Harbecke (Westf.) besiegt Waldemar Stephani.
Bg: Friedhelm Hendrix (Westf.) besiegt Klaus Derwanz durch ko (1. Rde).
Fdg: Helmut Zettier (Westf.) besiegt Klaus Luckstadt.
Lg: Klaus Steinert besiegt Gerhard Sprengel (Westf.) durch Abbruch (3. Rde).
Hwg: Jürgen Reidl besiegt Erwin Johannpeter (Westf.) durch Disqualifikation.
Wg: Hans-Heinrich Dieter III besiegt Karl Heinz Johannpeter (Westf.).
Hmg: Karl Wiechert (Westf.) besiegt Hans Wenzke.
Mg: Helmut Gerber (Westf.) – Fritz Bauer, unentschieden.
Hsg: Jürgen Dorloff (Westf.) besiegt Arno Volz.
Sg: Gerhard Zech besiegt Horst Quierandt (Westf.).
Westfalen – Berlin 10:10.
Einladung (Junior-Lg): Lutz Bojahr II (Astoria) besiegt H. Dieter Luck (Hertha BSC).
Ts 12.–13. 2.; BP 5; Ph (VWA).

Feb 13–14, 20.11 Uhr. Karnevalssitzung »Kornblumenblau«
V: SP.
Et: ab 2,– DM, *»Ostbewohner 1:1 Ost«.*
»3 Stunden Spaß an der Freud' / KORNBLUMENBLAU / Karnevals-Ausklang 1959 / mit den Großen der Größten des Kölner Humors / August Batzem, Karl Berbuer, Jupp Schmitz / Kurt Lauterbach, Max Mauel, Willy Strugg / Karl Schmitz-Grön, Eilemann-Trio / Orig. Kölner Karnevals-Kapelle Christian Reuter / Elferrat u. das Tanzmariechen m. ihr. Tanzoffizier« (Anz., Ts 1. 2.).
Ts 1. 2.; BP 5; Ph (SPA).

Feb 15, 19.00 Uhr. Konzert »Don Kosaken Chor Serge Jaroff«
V: Schibille.
Et: ab 1,50 DM, *»Ostbesucher 1:1«.*
BMp 1. 2.; BP 5.

Feb 21–22. Bunte Veranstaltung »Treffpunkt Berlin«
Am 21. 2. um 20.00 Uhr, am 22. 2. um 16.00 Uhr.
V: DRK/Schibille.
Et: ab 1,50 DM, *»(Ost 1:1)«.*
»Reinertrag zu Gunsten des Deutschen Roten Kreuzes«.
Mitw.: Lale Andersen, Karin Bäumler, Horst Braun, Günther Keil, Werner Kroll, Joachim Krüger, Carsta Löck, Mäcki-Trio, Brigitte Mira, Harald Nielsen, Roll Rockett's, Willi Rose, Axel Sandy, Edith Schollwer, Der Schwabenhansl, Sieg-fried-Trio, Die Stachelschweine, Trio Sorrento; Kapelle Wilfried Krüger.
Ts 8. 2.; BP 6; Ph (SPA).

Feb 24. Eishockey »UDSSR – Deutschland«
Ausgefallen.
»Die Russen weigern sich, in West-Berlin anzutreten, obwohl dieses Spiel schon im vergangenen Jahr auf ihren ausdrücklichen Wunsch fest vereinbart wurde« (Ts 21. 2.).

Feb 27, 20.00 Uhr. Jazz-Konzert »Count Basie and his Orchestra«
V: Jänicke.
Mitw.: Joe Newman, Thad Jones, Wendell Culley, Eugene *»Snookie«* Young (tp); Henry Coker, Benny Powell, Al Grey (tb); Marshal Royal (as); Frank Wess (as, fl); Frank Foster, Billy Mitchell (ts); Charlie Fowlkes (bs); Freddie Greene (g); Eddie Jones (b); Sonnie Payne (dm); Joe Williams (voc).
Ts 15. 2.; 1. 3.; BP 6; Ph (Grote).

Feb 28, 20.00 Uhr. Eishockey
V: BSchC.
Eintracht Dortmund – BSchC 7:5 (2:1, 1:1, 4:3,; Oberliga).
Ts 27. 2.; 3. 3.; BP 6.

Mär 1, 20.00 Uhr. Bunte Veranstaltung (?)
V: Schibille.
LA 3973 (Br. SP v. 3. 10. 1958).

Mär 6, 20.00 Uhr. Amateur-Boxen »Türkei – Hertha BSC«
V: Hertha BSC.

547 Kundgebung der SPD (Chr Mär 12), am Rednerpult Willy Brandt.

»10 Jahre Hertha BSC-Boxabteilung«, »1. Jubiläumsveranstaltung«.
Flg: Saadettin Incesu (TR) besiegt Klaus Lichtenstein (Heros) durch Aufgabe (2. Rde).
Bg: Muammer Sevinti (TR) besiegt Gerhard Heidorn (Hertha BSC).
Fdg: Harry Weißenberg (Spandau 26) besiegt Orhan Tus (TR).
Lg: Bodo Heise (Astoria) besiegt Erhan Kunt (TR).
Hwg: Gerhard Dieter II (Spandau 26) besiegt Kemal Yalcinkaya (TR).
Wg: Hans-Heinrich Dieter III (Spandau 26) besiegt Fuat Birol (TR).
Hmg: Ihsan Ay (TR) besiegt Axel Behrendt (Hertha BSC).
Mg: Günter Teuscher (PSV) besiegt Gültekin Yalcinkaya (TR).
Hsg: Horst Jäckel (Herthy BSC) besiegt Vedat Karakurum (TR).
Hertha BSC – Türkei 12:6.
Ts 4., 6.–7. 3.; BP 7; Ph (SPA).

Mär 12, abends. Kundgebung
V: SPD
Rd: Willy Brandt (Regierender Bürgermeister).
Th: Zum sowjetischen Berlin-Ultimatum.
Tg 11., 13. 3.; Ts 13. 3.; Berlin Chronik 1959–1960, S. 100.

Mär 13, 20.00 Uhr. Boxen »Rudi Langer – Harry Kurschat« u. a.
V: Göttert/Englert.
Lg: Rudi Langer (60,9 kg; Berlin) – Harry Kurschat (61,2 kg; Berlin), unentschieden (12 Rdn; Deutsche Meisterschaft, Hf Kurschat).
Wg: Klaus Winkler (69,1 kg; Berlin) – René Brunet (66,6 kg; F), Sieg Winklers nach Pktn (4 Rdn).
Mg: Klaus Langhammer (72,4 kg; Berlin) – Henny van Berkum (72,4 kg; NL), unentschieden (8 Rdn).
Mg: Günter Hase (68,5 kg; Berlin) – Gilbert Lavoine (72 kg; F), unentschieden (8 Rdn).
Mg: Manfred Graus (68,5 kg; Fraulautern) – Gerhard Stachowitz (71,6 kg; Bonn), Sieg Graus' durch Abbruch (4. Rde).
Sg: Wim Snoek (85,5 kg; NL) – Walter Hauft (93,3 kg; Berlin), unentschieden (8 Rdn).
Ts 7., 13.–14. 3.; BMp 15. 3.; BP 8; Ph (VWA).

Mär 14, 20.00 Uhr. Jazz-Konzert »New Orleans in Berlin«
V: Lippmann/Jänicke.
Et: ab 2,50 DM.
Mitw.: George Lewis, Ken Colyer's Jazzmen and Skiffle Group (London), Papa Bue's Viking Jazzband (Kopenhagen).
BP 8; Pl (Grote).

Mär 15, 19.30 Uhr. Bunte Veranstaltung »Festlicher Sportpalast – Künstler helfen Künstlern«
V: GDB.
Et:ab 2,– DM, *»Ostbesucher 1:1«.*
Zugunsten der Hilfskassen der GDB.
Mitw.: *»Prof. Siegfried Borries · Alfred Braun · Gustl Dierkes / Werner Eisbrenner · Gerd Froebe · William Greihs · Karin / Hardt · Gerhard Hellwig · Sandor Konya · GMD Richard / Kraus · Ernst Krukowski · Joachim Krüger · Cladys Kuchta · Evelyn Künnecke · Hans Lenzer · Prof. Hermann Lüdecke / Stina-Britta Melander · Peter Mosbacher · Martha Musial / R. T. Odeman · Ralph Paulsen · Ethel Reschke · Fred / Richter · Willi Rose · Willi Schaeffers · Ewald Wenck · Sonja Ziemann / Ein großes Orchester · Die Schöneberger Sängerknaben · Das / Soloquartett der Städtischen Oper · Der große Chor der / Städtischen Oper · Das Große SFB-Tanzorchester«* (Anz., Ts 8. 3.).
Ts 8. 3.; Ph (SPA).

Mär 24–26, 20.00 Uhr. »Revue der Weltelite im Eiskunstlauf«
V: BSchC.
Kunstlauf (und Eistanz) von Ina Bauer (D), Alain Calmat (F), Sjoukje Dijkstra (NL), Karel Divin (CS), Anna Galmarini (I), Alain Giletti (F), Ute Grünert (D), Tilo Gutzeit (D), Carol Heiss (USA), Nancy Heiss (USA), Donald Jackson (CDN); Jean-Paul und Christiane Guhel (F), Marika Kilius/Hans-Jürgen Bäumler (D), Geschwister Maria und Otto Jelinek (CDN), Rita Pauka/Peter Kwiet (D).
Ts 25.–27. 3.; BP 9; Ph (SPA).

Mär 28–30, 20.00 Uhr. Bunte Veranstaltung »Oster-Star-Parade«
Am 29.–30. auch 15.30 Uhr.
V: Schibille.
Et: ab 1,50 DM.
Mitw.: *»Walter Gross, Alexis, Elfie Mayerhofer, Edith Schollwer, Mario Tuala, Peter Frankenfeld, 3 Travellers, Sigrid Candler, Rudi Schuricke, Erika Brüning, Werner Schmah u. a. Ansage: Joachim Krüger · Kapelle: Kurt Drabek«* (BP 9).
BP 9; Ph (SPA).

Apr 3–Mai 16, 20.00 Uhr. Cinemiracle-Film »Windjammer«
Mittwochs, sonnabends und sonntags auch 16.00 Uhr.
V: SP.
Et: ab 2,50 DM, *»Ostbewohner 1:1«.*
Forts. Jun 4–30 und Jul 10–Sep 3.
R: Louis de Rochemont III und Bill Colleran; Bu: Alan Villiers, James L. Shute; K: Coleman T. Conroy jr.; Mu: Morton Gould; Da: Lasse Kolstad, Sven Erik Libaek, Harald Tusberg, Kaare Terland sowie Offiziere, Maate und Kadetten des norwegischen Segelschulschiffs *»Christian Radich«*; deutscher Sprecher: Hans Clarin.
In tiefem Winter beginnt in Oslo für die Mannschaft des norwegischen Windjammers eine achtmonatige Reise, auf der über 17000 Seemeilen zurückgelegt werden. Dokumentiert ist die Reise im Cinemiracle-Verfahren, zu dem eine Dreifachprojektion des von drei Kameras gedrehten Filmes erforderlich ist, um beim Kinobesucher den Eindruck hervorzurufen, er selbst sei körperlich an dem Geschehen auf der Leinwand beteiligt. So können 2500 Zuschauer in jeder Vorstellung im umgebauten Sportpalast die stürmische See im Atlantik ebenso erleiden, wie sie die malerische Welt auf den Westindischen Inseln und auf dem südamerikanischen Kontinent genießen können. Nach dem Besuch New Yorks geht die Reise auf der Route der Wikinger wieder der Heimat zu.
»Der Film in seiner glanzvollen Zeit schob dem Menschen ein gemeinsames Erlebnis zu, wie es nirgendwo anders möglich war als eben im Kintopp: Das Weinen, die Tränen in der Öffentlichkeit, die kollektive Erlösung. Das war seine Humanität, seine eigentliche Größe vielleicht. Das ist vorbei, die schöne Lust der Tränen, wie sie etwa Asta Nielsen oder Chaplin in Fluß brachten, ist längst in dürre Sentimentalität eingetrocknet. Und auf der Riesenleinwand, bei so viel Komfort, kann Humanes, Intimes überhaupt nicht mehr stattfinden. Eine andere Urlust, die an Spiel und Schrecken, auf die der Mensch in seinem Parkettstuhl rechtens Anspruch erheben darf (denn er sucht nach seinem glatten Alltag nicht Entspannung, sondern Spannung) – zu der muß diese neue Sorte Kintopp wohl erst Mut finden. Etwas Tigerhaftes muß da von der Leinwand springen, ein Salto mortale des Gefühls, großartig und unverschämt könnte es sein. Dann brauchte der Film nicht mehr vor dem Jahrmarkt zu kapitulieren – er wäre in seine Glorie zurückgekehrt« (Ts 5. 4.).
Ts 5. 4.; BMp 5. 4.; BP 10–14; Ph (SPA).

548 Plakat (Chr Mär 14); Grote.

Mai 19–21, 20.00 Uhr. Eishockey »Boston Bruins – New York Rangers«
V: Othmar Delnon.
Et: 5,– bis 30,– DM.
»Die unvergleichlichen kanadischen Professionals der National Hockey Liga / Eishockey in höchster Vollendung / Das erstemal in Europa« (Anz., BMp 7. 5.).
»Nicht erstaunt war man, daß gestern das Spiel im nur spärlich besuchten Sportpalast vor sich ging, denn das Gastspiel hat einen Schönheitsfehler: die Eintrittspreise. [...] Etwa 600 Zuschauer – das war die Quittung für die hochgeschraubten Einnahme-Erwartungen [...] Um einen

549 Programmheft (Chr Mär 28–30).

550 Die Leinwand für einen Cinemiracle-Film (Chr Apr 3–Mai 16).

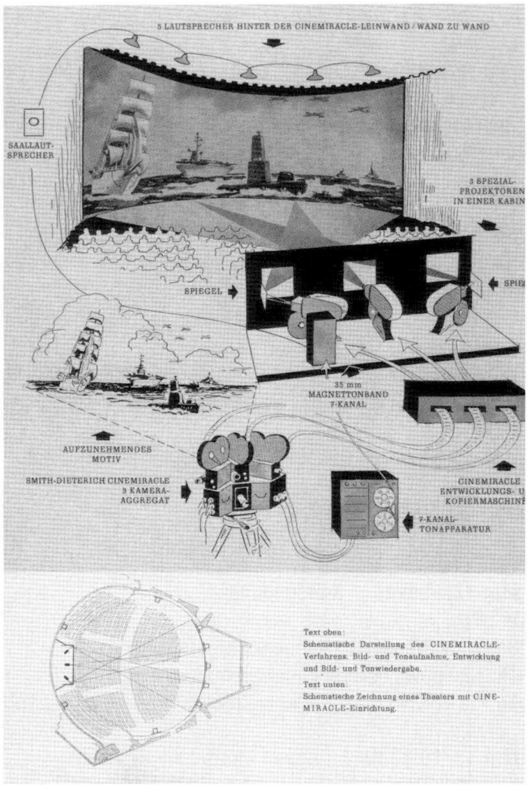

551 Schema des Cinemiracle-Verfahrens (nach: Programmheft zu »Windjammer«, Chr Apr 3–Mai 16).

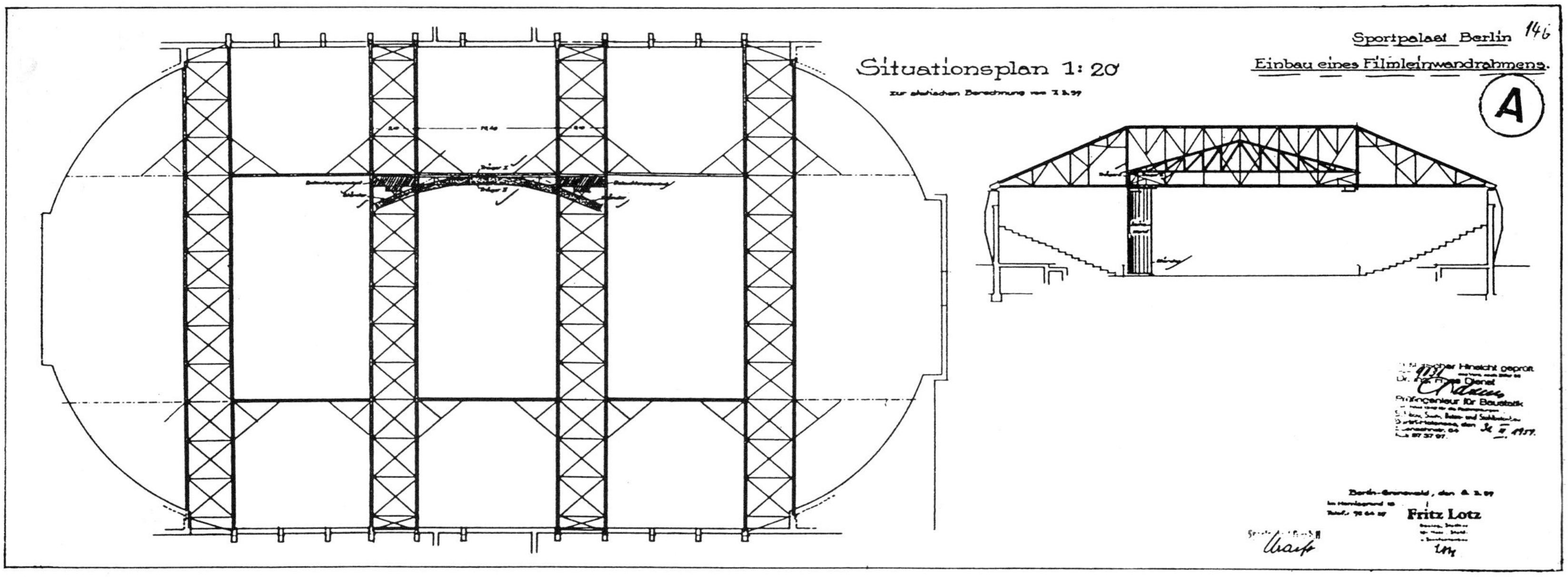

552 Entwurf für den Einbau eines Filmleinwandrahmens, 8. 3. 1959 (Chr Apr 3–Mai 16; nach: LA SP 3965/146 [Lichtpause/Papier, 32 x 85 cm]).

fast dreiviertel Meter hohen Silberpokal spielen die Boston Bruins und New York Rangers, die gestern 6:6 (1:2, 3:0, 2:4) spielten. [...] Solch Eishockey hat man in Berlin noch nicht gesehen. [...] Der Zuschauer ist gefangen von dem tollen Wirbel, der auch mit der Länge des Spiels nicht nachläßt« (BMp 20. 5.).
BMp 17., 20., 22. 5.; BP 14 f.; Ph (SPA).

Mai 22, 20.00 Uhr. Amateur-Boxen »Berliner Meisterschaften 1959«
V: BBV.
Endkämpfe.
Flg: Waldemar Stephani (Sparta 58) besiegt Manfred Bauske (PSV).
Bg: Klaus Derwanz (Spandau 26) besiegt Horst Trostdorff (Hertha BSC).
Fdg: Horst Edner (Heros) besiegt Kurt Bergner (PSV) durch Abbruch (1. Rde).
Lg: Bodo Heise (Astoria) besiegt Klaus Steinert (Sparta 58).
Hwg: Gerhard Dieter II (Spandau 26) besiegt Jürgen Reidl (Heros) durch Aufgabe.
Hmg: Hans-Georg Hellwig (Nordstern 07) besiegt Manfred Bartsch (Hertha BSC).
Mg: Günter Teuscher (PSV) besiegt Horst Franke (BTSV) durch ko (2. Rde).
Hsg: Heinz Beuschel (PSV) besiegt Klaus Lenz (Nordstern 07).
Sg: Hans Hoth (Astoria) besiegt Gerhard Zech (Spandau 26).
Im Wg fand nur der letzte Vorschlußrundenkampf statt (der Endkampf mußte später durchgeführt werden): Dieter Kober (TeBe) besiegt Horst Oberpichler (Spandau 26).
BMp 17., 21., 23. 5.; BP 15; Ph(VWA).

Mai 29, 20.00 Uhr. Bunte Veranstaltung »Vorwiegend heiter – frohe Stunden mit dem RIAS im Sportpalast«
V: RIAS/SP.
BP 15.

Mai 30, 20.00 Uhr. Jazz-Konzert »Norman Granz presents ›Jazz at the Philharmonic‹«
V: Jänicke.
»Jazz-Saisonschluss-Konzert«. »Zum ersten Mal in Berlin / Gerry Mulligan Quartet / Gene Krupa Quartet / Jimmy Giuffre Trio« (Anz., BMp 24. 5.).
Mitw.: Gene Krupa Quartet (Gene Krupa [dm], Eddie Wasserman [fl, cl, ts], Ronnie Ball [p], Jimmy Gannon [b]), Jimmy Giuffre Trio (Jimmy Giuffre [cl, ts, bs], Jim Hall [g], Buddy Clark [b]), Gerry Mulligan Quartet (Gerry Mulligan [bs], Art Farmer [tp],Bill Crow [b], Dave Bailey [dm]).
BMp 24. 5.; BP 15; Ph (SPA).

Jun 4–30. Cinemiracle-Film »Windjammer«
Forts. von Apr 3–Mai 16 (vgl. auch Jul 10–Sep 3).
BMp 31. 5.

Jul 1–4, 20.00 Uhr. Basketball »Harlem Globetrotters«
V: SP.
Et: ab 2,– DM, *»Ostbewohner 1:1 DM Ost«.*
Gegner diesmal das »San Francisco Chinese Basketball-Team«.
Mitw.: *»Jaques Cordon – der humoristische Jongleur / Hugh Forgie, Shirley Mans und Geoffrey Forgie / Federball einmal anders / George Lee – Equilibristik / Arturo Grecco – Wirbelwind auf Rollen [...] John Campbell und Lilly Steel – einzigartige Jongleurkunst auf dem Einrad / Die Carme-*

553 Amateur-Boxen »Berliner Meisterschaften 1959« (Chr Mai 22); die Sieger, von links: Waldemar Stephani, Klaus Derwanz, Horst Edner, Bodo Heise, Gerhard Dieter II, Hans-Georg Hellwig, Günter Teuscher, Heinz Beuschel und Hans Hoth.

554 Jimmy Giuffre Trio (Chr Mai 30), von links: Jim Hall (g), Buddy Clark (b) und Jimmy Giuffre (ts).

nas – sensationelle Handbalance–Artistik / Bergman gegen Fujii – Tischtennis, weltmeisterlich vorgeführt / Kimiko Yokoi – einmalige Akrobatik auf dem Fahrrad« (Ph).
BMp 21. 6.; BP 19; Ph (SPA).

Jul 10–Sep 3. Cinemiracle-Film »Windjammer«
Forts. von Apr 3–Mai 16 und Jun 4–30.
Ts 30. 8.;BP 20–25.

Sep 5–6. Bunte Veranstaltung »Berlin und Willi Schaeffers«
Am 5. 9. um 20.00 Uhr, am 6. 9. um 16.00 Uhr.
V: Schibille.
Et: ab 2,– DM, *»(Ost 1:1)«*
»Zwei festliche Veranstaltungen zum 75. Geburtstag«.
»Schirmherrschaft: Senator Prof. Dr. Tiburtius«.
Mitw.: *»Lale Andersen, Fifi Brix, Egon Brosig, Erika Brüning, Dora Dorette, Werner Fink, Waldemar Frahm, Ekkehard Fritsch, Joe Furtner, Heino Gaze, Gerhard Heinrich, Trude Herr, Trude Hesterberg, Loni Heuser, Erwin Hoffmann, Paul Hörbiger, Marta Hübner, Bob Iller, Günther Keil, Johanna König, Peter Kreuder, Franz Otto Krüger, Joachim Krüger, Kate Kühl, Lisa Lesco, Willi Lilie, Danny Marino, Will Meisel, Max Moll, Kl.–G. Neumann, Horst Nowack, Robert T. Odeman, Ferry Olsen, Polly Pfeiffer, Marianne Pohlenz, Pratsch-Kaufmann, Willi Rentmeister, Willi Rose, Hans Rosenthal, Claire Schlichting, Gisela Schlüter, Max Schmeling, Edith Schollwer, Günther Schwerkolt, Fredy Sieg, Ernst Stankowski, Kurt Waitzmann, Grete Weiser, Vicky Werkmeister, Herbert Zernik, Cornichons, Mäcki-Trio, Trio Sorrento, Die Insulaner, Die Stachelschweine, Wilfried Krüger mit großem Funkorchester«* (BP 25).
Ts 30. 8.; BP 25; Ph (SPA).

Sep 18–20, 20.00 Uhr. Konzert »Don Kosaken Chor Serge Jaroff«
V:Collien/Schibille.
Et: ab 1,50 DM, *»(Ost 1:1)«.*
Ts 30. 8.; BP 26.

555 Duke Ellington (Chr Okt 4).

556 Gerry Mulligan (bs) und Art Farmer (tp) (Chr Mai 30).

Sep 22, 20.00 Uhr. Jazz-Konzert »Kid Ory and his New Orleans Jazzband«
V: Jänicke.
Mitw.: Kid Ory (tb), Henry Red Allen (tp), Bob McCracken (cl), Cedric Haywood (p), Squire Gersh (b), Alton Redd (dm).
Im Rahmen der Berliner Festwochen 1959.
»[...] der grandiose alte Herr Kid Ory [...] Er, mit seiner Posaune, der Trompeter ›Red‹ Allen und Alton Red am Schlagzeug erzählten die Legende des New-Orleans Jazz so überzeugend, wahr, rührend-naiv, mit so viel Vehemenz und Frische und Heiterkeit, daß man sich Jahrzehnte zurückversetzt fühlte in irgendeine Honky-Tonk-Kneipe oder auf irgendein River-Boat. So muß es damals geklungen haben, so gelöst und selbstverständlich, so weich und traurig, so klar und einfach« (Ts 24. 9.).
Ts 6., 24., 9.; BP 27; Ph (SPA).

Sep 26–27, 20.00 Uhr. Bunte Veranstaltung »Wie es Euch gefällt«
Am 27. auch 15.00 Uhr.
V: Union-Gastspiele.
Et: ab 2,– DM, *»Ostbewohner 1:1«.*
»Das große Starprogramm mit Elfie Mayerhofer / Günter Keil · Kurt Engel · Mäcki-Trio · Horst Braun / Erna Haffner · Ferry Olsen · Karl-Heinz Haag · 3 Truxes / Renate Holm · Ralf Paulsen / Die Stachelschweine / (W. Gruner · A. Strietzel · I. Wolffberg · K. Becker · J. Herbst)/ 2 Liepelts · Quick

557 Von links: Henry Red Allen (tp), Bob McCracken (cl) und Kid Ory (tb) (Chr Sep 22).

and Slow · Carola-Ballett / Oswald Heyden mit seinem Orchester« (Anz., Ts 13. 9.).
Ts 13. 9.; BP 27; Ph (SPA).

Okt 3, 20.00 Uhr. Bunte Veranstaltung »... ach Egon, Egon ... – 30 Jahre Film-Funk-Orchester Egon Kaiser«
V: Schibille/Bunte Bühne Berlin.
Et: ab 2,– DM, *»(Ost 1:1)«.*
»Eine Berliner Großveranstaltung mit / Florida Quartett · Rolf Siegbert · R. T. Odeman / Kl.–Günter Neumann · Owen Williams / Carina-Marno-Trio · Dora Dorette · 3 Singoris / Nana Gualdi · Linda Gloria / Willi Rentmeister · Rosemarie Moogk · Tourani / Harald Nielsen · Kurt Engel / Ursula Schirrmacher · Horst Nowack · Hans Rohde · Alexis · Mäcki-Trio · Trio Sorrento / 3 Siegfrieds · Kinderballet Hess · I. Catterfeld / Egon Kaiser und sein großes Orchester« (Anz., Ts 20. 9.).
Ts 20. 9.; Ph (SPA).

Okt 4, 20.00 Uhr. Jazz-Konzert »Duke Ellington and his Orchestra«
V: Jänicke.
Im Rahmen der Berliner Festwochen 1959.
Mitw.: Edward Kennedy »Duke« Ellington (p, ld), Johnny Hodges (as), Ray Nance (tp, v, voc), Harry Carney (bs, cl), Paul Gonsalves (ts), William »Cat« Anderson (tp), Quentin Jackson (tb), Clark Terry (tp).
Ts 4., 27. 9.; BP 28; Ph (SPA).

Okt 8–14. 46. Berliner Sechstagerennen
Beginn 8. 10. um 20.00 Uhr, Start 22.00 Uhr, Ende 14. 10. um 23.00 Uhr.
V: Knaak (Otto Ziege).
Musik: 2 Kapellen mit Otto Kermbach.
Wertungen: 14.30, 16.00 (je 10 Spurts), 20.30, 22.00 (je 5 Spurts), 2.00, 4.00 Uhr (je 10 Spurts).
Teiln. (13 Paare): 1. van Steenbergen/Severeyns (B), 2. Plattner/Carrara (CH/F), 3. Roth/Fischerkeller (CH/D), 4. Terruzzi/Junkermann (I/D), 5. Schulte/Post (NL), 6. Arnold/Gillen (AUS/L), 7. Nielsen/Lykke (DK), 8. Bugdahl/Jaroszewicz (D), 9. Altweck/Donicke (D), 10. Simic/Holzmann (A/D), 11. Petry/Ziegler (D), 12. Reinecke/Reitz (D), 13. Gieseler/Vopel (D).
Ergebnis: 1. Nielsen/Lykke 542 Pkte; 2. van Steenbergen/Severeyns 394; 3. Bugdahl/Jaroszewicz (1 Rde zurück) 469; 4. Arnold/Gilles 280; 5. Schulte/Post 254; 6. Terruzzi/Junkermann (2 Rdn zurück) 402; 7. Petry/Ziegler (4 Rdn zurück) 351; 8. Roth/Holzmann 226; 9. Altweck/Donicke (6 Rdn zurück) 249; 10.Plattner/Vopel (7 Rdn zurück) 360.
Zurückgelegte km: 3486,100.
Startschuß: *»Gleich aus drei Pistolen wurde gestern abend der ›Startschuß‹ zum 46. Berliner Sechstagerennen abgefeuert. Die zauberhaft anmutige Wiener Eislaufprinzessin Ingrid Wendl, tatkräftig assistiert von dem ›Stachelschwein‹ Wolfgang Gruner und dem Verkehrssenator Otto Theuner, schickte die bunte Fahrerschlange der dreizehn Mannschaften auf die 145-Stunden-Fahrt«* (Ts 9. 10.).
Vorrennen (Einstunden-Einzelfahren der Amateure): 1. Fred Gieseler (BRC Grün-Weiß), 2. Hans Hesse (RC Pfeil), 3. Wolfgang Schulze (BRC Endspurt); 45,2 km.
Ts 8.–15. 10.; BP 28f.; Ph (VWA).

Okt 22, 20.00 Uhr. Jazz-Konzert »Benny Goodman and his Jazz Group«
V: Jänicke.
Mitw.: Anita O'Day (voc), Benny Goodman (cl, ld), Red Norvo (vib), Bill Harris (tb), Russ Freeman (p), sowie Jerry Dodgion (s), Jack Sheldon (tp), Red Wootten (b), John Markham (dm), Jimmy Wyble (g).
»[...] Benny Goodman [...] Ein virtuoser Klarinettist, der sein Instrument mit allen Finessen der Technik, mit allem Sinn für die Noblesse der Kantilene beherrscht und sich hütet, ihm durch grelle oder groteske Effekte Gewalt anzutun, dazu ein souveräner Band-Leader und erfinderischer Kompositeur, der seinen eleganten Stil lieber in geschmackvollen Arrangements festlegt, als daß er den Exzessen der Improvisation Raum gäbe [...]« (Ts 25. 10.).
Ts 18., 25. 10.; BP 30; Ph (SPA).

Okt 23–26. Rollkunstlauf und -tanz »Weltmeisterschaften 1959«
V: DRB/RVB.
Okt 23
8.00 Uhr. Training.
Okt 24
8.00 Uhr. Pflicht (Herren, Damen).
15.00 Uhr. 2 Pflichttänze; Paare.
20.00 Uhr. 2 Pflichttänze; Kür (Herren); Schaulaufen der Paare.
Okt 25
8.00 Uhr. Pflicht (Damen).
15.00 Uhr. Kür (Damen, Tanz); Schaulaufen der Herren.
20.00 Uhr. Uhr. Siegerehrung; Schaulaufen.
Okt 26
15.00 Uhr. Jugendveranstaltung.

20.00 Uhr. Schaulaufen der neuen Weltmeister und der Bestplazierten.
Ergebnisse:
Damen: 1. Ute Kitz (D), 2. Gianna Piglia (I), 3. Ute Grünert (D), 4. Heide-Sigrun Wollny (D), 5. Maureen Jackson (GB), 6. Ingrid Schliebener (D), 7. Marlies Fahse (D).
Herren: 1. Karl-Heinz Losch (D).
Paare: 1. Suse Schneider/Dieter Fingerle (D) Plz 11,5/10,65 Pkte; 2. Josée van de Zande/Louis Govaerts(B) 23,5/10,14; 3. Hiltrud und Hans Winkel (D) 15,5/10,53; 4. Loretta Mangili/Diego Menegotto (I) 26,5/10,13; 5. Tjasa Andree/Peter Persin (YU) 39/9,71; 6. Edurne Echevarrieta/Mario Cardena (E) 43,5/9,43; 7. John und Clive Preston (GB) 44/9,50; 8. Resli Eberli/Eugen Jost (CH) 48/9,14.
Tanz: 1. Rita Pauka/Peter Kwiet (D).
»Kaum hatte der letzte Zuhörer des Konzertes von Benny Goodman am Donnerstag abend kurz nach 23 Uhr den Sportpalast verlassen, da begannen fleißige Hände mit dem Umbau des Innenraumes. Nur wenig mehr als acht Stunden standen zur Verfügung, aber es klappte alles wie am Schnürchen. Pünktlich lag die neue 22 x 42,5 Meter große Parkettbahn aus Buchenholz, die 28 000 DM gekostet hat. Auf ihr beginnen heute die Weltmeisterschaften im Rollkunstlaufen und im Rolltanzen, die ersten, die auf sportlichem Gebiet seit über 20 Jahren nach Berlin vergeben worden sind« (Ts 24. 10.).
Ts 17., 21., 24., 27. 10.; BMp 25., 27. 10.; BP 30.; Ph (SPA).

Okt 30 – Nov 1. Kabarett »10 Jahre ›Die Stachelschweine‹«
Am 30.–31. 10. um 20.00 Uhr, am 1. 11. um 16.00 Uhr.
V: SP.
Et: ab 2,– DM, *»Ostbewohner 1:1«*.
Mitw.: Die Stachelschweine (Klaus Becker, Edith Elsholtz, Wolfgang Gruner, Jo Herbst, Joachim Röcker, Jochen Schröder, Achim Strietzel, Rolf Ulrich, Ingeborg Wellmann, Inge Wolffberg), 4 Castons, Die Collings, Bruno Fritz, Trude Hesterberg, Kurt Heymann, Will Höhne, Liselotte Malkowsky, R. T. Odeman; Schöneberger Sängerknaben (Gerhard Hellwig), Kinderballett Margarete Hess, Kapelle Otto Kermbach, Rediske Quintett; Ansage: Horst Braun, Joachim Krüger.
Ts 18. 10.; BP 30; Ph (LA).

Nov 5, 20.00 Uhr. »Polydor-Musikschau«
BP 31.

Nov 6, 20.00 Uhr. Amateur-Boxen »Internationale Turniere«
V: BBV.
Anläßlich des 40jährigen Bestehens des BBV.
Hwg-Turnier: Bodo Heise (Astoria) besiegt Jens Winther (Aalborg [DK]); Gerhard Dieter II (Spandau 26) besiegt Milomir Lazarevic (YU); Endkampf: Dieter II besiegt Heise durch Aufgabe (1. Rde).
Mg-Turnier: Jürgen Wegener (Spandau 26) besiegt Knut Jensen (DK); Dragoslav Jakovlejevic (YU) besiegt Horst Franke (BTSV); Endkampf: Jakovlejevic besiegt Wegener.
Das angekündigte Wg-Turnier fiel aus, da ein Boxer nicht erschienen war; der hierher gehörige Wg-Kampf wurde zum Einladungskampf verändert. Insgesamt fanden vier Einladungskämpfe statt.
Ts 4. 11.; BMp 7. 11.; BP 31; Ph (SPA).

Nov 7, 20.00 Uhr. Bunte Veranstaltung »Schlager und Humor«
V: Zentralausschuß/SFB.
»Großveranstaltung für die Weihnachtsbescherung von Flüchtlingskindern in Verbindung mit dem Sender Freies Berlin unter der Schirmherrschaft des Regierenden Bürgermeisters Willy Brandt / Es wirken mit: / Undine von Medvey · Maria Mucke / Willi Hagara · Addi Münster / Wolfgang Gruner · Heinz Hammann / Max Trill · Willi Rose / Die Moonlight's · Trio Sorrento / Conference: Otto Höpfner, der Wirt vom Blauen Bock / Es spielt: Das große SFB-Tanzorchester / Leitung: William Greihs / Solisten: Otto Fröhlich · Günther Gürsch / Henry Massnick · Joachim Holz · Günther Hampel« (Anz., Ts 1. 11.).
Ts 1. 11.; BP 32; Ph (SPA).

Nov 17, 19.30 Uhr. Handball »Internationales Turnier«
V: HVB.
BSV 92: Jürgen Albrecht, Peter Bußacker, Wolfgang Schütze, Wolfgang Kunde, Bernd Lukas, Horst Käsler, Joachim Rudolph, Jürgen Bernhardt, Karl Henkmann, Jürgen Bohnsack, Wolfgang Bahlburg, Horst Damerius.
CHC: Lothar Franke, Jürgen Meißner, Karl-Heinz Pieper, Harald Gleinig, Wolfram Kunze, Günter Scholz, Peter Dorsch, Gerhard Jordan, Günter Szillat, Ulrich Will, Klaus Dingler, Siegfried Unglert.
FA Göppingen: Anton Burkhardsmaier, Gerhard Grill, Werner Speidel, Edmund Meister, Edwin Vollmer, Heribert Weiß, Fritz Jarosch, Eberhard Röhm, Joachim Pohl, Friedemann Schmauder, Walter Pflüger, Hanspeter Flinspach.
IF Helsingör (DK): Bent Mortensen, Bjarne Jensen, Henning Bender, Per Theilmann, Mogens Cramer, Erik Jacobsen, Per Svendsen, Arne Sörensen, Per Krogh, Mogens Jensen.
PSV: Horst Schneider, Siegfried Becker, Joachim Niemann, Günter Lottermoser, Joachim Wald, Werner Köbke, Wolfgang Kaczmarek, Günter Nachtigall, Hans-Peter Kahlau, Hans-Jürgen Schenckewitz, Günther Kape, Wilfried Jacobi.
SSC Südwest: Horst Jex, Dieter Meyerhoff, Helmut Brunn, Hans-Joachim Aminde, Joachim Bosch, Wolfgang Stuck, Jürgen Pander, Klaus Bischke, Klaus Ollrogge, Klaus Pitschat, Gerhard Neumann, Hans Stonawski.
Je Spiel 2 x 10 Min.
1. BSV 92 – SSC Südwest 13:5; 2. Helsingör – CHC 9:1; 3. Göppingen – SSC Südwest 9:5; 4. CHC – PSV 10:2; 5. BSV 92 – Göppingen 5:1; 6. Helsingör – PSV 8:2; 7. Göppingen – CHC 3:2; 8. Helsingör – BSV 92 7:6; 9. CHC – BSV 92 6:5 (1:3; um den dritten Platz); 10. Helsingör –

558 46. Berliner Sechstagerennen (Chr Okt 8–14), Start durch Wolfgang Gruner, Ingrid Wendl und Otto Theuner.

559 Programmheft (Chr Nov 26–Dez 17); VWA.

Göppingen 5:4 (3:1; um den ersten und zweiten Platz).
Ts 17. 11.; BMp 20. 11.; BP 32; Ph (SPA).

Nov 21, 19.30 Uhr. Bunte Veranstaltung »Festlicher Sportpalast – Künstler helfen Künstlern«
V: Schibille/GDB.
Et: ab 2,– DM, *»(Ost 1:1)«*.
»Künstler helfen Künstlern / eine Folge von Wohltätigkeits-Veranstaltungen zugunsten der Hilfskassen der Genossenschaft Deutscher Bühnen-Angehörigen – seit sechs Jahren durchgeführt – hat sich zuerst unter dem Begriff ›Festliche Waldbühne‹, später ›Festlicher Sportpalast‹ bewährt und Ergebnisse gezeitigt, die vielen alten, bedürftigen Bühnenkünstlern zugute kamen« (Ph).
Mitw.: *»Adi Appelt, Horst Braun, Erwin Bredow, Bruno Fritz, Martin Held, Fritz Hoppe, Lilo Herbeth, Marianne Hoppe, Günter Keil, Hertha Klust, Ernst Krukowski, Joachim Krüger, Mäcki-Trio, Will Meisel, Rosemarie Moogk, Wolfgang Müller, Wolfgang Neuss, Addi Münster, Klaus-Günther Neumann, Horst Nowack, Rudolf Platte, Marianne Pohlenz, Pratsch-Kaufmann, Carl Raddatz, Heinz Reinfeld, Ethel Reschke, Willi Rose, Axel Sandy, Ursula Schirrmacher, Trio Sorrento, Martin Vantin, Kinderballett Hess, SFB-Tanzorchester, Ltg.: William Greihs«* (BP 33).
BP 33; Ph (SPA).

Nov 26 – Dez 17. Wiener Eisrevue mit »Land der Träume«
Werktags 20.00 Uhr, sonntags 19.00 Uhr; mittwochs, sonnabends und sonntags auch 15.30 Uhr.
V: SP.
Et: 2,– DM bis 8,– DM, *»Ostbewohner 1:1 DM Ost«*.
R: Will Petter; M: Robert Stolz; Mitw.: Herbert Bobek, Hanna Eigel, Ulli Ertl, Heinz Kroel, Eva Pavlik, H. Riederer, Inge und Willi Schilling, Ingrid Wendl, Wiener Eisballett u. a.
»Selten zuvor sahen die Berliner eine Schau, die so üppig und zugleich harmonisch ausgestattet war. [...] Im ersten Teil erscheinen einem Matrosen die vielen Bilder seiner Reisen im Traum wieder: zierliche Japanerinnen unter Kirschblüten, Reigen von Meerjungfrauen, Pagoden und Drachenräder, ein ganzes Ballett verflossener Bräute und – als Alptraum – Babys. [...] Ein schillernder Sputnik [...] Auftakt des zweiten Programmteils: die Landung auf dem Mond [...]« (BMp 28. 11.).
Ts 1., 26. 11.; BMp 28. 11.; BP 33–35.

Dez 19 – 20, 20.00 Uhr. Konzert »Don Kosaken Chor Serge Jaroff«
V: Collien/Schibille.
Mitw.: Schöneberger Sängerknaben (G. Hellwig).
Ts 29. 11.; BP 35; Ph (SPA).

Dez 25 – 27. Bunte Veranstaltung »Weihnachts-Star-Parade«
Am 25.–26. um 15.30 und 20.00 Uhr, am 27. nur 15.30 Uhr.
V: SP/Schibille.
Et: ab 2,– DM, *»(Ost 1:1)«*.
Mitw.: *»Günter Keil, Kl.-Günter Neumann, Mäcki-Trio, Undine von Medvey, Hans Albers, Schwabenhansl, Fr. Otto Krüger, Eddie Pauly, Lilo Herbeth/Erwin Bredow, Lys Assia, Willi Rose, Irmg. Schnell, Fredy Rolf, Carina-Marno-Trio, Werner Schmah, Kapelle Kurt Drabek, Joachim Krüger«* (BP 36).
Ts 29. 11.; BP 36; Ph (SPA).

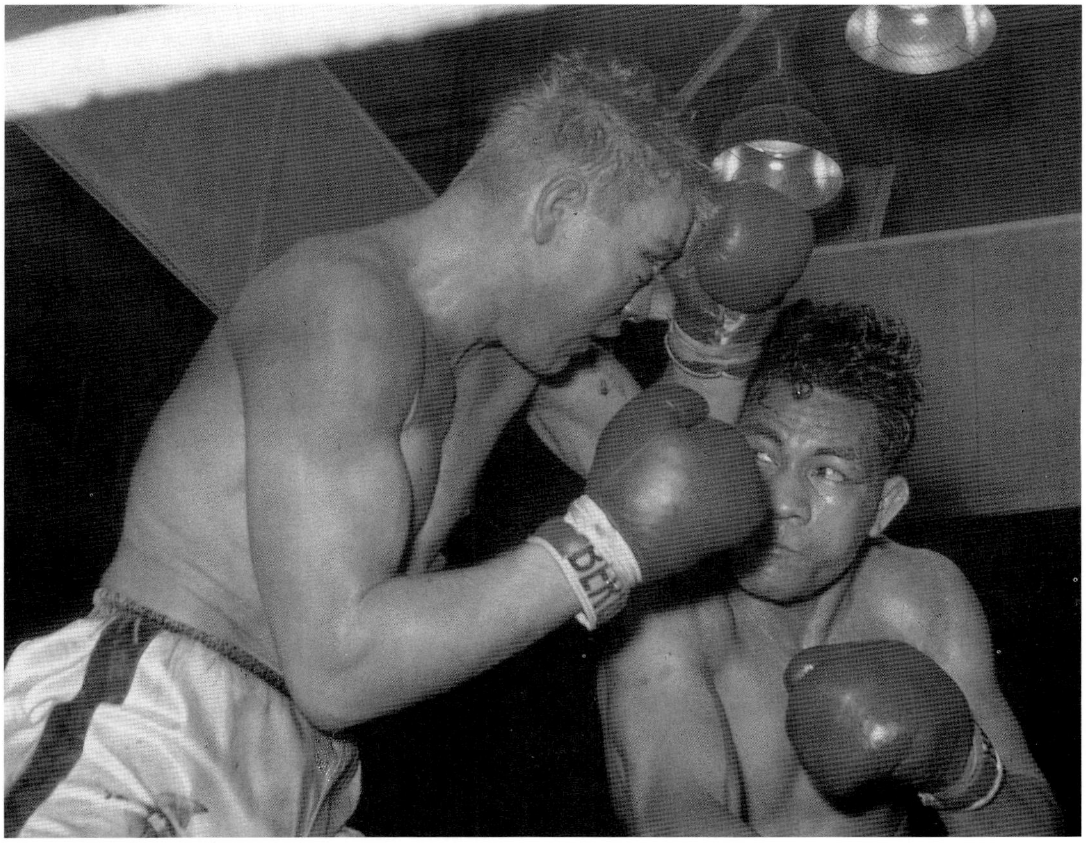

560 Rolf Peters (links) gegen Johnny Halafihi (Chr Dez 30).

Dez 29, 20.00 Uhr. Bunte Veranstaltung »Herzlich Willkommen«
Mitw.: *»Max Hansen, Dorothy Ellison, Shige Yano, Tatjana Sais, Edith Schollwer, Erich Fiedler, Bruno Fritz u. a., Berliner Orchester, Ltg.: Ernst Kallipke«* (BP 36).

Dez 30, 20.00 Uhr. Boxen »Rolf Peters – Johnny Halafihi« u. a.
V: Knörzer.
Lg: Rudi Langer (60,5 kg; Berlin) – Fred Galiana (62,9 kg; E), Sieg Galianas nach Pktn (8 Rdn).
Hsg: Peter Gumpert (79 kg; Berlin) – Manfred Striemer (80,2 kg; Berlin), Sieg Gumperts durch Abbruch (2. Rde).
Hsg: Karl Mildenberger (82 kg; Kaiserslautern) – Jimmy Slade (82 kg; USA), Sieg Mildenbergers nach Pktn (8 Rdn).
Hsg: Rolf Peters (74,8 kg; Dortmund) – Johnny Halafihi (77,5 kg; Tonga), Sieg Halafihis durch Aufgabe (nach der 6. Rde).
Hsg: Günter Hase (70 kg; Berlin) – Alex Buxton (76,1 kg; GB), unentschieden (8 Rdn).
Der angekündigte Sg-Kampf »Gerhard Zech – Hanspeter Drabes« fiel aus. Stattdessen gab es als Einleitung: Sidi Mohamed (60 kg) – Wolfgang Bohnert (59 kg), Sieg Mohameds durch Aufgabe (3. Rde).
Ts 23., 30.–31. 12.; BP 36; Ph (VWA).

Dez 31, 19.10 Uhr. Bunte Veranstaltung »Die letzte Runde 1959«
V: SP.
Et: ab 2,– DM, *»Ostbewohner 1:1«*.
Mitw.: *»Max Hansen, Bruno Fritz, Herr Fröhlich und Herr Schön, Brigitte Mira, Trio Sorrento, Joe Furtner, Ethel Reschke, Adi Appelt, Kurt Heymann, Marta Hübner, Hanni Rosen u. a. Kapelle: Otto Kermbach«* (BP 36).
Ts 20. 12.; BP 36; Ph (SPA).

1960

Jan 1, 17.00 Uhr. Handball »Internationales Turnier«
V: HVB.
Berlin: Fredy Pankonin (BSC Rehberge), Wolfgang Kunde (BSV 92), Wolfgang Schütze (BSV 92), Hans-Dieter Micheli (Rein. Füchse), Günter Scholz (CHC), Jürgen Meißner (CHC), Jürgen Bohnsack (BSV 92), Wolfram Kunze (CHC), Hans-Joachim Wald (PSV), Horst Käsler (BSV 92), Joachim Rudolph (BSV 92), Horst Schneider (PSV), Jürgen Wormuth (OSC).
Oslo (N): Thor Hoff Olsen (OHK), Knut Larsen (Fredensborg), Jan Petter Aas (Arild), Arild Gulden (Arild), Johnny Hovde (Grönland), Jan Narvestad (Arild), Fred Kongsten (Arild), Kjell Ore (St Hanshaugen), Roy Yssen (Fredensborg), Kjell Kleven (Fredensborg), Rolf Rustad (St Hanshaugen), Helge Rasch (Arild), Brynjar Hals (Mode).
Paris (F): Jean Ferignac (PUC), Fernand Zaegel (PUC), Pierre Cottereau (Cheminots de Paris), Guy Otternaud (Cheminots de Paris), Roger Lambert (Racing Club France), Vincent Desoppis (PUC), J. Claude Thomas (PUC), Michel Paolini (PUC), J.P. Etcheverry (AS Cheminots Ouest), Armand Noiret (PUC), Daniel Heras (AS Drancy), J. Marie Roux (PUC).
Südschweden: Hans Ake Nilsson (IFK Malmö), Stig Nilsson (IFK Malmö), Sven Pettersson (Vikingarna Hälsingborg), Harry Winberg (H 43 Lund), Uno Quist (Lugi Lund), Bengt Kling (MBI Malmö), Sten Hellberg (Lugi Lund), Rolf Nilsson (H 43 Lund), Ragnar Hansson (Vikingarna Hälsingborg), Lennert Nilsson (Vikingarna Hälsingborg), L. O. Atterling (Lugi Lund), Bengt Cronsell (Vikingarna Hälsingborg), Ingemar Olofsson (Vikingarna Hälsingborg).
Je Spiel 2 x 15 Min.

561 Programmheft (Chr Jan 1); SPA.

1. Berlin – Paris 12:5; 2. Oslo – Südschweden 10:6; 3. Berlin – Oslo 7:6; 4. Südschweden – Paris 8:6; 5. Oslo – Paris 13:8; 6. Südschweden – Berlin 9:9.
Gesamtergebnis: 1. Berlin (5:1 Pkte), 2. Oslo (4:2), 3. Paris (2:4), 4. Südschweden (1:5).
Ts 3. 1.; BP 1; Ph (SPA).

Jan 2, 20.00 Uhr. Konzert »Schaumburger Märchensänger«
V: SP.
Et: ab 2,– DM, *»Ostbewohner 1:1 DM Ost«.*
Ltg: Edith Möller.
Ts 25. 12. 1959; BP 1.

Jan 9, 20.00 Uhr. Jazz-Konzert »Swingin' Dixieland«
V: Jänicke.
Mitw.: Dutch Swing College Band (NL), Humphrey Lyttelton and his Band (London), Papa Bue's Viking Jazzband (Kopenhagen), *»und der New Orleans-Klarinettist Albert Nicholas«.*
»Papa Bues Viking-Band [...] Diese Herren, mögen sie nun Hansen, Jensen oder Petersen heißen, sind, teils mit teils ohne Vollbart, echte Wikinger von vitalem Temperament. Auch Humphrey Lytteltons englische Spieler, die mancherlei Inspirierung zu einem Mainstream-Stil von größter Farbigkeit entwickelten, waren uns vertraute Gesichter. [...] Es ging auf Mitternacht, als der Star des Abends, der Klarinettist Albert Nicholas, freundlich und bescheiden lächelnd auf dem Podium erschien. [...] Mit brillantem Ton und unfehlbarer Technik begabt, besticht er vor allem durch lockere Zwanglosigkeit des Vortrags [...]« (Ts 12. 1.).
Ts 25. 12. 1959; 21. 1.; BP 1.

Jan 10, 20.00 Uhr. Bunte Veranstaltung »Hamburg grüßt Berlin mit ›Hamborg, hol di stief‹«
V: Collien/SP.
Et: ab 2,– DM, *»Ostbewohner 1:1«.*
Mitw.: Lale Andersen, Carl Bay, Herbert Buck, Heinz Funk, Erna Haffner, Jan und Hein, Heidi Kabel, Klein Erna, Joachim Krüger, Maria Munkel-Köllisch, Arthur Reis, Ethel Reschke, Hein Riess, Arnold Risch, Fredy Rolf; Otto Kermbach mit seiner Kapelle. Vgl. auch Mär 19.
Ts 1. 1.; BP 1; Ph (SPA).

Jan 16, 20.00 Uhr. Konzert »Ein musikalischer Treffpunkt mit Jan Kiepura und Martha Eggerth«
V: SP/Roeber.
»Oper, Operette, Musical und ihre großen Broadway-Erfolge«.
Mitw.: Joachim Krüger, Heinz Reinfeld; ein großes Orchester, Ltg: Kurt Gaebel.
Ts 3. 1.; BP 2; Ph (SPA).

Jan 17, 15.00 und 20.00 Uhr. Bunte Veranstaltung »Die große Schau«
V: Union-Gastspiele.
Mitw.: Die Alexander-Brothers, Alexis, Tommy Dale, Lucie Klaar, Joachim Krüger, Burt Loney, Brigitte Mira, Les Barells, Los de Ronda, Die Nico-Sisters, Peter Parker, Wolfgang Sauer, Ilse Siegert, Siki und Sohn, 3 Vanderbilds; Hans Karbe mit seinem Orchester.
Ph (SPA).

Jan 22, 19.00 Uhr. Handball »1. Europäische Meisterschaft der Polizei«
V: Der Senator für Inneres/PSV.
Endrunde (je Spiel 2 x 30 Min.): Schweiz – Belgien 16:7 (9:3); Frankreich – Dänemark 14:12 (7:5); Deutschland – Schweden 11:6 (7:3).
Gesamtergebnis: 1. Deutschland, 2. Schweden, 3. Frankreich, 4. Dänemark, 5. Schweiz, 6. Belgien.
Die gesamte Meisterschaft wurde in der Zeit vom 19.–22. 1. durchgeführt; die Vor- und Zwischenrundenspiele fanden in der Sporthalle Schöneberg statt.
Ts 17., 20.–21., 23. 1.; BP 3; Ph (VWA).

Jan 23–24. Karnevalssitzung »Wer soll das bezahlen?«
Am 23. 1. um 20.11 Uhr, am 24. 1. um 17.11 Uhr.
V: SP.
Et: ab 2,– DM, *»Ostbewohner 1:1 DM Ost«.*
»Prunksitzung der Düsseldorfer Karnevalsgesellschaft ›Die Weißfräcke‹ mit den Großen des Rheinischen Humors / Dr. Allos, Willi Böttcher, ›Die vier Westen‹, Wolfg. Reich / Karl Klinzing Willy Keuenhof, Hans Quasten, Hans / Heinrichs, Jürgen Raasch, Heinz Schüler, Heinz Sommer / Kurt Poschinger, Toni Gerhards / Es präsidiert: Hugo Cremer / Das große Blasorchester d. ›Funken-Artillerie‹ Eschweiler« (Anz., Ts 17. 1.).
Ts 17. 1.; BP 3.

Jan 28–Mär 1, 20.00 Uhr. 6. Bockbierfest im Sportpalast
Bis 1.00 Uhr; sonnabends bis 5.00 Uhr.
V: SP.
»... det dollste, wat de hast / Bockbierfest im Sportpalast / [...] Kapellen Kermbach u. Schmidt · Joachim Krüger«.
Feb 27, 29, Mär 1. »Der Höhepunkt der Bockbiersaison 3 TOLLE NÄCHTE!«
Sonnabend, 27. Februar, 20 Uhr / Bis früh um fünfe / – Motto: hier stößt der Bock! – / Rosenmontag, 29. Februar, 20 Uhr / Zille-Ball / Großes Zille-Kabarett / Dienstag, 1. März 20 Uhr / Fastnachts-Ball / – Motto: Berlin steht kopp – / In allen 3 Nächten: / Kapellen Kermbach und Schmid / und das Prominenten-Programm«; Et: 4,– DM je Nacht (Anz., Ts 21. 2.).
Ts 24. 1.; 21. 2.; BP 3–7.

Mär 4–5, 20.11 Uhr. Karnevalssitzung »Kornblumenblau«
V: SP.
Et: ab 2,– DM, *»Ostbewohner 1:1 Ost«.*
»3 Stunden Spaß an der Freud' / Kornblumenblau«, »Karnevals-Ausklang 1960 / mit den Großen der Größten des Kölner Humors / Karl Berbuer · Jupp Schmitz · Eilemann-Trio / August Batzem · Max Mauel · Pelle Jöns / Karl Schmitz-Grön · Kurt Lauterbach / Orig. Kölner Karnevalskapelle Christian Reuter / Elferrat u. d. Tanzmariechen m. ihr. Tanzoffizier / Es präsidieren: Max Mauel und Karl Schmitz-Grön« (Anz., Ts 21. 2.).
Ts 21. 2.; BP 7; Ph (SPA).

Mär 6, 20.00 Uhr. Jazz-Konzert »Jazz from New Orleans«
V: Jänicke.
Et: 3,– bis 6,– DM.
Mitw.: George Lewis (cl), Mr. Acker Bilk's Paramount Jazzband (Acker Bilk [cl], R. James [bjo], E. Price [b], R. McKay [dm] K. Sims [tp], J. Mortimer [tb]), Alex Welsh and his Band (Welsh [tp], Roy Crimmins [tb], Archie Semple [cl], Fred Hunt [p], Bill Reid [b], Johnny Richardson [dm]) und Beryl Bryden (voc).
Ts 21. 2.; BP 7; Ph (SPA).

Mär 11. Bunte Veranstaltung »RIAS-Kaffeetafel«
Mitw.: Günter Bartosch, Walter Böhm, Horst Braun, Florida-Quartett, Renée Franke, Ekkehard Fritsch, Nana Gualdi, Ilse und Werner Hass, Paul Hörbiger, Ernst Krukowski, Omar Lamparter, Brigitte Mira, Kurt Pratsch-Kaufmann, Roland-Trio, Hans Rosenthal; Orchester Krüger.
Pz (SPA).

Mär 12–13. Bunte Veranstaltung »Treffpunkt Berlin«
Am 12. 3. um 20.00 Uhr, am 13. 3. um 16.00 Uhr.
V: DRK/Schibille.
Et: ab 2,– DM, *»(Ost 1:1)«.*
»Reinertrag zu Gunsten des Deutschen Roten Kreuzes«.
Mitw.: *»Claire Schlichting, Walter Böhm, Paul Hörbiger, Nana Gualdi, Renée Franke, Gitta Lind, Klaus Günter Neumann, Mäcki-Trio, Trio Sorrento, Johanna König, Fredy Rolf, Lilo Herbeth – Erwin Bredow, Olaf Bienert, Irmgard*

562 Programmheft (Chr Mär 27); SPA.

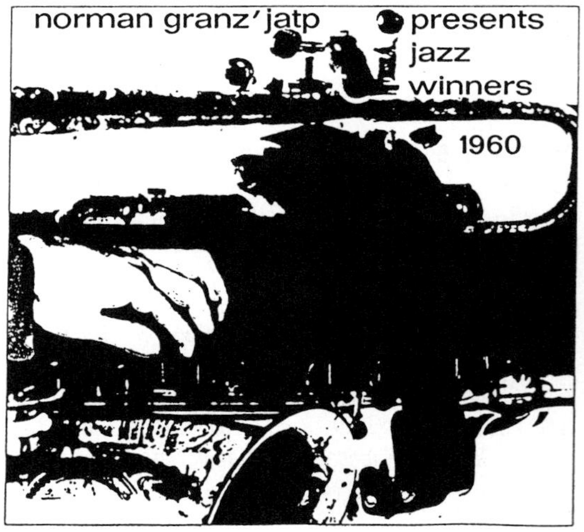

Schnell, Kinderballett Hess, Kapelle: Wilfried Krüger, Ansage: Joachim Krüger« (BP 8).
Ts 28. 2.; BP 8; Ph (SPA).

Mär 16, 19.00 Uhr. Handball »Nationales Turnier«
V: HVB.
BSC Rehberge: Pankonin, Land, Groß, Scharnweber, Thomann, Peters, Böttcher, Bielski, Böer, Neumann, Bork, Röttger.
BSV 92: Jürgen Albrecht, Peter Bußacker, Wolfgang Kunde, Joachim Rudolph, Bernd Lukas, Wolfgang Schütze, Jürgen Bernhardt, Wolfgang Bahlburg, Alfred Bloch, Klaus Walz.
CHC: Lothar Franke, Klaus Wegner, Karl-Heinz Pieper, Wolfram Kunze, Jürgen Meißner, Harald Gleinig, Günter Scholz, Peter Dorsch, Ulrich Will, Klaus Dingler, Siegfried Unglert.
PSV: Horst Schneider, Joachim Niemann, Siegfried Becker, Günter Lottermoser, Werner Köbke, Hans-Joachim Wald, Wolfgang Kaczmarek, Karl-Heinz Plötz, Günter Nachtigall, Hans-Jürgen Schenckewitz, Wolfgang Kardetzki, Wilfried Jacobi.
SSC Südwest: Horst Jex, Hans-Joachim Aminde, Helmut Brunn, Günter Neumann, Wolfgang Stuck, Dieter Meyerhoff, Jürgen Pander, Hans Stonawski, Manfred Schnellecke, Joachim Bosch.
SV Bayer 04 Leverkusen: Dieter Auris, Werner Tiemann, Dieter Meier, Hans Lietz, Robert Will, Dr. Werner Horchler, Hans Stüdtgen, Volkmar Weber, Ferdi Brodmann, Werner Schittenhelm, Heinz Boquet.
TSV Ansbach: Peter Kühn, Konrad Porzner, Dr. Helmut Porzner, Jürgen Wechsler, Wilhelm Hahn, Gerhard Riebl, Martin Reitenspieß, Erwin Porzner, Hubertus Hartmann, Gerhard Kühn, Manfred Baader.
VfL Lichtenrade: Henschel, Stocklossa, Brandt, Rasmus, Weise, Dembeck, Jeromin, Bossog, Gentzmer, Ahr, Voigt, Herndl.
Je Spiel 2 x 10 Min.

563 Wolfgang Neuss (Chr Apr 16–18).

1. Leverkusen – Rehberge 6:1; 2. BSV 92 – Südwest 7:6; 3. CHC – PSV 8:2; 4. Ansbach – Lichtenrade 8:2; 5. Leverkusen – CHC 6:4; 6. BSV 92 – Ansbach 7:4; 7. Ansbach – CHC 8:7 (um den dritten Platz); 8. Leverkusen – BSV 92 4:3 (nach Verlängerung; um den ersten und zweiten Platz).
Gesamtergebnis: 1. Leverkusen, 2. BSV 92, 3. Ansbach 4. CHC.
Ts 16.–17. 3.; BP 8; Ph (SPA).

Mär 19, 20.00 Uhr. Bunte Veranstaltung »Hamburg grüßt Berlin mit ›Hamborg, hol di stief!‹«
Wiederholung von Jan 10.

Mär 26, 20.00 Uhr. »Musique aux Champs-Elysées«
V: SFB/SP.
Et: ab 2,50 DM, *»Ostbewohner 1:1 DM Ost«.*
»Eine Europäische Ringsendung – Frankreich, Belgien, Österreich, Schweiz, Schweden, Jugoslawien«.
Mitw.: *»Frankreich: Charles Trenet · Jack Dieval mit seiner Combo / Jugoslawien: Mihailo Zivanovic · Österreich: Carl de Groof / Schweiz: Marjane · Julianna Farkas / Belgien: Hector Rasquin · Schweden: Lars Lönndahl / Deutschland: SFB-Tanzorchester u. Ltg. von William Greihs / Südwest-Funk: Hans Koller · Conférence: Joachim Krüger«* (Anz., Ts 20. 3.).
Ts 20.3.; BP 9; Ph (SPA).

Mär 27, 20.00 Uhr. Jazz-Konzert »Norman Granz JATP presents: Jazz winners 1960«
V: Jänicke.
Mitw.: Miles Davis Sextet (Davis [tp], John Coltrane [ts], Buddy Montgomery [vh], Wynton Kelly [p], Paul Chambers [b], James Cobb [dm]), Stan Getz Quartet (Getz [ts], Jan Johanson [p], Don Jordan [b], William Schiöpfe [dm]), Oscar Peterson Trio (Peterson [p], Ray Brown [b], Ed Thigpen [dm]).
Ts 20. 3.; BP 9; Ph (SPA).

Mär 29–31, 20.00 Uhr. Eiskunstlauf »Olympiasieger in Berlin«
V: BSchC.
Kunstlauf (und Eistanz) von Klaus J. Bachmann (D), Ursula Barkey (D), Alain Calmat (F), Sjoukje Dijkstra (NL), Norbert Felsinger (A), Karin Frohner (A), Alain Giletti (F), Ute Grünert (D), Tilo Gutzeit (D), Joan Haanappel (NL), Regine Heitzer (A), Donald Jackson (CDN), Bärbel Martin (D), Manfred Schnelldorfer (D), Jürgen Stephan (D), Doris Weinhausen (D); Rita Blumenberg/Werner Mensching (D), Monika Fischer/Rudi Matysik (D), Margret Göbl/Franz Ningel (D), Christiane und Paul Guhel (F), Marika Kilius/Hans-Jürgen Bäumler (D), Barbara Wagner/Bob Paul (CDN).
Ts 27., 29.–31. 3.; 1. 4.; BP 9; Ph (SPA).

Apr 1, 20.00 Uhr. Jazz-Konzert »Count Basie and his Orchestra«
V: Jänicke.
Mitw.: Joe Newmann, Snooky Young, Thad Jones, George Cohn (tp); Benny Powell, Al Grey, Henry Coker (tb); Frank Wess (as, ts, fl); Marshal Royal (as); Billy Mitchell, Frank Foster (ts); Charlie Fowlkes (bs); Count Basie (p); Eddie Jones (b); Freddie Greene (g); Sonny Payne (dm); Joe Williams (voc).
Ts 27. 3., Ph (SPA).

Apr 2–3, 20.00 Uhr. Amateur-Tanz »Europa tanzt im Sportpalast«
V: Amateur-Tanzsportverband von Deutschland e.V.

564 Inge und Helge Timmermann (DK), Sieger bei den Europameisterschaften 1960 in den Standardtänzen (Chr Apr 2).

Et: ab 2,50 DM, *»Ostbewohner 1:1 DM Ost«.*
Schirmherrschaft: Bundesmin. Ernst Lemmer.
Apr 2. »Europameisterschaft 1960 in den Standard-Tänzen«
Apr 3. »›Großer Preis von Berlin‹ in den lateinamerikanischen Tänzen«
Ts 22.–23. 3.; 2. 4.; BP 10; Ph (SPA).

Apr 8, 20.00 Uhr. Boxen »Pete Rademacher – Ulrich Ritter« u.a.
V: Knörzer.
Fdg: Edgar Basel (52,9 kg; Mannheim) – Johnny Agwu (53,9 kg; WAN), Sieg Basels nach Pktn (6 Rdn).
Lg: Rudi Langer (62 kg; Berlin) – Spike McCormack (61,2 kg; Nordirland), unentschieden (8 Rdn).
Wg: Manfred Neuke (62 kg; Delmenhorst) – Fred Galiana (62 kg; E), Sieg Galianas durch Abbruch (6. Rde).
Sg: Gerhard Zech (93,5 kg; Berlin) – André Wyns (90,5 kg; B), Sieg Zechs nach Pktn (6 Rdn).
Sg: Ulrich Ritter (91 kg; Mannheim) – Pete Rademacher (91 kg; USA), unentschieden (10 Rdn).
81-kg-Limit: Karl Mildenberger (80,5 kg; Kaiserslautern) – Sam Langford (80,5 kg; GB), Sieg Mildenbergers durch Abbruch (3. Rde).
Ts 8.–9. 4.; BP 10; Ph (VWA).

Apr 9, 20.00 Uhr. Jazz-Konzert »The Dave Brubeck Quartet«
V: Jänicke.
»Die populärste moderne Jazz-Combo [...] mit Dave Brubeck (p), Paul Desmond (as), Gene Wright (b) und Joe Morello (dm)« (Anz., Ts 3. 4.).
»[...] Brubeck ist großer, freudig wilder Steigerungen fähig, die elementare Wirkung haben und von den Hörern im Sportpalast auch entsprechend quittiert werden. Keine Frage, daß er swingt, die Disskussion darüber ist müßig. [...]« (Ts 12. 4.).
Ts 3.; 12. 4.; Ph (SPA).

565 »The Dave Brubeck Quartet« (Chr Apr 9); auf der Bühne von links: Joe Morello (dm), Gene Wright (b), Dave Brubeck (p) und Paul Desmond (as).

Apr 14, 20.00 Uhr. Konzert »Schaumburger Märchensänger«
Et: ab 2,– DM, *»Ostbewohner 1:1 DM Ost«.*
Ltg: Edith Möller.
Ts 3. 4.; BP 11.

Apr 16–18, 20.00 Uhr. Bunte Veranstaltung »Fröhliche Ostern 1960«
Am 17.–18. auch 15.30 Uhr.
V: SP.
Et: ab 2,– DM, *»Ostbewohner 1:1«.*
Mitw.: Jan Dierkes, Maria und Franco Duval, Detlev Engel, Kurt Engel, Das Florida-Quartett, Joachim Krüger, Liselotte Malkowsky, Marjane, Wolfgang Neuss, Claire Schlichting, Horst Sippel, Kenneth Spencer, Ewald Wenck, Herbert Zernik; Kinderballett Margarete Hess, Otto Kermbach und sein Orchester.
Ts 20. 3.; BP 11; Ph (SPA).

Apr 23, 21.00 Uhr. Jazz-Konzert »Nat ›King‹ Cole with Quincy Jones and his Big Band«
V: Jänicke.
Mitw.: Nat ›King‹ Cole (voc); Quincy Jones and his Big Band: Clark Terry, Benny Bailey, Leonhard Johnson, Floyd Standifer (tp); Ake Persson, Delba Liston, Jimmy Cleveland, Quentin Jackson (tb); Phil Woods, Porter Kilbert (as); Sahib Shehab (bs, fl); Jerome Richardson, Quincy Jones (fl); Bud Johnson (ts); Julius Watkins (fr-horn); Les Spann (g, fl); Patti Brown (p); George Catlett (b); Joe Harris (dm).
Ts 15. 4.; BP 14; Ph (SPA).

Mai 1, 20.00 Uhr. Bunte Veranstaltung »Maibowle«
V: DGB/RIAS.
»Abends fand im Sportpalast eine große bunte Veranstaltung des RIAS statt, die direkt übertragen wurde. Bekannte Künstler vom Film, Bühne und Funke traten auf, es spielte das RIAS-Tanzorchester unter Leitung von Werner Müller« (Ts 3. 5.).

Mai 7, 20.00 Uhr. »Berliner Amateur-Jazz-Festival 1960«
Mitw.: SFB-Tanzorchester (Dr. Roland Kovac).
BJP April 1960, S. 6.

Mai 25, 20.00 Uhr. Jazz-Konzert »Dixieland Jubilee«
V: Jänicke.
Et: 3,– bis 6,– DM.
Mitw.: *»Dutch Swing College Band, Champion Jack Dupree, Muggsy Spanier«.*
»Der Champion fand kein Ende / Sch. – Bis September hat nun der Jazzrhythmus Ruh: im Sportpalast wurde die Jazz-Saison 59/60 (es war die konzertreichste, die Berlin erlebte) abgeschlossen. Nicht eben mit einem Ereignis. Die holländische Dutch Swing Colleg Band konnte erst im zweiten Teil ihre frische Eigenart entfalten, in der ersten Programmstunde ordneten sich die Musiker als Begleiter dem Chikago-Jazzer Muggsy Spanier unter; Spanier bläst sein Kornett ohne Virtuosen-Ambitionen, seine Stärke sind allerlei Dämpfertricks, Als folkloristische Programmeinlage war der Exboxer ›Champion‹ Jack Dupree gedacht; der Boogie-Clown mit dem neckischen Gehänge am linken Ohrläppchen wollte indes garnicht herunter von der Bühne und brachte sich damit um seinen teilweise verdienten Erfolg. Er konnte einem geradezu leid tun, wie er die ironisch gedachten, mitten in seinen Pianostücke hineinplatzenden Klatsch- und Pfeifkundgebungen falsch verstand und immer noch eine Zugabe anhängte. Das ging knapp am Skandal vorbei« (Kur 27. 5.).
Ts 15. 5.; Kur 27. 5.; BP 15.

Jun 22–25, 20.00 Uhr. Basketball »Harlem Globetrotters«
Am 23.–24. auch 16.00 Uhr.
V: SP.
Et: ab 2,– DM, *»Ostbewohner 1:1 DM Ost«.*
Mitw.: *»das neue internationale Weltklasse-Variete«;* Gegner diesmal die »US Stars«.
Ts 12. 6.; BP 21.

Jul 1 und 3, 20.00 Uhr. Amateur-Boxen »Olympia-Ausscheidungen DABV – DBV (DDR)«
V: DABV/BBV.
Zur Aufstellung einer gesamtdeutschen Mannschaft für die Olympischen Spiele in Rom 1960.
»Den Auftakt erlebt Berlin [...] im Sportpalast. Die Bundesrepublik hat ihre erste Garnitur [...] benannt. Sie wird gegen die B-Mannschaft der Sowjetzone zum ersten Überkreuzvergleich nach K.o.-System in den Ring steigen. [...] In Schwerin trifft sich am Sonnabend die B-Auswahl der Bundesrepublik mit den Stärksten der Zone. Die Sieger der beiden Kampftage boxen dann am Sonntag in den End-

566 Die Tiller Girls auf der Potsdamer Straße vor dem Sportpalast am Tag vor der Premiere der »1. Internationalen Varieté-Festspiele Berlin 1960« (Chr Sep 15–Okt 5).

Veranstalter: Deutscher Amateur Box-Verband e. V. · Durchführung: Berliner Box-Verband e. V.

Programm

—

Deutsche Olympia-Ausscheidungen der Amateur-Boxer

West gegen Ost

vom Fliegengewicht bis Schwergewicht

im

SPORTPALAST, Berlin W 35, Potsdamer Straße

1. Kampftag: am Freitag, dem 1. Juli 1960
2. Kampftag: am Sonntag, dem 3. Juli 1960
Beginn jeweils 20 Uhr

567 Programmheft (Chr Jul 1 und 3); VWA.

kämpfen. Im Berliner Sportpalast [...] die Boxer im Fliegengewicht, Federgewicht, Halbweltergewicht, Halbmittelgewicht und Halbschwergewicht. Die anderen fünf Klassen ermitteln ihre Rom-Fahrer schon am Sonntagvormittag in Schwerin« (Tg 30. 6.).

Jul 3. Endkämpfe

Flg: Manfred Homberg (DABV) besiegt Kurt Millek (DBV).
Fdg: Werner Kirsch (DBV) besiegt Wolfgang Behrendt (DABV).
Hwg: Werner Busse besiegt Rühl (beide DBV).
Hmg: Rolf Caroli besiegt Erich Posorski (beide DBV).
Hsg: Emil Willer (DABV) – Paul Nickel (DBV), Willer erhielt kampflos seine »Rom-Fahrkarte«, da Nickel wegen einer Augenverletzung nicht antreten konnte.
Außerdem gab es einige Einladungskämpfe.
Tg 30. 6.; 3., 5. 7.; Ph (VWA).

Jul 15–Sep 7, 20.00 Uhr. Cinerama-Film »Die sieben Weltwunder«

Mittwochs, sonnabends und sonntags auch 16.00 Uhr.
V: SP.
Et: ab 2,50 DM, *»Ostbewohner 1:1«*.
R: Tay Garnett, Paul Mantz, Andrew Marton, Ted Tetzlaff, Walter Thompson; Bu: Nach einer Idee von Lowell Thomas; K: Harry Squire, Gayne Rescher; Mu: Emil Newman, David Raksin, Jerome Moross; deutscher Sprecher: Paul Klinger; deutsche Erstaufführung.
»Dieses Filmwerk ist ein Wunder für sich. Das Cinerama-Verfahren von Lowell Thomas gibt dem Menschen unserer Zeit die Illusion an einer modernen Odyssee, an einem Flug um den Erdball teilzunehmen und vom sicheren Sitz, gleich neben dem Piloten, die Erstaunlichkeiten dieser Welt, die klein geworden erscheint, zu betrachten. Ein Blick in den rotglühenden, von Schwefelgasen erfüllten größten Krater Afrikas, in die märchenhaften Gärten Japans, in alte Wolkenkratzerstädte der arabischen Wüste oder in das Nilpferdparadies Ägyptens. Menschen und Tiere erscheinen überdimensional auf der riesigen Leinwandfläche. Ihre Dreiteilung machte sich bei der unter Premierenfieber stehenden, festlich aufgezogenen deutschen Erstaufführung im zum größten Kino Berlins umgestalteten Sportpalast häufig zu stark bemerkbar. Dennoch bleibt diese [...] Produktion mit ihren unwahrscheinlichen Ton- und Bildwirkungen ein Erlebnis sondergleichen« (Tg 17. 7.).
Tg 17. 7.; BP 20–25; Ph (SPA).

Sep 4, außerdem 11.00 Uhr: Rezitationen von Klaus Kinski

V: Hoffmeister.
Et: ab 2,– DM, *»Ost 1:1«*.
»Klaus Kinski spricht: Schiller · Wilde · Villon · Rimbaud / Majakowskij · Tucholsky« (Anz., Ts 28. 8.).
Ts 28. 8.; BP 25; Ph (SPA).

Sep 9–11, 20.00 Uhr. Konzert »Don Kosaken Chor Serge Jaroff«

V: Collien/Schibille.
Et: ab 2,– DM, *»Ost 1:1«*.
Ts 28. 8.; BP 25; Ph (SPA).

Sep 15 – Okt 5, 20.00 Uhr. »1. Internationale Varieté-Festspiele Berlin 1960«
Mittwochs, sonnabends und sonntags auch 15.30 Uhr.
V: Collien/SP.
Et: 2,– bis 8,– DM, *»Ost 1:1«*; *»Nachmittags halbe Preise«*.
Im Rahmen der »Berliner Festwochen 1960« und des Jubiläumsjahrs »50 Jahre Sportpalast«.
Mitw: Zwei Antalias, Die Dandy Brothers, Vier Dubowys, Werner Kroll, Joachim Krüger, Los Ona, Zwei Mallins, The Marchitas, Monika und Ruwald, Joe Slack-Trio, The Walgardis, Trio Vedette; Original 16 John-Tiller-Girls, Das große Varieté-Orchester (Ralph Zürn).
Ts 4. 9.; BP 27 f.; Ph (VWA).

Okt 7, 20.30 Uhr. Boxen »Schaukampf Floyd Patterson«
V: Arti Organisation Kopenhagen.
»Jeder der 301 zahlenden Zuschauer im Sportpalast – die echten Berliner Fachleute – und die Pressemänner wurden Zeugen eines Erlebnisses, von dem wir noch Jahre zehren werden. [...] Was Patterson in diesen – zugegeben: Schaukampf – Runden zeigte, stellt alles in den Schatten, was wir nach dem Kriege erlebten. Zwei Trümpfe stechen bei ihm am meisten: seine Schnelligkeit auf den Beinen und im Schlag ein linker Haken [...]« (Ts 8. 10.).
Im Rahmenprogramm noch zwei Kämpfe: Harry Kurschat besiegt Sidi Mohamed im Lg und Gerhard Zech besiegt Werner Walloschek im Sg.
Ts 7.–8. 10.

Okt 8, 16.30 Uhr. Turnen »Länderkampf Japan – Deutschland«
V: DTB/BT.
Japan: Nobyuki Aihara, Yukio Endo, Takashi Mitsukuri, Takashi Ono, Masao Takemoto, Shuji Tsurumi.
Deutschland: Helmut Bantz, Philipp Fürst, Reinhold Groborz, Heini Kurrle, Günther Lyhs, Lothar Lohmann, Wolfgang Nold.
»Im ausverkauften Sportpalast erfreuten sich die Zuschauer an den Weltklasseleistungen der Japaner [...] Für die Deutschen war es fast eine Qual, sich mit den Japanern zu messen, denn gelegentlich wirkten sie doch gegen diese Weltklasseturner wie Anfänger, die sich allerdings große Mühe gaben. [...] In der Einzelwertung der Männer (ohne Bodenturnen) belegte Takashi Ono mit 48,40 Punkten den ersten Platz vor Takemoto (48,00), Mitsukuri (47,80), Aihara (47,65), Lyhs (46,90), Fürst (46,85) und Tsurumi (46,50)« (Ts. 9. 10.).
Ts 8.–9. 10.; BP 28; Ph (LA).

Okt 14, 20.00 Uhr. Amateur-Boxen »36. Berliner Meisterschaften 1960«
V: BBV.
Endkämpfe.
Flg: Waldemar Stephani (Sparta 58) erhielt den Titel kampflos, da sein Gegner, Josef Kala (PSV) verhindert war. Stephani führte dafür einen Einladungskampf durch (s. u.).
Bg: Manfred Bauske (PSV) besiegt Horst Trostdorff (Hertha BSC).
Fdg: Kurt Bergner (PSV) besiegt Horst Edner (Heros).
Lg: Klaus Steinert (Sparta 58) besiegt Harry Weißenberg (Spandau 26).
Hwg: Gerhard Dieter II (Spandau 26) besiegt Klaus Luckstadt (ASV).
Wg: Hans-Heinrich Dieter III (Spandau 26) besiegt Günter Grunow (TeBe).
Hmg: Hans-Georg Hellwig (Nordstern 07) besiegt Manfred Bartsch (Hertha BSC).
Mg: Günter Teuscher (PSV) besiegt Fritz Bauer (SV Bavaria) durch ko (2. Rde).
Hsg: Horst Jäckel (Hertha BSC) besiegt Manfred Lüdemann (Rein. Füchse).
Sg: Manfred Markgraf (PSV) besiegt Oskar Weber (Hertha BSC) durch Abbruch.
Einladung:
Junioren-Hmg: Peter Franke (PSV) – Peter Mohr (Spandau 26), unentschieden.
Flg: Stephani besiegt Gerwald (ASV).
Kur 14.–15. 10.; Ph (VWA).

Okt 15, 20.00 Uhr. Bunte Veranstaltung »Stars am Start«
V: Hoffmeister/Schibille.
Mitw.: *»Trude Herr, Olive Moorefield, Rex Gildo, Chris Howland, Paul Hörbiger, Siw Malmkvist, Roberto Blanco, Kurt Engel, Wilhelm Strienz, Trio Sorrento, Kurt Pratsch-Kaufmann, Kapelle: Wilfried Krüger«* (BP 29).
BP 29; Ph (SPA).

Okt 16, 19.00 Uhr. Bunte Veranstaltung »Kinder war das wunderbar – als Berlin noch Hauptstadt war!«
V: IGM, Verwaltungsstelle Berlin.
»Große bunte Berlin-Revue zum 6. Gewerkschaftstag der IG-Metall in Berlin«.
Mitw.: Roberto Blanco, Angéle Durand, Claire Feldern, Florida-Quartett, Dietrich Frauboes, Ilse und Werner Hass, Franzl Lang, Mäcki-Trio, Emmy Merz, Will Meyen, Molle und Korn, Klaus Günter Neumann, 3 Rilons, Werner Schöne, Trio Sorrento, Oceana Vietrich; Carola-Krauskopf-Ballett, Schöneberger Sängerknaben, Wolf Gabbe mit seinem Rundfunk-Tanzorchester.
Ph (SPA).

Okt 25, 20.00 Uhr. Arienabend »Mario del Monaco«
V: Heinicke/SP.
Et: ab 4,– DM, *»Ost 1:1«*.
»Arien von Puccini · Verdi · Leoncavallo / Radio-Symphonie-Orchester Berlin / Leitung: Carmen Campori, Radio Rom« (Anz., Ts 2. 10.).
»Sein erstes Auftreten in Berlin ging vor sich mit allen Anzeichen einer Sensation. Er sang im Sportpalast, in der Arena, die nur die ganz großen Stimmen füllen können, und der Sportpalast war dicht besetzt, fast ausverkauft. Am Dirigentenpult des Radio-Symphonie-Orchester stand, ein Sensatiönchen für sich, eine Frau, Carmen Campori, die mit schlangenhaften oder martialisch dreinfahrenden Bewegungen, mit viel Gefühl und in oft ausschweifenden langsamen Zeitmaßen Ouvertüren und Intermezzi als stimmungserzeugenden Background zum Besten gab [...] Dann kam er selbst [...] Der erste Eindruck, der den Hörer erstaunen läßt, ist der tiefe, baritonale Klang der kernigen kraftvollen Stimme. Der zweite Eindruck [...], ist der, daß diese Stimme sehr wohl über helle, glänzende Spitzentöne verfügt [...] Also doch ein Tenor, ein ausgesprochener Heldentenor [...] Monaco ist Repräsentant einer Zeit, die das Primitive, Unkomplizierte, Direkte verehrt, die mehr für Dynamik als für Nuancen empfänglich ist« (Ts 27. 10.).
Ts 27. 10.; BP 30; Ph (SPA).

Okt 29, 20.00 Uhr. Bunte Veranstaltung »Schlager und Humor«
V: Zentralausschuß/SFB.
»Wohltätigkeitsveranstaltung für die Weihnachtsbescherung von Flüchtlingskindern in Verbindung mit dem SFB unter der Schirmherrschaft des Regierenden Bürgermeisters Willy Brandt«.
Mitw.: Elio Branca, Carla Codevilla, Maria und Franco Duval, Heinz Erhardt, Otto Höpfner, Ludwig Manfred Lommel, Addi Münster, Ralf Paulsen, Trio Sorrento, Christa Williams: Das große SFB-Tanzorchester (William Greihs).
Ts 23. 10.; BP 30; Ph (SPA).

Nov 4, 20.00 Uhr. Jazz-Konzert »Gerry Mulligan and the Concert Jazz Big Band«
V: Jänicke.
Mitw.: Gerry Mulligan, Gene Allen (bs); Zoot Sims, Jim Reider (ts); Gene Quill (cl, as); Bob Donovan (as); Conte Candoli, Nick Travis, Don Ferrara (tp); Bob Brockmeyer, Willie Dennis, Alan Ralph (tb); Buddy Clark (b); Mel Lewis (dm).
Ts 30. 10.; BP 31; Ph (SPA).

Nov 5–6. Fernsehschau »Jede Sekunde ein Schilling! in Berlin... ein Groschen...!«
Am 5. 11. um 20.00 Uhr, am 6. 11. um 16.00 Uhr.
V: Hoffmeister/Schibille/Bunte Bühne Berlin.
»Lou van Burg bringt zum 2. Mal in Berlin die große Schau«.
Mitw.: Maria und Franco Duval, Florida-Quartett, Conny Froboess, Günter Keil, Barbara Kist, Leo Leandros, Trio Harmonie, Die Vanderbilds; Fips Fleischer und seine Solisten.
Ts 30. 10.; BP 31; Ph (SPA).

Nov 11, 20.00 Uhr. »Politische Unterhaltungsrevue ›uns kann keener‹«
V: CDU.
»Politik und Unterhaltung im Berliner Sportpalast«.
Mitw.: Florida-Quartett, Ekkehard Fritsch und Günter Schwerkolt, Heinz Keunecke, Lucie Klaar, Joachim Krüger, Ernst Krukowski, Liselotte Malkowski, Willi Rose, Hanni Rosen; *»die bedienten«*; Orchester Otto Kermbach.
Ph (VWA).

Nov 12, 18.00 Uhr. Handball »Internationales Vereins-Turnier«
V: BSV 92/CHC/OSC/PSV/Süd-West.
BSV 92: Jürgen Albrecht, Peter Schäfer, Wolfgang Kunde, Wolfgang Schütze, Jürgen Bernhardt, Horst Mette, Joachim Rudolph, Bernd Lukas, Peter Bußacker, Jürgen Wormuth, Jürgen Bohnsack, Karl Henkmann.
CHC: Siegfried Unglert, Günter Szillat, Jürgen Meißner, Gerhard Jordan, Karl-Heinz Pieper, Harald Gleinig, Klaus Wegner, Klaus Dingler, Wolfram Kunze, Günter Scholz, Peter Dorsch, Ulrich Will, Dieter Wolf.
KFUM Aarhus (DK): Erik Holst, Mogens Olsen, Poul Winge, Hans Ehrenreich, Thorkild Rydahl, Arne Sörensen, Poul Sörensen, Finn Hörlyck, Ivan Christiansen, Ole Elkjaer, Hans Olkholm.
PSV: Horst Schneider, Siegfried Becker, Joachim Niemann, Günter Lottermoser, Jörg Mudrak, Hans-Joachim Wald, Wolfgang Kaczmarek, Karl-Heinz Plötz, Klaus Dankwarth, Eckhard Gude, Hans-Peter Kahlau, Wilfried Jacobi, Rudolf Poltrock.
SSC Südwest: Horst Jex, Gerhard Neumann, Helmut Brunn, Hans-Joachim Aminde, Dieter Meyerhoff, Manfred Schnellecke, Wolfram Seibt, Klaus Pitschat, Joachim Bosch, Hans Stonawski, Volker Rabsahl.
VfL Wolfsburg: Jürgen Hinrichs, Horst Nolte, Jürgen Müller, Fritz Singwald, Egon Brüheine, Egon Brüheim, Walter Hansch, Lothar Müller, Ernst Lüthe, Uwe Trigo-Teixeira, Peter Baronski.
Je Spiel 2 × 10 Min.
1. BSV 92 – CHC 7:7; 2. Südwest – PSV 4:3; 3. Wolfsburg – CHC 5:5; 4. Aarhus – Südwest 8:5; 5. Wolfsburg – BSV

92 6:3; 6. PSV – Aarhus 10:9; 7. BSV 92 – Südwest 8:5; 8. PSV – CHC 8:8; 9. Aarhus – Wolfsburg 5:3.
Gesamtergebnis: 1. Aarhus, 2. Wolfsburg, 3. PSV und CHC.
Ts 12., 15. 11.; BP 32; Ph (VWA).

Nov 15, 20.00 Uhr. »BRAVO Music-Box mit dem Orchester Max Greger«
V: Buchmann.
Et: ab 2,50 DM, *»Ost 1:1«.*
Mitw.: Gus Backus, Will Brandes, Fredy Brock, Rudi Büttner, Detlef Engel, Ted Herold, Jan und Kjeld, Max Kutta, Lolita, Laurie London, Maureen René, Ivo Robic, Die Honey Twins.
Ts 30. 10.; BP 32; Ph (SPA).

Nov 17, 11.00 Uhr. Empfang zur 50. Wiederkehr der Eröffnung des Sportpalastes
V: SP.
Fand in der »Otto Kermbach-Stube« statt.
»Auf Glück und Erfolg in den nächsten 50 Jahren stießen gestern mit dem Sportpalastdirektor Georg Kraeft nicht nur das Hausoriginal ›Krücke‹ an. Prominente aus allen Bereichen des öffentlichen Lebens trafen sich zur Feier des 50jährigen Jubiläums in der Potsdamer Straße. Zu Ehren des kürzlich verstorbenen langjährigen Sportpalast-Kapellmeisters Otto Kermbach wurde der bisherige ›Blaue Saal‹ nach ›Otto-Otto‹ umbenannt, dessen Foto über seinem Flügel hängt« (Ts 18. 11.).
»Paul Löbe, Ernst Lemmer, Hans Breitensträter, Bubi Scholz, Fritz Gretzschel, ›Krücke‹, Max Knaak, Otto Ziege, Heinz Henschel, Eddie Breé u. a. gedachten des halben Jahrhunderts, das zugleich ein Stück Berliner Geschichte bedeutet« (Ab 18. 11.).
»Als Ehrengast wurde Frau Kermbach gefeiert, die aus dem Nachlaß Otto Kermbachs, dieses volkstümlichsten Berliner Kapellmeisters, eine Reihe von Erinnerungsstücken gestiftet hatte, um die Einrichtung [...] einer ›Otto-Kermbach-Stube‹ zu ermöglichen.« – »Mit der gestrigen Feierstunde [...] wurde überzeugend nachgewiesen, wie diese berühmte Sportstätte all die Jahre hindurch eng mit der Berliner Bevölkerung verbunden blieb. Die Deutschlandhalle ist größer, schöner, moderner, faßt mehr Zuschauer, aber im Sportplast schlägt das Berliner Herz doppelt schnell« (Tag 18. 11.).
»Zum SFB-Fernsehfilm ›Eissterne im Berliner Sportpalast‹ / Das Deutsche Fernsehen liefert zum Jubiläum des Sportpalastes heute (16 Uhr) einen interessanten Beitrag. Gerhard Obermüller hat einen Filmbericht unter dem Motto ›Eissterne im Berliner Sportpalast‹ zusammengestellt. Dieser Film hat dokumentarischen Wert, weil viele Eisläufer, die darin zu sehen sind, nicht mehr zum Amateursport gehören, sondern Profis geworden sind« (Ts 19. 11.).
Ts 18.–19. 11.; Ab 18. 11.; Tag 18. 11.

Nov 19, 19.30 Uhr. Bunte Veranstaltung »Festlicher Sportpalast – Künstler helfen Künstlern«
V: GDB/Schibille.
Et: 2,– bis 8,– DM, *»Ost (1:1)«.*
Zugunsten der Hilfskassen der GDB.
Mitw.: Adi Appelt, Gerd Böttcher, Erika Brüning, Florida-Quartett, Donald Grobe, Erna Haffner, Curt Haupt, Rolf Henniger, Fritz Hoppe, Johanna König, Tom Krause, Joachim Krüger, Gladys Kuchta, Mäcki-Trio, Will Meisel, Klaus Günter Neumann, Wolfgang Neuss, Robert T. Odeman, Kurt Pratsch-Kaufmann, Fredy Rolf, Willi Schaeffers, Ursula Schirrmacher, Siegmar Schneider, Trio Sorrento, Ludwig Suthaus; Die Stachelschweine, Das große SFB-Tanzorchester (William Greihs), Radio Symphonie Orchester (Fried Walter).
Ts 10. 11.; Ph (SPA).

Nov 20. »American Jazz Festival«
Ausgefallen. *»Nach Verbot (Totensonntag) und Ausfall (am 23. 11.). nunmehr endgültiger Termin Freitag, 2. Dezember, 20 Uhr Deutschlandhalle»* (Anz., Ts 27. 11.).
Ts 13. 11.; BP 33.

568 Wiener Eisrevue mit »Illusionen« (Chr Nov 24–Dez 18).

569 Einladungskarte (Chr Nov 17); SPA.

Nov 24-Dez 18. Wiener Eisrevue mit »Illusionen«
Werktags 20.00 Uhr, sonntags 19.30 Uhr; mittwochs, sonnabends und sonntags auch 15.30 Uhr.
V: SP.
Et: 2,– bis 8,– DM, *»Ost 1:1, nachm. kleine Preise«.*
R: Will Petter; Mu: Robert Stolz. Mitw.: Liliane de Becker, Herbert Bobek, Michele Colberg, Tilo Gutzeit, Fernand Leemans, Helmut Loefke, Jeanne und Dick Maxfield, Eva Pavlik, Emmy Puzinger, Hermann Riederer, Manuel del Toro, Ingrid Wendl, Die 3 Luparescos; Wiener Eisballett u.v.a.
»Kommste mit, kommste mit in ›Sportpalast‹, das seinerzeit zur Feier des neuen Daches über der Arena in der Potsdamer Straße von Erika Brüning und den Schöneberger Sängerknaben geschaffene Lied erklang auch gestern abend vor der Premiere der neuen Schau der ›Wiener Eisrevue‹. In den kommenden Wochen werden sich die Berliner diese Aufforderung nicht zweimal sagen lassen, denn wer möchte sich nicht für knapp drei Stunden einmal solchen ›Illusionen‹ hingeben, wie sie uns von den Solisten und dem Ballett der überragenden europäischen Eisrevue meisterhaft vorgegaukelt werden? Der Szenenbeifall des schon nach wenigen Minuten angeregten und begeisterten Premierenpublikums steigerte sich nach dem rauschenden Walzerfinale zu stürmischem Applaus. Ein festlicher Abend, der all den guten Wünschen, die dem Jubilar in einer kleinen Feier gebracht wurden, einen verheißungsvollen Start in die nächsten 50 Jahre brachte« (Ts 25. 11.).
Ts 13., 25. 11.; BP 35; Ph (SPA).

Dez 21, 16.00 Uhr. »Nur für Kinder von 8–80«
V: Zentralausschuß/RIAS.
BP 36.

Dez 25–26, 15.30 und 20.00 Uhr. Bunte Veranstaltung »Internationale Weihnachts-Star-Parade 1960«
V: SP.
Et: ab 2,– DM, *»Ost 1:1«.*
Mitw.: *»Marjane, Carl Kaufmann, Wolfgang Gruner, Herr Fröhlich und Herr Schön, Zarah Leander, Das Florida-Quartett, Die Schöneberger Sängerknaben, Sherrier, The Morgans, Brigitte Mira, Willi Rose, Moulin Rouge Paris präsentiert: Original French Can Can, SFB-Tanzorchester, Leitung: William Greihs, Ansage: Joachim Krüger«* (BP 36).
Ts 4. 12.; BP 36; Ph (SPA).

Dez 31, 19.10 Uhr. Bunte Veranstaltung »Die letzte Runde 1960«
V: SP.
Et: ab 2,– DM, *»Ostbewohner 1:1«*.
»3-Stunden-Rennen Berliner Komiker / Egon Brosig · Erika Brüning · Paul Cichon / Jan Dierkes · Edith Elsholtz · Erna Haffner / Fred Hänsom · Curt Haupt · Kurt Heymann / Marta Hübner · Lucie Klaar · Willi Liebe / Brigitte Mira · R.T. Odeman · Kurt Pratsch- / Kaufmann · Marianne Pohlenz · Ethel Reschke / 3 Rilons · Fredy Rolf · Willi Rose · Hanni Rosen / Trio Sorrento · Mario Tuala · Ewald Wenck · Herbert Zernick / Rennleiter: Joachim Krüger / Kappelle: Otto Kermbach · Leitung: Fritz Moeser« (Anz., Ts 29. 12.).
Ts 29. 12.; BP 36; Ph (LA).

1961

Jan 1, 17.00 Uhr. Handball »Internationales Turnier«
V: HVB.
Aarhus (DK): Leif Gelvad (AGF), Mogens Olsen (KFUM), Ole Sandhoj (Skovbakken), Egon Jensen (Viby IF), Knud Skaarup (Skovbakken), Hans-Jörgen Jacobsen (KFUM), Ivan Christiansen (KFUM), Bent Ryom (Viby IF), Kaj Bertram (Skovbakken), Poul Erik Madsen (AGF), Flemming Vestergaard (KFUM), Knud Meyer (Skovbakken).
Berlin: Horst Schneider (PSV), Horst Jex (SSC Südwest), Wolfgang Schütze (BSV 92), Wolfgang Kunde (BSV 92), Jürgen Meißner (CHC), Bernd Lukas (BSV 92), Wolfram Kunze (CHC), Jürgen Bohnsack (BSV 92), Horst Remmé (TuS Lichterfelde), Peter Bußacker (BSV 92), Jürgen Bernhardt (BSV 92), Joachim Bosch (SSC Südwest), Harald Gleinig (CHC), Werner Köbke (SV Teutonia Haselhorst).
Bern (CH): August Castella (TV Länggasse), Walter Sedlmayer (BSV Bern), Heinz Lehmann (BSV Bern), Hans Scheurer (BSV Bern), Willy Glaus (Stadtturnverein), Toni Loretan (BSV Bern), Toni Großniklaus (TV Thun), Bernhard Wullschleger (Pfadfinder Patria), Rolf Beiner (BSV Bern), Karl Teuscher (BSV Bern), Dölf Burkhardt (BSV Bern), Urs Brand (BSV Bern), Beat Hänni (Pfadfinder Patria).
Oslo (N): Rolf Rustad (St Hanshaugen), Jan Petter (Arild), Jonny Riiser (Grönland), Kjell Svestad (Fredensborg), Ingmar Engum (Fredensborg), Kjell Kleven (Fredensborg), Finn Arne Johansen (Fredensborg), Fred Kongsten (Arild), Arild Gulden (Arild), Knud Ström (Norstrand), Arne Stokkvind (Ringvin), Tom Gerken (Grönland).
Je Spiel 2 x 15 Min.
1. Berlin – Bern 10:9 (2:6); 2. Aarhus – Oslo 10:7 (5:3); 3. Berlin – Oslo 9:6 (6:2); 4. Aarhus – Bern 21:9 (9:3); 5. Oslo – Bern 14:11 (5:7); 6. Aarhus – Berlin 11:9 (8:8, 6:5; nach Verlängerung).
Gesamtergebnis: 1. Aarhus (6:0 Pkte), 2. Berlin (4:2), 3. Oslo (2:4), 4. Bern (0:6).
Außerdem ein Frauen-Auswahlspiel (2 x 20 Min.): Berlin – Niederrhein 6:2 (3:2).
Ts 3. 1.; Kur 2. 1.; BP 1; Ph (VWA).

Jan 6–12. 48. Berliner Sechstagerennen
Beginn 6. 1. um 20.00 Uhr, Start 22.00 Uhr, Ende 12. 1. um 23.00 Uhr.
V: Knaak/SP (Otto Ziege).
Musik: *»Kapelle Otto Kermbach / 2 Kapellen«*.
Wertungen: 14.30, 16.00 (je 10 Spurts), 20.30, 22.00 (je 5 Spurts), 2.00, 4.00 Uhr (je 10 Spurts).
Als Besonderheit zum erstenmal *»›Derny-Rennen‹ in jeder Nacht (1/2 Stunde), bei welchen 6 Rennfahrer hinter Fahrrädern mit Hilfsmotoren fahren und bei denen die sogenannten ›Schrittmacher‹ mittreten müssen, um Geschwindigkeiten bis zu etwa 60 Stundenkilometern zu erreichen«* (LA SP 3965/195).
Teiln. (12 Paare): 1. van Looy/Post (B/NL), 2. Severeyns/Patterson (B/AUS), 3. Pfenninger/de Rossi (CH/I), 4. Holz/Gieseler (D), 5. Roth/Edler (CH/D), 6. van Steenbergen/Bugdahl (B/D), 7. Nielsen/Lykke (DK), 8. Ziegler/Jaroszewicz (D), 9. Altweck/Renz (D), 10. Tüller/Reinecke (D), 11. Willi Altig/Vopel (D), 12. Bouvard/Oldenburg (F/D).
Ergebnis: 1. van Steenbergen/Bugdahl 612 Pkte; 2. van Looy/Post 333; 3. Nielsen/Lykke 301; 4. Pfenninger/de Rossi (1 Rde zurück) 459; 5. Severeyns/Patterson 294; 6. Roth/W. Altig (5 Rdn zurück) 306; 7. Renz/Reinecke (8 Rdn zurück) 205; 8. Holz/Gieseler (14 Rdn zurück) 260.
Zurückgelegte km: 3471,300.
Startschuß: Sabine Sinjen, Wolfgang Gruner (SchauspielerInnen), Karl Mildenberger (Boxer).
Vorrennen (50-km-Mannschaftsfahren der Amateure): 1. Schulze/Stolp (BRC Endspurt/RVg Luisenstadt), 2. Kappes/Schulz (RV Iduna/RVg Luisenstadt).
Am 9. 1. die Wahl der ›Miß Heuboden‹.
»Die Derny-Einlagen in Form von 30 Minuten-Sonderwett-

571 Plakate 1961; VWA. ▷

570 Bestuhlungsplan für die Veranstaltung von Radrennen, 3. 1. 1961 (nach: LA SP 3965/200 [Lichtpause/Papier, 70 x 122 cm]).

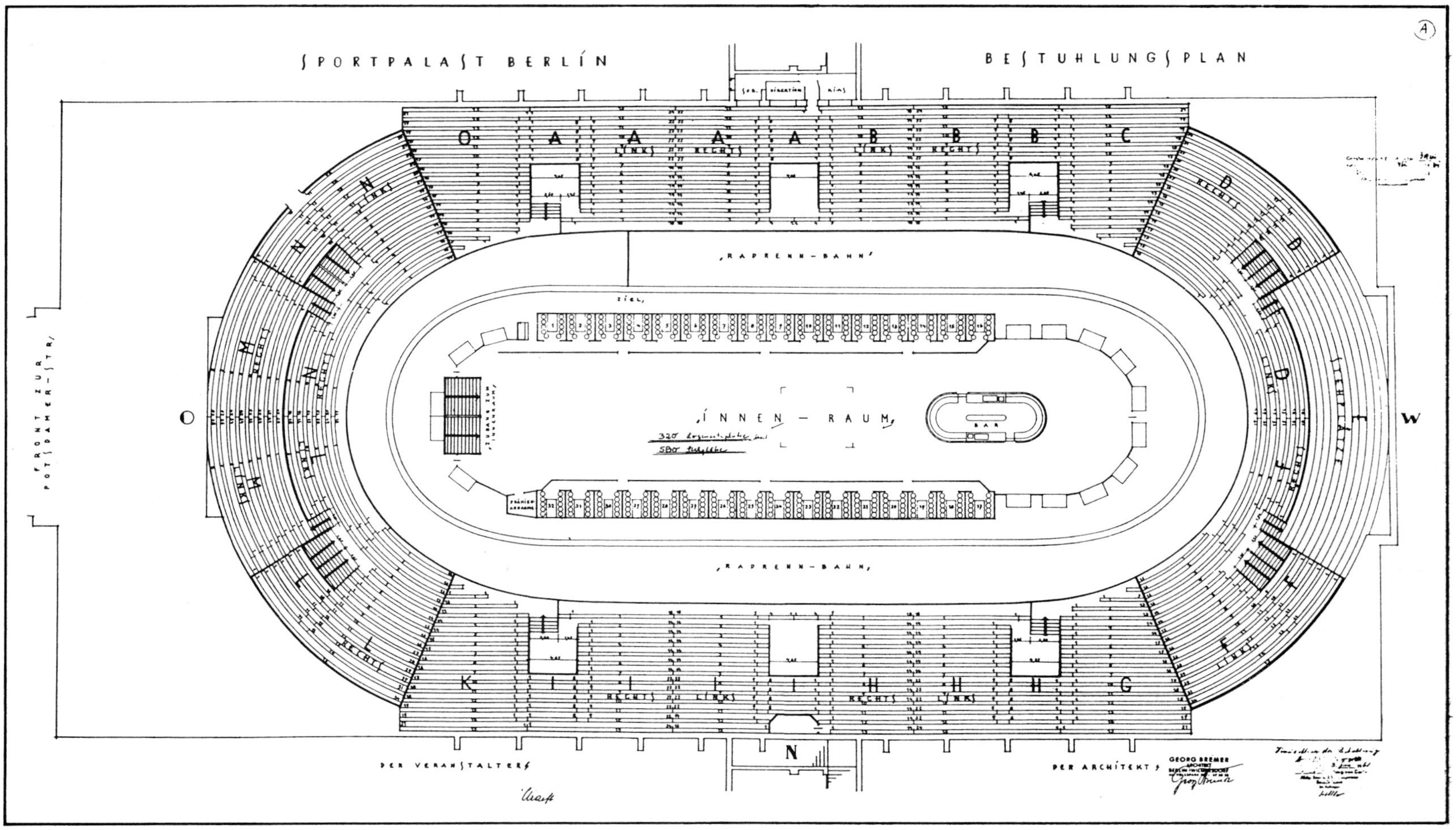

SPORTPALAST
Berlin W 35, Potsdamer Str. 170-172
Vom Freitag, 6. Januar (22 Uhr)
bis Donnerstag, 12. Januar 1961
48. Berliner
Internationales
6 Tagerennen
van Steenbergen - Bugdahl
van Looy - Post
Nielsen - Lykke
Severeyns - Vannitsen Ziegler - Jaroscewicz
Pfenninger - de Rossi Arnold - Edler Altweck - Holz
Gieseler - Donike und weitere Mannschaften
mit Derny-Rennen um den „Großen Adolf Schulze-Polstermöbel-Preis"
Die internationale Weltklasse am Start
Kapelle Otto Kermbach
2 Kapellen
Besuchen Sie die verbilligten Nachmittagswertungen und -Jagden (12 - 17 Uhr) • Kinder 0,50 DM

BERLINER SPORTPALAST
20. Januar 1961 Beginn 20.30 Uhr
Karl Mildenberger
gegen
Harold Carter USA
Zech-Gonzales Spanien
in weiteren Kämpfen: Redl, Langhammer, Goschka

SPORTPALAST
SONNABEND
21
Januar 1961
Einlaß 17 Uhr
Beginn 18 Uhr
Berliner
Hallenhandball-
Meisterschaft 1961
Endrunde
Veranstalter: Handball-Verband Berlin e. V.
Eintrittskarten von DM 2,- bis DM 5,- in den bekannten Vorverkaufsstellen sowie an der Abendkasse.

.. det dollste, wat de hast ..
Bockbierfest
im Sportpalast
Ab 2. Februar Täglich 20 Uhr • Sonntags 19 Uhr
Kapelle Kermbach • Schmid • Joachim Krüger

SPORTPALAST
Montag, 20. Februar
Dienstag, 21. Februar
jeweils 20 Uhr
Kornblumenblau
3 Stunden Spaß an der Freud' im Rahmen des Bockbierfestes
Karl Berbuer Jupp Schmitz Fritz Weber Eilemann-Trio
Peter Antweiler Kurt Lauterbach Max Mauel Karl Schmitz-Grön
Das bekannte
Kölner Blas-Orchester Christian Reuter
Tanzmariechen mit ihrem Tanzoffizier - Conference: Max Mauel u. Karl Schmitz-Grön
Tischbestuhlung

SPORTPALAST
Sonntag, 5. März 1961, 15 und 20 Uhr
Scheinwerfer auf!
Ein Meisterabend froher Unterhaltung mit
Lou van Burg
Der Star der beliebten Fernsehsendung „Jede Sekunde ein Schilling"
Schwabenhansl • Vanna Olivieri • Willi Dreyer • Hella Jansen
Jan Dierkes • Erna Haffner • Quick and Slow • Trio Ankara
Henry-Trio • Duo Hansen • Trio Harmonie u. v. a.
Peter Kreuder
Ansage: Joachim Krüger
Orchester Kurt Drabek
OST 1:1

SPORTPALAST
Sonnabend 25 März 1961
Sonntag 26 März 1961
Deutsche
Hallen-Handball-
Meisterschaft 1961
Frisch-Auf Göppingen
VfL Wolfsburg
SV 04 Bayer-Leverkusen
TV Erbach
SV Teutonia-Haselhorst
BSV von 1892
Beginn an beiden Tagen 18 Uhr
Ausrichter: Handball-Verband Berlin e. V.

Sportpalast Berlin W 35, Potsdamer Straße 170
FREITAG, DEN 14. APRIL 1961 • 20 UHR
BOXEN
Deutsches Länder-Pokal-Turnier
Gruppe NORD - Gruppe WEST
Deutsche Spitzenklasse vom Fliegen- bis Schwergewicht
VERANSTALTER: BERLINER BOX-VERBAND
Eintritt: DM 2,- bis 10,- / Ost 1:1 • Vorverkauf an allen bekannten Vorverkaufsstellen

Kurt Collien präsentiert:
Den weltberühmten Original-
Don Kosaken Chor
Serge Jaroff
1921 40 1961
in seinen Liedern und Original-Kosaken-Tänzen
SPORTPALAST
Freitag, 22. und Sonnabend, 23. September jeweils 20 Uhr

Die berühmteste Militärkapelle der Welt!
Die Original
SPORTPALAST
Sonntag, 8. Oktober, 19 Uhr
Hoch- und
Deutschmeister
Wien sind wieder da!
In den Uniformen des ehemaligen k. u. k. Inf. Reg. Nr. 4 unter Leitung des beliebten und bekannten Kapellmeisters
Julius Herrmann
Ein mitreissendes Programm der schönsten Wiener Melodien, Walzer und Märsche
Tourneeleitung: Konzertdirektion Kurt Collien GmbH, Hamburg 20

SPORTPALAST
Sonnabend, 21. Oktober, 20 Uhr
Sonntag, 22. Oktober, 19 Uhr
JEDE SEKUNDE GUTE LAUNE
mit LOU VAN BURG
in seinen durch Fernsehen u. Funk beliebten Spielen u. Schlagern, mit seinen Assistentinnen:
Gerti aus Wien und GASOLINCHEN aus Hannover
FRIEDEL HENSCH UND DIE CYPRYS
ANGÈLE DURAND • CHRISTA WILLIAMS
LEO LEANDROS • MÄCKI-TRIO • ADDI MUNSTER
SHERRIER • EMMY MERZ • FRANZ EDER
Orchester FIPS FLEISCHER
Hohe Geldpreise zu gewinnen! Außerdem wird verlost ein FERNSEHGERÄT
Verwahl des MUSIK-CHAMPION

SPORTPALAST
Freitag, 3. Nov. • Sonnabend, 4. Nov. • Sonntag, 5. Nov. • jeweils 20 Uhr
Der weltberühmte Original
Don Kosaken
Chor
Serge Jaroff
1921 40 1961

Sportpalast
Sonnabend, 18. November 1961
16 und 20³⁰ Uhr
Unsterbliche Operette
Melodien aus den beliebtesten Operetten mit
Heinz Hoppe Christine Görner
Günter George Ursula Schirrmacher
Willi Sauerwald • Ilse Siegert • Jean Löhe • Karl-Heinz Haag
Wolfgang Hoffmann • Irene Maché • Eva Bertram u. a.
Das Carola-Krauskopf-Ballett • Das Berliner Orchester
Gestaltung und Conference: Horst Braun
Musikalische Leitung: Ernst Kallipke und Will Meisel
WERDE MITGLIED IM BERLINER BESUCHERRING

SPORTPALAST
Sonntag 19 November 1961
Internationales
Hallen-Handball-
Turnier
ATSV Linz (Österreichischer Meister)
Frisch Auf Göppingen
(Deutscher Meister, Europa-Cup-Sieger)
Berliner Sport-Verein 1892 VfL Lichtenrade
SV Teutonia Haselhorst BSC Rehberge
Beginn: 18 Uhr
Veranstalter: Handball-Verband Berlin e.V.
Eintrittskarten von 2,- bis 5,- DM in den bekannten Vorverkaufsstellen und an der Abendkasse erhältlich

SPORTPALAST
1. Feiertag, 25. Dezember, 15.30 und 20 Uhr
2. Feiertag, 26. Dezember, 15.30 und 20 Uhr
Weihnachts-Star-Parade
Bully Buhlan • Ludwig Manfred Lommel • Horst Winter
Jacqueline Boyer • Paris
Regan & Royal • Werner Schmah • Das Florida-Quartett
Die Tennessee-Boys • Elfi Wildenbruch • Walter Schales
Die Stachelschweine
Nach ihrer sensationellen Deutschlandtournee
Edith Elsholtz • Inge Wolffberg • Wolfgang Gruner • Jo Herbst
Joachim Röcker • Achim Strietzel • Rolf Ulrich • Peter Schirmann
Als Gast: Dieter Hildebrandt der Jubilar von der Münchner Lach- und Schießgesellschaft
Das große Schauorchester Hans Karbe
Künstl. Leitung und Ansage: Joachim Krüger
Karten ab 2,50 DM Theaterkasse am Sportpalast und Vorverkaufsstellen - Veranstalter: Sportpalast GmbH.

bewerben zur Wertung der 6000-DM-Bargeld-Prämie um den ›Adolf-Schulze-Polstermöbel-Preis‹ sind ein Publikumserfolg geworden« (Ts 8. 1.).
»Mit Ovationen überschüttet wurden auch die beiden Radsportveteranen Walter Rütt/Jonny Stol (Berlin/Holland), die 1911 das erste Sportpalast-Sechstagerennen gewannen« (Ts 7. 1.).
Ts 6.–13. 1.; BP 1; Ph, Pl (VWA).

Jan 13, 20.00 Uhr. Jazz-Konzert »Dutch Swing College Band« und »Albert Nicholas Trio«
V: Jänicke (?).
»[...] Und noch einen Klarinettisten gilt es zu loben: Albert Nicholas war wieder mit von der Partie, der weitgereiste Kreole aus New Orleans, der einen Hauch von Armstrong, Oliver und Ory mitbrachte. Das Publikum hatte seine helle Freude am Repertoire dieser Holländer, das zwar manche Konzessionen enthielt, aber erfreulicherweise nicht bis zur neuen Gattung der Dixie-Schnulze absank« (Kur 16. 1.).
Ts 8. 1.; Kur 16. 1.; BP 2.

Jan 14–15. Karnevalssitzung »Wer soll das bezahlen?«
Am 14. 1. um 20.11 Uhr, am 15. 1. um 17.11 Uhr.
V: SP.
Et: ab 2,– DM, *»Ostbewohner 1:1 DM Ost«.*
»Prunksitzung der Düsseldorfer Karnevalsgesellschaft ›Die Weißfräcke‹ mit den Großen des Rheinischen Humors / ›Die vier Westen‹ · Willi Binzen · Willy Keuenhof · Karl Klinzing · Kurt Poschinger · Hans Quasten / Jürgen Raasch · Wolfgang Reich · Hans Heinrichs / Heinz Schüler · Hans Ludwig Lonsdorfer / Es präsidiert: Hugo Cremer / Das große Blasorchester der ›Funken-Artillerie‹ Eschweiler« (Anz., Ts 1. 1.).
Ts 1. 1.; BP 2; Ph (SPA).

572 Sjoukje Dijkstra (Chr Jan 26–29).

Jan 20, 20.30 Uhr. Boxen »Karl Mildenberger – Harold Carter« u. a.
V: Göttert/Englert.
Lg: Rudi Langer (60,6 kg; Berlin) – Peter Goschka (60,6 kg; Hamburg), Sieg Goschkas durch ko (4. Rde).
Mg: Stefan Redl (67,5 kg; USA) – Manfred Graus (69 kg; Fraulautern), Sieg Redls nach Pktn (8 Rdn).
Hsg: Peter Gumpert (79 kg; Berlin) – Rudolf Nehring (77 kg; Dortmund), Sieg Gumperts nach Pktn (6 Rdn).
Sg: Gerhard Zech (97 kg; Berlin) – José Gonzales (84 kg; E), Sieg Zechs nach Pktn (8 Rdn).
Sg: Helmut Ball (80,5 kg; Berlin) – Mariano Echevarria (84,5 kg; E), Sieg Balls durch Abbruch (4. Rde).
Sg: Karl Mildenberger (84 kg; Berlin) – Harold Carter (89,1 kg; USA), Sieg Mildenbergers durch Abbruch (8. Rde).
Ts 4., 15., 18., 20. 1.; Kur 20.–21. 1.; Pl (VWA).

Jan 21, 18.00 Uhr. Handball
V: HVB.
Et: 2,– bis 5,– DM.
Berliner Meisterschaft, Endrunde.
BSC Rehberge: Fredy Pankonin, Dieter Röttgers, Heinz Zemke, Dieter Land, Bodo Groß, Klaus Peter, Jürgen Bork, Heinz-Dieter Thomann, Fritz Lange, Jürgen Bielski, Klaus Böer, Karl-Heinz Böttcher, Jürgen Koischwitz.
BSV 92: Jürgen Albrecht, Peter Schäfer, Wolfgang Kunde, Wolfgang Schütze, Jürgen Bernhardt, Horst Mette, Joachim Rudolph, Bernd Lukas, Peter Bußacker, Jürgen Wormuth, Jürgen Bohnsack, Karl Henkmann.
SV Teutonia Haselhorst: Jörg Otte, Kurt Krüger, Horst Schubert, Wolfgang Arand, Gerd Jörke, Georg Kremer, Winfrid Meinecke, Eberhard Köbke, Wolfang Mahn, Hartmut Rüschel, Werner Köbke, Günter Scholz, Helmer Kraft.
VfL Lichtenrade: Klaus Henschel, Werner Bossog, Günter Stocklossa, Helmut Brandt, Axel Rasmus, Hans Weise, Bernd Braun, Lutz Jeromin, Karl Dembeck, Fritz Gentzmer, Günther Voigt, Horst Freyer, Klaus Strohe.
Je Spiel 2 × 15 Min.
1. BSV 92 – Rehberge 12:6; 2. Haselhorst – Lichtenrade 8:6; 3. Haselhorst – Rehberge 7:4; 4. BSV 92 – Lichtenrade 18:5; 5. Lichtenrade – Rehberge 9:7; 6. BSV 92 – Haselhorst 7:3. Gesamtergebnis: 1. BSV 92 (6:0 Pkte), 2. Haselhorst (4:2), 3. Lichtenrade (2:4), 4. Rehberge (0:6).
Außerdem ein Jugend-Einlagespiel: Berlin – Westfalen 20:17.
Ts 21. 1.; Kur 23. 1.; BP 3; Ph, Pl (VWA).

Jan 26–29. Eiskunstlauf und Eistanz »Europameisterschaften«
V: DEV/BEV.
Et: ab 2,– DM, *»Ost 1:1«.*
Jan 26
7.30 und 14.00 Uhr. Pflicht (Herren).
19.30 Uhr. Paare und 2 Tänze (Pflicht).
Jan 27
7.30 und 13.30 Uhr. Pflicht (Damen).
19.30 Uhr. Kür (Herren) und 2 Tänze (Pflicht).
Jan 28
19.30 Uhr. Kür (Damen).
Jan 29
15.00 Uhr. Kür (Tanz).
19.30 Uhr. Schaulaufen der neuen Europameister und der Zweit- und Drittplacierten.
Ergebnisse:
Damen: 1. Sjoukje Dijkstra (NL) Plz 9/1681, 5 Pkte; 2. Regine Heitzer (A) 21/1602,9; 3. Jana Mrazkova (CS) 26/1586,3; 4. Karin Frohner (A) 49/1546,2; 5. Dany Rigoulot (F) 57/1534,6; 6. Helli Sengstschmid (A) 58/1546,0; 7. Eva Grozajowa (CS) 77/1510,3; 8. Nicole Hassler (F) 73/1510,9; 9. Diana Clifton-Peach (GB) 76/1510,5; 10. Jitka Hlavackova (CS) 84/1494,9.
Herren: 1. Alain Giletti (F) 9/1707,6; 2. Alain Calmat (F) 22/1630,5; 3. Manfred Schnelldorfer (D) 23/1630,0; 4. Peter Jonas (A) 37/1557,6; 5. Emmerich Danzer (A) 51,5/1498,3; 6. Robin Jones (GB) 55,5/1480,8; 7. Sepp Schönmetzler (D) 65/1454,6; 8. Bodo Bockenauer (DDR) 80/1407,8; 9. Heinrich Podhajsky (A) 79/1424,1; 10. Pjer Kjölberg (N) 87/1394,2.
Paare: 1. Marika Kilius/Hans-Jürgen Bäumler (D) 13/104,2; 2. Margret Göbl/Franz Ningel (D) 14/103,7; 3. Margit Senf/Peter Göbel (DDR) 38,5/93,1; 4. Rita Blumenberg/Werner Mensching (D) 36/95,4; 5. Diana Hinko/Heinz Döpfl (A) 43,5/83,4; 6. Hanna und Karel Vosatka (CS) 52,5/89,6; 7. Valerie Hunt/Peter Burrows (GB) 69,5/85,0; 8. Gerda und Ruedi Johner (CH) 74,5/84,2; 9. Irene Müller/Hans-Georg Dallmer (DDR) 75,5/83,8; 10. Renate Rössler/Klaus Wasserfuhr (DDR) 78/83,7.
Tanz: 1. Doreen Denny/Courtney Jones (GB) 7/262,2; 2. Christiane und Jean-Paul Guhel (F) 14/248,2; 3. Linda Shearman/Michael Philipps (GB) 25/238,9; 4. Mary Parry/Roy Mason (GB) 26/238,2; 5. Eva und Pavel Roman (CS) 33/235,3; 6. Rita Pauka/Peter Kwiet (D) 46/222,4; 7. Olga Gilardini/Germano Ceccattini (I) 47/220,4; 8. Ludovica Boccacci/Gian Franco Canepa (I) 63/210,4; 9. Armele Flichy/Pierre Brun (F) 67/206,8; 10. Jitka Babicka/Jaromir Holan (CS) 73/202,9.
Ts 14.–15., 26.–31. 1.; BP 3; Ph (VWA); Pl (SPA).

Feb 2–26. 7. Bockbierfest im Sportpalast
Werktags 20.00 Uhr, sonntags 19.00 Uhr; bis 2.00 Uhr, sonnabends bis 5.00 Uhr.
V: SP.
»Kapelle Kermbach · Bayern-Kapelle Schmid · Joachim Krüger«.
Feb 11 und 13–14. »Der Höhepunkt der Bockbiersaison 3 TOLLE NÄCHTE!«
»Sonnabend, 11. Februar, 20 Uhr / Bis früh um fünfe / – Motto: Der Bock ist los! – / Rosenmontag, 13. Februar, 20 Uhr / Fastnachts-Ball / – Motto: Berlin steht kopp – / In allen 3 Nächten: / Kapellen Otto Kermbach und Sepp Schmid, Joachim Krüger u. d. Prominenten-Programm!«
Et: 4,– DM je Nacht (Anz., Ts 5. 2.).
Ts 5. 2.; BP 4–6; Pl (VWA).
Feb 20–21, 20.00 Uhr. Karnevalssitzung »Kornblumenblau«
V: SP.
Et: ab 5,– DM, *»Ost 1:1«.*
»3 Stunden Spaß an der Freud' im Rahmen des Bockbierfestes«, »mit den Größten der Großen des Kölner Humors / Karl Berbuer · Jupp Schmitz · Fritz Weber / Eilemann-Trio · Peter Antweiler · Kurt Lauterbach / Das bekannte Kölner Blas-Orchester Christian Reuter / Conference: Max Mauel und Karl Schmitz-Grön« (Anz., Ts 12. 2.).
Ts 12. 2.; Ph (SPA); Pl (VWA).

Mär 5, 15.00 und 20.00 Uhr. Bunte Veranstaltung »Scheinwerfer auf! Ein Meisterabend froher Unterhaltung mit Lou van Burg«
V: Union-Gastspiele.
Et: ab 2,– DM, *»Ost 1:1«.*
Mitw.: *»Schwabenhansl · Vanna Olivieri · Will Dreyer · Hella Jansen / Jan Dierkes · Erna Haffner · Quick and Slow · Trio Ankara / Henry-Trio · Duo Hansen · Trio Harmonie u. v. a. / Peter Kreuder / Ansage: Joachim Krüger · Orchester Kurt Drabek«* (Pl).
Ph (SPA); Pl (VWA).

573 Karl Mildenberger (links) gegen Harold Carter (Chr Jan 20).

Mär 1 und 9, 20.00 Uhr. Handball »4. Weltmeisterschaft«
V: IHF/DHB.
Mär 1 Vorrunde, 1. Spiel der Gruppe B: Deutschland – Niederlande 33:7 (11:3).
Mär 9 Hauptrunde, Spiel der Gruppe I: Tschechoslowakei – Schweden 15:10 (10:5).
Die übrigen Spiele der Vor- und Hauptrunde fanden in verschiedenen westdeutschen Städten statt, die Endspiele in Essen und Dortmund am 11. und 12. 3.
Ts 26., 28. 2.; 1.–3., 9.–10. 3.; BP 7; Ph (SPA).

Mär 11–12. »Aus Operette und Musikal«
Am 11. 3. um 20.00 Uhr, am 12. 3. um 19.00 Uhr.
V: Zentralausschuß/RIAS.
Wohltätigkeitsveranstaltung des Berliner Zentralausschusses für die Verteilung von Liebesgaben.
Mitw.: Saka-e Himoto, Heinz Hoppe, Erich Kunz, Werner Oehlschlaeger, Louise Parker, Ruth-Margret Pütz, Lawrence Winters; RIAS-Chor (Günther Arndt), RIAS-Orchester (Hans Carste).
BP 8; Ph (SPA).

Mär 12, außerdem 15.00 Uhr: Jazz-Konzert »Papa Bue's Viking Jazzband« mit Edmund Hall
V: Jänicke.
Mitw.: Arne Bue Jensen (tb, ld), Finn Otto Hansen (tp), Ib Lindschouw (dm), Bjarne Rønne Pedersen (bjo), Jørgen Svarre (cl), Mogens Seidelin (b) und Edmund Hall (cl).
Ts 5. 3.; BP 8; Ph (SPA).

Mär 17, 20.30 Uhr. Boxen »Karl Mildenberger – Thörner Ahsman« u. a.
V: Göttert/Englert.
Mg: Günter Hase (68 kg; Berliln) – Hector Constance (67,5 kg; Trinidad), Sieg Constances nach Pktn (8 Rdn).
Mg: Hans Werner »Buttje« Wohlers (73,4 kg; Hamburg) – Klaus Langhammer (72,1 kg; Berlin), Sieg Wohlers durch Aufgabe (5. Rdn).
Mg: Helmut Mistol (70,5 kg; Hamburg) – Harko Kokmeier (74 kg; NL), Sieg Kokmeiers durch Disqualifikation (6. Rde).
Hsg: Peter Gumpert (78,1 kg; Berlin) – Emile Machau (76,5 kg; B), Sieg Gumperts durch Aufgabe (5. Rde).
Sg: Karl Mildenberger (83,7 kg; Kaiserslautern) – Thörner Ahsman (88,2 kg; S), Sieg Mildenbergers durch ko (4. Rde).
Kur 18. 3.; BP 8; Ph (VWA).

Mär 18, 20.00 Uhr. Bunte Veranstaltung »Die 200. RIAS-Kaffeetafel«
V: DGB/RIAS.
Ltg: Ivo Veit; Kapelle Wilfried Krüger.
Ek (SPA).

Mär 19, 20.00 Uhr. Jazz-Konzert »Mr. Acker Bilk's Paramount Jazzband«
V: Jänicke.
Ts 12. 3.; BP 8.

Mär 22, 20.00 Uhr. Jazz-Konzert »The Ellington Jazz Greats«
V: Jänicke.
Et: ab 3,– DM, *»Ostbes. 1:1«*.
Mitw.: Johnny Hodges (as), Harry Carney (bs, cl), Ray Nance (tp, v, voc), Lawrence Brown (tb), Al Williams, Jimmy Woode (b), Sam Woodyard (dm).
»Duke Ellington führt in Amerika Filmverhandlungen: also schickte er seine »Jazz Greats« alleine nach Europa. Sie kamen nur zu sieben, dafür aber sozusagen konzentriert. [...] Leitung Johnny Hodges [...] Träger der Gruppe sind – wen solltes es wundern – Johnny Hodges und Harry Carneys Baß und Baritonsaxophone. Diese beiden ›Alteingesessenen‹ haben dem Orchester wesentliche Impulse gegeben. Sie sind großartige Virtuosen. Aber auch Lawrence Brown mit seiner Posaune, ganz ›sweet‹ aber niemals weichlich. Woodyards Solo war ein Erlebnis. Wie er das Schlagzeug mit seinem ›metronombeat‹ zum zaubernden, fabulierenden, ja ›melodischen‹ Instrument machte, war großartig« (Kur 23. 3.).
Ts 19. 3.; Kur 23. 3.; BP 9; Ph (SPA).

Mär 24, 20.00 Uhr. Bunte Veranstaltung »Berlin feiert Ludwig Manfred Lommel«
V: SP.
Et: ab 2,50 DM, *»Ost 1:1«*.
Festvorstellung aus Anlaß des 70. Geburtstages.
Mitw.: *»Die Dominos, Hans Fidesser, Curt Haupt, Paul Hörbiger, Fredi Kaindl, Lucie Klaar, Johanna König, Edith Mausolff, Will Meisel, Brigitte Mira, Rosemarie Moogk, Robert T. Odeman, Ehtel Reschke, Willi Rose, Axel Sandy, Claire Schlichting, Werner Schmah, Rolf Siegbert, Schwabenhansl, 3 Travellers, Kapelle Otto Kermbach, Leitung und Ansage: Joachim Krüger«* (BP 9).
Ts 5. 3.; BP 9; Ph (SPA).

Mär 25–26, 18.00 Uhr. Handball »12. Deutsche Meisterschaft der Männer 1961«
V: DHB/HVB.
Et: 2,– bis 5,– DM am 25.; 3,– bis 6,– DM am 26.; *»Ostbew. 1:1«*.

Teiln. der Vor- und Endrunden: FA Göppingen – SV Bayer 04 Leverkusen – SV Teutonia Haselhorst – VfL Wolfsburg – TV Erbach – BSV 92.
Mär 25 Vorrunde: BSV 92 – Erbach 11:2 (6:0); Wolfsburg – Haselhorst 7:5 (4:3); Leverkusen – Erbach 12:3 (11:0); Göppingen – Wolfsburg 6:6 (4:4); BSV 92 – Leverkusen 8:6 (4:3); Göppingen – Haselhorst 12:8 (5:3).
Mär 26 Endrunde: Wolfsburg – BSV 92 8:4 (2:2); Göppingen – Leverkusen 5:2 (5:1); Haselhorst – Erbach 9:8 (3:3; um den 5. und 6. Platz); BSV 92 – Leverkusen 12:9 (6:8; um den 3. und 4. Platz); Göppingen – Wolfsburg 5:3 (1:2; um den 1. und 2. Platz).
Ts 23., 25.–26., 28. 3.; BP 9; Ph, Pl (VWA).

Mär 28–30, 20.00 Uhr. Eiskunstlauf »Revue der Weltelite«
V: BSchC.
Et: ab 2,50 DM, *»(Ost 1:1)«.*
Kunstlauf (und Eistanz) von Sandra Brugnera (I), Sjoukje Dijkstra (NL), Karin Gude (D), Peter Jonas (A), Inge Paul (D), Manfred Schnelldorfer (D), Sepp Schönmetzler (D), Helli Sengstschmid (A); Geschwister Jelinek (CDN), Margret Göbl/Franz Ningel (D), Christiane und Jean-Paul Guhel (F), Marika Kilius/Hans-Jürgen Bäumler.
Ts 23., 28.–29. 3.; BP 9.

Apr 1–3, 20.00 Uhr. Bunte Veranstaltung »Das festliche Programm Ostern 1961 mit den Insulanern und den Stachelschweinen«
Am 2.–3. auch 15.30 Uhr.
V: SP.
Et: ab 2,50 DM, *»Ostbesucher 1:1«.*
Mitw.: *»Günter Neumann und seine / Insulaner / Fee von Reichlin · Tatjana Sais · Edith Schollwer / Ilse Trautschold · Ekkehard Fritsch · Bruno Fritz / Joe Furtner · Ewald Wenck / An 2 Flügeln: / Günter Neumann und Heinz Reinfeld / Hans Seltmann und seine Rhythmus-Gruppe / Die Stachelschweine / Edith Elsholtz · Inge Wolffberg · Klaus Becker / Wolfgang Gruner · Jo Herbst · Joachim Röcker / Jochen Schröder · Achim Strietzel / Claire Feldern / der internationale Fernsehstar der Sonderklasse / Carl Kaufmann nach seinem sensationellen Weihnachtserfolg / Leitung und Ansage: Joachim Krüger«* (Anz., Ts 12. 3.).
Ts 12. 3.; BP 10; Ph (SPA).

Apr 8, 20.00 Uhr. Jazz-Konzert »Newport Dixieland All Stars und das Jimmy Smith Trio«
V: Jänicke.
Et: ab 3,– DM
»mit Ruby Braff (tp), P. W. Russel (cl), Vic Dickenson (tb), George Wein (p), den Siegern im Deutschen Amateur-Jazz-Festival: The Feetwarmers – Oscar's Trio und Berril Bryden (voc)« (Anz., Ts 2. 4.).
Ts 2. 4.; BP 10.

Apr 14, 20.00 Uhr. Amateur-Boxen »Deutsches Länder-Pokal Turnier ›Nord – West‹«
V: DABV/BBV.
Et: 2,– bis 10,– DM, *»Ost 1:1«.*
Flg: Waldemar Stephani (Berlin) besiegt Krucik (Bad Oeynhausen).
Bg: Paul Budde (Hamm) besiegt Josef Kala (Berlin).
Fdg: Dieter Woytena (Hamborn) besiegt Harry Weißenberg (Berlin).
Lg: Helmut Zettier (Waltrop) besiegt Jean Gerdes (Emden).
Hwg: Gerhard Dieter II (Berlin) besiegt Gerhard Sprengel (Hamm).
Wg: Hans-Heinrich Dieter III (Berlin) besiegt Willi Mahlberg (Duisburg) durch ko (1. Rde).
Hmg: Ewald Wichert (Hamm) – Hans-Georg Hellwig (Berlin), unentschieden.
Mg: Willi Niederau (Köln) besiegt Günter Teuscher (Berlin).
Hsg: Horst Benedens (Wehofen) besiegt Fritz Bremer (Hannover) durch ko (1. Rde).
Sg: Paul Stangerski (Königslutter) besiegt Ferdinand Peek (Köln) durch ko (2. Rde).
Gruppe West – Gruppe Nord 11:9.
Außerdem fanden zwei Hwg-Kämpfe der Zwischenrunde um die Berliner Juniorenmeisterschaft statt.
Kur 14.–15. 4.; BP 11; Ph (SPA); Pl (VWA).

Apr 16, 20.00 Uhr. Konzert »Mahalia Jackson – The World's greatest Gospel Singer«
V: Jänicke.
Et: ab 3,50 DM.
Ts 9. 4.; BP 11; Ph (VWA).

Apr 21, 20.00 Uhr. »Die große Musikschau Rhythmus 1961«
V: Buchmann/SP.
Et: ab 3,– DM, *»Ost 1:1«.*
»mit und um Max Greger, Rex Gildo, Ivo Robic, Jan und Kjeld, Ted Herold, Gus Backus, Max Kutta, Ines Taddio, Rainer Bertram, Patrick Jaque, Hermann Lederer, Fredy Brock und Carl Kaufmann« (BP 12).
Tg 23. 4.; BP 12; Ph (SPA).

Apr 28, 20.30 Uhr. Boxen »Karl Mildenberger – Frankie Daniels« u. a.
V: Göttert/Englert.
Fdg: Edgar Basel (53 kg; Karlsruhe) – Joe Buck (57 kg; Bochum), Sieg Basels nach Pktn (6 Rdn).
Mg: Klaus Stockmann (73 kg; Kiel) – Helmut Flottmann (77 kg; Bielefeld), Sieg Stockmanns durch ko (1. Rde).
Mg: Max Resch (72,9 kg; Hamburg) – Heinz Freytag (72,9 kg; Frankfurt am Main), Sieg Freytags durch Aufgabe (7. Rde).
Sg: Gerhard Zech (95,7 kg; Berlin) – José Peyre (91,3 kg; B), Sieg Zechs durch ko (3. Rde).
Sg: Helmut Ball (80,5 kg; Berlin) – Bruno Scarabellin (96 kg; I), Sieg Balls durch Aufgabe (5. Rde).
Sg: Karl Mildenberger (85,5 kg; Berlin) – Frankie Daniels (88,7 kg; USA), Sieg Mildenbergers nach Pktn (10 Rdn).
Ts 28.–29. 4.; Kur 28.–29. 4.; BP 12; Ph (VWA).

Mai 1, 19.00 Uhr. Bunte Veranstaltung »Maibowle«
V: DGB/RIAS.
Et: 1,50 bis 1,90 DM; Ostberliner 1:1 M Ost.
Begrüßung: Walter Sickert (DGB-Landesvors.).
»Im Programm, das von Inge Siegel gestaltet wird, sind vorgesehen: Das Cornel-Trio, Horst Braun, Conny, Die Dominos, Ekkehard Fritsch, Saka-e Himoto, Günter Keil, Felix Knemöller, Brigitte Mira, Fred Oldörp, Willi Rose, Ewald Wenck, Werner Müller mit seinem Tanzorchester und Wilfried Krüger mit seinem Unterhaltungsorchester [...]« (Tg 23. 4.).
Tg 23. 4.; 3. 5.

Mai 5–30, 20.00 Uhr. Cinerama-Film »Südseezauber«
V: SP.
Et: ab 2,50 DM, *»Ostbewohner 1:1«.*
Forts. Jun 4-Jul 19.
R: Francis D. Lyon, Walter Thompson, Basil Wrangell, Richard Goldstone, Carl Dudley; Bu: Charles Kaufmann, Joseph Ansen, Harold Medford; K: John F. Warren, Paul Hill; Mu: Alex North, Norman Luboff; Da: Diane Beardmore, Marlene Lizzio, Harold Gillespie, Tommy Zahn, Igor Allan, Ed Olson, Jay Ashworth, Fred Bosch; deutscher Sprecher: Paul Klinger; deutsche Erstaufführung.
»Formprobleme delikaterer Art sind bei dem Verfahren nicht zu begutachten, und über das dramaturgische Arrangement dieses Überlandsausfluges läßt sich noch weniger berichten, weil er, dramaturgisch gesehen, ins Blaue führt [...] Schlager und Operettenlieder jubilieren ja schon seit eh und je das Lob der Südsee; aber nun werden sie durch Augenschein sogar rehabilitiert: Wer es im letzten Urlaub bei der Pauschal-Blitztour wieder nicht weiter als bis Vorderindien gebracht hat, der kann beim nächsten Anlauf, so in der polynesischen Gegend und umliegenden Inseln, unverzagt auf preisgünstige Angebote an Südseezauber pochen [...] Es ist ja kein Spielfilm, sondern einer, der die Kultur der ›glücklichen Insulaner‹ zeigt [...] Die Zeiten, es ist noch gar nicht lange her, da man bei ›Windjammer‹ im Sportpalast bleich und nicht sehr gefaßt ein Bob-, Auto- oder Pferderennen aus der in allen Fugen bebenden Riesenleinwand herunter im Frontalangriff auf die eigene Magengrube zu überstehen hatte, sind anscheinend schon überholt« (Ts 7. 5.).
Ts 7. 5.; BP 13–15; Ph (SPA).
Mai 22, außerdem 11.00 Uhr: Rezitation von Klaus Kinski
Et: ab 2,– DM, *»Ost 1:1«.*
Klaus Kinski *»spricht / Schiller · Wilde · Villon · Rimbaud · Majakowskij / Neue Folge«* (Anz., Ts 16. 5.).

Mai 31–Jun 3, 20.00 Uhr. Basketball »Harlem Globetrotters«
V: SP.
Et: ab 2,– DM, *»Ostbewohner 1:1 DM Ost«.*
Mitw.: *»das neue internationale Weltklasse-Varieté«;* Gegner diesmal die »America Basketball League Stars«.
Ts 21. 5.; BP 15f.; Ph (SPA).

Jun 4–Jul 19, 20.00 Uhr. Cinerama-Film »Südseezauber«
Vgl. Mai 5–30 und Jul 21-Aug 20.
BP 16–23.

Jul 20, 20.00 Uhr. Veranstaltung des Evangelischen Kirchentages
Im Rahmen des 10. Deutschen Evangelischen Kirchentages, der vom 19.–23. 7. in beiden Teilen der Stadt durchgeführt wurde.
Ts 20., 21. 7.; BP 20; Pl (VWA).

Jul 21–Aug 20. 20.00 Uhr. Cinerama-Film »Südseezauber«
Vgl. Mai 5–30 und Jun 4-Jul 19.

Sep 22–23, 20.00 Uhr. Konzert »Don Kosaken Chor Serge Jaroff«
V: Collien/Schibille.
Et: ab 2,– DM.
»1921–1961 40 Jahre · 2 Jubiläums-Konzerte«
Ts 3. 9.; BP 27; Pl (VWA); Ph (SPA).

Sep 29, 20.30 Uhr. Boxen »Karl Mildenberger – Young Jack Johnson« u. a.
V: Göttert/SP.
Lg: Peter Goschka (60,5 kg; Hamburg) – Ahmed Faradji (60 kg; F), Sieg Faradjis durch Aufgabe (4. Rde).

574 Mahalia Jackson (Chr Apr 16).

Hsg: Peter Gumpert (80,5 kg; Berlin) – Horst Niche (82 kg; Berlin), Sieg Gumperts durch ko (7. Rde).
Sg: Willem Kraus (86,3 kg; NL) – Paul Kremer (80,3 kg; L), Sieg Kraus' durch Abbruch (2. Rde).
Sg: Gerhard Zech (95 kg; Berlin) – Ernie Cab (95,7 kg; USA), Sieg Zechs nach Pktn (8 Rdn).
Sg: Karl Mildenberger (85,5 kg; Berlin) – Young Jack Johnson (106 kg; USA); Sieg Mildenbergers nach Pktn (10 Rdn).
Ts 29.–30. 9.; 1. 10.; Kur 29.–30. 9.; BP 27; Ph (VWA).

Sep 30, 20.00 Uhr. »Max Gregers Schlager Express 61«
V: Buchmann/SP.
Et: ab 3,– DM.
Mitw.: *»Max Greger und sein internationales Tanz- und Show-Orchester«* sowie Lili Babs, Rainer Bertram, Inge Brandenburg, Charly Hähnchen, Ted Herold, Gaby King, Jan & Kjeld, Udo Jürgens, Tommy Kent, Lolita, Jimmy Makulis, Peter Steffen, Charly Tabor, u. a.
Ts 24. 9.; BP 27; Ph (SPA).

Okt 3, 20.00 Uhr. »Berlin Command presents ›The Ed Sullivan Show‹«
V: CBS.
Bereits am 2. fanden Kameraproben zu dieser *»großen Musik-Show«* statt, die dann am 3. durch die amerikanische Fernsehgesellschaft CBS aufgezeichnet wurde.
LA SP 3973/815; Ek (SPA).

Okt 4, 20.00 Uhr. Konzert »Polizei musiziert im Berliner Sportpalast«
V: Kongreß der Union Internationale des Syndicats de Police/GdP.
Mitw.: Musikkorps der Schutzpolizei Berlin (Heinz Winkel), Hamburg (Siegfried Grenz), Köln (Helmut Beger) und Lübeck (Wilhelm Schulze).
BP 28; Ph (SPA).

Okt 6, 19.30 Uhr. Bunte Veranstaltung »RIAS-Kaffeetafel ›Spätauslese‹ – leicht... beschwingt... heiter«
V: Komba Berlin/RIAS.
Et: 1,80 bis 3,50 DM.
Mit »Künstlern von Bühne, Fernsehen, Film und Funk / Gastgeber: Ivo Veit« (Pl).
Pl (VWA).

Okt 8
10.30 Uhr. Kundgebung zum »Erntefest der Pommern 1961«
V: Pommersche Landsmannschaft, Landesgruppe Berlin e.V.
Rd: von Kameke-Streckenthin (M. des Bundesvorstandes), Rudolf Michael (1. Vors. der Landesgruppe Berlin), Kurt Wegner (Bürgermeister).
Motto: *»Für ein freies Bauerntum auf freier Scholle«.*
Mitw.: Pommersche Trachtengruppe, Tegeler Singemädel, Zoll-Orchester.
Veranstaltung mit Fahnenweihen.
Ph (SPA).
19.00 Uhr. Konzert »Hoch- und Deutschmeister Wien«
V: Collien/SP.
Et: ab 2,– DM.

575 Wiener Eisrevue mit »Kapriolen« (Chr Nov 23–Dez 17).

Ltg: Julius Herrmann. *»Ein mitreißendes Programm der schönsten Wiener Melodien, Walzer und Märsche«.*
Ts 1. 10.; PI (VWA).

Okt 13–15, 20.00 Uhr. Eiskunstlauf »Revue der Weltelite«
V: BSchC.
Et: ab 2,50 DM.

576 Programmheft (Chr Okt 20); SPA.

B. B. V.

Endkämpfe
Berliner Box-Meisterschaften
1961

Berliner Sportpalast
Berlin W 35, Potsdamer Straße 170-172
Freitag, 20. Oktober 1961
Beginn 20 Uhr

PROGRAMM

Veranstalter:
Berliner Box-Verband e.V. (BBV) Gegründet 1919
Landesverband des Deutschen Amateur-Box-Verbandes (DABV) — Mitglied des Sportverbandes Berlin — Geschäftsstelle: Berlin-Charlottenburg, Schlüterstr. 28
Tel. 32 77 61

Kunstlauf (und Eistanz) von Heidede Becker (D). Alain Calmat (F), Emmerich Danzer (A), Sjoukje Dijkstra (NL), Karin Frohner (A), Ingrid Götze (D), Karin Gude (D), Regine Heitzer (A), Peter Jonas (A), Manfred Schnelldorfer (D), Sepp Schönmetzler (D), Doris Weinhausen (D), Rita Blumenberg/Werner Mensching (D), Christiane und Jean-Paul Guhel (F), Maria und Otto Jelinek (CDN), Marika Kilius/Hans-Jürgen Bäumler (D).

Okt 15, außerdem 15.30 Uhr: Eishockey
Eintracht Dortmund – BSchC 11:4 (3:1, 5:1, 3:2; Freundschaftsspiel).
Kur 13.–16.; BP 29; Ph (SPA).

Okt 20, 20.00 Uhr. Amateur-Boxen »Berliner Meisterschaften 1961«
V: BBV.
Endkämpfe.
Flg: Manfred Bauske (PSV) – Waldemar Stephani (Sparta 58), ohne Entscheidung (wegen Augenbrauenverletzung beider Kämpfer abgebrochen).
Bg: Peter Barkowski (PSV) besiegt Josef Kala (PSV).
Fdg: Manfred Maeß (Hertha BSC) besiegt Kurt Bergner (PSV) durch Aufgabe (2. Rde).
Lg: Gerhard Neumann (Hertha BSC) besiegt Manfred Wilde (Sparta 58) durch Abbruch (2. Rde).
Hwg: Gerhard Dieter II (Spandau 26) besiegt Klaus Cichos (Hertha BSC) durch Abbruch (2. Rde).
Wg: Hans-Heinrich Dieter III (Spandau 26) besiegt Hans Wenzke (PSV) durch Aufgabe (2. Rde).
Hmg: Hans-Georg Hellwig (Nordstern 07) besiegt Günter Teuscher (PSV).
Mg: Jürgen Wegener (Spandau 26) besiegt Manfred Bartsch (Hertha BSC).
Hsg: Horst Jäckel (Hertha BSC) besiegt Heinz Beuschel (PSV).
Sg: Manfred Markgraf (Heros) besiegt Paul Stangerski (BC Heros Königslutter).
Kur 20.–21. 10.; Ph (VWA).

Okt 21–22. Bunte Veranstaltung »Jede Sekunde gute Laune« mit Lou van Burg
Am 21. 10. um 20.00 Uhr, am 22. 10. um 19.00 Uhr.
V: Hoffmeister/Schibille.
Et: ab 2,– DM.
Mitw.: *»Gerti aus Wien und Gasolinchen aus Hannover / Friedel Hensch und die Cyprys / Angèle Durand · Christa Williams / Leo Leandros · Mäcki-Trio · Addi Münster / Sherrier · Emmy Merz · Franz Eder; Orchester Fips Fleischer«* (PI).
Ts 8. 10.; BP 30; PI (VWA); Ph (SPA).

Okt 28, 19.00 Uhr. Bunte Veranstaltung »Schlager und Humor«
V: Zentralausschuß/SFB.
Et: ab 2,– DM.
»Wohltätigkeitsveranstaltung für die Weihnachtsbescherung von Flüchtlingskindern mit Unterstützung des Sender Freies Berlin«.
Schirmherrschaft: Der Regierende Bürgermeister.
Mitw.: Walter Böhm, Camela Corren, Ekkehard Fritsch, René Kollo, Pelle Jöns, Addi Münster, Illo Schieder, Trio Harmonie, Trio Sorrento; Das große SFB-Tanzorchester (William Greihs); Ansage: Otto Höpfner.
BP 30; Ph (SPA).

Nov 3–5, 20.00 Uhr. Konzert »Don Kosaken Chor Serge Jaroff«
V: Collien/Schibille.
Et: ab 2,– DM.
Ts 29. 10.; BP 31; PI (VWA).

Nov 8, 20.00 Uhr. Jazz-Konzert »The Dave Brubeck Quartet«
V: Jänicke.
»Brubeck gehört zu den jüngeren Jazzmusikern, die nach dem Kriege die amerikanischen Konservatorien überfüllten und die später ihre Kenntnisse in Polytonalität, Atonalität,

Kontrapunkt und Kompositionstechnik auf den Jazz anwandten. [...] Alle Befürchtungen erwiesen sich als hinfällig. Der Sportpalast war voll besetzt. Der Individuellste aller Jazzmusiker, dessen musikalische Subtilität sich wunderbarerweise an Massen wendet, ohne daß seine Musik zur Massenware würde, hat eine Formel gefunden, die, als eine Sprache des Gefühls, von allen verstanden wird« (Ts 10. 11.).
Ts 5., 10. 11.

Nov 10–11. Amateur-Boxen »39. Deutsche Meisterschaften 1961«
V: DABV/BBV.
Die Vor- und Zwischenrundenkämpfe hatten vom 6.–8. in der Sporthalle Schöneberg stattgefunden.
Nov 10
16.00 und 20.00 Uhr. Vorschlußrunden.
Nov 11
20.00 Uhr. Endkämpfe:
Flg: Günter Geisler (VfK Rünthe) besiegt Waldemar Stephani (Sparta 58, Berlin).
Bg: Manfred Homberg (BR Düsseldorf) besiegt Horst Rascher (Karlsruher SC).
Fdg: Manfred Maeß (Hertha BSC, Berlin) besiegt Dieter Woytena (Hamborn 07).
Lg: Wolfgang Schmitt (PSV Mainz) besiegt Helmut Zettier (BC Waltrop).
Hwg: Werner Mundt (Faustkämpfer 27, Dortmund) besiegt Gerhard Dieter II (Spandau 26, Berlin).
Wg: Hans-Heinrich Dieter III (Spandau 26, Berlin) besiegt Hans-Dieter Schwartz (Hamborn 07).
Hmg: Erich Schichta II (PSV Göppingen) besiegt Hans-Georg Hellwig (Nordstern 07, Berlin).
Mg: Emil Schulz (1. FC Kaiserslautern) besiegt Norbert Treiber (SV 07/12 Herten).
Hsg: Kurt Morwinski (SV Ludwigsburg) besiegt Horst Benedens (Viktoria Wehofen).
Sg: Georg Krenz (BR Karnap) besiegt Adolf Brandenburger (BC 1955 Hockenheim).
Ts 9.–13. 11.; Kur 10.–11., 13. 11.; BP 31 f.; Ph (VWA).

Nov 17, 20.00 Uhr. »Schlager am laufenden Band«
Mitw.: Gerd Böttcher, Bully Buhlan, Nana Osten, Rita Paul u. a.
BP 32.

Nov 18, 16.00 und 20.30 Uhr. Konzert »Unsterbliche Operette«
V: Union-Gastspiele.
Et: ab 2,10 DM.
Mitw.: Eva Bertram, Günter George, Christine Görner, Karl-Heinz Haag, Wolfgang Hoffmann, Heinz Hoppe, Jean Löhe, Irene Maché, Willi Sauerwald, Ursula Schirrmacher, Ilse Siegert; Carola Krauskopf-Ballett, Berlin Orchester; Musikalische Ltg: Ernst Kallipke und Will Meisel; Conference: Horst Braun.
BP 32; Pl (VWA).

Nov 19, 18.00 Uhr. Handball »Internationales Turnier«
V: HVB.
Et: 2,– bis 5,– DM.
ATSV Linz (A) – BSV 92 – VfL Lichtenrade – FA Göppingen – SV Teutonia Haselhorst – BSC Rehberge.
Je Spiel 2 x 10 Min.
1. Linz – Lichtenrade 3:2 (1:0); 2. Göppingen – Rehberge 7:2 (3:0); 3. BSV 92 – Lichtenrade 10:6 (6:3); 4. Haselhorst – Rehberge 7:2 (5:1); 5. Linz – BSV 92 6:2 (4:1); 6. Göppingen – Haselhorst 4:2 (2:1); 7. Lichtenrade – Rehberge 6:2; 8. BSV 92 – Haselhorst 4:3; 9. Göppingen – Linz 4:3 (1:2).
Gesamtergebnis: 1. Göppingen, 2. Linz, 3. BSV 92, 4. Haselhorst, 5. Lichtenrade, 6. Rehberge.
Kur 18., 20. 11.; Ts 21. 11.; BP 32; Ph (SPA); Pl (VWA).

577 »Die Stachelschweine« (Chr Dez 31); obere Reihe von links: Achim Strietzel, Jo Herbst, Joachim Röcker; in der Mitte: Wolfgang Gruner; unten von links: Edith Elsholtz und Inge Wolffberg.

Nov 23 – Dez 17. Wiener Eisrevue mit »Kapriolen«
Werktags 20.00 Uhr, sonntags 19.30 Uhr; mittwochs, sonnabends und sonntags auch 15.30 Uhr.
V: SP.
Et: ab 2,– DM, *»Kinder bis 14 Jahre, Rentner und Schwerbeschädigte nachmittags halbe Preise«.*
R: Will Petter; Mu: Robert Stolz; Mitw.: Troy Andersen, Hamilton Brown, Dieter Curt, Heinz Döpfl, Hanna Eigel, Ulli Ertl, Norbert Felsinger, Joan Haanappel, Marei, Jimmy McCartney, Reg Park, Duncan Whaley; Inge und Willi Schilling, Rike Schropp/Lucien Boyer; Orchester (Rudi Tanzer, Alfred Hummel), Wiener Eisballett u. v. a.
Ts 17., 19., 22. 11.; BP 33–35; Ph (SPA); Pl (VWA).

Dez 25–26, 15.30 und 20.00 Uhr. Bunte Veranstaltung »Weihnachts-Star-Parade«
V: SP.
Et: ab 2,50 DM.
»[...] ein festliches Programm mit / Bully Buhlan · Ludwig Manfred Lommel · Horst Winter / Jacqueline Boyer aus Paris / Regon & Royal · Werner Schmah · Das Florida-

Quartett / Die Tennessee-Boys · Elfi Wildenbruch · Walter Schales / Die Stachelschweine / nach ihrer sensationellen Deutschlandtournee / Edith Elsholtz · Inge Wolffberg · Wolfgang Gruner · Jo Herbst / Joachim Röcker · Achim Strietzel · Rolf Ulrich · Peter Schirmann / Als Gast: Dieter Hildebrandt, der Jubler von der / Münchner Lach- und Schießgesellschaft / Das Schauorchester Hans Karbe · Ltg. u. Ansage: Joachim Krüger« (Anz., Ts. 10. 12.).
Ts 10. 12.; BP 36; Ph (SPA); Pl (VWA).

Dez 31, 19.10 Uhr. Bunte Veranstaltung »Die letzte Runde 1961«
V: SP.
Et: ab 2,50 DM.
»3 Stunden-Rennen Berliner Komiker«.
Mitw.: Fritz Amsel, Erika Brüning, Carina Marno Trio, 3 Cornichons, Erna Haffner, Curt Haupt, Marta Hübner, Christiane Kappauf, Lucie Klaar, Robert T. Odeman, Ethel Reschke, Hanni Rosen, Willi Rose, Fredy Rolf, Rolf Sanden, Claire Schlichting, Mario Talaga, Herbert Zernik; ›Die fröhlichen Spötter‹: Brigitte Mira, Fränki, Bruno W. Pantel, Heinz Junge; Rennleitung: Joachim Krüger; Kapelle Otto Kermbach.
Ts 17. 12.; BP 36; Ph (SPA).

1962

Jan 1, 17.00 Uhr. Handball »Internationales Turnier«
V: HVB.
Aarhus (DK): Erik Holst (KFUM), Mogens Olsen (KFUM), Egon Jensen (Viby IF), Svend Sören Sörensen (Skovbakken), Knud Skaarup (Skovbakken), Paul Erik Larsen (Viby IF), Ivan Christiansen (KFUM), Hans-Jörgen Jacobsen (KFUM), Leif Thomsen (Skovbakken), Jörgen Petersen (Viby IF), Knud Meyer (Skovbakken).
Berlin: Horst Jex (SSC Südwest), Dieter Röttgers (BSC Rehberge), Helmer Kraft (SV Teutonia Haselhorst), Wolfgang Schütze (BSV 92), Jürgen Meißner (CHC), Werner Köbke (SV Teutonia Haselhorst), Klaus Böer (BSC Rehberge), Jürgen Bohnsack (BSC 92), Diethard Finkelmann (Rein. Füchse), Wolfram Kunze (CHC), Horst Schubert (SV Teutonia Haselhorst), Jürgen Bernhardt (BSV 92), Bernd Lukas (BSV 92), Karl-Heinz Plötz (PSV).
Paris (F): Gilles Martineau, Michel Gourgeard, Roger Lambert, Jean-Claude Pons, Gilbert Ridouh, Guy Otternaud, Richard Choley, André Beaucourt, Guy Terrier, Daniel Villefroy, Gérard Benzoni, Daniel Heras.
Wien (A): Kurt Diglas (Rapid), Peter Schabmann (WAC), Fritz Holler (WAT Margareten), Peter Gras (Ostbahn XI), Gerhard Manzer (WAT Fünfhaus), Harald Dittert (Rapid), Manfred Goll (Ankerbrot), Herbert Weinhappl (Ankerbrot), Thorgunt Palme (Rapid), Kurt Wiplinger (WAT Atzgersdorf), Hans Rügamer (Ostbahn XI), Friedel Göth (Union Westwien), Peter Vana (Ostbahn XI).
Je Spiel 2 x 15 Min.
1. Berlin – Paris 10:7; 2. Aarhus – Wien 14:7; 3. Berlin – Wien 16:8; 4. Aarhus – Paris 14:10; 5. Wien – Paris 7:5; 6. Aarhus – Berlin 17:8.
Gesamtergebnis: 1. Aarhus (6:0 Pkte), 2. Berlin (4:2), 3. Wien (2:4) 4. Paris (0:6).
Außerdem ein Einlagespiel der Knaben: VfL Lichtenrade – CHC.
Ts 30. 12. 1961; 3. 1.; BP 1; Ph (SPA).

578 50. Berliner Sechstagerennen (Chr Jan 12–18), Dieter Gieseler bei der Ablösung mit Rudi Altig (rechts).

Jan 6–7. Karnevalssitzung »Wer soll das bezahlen?«
Am 6. 1. um 20.11 Uhr, am 7. 1. um 17.11 Uhr.
V: SP.
Et: ab 2,– DM.
»Hugo Cremer präsidiert: [...] Prunksitzung der Düsseldorfer Karnevalsgesellschaft ›Die Weißfräcke‹ / mit den Großen des Rheinischen Humors / Willi Böttcher · Karl Klinzing · Kurt Poschinger / Hans Quasten · Jürgen Raasch · Wolfgang Reich / Serenissimus u. Kindermann · Siegbert Sieberichs / Hans Heinrichs · Hans Ludwig Lonsdorfer · Heinz Sommer · ›Die vier Westen‹ mit Edi Winterhoff / Die Tanzpaare und das Fanfarenkorps der ›Roten Funken-Artillerie‹ / Eschweiler · Das große Blasorchester der Rheinbahn AG Düsseldorf« (Anz., Ts 31. 12. 1961).
Ts 31. 12. 1961; BP 1; Ph (SPA).

Jan 12–18. 50. Berliner Sechstagerennen
Beginn 12. 1. um 20.00 Uhr, Start 22.00 Uhr, Ende 18. 1. um 23.00 Uhr.
V: SP (Otto Ziege).
Musik: Kapelle Otto Kermbach.
Wertungen: 14.30, 16.00 (je 10 Spurts), 20.30, 22.00 (je 5 Spurts), 2.00, 4.00 Uhr (je 10 Spurts).
Mit »Derny-Rennen« in jeder Nacht (vgl. 1961 Jan 6–12).
Teiln. (12 Paare): 1. van Looy/Post (B/NL), 2. van Daele/Gillen (B/L), 3. van Steenbergen/Severeyns (B), 4. Eugen/Baunsoe (DK), 5. Arnold/Oldenburg (AUS/D), 6. Plattner/Jaroszewicz (CH/D), 7. Ziegler/Renz (D), 8. Bugdahl/Pfenninger (D/CH), 9. Lykke/Roggendorf (DK/D), 10. Edler/Schulze (D), 11. Willi Altig/Gieseler (D), 12. Kemper/Kilian (D).
Ergebnis: 1. van Looy/Post 448 Pkte; 2. Bugdahl/Pfenninger 420; 3. van Steenbergen/Severeyns 144; 4. Lykke/Roggendorf (1 Rde zurück) 308; 5. van Daele/Gillen (3 Rdn zurück) 199; 6. Ziegler/Renz (7 Rdn zurück) 319; 7. Eugen/Baunsoe (8 Rdn zurück) 253; 8. Kemper/Kilian (10 Rdn zurück) 158; 9. Edler/Schulze (18 Rdn zurück) 238; 10. Willi Altig/Gieseler 233.
Zurückgelegte km: 3161,200.
Startschuß: Franz Amrehn (Bürgermeister), Gustav Jaenecke (Eishockeyspieler), Max Schmeling (Boxer).
»Die beiden Sportpalast-Idole aus dem Box- und Eishokkeylager vergangener Zeiten wurden mit einem Beifallssturm empfangen, wie ihn wohl noch keine Berliner Sechstage-Starter nach dem Kriege erlebt haben. [...] Die ›Maxe, Maxe‹-Sprechchöre wollten kein Ende nehmen. Aber auch die Zuschauer der ersten Nacht schienen sich in ihrer Begeisterung auf das ›Jubiläum‹ eingestellt zu haben. Sie feierten die Sechstagegrößen vergangener Zeiten besonders herzlich und begrüßten die Fahrer auf ihren Vorstellungsrunden besonders lautstark. Von den ersten Berliner Sechstagefahrern in den Ausstellungshallen am Zoo (1909) und im Sportpalast (1911) waren die Weltmeister Walter Rütt und Willi Arend, der Holländer Jan Stol, Willy Lorenz, Willy Techmar, Carl Rudel und Arthur Müller zur Stelle« (Ts 13. 1.).
Vorrennen (Einstunden-Einzelfahren der Amateure): 1. Klaus Lenzner (RC Falke), 2. Manfred Schubert (Sport 88; 2 Rdn zurück), 3. Günzel (RC Pfeil; 3 Rdn zurück), 4. Spiegelberg (Eichhörnchen), 5. Kappes (RV Iduna); 45,677 km.
Am 15. 1. die Wahl der »Miß Heuboden«.
»Das Salz in der Sixday-Suppe sind für Fahrer und Zuschauer die vielen Prominenten, die in jeder Nacht einfach dazugehören. Joachim Krüger hat sich als erfolgreicher ›Anschaffer‹ erhebliche Verdienste um den nicht abreißenden Reigen erworben. Er versteht es wie kein anderer, diese Gäste vorzustellen, egal ob es sich um einen Star oder um ein Sternchen handelt. Die reizvolle Ingrid van

Bergen wurde genau so schon ›Stammgast‹ wie die ›Stachelschweine‹ oder ›Bubi‹ Scholz. Sie verließen den Sportpalast ebenso begeistert wie Gustav Schroth, Loni Heuser, Karin Jacobsen, Wolfgang Preiß, Claus Holm, Edith Schollwer, Paul Westermeier, Paul Hörbiger, Elke Sommer und Karin Dor« (Ts 16. 1.).
Ts 11.–19. 1.; BP 2; Ph (VWA, SPA).

Jan 20, 19.00 Uhr. Amateur-Radrennen
V: BDR.
Mannschafts-Omnium (Flieger-, Rdn-Zeit-, 1000-m-Zeit- und Ausscheidungsfahren), Berlin – Westdeutschland: 1. G. Kaslowski/J. Barth (Sport 88/RC Pfeil) 12,5 Pkte; 2. E. Rudolph/P. Kanters (Krefeld/Köln) 12; 3. E. Streng/H. Klüber (Köln) 9; 4. G. Modrow/M. Liebtanz (RVg Luisenstadt/RV Panne) 6,5.
75-km-Mannschaftsfahren (9 Paare): 1. Basalla/Hinneberg (Dortmund) 13 Pkte; 2. Kappes/Spiegelberg (RV Iduna/Eichhörnchen, Berlin) 8; 3. Streng/Klüber (Köln; 1 Rde zurück) 27; 4. Rudolph/Kanters (Krefeld/Köln) 14; 5. Binte/Tschauner (Eichhörnchen/Kreuzberger RVg, Berlin; 3 Rdn zurück) 16; 6. Günzel/Lenzner (RC Pfeil/RSC Falke, Berlin; 4 Rdn zurück) 6; 7. Kliesch/Knop (Kreuzberger RVg/RV Iduna, Berlin) 1.
Außerdem ein Jugend-Vorgabe- und ein 50-Rdn-Punktefahren.
Ts 20., 24. 1.; Kur 20., 22. 1.; Ph (SPA).

Jan 24, 20.00 Uhr. Jazz-Konzert »Dutch Swing College Band, Peter Schilperoort, Albert Nicholas and his Trio«
V: SP.
Et: ab 2,50 DM.
»[...] Aber wenn sie sich mit dem Publikum eins wissen, sind die Dutch Swinger von anderen europäischen Bands kaum zu übertreffen. Sie spielen dann einen sauberen Dixieland, sozusagen frisch vom Herzen weg. Vom musikalischen Kitsch eines Chris Barber sind sie meilenweit entfernt. Entschieden der beste ist der Trompeter Oskar Klein, [...] Peter Schilperoort, Klarinettist und Gründer dieser Band, hat das Bariton-Saxophon, mit dem er vor einem Jahr noch im Sportpalast zu hören war, beiseite gelegt und zum Sopran-Saxophon gegriffen. [...] Albert Nicholas gehört noch zu jenen Großen aus New Orleans, ohne die es den Jazz überhaupt nicht gäbe. Ihn zu hören bedeutet, ein Stück Geschichte des Jazz in sich aufzunehmen« (Kur 25. 1.).
Ts 7. 1.; Kur 25. 1.; BP 3.

579 Von links: Ed Thigpen (dm), Ray Brown (b) und Ella Fitzgerald (voc) (Chr Mär 25).

Jan 27, 18.00 Uhr. Handball
V: HVB.
Et: 2,– bis 5,– DM.
Berliner Meisterschaft 1962, Endrunde (die Vorschlußrunde hatte am 26. 1. in der Sporthalle Schöneberg stattgefunden, 1.–6. Spiel).
BSC Rehberge: Dieter Röttgers, Olaf Baer, Fritz Lange, Bodo Groß, Klaus Peter, Heinz-Dieter Thomann, Jürgen Bielski, Werner Perske, Klaus Beyer, Klaus Böer, Karl-Heinz Böttcher, Hartmuth Ast, Peter Rhode.
BSV 92: Peter Schäfer, Jürgen Albrecht, Peter Bußacker, Wolfgang Schütze, Wolfgang Kunde, Bernd Lukas, Jürgen Bernhardt, Jürgen Bohnsack, Jürgen Wormuth, Jürgen Teske, Werner Staedler, Gerd Thiemich, Kurt Eckbrett.
CHC: Dieter Wolf, Berndt Podak, Klaus Dingler, Ulrich Will, Jürgen Meißner, Klaus Zelm, Wolfram Kunze, Horst Ziel, Bernd Nass, Horst Groening, Wolfgang Neumann.
PSV: Rudolf Poltrock, Wilfried Jacobi, Karl-Heinz Plötz, Joachim Niemann, Günter Lottermoser, Heinz Schüning, Hans-Joachim Wald, Wolfgang Kaczmarek, Dietmar Wedderin, Jörg Mudrak, Peter Suhr, Klaus Dankwarth, Siegfried Becker.
Rein. Füchse: Bernd Schäpe, Bernd Schwintowski, Bernd Redlich, Thomas Micheli, Diethard Finkelmann, Kurt Warmbein, Klaus Dieter Guse, Norbert Weiß, Felix Gohlisch, Manfred Lippelt, Jürgen Richter, Gunther Krieg, Gerhard Hillmann.
SV Teutonia-Haselhorst: Jörg Otte, Kurt Krüger, Horst Schubert, Dieter Meyerhoff, Hans-Joachim Lemke, Georg Kremer, Wilfried Meinicke, Helmer Kraft, Wolfgang Mahn, Günter Scholz, Eberhard Köbke, Werner Köbke, Wolfgang Arand.
Je Spiel 2 x 15 Min.
7. BSV 92 – Haselhorst 6:5 (3:4; nach Verlängerung); 8. PSV – Rein. Füchse 7:4 (2:3); 9. CHC – Rehberge 10:4 (5:3); 10. Haselhorst – Rein. Füchse 9:4 (5:2; um den 3. und 4. Platz); 11. BSV 92 – PSV 13:1 (7:0; um den 1. und 2. Platz).
Gesamtergebnis: 1. BSV 92, 2. PSV, 3. Haselhorst, 4. Rein. Füchse.
Ts 27., 30. 1.; Kur 27., 29. 1.; BP 3; Ph (SPA).

Feb 1–Mär 11. 8. Bockbierfest im Sportpalast
Werktags 20.00 Uhr, sonntags 19.00 Uhr.
V: SP.
»[...] mit dem unübertroffenen Alpenpanorama und der Alt-Berlin-Dekoration / Kapellen Kermbach u. Schmidt · Joachim Krüger« (Anz., Ts 4. 2.).
Mär 3 und 5–6. »Der Höhepunkt der Bockbiersaison 3 TOLLE NÄCHTE!«
Mär 3 *»Bis früh um fünfe«.*
Mär 5 *»Zille-Ball«.*
Mär 6 *»Fastnachts-Ball«.*
Et: 4,– DM je Nacht.
Mär 9–10, 20.11 Uhr. »Kornblumenblau«
V: SP.
Et: ab 2,– DM.

580 Geschwister Jelinek (Chr Apr 3–5).

»3 Stunden Spaß an der Freud'« im Rahmen des Bockbierfestes. *»Rheinischer Frohsinn mit den Großen der Größten des Kölner Humors / Karl Berbuer · Jupp Schmitz · Fritz Weber · Horst Muys · Max Mauel / Karl Schmitz-Grön · Kurt Lauterbach · Die bekannte Kölner Blaskapelle Christian Reuter · Das Tanzmariechen und ihr Tanzoffizier / Es präsidieren: Max Mauel und Karl Schmitz-Grön«* (Anz., Ts 25.2.).
Ts 4., 25. 2.; BP 4–7.

Mär 16, 20.00 Uhr. Jazz-Konzert »Mister Acker Bilk's Paramount Jazz Band«
V: Jänicke.
»Nichts Neues bei Ackerbilk, wie sollte es auch anders sein, seine Band spielt die alten Nummern mit bemerkenswerter Ausdauer, und nebenbei treibt sie unbekümmert Klamauk. Ackerbilk und seine Mannen sind Symbol und gleichzeitig wie eine Parodie des europäischen Dixieland. Bei der Einfallslosigkeit und den vielen Wiederholungen dieser Musik verspürt man den Drang, einen gesunden Schlaf zu tun. Aber das ist leider wegen der Lautstärke nicht möglich, so kommt es nur zum Gähnen« (Kur 17. 3.).
Kur 13., 17. 3.; BP 8.

Mär 17, 20.00 Uhr. »Großer Opernabend Giuseppe di Stefano«
Ausgefallen.
Ts 4. 3.; BP 8.; BMp 16. 3.

Mär 25, 20.00 Uhr. Jazz-Konzert »Norman Granz' Jazz at the Philharmonic presents: Ella Fitzgerald, Oscar Peterson Trio, Paul Smith Trio«
V: Jänicke.
Mitw.: Ella Fitzgerald (voc), Oscar Peterson Trio (Peterson [p], Ray Brown [b], Ed Thigpen [dm]), Paul Smith Trio (Smith [p], Wilfred Middlebrooks [b], Stan Levey [dm]).
»Ella war zum elftenmal mit Norman Granz in Deutschland. Die Sensation an ihr ist, daß sie auch ohne Sensationen und nach elf Konzerten unvergleichlich bleibt, eine Stimme und Persönlichkeit gewordener Superlativ, auch wenn zwischen ›Cheek to Cheek‹ und ›Summertime‹ nur Altbekanntes aufträllert« (Ts 27. 3.).
Ts 18., 27. 3.; BP 9; Ph (SPA).

Mär 26, 20.00 Uhr. Kundgebung
V: CDU, Landesverband Berlin.
Rd: Franz Amrehn (Bürgermeister), Dr. Heinrich von Brentano (Vors. der CDU/CSU-Bundestagsfraktion), Prof. Dr. Ludwig Erhard (Bundeswirtschaftsmin).
BMp 27. 3.

Mär 31, 20.00 Uhr. Bunte Veranstaltung »Berlin denkt an Otto Kermbach«
V: SP.
Et: ab 2,– DM.
»Eine Festveranstaltung aus Anlaß seines 80. Geburtstages«. Kermbach war 1961 gestorben.
Mitw.: *»Alfred Braun · Wolfgang Gruner · Lucie Klaar · Will Meisel · Hanni Rosen · Claire Schlichting · Herbert Zernik · Erika Brüning · Erna Haffner · Ernst Krukowski · Klaus Günter Neumann · Axel Sandy · Friedrich Schröder · Kinderballett Margarete Hess · Werner Eisbrenner · Curt Haupt · Ludw. Manfr. Lommel · Robert T. Odeman · Ursula Schirrmacher · Elfi Wildenbruch · Walter Gross · Jo Herbst · Mäcki Trio · Fredy Rolf · Walter Schales · Gerhard Winkler · Schöneberger Sängerknaben. Kapelle: Otto Kermbach · Künstlerische Leitung und Ansage: Joachim Krüger«* (Anz., Kur 23.3.).
Kur 23. 3.; Ph (SPA).

Apr 3–5, 20.00 Uhr. Eiskunstlauf »Welt- und Europameister in Berlin«
V: BSchC.
Kunstlauf (und Eistanz) von Scott Allen (USA), Sandra Brugnera (I), Emmerich Danzer (A), Sjoukje Dijkstra (NL), Vicky Fischer (USA), Karin Frohner (A), Karin Gude (D), Nicole Hassler (F), Regine Heitzer (A), Monty Hoyt (USA), Peter Jonas (A), Inge Paul (D), Barbara Ann Roles-Pursley (USA), Manfred Schnelldorfer (D); Indiann und Jerry Fotheringill (USA), Margret Göbl/Franz Ningel (D), Christiane und Jean-Paul Guhel (F), Maria und Otto Jelinek (CDN), Marika Kilius/Hans-Jürgen Bäumler (D), Dorothyann Nelson/Pieter Kollen (USA), Gabriela Rauch/Rudi Matysik (D).
Kur 3.–4., 6. 4.; BP 10; Ph (SPA, VWA).

Apr 15, 16.00 und 19.30 Uhr. Jazz-Konzert »Louis Armstrong und seine All Stars«
V: SP.
Et: ab 2,50 DM.
Mitw.: Armstrong (tp, voc), Jewel Brown (voc), Trummy

Young (tb), Billy Kyle (p), Denny Barcelona (dm), Joe Darensbourg (cl), William Cronk (b).
Kur 3. 4.; BP 11.

Apr 19, 20.00 Uhr. Amateur-Boxen »Berliner Meisterschaften 1962«
V: BBV.
Endkämpfe.
Flg: Manfred Bauske (PSV) besiegt Waldemar Stephani (Sparta 58).
Bg: Fritz König (Astoria) besiegt Peter Barkowski (PSV).
Fdg: Manfred Maeß (Hertha BSC) besiegt Kurt Bergner (PSV) durch Aufgabe (2. Rde).
Lg: Werner Fulik (Nordstern 07) besiegt Horst Knaute (NSF).
Hwg: Gerhard Dieter II (Spandau 26) besiegt Ernst Stuck (Spandau 26).
Wg: Hans-Heinrich Dieter III (Spandau 26) besiegt Manfred Schmidt (Hertha BSC).
Hmg: Heinz Langkavel (Hertha BSC) besiegt Gerd Bauer (Post SV) durch Aufgabe (3. Rde).
Mg: Rudi Hornig (PSV) besiegt Manfred Bartsch (Hertha BSC).
Hsg: Jürgen Wegener (Spandau 26) besiegt Hans Hoth (Astoria).
Sg: Manfred Markgraf (Heros) besiegt Klaus Beuschel (VSB) durch Aufgabe.
Kur 10., 19., 21. 4.; BP 11; Ph (SPA).

Apr 21–23, 20.00 Uhr. Bunte Veranstaltung »Oster-Star-Parade 1962«
Am 22.–23. auch 15.30 Uhr.
V: SP.
Et: ab 2,50 DM.
Mitw.: *»Günter Neumann und seine Insulaner, an 2 Flügeln: Günter Neumann und Heinz Reinfeldt; Zarah Leander und Arne Hülphers, Dick Price, Herr Fröhlich und Herr Schön, Günther Fersch, Werner Schmah, 3 Travellers, Ansage: Joachim Krüger, es spielt das Orchester Hans Karbe«* (BP 12).
Kur 11. 4.; BP 12; Ph (SPA).

Apr 27, 20.00 Uhr. Bunte Veranstaltung »Ein Freitag wie noch nie...«
V: DAG, Landesverband Berlin.
Rd: Erich Giessner (Landesverbandsl.), Hans Katzbach (stellv. Vors.).
Veranstaltung zu den Sozialversicherungswahlen am 25.–27. 5.
Mitw.: Carina Marno Trio, Duo Hardino, Die Floridas, Willy Hagara, Kurt Höhne, Fredy Kaindl, Günther Keil, Mäcki-Trio, Edith Mausolff, Emmy Merz, Addi Münster, Ralf Paulsen, Ursula Schirrmacher; Eddy Rhein-Chor, Egon Kaiser mit seinem Orchester; künstlerische Leitung: Hanno Pietsch.
Ph (SPA).

Apr 30, 20.00 Uhr. Jazz-Konzert »Count Basie and his Orchestra«
V: Jänicke.
Mitw.: Marshal Royal (as); Frank Wess(as, fl); Frank Foster, Eric Dixon (ts); Charlie Fowlkes (bs); Eugene Young, Charlie Cohn, Albert Aarons, Thad Jones (tp); Henry Coker, Benny Powell, Quentin Jackson (tb); Freddie Greene (g); Eddie Jones (b); Sonny Payne (dm); Count Basie (p, ld); Olie Smith, Irene Reid (voc).
Ts 22. 4.; 3. 5.; BP 12; Ph (SPA).

581 Marika Kilius/Hans Jürgen Bäumler (Chr Apr 3–5).

Mai 1, 18.45 Uhr. Bunte Veranstaltung »Maibowle«
V: DGB/RIAS.
Et: 1,50 DM.
Tg 1. 5.

Mai 8, 19.30 Uhr. Bunte Veranstaltung »Nach Feierabend...«
V: DGB/SFB.
Anläßlich des 5. Deutschen Beamtentages des DGB.
Tg 9. 5.; BMp 9. 5. (zum Beamtentag).

Mai 12, 21.00 Uhr. Jazz-Konzert »Jazz aus London«
V: Heinicke/Jänicke.
Et: 3,– bis 6,– DM.
Im Rahmen der »Britischen Wochen Berlin 1962«.
Mitw.: Ken Colyer's Jazzmen and Skiffle Group und Ronnie Ross Quartet (Ross[bs], Bill le Sage [p, vb], Chris Stanton [b], Ron Parry [dm]).
Ts 6. 5.; BP 14; Ph (SPA).

Mai 19, 20.00 Uhr. Jazz-Konzert »Eroll Garner«
V: ICA/SP.
Mitw.: Eroll Garner (p), Edward Calhoun (b), Kelly Martin (dm).
Ts 22. 5.; BP 14; Ph (SPA).

582 Eroll Garner (p; rechts) und Edward Calhoun (b) (Chr Mai 19).

583 Jewel Brown und Louis Armstrong (»Satchmo«) (Chr Apr 15).

Mai 30–Jun 2, 20.00 Uhr. Basketball »Harlem Globetrotters«
V: SP.
Et: ab 2,– DM.
Mitw.: *»das neue internationale Weltklasse-Varieté / Bob Scobeys Frisco Dixieland Jazzband«;* Gegner diesmal die »American National Giants«.
Ts 20. 5.; BP 15f.

Jun 3, 19.00 Uhr. Konzert »Aus Operette und Musical«
V: Union-Gastspiele.
Mitw.: Adi Appelt, Gustl Dierkes, Karl-Heinz Haag, Heinz Henschel, Birgit Linden, Curt Papenberg, Ralph Peters, Ursula Schirrmacher, Ilse Siegert, Mario Talaga, Lotte Uhlemann, Lawrence Winters, Irene Ziedek; Das Berliner Orchester (Ernst Kallipke).
BP 16; Ph (SPA).

Jun 7–Sep 12, 20.00 Uhr. Cinemiracle-Film »Windjammer«
Mittwochs, sonnabends, sonn- und feiertags auch 16.00 Uhr.
V: SP/Deutsche Cinerama GmbH.
Et: ab 2,50 DM.
Vgl. 1959 Apr 3–Mai 16.
BP 16–26.

Aug 26, außerdem 11.00 Uhr: Konzert »Schaumburger Märchensänger«
Et: ab 2,50 DM.
Ltg: Edith Möller.
Ts 19. 8.; BP 24.

Sep 21–23. Konzert »Don Kosaken Chor Serge Jaroff«
Am 21.–22. 9. um 20.00 Uhr, am 23. 9. um 19.00 Uhr.
V: Collien/Schibille (?).
Ts 2. 9.; BP 26f.

Sep 30, 18.00 Uhr. Amateur-Radrennen
V: BDR.
50-km-Mannschaftsfahren (12 Paare): 1. Großimlinghaus/Streng (Krefeld/Köln) 35 Pkte; 2. Oldenburg/Modrow (BRC Grün-Weiß/RVg Luisenstadt; 1 Rde zurück) 28; 3. Brüder Landau (Frankfurt am Main) 10; 4. Kappes/Spiegelberg (RV Iduna/Eichhörnchen; 3 Rdn zurück) 7; 5. Reinhold/Seidel (BRC Grün-Weiß) 1; 6. Sommer/Schwarzer (RV Steglitz/RSV Lichterfelde) 0; 7. Barth/Lüder (RC Pfeil/Kreuzberger RVg; 4 Rdn zurück) 2; 8. Binte/Tschauner (Eichhörnchen/Kreuzberger RVg) 0; 1:04:10 Stunden.
50-Rdn-Punktefahren: 1. Kleininger (Sport 88) 5 Pkte; 2. Kluge (RSC Falke) 3; 3. Riemann (RV Panne) 0; 4. Freesemann (RV Iduna; 1 Rde zurück) 13; 5. Schneiderheinze (Post SV) 12.
Ausscheidungsfahren: 1. Langer (BRC Zugvogel), 2. Spiegelberg (Eichhörnchen), 3. Schneiderheinze (Post SV).
1000-m-Fliegerfahren: 1. Modrow, 2. Oldenburg.
Kur 29. 9.; 1. 10.; BP 27.

Okt 2, 20.00 Uhr. Kundgebung
V: CDU.
Et: *»Karten Kostenlos an der Abendkasse«.*
Rd: Franz Amrehn (Bürgermeister), Dr. Heinrich von Brentano (Fraktionsvors.), Prof. Dr. Ludwig Erhard (Vizekanzler, Bundeswirtschaftsmin.), Dr. Gerhard Schröder (Bundesaußenmin.).
Th: *»Gegen eine Anerkennung der Sowjetzone«.*
Ts 30. 9.; 3. 10.; Tg 3. 10.

Okt 5–11. 51. Berliner Sechstagerennen
Beginn 5. 11. um 20.00 Uhr, Start 22.00 Uhr, Ende 11. 11. um 23.00 Uhr.
V: SP (Otto Ziege).
Musik: Kapelle Otto Kermbach.
Wertungen: 14.30, 16.00 (je 10 Spurts), 20.30, 22.00 (je 5 Spurts), 2.00, 4.00 Uhr (je 10 Spurts).
Mit »Derny-Rennen« in jeder Nacht (vgl. 1961 Jan 6–12).
Teiln. (12 Paare): 1. van Steenbergen/Severeyns (B), 2. Gillen/Vannitsen (L/B), 3. Renz/Roggendorf (D), 4. de Rossi/Beghetto (I), 5. van Looy/Post (B/NL), 6. Lykke/Schulze (DK/D), 7. Arnold/Tressider (AUS), 8. Rudi Altig/Junkermann (D), 9. Plattner/Rudolph (CH/D), 10. Oldenburg/Jaroszewicz (D), 11. Holz/Edler (D), 12. Kilian/Willi Altig (D).
Ergebnis: 1. Rudi Altig/Junkermann 539 Pkte; 2. van Looy/Post 468; 3 van Steenbergen/Severeyns 406; 4. Renz/Roggendorf (1 Rde zurück) 294; 5. Lykke/Schulze (2 Rdn zurück) 386; 6. Gillen/Vannitsen (5 Rdn zurück) 196; 7. Oldenburg/Jaroszewicz (12 Rdn zurück) 230; 8. Plattner/Rudolph (33 Rdn zurück) 375.
Zurückgelegte km: 3099,670.
Startschuß: Bernd-Jürgen Marschner, Peter Neusel, Man-

584 Kundgebung der CDU (Chr Okt 2); von rechts: Richard Stücklen, Ernst Lemmer, Dr. Gerhard Schröder und Paul Lücke.

585 »Don Kosaken Chor Serge Jaroff« (Chr Sep 23).

586 »Deutschland-Revue« (Chr Okt 20), am Mikrophon Willy Brandt, links neben ihm Erich Ollenhauer.

fred Ross, Jürgen Oelke (vom Weltmeister-Vierer des Berliner Ruder Clubs).
Vorrennen (Einstunden-Einzelfahren der Amateure): 1. Günther Oldenburg (BRC Grün-Weiß) 9 Pkte; 2. Wolfgang Holz (BRC Endspurt) 8; 3. Burckhardt Ebert (RVg Luisenstadt; 1 Rde zurück) 7; 4. Schwarzer (RSV Lichterfelde) 6; 47 km.
Am 8. 11. die Wahl der »Miß Heuboden«.
Ts 3.–12. 10.; Kur 5.–12. 10.; BP 28f.; Ph (SPA).

Okt 13, 20.00 Uhr. Rezitationsabend »Klaus Kinski«
V: SP (?).
Et: 2,50 DM.
»Die berühmten Monologe / Hamlet · Tasso / Don Carlos · Faust / Romeo · Franz Moor / Original-Bühnenkostüme« (Anz., Kur 8. 10.).
Kur 8. 10.; BP 29.

Okt 14, 19.00 Uhr. Konzert »Aus Oper und Operette«
V: SP.
Et: ab 2,50 DM.
Mitw.: Melitta Muszely, Rudolf Schock; Das Sinfonie-Orchester Berlin (Ernst Märzendorfer).
Kur 8. 10.; BP 29; Ph (SPA).

Okt 17, 20.00 Uhr. Amateur-Radrennen
V: BDR.
Mannschafts-Omnium (Flieger-, Rdn-Zeit-, Einer- Verfolgungs-, Mannschafts-Zeit- und Ausscheidungsfahren): *»Weltmeistermannschaft«* (May, Rohr, Claesges, Kobusch) gegen BDR-Auswahl (Großimlinghaus, Streng, Klüber, Kanters) und gegen Berlin-Auswahl (Modrow, Kaslowski, Oldenburg, Ebert): 1. Weltmeistermannschaft 12 Pkte; 2. Berlin 11; 3. BDR 7.
60-km-Mannschaftsfahren (13 Paare): 1. Kanters/Claesges 18 Pkte; 2. Großimlinghaus/Streng (1 Rde zurück) 22; 3. May/Rohr (2 Rdn zurück) 10; 4. Kobusch/Klüber 5; 5. Ebert/Barth 4; 6. Lüder/Oldenburg (4 Rdn zurück) 3; 7. Kappes/Schützeberg 3; 8. Sommer/Schwarzer 0; 9. Schubert/Schulze (5 Rdn zurück) 3; 10. Binte/Tschauner (6 Rdn zurück) 3.
50-Tempo-Rdn: 1. Kluge 20 Pkte; 2. Barth 14; 3. Thomas 13.
Ts 17.–19. 10.; Kur 17.–18. 10.; BP 29.

Okt 20, 19.30 Uhr. Bunte Veranstaltung »Treffpunkt Berlin«
V: SPD, Landesverband Berlin.
Et: 4,– DM.
Im Rahmen des Berlin-Treffens der SPD vom 19.–21. 10.
»Deutschland-Revue im Sportpalast / Treffpunkt Berlin / [...] / Europas Spitzenstar aus Paris / erstmalig in Berlin / Schlager der Woche ›Monsieur‹ / Aus Bukarest: Zum erstenmal in der freien Welt / Jazz-Quartett Ambassador / Vocal: Carmen und Liane / London: / Deganham Girl Pipers · Rogge-Sisters / Heinz Hanhausen und seine Solisten / Petula Clark / Roberto Blanco · Willy Hagara / Angelina Monti · Trio Sorrento / Mäcki Trio · Werner Hass / Horst Braun · Carola Girls / eddy rhein chor berlin / Schöneberger Sängerknaben u.v.a.« (Anz., BSt 6. 10.).
Ts 21. 10.; BSt 6. 10.; Pz (SPA).

Okt 26, 20.30 Uhr. Boxen
Ausgefallen.
BP 30.

Okt 27, 19.30 Uhr. Amateur-Radrennen
V: BDR.
Mannschafts-Ausscheidungsfahren: 1. Claesges (Krefeld), 2. Barth (RC Pfeil), 3. Großimlinghaus (Krefeld).
100-Rdn-Punktefahren: 1. Pupanz (RV Panne) 14 Pkte; 2. Reinhold (BRC Grün-Weiß) 8; 3. Kleininger (Sport 88; 1 Rde zurück) 29; 21:55,7 Min.

75-km-Mannschaftsfahren (13 Paare): 1. Kanters/Claesges (Köln/Krefeld) 24 Pkte; 2. May/Rohr (Mannheim) 15; 3. Großimlinghaus/Streng (Krefeld/Köln) 8; 4. Ebert/Stolp (RVg Luisenstadt; 2 Rdn zurück) 11; 5. Minder/Edelmann (CH; 3 Rdn zurück) 0; 1:33:16 Stunden.
Ts 31. 10.; Kur 29. 10.; Ph (SPA).

Nov 2, 19.00 Uhr. Handball »Vereinigte Arabische Republik – Deutschland«
V: DHB.
Deutschland: Gert Knop (THW Kiel), Dieter Boos (TSG Haßloch), Wolfram Kunze (BSV 92), Herbert Lübking (GW Dankersen), Gerhard Grill (FA Göppingen), Jürgen Meißner (BSV 92), Bernd Mühleisen (SV Möhringen), Bernd Lukas (BSV 92), Volker Schneller (TSV Ansbach), Bernd Garrelts (HSV), Heinz-Friedrich Hue (TuS Wellinghofen), Fritz Osterloh (ATSV Habenhausen), Fritz Bahrdt (HSV).
VAR: Mahmoud Hassan, Mochtar Tabusada, Mostafa Hassan, Hussein El-Chafi, Taha El-Chafi, Abdu El-Nagar, Mohamed Allan, Esam Marouf, Farouk Fares, Kalil Zaki, Shaker Mursi, Mostafa El-Dweny.
Deutschland – VAR 19:11 (7:4).
Außerdem ein Auswahlspiel der Junioren.
Ts 2.–3. 11.; Kur 2.–3. 11.; BP 31; Ph (SPA).

Nov 4, 15.00 und 19.30 Uhr. Bunte Veranstaltung »Gesucht wird die Hausfrau des Jahres«
V: Sauer/Schibille.
Mitw.: Lys Assia, Günther Keil, Leo Leandros, Willi Schneider, Trio Sorrento; Die Sonderburger Mädchengarde (DK), Wilfried Krüger und sein Orchester.
»11 Landessiegerinnen kämpfen um die goldene Krone der besten Hausfrau Deutschlands 1962 [...] Die Bundessiegerin erhält: Eine dreiwöchige Amerika-Reise, einen Taunus 12 M und Sachpreise im Wert von DM 20000,–« (Anz., Ts 21. 10.).
Siegerin wurde Hildegard Seidel (Berlin).
Ts 21. 10.; Kur 5. 11.; BP 31.

Nov 9, 20.00 Uhr. Amateur-Boxen »Deutschland – Westafrika (Elfenbeinküste/Kamerun)«
V: DABV/BBV.
Flg: Eberhard Dehn (D) besiegt James Amao.
Bg: Horst Rascher (D) besiegt Pierre Koffi.
Fdg: Manfred Maeß (D) besiegt Pascal Kouame Yae durch Abbruch (1. Rde).
Lg: Wolfgang Schmitt (D) besiegt Gabriel Achi.
Hwg: Gerhard Dieter II (D) besiegt Ezzarus Sossouvi.
Wg: Werner Mundt (D) besiegt Boniface Hie.
Hmg: Theo Lagarden (D) besiegt Mamadou Bachirou.
Mg: Rudi Hornig (D) besiegt Daniel Makre durch Aufgabe (2. Rde).
Hsg: Jürgen Wegener (D) besiegt Firmin N'Guia.
Sg: Willi Regenauer (D) besiegt Raoul Rabet.
Gesamtergebnis: Deutschland – Westafrika 20:0.
Kur 9.–10. 11.; BP 31; Ph (SPA).

Nov 10, 19.30 Uhr. Amateur-Radrennen »Köln – Berlin«
V: BDR.
Flieger-Omnium (Flieger-, 1000-m-Mannschafts-Zeit-, 4000-m-Einer-Verfolgungs- und 4000-m-Mannschafts-Verfolgungsfahren) um den Pokal des BDR: 1. Berlin (Barth, Ebert, Spiegelberg, Stolp), 2. Köln (Claesges, Kanters, Klüber, Schockhofen).
60-km-Mannschaftsfahren (10 Paare): 1. Großimlinghaus/Streng (Krefeld/Köln); 1:14:17,2 Stunden.

587 Wimpel (Chr Nov 9); VWA.

Außerdem gab es 50-Tempo-Rdn, Fahren über eine unbekannte Distanz und ein 12-Rdn-Jugend-Vorgabefahren.
Kur 10., 12. 11.; BP 31; Ph (SPA).

Nov 16–18. Konzert »Don Kosaken Chor Serge Jaroff«
Am 16.–17. 11. um 20.00 Uhr, am 18. 11. um 19.00 Uhr.
V: Hofner/SP.
Ts 4. 11.; BP 32.

Nov 19, 20.00 Uhr. Jazz-Konzert »Chris Barber's Jazzband mit Ottilie Patterson und Edmund Hall«
V: SP.
Et: ab 2,50 DM.
Ts 21. 11.; Kur 9. 11.; BP 32.

Nov 22–Dez 16. Wiener Eisrevue mit »Festival der Liebe«
Werktags 20.00 Uhr, sonntags 19.30 Uhr; mittwochs, sonnabends und sonntags auch 15.30 Uhr.
V: SP.
Et: ab 2,– DM.
R: Will Petter; Mu: Robert Stolz. Mitw.: Herbert Bobek, Yvette Busieau, Michele Colberg, Wilhelm Deja, Tilo Gutzeit, Bill Hinchy, Jürgen Inze, Richard Ledwig, Fernand Leemans, Helmut Loefke, Lucien Meyer, Gottfried Orling, Emmy Puzinger, Alfred Riedl, Bill Stewart, Ingrid Wendl; Wiener Eisballett u.v.a.
Ts 18. 11.; BP 33–35; Ph (SPA).

Dez 25–26, 15.30 und 20.00 Uhr. Bunte Veranstaltung »Weihnachts-Star-Parade«
V: SP.
Et: ab 2,50 DM.
Mitw.: Lys Assia, Carmela Corren, Die Floridas, Walter Gross, Joachim Krüger, Mäcki-Trio, Brigitte Mira, Harald Nielsen, Werner Schmah, Rudi Schuricke, Schwabenhansl; Carola-Krauskopf-Ballett, Orchester Hans Karbe.
Ts 2. 12.; BP 36; Ph (SPA).

Dez 31, 19.10 Uhr. Bunte Veranstaltung »Die letzte Runde 1962«
V: SP.
Et: ab 2,50 DM.
»3 Stunden-Rennen Berliner Komiker«.
Mitw.: Charlott Adami, Fritz Amsel, Erika Brüning, 3 Cornichons, Kurt Engel, Hans Fidesser, Ekkehard Fritsch, Erna Haffner, Curt Haupt, Annemarie Henning, Marta Hübner, Heinz Junge, Heinz Lutter, Robert T. Odeman, Bruno W. Pantel, Ethel Reschke, Fredy Rolf, Willi Rose, Hanni Rosen, Trio Sorrento, Herbert Zernik; Rennleitung: Joachim Krüger; Kapelle: Otto Kermbach.
BP 36; Ph (SPA).

1963

Jan 1, 17.00 Uhr. Handball »Internationales Turnier«
V: HVB.
Aarhus (DK): Leif Gelvad, Karsten Frederiksen, Mogens Olsen, Egon Jensen, Thorkild Rydahl, Ole Bay, Poul Sörensen, Henning Möller, John Steenberg, Leif Östergard, Peter Lagerberg.
Amsterdam (NL): Jan Middelink, Cor v. d. Boom, Henk Hooiveld, Henk Wiemer, Rob Hruisman, George Pont, Frans v. d. Heyden, Simon Vermeer, Frans Harryvan, Peter Verhaar, Jo. Paulos, Daan Gillissen.
Berlin: Horst Schneider (SV Teutonia Haselhorst), Jörg Otte (SV Teutonia Haselhorst), Horst Schubert (BSV 92), Peter Bußacker (BSV 92), Wolfram Kunze (BSV 92), Gerd-Volker Stock (OSC), Karl-Heinz Plötz (PSV), Bernd Lukas (BSV 92), Diethard Finkelmann (Rein. Füchse), Klaus Böer (BSC Rehberge), Werner Köbke (SV Teutonia Haselhorst), Helmer Kraft (SV Teutonia Haselhorst), Wolfgang Schütze (BSV 92).
Oslo (N): Oddvar Klepperas, Stein Gruben, Knut Larsen, Thorstein Hansen, Kjell Svestad, Knud Ström, Arild Gulden, Erik Velland, Jan Petter Aas, Svein Brustad, Erik Frode Hansen, Kjell Johansen, Carl Graff-Wang.
Je Spiel 2 x 15 Min.
1. Berlin – Amsterdam 12:3 (4:2); 2. Aarhus – Oslo 9:4 (5:3); 3. Berlin – Aarhus 11:6 (5:3); 4. Oslo – Amsterdam

13:6 (4:1); 5. Aarhus – Amsterdam 11:9 (4:7); 6. Berlin – Oslo 7:5 (2:2).
Gesamtergebnis: 1. Berlin (6:0 Pkte), 2. Aarhus (4:2), 3. Oslo (2:4), 4. Amsterdam (0:6).
Kur 2. 1.; BP 1; Ph (VWA).

Jan 5–6. Karnevalssitzung »Wer soll das bezahlen?«
Am 5. 1. um 20.11 Uhr, am 6. 1. um 17.11 Uhr.
V: SP.
Et: ab 2,50 DM.
»Prunksitzung der Düsseldorfer Karnevalsgesellschaft ›Die Weißfräcke‹ mit den Großen des rheinischen Humors«.
Mitw.: *»Willi Böttcher · Berni Nunnendorf u. Egon Kaumann / Kurt Poschinger · Willi Schmidt · Jürgen Raasch · Hans Heinrichs · Hans Ludwig / Lonsdorfer · Heinz Schüler · Heinz Sommer / Edi Winterhoff mit den ›4 Westen‹ / Das Tanzpaar und das Fanfarenkorps der ›Roten Funken-Artillerie‹ Eschweiler · Der große Musikzug der Rheinbahn Düsseldorf«* (Anz., Ts 25. 12. 1962).
Ts 25. 12. 1962; BP 1.

Jan 11, 19.00 Uhr. Kundgebung
V: CDU, Landesverband Berlin.
Et: frei.
Rd: Franz Amrehn (Bürgermeister), Dr. Heinrich von Brentano (Vors. der CDU/CSU-Bundestagsfraktion), Ernst Lemmer.
Wahlkampferöffnung der CDU zu den Wahlen zu dem Abgeordnetenhaus von Berlin und die BVV am 17. 2.
Mitw.: Kurt Engel, Wolf Gabbe, Erna Haffner, Joachim Krüger, Ernst Krukowski, Fredy Rolf, Willi Rose; Die Bedienten, Die Demokratzbürsten.
Ts 10., 12. 1.; Kur 12. 1.; Pz (SPA).

Jan 12, 18.00 Uhr. Handball »Dänemark – Deutschland«
V: DHB/HVB.
Dänemark: Erik Holst (KFUM Aarhus), Morten Petersen (Ajax Kopenhagen), Mogens Olsen (KFUM Aarhus), Egon Jensen (Viby IF Aarhus), Gert Andersen (HG Kopenhagen), John Bernth (Schneekloth), Mogens Cramer (IF Helsingör), Per Svendsen (IF Helsingör), Jörgen Nielsen (Gullfoss Kopenhagen), Peter Nielsen (Ajax Kopenhagen), Max Nielsen (MK 31 Kopenhagen), Per Klaus Jörgensen (Ajax Kopenhagen), Arne Nyholm (USG Kopenhagen).
Deutschland: Rudi Delfs (Polizei Kiel), Horst Schneider (SV Teutonia Haselhorst), Gerhard Grill (FA Göppingen), Fritz Bahrdt (HSV), Herbert Lübking (GW Dankersen), Bernd Mühleisen (SV Möhringen), Werner Bartels (TG Witten), Heinz-Friedrich Hue (TuS Wellinghofen), Hinni Schwenker (ATSV Habenhausen), Bernd Lukas (BSV 92), Wolfram Kunze (BSV 92), Wolfgang Evertz (TV Krefeld-Oppum).
Deutschland – Dänemark 15:14 (8:7).
Außerdem ein Spiel der Berliner Nachwuchs-Auswahlmannschaften.
Kur 11., 14. 1.; BP 2; Ph (SPA).

Jan 17–20. Eiskunstlauf »Deutsche Meisterschaften 1963«
V: DEV/BEV.
Et: ab 3,– DM.
Jan 17
7.30 Uhr. Training.
19.30 Uhr. Auslosung im Restaurant Sportpalast.
Jan 18
7.30 Uhr. Pflicht (Senioren-Herren, Junioren-Damen, Meister-Damen).
20.00 Uhr. Junioren-Paare, Meister-Paare, Senioren-Herren (Kür), Junioren-Tanzpaare (Pflicht).
Jan 19
7.30 Uhr. Pflicht (Junioren-Herren, Senioren-Damen, Meister-Herren).
15.00 Uhr. Kür (Junioren-Herren, Junioren-Tanzpaare, Junioren-Damen).
20.00 Uhr. Senioren-Paare, Meister-Damen (Kür), Meister-Herren (Kür), Meister-Tanzpaare (Pflicht)
Jan 20
15.00 Uhr. Kür (Meister-Tanzpaare, Senioren-Damen).
19.00 Uhr. Schaulaufen der Sieger und Plazierten.
Ergebnisse:
Meister-Damen: 1. Karin Gude (Düsseldorfer EG) Plz 7/246,2 Pkte; 2. Inge Paul (SC Riessersee) 8/245,5; 3. Angelika Wagner (EC Linde Nürnberg) 15/231,7; 4. Christa Burmeister (Hamburger SC) 21/228,5; 5. Hannelore Wagner (SC Riessersee) 24/227,0; 6. Uschi Keszler (Mannheimer ERC) 32/221,8.
Meister-Herren: 1. Manfred Schnelldorfer (ERC München) 5/250,9; 2. Sepp Schönmetzler (EC Oberstdorf) 10/246,4; 3. Hugo Dümler (EC Linde Nürnberg) 16/229,2; 4. Peter Krick (VfL Bad Nauheim) 19/228,5; 5. Fritz Keszler (Mannheimer ERC) 25/225,7; 6. Franz Pieringer (ERC München) 31/216,8.
Meister-Paare: 1. Marika Kilius/Hans-Jürgen Bäumler (SC Riessersee) 5/11,68; 2. Sonja Pfersdorf/Günther Matzdorf (1. FC Nürnberg) 13/10,78; 3. Sigrid Riechmann/Wolfgang Danne (RESG Hannover) 13/10,78; 4. Edith Kabel/Rudolf Steigerwald (Frankfurter ERC) 20/10,54; 5. Adda Müller/Heiko Barkowski (Hamburger EV) 24/10,24.
Meister-Tanzpaare: 1. Helga und Hannes Burkhardt (Münchener EV) 5/35,9; 2. Rita und Peter Kwiet (SCC) 10/34,9; 3. Martha und Hans-Jürgen Schamberger (Düsseldorfer EG) 17/34,0; 4. Gabriela Rauch/Rudi Matysik (BSC) 17/33,3; 5. Elvira Seidel/Siegfried Skirde (SCC) 25/31,7; 6. Elke Zaefferer/Dieter Stümpfig (ERC München) 30/31,2.
Kur 15., 18.–21. 1.; BP 2; Ph, Pl (SPA).

Jan 26, 20.30 Uhr. Boxen »Karl Mildenberger – Archie McBride« u. a.
V: Göttert/SP.
Lg: Peter Goschka (58 kg; Hamburg) – Karl Furcht (59,4 kg; Aachen), Sieg Furchts durch Aufgabe (7. Rde; Ausscheidung zur Deutschen Meisterschaft).
Wg: Conny Rudhof (63 kg; Rüsselsheim) – Helmut Winkens (66,3 kg; Bad Soden), Sieg Rudhofs durch Abbruch (7. Rde; Deutsche Meisterschaft).
Mg: Hans Stockmann (72,7 kg; Hamburg) – Hans Waschlewski (72,7 kg; Mönchengladbach), Sieg Stockmanns nach Pktn (6 Rdn).
Hsg: Horst Benedens (77,4 kg; Berlin) – Albert Duscha (87,4 kg; Herne), Sieg Benedens nach Pktn (4 Rdn).
Sg: Gerhard Zech (99,5 kg; Berlin) – Ulli Nitzschke (91 kg; Berlin), Sieg Zechs durch Aufgabe (7. Rde).
Sg: Karl Mildenberger (87 kg; Kaiserslautern) – Archie McBride (81,4 kg; USA), unentschieden (10 Rdn).
Ts 27., 29. 1.; Kur 23.–25., 28. 1.; BP 3; Ph (SPA).

Jan 27, 17.00 Uhr. Handball
V: HVB.
Berliner Meisterschaft 1963, Endrunde.
1. Rein. Füchse – BSC Rehberge 11:2 (4:1; um den 5. und 6. Platz); 2. PSV – SV Teutonia Haselhorst 11:7 (7:3; um den 3. und 4. Platz); 3. OSC – BSV 92 6:3 (1:2; um den 1. und 2. Platz).
Kur 26., 28. 1.; BP 3.

Jan 31–Feb 26. 9. Bockbierfest im Sportpalast
Werktags 20.00 Uhr, sonntags 19.00 Uhr.
V: SP.
»Kapelle Kermbach · Kapelle Schmid · Joachim Krüger«.
»Am Eingang ist ein neues Brandenburger Tor aufgebaut worden. Rosengarten und die Straße An den Zelten werden durch eine Alpenterrasse direkt an den Wasserspielen – mit neuen Einfällen übrigens – ergänzt. Alpenglühen und die beliebte Rutschbahn sind auch wieder da« (Kur 30. 1.).
Feb 23 und 25–26. »Der Höhepunkt der Bockbiersaison 3 TOLLE NÄCHTE!«
Feb 23 *»Bis früh im fünfe«.*
Feb 25 *»Zille-Ball«.*
Feb 26 *»Fastnachts-Ball«.*
Et: 4,– DM je Nacht.
Ts 3. 2.; Kur 30. 1.; BP 4–6.

Mär 2–3. Hockey »2. Deutsche Meisterschaft der Herren«
V: Deutscher Hockey-Bund e.V. / Berliner Hockey-Verband e.V.
Mär 2
9.00 und 17.00 Uhr. Vorrunden.
Mär 3
10.00 und 18.00 Uhr. Spiele um Platz 12 bis 1.
Endrunde:
Berliner Hockey-Club – HC Ludwigsburg 5:4 (2:1, 3:3); Uhlenhorster HC – Düsseldorf 99 6:4 (2:1); HC Ludwigsburg – Düsseldorf 99 6:5 (1:2); Berliner Hockey-Club – Uhlenhorster HC 5:4 (3:4, 4:4, 4:4).
Gesamtergebnis: 1. Berliner Hockey-Club, 2. Uhlenhorster HC, 3. HC Ludwigsburg, 4. Düsseldorf 99, 5. TEC Darmstadt, 6. RW Armin München, 7. Goslar 08, 8. Phönix Lübeck, 9. NSF, 10. Karlsruher SC, 11. Dürkheimer HC, 12. HC Delmenhorst.
Kur 2., 4. 3.; BP 7; Ph (SPA).

Mär 9, 20.11 Uhr. »10 Jahre Kornblumenblau«
V: SP (?).
Et: ab 2,– DM.
»Jubiläumsprogramm! Rheinischer Frohsinn! Die Mainzer Hofsänger / Karl Berbuer · Jupp Schmitz · Pelle Jöns · Karl Schmitz-Grön · Horst Muys / Die bekannte Kölner Blaskapelle Christian Reuter« (Anz., Ts 24. 2.).
Ts 24. 2.; Ph (SPA).

Mär 23, 20.00 Uhr. Eishockey u. a.
V: BSchC.
Kunstlauf (und Eistanz) von Scott Allen, Sjoukje Dijkstra, Inge Paul, Fränzi Schmidt, Manfred Schnelldorfer, Sonja Pfersdorf/Günther Matzdorf u. a.
SC Riessersee – BSchC 3:2 (3:0, 0:1, 0:1).
Bereits im Rahmen des Jubiläums des BSchC (vgl. Mär 25–26).
Kur 25. 3.; BP 9.

Mär 25–26, 20.00 Uhr. Eiskunstlauf »70 Jahre Berliner Schlittschuh-Club«
V: BSchC.
Kunstlauf (und Eistanz) von Heidede Becker (BSchC), Sjoukje Dijkstra (NL), Nicole Hassler (F), Regine Heitzer (A), Peter Jonas (A), Bärbel Lenz (NSF), Inge Paul (SC Riessersee), Fränzi Schmidt (CH), Manfred Schnelldorfer (ERC München); Helga und Hannes Burkhardt (München), Vivian und Ronald Joseph (USA), Marika Kilius/Hans-Jürgen Bäumler (SC Riessersee), Sonja Pfersdorf/Günther Matzdorf (1. FC Nürnberg), Gabriela Rauch/Rudi Matysik

(BSchC), Sigrid Riechmann/Wolfgang Danne (RESG Hannover).
Ts 6., 23., 26.–27. 3.; Kur 26.–27. 3.; BP 9; Ph (VWA).

Mär 29. »VdK Deutschland – 10 Jahre in Berlin«
V: VdK, Landesverband Berlin.
Schirmherrschaft: Der Regierende Bürgermeister Willy Brandt.
Mitw.: Roberto Blanco, Gert Böttcher, Carola-Girls, Margot Eskens, Willy Hagara, Lerch und Lerche, Emmy Merz, Molle und Korn, Quick und Slow, Werner Schöne, Nina Westen; Trampolingruppe des PSV u.v.a.; Kapellen: Französisches Musikcorps 46. Infanterie Bataillon (Capitain Pele), 1 th Bataillon of the Durham Light Infantry (Bandmaster Mr. Berry), Heinz Hanhausen mit seinen Solisten.
Ph (SPA).

Mär 30, 20.00 Uhr. Amateur-Boxen »Berliner Meisterschaften 1963«
V: BBV.
Endkämpfe.
Flg: Manfred Bauske (PSV) besiegt Waldemar Stephani (Sparta 58).
Bg: Josef Kala (PSV) besiegt Fritz König (Astoria).
Fdg: Manfred Maeß (Hertha BSC) besiegt Erwin Höhne (ASV) durch Aufgabe (2. Rd).
Lg: Klaus Steinert (Sparta 58) besiegt Peter Henatsch (Hertha BSC).
Hwg: Gerhard Dieter II (Spandau 26) besiegt Friedhelm Witthüser (Hertha BSC) durch Aufgabe (3. Rde).
Wg: Hans-Heinrich Dieter III (Spandau 26) besiegt Gerhard Piaskowy (TeBe).
Hmg: Manfred Schmidt (Hertha BSC) besiegt Bodo Spikkermann (OSC).
Mg: Rudi Hornig (Post SV) besiegt Peter Glave (PSV).
Hsg: Heinz Beuschel (PSV) besiegt Jürgen Wegener (Spandau 26).
Sg: Klaus Beuschel (VSB) besiegt Manfred Markgraf (Heros).
Ts 30. 3.; 2. 4.; BP 9; Ph (SPA).

588 Berliner Hockey-Club gegen HC Ludwigsburg (Chr Mär 2–3), der Ludwigsburger Kranich III überspielte BHC-Torhüter End, doch der Ball fliegt neben den Pfosten, links Greinert.

Apr 10–Sep 1, 20.00 Uhr. Cinerama-Film »Das war der Wilde Westen«
Mittwochs, sonnabends und sonntags auch 15.30 Uhr.
V: SP/Deutsche Cinerama GmbH.
Forts. Sep 12–29.
R: John Ford, Henry Hathaway, George Marshall; Bu: James Webb; K: William H. Daniels, Milton Krasner, Joseph LaShella, Charles Lang; Mu: Alfred Newman; Da: Caroll Baker, Lee J. Cobb, Henry Fonda, Carolyn Jones, Karl Malden, Gregory Peck, George Peppard, Robert Preston, Debbie Reynolds, James Stewart, Eli Wallach, John Wayne, Richard Widmark.
»60 Jahre nun nach der Produktion des ersten Wildwest-Films fanden sich in Amerika Regisseure und Heldendarsteller vieler Filme zu einem gewaltigen Opus zusammen, das ein Rückblick sein soll auf die eigene Vergangenheit und auf die Geschichte des Wildwest-Films. Wer sich freilich nun eine zuverlässige Analyse dieser Filmgattung oder gar der amerikanischen Historie [...] erwartet, der wird gar bald feststellen müssen, daß er in nichts anderes geraten ist als in ein riesiges, nicht mehr endenwollendes Wildwest-Monstrum, aus dem sich leicht drei oder vier Produktionen von normalem Format hätten fertigen lassen [...] Auf einer riesigen zehn mal 27 Meter messenden Leinwand werden all die bekannten Abenteuer dekorativ dargeboten: Der Aufbruch nach dem Osten, das lockere Leben der Goldsucher und Spieler, die Kämpfe des Bürgerkriegs, der Bau der kontinentalen Eisenbahn und die blutigen Auseinandersetzungen zwischen ehrenwerten Sheriffs und gewalttätigen Schurken [...] Das Publikum, in dessen Mitte man manchen Berliner Filmgewaltigen sah, nahm die Lügen- und Abenteuer-Geschichten mit der richtigen Dosis Humor auf und bewunderte mit der nötigen Skepsis die Monumentalität der Filmtechnik. An den Pforten und in den endlosen Gängen des als Riesenkino umgebauten Sportpalastes wurde man von gefährlich dreinblickenden Cowboys aus Berliner Jagdgründen in Empfang genommen. Was die Leute in den Wildwest-Film zieht, kann man ja verstehen, was aber, so fragt man sich nicht ohne Neugier, mag ehrenwerte Bürger aus Steglitz und Spandau in die martialischen Gewänder heroischer Cowboys drängen?« (Ts 12.4.).
Ts 12. 4.; BP 10–25; Ph (SPA).

589 Programmheft (Chr Sep 8); SPA.

Sep 6, 20.30 Uhr. Jazz-Konzert »Count Basie and his Orchestra«
V: Jänicke.
Mitw.: George Cohn, Al Aarons, Fip Ricard, Don Rader (tp); William Hughes, Henry Coker, Grover Mitchell (tb); Marshal Royal, Frank Wess, Frank Foster, Eric Dixon, Charlie Fowlkes (s); Count Basie, Freddie Greene, George Catlett, Sonny Payne (Rhythm); Jimmy Rushing (voc).
Ts 1. 9.; Ph (SPA).

Sep 8, 15.30 und 19.30 Uhr. Konzert »Chubby Chekker ›The King of Twist‹ «
V: Buchmann.
»Twist – Limbo – Slop – Bossa Nova – Chubby Checker mit Manuela, Jack Hammer, Tony Sheridan, Beat Brothers, Goldie, Gingerbreads, Billy Sandors, Nora Nova, Paul Würges, Ambros Seelos, Mal Sondock« (BP 25).
»Es gab fast Kleinholz beim ›Twist-König‹ Chubby / Mit Knüppeln räumte die Polizei den Sportpalast / [...] Mit einer heißen Musiknummer nach der anderen wurde die Stimmung am Nachmittag auf den Siedepunkt getrieben. Als dann der ›König‹ auf die Bühne trat, brannte bei den Jugendlichen die Sicherung durch. Es wurde gejohlt, gepfiffen und zwischen den Sitzreihen getanzt. Chubby Checker brach daraufhin seine ›Show‹ ab und verschwand [...] Vergeblich riefen hunderte Fans nach ihrem Idol. [...] Dann brach ein Sturm los. [...] Erst als 90 Polizisten in den Sportpalast stürmten [...] konnte die aufgewühlte Menge ins Freie abgedrängt werden« (Kur 9. 9.).
Kur 9. 9.; BP 25; Ph (SPA).

Sep 12–29. Cinerama-Film »Das war der Wilde Westen«
Forts. von Apr 10-Sep 1.
Ts 8., 27. 9.

Okt 3–6. Konzert »Don Kosaken Chor Serge Jaroff«
Am 3.–5. 10. um 20.00 Uhr, am 6. 10. um 19.00 Uhr.
V: Hofner (?).
Ts 22. 9.; BP 27 f.

Okt 12, 20.00 Uhr. Konzert »American Folk Blues Festival 1963«
V: Jänicke.
Mitw.: Willie Dixon (voc, b), Lonnie Johnson (voc, g), Matt ›Guitar‹ Murphy (g), Memphis Slim (voc, p), Otis Spann (voc, p), Victoria Spivey (voc, p, ukulele), Bill Stepney (dm), Big Joe Williams (voc, g), Sonny Boy Williamson (voc, mo), Muddy Waters (voc, g).
Ts 6. 10.; BP 29; Ph (SPA).

Okt 18–19, 20.00 Uhr. Konzert »Gute Freunde musizieren für Berlin«
V: GdP.
Mitw.: US-Berlin-Brigade (J. Cortese), The King's Regiment (W.T. Purnell), The Prince of Wales own Regiment of Yorkshire (A.R. Pinkey) und die Musikkorps der Schutzpolizei Hamburg (Siegfried Grenz), Hannover (Artur Hansen), Köln (Helmut Beger) sowie Berlin (Wilhelm Schulze).
BP 29; Ph (SPA).

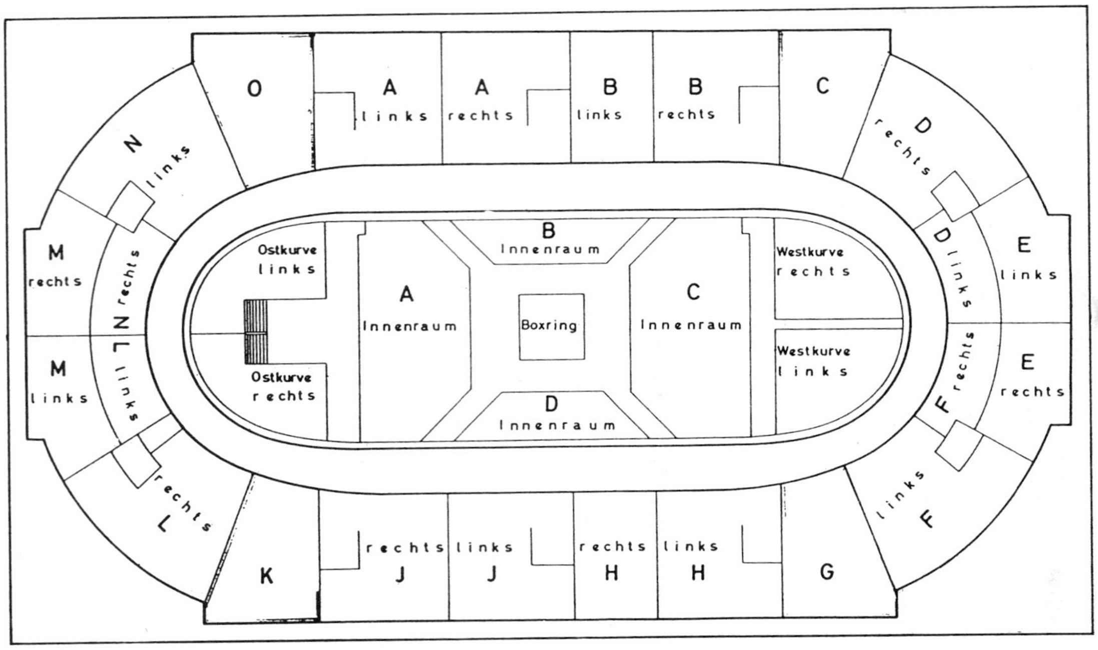

590 Bestuhlungsplan für die Veranstaltung von Boxkämpfen mit eingebauter Radrennbahn, 23. 9. 1963 (nach LA SP 3974/129 [Lichtpause/Papier, ca 26 x 37 cm]).

Okt 22–24, 20.00 Uhr. Eiskunstlauf »Eislauf-Gala der Welt-, Europa- und Landesmeister«
V: BSchC.
Kunstlauf (und Eistanz) von Heidede Becker (BSchC), Emmerich Danzer (A), Sjoukje Dijkstra (NL), Hugo Dümler (EC Linde Nürnberg), Ingrid Götze (BSchC), Regine Heitzer (A), Uschi Keszler (Mannheimer ERC), Gabriele Kley (BSchC), Inge Paul (SC Riessersee), Manfred Schnelldorfer (Münchener EV), Angelika Tanz (BSchC), Anita Teubner (CH), Angelika Wagner (EC Linde Nürnberg), Hannelore Wagner (SC Riessersee), Monika Wickel (SCC); Marika Kilius/Hans-Jürgen Bäumler (SC Riessersee), Sonja Pfersdorf/Günther Matzdorf (1. FC Nürnberg), Gabriela Rauch/Rudi Matysik (BSchC), Sigrid Riechmann/Wolfgang Danne (RESG Hannover).
Kur 22.–24., 26. 10.; Ph (SPA).

Nov 2, 20.00 Uhr. Eishockey u. a.
V: BSchC.
Kunstlauf (und Eistanz) von Heidede Becker, Ute Boehm, Christel Lautenschläger, Angelika Tanz, Gabriela Rauch/Rudi Matysik.
EC Oberstdorf: Robl, Reiter (Tor); Halm, Eberhardt (Vert. A); Fichtl, Güldner (Vert. B); Mair, Stenger, Buhl (Sturm A); Ogger, Schädler, Cecco (Sturm B); Kirsch, Baldauf, Leitner (Sturm C).
BSchC: Bernhard Seiffert, Jürgen Seelmann (Tor); »Hotti« Walter, Peter Zabel (Vert. A); »Ulli« Korn, »Conny« Anders (Vert. B); Lothar Schleh, »Tatze« Borsutzki, »Adi« Klier (Sturm A); Wolfgang Kess, Hugo Lindemann, Ingo Christmann (Sturm B); »Sike« Zunker, Heinz Patrzek, »Pius« Oehme (Sturm C).
BSchC – EC Oberstdorf 4:2 (0:0, 2:1, 2:1; Oberliga).
Kur 28. 10.; 2., 4. 11.; BP 31; Ph (SPA).

Nov 5, 20.00 Uhr. Eishockey
V: BSchC.
Preußen Krefeld – BSchC 3:2 (1:1, 0:0, 2:1; Freundschaftsspiel).
Kur 5.–6. 11.

Nov 8, 20.30 Uhr. Boxen »Gerhard Zech – Joe Bygraves« u. a.
V: Göttert/SP.
Lg: Willi Quatuor (61,5 kg; Dortmund) – Junior Cassidy (60 kg; Nigeria), Sieg Quatuors nach Pktn (8 Rdn).
Lg: Conny Rudhof (61,4 kg; Rüsselsheim) – Bernard Moureau (61,5 kg; F), Sieg Rudhofs nach Pktn (10 Rdn).
Hsg: Helmut Slomke (70 kg; Essen) – Dieter Hein (74,8 kg; Herford), Sieg Heins durch Abbruch (1. Rde; anstelle von Slomke sollte ursprünglich Wolfgang Halbritter kämpfen).
Hsg: Horst Benedens (79,5 kg; Berlin) – Nic Maric (79,1 kg; YU), Sieg Benedens (anstelle von Maric sollte ursprünglich Finn Jensen kämpfen).
Sg: Ullrich Ritter (92 kg; Mannheim) – Pauly Kraus (94 kg; NL), Sieg Ritters nach Pktn (8 Rdn).
Sg: Gerhard Zech (96 kg; Berlin) – Joe Bygraves (97 kg; Jamaika), Sieg Zechs durch Abbruch (9. Rde).
Ts 9. 11.; Kur 8.–9. 11.; BP 31; Ph (SPA).

Nov 10, 16.00 Uhr. Eishockey u. a.
V: BSchC.
Kunstlauf von Sonja Pfersdorf/Günter Matzdorf.
BSchC – SG Nürnberg 6:3 (1:1, 1:1, 4:1; Oberliga).
Kur 9., 11. 11.; BP 31.

Nov 16, 20.00 Uhr. Konzert »Schaumburger Märchensänger«
Et: ab 2,– DM.
Ltg: Edith Möller.
Kur 5. 11.; BP 32.

Nov 17, 19.00 Uhr. Amateur-Boxen »Rom – Berlin«
V: BBV.
Flg: Carmelo Mass (Rom) besiegt Waldemar Stephani.
Bg: Franco Zurlo (Rom) besiegt Josef Kala durch Aufgabe (2. Rde).
Fdg: Manfred Maeß besiegt Constantino Fiori (Rom).
Lg: Guiseppe Sabri (Rom) besiegt Klaus Steinert.
Hwg: Bruno Arkari (Rom) besiegt Gerhard Dieter II.
Wg: Hans-Heinrich Dieter III besiegt Luigi Patruno (Rom).
Hmg: Massimo Bruschini (Rom) besiegt Hans Wenzke durch Abbruch (2. Rde).
Mg: Rudi Hornig besiegt Dino Murru (Rom) durch Abbruch (1. Rde).
Hsg: Cosimo Pinto (Rom) besiegt Jürgen Wegener.
Sg: Dante Cané (Rom) besiegt Manfred Markgraf durch Abbruch (2. Rde).
Rom – Berlin 14:6.
Ts 19. 11.; Kur 16., 18. 11.; BP 32; Ph (VWA).

Nov 19, 19.30 Uhr. Handball »Nationales Turnier«
V: HVB.
BSV 92: Horst Schneider, Peter Schäfer, Peter Bußacker, Wolfram Kunze, Wolfgang Kunde, Bernd Lukas, Jürgen Teske, Jürgen Bohnsack, Horst Schubert, Jürgen Bernhardt, Helmer Kraft, Wolfgang Bahlburg, Wolfgang Braun, Hans-Joachim Rackow.
GW Dankersen: Gerhard Schulz, Wolfgang Courth, Manfred Kresse, Klaus Barlach, Heinrich Volkening, Manfred Horstkötter, Helmut Meisolle, Siegfried Schütte, Fritz Spannuth, Peter Roese, Herbert Lübking, Manfred Lohaus.
HSV: Jürgen Pflugbeil, Hans-J. Bode, Horst Becker, Fritz Bahrdt, Otto Maychrzak, Claus Hansson, Jens Ivers, Bernd Garrelts, Bernd Deppisch, Rainer Witt, Holger Knabe, Klaus Germann, Michael Gidde, Harald Maass.
OSC: Wolfgang Kurze, Bernd Kosinski, Bernd-Rüdiger Stock, Torsten Kuhlmeyer, Olaf Hömke, Ulrich Genge, Wolfgang Harder, Gerd-Volker Stock, Horst Göldner, Jürgen Holk, Dieter Danne, Bernd Eickemeyer, Klaus Müller.
THW Kiel: Wolfgang Stuck, Egon Schönfeld, Karl-Heinz Röhe, Hein Dahlinger, Klaus Wegner, Hein Kelbe, Bernd Struck, Karl-Friedrich Stoldt, Dieter Hense, Horst Ritke, Peter Werk, Jürgen Dibbert, Kurt Bartels.
VfL Gummersbach: Dieter Wolf, Dieter Gerold, Folker Sinns, Klaus Kriesten, Rolf Jaeger, Klaus Alberts, Jochen Brand, Klaus Mertens, Heiner Frohwein, Rolf Schröder, Rainer Fuchs, Karl-Heinz Brinkmann.
Je Spiel 2 x 10 Min.
1. HSV – BSV 92 3:1; 2. Dankersen – OSC 4:4; 3. Kiel – BSV 92 6:5; 4. Gummersbach – OSC 5:5; 5. Kiel – HSV

6:2; 6. Gummersbach – Dankersen 6:4; 7. BSV 92 – Dankersen 7:4; 8. OSC – HSV 4:4 (um den 3. und 4. Platz); 9. Gummersbach – Kiel 5:4 (um den 1. und 2. Platz).
Gesamtergebnis: 1. Gummersbach, 2. Kiel, 3. OSC, 4. HSV, 5. BSV 92, 6. Dankersen.
Kur 19., 21. 11.; BP 32; Ph (SPA).

Nov 21–Dez 15. »25 Jahre Wiener Eisrevue« mit »Glücksträume«
Werktags 20.00 Uhr, sonntags 19.30 Uhr; mittwochs, sonnabends und sonntags auch 15.30 Uhr.
V: SP.
Et: ab 2,50 DM; *»Kinder bis 14 Jahre, Rentner u. Schwerbeschäd. nachmittags halbe Preise«.*
R: Will Petter; Mu: Robert Stolz. Mitw.: *»Milena, Joan Haanappel, Nicole Ardent, Norbert Felsinger, Paul Sibley, Lilly Lewin, Manfred Wollschläger, Catrin und Fred Emanuel, Troy Andersen, Josef Rucka, Ron Stauffer, Jiri Crha, Ilse Pelikan, Martha Wurst, Duncan Whaley, Albert Lortzing, die zwei Harvards, Bertl Capek. Das Wiener Eisballett«* (Ph).
Ts 17. 11.; BP 33 f.; Ph (SPA).

Dez 18, 20.00 Uhr. Eishockey
V: BSchC.
VfL Bad Nauheim: Getreu (Tor); Hoffmann, Michel, Arnold, Wenzel (Vert.); Philipp, Bachmann, Winkes, Siebeck, Rosenbecker, Brauburger, Barczikowski, Mazzolini, Langsdorf (Sturm).
BSchC: Seiffert, Seelmann (Tor); Walter, Zabel, Korn, Anders, Pirschel (Vert.); Schleh, Borsutzki, Klier, Kess, Zunker, Patrzek, Oehme (Sturm).
VfL Bad Nauheim – BSchC 8:3 (5:1, 0:2, 3:0; Oberliga).
Kur 18.–19. 11.; BP 35; Ph (SPA).

Dez 19. Eiskunstlauf »Olympia-Ausscheidungen im Eiskunstlauf der Damen, Herren und Paare«
V: DEU.
Zur Bildung einer gesamtdeutschen Mannschaft.
9.00 Uhr Pflicht, 20.00 Uhr Kür, anschließend Schaulaufen.
Ergebnisse:
Damen: 1. Uschi Keszler (Mannheimer ERC) Plz 5/198,53 Pkte; 2. Angelika Wagner (EC Linde Nürnberg) 15/184,84; 3. Heidi Steiner (Berlin [DDR]) 13/182,90; 4. Marianne Mirmseker (Berlin [DDR]) 20/177,60.
Herren: 1. Ralph Borghard (Berlin [DDR]) 8/195,34; 2. Sepp Schönmetzler (EC Oberstdorf) 8/198,50; 3. Bodo Bockenauer (Berlin [DDR]) 15/188,52; 4. Hugo Dümler (EC Linde Nürnberg) 19/181,86.
Paare: 1. Sonja Pfersdorf/Günther Matzdorf (1. FC Nürnberg) 6/11,0; 2. Brigitte Woköck/Hans-Ulrich Walther (Berlin [DDR]) 11/10,48; 3. Sigrid Riechmann/Wolfgang Danne (RESG Hannover) 14/10,50; 4. Irene Müller/Hans-Georg Dallmer (Berlin [DDR]) 19/10,22.
Bockenauer kehrte nicht nach Berlin (DDR) zurück.
Kur 19.–20. 11.; BP 35; Ph (SPA).

Dez 21–22. Konzert »Don Kosaken Chor Serge Jaroff«
Am 21. 12. um 20.00 Uhr, am 22. 12. um 19.30 Uhr.
V: Hofner.
Et: ab 2,50 DM.
Mitw.: Schöneberger Sängerknaben (G. Hellwig).
Ts 8. 12.; BP 36; Pz (SPA).

Dez 25–26, 15.30 und 20.00 Uhr. Bunte Veranstaltung »Das große Weihnachtsprogramm ›15 Jahre Günter Neumann und seine Insulaner‹«
V: SP.
Et: ab 2,50 DM.
Mitw.: Günter Neumann und seine Insulaner (Ekkehard Fritsch, Joe Furtner, Werner Hass, Fee von Reichlin, Tatjana Sais, Edith Schollwer, Harald Sielaff, Georg Thomalla, Ewald Wenck; an zwei Flügeln: Günter Neumann und Heinz Reinfeld) sowie Lale Andersen, Trio Dorré, Die Floridas, Joachim Krüger, Werner Schmah, Sherrier; Kapelle Otto Kermbach.
Ts 8. 12.; BP 36; Ph (SPA).

Dez 28, 20.00 Uhr. Eishockey
V: BSchC.
Düsseldorfer EG: Goßmann, Brück (Tor); Kaltenhäuser, Lotz, Farthmann, van Houten (Vert.); Schmitz, Gregory, Werdermann, Wylach, Heitmüller Breidenbach, Tasler, Scherra, Heyer (Sturm).
BSchC: Seiffert, Seelmann (Tor); Korn, Anders, Zabel, Walter, Pirschel (Vert.); Schleh, Borsutzki, Klier, Kess, Christmann, Lingemann, Zunker, Patrzek, Oehme (Sturm).
BSchC – Düsseldorfer EG 4:1 (3:1, 1:0, 0:0; Oberliga).
Kur 30. 12.; BP 36; Ph (SPA).

Dez 31, 19.10 Uhr. Bunte Veranstaltung »Die letzte Runde 1963«
V: SP.
Et: ab 2,50 DM.
»3 Stunden-Rennen Berliner Komiker«.
Mitw.: Charlott Adami, Fritz Amsel, Erika Brüning, Carina-Marno-Trio, Paul Cichon, Hans Fidesser, Erna Haffner, Trio Harmonie, Heinz Junge, Johanna König, Joachim Krüger, Willi Liebe, Heinz Lutter, Mäcki-Trio, Bruno W. Pantel, Fredy Rolf, Claire Schlichting, Schwabenhansl, Trio Sorrento, Herbert Zernik; Kapelle Otto Kermbach.
BP 36; Ph (SPA).

1964

Jan 1, 17.00 Uhr. Handball »Internationales Turnier«
V: HVB.
Basel (CH): Walter Sedlmayer, Renzo Bottinelli, Erich Borer, Tino Hess, Bruno Schwarz, Hans Dürrenberger, R. Rolf Schmitz, Willy Glaus, Adolf Burkhardt, Rolf Gütlin, Kurt Minder, Bruno Walder, Hans Hediger, Gustav Grieder.
Berlin: Horst Schneider (BSV 92), Berndt Podak (PSV), Jürgen Meißner (TSV Siemensstadt), Horst Schubert (BSV 92), Wolfram Kunze (BSV 92), Gerd-Volker Stock (OSC), Karl-Heinz Plötz (PSV), Bernd Lukas (BSV 92), Wolfgang Harder (OSC), Diethard Finkelmann (Rein. Füchse), Jürgen Reinicke (CHC), Klaus-Dieter Guse (Rein. Füchse), Olaf Hömke (OSC).
Göteborg (S): Donald Lindblom, Ronald Karlsson, Gunnar Kämpendahl, Gösta Carlsson, Per-Ove Arkevall, Kent Pretorius, Lars Meuller, Stig Kennheden, Jan Äberg, Lars Andersson, Bengt Hellgren, Anders Tell, Bertil Stenberg.
Helsingör (DK): Bent Mortensen, Henning Hansen, Jan Vibe Hastrup, Jan Jensen, Henning Bender, Per Börgesen, Mogens Kramer, Per Svendsen, Per Theilmann, Erik Jacobsen, Jörgen Jörgensen.
Je Spiel 2 x 15 Min.
1. Berlin – Helsingör 7:6 (4:1); 2. Göteborg – Basel 10:8 (5:3); 3. Berlin – Basel 14: 2 (9:0); 4. Helsingör – Göteborg 7:6 (3:2); 5. Helsingör – Basel 8:5 (3:2); 6. Berlin – Göteborg 8:7 (4:3).
Gesamtergebnis: 1. Berlin (6:0 Pkte), 2. Helsingör (4:2), 3. Göteborg (2:4), 4. Basel (0:6).
Einlagespiel (Schüler): Rein. Füchse – TSV Tempelhof – Mariendorf.
Ts 3. 1.; BP 1; Ph (SPA).

Jan 4, 20.11 Uhr. Karnevalssitzung »Wer soll das bezahlen?«
V: SP.
Et: ab 2,50 DM.
»Prunksitzung der Düsseldorfer Karnevalsgesellschaft ›Die Weißfräcke‹ / mit den Großen des rheinischen Humors / Wolfgang Reich · Kurt Poschinger · Werner Küppers · Willi Böttcher / Willi Schmidt · Jürgen Raasch · Hans Heinrichs · Hans Ludwig Lonsdorfer / Heinz Schüler · Hans Lötzsch / Serenissimus u. Kindermann · Das Quadenhof-Quartett / Das Tanzpaar und das Fanfarenkorps der ›Roten Funken-Artillerie‹ Eschweiler / Das große Blasorchester der Rheinbahn Düsseldorf, Kapellmeister Max Groß« (Anz., Ts 1. 1.).
Ts 1. 1.; BP 1; Ph (SPA).

Jan 10–16. 53. Berliner Sechstagerennen
Beginn 10. 1. um 20.00 Uhr, Start 22.00 Uhr, Ende 16. 1. um 23.00 Uhr.
V: SP (Otto Ziege).
Musik: Kapelle Otto Kermbach.
Wertungen: 14.30, 16.00 (je 10 Spurts), 20.30, 22.00 (je 5 Spurts), 2.00, 4.00 Uhr (je 10 Spurts).
Mit »Derny-Rennen« in jeder Nacht (vgl. 1961, Jan 6–12).
Als Neuheit ein allabendliches Amateur-Rennen (s. u., Vorrennen).
Teiln. (11 Paare): 1. Maes/Demunster (B), 2. Darrigade/Raynal (F), 3. Lykke/Eugen (DK), 4. Faggin/Batiz (I/RA), 5. Pfenninger/Schulze (CH/D), 6. Wolfshohl/Junkermann (D), 7. Puschel/Oldenburg (D), 8. Bugdahl/Renz (D), 9. Willi Altig/May (D), 10. Großimlinghaus/Staudacher (D), 11. Roggendorf/Kanters (D).
Ergebnis: 1. Bugdahl/Renz 438 Pkte; 2. Lykke/Eugen 317; 3. Pfenninger/Schulze (3 Rdn zurück) 483; 4. Junkermann/Roggendorf 281; 5. Willi Altig/May (4 Rdn zurück) 442; 6. Großimlinghaus/Staudacher (21 Rdn zurück) 244; 7. Puschel/Raynal (41 Rdn zurück) 136.
Zurückgelegte km: 2910,830.
Startschuß: Ex-Weltmeister Rudi Altig und der junge Schauspieler Thomas Fritsch.
Vorrennen (Einstunden-Mannschaftsfahren der Amateure): *»Zum ersten Male in Berlin werden die Radamateure allabendlich ein Ein-Stunden-Mannschaftsrennen mit Gesamtwertung am Schlußtag bestreiten. Also ein Sechstagerennen en miniature für die ›Stars von morgen‹. In Belgien kam 1963 zum ersten Male der Gedanke auf, die Radamateure bei den Six-days allabendlich ihr Ein-Stundenrennen fahren zu lassen. Nach Deutschland wurde nun diese Neuheit importiert. Köln machte den Anfang, Berlin folgt als zweite Sechstagestadt«* (Ph, S. 9); der Wettbewerb (10 Paare) fand täglich von 19.45 bis 20.30 Uhr statt.
Endergebnis des Amateur-Wettbewerbs, des »Kleinen Sechstagerennens«: 1. Kobusch/Streng (Bielefeld/Köln) 167 Pkte; 2. Oudkerk/Koel (NL; 3 Rdn zurück) 127; 3. Holz/Effner (BRC Endspurt/BRC Zugvogel; 10 Rdn zurück) 67; 4. Spiegelberg/Schützeberg (Eichhörnchen/RV Panne) 61; 5. Schwarzer/Kositzky (RV Steglitz/RVg Luisenstadt; 17 Rdn zurück) 5; 6. Eidt/Kaslowski (Kreuzberger RVg/Sport 88; 21 Rdn zurück) 15.
»Stärker als in den letzten Jahren ist der allnächtliche Prominentenbesuch, so daß die vorgesehenen Logen bisher

meist überfüllt waren. Marianne Koch und Linda Christian, Walter Giller und Mario Adorf, Heinz Erhard und Karl-Heinz Schroth, Heidi Brühl und Thomas Fritsch und viele andere kamen zum Teil schon mehrfach« (Ts 14. 1.).
Ts 3., 9.–17. 1.; Kur 10.–17. 1.; BP 1 f.; Ph (SPA).

Jan 22, 20.00 Uhr. Eishockey »Japan – Berlin« u. a.
V: BEV.
Kunstlauf (und Eistanz) von Monika Wickel (SCC) und Gabriela Rauch/Rudi Matysik (BSchC).
Japan: Honma, Toshieei, Morishima (Tor); Tanabu, Shimada, Makano, Matsuura, Ogawa (Vert.); Iwamoto, Ono, Sato, Irie, Kawabuchi, Kazahari, Inazu, Honma, Shinichi, Kudo (Sturm).
Berlin: Seiffert, Seelmann (Tor); Walter, Zabel, Anders, Pirschel, Jaensch, Korn (Vert.); Schleh, Borsutzki, Klier, Kess, Lingemann, Christmann, Oehme, Patrzek, Zunker (Sturm).
Japan-Berlin 7:5 (3:1, 1:3, 3:1).
»Beim Bankett wurden Präsente ausgetauscht. Es gab Porzellan für die Offiziellen, kleine Bären für die Spieler. Prinz Takeda schenkte Heinz Henschel eine edle Perle. Der Parlamentsabgeordnete Nishida erinnerte in humorvollen Worten an das erste Spiel zwischen Japan und Berlin 1936 im Sportpalast, an dem er selbst teilgenommen hat« (Kur 23. 1.).
Kur 22.–23. 1.; BP 3; Ph (SPA).

Jan 24, 20.00 Uhr. »Baden-Württemberg grüßt Berlin«
V: Verband der Schwabenvereine im In- und Ausland/SP.
Rd: Willy Brandt (Regierender Bürgermeister), Dr. Arnulf Klett (Oberbürgermeister von Stuttgart).
Et: ab 2,50 DM.
Mitw.: Dagmar Bergmeister, Trio Herold, Hans Rauch, Otto von Rohr, Friedrike Sailer, Walter Schultheiß, Josef Traxel, Werner Veidt, Ewald Wenck; Berliner Symphoniker, RIAS-Kammerchor; Aalener Jugendkapelle (Bruno Viernickel), Lauterbacher Bauernkapelle (Paul Weisser), Markgröninger Dudelsackgruppe, Südfunk-Chor (Hermann Josef Dahmen und Emmerich Smola), Suppinger Liedergruppe (Georg Degeler), Trachtengruppe aus Gutach (Schwarzwald).
»›Soviel Schwaben auf einen Streich hat es selten in Berlin gegeben‹, stellte der Regierende Bürgermeister Brandt gestern abend auf der Veranstaltung [...] fest. Vor rund 7000 Berlinern hieß der Regierende Bürgermeister die schwäbischen Gäste – an ihrer Spitze der Stuttgarter Oberbürgermeister Dr. Arnulf Klett – im ausverkauften Sportpalast herzlich willkommen [...]« (Kur 25. 1.).
Ts 19. 1.; Kur 25. 1.; BP 3; Ph (SPA).

Jan 25, 20.15 Uhr. Boxen »Karl Mildenberger – Archie McBride« u. a.
V: Göttert/SP.
Super-Lg: Willi Quatuor (61 kg; Dortmund) – Antonio Ferreira (59 kg; BR), Sieg Quatuors durch ko (4. Rde).
Mg: Werner Mundt (68,1 kg; Dortmund) – Horst Borcoskowski (72,6 kg; Berlin), Sieg Mundts nach Pktn (6 Rdn).
Hsg: Peter Gumpert (81,1 kg; Berlin) – Guerrino Scattolin (78,8 kg; I), Sieg Gumperts durch Aufgabe (7. Rde).
Hsg: Dieter Hein (74,5 kg; Herford) – Wolfgang Halbritter (74,5 kg; Berlin), unentschieden (4 Rdn).
Sg: Gerhard Zech (98,7 kg; Berlin) – Franco Badalassi (94 kg; I), Sieg Zechs durch Aufgabe (4. Rde).
Sg: Karl Mildenberger (88,6 kg; Kaiserslautern) – Archie McBride (81,7 kg; USA), Sieg Mildenbergers nach Pktn (10 Rdn).
Kur 24.–27. 1.; BP 3; Ph (SPA).

Jan 30-Mär 8, 20.00 Uhr. 10. Bockbierfest im Sportpalast.
Sonntags 19.00 Uhr.
V: SP.
»Kapellen Otto Kermbach und Sepp Schmidt / Joachim Krüger«.

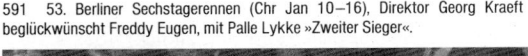

591 53. Berliner Sechstagerennen (Chr Jan 10–16), Direktor Georg Kraeft beglückwünscht Freddy Eugen, mit Palle Lykke »Zweiter Sieger«.

592 Inge Paul (Chr Mär 24–25).

Feb 8 und 10–11. »Der Höhepunkt der Bockbiersaison 3 TOLLE NÄCHTE!«
Feb 8 *»Bis früh um fünfe / Motto: Der Bock ist los!«*
Feb 10 *»Zille-Ball / Gr. Zille-Kabarett«.*
Feb 11 *»Fastnachts-Ball / Die rauschende Ballnacht«.*
Et: 4,– DM je Nacht.
Mär 7 *»Ball der 3000! / Das große Bockbierfest-Finale 1964 / Motto: ›Ich tanze mit Dir in den Morgen‹«* (Anz., Ts 1. 3.).
Ts 2. 2.; BP 3–7.

Mär 11, 20.00 Uhr. Eishockey u. a.
V: BSchC.
Kunstlauf von Gabriela Rauch/Rudi Matysik.
BSchC – Eintracht Frankfurt 8:5 (2:1, 3:3, 3:1; Oberliga).
Ts 11.–12. 3.; Kur 12. 3.; BP 8.

Mär 14, 20.00 Uhr. Eishockey u. a.
V: BSchC.
Kunstlauf von Monty Hoyt (USA).
BSchC – TEV Miesbach 7:2 (3:2, 3:0, 1:0; Oberliga).
Ts 13.–14., 17. 3.; Kur 16. 3.; BP 8.

Mär 15, 20.00 Uhr. Jazz-Konzert »Duke Ellington and his famous Orchestra«
V: Jänicke.
Mitw.: *»Cootie Williams, Rolf Erickson Lawrence Brown, Johnny Hodges, Paul Gonsalves, Jimmy Hamilton, Harry Carney, Sam Woodyard«* (Anz., Ts 8. 3.).
Ts 8. 3.; BP 8.

Mär 21, 20.15 Uhr. Boxen »Olli Mäki – Conny Rudhof« u. a.
Ausgefallen.
Ts 18. 3.; Kur 18. 3.

Mär 24–25, 20.00 Uhr. Eiskunstlauf »Internationales Schaulaufen der Weltelite Berlin 1964«
V: DEU/BEV.
Kunstlauf (und Eistanz) von Scott Allen (USA), Emmerich Danzer (A), Sjoukje Dijkstra (NL), Hugo Dümler (D), Christine Haigler (USA), Regine Heitzer (A), Monty Hoyt (USA), Uschi Keszler (D), Inge Paul (D), Manfred Schnelldorfer (D), Sepp Schönmetzler (D), Monika Wickel (D); Vivian Laureen und Ronald Joseph (USA), Marika Kilius/Hans-Jürgen Bäumler (D), Sonja Pfersdorf/Günther Matzdorf (D), Gabriela Rauch/Rudi Matysik (D), Sigrid Riechmann/Wolfgang Danne (D).
Ts 25.–26. 3.; BP 9; Ph (VWA).

Mär 26, 19.00 Uhr. »1. Internationales Hallen-Fußball-Turnier für Traditionsmannschaften«
V: TeBe.
Teiln.: Austria Wien – Eintracht Frankfurt – Bayer Leverkusen – TeBe – 1. FC Köln – Kickers Offenbach – Preußen Münster – BSV 92.
Je Spiel 2 x 5 Min. Die Spieler müssen über 35 Jahre alt sein.
Vorrunde: 1. BSV 92 – Offenbach 3:1; 2. Frankfurt – Leverkusen 0:0; 3. Köln – Münster 0:0; 4. TeBe – Wien 1:0; 5. BSV 92 – Köln 1:0; 6. Wien – Leverkusen 0:0; 7. Münster – Offenbach 1:0; 8. Frankfurt – TeBe 0:0; 9. Münster – BSV 92 3:1; 10. Wien – Frankfurt 0:0; 11. Köln – Offenbach 5:0; 12. Leverkusen – TeBe 1:0.
Zwischenrunde: 13. Leverkusen – BSV 92 2:0; 14. TeBe-Münster 2:1.
Endrunde: 15. BSV 92 – Münster 0:0; 16. TeBe – Leverkusen 4:1.

593 Programmheft (Chr Mär 26); SPA.

1. Internationales
Hallen-Fußball-Turnier
für
Traditionsmannschaften

Sportpalast

26. März 1964 · Beginn 19 Uhr

Programmheft 0,50 DM

Gesamtergebnis: 1. TeBe, 2. Bayer Leverkusen, 3. Preußen Münster, 4. BSV 92.
Einlage: Sportpresse Berlin – Prominenz Berlin 2:2.
Kur 26., 28. 3.; BP 9; Ph (SPA).

Mär 27, 20.00 Uhr. Amateur-Boxen »Berliner Meisterschaften 1964«
V: BBV.
Endkämpfe.
Flg: Manfred Bauske (PSV) besiegt Waldemar Stephani (Sparta 58).
Bg: Fritz König (Astoria) besiegt Josef Kala (PSV).
Fdg: Manfred Maeß (Hertha BSC) besiegt Horst Edner (Heros) durch Abbruch (2. Rde).
Lg: Werner Fulik (Nordstern 07) besiegt Peter Henatsch (Hertha BSC) durch Abbruch (3. Rde).
Hwg: Gerhard Dieter II (Spandau 26) besiegt Klaus Steinert (Sparta 58) durch ko (1. Rde).
Wg: Hans-Heinrich Dieter III (Spandau 26) besiegt Klaus Steinmetz (Sparta 58) durch Abbruch (2. Rde).
Hmg: Gerhard Piaskowy (TeBe) besiegt Hans Wenzke (Nordstern 07).
Mg: Hans-Georg Hellwig (Nordstern 07) besiegt Rudi Hornig (Post SV).
Hsg: Jürgen Wegener (Spandau 26) besiegt Heinz Beuschel (PSV).
Sg: Klaus Beuschel (VSB) besiegt Manfred Markgraf (Heros).
Ts 27. 3.; Kur 28. 3.; Ph (SPA).

Mär 28–30, 20.00 Uhr. Bunte Veranstaltung »Oster-Star-Parade«
Am 29.–30. auch 15.30 Uhr.
V: SP.
Et: ab 2,50 DM.
»[...] mit Zarah Leander – Lawrence Winters – Kabarett ›Die Wühlmäuse‹ – Edith Schollwer – Addi Münster – Ursula Schirrmacher – Die Dominos – Günther Fersch – Das Trio Bernhard – Les Lindes – Das Schauorchester Hans Karbe – Conférence: Joachim Krüger« (BP 9).
Ts 15. 3.; BP 9.

Apr 4–5. Eishockey u. a.
V: BSchC.
Zum Saisonschluß zwei Freundschaftsspiele mit dem Deutschen Meister EV Füssen. Gleichzeitig endgültiger Abschied von Kilius/Bäumler vom Amateursport.
Kunstlauf (und Eistanz) von Sjoukje Dijkstra (NL), Angelika Tanz (BSchC), Monika Wickel (SCC); Marika Kilius/Hans-Jürgen Bäumler (SC Riessersee), Sonja Pfersdorf/Günter Matzdorf (1. FC Nürnberg), Gabriela Rauch/Rudi Matysik (BSchC).
EV Füssen: Herbert Lindner, Günter Knaus (Tor); Leonhard Waitl, Hans Jörg Nagel (Vert. A); Paul Ambros, Peter Schwimmbeck (Vert. B); Ernst Köpf, Siegfried Schubert, Manfred Gmeiner (Sturm A); Ernst Trautwein, Helmut Zanghellini, Georg Scholz (Sturm B); Rudolf Gröger, Gustav Hanig, Walter Krötz (Sturm C); Rudolf Simon, Rudolf Thanner (Ersatz).
BSchC: Seiffert, Seelmann (Tor); Korn, Walter (Vert. A); Anders, Jaensch (Vert. B); Zunker, Borsutzki, Schleh (Sturm A); Kess, Lingemann, Christmann (Sturm B); Oehme, Krause, Pförtke (Sturm C).
Apr 4, 20.00 Uhr EV Füssen – BSchC 9:1 (2:1, 3:0, 4:0).
Apr 5, 15.00 Uhr EV Füssen – BSchC 12:2 (4:2, 6:0, 2:0).
Kur 3., 6. 4.; BP 10; Ph (SPA).

Apr 11, 19.30 Uhr. »Die große Western Musik-Show«
V: Buchmann.
Mitw.: *»Jim Reeves – Bobby Bare – Chet Atkins – Anita Kerr and her singers – Ronny. Durch das Programm führt: Vico Torriani. Es spielt das RIAS-Tanzorchester unter der Leitung von Werner Müller«* (BP 11).
BP 11; Ph (SPA).

Apr 17, 20.00 Uhr. Jazz-Konzert »Norman Granz' Jazz at the Philharmonic« mit Ella Fitzgerald, Oscar Peterson Trio und Roy Eldridge Quartett
V: Jänicke.
Mitw.: Ella Fitzgerald (voc); Oscar Peterson Trio (Peterson [p], Ray Brown [b], Ed Thigpen [dm], Roy Eldridge Quartet Eldrige [tp], Tommy Flanagan [p], William Yancey [b], Gus Johnson [dm]).
»... und dann kam Lady Jazz / [...] und dann kam sie, die Lady Jazz, Ella Fitzgerald, in einem hochgeschlossenen dunkelblauen Kleid, einen leichten, ebenfalls dunkelblauen Umhang über den Schultern. Eine gewichtige Dame, der man ihre 46 Jahre nicht ansieht. Der Jazz hat sie jung gehalten. Ihr Repertoire war reicher denn je. Natürlich durften ›On the sunny side of the Street‹ oder ›Witchcraft‹ nicht fehlen, auch Weils Macky-Messer-Song nicht oder ›How high the Moon‹. Am besten gefiel ihr Zwiegespräch mit Roy Eldridges Trompete« (Kur 18. 4.).
Ts 5. 4.; Kur 18. 4.; BP 11; Ph (SPA).

Mai 8, 20.15 Uhr. Boxen »Willi Quatuor – Michele Gulotti« u. a.
V: Göttert/SP.
Super-Lg: Conny Rudhof (61,9 kg; Rüsselsheim) – Aldo Pravisani (61,4 kg; I/AUS), Sieg Rudhofs nach Pktn (8 Rdn).
Lg: Willi Quatuor (59,8 kg; Dortmund) – Michele Gulotti (59,7 kg; I), Sieg Quatuors durch ko (14. Rde; Europa-Meisterschaft, Hf Quatuor).
Wg: Werner Mundt (67,6 kg; Dortmund) – Peter Michalski (70 kg; Berlin), Sieg Mundts nach Pktn (6 Rdn).
Hsg: Horst Benedens (80,5 kg; Berlin) – José Angel Manzur (81,9 kg; RA), Sieg Benedens' nach Pktn (8 Rdn).
Sg: Gerhard Zech (97 kg; Berlin) – Giorgio Masteghin (97,2 kg; I), Sieg Zechs nach Pktn (8 Rdn).
Ts 9. 5.; Kur 8.–9. 5.; BP 13; Ph (SPA).

Mai 16–17, 19.00 Uhr. »Jugend-Tanzveranstaltung«
V: Senator für Jugend und Sport.
Mitw.: Susi Ball, Detlef Engel, Silvio Francesco, Ted Herold, Trude Herr, Grit van Hoog, Audrey Kirby, René Kollo, Carlos Otero; Spree-City-Stompers, Die Stachelschweine, The Tocantins; SFB-Tanzorchester, RIAS-Tanzorchester; Ansage: Nero Brandenburg und Joachim Krüger.
BP 14; Pz (SPA).

Mai 21–24. Basketball »Harlem Globetrotters«
Am 21.–23. 5. um 20.00 Uhr, am 24. 5. um 19.00 Uhr.
V: SP.
Et: ab 3,– DM.
»[...] und das Weltklasse-Variete mit Steve Parry (USA), Mike Lemay (Kanada), Leo Bassi vom Lido Paris, George Lee (USA), Pierre Brun und seine Show-Band / im Tischtennis Weltmeister Richard Bergmann (England) gegen Lee Dal Joon (Süd-Korea)« (Anz., Ph Mai 8); Gegner diesmal die »Canadian Dominions«.
BP 15; Ph (SPA).

Mai 28, 20.00 Uhr. Amateur-Boxen »Deutsche Olympische Ausscheidungen«
V: DABV/BBV.
Für die Aufstellung der gesamtdeutschen Mannschaft zu den Olympischen Spielen in Tokio. In Schwerin fanden weitere Ausscheidungskämpfe am 29.5. und die Entscheidungskämpfe im Flg, Fdg, Hwg, Hmg und Hsg am 30.5. statt, die Entscheidungskämpfe der übrigen Gewichtsklassen am 31.5. im Sportpalast.
Die gesamtdeutsche Mannschaft wurde dann aus den besten der beiden Mannschaften des DBAV (Bundesrepublik) und des DBV (DDR) gebildet.
Flg: Hans Freistadt (Ludwigshafen; DABV) besiegt Klaus John (Berlin; DBV).
Bg: Werner Purwin (Riesa; DBV) besiegt Horst Rascher (Ulm; DABV).
Fdg: Manfred Maeß (Berlin; DABV) besiegt Peter Drgala (Berlin; DBV) durch Abbruch.
Lg: Wolfgang Schmitt (Mainz; DABV) besiegt Wolfgang Behrendt (Berlin; DBV).
Hwg: Werner Busse (Berlin; DBV) besiegt Gerd Puzicha (Essen; DABV).
Wg: Axel Lehmann (Berlin; DBV) besiegt Hans-Heinrich Dieter III (Berlin; DABV).
Hmg: Paul Hogh (Stuttgart; DABV) besiegt Lothar Bieber (Leipzig; DBV) durch Abbruch (1. Rde).
Mg: Emil Schulz (Kaiserslautern; DABV) besiegt Günter Wensierski (Berlin; DBV) durch Disqualifikation (3. Rde).
Hsg: Peter Gerber (Bremen; DABV) besiegt Bernd Anders (Berlin; DBV).
Sg: Hans Huber (Regensburg; DABV) besiegt Manfred Jüttner (Halle; DBV).
Kur 28.–29. 5.; BP 15; Ph (SPA).

Mai 29, 20.00 Uhr. Bunte Veranstaltung »Es war in Schöneberg! – 700 Jahre Schöneberg«
V: Schibille.
Et: ab 3,– DM.
»Ein Bilderbogen aus alter und neuer Zeit / Günter Keil, Brigitte Mira, Klaus Günter Neumann, Erika Brüning, Willi Rose, Horst Nowack, Robert T. Odeman, Kurt Reimann, Dietrich Frauboes, Charlott Adami, Bruno W. Pantel, Heinz Junge, Paul Cichon, Das Carola-Kauskopf-Ballett, Trio Sorrento, Die Schöneberger Sängerknaben / Wilfried Krüger und sein großes Funk-Orchester und Gratulanten aus aller Welt / Camela Corren, Israel, Noucha Doina, Rumänien, Roberto Blanco, Südamerika, Eddie Pauly, Belgien, Sherrier, Frankreich / Münchner Lach- und Schieß-Gesellschaft · Die Stachelschweine« (Ph Mai 21–24).
Ts 17 .5.; Ph (SPA).

Mai 31, 19.45 Uhr. Amateur-Boxen »Deutsche Olympische Ausscheidungen«
V: DABV/BBV.
Entscheidungskämpfe (vgl. Mai 28).
Bg: Reiner Poser (Berlin; DBV) besiegt Werner Purwin (Riesa; DBV) durch Abbruch (3. Rde).
Lg: Wolfgang Schmit (Mainz, DABV) besiegt Werner Kirsch (Kottbus; DBV) durch Abbruch (2. Rde).
Wg: Bruno Guse (Schwerin; DBV) besiegt Axel Lehmann (Berlin; DBV).
Mg: Emil Schulz (Kaiserslautern; DABV) besiegt Hans Arnecke (Hannover; DABV).
Sg: Hans Huber (Regensburg; DABV) besiegt Jürgen Blin (Hamburg; DABV).
Einladung (u.a.): Hmg: Gerhard Piaskowy (TeBe) besiegt Manfred Schmidt (Hertha BSC) durch Abbruch (3. Rde).

594 54. Berliner Sechstagerennen (Chr Okt 2–8), Otto Ziege als Rennleiter bei der Fahrerbesprechung.

Flg: Waldemar Stephani (Sparta 58) besiegt Lothar Kannewurf (Stuttgart).
Ts 2. 6.; Kur 30./31. 5.; BP 15; Ph (SPA).

Jun 24–Sep 20, 20.00 Uhr. »Musical-Film-Festival im Sportpalast«
Mittwochs, sonnabends und sonntags auch 15.30 Uhr (Aug 7–Sep 20 16.00 Uhr).
V: SP.
Et: ab 2,50 DM.
»[...] in TODD-AO auf der Riesenleinwand [...]«.
Jun 24–Jul 13. Film »Sued Pazifik«
R: Joshua Logan; Bu: Paul Osborn, Richard Rodgers, Oscar Hammerstein II, Joshua Logan nach James A. Mitchener; K: Leon Shamroy; Mu: Richard Rodgers, Oscar Hammerstein II; Da: Rossano Brazzi, Mitzi Gaynor, John Kerr, France Nuyen, Ray Walston, Juanita Hall.
Jul 14–Aug 6. Film »Porgy and Bess«
R: Otto Preminger; Bu: N. Richard Nash; K: Leon Shamroy; Mu: George Gershwin; Da: Sidney Poitier, Dorothy Dandridge, Sammy Davis jr; Pearl Bailey, Brock Peters.
Aug 7–Sep 20. Film »Westside Story«
R: Robert Wise, Jerome Robbins; Bu: Ernest Lehman nach dem gleichnamigen Musical von R. E. Griffith und H. S. Prince; K: Daniel L. Fapp; Mu: Leonard Bernstein; Da: Natalie Wood, Russ Tamblyn, Richard Beymer, Rita Moreno, Georges Chakiris.
Ts 21. 6.; 12. 7.; 2. 8.; 6. 9.; BP 18–26.

Sep 25–27. Konzert »Don Kosaken Chor Serge Jaroff«
Am 25.–26. 9. um 20.00 Uhr, am 27. 9. um 19.00 Uhr.
V: Hofner/SP.
Ts 20. 9.; BP 27.

Okt 2–8. 54. Berliner Sechstagerennen
Beginn 2. 10. um 20.00 Uhr, Start 22.00 Uhr, Ende 8. 10. um 23.00 Uhr.
V: SP (Otto Ziege).
Et: 5,– bis 20,– DM.
Musik: Kapelle Otto Kermbach.
Wertungen: 14.30, 16.00 (je 10 Spurts), 20.30 bis 22.00 (je 5 Spurts), 2.00, 4.00 Uhr (je 10 Spurts).
Mit »Derny-Rennen« in jeder Nacht (vgl. 1961 Jan 6–12), Weltmeister-Omnium u. a.
Teiln. (11 Paare): 1. Post/Pfenninger (NL/CH), 2. Scrayen/Demunster (B), 3. Lykke/Eugen (DK), 4. Baensch/Ryan (AUS), 5. Bölke/Roggendorf (D), 6. Rudi Altig/Junkermann (D), 7. Willi Altig/May (D), 8. Schulze/Renz (D), 9. Puschel/Großimlinghaus (D), 10. Rohr/Kemper (D), 11. Kanters/Staudacher (D).
Ergebnis: 1. Post/Pfenninger 336 Pkte; 2. Junkermann/Eugen 250; 3. Renz/Großimlinghaus (1 Rde zurück) 400; 4. Willi Altig/May (8 Rdn zurück) 429; 5. Roggendorf/Ryan (17 Rdn zurück) 339; 6. Kemper/Rohr (21 Rdn zurück) 461; 7. Puschel/Scrayen (22 Rdn zurück) 355; 8. Kanters/Staudacher (43 Rdn zurück) 333.
Zurückgelegte km: 2798,850.
Startschuß: Klaus Bugdahl (Radrennfahrer), Manfred Schnelldorfer (Eiskunstläufer).
Vorrennen (Einstunden-Einzelfahren der Amateure, 18 Teiln.): 1. Wolfgang Holz (BRC Endspurt), 2. Hermann Dill (BRC Grün-Weiß; 1 Rde zurück), 3. Klaus Schützeberg (RV Panne; 2 Rdn zurück).
»Außerhalb des sportlichen Programms brachte die vorletzte Nacht viele Stimmungshöhepunkte. Als erstes Regierungsmitglied fuhr Verteidigungsminister Kai-Uwe von Hassel auf der Sportpalast-Bahn. Er wurde von über 6000 Zuschauern noch stärker gefeiert als die populären Ehren-

runden-Fahrer Freddy Quinn und Rudolf Platte« (Ts 8. 10.).
Ts 2.–9. 10.; BMp 2.–10. 10.; BP 28; Ph (SPA).

Okt 17, 20.00 Uhr. Konzert »American Folk Blues Festival 1964«
V: Jänicke.
Mitw.: John Henry Barbee (voc, g), Sugar Pie Desanto (voc), Willie Dixon (voc, b, g), Sleepy John Estes (voc, g), Sam »Lightning« Hopkins (voc, g), Clifton James (dm), Hammie Nixon (mo, jug blowing), Sunnyland Slim (voc, p), Hubert Sumlin (g), Sonny Boy Williamson (voc, mo), Howlin' Wolf (voc, g, mo).
Ts 11. 10.; BP 29; Ph (SPA).

Okt 30–31, 20.00 Uhr. Kabarett »15 Jahre ›Die Stachelschweine‹« mit »Unser kleiner Staat«
Et: ab 3,– DM.
»Das große Jubiläums-Erfolgsprogramm / Beate Hasenau · Inge Wolffberg · Horst Braun / Wolfgang Gruner · Jo Herbst · Wilfried Herbst / Thomas Keck · Joachim Röcker · Achim Strietzel / Rolf Ulrich und Joachim Krüger / Vera Little · Tatjana Sais / Ernst Krukowski · Günter Neumann / Heinrich Riethmüller und seine Solisten« (Anz., Ts 18. 10.).
Ts 18. 10.; BP 30.

Nov 14, 18.00 Uhr. Handball »Kurt-Dräger-Gedächtnisturnier«
V: HVB.
Zum Gedächtnis des langjährigen Vorsitzenden des HVB, Kurt Dräger (18. 7. 1905–5. 12. 1963).
Turnier von Auswahlmannschaften der deutschen Regionalverbände: Norddeutscher HV – Süddeutscher HV – Südwestdeutscher HV – Westdeutscher HV – HV Berlin.
Je Spiel 2 x 10 Min.
1. West – Südwest 9:3; 2. Berlin – Süd 8:5; 3. West – Nord 8:6; 4. Süd – Südwest 13:3; 5. Berlin – Nord 8:6; 6. West – Berlin 6:4; 7. Nord – Südwest 8:6; 8. West – Süd 8:2; 9. Berlin – Südwest 11:5; 10. Süd – Nord 8:8.
Gesamtergebnis: 1. West (8:0 Pkte), 2. Berlin (6:2), 3. Süd (3:5), 4. Nord (3:5), 5. Südwest (0:8).
Ts 17. 11.; Kur 16. 11.; BP 32; Ph (SPA).

Nov 15 und 17. Eishockey
Die für diese Tage angekündigten Eishockeyspiele fanden – entgegen der Ankündigung – nicht im Sportpalast, sondern im Eisstadion Neukölln statt.
Ts 17. 11.; Kur 16., 19. 11.; BP 32.

595 Programmheft (Chr Okt 17); SPA.

Nov 19–Dez 18. Wiener Eisrevue mit »Tanzende Welt«
Werktags 20.00 Uhr, sonntags 19.30 Uhr; mittwochs, sonnabends und sonntags auch 15.30 Uhr; Nov 22 keine Vorstellung.
V: SP.
R: Will Petter; Mu: Robert Stolz. Mitw.: Marika Kilius/Hans-Jürgen Bäumler sowie *»Ingrid Wendl, Emmy Puzinger, Michele Colberg, Helmut Loefke, Fernand Leemans, Monique und Felix Heininger, Hugo Dümler, Herbert Bobek, Richard Ledwig, Hans Poschebu, Lucien Meyer und Mr. Jackie jun., Ute Grünert, Gottfried Orling, Fred Riedel, Wolfgang Rahm, Francois Vaysse, Frederico Gonzales, Hans Jürgen Plank / Das Wiener Eisballett«* (Ph).
Ts 1., 15., 19.–20. 11.; BP 32–35; Ph (SPA).

Dez 19–20. Konzert »Don Kosaken Chor Serge Jaroff«
Am 19. 12. um 20.00 Uhr, am 20. 12. um 19.00 Uhr.
V: Hofner/SP.
Et: ab 2,50 DM.
Mitw.: Berliner Mozart-Chor (Erich Steffen).
Ts 13. 12.; BP 35; Ph (SPA).

Dez 25–26, 20.00 Uhr. Bunte Veranstaltung »Frohe Weihnacht! Ein Alt-Berliner Bilderbogen!«
Am 26. auch 15.30 Uhr.
V: SP.
Et: ab 3,– DM.
»Erdacht und zusammengestellt von Günter Neumann«.
Mitw.: Die Dominos, Edith Elsholtz, Bruno Fritz, Walter Gross, Werner Hass, Alfred Hecker mit der Rhythmusgruppe, Joachim Krüger, Rosemarie Moogk, Günter Neumann, Willi Rose, Tatjana Sais, Ursula Schirrmacher, Edith Schollwer, Ewald Wenck; Carola-Krauskopf-Ballett, Schöneberger Sängerknaben, Kapelle Otto Kermbach.
Ts 6. 12.; BP 36; Ph (SPA).

Dez 27. Boxen
Ausgefallen.
Ts 29. 12.

Dez 31, 19.10 Uhr. Bunte Veranstaltung »Die letzte Runde 1964«
V: SP.
Et: ab 3,– DM.
»3-Stunden-Rennen Berliner Komiker«.
Mitw.: Charlott Adami, Fritz Amsel, Erika Brüning, Paul Cichon, Gustl Dierkes, Trio Dorré, Kurt Engel, Hans Fidesser, Die Floridas, Trio Harmonie, Kurt Haupt, Heinz Junge, Heinz Lutter, Mäcki-Trio, Robert T. Odeman, Bruno W. Pantel, Hanni Rosen, H. und R. Rosés, Drei Travellers, Herbert Zernik; Das Wunderkamel Ali; Rennleitung: Joachim Krüger; Kapelle Otto Kermbach.
Ts 20. 12.; BP 36; Ph (SPA).

1965

Jan 1, 17.00 Uhr. Handball »Internationales Turnier«
V: HVB.
Berlin: Horst Schneider (BSV 92), Bernd Podak (PSV), Horst Schubert (BSV 92), Wolfram Kunze (BSV 92), Jürgen Meißner (TSV Siemensstadt), Diethard Finkelmann (Rein. Füchse), Bernd Lukas (BSV 92), Karl-Heinz Plötz (PSV), Klaus-Dieter Guse (Rein. Füchse), Gerd-Volker Stock (OSC), Bernd Woldt (DJK Westen), Jürgen Bohnsack (BSV 92), Gerd Pohl (Rein. Füchse), Thomas Micheli (Rein. Füchse).
Paris (F): Michel Bischoff, Michel Defosse, René Richard, Michel Richard, J. Jacques Brunnet, Guy Terrier, Grégoire Arauzo, Serge Comete, Claude Gallant, Thierry Clagagirand, Pierre Tavart, Serge Pons.
Zagreb (YU): Lujo Gyori, Velimir Vukovic, Josip Milkovic, Vinko Dekaris, Josip Ivicevic, Rudolf Bogdan, Kreso Jezic, Petar Blank, Sead Bojic, Ljubo Tomazic, Davor Suic, Ante Kostelic, Milan Pavlovic.
Zürich (CH): Kurt Wettstein, Rudolf Imhof, Walter Huber, René Landis, Rudolf Stalder, Heinz Doswald, Paul Manighetti, Rudolf Bigler, Bruno Schmid, Ueli Schäfer, Bruno Walder, Karl Brandenberger, Thorgunt Palme.
Je Spiel 2 x 15 Min.
1. Berlin – Zürich 12:10 (4:4); 2. Zagreb – Paris 10:8 (4:4); 3. Berlin – Paris 15:6 (9:2); 4. Zagreb – Zürich 14:9 (8:5); 5. Zürich – Paris 11:6 (5:3); 6. Zagreb – Berlin 8:5 (5:4).
Gesamtergebnis: 1. Zagreb (6:0 Pkte), 2. Berlin (4:2), 3. Zürich (2:4), 4. Paris (0:6).
Einlage (2 x 10 Min.): Prominenz – Berliner Sportpresse.
Kur 2./3. 1.; Ts 3. 1.; BP 1; Ph (SPA).

Jan 9–10. Karnevalssitzung »Wer soll das bezahlen?«
Am 9. 1. um 20.11 Uhr, am 10. 1. um 17.11 Uhr.
V: SP.
Et: ab 3,– DM.
»Große Prunksitzung der Düsseldorfer Karnevalsgesellschaft / ›Die Weißfräcke‹ / mit den Großen des rheinischen Humors / Hans Lötzsch · Franz Ketzer · Karl Klinzing · Jürgen Raasch / Egon Kaumann u. Berni Nunnendorf · Wolfgang Reich u. Kurt Poschinger / Hans Quasten und Willy Keuenhof / Die neuesten Karnevalsschlager singen: / Hans Heinrichs · Hans Ludwig Lonsdorfer · Die 4 Westen / Tanzmariechen, Tanzoffizier und das Fanfarenkorps der ›Roten Funken-Artillerie‹ Eschweiler, Leitung: Hauptmann Nico Jansen / Das große Blasorchester der Rheinbahn Düsseldorf, Kapellm. Max Groß« (Anz., Kur 9./10. 1.).
Kur 9./10. 1.; Ph (SPA).

Jan 12, abends. Kundgebung
V: CDU.
Rd: Franz Amrehn (Landesvors.), Prof. Dr. Ludwig Erhard (Bundeskanzler), Ernst Lemmer (Bundesmin.).
Th: Europapolitik u. a.
Störaktionen der SED.
Ts 13. 1.; Tg 13. 1.

Jan 22, 20.00 Uhr. Amateur-Boxen »Rom – Berlin«
V: BBV.
Flg: Giacomo Antognarelli (Rom) besiegt Waldemar Stephani.
Bg: Manfred Bauske besiegt Domenico Preziosi (Rom).
Fdg: Manfred Maeß besiegt Sesto Sperati (Rom) durch Abbruch (2. Rde).
Lg: Enzo Petriglia (Rom) besiegt Hartmut Schützmann durch Aufgabe (3. Rde).
Hwg: Giovanni Zampieri (Rom) besiegt Klaus Steinert.
Wg: Dietrich Ventur erhält kampflos den Sieg, da Natale di Manno (Rom) nicht das vorgeschriebene Gewicht hatte.
Hmg: Luigi Filipella (Rom) – Gerhard Piaskowy, unentschieden.
Mg: Sergio Janilli (Rom) besiegt Jörg Hüttenrauch.
Hsg: Horst Waida besiegt Adriano Rosati (Rom).
Sg: Vittorio Verrengia (Rom) – Manfred Markgraf, unentschieden.

596 Karnevalssitzung »Wer soll das bezahlen?« (Chr Jan 9–10).

Rom – Berlin 10:10.
Einladung (Schüler): Michael Dombrowski (Spandau 26) – Wolfgang Schwarz (Heros).
Ts 22.–23. 1.; Kur 23./24. 1.; BP 3; Ph (SPA).

Jan 23, 20.00 Uhr. »The Spiritual & Gospel Festival 1965«
V: Jänicke.
»Eine authentische Dokumentation amerikan. Neger-Kirchenmusik«.
Mitw.: Bishop Samuel Kelsey, Original Five Blind Boys of Mississippi, Inez Andrews & The Andrewettes of Chicago, The Congration of Temple Church of God in Christ Washington D.C., Sister Lena Philips Jones & Reverend John I. Little.
Kur 25. 1.; BP 3; Ph (SPA).

Jan 24, 20.00 Uhr. Handball »Europapokal«
V: BSV 92.
BSV 92 (Deutscher Meister): Horst Schneider, Peter Schäfer, Peter Bußacker, Horst Schubert, Jürgen Bohnsack, Wolfgang Braun, Wolfram Kunze, Bernd Lukas, Wolfgang Kunde, Jürgen Teske, Andreas Wolf; Ersatz: Joachim Rudolph, Volker Preugschas.
Grasshoppers Zürich (Schweizer Meister): Michael Funk, Kurt Wettstein, Max Altdorfer, Arild Gulden, Armin Seiler, Erich Dubler, Bruno Schmid, Bruno Walder, Thorgunt Palme, Karl Brandenberger, René Landis, Rudolf Bigler.

597 Kundgebung der CDU (Chr Jan 12); von links: Dr. Rainer Barzel (Fraktionsvors.), Ludwig Erhard, Ernst Lemmer, Dr. Gerhard Schröder (Bundesaußenmin.).

598 »Der Zigeunerbaron« (Chr Apr 17–19).

Grashoppers Zürich – BSV 92 18:14 (9:8).
Kur 25. 1.; BP 3; Ph (SPA).

Jan 28 – Mär 6. 11. Bockbierfest im Sportpalast
Werktags 20.00 Uhr, sonntags 19.00 Uhr.
V: SP.
»Det dollste, wat de hast, Bockbierfest im Sportpalast / unter dem Motto: ›Jeder ein Berliner Kindl‹ / suchen wir allabendlich ›Das Berliner Kindl des Tages‹ / Kapelle Otto Kermbach · Bayernkapelle Sepp Schmid · Joachim Krüger / Alt-Berliner Wachaufzug Wasserspiele und viele Attraktionen« (Anz., Kur 28. 1.).
Feb 27 und Mär 1 – 2. »Der Höhepunkt der Bockbiersaison 3 TOLLE NÄCHTE!«
Feb 27 *»Hier feiert Berlin«.*
Mär 1 *»Zille-Ball«*
Mär 2 *»Fastnachts-Ball«.*
Et: 4,– DM je Nacht.
Mär 6 *»Ball der 3000! / Das große Bockbierfest-Finale 1965 / Motto: ›Ich tanze mit Dir in den Morgen‹«* (Anz., Kur 2. 3.).
Kur 28. 1.; 2. 3.; BP 3 – 7.

599 Kundgebung der CDU (Chr Jan 12).

Mär 13, 18.00 Uhr. Handball »Schweden-Deutschland«
V: DHB.
Deutschland: Podak (PSV), Bode (HSV), Bahrdt (HSV), Bartels (TG Witten), Schnacke (TG Hannoversch-Münden), Munck (Eintracht Hildesheim), Heger (TB Stuttgart), Hönnige (SG Leutershausen), Graf (TSV Zuffenhausen), Lukas (BSV 92), Mühleisen (SV Möhringen), Schillmann (VfL Witten).
Schweden: Lindblom (Göteborg), Johnsson (Lund), Carlsson (Göteborg), Arkevall (Linkoeping), Hardman (Boras), Jönsson (Lund), Nedvall (Lund), Jarlenius (Boras), Danell (Stockholm), Dahlin (Stockholm), Baard (Kristianstad), Kjell (Lund).
Deutschland – Schweden 14:13 (9:7).
Ts 10., 12., 14. 3.; BP 8.

Mär 26, 20.00 Uhr. Amateur-Boxen »Berliner Meisterschaften 1965«
V: BBV.
Endkämpfe.
Flg: Manfred Bauske (PSV) besiegt Waldemar Stephani (Sparta 58).
Bg: Fritz König (Astoria) besiegt Josef Kala (PSV).
Fdg: Peter Prause (PSV) besiegt Peter Boehl (Astoria) durch Abbruch (2. Rde).
Lg: Klaus Niketta (PSV) besiegt Peter Henatsch (Hertha BSC).
Hwg: Klaus Steinert (Sparta 58) besiegt Hartmut Dreßler (Heros).
Wg: Dietrich Ventur (TeBe) besiegt Hans-Heinrich Dieter III (Spandau 26).
Hmg: Gerhard Piaskowy (TeBe) besiegt Bodo Spickermann (OSC) durch Abbruch (3. Rde).
Mg: Rudi Hornig (Post SV) besiegt Richard Nauck (PSV) durch Abbruch (3. Rde).
Hsg: Heinz Beuschel (PSV) besiegt Jürgen Wegener (Spandau 26).
Sg: Manfred Markgraf (Heros) besiegt Klaus Pohland (NSF) durch ko (1. Rde).
Kur 26.–27./28. 3.; BP 9,; Ph (SPA).

Mär 27, 20.00 Uhr. Jazz-Konzert »Ella Fitzgerald & Oscar Peterson Trio«
V: Jänicke.
Mitw.: Ella Fitzgerald (voc), Oscar Peterson Trio (Peterson [p], Ray Brown [b], Ed Thigpen [dm]), Tommy Flanagan Trio (Flanagan [p], Skeeter Betts [b], Gus Johnson [dm]), Clark Terry (tp, c, fl-horn).
Kur 29. 3.; BP 9; Ph (SPA).

Apr 2, 20.00 Uhr. Kundgebung
V: SPD.
Et: 1,– DM.
Rd: Willy Brandt (Regierender Bürgermeister), Helmut Schmidt (Innensenator Hamburg).
Th: *»Verantwortung für Deutschland«.*
»Es wirken bekannte Kabarettisten mit. Ab 19 Uhr Unterhaltungsmusik«.
Tg 1., 3. H.; Ts 3. 4.

600 Kundgebung der SPD (Chr Apr 2), im Vordergrund Willy Brandt neben Helmut Schmidt, hinter Brandt Dietrich Spangenberg (L. der Senatskanzlei).

Apr 17–19, 20.00 Uhr. Operette »Der Zigeunerbaron« von Johann Strauss
Am 18.–19. auch 15.30 Uhr.
Et: ab 4,– DM.
Komische Oper in 3 Akten nach einer Erzählung von Mór Jókai, Musik Johann Strauss.
»Sondergastspiel des Budapester Operettentheaters / Eine original-ungarische Inszenierung in deutscher Sprache. Sie erleben das urwüchsige Temperament der Pußta! Reitende Husaren in der Arena! 120 Mitwirkende [...] Ungarische Zigeunerorchester unter der Leitung des Geigenvirtuosen Zigeunerprimás Sándor Barbos!« (Anz., Ts 21. 3.).
Insz.: Béla Pataky; Musik. Ltg: László Udvardy; Da: Christo Bajew, Sándor Barbos, Giuseppe Colosio, V. Ékrut, Anna Farkas, Mária Monte, Marika Nagy, Sándor Parády, Péter Petrowa, János von Tasnády, Miklós Tóth, Árpád Várady, Hanna Váry, Adrienne Záhony u. a. (vgl. 1966 Mär 16–20).
Ts 21. 4.; Ph (SPA).

Apr 24, 17.00 und 20.30 Uhr. Musik-Show »Premiere«
V: Schibille.
»Karl Buchmann präsentiert: / Eine Musik-Revue / Erstmalig mit / Hans-Jürgen / Bäumler / in / ›Premiere‹ / Eine internationale Show mit Gus Backus / Bobby Bare / René Carol / Bernd Spier / Geschw. Leismann / Li und Eve / Paul Würges / und / Herbert Hisel / Deutschlands Komiker Nr. 1 / Einziger Schallplattenmillionär / Es spielt / Ambros Seelos / mit seinem / Tanz- und Showorchester« (Anz., Kur 20.4.).
Kur 20. 4.; BP 12; Ph (SPA).

Apr 30, 20.00 Uhr. »RIAS im Sportpalast«
V: RIAS/SP.
Et: ab 3,– DM.
»[...] mit Sascha Distel – Josephine Baker – den Swingle-Singers und dem RIAS-Tanzorchester unter Leitung von Werner Müller« (BP 12).
Ts 25. 4.; BP 12; Ph (SPA).

Mai 25–28, 20.00 Uhr. Basketball »Harlem Globetrotters«
V: SP.
Et: ab 3,– DM.
Mitw.: Das Staatliche Volkstanz- und Volksmusik-Ensemble der Tschechoslowakei (u. a. mit Eva Bosakova, Pavel Farkas, Jindrich Nemecek, Jan Novenko, Julius Skoda, Irena Uhlirova, Ladislav Vasek); Gegner diesmal das »Mexico Aztecas Basketball Team«.
Ts 16. 5.; BP 15; Ph (SPA).

Mai 29–30. »Berliner Tanz-Festival 1965«
Am 29. 5. um 20.00 Uhr, am 30. 5. um 18.00 Uhr.
V: Tanz-Club Rot-Weiß im TSV Spandau 1860 e.V.
Et: ab 3,– DM.
»Den in Berlin erstmals ausgetragenen Europa-Cup gewannen, in den Standard- und den lateinamerikanischen Tänzen mit unübertroffener Exaktheit, die englischen Mannschaften von Frank und Peggy Spencer, die ›South Modern London Modern‹ und die ›Penge Latin Americana‹. Engländer, das Paar Tomy Gray und Norma Saville, siegten auch im Turnier der Standardtänze um den ›Ehrenpreis des Berliner Sportpalastes‹ und im Allround-Turnier um den ›Berliner Bären‹. Das Pariser Ehepaar Barsi entführte im Turnier der lateinamerikanischen Tänze das ›Blaue Band der Spree‹ an die Seine. Als bestes Berliner Paar gewann das Ehepaar Tamberg den DAT-Ehrenpreis, während die Stuttgarter Danielmeyer/Prötzl den ADTV-Ehrenpreis mit nach Hause nahmen« (Kur 31. 5.).
Sieger der Wettbewerbe um die *»Berliner Jugendpokale«*: Henning/Hoffmann (Vorklasse), Ehepaar Paepke (Klasse III), Theuß/Hilpert (II) und Klische/Diegner (I).
Ts 16. 5.; Kur 31. 5.; BP 15; Ph (SPA).

Aug 12–Sep 13, 20.00 Uhr. »Laterna magica«
Mittwochs, sonnabends und sonntags auch 15.30 Uhr.
V: SP.
Et: ab 3,– DM.
»[...] laterna magica / aus Prag / Die internationale Revue der Wunder u. Tatsachen / in PANORAMA SHOW VISION / Auf 3 Filmleinwänden und Bühne. Unvorstellbar. Sensationell« (Anz., Ts 8. 8.).
Künstl. Ltg: Jaromir Stanek; Idee, Bu und R: Alfred Radok, Jan Rohac, Milos Fromann; Bühnenbild: Josef Svovoda; Mu: Jan F. Fischer, Dr. Jiri Slitr, Christian Bruhn, Zdanek Liska; Chgr: Gene Reed, Jiri Nemecek; Kostüme: Jindriska Hirschova; Produktionsl.: Josef Orzky; Inspizient: Eva Nemecková; Filmschnitt: Jirina Lukesova; K: Jaroslav Kucera; Trickaufnahmen: Frank Brühne; es tanzen die New York City Starlets.
»Die erst 1958 gegründete und auf der Weltausstellung in Brüssel erstmals präsentierte Truppe ist um eine Synthese

601 »Laterna magica« (Chr Aug 12 – Sep 13).

der verschiedenen Künste bemüht, um ein Zusammenspiel von Film und Theater, von Musik und Tanz, von Oper und Revue, von Patomime und artistischen Effekten. [...] Was geschieht nun eigentlich auf der Bühne, die so viele Maschinen, Projektoren und Lautsprecher benötigt? Drei große Leinwände umgeben, zum Teil offen, zum Teil durch schwarze Vorhänge verdeckt und nur gelegentlich benutzt, die Szene, auf der Darsteller wirklich agieren, während oben auf den drei Bildflächen ein oder zwei oder gar drei Filme gleichzeitig zu sehen sind, was den Eindruck einer neuen Realität vermittelt, die jedoch immer wieder durchbrochen wird [...]« (Ts 14. 8.).
Ts 8., 14. 8.; BP 23–26; Ph (VWA).

Sep 17, 20.00 Uhr. Amateur-Boxen »Tokio – Berlin«
V: BBV.
Flg: Isao Kimura (Tokio) – Waldemar Stephani (Sparta 58), unentschieden.
Bg: Eiji Morioka (Tokio) besiegt Josef Kala (PSV) durch Aufgabe.
Fdg: Manfred Maeß (Hertha BSC) besiegt Harunobu Homma (Tokio).
Lg:Yoshihisa Futomi (Tokio) besiegt Horst Edner (Heros).
Hwg: Makoto Saito (Tokio) besiegt Werner Fulik (Nordstern 07).
Wg: Dietrich Ventur (TeBe) besiegt Junichi Yoshida (Tokio).
Hmg: Hans-Heinrich Dieter III (Spandau 26) besiegt Yukio Nakamura (Tokio) durch Disqualifikation (3. Rde).
Mg: Rudi Hornig (Post SV) besiegt Eiji Uchida (Tokio) durch ko (1. Rde).
Hsg: Horst Waida (Hertha BSC) besiegt Katsutoshi Hagihara (Tokio) durch Abbruch (1. Rde).
Sg: Jörg Hüttenrauch (Zehlendorf 88) besiegt Masaru Igrashi (Tokio).
Berlin – Tokio 13:7.
Ts 17.–18.; Kur 17.–18. 9.; BP 26; Ph (SPA).

Sep 24–26. Konzert »Don Kosaken Chor Serge Jaroff«
Am 24.–26. 9. um 20.00 Uhr, am 26. 9. um 19.00 Uhr.
V: Hofner/SP.
Et: ab 2,50 DM.
Ts 12. 9.; BP 27.

Sep 30, 20.00 Uhr. Bunte Veranstaltung »Gesucht wird die Hausfrau des Jahres 1965«
V: Sauer.
Wettbewerb der zwölf besten Hausfrauen der Bundesländer um den Titel *»Hausfrau des Jahres 1965«.*
Mitw.: Robert Blanco, Günther Keil, Heinz Kollisch, Ursula Schirrmacher, 3 Travellers; Carola-Krauskopf-Ballett, Hans Karbe mit seinen Solisten.
»[...] Derweilen schwitzten die konkurrierenden Hausfrauen beim Bügeln, Staubsaugen und Bettenbeziehen. In Windeseile zauberten sie ganze Menüs, buken Kuchen, richteten Salate und belegten Brote. Nach fast vier Stunden harter Arbeit von Hausfrauen und Jury-Mitgliedern war die ›Hausfrau des Jahres‹ und Bundessiegerin 1965/66 endlich gefunden: Brigitte Schmitz aus Dillingen. Bundesminister Lemmer war eigens in den Sportpalast gekommen, um die beste deutsche Hausfrau zu beglückwünschen [...]« (Kur 1. 10.).
Kur 1. 10.; BP 27; Ph (SPA).

Okt 1, 20.00 Uhr. Jazz-Konzert »Count Basie and his Orchestra«
V: Lippmann + Rau.
Mitw.: Al Aarons, George Cohn, Philipp Gilbeau, Wallace Davenport (tp); Al Grey, William Hughes, Grover Mitchell, Henderson Chambers (tb); Marshal Royal, Bobby Plater, Eddie »Lockjaw« Davis, Eric Dixon, Charlie Fowlkes (s); Freddie Greene (g); Rufus Jones (dm); Norman Keenan (b); Count Basie (p, ld).
Kur 2./3. 10.; BP 28; Ph (SPA).

Okt 2, 20.00 Uhr. Jazz-Konzert »Dutch Swing College Band« und »Albert Nicholas«
V: Jänicke.
Mitw.: Peter Schilperoort (cl, ss, ld), Dick Kaart (tb), Ray Kaart (tp), Arie Ligthardt (bjo, g), Bob van Oven (b), Peter Ypma (dm), Albert Nicholas (cl).
Ts 26. 9.; Kur 4. 10.; BP 28; Ph (SPA).

Okt 3, 19.00 Uhr. Konzert »Hoch- und Deutschmeister Wien«
V: Collien.
Et: ab 2,50 DM.
Ltg: Julius Herrmann.
Ts 3. 10.; BP 28.

602 Programmheft (Chr Okt 1); SPA.

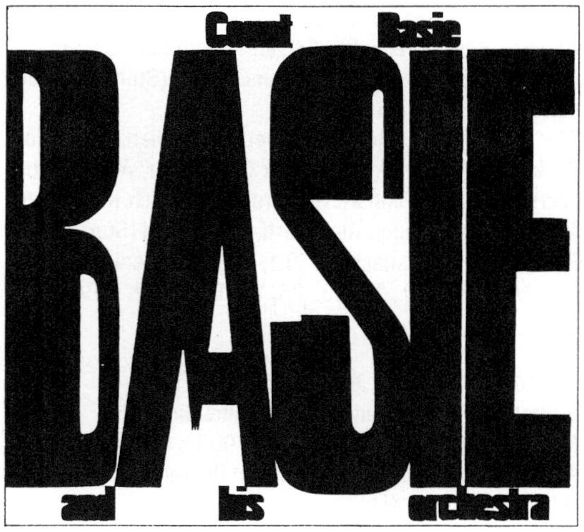

Okt 9, 20.00 Uhr. »BRAVO-Musicbox«
V: Buchmann.
Et: ab 4,– DM.
»Eine internationale Show mit / Bill Ramsey / Manuela / Bernd Spier / Roy Black / Peter Hinnen u. Su / René Carol / Medium-Terzett / Michaela Prunerovà / Paul Würges / Renate Kern / Conférence: / Dieter Heck / Der Thomas v. R. Luxemberg / The Five Dops / The Fleets / aus Schottland / und / das Tanz- u. Show-Orchester Ambros Seelos« (Anz., Kur 5. 10.).
Kur 5. 10.; Ph (SPA).

Okt 22, 20.00 Uhr. Konzert »Gute Freunde musizieren für Berlin«
V: GdP.
BP 30.

Okt 23, 18.00 Uhr. Handball »Internationales Turnier«
V: OSC.
Aus Anlaß des 75jährigen Bestehens des OSC.
FA Göppingen: Diether Nau, Ulrich Grill, Horst Singer, Gerhard Grill, Walter Pflüger, Hermann Teis, Friedemann Schmauder, Heribert Weiss, Anton Bayer, Oswin Schenk, Karl Stramer, Fritz Jarosch, Erwin Singer.
Medvescak Zagreb (YU): Drago Mervar, Mladen Stimac, Vladimir Kljajic, Zlatko Zagmestar, Sead Bojic, Ljubo Tomazic, Dobrivoj Selec, Josip Ivicevic, Petar Blank, Josip Milkovic, Branko Klisanin, Josip Uremovic.
OSC: Bernd Kosinski, Wolfgang Kurze, Peter Strötzel, Torsten Kuhlmeyer, Karl-Heinz Pieper, Ulrich Genge, Wolfgang Harder, Gerd-Volker Stock, Karl-Heinz Lüdtke, Horst Göldner, Uwe Polewacz, Klaus Vogt, Dieter Danne.
Rapid Wien (A): Herbert Schmiedt, Hans Konrad, Hubert Poppe, Peter Vana, Hans Haunold, Willi Winter, Otto Neumann, Kurt Frimmel, Harald Dittert, Heinz Koth, Rudolf Kirnberger, Peter Dolezal.
Je Spiel 2 x 15 Min.
1. OSC – Göppingen 11:10 (2:5); 2. Zagreb – Wien 12:4 (5:2); 3. Zagreb – OSC 11:4 (4:1); 4. Göppingen – Wien 14:8 (8:4); 5. Wien – OSC 7:5 (3:2); 6. Göppingen – Zagreb 7:3 (6:1).
Gesamtergebnis: 1. Zagreb (4:2 Pkte), 2. Göppingen (4:2), 3. OSC (2:4), 4. Wien (2:4).
Außerdem ein Spiel der Frauen (St. Georg Hamburg – OSC) und ein Einlageturnen der »Amseln«.
Ts 26. 10.; Kur 22./23. 10.; BP 30; Ph (SPA).

Okt 24, 19.00 Uhr. Eishockey u. a.
V: BSchC.
Kunstlauf von Bodo Bockenauer.
BSchC: Seelmann, Grudde (Tor); Walter, Grun (Vert. A); Anders, Kess (Vert. B); Schleh, Borsutzki, Christmann (Sturm A); Schmitz, Patrzek, Banasiewicz (Sturm B); Wanner, Krause, Zunker (Sturm C).
TEV Miesbach: Walter Schweiger, Hugo Hierl (Tor); Alois Keck, Peter Keck (Vert. A); Max Ostermeier, Albert Huber (Vert. B); Günter Ginhart, Gerhard Keller, Erich Kral (Sturm A); Sebastian Danner, Alois Fertl, Franz Glasl (Sturm B).
BSchC – TEV Miesbach 3:3 (0:1, 2:0, 1:2; Oberliga).
Ts 16. 10.; Kur 20., 22./23., 25. 10.; BP 30; Ph (SPA).

Okt 30, 20.00 Uhr. Jazz-Konzert
V: Berliner Festwochen (Schulte-Bahrenberg).
3. Konzert der »Berliner Jazztage 1965«;
Ansage: Dr. Schulz-Köln (WDR); ein Beitrag des Westdeutschen Rundfunks Köln.
Mitw.: Art Blakey's New Jazz Men (Freddie Hubbard [tp], Nathan Davis [ts], Jaki Byard [p], George Tucker [b], Blakey [dm]), The Bebob Summit (Sonny Rollins [ts], Milt Jackson [vb], Kenny Drew [p], Percy Heath [b], Art Blakey [dm]), Dakota Staton and her Trio (Staton [voc], Johnny Patrick [p], Freddie Logan [b], Johnnie Butts [dm]), Ornette Coleman Trio (Coleman [as, tp, v], David Izenzon [b], Charles Moffett [dm]), Gerry Mulligan All Stars (Mulligan [bs], Roy Eldridge [tp], Ben Webster [ts], Stuff Smith [v], Earl Hines [p], Jimmy Woode [b], Kenny Clarke [dm]).
BP 30; Ph (SPA).

Nov 5, 20.00 Uhr. Amateur-Boxen »Deutsche Polizeimeisterschaften 1965«
V: Der Senator für Sicherheit und Ordnung.
Endkämpfe.
Fdg: Peter Thees (Hannover) besiegt Werner Niestroj (Berlin).
Lg: Norbert Wilhelms (Saarbrücken) besiegt Wolfgang Grosse (Berlin) durch Aufgabe (2. Rde).
Hwg: Dieter Jung (Saarbrücken) besiegt Kurt Bergner (Berlin).
Wg: Manfred Perplies (Pforzheim) besiegt Karl-Otto Stein (Mölln).
Hmg: Rolf Gula (Bremen) besiegt Dettmer Gerdes (Hamburg).
Mg: Oswald Schmidt (Troisdorf) besiegt Heinz Bünger (Bremen).
Hsg: Peter Gerber (Bremen) besiegt Michael Emmerich (Berlin) durch ko (2. Rde).
Sg: Adolf Brandenburger (Hockenheim) besiegt Jürgen Trogan (Dillenburg) durch ko (1. Rde).
Ts 5.–6. 11.; Kur 6./7. 11.; BP 31; Ph (SPA).

Nov 7, 17.50 Uhr. Handball »Weltmeisterschaft der Frauen«
V: IHF/DHB.
Hauptrunde, zwei Spiele der Gruppe A:
Jugoslawien – Dänemark 11:6 (7:4).
Deutschland – Japan 15:7 (8:1).
Die übrigen Spiele wurden in Hannover, Bochum, Offenburg, Freiburg, Ludwigshafen, die Finalspiele am 13.11. in Dortmund (Westfalenhalle) durchgeführt.
Kur 6./7.–8. 11.; BP 31; Ph (SPA).

Nov 12, 20.00 Uhr. Jazz-Konzert »The Dizzy Gillespie Quintet« und »The Jimmy Smith Trio«
V: Jänicke.
Mitw.: Dizzy Gillespie Quintet (Gillespie, James Moody, Kenny Barron, Christopher White, Rudy Collins), Jimmy Smith Trio (Smith, Quentin Warren, Billy Hart).
Ts 31. 10.; BP 32; Ph (SPA).

Nov 17, 15.00 Uhr. Eishockey
V: BSchC.
Münchener EV: Theo Gross (Tor); Hans Huber, Willi Schwarz (Vert. A); Max Kornexl, Günter Bader (Vert. B); Michael Mauer, Sigi Mayr, Peter Maus (Sturm A); Axel v. Thun, Reinhard Baumeister, Johann Walc (Sturm B); Brunner, Schmidt (Ersatz).
BSchC: Jürgen Seelmann, Grudde (Tor); Horst Walter, Richard Grun (Vert. A); Hans-Jürgen Anders, Wolfgang Kess (Vert. B); Lothar Schleh, Helmut Borsutzki, Ingo Christmann (Sturm A); Peter Schmitz, Heinz Patrzek, Dieter Banasiewicz (Sturm B); Otto Joachim Wanner, Bernd Krause, Siegfried Zunker (Sturm C).
Münchener EV – BSchC 2:2 (0:0, 2:1, 0:1; Oberliga).
Kur 17.–18. 11.; BP 32; Ph (SPA).

Nov 20, 19.00 Uhr. Eishockey
V: BSchC.
EC Deilinghofen: Lindermann (Tor); Kollecker, Neugebauer (Vert. A); Gutberlet, Böhmer (Vert. B); Jörg Schauhoff, Peske, Stürs (Sturm A); Seidl, Lehmann, Jacob (Sturm B); Lammert, Wendland, Kasper (Sturm C).
BSchC: wie Nov 17.
BSchC – EC Deilinghofen 7:4 (1:0, 2:2, 4:2; Oberliga).
Kur 20./21.–22. 11.; BP 32; Ph (SPA).

Nov 24 – Dez 15. Wiener Eisrevue mit »Regenbogen«
Werktags 20.00 Uhr, sonntags 19.30 Uhr; mittwochs, sonnabends und sonntags auch 15.30 Uhr.
V: SP.
R: Will Petter; Mu: Robert Stolz; Mitw.: *»als Gastläufer Olympiasieger und Weltmeister Manfred Schnelldorfer«* sowie *»Joan Haanappel, Milena, Nicole Ardent, Norbert Felsinger, Paul Sibley, Peter Jonas, Yvette Busieau, Manfred Wollschläger, Duncan Whaley, Jacques Verger, 2 Harvards, Ilse Pelikan, Rusti Kile, Marietta Kovacs, Troy Andersen, Gyula Jelfy, Jiri Chra, Joseph Rucka, Endre Balassa, Zoltan Sallay, Henk van Dongen«*, das Wiener Eisballett u. a. (Ph).
Ts 7. 11.; Kur 19. 11.; BP 33–35; Ph (SPA).

Dez 17, 19.00 Uhr. Eishockey
V: BSchC.
EC Oberstdorf: Ludwig Reiter, Dieter Robl (Tor); Karl Hahn, Max Roider (Vert. A); Herbert Fichtl, Hubert Niederacher (Vert. B); Franz Götz, Hans Stenger, Helmuth Buhl (Sturm A); Albert Mair, Horst Rädler, Hansjörg Leitner (Sturm B); Arnold Cecco (Ersatz).
BSchC: Seelmann, Gottschalk (Tor); Walter, Grun (Vert. A); Anders, Kess (Vert. B); Zunker, Borsutzki, Christmann (Sturm A); Banasiewicz, Patrzek, Schmitz (Sturm B); Wanner, Krause, Oehme (Sturm C); Jaensch (Ersatz).
BSchC – EC Oberstdorf 5:3 (2:1, 1:1, 2:1, Oberliga).
Kur 18./19. 12.; Ph (SPA).

Dez 18–19. Konzert »Don Kosaken Chor Serge Jaroff«
Am 18. 12. um 20.00 Uhr, am 19. 12. um 19.00 Uhr.
V: Hofner.
Et: Ab 3,– DM.
Mitw.: Berliner Mozart-Chor (Erich Steffen).
Ts 12. 12.; BP 35; Ph (SPA).

Dez 25, 19.30 Uhr. Konzert »Aus Oper und Operette«
V: SP.
Et: ab 4,– DM.
Mitw.: Anabelle Bernard, Simon Estes, Ernst Krukowski, Karl Ernst Mercker, Lisa Otto, Ursula Schirrmacher; künstl. Ltg: Joachim Krüger; Berliner Symphonisches Orchester (C.A. Bünte).
BP 36; Ph (SPA).

Dez 26, 19.00 Uhr. Boxen »Willi Quatuor – Juan Albornoz Sombrita« u. a.
V: SP.
Super-Lg: Willi Quatuor (63 kg; Dortmund) – Juan Albornoz Sombrita (63,5 kg; E), Sieg Quatuors nach Pktn (15 Rdn; Europameisterschaft).
Wg: Werner Mundt (70,4 kg; Dortmund) – Ray Philippe (71,6 kg; L), Sieg Mundts nach Pktn (8 Rdn).

Mg: Jupp Elze (73,5 kg; Köln) – Mike Padgett (66,5 kg; USA), Sieg Elzes durch ko (1. Rde).
Mg: Gerhard Piaskowy (71 kg; Berlin) – Nico Nanni (74,5 kg; I), Sieg Piaskowys durch Abbruch (3. Rde).
Hsg: Lothar Stengel (79 kg; Kaiserslautern) – Herbert Willems (80 kg; Krefeld), Sieg Stengels durch Abbruch (1. Rde).
Sg: Manfred Markgraf (101,7 kg; Berlin) – Robert Jacobs (98,5 kg; B), Sieg Markgrafs durch Abbruch (2. Rde).
Kur 27. 12.; BP 36; Ph (SPA).

Dez 29, 19.00 Uhr. Eishockey
V: BSchC.
SG Nürnberg: Simon, Rübner (Tor); Amtmann, Sattler (Vert. A); Schwinn, Dümler (Vert. B); Moser, Filser, Böhm (Sturm A); Schorr, Neubauer, Verhoeven (Sturm B); Koch, Scharf (Ersatz).
BSchC: Seelmann, Grudde (Tor); Walter, Kess (Vert. A); Anders, Jaensch (Vert. B); Zunker, Borsutzki, Christmann (Sturm A); Banasiewicz, Patrzek, Grun (Sturm B); Wanner, Krause, Schleh (Sturm C).
BSchC – SG Nürnberg 8:5 (3:2, 2:2, 3:1; Oberliga).
Kur 30. 12.; BP 36; Ph (SPA).

Dez 30–31, 20.00 Uhr. »Eislauf-Finale 1965«
V: BSchC.
Kunstlauf (und Eistanz) von Scott Allen (New York Skating Club), Bodo Bockenauer (Augsburger EV), Carmen Buchwald (SCC), Petra Burka (Toronto CS & CC), Britt Elfving (SC Stockholm), Klaus Grimmelt (Düsseldorfer EG), Uschi Keszler (Mannheimer ERC), Reinhard Ketterer (SC Riessersee), Gabriele Kley (BSchC), Ingrid Knezek (Mannheimer ERC), Peter Krick (VfL Bad Nauheim), Gabriele Settele (EV Füssen), Angelika Stoll (BSchC), Angelica Wagner (EC Linde Nürnberg), Monika Wickel (SCC), Margot Glockshuber/Wolfgang Danne (Frankfurter ERC/EC Hannover), Gudrun Hauss/Walter Häfner (Mannheimer ERC), Gabriela und Rudi Matysik (BSchC), Sonja Pfersdorf/Günter Matzdorf (1. FC Nürnberg), Marianne Streifler/Herbert Wiesinger (Frankfurter ERC), Diane Towler/Bernard Ford (Queen's Skating Club London).
BP 36; Ph (SPA).

1966

Jan 1, 17.00 Uhr. Handball »Internationales Turnier«
V: HVB.
Berlin: Horst Schneider (BSV 92), Manfred Jeka (CHC), Diethard Finkelmann (Rein. Füchse), Ulrich Völker (CHC), Horst Göldner (OSC), Gerd-Volker Stock (OSC), Bernd Lukas (BSV 92), Wolfgang Braun (BSV 92), Rainer Bokemeyer (CHC) Dieter Danne (OSC), Klaus-Dieter Guse (Rein. Füchse), Jürgen Meißner (TSV Siemensstadt).
Mittel-Dänemark (Fyns Handbold Forbund): Torben Nielsen (KFUM Odense), Bent Clausen (KFUM Odense), Jörgen Laursen (Bolbro Odense), Willi Lohmann (Stjernen Odense), Uffe Madsen (Tarup/P.), Henning Hansen (Stjernen Odense), Erik Mathiesen (Stjernen Odense), Keld Pedersen (KFUM Odense), Ivan Jönstrup (KFUM Odense), Max Hansen (Bolbro Odense), Poul Hansen (Stjernen Odense), Leif Eriksen (Nyborg).
Wien (Wiener Handball- und Faustball-Verband; A): Walter Groblschegg (Union Westwien), Karl Kopelhuber (Union Edelweiß), Josef Steffelbauer (ATSV Linz), Christian Patzer (Union Edelweiß), Friedel Göth (Union Westwien), Peter Grass (Ostbahn XI), Roman Kerschbaum (ATSV Linz), Kurt Frimmel (Rapid), Manfred Goll (Ankerbrot), Martin Wesinger (Union Edelweiß), Walter Jonas (Union Westwien), Kurt Grasinger (Ankerbrot), Peter Löffler (WAT Fünfhaus).
Zagreb (Rukometni Savez Grada Zegreba; YU): Drago Mervar, Marijan Stimac, Lovro Manestar (Metalac); Branko Klisanin, Josip Ivicevic, Sead Bojic, Ljubo Tomazic, Dobrivoj Selec, Zlatko Zagmestar, Petar Blank, Ivan Uremovic, Mirko Bizic (Mladost), Josip Milkovic, Pasko Paleka (Trenjevka), Dorde Butkovic (Vilhar); Spieler ohne näheren Angaben gehören zu Medvescak.
Je Spiel 2 x 15 Min.
1. Berlin – Wien 16:8 (11:5); 2. Zagreb – Dänemark 10:5 (5:1); 3. Berlin – Zagreb 9:9 (5:4); 4. Dänemark – Wien 9:7 (5:3), 5. Wien – Zagreb 10:9 (5:3); 6. Dänemark – Berlin 10:9 (4:5).
Gesamtergebnis: 1. Dänemark (4:2 Pkt), 2. Berlin (3:3), 3. Zagreb (3:3), 4. Wien (2:4).
Außerdem ein Einlagespiel: Prominenz – Sportpresse (bei der Prominenz spielten u.a. Korber, Neubauer, Neuss, Gruner).
Kur 3. 1.; BP 1; Ph, Pl (SPA).

Jan 2, 19.00 Uhr. Eishockey
V: BSchC.
Et: ab 3,– DM.
ERC Sonthofen: Haberstock, Kuran (Tor); Wittmann, Mittl (Vert. A); Eberle, Amend (Vert. B); Franke, Mazzolini, Lenzer (Sturm A); Gerhard Kitzelmann, Bank, Hadrascheck (Sturm B).
BSchC: Seelmann (Tor); Walter, Kess (Vert. A); Anders, Grun (Vert. B); Zunker, Borsutzki, Christmann (Sturm A); Banasiewicz, Patrzek, Schmitz (Sturm B); Wanner, Krause, Schleh (Sturm C).
BSchC – ERC Sonthofen 6:3 (1:1, 0:1, 5:1; Oberliga).
Kur 3. 1.; Ph, Pl (SPA).

Jan 8–9. Karnevalssitzung »Wer soll das bezahlen?«
Am 8. 1. um 20.11 Uhr, am 9. 1. um 17.11 Uhr.
V: SP.
Et: ab 4,– DM.
»Hugo Cremer präsidiert zum 10. Male [...] Große Jubiläums-Prunksitzung / der Düsseldorfer Karnevalsgesellschaft / ›Die Weißfräcke‹ / mit den Meistern des rheinischen Humors / Franz Ketzer, Herme, Jürgen Raasch, Bruno Römer, Hans Lötzsch, Ted u. Jo, Pit u. Joe Thelen, H. Heinrich, H.L. Lonsdorfer, G. Sandfort / Ein Ballett voll ›Glanz und Schönheit‹ / Tanzmariechen, Tanzoffizier und das Fanfarenkorps der ›Rote Funken‹-Artillerie Eschweiler, Leitung: Hauptmann Nico Jansen / Das große Blasorchester der Rheinbahn Düsseldorf, Kapellm. Max Groß« (Anz., Ts 1. 1.).
Ts 1. 1.; Ph, Pl (SPA).

Jan 14–20. 57. Berliner Sechstagerennen
Beginn 14. 1. um 20.00 Uhr., Start 22.00 Uhr, Ende 20. 1. um 23.00 Uhr.
V: SP (Otto Ziege).
Musik: Kapelle Otto Kermbach.
Wertungen: 14.30, 16.00 (je 10 Spurts), 20.30, 22.00 (je 5 Spurts), 2.00, 4.00 Uhr (je 10 Spurts).
Mit »Derny-Rennen« in jeder Nacht (vgl. 1961 Jan 6–12), »Omnium der Asse«, Herausforderung der Vierer-Weltmeister, dem »Kleinen Sechstagerennen« (s.u.). u.a.
Teiln. (12 Paare): 1. Faggin/Beghetto (I), 2. Kemper/Rudolph (D), 3. Lykke/Eugen (DK), 4. Scholz/Oldenburg (D), 5. Post/Pfenninger (NL/CH), 6. Schulze/May (D), 7. Peffgen/Großimlinghaus (D), 8. Bugdahl/Renz (D), 9.

603 57. Berliner Sechstagerennen (Chr Jan 14–20), Klaus Bugdahl und Siggi Renz.

Junkermann/Roggendorf (D), 10. Willi Altig/Puschel (D), 11. Claesges/Streng (D), 12. Kanters/Rohr (D).
Ergebnis: 1. Bugdahl/Renz 625 Pkte; 2. Post/Pfenninger (1 Rde zurück) 403; 3. Lykke/Eugen 271; 4. Schulze/May (3 Rdn zurück) 324; 5. Junkermann/Roggendorf (5 Rdn zurück) 222; 6. Scholz/Rudolph (15 Rdn zurück) 276; 7. Peffgen/Großimlinghaus (18 Rdn zurück) 314; 8. Willi Altig/Puschel (25 Rdn zurück) 293; 9. Claesges/Streng (44 Rdn zurück) 278.
Zurückgelegte km: 2884,870.
Startschuß: Ruth Maria Kubitscheck (Schauspielerin) und Hans-Joachim Klein (Weltrekordschwimmer).
Vorrennen (Einstunden-Einzelfahren der Amateure; 19 Teiln.), erstes Rennen der dann allabendlich um 19.00 durchgeführten weiteren Einstundenfahren für Amateure (»Kleines Sechstagerennen«); mit einer Gesamtwertung am letzten Tag: 1. Gert Koel (NL) 65 Pkte; 2. Klaus Sternbeck (BRC Grün-Weiß) 62; 3. Leo Duyndam (NL) 51; 4. Wolf-Jürgen Edler (Kreuzberger RVg) 47; 5. Hartmut Eidt (Kreuzberger RVg) 40; 6. Bernd Jaroszewicz (BRC Grün-Weiß) 39.
»Auch für Jubel, Trubel, Heiterkeit war gesorgt. Von einer Einlage auf Hochrädern bis zum Einrundenlauf der Mannschaftshelfer wechselte die Szenerie. Klaus Bugdahl genoß das Ehrenamt als ›Transporter vom Dienst‹ mit dem süßen Ballast der Teenager-Schlagersängerin Wencke Myre genauso wie die ›Heubodenbesucher‹ die Freibierlagen« (Kur 15./16. 1).
Ts 13.–21. 1.; Kur 13.–21. 1.; BP 2; Ph, Pl (SPA).

Jan 23, 19.00 Uhr. Eishockey
V: BSchC.
EV Rosenheim: Anton Flossmann, Fuchs (Tor); Rächl, Peter Gurdschik (Vert. A); Döbl, Geratschläger (Vert. B); Frütel, Kastner, Ernst Huber (Sturm A); Körber, Siggi Huber, Eisenhofer (Sturm B); Herbert Huber, Alfons Gurdschik, Adolf Flossmann (Sturm C).
BSchC: Seelmann, Grudde (Tor); Walter, Kess (Vert. A); Anders, Jaensch (Vert. B); Schleh, Borsutzki, Christmann (Sturm A); Banasiewicz, Grun, Schmitz (Sturm B); Wanner, Krause, Zunker (Sturm C).
BSchC – EV Rosenheim 6:3 (4:2, 1:0, 1:1; Oberliga).
Kur 24. 1.; Ph (SPA).

Jan 27–Feb 22. 12. Bockbierfest im Sportpalast
Werktags 20.00 Uhr, sonntags 19.00 Uhr.
V: SP.
»Berliner Kindl-Bierdeckel-Lotto / der tägliche Glücksstammtisch / Kapelle Otto Kermbach · Bayernkapelle Sepp Schmid · Joachim Krüger / Alt-Berliner Wachaufzug · Neue Dekorationen, Wasserspiele u. viele Attrakt« (Anz., Ts 30. 1.).
Feb 19 und 21–22. »Der Höhepunkt der Bockbiersaison 3 TOLLE NÄCHTE!«.
Feb 19 *»Bis früh um fünfe...«*
Feb 21 *»Zille-Ball«.*
Feb 22 *»Fastnachts-Ball«.*
Et: 4,– DM je Nacht.
»Jeden Abend wird einer der 250 numerierten Tische (bis zu zwölf Personen) öffentlich von Joachim Krüger als ›Maître de Plaisir‹ etwa zur Mitternachtsstunde ausgelost. Die hierbei ermittelte Tischnummer bedeutet, daß alle hier sitzenden Gäste bis zu diesem Zeitpunkt ihren Verzehr – in jeder beliebigen Höhe – nicht zu bezahlen brauchen. Die Kindl-Brauerei verlost, wie Direktor Drummer mitteilte, in jeder Nacht sechs Kasten Bier. Auf den am Eingang ausgegebenen Bierdeckeln sind Nummern aufgedruckt, die sich auf einem abreißbaren Coupon wiederholen. [...] Ein tiefblauer Baldachin wurde aufgezogen. Das Brandenburger Tor blieb als Kulisse, jedoch sind in der Eingangskurve prominente Bauwerke Westberlins für die Dekoration verwendet worden. Im Innenraum werden wieder Wasserspiele vor der alten Kulisse plätschern. Eine Rutschbahn und Schausteller-Betriebe sind vorhanden« (Welt, 23. 1.).
Ts 30. 1.; Welt 23. 1.; BP 3–6; Pl (SPA).

Feb 26, 20.00 Uhr. Eishockey »Deutschland – Finnland«
V: DEB/BEV.
Et: ab 5,– DM.
Finnland: Juhani Lahtinen (Ilves Tampere), Risto Kaitala (Lukko Rauma) (Tor); Ilkka Mesikämmen (TPS Abo), Kalevi Numminen (Tappara Tampere) (Vert. A); Juha Rantasila (Karuhut Pori), Lalli Partinen (SaiPa Lauritsala) (Vert. B); Lasse Oksanen, Jorma Peltonen, Reijo Hakanen (alle drei Ilves Tampere; Sturm A); Jorma Vehmanen, Esa Isaksson, Luhani Jylhä (alle drei Lukko Rauma, Sturm B); Matti Reunamäki (TKV Tampere), Raimo Kilpiö (RU 38 Pori), Matti Keinonen (RU 38 Pori) (Sturm C); Antti Heikkila (Karuhut Pori), Erkki Mononen (Reipas Lahti) (Ersatz).
Deutschland: Günter Knaus (EV Füssen), Josef Schramm (EV Landshut) (Tor); Leonhard Waitl (EV Füssen), Walter Riedl (EC Bad Tölz) (Vert. A); Erwin Riedmeier (EC Bad Tölz), Heinz Bader (EC Bad Tölz) (Vert. B); Peter Schwimmbeck (EV Füssen), Otto Schneitberger (Düsseldorfer EG) (Vert. C); Gustav Hanig (EV Füssen), Kurt Schloder (EV Landshut), Ernst Köpf (EV Füssen) (Sturm A); Alois Schloder (EV Landshut); Horst Ludwig (Krefelder EV), Lorenz Funk (EC Bad Tölz) (Sturm B); Gottfried Groß (EV Füssen), Wolfgang Boos (ESV Kaufbeuren), Manfred Hubner (ESV Kaufbeuren) (Sturm C); Alfred Weisenbach (EV Füssen; Ersatz).
Deutschland – Finnland 5:3 (3:1, 1:2, 1:0).
Kur 26./27.–28. 2.; BP 6; Ph, Pl (SPA).

Mär 2, 20.00 Uhr. Eishockey
V: BSchC.
Et: ab 4,– DM.
EV Landsberg: Robert Merkle, Josef Engelniederhammer (Tor); Josef Reiser, Otto Wierl (Vert. A); Helmut Lackner, Anton Riedl (Vert. B); Arthur Endres, Hans Schorer, Fritz Poitsch (Sturm A); Erich Maier, Werner Anwander, Alfred Hyneck (Sturm B); Karl-Heinz Scheifl, Fritz Jodei, Gerhard Strobl (Sturm C); Walter Kiening (Ersatz).
BSchC: Seelmann, Gottschalk (Tor); Walter, Kess (Vert. A); Anders, Grun (Vert. B); Schleh, Borsutzki, Christmann (Sturm A); Banasiewicz, Patrzek, Schmitz (Sturm B); Wanner, Krause, Zunker (Sturm C); Schuhknecht (Ersatz).
BSchC – EV Landsberg 8:6 (0:5, 4:0, 4:1; Entscheidungsspiel, Meisterschaft der Oberliga).
Damit Aufstieg in die Bundesliga.
Kur 1.–3. 3.; BP 7; Ph, Pl (SPA).

Mär 4, 12.00 Uhr. Betriebsversammlung
V: BEWAG AG.

Mär 7, 18.00 Uhr. Aktionärs-Versammlung
V: VEBA.
Rd: Rudolf von Bennigsen (Generalbevollmächtigter der VEBA).
»Im vollbesetzten Sportpalast fand gestern die Berliner Regionalversammlung für die Volksaktionäre der Vereinigten Elektrizitäts- und Bergwerke AG (Veba) statt. Es waren keine Beschlüsse zu fassen [...] Die Veba-Verwaltung wollte aber auch diejenigen Aktionäre, die nicht zu der HV kommen können, über ihr Unternehmen unterrichten. [...]« (Ts 8. 3.).

Mär 16–20, 20.00 Uhr. Operette »Der Zigeunerbaron« von Johann Strauss
V: Buchmann/SP.
Et: ab 4,– DM.
Komischer Oper in 3 Akten nach einer Erzählung von Mór Jókai, Musik Johann Strauss.
»Sondergastspiel des Budapester Operettentheaters / Eine original ungarische Inszenierung in deutscher Sprache [...] lebensecht wie noch nie / Urwüchsige, rassige Husaren und artistische Hirtenreiter auf ungesattelten Pußta-Pferden / Feurige Zigeuner-Musik · Der Primas mit seinen 30 Pußtasöhnen · 120 Mitwirkende / 300 malerische Kostüme · Echtes Zigeunerlager / Ein einmaliges Erlebnis ungarischer Pußta-Romantik« (Ph Mär 2).
Insz.: Béla Pataky-Nagy; Musik. Ltg: László Udvardy; Da: Christo Bajew, Örzse Barbos, Sándor Barbos, Giuseppe Colosio, Peter Flottay, Károly Luce, Marika Nagy, Erzsi Orchentel, Béla Pataky, Nadja Sterle, János von Tasnády, Arpád Várady, Feri Weiß, Adrienne Záhony; Gábor Horvath, Pirsoka Kiss, Istvan Pozsonyi, Gyula Trantoff; Mitw.: Orchester, Chor und Ballett des Budapester Operettentheaters, u. a. (vgl. 1965 Apr 17–19).
Ts 6. 3.; BP 8; Ph, Pl (SPA).

Mär 25, 20.00 Uhr. Amateur-Boxen »Berliner Meisterschaften 1966«
V: BBV.
Et: 2,– bis 10,– DM.
Endkämpfe.
Flg: Waldemar Stephani (Sparta 58) besiegt Gerd Schubert (PSV).
Bg: Fritz König (Astoria) besiegt Manfred Bauske (PSV).
Fdg: Peter Prause (PSV) besiegt Horst Edner (Heros).
Lg: Klaus Niketta (PSV) besiegt Erwin Gawehn (Spandau 26).
Hwg: Hartmut Dreßler (PSV) besiegt Gerd Drosdziok (ASV) durch Abbruch (2. Rde).
Wg: Dietrich Ventur (TeBe) besiegt Ernst Stuck (Spandau 26).
Hmg: Hans-Heinrich Dieter III (Spandau 26) besiegt Jürgen Cibis (NSF) durch Aufgabe (3. Rde).
Mg: Jörg Hüttenrauch (Zehlendorf 88) besiegt Erich Klemke (Astoria).
Hsg: Gerhard Joreck (Spandau 26) besiegt Michael Emmerich (PSV).
Sg: Willi Regenauer (PSV) besiegt Gerhard Blümel (TeBe).
Ts 24.–26. 3.; BP 9; Pl (SPA).

Mär 26, 20.00 Uhr. Eishockey
V: BSchC.
Et: ab 4,– DM.
Wiener EV: Mohr, Calligaris (Tor); Bachura, Hausner (Vert. A); Stangl, Kübelbeck (Vert. B); Tischer, Znelahlik, Berger (Sturm A); Mühr, Weingartner, Kirchberger (Sturm B); Cahradnicek, Henner (Ersatz).
BSchC: Seelmann, Gottschalk (Tor); Walter, Grun (Vert. A); Anders, Kess (Vert. B); Schleh, Christmann (Sturm A); Banasiewicz, Patrzek, Schmitz (Sturm B); Wanner, Krause, Zunker (Sturm C); Schuhknecht, Oehme, Jaensch (Ersatz).
BSchC – Wiener EV 6:3 (2:2, 3:0, 1:1, Freundschaftsspiel).
Kur 28. 3.; Ph, Pl (SPA).

Mär 27, 16.30 Uhr. Handball
Ausgefallen.
BP 9.

604 Aktionärsversammlung der VEBA (Chr Mär 7).

Apr 2, 20.00 Uhr. Eishockey
V: BSchC.
Et: ab 4,– DM.
EC Bad Tölz: Anton Klett, Fritz Hafensteiner (Tor); Walter Riedl, Heinz Bader (Vert. A); Erwin Riedmeier, Hans Schichtl (Vert. B); Albert Loibl, Rudolf Pittrich, Reinhold Meister (Sturm A); Willy Leitner, Hans Eimannsberger, Lorenz Funk (Sturm B); Georg Eberl, Willy Gerg, Hans Brandner (Sturm C); Georg Lechner (Ersatz).
BSchC: Seelmann, Gottschalk (Tor); Walter, Anders (Vert. A); Grun, Schneitberger (Vert. B); Göpner, Schleh, Christmann (Sturm A); Banasiewicz, Patrzek, Schmitz (Sturm B); Schuhknecht, Werdermann, Zunker (Sturm C); Krause, Oehme (Ersatz).
EC Bad Tölz – BSchC 7:3 (4:0, 2:2, 1:1; Freundschaftsspiel).
Kur 4. 4.; BP 10; Ph, Pl (SPA).

Apr 9–11, 20.00 Uhr. Bunte Veranstaltung »Oster-Star-Parade«
Am 10.–11. auch 15.30 Uhr.
V: SP.
Et: ab 4,– DM.
Mitw.: Zarah Leander sowie Die Dominos, Erna Haffner, Edith Hancke, Jo Herbst, Arne Hülphers, Joachim Krüger, Brigitte Mira, Marianne Pohlenz, Kurt Pratsch-Kaufmann, Fredy Rolf, Willi Rose, Ursula Schirrmacher; Carola-Krauskopf-Ballett, Kapelle Otto Kermbach.
BP 10; Ph, Pl (SPA).

Apr 15–16, 20.00 Uhr. Amateur-Boxen »Deutsche Meisterschaften 1966«
V: DABV/BBV.
Et: 2,– bis 10,– DM.
Vorrunden.
Ts 15., 17. 4.; Kur 18. 4.; BP 11; Ph (SPA).

Apr 18–29, 20.00 Uhr. Catchen »Internationales Freistil-Ringkampf-Turnier«
V: Schwarz/SP.
Et: ab 4,– DM.
Teiln.: Paul Berger (CH), Jack Berston (USA) Achim Chall (D), Guiseppe Daidone (I), Axel Dieter (D), Hermann Iffland (D), Rainer Köhler (D), Ivar Martinson (F), Conde Maximiliano (PE), Bruno Prehm (F), José Rudo (E), Frank Valois (CDN), Emir Yemjcj (TR) u. a.
BP 12; Ph, Pl (SPA).

Mai 1, 19.00 Uhr. »Maibowle«
V: DGB (LA SP, Br. SP v. April).

Mai 2–22, 20.00 Uhr. Catchen »Internationales Freistil-Ringkampf-Turnier«
V: Flake/SP.
Et: ab 4,– DM.
BMp 1., 8., 22. 5.

Jun 12. »Bundesfest des Evangelischen Sängerbundes zum 68jährigen Bestehen«
V: Evangelischer Sängerbund.
8.00 Uhr. Probe der Chöre für den Gottesdienst.
8.30 Uhr. Festgottesdienst.
9.45 Uhr. Generalprobe für die Festfeier.
11.00–11.30 Uhr. Bundesversammlung.
15.00 Uhr. Festfeier.
Gesamtleitung: Werner Kötz, Siegen (Pastor, Bundesvors.); Ltg der Gesangchöre: Wolfgang Borchers, Frankenthal (Bundeswart), Georg Keil, Nürnberg (Bundeswart), Martin Leuchtmann, Wuppertal (Bundeswart); Ltg der Posaunenchöre: Gerhard Liske, Berlin (Landesposaunenwart).
Die Veranstaltung hatte bereits am 11. mit zahlreichen Kundgebungen auf Plätzen Berlins und mit der Bundeshauptversammlung begonnen.
Ts 14. 6.; Ph, Pl (SPA).

Jun 23–26, 20.00 Uhr. Eiskunstlauf »Gala-Revue der Eislauf-Stars«
Am 25.–26. auch 15.30 Uhr.
V: SP.
Kunstlauf (und Eistanz) von Barbara Conniff (GB), Ute Grünert (D), Regine Heitzer (A), Ronnie McKenzie (GB), Inge Paul (D), Fränzi Schmidt (CH), Margret Göbl/Franz Ningel (D), Maria und Otto Jelinek (CDN), Gerda und Ruedi Johner (CH), Marika Kilius/Hans-Jürgen Bäumler (D), Sonja Pfersdorf/Günther Matzdorf (D), Eva und Pavel Roman (CS).
Gleichzeitig Abschied Kilius/Bäumlers vom gemeinsamen Auftreten im Eislauf.
Ts 12., 23. 6.; BP 18; Ph (SPA).

Jul. Veranstaltungsfrei
Renovierungsarbeiten.
LA SP 4020 (Br. SP v. Juni).

Aug 4 – Sep 18, 20.00 Uhr. »Laterna magica«
Mittwochs, sonnabends und sonntags auch 16.00 Uhr (am 15. und 29. 8. sowie 12. 9. keine Vorstellung).
V: SP.
»LATERNA MAGICA aus Prag mit der internationalen Revue der Wunder und Tatsachen«.
Programm:
1. Teil. *»Die hübschesten Szenen und Arien aus Hoffmanns Erzählungen«* von Jacques Offenbach.
2. Teil. *»Variationen«.*
Gesamtregie: Jaromir Stanek; Technik: Miroslav Stefek; Ansagerin: Maria Stankova.
Da: Sasa Aismanova, Jana Andrsova, Ruzena Beniskova, Jana Braunschlägerova, Libuse Domaninska, Jaroslav Horacek, Jiri Joran, Karel Kalas, Milan Karpisek, Jirina Knizkova, Drahomira Kralovcova, Vera Krilova, Vera Novakova, Bozena Novotna, Rudolf Pellar, Vlasta Ployharova, Milada Subrtova, Olga Sulcova, Helena Tattermuschova, Marie Vladykova, Dana Vobornikova, Antonin Votava und viele andere.
Zur »Laterna magica« vgl. 1965 Aug 12 – Sep 13.
Ts 31. 7.; BP 22–25; Ph, Pl (SPA).

Sep 21, 20.00 Uhr. Konzert »Für junge Leute heute – Stars Hits Popmusik«
V: Buchmann/SP.
Et: 4,– bis 10,– DM.
Mitw.: Chris Andrews, The Kinks, Graham Bonney, Marion, Elisa Gabbai, The Magics, The Rainbows.
BP 27; Ph, Pl (SPA).

Sep 23, 20.00 Uhr. Amateur-Boxen »USA – Deutschland«
V: DABV/BBV.
Et: 3,– bis 15,– DM.
Flg: John Marbley (USA) besiegt Lothar Kannewurf (D) durch Aufgabe (3. Rde).
Bg: Robert Lee Green jr. (USA) besiegt Fritz König (D), durch Abbruch (2. Rde).
Fdg: Ronald Miller (USA) besiegt Peter Prause (D) durch Abbruch (2. Rde).
Lg: Ron Harris (USA) besiegt Wolfgang Schmitt (D).
Hwg: James Wallington (USA) besiegt Gerd Puzicha (D).
Wg: Dieter Kottysch (D) besiegt Jodie Leon Harris (USA).
Hmg: Günter Meier (D) besiegt Johnny Howard jr. (USA).
Mg: Ewald Jarmer (D) besiegt Bob Reed (USA).
Hsg: Peter Gerber (D) besiegt John Wesley Griffin (USA).

SPORTPALAST
Start: Freitag, 7. Oktober, 22 Uhr
Ziel: Donnerstag, 13. Oktober, 23 Uhr
58. Berliner Internationales
6 Tagerennen
WELTMEISTER RUDI ALTIG - SIGI RENZ
KLAUS BUGDAHL - WOLFGANG SCHULZE
PETER POST - PATRICK SERCU
und weitere Fahrer der Weltspitzenklasse
Nachmittags und nachts DERNY-RENNEN
um den „GROSSEN BERLINER KINDL-PREIS“
Täglich von 19.30 Uhr bis 20.30 Uhr „6 JOURS DE L' AVENIR“
der Amateure
Sportliche Leitung Otto Ziege
Kapelle Otto Kermbach
Zu den Nachmittagswertungen und Jagden mit Derny-Rennen verbilligte Eintrittspreise
Vorverkauf an den Sportpalastkassen und allen bekannten Vorverkaufsstellen
Scheck Nr. 132 gilt am 9., 10. und 11. Oktober 1966
Veranstalter Sportpalast GmbH.
Direktion Georg Kraeft
605 Plakat (Chr Okt 7–13); LA, Rep. 240, Acc. 2083, 13.

Sg: Ferdinand Peek (D) besiegt James Howard (USA) durch Disqualifikation (3. Rde).
USA – Deutschland 10:10.
Ts 25. 9.; Kur 23.–24. 9.; BP 27; Ph, Pl (SPA).

Sep 29, 20.00 Uhr. »Schauturnen der Japanischen Nationalmannschaft«
V: BT.
Et: ab 3,– DM.
»Die acht Gäste aus Nippon, fünf Turner und drei Turnerinnen, ließen keinerlei Ermüdungserscheinungen erkennen, obgleich die strapaziösen Weltmeisterschaftstage von Dortmund und ein Schauturnen in Köln zu Anfang dieser Woche bereits hinter ihnen liegen. Überraschend entschloß sich der Berliner Turnerbund [...] auch Ulf Berge und die einzige Berliner Nationalriegenturnerin Gundela Huth [...] an die Geräte gehen zu lassen. [...] Es ist unmöglich, unter den Gästen einen ›Star‹ herauszustellen; [...] Die Aalener Gymnastikgruppe bewies in ihren Vorführungen, daß sie die hervorragenden Kritiken der letzten Gymnastrada in Wien zu Recht erhalten hat [...]« (Ts 30. 9.).
Ts 30. 9.; BP 27; Pl (SPA).

Sep 30 – Okt 2. Konzert »Don Kosaken Chor Serge Jaroff«
Am 30. 9.–1. 10. um 20.00 Uhr, am 2. 10. um 19.00 Uhr.
V: Hofner/SP.
Et: ab 3,– DM.
Ts 18. 9.; BP 27; Ph, Pl (SPA).

Okt 7–13. 58. Berliner Sechstagerennen
Beginn 7. 10. um 20.00 Uhr, Start 22.00 Uhr, Ende 13. 10. um 23.00 Uhr.
V: SP (Otto Ziege).
Musik: Kapelle Otto Kermbach.
Wertungen: 14.30, 16.00 (je 10 Spurts), 20.30, 22.00 (je 5 Spurts), 2.00, 4.00 Uhr (je 10 Spurts).
Mit »Derny-Rennen« in jeder Nacht (vgl. 1961, Jan 6–12), »Kriterium der Asse«, »Vier Länderkampf«, dem »Kleinen Sechstagerennen« (s. u.). u. a.
Teiln. (11 Paare): 1. Rudi Altig/Renz (D), 2. Pfenninger/Heberle (CH), 3. Lykke/Eugen (DK), 4. Steevens/Koel (NL), 5. Kemper/Oldenburg (D), 6. Deloof/Sercu (B), 7. Bölke/Rudolph (D), 8. Bugdahl/Schulze (D), 9. Willi Altig/Puschel (D), 10. Scholz/May (D), 11. Peffgen/Streng (D).
Ergebnis: 1. Rudi Altig/Renz 436 Pkte; 2. Lykke/Eugen 254; 3. Bugdahl/Schulze (1 Rde zurück) 455; 4. Kemper/Oldenburg 296; 5. Deloof/Sercu (10 Rdn zurück) 310; 6. Willi Altig/Puschel (15 Rdn zurück) 228; 7. Bölke/Rudolph (16 Rdn zurück) 201; 8. Pfenninger/Heberle (23 Rdn zurück) 335; 9. Peffgen/Streng (33 Rdn zurück) 211; 10. Scholz/May (36 Rdn zurück); 11. Steevens/Koel (47 Rdn zurück) 178.
Zurückgelegte km: 2846,440.
Startschuß: Karin Hübner (Schauspielerin) und Kurt Neubauer (Senator für Jugend und Sport).
Vorrennen (Einstunden-Mannschaftsfahren der Amateure, 9 Paare), erstes Rennen der dann allabendlich durchgeführten weiteren Einstunden-Wettbewerbe für Amateure (»Kleines Sechstagerennen«); mit einer Gesamtwertung am letzten Tag: 1. Michiels/Jacobs (B) 56 Pkte; 2. Podlesch/Stolp (Eichhörnchen/RVg Luisenstadt) 46; 3. Goletz/Gombert (Herpersdorf/Ahlen) 44; 4. Lauffer/Jaroszewicz (RC Pfeil/BRC Grün-Weiß) 44; 5. Birth/Jöhnk (Ahlen/Köln) 41; 6. Sternbeck/Eidt 36.
Kur 7.–14. 10.; BP 28; Ph, Pl (SPA).

Okt 22, 16.00 Uhr. Kundgebung
V: SPD, Landesverband Berlin.
Rd: Willy Brandt (Regierender Bürgermeister, Vors.), Helmut Schmidt (MdB, stellv. Vors. der SPD-Bundestagsfraktion), Herbert Wehner (MdB, stellv. Vors.).
Th: Neuwahlen zum Bundestag, Verfassungsänderung.

Aus Anlaß des »Berlin-Treffens der SPD 1966« vom 20.–22. 10.
Tg 21.–23. 10.

Okt 23, 17.00 Uhr. Eishockey
V: BSchC.
Et: ab 4,– DM.
Düsseldorfer EG: Goßmann, Schmengler (Tor); Schneitberger, Schmidt (Vert. A); Hübbers, Roes (Vert. B); Reif, Böttcher, Gregory (Sturm A); Breidenbach, Heitmüller, Werdermann (Sturm B); Jablonski, Löggow, Lingemann (Sturm C); Branz, Hoja (Ersatz).
BSchC: Seelmann, Gottschalk (Tor); Patrzek, Walter (Vert. A); Jaensch, Schuhknecht (Vert. B); Kess, Anders (Vert. C); Christmann, Just, Schleh (Sturm A); Banasiewicz, Schacherbauer, Göpner (Sturm B); Schmitz, Krause, Wanner (Sturm C).
Düsseldorfer EG – BSchC 7:0 (2:0, 3:0, 2:0; Bundesliga).
Ts 25. 10.; Kur 24. 10.; BP 30; Ph, Pl (SPA).

Okt 25–26, 20.00 Uhr. Konzert »sing-out Deutschland«
V: Moralische Aufrüstung.
Et: 4,– bis 12,– DM.
»130 Mitwirkende mit Beat und moderner Folklore, eine sprühende Mischung aus Rhythmus, Begeisterung und Schwung« (Pl).
Unter der Schirmherrschaft des Präs. des Abgeordnetenhauses von Berlin, Otto Bach. *»130 Mädel und Jungen singen Songs für eine bessere Welt«* (BP 30).
Ts 16. 10.; BP 30; Pl (SPA).

Okt 27. Konzert »The Beach-Boys«
Ausgefallen.
BP 30.

Okt 28, 19.30 Uhr. Handball »75 Jahre Reinickendorfer Füchse – Jubiläums-Turnier«
V: Rein. Füchse.
Et: 2,– bis 5,– DM.
BSV 92 – Eintracht Hildesheim – TSV Birkenau – Rein. Füchse.
Rein. Füchse – Birkenau 19:16 (10:3; gleichzeitig 1. Bundesligaspiel); BSV 92 – Hildesheim 8:7 (3:3); Rein. Füchse – Hildesheim 9:5 (5:3); BSV 92 – Rein. Füchse 10:5 (5:4); BSV 92 – Birkenau 6:4 (3:1); Hildesheim – Birkenau 10:8 (6:3).
Gesamtergebnis: 1. BSV 92.
Ts 29. 10.; Tg 30. 10.; Kur 27., 29. 10.; Pl (SPA).

Okt 29, 20.00 Uhr. Eishockey »Schweiz – Deutschland«
V: DEB/BEV.
Et: ab 5,– DM.
Schweiz: Robert Meier (Grasshoppers Zürich), André (HC Martigny) (Tor); Gaston Furrer (EHC Visp), Rene Huguenin (HC La Chaux-de Fonds) (Vert. A); Peter Kradolfer (HC Davos), Franco Panzera (HC Ambri-Piotta) (Vert. B); Ueli Lüthi, Peter Lüthi, Heinz Lüthi (alle drei EHC Kloten) (Sturm A); Roger Schmidt (SC Bern), Peter Schmidt (SC Bern), Daniel Piller (HC Villars/Chambéry) (Sturm B); Erich Ehrensperger (Zürcher SC), Sepp Weber (Grasshoppers Zürich), Karl Naef (Grasshoppers Zürich) (Sturm C); Walter Wittwer (SC Langnau), Kurt Heiniger (Grasshoppers Zürich) Gerhard Wittwer (SC Langnau); Urs Furrer (Ersatz).
Deutschland: Anton Klett (EC Bad Tölz), Anton Kehle (EV Füssen) (Tor); Leonhard Waitl (Bayern München), Walter Riedl (Mannheimer ERC) (Vert. A); Heinz Bader (EC Bad Tölz), Erwin Riedmeier (EC Bad Tölz) (Vert. B); Lorenz Funk (EC Bad Tölz), Horst Ludwig (Krefelder EV), Alois Schloder (EV Landshut) (Sturm A); Bernd Kuhn (EV Füssen), Hans Eimannsberger (EC Bad Tölz), Peter Lax (EC Bad Tölz) (Sturm B); Gustav Hanig (EV Füssen), Kurt Schloder (EV Landshut), Helmut Klotz (SC Riessersee) (Sturm C); Michael Eibel (EV Landshut), Günter Loher (SC Riessersee) (Ersatz).
Deutschland – Schweiz 4:1.
Kur 29., 31. 10.; BP 30; Ph, Pl (SPA).

Okt 30, 17.00 Uhr. Konzert »beat 66«
V: SJD-Die Falken.
Et: 5,– bis 7,– DM.
Mitw.: The Boots and The Hound Dogs, The Summerset, The Moody Blues, Casey Jones and the Governors, The Who.
»Einmalige Chance: Verlost wird ein amerik. Sportwagen, Typ Studebaker-Silver Hawk. Jeder kann ihn gewinnen. Zu besichtigen vor dem Sportpalast« (Pl).
Tg 1. 11.; Pl (SPA).

Nov 1, 20.00 Uhr. Eishockey
V: BSchC.
Et: ab 4,– DM.
Preußen Krefeld: Obermann, Jennen (Tor); H. Kladow, J. Volland (Vert. A); Wellner, Herda (Vert. B); Pawelcyk, Czech, K. Volland (Sturm A); Haas, Stieger, Schirbach (Sturm B); Brase, Grun, W. Kadow (Sturm C); Remen, Syrzisko (Ersatz).
BSchC: Seelmann, Gottschalk (Tor); Patrzek, Walter (Vert. A); Kess, Schuhknecht (Vert. B); Christmann, Just, Schleh (Sturm A); Banasiewicz, Schacherbauer, Göpner (Sturm B); Schmitz, Krause, Wanner (Sturm C); Jaensch, Zunker (Ersatz).
BSchC – Preußen Krefeld 5:3 (3:1, 1:1, 1:1; Oberliga).
Ts 2. 11.; BP 31; Ph, Pl (SPA).

Nov 4, 20.00 Uhr. Konzert »Im Reiche des Lincke Donnerwetter – tadellos!«
V: RIAS/SP.
Et: ab 3,– DM.
Zum 100. Geburtstag des Komponisten Paul Lincke.
Mitw.: Marie Bernhard, Die Dominos, Walter Anton Dotzer, Edith Elsholtz, Ekkehard Fritsch, Bruno Fritz, Walter Groß, Undine von Medvey, Brigitte Mira, Günter Neumann, Erich Poremski, Kurt Pratsch-Kaufmann, Hella Puhlmann, Tatjana Sais, Edith Schollwer, Harald Sielaff, Ewald Wenck u. a.; RIAS-Kammerchor, RIAS-Orchester (Hans Carste).
Wiederholung Nov. 6.
Ts 23., 30. 10.; BP 31; Ph, Pl (SPA).

Nov 5, 20.00 Uhr. Jazz-Konzert
V: Berliner Festwochen (Schulte-Bahrenberg).
Et: 5,– bis 18,– DM.
3. Konzert der »Berliner Jazztage 1966«.
Mitw.: Berlin All Stars (Carmell Jones [tp], Leo Wright [as], Helmut Brandt [bs], André Conouant [g], Fritz Pauer [p], Hajo Lange [b], Joe Nay [dm]), Max Roach Quintet (Freddie Hubbard [tp], James Spaulding [as, fl], Ron Mathew [p], Jimmie Merritt [b], Max Roach [dm]), Sonny Rollins, Rolf und Joachim Kühn Quartett (Rolf Kühn [cl], Joachim Kühn [p], Hans Rettenbacher [b], Ralf Hübner [dm]) und Dave Brubeck Quartet (Brubeck [p], Paul Desmond [as], Gene Wright [b], Joe Morello [dm]).
Ph, Pl (SPA).

Nov 6, 19.00 Uhr. Konzert »Im Reiche des Lincke Donnerwetter – tadellos!«
Wiederholung von Nov 4.
Ts 30. 10.

Nov 11, 19.00 Uhr. Handball
V: Rein. Füchse.
Et: 2,– bis 4,– DM.
Rein. Füchse – TV Hochelheim 12:9 (7:5; Bundesliga).
Kur 12. 11.; Pl (SPA).

Nov 12, 20.00 Uhr. Eishockey
BSchC – Krefelder EV.
Das Spiel mußte auf den 17. verlegt werden, da das Flugzeug mit den Krefeldern wegen Nebels nicht in Berlin landen konnte und nach Köln umgeleitet wurde.
Ts 13. 11.; Pl (SPA).

Nov 15, 20.00 Uhr. Eishockey
V: BSchC.
Et: ab 4,– DM.
Mannheimer ERC: Günter Katzur, Michael Lotz (Tor); Werner Lorenz, Bernhard Farthmann (Vert. A); Walter Riedl, Heinz Geiger (Vert. B); Peter Rohde, Dieter Buchner, Hans Maier (Sturm A); Werner Bingold, Ernst Wölfl, Peter Jung (Sturm B); Kurt Sepp, Eugen Seidl, Bernd Herzig (Sturm C); Detlev Kuhl, Jürgen Steckmeier (Ersatz).
BSchC: Seelmann, Gottschalk (Tor); Patrzek, Jaensch (Vert. A); Walter, Kess (Vert. B); Schuhknecht, Schleh, Christmann (Sturm A); Just, Schacherbauer, Göpner (Sturm B); Krause, Wanner, Schmitz (Sturm C); Zunker, Banasiewicz (Ersatz).
Mannheimer ERC – BSchC 7:3 (1:3, 2:1, 0:3; Bundesliga).
Kur 15., 17. 11.; BP 32; Ph, Pl (SPA).

Nov 16, 18.00 Uhr. Handball »Kurt-Dräger-Gedächtnis-Turnier«
V: HVB.
Et: 3,– bis 8,– DM.
1. HSV – BSV 92 11:7 (6:3); 2. HSV – CHC 9:4 (5:2); 3. BSV 92 – CHC 9:8 (7:2); 4. Rein. Füchse – OSC 8:7 (4:3); 5. Rein. Füchse – RSV Mülheim 11:8 (7:5); 6. OSC – RSV Mülheim 7:4 (2:2); 7. OSC – BSV 92 5:5 (2:3; um den 3. und 4. Platz); 8. HSV – Rein. Füchse 10:6 (4:4; um den 1. und 2. Platz).
Kur 17. 11.; BP 32; Pl (SPA).

Nov 17, 20.00 Uhr. Eishockey
V: BSchC.
Et: ab 4,– DM.
Krefelder EV: Ulrich Jansen, Paul Hotstegs (Tor); Günther Jochems, Hans-Theo Pieper (Vert. A); Manfred Kramarczyk, Werner Oberheidt (Vert. B); Horst Ludwig, Remigius Wellen, Rolf Dentges (Sturm A); Klaus Stenders, Horst Metzer, Hannsjörg Albrecht (Sturm B); Klaus Krawinkel, Udo Diefenbach, Willi Göbels (Sturm C).
BSchC: wie Nov 15.
Krefelder EV – BSchC 2:0 (1:0, 0:0, 1:0; Bundesliga).
Das Spiel war ursprünglich für den 12. 11. geplant.
Kur 18. 11.; Ph (SPA).

Nov 19. 20.00 Uhr. Konzert »Gute Freunde musizieren für Berlin«
V: GdP.
Et: 2,50 DM.
Mitw.: The 298th US Army Band (Owen O. Kirby), The Royal Green Jackets Band (Frank Hayes, A.R.C.M.), La Musique du 46ème Regiment d'Infantrie (Gaston Gallas),

606 Programmheft (Chr Nov 19); SPA.

Die Zollkapelle Berlin (Alfred Nöther), Das Musikkorps der Berliner Schutzpolizei (Herbert Domagalla), The 16th US Air Force Band aus Madrid (E; Eugene F. Rosheger).
BP 32; Ph, Pl (SPA).

Nov 20, 16.00 Uhr. Handball
V: Rein. Füchse.
Et: 2,– bis 4,– DM.
Rein. Füchse – TSV Zirndorf 17:8 (9:4; Bundesliga).
Kur 21. 11; Pl (SPA).

607 Programmheft (Chr Nov 22); SPA.

EISHOCKEY-
BUNDESLIGA
Berliner Schlittschuh-Club – Preußen Krefeld
22. November 1966
Sportpalast

(20.00 Uhr. Amateur-Boxen »Berlin – Togo«; ausgefallen; BP 32).

Nov 22, 20.00 Uhr. Eishockey
V: BSchC.
Preußen Krefeld: wie Nov 1.
BSchC: wie Nov 15.
Preußen Krefeld – BSchC 8:4 (5:2, 3:0, 0:2; Bundesliga).
Kur 22.–23. 11.; BP 33; Ph (SPA).

Nov 24–Dez 18. Wiener Eisrevue mit »Maskeraden«
Werktags 20.00 Uhr, sonntags 19.30 Uhr; mittwochs, sonnabends und sonntags auch 15.30 Uhr.
V: SP.
R: Will Petter; Mu: Robert Stolz; Mitw.: *»Hanna Eigel, Emmy Puzinger, Inge Paul, Michele Colberg, Alena Augustova, Helmut Loefke, Fernand Leemans, Hugo Dümler, Felix und Monique Heininger, Herbert Bobek, Richard Ledwig, Hamilton Brown, Lucien Meyer, Jacky«* u. a. sowie das Wiener Eisballett (Ph).
Ts 6. 11.; BP 33–35; Ph (SPA).

Dez 21, 20.00 Uhr. Eishockey
V: BSchC.
Mannheimer ERC: wie Nov 15.
BSchC: Seelmann, Sucker (Tor); Walter, Kess (Vert. A); Patrzek, Anders (Vert. B); Schmitz, Wanner, Just (Sturm A); Göpner, Schuhknecht, Zunker (Sturm B); Oehme, Christmann, Schacherbauer (Sturm C); Banasiewicz, Krause (Ersatz).
BSchC – Mannheimer ERC 3:2 (0:0, 1:0, 2:2; Bundesliga).
Kur 21.–22. 12.; BP 36; Ph (SPA).

Dez 25–26, 15.30 und 20.00 Uhr. Operette »Orpheus in der Unterwelt« von Jacques Offenbach
V: SP.
Et: ab 4,– DM.
Operette in zwei Akten (fünf Bildern) von H. Crémieux, unter Mitarbeit von Ludovic Halévy, Musik von Jacques Offenbach, Neufassung: Willy Heyer.
R: Willy Heyer; Musik. Ltg: Ernst-Günther Scherzer, Heinz Müller-Graßmann; Chgr: Paul Laab; Mitw.: Adi Appelt, Irmgard Armgart, Carin Bloemke, Heinz Erhardt, Hans-Jürgen Klich, Paul Laab, Rudi Libera, Carl Luce, Brigitte Matthieu, Ursel Peter, Helge Rosvaenge, Käthe Sahm, Ursula Schirrmacher, Eberhard Schmidt-Marmagen, Christel Stegmann, Lore Wiborsky; Orchester, Chor und Ballett der »Berliner Theater-Gastspiele«.
Ts 11. 12.; BP 36; Ph (SPA).

Dez 28, 20.00 Uhr. Eishockey
V: BSchC.
Düsseldorfer EG – BSchC 11:3 (2:2, 3:1, 6:0; Bundesliga).
Kur 28.–29. 12.; BP 36.

1967

Jan 1, 17.00 Uhr. Handball »Internationales Turnier«
V: HVB.
Galati (RO) – Mittel-Dänemark – Paris (F) – Berlin.
1. Berlin – Dänemark 15:8 (9:4); 2. Galati – Paris 9:8 (4:2); 3. Berlin – Paris 12:9 (7:3); 4. Galati – Dänemark 11:4 (5:2); 5. Paris – Dänemark 8:8 (5:2); 6. Berlin – Galati 6:5 (2:4).
Gesamtergebnis: 1. Berlin (6:0 Pkte), 2. Galati (4:2), 3. Paris (1:5), 4. Dänemark (1:5).
Ts 1., 3. 1.; BP 1; Pl (SPA).

Jan 4–8. Eiskunstlauf »Deutsche Meisterschaften 1967« u. a.
V: DEU/BEV.
Jan 4
7.30 Uhr. Training.
19.00 Uhr. Auslosung im Restaurant Sportpalast.
Jan 5
7.30 Uhr. Pflicht (Senioren-Herren, -Damen, Meister-Damen, -Herren).
16.00 Uhr. Training (Meister-Tanzpaare).
20.00 Uhr. Kür (Senioren-Herren, Meister-Herren), Pflicht (Meister-Paare, -Tanzpaare).
Jan 6
7.30 Uhr. Pflicht (Junioren-Herren, Meister-Damen).
12.30 Uhr. Training Kür.
20.00 Uhr. Kür (Junioren-Herren, Senioren-Paare, -Damen, Meister-Paare).
Jan 7
7.30 Uhr. Pflicht (Junioren-Damen).
15.00 Uhr. Pflicht (Junioren-Tanzpaare), Kür (Junioren-Damen, -Tanzpaare).
20.00 Uhr. Kür (Junioren-Paare, Meister-Tanzpaare, -Damen).
Jan 8
16.00 Uhr. Schaulaufen der Sieger.
20.00 Uhr. Eish.: BSchC – Eintracht Frankfurt 9:3 (3:3, 3:0, 3.0; Aufstiegsspiel zur Bundesliga).

Ergebnisse der Kunstlaufmeisterschaften:
Meister-Damen: 1. Monika Feldmann (Frankfurter REC) Plz 7/1720, 4 Pkte; 2. Petra Ruhrmann (Westfalen Dortmund) 15/1664,8; 3. Eileen Christa Zillmer (Augsburger EV) 21/1637,3; 4. Renate Zehnpfennig (Kölner EK) 48/1543,9; 5. Devetka Florjancic (SC Riessersee) 46/1554,4; 6. Ingrid Knezek (Mannheimer ERC) 46/1558,3; [...] 16. Carmen Buchwald (SCC) 118/1465,4; 17. Angelika Tanz (BSchC) 116/1457,8.
Meister-Herren: 1. Peter Krick (VfL Bad Nauheim) 9/1670,6; 2. Ralph Borghard (Düsseldorfer EG) 12/1662,3; 3. Jürgen Eberwein (SC Riessersee) 26/1605,5; 4. Reinhard Ketterer (SC Riessersee) 28/1587,8; 5. KLaus Grimmelt (Düsseldorfer EG) 31/1580,2; 6. Bodo Bockenauer (ERC München) 41/1546,2; 7. Wolfgang Müller (Rödelheimer TG) 49/1433,9.
Meister-Paare: 1. Margot Glockshuber/Wolfgang Danne (SC Riessersee) 7/237,0; 2. Marianne Streifler/Herbert Wiesinger (Frankfurter REC) 14/222,8; 3. Brunhilde Baßler/Eberhard Rausch (Mannheimer ERC) 21/217,0; 4. Anneliese Seger/Karl-Heinz Zitterbart (Stuttgarter ERC) 28/202,3; 5. Gudrun Hauss/Walter Häfner (Mannheimer ERC) 35/148,2.
Meister-Tanzpaare: 1. Gabriela und Rudi Matysik (EC Oberstdorf) 7/256,7; 2. Angelika und Erich Buck (ERV Ravensburg) 14/244,5; 3. Martha und Jürgen Schamberger (Düsseldorfer EG) 21/224,7; 4. Angelika Trojahn/Joachim Metz (Düsseldorfer EG) 28/215,4.
Junioren-Damen: 1. Frigge Drzymalla (Mannheimer ERC) 6/469,3; 2. Karin Gramminger (Mannheimer ERC) 20/452,0; 3. Annemarie Stahl (ERC München) 24/451,1.
Junioren-Herren: 1. Peter Kröger (Hamburger SC) 5/464,3; 2. Ralph Urhahn (Düsseldorfer EG) 12/441,0.
Junioren-Paare: 1. Gisela Buhr/Egon Martens (ATSV Bremen) 5/42,8; 2. Birgit und Peter Berger (Frankfurter REC)

11/37,9; 3. Marion Turtur/Max Saumweber (Münchener EV) 15/36,3.
Junioren-Tanzpaare: 1. Traute Schopp/Holger Fischer (TEC Waldau) 8/108,8; 2. Edeltraut Rotty/Joachim Iglowstein (EC Oberstdorf) 10/108,3.
Senioren-Damen: 1. Bärbel Flimmen (Frankfurter ERC) 9/665,9; 2. Gabriele Herzog (Münchener EV) 10/657,5; 3. Carmen Claudia Griehl (BSchC) 24/637,0; 4. Gabriele Kley (BSchC) 23/639,5.
Senioren-Paare: 1. Marika Bachmann/Franz Humbs (Frankfurter REC) 7/46,7; 2. Ilse Klötzer/Franz Lambert (Münchener EV) 8/46,0.
Ts 1., 5.–10. 1.; Tg 6.–8. 1.; BP 1; Ph (SPA).

Jan 11, 20.00 Uhr. Eishockey
V: BSchC.
BFC Preußen – Mannheimer SC 3:3 (0:1, 1:1, 2:1; Aufstiegsspiel zur Oberliga).
Ts 11.–12. 1.

Jan 13, 20.00 Uhr. Eishockey
V: BSchC.
Kölner EK: Herbst, Horky (Tor); Gerhards, Schwarz (Vert. A); Böhmer, Peters (Vert. B); Darscheidt, Wirnich, Scherra (Sturm A); Willems, Langemann, Rudel (Sturm B); Theo Kleiner, Peske, Neuhausen (Sturm C); Weiß (Ersatz).
BSchC: Seelmann, Sucker (Tor); Walter, Kess (Vert. A); Patrzek, Anders (Vert. B); Schmitz, Wanner, Zunker (Sturm A); Göpner, Schuhknecht, Just (Sturm B); Oehme, Christmann, Schacherbauer (Sturm C); Krause (Ersatz).
Kölner EK – BSchC 5:4 (2:2, 2:0, 1:2; zweites Qualifikationsspiel zur Bundesliga).
Ts 13.–14. 1.; BP 2; Ph (SPA).

Jan 14, 20.00 Uhr. Eishockey
V: BSchC.
EC Hannover – BFC Preußen 9:1 (Aufstiegsspiel zur Oberliga).
Ts 14., 17. 1.

Jan 18, 20.00 Uhr. Eishockey
V: BSchC.
BSchC – VfL Bad Nauheim 5:5 (2:2, 1:1, 2:2; Bundesliga).
Ts 18.–19. 1.; BP 2.

Jan 20, 20.00 Uhr. Handball
V: HVB (?).
Et: 2,– bis 4,– DM.
Rein. Füchse – TV Hochdorf 14:9 (2:6; Bundesliga).
Ts 20.–21. 1.; BP 2; Pl (SPA).

Jan 21, 20.00 Uhr. Amateur-Boxen »Moskau – Berlin«
V: BBV.
Et: 3,– bis 15,– DM.
Flg: Amangeldy Waliew (Moskau) besiegt Waldemar Stephani.
Bg: Oleg Grigorjew (Moskau) besiegt Peter Barkowski.
Fdg: Manfred Maeß erhielt den Sieg kampflos, da Stanislaw Stepaschkin erhebliches Übergewicht hatte (der dann im Lg boxte).
Lg: Stanislaw Stepaschkin (Moskau) besiegt Peter Henatsch.
Hwg: Walerij Frolow (Moskau) besiegt Hartmut Dreßler.
Wg: Alexander Kalinkin (Moskau) besiegt Ernst Stuck.
Hmg: Juri Mawrjaschin (Moskau) besiegt Hans-Heinrich Dieter III.
Mg: Igor Jewstigneew (Moskau) besiegt Jörg Hüttenrauch.
Hsg: Aleksei Kiselew (Moskau) besiegt Wolfgang Beckmann durch ko (1. Rde).
Sg: Alfred Zybarth besiegt Arkadij Turkin (Moskau).
Moskau – Berlin 16:4.
Tg 21.–22. 1.

Jan 26 – Feb 28. 13. Bockbierfest im Sportpalast
Werktags 20.00 Uhr, sonntags 19.00 Uhr.
V: SP.
»Kapelle Otto Kermbach – Bayernkapelle Sepp Schmid – Joachim Krüger / Alt-Berliner Wachaufzug – Lustige Schuhplattlerkonkurrenz / Wasserspiele und viele weitere Attraktionen« (Anz., Ts 22. 1.).
Feb 4 und 6 – 7. »Der Höhepunkt der Bockbiersaison 3 tolle Nächte«
Et: 4,– DM
Feb 4 *»Bis früh um viere…«.*
Feb 6 *»Zille-Ball«.*
Feb 7 *»Fastnachts-Ball«.*
Ts 22., 29. 1.; 19. 2.; Pl (SPA).

Mär 4 – 5. Konzert »Don Kosaken Chor Serge Jaroff«
Am 4. 3. um 20.00 Uhr, am 5. 3. um 19.00 Uhr.
V: Hofner/SP.
Et: ab 3,– DM.
Ts 19. 2.; BP 7; Pl (SPA).

Mär 7, 20.00 Uhr. Konzert »Meine Melodie«
V: Buchmann/Jänicke.
Et: ab 5,– DM.
Mitw.: Gus Backus, Roy Black, Christopher & Michael, Die City Preachers, Cornely Singers, Suzanne Doucet, Michel Polnareff u. a.; Ansage: Peter Fröhlich.
Ts 5. 3.; BP 7; Ph, Pl (SPA).

Mär 11, 20.00 Uhr. Konzert »Ernst Mosch und seine Original-Egerländer Musikanten«
V: Buchmann.
Mitw.: Herbert Hisel, Das Oberkrainer Sextett; Alfred Sandner (Ansage), Franz Bummerl.
Ts 5. 3.; Ph, Pl (SPA).

Mär 18, 20.00 Uhr. Gala-Konzert »Zarah Leander«
V: Hofner.
Anläßlich ihres 60. Geburtstages. Am Flügel Arne Hülphers. *»Conférence: Joachim Krüger u. Rolf Stiefel«.*
Zarah Leander singt Lieder, Chansons, Schlager und Evergreens.
Ts 26. 2.; BP 8; Ph (SPA).

Mär 23, 20.00 Uhr. Amateur-Boxen »Berliner Meisterschaften 1967«
V: BBV.
Et: 2,– bis 10,– DM.
Endkämpfe.
Flg: Waldemar Stephani (Sparta 58) besiegt Gerd Schubert (PSV).
Bg: Peter Barkowski (PSV) besiegt Horst Boeger (PSV).
Fdg: Manfred Maeß (Hertha BSC) besiegt Peter Prause (PSV).
Lg: Peter Henatsch (Hertha BSC) besiegt Klaus Niketta (PSV).
Hwg: Friedhelm Witthüser (Post SV) besiegt Gerd Drosdziok (ASV).
Wg: Ernst Stuck (Spandau 26) besiegt Klaus Steinert (Sparta 58).

608 Zarah Leander (Chr Mär 18).

Hmg: Hans-Heinrich Dieter III (Spandau 26) besiegt Harry Flügel (Spandau 26).
Mg: Rudi Hornig (Post SV) besiegt Rudi Bugge (Post SV) durch Aufgabe.
Hsg: Horst Waida (Hertha BSC) besiegt Wolfgang Beckmann (Hertha BSC).
Sg: Alfred Zybarth (TSV Rudow) besiegt Willi Regenauer (PSV).
Ts 23.–24. 3.; BP 9; Ph, Pl (SPA).

Mär 25 – 26, 20.00 Uhr. Bunte Veranstaltung »Der Berliner liebt Musike«
Am 26. auch 15.30 Uhr.
V: SP.
Et: ab 4,– DM.
»Eine fröhliche Osterveranstaltung aus Anlaß des 85. Geburtstages von Otto Kermbach«.
Mitw.: Edith Elsholtz, Erna Haffner, Jo Herbst, Christiane Kappauff, Das Mäcki Trio, Die Dominos, Die drei Travellers, Brigitte Mira, Rosemarie Moogk, Klaus Günter Neumann, Robert T. Odeman, Fredy Rolf, Willi Rose, Rolf Sanden, Ursula Schirrmacher, Werner Schmah, Edith Schollwer, Ewald Wenck, Astrid Wickberg; Orchester Otto Kermbach; künstl. Ltg und Ansage: Joachim Krüger.
Ts 5. 3.; BP 9; Ph, Pl (SPA).

Mai 1, 19.00 Uhr. Bunte Veranstaltung »Maibowle«
V: DGB/RIAS.
»Geschmackvoll angesetzt war die traditionelle Maibowle, die RIAS und DGB im vollbesetzten Sportpalast servierten: ein attraktives Programm von der Oper bis zum Schlager. Mit launigen Worten begrüßten der Regierende Bürgermeister Heinrich Albertz und der DGB-Vorsitzende Walter Sickert die Gäste im weiten Oval und schlugen eine Ätherbrücke nach drüben. Felicia Weathers, Tatjana Sais, William Ray, Walter Anton Dotzer, Udo Jürgens, Abi von Haase, Walter Böhm, Frank Raimond boten die Zutaten

609 Plakat (Chr Mai 3); SPA.

610 Plakat (Chr Mai 19); SPA.

zum stimmungsfördernden ›Getränk‹, das von Felix Knemöller und Hans Rosenthal überreicht wurde [...]« (Tg 3.5.).
Tg 27. 4.; 3. 5.; BP 13.

Mai 3, 20.00 Uhr. Jazz-Konzert »Ray Charles and his Orchestra«
V: Lippmann + Rau.
Mitw.: Ray Charles (voc, p) – The Ray Charles Orchestra: William King, Marshall Hunt, Walter Miller, Carl Adams (tp); Henry Coker, Fred Murrel, Donald Cooke, Frederic Johnson (tb); Joe Roccisan, Curtis Amy, Curtis Peagler (ts); Shellie Thomas (as), Leroy Cooper (bs); Lionel (Billy) Moore (dm); Barry Rilera (g); Edgar Willis (b) – The Raelets: Gwendolyn Berry, Merry Clayton, Clydie King, Alexandra Brown.
»Stunde der Ekstase / Ray Charles im Sportpalast / Die Eröffnung der Ray-Charles-Show im Sportpalast durch 15 mächtige Bläser und vier farbige Sängerinnen dauerte eine volle Stunde. Es war die Stunde des schwärzesten Bigband-Jazz [...] Das Orchester und die vier ›Raelets‹ waren schon Programm genug. Aber sie alle warben und heizten nur für den Einzigen, den Wahren, den Unvergleichlichen: den ›Genius‹ Ray Charles. und als er als die Seele vom Ganzen nach der Pause hereingeführt wurde, lag ihm der wohlgefüllte Sportpalast schon zu Füßen, bevor er auch nur ›Yeah‹ gesagt hatte. [...] Und dann beginnt sein aufregender Wechselgesang mit den ›Raelets‹, jenen vier Damen, die sich lässig, im schlingernden Tanzschritt auf der Bühne bewegen, und deren Gesang erst den typischen Ray-Charles-Klang ausmachen« (Ts 6. 5.).
Ts 6. 5.; BP 13; Ph, Pl (SPA).

Mai 13–15, 20.00 Uhr. Operette »Gräfin Marizza«
Stattgefunden?
BP 14.

Mai 19, 17.00 und 20.00 Uhr. Konzert »The Beach Boys« u. a.
V: Buchmann.
Et: 6,– bis 14,– DM.
Mitw.: The Beach Boys (Alan Jardine, Bruce Johnston, Mike Love, Carl und Dennis Wilson), Small Faces (Kenny Jones, Ian »Mac« Lagan, Ronnie »Plonk« Lane, Steve Marriot), David Garrick, The Smoke (Geoffrey Gill, Malcolm Luker, John »Zeke« Lund, Michael Rowley), The Twangy Gang.
Tg 14. 5.; BP 14; Ph, Pl (SPA).

Mai 31–Jun 3, 20.00 Uhr. Eiskunstlauf »Gala-Revue der Eislauf-Stars 1967«
Am 2.–3. auch 15.30 Uhr.
V: SP.
Kunstlauf (und Eistanz) von Bodo Bockenauer, Barbara Conniff, Sjoukje Dijkstra, Regine Heitzer, Donald Jackson, Uschi Keszler, Manfred Schnelldorfer, Margret Göbl/Franz Ningel, Sonja Pfersdorf/Günter Matzdorf, Eva und Pavel Roman, Inge und Willi Schilling.
»Nicht die übliche Show auf spiegelglatter Fläche wird diesmal [...] geboten. Profis präsentieren sich mit einem Perfektions-Programm, das in dem Umfang und der Qualität seinesgleichen sucht. Mit viel Beifall und häufigen Zugaben gingen die Nummern über die Bühne [...] Die Ausstattung verzichtet bewußt auf eine Überladung mit Kostümen und Requisiten. Kenner und Freunde der reinen Eislaufkunst kommen mehr auf ihre Kosten als Anhänger bloßer Ausstattungsrevuen. [...] Mit einem langsamen Tanz zur berühmten Melodie aus ›Dr. Schiwago‹ warten Sonja Pfersdorf und Günter Matzdorf auf. Mitreißende Beat-Atmosphäre bringen zu heißen Rhythmen Margret und Franz Ningel aufs Eis. Eva und Pavel Roman lassen den ›Alexis Sorbas‹ wieder aufleben. Das Berliner Paar Inge und Willi Schilling erringt mit Akkuratesse und Eleganz die Herzen des Publikums« (Welt 2. 6.).
Ts 10., 21. 5.; Welt 2. 6.; BP 15f.; Ph (VWA).

611 Eva und Paul Roman (Chr Mai 31 – Jun 3).

Jul 22, 20.00 Uhr. »Moissejew-Ensemble«
V: SP.
Et: ab 6,– DM.
»Das Staatliche Akademische Volkstanz-Ensemble der UdSSR / 120 Mitwirkende / Tänzerinnen · Tänzer · Orchester / Künstlerische Ltg. u. Choreographie: Igor Moissejew« (Anz., Ts 9. 7.).
Ts 9., 25. 7.; BP 21; Ph, Pl (SPA).

Aug 26, 20.00 Uhr. Kabarett »Die Stachelschweine« und »Die Lach- und Schießgesellschaft«
BP 24.

Aug 28, 20.00 Uhr. Konzert »Mahalia Jackson«
V: Collien.
Et: ab 4,– DM.
»The World's Greatest Gospel Singer«.
Mitw.: Mahalia Jackson (voc), Edward Robertson (p), Charles Clany (Hammond-Orgel).
Ts 13. 8.; BP 24; Ph (SPA).

Aug 31, 20.00 Uhr. Amateur-Boxen »Berlin–London«
V: BBV.
Et: 2,– bis 12,– DM.
Flg: Waldemar Stephani besiegt Allan Parker (London) durch Abbruch (2. Rde).
Bg: Tony Humm (London) besiegt Peter Barkowski.
Fdg: Peter Prause besiegt Danny Mogford (London) durch Abbruch (3. Rde).
Lg: Terry Waller (London) besiegt Klaus Niketta.
Hwg: Friedhelm Witthüser besiegt Pat McCormack (London).
Wg: Manfred Hoenow besiegt Dave Proud (London).
Hmg: Eric Blake (London) besiegt Harry Flügel.
Mg: Chris Finnegan (London) besiegt Erhard Kriegisch.
Hsg: Horst Waida besiegt Berry Francis (London).

Sg: Billy Wells (London) besiegt Alfred Zybarth durch Abbruch.
London – Berlin 10:10.
Ts 31. 8.; 2. 9.; BP, 24; Ph, Pl (SPA).

Sep 15, 20.00 Uhr. Konzert »›Mr. Dynamite‹ – The James Brown Show«
V: Lippmann + Rau/Berenbrok/Biesold.
Et: 5,– bis 18,– DM.
»Blues Beat und Soul-Musik aus Amerika«.
Mitw.: James Brown (voc) – The Famous Flames: Bobby Byrd, John Terry, Bobby Bennett (voc) – Vicky Anderson (voc) – J. B. Dancers: Carolyn Washington, Anne Norman, Jaenette Washington – J. B. Orchestra: St. Clair Pinckney, Al Bryant, Williams Eldero, Maceo Parker (s); Waymond Reed, Joseph Calvin Dupars (tp); Levi Rasbury (tb); Jimmy Nolan, Alfonzo Kellum (g); Bertrand Odom (b); John Starks, Clyde Stubblefield, Ronald Selico (dm); Richard Jones, Marilyn Jones, Sylvia Medford (v); u. a.
Pl (SPA); Akte SPA 4203/4, a.

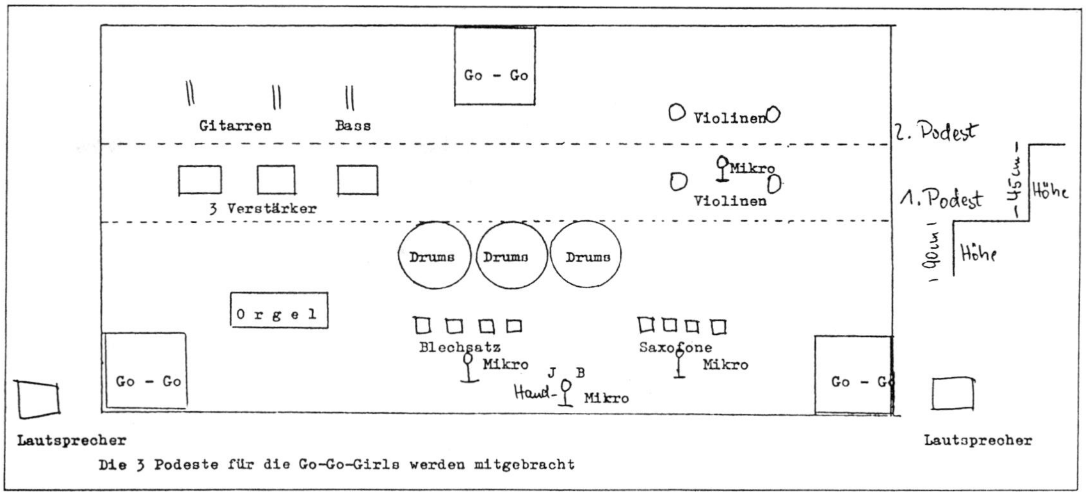

612 Technische Bühnenanweisung zu »›Mr. Dynamite‹ – The James Brown Show« (Chr Sep 15); SPA.

Sep 21, 20.00 Uhr. Eishockey
V: BSchC.
Et: ab 4,– DM.
BSchC: Seelmann, Schuster (Tor); Anders, Patrzek (Vert. A); Kess, Walter (Vert. B); Christmann, Schacherbauer, Irving (Sturm A); Krause, Pförtke, Zunker (Sturm B); Schuhknecht, Göpner, Urban (Sturm C); Banasiewicz, Oehme, Jaensch (Ersatz).
BSchC – EHC Basel 6:2 (2:1, 2:1, 2:0; Freundschaftsspiel zum Saisonbeginn).
Ts 21.–22. 9.; BP 27; Pl (SPA).

Sep 23, 20.00 Uhr. Eishockey
V: BSchC.
Et: ab 4,– DM.
BSchC – Grashoppers Zürich 3:2 (0:1, 2:1, 1:0; Freundschaftsspiel).
Ts 23.–24. 9.; BP 27; Pl (SPA).

Sep 29, 20.00 Uhr. Eishockey
V: BSchC.
Et: ab 4,– DM.
BSchC – SG Nürnberg 10:0 (3:0, 3:0, 4:0; Oberliga; Rückspiel Okt 1).
Ts 29.–30. 9.; BP 27; Pl (SPA).

Okt 1, 15.00 Uhr. Eishockey
V: BSchC.
Et: ab 4,– DM.
BSchC – SG Nürnberg 5:4 (1:3, 3:0, 1:1; Oberliga, Rückspiel, vgl. Sep 29).
Ts 3. 10.; BP 28; Pl (SPA).

Okt 8, 20.00 Uhr. Konzert »Hoch- und Deutschmeister Wien«
V: Collien/SP.
Et: ab 3,– DM.
Ltg: Julius Herrmann.
Ts 1. 10.; BP 28; Pl (SPA).

Okt 11–12, 20.00 Uhr. »Music-Hall Israel«
Et: ab 6,– DM.
»MUSIC-HALL ISRAEL / und 60 Mitwirkende in Berlin! / Ballett · Tanz · Gesang · Musik Folklore / Artistik in einem 2-Std.-NONSTOP-PROGRAMM« (Anz., Ts 1. 10.).
Mitw.: Ballett Karmon-Histadruht, Die Harcarmelims, The High Windows, Nichri, Ilan und Ilanit, Almoznino, Yaffa Yarkoni; Großes Orchester (Itchak Graziani); Direktion: Jonathan Karmon.
Ts 1. 10.; BP 29; Pl (SPA).

Okt 14, 16.50 Uhr. Handball
V: BSV 92/Rein. Füchse.
Et: 2,– bis 6,– DM.
Bundesligaspiele.
FA Göppingen – BSV 92 22:13 (15:7).
Rein. Füchse – TV Hochdorf 15:12 (8:8).
Ts 13., 15. 1.; BP 29; Pl (SPA).

Okt 15, 17.00 Uhr. Eishockey
V: BSchC.
Et: ab 4,– DM.
BSchC – EC Hannover 11:2 (6:1, 2:1, 3:0; Oberliga).
Ts 3., 15., 17. 10.; BP 29; Pl (SPA).

613 Plakat (Chr Sep 15); SPA.

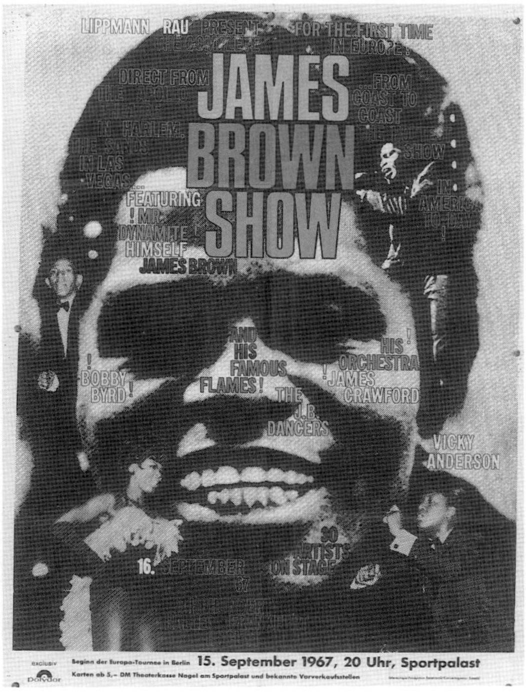

Okt 20, 20.00 Uhr. Jazz-Konzert »The Dutch Swing College Band« mit Beryl Bryden
V: SP.
Et: ab 4,– DM.
Ts 15. 10.; Ph, Pl (SPA).

Okt 21, 16.50 Uhr. Handball
V: BSV 92/Rein. Füchse.
Et: 2,– bis 6,– DM.
Bundesligaspiele.
Rein. Füchse – SV Möhringen 18:15 (9:9).
SG Leutershausen – BSV 92 18:9 (9:5).
Ts 21.–22. 10.; BP 30; Pl (SPA).

Okt 22, 17.00 Uhr. Eishockey
V: BSchC.
Et: ab 4,– DM.
BSchC: Seelmann, Sucker (Tor); Anders, Patrzek (Vert. A); Kess, Walter (Vert. B); Christmann, Schacherbauer, Irving (Sturm A); Krause, Wanner, Zunker (Sturm B); Banasiewicz, Schuhknecht, Göpner (Sturm C); Oehme, Urban, Rück, Zasche (Ersatz).
EC Deilinghofen: Schulte, Prinz (Tor); Müll, Wellner (Vert. A); Neugebauer, Kasper (Vert. B); K. F. Schauhoff, J. Schauhoff, Karl (Sturm A); Jacob, Grun, F. W. Schulte (Sturm B); Stürs, Wendland, Ravenschlag (Sturm C); Bute (Ersatz).
BSchC – EC Deilinghofen 9:2 (6:0, 1:1, 2:1; Oberliga).
Ts 22., 24. 10.; BP 30; Ph, Pl (SPA).

Okt 25, 20.00 Uhr. Eishockey
V: BSchC.
Et: ab 4,– DM.
Eintracht Frankfurt – BSchC 4:2 (2:1, 0:1, 0:2; Oberliga).
Ts 24.–26. 10.; BP 30, Pl (SPA).

Okt 28, 20.00 Uhr. Konzert »Zarah Leander«
Et: ab 4,– DM.
»Zarah Leander singt Lieder, Chansons, Schlager und Evergreens [...] Am Flügel: Arne Hülphers / Conference: Rolf Stiefel«.
Ts 15. 10.; BP 50.

Nov 1, 20.00 Uhr. Eishockey
V: BSchC.
Et: ab 4,– DM.

SPORTPALAST
Mittwoch, den 11. Oktober 1967, 20 Uhr
Donnerstag, den 12. Oktober 1967, 20 Uhr
Unter Schirmherrschaft S. E. des Herrn israelischen Botschafters Asher Ben Natan
Nach sensationellen Erfolgen in Paris - London - USA jetzt auch in Deutschland
Offizielle Tournee der „Olympiaden der Music-Hall“ im Olympia-Theater Paris
MUSIC-HALL ISRAEL
Ballett Karmon-Histadruth
30 junge Tänzerinnen und Tänzer in farbigen Nationalkostümen
Die Hacarmelims
Lieder aus Israel
The High Windows
Internationaler Vocalgesang
Nichri
Musical-Virtuose
Großes Orchester, Leitung: Itchak Graziani
Yaffa Yarkoni
Chanson-Sängerin von Weltformat
Ilan und Ilanit
Schlager für junge Leute
Almoznino
Karikaturen im Schattenspiel
Direktion: Jonathan Karmon
60 MITWIRKENDE - Ballett, Tanz, Gesang, Musik, Folklore, Artistik
in einem einzigartigen 2 Stunden Non-Stop-Programm
Karten ab 6,- DM - Vorverkauf: Theaterkasse Nagel am Sportpalast und bekannte Stellen
Arr. Sportpalast-GmbH. Dir. Georg Kraeft

614 Plakat (Chr Okt 11–12); SPA.

Das weltberühmte Vocal-Ensemble
wieder auf Deutschland-Tournee!
SPORTPALAST
Sonntag, 12. November
19 Uhr
Karten ab 4.- DM Theaterkasse Nagel am Sportpalast
und bekannte Vorverkaufsstellen
Scheck Nr. 63 gültig
Tourneeleitung:
Konzertdirektion Kurt Collien GmbH, Hamburg 4
und Konzertdirektion Peter Uecker
Hamburg 13
Golden
Gate
Quartet
USA
SPIRITUALS
FOLK-
SONGS
&
BALLADS

615 Plakat (Chr Nov 12); SPA.

616 »Music-Hall Israel« (Chr Okt 11–12).

BSchC – Mannheimer SC 11:4 (5:2, 3:1, 3:1; Oberliga).
Ts 31. 10.; 1.–2. 11.; BP 31; Pl (SPA).

Nov 3, 20.00 Uhr. Eishockey
V: BSchC.
Et: ab 4,– DM.
Kölner EK: Wolf Herbst, Dieter Horky (Tor); Günther Jochems, Egon Scherra (Vert. A); Manfred Schwarz, Leo Gerhards (Vert. B); Günter Peters, Karl-Heinz Böhmer (Vert. C); Helge Willems, Gavin Speirs, Hans-Joachim Wirnich (Sturm A); Wolfgang Peske, Detlef Langemann, Jörg-Henning Meyer (Sturm B); Roland Darscheidt, Theo Kleiner, Ulrich Rudel (Sturm C); Thomas Franken (Ersatz).
BSchC: Seelmann, Sucker (Tor); Anders, Patrzek (Vert. A); Kess, Walter (Vert. B); Christmann, Schacherbauer, Irving (Sturm A); Oehme, Schuhknecht, Göpner (Sturm B); Pförtke, Wanner, Zunker (Sturm C); Rück (Ersatz).
BSchC – Kölner EK 8:4 (2:1, 3:1, 3:2; Oberliga).
Ts 2.–4. 11.; BP 30; Ph (Longino); Pl (SPA).

Nov 5, 15.40 Uhr. Handball
V: BSV 92/Rein. Füchse.
Et: 2,– bis 6,– DM.
Bundesligaspiele.
SV Möhringen – BSV 92 20:10 (8:3).
FA Göppingen – Rein. Füchse 25:20 (12:11).
Ts 4., 7. 11.; BP 31; Pl (SPA).

Nov 9, 15.30 und 20.00 Uhr. Bunte Veranstaltung »Gesucht wird die Hausfrau des Jahres«
V: Sauer.
»11 Landessiegerinnen kämpfen um die goldene Krone der besten Hausfrau Deutschlands 1967/68 / Kampfleitung: Günter Keil aus Berlin · Heinz Köllisch aus Hamburg · Dazu ein Star-Programm / Rita Bartos · Billy Mo · Hildegund Carena / Geschw. Leismann · Dorthe · Sonja Michael / Die Gents · Willy Hofmann · Renate Kern / Hans Karbe mit seinem Orchester / Die Bundessiegerin 1967/68 erhält eine Amerika-Reise und wertvolle Sachpreise« (Pl).
»Mit 711 Punkten hatte Helga Otto gegen ihre Konkurrentinnen Heidi Lüdecke aus Helmstedt (664 Punkte) und Ruth Träger aus Berlin (647 Punkte) einen beachtlichen Vorsprung herausgeholt« (BMp 11. 11.).
BMp 10.–11. 11.; BP 31; Ph, Pl (SPA).

Nov 10, 20.00 Uhr. Konzert »Ernst Mosch und seine Original-Egerländer Musikanten«
V: Buchmann.
Et: 4,50 bis 9,50 DM.
»Jubiläumstournee ›10 Jahre Ernst Mosch und seine Egerländer Musikanten‹ / Musik aus der Volksseele für die Volksseele« (Ph).
Mitw.: Slavko Avsenik und seine Original Oberkrainer, Herbert Hisel, Hermann Lederer (Ansage).
Ts 5. 11.; BP 31; Pl (SPA).

Nov 11, 20.00 Uhr. Konzert »Gute Freunde musizieren für Berlin«
V: GdP.
Et: 2,50 DM.
Mitw.: The 298th US Army Band (Owen O. Kirby); The King's Own Yorkshire Light Infantry Band (John Offord); La Musique du 46ème Regiment d'Infantrie (René Lamarre); Das Musikkorps der Schutzpolizei Berlin (Herbert Domagalla).
BP 32; Ph, Pl (SPA).

Nov 12, 19.00 Uhr. Konzert »The Golden Gate Quartet«
V: Collien/Uecker.
Et: ab 4,– DM.
Mitw.: The Golden Gate Quartet (Caleb Ginyard, Clyde Riddick, Orlandus Wilson, Clyde Wright [voc]; Begleitung: Wolfgang Luschert [b], Helmut Peters [dm], Dany Revel [p]).
»Das berühmte Vocal-Ensemble singt Spirituals – Ballads – Folksongs« (Anz., Ts 5. 11.).
»Mit einladenden Gesten holten sie die in der weiten Arena verstreuten ›Schäfchen‹ unterm Podium zusammen, damit auch ja jedes einzelne die Botschaft vernehme: daß Jesus Christus geboren sei, wie Josuah die Schlacht von Jericho gewonnen habe und wie es ›Over There‹ im Paradies aussehe. Das machen sie nun schon Jahrzehnte – vier individuelle Stimmen in ausgefeilten Spiritual-Arrangements zusammengefaßt, die dennoch genug Raum für Spontaneität und Improvisation lassen« (Ts 16. 11.).
Ts 5., 16. 11.; BP 32; Ph, Pl (SPA).

Nov 16, 20.00 Uhr. Jazz-Konzert »Chris Barber's Jazzband«
V: SP.
Et: ab 4,– DM.
»In den fünfziger Jahren füllte er spielend die Deutschlandhalle. Chris Barber, von den Berlinern liebevoll ›Christian Rhabarber‹ getauft, war der Star jener Tage, da man noch sauber gewaschen und frisiert auf dem Podium erschien und einen Jazz spielte, von dessen Chorussen man Note für Note vorausahnen konnte. Snobs – man war geteilt nach ›traditionell‹ und ›modern‹ – rümpften schon damals die Nase und sagten: Hänschen-Klein-Jazz. Andere liebten diese Klänge um so mehr. Die ›Dixieland‹-Gemeinde ist abgebröckelt; wir werden, Gott sei's geklagt, alle nicht jünger. Jetzt wird der Sportpalast kaum halb voll, wenn Chris Barber spielt. Sic transit gloria Dixie. Seit fünf Jahren war er nicht mehr in West-Berlin, dafür aber häufig im Ostteil unserer Stadt [...] Man wollte [...] den guten, alten Zeiten nachtrauern. Sie wurden überraschenderweise springlebendig [...]« (Ts 18. 11.).
Ts 5., 18. 11.; BP 32; Pl (SPA).

Nov 17–19. Konzert »Don Kosaken Chor Serge Jaroff«
Am 17.–18. 11. um 20.00 Uhr, am 19. 11. um 19.00 Uhr.
V: Hofner/SP.
Et: 3,– bis 10,– DM.
Pl (SPA); Akte SPA 4212/8, a–d.

Nov 21, 19.30 Uhr. Handball »Kurt-Dräger-Gedächtnisturnier«
V: HVB.
Et: 3,– bis 8,– DM.
Der HSV, der Sieger des Vorjahres, konnte nicht teilnehmen, da starker Nebel den Abflug aus Hamburg verhindert hatte. An seiner Stelle nahm eine schnell zusammengestellte Studenten-Auswahl teil.
BSV 92: Peter Schäfer, Horst Schneider, Horst Göldner, Bernd Freier, Bernd Lukas, Wolfgang Braun, Olaf Hömke, Uwe Polewacz, Jürgen Teske, Wolfgang Bahlburg, Jürgen Bohnsack.
Rein. Füchse: Bernd Schäpe, Wolfgang Eggert, Thomas Micheli, Diethard Finkelmann, Lothar Wiehle, Gerd-Volker Stock, Klaus-Dieter Guse, Lutz Loewke, Wolfgang Bock, Bernd Redlich, Detlef Finkelmann, Henry Johannes.
VfL Gummersbach: Berndt Podak, Klaus Kater, Wolfgang Becher, Klaus Brand, Jochen Feldhoff, Uwe Braunschweig, Jochen Brand, Helmut Kosmehl, Hans-Günther Schmidt, Klaus Kriesten, Hans Gerd Bölter, Klaus Lenz, Wolfgang Heil.
Je Spiel 2 x 15 Min.
1. Gummersbach – BSV 92 8:7 (3:3); 2. Rein. Füchse – Studenten 13:8 (7:4); 3. BSV 92 – Rein. Füchse 8:6 (3:3); 4. Studenten – Gummersbach 11:10 (4:4); 5. Studenten – BSV 92 9:8 (5:4); 6. Gummersbach – Rein. Füchse 17:10 (11:6).
Gesamtergebnis: 1. Gummersbach (4:2 Punkte), 2. Studenten (4:2), 3. BSV 92 (2:4), 4. Rein. Füchse (2:4).
Ts 21.–22., 24. 11.; BP 33; Ph (SPA); Akte SPA 4140/8.

Nov 22, 16.30 Uhr. Eishockey
V: BSchC.
Eintracht Frankfurt: Krauss, Rosskopf (Tor); Tisler, Hohenadl (Vert. A); Tuska, Türk (Vert. B); Philipp, Retzler, Zeiler (Sturm A); Klett, Bopp, Habermann (Sturm B); von de Sand, Giegerich, Ruppel (Sturm C).
BSchC: Seelmann, Schuster (Tor); Anders, Patrzek (Vert. A); Kess, Walter (Vert. B); Christmann, Schacherbauer, Irving (Sturm A); Oehme, Schuhknecht, Göpner (Sturm B); Pförtke, Wanner, Zunker (Sturm C); Urban, Rück (Ersatz).
BSchC – Eintracht Frankfurt 4:3 (1:1, 1:0, 2:2; erstes Aufstiegsspiel zur Bundesliga).
Ts 24. 11.; Ph (SPA).

Nov 23 – Dez 17. Wiener Eisrevue mit »Episoden«
Werktags 20.00 Uhr, sonntags 19.30 Uhr; mittwochs, sonnabends und sonntags auch 15.30 Uhr; am 26. 11. geschlossen.
V: SP.
Et: ab 4,– DM.
R: Will Petter; Mu: Robert Stolz; Mitw.: *»Milena, Peter Jonas, Ronnie McKenzie, Yvette Busieau, Nicole Ardant, Paul Sibley, Duncan Whaley, Annette Gardiner-Alan Glenn,*

617 Programmheft (Chr Dez 25–27); SPA.

Rusti Kile, Biddy & Baddy, Marietta Kovacs« und v. a.; Wiener Eisballett (Ph 22. 11.).
Ts 19., 24. 11.; BP 33–35.

Dez 20, 20.00 Uhr. Eishockey
V: BSchC.
Et: ab 4,– DM.
VfL Bad Nauheim – BSchC 6:1 (3:1, 2:0, 1:0; Aufstiegsspiel zur Bundesliga).
Ts 19.–21. 12; BP 35; Pl(SPA).

Dez 25–27, 20.00 Uhr. »Moissejew-Ensemble«
Am 26.–27. auch 15.30 Uhr.
V: SP.
Et: 6,– bis 25,– DM.
Staatliches Akademisches Volkstanzensemble der UdSSR, Moskau; Ltg: Igor Moissejew (vgl. Jul 22).
Ts 3., 28. 12.; BP 36; Ph, Pl (SPA).

Dez 30, 20.00 Uhr. Boxen »Karl Mildenberger – Gerhard Zech« u. a.
V: SP/Göttert.
Et: 6,– bis 60,– DM.
Wg: Willi Quatuor (65,5 kg; Dortmund) – Ricky McMaster (67 kg; Jamaica), Sieg Quatuors durch ko (2. Rde).
Super Wg: Gerhard Piaskowy (70,7 kg; Berlin) – Dramane Quedrago (72,3 kg; F), unentschieden (8 Rdn).
Super-Wg: Werner Mundt (71 kg; Dortmund) – John Tiger (68 kg; F), Sieg Mundts nach Pktn (8 Rdn).
Mg: Karlheinz Brunnhölzl (74,8 kg; Frankfurt am Main) – Fabio Bettini (72,1 kg; I), unentschieden (8 Rdn).
Sg: Karl Mildenberger (93,5 kg; Kaiserslautern) – Gerhard Zech (102 kg; Glashütten), Sieg Mildenbergers nach Pktn (15 Rdn; Europameisterschaft, Hf Zech).
Ts 11., 30.–31. 12.; 3. 1. 1968; BP 36; Ph, Pl (SPA).

1968

Jan 1, 17.00 Uhr. Handball-Turnier
V: HVB.
Et: 3,– bis 8,– DM.
Berlin: Peter Schäfer (BSV 92), Bernd Schäpe (Rein. Füchse), Diethard Finkelmann (Rein. Füchse), Bernd Redlich (Rein. Füchse), Karl-Heinz Plötz (OSC), Wolfgang Braun (BSV 92), Gerd-Volker Stock (Rein. Füchse), Klaus-Dieter Guse (Rein. Füchse), Olaf Hömke (BSV 92), Gerd v. Petersdorff (ATV), Sigmar Artelt (TSV Rudow), Lutz Loewke (Rein. Füchse), Horst Ziel (CHC), Detlef Finkelmann (Rein. Füchse).
Bukarest (RO): Cornel Penu, Stefan Orban, Franz Demian, Valentin Samungi, Ion Paraschiv, Titus Moldovan, Mircea II Costache, Dumitru Dinea, Petre Pop, Cristian Gatu, Gavriel Kicsid, Dieter Rot, Roland Gunes, Ghita Licu, Gunther Spec, Cezar Nica.
Göteborg (S): Frank Ström, Ronald Karlsson, Gunnar Kämpendahl, Gösta Carlsson, Per-Ove Arkevall, Roger Carlsson, Rolf Pettersson, Leif Jansson, Jan Fridén, Reine Magnusson, Björn Aggenfjord, Kent Harman, Curt Magnusson.
Moskau (SU): Ewgeniy Boitow, Wjatscheslaw Sotow, Boris Kusewitsch, Imedo Pchakadse, Andris Gulbis, Wladimir Efimow, Juri Klimow, Nikolai Schajuk, Wladimir Maksimow, Alexander Panow, Wladimir Alferow, Juri Sdorenko, Alexander Koschuchow.
Je Spiel 2x15 Min.

618 61. Berliner Sechstagerennen (Chr Jan 12–18), Tanz im Innenraum.

1. Moskau – Berlin 8:7 (7:4); 2. Bukarest – Göteborg 12:0 (4:0); 3. Göteborg – Berlin 7:7 (2:4); 4. Moskau – Bukarest 8:8 (4:3); 5. Moskau – Göteborg 11:7 (5:3); 6. Bukarest – Berlin 7:6 (6:4).
Gesamtergebnis: 1. Bukarest (5:1 Pkte), 2. Moskau (5:1), 3. Berlin (1:5), 4. Göteborg (1:5).
Ts 3. 1.; BP 1; Ph, Pl (SPA); Akte SPA 4140/9, a.

Jan 4, 19.30 Uhr. Handball »III. Studenten-Weltmeisterschaften 1968«
V: Federation International du Sport Universitaire.
Et: ab 3,– DM.
Vorrundenspiele der Gruppe 2. Die Spiele dieser Weltmeisterschaften fanden vom 4.–12. 1. statt und wurden überwiegend in Städten der Bundesrepublik ausgetragen. In Berlin weitere Spiele am 5. und 6. in der Sporthalle Schöneberg.
Die Stadtmannschaft Berlin spielte außer Konkurrenz.
Deutschland – Dänemark 17:9 (6:6); Berlin – Belgien 28:7 (11:4).
Ts 5. 1.; BP 1; Ph, Pl (SPA); Akte SPA 4140/11.

Jan 6, 20.11 Uhr. Karnevalssitzung »Wer soll das bezahlen?«
V: SP.
Et: 4,– bis 12,– DM.
Prunksitzung der Düsseldorfer Karnevalsgesellschaft e.V. »Die Weißfräcke« (Präsident Hugo Cremer).
Mitw.: *»Dick und Doof · Paul Kett · Franz Ketzer · Willi Binzen / Siegbert Sieberichs · Hans Lötzsch · Werner Küppers / Die neuesten Karnevalsschlager singen: / Hans-Ludwig Lonsdorfer und Hans Heinrichs / Die Resie-Keßler-Garde und die Düsseldorfer Schloßgarde / Die Rote-Funken-Garde / Das Musikkorps der Rote-Funken-Artillerie Eschweiler, / Leitung: Hans Jagfeld · Fanfarenchor, Leitung: Willi Jouhsek«* (Anz., Ts 6. 1.).
Ts 6., 9. 1.; Tg 9. 1.; BP 1; Ph, Pl (SPA); Akte SPA 4005/8.

Jan 12–18. 61. Berliner Sechstagerennen
Beginn 12. 1. um 20.00 Uhr, Start 22.00 Uhr, Ende 18. 1. um 23.00 Uhr.
V: SP (Otto Ziege).
Et: 5,–, 6,–, 8,– bis 18,–, 20,–, 22,–, 17,– DM (je nach Nacht).
Musik: Kapelle Otto Kermbach.
Wertungen: 14.30, 16.00 (je 10 Spurts), 20.45, 22.00 (je 5 Spurts), 2.00, 4.00 Uhr (je 10 Spurts).
Mit »Derny-Rennen« in jeder Nacht (vgl. 1961, Jan 6–12), Mehrkampf der Weltmeister, dem »Kleinen Sechstagerennen« der Amateure (s. u.) u. a.
Teiln. (11 Paare): 1. Bongers/de Wit (NL), 2. Kemper/Oldenburg (D), 3. Lykke/Eugen (DK), 4. Bölke/Streng (D), 5. Pfenninger/Junkermann (CH/D), 6. Schulze/Renz (D), 7. Puschel/Beghetto (D/I), 8. Bugdahl/Sercu (D/B), 9. Rudolph/Roggendorf (D), 10. le Greves/Wilde (F/D), 11. Kanters/May (D).
Ergebnis: 1. Lykke/Eugen 214 Pkte; 2. Kemper/Oldenburg (1 Rde zurück) 632; 3. Schulze/Renz 567; 4. Bugdahl/Sercu 347; 5. Rudolph/Roggendorf (3 Rdn zurück) 354; 6. Pfenninger/Beghetto (5 Rdn zurück) 206; 7. Bongers/de Wit (23 Rdn zurück); 8. Bölke/Streng (31 Rdn zurück) 271; 9. Kanters/May (41 Rdn zurück) 171.
Zurückgelegte km: 2926,340.
Startschuß: *»Das ›Startschuß-Duell‹ entschied die Berliner Schauspielerin Anita Kupsch mit einer Zehntelsekunde zu ihren Gunsten vor dem 68fachen Berliner Hockey-Rekordinternationalen Carsten Keller«* (Ts 13. 1.).
Vorrennen (Einstunden-Mannschaftsfahren der Amateure, 9 Paare), erstes Rennen der dann allabendlich um 19.30 Uhr durchgeführten weiteren Einstundenfahren der Amateure (»Kleines Sechstagerennen«); mit einer Gesamtwertung am letzten Tag: 1. Martin Gombert/Burckhard Ebert 63 Pkte; 2. Albert van Midden/Kees Stam (NL) 48; 3. Manfred Mücke/Mario Middendorf 44; 4. Bernd Jaroszewicz/Günter Laufer 41; 5. Jürgen Barth/Reiner Müller

28; 6. Michael Becker/Peter Schulz 25; 7. Burckhard Bremer/Kuno Weichert 22.
Ts 5., 7. 10., 12.–19. 1.; BP 2; Ph, Pl (SPA).

Jan 20–26
Die für diesen Zeitraum angekündigten sportlichen Veranstaltungen (Eishockey, Hallen-Handball, Amateur-Boxen) fielen entweder aus oder wurden an einen anderen Ort oder auf ein anderes Datum verlegt.

Jan 27, 15.30 und 20.00 Uhr. Bunte Veranstaltung »Das war in Schöneberg – Wir feiern den 90. Geburtstag von Walter Kollo«
V: SP/RIAS.
Et: 3,– bis 8,– DM.
»Ein heiterer Bilderbogen von Günter Neumann«.
Mitw.: Maria Alexander, Waldemar Arnold, Ekkehard Fritsch, Bruno Fritz, Dorthe Kollo, René Kollo, Willi Kollo, Undine von Medvey, Willi Rose, Die Rosy-Singers, Tatjana Sais, Edith Schollwer, Ewald Wenk; Das Große RIAS-Orchester (Fried Walter); Günter Neumann und Heinrich Riethmüller an zwei Flügeln; Ltg: Hans Rosenthal.
BP 3; Ph, Pl (SPA); Akte SPA 4220/10, a.

Jan 28, 17.00 Uhr. Eishockey
BSchC – Kölner EK.
Wurde ins Eisstadion Wedding verlegt.

Feb 1–Mär 3, 20.00 Uhr. 14. Bockbierfest im Sportpalast
V: SP.
Et: 1,50 DM (Sonntag bis Donnerstag), 3,– DM (Freitag und Sonnabend), 4,– DM (3 tolle Nächte).
»...und wieder ab 1. Februar / Det dollste, wat de hast / Bockbierfest im Sportpalast / [...] mit Braumeister Joachim Krüger / Alt-Berliner Wachaufzug · Tanzende Fontänen / und viele weitere Attraktionen« (Anz., Ts 18. 2.).
Feb 4, 15.00 Uhr. Großkonzert »Humbta, Humbta Täterä«
Sonderveranstaltung im Rahmen des Bockbierfestes.
Et: 3,– DM.
»Über 100 Musiker spielen für Sie heitere Melodien zur Karnevalszeit« (Pl).
Mitw.: Kapelle des Gloucestershire Regiments (Donald Carson), Blasorchester 1911 (Hermann Endeward), Spielmannszug TSV Staaken.
Feb 24 und 26–27. »3 tolle Nächte«
Feb 24 *»bis früh um viere ... Motto: Der Bock ist los«.*
Feb 26 *»Der traditionelle Zille-Ball«.*
Feb 27 *»Fastnachts-Ball«.*
Mär 1, 19.00 Uhr. Ball der Geschäftsfreunde
Mär 3, 15.00 Uhr. Konzert »Musike von Berlin«
Sonderveranstaltung im Rahmen des Bockbierfestes.
Et: 3,– DM.
Melodien von Walter Kollo, Paul Lincke u. a.
Mitw.: Blasorchester 1911 (Hermann Endeward).
Pl(SPA); Akte SPA 4007/1–9.

Mär 7, 20.00 Uhr. Konzert »Bee Gees in Concert '68«
V: Funke/Stern.
Et: 6,– bis 14,– DM.
Mitw.: Bee Gees; Massachusetts-String-Orchestra; Guest Star: Procol Harum.
»[...] ›Beautiful‹ Barry singt den neuen Knaller ›Words‹. Arrangeur Bill Shepard lacht wie ein gut gefetteter Pfannkuchen. Sein ›String Orchestra‹ schafft in einem Wald von Mikrophonen die vorwiegend düster getönte Klangtapete dazu. [...] Fast schon das Finale: ›Massachusetts‹, der über zweimillionenfache Plattenerfolg, fördert eine letzte Kreisch-Orgie. Schränke von Mannsbildern haben sich vor der Bühne aufgebaut. Ihre Abwehrhaltung stößt nirgends auf Widerstände. Diese Fans werden brav heimgehen, wenn die Schau aus ist. Sie werden keine Autos umwerfen und keine Polizisten beleidigen. Die Aggression entlädt sich hier harmlos. Daneben blüht Zartes: Männliche Fans mit gepflegter Putzwolle und ihre Hippie-Puppen beim ›Love-in‹. Demonstrativ zur Schau gestellte Zweisamkeit im Lärm, im Qualm, im Gedränge, Inseln der Seligen... Vom Pech verfolgt sind diesmal Gary, B.J., Dave, Robin und Matthew Charles, die sich ›Procol Harum‹ nennen. Nachdem die Bee Gees ihre lädierte Orgel rechtzeitig für

619 61. Berliner Sechstagerennen (Chr Jan 12–18), Patrick Sercu mit dem gewonnenen Schwein.

620 61. Berliner Sechstagerennen (Chr Jan 12–18), Miß Heuboden, Brigitte Götte, mit Direktor Georg Kraeft.

621 »Bee Gees in Concert '68« (Chr Mär 7).

Berlin wieder in Ordnung bringen konnten, streiken ›bei Procols‹ die Verstärker [...]« (Ab 8. 3.).
Pl (SPA); Akte SPA 4203/5, a–b.

Mär 8–9, 20.00 Uhr. Konzert »Don Kosaken Chor Serge Jaroff«
V: Hofner.
Et: 3,– bis 10,– DM.
BP 7; Pl (SPA); Akte SPA 4212/8, a–d.

Mär 10, 16.00 Uhr. Handball
V: BSV 92/Rein. Füchse.
Et: 2,– bis 6,– DM.
BSV 92: Peter Schäfer, Horst Schubert, Horst Göldner, Bernd Freier, Wolfgang Braun, Bernd Lukas, Michael Hünteler, Jürgen Gladow, Kurt Eckbrett, Hartmut Alsen, Horst Schneider.
Rein. Füchse: Bernd Schäpe, Thomas Micheli, Diethard Finkelmann I, Henry Johannes, Gerd-Volker Stock, Klaus-Dieter Guse, Lutz Loewke, Berndt Goerigk, Lothar Wiehle, Bernd Redlich, Ansgar Mayer.
SG Leutershausen: Lothar Pohl, Jürgen Plambeck, Felix Schmacke, Arno Schandin, Volker Heindel, Gerhard Schmitt, Gerhard Spengler, Herbert Hönnige, Arndt, Jens Schmitt, Hans-Jörg Jäck.
TV Hochdorf: Klaus Becker, Klaus Hutter, Josef Hutter, Manfred Oberbeck, Franz Hutter, Alois Ehmann, Peter Frisch, Hegnar, Hans Stein, Job, Hans Dürk.
Bundesligaspiele.
SG Leutershausen – Rein. Füchse 26:22 (13:15).
TV Hochdorf – BSV 92 17:10 (9:3).
Ts 9., 12. 3.; Tg 12. 3.; BP 7; Ph, Pl (SPA).

Mär 14, 20.00 Uhr. Eiskunstlauf und Eistanz »Olympiasieger und Weltmeister im Eiskunstlaufen«
V: BEV.
Et: 5,– bis 20,– DM.
Mitw.: Scott Allen (USA), Linda Carbonetto (CDN), Emmerich Danzer (A), Marian Filc (CS), Peggy Fleming (USA), Jay Humphry (CDN), Karen Magnussen (CDN), Hana Maskova (CS), Patrick Pera (F), Gabriele Seyfert (DDR), Timothy Wood (USA); Ludmilla Belousova/Oleg Protopopov (SU), Gudrun Hauss/Walter Häfner (D), Cynthia Kauffmann/Ronald Kauffmann (USA), Heidemarie Steiner/Heinz-Ulrich Walter (DDR), Yvonne Suddick/Malcolm Cannon (GB), Diane Towler/Bernard Ford (GB), Tatiana Zhuk/Alexandre Gorelik (SU); zur Eröffnung lief als Gast Hildegard Kley (BSchC).
BP 8; Ph, Pl (SPA); Akte SPA 4103/15 a–b.

Mär 15, 20.15 Uhr. Boxen »Gerhard Zech – Hubert Hilton« u. a.
V: Göttert.
Ausgefallen.
Ts 10. 3.; BP 8; Pl (SPA).

Mär 25, 18.00 Uhr. Aktionärsversammlung
V: Veba.
»Mit rund 1400 Teilnehmern war die gestrige Aktionärsversammlung der Veba [...] besser besucht als die Veranstaltung im vorigen Jahr [...] Mit Recht konnte deshalb der Sprecher des Unternehmens, das stellvertretende Vorstandsmitglied Rudolf von Bennigsen-Foerder, feststellen, daß man mit der Beteiligung und dem Interesse der Aktionäre zufrieden sein könne. [...]« (Ts 26. 3.).
Ts 26. 3.; Tg 26. 3.; Akte SPA 4240/20.

Mär 29, 20.00 Uhr. Amateur-Boxen »Berliner Meisterschaft 1968«
V: BBV.
Et: 2,– bis 10,– DM.
Flg: Gerd Schubert (PSV) besiegt Waldemar Stephani (Sparta 58).
Bg: Horst Boeger (PSV) besiegt Peter Barkowski (Sparta 58).
Fdg: Peter Prause (PSV) besiegt Werner Niestroj (PSV) durch Abbruch.
Lg: Peter Henatsch (Hertha BSC) besiegt Klaus Niketta (PSV).
Hwg: Friedhelm Witthüser (Post SV) besiegt Erwin Schulz (Hertha BSC).
Wg: Manfred Hoenow (NSF) besiegt Ernst Stuck (Spandau 26).
Hmg: Gunnar Münchow (ASV) besiegt Jürgen Cibis (NSF).
Wg: Rudi Hornig (Post SV) besiegt Erhard Kriegisch (Spandau 26).
Hsg: Horst Waida (Hertha BSC) besiegt Wolfgang Beckmann (Hertha BSC).
Sg: Alfred Zybarth (TSV Rudow) besiegt Lutz Weber (Astoria).
Ts 29.–30. 3.; Tg 29.–30. 3.; BP 9; Pl (SPA); Akte SPA 4133/23, a.

Mär 30–31, 20.00 Uhr. »Internationale Eiskunstlauf-Starparade«
V: SP.
Et: 4,– bis 12,– DM.
Mitw.: Karin Frohner, Regine Heitzer, Derek James, Wolfgang Schwarz, Kurt Soenning, Günter Tyroler; Gabriela und Rudi Matysik, Sonja und Günter Matzdorf, Rike Schropp/Lucien Boyer.
Ts 2. 4.; Ph (VWA); Akte SPA 4014/1–4.

Apr 3–10. Catchen »Internationales Turnier«
Werktags 20.00 Uhr, sonntags 19.00 Uhr.
V: SP (Gustl Kaiser).
Et: 4,– bis 8,– DM.
Forts. Apr 13–17.
Teiln.: Remy Bayle (F), Jean-Louis Breston (B), José Calderon (E), Ray Glendenning (GB), Hermann Iffland (D), Peter Kayser (D), Dave Morgan (GB), Michael Nador (H), Franz Orlik (A), Hans Roocks (D), Mustafa Shikhane (Kurdistan), Luc Straub (F), François Valois (CDN) und Zebra Kid, »The Mysterious Monster« (162 kg; USA).
»Die Gladiatoren sind entfesselt. ›Catch as catch can‹ regiert den Sportpalast. Das hohe Lied der edlen Männerkörper hat begonnen: ›Großer Preis von Berlin‹ [...] Einzug der Meister-Catcher. Gleißendes Scheinwerferlicht flammt auf. Dröhnender Gong. Aufstöhnt die Massenseele ob solcher Kraftpakete. Aus dem dunklen Hintergrund der Halle kommend, tänzeln sie herein, strotzende Schaukämpfer mit der Grazie von 200, 220 Pfund Gewicht. Rollen die Augen, werfen sich in die behaarten Brustgewölbe, nicken mysteriös bestätigend mit ihren massigen Rammschädeln, lassen die Muskeln ihrer Arm- und Beinsäulen spielen, daß die Seile des Ringes zittern. Die Atmosphäre vibriert unter der Kompression der Leiber.
Unter den träumerisch verschleierten Blicken mancher Frauen schreiten die gewaltigen Henker ihrer eigenen Richtstätte zu. Der ›Weiße Riese‹ – hier ist er gegenwärtig, in zwölffach unwiderstehlicher Gestalt. [...] ›Jaaah!‹ jubelt verzückt ein heiserer Anbeter aus den oberen Rängen. ›Eins, zwei –‹, beginnt der Kampfleiter mit trocken hämmernder Stimme das Auszählen. Krachend schmettert ein Koloß auf die Bretter auf, blitzschnell wird er im Schultergriff gefesselt. Doch die Kämpfer lösen sich rechtzeitig. Sie wissen, was sie der Menge schuldig sind – und der Kampf geht über fünf Runden. Breitbeinig stehen sich die Gladiatoren gegenüber, klatschend packen sie sich an Nacken und Schultern, wirbeln durch die Luft, rammen sich in den Boden, drehen sich in die Seile ein, schleudern und schlagen, springen einander auf Zehen und Hände, kitzeln und rubbeln. ›Jaaah!‹ stößt wieder der simple Schrei lustvoll und überschnappend aus der Höhe. ›Zieh ihn doch am

622 Plakat (Chr Apr 3–10); SPA.

623 Plakat (Chr Mai 23 – Jun 3); SPA.

Sionsbart!‹ ›Beiß ihn in die Neese!‹ ›Speckschwein!‹ ›Eierkopp!‹ ›Walroß!‹
Nach einigen ›kleineren‹ Kämpfern – Kanonenfutter für die Großen – erscheint endlich ›The Mysterious Monstrum‹: Zebra Kid aus USA. Eine schwarzweiß gestreifte Maske über dem zugespitzten, kleinen Schädel, blutrot Nasen-, Augen-, Mundpartie. Mit seinem unförmigen, tonnenschweren Panzerleib auf kurzen Beinpyramiden scheint er ein tödliches Wesen aus dem Mesolithikum. Unter heftigem Gemampfe walzt er alles nieder, was sich ihm entgegenstellt. [...] Ein Catcher-Abend ist ›Gesamtkunstwerk‹, optisch-akustisches Kolossalgemälde. [...]« (Welt 5. 4.).
Wh 13. 4.; SVb 10. 4.; Welt 5. 4.; BP 10f.; Pl (SPA); Akte SPA 4180/2, a–c.

Apr 11, 20.15 Uhr. Boxen »Wilhelm von Homburg – Dave Bailey« u. a.
V: Zeller.
Et: 6,– bis 75,– DM.
Super-Wg: Hartmut Genat (69,8 kg; Berlin) – Horst Brinkmeier (69,5 kg; Köln), Sieg Genats nach Pktn (6 Rdn).
Mg: Horst Wieczorek (74,7 kg; D) – Expedite Mouncho (74,7 kg; F), Sieg Wieczoreks durch Disqualifikation (7. Rde).
Hsg: Jupp Elze (75,1 kg; Köln) – Dramane Quedrago (72 kg; F), Sieg Quedragos nach Pktn (8 Rdn).
Sg: Horst Dreyer (92,5 kg; Köln) – Emil Svaricek (85,5 kg; A), Sieg Dreyers durch ko (4. Rde).
Sg: Wilhelm von Homburg (82,5 kg; D) – Dave Bailey (103 kg; USA), Sieg Baileys nach Pktn (10 Rdn).
Der angekündigte Kampf Detlef Naseband (Berlin) – Karl-Heinz Nusser (Frankfurt am Main) wohl ausgefallen.
ndp 13. 4.; BP 8; Ph, Pl (SPA); Akte SPA 4134/1, a–b.

Apr 13–17, 20.00 Uhr. Catchen »Internationales Turnier«
Forts. von Apr 3–10.

Apr 20, 20.00 Uhr. Konzert »Ernst Mosch und seine Original Egerländer Musikanten«
V: Buchmann.
Et: 4,– bis 10,– DM.
Mitw.: *»Slavko Avsenik und seine weltberühmten Original Oberkrainer«.*
Ts 7. 6.; BP 11; Akte SPA 4221/3 a–d.

Apr 26, 17.00 und 20.45 Uhr. Werbeveranstaltung »The London Look«.
V: Ewbank, London.
Et: 6,– bis 16,– DM.
Werbung für die Firma Yardley.
Mitw.: *»Hermans Hermits · Graham Bonney · D. J. Jim Frank · The Flowerpot Men · Rob Storme Group · Guest Stars · Dave Dee · Dozy · Beaky · Mick & Tich«* (Anz., Ts 14. 4.).
»Zuerst reichte man einen Film über ›swinging London‹, den das Publikum anfangs gnädig tolerierte, sodann aber mit gezielten Sprechchören zum vorzeitigen Abbruch zwang. [...] Von den Kapellen, die nunmehr im Scheinwerferlicht sich aalten, sahnte die Gruppe Dave Dee und Co. den meisten Beifall ab: Man kennt und liebt sie hier seit langem, sie geben sich frisch, fröhlich und zeigen gescheiten Jux. Die Stars des Abends, Herman's Hermits, waren es nicht: Die Veranstalter sind offensichtlich über den wechselhaften ›Marktwert‹ ihrer Künstler schlecht informiert: Man klatschte mehr aus Höflichkeit denn aus Überzeugung. Dann trat da noch ein Graham Bonney auf, mit Rüschenhemdchen und Arroganz im Blick. Er spielt zwar nicht überragend gut Gitarre, dafür singt er schlecht, und seine zwar wilden, doch unharmonischen Bewegungen sind kaum noch zu entschuldigen. [...]« (Ts 28. 4.).
Ts 14., 28. 4.; Pl (SPA); Akte SPA 4203/6, a–b.

624 »Mazowsze – Polnisches Staatliches Gesangs- und Tanzensemble« (Chr Mai 15–17).

Mai 1, 19.00 Uhr. Bunte Veranstaltung »Maibowle«
V: DGB/RIAS.
Tg 2. 5.; BP 13.

Mai 15–17, 20.00 Uhr. »Mazowsze – Polnisches Staatliches Gesangs- und Tanzensemble«
V: SP/Roeber.
Et: 6,– bis 18,– DM.
Insgesamt 120 Mitw.; Dir. und künstl. L.: Mira Ziminska-Sygietynska; L. des Ballets: Witold Zapala; Dirigenten: Jerzy Dobrzynski, Stanislaw Wysocki; Ballett-Solisten:

625 Dekoration zum »Alt-Berliner Maibock-Fest« (Chr Mai 23 – Jun 3).

627 Programmheft (Chr Aug 20); SPA.

Maria Bedlicka, Ryszard Brozek, Zdzislawa Grabkowska, Michael Jarczyk, Bogdan Jedrzejak, Jozef Oledzki, Stanislaw Paduchowski, Jerzy Rozycki, Henryk Wrobel, Witold Zapala; Chorsolisten: Stanislaw Jopek, Tadeusz Stanczyk; und viele andere.

»Das Publikum im Sportpalast war sich einig: Mit rhythmischem Applaus, Bravorufen und begeistertem Fußetrampeln feierte es ›Mazowsze‹ [...] Ganz Polen präsentiert sich in folkloristischer Form, sentimentale Liedchen folgen auf lustige. Keiner der Mitwirkenden wird als Solist besonders in den Vordergrund gestellt, Schaumanier mit exakter Formierung fehlt glücklicherweise, alles scheint zufällig arrangiert, hat immer den Akzent des Zufälligen. [...]« (ndp 7. 5.).

626 Dekoration zum »Alt-Berliner Maibock-Fest« (Chr Mai 23 – Jun 3).

ndp 7. 5.; BP 14; Ph, Pl (SPA); Akte SPA 4251/1–8.

Mai 22, 20.00 Uhr. Endausscheidung im Schlager-Nachwuchs-Wettbewerb »Das Sprungbrett«
V: Blatzheim AG.
Et: 4,– DM.
Mitw.: Joachim Krüger, Henno Lohmeyser, Kapelle Kurt Drabek u. a.
»Auf Wunsch des kürzlich gestorbenen Initiators Hans Herbert Blatzheim findet das 15. Festival der Amateure unter dem Titel ›Das Sprungbrett‹ zum ersten Male im Sportpalast statt. [...] Aus der Bundesrepublik kommen 16 Städtesieger, aus Berlin 4 Endsieger. Insgesamt werden sich also 20 Amateure um einen Schallplattenvertrag, eine Hörfunksendung sowie eine Film- oder Fernsehrolle bewerben« (SVb 22. 5.).
Den ersten Preis erhielt Peter Völker aus Leck, Kreis Schleswig, den zweiten Wolfgang Emperhoff aus Köln, den dritten Jörg Dittwald aus Berlin.
Tg 25. 5.; SVb 22. 5.; Pl (SPA); Akte SPA 4210/8.

Mai 23–Jun 3, 20.00 Uhr. »Alt-Berliner Maibock-Fest«
V: SP.
Et: 2,– DM (Sonntag–Donnerstag), 3,– DM (Freitag–Sonnabend).
»Tanz · Stimmung · Humor / 2 Kapellen und Joachim Krüger / Alt-Berliner Wachaufzug in historischer Kulisse und weitere Attraktionen« (BP 15). Während des Deutschen Turnfestes Berlin 1968 (28. 5.–2. 6.) wurde mit dem Slogan geworben *»... det dollste, wat de hast, Turnertreff im Sportpalast«.*

Jun 2, 20.00 Uhr. Abschlußball des »Deutschen Turnfestes«
(geschlossene Veranstaltung).
BP 15; PI (SPA); Akte SPA 4009.

Aug 20, 20.00 Uhr. Amateur-Boxen »USA – Deutschland«
V: DABV/BBV.
Et: 3,– bis 15,– DM.
Flg: Sam Goss (USA) besiegt Gerd Schubert.
Bg: Alfred Knab besiegt Kenny Bazer (USA).
Fdg: George McGarvey (USA) besiegt Günter Pfeffer.
Lg: Peter Henatsch besiegt Juan Ruiz (USA).
Hwg: Gerhard Hilt besiegt Edward Beauford (USA) durch Disqualifikation (3. Rde).
Wg: William Beeler (USA) besiegt Peter Scheibner.
Hmg: Joachim Thierbach besiegt Clarence Hudges (USA) durch ko (2. Rde).
Mg: Rudi Hornig besiegt Alfred Jones (USA) durch ko (1. Rde).
Hsg: Horst Waida besiegt Obie English (USA).
Sg: George Forman (USA) besiegt Peter Hussing durch ko (1. Rde).
Deutschland – USA 12:8.
Ts 18., 20.–21. 8.; BP 23; Ph, PI (SPA); Akte SPA 4133/24.

Sep 4–15, 20.00 Uhr. Catchen »Europa-Championat 1968«
V: SP (Gustl Kaiser).
Et: 4,– bis 8,– DM.
Teiln.: Jean-Louis Breston (B), Hermann Iffland (D), Gedeon Gida (H), Peter Kayser (D), Josef Molnar (H), Dave Morgan (GB), Mustafa Shikhane (Kurdistan), Micha Nador (H), Franz Orlik (D), Leif Rasmussen (DK), Billy Robinson (GB), Hans Roocks (D), Wolfgang Saturski (D), Gil Voiny (F).
(Die für den 12. angekündigte Boxveranstaltung ist ausgefallen).
BP 25 f.; Akte SPA 4180/3, a–c.

Sep 19–22. Rollkunstlauf und -tanz »Deutsche Meisterschaften«
Et: 2,– bis 6,– DM.
Sep 20–21, 20.00 Uhr Entscheidungen.
Sep 22, 15.00 Uhr Siegerehrung und Schaulaufen der Meister und Placierten.
Ergebnis:
Meister-Damen: 1. Astrid Becker.
Meister-Herren: 1. Markus Gallmann, 2. Michael Obrecht.
Meister-Paare: 1. Gudrun Hauss/Walter Häfner.
Meister-Tanzpaare: 1. Margot Nissen/Heinz Germershausen, 2. Heide Grote/Reinhard Strate.
Junioren-Damen: 1. Gertrud Schanderl.
Senioren-Damen: 1. Elisabeth Hupel, 2. Karin Wittmaack.
Ts 18., 20.–22., 24. 9.; BP 26 f.; Akte SPA 4150.

Sep 26, 20.15 Uhr. Boxen »Gerhard Piaskowy – Werner Mundt« u. a.
V: Göttert.
Ausgefallen.
BP 27; PI (SPA).

Sep 27, 20.00 Uhr. Konzert »The Ray Charles Show '68«
V: Lippmann + Rau/Jänicke.
Et: 6,– bis 18,– DM.
Mitw.: Ray Charles (voc, p); The Raelets u. a.
»[...] Höhepunkt des Abends war das gemeinsame Auftreten von Ray Charles mit seiner Big Band und den musikalisch ebenso wie optisch reizvollen ›Raelets‹, einer harmonisch raffinierten Gruppe von vier Sängerinnen in langwallenden gelben Gewändern. Da tobte der Sportpalast [...]« (Tg 29. 9.).
Tg 29. 9.; BP 27; PI (SPA); Akte SPA 4201/22.

Sep 28–29. Konzert »Don Kosaken Chor Serge Jaroff«
Am 28. 9. um 20.00 Uhr, am 29. 9. um 19.00 Uhr.
V: Hofner.
Et: 4,50 bis 10,– DM.
BP 27; Ph, PI (SPA); Akte SPA 4212/9, a–b.

Okt 3–9. »62. Berliner Sechstagerennen«
Beginn 3. 10. um 20.00 Uhr, Start 22.00 Uhr, Ende 9. 10. um 23.00 Uhr.
V: SP (Lucien Gillen).
Et: 5,–, 6,–, 8,– bis 20,–, 22,–, 17,– DM (je nach Nacht); nachmittags 3,– DM, erm. 1,– DM.
Musik: Kapelle Otto Kermbach.
Wertungen: 14.30, 16.15 (je 10 Spurts), 20.45, 22.00 (je 5 Spurts), 2.00, 4.00 Uhr (je 10 Spurts).
Mit »Derny-Rennen« in jeder Nacht (vgl. 1961 Jan 6–12), Jagd über die unbekannte Distanz, Kriterium der Asse, dem »Kleinen Sechstagerennen« der Amateure (s. u.) u. a.
Teiln. (11 Paare): 1. Severeyns/Verschueren (B), 2. Louis und Fritz Pfenninger (CH), 3. Lykke/Eugen (DK), 4. Koel/Duyndam (NL), 5. Post/Wolfgang Schulze (D), 6. Kemper/Rudolph (D), 7. Puschel/Peffgen (D), 8. Bugdahl/Wolfshohl (D), 9. Großimlinghaus/Fritz (D), 10. Deloof/Roggendorf (B/D), 11. Bennewitz/Streng (D).

628 Catchen »Europa-Championat 1968« (Chr Sep 4–15).

629 Plakat (Chr Okt 16); SPA.

Ergebnis: 1. Post/Schulze 522 Pkte; 2. Bugdahl/Wolfshohl 383; 3. Lykke/Eugen 295; 4. Kemper/Rudolph (1 Rde zurück) 453; 5. Louis und Fritz Pfenninger 265; 6. Severeyns/Verschueren (7 Rdn zurück) 344; 7. Koel/Duyndam 334; 8. Puschel/Peffgen 247; 9. Deloof/Roggendorf (9 Rdn zurück) 331; 10. Großimlinghaus/Fritz 243; 11. Bennewitz/Streng (37 Rdn zurück) 241.
Zurückgelegte km: 2798,170.
Startschuß: Horst Korber (Senator für Familie, Jugend und Sport), Barbara Valentin (Schauspielerin).
Vorrennen (Einstunden-Mannschaftsfahren der Amateure, 11 Paare), erstes Rennen der dann allabendlich um 19.30 Uhr durchgeführten weiteren Einstundenfahren für Amateure (»Kleines Sechstagerennen«); mit einer Gesamtwertung am letzten Tag: 1. Ingo Roßbach/Bernd Jaroszewicz 54 Pkte; 2. Harry Seidel/Peter Vonhof 46; 3. Heinz Heberle/Ruedi Frank (CH) 43; 4. Rainer Müller/Kuno Weichert 43; 5. Günter Stolp/Hartmut Scholz 42; 6. Günter Laufer/Klaus Schützeberg 31; 7. Wolfgang Holz/Klaus Gruhn 31; 8. Torben Olsen/Erik Pedersen (DK) 18.
Ts 2.–11. 10.; BP 28; Ph, Pl (SPA); Akte SPA 4030/I, 4030/2.

Okt 16, 20.00 Uhr. Konzert »Frank Zappa's Mothers of Invention«
V: Lippmann + Rau/Jänicke.
Et: 5,– bis 15,– DM.
»Das war das totale Mißverständnis, gestern abend im Sportpalast: Amerikas radikalste und engagierteste Undergrounder, ›The Mothers of Invention‹, sahen sich als ›Mothers of Reaction‹ in die Rolle gedrängt, die sie eigentlich dem Publikum zugedacht hatten. [...] Es hatte so einträchtig angefangen. Man lachte über Roy Estrades MGM-Löwen-Gebrüll (›The Voice of the President of the United States‹). Man applaudierte dem Lied von den ›Plastik-Leuten‹, sah mit Vergnügen zu, wie ein Teddybär von einem Plastik-Puppenärmchen ›sexuell erregt‹ wird. Frank Zappas blauer Overall ließ Aktion erwarten.
Noch schüttelte der Underground-Führer nur sein schwarzes Löwenhaupt, zupfte bedächtig die Saiten – mal Hänschen klein, mal böse Hexe. Und die bösen Reime kamen nett und lieb wie Kinderlieder aus den Lautsprechern – Reime auf so Ungereimtes wie den Krieg und die Rassenprobleme. Noch klangen die Hörner im Saal wie bei Hertha: ermunternd. Doch insgeheim hatten Zappas Gegner längst zum Angriff geblasen.
Das erste Wurfgeschoß, etwas weiches Grünes, schwirrte gegen 20 Uhr 40. Immer noch unbeirrt holten die Mothers ihre Requisiten aus der Wunderkiste, einer Hutschachtel, spielten das schöne Spiel vom Spielzeugkaputtmachen symbolisch vor. Dann zerbarst das erste (faule?) Ei an Zappas gelber Gitarre. Die Obermutter fand: ›Ihr Leute benehmt euch wie die Schweine!‹ Die Front war aufgerissen: ›Evolution contra Revolution‹.
12 Minuten vor 9 ging die Bühnenverkleidung in Fetzen. Die ›Evolution‹ beugte sich und trat ab. [...] Die ›Revolution‹ nahm die Bühne im Handstreich, ließ Knallkörper detonieren, plünderte Zappas Hutschachtel, machte Kabelsalat. Kleiner Erfolg der Gegenseite: Ein Greenager mit 50 deutschen Landeiern konnte ›entwaffnet‹ werden.
Zappa schimpfte: ›Wir sind als Musiker hergekommen und nicht, um eure verschwommenen Sprüche zu hören!‹ Und: ›Eure Situation in Berlin muß ja verzweifelt sein, daß ihr euch so benehmt!‹ Und: ›Ihr benehmt euch wie Amerikaner!‹
Und die Band hämmerte als Antwort auf lädierten Instrumenten das Ho-ho-Ho-chi-Minh der Bühnenbesatzer, daß es wie der Marschrhythmus einer Nazikolonne klang. Erfolglos warf sich Veranstalter Rau zwischen die Fronten. ›Laßt uns diskutieren, Freunde‹, flehte er, heiser von soviel guten Worten. Doch dazu kam es nicht mehr. Die Polizei, die sich bislang diskret zurückgehalten hatte, gab Freund und Feind zehn Minuten, den Kampfplatz zu räumen. Der Auszug verlief ohne Zwischenfall. Frank Zappa meditierte: ›Es war ein sehr aufschlußreiches Erlebnis‹« (Ab 17. 10.).
Ab 17. 10.; SVb 20. 10.; Pl (SPA); Akte SPA 4201/23, a.

Okt 20, 19.00 Uhr. Konzert »Hoch- und Deutschmeister Wien«
V: Collien.
Et: 4,– bis 10,– DM.
Ltg: Julius Herrmann.
BP 29; Pl (SPA); Akte SPA 4210/9, a–b.

Okt 21. Eishockey »Finnland – Deutschland«
Das Spiel hat erste 1969 stattgefunden; dieses Datum beruht auf einem Satzfehler des Programmumschlages, auf dem 1968 statt 1969 zu lesen ist.

Okt 26, 20.00 Uhr. Eishockey
V: BSchC.
Et: 4,– bis 12,– DM.
EC Deilinghofen: Prinz, Schulte (Tor); Kasper, Wellner (Vert. A); Böhmer, Neugebauer (Vert. B); Jörg Schauhoff, Karl-Friedrich Schauhoff, Branz (Sturm A); Grun, Jablonski, Lammert (Sturm B); Peske, Müll, Karl (Sturm C); Wendland, Kollecker (Ersatz).
BSchC: Schuster, Sucker (Tor); Walter, Wille (Vert. A); Kess, Pförtke (Vert. B); Zunker, Krause, Wanner (Sturm A); Schuhknecht, Schacherbauer, Ganster (Sturm B); Neumann, Urban, Schwarzer (Sturm C); Daum, Grätz (Ersatz).
EC Deilinghofen – BSchC 6:3 (1:1, 4:1, 1:1; Oberliga).
Ts 25.–26., 29. 10.; Ph, Pl (SPA); Akte SPA 4121/I/3.

Okt 30, 20.00 Uhr. Konzert »Roy Black«
V: Hoffmeister/Schibille.
Et: 4,– bis 12,– DM.
Mitw.: Roy Black, Medium-Terzett, Werner Twardy und sein Orchester.
Tg 20. 10.; Akte SPA 4210/11.

630 Programmheft (Chr Nov 3–5); SPA.

631 »Neger-Balett Brasiliana 68« (Chr Dez 21–31).

Nov 1, 19.00 Uhr. Kundgebung
V: SPD, Landesverband Berlin.
Et: frei.
Rd: Willy Brandt (Bundesvors., Bundesaußenmin.), Prof Dr. Karl Schiller (Bundeswirtschaftsmin.), Klaus Schütz (Landesvors., Regierender Bürgermeister).
Th: Zur Lage Berlins.
Mitw.: Orchester der BVG und der BSR.
BSt 19. 10.; Tg 31. 10., 2. 11.; Akte SPA 4232/7.

Nov 2, 20.00 Uhr. Konzert »Gute Freunde musizieren für Berlin«
V: GdP.
Et: 3,– DM.
Zugleich Feier des 20jährigen Bestehens der GdP.
Mitw.: The 298th US Army Band, The 2nd Light Infantry Band; The 7th Army Soldiers Chorus; Musikkorps der Hamburger und Berliner Schutzpolizei.
Bereits um 12.00 Uhr fand ein Konzert vor dem Sportpalast statt.
Tg 31. 10.; BP 31; Pl (SPA); Akte SPA 4231/11.

Nov 3–5, 20.00 Uhr. Eiskunstlauf »Internationales Jubiläums-Schaulaufen« u. a.
V: BSchC.
Et: 4,– bis 15,– DM.
Anläßlich des 75jährigen Bestehens des BSchC.
Kunstlauf (und Eistanz) von Carmen Buchwald (SCC), Klaus Grimmelt (Düsseldorfer EG), Galina Grshibowskaja (SU), Gabriele Kley (BSchC), Angelika Kraeger (EV Füssen), Janet Lynn (USA), Karen Magnussen (CDN), Elena Mois (RO), Sergej Tschetweruchin (SU), Gary Visconti (USA); Ludmilla Belousova/Oleg Protopopov (SU), Gudrun Hauss/Walter Häfner (Mannheimer ERC), Edith Sperl/Heinz Wirz (CH), Marianne Streifler/Herbert Wiesinger (Frankfurter ERC), Mona und Peter Szabo (F).
Nov 3, 18.00 Uhr Eish.: BSchC – Kölner EK 4:2 (0:1, 0:0, 4:1; Oberliga).
BP 31; Ph (SPA); Akte SPA 4120/3, a–k.

Nov 10, 17.00 Uhr. Eishockey
V: BSchC.
Et: 4,– bis 12,– DM.
BSchC – EC Hannover 13:4 (2:1, 5:2, 6:1; Oberliga).
Ts 12. 11.; BP 31; Pl (SPA); Akte SPA 4121/I/4.

Nov 16, 20.00 Uhr. Betriebsfest
V: Berliner Kindl Brauerei AG.
Mitw.: Wolfgang Gruner, Jo Herbst, Joachim Krüger, Michaela Prunerova, Trio Sorrento, Orchester Buschhagen, Blasorchester Ernst Jessulat.
Akte SPA 4009/2/1.

Nov 18, 18.00 Uhr. »Bockbier-Anstich der Westberliner Brauereien 1968«
V: Wirtschaftsverband Berliner Brauereien e. V.
Mitw.: Rolf Haffner, Joachim Krüger, Trio Sorrento, Blaskapelle Sepp Schmidt, Kapelle Otto Kermbach, Maikäfer-Kapelle, Ballett der Deutschen Oper Berlin.
»Im Sportpalast wurde gestern der Auftakt zur Bockbiersaison gegeben. Mit einer zünftigen Brauereischürze stach Bürgermeister Kurt Neubauer das Bockbierfaß an und stellte beim ersten Schluck fest: ›Das Bockbier 1968 schmeckt gut‹.

632 Werbung für das »Neger-Ballett Brasiliana 68« (zu Chr Dez 21–31).

Joachim Krüger führte durch das Programm, die Kapelle Sepp Schmidt sorgte für Stimmung. Tanzeinlagen brachte das Ballett der Deutschen Oper, und der Höhepunkt der Bockbierstimmung wurde erreicht, als um Mitternacht das Trio Sorrento auftrat« (ndp 19. 11.).
BMp 20. 11.; ndp 19. 11.; Akte SPA 4009/2/2.

Nov 19, 20.00 Uhr. Eishockey
BSchC – BFC Preußen.
Fand im Eisstadion Neukölln statt.

Nov 22 – Dez 15. Wiener Eisrevue mit »Confetti«
Werktags 20.00 Uhr, sonntags 19.00 Uhr; mittwochs, sonnabends und sonntags auch 15.30 Uhr; am 24. 11. geschlossen.
V: SP.
Et: 4,– bis 12,– DM.
R: Will Petter; Mu: Robert Stolz; Chgr.: Edith Petter.
»Eine Eisschau mit Charme, Schmiss, Sex und Rhythmus / Die beste Wiener Eisrevue, die es je gab / mit Weltmeister Emmerich Danzer – Europameisterin Ingrid Wendl / Monique und Felix Heininger – Emmy Puzinger – Inge Paul / Fernand Leemans – Hugo Dümler – Herbert Bobek / Michéle, der Striptease-Star aus Brüssel und Lucien Meyers eislaufenden Schimpansen Jacky und Joe« (Anz., Ph Nov 3–5).
Dez 4, 15.30 Uhr Veranstaltung für 3000 Berliner Schülerlotsen.
Ts 10. 11.; BP 34; Ph (VWA); Akte SPA 4011/1/1–10.

Dez 21–31. »Neger-Ballett Brasiliana 68« mit »Karneval in Rio«
20.00 Uhr; sonnabends und feiertags auch 15.30 Uhr; am 31. um 18.30 Uhr; am 24. geschlossen.
V: SP.
Et: 4,– bis 14,– DM.
Prod. und Direktion: Miecio Askanasy; Musik. Ltg: José Prates; Chgr: Valter Ribeiro, Domingos Campos, José Prates, Roberto Simpson.
»[...] Die vor Temperament sprühende Bühnen-Show mit 50 Sängern, Tänzern und attraktiven kaffeebraunen Tänzerinnen, die nichts aber auch gar nichts mit der spindeldürren Twiggi gemeinsam haben, hat den Karneval von Rio, das ausgelassene Fest Brasiliens, ins weihnachtliche Berlin gebracht. Ein Kaleidoskop quirlender und exotischer Tänze – Mitwirkende steigern sich bisweilen bis zur Extase – wirbelt über die Bühne des Sportpalastes. [...] Jedes der Showbilder konzentriert sich auf einen anderen heißen Rhythmus: Samba – Bossa Nova – Bayon – Chorro – Batucada – Marcha und Frevo. Ein wahrhaft toller Überschwang für Augen und Ohren, der seinen Höhepunkt im sechsten Bild mit dem Karneval von Rio – einer kaum zu überbietenden Farbenpracht und fröhlichen Hingabe an das Faschingsgeschehen – erreicht. [...]« (ndp 24. 12.).
ndp 24. 12.; Ph, Pl (SPA); Akte SPA 4252/1–9.

1969

Jan 1, 17.00 Uhr. Handball »Internationales Turnier«
V: HVB.
Et: 2,– bis 8,– DM.
Belgrad (YU): Milan Lazarevic, Branimir Pokrajac, Rajko Lau, Svetomir Ceramilac, Djordje Lekic, Lazar Aleksic, Ljubomir Medenica, Milorad Milatovic, Milan Markowic, Radomir Diklic, Slobodan Boskovic, Vlatko Martinevic, Boris Kostic, Petar Fajfric, Nebojsa Popovic, Milorad Karalic.
Berlin: Peter Schäfer, Bernd Schäpe, Henry Johannes, Diethard Finkelmann, Karl-Heinz Plötz, Wolfgang Bahlburg, Klaus-Dieter Guse, Wolfgang Braun, Lutz Loewke, Thomas Micheli, Detlef Finkelmann, Bernd Redlich, Sigmar Artelt, Gerd-Volker Stock.
Bukarest (RO): Alexandru Dinca, Ion Belu, Josif Jacob, Gheorghe Gruia, Gheorghe Goran, Cornel Otelea, Cristian Gatu, Ion Popescu, Teodor Coasa, Gunther Spec, Dieter Christiani, Mihai Marinescu, Dan Alboaica, Dan Rosescu.
Stockholm (S): Ivan Cederlund, Jan Johansson, Gunnar Oest, Hans Eriksson, Bengt Johansson, Sven Thelander, Lennart Eriksson, Lennart Kärrström, Jan Ryman, Arto Ruusavaara, Björn Wedelin, Thomas Olheim.
Je Spiel 2 x 15 Min.
1. Berlin – Belgrad 10:9 (5:4); 2. Bukarest – Stockholm 13:4 (8:1); 3. Bukarest – Belgrad 7:5 (3:4); 4. Berlin – Stockholm 8:8 (4:6); 5. Belgrad – Stockholm 11:6 (6:1); 6. Bukarest – Berlin 12:6 (6:3).
Gesamtergebnis: 1. Bukarest (6:0 Pkte); 2. Berlin (3:3); 3. Belgrad (2:4); 4. Stockholm (1:5).
Ts 3. 1.; BMp 3. 1.; BP 1; Ph, Pl (SPA); Akte SPA 4140/13, a.

Jan 3, 20.30 Uhr. Boxen »Wilhelm von Homburg – Giulio Rinaldi« u. a.
V: Zeller.
Et: 6,– bis 60,– DM.
Mg: Peter Marklewitz (72 kg; A) – Dramane Quedrago (72 kg; F), Sieg Quedragos nach Pktn (8 Rdn).
Mg: Matthias Rosenitsch (73,5 kg; A) – Ronald Riedewald (71,4 kg; NL), Sieg Rosenitschs nach Pktn (8 Rdn).
Mg: Gerhard Piaskowy (73,3 kg; Berlin) – Ray Philippe (76,6 kg; L), Sieg Piaskowys durch Aufgabe (6. Rde).
Sg: Macan Keita (83 kg; GUY) – Horst Benedens (87 kg; Berlin), Sieg Keitas durch Abbruch (5. Rde).
Sg: Wilhelm von Homburg (84,2 kg; D) – Giulio Rinaldi (85 kg; I), Sieg Homburgs durch Abbruch (5. Rde).
Ts 4.–5. 1.; BMp 3.–5. 1.; BP 1; Ph, Pl (SPA); Akte SPA 4134/2, a–b.

Jan 7–22. Eisrevue »Walt Disney's Märchenschau ›Schneewittchen und die sieben Zwerge‹«
Werktags 20.00 Uhr, sonntags 19.30 Uhr; dienstags bis donnerstags, sonnabends und sonntags auch 15.30 Uhr.
V: Deutsche Eistheater-Produktion Karl Buchmann.
Et: 5,– bis 12,– DM.
Bearb.: Tom Arnold; Prod.: nach Gerald Palmer; deutsche Einstudierung: Reg Park; R und Chgr: Hans-Jürgen Bäumler; Kostüme: Toni Schiesser; Da: Marika Kilius, Hans-Jürgen Bäumler sowie Ives Dauvillaire, Inge von der Heyden, Oscha Krejcin, Marta Krejcinova, Vera Sibrowa, Philippe Tousson, Mikko Virtanen, Peter Voss; die sieben Zwerge: David Barney, Ronni Brockes, George Clayden, Tommy Gallay, Pat Mullins, Dave Peppitt, Jack Purvis; Ballett.
»[...] An Marika scheint die Zeit spurlos vorübergegangen zu sein. Die schwarze Perücke behagt ihr zwar nicht recht, aber wer früher gelegentlich von der ›kalten, blonden Pracht‹ aus Frankfurt sprach, der kann sich heute kaum der faszinierenden Ausstrahlung Marikas entziehen. [...] Marika Kilius gibt diesem Eismärchen das Gepräge [...]« (Ts 8. 1.).
Ts 8. 1.; BP 1 f.; Ph (VWA); Akte SPA 4221/1, a–e.

633 Programmheft (Chr Jan 1); SPA.

Jan 23, 20.00 Uhr. Konzert »The Jimi Hendrix Experience«
V: Lippmann + Rau.
Et: 5,– bis 15,– DM.
Mitw.: Jimi Hendrix, Eire Apparent.
»Das war gewiß die heißeste Pop-Schaffe der Saison. Gestern abend durften die Fans im Sportpalast alles vergessen, was an Beat und Rock noch im Ohr war, denn gegen die ›Erfahrung‹ mit Jimi Hendrix und seiner ›Experience‹ und gegen die irische ›Eire Apparent‹ kommt so schnell keiner an, [...] Bunt wie ein Kolibri, hier ein Kettchen, dort ein Amulettchen, bunte Tücher überall, schlug der Indianersproß die Gitarre. Baßgitarrist Noel Redding, der ein bißchen an Rainer Langhans erinnert (der saß Jimi auch zu Füßen), trug dazu passend oder nicht schwarzen Schlapphut. Musikalisch paßte alles. Auch der dem ›Eire‹-Drummer technisch glatt unterlegene Mitch Mitchell fügt sich gut in die Gruppe, die spielend das Volumen einer Domorgel erreicht. Und wenn er besonders reinhaut, schafft das Jimi ganz allein. Schon ein sanfter Druck auf die Saiten klingt, mit 12 Verstärkerboxen und 48 Lautsprechern aufgepustet, wie ein Peitschenknall. Manchmal braucht er nur die rechte Hand, die linke läßt er lässig hängen. Überhaupt bringt Jimi der Reihe nach alle Kunststückchen, die man von ihm erwartet: Gitarre, mit den Zähnen gezupft, mit der Zunge gekitzelt; Gitarre oben rüber, unten durch und hinten herum gespielt. [...] das Verhältnis zu (mit) seiner Gitarre ist im übrigen mehr triebhaft als artistisch. Zärtliche Passagen, melodischer Blues, wechseln mit enthemmten Zweikämpfen, und man fürchtet: Gleich wird die ›Geliebte‹, gekillt, erwürgt, kaltgemacht, geschlachtet, in Brand gesteckt. Gleich wird er ihr den Hals brechen. Am Ende folgt doch immer die Versöhnung. ›Eire Apparent‹ [...] war die große Abend-Überraschung. Und nicht nur, weil die ›Grüne Insel‹ noch ein weißer Fleck ist auf der Pop-Landkarte. Die Boys sind keine Lückenbüßer. [...]« (Ab 24. 1.).
Ts 25. 1.; Ab 24. 1.; BP 3; Pl (SPA); Akte SPA 4204/1, a–c.

Jan 25, 16.45 Uhr. Handball »Deutschland – Dänemark«
V: DHB/HVB.
Et: 2,– bis 8,– DM.
Dänemark: Bent Mortensen (HGK), Benny Nielsen (Efterslaegten), Jörgen Frandsen (Stadion Kopenhagen), Verner Gaard (HGK), Gert Andersen (HGK), Palle Nielsen (HGK), Per Svendsen (IF Helsingör), H. J. Graversen (Skovbakken Aarhus), Jörgen Petersen (HGK), Arne Andersen (Efterslaegen), Ivan Christiansen (KFUM Aarhus), Carsten Lund (H Kopenhagen).
Deutschland: Wilfried Meyer (GW Dankersen), Norbert Meister (RSV Mülheim), Herwig Ahrendsen (THW Kiel), Jochen Brand (VfL Gummersbach), Peter Bucher (FA Göppingen), Jochen Feldhoff (VfL Gummersbach), Diethard Finkelmann (Rein. Füchse), Herbert Lübking (GW Dankersen), Max Müller (FA Göppingen), Peter Neuhaus (TuS Wellinghofen), Hans Günther Schmidt (VfL Gummersbach), Herbert Wehnert (TG Wiesbaden-Schierstein).
Deutschland – Dänemark 25:22 (11:10).
Ts 25., 26. 1.; BP 3; Ph, Pl (SPA); Akte SPA 4140/1, a.

634 Plakat (Chr Jan 23); SPA.

Jan 30 – Mär 8, 20.00 Uhr. 15. Bockbierfest im Sportpalast.
Am 10., 19. und 24. 2. sowie 3. 3. geschlossen.
V: SP.
Et: 1,50 DM (Sonntag – Donnerstag), 3,– DM (Freitag – Sonnabend), 4,– DM (Drei tolle Nächte).
»Tanz, Stimmung Humor / auf dem echten Berliner Fest zwischen Spree und Havel / mit dem Braumeister der guten Laune Joachim Krüger / 2 Kapellen · Neue Dekoration · Altberliner Wachaufzug / Havelgewitter und viele weitere Attraktionen« (Anz., BMp 2. 2.).
Feb 15 und 17–18. »Drei tolle Nächte«
Feb 15 *»Bis früh um viere ... Motto: Der Bock ist los«.*
Feb 17 *»Jubiläums-Zille-Ball«.*
Feb 18 *»Fastnachtsball«.*
Mär 1. Polizeiball »Frohe Stunden mit der GdP«
V: GdP.
(geschlossene Veranstaltung; Ph[VWA]).
Mär 8. Betriebsfest
V: Geschi-Brot.
(geschlossene Veranstaltung).
BP 3–7; Akte SPA 4007/II/1, 2, 5–13.

635 Programmheft (Chr Mär 1); SPA.

Mär 14, 20.30 Uhr. Boxen
Ausgefallen.
BP 8.

Mär 19, 20.00 Uhr. Konzert »Karel Gott«
Auf Apr 19 verlegt.

Mär 21, 20.00 Uhr. Konzert »Ray Conniff – Concert in Stereo SOUND & COLOR«
V: Lippmann + Rau/SP.
Et: 5,– bis 16,– DM.
Mitw.: 18 Musiker, 8 Sängerinnen, 8 Sänger; Solisten: John Best (tp), Skeets Herfurt (cl); Technischer Dir.: Bob Ballard; Sound-Anlage: Windrose-DuMont-Time; Lichtanlage: Firma Auer, München.
»Man müßte einen Schaltplan zeichnen. Damit wäre Ray Conniffs ›Concert in Stereo‹ am besten zu beschreiben. Vier Stunden brauchten Toningenieure und Helfer, um den elektronischen Aufwand (Wert 120000 DM) im Sportpalast so perfekt zu installieren wie in einem Rundfunkstudio. Dann erst konnten sich mit dem 18-Mann-Orchester und 16 Sängerinnen und Sängern gelackte Klangbilder entwikkeln, die unter der Handelsmarke ›Ray Conniffs Sound‹ mehr als 20 Millionen Käufer gefunden haben: Der 53jährige Amerikaner brachte nicht etwa ein eigenes Orchester mit auf seine erste Deutschlandtournee. Er verpflichtete vielmehr als musikalischen Torso Mitglieder des tschechoslowakischen Orchesters Gustav Brom und den Chor von Lubomir Panek, und lediglich im Trompeten- und im Saxophonsatz besetzten seine eigenen Männer (John Best und Skeets Herfurt) einen Platz als Stabilisatoren. Die Arrangements, die wir zweieinhalbstundenlang zu hören bekamen, nehmen das Material aus einer Palette populärer Hits und bringen sie in eine perfekte Kombination von gleichwertig miteinanderwirkenden Chor- und Instrumentalsätzen, über einem durchsichtigen Rhythmus, der stets klingt wie: ›Stube Küche Stube Küche‹. Das stereotype Prinzip gab dem nach Tausenden zählenden Publikum keine Probleme auf, und so genoß es die rosa und goldenen Töne des Ray Conniff auf derselben Ebene wie Vierfruchtmarmelade und ›Jasmin‹« (Ts 24. 3.).
Ts 24. 3.; ndp 23. 3.; Ph, Pl (SPA); Akte SPA 4204/2, a–c.

Mär 25, 14.00 Uhr. Betriebsversammlung
V: Robert Bosch Elektronik und Fotokino GmbH.
Wh 28. 3.; Akte SPA 4240/24.

Mär 28, 20.00 Uhr. Amateur-Boxen »Berliner Meisterschaften 1969«
V: BBV.
Et: 3,– bis 12,– DM.
Im Rahmen der 50-Jahr-Feier des BBV (1919–1969).
Flg: Waldemar Stephani (Sparta 58) besiegt Gerd Schubert (PSV).
Bg: Peter Barkowski (PSV) besiegt Horst Boeger (PSV) durch Abbruch (3. Rde).
Fdg: Peter Prause (PSV) besiegt Erwin Höhne (ASV).
Lg: Peter Henatsch (Hertha BSC) erhielt den Titel kampflos, da Bernd Jacobitz (PSV) erkrankt war; stattdessen gab es einen Einlagekampf gegen Horst Edner (Heros), den Henatsch gewann.
Hwg: Burghardt Barnowski (PSV) besiegt Hartmut Schützmann (Viktoria 89).
Wg: Ernst Stuck (Spandau 26) besiegt Manfred Hoenow (NSF) durch Abbruch (1. Rde).
Hmg: Gunnar Münchow (ASV) besiegt Harry Flügel (Spandau 26).
Mg: Rudi Hornig (Post SV) besiegt Gerd Bauer (PSV).
Hsg: Horst Waida (Hertha BSC) besiegt Karl-Heinz Anterhaus (Viktoria 89).
Sg: Hartmut Sasse (Spandau 26) besiegt Alfred Zybarth (TSV Rudow) durch Abbruch (nach der 2. Rde).
Ts 28.–29. 3.; BMp 28.–29. 3.; BP 9; Ph, Pl (SPA); Akte SPA 4133/26.

Mär 30, 19.00 Uhr. »40 Jahre Hamburger Hafenkonzert«
V: Collien.
Et: 4,– bis 12,– DM.
»Ein Abend voller Stimmung und guter Laune mit Hafenmelodien, Shanties, Liedern und Döntjes von der Waterkant!«
Mitw.: Hans Freese mit seinem Blasorchester sowie Carl Bay, Hildegund Carena, Richard Germer, Christa Haas, Heidi Kabel, Franka Lubee, Günter Lüdke, Addi Münster.
BP 9; Pl (SPA); Akte SPA 4210/12, a–c.

Apr 2, 20.15 Uhr. Boxen »Wilhelm von Homburg – Giulio Rinaldi« u. a.
V: Zeller.
Et: 6,– bis 60,– DM.
Mg: Jack Johnson (73,6 kg; Curaçao) – Rainer Müller (70,7 kg; D), Sieg Johnsons nach Pktn (6 Rdn).
Mg: Dramane Quedrago (71,9 kg; F) – Matthias Rosenitsch (74,2 kg; A), Sieg Rosenitschs nach Pktn (8 Rdn).
Mg: Ronald Riedewald (70 kg; NL) – Gerhard Piaskowy (71,9 kg; D), Sieg Piaskowys durch ko (6. Rde).
Mg: Sela Bukari (Z) – Dieter Klay (D), ausgefallen, da Bukari wegen einer Verletzung absagen mußte.
Sg: Macan Keita (83,2 kg; GUY) – Horst Benedens (88,5 kg; Berlin), Sieg Benedens' nach Pktn (8 Rdn).
Sg: Wilhelm von Homburg (84,8 kg; D) – Giulio Rinaldi (83,9 kg; I), Sieg Homburgs durch Abbruch (nach der 6. Rde).
Ts 2.–3. 4.; BP 10; Ph (SPA); Akte SPA 4134/3, a–b.

636 Plakat (Chr Mär 21); SPA.

Apr 6–7, 19.30 Uhr. »Opas Schlager Festival 1925«
V: RIAS/SP.
Et: 3,– bis 8,– DM.
Mitw.: Ursula Benz, Ekkehard Fritsch, Bruno Fritz, Werner Hass, Jo Herbst, Nina Lizell, Undine von Medvey, Ralf Paulsen, Die Rosy-Singers, Tatjana Sais, Edith Schollwer, Ewald Wenck, Horst Wilhelm; RIAS-Tanzorchester; Idee und Gestaltung: Günter Neumann; Leitung: Hans Rosenthal.
BP 10; Ph, Pl (SPA); Akte SPA 4220/11, a.

Apr 12, 18.00 Uhr. »Meeting by Beating – 10 Jahre Student für Berlin«
V: Student für Europa – Student für Berlin e. V.
Et: 1,– DM.
»Herrlich jung und bunt war gestern abend der Sportpalast. Die Kommilitonen von ›Student für Europa – Student für Berlin‹ feierten zehnjähriges Bestehen und außerdem Wiedersehen mit ›ihren‹ Ferienkindern von gestern und vorgestern. Um 18 Uhr 15 legte vor einigen Hundert Kindern und Jugendlichen die erste Band los, daß die Notbeleuchtung wackelte – auf den Rängen und im Parkett bereits dufte Stimmung. Nachdem Betreuer und Kinder als Gesangssolisten geglänzt hatten, sprach Senator Hans Korber zu der fröhlichen Gesellschaft. Er dankte allen Betreuern im Namen des Senats und der Eltern für das Ferienprogramm, für ›gesellschaftspolitische Arbeit und persönliches Engagement‹. Gerade ihr Beispiel sollte für manchen Anlaß sein, seine Meinung über Studenten zu prüfen und zu revidieren. […]« (BMp 13. 4.).
BP 11; Akte SPA 4203/7, a.

Apr 19, 20.00 Uhr. Konzert »Karel Gott«
V: Funke.
Et: 5,– bis 16,– DM.
»Die goldene Stimme aus Prag mit dem Orchester Ladislav Staidl«.
BP 8; Akte SPA 4210/13, a–f.

Apr 23–26. Amateur-Boxen »47. Deutsche Meisterschaften 1969«
V: DABV.
Im Rahmen der 50-Jahr-Feier des BBV (1919–1969).
Apr 23
13.00 und 19.00 Uhr. Zwischenrunde.
Et: 3,– (13.00 Uhr); 3,– bis 12,– DM (19.00 Uhr).
Apr 24
20.00 Uhr. 1. Vorschlußrunde (Flg, Fdg, Hmg, Hsg).
Et: 3,– bis 12,– DM.
Apr 25
20.00 Uhr. 2. Vorschlußrunde (Bg, Lg, Wg, Mg, Sg).
Et: 3,– bis 12,– DM.

Apr 26
20.00 Uhr. Endkämpfe.
Et: 3,– bis 15,– DM.
Flg: Gerd Schubert (Berlin) besiegt Wolfgang Penzler (Marburg).
Bg: Georg Diem (Lindenberg) besiegt Hans Georg Pillarz (Wedel).
Fdg: Peter Prause (Berlin) besiegt Hermann Klee (Hockenheim).
Lg: Peter Schwede (Hamburg) besiegt Ingo Gutt (Uerdingen) durch Abbruch (3. Rde).
Hwg: Jürgen Voß (Travemünde) besiegt Helmut Zettier (Waltrop).
Wg: Wolfgang Fiedler (Salzgitter) besiegt Günter Meier (Schongau) durch Disqualifikation (3. Rde).
Hmg: Peter Spitzenberg (Essen) besiegt Gunnar Münchow (Berlin).
Mg: Rudi Hornig (Berlin) besiegt Ewald Jarmer (Selb).
Hsg: Horst Waida (Berlin) besiegt Karsten Honhold (Travemünde).
Sg: Peter Hussing (Siegen) besiegt Dieter Renz (Bottrop).
Ts 23.–27., 29. 4.; BMp 23.–28. 4.; BP 12; Ph, Pl (SPA); Akte SPA 4133/27, a.

Apr 27, 17.00 Uhr. Abschlußveranstaltung der Gebietsmission Berlin »Aktion Hoffnung«
V: Bund Evangelisch-freikirchlicher Gemeinden, Vereinigung Berlin-West.
Et: frei.
Mitw.: Virginia Babikian (Sopranistin, USA), Word-of-Life-Quartet (CDN), Richard Kriese (Rundfunkevangelist, Wetzlar), Vereinigte Männerchöre Berlin (Prof. Dr. Herbert Kelletat), Bläser-Allianz-Chor Berlin (Horst Stabenow).
Pl (SPA); Akte SPA 4241/33.

Apr 28–Mai 14, 20.00 Uhr. Catchen um den »Großen Preis des Sportpalastes 69«
V: SP (Gustl Kaiser).
Et: 4,– bis 8,– DM.
Teiln.: Jean-Louis Breston (B), Gedeon Gida (H), Horst Hoffmann (D), Hermann Iffland (D), Peter Kayser (D), Shozo Kobayashi (J), Josef Molnar (H), Dave Morgan (GB), Micha Nador (H), Franz Orlik (D), Geoff Portz (GB), Hans Roocks (D), Wolfgang Saturski (D), Gil Voiny (F) u. a.
BP 13; Pl (SPA); Akte SPA 4180/4, a–e.

Mai 17–26, 15.30 und 20.00 Uhr. Eisrevue »Walt Disney's Märchenschau ›Schneewittchen und die sieben Zwerge‹«
Wiederholung von Jan 7–22.
Pl (SPA); Akte SPA 4221/2, a–e.

Jun 8, 20.00 Uhr. Konzert »Mahalia Jackson«
V: Collien.
Et: 4,– bis 18,– DM.
»[...] ›Der Welt größte Gospel-Sängerin‹ – selten, daß ein simpler Reklame-Slogan so rückhaltlos auf eine Künstlerin zutrifft. Was wären die Gospel-Songs, Mitteldinger aus frommen Schlagern und bluesmäßigen Jazzweisen, ohne sie? Es soll Frieden sein auf der Welt, jeden Tag muß man einem seiner Menschenbrüder helfen, der Herr ist bei uns, Hallelujah, laßt uns sein Loblied singen. Mahalia Jackson überzeugt nicht nur durch ihr Stimmvolumen und durch ihre aufrichtige Gläubigkeit. Die rührend schlichten Melodien durchsetzt sie mit jenen Schreien – ›field-hollers‹ und ›field-cries‹ –, die am Anfang aller schwarzen Musik Amerikas stehen. Sie entstammen der Folklore aus Sklaventagen, und sie swingen die glatte Zivilisiertheit der Gospel-Lieder von der Bühne, öffnen den Weg zu den Ursprüngen. Mahalia Jackson singt Ur-Choräle, Natur-Ereignisse an eruptiver Frömmigkeit. Sie hält sogar eine Predigt wie auf der South-Side von Chicago, unintellektuell, rührend ehrlich. [...] Ihr Publikum ist sogar noch breiter geworden, scheint es. Von den Jüngeren und den ganz Jungen wird sie nicht weniger begeistert begrüßt als von den alten Getreuen, ja, man hat den Eindruck, daß gerade die jüngsten Besucher sich am stärksten von ihr mitreißen lassen. Beifall und rhythmisches Klatschen durchtoben den Sportpalast, ganz wie damals, als es noch keinen Beat, keinen Black-Power-Protest, keine Erinnerungen an Kennedy-Morde gab. [...]« (Ts 10. 6.).
Ts 10. 6.; BP 16; Akte SPA 4210/14, a–c.

Jun 13, 19.45 Uhr. Amateur-Boxen »Moskau – Berlin«
V: BBV.
Et: 3,– bis 15,– DM.
Im Rahmen der 50-Jahr-Feier des BBV (1919–1969).
Flg: Jewgeni Schelkow (Moskau) besiegt Gerd Schubert.
Flg: Alexander Antonow (Moskau) besiegt Waldemar Stephani (ohne Wertung).
Fdg: Valerij Plotnikow (Moskau) besiegt Peter Prause.
Lg: Peter Henatsch besiegt Anatolie Kamnew (Moskau) durch Disqualifikation (3. Rde).
Hwg: Leonid Gontscharow (Moskau) besiegt Burghardt Barnowski.
Wg: Boris Klimow (Moskau) besiegt Ernst Stuck.
Hmg: Alexander Alexejew (Moskau) besiegt Wolfgang Gans.
Mg: Rudi Hornig erhielt den Sieg kampflos, da ohne Gegner.
Hsg: Jurie Bystrow (Moskau) besiegt Horst Waida.
Sg: Hartmut Sasse besiegt Arkadij Turkin (Moskau).
Moskau – Berlin 14:6.
Ts 13.–14. 6.; BMp 13.–14. 6.; BP 17; Ph, Pl (SPA); Akte SPA 4133/28 a.

Jun 14, 20.00 Uhr. Konzert »The Beach Boys«
V: Hauke.
Et: 5,– bis 18,– DM.
Mitw.: The Beach Boys (Dennis und Carl Wilson, Mike Love, Alan Jardine, Bruce Johnston); Paul Revere & The Raiders featuring Mike Lindsay, Joe Hicks and his group, Backing group.
»Der Eindruck ist zwiespältig, den die Strandjungen, die sehr berühmten Beach-Boys, da zurückgelassen haben. Es war ein richtig netter Abend, Sonnabend im Sportpalast; denn es gab für jeden etwas – mir ein Stückchen, dir ein Stückchen: Starkes war da neben Dünnem, Sentiment neben Sentimentalem, Brausen neben Brausepulver. Alles wie gewohnt commercial, schön und ohrwurmig; alles eigentlich zu schön, um noch wahr zu sein. Vor der Pause erst ein Ausflug in die Beat-Vergangenheit: Mit der Stimmungskapelle ›Paul Revere & The Raiders Featuring Mark Lindsay‹ (Markenname). Ja, so woans, die alten Beaters-Leut', ganz lieb und lustig... [...]« (Ab 16. 6.).
Ab 16. 6.; BP 17; Ph, Pl (SPA); Akte SPA 4203/8, a–b.

Jun 20, 20.30 Uhr. Boxen »Wilhelm von Homburg – Oskar ›Ringo‹ Bonavens« u. a.
V: Zeller.
Et: 8,– bis 100,– DM.
Mg: Matthias Rosenitsch (74 kg; A) – Michel Petit (73,7 kg; F), Sieg Rosenitschs nach Pktn (8 Rdn).
Mg: Peter Marklewitz (72,5 kg; A) – Marc Desfourneaux (73,1 kg; F), Sieg Marklewitzs durch ko (4. Rde).
Hsg: Detlef Naseband (80 kg; Berlin) – Mohammed Hassan (86,5 kg; ET), Sieg Nasebands nach Pktn (6 Rdn).
Sg: Horst Benedens (92 kg; Berlin) – Toribio Penalva (82,2 kg; E), Sieg Benedens' durch Aufgabe (3. Rde).
Sg: Wilhelm von Homburg (85 kg; D) – Oscar »Ringo« Bonavena (94,4 kg; RA), Sieg Bonavenas durch ko (3. Rde).
BMp 21. 6.; Ab 21. 6.; Ph, Pl(SPA); Akte SPA 4134/4, a–b.

Aug 29–Sep 14, 20.00 Uhr. »Laterna Magika Prag ›Revue aus der Kiste‹«
Mittwochs, sonnabends, sonntags auch 16.00 Uhr.
V: SP.
Et: 5,– bis 14,– DM.
Forts. Sep 16–21.
Hauptregisseur 1. Teil: Ladislav Rychman; Hauptregisseur 2. Teil: Jaromir Stanek; Dir. und L. des Ensembles: Jiri Prochazka.
»[...] die Laterna Magika und ihre Schöpfer verlassen sich ausschließlich auf ihre Tricks, auf Phantasie und Präzision, mit der die Darsteller von der Leinwand auf die Bühne und wieder zurückspringen oder ein veritabler blanker Busen wieder zu Holz wird. Hübsche Sachen hatten sich die Zauberer von der Moldau ausgedacht. Wenn ein komischer Stier von einer Leinwand auf die andere hopst, herrscht eitel Freude, und wenn die Bildfläche dreigeteilt wird, kann man immer auf Überraschung hoffen: Was ein Maler links auf die Leinwand bringt, erscheint rechtsaußen Zug um Zug. Anschließend beginnt dann eine neckische Verfolgung über die Dächer einer mittelalterlichen Stadt. Halsbrecherische Perspektiven und ein bißchen Knallerei bringen Tempo in die Sache, ohne der Attraktion des Abends die Show zu stehlen. Kenner konnten sich von Anfang an auf den Rollschuhläufer freuen, der nach wie vor das Programm beschließt. [...]« (Tg 31. 8.).
Tg 31. 8.; BP 25–27; Ph, Pl (SPA); Akte SPA 4224/1–13.

Sep 15, 19.30 Uhr. Kundgebung
V: SPD, Landesverband Berlin.
Zur Wahl des Bundestages am 28. 9.
Rd: Willy Brandt (Bundesaußenmin.), Klaus Schütz (Regierender Bürgermeister).
Th: *»Wir schaffen das moderne Deutschland«.*
»Zwischen Ost und West würden Gespräche mit dem Zweck vorbereitet, die Zukunftsaussichten Berlins noch zu verbessern, erklärte gestern der SPD-Vorsitzende, Bundesaußenminister Willy Brandt, auf einer Wahlkundgebung im Berliner Sportpalast. Dabei sei in dieser Runde leider nicht zu erreichen, daß aus der Insel Festland wird. ›Aber den Damm zum Festland können wir verstärken und absichern.‹ Brandt wandte sich besonders an die 40 000 in Berlin lebenden wahlberechtigten Bundesbürger und forderte sie auf, ihren Stimmzettel zur Briefwahl zu gebrauchen. Im Zusammenhang mit den Vorwürfen der SED gegen seine ›widerrechtliche‹ Wahlkundgebung in Berlin erklärte Willy Brandt: ›Ich lasse mich von Berlin nicht trennen.‹ [...]« (Tg 16. 9.).
Tg 14., 16. 9.; Ts 16. 9.; BSt 20. 9.; Akte SPA 4232/8.

Sep 16–21. »Laterna Magika Prag ›Revue aus der Kiste‹«
Forts. von Aug 29 – Sep 14.

Sep 28, 19.45 Uhr. »Jugend trainiert für Olympia« – Abschlußfeier mit Siegerehrung und Tanz
V: Der Senator für Familie, Jugend und Sport.
Akte SPA 4203/9.

637 Plakat (Chr Okt 2); SPA.

Okt 2, 15.30 und 20.00 Uhr. Bunte Veranstaltung »Gesucht wird die Hausfrau des Jahres 1969«
V: Sauer.
Et: 3,– bis 8,– DM.
Zum 10jährigen Jubiläum (1959–1969) der Veranstaltung. Endkampf der 11 Landessiegerinnen. Bundessiegerin wurde Lindeliese Ziegle (Landessiegerin von Rheinland-Pfalz).
Mitw.: Roberto Blanco, Dieter Thomas Heck, Heinz Hoppe, Günther Keil, Margit Schramm; The Four Kings, Trio Sorrento, Hans Karbe mit seinem Orchester.
»[...] Die Enttäuschung war groß: Was als bunter Unterhaltungsabend auf großen Plakaten angekündigt war, entpuppte sich als reine Werbeveranstaltung. Hauptaufgabe des Conférenciers Günter Keil: Lobpreisungen von Margarine, Kondensmilch, von glücklichen Kühen auf schönen Bauernhöfen, Elektrogeräten, Spielzeug und vielen anderen Artikeln mehr. [...] Lichtblicke des Abends waren die ›Four Kings‹, Margit Schramm und Heinz Hoppe. Nicht erschienen waren zwei angekündigte bekannte Schlagerstars. Rex Gildo [...] Vicky [...] Nach vier Stunden Reklame – manchmal unterbrochen von Unmutsrufen des Publikums – wurde schließlich die Siegerin gekürt [...] Zu bedauern war der Regierende Bürgermeister Klaus Schütz. Als Schirmherr des Wettbewerbs blieb auch ihm nichts anderes übrig, als geduldig bis Mitternacht im Sportpalast auszuharren, um der Gewinnerin ein Silbertablett und einen Wanderpokal zu überreichen« (Tg 4. 10.).
Tg 4. 10.; BP 28; Ph, Pl (SPA); Akte SPA 4225/2, a–c.

Okt 6–7 und 9–10, 20.00 Uhr. Amateur-Boxen »Weltklasse-Turnier«
V: BBV.
Et: 3,– bis 15,– DM.
Zur 50-Jahr-Feier des BBV (1919–1969).
Okt 6 1. Vorrunde.
Okt 7 2. Vorrunde.
Okt 9 Endrunde (Lg, Hwg, Wg, Mg, Hsg).
Okt 10 Endrunde (Flg, Bg, Fdg, Hmg, Sg).
Teiln.:
Flg: Ion Gruescu (RO), Tario Ishigaki (J), Branislav Mirkovic (YU), Gerd Schubert (D), Waldemar Stephani (D).
Bg: Paul Dogbe (TG), Aurel Dumitrescu (RO), Yoshitaka Machida (J), John Mwaura (EAK), Mickey Piner (GB), Engin Yadigar (D).
Fdg: Nicolae Giju (RO), Folly Kodjo (TG), Samuel Mbogwa (EAK), Tommy Wallace (GB).
Lg: Ingo Gutt (D), Peter Henatsch (D), Kyoji Shinohara (J), Zvonko Vujin (YU).
Hwg: Burghardt Barnowski (D), Shoji Hirano (J), Gerd Puzicha (D).
Wg: David Attan (EAK), Manfred Hoenow (D), Alexandru Popa (RO), John van Schaik (NL), Ernst Stuck (D).
Hmg: Bernard Ayih (TG), Rudi Koopmans (NL), Günter Meier (D), Peter Spitzenberg (D).
Mg: John Baldwin (USA), Gheorge Chivar (RO), Rudi Hornig (D), Todorovic (YU), Dave Wallington (GB).
Hsg: Edgar Kerlin (D), Ed. Matthews (USA), Michael Metzger (D), Steven Tega (EAK).
Sg: Werner Lahrmann (D), Hartmut Sasse (D), Ken Schaver (USA), Alfred Zybarth (D).
Endkämpfe:
Flg: Gruescu besiegt Ishigaki.
Bg: Dumitrescu besiegt Piner.
Fdg: Giju besiegt Mbogwa.
Lg: Shinohara besiegt Gutt.
Hwg: Hirano besiegt Barnowski durch Abbruch.
Wg: Attan besiegt Popa.
Hmg: Meier besiegt Spitzenberg.
Mg: Hornig besiegt Chivar.
Hsg: Tega besiegt Matthews.
Sg: Sasse besiegt Lahrmann.
Ts 21., 23., 26. 9.; 5., 7.–11. 10.; BP 28; Ph, Pl (SPA); Akte SPA 4133/29, a.

Okt 11, 20.00 Uhr. Konzert »Das Wiener Johann Strauss Orchester«
V: Collien/SP.
Et: 4,– bis 12,– DM.
»50 Musiker unter der Leitung von Prof. Willi Boskovsky [...] Programm: Die schönsten Melodien der Dynastie Strauss / An der schönen blauen Donau · Fledermaus · Wiener Blut / Kaiserwalzer · Zigeunerbaron · Radetzky-Marsch« (Anz., Ts 5. 10.).
Ts 5. 10.; Tg 14. 10.; BP 29; Pl (SPA); Akte SPA 4210/16, a–b.

Okt 12, 19.00 Uhr. »Match – Mode – Mannequins«
V: Junge Mode Berlin / Ausstellungsdienst Berlin.
Et: 2,– bis 4,– DM.
Anläßlich der 2. Interchic. *»Match – Mode – Musik / dargeboten von flinken Herren – flotten Damen aus Paris, London, Berlin«.*
Mitw.: The 298th US Army Band (Howard Vivian); La Musique du 46ème Regiment d'Infantrie (Michel Delgiudice); Kapelle Kurt Drabek; Schiedsrichter: Wolfgang Gruner; Ltg: Hans Rosenthal.
»[...] Neben dem Sport- und Unterhaltungsprogramm von Mammutausmaßen (vier Stunden) präsentierten die französischen, englischen und deutschen Firmen der ›Jungen Mode‹ die internationale aktuelle Wintermode. Die tanzenden Mannequins führten Knautschlack in Mini- und Maxilänge vor. Knautschlack ist der Schlager der Saison. [...] Die Zeit zwischen den Pop-Modeschauen füllten – zur Freude der Männer – Kurzfußballspiele. Berliner DOB, Berliner Einzelhandel sowie die Pariser und Londoner Modeschöpfer lieferten sich spannende Kämpfe um einen Wanderpokal. Die Franzosen konnten ihn schließlich aus der Hand von Spielmeister ›Hänschen‹ Rosenthal entgegennehmen. [...]« (Tg 14. 10.).
Tg 14. 10.; BMp 14. 10.; BP 29; Pl (SPA); Akte SPA 4220/12.

Okt 17, 20.30 Uhr. Boxen »Gerhard Piaskowy – Denny Moyer« u. a.
V: Zeller.
Et: 6,– bis 60,– DM.
Mg: Frank Reiche (73,8 kg; Berlin) – Georg Binder (75 kg; Frankfurt am Main), Sieg Reiches durch Abbruch (2. Rde).
Mg: Peter Marklewitz (72,2 kg; A) – Horst Wieczorek (74,5 kg; CH), Sieg Wieczoreks nach Pktn (8 Rdn).
Mg: Gerhard Piaskowy (71,7 kg; Berlin) – Denny Moyer (72 kg; USA), Sieg Moyers nach Pktn (10 Rdn).
Hsg: Matthias Rosenitsch (74,8 kg; A) – Franklin Arrindell (74 kg; Westindien), Sieg Arrindells durch ko (3. Rde).
Hsg: Conny Velensek (80 kg; Schöningen) – Macan Keita (79,6 kg; GUY), Sieg Velenseks nach Pktn (8 Rdn).
Sg: Horst Benedens (Berlin) – Giulio Rinaldi (I), ausgefallen, da Rinaldi erkrankt war.
Ts 16.–18. 10.; BMp 17.–18. 10.; BP 29; Ph, Pl (SPA); Akte SPA 4134/6, a.

Okt 20, 20.00 Uhr. »Harold Davison presents: Barry Ryan Show '69«
V: Lippmann + Rau.
Et: 4,– bis 15,– DM.
Mitw.: *»Barry Ryan · The Candy Choir / The ›Eloise‹ Sound-Orchestra, / directed by Paul Ryan / Guest Stars: The Equals«* (Anz., Ts 19. 10.).
»Barry Ryan ist zu spät gekommen. Der einst bewundert gefeierte ›Eloise-Interpret‹ klettert augenblicklich nur mit Mühe in den Hitparaden nach oben und schaffte daher am Montag nur einen halb gefüllten Sportpalast. Die erste Halbzeit wurde von den Equals im Holzfällerbeat zerhackt: eine Gruppe, die kommerzielle Titel verabreicht, womit stets eine anspruchslose und treue Käuferschicht garantiert wird. Barry selbst ließ sich lange bitten, sein Bruder und Hauskomponist Paul Ryan dirigierte das ›Eloise-Sound-Orchestra‹, das unterstützt wurde vom ›Candy-Choir‹. Barry hatte Mühe, die mitunter komplizierten Klanggebilde seines Bruders gegen eine lieblos ausgesteuerte Tontechnik durchzukämpfen. Er rutschte mit der Stimme ab, und in zarte Vokalpassagen platzten dümmliche Lacher aus dem Publikum. Eine gleichfalls achtlose Lichtregie schaffte kaum irgendwelche Effekte. Insgesamt: Der Abend wurde den Ryan-Brüdern nicht gerecht, am Ausgang hatte man ihn bereits vergessen« (Tg 22. 10.).
Tg 22. 10.; Ts 19. 10.; BP 29; Pl (SPA); Akte SPA 4204/5, a–b.

Okt 21, 20.00 Uhr. Eishockey »Finnland – Deutschland«
V: DEB.
Et: 5,– bis 15,– DM.
Finnland: Urpo Ylönen, Jorma Valtonen (Tor); Seppo Lindström, Ilpo Koskela (Vert. A); Heikki Riihiranta, Juha Rantasila (Vert. B); Pekka Marjamäki, Lalli Partinen (Vert. C); Lasse Oksanen, Jorma Peltonen, Pekka Leimu (Sturm A); Matti Keinonen, Veli-Pekka Ketola; Jorma Vehmanen (Sturm B); Esa Peltonen, Erkki Mononen, Lauri Mononen (Sturm C); Matti Murto, Juhani Tamminen (Ersatz).
Deutschland: Anton Kehle, Günter Knaus (EV Füssen) (Tor); Peter Schwimmbeck (EV Füssen), Michael Eibel (EV Landshut) (Vert. A); Leonhard Waitl (Augsburger EV), Josef Völk (EV Füssen) (Vert. B); Alois Schloder (EV Landshut); Gustav Hanig (EV Füssen), Ernst Köpf (Augsburger EV) (Sturm A); Reinhold Driendl (EV Füssen), Horst Meindl (EV Füssen), Lorenz Funk (EC Bad Tölz) (Sturm B); Frank Neupert (EV Füssen), Erich Kühnhackl (EV Landshut), Karl-Heinz Egger (EV Füssen) (Sturm C); Werner Modes (EV Füssen); Walter Köberle (ESV Kaufbeuren), Herbert Stohwasser (EV Füssen) (Sturm D).
Deutschland – Finnland 6:4, (2:1, 3:2, 1:1).
Ts 21., 23. 10.; BP 30; Ph, Pl (SPA); Akte SPA 4103/16, a.

Okt 23, 20.00 Uhr. Konzert »The Ray Charles Show '69«
V: Lippmann + Rau.
Et: 6,– bis 18,– DM.
Mitw.: Ray Charles, The Raelets, The Ray Charles Orchestra.
»Nachdem ein knappes Stündchen lang nur sein Orchester zu sehen und zu hören war, stieg die Unruhe im Sportpalast beträchtlich – nicht weil man besonders viel gegen dessen gefälliges Showbusineß gehabt hätte, sondern weil man gekommen war, IHN zu erleben, ihn zu sehen, der selbst nicht sehen kann, [...]: Ray Charles. Kaum hatte er die Bühne betreten, schon beim Laufen von den Rhythmen seiner Band geschüttelt, brach Begeisterung aus. Sie währte bis zum Ende. Was immer er singt, Folk-Songs, Blues oder Schlager, mit dem Stempel seines Arrangements und seines Sounds versehen, stiftet er Enthusiasmus in den Stuhlreihen, läßt die Beine wippen und die Hände im Takt mitschlagen. Verschüchterte graue Büromäuse werden vital auf ihren Sitzen, und vierschrötige Lederjacken bekommen seelenvolle Augen – ›Soul‹ hat man ja auch jene Mischung aus Gospel und Blues getauft, die Ray Charles am reinsten vertritt. [...]« (SVb 25. 10.).
SVb 25. 10.; Ph (SPA); Akte SPA 4204/6, a–b.

Okt 25, 20.00 Uhr. »40 Jahre Hamburger Hafenkonzert«
V: Collien.
Et: 4,– bis 12,– DM.
In etwa Wiederholung des Konzertes vom Mär 30.
Mitw.: Hans Freese mit seinem Blasorchester sowie Richard Germer, Christa Haas, Franka Lubee, Günter Lüdke, Addi Münster, Peter Oldenburg, Hein Riess, Christa Siems.
BP 30; Akte SPA 4210/17, a–b.

Nov 1, 20.00 Uhr. Konzert »Gute Freunde musizieren für Berlin«
V: GdP.
Et: 3,– DM.
Mitw.: The 298th US Army Band (Howard Vivian); The Staffordshire Regiment Band (Woolcott); La Musique du 46ème Regiment d'Infantrie (Michel Delgiudice); Das Musikkorps der Schutzpolizei Berlin (Herbert Domagalla).
BP 31; Pl (SPA); Akte SPA 4231/12.

Nov 4, 20.00 Uhr. »Aretha-Franklin-Show«
Ausgefallen.
BP 31; Akte SPA 4204/4.

Nov 8, 16.00 und 20.00 Uhr. Bunte Veranstaltung »Ein Abend beim Äppelwoi«
V: Wylach/SP.
Et: 5,– bis 15,– DM.
Mit Heinz Schenk und Lisa Wöhr vom »Blauen Bock«.
Ts 26. 10.; BP 31; Akte SPA 4220/13, a.

Nov 13, 20.00 Uhr. Bunte Veranstaltung
Stattgefunden?
BP 32.

Nov 14, 20.30 Uhr. Amateur-Boxen »Länder-Pokal-Turnier«
V: DABV/BBV.
Et: 3,– bis 15,– DM.
Um den »Leonhard Mandlar-Pokal« des DABV; Halbfinale: Berlin – Bayern.
Fdg: Peter Prause besiegt Günter Pfeffer (Bayern) durch Aufgabe (3. Rde).
Lg: Peter Henatsch besiegt Otto Schröck (Bayern).
Hwg: Burghardt Barnowski besiegt Reinhard Pecher (Bayern).
Hwg: Helmut Kramer (Bayern) besiegt Hartmut Schützmann.
Wg: Sebastian Feuerer (Bayern) besiegt Manfred Hoenow durch ko (2. Rde).
Hmg: Gunnar Münchow besiegt Gerhard Schlegel (Bayern).
Hmg: Günter Sadel besiegt Otto Dafner (Bayern) durch Aufgabe (2. Rde).
Mg: Rudi Hornig – Ewald Jarmer (Bayern), unentschieden.
Sg: Horst Koschemann (Bayern) besiegt Hartmut Sasse.
Im Hsg gingen die Punkte kampflos an Bayern da Gerd Bauer wegen einer Verletzung nicht gegen Klaus Schübel (Bayern) antreten konnte und auch kein Ersatz zur Verfügung stand.
Berlin – Bayern 11:9.
Berlin war damit ins Finale eingezogen, das am 20. 12. stattfand.
BMp 13.–15. 11.; ndp 15. 11.; Ab 15. 11.; BP 32; Pl (SPA); Akte SPA 4133/30.

Nov 20 – Dez 17. Wiener Eisrevue mit »Cocktail«
Werktags 20.00 Uhr, sonntags 19.30 Uhr; mittwochs, sonnabends, sonntags auch 15.30 Uhr; am 23. 11. geschlossen.
V: SP.
Et: 5,– bis 14,– DM.
Prod. und R: Will Petter; Mu: Robert Stolz; Chgr: Edith Petter. Mitw.: Troy Andersen (USA), Nora Bari (CS), Marian Filc (CS), Anette Gardiner/Allan Glenn (AUS), Regine Heitzer (A), Rusti Kile (USA), Sally und Kevin McGrath (ZA), Ronnie McKenzie (GB), Milena (CS), Paul Sibley (USA), Duncan Whaley (GB), Willi und Oliviera Küblers Schimpansen; Wiener Eisballett.
Ts 9., 23. 11.; Wh 22. 11.; BP 32–35; Ph (SPA); Akte SPA 4011/3, 1–10.

Dez 20, 20.00 Uhr. Amateur-Boxen »Länder-Pokal-Turnier«
V: DABV/BBV.
Et: 3,– bis 15,– DM.
Um den »Leonhard Mandlar-Pokal« des DABV; Finale: Berlin – Niederrhein. Das Halbfinale hatte am 14. 11. im Sportpalast stattgefunden.
Fdg: Peter Prause – Ernsto Zaniol (Mülheim), ausgefallen wegen Krankheit Prauses, Niederrhein erhielt also die Punkte kampflos.
Lg: Peter Henatsch besiegt Ingo Gutt (Uerdingen).
Hwg: Erwin Schulz – Heinz-Günter Meindl (Duisburg), unentschieden.
Hwg: Gerd Puzicha (Essen) besiegt Hartmut Schützmann.
Wg: Ernst Stuck besiegt Klaus Philippi (Velbert).
Hmg: Gunnar Münchow besiegt Günter Jendrik (Hamborn) durch Aufgabe (2. Rde).
Hmg: Günther Sadel besiegt Siegmund Kotzke (Mühlheim) durch Aufgabe (2. Rde).
Mg: Rudi Hornig besiegt Horst Hofreiter (Niederrhein) durch Aufgabe (1. Rde).
Hsg: Gerhard Dieter II besiegt Frank Waldeyer (Düsseldorf) durch Aufgabe (2. Rde).
Sg: Hartmut Sasse besiegt Reinhard von Walchenfeld (Wuppertal) durch Abbruch. (1. Rde).
Berlin – Niederrhein 15:5.
»Das Länder-Pokal-Turnier des Deutschen Amateur-Box-Verbandes wurde nach einer 8jährigen Pause in diesem Jahre erneut ausgeschrieben. Während es damals in Gruppen, d. h. Deutschland Nord, West, Süd, Südwest durchgeführt wurde, [...] kämpfen um den Leonhard Mandlar-Pokal nunmehr die einzelnen Landesverbände. [...] Im Jahre des 50jährigen Bestehens des Berliner Box-Verbandes konnte keine bessere Lösung gefunden werden als den Leonhard Mandlar-Pokal zu schaffen, genannt nach dem Gründer des Deutschen Reichs-Verbandes für Amateur-Boxen und des Berliner Box-Verbandes, der nach einem Leben für den Sport im Alter von 72 Jahren am 8. Mai 1965 von uns gegangen ist. So war es auch selbstverständlich, daß der Berliner Box-Verband in seinem Jubiläums-Jahr den Pokal stiftete. [...] ist als Wanderpreis ausgeschrieben. [...]« (Ph).
Ts 16., 20. 12.; Tg 21. 12.; BMp 21. 12.; BP 35; Ph (SPA); Akte SPA 4133/31, a.

Dez 25 – 27, 20.00 Uhr. Konzert »Karel Gott und seine Musikparade«
V: Lippmann + Rau/SP.
Et: 5,– bis 16,– DM.
Mitw.: *»Karel Gott / Orchester Ladislav Staidl / Streichorchester Praga / Nada Urbankova + / Milan Drobny und das / Orchester The Jollies / vom Theater Semafor / Musical Comedians / Sasa + Wilda / Gypsy Gondolan Brothers«* (Pl).
»Schummerstündchen im Sportpalast, Lichterbäume links und rechts der Bühne und ›Stille Nacht‹ auf der Hammond-Orgel gespielt – in diesem Rahmen empfingen Karel Gott und seine Mitstreiter ihre Fans an den Weihnachtsfeiertagen. Karel ›der Große‹, umjubelter und stürmisch gefeierter Schlager-Star aus der Tschechoslowakei, war gerade noch rechtzeitig von der Grippe genesen, um mit voller Stimmgewalt den Sportpalast erzittern zu lassen. Dem ›Ave verum‹ von Mozart bekam das leider überhaupt nicht, aber mit der Böhmischen Polka (›Rosamunde, schenk mir dein Herz und dein Ja‹) kam die rechte Stimmung ins Haus. Und zum Schluß sang Karel dann auch noch, was sein Berliner Publikum am allerliebsten von ihm hört: die ›Schiwago-Melodie‹« (Ts 28. 12.).
Ts 28. 12.; Pl (SPA); Akte SPA 4210/18 a–d.

1970

Jan 1, 17.00 Uhr. Handball »Internationales Turnier«
V: HVB.
Et: 3,– bis 8,– DM.
Amsterdam (Antilopen Holland): Ger Norbart, Peter Geerts, Wim Budding, Henny Loeffen, Pielt Kivit, Peter Muyres, Guus Cantelberg, Bob Sondaar, Ed Hiensch, Kees Keijzer, Jack Rietbroek, John Meuffels, Joop Meershoek, Harry Schrik.
Berlin: Peter Schäfer (BSV 92), Matthias Girnatis (Rein. Füchse), Olaf Vetter (Rein. Füchse), Diethard Finkelmann (Rein. Füchse), Detlef Finkelmann (Rein. Füchse), Henry Johannes (Rein. Füchse), Wolfgang Braun (Rein. Füchse), Uwe Polewacz (BSV 92), Sigmar Artelt (TSV Rudow), Bernd Redlich (Rein. Füchse), Dieter Krumpholz (CHC), Karl-Heinz Plötz (OSC), Bernd Bothe (TSV Siemensstadt), Klaus Gedan (Grunewald HC), Lutz Gerlinger (OSC).
Hamburg: Bernd Kobelke (TSG Bergedorf), Günter Wartenin (VfL 93), Hartwig Reich (HSV), Uwe Kessloff (HSV), Wolfgang Mohr (TSG Bergedorf), Erich Eggenstein (ETV), Reiner Hiesener (PSV Hamburg), Claus Hansson (AMTV), Wolfgang Urban (HSV), Norbert Koops (HTBG), Axel

Horstmann (PSV Hamburg), Wilhelm Klemme (PSV Hamburg), Joachim Engler (Viktoria Hamburg).
Timisoara (RO): Franz Demian, Ion Covasintan, Mircea Biraescu, Edwin Sauer, Hjalmar Sauer, Doru Oprescu, Werner Schön, Florin Comanescu, Eugen Ivan, Ilie Cirlan, Liviu Paraschiv, Roland Gunes, Traian Pintea, Mircea Românu, Gheorge Ilies.
Je Spiel 2x15 Min.
1. Berlin – Amsterdam 8:6 (5:4); 2. Hamburg – Timisoara 6:5 (1:4); 3. Berlin – Hamburg 11:8 (5:6); 4. Timisoara – Amsterdam 8:6 (5:2); 5. Amsterdam – Hamburg 8:5 (5:2); 6. Berlin – Timisoara 6:5 (5:3).
Gesamtergebnis: 1. Berlin (6:0 Pkte), 2. Timisoara (2:4), 3. Amsterdam (2:4), 4. Hamburg (2:4).
Ts 3. 1.; BP 1; Ph (SPA); Akte SPA 4140/2.

Jan 2, 20.30 Uhr. Boxen
Ausgefallen.
BP 1.

Jan 10, 20.00 Uhr. »The Living Theatre« mit »Paradise now«
V: Forum Theater GmbH.
Et: 4,10 DM.
»Einer rief laut ins Publikum, jetzt spüre er die Freiheit. Er war nackt. Ungefähr ein halbes Dutzend Zuschauer machten es sich beim Abgesang des Living Theatre bequem. In paradiesischem Zustand entsprachen sie dem Titel des Stückes. ›Paradise now‹ war die Devise – und wenn von einem Stück auch kaum etwas zu merken war, viele fühlten sich angesprochen.
Schon vor dem Sportpalast wurde man eingestimmt. Bärtige Männer im Hirtenlook und winterliche Hippies vermittelten eine Atmosphäre zwischen Bethlehems Stall und Fasching. Im Raume ging es dann weiter. Niemand fand seinen numerierten Platz, sanfte Unordnung herrschte. Keiner regte sich auf, die Bühne bot Raum für jeden, soviel Raum, daß für die Schauspieler kaum mehr etwas übrig blieb.
Ein bißchen störten sie ja auch, als sie so ungefähr nach einer Stunde begannen, ihre Parolen ins Publikum zu tragen. Man hatte sich auch ohne sie schon ganz schön eingerichtet: Einige rauchten Haschisch, andere spielten Blockflöte oder trommelten, viele allerdings waren wohl auch gekommen, um sich partout etwas vorspielen zu lassen.
Die allerdings hatten das Nachsehen. Denn weder war viel zu hören noch viel zu sehen von den Schauspielern. Sie waren wohl dem Massenansturm nicht ganz gewachsen. Kaum jemand nahm ihre Aufrufe furchtbar ernst. ›Wir brauchen keine Freiheit, wir brauchen Briketts!‹ antwortete ein Sprechchor auf Julian Becks Schreien nach Freiheit, auch wollte niemand so recht hören, daß Berlin im Notstand lebe. Der Jux herrschte im Sportpalast, die Freude war riesengroß, als Zuschauer zwar nicht zur Zellenbildung, jedoch zur Entkleidung schritten.
Ungefähr ein Promille der 6000köpfigen Gemeinde legte die Hüllen der Zivilisation ab und fühlte sich frei. […] Zerstört wurde nichts, niemandem wurde ein Haar gekrümmt, die Disziplinlosigkeit war gewaltlos« (Tg 13. 1.).
Ts 13. 1.; BMp 13. 1.; Ab 12. 1.; Tg 13. 1.; BZ 12. 1.; Welt 12. 1.; Pz, Pl (SPA); Akte SPA 4214/1, a.

Jan 16–22. 65. Berliner Sechstagerennen
Beginn 16. 1. um 20.00 Uhr, Start 22.00 Uhr, Ende 22. 1. um 23.00 Uhr.
V: SP (Otto Ziege).
Et: 6,–, 8,–, 5,– bis 20,–, 22,–, 17,– DM (je nach Nacht); nachmittags 3,–, erm. 1,– DM.

Forum-Theater Berlin stellt vor
THE LIVING THEATRE
PARADISE NOW
10. JAN. 1970 · 20 UHR · SPORTPALAST BERLIN

638 Plakat (Chr Jan 10; Entwurf Manfred Gräf); SPA.

Musik: Orchester Heinz Buschhagen.
Wertungen: 15.00, 16.30 (je 10 Spurts), 20.30, 22.00 (je 5 Spurts), 2.00, 4.00 Uhr (je 10 Spurts).
Mit »Derny-Rennen« in jeder Nacht (vgl. 1961 Jan 6–12), Mitternachtssprint (Fliegerrennen und Auslosug einer Flugreise nach New York), dem »Kleinen Sechstagerennen« der Amateure (s. u.) u. a.
Teiln. (12 Paare): 1. Post/Alain van Lancker (NL/F), 2. de Wit/Spahn (NL/CH), 3. Roggendorf/Frey (D/DK), 4. Seeuws/Daler (B/CS), 5. Oldenburg/Gilmore (D/AUS), 6. Fritz/Puschel (D), 7. Junkermann/Rudolph (D), 8. Wolfgang Schulze/Renz (D), 9. Robert van Lancker/Debosscher (B), 10. Bölke/Gombert (D), 11. Koel/Loeveseijn (NL), 12. Peffgen/Streng (D), durch die Absage Klaus Bugdahls waren Änderungen notwendig, so daß die Angaben im gedruckten Programm nicht diesem letzten Stand entsprechen.
Ergebnis: 1. Schulze/Renz 450 Pkte; 2. Post/A. van Lancker (1 Rde zurück) 436; 3. Fritz/Puschel (7 Rdn zurück) 246; 4. de Wit/Spahn (14 Rdn zurück) 402; 5. Seeuws/Daler (17 Rdn zurück) 381; 6. Peffgen/Streng (20 Rdn zurück) 412; 7. Oldenburg/Debosscher (31 Rdn zurück) 246; 8. Koel/Loeveseijn (aufgegeben).
Zurückgelegte km: 2384,830.
Startschuß: Curd Jürgens (Schauspieler).
Vorrennen (Einstunden-Mannschaftsfahren der Amateure, 10 Paare), erstes Rennen der dann täglich um 17.45 Uhr durchgeführten weiteren Einstundenfahren der Amateure (»Kleines Sechstagerennen«); mit einer Gesamtwertung am letzten Tag: 1. Peter Vonhof/Bernd Jaroszewicz 78 Pkte; 2. Michael Becker/Harry Seidel 71; 3. Podbielski/Manfred Topfstädt 56.
Bei diesem Sechstagerennen trat ein neues Reglement in Kraft: *»Der Veranstalter behält sich das Recht vor, erstmalig 48 Stunden nach Rennbeginn, vor Eintritt der Neutralisation, jeweils die letzte bzw. die Mannschaft aus dem Rennen zu nehmen, deren sportliche Leistung nicht ihrem Können entspricht.«* Als ersten traf es Robert van Lancker, er wurde aus dem Rennen genommen. Sein Partner Debosscher wurde mit Oldenburg als neue Mannschaft auf die Bahn geschickt. Später mußten Junkermann und Rudolph das Rennen verlassen.
Ts 6., 14.–24. 1.; BP 2; Ph, Pl (SPA); Akte SPA 4030/1–18 und 4031/II, a–k.

Jan 24, 20.00 Uhr. Boxen »Gerhard Piaskowy – Jean-Baptiste Rolland« u. a.
V: Zeller.
Et: 6,– bis 80,– DM.
Super-Wg: Gerhard Piaskowy (70,6 kg; Berlin) – Jean-Baptiste Rolland (70,3 kg; F), Sieg Piaskowys durch ko (8. Rde; Europameisterschaft, Hf Rolland).
Mg: Frank Reiche (73,7 kg; Berlin) – Carlo Roy (69,5 kg; A), Sieg Reiches durch ko (1. Rde).
Mg: Matthias Rosenitsch (74,5 kg; Wien) – Horst Wieczorek (74,6 kg; Bern), Sieg Rosenitschs durch Abbruch (nach der 7. Rde).
Hsg: Conny Velensek (82,8 kg; Schöningen) – Franz Koschina (77 kg; A), Sieg Velenseks durch Abbruch (5. Rde).

639 Zuschauer mit eigenem Programm bei der Aufführung »Paradise now« von »The Living Theatre« (Chr Jan 10).

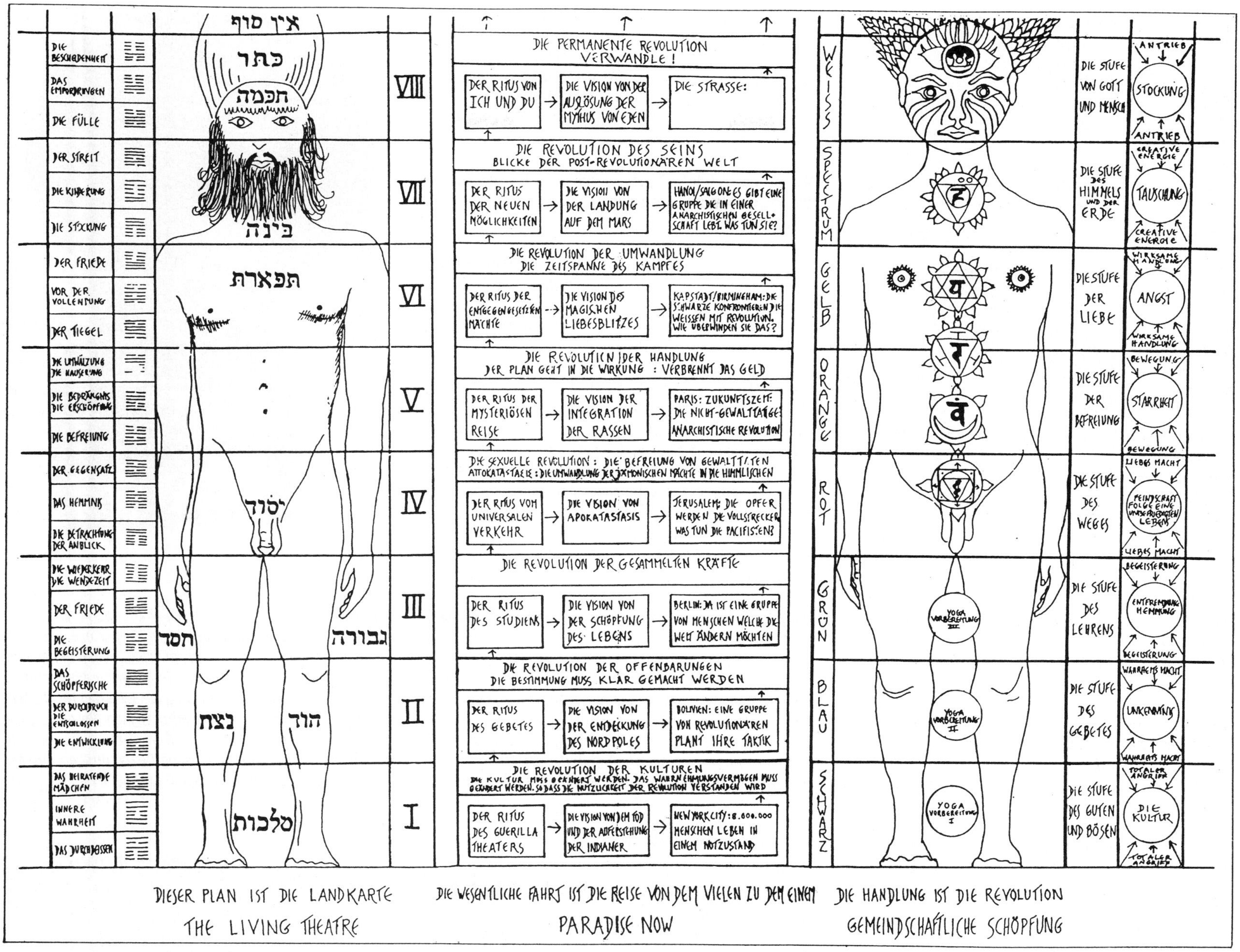

640 »The Living Theatre«, Programmzettel (Chr Jan 10); SPA.

Sg: Horst Benedens (86,9 kg; Berlin) – Giulio Rinaldi (91 kg; I), Sieg Benedens' nach Pktn (10 Rdn).
Ts 3., 24.–25., 27. 1.; BMp 24. 1.; BP 3; Ph, Pl (SPA); Akte SPA 4134/7, a.

Jan 29–Feb 28, 20.00 Uhr. 16. Bockbierfest im Sportpalast
Am 8., 11., 15. und 22. 2. geschlossen.
V: SP.
Et: 1,50 DM (Sonntag – Donnerstag), 3,– DM (Freitag – Sonnabend), 5,– DM (3 tolle Nächte).
»Kapelle Heinz Buschhagen u. das Sportpalast-Blasorchester / Licht- und Wasserorgel · Havelgewitter · Dünenrutschbahn / Conférence: Horst Nowack«.
Feb 7 und 9–10. »3 tolle Nächte beim Bockbierfest«
Feb 7 *»Bis früh um viere...«.*
Feb 9 *»Der große Zille-Ball«.*
Feb 10 *»Fastnachtsball«.*
Akte SPA 4007/III/10.

Mär 3, 20.00 Uhr. Jazz-Konzert »Benny Goodman mit seinem Orchester«
V: Hoffmeister.
Et: 5,– bis 15,– DM.
»Es dürfte nur der kleinere Teil des Publikums sein, für den sich der Name Benny Goodman mit dem harten Pausenzeichen des BBC und lebensgefährlichem Schwarzhören in Kriegszeiten verbindet, der größere Teil denkt sicher eher an Care-Pakete und Tanzmusik vom AFN. Für alle aber taucht sofort der Begriff Carnegie-Hall-Konzert auf. Und ist dies auch nur eine indirekt vermittelte Erinnerung, so sitzt sie doch so fest, daß, als Goodman bei seinem Sportpalastkonzert mit dem berühmten ›Sing, sing, sing‹-Finale schloß, ein Sturm der Begeisterung wie lange nicht durch das Haus brauste und die vieltausend Nun-auch-nicht-mehr-ganz-Jungen von ihren Sitzen sprangen, um mehrere Zugaben zu erklatschen. [...]« (Tg 5. 3.).
Ts 5. 3.; Ab 4. 3.; Tg 5. 3.; BP 7; Pl (SPA); Akte SPA 4202/13, a–c.

Mär 5 und 10, 19.00 Uhr. »1. Hallen-Fußball-Turnier der Regionalliga Berlin«
V: TeBe.
Et: 3,– und 5,– DM.
Mär 5 Vorrunde.
Mär 10 Vorschlußrunde und Endrunde (je Spiel 2x12 Minuten): Blau-Weiß 90 – Rapide Wedding 4:2 (1:1; um den 5. Platz); Wacker 04 – Tasmania 5:0 (2:0; um den 3.

641 Benny Goodman (Chr Mär 3).

Platz); Hertha 03 – TeBe 4:1 (1:1; nach Verlängerung und Achtmeter-Schießen; um den 1. Platz).
Ts 11. 3.; BMp 6., 10.–11. 3.; Akte SPA 4142/3–4.

Mär 13, 16.00–17.30 Uhr. Öffentliches Training des Boxweltmeisters im Junior-Mg Freddie Little (USA)
Et: 2,– DM.
Vgl. Mär 20.
Ts 12., 14. 3.

Mär 19, 20.00 Uhr. Pop-Konzert »Fleetwood Mac in Concert«
V: Lippmann + Rau.
Et: 5,– bis 12,– DM.
Mitw.: Fleetwood Mac (Mick Fleetwood, Peter Green, Danny Kirwan, John MacVie, Jermey Spencer).
Zum erstenmal ein Konzert im Sportpalast ohne Bestuhlung des Innenraums, *»da bei früheren Pop-Veranstaltungen Besucher des Innenraums ihre Sitzplätze nicht eingenommen, sondern dem Konzert stehend beigewohnt haben«.*
»In der Mitte des Sportpalastes hatte man einen breiten Teich ohne Bestuhlung gelassen, eine Art Campus, auf dem es sich schön lümmeln ließ. Als die englische Pop-Gruppe Fleetwood Mac vor der Stellwand ihrer Verstärker Aufstellung genommen hatte, ergoß sich rotes Licht über die Szene, und in einigen dunklen Ecken breitete sich ein Duft von Haschisch-Verschnitt aus. Dann rollten die ersten schweren Klangmassen von der Bühne herunter. Den Elektrobaß spürte man nicht nur im Ohr, sondern auch am Gesäß: Er ließ den Stuhl zum Resonanzboden werden. Jauchzende, gellende Gitarrenphrasen stiegen aus dem Baßgegrummel auf, eine Stimme artikulierte irgendeinen Text, das Schlagzeug, einstmals wegen seiner Phonzahl in Verruf, nahm sich hier vergleichsweise harmlos aus. Diese Fünf-Mann-Gruppe ist einmalig – weil sie zur Kommunikation banalster Bluesphrasen 38 Verstärkerboxen in den Dienst nimmt: ›Viel Lärm um nichts‹, möchte man mit ihrem englischen Landsmann sagen. Zum Glück ließen die fünf Barden auch einige weniger starke Stücke hören, doch die wirkten gegen die subtile Bluesmusik etwa eines John Mayall nur wie Fingerübungen« (Ts 21. 3.).
Ts 21. 3.; Tg 22. 3.; BP 8; Pl (SPA); Akte SPA 4204/10, a–c.

Mär 20, 20.15 Uhr. Boxen »Freddie Little – Gerhard Piaskowy« (Weltmeisterschaft) u. a.
V: Zeller.
Et: 12,– bis 250,– DM.
Super-Wg: Peter Marklewitz (71 kg; A) – Klaus Haevescher (69 kg; Stuttgart), Sieg Marklewitzs durch Aufgabe (6. Rde).
Mg: Frank Reiche (70 kg; Berlin) – Gene Roberts (70 kg; USA), Sieg Reiches nach Pktn (4 Rdn).
Junior-Mg: Freddie Little (69,4 kg; USA) – Gerhard Piaskowy (69,9 kg; Berlin), Sieg Littles nach Pktn (15 Rdn; Weltmeisterschaft, Hf Piaskowy).
Hsg: Matthias Rosenitsch (74 kg; Wien) – Carlos Clementi (82,3 kg; L), unentschieden (8 Rdn).
Hsg: Conny Velensek (80,5 kg; Schöningen) – Detlef Naseband (80 kg; Berlin), Sieg Velenseks durch ko (6. Rde).
Sg: Yvan Prebeg (84,5 kg; YU) – Horst Benedens (82,6 kg; Berlin), Sieg Benedens durch ko (3. Rde).
Ts 11., 21.–22. 3.; BMp 20.–22. 3.; BP 8; Ph, Pl (SPA); Akte SPA 4143.

Mär 21, 20.00 Uhr. Afrikanisches Ballett »Das National-Ensemble Senegal«
V: Beaumier/SP.
Et: 4,– bis 14,– DM.
Ballett-Ensemble des National-Theaters, Senegal; Dir: Maurice Sonar Senghor.
»[...] Und es kamen die kurzwüchsigen hübschen Mädchen mit ihrem tänzerischen Temperament, ihren vorwiegend mit eingebogenen Knien vollführten Ekstasen und einem Muskelspiel, das sich durch eine imponierende Aktivität aller ihrer vorderen und hinteren Körperteile auszeichnet. Die Männer, schlank und lächelnd, entsprachen der weiblichen Partnerschaft, doch dominierten hier, anders als in anderen Volkstanzgruppen, die Evastöchter. In holder Unschuld zeigten sei alle körperlichen Reize von der Gürtellinie aufwärts; aber sie brillierten als dunkelhäutige Mannequins, indem sie malerische Gewandungen aus der afrikanischen Frühwelt vorführten. [...]« (Ts 24. 3.).
Ts 24. 3.; BP 9; Ph, Pl (SPA); Akte SPA 4253/1, a–c.

642 Programmheft (Chr Mär 5 und 10); SPA.

643 Plakat (Chr Mär 19); SPA.

Mär 26, 20.00 Uhr. Amateur-Boxen »Berliner Meisterschaften 1970«
V: BBV.
Et: 3,– bis 12,– DM.
Endkämpfe.
Flg: Waldemar Stephani (Sparta 58) besiegt Gerd Schubert (PSV).
Bg: Josef Kala (Viktoria 89) besiegt Manfred Bauske (PSV).
Fdg: Peter Prause (PSV) besiegt Werner Niestroj (PSV) durch Aufgabe (3. Rde).
Lg: Bernd Jacobitz (PSV) besiegt Peter Henatsch (Hertha BSC) durch Abbruch (2. Rde).
Hwg: Klaus Niketta (PSV) besiegt Erwin Schulz (Hertha BSC).
Wg: Eckhard Dagge (Hertha BSC) besiegt Gerd Drosdziok (ASV).
Hmg: Günter Sadel (BTSV) besiegt Harry Flügel (Spandau 26).
Mg: Gerd Bauer (PSV) besiegt Erich Klemke (Astoria).
Hsg: Horst Waida (Hertha BSC) besiegt Karl-Heinz Anterhaus (Viktoria 89).
Sg: Hartmut Sasse (Spandau 26) besiegt Alfred Zybarth (TSV Rudow).
Einladung (Bg): Engin Yadigar (Hertha BSC) besiegt Werner Miethe (Hannover) durch Abbruch (1. Rde).
Ts 20., 27., 29. 3.; BP 9; Ph, Pl (SPA); Akte SPA 4133/32, a.

Mär 28–29, 20.00 Uhr. Bunte Veranstaltung »Ein Abend beim Äppelwoi«
Am 29. auch 16.00 Uhr.
V: Wylach/SP.
Et: 5,– bis 15,– DM.
Mitw.: Heinz Schenk und Lisa Wöhr vom »Blauen Bock«; Monika Dahlberg, Hubert Diehl, Harry Friedauer, Franz Lambert, Franzl Lang, Margit Sponheimer; Dominos, Orchester Heinz Buschhagen; u. a.
BP 9; Pl (SPA); Akte SPA 4220/14, a–b.

Mär 30, 15.30 und 20.00 Uhr. Pop-Konzert »Peace-Pop-World-Concert«
V: Bernd Schulz.
Et: 8,– bis 18,– DM.
Mitw.: The Nice (Keith Emerson, Brian Davison, Lee Jackson), Spencer Davis, Deep Purple, Hardin & York, The Wonderland.
»Der Sportpalast brodelte – das ›Peace-Pop-World-Concert‹ erwies sich als eine Super-Show. Ein Superlativ gleich zu Beginn: Das Konzert begann mit einstündiger Verspätung, zum Ausgleich dauerte es bis nachts um halb vier. Als ein Superlativ, freilich als ein negativer, erwies sich auch das Programmheft. Für den Gegenwert von zwei Mark lieferte es lediglich Anzeigen, Starfotos und Informationslücken. Wer es kaufte, war für dumm verkauft.
Reichliche Entschädigung bot das Konzert. Die ›Wonderland‹ stampften im Beat-Rhythmus talentiert und phonstark den Weg frei für die prominenteren Gruppen: Für Spencer Davis, der das Kunststück fertigbrachte, Rilke-Verse mit Beat zu grundieren und damit auch noch Erfolg bei einem Massenpublikum zu haben: Für ›Hardin & York‹, die ihrem Beinamen ›Zwei-Mann-Big-Band‹ abermals alle Ehre machten, und für die ›Deep Purple‹, die den Teufel im Leib und Bach und Beat in den Fingern und zwischen den Stimmbändern haben. […]« (Welt 1. 4.).
»Zum Teil schwere Ausschreitungen gab es […] im Berliner Sportpalast […] Eine Gruppe von etwa 100 zumeist Jugendlichen hatte schon zu Beginn der Nachmittagsvorstellung am Ostermontag versucht, ohne Eintrittskarten in das Haus einzudringen. Dabei kam es zu Auseinandersetzungen, die zum Teil in Schlägereien mit Ordnern der Veranstaltung und alarmierten Polizeibeamten ausarteten. Mehrere Jugendliche warfen mit Steinen und benutzten Müllkästen als Rammbock gegen Eingangstüren. Zwölf Scheiben von Eingangstüren und acht Kassenschalterscheiben gingen zu Bruch. Ein Polizeibeamter wurde verletzt. […]« (SVb 1. 4.).
Welt 1. 4.; SVb 1. 4.; BP 9; Pl (SPA); Akte SPA 4203/10, a–c.

645 Plakat (Chr Mär 20); SPA.

Apr 11–12. »Deutsches Pop-Musik-Festival 1970«
Am 11. 4. um 20.00 Uhr, am 16. 4. um 16.00 Uhr.
Et: 8,– DM.
Mitw.: Agitation Free, East of Eden (GB), Checkpoint Charly, Gila Fuck, Guru Guru, Kon sameti, Nineteenth Wonder, Organisation, Pretty Things (GB), Sally Flip, Tangerine Dream, Wolfgang Dauner, Xhol Caravan u. a.
»[…] Die übliche Musik: Dampfend, blubbernd ohne Unterlaß ergießt sich dieser heiße Brei aus Klang und Rhythmus von der Bühne. Seine Urheber sind austauschbar: ›Agitation Free‹, ›Xhol Caravan‹, ›Tangerine Dream‹, et cetera; auch die ›Pretty Things‹ und ›Rebel Rousers‹, die aus England kommen. Die übliche Tapete: Bunte Blasen wabern durch das Dunkel, kriechen die Wände entlang und verschmelzen zu schillernden Pfützen. Light-Show nennt man das. […]« (Ab 13. 4.).
Ab 13. 4.; BP 11; Akte SPA 4203/11 a–b.

Apr 22, 20.00 Uhr. Rock-Konzert »Creedence Clearwater Revival«
V: Hauke.
Et: Bei Verkaufsbeginn 15,– DM, später 10,– DM (hat entsprechend zu Ärger geführt).
Mitw.: Creedence Clearwater Revival (Douglas Clifford, Stuart Cook, John and Tom Fogarty), Brainbox, Wilbert Harrison (›Mr. Cansas City‹).
»[…] Daß der Rock'n'Roll die ganzen Jahre hindurch nichts von seiner ursprünglichen Vitalität eingebüßt hat, das demonstrieren die CCR mit Stücken wie ›Proud Mary‹, ›Green River‹ und ›Down on the Corner‹, die hier live viel besser und viel fröhlicher klingen, als es die Music-Box zu

644 Plakat (Chr Mär 30); SPA.

vermitteln vermag. Ausnahmsweise war dies einmal kein Konzert, in dem die Elektronik den Ton angab, sondern der direkte und unkomplizierte Rock-Rhythmus. Das Publikum war begeistert« (Ts 24. 4.).
»Unerfreuliches ereignete sich vor dem Sportpalast. Dort versuchten etwa 300 junge Leute, ohne Eintrittskarte Zutritt zu dem Konzert zu erhalten. Polizei mußte eingreifen und den Vorplatz räumen. Darauf blockierten etwa 50 Personen die Straße. Drei Jugendliche wurden wegen Widerstandes vorläufig festgenommen« (ndp 24. 4.).
Ts 24. 4.; ndp 24. 4.; BP 12; Pl (SPA); Akte SPA 4203/14, a.

Apr 25, 20.00 Uhr. Bunte Veranstaltung »Berlin wird fuffzig!«
V: RIAS/SP.
Et: 4,– bis 10,– DM.
Eine Geburtstagsfeier für Groß-Berlin.
Mitw.: *»Ingrid van Bergen, Tina Hansen, Renate Holm, Nina Lizell, Tatjana Sais, Edith Schollwer, Bully Buhlan, Erich Fiedler, Ekkehard Fritsch, Bruno Fritz, Walter Gross, Werner Hass, Horst Kintscher, Felix Knemöller, Lord Knut, Kutte, Günter Schwerkolt, Horst Wilhelm, Willi Rose, Ingo Insterburg + Co., Bäcker-Gesangverein Tempelhof-Steglitz, Berliner Pankgrafen, Trio Sorrento.*
Es spielen: 1. Batallion the Staffordshire Regiment (Prince of Wales's) / Bandmaster Louis Gibson / 298th US Army Band / Chief Warrent Officer Howard Vivian / Orchester des 46. Infantrie-Regiments / Leiter: Kapitän Michel Delgiudice / RIAS-Tanzorchester unter Leitung von Helmuth Brandenburg / Günter Neumann und Heinrich Riethmüller an zwei Flügeln / Leitung: Hans Rosenthal« (Ph).
»[...] ›Berlin wird fuffzig‹ – unter diesem Motto gaben sich zahlreiche Berliner Künstler ein Stelldichein und durchwanderten in dem dreistündigen Programm die letzten 50 Jahre Berliner Geschichte [...] Prominente Gäste kamen zum gratulieren [...] und die zwölf Bezirksbürgermeister. [...]« (WamS 26. 4.).
WamS 26. 4.; BP 12; Ph (SPA); Akte SPA 4220/16, a.

Apr 27, 20.00 Uhr. »Pop & Blues Concert« – »The Flock« und »The Free«
V: Bernd Schulz.
Et: 10,– DM.
Mitw.: The Flock, The Free, Can, Twangy Gang.
»Krawall gemacht haben in der vergangenen Nacht enttäuschte Anhänger der amerikanischen Pop-Gruppe ›The Flock‹ im Sportpalast. Als sie in ihrer Wut begannen die Stühle zu zertrümmern, mußten Einsatzkommandos der Polizei Ordnung schaffen. Die Band, die ohne technische Ausrüstung erschienen war, konnte erst gegen 1 Uhr 30 mit geliehenen Verstärkern eine mäßige Pflichtübung absolvieren. – Auch vor dem Sportpalast kam es zu Ausschreitungen, nachdem etwa 200 Jugendliche versucht hatten, den Eingang zu stürmen. Der Eintrittspreis war ihnen zu hoch« (Ab 28. 4.).
Ab 28. 4.; ndp 29. 4.; Ts 29. 4.; Pl (SPA); Akte SPA 4203/12 a–c.

Apr 30, 20.00 Uhr. Jazz-Konzert »Ella & Basie«
V: Lippmann + Rau.
Et: 8,– bis 20,– DM.
Mitw.: Ella Fitzgerald, Count Basie and his Orchestra (Basie, ld, p; Mary Stallings, voc; Harry Edison, Sonny Cohn, Gene Goe, Wayman Reed, tp; Grover Mitchell, Bill Hughes, Melvin Wanzo, Frank Hooks, tb; Eddie ›Lockjaw‹ Davis, Bill Adkins, ts; Bobby Plater, as; Eric Dixon, as, fl; Cecil Payne, bs; Freddie Greene, g; Norman Keenan, b; Harold Jones, dm); Tommy Flanagan Trio (Flanagan, p; Frank de la Rosa, b; Ed Thigpen, dm).

646 Nach dem Konzert von »The Flock« (Chr Apr 27).

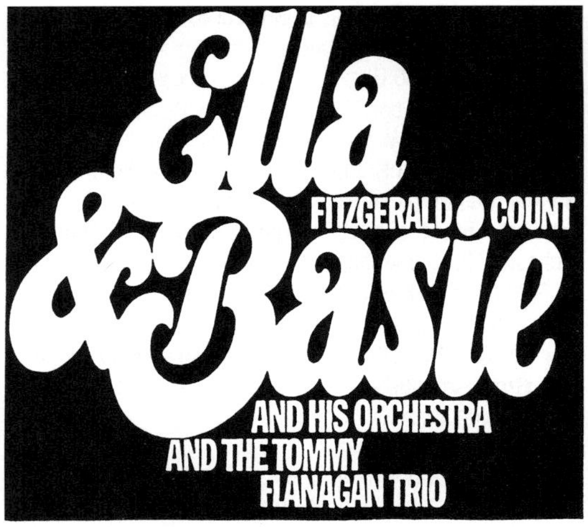

647 Programmheft (Chr Apr 30); SPA.

»Es tut wohl, bei Jazz-Konzerten, deren Stars schon vor mehr als 30 Jahren im Brennpunkt des Interesses standen, auch einmal eine Erfolgsmeldung abgeben zu können: Das ›Ella & Basie‹-Konzert am Donnerstag im Sportpalast war das beste, was seit langem in dieser Richtung über die Bühne lief. Nicht nur, daß beide, Ella und der ›Count‹, in guter Form waren, man hatte auch den Eindruck, daß sie selbst viel Spaß bei diesem Konzert hatten und mehr taten, als laut Vertrag vielleicht nötig.
Es muß wieder einmal gesagt werden: Guter alter Sportpalast. Nirgendwo anders (zumindest in Berlin) ist diese Atmosphäre möglich, kommt es zu solch guter Kommunikation zwischen Bühne und Auditorium und gerade Ella, die auf eben diese Kommunikation sehr stark angewiesen ist, wuchs über sich selbst hinaus.
Bei ›Big Ella‹ ist es an der Zeit, von einem ›Phänomen‹ zu sprechen. Bei jedem ihrer Konzerte hat man den Eindruck des bisherigen Höhepunktes und fürchtet sich vor dem nächsten Auftritt, bei dem sie so gut wohl nicht mehr sein wird. Nichts davon: Ella ist der ›Rock of Ages‹, sie wird so gut wie immer singen und swingen und sei es 1980. [...]« (SVb 3. 5.).
Ts 3. 5.; SVb 3. 5.; BP 12; Ph, Pl (SPA); Akte SPA 4204/12, a–c.

Mai 14–19, 16.00 Uhr. »1. Berliner Pop-Festival«
V: Kaskeline-Film/SP.
Et: 8,50 DM, Dauerkarten 25,50 DM.
»Einem halbverlassenen Vorstadtrummel glich das als Sechstagerennen angelegte ›1. Berliner Pop-Festival‹ in der gestrigen ersten Runde. Die Musikanten trieben die kaum 200 Fans, denen der Eintritt nicht zu gesalzen gewesen war, teilweise schon nach wenigen Minuten in den nächsten Beat-Schuppen. Die massiv aufgebotene Polizei, die im Hof des Sportpalastes irgendwelchen gewaltsamen Go-ins entgegenharrte, konnte unverrichteter Dinge abziehen.
Keinen Anklang fand auch das Drumherum dieses Unternehmens: Los- und Schießbuden, Posters, Klamotten, billige Wuschelperücken und exotischer Kitsch. Selbst der von der F.D.P.-Jugend verteilte Gratis-Joghurt konnt den flauen Abend nicht retten. [...]« (Ab 15. 5.).
Ts 24. 5.; Ab 15. 5.; BP 14; Pl (SPA); Akte SPA 4203/15 b.

Mai 23, 20.00 Uhr. Konzert »John Mayall and his Blues Group + Duster Bennett«
V: Lippmann + Rau.
Et: 8,– bis 12,– DM.

»[...] Bereits Duster Bennett, einem eher etwas mittelmäßigen englischen Bluessänger, der seinen Auftritt vor Maestro Mayall hatte, gelang es, das Publikum aufzutauen und zu öffnen für die Zwiesprache mit dem Podium. John Mayall hat seine Musik um eine Dimension erweitert. In den Stücken, die er präsentierte, dominierten nicht nur die fein ziselierte Blues-Intimität, sondern auch etwas härtere zum Teil sehr jazzige Rock- and Rhythm-and-Blues-Elemente. Mit Johnny Almond (Tenorsaxophon und Flöte), Jon Mark (akustische Gitarre) und Alex Dmochowski (Baß) hatte Mayall, der sich auf der Mundharmonika, der Lead-Gitarre und mit seinem Gesang in glänzender Verfassung vorstellte, eine Gruppe hervorragender Musiker zur Seite. Almond und Dmochowski brillierten mit überschäumenden Chorussen, und in einer Sondereinlage veranstalteten Mayall und Almond eine euphorische rhythmische Jagd mit gezischten und geschnalzten Lauten. Der Abend erhielt seine Krönung mit dem Mayall-Hit ›Room to Move‹, der mit seiner ansteckenden Vitalität das Publikum zu Begeisterungsstürmen hinriß und Mayall zu einer Zugabe zwang« (Ts 26. 5.).
Ts 26. 5.; Ab 25. 5.; BP 15; Pl (SPA); Akte SPA 4204/13, a–b.

Mai 29, 20.00 Uhr. Amateur-Boxen »Berlin – Athen«
V: BBV.
Et: 3,– bis 15,– DM.
Flg: Waldemar Stephani besiegt P. Solomos (Athen).
Bg: A. Choulearas (Athen) besiegt Engin Yadigar.
Fdg: A. Loumbardeas (Athen) besiegt Erwin Höhne durch Disqualifikation (3. Rde).
Lg: Bernd Jacobitz besiegt Theodorou (Athen).
Hwg: Detlef Retschkau – D. Zacharopoulos (Athen), unentschieden.
Wg: Therianos (Athen) besiegt Harry Schreiber durch Abbruch (1. Rde).
Hmg: Günter Sadel besiegt E. Ikonomakos (Athen), jedoch ohne Wertung (siehe unten).
Mg: Erich Klemke besiegt I. Christou (Athen) durch Disqualifikation (3. Rde).
Hsg: S. Boudouris (Athen) besiegt E. Kerlin.
Die Punkte im Hmg und im Sg (Hartmut Sasse – V. Apidopoulos, Athen) gingen bereits vor Beginn der Kämpfe kampflos an Athen, da Sadel und Sasse nicht rechtzeitig zum Wiegen erschienen waren; im übrigen waren die Wertungen der Kämpfe zum Teil sehr umstritten.
Athen – Berlin 11:5.
Ts 29.–30. 5.; BP 15; Ph, Pl (SPA).

Jun. Veranstaltungsfrei.
LA SP 4013/54.

Jul 3–11, 20.00 Uhr. Ballett »Black Africa«
V: Grabowski.
Et: 4,– bis 14,– DM.
Afrikanisches Nationalballett der Republik Guinea. Unter dem Patronat des Ministeriums für Erziehung und Kultur der Republik Guinea.
Mitw.: 50 Tänzerinnen und Tänzer, Sänger und Musiker; Directeur Géneral: Sane Mamadou Lamine; Directeur Administrateur: Camara Mohamed Lamine; Régisseur: Bangoura Salifou; Directeur artisique: Zambo Italo und Bangoura Hamidou.
»Bunte Farben, akrobatische Glanzleistungen, Freudentaumel bis zur Ekstase und wehmütige Klagen und dazwischen das sich bis zum Höhepunkt des Erträglichen steigernde Tam-Tam. Ein Erlebnis im Berliner Sportpalast: ›Black Africa‹ – eine sensationelle Show aus dem schwarzen Erdteil, die viel mehr ist als eine Show, weil sie unverfälscht und ohne Effekthaschereien dargeboten wird. Schon nach den ersten Minuten klatschte das Publikum dem afrikanischen Nationalballett der Repubik Guinea auf offener Szene stürmisch Beifall. War es die gruselige Stimmung mit Urwaldatmosphäre, wo Götter, Geister und Dämonen zwei Menschen den Lebensweg wiesen? Oder war es der verzaubernde, lyrische Klang der Cora – einem Instrument mit 21 Saiten – der Musik zum Gebet werden ließ? Man mußte von der Ausdrucksvielfalt dieser Kunst des schwarzen Kontinents begeistert sein. Aber diese Anmut und Schönheit, diese tobende Rhythmik und Urgewalt, dieses Erlebnis ist unverständlicherweise für Jugendliche unter 18 Jahren verboten. Warum?« (Tg 5. 7.).
Tg 5. 7.; BP 19; Ph, Pl (SPA); Akte SPA 4253/2, a–d.

Jul 14, 12.30 Uhr. Betriebsversammlung
V: AEG-Telefunken.
Akte SPA 4240/25.

Aug. Renovierungsarbeiten
»Auf dem ›verräucherten‹ Heuboden im Sportpalast riecht es bald nach frischer Farbe, Künstlergarderoben werden sich frisch ›geschminkt‹ präsentieren, und die Hallenheizung frißt künftig nicht mehr Koks, sondern Öl. Eine ansehnliche Finanzspritze der Klassenlotterie von 320 000 DM machte den Generalputz im Innern der traditionsreichen Stätte an der Potsdamer Straße möglich. Im August regieren die Handwerker im Haus. Wenn man so will, ist es das erstemal nach dem Kriege, daß der Sportpalast zumindest innen überholt wird. Ohne die Gabe aus dem Lottosäkkel wäre es allerdings kaum möglich gewesen, beispielsweise die Hallendecke neu zu streichen, die 1952 über den bis dato unbedachten Bau gezogen wurde. Allein die notwendige Einrüstung im Halleninnern kostet mehrere 10 000 DM. Auf Hochglanz gebracht werden in der Halle auch die Wandelgänge, der Eingangstrakt, die Garderobenräume und der Keller. [...]« (Welt 29. 7.).

Sep 3–14, 20.00 Uhr. »Catch Cup 70«
V: Selenkowitsch/SP.
Et: 4,– bis 8,– DM; Dienstag Damentag (Damen in Begleitung eines Herren haben freien Eintritt).
Forts. des »Catch Cup 70« Sep 16–19.
Teiln.: Gerd Brecht (Nürnberg), Jan Campbell (GB), Barry Douglas (NZ), John Harris (AUS), King Kong Moran genannt *»der Würger von Chicago«*, John Lees (GB), Paul Luty (GB), Rasputin (IRL), Scheich Jouseff Tannous (RL), Lee Sharron (CDN), Steve Veidor (USA), Caesar Viltard (GCA).
SVb 6. 9.; BP 25 f.; Pl (SPA); Akte SPA 4180/6, a–e.

Sep 15, 20.00 Uhr. Jazz-Konzert »Harry James and his Swingin Band«
V: Lippmann + Rau.
Et: 5,– bis 15,– DM.
Mitw.: Harry James (tp, ld); Bill Byrne, Donald Mohr (as); Corky Corcoran, Gary Herbig (ts); Jack Watson (bs); Thomas Holden, Jack Poster, Walter Pfyl, Clarence Stine (tp); Gail Martin, William Paynter, David Robbins (tb); Jack Perciful (p); John Smith (b); Sonny Payne (dm); Cathy Chemi, Glenn Raye (voc).
»Harry James, der legendäre Trompeten-Star der Swing-Ära, war nach 13 Jahren wieder einmal mit seiner Big Band im Sportpalast und wurde von etwa 2000 enthusiasmierten Zuhörern mit Jubel überschüttet. James, ein soignierter 54jähriger Herr mit viel Grau im Haar und seidigem Glanz in der Trompete, informierte über ein Stück Jazzgeschichte, das nur wenig von seinem zündenden Reiz verloren hat. Die unkomplizierten, doch recht effektvollen Arrangements

648 »Fiesta de Mexico« (Chr Sep 23–24).

vieler bekannter, im Lauf der Zeit zu veritablen Evergreens gewordener Stücke wie ›Take The A-Train‹ versetzten das fröhlich mitgehende Publikum in die Swing-Seligkeit einer Jazz-Epoche, die man längst vergangen glaubte. Liebhaber des kommerzialisierten Big-Band-Jazz mit seiner Tanzmusik-Aura kommen hier voll auf ihre Kosten, vor allem weil Perfektion und Sauberkeit in den Blech-Sätzen dominieren. [...]« (Ts 17. 9.).
Ts 17. 9.; SVb 17. 9.; BP 26; Pl (SPA); Akte SPA 4204/15, a.

Sep 16–19, 20.00 Uhr. »Catch Cup 70«
Forts. von Sep 3–14.
Die für den 17. 9. angekündigte (BP 26) Box-Veranstaltung ausgefallen.

Sep 22, 10.30 Uhr. Betriebsversammlung
V: AEG-Telefunken.
Akte SPA 4240/26.

Sep 23–24, 20.00 Uhr. »Fiesta de Mexico«
V: Konvera/SP.
Et: 8,– bis 18,– DM.
Ballett Aztlán de Mexico.
Unter der Schirmherrschaft des National-Instituts der Schönen Künste Mexico.
Mitw.: *»50 Mitwirkende in der farbenprächtigsten Show des Jahres / Original Marimba und Mariachi-Musik«* (Anz., BMp 20. 9.).
Chgr. und Gesamtleitung: Silvia Lozano; Musik. Ltg: Rodolfo Villalvazo; Direktions-Assistenz: Ramiro Ramirez; Kostüme: Silvia Lozano; Dekoration: David Anton.
»Fast 3000 prächtig aufgelegte Zuschauer im weiten Rund der Halle, eine gute Hundertschaft leidenschaftlich agierender Folklorekünstler, ein Hauch von einer 1000 Jahre alten lateinamerikanischen Tradition und immer wieder aufs neue aufbrausender Beifall – das ist die Bilanz des ersten Abends [...] Es fällt schwer, aus der bunten Palette Tupfer als besonders leuchtend herauszustellen. Dennoch seien zwei Namen genannt: brillant das Gesangstrio Tres Conchitas und die choreographische Meisterleistung von Silvia Lozano« (ndp 24. 9.).
BMp 20., 24.–25. 9.; ndp 24. 9.; BP 27; Ph, Pl (SPA); Akte SPA 4253/3, a–c.

Sep 27, 20.00 Uhr. »Jugend trainiert für Olympia« – Abschlußfeier mit Siegerehrung
V: Der Senator für Familie, Jugend und Sport.
Mitw.: RIAS-Tanzorchester (Hellmuth Brandenburg); Firestones mit Tanja Berg.
»64 mal mußte gestern abend Senator Horst Korber mit den Käpt'n der Siegermannschaften Shakehands machen. Und dann wurde es heiß im Sportpalast. Ein zünftiger Tanz auf der knackend vollen Fläche (über 3000 drängten sich) nach den Klängen des RIAS-Tanzorchesters beendete die drei tollen Tage ›Jugend trainiert für Olympia‹« (Bild 28. 9.).
Bild 28. 9.; Akte SPA 4203/16.

Okt 8–14. 66. Berliner Sechstagerennen
Beginn 8. 10. um 20.00 Uhr, Start 22.00 Uhr, Ende 14. 10. um 23.00 Uhr.
V: SP (Otto Ziege).
Et: 6,–, 8,–, 5,– bis 20,–, 22,–, 17,– DM (je nach Nacht); nachmittags 3,– DM, erm. 1,– DM.
Musik: Orchester Heinz Buschhagen.
Wertungen: 15.00, 16.30 (je 10 Spurts), 20.30, 22.00 (je 5 Spurts), 2.00, 4.00 Uhr (je 10 Spurts).

649 66. Berliner Sechstagerennen (Chr Okt 8–14), Startschuß von Heidi Kabel und Willy Millowitsch.

Mit »Derny-Rennen« in jeder Nacht (vgl. 1961 Jan 6–12), BMW-Jagdenstunde, dem »Kleinen Sechstagerennen« der Amateure (s. u.) u. a.
Teiln. (11 Paare): 1. Altig/Post (D/NL), 2. Pfenninger/Spahn (CH), 4. Rudolph/Junkermann (D), 5. Oldenburg/Bölke (D), 6. Bugdahl/Tschan (D), 7. Sercu/Fritz (B/D), 8. Wolfgang Schulze/Renz (D), 9. Puschel/Alain van Lancker (D/F), 10. Peffgen/Robert van Lancker (D/B), 11. de Wit/Pijnen (NL), 12. Roggendorf/Bennewitz (D); die Nr. 3 war nicht besetzt worden.
Ergebnis: 1. Bugdahl/Tschan 260 Pkte; 2. Sercu/Fritz (1 Rde zurück) 426; 3. Pfenninger/Post 300; 4. Puschel/A. van Lancker (2 Rdn zurück) 320; 5. de Wit/Pijnen (3 Rdn zurück) 395; 6. Oldenburg/Bölke (6 Rdn zurück) 389; 7. Rudolph/Junkermann (9 Rdn zurück) 340; 8. Peffgen/R. van Lancker (16 Rdn zurück) 330; 9. Roggendorf/Bennewitz (17 Rdn zurück) 322.
Zurückgelegte km: 2516,330.
Startschuß: Willy Millowitsch und Heidi Kabel (SchauspielerInnen).
Vorrennen (Einstunden-Mannschaftsfahren der Amateure, 10 Paare), erstes Rennen der dann täglich um 17.45 Uhr durchgeführten weiteren Einstundenfahren der Amateure (»Kleines Sechstagerennen«); mit einer Gesamtwertung am 13. 10.: 1. Peter Vonhof/Günter Haritz 71 Pkte; 2. Ingo Roßbach/Michael Becker 61; 3. Werner Helbig/Klaus Behrendt 52; 4. Hanno Podbielski/Günter Schumacher 47; 5. Harry Seidel/Bernd Jaroscewicz 45.
Okt 14 Außerdem ein Einstunden-Einzelfahren der Amateure: 1. Haritz 1 Pkt; 2. Vonhof (1 Rde zurück) 33; 3. Seidel 17; 4. Behrendt 10; 5. Jaroscewicz 9; 6. Ronny Rökker 4; 7. Michael Becker 2.
Ts 8.–16. 10.; BMp 8.–16. 10.; BP 28; Ph, Pl (SPA); Akte SPA 4030/II und 4031/III, a–j.

Okt 16, 20.00 Uhr. Tennis »Die besten der Welt«
Et: 9,– bis 15,– DM.
Teiln.: Cliff Drysdale (ZA), Andres Gimeno (E), Rod Laver (AUS), Tom Okker (NL).
»[...] Die Einzelsieger der [...] Tennis-Profiveranstaltung hießen Rod Laver (Australien) und Tom Okker (Holland), das Doppel gewannen Cliff Drysdale (Südafrika) und der Spanier Andres Gimeno. Alles in allem war es eine gelungene Schau. 2500 Zuschauer, eine respektable Zahl, kamen auf ihre Kosten [...]« (Ts 18. 10.).
Ts 4., 16.–18. 10.; Ab 17. 10.; BP 29; Pl (VWA); Akte SPA 4161/3, a–e.

Okt 20, 14.00 Uhr. Betriebsversammlung
V: Krone KG.
Wh 24. 10.; Akte SPA 4240/30.

Okt 23, 20.00 Uhr. Amateur-Boxen »50 Jahre DABV« – Jubiläums Turnier
V: DABV/BBV.
Et: 3,– bis 20,– DM.
Endkämpfe (die Vorkämpfe hatten in Oldenburg und Duisburg stattgefunden).
Flg: Isaac Maina (EAK) besiegt Thet Olay (BUR) durch Abbruch (3. Rde).
Bg: Samuel Mbogwa (EAK) besiegt Joe Destimo (GH).
Fdg: Peter Prause (Berlin) besiegt San Myint (BUR).
Lg: Peter Heß (Leverkusen) besiegt Boundka Bechir (TN).
Hmg: David Attan (EAK) besiegt Marcel Giodanella (F) durch Aufgabe (1. Rde).
Hsg: Steven Tega (EAK) besiegt Roger Barlowe (GB).
Einladung (u. a.):
Vanlal Dawlaw (BUR) besiegt Kurt Pichel (Stuttgart) durch Aufgabe (1. Rde).

Flg: Waldemar Stephani (Berlin) besiegt Ali Gharbi (TN).
Lg: Nevil Cole (GB) besiegt Ingo Gutt (Velbert).
Ts 23.–25. 10.; BP 30; Pl (SPA); Akte SPA 4133/34, a.

Okt 24, 20.00 Uhr. Gala-Konzert »Zarah Leander«
V: Hofner.
Et: 5,– bis 14,– DM.
Mitw.: Arne Hülphers am Flügel; Conférence: Rolf Stiefel.
»[...] Kein Zweifel, noch immer ist sie ›ein Star, ein großer Star‹, wenn auch umweht vom Abglanz besserer Tage. Die Aura der Unverwüstlichkeit, des So-bin-ich-und-so-bleibe-ich allen Spuren der Vergänglichkeit zum Trotz, garantiert gebannte Aufmerksamkeit im nüchternen Sportpalast-Rund. Man nimmt ihre Lieder als die Bekenntnisse einer, die es wissen muß. Und so löst sie mit ›Warum soll eine Frau nicht ein Verhältnis haben‹ schon bei den ersten Takten das begeisterte Einverständnis Gleichgesinnter aus. Lady aus Paris und Madame Scandaleuse: Zarah scheut nicht die Selbstparodie, nicht die groben Effekte. Vor der Pause zwar noch eher nervös und mit zerfahrenen Gesten, zeigt sie sich im zweiten Teil temperamentvoll und ungeniert. So rafft sie den Rock ihrer bodenlangen Glitzerrobe bis übers Knie, steckt sich einen hochgereichten Rosenstrauß ins Dekolleté und reagiert auf trunkene Zurufe gut berlinerisch mit ›Wat sachste?‹ [...]« (Ab 26. 10.).
Ab 26. 10.; Ts 27. 10.; BP 30; Akte SPA 4210/19, a–b.

Okt 27, 20.00 Uhr. Konzert »Ernst Mosch und seine Original Egerländer Musikanten«
V: Collien/Jänicke/SP.
Et: 5,– bis 14,– DM.
»Ernst Mosch und Franz Bummerl, Gesang / Publikumsliebling Ferry Tagscherer, Schlagzeug / Charly Hähnchen führt durch das Programm / Ein bunter Melodienreigen – Polkas, Lieder, Walzer, Ländler und Märsche« (Pl).
BP 30; Pl (SPA); Akte SPA 4210/20, b.

Nov 6, 20.00 Uhr. Boxen
Ausgefallen.
BP 31.

Nov 7, 20.00 Uhr. Konzert »Gute Freunde musizieren für Berlin«
V: GdP.
Et: 3,50 DM.
Mitw.: The 298th US Army Band (Howard W. Vivian), The Royal Regiment of Fusiliers Band (Rodney Parker), La Musique du 46ème Regiment d'Infanterie (Michel Delgiudice), Das Musikkorps der Schutzpolizei Berlin (Herbert Domagalla); als Gast: Die Stadtmusik Baden (CH, Jakob Hartmann).
BP 31; Ph, Pl (SPA); Akte SPA 4231/13.

Nov 8, 10.00 Uhr. Kundgebung
V: Zentralverband der Kleingärtner, Siedler und Eigenheimbesitzer e. V.
Rd: Paul Brando (Hamburg, Ehrenpräsident des Verbandes Deutscher Kleingärtner e. V.), Erich Kühn (Aachen, Architekt BDA), Wilhelm Naulin (1. Vors. des Zentralverbandes), Prof. Dr. H. A. Schweigert (Hannover, Präs. der Internationalen Gesellschaft zur Erforschung von Zivilisationskrankheiten und Viralstoffen sowie des Weltbundes zum Schutze des Lebens), Otto Zwenker (Stellv. Vors. des Zentralsverbandes).
Th: *»Es geht um die Sicherung unserer Kleingärten!«*
»›Ich stelle fest, daß sich keiner der Herren vom Senat zu den Fragen äußern will‹, sagte Otto Zwenker. ›Pfui!‹ riefen die mehr als 10 000 Berliner Kleingärtner, die sich am Sonntag im Sportpalast zu einer Großkundgebung zusammengefunden hatten. Jetzt hoffen die Kleingärtner weiter auf Äußerungen aus dem Schöneberger Rathaus zu ihren Problemen. Und zwar auf verbindliche Zusagen noch vor den Wahlen. ›Sonst könnte es sein, daß wir nicht mehr schweigend demonstrieren‹, sagte Verbandsvorsitzender Naulin.
Grund der Erregung im Sportpalast: drohende Kündigungen besonders in Neukölln, wo durch den Bau der Osttangente von Kreuzberg nach Rudow zehn Kleingartenkolonien mit rund 1 200 Parzellen betroffen sind. [...]« (BMp 10. 11.).
BMp 10. 11.; Wh 5., 10. 11.; ndp 9. 11.; Akte SPA 4242/1.

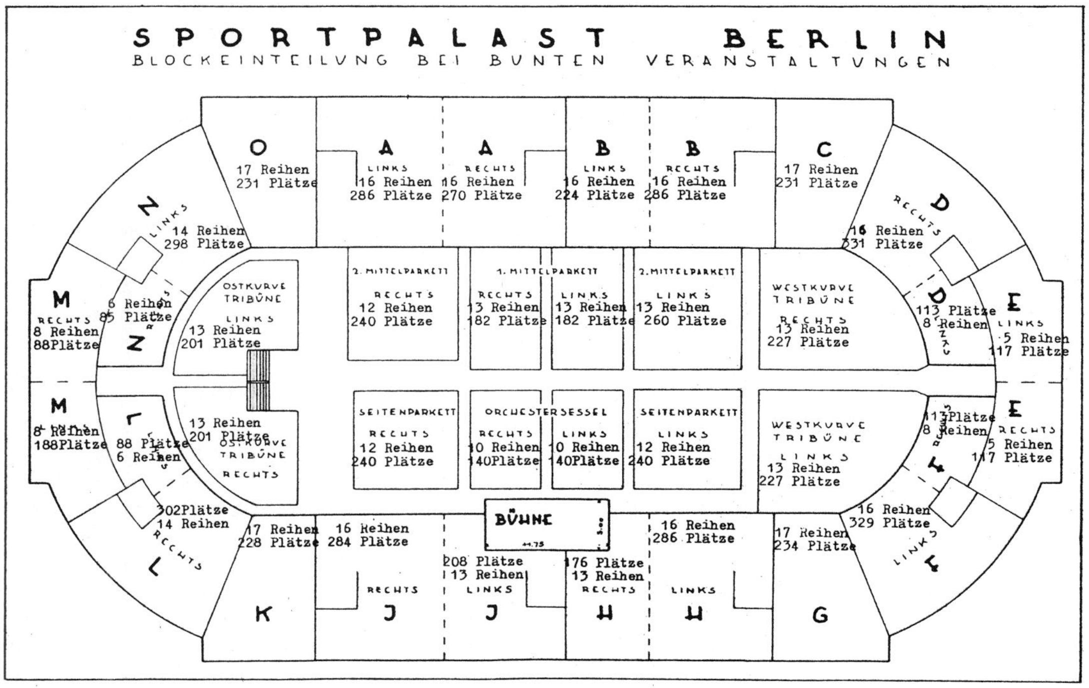

650 Bestuhlungsplan zur Kundgebung der Kleingärtner (Chr Nov 8; nach: Akte SPA 4242/1 [Lichtpause/Papier, 24,5 x 36 cm]).

651 Werbung für das Jubiläumsgedeck; SPA.

Nov 13–14, 20.00 Uhr. Konzert »Don Kosaken Chor Serge Jaroff«
V: Hofner.
Et: 5,– bis 12,– DM.
BP 32; Pl (SPA); Akte SPA 4212/10, a–b.

Nov 17, 20.00 Uhr. Bunte Veranstaltung »Der Sportpalast wird 60«
V: SP.
Et: 5.– bis 18,– DM.
»Eine große Geburtstagsfeier«.
Mitw.: Roberto Blanco, Bully Buhlan, Carola Girls, Die Dominos, Edith Elsholtz, Walter Gross, Wolfgang Gruner, Jo Herbst, Wilfried Herbst, Kinderballett Margarete Hess, Ernst Krukowski, Brigitte Mira, Klaus-Günter Neumann, Horst Nowack, Robert T. Odeman, Ethel Reschke, Willi Rose, Edith Schollwer, Trio Sorrento, Ewald Wenck, Dieter Wendrich; Heinz Buschhagen mit seinem Orchester, Musikkorps der Berliner Schutzpolizei (Herbert Domagalla); Schöneberger Sängerknaben (Gerhard Hellwig); u. a.
»›Es war in Schöneberg im Monat Mai‹ spielte ein Leierkasten vor dem Sportpalast. Drinnen im ausverkauften Haus wurde viel Berlin produziert. Zur Geburtstagsfeier [...] waren hauptsächlich die mittleren und älteren Jahrgänge in die Potsdamer Straße geeilt. Das Musikkorps der Berliner Schutzpolizei und Musiker in Polizeiuniformen von 1910 bliesen und trommelten kräftig Alt-Berlinisches. Das Kinderballett Hess tanzte munter nach populären Berliner Melodien, immer wieder vom beifallsseligen Publikum unterstützt. Berliner Markenzeichen wie die Schöneberger Sängerknaben fehlten natürlich auch nicht. Der Eckensteher Nante, das Veilchen vom Potsdamer Platz, und der alte Zille tauchten in zeitgenössischen Kostümen auf. Horst Nowack verband die Darbietungen vieler bekannter Berliner Künstler der leichten Muse: Huldigungen an Berlin, an das alte Berlin versteht sich. [...]« (Ts 18. 11.).
Ts 18. 11.; Ab 19. 11.; BP 32; Ph, Pl (SPA); Akte SPA 4061/I/1–5 und II/1–9.

Nov 18, 16.00 Uhr. »Bistumstag mit Gastarbeitern«
V: Diözesenrat der Katholiken im Bistum Berlin (West).
Rd: Erzbischof Alfred Kardinal Bengsch, Bischof von Berlin.
Motto: *»Kirche – Heimat der Völker«.*
»[...] An die ausländischen Arbeiter gewandt, betonte Kardinal Bengsch, die Zeit ihres Aufenthaltes und ihrer Arbeit in Berlin sei ›sicher auch eine Bewährung des christlichen Lebens‹. Sie müßten ›von neuem wählen und auswählen lernen‹ und sich anpassen, ohne ›die falsche Anpassung, die den Glauben gefährdet‹. Es sei nicht allein Sache der Kirche und der Christen, die vielfältigen praktischen Probleme der Ausländer in der Stadt zu lösen, aber die Chri-

652 Plakat (Chr Nov 17); SPA.

sten könnten ›gewiß mehr tun, vor allem in dem, was sich durch Versorgung und Planung nicht einrichten läßt‹, nämlich in der unmittelbaren Begegnung und nachbarlichen Hilfe.
Im Sportpalast hatten sich nahezu 5000 Berliner Katholiken und ausländische Arbeitnehmer zum Teil mit ihren Familien getroffen. Ein buntes Programm enthielt Lieder und Tänze aus Portugal, Spanien, Korea, Kroatien, Slowenien und Italien sowie Berichte der ausländischen Gäste über ihre Erfahrungen in Berlin« (ndp 19. 11.).
Ts 17. 11.; ndp 19. 11.; Petrusblatt 22. 11.; Akte SPA 4241/34.

Nov 21 – Dez 19, 20.00 Uhr. »Alt-Berliner Bier-Festival«
Sonntags und montags geschlossen.
V: SP.
Et: 2,– DM (Dienstag – Donnerstag), 3,– und 4,– DM (Freitag, Sonnabend, Innenraum und Terrasse).
»Kapelle Heinz Buschhagen spielt flott, modern und mitreißend zum großen Tanz · Romantische Havelstimmung · Amüsante Programmeinlagen mit Stimmung und Humor · Tanzende Fontänen / Conférence Horst Nowack« (Anz.).
Dez 5 – 6. »Nuri Sesigüzel-Show«
Am 5. 12. um 20.00 Uhr, am 6. 12. um 17.00 Uhr.
V: SP.
Et: 2,– bis 10,– DM.
Veranstaltung für türkische Gastarbeiter.
Mitw.: Nuri Sesigüzel, Aysel Önsoy, Ganze Öz, Sevine Pexin, Lüfti Kopan + Hüseyin Baradan (*»Karakediler«*).
Dez 10, außerdem 15.00 Uhr: Für Pensionäre der Post
V: Deutsche Postgewerkschaft.
Dez 13, außerdem 15.00 Uhr: »Berlin gestern – Berlin heute«.
Für die Zusteller der Berliner Morgenpost.
V: Axel Springer Verlag.
Mitw.: Carola-Girls, Die Dominos, Four Kings, Undine von Medvey, Brigitte Mira, Harald Nielsen, Carlos Otero, Willi Rose, Kurt Stadel; Kapelle Heinz Buschhagen, Schöneberger Sängerknaben; Conférence und R: Horst Nowack.
»[...] Der Regierende Bürgermeister Klaus Schütz zeichnete Anna Kohl, die tagtäglich 45 Häuser in der Genter Straße (Wedding) mit Exemplaren der Berliner Morgenpost beliefert, mit der Verdienstmedaille des Verdienstordens der Bundesrepublik Deutschland aus. Dann überreichte er der 80jährigen Weddingerin die von Bundespräsident Dr. Gustav Heinemann unterschriebene Urkunde, in der es unter anderem heißt: ›... in Anerkennung der um Staat und Volk erworbenen besonderen Verdienste ...‹ Vorher hatte der Regierende Bürgermeister über die politische Situation Berlins gesprochen. Dieser besinnlichen Einleitung folgte ein buntes Programm [...]« (BMp 15. 12.).
BMp 15. 12.; BP 33 – 35; Pl (SPA); Akte SPA 4007/IV/1 – 2, 4 – 7 und 4226/1.

Dez 25 – 27, 16.00 und 20.00 Uhr. »Rudi Carell Show«
V: Wylach/SP.
Et: 5,– bis 15,– DM.
Mitw.: Rudi Carell sowie Teddy Cox und die 3 Ricordi, Die Dominos, Heinz Eckner, Undine von Medvey, Bueno de Mesquita, Die Melodie-Serenaders, Schöneberger Sängerknaben, Ted & Jo.
Ts 29. 11.; BP 36; Ph, Pl (SPA); Akte SPA 4220/17, a – e.

Dez 31, 19.15 Uhr. Bunte Veranstaltung »Die letzte Runde 1970«
V: SP.
Et: 5,– bis 18,– DM.
Mitw.: Charlott Adami, 3 Bobbys aus Wien, Die Cornichons, Die Dominos, Erna Haffner, Ernst Krukowski, Klaus-Günter Neumann, Harald Nielsen, Horst Nowack, Robert T. Odeman, Ethel Reschke, Fredy Rolf, Willi Rose, Edith Schollwer, Tino Verrani; Schöneberger Sängerknaben (Gerhard Hellwig), Musikzug des TuS Staaken, Kapelle Heinz Buschhagen.
Ts 25. 12.; BP 36; Ph, Pl (SPA), Akte SPA 4003/5 c.

1971

Jan 1, 17.00 Uhr. Handball »Internationales Turnier«
V: HVB.
Et: 4,– bis 10,– DM.
Belgrad (YU; serbische Auswahl): Boris Kostic, Zoran Zivkovic, Branislav Pokajac, Stevan Andric, Lazar Aleksic, Tibor Kenji, Branislav Pavkovic, Rajko Lau, Milan Krstic, Petar Divic, Milan Lazarevic, Spasoje Bakraceski, Milan Jelaca, Branislav Petkovic, Slobodan Koprivica.
Berlin: Peter Schäfer (BSV 92), Manfred Jeka (Rein. Füchse), Diethard Finkelmann (Rein. Füchse), Detlef Finkelmann (Rein. Füchse), Henry Johannes (Rein. Füchse), Wolfgang Braun (Rein. Füchse), Sigmar Artelt (Rein. Füchse), Wolfgang Bahlburg (BSV 92), Uwe Polewacz (BSV 92), Ulrich Völker (CHC), Bernd Redlich (Rein. Füchse), Christian Heß (Rein. Füchse), Joachim Schumacher (Grunewald HC), Michael Schulz (TSV Siemensstadt).
GW Dankersen: Wilfried Meyer, Martin Karcher, Klaus Barlach, Hans Sulk, Wilfried Drögemeier, Manfred Horstkötter, Gerald Schüler, Bernd Munck, Otto Weng, Jürgen Buhrmester, Bernhard Busch, Hans Kramer, Heiner Ua, Herbert Nottmeier.
Ostseestädte: Michael Dogs (VfL Bad Schwartau), Ulli Althoff (Flensburg 08), Volker Harbs (THW Kiel), Bernd Nielsen (THW Kiel), Harald Lüth (Lübecker Turnerschaft), Peter Werk (THW Kiel), Hans-Jörg Graeper (THW Kiel), Hartwig Moll (THW Kiel), Gerd Welz (THW Kiel), Peter Pikkel (Flensburg 08), Peter Prehn (THW Kiel), Dieter Baguhn (THW Kiel).
Je Spiel 2 x 15 Minuten.
1. Dankersen – Berlin 7:4 (5:1); 2. Ostsee – Belgrad 10:9 (4:7); 3. Berlin – Ostsee 12:10 (8:5); 4. Dankersen – Belgrad 13:8 (6:3); 5. Dankersen – Ostsee 8:6 (4:3); Berlin – Belgrad 11:9 (6:4).
Gesamtergebnis: 1. Dankersen (6:0 Pkte), 2. Berlin (4:2), 3. Ostsee (2:4), 4. Belgrad (0:6).
BP 1; Ph, Pl (SPA); Akte SPA 4140/4 a – b.

Jan 2, 20.00 Uhr. Boxen »José Manuel Ibar Urtain – Everett Copeland« u. a.
V: Göttert/SP.
Et: 6,– bis 75,– DM.
Wg: Horst Brinkmeier (66,8 kg; Köln) – Eddie Blay (65,6 kg; GH), Sieg Blays durch Abbruch (6. Rde).
Mg: Werner Mundt (72 kg; Dortmund) – Manfred Lessmann (67,3 kg; Krefeld), Sieg Mundts durch Aufgabe (3. Rde).
Hsg: Rudi Lubbers (81,8 kg; NL) – Detlef Naseband (Berlin), Sieg Lubbers' nach Pktn (6 Rdn).
Hsg: Lothar Stengel (78,8 kg; Kelkheim) – Giovanni Biancardi (79,5 kg; I), Sieg Stengels durch ko (1. Rde).
Sg: Charly Graf (89 kg; Kelkheim) – Macan Keita (84,5 kg; Guinea), Sieg Keitas durch Disqualifikation (nach der 4. Rde).
Sg: José Manuel Ibar Urtain (88,6 kg; E) – Everett Copeland (105,9 kg; USA), Sieg Urtains *»wegen Vortäuschung eines k.o.«* von Copeland (4. Rde).
Der vorgesehene Hsg-Kampf Wilhelm Jankow – Michel Petit mußte ausfallen, da Petit ebenso wie der eigentliche

Gegner Mundts, Joel Despauw, wegen schlechter Witterung nicht rechtzeitig kommen konnten.
Ts 1., 3., 5. 1.; BMp 3. 1.; BP 1; Ph (SPA).

Jan 14–17. Eiskunstlauf »Deutsche Meisterschaften 1971«
V: DEU/BEV.
Et: 5,– bis 12,– DM.
Jan 14
7.30 Uhr. Pflicht (Senioren-Herren, -Damen).
10.00 Uhr. Pflicht (Meister-Damen).
13.00 Uhr. Pflicht (Meister-Damen, -Herren).
20.00 Uhr. Pflicht (Meister-Paare, -Tanzpaare), Kür (Meister-Herren, Senioren-Herren).
Jan 15
7.30 Uhr. Pflicht (Meister-Damen, Junioren-Herren).
10.30 Uhr. Pflicht (Junioren-Damen).
20.00 Uhr. Kür (Senioren-Paare, -Damen, Meister-Paare, Junioren-Herren).
Jan 16
7.30 Uhr. Pflicht (Junioren-Damen).
14.30 Uhr. Pflicht (Junioren-Tanz), Kür (Junioren-Damen, -Tanz).
19.00 Uhr. Kür (Junioren-Paare, Gruppenlaufen, Meister-Damen, -Tanz).
Jan 17
15.30 Uhr. Schaulaufen der Besten.
Ergebnisse:
Meister-Damen: 1. Eileen Zillmer (Augsburger EV) Plz 10/2023,4 Pkte; 2. Judith Beyer (SC Riessersee) 19/1975,8; 3. Gundi Niesen (Düsseldorfer EG) 29/1954,1; 4. Marion von Cetto (ERC München) 35/1938,8; 5. Angelika Kraeger (EV Füssen) 37/1944,9; 6. Frigge Drzymalla (Mannheimer ERC) 41/1940,8; 7. Ilka Spormann (EV Füssen) 49/1911,3; 8. Brigitte Bergau (Frankfurter REC) 62/1885,6; 9. Ilona Pfeiffer (Weddinger ERC) 55/1901,3; 10. Karin Gramminger (Mannheimer ERC) 63/1893,5; 11. Bärbel Flimmen (Frankfurter REC) 80/1857,3.
Meister-Herren: 1. Klaus Grimmelt (Düsseldorfer EG) 7/2068,2; 2. Erich Reifschneider (VfL Bad Nauheim) 16/1936,6; 3. Harald Kuhn (Münchener EV) 21/1927,2; 4. Klaus Thiele (Mannheimer ERC) 26/1896,2.
Meister-Paare: 1. Almut Lehmann/Herbert Wiesinger (SC Riessersee) 7/319,0; 2. Brunhilde Baßler/Eberhard Rausch (Mannheimer ERC) 14/306,0; 3. Annette Neidlinger/Michael Humbs (Mannheimer ERC/Frankfurter REC) 21/267,0; 4. Kirsten Blanck/Egon Martens (ATSV Bremen) 28/254,1.
Meister-Tanzpaare: 1. Angelika und Erich Buck (EV Ravensburg) 7/402,3; 2. Astrid und Axel Kopp (Düsseldorfer EG) 14/372,2; 3. Angelika und Hans-Jürgen Wiesner (EC Oberstdorf) 22/360,6; 4. Sylvia und Michael Fuchs (EC Oberstdorf) 27/355,5; 5. Christina Henke/Udo Dönsdorf (ERV Essen) 35/345,1; 6. Gabriele Schäfer/Robert Dietz (Münchener EV) 42/334,3.
Junioren-Damen: 1. Patricia Mechling (Frankfurter REC) 15/806,2; 2. Gabriele Frommert (EV Füssen) 33/795,7; 3. Sybille Penzin (BSchC) 28/796,9; 4. Petra Häcker (EV Füssen) 24/800,8; 5. Martina Brill (Kölner EK) 41/787,2; 6. Renate Conrad (VfL Bad Nauheim) 56/778,1; 7. Petra Wagner (TEC Waldau) 53/780,0; 8. Elke Mohrbach (EC Bad Tölz) 61/778,4.
Junioren-Herren: 1. Kurt Kürzinger (Münchener EV) 5/572,9; 2. Uwe Platzek (Kölner EK); 3. Andreas Nischwitz (Stuttgarter ERC) 17/537,4; 4. Bogdan Pulcer (Mannheimer ERC) 19/539,2; 5. Axel Teschemacher (Augsburger EV) 24/531,2; 6. Olaf Geipel (VfL Bad Nauheim) 33/507,8; 7. Oliver Triebel (REV Gruga Essen) 33/510,8; 8. Sven-Asmus Schmidt (Altonaer SV) 40/497,6.
Junioren-Paare: 1. Gabriele Beck/Jochen Stahl (Stuttgarter REC) 5/43,9; 2. Nicole Rinsant/Dirk Beyer (ERV Essen) 12,5/42,2; 3. Heidrun Schiroky/Thomas Klein (Preußen Krefeld) 14/41,2; 4. Karin Eichhorn/Michael Schlesinger (SV Degerloch) 20,5/40,1; 5. Brigitte Klement/Klaus Zellmer (SV Degerloch) 23/39,6.
Junioren-Tanzpaare: 1. Marie-Therese v. Gumpenberg/Max Saumweber (Münchener EV) 7/185,3; 2. Nicole Rinsant/Dirk Beyer (ERV Essen) 15/175,9; 3. Susanne Feuerhahn/Horst Riedemann (ATSV Bremen) 29/169,4; 4. Ingrid Jung/Michael Brandt (NSF/Weddinger ERC) 30/169,5; 5. Gaby Stumpf/Burkhard Drick (Rödelheimer TG) 35/168,1.
Senioren-Damen: 1. Isabell de Navarre (EC Bad Tölz) 9/1248,4; 2. Gerti Schanderl (ERC München) 16/1237,1; 3. Gabriele-Fee Cieplik (SCC) 24/1223,0; 4. Dagmar Lurz (Westfalen Dortmund) 24/1218,2; 5. Rosemarie Hiesinger (EC Oberstdorf) 36/1198,6; 6. Gabriele Dörr (Mannheimer ERC) 42/1184,4; 7. Cornelia Schmoll (Frankfurter REC) 51/1162,8; 8. Corinna Halke (Eintracht Dortmund) 53/1151,7.
Senioren-Herren: 1. Rudi Cerne (Kölner EK) 8/815,6; 2. Gert-Walter Graebner (Kölner EK) 10/811,3; 3. Reinhard Gnädiger (Augsburger EV) 12/802,2; 4. Ulrich Hartmann (Düsseldorfer EG) 22/785,8; 5. Reinhard Rachel (Düsseldorfer EG) 23/181,3; 6. Michael Kiehlmeier (Münchener EV) 32/759,1; 7. Alexander Brill (Kölner EK) 33/761,7; 8. Manfred Scherzer (EG Linde Nürnberg) 40/735,4.
Senioren-Paare: 1. Claudia Zander/Reinhard Ketterer (Krefelder EV/SC Riessersee) 5/52,1; 2. Petra Dittmann/Ulrich Hartmann (Düsseldorfer EG) 10/47,4; 3. Margit Morell/Michael Habermann (ERC Homburg/Mannheimer ERC) 15/45,9.
Gruppen: 1. Patricia Mechling, Dagmar Wagner, Elke Bopp, Beate Andres (Frankfurter REC) 8/44,9; 2. Ingrid Kölz, Sibylle Kölz, Rose Briem, Barbara Wohlgemuth (SV Degerloch) 9/44,5; 3. Gisela Henke, Ingrid Waldheuer, Monika Willems, Angelika Dorittke (Essener RSC) 19/41,5; 4. Bärbel Thumm, Uschi Kleinmaier, Regina Schnabel, Petra Neese (SV Degerloch) 19/41, 5.
Zur Bereitung perfekten Eises mußte am 13. 1. vom Eisstadion Wedding die Eisbereitungsmaschine »Zamboni« entliehen werden, da die hauseigene nur »Waschbretteis« entstehen ließ.
Ts 7., 13.–19. 1.; Ab 15.–18. 1.; BP 2; Ph, Pl (SPA); Akte SPA 4110/5 a–c.

Jan 28–Feb 14, 20.00 Uhr. »17. Bockbierfest im Sportpalast«
Am 8. und 14. 2. geschlossen.
V: SP.
Et: 2,– DM (Dienstag – Donnerstag); 3,– bis 4,– DM (Freitag, Samstag, Innenraum und Terrasse); 5,– DM (3 tolle Nächte).
Forts. Feb 16–27.
»Kapelle Heinz Buschhagen und die Sportpalast-Oberländer-Blaskapelle / Jonny aus Amsterdam mit den ›Tanzenden Fontänen‹ / Dünenrutschbahn Havelgewitter 11-m-Preisschießen / Braumeister der guten Laune: Horst Nowack« (Anz., Ab 25. 1.).
Ab 25. 1.; BP 3–6; Pl (SPA); Akte SPA 4007/V.
Feb 4, außerdem 14.00 Uhr: Betriebsversammlung
V: Krone GmbH.
Wh 5. 2.; Akte SPA 4240/31.

Feb 15, 19.00 Uhr. Kundgebung
V: CDU, Landesverband Berlin.
Et: frei.
Zu den Wahlen zu dem Abgeordnetenhaus von Berlin und den BVV am 14. März.
Rd: Rainer Barzel (Vors. der CDU/CSU-Bundestagsfraktion), Peter Lorenz (MdA), Heinrich Lummer (Vors. der CDU-Fraktion des Abgeordnetenhauses), Olaf von Wrangel (Geschäftsf. der CDU/CSU-Bundestagsfraktion).
Mitw.: Roberto Blanco u. a.
»Es herrschte eine Bombenstimmung gestern abend im Sportpalast. Keine übliche Versammlungsatmosphäre. Vielleicht trug dazu die Bockbier-Fest-Kulisse bei, in der die 4000 mehr als eine Stunde warteten, ehe die ersten politischen Erklärungen abgegeben wurden. Vorgeführt wurde jedenfalls, wie 1971 eine Wahlparty im modernen Stil auf- und abgezogen wird. Die ›neue‹ CDU konnte alles bieten: Musik und Gesang, Lichtbilder und Wahlsprüche. Letztere wurden kurz und mit markiger Stimme vorgetragen – damit sie auch keiner vergißt.
Es gab wirklich keinen, der gestern seinen Platz im Sportpalast ohne Karte erreicht hätte. 25 Kontrollen waren zu passieren. Ehrengäste hatten den Vorzug, von einer der wohlgewachsenen Hostessen – sinniger Weise im roten Kostüm – an den Sperren vorbei geleitet zu werden [...] Vor der Stirnwand mit weißen Pfeilen und dem nach oben strebenden grünen Pfeil, der in den Himmel weist, rollte dann das Beiprogramm ab. Über allem der Leitspruch: ›Damit in Berlin endlich gehandelt wird‹. [...] Um 20 Uhr ist es soweit. Die Scheinwerfer richten sich auf die zwei seitlichen Kulissen der Bockbierfestdekoration. Ein Marsch und die ›neue‹ CDU mit Peter Lorenz und Rainer Barzel ziehen beifallumrauscht in die Arena. [...] Lummer fungiert als eine Art Conférencier. Er steht nicht auf der Rednerliste. Er hat nur anzukündigen. Aber er nutzt diese Gelegenheiten, auch sein Licht leuchten zu lassen: ›Wir merken, daß es leichter ist, in Buchenwald Kränze niederzulegen und in Warschau Kniefälle zu üben, als sich der parlamentarischen Kritik zu stellen.‹ [...]« (Ab 16. 2.).
Ts 16. 2.; Ab 16. 2.; Akte SPA 4232/9.

Feb 16–27, 20.00 Uhr. 17. Bockbierfest im Sportpalast
Forts. von Jan 28–Feb 14. Am 21. und 24. 2. geschlossen.
Feb 20 und 22–23. »3 tolle Nächte«
Feb 20 *»Tanz in den Morgen«.*
Feb 22 *»Der große Zille Ball«.*
Feb 23 *»Fastnachtsball«.*

Mär 4, 20.00 Uhr. Kundgebung
V: Berliner Landesverband der Vertriebenen e. V.
Rd: Gerhard Dewitz (1. Vors.), Heinrich Windelen (CDU, MdB) u. a.
Ts 5. 3.; ndp 5. 3.; Akte SPA 4242/2.

Mär 5, 20.00 Uhr. Konzert »the sexmachine JAMES BROWN in concert«
V: Berenbrok/Matzelt.
Et: 5,– bis 18,– DM.
»[...] James Brown [...] verkörpert im Soul eine ähnliche Richtung wie im Rock Little Richard: James Brown schreit sich in eine (wohlkalkulierte) Ekstase, läßt Schönheit Schönheit sein und bringt viel Ausdruck in die rohe Stimme. Seine Show ist eine mit viel Erotik aufgeladene Feier von religiösem Zuschnitt. Alles ist angelegt auf ›Call and Response‹, auf den Dialog zwischen Sänger und Publikum, auf eine Einstimmung im Feeling. Bevor er anfängt zu singen, fragt er: ›Everybody feelin' allright?‹ und bekommt

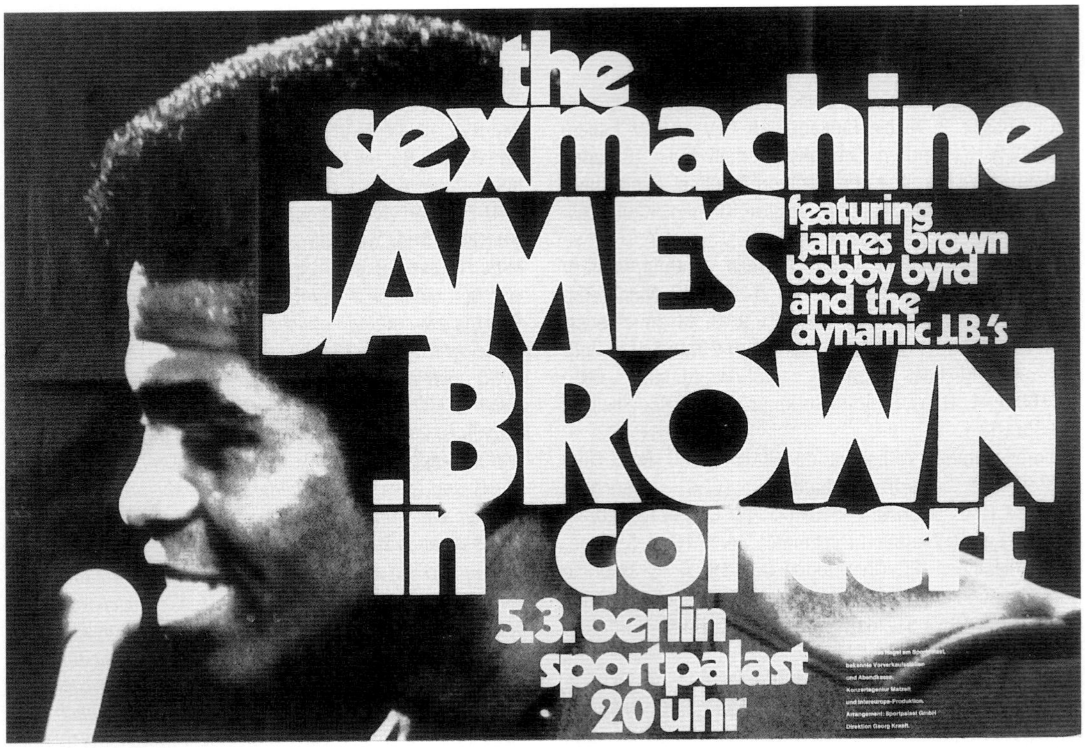

653 Plakat (Chr Mär 5); SPA.

es sich um eine große Show handelt, treten täglich singende Stars auf (heute: Claudia Ritter), und hopsen stündlich 20 Go-Go-Girls. Auch Aufklärung liegt den Veranstaltern am Herzen: Am Montag soll von 19 Uhr an eine Podiumsdiskussion über das Thema Porno stattfinden, [...] Mit dem amtlichen Berlin will man sich gut stellen. 500 Karten, verrät Fotograf und ›Koordinator‹ Siegmar Deubner, gingen an die Berliner Beamtenschaft« (Ts 13. 3).
»Im Kampfanzug zur Sex-Messe / Sportpalast: 109 Mann bei der Porno-Jagd / Unerwartet starken Besuch erhielt gestern vormittag die Ausstellung ›Sex 2000‹ im Sportpalast. Im dienstlichen Auftrag machten 109 Beamte von Kripo, Schupo, Zoll, Post und Gewerbeaußendienst Jagd auf allzu freizügiges Bildwerk. Ausgelöst wurde der Massenandrang durch einen richterlichen Beschluß, der sich auf den Verdacht des Handels mit pornographischen Schriften stützte. Nach knapp einer Stunde zog die Polizei Bilanz: 145 Filme, zwei Projektoren, 205 Magazine, 54 Bücher, vier Schallplatten und Tonbänder sowie 800 Dias, Kartenspiele und ähnliches [...] Mißtrauische Naturen hielten gestern die Meldung von der Razzia bei ›Sex 2000‹ für einen nicht ganz neuen Reklametrick der Aussteller. Doch es war bitterböser Behördenernst. Ein Nervenarzt würde diese verschlungene Denkweise der Strafverfolgungsbehörde dem Krankheitsbild der Schizophrenie (zu Deutsch: Spaltungsirresein) zuordnen. Einerseits: die Sex-Ausstellung wird gestattet. Andererseits wundert man sich darüber, daß sie tatsächlich etwas mit Sex zu tun hat. [...]« (BMp 14. 3.).
Ts 13. 3.; MBp 14. 3; BP 8; PI (SPA); Akte SPA 4243/1, a.

die vielstimmige Antwort ›Yeah‹. Zwischendurch erkundigt er sich dann immer wieder nach dem Wohlbefinden der Brothers und Sisters unten im Publikum, bevor er weitermacht. Die Show läuft wie am Schnürchen. Brown stimuliert seine Zuhörer mit allen Mitteln: Jede Geste, jeder Griff ist genau abgezirkelt und bekannt. Und gerade das tut die größte Wirkung, gibt der gesamten ›Performance‹ erst den Zuschnitt eines Rituals, in dem die Community die Seele badet und sich für kurze Zeit freimacht von allem Verdruß. [...]« (Ts 7. 3.).
Ts 7. 3.; Ab 6. 3.; BP 7; PI (SPA); Akte SPA 4203/17, a.

Mär 6, 9.00 Uhr. Betriebsversammlung.
V: BSR.
Rd: Horst Ehmke (Bundesmin.), Heinz Striek (Finanzsenator) u. a.
»Ganz im Zeichen der aktuellen Forderungen nach größerer sozialer Sicherung und paritätischer Mitbestimmung stand die Personalversammlung der Berliner Stadtreinigungs-Betriebe (BSR), die am vergangenen Sonnabend im Sportpalast abgehalten wurde. Zum erstenmal trafen sich die Arbeitnehmer aller drei Abteilungen der BSR, Hauptverwaltung, Müllabfuhr und Straßenreinigung, um die anstehenden Probleme gemeinsam zu beraten. [...]« (BSt 13.3.).
BSt 13. 3.; Akte SPA 4240/32.

Mär 7, 20.00 Uhr. Jazz-Konzert »Lionel Hampton and his All Star Jazz Inner Circle«
V: Schulte-Bahrenberg.
Et: 5,– bis 15,– DM.
Mitw.: Lionel Hampton (vb, dm, ld), Milt Buckner (org), Illinois Jacquet (ts), Eustice Guillemet (b), John Spuill (org, p), William Mackel (g), Charles McClendon (ts), Thomas Gambino (as), Walter Miller (tp), Ronald Connors (tp), Kenneth Bolds (dm), Valerie Carr (voc).
»[...] Lionel Hampton und seinem ›Inner Circle‹ gelang es verdient, sein (Traditions-)Publikum zu wahren Begeisterungsstürmen hinzureißen. Ein Unterschied zu Hamptons ›historischen‹ Konzerten an gleicher Stelle vor etlichen Jahren war gestern tatsächlich kaum festzustellen. Über drei Stunden produzierte sich der Jazz-Magier unermüdlich am Schlagzeug und am Vibraphon, steigerte sich und seine Leute zusehends und begeisterte überdies wieder mit seiner herzlich-sympathischen Art. Man wollte ihn nimmer gehen lassen. Erst nach unzählbaren Zugaben und persönlichen Spenden von Lionel – er warf Krawatte, Hemd und Sticks in die Massen – gab man sich geschlagen. [...]« (Ab 8. 3.).
Ts 9. 3.; ndp 9. 3.; Ab 8. 3.; BP 7; PI (SPA); Akte SPA 4202/14, a.

Mär 12–16, 10.00–21.00 Uhr. Ausstellung »Sex 2000«
V: Universalia Bodo Heise.
Et: 5,– DM.
»[...] Wer seinen Sex-Etat bei der heute zu Ende gehenden ›Erota Total‹ noch nicht überzogen hat, kann bis zum 16. März [...] weitermachen [...] Noch kurz vor Eröffnung rangelten die Veranstalter mit Vertretern der Abnahmekommission, die diverse Gegenstände für zu leicht entzündbar hielten. In der noch ziemlich kühlen Halle fröstelten die versprochenen Oben-Ohne-Mädchen tapfer vor sich hin, einige in Strickjacken – jedoch brav ihre Brüste zeigend (Tagessalär: 150 Mark). An 45 Ständen werden rund 2000 Artikel angeboten. Während bei der ›Erota‹ die Filmfreunde (für zusätzliches Geld), in ein Séparée gebeten werden, flimmert hier Pornographisches allerorten. Überhaupt ist man im Sportpalast ein bißchen weiter. Wen es nach außerordentlichen Verfeinerungen gelüstet, der kann beispielsweise eine Folterbank für Zweieinhalbtausend Mille erstehen. Auch für ›Spanner‹ ist gesorgt: Eine Firma bietet ›Infrarot-Nachtsichtgeräte‹ an. Neben den üblichen Stöhn- und Keuch-Schallplatten gibt es auch Sexisches: ›Ei, verbibsch, das ist der sächsische Sex‹, klingt es aus einem Lautsprecher. [...] Damit es ganz deutlich wird, daß

Mär 20, 20.00 Uhr. Jazz-Konzert »Benny Goodman and his Big-Band«
V: Hoffmeister.
Et: 5,– bis 15,– DM.
»Da war er wieder – freundlich, väterlich, pausbäckig: Benny Goodman, Kind of Swing. Vor vollem Haus brachte er mit seiner in England zusammengestellten Big Band das überwiegend aus Spät-Twens bestehende Publikum ohne große Anstrengung in Swing-Verzückung. [...] Der 61jäh-

654 Plakat (Chr Mär 12–16); SPA.

rige Goodman machte seinen meist jüngeren Musiker-Kollegen auf der Klarinette mit solide perlenden Soli noch etwas vor, denn in der Band herrschte – zwei oder drei Ausnahmen abgerechnet – glanzlose Mittelmäßigkeit« (Ts 23. 3.).
Ts 23. 3.; BP 8; Pl (SPA); SPA 4202/15, a.

Mär 26, 20.00 Uhr. Amateur-Boxen »Berliner Meisterschaften 1971«
V: BBV.
Et: 4,– bis 20,– DM.
Endkämpfe.
Flg: Gerd Schubert (PSV) besiegt Peter Muß (PSV).
Bg: Waldemar Stephani (Hertha BSC) besiegt Josef Kala (Hertha BSC) durch Abbruch (3. Rde).
Fdg: Werner Niestroj (PSV) besiegt Peter Barkowski (PSV).
Lg: Peter Henatsch (Hertha BSC) besiegt Bernd Jacobitz (PSV).
Hwg: Burghardt Barnowski (PSV) besiegt Erwin Schulz (Hertha BSC).
Wg: Eckhard Dagge (Hertha BSC) besiegt Harry Schreiber (Astoria).
Hmg: Gunnar Münchow (PSV) besiegt Manfred Werner (BTSV).
Mg: Gerd Bauer (PSV) besiegt Leo Kakolewicz (Hertha BSC) durch Abbruch (3. Rde).
Hsg: Michael Emmerich (PSV) besiegt Karl-Heinz Anterhaus (PSV).
Sg: Hartmut Sasse (Spandau 26) besiegt Alfred Zybarth (TSV Rudow).
Ts 26.–27. 3.; BP 9; Ph, Pl (SPA); Akte SPA 4133/35, a.

Apr 2, 20.00 Uhr. Konzert »Cliff Richard Show '71«
V: MAMA-Concerts.
Et: 7,– bis 17,– DM.
Mitw.: Cliff Richard, The Shadows (John Clifford Farrar, Hank Marvin, Bruce Welsh), Brian Bennet Orchestra, Olivia Newton-John.
»Im hautengen, samtenen, glänzenden Schwarzen, mit Goldkettchen und goldenem Gürtel, präsentierte Cliff, was so viele lieben: Simples und Anspruchloses, Rock'n Roll und Beat und ›Anleihen‹. Bis ins Detail einstudierte Bewegungen und Gesten bringen seine Fans zu rhythmischen Mitklatschen, zum Trampeln und in Verzückung. Cliff singt englisch und seine Texte übersetzt man besser nicht – sie haben meist nicht mehr Niveau als im deutschen Schlager. Bleibt ein Showman, der – wie viele andere nicht – ›Stimme‹ hat und ein bißchen zuviel auf der Bühne herumhampelt. [...]« (SVb 4. 4.).
SVb 4. 4.; BP 10; PL (SPA); Akte SPA 4210/21, a.

Apr 4, 19.00 Uhr. Konzert »Engelbert Humperdinck live in Concert«
V: Funke.
Et: 7,– bis 20,– DM.
Mitw.: Engelbert Humperdinck, Dana, Laurie Holloway Orchestra.
»[...] Der schwarzlockige Familienvater aus England konnte vor Schönheit kaum laufen und zelebrierte die perfekteste Banalität, die man je hier entgegennehmen konnte: Show als schon perverser Selbstzweck. [...] Er zitiert weibliche Fans auf die Bühne, um sie mit perfiden Galanterien fertigzumachen. Jede der knappen Gesten, ein Augenzwinkern, ein knappes Fingerspiel, führt Regie mit dem Publikum. Es ist ihm wonnevoll verfallen. Er versteht sein erotisches Waidwerk: Jeder Schritt erzählt von Orgien, die nie stattfinden – für das Publikum. Ach ja: Er singt auch. [...]« (ndp 6. 4.).
Ab 5. 4.; ndp 6. 4.; BP 10; PL (SPA); SPA 4210/22, a.

Apr 10–12, 20.00 Uhr. Bunte Veranstaltung »Oster-Star-Revue«
V: SP.
»Werner Kroll · Tanja Berg · Undine v. Medvey · Harald Nielsen / Klaus Günter Neumann · Horst Nowack · Die Cornichons / Kapelle Kurt Drabek / Die weltberühmten Limbo-Tänzer von den Karibischen Inseln mit der Trinidad Oil Company Steelband /Folklore – Musikal – Beat – Tanz und Gesang« (Anz., Ts 28. 3.).
Ts 28. 3.; BP 11; Ph, Pl (SPA).

Apr 14–28, 20.00 Ulhr. »Catch Cup 71 der Berliner Kindl-Brauerei«
V: SP (Selenkowitsch).
Et: 5,– bis 12,– DM.
Teiln.: Wilhelm von Homburg (D) sowie Mark Anthony (AUS), Gerd Brecht (D), Vega Dingo (USA), Gedeon Gida (H), Felix Gregor (D), Dave Morgan (GB), Günter Nordhoff (D), Leif Rasmussen (DK), Pat Roach (NZ), Hans Roocks (D), Terry Rudge (GB), Wolfgang Saturski (D), Iwan Strogoff (SU), Scheich Jousseff Tannous (RL), Otto Wanz (A), Arpat Weber (H).
»Wilhelm von Homburg, einst an gleicher Stelle boxsportlicher Hauptkämpfer, konnte im Catcher-Ring ›seinem Affen Zucker geben‹. Als er den goldfarbenen Umhang abgelegt hatte, präsentierte er sich in roten Strumpfhosen unter einer Lederhose. Gegen den Nürnberger Brecht gewann Homburg durch Rückreißen nach Würgegriff« (Ab 15. 4.).
»Zwei turbulente Kämpfe gab es gestern [...] Pat Roach foulte Wolfgang Saturski. Der wuchtete den Spitzbart so gewaltig durch die Seile, daß die Umspannungen auseinanderfielen« (Ab 16. 4.).
»Einen Riesentumult gab es [...] nachdem Strogoff den Ex-Boxer Wilhelm von Homburg einwandfrei geschultert hatte. Wild stürzte sich Wilhelm auf Strogoff und schlug auf ihn ein. Im Nu war der Ring voller Menschen, Turnierleiter, Catcher, Kampfleiter und Zuschauer wollten die Wütenden auseinanderbringen« (Ab 19. 4.).
Ab 14.–16., 19. 4.; BP 11 f.; Ph, Pl (SPA); Akte SPA 4180/7, a–e.

Apr 30, 20.00 Uhr. Ehrung von Jubilaren mit buntem Programm
V: ÖTV.
Akte SPA 4242/3.

Mai 19, 14.30 Uhr. Betriebsversammlung
V: Krone GmbH.
Wh 29. 5.; Akte SPA 4240/33.

Mai 21, 20.00 Uhr. Amateur-Boxen »Berlin – Bayern«
V: BBV.
Et: 4,– bis 20,– DM.
Flg: Gerd Schubert besiegt Wolfgang Zäuner (Bayern).
Bg: Engin Yadigar besiegt Heinz Santjohannser (Bayern) durch Aufgabe (2. Rde).
Lg: Peter Henatsch besiegt Anton Habermayer (Bayern).
Lg: Peter Prause beisegt Otto Schröck (Bayern).
Hwg: Reinhard Pecher (Bayern) besiegt Burghardt Barnowski.
Wg: Günter Meier (Bayern) besiegt Harry Schreiber durch ko (1. Rde).

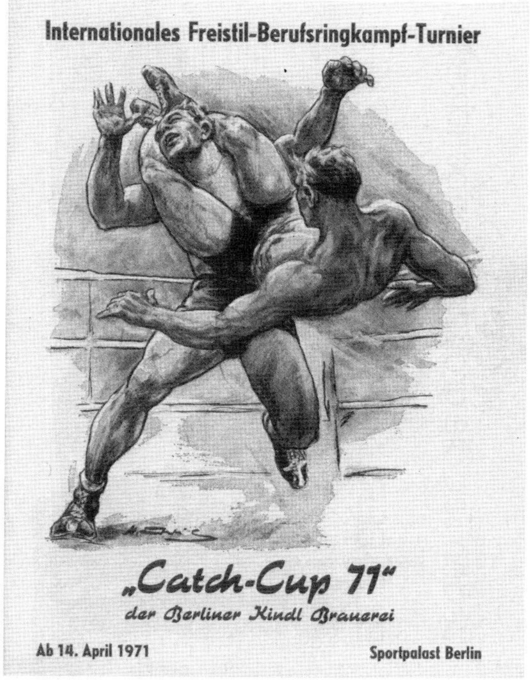

Internationales Freistil-Berufsringkampf-Turnier
„Catch-Cup 71"
der Berliner Kindl Brauerei
Ab 14. April 1971
Sportpalast Berlin

655 Programmheft (Chr Apr 14–28); SPA.

Wg: Eckhard Dagge besiegt Sebastian Feuerer (Bayern).
Hmg: Gunnar Münchow besiegt Gerhard Schlegel (Bayern).
Mg: Ewald Jarmer (Bayern) – Gerd Bauer, unentschieden.
Hsg: Klaus Schübel (Bayern) – Karl-Heinz Anterhaus, unentschieden.
Sg: Erich Seidl (Bayern) besiegt Hartmut Sasse durch ko (3. Rde).
Berlin – Bayern 14:8.
Ts 20., 22.–23. 5.; BP 15; Ph, Pl (SPA); Akte SPA 4133/36.

Mai 23, 19.00 Uhr. »Joe Frazier Show«
V: Hoffmeister/SP.
Et: 12,– bis 25,– DM.
Mitw.: Joe Frazier und seine Knockouts, Bobby Boyd Congress, The Congress Girl-Dancers, Carl Wayne.
»Man darf vermuten, daß der Sportpalast gut besucht gewesen wäre, wenn ›der Größte‹ gekommen wäre, der Weltmeister im Sprücheklopfen, Cassius Clay, und hätte er noch so arg gekrächzt. Doch es kam gestern abend nur der Allergrößte, Joe Frazier. Der krächzte keineswegs, er sang richtig. Hübsch hat er gesungen. Zwar war er meist gar nicht zu hören, weil seine Musiker und die Verstärker ihn erbarmungslos niederboxten; ein technischer K.o., aber er war doch so sympathisch. [...] Auf den 8000 Stühlen in der Halle machten es sich 500 Zuschauer bequem, [...] Es waren viele ganz besonders zarte junge Damen erschienen, das Muskelpaket zu inspizieren. Joe Frazier tat ihnen den Gefallen: Gegen Schluß ließ er das Jackett in der Kulisse, und was nun zwischen Schultern und Fingernägeln zum Vorschein kam, riß das Publikum zum ersten begeisterten Beifall des Abends hin. Hinterher durften ihn die Leute sogar anfassen; alles war verziehen, und alle waren wieder froh. [...]« (Ab 24. 5.).
Ab 24. 5.; ndp 25. 5.; Pl (SPA); Akte SPA 4203/18, a–c.

Jun 5, 20.00 Uhr. Pop-Konzert »The Pink Floyd«
V: MAMA-Concerts.
Et: 9,– DM.
»Der Sportpalast platzte aus allen Nähten, die britischen Pop-Neutöner ›Pink Floyd‹ waren wieder zu Gast in Berlin.

656 Plakat (Chr Jun 5); SPA.

8000 Zuschauer verwandelten die Halle in eine gigantische Ölsardinenbüchse und wurden schließlich Zeugen einer der befriedigendsten und schönsten Popmusik-Darbietungen, die man seit längerer Zeit in Berlin erleben durfte.
Den vier ›Floyd‹-Musikern geht der Ruf voraus, sich immer wieder als Neuerer und Experimentatoren der Popmusik hervorgetan zu haben. Sie waren die ersten, die das Medium Musik mit optischen Effekten zu verschmelzen versuchten, und wiederum bilden sie die Vorhut in der Popmusik durch die Verwendung eines geschickten technischen Einfalls: die Einführung eines quadrophonischen Verstärker-Systems im Konzertsaal. Die Wirkung dieser elektronischen Beigabe ist verblüffend und fasziniert: konkrete Geräusche und verzerrte Orgelklänge kreiseln durch das Rund der Halle, hinter dem Rücken des Zuschauers preschen mit mächtigem Getrappel Pferde vorbei, hundertkehliges Kinderlachen schafft eine freundliche Atmosphäre, gelegentlich tost ein Sturm durch die Arena, ein Mensch stapft mit schweren Schuhen durch den Raum, schlägt die Türen zu und keucht schließlich vor Anstrengung, kurz: die raffinierte Verstärkertechnik ermöglicht die Rückkehr romantischer Tongemälde in den Konzertsaal, und gleichzeitig öffnet sie den Raum. Dadurch, daß die Töne auf die 360-Grad-Reise geschickt werden, gerät auch der Zuhörer auf einen Trip, auf dem die Mauern von Raum und Zeit einstürzen. Doch nie stellt sich dabei verquollen-meditative Sentimentalität ein, nie hat man das Gefühl, durch plumpe Effekte eingelullt zu werden […]« (Ts 8. 6.).
Ts 8. 6.; Ab 7. 6.; Tg 8. 6.; BP 16; Pl (SPA); Akte SPA 4203/19, a.

Jun 13, 19.00 Uhr. Pop-Konzert »Pop + Blues Sunday«
V: Kanthack.
Et: 10,– DM.
Mitw.: Alexis Korner & Peter Thorup, Atomic Rooster, Man (Status Quo).
»[…] Das war also der ›Pop- und Bluessonntag‹ – eine eigenartig gemischte Ansammlung von Musikern, von denen wohl jeder jeweils ein paar Leute anziehen sollte. Trotzdem war's nur halb voll, und ›Status quo‹ kam erst gar nicht – eigentlich, weil ohne Angabe von triftigen Gründen, eine Unverschämtheit – ansonsten sicher nicht schade drum. Damit fiel der Eröffnungs-Auftritt an ›Attomic Rooster‹: mäßige Durchschnitts-Band mit müdem Progressiv-Anspruch und schon für überwunden geglaubten Show-Mätzchen. Ähnlich ›man‹ […] Lichtblick zwischendrin war der gute alte Alexis: Mit Peter Thorup war er offenbar in der Stimmung, eine schöne, lange Session hinzulegen, wurde aber leider von einem kleinen Störtrupp vorzeitig vergrault […]« (Ab 14. 6.).
»Die Polizei mußte am Sonntagabend vor dem Berliner Sportpalast eingreifen, als es zu Unruhen unter etwa 100 Jugendlichen kam, die ohne Eintrittskarten in die Veranstaltung […] gelangen wollten. Nachdem es zu Steinwürfen aus der Menge heraus gekommen war, räumte die Polizei den Vorplatz der Halle. […] Gegen 22 Uhr stürmten die Besucher der Veranstaltung die Bühne des Sportpalastes und drohten die Einrichtung zu zertrümmern, wenn die vor dem Sportpalast versammelten Jugendlichen nicht eingelassen würden. Der Veranstalter erklärte sich daraufhin bereit, die noch Wartenden einzulassen. […]« (SVb 15. 6.).
Ab 14. 6.; SVb 15. 6.; BP 17; Pl (SPA); SPA 4203/20, a.

Jul 1–Aug 22. Sommereis im Sportpalast
Öffentlicher Eislauf für Kinder, Jugendliche und Erwachsene.
Stattgefunden?
SPA 3008/4.

Jul 2. Amateur-Boxen »Berlin – Tunis«
Ausgefallen.
BP 19; BZ 28. 6.; Akte SPA 4133/37.

Jul 9, 20.00 Uhr. Konzert »In the Summertime«
V: Kanthack.
Et: 10,– DM.
Mitw.: Mungo Jerry, Shocking Blue, Golden Earring.
Ab 10. 7.; BP 19; Pl (SPA); Akte SPA 4203/21, a.

Aug 20, 20.00 Uhr. Rock-Konzert »Fleetwood Mac« u. a.
V: Blue Cheer Organisation/Hauke.
Et: 10,– DM.
Mitw.: Fleetwood Mac, Man (Terry Williams, Martin Ace, Michael Jones, Clive John, Roger Leonhard), Gipsy (Robin Pitzer, Moth Smith, Rod Read, David McCarthy, John Knapp).
»Ein sommerlicher Pop-Musik-Abend im Sportpalast ohne nennenswerte Höhepunkte oder Überraschungen, viereinhalb Stunden lang sehr laute, aber dennoch wenig intensive oder gar inspirierte Rockmusik: viel mehr ist über das laue Konzert nicht zu sagen. […]« (Ts 22. 8.).
Ts 8., 22. 8.; Pl (SPA); Akte SPA 4203/22 a.

Aug 27, 20.00 Uhr. Amateur-Boxen »Berlin-Dublin«
V: BBV.
Et: 3.– bis 20,– DM.
Flg: Waldemar Stephani besiegt Teddy Hanlon (Dublin).
Fdg: Peter Prause besiegt John Gilligan (Dublin) durch Abbruch (1. Rde).
Lg: Peter Henatsch besiegt Paul Bell (Dublin).
Hwg: Burghardt Barnowski besiegt Eddi Hendricks (Dublin) durch Abbruch (1. Rde).
Wg: Eckhard Dagge besiegt Chris Elliot (Dublin) durch Abbruch (2. Rde).
Hmg: Gunnar Münchow besiegt Eddi Hayden (Dublin) durch Abbruch (1. Rde).
Mg: Dermot Mc Carthy (Dublin) besiegt Erich Klemke.
Mg: Ollie Byrne (Dublin) besiegt Gerd Bauer.
Hsg: Leo Kakolewicz besiegt Willie Cooper (Dublin).
Sg: Bernd August besiegt Frank Cabill (Dublin) durch Abbruch (1. Rde).
Die Punkte für den Bg-Kampf Engin Yadigar – Mick Dowling (Dublin) erhielt Dublin kampflos, da Yadigar nicht antreten konnte, weil er sich noch im Urlaub befand.
Berlin – Dublin 16:6.
Ts 27.–28. 8.; BP 24; Ph, Pl (SPA); Akte SPA 4133/38.

Aug 29, 15.00 Uhr. Kundgebung zum »Tag der Heimat«
V: Berliner Landesverband der Vertriebenen e. V.
Rd: Gerhard Dewitz (1. Vors.), Herbert Hupka (Vizepräs. des Bundes der Vertriebenen, SPD-MdB), Olaf von Wrangel (Geschäftsführer der CDU/CSU-Bundestagsfraktion).
Motto: *»Gefahr für Deutschland – Gefahr für Europa«.*
Mitw.: Spielmanns- und Hörnerkorps Springe, Jugendgruppe Riesengebirge, Tanzkreis der Arbeitsgemeinschaft »Junges Ostpreußen«, Oberschlesische Volkstanzgruppe.
»Revanchistenverbände haben am Sonntag im Sportpalast eine Hetzkundgebung gegen Entspannung und Frieden in Europa durchgeführt. Das Treffen zum sogenannten ›Tag der Heimat‹ richtete sich insbesondere gegen die Verträge der UdSSR und Polens mit der Bundesrepublik, gegen den Entwurf der Vereinbarung der vier Mächte über Westberlin sowie gegen die völkerrechtliche Anerkennung der DDR. […]« (Wh 31. 8.).
BMp 31. 8.; Ab 30. 8.; Ts 31. 8.; Wh 31. 8.; Berliner Extradienst Nr. 66, 69; BP 24; Pl (SPA); Akte SPA 4242/4.

Sep 3–19. Wiener Eisrevue mit »Unvergeßliche Melodien«
Werktags 20.00 Uhr, sonntags 19.30 Uhr; mittwochs, sonnabends, sonntags auch 15.30 Uhr.
V: SP.
Gesamtleitung: Dr. Karl Eigel, Bruno Holfeld; künstl. Ltg.: Franz Antel; Insz.: Otto Czap; Chgr.: Wazlaw Orlikowsky; Mu: Roberto Opratko; Mitw.: Endre Balassa, Manja Boumans (B), Hami Brown, Marian Filc (CS), Annette Gardiner/Allan Glenn (AUS), Sally und Kevin McGrath, Ronnie McKenzie (GB), Milena (CS), Joel Parks (USA), Tia und Man (USA), Hana Maskova (CS), Duncan Whaley (GB); Zelenka und seine Gruppe; Wiener Eisballett; u. a.
Ts 15. 8.; 2. 9.; BMp 4. 9.; BP 25 f.; Ph (SPA); Akte SPA 4011/6/6–11.

Sep 23, 6.30 Uhr. Betriebsversammlung
V: Standard Elektrik Lorenz AG.
Wh 29. 9.; Akte SPA 4240/34.

Sep 26, 19.30 Uhr. »Jugend trainiert für Olympia« – Abschlußfeier mit Siegerehrung und Tanz
V: Der Senator für Familie, Jugend und Sport.
BP 27; Ph (SPA); Akte SPA 4203/23.

Okt 7–13. 67. Berliner Sechstagerennen
Beginn 7. 10. um 20.00 Uhr, Start 22.00 Uhr, Ende 13. 10. um 23.00 Uhr.
V: SP (Otto Ziege).
Et: 6.–, 8.–, 5.– bis 20,–, 22,–, 17,– DM (je nach Nacht); nachmittags 3,– DM, erm. 1,– DM.
Musik: Orchester Heinz Buschhagen.
Wertungen: 15.00, 16.30 (je 10 Spurts), 20.30, 22.00 (je 5 Spurts), 2.00, 4.00 Uhr (je 10 Spurts).

Mit »Derny-Rennen« in jeder Nacht (vgl. 1961 Jan 6–12), Braun-Mitternachtssprint, Wienerwald-Jagdenstunde, dem »Kleinen Sechstagerennen« der Amateure (s. u.) u. a.
Teiln. (11 Paare): 1. Rudi Altig/Fritz (D), 2. Schneider/Spahn (CH), 3. Oldenburg/Rancati (D/I), 4. Alain van Lancker/Tschan (F/D), 5. Post/Sercu (NL/B), 6. Bugdahl/Kemper (D), 7. Pfenninger/Puschel (CH/D), 8. Wolfgang Schulze/Renz (D), 9. Baert/Rudolph (B/D), 10. de Wit/Muddemann (NL/D), 11. Pijnen/Peffgen (M/D).
Ergebnis: 1. Post/Sercu 338 Pkte; 2. Schulze/Renz (1 Rde zurück) 499; 3. Pijnen/Peffgen 468; 4. Pfenninger/Puschel (5 Rdn zurück) 165; 5. Baert/Kemper 198: 6. Schneider/Spahn 183; 7. Wit/Muddemann (19 Rdn zurück) 279; Klaus Bugdahl mußte wegen Rippenbruchs aufgeben.
Zurückgelegte km: 2501,320.
Startschuß: Manuela (Schlagersängerin).
Vorrennen (Einstunden-Mannschaftsfahren der Amateure, 11 Paare), erstes Rennen der dann täglich um 17.00 Uhr (am 13. um 19.15 Uhr) Uhr durchgeführten weiteren Einstundenfahren der Amateure (»Kleines Sechstagerennen«); mit einer Gesamtwertung am 13. 10.: 1. Bernd Jaroszewicz/Peter Vonhof 167 Pkte; 2. Günter Schumacher/Horst Gewiß (3 Rdn zurück) 21; 3. Burkhard Ebert/Siegfried Müller (5 Rdn zurück) 123; 4. Michael Schumann/Harry Seidel (6 Rdn zurück) 83; 5. Burkhard Bremer/Manfred Topfstädt 76; 6. Martin Steger/Peter Wollermann (CH) 49; 7. Werner Helbig/ Rolf Schwertle (15 Rdn zurück) 9; 8. Gerd Wiemer/Günter Lauffer (18 Rdn zurück) 3; 9. Steins/Lehmann (23 Rdn zurück) 5.
»Das Finale klang vor 4500 Zuschauern jedoch mit einem Skandal aus, denn Rudi Altig stieg 53 Minuten vor Schluß aus Protest vom Rad und gab auf. Der Wettfahrtausschuß hatte den Kölner mit einer Strafrunde belegt, da Altig einen Defekt vorgetäuscht hatte. [...] Die Mannschaft Tschan/van Lancker wurde durch einen Sturz Tschans gesprengt, und die Schlußlichter Rancati/Oldenburg gaben ebenfalls auf, so daß nur sieben Teams das Rennen beendeten« (SVb 14. 10.).
Ts 5.–15. 10.; SVb 5.–15. 10.; BP 29; Ph (VWA); Pl (SPA); Akte SPA 4031/IV.

Okt 15, 20.00 Uhr. Amateur-Boxen »Deutschland – Frankreich«
V: DABV/BBV.
Et: 4,– bis 20,– DM.
Flg: Rabah Khalouti (F) besiegt Hans Freistadt.
Bg: Aldo Cosentino (F) besiegt Hans Mertens durch Abbruch (2. Rde).
Fdg: Peter Prause besiegt Daniel Trioulaire (F).
Lg: Peter Henatsch besiegt Gilbert Orsaldo (F).
Hwg: Erwin Madarasz besiegt Pierre Petit (F).
Wg: Burghardt Barnowski besiegt Alain Ruocco (F).
Hmg: Gunnar Münchow besiegt Bernard Dybaitis (F).
Mg: Gerd Bauer besiegt Michel Jeanbaptiste (F) durch Aufgabe (1. Rde).
Hsg: Otto Steigenberger – Henri-Claude Moreau (F), unentschieden.
Sg: Erich Seidl besiegt Claude Grandvalet (F).
Der Hflg-Kampf Kurt Pichel – Jose Leroy (F) fiel aus, da Leroy nicht mitgekommen war.
Deutschland – Frankreich 15:5.
BMp 15.–16. 10.; BP 29; Ph, Pl (SPA); Akte SPA 4133/39.

Okt 16, 20.00 Uhr. Bolle-Fest »Vergnügt wie Bolle«
V: Meierei C. Bolle/SP.
Mitw.: The Bleckwenns, Die Dominos, Werner Hass, Horst Kintscher, Felix Knemöller, McGregor, Undine von Medvey,

657 66. Berliner Sechstagerennen (Chr Okt 8–14), Stimmung im Innenraum.

Harald Nielsen, Horst Nowack, Kurt Pomplun, Teresa Söhnker; Orchester Heinz Buschhagen; Tanzschule Dieter Keller.
Akte SPA 4240/35.

Okt 20–21, 20.00 Uhr. Pop-Konzert »NOTOCO«
V: Matzelt/SP.
Et: 8.– DM.
Mitw.: NOTOCO, Partita (PL).
»Das hat man denn wohl nicht erwartet: Die polnische Gruppe ›Notoco‹ kam gestern im Sportpalast so gut an, daß man sie gar nicht mehr gehen lassen wollte. Was nicht einmal bei den populärsten Bands an der Tagesordnung ist, vermochte eine völlig unbekannte Gruppe zu erreichen: Wenn man vor der Pause nur Höflichkeits-Beifall gezollt hatte, so war das Publikum vom zweiten Teil ehrlich begeistert. Mit Recht: ›Notoco‹ präsentierten nach einigen Ausflügen in heimatliche Folklore eine überzeugende Musik, die weder stil- noch interpretationsmäßig dem hierzulande Gewohnten nachsteht. Auch ›Partita‹, die vier Warschauer Mädchen [...] hinterließen (nicht nur optisch) einen guten Eindruck. [...] Sehr deprimierend allerdings für alle Beteiligten, daß der Sportpalast gestern nur äußerst mager besucht war. [...]« (Ab 21. 10.).
Ts 22. 10.; Tg 22. 10.; Ab 21. 10.; BP 29f.; Pl (SPA); Akte SPA 4203/24, a.

Okt 27, 8.00 Uhr. Personalversammlung
V: Der Senator für Inneres.
Akte SPA 4240/36.

Okt 30, 20.00 Uhr. Pop-Veranstaltung
Wohl nicht stattgefunden.
BP 30.

Nov 6, 20.00 Uhr. Eishockey
V: BSchC.
Et: 5,– bis 15,– DM.
EV Pfronten: Köpf, Schweiger (Tor); Fichtl, Ehrhard, Kohler, Schneider, Eberle (Vert.); Frenzel, Holdenried, Franke (Sturm A); Vetter, Werning, Kümmerle (Sturm B); Löckher, Ostheimer, Hauser (Sturm C); H. Köpf (Ersatz).
BSchC: Katzur, Axel Richter, Sucker (Tor); Müller, Anders, Singer, Wille, Lamm, Jaensch (Vert.); Rada, Ferenc Vozar, Dusan Slanina (Sturm A); Naumann, Tibor Vozar, Karel Slanina (Sturm B); Patrzek, Christmann, K.-G. Richter (Sturm C); Urban (Ersatz).
BSchC – EV Pfronten 3:3 (1:0, 1:2, 1:1; Oberliga).
»Beim Berliner Schlittschuh-Club rauchen die Köpfe. Die ziemlich verunglückte Premiere im Sportpalast [...] sorgte für Gesprächsstoff. Alle, in erster Linie aber die technisch überragenden Tschechen-Brüder Vozar und Trainer Smit, schimpfen auf die kleine Fläche und das stumpfe Eis. Erste Reaktion: Man wollte nicht mehr in der Halle an der Potsdamer Straße spielen! [...] Erster Kompromiß: Mit dem Senat wurde vereinbart, zum nächsten Spiel eine moderne italienische ›Zamboni‹-Eismaschine aus Wedding oder Neukölln in den Sportpalast zu verfrachten. Auf schnellerem Eis dürfte es schon gegen Mittenwald besser laufen und der Appetit auf weitere Sportpalast-Gastspiele angeregt werden. [...]« (BZ 9. 11.).
ndp 8. 11.; BZ 9. 11.; Ph, Pl (SPA); Akte SPA 4221/5, a.

Nov 12–13, 20.00 Uhr. Bunte Veranstaltung »Ein Abend beim Äppelwoi«
Am 13. auch 16.00 Uhr.
V: Wylach.
Et: 5,– bis 15,– DM.
Mit Heinz Schenk und Lisa Wöhr vom *»Blauen Bock«, »mit beliebten Künstlern von Bühne, Funk und Fernsehen · Orchester Heinz Buschhagen«* (Anz., Ts 7. 11.).
Ts 7. 11.; BP 32; Pl (SPA); Akte SPA 4220/18, a.

Nov 15, 13.30 Uhr. Betriebsversammlung
V: Krone GmbH.
Akte SPA 4240/37.

Nov 17, 20.00 Uhr. Eishockey
V: BSchC.
Et: 5,– bis 15,– DM.
EV Mittenwald: Kienel, Schmidt (Tor); Lutz, Schrann (Vert. A); Zolk, Crasser (Vert. B); Seidl, Klotz, Reindl (Sturm A); Koch, Bischl, Wörndle (Sturm B); H. Oswald, P. Oswald, Karl (Sturm C).
BSchC: Katzur, Sucker (Tor); Müller, Anders (Vert. A); Singer, Lamm (Vert.B); Rada, Ferenc Vozar, Dusan Slanina (Sturm A); Richter, Tibor Vozar, Karel Slanina (Sturm B); Patrzek, Christmann, Naumann (Sturm C); Urban, Müller II (Ersatz).
BSchC – EV Mittenwald 8:1 (2:0, 1:1, 5:0; Oberliga).
Ts 19. 11.; BP 32; Ph, Pl (SPA).

Nov 20, 20.00 Uhr. Konzert »Gute Freunde musizieren für Berlin«
V: GdP.
Et: 3,50 DM.
Mitw.: The 298th US Army Band (Howard W. Vivian); The 1st. Queen's Regiment Band (T. L. Crichton); La Musique du 46ème Régiment d'Infanterie (René Gaudron); Das Musikkorps der Berliner Schutzpolizei (Herbert Domagalla); als Gast: Die Polizei-Musik Basel (Pius E. Kissling).
BP 32; Ph, Pl (SPA); Akte SPA 4231/14.

Nov 25, 20.00 Uhr. Pop-Music-Show »Osibia – East of Eden«
Wohl ausgefallen.
BP 33.

Nov 26–28, 20.00 Uhr. Konzert »Don Kosaken Chor Serge Jaroff«
V: Hofner.
Et: 6,– bis 14,– DM.
»Jubiläums- und Abschiedskonzert-Tournee 1971/1972«; »50 Jahre Don Kosaken Chor – 75 Jahre Serge Jaroff«.
»Don-Kosaken-Abschied? / Serge Jaroff, der kleine, drahtige Mann, der seinen Don-Kosaken-Chor seit über fünf Jahrzehnten wie ein edles Instrument erklingen ließ, will sich als 76jähriger zur Ruhe setzen. So heißt es, aber so hieß es schon ein paarmal. So will man es kaum glauben, daß diese Gruppe in den schlichten schwarzen Kosakenkitteln heute zum letzten Male im Sportpalast aufmarschieren wird« (BMp 28. 11.).
BMp 28. 11.; BP 33; Ph (SPA); Akte SPA 4212/11, a.

Dez 4, 15.00 und 17.30 Uhr. »Die große Fernseh-Starparade«
Et: ab 5,– DM; *»Kinder bis 12 Jahre 50% Ermäßigung«.*
»BLUNA präsentiert: Zum Nikolaustag für alle Kinder / Die große Fernseh-Starparade / Peter René Kröner / Fernseh-Hase Cäsar, Wolfgang Buresch / Claudia Doren, Jochen Breiter / Schöneberger Sängerknaben, Ltg. Gerhard Hellwig« (Anz., Ts 24. 11.).
Bildunterschrift: *»Hier ist Peter René Körner – Veranstalter der ›Großen Fernseh-Starparade für alle Kinder‹ – Noch in trautem Gespräch mit seinen kleinen Gästen im Sportpalast. Eine halbe Stunde später mußten er und die Fernsehstars Claudia Doren, Jochen Breiter und Wolfgang Buresch Pfiffe und Buhrufe von empörten Eltern und Kindern kassieren. Großartig wurde die ›Starparade‹, [...] angekündigt, großartig waren auch die Eintrittspreise, das Ende war kläglich: Peter René Körner zog sich nach der zähflüssigen Vorstellung, die sich aus Geschenkeverteilen, ein bißchen Gesang, Dialogen und Werbung zusammensetzte, von seinen aufgebrachten Gästen mit den Worten ›Es ist wohl besser, wir verabschieden uns jetzt‹ vorzeitig zurück. Die zweite ›Starparade‹, die eine Stunde später vorgesehen war, fand erst gar nicht statt [...]«* (BMp 5. 12.).
Ts 24. 11.; BMp 5. 12.; BP 34; Pl (SPA).

Dez 10, 20.00 Uhr. »Pop-Veranstaltung«
Wohl nicht stattgefunden.
BP 34.

Dez 12, 15.00 Uhr. Eishockey
V: BSchC.
Et: 5,– bis 15,– DM.
EV Ravensburg: Dieter Elterich, Paul Hegele (Tor); Klaus Nußbaumer, Wolfgang Becker, Milan Kvasnica, Bernd Zieser (Vert.); Ludwig Maier, Sigbert Stotz, Peter Glöggler (Sturm A); Franz Wilhelm, Harry Kruger, Wolfgang Müller (Sturm B); Hubert Stempfle, Michael Faber, Bernd Romer (Sturm C).
BSchC: Günter Katzur, Ulrich Sucker (Tor); Manfred Müller I, Hans-Jürgen Anders, Toni Singer, Donald Wille (Vert.); Frantz Rada, Ferenc Vozar, Dusan Slanina (Sturm A); Karl-Gustav Richter, Tibor Vozar, Karel Slanina (Sturm B); Heinz Patrzek, Ingo Christmann, Detlev Naumann (Sturm C); Michael Urban, Klaus Lamm, Manfred Müller II (Ersatz).
BSchC – EV Ravensburg 7:3 (4:1, 1:2, 2:0; Oberliga).
Ts 12., 14. 12.; BP 35; Ph, Pl (SPA).

Dez 15, 20.00 Uhr. Eishockey
Wohl nicht stattgefunden.
BP 35.

Dez 19, 15.00 Uhr. Eishockey
V: BSchC.
Et: 5,– bis 15,– DM.
TSV Straubing: Franz Menauer, Fridolin Resch (Tor); Gerhard Seiberl, Bohumil Kratochvil, Rupert Kreitmeier, Gerhard Steiner (Vert.); Dieter Brandl, Jiri Wabnegger, Ulrich Voll (Sturm A); Peter Poschadel, Günter Lang, Albert Christoph (Sturm B); Bernd Vossenkaul, Georg Weigel, Hans Czieslik (Strum C); Jürgen Lendzian (Ersatz).
BSchC: wie Dez 12.
BSchC – TSV Straubing 6:2 (1:1, 1:1, 4:0; Oberliga).
Ts 19., 21. 12.; BP 35; Ph (SPA).

Dez 25–26, 20.00 Uhr. Bunte Veranstaltung »Weihnachts-Star-Parade«
Am 25. auch 15.30 Uhr.
V: SP.
Mitw.: Tanja Berg, Lou van Burg, Arne Hülphers, Rico Lanza, Zarah Leander, Horst Nowack, Edith Rath, Trio Sorrento; Kindertanzgruppe der Tanzschule Keller; Schöneberger Sängerknaben (Gerhard Hellwig); Heinz Hanhausen und seine Rundfunksolisten; künstlerische Gesamtleitung: Horst Nowack.
Ts 12. 12.; BP 36; Ph, Pl (SPA).

Dez 31, 19.00 Uhr. Bunte Veranstaltung »Die letzte Runde 1971«
V: SP.
Et: 5,– bis 15,– DM.
Mitw.: *»Ingrid van Bergen · Loni Heuser · Ulli Martin / Erna Haffner · Brigitte Mira · Ethel Reschke · Willi Rose · Ewald Wenck · Franz-Otto Krüger / Die Dominos · Irene Maché · Gerd Melzer / Alex mit der Geige · Das Sportpalast-Orchester / Künstlerische Leitung und Conférence Horst Nowack«* (Anz., 12. 12.).
Ts 12. 12.; BP 36; Ph, Pl (SPA); Akte SPA 4003/ 6 a–c.

1972

Jan 1, 17.00 Uhr. Handball »Internationales Turnier«
V: HVB.
Et: 4,– bis 10,– DM.
Berlin: Peter Schäfer (BSV 92), Peter Carl (BSV 92), Klaus-Dieter Standtke (VfL Lichtenrade), Detlef Finkelmann (Rein. Füchse), Jürgen Gentzmer (SV Adler Mariendorf), Sigmar Artelt (Rein. Füchse), Ulrich Völker (CHC), Klaus Dieter Häntsch (BTSV 50), Helmut Geilsdorf (BSV 92), Wolfgang Elske (TuS Neukölln), Klaus-Dieter Guse (Rein. Füchse), Lutz Gentzmer (SV Adler Mariendorf), Manfred Klein (CHC), Lutz Dommaschke (TuS Neukölln).
Paris: Jacques Perrin, Jack Caillod, Rachid Aggoune, Philippe Loyer, Alain Nicaise, Claude Gallant, Christian Lecomte, Daniel Perronet, Patrick Delautre, Serge Floirat, Patrick Cherencey, Michel Caron, Joel Quintin, Jean Pierre Vogt, Bernard Rignac.
Stockholm: Ivan Cederlund, Staffan Lindén, Thomas Olheim, Björn Forsström, Lars Davidsson, Christer Meckbach, Anders Westerling, Jan Hansson, Per-Olof Carlsson, Jan Frick Jensen, Thomas Persson, Kalle Karlsson.
Zürich: Daniel Eckmann, René Streit, Luzi Dubs, Martin Bohli, Francis Crevoisier, Peter Egg, Hans Haag, Reno Hasler, Knud Hviid, Urs Reinhardt, Jörg Ulli, Walter Tobler, Bruno Waespe, Robert Jehle.
Je Spiel 2 x 15 Min.
1. Berlin – Zürich 9.:4; 2. Paris – Stockholm 12:5; 3. Stockholm – Zürich 11:5; 4. Paris – Berlin 7:5; 5. Zürich – Paris 9:8; 6. Berlin – Stockholm 8:8.
Gesamtergebnis: 1. Paris (4:2 Pkte), 2. Berlin (3:3), 3. Stockholm (3:3), 4. Zürich (2:4).
Ts 1., 4. 1.; BP 1; Ph, Pl (SPA); Akte SPA 4140/5, a.

Jan 8, 20.11Uhr. Karnevalssitzung »Mainz grüßt Berlin«
V: Berliner Große Karnevals-Gesellschaft von 1949 e. V.
Et: 6,– bis 15,– DM.
Mitw.: Mainzer Hofsänger; Mainzer Prinzengarde mit ihrem Generalfeldmarschall Diether Hummel und dem großen Fanfarenzug; »Der Bajass mit der Laterne« Dr. Willi Scheu; »Die Märchentante« Carl Ott; de dörper bloaskapel, Holland; Herrenballet »Fröhlich Pfalz«, Mannheim; Harald Lutz, Die Dominos; Rosemarie Moogk, Carola Girls; Berliner Große Karnevals-Gesellschaft mit ihrem Fanfarenkorps; das Prinzenpaar Wolfgang II. und Addi I.; Orchester Heinz Hanhausen; es präsidiert Wolfgang Roeb.
Ts 1. 1.; Ph, Pl (SPA); Akte SPA 4220/19, a.

Jan 15, 20.00 Uhr. Konzert »Orchester Isaac Hays«
Ausgefallen.
BP 2; SPA 4203/25; Pl (SPA).

Jan 20, 20.00 Uhr. Konzert »The Les Humphries Singers«
V: Funke/Jänicke.
Et: 7,– bis 18,– DM.
»[...] Die Les Humhpries Singers, das fröhliche Völkerkunterbunt mit dem Deodorant-Appeal, schaffen knallvolle Häuser und füllten auch den Sportpalast. Die vielen, vielen bunten Singe-Smarties sind so recht nach dem Geschmack derer, die sich so schön progressiv vorkommen, gegen ›flotte‹ Musik nichts haben und angeblich auch nichts gegen nichtweiße Hauttönung. Hier kann man mit leichter Hand und offenem Ohr Toleranz demonstrieren am handlichen Objekt. Sie riechen alle nach Frischluft, sie sind lieb – nicht widerborstig. Jugend, die so ist, die läßt man sich

THE LES HUMPHRIES SINGERS
SECHS NATIONEN IN EINEM SOUND VEREINT

658 Programmheft (Chr Jan 20); SPA.

gefallen. Sie verköstigen das Hippie-Trauma, das jeder mit ins Konzert bringt. [...] Was gibt es Neues bei den Les Humphries Chorknaben und -mädchen? Nichts. Wie stets nette Spiele mit dem Publikum, makellose Stimmen, Clownerien, Massentanz. Und: von überall geklaute Ideen, stibitzte Arrangements, neu polierte Ladenhüter. Sie waren wirklich einmal herzerfrischend. Doch Stagnation zwingt Langeweile 'rein und Sympathie 'raus« (ndp 22. 1.).
Ts 22. 1.; Ab 21. 1.; ndp 22. 1.; BP 2; Ph, Pl (SPA); Akte SPA 4210/23.

Jan 23, 15.00 Uhr. Eishockey
V: BSchC.
Et: 5,– bis 15,– DM.
EV Landsberg: Ludwig, Engelniederhammer (Tor); Kiening, Hüttle, Prestele, Bark (Vert.); Goth, Gayer, Sedlmeier (Sturm A); Schaller, Mair, Anhardt (Sturm B); Petrussek, Jodeit, Schlenz (Sturm C).
BSchC: Katzur, Sucker (Tor); Müller, Anders, Singer, Lamm (Vert.); Carlsson, Tibor Vozar, Dusan Slanina (Sturm A); Richter, Ferenc Vozar, Karel Slanina (Sturm B); Patrzek, Christmann, Rada (Sturm C); Urban, Naumann, Krick (Ersatz).
BSchC – EV Landsberg 10:2 (2:0, 3:1, 5:1; Oberliga).
Ts 23., 25. 1.; BP 3; Ph, Pl (SPA); Akte SPA 4121/II/9.

Jan 27–Feb 27, 20.00 Uhr. 18. Bockbierfest im Sportpalast
Am 7., 16., 21. 2. geschlossen.
V: SP.
Et: 2,– DM (Sonntag – Donnerstag), 4,– und 5,– DM (Freitag, Sonnabend, Innenraum und Terrasse), 6,– DM (3 tolle Nächte).
»Blue Cellar Combo mit Christine · Orig. Isartaler Blasmusikanten / Wasserorgel · Preistanzen · Alt-Berliner Bier-Salon / Horst Nowack · Donnerstag: Damen Eintritt frei« (Anz., BMp 18. 2.).
Jan 28, außerdem 14.00 Uhr: Betriebsversammlung
V: Krone GmbH.
Akte SPA 4240/39
Jan 29, 20.11 Uhr. Karneval »Große Galasitzung«
V: Prinzen-Corps Berlin e.V.
Et: 15,– DM.
Motto: *»Das Rheinland wie es singt und lacht!«*
»Wir präsentieren Ihnen: den 80 Mann starken Ehren-Fanfarenzug des Prinzen-Corps Berlin, die Rot-Weißen Husaren aus Andernach am Rhein, die Ritter des Frohsinns als Gäste aus Essen/Ruhr, Spitzen-Büttenredner und Tanzballetts aus dem Rheinland, die Südschwalben, ein Spitzen-Sextett aus der Bundesrepublik / Wir erwarten Prinzen-Paare aus dem Rheinland als Gäste des Prinzen-Paares Klaus I und Bettina I des Prinzen-Corps Berlin« (Pl).
Feb 12 und 14–15. »3 tolle Nächte«
Feb 12 *»Tanz in den Morgen«.*
Feb 14 *»Zille-Ball«.*
Feb 15 *»Fastnachtsball.«*
BP 3–5; Pl (SPA); Akte SPA 4007/VI.

Mär 2–19, 20.00 Uhr. »Circus Muchachos«
Mittwochs, sonnabends, sonntags auch 15.30 Uhr.
V: Theater-Mangement-Decken GmbH, Hamburg/Europ Show, Paris.
Et: 6,– bis 14,– DM.
»[...] für groß und klein Circus Muchachos / aus der Kinderrepublik Bemposta · 2 Manegen / 10–18jährige Weltklasseartisten · 15 Nationen / 1000 Kostüme · 100 Artisten · eigenes Orchester« (Anz., Ts 1. 3.).
»Das sind sie also, die ›Wunderkinder‹, die so plötzlich aus einer hinteren Ecke Spaniens aufgetaucht sind wie leibhaftig gewordene Kinderbuch-Träume. Die nicht nur in einer ›Stadt der Jungen‹ wohnen, in der die wenigen Erwachsenen sozusagen Gäste sind, die auch noch mit einem Zirkus durch die Welt reisen, als sei das für Jungs von acht bis achtzehn die normalste Sache von der Welt. [...] Alles ist dabei, was zu einem richtigen Zirkus gehört, ›außer Elefanten‹, wie Steppke Stefen, sechs, sachkundig feststellt. Aber wer vermißt schon echte Elefanten, wenn falsche Stiere in der Arena so einen haarsträubend ulkigen Blödsinn verzapfen? Und die Pferde, die Hohe Schule und Rodeo reiten, die sind garantiert echt. Auch die Balancekünstler auf dem Seil, die mit dem Rad durch die Luft zukkeln, als sei's ein Sonntagsnachmittagsbummel. [...] Ein Kinder-Zirkus – aber keineswegs nur für Kinder. Auch die großen Manegenfreunde werden ihren Spaß an derart gekonntem Zirkus-Zauber haben [...]« (Ab 3. 3.).
BMp 12. 3.; Ab 3. 3.; BP 8; Ph, Pl (SPA); Akte SPA 4216/1–9.

Mär 25, 20.00 Uhr. »Schlager des Monats«
Ausgefallen.
BP 9; Akte SPA 4203/28; Pl (SPA).

Apr 1–3, 20.00 Uhr. »Original Negerballett aus Senegal« – »Black Africa«
V: Grabowsky.
Et: 6,– bis 14,– DM ; *»Jugendliche unter 18 Jahren haben keinen Zutritt!«.*
Senegal Ballett Forêt Sacree de Sasamance. Prod.: Agence Artistique Africaine; künstl. L.: Doura Mané; Dir.: M'Fall Coly; Chgr.: Fodé Cisse.
»50 Tänzerinnen und Tänzer, Sänger und Musiker / einmalig und mitreißend als Original Afrikanisches Neger-Ballett aus Senegal / Senegal Ballett Forêt Sacrée de Casamance / Die erste große Show des schwarzen Erdteils auf ihrer Welt-Tournee nun auch bei uns – Die jungen afrikanischen Tänzerinnen in ihrer natürlichen Schönheit [...]« (Pl).
»Naturtalente aus Senegal begeisterten das Publikum an den Osterfeiertagen im Sportpalast. Der Beifall wollte gar nicht enden, als das Negerballett aus dem schwarzen Erdteil das Programm abgeschlossen hatte. Immer wieder wurden Zugaben verlangt. [...] Großartig die fast artistischen Leistungen, die so natürlich und ungezwungen präsentiert wurden, daß man sich irgendwo nach Afrika versetzt fühlte und dem Treiben der Einheimischen zuschaute. [...]« (ndp 4. 4.).
BMp 23. 3.; Ts 5. 4.; ndp 4. 4.; BP 10; Pl (SPA); Akte SPA 4253/5, a–b.

Apr 5, 16.00 und 20.00 Uhr. Modenschau »Diana«
V: Rita Rapp, Düsseldorf.
Fand in der Otto Kermbach-Stube statt.
Akte SPA 4242/5.

Apr 8, 20.00 Uhr. Konzert »Leonhard Cohen«
V: Schulte-Bahrenberg.
Et: 6,– bis 20,– DM.
»Das Publikum, das am Sonnabend in den Sportpalast strömte, war in der Tat jung und hatte alle äußeren Attribute einer Pop-Generation vorzuweisen. Man war unter sich und nahm keine Anstoß daran, daß die Verdienenden, die Intellektuellen, die Schüler die teuren Plätze belegt hatten, die Outsider und demonstrativen Undergroundler das Parkett und die Bühne belagerten. Denn das verbindende Markenzeichen war ihre Jugend. Was diese Jugendlichen aber vielleicht noch außerdem miteinander verband, war bis zur Pause nur schwer festzustellen. Cohen, der sich ihrer Sympathie gewiß sein konnte, hatte Mühe, sie zu erreichen und ihre Unruhe zu durchbrechen. Und das zeigte er auch unmißverständlich. Ohne den geringsten Show-Effekt, mit fast schüchternen Bewegungen stand der nicht sehr große Mann, eingehüllt in eine farblose Windjacke, vor den Mikrofonen und brach immer wieder seine Lieder ab, nicht ungeduldig, eher erstaunt, manchmal verwirrt. Zurufe – alles gut gemeinte – beantwortete er kanpp und intelligent. Mädchen und Jungen, die zu ihm auf die Bühne wollten, half er ohne zu zögern, und einen gleich zu Anfang auftauchenden Joint nahm er mit der gleichen Selbstverständlichkeit, um ihn irgendwohin weiterzureichen. Dennoch wollte sich nicht jene Ruhe einstellen, die Cohens Lieder und Texte brauchen. Erst nach der Pause, die Cohen früher ausrief als geplant, brachte man ihm ungeteilte und dankbare Konzentration entgegen, jeden-

659 Programmheft (Chr Mär 2–19); SPA.

660 Plakat (Chr Apr 8); SPA.

falls so weit dies die große, rauchgeschwängerte Halle mit einer recht und schlecht funktionierenden Technik zuließ. [...]« (Ab 10. 4.).
Ab 10. 4.; SVb 11. 4.; BP 10; PI (SPA); Akte SPA 4203/26.

Apr 9, 20.00 Uhr. Pop-Konzert »T-Rex«
Ausgefallen.
BP 10.

Apr 12
13.00 Uhr. Betriebsversammlung
V: Krone GmbH.
Akte SPA 4240/40.
20.00 Uhr. Veranstaltung des Pastors Richard Wurmbrand
V: Hilfsaktion Märtyrer-Kirche e. V., Wetter.
Et: frei.
Rd: Pastor Richard Wurmbrand.
»Gestern gefoltert für Christus / Über 14 Jahre wurde Pastor Richard Wurmbrand für seinen Glauben an Gott gefangen, gemartert und gefoltert. Seine Erlebnisse in dieser Zeit sind so überwältigend, daß sich jeder diesen Vortrag anhören sollte. Kommen Sie!« (Anz., BMp 8. 4.).
Über diese schillernde Figur des Pastors Wurmbrand: *»[...] Noch schwerwiegender allerdings erscheint das, was Krupka in Rumänien über die Person Wurmbrands erfahren haben will: ›Er war vor dem Zweiten Weltkrieg Mitglied der damals in Rumänien illegalen kommunistischen Partei. Als solches hat ihn die Polizei verhaftet und gegen das Versprechen, ihr Spitzeldienste zu leisten, wieder freigelassen. In der Eigenschaft als Spitzel verriet er dann der Polizei 27 Personen. [...] Als nach dem Zweiten Weltkrieg die Kommunisten an die Macht gelangten, seien ihnen die ›Verräterbriefe‹ Wurmbrands in die Hände gefallen. Darauf hätten sie ihn, der inzwischen Christ geworden war, in den Kerker geworfen. Wurmbrand [...] mache nun ›mit seinem Leiden Riesengeschäfte‹, [...]«* (die kirche, 30. 4.).
BMp 8. 4.; die kirche, Berliner Sonntagsblatt, 30. 4.; Akte SPA 4241/35.

Apr 14, 20.00 Uhr. Konzert »The Les Humphries Singers«
V: Funke/Jänicke.
Et: 7,– bis 18,– DM.
»Orkanstürme rasten durch den Sportpalast, Beifall steigerte sich zum dröhnenden Rhythmus – und im Finale gab es rauschende ›Verbrüderung‹ auf dem Podium: Les Humphries und das vollbesetzte Haus intonierten – Arm in Arm – den Topsong ›We are going down Jordan‹. [...]« (ndp 17., 4.).
ndp 17. 4.; BP 11; PI (SPA); Akte SPA 4210/24.

Apr 15. Konzertveranstaltung für türkische Gastarbeiter
Wohl nicht stattgefunden.
LA SPA 3008/4.

Mai 1, 10.30 Uhr. Maifeier des DGB und der DAG
V: DGB, Landesbezirk Berlin.
Rd: Walter Sickert (Vors.).
Motto: *»Für eine bessere Welt – DGB«.*
Mitw.: Elena Cardas, Chor der Europäischen Gemeinschaften (Jean Jakus), Symphonisches Orchester Berlin, u. a.
Die Sendung wurde von der ARD im 1. Programm über den SFB live ausgestrahlt.
»Mit einem Bekenntnis zu Berlin als Hauptstadt aller Deutschen und mit einer Adresse an Willy Brandt als Bundeskanzler leitete der Berliner DGB-Vorsitzende und Präsident des Berliner Abgeordnetenhauses, Walter Sickert, die gemeinsame Mai-Veranstaltung von DGB und DAG im Sportpalast ein. Vor rund 5000 organisierten Berliner Arbeitnehmern richtete Sickert ein Grußwort an die Deutschen in West und Ost, die über Rundfunk und Fernsehen mit dieser Veranstaltung verbunden seien. [...] Wie im vergangenen Jahr, so standen auch bei dieser Mai-Veranstaltung von DGB und DAG Diskussionen um Probleme der Arbeitnehmer im Mittelpunkt. In den Diskussionsgruppen unter Leitung des Fernsehmoderators Alexander von Bentheim bekannten sich Vertreter der Gewerkschaften zur uneingeschränkten Mitbestimmung der arbeitenden Menschen im Produktionsprozeß und zur Gleichberechtigung von Mann und Frau [...]« (ndp 2. 5.).
ndp 2. 5.; Ab 2. 5.; Akte SPA 4230/18.

Mai 6, 20.00 Uhr. Pop-Konzert »Neil Diamond«
Wohl ausgefallen.
BP 13.

Mai 26, 7.00 Uhr. Betriebsversammlung
V: Standard Elektrik Lorenz AG
Akte SPA 4240/41.

Jun 6, 19.30 Uhr. Vortrag »Es gibt Hoffnung für Süchtige«
V: Teen Challenge Berlin e. V.
Et: frei.
Rd: *»Drogenpastor«* David Wilkerson, USA.
Ts 4. 6.; ndp 7. 6.; PI (SPA); Akte SPA 4241/36.

Jun 29–30. »100 Jahre Berliner Kindl Brauerei«
Am 29. um 19.00 Uhr, am 30. um 20.00 Uhr.
V: Berliner Kindl Brauerei AG.
»Zur größten Kneipe Berlins wurde gestern abend der Sportpalast: Die Kindl-Brauerei hatte aus Anlaß ihres 100jährigen Jubiläums ›alle Hähne aufgedreht‹. Reizvolle Dekorationen schufen ein Stück Alt-Berlin mit Kandelabern, Caféterrassen, Dampferanlegestellen und Häuserzeilen mit Interieurs im Stil der Jahrhundertwende. Die Eingangsfront zeigte ein Großpanorama aus dem Jahre 1872 mit Stadtmauer und Wehrtürmen. Die ›heiße Schlacht am kalten Büffet‹ suchte man durch zahlreiche kleine, budenhaft aufgemachte Stände entlang der weiten Wände zu verhindern. Nachdem die 2500 Gäste – unter ihnen Bürgermeister Neubauer, die Fraktionschefs von CDU und FDP, Lummer und Oxfort, sowie CDU-Landesvorsitzender Lorenz und zahlreiche Sportprominenz – die zahlreichen Berliner Spezial-Deftigkeiten erprobt hatten, gab Wolf Gabbe den rhythmischen Auftakt. [...]« (Ab 30. 6).
ndp 28. 6.; Ab 30. 6.; BSt 1. 7.; Akte SPA 4240/42.

Sep 3, 20.00 Uhr. Konzert »Middle of the Road & Love Generation«
V: Jänicke.
Et: 7,– bis 18,– DM.
»Es ist alles ganz anders als sonst bei Pop-Konzerten: Da trifft man plötzlich auf hübsche Mädchen en masse, die Teenies sind in der Überzahl, keiner kifft, die Ränge füllt die saubere Jugend. ›Middle of the Road‹ heißt der Magnet, der gestern abend die Diskotheken leerte und den Sportpalast beherrschte. Während man also auf die Hit-Macher wartet, läßt man geduldig die ›Love-Generation‹ als Vorprogramm über sich ergehen. So richtig lieb und herzig, die drei Mädchen eine Augenweide, so präsentieren sie sich im vertrauten Les-Humphries-Sound, machen auch mal ein bißchen auf Folklore und fordern: ›Sing Hallelujah, wenn die Sonne scheint‹. Shubidubi-sha-la-la, die heile Welt, es gibt sie noch, und dann ist Pause. [...] Nun sind sie also doch gekommen und huldigen der attraktiven Sängerin und ihren drei Begleitern, die sich ›Middle of the Road‹ nennen, [...] Die Band dankt für die Ovationen, leicht überrascht vom eigenen Erfolg, steigt mit ›Jesus Christ Superstar‹ ein und zieht dann ohne Leerlauf ihr Programm durch. Eine perfekte, kommerzielle Bühnen-Show geht über die Bretter, einfache und unkomplizierte Arrangements ersetzen großartiges musikalisches Können. Die Ohrwür-

mer schaffen gute Laune, man klatscht mit und freut sich. [...]« (Ab 4. 9.).
Ab 4. 9.; BMp 5. 9.; BP 25; Akte SPA 4203/30.

Sep 13–30, 20.00 Uhr. Wiener Eisrevue mit »Eiskarussel«
Mittwochs, sonnabends, sonntags auch 15.30 Uhr.
V: SP.
Et: ab 6,– DM.
Gesamtleitung: Dr. Karl Eigel, Bruno Holfeld; künstl. Ltg: Franz Antel; Technische Ltg: Otto Czap; Chrg: Wazlaw Orlikowsky; Mu: Roberto Opratko. Mitw.: Alena Augustova (CS), Herbert Bobek (A), Michele Colberg (B), Emmerich Danzer (A), Hugo Dümler (D), Margaret Godfrey/Alain Herminjard (CH/AUS), Julie Johnson (USA), Albert Kaye, Die Maxwells (AUS), Gaston Schaeffer (CH), Desmond Scott (AUS), Mona und Peter Szabo.
Ts 27. 8.; BP 26; Ph (SPA).

Okt 2, 18.00 Uhr. »Jugend trainiert für Olympia« – Abschlußfeier mit Siegerehrung und Tanz
V: Der Senator für Familie, Jugend und Sport.
Mitw.: RIAS-Tanzorchester, Munich Beafeaters.
BP 28; Ph (SPA); Akte SPA 42303/31.

Okt 6, 20.00 Uhr. Konzert »Ray Charles Show '72«
V: Jänicke.
Et: 8,50 bis 22,– DM.
Mitw.: The Raelets.
»Ray Charles ist der bedeutendste lebende Soul-Sänger; aber er ist selten gut, viel zu oft flapsig-kommerziell. Gestern abend im fast vollen Sportpalast war er beides in angenehmer Synthese. Er hauchte, wimmerte, stöhnte ein ›Yesterday‹ hin, daß der ganze bluesige Süden sich aufblähte wie ein bombastisches Erinnerungssegel aus Soul-Legenden. Er tigerte animalisch vergnügt durch die High-Life-City-Songs seines goldbestückten Repertoires; er parlierte, kicherte, flirtete und – schimpfte vergnüglich in schnuckeliger Entertainer-Pose quer übers Auditorium. Ray fetzte durch ein gewagtes Programm: er sang seinen letzten Hit ›Look What They've Done To My Song, Ma‹ energievoll, mit hochtourigem Fieber, daß einem gar nicht die Zeit blieb zu fragen, ob er nicht vielleicht auch Melanies Song ›zerstört‹ habe. Anschließend schepperte Operetten-Blues: Ray und die Raelettes schmalzten Rudolf Frimis ›Indian Love Call‹ mit (hoffentlich) verschlagener Rührseligkeit und einem steinerweichenden Duett. Zum Schluß fiel Ray als Auftakt seines Finale-Knüllers ›What I'd Say‹ die Mondscheinsonate auf dem elektrischen Piano ein; aber davor leistete er sich noch einen Publikumserfolg, der gar nicht zu ihm paßt: eine Sing-along-Version von John Denvers ›Country Roads, Take Me Home‹. [...]« (Ab 7. 10.).
Ab 7. 10.; SVb 8. 10.; Ts 8. 10.; BP 28; Akte SPA 4201/24.

Okt 12–18. 68. Berliner Sechstagerennen
Beginn 12. 10. um 20.00 Uhr, Start 22.00 Uhr, Ende 18. 10. um 23.00 Uhr.
V: SP (Otto Ziege).
Et: 8,–, 10,–, 6.– bis 22,–, 24,–, 18,– DM (je nach Nacht); nachmittags 3,– DM, erm. 1,– DM.
Musik: Orchester Richard Scharf.
Wertungen: 15.00, 16.30 (je 10 Spurts), 20.30, 22.00 (je 5 Spurts), 2.00, 4.00 Uhr (je 10 Spurts).
Mit »Derny-Rennen« um den »Großen Berliner Kindl-Preis« in jeder Nacht (vgl. 1961 Jan 6–12), Die Jagd um den Sparkassen-Preis, dem »Kleinen Sechstagerennen« der Amateure (s. u.) u. a.

661 Plakat (Chr Okt 21); SPA.

Teiln. (11 Paare): 1. Sercu/Alain van Lancker (B/F), 2. Pfenninger/Spahn (CH), 3. Karstens/Verschueren (NL/B), 4. Gilmore/Gowland (AUS/GB), 5. Fritz/Peffgen (D), 6. Oldenburg/Kemper (D), 7. Stam/Loeveseijn (NL), 8. Wolfgang Schulze/Renz (D), 9. Puschel/Tschan (D), 10. Junkermann/Schneider (D/CH), 11. Pijnen/Duyndam (NL).
Ergebnis: 1. Pijnen/Duyndam 538 Pkte; 2. Schulze/Renz 315; 3. Fritz/Peffgen (1 Rde zurück) 309; 4. Pfenninger/Spahn (5 Rdn zurück) 340; 5. Puschel/Tschan 237; 6. Karstens/Verschueren 218; 7. Sercu/Kemper (6 Rdn zurück) 461; 8. Gilmore/Gowland (36 Rdn zurück) 253.
Zurückgelegte km: 2465,660.
Startschuß: *»Hockey-›Goldjunge‹ Carsten Keller, im gelben Pullover und mit grüner Hose, hatte, brausend begrüßt, Punkt 22 Uhr gemeinsam mt Kindl-Direktor Dr. Jacobsohn die 22 Fahrer aus Sieben Ländern sozusagen im ›Doppelschuß‹ auf die 145-Stunden-Reise [...] geschickt«* (Ab 13.10.).
Vorrennen (Einstunden-Mannschaftsfahren der Amateure, 11 Paare), erstes Rennen der dann täglich um 17.00 Uhr (am 18. um 19.15 Uhr) durchgeführten weiteren Einstundenfahren der Amateure (»Kleines Sechstagerennen«); mit einer Gesamtwertung am 18. 10.: 1. Heinz Feuerbach/Dieter Thurau 114 Pkte; 2. Breur/van Tol (2 Rdn zurück) 55; 3. Peter Vonhof/Bernd Jaroszewicz (5 Rdn zurück) 104; 4. Michael Schumann/Otto Steins (6 Rdn zurück) 99; 5. Dieter Berkmann/Harry Seidel (7 Rdn zurück) 102; 6. Günter Laufer/Roger Poulain (10 Rdn zurück) 21; 7. Roland Weissinger/ Klaus Rauch (24 Rdn zurück) 2.
Ts 8., 10.–19. 10.; BMp 11.–20. 10.; BP 29; Ph (VWA); Pl (SPA); Akte SPA 4030/VIII und 4031/V.

Okt 21, 20.00 Uhr. Konzert »Theodorakis dirigiert Theodorakis«
V: Jänicke.
Et: 7,– bis 18,– DM.
Mitw.: Orchester und Chor Mikis Theodorakis, Maria Farantouri.
»[...] Mikis Theodorakis vertonte seine auf persönliche Erfahrungen beruhenden Gedichte ebenso wie die seines Landsmannes Cambanellis, griechischer Dichter und KZ-Häftling, zu Liederzyklen, die, unter Benutzung folkloristischer Elemente, zu einer neuen Musik Griechenlands wurden. Diese ›Volksmusik‹ wurde von seinen Landsleuten ohne Vorbehalte akzeptiert und begeistert zu der ihrigen gemacht. In der Tat reißt diese Musik mit, animiert das Publikum mitzuklatschen, wenn die herausfordernden Klänge der Busukis mit der dunklen, vollen Stimme Maria Farantouris, einer sehr adäquaten Theodorakis-Interpretin, zu konkurrieren versuchen. Daß Theodorakis seinen Liedern eine deutsche Übersetzung voranstellte, war gut, denn sie konnte den geistigen Standort dieser Musik zeigen. [...]« (Ab 22. 10.).
»[...] Dieser Komponist, der mit den Dirigierbewegungen eines kaum dressierten Bären durch sein Programm und seine Erinnerungen ruderte, hat das Charisma eines singenden Volkstribunen, und seine Vorzugssängerin Maria Farantouri übernimmt mit dunkel hallender Altstimme die Rolle einer Barrikaden-Callas. [...]« (Ts 24. 10.).
Ts 24. 10.; Ab 22. 10.; Pl (SPA); BP 31; Akte SPA 4210/26.

Okt 27, 20.00 Uhr. Konzert »The Dubliners«
V: Huck.
Et: 10,– DM.
»Der Sportpalast glich einem Hexenkessel. Man trampelte, pfiff, johlte und klatschte immer noch, als das Licht im Saal nach der dritten Zugabe demonstrativ erlosch, um den angeheizten Zuschauern zu sagen: ›Geht nach Hause, wir können nicht mehr.‹ Die rasende Begeisterung galt den Dubliners, der fünfköpfigen Folkgruppe aus der Republik Irland, die mittlerweile in Berlin eine recht beachtliche Anhängerschaft besitzt. Das Repertoire von Luke Kelly, Ronnie Drew, Barney McKenna, Ciarow Bourke und John Sheahan – allesamt sympathische, rauschbärtige Frohnaturen – umfaßt die schönsten und musikalisch reizvollsten Folksongs ihrer Heimat: Balladen, Rebellenlieder, Säuferhistörchen, makabre Love-Storys. Jeder der fünf beherrscht

ein oder mehrere Instrumente virtuos, darunter Banjo, Gitarre, Flöte, Mundharmonika, Mandoline, Geige. Fast jeder im Saal schien die deftigen, mitreißenden Lieder zu kennen. Ein paar Takte genügten, und das Publikum ›stieg ein‹. Im Nu war die Stimmung auf dem Höhepunkt, nicht zuletzt hochgepeitscht durch Zwischenrufe politischer Natur. (Schon am Eingang wurden Flugblätter verteilt mit der Aufschrift: Unterstützt den Kampf des irischen Volkes. Solidarität ist eine Waffe.) [...]« (BMp 29. 10.).
Ts 29. 10.; BMp 29. 10.; BP 31; Pl (SPA); Akte SPA 4210/27.

Okt 28, 20.00 Uhr. Konzert »Original Hoch- und Deutschmeister-Kapelle Wien«
V: Collien.
Et: 5,– bis 12,– DM.
»Ein klingender Gruß aus Österreich! Ein mitreißendes Programm der schönsten Wiener Melodien, Walzer und Märsche. Verbindende Worte: Oskar Schloupek« (Pl).
Ltg: Julius Herrmann.
SVb 31. 10.; BMp 31. 10.; BP 31; Pl (SPA); Akte SPA 4210/28, a–b.

Nov 1, 20.00 Uhr. Jazz-Konzert »London Music Now«
Im Rahmen der Berliner Jazztage (1.–5. 11.).
Mitw.: The London Jazz Composers Orchestra (Ltg: Barry Guy; Solisten: Harry Becket, Kenny Wheeler, Mark Charig, Mike Gibbs, Elton Dean, Mike Osborne, Bob Downes u. a.), Tony Oxley Sextett, Iskra 1903 (Paul Rutherford), Derek Bailey, Evan Parker-Paul Lytton Duo, Howard Riley Trio.
Ts 3. 11.; BP 31.

Nov 3, 20.00 Uhr. Jazz-Konzert »Norman Granz' Jazz at the Philharmonic«
V: Jänicke.
Et: 8,– bis 12,– DM.
Mitw.: Oscar Peterson (p) Benny Carter (as), Roy Eldridge (tp), Louis Bellson (dm), Eddie Lockjaw Davis (ts), Al Grey (tb), N. H. Örsted-Petersen (b).

662 Plakat (Chr Okt 27); SPA.

»[...] Der erste Teil des Abends gehörte Oscar Peterson allein, dessen sagenhafte Technik und unerhörten Drive man bestaunt, allerdings nur die eingefleischten Peterson-Fans vom Sitz reißt. Richtig aus dem Häuschen gerieten die immerhin in beachtlicher Anzahl erschienenen Zuhörer – der Sportpalast war gut halb voll – erst nach der Pause, als die ›Verstärkung‹ loslegte. Die durchweg hervorragenden JATP-Solisten ließen jazzige Evergreens mit unerhörtem Einsatz und echtem Spaß am Zusammenspiel wiederauferstehen. Das ging sofort ins Ohr und versetzte das Publikum im Nu in beste Laune. [...] « (BMp 5. 11.).
Ts 5. 11.; SVb 5. 11.; BMp 5. 11.; BP 31; Pl (SPA); Akte SPA 4201/25.

Nov 4, 20.00 Uhr. Konzert »Gute Freunde musizieren für Berlin«
V: GdP.
Et: 4,50 DM.
Mitw.: The 298th US Army Band, The Band of the 1st Battalion, The 22nd (Chesire) Regiment, La Musique du 46ème Regiment d'Infanterie, Das Musikkorps der Schutzpolizei Hamburg, Das Musikkorps der Schutzpolizei Berlin.
BP 31; Pl (SPA); Akte SPA 4231/15.

Nov 9, 19.30 Uhr. Eishockey
V: BSchC.
Et: 5,– bis 10,– DM.
Rückspiel Nov 11.
HC Gardena A & O(I): Moritz Peristi, Richard Malsinger (Tor); Luci Brugnoli, Rudi Pescosta, Herbert Frisch, Ulrich Kostner, Georg Demetz (Vert.); Adolf Überbacher, Adolf Insam, Georg Goller (Sturm A); Guido Paur, Fabricio Kaslatter, Norbert Goller (Sturm B); Gottfried Kaslatter, Egar Glenn, Enouy David (Sturm C).
BSchC: Franz Funk, Horst Grudde (Tor); Hannu Koivunen, Heinz Bader, Manfred Müller, Hasse Andersson, Sven-Erik Brännström (Vert.); Karel Slanina, Lorenz Funk, Jan-Ake Stillmann (Sturm A); Bengt Rosenström, K.-G. Richter, Manfred Hüttmann (Sturm B); Ferenc Vozar, Tibor Vozar, Franz Rada (Sturm C).
BSchC – HC Gardena A & O 11: 4 (4:0, 5:1, 2:3; Freundschaftsspiel).
BMp 9.–10. 11.; Ph (SPA); Akte SPA 4121/2–3.

Nov 10, 6.30 Uhr. Betriebsversammlung
V: Standard Elektrik Lorenz AG.
Akte SPA 4240/43.

Nov 11, 19.30 Uhr. Eishockey
Vgl. Nov. 9.
Et: 4,– DM.
BSchC – HC Gardena A & O 17:0 (2:0, 7:0, 8:0).
BMp 10., 12. 11.

Nov 14, 19.30 Uhr. Eishockey
V: BSchC.
Et: 5,– bis 16,– DM.
VfL Bad Nauheim: Sture Leksell, Dieter Jehnen (Tor); Helmut Keller, Paul Langner (Vert. A); Georg Hamberger, Jürgen Michel (Vert. B); Thomas Feuerbach, Dieter Ruppel (Vert. C); Rainer Philipp, Hartmut Keßler, Rolf Knies (Sturm A); Horst Philipp, Werner Bachmann, Klaus Retzer (Sturm B); Nils Bredberg, Miroslaw Slezak, Werner Kadow (Sturm C); Hartmut Seelus (Ersatz).
BSchC: Franz Funk, Horst Grudde (Tor); Hannu Koivunen, Heinz Bader (Vert. A); Manfred Müller, Hasse Andersson (Vert. B); Sven-Erik Brännström, Klaus Lamm (Vert. C); Karel Slanina, Lorenz Funk, Jan-Ake Stillmann (Sturm A); Bengt Rosenström, Karl-Gustav Richter, Manfred Hüttmann (Sturm B); Ferenc Vozar, Tibor Vozar, Franz Rada (Sturm C); Dusan Slanina, Christer Brandt (Ersatz).
BSchC – VfL Bad Nauheim 5:5 (1:2, 3:1, 1:2; Bundesliga).
Ts 14.–15. 11.; BP 32; Ph, Pl (SPA).

663 Plakat (Chr Nov 3); SPA.

Nov 16, 20.00 Uhr. Konzert »Ravi Shankar und Alla Rakha«
V: Stimmen der Welt Concerts.
Et: 6,– bis 18,– DM.
»Ravi Shankar, der ›Großmeister indischer Musik‹, wie er im Programmheft ausgerufen wird, hatte just im Berliner Sportpalast seine vorletzte Station einer ausgiebigen Konzerttournee erreicht. Und es ist zu vermuten, die tristeste. Denn was dieser Palast an Manager-Kälte aufzubieten hatte, damit prunkte und protzte er. Ob es die grimmen Gesichter der Kartenabreißer waren oder die teilnahmslosen der Kartenverkäufer, die trotzig dreinblickenden der Polizisten oder die der Herren, die den Shankar-Fan zu den Plätzen führen sollten, wer von der regennassen Straße kam, er konnte eines frostigen Empfanges sicher sein. Wahrhaft skandalös war schließlich nicht nur die Umzäunung des Podiums mit Hamburger Reitern, sondern auch auch die Werbespotreklame, die mit neuesten Autotips und dem optischen Schund, den Provinzgrafiker sich ausdenken, eine der interessantesten Begegnungen mit Ravi Shankar einläuteten. [...] Ravi Shankar führte eine improvisatorische Meisterschaft vor an diesem Abend, ein Vermögen der konzentrierten Ausarbeitung der zugrundeliegenden Ragas, die immer wieder faszinierte. [...]« (Ts 18. 11.).
Ts 18. 11.; BP 32; Ph (SPA).

Nov 18, 18.00 Uhr. Kundgebung
V: SPD, Landesverband Berlin.
Et: 1,50 DM.
Abschlußkundgebung des Wahlkampfes zur Wahl des Bundestages am 19. 11.
Rd: Willy Brandt (Bundeskanzler), Klaus Schütz (Regierender Bürgermeister).

»Nachdem sowohl [...] Klaus Schütz, als auch zunächst [...] Brandt starken Beifall von den Besuchern der Wahlveranstaltung erhielten, setzten kurz danach Sprechchöre ein, die die Rede des Kanzlers unterbrachen. In den Kurven des Sportpalastes hatten sich trotz strenger Kontrollen offensichtlich Anhänger linksradikaler Gruppen zusammengefunden, die vor dem Sportpalast Flugblätter verteilt hatten. Als verantwortlich hatten sich ein ›Kommunistischer Bund West-Berlin‹ bezeichnet. [...] Brandt, der bei dem weitaus überwiegenden Teil der Kundgebungsteilnehmer auf großen Beifall stieß, wurde im Verlauf seiner Rede noch mehrmals von Störern unterbrochen. Ordner griffen ein. Dabei kam es zu vereinzelten Prügeleien. [...]« (SVb 19. 11.).
SVb 19. 11.; BMp 19. 11.; Akte SPA 4232/11.

Nov 19, 15.00 Uhr. Eishockey
V: BSchC.
Et: 5,– bis 16,– DM.
EV Rosenheim: Georg Pauliner, Peter Fuchs (Tor); Ingo Heidrich, Ernst Geratschläger (Vert. A); Hans Huber, Lothar Mehlhart (Vert. B); Peter Pöttinger, Manfred Kastner, William Margetts (Sturm A); Gerhard Baldauf, Cal Russel, Eduard Derkits (Sturm B); Alfons Gurdschik, Gerhard Graf, Josef Kink (Sturm C); Gerd Hofstetter (Ersatz).
BSchC: wie Nov 14.
BSchC – EV Rosenheim 4:2 (1:1, 2:0, 1:1; Bundesliga).
Ts 19., 21. 11.; BP 32; Ph, Pl (SPA).

Nov 20–21, 20.00 Uhr. »Omsker Volkschor«
V: SP/Matzelt.
Et: 6,– bis 18,– DM.
»Sibirien lacht, singt, tanzt«, »über 100 Mitwirkende«.
Ts 5., 22. 11.; BP 32f.; Pl (SPA); Akte SPA 4253/6.

Nov 22, 15.00 Uhr. Eishockey
Wohl ausgefallen.
BP 33.

Nov 25, 20.00 Uhr. Bunte Veranstaltung »Rätsel-Show '72«
V: Burda-Verlag.
Et: 6,– bis 16,– DM.
»Chris Roberts / Tony Marshall / Ramona / Cindy & Bert / Costa Cordalis / und als Moderator / Lou van Burg / in der Rätsel Show 72 / Es spielt das Orchester Teddy Stauber« (Anz., Ts 17. 11.).
Ts 17. 11.; BP 33; Ph, Pl (SPA); Akte SPA 4220/20.

Dez 1, 19.30 Uhr. Eishockey
V: BSchC.
Et: 5,– bis 16,– DM.
EV Landshut: Huber, Schneidermeier (Tor); Bachl, Auhuber, Eibl, Banholzer (Vert.); Hejtmanek, Schloder, Oberpriller, Glaser, Kühnhackl, Wünsch, Krebs, J. Vogel, Ch. Vogel, Harpaintner, Karsinski, Siegmund, Setzer (Sturm).
BSchC: Franz Funk, Horst Grudde (Tor); Hannu Koivunen, Sven-Erik Brännström, Hasse Andersson, Klaus Lamm (Vert.); Karel Slanina, Lorenz Funk, Dusan Slanina, Bengt Rosenström, Karl-Gustav Richter, Manfred Hüttmann, Jan-Ake Stillmann, Kai Nilsson, Ferenc Vozar, Tibor Vozar, Franz Rada, Christer Brandt (Sturm).
EV Landshut – BSchC 6:3 (1:0, 2:0, 3:3; Bundesliga).
Ts 1.–2. 12.; BP 34; Ph, Pl (SPA).

Dez 5–9, 20.00 Uhr. Eisrevue »Im Weißen Rößl auf Eis«
Mittwochs, donnerstags, sonnabends auch 16.00 Uhr.
V: Deutsches Eistheater Berlin GmbH.
Et: 8,– bis 18,– DM.
Forts. Dez 11–16.
Künstl. Ltg: Hans-Jürgen Bäumler; R: Horst Hennicke; Chgr: Reg Park; Musik. Arrangements und Neukompositionen: Erwin Halletz; Mitw.: Hans-Jürgen Bäumler, Marei Langenbein, Manfred Schnelldorfer – *»Internationale Solisten aus 11 Ländern, das große Eistheater-Ballett und ›Da Gamsei‹ mit seinen Schuhplattler-Buam«.*
Ts 24. 11.; Ab 6. 12.; SVb 7. 12.; BP 35; Ph (SPA); Akte SPA 4221/4, a–d.

Dez 10, 15.00 Uhr. Eishockey
V: BSchC.
Et: 5,– bis 16,– DM.
SC Riessersee: Georg Biehler, Peter Wahl (Tor); Josef Ondrasina, Udo Kießling, Hubert Wörmann, Ignaz Berndan-

664 »Omsker Volkschor« (Chr Nov 20–21).

ner (Vert.); Günter Loher, Hans Zach, Martin Hinterstocker, Helmut Dengler, Anton Hofherr (gesperrt), Franz Reindl, Franz Hofherr, Martin Wild, Hans Scherer, Matthias Maurer, Rudi Stark, Ludwig Ortner, Johann Oswald (Sturm und Ersatz).
BSchC: wie Dez 1.
SC Riessersee – BSchC 4:3 (1:2, 2:0, 1:1; Bundesliga).
Ts 10., 12. 12.; BP 34; Ph, Pl (SPA); Akte SPA 4121/2.

Dez 11–16. Eisrevue »Im Weißen Rößl auf Eis«
Forts. von Dez 5–9.

Dez 17, 15.30 Uhr. Eishockey
V: BSchC.
Et: 5,– bis 16,– DM.
Düsseldorfer EG: Makatsch, Fleischer (Tor); Schneitberger, Kadow, Neupert, Weide, Schwer (Vert.); Hejma, Reif, Vacatko, Pohl, Stadler, Agar, Boos, Müller, Volland, Zeidler (Sturm).
BSchC: wie Dez 1, aber mit Heinz Bader (Vert.).
BSchC – Düsseldorfer EG 3:3 (1:2, 1:1, 1:0; Bundesliga).
Ts 17., 19. 12; BP 35; Ph, Pl (SPA); Akte SPA 4121/2.

Dez 22, 19.30 Uhr. Eishockey
V: BSchC.
Et: 5,– bis 16,– DM.
VfL Bad Nauheim: Sture Leksell, Dieter Jehner (Tor); Helmut Keller, Paul Langner, Georg Hamberger, Dieter Ruppel, Thomas Feuerbach, Jürgen Michel (Vert.); Rainer Philipp, Hartmut Keßler, Rolf Knies, Horst Philipp, Werner Bachmann, Klaus Retzer, Nils Bredberg, Miroslaw Slezak, Werner Kadow, Hartmut Seelus (Sturm).
BschC: wie Dez 1, aber mit Heinz Bader und Manfred Müller (Vert.).
VfL Bad Nauheim – BSchC 5:4 (2:3, 3:1, 0:0; Bundesliga).
Ts 22.–23. 12.; BP 36; Ph, Pl (SPA); Akte SPA 4121/2.

Dez 28, 19.30 Uhr. Eishockey
V: BSchC.
Et: 5,– bis 16,– DM.
EV Rosenheim: Georg Pauliner, Peter Fuchs (Tor); Ingo Heidrich, Ernst Geratschläger, Hans Huber, Lothar Mehlhart (Vert.); Peter Pöttinger, Manfred Kastner, William Margetts, Gerhard Baldauf, Cal Russel, Eduard Derkits, Alfons Gurdschik, Gerhard Graf, Josef Kink, Gerd Hofstetter (Sturm).
BSchC: wie Dez 22, ohne Bengt Rosenström (Sturm).
BSchC – EV Rosenheim 9:1 (5:0, 2:0, 2:1; Bundesliga).
Ts 28.–29. 12.; BP 36; Ph, Pl (SPA); Akte SPA 4121/2.

1973

Jan 1, 17.00 Uhr. Handball »Internationales Turnier«
V: HVB.
Et: 2,– bis 10,– DM.
Berlin: Peter Schäfer (BSV 92), Horst Rampp (Rein. Füchse), Jürgen Betsch (PSV), Klaus-Dieter Standtke (BSV 92) (Tor); Sigmar Artelt, D. Finkelmann, Klaus-Dieter Guse, Lutz Loewke, Christian Heß (alle Rein. Füchse), Wolfgang Bahlburg, Helmut Geilsdorf (beide BSV 92), Helmut Böhm (TSV Tempelhof-Mariendorf), Lutz Dommaschke, Wolfgang Elske, Norbert Napierski (alle TuS Neukölln), Bernd Woldt (PSV) (Feld).
Paris: Jacques Perrin, Michel Bonfils, Patrick Delautre, Christian Lelarge, Roland Oreve, Patrice Gaudrin, Jean Pierre Vogt, Michel Lloret, Alain Nicaise, Serge Floirat, Bernard Rignac, Bernard Virole.

665 Plakat (Chr Jan 16); SPA.

Steaua Bukarest (RO): Alexandru Dinca, Stefan Orban, Nicolae Munteanu (Tor); Gheorghe Gruia, Cristian Gatu, Gheorghe Goran, Gabriel Chicid, Ion Popescu, Mihai Marinescu, Stefan Birtalan, Vasile Capra, Dieter Christiani, Teodor Coasa, Cezar Draganita, Werner Stöckl (Feld).
Wien: Hans Konrad, Heinz Suchan (Tor); Roman Kiss, Bernhard Haas, Herbert Paultraxl, Johann Trnka, Anton Trnka, Kurt Grasinger, Walter Blöch, Werner Lichtscheidl, Willi Juranitsch, Karl Konrad, Thomas Frank, Alfred Niglas (Feld).
Je Spiel 2 x 15 Min.
1. Paris – Berlin 8:7 (3:4); 2. Bukarest – Wien 16:6 (7:3); 3. Berlin – Wien 18:5 (9:2); 4. Bukarest – Paris 18:10 (11:3); 5. Paris – Wien 7:6 (4:4); 6. Bukarest – Belrin 13:11 (7:7).
Gesamtergebnis: 1. Bukarest (6:0 Pkte), 2. Paris (4:2), 3. Berlin (2:4), 4. Wien (0:6).
Ts 3. 1.; BP 1; Ph, Pl (SPA); Akte SPA 4140/6.

Jan 7, 15.00 Uhr. Eishockey
V: BSchC.
Et: 5,– bis 16,– DM.
ESV Kaufbeuren: Weißhaupt, Pichl (Tor); Schmid, Holger Ustorf, Peter Ustorf, Lutzenberger (Vert.); Scholz, Seip, Schuster, Uhrle, Metz, Klöbel, Meiner, Stenger, Hadrascheck (Sturm).
BSchC: wie 1972 Dez 28, ohne Christer Brandt (Sturm).
BSchC – ESV Kaufbeuren 8:3 (3:2, 1:1, 4:0; Bundesliga).
Ts 9. 1.; BP 1; Ph, Pl (SPA); Akte SPA 4121/2.

Jan 16, 20.00 Uhr. Konzert »Deep Purple – Live in Germany!«
V: Jänicke.
Et: 10,– bis 15,– DM.
»[...] das war das beste Pop-Konzert, das seit langem in unserer Stadt gegeben wurde. Die britische Band mit Ian Gillan (Vocals), Jon Lord (Organ), Ritchie Blackmore (Lead Guitar), Roger Glover (Baß) und Ian Paice (Drums) war Klassen besser als auf ihrem Live-Album ›Made in Japan‹, das im letzten Sommer in Tokio und Osaka aufgenommen wurde. Sie steigerte sich von Nummer zu Nummer, trieb sich voran zu immer besseren und raffinierteren Improvisationen, wurde von dem eigenen Spiel mitgerissen. Der Spaß und die Freude an der Musik ging über ins Publikum. Es waren keine Ekstasen, in die ›Deep Purple‹ und ihre Zuhörer gerieten, es ging um die Ausformung der musikalischen Möglichkeiten der Gruppe, das Spiel konnte dabei nicht unkontrolliert sein und blieb immer in dem Rahmen, den sich die Gruppe gegeben hat: eine neue Qualität der Rockmusik zu finden, die sich nicht mit der Klassik verbindet, wohl aber symphonischen Charakter gewinnt und auf jazzhafte Weise den Musikern Spielraum und Entfaltung offenläßt« (Wh 18. 1.).
Ab 17. 1.; BMp 18. 1.; Wh 18. 1.; BP 2; Pl (SPA); Akte SPA 4203/32.

Jan 21, 15.00 Uhr. Eishockey
V: BSchC.
Et: 5,– bis 16,– DM.
EV Landshut: Huber, Schneidermeier (Tor); Bachl, Auhuber, Eibel, Harpaintner (Vert.); Hejtmanek, Schloder, Oberpriller, Glaser, Kühnhackl, Wünsch, Krebs, J. Vogel, Ch. Vogel, Banholzer, Karsinski, Siegmund, Setzer (Sturm).
BSchC: Franz Funk, Horst Grudde (Tor); Hannu Koivunen, Heinz Bader, Manfred Hüttmann, Sven-Erik Brännström, Hasse Andersson, Klaus Lamm (Vert.); Kai Nilsson, Lorenz Funk, Karel Slanina, Tibor Vozar, Ferenc Vozar, Dusan Slanina, Karl-Gustav Richter, Jan-Ake Stillmann, Manfred Müller, Franz Rada (Sturm).
BSchC – EV Landshut 1:1 (0:0, 0:0, 1:1; Bundesliga).
Ts 21., 23.1; BP 3; Ph, Pl (SPA); Akte SPA 4121/2.

Jan 28, 15.00 Uhr. Eishockey
V: BSchC.
Et: 5,– bis 16,– DM.

Die letzte Runde im
SPORTPALAST
Freitag
9.
Februar
20 Uhr
BOX-
STÄDTEKAMPF
BERLIN-ANKARA
Odtü spor Kulübü 1962
In der Pause:
Vorstellung der alten Meister
der Profis und Amateure
Vorverkauf an den bekannten Vorverkaufsstellen · Veranstalter: Berliner Box-Verband e. V. · Eintrittspreise: ab DM 4,–

666 Plakat (Chr Feb 9); SPA.

Düsseldorfer EG: Fleischer, Rennhack (Tor); Schneitberger, Kadow, Neupert, Weide (Vert.); Hejma, Vacatko, Stadler, Boos, Reif, Agar, Pohl, Müller, Köberle, Zeidler, Volland (Sturm).
BSchC: wie Jan 21.
BSchC – Düsseldorfer EG 6:2 (0:1, 2:0, 4:1; Bundesliga).
Ts 28., 30. 1.; BP 3; Ph, Pl (SPA); Akte SPA 4121/2.

Jan 31, 20.00 Uhr. Konzert »Roberta Flack in Concert«
V: Hoffmeister/Adler.
Stattgefunden?
Pl (SPA).

Feb 3, 18.00 Uhr. Eishockey
V: BSchC.
Et: 3,– DM, erm. 1,50 DM.
SC Riessersee – BSchC 7:5 (Alt-Herren-Freundschaftsspiel).
Ts 2.–4. 2.; Pl (SPA).

Feb 4, 15.00 Uhr. Eishockey
V: BSchC.
Et: 5,– bis 16,– DM.
BSchC – SC Riessersee 4:4 (1:1, 2:2, 1:1; Bundesliga).
Ts 4., 6. 2.; Pl (SPA).

Feb 7, 20.00 Uhr. Konzert »Uriah Heep in Concert«
V: Mama Concerts/Schulte-Bahrenberg.
Et: 11,– DM.
»Die Jung-Fans drängelten sich vor der Bühne [...] beim Konzert der Briten-Band Uriah Heep, kannte ihr Anbetungs-Eifer keine Grenzen. Die Gruppe war um den Grippekranken Gitarristen Mick Box reduziert, doch das tat der Stimmung keinen Abbruch, [...] Wie dem auch sei – Uriah Heep versetzte die Zuhörer in fiebrige Verzückung. Die vier Musiker beherrschen perfekt ein simples Muster: über einer wie eine Maschine funktionierenden Rhythmus-Sektion mit ihrer unablässig und auch unerbittlich treibenden Rock-Grundierung erheben sich die markerschütternden Falsett-Schreie des Sängers David Byron oder das Pfeifen und Knarren von Ken Hensleys Synthesizer. Das ist Hard-Rock, klischeehaft, austauschbar, unindividuell und kompromißbereit dem breiten Geschmack verfügbar gemacht. Das Debüt einer Berliner Gruppe in größerem Rahmen war im Vorprogramm zu besichtigen: Karthago verbuchte einen außergewöhnlichen Publikumserfolg mit stampfendem Rock. Besonders reizvoll im Karthago-Repertoire war ›Stormy Monday‹, ein Blues, in dem Joey Albrecht mit einfühlsamen Gitarrensoli glänzte« (Ts 9. 2.).
Ts 9. 2.; Ab 8. 2.; BP 4; Pl (SPA); Akte SPA 4203/34.

Feb 9, 20.00 Uhr. Amateur-Boxen »Berlin – Ankara«
V: BBV.
Et: ab 4,– DM.
»Die letzte Runde im Sportpalast«; letzte Boxsportveranstaltung vor dem Abriß.
Flg: Arif Dogru (Ankara) besiegt Waldemar Stephani.
Bg: Caner Doganeli (Ankara) besiegt Gerd Schubert.
Fdg: Engin Yadigar besiegt Ayhan Kodak (Ankara).
Lg: Habib Yalcin (Ankara) besiegt Peter Henatsch.
Hwg: Eraslan Doruk (Ankara) besiegt Bernd Jacobitz.
Wg: Hakki Sözen (Ankara) besiegt Theo Rygiel.
Hmg: Gunnar Münchow besiegt Soner Önal (Ankara) durch Abbruch (1. Rde).
Mg: Nazif Kuran (Ankara) besiegt Manfred Werner.
Hsg: Erich Klemke besiegt Ali Riza Uysal (Ankara).
Sg: Hartmut Sasse besiegt Gülali Özbei (Ankara) durch Aufgabe (2. Rde).
Ankara – Berlin 12:8.
Ts 9.–11. 2.; BMp 9.–11. 2.; BP 4; Ph, Pl (SPA); Akte SPA 4133/40.

Feb 13, 20.00 Uhr. Konzert »T-Rex – Bolan Boogie«
V: Schulte-Bahrenberg.
Et: 13,– DM.
»[...] Viele von denen, die hier zum Marsch ins Kreuzberger Amüsier-Etablissement aufgefordert waren, wurden um halb elf von Mammi und Pappi ans Händchen genommen und nach Hause ins Bettchen geschafft. Eineinhalb Stunden lang waren sie selig und hatten sich für ein Eintrittsgeld von 13 DM die englische Popgruppe T. Rex angehört und angesehen – und sind dabei ganz schön verladen worden. Denn was die Musiker um den schon etwas angefetteten Pop-Beau und Teenager-Schwarm Marc Bolan da abzogen, war eigentlich recht mies und penetrant. Bolan lieferte eine Show der eingeübten Ekstasen und machte sich noch nicht einmal die Mühe, die vorgetäuschte Spontanität exact zu spielen. [...] Es kam einem so vor, als machte sich Bolan in seinem Berliner Konzert ein bißchen lustig über die Kleinen im Sportpalast-Rund, die aus dem Häuschen geraten waren, als sie ihres Idols ansichtig wurden. Bolan verbreitete kräftigen Gitarrenlärm, der, um dem Auftritt eine Note des Unheimlichen zu geben, von den Tonmeistern in Stereo-Manier wie ein Ping-Pong-Ball durch die Halle gejagt wurde. [...]« (Ts 15. 2.).
Ts 15. 2.; Ab 14. 2.; BP 5; Pl (SPA); Akte SPA 4203/35.

Feb 16, 19.30 Uhr. Eishockey
V: BSchC.
Et: 5,– bis 16,– DM.
EC Bad Tölz: Klett, Suttner (Tor); Riedmeier, Feyerabend, Schichtl, Kretschmer, Eberhard, Scharf (Vert.); Sepp Adlmaier, Eimannsberger, Leitner, Ernst Adlmaier, Steinberger, Müller, Heigl, Gerg, Janka, Meister (Sturm).
BSchC: wie Jan 28, aber mit Manfred Müller (Vert.).
BSchC – EC Bad Tölz 5:1 (1:0, 2:0, 2:1; Bundesliga).
Ts 15., 17. 2.; BP 5; Ph, Pl (SPA); Akte 4121/2.

Feb 20, 20.00 Uhr. Konzert »Middle of the Road – Mouth & MacNeal«
V: Jänicke.
Et: 7,– bis 18,– DM.
»Kinderpop im Sportpalast / Ganz zugeschnitten auf das 13 bis 18jährige Publikum war das Konzert von ›Middle of

667 Plakat (Chr Feb 13); SPA.

668 Plakat (Chr Feb 20); SPA.

the Road‹ am Dienstagabend im Sportpalast. Die Musikproduzenten glauben in diesen Altersschichten einen Kunden gefunden zu haben, der es nicht gewöhnt ist, hohe Ansprüche an die Gruppen zu stellen. Und so zeichneten sich die Titel von ›Middle of the Road‹ durch Abgeschmacktheiten, allenfalls durch Harmlosigkeit aus, was sowohl auf die Musik als auch auf die Texte zutraf. Die Sängerin der Gruppe, von Natur aus schon mit einer brüchigen Stimme begabt, war beim Konzert auch noch erkältet. Aber daß sie dennoch auftrat, gehört wohl zur Praxis des Schlagergeschäfts« (Wh 22. 2.).
BMp 22. 2.; Wh 22. 2.; Welt 22. 2.; BP 5; PL (SPA); Akte SPA 4203/36.

Feb 22, 20.00 Uhr. Konzert »Emerson, Lake & Palmer«
Ausgefallen.
BP 6; Akte SPA 4204/25.

Feb 25, 15.00 Uhr. Eishockey
V: BSchC.
Et: 5,– bis 16,– DM.
Augsburger EV: Merkle, Neumann (Tor); Sommer, Wittmann, Forster, Kink (Vert.); Mangold, Köpf, Bless, Zerres, Myers, Bastl, Reimer, Mauer, Rosenberg, Bauer (?) (Sturm).
BSchC: wie Feb 16.
BSchC – Augsburger EV 9:1 (5:0, 3:1, 1:0; Bundesliga).
Ts 27. 2.; BP 6; Ph, Pl (SPA); Akte SPA 4121/2.

Mär 2, 19.30 Uhr. Eishockey
V: BSchC.
Et: 5,– bis 16,– DM.
Krefelder EV: Jennen, Hotstegs (Tor); Koukal, Metz, Faltermeier, Hackström, Zrenner, Weithus (Vert.); Schaub, Kremershof, Ludwig, Feyen, Albrecht, Olafsson, R. Schmidla, Rennen, K. Schmidla, Wyus (Sturm).
BSchC: Franz Funk (Tor); Hannu Koivunen, Heinz Bader, Manfred Hüttmann, Sven-Erik Brännström, Klaus Lamm (Vert.); Kai Nilsson, Lorenz Funk, Karl-Gustav Richter, Karel Slanina, Tibor Vozar, Ferenc Vozar, Dusan Slanina, Manfred Müller, Jan-Ake Stillmann (Sturm).
BSchC – Krefelder EV 3:3 (0:1, 2:2, 1:0; Bundesliga).
Ts 1., 3. 3.; BP 7; Ph, Pl (SPA); Akte SPA 4121/2.

Mär 4, 20.00 Uhr. Konzert »The Dubliners in Concert«
V: Jahnke/Adler.
Et: 10,– DM.
»Während James Brown die Pop-Fans und ›Tatort‹ die Pantoffel-Cineasten zu Hause fesselten, geriet der Sportpalast fast aus den Fugen. Fünf bärtige Iren in den besten Jahren hatten das geschafft. [...] Die irischen Balladen, Rebellensongs, die Whiskylieder und Folksongs gehen sofort ins Blut, animieren zum Mitklatschen und Mitsingen, und das wollen die ›Dubliners‹. Sie heizen die Stimmung an, beziehen das Publikum unmittelbar ein in das Geschehen. [...] Wenn sich dann zum Schluß die fünf, einer musikalischen Laokoongruppe gleich, ineinander verschlingen und gleichzeitig das eigene und das Instrument des anderen zum Klingen bringen, dann gleicht der Saal einem Hexenkessel« (BMp 6. 3.).
BMp 6. 3.; Pl (SPA); Akte SPA 4210/30.

Mär 6, 19.30 Uhr. Eishockey
V: BSchC.
Et: 5,– bis 16,– DM.
Letztes Eishockeyspiel im Sportpalast vor dem Abriß.
EV Füssen: Anton Kehle, Werner Sänger (Tor); Josef Völk, Leonhard Waitl, Rudolf Thanner, K.-H. Ruban, Peter Schwimmbeck, Schneider (Vert.); H. Stohwasser, Bernd Kuhn, Bruno Frenzel, K.-H. Egger, Horst Meindl, Werner Modes, P. Neumann, H. Weissenbach, Michael Wanner (Sturm).
BSchC: wie Mär 2.
BSchC – EV Füssen 9:3 (1:0, 3:2, 5:1; Bundesliga).
Ts 6.–7. 3.; BP 7; Ph (SPA); Akte SPA 4121/2.

Mär 13, 19.30 Uhr. Konzert »s-f-beat – Non Stop Rock Pop«
V: s-f-beat.
Et: 5,– DM.
s-f-beat *»zum 1500. Male«.*

669 Plakat (Chr Mär 4); SPA.

Mitw.: Scare Crew; Mitglieder von Help Yourself, Flying Aces, Man.
»[...] Es wurde ziemlich voll [...] Man begann mit einer Berliner Gruppe, Scare Crew, und mit einem Debakel. Denn was die lokalen Musiker da als psychedelische Klang-Show anboten, war entnervend dilettantisch. Buh-Rufe hatten wenig Erfolg, die läppische Horror-Show wurde mit missionarischem Trotz bis zur Halbzeit des Programms durchgezogen. Was dann kam, war nicht viel besser: einige Musiker, unter ihnen etliche aus der Gruppe Man, ließen krachlederne Pop-Stücke ab, klopften die üblichen Akkordfolgen herunter, und das Publikum begann abzuwandern. [...]« (Ts 15. 3.).
Ts 15. 3.; BMp 15. 3.; SVb 18. 3.; BP 8; Pl (SPA); Akte SPA 4203/37.

Mär 14, 8.30 – 11.30 und 13.30 – 16.30 Uhr. Personalversammlung
V: BVG.
Rd: Kurt Neubauer (Bürgermeister), Harro Sachse (1. Vors. des Gesamtpersonalrats), Heinz Striek (Senator für Finanzen).
SVb 13. 3.; Wh 22. 3.; Akte SPA 4240/44.

Mär 15, 20.00 Uhr. Jazz-Konzert »Chris Barber's Jazz & Blues Band« und »Mr. Acker Bilk's Paramount Jazzband« – »Good Bye Sportpalast«
V: Jänicke.
Et: 7,– bis 18,– DM.
»[...] Für die meisten, die zum Abschiedskonzert kamen, gibt es Jazz im Sportpalast, seit sie denken können. Neben Eisläufern, Boxern, Catchern, Pop-Stars, Sechs-Tage-Rennen, sowie – last not least – jenen Leuten, an die wir Älteren uns noch mit Schaudern erinnern, sind hier, vielleicht mit Ausnahme des sagenhaften Jazzgründers Buddy Bolden, wohl so gut wie alle Musiker aufgetreten, die die Jazzgeschichte verzeichnet. Müßig, sie alle zu nennen. Ausgerechnet jetzt, wo Nostalgie Trumpf ist und auch der klassische Jazz Urständ feiert, soll es mit dem Sportpalast zu Ende sein. Typisch Berlin, könnte man sagen. Hier kommt immer alles anders, als man denkt.
Eigentlich sollte Benny Goodman, einer der ganz Großen, den Goodbye-Blues blasen. Statt dessen wurde nun der Abschied zu einem Höhepunkt der nostalgischen Fünfziger-Jahre-Welle: Dixieland aus England, einst ›Oldtime‹ oder ›Traditional‹ benannt, heute als ›Revival-Jazz‹ wieder-aufgelegt und fast so erfolgreich wie damals.
Es begann mit dem schlecht gelaunten Mr. Acker Bilk, der angetreten schien, den unaufhaltsamen Niedergang dieser Musik zu beweisen [...] Allerdings: Chris Barber mit seinen Vollblutmusikanten stellte den Publikumskontakt auf Anhieb her. Schon bei der ›Bourbon Street Parade‹ erledigten sich etwaige Einwände von Jazz-Puristen, die Authentizität betreffend, von selbst. Von ›Ain't misbehavin‹ zu den Saints, die einmarschieren, vom Scatgesang der drei Bläser der Melodiegruppe bis zu Pat Halcox, der auf dem Flügelhorn mazedonische Folklore in die ursprünglich schwarze Volksmusik einbrachte, und, als Zugabe, selbstredend, der unvermindert populäre Eisbecher – der Sportpalast, will sagen das Publikum, das ihn zum Rand ausfüllte, tat, was es so oft an dieser Stätte getan hat und nun nicht mehr tun wird: es toste (dies wohl im Zusammenhang mit Veranstaltungen hier meistverwendete Vokabel).
Zum Schluß ein Farewell: Acker Bilk, eine Ordnermütze auf dem Kopf, stieß noch einmal zu Chris Barber, wobei sein Posaunist, wie zum Beweis, daß dies die siebziger Jahre und nicht mehr die fünfziger Jahre sind, mit erhobener Faust auftrat. Im ›Goodbye‹-Blues, tausendstimmig mitgebrüllt, endete ein Stück Berliner Kulturgeschichte. Goodbye, Sportpalast« (Ts 17. 3.).
Ts 17. 3.; Ab 15.–16. 3.; Wh 10. 3.; BP 7 f.; Pl (SPA); Akte SPA 4201/28.

Mär 23–31, 20.00 Uhr. »Der Narr von Paris und seine Marotten« – Eine bunte Revue mit La Compagnie André Tahon, Paris«
V: Matzelt/SP.
Im Anschluß an die letzte Vorstellung fand die »Abriß-Party« statt.
Ts 4. 3.; BP 9, Pl (SPA).

671 Plakat (Chr Mär 15); SPA.

670 Eishockey »BSchC gegen EV Füssen« (Chr Mär 6).

Archive und Literatur

Abkürzungen sind durch **halbfetten** Druck hervorgehoben.

ARCHIVE

AMK Berlin, Ausstellungs-Messe-Kongress-GmbH, Sportpalast-Archiv: rund 130 Ordner mit etwas willkürlich zusammengestellten Unterlagen zu Veranstaltungen überwiegend der letzten sechs Jahre des Sportpalastes (Schriftwechsel, Programmhefte, Plakate, Eintrittskarten etc.), die von der AMK nach Schließung des Sportpalastes gekauft wurden.
Akte SPA – Akte über eine Veranstaltung in den Ordnern des SPA.
SPA – AMK Berlin, Ausstellungs-Messe-Kongress-GmbH, Sportpalast-Archiv.

Archiv Gräfer – Archiv für Zeitgeschichte Hans Gräfer, Berlin.

Landesarchiv Berlin:
Rep. 211, Acc. 2456, Nr. 3964–4024a (62 Bde., überwiegend Bauakten, aber auch Unterlagen zu Veranstaltungen); Rep 211, Acc. 2788, Nr. 4486; Pr. Br. 57, Nr. 808; Rep. 84, Acc. 3641.
LA – Landesarchiv Berlin.
LA SP – Landesarchiv Berlin, Rep. 211, Acc. 2456, Nr. (folgt Bdnr. mit durch Schrägstrich abgetrennter Blattzahl), z. B. LA SP 3965/3).

BESITZER VON PLAKATEN, PROGRAMMEN ETC.

Berlin Museum, Berlin
Grote – Jürgen Grote, Berlin.
Heimatarchiv Schöneberg, Berlin.
KB, SMPK – Kunstbibliothek Berlin, SMPK.
Konrad Jule Hammer, Berlin.
Longino – Manuel Longino, Berlin.
VWA –Verlag Willmuth Arenhövel, Berlin.

LITERATUR

Ab – Der Abend, Eine Zeitung für Berlin, Jg. 1 ff., Berlin 1946 ff.
Agr – Der Angriff, Das Deutsche Montagsblatt in Berlin, Für die Unterdrückten, Gegen die Ausbeuter, Hg.: Dr. Goebbels (Nov. 1930 – März 1934: Das deutsche Abendblatt in Berlin; Apr. 1934–1935: Die nationalsozialistische Abendzeitung; 1935 ff.: Die Tageszeitung der Deutschen Arbeitsfront), Jg. 1 ff., Berlin 1927 ff.
Ahrends, Der Admiralspalast in Berlin, in: ZBv 1911, S. 425–29, 437–39.
AKB – Allgemeine Kino-Börse, Unabhängige parteilose Zeitschrift für das Interessengebiet der gesamten Kinobranche, Jg. 1 ff., Leipzig 1911 ff.
Altig, Rudi, Die goldenen Speichen, München 1967
AMK Berlin (Hg.), 50 Jahre Deutschlandhalle, Berlin o. J. (1985).
Andra, Fern, Der Weg, der ins Glashaus führte, Roman eines Frauenlebens, Berlin 1919.
Arbeitertum – Arbeitertum, Amtliches Organ der Deutschen Arbeitsfront einschl. NS-Gemeinschaft »Kraft durch Freude«, Jg. 1 ff., Berlin 1931 ff.
Arndt, Arno, Berliner Sport, Berlin–Leipzig o. J.
Arndt, Arno, Sport-Spiegel, Bilder aus der Welt des Sports, Berlin 1922.
Athletik-Jahrbuch, Hg.: Deutsche Sport-Behörde für Athletik, Jg. 1 ff., Berlin 1905 ff.
Auer, Peter, triumphe, tränen und tragödien, Menschen im Scheinwerferlicht des Sportpalastes, in: Tg 27. 9.–31. 10. 1970.
Ausst. George Grosz, Anatomie der Metropolen Berlin und New York vor und nach 1914, Hundert Zeichnungen, Galerie Pels-Leusden Berlin 1985.

Balzer, Kurt, Sportpalast – ein Stück Berlin, in: Tag 25. 10. 1953.
Bauer, Alfred, Deutscher Spielfilm Almanach 1929–1950, Das Standardwerk des deutschen Films herausgegeben aus Anlaß des 20jährigen deutschen Tonfilm-Jubiläums, Berlin 1950.
Baugewerks-Zeitung – Baugewerks-Zeitung, Organ des Innungsverbandes deutscher Baugewerksmeister, der Baugewerksberufsgenossenschaften und des deutschen Arbeitgeberbundes für das Baugewerbe, Zeitschrift für praktisches Bauwesen, Jg. 1 ff., Berlin 1869 ff.
Bauwelt – Bauwelt, Zentralorgan des gesamten Baumarktes, Jg. 1 ff., Berlin 1910 ff.
Bebenburg, Walter von, Die Jazz-Diskothek (rowohlts monographien 55/56), Reinbek 1961.
Becher, H., Konstruktion des Admiralspalastes, in: Bauwelt 1911, Heft 18, S. 33.
Beckmanns Sport Lexikon A–Z, Leipzig–Wien 1933.
Behrendt, Dieter, Boxen im Sportpalast, Eine Analyse der Entwicklung der Wettkämpfe und des Zuschauerinteresses bis 1933, Staatsexamensarbeit Berlin 1987 (Typoskript).
Behrendt, Walter Curt, Alfred Messel, Mit einer einleitenden Betrachtung von Karl Scheffler, Berlin 1911.
Belach, Helga, Henny Porten, der erste deutsche Filmstar, 1890–1960, Berlin 1986.
Bemmann, Helga, Wer schmeißt denn da mit Lehm?, Eine Claire-Waldoff-Biographie, Berlin 1982.
Bergische Arbeiterstimme, Solingen 1925.
Berichte über die Luftangriffe auf die Reichshauptstadt Berlin, Typoskrip (LA, Rep. 239 Acc. 2517, Nr. 60).
Berlin 1974, Das Jahr im Rückspiegel, Berlin o. J.
Berlin '76, Das Jahr im Rückspiegel, Berichte und Bilder von Menschen und Ereignissen, Berlin o. J.
Berlin, Chronik 1957–1958 – Berlin, Chronik der Jahre 1957–1958, Hg. im Auftrage des Senats von Berlin, Bearb. durch Hans J. Reichhardt, Joachim Drogmann (1957) und Hanns U. Treutler (1958), Landesarchiv Berlin – Abteilung Zeitgeschichte (Schriftenreihe zur Berliner Zeitgeschichte, Bd. 8), Berlin 1974.
Berlin, Chronik 1959–1960 – Berlin, Chronik der Jahre 1959–1960, Hg. im Auftrage des Senats von Berlin, Bearb. durch Hans J. Reichhardt, Joachim Drogmann (1960) und Hanns U. Treutler (1959), Landesarchiv Berlin – Abteilung Zeitgeschichte (Schriftenreihe zur Berliner Zeitgeschichte, Bd. 9), Berlin 1978.
Berliner Allgemeine Zeitung, Jg. 1 ff., Berlin 1908 ff.
Berliner Anzeiger, Jg. 1 ff., Berlin 1949 ff.
Berliner Architekturwelt, Zeitschrift für Baukunst, Malerei, Plastik und Kunstgewerbe der Gegenwart, Jg. 1 ff., Berlin 1898 ff.
Berliner Extradienst, Jg. 1 ff., Berlin 1967 ff.
Berliner Hockey-Club 50 [Jahre], Berlin o. J. (1955).
Berliner Sport-Club e. V., Jahresbericht 1924.
Berliner Turnerschaft Korporation 1863–1913, Zum 50jährigen Bestehen der Berliner Turnerschaft Korporation, Festschrift, Hg. vom Vorstande, Berlin o. J. (1913).
Berliner Turn- u. Sport-Adreßbuch 1911, Zusammengestellt von Carl Diem, Hg. vom Hauptausschuß zur Förderung von Leibesübungen in Groß-Berlin, Berlin 1911.
berlin-Jazz – berlin-Jazz, Mitteilungsblatt des Jazz-Club Berlin, Berlin 1955 ff.
Berner, Martin, und Friedrich Pinoff, Walther Fritz Kleffel, Die Geschichte des dreißigjährigen Berliner Sport-Clubs (Hg. im Auftrage des Hauptvorstandes), Berlin 1925.
Bernett, Hajo, Leichtathletik in historischen Bilddokumenten, München 1986.
Bernett, Hajo (Hg.), Sport im Kreuzfeuer der Kritik, Schorndorf 1982.
Bezirksamt Schöneberg von Berlin (Hg.), Leben in Schöneberg/Friedenau 1933–1945, Schöneberg auf dem Weg nach Berlin, 2. Aufl., Berlin 1987.
Biehle, Das Theater des Volkes in Berlin in seiner akustischen Wandlung, in: ZBv 1938, Sp. 1235–40.
Bild – Bild-Zeitung, Jg. 1 ff., Hamburg–Berlin 1952 ff.
Birett, Herbert, Stummfilm-Musik, Materialsammlung, hg. von der Deutschen Kinemathek, Berlin 1970.
Birett, Verzeichnis – Herbert Birett (Hg.), Verzeichnis in Deutschland gelaufener Filme, Entscheidungen der Filmzensur 1911–1920, München–New York–London–Paris 1980.
BJP – Berliner Jazz Programm, Hg. von der Konzertdirektion Wolfgang Jänicke, Berlin 1959.
BLA – Berliner Lokal-Anzeiger, Zentral-Organ für die Reichshauptstadt, Jg. 1 ff., Berlin 1883 ff.
Blätter der Volksbühne Berlin, Berlin 1930/31 ff.
Blecking, Diethelm (Hg.), Arbeitersport in Deutschland, Köln 1983.
Blödorn, Manfred, Fußballprofis, Die Helden der Nation, Hamburg 1974.
BMp – Berliner Morgenpost, Jg. 1 ff., Berlin 1898 ff.
Boberach, Heinz, Meldungen aus dem Reich, Auswahl aus den geheimen Lageberichten des Sicherheitsdienstes der SS 1933–1944, 17 Bde. und Registerbd., München 1984–85 (zuerst erschienen 1965).
Böcher, Herbert, und Erwin Thoma, Achtung Ring frei! Schmeling–Heuser–Eder, Woher sie kamen, wie sie wurden, in: Agr 15.–28. 6. 1938.
Boelcke, Willi A., Goebbels und die Kundgebung im Berliner Sportpalast vom 18. Februar 1943, Vorgeschichte und Verlauf, in: Jahrbuch für die Geschichte Mittel- und Ostdeutschlands (Publikationsorgan der Historischen Kommission zu Berlin), Bd. 19, Berlin 1970, S. 234 ff.
Borowik, Hans, Geschichte der deutschen Leichtathletik, Berlin 1926.
Borresholm, Boris von (Hg.), Dr. Goebbels, Nach Aufzeichnungen aus seiner Umgebung, Berlin 1949.
Börsch-Supan, Eva und Helmut, und Günther Kühne, Hella Reelfs, Berlin, Kunstdenkmäler und Museen (Reclams Kunstführer, Deutschland, Bd. VII), Stuttgart 1980.
Bothe, Rolf (Hg.), Kurstädte in Deutschland, Zur Geschichte einer Baugattung, Berlin 1984.
Boveri, Margret, Wir lügen alle, Eine Hauptstadtzeitung unter Hitler, Olten-Freiburg im Breisgau 1965.
BP – Berlin Programm, Hg. vom Verkehrsamt Berlin, Berlin 1952 ff.
Brandenburg, Hans-Christian, Die Geschichte der HJ, Wege und Irrwege einer Generation, Köln 1968.
Braun, Alfred, Achtung, Achtung, Hier ist Berlin! Aus der Geschichte des Deutschen Rundfunks in Berlin 1923–1932 (Buchreihe des SFB 8), Berlin 1967.
Braun, Alfred, Der Spreekieker, 2. Aufl., Berlin 1966.
Braunbecks Sportlexikon, Berlin 1910.
Brecht, Bertolt, Gesammelte Werke in 20 Bänden (werkausgabe edition suhrkamp), Frankfurt am Main 1967, Bd. 11, S. 116–44 (Der Kinnhaken; Der Lebenslauf des Boxers Samson Körner), Bd. 15, S. 47–49 (Das Theater als sportliche Anstalt), S. 81 f. (Mehr guten Sport), Bd. 20, S. 28–31 (Die Krise des Sports; Die Todfeinde des Sports; Sport und geistiges Schaffen, Antwort auf eine Rundfrage).
Brennicke, Ilona, und Joe Hembus, Klassiker des deutschen Stummfilms, 1910–1930, München 1983.
Br(euer, Robert), Kleine Kunst-Nachrichten, in: DKD 27, 1910/11, S. 410.
BS – Box-Sport, Amtliches Organ des Verbandes Deutscher Faustkämpfer, Berlin, und des Deutschen Reichs-Verbandes für Amateur-Boxen, Berlin (später: Offizielles Organ der B.B.D., des V.D.F., des D.R.f.A.B. und der Landesverbände; u. a.), Jg. 1 ff., Berlin 1920 ff.
BSt – Berliner Stimme, Wochenzeitung für Politik, Wirtschaft und Kultur, Hg.: Sozialdemokratische Partei Deutschlands, Landesverband Berlin, Jg. 1 ff., Berlin 1951 ff.
BT – Berliner Tageblatt und Handelszeitung, Jg. 1 ff., Berlin 1872 ff.
Budzinski, Fredy, Das [1.] Berliner Sechstage-Rennen, Eine umfassende, reich illustrierte Schilderung dieses merkwürdigen Kampfes, Berlin o. J. (1909).
Budzinski, Fredy, Das dritte Berliner Sechstage-Rennen, 24.–30. März 1911, Eingehend dargestellt und reich illustriert, Berlin o. J. (1911).
Budzinski, Fredy, Das fünfte Berliner Sechstage-Rennen, Nach den Berichten der »Rad-Welt« zusammengestellt und reich illustriert, Berlin o. J. (1912).
Budzinski, Fredy, Das siebente Berliner Sechstage-Rennen, Nach den Berichten der »Rad-Welt« zusammengestellt und reich illustriert, Berlin o. J. (1914).
Budzinski, Fredy, Das neunte Berliner Sechstage-Rennen, 17. bis 23. Februar 1922 im Sport-Palast, Nach den Berichten der »Rad-Welt« zusammengestellt u. reich illustriert, Berlin o. J. (1922).
Budzinski, Sechs Tage – Fredy Budzinski, Sechs Tage auf dem Rade, Geschichtliches, Ernstes und Heiteres aus dem Leben der Sechstagefahrer, Illustriert von Paul Simmel und Howard Freeman, o. O., o. J. (um 1924).
Budzinski, Fredy, Sport-Album der »Rad-Welt«, Ein radsportliches Jahrbuch, Enthält die Ereignisse des Jahres 1922 in Wort und Bild, Jg. XXI, Berlin o. J. (1922).
Budzinski, Geschichte – Fredy Budzinski, Die Geschichte der Berliner Sechstage-Rennen in Wort und Bild, Berlin o. J. (um 1919).
Bullock, Alan, Hitler, Eine Studie über Tyrannei, Vollständig überarbeitete Neuausgabe, Düsseldorf 1969.
BusB 1877 – Berlin und seine Bauten, Hg. vom Architekten-Verein zu Berlin, 2 Teile, Berlin 1877.
BusB 1896 – Berlin und seine Bauten, Bearb. und hg. vom Architekten-Verein zu Berlin und der Vereinigung Berliner Architekten, III Teile, Berlin 1896.
BusB, T. V, Bd. A – Berlin und seine Bauten, Hg. vom Architekten- und Ingenieur-Verein zu Berlin, Teil V Bauwerke für Kunst, Erziehung und Wissenschaft, Bd. A Bauten für die Kunst, Berlin–München 1983.
BusB, T. IX – Berlin und seine Bauten, Hg. vom Architekten- und Ingenieur-Verein zu Berlin, Teil IX Industriebauten und Bürohäuser, Berlin–München–Düsseldorf 1971.
BZ – B.Z., Die größte Zeitung Berlins, Jg. 77 ff., Berlin 1953 ff.
BZaM – B.Z. am Mittag, Jg. 37 ff., Berlin 1913 ff.

Carl-Diem-Institut (Hg.), Das Wirken von Carl Diem, 1882–1962 (Dokumente zum Aufbau des deutschen Sports), St. Augustin 1984.
Cavalier, Heinz, Ausflug in die Vergangenheit der Berliner Leichtathletik, Vortrag vom 20. 1. 1965 (Typoskript).
Cavalier, Heinz, Sportler erzählen, Berlin 1939.
Charlottenburger Turn- und Sportverein von 1858 E. V., 1858–1958, Berlin o. J. (1958).
Charters, Samuel B., die story vom blues, München 1962.
Clauss, Fritz, Ein Stück Berliner Sport-Geschichte, Zum populären Jubiläum des Sportpalastes in der Potsdamer Straße, in: Kur 19. 11. 1960.
Conrad, Otto, Chronik der Fliegeralarme in Berlin und der Luftangriffe auf die Stadt während des Krieges 1939–1945, Typoskript (LA, Rep. 152, Acc. 262).
Curry, Manfred, Schönheit des Eislaufs, Berlin o. J. (um 1935).

Das frühe Plakat in Europa und den USA, Ein Bestandskatalog, Bd. 3: Deutschland, Bearb. von Helga Hoffmann, Ruth Malhotra, Alexander Pilipczuk, Helga Prignitz, Christina Thon unter Mitarb. von Lutz Malke und Ursula Prinz (Forschungsunternehmen »19. Jahrhundert« der Fritz Thyssen Stiftung, Das frühe Plakat in Europa und den USA, Ein Bestandskatalog, Hg. von Klaus Popitz, Axel von Saldern, Heinz Spielmann, Stephan Waetzoldt für Kunstbibliothek Berlin, SMPK, Museum für Kunst und Gewerbe Hamburg), 2 Teile, Berlin 1980.
Das wandernde Bild, Der Filmpionier Guido Seeber, hg. von der Stiftung Deutsche Kinemathek, Berlin 1979.
DAZ – Deutsche Allgemeine Zeitung, Berliner Ausgabe, Jg. 58 ff., Berlin 1918 ff.
DBz – Deutsche Bauzeitung, Wochenblatt, Hg. von Mitgliedern des Architektenvereins zu Berlin, Jg. 1 ff., Berlin 1867 ff.
DdF – Der deutsche Film in Wort und Bild, Zeitschrift für das gesamte Lichtspielwesen, Jg. 1 ff., München 1919 ff.
Dehn, Günther, Proletarische Jugend, Lebensgestaltung und Gedankenwelt der großstädtischen Proletarierjugend, Berlin 1929.
Der Eisenbau, Monatsschrift für Theorie und Praxis des Eisenbaus, Jg. 1 ff., 1910 ff.
Der Industriebau – Der Industriebau, Monatsschrift für die künstlerische und technische Förderung aller Gebiete industrieller Bauten, einschließlich aller Ingenieurbauten sowie der gesamten Fortschritte der Technik, Jg. 1 ff., Leipzig–Berlin 1910 ff.
Der Kinematograph – Der Kinematograph, Organ für die gesamte Projektionskunst, Jg. 1 ff., Düsseldorf 1907 ff., Berlin 1922–34.
Der Leichtathlet, Amtliches Organ der Deutschen Sportbehörde für Leichtathletik, Handball u. Sommerspiele, Jg. 1 ff., Berlin 1924 ff.
Der Querschnitt, Begründet von Alfred Flechtheim, Hg. von H. von Wedderkop, Jg. 1 ff., Frankfurt am Main (ab Jg. 5: Berlin) 1920 ff.
Der Querschnitt durch 1921, Hg. von Graf Kielmannsegg (Marginalien der Galerie Flechtheim), Berlin 1922.
Der Radrennsport 1945–1949, Frankfurt am Main o. J.
Der Rote Stern, Illustrierte Arbeiterzeitung, Jg. 1 ff., Berlin 1924 ff.
Deutscher Amateur-Box-Verband e. V. (Hg.), 50 Jahre Deutscher Amateur-Box-Verband e. V., 1920–1970, o. O., o. J. (Berlin 1970).
Deutscher Reichsausschuß für Leibesübungen, Tätigkeits-Bericht 1924–1925 (1. April 1924 bis 31. März 1925), Berlin o. J. (1925).
Deutscher Sport, Bd. II, Berlin o. J. (um 1927).
Deutscher Theaterdienst, Jg. 1 ff., Berlin 1930 ff.
Deutsches Bauhandbuch, Bd. II (Baukunde des Architekten, 2. Halbbd.), Berlin 1884.
Deutschlandhalle GmbH (Hg.), Anläßlich der Umgestaltung der Deutschlandhalle, September 1973, Berlin o. J.
DF – Der Film, Zeitschrift für die Gesamtinteressen der Kinematographie, Jg. 1 ff., Berlin 1916 ff.
Die Arena, Das Sportmagazin, Berlin 1926, Heft 2.
Diederichs, Helmut H., Der Student von Prag, Einführung und Protokoll (Focus Film Text 2), Stuttgart 1985.
Die Kirche, Berliner Sonntagsblatt, Jg. 1 ff., Berlin 1946 ff.
Die künstliche Eisbahn im Hohenzollern-Sportpalast und Wintervelodrom Berlin, in: Eis- und Kälte-Industrie, Hg. von Rich. Stetefeld, Bd. XII, Nr. 12, Wittenberg Dezember 1910, S. 220–24.
Diem, Carl, Gedanken zur Sportgeschichte, Stuttgart 1965.
Diem, Carl, Ist ein Sechstagerennen Sport?, in: BLA 31. 3. 1911.
Diem, Carl, Sport (Aus Natur und Geisteswelt, 551. Bd.), Leipzig–Berlin 1920.
Diem, Carl, Weltgeschichte des Sports, 2 Bde., Stuttgart 1967.
Die Reden des Führers nach der Machtübernahme, Eine Bibliographie (Nationalsozialistische Bibliographie, 2. Beiheft) Berlin 1939.
Die Standarte, Jg. 1 ff., Berlin 1906/07 ff.
Die Woche, Jg. 1 ff., Berlin 1899 ff.
Digel, Helmut, Sport verstehen und gestalten, Reinbek 1982.
DKD – Deutsche Kunst und Dekoration, Jg. 1 ff., Darmstadt 1898 ff.
Domarus, Max, Hitler, Reden und Proklamationen 1932–1945, 2 Bde., Würzburg 1962–63.
Drigalski, Karl Wilhelm von, Berlin, Die Sporthauptstadt Deutschlands, Dem Olympischen Kongreß 1930 gewidmet vom Magistrat der Stadt Berlin, Berlin o. J. (1930).
Dückers, Alexander, Bilder aus der grossen Stadt, Eine Reportage von Gross-Berlin – Druckgraphik und Handzeichnungen, Ausst. Kupferstichkabinett, SMPK, Berlin 1977.

Dupavillon, Christian, Architecture du Cirque des origines à nos jours, Paris 1982.

E., Fr. (=Eiselen, Fritz), Die Ausstellungshalle II am Kaiserdamm zu Berlin, in: DBz, Beilage Konstruktion und Bauausführung, Nr. 69, 1925, S. 138.
Eggers, Heino, 60 Jahre Sportpalast, in: Tg 15. 11. 1970.
Eggestein, Michael, und Lothar Schirmer, Verwaltung im Nationalsozialismus, Mit einer Einleitung von Albrecht Dehnhard, Ausst. der Fachhochschule für Verwaltung und Rechtspflege Berlin, Berlin 1987.
Ehlert, Martin-Heinz, Lilli Hennoch, Fragmente aus dem Leben einer jüdischen Sportlerin und Turnlehrerin, in: Sozial- und Zeitgeschichte des Sports 3, Heft 2, 1989, S. 34–48.
Eichberg, Henning, Die Veränderung des Sports ist gesellschaftlich, Münster/Westfalen 1986.
Eichberg, Henning, Leistung, Spannung, Geschwindigkeit, Stuttgart 1978.
Eichberg, Henning, und Wilhelm Hopf, Fußball zwischen Turnen und Sport, Nachwort zur Neuausgabe von: Karl Plank, Fußlümmelei, Münster/Westfalen 1982 (zuerst erschienen 1898).
Eiserne Blätter, Zeitschrift für deutsche Politik und Kultur, Jg. 1 ff., München 1919/20 ff.
Engelbrechten, J. K. von, und Hans Volz, Wir wandern durch das nationalsozialistische Berlin, Ein Führer durch die Gedenkstätten des Kampfes um die Reichshauptstadt, Im Auftrage der Obersten SA.-Führung bearbeitet, München 1937.
Ereignismeldungen der Technischen Nothilfe, Landesgruppe Berlin, über Luftangriffe auf Berlin während des 2. Weltkrieges, Bd. II, Januar 1944–April 1945, Typoskript (LA, Rep. 20, Lfd. Nr. 7795).
Erman, Hans, Nacht muß es sein, wenn seine Sterne strahlen, Vor 50 Jahren öffnete der Berliner Sportpalast zum ersten Male seine Pforten, in: WamS 27. 11. 1960.

F., Die Wettbewerbung für Entwürfe zu einer Kaiser-Wilhelm-Gedächtniskirche für Berlin-Charlottenburg, in: DBz 1890, S. 572, 606 f., 631–34.
Festschrift anläßlich des fünfzigjährigen Bestehens der Neuköllner Sportfreunde, Berlin o. J. (1957).
FK – Film-Kurier für Film-Varieté-Kunst-Mode-Sport-Börse, Jg. 1 ff., Berlin 1919 ff.
Flechtheim, Ossip K., Die KPD in der Weimarer Republik, Mit einer Einleitung von Hermann Weber, 2. Aufl., Frankfurt am Main 1976.
Forsthoff, Ernst (Hg.,) Deutsche Geschichte seit 1918 in Dokumenten (Kröners Taschenausgabe, Bd. 13), Leipzig 1935.
Frankfurter Zeitung und Handelsblatt (Frankfurter Handelszeitung; Neue Frankfurter Zeitung), Reichsausgabe, 87. Jg., Frankfurt am Main 1943.
Fricke, Dieter, und Werner Fritsch, Herbert Gottwald, Siegfried Schmidt, Manfred Weißbecker (Hgg.), Lexikon zur Parteiengeschichte, Die bürgerlichen und kleinbürgerlichen Parteien und Verbände in Deutschland (1789–1945), 4 Bde., Leipzig 1983–86.
Fritz, Walter, Die österreichischen Spielfilme der Stummfilmzeit (1907–1930), Wien 1967.
Frowein-Ziroff, Vera, Die Kaiser-Wilhelm-Gedächtniskirche, Entstehung und Bedeutung (Die Bauwerke und Kunstdenkmäler von Berlin, Beiheft 9), Berlin 1982.
75 Jahre Berliner Turnerschaft (Korporation) 1863–1938, Festschrift, Berlin o. J. (1938).
75 Jahre Reinickendorfer Füchse e. V., Berliner Turn- und Sportverein von 1891, 1891–1966, Berlin o. J. (1966).
75 Jahre Rot-Weiß, Jubiläumsschrift 1897–1972, Berlin o. J. (1972).
75 Jahre SSV 1894–1969, Berlin o. J. (1969).
75 Jahre Turnverein Jahn Neukölln 1865 e. V., 1865–1940, Festschrift, Berlin o. J. (1940).
25 Jahre Box-Abteilung Hertha BSC 1948–1973, Jubiläums- und Bundesliga-Ausgabe 1973, Berlin o. J. (1973).
25 Jahre Frohsinn und Freude im Grunewald Tennis-Club, Berlin o. J. (1956).
50 Jahre Berliner Box-Verband e. V. 1919–1969, Berlin o. J.
50 Jahre Berliner Leichtathletik-Verband, Berlin 1955.
50 Jahre SC Staaken 1919–1969, Berlin o. J. (1969).
50 Jahre Sport-Club Brandenburg e. V. Berlin, Festzeitschrift anläßlich des 50jährigen Bestehens des SC Brandenburg e. V. 1973, Berlin o. J. (1973).
50 Jahre Sport-Club Charlottenburg e. V. 1902–1952, Berlin o. J. (1952).
50 Jahre Tennis-Borussia, Erinnerung und Ausblick, Festschrift (Berliner Tennis-Club Borussia e. V.), Berlin o. J. (1952).
Fünfzig Jahre Zehlendorfer Turn- und Sportverein von 1888 e. V., 1888–1938, Berlin o. J. (1938).

Germ – Germania, Zeitung für das deutsche Volk, Jg. 1 ff., Berlin 1871 ff.
Goebbels, Joseph, Der Angriff, Aufsätze aus der Kampfzeit, 2. Aufl., München 1935.
Goebbels, Kaiserhof – Joseph Goebbels, Vom Kaiserhof zur Reichskanzlei, Eine historische Darstellung in Tagebuchblättern (Vom 1. Januar 1932 bis zum 1. Mai 1933), 5. Aufl., München 1934.
Goebbels, Tagebücher I–V – Die Tagebücher von Joseph Goebbels, Sämtliche Fragmente, Hg. von Elke Fröhlich im Auftrag des Instituts für Zeitgeschichte und in Verbindung mit dem Bundesarchiv, Teil I, Bd. 1–4, Interimsregister, München–New York–London–Paris 1987 (mehr bisher nicht erschienen).
Göring, Reden – Hermann Göring, Reden und Aufsätze, Hg. von Erich Gritzbach, 8. Aufl., München 1943.
Grebing, Helga, Geschichte der deutschen Parteien, Wiesbaden 1962.
Gross, Babette, Willi Münzenberg, Eine politische Biographie, Mit einem Vorwort von Arthur Koestler (Schriftenreihe der Vierteljahrshefte für Zeitgeschichte, Nr. 14/15), Stuttgart 1967.
Grosz, George, Ein kleines Ja und ein großes Nein, Sein Leben von ihm selbst erzählt, Hamburg 1955.
Günther, Herbert (Hg.), Hier schreibt Berlin, Eine Anthologie von heute, Berlin 1929.
Guttmann, Allen, Sports Spectators, New York 1986.
Guttmann, Allen, Vom Ritual zum Rekord, Das Wesen des modernen Sports, Schorndorf 1979.

Haferkorn, Katja, und Rainer Holze, Günter Hortzschansky, Bärbel Schindler, Siglinde Thom, Stefan Weber, Ernst Thälmann, Bilder, Dokumente, Texte, Berlin 1986.
Hammer, Konrad Jule, Eintritt frei – Kinder die Hälfte! Zur Geschichte der Berliner Volksfeste (Berliner Forum 8/81), Berlin 1981.
Handbuch der Architektur, IV. Teil, 4. Halbbd., 1. Heft, 2. Aufl., Darmstadt 1894, S. 132 ff. (Öffentliche Vergnügungsstätten und Festhallen); 2. Heft, 2. Aufl., Darmstadt 1894, S. 147 ff. (Fahrradbahnen), 194 ff. (Eis- und Rollschlittschuhbahnen); 4. Heft, 3. Aufl., Leipzig 1931, S. 70 ff. (Hallen-Bauten).
Härlin, Benny, und Michael Sontheimer, Potsdamer Straße, Sittenbilder und Geschichten (Rotbuch 274), Berlin 1983.
Hätte ich das Kino! Der Schriftsteller und der Stummfilm, Kat. der Ausstellung des Deutschen Literaturarchivs Marbach, München 1976.
Heiber, Helmut (Hg.), Goebbels Reden 1932–1945, 2 Bde., Düsseldorf 1972.
Heinold, Erwin, 50 Jahre Sportpalast, Es war in Schöneberg ..., in: Tg, 20. 11. 1960 ff.
Heinz, Walter R., und Peter Schöber (Hgg.), Theorien kollektiven Verhaltens, Beiträge zur Analyse sozialer Protestaktionen und Bewegungen, Darmstadt–Neuwied 1972.
Herold – Berliner Herold, Die interessante deutsche Wochenschrift für Politik, Gesellschaft, Börse, Theater, Literatur, Sport, Radiofunk, Film, Hygiene, Auskunfteiund Detektivwesen, Jg. 20 ff., Berlin 1925 ff.
Hertha BSC e. V. (Hg.), 75 Jahre Hertha BSC, Berlin o. J. (1967).
Hess, Hans, George Grosz, Dresden 1982.
Hessel, Franz, Ein Flaneur in Berlin, Mit Fotografien von Friedrich Seidenstücker, Walter Benjamin's Skizze »Die Wiederkehr des Flaneurs« und einem »Waschzettel« von Heinz Knobloch, Berlin 1984 (Neuausgabe von »Spazieren in Berlin«, 1929).
Heun, Gustav, Umbau des Admiralspalastes, in: DBz 1923, S. 245–50.
Hitler, Freiheitskampf I–II – Der großdeutsche Freiheitskampf, Reden Adolf Hitlers (Reden des Führers, Hg. von Reichsleiter Philipp Bouhler), 2 Bde., München 1940–41.
Hoegner, Wilhelm, Die verratene Republik, Deutsche Geschichte 1919–1933, München 1979.
Hoffmann/Siebig – Ludwig Hoffmann und Karl Siebig, Ernst Busch, Eine Biographie in Texten, Bildern und Dokumenten, Berlin 1987.
Holz, Leonie (Hg.), Messestadt Berlin, Berlin 1986.
Hopf, Wilhelm, Kritik der Sportsoziologie, Lollar 1979.
Hortleder, Gerd, Die Faszination des Fußballspiels, Frankfurt am Main 1974.
Hortleder, Gerd, und Gunter Gebauer (Hgg.), Sport-Eros-Tod (edition suhrkamp 1335, NF 335), Frankfurt am Main 1986.
Hortzschansky, Günter, und Walter Wimmer, Lothar Berthold, Heinz Karl, Horst Naumann, Stefan Weber, Ernst Thälmann, Eine Biographie (Institut für Marxismus-Leninismus beim Zentralkomitee der SED), Berlin 1979.
Hossfeld, O., Die Kaiser-Wilhelm-Gedächtnis-Kirche in Berlin-Charlottenburg, in: ZBv 1890, S. 517–19.
Huesmann, Heinrich, Welttheater Reinhardt, Bauten, Spielstätten, Inszenierungen, München 1983.
Hugenberg, Alfred, Streiflichter aus Vergangenheit und Gegenwart, 2. Aufl., Berlin 1929.
130 Jahre Turngemeinde in Berlin 1848 e. V., Berlin o. J. (1978).
125 Jahre Berliner Turner-Verein von 1850, Festschrift zum 125jährigen Bestehen, Berlin o. J. (1975).
Hundert Jahre Berliner Turnerschaft Korporation 1863–1963, Berlin o. J. (1963).
100 Jahre Turn- und Sportverein Guts Muths, 1861–1961, Festschrift, Berlin o. J. (1961).
100 Jahre Turn- und Sportverein Spandau 1860 e. V., Berlin o. J. (1960).
Hüter, Karl-Heinz, Architektur in Berlin 1900–1933, Dresden 1987.

Ingwersen, Erhard, Berliner Originale im Spiegel der Zeit, Berlin 1958.
IRS – Illustrierter Radrenn-Sport, Jg. 1 ff., Berlin 1921 ff.

Jaenecke, Puck – Gustav Jaenecke, Jagd hinter dem Puck, Eishockey – herzhaft und humorvoll, Bearbeitet von Carl von Norman, Stuttgart 1939.
Jahn, Friedrich Ludwig, und Ernst Eiselen, Die deutsche Turnkunst, Berlin 1816.
Jost, Roland, Panem et circensis? Bertolt Brecht und der Sport, in: Brecht-Jahrbuch 1979, S. 46–66.
Jubiläums Box Jahrbuch 1930 – Jubiläums Box Jahrbuch 1920–1930, Hg. vom Deutschen Reichsverband für Amateur-Boxen e. V., Berlin, Bearbeitet von Erich Mindt und Erwin Mohrholz, Berlin o. J.
Jüllig, Carola, und Winfried Ranke, Jürgen Reiche, Dieter Vorsteher, Kultur, Pajoks und Care-Pakete, Eine Berliner Chronik 1945–1949, Berlin 1990.

Kaiser, Georg, Werke, Hg. von Walter Huder, Bd. 1, Stücke 1895–1917, S. 490–99 (Von morgens bis mitternachts).
Kändler, Klaus, und Helga Karolewski, Ilse Siebert (Hgg.), Berliner Begegnungen, Ausländische Künstler in Berlin 1918 bis 1933, Aufsätze-Bilder-Dokumente (Veröffentlichung der Nationalen Forschungs- und Gedenkstätten der DDR für deutsche Kunst und Literatur des 20. Jahrhunderts), Berlin 1987.
Kaross, Christoph, Die Frankfurter Festhalle, Nachgereichte Würdigung des Planes und der Errichtung einer Ausstellungs- und Festhalle zu Frankfurt am Main aus Anlaß ihres 70jährigen Bestehens, Frankfurt am Main 1977.
Kat. Aus Berlin emigriert, Werke Berliner Künstler, die nach 1933 Deutschland verlassen mußten, Ausst. Berlinische Galerie, Berlin 1983.
Kat. Berliner Pressezeichner der Zwanziger Jahre, Ein Kaleidoskop Berliner Lebens, Originalzeichnungen und Drucke, Ausst. Berlin Museum, Berlin 1977.
Kat. Bilder aus der großen Stadt, Eine Reportage von Groß-Berlin, Druckgraphik und Handzeichnungen, Ausst. Kupferstichkabinett, SMPK, Berlin 1977.
Kat. Emil Nolde in Berlin 1910/11, Ausst. Brücke-Museum, Berlin, Berlin 1988.
Kat. Grosse Berliner Kunstausstellung 1927 (Veröffentlichung des Kunstarchivs Nr. 41–42), Berlin 1927.
Kat. Heinrich Ehmsen, Maler, Lebens/Werk/Protokoll, Ausst. Neue Gesellschaft für bildende Kunst, Berlin 1986.
Kat. Lionel Feininger, 1871–1956, Gedächtnis-Ausstellung Kunstverein Hamburg, Hamburg 1961.
Kat. Olympischer Kunstwettbewerb (XI. Olympiade Berlin 1936), Ausst. Halle VI des Ausstellungs-Geländes am Kaiserdamm, Berlin 1936.
Kat. Sport 1927 – Sport, 52. Ausst. der Berliner Secession in Gemeinschaft mit dem Museum für Leibesübungen e. V. (Veröffentlichung des Kunstarchivs Nr. 34–35), Berlin 1927.
Kat. Theater in der Weimarer Republik, Ausst. Kunstamt Kreuzberg, Berlin, u. a. O. (Kunstamt Kreuzberg und Institut für Theaterwissenschaft der Universität Köln), Berlin 1977.
Kerbs, Diethart, und Walter Uka, Willi Münzenberg (Zeitgenossen I), Berlin 1988.
Kindel, Jutta, Geschehen im Nationalsozialismus, nachgedacht, Ein Versuch nicht nur zur Geschichte der Zwölf-Apostel-Gemeinde, in: Wahrnehmungen, Eine Festschrift zum 125jährigen Bestehen der Zwölf-Apostel-Gemeinde in Berlin-Schöneberg, Hg. von Peter Klemm, Berlin 1988, S. 23–103.
Kisch, Egon Erwin, Die Elliptische Tretmühle, in: Egon Erwin Kisch, Der rasende Reporter, Berlin 1925, S. 241–45 (wiederabgedruckt in: Die Arena, Das Sportmagazin, Berlin 1926, Heft 2 [gekürzt und leicht verändert] und in: RF 11. 3. 1928 [leicht verändert]).
Klein, Joseph, Das erste Kino in Berlin, in: FK 23. 4. 1921.
Klünner, Hans-Werner, 165 Jahre Zirkusstadt Berlin, Eine Chronologie der Zirkusbauten an der Spree, Berlin 1986.
Knecht, Willi, Die geteilte Arena, Nürnberg o. J. (1968).
Knobloch, Arthur von, Der Central-Skating Rink in Berlin, in: Baugewerkszeitung 1877, S. 209 ff.
Köster, Baldur, Berliner Gaststätten von der Jahrhundertwende bis zum Ersten Weltkrieg, Diss. TH Berlin 1964 (Typoskript).
Kracauer, Siegfried, Die Angestellten, Frankfurt am Main 1971 (zuerst erschienen 1929).
Kotze, Hildegard von, und Helmut Krausnick (Hgg.), Es spricht der Führer, 7 exemplarische Hitler-Reden, Gütersloh 1966.
Kracauer, Siegfried, Straßen in Berlin und anderswo, Berlin 1987.
Krämer, Jean, und Hans Schmuckler, Die neue Automobil-Ausstellungshalle des Reichsverbandes der Automobilindustrie, in: Zeitschrift des Verbandes deutscher Dipl. Ing. 1924, Sp.
Krause, Hartfrid, USPD, Zur Geschichte der Unabhängigen Sozialdemokratischen Partei Deutschlands (Studien zur Gesellschaftstheorie), Frankfurt am Main-Köln 1975.
Krause, Werner, Eishockey, Geschichte, Spiel und Technik (Sportbuchreihe der Freien Deutschen Jugend), Berlin 1946.
Kreuz-Zeitung – Neue Preußische Zeitung (Kreuz-Zeitung), Jg. 1 ff., Berlin 1848 ff.
Krokow, Christian Graf von, Sport, Gesellschaft, Politik, München 1980.
Krücke (= Reinhold Franz Habisch), Mein Leben für den Sport, 1949 (Typoskript).
Krumholz, Walter, Berlin-ABC, Mitarbeit Wilhelm Lutze, Oskar Kruss, Richard Höpfner u. a., Hg. im Auftrage des Presse- und Informationsamtes des Landes Berlin, Berlin 1968.
Kur – Der Kurier, Die Berliner Abendzeitung, Jg. 1 ff., Berlin 1945 ff.
Kürschners Jahrbuch 1930, Kalender, Welt- und Zeitspiegel, Hg. von Hermann Hillger, 28. Jg., Berlin-Leipzig o. J.
Kurtz, A., Bekennende Kirche, Berlin 1946.
Kuttner, Hans (Hg.), Vereinsgeschichte des Sport-Club Charlottenburg e. V., 1902–1922, Aus Anlaß seines 20jährigen Bestehens herausgegeben, o. O., o. J.

Lamprecht, Gerhard, Deutsche Stummfilme, 9 Bde. und Registerbd., (1 Heft: Korrekturen), hg. von der Deutschen Kinemathek, Berlin 1967–1970.
Lange, Annemarie, Berlin in der Weimarer Republik, Berlin 1987.
Lange, Annemarie, Das Wilhelminische Berlin, Zwischen Jahrhundertwende und Novemberrevolution, Berlin 1967.
Lauber/Rothstein, Der 1. Mai unter dem Hakenkreuz, Hitlers »Machtergreifung« in Arbeiterschaft und Betrieben, Augen- und Zeitzeugen, Daten, Fakten, Dokumente, Quellentexte, Thesen und Bewertungen, Gerlingen 1983.
LBB – Lichtbild-Bühne, Das Fachorgan für das Interessengebiet der Kinematographen Theaterpraxis, Jg. 1 ff., Berlin 1908 ff.
Lemberg, Eugen, Nationalismus, 2 Bde., Reinbek 1964.
Lenk, Hans, Leistungssport, Ideologie oder Mythos?, Stuttgart-Berlin-Köln-Mainz 1972.
Lieske, Bruno, und P. Zobel (Hgg.), Bürgerlicher Sport und Arbeitersport, Aufgaben der Arbeitersportbewegung, Berlin 1924.
Lorenz, Heinz, Die lachende Rennbahn, Eine lustige Fibel aus dem Milieu der Sechstagerennen, Illustrationen von F. Draheim und Max Otto, Berlin 1927.
Ludwig, Hans (Hg.), Eulen nach Spree-Athen, Zwei Jahrhunderte Berliner Humor in Wort und Bild, 5. Aufl., Berlin 1985.
Luft, Friedrich (Hg.), Facsimile Querschnitt durch die Berliner Illustrirte, Mitarb. Alexander von Baeyer, München 1965.
Luftlageberichte und Schadensmeldungen aus den Siemenswerken 1943, Typoskript (LA, Rep. 230, Acc. 3229, Nr. 80).
Lüthge, B. E. (Hg.), Box-Brevier, Jg. 1948, Berlin o. J.

Maegerlein, Heinz Triumph auf dem Eis, Sjoukje Dijkstra, Marika Killius/Hansjürgen Bäumler, Manfred Schnelldorfer, Berlin-München o. J.
Mamlok, Günter, und Sergius Sax, Der Sieg, Ein Buch vom Sport, München-Berlin 1932.
Mann, Willy, Berlin zur Zeit der Weimarer Republik, Ein Beitrag zur Erforschung der wirtschaftlichen und politischen Entwicklung der deutschen Hauptstadt (Im Auftrage der Kommission für die Erforschung der Geschichte Berlins beim Kulturbund zur demokratischen Erneuerung Deutschlands), Berlin 1957.
Marées, von, Der Umbau des Admiralspalastes, in: ZBv 1940, S. 197–304.
MdBSchC – Mitteilungen des Berliner Schlittschuh-Club e. V., Jg. 1 ff., Berlin 1916/17 ff.
Meckermann – Peter Meckermann, Hallo, Meckermann erzählt! (Berliner Zeitspiegel 1930), Berlin o. J.
Meisl, Willy, Der Sport am Scheidewege, Heidelberg 1928.
Mendelssohn, Peter de, Zeitungsstadt Berlin, Überarb. und erw. Aufl., Frankfurt am Main-Berlin-Wien 1982.
Menzel, Matthias, Die Stadt ohne Tod, Berliner Tagebuch 1943/45, Berlin 1946.
Meyer, Heinz, Der Hochleistungssport – ein Phänomen des Showbusiness, in: Zeitschrift für Soziologie 2, Heft 1, 1973, S. 59–78.
Meyers Lexikon, 8. Aufl., Bd. 1–9 (A-Soxhlet), Atlasband, 1936–42 (mehr nicht erschienen).
Michaelis, Karl, Das Große Schauspielhaus in Berlin, in: ZBv 1919, Sp. 589–93.
Mitteilungen der Berliner Electricitäts-Werke, Jg. 7, Nr. 1, Berlin 1911.
Moderne Bauformen, Monatshefte für Architektur und Raumkunst, Jg. 1 ff., Stuttgart 1902 ff.

Moltmann, G., Goebbels' Rede zum totalen Krieg am 18. Februar 1943, in: Vierteljahrshefte für Zeitgeschichte 12, 1964, S. 13–43.
Montags-Echo – Berliner Montags-Echo, Jg. 1 ff., Berlin 1947 ff.
Moreck, Curt, Führer durch das »lasterhafte« Berlin, Leipzig o. J. (1931).
Mortane, Jacques, Das neue Deutschland, Zürich-Leipzig 1928.

Nachtlicht, Leo, Die Wohnungsausstellung am Zoo und das Handwerk, in: Berliner Architekturwelt 1910, S. 207–11.
Nahrstedt, Wolfgang, Die Entstehung der Freizeit, Göttingen 1972.
ND – Neues Deutschland, Zentralorgan der SED (1951 ff.: Organ des Zentralkomitees der SED), Berliner Ausgabe (1950–58: Berliner Ausgabe »Vorwärts«), Jg. 1 ff., Berlin 1946 ff.
ndp – nacht-depesche, Die illustrierte Telegraf-Abendzeitung, Jg. 1 ff., Berlin 1950 ff.
Nerdinger, Winfried, Rudolf Belling und die Kunstströmungen in Berlin 1918–1923 mit einem Katalog der plastischen Werke, Berlin 1981.
Nettelbeck, Leben – Paul Nettelbeck, Ein Leben in Rekorden, Vom Marathonläufer zum Radrennfahrer, Salzburg 1962.
Nettelbeck, Paul, Vom Marathonläufer zum Radrennfahrer, Berlin 1924.
Neuköllner Sportfreunde 1907 e. V., Festschrift zum 75jährigen Vereinsjubiläum, 1907–1982, Berlin o. J. (1982).
Neuzeitliche Stahlhallenbauten (Eine Sammlung von Aufsätzen aus der Zeitschrift »Der Stahlbau«, Beilage zur Zeitschrift »Die Bautechnik«), Berlin 1938.
Nielsen, Asta, Die schweigende Muse, Lebenserinnerungen, München 1979.
Nürnberg, Schmeling – Rolf Nürnberg, Max Schmeling, Die Geschichte einer Karriere, Berlin 1932.
NZ – Die Neue Zeitung, Die amerikanische Zeitung in Deutschland, Berliner Ausgabe, Jg. 1 ff., Berlin 1945 ff.

Olympischer Sport-Club 1890–1970, Berlin-Schöneberg, Berlin o. J. (1970).
Opprower, Rolf, Athmosphäre zwischen Arena und Heuboden, in: Ts 16. 11. 1960.
Oschilewski, Walther G., Werden und wirken, Ein Gang durch die Geschichte der Berliner Sozialdemokratie (Wille und Tat, Bücher der deutschen Sozialdemokratie, Bd. II), Berlin 1954.
Osram-Nachrichten – Osram-Nachrichten, Werkzeitschrift für die Angehörigen der Osram G.m.b.H. Kommanditgesellschaft, Berlin 1937.
Ostrop, Max, Die Entwicklung unserer Leichtathletik-Wettbewerbe, in: Leibesübungen und körperliche Erziehung 10, 1935, S. 175.
Ostwald, Zille – Hans Ostwald, Das Zillebuch (unter Mitarbeit von Heinrich Zille), Berlin 1929.

PEM (= Paul Marcus), Heimweh nach dem Kurfürstendamm, Aus Berlins glanzvollsten Tagen und Nächten, Berlin 1952.
Petrusblatt – Petrusblatt, Katholisches Kirchenblatt für das Bistum Berlin, Jg. 1 ff., Berlin 1945 ff.
Peukert, Detlev J. K., Die Weimarer Republik, Frankfurt am Main 1987.
Pfister, Gertrud, Athletik-Meeting, Stafettenläufe, Memorials, Sportveranstaltungen in Berlin vor dem Ersten Weltkrieg, in: Manfred Lämmer, Roland Renson und James Riordan (Hgg.), Proceedings of the XIIth Hispa Congress, Sankt Augustin 1989.
Pfister, Gertrud (Hg.), Frau und Sport (Die Frau in der Gesellschaft, Hg. von Gisela Brinker-Gabler), Frankfurt am Main 1980.
Pfister, Gertrud, Sportstätten und Sportvereine in Berlin an der Wende vom 19. zum 20. Jahrhundert, in: Hans Georg John (Hg.), Vom Verein zum Verband, Die Gründerzeit des Sports in Deutschland, Clausthal-Zellerfeld 1987.
Pfister, Gertrud, und Gerd Steins (Hgg.), Sport in Berlin, Vom Ritterturnier zum Stadtmarathon, Berlin 1987.
Pieck, Wilhelm, Reden und Aufsätze, Auswahl aus den Jahren 1908–1950, 2 Bde., Berlin 1952.
Pomplun, Kurt, Mit einer Feerie startete der »größte Eispalast der Welt«, in: BMp 15. 11. 1970 ff.
Posener, Julius, Berlin auf dem Wege zu einer neuen Architektur, Das Zeitalter Wilhelms II. (1890–1918), München 1979.
Prinzler, Hans Helmut, und Enno Patalas (Hgg.), Lubitsch, München-Luzern 1984.

Reichhardt, Hans J., ... bei Kroll 1944 bis 1957, Etablissement, Ausstellungen, Theater, Konzerte, Oper, Reichstag, Gartenlokal (Ausst. Landesarchiv Berlin), Berlin 1988.
Report – Report, Mitteilungen des New Jazz-Circle Berlin e. V., Jg. 1 ff., Berlin 1956 ff.
RF – Die Rote Fahne, Zentralorgan der Kommunistischen Partei Deutschlands (Sektion der Kommunistischen Internationale), Begründet von Karl Liebknecht und Rosa Luxemburg, Jg. 1 ff., Berlin 1918 ff.
Ribbe, Wolfgang (Hg.), Geschichte Berlins, Von der Frühgeschichte bis zur Gegenwart, 2 Bde., München 1987.
Ribbe, Wolfgang, und Wolfgang Schäche (Hgg.), Baumeister, Architekten, Stadtplaner, Biographien zur baulichen Entwicklung Berlins, Berlin 1987.
Riess, Curt, Das gab's nur einmal, Die große Zeit des deutschen Films, Bd. 1, Wien-München 1977.
Riess, Curt, Joseph Goebbels, Eine Biographie, Baden-Baden 1950.
Riess, Curt, Sportpalast, Haus der Triumphe und Niederlagen, in: WamS, 28. 5. 1950 ff.
Ringelnatz, Joachim, Das Gesamtwerk in sieben Bänden, Hg. von Walter Pape, Bd. 1, Berlin 1984.
Risse, Heinz, Soziologie des Sports, Münster/Westfalen 1979.
Roik-Bogner, Christine, und Lothar Schirmer, Verwaltungsstadt Berlin, Ausst. der Fachhochschule für Verwaltung und Rechtspflege Berlin, Berlin 1987.
Rosenberg, Blut und Ehre – Alfred Rosenberg, Blut und Ehre, Ein Kampf für deutsche Wiedergeburt, Reden und Aufsätze von 1919–1933, Hg. von Thilo von Trotha, 12. Aufl., München 1937.
Rosenberg, Gestaltung der Idee – Alfred Rosenberg, Gestaltung der Idee, Blut und Ehre II. Band, Reden und Aufsätze von 1933–1935, Hg. von Thilo von Trotha, 4. Aufl., München 1937.
Rote Front – Die Rote Front, Organ des Roten-Frontkämpfer-Bundes (eingetr. V.), Jg. 1 ff., Berlin 1924 ff.
Ruland, Bernd, Das war Berlin, Erinnerungen an die Reichshauptstadt, 2. Aufl., Bayreuth 1973.
Rumpelstilzchen 1921–35 – Rumpelstilzchen (=Adolf Stein), jährlich unter verschiedenen (ähnlichen) Titeln erschienene Sammlung von Aufsätzen (1. Jg.: Berliner Allerlei), die zuvor in der deutschnationalen Presse publiziert worden waren, Berlin 1921–35.
Rürup, Reinhard (Hg.), Topographie des Terrors, Gestapo, SS und Reichssicherheitshauptamt auf dem »Prinz-Albrecht-Gelände«, Eine Dokumentation, 7. Aufl., Berlin 1989.

Saalbach, Hans, Mädchen auf Glatteis, Eine Eisparade, in: Agr 2.–15. 12. 1937.
Saldow, Carl, Meine Sechstagerennen, in: BLA 28. 1. 1924.
Schaudt, Emil, Die neue Ausstellungshalle II am Kaiserdamm zu Berlin, in: Bauwelt 1925, Heft 17, S. 6.
Schild, Erich, Zwischen Glaspalast und Palais des Illusions, Form und Konstruktion im 19. Jahrhundert (Ullstein Bauwelt Fundamente, Bd. 20), Berlin-Frankfurt am Main-Wien 1967.
Schmeling, Erinnerungen – Max Schmeling, Erinnerungen (Lebensbilder, Ullstein Buch 27508), Frankfurt am Main-Berlin-Wien 1981.
Schmeling, Max, ... 8–9 – aus! Meine großen Kämpfe! (Goldmann Taschenbuch 3559), München o. J.
Schmidt, Maruta, und Gabi Dietz (Hgg.), Frauen unterm Hakenkreuz, Eine Dokumentation (dtv 10390), München 1985.
Schmidt, Paul, Statist auf diplomatischer Bühne 1923–1945, Bonn 1950.
Schmidt-Joos, Siegfried, und Barry Graves, Rock-Lexikon, mit Diskographien von Bernie Sigg (rororo 6177), Reinbek 1975.
Schmuckler, Hans, Die Ausstellungshalle am Kaiserdamm in Berlin, in: Industriebau 1915, S. 335.
Schmuckler, Hans, Die neue Automobil-Ausstellungshalle am Kaiserdamm in Berlin, in: DBz 1915, S. 263.
Schmuckler, Hans, Fortschritte des Eisenbaues im 20. Jahrhundert, in: DBz, Beilage Konstruktion und Bauausführung, Nr. 55, 1927, S. 93–100.
Schneede, Uwe M. (Hg.), George Grosz, Leben und Werk, Mit Beiträgen von Georg Bussmann und Marina Schneede-Sczesny (Kat. zur Ausst. im Kunstverein Hamburg, u. a. O.), Stuttgart 1975.
Schneider, Petra, Weg mit dem § 218! Die Massenbewegung gegen das Abtreibungsverbot in der Weimarer Republik (Materialistische Wissenschaft 18), Berlin 1975.
Scholz, Bubi, Der Weg aus dem Nichts, Frankfurt am Main 1980.
Schrader/Schebera – Bärbel Schrader und Jürgen Schebera, Kunstmetropole Berlin 1918–1933, Die Kunst in der Novemberrevolution, Die »goldenen« Zwanziger, Die Kunststadt in der Krise (Dokumente und Selbstzeugnisse). Berlin-Weimar 1987.
Schrader, Bärbel, und Jürgen Schebera, Die »goldenen« zwanziger Jahre, Kunst und Kultur der Weimarer Republik (Kulturstudien, Hg. von Hubert Chr. Ehalt und Helmut Konrad, Sonderbd. 3), Leipzig 1987.
Schulze, Hagen, Otto Braun oder Preußens demokratische Sendung, Frankfurt am Main-Wien 1977.
Schütze, Karl-Robert, Heinrich Vogeler, Worpswede, Leben und architektonisches Werk, Berlin 1980.
60 Jahre Berliner Sport-Club e. V., Berlin 1955.
60 Jahre Berliner Sport-Verein 1892 E. V., 1892–1952, Berlin o. J. (1952).
60 Jahre B.F.C. Preußen, 1894–1954, Berlin 1954.
Seemann, Eishockeysport – Wenzel Seemann, Die Entwicklung des Eishockeysports in Berlin in der Weimarer Republik, Staatsexamensarbeit Berlin 1988 (Typoskript).
Seiffert, Hans, Weltreligion des 20. Jahrhunderts, in: Der Querschnitt 12, 1932, S. 385–87.
Seydel, Renate, und Allan Hagedorff (Hgg.), Asta Nielsen, Ihr Leben in Fotodokumenten, Selbstzeugnissen und zeitgenössischen Betrachtungen, München 1981.
Shirer, William, Berlin Diary, London 1941.
70 Jahre Berliner Schlittschuh-Club, Programm zu den Jubliäumsveranstaltungen des Berliner Schlittschuh-Clubs am 25. und 26. März 1963 im Berliner Sportpalast.
70 Jahre Turnverein Guts Muths Berlin 1861–1931, Festausgabe der Vereinsnachrichten des T.-V. Guts Muths E. V., Berlin, 39. Jg., Nr. 5, Berlin 1931.
Sohre, Helmut, bis zur letzten Runde, Schicksale deutscher Faustkämpfer, Berlin-München o. J. (um 1963).
Soldan, George, Zeitgeschichte in Wort und Bild, 3 Bde., Oldenburg 1931–34.
Sommer, Chris, 1975, 40 Jahre Deutschlandhalle, Berlin o. J.
Sozialdemokrat – Der Sozialdemokrat, Organ der Sozialdemokratie Gross-Berlin (ab 3. Juli 1946 Untertitel: Berliner Zeitung der sozial-demokratischen Partei Deutschlands), Jg. 1 ff., Berlin 1946 ff.
Speer, Erinnerungen – Albert Speer, Erinnerungen, 7. Aufl., Frankfurt am Main-Berlin 1970.
Spiker, Jürgen, Film und Kapital, Der Weg der deutschen Filmwirtschaft zum national-sozialistischen Einheitskonzern, Berlin 1975.
Sport-Gotha, in: Der Querschnitt 12, Heft 6, 1932, S. 428–32.
Sportpalast in Berlin, Potsdamer Straße, in: ZBv 31, 1911, S. 213–16.
Sport-Spiegel – Sport-Spiegel, Illustrierte Wochenschrift des Berliner Tageblatts.
Stahl, Fritz (=Siegfried Lilienthal), Heinrich Straumer (Neue Werkkunst), Berlin-Leipzig-Wien 1927.
Stockhorst, Erich, 5000 Köpfe, Wer war was im 3. Reich, Wiesbaden o. J.
Straumer, Heinrich, Der Bau des Hauses der deutschen Funkindustrie, in: Wasmuths Monatshefte 1925, S. 103–11.
SVb – Spandauer Volksblatt, Jg. 1 ff., 1946 ff.
Syna (Folge zum Sportpalast), in: BMp 27., 29., 30. 3., 1./2. 4.
Szatmari, Eugen, Das Buch von Berlin, Mit Originalzeichnungen von Rudolf Großmann, Erich Godal, Dolbin, Derso, Heinrich Zille (Was nicht im »Baedeker« steht, Bd. 1), München 1927.

Tag – Der Tag, Jg. 1 ff., Berlin 1901 ff.
Tag – Der Tag, Unabhängige Zeitung für Deutschland, Jg. 1 ff., Berlin 1948 ff.
Tg – Telegraf, Unabhängige Zeitung für das freie Berlin, Jg. 1 ff., 1946 ff.
Thälmann, Ernst, Bilder und Dokumente aus seinem Leben, Mit einem Vorwort von Hermann Matern, Hg. vom Marx-Engels-Lenin-Stalin-Institut beim Zentralkomitee der SED, Berlin 1955.
Thälmann, Ernst, Kampfreden und Aufsätze, Hg. von der KPD (Berlin 1932).
Thieß, Frank, Freiheit bis Mitternacht, Wien-Hamburg 1965.
Thoma, Erwin, Berlins Boxsport, in: Zeitschrift des Vereins für die Geschichte Berlins 53, 1936, S. 84–86.
Tormin, Walter, Die Weimarer Republik, Mit Beiträgen von F. A. Krummacher, Guntram Prüfer, Walter Tormin, Richard Freyh, Andreas Hillgruber (Zeitgeschichte in Text und Quellen), Hannover 1962.
Ts – Der Tagesspiegel, Unabhängige Berliner Morgenzeitung, Jg. 1 ff., Berlin 1945 ff.
Tucholsky, Kurt, Gesammelte Werke, Bd. 3, 1921–1924, Reinbek 1960.
Turnverein »Fichte« Berlin, Mitglied des Arbeiter-Turnerbundes, 1890–1915, Festnummer zum 25jährigen Bestehen (Mitteilungs-Blatt des Turn-Vereins »Fichte«, 20. Jg., Nr. 8), Berlin 1915.
Turnverein Guts Muths Eingetr. Verein, Berlin 1861–1921, Berlin o. J. (1921).
Turszinsky, Walter, Berlin drüber weg und unten durch, 2. Aufl., Berlin 1911.

VB – Völkischer Beobachter, Kampfblatt der national-sozialistischen Bewegung Großdeutschlands, München (Berlin) 1921 ff.
Verspohl, Franz-Joachim, Stadionbauten von der Antike bis zur Gegenwart, Regie und Selbsterfahrung der Massen, Gießen 1976.
Verwaltungsbericht der Stadt Berlin 1920–1924, Heft 2 b, Berlin 1926.
Vierzig Jahre Akademische Turnverbindung Arminia-Berlin 1891–1931, Festschrift zum 40. Stiftungsfest, Berlin o. J. (1931).
Vogel, Heinz, Die deutsche Hallenbilanz, in: Leichtathletik 7, 1956.
Von der Hasenheide bis zum Reichssportfeld, Geschichte des Sports in Berlin (Sonderdruck aus der Zeitschrift des Vereins für die Geschichte Berlins, Heft 3, 1936).
Voss – Vossische Zeitung, Berlinische Zeitung von Staats- und gelehrten Sachen, Gegründet 1704.
Vw – Vorwärts, Berliner Volksblatt, Zentralorgan der Sozialdemokratischen Partei Deutschlands, Jg. 36 ff., Berlin 1919 ff.

Wagenführ, Max, Der Admiralspalast und seine Bäder, in: Moderne Bauformen 1912, S. 138.
Wagner, Helmut, Sport und Arbeitersport, Berlin 1931.
WamS – Die Welt am Sonntag, Aktuell, Unabhängig, Jg. 1 ff., Hamburg-Berlin 1948 ff.
Was die Frau von Berlin wissen muß..., Ein praktisches Frauenbuch für Einheimische und Fremde, Unter Mitwirkung der berufensten Vertreterinnen auf den verschiedenen Gebieten der Frauenarbeit, 2. Aufl., Berlin-Leipzig o. J.
Wasmuths Lexikon der Baukunst, 5 Bde., Berlin 1929–37.
Wasmuths Monatshefte – Wasmuths Monatshefte für Baukunst, Jg. 1 ff., 1915 ff.
Weber, Hermann, Die Wandlung des deutschen Kommunismus, Die Stalinisierung der KPD in der Weimarer Republik, 2 Bde., Frankfurt am Main 1969.
Wehler, Hans-Ulrich, Das Deutsche Kaiserreich, 1871–1918, 3. Aufl., Göttingen 1977.
Wehrarbeit, Fachl. Schulungsblatt der DAF, Abt. Wehrmacht, Jg. 1 ff., 1936 ff.
Weise, Alfred (Hg.), Unser Berlin, Ein Jahrbuch von Berliner Art und Arbeit, Berlin 1928.
Welt – Die Welt, Unabhängige Tageszeitung für Deutschland, Jg. 1 ff., Hamburg-Berlin 1946 ff.
Wende, Frank (Hg.), Lexikon zur Geschichte der Parteien in Europa, Stuttgart 1981.
Wende-Hohenberger, Waltraud, und Karl Riha (Hgg.), Das Radfahrbuch, Gedichte, Erzählungen, Bilder, Darmstadt-Neuwied 1985.
Wendt, Max, Jahrbuch (Adreßbuch) der Vereine und Verbände Groß-Berlins 1930, Nach amtlichen Quellen zusammengestellt, Berlin o. J. (1930).
Wh – Die Wahrheit, Organ der Westberliner Leitung der SED, Jg. 1 ff., Berlin 1955 ff.
Wiemer, Fritz, Die Deutschlandhalle in Berlin, in: DBz 1935, T. 2, S. 1003–11.
Will, Wilfried van der, und Rob Burns, Arbeiterkulturbewegung in der Weimarer Republik (Ullstein Materialien, Ullstein Buch 35141–42), 2 Bde., Frankfurt am Main-Berlin-Wien 1982.
Wirth, Irmgard, Stadt und Bezirk Charlottenburg (Die Bauwerke und Kunstdenkmäler von Berlin, Charlottenburg, 2. Teil), Text- und Tafelbd., Berlin 1961.
Wochenschrift des Architekten-Vereins zu Berlin, Jg. 1 ff., Berlin 1906 ff.

ZBv – Zentralblatt der Bauverwaltung, Hg. im Ministerium der öffentlichen Arbeiten, Jg. 1 ff., Berlin 1881 ff.
10 Jahre BSC Rehberge 1945 e. V., Berlin o. J. (1955).
Zeitbilder – Zeitbilder, Beilage der Vossischen Zeitung.
Zelt, Johannes, Proletarischer Internationalismus im Kampf um Sacco und Vanzetti, Unter besonderer Berücksichtigung der Solidaritätskampagne in Deutschland und der Tätigkeit der Internationalen Roten Hilfe, Berlin 1958.
Zentner/Bedürftig – Christian Zentner und Friedemann Bedürftig (Hgg.), Das Grosse Lexikon des Dritten Reiches, München 1985.
Zentner, Christian, und Friedemann Bedürftig, Das Grosse Lexikon des Zweiten Weltkriegs, München 1988.
Zimmermann, Rainer, Die Kunst der verschollenen Generation, Düsseldorf-Wien 1980.

Allgemeine Abkürzungen

Abkürzungen von Veranstaltern, Sportvereinen, Firmen, politischen Parteien etc. sind im Register aufgelöst, Abkürzungen in den Zitaten in der Regel hier nicht aufgeführt. Für die Kürzel der Zeitungen und anderen Druckschriften siehe Literatur.

A	Österreich
Abb.	Abbildung
Abt.	Abteilung
a. D.	außer Dienst
AG (A.G.)	Aktiengesellschaft
AGB	Amerika-Gedenkbibliothek/Berliner Zentralbibliothek
Akte SPA	Akte über eine Veranstaltung in den Ordnern des SPA
Anm.	Anmerkung
Anz.	Anzeige
Apr	April
as	Altsaxophon
Au	Ausstattung
Aufl.	Auflage
Aug	August
AUS	Australien
B	Belgien
b	Baß
Bd., Bde.	Band, Bände
bearb.	bearbeitet
Bes.	Besitzer
Bez.	Bezirk
Bg	Bantamgewicht
bjo	Banjo
Bl.	Blatt-Nr.
BR	Brasilien
Br.	Brief
Bs	Baritonsaxophon
Bu	Buch
BUR	Birma
BVV	Bezirksverordneten-Versammlung
Bx	Boxer
bzw.	beziehungsweise
C	Kuba
ca	circa
Cat	Catcher
CBS	Columbia Broadcasting System
CDN	Canada
CH	Schweiz
Chgr	Choreographie
Chr	Chronik des Sportpalastes im vorliegenden Band
CI	Elfenbeinküste
cl	Klarinette
cm	Zentimeter
CS	Tschechoslowakei
D	Deutschland
Da	Darsteller
D. C.	District of Columbia
ders.	derselbe
Dez	Dezember
d. h.	das heißt
dies.	dieselbe
Dir., -dir.	Direktor, -direktor
Diss.	Dissertation
DK	Dänemark
DM	Deutsche Mark
dm	Schlagzeug
DOB	Damen-Oberbekleidungsindustrie
Dr.	Doktor
d. R.	der Reserve
E	Spanien
EAK	Kenia
EC	Ecuador
Ehs	Eishockeyspieler
Eish.	Eishockey
Ek	Eintrittskarte
Ekl	Eiskunstläufer(in)
EM	Europameister, Europameisterschaft
erm.	ermäßigt
Erwl.	Erwerbslose
Esl	Eisschnelläufer(in)
ET	Ägypten
Et	Eintritt
etc.	et cetera
e. V.	eingetragener Verein
EW	Estland
F	Frankreich
F., -f.	Führer, -führer(in)
f., ff.	folgende (Singular und Plural)
Fa	Fachamt
FaB	Fachamt Boxen
FaL	Fachamt Leibesübungen
Fdg	Federgewicht
Feb	Februar
fl	Flöte
Flg	Fliegengewicht
fl-horn	Flügelhorn
Forts.	Fortsetzung
fr-horn	Waldhorn
Frhr.	Freiherr
g	Gitarre
GB	Großbritannien
GCA	Guatemala
Geh.	Geheimer
GH	Ghana
Gl	Gauleiter
GmbH (G.m.b.H.)	Gesellschaft mit beschränkter Haftung
GR	Griechenland
graph.	graphisch
GUY	Guyana
H	Ungarn
Hb	Handballspieler
Hf	Herausforderer
Hflg	Halbfliegengewicht
Hg., hg.	Herausgeber, herausgegeben
Hgg.	Herausgeber (Plural)
Hmg	Halbmittelgewicht
Hsg	Halbschwergewicht
HV	Hauptversammlung
Hwg	Halbweltergewicht
I	Italien
IG	Industrie-Gewerkschaft
IM	Internationale Mannschaft
IND	Indien
Ing.	Ingenieur
inkl.	inklusiv
Insz.	Inszenierung
IRL	Irland
ital.	italienisch
J	Japan
Jan	Januar
JATP	Jazz at the Philharmonic
Jg.	Jahrgang
jr.	Junior
Jul	Juli
Jun	Juni
Jungba	Jungbanner
K	Kamera
Kap., -kap.	Kapelle(n), -kapelle(n)
Kat.	Katalog
KB	Kunstbibliothek
kg	Kilogramm
kgl.	königlich
km	Kilometer
ko	knock out
komb.	kombiniert
KP	Kommunistische Partei
Kripo	Kriminalpolizei
k. u. k.	kaiserlich und königlich
künstl.	künstlerisch
KZ	Konzentrationslager
L	Luxemburg
L., -l.	Leiter, -leiter
LA	Landesarchiv Berlin
La	Leichtathlet(in)
LA SP	Landesarchiv Berlin, Rep. 211, Acc. 2456, Nr.
ld	Bandleader
Lfd.	Laufende
Lg	Leichtgewicht
Lit.	Literatur
LT	Litauen
Ltg	Leitung
M	Mark
M., -m.	Mitglied, -mitglied
m	Meter
Mär	März
MdA	Mitglied des Abgeordnetenhauses von Berlin
MdB	Mitglied des Bundestags
MdL	Mitglied des Landtags
MdN	Mitglied der Nationalversammlung
MdR	Mitglied des Reichstags
Mg	Mittelgewicht
Min.	Minuten
Min., -min.	Minister, -minister
Mitw.	Mitwirkende
mo	Mundharmonika
Mr.	Mister
Mu	Musik, Musiker
Musik.	Musikalische
N	Norwegen
nachm.	nachmittags
NL	Niederlande
NM	Nationalmannschaft
Nov	November
Nr.	Nummer
NS	Nationalsozialistische(r, s)
NZ	Neuseeland
o. J.	ohne Jahr
OKM	Oberkommando der Marine
Okt	Oktober
OKW	Oberkommando der Wehrmacht
Öl/Lw	Öl auf Leinwand
OM	Olympia-Mannschaft
o. O.	ohne Ort
op.	opus
org	Orgel
Ostbes.	Ostbesucher
Ostbew.	Ostbewohner
P	Portugal
p	Klavier
PE	Peru
Pf	Pferd
Pf., Pfg.	Pfennig
Pfd	Pfund
Pg., Pgg.	Parteigenosse, Parteigenossen
Ph	Programmheft
Pkt, Pkte	Punkt, Punkte
PL	Polen
Pl	Plakat
PO	Parteiorganisation
Präs., -präs.	Präsident, -präsident
Prod.	Produktion
Prof.	Professor
Progr.	Programm
PS	Pferdestärke
Pz	Programmzettel
R	Regie
r	recto
RA	Argentinien
Rd	Redner
Rde, Rdn	Runde, Runden
Reg.-Rat	Regierungsrat
Rein.	Reinickendorfer
Rf	Radrennfahrer
Rg	Ringer
RL	Libanon
RM.	Reichs- oder Rentenmark
RO	Rumänien
Rpf.	Reichspfennig
Rpropamt	Reichspropaganda-Amt Berlin, Dienststelle Berliner Sportpalast
Rt	Reiter(in)
S	Schweden
S.	Seite
s	Saxophon
SA	Sturmabteilung
Schufo	Schutzformation
Schupo	Schutzpolizei
Sek.	Sekunde(n)
Sekr., -sekr.	Sekretär, -sekretär
Sep	September
SF	Finnland
Sg	Schwergewicht
S. J.	Societatis Jesu
SMPK	Staatliche Museen Preußischer Kulturbesitz
S.M.S.	Seiner Majestät Schiff
SP	Sportpalast
Sp.	Spalte
SPA	Sportpalast-Archiv bei der AMK Berlin (Ausstellungs-Messe-Kongress GmbH)
SS	Schutzstaffel
ss	Sopransaxophon
St.	Sankt
Sta.	Standarte
Stafo.	Stammformation
Stand.	Standarte
Stellv., stellv.	Stellvertreter, stellvertretend(e)
Str.	Straße
SU	Sowjetunion
s. u.	siehe unten
T.	Teil
tb	Posaune
Teiln.	Teilnehmer
TG	Togo
tgl.	täglich
TH	Technische Hochschule
Th	Thema, Themen
TN	Tunesien
tp	Trompete
TR	Türkei
Tr	Turner
ts	Tenorsaxophon
TU	Technische Universität
Tz	Tanzsport
u. a.	und andere, unter anderem
U-Boot	Unterseeboot
UdSSR	Union der Sozialistischen Sowjet-Republiken
Univ.	Universität
USA	United States of America
usw.	und so weiter
u.v.a.	und viele andere
V	Veranstalter
v	Geige
v.	verso
vb	Vibraphon
Vert.	Verteidigung
Verw.-Bezirk	Verwaltungsbezirk
vgl.	vergleiche
vh	vibraharp
vib	Vibraphon
voc	Gesang
Vorg.	Vorgabe
vorm.	vormittags
Vors., -vors.	Vorsitzender, -vorsitzender
VW	Volkswagen
VWA	Verlag Willmuth Arenhövel
WAN	Nigeria
Westf.	Westfalen
Wg	Weltergewicht
WM	Weltmeister, Weltmeisterschaft
YU	Yugoslawien
Z	Sambia
ZA	Südafrika
z. B.	zum Beispiel
zit.	zitiert
ZK	Zentralkomitee
z. T.	zum Teil

Abbildungsnachweis

Hier sind nur Quellen für Abbildungen aufgeführt, die nicht bereits in den Bildunterschriften genannt werden.

Berlin, ADN Zentralbild Abb. 380, 461.
Berlin, Jörg P. Anders Abb. 78, 94.
Berlin, Archiv Gräfer Abb. 176, 204.
Berlin, Archiv für Kunst und Geschichte Abb. 84, 235, 266f., 272, 300, 404, 481.
Berlin, Hans-Joachim Bartsch Abb. 95.
Berlin, Berlin Museum Abb. 303; Harry Croner: 493, 495f., 507, 511, 523, 533, 535, 537-39, 554–57, 565, 577, 579, 582f., 608.
Berlin, Rold Brand Abb. 82.
Berlin, Karl Busse Abb. 394 (Schirner), 407, 415f., 435, 442, 446.
Berlin, Heinrich von der Becke Abb. 513, 560.
Berlin, Bildarchiv Preußischer Kulturbesitz Abb. 73, 76, 113, 182, 213, 216, 334, 345, 349, 355, 366f., 372, 388f., 391, 396, 401, 403, 412, 414, 418f., 421, 423, 425f., 428, 432, 445.
Berlin, Deutsches Historisches Museum Abb. 457, 460.
Berlin, Heimatarchiv Schöneberg Abb. 4f., 26.
Berlin, Landesarchiv Berlin Abb. 12, 143, 146, 468.
Berlin, Landesbildstelle Abb. 2, 6, 141, 155, 166, 308, 327, 339, 378f., 385, 393, 398, 406, 409, 411, 417, 422, 440, 462, 469–73, 475, 477, 480, 482, 486, 489, 492, 494, 499–501, 505f., 508, 510, 512, 514, 516, 520, 524, 531, 545, 547, 578, 584, 586, 597, 599f., 657, 670.
Berlin, Peter Lemburg Abb. 467, 474.
Berlin, Knud Peter Petersen Abb. 100, 109, 121, 191f., 194f., 257, 323f., 348, 498, 517, 546, 548, 605, 635.
Berlin, SCC Abb. 124–27, 220, 223.
Berlin, SPA Abb. 231, 238, 287, 438, 448f., 455, 466, 490, 497, 503, 515, 563, 574, 592, 601, 603f., 611, 616, 621, 631f., 648f., 664; Berlin-Bild: 51f., 54f., 564; Ludwig Binder: 641; Foto Heller: 553, 568; Max Jacoby: 580; Kindermann & Co: 566, 575; Photo Herta Plenik: 58, 585, 591, 596, 598; Photo Pips-Plenik: 522, 558, 624–26; Bruno Scholz: 572, 581, 588, 594, 618–20; Pressebild Schubert: 509, 518, 573; Pressebild-Agentur Schirner: 62, 102, 459, 464, 519, 550.
Berlin, Stiftung Deutsche Kinemathek Abb. 210, 215, 217.
Berlin, Ullstein-Bilderdienst Abb. 11, 13, 38f., 64, 68, 99, 101, 119, 137, 224, 259, 338, 353, 357, 370, 374, 450, 534, 541f., 628, 639, 646.
Berlin, VWA Abb. 3, 7, 14–19, 22f., 25, 83, 86, 110, 142, 145, 158, 160, 293, 609f., 613–15, 622f., 629, 634, 636f., 643–45, 652–54, 656, 660–63, 665–69, 671; Alex Stöcker: 229f.
Koblenz, Bundesarchiv Abb. 65, 72, 298.
Marburg, Bildarchiv Marburg Abb. 46, 333.

Register

Aufgenommen wurden Namen von Personen, Institutionen etc., Filmen und Berliner Straßen. Vereine der Turner und Sportler beziehungsweise der Organisationen sind unter dem Stichwort »Sport- und Turn-Vereine und -Organisationen« zusammengefaßt, die Filme unter »Filmtitel«. Geordnet wurde nach Buchstabenfolge.